SERMÕES

Dados Internacionais de Catalogação na Publicação (CIP)
(Câmara Brasileira do Livro, SP, Brasil)

Antônio, Santo, 1195-1231
  Sermões / Santo Antônio ; tradução de Frei Ary E. Pintarelli, OFM. – Petrópolis, RJ : Vozes, 2019.

Título original: I sermoni

2ª reimpressão, 2022.

ISBN 978-85-326-6193-7

1. Igreja Católica – Sermões I. Título.

19-27072   CDD-252.02

Índices para catálogo sistemático:
1. Sermões : Igreja Católica : Cristianismo   252.02

Cibele Maria Dias – Bibliotecária – CRB-8/9427

SANTO ANTÔNIO
SERMÕES

Tradução de Frei Ary E. Pintarelli, OFM

EDITORA VOZES

Petrópolis

© 2013 P.P.F.M.C. MESSAGGERO DI S. ANTONIO – EDITRICE
Basilica del Santo – Via Orto Botanico, 11 – 35123 – Padova
www.edizionimessaggero.it

Tradução realizada a partir do original em italiano intitulado *I Sermoni*
Traduzido do latim ao italiano por Giordano Tollardo, OFMConv.

Direitos de publicação em língua portuguesa – Brasil:
2019, Editora Vozes Ltda.
Rua Frei Luís, 100
25689-900 Petrópolis, RJ
www.vozes.com.br
Brasil

Todos os direitos reservados. Nenhuma parte desta obra poderá ser reproduzida
ou transmitida por qualquer forma e/ou quaisquer meios (eletrônico ou mecânico,
incluindo fotocópia e gravação) ou arquivada em qualquer sistema
ou banco de dados sem permissão escrita da editora.

CONSELHO EDITORIAL

Diretor
Gilberto Gonçalves Garcia

Editores
Aline dos Santos Carneiro
Edrian Josué Pasini
Marilac Loraine Oleniki
Welder Lancieri Marchini

Conselheiros
Francisco Morás
Ludovico Garmus
Teobaldo Heidemann
Volney J. Berkenbrock

Secretário executivo
Leonardo A.R.T. dos Santos

Editoração: Maria da Conceição B. de Sousa
Diagramação: Raquel Nascimento
Revisão gráfica: Nilton Braz da Rocha / Nivaldo S. Menezes
Capa: Rafael Nicolaevsky
Ilustração de capa: Ícone Santo Antônio de Pádua (Detalhe)

ISBN 978-85-326-6193-7 (Brasil)
ISBN 978-88-250-3611-4 (Itália)

Este livro foi composto e impresso pela Editora Vozes Ltda.

SUMÁRIO

Prefácio, 9

Anotações referentes à presente tradução portuguesa, 19

Sermões dominicais e festivos, 21

Prólogo, 23

Domingo da Septuagésima, 27

Domingo da Sexagésima, 41

Domingo da Quinquagésima, 50

Início do jejum (Quarta-feira de Cinzas), 62

I domingo da Quaresma (1), 69

I domingo da Quaresma (2) – A penitência, 73

II domingo da Quaresma (1), 89

II domingo da Quaresma (2), 100

III domingo da Quaresma, 112

IV domingo da Quaresma, 138

V domingo da Quaresma, 143

Domingo de Ramos, 154

A Ceia do Senhor (Quinta-feira Santa), 165

Páscoa do Senhor (1), 172

A ressurreição do Senhor (2), 187

Oitava da Páscoa, 194

II domingo depois da Páscoa, 206

III domingo depois da Páscoa, 227

IV domingo depois da Páscoa, 245

V domingo depois da Páscoa, 261

VI domingo depois da Páscoa, 275

Ladainhas ou rogações, 285

Ascensão do Senhor, 295

Domingo de Pentecostes (1), 305

Festa de Pentecostes (2), 319

I domingo depois de Pentecostes, 327

II domingo depois de Pentecostes, 345

III domingo depois de Pentecostes, 359

IV domingo depois de Pentecostes, 375

V domingo depois de Pentecostes, 391

VI domingo depois de Pentecostes, 414

VII domingo depois de Pentecostes, 427

VIII domingo depois de Pentecostes, 441

IX domingo depois de Pentecostes, 458

X domingo depois de Pentecostes, 478

XI domingo depois de Pentecostes, 498

XII domingo depois de Pentecostes, 511

XIII domingo depois de Pentecostes, 531

XIV domingo depois de Pentecostes, 558

XV domingo depois de Pentecostes, 577

XVI domingo depois de Pentecostes, 594

XVII domingo depois de Pentecostes, 611

XVIII domingo depois de Pentecostes, 629

XIX domingo depois de Pentecostes, 638

XX domingo depois de Pentecostes, 651

XXI domingo depois de Pentecostes, 668

XXII domingo depois de Pentecostes, 682

XXIII domingo depois de Pentecostes, 700

XXIV domingo depois de Pentecostes, 720

I domingo do Advento, 733

II domingo do Advento, 749

III domingo do Advento, 762

IV domingo do Advento, 770

Natal do Senhor, 782

Festa de Santo Estêvão protomártir, 792

Festa de São João Evangelista, 801

Festa dos Santos Inocentes, 810

I domingo depois do Natal, 819

Circuncisão do Senhor, 837

II domingo depois do Natal, 845

Epifania do Senhor, 857

I domingo depois da oitava da Epifania, 868

II domingo depois da oitava da Epifania, 878

III domingo depois da oitava da Epifania, 888

Epílogo, 892

Sermões marianos e das festas dos santos, 893

Prólogo aos quatro sermões marianos, 894

Natividade da Bem-aventurada Virgem Maria, 895

Anunciação da Bem-aventurada Virgem Maria (1), 898

Purificação da Bem-aventurada Virgem Maria (1), 911

Assunção da Bem-aventurada Virgem Maria, 921

Purificação da Bem-aventurada Virgem Maria (2), 928

Anunciação da Bem-aventurada Virgem Maria (2), 940

Conversão de São Paulo, 953

Cátedra de São Pedro, 963

Festa dos Santos Apóstolos Filipe e Tiago, 977

Invenção da Santa Cruz, 986

Natividade de São João Batista, 997

Festa dos Santos Apóstolos Pedro e Paulo, 1007

Índice analítico, 1021

Índice litúrgico-pastoral, 1067

Índice geral, 1079

PREFÁCIO

Por ocasião do oitavo centenário do nascimento de Santo Antônio (1195-1995) aparece esta primeira tradução italiana integral de seus sermões, realizada sobre a recente edição crítica[1].

Antônio é, certamente, o "santo dos milagres", o popular santo que faz achar as coisas perdidas, mas é, sobretudo, o grande mestre espiritual, como é provado pelo título de "doutor evangélico" que lhe foi atribuído pela Igreja: o ensinamento que nos transmite continua válido e eficaz também para o cristão de nosso tempo.

Uma exposição de toda a Sagrada Escritura

Aproximando-se dos escritos do santo, é preciso ter presente alguns dados. Antônio desenvolveu sua atividade apostólica no terceiro decênio do século XIII. É um filho de seu tempo por formação, cultural e religiosa.

Na Idade Média, a pregação fundamentava-se quase unicamente na Sagrada Escritura, e buscava as motivações numa citação bíblica, porque a Sagrada Escritura era considerada a fonte própria de qualquer doutrina sagrada ou teológica. A citação era chamada *autoridade*, porque, como Palavra de Deus, tinha em si mesma a força de provar o ensinamento que era transmitido. Também Santo Antônio seguiu esse método e, portanto, sua obra trata da Sagrada Escritura; ou melhor, com seus sermões, o santo pretende expor toda a Escritura para extrair dela todo o sagrado ensinamento.

Este método fundamenta-se em quatro pontos:

1) Exposição do texto sagrado segundo o sentido literal e as várias aplicações espirituais: alegórica, moral e mística.

2) O sermão verdadeiro e próprio, que se compõe do prólogo, da exposição do tema e do epílogo; tudo entendido como instrumento para expor a doutrina e exortar os ouvintes a aplicá-la à vida.

3) O uso que a liturgia faz da Sagrada Escritura; isso oferece a oportunidade de comentar em cada sermão quatro assuntos, tirados da Bíblia: um relato do Anti-

---

1. Neste prefácio é apresentado um livre restabelecimento da Introdução proposta para a edição crítica dos *Sermões* em língua latina (3 vols. Pádova: Messaggero, 1979).

go Testamento proposto pelo Ofício divino; o introito, a epístola e o evangelho tomados da missa do domingo; desse modo, no decorrer de um ano toca-se toda a Sagrada Escritura.

4) As concordâncias, que novamente reúnem entre si os quatro temas do sermão, e explicam cada tema introduzindo outras citações da Sagrada Escritura. A *concordância* consiste em explicar a Sagrada Escritura por meio da própria Escritura: uma sentença do evangelho é explicada com uma sentença do Antigo ou do Novo Testamento, e assim se procede para todos os outros assuntos.

"Assim [informa o santo] construímos uma *quadriga* que, como a de Elias, elevará a alma das coisas terrenas levando-a a uma celeste familiaridade com as do céu" (Prólogo, n. 5).

Portanto, a obra de Santo Antônio, seja pelo objetivo que se propôs, seja pelo método seguido, pode ser definida como um tratado de doutrina sagrada extraída da Escritura, e não uma simples série de sermões. Tem somente a estrutura exterior do sermão; esta é apenas um gênero literário, ou seja, um método para transmitir o ensinamento. É a Sagrada Escritura que fornece toda a estrutura interna e essencial.

Santo Antônio jamais chama seu trabalho de "sermões", mas só *opus*, obra. Além disso, que seja um tratado de toda a Escritura, deduz-se do fato de ele não partir do I domingo do Advento, como faz o ano litúrgico, mas do Domingo da Septuagésima (três domingos antes da Quaresma), quando, no ofício divino, iniciava-se a ler a Sagrada Escritura, partindo do Livro do Gênesis: "No princípio Deus criou o céu e a terra" (Gn 1,1). O próprio santo o confirma no prólogo proposto para o I domingo depois de Pentecostes.

Finalidade dos sermões

Os sermões que possuímos não são, por certo, aqueles que Santo Antônio pronunciou de viva voz diante do povo; são antes o fruto de um duplo esforço: o ensino dispensado aos frades e a pregação feita aos fiéis. Portanto, apresentam um duplo aspecto: escolar e pastoral; escolar, enquanto refletem o método usado no ensino dispensado aos frades; pastoral, enquanto remetem para a pregação feita aos fiéis. O ensino era organizado para o ministério dos sacramentos e da pregação, que depois seus alunos ou ouvintes exerceriam entre os fiéis.

O fim geral dos sermões, como se deduz do Prólogo, é a honra de Deus e o bem das almas. O fim específico é a instrução dos irmãos e o desejo de oferecer-lhes uma ajuda para a prática da vida religiosa, e também a necessária instrução para a correta administração dos sacramentos e o profícuo anúncio da Palavra de Deus.

Portanto, os sermões destinam-se diretamente a seus confrades, para pôr em suas mãos um meio que os ajudasse no exercício do apostolado entre o povo. Os vários autores e escritores, que, no passado ou mais recentemente, quiseram estudar e aprofundar a natureza dos sermões de Santo Antônio, expressaram opiniões substancialmente concordes. Apresentamos algumas:

Suas pregações aparecem como um verdadeiro mosaico de textos bíblicos aproximados, combinados, concordados, concatenados, entrelaçados; além disso, o próprio estilo do santo é todo perpassado de sabor bíblico, com transparentes e contínuas alusões a conhecidas passagens da Sagrada Escritura (L. Gonzaga de Fonseca).

Os *Sermones* querem ser um rico arsenal de matérias de pregação, do qual os futuros pregadores deverão fazer uso com prudência e critério (L. Gonzaga de Fonseca).

A obra de Santo Antônio é verdadeiramente um rico depósito de fatos e sentenças perfeitamente bíblicas. Por si só, esta obra poderia substituir os comentários de todos os outros intérpretes (Vincenzo Gasser, † 1879, bispo de Bressanone). – Este, talvez, seja um exagero, mas é verdade que quem consegue vencer a primeira dificuldade apresentada pela leitura dos sermões do santo e os torna familiares encontra neles uma verdadeira mina de joias para enriquecer e ornar a própria eloquência.

Os sermões de Santo Antônio foram feitos para os religiosos que queriam preparar-se para o ministério da pregação: hoje daríamos a eles o nome de *lições*. Isso se deduz, de modo claríssimo, do próprio prólogo que Antônio antepôs à obra. Ele quer dar apenas o *"sacrum divinae Scripturae intellectum"* (o sagrado conhecimento da Escritura divina). Quem quisesse encontrar qualquer outra coisa nos sermões de Santo Antônio, jamais estaria num bom caminho para compreender a mística quadriga antoniana (G. Cantini. *S. Antonio di Padova oratore*).

O Taumaturgo não pretendeu dar-nos uma coleção de discursos anteriormente preparados... e pronunciados depois tais e quais diante do povo... Seus sermões chamam-se assim só porque oferecem aos sacerdotes um material utilizável, segundo as diversas circunstâncias, para a composição de suas pregações. Portanto, têm um objetivo humildemente mais prático... Este grande manual ou repertório de pregações que daí resultou, fruto de suas piedosas meditações, de seus longos estudos, de sua prática missionária, espelha certamente ao vivo a sua alma... (G. Bellincini. *La parola e l'anima del Santo di Padova*).

O que são os sermões de Santo Antônio? Não são um manual ou uma suma teológica... Não podem ser definidos como uma coleção de comentários à Sagrada Escritura... Nem são um manual de exegese bíblica, nem a exposição mística de inúmeros textos da Sagrada Escritura... São antes um manual ou prontuário de pregação, oferecido pelo santo a seus confrades para sugerir-lhes, no exercício do ministério apostólico, temas, assuntos, pensamentos a serem desenvolvidos, segundo as mais diferentes ocasiões (D. Scaramuzzi. *La figura intellettuale del santo*).

De maneira mais concisa e precisa, podemos definir a obra principal do santo: Sermonário litúrgico bíblico teológico de preparação próxima, e especialmente remota, em particular para a pregação dos frades menores (S. Doimi. *Carattere letterario e finalità delle opere di sant'Antonio*).

Características dos sermões

Ponhamos em evidência algumas características dos sermões. O sermão de Santo Antônio é um sermão douto, repleto de grande erudição, como aparece claramente pela ampla exposição da Sagrada Escritura, pela incrível abundância das citações escriturísticas (são mais de seis mil), pelo frequente recurso à doutrina dos Padres e dos teólogos, dos filósofos e dos poetas pagãos e pela abundante citação de peritos em ciências naturais, particularmente de Aristóteles e de Solino.

Além disso, deve-se destacar a excelente articulação do sermão, composto de um prólogo, que introduz de modo solene o sermão, da múltipla divisão do tema em seus vários aspectos e do desenvolvimento deles segundo os diversos modos de interpretar as citações da Sagrada Escritura.

É também um sermão escolar; afinal, o endereço é a utilidade tanto dos docentes como dos ouvintes. O prólogo dos *Sermões* não tende a captar a benevolência dos ouvintes, mas tem o objetivo de ensinar o método da pregação. As argumentações na exposição do tema não são feitas por silogismos, mas com citações tomadas de muitas fontes: a Escritura, os Padres, as ciências naturais. A variedade dos temas e as concordâncias que os ligam entre si dão ao sermão grande amplidão e variedade, a ponto de torná-lo parecido com um comentário.

Trata-se, enfim, de um sermão escrito, não simplesmente falado. Dá a impressão de ser uma nova redação daquilo que já foi dito pelo santo, tanto na pregação como na escola, e sempre para a utilidade, tanto pública quanto particular. Portanto, não um simples sermão, mas um tratado de matérias sagradas, expostas em forma homilética.

Considerado sob este aspecto, o sermão é um "gênero literário" em uso no tempo do santo. Coloca-se em tal gênero literário, por exemplo, a *castigatio clericorum*, isto é, as severas repreensões dirigidas ao clero, frequentíssimas nos sermões do santo. No sermão escrito, essa *castigatio* não era contrária à indulgência e à caridade: também ela tinha objetivo pastoral, tanto para a formação do clero, para que fugisse dos vícios, quanto para a repreensão dos clérigos de idade madura, porque os sermões, enquanto matéria de estudo, podiam cair nas mãos de qualquer categoria de clérigos, seja daqueles que desempenhavam humildes incumbências, seja daqueles incumbidos de vasta responsabilidade, ou seja, dos prelados.

O próprio Santo Antônio mostra conhecer muito bem o aspecto literário do sermão, quando censura o comportamento dos exigentes que, embora lendo muito, jamais chegam à verdadeira ciência. Diz o santo:

> Ó *curioso*, que te afliges e que expandes tua atividade em muitas direções, vá, não digo à formiga, mas à abelha e aprende dela a sabedoria. A abelha não pousa sobre muitas espécies de flores etc. De seu exemplo, aprende a não dar ouvido às diversas flores de palavras, aos diversos livrecos; e não deixes uma flor para passar a outra como fazem os exigentes que sempre desfolham livros, criticam as pregações, pesam as palavras, mas nunca chegam à verdadeira ciência; tu, porém, recolhe de um livro aquilo que te serve e coloca-o na colmeia de tua memória (Sermão do XI domingo depois de Pentecostes, n. 13).

Sob o aspecto literário, é obrigatório mostrar também outras características dos sermões, como as exposições doutrinais, o modo de o santo se expressar, os comentários escriturísticos, as histórias, as orações conclusivas, o discurso direto com o leitor, as fórmulas introdutórias, a língua latina.

Nas exposições doutrinais, nem sempre o santo é sistemático, mas assume as várias ocasiões que o tema lhe sugere. Baste um exemplo do Domingo da Septuagésima. O tema é a obra da criação dos seis dias, aos quais é acrescentado o sétimo dia, o do repouso. O santo expõe primeiro os artigos da fé, depois as virtudes da alma e, em terceiro lugar, as recompensas da pátria celeste.

Os artigos de fé são sete: a natividade do Senhor, o batismo, a paixão, a ressurreição, a ascensão, o envio do Espírito Santo, o retorno de Cristo para o juízo final. As virtudes da alma são seis: a contrição do coração, a confissão da boca, a obra de satisfação ou penitência, o amor a Deus e ao próximo, o exercício da vida ativa e da contemplativa, a obtenção da perseverança final.

As recompensas da pátria celeste são sete, isto é, os três dotes da alma: a sabedoria, a amizade e a concórdia; e os quatro dotes do corpo: a luminosidade, a subtilidade, a agilidade e a imortalidade.

O estilo, o modo de exprimir-se de Antônio não é especulativo, mas prático: compõe-se de imagens, de figuras, como são propostas pela Sagrada Escritura e pela experiência.

Os comentários escriturísticos. Como vimos, a estrutura do sermão consiste num tema tirado da Sagrada Escritura e em sua exposição, na definição do eventual nome que se encontra na citação, na distinção dos vários assuntos, na enucleação do sentido espiritual, na citação das várias passagens escriturísticas que concordam com o principal. Em tudo isso é desenvolvido o comentário da própria Sagrada Escritura. Também aqui, baste o exemplo do prólogo do primeiro sermão para o I domingo da Quaresma. Depois de ter enunciado o tema: "Davi morou no Deserto de Engadi", o santo dá primeiramente a definição do nome de Davi; depois, passa para o significado espiritual e alegórico do próprio nome, isto é, a Cristo e sua obra, a redenção, sua vitória sobre o demônio; depois vem a explicação do nome Engadi, seu significado espiritual e moral, do qual se chega a conhecer a tríplice origem das tentações, a gula, a soberba e a avareza; toda essa exposição é enfim confirmada com uma tríplice citação que concorda com as precedentes; por último, é retomado Davi, que representa alegoricamente Cristo, que vai ao deserto para sofrer as tentações do maligno: vence-o e assim vence os mencionados três vícios.

Os sermões são avivados por frequentes exemplos, histórias e narrações de vários gêneros: servem para recordar os vários usos e costumes, ou trazer fatos acontecidos antigamente.

As orações encontram-se principalmente no fim dos sermões, ou das várias partes em que estes estão divididos, e exprimem pedidos ao Senhor, ou são doxologias, isto é, orações conclusivas do louvor a Deus, a Cristo ou à Santíssima Trindade.

Com muita frequência o santo dirige-se diretamente aos leitores, ou melhor, aos ouvintes, tratando-se de pregação. Encontramos um exemplo muito significativo no primeiro sermão do II domingo da Quaresma, na segunda parte do n. 5: "Eis que a escada está erguida. Por que, então, não subis? Por que continuais" etc.

A língua dos *Sermões* é o latim medieval, isto é, a baixa latinidade, mas não é um latim tosco; antes, apresenta uma certa elegância. Ao ler os *Sermões* nota-se a diferença de estilo, quando o santo cita autores de boa fama, como Solino e Isidoro, entre os antigos, ou a *Glosa* e Pedro Lombardo, entre os mais recentes.

O santo começa seus sermões com a fórmula litúrgica: "Naquele tempo: Disse Jesus..."; ou: "Naquele tempo: Enquanto uma grande multidão..." O prólogo dos *Sermões* tem vários inícios: "Lê-se no Primeiro livro dos Reis..."; "Encontramos no Terceiro livro dos Reis..."; "Diz João no Apocalipse..."; "Diz o Senhor pela boca de Isaías..." etc. A divisão do tema é enunciada com as palavras: "Observa que neste evangelho são postos em evidência dois assuntos..."

Depois, entra no assunto com as palavras: "Dicamus ergo..." E depois de ter feito algumas citações concordantes, volta ao tema principal, isto é, às palavras do evangelho, das quais faz um breve resumo. Eis um exemplo: "Esta é a justiça que torna justos os penitentes, da qual o Senhor diz: Se a vossa justiça não for maior do que a dos fariseus etc. E observa que a justiça é aquela pela qual, com reto juízo, dá-se a cada um o que é seu" (Sermão do VI domingo depois de Pentecostes).

A exposição do tema, tanto principal como secundário, começa com as palavras: "Observa que", e semelhantes; as várias partes do tema, porém, começam com a palavra "item", igualmente, assim também etc.

A explicação do nome ocupava o primeiro lugar na ilustração do tema. Mas também a coisa indicada pelo nome exigia ulteriores explicações. Também Santo Antônio seguia este método e, de fato, no prólogo geral adverte que explicou as etimologias e a natureza de alguns elementos como ornamento de seus sermões para que melhor se compreendesse o assunto tratado: "...no início de cada evangelho antepomos um prólogo adaptado e introduzimos cá e lá descrições de elementos naturais e de animais e etimologias de nomes, interpretados em sentido moral" (Prólogo, n. 5).

Antônio tomou a interpretação dos nomes da *Glosa* e de outras fontes; as etimologias, de Isidoro; as descrições da natureza das coisas, ainda de Isidoro e de outros autores. As descrições da natureza dos animais, de suas qualidades, introduzidas com as palavras "diz a *História natural*", são tomadas da obra *Os animais*, de Aristóteles, ou da obra *Polistória*, de Solino.

Nos sermões da Idade Média, os exemplos eram apresentados para confirmar a exposição do tema; os exemplos eram narrados principalmente no fim do sermão. Em sentido estrito, os exemplos eram fatos da Sagrada Escritura e das vidas dos santos; em sentido lato, exemplos eram também os usos e os costumes das pessoas, acontecimentos que se verificam todos os dias, ditos dos pagãos, fábulas, descrições de coisas e de animais. Os "ditos" dos pagãos são apresentados com as palavras: diz o Filósofo; as histórias e as fábulas com as palavras "diz-se", "dizem", "conta-se" etc.

O epílogo, isto é, a conclusão do sermão, consiste numa oração, para pedir a Deus os bens dos quais se falou no sermão.

Conteúdos principais dos sermões

Em geral, os *Sermões* tratam da fé e dos bons costumes. O santo ensina a pastoral aos pregadores: como devem ensinar aos fiéis a doutrina do evangelho, como devem administrar os sacramentos, sobretudo a Penitência e a Eucaristia. E ao fazer isso recorre à ordem, à persuasão, ao ensinamento e também à áspera reprovação. Com frequência, une o ensinamento à reprovação: primeiro ensina como devem ser os costumes dos sacerdotes e dos prelados, depois expõe como eles são realmente.

Muitas vezes, Santo Antônio toca também problemas que se referem à sociedade civil e à eclesiástica. Na sociedade civil, distingue as diversas classes de pessoas: existe o imperador, o rei, os militares, os burgueses ou citadinos; existem os maiores e os menores, os ricos poderosos e os pobres, os camponeses, ou seja, os habitantes do campo; existem os mercadores e os legistas, ou seja, os decretistas ou advogados.

Na Igreja, em geral, existem os prelados e seus súditos, ou seja, os bispos e seus fiéis; os justos, ou seja, os fiéis praticantes, os hereges e os cismáticos; os falsos cristãos e os simoníacos. Em meio aos fiéis existem os sarracenos e os judeus. De acordo com sua forma de vida, os fiéis são: eremitas, claustrais, penitentes; ou: clérigos, religiosos e seculares. Enquanto penitentes e em razão de sua prática de vida, os fiéis são: contemplativos, pregadores ou de vida ativa.

Na sociedade eclesiástica existem as seguintes classes: os prelados, os clérigos e os religiosos, os pastores da Igreja e os professos de uma Ordem. Os prelados são os bispos, que, por força de seu ofício, são também pregadores. Os clérigos são os sacerdotes, que, sob a jurisdição do bispo, guiam pastoralmente os fiéis. Os religiosos são os claustrais, isto é, que vivem no claustro: e podem ser monges, cujo chefe é um abade, ou cônegos regulares que têm à frente um prior. Os monges professam a regra de São Bento, os cônegos a de Santo Agostinho. Os religiosos são chamados também penitentes.

Santo Antônio formula juízos sobre ambas as sociedades, a civil e a eclesiástica, porém, sempre em referência aos costumes, e seu juízo é de absoluta condenação: "Os costumes são depravados!", tanto nos *maiores* como nos *menores*, na sociedade civil; tanto nos clérigos como nos leigos, na Igreja, quanto entre os prelados como entre os clérigos, tanto nos clérigos como nos religiosos, isto é, em toda a sociedade eclesiástica. Em toda a parte reina a cobiça do poder, ou seja, a soberba e a vanglória, a cobiça do dinheiro, ou seja, a avareza e a inveja, a cobiça da carne, ou seja, a gula e a luxúria.

Portanto, depois da exposição dos deveres, segue sempre a reprovação dos vícios. Não nos é dado saber se, na sua geral condenação, o santo se refere a fatos ou pessoas particulares, mas suas palavras, tão severas e precisas, suscitam a suspeita.

As fontes dos sermões

Como já se disse, a fonte primeira dos sermões do santo é a Sagrada Escritura, a segunda, a doutrina dos Padres. Outras fontes menores são os ditos dos sábios pagãos, as ciências naturais, históricas e filológicas.

Também Santo Antônio, como faziam os Padres, encontra na Sagrada Escritura diversos significados e os segue na sua interpretação. Na Sagrada Escritura há dois significados fundamentais: o *literal*, ou histórico, e o *espiritual* que, como diz Santo Tomás, fundamenta-se sempre no sentido literal e dele promana. O significado espiritual, por sua vez, pode ser *alegórico*, que leva à fé; *moral*, que guia o reto comportamento; e *místico*, que eleva à contemplação das realidades celestes.

Em seus sermões, Santo Antônio toca todos estes significados: após explicar brevemente o significado literal, detém-se um pouco mais longamente sobre o significado alegórico; mas detém-se sobretudo e longamente sobre o significado moral, com o qual desenvolve todo o seu sermão; contudo, raramente explora o significado místico.

Em geral, Santo Antônio cita a Sagrada Escritura de modo explícito e direto, indicando o nome do livro ou do autor e o texto com precisão. Algumas vezes traz a citação de modo indireto, só pelo sentido. Com frequência, com o nome do livro da Escritura indica também o número do capítulo.

O texto que Santo Antônio cita é o da *Vulgata* – isto é, a tradução feita por São Jerônimo e aprovada pelo Papa Dâmaso I (séc. IV) –, mas são numerosas as variantes. O santo muda bastante as várias palavras, acrescenta algumas ou omite outras. Isso pode depender das várias diferenças que existiam na redação dos textos da *Vulgata* que ele usava, e nós não sabemos qual era o seu, também porque, com frequência, citava de memória, ou talvez, porque ele próprio introduzia pequenas variantes para adaptar melhor o texto ao assunto que tratava no sermão.

Os Padres aos quais ele recorre com mais frequência são Ambrósio, Jerônimo, Agostinho, Gregório, Isidoro, Bernardo, Beda, João Damasceno, Orígenes e alguns outros.

Além disso, recorre muitas vezes à *Glosa*, também sem citá-la, seja a ordinária ou a interlinear. A *Glosa*, termo grego que significa língua, ou linguagem, era o comentário que se fazia à Sagrada Escritura, e também a outros textos, à margem ou entre as linhas dos antigos códices.

Antônio teve em mãos também coleções, ou florilégios, das sentenças da Sagrada Escritura e dos ditos dos Padres e dos escritores eclesiásticos, mas não sabemos quais eram.

Santo Antônio cita com certa frequência também máximas ou sentenças de filósofos ou escritores pagãos e versos de poetas. Entre os filósofos recordamos Aristóteles, Cícero (que ele cita com o nome de *Túlio*), Sêneca, Publílio Siro e Catão. Os poetas são Horácio, Ovídio, Juvenal e Pérsio. Nos sermões encontram-se também alguns versos da Idade Média e provérbios populares do tempo.

Quanto às ciências naturais, o santo detém-se de bom grado em relatos e descrições de coisas e de animais; fala de anatomia, de fisiologia, de zoologia, de botânica e de mineralogia. Bebe em Aristóteles, Solino, Isidoro (especialmente para as etimologias).

Ao lado da exegese bíblica existe com frequência "a exegese da natureza". Parece que o santo as põe no mesmo plano: ambas contêm a revelação e a palavra de Deus; de ambas brota o ensinamento da verdade, em ambas pode-se perceber o bem e o mal, o que vem de Deus e o que é imputável ao homem.

O santo não toma ares nem de cientista nem de literato: sua única tarefa é a de ensinar os bons costumes, de induzir a viver cristãmente e de tender à perfeição. Quando ele escolhe, entre as tantas que conhece, as longas descrições de animais, de seu comportamento, de monstros fabulosos, do homem, da mulher, dos órgãos e dos sentidos do corpo, ele pretende revelar o plano divino, descrever nas suas etapas uma operação divino-humana, que se realiza nas faculdades espirituais do homem.

Quando traz as descrições de Aristóteles, de Plínio, de Solino, de Isidoro, dos "bestiários" medievais, ele não se põe o problema se e até que ponto é verdade e científico o que tomava daquelas obras. Não é o relato em si que lhe interessa, mas seu significado. Agrada e, sobretudo, ensina. O santo não se serve daquelas descrições para fazer ciência ou literatura, mas unicamente porque lhe serviam, e as transcrevia de obras então reconhecidas como científicas, ainda que hoje não nos possam parecer mais do que belas e ingênuas fábulas.

Certamente, nem Antônio podia crer que quatro animais fossem tão estranhos e únicos a ponto de poderem viver só de água (a *enchova*), só de ar (o *camaleão*), só de fogo (a *salamandra*) e só de terra (a *toupeira*). E, no entanto, detém-se longamente a descrever seus costumes fabulosos e incríveis. Mas o motivo é logo esclarecido quando diz que vê no peixinho o humilde penitente que vive de lágrimas, no camaleão, o contemplativo que vive no céu da contemplação, na salamandra, o caridoso e misericordioso que vive do fogo da caridade, na toupeira, o homem desprezado e solitário porque reconhece ser somente terra.

Nos sermões são frequentíssimas as *etimologias*. A etimologia é a ciência que estuda a origem das palavras, remontando à sua forma mais antiga e mais breve. Antônio enumera as etimologias entre aquelas "palavras elegantes e rebuscadas" de que eram ávidos os ouvintes de seu tempo. As etimologias faziam parte da exposição do tema do discurso, e até eram o primeiro modo de expor o tema, dando exatamente a definição ou a explicação, o significado "original" dos nomes, dos termos-chave.

Antônio não perde a ocasião de explicar uma etimologia, para falar de uma planta, onde vive, o que se faz e o que se diz dela, para manter vivo o auditório, para inculcar a verdade através de imagens, usos e costumes etc. As etimologias de Santo Antônio poderiam ser chamadas antes de "artifícios literários", muitas vezes geniais.

Antônio faz da palavra um instrumento mnemônico, para melhor imprimir na mente seu ensinamento.

Para a história propriamente dita usa a *Glosa*, Isidoro, a *História escolástica*, de Pedro Comestor, e algumas *Paixões de santos*, de autores desconhecidos.

Certamente, Santo Antônio teve em mãos também outras fontes que não conhecemos, das quais tirou notícias, histórias, relatos também fabulosos, etimologias etc.

Advertências referentes à tradução italiana

No tradicional conflito entre a tradução fiel, mas não bela e pouco legível, e aquela um pouco livre, moderna, mas não exatamente fiel, nem sempre se consegue manter o justo meio-termo. Tratando-se de uma obra que objetiva a divulgação, preferiu-se aqui a segunda solução, mesmo atendo-se sempre ao texto latino, de maneira a dar também ao leitor exigente a possibilidade de um confronto direto com o texto original.

Com frequência, é trazida a expressão latina para fazer o leitor sentir a *assonância* com a interpretação que o santo faz dela, ainda que discutível no plano filológico.

Quem quiser encontrar na Bíblia as citações apresentadas por Santo Antônio, tenha presente que o santo cita sempre a *Vulgata*. Por isso, alguns textos citados pelo santo já não se encontram nas modernas traduções da Bíblia, como aquele oficial da CEI. Assim também algumas expressões citadas pelo santo, sobre as quais faz considerações e aplicações morais, nas traduções correntes mudaram completamente de sentido e, portanto, já não é possível fazer sobre elas as aplicações de Santo Antônio; outras até desapareceram. Isso porque as antigas traduções nem sempre eram exatas, segundo os nossos atuais critérios científicos. Naturalmente, isso não prejudica em nada a verdade da fé.

As citações da Bíblia são tomadas pelo santo sempre ao pé da letra e, portanto, condicionam a tradução; a certos termos ele dá sentidos que hoje são ao menos ignorados, quando não são considerados até absurdos. Mas ao santo servem para suas aplicações morais, para os conselhos, para as exortações, para as repreensões, para as ameaças contra os pecadores obstinados, contra os religiosos infiéis ou mornos, contra os sacerdotes que faltam ao seu dever, contra os prelados que não apascentam o rebanho, mas a si mesmos, que não servem a Cristo, mas o mundo.

O conhecimento dos sermões – esperamos – permitirá aproximar a real personalidade e o pensamento do Doutor evangélico e orientar assim a "devoção popular" ao Santo de Pádua, para que, como todas as devoções aos santos, responda à genuína função de conduzir os homens a Deus. É isso que se propunha Santo Antônio com sua obra de evangelização.

P. Giordano Tollardo, ofmconv

Anotações referentes à presente tradução portuguesa

Acima já se advertiu sobre o uso que Santo Antônio faz da Bíblia, sobretudo que ele usa a tradução da Vulgata. Ora, sabemos que modernamente alguns livros bíblicos têm nomes diferentes em relação aos nomes da Vulgata.

Assim, na presente tradução optamos por conservar, no texto, os nomes que Santo Antônio dá aos diversos livros; na citação, porém, para facilitar ao leitor uma possível consulta pusemos o nome moderno do livro.

Isso acontece com os seguintes livros:

Nome dado no texto		Nome que aparece na citação
1 e 2 Paralipômenos	=	1 e 2 Crônicas (1Cr e 2Cr)
1 e 2 Reis	=	1 e 2 Samuel (1Sm e 2Sm)
3 e 4 Reis	=	1 e 2 Reis (1Rs e 2Rs)
2 Esdras	=	Neemias (Ne)

SERMÕES DOMINICAIS
E FESTIVOS

PRÓLOGO

1. Lemos no Primeiro livro dos Paralipômenos: "Davi deu [ao filho Salomão] ouro finíssimo, para que com ele fosse construída a figura de um *carro* de querubins, que estendessem as asas e cobrissem a arca da aliança do Senhor" (1Cr 28,18).

2. Diz-se no Gênesis que na terra de Hévila "se encontra o ouro, e o ouro daquela terra é puríssimo" (Gn 2,12). Hévila quer dizer "parturiente", e representa a Sagrada Escritura, que é "a terra que produz primeiro as ervas, depois a espiga e, enfim, o grão maduro na espiga" (Mc 4,28).

Na erva é indicada a *alegoria* (o sentido alegórico), que edifica a fé: "Produza a terra erva verde", manda Deus no Gênesis (Gn 1,11). Na espiga – cujo nome vem de *spiculum*, ponta ou flecha – é indicada a *aplicação moral*, ou o ensinamento moral, que forma os costumes e com sua doçura penetra no espírito. No grão maduro é indicada a *anagogia* (o sentido místico), que trata da plenitude da alegria e da bem-aventurança angélica.

Portanto, na terra de Hévila existe o ouro finíssimo, porque do texto da página divina brota "a ciência sagrada". Como o ouro é superior aos outros metais, assim a ciência sagrada é superior a qualquer outra ciência, pois não conhece as letras quem ignora as "letras sagradas". Portanto, é da ciência sagrada que se fala, quando diz: "Davi deu ouro finíssimo".

3. Davi, quer dizer "misericordioso", ou "de mão forte", ou ainda "de aspecto atraente", e é figura do Filho de Deus, Jesus Cristo, que foi misericordioso na encarnação, forte e valoroso na paixão e nos será de aspecto sumamente desejável na bem-aventurança eterna. Igualmente é misericordioso na infusão da graça: e isto nos *principiantes*, por isso, diz-se misericordioso, como se dissesse "que irriga o coração miserável" (*misericors, miserum rigans cor*).

Daí dizer-se no Eclesiástico: "Regarei as plantas do jardim e aspergirei o fruto do meu parto" (Eclo 24,42)[1]. O jardim é a alma na qual Cristo, como um jardineiro,

---

1. O Eclesiástico diz: "prati mei fructum"; a *Glosa*: "partus mei fructum". Santo Antônio escolheu a versão da *Glosa*.

planta os sacramentos da fé; depois irriga-os e os fecunda com a graça da compunção; e da alma diz ainda: "e aspergirei o fruto do meu parto": a nossa alma é dita "fruto do parto do Senhor", isto é, de sua dor, porque, como uma mulher parturiente, gerou-a nas dores da paixão: "Oferecendo – diz o Apóstolo – orações e súplicas com fortes gritos e lágrimas" (Hb 5,7). E Isaías: "Eu, que faço os outros dar à luz, não darei à luz eu mesmo, diz o Senhor?" (Is 66,9). Portanto, asperge o fruto de seu parto quando com a mirra e o aloé de sua paixão mortifica os prazeres da carne, a fim de que a alma, como que inebriada por esta aspersão, esqueça as coisas temporais: "Visitaste a terra, e a inebriaste" (Sl 64,10).

Igualmente, tem mão forte quando faz avançar de virtude em virtude, e faz isso nos *proficientes*. Com efeito, diz Isaías: "Eu sou o Senhor, teu Deus, que te tomo pela mão e te digo: Não temas, porque eu te ouvi" (Is 41,13). Como uma mãe amorosa toma na sua mão a mão da criança insegura para que possa subir com ela, assim, com a mão de sua misericórdia, o Senhor toma a mão do humilde penitente, a fim de que possa subir pela escada da cruz os degraus da perfeição (*os perfeitos*), e seja digno de contemplar aquele que é de aspecto atraente, "o rei na sua glória" (Is 33,17), "aquele no qual os anjos desejam fixar o olhar" (1Pd 1,12).

Portanto, o nosso Davi, o Filho de Deus, o Senhor benigno e misericordioso (cf. Sl 110,4), que dá a todos generosamente e não reclama (cf. Tg 1,5), deu o ouro, isto é, o sagrado entendimento da Divina Escritura: "Abriu-lhes o entendimento para compreenderem as Escrituras" (Lc 24,45); deu o ouro puríssimo, isto é, perfeitamente purificado de toda a imundície e de toda a escória da maldade e da heresia.

4. "Para que com ele fosse construída uma figura de *carro* de querubins"; com esta expressão entende-se a plenitude da ciência e são indicados o Antigo e o Novo Testamento, nos quais está a plenitude de toda a ciência, a única que sabe ensinar, a única que faz os sábios. Suas máximas (latim: *auctoritates*) são como asas que se distendem quando são explicadas no acima mencionado tríplice sentido; e desse modo cobrem a arca da aliança do Senhor. A arca é chamada assim porque mantém longe (latim: *arcet*) os olhares ou o ladrão. A arca é a alma fiel, que deve afastar de si o olhar da soberba, da qual se diz em Jó: "Despreza todas as coisas altas" (Jó 41,25), e o ladrão, também chamado de "noite escura" (latim: *fur*, ladrão, e *furva nox*, noite escura): o ladrão que finge ser santo, e que é chamado: "o inimigo que anda nas trevas" (Sl 90,6).

Esta arca é chamada "da aliança do Senhor", porque, no batismo, a alma fiel estabeleceu com o Senhor uma aliança eterna, isto é, a de renunciar ao demônio e às suas sugestões, como está escrito: "Jurei e determinei guardar os teus preceitos de justiça" (Sl 118,106). Esta arca é coberta com as asas dos querubins quando, mediante a pregação do Antigo e do Novo Testamento, a alma é protegida e defendida da chama da prosperidade humana, da chuva da concupiscência carnal e do fulgor das sugestões diabólicas.

5. Por isso, para a glória de Deus e para a edificação das almas, para a consolação do leitor e do ouvinte, com o aprofundamento do sentido da Sagrada Escritura e recorrendo às diversas passagens do Antigo e do Novo Testamento, temos construído uma quadriga, para que sobre ela a alma seja elevada das coisas terrenas e, como o Profeta Elias, seja levada ao céu por meio da frequência das verdades celestes (cf. 2Rs 2,11).

E observa que, como na quadriga existem quatro rodas, assim nestes sermões são tratadas quatro matérias, a saber, os evangelhos dominicais, os relatos do Antigo Testamento como são lidos na Igreja, os introitos e as epístolas da missa dominical. Quase recolhendo atrás dos ceifeiros as espigas esquecidas, como Rute, a moabita no campo de Booz (cf. Rt 2,3.7), com temor e apreensão, porque me sentia insuficiente para tão sublime e árdua tarefa, mas vencido pelas orações e pelo amor dos irmãos que a isso me estimulavam, reuni e acomodei entre si estas quatro matérias, na medida em que me foi concedido pela graça divina e quanto me consentia a modesta veia da minha pequena ciência.

E para que a complexidade da matéria e a variedade das referências não produzissem confusão e esquecimento na mente do leitor, dividimos os evangelhos em partes, como Deus nos inspirava, e a cada parte fizemos corresponder as partes dos relatos do Antigo Testamento e aquelas das epístolas.

Expusemos um pouco mais difusamente os evangelhos e os relatos da Bíblia, e fomos mais breves e sintéticos na exposição do introito e das epístolas, para que o excesso de palavras não provocasse um incômodo nocivo. Realmente, é difícil resumir matéria tão vasta num discurso breve e eficaz!

A frívola mentalidade dos leitores e dos ouvintes de nosso tempo chegou a tal ponto que, se não encontram naquilo que leem e naquilo que ouvem um estilo elegante, floreado, de frases rebuscadas e de palavras raras e novas, enfastiam-se com aquilo que leem e desprezam o que ouvem. Por isso, para evitar que a palavra de Deus venha a despertar enfado ou desprezo, em prejuízo de suas almas, no início de cada evangelho pusemos um *prólogo* apropriado e, cá e lá, introduzimos descrições de elementos naturais e de animais e etimologias de nomes, tudo interpretado em sentido moral.

Igualmente, ajuntamos os inícios (os *incipit*) de todas as citações desta obra, das quais, na prática, é possível deduzir o tema do sermão; e no início elencamos todas as passagens do livro na quais se possa encontrá-las e a que assunto cada uma delas pode ser adaptada.

Portanto, seja dado todo o louvor, toda a glória e toda a honra ao Filho de Deus, princípio de toda a criação: unicamente nele pusemos e dele esperamos a recompensa desse trabalho. Ele é Deus bendito, glorioso e bem-aventurado pelos séculos eternos.

E toda a Igreja cante: Amém. Aleluia!

DOMINGO DA SEPTUAGÉSIMA

Temas do sermão

• Evangelho da Septuagésima: "O Reino dos Céus é semelhante a um pai de família"; divide-se em duas partes.

• Introito da missa: "Cercaram-me gemidos de morte".

• Epístola: "Não sabeis que aqueles que correm no estádio".

• História bíblica: "No princípio Deus criou o céu e a terra".

• Parte I: Na primeira parte deste evangelho encontrarás ao menos estes temas dos sermões, ou seja, os assuntos principais das pregações.

• Primeiramente o sermão para a formação do coração do pecador e sobre a propriedade do tijolo: "Pega um tijolo".

• Sermão sobre os sete artigos de fé: "No primeiro dia Deus disse: Faça-se a luz".

• Sermão sobre a Natividade do Senhor: "No primeiro dia Deus disse: Faça-se a luz".

• Sermão sobre o batismo e sobre aqueles que o profanam: "Faça-se o firmamento".

• Sermão sobre a paixão de Cristo e sobre a fé da Igreja: "A terra produza..."

• Parte II: Na segunda parte do evangelho há primeiramente o sermão aos penitentes sobre a contrição do coração: "Deus disse: Faça-se a luz, e a luz foi feita".

• Sermão aos penitentes: "Entrado Saul".

• Sermão contra os ricos: "O Senhor mandou um caruncho".

• Sermão para aqueles que se confessam: "Faça-se o firmamento".

• Sermão aos penitentes ou aos claustrais: "Quem libertou o onagro?"

• Sermão sobre o amor a Deus e ao próximo: "Façam-se dois grandes luzeiros".

• Observa também que desta citação pode-se tirar o sermão para a festa dos apóstolos Pedro e Paulo. Pedro foi a luz maior que regulou o dia, isto é, os judeus; Paulo foi a luz menor que regulou a noite, isto é, os gentios.

• Sermão aos contemplativos e sobre as propriedades da ave: "O homem nasce para o trabalho".

• Sermão sobre a dupla glorificação, ou seja, sobre a glorificação da alma e do corpo: "Haverá mês de mês".

EXÓRDIO – SERMÃO PARA A FORMAÇÃO DO CORAÇÃO DO PECADOR

1. "No princípio Deus criou..." etc. (Gn 1,1).

A Ezequiel, isto é, ao pregador, fala o Espírito Santo: "E tu, filho do homem, toma um tijolo e desenha nele a cidade de Jerusalém" (Ez 4,1).

O tijolo, pelas quatro propriedades que possui, representa o coração do pecador: é preparado entre duas tábuas, é levado à dimensão certa, é endurecido com o fogo e torna-se de cor vermelha.

Também o coração do pecador deve ser formado entre as duas tábuas dos dois Testamentos. Diz o profeta: "Entre os dois montes – isto é, entre os dois Testamentos – passarão as águas" (Sl 103,10), isto é, os ensinamentos doutrinais.

E diz bem: "deve ser formado", porque o pecador, deformado pelo pecado, recebe sua forma pela pregação dos dois Testamentos. Assim também, "é levado à justa dimensão": a dimensão da caridade, que dilata o estreito coração do pecador; donde a palavra do salmo: "Teu mandamento se estende além de qualquer limite" (Sl 118,96), e a caridade é mais vasta do que o oceano. E ainda: é endurecido pelo fogo; com o fogo da tribulação, o espírito mole e fraco se solidifica para não se perder no amor pelas coisas temporais, porque – diz Salomão – aquilo que a fornalha é para o ouro, aquilo que a lima é para o ferro, aquilo que o mangal é para o trigo, isso é a tribulação para o justo (cf. Sb 3,6). Por fim, fica vermelho: e neste fato é indicada a intrepidez do sagrado zelo, do qual é dito: "O zelo de tua casa – isto é, da Igreja ou também da alma fiel – devorou-me" (Sl 68,10); e também Elias diz: "Eu me consumo de zelo" (1Rs 19,10) pela casa de Israel.

Portanto, na imagem do tijolo são postos em evidência estes quatro assuntos: o conhecimento de ambos os Testamentos para instruir o próximo, a riqueza da caridade para amá-lo, a aceitação do sofrimento para suportar o desprezo por amor a Cristo, a intrepidez do zelo para combater contra todo o mal. "Toma, pois, um tijolo e desenha nele a cidade de Jerusalém".

2. Recorda-te que existe uma tríplice Jerusalém espiritual: a primeira é a Igreja militante, a segunda é a alma fiel, a terceira é a pátria celeste. Portanto, em nome do Senhor, eu pegarei um tijolo, isto é, o coração de cada ouvinte e desenharei nele esta tríplice cidade, a saber, os artigos da fé da Igreja, as virtudes da alma fiel e os prêmios da pátria celeste, citando e explicando as passagens escriturísticas tomadas do Antigo e do Novo Testamento, incluindo tudo no simbólico número sete.

I – OS SETE DIAS DA CRIAÇÃO E OS SETE ARTIGOS DE FÉ

3. "No princípio Deus criou o céu e a terra" (Gn 1,1). Entenda: o continente e o conteúdo. Deus, isto é, o Pai, no princípio, isto é, no Filho, criou e recriou: criou durante seis dias e no sétimo repousou; recriou os seis artigos de fé, prometendo, no sétimo, o repouso eterno.

No primeiro dia, Deus disse: "Faça-se a luz. E a luz foi feita" (Gn 1,3); primeiro artigo de fé: a natividade.

No segundo dia, Deus disse: "Faça-se o firmamento no meio das águas, e separe águas de águas" (Gn 1,6); segundo artigo de fé: o batismo.

No terceiro dia, Deus disse: "Produza a terra erva verde, e que dê semente, e árvores frutíferas, que deem fruto segundo a sua espécie" (Gn 1,11); terceiro artigo de fé: a paixão.

No quarto dia, Deus disse: "Sejam feitos dois grandes luzeiros no firmamento" (Gn 1,14); quarto artigo de fé: a ressurreição.

No quinto dia, Deus fez as aves do ar (cf. Gn 1,20); quinto artigo de fé: a ascensão.

No sexto dia, Deus disse: "Façamos o homem à nossa imagem e semelhança" (Gn 1,26). "E inspirou no seu rosto um sopro de vida e o homem tornou-se um ser vivo" (Gn 2,7); sexto artigo de fé: a vinda do Espírito Santo.

No sétimo dia, Deus descansou de toda a obra que havia feito (cf. Gn 2,2); sétimo artigo de fé: a vinda para o juízo, no qual repousaremos de todas as nossas obras e fadigas.

Invoquemos, pois, o Espírito Santo, que é amor e vínculo de união do Pai e do Filho, a fim de que nos conceda unir e concordar entre si cada um destes sete pontos, isto é, os dias e os artigos de fé, de modo que tudo sirva para a sua honra e a edificação da Igreja.

4. No primeiro dia, Deus disse: "Faça-se a luz". Esta luz é a Sabedoria de Deus Pai, que ilumina todo o homem que vem a este mundo (cf. Jo 1,9), e que habita numa luz inacessível (cf. 1Tm 6,16).

Desta luz, na Carta aos Hebreus, o Apóstolo diz: "Ele é o resplendor e a figura de sua substância" (Hb 1,3); e o profeta: "E na tua luz veremos a luz" (Sl 35,10); e no livro da Sabedoria "É o esplendor da luz eterna" (Sb 7,26).

Dela, pois, o Pai disse "Faça-se a luz; e a luz foi feita"; e, com maior clareza, João escreve: "O Verbo se fez carne e habitou entre nós" (Jo 1,14). E Ezequiel, com o mesmo sentido, mas com outras palavras: "Então, fez-se sentir sobre mim a mão do Senhor" (Ez 3,22), isto é, o Filho, no qual e por meio do qual o Pai tem feito todas as coisas. Por conseguinte, a luz, que era inacessível e invisível, fez-se visível na carne, iluminando quem estava sentado nas trevas e na sombra da morte (cf. Lc 1,79).

Sobre esta iluminação, encontras em João que Jesus "cuspiu no chão, fez lodo com a saliva, e ungiu com o lodo os olhos do cego de nascença" (Jo 9,6). A saliva, que desce da cabeça, simboliza a sabedoria do Pai. "A cabeça de Cristo é Deus" (1Cor 11,3), diz o Apóstolo. A saliva uniu-se ao pó, isto é, a divindade une-se à humanidade, a fim de que se faça a luz nos olhos do cego de nascença, isto é, do gênero humano, cegado nos primeiros pais.

Daí se deduz claramente, pois, que, no dia em que Deus disse "Faça-se a luz", naquele mesmo dia, isto é, no domingo, a Sabedoria de Deus Pai, nascida da Virgem Maria, expulsou as trevas que "cobriam a face do abismo" (Gn 1,2), quer dizer, do coração do homem. Por isso, naquele mesmo dia, na Missa da luz (*Missa da aurora*, no Dia do Natal), canta-se: "Hoje resplenderá sobre nós a luz...", e no evangelho: "Uma luz do céu envolveu os pastores..." (Lc 2,9).

5. No segundo dia, Deus disse: "Faça-se o firmamento no meio das águas e separe águas de águas". O firmamento no meio das águas é o batismo, que separa as águas superiores das águas inferiores, isto é, separa os fiéis dos infiéis: com razão, os infiéis são chamados "águas inferiores", já que procuram as coisas inferiores e todos os dias se abaixam com suas quedas. As "águas superiores", porém, representam os fiéis, que, como diz o Apóstolo, devem buscar "as coisas que são do alto, onde Cristo está sentado à direita de Deus" (Cl 3,1).

E observa que estas águas são definidas "cristalinas". Com efeito, o cristal, tocado e atingido pelos raios do sol, liberta centelhas ardentes; assim o homem fiel, iluminado pelos raios do sol, deve libertar as centelhas da sã pregação e do bom comportamento, que inflamarão o próximo.

Mas, ai, ai! rompido o firmamento, as águas superiores precipitam-se no Mar Morto, passando a fazer parte dos mortos. Por isso, diz Ezequiel: "Estas águas, que saem do túmulo de areia oriental e que descem para a planície do deserto, entrarão no mar" (Ez 47,8). O túmulo (latim: *tumulus*) indica a contemplação, na qual, como num túmulo, o morto é sepultado e escondido. O homem contemplativo, morto para o mundo, separado da agitação dos homens, está como que sepultado. E Jó, a propósito, diz: "Entrarás com abundância no sepulcro, como se recolhe um monte de trigo a seu tempo" (Jó 5,26). O justo, na abundância da graça que lhe é concedida, entra no sepulcro da vida contemplativa, como, a seu tempo, o monte de trigo é levado para o celeiro: soprada a palha das coisas temporais, sua mente se fecha no celeiro da plenitude celeste e, assim, fechada, sacia-se de sua doçura.

6. E observa que este túmulo chama-se "areia oriental". Na areia é indicada a penitência. Por isso, encontras no Êxodo que Moisés "escondeu na areia o egípcio morto" (Ex 2,12), porque o justo deve matar o pecado mortal com a confissão e escondê-lo, depois, com a prática da penitência: e esta deve ser sempre dirigida para o Oriente, do qual Zacarias diz: "Eis o homem cujo nome é Oriente" (Zc 6,12).

Diga-se: "Estas águas saem do túmulo de areia oriental". Ai!, quantas águas, quantos religiosos saem do túmulo da vida contemplativa, da areia da penitência, do oriente da graça! Saem, repito, com Dina e Esaú da casa paterna (cf. Gn 34,1; 28,9), com o demônio e com Caim se afastam da face de Deus (cf. Gn 4,16), com Judas traidor – que era ladrão e tinha sua bolsa secreta (cf. Jo 12,6) – que abandona a escola de Cristo (cf. Jo 13,29-30), e descem para a planície do deserto, para a extensão do

Deserto de Jericó, na qual o Rei Sedecias foi cegado por Nabucodonosor, isto é, pelo demônio, como diz o Profeta Jeremias (cf. Jr 39,4-7); e isso significa que, na abundância das coisas temporais, o pecador é privado da luz da razão, dos próprios filhos, isto é, de suas obras, destruídas pelo próprio diabo.

Nesta planície, Caim, cujo nome quer dizer "posse", matou Abel, cujo nome significa "luto". A posse de uma efêmera abundância destrói o luto da penitência. Descem, pois, as águas para a planície deserta; de fato, lemos no Gênesis: "E caminhando de Oriente para Ocidente encontraram uma planície na terra de Senaar" (Gn 11,2). Do oriente da graça, os filhos de Adão caminham para o ocidente da culpa e, encontrada uma planície de alegria mundana, povoam a terra de Senaar, nome que se interpreta "fedor". De fato, no fedor da gula e da luxúria constroem a casa de sua morada, chamando o nome de Deus não como cristãos, mas em vão como os pagãos, enquanto o Senhor no Êxodo ordena: "Não tomarás o nome do Senhor teu Deus em vão" (Ex 20,7). Toma o nome de Deus em vão aquele que não leva a substância do nome, mas o nome sem substância. E desse modo entram no mar, isto é, na amargura dos pecados, para chegar depois à amargura dos tormentos.

Mas Deus fez o firmamento do batismo no meio das águas, para dividir águas de águas. E estes pecadores, como diz Isaías, "transgrediram as leis, mudaram o direito, romperam a aliança eterna. Por isso, a maldição devorará a terra e pecarão os seus habitantes; e então tornar-se-ão insensatos os que a cultivam" (Is 24,5-6). Transgridem as leis da letra e da graça, porque não querem observar nem a lei da letra como os escravos, nem aquela da graça como os filhos; subvertem o direito natural, que diz: Não faças aos outros o que não queres que façam a ti (cf. Tb 4,16); infringem a eterna aliança que selaram com o batismo. Eis, por isso, que a maldição da soberba devorará a terra, isto é, os mundanos, e seus habitantes cairão no pecado da avareza; a estes é dito no Apocalipse: "Ai daqueles que habitam a terra" (Ap 8,13), e aqueles que a cultivam enlouquecerão no pecado da luxúria, que é exatamente loucura e demência.

7. No terceiro dia, Deus disse: "Produza a terra erva verde". A terra, cujo nome deriva do verbo latino *tero*: pisar, esmagar, é o corpo de Cristo, "que foi esmagado por causa de nossos pecados", como diz o Profeta Isaías (Is 53,5). E esta terra (o corpo de Cristo) foi escavada e arada com os pregos e com a lança, e dela é dito: "A terra escavada dará fruto no tempo desejado. A carne de Cristo traspassada deu o Reino dos Céus" (*Hervieux*). Esta terra produziu a erva verde nos apóstolos, produziu a semente da pregação nos mártires e a árvore frutífera que trouxe fruto nos confessores da fé e nas virgens. Na Igreja primitiva, a fé era quase erva tenra, motivo pelo qual os apóstolos podiam dizer com o Cântico dos Cânticos (Ct 8,8ss.): "A nossa irmã", isto é, a Igreja primitiva, "é pequena" pelo número dos fiéis, "e não tem seios" com os quais amamentar seus filhos; de fato, ainda não fora fecundada pelo Espírito Santo e, portanto, diziam: "O que faremos nós à nossa irmã no dia" de Pentecostes, "no qual se deverá falar-lhe" com a palavra do Espírito Santo?

Dessa palavra, o Senhor diz no evangelho: "Ele vos ensinará todas as coisas e vos recordará – isto é, vos subministrará – tudo" (Jo 14,26).

8. No quarto dia, Deus disse: "Façam-se dois grandes luzeiros no firmamento". No firmamento, isto é, em Cristo, já glorificado com a ressurreição, foram feitos dois luzeiros: exatamente o esplendor da ressurreição, indicado pelo sol, e a incorruptibilidade da carne, simbolizada pela lua, considerando-se, porém, o estado do sol e da lua antes da queda dos primeiros pais: porque depois de sua desobediência toda a criação sofreu um dano; com efeito, diz o Apóstolo: "Todas as criaturas gemem e estão como que com dores de parto até agora" (Rm 8,22).

9. No quinto dia, Deus criou as aves do céu, e com isto concorda muito bem o quinto artigo de fé, a saber, a ascensão, pela qual o Filho de Deus, como uma ave, voou para a direita do Pai com a carne humana que havia assumido. Com efeito, com as palavras do Profeta Isaías, ele mesmo disse: "Eu chamo do Oriente uma ave e de uma afastada terra o varão da minha vontade" (Is 46,11). "Chamo do Oriente", a saber, do Monte das Oliveiras, que está no Oriente, do qual se diz: "Ele subiu ao mais alto do céu" (Sl 67,34), isto é, à mesma dignidade do Pai; "a ave", isto é, o meu Filho; e "de uma terra afastada", a saber, do mundo, "o varão da minha vontade", aquele que disse: "O meu alimento é fazer a vontade do Pai que me enviou" (Jo 4,34).

10. No sexto dia, Deus disse: "Façamos o homem à nossa imagem e semelhança". O sexto artigo de fé é a vinda do Espírito Santo, em virtude da qual, com a infusão do Espírito Santo que "inspirou no rosto do homem o sopro da vida", foi restaurada e iluminada a imagem de Deus, deturpada e deformada no homem; de fato, está escrito nos Atos dos Apóstolos: "Veio do céu um estrondo, como de vento que soprava impetuoso" (At 2,2).

E observa que justamente o Espírito Santo é chamado "impetuoso" (latim: *vehemens*, veemente), quer dizer: que tira o eterno ai (*vae adimens*); ou também, que eleva a mente (*vehens mentem*). Daí que o Profeta Davi diz: "Gravada está, Senhor, sobre nós a luz do teu rosto" (Sl 4,7). O rosto do Pai é o Filho. Ora, como se reconhece uma pessoa pelo rosto, assim por meio do Filho conhecemos o Pai. Portanto, a luz do rosto de Deus é o conhecimento do Filho e a iluminação da fé, que no dia de Pentecostes foi marcada e impressa no coração dos apóstolos, como um caráter e assim "o homem tornou-se um ser vivo" (Gn 2,7).

11. No sétimo dia, Deus descansou de todas as suas obras. E também a Igreja, no sétimo artigo, descansará de todo esforço e suor, quando "Deus enxugará toda a lágrima dos seus olhos" (Ap 21,4), isto é, eliminará qualquer motivo de pranto. Então ela será louvada por seu esposo e será digna de ouvir dizer: "Dai-lhe o fruto das suas mãos e as suas obras a louvem nas portas" (Pr 31,31) do juízo; e junto com seus filhos ouvirá "o murmúrio de uma branda viração" (1Rs 19,12): "Vinde, benditos!..." (Mt 25,34).

Depois de ter escrito brevemente "sobre o tijolo" estes sete dias e os sete artigos de fé, dispomo-nos agora a descrever em sentido moral as seis virtudes da alma fiel e as seis horas da leitura evangélica, concordando-as com o "dinheiro" e com o "sábado".

Peçamos, pois, irmãos caríssimos, ao Verbo do Pai, princípio de toda a criação, que, vivendo o setenário desta vida segundo o corpo, nos faça viver o setenário dos artigos da fé segundo o espírito, para chegarmos, com sua ajuda, a ele que é a própria vida, que é o repouso do sábado e o dinheiro [a recompensa] dos santos. No-lo conceda ele, que é bendito nos séculos dos séculos. Amém.

II – Os seis dias da criação e as seis virtudes da alma

12. Consideremos brevemente a "segunda Jerusalém", isto é, a alma fiel, que em Mateus é chamada "vinha" (cf. Mt 21,33): vejamos de que modo deva ser escavada com o sacho (a enxada) da contrição, podada com a foice da confissão e sustentada com as estacas da penitência (satisfação).

Disse, pois, Deus: "Faça-se a luz, e a luz foi feita". Pois, como diz Ezequiel, "uma roda estava no meio de outra roda" (Ez 1,16), isto é, o Novo Testamento está no Antigo, e cortina puxa cortina (cf. Ex 26,3), quer dizer, o Novo Testamento explica o Antigo. Por isso, explicando em sentido moral as "seis horas" do evangelho com as obras dos seis dias realizadas por Deus, concordaremos o Novo com o Antigo Testamento.

13. Portanto, no primeiro dia Deus disse: "Faça-se a luz, e a luz foi feita". Ouça a concordância da primeira hora: "O Reino dos Céus é semelhante a um pai de família que saiu ao romper da manhã" etc. (Mt 20,1).

Observa que as virtudes da alma são seis, isto é, a contrição do coração, a confissão da boca, a obra da penitência (a satisfação), o amor a Deus e ao próximo, o exercício da vida ativa e da contemplativa, a obtenção da perseverança final. Quando sobre a face do abismo, isto é, no coração, existem as trevas do pecado mortal, o homem é vítima da falta do conhecimento divino e da ignorância da própria fragilidade e já não sabe distinguir entre o bem e o mal. E este é o "tríduo" do qual se fala no Êxodo, onde se diz que, na terra do Egito, por três dias houve trevas tão densas que pareciam palpáveis; mas onde se encontravam os filhos de Israel, ali havia luz (cf. Ex 10,21-23). Os três dias são o conhecimento de Deus, o conhecimento de si mesmo e a capacidade de distinguir entre o bem e o mal.

A respeito dos dois primeiros, Santo Agostinho reza: "Senhor, faze que eu conheça a ti, faze que eu conheça a mim". Quanto ao terceiro, diz-se no Gênesis que a árvore do bem e do mal – ou seja, a capacidade de distinguir entre um e outro – estava no jardim (cf. Gn 2,9), isto é, na mente, no espírito do homem. O primeiro dia nos ilumina a fim de que conheçamos a dignidade de nossa alma; por isso diz o Eclesiástico: "Conserva a tua alma na mansidão, e dá-lhe a honra que ela merece" (Eclo 10,31). Mas o homem, reduzido à miséria, quando estava na honra não entendeu e tornou-se semelhante aos animais (cf. Sl 48,13). O segundo dia nos ilumina para que conheçamos a nossa enfermidade, e por isso diz Miqueias: "A tua humilhação está no meio de ti" (Mq 6,14). O centro do nosso corpo é o ventre, depósito de excrementos, e se meditarmos isso, a nossa soberba fica humilhada, a arrogância se desincha e a vanglória desvanece. O terceiro dia nos ilumina para distinguir o dia da noite, a lepra da limpidez, o puro do impuro: e isso é absolutamente necessário. Com efeito, "o mal limita-se com o bem, no próprio erro. Com frequência, a virtude deve pagar pelos delitos do vício" (Ovídio).

Nesses três dias existem trevas palpáveis na terra do Egito e sobre a face do abismo; mas onde estiverem os verdadeiros filhos de Israel existe a luz, da qual Deus disse: "Faça-se a luz". Esta luz é a contrição do coração que ilumina a alma, produz o conhecimento de Deus e da própria enfermidade e mostra a diferença entre o homem reto e o mau.

14. Esta é a primeira manhã e a primeira hora na qual saiu o pai de família, isto é, o penitente, para contratar operários que cultivassem sua vinha, como se diz no evangelho deste domingo; e no introito da missa se canta: Circundaram-me gemidos de morte; e se lê a Carta aos Coríntios: Não sabeis que aqueles que correm no estádio etc.

Dessa manhã o profeta diz: "De manhã", isto é, no início da graça, "estarei na tua presença" (Sl 5,5), reto e ereto, como reto e ereto tu me fizeste. Diz Agostinho: de fato Deus é reto e ereto, e fez também o homem reto e ereto, para que tocasse a terra só com os pés e pela terra procurasse só as coisas necessárias. Dessa manhã diz-se em Marcos: "De manhã cedo, chegaram ao sepulcro, quando o sol já era nascido" (Mc 16,2).

E observa bem que diz "no primeiro dia depois do sábado": de fato, ninguém pode "ir ao sepulcro", isto é, meditar sobre a própria morte, se antes não se libertar da preocupação das coisas materiais. "Na manhã" da contrição – diz o profeta – "eu exterminava todos os pecadores da terra" (Sl 100,8), isto é, eu reprimia todos os movimentos desordenados da minha carne. "Quem é esta" – diz o esposo da alma penitente – "que avança como a aurora quando se levanta?" (Ct 6,9). De fato, como a aurora marca o início do dia e o fim da noite, assim a contrição marca o fim do pecado e o início da penitência. Por isso, diz o Apóstolo: "Se outrora éreis trevas, agora sois luz no Senhor" (Ef 5,8), e ainda: "A noite já vai avançada, o dia se aproxima" (Rm 13,12).

15. Por isso, na primeira luz e de manhã cedo saía o pai de família para cultivar a vinha, da qual diz Isaías: "O meu amado adquiriu uma vinha sobre uma colina [*in cornu*] filha do azeite [fértil]. Cercou-a de uma sebe e tirou dela as pedras; edificou uma torre no meio, construiu um lagar e ali plantou videiras escolhidas" (Is 5,1-2).

"A vinha", isto é, a alma, "foi feita para o amado, isto é, em honra do amado, "sobre uma colina [*in cornu*]", isto é, no poder da paixão. "Para o amado, filho do azeite, isto é, da misericórdia; com efeito, só por sua misericórdia, e "não por obras de justiça por nós realizadas" (Tt 3,5), ele salvou a vinha. "E a cercou de uma sebe", a sebe da lei escrita e aquela da graça, da qual Salomão, no Eclesiastes, diz: "Quem desfaz a sebe", isto é, transgredir a lei, "será mordido pela serpente" (Ecl 10,8), o diabo, que procura as sombras (*coluber, colit umbras*), isto é, procura os pecadores. Por isso, diz Jó: "Ele dorme à sombra", isto é, na mente tenebrosa, "repousa escondido nos canaviais", quer dizer, na falsidade do hipócrita, "e em lugares úmidos" (Jó 40,16), ou seja, nos luxuriosos.

"E a libertou das pedras", isto é, da dureza do pecado; "edificou a torre" da humildade, ou seja, a parte superior da razão, "no meio dela, e ali construiu o lagar" da contrição, pelo qual se espreme o vinho das lágrimas, e assim com os exemplos e os ensinamentos dos santos "plantou videiras escolhidas": nesta vinha o pai de família deve levar de manhã cedo os operários, isto é, o amor e o temor de Deus, que a cultivem na devida maneira.

16. A propósito desta manhã, encontras ainda no Primeiro livro dos Reis que "Saul entrou no meio dos acampamentos" dos filhos de Amon, "ao raiar do dia e feriu os amonitas até que o dia aqueceu" (1Sm 11,11). Saul indica o penitente, ungido com o óleo da graça; este, ao raiar da manhã, isto é, com a contrição do coração, deve introduzir-se entre os acampamentos dos filhos de Amon, nome que se interpreta "água paterna" e indica os movimentos carnais, os quais chegam a nós como água que flui dos progenitores. Saul deve destruí-los até que o dia se faça quente, quer dizer, até que o fervor da graça irradie a alma e, depois de tê-la irradiado, a aqueça.

Sempre a propósito desta manhã, encontramos no Profeta Jonas que "ao romper da manhã, enviou Deus um verme [*caruncho*], que roeu as raízes da hera, e esta secou" (Jn 4,7). A hera, que por si só não pode erguer-se para o alto, mas o faz agarrando-se aos ramos de qualquer árvore, está a significar o rico deste mundo, que não pode elevar-se ao céu por si mesmo, mas com as esmolas dadas aos pobres, que o levantam como braços. Por isso, o Senhor no evangelho diz: "Granjeai-vos amigos com as riquezas da iniquidade, isto é, da injustiça, para que, quando vierdes a precisar, vos recebam" etc. (Lc 16,9). Esta hera, "ao raiar da manhã", isto é, com o surgir da graça ou com a contrição do coração, é ferida e separada pelo dente do caruncho, isto é, pelo remorso da consciência, assim que, caindo por terra, isto é, considerando-se terra, seca em si mesma e se avilta; de fato, diz o profeta: "Desfaleceram meu coração", isto é, a soberba do meu coração, "e minha carne" (Sl 72,26), isto é, a minha carnalidade.

Após ter feito estas considerações sobre o "primeiro dia" da criação e sobre a "primeira manhã" da contrição, passemos ao segundo dia da criação e à hora terceira da confissão.

17. No segundo dia Deus disse: "Faça-se o firmamento no meio das águas e separe águas de águas". O firmamento é a confissão, que cerca firmemente o homem para que não se perca nos prazeres. Por isso, o Senhor, pela boca de Jeremias, censura a

alma pecadora, privada deste *firmamentum*, isto é, desse suporte: "Até quando te debilitarás nos prazeres, filha vagabunda?" (Jr 31,22); e Isaías acrescenta: "Percorre a terra como um rio, filha do mar, porque tu não tens mais cintura" (Is 23,10). A mísera alma é chamada "filha do mar", porque sorve avidamente, como de um diabólico seio, os prazeres do mundo, que têm o gosto da doçura, mas geram amargura sempiterna. De fato, Tiago diz: "A concupiscência gera o pecado, e o pecado, quando é consumado, produz a morte" (Tg 1,15). À mísera alma é dito: "Percorre a terra como um rio", como se dissesse: Cinge-te com a cintura da confissão e recolhe as tuas vestes para que não cheguem a tocar as imundícies; e não queiras passar através do rio da abundância dos bens terrenos, onde muitos se perderam, mas escolhe passar pelo riacho da simplicidade e das estreitezas da pobreza: já que se atravessa um riacho com tranquilidade de espírito. Mas a alma pecadora "não tem cintura", não tem o suporte da confissão, da qual certamente se diz: "Faça-se o firmamento no meio das águas, e divida águas de águas".

As águas superiores são os eflúvios da graça, as águas inferiores são as exalações da concupiscência, que devem ser mantidas sob o domínio do homem. Ou em outro sentido: a mente do justo tem as águas superiores, isto é, a razão, que é o poder superior da alma e sempre chama o homem ao bem; tem as águas inferiores, isto é, a sensualidade que tende sempre para a queda. O firmamento da confissão divida, por isso, as águas superiores das inferiores, para que o penitente, saído de Sodoma e subindo aos montes, não se volte para trás a olhar, como a mulher de Lot, e seja transformado numa estátua ou num bloco de sal (cf. Gn 19,17-26), que os animais, isto é, os demônios, consumirão lambendo-o com grande avidez. O penitente, saído do Egito com os verdadeiros israelitas e dirigindo-se para a Terra Prometida, não tome como guia a própria vontade, que o faria retornar às panelas de carne, aos melões e às cebolas do Egito, isto é, aos desejos carnais.

"Faça-se, pois", esconjuro-vos, "um firmamento no meio das águas", para que o penitente, tendo dado ao confessor o penhor do firme propósito de não recair no pecado, na própria confissão, quase na hora terceira, mereça, junto com os apóstolos, ser inebriado com o vinho do Espírito Santo, e como um odre, tornado novo com a confissão, seja enchido de vinho novo. De fato, diz o Senhor: Se o vinho novo, isto é, a graça do Espírito Santo, fosse colocado no odre velho dos dias de pecado, o odre se romperia e o vinho se derramaria (cf. Lc 5,37), como aconteceu ao endurecido traidor Judas, que, suspenso pelo pescoço como um odre, rompeu-se ao meio pelo ventre e suas vísceras, que estavam corroídas pelo veneno da avareza, espalharam-se por terra (cf. At 1,18).

Corretamente a confissão é chamada "hora terceira", na qual o verdadeiro penitente, como um pai de família, cultiva a vinha de sua alma. Com efeito, ele deve confessar-se culpado de três coisas: de ter ofendido o Senhor, de ter matado a si mesmo e de ter escandalizado o próximo, omitindo dar a cada um segundo a devida justiça: a Deus a honra, a si mesmo a desconfiança, ao próximo o amor. Eis por que no introito da missa de hoje lamenta-se dizendo: "Cercaram-me gemidos de morte" porque ofendi a Deus; "agarraram-me as penas do inferno", porque caí no pecado mortal; "e na minha tribulação", na qual sofro porque escandalizei o próximo, "invoquei" com a contrição do coração "o Senhor, e ele do seu santo templo", isto é, de sua humanidade na qual habita a divindade, "ouviu minha voz" (Sl 17,5-7), isto é, a voz da minha confissão.

18. No terceiro dia Deus disse: "Produza a terra erva verde, e que dê semente segundo sua espécie, e tenha em si mesma sua semente sobre a terra". Recorda que no terceiro dia é indicado o cumprimento da penitência (a satisfação), que consiste em três coisas: a oração, o jejum e a esmola, as três indicadas pelas palavras de Deus.

Diga-se, pois: "Produza a terra erva verde". A erva verde representa a oração. Disse Jó do penitente: "Quem pôs o onagro em liberdade, e quem soltou suas prisões? Dei-lhe por casa o deserto e suas tendas estão em terra estéril. Ele despreza a multidão da cidade, e não ouve os gritos do exator (dos vigilantes). Abraça com o olhar os montes de seu pasto e vai à procura de tudo o que é verde" (Jó 39,5-8). O onagro, cujo nome deriva de *onus* (peso) e *ager* (campo), representa o penitente, que no campo da Igreja se submete ao peso da penitência. O Senhor o manda livre e solta suas prisões quando lhe permite ir embora, livre da escravidão do demônio e solto das correntes de seus pecados. Por isso, em João, o Senhor disse aos apóstolos: "Soltai-o e deixai-o ir" (Jo 11,44).

A este penitente Deus dá por casa a solidão da mente e as tendas da vida ativa, nas quais combate "em terra estéril", quer dizer, entre as vicissitudes mundanas. E assim, este penitente despreza a multidão da cidade, da qual, por boca do profeta, o Senhor diz: "Eu sou o Senhor e não mudo" (Ml 3,6), e não entro na cidade; e Davi: "Na cidade vi a iniquidade" contra Deus, "e as opressões" contra o próximo (Sl 54,10). "E não ouve a voz do exator". O exator é o diabo, que, uma vez, ofereceu ao nosso progenitor a moeda do pecado, e agora não cessa nunca de pedi-la de volta, cada dia, com os juros da usura. O penitente não ouve a voz deste exator quando se recusa a consentir às suas sugestões. Ou: o exator é o ventre que cada dia exige em alta voz o tributo da gula; mas o penitente simplesmente não o ouve, porque não lhe obedece pelo prazer, mas somente por necessidade.

Este onagro "abraça com o olhar os montes de seu pasto", porque, tendo alcançado um modo de viver superior, olhando-se ao redor, descobriu os pastos da Sagrada Escritura e diz com o profeta: "O Senhor colocou-me em pastos relvosos" (Sl 22,2); e assim busca na oração assídua tudo aquilo que é verde, para chegar, dos pastos da leitura sagrada, à posse das ervas verdejantes da oração devota, da qual exatamente se diz: "Produza a terra erva verde".

19. "E que produza a semente": palavras com as quais é indicado o jejum. Diz Isaías: "Bem-aventurados vós, os que semeais sobre as águas e que amarrais o pé do boi e do asno" (Is 32,20). Semeia sobre as águas aquele que à oração e à compunção das lágrimas acrescenta o jejum, e assim amarra com os vínculos dos mandamentos "o

pé do boi e do asno", quer dizer, os afetos do espírito e do corpo. Com efeito, diz o Senhor: Esta espécie de demônios, isto é, a impureza do coração e a luxúria da carne, não pode ser expulsa senão pela oração e o jejum (cf. Mt 17,20). Realmente, com a oração purificamos o coração dos pensamentos maus e com o jejum freamos a arrogância da carne.

Segue o terceiro ponto: "A arvore frutífera, que faça fruto segundo a sua espécie". Na árvore frutífera é representada a esmola, que produz seu fruto nos necessitados e por mãos deles é levada ao céu. O observa que se diz: "que faça fruto segundo a sua espécie". A espécie do homem é um outro homem, criado da terra (*humus*) e vivificado com a alma. Por isso, deve fazer a esmola, "deve fazer fruto segundo a sua espécie", porque a alma se revigora com o pão espiritual e o corpo com o material. Daí que Jó diz: "Visitando a tua espécie não pecarás" (Jó 5,24). A tua espécie é o outro homem, que tu deves visitar, tanto com a esmola espiritual como com a material, e assim não pecarás contra o mandamento que diz: "Amarás o teu próximo como a ti mesmo" (Mt 22,39). Mas, observa que se diz: "Tenha em si a sua semente" (Gn 1,11), e Agostinho ensina: "Quem quer fazer esmola corretamente, deve começar primeiro por si mesmo".

Portanto, estas três coisas tornam perfeita a prática da penitência (satisfação), que é bem representada na hora sexta, isto é, ao meio-dia, quando o pai de família saiu e contratou operários que cultivassem a vinha. Observa que o meio-dia, momento em que o sol queima mais do que nas outras horas do dia, representa o fervor em realizar a satisfação (a obra de penitência ordenada na confissão). Lá pelo fim do Deuteronômio está escrito: "Neftali gozará da abundância e será cheio da bênção do Senhor: possuirá o mar e o meio-dia" (Dt 33,23). Neftali interpreta-se "convertido" ou "dilatado" e representa o penitente que se converte de sua má conduta e se dilata para as boas obras. No seu caminho, ele gozará da abundância da graça e será cheio da bênção da glória; mas, para ser digno de merecê-la, é preciso que primeiro tenha a posse do mar, isto é, da amargura do coração (arrependimento), e do meio-dia, isto é, do fervor da satisfação.

20. No quarto dia Deus disse: "No firmamento haja dois grandes luzeiros". A quarta virtude é o amor a Deus e ao próximo: o amor a Deus é representado pelo esplendor do sol, o amor ao próximo, pela mutabilidade da lua. Não te dá a impressão de uma certa mutabilidade a expressão: "Alegrai-vos com os que estão alegres e chorai com os que choram"? (Rm 12,15). A propósito, encontramos no Deuteronômio: "A terra de José seja cheia de todos os frutos do sol e da lua" (Dt 33,14). Os frutos indicam as obras do justo, pela alegria da perfeição, pela beleza da reta intenção, pelo perfume da boa reputação. Estes frutos provêm do sol e da lua, isto é, do amor a Deus e ao próximo, duas virtudes que tornam perfeito qualquer um. Este duplo amor é representado na hora nona, quando, mais uma vez saiu o pai de família. A perfeição deste duplo amor leva à perfeição da bem-aventurança angélica, que o Profeta Ezequiel subdivide em nove ordens, sob o símbolo das nove pedras preciosas, quando diz a lúcifer: "Tu

estavas coberto de toda pedra preciosa: rubis, topázios, diamantes, crisólitos, ônix, diásporas, safiras, carbúnculos e esmeraldas" (Ez 28,13).

21. No quinto dia Deus criou os peixes no mar e as aves sobre a terra. A quinta virtude é a prática da vida ativa e da vida contemplativa. Nela, o homem ativo, como o peixe, percorre os caminhos do mar, isto é, do mundo, para poder assistir ao próximo sofredor em suas necessidades; e o homem contemplativo, como uma ave, eleva-se ao céu sobre as asas da contemplação e, na medida de suas capacidades, contempla "o rei no seu esplendor" (Is 33,17). "O homem" – diz Jó – "nasce para o trabalho" da vida ativa, "como a ave para o voo" da vida contemplativa (Jó 5,7).

Observa, pois, que, como a ave que tem o peito largo é freada pelo vento porque desloca muito ar, e aquela que tem o peito estreito e penetrante voa mais veloz e sem dificuldade, assim a mente do contemplativo, se se alarga a muitos e variados pensamentos, é grandemente dificultada no voo da contemplação; porém, se sua mente começa a voar recolhida e concentrada numa coisa só, fruirá verdadeiramente a alegria da contemplação.

O exercício desta dupla vida é representado na hora undécima, na qual o pai de família sai pela última vez. A undécima hora consta do um e do dez: a vida contemplativa refere-se ao *um*, porque ela tem por objeto somente a Deus, única alegria; a vida ativa, porém, refere-se aos *dez* preceitos do decálogo, nos quais ela mesma alcança a sua plenitude no tempo deste exílio terreno.

22. No sexto dia Deus disse: "Façamos o homem à nossa imagem e semelhança". A sexta e última virtude da alma é a perseverança final, que é representada na cauda da vítima sacrifical, e na longa, colorida túnica de José; sem a perseverança final as outras cinco virtudes acima elencadas são inúteis; só junto com ela são possuídas frutuosamente; só nela a imagem e a semelhança de Deus, que nunca deve ser deturpada, ou manchada ou apagada, imprime-se eternamente no rosto da alma, como aconteceu no sexto dia da criação.

Nesta "tarde" (latim: *sero*, tarde) do evangelho, última hora da vida humana, na qual o pai de família por meio de seu administrador, isto é, de seu Filho, dá o dinheiro ao que trabalhou assiduamente na vinha, é representada pelo sábado, que quer dizer "repouso". Dele diz Isaías: "Haverá mês de mês" quer dizer que a perfeição da glória dependerá da perfeição da vida; e "haverá sábado de sábado" (Is 66,23): isto é, o repouso da eternidade dependerá da tranquilidade do coração, que é dada pela dupla estola da alma e do corpo (a veste da graça e da inocência).

A alma será glorificada por três prerrogativas, e o corpo por quatro.

A alma será ornada com a sabedoria, com a amizade e com a concórdia. A sabedoria de Deus resplenderá no rosto da alma: verá Deus como ele é (cf. 1Jo 3,2), e o conhecerá como ela própria é conhecida (cf. 1Cor 13,12). Também a amizade diz respeito a Deus e dela Isaías diz: "Aquele que tem o seu fogo em Sião", isto é, na Igreja militante, "terá sua fornalha" de ardentíssimo amor "em Jerusalém", quer dizer, na

Igreja triunfante (Is 31,9). A concórdia diz respeito ao próximo, de cuja glória a alma exultará e gozará quanto gozará da própria.

Depois, quatro serão as prerrogativas do corpo: o esplendor, a transparência, a agilidade e a imortalidade. Delas fala-se no Livro da Sabedoria: "Os justos resplandecerão", eis o esplendor, "e como centelhas", eis a transparência, "correrão cá e lá", eis a agilidade, "e seu Senhor reinará para sempre", eis a imortalidade (Sb 3,7-8). Porque Deus não é o deus dos mortos, mas o Deus dos vivos (cf. Mt 22,32).

23. Para sermos dignos de receber esta coroa incorruptível, adornemo-nos com estas sete pedras preciosos (três da alma e quatro do corpo), corramos como nos recomenda o Apóstolo na epístola de hoje: "Não sabeis que os que correm no estádio, realmente todos correm, mas um só alcança o prêmio? Correi, pois, de tal maneira que o alcanceis. E todos aqueles que combatem na arena, de tudo se abstêm, e o fazem para alcançar uma coroa corruptível; nós, porém, devemos fazê-lo para alcançar uma incorruptível" (1Cor 9,24-25).

O estádio é a oitava parte da milha, mede cento e vinte e cinco passos e representa o cansaço deste exílio, durante o qual devemos correr na unidade da fé (cf. Ef 4,13), com os passos do amor, que são exatamente cento e vinte e cinco. Neste número é indicada toda a perfeição do amor divino: no número *cem*, que é o número perfeito, é representada a doutrina evangélica; no *vinte*, os preceitos do decálogo, que devem ser observados tanto no sentido literal como no sentido espiritual; no *cinco* é indicado o prazer dos cinco sentidos do homem, que deve ser freado e evitado. Aquele que corre neste estádio conquista o prêmio, isto é, a recompensa da coroa incorruptível, da qual se diz no Apocalipse: "Eu te darei [diz o Senhor] a coroa da vida" (Ap 2,10).

Irmãos caríssimos, com súplicas e lágrimas imploremos ao Senhor, a fim de que ele, que nos criou e recriou, criou do nada e recriou com seu sangue, se digne estabelecer-nos no místico setenário da eterna felicidade. E assim mereçamos viver eternamente com ele que é o princípio de todas as criaturas. No-lo conceda benignamente ele que vive e reina nos séculos dos séculos. Amém.

Domingo da Sexagésima

Temas do sermão
- Evangelho da Sexagésima: "O semeador saiu a semear".
- Introito da missa: "Levanta-te, por que dormes, Senhor?"
- Epístola: "Vós suportais facilmente os tolos".
- História de Noé e de sua arca.
- Primeiramente, sermão aos pregadores. O pregador supremo: "Isaac semeou na terra de Gerara".
- Sermão sobre a construção da arca de Noé e seu significado: "Constrói uma arca para ti".
- Sermão contra os luxuriosos: "Enquanto semeava, parte da semente caiu ao longo do caminho".
- Sermão contra os falsos religiosos: "Parte caiu sobre a pedra".
- Sermão contra os avarentos e os usurários: "Parte caiu entre os espinhos".
- Sermão aos ativos e aos contemplativos: "Parte, enfim, caiu em terra boa".

EXÓRDIO – SERMÃO AOS PREGADORES

1. "O semeador saiu a semear a sua semente" (Lc 8,5). Diz Isaías aos pregadores: "Bem-aventurados vós, os que semeais sobre as águas" (Is 32,20). As águas, como diz João no Apocalipse, são os povos (cf. Ap 17,15), dos quais Salomão escreve: Todos os rios saem do mar... e ao mar retornam (cf. Ecl 1,7).

Observa que existe uma dupla amargura: a do pecado original e a da morte corporal. Portanto, todos os rios, isto é, todos os povos, saem do mar, isto é, da amargura do pecado original – por isso diz Davi: "Eis que fui concebido nos pecados" (Sl 50,7) etc., e o Apóstolo: Todos nascemos filhos da ira (cf. Ef 2,3) – e retornam ao mar, isto é, à amargura da morte corporal. Por isso, diz o Eclesiástico: Quão pesado jugo foi posto sobre os filhos de Adão, desde o dia em que eles saem do ventre de sua mãe! (cf. Eclo 40,1). E ainda: "Ó morte, quão amarga é tua memória!" (Eclo 41,1). Referindo-se a estes dois fatos, o Senhor diz ao pecador: És terra, pela impureza da concepção, e para a terra irás com a destruição do teu corpo (cf. Gn 3,19). "Portanto, bem-aventurados vós, os que semeais sobre as águas".

"A semente [como diz o próprio Deus no evangelho de hoje] é a palavra de Deus" (Lc 8,11). Portanto, para merecer ser bendito entre os bem-aventurados, eu semearei sobre vós em nome de Jesus Cristo, que saiu do seio do Pai e veio ao mundo para semear a sua semente, porque um só e o mesmo é o Deus do Novo e do Antigo Testamento, Jesus Cristo, Filho de Deus. Com efeito, diz Isaías: "Eu mesmo que lhe falava, eis que estou já presente" (Is 52,6). Eu que falava aos pais pela boca dos profetas, agora estou presente pela verdade da encarnação. Por isso, para a honra do único Deus e para a utilidade dos ouvintes, concordaremos entre si os dois Testamentos, segundo o que o próprio Deus me conceder. Digamos, pois: "O semeador saiu a semear a sua semente".

2. Neste domingo lê-se na Igreja o evangelho do semeador e da semente; proclama-se e se canta a história de Noé e da construção de sua arca; e no introito da missa canta-se: "Levanta-te, por que dormes, Senhor?" E se lê a epístola do Bem-aventurado Paulo aos Coríntios: "De boa vontade vós suportais os tolos" etc. Portanto, em nome do Senhor, concordemos todos estes trechos.

No relato evangélico de hoje devem-se ter presentes seis coisas muito importantes: o semeador e a semente, o caminho, a pedra, os espinhos e a terra boa. E no relato bíblico há outras seis coisas: Noé e a arca, que tinha cinco compartimentos: o primeiro para a coleta do lixo, o segundo destinado aos víveres, o terceiro para os animais ferozes, o quarto para os animais domésticos, o quinto destinado às pessoas e às aves. Contudo, preste bem atenção que, nesta concordância, o quarto e o quinto compartimento serão considerados como um só. Diga-se, pois: O semeador saiu a semear...

A ARCA DE NOÉ E A IGREJA DE CRISTO

3. O semeador é Cristo, ou também seu pregador; a semente é a palavra de Deus; o caminho representa os luxuriosos; a pedra, os falsos religiosos; os espinhos, os avarentos e os usurários; a terra boa, os penitentes e os justos. E que tudo isso corresponda à verdade, prová-lo-emos com as citações da Escritura.

O semeador é Cristo. Por isso está escrito no Gênesis: "Isaac semeou na terra de Gerara e naquele mesmo ano recolheu o cêntuplo" (Gn 26,12). Isaac interpreta-se "alegria", e é figura de Cristo, que é a alegria dos santos, que, como diz Isaías, "terão gozo e alegria" (Is 35,10): gozo da humanidade glorificada de Cristo, alegria da visão de toda a Trindade. Este nosso Isaac semeou na terra de Gerara, que se interpreta "desterro", e representa este mundo, do qual diz o profeta: "Ai de mim, já que meu desterro [isto é, a minha peregrinação] prolongou-se!" (Sl 119,5). Na terra de Gerara, pois, isto é, neste mundo, Cristo semeou três espécies de semente: a santidade de sua vida exemplar, a pregação do Reino dos Céus, a realização dos milagres.

"E naquele mesmo ano recolheu o cêntuplo." Recorda que toda a vida de Cristo é chamada ano do perdão e da misericórdia (cf. Is 61,1-2). Afinal, como no ano existem quatro estações: o inverno, a primavera, o verão e o outono, assim na vida de Cristo houve o inverno da perseguição de Herodes, pela qual fugiu para o Egito; houve a primavera da pregação, e então "apareceram os flores" (Ct 2,12), isto é, as promessas da vida eterna, "e em nossa terra ouviu-se a voz da rolinha" (Ct 2,12), isto é, do Filho de Deus: "Fazei penitência, o Reino dos Céus está próximo" (Mt 4,17). Houve o verão da paixão, da qual Isaías diz: "Com seu espírito de rigor tomou suas decisões para o dia do ardor" (Is 27,8). Para o dia do ardor, isto é, de sua paixão, com seu espírito de rigor, isto é, inflexível em sustentar a paixão, Cristo meditou, enquanto pendia da cruz, como poderia dispersar o demônio, arrancar de seu poder o gênero humano e aos pecadores obstinados infligir a pena eterna. Por isso, dizia ainda o profeta: "Estabeleci no meu coração o dia da vingança" (Is 63,4). Enfim, existe o outono de sua ressurreição, pela qual, sopradas as palhas do sofrimento e o pó da mortalidade, sua humanidade, unida ao Verbo, gloriosa e imortal, foi recolocada nas salas do rei, isto é, à direita de Deus Pai.

Corretamente, pois, se diz: "Nesse mesmo ano recolheu o cêntuplo", isto é, escolheu os apóstolos, aos quais prometeu: Recebereis o cêntuplo (cf. Mt 19,29) etc. Ou, o cêntuplo representa a centésima ovelha, quer dizer, o gênero humano, que com alegria levou para a assembleia dos nove coros dos anjos, com seus braços pregados à cruz. Agora, portanto, sabes com certeza que o semeador é Cristo.

4. Cristo é também o Noé, ao qual o Pai disse: "Faze uma arca de madeiras aplainadas; farás na arca uns pequenos quartos e calafetá-la-ás com betume por dentro e por fora. E hás de fazê-la do seguinte modo: o comprimento da arca será de trezentos côvados, a largura de cinquenta côvados e a altura de trinta côvados" (Gn 6,14-15).

Noé se interpreta "repouso", e representa Jesus Cristo, que diz no evangelho: "Vinde a mim vós todos que estais cansados" no Egito, na lama da luxúria e no tijolo da avareza, "e estais oprimidos" sob o jugo da soberba, "e eu vos farei repousar" (Mt 11,28). "Ele [como se diz no Gênesis] nos consolará nos trabalhos e nas fadigas das nossas mãos, nesta terra que o Senhor amaldiçoou" (Gn 5,29).

A ele o Pai disse: "Faze uma arca". A arca é a Igreja. Saiu, pois, Cristo a semear a sua semente; saiu também para construir a sua Igreja, "de madeiras aplainadas", isto é, de santos, puros e perfeitos, e a calafetou com o betume da misericórdia e da caridade, por dentro, nos afetos, e por fora, com o cumprimento das obras. Seu comprimento é de trezentos côvados, por causa das "três ordens" nela existentes, representadas em Noé, Daniel e Jó, e são os prelados, os castos e os casados. A largura de cinquenta côvados refere-se aos penitentes da própria Igreja. De fato, no quinquagésimo Dia da Páscoa, aos apóstolos foi infundida a graça por meio do Espírito Santo; e no Sl 50, o *Miserere mei, Deus*", aos penitentes é prometida a remissão dos pecados. A altura de trinta côvados refere-se ainda aos fiéis da mesma Igreja, pela sua fé na Santa Trindade. Saiu, pois, Cristo do seio do Pai e veio ao mundo para semear e para construir a sua Igreja, na qual fosse conservada uma semente não corruptível, mas destinada a durar nos séculos dos séculos.

5. Continua o discurso sobre a semente. "A semente é a palavra de Deus" (Lc 8,11), da qual diz Salomão no Eclesiastes: "Semeia de manhã a tua semente" (Ecl 11,6). De manhã, isto é, no tempo da graça que expulsa as trevas do pecado, semeia, o pregador, a semente da palavra, a tua semente, isto é, aquela que te foi confiada. E veja quão adequadamente a palavra de Deus é chamada semente. Com efeito, como a semente semeada na terra brota e cresce, e primeiro – como diz o Senhor em Marcos – produz quase "um fio de erva, depois a espiga e, enfim, na espiga o grão cheio" (Mc 4,28), assim a palavra de Deus, semeada no coração do pecador, produz primeiro a erva da contrição, da qual se diz no Gênesis: "A terra", isto é, a mente do pecador, "produza a erva verde" (Gn 1,11), a contrição; depois, a espiga da confissão, que se levanta para o alto pela esperança da remissão; e enfim, o grão cheio da satisfação (i. é, da obra penitencial) da qual diz o profeta: "Os vales [isto é, os humildes penitentes] estarão cheios de trigo" da plena satisfação (Sl 64,14), para que a penitência seja proporcional à culpa. Corretamente, pois, diz-se: "Saiu o semeador a semear a sua semente".

6. Mas, já que nem todos têm a fé e "não todos obedecem ao evangelho" (Rm 10,16), por isso continua: "E enquanto semeava, parte da semente caiu ao longo do caminho, foi pisada e as aves do céu a comeram" (Lc 8,5). O primeiro compartimento da arca de Noé era destinado à coleta do lixo. Portanto, o caminho pisado e o compartimento do lixo representam os luxuriosos. De fato, diz Salomão no Eclesiástico: "A mulher impudica é como o estrume do caminho" (Eclo 9,10); e Isaías investe contra os luxuriosos: "Puseste o teu corpo como terra, como caminho para os passantes" (Is 51,23), isto é, para os demônios que, enquanto passam, pisam a semente para que não brote (cf. Lc 8,12). E ainda diz Isaías: "Será pisada aos pés a coroa de soberba dos embriagados de Efraim" (Is 28,3). Efraim interpreta-se "que traz fruto", e indica a abundância das coisas temporais; os embriagados são os luxuriosos, tornados tais pelo cálice de ouro da Babilônia, isto é, da abundância material; a coroa da soberba na cabeça representa o pensamento orgulhoso na mente corrupta. Esta é pisada pelos pés dos demônios quando do pensamento da mente corrupta chega à embriaguez da luxúria; e assim, na terra maldita, a semente do Senhor já não pode germinar.

Os próprios demônios são chamados também "aves" por causa da soberba, "do céu", isto é, do ar no qual habitam: eles roubam a semente do coração do luxurioso e a devoram, para que não frutifique. Diz Oseias: "Os estrangeiros [isto é, os demônios] devoraram sua força" (Os 7,9), isto é, a força da palavra divina. E observa que não diz "no caminho", mas que a semente caiu "ao longo do caminho", porque o luxurioso não acolhe a palavra dentro do ouvido do coração, mas só como um som que passa superficialmente pelo ouvido do corpo.

Os luxuriosos são "o compartimento do lixo", "que apodreceram como jumentos entre seus estercos" (Jl 1,17); deles diz o salmo: "Foram destruídos em Endor", que se interpreta "fogo da geração", "tornaram-se", no ardor da luxúria, "como o esterco da terra" (Sl 82,11). E nota que deste esterco da terra são gerados quatro vermes, que são a simples fornicação, o adultério, o incesto e o pecado contra a natureza.

A simples fornicação, isto é, a relação entre duas pessoas não casadas, é pecado mortal; e é chamada fornicação, isto é, morte da forma (*formae necatio*), quer dizer, morte da alma, que é formada à semelhança de Deus. O adultério é assim chamado porque é como o ingresso ao leito nupcial de outro (*ad alterius torum*). O incesto é o abuso dos consanguíneos ou dos afins (parentes por matrimônio). O pecado contra a natureza se comete derramando o sêmen de qualquer maneira, a não ser no órgão da concepção, quer dizer, no órgão da mulher. Todos aqueles que se mancham com estes pecados são caminho pisado pelos demônios e compartimento de lixo. E por isso, neles a semente da palavra de Deus se perde, e o que foi semeado é roubado pelo diabo.

7. "Parte da semente caiu sobre a pedra, e assim que nasceu, secou, porque não tinha umidade" (Lc 8,6). E o segundo compartimento da arca de Noé era a dispensa, o depósito dos víveres. A pedra e a dispensa representam os falsos religiosos: pedra, porque se gloriam da sublimidade de sua religião; dispensa, porque vendem as obras de sua vida pelo dinheiro do louvor humano.

Diga-se, pois: Uma parte caiu sobre a pedra, da qual fala o Profeta Abdias, investindo contra o religioso soberbo: "A soberba do teu coração elevou-te, a ti que habitas nas fendas dos rochedos" (Ab 1,3). Assim, a soberba é chamada de *super* e *eo* (vou sobre), porque vai, por assim dizer, acima de si. Ó religioso, a soberba do teu coração elevou-te, levou-te para fora de ti porque em vão tu te elevas acima de ti, que habitas nas fendas da pedra. A pedra é qualquer religião (Ordem Religiosa) da Igreja, da qual diz Jeremias: Nunca faltará neve nos penhascos do campo (cf. Jr 18,14). O campo é a Igreja; a pedra é a religião fundada sobre a pedra da fé; a neve é a pureza da mente e do corpo, que nunca deve faltar na religião. Mas, ai!, ai!, quantas fendas, quantos cismas, quantas divisões e dissensos existem na pedra, isto é, nas ordens religiosas! E se a semente da divina palavra cair sobre elas, não frutificará, porque não há umidade, o humor da graça do Espírito Santo, que não habita nas fendas da discórdia, mas na casa da unidade.

Diz Lucas: "Eram uma só alma e um só coração" (At 4,32). Na realidade, nas ordens existem as divisões, porque existe a rixa no capítulo, o relaxamento no coro, a murmuração no claustro, a voracidade no refeitório, a impudência da carne no dormitório. Justamente, pois, diz o Senhor: Parte da semente caiu sobre a pedra e, assim que nasceu, secou porque, como diz Mateus, "não tinha raiz" (Mt 13,6), isto é, não tinha a humildade, que é a raiz de todas as virtudes. Eis que agora vês claramente que da soberba do coração provêm as divisões nas ordens religiosas, e, portanto, não podem trazer fruto, porque não têm em si a raiz da humildade.

Semelhante ordem é representada pelo compartimento dos víveres (da arca). De fato, os religiosos, quando estão internamente em discórdia, procuram os louvores no exterior. Os falsos religiosos, como os donos de armazéns, vendem produtos sofisticados na praça pública: sob o hábito da ordem e à sombra de um falso nome, desejam ser louvados; diante das pessoas vestem uma certa aparência pessoal de perfeição, querem parecer santos, mas não querem sê-lo. Oh, infelicidade! A religião, que de-

46 DOMINGO DA SEXAGÉSIMA

veria conservar toda espécie de virtude e o perfume dos bons costumes, é destruída e torna-se um espaço de praça. Joel lamenta-se, dizendo: "Os celeiros foram destruídos [isto é, os claustros daqueles que vivem sob uma regra]; as dispensas [quer dizer, as abadias dos monges] estão vazias porque o trigo se perdeu" (Jl 1,17). No trigo, que é branco por dentro e castanho por fora, é indicada a caridade, que guarda a pureza de si mesmo e o amor ao próximo. Esse trigo é perdido porque caiu sobre a pedra e, apenas nascido, secou porque não tinha a raiz da humildade, nem o humor da graça dos sete dons do Espírito Santo. Portanto, veja que com a perda do grão, isto é, da caridade, é destruído o sagrado depósito de toda a religião.

8. "Uma parte da semente caiu entre os espinhos, que, germinando junto, sufoca-ram-na" (Lc 8,7). O terceiro compartimento da arca de Noé era destinado aos animais ferozes. Observa quanta correspondência existe entre os espinhos e os animais ferozes, que representam os avarentos e os usurários. São espinhos, já que a avareza captura, pica e faz sangrar; são animais ferozes, porque a usura rouba e dilacera. Por isso diz o Senhor: Uma parte caiu entre os espinhos, que, como ele mesmo explica, são as riquezas (cf. Lc, 8,14; Mt 13,22), que agarram o homem e o aprisionam. E Pedro, para não ser preso e aprisionado por elas, diz ao Senhor: "Eis que nós deixamos tudo e te seguimos" (Mt 19,27). Comenta São Bernardo: Fizeste bem, Pedro! De fato, se estavas pesado com uma carga, não podias seguir aquele que corre.

Depois, os espinhos picam. Diz Jeremias: "Novilha elegante e formosa é o Egito, mas do setentrião virá quem lhe fará sentir o aguilhão" (Jr 46,20). Egito, que se interpreta "trevas", é o avarento, envolvido nas trevas da ignorância. E diz-se "novilha" por dois motivos: pela licenciosidade da carne e pela instabilidade da mente; é dita *elegante*, procurada, pelos filhos e pelos parentes que se apinham ao seu redor; é chamada *formosa* pela beleza dos edifícios e das vestes que possui. A esta novilha chega o aguilhoeiro, isto é, o diabo, do setentrião, de onde, afirma Jeremias, "espalhar-se-á todo o mal" (Jr 1,14) e a atormentará com o aguilhão da avareza, para que corra e percorra para amontoar espinhos, isto é, riquezas, das quais Isaías diz que "uma vez amontoadas serão destruídas pelo fogo" (Is 33,12).

Portanto, o espinho pica e picando faz sair sangue. Toda a alma (cada ser vivo) tem a vida no seu sangue, diz Moisés (cf. Lv 17,14). O sangue da alma é a virtude, da qual a alma vive. Por isso, o avarento destrói a vida da alma, isto é, a virtude, quando deseja acumular riquezas. Daí que diz o Eclesiástico: "Não há coisa mais injusta do que aquele que ama o dinheiro: este despojou-se em vida das próprias entranhas" (Eclo 10,10), isto é, das virtudes.

E continua o Senhor: "Crescendo junto, os espinhos sufocaram a semente". Pois diz Oseias: "sobre seus altares crescerão espinhos e abrolhos" (Os 10,8). O abrolho é um arbusto que se prende à roupa; o espinho (latim: *tribolus*) é chamado assim porque quando pica produz tribulação. Portanto, espinhos e abrolhos são as riquezas que se agarram ao homem enquanto passa e o fazem tribular. Eles crescem sobre seu altar, isto é, no coração dos avarentos, no qual deveria ser oferecido a Deus um sacrifício, isto é, "o espírito contrito" (Sl 50,19), e ao contrário sufocam a semente da palavra de Deus e também o sacrifício de um espírito contrito.

9. Aos espinhos correspondem os animais ferozes, pelos quais, como dissemos, entendemos os pérfidos usurários. Deles diz o profeta: "Eis o mar, grande e espaçoso: nele existem répteis sem número, animais pequenos e grandes. Por ele transitam os navios" (Sl 103,25-26). Presta atenção às palavras: O mar, isto é, este mundo, cheio de amarguras, é grande para as riquezas, espaçoso para os prazeres, porque espaçoso e largo é o caminho que conduz à morte (cf. Mt 7,13). Mas para quem? Certamente não para os pobres de Cristo, que entram pela porta estreita (cf. Mt 7,13), mas para as mãos dos usurários, que já se apoderaram de todo o mundo. Por causa de suas usuras, as igrejas são depauperadas, os mosteiros foram despojados de seus bens; e, portanto, lamenta-se deles o Senhor com as palavras de Joel: "Um povo forte e inumerável veio sobre a minha terra; os seus dentes são como os dentes de um leão e seus molares são como os de um filhote de leão. Este povo reduziu a minha vinha a um deserto, tirou a casa de minhas figueiras, ele as despojou inteiramente e as lançou por terra; seus ramos tornaram-se brancos" (Jl 1,6-7).

O povo maldito dos usurários, forte e inumerável, cresceu sobre a terra, os seus dentes são como os dentes do leão. Observa duas coisas no leão: o pescoço inflexível, no qual há um só osso, e o fedor dos dentes. Assim o usurário é duro, inflexível, porque não se curva diante de Deus e não teme o homem (cf. Lc 18,2); seus dentes cheiram mal, porque na sua boca existe sempre o estrume do dinheiro e o esterco da usura. Seus molares são como os dos filhotes do leão, porque roubam, destroem e engolem os bens dos pobres, dos órfãos e das viúvas.

O usurário reduz a vinha a um deserto, ou seja, a Igreja do Senhor, quando, com a usura, se apossa dos seus bens; e esfola, desnuda e despoja a figueira do Senhor, isto é, a casa de alguma congregação, quando, sempre com a usura, apropria-se dos bens que lhe deram os fiéis. Por isso, seus ramos tornaram-se brancos, quer dizer, os monges ou os regulares daquela observância são afligidos pela fome e pela sede. Eis que espécie de esmolas fazem aquelas mãos: elas gotejam do sangue dos pobres; delas, no salmo, diz-se também: "Ali [isto é, no mundo] existem répteis sem número etc. (Sl 103,25).

Dê atenção às três espécies de usurários. Há alguns que praticam a usura privadamente: estes são os répteis, que se arrastam às escondidas e são inúmeros. Há outros que exercem a usura publicamente, mas não em larga escala, para parecerem misericordiosos: e estes são os animais pequenos. Outros ainda são os usurários malvados, condenados e impudentes, que praticam a usura diante de todos, como que na praça: e estes são os animais grandes, mais cruéis do que os outros, que serão presa de caça do demônio e, seguramente, sofrerão a ruína da morte eterna, a não ser que restituam o roubado e façam uma adequada penitência. E para que façam uma penitência adequada, "ali", isto é, exatamente em meio a eles, "os navios", quer dizer, os pregadores da Igreja, devem passar e espalhar a semente da palavra de Deus. Mas, por causa dos pecados, os espinhos das riquezas e os animais ferozes das usuras sufocam a palavra tão assiduamente semeada, e, portanto, não dão fruto de penitência.

10. "E uma parte da semente caiu em terra boa e, depois de nascer, deu fruto" (Lc 8,8), "alguma trinta, outra sessenta e outra cem por um" (Mt 13,8). E o quarto compartimento na arca de Noé foi o dos animais domésticos, e o quinto o das pessoas e das aves. Portanto, vede, caríssimos, que nos três compartimentos acima mencionados, no caminho dos luxuriosos, representados pelo compartimento do lixo, sobre a pedra dos religiosos soberbos, representados pelo compartimento dos víveres, e entre os espinhos dos avarentos e dos usurários, representados pelo compartimento dos animais ferozes, a semente da palavra de Deus não pôde dar fruto. Por isso, os fiéis da Igreja santa, no introito da missa de hoje clamam ao Senhor: "Levanta-te; por que dormes, Senhor?" (Sl 43,23).

Observa que por três vezes clamam "Levanta-te", e é por estas três coisas: o caminho, a pedra, os espinhos. Levanta-te, portanto, Senhor, contra os luxuriosos, que são o caminho do diabo: pois, porque dormem no pecado, eles creem que também tu estejas dormindo. Levanta-te contra os falsos religiosos, que são como a pedra sem o humor da graça. Levanta-te contra os usurários, que são como os espinhos picantes, "ajuda-nos e liberta-nos de suas mãos" (Sl 43,26). Nestes três lugares a semente da tua palavra, ó Senhor, não pôde dar fruto; mas quando finalmente cai em terra boa, produz o fruto.

11. E observa quanto bem concordam entre si a terra boa, os animais domésticos, os homens e as aves, que estão a indicar os justos e os penitentes, aqueles que levam vida ativa e os contemplativos. A terra boa, abençoada pelo Senhor, é a mente do justo, da qual diz o salmo: "A terra toda te adore, e cante em teu louvor, cante salmos ao teu nome" (Sl 65,4). E observa que "toda a terra" compreende Oriente, Ocidente, Setentrião e Meridião. Portanto, o espírito do justo deve ser terra oriental em consideração à sua origem, ocidental na lembrança de seu fim, setentrional em consideração às tentações e às misérias deste mundo, meridional pela perspectiva da bem-aventurança eterna. Portanto, "toda a terra", isto é, o espírito bom do justo, "te adore", ó Deus, "em espírito e verdade" (Jo 4,23) e na contrição do coração: este é o fruto de trinta por um; "e te cante", na confissão do teu nome e na acusação do seu pecado: e este é o fruto de sessenta por um: e para obter estes dois resultados devemos cantar a Deus nos seis dias de uma vida laboriosa; "e cante salmos ao teu nome" nas obras da satisfação (da penitência) e na perseverança final: e este é o fruto do cem por um, e é aquele perfeito.

12. Há ainda uma outra interpretação. A terra boa é a Santa Igreja, a arca de Noé que acolhe em si os animais domésticos, os homens e as aves.

"Os animais domésticos" representam os fiéis casados, que se aplicam às obras de penitência, dando do que é seu aos pobres, não ofendem nem causam dano a ninguém. Destes diz o Apóstolo na epístola de hoje: "Sendo vós sensatos, suportai de bom grado os insensatos. Efetivamente suportai quem vos reduz à escravidão, quem vos devora, quem vos rouba, quem é arrogante, quem vos bate no rosto" (2Cor 11,19-20): estes dão o fruto de trinta por um.

"Os homens" representam aqueles que vivem em castidade e levam vida ativa: estes são verdadeiros homens, isto é, usam a reta razão. Eles se submetem ao cansaço da vida ativa, expõem-se ao perigo pelo próximo, pregam a vida eterna com a palavra e com o exemplo, vigiam sobre si mesmos e sobre seus subordinados. Estes, como afirma o Apóstolo, estão "em trabalhos e fadigas, em muitas vigílias, na fome e na sede, nos jejuns prolongados, no frio e na nudez" (2Cor 11,27) eles dão o fruto de sessenta por um.

"As aves", postas na parte superior da arca, representam as virgens e os contemplativos que, quase elevados ao céu sobre as asas das virtudes, contemplam "o rei no seu esplendor" (Is 33,17). Estes, não digo no corpo, mas no espírito, são arrebatados na contemplação até o terceiro céu (cf. 2Cor 12,2), contemplando com a agudez do espírito a glória da Trindade, onde ouvem com a ouvido do coração as coisas que não podem ser expressas com palavras (cf. 2Cor 12,4), e nem compreender com a mente: e estes são aqueles que dão o fruto de cem por um.

Pedimos-te, pois, ó Senhor Jesus, que nos tornes terra boa, apta a acolher a semente da tua graça e a produzir o "fruto digno da penitência" (Mt 3,8), para que, assim, mereçamos viver eternamente na tua glória.

Concede-nos isso tu mesmo, que és bendito nos séculos dos séculos. Amém.

DOMINGO DA QUINQUAGÉSIMA

Temas do sermão

- Evangelho da Quinquagésima: "Um cego estava sentado ao longo do caminho".
- Primeiramente sermão aos pregadores: "Samuel tomou um vaso de óleo".
- Sermão contra o soberbo: "Um cego estava sentado ao longo do caminho"; as propriedades do ninho e do sangue menstrual.
- Sermão contra os mornos e os luxuriosos: "Aconteceu um dia que Tobias" etc.
- Sermão sobre a paixão de Cristo: "Abre o ventre do peixe".
- Sermão aos prelados da Igreja: "Os lábios do sacerdote".
- Sermão sobre a paixão de Cristo: "Será entregue aos pagãos" etc.

EXÓRDIO – SERMÃO AOS PREGADORES

1. "Um cego estava sentado ao longo do caminho, e clamava: Filho de Davi, tem piedade de mim" (Lc 18,35.38).

Lemos no Primeiro livro dos Reis: "Samuel tomou um pequeno vaso de óleo e o derramou sobre a cabeça de Saul" (1Sm 10,1). Samuel se interpreta "pedido" e indica o pregador, que a Igreja com suas orações pede a Cristo, que diz no evangelho: "Rogai, pois, ao Senhor da messe, que mande operários para a sua messe" (Mt 9,38). O pregador deve tomar o pequeno vaso de óleo, que é um vasinho quadrangular, figura da doutrina evangélica, chamada quadrangular por causa dos quatro evangelistas, e dela deve derramar o óleo da pregação sobre a cabeça de Saul, quer dizer, na alma do pecador. Saul se interpreta "aquele que abusa", que faz mau uso, e justamente representa o pecador que faz mau uso dos dons da graça e da natureza.

Observa que o óleo unge e ilumina. Assim a pregação unge e torna maleável a pele envelhecida nos dias de pecado (cf. Dn 13,52) e endurecida pelos pecados, quer dizer, a consciência do pecador; ou também unge o atleta de Cristo e o consagra para o combate contra as potências do ar (diabólicas) que devem ser debeladas. Por isso, encontramos no Terceiro livro dos Reis que Sadoc ungiu Salomão em Gion (cf. 1Rs 1,45). Sadoc interpreta-se "justo", e simboliza o pregador que, na qualidade de sacerdote, oferece o sacrifício de justiça sobre o altar da paixão do Senhor. Ele ungiu Salomão, que se interpreta "pacífico", em Gion, que significa "luta"; de fato, com o óleo da pregação, o pregador deve ungir o pecador convertido para torná-lo idôneo para a luta, a fim de que não ceda às sugestões diabólicas, mas pise as lisonjas da carne e despreze o mundo enganador. Além disso, o óleo ilumina, porque a pregação ilumina o olho da razão, a fim de que se torne capaz de ver o raio do verdadeiro sol. E então, em nome de Cristo, eu tomarei o vaso deste Santo Evangelho e dele derramarei o óleo da pregação, com o qual se iluminem os olhos deste cego do qual se diz: "Um cego estava sentado ao longo do caminho".

2. Neste domingo lê-se o evangelho sobre a iluminação do cego. No mesmo evangelho faz-se memória da paixão de Cristo e se lê e se canta a história da peregrinação de Abraão e da imolação de seu filho Isaac. E no introito da missa se diz: "Sê para mim, Senhor, o Deus que protege", e se lê a Epístola do Bem-aventurado Paulo aos Coríntios: "Ainda que falasse as línguas dos anjos e dos homens" etc. Portanto, para a honra de Deus e para a iluminação de vossa alma, concordaremos entre si todas estas leituras.

I – A CEGUEIRA DA ALMA

3. "Um cego estava sentado" etc. Sem nomear por ora todos os outros cegos iluminados pelo Senhor, queremos recordar somente três deles. O primeiro é o do evangelho, cego de nascimento, iluminado com a saliva e o barro (cf. Jo 9,1-7); o segundo é Tobias, cegado pelo esterco das andorinhas, mas curado com o fel do peixe (cf. Tb 2,11ss.); o terceiro é o bispo da Igreja de Laodiceia, ao qual o Senhor diz: "Não sabes que és um infeliz, um miserável, um pobre, cego e nu. Aconselho-te a comprar de mim ouro purificado e refinado com o fogo para te tornares rico e vestir as vestes brancas, para que não se manifeste a vergonha da tua nudez; e unge teus olhos com o colírio, para que possas ver" (Ap 3,17-18). Vejamos o que simbolizam estes três cegos.

O cego de nascimento representa de maneira alegórica o gênero humano, cegado nos progenitores. Jesus o iluminou quando cuspiu na terra e espalhou em seus olhos o lodo assim obtido. A saliva, que desce da cabeça, simboliza a divindade, a terra representa a humanidade. A mistura da saliva com a terra representa a união da natureza divina com a natureza humana: pelo efeito desta união foi iluminado o gênero humano. E as palavras do cego que clama, sentado ao longo do caminho, lembram exatamente as duas naturezas: "Tem piedade de mim", refere-se à humanidade, e "Filho de Davi", à divindade.

4. Em sentido moral, este cego representa o soberbo. A sua soberba é assim descrita pelo Profeta Abdias: "Ainda que te eleves como a águia e ponhas o teu ninho entre os astros, eu te arrancarei de lá, diz o Senhor" (Ab 1,4).

A águia, que voa mais alto do que as outras aves, representa o soberbo, que, com as duas asas da arrogância e da vanglória, deseja ser considerado superior a todos. A ele é dito: "Ainda que ponhas teu ninho [isto é, a tua vida] entre os astros [quer dizer, entre os santos, que neste lugar escuro (cf. 2Pd 1,19) brilham como estrelas no firmamento], eu te arrancarei de lá, diz o Senhor". De fato, o soberbo tenta colocar o ninho de sua vida em companhia dos santos. Daí diz Jó: "A pena do avestruz [isto é, do hipócrita] é semelhante às penas da cegonha e do falcão" (Jó 39,13), isto é, do justo.

Observa também que o ninho tem em si mesmo três qualidades: no interior é feito de coisas macias, no exterior é construído de coisas duras e ásperas, está situado num lugar inseguro, exposto ao vento. Assim a vida do soberbo, no interior, tem certa maciez, que é o prazer carnal; mas no exterior ele é circundado de espinhos de madeiras secas, isto é, de coisas mortas; enfim, é exposto ao vento da vaidade, encontra-se numa situação precária, porque da manhã à noite não sabe se será tirado de lá. E esta é a conclusão: "De lá [diz o Senhor] eu te arrancarei para o inferno". E por isso é dito ainda no Apocalipse: "Quanto se glorificou e viveu em delícias, tanto dai-lhe de tormento" (Ap 18,7).

5. E observa que este cego soberbo é iluminado com a saliva e o lodo. A saliva é a semente do pai, que é colocada na lodosa matriz da mãe, na qual é gerada a mísera criatura humana: certamente a soberba não a cegaria se considerasse a forma tão miserável de sua geração. Por isso diz Isaías: "Considerai a rocha donde fostes cortados e o manancial donde saístes" (Is 51,1). A rocha é nosso pai carnal; o manancial é a matriz de nossa mãe. Do primeiro saímos na fétida efusão do sêmen, da segunda somos extraídos no parto cheio de dor.

Por que então te ensoberbeces, ó mísera criatura humana, gerada com tão vil saliva, procriada em tão horrendo lago e ali nutrida por nove meses com sangue menstrual? Ao contato com aquele sangue, as messes já não germinam, o vinho torna-se vinagre, as ervas morrem, as plantas perdem os frutos, a ferrugem corrói o ferro, os bronzes escurecem e se os cães ingerirem algo disso são atacados pela raiva, de modo que suas mordidas são perigosas e se tornam linfáticas. Além disso, os próprios olhares das mulheres, que também durante o período de suas regras sentem estímulos menores, não são certamente inócuos. Com o olhar estragam os espelhos, de modo que seu brilho, atacado pelo olhar, é diminuído. E este brilho quase apagado faz esmorecer a costumeira semelhança do rosto; o aspecto é como que ofuscado por uma espécie de escuridão, causada exatamente pelo enfraquecimento do brilho.

Se tu, ó mísero homem, ó cego soberbo, meditares atentamente estas coisas e te considerares gerado com o barro e com a saliva, verdadeiramente serás iluminado, realmente humilhar-te-ás. E que a citação de Isaías acima recordada se referia à geração carnal, torna-se claríssimo por aquilo que segue: "Lançai os olhos para Abraão, vosso pai, e para Sara, que vos deu à luz" (Is 51,2).

A este cego soberbo o Senhor ordena: "Sai da tua terra, da tua parentela e da casa de teu pai" etc. (Gn 12,1). Observa aqui três espécies de soberba: a soberba em relação ao inferior, ao igual e ao superior.

O soberbo pisa, despreza e zomba: pisa o inferior como se fosse terra, que assim se chama pelo verbo latino *tero*, pisar; despreza o igual como se fosse de sua parentela; de fato, o soberbo despreza e escandaliza com facilidade parentes e afins; zomba até do superior, como a casa do pai. O superior é chamado "casa do pai", porque sob ele o súdito, como faz o filho na casa paterna, deve proteger-se da chuva da concupiscência carnal, da tempestade da perseguição diabólica, do fogo da prosperidade mundana. Mas o cego soberbo zomba do superior com o desprezo que se exprime pelo torcimento do nariz. Por isso, diz o Senhor: "Sai", ó cego soberbo, "da tua terra" para não pisar o inferior; "sai da tua parentela" para não desprezar o igual, "e da casa de teu pai" para não zombar do superior.

6. Segue: "E vai para a terra que eu te mostrar" (Gn 12,1). Esta terra é a humanidade de Jesus Cristo, da qual o Senhor diz a Moisés no Êxodo: "Tira as sandálias de teus pés, porque o lugar em que estás é uma terra santa" (Ex 3,5). As sandálias são as obras mortas, que tu deves desatar, isto é, tirar dos pés, quer dizer, dos afetos de tua mente, porque a terra, isto é, a humanidade de Cristo, na qual estás por meio da fé, é santa e santifica a ti pecador. Vai, pois, ó soberbo, para aquela terra, considera a humanidade de Cristo, observa a sua humildade e destrói o orgulho do teu coração. Caminha com os passos do amor, aproxima-te com a humildade do coração, dizendo com o profeta: "Na tua verdade [com razão] me humilhaste" (Sl 118,75).

Ó Pai, na tua verdade, isto é, no teu Filho, humilhado, pobre e peregrino, me humilhaste; o teu Filho foi humilhado no seio da Virgem, foi pobre no presépio, na estrebaria dos animais; foi peregrino andando ao patíbulo da cruz. Nada tem condições de humilhar a soberba do pecador quanto a humilhação da humanidade de Jesus Cristo. De fato, diz Isaías: "Se tu rompesses os céus e descesses, os montes derreter-se-iam diante da tua face" (Is 64,1). Diante de sua face, isto é, na presença da humanidade de Cristo, os montes, quer dizer, os soberbos, dissipam-se, e faltam-se a si mesmos quando consideram a cabeça da divindade reclinada no seio da Virgem Maria.

Vai, pois, para a terra que quase te indiquei com o dedo no Rio Jordão, dizendo: "Este é o meu Filho amado, no qual pus a minha complacência" (Mt 3,17). Também tu será o amado, no qual pus minha complacência, filho adotivo pela graça, se a exemplo do meu Filho, que é igual a mim, te humilhares; por isso te mostrei, para que tu adaptasses o comportamento de tua vida à forma de sua vida, e assim adaptado recebesses a humilhação e, portanto, pudesses dizer: "Vê, a tua fé te salvou" (Lc 18,42), devolveu-te a vista.

7. O segundo cego, cegado pelo esterco das andorinhas, mas depois curado com o fel do peixe, é Tobias, do qual no homônimo livro se narra: "Sucedeu um dia que, cansado de ter que sepultar mortos, indo para sua casa, deitou-se junto de uma parede

e adormeceu. Enquanto dormia, de um ninho de andorinhas caiu-lhe um pouco de esterco sobre os seus olhos e ficou cego" (Tb 2,10-11). Vejamos brevemente o que significam Tobias, a sepultura, a casa, a parede, adormecer, o ninho, as andorinhas e seus excrementos. Tobias é o justo morno, a sepultura é a penitência, a casa é o cuidado do corpo, a parede é o prazer da carne, adormecer é o torpor da negligência, o ninho é o consenso da mente viciada, as andorinhas são os demônios, os excrementos são a gula e a luxúria.

Tobias representa o justo morno, sem vontade, do qual o Senhor diz no Apocalipse: "Já que não és frio", pelo medo da pena, "nem quente", por amor da graça, "mas porque és morno, por isso começarei a vomitar-te da minha boca" (Ap 3,15-16). De fato, como a água morna provoca o vômito, assim a tibieza e a negligência expele do seio da misericórdia divina o ocioso e o morno. Maldito aquele que realiza com indolência as obras do Senhor, exclama Jeremias (cf. Jr 48,10). Este, cansando da sepultura, volta para casa, quando no cansaço da penitência – na qual e sob a qual deve esconder os corpos dos mortos, isto é, os pecados mortais, para estar entre aqueles dos quais se diz: Felizes aqueles cujos pecados são apagados (Sl 31,1) – é tomado pelo aborrecimento e retorna com os seus desejos ao cuidado de seu corpo e à sua concupiscência, comportando-se assim ao contrário daquilo que diz o Apóstolo (cf. Rm 13,14).

De fato, acrescenta: "Deitou-se junto a uma parede". A parede é o prazer da carne. Como na parede uma pedra é colocada sobre a outra e é fixada com cimento, assim nos prazeres da carne o pecado da vista é unido ao pecado do ouvido, o pecado do ouvido àquele do gosto, e assim com os outros sentidos, e se juntam tenazmente entre si com o cimento dos maus hábitos; e depois adormece abandonado ao torpor da negligência e assim acontece a defecação das andorinhas sobre os olhos do que está a dormir.

As andorinhas, por seu agilíssimo voo, representam os demônios, cuja soberba teria querido voar acima das nuvens, acima das estrelas do céu, e chegar à igualdade com o Pai, à semelhança do Filho (cf. Is 14,13-14).

O ninho dos demônios é o consenso da mente efeminada, construído com as penas da vanglória e com o barro da lascívia. De tal ninho caem os excrementos da gula e da luxúria sobre os olhos de Tobias adormecido, e assim são cegados os olhos, isto é, a razão e o intelecto da desventurada alma.

8. Prestai atenção, caríssimos, e acautelai-vos deste funesto processo: pelo tédio da sepultura, isto é, pelo desgosto da penitência, chega-se à casa do cuidado do corpo; sob a aparência da necessidade, apoia-se à parede do prazer, e portanto a alma, imersa no sono da negligência, é cegada pelo esterco da luxúria. Diz o Poeta: Pergunta-se de que modo Egisto tornou-se adúltero. O motivo ali é evidente: ele estava no ócio (Ovídio).

Clama, pois, ó morno Tobias, ó cego luxurioso, que jazes apoiado à parede, clama: "Filho de Davi, tem piedade de mim!"

Por isso este cego, no introito da missa de hoje, pede para ser iluminado, dizendo: "Sê tu o Deus que me protege, o lugar de abrigo, porque tu és o meu sustento e o meu refúgio, e por teu nome serás meu guia e me nutrirás" (Sl 30,2ss.). O cego pede quatro coisas: "Sê tu o Deus que me protege": me protege e me defende com os braços abertos sobre a cruz, como a choca os seus pintinhos sob suas asas; "o lugar de abrigo": no teu lado, traspassado pela lança, possa eu encontrar o lugar de abrigo, onde esconder-me diante do inimigo; "porque tu és o meu sustento", a fim de que não caia, "e o meu refúgio", antes "retrofúgio", porque se eu cair, não a outros, mas só a ti eu me dirija; "e por teu nome", que é "Filho de Davi", serás guia para mim que sou cego, porque me estenderás a mão da tua misericórdia, e me nutrirás com o leite da tua graça. "Filho de Davi, tem, pois, piedade de mim."

II – A paixão de Cristo

9. O Filho de Deus e de Davi, o anjo do supremo conselho, o médico e a medicina do gênero humano, sempre no Livro de Tobias, te aconselha dizendo: Tira as entranhas desse peixe, guarda o fel, unge os olhos (cf. Tb 6,5ss.) e assim poderás readquirir a vista.

Em sentido alegórico, o peixe representa Cristo, que por nós foi por assim dizer assado na grelha da cruz. O fel é sua amaríssima paixão, e se os olhos da tua alma forem espargidos com ela, readquirirás a vista. De fato, a amargura da paixão do Senhor expulsa toda a cegueira da luxúria e todo excremento de carnal concupiscência. Disse um sábio: "A lembrança do crucificado crucifica os vícios" (Guerrico); e no Livro de Rute lemos: "Molha o teu bocado no vinagre" (Rt 2,14). O bocado é o mesquinho, momentâneo prazer da carne; deves molhar o bocado no vinagre, isto é, na amargura da paixão de Jesus Cristo.

Por isso, também a ti o Senhor ordena aquilo que ordenou a Abraão, no relato que se lê neste domingo: "Toma teu filho Isaac, a quem tanto amas, e vai à terra da visão, e ali oferece-o a mim em holocausto" (Gn 22,1). Isaac se interpreta "riso" ou "gozo", e em sentido moral está a significar a nossa carne, que *ri* quando as coisas deste mundo lhe sorriem, e goza quando satisfazem aos seus desejos. E Salomão diz a propósito: "O riso", isto é, as coisas temporais, "considerei-o um erro" porque fazem desviar (errar) do caminho da verdade, "e ao gozo" da carne "eu disse: Por que em vão te iludes?" (Ecl 2,2).

Toma, pois, o teu filho, a tua carne, que amas e que nutres com tanto afeto: não sabes, pobre mesquinho, que não existe no mundo peste pior do que o inimigo que vive em casa contigo? E continua Salomão: "Aquele que cria delicadamente o seu criado desde a infância, depois experimentá-lo-á contumaz" (Pr 29,21). "Toma-o, pois, toma-o e crucifica-o" (Jo 19,15), é réu de morte. Responde Pilatos, isto é, o afeto carnal: "Mas que mal fez ele?" (Mt 26,66; 27,23; Lc 23,22). Oh! quantos males fez o teu riso, o teu filho. Desprezou a Deus, escandalizou o próximo, deu a morte à sua alma. E tu dizes: Que mal fez ele? Toma-o, pois, e vai para a terra da visão.

10. "Terra da visão" foi chamada Jerusalém, da qual se lê no evangelho de hoje: "Jesus chamou secretamente seus doze discípulos e lhes disse: Subamos a Jerusalém" (Mt 20,17-18). Toma também tu o teu filho e sobe com Jesus e os apóstolos a Jerusalém, e ali oferece sobre o altar, isto é, na meditação da paixão do Senhor, sobre a cruz da penitência, o teu corpo em holocausto. E preste bem atenção que diz "em holocausto". "Holocausto" vem do grego *holon*, tudo, e *cauma*, queimadura, combustão; por isso, "holocausto" significa "tudo queimado". Oferece, pois, todo o teu filho, todo o teu corpo a Jesus Cristo, que se ofereceu todo ao Pai para destruir todo inteiro o corpo do pecado (cf. Rm 6,6).

E observa que como o corpo humano é composto de quatro elementos: fogo, ar, água e terra, o fogo nos olhos, o ar na boca, a água nas costas, a terra nas mãos e nos pés; assim o corpo do pecador, escravo do pecado, tem o fogo nos olhos pela curiosidade (desejo), o ar na boca pela loquacidade, a água nas costas pela luxúria e a terra nas mãos e nos pés pela crueldade. O Filho de Deus, porém, teve velado o rosto – no qual os anjos desejam fixar o olhar (cf. 1Pd 1,12) – para mortificar a doentia curiosidade dos teus olhos; ficou mudo como um cordeiro diante daquele que não só os tosquiou, mas até o matou, e enquanto era maltratado não abriu sua boca (cf. Is 53,7; At 8,32), para frear a desmedida loquacidade; seu lado foi traspassado pela lança para fazer sair de ti os humores malsãos da luxúria; foi pendurado à cruz com os pregos fincados nas mãos e nos pés para eliminar das tuas mãos e dos teus pés a crueldade (das obras más). Toma, pois, o teu filho, o teu riso, a tua carne, e oferece tudo em holocausto, a fim de que tu possas arder todo em caridade, "a qual cobre a multidão dos pecados" (1Pd 4,8).

Na epístola de hoje, o Apóstolo diz da caridade: "Ainda que eu fale as línguas dos homens e dos anjos, mas não tiver a caridade, sou como o bronze que soa ou um címbalo que tine" (1Cor 13,1). Diz Agostinho: eu chamo caridade o impulso da alma que leva a gozar a Deus por ele próprio, e a gozar a si e ao próximo em ordem a Deus. E quem não tem esta caridade, ainda que faça muitas coisas boas, muitas boas obras, age em vão; por isso diz o Apóstolo: Ainda que eu fale as línguas dos anjos etc. A caridade levou o Filho de Deus ao patíbulo da cruz. E no Cântico dos Cânticos diz-se: "O amor é forte como a morte" (Ct 8,6). E São Bernardo exclama: "Ó caridade, quão forte é teu laço, com o qual até o Senhor pôde ser ligado!" Toma, pois, o teu filho (o teu corpo) e oferece-o sobre o altar da paixão de Jesus Cristo: com seu fel, isto é, com a sua amargura, serás iluminado e merecerás ouvir dizer: "Vê! a tua fé te salvou" (Lc 18,42), restituiu-te a vista.

11. Existe ainda outra aplicação. Tobias foi iluminado com o fel do peixe. A carne do peixe é saborosa, o fel, porém, é amargo, e se com ele se molha a carne do peixe, também ela torna-se toda amarga. A carne do peixe representa os prazeres da luxúria, e o fel que está escondido dentro é a amargura da morte eterna. Por isso Jó, no mesmo sentido embora com palavras diversas, diz: "Seu alimento era a raiz do junípero" (Jó 30,4). Observa que a raiz do Junípero é doce e comestível, mas tem como folhas

os espinhos; assim o prazer da luxúria, que é o alimento dos homens entregues aos prazeres carnais, no momento parece doce, mas no fim produzirá os espinhos da morte eterna.

Eviscera, pois, o peixe, isto é, medita sobre o prazer do pecado e compreende quanto seja abjeto. Extrai o fel, quer dizer, volta tua atenção para a pena, para o castigo que é imposto ao pecado e como aquele castigo não tem mais fim: assim poderás mudar em amargura qualquer prazer de tua carne.

12. O terceiro cego foi o anjo de Laodiceia, iluminado com o colírio. Laodiceia interpreta-se "tribo cara ao Senhor", e indica a Santa Igreja, por amor à qual o Senhor derramou seu sangue, e dela, como fez com a tribo de Judá, escolheu o "sacerdócio real" (1Pd 2,9). O anjo de Laodiceia é o bispo, ou seja, o prelado da Santa Igreja, que justamente é chamado "anjo" pela dignidade do seu ofício, do qual diz o Profeta Malaquias: "Os lábios dos sacerdotes serão os guardas da ciência; de sua boca se há de aprender a lei, porque ele é o anjo do Senhor dos exércitos" (Ml 2,7).

Observa que nesta citação são indicadas cinco prerrogativas, absolutamente necessárias ao bispo ou ao prelado da Igreja: isto é, a vida, a fama, a ciência, a riqueza da caridade, a túnica talar da pureza.

Os lábios do sacerdote são dois: a vida e a fama; eles devem guardar a ciência, para que aquilo que o sacerdote sabe e prega guarde a sua vida, enquanto se refere a ele próprio, e a sua ciência, enquanto se refere ao próximo. De fato, destes dois lábios procede a ciência de uma pregação frutuosa. E se no prelado estiverem sobretudo estas três qualidades, de sua boca os súditos procurarão a lei, isto é, a caridade, da qual diz o Apóstolo: "Carregai os fardos uns dos outros, e assim cumprireis a lei de Cristo" (Gl 6,2), isto é, o seu preceito da caridade; de fato, só por amor, Cristo carregou em seu corpo sobre a cruz o peso dos nossos pecados. A lei é a caridade, que os súditos "procuram por fora" (*ex-quirunt*), isto é, procuram sobretudo nas obras, para recebê-la depois com maior prazer e mais frutuosamente pela própria boca do prelado: porque Jesus "começou primeiro a fazer e depois a ensinar" (At 1,1). De fato, Ele "era poderoso em obras e em palavras" (Lc 24,19).

13. "Porque é o anjo (o mensageiro) do Senhor dos exércitos". Eis a estola da pureza interior. Viver na carne, prescindindo da carne, como diz Jerônimo, não é próprio da natureza humana, mas da celeste.

Mas ao anjo de Laodiceia, isto é, ao prelado da Igreja, privado destes cinco dotes, o Senhor faz graves censuras quando diz: "Tu és infeliz e miserável, cego, pobre e nu". És infeliz na tua vida, miserável na fama, cego na ciência, pobre na caridade, nu da túnica talar da pureza. Mas porque o Senhor sabe curar o mal com os remédios a eles contrários, e quando corrige, ensina, e enquanto aguilhoa, alivia a dor, eis que dá seus conselhos ao cego de Laodiceia, dizendo: "Exorto-te a comprar de mim ouro purificado no fogo e garantido, para tornar-te rico, e a vestir as vestes brancas a fim de que não se veja a vergonha de sua nudez; e unge os teus olhos com o colírio para ver". Exorto-te a comprar com o preço da boa vontade, de mim e não do mundo, o ouro de uma vida preciosa, contra a escória de tua vida infeliz; ouro purificado pelo fogo da caridade, contra a miséria de tua pobreza; ouro garantido pelo crisol da boa fama, contra o mau cheiro de tua infâmia; e a revestir-te de vestes brancas, contra a vergonha de tua nudez, e molhar teus olhos com o colírio, contra a cegueira de tua insipiência.

14. Observa que este colírio, com o qual se iluminam os olhos da alma, compõe-se das cinco palavras da paixão do Senhor, que são como que cinco ervas, das quais fala exatamente o evangelho de hoje: "Será entregue aos gentios, será escarnecido, ultrajado e cuspido; e depois de o açoitarem, o matarão" (Lc 18,32). Mas ai!, ai! [Aquele que é] a liberdade dos prisioneiros é aprisionado; a glória dos anjos é escarnecida, o Deus de todos é flagelado, o espelho sem mancha e o candor da luz eterna (cf. Sb 7,26) é coberto de cusparadas; aquele que é a vida dos moribundos é morto: e a nós míseros o que já nos resta fazer, se não irmos e morrer com ele? (Jo 11,16). Levanta-nos, ó Senhor, do barro da escória com o gancho da tua cruz, para que possamos correr, não digo para o perfume (cf. Ct 1,3), mas para a amargura da tua paixão. Ó minha alma, prepara-te o colírio, faça um amargo pranto sobre a morte do Unigênito (cf. Jr 6,26), sobre a paixão do Crucificado! O Senhor inocente é traído pelo discípulo, é escarnecido por Herodes, é flagelado pelo presidente, é coberto de cusparadas pela ralé dos judeus, é crucificado pela coorte dos soldados! Façamos uma breve consideração sobre cada um destes fatos.

15. Foi traído por um discípulo seu. Judas disse: "O que me quereis dar, e eu vo-lo entregarei?" (Mt 26,15).

Ó dor! Tenta-se dar um preço para aquilo que é inestimável! Mas ai!, Deus é traído e vendido por pouco dinheiro. "O que me quereis dar?" Ó Judas, tu queres vender Deus, o Filho de Deus, como um escravo sem valor, como um "cão morto", já que não interrogas a tua vontade, mas a dos compradores. "O que me quereis dar?" E o que podem dar-te? Se te dessem Jerusalém, a Galileia e a Samaria, por acaso poderiam comprar Jesus? Se pudessem dar-te o céu e os anjos, a terra e os homens, o mar com aquilo que ele contém, estariam talvez em condições de comprar o Filho de Deus, "no qual estão escondidos todos os tesouros da sabedoria e da ciência"? (Cl 2,3). Certamente, não! O Criador pode talvez ser comprado ou vendido pela criatura? E tu dizes: O que me quereis dar, e eu vo-lo entregarei? Dize-me ao menos: Em que te ofendeu, o que te fez de mal, para que tu digas: E eu vo-lo entregarei? Onde está a incomparável humildade do Filho de Deus e sua voluntária pobreza? Onde está sua doçura e sua afabilidade? Onde está sua humaníssima pregação e onde os milagres operados por ele? Onde estão suas lágrimas piedosas derramadas sobre Jerusalém e pela morte de Lázaro? Onde está o privilégio pelo qual te escolheu como apóstolo e te fez seu amigo e familiar? Estes fatos e outros mais não deveriam ter enternecido o teu coração, chamá-lo à piedade e impedir-te de dizer: Em vo-lo entregarei? Infelizmente, quantos Judas Iscariotes, nome que se interpreta "recompensa", existem hoje, que pela recompensa de alguma vantagem temporal vendem a verdade, traem o próximo com o beijo da adulação, e assim, no fim, se enforcam no laço da condenação eterna!

16. Depois, foi escarnecido por Herodes. De fato, Lucas diz: "Herodes com seus guardas desprezou-o, fez escárnio dele, mandando-o vestir uma veste branca" (Lc 23,11). O Filho de Deus é desprezado por aquela raposa de Herodes – "Ide, havia dito um dia Jesus, e dizei a essa raposa" (Lc 13,32) – e por seus guardas; porém, enquanto o exército dos anjos lhe canta com voz incessante: Santo, santo, santo o Senhor, Deus dos exércitos. E Daniel diz: Eram milhares de milhares os que o serviam, e mil milhões os que assistiam diante dele (cf. Dn 7,10).

"E para escarnecê-lo lhe fez vestir uma veste branca" (símbolo de loucura). O Pai revestiu seu filho Jesus com uma veste branca, quer dizer, "a carne, limpa de qualquer mancha de pecado", tomada da Virgem *imaculada*. Deus Pai glorificou o Filho, que Herodes desprezou. O Pai revestiu-o da veste branca, e Herodes o escarneceu vestindo-o do mesmo modo. Oh dor! assim acontece também hoje! Herodes interpreta-se "glória da pele", e representa o hipócrita que se gloria de sua aparência exterior como de uma pele, enquanto, porém, "toda a glória da filha do rei", isto é, da alma que é filha do Rei do céu, deve provir "do interior" (Sl 44,14).

Este (o hipócrita) despreza e escarnece o Senhor: despreza-o quando prega o crucificado, mas do crucificado não traz os estigmas; escarnece-o quando se esconde sob a glória da pele (da aparência) para poder enganar os membros de Cristo. O passarinheiro soa docemente o apito, enquanto engana o pássaro (Catão). A quantos engana também hoje a glória da pele herodiana (a hipocrisia)!

17. Foi também flagelado por Pôncio Pilatos. Lemos em João: "Então Pilatos mandou prender Jesus e o fez flagelar" (Jo 19,1). E diz Isaías: "Quando passar o flagelo destruidor, vós sereis a massa por ele pisada e no momento em que ele passar, vos arrebatará" (Is 28,18-19). Para que este flagelo, no qual são indicadas a morte eterna e o poder do diabo, não nos atingisse, o Deus de todos, o Filho de Deus, foi amarrado à coluna como malfeitor e impiedosamente flagelado, tanto que jorrou sangue de todas as partes do corpo.

Ó mansidão da divina misericórdia, ó paciência da paterna bondade, ó profundo e imperscrutável mistério do eterno conselho! Tu, ó Pai, vias teu Unigênito, aquele que é igual a ti, ser amarrado à coluna como um malfeitor e dilacerado com os flagelos como um homicida. E como pudeste conter-te? Damos-te graças, ó Pai santo, porque pelas correntes e pelos flagelos de teu Filho dileto fomos libertados das correntes e dos flagelos do diabo. Mas, oh dor! Mais uma vez Pôncio Pilatos flagela Jesus Cristo, Pôncio se interpreta "desviante", e Pilatos "martelador", ou também "que abate com a boca" e representa aquele que desvia dos bons propósitos e depois do *voto* retorna ao *vômito*. Este com sua boca blasfema e com o martelo da língua atinge e flagela Cristo nos seus membros: de fato, afastando-se, junto com satanás, da presença do Senhor (cf. Jó 2,7), difama a Ordem, de um diz que é soberbo, do outro que é guloso e, para ele próprio aparecer inocente, julga culpados os outros e assim mascara a sua maldade difamando muitos outros.

18. Foi também coberto de cusparadas pelos judeus. Mateus: "Então cuspiram-lhe no rosto e feriram-no com bofetadas; outros deram-lhe punhadas no rosto" (Mt 26,67).

Ó Pai, a cabeça do teu filho Jesus, que incute tremor nos arcanjos, é espancada com uma cana; o rosto, no qual os anjos desejam fixar o olhar (cf. 1Pd 1,12), é sujado pelas cusparadas dos judeus, atingido por suas bofetadas; sua barba é arrancada, é atingido pelos socos, é arrastado pelos cabelos. E tu, ó clementíssimo, calas-te e dissimulas, e preferes que alguém, que é teu único, seja tão coberto de escarros, tão esbofeteado, mas que não pereça todo o povo (cf. Jo 11,50). A ti o louvor, a ti a glória, porque pelas cusparadas, pelos tapas e pelos socos recebidos por teu filho Jesus extraíste para nós a *teriaca*, o contraveneno, para expelir o veneno de nossa alma.

Outra aplicação. O rosto de Jesus Cristo representa os prelados da Igreja, por meio dos quais, como por meio do rosto, conhecemos a Deus. Sobre este rosto, os pérfidos judeus, isto é, os acima mencionados maus, cospem, quando caluniam e maldizem os próprios prelados, coisa que o Senhor proíbe quando diz: "Não dirás mal do príncipe do teu povo" (At 23,5; cf. Ex 22,28).

19. Enfim, foi crucificado pelos soldados. Diz João: "Os soldados, depois de tê-lo crucificado, tomaram suas vestes" etc. (Jo 19,23). "Ó vós todos que passais pelo caminho", parai o passo, "considerai e observai se existe uma dor semelhante à minha dor" (Lm 1,12).

Os discípulos fogem, os conhecidos e os amigos desaparecem, Pedro nega, a sinagoga coroa com espinhos, os soldados crucificam, os judeus blasfemam escarnecendo e dando-lhe a beber fel e vinagre. Que dor é como a minha dor? Como diz a esposa do Cântico dos Cânticos, "suas mãos de ouro, feitas ao torno, cheias de jacintos" (Ct 5,14), foram traspassadas pelos pregos. Os pés, aos quais o próprio mar se ofereceu para que caminhasse sobre ele, foram pregados à cruz. O rosto, que é como o sol quando resplandece em todo o seu fulgor (cf. Ap 1,16), cobriu-se da palidez da morte. Os olhos amados, aos quais nenhuma criatura é invisível, estão fechados na morte. E que dor é como a minha dor? Em todo aquele tormento, vem em seu socorro somente o Pai, em cujas mãos confiou o seu espírito, dizendo: "Pai, em tuas mãos entrego o meu espírito" (Lc 23,46). E depois de ter dito isto, "reclinando a cabeça", ele que não tinha onde pousar a cabeça, "entregou o espírito" (Jo 19,30).

Mas ai de mim, ai de mim!, todo o corpo místico de Cristo, que é a Igreja (cf. Cl 1,24), é novamente crucificado e morto! E neste corpo alguns são a cabeça, outros as mãos, outros os pés, outros o corpo inteiro. A cabeça são os contemplativos, as mãos são aqueles que levam vida ativa, os pés são os pregadores santos, o corpo, todos os verdadeiros cristãos. Cada dia, os soldados, isto é, os demônios, crucificam todo este corpo de Cristo com suas instigações, que, de certo modo, são os pregos; os judeus, os pagãos, os hereges o blasfemam e lhe dão a beber o fel e o vinagre dos tormentos e da perseguição. Mas não é de admirar: porque "todos aqueles que querem viver piamente em Cristo sofrerão perseguição" (2Tm 3,12). Justamente, pois, se diz: "Será entregue, será escarnecido, será flagelado, será sujado com as cusparadas e será crucificado". Com estas cinco palavras, como com cinco preciosíssimas ervas, prepara-te o colírio, ó anjo de Laodiceia, e asperge os olhos de tua alma para reaver a luz e possas ouvir que te dizem: "Vê! A tua fé te salvou" (Lc 18,42).

Ó caríssimos, rezemos e peçamos com insistência e com a devoção da mente que o Senhor Jesus Cristo se digne iluminar os olhos de nossa alma com a fé na sua encarnação, com o fel e o colírio de sua paixão, ele que iluminou o cego de nascença, o pai de Tobias, Tobi, e o anjo de Laodiceia, a fim de que nós sejamos considerados dignos de contemplar, no esplendor dos santos e no fulgor dos anjos, o próprio Filho de Deus, que é luz da luz. No-lo conceda ele mesmo, que com o Pai e o Espírito Santo vive e reina nos séculos dos séculos. Amém.

Início do jejum
(Quarta-feira de Cinzas)

1. Jesus disse a seus discípulos: Quando jejuais não vos mostreis tristes como os hipócritas que desfiguram o rosto para mostrar aos homens que jejuam..., unge antes a cabeça e lava o rosto etc. (cf. Mt 6,16-17). Quando deres esmola, não faças tocar a trombeta diante de ti, como fazem os hipócritas..., não saiba a tua esquerda o que faz a tua direita etc. (cf. Mt 6,2-3). Neste trecho evangélico são tratados dois assuntos: o jejum e a esmola.

I – O JEJUM

2. "Quando jejuais." Nesta primeira parte devem-se considerar quatro coisas: o fingimento dos hipócritas, a unção da cabeça, a lavação do rosto, o ocultamento do bem.

"Quando jejuais." Na *História natural*, lê-se que com a saliva do homem em jejum resiste-se aos animais venenosos: e até, se uma serpente a ingerir, ela morre (Plínio). Portanto, no homem em jejum existe verdadeiramente uma grande medicina.

No paraíso terrestre, enquanto jejuou do fruto proibido, Adão se manteve na inocência. Eis a medicina que mata a diabólica serpente e que restitui o paraíso, perdido por culpa da gula. Por isso, diz-se que Ester castigou seu corpo com os jejuns para fazer cair o orgulhoso Aman e reconquistar para os judeus a benevolência do Rei Assuero (cf. Est 4). Jejuai, pois, se quiserdes conseguir estas duas coisas: a vitória sobre o diabo e a restituição da graça perdida. Mas, "quando jejuardes não vos torneis tristes como os hipócritas" (Mt 6,16), isto é, não mostreis o vosso jejum com a tristeza do rosto: não proíbe a virtude, mas a falsa aparência da virtude...

Hipócrita diz-se também "dourado", isto é, que tem a aparência do ouro, mas no interior, na consciência, é lodoso. Este é Bel (Bal), o ídolo dos Babilônicos, do qual Daniel diz: "Não te enganes, ó rei, este ídolo é de barro por dentro e de bronze por fora" (Dn 14,6).

O bronze ressoa e pelo aspecto pode quase parecer ouro. Assim o hipócrita ama o som do louvor e ostenta uma aparência de santidade. O hipócrita é humilde no rosto, modesto na veste, submisso na voz, mas lobo na sua mente.

Esta tristeza não é segundo Deus. É uma maneira estranha de conseguir o louvor, essa de ostentar os sinais da tristeza. Os homens costumam alegrar-se quando ganham dinheiro. Mas se trata de negócios diferentes: nestes últimos existe a vaidade, nos outros a falsidade.

"Desfiguram-se [latim: *exterminant*] o rosto" (Mt 6,16), isto é, aviltam-se além dos limites (*extra terminos*) da condição humana. Assim como pode gabar-se do luxo das vestes, pode-se fazê-lo também da miséria e da macilência. Não se deve abandonar-se nem a uma miséria exagerada, nem a um excessivo requinte: é bom manter o justo equilíbrio.

"Para mostrar aos homens..." Qualquer coisa que façam, é aparência, pintada com cores falsas. Comenta a *Glosa*: Fazem-no para parecerem diferentes dos outros e serem chamados super-homens, até pelo aviltamento.

"...que jejuam" (Mt 6,16). O hipócrita jejua para receber o louvor, o avarento para encher a bolsa, o justo para agradar a Deus. "Em verdade vos digo: já receberam sua recompensa" (Mt 6,16). Eis a recompensa do prostíbulo, do qual diz Moisés: "Não prostituas tua filha" (Lv 19,29). A filha representa as suas obras, que põem no prostíbulo do mundo para receber a recompensa do louvor. Seria louco quem vendesse por uma moeda de chumbo uma preciosa moeda de ouro. Mas vende por um preço vilíssimo uma coisa de grande valor quem faz o bem para ter o louvor dos homens.

3. "Tu, porém, quando jejuas, unge a cabeça e lava o rosto" (Mt 6,17). Isso está de acordo com o que diz Zacarias: "Isto diz o Senhor dos exércitos: O jejum do quarto, o jejum do quinto, o jejum do sétimo, o jejum do décimo mês converter-se-á para a casa de Judá em gozo e alegria e em festivas solenidades" (Zc 8,19).

"Casa de Judá" interpreta-se "que manifesta" ou "que louva", e representa os penitentes que manifestando e confessando seus pecados dão louvor a Deus. Destes é, e deve ser, o jejum do quarto mês, porque jejuam (se abstêm) de quatro pecados: da soberba do diabo, da impureza da alma, da glória do mundo, da injúria ao próximo. "Este é o jejum que eu amo", diz o Senhor (Is 58,6).

O jejum do quinto mês consiste em preservar os cinco sentidos das distrações e dos prazeres ilícitos. O jejum do sétimo mês é a repressão da cobiça terrena: de fato, como se lê que o sétimo dia não tem fim, da mesma forma nem a cobiça do dinheiro toca o fundo da suficiência.

O jejum do décimo mês consiste em abster-se de perseguir um objetivo mau. O 10 marca o fim de cada número, e quem quer contar adiante deve recomeçar do 1. O Senhor se lamenta por boca de Malaquias: "Vós me tendes ultrajado, e me dissestes: Em que te ultrajamos nós? Nos dízimos e nas primícias" (Ml 3,8), isto é, no mau objetivo e no início de uma intenção perversa. E presta atenção, que põe os dízimos antes das primícias, porque é sobretudo pelo fim perverso que é condenada toda a obra precedente. Este jejum transforma-se para os penitentes em gozo da mente, em alegria do amor divino e em esplêndida solenidade de celeste conversação.

Isso quer dizer ungir a cabeça e lavar o rosto. Unge a cabeça aquele que no seu interior está cheio de alegria espiritual; lava o seu rosto aquele que orna suas obras com a honestidade da vida.

QUARTA-FEIRA DE CINZAS

4. Outro sentido. "Tu, porém, quando jejuas..." São muitos aqueles que jejuam nesta quaresma e, todavia, persistem nos seus pecados. Estes não ungem sua cabeça.

Observa que existe um tríplice unguento: o lenitivo (sedativo), o corrosivo e o *pungitivo* (pungente). O primeiro é produzido pelo pensamento da morte, o segundo pela presença do futuro Juiz, o terceiro pela geena.

Existe a cabeça coberta de pústulas, de verrugas e de impetigem. A pústula é uma pequena protuberância superficial, cheia de podridão (*pus*); a verruga é uma excrescência de carne supérflua, motivo porque *verrugoso* pode significar também "supérfluo"; a impetigem é uma sarna seca, que deturpa a beleza. Nestas três enfermidades são indicadas a soberba, a avareza e a luxúria obstinada.

Tu, ó soberbo, censura aos olhos de tua mente a corrupção do teu corpo, a podridão e o fedor que exalará. Onde estará então aquela tua soberba do coração, aquela tua ostentação de riquezas? Então, já não existirão as palavras cheias de vento, porque a bexiga se esvazia a uma mínima picada de agulha. Estas verdades, meditadas no íntimo, ungem a cabeça pustulenta, isto é, humilham a mente orgulhosa.

E tu, ó avaro, lembra-te do último exame, onde estará o Juiz desdenhado, estará o carrasco pronto a atormentar, estarão os demônios que acusam e a consciência que tortura. Então tua prata será jogada fora, o ouro tornar-se-á imundície; o teu ouro e tua prata não poderão libertar-te do dia da ira do Senhor (cf. Ez 7,19). Estas verdades, meditai com atenção, consumam e separam as verrugas da superfluidade, e as dividem entre aqueles que não têm nem o necessário. Por isso, quando jejuas – eu te esconjuro – unge tua cabeça com este unguento, a fim de que aquilo que tiras de ti mesmo seja dado ao pobre.

Também tu, ó luxurioso, pensa na geena do fogo inextinguível, onde haverá morte sem morte, fim sem fim; onde se procura a morte, mas não se encontra; onde os condenados comer-se-ão a língua e maldirão seu Criador. Lenha daquele fogo serão as almas dos pecadores e o sopro da ira de Deus as incendiará. Diz Isaías: "Há muito tempo [isto é, desde a eternidade] está preparado o lugar de Tofet [a geena de fogo], profundo e espaçoso. Fogo e lenha abundarão; o sopro do Senhor a acenderá como uma torrente de enxofre" (Is 30,33). Eis o unguento que *pica*, que penetra, capaz de sanar a mais obstinada luxúria. Como prego amassa prego, assim estas verdades, meditadas assiduamente, estão em condições de reprimir os estímulos da luxúria. Portanto, tu, quando jejuas, unge a cabeça com este unguento.

5. "Lava o rosto." Quando querem sair em público, as mulheres colocam-se diante do espelho e, se descobrem alguma mancha em seu rosto, lavam-no com água. Assim também tu, olha no espelho de tua consciência e se ali encontrares a mancha de algum pecado corre imediatamente para a fonte da confissão. Quando, na confissão, se lava com as lágrimas o rosto do corpo, também o rosto da alma é limpo e iluminado. Deve-se observar que as lágrimas são luminosas contra a obscuridade, são quentes contra o frio, são salgadas contra o fedor do pecado.

"Para que os homens não vejam que jejuas." Jejua para os homens quem procura seu aplauso. Jejua para o Senhor quem se mortifica por seu amor e dá aos outros aquilo que subtrai a si mesmo.

"Mas só o teu Pai que está presente ao secreto" (Mt 6,18). Acrescenta a *Glosa*: O Pai está no secreto, isto é, no íntimo, por meio da fé, e recompensa aquilo que é feito em segredo. Portanto, deve-se jejuar no segredo, para que só ele veja. E é necessário que quem jejua, jejue de maneira a dar prazer àquele que leva no seio. Amém.

II – A ESMOLA

6. "Não acumuleis tesouros na terra, onde a traça e a ferrugem os consomem, e onde os ladrões arrombam e roubam" (Mt 6,19).

A ferrugem consome os metais, a traça, as vestes; o que se salva destes dois flagelos, é roubado pelos ladrões. Com estas três expressões é condenada qualquer forma de avareza. Veremos o significado moral das cinco palavras: terra, tesouros, ferrugem, traça e ladrões.

A terra, assim chamada porque se disseca (latim: *torret*) pela secura natural, representa a carne, que é tão sedenta que nunca se sacia. Os tesouros são os preciosos sentidos do corpo. A ferrugem, doença do ferro, assim chamada por *corroer*, indica a ambição que, enquanto agrada, destrói o esplendor da alma e a consome. A traça, assim chamada porque "tem", indica a soberba ou a ira. Os ladrões (latim: *fures*, de *furvus*: obscuro), que trabalham na obscuridade da noite, representam os demônios.

Portanto, se nos comportamos segundo a carne, escondemos os tesouros na terra, quer dizer que, enquanto ocupamos os preciosos sentidos do corpo nos desejos terrenos ou da carne, a ferrugem, isto é, a ambição, os consome. Além disso, a soberba, a ira e os outros vícios destroem a veste dos bons costumes, e se ainda sobrar alguma coisa os demônios a roubam, pois estão sempre atentos exatamente a isso: despojar dos bens espirituais.

"Acumulai tesouros no céu" (Mt 6,20). Grande tesouro é a esmola. Lourenço disse: As riquezas da Igreja foram recolocadas no tesouro celeste pelas mãos dos pobres. Acumula tesouros no céu quem dá a Cristo. Dá a Cristo quem dá ao pobre: O que tiverdes feito a um destes meus irmãos menores, a mim o fizestes (cf. Mt 25,40).

"Esmola" é um termo grego: em latim é *misericórdia*. Misericórdia significa "que rega o mísero coração" (*miserum rigans cor*). O homem rega a horta para tirar dela os frutos. Rega também tu o coração do pobre miserável com a esmola, que é chamada a água de Deus, para receber dela o fruto na vida eterna. O teu céu seja o pobre; nele repõe o teu tesouro, a fim de que nele esteja sempre o teu coração, e isto sobretudo durante esta Santa Quaresma.

E onde estiver o coração ali está também o olho; e onde estiverem o coração e os olhos, ali está também o intelecto, do qual diz o salmo: "Bem-aventurado o que cuida (*intelligit*, compreende, tem cuidado) do necessitado e do pobre" (Sl 40,2). E Daniel disse a Nabucodonosor: "Portanto, segue, ó rei, o conselho que te dou e resgata os teus pecados com esmolas e as tuas iniquidades com obras de misericórdia para com os pobres" (Dn 4,24).

Muitos são os pecados e as iniquidades, e por isso muitas devem ser a esmolas e as obras de misericórdia para com os pobres: resgatados com elas da escravidão do pecado, possais retornar livres à pátria celeste. Vo-lo conceda aquele que é bendito nos séculos. Amém.

III – Sermão moral

7. Lê-se no Livro dos Juízes que Gedeão conquistou os acampamentos de Madiã com lucernas, trombetas e ânforas (cf. Jz 7,16-23). Também Isaías diz: "Eis que o Dominador, o Senhor dos exércitos, quebrará o vaso de terra com ímpeto, os de estatura agigantada serão cortados e os grandes serão abatidos. As espessuras do bosque serão derrubadas pelo ferro; o Líbano cairá com os seus altos cedros" (Is 10,33-34). Vejamos que significado moral têm Gedeão, a lucerna, a trombeta e a ânfora.

Gedeão interpreta-se "que gira no útero", e indica o penitente que, antes de aproximar-se da confissão, deve girar no útero de sua consciência, na qual é concebido e gerado o filho da vida ou da morte. [Deve pensar] na sua idade, em quantos anos podia ter quando começou a pecar mortalmente, e depois quantos e que pecados mortais cometeu e quantas vezes; quais foram os lugares, quais os tempos; se pecou privadamente ou em público, se foi constrangido, se antes foi tentado ou se pecou antes mesmo de ser tentado, o que é muito mais grave.

E se já se confessou de todas estas coisas; e se, depois de se ter confessado, recaiu nos mesmos pecados, e quantas vezes; porque neste caso foi muito e muito mais ingrato à graça de Deus. Se descuidou da confissão e por quanto tempo permaneceu em pecado sem se confessar; e se em pecado mortal recebeu o corpo do Senhor.

Desse giro de busca fala-se no Primeiro livro dos Reis: "Samuel julgou Israel durante todos os dias de sua vida. E ia todos os anos dando volta a Betel, a Guilgal e a Masfa. Depois voltava para Ramá, porque estava ali a sua casa" (1Sm 7,15-16). Samuel interpreta-se "que ouve o Senhor", Betel "casa de Deus", Guilgal "colina da circuncisão", Masfa "que contempla o tempo", Ramá "vi a morte". Portanto, o penitente, ouvindo o Senhor que diz "fazei penitência" (Mt 3,2), deve julgar a si mesmo por todos os dias de sua vida, para ver se ele é Israel, isto é, se é alguém que vê a Deus.

Cada ano, durante esta quaresma, deve examinar a própria consciência, que é a casa de Deus e tudo aquilo que encontrar de nocivo ou de supérfluo deve circuncidá-lo na humildade da contrição; e deve considerar também o tempo passado, procurando diligentemente o que cometeu, o que omitiu e, depois disso tudo, retornar sempre ao pensamento da morte, que deve ter diante dos olhos, ou melhor, neste pensamento deve morar.

8. O penitente, atento explorador, tendo feito assim o giro, deve logo acender a lâmpada que arde e ilumina (cf. Jo 5,35); nela é indicada a contrição, a qual, pelo fato de arder, por isso, também ilumina. De fato, diz Isaías: "A luz de Israel estará naquele fogo e o seu Santo na chama que abrasará e devorará os seus espinhos e os seus abrolhos em um só dia. A magnificência de seu bosque e do seu Carmelo será consumida desde a alma até a carne" (Is 10,17-18).

Eis o que faz a verdadeira contrição. Quando o coração do pecador se acende com a graça do Espírito Santo, queima pela dor e ilumina pelo conhecimento de si mesmo; e então, os espinhos, isto é, a consciência cheia de tribulações e de remorsos, e os abrolhos, quer dizer, a tormentosa luxúria, tudo é destruído, porque no interior e no exterior é refeita a paz. E a magnificência do bosque, isto é, o luxo deste mundo, e do Carmelo, que se interpreta "mole", isto é, a dissolução carnal, são extirpados da alma até a carne, pois tudo o que existe de imundo, tanto na alma quanto no corpo, é consumido pelo fogo da contrição.

Feliz aquele que queima e ilumina com esta lâmpada, da qual diz Jó: "Lâmpada desprezada no pensamento dos ricos, preparada para o tempo estabelecido" (Jó 12,5). Os pensamentos dos ricos deste mundo são: guardar as coisas conquistadas e suar para conquistar outras; e por isso raramente, ou nunca, encontra-se neles a verdadeira contrição; eles a desdenham porque fixam o espírito nas coisas transitórias. De fato, enquanto perseguem com muito ardor o prazer das coisas temporais, esquecem a vida da alma, que é a contrição, e assim vão ao encontro da morte.

Diz a *História natural* que a caça ao cervo se faz dessa maneira. Dois homens partem, e um deles assobia e canta: então o cervo segue o canto porque é atraído por ele; enquanto isso, o segundo lança a flecha, acerta-o e o mata. Do mesmo modo é feita a caça aos ricos. Os dois caçadores são o mundo e o diabo. À frente do rico, o mundo assobia e canta, porque lhe mostra e lhe promete os prazeres e as riquezas; e enquanto aquele insensato o segue encantado, porque ele encontra prazer naquelas coisas, é morto pelo diabo e levado para a cozinha do inferno para ali se cozido e assado.

9. Mas eis finalmente o tempo da quaresma, instituído pela Igreja para expiar os pecados e salvar as almas: nele é preparada a graça da contrição, que agora está espiritualmente à porta e bate; se quiseres abrir-lhe e acolhê-la, ela há de cear contigo e tu com ela (cf. Ap 3,20). E então começarás a tocar a trombeta de modo maravilhoso.

A trombeta é a confissão do pecador contrito. Dela diz-se no Êxodo: "Todo o Monte Sinai fumegava, porque o Senhor tinha descido sobre ele no meio do fogo. E dele, como duma fornalha, elevava-se fumo, e todo o mundo causava terror. O som da trombeta ia aumentando pouco a pouco, e se espalhava mais ao longe" (Ex 19,18-19).

Estas palavras descrevem como deve comportar-se o pecador na sua confissão. O monte é chamado assim porque não se move. O Monte Sinai, nome que se interpreta "os meus dentes", representa o penitente, forte e intrépido no tempo da tentação, que, com os dentes, isto é, com os castigos que se inflige, lacera suas carnes, quer dizer, suas tendências carnais. Ele fumega todo pelas lágrimas que sobem da fornalha da contrição: e isso provém da descida da graça celeste.

"E todo o monte incutia terror", porque o penitente tem as lágrimas e a tristeza no rosto, a pobreza nas vestes, a dor no coração e os suspiros na voz.

"E o som da trombeta, isto é, da confissão, pouco a pouco fazia-se mais forte e insistente" etc. Aqui é indicado o modo de confessar-se. O início da confissão deve começar pela acusação de si, como passou da sugestão ao prazer, do prazer ao consenso, do consenso à palavra, da palavra à ação, da ação à repetição do pecado, da repetição ao hábito.

Comece primeiramente pela luxúria, por todas as suas modalidades e circunstâncias, segundo a natureza e contra a natureza. Depois pela avareza, usura, furto e rapina e por todo o roubado, que é obrigado a restituir se tiver a possibilidade disso.

Depois, se é clérigo, comece pela simonia, e se recebeu as ordens enquanto estava excomungado, ou se as exerceu, ou se ao recebê-las cometeu alguma irregularidade. Enfim, poderá confessar-se de todas as outras coisas, como melhor parecer ao penitente e ao confessor.

10. Feita a confissão, deve ser imposta a penitência (satisfação), que é indicada pelo rompimento da ânfora ou do vaso de terra cozida. O vaso é quebrado, o corpo é feito sofrer; Madiã, que se interpreta "pelo juízo" ou "iniquidade", isto é, o diabo, que pelo juízo de Deus já está condenado, é derrotado e sua iniquidade anulada.

E é exatamente isso que diz Isaías: "Os de estatura agigantada", isto é, os demônios, "serão cortados", "e os poderosos" isto é, os homens soberbos, "serão humilhados, e as espessuras do bosque", isto é, a abundância das coisas temporais, "será destruída pelo ferro" do temor de Deus; "e o Líbano", isto é, o esplendor do luxo mundano, "com seus altos cedros", isto é, as nulidades, as trapaças e as aparências, "tudo cairá" (Is 10,33-34).

Presta atenção, que a satisfação, isto é, a penitência, consiste em três coisas: na oração por aquilo que se refere a Deus, na esmola por aquilo que se refere ao próximo e no jejum por aquilo que se refere a si mesmo, a fim de que a carne, que no prazer levou ao pecado, na expiação e no sofrimento conduza ao perdão.

Digne-se no-lo conceder aquele que é bendito nos séculos. Amém.

I DOMINGO DA QUARESMA (1)

Temas do sermão[1]
- Evangelho: "Jesus foi conduzido ao deserto"; divide-se em sermão alegórico e sermão moral.
- Sermão alegórico: em primeiro lugar, o tríplice deserto, e o sermão sobre a vinda do Senhor: "Envia, Senhor, o cordeiro".
- Sermão sobre o "ternário" maldito: "Joab tomou três lanças".
- Sermão moral; em primeiro lugar sermão aos claustrais: "Foram dadas à mulher duas asas de águia; a natureza da águia e as propriedades do abutre.
- Sermão sobre a contrição do coração: "No sopro potente", e "Sacrifício a Deus".
- Sermão aos sacerdotes, como devem manter o segredo da confissão: "A confissão deve ser inabitável"; e "Guardai-vos de subir ao monte".
- Sermão sobre os sete vícios e sobre as propriedades do avestruz, do asno e do ouriço: "Será um covil de dragões".
- Sermão àqueles que se confessam, como devem confessar os pecados e suas circunstâncias: "Toma a cítara".
- Sermão sobre a confissão: "Quão terrível é este lugar".
- Sermão sobre o jejum de quarenta dias: "E tendo jejuado quarenta dias", e "Os exploradores mandados por Moisés".
- Sermão sobre o dever de confessar e especificar as circunstâncias do pecado: "Josué conquistou também Maceda".
- Sermão sobre o "ternário" maldito, com o qual o diabo nos tenta: "Revistamo-nos do homem novo".

EXÓRDIO – O DESERTO DE ENGADI

1. "Jesus foi conduzido pelo Espírito ao deserto para ser tentado pelo diabo" etc. (Mt 4,1).

Lemos no Primeiro livro dos Reis que Davi habitou no Deserto de Engadi (cf. 1Sm 24,1-2). Davi interpreta-se "de mão forte" e indica Jesus Cristo que, com as mãos pregadas à cruz, derrotou as potências do ar (diabólicas). Ó maravilhoso po-

---

1. Este sumário refere-se aos dois sermões do I domingo da Quaresma.

der: vencer o próprio inimigo com as mãos amarradas! Cristo habitou no Deserto de Engadi, nome que se interpreta "olho da tentação".

Observa que o olho da tentação é tríplice. O primeiro é aquele da gula, da qual se diz no Gênesis: "E a mulher viu que [o fruto] da árvore era bom para comer, e formoso aos olhos e de aspecto agradável; tomou do seu fruto, comeu dele e deu a seu marido" (Gn 3,6). O segundo é o da soberba e da vanglória, da qual Jó, falando do diabo, diz: "Vê tudo o que é elevado, é o rei de todos os filhos da soberba" (Jó 41,25). O terceiro é o da avareza, do qual fala o Profeta Zacarias: "Está ali o olho deles em toda a terra" (Zc 5,6). Portanto, Cristo morou no Deserto de Engadi por quarenta dias e quarenta noites; nele sofreu pelo diabo as tentações da gula, da vanglória e da avareza.

2. Por isso, diz-se no evangelho de hoje: "Jesus foi conduzido ao deserto". Observa que os desertos são três, e a cada um deles Jesus foi conduzido: o primeiro é o seio da Virgem, o segundo é o do evangelho de hoje, o terceiro é o patíbulo da cruz. No primeiro foi conduzido só pela misericórdia, no segundo para dar-nos o exemplo, no terceiro para obedecer ao Pai.

Do primeiro diz Isaías: "Enviai, Senhor, o cordeiro dominador da terra, da pedra do deserto ao monte da filha de Sião" (Is 16,1). Ó Senhor, Pai, envia o cordeiro, não o leão, o dominador, não o destruidor, da pedra do deserto, isto é, da Bem-aventurada Virgem que é chamada "pedra do deserto": "pedra", pelo firme propósito da virgindade, motivo pelo qual respondeu ao anjo: "Como pode acontecer isso, já que não conheço homem?" (Lc 1,34), quer dizer: fiz o firme propósito de não conhecê-lo?; "do deserto", porque não trabalhável (latim: *inarabilis*). – De fato, ficou intacta, virgem antes do parto, no parto e depois do parto. Manda-o ao monte da filha de Sião, isto é, à Santa Igreja, que é filha da celeste Jerusalém.

Do segundo deserto diz Mateus: "Jesus foi conduzido ao deserto para ser tentado pelo diabo" etc.

Do terceiro fala João Batista: "Eu sou a voz do que clama no deserto" (Jo 1,23). João Batista é chamado "voz" porque, como a voz precede a palavra, assim ele precedeu o Filho de Deus. Eu, disse, sou a voz de Cristo, que clama no deserto, isto é, sobre o patíbulo da cruz: "Pai, em tuas mãos entrego o meu espírito" (Lc 23,46). Nesse deserto tudo ficou cheio de espinhos e ele foi privado de toda a forma de socorro humano.

AS TRÊS TENTAÇÕES DE ADÃO E AS TRÊS TENTAÇÕES DE JESUS

3. "Jesus foi conduzido pelo Espírito ao deserto." Costuma-se perguntar por quem Jesus foi conduzido ao deserto. Lucas o diz claramente: "Jesus, pois, cheio do Espírito Santo, partiu do Jordão e foi conduzido pelo *Espírito* ao deserto" (Lc 4,1). Foi conduzido por aquele mesmo Espírito de que estava cheio, e do qual ele próprio diz

pela boca de Isaías: "O espírito do Senhor repousou sobre mim, porque me consagrou com a unção" (Is 61,1). Daquele Espírito, pelo qual foi "ungido" (consagrado) mais do que seus companheiros (cf. Hb 1,9), foi conduzido ao deserto para ser tentado pelo diabo.

Pois o Filho de Deus, o nosso Zorobabel, nome que se interpreta "mestre da Babilônia", viera para reconstruir o mundo arruinado pelo pecado e, como médico, para sanar os doentes, foi necessário que ele curasse os males com os remédios opostos: como na arte médica as coisas quentes são curadas com o frio, e as coisas frias, com o calor.

A ruína e a fragilidade do gênero humano foi o pecado de Adão, constituído por três paixões: a gula, a vanglória, a avareza. De fato, diz o verso: "A gula, a vanglória e a cobiça venceram o velho Adão" (autor desconhecido). No Gênesis encontras descritos estes três pecados: "A serpente disse à mulher: em qualquer dia que comerdes deste fruto, abrir-se-ão os vossos olhos", eis a gula; "e sereis como deuses, eis a vanglória; "conhecendo o bem e o mal" eis a avareza (Gn 3,4-5). Estas foram as três lanças com as quais foi morto Adão, junto com seus filhos [com sua descendência].

Lemos no Segundo livro dos Reis: "Joab tomou, pois, na mão três lanças e traspassou com elas o coração de Absalão" (2Sm 18,14). Joab interpreta-se "inimigo" e justamente indica o diabo, que é o inimigo do gênero humano. Ele, com a mão da falsa promessa, "tomou três lanças", isto é, a gula, a vanglória e a avareza, "e com elas traspassou o coração", no qual está a fonte do calor e da vida do homem – "dele, diz Salomão, procede a vida" (Pr 4,23) – para apagar o calor do amor divino e tirar completamente a vida; "no coração de Absalão", nome que se interpreta "paz do pai". E este foi Adão, que foi posto num lugar de paz e de delícias a fim de que, obedecendo ao Pai, conservasse eternamente a sua paz. Mas já que não quis obedecer ao Pai, perdeu a paz e no seu coração o diabo cravou as três lanças e o privou completamente da vida.

4. O Filho de Deus veio, pois, no tempo favorável e, obedecendo a Deus Pai, reintegrou aquilo que estava perdido, curou os vícios com os remédios opostos. Adão foi posto no paraíso, no qual, imerso nas delícias, caiu. Jesus, porém, foi conduzido ao deserto, no qual, persistindo no jejum, derrotou o diabo.

Observai como concordam entre si, no Gênesis e em Mateus, as três tentações: "Disse a serpente: no dia em que comerdes dele"; "e aproximando-se, o tentador lhe disse: Se és o Filho de Deus, dize a estas pedras que se tornem pães" (Mt 4,3): eis a tentação da gula. Igualmente: "Sereis como deuses"; "então o diabo transportou-o à cidade santa, e o pôs sobre o pináculo do templo" (Mt 4,5), eis a vanglória. E enfim: "Conhecereis o bem e o mal"; "de novo o demônio o transportou a um monte muito alto e lhe mostrou todos os reinos do mundo e a sua magnificência, e lhe disse: Tudo isto te darei se, prostrado, me adorares" (Mt 4,8-9). O diabo, quanto é pérfido, assim tão perfidamente fala: esta é a tentação da avareza.

Mas a Sabedoria, porque sempre age sapientemente, superou as três tentações do diabo com três sentenças do Deuteronômio.

Quando o diabo o tentou pela gula, Jesus respondeu: "O homem não vive somente de pão" (Mt 4,4; cf. Dt 8,3), como se dissesse: Como o homem exterior vive de pão material, assim o homem interior vive do pão celeste, que é a palavra de Deus. A Palavra de Deus é o Filho, que é a Sabedoria que procede da boca do Altíssimo (cf. Eclo 24,5). A sabedoria é chamada assim pelo sabor. Portanto, o pão da alma é o sabor da sabedoria, com o qual se saboreiam os dons do Senhor e se degusta quão suave é o próprio Senhor (cf. Sl 33,9). Desse pão é dito no Livro da Sabedoria: "Deste-lhe pão, vindo do céu, que tinha em si toda a delícia e suavidade de todo o sabor" (Sb 16,20). E é isso que entende quando diz: "Mas de toda palavra que sai da boca de Deus" (Mt 4,4; cf. Dt 8,3). "De toda palavra", porque a Palavra de Deus e a Sabedoria têm a suavidade de todo sabor, que torna insípido qualquer prazer da gula. E já que Adão teve náusea desse pão, caiu na tentação da gula. Justamente, pois, se diz: Não só de pão etc.

Igualmente, quando o diabo o tentou de vanglória, Jesus respondeu: "Não tentarás o Senhor teu Deus" (Mt 4,7; Dt 6,16). Jesus Cristo é Senhor pela criação, é Deus pela eternidade. E a este Jesus o diabo tentou quando exortou a atirar-se do pináculo do templo o próprio Criador do templo, e prometeu a ajuda dos anjos ao Deus de todas as potências celestes. "Não tentarás, pois, o Senhor teu Deus!" Também Adão tentou o Senhor Deus quando não observou o mandamento do Senhor e Deus, mas. com leviandade, deu fé à falsa promessa: "Sereis como deuses". Que vanglória, crer que podem tornar-se deuses! Ó miserável! Em vão te elevas acima de ti mesmo e, por isso, ainda mais miseramente, cais abaixo de ti. Não tentes, pois, o Senhor teu Deus.

Enfim, quando o diabo o tentou de avareza, Jesus respondeu: "Adorarás o Senhor teu Deus e só a ele servirás" (Mt 4,10; cf. Dt 6,13; 10,20). Todos aqueles que amam o dinheiro ou a glória do mundo ajoelham-se diante do diabo e o adoram.

Nós, porém, para os quais o Senhor veio ao seio da Virgem e sofreu o patíbulo da cruz, instruídos por seu exemplo, vamos ao deserto da penitência e com sua ajuda reprimamos a cobiça da gula, o vento da vanglória e o fogo da avareza.

Adoremos também nós aquele que os próprios arcanjos adoram, sirvamos aquele que os anjos servem, aquele que é bendito, glorioso, digno de louvor e excelso nos séculos eternos. E toda a criação diga: Amém!

I domingo da Quaresma (2)
A penitência

Exórdio – Sermão aos claustrais; ou seja, sermão sobre a alma penitente

1. "Jesus foi conduzido pelo Espírito ao deserto" etc. (Mt 4,1).

Lemos no Apocalipse: "Foram dadas à mulher duas asas de uma grande águia, a fim de voar para o deserto" (Ap 12,14). Esta mulher representa a alma penitente, da qual, no Evangelho de João, o Senhor diz: "A mulher", isto é, a alma, "quando dá à luz" na confissão o pecado, que concebeu no prazer, "está em sofrimento" (Jo 16,21), e é justo que esteja. A esta mulher são dadas duas asas de águia. A águia, assim chamada pela agudez de sua vista, ou também do bico, representa o justo; a águia, de fato, tem uma vista agudíssima e quando, pela velhice, seu bico se engrossa, ela o afia esfregando-o a uma pedra, e assim rejuvenesce. Do mesmo modo, com a agudez da contemplação, o justo fixa o olhar no esplendor do verdadeiro sol, e se, pouco a pouco, seu bico, isto é, o ardor da mente, se enfraquecer por causa de algum pecado, de maneira que já não tenha condições de nutrir-se com o alimento sólido da doçura interior, logo o afia na pedra da confissão e assim rejuvenesce na juventude da graça. Com efeito, diz dele o profeta: "A tua mocidade renovar-se-á como a da águia" (Sl 102,5).

Duas são as asas dessa águia, o amor e o temor de Deus, do qual o Senhor diz a Jó: "Porventura cobre-se o falcão de penas pela tua sabedoria, estendendo suas asas para o meio-dia?" (Jó 39,26). Também o falcão, como a águia, é figura do justo. E observa que o falcão faz duas coisas: agarra com os artelhos do pé, e não agarra um pássaro senão durante o voo. Assim faz também o justo: agarra com o pé do afeto, e não agarra o bem senão voando: não se preocupa com as coisas terrenas.

Ele veste as penas da sabedoria de Deus. As penas do abutre são os pensamentos puros do justo, que se formam ordenadamente na sua mente por meio da sabedoria de Deus, assim chamada pelo "sabor": de fato, enquanto tens sabor de Deus, nesse entretanto veste as penas; enquanto experimentas o sabor de sua doçura, nesse entretanto veste as penas dos bons pensamentos. E assim, este abutre estende suas asas, isto é, o amor e o temor divino para o meio-dia, isto é, para Jesus Cristo, que vem do meio-dia (cf. Hab 3,3), para derramar o calor que nutre e infundir com ele a graça que sustenta. Estas duas asas são dadas à mulher, isto é, à alma penitente, com as quais, elevada das coisas terrenas, possa voar para o deserto da penitência, da qual se diz no evangelho deste domingo: "Jesus foi conduzido ao deserto".

2. E sempre neste domingo lê-se no introito da missa: "Invocar-me-á e eu o ouvirei"; e a Epístola de São Paulo aos Coríntios diz: "Exortamo-vos a não receber em vão a graça de Deus".

E já que chegaram para nós os dias da penitência para a remissão dos pecados e para a salvação das almas, trataremos da penitência, que consiste em três atos: a contrição do coração, a confissão da boca e o ato de satisfação (reparação); trataremos depois dos pecados contrários à penitência, isto é, a gula, a vanglória e a avareza. Todos estes seis assuntos são tirados do evangelho de hoje. E tudo seja para o louvor de Deus e a utilidade de nossa alma.

I – A CONTRIÇÃO DO CORAÇÃO

3. "Jesus foi conduzido ao deserto." "Eu dei-vos o exemplo [diz Jesus] para que, como eu fiz, assim façais também vós" (Jo 13,15). O que fez Jesus? Foi conduzido pelo Espírito ao deserto. E tu que crês em Jesus e de Jesus esperas a salvação, faze-te conduzir, peço-te, ao deserto da confissão pelo espírito da contrição, para completar de modo perfeito o número quarenta da satisfação (reparação).

Observa que a contrição do coração é chamada "espírito", sopro; de fato, Davi diz: "Com vento impetuoso quebrarás as naus de Társis" (Sl 47,8). Társis interpreta-se "busca do gozo". As naus de Társis representam as aspirações dos seculares que, através do mar deste mundo, pela vela da concupiscência carnal e pelo vento da vanglória, são levados à busca do gozo do bem-estar mundano. Portanto, no vento impetuoso da contrição, o Senhor desmantela as naus de Társis, quer dizer, as aspirações dos seculares, a fim de que, transformados pela contrição, não busquem o falso gozo, mas o verdadeiro.

Observa que o espírito (vento) de contrição é chamado "impetuoso" por dois motivos: porque leva para o alto a mente (*vehemens, vehit sursum mentem*), e porque suprime o eterno "ai!" (*vae adimit*). Desse espírito diz-se no Gênesis: "Inspirou em seu rosto um sopro de vida" (Gn 2,7). O Senhor inspira sobre o rosto da alma o sopro de vida, que é a contrição do coração, quando a imagem e a semelhança de Deus, deturpada pelo pecado, imprime-se novamente na alma e se renova, por meio da contrição do coração.

4. Qual deva ser a contrição, indica-o o profeta dizendo: "O sacrifício digno de Deus é um espírito compungido; ó Deus, não desprezes um coração contrito e humilhado" (Sl 50,19). Nesse versículo são indicados quatro atos: o arrependimento do coração compungido pelos pecados, a reconciliação do pecador, a universal contrição de todos os pecados, a contínua humilhação do pecador contrito. Diz, portanto:

O espírito do penitente, que, pelos pecados que são como tormentos, é atribulado e humilhado, é sacrifício a Deus, isto é, que aplaca a Deus em relação ao pecador e reconcilia o próprio pecador com Deus. E já que a contrição deve ser universal, acrescenta "coração contrito".

E observa que não diz somente *tritum* (triturado), mas *contritum* (triturado junto). O pecador deve ter o coração triturado e contrito: triturado, para despedaçá-lo com o martelo da contrição e para que a espada da dor o divida em muitas partículas, e uma partícula seja posta sobre cada pecado mortal, e chore na dor, e se aflija no pranto, e se doa mais por um pecado mortal cometido do que se tivesse perdido, depois de tê-lo possuído, todo o mundo e tudo aquilo que nele se encontra. Com efeito, com o pecado mortal perdeu o Filho de Deus, que é mais digno, mas caro e mais precioso do que toda a criação. Além disso, deve ter o coração contrito, isto é, triturado *junto*, para consumir-se por todos os pecados cometidos, por todos os pecados de omissão e por aqueles esquecidos, por todos globalmente.

E já que a perfeição de todo o bem é a humildade, no quarto e último lugar diz-se: "[um coração] humilhado Deus não o despreza". Antes, como diz Isaías: "O Excelso e o Sublime que habita na eternidade, que tem sua morada no coração contrito e humilde, para reanimar o espírito dos humildes e vivificar o coração dos contritos" (Is 57,15).

Ó bondade de Deus! Ó dignidade do penitente! Aquele que tem uma sede eterna, habita também no coração do humilde e no espírito do penitente! É próprio do coração verdadeiramente contrito humilhar-se em tudo e considerar-se um cão morto e uma pulga (cf. 1Sm 24,15).

II – A CONFISSÃO DA BOCA (A ACUSAÇÃO)

5. Desse espírito de contrição, pois, o penitente é conduzido ao deserto da confissão, que, com justiça, é chamada "deserto" por três motivos.

Observa que dá-se o nome de deserto a uma terra inabitável, cheia de animais e que incute terror. Precisamente este era o deserto no qual permaneceu Jesus por quarenta dias e quarenta noites. Assim também a confissão deve ser inabitável, isto é, privada, secreta, escondida a todo conhecimento de homem e fechada unicamente no tesouro da memória do confessor sob inviolável sigilo, e oculta a toda humana consciência; tanto que, mesmo que todos os homens que existem no mundo conhecessem o pecado do pecador que se confessou contigo, tu deves igualmente mantê-lo escondido e fechá-lo com a chave do teu perpétuo silêncio.

São verdadeiramente filhos do diabo, condenados pelo Deus vivo e verdadeiro, expulsos pela Igreja triunfante, excomungados pela Igreja militante, que devem ser destituídos do ofício e do benefício e expostos à infâmia pública aqueles que, não digo com as palavras, coisa que é pior do que qualquer homicídio, mas também com um gesto ou de qualquer outro modo oculto ou manifesto, por brincadeira ou seriamente, descobrem ou manifestam o segredo da confissão. Afirmo-o expressamente:

Quem violar a confissão peca mais gravemente do que Judas traidor, que vendeu aos judeus o Filho de Deus, Jesus Cristo. Eu me confesso ao homem, não como a um homem, mas como a Deus. E o Senhor diz pela boca de Isaías: "O meu segredo é para mim, o meu segredo é para mim" (Is 24,16). E o homem, nascido do húmus (*terra*), não lacrará o segredo da confissão na parte mais recôndita do seu coração?

6. Com razão, pois, diz-se que a confissão deve ser como uma terra inabitável e inacessível, a fim de que a nenhum homem seja revelado o segredo da confissão. Por isso, o Senhor, ameaçando, ordena no Êxodo: "Guardai-vos de subir ao monte e de tocar nos seus limites: todo o que tocar o monte será punido de morte. Mão alguma o tocará, mas (*quem o tocar*) será apedrejado ou traspassado com setas, quer seja um animal quer seja um homem, não viverá" (Ex 19,12-13).

Este Monte Sinai, cujo nome se interpreta "medida", representa a confissão, que, com justiça, é chamada "monte" por sua sublimidade, que é a remissão dos pecados. Com efeito, o que pode haver de mais sublime do que a remissão dos pecados? E é chamada "medida" pela exata correspondência que deve existir entre a culpa e a confissão dela. Isto é, o pecador deve agir de tal maneira que a confissão corresponda exatamente à culpa, de maneira que não diga menos por vergonha ou temor, nem, sob a aparência de humildade, aumente mais do que realmente são as coisas. Com efeito, nem por humildade é lícito mentir.

Abstende-vos bem, pois, ó confessores, ó sacerdotes, de subir a este monte. Subir ao monte significa revelar o segredo da confissão. E não digo somente: não subais, mas "não toqueis nem os seus limites". Os limites do monte são as circunstâncias da confissão, que nem por palavras, nem com gestos, nem por qualquer outro modo devem ser reveladas. Mas ai! existem alguns que têm muito medo de subir ao monte, mas não temem violar seus limites, manifestando exatamente com alguma palavra e gesto as circunstâncias do pecado. Ouçam, por isso, estes infelizes, sua sentença de morte: "Quem tocar o monte será punido de morte". E que morte, ó Senhor? A mão do poder secular não o toque, para ser enforcado como um ladrão ou um homicida, o que talvez seria menos penoso para ele, mas seja apedrejado, isto é, com severas excomunhões, ou seja traspassado com as flechas da condenação eterna; e quer se trate de um animal, isto é, de um simples sacerdote, ou de um homem, isto é, de um sacerdote instruído e cheio de ciência, não deverá sobreviver.

Compreendido de outra forma: quer se trate de um animal, isto é, de um leigo ou de um simples clérigo, aos quais em caso de extrema necessidade podemos confessar os pecados se não estiver presente um sacerdote; quer se trate de um homem, isto é, de um sacerdote da Igreja, não poderá mais viver, mas morrerá para sempre, porque subiu ao monte e tocou seus limites. Com muita razão, pois, diz-se que a confissão é uma terra inabitável e inacessível.

7. A confissão é chamada também deserto porque está cheia de animais. Vejamos quais são estes animais, dos quais a confissão deve estar cheia.

Os animais são os pecados mortais; o termo latino *bestiae* soa quase como *vastiae*, devastadoras, porque os pecados mortais devastam e dilaceram a alma. Deles, quando fala da pérfida Judeia, isto é, da alma pecadora, Isaías diz: "Ela virá a ser covil de dragões e pastagem de avestruzes. Nela se encontrarão os demônios com os onocentauros (animais fabulosos, cruzamento entre asno e touro), e os sátiros (cabrões) gritarão uns para os outros; ali se escondeu o chacal (*làmia*) e encontrou o seu repouso. Ali terá o ouriço a sua cova; ali criará seus filhotes, cavará em roda e à sombra dela os abrigará" (Is 34,13-15).

Observa que nesta passagem são nomeadas sete espécies de animais, que são o dragão, o avestruz, o onocentauro, entendido por dois, o asno e o touro, o sátiro, o chacal e o ouriço. Nestes sete animais reconhecemos sete espécies de pecados, todos a serem revelados com exatidão na confissão, junto com aqueles que lhe são semelhantes; como foram cometidos no consenso da mente e na execução da obra. Diz, portanto: será um covil de dragões etc. No dragão indica-se a venenosa malícia do ódio e da difamação, no avestruz a falsidade da hipocrisia, no asno a luxúria, no touro a soberba, nos sátiros (cabrões) a avareza e a usura, no chacal a perfídia da heresia, no ouriço a capciosa desculpa do pecador.

8. "Será um covil de dragões" etc. A mente, ou a consciência, do pecador é um covil de dragões por causa do veneno do ódio e da difamação. De fato, diz-se no cântico de Moisés: "O seu vinho é fel de dragões e veneno incurável de áspides" (Dt 32,33). Seu vinho, isto é, o ódio e a difamação dos pecadores, que atordoa e intoxica a mente daqueles que os escutam, é fel de dragões e incurável veneno de áspides. Por isso, diz Salomão no Eclesiastes: "O difamador oculto é semelhante à serpente que morde calada" (Ecl 10,11). E justamente diz-se "incurável", porque "O golpe de uma vara produz uma contusão, mas o golpe da língua esmigalha os ossos" (Eclo 28,21). De fato, o golpe da vara produz uma contusão que se vê exteriormente, mas os golpes da língua da difamação esmigalham interiormente os ossos das virtudes. Justamente, pois, se diz: Será um covil de dragões.

9. "Será pastagem de avestruzes." O avestruz, que tem as asas, mas que por causa do tamanho do seu corpo não pode voar, é figura do hipócrita, o qual, tornado pesado pelo apego às coisas terrenas, camufla-se de gavião, fingindo elevar-se à contemplação com as asas de uma falsa religiosidade.

Diz Jó: "A pena do avestruz é semelhante às penas da cegonha e do falcão" (Jó 39,13). Portanto, na mente do falso religioso está a "pastagem do avestruz". Observa com quanta propriedade se diz "pastagem", porque o hipócrita, enquanto se vangloria de ter as asas do gavião, na realidade, alimenta-se da própria vanglória; faz como o pavão, que, quando é admirado pelas crianças, põe à mostra toda a magnificência de suas penas, com a cauda faz uma roda, mas, fazendo a roda, descobre vergonhosamente o posterior. Assim o hipócrita: enquanto se vangloria, ostenta as penas da santidade que finge ter e faz a roda de sua vanglória. Com efeito, diz: Fiz isso e aquilo, comecei tal coisa, levei a termo esta outra. E enquanto desse modo "faz a roda" e se pavoneia, nada mais faz do que revelar a fealdade de sua infâmia. De fato, o insensato torna-se repugnante exatamente por aquilo que crê tornar-se atraente.

10. "E os demônios encontrar-se-ão com os onocentauros" (asno e touro). *Onos* em grego, *asinus* em latim.

O asno representa o luxurioso. Com efeito, o asno é ignorante, preguiçoso e medroso. Assim, o luxurioso é ignorante porque perdeu a verdadeira sabedoria, cujo sabor torna o homem sábio e sóbrio e assim elimina a luxúria da carne, que torna o homem precisamente ignorante e fátuo. O luxurioso é também preguiçoso. Diz o poeta: "Pergunta-se como Egisto tornou-se adúltero; a causa é evidente: era preguiçoso" (Ovídio).

E é também medroso, como o asno. Lê-se na *História natural* que o animal que tem o coração gordo é medroso, aquele que o tem medido é mais corajoso. E a situação em que vai se encontrar este animal pelo medo depende somente do fato que o calor do coração é limitado e não pode aquecer todo o seu corpo; e se torna ainda mais fraco nos corações dilatados e, por isso, o sangue se esfria. Além dos asnos, têm o coração dilatado também as lebres, os cervos e os ratos. Como um fogo pequeno aquece menos numa casa vasta do que numa casa pequena, assim nestes animais acontece também com o calor do coração. A mesma coisa verifica-se no luxurioso, que tem um coração dilatado a pensar e a cometer um grande delito e um grave pecado de luxúria, mas pouco ou nada tem de calor e de amor do Espírito Santo; e, portanto, é velhaco, instável e inconstante em todas as suas ações (cf. Tg 1,8). Enfim, o touro representa o soberbo. E o Senhor lamenta-se pela boca do profeta: "Vi-me cercado de touros gordos" (Sl 21,13). Os touros, isto é, os soberbos, gordos pela abundância das coisas materiais, cercaram-me, como os judeus, com a vontade de crucificar-me novamente.

Na hora da morte, os demônios correrão para perto desses "onocentauros", isto é, dos luxuriosos e dos soberbos, para apoderar-se de sua alma enquanto sai do corpo, a fim de arrastá-la para as penas eternas; e assim terão como torturadores na pena aqueles que tiveram como instigadores na culpa.

11. "E os sátiros gritarão uns para os outros." Os sátiros (cabrões) são os avarentos e os usurários, que, justamente, são chamados sátiros (latim: *pilosi*, peludos, eriçados), quer dizer, endinheirados. A avareza chama a usura e a usura, a avareza: aquela induz a esta, e esta induz àquela. Oh! desventura! O clamor destes sátiros já encheu o mundo todo. E destes é figura o "peludo" Esaú, nome que se interpreta "carvalho"; e os avarentos e os usurários são peludos no receber, mas são como que feitos de carvalho, isto é, duros e irremovíveis quando se trata de restituir.

12. "Ali se escondeu o chacal e encontrou repouso." O chacal, dizem, é um animal que tem rosto humano, mas termina com a cauda do animal. Representa os hereges

que, para mais facilmente induzir ao engano, apresentam-se com rosto humano e palavras persuasivas. Deles diz Jeremias nas Lamentações: "Os chacais descobrem o peito e dão leite a seus filhotes" (Lm 4,3). Os hereges descobrem o peito quando exaltam sua seita, e dão leite a seus filhotes quando naquela falsidade ensinam seus sequazes perjuros, que justamente são chamados filhotes e não filhos, porque não sabem fazer outra coisa senão latir contra a Igreja e blasfemar contra os católicos, dado que são rudes, vulgares e dissolutos.

13. E continua: "Ali o ouriço tem sua cova". Observa que o ouriço é todo espinhoso, e se alguém tenta capturá-lo, enrola-se completamente sobre si mesmo e torna-se como uma bola na mão de quem quer prendê-lo; tem a cabeça e a boca voltadas para baixo e na boca tem cinco dentes. O ouriço é o pecador obstinado, todo coberto dos espinhos do pecado. Se queres censurá-lo pelo pecado cometido, fecha-se imediatamente sobre si mesmo e esconde com várias desculpas o pecado cometido: por isso a cabeça e a boca voltadas para baixo. Na cabeça é indicada a mente; na boca, a palavra. Quando desculpa a si mesmo o mal cometido, o que faz o pecador senão voltar para as coisas terrenas a mente e as palavras? Por isso se diz que na boca tem cinco dentes. Os cinco dentes que estão na boca do ouriço são as cinco espécies de desculpas do pecador obstinado. De fato, quando é censurado, alega como desculpas a ignorância, ou a fatalidade, ou a sugestão diabólica, ou a fragilidade da carne ou a ocasião criada pelo próximo; e assim, acrescenta Isaías, "nutre os filhotes", quer dizer, seus impulsos pecaminosos, "cava-lhes ao redor as defesas e os abriga à sombra de suas desculpas".

14. Estes sete animais, em cujo número pode-se encerrar todas as espécies de pecados, devem comparecer em grande número, antes, todas, no deserto de nossa confissão, para que nada fique escondido ao sacerdote, nada fuja ao penitente, mas confesse tudo com a máxima exatidão, tanto os pecados como as circunstâncias. Com efeito, diz o Senhor pela boca de Isaías: "Depois de setenta anos, Tiro será como o canto de uma meretriz. Toma a cítara, percorre a cidade, ó meretriz, entregue ao esquecimento; canta bem, repete a tua ária para que se pense em ti" (Is 23,15-16). Nesta passagem, com o número setenta dos anos e o número sete dos animais, indica-se a totalidade dos pecados. Por isso, diz-se que o Senhor expulsou da Madalena sete demônios, isto é, todos os vícios. Portanto, com os setenta anos e os sete animais entendemos todos os vícios. Diz, pois, Isaías: "Depois de setenta anos", isto é, depois de ter cometido toda espécie de crimes, "para Tiro" – que significa angústia –, quer dizer, para a alma angustiada pelos pecados, "só resta o canto", isto é, a confissão; de fato, depois de ter cometido toda espécie de crimes, à alma infeliz não resta outro remédio senão a confissão dos pecados, "que é a segunda tábua de salvação depois do naufrágio" (P. Lombardo). À alma é dito: "Ó meretriz", pois expulsaste o verdadeiro esposo Jesus Cristo e te uniste ao diabo adúltero, e se não te converteres serás entregue ao eterno esquecimento, "toma a cítara".

Presta atenção às palavras. Neste verbo "toma" (*sume*) é indicada a vontade pronta, não constrangida, mas disposta a confessar-se; na cítara indica-se a confissão de cada pecado e de suas circunstâncias. Toma, pois, a cítara, confessa-te espontaneamente: "Vivo e com saúde, diz o Eclesiástico, tu confessarás" (Eclo 17,27), isto é, louvarás a Deus.

15. Observa que na cítara são estendidas as cordas, assim na confissão deve-se explicar as circunstâncias dos pecados, que responde às seguintes perguntas: Quem, o que, onde, por meio de quem, quantas vezes, por que, de que modo, quando. Especifica [o confessor] todas estas coisas, e, tanto com as mulheres como com os homens, interroga com discrição e desinteresse.

Quem: se é casado ou celibatário, se é leigo ou clérigo, se é rico ou pobre, que ofício exerce ou que encargo executa, se é livre ou escravo, a que ordem ou a que religião pertence.

O que: quanto é grande ou de que espécie é o pecado, se é uma simples fornicação, como acontece entre dois que não contraíram matrimônio; se aquela que é solteira se prostitui ou vendeu seu corpo; se existe adultério; se existe incesto, que acontece entre consanguíneos e entre afins; se alguém violou uma virgem, porque assim abriu o caminho ao pecado e cometeu um ato gravíssimo; e este cuide de não tornar-se cúmplice de todos os pecados que aquela mulher poderia cometer, se não a tiver abrigado em algum lugar onde possa fazer penitência, ou encontrar-lhe com quem se case se estiver em condições de fazê-lo; se cometeu um pecado contra a natureza, que consiste em toda efusão do sêmen que não seja no órgão feminino. Porém, de todas estas coisas deve-se falar com a máxima discrição *et a remotis*, isto é, de longe [sem descer a particularidades]. Se cometeu um homicídio com a mente, com a boca ou de fato; se cometeu um sacrilégio, uma rapina, um furto, e a que pessoas, e se foi feito em público ou privadamente; se exerceu a usura e de que modo – afinal, tudo o que se recebe a mais pelo capital é usura –; se existe perjúrio, falso testemunho, e de que modo foi feito; se agiu com soberba, que é de três espécies: não querer obedecer ao superior, não querer ter iguais, desprezar o inferior: também estas coisas devem ser confessadas perfeitamente.

Onde: se cometeu o pecado numa igreja consagrada ou não consagrada, ou perto da igreja, ou no cemitério dos fiéis, ou em qualquer lugar destinado à oração, ou se em todos estes lugares fez discursos ilícitos.

Por meio de quem: com a ajuda ou com o conselho de que pessoas pecou, ou induziu outros a pecar; se poucos ou muitos foram cúmplices ou tiveram conhecimento do seu pecado; se cometeu o pecado para receber dinheiro, ou se deu dinheiro para poder pecar.

Quantas vezes: deve-se confessar quantas vezes cometeu-se um pecado, ao menos aproximadamente; se pecou com frequência ou raramente; se permaneceu em pecado por longo ou por breve tempo; se é reincidente e se confessa com bastante frequência.

Por que: se pecou com pleno consentimento da mente, ou se antecedeu a tentação, cometendo o pecado até antes de ser tentado; se, para realizar o pecado, fez de algum modo violência à natureza, pecando assim de modo gravíssimo.

De que modo: deve-se confessar as modalidades do pecado: se de modo indevido, de modo costumeiro, com contatos ilícitos, ou coisas semelhantes.

Quando: se no tempo do jejum, se na festa de algum santo; se foi cumprir algo ilícito no tempo em que deveria ter ido para a igreja; e também que idade tinha quando cometeu este ou aquele pecado.

Já que estas circunstâncias e outras semelhantes tornam mais grave o pecado e atormentam a alma do pecador, devem ser todas declaradas na confissão. Estas são como que as cordas esticadas na cítara da confissão, da qual precisamente se diz: "Toma a cítara".

16. "Percorri a cidade." A cidade é a vida do homem, que ele mesmo deve percorrer: o tempo e a idade, o pecado e suas modalidades, o lugar e as pessoas com as quais pecou e que fez pecar com o mau exemplo, com a palavra e com os atos; e os pecadores que não reteve de pecar, podendo tê-lo feito; tudo, como se disse, deve-se confessar abertamente e com clareza.

Afinal, assim fazia o profeta, que dizia: "Dei voltas e sacrifiquei no seu tabernáculo um sacrifício de *vociferação* (louvor em alta voz)" (Sl 26,6). Percorri toda a minha vida como um bom soldado que anda ao redor do seu acampamento para controlar que não exista [no recinto] alguma passagem pela qual possa entrar o inimigo e sacrifiquei no seu tabernáculo, isto é, na Igreja, diante do sacerdote, um sacrifício de "vociferação", isto é, fiz a confissão, que justamente se diz vociferação, porque o pecador não deve confessar seu pecado pela metade e de boca fechada, como que balbuciando, mas de boca cheia, como que gritando. Justamente, pois, diz-se: Percorri a cidade.

17. "Canta bem", canta a ti mesmo e não dês a culpa ao diabo, ou à fatalidade ou a outras pessoas. Ou também: canta bem, confessando todos os teus pecados a um só sacerdote, e não dividindo-os entre vários sacerdotes.

Talvez me peças um conselho sobre este fato, e me dizes: Fiz a confissão geral de todos os meus pecados a um só sacerdote, mas depois recaí em pecado mortal: é necessário que eu confesse de novo todos os pecados já confessados? Dou-te um conselho correto e vantajoso e verdadeiramente necessário à tua alma. Cada vez que te apresentas a um confessor novo, confessa-te como se nunca tivesses te confessado antes de então. Porém, se te diriges ao confessor ao qual tua consciência é conhecida e ao qual já fizeste a tua confissão geral, és obrigado a confessar-lhe somente os pecados cometidos depois da confissão geral, ou os esquecidos.

"Canta bem", pois, "e repete o canto" da confissão, muitas e muitas vezes acusando a ti mesmo. E isso para quê? Para que a lembrança de ti viva na presença de

Deus e de seus anjos, para que Deus te perdoe os teus pecados, infunda a sua graça e te torne participante da glória eterna.

18. Agora sabes quais são os animais, dos quais o deserto de tua confissão deve abundar; na confissão deve-se declarar com simplicidade e clareza os pecados e suas circunstâncias: só assim o deserto da confissão incutirá grande terror. E a quem? Exatamente aos espíritos imundos. De fato, lemos no Gênesis: "Quão terrível é este lugar! Esta é verdadeiramente a casa de Deus e a porta do céu" (Gn 28,17).

O lugar da confissão, antes, a própria confissão, é terrível para os espíritos imundos. Está escrito no Livro de Jó: "Os meus gemidos são como água que inunda" (Jó 3,24). Ao rugido do leão todos os outros animais detêm o passo. A inundação arrasta qualquer obstáculo. O rugido do leão é a confissão do pecador arrependido, do qual diz o profeta: "O gemido do meu coração arranca-me rugidos" (Sl 37,9), porque do tormento do coração deve prorromper o rugido da confissão e, ouvindo-o, os espíritos do mal, terrorizados, já não se arriscam a prosseguir com as tentações. A inundação representa as lágrimas da contrição que dissolvem e subvertem tudo aquilo que os espíritos do mal planejam para impedir que o pecador chore seu pecado.

A confissão é chamada também de "casa de Deus", por causa da reconciliação do pecador. De fato, na confissão, o pecador é reconciliado com Deus, o filho é reconciliado com o pai quando é por ele acolhido na casa paterna. Por isso, lemos em Lucas que, quando o filho mais velho se aproximou da casa paterna, na qual o filho arrependido banqueteava-se com o pai, ouviu a música e o coro (cf. Lc 15,25).

Observa que naquela casa havia três coisas: o banquete, a música e o coro; assim, na casa da confissão, na qual é acolhido o pecador que retorna da "região da dessemelhança" [onde com o pecado perdeu a semelhança com Deus], deve haver três coisas: o banquete da contrição, a música da acusação, o coro da emenda: assim como te acusas pecador, do mesmo modo deves também fazer qualquer esforço para corrigir-te. Ouve a música que ressoa suavemente: "Reconheço a minha culpa e meu pecado está sempre à minha frente" (Sl 50,5). Ouve o coro que responde em perfeita sintonia: "Estou pronto ao castigo... e está sempre diante de mim a minha dor" (Sl 37,18). Infelizmente, quantos são aqueles que fazem música suave, isto é, que se acusam, mas que depois nunca se corrigem!

19. Outra aplicação. Se na casa da confissão ressoa a música do pranto e da amarga compunção, logo a uma voz responde o coro da divina misericórdia que perdoa os pecados. De fato, no introito da missa de hoje promete-se: Invocar-me-á e eu o ouvirei, libertá-lo-ei e o cobrirei de glória, enchê-lo-ei de longos dias (cf. Sl 90,15-16).

Observa que ao penitente são feitas quatro promessas: a primeira, quando diz "invocar-me-á" para que eu lhe perdoe os pecados, "e eu o ouvirei", porque infundir-lhe-ei a minha graça. A segunda: "libertá-lo-ei" daqueles quatro males que são nomeados no "trato" da missa[2], isto é, do terror da noite, da flecha que voa de dia, da peste que vaga nas trevas e do demônio que devasta ao meio-dia (cf. Sl 90,5-6). O terror da noite é a falsa tentação do diabo; a flecha que voa é sua clara iniquidade; a peste que vaga nas trevas são as intrigas dos hipócritas; o demônio que devasta ao meio-dia é a fogosa luxúria da carne: de tudo isso o Senhor liberta o verdadeiro arrependido. A terceira: "glorificá-lo-ei" no dia do juízo com uma dupla estola de glória. A quarta: "enchê-lo-ei de longos dias" na perenidade da vida eterna.

A confissão é também chamada de "porta do céu". Ó verdadeira porta do céu, ó verdadeira porta do paraíso! De fato, por meio dela, como que através de uma porta, o pecador arrependido é introduzido ao beijo dos pés da divina misericórdia, é erguido ao beijo das mãos da graça celeste, é levantado ao beijo do rosto da reconciliação com o Pai.

Ó casa de Deus, ó porta do céu, ó confissão do pecado! Feliz aquele que habitará em ti, feliz aquele que entrará através de ti, feliz quem se humilhar em ti! Humilhai-vos e entrai pela porta da confissão, caríssimos irmãos; confessai os pecados, confessai as circunstâncias do pecado, como ouvistes, porque "este é o tempo favorável" para a reparação. E depois de tudo isso acrescenta: "Tendo jejuado quarenta dias e quarenta noites" (Mt 4,2).

III – A OBRA DE PENITÊNCIA (SATISFAÇÃO) IMPOSTA PELO CONFESSOR

20. O jejum de Cristo, que durou quarenta dias e quarenta noites, ensina-nos de que modo podemos fazer penitência pelos pecados cometidos e como devemos comportar-nos para não receber inutilmente a graça de Deus. Diz-nos o Apóstolo: "Exorta-mo-vos a que não recebais em vão a graça de Deus. De fato, o Senhor diz pela boca de Isaías: Eu te ouvi no tempo aceitável e te ajudei no dia da salvação. Eis aqui agora o tempo aceitável, eis aqui agora o dia da salvação" (2Cor 6,1-2; cf. Is 49,8).

Recebe inutilmente a graça de Deus quem não vive segundo a graça que lhe foi dada; e também recebe inutilmente a graça de Deus quem crê ter recebido por seu mérito aquela graça que, ao contrário, foi-lhe dada gratuitamente; e a recebe inutilmente também aquele que, depois da confissão de seus pecados, recusa-se a fazer a penitência no momento aceitável, no dia da salvação.

Eis, pois, agora o tempo aceitável, eis o dia da salvação, que nos é dado exatamente para que conquistemos esta salvação. Diz o Bem-aventurado Bernardo: "Nada é mais precioso do que o tempo, e, infelizmente, nada existe hoje que seja menos apreciado. Passam os dias da salvação e ninguém reflete, ninguém se preocupa de perder um dia que nunca mais lhe será restituído. Assim como não cai um cabelo da cabeça, da mesma forma nem um instante de tempo será perdido". E também Sêneca adverte: "Se houvesse muito tempo de sobra, igualmente deveria ser usado com par-

---

2. O "trato" da missa foi substituído, hoje, pelo "Salmo responsorial".

cimônia; o que se deve fazer então, dispondo de tão pouco tempo?" E o Eclesiástico: "Filho, aproveita o tempo!" (Eclo 4,23) porque é um dom sacrossanto. Portanto, nestes sacrossantos quarenta dias [da quaresma] façamos penitência.

O número quarenta é formado por quatro e por dez. O Criador de todas as coisas, Deus, criou o corpo e a alma, e em cada uma destas duas entidades [do homem] infundiu uma série de quatro elementos e outra série de dez.

O corpo é composto de "quatro elementos" e se regula e age com os dez órgãos de sentido, como se fossem dez superintendentes, que são: dois olhos, duas orelhas, o olfato, o gosto, duas mãos e dois pés. Na alma, porém, Deus infundiu quatro virtudes principais, que são: a prudência, a justiça, a fortaleza e a temperança; e deu-lhe os dez preceitos do decálogo, que são: "Ouve, ó Israel, o Senhor teu Deus é o único Senhor" (Dt 6,4). "Não usarás em vão o nome do teu Deus. Lembra-te de santificar o dia de sábado" (Ex 20,7-8). Estes três preceitos, que se referem ao amor a Deus, foram escritos na primeira tábua. Os outros sete, que se referem ao amor ao próximo, foram escritos na segunda, e são: "Honra teu pai e tua mãe, não matarás, não fornicarás, não roubarás, não dirás falso testemunho contra o teu próximo, não desejarás a casa [as coisas] do teu próximo, não desejarás a mulher dele, nem seu escravo, nem sua serva, nem o boi, nem o asno, nem nada daquilo que lhe pertence" (Ex 20,12-17).

Ora, já que nós, com nosso corpo mortal, que é composto de quatro elementos e que age através de dez sentidos, pecamos cada dia contra as quatro virtudes e contra os dez preceitos, devemos reparar e satisfazer o Senhor com o jejum de quarenta dias.

21. E de que modo isso deva ser feito, temo-lo no Livro dos Números, onde se narra que os exploradores, enviados por Moisés e pelos filhos de Israel, percorreram por quarenta dias toda a terra de Canaã (cf. Nm 13,26).

Canaã interpreta-se "comércio" ou também "humilde". A terra de Canaã é o nosso corpo, com o qual devemos agir, ou permutar, com troca aceitável, as realidades terrenas por aquelas eternas, as coisas passageiras por aquelas que permanecerão, e isto sempre na humildade de coração.

Desse comércio, lemos nos Provérbios, quando se fala da mulher forte: "Tomou o gosto e viu que seu comércio ia bem (Pr 31,18). Nota que diz duas coisas: tomou o gosto e viu. A mulher forte, isto é, a alma, toma gosto quando, com o sadio paladar da mente, prova as delícias da glória celeste, por amor à qual despreza o reino deste mundo e todas as suas riquezas; e desse modo, com o andar do tempo, com o olho penetrante da razão, vê e compreende que é um bom negócio vender tudo aquilo que tem e dar o ganho aos pobres (cf. Mt 19,21), e depois, despojada de tudo, seguir a Cristo nu.

É o que diz Jó: "Pele por pele e tudo o que o homem possui está pronto a dá-lo por sua alma" (Jó 2,4). Provando e constatando quanto é bom o Senhor (cf. Sl 33,9), o homem dá e troca a *pele* da grandeza deste mundo pela *pele* da glória celeste. E está também disposto a entregar ao carrasco e ao torturador o seu corpo mortal de pele e expô-lo à espada e à morte, em troca da pele gloriosa do corpo imortal.

Com justiça, nosso corpo é chamado "pele": de fato, como a pele quanto mais for lavada mais se deteriora, assim o nosso corpo quanto mais é nutrido com delicadeza e enfraquecido pelos prazeres, tanto mais rapidamente perde as forças, envelhece e se cobre de rugas. E por sua alma, o homem deve estar disposto a dar não só a pele, mas também tudo aquilo que possui, para merecer ouvir que lhe dizem, como aos apóstolos que haviam abandonado a pele e tudo o mais: "Sentar-vos-eis em doze tronos para julgar as doze tribos de Israel" (Mt 19,28).

22. Nós, pois, como verdadeiros e valentes exploradores, durante estes quarenta dias percorramos cada *região* do nosso corpo, procurando atentamente os pecados que cometemos com a vista, com o ouvido, com o gosto, com o olfato e com o tato, confessando-os diligentemente com todas as suas circunstâncias, para que deles não permaneça o mínimo traço, a exemplo daquilo que fez Josué, do qual se diz: "Josué conquistou também Maceda e passou a fio de espada seu rei e todos os seus habitantes, sem deixar uma só sobra" (Js 10,28).

Maceda interpreta-se "primeira" ou também "queimadura", e indica o pecado, pelo qual primeiramente o homem é queimado por meio do batismo; de fato, herda-se este pecado como castigo [o pecado original]. O rei desta cidade é a má vontade que é destruída com a "boca da espada" (latim: *in ore gladii*), quer dizer, com a "espada da boca", na confissão. Os súditos daquele rei são aqueles que obedecem aos cinco sentidos, que devem ser também destruídos com a penitência, isto é, libertados do estado de pecado. "As sobras" são a memória do pecado e o prazer de falar dele, que simplesmente não devem ser poupadas.

No mesmo livro lemos: "Josué destruiu, pois, todo o território das montanhas, do meio-dia, da planície e Asedot com os seus reis; não deixou ali resto algum, mas matou tudo o que tinha fôlego". O território montanhoso é a soberba; o do meio-dia é a cobiça; o da planície é a luxúria, pela qual o luxurioso corre através dos campos como um cavalo desenfreado. Asedot interpreta-se "malefício do povo", e indica cada torpe imaginação que alimenta o fogo do pecado.

Deponhamos tudo isso na confissão com o propósito de nunca mais recairmos, e por tudo façamos uma digna penitência: quanto mais o corpo se insurgiu e se rebelou, tanto mais o humilhemos na confissão; quanto mais se abandonou aos prazeres, tanto mais o castiguemos com os sofrimentos (cf. Ap 18,7), pondo-o a pão e água, com a disciplina e com as vigílias, para que ouça dizer como a filha de Jefté: "Enganaste-me, minha filha", minha carne, com os prazeres da gula e da luxúria, mas agora te enganaste a ti também (cf. Jz 11,35), isto é, estás castigada com os flagelos, com as vigílias e com os jejuns.

Após ter feito todas estas considerações sobre o espírito de contrição, sobre o deserto da confissão, sobre os quarenta dias da penitência, e depois de ter precisado em que consiste a remissão de todos os pecados, a infusão da graça e o prêmio da vida eterna, ocupemo-nos agora em descrever os vícios que a isso se opõem, isto é, a gula, a vanglória e a luxúria.

IV – O QUE SE OPÕE AOS TRÊS ATOS DE PENITÊNCIA: OU SEJA, A TRÍPLICE TENTAÇÃO

23. O evangelho continua: "O tentador aproximou-se dele e lhe disse: Se és o Filho de Deus" etc. Em circunstâncias iguais, o diabo procede com métodos iguais. Com a tática pela qual tentou Adão no paraíso terrestre, com a mesma tentou Cristo no deserto, e com a mesma tenta também cada cristão neste mundo.

Tentou o primeiro Adão com a gula, com a vanglória e com a avareza, e tentando-o, venceu-o; tentou o segundo Adão, Jesus Cristo, do mesmo modo, mas na tentação foi vencido, porque aquele que foi tentado não era somente um homem, mas era também Deus. Nós que somos participantes de ambos, do homem, segundo a carne, e de Deus, segundo o espírito, despojemo-nos do velho homem com suas obras que são a gula, a vanglória e a avareza e revistamo-nos do homem novo (cf. Cl 3,9), renovados por meio da confissão, para frear com o jejum o desenfreado ardor da gula, para abater com a humilhação da confissão a laboriosidade da vanglória, para calcar e desprezar com a contrição do coração o denso barro da avareza.

"Bem-aventurados", diz o Senhor, "os pobres de espírito", isto é, que têm um espírito compungido e um coração contrito (cf. Sl 50,19), "porque deles é o Reino dos Céus" (Mt 5,3).

24. Observa ainda que, como o diabo tentou o Senhor pela gula no deserto, pela vanglória no templo e pela avareza sobre o monte, assim faz também conosco hoje em dia: tenta-nos pela gula no deserto do jejum, pela vanglória no templo da oração e do ofício, e por muitas formas de avareza no monte de nossos encargos.

Enquanto jejuamos tenta-nos pela gula, com a qual pecamos de cinco modos, como é dito no seguinte versículo de São Gregório: Muito cedo, lautamente, demais, vorazmente, com esmero.

Muito cedo, quando se antecipa a hora [da refeição].

Lautamente, quando se excita a gulodice e se quer despertar um apetite fraco com condimentos, especiarias e suntuosidade de alimentos.

Demais, quando se ingere mais alimento do que é necessário ao corpo. Certos gulosos dizem: Somos obrigados ao jejum, portanto, comamos muito para suprir de uma só vez tanto o almoço como a janta. Estes são como a lagarta, que não abandona a árvore na qual se aninhou se antes não a devorou inteiramente. A lagarta é chamada assim porque é feita quase só de boca (latim: *bruchus, boca*) e representa o guloso que é todo gula e ventre e que assalta o prato como se fosse uma fortaleza e não o deixa se antes não devorou tudo: ou arrebenta o ventre, ou se esvazia o prato.

Vorazmente, quando o homem se lança sobre cada alimento como se fosse assaltar uma fortaleza, abre os braços, alonga as mãos e come com todo o seu ser: à mesa é como um cão que, na cozinha, não tolera rivais.

Com esmero, quando se procuram alimentos especiais e se preparam com grande requinte. Como se lê no Primeiro livro dos Reis, que os filhos de Eli não queriam aceitar a carne cozida, mas pretendiam aquela crua, para depois poder prepará-la com mais requinte e esmero (cf. 1Sm 2,15).

25. Igualmente, o diabo nos tenta pela vanglória no templo. De fato, enquanto estamos em oração, enquanto recitamos o ofício e estamos ocupados na pregação, somos assaltados pelo diabo com os dardos da vanglória e, infelizmente, com muita frequência, feridos. Realmente, existem alguns que, enquanto rezam, dobram os joelhos e soltam suspiros, querem ser vistos. E existem outros que quando cantam em coro modulam a voz e gorjeiam e desejam ser ouvidos. E existem outros ainda que quando pregam, bradam com a voz, multiplicam as citações, comentam-nas a seu modo, giram-se ao redor e desejam ser louvados. Muitos destes mercenários, crede-me, "já receberam sua recompensa" (Mt 6,2), e colocaram sua filha no prostíbulo.

Diz Moisés no Levítico: "Não prostituirás tua filha" (Lv 19,29). Minha filha é minha obra, e a prostituo, isto é, ponho-a no bordel, quando a vendo pelo dinheiro da vanglória. Por isso, o Senhor nos aconselha: "Tu, porém, quando orares, entra no teu quarto e, fechada a porta, ora a teu Pai" (Mt 6,6). Tu, quando quiseres orar ou fazer algum bem – e nisto consiste orar sem cessar (cf. 1Ts 5,17) –, entra no teu quarto, isto é, no segredo do teu coração e fecha a porta dos cinco sentidos, para não desejar ser visto, nem ouvido, nem louvado.

De fato, diz Lucas que Zacarias entrou no templo do Senhor na hora do incenso (cf. Lc 1,9). No tempo da oração, que sobe à presença do Senhor como o incenso (cf. Sl 140,2), deves entrar no templo do teu coração e orar a teu Pai, "e teu Pai, que vê no segredo, recompensar-te-á" (Mt 6,6).

26. Além disso, sobre o monte de nossos encargos, de nossa temporária dignidade, somos tentados a cometer muitos pecados de avareza. Não existe só a avareza do dinheiro, mas também a da *proeminência* (predomínio). Os avarentos, quanto mais têm mais desejam ter, e aqueles que são postos no alto, quanto mais sobem tanto mais esforçam-se por subir, e assim acontece que caiam com uma queda muito mais ruinosa, já que "os ventos investem contra as coisas mais altas" (Ovídio) e aos ídolos são imoladas vítimas nos lugares altos (cf. 1Rs, 3,2; 2Rs 12,3).

A propósito diz Salomão nas parábolas: "O fogo nunca diz: basta!" (Pr 30,16). O fogo, isto é, a avareza do dinheiro e da proeminência nunca diz: basta! Mas o que diz? "Dá-me, dá-me!" (Pr 30,15).

Ó Senhor Jesus, tira, tira (*aufer, aufer*) estes dois "dá-me, dá-me" (*affer, affer*) dos prelados de tua Igreja, que se pavoneiam sobre o monte das dignidades eclesiásticas e esbanjam teu patrimônio, que conquistaste com as bofetadas, com os flagelos, com as cusparadas, com a cruz, com os pregos, com o vinagre, com o fel e a lança.

Nós, então, que somos chamados cristãos pelo nome de Cristo, imploremos todos juntos com a devoção da mente o mesmo Jesus Cristo e peçamos-lhe insistentemente que pelo espírito de contrição nos faça chegar ao deserto da confissão, a fim de que nesta quaresma mereçamos receber a remissão de todas as nossas iniquidades e, renovados e purificados, sejamos feitos dignos de fruir da alegria de sua santa ressurreição e de ser colocados na glória da eterna bem-aventurança.

No-lo conceda aquele ao qual pertence honra e glória nos séculos dos séculos. Amém.

II domingo da Quaresma (1)

Temas do sermão

- Evangelho do II domingo da Quaresma: "Jesus tomou consigo Pedro, Tiago e João".
- Sermão aos pregadores: "Vem a mim sobre o monte".
- Sermão aos penitentes ou aos religiosos: "Quando chegares ao carvalho do Tabor".
- Sermão para a Natividade do Senhor ou para a festa da Bem-aventurada Virgem Maria: "Jacó viu em sonho uma escada".
- Sermão aos fiéis da Igreja: "Moisés e Aarão": a característica da safira.
- Sermão sobre a discrição: "Teu nariz como torre do Líbano" etc.
- Sermão sobre a contemplação: "Provai e vede"; as características do sol.
- Sermão sobre a misericórdia de Deus para com os pecadores que se convertem: "Se os vossos pecados forem como o escarlate".
- Sermão ao prelado: "Apareceram Moisés e Elias".
- Sermão para a dedicação de uma igreja, ou para a festa de um mártir ou de um confessor: "Depois que tudo se cumpriu".

EXÓRDIO – SERMÃO AOS PREGADORES

1. "Jesus tomou consigo Pedro, Tiago e João e levou-os a um monte muito alto" etc. (Mt 17,1).

No Êxodo, lê-se que o Senhor falou a Moisés, dizendo: "Sobe para junto de mim no monte e fica ali; eu te darei as tábuas de pedra, a lei e os mandamentos, que escrevi para que tu os ensines aos filhos de Israel" (Ex 24,12).

Moisés se interpreta "aquático" (cf. Ex 2,10) e é figura do pregador que rega as mentes dos fiéis com a água da doutrina "que brota para a vida eterna" (Jo 4,14). Ao pregador o Senhor diz: "Sobe para junto de mim no monte". O monte, por causa de sua altura, representa a sublimidade da vida santa, à qual o pregador deve subir pela escada do divino amor, abandonando o vale das coisas temporais: e ali encontrará o Senhor. De fato, na sublimidade da vida santa encontra-se o Senhor. Por isso, diz-se no Gênesis: "O Senhor providenciará sobre o monte" (Gn 22,14); isto é, na sublimidade da vida santa, o Senhor fará ver e compreender o que deve a Deus e o que deve ao próximo.

"Eu te darei duas tábuas." Nas duas tábuas é indicado o conhecimento dos dois Testamentos, o único em condições de ensinar, o único que torna sábios. Esta é a única ciência que ensina a amar a Deus, a desprezar o mundo, a submeter a carne. O pregador deve ensinar estas coisas aos filhos de Israel, porque delas depende toda a lei e os profetas (cf. Mt 22,40). Mas onde se encontra esta ciência tão preciosa? Exatamente sobre o monte. "Sobe – disse – para junto de mim no monte e fica ali", porque ali existe "a mudança feita pela direita do Altíssimo" (Sl 76,11), a transfiguração do Senhor, a contemplação da verdadeira alegria. Exatamente daquele monte se diz no evangelho de hoje: "Jesus tomou consigo Pedro, Tiago e João" etc.

2. Observa que neste evangelho há cinco momentos aos quais se deve prestar a máxima atenção: a subida de Jesus e dos três apóstolos ao monte, a sua transfiguração, a aparição de Moisés e de Elias, a sombra produzida pela nuvem luminosa, e a declaração da voz do Pai: "Este é meu Filho muito amado".

Em honra de Deus e para a utilidade de vossas almas, veremos o significado moral destes cinco episódios, segundo aquilo que o Senhor quererá inspirar-nos.

I – A SUBIDA DE JESUS CRISTO COM OS TRÊS APÓSTOLOS AO MONTE

3. "Jesus tomou consigo Pedro, Tiago e João." Estes três apóstolos, companheiros íntimos de Jesus Cristo, representam as três faculdades de nossa alma, sem as quais ninguém pode subir ao monte da luz, isto é, à sublimidade da familiaridade divina. Pedro se interpreta "aquele que conhece"; Tiago, "aquele que suplanta ou extirpa"; João, "graça do Senhor".

Jesus, pois, tomou consigo Pedro etc. Também tu, que crês em Jesus e de Jesus esperas a salvação, toma contigo *Pedro*, quer dizer, o conhecimento, a consciência do teu pecado, que consiste em três vícios: a soberba do coração, a concupiscência da carne e o apego às coisas do mundo. Toma contigo *Tiago*, isto é, a destruição (*supplantatio*) desses três vícios, a fim de que quase sob a planta da razão, isto é, com a força da razão, possas destruir a soberba do teu espírito, mortificar a concupiscência de tua carne e rejeitar a vã falsidade das coisas do mundo. Enfim, toma também *João*, isto é, a graça do Senhor –, que está à porta e bate (cf. Ap 3,20) – a fim de que te ilumine e te faça conhecer o mal que fizeste e te torne perseverante no bem que começaste a fazer.

Os três apóstolos são aquelas três pessoas das quais Samuel disse a Saul: "Quando chegares ao carvalho do Tabor, encontrarás aí três homens, que vão adorar a Deus em Betel: um leva três cabritos, o segundo, três formas de pão, o terceiro, uma ânfora de vinho" (1Sm 10,3).

O carvalho do Tabor e o próprio Tabor são figura da sublimidade da vida santa, que justamente é chamada tanto carvalho como monte e também Tabor: *carvalho*, porque é constante e irremovível até a perseverança final; *monte*, porque é elevado e sublime até a contemplação de Deus; *Tabor* – que se interpreta "esplendor que vem" –

porque difunde a luz do bom exemplo. Na sublimidade da vida santa, exigem-se estas três qualidades: que seja constante em si mesma, imersa na contemplação de Deus e luz que ilumina o próximo. "Quando, pois, chegares", isto é, estabeleceres chegar ou subir ao carvalho ou ao Monte Tabor, encontrarás aí três homens que estão subindo a Deus em Betel. Estes três homens são *Pedro*, aquele que conhece, *Tiago*, aquele que suplanta ou erradica, e *João*, a graça de Deus. Pedro leva três cabritos, Tiago, três formas de pão, João, uma ânfora de vinho.

Pedro, isto é, aquele que se reconhece pecador, leva três cabritos. No cabrito é simbolizado o fedor do pecado; nos três cabritos, as três espécies de pecados nos quais se cai com mais frequência, isto é, a soberba do coração, a impudência da carne, o apego às coisas do mundo. Portanto, quem quiser subir ao monte da luz deve levar estes três cabritos, isto é, reconhecer-se culpável destas três espécies de pecados.

Tiago, isto é, aquele que suplanta ou erradica os vícios da carne, leva três formas de pão. O pão simboliza a bondade do espírito, que consiste na humildade do coração, na castidade do corpo e no amor à pobreza; ninguém pode ter esta bondade se antes não tiver erradicado os vícios. Portanto, leva três formas de pão – quer dizer, a tríplice bondade do espírito – somente aquele que reprime a soberba do coração, que freia a impudência da carne e que rejeita a avareza do mundo.

João, isto é, aquele que com a graça de Deus – que antecede, acompanha e coopera – conserva todas estas coisas com fidelidade e constância, leva verdadeiramente a ânfora de vinho. O vinho na ânfora representa a graça do Espírito Santo, infundida na vontade de fazer o bem.

Portanto, Jesus tomou consigo Pedro, Tiago e João. Toma contigo também tu estes três personagens e dispõe-te a subir ao Monte Tabor.

4. Mas, acredita-me, a subida é difícil, porque o monte é altíssimo. Apesar de tudo, queres subir com grande facilidade? Arranja-te aquela escada da qual se lê e se canta no relato bíblico deste domingo: "Jacó viu em sonho uma escada posta de pé, ou seja, apoiada sobre a terra, cujo cimo tocava o céu; via também os anjos de Deus que subiam e desciam por ela, e o Senhor no alto da escada" (Gn 28,12). Presta atenção às várias palavras e constatarás sua concordância com o evangelho.

Viu, eis o conhecimento do pecado, do qual o Bem-aventurado Bernardo diz: Deus me conceda que não tenha outra visão a não ser o conhecimento dos meus pecados. *Jacó*, que tem o mesmo significado que "Tiago": eis a suplantação da carne; de Jacó disse Esaú: "Eis que pela segunda vez me suplantou!" (Gn 27,36). *Em sonho*, eis a graça do Senhor que infunde o sono da tranquilidade e da paz. Assim o Filósofo descreve o sono: "O sono é a tranquilidade das faculdades *animais*, com a intensificação, a consolidação daquelas *naturais*" (ARISTÓTELES. *O sono e a vigília*)[3]. De fato,

---

3. Eis as palavras de Aristóteles: "Somnus est quies animalium virtutum, cum intencione naturalium" (*O sono e a vigília*). Santo Antônio tira delas uma aplicação espiritual.

quando alguém dorme o sono da graça, nele as potências da carne desistem (*quiescunt*) de suas obras más, e se reavivam, reforçam-se as potências do espírito. Com efeito, o Gênesis diz: "Ao pôr do sol, veio um profundo sono a Abraão e um grande terror o acometeu" (Gn 15,12).

Por "sol", entende-se aqui o prazer carnal: quando este é vencido, desce sobre nós uma sonolência, isto é, o êxtase da contemplação, e nos invade um grande horror pelos pecados passados e pelas penas do inferno. Queres ouvir o reforço das faculdades espirituais e o enfraquecimento daquelas carnais? "Eu durmo", diz a esposa do Cântico dos Cânticos, isto é, desisto do desejo das coisas temporais, "mas meu coração vela" (Ct 5,2) na contemplação daquelas celestes. Com justiça, pois é dito: "Jacó viu em sonho uma escada": por meio dela tu podes subir ao Monte Tabor.

5. Observa que a escada tem dois "braços" (*montantes*) e seis degraus, por meio dos quais é fácil a subida. Esta escada representa Jesus Cristo; os dois braços são a natureza divina e a natureza humana; os seis degraus são sua humildade e pobreza, a sabedoria e a misericórdia, a paciência e a obediência. Foi humilde ao assumir a nossa natureza, quando "olhou para a humildade de sua serva" (Lc 1,48). Foi pobre no seu nascimento, no qual a Virgem pobrezinha, dando à luz o próprio Filho de Deus, não teve onde colocá-lo, envolto em faixas, senão numa manjedoura de ovelhas (cf. Lc 2,7). Foi sábio na sua pregação, porque "começou a fazer e a ensinar" (At 1,1). Foi misericordioso ao acolher benignamente os pecadores: "Não vim chamar os justos, mas os pecadores" (Mt 9,13) à penitência. Foi paciente sob os flagelos, as bofetadas, as cusparadas; com efeito, disse por boca de Isaías: "Ofereci minha face como uma pedra duríssima" (Is 50,7). A pedra, se é batida, não reage nem se lamenta contra quem a bateu. Assim Cristo: "Ultrajado, não respondia com injúrias; atormentado, não ameaçava (1Pd 2,23). Depois foi "obediente até a morte e morte de cruz" (Fl 2,8). Esta escada estava apoiada na terra quando Cristo dedicava-se à pregação e fazia milagres; tocava o céu quando, como nos diz Lucas, passava as noites em oração (cf. Lc 6,12), em colóquio com o Pai.

Eis que a escada está erguida. Por que, então, não subis? Por que continuais a arrastar-vos por terra com as mãos e com os pés? Subi, porque Jacó viu os anjos que subiam e desciam pela escada. Subi, pois, ó anjos, ó prelados da Igreja, ó fiéis de Jesus Cristo! Subi, digo-vos, para contemplar quão suave é o Senhor (cf. Sl 33,9); descei para ajudar e para aconselhar o próximo, porque disso o próximo tem necessidade. Por que tentais subir por outro caminho, em vez de subir pela escada? Se vós quiserdes subir por qualquer outra parte, cairá sobre vós um precipício. "Ó estultos e tardos de coração", não digo "em crer" (Lc 24,25), porque vós credes, e também os demônios creem (cf. Tg 2,19); mas sois duros e de pedra no agir. Presumis poder subir por outro caminho ao Monte Tabor, para o repouso da luz, para a glória da bem-aventurança celeste, em vez de subir pela escada da humildade, da pobreza e da paixão do Senhor? Convencei-vos que não é possível! Eis a palavra do Senhor: "Se alguém quer vir após mim, negue-se a si mesmo, tome a sua cruz e siga-me" (Mt 16,24). E em Jeremias lemos: "Chamar-me-ás pai, e não cessarás de andar após mim" (Jr 3,19).

Diz Agostinho: "O médico toma a medicina amarga por primeiro, a fim de que não se recuse bebê-la o doente". E Gregório "Bebendo o cálice amargo chega-se à alegria da cura". "Para salvar a vida, deves enfrentar o ferro e o fogo" (Ovídio). Subi, pois, não temais, porque o Senhor está no alto da escada, pronto a acolher aqueles que sobem. De fato, "Jesus tomou consigo Pedro, Tiago e João e subiu a um monte altíssimo".

II – A TRANSFIGURAÇÃO DE JESUS CRISTO

6. "E transfigurou-se diante deles" (Mt 17,2). Como cera mole, imprime a ti mesmo sobre esta figura, para poderes receber a figura de Jesus Cristo. Eis como foi: "Seu rosto ficou refulgente como o sol e suas vestes tornaram-se cândidas como a neve" (Mt 17,2). Nessa expressão devem-se observar quatro particularidades: o rosto, o sol, as vestes e a neve. Veremos qual seja seu significado moral.

Nota que na parte frontal da cabeça, que é o rosto do homem, existem três sentidos, a vista, o olfato e o gosto, ordenados e dispostos de maneira admirável. O olfato está posto entre a vista e o gosto, como se fosse uma balança. Analogamente, no rosto de nossa alma há três sentidos espirituais, dispostos em ordem perfeita pela sabedoria do sumo artífice: a visão da fé, o olfato (*o cheiro*) da discrição e o gosto da contemplação.

7. A respeito da visão da fé, lê-se no Êxodo que "Moisés e Aarão, Nadab e Abiú e os setenta anciãos viram o Deus de Israel; e debaixo de seus pés havia como que uma obra de pedra de safira, semelhante ao céu quando está sereno" (Ex 24,9-10).

Nesta citação são descritos todos aqueles que veem com o olho da fé, e o que devam ver, isto é, crer. Moisés se interpreta "aquático" e representa todos os religiosos que devem impregnar-se da água das lágrimas; para tal objetivo, afinal, foram tirados do rio do Egito, a fim de que nesta horrível solidão [do mundo] semeiem nas lágrimas e depois colham em júbilo na Terra Prometida. Aarão, sumo pontífice, que se interpreta "montanhês" – [Deus mandou-o encontrar-se com Moisés no monte (cf. Ex 4,27)] – representa todos os altos prelados da Igreja, que estão constituídos no monte da dignidade e da autoridade. Nadab, que se interpreta "espontâneo", representa todos os súditos, que devem obedecer espon-taneamente, de boa vontade, e não por coação. Abiú, que se interpreta "pai deles", representa todos aqueles que estão unidos em matrimônio segundo a forma da Igreja, a fim de que sejam pais de filhos. Enfim, os setenta anciãos de Israel repre-sentam todos os batizados, que no sacramento receberam o Espírito Santo, que infunde os sete dons da graça. Todos estes veem, isto é, creem, e devem ver e crer no Deus de Israel.

"E debaixo de seus pés havia como que uma obra de pedra de safira." Eis o que devem crer. As palavras "Deus de Israel" indicam a divindade, as palavras "debaixo de seus pés" indicam a humanidade de Jesus Cristo, que devemos crer verdadeiro Deus e verdadeiro homem. Desses pés diz Moisés: "Os que se aproximam de seus pés receberão sua doutrina" (Dt 33,3). Por isso, diz-se que Maria [de Magdala] sentava-se aos pés do Senhor e ouvia sua palavra (cf. Lc 10,39). Debaixo dos pés do Senhor, quer dizer, depois da encarnação de Jesus Cristo, apareceu a obra do Senhor, como de pedra de safira e semelhante ao céu quando está sereno. A safira e o céu sereno têm a mesma cor.

E observa que a safira tem quatro propriedades: mostra em si mesma uma estrela, faz desaparecer o carbúnculo [do homem], é semelhante ao céu sereno e estanca o sangue. A safira representa a Santa Igreja, que teve início depois da encarnação de Cristo e durará até o fim do tempo. Ela se articula em quatro ordens, isto é, os apóstolos, os mártires, os confessores da fé e as virgens, que, com justiça, podemos comparar às propriedades da safira. A safira mostra em si mesma uma estrela: este fato é figura dos apóstolos, que foram os primeiros a mostrar a estrela matutina da fé àqueles que estavam sentados nas trevas e na sombra da morte (cf. Lc 1,79). Com o contato, a safira faz desaparecer o carbúnculo, que é uma doença mortal: e este é figura dos mártires, que com seu martírio derrotaram a doença mortal da idolatria. A safira, que tem a cor do céu, representa os confessores da fé, que, considerando esterco todas as coisas temporais, elevaram-se com a corda do amor divino à contemplação de bem-aventurança celeste, dizendo com o Apóstolo: "Nossa pátria está nos céus" (Fl 3,20). Enfim, a safira estanca o sangue, e isso representa as virgens, que por amor ao esposo celeste estancaram totalmente em si mesmas o sangue da concupiscência carnal. E esta é a obra maravilhosa de pedra de safira, que apareceu debaixo dos pés do Senhor.

Está claro, pois, o que tua alma deve ver e o que tu deves crer com o olho da fé.

8. Sobre o olfato (*cheiro*) da discrição, lemos no Cântico do amor (Cântico dos Cânticos): "Teu nariz é como a torre do Líbano, que olha para Damasco" (Ct 7,4). Nesta citação existem quatro palavras muito importantes: nariz, torre, Líbano e Damasco. No nariz é indicada a discrição; na torre, a humildade; no Líbano, que se interpreta "brancura", a castidade; em Damasco, que se interpreta "que bebe sangue", a perfídia do diabo.

O nariz da alma, pois, é a virtude da discrição, por meio da qual ela, como com um nariz, deve saber distinguir o perfume do fedor, o vício da virtude, e perceber também coisas colocadas longe, isto é, as tentações do diabo que estão por chegar. Com precisão, do verdadeiro justo Jó diz: "Cheira de longe a batalha, a exortação dos capitães e os gritos do exército" (Jó 39,25). Com o olfato, isto é, com a virtude da discrição, a alma fiel prevê a guerra da carne e as ordens dos capitães, isto é, as sugestões da vã razão, representadas nos capitães, e isto para não cair na fossa da iniquidade sob a aparência da santidade; ouve os gritos do exército, isto é, as tentações dos demônios, que uivam como animais ferozes: o uivo é próprio dos animais ferozes.

Este "nariz" da esposa deve ser como a torre do Líbano: a virtude da discrição consiste sobretudo na humildade do coração e na castidade do corpo. E justamente a humildade é chamada "torre de castidade" porque, como a torre defende o acampamento, assim a humildade do coração defende a castidade do corpo dos dardos da fornicação. Se assim for, o olfato da esposa, facilmente, poderá olhar contra Damasco, isto é, contra o diabo, que deseja sorver o sangue de nossas almas, desmascarando assim sua subtil perfídia.

9. Sobre o gosto da contemplação, diz o profeta: "Provai e vede quão suave é o Senhor!" (Sl 33,9). Provai, isto é, espremei com a gula de vossa mente, e espremendo recordai a bem-aventurança da Jerusalém celeste, que é a glorificação das almas santas, a inefável glória das multidões angélicas, a perene doçura do Deus uno e trino; e pensai também quão grande será a glória de participar dos coros dos anjos, junto com eles louvar a Deus com voz incansável, contemplar pessoalmente o rosto de Deus, admirar o maná da divindade na urna de ouro da humanidade. Se provardes a fundo estas coisas, em verdade, em verdade constatareis quão suave é o Senhor. Bem-aventurada a alma, cujo rosto é dotado e ornado com tais sentidos!

Observa ainda que o olfato é colocado quase como a agulha da balança, entre a vista da fé e o gosto da contemplação. De fato, na fé é necessária a discrição, a fim de que não ousemos aproximar-nos para ver a sarça ardente (cf. Ex 3,3), para desamarrar a correia das sandálias (cf. Lc 3,16), isto é, querer investigar o mistério da encarnação do Senhor. Crê somente, e isto é suficiente. Não compete a ti desatar as correias. Diz Salomão: "Quem quer sondar a majestade de Deus será oprimido por sua glória" (Pr 25,27). Creiamos, pois, com firmeza e professemos nossa fé com simplicidade.

Também na contemplação é necessária a discrição, para não pretender saborear coisas celestes mais do que é conveniente (cf. Rm 12,3). De fato, diz Salomão: "Filho, achaste mel?", isto é, a doçura da contemplação? "Come só o que te basta, para que, comendo demais, não o vomites depois" (Pr 25,16). Vomita o mel aquele que, não contente com a graça que lhe é dada sem mérito, quer explorar com a razão humana a doçura da contemplação, negligenciando aquilo que se diz no Gênesis, que, no nascimento de Benjamim, Raquel morreu (cf. Gn 35,17-19).

Em Benjamim é representada a graça da contemplação, em Raquel, a humana razão. No nascimento de Benjamim, Raquel morre, porque quando a mente, pretendendo elevar-se acima de suas forças, entrevê algo da luz da divindade, toda a razão humana se extingue. A morte de Raquel representa a extinção da razão. Por isso disse alguém: "Ninguém com a razão humana pode chegar até onde Paulo foi arrebatado" (Ricardo de São Vítor).

Portanto, o olfato da discrição seja como uma balança posta entre a visão da fé e o gosto da contemplação, para que o rosto da nossa alma resplandeça como o sol.

10. Observa ainda que no sol existem três prerrogativas: o esplendor, a brancura e o calor. E vê como estas três propriedades do sol concordam perfeitamente com os três acima mencionados sentidos da alma. O esplendor do sol concorda com a visão da fé, que, com a clareza de sua luz, vê e crê nas coisas invisíveis. A brancura, isto é, a nitidez e a pureza, ajusta-se à discrição do olfato; e, exatamente, porque esfregamos o nariz e voltamo-nos para o outro lado diante de alguma coisa malcheirosa, assim pela virtude da discrição devemos afastar-nos da imundície do pecado. E também o calor do sol convém ao gosto da contemplação, porque nela existe verdadeiramente o calor do amor. De fato, diz o Bem-aventurado Bernardo: "É absolutamente impossível que o sumo Bem possa ser contemplado sem ser amado": afinal, Deus é o próprio amor.

Portanto, caríssimos, prestai atenção e vede quanto é útil, quanto é salutar, tomar consigo estes três companheiros e subir ao monte da luz, porque ali existe verdadeiramente a transfiguração da aparência deste mundo, que passa (cf. 1Cor 7,31), para a figura de Deus, que permanece nos séculos dos séculos, e da qual se diz: "Seu rosto refulgiu como o sol". Resplandeça como o sol também o rosto de nossa alma, para que o que vemos com a fé brilhe nas obras; e o bem que compreendemos interiormente se traduza exteriormente no testemunho das obras pela virtude da discrição; e aquilo que provamos na contemplação de Deus se acenda de calor no amor ao próximo. Só assim o nosso rosto resplandecerá como o sol.

11. "Suas vestes tornaram-se brancas como a neve" (Mt 17,2), "como nenhum lavandeiro sobre a terra conseguiria branqueá-las" (Mc 9,2).

As vestes de nossa alma são os membros deste nosso corpo: elas devem ser cândidas. Diz Salomão: "Os teus vestidos sejam brancos em todo o tempo!" (Ecl 9,8). De que candor? "Como a neve", diz o evangelho. O Senhor, por boca de Isaías, promete aos pecadores que se convertem: "Se os vossos pecados forem como o escarlate, eles se tornarão brancos como a neve" (Is 1,18).

Aqui, observa duas coisas: o escarlate e a neve. O escarlate é um tecido que tem a cor do fogo e do sangue. A neve é fria e branca. No fogo está representado o ardor do pecado, no sangue sua imundície; na frieza da neve está simbolizada a graça do Espírito Santo, na brancura, a pureza da mente. Diz, pois, o Senhor: "Se os vossos pecados forem como o escarlate" etc. É como se dissesse: Se retornardes a mim, eu infundirei em vós a graça do Espírito Santo, que extinguirá o ardor do pecado e lavará sua imundície. Ele mesmo diz ainda por boca de Ezequiel: "Derramarei sobre vós uma água pura, sereis purificados de todas as vossas imundícies" (Ez 36,25). Por isso, as vestes, quer dizer, os membros do nosso corpo, sejam brancas como a neve, para que a frieza da neve, isto é, a compunção da mente, extinga o ardor do pecado, e a pureza de uma vida santa lave toda imundície.

As vestes representam também as virtudes de nossa alma, que, por elas revestida, aparece gloriosa diante do Senhor. Destas vestes, no relato bíblico deste domingo, diz-se que Rebeca vestiu Jacó com as vestes muito belas que tinha consigo (cf. Gn 27,15). Rebeca, isto é, a sabedoria de Deus Pai, revestiu Jacó, quer dizer, o justo, de virtudes, vestes muito belas porque tecidas com a mão e a arte de sua sabedoria: vestes que tinha consigo, colocadas no tesouro de sua glória; e as tem verdadeiramente, porque é Senhor e dono de tudo e as dá a quem quer, quando quer e como quer. Estas vestes são consideradas cândidas pelo efeito que produzem, porque tornam o homem cândido, não digo só como a neve, mas muito mais do que ela. E tais vestes, nenhum lavandeiro, isto é, nenhum pregador sobre a terra, pode torná-las tão brancas com a lavagem de sua pregação.

III – A APARIÇÃO DE MOISÉS E DE ELIAS

12. "E apareceram Moisés e Elias, que falavam com ele" (Mt 17,3).

Ao justo assim transfigurado, assim iluminado, assim vestido, aparecem Moisés e Elias. Em Moisés, que era o mais manso de todos os homens que habitavam sobre a terra (cf. Nm 12,3), cujos olhos não se haviam embaçado, nem os dentes se abalado (cf. Dt 34,7), está simbolizada a mansidão da misericórdia e da paciência.

"Mansueto" é como dizer "habituado à mão" (*manui assuetus*). Este é como um filho, como um animal domesticado, habituado à mão (à ação) da graça divina: seu olho, isto é, a razão não se anuvia com a fuligem do ódio, nem se ofusca com a nuvem do rancor; seus dentes não se movem contra alguém com a murmuração, nem mordem com a detração.

Em Elias, do qual, no Terceiro livro dos Reis, se diz que matou os profetas de Baal às margens da torrente de Cison (cf. 1Rs 18,40), é simbolizado o zelo pela justiça. "Baal" interpreta-se "que está no alto", o "devorador", e "Cison" "a sua dureza". Por isso, aquele que verdadeiramente arde de zelo pela justiça, mata com a espada da pregação, da ameaça e da excomunhão os profetas e os servos da soberba, que sempre tendem para o alto; mata os servos da gula e da luxúria, que devoram tudo: mata-os para que morram ao vício e vivam para Deus (cf. Gl 2,19). E realiza esta obra na torrente de Cison, isto é, pela excessiva dureza de seu coração, pela qual acumulam sobre si a cólera para o dia da ira e da revelação do justo juízo de Deus (cf. Rm 2,5).

E a propósito diz o Senhor por boca de Ezequiel: "É a estes filhos de face dura e coração obstinado que eu te envio" (Ez 2,4); "pois toda a casa de Israel tem a fronte dura e o coração obstinado" (Ez 3,7). Tem a fronte dura aquele que, quando é censurado, não só despreza a correção, mas nem enrubesce por seu pecado. A este diz no rosto Jeremias: "O descaramento de uma meretriz apoderou-se de ti e não quiseste ter vergonha" (Jr 3,3).

Moisés e Elias, isto é, a mansidão da misericórdia e o zelo pela justiça, devem aparecer junto com o justo, já transfigurado sobre o monte da santa vida, a fim de que, como o samaritano, estejam em condições de derramar nas chagas do ferido o vinho e o óleo, para que o vigor do vinho supra a delicadeza do óleo, e a delicadeza do óleo atenue a força do vinho.

Do anjo que apareceu na ressurreição de Cristo diz-se em Mateus que seu aspecto era como o relâmpago e suas vestes como a neve (cf. Mt 28,3). No relâmpago é indicada a severidade do juízo, no candor da neve, a graça da misericórdia. O anjo, isto é, o prelado, deve ter o aspecto do relâmpago, para que as mulheres, isto é, as mentes efeminadas fiquem aterrorizadas à vista de sua santidade. Como fez Ester, da qual se diz: "Quando Assuero levantou o rosto e mostrou em seus olhos cintilantes o furor de seu peito, a rainha desmaiou e, trocando-se a sua cor em palidez, deixou cair a cabeça vacilante sobre a criada que a acompanhava" (Est 15,10). Mas o prelado, como fez Assuero, deve apresentar o cetro de ouro da benevolência (cf. Est 15,15), e vestir as vestes da neve, a fim de que a piedosa benevolência da mãe console aqueles que a severidade paterna censurou. Por isso se diz: Mesmo usando o chicote do pai, tenha também os seios da mãe.

O prelado deve ser como o pelicano, que – como se narra – mata seus filhotes, mas depois extrai sangue do próprio corpo e o derrama sobre eles e assim os chama de volta à vida. Assim deve fazer o prelado: seus filhos, seus súditos, que estigmatizou com o flagelo da disciplina e matou com a espada da áspera invectiva, deve depois com seu sangue, isto é, com a compunção da mente e a efusão das lágrimas – que Agostinho define "sangue da alma" – chamá-los de volta à penitência, na qual precisamente está a vida da alma.

IV – A DECLARAÇÃO DA VOZ DO PAI: ESTE É O MEU FILHO AMADO

13. E se em ti acontecerem primeiramente estes três eventos, isto é, a subida sobre o monte, a transfiguração e a aparição de Moisés e Elias, o quarto seguirá necessariamente, como continua o evangelho: "E eis que uma nuvem luminosa os envolveu" (Mt 17,5). Expressão semelhante a encontramos no fim do Êxodo, onde se diz: "Depois que todas estas coisas aconteceram, uma nuvem cobriu a tenda do testemunho, e a glória do Senhor a encheu" (Ex 40,31-32).

Recorda que na tenda do testemunho havia quatro objetos: o candelabro de sete luzes, a mesa da proposição, a arca do testamento e o altar de ouro (cf. 25,31-37). A tenda do testemunho representa o justo: *tenda*, porque "a vida do homem sobre a terra é um combate" (Jó 7,1): de fato, é da tenda que os soldados armados costumam sair para enfrentar os inimigos, quando são por eles atacados; assim faz também o justo quando inicia o combate e ele próprio é atacado; por isso se diz: "O inimigo, que combate valorosamente, faz que também tu combatas valorosamente" (Ovídio); tenda *do testemunho*, que tem não só daqueles que estão fora (cf. 1Tm 3,7) e que, por vezes, não corresponde à verdade, mas de si mesmo, porque sua glória é o testemunho de sua consciência (cf. 2Cor 1,12), e não da língua de outro.

Nessa tenda do testemunho, o candelabro de ouro, batido a mão, com sete luzes, representa a compunção do coração de ouro do justo, que é batido por múltiplos suspiros como por muitas marteladas. As sete luzes desse candelabro são os três cabritos, as três formas de pão e a ânfora de vinho, trazidos pelos três mencionados companheiros do justo. E na tenda do justo existe também a mesa da proposição, na qual é representada a perfeição da vida santa, sobre a qual devem ser postos os pães da proposição, isto é, o alimento da pregação, que a todos deve ser oferecido. De fato, diz o Apóstolo: "Eu sou devedor aos gregos e aos bárbaros" (Rm 1,14).

E ali, na tenda, existe ainda a arca da aliança, que contém o maná e a vara de Aarão. Na arca, isto é, na mente do justo, deve estar o maná da mansidão, para ser como Moisés, e a vara da correção, para ser como Elias. E, enfim, existe o altar de ouro, símbolo do firme propósito da perseverança final. Neste altar é oferecido diariamente o incenso da devota compunção e dele saem os aromas da perfumada oração.

14. Justamente, pois, se diz: "Depois que todas estas coisas aconteceram, uma nuvem cobriu a tenda do testemunho". Esta tenda, na qual aconteceu tudo aquilo que se refere à perfeição, é coberta pela nuvem e está cheia da glória do Senhor, como se diz no evangelho de hoje: "E uma nuvem luminosa os envolveu". De fato, a graça do Senhor restaura o justo transfigurado sobre o monte da luz, isto é, da santa vida: repara-o dos ardores da prosperidade deste mundo, da chuva da concupiscência carnal, da tempestade da perseguição diabólica; e assim merece sentir o sopro de uma branda viração (cf. 1Rs 19,12), a ternura de Deus Pai que diz: "Este é meu Filho muito amado, ouvi-o!" (Mt 17,5).

É verdadeiramente digno de ser chamado Filho de Deus aquele que tomou consigo os três mencionados companheiros, que subiu ao monte, que transfigurou a si mesmo da figura deste mundo para a figura de Deus, que teve como companheiros Moisés e Elias e mereceu ser envolvido pela nuvem luminosa.

Pedimos-te, pois, Senhor Jesus, que do vale da miséria tu nos faças subir ao monte da vida santa, a fim de que marcados pelo sinal de tua posse e fundados na mansidão da misericórdia e no zelo da justiça, mereçamos no dia do juízo ser envolvidos pela nuvem luminosa e ouvir a voz da alegria, da júbilo e da exultação: "Vinde, benditos do meu Pai", que vos abençoou sobre o Monte Tabor, "recebei o reino que foi preparado para vós desde a origem do mundo" (Mt 25,34).

A este reino digne-se conduzir-nos aquele ao qual pertence a honra e a glória, o louvor e o domínio, a majestade e a eternidade nos séculos dos séculos. E todo o espírito responda: Amém!

II domingo da Quaresma (2)

Temas do sermão
- Evangelho para o mesmo domingo: "Tendo partido dali, Jesus".
- Primeiramente, sermão aos pregadores: "Israel saiu para a batalha".
- Sermão sobre o desprezo do mundo: "Jacó, partindo de Bersabeia".
- Sermão aos penitentes: "Aquilo que antes não queria tocar"; a tríplice tentação do diabo, de quantos modos acontece a poluição noturna.
- Sermão aos religiosos: "E tu, filho do homem, toma trigo".
- Sermão sobre a confissão, na qual são necessários cinco atos: "Jesus, saindo dali, retirou-se para os lados de Tiro e Sidônia"; as quatro componentes do arco e da cítara.
- Sermão contra os *curiosos* e aqueles que vagueiam entre as coisas do mundo: "Dina saiu para ver".

Exórdio – Sermão aos pregadores

1. "Tendo partido dali, Jesus retirou-se para a região de Tiro e de Sidônia. E eis que uma mulher cananeia, que tinha saído daqueles arredores, pôs-se a gritar: Senhor, Filho de Davi, tem piedade de mim" etc. (Mt 15,21-22).

Lemos no Primeiro livro dos Reis: "Israel saiu ao encontro dos filisteus para os combater, e acampou junto à Pedra do Socorro" (1Sm 4,1).

Israel interpreta-se "semente de Deus", e representa o pregador ou também sua pregação, da qual Isaías diz: "Se o Senhor dos exércitos não nos tivesse deixado a semente", isto é, a pregação, "seríamos como Sodoma e como Gomorra" (Is 1,9). O pregador deve sair para a batalha contra os filisteus. Filisteus interpreta-se "caídos pela bebida", e são figura dos demônios, que, embriagados de soberba, caíram do céu. Contra eles o pregador sai para a batalha quando, com sua pregação, faz todo o esforço para arrancar de suas mãos o pecador: mas não pode fazer isto se não acampar junto "à pedra do socorro".

A pedra do socorro é Cristo. Dela, no relato bíblico deste domingo, se diz: "Jacó tomou uma pedra e, pondo-a debaixo da cabeça, dormiu naquele lugar" (Gn 28,11). Assim o pregador deve pôr sob sua cabeça, isto é, na sua mente, a pedra do socorro, Jesus Cristo, para poder repousar nele e com ele expulsar os demônios. É o que querem dizer as palavras: "Acampou junto à pedra do socorro", porque perto de Jesus

Cristo, que é auxílio nas tribulações, confiando nele, atribuindo tudo a ele, o pregador deve erigir o acampamento de sua atividade e fixar as tendas da sua pregação.

Por isso, em nome de Jesus Cristo sairei contra o Filisteu, isto é, contra o demônio, para poder libertar de sua mão, com esta pregação, o pecador, escravo do pecado; confiando na graça daquele que saiu para a salvação de seu povo (cf. Hab 3,13). Por isso, lemos no evangelho de hoje: "Tendo partido dali, Jesus retirou-se para a região de Tiro e de Sidônia".

2. Observa que a essência do evangelho de hoje consiste sobretudo em três momentos: a saída de Jesus Cristo, a súplica da mulher cananeia pela filha atormentada pelo demônio e a libertação da própria filha.

Vejamos o significado moral de cada um destes três fatos.

I – A SAÍDA DE JESUS, OU SEJA, DO HOMEM PENITENTE, DA VAIDADE DO MUNDO

3. "Jesus, saído..." etc. A saída de Jesus representa a saída do penitente da vaidade do mundo, do qual se lê e se canta no relato deste domingo: "Tendo, pois, saído de Bersabeia, Jacó dirigiu-se para Harã" (Gn 28,10). Eis como concordam os dois Testamentos: "Saído, Jesus retirou-se para a região de Tiro e Sidônia", diz Mateus; "Saído Jacó de Bersabeia, dirigiu-se para Harã", diz Moisés no Gênesis.

Jacó se interpreta "suplantador" e representa o pecador convertido, que sob a planta (do pé) da razão pisa, expulsa a sensualidade da carne. Ele sai de Bersabeia, que se interpreta "sétimo poço", e indica a insaciável cobiça deste mundo, que é a raiz de todos os males (cf. 1Tm 6,10). Deste poço, referindo às palavras da samaritana que fala com Jesus, João diz no seu evangelho: "Senhor, tu não tens com que tirar a água e o poço é fundo" (Jo 4,11). E Jesus responde: "Todo aquele que bebe desta água tornará a ter sede" (Jo 4,13).

Ó samaritana, com muita razão disseste que o poço é fundo; de fato, a cobiça do mundo é funda, exatamente porque não tem o fundo da suficiência, da saciedade. E por isso, quem beber da água deste poço, com a qual entendemos as riquezas e os prazeres temporais, terá sede novamente. É realmente verdade, e o repetimos, porque também Salomão nas parábolas diz: "A sanguessuga tem duas filhas, que dizem: Dá-me, dá-me!" (Pr 30,15). A sanguessuga é o diabo que tem sede do sangue de nossa alma e deseja sorvê-lo. Suas são as duas filhas: isto é, as riquezas e os prazeres, que dizem sempre: "Dá-me, dá-me!", e nunca: "Basta!"

Igualmente, deste poço diz ainda o Apocalipse: "E subiu uma fumaça do poço, como fumaça de uma grande fornalha, e escureceu-se o sol e o ar com a fumaça do poço. Da fumaça do poço saíram gafanhotos para a terra (Ap 9,2-3). A fumaça que cega os olhos da razão sai do poço da cobiça do mundo, que é a grande fornalha da Babilônia. Dessa fumaça escureceram-se o sol e o ar. O sol e o ar representam os religiosos. "Sol", porque devem ser puros, fervorosos e resplendentes; puros pela castidade, fervorosos pela caridade e resplendentes pela pobreza; "ar", porque devem ser aéreos, isto é, contemplativos.

Mas, sob o estímulo de nossos pecados, saiu a fumaça do poço da cobiça e já esfumaçou a todos. De fato, Jeremias nas Lamentações deplora: "Como se escureceu o ouro, como mudou sua esplêndida cor!" (Lm 4,1). Sol e ouro, ar e cor esplêndida significam a mesma coisa: o esplendor do sol e do ouro foi obscurecido, o ar e a cor foram alterados. E observa com quanta exatidão disse: obscurecido e alterado. De fato, a fumaça da cobiça obscura o esplendor da religião e esfumaça a esplêndida cor da contemplação celeste, na qual o rosto da alma é misticamente matizado de esplêndida cor, isto é, torna-se cândido e vermelho: cândido pela encarnação do Senhor, vermelho por sua paixão; cândido pelo marfim da castidade, vermelho pelo ardente desejo do esposo celeste.

4. Mas ai! ai! Esta esplêndida cor está hoje deteriorada porque está esfumaçada pela fumaça da cobiça, da qual está escrito ainda: "E da fumaça do poço saíram gafanhotos sobre a terra". Os gafanhotos, pelos saltos que fazem, representam todos os religiosos, que, amarrados ambos os pés da pobreza e da obediência, devem saltar para a altura da vida eterna.

Mas ai. Com um salto para trás, da fumaça do povo saíram para a terra e, como se diz no Êxodo, cobriram toda a sua superfície (cf. Ex 10,5). Hoje não existem mercados, não se fazem reuniões civis ou eclesiásticas, nas quais não se encontrem monges e religiosos. Compram e revendem, "fazem e desfazem, mudam em redondo o que é quadrado" (Horácio, *Epístolas*). Nas causas convocam as partes, brigam diante dos juízes, pagam legistas e advogados, encontram testemunhas prontas a jurar com eles por coisas efêmeras, frívolas e vãs.

Dizei-me, ó insensatos religiosos, se nos profetas e nos evangelhos de Cristo, ou nas cartas de Paulo, e na regra de São Bento ou de Santo Agostinho encontrastes estes debates, estas distrações, estes clamores e estas declarações nos processos, por coisas efêmeras e caducas. Ou antes, não diz o Senhor aos apóstolos, aos monges, a todos os religiosos, não a título de conselho, mas exatamente como mandamento, já que escolheram o caminho da perfeição: "Mas eu vos digo: Amai os vossos inimigos, fazei o bem aos que vos odeiam; bendizei os que vos maldizem e orai pelos que vos caluniam. A quem te bater numa face, oferece também a outra; e a quem tomar o teu manto, não lhe impeças de levar também a túnica. Dá a todo aquele que te pedir e não reclames de quem tirar o que é teu. O que desejais que os outros vos façam, fazei-o também a eles. Se amais quem vos ama, que recompensa tereis? Porque os pecadores também amam os que os amam. E se fazeis o bem a quem o faz a vós, que recompensa tereis? O mesmo fazem também os pecadores (Lc 6,27-33).

Esta é a regra de Jesus Cristo, que deve ser preferida a todas as regras, as instituições, as tradições, os expedientes, "porque o servo não é maior do que seu senhor, nem o enviado maior do que quem o enviou" (Jo 13,16).

Observai, ouvi e vede, ó povos todos, se existe insensatez, se existe presunção igual a deles. Em sua regra e em suas constituições está escrito que cada monge, ou cônego, tenha duas ou três túnicas, dois pares de calçados, adaptados ao inverno e ao verão. Se, por acaso, suceder que não tenham estas coisas a tempo e a lugar, protestam que não se observam os mandamentos, e que assim se peca vergonhosamente contra a regra. Vê com quanto escrúpulo observam uma regra, ou uma prescrição que se refere ao corpo; mas a regra de Jesus Cristo, sem a qual não podem salvar-se, observam-na pouco ou nada.

E o que direi do clero e dos prelados da Igreja? Se um bispo ou um prelado da Igreja faz algo contra uma decretal de Alexandre, ou de Inocêncio, ou de qualquer outro Papa, é logo acusado, o acusado é convocado, o convocado é convencido de seu crime, e, depois de ter sido convencido, é deposto. Porém, se comete algo grave contra o evangelho de Jesus Cristo, que é obrigado a observar sobre todas as coisas, não existe ninguém que o acuse, ninguém que o repreenda. De fato, todos amam aquilo que é próprio, e não aquilo que é de Jesus Cristo (cf. Fl 2,21).

Em relação a essas coisas, quer se trate de religiosos quer se trate de clérigos, o próprio Cristo diz: "Por causa de vossa tradição, tornastes nulo o mandamento de Deus. Hipócritas, bem profetizou de vós Isaías, dizendo: Este povo honra-me com os lábios, mas seu coração está longe de mim. Em vão me prestam culto; as doutrinas que ensinam são preceitos humanos" (Mt 15,6-9). E de novo: "Mas, ai de vós, fariseus, que pagais o dízimo da hortelã, da arruda e de toda espécie de ervas e depois desprezais a justiça e o amor a Deus. É necessário praticar estas coisas, mas não omitir aquelas. Ai de vós, fariseus, que gostais de ter as primeiras cadeiras nas sinagogas e as saudações nas praças. Ai de vós, doutores da lei, porque carregais os homens de pesos que não podem suportar e vós nem com um dedo vosso lhe tocais a carga. Ai de vós, doutores da lei, que usurpastes a chave da ciência e não entrastes vós, nem deixastes entrar os que vinham para entrar" (Lc 11,42-43.46.52). Com razão, pois, o Apocalipse afirma que "subiu a fumaça do poço como a fumaça de uma grande fornalha, que escureceu o sol e o ar, e da fumaça do poço saíram os gafanhotos sobre a terra".

5. Observa ainda que o poço da cobiça humana é chamado "sétimo poço", e isto por dois motivos: ou porque é a latrina e o esgoto de sete crimes – realmente, diz o Apóstolo que a cobiça é a raiz de todos os males (cf. 1Tm 6,10) –; ou porque a cobiça não conhece o fundo de saciedade, de suficiência, como se lê no Gênesis que o sétimo dia não tem tarde (cf. Gn 2,2). Por isso, deste poço perverso sai o pecador arrependido. A ele aplicam-se as palavras: "Jacó saiu de Bersabeia e dirigiu-se para Harã". "Saindo dali, Jesus retirou-se para a região de Tiro e de Sidônia."

E vejamos o que significam os três nomes: Tiro, Sidônia e Harã. Tiro interpreta-se "angústia"; Sidônia "caça da tristeza"; Harã "excelsa" ou "indignação". O penitente, saído da cobiça do mundo, retira-se para as partes de Tiro, isto é, da angústia. Observa que o verdadeiro penitente tem uma dupla angústia: a primeira é a que sente pelo pecado cometido, a segunda é aquela que sofre por causa da tríplice tentação do diabo, do mundo e da carne.

Da primeira, diz Jó: "As coisas que antes a minha alma não queria tocar, agora pela angústia tornaram-se o meu sustento" (Jó 6,7). De fato, para o penitente, por causa da angústia da contrição que sente pelos pecados, a continuação nas vigílias, a abundância das lágrimas, os frequentes jejuns são como que alimentos especiais: a alma, isto é, sua sensualidade saciada de coisas temporais, antes de voltar para a penitência, tinha horror até de tocá-los. Por isso diz Salomão nas parábolas: "O que está saciado calcará aos pés o favo de mel; e o faminto até o amargo tomará por doce" (Pr 27,7).

6. Da segunda angústia, causada pela tríplice tentação do justo, diz Isaías: "Como os turbilhões vêm do áfrico [vento do deserto, do sudoeste], a devastação [*vastitas*] vem do deserto, de uma terra horrível. Foi-me anunciada uma angustiante visão. Por essa causa encheram-se de dor as minhas entranhas, a angústia apoderou-se de mim como a angústia de uma mulher na hora do parto; fiquei atemorizado quando tal ouvi, fiquei de todo perturbado quando o vi. O meu coração desfaleceu, as trevas fizeram-me pasmar" (Is 21,1-4).

Presta atenção a todas estas palavras: no turbilhão é indicada a sugestão do diabo (cf. Is 21,1); na devastação, a cobiça do mundo; na visão angustiante, a tentação da carne.

Os turbilhões que provêm do *áfrico* são as sugestões do diabo, que perturbam e oprimem a alma do penitente. Lê-se em Jó: "De repente levantou-se um vento muito forte da região do deserto e abalou os quatro cantos da casa; esta caiu e esmagou os filhos de Jó" (Jó 1,19). O vento impetuoso, que se abate da região do deserto, é a inesperada sugestão do diabo, que, por vezes, irrompe de improviso e tão violentamente que sacode desde os fundamentos os quatro cantos da casa, isto é, as quatro virtudes principais (cardeais) da alma do justo e, às vezes, ai de mim!, a faz cair, isto é, a faz cair no pecado mortal. Assim, perecem os filhos de Jó, isto é, as obras boas e os bons sentimentos do justo.

7. A devastação que vem do deserto é a cobiça, que vem do deserto, isto é, do mundo, cheio de animais ferozes, que deseja devastar as riquezas da pobreza do homem santo, que é o penitente contrito. Por isso, diz Joel: "O fogo devorou tudo o que havia de belo no deserto e a chama queimou todas as árvores do campo" (Jl 1,19). O fogo, isto é, a cobiça, comeu, devorou a beleza do deserto, isto é, os prelados e os ministros da Igreja, que são postos no deserto deste mundo e são constituídos por Deus para a beleza e o decoro da própria Igreja. E a chama da avareza queimou todas as árvores da região, isto é, todos os religiosos, que justamente são chamados "árvores da região". "A região é a religião na qual são como que transplantados da região da dessemelhança, isto é, da vaidade do mundo [onde se destrói a semelhança com Deus], para produzir frutos de glória celeste" (Bernardo).

8. A visão angustiante, anunciada de uma terra horrível, é a tentação da carne, que justamente é chamada terra horrível porque é horrenda e abominável por pensamentos depravados, por palavras falsas e hostis, por obras perversas, por inúmeras impurezas e infâmias. E observa ainda que a tentação da carne é chamada "visão angustiante" porque consiste principalmente na visão dos olhos. De fato, diz o Filósofo: "Os primeiros dardos da luxúria são os olhos". Com efeito, Jeremias lamenta: "Os meus olhos quase me roubaram a vida" (Lm 3,51), e Santo Agostinho: "O olho impudico é mensageiro de coração impudico".

Por isso, como diz São Gregório, deve-se mortificar os olhos, porque são como certos ladrões, dos quais se fala no Quarto livro dos Reis: Uns bandidos haviam roubado da terra de Israel uma menina que ficou a serviço da mulher de Naamã, o leproso (cf. 2Rs 5,2). Os ladrões são os olhos, que roubam a menina, isto é, a pudicícia e a castidade, da terra de Israel, quer dizer, da mente do justo, que vê a Deus, e assim a fazem servir (a mente) a mulher, isto é, a fornicação, que é mulher de Naamã, o leproso, isto é, do diabo. De tal mulher o demônio leproso gera muitas filhas e filhos leprosos.

Em outro sentido: É chamada "visão angustiante" aquela que em geral acontece no sono, que é chamada poluição carnal, que perturba profundamente, e deve perturbar a mente do justo. De fato, diz Jó: "Tu me assustarás – isto é, permitirás que eu seja assustado – com os sonhos, e horrorizar-me-ás com visões horríveis. Por isso, a minha alma prefere um fim violento e os meus ossos prefeririam a morte" (Jó 7,14-15). O justo, quando se sente terrorizado pelo horror da visão enganadora, deve logo erguer-se e suspender sua alma na contemplação das coisas celestes e castigar com gemidos e flagelos os ossos do corpo excitado, que percebeu um prazer momentâneo.

Observa também que esta poluição acontece, geralmente, de quatro maneiras: ou se verifica pela excessiva acumulação de humores, ou pela fraqueza do corpo e, nestes casos, não é pecado, ou no máximo é pecado venial; ou por excesso de alimentos e de bebidas e se isso se fizer habitualmente é pecado mortal; ou por ter contemplado, com o consenso da mente, a beleza feminina, e então é certamente pecado mortal.

Por isso, o penitente que, saído de Bersabeia, retirou-se para a região de Tiro, isto é, na angústia, diz: Como os turbilhões, isto é, as sugestões, vêm do áfrico, quer dizer, do diabo, assim a devastação, isto é, a cobiça que tudo devasta, vem do deserto, isto é, do mundo; assim também a angustiante visão da tentação me foi anunciada de uma terra horrível, isto é, da carne corrupta.

Mas ai, ai!, Senhor Deus, em tão grande turbilhão, em tão grande devastação, em tão angustiante visão, para onde fugir? O que fazer? Ouve o que diz ainda o penitente: "Por isso, estão cheias de dor as minhas entranhas, a angústia apoderou-se de mim, como a angústia de uma mulher na hora do parto". Quando a angustiante visão da terra horrível se anuncia ao penitente, as entranhas se enchem de dor e não de prazer. Portanto, diz com o profeta: "Queima meus rins, Senhor" (Sl 25,2).

"E a angústia apoderou-se de mim." Este penitente que diz: a angústia apoderou-se de mim, retirou-se verdadeiramente para a região de Tiro. E que angústia apoderou-se dele? A angústia da parturiente, assim não existe angústia maior do que a do justo, submetido à tentação. De fato, lemos no Êxodo: "Os egípcios odiavam os filhos de Israel e os afligiam, zombavam deles e tornavam amarga a sua vida" (Ex 1,13-14). Os egípcios são os demônios, os pecadores impenitentes e os impulsos carnais. Todos estes odeiam os filhos de Israel, isto é, os justos: os demônios os afligem, os pecadores impenitentes zombam deles, e os impulsos carnais tornam amarga a sua vida.

9. "Fiquei atemorizado quando tal ouvi, fiquei perturbado quando o vi. O meu coração desfaleceu e as trevas encheram-me de terror." Consideremos o significado de cada expressão. Diz o penitente: "Quando ouvi" os turbilhões provenientes do áfrico, imediatamente caí com o rosto por terra, esconjurando que o Senhor não permitisse que eu fosse derrubado pelo turbilhão. De fato, o justo, quando percebe as sugestões do diabo, deve logo imergir-se na oração, porque "esta espécie de demônios não se expulsa senão com a oração e com o jejum" (Mt 17,21).

"Fiquei atemorizado" ao ver chegar a devastação da cobiça mundana. Com razão diz: fiquei atemorizado. O justo, quando é adulado por qualquer desejo de coisas temporais, deve imediatamente ter o espírito e o rosto perturbado, exatamente para não se mostrar favorável. "Desfalece o meu coração" ao fluido da luxúria: "as trevas" da morte eterna "encheram-me de terror, quando da terra horrível me foi anunciada a angustiante visão". Portanto, justamente diz-se do penitente: "Saído de Bersabeia, retirou-se para a região de Tiro e dirigiu-se a Harã".

E observa quão bem concordam Tiro e Harã, isto é, a angústia e o excelso, porque quem quer chegar às coisas excelsas não pode fazê-lo sem passar pela angústia. O penitente que quer sair para a plenitude da vida eterna deve antes passar por Tiro. De fato, diz o Senhor: "Não era talvez necessário que o Cristo suportasse estes sofrimentos [eis Tiro] para entrar na sua glória?", eis Harã (Lc 24,26).

O que faremos, pois, ao penitente que sai do poço da cobiça mundana e se dispõe a subir às alturas da bem-aventurança celeste? O monte é altíssimo, a subida é duríssima e cheia de obstáculos. Para que não desfaleça no caminho, construir-lhe-emos uma escada, pela qual possa subir com facilidade; como se diz no relato bíblico deste domingo: "Jacó viu em sonho uma escada, apoiada na terra" (Gn 28,12) etc.

10. Observa que esta escada tem dois braços [os montantes] e seis degraus, pelos quais se faz a subida. Esta escada representa a santificação do penitente, da qual o Apóstolo na epístola de hoje diz: "Esta é a vontade de Deus, a vossa santificação, a fim de que cada um de vós saiba manter o próprio corpo com honra e santidade" (1Ts 4,3-4). Os braços desta escada são a contrição e a confissão. Os seis degraus são as seis virtudes, que compõem toda a santificação da alma e do corpo: isto é, a mortificação da própria vontade, o rigor da disciplina, a virtude da abstinência, a consideração da própria fragilidade, o exercício da vida ativa e a contemplação da glória celeste.

Destas seis virtudes fala o Senhor por boca de Ezequiel, dizendo: "E tu, filho do homem... toma trigo, cevada, favas, lentilhas, milho e aveia: põe tudo isso num vaso e faze para ti pães" (Ez 4,1.9). No trigo, que morre quando é semeado na terra, é representada a mortificação da nossa vontade; na cevada, que tem uma palha firme, é indicado o rigor da disciplina; nas favas, que é o alimento dos que jejuam, é representada a virtude da abstinência; nas lentilhas, que são muito pequenas e de pouco valor, é indicada a consciência da nossa fragilidade; no milho, que necessita de constante cuidado, o exercício da vida ativa; e enfim na espelta, ou seja, na aveia, que tende para o alto, é entendida a contemplação da glória celeste. E porque nestas virtudes consiste a nossa santificação e a nossa purificação, conquistemo-las e ponhamo-las em nosso *vaso* (em nosso corpo), do qual diz o Apóstolo: "Cada um de vós saiba conservar seu corpo na honra e na santidade". Com estas seis virtudes façamo-nos pães, para que, por eles alimentados, possamos retirar-nos da região de Tiro e prosseguir para Harã. De fato, diz-se: "Tendo saído dali, Jesus retirou-se para a região de Tiro" etc.

11. "E de Sidônia." Sidônia interpreta-se "caça da tristeza". Observa que o caçador que quer fazer boa caça deve ter cinco coisas: um corno que soe, um cão veloz e corajoso, um dardo liso e pontudo, a aljava com as flechas e o arco. O corno para tocar, o cão para que capture a presa, o dardo para matar, as flechas e o arco para acertar de longe os animais que não pôde matar de perto.

O caçador é o penitente, ao qual o pai, no relato bíblico deste domingo, diz: Toma as tuas armas, a aljava e o arco e traze-me a tua caça, para que eu coma e minha alma te abençoe (cf. Gn 27,3-4). As armas do filho do penitente são a aljava e o arco; as flechas na aljava são as pontadas e as dores da contrição no coração, das quais diz Jó: "As flechas do Senhor estão cravadas em mim e a irritação por elas produzida enche meu coração" (Jó 6,4).

As flechas do Senhor são as pontadas do coração, com as quais o Senhor fere misericordiosamente o coração do pecador, para que, desdenhado contra si mesmo pelo pecado, anule o espírito de soberba, exatamente como continua a citação: "a irritação por elas produzida enche", consome, "o meu coração", isto é, a minha soberba.

No arco é indicada a confissão. Diz o Senhor no Gênesis: "Porei o meu arco nas nuvens, e ele será o sinal da aliança entre mim e a terra" (Gn 9,13). Entre Deus e a terra, isto é, entre Deus e o pecador – ao qual é dito: Tu és pó e ao pó voltarás (cf. Gn 3,19) –, é posto o arco da confissão, que é o sinal da aliança, da paz e da reconciliação. Vê, pois, quão justamente o arco representa a confissão.

12. Observa que no arco existem quatro elementos: as duas extremidades (*cornua*) flexíveis, o centro rígido e inflexível e a corda elástica, com a qual as próprias extremidades são esticadas. Igualmente na confissão devem existir quatro elementos. As duas pontas do arco representam a dor dos pecados passados e o temor das penas eternas; o centro rígido e inflexível é o firme propósito que o penitente deve ter para nunca mais retornar ao vômito; a corda elástica é a esperança do perdão, que realmente

dobra de sua rigidez as duas pontas da dor e do temor. De tal arco, pois, são lançadas "as flechas agudas do poderoso" (Sl 119,4).

Além disso, o caçador, isto é, o penitente, deve ter o corno que soa, o cão e o dardo. No corno é indicado o grito da acusação sincera; no cão, o latido da consciência que atormenta; no dardo, o castigo e a própria punição, ou seja, a obra penitencial reparadora.

O pecador, pois, com o arco da confissão deve ter o corno da acusação sincera, o cão da consciência que atormenta, para não negligenciar nada do pecado e de suas circunstâncias. Deve ter também o dardo da punição, da indignação e da satisfação (a obra penitencial) para castigar a si mesmo, desdenhar-se contra si mesmo e reparar por seus pecados, a fim de que sacrifique tanto de si mesmo quanto prazer procurou para si mesmo.

Esta é uma boa caça, da qual o pai diz ao filho: "Traze-me a tua caça, para que eu coma e minha alma te abençoe". Por isso, desta caça se fala também no evangelho de hoje: "Saindo dali, Jesus retirou-se para a região de Tiro e Sidônia".

II – O pedido da mulher cananeia pela filha atormentada pelo demônio; ou seja, a oração da alma penitente

13. "Eis que uma mulher cananeia, que tinha saído daqueles arredores, elevou a voz dizendo: Filho de Davi, tem piedade de mim; minha filha está miseravelmente atormentada pelo demônio" (Mt 15,22).

Observa que a mulher cananeia se aproximou e se desfez em pedidos pela filha exatamente quando Jesus se retira para a região de Tiro e Sidônia. De fato, quando o pecador sai do abismo de sua insaciável carne e do mundo, e se retira para a região de Tiro, isto é, na angústia que experimenta na contrição, e de Sidônia, isto é, da caça que deve fazer na confissão, só então a mulher cananeia, quer dizer, sua alma pecadora, reconhecendo imediatamente sua iniquidade, começa a gritar dizendo: Tem piedade de mim, Senhor, Filho de Davi! Esta deve ser a própria oração da alma arrependida, que retorna à penitência a exemplo de Davi, que, depois do adultério e do homicídio, fez uma verdadeira penitência.

Diz, portanto: Tem piedade de mim, Senhor, Filho de Davi; como se dissesse: Ó Senhor, tu quiseste descender da família e da tribo de Davi para infundir a graça e estender a mão da misericórdia aos pecadores que se convertem e que, a exemplo de Davi, têm esperança na tua misericórdia e fazem penitência. "Tem, pois, misericórdia de mim, ó filho de Davi!"

14. "Mas ele não respondeu palavra" (Mt 15,23). Ó mistério do divino conselho! Ó insondável profundidade da divina sabedoria! O Verbo que no princípio estava junto do Pai, pelo qual tudo foi feito (cf. Jo 1,1.3), não respondeu uma só palavra à mulher cananeia, isto é, à alma penitente. O Verbo que torna eloquente a língua das crianças

(cf. Sb 10,21), que dá a boca e a sabedoria (cf. Lc 21,15), não responde palavra! Ó Verbo do Pai, tu que tudo crias e recrias, que tudo governas e sustentas, responde ao menos com uma só palavra a mim, mísera mulher, a mim, que estou arrependida.

Eu te provo com a palavra do teu Profeta Isaías que tu deves responder. De fato, por boca de Isaías, de ti o Pai promete aos pecadores: "A minha palavra [o meu Verbo], que sai da minha boca, não tornará para mim vazia, mas fará tudo o que eu quero, e produzirá os efeitos para os quais a enviei" (Is 55,11). E o que quer o Pai? Exatamente que tu acolhas os penitentes, que tu digas a eles a palavra da misericórdia. Não dissese tu mesmo: "Meu alimento é fazer a vontade daquele que me enviou?" (Jo 4,34). Portanto, tem piedade de mim, Filho de Davi, responde uma palavra, ó Palavra do Pai!

E te provo também com a palavra do teu Profeta Zacarias, que deves ter piedade e responder. De fato, assim profetizou de ti: "Naquele dia haverá uma fonte aberta para a casa de Davi, para se lavarem as manchas do pecador e da mulher impura" (Zc 13,1). Ó fonte da piedade e da misericórdia, que nasceste da terra bendita, isto é, da Virgem Maria, que provinha da casa e da família de Davi, lava as imundícies do pecador e da mulher impura. Portanto, tem piedade de mim, Filho de Davi: a minha filha está miseravelmente atormentada pelo demônio.

Por que a Palavra [o Verbo] não respondeu palavra? (latim: *Quare Verbum non respondit verbum?*). Certamente para suscitar na alma do penitente uma compunção maior, uma dor mais profunda. Dele, de fato, diz a esposa do Cântico dos Cânticos: "Busquei-o, mas não o achei; chamei-o e ele não me respondeu" (Ct 5,6).

15. Mas vejamos com maior clareza de que dor está aflita esta mulher cananeia. "A filha [diz] está miseravelmente atormentada pelo demônio." Deste tormento existe uma correspondência também no relato bíblico deste domingo, onde se diz: "Dina, filha de Lia, saiu para ver as mulheres daquela região. E tendo-a visto Siquém, filho de Hemor, o heveu, príncipe daquela terra, enamorou-se dela, raptou-a e dormiu com ela, deflorando à força a virgem. E sua alma prendeu-se a ela" (Gn 34,1-3). Eis, pois, de que modo "minha filha está miseravelmente atormentada pelo demônio".

Lia interpreta-se "laboriosa", Dina, "causa" ou "juízo". Lia é a alma do penitente, a qual, perseverando nas obras de penitência, cansa-se, dizendo com o profeta: "Estou esgotado à força de gemer" (Sl 6,7). Ela representa a mulher cananeia, que se interpreta "negociadora". O esforço da alma penitente é de desprezar o mundo, mortificar a carne, chorar os pecados passados e não fazer mais nada de que deva depois chorar. A filha desta cananeia, ou seja, de Lia, é a mente, a consciência do homem, que justamente é chamada Dina, isto é, causa ou juízo, porque deve manifestar e apresentar ao juiz, ao sacerdote, a causa de seus pecados, e aceitar de boa vontade o juízo e a sentença que será por ele pronunciada.

E preste atenção que nesta passagem, por mente ou por consciência do homem não entendo outra coisa senão a alma do próprio penitente. De fato, com frequência, na sagrada página, diversas pessoas são figura de uma única e mesma coisa, como neste caso: a mulher cananeia e sua filha representam ambas, em sentido moral, a alma do penitente.

16. Desta alma se diz: "Dina saiu para ver as mulheres daquela região". As mulheres da região representam a beleza das coisas temporais, a abundância, a vaidade e o prazer deste mundo; e todas estas coisas são chamadas "mulheres" (*mulieres*), porque amolecem e inflamam a mente do homem. De fato, no Terceiro livro dos Reis se diz que "as mulheres perverteram o coração de Salomão" (1Rs 11,3).

A beleza e a abundância dos bens temporais enfatuam o coração do sábio. A alma desventurada sai para ver estas mulheres, quando se compraz da abundância e da beleza das coisas temporais, e assim ao infeliz acontece o que segue: "Tendo-a visto Siquém, filho de Hemor, o heveu, príncipe daquela terra, enamorou-se dela" etc. Siquém interpreta-se "cansaço", Hemor "asno", Heveu "feroz" ou "péssimo". Siquém é o diabo que sempre se esforça por operar a iniquidade: "Dei uma volta pela terra – diz – e percorri-a" (Jó 2,2). É chamado filho de Hemor, o heveu, porque, por causa de sua insensatez, de sua prepotência e de sua soberba, de anjo tornou-se diabo, de filho da excelsa glória tornou-se filho da morte eterna. É chamado também príncipe da terra, isto é, daqueles "que gostam somente das coisas da terra" (Fl 3,19). E o Senhor diz: "O príncipe deste mundo será lançado fora" (Jo 12,31). O diabo, que vê esta alma desventurada divagar entre as vaidades das coisas temporais, enquanto deveria procurar a causa e aceitar o juízo de seus pecados, faz-lhe aquilo que ouvimos "Enamorou-se dela, raptou-a e dormiu com ela, deflorando à força a virgem, e sua alma prendeu-se a ela (*conglutinata est*)".

Presta atenção às palavras: o diabo enamora-se de uma alma quando lhe sugere pecar; mas a rouba quando ela com sua mente consente à tentação; dorme com ela e viola sua virgindade quando põe em ação sua premeditada malícia. Sua alma liga-se estreitamente a ela quando a mantém escrava e acorrentada com o laço dos maus hábitos. Eis de que maneira a minha filha está miseravelmente atormentada pelo diabo. "Tem, pois, piedade de mim, ó Filho de Davi, porque minha filha está miseravelmente atormentada pelo demônio", por Siquém, filho de Hemor, o heveu.

E o Senhor, tendo misericórdia, porque suas misericórdias são sem número, libertou de modo maravilhoso aquela filha que era tão cruelmente atormentada pelo diabo.

III – A LIBERTAÇÃO DA FILHA DA MULHER CANANEIA

17. Lemos sempre no Gênesis o seguimento do relato: "Os dois filhos de Jacó, Simeão e Levi, irmãos de Dina, empunharam as espadas e entraram resolutamente na cidade e mataram todos os varões, trucidaram igualmente Hemor e Siquém, tirando sua irmã Dina da casa de Siquém" (Gn 34,25-26). Simeão interpreta-se "que ouve a tristeza", isto é, a contrição do coração; Levi interpreta-se "acréscimo", e significa que à contrição do coração deve-se acrescentar a confissão, feita pela boca. Estes dois

filhos de Jacó, isto é, do penitente, e irmãos de Dina, isto é, de sua alma, devem empunhar a espada do amor e do temor de Deus e matar o diabo e sua soberba e tudo aquilo que diz respeito a ele, isto é, o pecado e as circunstâncias dele. E assim poderão libertar a alma, sua irmã, escrava na casa do diabo, amarrada com a corrente dos maus hábitos.

Rezemos, pois, caríssimos, ao Senhor Jesus Cristo, que por sua santa misericórdia nos conceda sair da vaidade do mundo e entrar na região de Tiro e Sidônia, isto é, da contrição e da confissão, a fim de que a nossa filha, nossa alma, possa ser libertada do diabo e de suas tentações e ser colocada na bem-aventurança do reino celeste. No-lo conceda aquele que, com o Pai e o Espírito Santo, vive e reina nos séculos dos séculos. E todo homem responda: Amém!

III domingo da Quaresma

Temas do sermão
- Evangelho do III domingo da Quaresma: "Jesus estava expulsando um demônio"; o evangelho divide-se em cinco partes.
- Primeiramente, sermão sobre a utilidade da pregação: "Todas as vezes que o espírito maligno do Senhor [latim: *Domini*]".
- Parte I: Sermão aos penitentes ou aos claustrais: "José, mandado do Vale do Hebron"; natureza do pássaro chamado calhandra (cotovia).
- Sermão sobre a cegueira do pecador: "Logo, assim que José chegou", e as características do cisne.
- Sermão sobre a paixão de Cristo: "Sede imitadores de Deus".
- Parte II: Sermão ao pregador: "Seu arco apoiou-se sobre o Forte".
- Sermão sobre a armadura do diabo e sua luta: "Dos acampamentos dos filisteus saiu um homem bastardo"; a teia da aranha e suas propriedades.
- Sermão sobre a armadura de Cristo e sua vitória: "Foi revestido da justiça como de uma armadura".
- Parte III: Primeiramente sermão contra os soberbos: "Vi um carneiro que agitava os chifres": posição dos chifres nos animais e seu significado.
- Sermão sobre a humildade: "Porém, se aparecer um mais forte do que ele".
- Sermão aos religiosos, como devem mudar a vida precedente: "Naquele dia haverá no Egito cinco cidades".
- Parte IV: Primeiramente, sermão sobre a solidão da mente e sobre a doçura da contemplação: "Como um jardim de delícias".
- Sermão sobre a morada do diabo: "Dorme sob a sombra".
- Sermão aos penitentes ou aos religiosos: "Na terra deserta", e sobre a natureza das abelhas.
- Sermão sobre a tríplice escova e seu significado: "Voltarei para minha casa".
- Sermão contra os tíbios: "Os amalecitas irromperam".
- Sermão aos penitentes e sobre a natureza das abelhas: "Encontra-a vazia e adornada"; "Sou negra, mas bela".
- Parte V: [Breve sermão em louvor à Bem-aventurada Virgem Maria]. Bem-aventurança de Maria e sua virgindade: "Bem-aventurado o ventre"; "O teu ventre é como um montão de trigo".
- Sermão sobre o nascimento de seu Filho: "Cerva amabilíssima"; as propriedades da cerva e da palmeira.
- Sermão para qualquer festa da Virgem Maria: "Via diante de mim uma videira".

Exórdio – Utilidade da pregação

1. Naquele tempo, "Jesus estava expulsando um demônio, que era mudo. Depois que o demônio saiu, o mudo falou e as multidões ficaram admiradas" (Lc 11,14).

Lê-se no Primeiro livro dos Reis: "Todas as vezes, portanto, que o espírito maligno (*do Senhor*) se apoderava de Saul, Davi tomava a cítara, tocava-a com sua mão, e Saul sentia alívio e melhorava, porque o espírito maligno retirava-se dele" (1Sm 16,23). O espírito maligno (*do Senhor*) é o diabo, que é dito "do Senhor" porque também ele é criatura de Deus; mas é *maligno*, pois, devido à sua arrogância, de lúcifer, portador de luz, mudou-se em portador de trevas, de anjo, em diabo; e é chamado diabo, isto é, "que lança abaixo" (grego *diabállo*, lanço abaixo).

Este espírito se apossa de Saul – nome que se interpreta "aproveitador abusivo" – isto é, do pecador, ao qual, como diz Jó, "Deus deu-lhe tempo de penitência e ele, em vez, aproveita-se disso para se ensoberbecer" (Jó 24,23); apossa-se dele quando o impele de pecado em pecado. Mas Davi, isto é, o pregador, deve tomar a cítara, quer dizer, a melodia da pregação, e tocar-lhe com a habilidade de sua mão; e assim, a doçura da cítara, isto é, a força da pregação do Senhor, abrandará o furor do pecador e expulsará dele o demônio, exatamente aquele do qual no evangelho de hoje se diz: "Jesus estava expulsando um demônio" etc.

2. Observa que neste evangelho há quatro partes, sobre cada uma delas queremos compor um breve sermão em honra de Deus e para a maior utilidade dos ouvintes. Primeiro: "Jesus estava expulsando um demônio". Segundo: "Quando um homem forte, armado". Terceiro: "Quando o espírito imundo sai de um homem". Quarto: "Uma mulher, erguendo a voz entre a multidão".

Igualmente, o relato tirado do Gênesis, que se lê e se proclama neste domingo, divide-se em quatro partes: a primeira trata da venda de José; a segunda, de sua prisão e da interpretação dos sonhos do copeiro e do padeiro; a terceira, das sete vacas, das sete espigas e dos sete anos da fome; a quarta, de libertação de todo o Egito por obra do mesmo José.

I – A venda de José

3. "Jesus estava expulsando um demônio." Observa que num só homem Jesus operou quatro milagres: deu a vista ao cego – de fato, Mateus recorda que este endemoniado era também cego –, fez falar o mudo, deu o ouvido ao surdo; e o libertou do demônio. Agora veremos que o Senhor, na Santa Igreja, opera cada dia espiritualmente nos pecadores estes quatro milagres e qual é o significado moral de cada milagre.

"Jesus estava expulsando um demônio." Presta bem atenção que, como este endemoniado perdeu suas naturais capacidades nos três sentidos principais e mais nobres do que os outros, isto é, perdeu a capacidade de ver, de falar e de ouvir, assim o pecador que é possuído pelo diabo por meio do pecado mortal perde a capacidade espiritual nos três sentidos de sua alma, mais importantes e mais nobres do que os outros: isto é, perde a capacidade de ver, de falar e de ouvir espiritualmente.

E observa que na vista está representado o conhecimento, na língua, a confissão, e no ouvido, a obediência. Só quem conhece sua malícia vê com clareza; só quem confessa franca e totalmente a malícia conhecida fala corretamente; só quem obedece voluntariamente à voz do seu confessor ouve perfeitamente.

Sobre estas três coisas concorda, então, a primeira parte do relato bíblico deste domingo, quando diz que José, mandado do Vale do Hebron, chegou a Siquém, e de Siquém, a Dotain (cf. Gn 37,14-17). José interpreta-se "crescente" (cf. Gn 49,22); Hebron, "visão"; Siquém, "cansaço"; Dotain, "enfraquecido" (latim: *defectus*, de *deficio*, desfalecer). José é o penitente que, enquanto cresce diante de Deus, ao mesmo tempo diminui diante de si próprio. De fato, o Senhor diz a Saul: Quando eras pequeno aos teus olhos, eu te fiz chefe das tribos de Israel (cf. 1Sm 15,17). No Vale do Hebron, isto é, da visão, é indicado o reconhecimento do pecado; em Siquém, o cansaço da confissão; em Dotain, o desfalecimento (a repressão) da própria vontade.

Portanto, o penitente, mandado do Vale do Hebron, chega a Siquém. O Vale do Hebron, que se interpreta visão, é o reconhecimento do pecado. Jeremias diz: "Vê os teus caminhos no vale" (Jr 2,23). No vale, isto é, na dupla humildade, interior e exterior, vê, isto é, reconhece, os teus caminhos, quer dizer, os teus pecados, com os quais, como que percorrendo alguns falsos caminhos, procedes para o inferno. Diz o profeta: "Considerei os meus caminhos, e voltei os meus passos para os teus preceitos" (Sl 118,59). E de novo Jeremias: "Sabe e vê – isto é, reconhece – quão má e amarga coisa é teres abandonado o Senhor teu Deus, e não existir mais em ti o meu temor, diz o Senhor, Deus dos exércitos" (Jr 2,19). E ainda: "Levanta os teus olhos para a direção certa e vê onde agora estás prostrada" (Jr 3,2).

Observa que diz: na direção certa. Mas ai! quão poucos são hoje os que olham para a direção certa; quase todos olham para a direção errada, como se fossem estrábicos. Olha, certamente, para a direção certa aquele que reconhece sua iniquidade, exatamente como a cometeu, e a confessa logo, perfeitamente, com exatidão, como aconteceu. Eleva, pois, teus olhos para a direção certa, e não para a direção errada; não te envergonhes, não tenhas medo: são estes dois sentimentos, a vergonha e o temor, que geralmente impedem a direção certa dos olhos.

Diz-se que existe um pássaro (*a calandra*) que, quando dirige o olhar diretamente para o rosto de um doente, este é certamente libertado do seu mal; porém, se tirar seu olhar daquele enfermo, ou o dirigir para outra direção, isso é sinal de morte. Assim o pecador, se elevar seu olhar para a direção certa e considera seus pecados e os reconhece, crê em mim, "ele viverá e não morrerá" (Ez 33,15). Mas, se olhar para outra direção, se dissimular e confessar seus pecados escondendo-os ou atenuando--os, isso é sinal e indício de eterna condenação.

"Eleva, pois, teus olhos para a direção certa e vê", isto é, reconhece, "onde", em que miséria, "agora estás prostrada", porque "tributária" do diabo e do pecado, "agora", tu que antes eras "dominadora das nações", isto é, dominavas os vícios, e "princesa de províncias" (Lm 1,1), isto é, dona dos teus cinco sentidos.

4. Por isso, irmãos, é bom habitar no Vale do Hebron, ver e reconhecer antes nossa culpa e nossa malícia, e depois chegar a Siquém, que se interpreta cansaço, isto é, aproximar-se da confissão, o que verdadeiramente inclui cansaço e dor. De fato, diz Miqueias: "Aflige-te e atormenta-te, filha de Sião, como uma mulher que está em parto" (Mq 4,10). Ó filha, isto é, "ó alma", que és e deves ser "filha de Sião", isto é, da celeste Jerusalém, aflige-te na contrição, e atormenta-te (latim: *satage*, *satis age*, faze o suficiente) na confissão, como uma parturiente. Corretamente se diz "como uma parturiente". De fato, como uma parturiente está em tormento e sofre, assim o pecador deve estar em tormento e sofrer na confissão, para ser como a corça que dá à luz com dor e tormento.

Diz Jó: "As corças encurvam-se para darem à luz sua cria e dão à luz soltando gemidos" (Jó 39,3). As corças são figura dos penitentes, que devem curvar-se diante do sacerdote e humilhar-se, dar à luz os seus pecados e emitir amaríssimos gemidos (de arrependimento). Mas, ai, ai!, quantos são hoje aqueles que não dão à luz como as corças, mas como as cavalas. Na *História natural*, lê-se que as cavalas não sofrem quando dão à luz, e que a fumaça de uma candeia que está por se apagar as faz abortar. Assim, há certos pecadores que, quando confessam seus pecados, os dão à luz, por assim dizer, sem tormento e sem dor. Mas "a mulher [diz o Senhor], quando dá à luz, está no sofrimento" (Jo 16,21); e quando naqueles pecadores se apaga a luz da graça, eles abortam, isto é, dão à luz o pecado na fumaça da concupiscência. Por isso, diz Tiago: "A concupiscência concebe e gera o pecado, e o pecado, quando é consumado, gera a morte" (Tg 1,15).

Ouve de que modo o santo Jó, nome que se interpreta "dolente", do Vale do Hebron chegou a Siquém, quando dizia: "Não calarei minha boca; falarei na angústia do meu espírito, farei queixa na amargura de minha alma" (Jó 7,11). Eis aqui exposta com poucas palavras uma eficacíssima forma de confissão. Não cala sua boca aquele que confessa o pecado e suas circunstâncias com franqueza e clareza, quem acusa a si mesmo com o coração contrito e o espírito dolorido, atribui tudo a si mesmo e se condena; fala com a amargura na alma aquele que não faz reserva alguma, mas que sempre e de novo renova sua dor; põe-se totalmente nas mãos do confessor e diz com Saulo: "Senhor, Senhor, o que queres que eu faça?" (At 9,6).

Justamente, pois, o relato prossegue: "De Siquém chegou a Dotain", que se interpreta "desfalecer". Com efeito, o penitente deve renunciar a si mesmo e, de bom grado, obedecer às ordens de seu confessor, de seu superior, dizendo com Samuel: "Fala, Senhor, porque teu servo te escuta" (1Sm 3,10).

E assim já tens claro aquilo que o penitente deve ver, dizer e ouvir. Mas, assim como se conhece ainda melhor aquilo que se expõe considerando seu contrário, vejamos agora que coisas se opõem àquelas três das quais temos falado.

5. "Jesus estava expulsando um demônio..." Este demônio é aquela *péssima* (crudelíssima) fera, da qual se fala no relato deste domingo: "Uma fera cruel – disse Jacó – comeu José, uma besta o devorou" (Gn 37,33). Vejamos de que modo esta fera cruel devorou José.

Dizíamos acima que o demônio causara três males ao endemoniado: havia-lhe apagado a vista, privara-o da palavra e lhe fechara o ouvido. Assim, ao pecador que vive em pecado mortal, o demônio tira a vista para que não reconheça seus pecados; priva-o da palavra, para que não os declare na confissão; fecha-lhe os ouvidos para que não ouça a voz de quem sabiamente quer aconselhá-lo (cf. Sl 57,6). Sobre estas três coisas concorda o relato do Gênesis, que continua assim: "Logo, pois, que José chegou junto de seus irmãos, despiram-no da túnica talar de várias cores, e o lançaram na cisterna velha que não tinha água. Depois, tiraram-no da cisterna e o venderam aos mercadores ismaelitas, e estes o levaram para o Egito" (Gn 37,23-24.28).

Considera estas três ações: despiram-no de sua túnica, lançaram-no numa cisterna, venderam-no. Na túnica talar de várias cores é indicada a admissão do [próprio] pecado. De fato, no Evangelho de João, lá pelo fim, diz-se que Pedro "vestiu a túnica, porque estava nu, e lançou-se ao mar" (Jo 21,7). Na verdade, Pedro ficou nu quando, às palavras da serva, negou Cristo (cf. Jo 18,17), mas, depois vestiu a túnica quando reconheceu o pecado de sua tríplice negação. E então foi verdadeiramente Pedro, isto é, "que reconhece", e assim lançou-se ao mar, quer dizer, imergiu na amargura das lágrimas. Diz Lucas: "Pedro lembrou-se da palavra proferida por Jesus: Antes que o galo cante, negar-me-ás três vezes. E saindo para fora, chorou amargamente" (Lc 22,61-62). Assim, o pecador deve vestir a túnica, isto é, reconhecer sua iniquidade e lançar-se ao mar, quer dizer, na amargura da contrição. Hoje, porém, há muitos que realmente vestem a túnica, reconhecem também sua culpa, mas, depois não querem lançar-se ao mar, porque se recusam a fazer penitência por seus pecados.

E observa, além disso, que esta túnica é "talar" e "de várias cores". A túnica de nossa alma, que é o conhecimento do pecado, deve ser talar, isto é, "final". Com efeito, devendo nós por toda a nossa vida reconhecer os nossos pecados e, depois de tê-los reconhecido, chorá-los, no fim de nossa vida devemos reconhecê-los ainda mais, com maior diligência e maior execração, e confessá-los todos, tanto em geral como singularmente.

Então [no fim da vida], devemos fazer como o cisne, que, quando morre, morre cantando; e dizem que isso acontece por causa de uma certa pena que tem na garganta. Todavia, aquele canto provoca-lhe grande dor.

O cisne branco é o pecador convertido, que se tornou mais branco do que a neve. Este, no momento de sua morte, deve cantar devotamente, isto é, repensar nos seus pecados na amargura de sua alma. A pena na garganta do cisne representa o conhecimento do pecado e a confissão dele na boca do justo, da qual deve sair um canto de dor, que, naquele ponto, ser-lhe-á de grande proveito. E assim, esta túnica talar será também de várias cores, isto é, ornada com variedade de virtudes; de fato, todos os louvores são cantados no fim.

Mas, ai, ai!, os demônios despem José desta preciosíssima túnica, quando cegam os olhos desta alma desventurada e lhe tiram o conhecimento de sua iniquidade, para que não veja e não conheça a vergonha e a infâmia de sua nudez.

Continua a Escritura: "Lançaram-no numa cisterna velha, que não tinha água". A velha cisterna sem água é a consciência do pecador, envelhecida nos dias do mal (cf. Dn 13,52), na qual não existe a água da confissão, nem a lágrima da compunção. O pecador é fechado pelos demônios na cisterna da obstinação, para que não possa sair para a luz da confissão. De fato, lê-se no Quarto livro dos Reis que Nabucodonosor vazou os olhos a Sedecias, prendeu-o com correntes e levou-o para a Babilônia (cf. 2Rs 25,7). Assim o diabo, primeiramente, arranca os olhos ao pecador, depois o amarra com as correntes dos maus hábitos e, enfim, fecha-o no cárcere da obstinação, a fim de que não possa sair para a luz da confissão.

"Venderam-no a mercadores ismaelitas, que o levaram para o Egito." O pecador é vendido e levado para o Egito quando se subtrai à pregação da Igreja, não aceita os conselhos dos bons e fecha os ouvidos para não ouvir a voz daquele que o chama à sabedoria. Na verdade, este homem é um endemoniado, possuído pelo diabo, porque não vê sua culpa e sua iniquidade, não fala em confissão e não ouve a doutrina da vida eterna. Mas o que fez Jesus, benigno e misericordioso?

6. No-lo diz Lucas: "Jesus estava expulsando um demônio..." Jesus expulsa o demônio dos pecadores, quando imprime em seu coração o selo do seu amor e o sinal de sua paixão. De fato, na epístola de hoje, o Bem-aventurado Paulo diz: "Sede, pois, imitadores de Deus, como filhos muito amados, e andai no seu amor, como Cristo nos amou e se entregou a si mesmo por nós, oferecendo-se em sacrifício de suave odor" (Ef 5,1-2). Nesta expressão há duas coisas dignas de nota: o amor de Cristo e sua paixão; estas duas coisas expulsam os demônios. Pelo imenso amor com o qual nos amou, Jesus entregou a si mesmo por nós, oferecendo-se em sacrifício de suave perfume. O perfume deste sacrifício vespertino, isto é, da paixão de Jesus Cristo, expulsa todos os demônios.

De fato, no Livro de Tobias lemos que ele "tirou de sua bolsa um pedaço do fígado do peixe e colocou-o sobre uns carvões acesos. Então o Anjo Rafael capturou o demônio e acorrentou-o no deserto do alto Egito" (Tb 8,2-3). No fígado, com o qual amamos [sic], é indicado o amor de Cristo, e nos carvões acesos, a sua paixão. Ponhamos, pois, ainda que não tudo, ao menos uma parte do fígado sobre os carvões acesos; pensemos que o Filho de Deus, nosso amor e, por assim dizer, nosso fígado, só por amor foi queimado por nós sobre carvões acesos, isto é, sobre a cruz e sobre agudíssimos pregos: foi queimado em sacrifício de suave perfume. Crede-me, irmãos, este suave perfume, esta recordação da paixão do Senhor, expulsa qualquer demônio. E se fizermos isso, então Rafael, que se interpreta "medicina", quer dizer, o próprio Cristo Jesus, que é nossa medicina e anjo do Sumo Conselho, capturará o diabo e o amarrará no deserto do alto Egito, para que nunca mais possa fazer-nos mal.

Corretamente, pois, se diz: "Jesus estava expulsando um demônio, e depois de tê-lo expulsado, o endemoniado viu, falou e ouviu e as multidões ficaram admiradas". Não causa espanto que, cessando a causa, cesse também o efeito. Expulso o demônio do pecado mortal do coração do pecador, imediatamente este começa a ver, isto é, a conhecer, a falar, isto é, a confessar (seu pecado), e a ouvir, isto é, a obedecer. Por isso, lá pelo fim da epístola de hoje, o Apóstolo diz: "Outrora éreis trevas, mas agora sois luz no Senhor: andai como filhos da luz, porque o fruto da luz consiste em toda a bondade, justiça e verdade" (Ef 5,8-9). Presta atenção a estas três palavras: "em toda a bondade", eis o reconhecimento do pecado, sem o qual ninguém pode chegar à bondade, como dizia o verdadeiro penitente Davi: Reconheço a minha iniquidade (cf. Sl 50,5). "Em toda a justiça", eis a confissão do pecado; que justiça é maior do que acusar a si mesmo? "O justo – diz Salomão – é o primeiro acusador de si mesmo" (Pr 18,17). "Em toda a verdade": eis a obediência, que consiste em obedecer voluntariamente aos preceitos da verdade, isto é, aos preceitos de Jesus Cristo e de seu representante.

Demos, pois, graças a Jesus Cristo, filho de Deus, que expulsou o demônio, iluminou o cego, fez falar o mundo e ouvir o surdo. E todos juntos, com a devoção da mente, esconjuremos a Cristo e humildemente peçamos que expulse o pecado mortal da consciência de cada cristão e lhe infunda a graça de Deus, a fim de que reconheça a sua iniquidade, a manifeste na confissão e obedeça fielmente aos conselhos e às ordens de seu confessor.

Digne-se conceder tudo isso a nós e a vós, o mesmo Jesus Cristo, a quem se deve a honra, a majestade, o domínio, o louvor e a glória pelos séculos eternos.

E toda a criatura diga: Amém!

II – A ENCARCERAÇÃO DE JOSÉ; OU SEJA, O HOMEM TORNADO ESCRAVO DO DIABO

7. "Quando um homem forte, bem armado, guarda a entrada de sua casa, estão em segurança os bens que possui; porém, se chega um mais forte do que ele e o vence, tira-lhe todas as suas armas, nas quais confiava, e repartirá os seus despojos" (Lc 11,21-22).

Pelo fim do Livro do Gênesis, na bênção de José, é dito: "O seu arco apoiou-se sobre o Forte [Deus]" (Gn 49,24). José interpreta-se "crescimento", e representa o pregador, que deve cada dia fazer crescer a Igreja com sua pregação, para poder dizer com José: "Deus me fez crescer na terra de minha pobreza" (Gn 41,52).

Deus faz crescer o pregador na terra da pobreza, isto é, no exílio desta mísera peregrinação (terrena), quando, por seu intermédio e por seu mérito, aumenta o número dos fiéis. Seu arco é a pregação; e como no arco há dois elementos, a madeira e a corda, assim na pregação deve existir a madeira do Antigo Testamento e a corda do Novo. Desse arco diz Jó: "O meu arco reforçar-se-á na minha mão" (Jó 29,20). O arco se reforça na mão, quando a pregação é confirmada pelas obras. Diz o Bem-

-aventurado Bernardo: "Não tem condições de pregar a Deus com fruto aquele que não antepõe o testemunho das obras ao som da língua".

E esse arco deve apoiar-se no Forte, e não no fraco, não no pregador, mas em Cristo, para atribuir tudo a ele, já que sem ele não pode fazer nada de bom. Só Cristo foi o verdadeiro forte que amarrou o forte diabo. Por isso, diz-se no evangelho de hoje: "Quando um homem forte, bem armado, guarda a entrada de sua casa" etc.

E dessa segunda parte do evangelho, exporemos primeiramente o sentido alegórico e depois o sentido moral.

8. O forte armado é o diabo. Dele e de sua armadura diz-se no Primeiro livro dos Reis: "Saiu do acampamento dos filisteus um homem bastardo, chamado Golias, de Gat, que tinha seis côvados e um palmo de altura. Trazia na cabeça um capacete de bronze e estava vestido com uma couraça escamada; nas pernas trazia polainas de bronze e um escudo de bronze cobria os seus ombros e a haste de sua lança era como o cilindro do tear" (1Sm 17,4-7).

Golias interpreta-se "transmigrador" ou "que se transforma", e representa o diabo, que passou da virtude para os vícios, da bem-aventurança eterna para a eterna pena, e que cada dia se transforma em anjo da luz (cf. 2Cor 11,14) para enganar o homem. E provém de Gat, nome que significa "prensa": de fato, o diabo prensa os homens sob o peso das tribulações, como a uva é esmagada na prensa, a fim de que os bons, como o vinho, sejam colocados nas cantinas da vida eterna, e os maus, porém, como os bagaços, sejam lançados na lixeira da eterna condenação.

Este saiu do acampamento dos filisteus, nome que se interpreta "que caem pela bebida"; os filisteus são figura dos pecadores que, embriagados do amor ao mundo, pela graça de Deus caem na culpa e, depois, pela culpa estragam-se na geena. Em seus acampamentos mora o diabo: de fato, a habitação do diabo é o coração do homem iníquo. Por isso, a *Glosa*, comentando o dito de Habacuc (Hb 3,7), diz: Aqueles que se esforçam por conquistar riquezas e honras, tornam-se habitação do diabo, eles que deveriam ser o templo de Deus.

Golias era bastardo. É chamado bastardo aquele que, em parte, é nobre e, em parte, desprezível. Assim o diabo foi nobre na sua criação, mas desprezível nos seus vícios. Diz-se que esse homem tinha seis côvados e um palmo de altura. Lê-se em Ezequiel que aquele homem, que, pelo visto, resplandecia como o bronze, tinha na mão uma cana de medir, com seis côvados e um palmo, e com ela mediu o templo (cf. Ez 40,3.5). Eis por isso que a medida do templo era a mesma medida de Golias. A medida do templo representa os diversos graus que existem na Igreja, e, contra estes, o diabo tem sua medida. Nos seis côvados entendem-se as obras de misericórdia, ou seja, as obras da vida ativa; no palmo entende-se a vida contemplativa, da qual, neste mundo, é possível apenas uma prova, e, portanto, com justiça é representada no palmo. E o diabo se arroja tanto contra os ativos como contra os contemplativos.

"E trazia na sua cabeça um capacete de bronze." Observa que todas as armas de Golias eram de bronze. Assim também as armas do diabo. As armas do diabo são aqueles que defendem o diabo, para que não seja derrotado e eliminado nos maus. E são de bronze, porque eles são poderosos em tomar as suas partes. De fato, diz-se em Jó: "Seus ossos são como canas (tubos) de bronze" (Jó 40,13).

Os ossos sustentam a carne. Os ossos do diabo são aqueles que sustentam os outros no mal; eles são como as canas de bronze, que têm muito som, mas nenhum sentimento, como as canas. Dizem muitas palavras, mas não fazem obra boa alguma; e como o bronze, quando é percutido, ressoa, assim aqueles, sob os golpes da repreensão, respondem praguejando.

"Estava vestido com uma couraça escamada", assim que uma placa estava presa à outra. A couraça do diabo são os maus, a ele inseparavelmente ligados. Diz Jó: "Seu corpo é como de escudos de bronze fundido, construído com placas estreitamente amarradas entre si. Uma está unida à outra e entre elas não existe o menor espaço; uma adere à outra e, juntas como estão, jamais serão separadas" (Jó 41,6-8). As escamas do diabo, quer dizer, seus defensores, unem-se entre si, porque um defende o outro. "Existe grande solidariedade entre os impudicos" (Juvenal). Realmente, estão tão estreitamente unidos entre si, que entre eles não existe a mínima fresta pela qual possa passar a graça divina ou a palavra da pregação do Senhor. E como são cúmplices no mal cá embaixo, assim serão associados todos juntos no eterno suplício.

"E nas pernas trazia polainas de bronze." As polainas representam as desculpas da luxúria. De fato, o luxurioso protege quase com polainas os seus fêmures quando, para maior agravamento de sua condenação, tenta justificar o pecado de luxúria. Diz Jó: "As sombras protegem a sua sombra" (Jó 40,17). As sombras, isto é, os luxuriosos que são obscuros e negros, protegem a sombra do diabo, isto é, desculpam sua luxúria, sob a qual o diabo repousa e dorme como sob uma sombra.

"E um escudo de bronze cobria seus ombros." O escudo do diabo representa aqueles que repelem de si mesmos as flechas da pregação; deles diz o Senhor, por boca de Ezequiel: "Filho do homem, eu te envio aos filhos de Israel, povo de rebeldes que se apartaram de mim. Tu lhes transmitirás as minhas palavras, na esperança que te ouçam e desistam do mal, porque provocaram minha ira" (Ez 2,3-7). Mas "não querem ouvir a ti, porque não querem ouvir a mim" (Ez 3,7).

9. "A haste de sua lança era como o cilindro do tear." Por meio da haste se tece a tela. A haste representa a tentação do mal, por meio da qual o diabo tece a tela da iniquidade. O diabo, de fato, tece a tela como a aranha.

Diz a *História natural*: Primeiramente, a aranha puxa os fios da trama e os fixa nos limites; depois procede à tecedura da tela do centro para a margem, enchendo todo o espaço, e prepara o lugar adequado para a caça. E a aranha se põe em emboscada no centro da tela, como alguém que fica à espreita de algum animalzinho. E se na tela cai alguma mosca ou outro inseto semelhante, imediatamente a aranha se move, sai do seu lugar de espreita e começa a amarrá-la e envolvê-la com seus fios até reduzir a presa à imobilidade. Depois, leva-a para seu buraco, onde deposita aquilo que captura. E quando tem fome chupa os seus humores: e sua vida, seu nutrimento, consistem só naqueles humores.

Assim faz também o diabo: quando quer capturar um homem, puxa primeiro certos fios de pensamentos capciosos e os fixa quase nos limites, isto é, nos sentidos do corpo, por meio dos quais pode astutamente compreender a que vício aquele homem está mais inclinado. Então, começa a tecer no centro, isto é, no coração, e ali dispõe a tela adequada, isto é, a tentação mais forte; e no coração prepara o lugar adaptado para a caça. E ele próprio se estabelece no centro, como alguém que fica à espreita de algum animal. De fato, o diabo não encontra em todo o corpo do homem nenhum membro mais adequado do que o coração, para caçar, para observar, para enganar, porque do coração do homem procede a vida.

E se vê cair, com o consenso do coração, na tela de sua sugestão, alguma mosca, quer dizer, alguém dedicado aos prazeres da carne, que na verdade deve ser chamado mosca, imediatamente começa a amarrá-lo com outras tentações e a envolvê-lo de trevas, até levá-lo à debilitação e ao enfraquecimento da mente; e depois leva a mosca, isto é, o pecador, para a cova onde depõe aquilo que capturou. A cova própria do diabo é o cumprimento da obra má: aqui repõe aquilo que capturou com a tela de sua capciosa sugestão, e assim chupa seu humor, isto é, a compunção da alma; de fato, enquanto a alma tiver a compunção, o diabo não está em condições de prejudicá-la. Então, com muita razão se diz: "A haste de sua lança é como o cilindro do tear".

10. Agora sabes de que armas dispõe o diabo, do qual se diz: "Quando um forte, armado, guarda a entrada de sua casa, estão em segurança os bens que possui". Antes da vinda de Cristo, o mundo todo era casa do diabo, e isto, não por motivo da criação, mas por culpa da transgressão do progenitor. Pela desobediência de Adão, o diabo, com a permissão de Deus, teve poder também sobre sua posteridade. E assim, mantinha tudo em segurança, porque nem Moisés, nem Elias ou Jeremias, nem algum outro dos pais do Antigo Testamento estava em condições de expulsá-lo de casa.

Finalmente, veio "do trono real", isto é, do seio do Pai, "um guerreiro implacável", como se diz no Livro da Sabedoria, "e se lançou no meio daquela terra condenada ao extermínio" (Sb 18,15), que o diabo havia exterminado; lançou-se unindo os dois pés da divindade e da humanidade, "e assim libertou", como diz o Apóstolo, escrevendo aos hebreus, "aqueles que, por toda a vida, estavam sujeitos à escravidão e ao medo da morte" (Hb 2,15).

Por fim continua: "Mas se chega um mais forte do que ele e o vence, rouba-lhe todas as armas nas quais confiava e distribui os despojos". O mais forte é Cristo, de cujas armas diz Isaías: "Ele se vestiu da justiça como de uma couraça, e pôs sobre a cabeça o capacete da salvação; revestiu-se com as vestes da vingança e se envolveu de zelo como de um manto" (Is 59,17). A couraça de Jesus Cristo foi a justiça, pela qual, com todo o direito, expulsou o diabo daquela casa que ele mantinha com toda a segurança; e porque o diabo estendeu a mão sobre Cristo, sobre o qual não tinha poder algum, justamente foi constrangido a perder Adão e seus descendentes, sobre os quais estava convencido de ter um certo poder. Com razão incorre na perda de um privilégio quem abusa do privilégio que lhe foi concedido.

"E pôs sobre sua cabeça o capacete da salvação." A cabeça é a divindade. "A cabeça de Jesus Cristo é Deus", diz o Apóstolo (1Cor 11,3). O capacete é a humanidade. Portanto, a cabeça escondida sob o capacete é a divindade escondida sob a humanidade, essa que operou a salvação em nossa terra (cf. Sl 73,12). "E revestiu-se também com as vestes da vingança e se envolveu de zelo como de um manto." Exatamente para isso Jesus Cristo vestiu as vestes de nossa humanidade, para vingar-se do inimigo, do diabo, e libertar de suas mãos a própria esposa, isto é, a nossa alma.

Portanto, diz-se justamente: "Se chega um mais forte do que ele e o vence, rouba-se todas as armas". As armas do diabo eram aqueles dos quais falamos acima. E Cristo os roubou todos dele, quando de filhos da ira tornou-os filhos da graça. Como Davi derrotou Golias com a funda e com a pedra (cf. 1Sm 17,49-50), assim Cristo derrotou o diabo com a funda de sua humanidade e a pedra de sua paixão. Diz Davi: "Toma as armas e o escudo e levanta-te em meu socorro" (Sl 34,2). Toma as armas, ó Filho de Deus, isto é, os humanos membros, e o escudo, isto é, a cruz, para que assim armado possas derrotar o diabo, que mantinha o gênero humano amarrado no cárcere.

11. O nosso José é Cristo, que, como num cárcere, ligado de mãos e pés, foi fixado à cruz com os pregos, entre dois ladrões. O antigo José, filho de Jacó, não quis consentir no nefando adultério da meretriz, mas abandonou em suas mãos a capa pela qual ela queria segurá-lo, fugiu, e ela então o acusou diante do marido Putifar de ter tentado ultrajá-la; e Putifar, injuriado, lançou-o no cárcere, onde estavam acorrentados também o copeiro e o padeiro do rei do Egito. A estes, segundo uma exata interpretação de seus sonhos, fez a previsão certa e segura daquilo que lhes aconteceria: isto é, ao copeiro que do cárcere voltaria ao palácio do rei, e ao padeiro que, saído do cárcere, seria enforcado (cf. Gn 39,7-20; 40,1-22).

A mesma coisa fez Jesus Cristo, filho de Deus, porque não quis ceder à meretriz, isto é, à sinagoga dos judeus, que queria retê-lo ligado pela capa da observância da lei e das tradições dos antigos, que se cobriam como de um manto para aparecerem justos diante dos homens. Mas ele, deixada a capa, isto é, abandonado o rito da observância legal, fugiu, porque era o dono da lei e não o servo dela. A sinagoga, considerando-se ultrajada, acusou-o diante de Putifar. Putifar interpreta-se "boca que despedaça", é a figura de Pilatos, que virou sua boca para "despedaçar", isto é, para flagelar Jesus: Vo-lo entregarei – disse – depois de tê-lo flagelado (cf. Mt 27,26; Lc 23,16). A meretriz sinagoga acusou diante de Pilatos o nosso José, dizendo: "Encontramos este homem sublevando a nossa nação, proibindo pagar o tributo a César. Ele subleva o povo, ensinando por toda a Judeia, desde a Galileia, onde começou, até aqui" (Lc 23,2.5). Então, Pilatos, de acordo com as palavras da meretriz, estabeleceu que fosse aceito o seu pedido e entregou Jesus para que fosse crucificado (cf. Lc

23,24). E Jesus foi amarrado, fixado à cruz com os pregos entre dois ladrões, como José entre o copeiro e o padeiro.

Antes, para dizer a verdade, o bom ladrão, além de ser um santo confessor porque, enquanto Pedro negava Cristo, ele o reconheceu, foi um verdadeiro copeiro: de fato, foi como inebriado pelo vinho da compunção e estendeu a Jesus o cálice de ouro da fé, da esperança e da caridade, dizendo: "Senhor, lembra-te de mim quando entrares no teu reino" (Lc 23,42). Por isso, mereceu ouvir que lhe eram dirigidas aquelas palavras: "Em verdade, eu te digo, hoje estarás comigo no paraíso" (Lc 23,43).

O mau ladrão, porém, que blasfemou Cristo, dizendo: "Se és o Cristo, salva-te a ti mesmo e a nós" (Lc 23,39), foi o padeiro que, segundo a sua profissão, amassou o pão, não digo com a farinha, mas com o farelo da má vontade e com a água da perfídia, e o assou no forno do seu desespero: e assim, da cruz, como de um cárcere, mereceu chegar ao patíbulo da eterna condenação.

12. "E distribui os despojos." Os despojos do diabo eram as almas dos justos que, por causa da desobediência do progenitor, eram mantidas nas trevas. Cristo distribuiu estes despojos quando espoliou o inferno e a cada alma concedeu a glória do reino celeste.

Ou também, os despojos foram os apóstolos e os outros discípulos de Jesus Cristo, dos quais o Pai diz ao Filho: "Toma depressa os despojos, faze velozmente a presa" (Is 8,3). O Filho apressa a encarnação, conquista os despojos com a pregação, espolia rapidamente o diabo com sua paixão. E Cristo distribui estes despojos quando deu à Igreja alguns como apóstolos, outros como evangelistas e outros como doutores e mestres (cf. Ef 4,11). Por isso, o profeta conclui: "O rei dos exércitos está em poder do seu muito amado, e a formosura da casa reparte os despojos" (Sl 67,13).

Ó fiéis do Dileto, isto é, de Jesus Cristo, o "rei", isto é, o Pai, que é rei das potências celestes, encarregará seu dileto Filho – do qual disse "Este é o meu Filho dileto" (Lc 9,35) – de repartir os despojos, isto é, os apóstolos, os evangelistas e os doutores, para a formosura da casa, isto é, da Igreja, a fim de que a tornem bela.

E da formosura de sua Igreja torna participantes também nós aquele que derrotou o diabo e arrancou suas armas, Jesus Cristo, que é bendito, que é Deus sobre todas as coisas, nos séculos dos séculos. Amém.

III – O ESPÍRITO DE SOBERBA

13. "Quando um forte, armado, guarda a entrada de sua casa." O forte armado é o espírito de soberba, cujas armas são os altíssimos chifres com os quais corta o ar e assalta o mundo inteiro. Diz Daniel: "Vi que o carneiro agitava os chifres contra o Ocidente, contra o Setentrião e contra o Meio-dia, e nenhuma besta podia resistir-lhe e nenhum estava em condições de libertar-se de seu poder; agiu segundo sua vontade e foi exaltado" (Dn 8,4).

Este carneiro representa o espírito de soberba, que, com seus chifres da arrogância e da obstinação, se arremessa para o Ocidente, para o Setentrião e para o Meio-dia. Por ocidente, entendem-se os pobres e os menores, nos quais falta o calor da força e do poder; por Setentrião, entendem-se os iguais: "Estabelecerei o meu trono – diz o diabo – a Setentrião, e serei semelhante, isto é, igual, ao Altíssimo" (Is 14,13-14); por meio-dia, entendem-se os superiores, nos quais arde o calor da dignidade e do poder. O carneiro chifrudo, quer dizer, o espírito da chifruda soberba, arremessa-se para Ocidente, isto é, oprime os pobres e os menores; arremessa-se para Setentrião, porque despreza os iguais; arremessa-se para meio-dia, porque zomba e se ri dos superiores.

"E ninguém podia resistir à besta, nem ser libertado de seu poder." Ó chifruda soberba, quem poderá ser libertado do teu poder, se empurraste para tão alto cume de ambição até lúcifer, selo da semelhança (modelo de perfeição), coberto de toda espécie de pedras preciosas? (cf. Ez 28,12.13). És de proveniência celeste, e por isso costumavas insinuar-te nas mentes dos celestes, escondendo-te sob a cinza e o cilício.

O Profeta Davi pedia para ser salvo dos chifres desta besta, quando dizia: "Salva-me da boca do leão, e a minha humildade dos chifres dos unicórnios" (Sl 21,22). Na soberba do unicórnio é indicado o indivíduo, porque o soberbo quer aparecer sozinho; de fato, "nenhum poderoso tolera um sócio" (Lucano). E Davi detesta a soberba, dizendo: "Senhor, Deus meu, se eu fiz isso!..." (Sl 7,4) – Nota-se que para indicar quanto detestava a soberba não quis nem chamá-la com seu nome.

Deus detesta a soberba mais do que todos os pecados. Diz Pedro: "Deus resiste aos soberbos, enquanto dá sua graça aos humildes" (1Pd 5,5). E do unicórnio fala-se em Jó: "Acaso o rinoceronte [ou seja, o *monóceros* ou unicórnio] quererá servir-te ou ficar na tua manjedoura?" (Jó 39,9). E quer dizer: Certamente, não! Porque o soberbo não pode tomar em consideração a manjedoura do Senhor, isto é, o fato que o Senhor foi acomodado, por nosso amor, numa manjedoura.

14. Deve-se observar que alguns animais têm os chifres curvados para trás, e isso representa aqueles cuja soberba é destruída pela sua luxúria, de forma que, embora arrogantes em seu pensamento, são humilhados pela luxúria da carne. Diz Oseias: "A arrogância de Israel testemunhará contra ele" (Os 5,5). Realmente, acontece que quem não reconhece sua oculta soberba, envergonha-se depois quando a descobre causa do vício da luxúria (Gregório).

E existem também outros animais que têm os chifres voltados para frente, como os unicórnios, e isso representa a soberba dos hipócritas, que marcaram sua soberba sob a aparência da religião; deles diz o Eclesiástico: "Há quem falsamente se humilha, mas seu coração está cheio de engano" (Eclo 19,23). E ainda o Bem-aventurado Gregório: "Coisa preciosa é a humildade, com a qual até a soberba quer mascarar-se, para não ser desprezada".

Além disso, existem animais que têm os chifres retorcidos sobre si mesmos, como a vaca selvagem, e isso representa a soberba de alguns que se destrói por si mesma.

Diz Isaías: "O Senhor dos exércitos quebrará o pequeno vaso de terra com ímpeto, os de estatura agigantada serão cortados e os grandes serão humilhados" (Is 10,33). O pequeno vaso de barro é a mente do pecador soberbo, feito de barro e frágil, cheia de água e de orgulho; e o Senhor quebra-o quando incute na mente do próprio soberbo o terror do último juízo. E naquele juízo, os de estatura agigantada, isto é, aqueles que agora parecem viver sem preocupar-se com aquela sentença que diz: Ide, malditos, para o fogo eterno! (cf. Mt 25,41), serão cortados. E os grandes que agora andam com passo solene e cabeça erguida, fazendo acenos com os olhos (cf. Is 3,16), serão humilhados até o inferno e o lago profundo (cf. Is 14,15), no qual, porém, não há água que possa dar-lhes alívio.

Enfim, existem animais que têm os chifres retos para o alto, como o cervo, e este representa aqueles cuja soberba é originada somente pela religião. Esta é a soberba mais funesta. Dela Isaías, dirigindo-se aos tementes a Deus, aos religiosos, que mais do que os outros têm o dever de apresentar-se como modelos de humildade, falando com a imagem do Vale da Visão, diz: "Como é que também tu subiste aos telhados?" (Is 22,1). Como se quisesse dizer: Pode-se até compreender que os seculares desejem subir para o alto, mas vós, religiosos, que sois tão iluminados, como vos veio à mente procurar honras e dignidades?

15. Mas prossigamos. "Se um forte, armado, guarda a entrada de sua casa." A casa da soberba chifruda é o próprio coração do soberbo, no qual a soberba escolheu sua morada particular. Como do coração partem as veias e no coração reside a primeira energia que cria o sangue (Aristóteles), assim da soberba do coração procede todo o mal. De fato, "o princípio, a origem de todo o pecado é a soberba" (Eclo 10,15). Ela preside o ingresso do coração, para que nenhum de seus adversários ali entre por caminhos escusos e perturbe a sua segurança, da qual diz o Senhor: "Se ao menos neste dia tu também conhecesses o que te pode trazer a paz" (Lc 19,42); e o profeta: "Invejei os iníquos, vendo a segurança dos pecadores" (Sl 72,3).

"Mas se chegar alguém mais forte do que ele e o vencer" etc. Mais forte é a humildade, de cuja força Davi diz a Saul: "Eu, teu servo, matei o leão e o urso" (1Sm 17,36). Davi interpreta-se "de mão forte", e representa o humilde que quanto mais se humilha tanto mais se torna forte. De fato, o humilde é como o verme, chamado "intestino da terra", que primeiro se contrai para depois alongar-se mais; o humilde se contrai, faz-se pequeno para depois estender-se com mais energia para alcançar os bens celestes. Diz o Eclesiástico: "Deus levantou-o de sua humilhação, e exaltou sua cabeça" da atribulação; "e muitos maravilharam-se dele" (Eclo 11,13). Este Davi humilde e forte diz: "Eu, teu servo!" O humilde julga-se servo, diz-se escravo, põe-se sob os pés de todos, abaixa-se, julga-se muito menos do que na realidade vale. Por isso diz Gregório: "É próprio dos eleitos julgar a si mesmos menos do que valem".

Este humilde servo abate o leão da soberba e o urso da luxúria. E observa que ele afirma ter abatido primeiro o leão e depois o urso, porque ninguém pode suprimir em si mesmo a luxúria se antes não se esforçou para expulsar do ingresso de seu coração o espírito de soberba. De fato, diz-se: "Mas se chegar alguém mais forte do que ele e o vencer, rouba-lhe todas as armas nas quais confiava".

As armas, ou os "vasos" – como diz Mateus (Mt 12,29) –, do espírito de soberba são os cinco sentidos do corpo, com os quais, usando-os como armas, a soberba assalta os outros, e nos quais, como em vasos, leva o veneno do orgulho e o oferece aos outros. Mas eis que chega a humildade da parte de Jesus Cristo, que é Deus bendito sobre todas as coisas (cf. Rm 9,5), e que diz: "Aprendei de mim, que sou manso e humilde de coração" (Mt 11,29). Ele entra na casa do forte, isto é, no coração, no qual está instalada a soberba, abate-a e manda-a para fora; o antídoto da humildade expele o veneno do orgulho e o derrota, a humildade rouba-lhe todas as armas nas quais confiava, para que no futuro mais nada de arrogante, de orgulhoso ou de vicioso apareça nos sentidos do corpo, mas ofereçam em toda a parte sublimes exemplos de humildade.

16. "Esta é a mudança operada pela direita do Altíssimo" (Sl 76,11), da qual diz Isaías: "Naquele dia haverá cinco cidades na terra do Egito, que falarão a língua de Canaã: a primeira delas chamar-se-á cidade do sol" (Is 19,18). Egito interpreta-se "trevas" ou "tristeza", e representa o corpo do homem que está numa terra de trevas e de tristeza: de trevas, porque está obscurecida pela escuridão da ignorância e da malícia; de tristeza, porque está cheia de dor e de aflição. Nesta terra do Egito há cinco cidades, isto é, os cinco sentidos do corpo. Destas cinco cidades, a primeira se chama Cidade do sol. Cidade do sol são os olhos. De fato, como o sol ilumina todo o mundo, assim os olhos iluminam todo o corpo (cf. Mt 6,22; Lc 11,34).

Portanto, naquele dia, quando chegar o mais forte, isto é, a humildade, e entrar no coração do homem e derrotar o espírito de soberba e eliminar a cegueira da mente, então cinco cidades na terra do Egito, que antes falavam a língua egípcia, isto é, a língua da concupiscência da carne, falarão a língua de Canaã, que se interpreta "mudada", pois dos vícios passarão para as virtudes e da soberba, para a humildade. Então, nos olhos aparecerão a humildade e a simplicidade, na boca ressoarão a verdade e a benignidade, dos ouvidos serão removidas a detração e a adulação, nas mãos haverá a pureza e a piedade, nos pés, a experiência e a seriedade.

Irmãos caríssimos, oremos, pois, a Jesus Cristo, que com sua humildade destruiu a soberba do diabo, para que nos conceda que também nós quebremos com a humildade do coração os chifres da soberba e do orgulho e mostremos sempre nos sentidos de nosso corpo o exemplo da humildade, para assim merecermos chegar até sua glória.

No-lo conceda ele próprio, que é bendito nos séculos dos séculos. Amém.

IV – AS SETE VACAS, AS SETE ESPIGAS E OS SETE ANOS DE FOME

17. "Quando o espírito imundo sai de um homem, anda por lugares secos em busca de repouso e, não os encontrando, diz: Voltarei para minha casa, donde saí. E, quan-

do vem, encontra-a varrida e adornada. Então vai, toma consigo outros sete espíritos piores do que ele, e, entrando, habitam ali. E o último estado daquele homem torna-se pior que o primeiro" (Lc 11,24-26).

Diz o Profeta Joel: "Diante dele a terra era um jardim de delícias, depois dele ficará sendo a solidão de um deserto" (Jl 2,3). A terra que tem seu nome do verbo latino *tero* (pisar, triturar), representa a mente do homem, *pisada*, devastada pelos pecados. Esta, enquanto se encontrar diante de Deus, é como um jardim de delícias. De onde poderá vir à mente do homem tão grande delícia, tão grande alegria, senão por estar diante daquele com o qual e no qual tudo o que existe, existe verdadeiramente, sem o qual tudo o que parece existir, nada é, e tudo o que excede é miséria? A mente do homem está diante dele quando se convence que nada de bom pode ter de si mesma, em si mesma e por si mesma, mas atribui tudo a ele, que é todo o bem, o sumo bem, e do qual, como de um centro, partem todas as linhas da graça, estendendo-se diretamente até a extremidade da circunferência.

Esta terra, enquanto está diante dele, é verdadeiramente um jardim de delícias, porque nela existe a rosa da caridade, a violeta da humildade, o lírio da castidade. Deste jardim, a esposa do Cântico dos Cânticos diz: "O meu amado desceu ao seu jardim, ao canteiro dos perfumes" (Ct 6,1). O jardim do amado é a mente do penitente, na qual está o canteiro dos perfumes. Canteiro é o diminutivo de eira, e indica a humildade da mente, humildade que produz os perfumes, isto é, as virtudes. A esse jardim desce o amado, nesse canteiro ele repousa. E ele diz: "Para quem olharei eu", senão para o humilde e pacífico, "senão para o pobrezinho de espírito e que teme as minhas palavras?" (Is 66,2). Corretamente aqui se diz: "Como um jardim de delícias é a terra diante dele".

"E atrás dele, a desolação do deserto." Quando a mente do homem está diante do rosto de Deus, contemplando sua bem-aventurança, provando sua doçura, então está verdadeiramente num jardim de delícias. Mas quando a desventurada não quer estar diante dele, mas por trás dele, isto é, quer olhar suas costas, então o jardim de delícias se transforma na desolação do deserto. As costas do Senhor são figura das coisas deste mundo, das quais o próprio Senhor diz a Moisés: "Ver-me-ás pelas costas; mas meu rosto não o poderás ver" (Ex 33,23). Aquele que se alegra com estas coisas passageiras, com estas coisas temporais, vê somente as costas do Senhor e não o seu rosto. De fato, disse Agar: "Vi as costas daquele que me via" (Gn 16,13). Agar interpreta-se "que suscita festa", e representa o prazer dos homens carnais, prazer que se gloria dos festins e das bebedeiras como de uma festa. Ele vê as costas do Senhor, porque se deleita nestas coisas visíveis, que vê só com o corpo. Por isso diz Gregório: "A mente dos homens carnais não tem condições de julgar bom senão aquilo que vê materialmente". Portanto, com justiça se diz: "E atrás dele a desolação do deserto".

Na desolação é representada a esterilidade da mente e no deserto a malícia do diabo. De fato, o diabo torna deserta e estéril de boas obras a mente na qual habita. E assim, é clara a concordância entre o evangelho e aquilo que diz o Profeta Joel. Com efeito, quando diz "a terra diante dele é como um jardim de delícias", concorda com a primeira parte da expressão: "quando um espírito imundo sai de um homem"; e quando acrescenta "e depois dele a desolação do deserto", concorda com a segunda parte: "então vai e toma consigo outros sete espíritos piores do que ele". Justamente, pois, se diz: "Quando um espírito imundo sai de um homem" etc.

E presta atenção aos quatro pontos mais importantes desta passagem evangélica: a saída do diabo, sua tentação contra os justos, o morno esforço da alma negligente e a volta do espírito imundo com outros sete espíritos. O primeiro: "Quando um espírito imundo sai"; o segundo: "anda por lugares secos"; o terceiro: "tendo voltado, encontra-a varrida e adornada"; o quatro: "Então vai e toma outros sete espíritos".

18. Primeiro: "Quando um espírito imundo sai". Observa que o diabo é chamado "espírito imundo". Diz Gregório: "Espírito é nome da natureza, e Deus criou-o limpo, puro e bom; mas pela impureza de sua soberba tornou-se imundo e caiu da pureza da glória celeste e, como um porco imundo, escolheu como morada a impureza dos pecados e neles repousa". Dele diz Jó: "Ele dorme à sombra no esconderijo dos canaviais, e em lugares úmidos" (Jó 40,16). Com estas palavras são indicados três vícios: na sombra que é fria e obscura é indicada a soberba, que expulsa o calor do amor divino e o esplendor da verdadeira luz.

Na cana, que é agitada pelo vento, que é bela por fora, mas vazia por dentro, e cujo fruto é somente a lanugem, é representado o avarento, que é agitado para cá e para lá pelo vento da cobiça, traz vantagem externamente, mas é privado da graça por dentro, e suas riquezas, mortas por sua ruína, serão dispersas como lanugem pelo turbilhão da morte. Nos lugares úmidos são representados os luxuriosos que se rolam no barro da luxúria e da gula.

Eis em que habitação dorme aquele porco, repousa aquele espírito imundo, do qual se diz: "Quando um espírito imundo sai do homem". E o espírito imundo sai do homem só quando o homem reconhece a torpeza de sua iniquidade.

Lê-se no Segundo livro dos Paralipômenos que "os príncipes e o exército do rei dos assírios aprisionaram Manassés e o levaram para a Babilônia preso com cadeias e grilhões. Ele, quando se viu na angústia, orou ao Senhor seu Deus e fez grande penitência diante do Deus de seus pais. Suplicou-lhe e rogou-lhe fervorosamente. O Senhor ouviu sua oração e o reconduziu a Jerusalém no seu reino e Manassés reconheceu que só o Senhor é Deus" (2Cr 33,11-13). Manassés interpreta-se "esquecido" e representa o pecador que, quando as coisas vão bem, esquece-se de Deus e de seus mandamentos. De fato, diz o Gênesis [na história de José] que "o chefe dos copeiros do faraó, tendo voltado à prosperidade, esqueceu-se de seu intérprete" (Gn 40,23) [de José que havia interpretado favoravelmente seu sonho]. O nosso intérprete é Jesus Cristo, que nos fala da vida eterna, da qual nos esquecemos quando nos sentimos sustentados pela prosperidade das coisas transitórias. Realmente, as coisas temporais fazem que Deus caia no esquecimento. Portanto, Manassés, isto é, o pecador, esquecido de Deus, é feito prisioneiro, com o consenso de sua mente, dos assírios, nome que significa "dirigentes", isto é, os demônios que com o arco da malícia dirigem a flecha da tentação contra a alma para matá-la; o pecador, pois, é preso e amarrado com a corrente dos maus hábitos, e assim é deportado para a Babilônia, quer dizer, para a confusão da mente, cegada pelo pecado.

Mas já que a misericórdia de Deus é maior do que qualquer malícia do pecador, este deve fazer como fez Manassés, do qual exatamente se diz: Orou ao Senhor seu Deus e arrependeu-se profundamente, suplicou e rogou-lhe com todas as forças. Aos quatro atos expostos acima, o pecador deve, pois, contrapor os quatro seguintes: deve orar ao Senhor para que o livre das mãos dos demônios; deve fazer penitência para romper as correntes do mau comportamento; deve suplicar-lhe que quebre os grilhões de seus maus hábitos; deve, enfim, rogar-lhe com todas as força que o liberte da confusão da mente, cegada pelo pecado. E Deus misericordioso, cuja misericórdia é sem limites, fará segundo o que é dito: "Ouviu sua oração, reconduziu-o ao seu trono em Jerusalém, e Manassés reconheceu que só o Senhor é Deus". O Senhor ouve a oração do pecador contrito e humilhado e o reconduz ao seu reino em Jerusalém. O que é esta Jerusalém senão a infusão da graça, a remissão dos pecados, a reconciliação do pecador com Deus, na qual existe a visão da paz, na qual reina quem saiu do cárcere e das correntes para retornar ao reino (cf. Ecl 4,14).

E assim, o pecador pode verdadeiramente reconhecer que só o Senhor é Deus, aquele que o libertou e fez sair dele o espírito imundo, como diz corretamente o evangelho: "Quando um espírito imundo sai do homem".

19. Segundo: "Anda por lugares secos à procura de repouso". Este andar do diabo não é outra coisa senão sua tentação. Por isso, ouvimo-lo responder a Deus: "Dei a volta pela terra e percorri-a" (Jó 1,7). Primeiramente, o diabo faz um giro ao redor da terra, isto é, da mente do homem, indaga com muita esperteza a que vício está mais inclinada e, depois, percorre-a para tentar a cada um segundo o que revelou. Caminha, depois, para lugares sem água. Os lugares sem água – ou seja, áridos, como diz Mateus (cf. Mt 12,43) – são os santos, enxugados dos humores da gula e da luxúria. De fato, um deles diz: "Em terra deserta, intransitável e sem água, nela me apresentei a ti como no santuário, para contemplar teu poder e tua glória" (Sl 62,3).

Observa aqui as três virtudes que santificam o homem e iluminam a mente para torná-la apta a contemplar a Deus. Na terra deserta é indicada a pobreza, na terra intransitável, a castidade, e naquela sem água, a abstinência. A terra, pois, é o corpo ou a mente do justo, que é como um jardim de delícias diante de Deus, ao qual diz: "Ó Deus, Deus meu, na terra, ou seja, no meu corpo ou na minha mente, deserta pela pobreza, impraticável pela castidade – isto é, sem aquele caminho do qual diz Salomão: "A mulher impudica é como o esterco no caminho" (Eclo 9,10), e Isaías: "Puseste o teu corpo como terra e como caminho para os viandantes" (Is 51,23) –, e sem água, isto é, ressecada com a abstinência de alimento e de bebida, assim no santuário, isto é, no comportamento santo, apresentei-me a ti, para que tu, que te sentas acima dos querubins, te revelasses a mim. E depois acrescenta: "para ver, isto é, para poder contemplar "o teu poder e a tua glória", isto é, Cristo Jesus, teu filho.

Dele diz o Apóstolo: Ele é o poder de Deus e a sabedoria de Deus (cf. 1Cor 1,24); e Salomão: Glória do Pai é o filho sábio (cf. Pr 13,1). Este é o caminho para chegar a contemplar o poder e a glória de Deus. Quem não segue por este caminho é como um cego e como alguém que caminha apalpando a parede com a mão.

"E anda por lugares sem água." De fato, o diabo tenta os santos e os justos. Lemos em Jó: "Ele julga que o Jordão afluirá para sua boca" (Jó 40,18). Jordão se interpreta "humilde descida", ou também "riacho do juízo", e representa os homens santos que, se cometem algum pecado, cheios de confusão se humilham em si mesmos e se julgam no riacho da compunção e da confissão. O diabo, então, andando por lugares sem água, tem confiança que eles afluam, entrem em sua boca. Mas eles, como diz Jó, "estão prontos a levantar o Leviatã" (Jó 3,8). Fazem levantar (expulsam) o Leviatã, isto é, o diabo, aqueles que, negando-lhe o consenso da mente, não permitem que ele repouse na morada do seu coração.

Os santos devem fazer como fazem as abelhas, que, como se diz, param para examinar as aberturas da colmeia e se por acaso entra por aquelas aberturas um inseto estranho, não toleram que fique entre elas, mas continuam a segui-lo até conseguirem expeli-lo da colmeia.

As abelhas são chamadas assim porque se unem entre si com os pés, ou também porque parece que nascem sem pés (*a + pes* = [*a* privativo] sem pé). São figura dos justos que se unem entre si com os pés, isto é, com os sentimentos da caridade, que não lhes são dados pela natureza, mas só pela graça, segundo o que diz o Apóstolo: Todos somos nascidos filhos da ira (cf. Ef 2,3). Sua colmeia é o corpo, cujas aberturas são os cinco sentidos e, em sentido espiritual, os olhos, que devem vigiar com todo o cuidado para que não entre por eles algo estranho, algo diabólico. E se, por desgraça, entrar através deles alguma sugestão diabólica ou alguma complacência carnal, de modo algum, por nada no mundo, devem permitir que fique dentro deles, porque a demora cria o perigo e, como dizem alguns, o pensamento mau mantido longamente é pecado mortal. De fato, quando a razão percebe que o pensamento se dirige para coisas ilícitas e, enquanto lhe é possível, não se esforça por expulsá-lo, este se chama mau pensamento consentido. As abelhas, porém, devem intervir imediatamente, seguir aquele pensamento com os ferrões da contrição e da oração, e expulsá-lo das colmeias de seu corpo. Portanto, corretamente se diz que os justos estão prontos a levantar e a expulsar o Leviatã, para que não encontre repouso neles.

20. Terceiro: "E não encontrando repouso, diz: Voltarei para minha casa, donde saí. Tendo voltado, encontra-a varrida e adornada". Diz Mateus: "Encontra-a vazia, varrida e adornada" (Mt 12,44). Observa que existe uma tríplice vassoura: aquela da contrição, aquela da confissão e aquela da satisfação (reparação ou penitência).

Da vassoura da contrição fala o profeta: "Eu varria o meu espírito" (Sl 76,7). Varre o seu espírito aquele que com a vassoura da contrição elimina do rosto de sua alma as sujeiras dos maus pensamentos e o pó das vaidades do mundo. Da vassoura da confissão e da vassoura da satisfação (penitência), diz o Senhor por boca de Isaías, quando fala da Babilônia: "Varrê-la-ei com a vassoura da destruição, diz o Senhor, Deus dos exércitos" (Is 14,23). O Senhor varre Babilônia quando purifica com a confissão a alma humilhada pelos pecados, e com a vassoura a bate quando a atinge com os flagelos da satisfação, isto é, da penitência. Com estas três vassouras, a casa, isto é, a alma do homem, é purificada. Dessa purificação diz o Senhor: "Levantai-vos, purificai-vos, tirai de diante dos meus olhos" com a vassoura da contrição "o mal dos vossos pensamentos"; e depois que vos purificastes com a vassoura da confissão "cessai de fazer o mal"; depois que vos castigastes com a vassoura da penitência "aprendei a fazer o bem" (Is 1,16-17).

Mas já que das obras boas, geralmente, nasce uma vã segurança e também a ociosidade, que é inimiga da alma, acrescenta: "Encontra-a vazia e ornada". O ócio, diz o Bem-aventurado Bernardo, é a latrina de todas as tentações e de todos os pensamentos maus e inúteis. De fato, lemos no Primeiro livro dos Reis que "os amalecitas assaltaram Siceleg pelo lado do meio-dia, tomaram-na e a incendiaram; aprisionaram as mulheres e todos os outros, desde o menor até o maior" (1Sm 30,1-2). Amalecitas interpreta-se "que lambem o sangue": eles representam os demônios que desejam lamber e engolir o sangue das almas, isto é, as lágrimas do arrependimento. Eles assaltam Siceleg do lado do meio-dia. Do meio-dia sopra o austro, um vento morno, do qual diz Jó: "Considerai as veredas de Temã e os caminhos de Sabá" (Jó 6,19).

Temã [cidade] interpreta-se "austro morno", e representa uma conduta de vida superficial e ociosa, sujeita às tentações do diabo. De fato, quando o espírito imundo encontra a casa vazia e em poder do ócio, entra nela. E já que Davi, como se narra no Segundo livro dos Reis, ficou em Jerusalém e não partiu para a guerra, espreguiçando-se no ócio, foi punido com uma vergonhosa derrota (cf. 2Sm 11,1).

Sabá interpreta-se "rede" ou "prisioneira", e representa o laço da culpa que muito bem se une com a tibieza e a ociosidade. Com efeito, quem não caminha segundo normas severas, mas com passos indolentes e cansados e é envolvido em atividades licenciosas, é demovido daquilo que diz respeito a Deus. Portanto, Siceleg, que se interpreta "emissão de voz clara", e representa a alma que deve proclamar seu pecado, não balbuciando, mas com palavras claras, é assaltada pelos espíritos malignos do lado do meio-dia, isto é, pela tibieza e pela ociosidade da sua vida, é queimada pelo fogo da iniquidade; e o que nela existir de virtude e de bem é levado embora, das coisas menores até as maiores. Justamente, pois, se diz: "Encontra-a vazia e adornada".

21. Lê-se na *História natural* que as abelhas pequenas são as mais laboriosas e têm as asas delgadas, e são de cor morena, como que queimadas. As abelhas bonitas, porém, pertencem ao número daquelas que não fazem nada.

As abelhas pequenas são os homens penitentes, pequenos aos próprios olhos. Eles são de grande laboriosidade, estão sempre ocupados em alguma atividade, para que o diabo não encontre sua casa vazia e no ócio; têm as asas delgadas, que são o desprezo do mundo e o amor ao reino celeste: duas asas com as quais se erguem das coisas terrenas e quase se equilibram no ar, contemplando com maior intensidade a glória de Deus.

E estas abelhas são também de cor morena e como que queimadas. Por isso, a alma do penitente fala assim no Cântico dos Cânticos: "Eu sou morena, mas formosa, ó filhas de Jerusalém, sou como as tendas de Cedar, como as tendas de Salomão. Não repareis que eu seja morena, porque o sol me mudou a cor" (Ct 1,4-5). Ó filhas de Jerusalém, quer dizer, esquadrões angélicos, ou almas fiéis, eu sou morena externamente pela cinza e o cilício, pelos jejuns e pelas vigílias, mas bela internamente pela pureza da mente e pela integridade da fé. Sou morena como as tendas de Cedar, nome que se interpreta "melancolia": de fato, moro nas tendas, que são transferidas de lugar em lugar, das quais os soldados assaltam e são assaltados, porque eu não tenho cá embaixo uma cidade estável, mas vou em busca da futura (cf. Hb 13,14), e enquanto combato sou também combatida; e em todas estas vicissitudes só encontro melancolia e sofrimento. Mas sou bela como as tendas de Salomão, que eram de seda azul e púrpura escarlate. Nas tendas de seda azul é indicada a pureza da mente e a contemplação da glória celeste; naquelas de púrpura escarlate, a integridade da fé e a aspereza do sofrimento e do martírio.

Não repareis que eu seja morena, porque o sol me escureceu. O sol que suporta os eclipses, isto é, que vem a faltar, obscurece todas as coisas. Assim, o verdadeiro sol, Jesus Cristo, que conheceu seu ocaso (cf. Sl 103,19) sofrendo na cruz os eclipses da morte, deve obscurecer todas as cores, todas as vaidades, todas as glórias e todas as honras falazes. Diz, pois, a alma do penitente: "Sou morena, sou fosca, porque me escureceu o sol". De fato, enquanto com o olho da fé eu contemplo o meu Deus, o meu esposo, o meu Jesus suspenso na cruz, fixado com os pregos, dessedentado com fel e vinagre, coroado com uma coroa de espinhos, qualquer dignidade, qualquer glória, qualquer honra, qualquer magnificência transitória muda-se em palidez e tudo eu considero um nada. Assim são as abelhas pequenas, morenas e como que queimadas.

As abelhas belas, porém, ornadas, são figura dos religiosos tíbios e fátuos, que se pavoneiam na suntuosidade de suas vestes, que ostentam as "filaterias" de sua vida e decantam as franjas de sua santidade: sua casa é ornada externamente, mas no interior é cheia de sujeira e de ossos de mortos. Torna-se verdade, pois, para eles aquilo que segue: "Então vai e toma consigo outros sete espíritos..." etc.

22. E eis o quarto ponto. Observa que estes sete espíritos são as sete vacas, das quais na história de José se diz que eram desfiguradas e consumadas pela magreza, e que foram devoradas pelas outras sete, que eram maravilhosas pela beleza e a saúde do corpo (cf. Gn 41,1-4). Igualmente, estes sete espíritos são as sete espigas atingidas pelas uredíneas (ferrugem que queima as plantações), que destruíram as outras sete, cheias e formosas (cf. Gn 41,5-7). E são os sete anos de absoluta carestia, cuja gravidade consumiu a abundância dos sete anos precedentes.

As sete vacas belas e gordas, e as sete espigas formosas e cheias e os sete anos de grande abundância representam os sete dons do Espírito Santo, dos quais diz Isaías:

"Repousará sobre ele o Espírito do Senhor: espírito de sabedoria e de entendimento, espírito de conselho e de fortaleza, espírito de ciência e de piedade e será cheio do espírito do temor do Senhor" (Is 11,2-3).

Estes dons são chamados vacas belas e gordas por causa da honestidade dos costumes e da abundância das virtudes que eles infundem naquele sobre o qual pousam; são chamados espigas formosas e cheias pela plenitude da fé de Jesus Cristo, que foi grão de trigo, e pela plenitude do dúplice amor a Deus e ao próximo.

Estes sete dons do Espírito Santo são chamados também sete anos de grande abundância porque nos sete anos desta peregrinação (i. é, de nossa vida), com a graça dos sete dons, o Espírito faz transbordar de grande fecundidade espiritual a mente, o espírito no qual fixam morada.

Mas, ai!, ai!, as sete vacas desfiguradas e macilentas, as sete espigas atacadas de ferrugem, os sete anos de absoluta carestia, os sete espíritos piores do que o primeiro espírito imundo entram na casa vazia e limpa, e devoram os sete dons do Espírito, e assim a condição final daquele homem torna-se ainda pior do que a precedente. Exatamente por isso são chamados piores: pelos efeitos que produzem, já que tornam o homem pior do que era antes. E observa que estes sete espíritos piores são chamados vacas desfiguradas e macilentas, porque deformam a imagem e a semelhança com Deus e porque fazem desaparecer a caridade, que representa a saúde da alma; são chamados espigas atingidas pela ferrugem, que é o mau cheiro de uma coisa queimada pelo mau cheiro dos pecados mortais; e, enfim, são chamados anos de absoluta carestia por causa da total carência de boas obras, anos que trazem àquela alma desventurada todos os males, e a mantêm numa espantosa escravidão. Com justiça, pois, é dito: "A condição final daquele homem torna-se ainda pior do que a precedente".

Portanto, pedimos-te, Senhor Jesus, que, pelo poder de tua graça, o espírito imundo saia do coração dos fiéis, tornando-os lugares enxutos e sem a água dos vícios, torne sua consciência pura e fervorosa no teu santo serviço e a encha com a graça dos sete dons do Espírito.

Digne-se conceder-nos tudo isso aquele ao qual pertence a honra e glória nos séculos dos séculos. Amém.

Em louvor à Bem-aventurada Virgem Maria

1. Naquele tempo, "uma mulher elevou a voz no meio da multidão e disse [a Jesus]: Bem-aventurado o seio que te trouxe e os seios que te amamentaram" (Lc 11,27).

No Cântico dos Cânticos, o esposo diz à esposa: "Ressoe a tua voz aos meus ouvidos, porque a tua voz é suave" (Ct 2,14). A voz suave é o louvor à Virgem gloriosa, que ressoa dulcíssima aos ouvidos do esposo, isto é, de Jesus Cristo, que da própria Virgem é filho. Cada um individualmente e todos juntos elevemos, pois, a voz em louvor à Virgem Maria e digamos ao seu Filho: "Bem-aventurado o seio que te trouxe e os seios que te amamentaram".

2. "Beato", é como dizer *bene auctus*, ricamente provido. Beato é aquele que tem tudo aquilo que quer e não quer nada de mau. Beato é aquele que vê realizarem-se todos os seus desejos. Beato, pois, o seio da Virgem gloriosa, que mereceu carregar por nove meses todo o Bem, o Sumo Bem, a Bem-aventurança dos anjos e a Reconciliação dos pecadores.

Diz Agostinho: "A respeito da carne, fomos reconciliados só por meio do Filho; mas a respeito da divindade fomos reconciliados não só com o Filho. É a Trindade que nos reconciliou consigo, porque é ela mesma que fez tornar-se carne unicamente o Filho". Bem-aventurado, pois, o seio da Virgem gloriosa, da qual sempre Santo Agostinho, no tratado sobre *A natureza e a graça*, diz ainda: "Falando do pecado, não quero nem nomear a Virgem Maria, pelo sumo respeito que é devido ao seu Filho. De fato, sabemos bem que, para vencer o pecado, em qualquer manifestação sua, foi conferida uma graça maior àquela que mereceu conceber e gerar aquele que era sem pecado. E se pudéssemos reunir todos os santos e todas as santas, e lhes perguntássemos se cometeram pecados, todos, à exceção da santa Virgem Maria, só poderiam responder com as palavras de João: "Se dissermos que não temos pecado, enganamo-nos a nós mesmos e não há verdade em nós" (1Jo 1,8). Com efeito, a Virgem gloriosa foi prevenida e cumulada com uma graça singular, para poder ter como fruto de seu seio exatamente aquele que desde o início acreditou e adorou como Senhor do universo.

3. Bem-aventurado, pois, o seio, do qual o Filho, em louvor à sua Mãe, diz no Cântico dos Cânticos: "O teu ventre é como um monte de trigo cercado de lírios" (Ct 7,2). O ventre da Virgem gloriosa foi como um monte de trigo: monte, porque nele foram amontoadas todas as prerrogativas dos méritos e dos prêmios; de trigo, porque nele, como num celeiro, por obra do verdadeiro José, foi recolocado o trigo para que não morresse de fome todo o Egito.

O trigo, conservado num celeiro perfeitamente limpo, é chamado "trítico", porque seu grão é triturado, isto é, moído; é de cor morena por fora, mas branquíssimo no interior, e representa Jesus Cristo que, escondido por nove meses no seio puríssimo da Virgem gloriosa, foi depois, por assim dizer, "triturado" por nós na mó da cruz; foi cândido pela inocência de sua vida, e moreno e avermelhado pela efusão do sangue.

E o seio da Mãe foi circundado de lírios. O lírio, assim chamado (*lilium*) porque quase "lácteo", representa por seu candor a virgindade de Maria. Seu seio foi *vallatus*, isto é, circundado por um *valo*, defendido pelo vale da humildade; um valo feito de lírios, por sua dupla virgindade, aquela do espírito e aquela do corpo. Por isso, continua Santo Agostinho: "Na conceição, o Unigênito de Deus tomou verdadeira carne da Virgem e no nascimento conservou à Mãe a integridade virginal". Bem-aventurado, pois, o vente que te trouxe!

Verdadeiramente bem-aventurado, porque trouxe a ti, Deus e Filho de Deus, Senhor dos anjos, Criador do céu e da terra, Redentor do mundo. A Filha trouxe o

Pai, a Virgem pobrezinha trouxe o Filho. Ó querubins e serafins, ó anjos e arcanjos, em humilde atitude, com a cabeça inclinada adorai reverentes o templo do Filho de Deus, o sacrário do Espírito Santo, o seio bem-aventurado defendido por lírios, e dizei: Bem-aventurado o seio que te trouxe! Ó homens, filhos de Adão, aos quais é concedida esta graça, esta especial prerrogativa, com fé e devoção, com mente compungida, prostrados por terra, adorai o trono do verdadeiro Salomão, o trono de marfim, excelso e sublime (cf. 1Rs 10,18-20; Ct 3,9-10), o trono do nosso Isaías (cf. 6,1), e repeti: Bem-aventurado o seio que te trouxe!

4. "E os seios que te amamentaram." Diz Salomão nos Provérbios: "Cerva caríssima e corça graciosa, os seus seios sejam o teu recreio em todo o tempo; no seu amor busca sempre as tuas delícias" (Pr 5,19).

A *História natural* nos informa que a cerva dá à luz na estrada frequentada, sabendo que o lobo evita o caminho frequentado por causa da presença do homem. A cerva amável representa Maria, que deu à luz o seu *nascido* no caminho frequentado, isto é, na estrebaria: seu nascido é *gracioso*, porque foi dado a nós em graça e no tempo oportuno.

De fato, Lucas escreve: "Deu à luz o seu filho primogênito e o envolveu em faixas", para que nós recebêssemos a estola da imortalidade, "e o depôs numa manjedoura, porque não havia lugar para eles na hospedaria" (Lc 2,7). E acrescenta a *Glosa*: Não encontrou lugar na hospedaria para que nós pudéssemos ter muitos lugares no céu.

Os seios desta *cerva*, amável para todo o mundo, inebriem-te em todo o tempo, ó cristão, para que, como o ébrio, esquecido de todas as coisas temporais, tendas para as futuras (cf. Fl 3,13). E é muito surpreendente que diga "inebriem-te", já que nos seios não há o vinho que inebria, mas leite gostosíssimo. E ouça por quê. O esposo seu Filho, dirigindo-lhe o louvor, diz no Cântico dos Cânticos: "Quão formosa e encantadora és, ó caríssima entre as delícias. A tua estatura é semelhante a uma palmeira, e os teus seios a dois cachos de uvas" (Ct 7,6-7). Quanto és bela na alma, quão graciosa no corpo, ó minha mãe, ó minha esposa, jovem cerva amabilíssima, nas delícias, isto é, nos prêmios da vida eterna!

5. "A tua estatura é semelhante àquela de uma palmeira." Observa que embaixo, na casca, a palmeira é rugosa e áspera; em cima, porém, é bela de se ver e carregada de frutos e, como afirma Isidoro, produz fruto só quando é centenária. Assim a Virgem Maria foi áspera e rugosa neste mundo pela casca da pobreza, mas é bela e gloriosa no céu, porque é rainha dos anjos; e mereceu o fruto centuplicado que é dado às virgens, porque é a Virgem das virgens e virgem acima de todos. Com boa razão, então, se diz: "A tua estatura é semelhante àquela de uma palmeira e os teus seios são como dois cachos de uva".

O cacho é uma espécie de infrutescência na qual muitos frutos estão juntos, como se vê nos cachos de uva, produzidos pela videira. Na história de José, o hebreu, diz o copeiro do rei: "Eu via diante de mim uma videira, na qual havia três ramos.

Pouco a pouco os brotos cresciam, vinham as flores e depois as uvas amadureciam" (Gn 40,9-10). Esta expressão contém sete coisas dignas de nota: a videira, os três ramos, os brotos, as flores e a uva; e vejamos como estas sete coisas adaptam-se admiravelmente à Bem-aventurada Virgem Maria.

A videira, assim chamada por sua força (latim: *vitis, vis*) de lançar logo a raiz ou porque se entrelaça às outras videiras, é a Virgem Maria que desde o início foi enraizada mais profundamente do que todos no amor a Deus, e foi inseparavelmente entrelaçada à verdadeira videira, isto é, a seu Filho, que disse: "Eu sou a verdadeira videira" (Jo 15,1); e no Eclesiástico [Maria] dissera de si: "Como a videira lancei um fruto de suave perfume" (Eclo 24,23).

O parto da Bem-aventurada Virgem não tem exemplo em qualquer outra mulher, mas encontra semelhanças na natureza. Perguntas de que maneira a Virgem gerou o Salvador? Como a flor da videira produz o perfume. Encontrarás incorrupta a flor da videira depois que emanou seu perfume; de modo semelhante deves crer inviolado o candor da Virgem depois que gerou o Salvador. Que outra coisa é a flor da virgindade senão a suavidade do seu perfume?

Os três ramos desta videira foram: a saudação do anjo, a intervenção do Espírito Santo e a inefável concepção do Filho de Deus. Produzida por estes três ramos, a família dos fiéis alarga-se cada dia em todo o mundo e se multiplica por meio da fé. Os brotos da videira são a humildade e a virgindade de Maria; as flores são a fecundidade sem corrupção e o parto sem dor; os três cachos de uva são a pobreza, a paciência e a temperança da Bem-aventurada Virgem. Estas são as uvas maduras, das quais brota o vinho perfeito e aromático que inebria, e inebriando torna sóbria a alma dos fiéis. Com razão, então, se diz: "Os seus seios inebriam-te em todo tempo e no seu amor buscas sempre as tuas delícias", porque no seu amor és capaz de desprezar os falsos prazeres do mundo e reprimir a concupiscência da tua carne.

6. Refugia-te junto a ela, ó pecador, porque é ela a cidade do refúgio (do asilo). Como antigamente o Senhor – assim está escrito no Livro dos Números (cf. Nm 35,11-14) – estabeleceu as cidades de asilo, nas quais pudesse refugiar-se quem involuntariamente tivesse cometido um homicídio, assim agora a misericórdia do Senhor nos deu o nome de Maria como refúgio de misericórdia, também para quem matou voluntariamente. Uma torre inexpugnável é o nome de Nossa Senhora; junto a ela se refugie o pecador e será salvo. Nome doce, nome que conforta o pecador, nome da bem-aventurada esperança! Senhora, o teu nome é o desejo da alma! (cf. Is 16,8). E Lucas: "O nome da Virgem era Maria" (Lc 1,27); "O teu nome é óleo perfumado" (Ct 1,2). O nome de Maria é júbilo ao coração, mel para a boca, melodia para o ouvido (São Bernardo). Com justiça, pois, para o louvor da Bem-aventurada Virgem Maria, proclama-se: "Bem-aventurado o seio que te trouxe e os seios que te amamentaram!"

Observa que sorver é como dizer: sorvendo agir (latim: *sugere, sumendo agere*). Enquanto sorvia o leite, Cristo operava a nossa salvação. A nossa salvação foi sua paixão: suportou a paixão no corpo, que fora nutrido pelo leite da Virgem. Por isso, diz-se no Cântico dos Cânticos: "Bebi o meu vinho com o meu leite" (Ct 5,1). Porque, Senhor Jesus, não disseste: "Bebi o vinagre com meu leite?" Foste amamentado por seios virginais e foste dessedentado com fel e vinagre. A doçura do leite foi mudada na amargura do fel, para que aquela amargura trouxesse para nós a doçura eterna. Mamou nos seios aquele que sobre o Monte Calvário quis ser traspassado pela lança no peito, para que os pequenos, em lugar do leite, sorvessem o sangue, como está escrito em Jó: "Os filhotes da águia chupam o sangue" (Jó 39,30).

7. Continua o evangelho: "Mas Jesus respondeu: Bem-aventurados antes aqueles que ouvem a palavra de Deus e a põem em prática" (Lc 11,28). É como se tivesse dito que Maria não só era digna de louvor porque trouxera no seio o Filho de Deus, mas era bem-aventurada também porque, em seu agir, havia observado os mandamentos de Deus.

Pedimos-te, pois, ó nossa Senhora, ó nossa esperança. Tu que és a estrela-do-mar, brilha sobre nós, açoitados pelas tempestades deste mar do mundo, e guia-nos ao porto. No momento de nossa passagem, defende-nos com tua presença consoladora, para que sem temor possamos sair do cárcere do corpo e mereçamos subir alegres ao júbilo infinito. No-lo conceda aquele que trouxeste em teu seio bendito, que amamentaste em teus sagrados seios: a ele seja a honra e a glória nos séculos eternos. Amém.

IV domingo da Quaresma

Temas do sermão

- Evangelho do IV domingo da Quaresma: "Com cinco pães".
- Primeiramente sermão para o pregador: "Lança o teu pão".
- Sermão para reprovar o pecado: "Judá, por meio de um rapaz de Adullam, mandou a Tamar um cabrito"; os cinco pães, seu significado.
- Sermão sobre os cinco côvados da árvore da mirra: "Com cinco pães"; os cinco irmãos de Judá e seu simbolismo.
- Sermão sobre quatro coisas malditas e sobre as cinco reuniões e seu significado: "Por três coisas estremece a terra".

Exórdio – Sermão ao pregador

1. "Com cinco pães e dois peixes, o Senhor saciou cinco mil homens" (Jo 6,1-15). No Eclesiastes, Salomão assim fala aos pregadores: "Lança o teu pão sobre as águas que passam, porque depois de muito tempo o acharás" (Ecl 11,1). As águas que passam são os povos que correm para a morte. Por isso, diz a mulher de Técua: "Todos escorremos como a água" (cf. 2Sm 14,14).

Diz Isaías: "Este povo rejeitou as águas de Siloé, que correm docemente, e preferiu apoiar-se em Rasin e no filho de Romelias Faceias" (Is 8,6). Siloé interpreta-se "enviado". Portanto, as águas de Siloé representam a doutrina de Jesus Cristo, enviado do Pai. Rejeitam esta água aqueles que se perdem em desejos terrenos e preferem Rasin, isto é, o espírito da soberba, e Faceias, quer dizer, a impureza da luxúria e, por isso, escorrem como a água para a profundeza da geena.

Ó pregador, lança, pois, o teu pão, o pão da pregação, sobre as águas que correm; aquele pão do qual fala o evangelho: "Não só de pão vive o homem" (Mt 4,4); e Isaías: "A ele [ao justo] foi dado o pão" (Is 33,16); "e depois de muito tempo", isto é, no juízo final, "encontrá-lo-ás", isto é, encontrarás a recompensa por aquele pão.

Em nome do Senhor, sobre as águas eu lançarei o pão, confiando à vossa caridade um breve sermão sobre os cinco pães e os dois peixes.

Os cinco pães e os dois peixes

2. "Com cinco pães e dois peixes" etc. Os cinco pães são os cinco livros de Moisés, nos quais se encontram os cinco alimentos espirituais da alma. O primeiro pão é a reprovação do pecado na contrição; o segundo é a manifestação do pecado na confissão; o terceiro é o desprezo e a humilhação de si mesmo na satisfação (penitência); o quarto é o zelo pelas almas na pregação; o quinto é a doçura na contemplação da pátria celeste.

Sobre o primeiro pão lemos no Primeiro livro de Moisés, o Gênesis, que Judá mandou um cabrito a Tamar, por meio de um jovem odolamita (cf. Gn 38,20). Judá interpreta-se "aquele que confessa", e representa o penitente, que deve mandar um cabrito, isto é, a reprovação do pecado, a Tamar, que se interpreta "amarga, transformada e palmeira". Esta é a alma penitente, e na tríplice interpretação do nome é indicado o tríplice estado dos penitentes: amarga refere-se ao estado dos insipientes, transformada ao estado dos proficientes, e palmeira ao estado dos perfeitos.

Odolamita interpreta-se "testemunha com a água", e indica o arrependimento das lágrimas, com as quais o penitente atesta que reprova o pecado e não quer mais cometê-lo no futuro. E assim, dessa Tamar, como diz Mateus, Judá poderá gerar Farés e Zara (cf. Mt 1,3). Farés interpreta-se "divisão" e Zara, "oriente". De fato, primeiramente, o penitente deve apartar-se, separar-se do pecado e, depois, dirigir-se para o Oriente, isto é, para a luz das boas obras. Diz o profeta: "Desvia-te do mal", eis Farés; "e faze o bem", eis Zara (Sl 36,27).

Sobre o segundo pão, encontramos no Segundo livro de Moisés, o Êxodo, que Moisés, "depois de ter matado o egípcio, escondeu-o na areia" (Ex 2,12). Moisés interpreta-se "aquático", e representa o penitente, quase dissolvido nas águas do arrependimento. Ele deve matar o egípcio, isto é, o pecado mortal, com a contrição e escondê-lo na areia da confissão. De fato, diz Agostinho: "Se tu descobres, Deus cobre; mas se tu cobres, Deus descobre". Esconde o egípcio aquele que revela seu pecado; esconde-o, entendo, de Deus e o revela ao sacerdote. No Gênesis, diz-se que Raquel escondeu os ídolos de Labão (cf. Gn 31,34). Raquel interpreta-se "ovelha": esta é a alma penitente que deve esconder os ídolos de Labão, isto é, os pecados mortais [cometidos por instigação] do diabo. "Bem-aventurados aqueles cujos pecados foram cobertos", perdoados (Sl 31,1).

Sobre o terceiro pão, encontramos no Terceiro livro de Moisés, o Levítico, que é ordenado aos sacerdotes que lancem a vesícula da garganta [o papo] e as penas [dos pássaros sacrificados] no lugar das cinzas, no lado oriental (cf. Lv 1,16). Na vesícula da garganta é indicado o ardor e a sede da avareza, da qual diz Jó: "Uma sede ardente o atormentará", isto é, o avarento (Jó 18,9). Nas penas é representada a futilidade da soberba. "As penas do avestruz assemelham-se às penas da cegonha e do falcão" (Jó 39,13), isto é, do homem contemplativo. Elas são lançadas no lugar das cinzas quando, com o coração arrependido, repensamos na palavra da primeira maldição: "És pó e ao pó voltarás" (Gn 3,19). O lado oriental é a vida eterna, da qual caímos pela culpa dos progenitores. O penitente, pois, humilha-se nas obras de penitência e atira para longe de si a vesícula da avareza e as penas da soberba quando traz à mente a sentença da primeira maldição e chora todos os dias por ter sido rejeitado pelo olhar dos olhos de Deus.

Sobre o quarto pão temos no Quarto livro de Moisés, os Números, que Fineias, tomando um punhal, atravessou os dois fornicadores nas partes genitais (cf. Nm 25,7-8). Fineias representa o pregador que, tomando o punhal, isto é, a palavra da pregação, deve transpassar os fornicadores nas partes genitais, para que, posta às claras e quase atirada em rosto a sua torpeza, se envergonhem da malvadez cometida. Diz o Senhor por boca do profeta: "Descobrirei diante de tua face as tuas infâmias" (Na 3,5). E Davi: "Cobre os seus rostos de ignomínia" (Sl 82,17).

E enfim, sobre o quinto pão temos no Quinto livro de Moisés, o Deuteronômio, onde se diz que Moisés subiu da planície de Moab para o Monte Nebo e ali morreu na presença de Deus (cf. Dt 34,1.5). Moisés, isto é, o penitente, da planície de Moab, que se interpreta "do pai", pela conduta dos homens carnais que têm por pai o diabo, deve subir ao Monte Nebo, que se interpreta "passagem", quer dizer, a sublimidade da contemplação, "para passar deste mundo ao Pai" (Jo 13,1). Estes, pois, são os cinco pães dos quais se fala no evangelho de hoje: "Com cinco pães e dois peixes" etc.

3. Os cinco pães são também os cinco côvados [de altura] da árvore da mirra, da qual fala Solino: Na Arábia existe uma árvore, chamada mirra, que tem a altura de cinco côvados (cf. SOLINO. *Polyhistor*, 46).

Arábia interpreta-se "sagrada" e representa a Santa Igreja, na qual existe a mirra da penitência, que eleva o homem acima das coisas terrenas por cinco côvados, representados nos cinco pães evangélicos. Eles são também os cinco irmãos de Judá, dos quais Jacó diz no Gênesis: "Judá, teus irmãos te louvarão" (Gn 49,8): eles são Rúben, Simeão, Levi, Issacar e Zabulon. Eis o significado de seus nomes: Rúben, o vidente; Simeão, a escuta; Levi, o acréscimo; Issacar, a recompensa; Zabulon, a habitação da força.

Portanto, Judá deve ter seu irmão Rúben para ver na contrição com os sete olhos, dos quais diz Zacarias: "Numa pedra", isto é, no penitente que deve ser pedra pela constância e único pela unidade da fé, "havia sete olhos" (Zc 3,9).

Com o primeiro olho deve ver seu passado para chorá-lo; com o segundo, o futuro para vigiar; com o terceiro, a prosperidade para não se exaltar; com o quarto, a adversidade para não se deprimir; com o quinto, as coisas do alto para sentir seu gosto; com o sexto, as coisas de baixo para sentir seu desgosto; com o sétimo, as coisas interiores para comprazer-se delas no Senhor.

Judá deve ter o segundo irmão Simeão, na confissão, para que o Senhor ouça a sua voz, como diz Moisés no Deuteronômio: "Ouve, Senhor, a voz de Judá" (Dt 33,7); dela se diz no Cântico dos Cânticos: "Ressoe a tua voz aos meus ouvidos, porque tua voz é doce" (Ct 2,14).

A estes dois irmãos, isto é, à contrição e à confissão dos pecados, acrescenta-se o terceiro, Levi, com a satisfação (penitência ou reparação) para que a medida da pena corresponda à medida da culpa: "Fazei dignos frutos de penitência" (Lc 3,8). De fato, no Sinai, que se interpreta "medida", foi dada a lei. A lei da graça é dada àquele cuja penitência é proporcional à culpa.

Judá tenha também um quarto irmão, Issacar, para receber a recompensa da bem-aventurança eterna com seu fervoroso zelo pela salvação das almas. Porém, a árvore que ocupa inutilmente a terra, e o tolo mundano que tira espaço na Igreja, não receberá a recompensa da vida eterna, mas a condenação da eterna morte.

Mas vos peço, Judá tenha também o quinto irmão, Zabulon, para que, morando no lugar da contemplação junto com Jacó, homem tranquilo (cf. Gn 25,27), seja feito digno de provar o gosto da doçura celeste. Estes são os cinco pães, dos quais fala o evangelho de hoje: "Com cinco pães e dois peixes" etc.

4. Os dois peixes são o intelecto e a memória, com os quais se devem tornar gostosos os cinco livros de Moisés, para compreender aquilo que lês e para repor no tesouro da memória aquilo que compreendeste.

Ou também, os dois peixes que são extraídos da profundeza do mar para a mesa do rei, representam Moisés e Pedro: Moisés, assim chamado pela água da qual foi salvo (cf. Ex 2,10), e Pedro, o pescador, elevado ao apostolado. Ao primeiro foi confiada a sinagoga, ao segundo, a Igreja. Elas estão representadas em Sara e Agar, das quais se lê na epístola de hoje: "Abraão teve dois filhos, um de Agar e um de Sara" (Gl 4,22) etc. A serva Agar, que se interpreta "solene", representa a sinagoga, que se gloriava das observâncias da Lei, como de grande solenidade. Sara, que se interpreta "brasas", representa a Santa Igreja, inflamada pelo fogo do Espírito Santo no dia de Pentecostes. O filho de Agar, isto é, o povo dos judeus, combate contra o filho de Sara, isto é, contra o povo dos crentes.

Em outro sentido ainda: Sara, que se interpreta "princesa", é a parte superior da razão, que deve comandar como patroa a serva, isto é, a sensualidade, representada em Agar, que se interpreta também "abutre". De fato, a sensualidade, como o abutre, vai à procura dos cadáveres dos desejos carnais. O filho de Agar, isto é, o impulso carnal, persegue o filho de Sara, isto é, o ditame da razão – e este é precisamente aquilo que diz o Apóstolo: A carne tem desejos contrários ao espírito e o espírito tem desejos contrários à carne (cf. Gl 5,17) – para expulsá-la junto com o filho. Com efeito diz-se: "Expulsa a serva e seu filho" (Gl 4,30).

A carne, repleta de bens naturais e rica de coisas temporais, insurge-se contra a patroa, e assim acontece aquilo que diz Salomão: "A terra estremece com três coisas, e uma quarta não a pode suportar: um escravo que chega a reinar; um insensato que nada na abundância, uma mulher odiosa, que um homem desposou, e uma escrava que ficou a herdeira de sua senhora" (Pr 30,21-23). O escravo que reina é o corpo recalcitrante. O insensato que nada na abundância é o espírito embriagado de prazeres. A mulher odiosa é a atividade pecaminosa, que é como que levada em matrimônio quando o pecador cai nas correntes dos maus hábitos. E assim, a serva Agar, isto é, a sensualidade, torna-se herdeira de sua patroa, isto é, da razão. Mas para fazer cair esse funesto poder, "o Senhor com cinco pães e dois peixes saciou cinco mil homens".

5. Tudo isso concorda com aquilo que lemos no introito da missa: Alegra-te, Jerusalém, e fazei uma assembleia vós todos que a amais (cf. Is 66,10-11). Observa que, em relação ao número de cinco mil homens, também as assembleias são cinco: a primeira foi celebrada no céu, a segunda, no paraíso terrestre, a terceira, sobre o Monte das Oliveiras, a quarta, em Jerusalém e a quinta, em Corinto.

Na primeira assembleia nasceu a discórdia. O primeiro anjo, antes branco, mas depois tornou-se *monge negro*, porque antes foi *lúcifer* e depois *tenebrífero*, semeou a cizânia da discórdia entre os esquadrões dos irmãos. De fato, no coro da concórdia começou a cantar a antífona da soberba, não a partir de baixo, mas do alto: Subirei ao céu, até a altura do Pai, e serei igual ao Altíssimo (cf. Is 14,13-14), isto é, ao Filho. Mas, enquanto cantava tão forte, as veias do coração (as coronárias) se incharam, e se precipitou irreparavelmente, porque o firmamento não teve condições de sustentar sua soberba.

Na segunda assembleia do paraíso terrestre nasceu a desobediência, por causa da qual os nossos progenitores foram aprofundados na miséria deste exílio.

Na terceira assembleia do Monte das Oliveiras nasceu a simonia, que consiste em comprar ou vender as coisas espirituais ou aquilo que lhe é anexo. Afinal, o que é mais espiritual e mais santo do que Cristo? E nós cremos que Judas, vendendo a Cristo, tenha incorrido no pecado de simonia e que, por isso, enforcado no laço, tenha-se arrebentado o seu ventre (cf. 1,18). Assim, cada simoníaco, se não tiver restituído e não estiver verdadeiramente arrependido, enforcado no laço da eterna condenação, arrebentar-se-á ao meio.

Na quarta assembleia, em Jerusalém, desfaleceu a pobreza, quando Ananias e Safira, mentindo ao Espírito Santo, subtraíram para si uma parte do lucro da venda do campo, e assim sofreram imediatamente a sentença de um público castigo (cf. At 5,1-10). Do mesmo modo, aqueles que renunciaram à propriedade e que se marcaram com o selo da santa pobreza, se quiserem edificar novamente a Jericó destruída, serão atingidos pelos raios da eterna maldição.

Na quinta assembleia, de Corinto, desfaleceu a castidade, como se lê na Epístola aos Coríntios. Paulo não hesitou em castigar com a sentença da excomunhão, pela ruína de sua carne, aquele fornicador que havia tomado consigo a mulher de seu pai (cf. 1Cor 5,1-5).

Vós, porém, que sois membros da Igreja, cidadãos da Jerusalém celeste, fazei as cinco assembleias destruindo a cizânia da discórdia, o frenesi da desobediência, a cobiça da simonia, a lepra da avareza e a imundície da luxúria, para merecer que também vós sejais enumerados entre aqueles cinco mil que foram saciados com os cinco pães e os dois peixes, como chegados à perfeição, indicada exatamente no número mil. No-lo conceda aquele que é bendito nos séculos dos séculos. Amém.

V domingo da Quaresma

Temas do sermão

• Evangelho do V domingo da Quaresma: "Quem de vós me convencerá de pecado?" Este evangelho divide-se em sete partes.

• Primeiramente sermão aos pregadores ou aos prelados: "Animai-vos, filhos de Benjamim".

• Parte I: Sermão sobre a paixão de Cristo: "Cristo, vindo como sumo sacerdote".

• Parte II: Sermão para aqueles que ouvem a palavra do Senhor, e contra aqueles que não querem ouvi-la: "Levanta-te e desce"; "A quem fala?"; e "Eis que trarei".

• Parte III: Sermão sobre a vigilância de Cristo a nosso respeito e sobre sua paciência diante das blasfêmias dos judeus: "O que vês tu, Jeremias?"; e "Ai de mim, minha mãe!"

• Parte IV: Sermão sobre a glória e a ruína do progenitor: "Uma oliveira fértil".

• Sermão sobre a mortificação do justo: "Os dias da vida foram..."

• Parte V: Sermão sobre a glorificação de Cristo: "É o Pai que glorifica".

• Parte VI: Sermão sobre a natividade do Senhor: "Naquele dia brotará uma fonte da casa de Davi".

• Sermão sobre as quatro prerrogativas do corpo glorificado: "No terceiro dia ressuscitará"; as propriedades do abutre e do grou.

• Parte VII: Sermão contra os ingratos: "Por acaso terei sido um deserto para Israel?"

EXÓRDIO – SERMÃO AOS PREGADORES OU AOS PRELADOS

1. "Qual de vós me arguirá de pecado? Se eu vos digo a verdade, por que não me credes?" (Jo 8,46).

Aos pregadores diz Jeremias: "Animai-vos, filhos de Benjamim, no meio de Jerusalém, fazei soar a trombeta em Técua e levantai o estandarte sobre Bet-Acarem" (Jr 6,1). Benjamim interpreta-se "filho da direita" (Gn 35,18), Jerusalém, "visão de paz", Técua, "trombeta" e Bet-Acarem, "casa estéril".

Animai-vos, pois, e não temais, ó pregadores, filhos de Benjamim, filhos da direita, isto é, da vida eterna, da qual é dito: "Longa vida na sua direita" (Pr 3,16). Animai-vos, digo-vos, no meio de Jerusalém, isto é, na Igreja militante, na qual existe a visão da paz, quer dizer, a reconciliação do pecador. E corretamente diz no meio. O centro da Igreja é a caridade, que se estende ao amigo e ao inimigo; e para manter-se neste centro, o pregador deve exortar e ajudar os fiéis da Igreja. "E em Técua", isto é, entre aqueles que quando fazem alguma coisa tocam a trombeta diante de si (cf. Mt 6,2), como os hipócritas – "que se gloriam de si mesmos entre as multidões das nações", como se diz no Livro da Sabedoria (cf. Sb 6,3) –, "fazei soar a trombeta" da pregação, para que, quando a ouvirem, digam: "Ai de nós, que temos pecado", ó Senhor (Lm 5,16). "E em Bet-Acarem", isto é, na casa estéril, na casa daqueles que são privados do humor da graça, estéreis de boas obras – cuja terra, isto é, a alma, não recebe nem uma gota do sangue que escorre do corpo de Cristo (cf. Lc 22,44) –, "levantai o estandarte" da cruz: pregai a paixão do Filho de Deus, porque agora é o tempo da paixão; anunciai-a aos mortos, a fim de que ressurjam na morte de Jesus Cristo, que hoje, com as palavras do evangelho, diz às turbas dos judeus: "Quem de vós me arguirá de pecado?"

2. Observa que neste evangelho há sete episódios que devem ser considerados. Primeiro, a inocência de Cristo, que diz: Quem de vós me arguirá de pecado? Segundo, a *diligente* (amorosa) escuta de sua palavra, quando diz: Quem é de Deus ouve as minhas palavras. Terceiro, a blasfêmia dos judeus: Não dizemos nós, com razão, que tu és um samaritano e que tens um demônio? Quarto, a glória da vida eterna para quem observa a sua palavra: Em verdade, em verdade vos digo: quem guardar a minha palavra não verá a morte eternamente. Quinto, a glorificação feita pelo Pai: Meu Pai é que me glorifica. Sexto, a exultação de Abraão: Abraão, vosso pai, regozijou-se com a esperança de ver o meu dia. Sétimo, o apedrejamento tentado pelos judeus e Jesus que se esconde: Pegaram em pedras para lhe atirarem.

Observa também que neste domingo e no seguinte lê-se Jeremias e é cantado o responsório *Estes são os dias* (cf. Lv 23,4), junto com outros responsórios, nos quais se omite o "Glória ao Pai".

I – A INOCÊNCIA DE JESUS CRISTO

3. O Cordeiro inocente, que tomou sobre si o pecado do mundo (cf. Jo 1,29), "que não cometeu pecado, nem se encontrou engano na sua boca" (1Pd 2,22; cf. Is 53,9), "tomou sobre si os pecados de muitos e intercedeu pelos pecadores" (Is 53,12), com razão pode dizer: "Quem de vós poderá acusar-me, isto é, arguir-me ou convencer-me, de pecado?" Certamente, ninguém. Como podia alguém acusar de pecado aquele que viera para tirar os pecados e dar a vida eterna? Por isso, hoje o Apóstolo, na Carta aos Hebreus, diz: "Cristo, vindo (*assistens*) como pontífice dos bens futuros" (Hb 9,11) etc. *Assistens* é o mesmo que "ajudante" ou "obediente". Cristo foi *assistens*, esteve próximo a nós para ajudar-nos. Diz o profeta: "Aliviou o pobre na sua miséria" (Sl 106,41).

O gênero humano era pobre porque despojado dos dons gratuitos [dados por Deus] e prejudicado na sua natureza: estava nessa condição sem ninguém que lhe desse ajuda. Veio Cristo, esteve-lhe próximo, ajudou-o quando lhe perdoou os pecados. Foi também obediente a Deus Pai, "obediente até a morte e morte de cruz" (Fl

2,8), na qual, para a reconciliação do gênero humano, ofereceu a Deus, seu Pai, não o sangue de bodes ou de touros, mas o próprio sangue, para purificar a nossa consciência das obras mortas para servir ao Deus vivo (cf. Hb 9,13-14).

Cristo é chamado "pontífice dos bens futuros". Pontífice significa "que serve de ponte", "que é caminho para aqueles que o seguem". Havia duas margens, uma diante da outra, a margem da mortalidade e aquela da imortalidade, entre as quais corria um rio intransponível, o rio das nossas iniquidades e de nossas misérias, das quais diz Isaías: "As vossas iniquidades escavaram um abismo entre vós e o vosso Deus, e os vossos pecados vos esconderam a sua face, de modo que já não vos ouve" (Is 59,2).

Portanto, veio Cristo, nossa ajuda e pontífice, que fez de si mesmo a ponte da margem de nossa mortalidade para aquela da sua imortalidade, para que sobre ele, como sobre uma madeira colocada transversalmente, pudéssemos passar para a posse dos bens futuros. Por isso, diz-se "pontífice dos bens futuros", e não dos presentes, que ele jamais prometeu a seus amigos; antes, disse-lhes: "Haveis de ter aflições no mundo" (Jo 16,33). Cristo, pois, veio para tirar-nos os pecados, como pontífice dos bens futuros, isto é, para dar-nos os bens eternos. Portanto, quem poderá acusá-lo de pecado? O que é o pecado senão a transgressão da lei divina e a desobediência aos mandamentos de Deus? Portanto, quem poderá acusar de pecado aquele cuja lei foi a vontade do Pai? (cf. Sl 1,2). Que obedeceu não só ao Pai celeste, mas também à sua Mãe pobrezinha? "Quem de vós, pois, poderá acusar-me de pecado? Se digo a verdade, por que não me credes?" Não criam na verdade porque eram filhos do diabo (cf. Jo 8,46), "que é mentiroso, antes, pai da mentira" (Jo 8,44), porque é seu inventor.

II – A escuta da palavra de Cristo

4. "Quem é de Deus ouve as palavras de Deus; por isso vós não as ouvis, porque não sois de Deus" (Jo 8,47). O termo hebraico que indica "Deus" é traduzido para o grego com *Theòs*, que se assemelha a *Déos*, e que significa *temor*. É de Deus aquele que teme a Deus, e quem teme a Deus ouve as suas palavras. De fato, Deus, por boca de Jeremias, diz: "Levanta-te, desce para a casa do oleiro e lá ouvirás as minhas palavras" (Jr 18,2). Levanta-se aquele que, tomado pelo temor, arrepende-se daquilo que fez; e desce para a casa do oleiro, quando reconhece que é barro e teme que o Senhor o despedace como um vaso de argila (cf. Sl 2,9); e ali ouve as palavras do Senhor, porque é de Deus e porque teme a Deus.

Diz Jerônimo: "É grande sinal de predestinação ouvir de bom grado as palavras de Deus e ouvir as notícias da pátria celeste, como alguém que ouve de boa vontade as notícias da pátria terrena". Fazer o contrário é sinal de obstinação. Portanto, é dito: "Por isso vós não ouvis, porque não sois de Deus"; como se dissesse: Por isso vós não ouvis a Deus, porque não o temeis. De fato, diz Jeremias: "A quem falarei eu e a quem conjurarei que me ouça? Os seus ouvidos não estão circuncidados e não podem ouvir; a palavra do Senhor tornou-se para eles um motivo de opróbrio, não a receberão" (Jr 6,10). E de novo: "Eis o que diz o Senhor: Farei apodrecer a soberba de Judá", isto é, dos clérigos, "e a de Jerusalém", isto é, dos religiosos, e "este povo perverso", isto é, os leigos, "que não quer ouvir as minhas palavras e que persiste na maldade do seu coração" (Jr 13,9-10). E continua: "Engrandeceram-se e enriqueceram, engordaram e engrossaram, e transgrediram perversamente os meus preceitos. Não defenderam a causa da viúva. Porventura não hei de punir esses excessos, diz o Senhor, e não me hei de vingar de tal gente? (Jr 5,27-29). E igualmente: "Eu farei vir calamidades sobre este povo, fruto dos seus desígnios, porque não ouviram as minhas palavras e rejeitaram a minha lei. Por que me trazeis vós incenso de Sabá, e cana de suave odor de terras longínquas? Os vossos holocaustos não me são agradáveis, nem as vossas vítimas me agradam, diz o Senhor" (Jr 6,19-20).

Sabá interpreta-se "rede" ou "prisioneira". No incenso é indicada a oração, na cana (ou canela) a confissão do crime ou a proclamação do louvor. Quem não ouve as palavras de Deus e rejeita a sua lei, que é a caridade – na qual está a plenitude da lei (cf. Rm 13,10) –, este em vão apresenta ao Senhor o incenso da oração de Sabá, isto é, da vaidade do mundo, da qual é seduzido e feito prisioneiro; e em vão oferece a canela cheirosa do canto de louvor, que exala um suave perfume – acrescente: se for feito na caridade (cf. 1Cor 16,14); canela que provém de uma terra distante, isto é, de uma mente impura, que mantém o homem distante de Deus. "Os vossos holocaustos", isto é, os vossos jejuns, "não são do meu agrado"; e "os vossos sacrifícios", isto é, os vossos óbolos, "não me agradam, diz o Senhor", porque rejeitastes a caridade.

Numa palavra: todas as nossas obras são inúteis em relação à vida eterna, se não forem perfumadas com o bálsamo da caridade.

III – A BLASFÊMIA DOS JUDEUS CONTRA CRISTO

5. "Os judeus responderam dizendo: Não dizemos nós, com razão, que tu és um samaritano e que tens um demônio? Jesus respondeu: Eu não tenho um demônio, mas honro o meu Pai e vós me desonrais. Eu não busco a minha glória; há quem a procure e julgue" (Jo 8,48-50).

Os samaritanos, transferidos da Assíria, haviam conservado em parte os ritos de Israel e em parte aqueles dos pagãos (cf. 2Rs 17,24.33.41); os judeus não tinham relações com eles (cf. Jo 4,9), porque os julgavam impuros. Por isso, quando queriam insultar alguém, chamavam-no de samaritano. Samaritanos interpreta-se "guardas", porque tinham sido mandados pelos babilônicos para guardar, vigiar os judeus. Dizem, portanto: Não dizemos nós, com razão, que és um samaritano? Jesus, não negando, aceita esta afirmação, porque ele é o guarda: não dorme nem cochila quem guarda Israel (cf. Sl 120,4), e vigia o seu rebanho. De fato, diz o Senhor a Jeremias: "O que vês tu, Jeremias? Eu respondi: Vejo uma vara vigilante", ou – segundo outra versão – "vejo um ramo de nogueira, ou de avelãzeira ou de amendoeira. E o Senhor a mim: Viste bem. Eu de fato vigio sobre a minha palavra para cumpri-la" (Jr 1,11-12).

A vara, assim chamada de "vigor", ou de verdor (*viriditas*), ou também porque *governa*, representa Jesus Cristo, que é poder de Deus (cf. 1Cor 1,24), que é plantado junto à corrente das águas (cf. Sl 1,3), isto é, na plenitude da graça, que é "verde", isto é, imune a qualquer pecado, e que diz de si mesmo: "Se fazem isso com o lenho verde, o que será daquele seco?" (Lc 23,31). E a ele o Pai disse: "Governá-los-ás com vara de ferro" (Sl 2,9), isto é, com inflexível justiça. Esta vara vigiou sobre sua palavra para que se cumprisse, porque aquilo que pregou com a palavra, mostrou-o depois nas obras. Vigia sobre sua palavra aquele que traduz nas obras aquilo que prega com a palavra.

6. Outra aplicação. Cristo é chamado "vara vigilante", porque como o ladrão vigia de noite e rouba na casa de quem dorme, carregando as coisas com uma vara na qual existe um gancho, assim Cristo, com a vara de sua humanidade e com o gancho de sua cruz, roubou as almas ao diabo. De fato, disse: "Quando eu for elevado da terra, atrairei todos a mim" (Jo 12,32), com o gancho da santa cruz. Também o dia do Senhor virá de noite como um ladrão (cf. 1Ts 5,2). E no Apocalipse se lê: "Se não vigiares, virei a ti como um ladrão" (Ap 3,3).

Igualmente, Cristo é chamado vara de nogueira (ou avelãzeira) ou de amendoeira. Observa que o fruto destas árvores tem o núcleo (polpa ou amêndoa) doce, a casca sólida e a pele (casca externa) amarga. No núcleo doce é representada a divindade de Cristo, na casca sólida, a sua alma, na pele amarga, a sua carne, o seu corpo, que sofreu a amargura da paixão. Cristo vigiou sobre a palavra do Pai, que chama "seu" porque com o Pai foi "uno", para cumpri-la. Com efeito, diz: "Faço como o Pai me ordenou" (Jo 14,31). Por isso eu não tenho um demônio, porque executo o mandamento do Pai. Portanto, blasfemando, os falsos judeus falsamente afirmam: "Tens um demônio". De sua blasfêmia, falando em nome de Cristo, Jeremias diz: "Ai de mim, minha mãe! Por que me geraste, para ser um homem de rixa, um homem de discórdia em toda a terra? Nunca emprestei dinheiro, e ninguém me emprestou, mas todos me amaldiçoam, diz o Senhor" (Jr 15,10-11).

Observa que o "Ai de mim" é duplo: existe o da culpa e o da pena. Cristo teve aquele da pena, mas não aquele da culpa. Portanto: "Ai de mim, minha mãe! por que me geraste para tão grande pena, homem de rixa e homem de discórdia?" A rixa é aquela que se acende entre muitas pessoas, por isso eis o rixoso – assim chamado pelo rosnar do cão – porque está sempre pronto a contradizer e a brigar. E "discórdia" é como dizer "corações diversos" (*diversa corda*): discordar é como ter um coração diverso. Assim, entre os judeus, por causa das palavras de Cristo, há rixa, porque, como cães, estavam sempre prontos a latir e a contradizer; e tinham coração diverso: de fato, alguns diziam: "É bom!" Outros, em vez, replicavam: "Não, engana as multidões" (Jo 7,12).

"Nunca emprestei dinheiro e ninguém me emprestou." *Foenerator* (em latim) chama-se tanto aquele que empresta dinheiro, como aquele que o recebe (ISIDORO. *Etimologias*). Cristo não foi *foenerator*, porque não encontrou entre os judeus ninguém ao qual emprestar a soma de sua doutrina; não foi *foenerator* porque ninguém quis multiplicar com as boas obras o tesouro de seu ensinamento. Ao contrário, todos atiravam impropérios contra ele, dizendo: És um samaritano e tens um demônio. E Jesus respondeu: Eu não tenho um demônio. Recusa a falsa acusação, mas em sua paciência não rebate o ultraje e responde: "Eu honro o meu Pai", tributando-lhe a devida honra, atribuindo tudo a ele; "vós, porém, me desonrais".

Sempre falando em nome de Cristo, diz Jeremias nas Lamentações: "Diante do povo, tornei-me o escárnio de todos os dias" (Lm 3,14); e ainda: "Oferecerá a face ao que o fere, fartar-se-á de opróbrios" (Lm 3,30). "Mas eu não procuro a minha glória", como os homens que às injúrias respondem com outras injúrias; do Pai é que espera a sua glória, e então acrescenta: "Há quem a busque e julgue" (Jo 8,50). E sempre pela boca de Jeremias: "Mas tu, Senhor dos exércitos, que julgas com justiça, que sondas o coração e a mente, faze que eu veja a vingança que tomarás deles" (Jr 11,20).

Observa ainda que o juízo é duplo: o primeiro de condenação, do qual é dito: "O Pai não julga ninguém, mas confiou todo o juízo ao Filho" (Jo 5,22); o segundo de separação, do qual o Filho, no introito da missa de hoje, diz: "Julga-me, ó Deus, e separa a minha causa daquela de gente não santa" (Sl 42,1). Neste sentido é dito: É o Pai que procura a minha glória e a separa da vossa, porque vós vos gloriais segundo este mundo; mas eu não: a minha glória é aquela que eu tive do Pai, antes que o mundo existisse, e é muito diversa da jactância humana.

7. **Sentido moral**. "Tens um demônio." "Demônio" é chamado pelos gregos *daimò-nion*, isto é, "perito", conhecedor das coisas. *Dàimon*, em grego, significa conhecedor, que sabe muito. Portanto, quando alguém, adulando-te ou aprovando-te, te diz: És um perito e sabes muitas coisas, está te dizendo: "Tens um demônio". Mas tu deves imediatamente responder com Cristo: "Eu não tenho um demônio". Por mim mesmo não sei nada, não tenho nada de bom, mas honro meu Pai. A ele atribuo tudo, a ele dou graças, dele vem toda a sabedoria, toda a capacidade, toda a ciência. Eu não procuro a minha glória, e digo com o Bem-aventurado Bernardo: "Verbo da vanglória, não me toques; toda a glória é devida só àquele ao qual se diz: Glória ao Pai, ao Filho e ao Espírito Santo". E sempre Bernardo continua: "O anjo não procura no céu a glória de outro anjo. E o homem quererá aqui na terra ser louvado por outro homem?"

IV – A GLÓRIA ETERNA DAQUELE QUE OBSERVA A PALAVRA DE CRISTO

8. "Em verdade, em verdade vos digo: se alguém observar a minha palavra, não verá a morte eternamente. Disseram então os judeus: Agora sabemos que tens um demônio. Abraão morreu como também os profetas, e tu dizes: Quem observar a minha palavra não verá a morte eternamente? És tu maior do que nosso pai Abraão, que morreu? E também os profetas morreram: quem pretendes ser? Respondeu Jesus: Se eu glorifico a mim mesmo, a minha glória é nula" (Jo 8,51-54).

"*Amen*", que significa "em verdade", "sinceramente" e "seja feito", é um termo hebraico, como aleluia. E como João narra no Apocalipse que no céu ouviram-se as palavras "amen" e "aleluia" (cf. Ap 19,1.3-4), assim, estas duas palavras foram ensinadas pelos apóstolos a todas as gentes para que as proclamassem aqui na terra.

"Em verdade, em verdade vos digo: se alguém observar a minha palavra, não verá a morte eternamente." A morte (*mors*) deriva seu nome da *mordida* (latim: *morsus*) do primeiro homem, que, *mordendo* o fruto da árvore proibida, encontrou a morte. Se tivesse observado a palavra do Senhor: "Come de todas as árvores do paraíso, mas não comas do fruto da árvore da ciência do bem e do mal" (Gn 2,16-17), não teria morrido eternamente. Mas já que não a observou, encontrou a morte e pereceu junto com toda a sua posteridade. Por isso Jeremias diz: "O Senhor te pôs o nome de oliveira fecunda, formosa, fértil, atraente. À voz de sua palavra acendeu-se um grande fogo e queimaram-se os seus frutos" (Jr 11,16).

A natureza humana, antes do pecado, na sua criação, foi uma oliveira, foi criada num "campo damasceno"[4] [lugar árido], mas foi depois plantada, por assim dizer, num jardim de delícias; foi fecunda e fértil pelos dons gratuitos, bela pelos dons da natureza, frutífera pela fruição da bem-aventurança eterna, atraente na sua inocência. Mas, ai!, ao som daquela "palavra grande", isto é, da sugestão diabólica que prometia grandes coisas – "sereis como deuses" (Gn 3,5) –, o fogo da vanglória e da avareza espalhou-se nela e assim foram queimados todos os seus frutos, isto é, toda a sua posteridade.

Ó filhos de Adão, não queirais imitar vossos pais, que não ouviram a palavra do Senhor e por isso caíram na ruína; vós, porém, ouvi-a: "Em verdade, em verdade vos digo: Se observardes a minha palavra, não *provareis* a morte eternamente". É claro que aqui *provar* tem sentido de experimentar.

9. "Responderam então os judeus: Agora sabemos que tens um demônio". Ó loucura de mentes desvairadas! Ó perfídia de gente diabólica! Não vos bastou arremessar uma vez tão horrível e infame vitupério contra um inocente, imune a qualquer vício, mas o repetis uma segunda vez: Agora sabemos que tens um demônio! Ó cegos, se o tivésseis verdadeiramente conhecido não teríeis afirmado que ele tinha um demônio, mas teríeis acreditado que ele era o Senhor, o Filho de Deus!

---

4. Santo Antônio acena aqui para Is 17,1, onde se diz: "Damasco deixará de ser cidade e será como um montão de pedras numa ruína". Cristiano Adricórnio, a propósito do "campo damasceno", escreve: Afirma-se que Adão foi plasmado por Deus no "campo damasceno", e deste campo foi levado para o paraíso terrestre. Do paraíso terrestre foi expulso por causa do pecado com o qual causou a ruína de si mesmo e de todos nós, e foi levado novamente para o "campo damasceno", isto é, um lugar deserto e cheio de ruínas. Distante um tiro de um arco está Hebron, campo muito fértil e esplêndido, que alguns supuseram ser o "paraíso terrestre". Lá existe uma terra vermelha e maravilhosamente macia; os sarracenos a levam para o Egito, para a Índia e para a Etiópia, e a vendem por bom preço. Dizem também que os buracos escavados, depois de um ano, enchem-se espontaneamente. Julga-se, por constante tradição, que aquela terra tenha o poder de preservar de qualquer inconveniente aqueles que a levavam; e por isso, alguns abusavam dela com várias superstições (cf. *Theatrum Terrae Sanctae et biblicarum historiarum*. Coloniae Agrippinae, 1682, p. 45).

Abraão morreu, mas não da morte de que falou o Senhor, mas só da morte corporal, da qual se fala no Gênesis: "Os dias da vida de Abraão foram cento e setenta e cinco anos. Depois, faltando-lhe as forças, morreu numa ditosa velhice e em avançada idade e cheio de dias. E foi unir-se ao seu povo. Seus filhos Isaac e Ismael o sepultaram numa dupla caverna" (Gn 25,7-9).

10. Sentido moral. Abraão é figura do justo, cuja vida deve durar cento e setenta e cinco anos. No número *cem*, que é número perfeito, é indicada toda a perfeição do justo; no número *setenta*, que é formado pelo sete e pelo dez, é indicada a infusão da graça dos sete dons do Espírito e o cumprimento dos dez mandamentos; no número *cinco* é indicado o reto uso dos cinco sentidos. Portanto, a vida do justo deve ser *perfeita* pela infusão da graça dos sete dons, pelo cumprimento do decálogo e pelo reto uso dos cinco sentidos. E assim fugirá do apego a este mundo e morrerá para o pecado, será cheio, e não vazio, de dias, reunido ao seu povo. Diz o Senhor pela boca de Isaías: "Os dias do meu povo serão como os dias das árvores" (Is 65,22), isto é, de Jesus Cristo, porque ele viverá e reinará para sempre, e com ele também o seu povo. Com efeito, diz no Evangelho: "Eu vivo e também vós vivereis" (Jo 14,19).

"E seus filhos Isaac e Ismael o sepultaram numa caverna dupla." Isaac interpreta-se "gáudio", Ismael "escuta de Deus". O gáudio da esperança do céu e a escuta dos divinos preceitos sepultam o justo na dupla gruta da vida ativa e contemplativa, para que esteja protegido ao abrigo da face de Deus, escondido ao tumulto dos homens e longe das línguas que contradizem (cf. Sl 30,21). E de sua contradição se diz: "Quem pretendes ser?" Segundo eles, era só uma pretensão o fato de declarar-se Filho de Deus, igual a ele, como se não o fosse. Mas Cristo não pretendia: ele o era na realidade. De fato, o Apóstolo afirma: "Não julgou uma rapina o ser igual a Deus" (Fl 2,6). Eles, porém, não perguntaram "Quem és?", mas "Quem pretendes ser?", Por quem queres fazer-te passar? E ele: "Se eu glorifico a mim mesmo, a minha glória é nula". Contra aquilo que dizem: "Quem pretendes ser", ele remete a sua glória ao Pai, ao qual deve o ser Ele mesmo Deus.

V – CRISTO SERÁ GLORIFICADO PELO PAI

11. "Meu Pai é que me glorifica, aquele que vós dizeis que é vosso Deus. Mas vós não o conhecestes; eu sim o conheço; e se disser que não o conheço seria mentiroso como vós. Mas eu o conheço e guardo a sua palavra" (Jo 8,54-55).

Observa que o Pai glorificou seu Filho na natividade, quando o fez nascer de uma Virgem; no Rio Jordão e no monte, quando disse: "Este é o meu Filho muito amado" (Mt 3,17; 17,5); glorificou-o também na ressurreição de Lázaro e na sua ressurreição e ascensão. Por isso, Jesus disse: "Pai, glorifica o teu nome. Veio então uma voz do céu: Eu o glorifiquei" na ressurreição de Lázaro, "e de novo o glorificarei" (Jo 12,28) na sua ressurreição e ascensão.

Portanto, é o Pai que me glorifica, e vós dizeis dele que é o vosso Deus. Aqui tens um claro testemunho contra os hereges, que sustentam que a lei foi dada a Moisés pelo Deus das trevas. Mas o Deus dos judeus, que deu a lei a Moisés, é o Pai de Jesus Cristo; portanto, é o Pai de Jesus Cristo que deu a lei a Moisés. "E vós não o conheceis" espiritualmente, enquanto servis às coisas terrenas. "Eu, porém, o conheço" porque sou "um" com ele. "E se dissesse que não o conheço", embora o conheça, "seria um mentiroso como vós", que dizeis conhecê-lo, embora não o conheçais. "Mas eu o conheço e observo sua palavra." Ele, como Filho, dizia a palavra do Pai, e Ele mesmo era a Palavra (Verbo) do Pai, que falava aos homens. Portanto, *conserva* (*serbat*) a si mesmo, isto é, *conserva* em si mesmo a divindade.

VI – A EXULTAÇÃO DE ABRAÃO

12. "Abraão, vosso pai, exultou na esperança de ver o meu dia: viu-o e se alegrou. Disseram então os judeus: Não tens ainda cinquenta anos e viste Abraão? E Jesus respondeu: Em verdade, em verdade vos digo, antes que Abraão fosse, eu sou" (Jo 8,56-58). E nota também que são três os dias do Senhor: a natividade, a paixão, a ressurreição.

Do primeiro dia, Joel diz: "Da casa do Senhor sairá uma fonte que regará a torrente dos espinhos" (Jl 3,18). No dia da natividade, uma fonte, isto é, Cristo, brotará da casa de Davi, isto é, do seio da Bem-aventurada Virgem, e regará a torrente dos espinhos, quer dizer, erguer-nos-á do monte de nossas misérias, pelas quais cada dia somos pungidos e feridos [como por muitos espinhos].

Do segundo dia, Isaías diz: "Na firmeza do seu espírito tomou resoluções para o dia de sua cólera ardente" (Is 27,8). No dia da paixão, na qual o Senhor suportou o ardor dos tormentos e do esforço, na firmeza do seu espírito, enquanto pendia da cruz, estabeleceu de que modo teria mandado o diabo para a ruína e arrancado de sua mão o gênero humano.

Do terceiro dia, diz Oseias: "Ao terceiro dia nos ressuscitará, e nós viveremos na sua presença. Entraremos na ciência do Senhor e o seguiremos a fim de conhecer" (Os 6,3). No terceiro dia, Cristo, ressurgindo dos mortos, ressuscitou consigo também a nós, isto é, com uma ressurreição conforme a sua, pois como ele ressurgiu, também nós cremos que seremos ressuscitados na ressurreição geral. E então viveremos, compreenderemos e o seguiremos para conhecer. Nestes quatro termos vemos indicadas as quatro propriedades do corpo glorificado: viveremos, eis a imortalidade; compreenderemos, eis a subtilidade (da inteligência); seguiremos, eis a agilidade; para conhecer o Senhor, eis a luminosidade. Portanto, Abraão, isto é, o justo, no dia da natividade exulta pelo Verbo encarnado, com o olho da fé o vê pender no patíbulo da cruz e sabe que, imortal, gozará com ele no Reino dos Céus.

Então os judeus, considerando nele só a idade do corpo, e não a natureza divina, disseram-lhe: "Ainda não tens cinquenta anos e viste Abraão?" Talvez o Senhor tenha trinta e um ou trinta e dois anos, mas, pelo excessivo esforço e pela contínua pregação, mostrava uma idade superior. E, portanto, disse-lhes: "Antes que Abraão fosse [*fieret*], eu sou". Não disse *esset*, mas *fieret* (fosse feito), porque Abraão era uma criatura; de si não disse *factus*, mas *sum* (sou) porque é o Criador.

VII – OS JUDEUS QUEREM APEDREJAR JESUS, MAS ELE SE ESCONDE

13. "Então pegaram em pedras para lhe atirarem; mas Jesus se escondeu e saiu do templo" (Jo 8,59). Os judeus recorrem às pedras, para apedrejar *a pedra angular*, aquele que reuniu em si mesmo as duas paredes, isto é, o povo judaico e o povo dos pagãos, dois povos que se combatiam. Os judeus, cujos pais haviam apedrejado no Egito o Profeta Jeremias, imitando sua maldade queriam apedrejar o Senhor dos profetas (cf. Hb 11,37). Por isso, o Senhor diz deles: "Sois filhos daqueles que mataram os profetas. Acabai, pois, de encher a medida de vossos pais" (Mt 23,31-32).

14. **Sentido moral**. Os falsos cristãos, filhos estranhos, isto é, do diabo, que mentiram ao Senhor violando o pacto do batismo, no que depende deles, apedrejam cada dia com as duras pedras de seus pecados seu pai e senhor Jesus Cristo, do qual tomaram o nome de cristãos; e tentam matá-lo, isto é, matar a fé nele.

Estes cristãos são como os filhos do abutre, que deixam seu pai morrer de fome. Não são como os filhos do grou, que expõem a si mesmos à morte para salvar o pai quando o falcão o persegue; e quando o pai está velho e já não tem condições de caçar, eles próprios o nutrem.

O nosso Pai, como um pobre faminto, bate à porta para que a abramos e lhe demos, se não exatamente a ceia, ao menos um bocado. "Eis que estou à porta [diz no Apocalipse] e bato: Se alguém ouvir minha voz e me abrir a porta, entrarei até ele, e cearei com ele e ele comigo" (Ap 3,20). Mas nós, filhos degenerados, deixamos morrer de fome o nosso pai, como fazem os filhos do abutre. Por isso, ele se lamenta de nós por boca de Jeremias: "Porventura tenho eu sido para Israel um deserto ou uma terra de trevas? Por que disse pois o meu povo: Nós nos retiramos, não tornaremos mais para ti? Porventura esquecer-se-á a donzela do seu ornato, ou a esposa da faixa que lhe adorna o peito? Mas o meu povo esqueceu-se de mim durante dias sem número (Jr 2,31-32). O Senhor não é um deserto ou uma terra de trevas, onde nenhum fruto, ou só poucos frutos são produzidos; ao contrário, é o jardim do Pai, é a terra bendita, onde de qualquer coisa que semearmos colheremos o cêntuplo.

Por que, pois, nós, miseráveis, afastamo-nos dele e nos esquecemos dele por tão longo tempo? Mas a alma, esposa de Cristo, virgem pela fé e pela caridade, não pode esquecer-se de seu ornamento, isto é, do amor divino com o qual está adornada, e da faixa de seu peito, isto é, da consciência pura, com a qual se sente tranquila.

Irmãos caríssimos, peço-vos, sejamos como os filhos do grou, para estarmos prontos, se for necessário, a expor-nos à morte por nosso pai, isto é, pela fé em nosso pai, e neste mundo já envelhecido e quase em ruína, restauremo-lo com boas obras, exatamente para que não aconteça também a nós aquilo que diz o evangelho: "Então Jesus se escondeu e saiu do templo". É por isso que do presente domingo, chamado "Domingo da Paixão", não se recita nos responsórios o "Glória ao Pai"; todavia não se deixa completamente (recita-se no fim dos salmos), já que o Senhor ainda não foi entregue nas mãos dos carrascos.

Rezemos, pois, e com lágrimas imploremos ao Senhor que não esconda de nós o seu rosto e não saia do templo de nosso coração. No seu juízo, não nos acuse e não nos convença de pecado, mas infunda em nós a graça de ouvir com a máxima devoção a sua palavra. Que nos dê a paciência de suportar as injúrias, nos livre da morte eterna, nos glorifique no seu reino, para que mereçamos ver o dia de sua eternidade com Abraão, Isaac e Jacó.

Conceda-nos tudo isso aquele ao qual pertence a honra, o poder, o esplendor e o domínio nos séculos eternos. E toda a Igreja responda: Amém!

DOMINGO DE RAMOS

Temas do sermão

• Evangelho de Ramos: "Aproximando-se Jesus de Jerusalém..."; evangelho que se divide em quatro partes.

• Primeiramente sermão sobre a paixão de Cristo, dirigida à alma do pecador: "Sobe a Galaad".

• Parte I: Sermão em louvor à Bem-aventurada Virgem: "Aproximando-se Jesus"; o avestruz e seu simbolismo.

• Sermão moral aos pecadores convertidos: "Jesus, seis dias antes da Páscoa".

• Sermão sobre a tríplice luz do Monte das Oliveiras e seu significado.

• Parte II: Sermão contra os religiosos e os clérigos (clero), representados no jumento e no seu jumentinho: "Então, mandou dois discípulos".

• Parte III: Sermão sobre a humildade, a pobreza e a paixão de Cristo: "Dizei à filha de Sião".

• Sermão contra os prelados soberbos: "Exterminarei as carroças de Efraim".

• Sermão ao bispo: "O rei sentado sobre uma jumenta".

• Parte IV: Sermão sobre a imitação dos exemplos dos santos: "Tomar-vos-eis os frutos da árvore".

EXÓRDIO – SERMÃO SOBRE A PAIXÃO DE CRISTO

1. Naquele tempo, "Aproximando-se Jesus de Jerusalém, e chegando a Betfagé, junto ao Monte das Oliveiras" (Mt 21,1) etc.

Jeremias fala assim à alma pecadora: "Sobe a Galaad e toma o bálsamo, ó virgem filha do Egito" (Jr 46,11). A filha do Egito é a alma cegada pelos prazeres deste mundo: Egito interpreta-se "trevas". De fato, Jeremias continua: "De que maneira o Senhor, na sua ira, cobriu", isto é, permitiu que fosse coberta, "de escuridão a filha de Sião?" (Lm 2,1), isto é, a alma, que deve ser filha de Sião? Ela é chamada virgem porque estéril de boas obras. E de novo Jeremias: "O Senhor pisou, como num lagar, a virgem, filha de Sião" (Lm 1,15), isto é, condenou-a à pena eterna, porque ficou estéril da prole das boas obras. E lhe diz: "Sobe", com os pés do amor, com os passos da devoção, "a Galaad", que se interpreta "montão de testemunhos"; isto é, sobe sobre a cruz de Jesus Cristo, sobre a qual acumularam-se numerosos testemunhos de nossa redenção, quer dizer, os pregos, a lança, o fel, o vinagre e a coroa de espinhos; e dali "toma o bálsamo".

O bálsamo é uma lágrima, uma gota que destila de uma árvore. O melhor bálsamo de todos é o do terebinto (a terebintina). Ela representa a gota do sangue preciosíssimo que fluiu da árvore, plantada no jardim das delícias (cf. Gn 2,8), "ao longo do curso das águas" (Sl 1,3), para a reconciliação do gênero humano.

Toma, pois, ó alma, este bálsamo e unge as tuas feridas, porque ele é o medicamento mais poderoso e eficaz para saná-las, para obter o perdão e para infundir a graça. Portanto, sobe a Galaad, isto é, sobe com Jesus a Jerusalém, porque também ele ali subiu no dia de festa (cf. Jo 7,8). De fato, o evangelho de hoje diz: Partindo Jesus para Jerusalém etc.

2. Neste evangelho devem ser observados quatro momentos. Primeiro, Jesus que se aproxima de Jerusalém: "Aproximando-se" etc. Segundo, o envio dos dois discípulos para a aldeia: "Então mandou dois de seus discípulos" etc. Terceiro, o assentar-se do rei manso, pobre e humilde sobre uma jumenta e seu jumentinho: "Eis que teu rei vem, sentado sobre uma jumenta" etc. Quarto, o entusiasmo e as aclamações da multidão: "Hosana ao Filho de Davi", e "Uma enorme multidão" etc.

I – JESUS APROXIMA-SE DE JERUSALÉM

3. "Aproximando-se Jesus de Jerusalém..." etc. Observa que o Senhor, quando foi a Jerusalém, fez este percurso: primeiro chegou a Betânia, de Betânia dirigiu-se a Betfagé, de Betfagé ao Monte das Oliveiras, e do Monte das Oliveiras chegou a Jerusalém. Veremos o que significa tudo isso: primeiro o significado alegórico e depois, o moral.

Betânia, que se interpreta "casa da obediência", ou "casa do dom de Deus", ou ainda "casa agradável ao Senhor", representa a Virgem Maria, que obedeceu à voz do anjo e, por isso, mereceu acolher o dom celeste, o Filho de Deus, e assim foi agradável ao Senhor mais do que qualquer outra criatura. De fato, dela se diz nos Provérbios: "Muitas filhas ajuntaram riquezas; tu excedeste a todas" (Pr 31,29). Nenhum santo acumulou em sua alma tanta riqueza de virtude quanto a Virgem Maria, que por sua extraordinária humildade, pela flor incontaminada da virgindade, mereceu conceber e dar à luz o Filho de Deus, "que está acima de todas as coisas, Deus bendito por todos os séculos" (Rm 9,5).

E desta Betânia Jesus dirigiu-se a Betfagé, que se interpreta "casa da boca". Ela representa a pregação de Jesus. Por isso chegou antes a Betânia, isto é, assumiu a carne humana da Virgem, para depois dedicar-se à pregação. Ele mesmo diz: "Vamos para as cidades e aldeias vizinhas, a fim de que eu pregue também lá, pois para isso é que eu vim" (Mc 1,38).

E de Betfagé dirigiu-se ao Monte das Oliveiras, isto é, da misericórdia. *Èleos* (termo grego que se assemelha ao latim *olea*, oliveira) interpreta-se "misericórdia". O Monte das Oliveiras está a indicar a grandeza dos milagres que Jesus misericordioso e benigno operou em favor dos cegos, dos leprosos, dos possuídos pelo demônio e dos mortos. E todos estes miraculados dizem por boca de Isaías: "Tu, Senhor, és nosso pai, nosso redentor; este é teu nome desde sempre" (Is 63,16). Nosso pai pela criação, nosso redentor pelos milagres operados; este é o teu nome desde sempre porque és bendito por todos os séculos.

E do Monte das Oliveiras foi para Jerusalém, a fim de cumprir a obra de nossa salvação, para a qual tinha vindo; para resgatar com seu sangue das mãos do diabo o gênero humano, escravo no cárcere do inferno há mais de cinco mil anos. Portanto, Cristo nos libertou desse modo, como aquele pássaro, que se chama avestruz, liberta seu filhote.

Narra-se que o sapientíssimo Rei Salomão possuía uma espécie de pássaro, precisamente um avestruz, cujo filhote havia prendido num vaso de vidro: a mãe o olhava cheia de dor, mas não podia tê-lo. Finalmente, pelo extraordinário amor que nutria pelo filho, foi ao deserto onde encontrou um verme; levou-o consigo e o despedaçou sobre o vaso de vidro. O poder do sangue do verme quebrou o vidro e assim o avestruz libertou seu filhote. Vejamos o significado que têm o pássaro, o filhote, o vaso de vidro, o deserto, o verme e seu sangue.

Este pássaro simboliza a divindade; seu filho representa Adão e sua descendência; o vaso de vidro, o cárcere do inferno; o deserto, o seio virginal; o verme, a humanidade de Cristo; o sangue, a sua paixão.

Para libertar o gênero humano do cárcere do inferno e da mão do diabo, Deus veio para o deserto, isto é, para o seio da Virgem, da qual assumiu o "verme", isto é, a humanidade. Ele próprio disse: "Eu sou um verme e não um homem" apenas (Sl 21,7), porque era Deus e homem. Despedaçou este verme sobre o patíbulo da cruz e de seu lado saiu o sangue, cujo poder quebrou as portas do inferno e libertou o gênero humano da mão do diabo.

4. Vejamos também que significado têm Betânia, Betfagé, o Monte das Oliveiras e Jerusalém.

Diz João no seu evangelho: "Seis dias antes da Páscoa, isto é, no sábado que precede o Domingo de Ramos, Jesus foi a Betânia, onde morrera Lázaro, que Jesus tinha ressuscitado. Lá deram-lhe uma ceia; Marta servia e Lázaro era um dos que estavam à mesa com ele. Então, Maria tomou uma libra de bálsamo feito de nardo puro (*pisticus*) de grande preço, ungiu os pés de Jesus" (Jo 12,1-3). Mateus e Marcos, porém, dizem que ela derramou um nardo perfumado sobre a cabeça de Jesus, que estava à mesa (cf. Mt 26,7; Mc 14,3).

Betânia interpreta-se "casa da aflição". E esta é a contrição do coração, da qual fala o profeta: "Estou aflito e grandemente abatido; o gemido do meu coração arranca-me rugidos" (Sl 37,9). Nesta casa foi ressuscitado Lázaro, cujo nome interpreta-se "ajudado". De fato, na casa da contrição o pecador é ressuscitado, é ajudado com a graça divina e, portanto, diz com o profeta: "Nele esperou o meu coração e fui ajudado" (Sl 27,7). Quando o coração espera, a graça vem em ajuda. E o coração pode esperar na indulgência e no perdão, quando o atormenta a dor da contrição pelo pecado cometido.

"Então deram-lhe uma ceia e Maria servia." As duas irmãs do pecador ressuscitado da morte do pecado, Marta, cujo significado é "que provoca" ou "que irrita", e Maria, que se interpreta "estrela-do-mar", são o temor da pena e o amor da glória. O temor da pena provoca o pecador ao pranto e o estimula quase como um investigador a procurar o pecado e a confessá-lo com todas as suas circunstâncias. O amor da glória ilumina, o temor impele, o amor conforta.

"Marta", diz, "servia". O que serve o temor? Certamente o pão da dor e o vinho da compunção. Esta é a ceia de Jesus, e dela diz Mateus: "Enquanto comiam, Jesus tomou o pão, disse a bênção, partiu-o e o deu aos seus discípulos... E tomando o cálice, deu graças e deu-lhes dizendo: Bebei dele todos" (Mt 26,26-27).

"Lázaro, pois, era um dos comensais, junto com Jesus." Para não parecer um fantasma, mas que sua ressurreição era evidente, ele comia e bebia. Que grande graça! O pecador, que antes estava deitado no túmulo, agora está acomodado à mesa e se banqueteia com Jesus e seus discípulos; ele que antes desejava encher o estômago, isto é, a mente, com as landes dos porcos, isto é, com as imundícies dos demônios e ninguém lhe dava (cf. Lc 15,16).

"Maria então tomou uma libra de verdadeiro nardo precioso." A libra consta de doze onças: e aqui temos uma espécie de peso perfeito, porque consta de tantas onças quantos são os meses do ano. Ora, a libra é chamada assim porque é "livre" e porque compreende em si mesma todos os pesos. Nardo verdadeiro (genuíno) em latim é chamado *pisticus*, isto é, autêntico, sem contrafações e deriva do grego *pistis*, que quer dizer fé.

A libra, composta de doze onças, é a fé dos doze apóstolos, livre e perfeita. Maria, pois, isto é, o amor da glória celeste, unge a cabeça da divindade e os pés da humanidade com uma libra de nardo genuíno, reconhecendo que Cristo é Deus e homem, que nasceu e sofreu a paixão. E assim, a casa, isto é, a consciência do penitente, encheu-se com o perfume do unguento (cf. Jo 12,3), dizendo com a esposa do Cântico dos Cânticos: Ó Senhor Jesus, com a corda do teu amor arrasta-me atrás de ti, para que eu corra no perfume dos teus unguentos (cf. 1,3), para que de Betânia eu chegue a Betfagé.

5. Betfagé interpreta-se "casa da boca", e está a indicar a confissão, na qual devemos ser como residentes, não como hóspede de uma noite que passou (cf. Sb 5,15), para que não nos aconteça aquilo que diz Jeremias: "Assim fala o Senhor a este povo, que gosta de mover os seus pés, e não repousa, nem agrada ao Senhor: Agora o Senhor se lembrará de suas maldades, e visitará [punirá] os seus pecados" (Jr 14,10).

"E de Betfagé foi ao Monte das Oliveiras." Recorda que o Monte das Oliveiras era chamado de "Monte das Três Luzes", porque era iluminado pelo sol, por si mesmo e pelo templo: pelo sol, porque voltado para o Oriente recebia seus raios; por si mesmo pela abundância do óleo que produzia; pelo templo, por causa das lâmpadas que de noite ali ardiam e iluminavam também o monte.

O Monte das Oliveiras representa a importância da satisfação (penitência) à qual deve chegar o penitente da casa da confissão. E justamente a satisfação é chamada "Monte das Três Luzes". De fato, parando na obra da penitência, o homem é iluminado pelo sol da justiça, Cristo Jesus, que diz de si mesmo: "Eu sou a luz do mundo" (Jo 8,12); é iluminado por si mesmo, porque deve estar abastecido de óleo abundante, isto é, de misericórdia para si mesmo e para o próximo; com efeito, Jó diz: "Visitando teus semelhantes não pecarás" (Jó 5,24). Disse um santo: "Nunca a alma poderá ver melhor sobre si os seus semelhantes por meio da verdade, do que quando a carne se inclina abaixo de si para o seu semelhante por meio da caridade". Será iluminado também pelo templo, isto é, pela comunidade dos fiéis, aos quais diz o Apóstolo: "Santo é o templo de Deus, que sois vós" (1Cor 3,17).

E do Monte das Oliveiras foi para Jerusalém. Com efeito, estas três coisas, a contrição do coração, a confissão da boca e a obra de penitência, que satisfaz o débito do pecado, conduzem à luz, à Jerusalém celeste, à bem-aventurança eterna. Portanto, justamente se diz: "Jesus, tendo-se aproximado de Jerusalém..." etc.

II – O ENVIO DOS DOIS DISCÍPULOS À ALDEIA

6. "Jesus enviou dois dos seus discípulos dizendo-lhes: Ide à aldeia (*castellum*) que está diante de vós, e logo encontrareis presa uma jumenta e o seu jumentinho com ela; desprendei-a e trazei-a a mim (Mt 21,1-2). Vejamos o que representam em sentido moral os dois discípulos, a aldeia, a jumenta e seu jumentinho.

O discípulo é chamado assim porque aprende (*discit*) a disciplina. A aldeia (*castellum*) é constituída de uma muralha que circunda totalmente uma torre, situada ao centro. O jumento, ou a jumenta, é chamado assim porque, digamos, "deixa as coisas altas" (latim: *alta sinens*); jumentinho (*pullus*) é como *pollutus*, impuro, manchado, porque nasceu há pouco. Portanto os dois discípulos do justo, que aprendem a disciplina da paz, são o desprezo do mundo e a humildade do coração.

Estes dois discípulos são Moisés e Aarão, que fazem sair os hebreus do Egito, são as duas varas que serviam para transportar a arca do testemunho, são os dois querubins que olham o "propiciatório" (a cobertura de ouro da arca), voltados um para o outro (cf. Ex 25,17-18).

Em Moisés, que, como diz o Apóstolo, "considerava maior riqueza o opróbrio de Cristo do que os tesouros dos egípcios" (Hb 11,26), é representado o desprezo do mundo. Em Aarão, que apagou o fogo e aplacou a ira de Deus para que não se enfurecesse sobre todo o povo (cf. Nm 16,46-49), é indicada a humildade do coração que apaga o fogo da sugestão diabólica e aplaca a ira da punição divina. Estes dois discípulos, como duas varas inflexíveis, carregam a arca do testamento, isto é, a doutrina de Jesus Cristo, ou a obediência ao prelado. Olham para o propiciatório, isto é, para o próprio Jesus Cristo, que é "propiciação pelos nossos pecados (cf. 1Jo

4,10); olham, direi ainda, para Cristo deitado na manjedoura, pregado na cruz, deposto no sepulcro.

O justo envia estes dois discípulos, dizendo: "Ide à aldeia [castelo] que está diante de vós". O castelo (*aldeia*) é constituído, como já dissemos, de um muro perimetral e de uma torre: no muro é indicada a abundância das coisas temporais, na torre, a soberba do diabo. Como no muro se sobrepõe pedra sobre pedra, e as pedras se ligam entre si com o cimento, assim na abundância das coisas temporais o dinheiro se acrescenta ao dinheiro, casa une-se com casa, campo acrescenta-se a campo (cf. Is 5,8), e tudo se apega tenazmente com o cimento da cobiça. Desse muro diz Isaías: "Meu ventre estremece por Moab como uma harpa, e minhas entranhas pelo muro de tijolos cozidos [ao fogo]" (Is 16,11). E Jeremias, quase com as mesmas palavras: "O meu coração por causa de Moab ressoará como flauta; o meu coração imitará o som da flauta sobre os habitantes do muro de tijolos cozidos" (Jr 48,36). No ventre é designada a mente, na harpa ou na flauta, a melodia da pregação. Com coração e mente compungidos e com a melodia da pregação, Isaías e Jeremias, isto é, cada pregador, deve soar em Moab, que se interpreta "ao pai", isto é, ao pecador, que provém daquele pai que é o diabo, que constrói o muro de cozidos e de tijolos de argila, isto é, a abundância dos bens temporais: cozido, porque endurecido ao fogo da cobiça, de argila porque destinado a ruir. Igualmente, na torre é indicada a soberba do diabo. Esta é a torre de Babel, isto é, da confusão, a torre de Siloé que, como se lê no Evangelho de Lucas, ao cair matou dezoito homens (cf. Lc 13,4). O justo envia contra este castelo (aldeia), dois discípulos seus, isto é, o desprezo do mundo, para que faça ruir o muro da abundância transitória, e a humildade do coração, para que abata a torre da soberba.

7. E diz justamente: "que está diante [latim: *contra*] de vós". A abundância deste mundo é sempre contrária à pobreza, e a soberba, contrária à humildade. Nesse castelo encontra-se uma jumenta amarrada e com ela o seu jumentinho (o asnozinho). A jumenta, que deixa as coisas altas e caminha no plano, representa a vida dos clérigos e dos religiosos, que, abandonada a altura da contemplação, procede preguiçosa e fátua entre as baixezas do prazer carnal. Mas ai! com quantas correntes de prazer, com quantas cordas de pecados é mantida amarrada esta jumenta!

"E junto a ela um jumentinho" (asnozinho). Este filhote de jumenta representa o clérigo ou o religioso que, justamente é chamado jumentinho (*pullus*), porque é manchado (*pollutus*) por muitos vícios. É encontrado junto com a jumenta, agarrado às suas tetas, da gula e da luxúria, chupando por trás. De ambos lamenta-se o Senhor, com as palavras de Jeremias: "Cumulei-os de bens e adulteraram, e entregaram-se às suas paixões em casa da meretriz" (Jr 5,7). E mais adiante diz que o cinto de Jeremias estava apodrecido no Rio Eufrates, de modo que já não servia para mais nada (cf. 13,7). "O cinto da castidade de muitos clérigos e de muitos religiosos apodrece no Rio Eufrates, que se interpreta "fértil", e indica a abundância de bens temporais – de fato, da gordura provém a iniquidade –, de modo que eles não servem para mais nada, senão para serem lançados na estrumeira do inferno.

"Desamarrai-a e trazei-a a mim." Ó Senhor Jesus, o que é que dizes? Quem poderá desamarrar as correntes dos clérigos e dos falsos religiosos, as riquezas, as honras e os prazeres com os quais são mantidos amarrados, abater sua soberba e conduzi-los a ti? "Todos, diz Jeremias, são como um cavalo que corre velozmente" (Jr 8,6); "sua corrida tornou-se má, e sua fortaleza já é diferente" (Jr 23,10) da imagem, à semelhança da qual os criou (cf. Gn 1,26); ou também é diversa porque não estão contaminados por um vício só, mas por diversos vícios.

Por isso continua Jeremias: "Tanto o profeta como o sacerdote são imundos e na minha casa encontrei os males que eles lá cometeram. Todos se tornaram para mim como os habitantes de Sodoma e de Gomorra. Por isso, diz o Senhor: Eis que os alimentarei com absinto", isto é, com a amargura da morte eterna, "e lhes darei fel a beber", isto é, com a amargura do remorso de consciência. "Porque dos profetas de Jerusalém é que se derramou a corrupção sobre toda a terra" (Jr 23,11.14-15).

"Desamarrai-os, diz Jesus, e trazei-os a mim." O desprezo do mundo e a humildade do espírito desamarram todos os laços e levam ao Senhor a jumenta e seu jumentinho.

III – JESUS, REI SENTANDO SOBRE A JUMENTA E SEU JUMENTINHO

8. "Tudo isto aconteceu para que se cumprisse aquilo que fora anunciado pelo profeta", isto é, por Zacarias: "Dizei à filha de Sião: Eis que o teu rei vem a ti manso, montado numa jumenta e num jumentinho, filho da que leva o jugo" (Mt 21,4-5). E estas são, literalmente, as palavras de Zacarias: "Salta de alegria, ó filha de Sião, enche-te de júbilo, ó filha de Jerusalém. Eis que o teu rei virá a ti, justo e salvador; ele é pobre, e vem montado sobre uma jumenta e sobre um jumentinho, filho de jumenta. Então exterminarei as carroças de Efraim e os cavalos de Jerusalém; os arcos que servem na guerra serão quebrados" (Zc 9,9-10). Sião e Jerusalém são a mesma cidade, porque Sião é a torre de Jerusalém, e representa a Jerusalém celeste, na qual existia a eterna contemplação e a visão da paz absoluta.

A filha de Sião é a Santa Igreja, a quem, ó pregadores, deveis dizer: "Salta de alegria na fadiga, enche-te de júbilo no teu espírito". De fato, o júbilo prorrompe do coração com tão grande alegria quanta não tem condições de exprimir a eficácia da palavra. "Eis o teu rei", do qual diz Jeremias: "Ninguém é como tu, Senhor; tu és grande e grande em poder é teu nome. Quem não te temeria, rei das nações?" (Jr 10,6-7). Ele, lemos no Apocalipse, "em seu manto e em sua coxa traz escrito: Rei dos reis e Senhor dos senhores" (Ap 19,16).

O manto representa as suas faixas e a coxa é a sua carne. Com efeito, em Nazaré foi coroado de carne humana, como de um diadema; em Belém foi envolvido em faixas, como de púrpura. E estas foram as primeiras insígnias de seu reino. Sobre ambas as coisas enfureceram-se os judeus, como se tivessem querido privá-lo de seu reino; de fato, na paixão, Cristo foi por eles despojado de suas vestes e sua carne foi pregada à cruz com os pregos. Mas ali seu reino afirmou-se perfeitamente; de fato, depois da coroa e da púrpura, só lhe faltava o cetro. Recebeu também este quando, "carregando a sua cruz", como diz João, "saiu para o Calvário" (Jo 19,17). E Isaías: "Sobre seus ombros é posto o sinal de sua soberania" (Is 9,6); e o Apóstolo na Carta aos Hebreus: "Nós vimos Jesus coroado de glória e de honra, por causa da morte que sofreu" (Hb 2,9).

9. "Eis que o teu rei vem a ti", isto é, para tua utilidade, "vem manso", para ser amado, e não vem com o poder para ser temido, "sentado sobre uma jumenta". Diz Zacarias: "Justo e Salvador, ele é pobre, montado sobre uma jumenta". As virtudes próprias de um rei são duas: a justiça e a piedade. Assim, o teu rei é justo porque, em vestes de justiça, retribui a cada um segundo suas obras; é manso e redentor, em vestes de piedade; e é também pobre: de fato, na epístola de hoje é dito: "Aniquilou-se a si mesmo, assumindo a condição de servo" (Fl 2,7). Já que Adão no paraíso terrestre não quis servir o Senhor, o Senhor assumiu a condição de servo para servir o servo, para que no futuro o servo não se envergonhasse de servir o Patrão.

"Tornando-se semelhante aos homens e sendo reconhecido por condição *como* homem" (Fl 2,7). Por isso diz Baruc: "Assim, apareceu sobre a terra e viveu entre os homens" (Br 3,38). Aquele "*como*" (latim: *ut*) expressa a verdade, a realidade e não a semelhança. "Humilhou-se a si mesmo, fazendo-se obediente até a morte e morte de cruz" (Fl 2,8).

Sobre isso diz Agostinho: O nosso Redentor armou ao nosso tirano (predador) a "cilada" de sua cruz e ali colocou como isca o seu sangue. Ele derramou o seu sangue, mas que não era sangue de um devedor e, por isso, foi separado dos devedores (cf. Hb 2,14; 7,26). E o Bem-aventurado Bernardo diz de Cristo: "Teve em tão grande estima a obediência que preferiu perder a vida e não a obediência, feito obediente ao Pai até a morte", e a morte de cruz. Ele, que não teve onde pousar a cabeça (cf. Mt 8,20; Lc 9,58), a não ser sobre a cruz, onde "reclinando a cabeça, entregou o espírito" (Jo 19,30).

10. "Ele foi pobre." Realmente, diz Jeremias: "Ó esperança de Israel, seu salvador no tempo da tribulação, por que hás de ser nesta terra como um estranho, e como um viandante que renuncia parar? Por que te comportas como um homem errante, como um homem forte incapaz de salvar?" (Jr 14,8-9).

O nosso Deus, o Filho de Deus, aquele que esperávamos, chegou, e no tempo da tribulação, isto é, da perseguição diabólica, salvou-nos, e como um estranho, um estrangeiro, um peregrino habitou em nossa terra e a irrigou com a água de sua pregação. Ele foi como um viajante sem bagagem (*levis*), isto é, imune ao pecado; realizou sua missão porque "exultou como um gigante que percorre o seu caminho" (Sl 18,6); reclinou, então, a cabeça sobre a cruz quando disse: "Pai, em tuas mãos entrego o meu espírito" (Lc 23,46), e depois ficou fechado no sepulcro três dias e três noites.

Aqui é chamado homem errante", segundo a avaliação dos judeus, que o consideravam ambulante e inconstante. Por isso, quando disse: "Tenho o poder de oferecer minha vida e retomá-la novamente" (Jo 10,18), "muitos deles diziam: Tem um demônio e está fora de si, por que ficais a escutá-lo?" (Jo 10,20). Por causa da condição de servo, que havia assumido, parecia-lhes privado do poder de salvar. Mas ele foi "o homem forte" que, com as mãos transpassadas pelos pregos, venceu o diabo. "Eis, pois, que o teu rei vem a ti, manso, montando numa jumenta e com um jumentinho, filho de jumenta", isto é, da mesma jumenta domada com o peso.

Ah! oxalá os clérigos e os religiosos quisessem acolher tão grande rei, um tão nobre "cavaleiro", e carregá-lo devotamente como fizeram aqueles mansos animais, para serem dignos de entrar com ele na Jerusalém celeste. Mas, assim como são filhos de Belial, isto é, "sem jugo" e, como diz Jeremias, "correram atrás daquilo que é vão e eles próprios se tornaram vaidade; e não perguntaram: Onde está o Senhor?" (Jr 2,5-6), quebraram o jugo e despedaçaram as cordas e disseram: "Não serviremos!" Por tudo isso, o Senhor, por boca de Zacarias, diz deles: "Exterminarei as carroças de Efraim e o cavalo de Jerusalém e será quebrado o arco de guerra". A carroça, que gira sobre quatro rodas, representa a abundância na qual vivem os clérigos; abundância que consiste em quatro coisas: na extensão das propriedades, no acúmulo das prebendas e das rendas, na suntuosidade dos alimentos e no luxo das vestes. O Senhor exterminará esta carroça e lançará ao mar do inferno quem está nela (cf. Ex 15,1); exterminará o cavalo, isto é, a soberba espumosa e desenfreada dos religiosos que, sob o hábito da religião, sob o pretexto da santidade, consideram-se grandes.

Mas o Senhor grande e poderoso, que olha os humildes e abate os grandes (cf. Sl 137,6), expulsará este cavalo da Jerusalém celeste, na qual ninguém entrará, a não ser quem se humilhar como uma criança (cf. Mt 18,4), como ele se humilhou até a morte e morte de cruz.

11. **Sentido moral**. O rei que está montado sobre uma jumenta e seu jumentinho representa o justo que mortifica sua carne e freia seus estímulos. Diz Jeremias: "Virgem de Israel, ainda hás de ser adornada com teus tímpanos e hás de sair no coro dos festejantes" (Jr 31,4).

No tímpano, que é a pele de um animal morto esticada sobre um círculo de madeira, é indicada a mortificação da carne; no coro, no qual as vozes estão de acordo, é representada a concórdia da unidade. Portanto, a alma está ornada com os tímpanos e sai no coro dos festejantes quando está como que adornada pela mortificação da carne e da concórdia da unidade. Diz o profeta: "Com tímpanos e em coro louvai o Senhor" (Sl 150,4).

Outro significado. O rei que está montado sobre a jumenta é o bispo, que governa o povo a ele confiado, do qual diz Salomão: "Bem-aventurada a terra", isto é, a Igreja, "cujo rei é de uma família ilustre e cujos príncipes", isto é, os prelados, "comem no tempo certo para se nutrirem e não para se entregarem à devassidão" (Ecl 10,17). "Comem só para viver e não vivem para comer" (*Glosa*); "comem no tempo certo", porque não procuram a recompensa aqui, mas olham para a futura. Este rei deve ser – como dissemos acima – manso, justo, salvador e pobre. Manso com os súditos; justo com os soberbos, derramando vinho e óleo; salvador em relação aos pobres; pobre, embora entre as riquezas. Ou ainda: manso se recebe uma injúria; justo exercendo a justiça para com todos; salvador com a pregação e com a oração; pobre pela humildade de coração e pelo desprezo de si.

Bem-aventurada a jumenta [sic], bem-aventurada a Igreja que tem semelhante governante (*sessore*). Ao contrário, o bispo deste nosso tempo é como Balaão, montado sobre a jumenta: ela via o anjo, enquanto Balaão não podia vê-lo (cf. Nm 22,21-30). Balaão interpreta-se "que devora o povo". Um bispo escandaloso é uma árvore inútil: com seu mau exemplo demole a fraternidade dos fiéis e, primeiro, precipita-a no pecado e, depois, no inferno; com sua estultice, já que é também incapaz, perturba os fiéis; com sua avareza devora o povo. Ele, montado sobre a jumenta, não só não vê o anjo, mas vos garanto que vê o diabo, pronto a precipitá-lo no inferno. O povo simples, porém, que tem uma fé reta e que vive honestamente, vê o anjo do Supremo Conselho, reconhece e ama o Filho de Deus.

IV – O ENTUSIASMO E AS ACLAMAÇÕES DA MULTIDÃO A JESUS

12. "O povo, em grande número, estendia os seus mantos pelo caminho; outros cortavam ramos de árvores e os espalhavam pela estrada; as multidões que o precediam e as que iam atrás gritavam, dizendo: Hosana ao Filho de Davi! Bendito o que vem em nome do Senhor!" (Mt 21,8-9). Presta atenção a estes três fatos: estendiam as próprias vestes, cortavam os ramos e gritavam Hosana! As vestes representam os membros do nosso corpo, com as quais se veste a alma: delas diz Salomão: "Em todo o tempo, as tuas vestes sejam brancas" (Ecl 9,8). Devemos estendê-lo sobre o caminho, quer dizer, estarmos prontos a expô-las à paixão e à morte pelo nome de Jesus, para merecer reavê-las gloriosas e imortais na ressurreição final, quando este corpo corruptível se vestir de incorruptibilidade e este corpo mortal se vestir de imortalidade (cf. 1Cor 15,53).

Os ramos são os exemplos dos Santos Padres, dos quais diz o Senhor: "Tomareis dos frutos da árvore mais formosa, espadas de palmeira, ramos de árvore frondosa, salgueiros da torrente e vos alegrareis diante do Senhor, vosso Deus" (Lv 23,40). A árvore mais formosa é a gloriosa Virgem Maria, cujos frutos foram a humildade e a pobreza. As palmeiras foram os apóstolos, que alcançaram a vitória sobre este mundo. As espadas são os frutos da palmeira antes de abrir-se: nelas vemos a fé, a esperança e a caridade dos apóstolos. A árvore frondosa é a cruz de Cristo, que alargou os densos ramos da fé para todo o mundo.

Os ramos desta árvore foram as quatro extremidades da cruz, às quais foram pregados os pés e as mãos de Cristo. Nestas quatro extremidades havia quatro pedras preciosas: a misericórdia, a obediência, a paciência e a perseverança. Na extremidade superior estava a misericórdia, naquela da direita, a obediência, na da esquerda, a paciência e na inferior, a perseverança. Os salgueiros da torrente, que permanecem sempre verdes, representam todos os santos, que, na torrente desta vida mortal e passageira permaneceram sempre verdes em boas obras.

Tomemos, pois, os frutos da árvore mais formosa, quer dizer, a pobreza e a humildade da Virgem Maria, as espadas das palmeiras, isto é, a fé, a esperança e a caridade dos apóstolos, os ramos da árvore frondosa, isto é, a misericórdia, a obediência, a paciência e a perseverança da paixão de Jesus Cristo, os salgueiros da torrente, quer dizer, as exuberantes obras de todos os santos, e exultemos diante do Senhor, nosso Deus, Jesus Cristo, gritando com as turbas e com os meninos dos hebreus: "Hosana ao Filho de Davi! Bendito aquele que vem em nome do Senhor! Hosana no mais alto dos céus!" (Mt 21,9).

Hosana interpreta-se "salvação", ou "salva, eu te peço!" Hosana, pois, isto é, a salvação pertence ao Filho de Davi, ou vem pelo Filho de Davi ou por meio do Filho. Bendito, isto é, imune do pecado: portanto, és bendito de modo particular tu, ó Cristo, que vens em nome do Senhor, isto é, em honra do Pai, ou "que vens", isto é, que virás. De fato, tu que antes apareceste na condição de servo, virás no fim como glorioso Senhor. Hosana no alto dos céus, isto é, "salva no alto dos céus"; como se dissesse: tu que salvaste na terra com a redenção, salva, te pedimos, dando-nos um lugar nos céus.

Pedimos-te, pois, ó Jesus bendito: faze que também nós nos aproximemos de Jerusalém com o teu temor e com o teu amor. Leva-nos a ti da aldeia desta peregrinação terrena; repousa-te, tu, nosso rei, na nossa alma, para que junto com os meninos que escolheste deste mundo, isto é, com os apóstolos, sejamos feitos dignos de glorificar-te, de louvar-te, de bendizer-te na cidade santa, na eterna bem-aventurança. Concede-nos isso, ó tu, a quem pertence a honra e a glória pelos séculos eternos. Amém. E toda alma fiel responda: Amém!

A CEIA DO SENHOR
(Quinta-feira Santa)

1. "Jesus levantou-se da mesa, depôs o seu manto, e, pegando uma toalha, cingiu-se com ela. Depois derramou água numa bacia, começou a lavar os pés dos discípulos e a enxugá-los com a toalha com que estava cingido" (Jo 13,4-5).

EXÓRDIO – A CEIA DO SENHOR, COMPARADA À CEIA DE ABRAÃO

2. No Gênesis, lemos um fato análogo: "Trarei um pouco de água – disse Abraão –, para lavar os vossos pés e descansai debaixo desta árvore. Trarei um pedaço de pão para refazer as vossas forças" (Gn 18,4-5). O que Abraão fez aos três mensageiros, Cristo o fez aos santos apóstolos, mensageiros da verdade, que teriam pregado em todo o mundo a fé na Trindade; inclinou-se a seus pés como um servo e, assim inclinado, lavou seus pés. Ó inconcebível humildade! Ó indizível condescendência! Aquele que nos céus é adorado pelos anjos, inclina-se aos pés dos pescadores; aquela cabeça que faz tremer os anjos inclina-se sob os pés dos pobres.

Por isso, Pedro se espantou e disse: "Jamais me lavarás os pés!" (Jo 13,8), isto é, nunca. Tomado de espanto, não pôde tolerar que um Deus se humilhasse a seus pés. Mas o Senhor replicou: "Se eu não os lavar, não terás parte comigo" (Jo 13,8). Comenta a *Glosa*: Quem não for lavado por meio do batismo e com a confissão e a penitência não tem parte com Jesus.

Depois que lhes lavou os pés (cf. Jo 13,12), os fez repousar sob a árvore que era ele próprio. "Sentei-me à sombra daquele a quem tanto desejara; e o seu fruto [isto é, seu corpo e seu sangue] é doce à minha boca" (Ct 2,3). Este é o pedaço de pão que pôs diante deles, com o qual fortaleceu seu coração para suportar as fadigas. "Enquanto eles comiam, Jesus tomou o pão, benzeu-o e o partiu" (Mt 26,26). Partiu-o para indicar que "a fracção" de seu corpo não teria acontecido sem sua vontade. Primeiro o benzeu, porque, junto com o Pai e o Espírito Santo, encheu com a graça do poder divino a natureza que havia assumido. "Tomai e comei, este é o meu corpo" (Mt 26,26). Entenda assim: "Benzeu-o", subentendido dizendo: "Este é o meu corpo". Depois partiu-o, deu-o a eles e disse: "Comei!", e repetiu: "Este é o meu corpo".

I – Sermão alegórico

3. Veremos o significado alegórico da ceia, das vestes e da toalha; como também da água, da bacia e dos pés dos discípulos.

A ceia é a glória do Pai; a deposição das vestes representa a aniquilação da majestade; a toalha indica a carne inocente; a água representa a efusão do sangue ou também a infusão da graça; a bacia, o coração dos discípulos, os pés, seus sentimentos.

Depois levantou-se da mesa, à qual se encontrava com Deus Pai: "Um homem fez uma grande ceia e convidou a muitos" (Lc 14,16). Uma grande ceia, porque esplêndida e transbordante da glória da divina majestade, das riquezas da bem-aventurança angélica, das delícias da dupla glorificação. A esta ceia muitos são chamados, mas poucos vão, porque "infinito é o número dos insensatos" (Ecl 1,15), que trocam "a ceia da vida" pelo esterco das coisas terrenas. O porco dorme com mais gosto no barro do que num belo leito. Cristo levanta-se da felicidade de sua ceia, para levantar a estes da miséria de seu esterco.

"Depôs as suas vestes." Observa que Cristo depôs quatro vezes as suas vestes. Na ceia as depôs e depois as retomou; na coluna foi despido e revestido; durante os escárnios dos soldados foi também despojado e revestido; contudo não se lê que tenha sido despojado por Herodes; na cruz foi despido e não mais revestido.

A primeira deposição refere-se aos apóstolos, que ele abandonou, mas depois chamou a si após breve tempo. A segunda refere-se àqueles que foram acolhidos na Igreja no dia de Pentecostes e àqueles que foram acolhidos pouco a pouco. A terceira àqueles que serão acolhidos no fim dos tempos. A quarta refere-se à perversa mediocridade do nosso tempo, que jamais será acolhida. A segunda e a quarta espoliação são hoje comemoradas em algumas igrejas quando são desnudados os altares, que depois são aspergidos com água e vinho e açoitados com raminhos como se fossem flagelos. Depor as vestes significa aniquilar a si mesmo; depois de lavar, Jesus as retomou porque, executada a obediência, retornou ao Pai do qual havia partido.

Na *Paixão do Bem-aventurado Sebastião* lê-se que um rei tinha um anel de ouro, ornado com uma pedra preciosa. O anel, que lhe era muito caro, saiu-lhe do dedo e caiu numa cloaca, motivo que lhe causou grande desprazer. Não encontrando ninguém que estivesse em condições de recuperar o anel, depôs as vestes de sua real dignidade, vestido de saco desceu à cloaca, procurou longamente o anel e, finalmente, encontrou-o: tendo-o encontrado, cheio de alegria levou-o consigo para o palácio.

Aquele rei é figura do Filho de Deus; o anel representa o gênero humano; a pedra preciosa engastada no anel é a alma do homem. Este, pela alegria do paraíso terrestre, como que desprendendo-se do dedo de Deus, caiu na cloaca do inferno; o Filho de Deus teve grande desprazer com esta perda. Ele procurou entre os anjos e entre os homens alguém que recuperasse o anel, mas não encontrou ninguém, porque ninguém estava em condições de fazê-lo. Então, depôs as suas vestes, aniquilou a si mesmo, vestiu o saco de nossa miséria, procurou o anel por trinta e três anos, e no fim desceu aos infernos e ali encontrou Adão com toda a sua posteridade: cheio de alegria, tomou a todos consigo e os levou para a eterna felicidade.

4. "E tomando uma toalha, cingiu-se com ela." De fato, da carne puríssima da Virgem Maria tomou a toalha de nossa humanidade. E com isto concorda aquilo que é dito em Ezequiel: "E o Senhor falou ao homem que estava vestido de roupas de linho dizendo: Vai ao meio das rodas que estão debaixo dos querubins" (Ez 10,2). A roda, que volta ao mesmo ponto do qual partiu, é a natureza humana, à qual foi dito: És pó e ao pó retornarás (cf. Gn 3,19). Diz-se "ao meio" em relação aos dois extremos: isto é, ao princípio e ao fim.

Observa que a natureza humana é caracterizada por três fatos: a impureza da conceição, a miséria da peregrinação, a incineração (destruição) da morte. O homem vestido de linho é Jesus Cristo, que, da Bem-aventurada Virgem recebeu uma veste de linho: ele não entrou no mundo iniciando por uma concepção impura, porque foi concebido pela Virgem puríssima por obra do Espírito Santo; não teve como fim a incineração humana, porque "não permitirás que teu Santo veja a corrupção" (Sl 15,10); mas veio "ao meio" de nossa peregrinação, pobre, exilado e peregrino, e em todo o mundo teve somente uma morada.

Diz Neemias: "Não havia lugar por onde pudesse passar o cavalo em que eu ia montado" (Ne 2,14). Neemias, que se interpreta "consolação do Senhor", é figura de Cristo, nossa consolação no tempo da desolação. Com efeito, diz Isaías: "Foste fortaleza para o pobre, sustento para o necessitado na sua angústia, refúgio contra a tempestade, sombra no ardor do sol" (Is 25,4). Entre as tribulações das adversidades humanas, no turbilhão da sugestão diabólica, no ardor da luxúria e da vanglória, ele é a nossa consolação; seu jumento é a humanidade, sobre o qual montava a divindade. Este jumento, sobre o qual colocou o ferido, isto é, o gênero humano, em todo o mundo não teve uma morada, porque "não teve onde reclinar a cabeça" (Mt 8,20; Lc 9,58); teve só a cruz, sobre a qual, "tendo inclinado a cabeça, entregou o espírito" (Jo 19,30).

Portanto, entrou ao meio das rodas que estavam sob os querubins, porque foi considerado pouco inferior aos anjos (cf. Hb 2,7; Sl 8,6), quando tomou a toalha com a qual se cingiu. Naquela carne, de fato, cingiu-se de humildade, porque foi necessário que a humildade fosse tão grande no Redentor quanto foi grande a soberba no traidor.

5. "Depois, derramou água na bacia." Comenta a *Glosa*: Espalhou o sangue por terra para purificar as pegadas dos crentes, sujas pelos pecados terrenos.

Observa que a bacia é um vaso côncavo, sonoro e tem o lábio aberto. Assim era também o coração dos apóstolos, e oxalá fosse assim também o nosso coração: côncavo pela humildade, sonoro de devoção, com o lábio aberto para acusar a si mesmo. Em latim, a bacia é chamada de *pelvis*, porque nela se lavam os pés (*pedes*). No dia de Pentecostes, o Senhor enviou a água da graça para o coração dos apóstolos; e a envia cada dia para o coração dos fiéis, para que seus pés, isto é, seus afetos, sejam purificados de toda impureza. É isso que diz Jó: "Eu lavava meus pés no *leite*" (Jó 29,6): na gordura do leite é indicada a devoção da alma, com a qual Jó, isto é, "aquele que se dói" de seus pecados, purifica os afetos, os pensamentos de sua mente.

"E os enxugou com a toalha com a qual estava cingido", porque todo o sofrimento e a paixão do corpo do Senhor é a nossa purificação. Com esta toalha devemos limpar o suor de nossa fadiga, o sangue de nossa paixão, tomando em cada tribulação nossa o exemplo de sua paciência, para poder gozar com ele na sua glória.

No-lo conceda ele próprio, que é bendito nos séculos. Amém.

II – SERMÃO ALEGÓRICO

6. Assim diz Isaías: "O Senhor, Deus dos exércitos, preparará sobre este monte para todos os povos um banquete de carnes gordas, de vinhos, de carnes gordas e cheios de medula e de vinhos purificados da borra [refinados]" (Is 25,6). E Mateus da mesma reunião diz: "Enquanto eles comiam, Jesus tomou o pão e, depois de benzê-lo, partiu-o e o deu aos seus discípulos e disse: Este é o meu corpo. E tomando o cálice, deu graças e o deu a eles dizendo: Bebei dele todos: Este é o meu sangue (subentendido: *para a confirmação*) da nova aliança" (Mt 26,26-28).

Veja que Cristo realizou hoje quatro ações: lavou os pés dos apóstolos, deu-lhes o seu corpo e o seu sangue, fez um longo e precioso discurso, rezou ao Pai por eles e por todos aqueles que teriam crido nele. Este foi o suntuoso banquete.

Ele é exatamente o "Senhor dos exércitos", isto é, dos anjos, dos quais naquela noite disse a Pedro: "Pensas que não posso pedir a meu Pai e ele me enviaria, neste instante, mais de doze legiões de anjos?" (Mt 26,53). Como se dissesse: Não necessito da ajuda de doze apóstolos, eu que posso ter doze legiões de anjos, quer dizer, setenta e dois mil anjos.

"Sobre este monte", isto é, em Jerusalém, naquele cenáculo espaçoso e bem mobiliado (cf. Mc 14,15), no qual os apóstolos receberam também o Espírito Santo no dia de Pentecostes, "ele fez hoje para todos os povos" que criam nele "um banquete de carnes gordas". O banquete deste dia é verdadeiramente um banquete de carnes gordas, porque ali era servido o vitelo gordo que o Pai sacrificou para a reconciliação do gênero humano. De fato, lemos em Lucas: "Trazei um bezerro bem gordo e matai-o. Vamos comer e nos alegrar porque este meu filho estava morto e voltou à vida, estava perdido e foi encontrado. E começaram todos a banquetear-se" (Lc 15,23-24). Comenta a *Glosa*: Pregai o nascimento de Cristo, inculcai a lembrança de sua morte, a fim de que o homem creia no seu coração, imitando aquele que foi morto, e com a boca receba o sacramento da paixão para a própria purificação.

É isso que faz hoje a Igreja universal, para a qual Cristo preparou sobre o Monte Sião um banquete esplêndido e suntuoso, de uma riqueza dupla, interior e exterior, e abundante; deu seu verdadeiro corpo, rico de todo o poder espiritual, engordado com a caridade interna e externa, e mandou que fosse dado também a todos aqueles que haveriam de crer nele. Por isso, deve-se crer firmemente e confessar com a boca que aquele corpo que a Virgem deu à luz, que foi pregado à cruz, que jazeu no sepulcro, que ressuscitou ao terceiro dia, que subiu à direita do Pai, hoje ele realmente o deu aos apóstolos, e a Igreja cada dia o "confecciona" e o distribui a seus fiéis. Realmente, ao som das palavras "Este é o meu corpo", o pão se transforma, *transubstancia-se*, torna-se o corpo de Cristo, que confere a unção de uma dupla riqueza àquele que o recebe dignamente, porque atenua as tentações e suscita a devoção. Por isso é dito: Terra donde escorrem leite e mel (cf. Dt 31,20), porque adoça as amarguras e incrementa a devoção.

Infeliz daquele que ousa entrar para este banquete sem a veste nupcial (cf. Mt 22,11) da caridade, ou da penitência, porque quem se alimentar dele indignamente come a sua condenação (cf. 1Cor 11,29). Que relação pode haver entre a luz e as trevas? (cf. 2Cor 6,14-15), entre o traidor Judas e o Salvador? "A mão daquele que me trairá está comigo à mesa" (Lc 22,21). Está escrito no Êxodo: "Todo animal [portanto, também o homem que se tornou semelhante ao animal] que tocar o monte [isto é, o corpo de Cristo] será apedrejado" (Hb 12,20), isto é, será condenado (cf. Ex 19,12-13).

7. "Um banquete de vinhos sem borra", isto é, purificados de toda impureza e refinados. Diz também Moisés no seu cântico: "E bebam o mais puro sangue da uva" (Dt 32,14). A uva é a humanidade de Cristo que, espremida no lagar da cruz, espalhou por toda a parte o sangue que hoje deu de beber aos apóstolos: Este é o meu sangue, que por vós e por muitos será derramado em remissão dos pecados (cf. Mt 26,28). Foi, pois, necessário que aquele sangue fosse como um vinho refinado e puríssimo, para ser derramado em remissão de muitos pecados!

Ó caridade do Dileto! Ó amor do esposo por sua esposa, a Igreja! O sangue que no dia seguinte deveria derramar por ela, por mão dos infiéis, ofereceu-o hoje ele próprio com suas mãos santíssimas. E por isso ela exclama no Cântico dos Cânticos: "O meu amado é para mim como um ramalhete de mirra, colocado sobre meus seios. O meu amado é como um cacho de uvas, [colhido] nas vinhas de Engadi" (Ct 1,12-13).

Entra a esposa, a Igreja, ou seja, a alma, no auge dos sofrimentos e das dores de seu esposo, e recolhe piamente e une e amarra com os laços do amor ora os insultos, ora os tapas e as cusparadas, aqui os escárnios e os flagelos, cá e lá a cruz, os pregos e a lança; de tudo faz para si um ramalhete de mirra, um ramalhete de dores e de amarguras, e o coloca entre os seus seios, onde está o coração, onde está o amor. O Dileto que amanhã será para sua esposa o ramalhete de mirra, é hoje para ela o cacho de uvas. "Meu cálice que inebria", o cacho de uvas, "quanto é excelente!" (Sl 22,5): eis a uva escolhidíssima e seu puríssimo sangue.

E onde se encontra? E de onde se tira? "Das vinhas de Engadi", que se interpreta "fonte do cabrito", animal que expele um mau odor. As vinhas de Engadi representam as feridas do nosso Dileto, nas quais está a fonte viva, a água que lava qualquer imundície e elimina qualquer mau odor. Nesta fonte o ladrão lavou seus delitos quando confessou e implorou: "Lembra-te de mim quando estiveres no teu reino" (Lc 23,42). Dessa fonte diz Zacarias: "Naquele dia [isto é, amanhã] haverá para a casa de Davi e para os habitantes de Jerusalém uma fonte aberta para se lavarem as manchas do pecador e da mulher impura" (Zc 13,1). Eis a fonte aberta e é oferecida a todos. Vinde, pois, e tirai, e lavai as manchas escondidas e as manifestas, indicadas exatamente no ciclo mensal.

8. Eis que agora o nosso Dileto, o cacho de uvas, o ramalhete de mirra, celebrado aquele rico e refinado banquete, depois de ter cantado o hino, sai com seus discípulos para o Monte das Oliveiras (cf. Mt 26,38-39); passa sem dormir toda esta noite, preocupado em realizar a obra de nossa salvação; afasta-se dos apóstolos, começa a ficar triste até a morte, dobra os joelhos diante do Pai, pede que, se for possível, passe dele esta hora, mas submete sua vontade à vontade do Pai; tomado pela agonia, emana suor de sangue.

Depois disso tudo, é traído por um discípulo com um beijo, é amarrado e levado como um malfeitor; seu rosto é velado, depois coberto de cusparadas, sua barba é arrancada; é batido na cabeça com a cana e esbofeteado; é flagelado na coluna, coroado de espinhos, condenado à morte; é-lhe posto sobre os ombros o madeiro da cruz, dirige-se ao Calvário, é despojado das vestes, é crucificado nu entre os ladrões, é dessedentado com fel e vinagre, é insultado e blasfemado pelos passantes. Numa palavra: A vida morre pelos mortos.

Ó olhos de nosso Dileto fechados na morte! Ó rosto, no qual os anjos desejam fixar o olhar (cf. 1Pd 1,12), inclinado e exangue! Ó lábios, favo de mel que destila palavras de vida eterna, tornados lívidos! Ó cabeça, tremenda aos anjos, que pende reclinada! Aquelas mãos, ao cujo toque desapareceu a lepra, foi restituída a vista perdida, fugiu o demônio, multiplicou-se o pão: aquelas mãos, ai de mim!, estão transpassadas pelos pregos, estão banhadas de sangue! (cf. relato da paixão dos quatro evangelistas).

Caríssimos irmãos, recolhamos todos esses sofrimentos e façamos deles um ramalhete de mirra e ponhamo-lo em nosso peito, isto é, levemo-lo no coração, sobretudo nesta noite e amanhã, para poder ressurgir com ele no terceiro dia.

No-lo conceda aquele que é bendito nos séculos. Amém.

III – Sermão anagógico (místico)

9. "O Senhor dos exércitos" etc. Vejamos o significado místico destas cinco coisas: o monte, o banquete, a gordura, a medula e a uva escolhida.

O monte é a pátria celeste, da qual diz Isaías: "Vós entoareis um cântico, como na noite da santa solenidade; e a alegria do vosso coração será como a do que vai caminhando ao som da flauta para dirigir-se ao monte do Senhor, do forte de Israel" (Is 30,29). Presta atenção a três coisas: o cântico, a alegria e a flauta. O cântico é o louvor feito com a voz; louvor que, como diz Cassiodoro, será proclamado na pátria: "Pelos séculos dos séculos te louvarão" (Sl 83,5). Na alegria é indicado o júbilo do coração, na flauta, a melodia concorde da carne e do espírito, que temos em grau perfeito na ressurreição final: com ela subiremos jubilando e cantando ao monte da pátria celeste, ao Forte, que é Jesus Cristo, que, da mão do poderoso libertou Israel, isto é, seus fiéis, para os quais neste monte celeste preparou um banquete.

E diz no Evangelho de Lucas: "Eu preparo para vós um reino, como meu Pai o preparou para mim, para que comais e bebais à minha mesa no Reino dos Céus" (Lc 22,29-30). A mesa preparada para todos os santos para que gozem dela é a glória da vida celeste na qual haverá três banquetes: da suntuosidade (*pinguedo*), da delicadeza (*medullae*) e do requinte (*uvae defecatae*). Nesses três banquetes é indicada a tríplice alegria dos bem-aventurados.

Na suntuosidade do banquete é indicada a alegria da qual os santos fruirão na visão de toda a Trindade; na sua delicadeza, aquela que terão pela própria felicidade e pelo esplendor interior da consciência. Por estas duas rezava Davi, dizendo: "Como de *banha* e de *gordura* seja saciada a minha alma", isto é, daquela dupla alegria, "e então, com lábios de júbilo te louvará a minha boca" (Sl 62,6). No vinho purificado da borra é representada a alegria de toda a Igreja triunfante, que, então, será verdadeiramente purificada, porque este corpo mortal será revestido de imortalidade e este corpo corruptível será revestido de incorruptibilidade (cf. 1Cor 15,53).

Digne-se concedê-la aquele que é bendito nos séculos. Amém.

PÁSCOA DO SENHOR (1)

Temas do sermão
- Evangelho da Páscoa: "Maria Madalena"; este evangelho divide-se em quatro partes.
- Primeiramente sermão ao pregador: como de todas as espécies de virtudes deve confeccionar um extrato (um *tônico*) para a alma: "O farmacêutico fará as misturas".
- Parte I: Sermão sobre a humildade: "Maria Madalena".
- Sermão sobre o desprezo do mundo e como se deve receber o corpo de Cristo: "Lançai fora o velho fermento".
- Sermão sobre a paz: "De três coisas agradou-se o meu espírito"; natureza das abelhas.
- Sermão aos religiosos: "Toma os aromas".
- Sermão moral sobre a tranquilidade do coração: "De manhã cedo".
- Parte II: Sermão para aqueles que querem entrar numa ordem religiosa: "Quem nos tirará a pedra?"
- Parte III: Sermão aos contemplativos: "E entrando no sepulcro".
- Parte IV: Sermão sobre as dez aparições do Senhor e sobre seu significado: "Vós procurais a Jesus".
- Sermão sobre a ressurreição final e sobre as quatro prerrogativas do corpo glorificado, que são indicadas nos quatro rios do paraíso terrestre: "A luz da lua será como a luz do sol".
- Sermão ao pregador, ou ao prelado da Igreja: "Toma a vara".
- Sermão aos penitentes: "Onze telas de lã de cabra"; e "Deus onipotente apareceu-me em Lusa".
- Sermão sobre a misericórdia para com os pobres: "O Senhor apareceu a Moisés numa chama de fogo".

EXÓRDIO – SERMÃO AO PREGADOR

1. Naquele tempo, "Maria Madalena, Maria, mãe de Tiago e Salomé compraram os aromas para irem embalsamar Jesus" etc. (Mc 16,1).

Diz o Eclesiástico: "O farmacêutico faz pigmentos agradáveis e prepara unguentos saudáveis" (Eclo 38,7). São chamados pigmentos – poder-se-ia chamá-los *pilimentos* – porque são trabalhados no pilão (almofariz) com o *pilum* (socador). Os pigmentos são as espécies das quais a alma penitente diz: "Como mirra escolhida exalei suave perfume: como estoraque, gálbano, ônix e *gota* [essência viscosa]" (Eclo 24,20-21). Estas essências, como diz a *Glosa*, para os médicos são pigmentos preciosos, e representam as várias virtudes que os verdadeiros médicos, isto é, os médicos do espírito, usam para curar os homens. Na mirra é indicada a penitência; mas não existe verdadeira penitência se a ela não são misturadas estas quatro essências: o estoraque, o gálbano, o ônix e a gota.

O estoraque é uma essência de perfume agradabilíssimo; sai de uma planta que o emana como um liquido meloso; o gálbano é uma *especiaria* (resina) que, com seu odor, afugenta as serpentes; o ônix, nomeado também no Êxodo (cf. 35,27), é uma pedra preciosa chamada assim com a palavra grega *onyx*, em latim *ungula*, unha, porque assemelha-se à unha do homem; a gota é uma essência que cura qualquer endurecimento e atenua os inchaços.

Eis, pois, que no estoraque é indicada a compunção das lágrimas, que mandam perfume para a presença de Deus, e à alma penitente são mais doces do que o mel e do que o favo de mel (cf. Sl 18,11); no gálbano é indicada a confissão que põe em fuga as serpentes, isto é, os demônios; na *gota* é indicada a humildade em realizar a obra de penitência, que cura a dureza da mente e reprime a impudência do corpo. Mas já que não é chamado bem-aventurado quem começa, mas quem persevera até o fim (cf. Mt 10,22; 24,13), a estas três essências deve-se acrescentar o ônix, a unha, que é a parte extrema do corpo e, portanto, representa a perseverança final. O farmacêutico, pois, isto é, o pregador, deve amassar estas especiarias no pilão, isto é, no coração do pecador, deve agir com o socador da pregação e misturar o bálsamo bruto da misericórdia divina, para que tenha um gosto mais agradável à alma do penitente.

"E prepara unguentos saudáveis." A unção (o unguento), que instruir o homem sobre todas as coisas que lhe são necessárias, é composta de dois elementos: o vinho e o óleo; o vinho que flui da verdadeira videira, prensada no lagar da cruz; o óleo com o qual foi ungida a Igreja primitiva no dia de Pentecostes: isto é, o sangue de Cristo e a graça do Espírito Santo. O farmacêutico deve fazer os unguentos com estas duas substâncias para poder ungir, junto com as três mulheres, os membros de Cristo, isto é, os fiéis da Igreja. Com efeito, lemos no evangelho de hoje: "Maria Madalena, Maria, mãe de Tiago e Salomé compraram os aromas para ungir o corpo de Jesus".

2. Observa que neste evangelho são postos em evidência quatro fatos. Primeiro, a devoção das piedosas mulheres e a compra dos aromas, quando se diz: Maria Madalena etc. compraram os aromas; segundo, a remoção da pedra, quando acrescenta: E diziam entre si: Quem nos rolará a pedra?; terceiro, a visão dos anjos, onde diz: Entradas no sepulcro, viram etc.; quarto, a ressurreição de Cristo: "Ele lhes disse: Não vos espanteis!..."

I – A DEVOÇÃO DAS PIEDOSAS MULHERES E A COMPRA DOS AROMAS

3. "Maria Madalena, Maria, mãe de Tiago e Salomé compraram os aromas." Nestas três mulheres são indicadas três virtudes de nossa alma, isto é, a humildade da mente, o desprezo do mundo, a jucundidade da paz.

Na Madalena, assim chamada pela aldeia de Magdala, que se interpreta "torre", é indicada a humildade da mente; em Maria, mãe de Tiago, que se interpreta "suplantadora", mãe de Tiago Menor (cf. Mc 15,40), é indicado o desprezo do mundo; em Salomé, que quer dizer "pacífica", mãe de Tiago e de João o Evangelista, é representada a jucundidade da paz. Estas três mulheres são chamadas com um só nome: Maria, que se interpreta "iluminação", porque as três virtudes que representam iluminam a mente na qual moram. Digamos algo de cada uma delas.

Maria Madalena é a humildade da mente, que, enquanto considera a si mesma um nada, lança-se para o alto como uma torre. Por isso, diz Tiago: "O irmão humilde glorie-se de sua exaltação" (Tg 1,9), porque de onde vier a humilhação, dali vem também a exaltação. Desta torre diz-se no Gênesis que Jacó "levantou a sua tenda além da torre do rebanho" (Gn 35,21). Na torre é indicada a humildade, no rebanho a verdadeira simplicidade. Jacó, isto é, o justo, fixa a tenda de sua vida, tenda na qual milita – já que a vida do justo sobre a terra é uma guerra (cf. Jó 7,1) –, além da torre do rebanho, porque se mantém constantemente na humildade, que é a mãe da verdadeira simplicidade. E observa o que se diz "além da torre" e não na torre, porque, enquanto vive cá embaixo, o justo tem de si mesmo um conceito muito mais modesto do que é na realidade.

Da Madalena diz João: "Maria conservava-se na parte de fora do sepulcro, chorando. Enquanto chorava, inclinou-se e olhou para dentro do sepulcro, e viu dois anjos vestidos de branco sentados no lugar onde fora posto o corpo de Jesus, um à cabeceira e outro aos pés" (Jo 20,11-12).

Presta atenção a cada palavra. O sepulcro, em latim chamado *monumentum*, monumento, porque admoesta a mente a recordar-se do falecido, está a significar o pensamento de nossa morte, o pensamento de nossa sepultura: e estes pensamentos nos exortam a doer-nos na nossa mente e a persistir nas obras de penitência.

"Maria conservava-se na parte de fora do sepulcro", porque o humilde é assíduo no pensamento de sua morte, para que, quando ela vier, o encontre vigilante (cf. Lc 12,37). E como se conservava no sepulcro? Fora, chorando. Fora, não dentro. Fora não mais existe senão "pranto e grande lamento". Raquel – nome que significa "ovelha" – isto é, a alma simples do penitente, "chora seus filhos", isto é, suas obras que, por causa do pecado, estavam mortas, "e não quer ser consolada porque já não existem" (Mt 2,18), assim vive como o eram antes de serem mortas pelo pecado. Ai de mim!, quão fácil é a descida, e quão difícil, porém, é a subida! Em pouco tempo destrói-se aquilo que se construiu em longo tempo (Catão).

"Enquanto continuava a chorar, inclinou-se e olhou para dentro do sepulcro." Eis a verdadeira humildade do penitente. Presta atenção a estas três palavras: chorava, inclinou-se, olhou. Chorava, eis a contrição; inclinou-se, eis a confissão; olhou, eis a satisfação (a obra penitencial), para a qual se empenha seriamente, quando volve o olhar para o momento, isto é, quando pensa na sua morte.

"E viu dois anjos." Estes dois anjos – anjo significa "mensageiro" – representam em sentido moral o nosso miserável ingresso na vida e a nossa amarga partida. Nós, que somos o corpo de Cristo, procuramos ter estes dois anjos, um à cabeceira e um aos pés de nossa vida, enquanto meditamos sobre a nossa miserável entrada e saída dela. Justamente são chamados anjos, porque nos anunciam a caducidade do nosso corpo e a inutilidade deste mundo.

Estes são os dois anjos que, como se diz no Gênesis, "fizeram Lot sair de Sodoma e lhe disseram: Salva a tua vida; não te voltes para trás e não te detenhas em nenhum lugar ao redor. Salva-te sobre o monte para não perecer com todos os outros" (Gn 19,17). Quem meditar atentamente sobre sua entrada e sobre sua saída desta vida, sairia logo de Sodoma, isto é, do fedor do mundo e do pecado e salvaria sua alma; não se voltaria para trás, isto é, não retornaria aos pecados passados; e não pararia em lugar algum ao redor: detém-se ao redor aquele que depois de ter abandonado o pecado não cuida de fugir também das ocasiões e das fantasias do pecado; mas salvar-se-ia sobre o monte, isto é, numa vida perfeita. Eis, pois, que justamente na Madalena é indicada a humildade.

4. Felizmente, a Madalena é acompanhada por Maria, mãe de Tiago, cujo nome se interpreta "suplantadora". Ela representa o desprezo do mundo, pelo qual alguém pisa sob os pés, como barro, todas as coisas transitórias e lança fora o fermento da [má] conduta precedente. De fato, na epístola de hoje, o Apóstolo diz: "Purificai-vos do velho fermento, para que sejais uma nova massa, assim como sois *ázimos* [puros]. Porquanto Cristo, nossa Páscoa, foi imolado" (1Cor 5,7).

Fermento, em latim *fermentum*, deriva de *fervor*, ou fervura. Depois da primeira hora não é mais possível freá-lo, porque crescendo transborda e ultrapassa qualquer medida; em grego se chama *zyma* (do qual vem *ázimo*, sem fermento e, portanto, *puro*). Na "sequência" composta por Adão de São Vítor, diz-se: "Seja expurgado o velho fermento, a fim de que seja anunciada com coração sincero a nova ressurreição". O fermento, ou levedura, representa a cobiça das coisas terrenas e a concupiscência dos desejos carnais que, quando começam a ferver, excedem toda a medida; de fato, o avarento jamais se sacia de dinheiro, nem o luxurioso nunca é pago com o prazer dos sentidos.

De fato, diz Isaías: "Os ímpios, isto é, os avarentos e os luxuriosos, são como um mar agitado, que não pode se acalmar, e cujas ondas se elevam para produzir lodo e barro. Não há paz para os ímpios, diz o Senhor Deus" (Is 57,20-21). As ondas do mar fervente e tempestuoso representam os desejos do homem perverso, que aviltam sua alma e miseramente a reduzem a lodo e barro, no qual os porcos, isto é, os demônios, prazerosamente se instalam. Lançai fora, pois, o velho fermento! Por isso, no Êxodo, o Senhor ordena: "Durante sete dias não se achará fermento em vossas casas; e todo aquele que comer algo fermentado fará perecer sua alma da terra de Israel" (Ex 12,19). Durante sete dias, isto é, por todo o tempo de nossa vida, que se passa como que no espaço de sete dias, não se encontre em vossas casas, isto é, nos vossos corações, nada de fermentado, isto é, ardente de mundana e carnal concupiscência. Diversamente, a alma daquele que o tiver comido perecerá da terra de Israel, isto é, da vida eterna, na qual veremos Deus face a face (cf. 1Cor 13,12). "Lançai fora, pois, o velho fermento, para serdes massa nova, porque sois puros."

Lemos no Êxodo: "O povo tomou, pois, a farinha amassada, antes que se levedasse; e, envolvendo-a nas capas, o povo a pôs aos ombros" (Ex 12,34). E pouco depois: "Cozeram a farinha que tinham levado do Egito já amassada; fizeram dela pães ázimos, cozidos sob a cinza" (Ex 12,39). Nessa citação há três coisas a serem notadas: a contrição, a confissão e a satisfação. A farinha, chamada assim de *farro* (trigo), que é o alimento dos enfermos, representa a penitência, que é o alimento dos pecadores: devemos amassá-la com a água da contrição e envolvê-la nas capas, isto é, na nossa consciência, com o vínculo da confissão e levá-la sobre os nossos ombros com as obras penitenciais da satisfação. Essa farinha, para que não fermente, devemos cozinhá-la com o fogo, isto é, com o amor do Espírito Santo e fazer dela como que pães cozidos sob a cinza, viático de nossa condição mortal, pães ázimos da sinceridade e da verdade (cf. 1Cor 5,8), vivendo na sinceridade em relação a nós, e na verdade em relação a Deus e ao próximo.

5. "Cristo nossa Páscoa foi imolado." Segundo Agostinho, páscoa não deriva seu nome de "paixão", mas de "passagem", porque naquele dia *passou* através do Egito o anjo exterminador, figura do Senhor que veio libertar o seu povo. Com o mesmo nome (páscoa) indicavam o Cordeiro, que neste dia teria *passado* deste mundo para o Pai. E observa que *páscoa* é chamado o cordeiro e também a hora da tarde na qual o cordeiro foi morto, isto é, a décima quarta lua do mês; e se diz também "dias dos ázimos", que iam da décima quinta lua ao vigésimo primeiro dia do mesmo mês. Mas os evangelistas trocam indiferentemente dias dos ázimos por páscoa, e páscoa por dias dos ázimos. De fato, Lucas escreve: "Aproximava-se a festa dos ázimos, chamada Páscoa" (Lc 22,1). "Cristo, nossa Páscoa, pois, foi imolado." Por isso, nesta solenidade pascal, comemos este Cordeiro "queimado" por nós sobre a cruz, imolado ao Pai para a reconciliação do gênero humano; comemo-lo com as ervas selvagens, como foi ordenado aos filhos de Israel, quer dizer, com a dor e a contrição do coração.

Disse o Senhor: "Cingireis os vossos rins, tereis as sandálias nos pés, os bastões na mão, e comereis com pressa; porque é a Páscoa, isto é, a passagem do Senhor" (Ex 12,11). Presta atenção a estas três palavras: os rins, as sandálias, o bastão.

Os rins, em latim *renes*; os rins são assim chamados porque deles nascem como que riachos (latim: *rivi*) de líquido repugnante. De fato, as veias e as vísceras segregam nos rins um humor leve que, libertado depois pelos próprios rins, desce excitando os sentidos. A secreção dos rins é quente, e os rins são circundados de muita gordura: com justiça, pois, diz o Senhor: Cingireis os vossos rins (os *rins*, os flancos), isto é, reprimireis com a mortificação da carne o ardor da luxúria.

As sandálias representam os exemplos dos santos, com os quais devemos proteger os pés, isto é, os afetos da mente, para estarmos em condições de caminhar com toda a segurança sobre as serpentes, isto é, as sugestões do diabo, e sobre os escorpiões, quer dizer, sobre as falsas promessas do mundo.

O bastão nas mãos representa as palavras da pregação traduzidas na prática das obras.

Portanto, quem quiser receber dignamente o corpo do Senhor, cinja os flancos com o cinto da castidade, fortifique os afetos da mente com os exemplos dos santos e traduza as palavras em obras: assim, com os verdadeiros israelitas, celebre a verdadeira páscoa, para passar deste mundo para o Pai (cf. Jo 13,1). Dessa passagem disse o Filósofo: O mundo é como uma ponte: passa-se por cima sem parar. E um outro: o mundo é uma ponte insegura, o seu ingresso é o seio da mãe e sua saída será a morte. Ótima coisa é, pois, edificar a torre da humildade com Maria Madalena, e suplantar, isto é, desprezar o mundo, junto com Maria, mãe de Tiago.

6. A estas duas Marias acrescenta-se a terceira, isto é, Salomé, que é "a abundância da paz". Dela diz Salomão: "De três coisas se compraz o meu espírito, pois têm a aprovação de Deus e dos homens: a concórdia entre os irmãos, o amor dos próximos e o marido e a mulher que se dão bem entre si" (Eclo 25,1-2). Dessa tríplice paz nasce o júbilo de Deus e de seus anjos, e a alegria para os homens. "Ó quão bom [diz o profeta] e quão suave é viverem os irmãos em união" (Sl 132,1).

Portanto, "Maria Madalena, Maria, mãe de Tiago e Salomé compraram os aromas para irem embalsamar o corpo de Jesus". Escreve Lucas: "As mulheres que tinham ido da Galileia com Jesus observaram atentamente o sepulcro e de que modo o corpo de Jesus fora nele depositado. Voltando, prepararam os aromas e os bálsamos. No sábado, observaram o repouso, segundo a lei" (Lc 23,55-56).

Comentando Mateus (Mt 28,1), a *Glosa* diz: Era ordenado que o silêncio do sábado fosse observado de véspera a véspera; portanto, sepultado o Senhor, enquanto ainda era permitido o trabalho – isto é, no dia da parasceve [sexta-feira] até o pôr do sol – as piedosas mulheres ocuparam-se na preparação dos vários unguentos. E já que, pelo pouco tempo à disposição, não conseguiram completar os preparativos, passado o sábado, isto é, ao pôr-do-sol, quando de novo era permitido o trabalho, logo apressaram-se a comprar os aromas para, na manhã seguinte, estarem prontas a ir embalsamar o corpo de Jesus. Essas piedosas mulheres apressavam-se: empenhavam-se em preparar os unguentos como se esforçam as abelhas em produzir o mel e a cera.

Diz a *História natural* que as várias atividades das abelhas são bem distintas entre elas, já que algumas produzem a cera e outras o mel; algumas trazem água, outras recolhem o mel e outras ainda o prensam; algumas saem para o trabalho ao raiar do dia e outras repousam até que *uma* as acorda. Então, todas juntas voam para fora a trabalhar. Nesta abelha que desperta as outras que estão dormindo, eu vejo representada a Bem-aventurada Madalena, que, por arder em grande amor, solicitava vivamente que as outras preparassem os unguentos. A Virgem Maria, porém, depois que seu filho Jesus foi deposto no sepulcro, nunca se afastou, como afirmam alguns, mas permaneceu sempre ali a vigiar em lágrimas, até que por primeiro o viu ressurgir: por isso os fiéis festejam o dia de sábado em sua honra.

7. A seu exemplo, as almas fiéis, iluminadas pelo esplendor da humildade, da pobreza e da paz, comprem, com o dinheiro da boa vontade, marcado com a imagem do imperador (cf. Mt 22,19-21), os aromas dos quais diz Moisés: "Toma aromas: mirra escolhida e virgem, cinamomo, cana odorífera, cássia e azeite de

oliveira; farás com isso um óleo santo para as unções, e um bálsamo composto segundo a arte de um perfumador. Ungirás com ele o tabernáculo do testemunho, a arca do testamento, a mesa com os seus vasos, o candelabro e os seus acessórios, o altar dos perfumes e o altar dos holocaustos" (Ex 30,23-28). Na mirra virgem e escolhida é indicada a devoção da mente, para a qual devemos tender mais do que para tudo o mais; no cinamomo, que é de cor cinza, é indicado o pensamento da morte; na cana odorífera, a melodia da confissão; na cássia, que tem seu *habitat* em lugares úmidos e cresce muito alta, é indicada a fé, que se nutre nas águas do batismo e se lança para o alto por meio do amor; no óleo de oliveira é indicada a misericórdia do coração. Com estes cinco elementos devemos preparar o unguento sagrado que nos santifica, confeccionado com a arte do perfumador, isto é, do Espírito Santo.

Com este unguento devem ser ungidas estas cinco coisas: a tenda do testemunho, isto é, os pobres de Cristo, os quais, marcados com o caráter de sua pobreza, enquanto estiverem neste mundo, estão como que no exílio, distantes do Senhor; a arca da aliança, isto é, aqueles que carregam a arca da obediência sobre o carro novo, quer dizer, num coração e num corpo renovados pela penitência; a mesa com os seus vasos, isto é, aqueles que apresentam a todos os doze pães, que é a doutrina dos doze apóstolos, com um pouco de incenso, que é a humildade e a devoção da mente, e a patena de ouro, quer dizer, a luz do amor fraterno; o candelabro e seus acessórios, isto é, todos os santos prelados da Igreja, que não escondem o candelabro de sua dignidade sob o alqueire, isto é, sob o lucro material, mas o põem sobre o monte de uma vida verdadeiramente santa, para que ilumine e mostre o caminho a todos aqueles que estão em casa (cf. Mt 5,15), isto é, na Igreja; e isso valha não só para o candelabro, mas também para seus acessórios, quer dizer, para todos aqueles que têm dignidades menores; e finalmente os dois altares do holocausto e do incenso. No altar do holocausto são indicados os ativos, aqueles que se dedicam totalmente às necessidades do próximo; enquanto no altar do incenso são indicados os contemplativos, que experimentam a suavidade das doçuras celestes.

Portanto, com este unguento, confeccionado por obra do Espírito Santo, devem ser ungidos todos aqueles que temos nomeado, que são os membros de Jesus Cristo, crucificados sobre a cruz da penitência, mortos para o mundo, distantes da agitação dos homens, porque fechados no sepulcro da frequentação das coisas celestes.

8. "Maria Madalena, Maria, mãe de Tiago e Salomé compraram os aromas para irem embalsamar o corpo de Jesus. E de manhã cedo, no primeiro dia após o sábado, chegaram ao sepulcro quando o sol já havia nascido" (Mc 16,1-2).

Mateus escreve assim: "Passado o sábado, ao amanhecer do primeiro dia da semana, Maria Madalena e a outra Maria foram visitar o sepulcro" (Mt 28,1). E Lucas: "No primeiro dia da semana, foram muito cedo ao sepulcro, levando os aromas que tinham preparado" (Lc 24,1). E João: "No primeiro dia da semana, Maria Madalena foi ao sepulcro, de manhã, quando ainda era escuro" (Jo 20,1).

Portanto, Marcos diz: "de manhã cedo", e disso não se afasta de Lucas e de João. Mateus, porém, falando da primeira parte da noite, isto é, da tarde, quer indicar a noite, no fim da qual [quer dizer, de manhã] dirigiram-se ao sepulcro. Deves, pois, entender suas palavras deste modo: Foram ao sepulcro à tarde, isto é, na noite que começa quando termina a luz, pois o crepúsculo não é a primeira, mas a última parte da noite. Portanto, na tarde do sábado, isto é, no início da noite depois do sábado; certamente começaram a encaminhar-se à tarde, para preparar os aromas, mas chegaram nos primeiros albores do dia: aquilo que Mateus, por causa da brevidade, diz de modo pouco claro, os outros, porém, dizem-no explicitamente.

E eis o **sentido moral**. "De manhã cedo, no primeiro dia depois do sábado." De amanhã, isto é, nos inícios da graça, sem a qual na alma existe a noite. Diz o profeta: "De manhã estarei na tua presença" (Sl 5,5), direito e ereto, como direito e ereto tu me fizeste. No primeiro dia depois do sábado, as almas santas vão ao sepulcro, porque se o ânimo não desiste de preocupar-se com as coisas temporais, não se aproxima de Deus. Diz o Senhor por boca de Jeremias: "Cuidai das vossas almas, e não queirais transportar cargas no dia de sábado, nem as introduzais pelas portas de Jerusalém" (Jr 17,21). Sábado interpreta-se "repouso"; Jerusalém é a alma e as portas são os cinco sentidos do corpo. Portanto, carregam cargas no dia de sábado e as introduzem pelas portas de Jerusalém aqueles que, implicados nos afazeres das coisas temporais, através das portas dos cinco sentido introduzem na alma a carga dos pecados, a bagagem das preocupações deste mundo e, portanto, não protegem a alma do pecado. As almas fiéis, porém, evitado qualquer zumbido das moscas do Egito (cf. Is 7,18), "no primeiro dia depois do sábado dirigem-se ao sepulcro".

II – A REMOÇÃO DA PEDRA À PORTA DO SEPULCRO

9. "E diziam entre si: Quem nos há de revolver a pedra da porta do sepulcro? Mas, olhando, viram revolvida a pedra, que era muito grande!" (Mc 16,3-4).

Sentido alegórico. A remoção da pedra recorda-nos a revelação dos sagrados mistérios de Cristo, que estavam cobertos pelo véu da letra da lei. De fato, a lei estava escrita na pedra e, removida a sua cobertura, foi manifestada a glória da ressureição, e começou a ser proclamada em todo o mundo a abolição da morte antiga e a vida sem fim, na qual nos fora concedido esperar.

Sentido moral. A pedra é removida quando, por meio da graça, é tirado o peso do pecado. Quando isso acontecer, e como deva comportar-se o homem para que isso se realize nele, é dito no Gênesis: Era costume que, quando todas as ovelhas estavam reunidas, seria removida a pedra da boca do poço (cf. Gn 29,3). Portanto, se queres que seja removida a pedra do pecado, que te impede de reerguer-te, reúne ao redor de Cristo as ovelhas, quer dizer, os bons pensamentos. E continua o Gênesis: "E eis que Raquel chegava com as ovelhas de seu pai, porque ela pastoreava o rebanho" (Gn 29,9). Raquel, que se interpreta "ovelha", pastoreia as ovelhas, porque o homem simples nutre pensamentos honestos.

Assim também, em sentido moral, vai ao sepulcro aquele que se propõe fazer penitência em algum mosteiro ou numa ordem religiosa. Mas considerando a grandeza e o peso da pedra, quer dizer, as dificuldades da vida religiosa, diz consigo: Quem me removerá a pedra da porta do sepulcro? Grande e pesada é a pedra, difícil é o ingresso, difíceis as longas vigílias, os frequentes jejuns, a escassez do alimento, a rudeza da veste, a severa disciplina, a pobreza voluntária, a obediência pronta: e quem me removerá esta pedra da porta do sepulcro?

Ó mentes efeminadas, aproximai-vos e olhai, não sejais desconfiados, e vereis que a pedra já está removida. "Um anjo – diz Mateus – desceu do céu e removeu a pedra e sentou-se sobre ela" (Mt 28,2). O anjo é a graça do Espírito Santo que remove a pedra da porta do sepulcro, sustenta a nossa fragilidade, mitiga toda aspereza e adoça com o bálsamo de seu amor qualquer amargura. O cavalo, diz o profeta – isto é, a boa vontade –, é preparado para a batalha, mas é o Senhor quem dá a salvação (cf. Pr 21,31). "Nada é difícil para quem ama" (Bernardo).

III – A VISÃO DO ANJO

10. "Entrando no sepulcro, viram um jovem sentado do lado direito, vestido de uma túnica branca, e ficaram muito assustadas" (Mc 16,5).

Sentido moral. O sepulcro representa a vida contemplativa na qual o homem, morto para o mundo, sepulta-se no escondimento. Diz Jó: "Entrarás com abundância no sepulcro, como se recolhe um monte de trigo a seu tempo" (Jó 5,26). Soprada a palha das coisas temporais, saindo do mundo, na abundância da graça divina, o justo entra no sepulcro da vida contemplativa, na qual é posto de lado como um monte de trigo, já que sua alma se recolhe com celeste doçura na contemplação. Ele, entrando no sepulcro, vê um jovem sentado do lado direito, coberto com uma veste cândida.

O "jovem", assim chamado porque pronto a "servir" (ajudar), é o Filho de Deus, que como um jovem nos ajuda e está sempre pronto a ajudar. Corretamente se diz: "Estava sentado do lado direito". Diz-se direita, como para dizer "dando fora" (latim: *dextera, dans extra*). Ele nos ajudou de modo maravilhoso quando deu a nós a divindade e assumiu a nossa humanidade, para que nós, que estávamos *fora*, estivéssemos *dentro*; para que nós entrássemos, ele saiu e se cobriu da veste cândida, isto é, da carne humana, mas sem mancha alguma. Diz o Bem-aventurado Bernardo: "Depois de todos os benefícios, quis ser traspassado do lado direito, para mostrar-nos que somente do lado direito quis preparar-nos um lugar à direita".

O justo, que sai do mundo e entra no sepulcro, deve ver, deve contemplar este "jovem" na maneira indicada pelo Bem-aventurado Bernardo: "Como o animal que é preparado para o trabalho, assim o jovem aprendiz de Cristo deve ser instruído sobre a maneira de aproximar-se de Deus, para que Deus se aproxime dele. Deve ser exortado a dirigir-se, com a máxima pureza de coração possível, àquele ao qual apresenta a oferta de sua oração. Quanto mais vê e compreende aquele ao qual faz sua oferta, tanto mais arderá de amor por ele, e a própria compreensão transformar-se-á em amor; e quanto mais for dele enamorado, tanto mais compreenderá se aquilo que lhe oferece é verdadeiramente digno de Deus e se nele terá algum proveito.

Todavia, àquele que reza ou medita deste modo, será melhor e mais seguro propor a imagem da humanidade do Senhor, de sua natividade, de sua paixão e ressurreição, para que o espírito fraco, que não sabe pensar senão na matéria e nas coisas materiais, encontre algo sobre o qual fixar-se com olhar de piedade e ao qual apegar-se, segundo suas disposições.

Aquilo que se lê em Jó, que o homem, se se detém a considerar sua natureza, não pecará (cf. Jó 5,24), é dito certamente em referência ao mediador Cristo, e significa: quando o homem dirige a ele o olhar de sua inteligência, considerando em Deus a natureza humana, jamais se afasta da verdade, e enquanto por meio da fé não separa Deus do homem, aprende no fim a reconhecer no homem seu Deus.

Com tudo isso, no ânimo dos pobres de espírito e dos filhos de Deus mais simples, o sentimento é, em geral, tanto mais suave, quanto mais se aproxima da natureza humana. Num segundo momento, porém, quando a fé se transforma em afeto, acolhendo no centro do seu coração, com o doce abraço do amor, Cristo Jesus, homem perfeito assumido pelo homem, e verdadeiro Deus enquanto Deus que assume, começam a conhecê-lo já não segundo a carne, embora não possam ainda pensá-lo plenamente Deus segundo Deus e bendizendo-o em seu coração, amam oferecer-lhe seus votos" (GUIGO [O CERTOSINO]. *Epístolas*) e seus aromas, junto com as santas mulheres, das quais exatamente se diz: "Entrando no sepulcro, viram um jovem sentado ao lado direito" etc.

IV – A RESSURREIÇÃO DE JESUS CRISTO

11. "O jovem disse-lhes: Não temais! Buscais a Jesus Nazareno, o crucificado: ressuscitou, não está aqui; eis o lugar onde o depositaram. Mas ide, dizei a seus discípulos e a Pedro que ele vos precederá na Galileia, lá o vereis, como ele vos disse" (Mc 16,6-7). "Desapareceu a amarga raiz da cruz, desabrochou a flor da vida com seus frutos." "Quem jazia na morte ressurgiu na glória." "De manhã ressurgiu, quem à tarde fora sepultado", para que se cumprisse a palavra do salmo: "De tarde estaremos em lágrimas, e de manhã em alegria!" (Sl 29,6).

Portanto, Jesus foi sepultado no sexto dia da semana, que se chama parasceve; ao pôr-do-sol, antes que começasse o sábado; na noite seguinte, no dia de sábado com a noite seguinte permaneceu depositado no sepulcro; no terceiro dia, isto é, na manhã do primeiro dia depois do sábado, ressuscitou. Permaneceu no sepulcro exatamente um dia e duas noites, porque uniu a luz de sua única morte às trevas de nossa dupla morte. De fato, nós éramos escravos da morte da alma [vida natural] e do espírito [vida espiritual]. Ele sofreu por nós uma única morte, a da carne, e assim nos libertou da nossa dupla morte. Uniu sua única morte à nossa dupla morte, e morrendo destruiu a ambas.

Lemos no evangelho que o Senhor, depois da ressurreição, apareceu a seus discípulos bem dez vezes, das quais as primeiras cinco no próprio dia da ressurreição.

A primeira vez apareceu a Maria Madalena, a segunda, às mulheres que voltavam do sepulcro, a terceira, a Pedro, segundo o que afirma Lucas: "Na verdade o Senhor ressuscitou e apareceu a Simão" (Lc 24,34); a quarta vez apareceu aos dois discípulos que se dirigiam a Emaús; a quinta, aos dez apóstolos no cenáculo estando fechadas as portas, na ausência de Tomé. A sexta vez reapareceu aos discípulos, oito dias depois, presente também Tomé; a sétima vez apareceu a sete discípulos que estavam pescando; a oitava foi sobre o Monte Tabor, onde o Senhor havia estabelecido que todos se reunissem para esperá-lo: e assim, antes de sua ascensão aparece oito vezes; e no dia da ascensão apareceu outras duas vezes, isto é, enquanto os Onze estavam comendo no cenáculo, por isso Lucas diz: "Estando à mesa com eles, ordenou-lhes que não se afastassem de Jerusalém" (At 1,4). Depois mostrou-se novamente após a refeição: os onze apóstolos e outros discípulos, a Virgem Maria, com outras mulheres, dirigiram-se ao Monte das Oliveiras, onde apareceu-lhes o Senhor e "enquanto eles estavam olhando, ele se elevou para o alto e uma nuvem o ocultou aos seus olhos" (At 1,9). Vejamos qual seja o significado moral destas dez aparições.

12. *1*. Apareceu a Maria Madalena. De fato, à alma penitente aparece a graça de Deus, antes que aos outros. Diz-se no Êxodo: "Apareceu no deserto o maná, uma coisa miúda e como que pisada num pilão, semelhante à geada que se forma sobre a terra" (Ex 16,14). No deserto, isto é, naquele que faz penitência, aparece o maná da graça divina, quebrada na contrição, pisada no pilão da confissão, semelhante à geada na obra penitencial da satisfação.

2. Apareceu às mulheres que voltavam da visita ao sepulcro. De fato, o Senhor aparece àqueles que retornam do sepulcro, isto é, saem de sua miseranda morte espiritual e consideram o lacrimoso ingresso de seu nascimento. Lemos no Gênesis: "E o Senhor apareceu a Abraão no Vale de Mambré, quando ele estava sentado à porta de sua tenda, no maior calor do dia" (Gn 18,1). Abraão é o justo, o vale é a dupla humildade; Mambré interpreta-se "esplendor"; a tenda representa o corpo, o ingresso da tenda, o ingresso e a saída da vida; a hora mais quente do dia representa o arrependimento da alma. O Senhor aparece, pois, ao justo que se mantém na dupla humildade do coração e do corpo, a qual conduz ao esplendor da glória celeste; ao justo que está sentado no ingresso de sua tenda, isto é, que medita sobre o nascimento de seu corpo e sobre sua morte: e deve meditar tudo isso no fervor do arrependimento.

3. Apareceu a Pedro. Jeremias escreve: "O Senhor me apareceu [e me disse]: Eu te amei com amor eterno; por isso, compadeci-me de ti e te atraí a mim; de novo te edificarei" (Jr 31,3-4). Diz Pedro: O Senhor ressuscitado da morte apareceu a mim, a mim penitente, a mim amargamente choroso! E responde o Senhor: "Amei-te com amor eterno". De fato, "voltando-se, o Senhor olhou para Pedro" (Lc 22,61). Olhou-o porque o amava; portanto, com a corda do amor "atraí-te a mim com misericórdia". Diz Agostinho: Não quis vingar-se dos pecadores aquele que deseja conceder o perdão a quem se arrepende. "E de novo te edificarei", reconduzir-te-ei à dignidade do apostolado: "Ide e dizei aos seus discípulos e a Pedro". Comenta

Gregório: "Pedro é chamado pelo nome, para que não se desespere por sua tríplice negação. De fato, se o anjo não o tivesse indicado pelo nome, ele, que chegara a negar o Mestre, não teria mais ousado retornar para o meio dos discípulos".

4. Apareceu aos dois discípulos que se dirigiam a Emaús. Emaús interpreta-se "desejo de conselho", do conselho dado pelo Senhor que disse: "Se queres ser perfeito, vai, vende tudo o que tens e dá-o aos pobres" (Mt 19,21). Os dois discípulos representam os dois mandamentos da caridade: o amor a Deus e ao próximo. Àquele que tem a caridade e que deseja ser pobre como Cristo, o Senhor aparece. Lê-se no Gênesis que Isaac subiu a Bersabeia, onde lhe apareceu o Senhor (cf. Gn 26,23-24). Bersabeia interpreta-se "poço que sacia" e nele são representadas a caridade e a pobreza que saciam a alma: quem tem estas duas virtudes "não terá sede para sempre" (Jo 4,13).

5. Apareceu aos dez discípulos reunidos juntos [no cenáculo] estando fechadas as portas. Quando os discípulos, isto é, os sentimentos da razão, estão reunidos juntos por um objetivo, e as portas dos cinco sentido estão fechadas à vaidade, então certamente aparece na mente a graça do Espírito Santo. Lê-se em Lucas: A Zacarias "tendo entrado no templo do Senhor apareceu o anjo do Senhor, posto de pé ao lado direito do altar do incenso" (Lc 1,9.11). Quando Zacarias, que se interpreta "memória do Senhor" – quer dizer, homem justo, porque respondeu ao Senhor no tesouro de sua memória –, quando Zacarias entra no templo do Senhor, isto é, na sua consciência, na qual o Senhor mora, então o anjo do Senhor, isto é, a graça do Espírito Santo, aparece-lhe, ilumina-o, posto de pé à direita do altar do incenso. O altar do incenso representa a compunção da mente; a direita é a reta intenção. Portanto a graça do Senhor está à direita do altar do incenso, porque aprova aquela compunção, louva e agrada-lhe aquele incenso que o justo faz subir da reta intenção da mente.

13. 6. Oito dias depois da ressurreição, apareceu aos discípulos, quando com eles estava também Tomé, de cujo coração extirpou qualquer dúvida. De fato, quando estivermos no oitavo dia da ressurreição final, o Senhor eliminará de nós qualquer sinal de dúvida e qualquer mancha de mortalidade e de enfermidade. Diz Isaías: "A luz da lua será como a luz do sol, e a luz do sol será sete vezes mais intensa, como seria a luz de sete dias juntos, no dia em que o Senhor atar a ferida do seu povo e curar o golpe de sua chaga" (Is 30,26). Presta atenção a estas duas palavras: ferida e chaga. A ferida refere-se à alma, a chaga, ao corpo. Na ferida é representado o pensamento impuro da alma, na chaga, a morte do corpo. Mas no dia da ressurreição final, quando o sol e a lua – como diz Isidoro no *Livro das criaturas* – receberão a recompensa de seu esforço, porque o sol fulgurará e arderá imóvel no Oriente sete vezes mais do que agora, de modo a atormentar aqueles que estão no inferno, e a lua, parada no Ocidente, terá o esplendor que o sol tem hoje, então, verdadeiramente, o Senhor curará a ferida de nossa alma, porque, como diz o profeta, nenhum animal, isto é, nenhum pensamento mau, passará por Jerusalém (cf. Is 35,9). Antes, como diz João no Apocalipse, "a cidade [quer dizer, a nossa alma] será como ouro puríssimo semelhante ao límpido

cristal" (Ap 21,18). O que há de mais brilhante do que o ouro, de mais luminoso do que o cristal? E eu vos pergunto: na ressurreição final o que existirá de mais brilhante e de mais luminoso do que a alma do homem glorificado? Então o Senhor curará a lividez da nossa chaga – da qual somos atingidos pela desobediência dos nossos progenitores –, e este corpo mortal vestir-se-á de imortalidade e este corpo corruptível será revestido de incorruptibilidade (cf. 1Cor 15,53-54).

Na ressurreição final, o "jardim do Senhor", isto é, nosso corpo glorificado, será irrigado por quatro rios: o Fison, o Geon, o Tigre e o Eufrates; isto é, será dotado de quatro prerrogativas: a luminosidade, a sutilidade, a agilidade e a imortalidade. Fison interpreta-se "mudança de aspecto", Geon, "peito", Tigre, "flecha", Eufrates, "fértil" (cf. Gn 2,10-14). No Fison é indicado o esplendor da ressurreição: de nossa grande feiura e obscuridade seremos transformados como num sol. De fato, diz-se: "Os justos resplendecerão como o sol..." (Mt 13,43). No Geon é indicada a sutileza; de fato, como o peito do homem não se despedaça, não é lesado, não se abre nem tem algum sofrimento quando do coração saem os pensamentos (cf. Mt 15,19), assim o corpo glorificado será dotado de tão grande sutileza que nada será para ele impenetrável; e, todavia, será inviolável, incindível, compacto e sólido, como o foi o corpo glorificado de Cristo, que entrou junto aos apóstolos [no cenáculo] com as portas fechadas (cf. Jo 20,26). No Tigre é indicada a agilidade, que é eficazmente representada pela velocidade da flecha. No Eufrates é indicada a imortalidade, na qual seremos inebriados pela abundância da casa de Deus (cf. Sl 35,9): plantados nela como a árvore da vida no centro do paraíso terrestre, daremos frutos. Serão os frutos da eterna saciedade, por causa dos quais nunca mais sentiremos fome.

14. *7*. A seguir, apareceu aos sete discípulos que estavam pescando. A pesca representa a pregação e àqueles que a ela se dedicam certamente aparece o Senhor. De fato, está escrito no Livro dos Números que sobre Moisés e Aarão "apareceu a glória do Senhor. E o Senhor falou a Moisés, dizendo: Toma a vara e junta o povo, tu e Aarão, teu irmão e falai ao rochedo na presença deles e ele dará águas. Depois que tiverdes feito sair água do rochedo, beberá toda a multidão e os seus animais" (Nm 20,6-8). Nesta passagem, Moisés representa o pregador. Aarão interpreta-se "forte monte", no qual são indicadas duas coisas: a santidade da vida e a constância da fortaleza. Sem este irmão, Moisés nunca deve mover-se. O Senhor lhe disse: Toma a vara da pregação e reúne o povo, tu e Aarão teu irmão, sem o qual o povo nunca é reunido com proveito, porque quando se despreza a conduta de uma pessoa, despreza-se também a sua pregação; e falai ao rochedo, isto é, ao coração endurecido do pecador, e aquele rochedo fará brotar as águas da compunção. E com justiça se diz "falai", e não "fala". De fato, se falar somente a boca, e a vida está muda, jamais poderá fazer sair água do rochedo. O Senhor amaldiçoou a figueira na qual não encontrou frutos, mas só folhas (cf. Mt 21,19; Mc 11,13-14): de folhas foram revestidos os progenitores expulsos do paraíso terrestre (cf. Gn 3,7). Falem, pois, Moisés e Aarão, e brotará a água, e beberão a multidão do povo e todos os animais: tanto os clérigos como os

PÁSCOA DO SENHOR (1)   185

leigos quanto os espirituais como os viciados saciar-se-ão com a água da compunção. Esta é a *multidão* da qual João diz: "Lançaram a rede e já não podiam tirá-la, por causa da grande quantidade [multidão] de peixes" (Jo 21,6).

15. *8. Depois apareceu aos Onze sobre um monte da Galileia* (cf. Mt 28,16-17). Galileia interpreta-se "transmigração", e indica a penitência com a qual se efetua uma transmigração, quando o homem da margem do pecado mortal, através da ponte da confissão, passa para a margem da obra penitencial da satisfação. Portanto, o Senhor aparece sobre um monte da Galileia, isto é, na perfeita penitência; aparece aos onze discípulos, isto é, aos penitentes que justamente são em número de onze, porque onze foram as telas de lã de cabra com os quais foi coberta a parte superior da tenda do testemunho, como está escrito no Êxodo (cf. Ex 26,7). Nas telas de lã de cabra são indicadas duas coisas: o rigor da penitência e o fedor do pecado, do qual os penitentes confessam terem sido escravos. Com estas telas é coberta a parte superior da tenda, isto é, da Igreja militante: elas retém o ardor do sol, suportam o peso do dia e do calor (cf. Mt 20,12); protegem as cortinas tecidas de linho, de seda, de púrpura e de escarlate pintado duas vezes; estas cortinas representam os fiéis da Igreja, ornados com o linho da castidade, com a seda da contemplação, com a púrpura da paixão do Senhor, com o escarlate pintado duas vezes, quer dizer, decorado com o duplo mandamento da caridade. E as onze telas os protegem da inundação das chuvas, isto é, da obstinação dos hereges; do turbilhão, que é a sugestão diabólica; da sujeira do pó, quer dizer, da vaidade do mundo. Eis, pois, como o Senhor apareceu aos onze discípulos.

Daí que Jacó fala assim no Gênesis: "O Deus onipotente apareceu-me em Lusa, que é na terra de Canaã" (Gn 48,3). Lusa interpreta-se "amendoeira", e indica a penitência, na qual, como na amêndoa, há três elementos: a cortiça amarga, a casca sólida, a semente doce. Na cortiça amarga é indicada a amargura da penitência, na casa sólida, a constância da perseverança e na semente doce, a esperança do perdão.

Apareceu, pois, o Senhor em Lusa, que se encontra na terra de Canaã e se interpreta "mudança". A verdadeira penitência, com efeito, é aquela pela qual o homem passa da esquerda para a direita, e com os onze discípulos transmigra para o Monte da Galileia, onde aparece o Senhor.

9. Apareceu ainda o Senhor aos Onze enquanto estavam à mesa – como relata Marcos (cf. Mc 16,14) – no próprio dia de sua ascensão ao céu, quando, enquanto comia com eles, precisa Lucas, ordenou que não se afastassem de Jerusalém (cf. At 1,4). O Senhor, pois, aparece àqueles que, no cenáculo da sua mente, libertam-se das preocupações deste mundo, nutrem-se com o pão das lágrimas na recordação de seus pecados e com a experiência da doçura celeste. Diz o Gênesis: "O Senhor apareceu a Isaac e lhe disse: Não vás ao Egito, mas fica na terra que eu te indicar, e habita nela como estrangeiro: eu estarei contigo e te abençoarei" (Gn 26,2-3). Três coisas o Senhor ordena ao justo: não descer ao Egito, isto é, não mergulhar no afã das coisas do mundo, onde se fabricam os tijolos com o barro da luxúria, com a água da avareza e com a palha da soberba; ficar para repousar na terra de sua consciência; e em todos

PÁSCOA DO SENHOR (1)

os dias de sua vida, que são como um combate contínuo (cf. Jó 14,14), se considere somente um peregrino. E assim, o Senhor estará com ele e o abençoará com a bênção de sua direita.

16. *10.* E finalmente apareceu novamente aos Onze, como relata Lucas, quando "os conduziu para fora da cidade em direção a Betânia, isto é, ao Monte das Oliveiras, e levantando as suas mãos, abençoou-os" (Lc 24,50); "elevou-se à vista deles e uma nuvem o ocultou aos seus olhos" (At 1,9). O Senhor aparece àqueles que estão no Monte das Oliveiras, isto é, da misericórdia. Com efeito, diz-se no Êxodo: "O Senhor apareceu a Moisés numa chama de fogo no meio de uma sarça; e [Moisés] via que a sarça ardia sem se consumir" (Ex 3,2). A Moisés, isto é, ao homem misericordioso, aparece o Senhor na chama de fogo, quer dizer, enquanto participa dos sofrimentos dos outros. Mas de onde brota esta chama? Do meio da sarça, isto é, do pobre, espinhoso, atribulado, esfomeado, nu, sofredor; e o justo, traspassado pelo espinho daquela pobreza, arde de compaixão para depois usar com ele de misericórdia. E assim poderá constatar que a sarça, isto é, o pobre, arderá com maior devoção e não se consumirá na sua pobreza.

Coragem, pois, caríssimos irmãos, que estais aqui reunidos para festejar a Páscoa da Ressurreição; eu vos suplico que compreis com o dinheiro da boa vontade, junto com as piedosas mulheres, os aromas das virtudes, com os quais possais ungir os membros de Cristo com a amabilidade da palavra e com o perfume do bom exemplo; suplico-vos, pensando na vossa morte, que cheguieis e entreis no sepulcro da celeste contemplação, na qual vereis o anjo do Eterno Conselho, o Filho de Deus, sentado à direita do Pai. Na ressurreição final, quando vier para julgar o mundo no fogo, ele se revelará a vós, não digo dez vezes, mas para sempre: para sempre e nos séculos dos séculos o vereis como ele é, com ele gozareis, com ele reinareis.

Digne-se conceder-nos tudo isso aquele que ressuscitou da morte: a ele seja a honra e a glória, o domínio e o poder nos céus e sobre a terra pelos séculos eternos.

E cada fiel, neste dia de alegria pascal, exclame: Amém, Aleluia!

A RESSURREIÇÃO DO SENHOR (2)

1. "A amendoeira florescerá, o gafanhoto engordará e a alcaparra se extinguirá" (Ecl 12,5).

EXÓRDIO – NA RESSURREIÇÃO A HUMANIDADE DE CRISTO FLORESCEU COMO A VARA DE AARÃO

2. Lemos no Livro dos Números que a vara de Aarão germinou e floresceu e, desenvolvidas as folhas, produziu amêndoas (cf. Nm 17,8).

Aarão, sumo pontífice, é figura de Cristo, que não entrou no santuário com sangue de bodes e de bezerros, mas com o próprio sangue (cf. Hb 9,12); este é o pontífice que "fez de si uma ponte", para que através dele pudéssemos passar da margem da mortalidade para a da imortalidade: hoje sua vara floresceu.

A vara é sua humanidade, da qual se diz: "O Senhor fará sair de Sião a vara do teu poder" (Sl 109,2): de fato, a humanidade de Cristo, por meio da qual a divindade exercia seu poder, teve origem em Sião, isto é, no povo judaico, "porque [diz-se no evangelho] a salvação, isto é, o Salvador, vem dos judeus" (Jo 4,22).

Esta vara permaneceu quase árida no sepulcro por três dias e três noites; mas depois floresceu e produziu fruto, porque ressuscitou e nos trouxe o fruto da imortalidade.

I – SERMÃO ALEGÓRICO

3. "A amendoeira florescerá." Gregório diz que a amendoeira é a primeira de todas as árvores a lançar as flores; e o Apóstolo diz que Cristo é o primogênito daqueles que ressuscitam dos mortos (cf. Cl 1,18), porque ressurgiu por primeiro.

Observa que a pena infligida ao homem era dupla: a morte da alma e a do corpo: "Em qualquer dia que comeres [disse o Senhor] morrerás indubitavelmente" (Gn 2,17), da morte da alma: e não poderás subtrair-te à lei da morte. De fato, outra tradução diz com maior precisão: "tornar-te-ás mortal". Veio o nosso samaritano, Jesus Cristo, e sobre esta dupla ferida derramou vinho e óleo (cf. Lc 10,34), para que com a efusão de seu sangue destruísse a morte de nossa alma. Com efeito, diz Oseias: "Eu os livrarei do poder da morte, eu os resgatarei da morte. Ó morte, eu hei de ser a tua morte; ó inferno, eu hei de ser a tua destruição!" (Os 13,14). Do inferno tomou uma parte e uma parte a deixou, à maneira daquele que morde, e com sua ressurreição aboliu a lei da morte, pois deu a esperança de ressurgir: "E não haverá mais morte" (Ap 21,4).

A ressurreição de Cristo está representada no óleo, que boia sobre todos os líquidos. O júbilo provado pelos apóstolos na ressurreição de Cristo superou qualquer outro júbilo por eles experimentado, quando ele ainda estava com eles no seu corpo mortal. E também a glorificação dos corpos superará qualquer outro júbilo: "Os discípulos alegraram-se ao ver o Senhor" (Jo 20,20).

4. "E o gafanhoto engordará." No gafanhoto é representada a Igreja primitiva, que, com a flor da ressurreição do Senhor, se engrandeceu e foi tomada de maravilhosa alegria. De fato, Lucas escreve: "Não crendo eles ainda e estando fora de si com a alegria, disse-lhes: Tendes aqui alguma coisa que se coma? Eles apresentaram-lhe uma posta de peixe assado e um favo de mel" (Lc 24,41-42). O peixe assado é figura do nosso Mediador que sofreu a paixão, foi preso com o laço da morte nas águas do gênero humano, e assado, por assim dizer, no tempo da paixão; ele é para nós também o favo de mel, por motivo da ressurreição, que hoje celebramos. O favo apresenta o mel na cera, e isso representa a divindade revestida da humanidade. E nesta mistura de cera e de mel indica-se que Cristo acolhe na eterna tranquilidade, no seu corpo, aqueles que quando sofrem tribulações por Deus não desfalecem no amor da eterna doçura. Aqueles que cá embaixo, por assim dizer, são assados pela tribulação, serão saciados lá em cima pela verdadeira doçura.

Observa que "hoje o Senhor apareceu cinco vezes": primeiro a Maria Madalena (Mt 16,9; cf. Jo 20,14-18), depois, de novo a ela enquanto estava junto com outros, quando corria para dar a notícia aos discípulos (cf. Mt 28,9); depois a Pedro (cf. Lc 23,34); a seguir a Cléofas e ao seu companheiro [enquanto iam a Emaús] (cf. Lc 24,14-31); e por fim aos discípulos, estando fechadas as portas, depois do retorno dos dois discípulos de Emaús (cf. Lc 24,36-39; Jo 20,19-23). Eis, pois, de que modo o gafanhoto engordou com a flor da amendoeira, quer dizer, de que modo a Igreja primitiva foi alegrada pela ressurreição do Senhor.

Quando o sol queima, o gafanhoto faz saltos e voos; assim a Igreja primitiva, no dia de Pentecostes, quando o Espírito Santo a inflamou, fez em todo o mundo os saltos e os voos da pregação. "Em toda a terra difundiu-se o som de sua voz" (Sl 18,5). Assim, tendo-se a Igreja engrandecido, "foi extinguida a alcaparra", que é uma plantinha que se agarra à pedra, e representa a sinagoga, à qual tem sido dada a lei escrita sobre a pedra, para mostrar sua dureza, e sempre permaneceu agarrada a ela. "Este é um povo de dura cerviz" (Ex 34,9).

Quanto mais a Igreja crescia, tanto mais a sinagoga desagregava-se. Concorda com isso aquilo que se lê no Segundo livro dos Reis: "Houve, pois, uma longa guerra entre a casa de Saul e a casa de Davi, adiantando-se Davi e fortificando-se cada vez mais, enquanto que a casa de Saul decaía todos os dias" (2Sm 3,1). A casa de Davi é a Igreja; a casa de Saul, que se interpreta "aquele que abusa", representa a sinagoga, que, tendo abusado dos dons especiais de Deus, recebeu o libelo de repúdio e abandonou o tálamo do esposo legítimo. Quão foi longo o dissídio entre a Igreja e a sinagoga, é demonstrado pelos Atos dos Apóstolos. A Igreja crescia porque "cada dia o Senhor acrescentava a ela aqueles que eram salvos" (At 2,47). A sinagoga, porém, diminuía cada dia. Daí que Oseias diz: "Chama-o de Não-meu-povo, porque vós já não sois meu povo e eu não serei o vosso Deus"; e ainda: "Esquecer-me-ei totalmente deles; compadecer-me-ei, porém, da casa de Judá" (Os 1,9.6-7), isto é, da Igreja.

A Jesus Cristo, pois, honra e glória nos séculos. Amém.

II – SERMÃO MORAL

5. "Florescerá a amendoeira" etc. Agora veremos o que significam, em sentido moral, a amendoeira, o gafanhoto e a alcaparra. Nestas três entidades estão representadas a generosidade da esmola, a consolação do pobre, a destruição da avareza.

Generosidade da esmola. "A amendoeira florescerá", isto é, o esmoleiro. A ele diz Isaías: "De manhã florescerá a tua semente" (Is 17,11). A semente é a esmola que, de manhã, isto é, tempestivamente, deve florescer na mão do cristão antes de qualquer outra atividade material, como a amendoeira floresce antes das outras árvores.

Observa que na flor existem três elementos: a cor, o perfume e a promessa do fruto. Com a cor alegra-se a vista, com o perfume delicia-se o olfato, com o fruto satisfaz-se o gosto. Assim é com a esmola: na sua cor restaura-se, por assim dizer, a vista do pobre, que tem o olho dirigido para a mão de quem doa. De fato, Pedro, junto com João, disse ao coxo: "Olha para nós! Então ele os olhou, na esperança de receber deles alguma coisa" (At 3,4-5).

E aqui, não sem desgosto, devemos denunciar aquilo que fazem os prelados da Igreja e os grandes deste mundo: eles fazem esperar por longo tempo à sua porta os pobres de Cristo, que imploram e pedem a esmola com voz lacrimosa e, finalmente, só depois que eles se fartaram muito bem e não raras vezes embriagados, mandam que se lhes dê alguma sobra de sua mesa e as lavagens da cozinha. Por certo, Jó não se comportava assim, amendoeira que florescia há tempo e que diz: "Jamais neguei aos pobres o que pediam, nem fiz esperar os olhos da viúva; nunca comi sozinho o meu bocado sem que o órfão também comesse o seu. Porque desde a minha infância cresceu comigo a piedade e a comiseração" (Jó 31,16-18). E isso o dizia falando do alimento. Ouça o que diz do vestido: "Jamais desprezei um peregrino porque não tinha de que vestir-se, e um pobre que não tinha de que cobrir-se: abençoaram-me os seus membros e com a lã das minhas ovelhas se aqueceu" (Jó 31,19-20).

Igualmente o perfume da esmola edifica o próximo, porque recebe dela o bom exemplo e glorifica a Deus, enquanto o espírito daquele que dá se consola na esperança de receber seu fruto na vida eterna.

6. Consolação do pobre. "O gafanhoto engorda." Naum diz que "no tempo de frio os gafanhotos refugiam-se nas sebes" (Na 3,17). Assim os pobres, no rigor da pobreza que os angustia, literalmente refugiam-se junto às sebes, pedindo esmola aos passantes, como leprosos, rejeitados pelos homens. Ou também: as sebes, nas quais existem ramos pontudos e espinhos, representam as pontadas, as dores e as doenças dos pobres. Eis quanto sofrimento! E por isso, quanto é necessária a consolação! O gafanhoto engorda com a flor, o pobre é consolado com a esmola. Por isso Jó diz: "A bênção do que estava a perecer vinha sobre mim, e consolei o coração da viúva" (Jó 29,13). E o Senhor por boca de Isaías: "Aqui é o meu descanso, reparai as forças do que está fatigado; e este é o meu refrigério, e eles não quiseram ouvir-me" (Is 28,12). E, portanto, também eles, quando gritarem: "Senhor, Senhor, abre-nos!" (Mt 25,11), não serão ouvidos. Agora, na pessoa de seus pobres, o Senhor está à porta e bate (cf. Ap 3,20): ser-lhe-á aberto quando o pobre for saciado. Saciedade do pobre, repouso de Cristo. O que tiverdes feito a um destes meus irmãos mais pequeninos, a mim o fizestes (cf. Mt 25,40).

E observa que diz "engordará" (*impinguabitur*, engordará). A gordura tem algo em comum com o ar e o fogo: por isso boia sobre a água, porque o ar que existe nela a sustem. Igualmente a consolação do pobre participa do ar da devoção que ele recebe em relação a si mesmo; e do fogo da caridade que tu dás em relação a ti. A devoção o eleva para que reze por ti. De fato, é dito: Repõe a esmola no seio do pobre e ela rogará por ti (cf. Eclo 29,15), a fim de que te sejam perdoados os pecados, para que tua mente seja iluminada pela graça e te seja dada a vida eterna.

7. Destruição da avareza. "A alcaparra se extinguirá." A raiz da alcaparra agarra-se à pedra, na qual é representada a dureza do avarento, que não se enternece diante das misérias dos pobres. O avarento é como Nabal, do qual se diz no Primeiro livro dos Reis que era "um homem duro e muito mau". Os mensageiros de Davi lhe disseram: "Viemos a ti em muito boa ocasião: dá a teus servos e a Davi, teu filho, qualquer coisa que tiveres à mão. Ele lhes respondeu: Quem é Davi? E quem é o filho de Jessé? Hoje são numerosos os servos que fogem aos seus senhores. Pegarei eu, portanto, o meu pão, a minha água e a carne dos animais que matei para os que tosquiam minhas ovelhas, e dá-los-ei a homens que não sei de onde são?" (1Sm 25,3-11). Esta é também a resposta do avarento aos pobres de Cristo, que pedem esmola: ele não dá nada a eles, antes blasfema e os envergonha. Por isso, sucede-lhe o que segue: "Seu coração ficou como morto interiormente e ele tornou-se como uma pedra" (1Sm 25,37). É isso que acontece ao avarento quando lhe é subtraída a graça e é privado de entranhas de misericórdia.

Feliz, porém, aquele que tira de si o coração de pedra e toma um coração de carne (cf. Ez 11,19), que, ferido pelas misérias dos pobres, sofre com eles para que sua compaixão se torne seu sustento e seu sustento marque a destruição de sua avareza. Se alguém tivesse em seu pomar uma árvore estéril, será que não a arrancaria e em seu lugar plantaria uma outra em condições de dar fruto? A avareza é a árvore estéril!

Para que ocupa a terra? Corta-a! (cf. Lc 13,7), arranca-a, e em seu lugar planta a esmola, que possa dar-te fruto para a vida eterna.

Isso te conceda aquele que é bendito nos séculos. Amém.

III – SERMÃO MORAL

8. "A amendoeira florescerá." Aqui são indicadas três coisas: a honestidade da vida, a doçura da contemplação e a extinção da luxúria. Vejamos brevemente cada uma delas.

A honestidade da vida. Lemos no Livro de Daniel: "Eu, Nabucodonosor, estava tranquilo em minha casa e feliz no meu palácio" (Dn 4,1). O que devemos entender por "casa" senão a consciência? E o que por "palácio" senão a segurança da consciência e a confiança que provém da segurança? De fato, também o palácio é uma casa, mas nem todas as casas podem chamar-se palácio. O palácio é uma espécie de casa sólida, alta, real. Se na casa devemos ver representada a consciência, justamente por palácio devemos entender a segurança da consciência. Portanto, senta-se tranquilo na sua casa aquele ao qual a consciência não remorde. Uma adequada reparação e penitência pelos pecados passados e uma vigilante atenção para evitá-los no futuro tornam a consciência tranquila. Está, pois, tranquilo em sua casa aquele ao qual a consciência não remorde, nem pelas culpas passadas nem por aquelas presentes. Estava verdadeiramente tranquilo em sua casa aquele que dizia com sinceridade: "Meu coração nada me reprova em toda a minha vida" (Jó 27,6). Tranquilo estava em sua casa aquele que pôde dizer com sinceridade: "De nada me sinto culpado" (1Cor 4,4). Naquele tempo estava verdadeiramente tranquilo em casa e prosperava no seu palácio, quando dizia: "A nossa glória [mérito] é esta: o testemunho da nossa consciência" (2Cor 1,12).

E já que na flor está a esperança do fruto, justamente na flor é representada a perspectiva segura dos bens futuros. E já que a flor é de alguma forma o início dos frutos futuros, por flor entende-se ao menos uma mudança e uma renovação no esforço de progredir. Portanto, na flor está representada a segura perspectiva dos bens futuros, ou também um renovado esforço em adquirir méritos. Por isso, prospera verdadeiramente em seu palácio aquele que, no testemunho de sua boa consciência, espera com certeza a coroa de glória, e nesse meio-tempo, com o salto e com o voo da contemplação, preliba sua doçura.

9. A doçura da contemplação: "O gafanhoto engordará", o qual, quando o sol queima, costuma dar saltos e voar pelo ar, quase diria, com uma certa alegria. Assim, sem dúvida, também a alma santa, quando é excitada em si mesma por um certo aplauso interior de sua alegria, quando é estimulada a superar a si mesma com a elevação da mente, quando está totalmente absorvida pelas coisas celestes, quando está totalmente imersa nas visões angélicas, parece exatamente que tenha superado os limites de suas possibilidades naturais. Por isso, diz o profeta: "Os montes saltarão como carneiros e as colinas como cordeiros de um rebanho" (Sl 113,4). Quem não vê que

vai além da natureza, ou antes, é contra a natureza, que os montes ou as colinas, à semelhança de carneiros ou de cordeiros que brincam, deem saltos para o alto, e que a terra se separe da terra e se equilibre no vazio? Mas não se mantém talvez suspensa terra sobre terra quando um homem quer colocar-se acima de outro homem, enquanto, porém, a voz do Senhor o admoesta dizendo-lhe: "És pó e ao pó voltarás"? (Gn 3,19). Portanto, quando a alma se eleva com a elevação da mente, é saciada pela doçura da contemplação.

Lemos no Cântico dos Cânticos: "Quem é esta que sobe do deserto inebriada de delícias, apoiada sobre o seu amado?" (Ct 8,5). Do deserto, a alma sobe para a contemplação, quando abandona todas as coisas inferiores e, penetrando até o céu, com a devoção imerge-se totalmente nas coisas divinas; e é verdadeiramente inebriada de delícias quando se alegra na plenitude do júbilo espiritual e se revigora na abundância das delícias interiores que lhe são dadas pelo céu e nela copiosamente infusas. A alma apoia-se no seu amado quando nada presume de suas forças, nada atribui a seus méritos, mas tudo à graça do seu amado: "Na realidade foi ele que nos fez, e não nós a nós mesmos" (Sl 99,3). E Isaías: "Tu fizeste para nós todas as nossas obras" (Is 26,12). E qual seja a utilidade desta "engorda" do gafanhoto, é expressamente dito por aquilo que segue.

10. A extinção da luxúria: "A alcaparra se extinguirá". Isto se refere aos rins; e já que na zona dos rins tem sede a luxúria, na alcaparra é indicada a luxúria, que é destruída quando a alma é enchida pela doçura [da contemplação] acima descrita. De fato, Daniel diz: "Tendo eu ficado sozinho, vi esta grande visão; e não ficou em mim vigor algum, mudou-se o meu semblante, caí desfalecido e perdi todas as forças" (Dn 10,8). E Jó: "A minha alma prefere um fim violento, e os meus ossos, a morte. Perdi a esperança, não viverei mais" (Jó 7,15-16). Eis de que maneira é destruída a alcaparra. "Daniel, o homem dos desejos" (Dn 10,11) representa o contemplativo que permanece sozinho quando despreza todas as coisas exteriores e com a corda do amor amarra-se à doçura da contemplação, e então, com a mente iluminada, vê a grande visão, mas que ainda não pode compreender, já que cá embaixo é contemplada através de um espelho, como em enigma, não ainda face a face (cf. 1Cor 13,12).

Quando a alma é iluminada e elevada dessa maneira, desfalece a força do corpo, o rosto torna-se pálido, a carne é prostrada e não se importa com os prazeres do corpo e do tempo presente, nos quais já não quer absolutamente viver, como fazia antes, pois já não é mais ela que vive, mas vive nela a vida de Cristo (cf. Gl 2,20), que é bendito nos séculos. Amém.

IV – SERMÃO ANAGÓGICO (MÍSTICO)

11. "A amendoeira florescerá, o gafanhoto engordará, a alcaparra se extinguirá." Nestas três comparações são misticamente indicadas a ressurreição do corpo, a glorificação da alma e a destruição da morte. Tratemos de cada uma delas em breves palavras.

A ressureição do corpo: "A amendoeira florescerá". Em Jó encontramos: "Uma árvore tem esperança: se for cortada, torna a reverdecer e brotam os seus ramos. Se sua raiz envelhecer na terra e morrer o seu tronco no pó, ao cheiro da água reverdecerá [novamente] e fará a copa, como no princípio quando foi plantada" (Jó 14,7-9). Embora a árvore, isto é, o corpo do homem, seja cortado pelo machado da morte, seja envelhecido, decomposto na terra e reduzido a pó, todavia o homem deve ter a esperança que ele reflorescerá, isto é, ressurgirá, e que seus membros tornarão a crescer e que, ao cheio da água, isto é, pela munificência da sabedoria divina, brotará de novo, retornará ao seu esplendor, reconstituirá sua copa no que se refere à imortalidade, como quando foi plantado pela primeira vez no paraíso terrestre.

De fato, a primitiva condição do homem no paraíso terrestre foi a possibilidade de não morrer: mas por causa do pecado lhe foi imposta a pena de não poder não morrer; agora, na eterna felicidade, resta-lhe uma terceira maneira de ser: não poder mais morrer. A amendoeira, pois, florescerá. Diz o salmo: "Refloresceu a minha carne e com todas as minhas forças cantarei seus louvores" (Sl 27,7). Recorda que a carne do homem floresceu no paraíso terrestre antes do pecado, floriu depois do pecado, mas refloresceu na ressurreição de Cristo, "superflorescerá", isto é, florescerá perfeitamente, na ressurreição final.

12. E então "o gafanhoto engordará", quer dizer, a alma será glorificada. "Saciar-me--ei com a visão da tua glória" (Sl 16,15).

E ainda: "Alimentou-os com a flor do trigo e os saciou com mel que sai da rocha" (Sl 80,17). O trigo e a rocha são figura de Cristo, Deus e homem: na miséria da peregrinação terrena é trigo para nós, porque restabelece; é rocha porque acolhe aqueles que se refugiam nele e os defende: "Os penhascos dão abrigo às marmotas" (Sl 103,18), isto é, aos pecadores convertidos; na glória da pátria será para nós flor de trigo e mel da rocha, porque nos nutrirá com o esplendor da sua humanidade e nos saciará com a doçura de sua divindade. De fato, diz Isaías: "Vereis e alegrar-se-á o vosso coração", eis a engorda do gafanhoto; e "os vossos ossos germinarão como erva fresca" (Is 66,14), eis a flor da amendoeira: "Vereis" o esplendor da humanidade, "e o vosso coração se alegrará" com a doçura da divindade.

13. E então, "a alcaparra se extinguirá" Diz o Apóstolo: "Quando este corpo corruptível se vestir de incorruptibilidade e este corpo mortal se revestir de imortalidade, então cumprir-se-á a palavra da Escritura [nas acima citadas passagens de Isaías e de Oseias]: A morte foi tragada pela vitória. Onde está, ó morte, a tua vitória? Onde está, ó morte, o teu aguilhão? O aguilhão da morte é o pecado e a força do pecado é a lei. Portanto, sejam dadas graças a Deus que nos deu a vitória por meio de nosso Senhor Jesus Cristo" (1Cor 15,54-57). Ele é bendito nos séculos. Amém.

OITAVA DA PÁSCOA

Temas do sermão

• Evangelho da oitava da Páscoa: "Na tarde daquele mesmo dia"; evangelho que se divide em cinco partes.

• Primeiramente sermão sobre o pregador e a quem deve pregar: "Eu estava na cidade de Jope (Jafa)".

• Parte I: Sermão contra a prosperidade do mundo: "Não desejei o dia do homem".

• Sermão aos pecadores convertidos: "Na tarde daquele mesmo dia", e "Todo o Monte Sinai fumegava".

• Sermão sobre as portas, que são os cinco sentidos do homem: "E as portas estavam fechadas".

• Parte II: Sermão sobre a tríplice paz, sobre a caridade e sobre a natureza dos elefantes: "Veio Jesus..."

• Parte III: Sermão sobre a absolvição de Deus e do sacerdote, com que procedimento alguém é ressuscitado da morte da alma para a penitência: "Recebei o Espírito Santo", e "Não tenho nem ouro nem prata".

• Parte IV: Sermão para a ressurreição do Senhor: "Naquele dia erguerei a tenda de Davi".

• Parte V: Sermão sobre o leite da misericórdia divina: "Como crianças recém-nascidas", e sobre a castidade dos elefantes.

EXÓRDIO – O PREGADOR E A QUEM DEVE PREGAR

1. Naquele tempo, "Chegada a tarde daquele dia, que era o primeiro após o sábado, e estando fechadas as portas da casa onde os discípulos se achavam reunidos, com medo dos judeus, veio Jesus, pôs-se no meio deles e disse-lhes: A paz esteja convosco!" (Jo 20,19).

Nos Atos dos Apóstolos, Pedro relata: "Eu estava orando na cidade de Jope (Jafa) e vi, em êxtase, esta visão: Descia uma espécie de vaso (envólucro), como um grande lençol, o qual, suspenso pelas quatro pontas, baixava do céu e veio até mim. Fixando eu os olhos nele, examinava-o atentamente, e vi nele animais terrestres, quadrúpedes, feras, répteis e aves do céu. Ouvi também uma voz que me dizia: Levanta-te, Pedro, mata e come" (At 11,5-7).

Em Pedro é representado o pregador, que deve permanecer em oração na cidade de Jope, que se interpreta "beleza", isto é, em união com a Igreja, na qual existe a beleza das virtudes e fora de qual existe só a lepra da infidelidade [falta de fé]. Antes de mais nada, o pregador deve fazer o seguinte: perseverar na oração. À oração segue o êxtase, isto é, a elevação acima das coisas da terra; e no êxtase vê "um vaso, como um grande lençol..." etc. No grande envólucro de linho é indicada a graça da pregação, que justamente é chamada "vaso", porque inebria as mentes dos fiéis com o vinho da compunção; é chamada também "grande lençol de linho" porque limpa os suores das fadigas e repõe o vigor para enfrentar os ataques das paixões. As "quatro pontas" são o ensinamento dos quatro evangelistas; "descia baixada do céu", porque "toda a dádiva excelente e todo o dom perfeito vem do alto" (Tg 1,17). "E veio até mim." Neste fato é indicado de modo particular o privilégio do pregador, ao qual, exatamente pelo céu, é confiada a atarefa da pregação. E neste vaso, neste envólucro misterioso, estão "os quadrúpedes da terra", isto é, os gulosos e os luxuriosos, e "as feras", palavra que soa como *vastiae* (devastadoras), isto é, os traidores e os homicidas; e "os répteis", isto é, os avarentos e os usurários; e "as aves do céu", isto é, os soberbos e todos aqueles que se elevam com as penas da vanglória.

Este vaso é como a rede lançada ao mar, que captura toda espécie de peixes (cf. Mt 13,47); e ao pregador é dito: "Levanta-te, mata e come". Levanta-te para evangelizar; *morra* para o mundo; mortifica e imola, para oferecer sacrifícios a Deus, para que despojados da velhice cheguem à novidade; e come, quer dizer, acolhe na unidade e na comunidade do corpo da Igreja. Dessa unidade e comunidade fala-se precisamente no evangelho de hoje: "Chegada a tarde daquele dia, o primeiro depois do sábado... os discípulos estavam reunidos" etc.

2. Observa que neste evangelho são postos em evidência cinco momentos: Primeiro, a reunião dos discípulos, quando começa com as palavras "Chegada a tarde" etc. Segundo, a tríplice saudação de paz, quando acrescenta: "Veio Jesus, ficou no meio deles e disse: Paz a vós". Terceiro, o poder concedido aos apóstolos de ligar e de desligar: "E dizendo isso, soprou sobre eles" etc. Quarto, a incredulidade de Tomé: "Tomé, um dos Doze, não estava com eles" etc. Quinto, a profissão de fé de Tomé e a confirmação de nossa fé: "Oito dias depois" etc.

Observa ainda que neste domingo se lê a epístola do Bem-aventurado João: "Tudo o que nasceu de Deus, vence o mundo" (1Jo 5,4). Na noite, segundo o uso da igreja romana, se leem os Atos dos Apóstolos. Queremos acenar brevemente a cinco episódios narrados pelos Atos e pô-los em confronto com as cinco partes do evangelho acima reportadas. Os cinco episódios são: Primeiro, a reunião dos apóstolos em Jerusalém: "Então, do Monte das Oliveiras voltaram para Jerusalém". Segundo, onde diz: "Naqueles dias, Pedro erguendo-se no meio dos irmãos" etc. Terceiro, o coxo desde o seio materno, ao qual Pedro disse: "Não tenho nem ouro nem prata" etc. Quarto, a conversão de Saulo. Quinto, o eunuco e o centurião Cornélio.

I – A REUNIÃO DOS DISCÍPULOS

3. "Chegada a tarde daquele dia." Nesta primeira parte deve-se dar atenção a cinco momentos: a tarde. aquele dia, primeiro depois do sábado, as portas fechadas, os discípulos reunidos por medo dos judeus.

O dia (latim: *dies*; sânscrito: *dian*, luminosidade) está a indicar o esplendor (a glória) das vaidades do mundo. Dela diz o Senhor: "Eu não recebo glória dos homens" (Jo 5,41); e Jeremias: "Não desejei o dia dos homens, tu bem o sabes" (Jr 17,16); e Lucas: "E agora neste teu dia", e não meu, se tu conhecesses "o que te pode trazer a paz!" (Lc 19,42), e não a minha; e nos Atos dos Apóstolos: "No dia seguinte, tendo ido Agripa e Berenice com grande pompa" (At 25,23) (latim: *ambitione*), isto é, com uma grande multidão que os rodeava. Por *ambitione* existe em grego – é dito pela *Glosa* – o termo *phantasia* (ostentação).

Agripa interpreta-se "urgente acúmulo", e Berenice, "filha excitada pela elegância". Agripa representa o rico deste mundo, que se apressa em acumular riquezas com a usura e os juramentos falsos: "Vomitará as riquezas que devorou [diz Jó] e Deus as fará expelir do seu ventre" (Jó 20,15). Berenice representa a luxúria da carne, filha do diabo, que se excita com a elegância exterior e faz excitar os outros. Portanto, Agripa e Berenice, isto é, os ricos e os luxuriosos, no dia do fausto mundano procedem com grande ambição, que é só deludente fantasia, já que produz a impressão de ser alguma coisa, quando, enfim, na realidade, não é nada, e quando crê ter conseguido alguma coisa, tudo se dissipa e esvai (cf. Gl 6,3).

"Chegada a tarde daquele dia." A tarde de tal dia é a penitência, na qual o sol do esplendor mundano se muda em trevas e a luz da concupiscência carnal transforma-se em sangue. Nos Atos dos Apóstolos, servindo-se das palavras do Senhor, tomadas de Joel, Pedro diz: "Farei ver prodígios em cima no céu e sinais em baixo na terra, sangue, fogo e vapor de fumaça. O sol se converterá em trevas e a lua, em sangue" (At 2,19-20; cf. Jl 2,30-31).

Sentido alegórico. O Senhor fez prodígios no céu e sobre a terra, quando desceu para a terra por meio do sangue derramado na cruz; no fogo, quando enviou o Espírito Santo sobre os apóstolos; e assim, subiu para o alto a fumaça da compunção. De fato, diz-se nos Atos: "Ficaram compungidos no seu coração e disseram a Pedro e aos outros apóstolos: O que devemos fazer, irmãos? E Pedro: Fazei penitência [disse] e cada um de vós seja batizado em nome de Jesus Cristo" (At 2,37-38).

Sentido moral. No sangue é indicada a maceração da carne, no fogo o ardor da caridade e no vapor da fumaça a compunção do coração. Estes prodígios os faz o Senhor no céu, isto é, no justo, e sobre a terra, quer dizer, no pecador.

4. E com estes três elementos concorda também aquilo que lemos na epístola de hoje: "Três são os que dão testemunho sobre a terra: o espírito, a água e o sangue" (1Jo 5,8).

Sentido alegórico. O espírito é a alma humana, que Cristo exalou na paixão; a água e o sangue brotaram de seu lado, o que não teria podido acontecer se não tivesse havido a verdadeira natureza da carne (do homem).

Sentido moral. O espírito é a caridade, a água, a compunção e o sangue, a maceração da carne. Sobre isso concordam também as palavras do Êxodo: "Todo o Monte Sinai fumegava, porque o Senhor tinha descido sobre ele no meio do fogo, e dele elevava-se a fumaça, como de uma fornalha, e todo o monte causava terror. O som da trombeta ia aumentando pouco a pouco e se espalhava mais ao longe" (Ex 19,18-19). O Monte Sinai representa a mente do penitente, na qual, quando desce o Senhor no fogo da caridade – do qual ele próprio disse: "Vim para trazer fogo sobre a terra" (Lc 12,49) –, todo o monte fumega e dele sai a fumaça da compunção como de uma fornalha, isto é, pelo ardor da mente. E assim, todo o monte incute terror por causa da maceração da carne, ou incute terror aos espíritos imundos. De fato, lemos em Jó: "Ninguém lhe dizia palavra, porque viam que sua dor era terrível!" (Jó 2,13).

"E o som da trombeta", isto é, da confissão, "pouco a pouco tornava-se mais forte e se fazia mais penetrante", porque, quando se confessa, o penitente deve começar pelos pensamentos ilícitos, a seguir passar para as palavras e depois para as obras más.

"O sol mudar-se-á em trevas e a lua, em sangue." O sol muda-se em trevas quando o luxo mundano é obscurecido pelo saco da penitência; e a lua muda-se em sangue quando a concupiscência da carne é reprimida com as macerações, com as vigílias e as abstinências. Justamente, pois, se diz: "Quando veio a tarde daquele dia, o primeiro depois do sábado". E o Senhor diz no Êxodo: "Lembra-te de santificar o sábado" (Ex 20,8).

5. Santifica o dia do sábado aquele que mora na tranquilidade do espírito e se abstém das obras proibidas. "E as portas estavam fechadas." As portas são os cinco sentidos do corpo, que devemos fechar com as fechaduras do amor e do temor de Deus, para que não nos aconteça aquilo que diz Paulo nos Atos dos Apóstolos: "Eu sei que depois da minha partida introduzir-se-ão entre vós lobos arrebatadores, que não pouparão o rebanho" (At 20,29). Paulo interpreta-se "humilde". Quando a humildade desaparecer do coração, os lobos arrebatadores, isto é, os desejos carnais, entram pelas portas dos cinco sentidos e devoram o rebanho dos bons pensamentos.

"Onde estavam reunidos os discípulos por medo dos judeus." Os discípulos são os juízos da razão, que devem reunir-se juntos por medo dos judeus, isto é, dos demônios, para agir de maneira que estes não os possam prejudicar. De fato, diz-se no Cântico dos Cânticos: És bela e formosa, filha de Jerusalém, terrível como um exército em ordem de batalha (cf. Ct 6,3). A alma é a filha da Jerusalém celeste, bela pela fé e formosa pela caridade; ela será também terrível para os espíritos imundos se colocar os juízos da razão e os pensamentos da mente como um exército de soldados em ordem de batalha contra os inimigos.

E sobre esta reunião [dos discípulos] concorda também o que se diz em outra parte dos Atos: "Então voltaram para Jerusalém, do monte chamado das Oliveiras, que está perto de Jerusalém, à distância da jornada de um sábado. Entrados no cenáculo, subiram [ao plano superior] onde permaneciam Pedro, João, Tiago, André, Filipe, Tomé, Bartolomeu, Mateus, Tiago, filho de Alfeu, Simão o Zelota e Judas, irmão de Tiago. Todos estes perseveraram unanimemente em oração, com as mulheres, com Maria, mãe de Jesus, e com os irmãos dele" (At 1,12-14). O Monte das Oliveiras dista uma milha de Jerusalém, o caminho permitido no sábado, isto é, mil passos: no sábado, aos judeus não era lícito caminhar mais. O cenáculo é chamado pela *Glosa* "terceiro teto", e é figura da caridade, da fé consolidada e da esperança. Devemos subir a este cenáculo, permanecer ali com os discípulos e perseverar unânimes na oração, na contemplação e na efusão das lágrimas para sermos dignos de receber a graça do Espírito Santo. Por isso, o Senhor diz: "Permanecei na cidade até que sejais revestidos da virtude do alto" (Lc 24,49).

Portanto, se o dia da glória mundana estiver declinando e se puser na tarde da penitência, na qual, como no sábado, o homem deve desistir das obras más, e as portas dos cinco sentido estiverem fechadas, e todos os discípulos de Cristo, ou seja, os sentimentos do justo, estiverem reunidos juntos, então o Senhor fará aquilo que diz o evangelho prosseguindo na narração.

II – A TRÍPLICE SAUDAÇÃO DE PAZ

6. "Veio Jesus, pôs-se no meio dos discípulos e disse: A paz esteja convosco. Dito isso, mostrou-lhes as mãos e o lado. Alegraram-se, pois, os discípulos ao ver o Senhor. Jesus disse-lhes novamente: A paz esteja convosco. Assim como o Pai me enviou, também eu vos envio a vós" (Jo 20,19-21). Note-se, primeiramente, que neste evangelho por bem três vezes se diz "A paz esteja convosco", por causa da tríplice paz que o Senhor restabeleceu: entre Deus e o homem, reconciliando este último com o Pai por meio de seu sangue; entre o anjo e o homem, assumindo a natureza humana e elevando-a acima dos coros dos anjos; entre o homem e homem, reunindo em si mesmo, pedra angular, o povo dos judeus e aquele dos gentios (*pagãos*).

Observa, também, que na palavra paz, PAX, há três letras que formam uma só sílaba: nisto é representada a Unidade e a Trindade de Deus. No P é indicado o Pai; no A, que é a primeira das *vogais*, é indicado o Filho, que é a *voz* do Pai; no X, que é uma consoante dupla, é indicado o Espírito Santo, que procede de ambos [do Pai e do Filho]. Portanto, quando diz: A paz esteja convosco, recomendou-nos a fé na Unidade e na Trindade.

"Veio, pois, Jesus e pôs-se no meio." O centro é o lugar que compete a Jesus: no céu, no seio da Virgem, na manjedoura do rebanho e no patíbulo da cruz.

No céu, como se diz no Apocalipse: "O Cordeiro que está no meio do trono [isto é, no seio do Pai] guiá-los-á e os levará às fontes das águas da vida" (Ap 7,17), isto é, à saciedade do gáudio celeste.

No seio da Virgem, conforme Isaías: "Exultai e cantai louvores, habitantes de Sião, porque grande é em vosso meio o Santo de Israel" (Is 12,6). Ó Bem-aventurada

Maria, que és figura dos habitantes de Sião, isto é, da Igreja, que, na encarnação do teu Filho pôs o fundamento do edifício de sua fé, exulta com todo o coração, canta com a boca o seu louvor: "A minha alma glorifica o Senhor!" (Lc 1,46), porque o grande, o pequeno e o humilde, o santo e o santificador de Israel está em meio a ti, isto é, no teu seio.

Na manjedoura do rebanho, por isso, Habacuc: "Serás conhecido em meio a dois animais" (Hab 3,2 – *versão dos LXX*). E Isaías: "O boi conhece o seu proprietário e o asno a manjedoura de seu dono" (Is 1,3).

No patíbulo da cruz, daí João: "Crucificaram com ele outros dois, um de um lado, outro do outro lado, e Jesus no meio" (Jo 19,18).

Veio, pois, Jesus e pôs-se no meio. "Eu estou no meio de vós [diz-nos em Lucas] como um que serve" (Lc 22,27). Está no centro de cada coração; está no centro porque dele, como do centro, todos os raios da graça irradiam-se para nós que caminhamos ao redor e nos agitamos na periferia.

7. Com tudo isso concordam as palavras dos Atos dos Apóstolos: "Naqueles dias – como Lucas narra –, levantando-se Pedro no meio dos irmãos (o número das pessoas ali reunidas era de cerca de cento e vinte), disse: "Irmãos..." (At 1,15-16) etc., e tudo aquilo que aconteceu para a eleição de Matias.

Cristo, ressurgido dos mortos, pôs-se no meio dos discípulos; e Pedro, que antes tinha caído, negando-o, levantou-se no meio dos irmãos, indicando com isso a nós que, erguendo-nos do pecado, pomo-nos no meio dos irmãos, porque no centro existe a caridade que se estende tanto ao amigo como ao inimigo. "Veio, pois, Jesus e pôs-se no meio dos discípulos e disse: A paz esteja convosco."

Recorda que existe uma tríplice paz. Primeiro: *a paz do tempo*, da qual está escrito no Terceiro livro dos Reis que "Salomão tinha paz com todos os vizinhos" (1Rs 4,24). Segundo: *a paz do coração*, da qual se diz: "Em paz me deito e logo adormeço" (Sl 4,9); e ainda: "A Igreja estava em paz por toda a Judeia, a Galileia e a Samaria; ela crescia e caminhava no temor do Senhor, cheia do conforto do Espírito Santo" (At 9,31). Judeia interpreta-se "confissão", Galileia, "passagem" e Samaria, "guarda". Portanto, a Igreja, isto é, a alma fiel, encontra a paz nestes três atos: na confissão, na passagem dos vícios para as virtudes, na guarda do preceito divino e da graça recebida. E desse modo cresce e caminha de virtude em virtude no temor do Senhor: não um temor servil, mas um afetuoso temor filial; e em cada tribulação está repleta da consolação do Espírito Santo. Terceiro: *a paz da eternidade*, da qual diz o salmo: "Foi ele que estabeleceu a paz nas tuas fronteiras" (Sl 147,14).

A primeira paz deves tê-la com o próximo, a segunda contigo mesmo, e assim, na oitava da ressurreição, terás também a terceira paz, com Deus no céu. Põe-te, pois, no meio e terás a paz com o próximo. Se não estiveres no meio não poderás ter a paz. De fato, nas "circunferências" não existe paz nem tranquilidade, antes movimento e volubilidade.

Diz-se dos elefantes que, quando devem enfrentar um combate, têm um cuidado especial com os feridos: de fato, eles os fecham no centro do grupo, junto com os mais fracos. Assim também tu, acolhe no centro da caridade o próximo, fraco e ferido. Como fez aquele guarda do cárcere, do qual se fala nos Atos dos Apóstolos, que levou à parte Paulo e Silas naquela mesma hora da noite, lavou-lhes as feridas, conduziu-os para sua casa, preparou-lhes a mesa e ficou cheio de alegria com toda a sua família por haver acreditado em Deus (cf. At 16,33-34).

8. Portanto, "Jesus pôs-se no meio dos discípulos e disse-lhes: A paz esteja convosco. Dito isso, mostrou-lhes as mãos e o lado". Lucas escreve que Jesus disse: "Olhai para as minhas mãos e pés, porque sou eu mesmo!" (Lc 24,39).

Na minha opinião, o Senhor mostrou aos apóstolos as mãos, o lado e os pés por quatro motivos. Primeiro, para demonstrar que havia verdadeiramente ressuscitado e, assim, tirar-nos qualquer dúvida. Segundo, para que a pomba, isto é, a Igreja, ou também a alma fiel, fizesse o ninho em suas chagas, como se fossem profundas aberturas, e assim pudesse esconder-se da vista do gavião que trama insídias para raptá-la. Terceiro, para imprimir em nossos corações os sinais distintivos de sua paixão. Quarto, mostrou-os para que também nós, participando de sua paixão, não o pregássemos mais à cruz com os pregos dos pecados. Mostrou-nos, pois, as mãos e o lado dizendo: Eis as mãos que vos plasmaram, como estão traspassadas pelos pregos; eis o lado, do qual vós fiéis, minha Igreja, fostes gerados, como Eva foi procriada do lado de Adão; eis como foi aberto pela lança para abrir-vos a porta do paraíso, fechada pela espada flamejante do querubim. A virtude do sangue brotado do lado de Cristo, afastou o anjo e tornou inócua a sua espada e a água apagou o fogo.

Não queirais, pois, crucificar-me novamente e profanar o sangue da aliança, no qual fostes santificados e ultrajar o Espírito da graça. Se prestares bem atenção a estas coisas e as ouvires, terás paz contigo mesmo, ó homem. Portanto, após lhes ter mostrado as mãos e o lado, o Senhor disse de novo: "A paz esteja convosco. Como o Pai me enviou" para a paixão, apesar do amor que tem por mim, assim também eu, com o mesmo amor, "envio a vós" ao encontro dos sofrimentos para os quais o Pai me enviou.

III – O PODER DADO AOS APÓSTOLOS DE LIGAR E DE DESLIGAR

9. "Dito isto, soprou sobre eles e disse: Recebei o Espírito Santo. Àqueles aos quais perdoardes os pecados, ser-lhes-ão perdoados; àqueles aos quais não os perdoardes, não serão perdoados" (Jo 20,22-23). O sopro de Cristo indicou que o Espírito Santo não era somente Espírito do Pai, mas também seu. Diz Gregório: "O Espírito foi enviado à terra para que seja amado o próximo; foi enviado do céu para que Deus seja amado". Disse: "Recebei o Espírito Santo: àqueles aos quais perdoardes os pecados...", isto é, àqueles que julgardes dignos de perdão, com as duas chaves do poder e do juízo, quer dizer, com a aplicação do poder e do juízo; entende-se: observando as modalidades e a ordem do poder de ligar e de desligar.

Vejamos, pois, de que modo o sacerdote perdoa os pecados e absolve o pecador. Alguém peca mortalmente: imediatamente torna-se digno da geena, amarrado com a corrente da morte eterna. Mas depois se arrepende e, verdadeiramente contrito, promete confessar-se. Logo o Senhor o liberta da culpa e da morte eterna, que, por força da contrição, transforma-se na pena do purgatório. E a contrição poderia ser tão grande como na Madalena e no bom ladrão, que, se aquele pecador morresse, voaria imediatamente para o céu. Vai ao sacerdote e se confessa; o sacerdote impõe-lhe uma penitência temporária, em virtude da qual também a pena do purgatório pode ser expiada nesta vida: e se a tiver cumprido como deve, voará para a glória. Desse modo, Deus e o sacerdote perdoam e absolvem.

E com isso concorda aquilo que lemos nos Atos dos Apóstolos, onde Pedro diz [ao coxo]: "Não tenho prata nem ouro, mas aquilo que tenho, isso te dou: Em nome de Jesus Cristo, o Nazareno, levanta-te e anda. E tomando-o pela mão direita, levantou-o; e imediatamente seus pés e seus tornozelos se consolidaram. E dando um salto, pôs-se de pé e andava. E entrou com eles no templo de Jerusalém" (At 3,6-8).

O Bem-aventurado Bernardo, escrevendo ao Papa Eugênio, diz: "Medita sobre a herança que te deixaram teus pais: os escritos do testador não estabelecem nada de todos estes bens. Ouve a voz do teu predecessor que diz: Não tenho prata nem ouro. É verdade – diz a *Glosa* – que a primeira tenda [a primeira aliança] tinha prescrições econômicas referentes ao culto e seu santuário terreno distinguia-se pela grande quantidade de ouro e de prata (cf. Hb 9,1); mas o sangue do evangelho resplandece mais precioso do que os metais da lei, porque o povo, que jazia enfermo diante das portas douradas, somente em nome de Cristo crucificado entra no templo celeste". E Jerônimo: "Se queres recordar ouro e prata na Igreja, recorda também o sangue derramado, que aos antigos era lícito possuir, porque a eles eram prometidas estas coisas. Agora, porém, o Cristo pobre santificou a pobreza em seu corpo e aos seus prometeu não bens temporais, mas os bens celestes".

"Em nome de Jesus Cristo..." Eis o caminho para a perfeição: primeiro, aquele que jazia, levanta-se; segundo, toma o caminho da virtude, e assim com os apóstolos entra pela porta do reino. Presta atenção às palavras: "levanta-te" por meio da contrição; "anda" por meio da confissão; e assim "tomando-o pela mão direita, levantou-o", isto é, absolveu-o e o despediu em paz.

Também aqui concordam as palavras dos Atos dos Apóstolos, onde se lê que Pedro "encontrou em Lida um homem chamado Eneias, que havia oito anos jazia num leito, porque era paralítico. E Pedro lhe disse: Eneias, Jesus Cristo te cura! Levanta-te e arruma tu mesmo a tua cama. E imediatamente se levantou" (At 9,33-34). Eneias interpreta-se "pobre" ou "miserável" e representa o pecador que se encontra em pecado mortal, pobre de virtude e na miséria, porque escravo do diabo. Este, como um paralítico, jaz no leito da concupiscência carnal, devastado em todos os seus membros: a ele o representante de Pedro deve dizer: "Eneias", pobre e miserável, Jesus Cristo te cure! Levanta-te", com a contrição, e "arruma o leito" com a confissão. "Tu, não um outro, arruma o leito." "E logo se levantou", liberto de qualquer laço de pecado.

Outra concordância: "Pedro disse: Tabita, levanta-te! E ela abriu os olhos. Ele lhe deu a mão e a levantou" (At 9,40-41). Tabita interpreta-se "dammula" (gazela) (cf. At 9,36), e o animal é chamado assim porque foge da mão (latim: *dammula, de manu*), é assustado e medroso, uma espécie de cabra selvagem. Representa a alma do pecador, medrosa e preguiçosa, que foge da mão do Pai celeste. A ela é dito: Levanta-te com a contrição; e então abre os olhos com a confissão, e se detém, humilhando-se com a penitência, e, portanto, põe-se de pé em virtude da absolvição de todos os seus pecados.

Conceda-nos esta absolvição o verdadeiro sacerdote e sumo pontífice Jesus Cristo, que é bendito nos séculos dos séculos. Amém.

IV – A INCREDULIDADE DE TOMÉ

10. "Tomé, um dos Doze, chamado Dídimo (gêmeo), não estava com eles quando Jesus veio. Então, os outros discípulos lhe disseram: Nós vimos o Senhor. Mas ele lhes disse: Se não vir nas suas mãos a abertura dos cravos e não puser o meu dedo no lugar dos cravos, e não puser a minha mão no seu lado, não creio (Jo 20,34-35). Tomé interpreta-se "abismo", porque duvidando conseguiu um conhecimento mais profundo e assim sentiu-se mais seguro. Dídimo é um termo grego que significa "duplo", portanto, *dúbio, duvidoso* (cético). Não por acaso, mas por disposição divina, Tomé estava ausente e não quis crer naquilo que ouvia contar. Ó disposição divina! Ó santa dúvida do discípulo! "Se não vir nas suas mãos..." Desejava ver reedificado o tabernáculo de Davi, que caíra, e do qual o Senhor, por boca de Amós, diz: "Naquele dia levantarei o tabernáculo de Davi, que caiu, repararei as brechas dos seus muros" (Am 9,11).

Em Davi, que se interpreta "de mão forte", devemos ver a divindade; no tabernáculo o corpo do próprio Cristo, no qual, como num tabernáculo, habitou a divindade: tabernáculo que caiu com a paixão e com a morte. Por brechas dos muros entendem-se as feridas das mãos, dos pés e do lado: O Senhor os *reedificou* na sua ressurreição. Deles diz Tomé: Se não vir nas suas mãos as aberturas..." O Senhor misericordioso não quis abandonar na sua honesta dúvida aquele discípulo, que se tornaria um vaso de eleição: tirou-lhe misericordiosamente qualquer escuridão, qualquer sombra de dúvida, como a seguir teria tirado a Saulo a cegueira da infidelidade.

E eis exatamente a concordância nos Atos dos Apóstolos. Diz Ananias: "Saulo, meu irmão, o Senhor Jesus, que te apareceu no caminho por onde vinhas, enviou-me para que recuperes a vista e fiques cheio do Espírito Santo. Imediatamente caíram-lhe dos olhos umas como escamas e recuperou a vista. Levantando-se, foi batizado. Depois que tomou alimento, recuperou as forças" (At 9,17-19). Assim, realizou-se a profecia de Isaías (Is 65,25): "O lobo pastará junto com o cordeiro", isto é, Saulo com Ananias; este último nome interpreta-se "cordeiro". O corpo da serpente cobre-se de *escamas*. Os judeus são serpentes e raça de víboras (cf. Mt 23,33). Saulo, imitando a perfídia dos judeus, tinha os olhos do coração como que cobertos de pele de serpente, mas depois, caídas as escamas sob a mão de Ananias, manifesta no rosto a luz que recebeu na mente. Assim, sob a mão de Ananias, isto é, de Jesus Cristo, que foi conduzido ao sacrifício como um cordeiro (cf. Is 53,7), caíram as escamas da dúvida dos olhos de Tomé e ele recuperou a vista da fé.

V – PROFISSÃO DE FÉ DE TOMÉ E CONFIRMAÇÃO DE NOSSA FÉ

11. "Oito dias depois, os discípulos estavam de novo em casa e Tomé estava com eles. Veio Jesus, estando as portas fechadas, pôs-se no meio deles e disse: A paz esteja convosco!" (Jo 20,26). Aqui, não quero explicar novamente aquilo que já foi explicado.

"Em seguida disse a Tomé: Põe aqui o teu dedo e vê as minhas mãos, aproxima também tua mão, põe-na no meu lado: e não sejas incrédulo, mas fiel. Respondeu Tomé e disse: Meu Senhor e meu Deus! Jesus lhe disse: Tu creste, Tomé, porque me viste; Bem-aventurados os que não viram e creram" (Jo 20,27-29).

Diz o Senhor por boca de Isaías: "Eis que eu te gravei nas minhas mãos" (Is 49,16). Observa que para escrever são necessárias três coisas: papel, tinta e caneta. As mãos de Cristo foram o papel, seu sangue, a tinta e os cravos, a caneta. Cristo, pois, gravou-nos em suas mãos por três razões. Primeiro, para mostrar ao Pai as cicatrizes das chagas que havia sofrido por nós, e induzi-lo assim à misericórdia. Segundo, para jamais se esquecer de nós, e por isso ele próprio diz por boca de Isaías: "Pode talvez uma mulher esquecer sua criança, e não ter mais piedade do filho de seu seio? Mas ainda que ela se esqueça, eu não me esquecerei de ti. Eis, eu te gravei nas minhas mãos" (Is 49,15-16). Terceiro, nas suas mãos escreveu como nós devemos ser e o que devemos crer. Não sejas, pois, incrédulo, ó Tomé, ó cristão, mas fiel!

"Tomé exclamou: Meu Senhor e meu Deus!" etc. Respondendo-lhe, o Senhor não disse: Porque me tocaste, mas "por me viste", porque a vista é, de certa forma, o sentido *geral*, que geralmente ajuda os outros quatro. Diz a *Glosa*: Talvez não ousou tocar, mas somente olhou, ou talvez também olhou tocando. Via e tocava um homem, e além disso, eliminada qualquer dúvida, acreditou que era Deus, professando assim aquilo que não via. "Tomé, viste-me *homem*, "e creste-me *Deus*.

12. "Bem-aventurados aqueles que sem ter visto, creram." Com estas palavras louva a fé dos gentios (pagãos); mas usa o tempo passado, porque na sua presciência via como já acontecido aquilo que aconteceria no futuro. Encontramos a confirmação disso nos Atos dos Apóstolos, quando Filipe interrogou o eunuco de Candace, rainha da Etiópia: "Crês de todo o coração? Ele respondeu: Creio que Jesus Cristo é o Filho de Deus. E o batizou" (At 8,37.38); assim também onde se fala do centurião Cornélio, que Pedro batizou com toda a sua família, em nome de Jesus Cristo (cf. At 10,1-48). Estes dois, que creram em Cristo, prefiguravam a Igreja dos gentios, que teria sido regenerada no sacramento do batismo e teria acreditado no nome de Jesus Cristo. A estes Pedro fala hoje com as palavras do introito da missa, e diz: "Como crianças recém-nascidas desejais o leite razoável, não falsificado" (1Pd 2,2).

A criança (latim: *infans*) é chamada assim porque não sabe falar (latim: *in fans*, não falante). Os fiéis da Igreja, gerados pela água e pelo Espírito Santo, devem ser infantes, não falantes (*non fantes*), isto é, que não falam a língua do Egito, da qual diz Isaías: "O Senhor recusará a língua do mar do Egito" (Is 11,15). Na língua, é indicada a eloquência, no mar, a sabedoria filosófica, e no Egito, o mundo. O Senhor, pois, recusa a língua do mar do Egito quando, por meio dos simples e dos não eruditos, demonstra que a sabedoria do mundo é árida e insípida.

"Razoável, não falsificado." Razoável é aquilo que se faz com a razão. A razão é o olhar da alma, com a qual o verdadeiro é contemplado por si mesmo e não através do corpo; ou é também a própria contemplação do verdadeiro, não por meio do corpo; ou é também o próprio verdadeiro que é contemplado. Razoável, pois, em relação a Deus e a nós mesmos; não falsificado em relação ao próximo.

"Desejai o leite." O leite do qual fala Agostinho: "O pão dos anjos tornou-se leite dos pequenos". O leite (latim: *lac*) é chamado assim pela sua cor: é de fato um líquido branco. Branco em grego se diz *leukòs*, em latim, *albus*. Sua substância é produzida pelo sangue. De fato, após o parto, se uma parte do sangue não foi ainda consumida pelo nutrimento acontecido no útero, pelos caminhos naturais sai pelos seios e, tornando-se branco por obras destes, assume a natureza e a substância do leite. E a partir daquele momento torna-se alimento para qualquer neonato, já que a substância pela qual acontece a geração é a mesma pela qual acontece a nutrição: de fato, o leite é como sangue fervido, digerido, não corrompido (Aristóteles). No sangue, que ao vê-lo causa repugnância, é representada a ira de Deus; no leite, porém, que tem sabor agradável e belíssima cor, é representada a misericórdia de Deus. O sangue da ira foi mudado no sangue da misericórdia no seio, isto é, na humanidade de Jesus Cristo. De fato, diz o profeta: "Converteu os relâmpagos em chuva" (Sl 134,7). Os relâmpagos da ira divina foram convertidos em chuva de misericórdia quando o Verbo se fez carne (cf. Jo 1,14).

13. Sentido moral. O eunuco etíope e o centurião Cornélio são figura dos pecadores convertidos. Cornélio interpreta-se "que compreende a circuncisão". Com razão, Cornélio e o eunuco são associados: de fato, os penitentes tornam-se eunucos pelo Reino dos Céus (cf. Mt 19,12), quer dizer, circuncidam-se, eliminam de si mesmos os desejos carnais e, crendo no nome de Jesus Cristo, lavam-se na fonte viva da compunção e se renovam com o batismo da penitência.

Fazem, pois, como os elefantes, dos quais fala Solino: Antes dos dez anos, as fêmeas ignoram o sexo, e os machos, antes dos quinze. Por um biênio, mantêm relações não mais do que cinco dias por ano, e não retornam entre os companheiros do bando sem antes lavar-se em águas de nascentes. Assim os penitentes e os justos, se caíram em algum pecado, envergonham-se de entrar para o número dos fiéis se antes não se purificaram nas águas puras das lágrimas e da penitência.

Oremos, pois, irmãos caríssimos, e supliquemos a misericórdia de Jesus Cristo, para que venha e se ponha em nosso meio, conceda-nos a paz, liberte-nos dos pecados, estirpe de nosso coração toda a dúvida e imprima em nossa alma a fé na sua paixão e ressurreição, para que com os apóstolos e com os fiéis da Igreja possamos conseguir a vida eterna. No-lo conceda aquele que é bendito, digno de louvor e glorioso pelos séculos eternos.

E toda alma fiel responda: Amém. Aleluia.

II DOMINGO DEPOIS DA PÁSCOA

Temas do sermão

- Evangelho do II domingo depois da Páscoa: "Eu sou o bom pastor; evangelho que se divide em quatro partes.
- Primeiramente sermão ao pregador: "Foi-me dada uma cana"; as três qualidades da vara e seu significado.
- Parte I: Sermão sobre o cuidado que Cristo tem por nós, que somos o seu povo e as ovelhas de sua pastagem: "Eu sou o bom pastor".
- Sermão alegórico e moral sobre Cristo e sobre o prelado da Igreja: "Atrás de mim ouvi uma grande voz".
- Sermão sobre as sete qualidades que são necessárias a um prelado: "Vi sete candelabros de ouro".
- Sermão contra aqueles que negligenciam a teologia e se dedicam a ciências lucrativas: "Cantai ao Senhor um canto novo".
- Sermão sobre o Bem-aventurado Paulo: "Amarrarás, talvez, o rinoceronte?"
- Parte II: Sermão sobre os quatro cavalos [do Apocalipse] e seu simbolismo; natureza da murta, do espinheiro e da urtiga e seu significado: "Olhei, e eis um cavalo branco".
- Sermão contra o prelado iníquo: "Ó pastor e ídolo", e "Heli estava deitado em seu aposento", e "Canaã tem em suas mãos uma balança".
- Natureza do lobo e a quem representa: "O mercenário, ao qual não pertencem as ovelhas".
- Parte III: Sermão sobre os doze patriarcas e seu significado: "Ouvi o número dos eleitos".
- Sermão sobre a paixão de Cristo, que deve ser impressa sobre a fronte de nossa alma: "Passa em meio à cidade", e "Seremos desligados do juramento", e "O ramalhete de hissopo".
- Parte IV: Sermão alegórico e moral sobre a Santa Igreja e sobre a alma fiel: "Uma mulher vestida de sol".
- Sermão à assembleia dos religiosos: "Estende o teu manto com o qual te cobres"[1].
- Sermão para exortar à mortificação da carne: "E a lua sob os seus pés".
- Sermão sobre as doze estrelas e seu significado: "E sobre sua cabeça uma coroa de doze estrelas".

---

1. Não há nada no sermão que possa referir-se a este título.

EXÓRDIO – SERMÃO AO PREGADOR

1. Naquele tempo, disse Jesus aos seus discípulos: "Eu sou o bom pastor..." (Jo 10,11).

No Apocalipse, João diz: "Foi-me dada uma cana semelhante a uma vara" (Ap 11,1). A cana é a pregação do evangelho. De fato, como a cana escreve as palavras na pele (pergaminho), assim a pregação deve escrever a fé e os bons costumes no coração do ouvinte. A cana e a pena são os instrumentos do escrivão. A cana é chamada assim (latim: *calamus*) porque depõe um líquido: por isso, os navegantes dizem *baixar* por *depor*. Mas já que de *calamus* vem calamidade, e ao vazio segue a infelicidade, a pregação é comparada à vara, na qual podem-se ver simbolizadas três qualidades: a solidez, a retidão e a correção. A pregação deve ser sólida, quer dizer, comprovada pela consistência das obras boas; e deve apresentar palavras verdadeiras, não falsas, não ridículas, não frívolas ou aduladoras, mas palavras que levem à comoção e ao pranto. Por isso, diz Salomão no Eclesiastes: "As palavras dos sábios são como aguilhões e como cravos profundamente pregados" (Ecl 12,11). De fato, como o aguilhão, quando fere, faz sair o sangue, e o prego que se crava na mão produz uma grande dor, assim as palavras dos sábios devem ferir o coração do pecador e dele fazer sair o sangue das lágrimas – as quais, como diz Agostinho, são o sangue da alma –, e despertar a dor dos pecados passados e o temor das penas da geena.

A pregação deve ser reta (coerente), de modo que o pregador não contradiga com suas obras aquilo que diz com as palavras. A autoridade da palavra é anulada quando a palavra não é sustentada pelas obras. A pregação deve ser também *corretiva*, para que os ouvintes, depois de ter assistido à pregação, corrijam, emendem sua vida. Com tal vara, o bom pastor, o digno prelado da Igreja, e também o pregador, corrija e apascente o rebanho de suas ovelhas, como as corrigia e apascentava aquele bom pastor que no evangelho da missa de hoje diz: "Eu sou o bom pastor".

2. Observa que neste evangelho são postos em evidência quatro pontos. Primeiro, o cuidado solícito do bom pastor pelas ovelhas, e a disponibilidade de dar a vida por elas, se necessário, onde diz: "Eu sou o bom pastor". Segundo, a fuga do mercenário e o roubo do lobo, quando acrescenta: "O mercenário, porém, que não é pastor, ao qual não pertencem as ovelhas..." Terceiro, o recíproco conhecimento entre o pastor e as ovelhas: "Conheço as minhas ovelhas e minhas ovelhas conhecem a mim". Quarto, a Igreja católica que será formada pela união dos dois povos (cf. Ef 2,14), o judaico e o gentio (pagão), onde diz: "Tenho ainda outras ovelhas que não são deste redil".

Neste domingo e no próximo, canta-se e se lê um trecho do Apocalipse, que queremos dividir em sete partes. A primeira parte fala das sete Igrejas, a segunda, dos quatro cavalos, a terceira, dos eleitos das doze tribos, a quarta, da mulher vestida de sol. Confrontaremos estas primeiras quatro partes com as quatro partes deste evangelho.

A quinta parte do trecho do Apocalipse fala dos sete anjos que carregam os frascos cheios da ira de Deus; a sexta parte fala da condenação da grande meretriz, isto é, da vaidade mundana; enfim, a sétima parte fala do rio de água viva, isto é, da perenidade da vida eterna. E estas três partes – se Deus quiser – confrontá-las-emos com as três partes do evangelho do domingo próximo.

Além disso, sempre neste domingo, no introito da missa canta-se: "A terra está cheia da misericórdia do Senhor" (Sl 32,5), e se lê a carta do Bem-aventurado Pedro Apóstolo: "Cristo sofreu por nós" (1Pd 2,21).

I – CUIDADO SOLÍCITO DO BOM PASTOR PELAS OVELHAS

3. "Eu sou o bom pastor." Com justiça, Cristo pode dizer: "Eu sou", porque para ele nada é passado, nada é futuro, mas tudo é presente. De fato, diz no Apocalipse: "Eu sou o Alfa e o Ômega, o princípio e o fim, diz o Senhor Deus, que é, que era e que há de vir, o Onipotente" (Ap 1,8); e no Êxodo: "Eu sou. Assim dirás aos filhos de Israel: 'Eu sou' me manda a vós" (Ex 3,14). Portanto, muito bem se diz: "Eu sou o bom pastor".

Pastor deriva de *pasco, pascis* (apascentar, pastorear, nutrir), e Cristo nos nutre cada dia com sua carne e seu sangue no sacramento do altar. Diz Isaí (Jessé, *pai de Davi*) no Primeiro livro dos Reis: "Ainda falta um pequeno, que anda apascentando as ovelhas" (1Sm 16,11). O nosso Davi, pequeno e humilde, apascenta como um bom pastor. Ele é o nosso Abel que, como se lê no Gênesis, foi pastor de ovelhas (cf. Gn 4,2): o fratricida Caim, isto é, o povo judaico, matou-o por ódio.

Desse pastor, o Pai diz: "Suscitarei um pastor que apascentará o meu rebanho, Davi meu servo", isto é, meu filho Jesus; ele mesmo apascentará e será o seu pastor" (Ez 34,23). E em Isaías: "Ele apascentará como um pastor o seu rebanho: nos seus braços recolherá os cordeiros e os tomará no seu peito; ele mesmo levará as ovelhas que amamentam" (Is 40,11). Fala como bom pastor aquele que, quando conduz o seu rebanho para o pasto e o faz voltar, recolhe com seu braço os cordeiros pequenos que não podem caminhar, e ergue ao peito as ovelhas que amamentam (latim: *fetas*) e aquelas cansadas, ele próprio as carrega. O termo latino *fetus* (fecundado), às vezes significa "cheio", às vezes "libertado".

Assim Jesus Cristo nos apascenta cada dia com os ensinamentos evangélicos e com os sacramentos da Igreja; reuniu-nos com seu braço, estendido sobre a cruz. Diz João: "Para unir num só corpo os filhos de Deus, que estavam dispersos" (Jo 11,52). "E os erguerá ao seu peito", erguer-nos-á ao seio de sua misericórdia, como faz a mãe com o filho. Diz, de fato: "Eu fiz de aio (*nutritus*) a Efraim, carreguei-o nos meus braços" (Os 11,3). Ele nos nutre com seu sangue, como com leite. No seio, ou sob o seio, foi ferido por nós pela lança no Monte Calvário, para oferecer-nos seu sangue, como a mãe oferece ao filho o leite; e nos carregou nos seus braços, estendidos sobre a cruz.

4. Por isso, na epístola de hoje Pedro diz: "Ele mesmo carregou os nossos pecados em seu corpo sobre o madeiro, para que, mortos para os pecados, vivamos para a justiça; por suas chagas fostes curados" (1Pd 2,24).

"E ele carrega as grávidas", isto é, as almas grávidas dos penitentes, herdeiros da vida eterna. De fato, diz no Êxodo: "Vós mesmos vistes o que eu fiz aos egípcios, de que modo vos trouxe sobre asas de águia, e vos tomei para mim" (Ex 19,4). Ele afunda os egípcios, isto é, os demônios e os pecados mortais, no Mar Vermelho, quer dizer, na amargura da penitência, das lágrimas e do sofrimento banhado e avermelhado pelo sangue; carrega, então, os penitentes sobre asas de águia, quando, desprezadas as coisas terrenas, ergue-os para as coisas celestes para que com olhos límpidos contemplem o sol de justiça. Com razão, pois, diz: "Eu sou o bom pastor". E Davi: "Tu és bom, e por tua bondade me ensinas" (Sl 118,68), ovelha errante. "Andei errante, como ovelha que se desgarrou" (Sl 118,176). E no Livro da Sabedoria: "Ó quão bom e suave é, Senhor, em tudo o teu espírito!" (Sb 12,1).

"O bom pastor dá sua vida por suas ovelhas" (Jo 10,11). Põe em evidência aquilo que é próprio e exclusivo do bom pastor, dar a vida por suas ovelhas: o que fez Cristo. Diz Pedro na epístola de hoje: "Cristo sofreu por nós, deixando-vos um exemplo, para que sigais suas pegadas" (1Pd 2,21). Comenta a *Glosa*: Alegra-te porque Cristo morreu por ti. Mas presta atenção ao que segue: "Deixando-vos um exemplo" de ultrajes, de tribulações, de cruz e de morte.

"O bom pastor, pois, dá a vida por suas ovelhas." E destas diz sempre Pedro no fim da epístola: "Éreis como ovelhas desagarradas, mas agora vos convertestes ao pastor e bispo (latim: *episcopus*) de vossas almas" (1Pd 2,25). Que imensa misericórdia! Proclama-o o introito da missa de hoje: "Da misericórdia do Senhor está cheia a terra!" "Da palavra do Senhor tiveram estabilidade os céus" (Sl 32,5-6), isto é, do Filho de Deus tiveram estabilidade os apóstolos e os homens apostólicos, para não serem como ovelhas errantes, mas permanecerem sempre sob a vara do pastor e bispo das almas.

5. As ovelhas pelas quais o bom pastor Jesus Cristo deu sua vida, representam as sete igrejas das quais fala o trecho do Apocalipse: "Ouvi por trás de mim – diz João – uma grande voz, como de trombeta, que dizia: o que vês, escreve-o num livro e envia-o às sete Igrejas que há na Ásia: a Éfeso, a Esmirna, a Pérgamo, a Tiatira, a Sardes, a Filadélfia e a Laodiceia. Voltei-me para ver a voz que falava comigo e, voltando-me, vi sete candelabros de ouro; no meio dos sete candelabros de ouro, um homem semelhante ao Filho do homem, vestido de hábito talar e cingido pelo peito (ao seio) com um cinto de ouro; a sua cabeça e os seus cabelos eram brancos como a lã branca e como a neve, os seus olhos como uma chama de fogo, os seus pés eram semelhantes ao bronze fino, quando está numa fornalha ardente, e a sua voz como o ruído de muitas águas; tinha na sua direita sete estrelas, saía da sua boca uma espada de dois fios, e o seu rosto resplandecia como o sol em toda a sua força" (Ap 1,10-16).

Explicaremos este trecho primeiramente em sentido alegórico, aplicando-o a Cristo, e depois em sentido moral, aplicando-o ao prelado da Igreja.

Sentido alegórico. Éfeso interpreta-se "minha vontade" ou "meu conselho"; Esmirna, "o seu canto"; Pérgamo, "que divide os chifres" ou "que seca o vale"; Tiatira, "iluminada"; Sardes, "princípio da beleza"; Filadélfia, "que preserva" ou "que salva quem se apega ao Senhor"; e, enfim, Laodiceia que quer dizer "tribo amável", "os sete candelabros de ouro" representam todas as igrejas, ardentes e iluminadas pela sabedoria do Verbo divino. Como o ouro refinado pelo fogo e batido é transformado num candelabro, assim a Igreja, purificada pelas tribulações e batida pelos golpes das perseguições, aperfeiçoa-se e se difunde até os países mais distantes.

"Em meio aos sete candelabros de ouro", isto é, na comunidade de todas as Igrejas – pois em todas as Igrejas Deus está presente e está sempre pronto a vir em socorro – "vi um homem semelhante ao filho do homem", mas só semelhante, porque já não morre; ou semelhante ao filho do homem, porque não foi sujeito ao pecado, mas tomou só a semelhança da carne de pecado. "Vestido com a túnica talar", sacerdotal, isto é, da veste da carne, na qual se ofereceu e cada dia se oferece, apresentando a si mesmo ao Pai. "E cingido ao peito com uma cinta de ouro", isto é, a cinta da caridade, em virtude da qual se entregou à morte por nós.

"Sua cabeça e seus cabelos eram brancos como a lã branca e como a neve." A cabeça é a divindade. Diz o Apóstolo: "Cabeça de Cristo é Deus" (1Cor 11,3). A cabeça representa também o próprio Cristo, que é cabeça da Igreja (cf. Ef 5,23); nele existe tudo aquilo que é necessário ao governo da própria Igreja. Os cabelos representam os fiéis, que estão unidos firmemente à própria cabeça. Portanto, a cabeça e os cabelos, isto é, Cristo e seus cristãos, são brancos como lã branca pela simplicidade e pela pureza, e como a neve, pelo candor da imortalidade, pois como ele vive, também nós viveremos com ele (cf. Jo 14,19).

"E os seus olhos eram como uma chama de fogo." Os olhos indicam o olhar da graça de Jesus Cristo, que derrete o coração enregelado do pecador, como a chama do fogo dissolve o gelo. Assim o Senhor olhou para Pedro com os olhos da misericórdia, e Pedro chorou amargamente (cf. Lc 22,61-62) porque o gelo do seu coração se derreteu em lágrimas de compunção.

"E os seus pés", isto é, os pregadores, que o levam ao mundo todo, eram "semelhantes ao bronze fino (*latão*), não um latão qualquer, mas aquele purificado "na fornalha ardente". O latão é assim chamado porque tem semelhança tanto com o ouro como com o bronze: de fato, o bronze em grego chama-se *chalkòs*. No ouro é indicado o esplendor da sabedoria, no bronze, a sonoridade da eloquência. Os pés de Jesus Cristo são semelhantes ao latão porque os pregadores devem resplandecer pelo fulgor da sabedoria e pela sonoridade da eloquência.

"E a sua voz era como a voz de muitas águas." A pregação de Cristo possui a virtude da água, porque lava. De fato, aos apóstolos ele disse: "Vós estais limpos em virtude da palavra que vos anunciei" (Jo 15,3). Já são muitos os povos que acolhem a voz de Jesus Cristo, e são comparados às águas por causa do fluir da vida e da morte.

Ou também, "a sua voz, como a voz de muitas águas", isto é, que faz brotar muitas águas, que dá muitas graças. Por isso continua: "E tinha na sua direita sete estrelas", isto é, as sete graças, os sete dons do Espírito Santo, que segura na sua direita, assim chamada porque dá fora (*dat extra*): de fato, do tesouro de sua munificência dá as graças a quem quer, quando quer e como quer. Ou também, as estrelas representam os bispos, que devem resplandecer diante a todos com a palavra e com o exemplo: e o Senhor os segura na sua direita, isto é, considera-os os seus dons maiores, representados precisamente pela mão direita.

"E de sua boca saía uma espada de dois fios." De sua boca, isto é, do seu comando, saiu a pregação, que corta dos dois lados: no Antigo Testamento as obras carnais, no Novo, as várias concupiscências.

"E seu rosto era como o sol quando resplandece em toda a sua força." O rosto de Cristo são os dignos prelados da Igreja e todos os santos, por meio dos quais, como por meio do rosto, conhecemos a Cristo. Estes resplandecem como o sol em toda a sua força, isto é, ao meio-dia, sem nuvens; ou quando o sol estiver parado na eternidade, eles resplandecerão assim, quer dizer, tornar-se-ão semelhantes ao verdadeiro sol, Jesus Cristo.

6. **Sentido moral**. "Eu sou o bom pastor." Bem-aventurado o prelado da Igreja que pode dizer com toda a sinceridade: Eu sou o bom pastor. Por ser homem, é necessário que ele seja semelhante ao Filho do homem, e esteja no meio de sete candelabros de ouro. Deles diz João: "Vi sete candelabros de ouro": neles são indicadas as sete qualidades necessárias ao prelado da Igreja: inocência de vida, ciência da Sagrada Escritura, eloquência de palavra, assiduidade na oração, misericórdia para com os pobres, disciplina em relação aos súditos, cuidado solícito pelo povo que lhe é confiado. Estes sete candelabros encontram correspondência no significado das sete igrejas.

Éfeso interpreta-se "minha vontade", ou "meu conselho". Aqui é indicada a inocência de vida, da qual diz o Apóstolo: "Esta é a vontade de Deus, a vossa santificação: que cada um de vós saiba possuir o seu corpo em santidade e honra" (1Ts 4,3-4). E Isaías: "Dá um conselho, toma uma decisão" (Is 16,3). Dá um conselho para viver na inocência em relação à alma; toma uma decisão, isto é, freia os cinco sentidos, para viver na castidade no que se refere ao corpo.

Esmirna interpreta-se "o seu canto". E aqui é indicada a ciência do conhecimento das Sagradas Escrituras. Diz o profeta: "Cantai ao Senhor um cântico novo" (Sl 95,1). Todas as ciências mundanas e lucrativas são o cântico velho, o cântico da Babilônia. Só a teologia é o cântico novo, que ressoa suavemente aos ouvidos de Deus e renova o espírito. Ela deve ser o cântico dos prelados. Se não existir em Israel um ferreiro – diz o Primeiro livro dos Reis – não deve causar admiração se os filhos de Israel deviam ir aos filisteus para afiar o arado, a enxada, o machado e o sacho (cf. 1Sm 13,19-20). Mas, graças a Deus, em Israel, isto é, na Igreja, existe, não digo um ferreiro só, mas existem muitos ferreiros, isto é, muitos teólogos, que sabem afiar muito bem o vômer, a enxada, o machado e o sacho e repará-los perfeitamente. O *vômer* é chamado assim porque escava a terra, ou também porque *vomita* terra; a enxada (latim: *ligo*) porque levanta a terra; o machado (latim: *securis*) porque corta (latim: *succidit*) as árvores; o sacho é um utensílio de ferro munido de cabo, instrumento necessário no cultivo dos campos. Com estes utensílios de trabalho é indicada a prática da pregação, que escava o *humus* da cobiça e a terra da iniquidade, convence a mente a desprezar as atrações destes vícios, corta os ramos secos da árvore infrutífera e cultiva o campo da Igreja militante.

Porque, pois, os filhos de Israel, isto é, os prelados da Igreja, devem ir aos filisteus, nome que se interpreta "caídos completamente embriagados", isto é, entregam-se às ciências lucrativas? E recorrem a eles para inebriar-se com a bebida de uma dignidade efêmera, da gula e da luxúria, com a ambição da vanglória e do dinheiro, e assim embriagados, caem nas profundezas do inferno. A estes diz Bernardo: "Ó ambição verdadeiramente infeliz, que não sabe aspirar às grandes coisas: de fato, desejam os primeiros lugares, mas deve-se temer que eles caiam como figos que não amadureceram. Cuidem-se bem aqueles que desejam os primeiros lugares, para não perder também os segundos, e acabem depois por precipitar-se vergonhosamente no último lugar do inferno".

Pérgamo interpreta-se "que quebra os chifres" (a arrogância), ou "que seca o vale". Aqui é representada a eloquência da língua erudita, que quebra os chifres dos soberbos e seca o vale dos carnais. Daí que o Senhor diz por boca do profeta: "Quebrarei todos os chifres (a arrogância) dos pecadores" (Sl 74,11). E Jó: "Poderás, porventura, prender o rinoceronte com a rédea para fazê-lo arar, ou para que ele quebre os torrões dos vales atrás de ti?" (Jó 39,10). O rinoceronte é um animal rude, semelhante a um cabrão [sic], que sobre as narinas tem um chifre exageradamente pontudo: representa o Bem-aventurado Paulo, que lançando ameaças e massacres, enquanto ia para Damasco, foi amarrado com a rédea do poder divino para arar, isto é, para pregar. De fato, o Senhor disse a Ananias: "Este é para mim um vaso de eleição [instrumento escolhido] para levar o meu nome diante dos gentios (pagãos), dos reis e dos filhos de Israel" (At 9,15). Ele quebrou os torrões dos vales, quer dizer, as mentes dos carnais e dos infiéis, com o arado da pregação.

Tiatira interpreta-se "iluminada". Simboliza a assiduidade na oração, que ilumina a mente. Lemos no Apocalipse: "A claridade de Deus a ilumina e a sua lâmpada é o Cordeiro" (Ap 21,23). No cordeiro estão representadas a inocência e a simplicidade, duas virtudes necessárias de modo particular a quem reza: como claridade e lâmpada elas iluminam a mente de quem é assíduo na oração.

Sardes quer dizer "princípio de beleza". E esta é a misericórdia para com os pobres, que expulsa a lepra da avareza e torna bela a alma. De fato, é dito: "Dai esmola..., e eis, que para vós tudo será puro" (Lc 11,41).

Filadélfia interpreta-se "que preserva ou salva quem adere ao Senhor". Aqui é representada a correção em relação aos súditos, que preserva quem adere ao Senhor no seu serviço, e salva do perigo da morte. A propósito disso diz o Apóstolo: "Toda a correção no presente não parece um motivo de gozo, mas de tristeza; depois, porém, dará um fruto de paz e de justiça aos que por ela foram exercitados" (Hb 12,11).

Laodiceia interpreta-se "tribo amável" pelo Senhor. E aqui é representada a Igreja católica do povo cristão, sobre a qual o prelado deve vigiar com cuidado assíduo. Do amor por ela, diz João: "Tendo amado os seus, que estavam no mundo, amou-os até o fim" (Jo 13,1), quer dizer, amou-os tanto que o amor o conduziu até a morte.

Estes são os sete candelabros que iluminam todas as igrejas reunidas pelo Espírito da septiforme graça, em meio às quais o prelado, semelhante ao Filho do homem, isto é, a Jesus Cristo, deve caminhar na pobreza, na humildade, na obediência, vestido com a túnica branca. A túnica é a túnica talar, a túnica de linho vestida por Aarão, e que está a significar a castidade do corpo, à qual deve estar unida a pureza do coração.

7. "Estava cingido ao peito com um cinto de ouro." Daniel viu o personagem cingido nos rins, nos flancos, porque no Antigo Testamento eram condenadas as obras carnais; João o viu cingido no peito (nos seios), porque no Novo Testamento são julgados também os pensamentos. Portanto, com um cinto de ouro, isto é, com o amor a Deus, é amarrado o peito (são amarrados os seios), quer dizer, é reprimido o fluxo dos maus pensamentos.

Depois continua: "Sua cabeça e seus cabelos eram brancos como lã branca e como a neve". A cabeça é assim chamada enquanto compreende todos os sentidos, e está a indicar a mente que é como que a cabeça da alma; e os cabelos representam os pensamentos. Na mente costuma residir a impureza e o estímulo do pecado. Portanto, a mente e os pensamentos devem ser cândidos como a lã branca contra a imundície do pecado, e como a neve contra o seu estímulo.

"E seus olhos eram como uma chama de fogo." Os olhos do prelado representam a contemplação de Deus e a compaixão pelo próximo, que devem ser como uma chama de fogo: isto é, devem irradiar confiança em relação a Deus e inocência em relação ao próximo.

"E seus pés eram semelhantes ao latão." Os pés representam os *afetos* da mente e os *efeitos* das obras. Destes dois pés ficou coxo Mifiboset – nome que se interpreta "homem de confusão" –, ao cair dos braços da ama, como se narra no Segundo livro dos Reis (cf. 2Sm 4,4). Nele vemos representado o pecador, homem da confusão eterna, que, por causa do pecado mortal, caiu dos braços da ama, isto é, sai da graça do Espírito Santo, e se torna coxo de ambos os pés. Os pés do bom prelado, porém, devem ser semelhantes ao latão. O latão, como se disse, tem a cor do ouro e do bronze: no ouro está simbolizado o afeto da mente, no bronze, a ressonância (o exemplo) das boas obras. Com frequência, o latão é abrasado e assim melhora a sua cor; da mesma forma o bom prelado: quando mais for queimado pelo fogo da tribulação, tanto mais se torna luminoso.

"E a sua voz era como a voz de muitas águas." Como muitas águas que correm impetuosamente arrastam qualquer obstáculo, assim a voz da pregação do prelado deve arrastar qualquer obstáculo de vícios e qualquer impedimento que se entrepõe à salvação das almas.

"E na sua direita tinha sete estrelas." As sete estrelas são as sete *glorificações* do corpo e da alma. As da alma são: a sabedoria, a amizade, e a concórdia; as do corpo são: a luminosidade, a agilidade, a subtileza (a compenetração) e a imortalidade. O prelado deve ter estas qualidades na direita, para que tudo o que pensa, tudo o que faz, tudo seja *destro*, isto é, reto, e para que possa ter na direita da vida eterna as sete estrelas, isto é, seja posto à direita com suas ovelhas.

"E de sua boca saía uma espada de dois gumes." A espada é a confissão, que deve estar afiada de ambos os lados para poder cortar os vícios espirituais, que são a soberba e a vanglória, e os vícios carnais, que são a avareza, a gula e a luxúria.

"E o seu rosto era como o sol quando resplandece em todo o seu fulgor." O rosto do prelado são suas obras, por meio das quais, como pelo rosto, ele é reconhecido. "Reconhecê-los-eis pelos frutos" (Mt 7,16). Se os frutos são bons, resplandecerão como o sol em todo o seu fulgor. De fato, diz o Senhor: "Resplandeça a vossa luz diante dos homens, para que vejam as vossas boas obras e glorifiquem o vosso Pai que está nos céus" (Mt 5,16). Se o prelado for assim, em consciência poderá dizer: "Eu sou o bom pastor".

Irmãos caríssimos, peçamos ao Senhor nosso Jesus Cristo que conceda ao pastor de sua Igreja a graça de apascentar como convém o rebanho dos fiéis e, no fim, mereça chegar a ele, que é a eterna pastagem dos santos. Conceda-o aquele que é bendito nos séculos dos séculos. Amém.

II – A FUGA DO MERCENÁRIO E O ROUBO DO LOBO

8. "O mercenário, porém, que não é pastor e a quem não pertencem as ovelhas, quando vê o lobo chegar, abandona as ovelhas e foge; e o lobo arrebata e dispersa as ovelhas. O mercenário foge porque é mercenário e não lhe importam as ovelhas" (Jo 10,12-13). Pouco acima, neste mesmo capítulo, o Senhor havia dito: "Em verdade, em verdade vos digo: quem não entra pela porta do aprisco das ovelhas, mas sobe por outra parte, é ladrão e salteador" (Jo 10,1).

Aqui são postas em evidência quatro *pessoas*: o bom pastor, o ladrão e salteador, o mercenário e o lobo[2]. Estes representam os quatro cavalos dos quais temos a concordância no Apocalipse. João escreve: "Olhei e vi um cavalo branco. O que estava montado sobre ele tinha um arco; e lhe foi dada uma coroa, e saiu como vitorioso e para vencer. Saiu, depois, outro cavalo vermelho. Ao que estava montado sobre ele foi dado o poder de tirar a paz da terra, a fim de que [os homens] se matassem uns aos outros: e lhe foi dada uma grande espada. E eis ainda um cavalo negro e aquele que o montava tinha na sua mão uma balança. Ouvi como que uma voz no meio dos

---

2. Note-se que, entre as pessoas, Santo Antônio inclui também o lobo.

quatro animais, que dizia: uma medida de trigo por um denário e três medidas de cevada por um denário, mas não causes dano ao vinho nem ao azeite. E eis, enfim, um cavalo amarelo. O que estava montado sobre ele tinha por nome Morte e seguia-o o Inferno. Foi-lhe dado poder sobre as quatro partes da terra, para matar à espada, à fome (privação), com a peste e por meio das feras da terra" (Ap 6,2-8).

Sentido alegórico. "Olhei e vi um cavalo branco." O cavalo branco simboliza a humanidade do bom pastor Jesus Cristo, que justamente é representado no cavalo branco, porque esteve imune a toda a mancha de pecado. Deste cavalo diz o Profeta Zacarias: "Tive de noite uma visão, e eis que se me representou um homem montado num cavalo vermelho, que estava parado entre umas murteiras, que havia num profundo vale" (Zc 1,8). A noite na qual aconteceu a visão simboliza o mistério que envolve os fenômenos místicos. O homem sentado sobre o cavalo vermelho é o Salvador, cujas vestes, quer dizer, sua carne e seus membros, são vermelhas pelo sangue derramado na paixão: por isso, mostra-se sobre um cavalo *vermelho* ao povo que ainda é mantido na escravidão. No Apocalipse de João, porém, mostra-se sobre um cavalo *branco* ao povo já libertado. Ele está entre as murtas, isto é, entre as tropas angélicas, que o servem também enquanto se encontra num vale profundo, isto é, na carne humana. De fato, diz Mateus: "Os anjos aproximaram-se dele e o serviam" (Mt 4,11).

Ou: "*num murtal*". O murtal é um lugar onde crescem as murtas. A murta é uma espécie de planta de perfume agradável, que tem o poder de aliviar a dor; deriva seu nome do mar[3], pelo fato de ser uma planta que prefere o litoral. A murta simboliza a pureza do justo, que é de perfume agradável em relação ao próximo e fomenta a temperança em relação a si; e se encontra de preferência no litoral, isto é, na compunção do coração. A propósito diz Isaías: "Em vez do espinheiro cresce o abeto, e em vez da urtiga, a murta" (Is 55,13). O espinheiro é uma erva salgada, uma espécie de arbusto ou de salgueiro. O abeto é chamado assim porque eleva-se acima das outras árvores (latim: *abies*, de *abeo*, vou longe). O espinheiro representa a avareza, amarga e estéril, em cujo lugar, quando Deus infunde a graça na mente, eleva-se o abeto da celeste contemplação. A urtiga, assim chamada porque ao ser tocada age como para queimar (latim: *uro*) o corpo – de fato, é de natureza ígnea –, simboliza a luxúria da carne, em lugar da qual o Senhor faz crescer a murta da continência. Portanto, o Senhor mora do murtal, isto é, naqueles que, pela virtude da pureza e do perfume da boa fama, servem a Deus no vale profundo da humildade.

"Olhei e vi um cavalo branco, e aquele que o montava tinha um arco." Quem monta o cavalo é a divindade, que, como um cavaleiro, monta a humanidade. O arco, composto de corda e de madeira, simboliza a misericórdia e a justiça de Deus. De fato, como a corda dobra a madeira, assim a misericórdia dobra a justiça. Diz Tiago:

---

3. "*Myrtos*, pequena ilha perto da Eubeia, donde *Mirtoo*, mar, uma parte do Mar Egeu entre Creta, o Peloponeso e a Eubeia" (*Dicionário latino*, de Georges). Talvez seja por isso que o santo diz que *murta* vem de *mar*.

"A misericórdia triunfa sobre a justiça" (Tg 2,13). Na sua primeira vinda, Cristo trouxe consigo a corda flexível da misericórdia para conquistar os pecadores; mas na segunda vinda baterá com a madeira da justiça, e recompensará cada um segundo suas obras (cf. Mt 16,27). "E lhe foi dada uma coroa." A Cristo, Deus e homem, foi dada uma coroa em relação à humanidade, com a qual o coroou sua Mãe no dia do seu esponsalício (cf. Ct 3,11). Ou: foi-lhe dada uma coroa de espinhos por sua madrasta, a sinagoga. "E saiu vitorioso e para vencer." "Saiu para aquele que era chamado o lugar do Calvário [como diz João] carregando a sua cruz" (Jo 19,17), vitorioso sobre o mundo, para vencer também o diabo.

9. **Sentido moral**. Olhei e vi um "cavalo branco". O cavalo branco representa o corpo do bom pastor e o do prelado da Igreja. Este cavalo deve ser branco, da brancura da castidade. O cavaleiro deste cavalo é o espírito, que deve dominá-lo com o freio da abstinência e incitá-lo com as esporas do amor e do temor de Deus para conseguir o prêmio da vida eterna. "Não prejudica usar a espora com o cavalo de corrida" (Ovídio). O arco representa a Sagrada Escritura: na madeira é indicado o Antigo Testamento, na corda, que dobra a dureza, o Novo, e na flecha, a compreensão, que fere e penetra os corações. O bom pastor deve ter este arco na mão, isto é, no seu agir. Diz Jó: "Meu arco fortificar-se-á na minha mão" (Jó 29,20): o arco se reforça na mão quando a pregação é valorizada pelas obras.

"E foi-lhe dada uma coroa." A coroa sobre a cabeça é a reta intenção na mente, da qual Jeremias diz: "Caiu a coroa de nossa cabeça: ai de nós que pecamos!" (Lm 5,16). A coroa cai da cabeça quando o homem já não tem a reta intenção e por isso: Ai dele! "E saiu vencedor, para vencer ainda." Saiu da cobiça do mundo, vencendo a luxúria da carne, e para vencer a soberba do diabo. Se o prelado for como este cavalo branco, com justiça poderá dizer: Eu sou o bom pastor.

"E saiu um outro cavalo, vermelho." O cavalo vermelho é o ladrão e salteador "que não entra pela porta do redil das ovelhas" (Jo 10,1). A porta é Cristo (cf. Jo 10,9): não entra por Cristo aquele que procura aquilo que é seu e não aquilo que é de Cristo (cf. Fl 2,21).

O termo salteador (latim: *latro*) deriva de "esconder" (latim: *latère*); e ladrão (latim: *fur*) de *furvus*, negro. O salteador é aquele que se esconde para despojar e matar os incautos, os imprudentes. O ladrão é aquele que na noite escura leva embora as coisas dos outros. Salteador e ladrão é aquele que por ambição e com intrigas arroga-se a honra, sem ser chamado por Deus como Aarão (cf. Hb 5,4). Aquele que obtém uma prelatura com a simonia é ladrão, porque usurpa por meio do dinheiro o ofício de pastor, e quase na noite escura faz seu aquilo que pertence a outros: faz suas as ovelhas de Deus, que roubou do Senhor. Salteador é aquele que se esconde sob a aparência da santidade: apresenta-se como ovelha, enquanto é um lobo, e como gavião, quando é um avestruz; e desse modo, despoja de suas virtudes os incautos e os mata na alma. Com razão, pois, é chamado cavalo vermelho.

Quem monta este cavalo é o espírito da ambição e da glória mundana, que tira a paz da terra, isto é, da mente do próprio ladrão e salteador. De fato, o espírito de ambição não permite ao desgraçado ter a tranquilidade da mente, porque é como um caçador que persegue as presas que lhe fogem e, de qualquer parte, corre em busca das coisas temporais. Dele diz o Bem-aventurado Bernardo: "Tu multiplicas as prebendas, sobes ao arquidiaconato, aspiras o episcopado, pouco a pouco te elevas, mas de repente e inopinadamente te precipitas no inferno". E ainda: "O explorador anda diligente para cá e para lá, simula e dissimula, alinha-se e cumprimenta, agarra-se com mãos e pés para, de algum modo, introduzir-se no patrimônio do Crucificado".

Outro sentido: "Tira a paz da terra", quando mediante este filho da perdição semeia a discórdia na Igreja. Por isso continua: "Porque se mataram um ao outro". Os ladrões e os salteadores, isto é, os prelados simoníacos, matam-se mutuamente com a espada da discórdia e da inveja, quando se denigrem, quando murmuram, quando latem um contra o outro. Diz Isaías: "Ali dançarão os sátiros" (Is 13,21); e ainda: "Os sátiros gritarão uns para os outros" (Is 34,14). Hoje, os sátiros, isto é, os simoníacos endinheirados, dançam e se divertem na Igreja; e um simoníaco acusa o outro; estão ocupados o dia todo em processos, intrigas, extorsões, em gritos e em ásperas discussões. Então, conclui: "E lhe foi dada uma grande espada". A espada aguçada e afiada é a glória temporal, pela qual e com a qual os infelizes ferem e matam a si mesmos.

10. "E eis o cavalo preto: e quem o monta tinha na mão uma balança." É chamado negro (latim: *niger*, quase dizendo *nubiger* (que carrega nuvens), porque não é sereno, mas coberto de nevoeiro. O cavalo preto é o mercenário, do qual o Senhor diz: "O mercenário e aquele que não é pastor, ao qual não pertencem as ovelhas, quando vê chegar o lobo..." O mercenário, assim chamado porque é contratado "com recompensa", isto é, pagamento, está a indicar o prelado que serve a Igreja unicamente pela recompensa temporal. De semelhante indivíduo diz o profeta: "Confessar-te-á, louvar-te-á quando lhe fizeres bem" (Sl 48,19). E diz ainda o Senhor: "Em verdade, em verdade vos digo: vós não me procurais porque vistes os milagres, mas porque comestes pães e vos saciastes" (Jo 6,26). Quando o ventre está cheio, de boa vontade canta o miserere[4].

Este mercenário não é um pastor, mas um simulacro (latim: *idolum*). A este diz Zacarias: "Ai do pastor e simulador [*idolum*] que abandona o rebanho! A espada cairá sobre o seu braço e sobre o seu olho direito; o seu braço secar-se-á inteiramente e o seu olho direito será coberto de trevas" (Zc 11,17). No braço está representada a capacidade de agir e no olho, a luz da razão. Diz, pois: "Pastor e simulador", e o diz como retificação, como se dissesse: "Não pastor, mas simulador". És tão malvado a ponto de ser definido não adorador de ídolos, mas tu mesmo ídolo (fingimento). O ídolo usurpa o nome de Deus, mas não é Deus. E assim é o falso pastor que abandona o rebanho, porque as ovelhas não lhe pertencem. E por isso, a espada, isto é, a ira

---

4. "Dum satur est venter, cantat miserere libenter."

divina, está sobre seu braço e sobre seu olho direito, para que sua força e a ostentação de sua força seque, se esgote pelo desfalecer da graça e das obras boas, e a luz da razão se obscureça por meio das trevas terrenas, pois, pelo justo juízo de Deus, será tornado incapaz de operar e cegado no seu discernimento.

De fato, no Primeiro livro dos Reis está escrito: "Ora, aconteceu certo dia que Heli estava deitado no seu aposento. Os seus olhos tinham-se escurecido e não podia ver a lâmpada do Senhor antes que se apagasse" (1Sm 3,2-3). Heli interpreta-se "estranho", e está a indicar o prelado contratado pelo estipêndio, estranho, pois, ao Reino de Deus. Este está deitado no seu aposento, isto é, no pântano da carne, dissoluto; os seus olhos, isto é, a luz da razão e do intelecto, estão escurecidos pela escuridão, isto é, pelo amor às coisas terrenas; e assim não pode ver a lâmpada, quer dizer, a graça de Deus, antes que se apague: isto é, não percebe e não reconhece que está privado da luz da graça, senão quando esta luz já está apagada nele. De fato, muitos são tão cegos, que não reconhecem que perderam a graça de Deus, a não ser quando do estado de graça caíram na cegueira do pecado mortal. Justamente, pois, diz-se no Apocalipse: Eis o cavalo preto, isto é, o mercenário, não envolvido pelo sereno da graça, mas pela sombra escura da culpa.

"E aquele que o cavalgava tinha na mão uma balança." O cavaleiro do cavalo preto, isto é, o mercenário, é o ânimo (o espírito) dos negócios. O mercenário, estimulado por estas esporas, como um mercador, por um preço combinado vende a pomba, isto é, a graça de Deus, que deve ser dada gratuitamente, e assim faz da casa de Deus uma casa de negócios (cf. Jo 2,16). O mercenário tem na mão uma balança falsa, da qual diz Oseias: "Canaã tem na mão uma balança enganosa, ama o engano" (Os 12,7). Canaã interpreta-se "mercador" e representa o mercenário da Igreja que, implicado nos negócios deste mundo, não tem cuidado pelas ovelhas de Deus. Diz Jerônimo: Aquilo que a usura é no leigo, é o que são os negócios no clérigo.

Na sua mão tem uma balança alterada, porque prega de um modo, mas vive de outro; age de um modo, e mostra-se de outro; prega a pobreza, mas é avaro, a castidade e é luxurioso, o jejum e a abstinência e é comilão e guloso; põe sobre os ombros das pessoas pesos oprimentes e insustentáveis, mas ele não os toca nem com um dedo (cf. Mt 23,4). Esta é a balança alterada, totalmente contra aquilo que diz o Senhor: Tende pesos justos e medidas justas (cf. Lv 19,36). A balança é chamada assim porque pende em equilíbrio com uma hastezinha no centro de dois pratos (balança, do latim: *lanx*, prato). Os dois pratos são o desprezo do mundo e o desejo do Reino dos Céus. A hastezinha no centro é o amor a Deus e ao próximo. Esta é a verdadeira balança que pesa corretamente, dando a cada um o que lhe pertence por direito: ao mundo, o desprezo, a Deus, a adoração, ao próximo, o amor. Mas na mão de Canaã, isto é, do mercenário negociante, não existe esta balança, mas existe aquela falsa. "Ele agiu dolosamente [diz o profeta], de sorte que a sua iniquidade se tornou mais odiosa" (Sl 35,3), porque amou a calúnia (o engano). A calúnia deriva do latim *calvor*, enganar, lograr.

Este mercenário negocista confecciona almofadas para pôr sob cada braço e faz travesseiros para pôr sob a cabeça [das pessoas] de qualquer idade (cf. Ez 13,18), porque, em vista do lucro, favorece os vícios, aplaca as culpas e não impõe penitências adequadas; e escondendo a sua avareza sob a aparência da misericórdia e da compaixão, diz: Paz, paz! e tal paz não havia (cf. Ex 13,10), fazendo viver as almas que não deviam viver (cf. Ex 13,19) e, assim, engana os fiéis de Jesus Cristo.

A isso se referem as palavras que seguem: "Duas libras (latim: *bilibris*) de trigo por um denário" etc. É chamado "bilibre" o vaso que contém dois "sesteiros" (cerca de um litro). No trigo é representada a fé; no único denário, o sangue de Jesus Cristo. O bilibre (duas libras) de trigo representa a Igreja dos fiéis, formada de dois povos e resgatada com o sangue de Jesus Cristo. "E três bilibres de cevada por um denário." Estes são os fiéis da mesma Igreja, de grau inferior, que perseveram na fé da santa Trindade: também estes são resgatados com o único denário do sangue de Jesus Cristo.

Outra interpretação. No trigo são representados os religiosos e na cevada os leigos. O bilibre de trigo é a vida dos religiosos, que, como o trigo, deve ser cândida por dentro pela pureza da mente e avermelhada por fora pela maceração do corpo. Esta vida deve conter em si mesma dois sesteiros. Nos dois sesteiros é designado o duplo preceito da caridade: o amor a Deus e o amor ao próximo, que levam cada homem à perfeição.

A cevada, assim chamada porque é o primeiro entre todos os cereais que seca (latim: *hordeum, aridum*), e indica os leigos que, apenas despontado o sol da perseguição, imediatamente secam, porque "creem por um certo tempo, mas no tempo da tentação desfalecem" (Lc 8,13). Portanto, "os três bilibres de cevada" são todos os fiéis leigos, que têm ao menos a fé na santa Trindade; tanto os religiosos como os leigos são resgatados com o *único denário*, marcado pela imagem do rei e por sua inscrição, isto é, pelo preceito da obediência, exatamente como o primeiro homem, que não perdeu a imagem e a semelhança de Deus enquanto obedeceu ao seu mandamento.

"E não causes dano ao vinho nem ao azeite." No vinho, que causa embriaguez, é representada a vida contemplativa, que inebria as mentes de modo a esquecerem todas as coisas temporais. No azeite, que boia sobre qualquer líquido, e derramado na água torna mais claras (visíveis) as coisas escondidas no fundo, é indicada a vida ativa, que é atenta a todas as necessidades e enfermidades do próximo e com as obras de misericórdia traz um pouco de luz para a escuridão da pobreza. E porque a Igreja é composta de religiosos e de leigos, de ativos e de contemplativos, ao mercenário foi ordenado que não os prejudicasse com seu mau exemplo. Afirma Gregório: "O prelado merece tantas mortes quantos são os maus exemplos por ele deixados aos pósteros".

11. Este "mercenário, já que as ovelhas não lhe pertencem, foge quando vê chegar o lobo". O lobo é chamado assim porque, quase como o leão, tem nos pés uma força, pela qual cada coisa que pisa, deixa de viver. Arma ciladas às ovelhas, assalta-as na garganta para estrangulá-las rapidamente. De estrutura corpórea antes rígida, de modo a não poder inclinar a cabeça com facilidade, move-se com uma certa impe-

tuosidade e, por isso, com frequência é iludido. Diz-se que, quando é ele que percebe alguém, por uma certa força da natureza lhe falta a voz; mas se se vir descoberto perde a audácia e a ferocidade. Quando tem fome e não encontra algo a ser roubado com facilidade, nutre-se de terra, depois sobe a um monte e com as fauces bem abertas enche de vento as desejosas entranhas. Tem grande terror de duas coisas: do fogo e da estrada frequentada. O lobo é figura do diabo e do tirano deste mundo sobre o qual o diabo cavalga.

E este é o quarto cavalo, do qual o Apocalipse diz: "E eis um cavalo esverdeado e quem o montava tinha por nome Morte". Como o soldado se serve do cavalo, da mesma forma o diabo, cujo nome é Morte, porque por meio dele a morte entrou no mundo (cf. Sb 2,24), serve-se do cruel tirano deste mundo para perturbar e arruinar a Igreja de Cristo. E o mercenário, quando o vê chegar, "abandona as ovelhas e foge, e o lobo rouba e dispersa as ovelhas". Aquele abandona e este rouba, aquele foge e este dispersa. O diabo, como um lobo, mata tudo aquilo que amassa com o pé da soberba. Por isso Davi, no temor de ser esmagado por aquele pé, rezava dizendo: "Não venha sobre mim o pé da soberba" (Sl 35,12). De fato, como todos os membros apoiam-se sobre os pés, da mesma forma todos os vícios são encabeçados pela soberba, porque ela é o princípio de todo o pecado (cf. Eclo 10,15).

O diabo arma ciladas às ovelhas, isto é, aos fiéis da Igreja, e os agarra com os dentes na garganta para impedir-lhes que confessem os pecados. E tem tamanha soberba a ponto de não poder curvar a cabeça à humildade. Ataca de repente, irrompendo com a tentação, mas é iludido pelos santos, que certamente não ignoram suas astúcias. Mas se vê um homem imprudente, torna-o mudo para que não confesse seus crimes e não cante o louvor do Criador. Porém, se o homem vigia sobre si mesmo e prevê sua tentação, o diabo se envergonha de ser descoberto e assim perde toda a força da tentação. Mas quando não encontra nos santos nada para ser comido, nutre-se de terra, isto é, dos avarentos e dos luxuriosos. Depois sobe sobre o monte, isto é, busca aqueles que ocupam lugares e encargos elevados e ali se alimenta com o vento de sua vanglória e de sua pompa mundana.

O diabo tem terror sobretudo de duas coisas: do fogo da caridade e do caminho pisado pela humildade. Se o mercenário fosse dotado destas duas qualidades, certamente não fugiria, mas exatamente por isso foge, porque é mercenário e simplesmente não lhe importam as ovelhas.

O mercenário e o diabo estão unidos por uma certa amizade e vinculados por um pacto. O diabo diz ao prelado aquilo que disse o rei de Sodoma a Abraão: "Dá-me os homens, e toma para ti o resto – isto é, a lã, a carne, o leite" (Gn 14,21).

O diabo e o tirano deste mundo agem com os prelados de nosso tempo como os lobos com os pescadores do pântano meotide [lá pelos lados do Mar de Azov]. Narra-se que os lobos se aproximam do lugar onde estão os pescadores: se os pescadores lhes dão peixe, não causam danos; se, porém, não lhes dão, rasgam as redes quando os pescadores as estendem por terra para secá-las. Assim os prelados da Igreja dão ao diabo os peixes, isto é, as almas que vivem na água do batismo e cedem os bens da

Igreja ao tirano do mundo para que não rasque as redes de seus negócios, das intrigas temporais e não estraguem as relações que têm com sua parentela. Portanto, com justiça se diz: "E eis um cavalo esverdeado, e aquele que o cavalgava se chamava Morte, e o inferno o seguia", quer dizer, que os insaciáveis de coisas terrenas o imitam. "E lhe foi dado poder sobre as quatro partes da terra", isto é, sobre todos os maus que moram em toda a parte; "de matar com a espada" das más sugestões, "com a privação" da palavra divina, com "a morte" do pecado mortal e com "as feras da terra", quer dizer, com os impulsos e os instintos da carne corrompida.

III – O RECÍPROCO CONHECIMENTO ENTRE O PASTOR E AS OVELHAS

12. "Eu sou o bom pastor, conheço as minhas ovelhas e as minhas ovelhas me conhecem. Como o Pai me conhece e eu conheço o Pai; e dou a minha alma (vida) por minhas ovelhas" (Jo 10,14-15). À iniquidade do falso pastor opõe o comportamento do pastor verdadeiro. Eu sou o pastor *bom*, diferente do ladrão e do mercenário; e conheço as minhas ovelhas, que estão marcadas pelo meu caráter. Estas ovelhas têm "o nome do pastor e o nome de seu Pai escrito em sua fronte" (Ap 14,1).

E eis como concordam com isso as palavras do Apocalipse: "Depois, ouvi o número dos que foram assinalados: cento e quarenta e quatro mil, de todas as tribos dos filhos de Israel: da tribo de Judá, doze mil assinalados; da tribo de Rúben, doze mil; da tribo de Gad, doze mil; da tribo de Aser, doze mil; da tribo de Neftali, doze mil; da tribo de Manassés, doze mil; da tribo de Simeão, doze mil; da tribo de Levi, doze mil; da tribo de Issacar, doze mil; da tribo de Zabulon, doze mil; da tribo de José, doze mil; da tribo de Benjamim, doze mil" (Ap 7,4-8).

"Ouvi o número dos assinalados", isto é, compreendi quais deviam ser assinalados "cento e quarenta e quatro mil", número que representa a perfeição. Coloca um número "finito" porque Deus com um número determinado compreende a totalidade.

"De todas as tribos dos filhos de Israel" (doze), isto é, de todas os povos que imitam a fé de Jacó. No número *doze* entendemos aqueles que, nas quatro partes do mundo, são assinalados pela fé na Trindade; e para demonstrar que estes são perfeitos, multiplicamos doze por quatro, e obtemos quarenta e oito. E para que esta perfeição se refira à Trindade, triplicamos o quarenta e oito e obtemos cento e quarenta e quatro.

"Da tribo de Judá" etc. Narra-se no Gênesis que "Jacó maldisse três filhos, isto é, Rúben, Simeão e Levi, que, em ordem de nascimento eram os primeiros (cf. Gn 49,3-7). Isso nos faz compreender porque nenhum dos três teve o direito de primogenitura. O quarto foi Judá, que Jacó louvou e abençoou dizendo: "Judá, teus irmãos te louvarão" (Gn 49,8). Eis o significado dos doze nomes: Judá, "que confessa"; Rúben, "filho da visão"; Gad, "que está cingido"; Aser, "bem-aventurado"; Neftali, "largueza"; Manassés, "esquecido"; Simeão, "escuta (*atendimento*) da tristeza"; Levi, "acréscimo" ou "elevado"; Issacar, "recompensa"; Zabulon, "habitação da fortaleza"; José, "crescimento"; Benjamim, "filho da direita" (cf. Gn 35,18).

Judá é o penitente, que deve ter consigo os onze irmãos para ter na sua confissão uma visão clara; na tribulação deve cingir-se de sabedoria; deve temer a Deus, porque "feliz é o homem que teme o Senhor" (Sl 111,1); deve dilatar-se na caridade; esquecido do passado, deve estender-se para o futuro (cf. Fl 3,13); deve condoer-se dos pecados para que Deus o ouça, e deve acrescentar dor a dor para poder ser elevado da dor para a alegria; desse modo conseguirá a recompensa da vida eterna, na qual habitará com fortaleza e confiança (cf. Dt 33,28) porque não existirá quem o amedronte (cf. Jó 11,19); acrescentado ao número dos anjos, cheio das verdadeiras riquezas, com a bênção da direita, isto é, posto à direita, será bendito nos séculos dos séculos.

13. Na interpretação desses doze nomes é indicada toda a perfeição da graça e da glória. Quem quiser chegar a ela, é necessário que seja marcado na fronte com um *tau* (T). Lemos em Ezequiel: "O Senhor disse ao homem que estava vestido de linho: Passa pelo meio da cidade, pelo meio de Jerusalém e com um tau marca a fronte dos homens que gemem e que se doem de todas as abominações que se fazem no meio dela" (Ez 9,2-4).

O homem vestido de linho é Jesus Cristo, revestido do linho da nossa carne: o Pai mandou-lhe imprimir um *tau*, isto é, o sinal de sua cruz e a memória de sua paixão, sobre a fronte, quer dizer, na mente dos penitentes, que gemem na contrição e choram na confissão por todas as abominações que cometeram ou que são cometidas pelos outros. Desse sinal disseram os exploradores a Raab: "Nós cumpriremos fielmente o juramento que nos fizeste prestar, se, quando entrarmos no país, estiver como sinal este cordão vermelho, e o atares à janela" (Js 2,17-18). O cordão vermelho à janela é a lembrança da paixão em nossos membros: se não o tivermos, iremos para a ruína eterna com os condenados.

Por isso, devemos fazer como ordenou o Senhor: "Tomai um ramalhete de hissopo, molhai-o no sangue, que estará no limiar da porta, e aspergi com ele a trave e as duas ombreiras da porta" (Ex 12,22). O hissopo é uma erva capaz de purificar os pulmões: brota entre as pedras, com as raízes adere ao rochedo; é figura da fé em Jesus Cristo, da qual diz o Apóstolo: "Purificou os corações com a fé" (At 15,9). Esta fé está enraizada e fundada no próprio Cristo, que é a pedra angular.

Vós, pois, ó fiéis, tomai o ramalhete da fé e banhai-o no sangue de Jesus Cristo, aspergi com ele a trave e ambas as ombreiras. A trave é o intelecto; as duas ombreiras são o querer e o operar, que devem agir na lembrança da paixão de Jesus Cristo. De fato, diz a esposa do Cântico dos Cânticos: "Põe-me como selo sobre teu coração, como um selo sobre o teu braço" (Ct 8,6). No coração é indicada a vontade e no braço a ação; ambos devem ser marcados com o selo da paixão de Jesus Cristo. Todos aqueles que foram marcados com este selo, o Senhor os reconhece e eles reconhecerão o Senhor. Por isso diz: "Conheço as minhas ovelhas e as minhas ovelhas me conhecem; como o Pai conhece a mim e eu conheço o Pai". O Filho conhece o Pai por si mesmo, nós o conhecemos por meio do Filho. De fato, diz: "Ninguém conhece o

Filho senão o Pai, e ninguém conhece o Pai senão o Filho e aquele a quem o Filho o quiser revelar" (Mt 11,27).

"E dou a minha alma por minhas ovelhas." Esta é a prova do amor em relação ao Pai e em relação às ovelhas. Assim também Pedro, tendo protestado pela terceira vez o seu amor, recebe a ordem de apascentar as ovelhas e de estar pronto a morrer por elas. Por isso, o Senhor lhe disse três vezes "apascenta, apascenta, apascenta!", e não "tosquia, tosquia, tosquia!"

Pedimos-te, pois, Senhor Jesus, que nos marques com o sinal do sangue de tua paixão; digna-te colocar-nos entre as ovelhas destinadas a estar à tua direita. No-lo concedas tu, que és bendito nos séculos dos séculos. Amém.

IV – A Igreja será formada por ambos os povos: o judeu e o pagão

14. "Possuo ainda outras ovelhas que não são deste aprisco; é preciso que eu as conduza. Elas ouvirão a minha voz e haverá um só rebanho e um só pastor" (Jo 10,16). A ovelha, um animal macio no corpo e na lã, é chamada em latim *ovis*, de oblação (oferta), porque não início não se ofereciam em sacrifício touros, mas ovelhas. As ovelhas são os fiéis da Igreja de Cristo, que, cada dia, sobre o altar da paixão do Senhor e no sacrifício do coração contrito, oferecem a si mesmo como hóstia pura, santa e agradável a Deus (cf. Rm 12,1). "Possuo ainda outras ovelhas", isto é, os gentios (os pagãos) "que não são deste aprisco", não são do povo de Israel; "é preciso que eu as conduza" por meio dos apóstolos, "e haverá um só rebanho e um só pastor". E esta é a Igreja, reunida e formada por ambos os povos. E esta é a mulher de quem fala o Apocalipse: "Apareceu no céu um grande sinal: uma mulher vestida de sol, com a lua debaixo de seus pés, e sobre sua cabeça uma coroa de doze estrelas. Estava grávida e clamava com dores de parto e sofria tormentos para dar à luz" (Ap 12,1-2).

Sentido alegórico. Esta mulher representa a Igreja, que, com justiça, é chamada "mulher", porque fecunda de muitos filhos, que gerou da água e do Espírito Santo. Esta é a mulher vestida de sol. O sol é chamado assim por aparece só, depois de haver obscurecido com o seu fulgor todas as outras estrelas. O sol é Jesus Cristo, que habita numa luz inacessível (cf. 1Tm 6,16), e cujo esplendor vela e obscurece os fracos raios de todos os santos, se forem comparados a ele, porque "não há quem seja santo como o Senhor" (1Sm 2,2).

Diz Jó: "Ainda que me lavasse com água de neve, e as minhas mãos brilhassem como as mais limpas, contudo me submergirás na imundície e os meus próprios vestidos terão horror de mim" (Jó 9,30-31). Nas águas de neve é representada a compunção das lágrimas e nas mãos mais limpas, a perfeição no agir. Diz, pois: Ainda que me lavasse com água de neve, isto é, com a compunção, e se as minhas mãos resplandecessem limpíssimas pelo esplendor de uma conduta perfeita, todavia me submergirás na imundície, isto é, far-me-ias ver que ainda estou sujo, e teriam horror de mim, isto é, tornar-me-iam abominável as minhas vestes, quer dizer, as minhas qualidades ou os membros do meu corpo, se tu – acrescente comigo – quisesses tratar-me com rigor. E também Isaías: "Nós todos nos tornamos como um homem imundo", isto é, como um leproso; "todas as nossas justiças são como um pano sujo; todos caímos como a folha e as nossas iniquidades, como um vento, nos arrebataram" (Is 64,6). Portanto, o único bom, o único justo e santo é aquele sol, de cuja fé e de cuja graça a Igreja está vestida.

"E com a lua debaixo de seus pés." Por causa das variações do seu aspecto, a lua indica a instabilidade de nossa mísera condição. Daí o dito: O jogo da fortuna muda como o aspecto da lua. Cresce e diminui e nunca pode permanecer a mesma. Por isso diz o Eclesiástico: "O insensato muda como a lua" (Eclo 27,12).

O insensato, isto é, o seguidor deste mundo, passa dos *chifres* (forma da lua no primeiro e no último quarto) da soberba para a rotundidade da concupiscência carnal e vice-versa. Essa inconstante prosperidade das coisas caducas deve ser posta sob os pés da Igreja. Os pés da Igreja são todos os prelados que devem sustentá-la, como os pés sustentam e suportam o corpo. E sob esses pés devem ser pisadas, como esterco, todas as coisas temporais. De fato, lemos nos Atos: "Todos os que possuíam campos ou casas, vendendo-os, traziam o preço do que vendiam, depunham-no aos pés dos apóstolos" (At 4,34-35), porque consideravam como esterco todas aquelas coisas.

"E sobre sua cabeça uma coroa de doze estrelas." As doze estrelas são os doze apóstolos, que iluminam a noite deste mundo. "Vós – diz o Senhor – sois a luz do mundo" (Mt 5,14). A coroa, assim chamada porque é quase uma roda ao redor da cabeça (latim: *corona, capitis rota*), de doze estrelas, é a fé dos doze apóstolos; e é coroa porque não admite acréscimo ou diminuição, como qualquer círculo: e isso porque é completa e perfeita.

A Igreja tem filhos, concebidos com a semente da palavra de Deus; ela clama pelas dores nos penitentes, e sofre no parto pelos esforços de converter os pecadores. Portanto, com as palavras de Baruc, ela diz: "Fui deixada só; tirei o manto da paz, vesti-me com o saco da oração, clamarei ao Altíssimo todos os dias da minha vida. Tende ânimo, filhos, clamai ao Senhor e ele vos libertará das mãos e do poder dos inimigos. Fez-vos partir com choro e pranto; mas o Senhor vos fará voltar a mim com gozo e alegria" (Br 4,19-23). E isso acontece no dia das Cinzas, quando os penitentes são mandados para fora da igreja, e no dia da Ceia do Senhor, quando são chamados a reentrar.

15. **Sentido moral**. "Uma mulher vestida do sol." É a alma fiel da qual Salomão, nas parábolas, diz: "Quem achará uma mulher forte? Seu valor excede tudo o que vem de longe e dos últimos confins da terra (Pr 31,10). Feliz a alma que, revestida da força do alto, resiste impávida na adversidade e na prosperidade, e derrota com coragem as potências do ar. O valor (o preço) desta mulher foi Jesus Cristo, que, por sua redenção, veio de longe: do seio do Pai, na sua divindade, e dos confins da terra, quer dizer, de pais paupérrimos, na sua humanidade. Ou também: por preço toma as virtudes: com este preço somos resgatados, redimidos. Daí que diz Salomão: o resgate do homem são suas riquezas (cf. Pr 13,8), isto é, as virtudes.

As virtudes vêm de longe, isto é, do alto; os vícios, porém, são nossos familiares, porque provêm de nós mesmos.

Esta mulher é vestida de sol. Observa que o sol tem três qualidades: o candor, o esplendor e o calor. No candor é representada a castidade; no esplendor, a humildade; e no calor, a caridade. Com estas três virtudes confecciona-se o manto da alma fiel, da esposa do celeste esposo. Desse manto, diz Booz a Rute: "Estende a capa com que te cobres, segura-a com ambas as mãos. E, tendo-a estendido e segurando-a, ele mediu-lhe seis alqueires de cevada, e os pôs às suas costas" (Rt 3,15). Booz interpreta-se "forte", Rute "que vê e se apressa". Vejamos que significado têm a extensão da capa, as duas mãos e as seis medidas de cevada.

Rute é a alma que, vendo a miséria deste mundo, a falsidade do diabo, a concupiscência da carne, apressa-se em direção à glória da vida eterna. Estende este manto quando atribui não a si, mas a Deus, a sua castidade, a humildade e a caridade, e mostra estas virtudes unicamente para a edificação do próximo; e para não perdê-las, segura-as com ambas as mãos, isto é, com o temor e com o amor a Deus.

A mão (*manus*) deriva seu nome do fato que defende e fortifica (latim: *munio*) o homem, ou também porque é serviço e dom (latim: *munus*) de todo o corpo. Com efeito, a mão subministra o alimento à boca e cumpre todas as outras funções. Assim, o temor e o amor a Deus defendem e fortificam o homem para que não caia, e infundem o dom da graça para que seja perseverante. Se a alma estender e segurar com as mãos o manto, Booz, isto é, Jesus Cristo, o forte e o potente, medir-lhe-á seis medidas de cevada. A cevada representa o rigor e a aspereza da penitência, que consiste em seis coisas: a contrição, a confissão, o jejum, a oração, a esmola e a perseverança final.

"E com a lua debaixo de seus pés." Observa que a lua tem três qualidades, contrárias àquelas indicadas acima [para o sol]: a mancha, a obscuridade, a frieza. A lua representa o corpo do homem que, com o passar dos anos cresce e diminui. Retornará ao ponto do qual teve início, porque és terra e à terra voltarás (cf. Gn 3,19); tem a mancha, porque concebido no pecado (*o pecado original*); é obscuro pelas enfermidades, frio pela corrupção à qual é destinado. Ou também: tem a mancha porque está manchado pela luxúria, está cego pela obscuridade da soberba e é esfriado pelo gelo do rancor e do ódio.

A mulher deve ter esta lua sob os pés, isto é, sob os afetos da mente, para que a carne sirva ao espírito e a sensualidade seja submissa à razão. Narra-se no Primeiro livro dos Reis que Abigail montou sobre um jumento e foi a Davi (cf. 1Sm 25,42). Abigail interpreta-se "exultação de meu pai" e representa a alma que retorna à penitência, por isso, haverá mais alegria entre os anjos no céu... (cf. Lc 15,10) etc. A alma sobe sobre o jumento quanto castiga o corpo e o obriga a servir à razão, e assim aproxima-se de Davi, isto é, de Jesus Cristo.

Concordam com isso as palavras do Profeta Naum: Entra no barro, pisa-o e amassa os tijolos (cf. Na 3,14). Entra no barro, isto é, considera-te barro e até mesmo esterco, para que com Jó sofredor também tu te sentes dolorido na estrumeira, e com um caco de telha, isto é, com a aspereza da penitência, raspes a podridão da culpa (cf. Jó 2,8); e tendo na mão, em lugar do perfume, o fedor da carne, amassa tijolos, isto é, castiga a carne. O tijolo solidifica-se com o fogo, e com a água se desfaz. Assim a carne reforça-se quando cozida pelas aflições, enquanto nos prazeres se enfraquece. Diz Jeremias: "Até quando te debilitarão as delícias, filha vagabunda?" (Jr 31,22). E Oseias: "Israel desencaminhou-se como uma vaca no cio" (Os 4,16). A vaca no cio corre para cá e para lá com o olho obstruído, não toma alimento, submete-se ao touro e não o olha, e enquanto é oprimida sob seu peso é tomada pelo gozo da luxúria. Assim a carne, quando é cercada de delícias, vaga pelos campos da licenciosidade, não toma o alimento da alma; submete-se ao diabo e não o vê, e o diabo a amassa sob o peso do pecado enquanto ela se acende de luxúria.

"E sobre sua cabeça uma coroa de doze estrelas." As estrelas são chamadas assim de *stare*, porque estão sempre fixas no mesmo ponto do céu e junto com o céu são levadas em seu perpétuo movimento. E quando se vê cair uma estrela, não se trata de estrelas, mas de pequenos fogos caídos pelo ar, que se formam quando o vento, alcançando os pontos mais altos, traz consigo o fogo etéreo (*Aeter* era a esfera do fogo). Na cabeça, isto é, na mente da alma, deve existir uma coroa de doze estrelas, isto é, de doze virtudes. Três na fronte: a fé, a esperança e a caridade; três no lado direito: a temperança, a prudência e a fortaleza: três na parte posterior: o pensamento da morte, o dia amargo do juízo e a pena eterna do inferno; três no lado esquerdo: a paciência, a obediência e a perseverança final.

Pedimos-te, pois, Senhor Jesus, tu que és o bom pastor, que guardes a nós, tuas ovelhas, nos defendas do mercenário e do lobo e nos coroes no teu reino com a coroa da vida eterna.

Digna-te no-lo conceder, tu que és bendito, glorioso e digno de louvor pelos séculos dos séculos.

E cada ovelhinha, cada alma fiel diga: Amém. Aleluia!

III domingo depois da Páscoa

Temas do sermão

- Evangelho do III domingo depois da Páscoa: "Ainda um pouco e não me vereis"; divide-se em três partes.
- Primeiramente o sermão aos ouvintes da palavra de Deus, e o que comunica a eles: "Vai e toma o livro."
- Parte I: Sermão sobre a brevidade da glória temporal: "A esperança do ímpio é como lanugem".
- Sermão sobre os sete vícios pelos quais serão punidos com sete castigos aqueles que são enganados: "Ouvi uma grande voz".
- Parte II: Sermão sobre o pranto dos justos e sobre a alegria dos carnais: "Em verdade, em verdade vos digo: Vós chorareis"; e "O Senhor chamará ao pranto".
- Sermão contra os adoradores deste século, contra os carnais e os fornicadores: "Vi uma mulher sentada sobre um animal vermelho"; os três nomes do diabo, os dez chifres e as sete cabeças da besta, e seu significado.
- Sermão sobre a tristeza dos santos: "O mundo gozará".
- Parte III: Sermão sobre o fato que Deus nos vê (nos olha) de três modos: "Ver-vos-ei de novo"; e sermão sobre o coração.
- Sermão sobre a glória da bem-aventurança eterna e sobre o esplendor da Jerusalém celeste: "O anjo mostrou-me um rio de água viva".
- Exposição moral do evangelho: "Quando dá à luz, a mulher está aflita"; no prólogo fala-se da natureza dos pequenos corvos e da alma penitente: "Como uma mulher abandonada e com o ânimo aflito, o Senhor te chamou".
- Diz-se também de que modo o homem é concebido no útero da mãe e as vicissitudes que se seguem, e como devem ser compreendidas em sentido moral.
- Sermão sobre a confissão, na qual a alma deve *trabalhar*, como a mulher no parto: "Sofre e geme!"

EXÓRDIO – SERMÃO AOS OUVINTES DA PALAVRA DE DEUS

1. Naquele tempo, disse Jesus aos seus discípulos: "Ainda um pouco e não me vereis; e mais outro pouco e me vereis, porque eu vou para o Pai" (Jo 16,16).

No Apocalipse, o anjo disse a João: "Vai e toma o livro aberto da mão do anjo e devora-o; ele fará amargar o teu ventre, mas na tua boca será doce como o mel"

(Ap 10,8-9). O livro (latim: *liber*, quase como *uber*, i. é, *fecundo* de letras) representa a abundância da pregação. É aquele poço que Isaac, no Gênesis, chamou "abundância" (cf. Gn 26,33); é aquele rio, cujo curso vigoroso alegra a cidade de Deus (cf. Sl 45,5), isto é, a alma na qual Deus habita.

Ó homem, "toma", isto é, apodera-te deste livro para eliminar com sua fecundidade a tua esterilidade, com sua abundância a tua miséria. "E devora-o!" Devora o livro quem escuta com avidez a palavra de Deus. De fato, no Segundo livro de Esdras diz-se que "todo o povo tinha os ouvidos atentos à leitura do livro" (Ne 8,3). Tem os ouvidos atentos ao livro aquele que ouve a palavra de Deus com atenção. "E encherá de amargura o teu ventre." O ventre é aquela parte do corpo que digere os alimentos que recebe, e é chamado assim porque distribui para todo o corpo a nutrição vital: representa a mente do homem, que deve acolher a palavra de Deus, e após tê-la acolhido deve como que digeri-la com a meditação, e depois de tê-la meditado bem deve pô-la em prática no exercício das várias virtudes.

A palavra de Deus enche de amargura o ventre porque, como diz Isaías, "amarga é a bebida para aqueles que a bebem" (Is 24,9); E Ezequiel: "E me fui amargurado no meu espírito" (Ez 3,14). Não deve causar admiração que a palavra de Deus amargue a mente, já que anuncia a destruição de todas as coisas temporais, a brevidade da vida presente, a amargura da morte, a aspereza das penas do inferno.

"Mas na tua boca será doce como o mel", porque tudo aquilo que é difícil como ordem, amargo nas palavras da pregação, torna-se leve e doce para aquele que ama; ou também: é amargo nesta vida porque estimula à penitência, mas será doce na pátria porque conduzirá à glória. É em referência a estas coisas que o Senhor diz no evangelho de hoje: "Ainda um pouco e não me vereis".

2. Neste evangelho devem-se, pois, observar três verdades. Primeiro, a breve duração de nossa vida, onde se diz: "Ainda um pouco e não me vereis". Segundo, a vã felicidade dos mundanos, quando afirma: "Em verdade, em verdade vos digo: vós chorareis e vos entristecereis". Terceiro, a glória eterna: "Eu vos verei de novo e o vosso coração de alegrará". Confrontaremos as três partes desse trecho evangélico com as três últimas do Apocalipse. A primeira parte trata dos sete anjos que trazem as sete taças da ira de Deus; a segunda, fala da condenação da grande meretriz, isto é, da vaidade mundana; a terceira, fala do rio de água viva, isto é, da eternidade da vida futura.

No introito da missa canta-se: "De toda a terra elevai a Deus hinos de júbilo". Depois, lê-se a epístola do Bem-aventurado Pedro: "Eu vos exorto, como estrangeiros e peregrinos".

I – A BREVE DURAÇÃO DE NOSSA VIDA

3. "Ainda um pouco e não me vereis", como se dissesse: Pouco, isto é, breve tempo me resta, até quando deverei sofrer a paixão e serei fechado no sepulcro; e depois

ainda um pouco de tempo, até quando me vereis ressuscitado. Ou também: Será breve o tempo, isto é, três dias, no qual não serei visto, porque fechado [no sepulcro]; e de novo será breve o tempo, isto é, quarenta dias, no qual me vereis ressuscitado. "Porque vou para o Pai", quer dizer, porque já chegou o tempo em que eu, deposta a minha condição mortal, introduzirei no céu a natureza humana.

Sentido moral. Observa que, nesta passagem evangélica, por bem sete vezes é repetida a palavra "um pouco", para indicar que a nossa vida, que se desenvolve no espaço de sete dias, é breve e medida. De fato, diz Tiago: "O que é a nossa vida? É como vapor que aparece num momento e depois desaparece" (Tg 4,15). E Jó: "Passam seus dias no bem-estar e num instante descem ao sepulcro" (Jó 21,13). E de novo: "A glória dos ímpios é breve e a felicidade do hipócrita é como um *ponto*" (Jó 20,5). Ponto deriva de *pùngere*, e é brevíssimo, porque não tem duração e porque, por causa de sua incalculável brevidade, não pode ser dividido em partes. O ponto representa a vida do pecador: nela existe a *puntura*, a picada da consciência e a brevidade da vida. Lemos no Livro da Sabedoria: "A esperança do ímpio é como a lanugem varrida pelo vento, como a espuma leve dispersa pela tempestade, como a fumaça espalhada pelo vento e como a recordação do hóspede de um só dia" (Sb 5,15).

O prazer que se espera de tirar da abundância das coisas terrenas é volátil como a lanugem. A lanugem é a pelugem de certos frutos e também o fruto da cana, vazio e supérfluo como a espuma, da qual diz Oseias: "Samaria fez desaparecer o seu rei como a espuma que se levanta sobre a superfície da água" (Os 10,7). A Samaria representa a dignidade, a autoridade que faz desaparecer o seu rei, isto é, o prelado, como a espuma, na qual é indicada a soberba, que logo é varrida pela tempestade da fragilidade. Também o prazer é como uma fumaça da mente, que perturba os olhos; deixa para trás excrementos, isto é, as imundícies do pecado, como um hóspede de passagem.

Concorda com estas comparações aquilo que diz Oseias: "Serão como uma nuvem da manhã, como orvalho matinal que se esvai, como o pó que o turbilhão levanta na eira e como a fumaça que sai da chaminé" (Os 13,3). A nuvem e o orvalho são dispersos e consumidos pelo sol que surge. O pó é levado pelo vento e a fumaça é espalhada em leves espirais. Assim, quando chega a chama da morte, desfalece e se dissolve a abundância das coisas temporais, desvanece a concupiscência da carne e toda a vanglória. Ai, pois, daqueles que pela falaz abundância desta vida, por um mísero prazer momentâneo, perdem a vida eterna: nos sete dias deste infeliz exílio são presos aos sete vícios [capitais] e, portanto, serão condenados a beber das sete taças da ira de Deus.

4. E eis a concordância com o Apocalipse: "Ouvi do céu uma grande voz que dizia aos sete anjos: ide e derramai sobre a terra as sete taças da ira de Deus. Foi o primeiro e derramou a sua taça sobre a terra. O segundo anjo derramou a sua taça sobre o mar. O terceiro derramou a sua taça sobre os rios e sobre as fontes das águas. O quarto derramou a sua taça sobre o sol. O quinto derramou a sua taça sobre o trono da besta

e o seu reino tornou-se tenebroso. O sexto derramou a sua taça sobre o grande Rio Eufrates. O sétimo derramou a sua taça pelo ar" (Ap 16,1-17).

Na terra são indicados os avarentos e os usurários; no mar, os soberbos e os vaidosos (cf. Is 51,9-10); nos rios e nas fontes de água, os luxuriosos; no sol, os vangloriosos; no trono da besta, os invejosos e os negligentes; no Rio Eufrates, que se interpreta "abundância", os beberrões e os gulosos; enfim, no ar, os falsos religiosos.

Da terra da avareza, o Senhor diz à serpente: "Comerás terra todos os dias de tua vida" (Gn 3,14), porque o avarento é o alimento do diabo.

Do mar da soberba diz Jó: E o mar publica: não está comigo" (Jó 28,14) a sabedoria, porque "Deus resiste aos soberbos" (Tg 4,6; 1Pd 5,5).

Do rio da luxúria diz-se no Êxodo que o faraó deu a todo o povo esta ordem: "Tudo o que nascer do sexo masculino lançai-o no rio" (Ex 1,22). Faraó interpreta-se "que destrói" ou "que despoja", e representa o diabo que, depois de ter destruído o edifício das virtudes, despoja e desnuda o homem infeliz da veste da graça de Deus. O diabo quer destruir no rio da luxúria toda obra viril, virtuosa e perfeita, e preservar, porém, as fêmeas, isto é, as mentes efeminadas, das quais se serve para fazer o mal.

Do sol da vanglória, falando da semente do semeador, o Senhor diz em Mateus: "Saindo o sol, queimou-se, porque não tinha raízes e secou" (Mt 13,6). A semente representa as obras boas, que, quando arde o sol da vanglória, secam. De fato, perdes tudo o que fizeres por vanglória. A propósito diz Bernardo: De onde a glória para ti, que és cinza e pó? Da santidade da vida? Mas é o Espírito que santifica: não o teu, mas aquele de Deus. Ou te lisonjeia o favor popular, porque sabes expor com elegância a boa palavra? Mas é Deus que dá a boca e a sabedoria. O que é tua língua, senão a pena do escriba que escreve velozmente? (cf. Sl 44,2). Diz o Filósofo que "pelo caminho breve chegam à glória aqueles que se esforçam por ser realmente aquilo que querem aparecer" (CÍCERO. *De officiis*).

Do trono da inveja, sobre o qual senta a fera, isto é, o diabo, diz o Apocalipse: "Sei onde habitas, onde está o trono de satanás" (Ap 2,13). Os invejosos são a morada do diabo. Diz Jó: "A fera mete-se no seu esconderijo e fica no seu antro" (Jó 37,8). O esconderijo e o antro são figura do coração dos invejosos, que é escurecido pela fuligem da inveja. De fato, "antro" soa quase como "atro", isto é, preto, escuro.

Do Eufrates da gula fala-se em Jeremias que o cinto estava apodrecido no Rio Eufrates (cf. Jr 13,7). O cinto da castidade apodrece nos excessos da gula e da embriaguez. Diz o Filósofo: "Come e bebe para viver bem; não viver só para comer e beber" (Sócrates).

Do ar da falsa religião diz-se no Apocalipse que "escureceu-se o ar com a fumaça que saía do poço" (Ap 9,2). O poço é a cobiça, cuja fumaça já esfumaçou quase todos os religiosos.

Todos aqueles que se prenderão a estes sete vícios durante os sete dias desta vida serão embriagados com as sete taças, serão atingidos pelas sete chagas, quer dizer, pelas sete sentenças de condenação ao inferno. Serão eternamente punidos no corpo e na alma, com o qual pecaram.

III domingo depois da Páscoa

Irmãos caríssimos, peçamos, pois, a Jesus Cristo que, nestes sete breves dias de nossa vida, nos preserve, nos proteja e nos guarde destes sete vícios, a fim de que, libertados das sete penas do inferno mereçamos chegar ao reino infinito de sua glória. No-lo conceda aquele que é bendito nos séculos dos séculos. Amém.

II – A VÃ ALEGRIA DOS MUNDANOS

5. "Em verdade, em verdade vos digo: vós chorareis e vos entristecereis: o mundo, porém, se alegrará. Vós haveis de estar tristes, mas a vossa tristeza converter-se-á em alegria. A mulher, quando dá à luz, está em sofrimento, porque chegou a sua hora, mas, depois que deu à luz um menino, já não se lembra da aflição, pelo gozo que tem de ter vindo ao mundo um homem" (Jo 16,20-21).

Nas tribulações deste mundo, todos os bons choram, enquanto os apreciadores e os amantes do mundo gozam. A propósito, diz Isaías: "O Senhor Deus dos exércitos convidar-vos-á naquele dia ao gemido, ao pranto, a rapar a cabeça e a vestir-vos de saco. Mas, em vez disso, somente prazer e alegria, em matar novilhos e degolar carneiros, em comer carne e beber vinho: Comamos e bebamos, porque amanhã morreremos" (Is 22,12-13). Todos os justos são chamados pela graça de Deus ao pranto da contrição e ao lamento da confissão; a rapar-se a cabeça, isto é, à renúncia das coisas temporais, a vestir-se de saco, isto é, à aspereza da penitência. Os amantes do mundo, porém, vivem nos prazeres do mundo, na alegria do pecado, bêbedos de gula e de luxúria.

6. E esta é a Babilônia à qual se referem as palavras do Apocalipse: "Vi uma mulher – diz João – sentada sobre uma besta escarlate, cheia de nomes de blasfêmia, que tinha sete cabeças e dez chifres. A mulher estava vestida de púrpura e de escarlate, adornada de ouro, de pedras preciosas e de pérolas, e tinha na mão uma taça de ouro cheia de abominação e da imundície de sua prostituição" (Ap 17,3-4). A mulher (latim: *mulier*, de *mollities*, efeminação) representa aqueles efeminados que adaptam sua vida à vida de Eva, pela qual teve início o pecado. Dessa mulher diz Salomão: "A prostituta é como esterco no caminho" (Eclo 9,10). O esterco deriva seu nome do fato que é espalhado (latim: *sterno*, espalho) sobre o campo. Na prostituta estão representados todos os mundanos, que são pisados pelos demônios como o esterco pelos passantes. Dessa meretriz o Senhor se lamenta com as palavras de Jeremias: "Desde o princípio quebraste o meu jugo, rompeste os meus laços e disseste: Não te servirei! Porque te prostituíste em todo o outeiro elevado e debaixo de toda a árvore frondosa" (Jr 2,20).

Os filhos deste século, geração depravada, adúltera e perversa; os filhos espúrios, companheiros dos ladrões, isto é, dos demônios, quebraram o jugo da obediência, romperam os laços dos mandamentos de Deus e disseram: Não serviremos! De fato, diz Jó: "Quem é o Onipotente para que o sirvamos? E o que nos aproveita se o adorarmos?" (Jó 21,15). Sobre todo o outeiro elevado da soberba e debaixo de toda a árvore frondosa da luxúria – já que a luxúria procura os lugares frondosos e escuros – como uma meretriz, prosternam-se diante do diabo!

Portanto, com razão, diz João: "Vi uma mulher sentada sobre uma besta escarlate". A besta, quase *vastia*, devastadora, é o diabo que devasta as potências da alma: o diabo é sanguinário consigo mesmo e com os seus. Sobre ele sentam-se os mundanos; sendo seu fundamento, eles se apoiam nele. Mas quem se apoia no diabo, que se precipita do céu, necessariamente precipitar-se-á com ele. Diz Jó: "Será precipitado à vista de todos" (Jó 40,28): tanto ele quanto os réprobos, dos quais ele é a cabeça.

"Cheia de nomes de blasfêmia." O diabo, como diz o Apocalipse, tem três nomes: em hebraico *Abdo*, em grego *Apollyon*, em latim *Exterminans*. Abdo significa escravo. Apollyon tem o mesmo significado de Exterminans, isto é, extermínio, destruição (cf. Ap 9,11). O termo grego Apollyon pode significar também danoso (*apothéis pòlin*, que expulsa da cidade) e infernal. Estes são os nomes blasfemos, com os quais o diabo e seus seguidores blasfemam contra Deus. De fato, são escravos do pecado, danosos e infernais exterminadores, isto é, que põem a si mesmos e aos outros *extra terminum*, fora dos limites da vida eterna.

"[A besta] tem sete cabeças e dez chifres." As sete cabeças são os sete vícios dos quais fala o profeta no salmo: "Vi na cidade a injustiça e a discórdia. Dia e noite ronda sobre seus muros a iniquidade, e está no meio dela a opressão e a injustiça; e não se afastam de suas praças a usura e o engano" (Sl 54,10-12). Cidade do sangue, toda cheia de mentira, na qual o Senhor não entra; ali está reunida uma multidão de carnais e nela existe a injustiça contra Deus, recordada aqui duas vezes, porque de dois modos se peca contra Deus: realizando a obra má e omitindo a obra boa. A discórdia refere-se ao prelado, a opressão e a injustiça a ti mesmo, a usura e o engano ao próximo.

Dos dez chifres fala o Apóstolo aos romanos quando diz: "São cheios de toda a iniquidade, de malícia, de fornicação, de avareza, de maldade, cheios de inveja, de homicídios, de contendas, de engano, de malignidade" (Rm 1,29). Ou, as sete cabeças e os dez chifres são aquelas de que fala a Sabedoria: "E todos os crimes estão em grande confusão: sangue e homicídio, furto e engano, corrupção e infidelidade, desordem e perjúrio, confusão entre os bons, esquecimento de Deus, corrupção das almas, perversão sexual, infidelidade matrimonial, dissolução, adultério e impudicícia, culto aos ídolos abomináveis" (Sb 14,25-27).

7. "E a mulher estava vestida de púrpura e de escarlate..." Na púrpura é indicado o desejo de dignidade; no escarlate, que é cor de sangue, a crueldade da mente; no ouro, a sabedoria mundana; nas pedras preciosas e nas pérolas, a abundância das riquezas. De todas estas coisas vestia-se e se ornava a mulher meretriz, isto é, a grande Babilônia, a sinagoga de satanás, a turba dos carnais.

Dela se acrescenta: "E tinha na mão uma taça de ouro". A taça, ou cálice de ouro, na mão de Babilônia, é a glória do mundo, dourada por fora, mas por dentro cheia de toda a imundície e abomínio. De fato, diz Salomão nas parábolas: "Falaz é a graça e vã é a beleza" (Pr 31,30). Com este cálice embriagam-se os reis deste mundo, os prelados da Igreja, as religiosas e os religiosos. Por isso, diz João: "Com ela fornicaram os reis da terra, e aqueles que a habitam embriagaram-se de vinho de sua prostituição" (Ap 17,2).

Dessa embriaguez diz Isaías: "O Senhor difundiu no meio do Egito um espírito de vertigem; e eles o fizeram errar em todas as suas obras, como erra o homem embriagado e que vomita" (Is 19,14). O redemoinho, em sentido próprio, forma-se quando o vento se eleva e faz o pó girar freneticamente; a vertigem, porém, é um distúrbio da cabeça. No meio do Egito, isto é, entre os mundanos, o Senhor misturou, isto é, permitiu que fosse misturado o espírito da vertigem, isto é, a paixão e a cobiça, sob cujo ímpeto aqueles míseros são tomados pelo redemoinho, quase como por um vento, e assim vão errando como o bêbedo, para o qual nenhum caminho é suficientemente largo. E como o bêbedo que é arrastado ou batido não sente nada, assim também os mundanos tornam-se insensíveis. Por isso dizem: "Espancaram-me, mas não me doeu; arrastaram-me, mas não percebi" (Pr 23,35), porque o desgraçado pecador não sente dor quando é espancado pelos demônios e quando pelos mesmos é arrastado de pecado em pecado, não se dá conta.

Concordam com tudo isso as palavras de Jeremias nas Lamentações: "Alegra-te e regozija-te, ó filha de Edom, que habitas na terra de Hus: a ti também chegará o cálice, serás embriagada e despida" (Lm 4,21). Edom interpreta-se "sangue". A filha de Edom representa a impudica volúpia dos carnais. O profeta lhe diz ironicamente: "Alegra-te e regozija-te!" Ela se alegra na abundância do mundo e se regozija na luxúria da carne. Ela habita na terra de Hus, nome que se interpreta "conselho", do qual diz Isaías: "Os sábios conselheiros do faraó deram um conselho insensato" (Is 19,11). Os sábios deste mundo dão um conselho insensato, isto é, de procurar as coisas temporais, de correr atrás das coisas transitórias, de crer nas falsas promessas do mundo. A filha de Edom, enganada pelo conselho deste mundo, embriaga-se no cálice de ouro da glória mundana e depois é despida. De fato, os amantes deste século, depois da embriaguez das coisas temporais, serão despidos de todos os bens, e assim, despidos, serão condenados às penas eternas.

Continua, pois, João no Apocalipse: "Um anjo forte levantou uma pedra como uma grande mó de moinho e lançou-a no mar, dizendo: Com este ímpeto será precipitada aquela grande cidade de Babilônia e não será mais encontrada" (Ap 18,21). O anjo forte é Cristo, que dispersa os poderes do ar. "Levantou uma pedra", porque levanta os maus e aqueles que têm o coração endurecido para puni-los com maior gravidade; "como uma grande mó de moinho", porque são arrastados pelas coisas mundanas, ou também porque esmagam os outros; "e a lançou no mar", isto é, na amargura do inferno, para que na medida em que Babilônia se ensoberbeceu e se abandonou aos prazeres, na mesma medida seja aprofundada nos tormentos (cf. Ap 18,7).

8. Com razão, pois, no evangelho de hoje o Senhor diz: "O mundo há de se alegrar; haveis de estar tristes, mas a vossa tristeza há de converter-se em alegria", e a ale-

gria do mundo mudar-se-á em tristeza. E diz o Senhor em outra parte do evangelho: "Todo homem apresenta primeiro o vinho bom e depois o menos bom" (Jo 2,10). Neste mundo bebem o vinho da alegria, mas no outro beberão o vinagre da geena. De fato, diz Jeremias: "Eis que aqueles que não estavam condenados a beber o cálice, certamente o beberão; e tu serás considerado inocente? Não serás considerado inocente e com certeza o beberás. Porque por mim mesmo eu jurei [diz o Senhor] que Bosra será devastada, será um opróbrio, um deserto, um objeto de escárnio e uma maldição" (Jr 49,12-13).

Os santos, aos quais nenhum tribunal impôs beber o cálice da tristeza deste mundo, bebê-lo-ão com a amargura do coração, bebê-lo-ão com o sofrimento do corpo; de fato, sofrem e choram por todas as abominações que se cometem sobre a terra. E tu, Babilônia, mãe de fornicações, serás considerada inocente? Não, não serás tratada como inocente, mas depois de haver bebido neste mundo o vinho do prazer, beberás no outro o vinagre do inferno. E diz Gregório: "Se tão grande é a miséria desta vida mortal, que nem os justos, que certamente um dia habitarão no céu, podem transcorrer sem problemas a vida aqui na terra, dada a vastidão da miséria humana, quanto mais aqueles que serão privados da glória celeste deverão esperar como segura conclusão a eterna condenação". E ainda: "Cada vez que medito sobre a paciência de Jó e trago à mente a morte de João Batista, digo a ti, pecador: procura compreender o que deverão sofrer aqueles que Deus condena, se sofrem desse modo aqueles que são elogiados pelo testemunho do próprio juiz". O que será do arbusto do deserto, se até o cedro do paraíso será sacudido pelo terror?

"Jurei por mim mesmo, diz o Senhor", – porque não existe ninguém acima de mim por quem jurar (cf. Hb 6,13) – "que Bosra", nome que significa "fortificada", isto é, a pérfida sinagoga dos mundanos que se fortifica contra o Senhor com os bastiões dos pecados e com os dardos das defesas, "tornar-se-á um deserto" porque ficará isolada sem a companhia da graça, "um opróbrio" porque despojada de todos os bens temporais, "um escárnio" porque zombada e enganada pelos demônios, "e uma maldição", aquela que diz: "Ide, malditos, para o fogo eterno!" (Mt 25,41).

"A mulher, quando chega o tempo do parto, está na tristeza." Triste soa quase como triturado, do latim *tero, teris*, bater. Na peregrinação deste mundo, os santos são *triturados*, pisados, batidos, afligidos e angustiados: deles o mundo não é digno (cf. Hb 11,37-38). A eles fala hoje Pedro com as palavras de sua carta: "Caríssimos, rogo-vos que, como estrangeiros e peregrinos, vos abstenhais dos desejos carnais que combatem contra a alma" (1Pd 2,11). O forasteiro, em latim é chamado *advena*, de *advenio*, chego de outro lugar. O peregrino é aquele que está longe de sua pátria. Todos somos forasteiros, porque viemos de outro lugar; do gáudio do paraíso [terrestre] chegamos à mísera condição deste exílio; somos também peregrinos, porque, expulsos da face e dos olhos de Deus, andamos mendigando, distantes da pátria do céu.

Abstenhamo-nos, pois, dos desejos da carne, a exemplo de Nabot, cujo nome significa "excelso": como ele preferiu morrer – assim se narra no Terceiro livro dos Reis (cf. 2Rs 21,1-14) – antes de vender sua herança, assim nós devemos estar dispostos a sofrer qualquer pena para não trocar a glória eterna pelos prazeres da carne. E se fizermos isso, a nossa tristeza converter-se-á em alegria.

E com tudo isso concordam as palavras do introito da missa de hoje: "De toda a terra elevai a Deus hinos de júbilo; cantai um salmo ao seu nome, dai-lhe a glória e o louvor" (Sl 65,1-2). Exorta-nos a fazer três coisas: Jubilai com o coração; cantai um salmo com a boca; dai-lhe a glória com as boas obras, para merecer chegar à glória da eterna alegria.

III – A GLÓRIA ETERNA

9. "Mas hei de ver-vos de novo e o vosso coração se alegrará e ninguém vos tirará a vossa alegria" (Jo 16,22).

Observa que o Senhor nos vê (nos olha) de três maneiras. Primeiro, infundindo-nos a graça. Ele disse a Natanael: "Quando estavas debaixo da figueira, eu te vi" (Jo 1,48). Os progenitores, saídos do paraíso terrestre, receberam vestes feitas de folhas de figueira, folhas que sobre a pele causam prurido. Está debaixo da figueira aquele que se detém à sombra de uma conduta preguiçosa e se deixar tomar pelo prurido da luxúria da carne. Deus vê a este, olha-o, quando lhe confere a graça. Segundo, vê-o quando lhe mantém a graça que lhe deu. Lemos no Gênesis: "O Senhor viu todas as coisas que havia feito, e eram todas muito boas" (Gn 1,31). Todas as coisas que o Senhor faz em nós quando nos infunde a graça são boas; mas quando vê, isto é, quando mantém em nós aquilo que fez, então são muito boas, isto é, perfeitas. Terceiro, ver-nos-á quando nos tomar consigo. De fato, diz: "Ver-vos-ei de novo, e o vosso coração se alegrará".

O coração é a fonte do calor e o princípio do sangue, e é também o princípio dos movimentos das coisas agradáveis e daquelas danosas; e, em geral, os movimentos de todos os sentidos têm início no coração e a ele retornam. E a energia do espírito permanece no coração até o último instante; e o definhamento de todos os membros acontece antes do que aquela do coração: ele é o primeiro que começa a pulsar e o último a parar. Então, já que o coração é um órgão mais nobre do que os outros, diz dele o Senhor: "Alegrar-se-á o vosso coração", porque, como dele procede a vida, assim dele proceda também a alegria.

10. "E ninguém poderá tirar-vos a vossa alegria." Com isto concorda a última parte do Apocalipse: "O anjo mostrou-me um rio de água viva, resplandecente como cristal, que saía do trono de Deus e do Cordeiro, no meio da praça da cidade" (Ap 22,1-2). No rio é indicada a eternidade, na água viva, a saciedade, no esplendor do cristal, a luminosidade e no trono de Deus e do Cordeiro, que é Deus e Homem, é indicada a humanidade glorificada. Eis a vossa alegria, que ninguém vos poderá tirar.

Do rio da eternidade fala o Senhor com as palavras de Isaías: "Se tu tivesses atendido os meus mandamentos, a tua paz teria sido como um rio" (Is 48,18). O rio tem a água perene. Ó homem, se tu dás atenção aos mandamentos de Deus, gozarás seguro na paz da eternidade. Sobre a saciedade (procurada) da água viva fala-se no salmo: "Em ti está a fonte da vida" (Sl 35,10); fonte perene, fonte que a todos sacia: quem dela beber, não terá mais sede para sempre (cf. Jo 4,13).

Sobre a luminosidade fala sempre o Apocalipse: "A cidade não tem necessidade de sol, nem de lua; porque a claridade de Deus a ilumina, e a sua lâmpada é o Cordeiro" (Ap 21,23), isto é, o Filho de Deus. Do seu trono, isto é, da humanidade na qual a divindade se humilhou, procedem a luz da eternidade, a água viva da eterna saciedade, o esplendor cristalino do eterno fulgor, e se ampliam para o centro, isto é, na comunidade, da praça da cidade, da Jerusalém celeste, porque Deus será todo em todos (cf. 1Cor 15,28), todos receberão um só denário, todos juntos participarão da recompensa, dando graças ao Verbo encarnado, porque por meio dele tornaram-se eternos, saciados, esplendidos e bem-aventurados.

Também nós, ó Senhor Jesus, pedimos-te que nos sete dias desta breve existência tu nos concedas conceber o espírito da salvação e dar à luz na tristeza do coração o herdeiro da vida eterna, e assim, mereçamos beber no rio da água viva na celeste Jerusalém, e gozar para sempre contigo. Concede a nós tudo isso, tu que és bendito, glorioso, digno de louvor e de amor, benigno e imortal pelos séculos eternos. E toda a criatura responda: Amém. Aleluia.

IV – A ALMA QUE SOFRE E DÁ À LUZ A OBRA BOA

11. "A mulher quando da à luz está na tristeza." Diz Isaías: "Como uma mulher desamparada e angustiada de espírito, Deus te chamou" (Is 54,6). Com a inspiração de sua graça e com a pregação da Igreja, o Senhor chama à penitência a mulher, isto é, a alma pecadora, fraca e efeminada: abandonada pelo diabo, mas acolhida por Deus. Por isso ela diz: "Meu pai", isto é, o diabo, "e minha mãe", isto é, a concupiscência carnal, "abandonaram-me; mas o Senhor me acolheu" (Sl 26,10). Aqueles que são abandonados pelo diabo, são acolhidos por Cristo.

Conta-se que o corvo não nutre seus filhotes se antes não vê crescerem neles as penas pretas; por isso, nesse meio-tempo, os pequenos corvos vivem assim: sobre a baba que sai da boca dos pequenos corvos reúnem-se muitas moscas; então eles chupam a baba junto com as moscas e dessa maneira muito singular se sustentam. Daí diz Jó: "Quem preparou ao corvo o seu sustento, quando seus filhotes gritam para Deus, indo de um lado para o outro, por não terem o que comer?" (Jó 38,41). E no salmo: "É ele que dá aos animais o seu alimento próprio e aos filhotes dos corvos o que pedem" (Sl 146,9). Mas o corvo, se nos seus filhotes vê que crescem penas brancas, abandona-os e lança-os fora do ninho.

O corvo representa o diabo. Os filhos do corvo são os pecadores que vivem em pecado mortal, tomando assim a cor preta do pai. Por isso, deles diz o Profeta Naum: "O rosto deles está denegrido como uma panela" (Na 2,10). A panela toma a cor preta do fogo e da fumaça. O rosto representa as obras, das quais, como pelo rosto, reconhece-se o homem. "Pelos seus frutos os conhecereis" (Mt 7,16). Por isso, as obras dos pecadores são como o pretume das panelas, que se tornaram assim pelo fogo da sugestão diabólica e pela fumaça da concupiscência carnal. Daí, diz Jeremias: "O seu rosto está mais negro do que os carvões" (Lm 4,8). Portanto, os pecadores são filhos do diabo, mas quando, por meio da graça, com a remissão dos pecados, readquirem o candor, então o diabo os abandona e o benigníssimo Senhor os acolhe entre os braços de sua misericórdia. Com razão, pois, é dito: "Uma mulher abandonada e com o ânimo aflito". Dela diz Jeremias: "Tornou-me desolada, consumida em tristeza todo o dia" (Lm 1,13). "Desolada", quer dizer, privada do conforto das coisas temporais; "consumida em tristeza"; em latim *moerore confectam*, leia *composta*, "confeccionada" de tristeza. Ótima "confecção" [sic], quando com estas três excelentes especiarias, a contrição, a confissão e a satisfação, unidas ao bálsamo da divina misericórdia, por obra do *farmacêutico*, isto é, do Espírito Santo, confecciona-se o reconstituinte para a alma arrependida. Dela diz precisamente o Senhor no evangelho de hoje: "A mulher quando dá à luz está na tristeza".

E já que o Senhor nos apresentou o exemplo da mulher que dá à luz e de seu sofrimento, para ensinar-nos a nos arrepender do pecado, e dar à luz a obra boa, por isso, queremos explicar de que modo o homem é concebido no seio materno, como se forma, como é carregado por nove meses e como é dado à luz no sofrimento: explicaremos primeiramente o processo natural e depois as aplicações morais que daí se possam tirar.

12. A mulher concebe no prazer e dá à luz na dor. Depois da fecundação, a mulher aumenta de peso e nos seus olhos forma-se quase uma sombra; em algumas mulheres isso acontece logo, depois de dez dias, em outras, algum tempo depois. Nas mulheres grávidas, ocorre uma diminuição do apetite, quando ao embrião começam a crescer os cabelos na cabeça. Entre todos os órgãos, o primeiro a se formar é o coração, e os órgãos internos formam-se antes do que os externos. E se configura primeiramente a parte superior, do diafragma para cima, que proporcionalmente, é a parte maior; a parte inferior, porém, é menor. Necessariamente, o órgão que é o coração deve ser formado antes dos outros, já que é o princípio do movimento e é o órgão que tem um vasto campo de influência, porque dele procede (depende) a vida. E o coração é colocado na parte superior e à frente: aquilo que é mais nobre é colocado na parte mais nobre, segundo a natureza.

Só o coração, entre todos os órgãos internos, não deve absolutamente ter sofrimentos ou grandes enfermidades. E isso é justo, porque se se estraga o princípio, o fundamento, não existe mais o sustento dos outros órgãos. Os outros órgãos recebem sua força do coração: o coração, porém, não a recebe deles. E no coração não há osso, a não ser no coração do cavalo e naquele de uma certa raça de vacas: no coração desses animais há o osso por causa do tamanho do seu corpo. De fato, o osso é posto no coração pela natureza para sustentá-lo, como em todos os outros membros.

Portanto, depois da formação do coração, forma-se a parte superior do corpo. Por isso, na formação do embrião aparecem primeiro a cabeça e os olhos. Porém, os membros que estão abaixo do umbigo, como as pernas e as coxas, aparecem muito pequenas, já que a parte inferior do corpo é ordenada somente para a parte superior.

Portanto, no coração deve encontrar-se o fundamento, o princípio dos sentidos e todas as potências naturais, e é por isso que o coração forma-se por primeiro. E por causa do calor do coração e do fato que dele partem as veias, a natureza dispôs, em contraposição ao coração, um órgão frio, isto é, o cérebro: por isso, no processo do desenvolvimento, a cabeça forma-se depois da formação do coração.

O tamanho da cabeça é superior ao tamanho dos outros membros, porque o cérebro é grande e *humoroso* desde o início de sua formação. De fato, os neonatos não estão em condições de manter a cabeça elevada por muito tempo: exatamente pelo peso do cérebro. E todos os membros recebem primeiro sua configuração e suas características; e só depois recebem a consistência, a maciez e o colorido que lhes são próprios; de fato, o pintor faz primeiramente o desenho, e depois, sobre o desenho, estende a cor, até completar a sua obra.

Se no corpinho formam-se os atributos masculinos, as mulheres grávidas têm um colorido mais belo e o parto ficará mais fácil. Já a partir do quadragésimo dia, o menino começa a mover-se. O outro sexo, quer dizer a menina, começa a mover-se só a partir do nonagésimo dia, e apenas concebida, cobre de palidez o rosto da gestante e torna suas pernas fracas e lentas. Quando em ambos os sexos despontam os cabelos, aumentam os distúrbios na mãe, e nos plenilúnios o mal-estar aumenta; aliás, o plenilúnio é sempre danoso também aos nascidos. Se a mulher que espera come alimentos muito salgados, a criança nasce sem unhas.

Observa, enfim, que todos os animais quadrúpedes estão estendidos no útero, enquanto os animais privados de pés, como os peixes – por exemplo, a baleia e o delfim que carregam os filhos no útero – estão voltados para o lado. Os outros peixes, porém, depõem os ovos na água e, por isso, amam pouco os filhos, porque pouco sofrem por eles. De fato, Habacuc lamenta-se: "Tu fizeste os homens como os peixes do mar, e como os répteis que não têm chefe" (Hab 1,14).

E os animais que têm dois pés estão no útero curvados, como os pássaros e o homem que, precisamente, estão no útero dobrados sobre si mesmos: seu nariz está entre os joelhos e sobre os joelhos, os olhos. De fato, as faces derivam seu nome dos joelhos (latim: *genae*, faces; de *genu*, joelho); e quando na oração dobramos os joelhos, os olhos são excitados às lágrimas, como por uma certa sintonia afetiva.

E suas orelhas estendem-se para fora. E todos os animais mantêm, desde o princípio, a cabeça voltada para o alto; depois quando estão completamente formados e se movem para vir à luz, inclinam-na para baixo. Assim como a parte superior do corpo é mais pesada do que a inferior, acontece como na balança, na qual o prato mais pesado abaixa-se para a terra. E no homem as mãos do embrião estão abertas sobre as costelas; mas quando a criança é dada à luz, imediatamente as mãos vão para a boca.

Quando a mulher está próxima a liberar o seio e chegou o momento do parto, convém que retenha ao máximo a respiração, porque o bocejo poderia parar o puerpério, e a demora seria mortal. E isso verifica-se, sobretudo, nas mulheres que não têm tórax vasto e, portanto, não podem reter por muito tempo a respiração. Observa ainda que, em muitíssimas mulheres, o estado de saúde piora durante a gravidez: e isso acontece porque ficam muito paradas e, portanto, acumulam-se nelas muitos humores supérfluos. Nas mulheres que se cansam, porém, a gravidez não produz tais inconvenientes e têm maior probabilidade de dar à luz sem demoras, pois o cansaço consome os humores supérfluos. O cansaço é uma daquelas coisas que fazem transpirar muito, e assim a mulher no momento do parto pode reter sua respiração; por isso, se fizer assim, o parto será rápido e fácil; caso contrário, o parto será doloroso, difícil e *triste*. "Portanto, a mulher quando dá à luz está na tristeza."

13. **Sentido moral**. A mulher representa a alma. A graça do Espírito Santo é, por assim dizer, o esposo, que a engravida do filho da bênção, isto é, do propósito da boa vontade e do espírito da salvação. Diz Isaías: Diante de ti, Senhor, temos concebido e temos dado à luz o espírito da salvação (cf. Is 26,17-18). Depois de engravidar, a alma torna-se mais pesada, porque se aflige pelos pecados; a vista é enfraquecida pela escuridão, porque se lhe ofusca o esplendor das coisas temporais. Diz Jó: "Escureceram-se as estrelas com as suas trevas" (Jó 3,9). As estrelas da glória mundana serão obscurecidas pela escuridão da penitência. Na gravidez sobrevém a diminuição do apetite e a náusea, porque a alma, depois de ser engravidada pela graça de Deus, torna-se incapaz de fazer o mal e sente a náusea dos vícios de antes. De fato, diz a esposa do Cântico dos Cânticos: Dizei ao meu amado que desfaleço de amor (cf. Ct 5,8). O homem que desfalece é débil e tem náusea dos alimentos. Assim a alma desfalece de amor pelo esposo, quando se torna incapaz de fazer o mal e tem náusea dos vícios praticados antes.

Entre todos os órgãos, o primeiro a se formar é o coração. No coração é indicada a humildade: no coração, esta virtude tem sua morada preferida. "Aprendei de mim – diz o Senhor – que sou manso e humilde de coração" (Mt 11,29). A humildade deve nascer antes de todas as outras virtudes, porque ela é "a forma que reforma as coisas deformadas". De fato, dela vem o princípio *motor* de todas as boas obras, e tem uma grande influência sobre as outras virtudes, porque de todas elas é a mãe e a raiz.

Por isso, diz Salomão nas parábolas: "Mais vale um cão vivo, do que um leão morto" (Ecl 9,4). E a *Glosa* comenta: É melhor o humilde publicano do que o fariseu soberbo: o primeiro, quanto mais se humilhou, tanto mais foi exaltado. E o Bem-aventurado Bernardo: "Quanto mais fundo escavares os fundamentos da humildade, tanto mais para o alto subirá o edifício" [da santidade]. A humildade é mais nobre do que as outras virtudes, porque com sua nobreza sustenta humildemente as coisas menos nobres e menos valiosas; deve ser colocada de preferência no lugar mais alto, isto é, nos olhos, e naquele mais avançado, isto é, nos gestos do corpo. De fato, diz o evangelho do humilde publicano: "Não ousava nem levantar os olhos ao céu, mas batia-se no peito dizendo: 'Ó Deus, tem piedade de mim pecador'" (Lc 18,13).

Como o coração não deve ter sofrimentos ou enfermidades, assim a verdadeira humildade não pode sofrer, isto é, não pode doer-se pela injúria recebida, nem ficar mal pela prosperidade alheia. E isso é justo, porque se a humildade se falseia, cai também o edifício das outras virtudes. Diz Gregório: "Quem acumula virtudes sem a humildade é como aquele que lança o pó contra o vento".

E em nenhum coração existe osso, excetuado no coração do cavalo e de certas vacas. No cavalo é representado o hipócrita arrogante, na vaca, o luxurioso. Na humildade simulada do hipócrita existe o osso da soberba e do roubo: de fato, faz-se belo com as penas do avestruz e rouba os louvores da santidade alheia. Na inconstante humildade do luxurioso existe o osso da desculpa e da obstinação. Nesses animais, o cavalo e a vaca, são indicadas todas as espécies de vícios.

14. Depois que se formou o coração, forma-se a parte superior do corpo. Depois que na mente do homem nasceu a humildade, então acontece a distinção entre a parte superior e a inferior, e já que tem maior dignidade, a parte superior é formada antes e nela aparecem primeiramente a cabeça e os olhos. A parte superior é a vida contemplativa, na qual aparece primeiro e por primeiro deve aparecer, a cabeça da caridade, da qual se diz no Cântico dos Cânticos: "Sua cabeça é o ouro mais puro" (Ct 5,11). O ouro é puro e reluzente, e a caridade deve ser pura em relação a Deus e reluzente em relação ao próximo.

Aparecem depois os olhos, isto é, o conhecimento da felicidade eterna. A vida ativa, enquanto parte inferior, deve fazer-se serva da contemplação, pois a parte inferior existe somente em ordem à parte superior. De fato, diz o Apóstolo: O homem não foi criado para a mulher, mas a mulher foi formada para o homem (cf. 1Cor 11,9); porque a vida ativa foi constituída para servir à vida contemplativa, e não a contemplativa para servir à ativa.

E como o cérebro, órgão frio, é posto em contraposição ao coração para moderar seu calor, assim a vida contemplativa, que consiste na compunção da mente, é posta em contraposição à vida ativa, a fim de que com sua oração e com a compunção das lágrimas modere a febre do ativismo e o fogo das tentações: e isso deve realizar-se com a humildade que habita no coração.

E como o tamanho da cabeça é superior ao tamanho dos outros membros, assim a graça da contemplação é mais sublime, porque mais próxima a Deus, objeto da contemplação. Mas ai, quantas crianças, quer dizer, quantos inconstantes de mente, tentaram sustentar o tamanho desta cabeça, mas não puderam resistir por muito tempo, precisamente por seu tamanho. Só Abraão, isto é, o justo, com o filhinho, isto é, com a pureza da mente, subiu ao monte da vida contemplativa. Os servos, porém, ficaram no vale dos prazeres mundanos, esperando com o jumento (cf. Gn 22,3-5), isto é, com a lentidão do jumento.

III domingo depois da Páscoa

E como todos os membros recebem primeiramente sua configuração, as características, o colorido, a solidez e a maciez, assim todas as virtudes devem ter sua configuração e seus *limites*, para que progredindo pelo caminho régio não se desviem, nem para a direita nem para a esquerda, e a crueldade não reivindique espaço sob o pretexto da justiça e a preguiçosa indolência não se disfarce com o manto da mansidão. Devem ter os *sinais* da paixão do Senhor, para marcar com o selo de sua cruz tudo aquilo que fazemos de bem. E o *colorido* não seja fosco, mas verdadeiro e autêntico, para que os vícios, tingidos com a cor das virtudes, não enganem a alma.

Por isso, diz Santo Isidoro: Alguns vícios apresentam a aparência de virtudes e, por isso, enganam mais lamentavelmente seus seguidores, porque se escondem sob o véu da virtude. E o Filósofo: Não existe insídia mais oculta do que aquela que se esconde sob a aparência do dever. De fato, o cavalo de Troia pôde levar ao engano, porque imitava a imagem de Minerva.

Além disso, as virtudes devem ter a *solidez* e a *maciez*: vinho e óleo, vara e maná, açoites e seios, ferro e unguento.

15. *Quando o corpinho toma as características do menino...* No menino é representada a obra virtuosa, na menina, a obra efeminada. Quando a alma concebe uma obra virtuosa está em estado de bem-estar porque dispõe tudo correta e ordenadamente; e tem colorido bom (sadio) porque agrada a Deus e edifica o próximo. Este é o menino que o faraó, isto é, o diabo, quer afogar no rio do Egito (cf. Ex 1,22), quer dizer, no amor deste mundo. E deste menino fala-se no Primeiro livro dos Reis: "Senhor dos exércitos – disse Ana –, se deres à tua escrava um filho varão, eu o darei ao Senhor durante todos os dias de sua vida" (1Sm 1,11). Pede um filho varão, não uma menina. De fato, sabia que o faraó havia mandado que as meninas fossem reservadas para ele (cf. Ex 1,22).

Portanto, no sexo feminino é representada a obra da mente efeminada, e quando a mísera alma a concebe, seu rosto cobre-se de palidez, isto é, torna-se feio pelo amor às coisas terrenas; a alma é freada por fraqueza e desânimo, e sendo negligente, morna e privada de forças é desviada das obras boas. Esta é a filha do rei do Egito, que tornou vã a sabedoria de Salomão e perverteu seu coração fazendo-lhe seguir os deuses estrangeiros (cf. 1Rs 11,34). Ai, quantos sábios, tornados mornos pela efeminação da mente, abandonam-se aos pecados mortais! Quantos forem os teus pecados mortais, tantos serão os deuses que adoras. Diz o Bem-aventurado Bernardo: "Ainda que sejas sábio, falta-te a sabedoria se não o fores para o teu bem".

Quando os cabelos, isto é, os pensamentos inúteis, *apontam na mente*, causam à alma um grande dano, porque, como diz Salomão, "os pensamentos maus afastam de Deus" (Sb 1,3).

E quando a mulher grávida come alimentos muito salgados, o nascido é privado de unhas. O sal torna o terreno estéril. A mulher de Lot foi transformada numa estátua de sal (cf. Gn 19,26). O Senhor manda que o sal insosso seja lançado fora (cf. Mt 5,13). Nesta passagem, o sal está a indicar a vanglória, que torna estéril qualquer obra.

Se a alma que está para dar à luz o herdeiro da vida eterna come o sal da vanglória, sua obra será sem unhas, isto é, será privada da perseverança final e da glória celeste.

Além disso, o homem e os pássaros estão curvados no útero: seu nariz está entre os joelhos, os olhos sobre os joelhos e as orelhas para fora. No nariz é indicada a discrição, isto é, a capacidade de juízo; nos joelhos, a compunção das lágrimas e a aflição da penitência; nos olhos, a iluminação da mente e nas orelhas, o mandamento da obediência. Os pássaros e o homem representam o propósito da boa vontade: um voa para a contemplação, o outro cansa-se na ação. Diz Jó: "O homem nasce para o trabalho, como a ave para o voo" (Jó 5,7). Seu nariz deve estar entre os joelhos para poder proceder com discrição, mantendo a justa medida tanto na compunção da mente como na mortificação do corpo. E os olhos devem estar sobre os joelhos para cumprir todas as coisas na iluminação de uma alegre consciência, pois o Senhor ama quem doa com alegria (cf. 2Cor 9,7); e as orelhas devem estar estendidas para fora por uma espontânea e livre obediência, já que "a obediência – como diz Gregório – atrai para si todas as virtudes, e tendo-as atraído as guarda".

Este filho da alma deve ter as mãos abertas sobre as costelas. As costelas são assim chamadas porque protegem os órgãos internos, e simbolizam o próprio sentimento de humildade e o desprezo do mundo: estas são duas virtudes que protegem egregiamente todas as virtudes; sobre elas, o filho da alma deve ter abertas e fixas as mãos das obras, para dizer com Abraão: "Falarei ao meu Senhor, embora eu seja pó e cinza" Gn 18,27); e com Davi: "A quem persegues, ó rei de Israel? A quem persegues? Tu persegues um cão morto e uma pulga" (1Sm 24,15); e com o Apóstolo: "Para mim o mundo está crucificado, e eu crucificado para o mundo" (Gl 6,14).

E apenas nascido, este filho, leva as mãos à boca. Isso indica que cada um, lembrado de seu nascimento, deve pôr as mãos sobre sua boca para não pecar com sua língua, porque, como diz Salomão, quem guarda seus lábios, preserva sua alma (cf. Pr 21,23).

"E quando a mulher está próxima a liberar o seio, e chegou o momento do parto..." etc. "A mulher, quando dá à luz, está na tristeza porque chegou sua hora" (Jo 16,21). A hora do parto da mulher simboliza a confissão da alma arrependida: naquele momento, ela deve entristecer-se, prorromper em amargos gemidos, dizendo com o profeta: "Estou esgotada à força de gemer" (Sl 6,7). Observa que na mulher que está dando à luz devem-se considerar quatro momentos: a dor, a angústia, a alegria do parto e a tarefa da parteira. Estas mesmas coisas devem-se ver também no penitente, do qual a mulher que dá à luz é figura.

16. Da dor e da angústia fala o Profeta Miqueias: "Porventura não tens rei, ou pereceu o teu conselheiro, pois se apoderou de ti a dor, como da mulher que está com dores de parto? Aflige-te e atormenta-te, filha de Sião, como uma mulher que está em parto, porque agora sairás da tua cidade, habitarás numa região estranha e irás até Babilônia: lá serás livre, lá te resgatará o Senhor da mão dos teus inimigos" (Mq 4,9-10).

III DOMINGO DEPOIS DA PÁSCOA

Jesus Cristo é o rei que guia a alma, para que não caminhe errando; é conselheiro porque lhe aconselha esperar na misericórdia, e lhe diz: Sofre, filha de Sião, isto é, alma, com a dor da contrição; esforça-te na obra de satisfação (de penitência), de modo que a pena seja proporcional à culpa, porque agora sairás da cidade, isto é, da comunidade dos santos, como se faz com os penitentes no início do jejum quaresmal: de fato, o leproso habitava fora do acampamento (cf. Lv 13,46); e habitarás no campo da dessemelhança, no qual o filho pródigo dissipou as substâncias do pai vivendo dissolutamente (cf. Lc 15,13). Habitarás, ó alma, no campo para reconhecer a tua dessemelhança e readquirir a semelhança com Deus, segundo a qual foste criada; e chegarás até Babilônia, isto é, à confusão do pecado, para que, humilhada no teu pecado, o reconheças, e tendo-o reconhecido tu o chores, e chorando-o tu recuperes a graça; ali serás libertada porque, como diz Agostinho, "se tu reconheces, Deus perdoa"; ali Deus te resgatará da mão de teus inimigos, porque a perturbação e a humilhação pelo próprio pecado determinam a expulsão dos demônios.

Da alegria do parto espiritual diz o Senhor em Lucas: "Haverá grande alegria no céu por um pecado que faz penitência" (Lc 15,7); e "Alegrai-vos comigo porque encontrei a dracma que havia perdido" (Lc 15,9); E Gabriel no Evangelho de João: "Muitos se alegrarão por seu nascimento" (Lc 1,14). No Gênesis, lê-se que "Abraão preparou um grande banquete no dia em que Isaac foi desmamado" (Gn 21,8). Quando o pecador é desmamado, isto é, separado do leite da vida mundana e da concupiscência carnal, então Abraão, isto é, Deus Pai, prepara no céu um grande banquete. De fato, diz em Lucas: "Era, porém, justo que houvesse banquete e festa, porque este meu filho estava morto e ressuscitou, estava perdido e foi encontrado (cf. Lc 15,32).

Sobre a tarefa da parteira, isto é, sobre a diligência dos sacerdotes, fala Jó: "A habilidade de sua mão produziu a cobra tortuosa" (Jó 26,13). Obstetra deriva do latim *obstare*, estar diante, isto é, servir. As parteiras são figura do sacerdote, que deve assistir e ajudar os pecadores que se confessam. Por isso é dito: "a sua mão em função de parteira".

Mão do Senhor é o sacerdote: com ela deve ser extraída do pecador a cobra, isto é, o homem velho, para que esteja depois em condições de dar à luz o homem novo. Como no momento do parto acontece às mulheres em certas regiões – ao menos assim se conta – que expelem um sapo antes da criança, assim deve fazer também o penitente: antes de mais nada, com a confissão, expele o homem velho, depois finalmente dá à luz em si o homem novo. E se quiser dá-lo à luz com maior facilidade e tranquilidade, cuide bem de não bocejar.

Boceja aquele que confessa a história dos seus pecados com tibieza e quase dormindo. Boceja aquele que, impedido pela vergonha, não manifesta o pecado que havia prometido confessar. Por isso, diz Isaías: "Os filhos estão prestes a nascer, porém não há força na mãe para dá-los à luz" (Is 37,3). E isso acontece quando o pecado já está na boca, mas pela vergonha a boca não se abre à confissão, e assim a infeliz alma morre. Se tivesse sofrido e tivesse se cansado, sem dúvida, agora estaria alegre pelo parto.

Mas por causa da falta de ação e da tibieza, pela qual se acumula na alma um excesso de pensamentos maus, sua disposição piora e no parto corre graves riscos. Diz Jerônimo: É preciso sempre fazer alguma coisa porque, se a mão parar, o campo do nosso coração é invadido pelos espinhos dos maus pensamentos. E Isidoro: A luxúria queima mais intensamente se encontrar alguém no ócio. Porém, na alma verdadeiramente arrependida há dor e cansaço e, portanto, o parto da confissão é rápido e fácil. De fato, o cansaço consome os humores supérfluos e é uma daquelas coisas que fazem transpirar abundantemente. De fato, o Senhor diz no Gênesis: "Com o suor do teu rosto comerás o teu pão" (Gn 3,19). O rosto é chamado assim porque nele se manifesta a vontade do ânimo (latim: *vultus, voluntas*). No rosto do verdadeiro penitente manifesta-se a dor da contrição e aparecem as lágrimas da amargura, como se fosse o suor do corpo e ali existe o pão e o alimento do próprio penitente.

Com justiça, pois, é dito: "A mulher quando dá à luz está na tristeza; mas quando deu à luz o filho não se recorda mais da aflição por causa da alegria de que está cheia" (Jo 16,21), isto é, por causa da glória eterna. De fato, Isaías diz: "Foram postas no esquecimento as antigas angústias e não voltarão mais a oprimir o coração, mas gozareis e exultareis para sempre" (Is 65,16-18).

Da tristeza deste mundo digne-se guiar-nos para a alegria aquele que com o Pai e o Espírito Santo vive e reina nos séculos dos séculos. Amém.

IV DOMINGO DEPOIS DA PÁSCOA

Temas do sermão

• Evangelho do IV domingo depois da Páscoa: "Vou para aquele que me enviou"; divide-se em três partes.

• Primeiramente sermão ao prelado da Igreja, como deve trabalhar no campo dos fiéis: "O agricultor espera".

• Parte I: Sermão para a anunciação, ou para a natividade, ou para a paixão do Senhor: "Porei um anel em tuas narinas", e "Porás um círculo em suas narinas?"

• Sermão da paixão do Senhor: "Faltou o fole no fogo".

• Natureza da rola e o que representa; a dupla herança de Jesus Cristo.

• Parte II: Sermão contra os mundanos: "Quando vier o Paráclito".

• Os ovos de vento e a diversidade de sua forma; natureza da perdiz e o que significam estas coisas.

• Sermão contra os fornicadores e os beberrões; como perdem o coração e a fé: "A fornicação, o vinho e a embriaguez tiram o coração".

• Sermão sobre a justiça dos santos: "Convencerá o mundo quanto à justiça".

• Sermão sobre o juízo, no qual se exigem seis pessoas: "Convencerá o mundo quanto ao juízo".

• Sermão contra os gulosos e os luxuriosos: "Se me ouvires, não haverá em teu meio um novo deus".

• A colocação da orelha e da língua e seu significado: "Todo homem esteja pronto para ouvir".

• Sermão contra os iracundos: "Seja lento à ira".

• Parte III: Sermão sobre a vinda do Espírito Santo: "O anjo do Senhor desceu à piscina".

• As propriedades da palmeira.

• Contra aqueles que têm a graça *informe*: "Todo animal que tenha..."; e o broto enxertado na árvore.

EXÓRDIO – DE QUE MODO O PRELADO DEVE TRABALHAR NO CAMPO DOS FIÉIS

1. Naquele tempo, disse Jesus aos seus discípulos: "Vou para aquele que me enviou e ninguém de vós me pergunta: Para onde vais?" (Jo 16,5).

Diz Tiago na epístola canônica: "O agricultor espera o precioso fruto da terra, tendo paciência até que receba o fruto precoce e o tardio" (Tg 5,7). O agricultor, aquele que cultiva o campo, é o pregador, que no suor de sua fronte, com o sacho da palavra cultiva o campo, isto é, a alma dos fiéis. O campo chama-se, em latim, *ager*, porque nele se age (latim: *agere*), se trabalha. Os campos ou são semeados, ou se cultivam com plantas, ou se dispõem para o pasto, ou se ornam com flores diversas. Também na alma é necessário fazer sempre alguma coisa, para que não se aconteça aquilo que diz Salomão nas parábolas: "Passei pelo campo do preguiçoso, e vi que os espinhos cobriam a sua superfície" (Pr 24,30-31). Com efeito, onde existe o torpor da preguiça, logo prosperam os espinhos picantes dos pensamentos perversos. Por isso a alma deve ser semeada com a semente da pregação, cultivada com as plantas das virtudes, preparada para o pasto, isto é, para os desejos da vida eterna, ornada com flores diversas, quer dizer, com os exemplos dos santos. E se o campo for cultivado desse modo, dele diz o Senhor: "Eis que o cheiro do meu filho é como o cheiro dum campo florido que o Senhor abençoou" (Gn 27,27).

"O agricultor espera o precioso fruto da terra." Pelo fato de o pregador cultivar o campo do Senhor, ele espera o fruto da terra, isto é, da vida eterna. Por isso, o Senhor promete ao pregador: "Se converteres (alguém), eu te converterei; e se separares o que é precioso daquilo que é vil, serás como a minha boca" (Jr 15,19). "Se converteres", isto é, se fizeres converter – como diz Tiago – "o pecador de seu caminho de erro" (Tg 5,20), eu te converterei infundindo-te a graça; e se tiveres separado aquilo que é precioso, isto é, a alma que resgatei com meu sangue precioso, daquilo que é vil, isto é, do pecado, do qual nada no mundo é mais vil, serás como a minha boca, porque na regeneração julgarei os ímpios por meio de ti.

Mas é preciso agir com paciência. E assim acrescenta: "Deve suportar com paciência até que possa recolher o fruto precoce e o tardio". Chama-se precoce aquilo que amadurece antes, e tardio quando a maturação é completa. Portanto, se suportar com paciência e com alegria quando cai em várias tentações, o pregador receberá o fruto precoce da graça no tempo presente, e o tardio da glória na vida futura. A propósito, no evangelho de hoje, o Senhor diz: "Vou para aquele que me enviou".

2. Observa que neste trecho evangélico são postos em evidência três fatos. Primeiro, o retorno de Jesus Cristo ao Pai, quando diz: "Vou para aquele que me enviou". Segundo, a acusação feita ao mundo quanto ao pecado, à justiça e ao juízo, onde diz: "Quando vier, o Espírito acusará o mundo..." Terceiro, as inspirações do Espírito da verdade, onde conclui: "Tenho ainda muitas coisas a dizer-vos, mas por ora não sois capazes de carregar seu peso. Quando vier o Espírito da verdade, ele vos ensinará toda a verdade".

Neste domingo e no próximo leem-se as epístolas canônicas. O introito da missa de hoje exorta: "Cantai ao Senhor um cântico novo" (Sl 97,1). E na epístola do Bem-aventurado Tiago é dito: "Toda a dádiva excelente" etc. (Tg 1,17): nós a dividiremos em três partes e nela faremos ressaltar a concordância com as três acima mencionadas partes do evangelho. As três partes da epístola são: primeiro: "Todo o dom perfeito"; segundo: Vós o sabeis, irmãos meus diletíssimos"; terceiro: "Pelo que, renunciando a toda a impureza" etc.

I – O RETORNO DE JESUS CRISTO AO PAI

3. "Eu vou para aquele que me enviou." Pouco antes, o Senhor havia dito: "Vós sabeis para onde vou e conheceis também o caminho". Disse-lhe Tomé: "Senhor, nós não sabemos para onde tu vais" (Jo 14,4-5). E o Senhor, pouco depois, acrescenta: "Vou para aquele que me enviou. Saí do Pai e vim ao mundo; outra vez deixo o mundo e vou para o Pai" (Jo 16,28). Esta é a argola de que fala o Pai, ameaçando o diabo: "Eu te porei, pois, uma argola nas narinas e um freio nos teus lábios e te farei voltar pelo caminho de onde vieste" (Is 37,29).

A argola, assim chamada porque faz a volta na circunferência, representa Jesus Cristo que, como a argola, retornou para onde havia partido. De fato, partiu do Pai, fez uma volta até os infernos, e retornou ao trono de Deus. A argola, pois, foi posta nas narinas do diabo, porque a Sabedoria de Deus encarnou-se para ensinar a nós a verdadeira sabedoria e assim, por meio da sabedoria por ele ensinada, frustram-se as insídias do diabo, representadas nas suas narinas. As narinas, chamadas em latim *nares*, porque delas sai o ar (latim: *nares, aër*), ou seja a respiração, simbolizam a astúcia das insídias diabólicas. De fato, pelas conjeturas e circunstâncias exteriores e pelo temperamento dos homens, o diabo intui e pressente, quase com o faro das narinas, a que vícios alguém é mais inclinado, e ali prepara as suas armadilhas. Mas todos aqueles que são instruídos pela sabedoria de Deus, se o quiserem, têm condições de fugir a essas armadilhas.

"E porei um freio aos teus lábios." O freio é a cruz de Jesus Cristo: o diabo, retido por ela como um cavalo, já não pode devorar-nos como costumava fazer. Com isso concorda aquilo que lemos em Jó: "Porventura porás uma argola nas narinas de Beemot (hipopótamo), ou lhe furarás sua queixada com um anel?" (Jó 40,21).

O anel, chamado em latim *armilla*, bracelete, porque pode servir também como arma, é a cruz de Jesus Cristo, da qual Isaías diz: "O poder foi posto sobre seus ombros" (Is 9,6)). Com este anel, o Filho de Deus furou a queixada do diabo e libertou o gênero humano de suas fauces. Depois acrescenta: "E te farei voltar pelo caminho de onde vieste".

O diabo perdeu a posse do mundo pelo mesmo caminho pelo qual o havia usurpado: havia enganado o homem e a mulher com a árvore proibida e a serpente. Por obra de um homem, Jesus Cristo, e de uma mulher, a Virgem Maria, por meio da árvore da cruz e da serpente, quer dizer, com a morte da carne de Cristo, que era simbolizada pela serpente que Moisés havia elevado no deserto sobre uma haste de madeira (cf. Nm 21,8-9; Jo 3,14), o diabo perdeu a posse do gênero humano. Portanto, concluída a obra de nossa redenção, Cristo diz: "Vou [retorno] para o Pai que me enviou".

248   IV DOMINGO DEPOIS DA PÁSCOA

Com isso tudo concorda aquilo que lemos no Livro de Tobias, quando Rafael, depois de ter acorrentado o demônio, restituiu a vista a Tobias e disse: "É, pois, tempo que eu volte para aquele que me enviou" (Tb 12,20). Rafael interpreta-se "medicina de Deus". Ele é figura de Cristo, porque, com sua carne pregada sobre o lenho da cruz, Cristo extraiu da serpente um antídoto para nós, e assim acorrentou o diabo e restituiu a vista dos olhos ao gênero humano. Depois disse: "Já é tempo que eu retorne para aquele que me enviou", ou seja, "Vou para aquele que me enviou".

4. O Pai enviou o Filho a nós, dádiva excelente e dom perfeito; confirmam-no as palavras da epístola de hoje: "Toda a dádiva excelente e todo o dom perfeito desce do alto, vem do Pai das luzes" (Tg 1,17). Excelente, isto é, sumo; perfeito é aquilo ao qual nada se pode acrescentar. Cristo é a dádiva excelente, porque nos foi dado pelo Pai, do qual ele é o sumo e coeterno Filho. Por isso, diz-se no Segundo livro dos Reis: "A terceira batalha aconteceu em Gob contra os filisteus: nela *Adeodato*, filho de Salto, que tecia panos de cores, belemita, matou Golias de Gat" (2Sm 21,19).

Adeodato é Davi – ao pé da letra: dado por Deus ao povo de Israel –; filho de Salto, porque apascentava as ovelhas de seu pai nos montes cobertos de bosques (latim: *saltus*); de fato, diz-se: "Tomou-o dos rebanhos das ovelhas mães" (Sl 77,70); fabricante de vestes coloridas: sua mãe era da família de Beseleel, que era fabricante de vestes de várias cores, como diz o Êxodo (cf. Ex 38,23); belemita, porque era originário de Belém.

Sentido alegórico. "A terceira batalha aconteceu em Gob." Observa que o diabo fez três batalhas contra o Senhor: no céu, quando por soberba tentou usurpar a perfeição da divindade; no paraíso terrestre, quando, em ultraje ao Criador, enganou os progenitores com as lisonjas de falsas promessas; no mundo, quando no deserto tentou o próprio Homem-Deus e depois o fez pregar no patíbulo da cruz. Dessa última batalha fala-se exatamente: "A terceira batalha aconteceu em Gob", nome que se interpreta "lago", e representa o mundo, que é lago de miséria e barro de impureza (cf. Sl 39,3).

O lago é chamado assim porque é como o lugar da água: de fato, a água ali está parada e não sai dele. Este mundo é o lugar da água, isto é, da soberba, da luxúria e da avareza, que nunca saem, antes crescem dia após dia. Neste lago, Davi, que se interpreta "misericordioso", é figura de Jesus Cristo, cuja misericórdia não pode ser medida, e que só por misericórdia nos foi dado pelo Pai, e que é toda a dádiva excelente: Ele matou Golias de Gat. Golias interpreta-se "que se transforma"; de Gat, isto é "que se espanta"; e é figura do diabo, "que se transforma em anjo de luz" (2Cor 11,14), porque tem medo de ser surpreendido em seu verdadeiro aspecto. Mas o nosso Davi o matou quando lhe tirou a posse do mundo e o fechou no cárcere do inferno.

Foi "filho de Salto". O termo latino *saltus* denota um lugar em que as árvores sobem (*saliunt*) muito para o alto. Foram "salto" os antigos pais, os patriarcas e os profetas que, inspirados pelo Espírito de Deus, como árvores que se lançam a grande altura, profetizaram a encarnação do Filho de Deus: ele proveio deles segundo a carne, e portanto, é chamado "filho de Salto".

IV domingo depois da Páscoa

É chamado também "fabricante de vestes coloridas" (*polymitharius*). As vestes coloridas são feitas com a agulha. Observa que na agulha há duas extremidades: uma aguçada e uma furada, o buraco (da agulha): a parte aguçada representa a divindade, aquela furada, o buraco, a humanidade. Dessa agulha, o próprio Senhor diz no evangelho: Não pode um camelo passar pelo buraco de uma agulha (cf. Mt 19,24; Lc 18,25). O camelo com as corcovas, isto é, o rico cheio de dinheiro, não pode passar pelo buraco da agulha, isto é, pela pobreza de Jesus Cristo. Ou, na parte furada pode ser simbolizada a mansidão e a misericórdia que Cristo mostrou na sua primeira vinda; na parte aguda, a picada da justiça, com a qual traspassará no último juízo. Com esta agulha, o nosso *polymitharius*, o nosso fabricante de vestes coloridas, confecciona para a alma fiel uma túnica colorida, uma veste que se distingue pela variada cor das virtudes. Diz Salomão nas parábolas: "Confeccionou para si uma veste de várias cores: vestiu-se de bisso [linho fino] e de púrpura" (Pr 31,22). O bisso (linho puríssimo) da castidade e a púrpura da paixão do Senhor são as vestes da alma fiel.

Diz-se também "belemita". Belém interpreta-se "casa do pão". Ele, na sua casa que é a Igreja, nutre-nos com o pão de seu corpo. Com efeito, disse: "O pão que vos darei é minha carne para a vida do mundo" (Jo 6,52).

Outro comentário. Jesus Cristo nos foi dado por Deus na natividade. Diz Isaías: "Um menino nasceu para nós, foi-nos dado um filho" (Is 9,6). Foi filho de Salto na pregação e na paixão. Na pregação porque escolheu os apóstolos, como árvores que se lançam para o alto, e de fato disse: "Eu vos escolhi para que vades e produzais fruto" (Jo 15,16); na paixão, porque foi coroado com os espinhos dos nossos pecados. Foi fabricante de vestes coloridas na ressurreição; nela reparou com a agulha de seu poder e de sua sabedoria a túnica colorida, isto é, a carne gloriosa tomada da Virgem Maria, estendida por nós sobre o lenho da cruz, lacerada pelos cravos, traspassada pela lança e a restituiu à imortalidade. Será belemita por nós na eterna bem-aventurança, onde seremos saciados e o veremos face a face (cf. 1Cor 13,12).

Muito bem, pois, é dito: "Toda a dádiva excelente". O Pai das luzes, como um generoso e misericordioso esmoleiro não deu a nós, pobres, somente o vinho bom ou melhor, mas o excelente.

5. "E todo o dom perfeito." Diz o Apóstolo: "Com ele deu-nos todas as coisas" (Rm 8,32); e de novo: "Constituiu-o cabeça de toda a Igreja" (Ef 1,22). Comenta a *Glosa*: Não pôde dar um dom maior.

Corretamente Cristo é chamado "todo o dom perfeito", porque quando o Pai no-lo deu, por meio dele levou a cumprimento todas as coisas. De fato: "O Filho do homem veio salvar o que estava perdido" (Mt 18,11). Por isso, no introito da missa de hoje a Igreja exorta: "Cantai ao Senhor um cântico novo" (Sl 97,1), como se dissesse: Ó fiéis, salvos e renovados por meio do Filho do homem, cantai um cântico novo. Deveis lançar fora as coisas velhas, porque chegam as novas (cf. Lv 26,10). Cantai, repito, porque Deus Pai realizou coisas maravilhosas quando nos enviou toda a dádiva excelente, isto é, seu Filho. "Revelou sua justiça aos olhos das nações" (Sl

97,2) quando nos deu todo o dom perfeito, o próprio Unigênito, que justifica as nações e tudo realiza e leva à perfeição.

Muito bem, pois, é dito: "Todo o dom perfeito". Tudo fez em seis dias. "Ele falou e foi feito" (Sl 148,5). No sexto período "o Verbo se fez carne" (Jo 1,14). No sexto dia e na hora sexta sofreu por nós, e assim realizou tudo. De fato, sobre a cruz disse: "Tudo está consumado!" (Jo 19,30). Quanta for a distância entre o dizer e o fazer, tal será a distância entre o criar e o recriar. Cômoda e fácil foi a criação, que aconteceu com uma só palavra, e até, somente com a vontade de Deus, para quem dizer é querer; mas a recriação foi muito difícil, porque aconteceu por meio da paixão e da morte. Adão foi criado com facilidade, e com grandíssima facilidade caiu. Ai de nós, miseráveis, que temos sido recriados e redimidos por tão dolorosa paixão, com tão grandes sofrimentos e dores e depois, com tão grande facilidade, pecamos gravemente e tornamos vão tanto esforço do Senhor.

O próprio Jesus diz por boca de Isaías: "Em vão tenho trabalhado; sem fruto e inutilmente consumi as minhas forças" (Is 49,4). Na criação o Senhor não se cansou, porque "fez todas as coisas que quis" (Sl 134,6); mas na recriação cansou-se tanto, que "seu suor foi de gotas de sangue que corriam por terra" (Lc 22,44). Se experimentou tão grande sofrimento na oração quanto – crês – teve de experimentar na crucificação? Portanto, o Senhor cansou-se e assim nos arrancou das mãos do diabo. Nós, porém, pecando mortalmente, recaímos nas mãos do diabo e, no que depender de nós, tornamos vão o cansaço do Senhor.

Por isso diz: "Em vão tenho trabalhado", por nada, isto é, sem utilidade alguma. De fato, não vejo nenhuma vantagem por minha paixão, porque "Não há quem faça o bem, não há um sequer" (Sl 13,1). "A maldição, a mentira, o homicídio, o furto e o adultério inundaram tudo e têm derramado sangue sobre sangue" (Os 4,2). "Os sacerdotes não disseram: Onde está o Senhor? Os depositários da lei não me conheceram, os pastores – isto é, os prelados – prevaricaram contra mim, os profetas – isto é, aqueles que pregam – profetizaram em nome de Baal" (Jr 2,8), isto é "nos lugares altos" [onde se adoram os ídolos]: de fato, pregam para fazer-se ver superiores aos outros.

Por isso, com muita razão o Senhor diz: "Em vão tenho trabalhado, por nada e em vão consumi as minhas forças". A força da divindade quase se consumiu na fraqueza da humanidade. Não te parece que a força se tenha consumido quando ele, Deus e Homem, foi amarrado à coluna como um malfeitor, foi açoitado com os flagelos, foi esbofeteado, foi coberto de cusparadas, foi-lhe arrancada a barba, sua cabeça, que faz os anjos tremerem, foi batida com uma vara e depois foi crucificado entre dois ladrões? Portanto, ai daqueles miseráveis, daqueles mesquinhos e insensatos que nem por estes fatos se convencem a fugir das vaidades do mundo. Em vão consumiu suas forças, porque *vãos* se tornaram aqueles pelos quais as consumiu.

Por isso, é preciso temer muito, para que não aconteça que, assim como no início disse: Arrependo-me de ter feito o homem (cf. Gn 6,7), diga também agora: Arrependo-me de ter redimido o homem, porque consumi (destruí) todas as minhas forças, mas sua malícia não foi destruída!

IV domingo depois da Páscoa

6. Diz Jeremias: "Faltou o fole, o chumbo foi consumido no fogo; debalde o pôs o fundidor na forja, as suas malícias não se consumiram. Chamai-os uma prata falsa, porque o Senhor os rejeitou" (Jr 6,29-30). Nesta citação há cinco coisas a serem consideradas: o fundidor, o fole, o fogo, o chumbo e a prata. No fundidor é indicada a divindade, no fole, a pregação, no fogo, a paixão de Jesus Cristo, no chumbo, a sua humanidade, na prata, as nossas almas.

Na fornalha do fogo, a prata é purificada, libertada do chumbo e refinada. Para destruir a escória da prata, isto é, a malícia de nossas almas, puseram-se juntos Deus e o Homem e sua pregação. Mas o fundidor fez a fusão inutilmente e gastou em vão a sua força. Faltou o fole e o chumbo foi consumido no fogo da paixão, e assim trabalhou em vão e por nada, porque nossas malícias não se consumiram. Por isso, a prata com escória será lançada na estrumeira da geena, porque as almas dos pecadores serão lançadas no charco do fogo ardente.

Diz Oseias: "A prata que eles tanto cobiçaram será presa das urtigas e crescerão os abrolhos nas suas casas" (Os 9,6). A urtiga, que queima (latim: *urtica, urit*), representa o fogo do inferno; os abrolhos, que se agarram, indicam o enfurecimento da pena com que as almas dos ímpios serão atormentadas, pois não quiseram acolher o dom perfeito de Deus, do qual é dito: "Toda a dádiva excelente e todo o dom perfeito vem do alto e desce do Pai das luzes" (Tg 1,17), como o raio do sol. Com efeito, como o raio do sol, partindo do sol ilumina o mundo, e todavia, do sol nunca se afasta, assim o Filho de Deus, descendo do Pai ilumina o mundo, e todavia, nunca se afasta do Pai, porque com o Pai é uma coisa só. De fato, ele próprio disse: "Eu e o Pai somos uma coisa só" (Jo 10,30).

Diz João Damasceno: "O Verbo encarnou-se sem sair de sua imaterialidade, e assim foi integralmente encarnado e também totalmente incircunscrito (infinito). Em relação à carne diminuiu e é limitado; em relação à divindade é sem limites: a carne não se dilatou, nem a divindade foi circunscrita. Estava, pois, em todas as coisas e sobre todas as coisas; no entanto, estava no seio da santa Mãe". E Agostinho: "Quando se lê 'O Verbo se fez carne', no Verbo reconheço o verdadeiro Filho de Deus, na carne o verdadeiro Filho do homem, um e outro juntos na única pessoa, Deus e Homem, unidos pela inenarrável grandeza da graça divina". Com razão, pois, se diz: "Desceu do Pai das luzes, no qual não há variação nem sombra de mudança" (Tg 1,17). Em Deus não há mudança: não pode dar ora o bem, ora o mal, ou o bem com uma certa mistura de mal. Em sua natureza não existe mudança alguma, mas só *identidade* (Deus é sempre o mesmo), isso não só na natureza, mas também na distribuição dos dons, porque infunde só e sempre dons de luz, e não trevas de erros.

E Tiago continua: "Por sua vontade ele nos gerou": primeiro filhos das trevas, depois, com a água da regeneração, filhos da luz; "pela palavra da verdade", isto é, pela doutrina do evangelho, para que fôssemos "como que o início de sua criação"; porque agora a reforma do nosso ser está só no início: a reforma completa acontecerá no futuro. Ou, segundo uma outra versão: "a fim de que sejamos como que as primícias das suas criaturas" (Tg 1,18), isto é, tivéssemos o primado sobre toda a criação.

Ou ainda: Gerou-nos com uma palavra de verdade a fim de que comecemos a gemer na contrição e a dar à luz na confissão; porque "toda a criatura", segundo o Apóstolo, "geme e sofre até hoje nas dores do parto" (Rm 8,22), para que então possamos gozar com o Filho de Deus, que diz: "Vou para aquele que me enviou".

7. Cristo fez como a rola, que no período invernal desce para o vale e, sem penas, refugia-se nos troncos ocos das árvores. No período estivo, porém, retorna para as alturas. Assim Cristo, no inverno da infidelidade e no gelo da perseguição diabólica, desceu para o seio da humilíssima Virgem e morou neste mundo, pobre e desprezado, como um pássaro sem penas.

Dessa rola diz Salomão: "Em nossa terra fez-se ouvir a voz da rola" (Ct 2,12). A voz da rola assemelha-se ao gemido e ao choro. Cristo desceu entre nós para gemer e chorar – nunca se lê que tenha rido –, para ensinar também a nós a gemer e a chorar. Portanto, "em nossa terra fez-se ouvir a voz da rola, voz que diz: "Fazei penitência!" (Mt 3,2). Depois, quando se aproximou o verão e começou a acender-se a crueldade da perseguição judaica e se espalhou o fogo da paixão, então retornou para o monte, isto é, para o Pai. De fato, disse: "Vou para aquele que me enviou; e nenhum de vós me pergunta: Para onde vais?" Perguntemos a Cristo: Por qual caminho voltas para o Pai. E nos responderá: Pelo caminho da cruz! Com efeito, ele próprio disse: "Porventura não era necessário que o Cristo sofresse tais coisas, e que assim entrasse na sua glória?" (Lc 24,26).

Cristo teve uma dupla herança: uma da parte da Mãe, isto é, o cansaço e a dor; a outra por parte do Pai, isto é, a alegria e o repouso. Portanto, pelo fato de nós sermos seus coerdeiros, devemos buscar também nós esta dupla herança. Por isso, erramos se quisermos ter a segunda sem a primeira, porque o Senhor fundamentou a segunda sobre a primeira, exatamente para que nós não tivéssemos a pretensão de ter a segunda sem a primeira.

Ele enxertou a árvore da vida sobre a árvore da ciência do bem e do mal quando "o Verbo se fez carne" (Jo 1,14). Portanto, "será como a árvore que está plantada junto às correntes das águas" (Sl 1,3). E Isaías: "Fundou a terra e plantou os céus" (Is 51,16). Na terra da humanidade, fundada sobre as sete colunas da graça septiforme (dos sete dons do Espírito), plantou os céus da divindade. Procuremos, pois, chegar à posse da primeira herança que Jesus Cristo nos deixou, para merecer chegar à segunda.

II – A ACUSAÇÃO CONTRA O MUNDO

8. "Quando vier o *Paráclito* [o Consolador], convencerá o mundo quanto ao pecado, à justiça e ao juízo. Quanto ao pecado, porque não creram em mim; quanto à justiça, porque vou para o Pai e vós não me vereis mais; e quanto ao juízo, porque o príncipe deste mundo já está julgado" (Jo 16,8-11).

O mundo é chamado assim porque está sempre em movimento (latim: *mundus, motus*); afinal, aos seus elementos não é concedido repouso. Em grego, o mundo é chamado *kosmos*, o homem é chamado *mikrokosmos*, isto é, pequeno mundo. De fato, como o mundo foi criado pela composição de quatro elementos, assim os antigos afirmaram que o homem consta de quatro humores (fluidos), reunidos num único temperamento.

O mundo está a indicar os mundanos, que estão sempre em movimento. Deles, diz Judas na sua carta católica: "Eles são nuvens sem água, que os ventos levam de uma parte para outra, árvores do outono, sem fruto, duas vezes mortas, desarraigadas, ondas furiosas do mar, que arrojam as espumas de sua torpeza, astros errantes, para quem está reservada uma tempestade de trevas por toda a eternidade" (Jd 1,12-13).

Nesta passagem há quatro elementos a serem notados: as nuvens, as árvores, as ondas e os astros. Nestes quatro elementos são indicados os quatro vícios dos mundanos, isto é, a soberba, a avareza, a luxúria e a hipocrisia.

As nuvens negras e errantes representam os soberbos que, pela superficialidade de seu ânimo e pela obscuridade da mente, são levados de uma parte para outra pelos vários pecados; estão privados da água da compunção e da luz da graça septiforme. Deles, com efeito, diz o profeta: "Ó meu Deus, agita-os como uma roda e como uma palhinha diante do vento" (Sl 82,14). Presta atenção à roda e à palhinha. A roda é chamada assim de rodar, girar; a palhinha em latim é chamada *stipula*, quase *usta*, queimada. Deus torna os soberbos como uma roda, permitindo que eles rodem, rolem de peado em pecado, e depois os torna como a palhinha diante do vento, porque eles que foram áridos, privados do humor da graça, como palhinha serão queimados no fogo das penas eternas.

Árvores do outono, sem frutos, são os avarentos, que ocupam inutilmente a terra (cf. Lc 13,7): o Senhor os maldiz como fez com a árvore na qual não encontrou fruto (cf. Mc 11,21). Presta atenção às quatro palavras: do outono, sem frutos, duas vezes mortos, desarraigados.

O outono é chamado assim de *tempestas* (tormenta): no outono caem as folhas. Os avarentos são árvores de outono, que, quando aparece a tormenta da morte, serão despojados das folhas das riquezas, com as quais, ornados e recobertos, andavam solenes; e assim como foram sem fruto, serão lançados no fogo eterno, porque "toda a árvore que não der bom fruto, será cortada e lançada no fogo" (Mt 3,10); "duas vezes mortos", porque serão sepultados no inferno com a alma e com o corpo, desarraigados da terra dos vivos.

As ondas furiosas do mar são os luxuriosos. As ondas são chamadas assim porque flutuam agitadas pelo sopro dos ventos. De fato, os luxuriosos, agitados pelas sugestões dos espíritos imundos, flutuam entre vários pensamentos e espumam luxúria no alvoroço de sua alma. São como uma panela colocada sobre o fogo, que expele a espuma. A panela é o coração do pecador, no qual existe a água da concupiscência carnal: debaixo dela põe-se o fogo da sugestão diabólica e assim espuma a luxúria de sua fervura.

Astros errantes são os hipócritas e os falsos religiosos. Em latim os astros são chamados *sidera*, porque os navegantes os observam (latim: *considerant*) e por meio deles regulam sua rota. Os dignos prelados da Igreja e os verdadeiros religiosos são astros que brilham num lugar escuro (cf. 2Pd 1,19): eles dirigem para a justa rota da vida eterna aqueles que navegam no mar desta vida. Os hipócritas e os falsos religiosos, porém, são astros errantes, causa de naufrágio para os outros, e por isso serão arrastados pela tempestade e pela tormenta da morte eterna.

9. Todos estes são como "ovos de vento", que não fazem nascer pintinhos. De fato, diz-se que a luxúria excita as perdizes de tal modo que, quando o vento sopra atrás dos machos, elas engravidam só com o cheiro e botam ovos não fecundados que não produzem pintinhos; e tais ovos são todos ovos de vento.

A perdiz, pássaro falso e imundo, significa os acima mencionados pecadores, que, como diz Pedro, têm os olhos cheios de adultério e nunca estão saciados de pecado (cf. 2Pd 1,14); eles, com o vento da sugestão diabólica concebem ovos de vento, isto é, amor à vaidade do mundo, da qual diz Oseias: Semearam vento e colheram tempestade; neles não existe espiga ereta e não produzirá farinha (cf. Os 8,7). Quem semeia o vento do amor mundano, sem dúvida colherá a tempestade da morte eterna. A espiga, assim chamada, no latim, *spiculum*, ponta, é a contrição do coração, que pica o pecador e produz a farinha da confissão. Essa espiga não é ereta e não produz farinha nos pecadores que não concebem pintinhos, isto é, obras de vida eterna, mas só vento de vaidade mundana.

Observa ainda que os ovos distinguem-se por seu aspecto, porque alguns são pontudos e outros arredondados; e sai primeiro a parte pontuda e depois aquela mais larga. Os ovos longos com a ponta aguda produzem machos; os ovos redondos, que em vez de ter a ponta são arredondados, produzem fêmeas. Por isso, pode-se saber com segurança quais os ovos que produzem os machos e quais as fêmeas. Do mesmo modo o diabo, do indício da agudez e da rotundidade, distingue entre os homens quais são os machos e quais as fêmeas. Na agudez é representada a compunção e a contemplação das coisas celestes; na rotundidade, o prazer da carne e o andar em volta em busca das coisas mundanas. "Dei uma volta pela terra e percorri-a" (Jó 1,7), diz satanás. "Anda ao redor como um leão, procurando a quem devorar" (1Pd 5,8), diz Pedro. E o Profeta Isaías: "Como num ninho, a minha mão encontrou a riqueza dos povos; e assim como se recolhem os ovos que foram deixados, assim juntei eu toda a terra, e não houve quem movesse uma pena", isto é, fizesse um ato de virtude, "ou abrisse a boca", para a confissão; "ou gemesse" (Is 10,14), para a compunção interior.

Não são os machos, isto é, os justos, compungidos na mente e imersos na contemplação, que se comportam assim, mas as fêmeas, isto é, os mundanos, tornados efeminados pelos bens caducos deste mundo. Deles é dito: "Quando vier o Paráclito convencerá o mundo do pecado" etc. O termo grego *paràklisis* significa "consolação"; portanto, *paráclito* quer dizer consolador: mas os mundanos não querem acolher sua consolação, porque já têm a sua consolação. De fato, o Senhor lhes diz: "Ai de vós que tendes a vossa consolação!" (Lc 6,24). E em Isaías: "Porventura não sois vós uns filhos malvados, uma geração bastarda, que vos consolais com os deuses (falsos) debaixo de todo o arvoredo frondoso?" (Is 57,4-5). Os mundanos são filhos malvados por sua soberba, são geração bastarda por causa da luxúria; eles se consolam com os deuses da avareza, "que é precisamente escravidão dos ídolos" (Cl 3,5; cf. Ef 5,5), debaixo de todo o arvoredo frondoso, quer dizer, na glória das coisas deste mundo.

10. Portanto, "quando vier o Paráclito, convencerá o mundo do pecado" que tem, "da justiça" que não tem, "e do juízo" que não teme. Nota estas três coisas: pecado, justiça e juízo.

O pecado. Pecador deriva do latim *pellicio*, aliciar, seduzir, aquilo que faz a meretriz; portanto, pecador é quase como sedutor. Com esse termo, antigamente, eram indicados os infames, os escandalosos, depois tornou-se o nome comum a todos os delinquentes, exatamente porque o mundo contaminou-se pela fornicação mais do que por qualquer outro vício. Por isso, diz Oseias: "Entregaram-se à fornicação e não cessaram porque abandonaram o Senhor e não guardaram a lei. A fornicação, o vinho e a embriaguez destroem o coração" (Os 4,10-11).

Observa que no coração existem três sentimentos: a indignação, a sede da sabedoria e o amor. O coração é um órgão nobre e desdenhoso, que não tolera que nele entre algo de imundo. A fornicação age de modo que o coração perca esta intolerância, essa indignação, quando se resigna a engolir tal bocado. Igualmente, o coração é a sede da sabedoria: o vinho a faz perder. Depois, com o coração amamos: mas perde este amor aquele que, bêbedo de cobiça pelas coisas terrenas, não socorre o próximo. E que o pecado de fornicação destrói o coração é demonstrado pelo exemplo de Salomão, que se entregou à adoração dos ídolos (cf. 1Rs 11,4). Diz o Apóstolo: "Com o coração se crê para obter a justiça" (Rm 10,10), mas a fornicação destrói o coração, no qual reside a fé.

Assim, por causa da fornicação perde-se a fé. Por isso (em latim) diz-se *fornicatio*, como se dissesse *formae necatio*, isto é, a matança da forma, quer dizer, a matança da alma, formada à semelhança de Deus. A vida da alma é a fé. "Cristo", diz o Apóstolo, "habite pela fé nos vossos corações" (Ef 3,17). Mas a fornicação destrói o coração no qual está a vida e assim a alma morre, porque desfalecendo a causa desfalece também o efeito. Por isso, o Senhor diz: "Convencê-lo-á do pecado, porque não creram em mim". Portanto, por meio dos ministros da pregação, o Paráclito convencerá o mundo do pecado da fornicação.

11. *A justiça*. A justiça é a virtude com a qual, julgando corretamente, a cada um é dado o seu. Justiça é como dizer *iuris status*, estado de direito. A justiça é o *hábito*, a disposição do espírito de atribuir a cada um a honra, o crédito que lhe compete, levada em conta a utilidade comum.

Fazem parte da justiça: o temor de Deus, o respeito pela religião, a piedade, a humanidade, o gozo do justo e do bom, o ódio ao mal, o compromisso do reconhecimento.

O mundo não tem esta justiça, porque não teme a Deus, desonra a religião, odeia o bem e é ingrato para com Deus. Será convencido em relação à justiça que não praticou, porque não puniu a si mesmo, segundo a justiça, pelos pecados cometidos. Será convencido em relação à justiça, não a sua, mas aquela dos crentes: do confronto com eles receberá a condenação. Cristo não disse: O mundo não me verá, mas "Vós", apóstolos, "não me vereis", e isso contra os mundanos, que dizem: Como podemos crer naquilo que não vemos? É verdadeira justiça, isto é, fé justificante, crer naquilo que não se vê.

Ou, "convencerá o mundo em relação à justiça" dos santos. Diz o Senhor por boca de Zacarias: "O fio de prumo será estendido sobre Jerusalém" (Zc 1,16). O fio de prumo, ou prumo, é um instrumento do pedreiro, em latim chamado *perpendiculum*, de *perpendo*, controlar, verificar. É formado por um chumbo, ou por uma pedra atada a um fio, e com ele se controla a perpendicularidade das paredes. A justiça dos santos (sua santidade) é como um fio de prumo que é estendido sobre Jerusalém, quer dizer, sobre cada alma fiel, para que meça e conforme sua vida pelo exemplo da vida deles.

Cada vez que se celebram as festas dos santos é estendido este fio de prumo sobre a vida dos pecadores; e, portanto, celebramos as festas dos santos para a partir de sua vida ter uma regra para a nossa. É absurdo, por isso, é uma enganação, nas solenidades dos santos querer honrá-los com os alimentos, com grandes comilanças, quando sabemos que eles subiram ao céu com jejuns.

Amando o mundo e sua glória, cuidando do corpo com seus prazeres e acumulando dinheiro, certamente, não imitamos a vida dos santos: por isso, sua justiça (santidade) será a prova que nós merecemos a condenação.

12. *O juízo*. Observa que em cada juízo exigem-se seis pessoas: o juiz, o acusador, o réu e três testemunhas. O juiz é o sacerdote; o acusador e o réu é o pecador, que deve acusar a si mesmo como réu; as três testemunhas são a contrição, a confissão e a satisfação (ou penitência), que testemunham em favor do pecador, que esteja verdadeiramente arrependido. Diz Agostinho: "Sobe, ó pecador, ao tribunal da tua mente: a razão seja o juiz, a consciência seja o acusador, a dor seja o tormento, o temor seja o carrasco; o lugar das testemunhas seja ocupado pelas obas". Os mundanos, que não querem submeter-se a tal juízo, serão condenados com sentença eterna e irrevogável no exame do último juízo, junto com seu príncipe, o diabo, que já está julgado.

Para instruir estes homens a abster-se do pecado, amar a justiça e temer o juízo, na segunda parte da epístola de hoje, o apóstolo Tiago acrescenta: "Vós sabeis, meus irmãos diletíssimos: todo o homem esteja pronto para ouvir, porém, tardo para falar e lento para irar-se, porque a ira do homem não cumpre a justiça de Deus" (Tg 1,19-20). Todo o homem deve estar pronto a ouvir aquilo que diz o Apóstolo: "Fugi da fornicação" (1Cor 6,18).

13. Diz o Senhor com as palavras do salmo: "Se me ouvires não haverá em teu meio um novo deus, nem adorarás deuses estranhos" (Sl 80,9-10). O "novo deus" é o ven-

tre que procura sempre novos alimentos. Este deus está naqueles dos quais o Apóstolo diz: "Seu deus é o ventre, gloriam-se daquilo que é sua vergonha, todos voltados para as coisas da terra" (Fl 3,19). O "deus estranho" que torna o homem estranho a Deus é a luxúria. Ela é o deus Baal-Fegor (Baal-Peor), nome que se interpreta "aquele que devora as coisas antigas". É exatamente a luxúria, mal antigo, antiga doença que devora todos os bens.

Concorda com isso aquilo que lemos no Livro dos Números: "O povo fornicou com as filhas de Moab, e elas o induziram a participar de seus sacrifícios. O povo comeu e se prostrou para adorar seus deuses. E assim, Israel abraçou o culto de Baal-Fegor. Irado, o Senhor disse a Moisés: Toma todos os cabeças do povo e manda enforcá-los no patíbulo contra o sol, a fim de que a minha ira ardente se afaste de Israel" (Nm 25,1-4).

As filhas de Moab, nome que se interpreta "pelo pai", são a gula, a luxúria e os outros vícios que têm por pai o diabo: com estas "filhas de Moab" o povo mundano entrega-se à fornicação. Comem e adoram seus deuses, porque se dedicam à gula e à luxúria: por isso "os cabeças do povo" devem ser pendurados aos patíbulos. Os cabeças do povo são os cinco sentidos do corpo, que, por causa dos pecados cometidos, deve ser pendurados ao patíbulo da penitência. E isso "contra o sol". No sol é indicada a glória do mundo: pois com ela pecamos, contra ela insistimos com as obras de penitência.

Ou, "contra o sol": se pecamos publicamente, publicamente fazemos penitência. Considera que Orígenes serve-se desta passagem dos Números – "Toma todos os cabeças do povo" – para aplicá-la aos anjos, e diz: Se o anjo espera a recompensa para o bem que nós, a ele confiados em custódia, temos realizado, teme também ser culpado por aquilo que temos feito de mal. Por isso, diz-se que serão expostos contra o sol, para que se veja claramente por culpa de quem foram cometidos os pecados com os quais temos aderido a Baal-Fegor ou a outro ídolo, conforme o pecado cometido. E se o cabeça, isto é, o anjo indicado a cada um não faltou, mas exortou ao bem e falou no meu coração por meio da consciência que me desaconselhava pecar, e eu, rejeitando seus conselhos e o freio da consciência, lancei-me aos pecados, ser-me-á dobrada a pena por haver desprezado o conselheiro e por haver cometido o delito. E não te admires se também os anjos vierem a juízo junto com os homens. De fato, o próprio Senhor virá ao juízo com os cabeças de seu povo.

Comentando sempre esta passagem, Orígenes diz ainda: Segundo o Apocalipse de João, em geral, cada igreja é presidida por um anjo, que, é louvado pelo bom comportamento do povo, ou é questionado sobre os delitos que foram cometidos. Este fato me induz à admiração do estupendo mistério, que haja em Deus tanta solicitude a respeito de nós a ponto de permitir que também seus anjos sejam interrogados e também censurados por causa de nós (cf. Ap 1,20; 3,22). De fato, acontece como quando se confia uma criança a um educador: se acabar instruído em matérias menos convenientes, o educador é culpado disso, a menos que a criança, teimosa, arrogante e insolente tenha desprezado as salutares admoestações do educador. O que há de acontecer com aquela alma no-lo diz Isaías: "A filha de Sião será abandonada como a cabana de uma vinha" (Is 1,8). E a *Glosa*: Deus tem maior solicitude pela salvação de uma alma, do que o diabo por sua condenação.

14. "Portanto, todo o homem esteja pronto a ouvir." Todo o homem, por natureza, deveria estar pronto a ouvir: de fato, a orelha é chamada em latim *auris*, quase *avide rapiens*, que agarra avidamente, ou também *hauriens sonum*, que recolhe o som.

E observa que na parte posterior da cabeça não há carne, nem cérebro; na parte posterior da cabeça existe o aparelho da audição. E isso é certo, porque a parte posterior da cabeça é vazia, cheia de ar, e o instrumento da audição é "aéreo", e, portanto, o homem ouve logo, a menos que não esteja interposto um impedimento. Na cabeça, quer dizer, na mente, na qual não existe a carne da própria vontade, mas o ar da devoção, passa velozmente a voz da obediência, e, portanto, diz-se: "Ao ouvir-me, logo me obedeceu" (Sl 17,45). E Samuel, no Primeiro livro dos Reis, diz: "Fala, Senhor, porque teu servo te escuta" (1Sm 3,10). E para que a obediência penetre mais velozmente é necessário que seja aérea, pura, sensível às coisas celestes, nada retendo da terra. "Portanto, todo o homem esteja pronto a ouvir."

"E lento para falar." A própria natureza ensinou isso, quase fechando a língua com dupla porta, para que não saia livremente. De fato, a natureza pôs diante da língua como que duas portas, isto é, os dentes e os lábios, para indicar que a palavra não deve sair senão com grande cautela. Estas duas portas foram fechadas com cautela por aquele que dizia: "Pôs uma guarda à minha boca e aos meus lábios uma porta que se fecha" (Sl 140,3). Diz justamente "uma porta que se fecha" (latim: *ostium circumstantiae*, porque deve guardar-se não só das palavras ilícitas, mas também das ocasiões de falar ilicitamente. Por exemplo, existem alguns que se envergonham denegrir alguém abertamente, mas depois o fazem sob a aparência do louvor e, o que é pior, fazem isso até em confissão.

E presta atenção, porque não se deve fechar só a porta dos dentes, mas também a dos lábios. Fecha a porta dos dentes e a dos lábios aquele que se recusa tanto à calúnia quanto à adulação. Mas a língua, "mal rebelde" como diz Tiago, "cheia de veneno mortal" (Tg 3,8), fogo que incendeia a floresta das virtudes, que incendeia o curso de nossa vida (cf. Tg 3,5-6), arromba a primeira e a segunda portas, sai para a praça como uma meretriz, loquaz e vagabunda, intolerante à tranquilidade, e leva a toda a parte a confusão (cf. Pr 7,8-11).

De fato, dela fala o Bem-aventurado Bernardo: "Quem poderá calcular quantas abjeções comete o pequeno membro da língua, que cúmulo de sujeira se acumula sobre os lábios incircuncisos, quão grande seja o dano causado por uma boca desenfreada? Ninguém subvalorize o tempo que se perde em palavras ociosas. Exatamente porque agora é o tempo favorável e o dia da salvação, a palavra voa embora irrevogável, e o tempo passa irremediavelmente; e o insensato não sabe o que perde. Alguns dizem: "Poder-se-á passar ao menos uma hora em conversação". Aquela hora te foi concedida pela generosidade do Criador para obter o perdão, para buscar a graça, para fazer penitência, para ganhar a glória. E continua: "Não hesites em distinguir a língua do caluniador mais cruel da lança que traspassou o lado do Senhor. Com efeito, a língua traspassa o corpo de Cristo: mas não o traspassa depois de morto, mas o mata exatamente ao traspassá-lo. Nem foram mais danosos os espinhos que feriram sua cabeça, nem os cravos que perfuraram suas mãos e seus pés, se confrontados com a língua do caluniador que traspassa o próprio coração. Diz o Filósofo: "Não digas coisas torpes: pouco a pouco por meio das palavras perde-se o pudor" (Sêneca). "Por vezes, arrependi-me de ter falado, nunca de haver calado" (Publílio Siro). "Usa com maior frequência as orelhas do que a língua" (Sêneca). Portanto, todo o homem seja "lento para falar" e assim poderá imitar a justiça dos santos, porque, como afirma Tiago, "aquele que não peca com a palavra é um homem perfeito" (Tg 3,2).

"E lento para a ira", que impede o ânimo de distinguir a verdade. A propósito, diz o Filósofo: "Quanto menos dominares a ira, tanto mais serás dominado pela ira" (Horácio). "O iracundo, quando deixar de irar-se, ira-se contra si mesmo" (P. Siro). "A ira nunca foi capaz de refletir" (*P. Siro*). Com razão, pois, se diz: "A ira do homem não opera a justiça de Deus". Por isso, todo o homem seja "lento para a ira", para não ser atingido, no dia da ira, pela irrevogável sentença de condenação, junto com o diabo.

III – A ASPIRAÇÃO DO ESPÍRITO DA VERDADE

15. "Mas quando vier o Espírito da verdade, ele vos ensinará toda a verdade" (Jo 16,13). Quando uma mulher – isto é, o prazer da carne e a vaidade do mundo – prepara-se para enlaçar as almas, ilude o infeliz espírito do homem com o falso prazer e agita o sentido. Por isso, no Livro da Sabedoria se lê: "O fascínio da vaidade deturpa também o bem, e a inconstância da concupiscência perverte a mente" (Sb 4,12). O fascínio é a adulação, ou seja, o engano através do louvor. O fascínio da vaidade é o louvor da adulação ou o engano da prosperidade mundana, que obscurece os bens espirituais, e a inconstância da concupiscência carnal transtorna o ânimo. Mas quando vier o Espírito da verdade que ilumina o coração do homem, então ensinará toda a verdade e expelirá toda a falsidade.

No Evangelho de João está escrito que o anjo do Senhor descia para a piscina: a água se agitava e alguém era curado (cf. Jo 5,4). Quando o anjo do Senhor, isto é, a graça do Espírito Santo, descer para a piscina, quer dizer, para o coração do pecador, então a mente se agita com a água da compunção e "um" é curado, isto é, o verdadeiro penitente, que deve ser "um", isto é, não ter divisão entre boca e coração. "Quando, pois, vier o Espírito da verdade, ensinar-vos-á", isto é, infundirá em vós "toda a verdade". E recorda bem que como a geração não pode acontecer sem o elemento ativo, assim o homem não pode fazer obras verdadeiramente boas sem o Espírito da verdade.

16. A palmeira, que é feminina, não leva à maturidade frutos se não receber, por meio do vento que o transporte, o quente eflúvio de uma outra palmeira que seja masculina (*Plínio*). Diz o Eclesiástico: "Cresci como uma palmeira de Cades" (Eclo 24,18).

Cades interpreta-se "transportada" ou "mudada". O homem não pode fazer progressos sem a graça do Espírito Santo, como a palmeira não frutifica sem o eflúvio da palmeira masculina. Portanto, o homem que está privado da graça não é apto ao serviço de Deus, e é comparável ao que está privado dos testículos, porque não tem a capacidade de gerar obras boas. A propósito, lê-se no Levítico: "Não oferecereis ao Senhor animal algum que tenha os testículos machucados, ou esmagados, ou cortados, ou arrancados" (Lv 22,24). Tem os testículos machucados aquele que tem a graça "informe" e, portanto, não pode gerar. Contudo, foram tirados os testículos ao que não tem nem a graça "informe" nem a graça "formada"[5].

"Mas quando vier o Espírito da verdade, ensinar-vos-á toda a verdade." Concorda com isso a terceira parte da epístola de hoje: "Pelo que, renunciando a toda a impureza e abundância de malícia, recebei com mansidão a palavra enxertada em vós e que pode salvar as vossas almas" (Tg 1,21). "Pelo que", isto é, para merecer receber o Espírito Santo, "renunciando a toda a impureza", seja da alma como do corpo, "e abundância de malícia", que são os pensamentos de uma mente depravada, "com mansidão", pois os dóceis (os mansos) herdarão a terra (cf. Sl 36,11), "recebei a palavra enxertada em vós" palavra que é dada por somente aos mansos, aos dóceis, e aos que têm a mansidão das pombas.

E observa, enfim, que, como um enxerto praticado numa planta velha a faz rejuvenescer e frutificar, assim o Espírito da verdade, quando é infuso numa mente "envelhecida no mal" (Dn 13,52), rejuvenesce-a e a torna apta a produzir frutos dignos de penitência.

Pedimos-te, pois, ó Senhor Jesus, que subiste deste mundo para o Pai na forma de nossa humanidade, que nos arrastes atrás de ti com a corda do teu amor. Pedimos-te que não nos acuses de pecado, que nos ajudes a imitar a justiça dos santos, que nos faças temer o teu juízo e que nos infundas o Espírito da verdade que nos ensina toda a verdade. Concede-nos tudo isso, tu que és bendito e glorioso por todos os séculos. E todas as almas digam: Amém, aleluia!

---

5. Não é claro o que Santo Antônio entende por "graça informe" e "graça formada". Analogamente ao que vários teólogos (entre os quais Suarez) dizem das virtudes "informes" e "formadas", poder-se-ia entender "graça não operante" e "graça operante" (cf. OTT, L. *Compendio di teologia dogmatica*, p. 430).

V domingo depois da Páscoa

Temas do sermão

• Evangelho do V domingo depois da Páscoa: "Em verdade, em verdade vos digo, tudo o que pedirdes"; divide-se em três pastes.

• Primeiramente sermão sobre a unção da graça: "A sua unção", e "Sadoc e Natã ungiram Salomão".

• Parte I: Sermão sobre o Pai: "Pai nosso, que estás nos céus"; o filhote da cegonha.

• Sermão sobre o amor a Deus: "Dar-te-ei uma terra onde corre leite e mel".

• Sermão contra aqueles que pedem coisas temporais: "Até agora nada pedistes".

• Sermão sobre a alegria dos justos e sobre aquela dos carnais: "Florirá a amendoeira", e sobre os onagros (asnos selvagens).

• Sermão sobre as três particularidades do espelho e sobre o significado delas: "Se alguém for só ouvinte da palavra".

• Parte II: Sermão para a anunciação, ou para a Natividade ou para a Paixão do Senhor: "Moisés disse a Aarão: Toma o turíbulo".

• Parte III: Sermão sobre a misericórdia de Deus, o seu juízo e o seu poder: "Aquele que manda ao sol, e o sol não nasce".

• Sermão para exortar à mortificação do corpo: "Aquele que criou Arcturo e Orion".

• Sermão para o dia de Pentecostes: "Levanta-te, ó Aquilão".

• Sermão sobre a observância do silêncio e sobre as várias instituições dos religiosos: "Se alguém julga ser religioso".

EXÓRDIO – SERMÃO SOBRE A UNÇÃO DA GRAÇA

1. Naquele tempo, disse Jesus aos seus discípulos: "Em verdade, em verdade vos digo: Se pedirdes a meu Pai alguma coisa em meu nome, ele vo-la dará" (Jo 16,23).

Na sua primeira carta, João diz: "A sua unção vos ensina todas as coisas" (1Jo 2,27). Observa que a unção é dupla: a primeira é a infusão da graça, da qual diz o profeta: "Deus te ungiu, o teu Deus, com óleo de alegria, de preferência aos teus companheiros" (Sl 44,8). Ó Deus Filho, o Deus teu Pai te ungiu, enquanto homem, com o óleo de alegria, isto é, com o dom da graça septiforme, que te tornou imune a todo o pecado; "de preferência aos teus companheiros", porque em ti o Espírito foi infundido sem medida, enquanto aos outros foi infundido com certas limitações. De fato, lemos em João: "Da sua plenitude todos nós recebemos" (Jo 1,16). A segunda unção é a pregação da palavra de Deus, da qual se fala no Terceiro livro dos Reis, que Sadoc e Natã ungiram Salomão em Gion (cf. 1Rs 1,38-39). Sadoc interpreta-se "justiça", Natã, "dom da graça", Salomão, "pacífico", Gion, "luta". A justiça da vida honesta e o dom da graça, quer dizer, a pregação da palavra de Deus, ungem o pecador, reconciliado com Deus em Gion, por meio da confissão, a fim de que, despojado dos pecados e das coisas temporais, esteja em condições de lutar contra o diabo.

Quando a primeira unção unge interiormente a alma, a segunda torna-se muito eficaz. Mas se faltar a primeira, a segunda já não tem eficácia alguma. Por isso a *Glosa* comenta: A sua unção nos instrui sobre tudo. Ninguém atribua a quem ensina aquilo que ouve e compreende da boca dele, se não existir no interior alguém que instrua; a língua do mestre trabalha em vão no exterior; nem por isso o mestre deve calar-se, antes deve fazer tudo o que pode para que sua pregação seja útil para criar as boas disposições. De fato, a unção da inspiração interior, ou da pregação do Senhor, instrui-nos sobre todas as coisas referentes à salvação da alma, que são: o desprezo do mundo, o humilde sentimento de si, a busca da felicidade celeste. E a este propósito, o Senhor, no evangelho de hoje, diz: "Em verdade, em verdade vos digo: Se pedirdes alguma coisa ao Pai em meu nome, ele vo-la concederá".

2. Neste evangelho devem-se considerar três momentos. Primeiro, o pedido da alegria perfeita, quando diz: "Em verdade, em verdade vos digo" etc. Segundo, a súplica de Jesus Cristo ao Pai por nós: "Eu pedirei ao Pai por vós". Terceiro, o conhecimento que tem o próprio Cristo de todas as coisas: "Agora conhecemos que sabes tudo".

No introito da missa deste domingo canta-se: "Com voz de júbilo anunciai..." (Is 48,20) e se lê a epístola do Bem-aventurado Tiago: "Sede cumpridores da Palavra" (Tg 1,22). Dividiremos o trecho da epístola em três partes e veremos sua concordância com as três partes do trecho evangélico. Eis as três partes da epístola: primeiro: "Sede cumpridores da Palavra"; segundo: "mas quem fixar a sua vista na lei perfeita da liberdade"; terceiro: "Se alguém julga ser religioso" etc.

I – PEDIR A PLENITUDE DA ALEGRIA

3. "Em verdade, em verdade vos digo: Se pedirdes alguma coisa ao Pai em meu nome, ele vo-la concederá. Até agora nada pedistes em meu nome. Pedi e recebereis, para que a vossa alegria seja completa" (Jo 16,23-24). "Em verdade", em hebraico diz-se *amen*, e é uma afirmação solene, um juramento. A Verdade (Jesus Cristo) promete-nos a alegria repetindo duas vezes a palavra do juramento, a fim de crermos sem dúvida alguma naquilo que diz.

"Se pedirdes alguma coisa ao Pai em meu nome." Presta atenção a estas três palavras: Pai, alguma coisa, em meu nome. Não pode ser chamado pai senão aquele que tem um filho, porque pai e filho são dois nomes correlativos. Quando diz "pai", pensa no "filho" do qual é pai. O Pai é Deus, de quem nós somos os filhos e ao qual cada dia dizemos: "Pai nosso, que estás nos céus" (Mt 6,9). Também Isaías diz: "Tu, Senhor, és o nosso pai, o nosso redentor, o teu nome é eterno" (Is 63,16).

E o próprio Deus nos diz com as palavras de Jeremias: "Ao menos agora chama-me dizendo: Tu és meu pai; tu, o guia da minha virgindade" (Jr 3,4). A virgindade da alma é a fé, que age por meio do amor (cf. Gl 5,6) e preserva a alma da corrupção: é Deus Pai que, como um motorista, guia a alma para a fé. Nós, filhos, devemos, pois, pedir ao nosso Pai *alguma coisa*. Tudo o que existe é nada, exceto amar a Deus. Amar a Deus é *alguma coisa*; é esta alguma coisa que devemos pedir, isto é, que nós, filhos amemos o nosso Pai, como o filho da cegonha ama seu pai.

Diz-se que o filhote da cegonha ama tanto seu pai, que, quando envelhece, ele o sustenta e o nutre, e isso faz parte de suas características (do seu instinto). Assim, neste mundo que já vai envelhecendo, nós devemos sustentar o nosso Pai nos seus membros fracos e doentes, nutri-lo nos pobres e nos necessitados. Ele disse: O que fizestes a um só destes meus menores, a mim o haveis feito (cf. Mt 25,40). Se pedirmos o amor, o próprio Pai, que é amor, dar-nos-á aquilo que ele é: precisamente o amor.

4. No Êxodo, Deus diz: "Dar-te-ei uma terra onde corre leite e mel" (Ex 13,5). Presta atenção a estas quatro palavras: terra, corre, leite e mel.

A terra, por sua estabilidade, simboliza o amor de Deus, que dá ao homem a segurança de estar na verdade. De fato, Salomão diz no Eclesiastes: "Uma geração passa, e outra geração lhe sucede; mas a terra permanece para sempre" (Ecl 1,4). A geração, isto é, o amor da carne, passa, e outra geração, isto é, o amor do mundo, lhe sucede; a terra, porém, isto é, o amor de Deus, permanece para sempre, porque, como diz o Apóstolo "o amor jamais terá fim" (1Cor 13,8). Dessa terra é dito: "corre", por causa de sua abundância. E também no salmo lemos: "Um rio caudaloso alegra a cidade de Deus" (Sl 45,5), isto é, a alma, na qual Deus tem sua morada.

Esta terra tem abundância de leite e mel. O leite nutre, o mel adoça: assim o amor a Deus nutre a alma para que cresça de virtude em virtude e adoça o tormento de todas as tribulações. "Para quem ama, nada é difícil" (*Cícero*). Quando a doçura do amor divino chega a faltar, a amargura da tribulação, mesmo a menor, torna-se intolerável. Mas a madeira tornou doces as águas de Mara (cf. Ex 15,23.25); a farinha do Profeta Eliseu tornou comestíveis as amargas *coloquíntidas* (pepinos selvagens) (cf. 2Rs 4,39-41). Assim, o amor a Deus muda em doçura qualquer amargura. De fato, diz o Eclesiástico: "O meu espírito é doce e a minha herança mais doce do que o mel e o favo de mel" (Eclo 24,27).

O Espírito do Senhor é o espírito de pobreza, do qual fala Isaías: "O Espírito dos fortes é como o turbilhão que investe contra a parede" (Is 25,4). Os fortes são os pobres, que não vacilam nem na prosperidade nem nas adversidades; seu espírito (sopro), como o turbilhão, investe contra a parede das riquezas, da qual ainda Isaías diz: "O escudo pôs a nu a parede" (Is 22,6). O escudo, em latim é chamado *clipeus*, enquanto *clepit*, isto é, oculta, esconde, protege o corpo: simboliza o espírito de pobreza que esconde, protege a alma dos dardos dos demônios. Este escudo despoja a parede das riquezas.

A herança do Senhor foi a paixão da cruz que ele deixou a seus filhos. De fato, disse: "Fazei isto em memória de mim" (Lc 22,19), isto é, em lembrança de minha paixão. Como herdeiro, o Apóstolo possuía essa herança quando dizia: Trago em meu corpo os estigmas de Cristo (cf. Gl 6,17). Portanto, o espírito de pobreza e a herança da paixão são, para o coração do verdadeiro amante de Cristo, mais doces do que o mel e do que um favo de mel.

Por isso, justamente se diz: "Se pedirdes alguma coisa ao Pai em meu nome". Em hebraico, o nome de Cristo é "Messias"; Cristo é termo grego e significa "Ungido", isto é, consagrado: em grego é chamado também *Sotèr*, isto é, Salvador. Portanto, em nome do Salvador pedimos ao Pai que, se não por nós, ao menos por seu Filho, por meio do qual salvou o gênero humano, nos conceda o privilégio do seu amor; pedimo-lo com as palavras do profeta: "Ó Deus, nosso protetor, olha para nós, e põe os olhos no rosto de teu Cristo" (Sl 83,10); como se dissesse: Se não queres olhar para nós por amor nosso, olha ao menos o rosto do teu Cristo, por nós atingido pelas bofetadas, sujo pelas cuspidas, tornado lívido na morte. "Olha para o rosto do teu Cristo!" E que Pai não olharia para o rosto do filho morto? Portanto, também tu, ó Pai, olha para nós, porque o Cristo teu Filho morreu por nós, que fomos a causa de sua morte. Como ele nos mandou, nós te pedimos em seu nome que te dês a ti mesmo a nós, porque sem ti não há existência. De fato, diz Agostinho: "Senhor, se quiseres que eu me afaste de ti, dá-me um outro tu mesmo: do contrário, não me afasto de ti".

5. Por isso, diz corretamente: "Em verdade, em verdade vos digo: Se pedirdes alguma coisa ao Pai em meu nome, ele vo-la concederá. Até agora nada pedistes em meu nome".

Comenta a *Glosa*: Confiantes na minha presença, jamais pedistes alguma coisa, isto é, que seja alguma coisa, também comparada ao que é eterno. Nessa passagem, o Senhor censura aqueles que pedem coisas temporais, que são um nada. Desses diz Oseias: "A vossa misericórdia é como uma nuvem da manhã e como o orvalho transitório da manhã" (Os 6,4). Como se dissesse: Quando pedis a Deus misericórdia, vós pedis coisas temporais, que são como as nuvens da manhã, que são somente ar adensado, como vaidade condensada. Assim, os bens temporais são como um nada; mas aquele nada, para parecer alguma coisa, está como que envolvido em certas aparências fantasmagóricas. As nuvens impedem a visão do sol, e a abundância das coisas temporais tira o conhecimento de Deus. De fato, Jó diz: "A gordura cobre o seu rosto" (Jó 15,27), porque a gordura da riqueza cega os olhos da mente. De fato, lemos no salmo: "Caiu fogo de cima sobre eles, e não viram mais o sol" (Sl 57,9). O fogo do amor pelas coisas terrenas cega os olhos do homem, como uma *frigideira muito quente* cega os olhos do urso[6]. Portanto,

---

6. Talvez Santo Antônio acena aqui para um método de caça ao urso praticado no seu tempo.

"a vossa misericórdia, como nuvem da manhã e como orvalho transitório da manhã", desaparece quando o sol queima, exatamente quando seria mais necessária; as ervas e as flores ficam expostas ao ardor do sol e assim são queimadas. Também a felicidade terrena dá algum alívio neste mundo, mas infelizmente encaminha os homens para os suplícios eternos.

Lemos em Naum: "Nínive, as suas águas são como uma poça" (Na 2,8). Nínive interpreta-se "esplêndida", e simboliza o mundo que se cobre de falsa beleza, como o barro coberto de neve; seu conforto é comparado ao de uma poça, que tem muita água no inverno, mas seca no verão. De fato, agora o mundo tem muitas águas da riqueza, mas quando vier a chama da morte, será esvaziado das riquezas e entregue aos eternos suplícios. Por isso, até agora nada pedistes, e se tiverdes pedido, não o fizestes em meu nome, quer dizer, para a salvação de vossa alma.

A ordem com a qual devemos pedir e suplicar nos é indicada pelo Apóstolo ao escrever a Timóteo: "Recomendo-te, pois, antes de tudo, que se façam súplicas, orações, petições e ações de graças" (1Tm 2,1). Entre as práticas espirituais, a súplica é uma fervorosa e insistente oração a Deus: nessas práticas, quem põe a sua cultura antes da graça salvadora, não põe outra coisa senão a dor. A oração, porém, é o sentimento do homem que se põe em relação com Deus, um piedoso e familiar colóquio, a parada da mente iluminada para dela fruir, enquanto possível.

A petição é a preocupação, a ânsia de obter algumas coisas temporais, necessárias à vida presente: nesse caso, embora considerando a boa vontade de quem pede, Deus, porém, faz aquilo que julga mais útil e atende de boa vontade aquele que pede retamente. Dessa espécie de oração, o pedido, diz o Salmista: "A minha oração é dirigida para as coisas que também eles amam" (Sl 140,5), isto é, os ímpios; de fato, em geral, todos, e sobretudo dos filhos deste século, desejam a tranquilidade da paz, a saúde do corpo, a clemência do tempo e as outras coisas que se referem às exigências e às necessidades desta vida, como também os prazeres de quem abusa deles. Quem pede com consciência essas coisas, não as peça senão por necessidade, e ainda assim submeta sempre a própria vontade à vontade de Deus. Nessas petições, deve-se rezar com devoção e com consciência: mas não é necessário obstinar-se nesses pedidos, porque só o Pai que está nos céus sabe o que nos é necessário nesta vida, e não nós.

Enfim, a ação de graças consiste em compreender e em reconhecer a graça de Deus e sua vontade salvífica, na contínua e incansável orientação para Deus, mesmo se algumas vezes o ato exterior ou o afeto interior não existem ou são um tanto tíbios. É aquilo que a propósito o Apóstolo diz: "Em mim está a vontade, mas não encontro o meio de realizar o bem" (Rm 7,18); como se dissesse: A vontade existe sempre, mas por vezes dorme, isto é, é ineficaz; porque procuro realizar a obra boa, mas não encontro a maneira de realizá-la. Esta é a caridade que nunca falha (cf. 1Cor 13,8); com a caridade realiza-se "a oração sem interrupção", e a ação de graças, da qual diz o Apóstolo: "Orai sem cessar" (1Ts 5,17), "dando sempre graças a Deus" (Ef 5,20).

Com muita razão, pois, diz: "Até agora nada pedistes em meu nome. Pedi e recebereis, para que a vossa alegria seja completa".

6. Observa que existe uma alegria vazia, a dos carnais, e uma alegria completa, a dos santos. Da alegria vazia dos carnais fala Isaías: "A alegria dos onagros (asnos selvagens) são os pastos dos rebanhos" (Is 32,14). Observa que há duas espécies de onagros: a primeira tem os chifres e se encontra na Grécia; dela diz Jó: "Quem deixou livre o onagro e quem soltou os seus laços?" (Jó 39,5); a segunda espécie encontra-se na Espanha, e desta diz sempre Jó: "O homem insensato eleva-se em sua soberba e julga ter nascido livre como a cria do onagro" (Jó 11,12).

Do mesmo modo, neste mundo há duas espécies de onagros, isto é, de soberbos. Existem precisamente alguns que andam inchados por seus "chifres", por sua dignidade; outros que andam na soberba só pela vaidade de sua mente, e sacodem de si o jugo da obediência. Então, alegria dos onagros são os pastos dos rebanhos, isto é, dos pobres: mas aqueles que engolem e depredam os bens dos pobres serão eles próprios presa do diabo. De fato, diz Salomão: "No deserto, a presa do leão, isto é, do diabo, é o onagro" (Eclo 13,23); e Isaías: "Ai de ti, que devastas! Porventura não serás também tu devastado" (Is 33,1).

Da alegria vazia dos carnais fala ainda Salomão no Eclesiastes: "A amendoeira florirá, o gafanhoto engordará e a alcaparra se extinguirá" (Ecl 12,5). Como a amendoeira floresce antes das outras árvores, assim o homem carnal deseja a flor neste mundo, mas no outro ficará nu de qualquer flor: de sua flor caída engordará o gafanhoto, isto é, o diabo; a gordura do diabo, se assim se pode dizer, consiste na alegria desenfreada da glória temporal; e a alcaparra da concupiscência carnal e da glória mundana será extinguida. De fato, diz Tiago: "O rico passará como a flor da erva. Se o sol se ergue em seu ardor e faz secar a erva, a sua flor cai, a beleza de seu aspecto se esvai e assim murchará o rico nos seus caminhos" (Tg 1,10-11). A raiz é a concupiscência da carne; a flor é o gozo das coisas temporais. Ao sobrevir do sol, isto é, ao chegar a inexorabilidade da morte e a severidade do juiz, a raiz secará, a flor cairá, a beleza de seu aspecto, isto é, a honra do mundo, os amigos e os vizinhos desaparecerão. Por isso, a alegria do mundo é vazia.

Porém, da alegria completa e verdadeira da vida eterna, fala sempre Salomão: "A amendoeira florirá, o gafanhoto engordará e a alcaparra se extinguirá". Observa que a alegria dos santos consiste em três coisas: na ressurreição do corpo, na bem-aventurança da alma, na libertação do estímulo da carne e da tentação diabólica.

A amendoeira, isto é, o corpo, florirá de quatro prerrogativas: a luminosidade, a agilidade, a semelhança e a imortalidade. E o gafanhoto, isto é, a alma, saciar-se-á da visão de Deus, da bem-aventurança dos anjos, da companhia dos santos. E então extinguir-se-á a alcaparra, isto é, o estímulo da carne, a tentação do demônio. De fato, aos coríntios, o Apóstolo escreve: "Quando este corpo mortal se revestir da imortalidade, então cumprir-se-á a palavra da Escritura: A morte foi tragada pela vitória. Onde está, ó morte, a tua vitória? Onde está, ó morte, o teu aguilhão? Ora, o aguilhão da morte é o pecado" (1Cor 15,54-56).

Então a alcaparra se extinguirá, porque, como diz o profeta, os estranhos não passarão mais por Jerusalém (cf. Gl 3,17), quer dizer, os demônios não tentarão mais

V DOMINGO DEPOIS DA PÁSCOA

o justo, e o animal feroz, isto é, a concupiscência da carne, já não passará por sua alma (cf. Is 35,9).

7. Com esta dupla alegria, isto é, a vazia e a completa, concorda a primeira parte da epístola de hoje: "Sede, pois, cumpridores da Palavra e não somente ouvintes, enganando-vos a vós mesmos. Porque, se alguém é ouvinte da palavra e não cumpridor, será comparado a um homem que contempla o seu rosto num espelho: considera-o, e assim que se retira, logo esquece como era" (Tg 1,22-24).

Executores da palavra de Deus são aqueles que pedem a alegria completa e a recebem; só ouvintes são aqueles que se esforçam por conseguir a alegria vazia do mundo. A esse propósito, diz o salmo: "É tempo de agir, Senhor", não só de ouvir ou de falar; "violaram a tua lei" (Sl 118,126) aqueles que ouvem e não agem. E Salomão no Eclesiastes: "Quem destruir a sebe", isto é, a lei, "mordê-lo-á a cobra" (Ecl 10,8), isto é, o diabo. Viola a lei aquele que não vive segundo o que diz ou escuta; precisamente dele se diz: "Se alguém é só ouvinte da Palavra, e não cumpridor" etc.

Observa que o espelho não é outra coisa senão um vidro sutilíssimo, no qual devem-se considerar três características: o escasso valor, a fragilidade e a transparência.

O vidro é uma matéria de pouco valor, porque é fabricado com um pó de areia, e de substância frágil e transparente na sua clareza; posto contra o sol, resplandece como um outro sol. É chamado espelho porque reflete o esplendor, ou porque as mulheres, olhando-o, admiram a beleza (latim: *species*) de seu rosto, ou também porque é transparente como o vidro. E o vidro é assim chamado porque resplandece com clareza ao olhar (latim: *vitrum, visum*).

O espelho, ou o vidro, simboliza a Sagrada Escritura, em cujo esplendor está o rosto de nossa origem: de onde nascemos, refere-se à mesquinhez de nossa origem física; como (de que natureza) nascemos, refere-se à fragilidade de nossa substância; para que fim nascemos, refere-se às dignidade da glória, na qual, se formos cumpridores da Palavra, pela proximidade com o verdadeiro sol, resplandeceremos como o sol.

No espelho da sagrada doutrina encontram-se estas três características. Sobre o pouco valor da matéria, está escrito no Gênesis: "És pó e ao pó retornarás" (Gn 3,19). Sobre a fragilidade de nossa substância diz o salmo: "Os nossos anos serão considerados como uma teia de aranha" (Sl 89,9). O que existe mais frágil, mas inconsistente do que a teia da aranha? E o que é a vida do homem corruptível, que se consome por uma pequena lesão e também por uma mínima febrezinha? Da luminosidade, enfim, fala-se no evangelho: "Os justos resplandecerão como o sol" etc. (Mt 13,43).

Nesse espelho, o mísero homem observa o rosto de seu nascimento, como tem nascido, quanto é frágil e o que será dele; e por estas considerações sente que, por vezes, nasce-lhe a compunção e a vontade de fazer penitência. Mas, assim como é somente ouvinte da Palavra, e não cumpridor, é amante da alegria vã e vazia, logo esquece como era e como se viu. O prazer da vaidade expulsa o pensamento da própria salvação; ao contrário, o pensamento da verdadeira alegria produz na alma o amor à própria salvação. "Pedi, pois, e recebereis, para que a vossa alegria seja completa."

Dessa alegria recorda-se a Igreja no introito da missa de hoje: Com vozes de júbilo dai o anúncio até as extremidades da terra (cf. Is 48,20). Ó pregadores, dai o anúncio de alegria: "Pedi, para que a vossa alegria seja completa", não só aos justos que estão no seio da Igreja, mas fazei-o ressoar até as extremidades da terra, e também para aqueles que estão fora das extremidades, isto é, fora dos mandamentos de Deus, que são para nós como que as extremidades do viver, para que todos ouçam a voz da exultação e possam conquistar a alegria completa, que jamais terá fim.

A esta glória conduza-nos Jesus Cristo. Amém.

II – Jesus Cristo intercede por nós junto ao Pai

8. "Eu rogarei ao Pai por vós: o próprio Pai vos ama, porque vós me amastes e crestes que eu saí do Pai" (Jo 16,26-27). Cristo, sacerdote segundo a ordem de Melquisedec, mediador entre Deus e os homens, roga ao Pai por nós. Lemos no Levítico: "O sacerdote rezará por eles, e o Senhor lhes será propício" (Lv 4,20); e de novo: "O sacerdote orará por ele e por seu pecado e lhe será perdoado" (Lv 4,26). Concordam com isso as palavras do Livro dos Números: "Moisés disse a Aarão: Toma o turíbulo, acende-o com o fogo do altar, ponha incenso por cima e vai depressa ao povo a fim de rezar por ele: porque já se espalhou a ira do Senhor e o flagelo já começou. Aarão executou a ordem: correu para o meio da multidão, já atingida pelo flagelo, ofereceu o incenso; e estando de pé entre os mortos e os vivos orou pelo povo, e o flagelo cessou" (Nm 16,46-48).

"Moisés disse a Aarão", isto é, o Pai ao Filho: "Toma o turíbulo da humanidade, que foi fabricado por obra de Beseleel (cf. Ex 31,2) que se interpreta "divino sombreamento": sombreamento do Espírito Santo no seio da Virgem gloriosa, que foi "sombreada" precisamente pelo Espírito Santo (cf. Lc 1,35), trazendo-lhe assim o refrigério e extinguindo totalmente nela o estímulo do pecado. "Enche" com o fogo da divindade o turíbulo da humanidade, na qual habitou corporalmente a plenitude da divindade (cf. Cl 2,9). E com razão diz "do altar", porque saí do Pai e vim ao mundo (cf. Jo 16,28). "E ponha incenso por cima" da tua paixão e, assim, como mediador, rezarás pelo povo, que o incêndio do diabo está devastando atrozmente. E ele, obediente à vontade daquele que mandava, tomado o turíbulo, correu "para a morte, e a morte de cruz" (Fl 2,8). "E estando" sobre a cruz com os braços abertos, "entre os mortos e os vivos", isto é, entre os dois ladrões, dos quais um foi salvo e o outro condenado – ou também entre os mortos e os vivos, isto é, entre aqueles que estavam fechados no cárcere do inferno e aqueles que viviam na miséria deste exílio –, libertou-os todos do incêndio da perseguição diabólica oferecendo a si mesmo em sacrifício de suave odor (cf. Ef 5,2).

Com muita razão, pois, disse de si mesmo: "Eu pedirei ao Pai por vós". E João, na sua carta canônica, escreve: "Temos um advogado junto do Pai, Jesus Cristo justo:

Ele é propiciação", isto é, expiação, "por nossos pecados" (1Jo 2,1-2). Por isso, cada dia o oferecemos ao Pai no sacramento do altar, para que sempre de novo expie os nossos pecados.

De fato, fazemos como faz a mulher que tem uma criança pequena: quando o marido enraivecido quer espancá-la, ela, segurando a criança entre os braços, coloca-a diante do homem dizendo: Espanca este, espanca este! A criança, com as lágrimas nos olhos, sofre junto com a mãe. O pai, porém, que sente as entranhas se subverterem pelas lágrimas do filho que ele ama imensamente, por causa do filho perdoa a mulher. Assim também nós, a Deus Pai irado por nossos pecados oferecemos seu filho Jesus Cristo no sacramento do altar como fiança de nossa reconciliação; e Deus Pai, se não por consideração a nós, ao menos em consideração a seu Filho dileto, afasta de nós os justos flagelos que merecemos e nos perdoa recordando suas lágrimas, seus sofrimentos e sua paixão.

De fato, o próprio Filho diz por boca de Isaías: "Fui eu que fiz e eu carregarei; eu vos levarei e salvarei" (Is 46,4). Presta atenção aos quatro verbos: Eu "fiz" o homem e eu o "carregarei" sobre os meus ombros como uma ovelha perdida e cansada; eu o "levarei" como a ama leva a criança nos braços. E o que pode fazer o Pai, senão responder: "Eu salvarei"? Com razão, pois, Cristo diz: "Eu rezarei ao Pai por vós; o próprio Pai vos ama, porque vós me amastes e crestes que eu saí do Pai". O Pai e o Filho são uma só coisa. O próprio Filho o afirmou: "Eu e o Pai somos um" (Jo 10,30). Quem ama o Pai ama também o Filho e o Pai e o Filho amam a ele. No Evangelho de João, de fato, o Filho diz: "Quem me ama será amado por meu Pai e também eu o amarei e manifestar-me-ei a ele" (Jo 14,21).

9. Em relação a este amor, concordam também as palavras da epístola de hoje: "Mas quem fixar sua vista na lei da perfeita liberdade e perseverar nela, não como ouvinte que facilmente esquece, mas como cumpridor, esse será feliz no que fizer" (Tg 1,25). A lei da perfeita liberdade é o amor a Deus, que torna o homem perfeito em tudo e livre de qualquer escravidão. Por isso, o salmo diz do justo: "A lei do Senhor está no seu coração" (Sl 36,31). De fato, no coração do justo está a lei do amor a Deus, e, portanto, Deus diz nas parábolas: "Filho, dá-me teu coração" (Pr 23,26). Como o gavião, que, quando captura pássaros, primeiramente procura neles o coração e o come[7], assim Deus nada busca e nada ama mais no homem do que seu coração, no qual está a lei do amor e, portanto, "seus passos não vacilarão" (Sl 36,31).

Os passos do justo são suas obras ou também os afetos da mente, que jamais vacilarão, isto é, nunca são pegos no laço da sugestão diabólica, nem escorregam na praça da vaidade mundana. Do laço fala Jó: "O seu pé ficará preso pelo laço, e uma sede ardente o atormentará" (Jó 18,9). O pé do iníquo é preso no laço da má sugestão e assim enfurece-se contra ele a sede da cobiça.

---

7. Os peritos em história natural afirmam o contrário (cf. Aristóteles).

Do escorregamento fala Jeremias nas Lamentações: "Os nossos pés escorregaram ao andar por nossas praças" (Lm 4,18). Praça (latim: *platea*) vem do grego *plàtos*, largura. Os nossos pés – chamados em latim *vestigia*, porque por meio deles se *investiga*, isto é, descobre-se o percurso de quem passou – estão a indicar as obras, em base às quais alguém é conhecido. Na barrenta vastidão do prazer mundano escorregam as obras dos pecados, porque caem de pecado em pecado e, por fim, arruínam-se no inferno. De fato, diz o salmo: "Seus caminhos tornem-se escuros e escorregadios, e o anjo do Senhor", isto é, o anjo mau (do Senhor, porque também ele é criatura de Deus), os persiga" (Sl 34,6), até que os precipite no abismo do inferno. Os passos do justo, porém, não vacilam, porque no seu coração está a lei do amor e quem é fiel a ela "encontrará a felicidade em observá-la". O amor de Deus infunde a graça na vida presente e a bem-aventurança na glória da vida futura. A ela nos conduza aquele que é bendito nos séculos. Amém.

III – O CRISTO QUE TUDO SABE E CONHECE

10. "Disseram-lhe os seus discípulos: Agora conhecemos que sabes tudo e que não é necessário que alguém te interrogue. Por isso, cremos que saíste de Deus" (Jo 16,29-30). Com razão os discípulos disseram: "Agora conhecemos que sabes tudo". E sobre isso temos o testemunho do Apóstolo: "A palavra de Deus é viva, eficaz e mais penetrante do que toda a espada de dois gumes; chega até a separação da alma e do espírito, das junturas e das medulas e discerne os pensamentos e intenções do coração. Não há nenhuma criatura invisível na sua presença, mas todas as coisas estão a nu e a descoberto aos seus olhos" (Hb 4,12-13). A Palavra, isto é, o Filho de Deus, por meio da qual temos conhecido sua vontade, é viva, isto é, confere a vida; é eficaz, isto é, capaz de efeito, e pode com facilidade cumprir aquilo que quer. A palavra de Deus é eficaz porque o Filho de Deus "fez tudo aquilo que quis" (Sl 113B,3). Faz aquilo que quer, onde quer e quando quer.

De fato, diz Jó: "Ele manda ao sol, e o sol não nasce; encerra as estrelas como sob um selo. Sozinho ele formou a extensão dos céus e caminha sobre as ondas do mar. Criou as constelações de Arcturo (a Ursa Maior) e de Orion, as Plêiades, os astros no fundo do austro. Faz coisas grandes e incompreensíveis e maravilhas sem número" (Jó 9,7-10). Aquele que faz tais coisas, conhece e sabe verdadeiramente tudo. O Filho de Deus pode fazer verdadeiramente tudo: ele é vida e poder.

"Ele manda ao sol, e este não nasce." No sol é representada a iluminação da graça, que surge quando é infundida na mente, e não surge quando não é concedida. Por isso, diz o Senhor: "Compadecer-me-ei de quem eu quiser; serei clemente com quem eu quiser" (Ex 33,19). E ainda: "Eu endurecerei o coração do faraó" (Ex 4,21). Diz-se que o Senhor endurece o coração quando tira a sua graça, ou não a concede. Com efeito, diz por meio de Oseias: "Eu não visitarei as vossas filhas quando se prostituírem" (Os 4,14). À alma pecadora não pode acontecer nada de pior do que o Senhor abandonar o pecador à depravação de seu coração e não o corrigir com o flagelo do paterno castigo.

"Encerra as estrelas como sob um selo." O selo é um sinal que se imprime sobre alguma coisa para que fique escondida até que o selo seja removido. As estrelas representam os santos, que Cristo põe sob o selo de sua providência, para que não compareçam em público quando querem, mas estejam sempre prontos para o tempo estabelecido por Deus e quando ouvirem com o ouvido do coração a voz daquele que manda, saiam do segredo da contemplação para agir segundo as necessidades.

"Sozinho ele formou a extensão dos céus." Os céus representam os pregadores santos, que chovem com as palavras, lampejam com os exemplos da vida santa, trovejam com as ameaças da pena eterna. O Senhor forma a extensão destes céus para que difundam a luz, cubram os pecadores e os induzam a libertar-se do visco das coisas temporais.

"E caminha sobre as ondas do mar." As ondas do mar representam a soberba deste mundo, sobre as quais o Senhor caminha quando no seu coração imprime as pegadas de sua humildade. De fato, no Eclesiástico diz: "Eu sozinho fiz todo o giro do céu, penetrei na profundeza do abismo, andei sobre as ondas do mar, percorri toda a terra; e em todos os povos e em todas as nações pus o meu domínio e sujeitei com meu poder o coração de todos os grandes" (Eclo 24,8-11).

"O giro do céu", isto é, o coração do justo, eu o circundo, defendo e protejo; penetrei "nas profundezas do abismo", isto é, no coração dos maus, para convertê-los à penitência; caminhei "sobre as ondas do mar", isto é, sobre aqueles que são oprimidos pelas tentações, e parei "sobre toda a terra": Deus detém-se sobre o humilde, sobre aqueles que fazem frutos de obras boas e são constantes, enquanto o diabo detém-se sobre a areia; "sobre cada povo e sobre todas as nações" pus o meu domínio: de todos estes é formada e composta a Igreja.

11. "Ele criou o Arcturo e o Orion, as Plêiades, e os astros nos fundos do Austro." Presta atenção a estas quatro palavras. Arcturo (a Ursa Maior) pelos latinos é chamado *Sete*ntrião, porque é composto de *sete* estrelas; é chamado também "carro", porque as estrelas estão dispostas em forma de carro. De fato, cinco formam o carro, e duas, que parecem quase no mesmo ponto, ocupam o lugar dos bois. As cinco estrelas representam os cinco sentidos do corpo; as duas estrelas, que à guisa de bois devem puxar, são a esperança e o temor. E aqui está a concordância com aquilo que está escrito no Primeiro livro dos Reis, onde se narra que os filisteus tomaram duas vacas, puseram-nas ao carro e colocaram a arca sobre o carro que era novo (cf. 1Sm 6,10-11).

O carro em latim chama-se *plaustrum*, que soa quase como *pilastra*, em torno à qual se gira, e é figura do nosso corpo que deve voltar-se para as obras de misericórdia; novo, por haver remediado os pecados com a penitência, porque deve carregar a arca da obediência. E este carro deve ser puxado por duas vacas, isto é, a esperança e o temor, até Bet-Sames, que se interpreta "casa do sol", isto é, até a morada da vida eterna, na qual habita o Sol da justiça.

"Orion" é chamada a estrela da espada. Por isso, os latinos a chamam *iugula*, isto é, espada de degolar: realmente, é armada como um *gladiador* (*gladius*, espada) e por sua luz é a mais espetacular e luminosa das estrelas. As estrelas do Orion aparecem exatamente no rigor do tempo invernal e seu aparecimento traz chuvas e tempestades. As estrelas do Orion representam a contrição do coração e a confissão da boca: quando estas aparecem, produzem a chuva das lágrimas e as tempestades da disciplina, do jejum e da abstinência.

"As Plêiades" são cinco estrelas, dispostas como a letra grega *ípsilon* (Y). As Plêiades representam aquelas cinco palavras que Paulo, escrevendo aos coríntios, queria dizer na Igreja (cf. 1Cor 14,19), no sentido por ele entendido. Elas são: oração, louvor, conselho, exortação e confissão.

"Os astros no fundo do Austro." O Austro é um vento quente e simboliza o Espírito Santo, do qual a esposa do Cântico dos Cânticos diz: "Levanta-te, Aquilão, e tu, ó Austro, vem e sopra no meu jardim para espalhar os seus aromas" (Ct 4,16).

"O Aquilão", assim chamado quase porque "liga as águas" (*aquas ligans*), é símbolo do diabo, que, com o gelo da malícia faz coagular as águas da compunção no coração do pecador. Ao Aquilão é dito "levanta-te", isto é, afasta-te; "e vem tu, ó Austro", isto é, Espírito Santo, "e sopra no meu jardim", isto é, na minha consciência, "para fazer destilar os seus aromas", isto é, as lágrimas, que, diante do Senhor, são mais perfumadas do que qualquer aroma.

"Os fundos do Austro" simbolizam o segredo da contemplação, o gáudio da mente, a suavidade da doçura interior, que são como que os íntimos segredos do Austro, isto é, do Espírito Santo, com os quais ele mora e morando sopra com a brisa suave do seu amor.

12. "Ele faz coisas grandes e incompreensíveis e maravilhas sem número." Fez coisas grandes na criação, incompreensíveis na recriação, fará por nós coisas maravilhosas na eterna bem-aventurança. Ou também "fez coisas grandes na sua encarnação e, por isso, a Bem-aventurada Virgem Maria diz: "Fez em mim grandes coisas aquele que é poderoso, e santo é o seu nome" (Lc 1,49); "incompreensíveis" no seu nascimento, no qual a Virgem deu à luz o próprio Filho de Deus; "maravilhosas" ao operar milagres. Seja bendito, porque sabe e conhece tudo aquele que por nós fez tais maravilhas. Dele diz o Apóstolo: "A palavra de Deus é viva e eficaz".

"E é mais penetrante do que a espada de dois gumes." De fato, Cristo atinge a alma com a contrição, o corpo com o sofrimento, "penetrando até a divisão da alma", isto é, da animalidade (da natureza), "e do espírito", isto é, da razão.

E considera que a alma é uma entidade incorpórea, capaz de razão, ordenada a vivificar o corpo. A alma torna os homens "animais" naturais, que são os sábios segundo a carne (cf. Rm 8,5), sujeitos aos sentidos do corpo. Se começa a ser perfeitamente razoável, ela repele logo de si as características do gênero feminino, e torna-se "animo" participante da razão, ordenado a governar o corpo. De fato, enquanto for "anima", logo enfraquece naquilo que é carnal; porém, o "animo", ou seja, o espírito, considera só aquilo que é viril e espiritual: e assim acontece a divisão da alma e do espírito.

"Das junturas e das medulas." As junturas são as articulações; a medula é a substância que impregna (enche) os ossos. Nas junturas são simbolizadas as misteriosas concatenações dos pensamentos, na medula, a compunção das lágrimas que impregnam os ossos das virtudes.

Em virtude de sua divindade, Cristo penetra até a divisão das junturas e das medulas, porque conhece com exatidão o início, o desenvolvimento e a conclusão dos pensamentos, ao que tendem, de que modo se concatenam um com o outro, de que maneira e por quais processos a compunção surge no coração.

De fato, diz Salomão no Eclesiastes: "Como ignoras qual é o caminho do espírito, e de que sorte se ligam os ossos no ventre da mulher grávida, assim também não conheces as obras de Deus, que é o Criador de todas as coisas" (Ecl 11,5). Só Deus sabe qual é o caminho do espírito, isto é, da contrição, e de que maneira se formam os ossos no seio da mulher grávida, quer dizer, as virtudes na mente do penitente. De fato, acrescenta o Apóstolo: "Ele perscruta os pensamentos e as intenções do coração; não há criatura que possa esconder-se diante dele, porque, como diz também o Eclesiástico, os olhos do Senhor estão em toda a parte" (cf. Eclo 23,28); tudo é nu e descoberto aos seus olhos; diante dele, como diz Jó, está aberto também o inferno e não tem cobertura o abismo (cf. Jó 26,6). Por isso, exatamente com profunda convicção os discípulos disseram: "Agora conhecemos que tu sabes tudo e não há necessidade de que alguém te interrogue: por isso, cremos que saíste de Deus".

O Filho saiu de Deus para que tu saísses do mundo; veio a ti para que tu fosses a ele. O que significa sair do mundo e ir a Cristo, senão subjugar os vícios e ligar a alma a Deus com os laços do amor?

13. De tudo isso aparece a concordância com a terceira parte da epístola que se lê na missa de hoje: "Se alguém, pois, julga que é religioso e não refreia a sua língua, mas engana assim o seu coração, a sua religião é vã. A religião pura e sem mancha aos olhos de Deus e nosso Pai é esta: visitar os órfãos e as viúvas nas suas tribulações e conservar-se puro deste mundo" (Tg 1,26-27). A religião é chamada assim porque por meio dela ligamos a nossa alma ao único Deus para tributar-lhe o culto divino. "Religião é aquela que presta culto e veneração de natureza superior, que chamam divina" (Agostinho). Ouça o religioso, inchado de presunção, desenfreado de língua, banido do Reino de Deus: "Se alguém julga que é religioso" etc. A língua é chamada assim de "ligar", e quem não a mantém ligada com o silêncio, dá prova de ser sem religião. O início da religião é manter freada a língua (cf. Tg 1,26).

De fato, diz Salomão nas parábolas: "Quem porá uma guarda à minha boca, e quem porá um selo seguro sobre os meus lábios, para que eu não caia por sua culpa e para que minha língua não me perca?" (Eclo 22,33), quer dizer: para que eu não diga o bem de maneira errada, e saiba, pois, tanto calar quanto falar no tempo certo. De propósito diz "selo": aquilo que se põe sob selo é fechado para que não seja aberto aos inimigos, mas só aos amigos.

Ouçam os religiosos do nosso tempo, que sobrecarregam o edifício de sua religião com grande variedade de prescrições, com diversos elencos de preceitos: como os fariseus, eles se gloriam da aparência da pureza exterior. Ao primeiro homem, elevado a tão alto grau de dignidade, Deus deu uma só e breve ordem: "Não comerás da árvore da ciência do bem e do mal" (Gn 2,17), e o homem não observou nem esta única ordem. Mas, aos homens do nosso tempo, reduzidos à miséria de tão grande infelicidade e postos à margem do mundo, antes, para falar claro, entre os rejeitos do mundo, são impostos muitos e novos mandamentos, são feitas longas prescrições. E tu crês que as observarão? Ao contrário, desse modo criam-se somente transgressores.

Ouçam estes o que diz o Senhor no Apocalipse: "Não porei sobre vós outro peso; todavia, guardai bem aquele que tendes" (Ap 2,24-25), isto é, o evangelho. E a *Glosa* diz: Ouçam estes o que é a verdadeira religião: Religião pura e sem mancha diante de Deus, nosso Pai, é esta: socorrer os órfãos e as viúvas (Tg 1,27) etc.

Observa que a verdadeira religião consiste em duas coisas: na misericórdia e na inocência. De fato, ordenando socorrer os órfãos e as viúvas, sugere tudo aquilo que devemos fazer pelo próximo; e ordenando preservar-nos sem mancha neste mundo, mostra-nos tudo aquilo em que nós devemos ser *castos (abstinentes)*.

Peçamos, pois, irmãos caríssimos, a Nosso Senhor Jesus Cristo que nos infunda a sua graça, com a qual possamos tender e chegar à plenitude da verdadeira alegria; que ore por nós ao Pai, para que nos conceda a verdadeira religião e, assim, possamos chegar ao reino da vida eterna.

No-lo conceda ele próprio, que é digno de louvor, que é princípio e fim, que é admirável e inefável nos séculos eternos. E toda a religião pura e sem mancha diga: Amém, Aleluia.

VI domingo depois da Páscoa

Temas do sermão
- Evangelho do VI domingo depois da Páscoa: "Quando vier o Paráclito"; evangelho que se divide em duas partes.
- Primeiramente sermão sobre a ressurreição da alma e do corpo: "Os mortos viverão".
- Parte I: Sermão sobre a santa Trindade: "Quando vier o Paráclito".
- Sermão contra aqueles que estão muito unidos ao diabo, que vivem em pecado mortal: "O faraó estabeleceu inspetores de obras sobre os filhos de Israel"; natureza da rã e da aranha.
- Sermão contra aqueles que vivem nos prazeres: "Sepultaram Asa".
- Sermão contra a vaidade do mundo que engana também o homem espiritual: "O velho profeta enganou o homem de Deus".
- Sermão para a consolação de quem se encontra na tentação: "Quando atravessares as águas, eu estarei contigo".
- Sermão sobre a infusão da graça e sobre a compunção da mente: "Filhas de Sião, exultai e alegrai-vos".
- Sermão sobre o justo que renuncia ao mundo: "Jacó atravessou o vau do Jaboc".
- Sermão sobre a oração: "Ouve, Senhor, a minha voz".
- Parte II: Sermão sobre a paciência: "Disse-vos estas coisas para que não vos escandalizeis".
- Sermão contra muitos pregadores; sobre a natureza da vaca selvagem que ataca o caçador com o esterco: "Sabes que os fariseus ao ouvirem esta palavra, escandalizaram-se?"
- Sermão sobre a hospitalidade: "Exercei a hospitalidade".

EXÓRDIO – A RESSURREIÇÃO DA ALMA E DO CORPO

1. Naquele tempo, disse Jesus aos seus discípulos: "Quando vier o Paráclito que eu vos enviarei do Pai, o Espírito da verdade que procede do Pai" etc. (Jo 15,26).

Diz o Senhor por meio de Isaías: "Os teus mortos viverão, os meus a quem tiraram a vida ressuscitarão. Despertai e cantai louvores, vós os que habitais no pó, porque o vosso orvalho é um orvalho de luz" (Is 26,19). O orvalho é chamado em latim *ros*, porque é ralo, isto é, rarefeito e leve, e não denso e espesso como a chuva. Mas diz-se que o orvalho molha mais intensamente os campos quando a noite é mais serena e a lua mais límpida, e que o orvalho, no breve curso da noite, restitui à terra toda a umidade que o calor do sol lhe tirou durante todo o curso do dia.

O orvalho simboliza o Paráclito, o Espírito da verdade que, descendo com delicadeza para a mente do pecador, resfria o calor do sol, quer dizer, a concupiscência da carne. Com efeito, diz o Eclesiástico: "O orvalho que desce sobre quem vem do calor, refresca-o [latim: *humilem facit*, o torna humilde]" (Eclo 43,24). Sobre o pecador, que vem do ardor dos vícios, desce a graça do Espírito Santo e resfria o seu ardor, e enquanto lhe faz conhecer em quantos e quão grandes vícios está encharcada a sua alma, torna-se humilde até o pranto, para que se doa daquilo que cometeu. Com efeito, diz Jeremias: "Depois que me iluminaste, bati na minha coxa" (Jr 31,19). Depois que a graça do Espírito Santo mostrou ao pecador o cúmulo de sua iniquidade, ele bate com os flagelos da penitência na sua coxa, quer dizer, no seu corpo.

E observa que exatamente o Espírito Santo é chamado "orvalho de luz": orvalho porque refresca, de luz porque ilumina. Por isso, quando chega o orvalho de luz, os mortos pelos pecados viverão a vida da graça, e os que morreram pela espada da culpa ressurgirão na primeira ressurreição, que é a penitência. "Despertai", pois, vós que estais imersos no sono do pecado, "e louvai a Deus" confessando o vosso crime, "vós que habitais no pó" da vaidade terrena, "porque orvalho de luz" é o Espírito Santo, pai dos penitentes e consolador daqueles que gemem: deles o Filho de Deus no evangelho de hoje diz: "Quando vier o Paráclito" etc.

2. Neste trecho evangélico são postos em evidência dois fatos. Primeiro, o envio do Espírito, onde diz: "Quando vier o Paráclito". Segundo, a perseguição contra os discípulos de Cristo, onde se lê: "Disse-vos estas coisas para que não vos escandalizeis".

Depois, neste domingo canta-se o introito: "Ouve, Senhor a minha voz com que clamei a ti" (Sl 26,7); além disso, lê-se a epístola do Bem-aventurado Pedro: "Sede prudentes e vigilantes", que nós dividiremos em duas partes pondo em evidência sua concordância com as duas partes do evangelho acima indicadas. A primeira parte: "Sede prudentes e vigilantes"; a segunda: "Exercei a hospitalidade uns com os outros, sem murmuração".

I – O ENVIO DO PARÁCLITO

3. "Quando vier o Paráclito." Primeiramente, deve-se notar que neste trecho evangélico é expressamente proclamada a fé na Santa Trindade. O Pai e o Filho enviam o Espírito Santo. Três divinas Pessoas são uma só substância e perfeitas na igualdade. Unidade na essência e pluralidade nas Pessoas. O Senhor revela claramente a Unidade da divina substância e a Trindade das Pessoas, quando diz: Ide e batizai todos os povos, em nome do Pai, do Filho e do Espírito Santo (cf. Mt 28,19). Diz precisamente: "em nome", e não "nos nomes", para indicar a unidade da substância. E com os três nomes que acrescenta, indica que são "Três Pessoas".

Na Trindade está o princípio último de todas as coisas, a beleza perfeitíssima e a suprema bem-aventurança. Por "princípio último", como demonstra Agostinho na sua obra *A verdadeira religião*, entende-se Deus Pai, do qual procedem todas as coisas, do qual procedem o Filho e o Espírito Santo. Por "beleza perfeitíssima" entende-se o Filho, isto é, a verdade do Pai, em nada diferente dele; beleza que adoramos com o próprio Pai e no próprio Pai, que é forma de todas as coisas, por um só Deus criadas e a um só Deus ordenadas. Por "suprema bem-aventurança" e "suma bondade" entende-se o Espírito Santo, que é dom do Pai e do Filho; dom que nós devemos adorar e crer imutável junto com o Pai e o Filho.

Em referência às coisas criadas, entendemos a Trindade numa só substância, quer dizer, um só Deus Pai do qual provimos, um único Filho por meio do qual existimos, e um só Espírito Santo no qual vivemos; quer dizer: o princípio ao qual nos referimos, a forma, o modelo para o qual tendemos e a graça com a qual somos reconciliados. E para que a nossa mente se eleve à contemplação do Criador, e creia sem sombra de dúvida que existe Unidade na Trindade e Trindade na Unidade, consideramos qual o sinal da Trindade que existe na própria mente.

Diz Agostinho na obra *A Trindade*: "Embora a mente humana não tenha a mesma natureza de Deus, devemos, porém, procurar e encontrar sua imagem – da qual nada de melhor existe – naquilo que de melhor existe em nossa natureza, quer dizer, na mente.

A mente recorda-se de si mesma, compreende a si mesma e ama a si mesma. Se reconhecermos isso, reconhecemos também a trindade: certamente não Deus, mas a imagem de Deus. De fato, aqui se manifesta uma certa trindade: da memória, da inteligência e do amor ou da vontade. Essas três faculdades não são três vidas, mas uma só vida; nem três mentes, mas uma só mente; não três substâncias, mas uma só substância. Memória quer dizer relação a alguma coisa; inteligência e vontade, ou amor, indicam também relação a alguma coisa; a vida, porém, é em si mesma tanto mente como substância. Portanto, essas três faculdades são uma só coisa, enquanto são uma só vida, uma só mente e uma só substância.

Essas três faculdades, mesmo sendo distintas entre si, são chamadas uma coisa só, porque existem substancialmente no espírito. E a própria mente é quase a mãe, e seu conhecimento é quase a sua prole. De fato, a mente quando reconhece a si mesma gera o conhecimento de si e é ela sozinha a mãe do seu conhecimento. Em terceiro lugar vem o amor, que procede da própria mente e do seu conhecimento, quando a mente, conhecendo a si mesma, ama-se: de fato, não poderia amar a si mesma se não conhecesse a si mesma. E ama também a prole na qual se compraz, isto é, o conhecimento de si: e assim o amor é uma espécie de laço entre mãe e prole. Eis, pois, que nestas três palavras – memória, inteligência e amor – manifesta-se uma certa marca da Trindade.

4. "Quando vier o Paráclito, que eu vos enviarei do Pai, o Espírito de verdade" etc. Presta atenção a estas três palavras: Paráclito, Espírito e "de verdade". Na miséria deste mundo existem três males: a angústia (opressão) que atormenta, o pecado que dá a morte e a vaidade que engana.

Da opressão que atormenta diz-se no Êxodo que "o faraó estabeleceu sobre os filhos de Israel inspetores de obras para os oprimirem com trabalhos penosos e eles edificaram para o faraó as cidades-depósito, isto é, Piton e Ramsés" (Ex 1,11). Assim, para aqueles que são cristãos só de palavras, o diabo impõe inspetores de obras, isto é, outros demônios encarregados de fomentar todos os vícios, para que os atormentem com o peso do pecado. E assim eles gemem, e nas Lamentações de Jeremias dizem: "Éramos ameaçados e presos pelo pescoço; estávamos extenuados, mas não se dava descanso. Estendemos a mão ao Egito e aos assírios para sermos fartados de pão" (Lm 5,5-6).

Os babilônios, isto é, os demônios, impõem graves pesos sobre o pescoço do homem que conduzem para a escravidão, e com ameaças o arrastam com uma corda amarrada ao pescoço, como um asno ou um boi; e mesmo que esteja extenuado não lhe dão trégua, pois o fazem precipitar-se de pecado em pecado.

Mas ai!, quão grande loucura é cansar-se na caminhada e não querer parar! Temos estendido a mão ao Egito e aos assírios, isto é, fizemo-nos servos do mundo e dos demônios, para sermos saciados de pão, isto é, dos prazeres da carne. Estes cristãos constroem as cidades-depósito para o faraó, isto é, para o diabo: Piton e Ramsés. Piton interpreta-se "boca do abismo", e Ramsés, "dano da traça".

Piton simboliza a luxúria, que é a boca do abismo que nunca diz basta, já que está privada da luz da graça e não existe medida que a aplaque. "O prazer, diz Jerônimo, tem sempre fome de si mesmo".

Desse abismo fala o salmo: "Um abismo chama outro abismo" (Sl 41,8), isto é, a luxúria chama luxúria, como a rã chama a rã. A rã tem um chamado particular, que soa *coax*, e o faz só na água. É sobretudo o macho que, no tempo do acasalamento, chama a fêmea com este chamado muito conhecido. E a rã aumenta a sua voz quando mantém a mandíbula inferior ao nível da água e escancara a superior. E por causa da dilatação das duas mandíbulas, seus olhos brilham como velas. Análogo é também o comportamento das aranhas quando querem acasalar-se. A fêmea atrai o macho por meio dos fios da teia e o macho faz a mesma coisa com a fêmea. E a recíproca atração não cessa enquanto não chegarem ao acasalamento. Os luxuriosos são como as rãs que, na água do prazer carnal, incitam-se mutuamente à luxúria com sinais e chamados: seus olhos estão cheios de adultério, acesos de sensualidade e, como as aranhas, atraem-se com certos fios de palavras e de promessas; atraem-se e, por fim, unem-se no abismo de sua perdição.

Ramsés simboliza a avareza, que corrói a mente como a traça corrói as vestes. A traça é chamada em latim *tinea*, porque *mantém* e penetra a ponto de corroer. Da mesma forma, a avareza corrói a mente do avarento para que multiplique seus bens: mas o infeliz, quanto mais multiplica, mais fome tem. De fato, diz o Bem-aventurado Bernardo: "O coração do homem não se sacia com o ouro de modo diverso do que seu corpo se sacia com o ar".

E o Filósofo: "O que podes augurar de mal ao avarento senão que viva muito?" E ainda: "Nada de bom pode fazer o avarento, a não ser morrer" (Publílio Siro). Estas são as cidades do diabo, a luxúria e a avareza. E que opressão é mais dolorosa do que sermos aprisionados no abismo ou invadidos pela traça?

5. Sobre o pecado que leva à morte, lê-se no Gênesis que "Raquel morreu e foi sepultada na estrada que vai a Éfrata" (Gn 35,19). Éfrata interpreta-se "fértil", e simboliza a abundância das coisas temporais, pelas quais a infeliz alma é sufocada e, depois de sepultada, é esmagada pela massa dos maus hábitos. De fato, "o rico que se vestia de púrpura", já que aqui viveu sepultado nos prazeres, no além foi sepultado nos tormentos do inferno (cf. Lc 16,19-22).

Lemos no Segundo livro dos Paralipômenos que "puseram Asa sobre o seu leito cheio de aromas e de unguentos delicadíssimos, preparados por um perito em perfumaria e os queimaram sobre ele em grandíssima quantidade (cf. 1Cr 16,14). Asa interpreta-se "que se eleva", e representa o rico deste mundo na sua soberba, do qual diz o profeta: "Vi o ímpio sumamente exaltado e elevado como os cedros do Líbano" (Sl 36,35). O seu leito é o corpo, no qual jaz dissoluto (privado de forças) como um paralítico; leito que é cheio de aromas e de unguentos delicadíssimos, isto é, de honras, de riquezas e de prazeres, preparados por peritos em perfumaria, isto é, pelos demônios. Mas depois, no além, a infeliz alma será queimada, junto com seu desventurado corpo, no fogo inextinguível da geena, numa chama desmedida. "Todo o homem serve primeiro o vinho bom e, depois, o menos bom" (Jo 2,10). Já que bebeste do cálice de ouro da Babilônia, beberás depois até o fim do poço da condenação eterna.

6. Sobre a vaidade enganadora fala o Terceiro livro dos Reis, onde se lê que um velho profeta enganou um homem de Deus e o forçou a ir com ele para sua casa: e o homem de Deus na casa dele comeu pão e bebeu água. E depois de ter comido e bebido, selou seu jumento. Partindo dali, ao longo do caminho, o homem de Deus foi assaltado por um leão, que o matou; seu cadáver estava estendido por terra e o jumento permanecia parado ao lado dele: o leão estava próximo ao cadáver do homem de Deus. E o leão não fez nada ao jumento e não se alimentou nem do cadáver (cf. 1Rs 13,11-30).

O velho profeta representa a vaidade do mundo, que promete sempre coisas falsas. De fato, diz Jeremias nas Lamentações: "Os teus profetas fazem para ti profecias falsas e insensatas" (Lm 2,14). Os nossos profetas são a vaidade do mundo e os prazeres da carne, os quais, se veem que nós desprezamos o mundo e mortificamos a carne, logo nos pregam miséria e doenças. Dizem: Se tu deres embora as tuas coisas, de que viverás? Se tu fizeres mal ao teu corpo, adoecerás. Mas ai, quantas pessoas esses profetas enganaram! Esses são profetas que falam em nome próprio e não em nome de Deus.

Muito bem, pois, diz-se que o velho profeta enganou o homem de Deus. E com justiça, a vaidade do mundo é chamada "velho profeta": de fato, continuou a enganar desde o início do mundo até a escória deste nosso tempo, e ainda continuará. "E em sua casa" o homem de Deus "comeu o pão e bebeu a água". O pão simboliza a grandeza da glória do mundo, da qual Salomão nas parábolas diz: "O pão da mentira é agradável ao homem, mas depois, sua boca será cheia de pedras" (Pr 20,17). O pão da mentira é a glória do mundo que se ilude de ser alguma coisa, quando não é nada. Diz Agostinho: "Tudo o que tem um fim deve ser considerado como passado". Essa glória, sendo agradável ao homem, enche sua boca de pedra, de pedra abrasada, isto é, da pena eterna, que não pode ser engolida nem vomitada. "E bebeu a água." A água representa a luxúria ou a avareza: quem a bebe tornará a ter sede (cf. Jo 4,13). Quem comer desse pão e beber dessa água será morto pelo leão, quer dizer, pelo diabo.

Observa que o leão não fez mal algum ao jumento, e não comeu o cadáver, porque o diabo não se importa com o dinheiro ou com o corpo, mas faz de tudo só para matar a alma. De fato, disse o rei de Sodoma a Abraão: "Dá-me as almas e toma o resto para ti" (Gn 14,21). Cristo comprou as almas, entregando à morte a sua alma (cf. Is 53,12); e por isso, o diabo faz todo o esforço para enganar tão grande "comprador", quando quer matar a nossa alma.

7. Mas, contra os três males acima descritos, isto é, a opressão, o pecado e a vaidade, o Senhor enviou o Paráclito, o Espírito Santo, Espírito de verdade: *Paráclito* contra a opressão, *Espírito* contra a culpa, *de verdade* contra a vaidade. O Paráclito nos consola na opressão das tribulações. Daí que Isaías diz: "Quando tu passares por entre as águas, eu estarei contigo, e os rios não te submergirão; quando andares por entre o fogo, não serás queimado, e a chama não arderá em ti" (Is 43,2). Presta atenção a estas quatro palavras: águas, rios, fogo e chama. As águas representam a gula e a luxúria; os rios, a prosperidade mundana; o fogo, a opressão das adversidades; e a chama, a malícia da perseguição diabólica.

Diz, pois: "Quando tu passares por entre as águas..." A mente que o Espírito Santo tornou forte com o fogo da caridade, não pode ser arrastada pelas águas da gula e da luxúria, nem submersa pelos rios da prosperidade terrena. De fato, diz Salomão nos Cânticos: "As grandes águas não podem apagar o amor, nem os rios subvertê-lo, porque suas chamas são chamas de fogo e de labaredas" (Ct 8,7.6). Também a mente que o Espírito Santo inflama não pode ser consumida nem pelo fogo das adversidades nem pela labareda da perseguição diabólica. Com efeito, o próprio Espírito, como se diz no Livro de Daniel, afasta a labareda de fogo da fornalha e faz soprar no meio da fornalha uma como viração de orvalho (cf. Dn 3,49-50).

Igualmente, contra o pecado enviou o Espírito para restituir a vida à alma. Lemos no Gênesis: "Inspirou no seu rosto um sopro de vida e o homem tornou-se alma vivente" (Gn 2,7). O sopro da vida é a graça do Espírito Santo, e quando Deus a infunde no rosto da alma, não há dúvida que a alma ressuscita da morte para a vida.

E esse Espírito é chamado "de verdade", contra a vaidade do mundo, que a própria verdade afugenta. Diz Joel: "Filhas de Sião, exultai e alegrai-vos no Senhor vosso Deus, porque ele vos deu o Mestre da justiça, e fará descer sobre vós a chuva da manhã e da tarde. E as vossas eiras encher-se-ão de trigo, e os vossos lagares transbordarão de vinho e de óleo" (Jl 2,23-24). Seja bendito o Senhor nosso Deus, o Filho de Deus, no qual nós, filhos de Sião, isto é, da Igreja militante e triunfante, devemos exultar no coração e alegrar-nos com as obras, porque nos deu o Mestre da justiça, isto é, o Espírito da graça, que ensina a cada um de nós a mostrar a sua justiça (santidade). Ao dar-nos esse Espírito, ele fez descer sobre nós a chuva da manhã, isto é, a compunção de nossos pecados, e a chuva da tarde, isto é, a dor pelos pecados dos outros. Com efeito, quem chora piedoso pelos pecados dos outros, lava perfeitamente também os próprios. Na descida desse Mestre da justiça, as eiras, isto é, as mentes dos fiéis, foram enchidas com o trigo da fé, e os lagares, isto é, os seus corações, transbordaram do vinho da compunção e do óleo da piedade.

Com razão, pois, é dito: "Quando vier o Paráclito, que eu vos enviarei do Pai, o Espírito de verdade, que procede do Pai, ele dará testemunho de mim. E também vós dareis testemunho de mim, porque estivestes comigo desde o início" (Jo 15,26-27).

Realmente, no coração dos fiéis o Espírito de verdade dá testemunho da encarnação de Cristo, de sua paixão e de sua ressurreição. E também nós devemos dar a todos os homens o testemunho que Cristo verdadeiramente se encarnou, verdadeiramente sofreu a paixão e verdadeiramente ressurgiu.

8. Com esta primeira parte do trecho evangélico concorda a primeira parte da epístola de hoje: "Sede prudentes e vigiai nas orações. Sobretudo tende uns para com os outros a caridade, porque a caridade cobre a multidão dos pecados" (1Pd 4,7-8). Observa que o Bem-aventurado Pedro nos convida a três virtudes: à prudência, à vigilância e à constância na oração.

Da prudência fala Salomão nos Provérbios: "Bem-aventurado o homem que está cheio de prudência: sua aquisição vale mais do que a prata e seus frutos são melhores do que o ouro" (Pr 3,13-14). Mas quem é negligente e imprudente está exposto a muitos perigos.

Depois, sobre a vigilância lemos no Gênesis que "Jacó atravessou o vau do Jaboc: tendo passado tudo o que lhe pertencia, ficou ele só. E eis que um homem lutou com ele até pela manhã, e depois lhe disse: Deixa-me ir, porque já vem vindo a aurora" (Gn 32,22-26). Jacó interpreta-se "suplantador"; Jaboc, "torrente de pó", e representa os prazeres temporais que passam como uma torrente, são estéreis e cegam os olhos como o pó. O penitente deve atravessar essa torrente com todos os bens que o Senhor lhe deu, deve atravessá-lo e permanecer sozinho. Permanece sozinho aquele que nada atribui a si mesmo, mas tudo ao Senhor, que submete a sua vontade à dos outros; que não conserva a lembrança das injúrias recebidas e que aceita ser desprezado (literalmente *sperni se non spernit*, não despreza ser desprezado).

E se desse modo ficar sozinho, poderá lutar valorosamente com o Senhor e obter dele o que quiser, e merecerá ouvir dizer: "Deixa-me ir, a aurora já vem vindo". A aurora marca o fim da noite e o início do dia. Ela representa a morte do justo, o fim da miséria desta vida, e o início da bem-aventurança, na qual o Senhor diz ao justo:

Deixa-me ir, a aurora já vem vindo. Como se dissesse: Não há mais necessidade de luta, acaba para ti a prova, a miséria, e começa a glória.

Com efeito, da alma do justo diz-se no Cântico dos Cânticos: "Quem é esta que surge como a aurora, bela como a lua, brilhante como o sol?" (Ct 6,9). A lua é chamada assim porque é quase *luminum una*, uma das luzes. A alma do justo, quando sobe da morada dessa miséria, entra na bem-aventurança, na qual é bela como a lua, porque está imersa na luz das almas santas, como uma delas. E é brilhante como o sol, porque é iluminada pelo esplendor de toda a Trindade.

9. Sobre a assiduidade na oração fala-se no introito da missa de hoje: Ouve, Senhor, a minha voz, com a qual clamei a ti. De ti disse o meu coração: Procurei o teu rosto; o teu rosto, Senhor, eu procurarei. Não apartes de mim a tua face (cf. Sl 26,7-9). Recorda-te que existem três espécies de oração: a oração mental, a oração vocal e a oração *manual* (das obras). Da primeira fala o Eclesiástico: "A oração do que se humilha penetrará os céus" (Eclo 35,21). Da segunda fala o salmo: "A minha oração chegue à tua presença" (Sl 87,3). Da terceira fala o Apóstolo: "Orai sem cessar" (1Ts 5,17). Nunca cessa de rezar aquele que nunca cessa de fazer o bem.

Diz, pois, o introito: "Ouve, Senhor, a minha voz", a voz do coração, da boca e das obras, "com a qual clamei a ti. A ti disse o meu coração: Procurei o teu rosto". O rosto do Senhor é aquela imagem segundo a qual fomos criados "à sua imagem e semelhança", e que, depois, perdemos quando caímos no pecado mortal. De fato, sobre o rosto do Senhor desenhamos o rosto do diabo; e isso o proíbe o Eclesiástico, onde diz: "Não assumas um rosto contra o teu rosto" (Eclo 4,26). Todas as vezes que cometes o pecado mortal, sobrepões o focinho do diabo ao rosto de Deus. De fato, diz o Salmo: "Até quando julgareis injustamente e assumireis a face dos pecadores?" (Sl 81,2).

Para estar em condições de encontrar o rosto do Senhor, que perdemos, acendamos a lâmpada, reviremos completamente a casa até encontrá-lo (cf. Lc 15,8): isso significa que devemos quase destruir-nos por nossos pecados, explorar todo o ângulo da consciência na confissão e perseverar nas obras de penitência. E assim, finalmente, poderemos reencontrar o rosto do Senhor, perdido com o pecado, e cantar exultantes: "Resplandeça sobre nós, Senhor, a luz do teu rosto" (Sl 4,7).

E já que o rosto do Senhor se recompõe e se conserva até o fim com a caridade, diz Pedro dessa virtude: "Sobretudo tende sempre entre vós uma grande caridade" (1Pd 4,8). Como Deus é o princípio de todas as coisas, assim a caridade, virtude fundamental, deve ser conquistada antes de todas as outras; e se for recíproca e constante, cobrirá a multidão dos pecados. A caridade deve ser mútua, isto é, recíproca, e feita em comum; deve ser contínua: isto é, nunca deve faltar, não só quando tudo vai bem, mas também quando tudo parece andar mal; e deve ser incessante e perseverar até o fim. Ou também: a caridade é o Paráclito, o Espírito de verdade que, como o óleo cobre todos os líquidos, cobre a multidão dos pecados. Mas, presta atenção que, se o óleo for tirado, reaparece aquilo que antes estava escondido. Assim, a graça de

Deus, que, com a penitência cobre a multidão dos pecados, se for tirada com a queda em pecado mortal, retorna aquilo que já fora perdoado, porque quem peca contra o primeiro dos preceitos, isto é, contra o preceito da caridade, torna-se culpado também de todos os outros (cf. Tg 2,10). E, portanto, se cometeres de novo o pecado mortal e te dirigires a outro confessar, será necessário que confesses tudo.

O Espírito Santo, que é o amor do Pai e do Filho, digne-se cobrir com sua caridade a multidão dos nossos pecados. A ele seja a honra e a glória nos séculos dos séculos. Amém.

II – A PERSEGUIÇÃO DOS DISCÍPULOS DE CRISTO

10. "Disse-vos estas coisas para que não vos escandalizeis: Lançar-vos-ão fora das sinagogas; e virá a hora em que todo o que vos matar, julgará prestar culto a Deus. Procederão desse modo, porque não conhecem o Pai nem a mim. Mas eu vos disse essas coisas para que, quando chegar a hora, vos lembreis de que eu vo-las disse" (Jo 16,1-4). E já que "os dardos que se preveem ferem menos" (Gregório), por isso, o Senhor preveniu seus soldados, para que, contrapondo aos dardos da perseguição o escudo da paciência, não se escandalizem quando se encontrarem no momento da prova. "Disse-vos estas coisas, para que não vos escandalizeis." Eu, Verbo do Pai, do qual deveis tomar o exemplo de paciência, falo a vós a fim de que não vos escandalizeis.

Quem se escandaliza no momento da perseguição, com o escândalo de sua impaciência separa-se dos discípulos de Cristo. "Lançar-vos-ão fora das sinagogas." De fato, diz João: "Os judeus já tinham combinado que se alguém confessasse que Jesus era o Cristo, fosse expulso da sinagoga" (Jo 9,22).

Cristo diz: "Eu sou a verdade" (Jo 14,6). Quem prega a verdade, professa Cristo. Porém, quem na pregação cala a verdade, renega Cristo. "A verdade gera o ódio" (*Terêncio*), e, portanto, alguns, para não incorrer no ódio de certas pessoas, cobrem a boca com o manto do silêncio. Se pregassem a verdade, se dissessem como as coisas são, como a própria verdade exige e como a Sagrada Escritura expressamente manda, incorreriam – se não me engano – no ódio dos carnais e talvez estes os expulsariam de sua sinagoga; assim como se regem pelo exemplo dos homens, temem o escândalo dos homens, embora não seja lícito renunciar à verdade por temor do escândalo.

E de fato, em Mateus temos que os discípulos disseram a Jesus: "Sabes que, ouvindo estas palavras, os fariseus se escandalizaram? Ele, respondendo, disse: Toda a planta que meu Pai celestial não plantou, será arrancada pela raiz. Deixai-os; são cegos e guias de cegos" (Mt 15,12-14).

Ó pregadores cegos, porque temeis o escândalo dos cegos, por isso cais na cegueira da alma. Estes fazem convosco aquilo que faz a vaca selvagem com o caçador. Lê-se na *História natural* que a vaca selvagem lança de longe o seu esterco contra o caçador que a persegue e a ataca: assim o caçador é detido e retardado, e nesse meio-tempo ela foge. Seguramente fazem hoje assim também alguns prelados, vacas gordas sobre o Monte de Samaria (cf. Am 4,1), vacas belas e muito gordas que pastam em lugares paludosos (cf. Gn 41,2), as quais ao caçador, isto é, ao pregador, lançam o esterco das coisas temporais para fugir de suas repreensões. Com efeito, lemos no Eclesiástico: "O preguiçoso será apedrejado com lodo" (Eclo 22,1). E o Senhor diz através de Isaías: "Suscitarei contra eles os Medos", isto é, dos pregadores, "que não procurem a prata, nem cobicem o ouro, para que matem as crianças com suas setas", isto é, os amantes do mundo, com as setas da santa pregação (Is 13,17-18).

11. Com esta segunda parte do trecho evangélico concorda a segunda parte da epístola: "Exercei a hospitalidade uns com os outros, sem murmuração; cada um segundo o dom que recebeu, comunique-o aos outros, como bons dispensadores de multiforme graça de Deus. Se alguém fala, seja com palavras de Deus; se alguém exerce o ministério, cumpra-o com a força que recebeu de Deus" (1Pd 4,9-11).

Hóspede é aquele que acolhe e também aquele que é acolhido. É chamado em latim *hospes*, como se pusesse um pé sobre a porta (latim: *infert ostio pedem*), ou porque mantém a porta aberta (*ostium patens*) e, portanto, é dito hospitaleiro. São hospitaleiros os pregadores que sentem o dever de abrir aos pecadores a porta da pregação; e fazem isso sem murmuração, isto é, sem escândalo. Com efeito, não se pode fazer murmuração sem escândalo.

E com razão os pregadores são chamados hospitaleiros, porque, como bons administradores, devem pôr à disposição dos outros a graça da pregação que receberam e que se efetua de muitas formas. De fato, como são muitas as formas pelas quais se cometem os pecados, assim também a pregação deve assumir *formas* variadas, a fim de que as almas, *deformadas* pelas várias *formas* dos vícios, sejam *reformadas* com a *forma* da pregação. Assim fala Pedro aos prelados pregadores: "Apascentai o rebanho de Deus que vos está confiado, tende cuidado dele, não constrangidos, mas de boa vontade, segundo Deus; não por amor ao lucro vil, mas por dedicação; não como para dominar sobre a herança do Senhor, mas feitos sinceramente exemplares do rebanho" (1Pd 5,2-3).

E continua: "Se alguém fala, seja com palavras de Deus". Usa as palavras de Deus aquele que atribui a Deus, e não a si mesmo, a perícia que tem no falar. E aquele que usa as palavras de Deus, lembre-se de que não deve ensinar outra coisa senão a vontade de Deus, a doutrina das Sagradas Escrituras e aquilo que é útil aos irmãos; e cuide-se bem de não calar aquilo que ao invés deve ensinar. "E se alguém exerce um ministério", seja com a palavra, seja com qualquer outro encargo de caridade, "exerça-o com a força" não sua, mas "com aquela recebida de Deus, a fim de que todas as coisas", em todas as nossas ações, "seja Deus honrado por Jesus Cristo" (1Pd 4,11).

Irmãos caríssimos, supliquemos humildemente a Cristo Jesus que infunda em nós o Paráclito, o Espírito de verdade, e nos dê a paciência para não nos escandalizar no momento da tribulação.

A ele pertence a glória e o poder nos séculos dos séculos. Amém.

Ladainhas ou rogações

1. Naquele tempo, disse Jesus aos seus discípulos: "Se algum de vós tiver um amigo [e for ter com ele à meia-noite e lhe disser: Amigo, empresta-me três pães, porque um meu amigo acaba de chegar à minha casa de viagem e não tenho nada que lhe dar; e ele, respondendo lá de dentro, disser: Não me sejas importuno, a porta já está fechada, os meus filhos estão deitados comigo; não posso levantar-me para te dar coisa alguma. Se o outro perseverar em bater, digo-vos que, ainda que ele não se levantasse a dar-lhe os pães, por ser seu amigo, certamente pela sua importunação levantar-se-á e lhe dará quantos pães precisar.

Eu vos digo: Pedi, e vos será dado; buscai, e encontrareis; batei, e vos será aberto. Porque todo aquele que pede, recebe; e o que busca, encontra; e ao que bate, ser-lhe-á aberto. Se um filho pedir pão, qual é entre vós o pai que lhe dará uma pedra? Ou, se lhe pedir um peixe, dar-lhe-á, em vez do peixe, uma serpente? Ou se lhe pedir um ovo, porventura dar-lhe-á um escorpião?

Se pois vós, sendo maus, sabeis dar boas dádivas a vossos filhos, quanto mais o vosso Pai celestial dará espírito bom aos que o pedirem!]" (Lc 11,5-13)[8].

Neste evangelho são postos em evidência três assuntos: o pedido do pão, a insistência na oração e o amor do pai pelo filho.

I – O PEDIDO DO PÃO

2. "Se algum de vós tiver um amigo." Veremos o significado destas seis coisas: o amigo, a noite, os três pães, o amigo que chega de viagem, a porta fechada e as crianças que estão deitadas com o pai.

O amigo – em latim *amicus*, que soa quase como *animi custos*, guarda do ânimo – é Jesus Cristo, que, se não é ele que guarda o ânimo, em vão vigia quem o guarda (cf. Sl 126,1). Lemos no Eclesiástico: "Um amigo fiel é uma forte proteção, quem o encontrou, encontrou um tesouro. Nada se pode comparar a um amigo fiel, e não existe peso de ouro e de prata que possa ser contraposto ao valor

---

8. A edição latina traz só o *incipit* deste trecho evangélico. Aqui, para a comodidade do leitor, o trecho foi trazido integralmente.

de sua fidelidade" (Eclo 6,14-15); e mais adiante continua: "Não abandones um velho amigo, porque o novo não será semelhante a ele" (Eclo 9,14): o amigo recente simboliza o diabo, que se beneficia nas trocas.

O nosso verdadeiro amigo é Jesus Cristo, que tanto nos amou a ponto de dar por nós a sua vida (cf. Gl 2,20). Pensa que amigo fiel seria aquele que, vendo-te em ponto de morte, se oferecesse por ti e, de boa vontade, tomaria sobre si a tua doença e a tua morte!

Lê-se na *História natural* que a calhandra (a cotovia), pássaro todo branco, cujas entranhas curam o obscurecimento (a catarata) dos olhos, fixa o olhar sobre um doente se este for destinado a sobreviver, porque este fato é presságio de sua cura: este pássaro aproxima-se do rosto do enfermo, absorve e toma sobre si a sua doença e a seguir voa para o céu e ali, entre os raios abrasadores do sol, dispersa-a e a destrói. Assim Cristo, amigo nosso, todo branco porque absolutamente imune de qualquer sombra de pecado, com o sangue que saiu da ferida do seu lado, curou o obscurecimento de nossa alma, que antes não podia ver com clareza. Por isso, diz-se que o sangue extraído do lado de uma pomba remove a mancha do olho (Plínio).

Jesus Cristo, com os olhos de sua misericórdia, olhou fixamente para o gênero humano doente, e isso foi o sinal de nossa salvação; aproximou-se de nós, tomou sobre si a nossa enfermidade, subiu sobre a cruz e ali, no fogo ardente de sua paixão, consumiu e destruiu os nossos pecados. Foi, pois, verdadeiramente nosso amigo, e dele se diz: "Se algum de vós tem um amigo e for ter com ele à meia-noite" (Lc 11,5).

A noite, chamada em latim *nox* porque é *nociva* aos olhos, é símbolo da tribulação ou da tentação, que obstacula o olho da razão. Da noite Jó diz: "É de solidão aquela noite e não seja digna de louvor" (Jó 3,7). A noite da tentação é "de solidão" quando não encontra consentimento no homem, e "não é digna de louvor" quando o homem não a favorece e não a aprova. Consente à tentação e a aprova aquele que, quando ela se apresenta a acolhe, e, tendo-a acolhido, compraz-se com a imaginação de sua mente. Em tal noite deves ir a Cristo, teu amigo, e dizer-lhe: Amigo, empresta-me três pães".

Os três pães simbolizam a tríplice graça da compunção. A primeira consiste na recordação da própria fragilidade e da própria malícia; a segunda, na consideração do exílio desta vida terrena; a terceira, na contemplação do Criador. Pede que lhe sejam emprestados esses três pães [quem é tentado].

Emprestar quer dizer dar uma coisa com a condição de que seja restituída. Tudo o que temos no âmbito da graça recebemo-lo de Deus e a ele devemos restituí-lo. "Não a nós, Senhor, não a nós, mas ao teu nome dá a glória" (Sl 113B,1). És pobre, não tens o pão da compunção: pede-o emprestado ao amigo, na condição de restituir-lhe aquilo que dele recebeste.

"Porque um meu amigo acaba de chegar à minha casa de viagem e não tenho nada que lhe dar" (Lc 11,6). O amigo que chegou de viagem representa a nossa alma, a qual, cada vez que sai em busca das coisas temporais, afasta-se de nós: retorna depois quando medita sobre as verdades eternas e deseja recobrar as forças com o alimento celeste. Mas não existe nada para apresentar-lhe, porque à alma, que depois das trevas suspira por Deus, nada mais agrada senão pensar, falar e olhar somente para Deus. Quando recomeça a ver com clareza, a alma faz tudo unicamente para meditar mais profundamente e para chegar à alegria da Trindade, também isso simbolizado nos três pães.

3. Mas o amigo lá dentro deve responder: Não me sejas importuno, a porta já está fechada e os meus filhos estão deitados comigo" (Lc 11,7). O próprio amigo nosso está dentro e nós, míseros, estamos ainda fora, porque ficamos longe do olhar dos seus olhos, na miséria do presente exílio; estamos fora, e por isso devemos gritar: "Amigo, empresta-me três pães". Pede que lhe sejam emprestados três pães aquele que está oprimido por muitos sofrimentos. Eis que está fora, no coração da noite e na absoluta necessidade de pão; está fora diante da porta fechada, chama e ouve que respondem "Não me sejas importuno!", isto é, não tenho a obrigação de preocupar-me com teus pedidos, porque "a porta já está fechada".

Encontramos algo semelhante no Deuteronômio: "O céu que está por cima de ti seja de bronze e a terra que pisas seja de ferro. Em lugar da chuva, o Senhor mande areia sobre a tua terra e do céu caia cinza sobre ti até que sejas destruído" (Dt 28,23-24). A porta está fechada e o céu torna-se de bronze quando o raio da graça divina já não ilumina a mente do homem, cuja oração já não penetra o céu que para ele tornou-se de bronze. "Puseste uma nuvem diante de ti, para que a nossa oração não passe" (Lm 3,44).

De fato, se o céu fosse de bronze e o sol não desse mais a sua luz e não caísse mais a chuva, os homens seriam envolvidos pelas trevas e todos pereceriam pela seca. Assim acontece também quando a porta ou o céu da graça celeste se fecha, e o pecador permanece nas trevas de sua consciência e fica privado da chuva da compunção; a terra que pisa, isto é, a vida ativa na qual trabalha e sua, torna-se de ferro quando dela não tira algum fruto de consolação, mas só gelo e dureza de mente: o ferro, afinal, é frio e duro.

À terra é dada a areia em vez de chuva quando, em lugar da efusão das lágrimas é dada à infeliz alma a areia dos pensamentos inúteis e frívolos, pelos quais ela fica como que cega. Cai sobre ela a cinza, quando busca só as coisas caducas e que perecem, pelas quais é atormentada e destruída. Quanta dor e quanto sofrimento! Na vida contemplativa nenhuma doçura, na ativa nenhuma consolação, na oração o obscurecimento da mente, nas coisas temporais perversão!

Mas, porventura, deve-se desesperar? Deve-se, porventura, desistir da oração? Não, por certo! E mesmo que a porta da graça celeste esteja fechada, talvez o esteja por nossos pecados, ou esteja fechada com o objetivo de inclinar-nos a implorar e a pedir com maior insistência.

E mesmo que os filhos, quer dizer, que os espíritos angélicos, por meio dos quais Deus infunde os dons de sua graça e manda a consolação nas tribulações, estejam dormindo com ele, isto é, na paz eterna, pelo fato de não saírem para prestar-nos esse serviço – deles diz o Apóstolo: "Porventura não são todos esses espíritos seus ministros enviados para exercer o seu ministério em favor daqueles que hão de receber a herança da salvação?" (Hb 1,14) – deve-se talvez deixar de pedir o pão? "Não posso, diz, levantar-me para dar-te o pão." Observa a *Glosa*: Não tira a esperança de obter, mas, depois de haver posto em evidência a sua dificuldade, estimula ainda mais o desejo de rezar.

"Mas se o outro perseverar em bater, digo-vos..." Comenta ainda a *Glosa*: Se o amigo levanta-se e lhe dá os pães, não levado pela amizade, mas só pelo desejo de libertar-se daquele aborrecimento, quanto mais generoso será Deus, que, sem se importar com o incômodo, dá na mais larga medida o que lhe é pedido. Por isso, para que a nossa alma, tendo-se convertido da vaidade do erro, não se debilite ainda mais pela falta de aspirações espirituais, pedimos os pães, procuramos o amigo que no-los dê, batemos à porta onde são conservados escondidos. Dá uma grande esperança aquele que não engana com sua promessa. "Levantar-se-á ao menos por causa da importunação", porque a dura fadiga (a obstinação) vence todas as dificuldades, "e lhe dará", com a infusão de sua graça, "os pães que precisar", ainda que não sempre quantos ele quereria.

II – A INSISTÊNCIA NA ORAÇÃO

4. "E eu vos digo: Pedi e vos será dado" (Lc 11,9). Diz o Profeta Zacarias: "Pedi ao Senhor as chuvas da tarde e ele fará cair a neve; dar-vos-á chuvas em abundância e a cada um erva no campo" (Zc 10,1).

Na neve, que é cândida e fria, é representado o brilho da castidade; nas chuvas abundantes, a compunção acompanhada das lágrimas; na erva, a compaixão pelas necessidades dos irmãos, que sempre deve reverdecer no campo de nosso coração. Essas três coisas devemos pedi-las ao Senhor, mesmo que não seja de manhã cedo, ao menos lá pela tarde, isto é, num segundo momento, já que antes de mais nada deveremos procurar o Reino de Deus e sua justiça (cf. Mt 6,33; Lc 12,31). Os mundanos pedem primeiramente as coisas terrenas e por último as eternas, enquanto primeiro deveremos começar pelo céu, onde está o nosso tesouro e onde, por isso, deveria estar também o nosso coração (cf. Mt 6,21; Lc 12,34), e também o nosso pedido.

"Buscai e encontrareis" (Lc 11,9). Diz a esposa do Cântico dos Cânticos: "Levantar-me-ei e percorrerei a cidade; buscarei pelas ruas e praças aquele a quem ama minha alma" (Ct 3,2).

A cidade representa a pátria celeste, na qual há ruas e praças, quer dizer, hierarquias angélicas menores e maiores. Levantando-se, quer dizer, elevando-se das coisas terrenas, a alma anda em volta quando contempla o ardente amor dos serafins para com Deus, quando observa a sabedoria dos querubins em relação a Deus, e assim a respeito das outras ordens angélicas, entre as quais está à procura do seu esposo. Mas já que ele está muito mais no alto do que todos, não o encontra e, portanto, é necessário que ela supere com o olhar da mente as sentinelas, isto é, os espíritos celestes, para poder encontrar seu amado.

"Buscai e encontrareis." Diz Sofonias: "Buscai o Senhor, todos vós humildes desta terra, vós que tendes praticado seus preceitos; buscai a justiça, buscai a mansidão, para ver se podeis achar um abrigo no dia da ira do Senhor" (Sf 2,3). E Amós: "Buscai o Senhor e vivereis. Não busqueis a Betel, nem entreis em Gálgala, nem passeis por Bersabeia" (Am 5,4-5).

Os filhos de Israel tinham fabricado bezerros de ouro e os haviam colocado em Betel, para adorá-los naquele lugar (cf. 1Rs 12,32). No ouro é simbolizado o esplendor da glória temporal, no bezerro, a luxúria da carne. Não procureis estas coisas.

"Nem entreis em Gálgala", que se interpreta "pântano", figura do lodo da luxúria, no qual os porcos se rolam. "Nem passeis por Bersabeia", que se interpreta "sétimo poço", quer dizer, abismo de cobiça, que é absolutamente sem fundo, como o sétimo dia do qual se lê que não tem fim. "Procurai, pois, o Senhor, enquanto pode ser encontrado; invocai-o, enquanto está perto" (Is 55,6).

5. Enfim, continua: "Batei e vos será aberto" (Lc 11,9). Lemos nos Atos dos Apóstolos: "Pedro continuava a bater. Quando, finalmente abriram a porta e o viram ficaram estupefatos" (At 12,16). Pedro, libertado da prisão por ação de um anjo, representa aquele que por meio da graça de Deus é libertado do cárcere do pecado. Este deve bater com perseverança à porta da corte celeste, e então os anjos lhe abrirão, isto é, apresentarão diante do Senhor sua devota oração: e seu espanto, por assim dizer, não é outra coisa senão a alegria que experimentam por um pecador que faz penitência (cf. Lc 15,10).

III – O AMOR DO PAI PELO FILHO

6. Sobre o amor do pai pelo filho, diz-se: "Qual é entre vós o pai que, se um filho lhe pedir um pão" (Lc 11,11) etc. Vejamos qual seja o significado destas seis coisas, que se contrapõem entre si, isto é: o pão e a pedra, o peixe e a serpente, o ovo e o escorpião.

O pão, assim chamado porque se *põe* [à mesa] junto com todos os outros alimentos, simboliza a caridade, que deve acompanhar os outros alimentos das obras boas. "Todas as vossas obras sejam feitas em caridade" (1Cor 16,14). Como sem pão a mesa parece triste, assim sem a caridade as outras virtudes não são nada: elas são perfeitas só unidas à caridade.

A este propósito, lemos no Levítico: "Comereis o vosso pão à saciedade e habitareis na vossa terra sem temor" (Lv 26,5). Aqui, o Senhor promete duas coisas, que teremos de modo perfeito na vida futura: a saciedade da caridade, da qual será repleta a alma, e a paz da terra, isto é, da nossa carne. Todo o cristão, filho da graça, deve pedir a Deus Pai este pão para ser capaz de amar a Deus sobre todas as coisas e o próximo como a si mesmo. Por isso, reza: "Dá-nos hoje o pão nosso quotidiano" (Lc 11,3).

"Porventura lhe dará uma pedra?" (Lc 11,11). Diz Jó: "Uma torrente separa a pedra da escuridão e a sombra da morte do povo viandante" (Jó 28,3-4). A torrente representa a compunção das lágrimas, que separa a pedra da escuridão, isto é, a dureza da mente obscurecida, e a sombra da morte, isto é, o pecado mortal que provém do diabo, cujo nome é morte (cf. Ap 6,8), do povo viandante, isto é, dos penitentes, que se consideram peregrinos neste exílio. Portanto, ao filho que pede a caridade, Deus Pai não dá a dureza do coração, antes a tira. "Tirarei de vós o coração de pedra", que é insensível, "e vos darei um coração de carne" (Ez 36,26), em condições de sentir dor.

"Ou que pede um peixe" (Lc 11,11). O peixe representa a fé nas coisas invisíveis. De fato, como o peixe nasce imerso na água e nela vive e se nutre, assim a fé que se refere a Deus é gerada de modo invisível no coração; é consagrada pela graça invisível do Espírito Santo por meio da água do batismo; é nutrida, para que não desfaleça, com a misteriosa ajuda da proteção divina; realiza todo o bem que lhe é possível em vista dos prêmios invisíveis. Ou também: a fé é comparada ao peixe porque, como ele é continuamente batido pelas ondas do mar, mas não é morto, assim a fé não é quebrada pelas adversidades. Esse peixe, todo o cristão deve pedi-lo a Deus Pai dizendo: Concede-me viver e morrer na fé dos teus apóstolos e da tua Santa Igreja Católica.

7. "Porventura, em vez do peixe dar-lhe-á uma serpente" (Lc 11,11). A serpente é chamada assim porque se aproxima às escondidas, *serpejando*.

As serpentes são frias por natureza, e não atacam senão quando se aquecerem. Alguns afirmam que as serpentes nascem da medula espinhal de um homem morto. Dizem que a serpente morre se lhe jogarem por cima folhas da sarça. Diz-se também que, se a serpente vê um homem nu, tem medo, mas se o vê vestido, ataca-o. E as serpentes gostam muito de vinho e comem a carne e as ervas e sugam os humores do animal ao qual se agarram.

A serpente é o diabo, que se aproxima às escondidas para tentar; ou também a sua perfídia que "serpeja", isto é, anda de lado como o caranguejo. O diabo é frio por maldade inata, mas, inflamado pelo ardor de prejudicar, tenta inocular o veneno da infidelidade (falta de fé) nos fiéis, os únicos que são vivos. Todos os outros, porém, estão mortos, porque assassinados pelo veneno da infidelidade, que nasce do seu próprio coração e floresce para dar a morte também aos outros. Mas sejam dadas graças a Deus que, contra este veneno, deu-nos um remédio: as folhas da sarça. A sarça, que ardia e não se consumia (cf. Ex 3,2), simboliza a humanidade de Cristo, que, coberta pelos aguilhões do sofrimento, queimou no fogo da paixão, mas não se consumiu: "Secou-se como barro cozido o meu vigor" (Sl 21,16). As suas folhas, isto é, suas palavras, matam a serpente, quer dizer, o diabo e sua perfídia.

O diabo tem medo do homem nu, isto é, do pobre de Cristo, despojado de coisas temporais; mas quando vê o homem vestido, isto é, cobiçoso, cheio de bens terrenos, ataca-o, quer dizer, cerca-o de tentações e, quanto lhe for possível, inocula-lhe o veneno. Ou: o homem nu é aquele que despojou-se da veste de sua vontade; dele diz o evangelho: "Deitando fora a capa, levantou-se de um salto e foi ter com Jesus" (Mc

10,50). Quem quer receber a luz e chegar à salvação, antes de mais nada deve lançar para longe a sua vontade. Mas quem quer ficar coberto com a veste de sua vontade, é imediatamente atacado pelo diabo.

Constata-se isso claramente em Adão: enquanto permaneceu na obediência, o diabo teve medo dele: "Ora, os dois estavam nus e não se envergonhavam" (Gn 2,25); mas quando se cobriram com a veste de sua vontade, a serpente os atacou: "Tendo conhecido que estavam nus, coseram folhas de figueira e fizeram para si cinturas" (Gn 3,7).

Igualmente, o diabo gosta muito do vinho da luxúria e da carne, isto é, da carnalidade da gula; de boa vontade engole também as ervas, isto é, o esplendor da glória terrena; e do homem, ao qual se agarra aproveitando do seu consenso, suga e extrai todos os humores, quer dizer, a compunção da mente.

Deus Pai jamais dará tal serpente a um filho seu que lhe pede um peixe; antes, de um infiel faz um fiel e o chama da morte para a vida.

8. "Ou, se o filho lhe pede um ovo" (Lc 11,12) etc. No ovo está simbolizada a certeza de nossa esperança, porque no ovo pode-se ver o feto ainda não perfeito, mas se espera, aquecendo-o, que chegue à maturação. O ovo deriva seu nome do latim *uvidum*, úmido: de fato, no seu interior está cheio de humor. Assim, aquele que nutre a esperança de bens eternos está cheio do humor da devoção.

Lê-se na *História natural* que os ovos diversificam-se entre si pela forma: alguns são pontiagudos, outros arredondados. Os ovos compridos, com uma extremidade aguda, produzem os machos; aqueles arredondados, porém, produzem as fêmeas, e têm as extremidades largas. Existem também os "ovos de vento", pequenos e estéreis, que não produzem nada. Quando, durante a incubação houver trovões, os ovos se estragam.

Nos ovos pontiagudos é indicada a esperança dos bens eternos. Esquecido das coisas passadas, diz o Apóstolo, avanço para as futuras (cf. Fl 3,13). No comprimento e na parte aguda do ovo está simbolizado o desejo que a alma nutre na esperança do reino celeste. De tal ovo nasce um macho, isto é, a vida virtuosa. Ao invés, nos ovos largos e arredondados está simbolizada a esperança dos bens passageiros, se é que pode ser chamada esperança. "Porque, como esperar aquilo que se vê?" (Rm 8,24). Em tais ovos existe precisamente o caminho largo que conduz à morte (cf. Mt 7,13). E ainda: "Ao redor [latim: *in circuitu*] andam os ímpios" (Sl 11,9); "Ó meu Deus, agita-os como uma roda" (Sl 82,14). Desses ovos nasce uma fêmea, isto é, uma vida efeminada.

E tal esperança é obtusa, isto é, obscura, porque prefere as trevas à luz (cf. Jo 3,19). Essa esperança é representada no *ovo de vento*, porque é volúvel e cheio de vento. De fato, diz Oseias: "Semearam vento: colherão tempestade" (Os 8,7). Qual a semente, tal o fruto, porque quem semeia vaidade colherá condenação. A esperança posta no vento não produz o fruto da caridade; é pequena e mesquinha porque não cresce em Deus; é insípida porque sua sabedoria não é temperada com o divino sabor.

Enfim, quando no início da conversão e da nova vida estouram os trovões, isto é, as tentações da prosperidade ou das adversidades, estas com frequência conseguem estragar os ovos da esperança e dos santos propósitos.

Portanto, o filho da graça deve pedir ao Pai da misericórdia o ovo da esperança dos bens eternos, porque, como diz Jeremias, "bem-aventurado o homem que confia no Senhor: o próprio Senhor será sua esperança" (Jr 17,7).

9. "Porventura o pai lhe dará um escorpião?" (Lc 11,12). Como se deve ter medo do ferrão que o escorpião tem na sua cauda, assim, é um ato contrário à esperança olhar para trás, isto é, para o passado: a esperança é a virtude que se lança para frente, isto é, que aspira aos bens futuros.

O escorpião, que tem a característica de não ferir a palma da mão, lambe-a com a *boca*, mas nesse meio-tempo, a cauda, na qual existem dois ferrões, fere e inocula o veneno. A palma da mão é chamada assim porque é lisa e não tem pelos. A mão representa a obra boa, a palma, a reta intenção no agir. O pelo na palma ou no olho é a intenção má. Lemos no evangelho: "Se o teu olho [isto é, a tua intenção] é límpido, todo o teu corpo [isto é, o teu operar] será luminoso" (Lc 11,34). O escorpião é o diabo que, enquanto lisonjeia, adula com a sugestão e, no fim, fere com os dois ferrões da cauda: com efeito, na vida presente envenena com o pecado o corpo e a alma, e depois na futura manda ambos para a eterna punição.

Bem-aventurado aquele que na mão de suas obras tem a palma da reta intenção, que o diabo não tem condições de prejudicar. De fato, a palma sem mancha da reta intenção purifica e torna belo o rosto e todo o corpo.

"Portanto, se vós que sois maus" (Lc 11,13) etc. Diante da bondade divina, todas as criaturas são más, porque "ninguém é bom senão Deus somente" (Lc 18,19). A comparação é muito apropriada. De fato, se o homem pecador, ainda que sob o peso da fragilidade da carne, não se recusa a dar os bens temporais aos filhos que os pedem, com maior razão o Pai celeste dá aos filhos que vivem na terra no seu temor e no seu amor os bens que não perecem no céu. Aquele que é bendito nos séculos digne-se dar também a nós estes bens eternos. Amém.

IV – SERMÃO MORAL

10. "Chegaram uns homens de Siquém, de Silo e da Samaria, em número de oitenta, com a barba rapada, rasgadas as vestes, pálidos e macilentos, e traziam nas mãos incenso e ofertas para os apresentar na casa do Senhor" (Jr 41,5).

Assim nos fala Jeremias. Como aqueles homens se juntaram para rezar ao Senhor, assim também nós, nestes dias, reunimo-nos em oração: por isso estes dias são chamados em grego *litanèia* (*ladainhas*, súplicas) e em português *rogações* (do latim: *rogare*, rezar, pedir).

As rogações foram instituídas para rezar ao Senhor e para obter dele alguma coisa. Foram instituídas exatamente por estes dois objetivos: para rezar a Deus que nos perdoe os pecados; com efeito, diz Isaías: "Fazem-me perguntas sobre os juízos da minha justiça; querem aproximar-se de Deus" (Is 58,2); e para obter os benefícios de sua misericórdia, tanto nas coisas espirituais como nas temporais. E, para merecermos receber estes benefícios, nós devemos fazer espiritualmente aquilo que aqueles homens fizeram materialmente.

Os "oitenta" representam todos aqueles que, "nos sete dias" da vida presente, vivem fazendo o bem à espera do oitavo dia, o da ressurreição. Todos são chamados homens (latim: *viri*), porque não realizam obras frívolas ou vãs, mas somente atos de virtude. De fato, o substantivo *vir*, homem, vem da palavra *virtus*, virtude, fortaleza.

Esses homens vêm de Siquém, que se interpreta "fadiga", e de Silo, que se interpreta "onde está ele?", e da Samaria, que se interpreta "lã", termo que deriva do latim: *laniare*, dilacerar, isto é, lacerar, rasgar. Essas três localidades simbolizam as três características que se referem aos bens temporais: conquistam-se com fadiga e esforço; conservam-se com o temor de perdê-los: de fato, o avarento diz sempre: "Onde está ele?", isto é, o dinheiro; perdem-se com grande desprazer: eis a "dilaceração", isto é, o tormento do coração. Deve desprezar todas essas coisas aquele que quer verdadeiramente rezar ao Senhor.

11. "Com a barba rapada." No fato de raspar a barba, está simbolizada a obra virtuosa. Dela diz o salmo: "Como óleo perfumado sobre a cabeça, a escorrer pela barba, a barba de Aarão" (Sl 132,2). Aarão interpreta-se "monte excelso", e representa o homem constante, que estende a mão para coisas excelsas (cf. Pr 31,19), sobre cuja cabeça, isto é, em cuja mente, é derramado o óleo perfumado da graça divina.

Os pugilistas que se preparam para o combate costumam ungir a cabeça. Assim, Deus unge a mente do justo para que seja forte contra o antigo adversário. Esse unguento desce sobre toda a barba, palavra que o salmo diz duas vezes, porque da abundância da graça interior são perfumadas as grandes obras do duplo mandamento da caridade. E raspa-se a barba aquele que nunca presume confiar no valor de suas obras boas. Com efeito, diz Isaías: "Naquele dia, o Senhor rapará a cabeça, o pelo das pernas e a barba toda aos que estão na outra margem do rio por meio de uma navalha afiada", ou tomada de empréstimo (Is 7,20). Do outro lado do rio dos prazeres mundanos estão os penitentes, aos quais o Senhor, com a navalha afiada, ou tomada de empréstimo, de sua paixão rapa toda a presunção e confiança no bem operado. Afinal, quem pode presumir ou gloriar-se do bem operado, quando vê o Filho do Pai, fortaleza e sabedoria do Pai (cf. 1Cor 1,24), pregado à cruz, suspenso em meio a dois ladrões?

Na cabeça, nas pernas e na barba estão simbolizados o início, a continuação e a realização da obra boa; e o Senhor rapa tudo isso no penitente quando lhe proíbe confiar ou gloriar-se tanto no início, como na continuação e na realização da obra boa, porque "quem se gloria, glorie-se no Senhor" (1Cor 1,31; 2Cor 10,17), e não em si mesmo.

12. "Rasgadas as vestes." As vestes simbolizam os membros do corpo. De fato, diz o Apocalipse: "Tens, porém, algumas pessoas em Sardes que não contaminaram as suas vestes" (Ap 3,4), isto é, seus membros. São verdadeiramente poucas em Sardes aquelas pessoas. Sardes interpreta-se "beleza do domínio", e nisso é indicada a virgindade, e quem a conserva possui verdadeiramente a beleza do domínio. Que esplêndido domínio quando o Criador domina o espírito, e o espírito domina a carne!

Rasga suas vestes aquele que não poupa a si mesmo para mortificar o corpo. Diz-se de Jó: "Levantou-se, rasgou sua túnica; tendo raspado sua cabeça, prostrou-se por terra e adorou a Deus" (Jó 1,20). Jó, que se interpreta "sofredor", é figura do penitente que sofre na contrição, levanta-se na confissão, rasga sua túnica, isto é, castiga sua carne para reparar o pecado, raspa a cabeça com a humildade da mente, prostra-se por terra na meditação da morte, e adora a Deus na ação de graças.

"Pálidos e macilentos." O latim diz *squalentes*, esquálidos. A *esqualidez* significa palidez, magreza, sujeira e desnutrição. Os grandes penitentes têm essa *esqualidez*: são pálidos no rosto, magros no corpo, miseráveis nas vestes e sóbrios no comer.

13. "Traziam nas mãos ofertas e incenso." Diz a *História natural* que a mão do homem, que lhe foi dada pelo Criador, está adaptada a qualquer trabalho, por isso é aberta e larga, é articulada em várias partes: pode-se usar só uma parte dela, ou duas e também muitas, conforme as circunstâncias. E a agilidade e as articulações dos dedos dão a capacidade de prender e de reter.

Na mão é simbolizada a atividade caritativa; devemos estender a mão para a utilidade do próximo e, articulá-la, por assim dizer, em muitas partes segundo as necessidades. É usada só uma parte (da mão), quando nos dedicamos só a Deus; são usadas duas partes, quando se fornece ao próximo o alimento da alma e do corpo. A agilidade dos dedos, isto é, a prática das virtudes na vida ativa, realiza duas coisas: toma a graça dada por Deus, portanto, a retém, isto é, conserva-a, para não perdê-la.

Nessa mão, pois, devemos ter as ofertas da fortaleza, da caridade e da esmola, e o incenso da devoção interior, para que tudo o que fizermos seja feito com devoção.

"Para os apresentar na casa do Senhor." E isso é o que se diz também no Apocalipse: "O fumo dos incensos, com as orações dos santos, subiu da mão do anjo até a presença de Deus" (Ap 8,4). Quem busca o próprio louvor pelas boas obras que pratica não oferece dons na casa de Deus, nem o fumo do incenso sobe à presença do Senhor. Assim, somos instruídos a fazer a oferta de nossas obras na casa do Senhor, na presença dele, isto é, com pura consciência na qual ele mora, e só dele esperar a recompensa.

Só assim, mediante o ministério dos anjos encarregados de nossa guarda, a nossa devoção subirá a Deus e sua graça descerá sobre nós, para que, finalmente, nós nos tornemos capazes de subir à sua glória.

No-lo conceda aquele que é bendito nos séculos. Amém.

Ascensão do Senhor

1. Naquele tempo, "Enquanto os Onze estavam à mesa, apareceu-lhes Jesus" (Mc 16,14). Nesse trecho do evangelho, deve-se considerar três fatos: a última aparição de Cristo, o envio dos apóstolos para a pregação, e a ascensão de Cristo ao céu.

I – A última aparição de Cristo

2. A última aparição de Cristo começa assim: "Enquanto os Onze estavam à mesa". Nota que, depois de sua ressurreição, Jesus apareceu dez vezes aos seus discípulos. Apareceu cinco vezes no próprio dia da ressurreição, como vimos no sermão sobre a ressurreição do Senhor: "Florirá a amendoeira". Na sexta vez, apareceu a Tomé, junto com os outros discípulos, oito dias depois de ressurgir. A sétima vez foi no Mar de Tiberíades. A oitava vez no monte ao qual os mandara. A nona e a décima vez, neste dia da ascensão.

Neste dia foi a eles em Jerusalém e disse: "Permanecei na cidade até que sejais revestidos da virtude do alto" (Lc 24,49). E porque comeu com eles, deduz-se que havia passado a hora sexta, isto é, o meio-dia: e esta foi a nona aparição.

Depois levou-os para fora, ao Monte das Oliveiras, para o lado de Betânia. Elevando as mãos, abençoou-os. E diante de seus olhos elevou-se ao céu, e uma nuvem esplendente o envolveu: e esta foi a décima aparição.

Portanto, "enquanto os onze discípulos estavam à mesa, apareceu-lhes Jesus". Em latim se diz *recumbentibus*, isto é, enquanto estavam *estendidos* (acomodados) à mesa, segundo o uso do tempo. Observa que Jesus aparece só a quem está estendido na tranquilidade, na paz e na humildade.

De fato, diz Isaías: "Para quem olharei eu, pois, senão para o pobrezinho e contrito de coração e que teme as minhas palavras?" (Is 66,2). Na água turva e agitada não aparece o rosto de quem olha. Se queres que o rosto de Cristo apareça em ti enquanto olhas, estende-te e repousa. "Permanecei na cidade – disse – até que sejais revestidos da virtude do alto." Permanecer na cidade significa recolher-se na própria consciência e manter-se distante do barulho exterior. De fato, lê-se no Segundo livro dos Reis que Davi estabeleceu-se na sua casa de cedro e o Senhor deu-lhe trégua com todos os seus inimigos ao redor (cf. 2Sm 7,1-2).

Lê-se na *História natural* que o cedro é uma árvore muito alta, de perfume agradável e de vida longa; com seu perfume põe em fuga as serpentes e tem a particularidade de dar fruto continuamente, no inverno e no verão.

A casa de cedro é a consciência do justo: é alta pelo amor a Deus, de perfume agradável por sua honesta conduta, tem vida longa pela perseverança; com o perfume de sua honestidade, ou de sua oração devota, põe em fuga as serpentes, quer dizer, os impulsos carnais ou os demônios, e quer no inverno da adversidade, quer no verão da prosperidade produz frutos de salvação eterna. Quem mora em tal casa está seguro de todos os inimigos ao redor, isto é, do diabo, do mundo e da carne, e goza da paz, porque se reveste da virtude do alto, e não de baixo, isto é, do mundo. Quem se reveste do poder do mundo é facilmente derrotado na guerra; ao invés, quem se reveste do poder do alto, isto é, da virtude do Espírito Santo, destrói os inimigos e realiza as obras de virtude.

3. "Censurou-lhes a sua incredulidade e dureza de coração, por não terem dado crédito aos que o viram ressuscitado dos mortos" (Mc 16,14). Oh! infelizes aqueles que não creem em Pedro, ao qual Cristo apareceu, e que o viu ressuscitado dos mortos!

Diz Pedro: "Matastes o autor da vida, a quem Deus ressuscitou dos mortos, do que nós somos testemunhas" (At 3,15), "nós que comemos e bebemos com ele, depois que ressuscitou dos mortos" (At 10,41): e nisso é prefigurada a real ressurreição da carne. Não creem que Cristo tenha ressuscitado dos mortos aqueles que negam a final ressurreição dos corpos. Com efeito, lemos na Primeira carta aos Coríntios: "E se se prega que Cristo ressuscitou dos mortos, como dizem alguns entre vós que não há ressurreição dos mortos? Pois, se não há ressurreição dos mortos, também Cristo não ressuscitou; e se Cristo não ressuscitou, então é vã a nossa pregação, é também vã a vossa fé" (1Cor 15,12-14). Na final ressurreição dos corpos, Deus repudiará e condenará os incrédulos e os duros de coração, os quais agora não creem que ela acontecerá.

II – O ENVIO DOS APÓSTOLOS À PREGAÇÃO

4. Os apóstolos são enviados a pregar onde se diz: "Ide por todo o mundo" (Mc 16,15). Há um mandato semelhante também em Isaías: "Ide, mensageiros velozes, a uma nação dispersa e despedaçada; a um povo terrível, o mais terrível de todos, a uma nação que está esperando e é oprimida" (Is 18,2).

O gênero humano foi disperso, expulso da felicidade do paraíso terrestre, foi despedaçado pela perseguição diabólica, cheio de terror pelas penas do inferno ameaçadas à alma, e oprimido em relação ao corpo pela perspectiva da corrupção; e todavia, esperava o Salvador do mundo. A esse povo o Salvador enviou os velozes mensageiros, isto é, os apóstolos obedientes, dizendo: "Ide por todo o mundo e pregai o evangelho a todas as criaturas" (Mc 16,15), isto é, a todo o gênero humano, que tem alguma coisa em comum com cada criatura, com os anjos, com os animais, com as árvores, com as pedras, com o fogo e com a água, com o calor e com o frio, com o úmido e com o seco, porque o homem é um microcosmos, isto é, um pequeno mundo.

"Quem crer", ou seja, quem professar a fé por si mesmo ou por meio de outro, "e for batizado", isto é, perseverar na graça recebida com o batismo, "será salvo; porém, quem não crer, será condenado. E estes serão os milagres que acompanharão aqueles que creem: em meu nome expulsarão os demônios" etc. (Mc 16,16-17).

Naquele tempo, aconteciam os milagres em favor dos infiéis chamados à conversão; agora, porém, já que a fé é adulta, o milagre cessou. Com efeito, também nós, quando plantamos arvorezinhas, regamo-las até que lancem as raízes por terra e se robusteçam.

5. **Sentido moral**. O mundo é chamado assim porque está sempre em movimento (latim: *mundus, motus*). Aos seus elementos não é concedido repouso algum. O mundo tem quatro partes: o Oriente, o Ocidente, o Meridião e o Setentrião. Como o mundo consta dessas quatro partes, assim também o homem, que é um pequeno mundo, consta – no dizer dos antigos – de quatro fluidos (índoles) misturados, em justa proporção, num único temperamento.

O mísero homem, do início ao fim de sua vida, está sempre em movimento, e nunca repousa enquanto não chegar ao seu "lugar", isto é, a Deus. De fato, diz Agostinho: "Inquieto está o nosso coração, ó Senhor, enquanto não repousar em ti". "E na paz é o seu lugar" (Sl 75,3). O lugar do homem é Deus, nunca haverá paz senão nele e, portanto, a ele deve-se voltar.

Os momentos principais da vida do homem são: o oriente do nascimento, o ocidente da morte, o meridião da prosperidade e o setentrião da adversidade. A este mundo devemos ir: "Ide por todo o mundo", para meditar como éreis no momento do vosso nascimento, como sereis no momento da morte; como sois quando vos sorri a prosperidade e como vos comportais quando cai sobre vós a adversidade: observai se aquela vos exalta e esta vos deprime. Dessa quádrupla meditação brota um quádruplo proveito: a desconfiança de si, o desprezo do mundo, o equilíbrio para não se exaltar, a paciência para não se deprimir e se desencorajar.

Portanto, é bom ir por todo o mundo e pregar o evangelho a todas as criaturas. Diz o Apóstolo: "Se alguém está em Cristo é uma nova criatura; passaram as coisas velhas; eis que tudo se fez novo" (2Cor 5,17). E o salmo: "O povo que há de ser criado, louvará o Senhor" (Sl 101,19); e Isaías: "Eis, vou fazer de Jerusalém uma cidade de júbilo e do seu povo, um povo de alegria. Terei as minhas delícias em Jerusalém, e a minha alegria no meu povo" (Is 65,18-19).

Criar significa fazer alguma coisa do nada. O homem, quando está em pecado mortal, é nada, porque Deus, que verdadeiramente é, não está nele com a graça.

"O homem – diz Agostinho –, quando peca, torna-se um nada"; mas, quando por meio da graça de Deus se converte e faz penitência, é criada nele uma nova criatura, isto é, uma nova e pura consciência. E esta é Jerusalém, isto é, a cidade da paz, que exulta pela misericórdia de Deus que lhe foi dada. É criado também "um povo" de muitos e bons pensamentos e sentimentos, no qual existe o júbilo e o louvor a Deus, provenientes de sua doçura que ele pregusta. E então, as coisas velhas, quer dizer, as obras e o inveterado comportamento dos cinco sentidos passam, afastam-se e nascem outras novas em Cristo, para que o homem não viva mais para si mesmo, mas para Cristo que morreu por ele (cf. 2Cor 5,15).

Portanto, estas são "todas as criaturas": o homem exterior e interior e a renovação produzida pela graça. A esta criatura devemos pregar o evangelho do reino, isto é, anunciar o bem: a palavra grega "evangelho" significa precisamente "bom anúncio" em latim.

Anuncia o bem a toda a criatura aquele que interior e exteriormente se orna de virtudes. Prega o evangelho do reino aquele que, no segredo do seu coração, considera quão grande será a glória de contemplar, juntos com os espíritos bem-aventurados, o rosto do Criador, louvá-lo sem fim junto com eles, viver sempre com ele que é a vida, e gozar perenemente de uma felicidade inexprimível.

Desta pregação provêm dois resultados: "Quem crer e for batizado". Crer, quer dizer "dar o coração" (latim: *credo, cor do*). Meu filho, diz Jesus, dá-me o teu coração! (cf. Pr 23,26). Quem dá o coração, dá tudo. Por isso, crê aquele que com a devoção do seu coração se submete totalmente a Deus; é batizado quando se inunda de lágrimas ou pela doçura da contemplação divina, ou pela lembrança da própria iniquidade, ou então pela compaixão que experimenta diante da necessidade dos irmãos. "Mas quem não crê" não dá o coração a Deus, e se não o dá a Deus, necessariamente dá-lo-á ao diabo, ou à carne, ou ao mundo. E quem tiver feito isso, "será condenado".

6. "E estes são os milagres que acompanharão aqueles que creem." O milagre é chamado em latim *signum*, sinal. Os sinais acompanharão aqueles que deram o coração a Deus, porque no seu coração já existe o *sinal* de que fala o Cântico dos Cânticos: "Põe-me como um sinal sobre o teu coração" (Ct 8,6).

Quando queremos defender dos ladrões uma propriedade nossa, a nossa casa ou os nossos bens, costumamos colocar neles um sinal, uma marca, como a bandeira do rei ou de algum poderoso, para que, vendo-o, os ladrões não ousem penetrar ali. Assim, se queremos defender dos demônios o nosso coração, sobre ele, como sinal, colocamos Jesus, que é a salvação: onde há salvação existe incolumidade.

E eis os sinais, os milagres: "Em meu nome expulsarão os demônios" (Mc 16,17). "Demônios" é um termo tomado da língua grega. Em grego *dàimon* significa "experiente", "perito", que conhece as coisas. Os demônios representam a sabedoria da carne e a astúcia do mundo, as quais, à semelhança de demônios, atormentam o homem, o espírito do homem e com insistência afligem seu corpo.

A sabedoria da carne simboliza o demônio noturno, a astúcia do mundo, o demônio meridiano. A sabedoria da carne é cega, mesmo que esteja convencida de que vê muito bem: mas ela tem a vista aguda só durante a noite, como o gato. A astúcia do mundo, já que arde com o calor da malícia, é como o sol ao meio-dia. Quem deu o coração a Deus, expulsa de si esses demônios e fará ainda todos os outros sinais de que fala o evangelho.

"Falarão novas línguas" (Mc 16,17). A língua do mundo é uma língua velha, porque diz coisas velhas do homem velho. Aqueles que são atormentados pelos supramencionados demônios, falam essa língua; mas, quando os expulsam de si, falam línguas novas na novidade de sua vida. De fato, diz Isaías: "Naquele dia haverá cinco cidades na terra do Egito, que falarão a língua de Canaã, e que jurarão pelo Senhor dos exércitos: a primeira chamar-se-á cidade do Sol" (Is 19,18).

A terra do Egito, nome que significa "trevas", representa o corpo do homem, coberto pelas trevas da culpa e dos castigos: nele há cinco cidades, isto é, os cinco sentidos do corpo, o primeiro dos quais, isto é, a vista, é chamado "Cidade do Sol", porque, como o sol ilumina todo o mundo, assim a vista ilumina todo o corpo. Essas cidades falam a língua de Canaã, que significa "mudada": pela mudança realizada pela destra do Altíssimo (cf. Sl 76,11), despojam-se do homem velho com as suas ações e vestem o homem novo, vivendo na justiça e na verdade (Ef 4,24; Cl 3,9).

Como ao falar leva-se para o exterior a palavra que está escondida no coração, assim os cinco sentidos do homem, já mudados e convertidos para Deus, falam dele no exterior como o fizeram no interior, e é precisamente nisso que consiste jurar: afirmar a verdade. De fato, afirma-se e se confirma a verdade da consciência com o testemunho de uma vida santa, para o louvor do Senhor dos exércitos, isto é, do Senhor dos anjos.

E acrescenta-se ainda: "Pegarão as serpentes" (Mc 16,18), nas quais são simbolizadas a adução e a detração, que andam serpejando às escondidas e inoculam o veneno. O adulador anda serpejando e o detrator inocula o veneno. Aqueles que falam línguas novas, expulsam de si estas serpentes: "Afastem-se de vossa boca as coisas velhas" (1Sm 2,3). A saliva do homem em jejum mata a serpente; língua em jejum, isto é, mortificada, é como uma língua nova, cujo contraveneno anula o veneno.

Mas a antiga serpente, por assim dizer, adulava Eva quando lhe dizia: "Simplesmente não morrereis!", e quase caluniava a Deus dizendo: "Deus sabe que no dia em que comerdes da árvore proibida, abrir-se-ão os vossos olhos e sereis como deuses, conhecendo o bem e o mal" (Gn 3,4-5). Como se dissesse: Deus vos proibiu isso porque é invejoso, e não quer que vos torneis semelhantes a ele na ciência. Eis como a adulação avança serpejando, e a detração inocula o veneno. Porém, quem tem a língua em jejum, cuspa na boca da serpente e a mate, e assim a expulse de si.

7. Ainda: "Se beberem algum veneno não lhes causará dano" (Mc 16,18). Diz a *Glosa*: Quando ouvem as pestíferas sugestões diabólicas, é como se bebessem alguma coisa mortal, mas que não lhes causa dano, porque não as levam à execução. E diz Isaías: "Não beberão mais vinho cantando; qualquer bebida será amarga para os que a beberem" (Is 24,9), e, portanto, não lhes causará dano. Não bebe, cantando, o vinho da sugestão diabólica aquele que não consente nela, antes a rejeita, sofre e a chora; e, portanto, a própria bebida, isto é, a sugestão do diabo, é amarga para aque-

les que a bebem, isto é, para aqueles que a percebem e são constrangidos a sofrê-la. Ao contrário, Joel diz: "Despertai, ó ébrios, chorai e soltai lamentos vós todos que bebeis o vinho do prazer, porque ele foi tirado da vossa boca" (Jl 1,5).

E assim acontece exatamente ao pé da letra, porque o prazer do vinho desaparece imediatamente da boca, assim que ele desce pela garganta. Quantos males ocasiona um brevíssimo prazer àquele que, com o consenso da mente e das obras, bebe o vinho da sugestão diabólica! Aos beberrões desse vinho se diz: "Levantai-vos!" na lembrança do vosso pecado, "chorai" na contrição do coração, "lançai lamentos" na confissão.

Quem tiver realizado em si os quatro sinais dos quais falamos, por certo poderá fazer também o quinto em favor do próximo: "Imporão as mãos sobre os doentes e serão curados" (Mc 16,18). Doente se diz em latim *aeger*, que soa como *egens*, necessitado, porque tem necessidade de um remédio, de uma medicina. O doente é o pecador que verdadeiramente tem necessidade da medicina, isto é, do exemplo das boas obras. E impõe as mãos sobre ele para que se sinta melhor, isto é, para que retorne à penitência, aquele que não só o encoraja com a palavra da pregação, mas também o sustenta com o exemplo da vida santa. Amém.

III – A ASCENSÃO DE JESUS AO CÉU

8. "E o Senhor Jesus", que havia descido do céu, "depois de lhes ter falado, elevou-se ao céu" (Mc 16,19). Encontramos a concordância nos Provérbios de Salomão: "Quem subiu ao céu, e desceu dele? Quem reteve o espírito (vento) nas suas mãos? Quem envolveu as águas como num manto? Quem firmou todos os limites da terra? Qual é seu nome, e qual é o nome de seu filho, se é que o sabes?" (Pr 30,4).

Presta atenção às três palavras: reteve, envolveu, firmou. O filho de Deus Pai, Jesus Cristo, desceu do céu e assumiu nossa carne mortal, e subiu depois ao céu exatamente com ela, tornada imortal: lá de cima enviou o Espírito da graça septiforme, que ele reteve nas mãos de seu poder. E é assim, porque o dá a quem quer e quando quer, e o retém como quer. De fato, diz Jó: "Nas suas mãos esconde a luz e manda-lhe que torne de novo. Faz conhecer a quem lhe é amigo que ela é posse sua e que pode aproximar-se dela" (Jó 36,32-33). A quem é amigo de Deus é manifestada por vezes uma certa luz na consciência, uma luz de alegria interior, como um luzeiro que, retido entre as mãos, se vê e se oculta arbitrariamente daquele que o retém: e isso para que o ânimo se inflame para chegar à posse da luz eterna e à herança da plena visão de Deus.

Do mesmo modo, o Filho de Deus retém, isto é, freia as águas, quer dizer, a concupiscência carnal, no manto, isto é, no corpo, do qual a alma está coberta como de uma veste. Diz Jó: "Hei de ser consumido como a podridão, como uma veste que é consumida pela traça" (Jó 13,28). A traça nasce da veste e depois a corrói: a corrupção nasce do corpo e depois o destrói. O Filho de Deus retém nessa veste os instintos dos sentidos com o laço do amor e a corda do temor, para que não saiam as águas da concupiscência carnal, e assim desperta para a penitência e para a glória eterna todos os limites da terra, isto é, aqueles nos quais a condição terrena se concluiu.

Por isso, "elevou-se ao céu", para levantar consigo a terra e fazê-la céu; de fato, o Pai lhe diz, por boca de Isaías: "Pus minhas palavras na tua boca, protegi-te com a sombra de minhas mãos, a fim de que tu plantes os céus, fundes a terra e digas a Sião: Tu és o meu povo" (Is 51,16). E o próprio Filho diz: "Aquele que me enviou é verdadeiro e eu digo ao mundo o que ouvi dele" (Jo 8,26). Na hora da paixão, o Pai o protegeu à sombra da mão de seu poder, porque prestou-lhe conforto no momento em que mais enfurecia a crueldade dos judeus. Diz o salmo: "Estendeste a tua mão sobre a minha cabeça no dia da batalha" (Sl 139,8), na qual, com as mãos pregadas na cruz, destruí as potências do ar. Ele plantou os céus, isto é, a divindade, sobre a terra de nossa humanidade e fundou a terra de nossa humanidade no céu, isto é, lá a estabeleceu para sempre.

E então conclui: "E está sentado à direita de Deus" (Mc 16,19). E no salmo: "Disse o Senhor", o Pai, "ao meu Senhor", isto é, a seu Filho: "Senta-te à minha direita" (Sl 109,1): quer dizer: Repousa-te e reina comigo sobre os bens mais preciosos.

O próprio Jesus, participante de nossa natureza, torne também a nós participantes destes bens, ele que é bendito nos séculos. Amém.

IV – SERMÃO ALEGÓRICO

9. "Atravessei o Jordão só com o meu bastão; e agora volto com duas tropas" (Gn 32,10). Jacó disse estas palavras quando voltava da Mesopotâmia para a sua terra natal. Podem muito bem ser atribuídas a Cristo, que desta terra retorna ao Pai, e cujo bastão foi a cruz.

Lemos no Primeiro livro dos Reis: "O filisteu disse a Davi: Porventura eu sou algum cão, para vires contra mim com um bastão? (1Sm 17,43). O filisteu, nome que se interpreta "cai por ter bebido", ou ainda "dupla ruína", representa o diabo que, bêbedo de soberba, caiu do céu, e depois fez cair o homem na dupla ruína da alma e do corpo. É chamado cão porque, com suas sugestões, late contra os inocentes e não reconhece o patrão, isto é, o seu Criador; o nosso Davi, Cristo, para combater por nós contra ele, enfrentou-o com o bastão da cruz. Eis por que, no mesmo Livro dos Reis, diz-se pouco acima: "Davi tomou seu bastão, que trazia sempre na mão, escolheu na torrente cinco pedras bem lisas, colocou-as na sacola de pastor que trazia consigo, tomou a funda na mão e saiu contra o filisteu" (1Sm 17,40).

Eis as armas com as quais Jesus Cristo matou o nosso inimigo. Cristo sempre teve nas suas mãos o bastão da cruz: antes da paixão teve-o nas obras, na paixão foi pregado a ela pelas mãos, depois da paixão conservou nas suas mãos as feridas, para mostrá-las ao Pai por nós. De fato, diz Isaías: "Eis que eu te escrevi nas minhas mãos" (Is 49,16).

Observa que para escrever alguma coisa são necessários ao menos três instrumentos: o papel, a caneta e a tinta. O papel foi a mão de Cristo, a caneta, o prego e a tinta, o seu sangue. Sua escrita fornece a prova de nossa libertação, contesta o inimigo e reconcilia-nos com Deus Pai.

As cinco pedras bem lisas representam as cinco chagas de Jesus Cristo, que ele tomou na torrente de nossa humanidade. A sacola de pastor representa o amor, com o qual nos amou até o fim: "O bom pastor – diz-se – dá a sua vida por suas ovelhas" (Jo 10,11). Pôs nessa sacola as cinco pedras bem lisas, porque, pelo amor que nutria por nós, recebeu sobre si as cinco chagas, que se tornaram bem lisas, isto é, puras e luminosas. A funda, que tem duas tiras de couro de igual largura, representa a imparcialidade da justiça, pela qual condenou o diabo e arrancou de suas mãos o gênero humano. Com efeito, foi justo e legítimo que o diabo perdesse o poder que tinha sobre o gênero humano, sobre o qual presumia ter algum direito, ele que ousou estender a mão sobre Cristo, sobre o qual certamente direitos não tinha. "Vem o príncipe deste mundo, mas sobre mim não tem poder algum" (Jo 14,30), porque "entre os mortos eu estou livre" (Sl 87,6): todavia, Cristo passou através da morte, para libertar os mortos. De fato, diz: "Com o meu bastão atravessei este Jordão". "Beberá da torrente no caminho, por isso levantará a sua cabeça" (Sl 109,7). Sobre o "bastão" da cruz, sozinho, pobre e nu, passou da margem de nossa mortalidade, da nossa condição mortal, para aquela da sua imortalidade, através do rio do juízo – isso significa o nome Jordão –, quer dizer, através do derramamento de seu sangue com o qual julgou o diabo, isto é, condenou-o e destruiu seu poder.

10. E quão grande vantagem tenha chegado a nós dessa sua passagem, compreende-se quando acrescenta: "E agora", isto é, hoje, "retornou com duas tropas". A sua partida do Pai, o seu retornou ao Pai, a sua descida aos infernos e a sua ascensão até o trono de Deus, eis o "círculo (o anel) posto nas narinas de *Beemot* (hipopótamo) (cf. Jó 40,10.21) e de Senaquerib" (2Mac 15,22), ao qual o Senhor diz: "Eu te porei, pois, uma argola nas narinas e um freio nos lábios, e te farei voltar pelo caminho por onde vieste" (Is 37,29). Cristo, sabedoria do Pai, que, como o círculo, não tem princípio nem fim, saindo do Pai e ao Pai retornando, reunindo em si mesmo todas as coisas e fechando-as no seu coração, desmascarou a perfídia do diabo, representada nas narinas. De fato, como por meio das narinas percebemos as coisas a distância, assim o diabo, com a agudez de sua astúcia (perfídia) compreende a qual vício um homem está especialmente inclinado; e, portanto, esforça-se por capturá-lo com aquele.

No freio há dois elementos: o ferro e a rédea; o ferro é posto na boca do cavalo, com a rédea ele é freado e guiado. Na sua paixão, com os pregos e com a rédea de sua humanidade, Cristo fabricou um freio com o qual domar e frear o diabo, para que não corresse à vontade, mas voltasse para trás pelo caminho pelo qual viera. Viera por meio de Eva, de Adão e do fruto da árvore proibida: mas teve de voltar para trás, e aquilo que havia roubado com a astúcia, perdeu-o por obra de Maria, por obra de Cristo e por meio do lenho da cruz; com esse lenho passou o nosso Jacó, que derrotou o diabo e hoje retornou ao céu com duas tropas.

Jacó dividiu em duas tropas todas as pessoas que estavam com ele (cf. Gn 32,7): as escravas e seus filhos eram a primeira tropa; na segunda, as mulheres livres, ou seja,

Lia e Raquel e seus filhos. Essas duas tropas simbolizam a Igreja, formada de dois povos: do povo dos pagãos, indicado nas escravas, e do povo judaico, indicado nas pessoas livres, por ter dado ao mundo o conhecimento de Deus e sua lei.

Essa Igreja, Cristo a conquistou com muitos sofrimentos, na Mesopotâmia, isto é, no mundo, e a levou consigo hoje retornando ao céu, já que levou consigo a sua fé e a sua devoção, para que seu coração e sua vida não estivessem mais na terra, mas no céu (cf. Fl 3,20). E ao céu faça chegar também nós, aquele que é bendito nos séculos. Amém.

V – SERMÃO MORAL

11. "Com o meu bastão." Vejamos o significado moral dessas quatro coisas: o bastão, o Jordão e as duas tropas.

No bastão está simbolizada a prática da penitência, da qual se fala no Gênesis, quando Judá [filho de Jacó] disse a Tamar: "Que queres tu que eu te dê por penhor? Respondeu Tamar: O teu anel, o bracelete e o cajado que tens na mão" (Gn 38,18). Judá é Cristo que, segundo o Apóstolo, pertence à tribo de Judá. Tamar, nome que se interpreta "mudada", ou "amarga", ou também "palmeira", é a alma que mudou e passou do mal para o bem; amarga por causa da penitência que pratica para um dia ser palmeira na glória. De fato, lê-se em Jó: "Morrerei no meu pequeno ninho", isto é, na humildade e na tranquilidade da consciência, "e multiplicarei os meus dias como a palmeira" (Jó 29,18). Porém, nessa tríplice interpretação pode também ser representado o tríplice estado dos incipientes, dos proficientes e dos perfeitos.

Portanto, Cristo diz à alma: "O que queres ter por penhor?" Penhor em latim se diz *arrabo*, que soa como *arra boa*, garantia boa: o penhor é aquilo que se dá como garantia. Para estar segura das promessas, a alma pede um bom penhor, isto é, o anel, o bracelete e o cajado.

No anel está simbolizada a fé *formada* [a fé unida à graça e à caridade]. Lemos em Lucas: "Pondo-lhe o anel na mão" (Lc 15,22). A *Glosa*: O anel é o sinal da fé, com o qual são marcadas as promessas no coração dos fiéis. "Dai-lho na mão, isto é, nas obras, para que a fé se manifeste nas obras, e as obras testemunhem a fé.

No bracelete – em latim *armilla*, de *armus*, úmero, a parte superior do braço –, que é redondo e se leva ao pulso, é indicada a obra de caridade que faz estender o braço para carregar o peso do irmão em necessidade, e o faz pôr sob o úmero, ou o ombro, para socorrê-lo (cf. Gn 49,15).

O cajado, com o qual alguém se defende do cão, e no qual se apoia para não cair, é indicada, como já se disse, a prática da penitência, com a qual a alma se defende dos apetites da carne e se escora para não cair no pecado mortal.

Nessas três coisas está compreendida toda a justiça, que consiste no dar a cada um o seu, isto é, o anel da fé a Deus, o bracelete da caridade ao próximo e a prática da disciplina a si mesmo.

12. Do bastão se diz: "Atravessei este Jordão com o meu bastão". Jordão interpreta-se "descida" ou também "apropriação das coisas", isto é, das coisas transitórias deste mundo. Quem quer apropriar-se delas, é obrigado a abaixar-se, isto é, descer do seu estado de justiça, da tranquilidade da consciência e da doçura da contemplação. Porque, como diz Gregório, quem se apoia em alguém que escorrega, necessariamente escorrega com ele. Porém, bem-aventurado quem pode dizer: Com a prática da penitência passei da margem da vaidade do mundo para a margem da familiaridade celeste; atravessei este Jordão, isto é, ultrapassei tudo aquilo que é transitório e caduco.

Diz o Gênesis: "Jacó atravessou o vau do Jaboc; transportadas todas as coisas que lhe pertenciam, ficou sozinho" (Gn 32,22-23). Jaboc interpreta-se "torrente de pó", e representa as coisas temporais que, como a torrente, abundam no inverno da miséria desta vida, mas secam no verão, quer dizer, quando chega a chama da morte ou do último juízo. As coisas temporais, como o pó, cegam os seus amantes. O pó é chamado em latim *pulvis*, porque é varrido (*pulsa*) pela força do vento. Assim, estas coisas temporais são varridas pelo vento da adversidade e roubadas pela morte. Mas Jacó, isto é, o justo, vencedor do mundo, passa além das coisas temporais, para não passar com elas, para que nada do que é seu ali fique, mas transfere para o outro lado tudo aquilo que lhe pertence. E o que pertence ao justo senão a humildade, a caridade, a castidade e as outras virtudes? Quem transfere essas coisas consigo, fica sozinho, isto é, estranho ao ruído do mundo, distante do tumulto dos pensamentos e dos assaltos dos demônios. Bem-aventurado aquele que passa assim, porque na hora da morte poderá dizer: "E agora eu volto com duas tropas".

Com efeito, isso concorda com o que está escrito no Cântico dos Cânticos: "Todas elas deram gêmeos e nenhuma ficou estéril" (Ct 4,2). E de novo: "Os teus seios são como dois filhotes gêmeos de uma gazela, que pastam entre os lírios, até que chegue o frescor do dia que termina e se alonguem as sombras" (Ct 4,5-6).

A gazela – chamada em latim *caprea*, porque assume as coisas difíceis (*ardua capiens*) – tem a vista aguda, escolhe as ervas que deve comer e se lança para as alturas. A gazela representa a alma do justo que, com o desejo do céu, alcança as coisas difíceis, e por isso eleva-se até elas; tem muito agudo o olhar da fé, escolhe as ervas dos pastos eternos com os quais se nutre; e seus dois seios são o duplo sentimento despertado pela caridade, de cujo leite e doçura nutre a si mesma e ao próximo.

Estes são os dois gêmeos, os dois pequenos cervos ou os dois corços que pastam entre os lírios: o sentimento da caridade divina pasta entre os lírios, isto é, na castidade da mente e do corpo, ou seja, na alegria da contemplação; o sentimento da caridade fraterna pasta entre os lírios, quer dizer, na luz da boa reputação.

E por quanto tempo pastarão assim? Até que raiar o dia do eterno esplendor e declinarem as sombras da cegueira presente. Portanto, diga o justo: "É agora", isto é, no fim da minha vida, "com duas tropas", quer dizer, com os méritos da vida ativa e da contemplativa, "retornarei" à pátria celeste.

A esta pátria faça chegar também nós, aquele que é bendito nos séculos. Amém.

Domingo de Pentecostes (1)

Temas do sermão

- Epístola do santo dia de Pentecostes, dividida em cinco partes.
- Primeiramente sermão sobre o Espírito Santo e a propriedade do crisólito: "Nas rodas estava o espírito da vida".
- Parte I: Sermão sobre a solenidade do Espírito Santo: "E eis que já chegara o terceiro dia".
- As três línguas: da serpente, de Eva e de Adão; as quatro prerrogativas do fogo e seu significado.
- Parte II: A infusão do Espírito Santo, a ressurreição da alma, as quatro partes do mundo e seu significado: "Dos quatro ventos vem, ó Espírito!"
- A arca de Noé, seus cinco compartimentos e seu significado: "A arca de Noé tinha cinco compartimentos".
- Os cinco sentidos do corpo, sua disposição, sua propriedade e seu significado: O primeiro compartimento era o dos rejeitos.
- Parte III: As três espécies de som e seu significado: "De repente veio um som do céu".
- Sermão aos penitentes ou aos religiosos: "Já chegara o terceiro dia".
- A característica da terra e seu significado: "O Espírito do Senhor encheu o universo".
- Parte IV: Sermão sobre a confissão, sobre a especificação das circunstâncias, sobre o fervor da satisfação, sobre a propriedade e a disposição da língua e seu significado: "E apareceram-lhes línguas como de fogo, que se dividiam".
- Parte V: O envio do Espírito Santo: "Mandou o fogo do alto", e "O Senhor fez passar o espírito (o sopro) sobre a terra.
- Sermão contra aqueles que pregam muito, mas pouco ou nada fazem: "Começaram a falar em línguas diferentes".

Exórdio – O Espírito Santo e a propriedade do crisólito

1. "Quando estavam para se completarem os dias do Pentecostes, os discípulos estavam todos reunidos no mesmo lugar" (At 2,1).

Diz Ezequiel: "O espírito de vida estava nas rodas" (Ez 1,20). Os apóstolos foram rodas que giravam rapidamente para levar a todo o mundo o Filho de Deus. Essas rodas, como acrescenta o mesmo profeta, "tinham o aspecto de uma pedra de crisólito" (Ez 10,9). A pedra de crisólito (topázio) resplandece como o ouro: seu nome é composto precisamente dos termos gregos *chrisòs*, ouro, e *lìthos*, pedra. Essa pedra parece emanar de si mesma como centelhas ardentes, e põe em fuga toda espécie de serpentes; ela representa os apóstolos, que, resplandecentes do ouro da graça *septiforme*, emanavam de si mesmos as centelhas da pregação que inflamavam os ouvintes, e com elas punham em fuga toda espécie de demônios. Essas rodas, como diz sempre Ezequiel, eram de grande dimensão e altura e de aspecto espantoso (impressionante) (cf. Ez 1,18). E também os apóstolos foram grandes na perfeição de sua doutrina e do seu ensinamento, excelsos pela sublimidade das promessas celestes, e terríveis pelas ameaças e os castigos espantosos que seguiriam.

Daí, diz o penitente no Cântico dos Cânticos: "A minha alma ficou toda perturbada por causa das *quadrigas* de Aminadab" (Ct 6,11). Aminadab interpreta-se "espontâneo" e é figura de Jesus Cristo, o qual espontaneamente ofereceu a si mesmo sobre a cruz por nós; e suas quadrigas foram os apóstolos, dos quais diz Habacuc: "E as tuas quadrigas são a salvação" (Hab 3,8), quer dizer que por meio delas dá a salvação. A minha alma, diz precisamente o penitente, ficou toda perturbada por causa de sua pregação, perturbação que me induziu à penitência. E, portanto, Habacuc: "Tu mandaste sobre o mar os teus cavalos para agitar as águas profundas; eu ouvi e minhas entranhas comoveram-se" (Hab 3,15-16). O Senhor mandou ao mar, isto é, ao mundo, os cavalos, isto é, os apóstolos, os quais, com sua pregação, agitaram as águas profundas, isto é, subverteram muitos povos e os converteram à penitência. Eu ouvi sua pregação, diz o penitente, e minhas entranhas se comoveram, quer dizer, a minha carnalidade.

I – A INFUSÃO DA GRAÇA DO ESPÍRITO SANTO NOS APÓSTOLOS EM FORMA DE LÍNGUAS DE FOGO

2. Nessas rodas havia o espírito da vida que tudo vivifica. De fato, lemos na epístola de hoje: "Quando estavam por se cumprirem os dias do Pentecostes, os apóstolos estavam todos juntos no mesmo lugar. De repente, veio do céu um estrondo, como de vento que soprava impetuoso, e encheu toda a casa onde estavam. Apareceram-lhes repartidas umas como línguas de fogo e pousaram sobre cada um deles. Foram todos cheios do Espírito Santo e começaram a falar várias línguas, conforme o Espírito Santo lhes concedia que falassem" (At 2,1-4).

Pentecostes é palavra grega que significa "quinquagésimo", e o antigo povo eleito festejava esse dia, porque fora dada a eles a Lei em meio ao fogo, exatamente no quinquagésimo dia da imolação do cordeiro, por meio do qual os filhos de Israel haviam saído do Egito. E no Novo Testamento, no quinquagésimo dia depois da Páscoa de Cristo, o Espírito Santo desceu sobre os apóstolos, aparecendo no fogo. A Lei foi dada num lugar alto do monte, o Espírito no cenáculo.

"Quando, pois, estavam por se cumprirem os dias do Pentecostes, os discípulos estavam todos juntos no mesmo lugar." Ninguém estava ausente, primeiramente porque o número de doze estava completo e, depois, porque eram todos um só coração e uma só alma. "Estavam no mesmo lugar", isto é, no cenáculo, para onde subiram. Com efeito, quem deseja receber o Espírito Santo pisa com os pés a habitação da carne, superando-a com a contemplação da mente. "De repente veio do céu um estrondo, como de vento que sopra impetuoso, e encheu toda a casa onde estavam." A graça do Espírito Santo não conhece demoras, segundo o que foi dito: "O ímpeto do rio alegra a cidade de Deus" (Sl 45,5). Veio com o estrondo do trovão aquele que vinha para instruir os seus.

Também no Êxodo encontramos palavras que o confirmam: "E eis que já tinha chegado o terceiro dia, e raiava a manhã, começaram a ouvir-se trovões, a reluzir os relâmpagos e nuvens espessas cobriam o monte; e ressoava muito forte o som de uma trombeta: o povo que estava no acampamento foi tomado de tremor" (Ex 19,16). O primeiro dia foi o da encarnação de Cristo; o segundo, o de sua paixão; o terceiro, o da descida do Espírito Santo: quando veio, "ouviram-se rumorejar trovões", porque "de repente veio do céu um estrondo; viram-se reluzir os relâmpagos", símbolo dos milagres operados pelos apóstolos; e "nuvens densíssimas", quer dizer, compunção dos corações e arrependimento, "cobriam o monte", isto é, o povo que se encontrava em Jerusalém; nos Atos dos Apóstolos lê-se, de fato, que "os arrependidos de coração diziam a Pedro e aos outros apóstolos: O que devemos fazer, irmãos?" "E o som das trombetas", isto é, da pregação dos apóstolos, "ressoava sempre mais forte". E Pedro disse: "Fazei penitência e cada um de vós se faça batizar em nome de Jesus Cristo para a remissão dos vossos pecados: depois recebereis o dom do Espírito Santo" (At 2,37-38). "E todo o povo que estava no acampamento foi tomado de tremor", e depois "foram batizados, e naquele dia uniram-se a eles cerca de três mil pessoas" (At 2,41).

3. "Apareceram-lhes línguas como de fogo, que se dividam e pousaram sobre cada um deles", porque, por meio das línguas da serpente, de Eva e de Adão, a morte entrou no mundo (cf. Sb 2,24). A língua da serpente inoculou o veneno em Eva, a língua de Eva o inoculou em Adão e a língua de Adão tentou virá-lo contra o Senhor. A língua é um membro frio, está sempre imersa na umidade e, portanto, é um mal rebelde e está cheia de veneno mortal (cf. Tg 3,8), do qual nada é mais frio. O Espírito Santo apareceu, por isso, em forma de línguas de fogo para opor línguas a línguas, e fogo a veneno mortal.

E considera que o fogo tem quatro propriedades: queima, purifica, aquece e ilumina. Do mesmo modo, o Espírito Santo queima os pecados, purifica os corações, elimina o torpor do frio e ilumina, ou seja, torna claras, as coisas que se ignoram. O fogo é também incorpóreo e invisível por sua natureza, mas quando investe contra algum objeto assume várias colorações conforme os materiais nos quais queima. Assim o Espírito Santo não pode ser visto senão por meio das criaturas nas quais opera.

Observa ainda que a dispersão [confusão] das línguas aconteceu na torre de Babel (cf. Gn 11,8-9), pelo fato de que a soberba desune e dispersa, enquanto a humildade reúne. Na soberba existe a dispersão, na humildade existe a concórdia. Eis que assim se realiza a promessa do Senhor: Não vos deixarei órfãos, mas vos enviarei o Espírito Paráclito (cf. Jo 14,18.26), que foi seu advogado e falou a todos em seu favor. Aquele que vinha pela Palavra trouxe as línguas. Entre língua e palavra existe um parentesco: não podem ser separadas uma da outra; assim, a Palavra (o Verbo) do Pai, isto é, o Filho, e o Espírito Santo são inseparáveis, antes, têm uma única natureza.

"E todos ficaram cheios do Espírito Santo e começaram a falar diversas línguas, como o Espírito Santo permitia-lhes que se exprimissem." Eis o sinal da plenitude: o vaso cheio transborda, o fogo não pode ser ocultado. Falavam todas as línguas, ou falavam a própria língua, a hebraica, e todos os compreendiam como se falassem a língua de todos. O Espírito Santo, "distribuindo seus dons a cada um como quer" (1Cor 12,11), infunda a sua graça onde quer, como quer, quando quer, em quem quer e na medida que quer. Digne-se infundi-la também em nós aquele que neste dia infundiu a graça nos apóstolos por meio das línguas de fogo. A ele seja sempre louvor e glória nos séculos eternos. Amém.

II – A INFUSÃO DO ESPÍRITO SANTO E A RESSURREIÇÃO DA ALMA

4. "Quando se cumpriram os dias do Pentecostes, os discípulos estavam todos reunidos no mesmo lugar." Diz o Profeta Ezequiel: "Espírito, vem dos quatro ventos e sopra sobre estes mortos, para que revivam" (Ez 37,9). Os quatro ventos são as quatro partes do mundo: o Oriente, o Ocidente, o Setentrião e o Meio-dia. No oriente está indicada a encarnação de Cristo; no Ocidente, a sua paixão; no Setentrião, a sua tentação; e no Meio-dia, o envio do Espírito Santo. Ou também: no Oriente é indicada a recordação de nosso miserável ingresso no mundo; no Ocidente, o pensamento de nossa dolorosa partida; no Setentrião, a consideração de nossa infeliz condição; e no Meio-dia, o reconhecimento dos nossos pecados.

Desses quatro ventos vem o Espírito Santo e sopra, com o assoprar da sua graça, sopra os mortos pela espada da culpa, para que revivam com a vida da penitência. De fato, nos Atos dos Apóstolos lemos que "enquanto Pedro estava ainda a falar, o Espírito Santo desceu sobre todos aqueles que ouviam suas palavras" (At 10,44). E por isso, hoje se lê: "Quando cumpriram-se os dias" etc. No trecho dos Atos que hoje se lê na missa, deve-se destacar quatro fatos. Primeiro, o cumprimento dos cinquenta dias: "Quando se cumpriram os dias do Pentecostes"; segundo, a infusão do Espírito Santo: "De repente veio um estrondo do céu; terceiro, a aparição do Espírito em forma das línguas de fogo: "Apareceram-lhes línguas de fogo divididas"; quarto, os apóstolos que falavam todas as línguas: "Todos ficaram cheios do Espírito Santo e falavam" etc.

"Quando se cumpriram os dias do Pentecostes." Pentecostes é um termo grego que significa "quinquagésimo". Cinco vezes dez são cinquenta. Cinco são os sentidos do corpo, dez os preceitos do decálogo. Se os cinco sentidos do nosso corpo forem perfeitos no cumprimento dos dez preceitos do decálogo, então, sem dúvida, cumprir-se-á em nós o sacratíssimo dia do Pentecostes, no qual é dado o Espírito Santo.

Com referência a este quinquagésimo dia, lemos no Gênesis que a arca de Noé media cinquenta côvados de largura (cf. Gn 6,15).

Antes, porém, devemos considerar que a mesma arca tinha *cinco compartimentos*; o primeiro era o compartimento dos rejeitos; o segundo, o dos víveres; o terceiro, o dos animais ferozes; o quarto, dos animais domésticos; o quinto reservado aos homens e aos pássaros. Noé é figura do justo (cf. Gn 6,9), cuja arca é o próprio corpo, que justamente é chamado arca. Arca deve seu nome ao fato de manter longe (latim: *arcet*) os ladrões. Assim o corpo do justo deve fechar fora de si todo o vício que tenta roubar-lhe as virtudes. Os cinco compartimentos dessa arca são os cinco sentidos, isto é, o gosto, o olfato, o tato, o ouvido e a vista.

5. O primeiro compartimento é o dos rejeitos, a estrumeira. E é figura da língua de nossa boca, por meio da qual devemos lançar fora na confissão todo o esterco dos nossos pecados. Essa é a porta da estrumeira, da qual se fala no Segundo livro de Esdras, que "Melquias, filho de Recab, edificou a porta da estrumeira e lhe pôs os batentes, as fechaduras e a trancas" (Ne 3,14). A estrumeira, lugar cheio de esterco, é chamada assim por que é emporcalhada e suja de esterco. A consciência do pecador, malcheirosa e contaminada pelo esterco do diabo, deve purificar-se pela porta da confissão. Essa porta foi construída por Melquias, filho de Recab. Melquias interpreta-se "coro do Senhor" e Recab "que sobe". Melquias é figura do penitente que com o tímpano e o coro, isto é, com a mortificação da carne e o acordo da caridade, deve fazer ressoar um hino ao Senhor. Ele é filho de Jesus Cristo, que sobe à direita do Pai. Esse Melquias deve aplicar à sua língua os batentes (latim: *valvae*, de velar, ocultar), que são como que portas interiores, que se fecham por dentro, para que todos os seus bens estejam fechados por dentro, mantendo escrito sobre a fronte da consciência o versículo de Isaías: "O meu segredo é para mim, o meu segredo é para mim" (Is 24,16); e deve aplicar as fechaduras para reter com as fechaduras do amor e do temor de Deus os impulsos do ânimo que querem irromper para o exterior; deve aplicar também as trancas, para propor coisas úteis por tempo e por lugar e nunca falar de coisas más.

6. O segundo compartimento é o dos víveres, e representa o olfato das narinas. As narinas são chamadas em latim *nares*, porque através delas passa o ar (latim: *nares*, *aër*), ou seja, a respiração.

As narinas têm três tarefas: deixar passar a respiração, captar os odores, fazer sair a limpeza do cérebro. É um distúrbio, um defeito, não respirar pelas narinas, que é a maneira certa, estabelecida pela natureza. Respira-se pela boca só por necessidade e é coisa muito desagradável, porque é contra a natureza. Também o espirro segue o caminho das narinas, quando aumenta o ar no cérebro e prorrompe de repente. Nas narinas, como já dissemos outras vezes, são simbolizadas a discrição e a prudência: por meio dessas duas virtudes, como através das narinas, aspiramos o espírito da contemplação e da perfeita caridade, captamos o perfume do bom exemplo e purificamos os pensamentos maus. E como a respiração sadia e útil se faz através das narinas, assim, por meio da discrição e da prudência se aspira, se atrai o espírito do amor divino que, depois, se emite e se difunde para a consolação e para a edificação do próximo. E como a respiração pela boca se faz somente por necessidade e é desagradável, assim também a confissão da boca se faz por necessidade. Já que pecaste, é necessário que te confesses: se não queres confessar-te, és destinado à condenação. E é desagradável porque remexe, torna a misturar a estrumeira, e do seu fedor se lê no evangelho: "Senhor, deixa a figueira ainda este ano, enquanto eu a cavo em roda e lhe lanço esterco" (Lc 13,8). A figueira representa a alma, a escavação, a contrição, o esterco é a confissão dos pecados, que faz frutificar a alma, antes estéril. E quando o vento da soberba ou da vanglória aumenta no cérebro, ou seja, na mente, por meio da discrição e da prudência é imediatamente lançado fora.

7. O terceiro compartimento é o dos animais ferozes, e representa o tato das mãos, com as quais devemos empunhar o açoite e açoitar-nos sem misericórdia pelos pensamentos desordenados, pelas palavras inconvenientes, pelas obras más, para que tantos sejam os nossos sacrifícios de expiação quantos foram os prazeres pelos quais nos deleitamos.

E observa que, como nas mãos existem dez dedos, assim dez são as espécies de flagelação, isto é, de mortificação: a renúncia à própria vontade, a abstinência da comida e da bebida, o rigor do silêncio, as vigílias de oração durante a noite, a efusão das lágrimas, dedicar um côngruo tempo à leitura, o trabalho material, a generosa participação nas necessidades do próximo, vestir-se modestamente, o desprezo de si. Com esses dez dedos devemos agarrar o açoite e bater-nos sem piedade, sem misericórdia, quase com ferocidade, porque no dia do castigo que há de quebrar os ossos, podemos encontrar misericórdia.

8. O quarto compartimento é o dos animais domésticos e representa o ouvido.

Considera que o ouvido compõe-se de cartilagem e de carne. No ouvido interno existe uma passagem tortuosa, que se assemelha a um anel, e vai terminar num osso, semelhante, na forma e configuração, ao ouvido externo. Àquele osso chega todo o rumor e todo o som, e através dele é transmitido ao cérebro. E do cérebro sai uma veia que vai até o ouvido direito e outra veia que vai ao ouvido esquerdo. E todos os animais que têm ouvidos, têm a possibilidade de movê-los, excetuado o homem.

A cartilagem tem a aparência do osso, mas não tem sua dureza nem sua resistência. A carne (latim: *caro*) é chamada assim porque é *cara*, amada. Na cartilagem e na carne, das quais se compõe o ouvido, são indicadas as virtudes da mansidão e da humildade, das quais nada é mais caro a Deus e aos homens.

A audição de todos os homens deve ser fornecida por essas duas virtudes para responder com mansidão e humildade a qualquer afronta, incômodo ou injúria verbal. E isso o ensina a própria natureza, que no ouvido interno não abriu uma passagem reta, mas tortuosa, para que, quando ouvires aquilo que não te agrada, não atinja imediatamente o ânimo, mas as palavras e os discursos passem quase com dificuldade por um caminho tornado difícil por um certo tipo de tortuosidade, de modo que, perdidas por causa de sua virulência, cheguem no fim sem força e assim te firam, te ofendam pouco ou nada.

E as duas veias que saem do cérebro, uma das quais chega ao ouvido direito e a outra ao esquerdo, simbolizam a temperança e a obediência.

Na direita é indicada a prosperidade e na esquerda a adversidade. Quando ouves coisas favoráveis e aquilo que te agrada, é necessária a temperança; quando, porém, desagrada-te aquilo que te é ordenado e ouves coisas desagradáveis, então tens mais necessidade da obediência, porque é mais frutuosa.

E todos os animais que têm ouvidos podem movê-los, excetuado o homem. É verdadeiramente digno de ser chamado homem aquele que não pode mover os ouvidos, isto é, que não se deixa demover da estabilidade de sua mente por causa do vento das palavras. Porém, o homem que tem os ouvidos que lhe causam comichão, que acredita em cada palavra e de boa vontade e avidamente dá ouvidos à adulação, não é digno de ser chamado homem, mas animal bruto.

9. O quinto compartimento é o reservado aos homens e às aves, e é figura da vista dos olhos, com os quais devemos olhar com misericórdia os pobres e aqueles que estão na indigência, e considerar as coisas celestes, porque, como diz o Apóstolo, "as perfeições invisíveis de Deus podem ser contempladas e compreendidas por meio das coisas criadas" (Rm 1,20).

Eis que agora estás bem informado sobre os cinco compartimentos da arca de Noé, quer dizer, sobre os cinco sentidos do corpo do justo.

E observa ainda que a arca de Noé foi construída segundo o modelo do corpo humano: de fato, tinha um comprimento de trezentos côvados, uma largura de cinquenta e uma altura de trinta (cf. Gn 6,15).

No corpo humano, a altura é seis vezes a sua circunferência e dez vezes o seu diâmetro. A altura se mede da planta dos pés até a sumidade da cabeça; a circunferência se mede na altura do tórax, e o diâmetro do dorso ao ventre. Portanto, se os cinco sentidos são perfeitos na observância dos dez preceitos do decálogo, então a arca de Noé se alargará até cinquenta côvados e assim cumprir-se-á o quinquagésimo dia, e o justo, no fim de sua vida, terá alcançado a perfeição. Com efeito, lemos no Livro da Sabedoria: "Tendo chegado em breve à perfeição, realizou as obras de uma longa vida: sua alma é agradável ao Senhor" (Sb 4,13-14). Com razão, pois, é dito: "Quando se cumpriram os dias do Pentecostes, os discípulos estavam todos reunidos no mesmo lugar".

Os discípulos do justo são os sentimentos da razão e os puros pensamentos da mente. E estes estão todos verdadeiramente no mesmo lugar quando se cumpre o dia do Pentecostes, isto é, quando os cinco sentidos alcançam a perfeição. Presta atenção às duas palavras: "todos juntos" e "no mesmo lugar".

"Todos juntos", isto é, *igualmente* e *juntos*. Estão todos juntos os pensamentos da mente que, sob a igual regra da razão, reúnem-se com ordem e procedem com discrição, de modo que na mente um pensamento não pareça superior ao outro, nem o outro inferior ao primeiro; se isso acontecer, a própria desigualdade seria causa da ruína de todo o edifício das virtudes.

Diz o Apóstolo: Faça-se tudo com ordem (cf. 1Cor 14,40), para poder dizer a este: "Vai", e ele vai; e a outro: "Vem", e ele vem; e ao servo, isto é, ao corpo: "Faze isto", e o servo, o corpo, o faz (cf. Mt 8,9). Estejam, pois, todos os discípulos igualmente juntos, a fim de que os pensamentos da mente, reunidos todos juntos como um esquadrão de soldados (cf. Ct 6,3.9), estejam em condições de combater bravamente contra os poderes do ar (cf. Ef 6,12). E estejam também "no mesmo lugar", não divididos e separados, porque a mente dividida não obtém nada.

De fato, diz o Eclesiástico: "A tua atividade não abrace muitas coisas" (Eclo 11,10); e de novo: "Ai do pecador que anda por dois caminhos" (Eclo 2,14).

E Gregório: "O rio que se divide em muitos riachos, seca no seu leito". E Bernardo: "O espírito ocupado em muitos afazeres, necessariamente é atormentado por muitas preocupações".

Portanto, se antes de mais nada os dias do Pentecostes se cumprirem, também os discípulos, todos juntos igualmente no mesmo lugar, estarão prontos a acolher a graça do Espírito Santo: digne-se infundi-la também em nós, aquele que é bendito nos séculos dos séculos. Amém.

III – Sermão aos religiosos sobre a penitência

10. "De repente veio do céu um estrondo, como de vento que sopra impetuoso, e encheu toda a casa na qual se encontravam" (At 2,2). Som é tudo aquilo que é sensível ao ouvido. Existem três espécies de som: aquele produzido pela voz por meio da garganta; aquele produzido pelo sopro como na trombeta; e aquele produzido pela percussão como na lira.

O "estrondo de vento impetuoso" é figura da contrição do coração, que o penitente percebe como um som com o ouvido do coração. De fato, diz o Senhor: "O vento [o Espírito] sopra onde quer", porque está em seu poder escolher o coração a ser iluminado, "e ouve a sua voz, mas não sabe de onde vem nem para onde vai" (Jo 3,8).

A voz do Espírito Santo é a compunção que fala ao coração do pecador, e mesmo que a ouças não sabes de onde vem, isto é, por qual caminho tenha entrado em seu coração e de que modo retorne, porque sua essência é invisível.

E considera também que este som se produz de três modos: com a voz da pregação, com o sopro da participação fraterna, com a percussão da paterna correção. Dessas três ações nasce, em geral, no coração do pecador o som da compunção. Então, com razão, é dito: "De repente veio do céu um estrondo, como de vento que sopra impetuoso".

Sobre isso, temos uma concordância nas palavras do Êxodo: "Já tinha chegado o terceiro dia, e raiava a manhã" (Ex 19,16), como vimos mais acima.

O primeiro dia simboliza o reconhecimento do próprio pecado; o segundo dia, o horror e o ódio contra o pecado; o terceiro dia, a contrição do coração em relação ao pecado.

E quando se chega à contrição e resplandece a manhã da graça, então começa-se a ouvir "os trovões" dos gemidos, dos suspiros e da acusação de si; começam a "relampejar os raios" da confissão; e "a nuvem compacta", isto é, a obscuridade da penitência, chega a "cobrir o monte", isto é, o penitente, que é como um monte que se eleva do vale da impureza e da miséria. E "o ressoar da trombeta", isto é, da vida santa e da boa reputação, "ecoa sempre mais forte", para que onde abundou o pecado, superabunde também a graça (cf. Rm 5,20).

E assim espanta-se todo o "povo" dos demônios, que estão "nos acampamentos", isto é, estão sempre prontos para o ataque; mas se eles virem todas essas mudanças, não terão mais coragem de iniciar a batalha. De fato, lemos em Jó: "Ninguém lhe dizia uma palavra, porque viam que a dor era muito grande" (Jó 2,13). Realmente, quando os espíritos do mal veem que o estrondo do vento impetuoso enche toda a casa, isto é, a consciência do penitente, na qual ele mora, isto é, humilha-se repensando nos seus anos na amargura de sua alma (cf. Is 38,15), os espíritos do mal não ousam avançar além, nem ousam proferir palavras de sugestão. E presta atenção que diz "veemente" (impetuoso), isto é, que elimina o eterno "Vae", ai (latim: *vae adimens*), e que transporta para o alto a mente (latim: *vehens mentem*). E assim a contrição do coração elimina o eterno ai e eleva o espírito para o alto.

11. Por isso, no introito da missa de hoje se lê: "O Espírito do Senhor encheu o orbe terrestre; e este, que tudo abrange, tem o conhecimento da voz" (Sb 1,7).

O orbe é assim chamado pela rotundidade do círculo. A terra é escura, fria e imunda. O orbe é o coração do pecador, que gira como uma roda, volta-se ora para Oriente, ora para Ocidente, percorrendo o mundo, que é obscuro pela soberba, frio pela avareza e imundo pela luxúria. Mas o Espírito do Senhor enche o orbe terrestre quando infunde a graça da compunção no coração do pecador, e assim o liberta do eterno ai.

"E este, que tudo abrange, tem o conhecimento da voz." "E este" isto é, o homem, animal racional, que compreende em si todos os quatro elementos, dos quais são constituídas todas as coisas, "tem o conhecimento da voz" porque compreende quando o Espírito lhe fala. Diz Bernardo: "O Espírito Santo nos fala cada vez que nós pensamos coisas boas". E o profeta: "Ouvirei o que o Senhor Deus me disser" (Sl 84,9), e assim eleva a mente para o alto. De fato, descrevendo o espírito, o Filósofo diz: "O espírito é o veículo das virtudes: por meio dele, as virtudes vão executar suas obras" (Sêneca).

Peçamos, pois, ao Filho de Deus que infunda em nós o espírito de contrição, que nos liberte do eterno ai e eleve a nossa mente para as coisas celestes. No-lo conceda aquele que é bendito nos séculos. Amém.

IV – A PROCLAMAÇÃO DO LOUVOR E A CONFISSÃO DO PECADO

12. "E apareceram-lhes línguas como de fogo, que se dividiam e pousaram sobre cada um deles" (At 2,3). Presta atenção a estas três particularidades: as línguas, a especificação que se dividiam, e que eram como de fogo. Nas línguas é indicada a confissão; no fato de se dividirem é indicada a especificação das circunstâncias do pecado; no fogo é indicado o fervor da confissão e da satisfação, isto é, da execução da obra penitencial imposta pelo confessor.

Considera que a língua é o órgão do sentido do gosto, e sua sensibilidade está principalmente na extremidade. A parte onde a língua se alarga tem uma sensibilidade menor. Com sua sensibilidade, a língua sente tudo aquilo que é comum a todos os corpos: o calor e o frio, a dureza e a maleabilidade (delicadeza). E isso o faz com todas as suas partes. E a língua, por sua natureza, é destinada a degustar as coisas úmidas, molhadas, e a falar.

A língua do homem é perfeitamente solta e desarticulada, flexível e larga, adaptada a duas funções: ao gosto e à palavra. A língua flexível e larga é adaptada para falar bem, porque se distende e se contrai, dobra-se e gira na boca em todos os sentidos: se a língua é ágil e larga, tem-se condições de falar muito bem. E isso torna-se ainda mais evidente se se observarem aqueles que têm a língua impedida, isto é, os balbuciantes ou os gagos. Depois, alguns têm na língua também outro impedimento: e isso se verifica somente com algumas consoantes, quando a língua é estreita, contraída e não bem distendida; já que o pequeno está no grande, mas não o grande no pequeno. E é por isso que as aves que têm a língua larga têm condições de pronunciar algumas sílabas e palavras, muito mais do que as aves que têm a língua estreita.

Como se disse, na língua é indicada a confissão, na qual se deve revelar tudo aquilo que é comum a todo o corpo, isto é, os pecados que se cometem com todo o próprio ser: no inflamado calor da soberba, no frio da malícia e da preguiça, na dureza da avareza, na moleza da sensualidade e da luxúria. E como a língua é destinada pela natureza a degustar e a falar, assim, dupla é a confissão da língua: a confissão (a proclamação) do louvor, e a confissão do pecado.

A confissão (o canto) do louvor se tem no Ofício divino e nas salmodias; se estas obras aparecem com devoção, certamente degustamos a graça da compunção e a doçura da contemplação.

Com efeito, diz Gregório: "Com a voz da salmodia, se for acompanhada pela atenção do coração, ao próprio coração é preparado o caminho para chegar a Deus onipotente, para que revele à mente atenta os mistérios da profecia e lhe infunda a graça da compunção. Está escrito: "O sacrifício do louvor me honrará" (Sl 49,23). De fato, enquanto por meio da salmodia se exprime a compunção, abre-se em nosso coração um caminho pelo qual, no fim, chega-se a Jesus".

13. Na confissão do pecado devemos falar, isto é, confessar abertamente, totalmente e sem véus os nossos pecados. E isso no-lo ensina a própria natureza, porque a língua

do homem é precisamente ágil, mole e larga. Assim, a confissão do pecado deve ser total, com a manifestação e a especificação de todas as circunstâncias; deve ser maleável, mole, quer dizer, molhada pelas lágrimas; deve ser larga na reparação de todas as ofensas causadas, na restituição de tudo o que foi roubado e na seriedade do firme propósito de não mais recair no pecado.

A confissão de tal língua faz que a alma se eleve até Deus por meio da contemplação, se dobre depois sobre si mesma por meio da humildade, se volte ao redor por meio da compaixão para com o próximo. Infelizes e insensatos, porém, os pecadores que são balbuciantes e têm a língua estreita e impedida, porque, quando se confessam, balbuciam e se confessam de modo incompleto. Com razão, pois, se diz: "E apareceram-lhes línguas como de fogo, que se dividiam".

As línguas da confissão devem ser "divididas", espalhadas, porque na confissão o pecador deve ter o coração e a língua divididos em muitas partes: o coração para doer-se de muitos modos pelos muitos pecados cometidos; a língua para especificar distintamente todas as circunstâncias dos pecados cometidos.

Sobre esse assunto encontras um tratado mais aprofundado no sermão do I domingo da Quaresma: "Jesus foi levado pelo Espírito ao deserto" (Mt 4,1).

E observa que como o fogo aquece as coisas frias, torna tenras aquelas duras, torna sólidas aquelas moles, abaixa e reduz a cinza aquelas altas, e se alguém quer mantê-lo aceso, conserva-o sob as cinzas, assim o ardor da confissão e da satisfação aquece com o fogo do amor aqueles que são frios, enternece com a compunção os corações endurecidos, consolida com a firmeza de um santo propósito os moles, isto é, os luxuriosos, humilha aqueles que são altos, isto é, soberbos e os reduz a cinza com a lembrança de sua fragilidade e de sua iniquidade: e sob tal cinza esse fogo pode ser conservado continuamente.

Eu vos peço, irmãos caríssimos, que esse fogo pouse e permaneça sempre sobre cada um de vós; que vossas línguas sejam divididas na confissão dos pecados e de suas circunstâncias, para que, confessando-vos integralmente, de modo completo e sem véus, possais ser dignos de proclamar o nome do Senhor, junto com os anjos na celeste Jerusalém. No-lo conceda aquele cujo fogo está em Sião e cuja fornalha está em Jerusalém (cf. Is 31,9), e que vive e reina nos séculos dos séculos. Amém.

V – Os frutos da graça do Espírito Santo

14. "E todos ficaram cheios do Espírito Santo, e começaram a falar em várias línguas, conforme o Espírito Santo lhe concedia que falassem" (At 2,4). Fica cheio do Espírito Santo somente aquele que tem condições de encher a alma, que não pode ser enchida nem por todo o universo.

Não podem receber um outro espírito, porque os vasos, quando estão cheios, não podem conter mais do que têm. De fato, à Bem-aventurada Maria foi dito: "Ave, cheia de graça, o Senhor está contigo, bendita és tu entre as mulheres" (Lc 1,28).

Presta atenção que entre as duas expressões: "cheia de graça" e "bendita és tu entre as mulheres", é dito: "o Senhor está contigo", porque é o próprio Senhor que conserva no interior a plenitude da graça e realiza no exterior a bênção da fecundidade, isto é, das obras santas. Justamente também, depois de "cheia de graça" diz-se "o Senhor está contigo" porque assim como sem Deus nada podemos fazer ou ter, da mesma forma sem ele nem podemos conservar aquilo que temos tido. Por isso, depois da graça é necessário que o Senhor esteja conosco e guarde e conserve aquilo que só ele nos deu. Enquanto ele nos precede dando-nos sua graça, nós, ao conservá-la, tornamo-nos seus colaboradores: ele não vigia sobre nós se, com ele, não vigiarmos também nós. E parece que o Senhor exige esta nossa vigilante cooperação, quando diz aos apóstolos: "Não fostes capazes de vigiar uma hora comigo? Vigiai e orai para não cairdes em tentação" (Mt 26,40-41). Corretamente, pois, se diz: "E todos ficaram cheios do Espírito Santo".

A propósito diz o Senhor no evangelho de hoje: "O Consolador, o Espírito Santo que o Pai enviará em meu nome ensinar-vos-á todas as coisas e vos recordará tudo aquilo que eu vos disse" (Jo 14,26).

O Pai enviou o Consolador em nome do Filho, isto é, na glória do Filho, para manifestar a glória do Filho. "Ele [diz] ensinar-vos-á" para que saibais; "recordar-vos-á", isto é, exortar-vos-á para que queirais; a graça do Espírito Santo dá o saber e o querer. Com efeito, na missa de hoje canta-se: "Vem, Espírito Santo, e enche os corações dos teus", para que tenham o saber, "e acende neles o fogo do teu amor", para que tenham a vontade de executar aquilo que souberam (cf. Sequência da missa de Pentecostes).

Canta-se também: "Envia o teu Espírito e serão criados" com tua sabedoria, e renovarás a face da terra com a tua vontade de amor (cf. Sl 103,30).

Com estas palavras, concorda aquilo que temos nas Lamentações de Jeremias: "Do alto ele enviou fogo sobre os meus ossos e me instruiu" (Lm 1,13). É a Igreja que diz: O Pai "do alto", isto é, do Filho, fez descer "o fogo", isto é, o Espírito Santo, "nos meus ossos", isto é, sobre os apóstolos, e por meio deles "me instruiu" para que eu saiba e queira.

15. "Todos ficaram cheios do Espírito Santo." Encontramos uma concordância nas palavras do Gênesis: "O Senhor fez soprar um vento", o Espírito Santo, "sopra sobre a terra, e as águas diminuíram. Fecharam-se as fontes do abismo e as cataratas do céu e foram retidas as chuvas do céu" (Gn 8,1-2). Presta atenção a estas quatro entidades: as águas, as fontes, as cataratas e as chuvas.

Nas *águas* são representadas as riquezas; nas fontes do abismo, os pensamentos do ânimo; nas cataratas do céu, os olhos; nas chuvas, a abundância das palavras. Quando, pois, o Senhor faz soprar o Espírito Santo sobre a terra, quer dizer, na mente do pecador, então as águas das riquezas diminuem, para que sejam destinadas aos pobres.

Dessas águas diz-se no Gênesis: "Chamou a grande massa das águas *mar*" (Gn 1,10). O acúmulo das riquezas não é outra coisa senão amargura, tribulação e dor.

De fato, diz Habacuc: "Ai daquele que acumula o que não é seu! Até quando amontoará ele contra si o denso lodo?" (Hab 2,6). O lodo acumulado em casa deixa mau cheiro; mas espalhado sobre a terra, torna-a fecunda. Assim as riquezas, se se acumularem e, sobretudo, se não são próprias, mas têm proveniência alheia, emanam o mau cheiro do pecado e da morte. Mas se forem distribuídas aos pobres e restituídas aos seus proprietários, tornam fecunda a terra da mente e a fazem frutificar.

Um abismo é o coração do homem. Dele diz Jeremias: "Depravado é o coração do homem e impenetrável; quem o poderá conhecer?" (Jr 17,9). As *fontes* desse abismo são os pensamentos; as fontes são fechadas quando é infusa a graça do Espírito Santo. E com isso concorda aquilo que lemos no Segundo livro dos Paralipômenos: "Ezequias reuniu uma grande multidão de povo e taparam todas as fontes e a torrente que corria pelo meio do território, dizendo: Não aconteça que venham os reis dos assírios e encontrem abundância de água" (2Cr 32,4). Ezequias é figura do justo, que deve reunir uma grande multidão de bons pensamentos e fechar as fontes dos pensamentos iníquos e perversos e a torrente das concupiscências, para que os demônios, encontrando grande abundância de águas, não destruam com elas a cidade da alma.

As *cataratas* do céu são as janelas. As janelas são assim chamadas porque "trazem luz) (luz em grego se diz *phos*), ou também porque através delas nós vemos para fora. Dispostos na cabeça, como as duas luzes colocadas por Deus no firmamento (cf. Gn 1,14-19), temos os dois olhos, que são como duas janelas através das quais estamos em condições de ver: e são fechadas sobre as vaidades do mundo quando é infusa a luz da graça na mente.

As *chuvas* (latim: *pluviae*, que soa quase como *fluviae*, fluentes), simbolizam as palavras que sem obstáculos e sem impedimentos são largamente profusas em toda a parte. De fato, diz Salomão: "Quem deixa correr as águas [quem fala demais], desperta litígios e contendas" (Pr 17,14). E, portanto, o Eclesiástico aconselha: "Não dês à tua água a mais ligeira abertura" (Eclo 25,34). Essas chuvas são suspensas quando, com a graça do Espírito Santo, a língua se habitua a cantar os louvores ao seu Criador e a confessar os seus pecados. Com muita razão, pois, se diz: "E todos ficaram cheios do Espírito Santo".

16. "E começaram a falar várias línguas, conforme o Espírito Santo lhes concedia que falassem." Quem está cheio do Espírito Santo fala várias línguas. As várias línguas são os vários testemunhos que podemos dar a Cristo, como a humildade, a pobreza, a paciência e a obediência: e falamos essas línguas quando mostramos aos outros essas virtudes, praticadas em nós mesmos. O falar é vivo quando falam as obras. Peço-vos: cessem as palavras e falem as obras. Somos cheios de palavras, mas vazios de obras e, por isso, somos amaldiçoados pelo Senhor, porque ele amaldiçoou a figueira na qual não encontrou frutos, mas só folhas (cf. Mt 21,19). Diz Gregório: "Existe uma lei estabelecida para o pregador: deve pôr em prática aquilo que prega. Inutilmente faz conhecer a lei aquele que com as obras, com sua vida, destrói o seu ensinamento". Os apóstolos, porém, "falavam como o Espírito Santo lhe concedia que se exprimis-

sem", e não segundo suas inclinações. Com efeito, há alguns que falam segundo suas inclinações, apropriam-se das palavras dos outros, proclamam-nas como próprias e as atribuem a si mesmos.

Desses e daqueles que são como eles, o Senhor diz: "Eis que sou contra os profetas que roubam um do outro as minhas palavras. Sou contra os profetas que dizem suas palavras e proclamam: Diz o Senhor! Sou contra os profetas que sonham mentiras, que as contam, seduzindo meu povo com suas mentiras e seus falsos milagres. Eu não os enviei, não lhes dei encargo algum: eles não são de nenhuma utilidade para este povo, diz o Senhor" (Jr 23,30-32).

Falemos, pois, conforme o Espírito Santo nos concede que falemos, pedindo-lhe humilde e devotamente que nos infunda a sua graça, a fim de que apareçam os dias do Pentecostes com a perfeição dos cinco sentidos e na observância do decálogo; e para que sejamos repletos do impetuoso vento da contrição e sejamos inflamados pelas línguas de fogo da confissão. Assim inflamados e iluminados mereçamos ver o Deus uno e trino entre os esplendores dos santos. No-lo conceda aquele que é Deus, uno e trino, e é bendito nos séculos dos séculos. E todos os espíritos respondam: Amém. Aleluia.

FESTA DE PENTECOSTES (2)

1. "O Paráclito, o Espírito Santo que o Pai enviará em meu nome, ensinar-vos-á todas as coisas e vos recordará tudo o que vos tenho dito" (Jo 14,26).

EXÓRDIO – O ESPÍRITO SANTO CONSOLADOR

2. *"Paráclito"* é palavra grega que significa "consolador". O Espírito Santo é chamado consolador porque consola aqueles que ele encheu de si, a fim de que, abandonadas as coisas deste mundo, gozem da eterna alegria. De fato, diz Isaías: "O Senhor consolará Sião e consolará (restaurará) todas as suas ruínas. Transformará seu deserto num lugar de delícias, a sua solidão, num jardim do Senhor. Nela se achará o gozo e a alegria, a ação de graças e a voz do louvor" (Is 51,3).

Explicaremos essa passagem primeiramente em sentido moral e depois em sentido anagógico, isto é, místico.

3. **Sentido moral**. Sião, nome que se interpreta "rochedo", e também "exploração", representa a alma do justo, a qual, estando no corpo como um rochedo em meio ao mar, é investida pelas várias ondas das tentações e, todavia, não cede e não se move, mas explora continuamente dentro e acima de si. "Faze que eu te conheça e faze que eu conheça a mim", diz Agostinho. O Espírito Santo consola essa Sião: "Bem-aventurados os que choram porque serão consolados" (Mt 5,5); e Isaías: "Consolarei todos aqueles que choram e encherei de consolação todos aqueles que choram em Sião" (Is 61,2-3). Chorar, diz-se em latim *lugère*, que soa quase como *luce egère*, faltar, estar privado de luz. Aquele que sabe renunciar à luz da glória mundana, o Espírito Santo o enche da consolação de sua graça.

"Restaurará todas as suas ruínas." Eis o que diz o Senhor: "Todo o que deixar a casa, ou os irmãos ou irmãs, ou o pai ou a mãe, ou os filhos, ou os campos por causa do meu nome, receberá cem vezes mais" (Mt 19,29), isto é, receberá virtudes e dons espirituais, que representam o cêntuplo se forem comparados aos bens temporais e aos prazeres da carne: quando esses caem, aqueles crescem. Cai o soberbo, o humilde se eleva; cai o luxurioso, o casto ressurge, e assim acontece com todas as outras virtudes.

"Transformará seu deserto num lugar de delícias." Deserto é palavra latina que significa "abandonado", e representa o coração do justo que, privado da consolação deste mundo, é deliciado pela graça do Espírito Santo. E o que chamarei delícia, senão a doçura da contemplação, a devoção da mente e a participação nos sofrimentos do próximo?

"Fará de sua solidão, isto é, de sua pobreza, "um jardim do Senhor". Diz a esposa do Cântico dos Cânticos: "O meu dileto desce para seu jardim" (Ct 6,1). E Bernardo: No céu havia todos os bens em grande abundância; faltava só a pobreza. Sobre a terra, porém, essa mercadoria existia em grande abundância, mas o homem ignorava seu valor. Então, o Filho de Deus veio procurá-la, para torná-la preciosa com seu apreço.

"Nela", isto é, na acima mencionada Sião, "haverá júbilo" pelo pecado perdoado, "alegria" pela consciência iluminada, "ação de graças" pelos bens temporais, "e hinos de louvor" pelos bens espirituais.

4. Sentido místico. Observa que no acima citado trecho de Isaías a palavra "consolará" é repetida duas vezes, por causa da dupla consolação que o justo receberá na ressurreição final, isto é, a "estola" da alma e a "estola" do corpo.

Lemos nos Provérbios: "Todos os de sua casa têm veste dupla" (Pr 31,21); e Isaías: "Em lugar da dupla confusão e vergonha a que foram submetidos, darão graças pela parte que lhes tocará e, por isso, possuirão na sua terra uma dupla porção, e terão uma alegria eterna" (Is 61,7).

Diz-se *duplo* aquilo que consta de duas partes. Por isso, consolará a alma e consolará também o corpo, porque restaurará todas as suas ruínas. Através de Amós, o Senhor promete: "Naquele dia, levantarei a morada de Davi, que caiu; repararei as brechas dos seus muros, restaurarei o que se tinha arruinado" (Am 9,11). A morada de Davi, isto é, o corpo do justo, que caiu com a morte, o Senhor o ressuscitará naquele dia, isto é, na ressurreição final; e então, reparará as aberturas de seus muros, isto é, os sofrimentos e as tribulações de seus membros, para que neles não exista mais sofrimento algum. E já que não existe verdadeira ressurreição se não se reergue aquilo que caiu, acrescenta: "E restaurarei aquilo que havia caído". De fato, diz Jó: "Na minha própria carne verei a Deus, meu salvador" (Jó 19,26).

E já que aqui o justo ficou deserto, isto é, sozinho, no recolhimento do seu espírito, e solitário pela pobreza sofrida no seu corpo, lá sua alma será deliciada pelo sabor da sabedoria com a qual se saciam os anjos; e seu corpo, como jardim do Senhor, será irrigado pelos quatro rios do paraíso (cf. Gn 2,10-14), isto é, será dotado das quatro propriedades dos corpos glorificados. E em referência a essas quatro propriedades é dito: "júbilo" pela luminosidade, "alegria" pela agilidade, "ação de graças" pela sutilidade e "canto de louvor" pela impassibilidade "encontrar-se-ão nela", isto é, na "estola", na veste do corpo glorificado. Bem-aventurado aquele que merece ser consolado pelo Consolador com essa dupla consolação.

I – Sermão sobre o sentido literal do evangelho desta festa

5. "O Paráclito, o Espírito Santo." É aquele que pelo Pai e pelo Filho é infuso no coração dos santos; é aquele por meio do qual eles são santificados, para merecerem ser santos. Como o espírito humano é a vida do corpo, assim este Espírito divino é a vida dos espíritos: aquele é vida *sensificante* (que torna sensível), este é vida *santificante*. E é chamado Espírito Santo porque sem ele nenhum espírito, nem angélico nem humano, pode tornar-se santo.

"Que o Pai enviará em meu nome", isto é, para a minha glória, quer dizer, para manifestar a minha glória, ou também porque tem o mesmo nome que o Filho, isto é, Deus. E acrescenta: "Ele me glorificará" (Jo 16,14), porque tornando-vos espirituais proclamará de que modo o Filho é igual ao Pai, aquele Filho que conhecestes só na carne, como homem (cf. 2Cor 5,16); ou também, libertando-vos do vosso temor, tornar-vos-á capazes de anunciar a todo o mundo a minha glória, não para meu proveito, mas para proveito dos homens.

"Ele vos ensinará todas as coisas." Diz Joel: "Filhos de Sião, exultai e alegrai-vos no Senhor vosso Deus, porque ele vos deu o Mestre da justiça" (Jl 2,23), que vos instruirá, para que conheçais tudo aquilo que se refere à salvação.

E pouco antes o Senhor promete: "Eis que vou enviar-vos trigo, vinho e óleo e os tereis em abundância" (Jl 2,19). O Espírito é chamado trigo, porque sustenta aquele que caminha para a pátria, a fim de que não desfaleça no caminho (cf. Mt 15,32); é chamado vinho, porque levanta e alegra na tribulação; é chamado óleo, porque atenua a aspereza.

Essas três ações do Espírito eram absolutamente necessárias aos apóstolos que iam pregar em todo o mundo; e por isso, hoje, o Senhor enviou-lhes o Espírito Santo que infundiu neles esses três dons e dos quais ficaram repletos. Eis, pois, que se canta: "Todos ficaram cheios do Espírito Santo" (At 2,4; 4,31), a fim de que neles não pudesse entrar o espírito do mundo: de fato um vaso bem cheio de uma coisa não recebe qualquer outra coisa.

"E vos recordará todas as coisas", isto é, vos apresentará, vos fará retornar à mente "tudo aquilo que eu vos havia dito". Instruir-vos-á para que conheçais, inspirar-vos-á para que queirais.

Eis, pois, que o Espírito Santo nos dá o conhecer e o querer: de nossa parte, enquanto nos for possível, acrescentemos-lhe tudo aquilo que depende de nós, e assim nos tornaremos o templo do próprio Santo Espírito. Que o envie também sobre nós o Filho, que é bendito nos séculos. Amém.

II – Sermão alegórico

6. "Um rio de fogo brotava rápido da face do Antigo dos dias" (Dn 7,10), isto é, do Velho. Estas palavras são de Daniel. Encontramos palavras semelhantes também em Isaías: "Farei correr a água sobre a terra sequiosa e rios sobre o terreno seco.

Derramarei o meu Espírito sobre a tua posteridade e a minha bênção sobre a tua descendência" (Is 44,3). E é também o que Pedro proclamou em Jerusalém depois da descida do Espírito Santo: "Derramarei o meu Espírito sobre cada pessoa; e vossos filhos e vossas filhas profetizarão" (At 2,17).

O rio, que tem sempre águas correntes, representa o perene fluxo das águas. A própria água é rio, e o rio é o próprio correr das águas. O rio é a graça do Espírito Santo que hoje irrigou em profusão o coração dos apóstolos, saciou-os e os purificou. "Derramarei sobre vós água pura, e sereis purificados de todas as vossas imundícies" (Ez 36,25).

Este rio é dito "de fogo". Com efeito, o que é o Espírito Santo senão o fogo de Deus? Aquilo que o fogo material faz no ferro, também este fogo o faz no coração malvado, insensível e endurecido. Pois, com a efusão desse fogo, a alma do homem perde pouco a pouco toda a feiura, toda a insensibilidade e toda a dureza, e transforma-se à semelhança daquele pelo qual foi inflamada. De fato, com este objetivo é dado ao homem, com este objetivo é infundido nele, para que a ele se conforme, enquanto lhe é possível. Realmente, como se fosse aceso pelo divino fogo, o homem inflama-se todo, arde todo e quase se liquefaz no amor a Deus, segundo aquilo que diz o Apóstolo: "O amor de Deus foi derramado em nossos corações pelo Espírito Santo, que nos foi dado" (Rm 5,5).

Considera depois que o fogo, quando queima as coisas altas, abaixa-as, une as coisas divididas, como o ferro ao ferro, torna claras as coisas escuras, penetra naquelas duras, está sempre em movimento, todos os seus movimentos e seus ímpetos são dirigidos para o alto e ele foge da terra; enfim, envolve na sua ação (de queimar) todas as coisas que ataca.

Estas sete propriedades do fogo podem ser aplicadas aos sete dons do Espírito Santo. Com o dom do *temor* ele abaixa as coisas altas, isto é, humilha os soberbos; com o dom da *piedade* reúne as coisas divididas, isto é, os ânimos discordes; com o dom da *ciência* torna claras as coisas obscuras; com o dom da *fortaleza* penetra nos corações endurecidos; com o dom do *conselho* está sempre em movimento, para que aquele no qual é infundido não definhe mais no torpor, mas esteja sempre a trabalhar para chegar à sua salvação e à do próximo: de fato, "não conhece demoras a graça do Espírito Santo" (Ambrósio); com o dom do *intelecto* influi sobre todos os sentimentos, porque com sua inspiração dá ao homem a capacidade de compreender, em latim *intelligere*, *intus lègere*, isto é, ler por dentro, ler no coração, para buscar as coisas do céu e fugir daquelas da terra; enfim, com o dom da *sabedoria* envolve na sua ação a mente na qual penetra, tornando-a apta a experimentar as coisas do espírito. De fato, diz o Eclesiástico: "Enchi a minha habitação com uma nuvem perfumada (Eclo 24,21). A mente do justo, na qual tem sua morada o Espírito Santo, cheira bem como um vaso ou como um ambiente no qual se conservam as essências aromáticas.

Por isso, a graça do Espírito Santo é chamada "rio de fogo": *rio* porque apaga a sede das coisas temporais e lava as imundícies dos pecados; *de fogo*, porque inflama para amar e ilumina para conhecer. Por isso, diz-se que hoje foi espalhado sobre os apóstolos em línguas de fogo, porque os tornou eloquentes e ardentes: ardiam de amor a Deus e, com a palavra, iluminavam o próximo.

7. "Brotava rápido." Lemos nos Atos dos Apóstolos: "De repente veio do céu um estrondo, como de vento que sopra impetuoso" (At 2,2), isto é, que leva a mente para o alto (latim: *vehit mentem*), ou que elimina o eterno "ai!" (latim: *vae adimens*): "um rio caudaloso alegra a cidade de Deus" (Sl 45,5), porque "encheu toda a casa onde se encontravam" (At 2,2).

Ouvimos para onde corre este rio: vejamos agora de onde tenha brotado: "Brotava da face do Antigo dos dias" (velho). Antigo é como dizer (em latim) *antequam*, "antes que"... Cristo diz de si: "Antes que Abraão fosse, eu Sou!" (Jo 8,58). Ele é, pois, "o Antigo dos dias", porque é o Princípio sem princípio, o sem tempo que forma os tempos e os governa, Deus que reina em toda a parte, de cuja face brotou hoje o rio de fogo. A *face* é assim chamada por "faz conhecer" (latim: *facies*, *facit scire*). Por meio do Filho conhecemos o Pai, por meio do Espírito Santo conhecemos o Filho. "Quando vier o Paráclito, ele dará testemunho de mim" (Jo 15,26).

Rezemos, pois, com devoção ao Filho para que nos envie o Paráclito, o Consolador, por meio do qual podemos conhecê-lo e amá-lo, de modo a sermos dignos de chegar até ele. No-lo conceda ele próprio, o Filho, que é bendito nos séculos. Amém.

III – SERMÃO MORAL

8. "Um rio de fogo brotava rápido da face do Antigo dos dias." Lemos também em Isaías: "Quando ele vier como um rio impetuoso, impelido pelo espírito do Senhor" (Is 59,19). O rio simboliza o fluxo das lágrimas, que o espírito de contrição leva a derramar. Lê-se no Êxodo que Moisés bateu com o cajado na pedra e dela brotou a água (cf. Ex 17,6). A pedra representa o coração endurecido que, se for batido com o cajado da contrição, faz brotar a água das lágrimas. Fira o olho e farás brotar a lágrima; fira o coração e farás brotar a sabedoria.

E este rio é chamado "de fogo", isto é, quente. Lemos no Gênesis: "Este é Aná, que achou umas águas quentes no deserto, enquanto apascentava os jumentos de seu pai Sebeon (Gn 36,24). Aná, que se interpreta "tornado grato", é figura do pecador que a graça divina, dada gratuitamente, tornou grato a Deus. Este encontrou as águas, isto é, as lágrimas ardentes que expulsam o gelo da maldade, não na cidade e no tumulto das coisas mundanas, mas no deserto, na solidão do corpo e da mente. A criança fica toda contente quando a mãe a imerge na água quente para lavá-la. Assim o justo, que é criança no que se refere à malícia, alegra-se quando a graça, como uma mãe, o lava nas lágrimas. "Lavar-me-ás e me tornarei mais branco do que a neve" (Sl 50,9). E encontra estas águas quando encontra os jumentos, isto é, quando com o açoite da disciplina castiga em si mesmo as demoras e as lentidões semelhante àquelas dos jumentos e se esforça por alcançar os pastos eternos.

Ou também: os jumentos são figura das almas fiéis que dizem pertencer a Sebeon, nome que se interpreta "está na dor": nele é representado Cristo, pai do justo que, assumindo a nossa natureza, esteve na dor porque, como diz o Apóstolo, "com lágrimas e fortes gritos ofereceu orações e súplicas" (Hb 5,7); o justo, enquanto apascenta os fiéis de Cristo com a palavra e com o exemplo, encontra as lágrimas na solidão de sua mente, porque da participação nos sofrimentos do próximo nasce a compunção das lágrimas. De fato, diz Jó: "Eu chorava com quem estava na aflição, e minha alma participava dos sofrimentos do pobre" (Jó 30,25). Eis, pois, que a compunção das lágrimas é chamada "rio de fogo" porque purifica e esquenta.

Diz o provérbio: Derrama lágrimas quentes quem chora do fundo do coração. Já que no coração da Madalena era grande o fogo do amor, ela derramou lágrimas ardentes: "Começou a banhar seus pés com lágrimas" (Lc 7,38). Na verdade, suas lágrimas foram um impetuoso rio de fogo, porque destruíram todos os seus pecados. E são perdoados os seus muitos pecados – disse Jesus – porque muito amou (cf. Lc 7,47).

9. "Rio rápido." Lemos em Jó: "Gemo e suspiro em vez de comer e os gemidos da minha dor são como águas que inundam" (Jó 3,24). Como um rio rápido e impetuoso ou as águas de uma inundação arrastam os obstáculos, assim o gemido de dor, isto é, os gemidos e as lágrimas do penitente, arrastam todos os obstáculos das tentações; e como ao rugido do leão todos os outros animais retardam o passo, assim também os demônios se detêm ao gemido do penitente. De fato, sempre em Jó lemos: "Ninguém mais ousava dirigir-lhe a palavra, porque viam que era muito grande o seu sofrimento" (Jó 2,13). As tentações dos demônios, suas sugestões cessam quando no penitente aparece uma dor verdadeiramente grande; e primeiramente deve existir esta dor para que depois possa nutrir-se, isto é, possa experimentar a calma e a tranquilidade da consciência.

Este rio jorra do rosto de Cristo, que vem para o juízo e para retribuir a cada um segundo as suas obras (cf. Mt 16,27). O homem deve considerar a ira tremenda daquele terrível juiz, "diante do qual os poderes dos céus serão abalados" (Lc 21,26), e as colunas do céu estremecem (cf. Jó 26,11), quando, como se lê no Apocalipse, "dirão aos montes e aos rochedos: Caí sobre nós, escondei-nos da face daquele que está sentado sobre o trono e da ira do Cordeiro" (Ap 6,16). Ele que antes ficou mudo diante daqueles que o tosquiavam e que o esbofeteavam, cujo rosto foi sujo de cusparadas, inchado de bofetões e pálido de morte, no dia do juízo será terrível, indignado e inflexível. E quem, então, ousará deter-se para olhar aquele rosto? Se Ester – como se lê na Escritura – quando viu o rosto de Assuero, resplendente de majestade, desmaiou e caiu quase exânime (cf. Est 15,17-18), o que fará o homem quando, no último juízo, vir o rosto do justo juiz tão severo? "Tendo Assuero levantado o rosto e manifestado em seus olhos cintilantes o furor do seu peito, a rainha desmaiou e, trocando-se a sua cor em palidez, deixou cair a sua cabeça vacilante sobre a criada que a acompanhava" (Est 15,10).

Quando alguém reflete atentamente dentro de si sobre todas estas coisas, sente-se sacudido pelo medo, repleto de dor, banhado de lágrimas, e assim "um rio de fogo que arrasta" jorra do rosto de Cristo.

De fato, conclui Isaías: Diante do teu rosto, Senhor, temos concebido e dado à luz o espírito da salvação (cf. Is 26,17-18), isto é, o espírito de uma compunção inundada de lágrimas.

Digne-se concedê-lo também a nós aquele que é bendito nos séculos. Amém.

Prólogo

Confiantes na graça do Verbo encarnado que dá voz e sabedoria (cf. Lc 21,15), "e torna eloquentes as línguas das crianças" (Sb 10,21) e cujas mãos – como diz Ezequiel – estão sob as asas dos quatro animais (cf. Ez 1,8), sob sua guia e nele que é o próprio caminho, em sua honra e para utilidade dos fiéis, comprometemo-nos a levar a termo o trabalho que iniciamos, começando do momento em que teve início toda a criação (cf. Domingo da Septuagésima).

No início deste trabalho propusemo-nos estabelecer uma concordância – embora não de maneira perfeita, ao menos em parte – entre os evangelhos dominicais do ciclo anual e as narrações do Antigo e do Novo Testamento, como se leem na Igreja, e as epístolas dos domingos com o introito da missa.

Tenha-se presente que deste I domingo depois de Pentecostes até o primeiro domingo de agosto lê-se na Igreja a história dos reis, que está dividida em quatro livros: e neste período há oito domingos. Por isso, queremos concordar o quatro com o oito, isto é, adaptando alguns relatos de um livro com as passagens de dois evangelhos, e assim por diante, da melhor maneira possível.

I domingo depois de Pentecostes

Temas do sermão

- Evangelho do I domingo depois de Pentecostes: "Havia um homem rico"; evangelho que se divide em quatro partes.
- Primeiramente sermão ao prelado ou ao pregador da Igreja que, com a funda e a pedra, isto é, com as obras e com a palavra, deve derrotar o diabo: "Davi tomou seu cajado".
- Parte I: Sermão contra os ricos deste mundo: "Havia um homem no Deserto de Maon".
- Sermão contra os prazeres dos cinco sentidos: "Ai de vós que já de manhã vos levantais embriagados".
- Sermão contra o gulosos: "Vinha o filho do sacerdote".
- Sermão sobre a caridade: "Deus é amor".
- Sermão moral sobre o rico, isto é, o corpo, e sobre Lázaro, isto é, a alma pecadora: "Havia um homem rico".
- Sermão sobre a piscina, seus cinco pórticos e seu significado: "Havia em Jerusalém uma piscina chamada Probática".
- Sermão aos pregadores: "Os cães vinham lamber-lhe as feridas".
- Parte II: Sermão sobre o rico e o pobre: "Havia duas mulheres, Fenena e Ana".
- Sermão sobre a condenação do rico e a glória do pobre: "Dagon jazia por terra", e "Morrerei no meu pequeno ninho".
- Sermão sobre a sepultura do ímpio: "Isto diz o Senhor a Joaquim", e "Quando o homem morrer".
- Parte III: Sermão contra os detratores: "Não tomeis parte nos banquetes do povo"; a tríplice espada da detração.
- Note-se que aquele que está em pecado mortal, se fizer obras boas, aproveitam-lhe de cinco modos.
- Sermão contra aqueles que vivem nas riquezas e nos prazeres, dos quais muito cedo serão privados: "Davi tomou a lança e o jarro da água".
- Parte IV: Sermão sobre a casa do Pai e os cinco irmãos do rico; seu significado: "Peço-te, pai".
- Sermão sobre a escravidão dos cinco sentidos: "Abigail levantou-se e se apressou a chegar a Davi".

Exórdio – Sermão ao prelado e ao pregador da Igreja

1. Naquele tempo, Jesus disse aos seus discípulos: "Havia um homem rico, que se vestia de púrpura e de linho fino, e todos os dias se banqueteava esplendidamente" (Lc 16,19).

No Primeiro livro dos Reis narra-se que Davi "tomou seu cajado, que trazia sempre na mão, escolheu na torrente cinco pedras bem lisas, colocou-as na sacola de pastor que trazia consigo, tomou a funda na mão e saiu contra o filisteu" (1Sm 17,40). Presta atenção a estas quatro coisas: o cajado, as cinco pedras, a sacola e a funda. No cajado está representada a cruz de Cristo; nas cinco pedras, o conhecimento do Antigo Testamento; na sacola de pastor, a graça do Novo Testamento; na funda, a justa balança do juízo. Portanto, Davi, isto é, o pregador, deve tomar o cajado, isto é, a cruz de Cristo, para, apoiado nela, mais facilmente poder suportar o cansaço do caminho.

Desse cajado fala-se no Gênesis: "Passei o Jordão só com o meu bastão, e agora volto com duas turmas" (Gn 32,10). O justo atravessa o amor transitório deste mundo com o bastão da cruz de Cristo e assim retorna à Terra Prometida com duas turmas, isto é, com os frutos da vida ativa e da contemplativa. O pregador deve ter esse cajado sempre na mão com as boas obras. De fato, diz Habacuc: "O seu resplendor será como a luz, e raios (poder) sairão de suas mãos" (Hab 3,4). O resplendor da santa vida e da pregação é luz para o pecador: "Vós sois a luz do mundo" (Mt 5,14). Nas próprias mãos do pregador devem existir os dois braços da cruz a fim de que, com as mãos pregadas sobre eles, nunca possa estendê-las a coisas ilícitas.

"Escolheu na torrente cinco pedras bem lisas e as pôs na sacola de pastor que levava consigo." A sacola de pastor é chamada em latim *pera*, nome que pode indicar também o vaso no qual se põe o leite: e é figura do Novo Testamento, no qual se encontra a graça, que pode ser comparada ao leite. Nada é mais agradável (latim: *gratius*) do que o leite, pois a mãe o oferece gratuitamente (latim: *gratis*) ao filho, sem nada exigir por ele. As cinco pedras representam os cinco livros de Moisés (Pentateuco), com os quais entendemos o conhecimento de todo o Antigo Testamento: livros que, como sustento da pregação, o pregador deve tomar da torrente, isto é, da abundância da Sagrada Escritura, e repor na sacola do evangelho. De fato, no Novo Testamento está reposta a compreensão do Antigo, porque "uma roda está no meio de outra roda" (Ez 1,16).

Ou, nas cinco pedras podemos ver representadas as severas censuras com as quais se devem golpear, sem piedade, aqueles que são escravos dos sentidos do corpo. Com efeito, os transgressores do Antigo Testamento, sepultados sob os golpes de pedra, eram figura dos pecadores do Novo Testamento, que se devem golpear com ásperas censuras.

"Tomou na mão a funda e saiu contra o filisteu." Na funda, que tem as duas correias da mesma largura, está representada a coerência entre a doutrina e a vida. O pregador deve ter na mão esta funda, a fim de que a mão corresponda à boca, e o seu comportamento corresponda ao seu ensinamento: só assim poderá sair contra o filisteu e matá-lo. Filisteu interpreta-se "que cai por beber demais" e representa o rico deste mundo coberto de púrpura (cf. Lc 16,19), embriagado pelos excessos da gula e da luxúria, que da graça cai na culpa e pela culpa arruinar-se-á depois na geena: dele se fala exatamente no evangelho de hoje: "Havia um homem rico, vestido de púrpura" etc.

2. Neste evangelho devem ser considerados quatro fatos: primeiro, a desigual condição de vida do rico vestido de púrpura e do mendigo Lázaro: "Havia um homem rico"; segundo, a morte de ambos: "Aconteceu que depois morreu o mendigo"; terceiro, o castigo do rico e a glória de Lázaro: "Levantando os seus olhos"; quarto, a desesperada súplica do rico em favor de seus cinco irmãos: "Peço-te, pai Abraão!..." Enquanto o Senhor no-lo conceder, procuraremos concordar com essas quatro partes do evangelho alguns relatos do Primeiro livro dos Reis.

Observa ainda que no introito deste domingo canta-se: "Ó Senhor, esperei na tua misericórdia" (Sl 12,6). Depois, lê-se um trecho da Primeira carta do Bem-aventurado João: "Deus é amor" (1Jo 4,8); trecho que dividiremos em quatro partes, concordando-as com as acima mencionadas quatro partes do evangelho. Primeira parte: "Deus é amor"; segunda: "Nisto consiste o perfeito amor"; terceira: "No amor não existe temor"; quarta: "Nós, pois, amamos o Senhor".

I – A DIFERENTE CONDIÇÃO DE VIDA DO RICO, VESTIDO DE PÚRPURA, E DO MENDIGO LÁZARO

3. "Havia um homem rico que se vestia de púrpura e de linho fino, e todos os dias banqueteava-se esplendidamente" (Lc 16,19). Esse rico, em certo sentido desconhecido diante de Deus, não é indicado pelo nome. Realmente, não foi considerado digno de ser escrito nesse Santo Evangelho com o seu nome, aquele que nunca teria sido escrito no livro da vida eterna. Em sinal de reprovação, o relato começa com as palavras: *Homo quidam*, um tal. Também nós dizemos *um tal*, de um homem que desprezamos ou que não conhecemos. Esse *tal* representa todos os mundanos, carnais e vendidos como escravos do pecado (cf. Rm 7,14); dele diz o salmo: "Eis o homem que não pôs em Deus sua proteção, mas que confiou na multidão de suas riquezas, e cria-se forte na sua vaidade" (Sl 51,9). Considera estas três palavras: não pôs, confiava, cria-se forte. A elas correspondem às três expressões do evangelho: "Havia um homem rico, que, portanto, "não pôs em Deus sua proteção"; "vestia-se de púrpura e linho fino" porque "confiava nas suas grandes riquezas"; "e todos os dias banqueteava-se esplendidamente" e assim "cria-se forte na sua vaidade".

Concorda com tudo isso aquilo que lemos no Primeiro livro dos Reis: "Ora, havia no Deserto de Maon um homem, que tinha suas posses no Carmelo; e aquele homem era muito rico. Em sua casa fazia um banquete, como banquete de rei, e seu coração estava alegre, porque estava muito embriagado. E o nome daquele homem era Nabal" (1Sm 25,2.36). Nabal interpreta-se "insensato", Maon "habitação" e Carmelo "mole".

As três partes desta passagem correspondem às três partes do evangelho. Diz o evangelho: "Havia um homem rico", e o Primeiro livro dos Reis: "Havia um homem no Deserto de Maon". No evangelho: "Vestia-se de púrpura e linho fino", o Livro dos Reis: "Este era muito rico". O evangelho continua: "Todos os dias banqueteava-se esplendidamente", e o Livro dos Reis: "Em sua casa fazia um banquete, como um banquete de rei".

4. O rico deste mundo é insensato, porque não tem o gosto das coisas de Deus (cf. Mt 16,23; Mc 8,33); ele está "no Deserto de Maon", isto é, na morada da qual se diz: "Sua morada será deserta" (Sl 68,26); "possuía bens no Carmelo", isto é, vivia na moleza; por isso, diz o Profeta Amós: "Ai de vós que dormis em leitos de marfim e vos entregais à moleza nos vossos leitos" (Am 6,4).

"E aquele homem era muito rico." Diz Davi: "Vi o ímpio sumamente exaltado e elevado como os cedros do Líbano" (Sl 36,35). E Jó: "Eu vi o insensato com profundas raízes, e imediatamente amaldiçoei seu aspecto" (Jó 5,3).

"Em sua casa fazia um banquete, como um banquete de rei." De fato, diz Amós: "Ai de vós que sois ricos em Sião, que comeis os melhores cordeiros do rebanho e os mais escolhidos novilhos da manada, que bebeis vinho em grandes cálices, que vos perfumais com óleos preciosos" (Am 6,1.4.6). E Isaías: "Ai de vós que vos levantais pela manhã para vos embriagar e para beberdes até a tarde com tal excesso que venhais a ficar de todo esquentados pelo vinho. A cítara, a lira, o tímpano, a flauta, o vinho encontram-se nos vossos banquetes; e vós não olhais para a obra do Senhor, nem considerais as obras de suas mãos" (Is 5,11-12).

Nesses quatro instrumentos musicais e no vinho é representado o prazer dos cinco sentidos. A *cítara*, sobre a qual são estendidas as cordas formadas com as entranhas de um animal morto, representa a vista, que é como que estendida para as coisas que se olham com cobiça. A *lira*, assim chamada pela variedade das vozes, enquanto produz sons diversos, representa o ouvido que se delicia exatamente com a variedade das vozes. O *tímpano*, que, percutido pelas mãos, ressoa, é figura do tato. A *flauta* representa o olfato das narinas, através das quais emitimos a respiração, como acontece exatamente através da flauta. Enfim, o *vinho* refere-se claramente ao gosto. Aqueles que são escravos desses cinco sentidos não prestam sua atenção à obra do Senhor, ao que ele operou sobre a nossa terra (cf. SL 73,12), quer dizer, à sua paixão e morte; e não querem olhar para a obra de suas mãos, isto é, para seus pobres, que ele próprio modelou com suas mãos na roda (torno) da pregação e forjou na fornalha da pobreza, como faz exatamente o oleiro com a argila.

5. "Havia um homem rico que se vestia de púrpura e linho fino, e todos os dias banqueteava-se esplendidamente." Observa que na púrpura é indicada a dignidade mundana, no linho fino, a preciosidade das vestes e no banquete, os prazeres da gula.

A púrpura tem a cor do manto real; é emitida pelas conchas marinhas, incisas com o ferro. As conchas, chamadas em latim *conchae* porque se escavam, isto é, esvaziam-se quando falta a lua, representam os pobres, os quais, quando falta a lua, isto é, quando desaparece a prosperidade do mundo, esvaziam-se de seus bens.

O homem rico, isto é, o poder secular, incide esses pobres com o ferro de seu poder, cava-lhe o sangue do dinheiro, e com ele se confecciona a púrpura da dignidade e do poder. Destes diz Jó: "Ceifam o campo que não é seu, vindimam a vinha daquele a quem oprimiram com violência. Deixam nus os homens, tirando as vestes àqueles que não têm com que se cobrir durante o frio" (Jó 24,6-7). Em semelhante púrpura estava envolvida também a meretriz de que fala o Apocalipse (cf. Ap 17,4). O homem rico e a meretriz representam a mesma coisa: o *homem*, porque é feito de *humus*, isto é, de terra; a *meretriz*, porque se põe à disposição do diabo.

O linho fino é uma espécie de linho, cândido e suavíssimo: representa o requinte no vestir. E "aqueles que usam vestes macias estão nos palácios dos reis" (Mt 11,8), isto é, dos demônios. "Não te vanglories de tuas vestes", diz o Eclesiástico (Eclo 11,4); e Pedro: "O vosso adorno não seja o exterior: cabelos frisados, colares de ouro, preparo dos vestidos, mas seja antes o interior do vosso coração, do espírito incorruptível, cheio de mansidão e de paz, que é de grande valor diante de Deus" (1Pd 3,3-4).

"E todos os dias banqueteava-se esplendidamente." Também com isso concorda aquilo que lemos no Primeiro livro dos Reis: "Enquanto a carne cozia, vinha o servo do sacerdote, tendo na mão o garfo de três pontas, e punha-o na panela ou na caldeira; e tudo o que o garfo trazia, o sacerdote o tomava para si... Vinha o servo do sacerdote e dizia a quem oferecia o sacrifício: Dá-me carne a fim de a cozer para o sacerdote, porque eu não receberei de ti carne cozida, mas crua" (1Sm 2,13-14.15).

No sacerdote é representado o ventre e no seu servo a avidez da gula, da qual diz Salomão: "O jovem abandonado à sua vontade é a vergonha de sua mãe" (Pr 29,15). Se a avidez da gula não for freada, mas for deixada a seus instintos, desonra sua mãe, isto é, a carne, o corpo, que às vezes, por causa do excesso de alimento, vai ao encontro de doenças e é como que preso pelo laço.

Esse servo tem na mão um garfo de três pontas, no qual é indicado o tríplice "assalto" da gula: de fato, ou consome os bens dos outros, devorando-os, ou destrói os próprios vivendo dissolutamente, ou não observa tempos e modos de assumir os alimentos que são permitidos. Tudo o que o garfo tira com essas três pontas, o ventre-sacerdote o reivindica para si, e pretende que não lhe seja dada carne cozida, mas crua, como o lobo, para poder prepará-la com maior cuidado. Justamente, pois, se diz: "Todos os dias banqueteava-se esplendidamente".

6. "E havia um mendigo de nome Lázaro..." (Lc 16,20). Põe em confronto entre si cada uma das partes: põe em confronto o ouro com o chumbo, para que a mesquinhez do chumbo apareça ainda maior diante do esplendor do ouro. O primeiro é chamado: um tal; o segundo: de nome Lázaro. Aquele rico, este mendigo; aquele "vestia-se de púrpura e linho fino, este era coberto de chagas; aquele todos os dias

banqueteava-se esplendidamente, este desejava saciar-se com as migalhas que caíam da mesa do rico, mas ninguém lhas dava; até os cães vinham lamber-lhe as chagas" (Lc 16,20-21). E Lázaro não tinha condições de afastá-los de si, nem havia algum passante que o fizesse para ele.

Ó divina condescendência! Ó bem-aventurança do mendigo! Ó miseranda condenação do rico! Nada é mais infeliz – diz Jerônimo – do que a felicidade de quem peca. E Agostinho: Não existe sinal mais evidente de condenação do que quando as coisas temporais vão de acordo com a nossa vontade. Aos santos, porém, Deus subtrai as coisas temporais, para que não percam as eternas. De fato, diz Gregório: Tiramos das crianças o dinheiro, embora conservando para elas toda a herança.

"Havia um mendigo de nome Lázaro." O pobre, o humilde é indicado com seu nome, em sinal de estima. Esse Lázaro, nome que significa "ajudado", representa todos os pobres de Cristo, pobres que ele próprio ajuda e socorre em suas necessidades. Por isso, estas duas palavras *mendigo* e *Lázaro* estão justamente unidas. Diz-se "mendigo" para indicar alguém que tem menos do que lhe é necessário para viver, e pode significar também: "digo com a mão" (latim: *manu dico*), porque entre os antigos havia o uso de fechar a boca aos necessitados e fazer-lhes estender a mão, exatamente para fazê-los falar só com a mão. Aquele pobre foi ajudado pelo Senhor porque soube manter fechada a boca para não proferir palavras de impaciência, mas estendeu a mão de sua mente devota.

"Ele jazia à porta do rico." Eis que a arca do Senhor jaz aos pés de Dagon (cf. 1Sm 5,2). Mas espera um pouco e verás, ao contrário, a queda de Dagon e a exaltação da arca (cf. 1Sm 5,3-5). O pobre não entrou na porta do rico, nem o rico lhe mandou para fora o socorro de uma refeição. Não se comportou assim Jó, o qual diz: "O peregrino não ficou de fora, a minha porta esteve sempre aberta para o viandante" (Jó 31,32). E ainda: "Nunca neguei aos pobres o que pediam, nem fiz esperar os olhos da viúva. Nunca comi sozinho o meu bocado, sem que dele comesse também o órfão" (Jó 31,16-17).

"Estava coberto de chagas." A chaga, em latim *ulcus*, úlcera, que se forma sobre a pele, pode-se identificar com a gangrena. Estava, pois, coberto de chagas aquele que pouco depois teria sido levado pelos anjos ao seio de Abraão.

"Desejava saciar-se com as migalhas que caíam da mesa do rico, mas ninguém lhas dava." Migalha, em latim *mica*, é uma pequeníssima parte de pão que cai. O verdadeiro pobre contenta-se com o mínimo, deseja o mínimo: e este "mínimo", unido com o "grande" de Deus, sacia-o e o revigora. Mas aquele que não quis dar nem a migalha de pão, não mereceu depois receber nem uma gota de água.

"Até os cães vinham lamber-lhe as chagas." A *Glosa* comenta: Se vemos nos pobres algo de repugnante, não devemos desprezá-los porque, mesmo que possam ter alguma mancha nos seus costumes, a pobreza é a medicina que os purifica. Por um único fato são emitidos por Deus dois juízos, e ao rico que não sente piedade à vista do pobre é decretado o máximo da pena. Além disso, à vista do rico, o pobre é todos os dias tentado e posto à prova: e esta prova torna-se para ele sempre mais árdua pela pobreza unida à doença, pela vista da abundância do rico e pela total falta de qualquer conforto e alívio.

Por isso, o pobre, privado de qualquer socorro humano, confiante só na divina misericórdia, reza no introito da missa de hoje: "Senhor, eu confiei na tua misericórdia. Meu coração exultou na tua salvação, cantarei ao Senhor que me deu bens" (Sl 12,6). Nota que disse três coisas: Confiei, o meu coração exultou e cantarei ao Senhor. O verdadeiro pobre confia na misericórdia de Deus, seu coração exulta mesmo na miséria do mundo, e assim cantará seu louvor ao Senhor na glória eterna.

7. Com esta primeira parte do evangelho concorda a primeira parte da epístola de hoje: "Deus é amor" (1Jo 4,8). Sendo o amor (a caridade) a principal das virtudes, façamos sobre ela alguma consideração com um breve sermão particular.

"O amor com o qual se ama a Deus e se ama o próximo é exatamente o mesmo, e este amor é o Espírito Santo, porque Deus é amor" (P. Lombardo). Essa lei do amor – como diz Agostinho – é instituída por Deus, para que tu ames a Deus por si mesmo e com todo o coração, e o próximo como a ti mesmo: isto é, ames também a ti mesmo em ordem ao próximo e pelo próximo. De fato, deves amar a ti mesmo pelo bem e em ordem a Deus, e também o próximo deve ser amado pelo bem, e não pelo mal, e em ordem a Deus. Depois, como próximo deve-se entender todos os homens, porque não existe ninguém com o qual se possa agir mal.

O modo de praticar esse amor é indicado quando se diz: "Amarás o Senhor teu Deus com todo o coração", isto é, com toda a inteligência, "com toda a alma", isto é, com toda a vontade, "com toda a mente" isto é, com a memória, de modo que tu atribuas todos os pensamentos, toda a vida e toda a inteligência àquele do qual tens tudo aquilo que deves atribuir-lhe. Dizendo isso, não deixa livre a mínima parte de nossa vida, mas qualquer coisa que passe pelo ânimo seja arrebatada para aquele ao qual corre o ímpeto do amor (P. Lombardo).

O Bem-aventurado João, na epístola de hoje, expôs muitas coisas sobre o amor a Deus e ao próximo e a ele nos exortou: "Nisso manifestou-se o amor de Deus por nós: Deus enviou o seu Filho unigênito ao mundo para que nós vivêssemos para ele" (1Jo 4,9).

Quão grande foi o amor de Deus Pai por nós! Ele enviou precisamente para nós o seu Filho unigênito, para que o amássemos vivendo para ele, sem o qual viver é morrer, porque "quem não ama permanece na morte" (1Jo 3,14). Portanto, se Deus nos amou a ponto de dar-nos seu Dileto, por meio do qual fez todas as coisas, também nós devemos amar-nos mutuamente. "Dou-vos um mandamento novo, que vos ameis uns aos outros" (Jo 13,34). E já que o rico, vestido de púrpura, não observou esse mandamento, permaneceu na morte. De fato, foi sepultado vivo, porque não amou a vida, que é amor; pecou porque no amor subverteu a ordem dos valores.

Diz Agostinho: "Quatro coisas se devem amar: primeiro, aquele que está acima de nós, isto é, Deus; segundo, aquilo que somos nós (nós mesmos); terceiro, aquilo que nos está próximo, isto é, o próximo; quarto, aquilo que está abaixo de nós, isto é, o corpo. O rico amou primeiramente e acima de tudo o seu corpo; de Deus, de sua alma e do próximo simplesmente não se importou, e por isso foi condenado.

O nosso corpo, diz o Bem-aventurado Bernardo, devemos considerá-lo como um doente confiado aos nossos cuidados: a ele devemos saber negar muitas coisas inúteis que ele quereria ter e, ao contrário, fazer-lhe aceitar muitas coisas úteis que não quereria. Devemos agir com o corpo como se não pertencesse a nós, mas só àquele pelo qual temos sido comprados a alto preço, a fim de que o glorifiquemos também com o nosso corpo (cf. 1Cor 6,20). Façamos de maneira que o Senhor não deva censurar-nos com as palavras de Ezequiel: "Visto que te esqueceste de mim e me lançaste para trás do teu corpo, expiarás a tua desonestidade e as tuas maldades" (Ez 23,35). Portanto, devemos pôr o corpo em quarto e último lugar no nosso amor: não como se devêssemos viver para ele, mas porque sem ele não podemos viver.

E da mísera vida do corpo, digne-se conduzir-nos a si aquele que é a vida que vive para sempre. Ele é bendito nos séculos eternos. Amém.

8. Sentido moral. "Havia um homem rico" etc. Por "homem" entendemos o corpo, por "Lázaro", a alma.

Homem vem do latim *humus*, húmus (terra), e é o corpo criado da terra, do qual diz Jeremias: "Maldito o homem que confia no homem" (Jr 17,5). O nosso corpo é maldito; de fato, diz o Gênesis: "Maldita a terra", isto é, o corpo, "por tua causa" (Gn 3,17), pela culpa das tuas obras, quer dizer, pelo pecado de desobediência. E com que maldição foi amaldiçoado? "Ela te produzirá espinhos e abrolhos" (Gn 3,18). Nos espinhos são indicadas a fome, a sede e a condenação à morte; nos abrolhos as tentações da carne que atormentam a alma. Eis os frutos que nos produz a "terra maldita", isto é, o corpo. E dessa maldição diz Moisés no Deuteronômio: "É maldito aquele que está pendente do lenho" (Dt 21,23; Gl 3,13). O lenho seco representa a glória deste mundo, da qual este homem pende amarrado com a corda do amor terreno e, portanto, é maldito. Por isso, com razão se diz: "Havia um homem rico".

Mas ai!, de quantas riquezas abunda esse homem e quantas delas ainda deseja: não lhe basta todo o mundo. Ao pequeno corpo de um só homem não bastam muitas riquezas e muitas propriedades. Esse mísero homem não saiu do seio materno revestido de púrpura e de linho fino, mas envolto na placenta viscosa e desagradável; e no término de sua vida retornará à terra nu e sem nada. E isso podemos compreendê-lo ainda melhor considerando o crescimento, o momento do máximo desenvolvimento, o do estacionamento e o declínio do próprio corpo.

Considera que no homem, no término de seu desenvolvimento, a parte superior do corpo é menor do que a parte inferior: e por parte superior entendo aquilo que vai da cabeça até os órgãos dos quais são expulsos os excrementos; por parte inferior, aquela que vai deste último ponto até a extremidade dos pés. Quando o homem é criança, a parte superior do seu corpo é maior; porém, quando envelhece, acontecerá o contrário.

E essa é também a causa da maneira diversa pela qual o homem se move no tempo do crescimento, naquele do estacionamento e naquele do envelhecimento. De fato, a criança no início do seu movimento exterior [fora do seio] caminha sobre os pés e sobre as mãos; depois, pouco a pouco, se ergue e endireita seu corpo até chegar à juventude e ao máximo vigor da idade; a seguir, avançando nos anos, encurva-se.

Esse mísero corpo, no início de sua vida é pequeníssimo; na velhice é curvo; porém, no centro de sua vida, isto é, na juventude, incha-se de riquezas, adorna-se de vestes, engorda de alimentos e bebidas, como o porco se enche de bolotas.

Com razão, pois, se diz: "Havia um homem rico que se vestia de púrpura e de linho fino e todos os dias banqueteava-se esplendidamente".

9. "Havia também um mendigo de nome Lázaro." O mendigo Lázaro representa a mísera alma, pobre e mendiga, que jaz à porta do rico, coberta de chagas. A porta do rico representa os cinco sentidos do corpo, entre os quais jaz a alma mendiga, coberta das chamas dos pecados. De fato, diz João: "Havia em Jerusalém a piscina Probática, que tinha cinco pórticos. Nestes jazia uma grande multidão de enfermos, cegos, coxos e paralíticos, que esperavam o movimento da água" (Jo 5,2-3).

A piscina, assim chamada porque está cheia de peixes, representa o corpo, que é cheio de peixes, isto é, de pensamentos ociosos e indiscretos. Esta piscina tem cinco pórticos, isto é, os cinco sentidos. O pórtico (de porta) chama-se assim porque é aberto: de fato, os cinco sentidos do corpo estão abertos aos vícios. Diz Jeremias: "A morte entrou por nossas janelas" (Jr 9,21). E Naum: "As portas da tua terra abrir--se-ão de par em par aos teus inimigos, e o fogo devorará as tuas trancas" (Na 3,13). Quando o fogo da concupiscência carnal queimar as trancas, isto é, os dons da graça e da natureza, pelos quais a alma é guardada quando é provida delas, então as portas da nossa terra, isto é, os cinco sentidos do nosso corpo, estão abertos aos nossos inimigos, quer dizer, aos vícios e aos demônios.

Nesses cinco pórticos, a alma jaz desfalecida, cega, coxa, paralítica (árida). Desfalecida porque privada da força das virtudes; cega porque privada da luz da razão; coxa de ambos os pés, quer dizer, privada do estímulo da boa vontade e da realização das boas obras; paralítica (árida), isto é, sem a seiva da compunção. Essas são as chagas de que está coberta enquanto jaz à porta do rico, "desejando saciar-se com as migalhas que caem da mesa do rico".

A mesa simboliza a prosperidade deste mundo e tem quatro "pés" (pernas): as riquezas, as honras, os prazeres e a saúde do corpo. O Apóstolo fala delas aos coríntios: "Não podeis ser participantes da mesa do Senhor e da mesa dos demônios" (1Cor 10,21). A mesa do Senhor foi a pobreza, da qual ele participou junto com seus apóstolos; a mesa dos demônios é a prosperidade dos seculares, da qual o profeta diz: "A sua mesa seja para eles um laço, uma recompensa e um escândalo" (Sl 68,23). A prosperidade torna-se para os carnais "laço de pecado", "a recompensa" de Deus, que dará a eles os males do inferno em troca dos bens que tiveram no século, e um "escândalo" para o próximo.

As migalhas que caem dessa mesa são os pensamentos imundos, as várias preocupações, as diversas ocupações, que, como vermes, fervilham nas chagas da alma.

Delas a alma desventurada deseja saciar-se, mas não pode. Com efeito, diz Jeremias: "Deram o que tinham de mais precioso em troca de alimento para sustentar a vida" (Lm 1,11). As coisas mais preciosas são as virtudes, que os carnais vendem em troca de alimento, isto é, dos prazeres da carne, que não saciam, mas que às vezes dão a sensação de sustentar a alma.

10. A este mendigo Lázaro, coberto de chagas, resta um só alívio: a língua dos cães. De fato, o evangelho acrescenta: "Até os cães vinham lamber-lhe as chagas". Os cães, assim chamados pelo "canto" do latido, são figura dos pregadores, dos quais diz o salmo: "A língua dos teus cães tenha dele", isto é, do Senhor, "a sua parte entre os teus inimigos" (Sl 67,24): aqueles que foram teus inimigos, tornar-se-ão teus amigos, como aconteceu quando Saulo se tornou Paulo.

E considera que, como a língua do cão é "medicamentosa" (curativa), assim é também a língua do pregador, que é o médico das almas. De fato, diz Jeremias: "Porventura não há bálsamo em Galaad? Ou não se acha lá nenhum médico? Por que não foi, pois, cicatrizada a ferida da filha do meu povo?" (Jr 8,22).

Galaad, que se interpreta "cúmulo de testemunhos", é a Santa Igreja, na qual acumularam-se os testemunhos das Escrituras: nela existe o bálsamo da penitência e o médico, isto é, o pregador, que o confecciona. Por que, então, a chaga da alma pecadora não está curada, e ainda não cicatrizou?

"Vinham, pois, os cães e lhe lambiam as chagas." Presta atenção que nesta palavra "lambiam" são indicadas duas coisas: a avidez e a delicadeza; de fato, lamber ou tocar levemente diz-se em latim *lingo*, isto é, *leniter ago*, trato delicadamente. Com efeito, o pregador, com a língua da pregação, deve sanar com avidez as chagas dos pecadores, mas deve também tocá-las com delicadeza, a fim de que sob sua língua haja mel e leite (cf. Ct 4,11), isto é, uma doutrina, um ensinamento doce e delicado. Diz o Apóstolo: "Se algum homem for surpreendido em algum delito, vós, que sois espirituais, admoestai-o com delicadeza" (Gl 6,1).

Peçamos, pois, ao Senhor Jesus Cristo, que desse homem rico, isto é, do nosso mísero corpo, faça um pobre voluntário, revista-o de cinza e de cilício, dê-lhe pão seco e pouca água (cf. Is 30,20), cure as chagas da alma com a língua de sua doutrina e o coloque no seio de Abraão.

No-lo conceda ele próprio que é bendito nos séculos. Amém.

II – Morte do epulão e de Lázaro

11. "Aconteceu, pois, que o mendigo morreu, e foi levado pelos anjos ao seio de Abraão. Morreu também o rico e foi sepultado no inferno" (Lc 16,22).

Cumpriu-se aquilo que havia dito Ana no Primeiro livro dos Reis: "O arco dos fortes quebrou-se, e os fracos foram revestidos de força" etc., até a conclusão do canto: "Levanta o pobre do pó e do esterco eleva o indigente... para que ocupe um trono de glória" (1Sm 2,4-8).

Com este relato do evangelho concorda aquilo que é narrado no início do Primeiro livro dos Reis. Isto é, havia duas mulheres, Fenena e Ana. "Fenena teve filhos; Ana, porém, não os tinha. Também sua rival, isto é, Fenena, afligia-a e a atormentava asperamente, a ponto de desprezá-la, porque o Senhor a tinha tornado estéril, e assim a provocava. Por isso, Ana chorava e não queria tomar alimento" (1Sm 1,2.6.7).

Fenena, que se interpreta "conversão", é figura do rico vestido de púrpura, que não se converteu a Deus, mas ao mundo, não ao céu, mas ao inferno. Ana, que se interpreta "graça", é figura do mendigo Lázaro, que, sustentado pela graça de Deus, mereceu subir para a glória: o próprio Senhor concedeu-lhe a graça e a glória.

Fenena teve vários filhos. Filho vem do grego *philos*, que significa "amado, amor". O rico teve muitos filhos, quantas foram as obras que produziu por amor à carne e por vaidade do mundo. De fato, lê-se no Livro dos Juízes que Jerobaal (Gedeão), filho de Joás, teve setenta filhos, que saíram dele, porque tinha muitas mulheres (cf. Jz 8,29-30).

Observa, pois, que Fenena, como narram as *Histórias*, teve sete filhos, e Jerobaal, setenta, número que tem o mesmo significado do sete, enquanto indica a totalidade dos vícios. Jerobaal interpreta-se "superior", Joás "temporal". Neste mundo, o rico foi superior ao mendigo Lázaro. O filho é figura do sucesso temporal, que, da soberba, da gula, da avareza e da vanglória gerou, quase de muitas mulheres, a totalidade dos vícios.

Ana, porém, não tinha filhos, porque era estéril; o mendigo Lázaro, homem justo, não tem filhos de obras más, e é estéril, isto é, sem aquele fruto do qual se diz: "Do fruto do trigo, do vinho e do óleo foram abastecidos" (Sl 4,8). No trigo é indicada a abundância das riquezas, no vinho, o prazer da carne, no óleo, os excessos da gula. Com estas três coisas multiplicou-se aquele rico, do qual se diz: "Havia um homem rico": eis o trigo; "vestido de púrpura e linho fino": eis o vinho; "e que todos os dias banqueteava-se esplendidamente": eis o óleo. Assim multiplicado, ele foi sepultado no inferno. "Eu, porém, – diz o pobre – em paz dormi e descansarei" (Sl 4,9), no seio de Abraão.

Considera ainda que Fenena maltratava Ana de quatro maneiras: afligia-a, arguia-a, desprezava-a e a provocava. A mesma coisa fazia o rico ao mendigo Lázaro.

Afligia-o porque lhe negava a ajuda que deveria dar-lhe. Com efeito, Isaías diz àqueles que não dão aos pobres as suas coisas: "As rapinas feitas ao pobre encontram-se em vossa casa. Por que oprimis o meu povo e pisais o rosto dos pobres?, diz o Senhor" (Is 3,14-15).

Arguia-o. Arguir quer dizer convencer e demonstrar. A maneira mais eficaz para demonstrar que o chumbo é um metal de pouco valor é pô-lo em confronto com o ouro. O mesmo acontece com a pobreza, posta em confronto com a riqueza. Por isso, a ostentada abundância do rico punha em evidência a miséria do mendigo.

Desprezava-o quando, envolvido em púrpura, aparecia diante de Lázaro que, coberto de chagas, jazia à sua porta.

E desse modo o *provocava*, isto é, estimulava-o a um maior amor a Deus.

"Consequentemente, Ana chorava e não queria tomar alimento." Lázaro chorava por causa da miséria desse exílio terreno e pela demora da glória (do paraíso); e não tomava alimento porque desejava saciar-se com as migalhas que caíam da mesa do rico e ninguém lhas dava.

Porém, até quando, Senhor Deus, o rico continuará a prosperar e o pobre a sofrer? "Por que motivo [diz Jeremias] é próspero o caminho dos ímpios? Por que aos traidores e àqueles que fazem o mal tudo vai bem?" (Jr 12,1). E Habacuc: "Por que razão olhas tu para os que cometem injustiças e te conservas em silêncio enquanto o ímpio devora os que são mais justos do que ele?" (Hab 1,13). Dize, ó Senhor, até quando durará tudo isso?

12. "Aconteceu então que o mendigo morreu e foi levado pelos anjos ao seio de Abraão. Morreu depois também o rico e foi sepultado no inferno." Eis, pois, que "o arco dos fortes foi quebrado, e o miserável ocupará um trono de glória".

E também sobre isso temos uma concordância no Primeiro livro dos Reis, onde se narra que Dagon [um ídolo] "jazia por terra diante da arca do Senhor: a cabeça do ídolo e suas mãos jaziam cortadas sobre o limiar da porta; só o tronco de Dagon tinha ficado no seu lugar" (1Sm 5,4-5).

A arca do Senhor representa o mendigo Lázaro, no qual, como na Arca do Senhor, havia três coisas: o maná, as tábuas da lei e a vara de Aarão. Em Lázaro havia o maná da paciência, as tábuas do duplo mandamento da caridade, e a vara da disciplina. Essa arca repousou no seio de Abraão: diante dela, Dagon, o ídolo, caiu em pedaços. Dagon interpreta-se "peixe da tristeza". E representa o rico vestido de púrpura, que foi um peixe que percorria os caminhos do mar, neste mundo de tristeza e no inferno. "Sua cabeça e suas mãos jaziam cortadas no limiar da porta."

Na cabeça é indicada a grandeza temporal, nas mãos, o poder e a abundância, no limiar da porta, a saída da vida e a chegada da morte. Portanto, quando Dagon cai, isto é, quando o rico morreu, a cabeça de suas honras e de sua grandeza, as mãos de seu poder e de sua riqueza foram cortadas, ficaram no limiar da porta, isto é, no término da vida, e assim, ele, como o tronco do ídolo, ficou só, nu e impotente, sepultado em seu lugar, isto é, no inferno. Por isso, então é dito: "Morreu também o rico e foi sepultado no inferno". Eis quão grande é a justiça de Deus! O mendigo jazia à porta do rico, coberto de chagas: agora, porém, é o rico que jaz ali sozinho, como um mutilado. De fato, diz Salomão: "Os maus inclinar-se-ão diante dos bons, e os ímpios, à porta do justo" (Pr 14,19).

Lázaro morreu no pequeno ninho de sua pobreza, da qual fala Jó: "Morrerei no meu pequeno ninho, e multiplicarei os meus dias como a palmeira" (Jó 29,18). Quem morre no pequeno ninho da pobreza será plantado como a palmeira na casa da eternidade e da eterna juventude. "O justo – diz-se – florirá como a palmeira" (Sl 91,13).

I domingo depois de Pentecostes

13. "O rico, porém, foi sepultado no inferno." Desta sepultura fala Jeremias: "Diz o Senhor a Joaquim, filho de Josias, rei de Judá: Não o lamentarão dizendo: Ai irmão! Ai irmão! Não chorarão, dizendo: Ai Senhor! Ai ilustre rei! Será sepultado como se sepulta um asno; apodrecerá e será lançado fora das portas de Jerusalém" (Jr 22,18-19).

Considera que a sepultura do asno acontece deste modo: o patrão fica com a pele, os cães devoram suas carnes. Nos ossos, que duram por mais tempo, é representada a alma; a pele, isto é, os bens terrenos ficam com os filhos; as carnes são devoradas pelos vermes; da alma apossam-se os demônios. Por isso, diz o Eclesiástico: Quando o homem morrer terá por herança feras, serpentes e vermes (cf. Eclo 10,13). As feras são os filhos sem coração; as serpentes e os vermes são os demônios. O rico coberto de púrpura teve esta sepultura, pois foi sepultado no inferno.

Com esta segunda parte do evangelho concorda a segunda parte da epístola de hoje: "Nisto é perfeita em nós a caridade de Deus, pelo fato de termos confiança para o dia do juízo, pois, assim como ele é, também nós o somos neste mundo" (1Jo 4,17). E a *Glosa* comenta: Nós demonstramos amar a Deus de modo perfeito se não temermos a chegada do juiz, se não tivermos medo de apresentar-nos a ele. O mendigo Lázaro não temia a chegada do juiz porque amava a Deus de modo perfeito. E não o esperava como juiz que vem para julgar, mas como aquele que vem para dar a recompensa. O rico coberto de púrpura, porém, no qual não havia o amor, certamente não confiava no dia do juízo, já que nunca teve compaixão do pobre. Os justos, porém, têm confiança porque imitam a perfeição do amor a Deus, amando desse modo também os inimigos, como Deus que do céu "faz chover sobre justos e injustos" (Mt 5,45).

Pedimos-te, pois, Senhor Jesus, nós que somos os teus pobres e os teus mendicantes: faze que, com o mendigo Lázaro, morramos no pequeno ninho da pobreza, para depois sermos levados pelos anjos ao seio de Abraão. Concede-o tu que és bendito nos séculos dos séculos. Amém.

III – A PENA DO RICO E A GLÓRIA DE LÁZARO

14. "Em meio aos tormentos, o rico levantou os olhos e viu ao longe Abraão e Lázaro no seu seio. Então, gritando disse: Pai Abraão, compadece-te de mim e manda Lázaro que molhe em água a ponta do seu dedo para refrescar a minha língua, pois sou atormentado nesta chama" (Lc 16,23-24).

O rico levantou os seus olhos, mas em vão, porque cá embaixo decidira manter os olhos dirigidos para a terra (cf. Sl 16,11). Diz Isaías: "Olharemos para a terra, e eis que tudo será trevas de tribulação, e a luz desaparecerá nesta profunda escuridão" (Is 5,30). O rico olhou para o amor das coisas terrenas e, portanto, as trevas da tribulação o envolveram, e a luz, isto é, a sua riqueza, foi obscurecida por sua escuridão, isto é, pela escuridão do inferno.

"Viu Lázaro no seio de Abraão." Quão grande seja o tormento dos maus à vista da felicidade dos bons, atesta-o o Livro da Sabedoria: "Vendo-os assim, perturbar-se-ão com temor horrível os maus, e ficarão assombrados ao ver a repentina salvação dos justos, que eles não esperavam; e dirão dentro de si, tocados de arrependimento, e gemendo com angústia do espírito: Estes são aqueles a quem nós outrora tínhamos por objeto de zombaria e por motivo de vitupério. Nós, insensatos, considerávamos a sua vida uma loucura e a sua morte uma ignomínia. E ei-los que agora são contados entre os filhos de Deus, e entre os santos está a sua sorte" (Sb 5,2-5).

"Então, gritando disse: Pai Abraão..." Pediu uma gota de água aquele que não quis dar uma migalha de pão. Desejava que uma só gota de água caísse sobre sua língua da ponta do dedo de Lázaro, exatamente ele, que não quis dar-lhe nem as migalhas de pão que caíam de sua mesa. Diz um dedo, não porque Lázaro tivesse apontado o dedo [contra ele], mas para desse modo demonstrar que o rico teria considerado um grande benefício também a mínima ajuda, como é exatamente a intinção de um dedo, se tivesse podido conseguir o que pedia.

E acrescenta: "Para refrescar a minha língua". Não teve a língua [na parábola, ele não fala], mas sofreu a pena pelo pecado da língua, porque, como acontece sempre entre os que se banqueteiam, havia-se abandonado às obscenidades. Estava atormentado ainda antes do juízo, porque para o luxurioso estar privado dos prazeres já é um tormento. Observa que não pecou somente pelo vício da gula, mas também com a língua, quando, durante os banquetes, abandonava-se às obscenidades. E contra este vício diz Salomão: "Não participes dos banquetes dos beberrões e das devassidões daqueles que se enchem de carnes" (Pr 23,20). Falando mal e caluniando o próximo, não só comem as carnes, mas também os excrementos, porque não só o denigrem nas boas obras, mas também dizem falsidades; e, portanto, não comem só as carnes dos animais, mas – o que é mais abominável – também carne humana, quando, com o dente da calúnia e da detração, roem as obras dos irmãos, que, ao contrário, são dignas de louvor.

Mas ai!, quantos religiosos ficam hoje sem comer carne, e depois, com o dente da calúnia e da detração, prejudicam seus irmãos. Desses diz Sêneca: "Como cheiram mal por baixo, cheiram mal também por cima". E o Bem-aventurado Bernardo: "Caluniar ou ouvir um caluniador: não me é fácil dizer qual das duas coisas seja mais reprovável". E ainda "Espada de três pontas é a língua do caluniador; de fato, com um só golpe, mata três": isto é, o caluniador, quem o ouve e o caluniado, quando a calúnia cai sobre ele.

15. "Mas Abraão lhe respondeu: Filho, lembra-te que tiveste os teus bens durante a vida e Lázaro, ao contrário, os seus males; por isso, agora ele é consolado e tu és atormentado. Além disso, há entre nós e vós um grande abismo: de maneira que os que querem passar daqui para vós, não podem, nem os de aí passar para nós" (Lc 16,25-26).

Considera que este rico teve algo de bom, isto é, fez coisas boas, obras boas, ainda que não levado pela caridade, e a misericórdia divina, na sua grandeza, recompensou-o com os bens temporais.

"E Lázaro, ao contrário, teve seus males." Pelo mal que havia feito, com os pecados veniais, recebeu como compensação o mal das tribulações. E por isso "agora é consolado, tu, porém, és atormentado".

Observa ainda que aquele que se encontra em pecado mortal, o bem que realiza, as suas obras boas aproveitam-lhe de cinco modos. Primeiro, torna-o mais idôneo a receber a graça; segundo, torna-o capaz de dar bom exemplo ao próximo; terceiro, habitua-o a fazer o bem; quarto, merece-lhe a recompensa dos bens temporais, como aconteceu com este rico; quinto, se morre em pecado mortal, ser-lhe-ão mitigadas as penas do inferno.

Existe, depois, a resposta de Abraão ao pedido do rico: "Entre nós e vós foi posto um grande abismo" etc. Como os condenados quereriam passar dos tormentos para a glória dos santos, assim os justos, levados pela piedade, quereriam, com o pensamento, ir até aqueles que se encontram em meio aos tormentos, para libertá-los. Mas não podem fazê-lo, porque as almas dos justos, embora pela perfeição de sua natureza tenham também a misericórdia, todavia já estão tão perfeitamente ligados à justiça de seu Criador, que não podem mais ser movidos de compaixão em relação aos condenados.

Entre o rico e o pobre existe um abismo tal, que, aqueles que querem atravessá-lo não podem mais fazê-lo, porque, depois da morte, os méritos já não podem ser mudados.

16. E com isso concorda aquilo que encontramos no Primeiro livro dos Reis, onde se narra que Davi tomou a lança e a bilha da água que estava à cabeceira de Saul. Davi, depois de ter passado para o outro lado, parou ao longe sobre o cume do monte; havia um grande espaço entre eles. Então Davi elevou a voz e gritou para Abner: Vê bem onde está a lança do rei e onde está a bilha da água que estava à sua cabeceira (cf. 1Sm 26,12.13.14.16).

Davi interpreta-se "forte de mão", Saul, "aquele que abusa". Na lança está representada a riqueza e na bilha da água, o prazer da gula. Davi é figura do mendigo Lázaro, que foi sempre forte embora em meio a muitas desventuras e tribulações; Saul é a figura do rico, vestido de púrpura, que abusou dos dons que Deus lhe havia dado. Davi subtraiu de Saul a lança e a bilha da água, e assim Lázaro, pelo fato de Saul (i. é, o rico) não querer ter compaixão dele, subtraiu-lhe a lança, quer dizer, o poder da riqueza, e a bilha da água, isto é, o prazer da gula. E Lázaro passou da tribulação ao repouso e assentou-se no cume do monte, ao longe, isto é, no seio de Abraão, que era bem longe dos tormentos do rico.

"E o rico, elevando os olhos" etc. "Davi gritou a Abner: Vê bem onde está a lança do rei, e onde está a bilha da água que estava à sua cabeceira." Ó rico epulão, onde está agora a lança das tuas riquezas, com a qual costumavas atingir os pobres? Onde está a bilha da água, onde está o prazer da gula? Bastaria molhar-te a língua, agora que és atormentado entre as chamas. Com razão, pois, é dito: "Este é consolado, tu, porém, és atormentado".

E com esta terceira parte do evangelho concorda também a terceira parte da epístola de hoje: "Na caridade não há temor; a caridade perfeita lança fora o temor, porque o temor supõe a pena; e aquele que teme não é perfeito na caridade" (1Jo 4,18). No amor do mendigo Lázaro não houve temor: lançou-o fora com seu perfeito amor, porque, como diz a *Glosa*, o amor faz que não se temam as tribulações da vida presente. Ao contrário, o temor do rico, que teve medo de perder aquilo que possuía, conduziu-o ao castigo da morte.

Pedimos-te, Senhor Jesus Cristo, que nos libertes da sede inextinguível e do fogo ardente e nos coloques no seio de Abraão, junto com o Bem-aventurado Lázaro.

Concede-o tu, que és bendito nos séculos dos séculos. Amém.

IV – A DESESPERADA SÚPLICA DO RICO POR SEUS CINCO IRMÃOS

17. "Pai Abraão, rogo-te que mandes Lázaro à casa de meu pai, pois tenho cinco irmãos, para que os advirta disso, e não suceda virem também eles parar neste lugar de tormentos" (Lc 16,27-28). Muito tarde este rico põe-se a fazer de professor: não é mais tempo nem de aprender nem de ensinar. Depois que ao rico, que queima no fogo, faltou a confiança em si mesmo, ele recorre aos vizinhos dizendo: Rogo-te, pai Abraão!...

Presta atenção a estas três coisas: "a casa", "de meu pai", "os cinco irmãos". O pai do rico foi o diabo, porque ele viveu imitando-o. A sua casa foi o mundo, isto é, aqueles que levam uma vida mundana; nesta casa estão seus cinco irmãos, isto é, todos aqueles que são escravos dos cinco sentidos do corpo.

O rico que se vê condenado por causa dos cinco sentidos do corpo, que ele amou como irmãos, agora sente uma certa piedade por aqueles que se dedicam aos prazeres dos sentidos, ele que não teve piedade de si mesmo e procura remediar.

Considera que os carnais amam como irmãos os cinco sentidos do corpo, enquanto os justos os consideram escravos.

Sobre isso encontramos uma concordância no Primeiro livro dos Reis, onde se narra que "Abigail preparou-se depressa, montou no jumento e, acompanhada das cinco donzelas, criadas suas, seguiu os mensageiros de Davi e tornou-se sua mulher" (1Sm 25,42).

Abigail interpreta-se "exultação de meu pai", e é figura da alma que se arrepende: por sua conversão existe grande alegria no céu (cf. Lc 15,7). Ela sobe num jumento, isto é, submete a carne, e a acompanham suas cinco criadas, isto é, os cinco sentidos do corpo: a vista da inteligência, o ouvido da obediência, o gosto da aprovação, o olfato da averiguação e o tato da ação. E assim, põe-se a seguir os mensageiros de Davi, isto é, segue a pobreza, a humildade, a paixão de Jesus Cristo: elas nos falam dele e nos dizem qual foi sua vida neste mundo. E assim torna-se sua esposa, comprometida com ele, a ele ligada por meio do anel de uma fé perfeita.

18. "Então, Abraão lhe respondeu: Têm Moisés e os profetas: ouçam-nos. E ele: Não, pai Abraão; mas se algum dos mortos for ter com eles, farão penitência. Abraão respondeu: Se não ouvem Moisés e os profetas, tampouco acreditarão se algum dos mortos ressuscitar" (Lc 16,29-31). De tudo isso, deduz-se que o rico era judeu, porque seus irmãos estavam sujeitos à lei de Moisés e aos profetas; e talvez por isso Abraão o chama de filho, e ele chama Abraão de pai.

Aquele que havia desprezado as palavras de Deus estava convencido de que também seus seguidores não as teriam ouvido. Aqueles que desprezam as palavras da Lei, muito mais dificilmente observarão os preceitos do Redentor – que precisamente ressuscitou dos mortos –, preceitos que são muito mais comprometedores. E se se recusam a colocar em prática as palavras, sem dúvida recusar-se-ão também a crer nele. Os homens carnais, dedicados aos prazeres da carne, não ouvem Moisés, quer dizer, o santo prelado da Igreja, nem os profetas, isto é, os pregadores; e o que é pior, não creem nem em Cristo, que ressuscitou dos mortos. Saul acreditou em Samuel, evocado por uma adivinha: e nós não creremos no verdadeiro Filho de Deus, realmente ressuscitado dos mortos por Deus, seu Pai?

Eis a concordância que encontramos no Primeiro livro dos Reis. Disse Saul à adivinha: "Adivinha-me por um espírito e faze-me aparecer quem eu te disser. Disse-lhe a mulher: Quem queres que te apareça? Saul disse: Faze-me aparecer Samuel. Quando a mulher viu aparecer Samuel, deu um grande grito e disse a Saul: Por que me mandaste isso? Tu és Saul. O rei lhe disse: Não temas; o que viste tu? E a mulher disse a Saul: Subiu um homem ancião, solene, envolvido no manto sacerdotal" (1Sm 28,8.11-14). Saul compreendeu que era Samuel e se prostrou com a face por terra. E o espírito de Samuel, como narra Josefo [Flávio], disse a Saul: Por que me inquietaste e obrigaste a aparecer?" (Comestor).

Dessa aparição, como narram as *Histórias*, alguns pensam que foi um espírito maligno que apareceu a Saul sob as semelhanças de Samuel; ou que sua figura foi só imaginária, e foi chamada Samuel. Outros julgam que, com a permissão de Deus, apareceu só sua alma, revestida de um corpo que se assemelhava a ele. Outros ainda pensam que tenha sido evocado só seu corpo com o "espírito vegetativo", que temos em comum com os animais, enquanto sua alma teria permanecido tranquila no lugar de seu repouso.

Nós, pois, não devemos tratar os cinco sentidos do corpo como irmãos, mas como escravos. Ouçamos Moisés e os profetas. Creiamos em Cristo ressuscitado dos mortos e sentado à direita do Pai e, crendo, amemo-lo.

19. Com efeito, com esta quarta parte do evangelho concorda a quarta parte da epístola, quando nos diz: "Nós, portanto, amemos a Deus, porque Deus nos amou primeiro. Se alguém disser: eu amo a Deus e depois odiar seu irmão é um mentiroso. Afinal, quem não ama o seu irmão, a quem vê, como pode amar a Deus, a quem não vê?" (1Jo 4,19-20). E Agostinho comenta: "Se alguém amar com amor espiritual

aquele que vê com os olhos do corpo, veria também a Deus, que é o próprio amor, com os olhos do espírito, os únicos com os quais Deus pode ser visto. Portanto, quem não ama o próprio irmão que vê, como pode amar a Deus que é o próprio amor, se está privado deste amor aquele que não ama o próprio irmão?"

Por isso, irmãos caríssimos, peçamos ao Senhor, que é amor, que nos dê a graça de amar a pobreza do mendigo Lázaro, de detestar as riquezas do rico, coberto de púrpura, e não permita que sejamos sepultados no inferno, mas que sejamos levados ao seio de Abraão.

No-lo conceda aquele ao qual pertence a honra, a glória, a magnificência e o poder nos séculos eternos.

E todo o verdadeiro pobre responda: Amém. Aleluia.

II DOMINGO DEPOIS DE PENTECOSTES

Temas do sermão

• Evangelho do II domingo depois de Pentecostes: "Um homem fez uma grande ceia"; o evangelho divide-se em três partes.

• Primeiramente, sermão sobre o combate dos demônios contra os justos: "Os filisteus reuniram o exército".

• Parte I: Sermão aos religiosos: "Ana amamentou seu filho".

• Sermão sobre o banquete da glória eterna: "O Senhor dos exércitos preparará um banquete".

• Sermão aos penitentes: "O Senhor, Deus dos exércitos, naquele dia vos chamava".

• Parte II: Sermão contra as preocupações temporais: "Comprei uma casa" e "A arca da aliança do Senhor dos exércitos".

• Sermão contra a vontade desenfreada de domínio: "Saul, levado pela necessidade".

• Sermão sobre as cinco juntas de bois e seu significado: "Comprei cinco juntas de bois".

• Sermão sobre a devastação dos vícios e a mortificação da carne: "Naás o Amonita lançou-se ao ataque".

• Parte III: Sermão contra o seguidor do mundo, o qual, abandonado e desprezado o próprio mundo, foi acolhido por Cristo: "Um jovem egípcio, escravo de um amalecita".

EXÓRDIO – O COMBATE ENTRE OS DEMÔNIOS E OS JUSTOS

1. Naquele tempo, disse Jesus aos seus discípulos: "Um homem fez uma grande ceia, e convidou a muitos. À hora da ceia mandou seu servo dizer aos convidados que viessem" (Lc 14,16-17).

Lemos no Primeiro livro dos Reis: "Os filisteus, juntando as suas tropas para combater, reuniram-se em Soco de Judá e acamparam entre Soco e Azeca nos confins de Domim. Também Saul e os filhos de Israel reuniram e acamparam no Vale do Terebinto, e formaram o exército em batalha para combater contra os filisteus" (1Sm 17,1-2). Filisteus interpreta-se "que caíram embriagados de bebidas", Soco "tendas", Judá "confissão", Azeca "rede" ou "laço", Domim "vermelha" de sangue.

Os filisteus representam os demônios, que, embriagados pela bebida da soberba, caíram do céu. Eles, juntadas as suas tropas, reuniram-se para a batalha em Soco de Judá, isto é, para combater contra aqueles que militam nas tendas da penitência; e acamparam entre Soco e Azeca, no território de Domim. De fato, os demônios perseguem os justos para fazê-los cair na rede das más sugestões e, com o engano, levam-nos até o sangue do pecado.

Lê-se no Terceiro livro dos Reis que os cães lamberam o sangue de Acab (cf. 1Rs 22,38). Os cães são os demônios que lambem o sangue de Acab – nome que significa "irmãos [filhos] do mesmo pai" –, isto é, daquele que costumava morar em fraternidade com os penitentes, os quais tinham um só Pai, Deus. Mas os filhos de Israel, isto é, os verdadeiros pregadores, unidos na única fé, devem dirigir a força da mente e da pregação para o combate contra os demônios.

E em que lugar? Naturalmente no Vale do Terebinto, quer dizer, na humildade da cruz, da qual emanou o preciosíssimo bálsamo do sangue de Jesus Cristo, que diz no evangelho de hoje: "Um homem fez uma grande ceia".

2. Nota que neste evangelho, devem-se considerar três momentos. Primeiro, a preparação da grande ceia e os convites feitos por meio do servo: "Um homem fez uma grande ceia". Segundo, as desculpas dos convidados: "E todos juntos começaram a se desculpar". Terceiro, a entrada dos pobres, dos fracos, dos cegos e dos coxos para a ceia: "Então, irado o pai de família..." Procuraremos concordar estas três partes do evangelho com alguns relatos do Primeiro livro dos Reis.

Neste domingo, no introito da missa canta-se: "O Senhor se fez meu protetor" (Sl 17,19). Depois, lê-se um trecho da Primeira carta do Bem-aventurado João: "Não vos admireis de que o mundo vos odeia"; trecho que dividiremos em três partes para ver nelas a concordância com as três partes do evangelho. A primeira: "Não vos admireis"; a segunda: "Nisto conhecemos o amor de Deus"; a terceira: "O que tiver bens deste mundo".

I – A PREPARAÇÃO DA CEIA E OS CONVITES

3. "Um homem fez uma grande ceia." Considera que há uma dupla ceia: a ceia da penitência e a ceia da glória. E já que sem a primeira não se chega à segunda, preparemos a primeira e vejamos quais sejam os alimentos necessários.

Aqui temos a concordância com o Primeiro livro dos Reis, onde se narra que Ana "amamentou o filho (Samuel) até que o desmamou. Depois de tê-lo desmamado, tomou-o consigo, levando mais três novilhos, três medidas de farinha, e um cântaro de vinho; e o levou para a casa do Senhor em Silo" (1Sm 1,23-24). Ana, que se interpreta "graça", é figura da graça do Espírito Santo, a qual com os dois seios da graça preveniente e da graça "subsequente" (cooperante), amamenta o penitente até desmamá-lo totalmente do leite da concupiscência da carne e da vaidade do mundo.

E observa que como a mãe que quer desmamar o filho molha os seios com um líquido amargo, para que a criança que procura o doce encontre o amargo e, portanto, seja demovido do doce, assim a graça do Espírito Santo derrama nos seios dos bens temporais o líquido amargo da tribulação, a fim de que o homem fuja desta doçura cheia de amarguras, e busque a verdadeira doçura.

"E depois de tê-lo desmamado tomou-o consigo, junto com três novilhos." Eis os alimentos que se devem preparar para a ceia da penitência. A graça leva consigo o penitente junto com três novilhos, nos quais é indicada a tríplice oferta.

O novilho de um coração contrito e aflito, como diz o Salmo: "Então porão novilhos sobre o teu altar" (Sl 50,21). Sobre o altar, isto é, na contrição do coração, os penitentes põem os novilhos, quer dizer, queimam os prazeres e os pensamentos imundos.

O novilho da confissão. Diz Oseias: "Tomai convosco as palavras, convertei-vos ao Senhor e dizei: Tira-nos todas as nossas iniquidades, aceita este bem e nós te ofereceremos os novilhos dos nossos lábios" (Os 14,3). Toma consigo as palavras aquele que se esforça por praticar aquilo que ouve e assim converte-se ao Senhor. E ao Senhor diz também: "Tira todas as iniquidades" que eu cometi, "e aceita o bem" que tu mesmo deste. "Não a mim, Senhor, não a mim, mas ao teu nome dá glória" (Sl 113B,1). E assim eu te oferecerei "os novilhos dos meus lábios", isto é, farei a confissão do meu crime e a ti elevarei o louvor.

O novilho do corpo, castigado com a penitência. "Novilho e novilha" são assim chamados por sua "verde" idade. Novilho e novilha são figura da nossa carne, a qual, na verde idade da juventude se lança despreocupadamente pelos prados de uma culpável libertinagem. Dela diz Sansão: "Se não tivésseis lavrado com a minha novilha, não teríeis decifrado o meu enigma" (Jz 14,18). Sansão é figura do espírito; a novilha representa a nossa carne: se lavramos sobre ela, fazendo-lhe sofrer com a penitência, decifraremos o enigma, que é este: "Que coisa é mais doce do que o mel? E que coisa é mais forte do que o leão" (Jz 14,18) da tribo de Judá? Que coisa existe de mais doce do que o mel, isto é, do que a contemplação? Que coisa existe de mais forte do que o leão, isto é, do que o pregador, a cujo rugido todos os animais devem deter o passo? O que é mais doce do que o mel da mansidão? O que é mais forte do que o leão da severidade? Com razão, pois, se diz: "E o levou consigo, junto com três novilhos".

"E com três medidas de farinha." O grão se moi e se reduz a farinha. A farinha, amassada com a água, solidifica-se em pão, o qual sustenta o coração do homem (cf. Sl 103,15). Do mesmo modo o grão das nossas obras deve ser moído por meio de uma severa crítica, triturado com um atento exame, para tornar-se purificado como a farinha.

Esse exame, aliás, deve ser tríplice, como é indicado pelas três medidas. Deve-se examinar a natureza da obra que realizamos, a sua origem e a sua finalidade. Depois, a obra deve ser misturada com a água das lágrimas, para implorar a irrigação inferior e a irrigação superior (cf. Jz 1,15): e a obra deve ser oferecida ou para o resgate das obras más do passado, ou para o desejo da eterna felicidade; e isso era prefigurado nas duas pombas que se ofereciam sob a Lei, uma das quais era oferecida pelo pecado, e a outra era queimada em holocausto (cf. Lv 12,8).

Portanto, com a farinha e com a água se amassa o pão, que sustenta o coração do homem, porque com as boas obras misturadas às lágrimas nutre-se e se enriquece a consciência do homem.

"E um cântaro de vinho", o qual tem três medidas (*Glosa*). No vinho é representada a alegria da mente, que consiste em três coisas: no testemunho da boa consciência, na edificação do próximo e na esperança da felicidade eterna.

Com todas essas coisas a mãe Ana, quer dizer, a graça do Espírito Santo, conduz seu filho, o justo, para a casa do Senhor em Silo, que significa "transferida", isto é, guia-o até a vida eterna, para a qual os santos são transferidos através da peregrinação deste mundo, e em cuja ceia de glória banqueteiam-se junto com os espíritos bem-aventurados.

4. A ceia é uma reunião de convivas: antigamente, comiam todos juntos, uma só vez ao dia, à tarde (*Isidoro*: Não estavam em uso os almoços). A ceia da glória eterna indica o banquete no qual os santos saciar-se-ão todos juntos da visão de Deus, já que será dada uma única recompensa àqueles que trabalham na vinha (cf. Mt 20,2). Desse banquete da ceia diz Isaías: "O Senhor dos exércitos fará neste monte para todos os povos um banquete de manjares gordos, de vinho, de carnes suculentas e de vinhos refinados (sem borra)" (Is 25,6). As palavras do evangelho concordam com as de Isaías: "O Senhor dos exércitos" etc. Onde o evangelho diz "grande ceia", Isaías diz "banquete de manjares deliciosos".

Presta atenção a estas quatro palavras: banquete, manjares gordos, carnes suculentas e vinhos refinados. No banquete, isto é, "comida, refeição de muitos juntos", é indicada a gloriosa assembleia de todos os santos; nos manjares gordos, sua caridade, isto é, seu amor a Deus e ao próximo; nas carnes suculentas, a felicidade de contemplar o rosto de Deus; nos vinhos refinados, a glorificação do corpo.

Por isso, neste monte, isto é, na Jerusalém celeste, o Senhor dos exércitos, o Senhor das tropas angélicas, preparará um banquete de manjares gordos: isto é, reunirá todos os santos, nutridos e enriquecidos pela caridade, repletos de inefável felicidade na visão de Deus e bem-aventurados na glorificação de seu corpo. Então, haverá verdadeiramente vindima sem borra, isto é, de uvas que darão vinhos refinados. Vindima deriva do latim *vineae demptio*, colheita da uva, que é sem borra quando é selecionada e limpa de qualquer impureza. Na vindima que é a ressurreição final haverá a escolha cuidadosa dos corpos dos santos, será eliminada qualquer borra de corrupção e de mortalidade, e eles serão colocados nos celeiros do céu. Com razão, pois, se diz: "Um homem preparou uma grande ceia".

Observa que naquela "grande ceia" comeremos "grandes alimentos"; isto é, comeremos aqueles frutos que os filhos de Israel trouxeram da Terra Prometida, quer dizer, uva, figos e romãs, como se relata no Livro dos Números (cf. Nm 13,24).

Na uva, da qual se espreme o vinho, é indicada a alegria que os santos experimentarão na visão do Verbo encarnado. O próprio homem verá o Homem-Deus, enquanto os anjos não verão o Anjo-Deus: o homem verá a sua natureza exaltada acima dos anjos. E desta alegria fala Habacuc: "Eu, porém, regozijar-me-ei no Senhor e exultarei em Deus, meu Salvador (lit. *Jesus meu*)" (Hab 3,18). Corretamente diz "meu Salvador", porque Jesus, para me salvar, *tomou a mim de mim*, isto é, a minha carne, e a exaltou acima dos coros dos anjos.

Do mesmo modo, no figo, assim chamado pela "fecundidade", e que é o mais doce de todos os frutos, é indicada a doçura que os santos experimentarão na visão de toda a Trindade. A propósito diz o profeta: "Quão grande e profunda é Senhor a tua doçura, que manténs escondida para os que te temem!" (Sl 30,20). Tu a manténs escondida para que seja procurada com mais ardor, procurando-a seja encontrada e encontrando-a seja amada intensamente e com o amor seja possuída para sempre. E ainda: "Na tua doçura, ó Deus, preparaste para o pobre..." (Sl 67,11). Não diz o que preparou, porque aquilo que preparou não pode ser dito em palavras. De fato, diz o Apóstolo: "Aquilo que o olho algum viu" porque está escondido, "nem o ouvido ouviu" porque está no silêncio e não pode ser expresso, "nem jamais entrou no coração do homem", porque é incompreensível (1Cor 2,9) e não pode ser contido.

Igualmente nas romãs é simbolizada a unidade da Igreja triunfante e a diversidade das recompensas. As romãs são chamadas assim porque no interior têm grãos gostosos e perfumados. Observa que, como nas romãs todos os grãos estão escondidos sob a mesma casca e, todavia, cada grão tem sua pequena cela distinta, assim na vida eterna todos os santos terão a mesma glória e, todavia, cada um deles receberá uma recompensa mais ou menos grande, segundo as próprias obras. De fato, diz o Senhor: "Na casa de meu Pai", eis a casca, "existem muitas moradas" (Jo 14,2), eis as celas distintas.

5. Eis, pois, quais são os alimentos que comeremos naquela grande ceia, da qual se diz: "Um homem preparou uma grande ceia".

Este homem é Jesus Cristo, Deus e homem, que preparou a grande ceia, a ceia da penitência e a da glória, para a qual chamou a muitos, mas para a qual muitos ainda negam-se a ir. E por isso diz: "Eu vos chamei, e vós não quisestes ouvir-me, estendi a mão e não houve quem me desse atenção" (Pr 1,24).

O Verbo do Pai chamou pessoalmente; chama também com as palavras dos outros, mas os convidados negam-se a ir. Estende a sua mão sobre a cruz, pronto a dar muitos dons, mas não há quem lhe dê atenção. Mas virá o tempo em que da mão estendida fará o punho, com o qual baterá sem piedade (cf. Is 58,4).

O Senhor chama para a primeira ceia, isto é, para a penitência. Diz Isaías: "Naquele dia, o Senhor, Deus dos exércitos, chamar-vos-á ao gemido, ao pranto, a rapar a cabeça e a vestir-vos de saco" (Is 22,12). Nestes quatro atos consiste a penitência. No gemido é indicada a contrição, no pranto, a confissão, na raspagem da cabeça, a renúncia às coisas temporais e na veste de saco, a execução da obra penitencial ordenada pelo sacerdote. O Senhor chama para essa ceia, mas não querem ir aqueles que preparam para si mesmos bem outro banquete, do qual se diz: "Eis qual é seu júbilo e sua alegria: matar novilhos, degolar rebanhos, comer carnes e beber vinho: comamos e bebamos, porque amanhã morreremos!" (Is 22,13).

Igualmente, o Senhor chama para a ceia da glória celeste. Lemos no Livro de Esdras que Ciro "mandou publicar em todo o seu reino, de viva voz e por escrito, esta ordem: Quem dentre vós é pertencente ao povo do Deus do céu? O seu Deus esteja com ele. Vá para Jerusalém, que está na Judeia, e reconstrua o templo do Senhor, Deus de Israel: ele é o Deus que mora em Jerusalém" (Esd 1,1.3). Ciro interpreta-se "herança" e é figura de Jesus Cristo, que é a nossa herança. Com efeito, diz o profeta: "A minha herança é muito preciosa" (Sl 15,6), isto é, mais preciosa do que todos os outros santos. Ele manda todo o povo subir à Jerusalém celeste "que é construída como uma cidade" (Sl 121,3) de pedras polidas, isto é, das almas dos justos. Mas este povo responde com as palavras do Profeta Ageu: "Ainda não é chegado o tempo de reedificar a casa do Senhor" (Ag 1,2).

O Senhor, cuja misericórdia não se pode medir (cf. Jó 9,10), não chama só pessoalmente, mas também por meio dos pregadores, segundo aquilo que segue no evangelho: "À hora da ceia, mandou um servo seu dizer aos convidados: Vinde, porque tudo está preparado" (Lc 14,17). E a *Glosa* acrescenta: A hora da ceia representa o fim deste mundo. De fato, diz o Apóstolo aos coríntios: Somos nós aqueles "para os quais chegou o fim dos tempos" (1Cor 10,11). No momento desse fim, a aqueles que haviam sido convidados por meio da Lei e dos Profetas, é mandado o servo, isto é, os pregadores. a fim de que, corrigida a recusa, preparem-se para degustar a ceia, porque tudo já está preparado. De fato, depois do sacrifício de Cristo, o ingresso do reino está aberto. A abertura do reino é realizada pela paixão de Cristo; através dessa porta, a Igreja, ou seja, todos os justos, entrados para a primeira ceia e dispostos a entrar para a segunda, dizem com o introito da missa de hoje: "O Senhor fez-se meu protetor, ele me pôs ao largo, salvou-me porque me amava" (Sl 17,19-20). O Senhor tornou-se meu protetor quando, na sua paixão, estendeu os braços sobre a cruz; pôs-me ao largo com o envio do Espírito Santo; salvou-me da devastação dos inimigos porque quis que eu entrasse para a ceia da vida eterna.

Com esta primeira parte do evangelho concorda a primeira parte da epístola de hoje, na qual o Bem-aventurado João fala aos comensais da ceia da vida eterna: "Não vos admireis, irmãos, de que o mundo vos odeia. Nós sabemos que fomos trasladados da morte para a vida, porque amamos os nossos irmãos" (1Jo 3,13-14). O mundo, isto é, os amantes deste mundo, odeiam os cidadãos da vida eterna. E não é de se admirar, porque odeiam também a si mesmos. E se alguém é mau consigo mesmo, como pode ser bom com os outros? (cf. Eclo 14,5).

E com isso concordam também as palavras do Primeiro livro dos Reis: "Saul foi inimigo de Davi por todos os seus dias. Daquele dia em diante, Saul não via Davi com bons olhos" (1Sm 18,29.9).

Não vos admireis, pois, se o mundo vos odeia. Nós sabemos que passamos da morte do pecado para a vida e para a ceia da penitência porque amamos os irmãos. O amor aos irmãos constitui verdadeiramente o ingresso para a ceia da vida eterna.

Irmãos caríssimos, peçamos ao Senhor Jesus Cristo que nos introduza para a ceia da penitência, e depois, nos faça passar dela para a ceia da glória celeste.

No-lo conceda ele próprio, que é bendito e glorioso nos séculos dos séculos. Amém.

II – AS DESCULPAS DOS CONVIDADOS

6. "Mas todos, unanimemente, começaram a escusar-se. O primeiro disse: Comprei um campo e devo ir vê-lo; rogo-te que me dês por escusado. O segundo disse: Comprei cinco juntas de bois, e vou experimentá-los; rogo-te que me dês por escusado. O terceiro disse: Casei-me e por isso não posso ir. Voltando, o servo referiu estas coisas ao seu senhor" (Lc 14,18-21).

Presta atenção a estas três coisas: o campo, as cinco juntas de bois e a mulher.

"Comprei um campo [literalmente: uma *vila* = *casa de campo*]. Vila vem de valo, isto é, dique, aterrado, ou fossa, e é figura da vontade desenfreada de dominar, da qual o Bem-aventurado Bernardo diz: "Não temo o fogo, não temo a espada, porém, temo muito a vontade desenfreada de domínio": aqueles que são obcecados por ela, procedem como circundados pelo valo das riquezas e dos bens terrenos.

É o mesmo campo, chamado *Getsêmani* (cf. Mt 26,36), no qual Jesus foi traído e aprisionado. Getsêmani interpreta-se "vale gordo" (bem adubado). Desce para o vale o estrume (o adubo) com o qual é adubado. Portanto, no vale (campo) do Getsêmani, isto é, naqueles que ardem pelo desejo de dominar sobre os outros, e não de serem úteis a eles, e que permanecem tranquilos no vale, quer dizer, nos prazeres da carne, engordados como porcos entre os excrementos das coisas temporais, Cristo foi traído, isto é, foi destruída a fé em Jesus Cristo. Com efeito, a fé recusa as coisas temporais, não deseja o domínio, deseja ficar submissa, cresce em meio às injúrias. E esta vila (campo) do Getsêmani é comprada, enquanto nem gratuitamente dever-se-ia aceitá-la, porque obriga a sair da contemplação interior de Deus e a mergulhar nas preocupações exteriores.

E concorda com tudo isso aquilo que lemos no Primeiro livro dos Reis, onde se narra que a arca da aliança do Senhor dos exércitos, sentado acima dos querubins, chegou aos acampamentos e foi capturada pelos filisteus (cf. 1Sm 4,4-11). A arca é figura do homem contemplativo, no qual existe o maná da suavidade, as tábuas da dupla lei do amor e a vara da correção. O contemplativo é chamado "arca da aliança do Senhor"; de fato, com o Senhor concluiu o pacto de servi-lo para sempre; e o Senhor está sentado sobre os querubins (cf. Sl 79,2), nome que se interpreta "plenitude da ciência": isto é, está sentado sobre aquela alma que é repleta de amor. Com efeito, "a plenitude da lei é o amor" (Rm 13,10). Essa arca, sob o estímulo dos pecados, sai do refúgio do rosto de Deus, sai do Santo dos Santos e entra nos acampamentos, compra uma vila e deseja o domínio. Enquanto assim se eleva, é aprisionada pelos demônios e levada para Azoto, que se interpreta "incêndio", e simboliza o fogo da concupiscência carnal. Portanto, o primeiro convidado diz: "Comprei uma vila".

7. "E devo ir vê-lo." Presta atenção a esta palavra: "devo". Quem adquire a vila do domínio terreno, enche-se de obrigações e constrangimentos; era livre, e se tornou escravo de uma deplorável escravidão. Assim aconteceu com Saul, que, como narra o Primeiro livro dos Reis, levado pela necessidade foi à procura de uma adivinha

(pitonisa), que se encontrava em Endor, e lhe disse: "Sou obrigado [a recorrer a uma adivinha]. Os filisteus combatem contra mim e Deus retirou-se de mim e não quis ouvir-me" (1Sm 28,15).

A vila e a adivinha simbolizam a mesma coisa. Endor interpreta-se "fonte da geração", e com isso entendemos Adão, que foi a fonte e a origem da estirpe humana. Ele, tendo pago como preço o paraíso em prejuízo de sua alma, quis comprar a vila do domínio, dando ouvidos à falsa promessa da serpente: "Sereis como deuses" (Gn 3,5). Por isso, os que procuram o domínio caminham segundo o homem velho e não segundo o homem novo, Jesus Cristo (cf. Cl 3,9-10), o qual, como narra João, quando percebeu que estavam chegando homens para roubá-lo e proclamá-lo rei, fugiu para o monte (cf. Jo 6,15). Dizem alguns que o termo "pitão" indica o poder de ressuscitar os mortos e, portanto, a mulher que tem este poder chama-se pitonisa.

Mas ai!, quantos são os religiosos, mortos para o mundo, sepultados nos claustros, que esta pitonisa, isto é, o desejo do domínio, despertou do sono da contemplação, do silêncio e da paz e os levou para fora em público! Por isso, Isaías diz: "Serás humilhado, falarás desde a terra e desde o pó ouvir-se-ão as tuas palavras; e da terra sairá a tua voz como a da pitonisa e do pó murmurarás os teus discursos" (Is 29,4).

Eis o que acontece com aquele que compra a vila, que consulta a pitonisa e sai do sepulcro do silêncio: "serás humilhado", isto é, serás precipitado enquanto crês estar subindo; "da terra", isto é, "falarás" das coisas terrenas, tu que antes costumavas falar das coisas celestes; "e do pó", isto é, do ventre e da gula ainda impregnada de alimentos e de bebidas, "ouvir-se-ão as tuas palavras" que antes fazias sair da suavidade da tua mente e da abstinência da gula; "e a tua voz" que antes era de renúncia e de humildade, agora é "da terra como a da pitonisa", isto é, fala de prelaturas e de dignidades; "e do pó murmurarás os teus discursos", isto é, murmurarás, tu que antes havias colocado a tua fortaleza no silêncio e na esperança (cf. Is 30,15). Eis, pois, que constrangimento e quanta perversidade!

É sempre o primeiro convidado que diz: Comprei uma vila e *devo* sair para vê-la. "Devo sair". A propósito encontramos no Gênesis que Esaú, cultivador da terra, saiu para caçar, enquanto Jacó, homem simples, permanecendo na tenda tranquilo em seus pensamentos, tomou-lhe a bênção (cf. Gn 25,27-33). Assim, quando alguém, levado pelo desejo das coisas temporais vai em busca de uma vila, ou vai consultar uma adivinha, e assim, sai da tranquilidade de sua mente, sem dúvida é privado da bênção eterna. "Devo sair [diz] para ir vê-la", como se dissesse: quero vê-la ao menos uma vez antes de morrer. Este é o único fruto das riquezas. De fato, diz o Eclesiastes: "Onde há muitos bens, há também muitos que os devoram. E de que servem eles a quem os possui, senão para ver com seus olhos as suas riquezas?" (Ecl 5,10).

Assim, agora sabes claramente que quem compra a vila do poder terreno não vai à ceia do Senhor, mas aduzindo uma falsa desculpa diz: "Peço-te que me dês por escusado". Na palavra existe o som da humildade quando diz "peço-te", mas no sentido e no sentimento existe a soberba, porque recusa-se a ir. Assim, com frequência, sucede que se diz ao justo: Reza por mim, que sou um pecador! Nestas palavras existe precisamente o som da humildade, porque se pede a oração; mas depois sobra a soberba no coração, porque não se afasta do pecado. E com isso concorda aquilo que encontramos no Primeiro livro dos Reis, onde se narra que Saul disse a Samuel: "Agora, peço-te, perdoa o meu pecado, e volta para trás comigo, para que eu adore o Senhor" (1Sm 15,25).

8. "O segundo convidado disse: Comprei cinco juntas de bois, e vou experimentá-los" (Lc 14,19). Observa que nas cinco juntas de bois vemos representados os cinco sentidos do corpo. De fato, como os bois são emparelhados sob o jugo, assim também os nossos sentidos funcionam com um duplo órgão: duas são as orelhas, dois os olhos, duas as narinas; para o gosto temos a língua e o paladar; para o tato as duas mãos. Estes são os dez "príncipes" dos quais fala Salomão: "A sabedoria fez o sábio mais forte do que dez príncipes de uma cidade" (Ecl 7,20). A sabedoria, termo que vem de "sabor", consiste no amor e na contemplação de Deus, o qual sustenta o sábio, isto é, a alma que experimenta o sabor do amor [a Deus] mais do que dez príncipes de uma cidade, isto é, mais do que todos os prazeres que possam provir dos "dez" sentidos (dez órgãos de sentido) do corpo. A sabedoria satisfaz e sacia completamente, enquanto o prazer deixa o vazio. A sabedoria procura doçura, o prazer deixa amargura. Quem serve a sabedoria é livre, quem serve o prazer é um mísero escravo.

Portanto, compra cinco juntas de bois aquele que, com um desgraçado negócio, tendo desprezado o gosto do amor divino, com deplorável escravidão submete-se ao miserável prazer dos cinco sentidos. Oxalá o homem tomasse sobre si o jugo do Senhor, que é agradável (cf. Mt 11,29-30), e não aquele do diabo, que é duro e pesado, e do qual Isaías diz: "Tu quebraste o pesado jugo que o oprimia, a vara que lhe rasgava as espáduas e o bastão do seu atormentador, como o fizeste na jornada de Madian" (Is 9,4).

Eis como concordam entre si as palavras do evangelho com aquelas de Isaías. Onde o evangelho diz vila, Isaías diz vara; e onde o evangelho diz juntas de bois, Isaías diz jugo que oprime; e onde o evangelho diz mulher, Isaías diz bastão.

Como Gedeão, que se interpreta "que gira no seio", derrotou Madian com trezentos homens – como narra o Livro dos Juízes – armados só com trombetas e com lanternas (cf. Jz 7,15-16), assim o penitente, que deve girar no seio, isto é, arrepender-se sempre na sua mente dos pecados que cometeu e dos pecados de omissão, deve libertar-se do oprimente jugo do diabo com trezentos combatentes, quer dizer, com a fé na santa Trindade, com as trombetas da confissão e as lanternas de uma côngrua penitência; isto é, deve fugir do prazer dos cinco sentidos, com o qual o diabo oprime a alma; deve libertar a espádua da sua vara, isto é, do desejo do domínio com o qual o diabo atormenta o homem, como o camponês incita o seu jumento; deve libertar-se do bastão do atormentador, isto é, da arrogância da carne, que se manifesta pela gula e pela luxúria. O bastão que comanda é a luxúria, que infelizmente manda sobre quase todos. O atormentador é a gula, que, cada dia, sob o pretexto da necessidade, abandona-se ao prazer do gosto.

9. E também sobre isso temos a concordância do Primeiro livro dos Reis, onde se narra que "Naás o Amonita pôs-se em campanha e começou a combater contra Jabes de Galaad. Então. todos os habitantes de Jabes disseram a Naás: Toma-nos como aliados e nós te serviremos. Mas Naás respondeu-lhes: A aliança que eu farei convosco será tirar-vos a todos o olho direito e tornar-vos o opróbrio de todo o Israel" (1Sm 11,1-2). E acrescenta: "Ao ouvir estas palavras, o Espírito do Senhor apoderou-se de Saul e acendeu-se sobremaneira o seu furor. E tomando os dois bois, fê-los em pedaços" (1Sm 11,6-7).

Naás interpreta-se "serpente", nome que convém perfeitamente ao diabo, que, sob a forma de serpente, enganou os nossos primeiros pais. Amonitas interpreta-se "povo aflito", ou "opressor", ou também "que dá angústia". Naás, pois, é o rei dos amonitas, porque a antiga serpente, isto é, satanás, é o príncipe dos maus, que estão na aflição da tristeza, que – segundo o Apóstolo – produz a morte (cf. 2Cor 7,10). Os maus, pois, oprimem os justos e enchem de sofrimentos a vida dos santos. De fato, diz o Eclesiástico: Aquilo que a fornalha faz ao ouro, a lima ao ferro, o mangual[1] ao trigo, a tribulação o faz ao justo (cf. Eclo 27,6; Pr 27,17.21).

O ímpio vive para o proveito, para a vantagem espiritual do justo, porque a companhia dos maus é como a grelha, o tormento dos bons.

Portanto, Naás combate contra Jabes de Galaad. Jabes interpreta-se "dissecada", e Galaad "acúmulo de testemunhos". Aqui está simbolizada a alma, que deve, primeiramente, ser dissecada dos vícios e, depois, ser enchida pelos testemunhos da paixão do Senhor. Naás combate contra os homens de Jabes em Galaad para arrancar-lhes o olho direito, bem sabendo que, sem aquele olho, todos tornar-se-iam menos hábeis no combate. O olho direito simboliza o olhar crítico, o olhar do juízo; o diabo tenta arrancá-lo e deixar o olho esquerdo, aquele do amor mundano, bem sabendo que aqueles que não aspiram aos bens eternos procuram a prosperidade deste mundo: e quem é detido pelas coisas terrenas, facilmente é derrotado na luta pela salvação.

Quem quer libertar sua alma do assédio e da devastação do diabo, é necessário que faça o que segue: "E o Espírito do Senhor apoderou-se de Saul..." Saul interpreta-se "ungido", consagrado, que no início de seu reino, quando libertou a cidade de Galaad, era bom e, portanto, figura do justo, ungido com a graça de Deus; o justo, quando o Espírito do Senhor, isto é, a contrição do coração, apodera-se dele, enfurece-se contra seus pecados passados, e corta em pedaços os dois bois. Os dois bois simbolizam os dois olhos, os dois ouvidos, e assim por diante. Corta em pedaços os dois bois aquele que consome de lágrimas os olhos, com os quais cobiçou coisas ilícitas. Faz em pedaços os dois bois aquele que guarda os ouvidos, para que não ouçam mais as calúnias ou as adulações, e os cerca com uma sebe de espinhos. E assim faz também com os outros sentidos, para que, quantos tiverem sido os prazeres aos quais se abandonou, tantos sejam os sacrifícios que faz de si mesmo.

---

1. Instrumento que serve para malhar cereais, composto de dois paus ligados por uma correia.

10. O terceiro convidado escusou-se dizendo: "Casei-me, e portanto não posso vir" (Lc 14,20).

Não é certamente o matrimônio, mas é o mau uso do matrimônio que mantém a muitos longe, e os afasta de participar da ceia do Senhor. De fato, muitos não contraem matrimônio em vista da fecundidade da prole, mas só pelos desejos da carne. Portanto, é necessário recordar-se que se deve casar por três objetivos.

Primeiro, para procriar a prole, como diz o Gênesis: "Crescei e multiplicai-vos" (Gn 1,28).

Segundo, para ter uma ajuda; diz sempre o Gênesis: "Não é bom que o homem fique só: façamos-lhe uma ajuda que lhe seja semelhante" (Gn 2,18).

Terceiro, por causa da incontinência; diz o Apóstolo: Se alguém não tem condições de viver em continência, case-se, contanto que isso se faça no Senhor (cf. 1Cor 7,9.39). Quem se casa por outros objetivos, que não sejam estes, ai dele!

Além disso, embora o matrimônio seja em si mesmo um bem, todavia, comporta dificuldades e perigos. De fato, diz o Apóstolo na Primeira carta aos Coríntios: "Quem está casado preocupa-se com as coisas do mundo, como possa causar prazer à mulher; e está dividido" (1Cor 7,33) entre duas "preocupações", aquela que se refere a Deus e aquela que se refere à mulher. É difícil proceder com a justa medida, e dividir-se tão perfeitamente entre dois compromissos, de modo que nenhum dos dois seja negligenciado. De fato, está escrito no Primeiro livro dos Reis que "duas mulheres de Davi foram feitas prisioneiras e Davi ficou muito entristecido" (1Sm 30,5.6). Se não tivesse tido as mulheres, sem dúvida não teria sofrido tanto. Observa que, nesta passagem do evangelho, por mulher entende-se a luxúria da carne: dela o evangelho não diz que a comprou, mas que a "tomou": isso porque cada pecador, desde o princípio de sua existência, tem consigo a tendência ao pecado da carne.

Mas, pergunta-se: como é que os dois primeiros convidados pediram para serem escusados, enquanto o terceiro simplesmente não o fez? A esse propósito, deve-se dizer que a paixão carnal mantém de tal modo o homem preso aos prazeres que não deseja por nada ir para a felicidade eterna, e nem se preocupa em escusar-se; e assim é claro que simplesmente não ama a Deus, aquele Deus que convidado pelas orações dos pais do Antigo Testamento a unir a si a natureza humana, veio benignamente às núpcias.

Eis que com esta segunda parte do evangelho concorda a segunda parte da epístola: Nisto conhecemos o amor *de Deus* (Filho); em ter dado a sua vida por nós; igualmente nós devemos também dar a vida por nossos irmãos" (1Jo 3,16). Presta atenção, porque aqui João toca três assuntos, isto é, Deus, nós e os irmãos. Quem ama a Deus não compra a vila do domínio; quem ama a sua alma liberta-se do jugo dos cinco sentidos; quem ama o próximo, pelo qual é obrigado a dar a vida, certamente não toma "a mulher" da luxúria, com a qual ofenderia e escandalizaria o próprio próximo.

Pedimos-te, pois, Senhor Jesus, que tires de nós a vila de todo o poder humano, que nos ajudes a fugir dos prazeres dos cinco sentidos e viver sem a maldita mulher da concupiscência, para assim termos liberdade de entrar para a tua ceia. Conceda-o tu, que és bendito nos séculos dos séculos. Amém.

III – O INGRESSO À CEIA DAQUELES QUE O MUNDO DESPREZA

11. "Então, irado o pai de família, disse ao seu servo: Vai já pelas praças e pelas ruas da cidade; traze aqui os pobres, os aleijados, os cegos e os coxos" (Lc 14,21). Já que os três primeiros convidados recusaram-se a ir para a ceia do Senhor, foi enviado o servo para fazer entrar pobres, aleijados, cegos e coxos. Raramente pecam aqueles aos quais faltam os atrativos do pecado e mais prontamente se convertem à graça aqueles que não têm neste mundo nada de que gozar. Por isso, bendita é a miséria que conduz às coisas melhores e bem-aventurada a obscuridade que depois produz o esplendor. De fato, aqueles que não dispõem de abundância de bens terrenos, como os pobres, que não têm saúde física, como os aleijados, os cegos e os coxos, aos quais falta também o incentivo a pecar, com maior facilidade são introduzidos para a ceia do Senhor.

Concorda com isso aquilo que lemos no Primeiro livro dos Reis, onde se narra que um jovem egípcio, escravo de um amalecita, fora abandonado no deserto por seu patrão, porque adoecera. E Davi o encontrou, alimentou-o e depois o assumiu como guia em suas viagens (cf. 1Sm 30,11-15). O jovem egípcio é figura daquele que ama este mundo. Ele, coberto da negrura de seus pecados, quando já não tem condições de correr, com as obras mundanas, junto com o mundo que corre, é desprezado pelo mundo e abandonado em sua enfermidade. Cristo o reencontra – porque, aqueles que o mundo abandona com desprezo, ele os converte ao seu amor, sacia-os com o alimento da palavra de Deus – e o escolhe como guia de seu caminho, porque, frequentemente, o Senhor o faz seu pregador e apóstolo.

E observa que no evangelho, não sem motivo, são nomeadas particularmente estas quatro categorias de desafortunados, isto é, os pobres, os débeis, os cegos e os coxos.

O *pobre* é chamado assim porque pouco pode e pouco tem. O *débil* deve este nome à bílis, *debilis*, que o tornou fraco de saúde: de fato, a bílis é uma secreção do fel, que influi nocivamente sobre o corpo; daí vem *debilidade* e *debilitar*, isto é, tornar débil. O *cego* é privado da vista e nenhum de seus dois olhos está em condições de ver. O *coxo* é chamado assim porque está como que fechado (latim: *claudus, clausus*), isto é, impedido no caminhar. Nessas quatro categorias de enfermos são representados aqueles que são escravos dos quatro vícios da avareza, da ira, da luxúria e da soberba.

O avarento é pobre: não é ele que manda em si mesmo, mas é o dinheiro que o domina; não é possuidor, mas possuído, e também, quando tem muito, está sempre convencido de que tem muito pouco. Dele diz o Filósofo: "Aquele ao qual os próprios haveres nunca parecem demasiadamente grandes, ainda que seja dono de todo o mundo, é um miserável". E também: "Não julgo pobre aquele que, por pouco que tenha, aquele pouco lhe basta" (Sêneca).

O débil representa o iracundo, o qual, imbuído da amargura do fel, inflama-se de ira e neste estado é incapaz de realizar a justiça de Deus (Tg 1,20). Dele diz Jó: "A cólera faz morrer o insensato" (Jó 5,2).

O cego representa o luxurioso, que está privado da vista da graça; está privado da vista de ambos os olhos, isto é, da razão e do intelecto.

O coxo representa o soberbo que não tem condições de caminhar retamente no caminho da humildade.

Destes vícios, e de outros semelhantes, diz sempre o Filósofo: "Deve-se evitar a todo o custo e deve-se arrancar e separar com o ferro e com o fogo, e com qualquer outro meio, a fraqueza do corpo, a ignorância da mente, a luxúria do ventre, a sedição da cidade e a incoerência do homem"[2]. Essas quatro categorias de pecadores, parados nas praças, isto é, no prazer da carne, e nas ruas, isto é, na vaidade do mundo, o Senhor misericordioso os chama, por meio dos pregadores da Santa Igreja, para a ceia da pátria celeste.

Observa ainda que pela terceira vez o pai de família diz ao servo: "Vai pelos caminhos e ao longo dos cercados; força-os a vir, para que se encha a minha casa" (Lc 14,23). Estes que são forçados a entrar representam aqueles que são obrigados a entrar para a ceia do Senhor pelos castigos e pelas adversidades. Com efeito, em Oseias, o Senhor diz (à esposa infiel): "Eis que vou fechar-te o caminho com uma sebe de espinhos, fechá-lo-ei com um muro e não encontrarás as suas veredas. Seguirás os teus amantes e não os alcançarás, procurá-los-ás e não os encontrarás. E então dirás: Voltarei para o meu primeiro esposo, porque então eu era muito mais feliz do que agora" (Os 2,6-7).

Com a sebe das adversidades e o cercado da doença, o Senhor fecha os caminhos, isto é, as obras más da alma pecadora, com as quais ela corre atrás de seus amantes, isto é, os demônios: e o Senhor faz isso para que se converta e retorne ao seu primeiro Esposo. Tendo experimentado a doçura do seu amor, deve admitir que era infinitamente mais feliz quando fruía de sua contemplação do que agora que abusa da miserável volúpia da carne.

12. Com esta terceira parte do evangelho, na qual se fala dos pobres, concorda também a terceira parte da epístola: "Se alguém tiver bens deste mundo e vir seu irmão em necessidade e lhe fechar o seu coração, como está nele a caridade de Deus. Meus filhinhos, não amemos de palavra e com a língua, mas por obra e em verdade" (1Jo 3,17-18). E o Senhor: "Dai de esmola o que vos sobra e eis que todas as coisas serão puras para vós" (Lc 11,41). E comenta a *Glosa*: O que vos sobra daquilo que vos é necessário para a alimentação e para as vestes, dai-o aos pobres.

Portanto, quem tem riquezas deste mundo e depois de ter tirado delas aquilo que lhe é necessário para a alimentação e para as vestes, vir que seu irmão, pelo qual

---

2. Não se conhece o autor desta sentença.

Cristo morreu, encontra-se na necessidade, deve dar-lhe aquilo que lhe sobra. E se não lho der, se fechar seu coração diante do irmão que está na indigência, eu afirmo que peca mortalmente, porque não está nele o amor de Deus; se nele existisse este amor, de boa vontade daria ao seu irmão pobre.

Por isso, ai daqueles que têm a cantina cheia de vinho e o celeiro cheio de trigo, e que têm dois ou três pares de vestidos, enquanto os pobres de Cristo, com o ventre vazio e o corpo seminu, gritam por ajuda à sua porta. E se alguma coisa se dá a eles, trata-se sempre de pouco, e não das coisas melhores, mas das mais ordinárias.

Virá, sim, virá a hora quando também eles gritarão, estando fora da porta: "Senhor, Senhor, abre-nos!" (Mt 25,11). E eles, que não quiseram ouvir os lamentos dos pobres, ouvirão que lhe dizem: "Em verdade, em verdade vos digo: Não vos conheço" (Mt 25,12). "Ide, malditos, para o fogo eterno!" (Mt 25,41). "Quem fecha o ouvido ao clamor do pobre – diz Salomão – esse mesmo também clamará e não será ouvido" (Pr 21,13).

Irmãos caríssimos, peçamos, por isso, ao Senhor Jesus Cristo, que nos chamou com esta pregação, que se digne também chamar-nos, com a infusão de sua graça, para a ceia da glória celeste, na qual seremos saciados contemplando quão suave é o Senhor (cf. Sl 33,9). Dessa suavidade nos torne participantes o Deus uno e trino, bendito, digno de louvor e glorioso nos séculos eternos.

E toda a alma fiel, introduzida para esta ceia, diga: Amém, Aleluia!

III domingo depois de Pentecostes

Temas do sermão

• Evangelho do III domingo depois de Pentecostes: "Os publicanos e os pecadores aproximavam-se de Jesus"; evangelho que se divide em três partes.

• Primeiramente sermão sobre o pregador ou sobre o prelado da Igreja, que deve construir o muro da Igreja e matar o leão na cisterna: "Banaías, filho de Joiada, desceu e matou o leão".

• Parte I: Sermão sobre os pecadores convertidos: "Reuniram-se com Davi", e a natureza das abelhas.

• Sermão sobre a Anunciação de Maria: "O Rei Davi levantou-se e foi para a porta da cidade".

• Reconciliação do pecador com Deus: "Absalão, chamado, foi ter com o rei".

• Ainda sobre a reconciliação do pecador: "Meribaal (Mifiboset) comia à mesa de Davi".

• Parte II: Sermão sobre a inocência batismal: "Quem dentre vós, que tendo cem ovelhas..."

• Pranto e dor pela perda da inocência batismal, e sua reintegração: "Davi prorrompeu num grande pranto".

• Sermão sobre a contrição: "Se o orvalho cair só sobre o velo".

• Sobre a confissão: "Dar-vos-ei chuvas abundantes".

• Sobre a satisfação: "Abraão plantou um bosque".

• Sermão sobre o penitente: "Issacar, jumento robusto".

• Alegria de Deus e dos anjos por um pecador convertido: "Digo-vos que haverá grande alegria".

• Parte III: Sermão sobre a alma penitente, sobre sua confissão e sobre a mortificação da carne: "Entrou junto ao rei a mulher de Técua".

• A dracma, suas subdivisões e seu significado: "Se uma mulher perde uma dracma".

• De que modo o diabo mata em nós o amor a Deus e ao próximo: "Joab, filho de Sárvia".

• As quatro partes da lâmpada e seu significado: "Não acende por acaso a lâmpada..."

Exórdio – Sermão sobre o pregador ou sobre o prelado da Igreja

1. Naquele tempo, "aproximavam-se de Jesus os publicanos e os pecadores para ouvi-lo" (Lc 15,1).

Narra o Segundo livro dos Reis que "Banaías, filho de Joiada, num dia de neve, desceu numa cisterna e matou um leão" (2Sm 23,20). Banaías interpreta-se "pedreiro do Senhor" e é figura do pregador que com o cimento da divina palavra une em unidade de espírito as pedras vivas, isto é, os fiéis da Igreja. Desse pedreiro diz o Senhor ao Profeta Amós: "Que vês tu, Amós? Respondeu: Vejo uma colher de pedreiro. Então disse o Senhor: Eis que vou pôr no meio do meu povo uma colher de pedreiro" (Am 7,8).

A colher de pedreiro é uma espátula de metal, um pouco larga, com a qual são alisados e nivelados os muros. Chama-se em latim *trulla*, de *trudo*, fechar, porque com ela as pedras são unidas e ligadas entre si com a cal ou com a argila. A colher de pedreiro é figura da pregação, que o Senhor pôs em meio ao povo cristão para que estivesse à disposição de todos e com sua largura se estendesse tanto ao justo como ao pecador e com a cal do amor reunisse os crentes em Cristo. E esse pedreiro é chamado filho de Joiada, nome que se interpreta, "que sabe, que conhece".

O pregador deve ser filho da ciência e do conhecimento. Em primeiro lugar deve saber o que, a quem e quando pregar; em segundo lugar, deve examinar a si mesmo para ver se sua vida é coerente com aquilo que prega aos outros. Desse conhecimento estava privado Balaão que diz de si mesmo: "Palavra do homem que tem os olhos fechados, palavra daquele que ouve as palavras de Deus, que conhece a ciência do Altíssimo e vê as visões do Onipotente e que, caindo, tem os olhos abertos" (Nm 24,15-16). Assim, está fechado o olho do pregador corrupto, que, embora conheça a ciência do Altíssimo e vendo as visões do Onipotente, todavia não as conhece por experiência. Caindo, pois está privado desse conhecimento, abriu os olhos com a ciência. Mas Banaías, filho de Joiada, desceu da contemplação de Deus e dedicou-se à instrução do próximo e matou o leão, isto é, o diabo, ou seja, o pecado mortal, que está dentro da cisterna, quer dizer, na alma insensível e gélida dos pecadores. E realiza esta obra nos dias da neve, isto é, quando o gelo da malícia e da perversidade enregela as mentes dos pecadores, dos quais se diz precisamente no evangelho de hoje: "Aproximavam-se de Jesus os pecadores e os publicanos".

2. Presta atenção, que neste evangelho três fatos devem ser considerados. Primeiro, a aproximação dos pecadores a Jesus e a murmuração dos fariseus; segundo, o reencontro da ovelha perdida; terceiro, a recuperação da dracma perdida. Presta atenção também que neste domingo e no seguinte veremos – se Deus no-lo conceder – a concordância de alguns relatos do Segundo livro dos Reis com as três partes deste evangelho.

No intróito da missa de hoje canta-se: "Olha para mim, Senhor, e tem misericórdia" (Sl 24,16). Lê-se, depois, a epístola do Bem-aventurado Pedro: "Humilhai-vos sob a poderosa mão de Deus" (1Pd 5,6). Dividiremos este trecho da epístola em três partes e encontraremos sua concordância com as três partes do evangelho. Primeira parte: "Humilhai-vos". Segunda parte: "Sede sóbrios". Terceira parte: "O Deus de toda a graça".

III domingo depois de Pentecostes

I – A aproximação dos pecadores a Jesus

3. "Aproximavam-se de Jesus os publicanos e os pecadores para ouvi-lo. Os fariseus e os escribas murmuravam, dizendo: Este recebe os pecadores e come com eles" (Lc 15,1-2).

Tudo isso concorda com o Primeiro livro dos Reis, onde se narra que "foram ter com Davi todos os que estavam em grandes apertos e se encontravam oprimidos de dívidas e a alma repleta de amargura: e ele tornou-se seu príncipe" (1Sm 22,1-2), seu chefe.

Presta atenção a estas três circunstâncias: estavam em apertos, oprimidos de dívidas, com a alma repleta de amargura. Davi é figura de Cristo, ao qual devem aproximar-se os pecadores que se encontram nos apertos da tentação diabólica e da concupiscência da carne, e estão oprimidos de dívidas, isto é, estão em pecado mortal, escravos do dinheiro, inventado pelo diabo. E se tiverem a alma repleta de amargura, isto é, se tiverem a amargura da contrição pelos pecados cometidos, o próprio Cristo será seu príncipe.

O príncipe é chamado assim porque *primus capit*, isto é, toma por primeiro. De fato, quando o verdadeiro penitente morre, Cristo chega antes que o diabo, apodera-se por primeiro de sua alma e a leva ao paraíso. Com razão, pois, se diz: "Aproximavam-se de Jesus os publicanos e os pecadores" etc.

Presta atenção a estas quatro palavras: aproximavam-se, para ouvi-lo, recebe e come. Na palavra "aproximavam-se" é indicada a contrição do coração; na palavra "para ouvi-lo" é indicada a confissão e a execução da obra penitencial; na palavra "recebe" é indicada a reconciliação da misericórdia divina com o pecador; e na palavra "come", o banquete da eterna glória.

"Aproxima-se" de Jesus aquele que está arrependido dos próprios pecados. No Gênesis encontramos: "Então Judá aproximou-se mais e disse confiante a José: Peço-te, meu senhor, que permitas ao teu servo dizer uma palavra aos teus ouvidos, e que não se acenda a tua ira contra o teu servo" (Gn 44,18). Judá interpreta-se "aquele que confessa" e é figura do penitente que, aproximando-se mais de Deus com a contrição do coração, confiante na sua misericórdia, faz ouvir com confiança a palavra da confissão aos ouvidos de seu confessor.

Igualmente "ouve" Jesus aquele que se esforça por reparar o pecado em tudo e por tudo. De fato, diz Jó: "Eu já te ouvi com os meus ouvidos, mas agora meus próprios olhos te veem. Por isso, agora acuso a mim mesmo e faço penitência no pó e na cinza" (Jó 42,5-6). Semelhantemente, Jesus Cristo "recebe" os pecadores quando infunde nos penitentes a graça da reconciliação. Diz Lucas: "Correndo-lhe ao encontro, o pai lançou-lhe os braços ao pescoço e beijou-o" (Lc 15,20). O beijo do pai simboliza a graça da divina reconciliação. E finalmente Jesus "come" com eles, isto é, com os penitentes, porque os saciará com sua glória na perfeita felicidade.

4. Com estes quatro momentos concorda o que lemos no Segundo livro dos Reis.

Primeiro: "Aproximavam-se". "Todas as tribos de Israel foram ter com Davi em Hebron, dizendo: Aqui nos tens, somos teus ossos e tua carne" (2Sm 5,1). A tribo é chamada assim de tributo, ou também pelo fato que no princípio o povo de Roma foi a Rômulo dividido em três classes: senadores, soldados e plebe.

Com a expressão "todas as tribos de Israel" é indicado o conjunto de todos os penitentes, que, cada dia, entregam a Deus o tributo de seu serviço, de seu dever. E dividem-se em três categorias: senadores, isto é, os contemplativos; soldados, isto é, os pregadores; a plebe, o povo, no qual são representados aqueles que levam vida ativa. Todos esses devem encontrar-se, em unidade de mente, ao redor de Davi, isto é, de Jesus Cristo; devem reunir-se em Hebron, que se interpreta "meu conúbio"; isto é, devem unir-se com a contrição do coração, na qual o Espírito Santo, como místico esposo, une-se por meio da graça à alma, como a uma esposa, arrependida de seus pecados. Desse conúbio nasce o herdeiro da vida eterna.

"Aqui nos tens, somos teus ossos e tua carne." Assim os penitentes devem dizer a Cristo: Tem piedade de nós, perdoa os nossos pecados, porque nós somos teus ossos e tua carne. Por nós homens te fizeste homem, para redimir-nos. De tudo o que sofreste, aprendeste a ter piedade de nós (cf. Hb 5,8). A um anjo não podemos dizer: Somos teus ossos e tua carne. Mas a ti que és Deus, filho de Deus, que não assumiste os anjos, mas a semente de Abraão (cf. Hb 2,16), podemos dizer em verdade: Aqui nos tens, somos teus ossos e tua carne. Portanto, tem misericórdia dos teus ossos e da tua carne!

Afinal, quem teve ódio de sua carne? (cf. Ef 5,29). Tu és nosso irmão e nossa carne (cf. Gn 37,27), e, portanto, és obrigado a ter piedade e a compartilhar as misérias dos teus irmãos. Tu e nós temos o mesmo Pai: mas tu por natureza, nós por graça. Tu, pois, que na casa do Pai tens todo o poder, não queiras privar-nos daquela sagrada herança, porque somos teus ossos e tua carne. Os filhos de Israel transportaram os ossos de José do Egito para a Terra Prometida (cf. Js 24,32); também tu, das trevas deste Egito, leva-nos, nós que somos teus ossos, para a terra da bem-aventurança, porque somos teus ossos e tua carne.

Portanto, muito bem se diz: "Aproximavam-se de Jesus os publicanos e os pecadores". Os penitentes devem fazer como as abelhas. Lemos na *História natural* que quando seu "rei" (rainha) voa para fora da colmeia, voam com ele e o cercam todas amontoadas: ele fica no centro e as abelhas todas ao redor. E se seu rei não pode voar, a multidão das abelhas o sustenta; e se morre, todas morrem com ele.

Jesus Cristo, nosso rei, voou até nós, para fora da colmeia, isto é, para fora do seio do Pai. E nós, como boas abelhas, devemos segui-lo e voar com ele; devemos pô-lo no centro, isto é, conservar no coração a fé nele e defendê-la com a prática de todas as virtudes. E se algum de seus membros cair em pecado, devemos levantá-lo e sustentá-lo com a pregação e com a oração. E com ele morto e crucificado, devemos morrer também nós, crucificando nossos membros com seus vícios e suas concupiscências (cf. Gl 5,24).

Com razão, pois, se diz: "Aproximavam-se de Jesus os publicanos e os fariseus".

III domingo depois de Pentecostes

5. "Para ouvi-lo." Também sobre isso temos uma concordância no Segundo livro dos Reis, onde se narra que "Davi levantou-se e foi sentar-se à porta [da cidade] e avisou-se a todo o povo que o rei estava sentado à porta e toda a multidão foi apresentar-se diante do rei" (2Sm 19,8).

Jesus Cristo, rei dos reis, o nosso Davi, que nos libertou da mão dos nossos inimigos, levantou-se quando saiu do seio do Pai e foi sentar-se à porta, isto é, humilhou-se no seio da Bem-aventurada Virgem Maria, da qual diz o Profeta Ezequiel: "Esta porta estará fechada e não se abrirá e ninguém passará por ela, porque por ela passou o Senhor Deus de Israel. Ela estará fechada para o príncipe. O próprio príncipe sentar-se-á nela para comer o pão diante do Senhor" (Ez 44,2-3).

Observa que diz: "Estará fechada para o príncipe", e "o próprio príncipe sentar-se-á nela". Ao príncipe deste mundo, isto é, ao diabo, foi fechada (cf. Jo 12,31), porque sua mente jamais se abriu a alguma de suas tentações; e só o verdadeiro príncipe, Cristo, sentou-se nela na humilhação da carne que dela assumiu, para comer o pão diante do Senhor, isto é, para cumprir a vontade do Pai: Meu alimento é fazer a vontade do meu Pai (cf. Jo 4,34).

E a todo o povo foi anunciado por meio dos apóstolos que o rei estava sentado à porta, quer dizer, que havia assumido a carne da Bem-aventurada Virgem Maria. E assim, todo o povo dos penitentes e dos fiéis reuniu-se diante do rei, pronto a obedecer em tudo e por tudo às suas ordens.

6. "Os fariseus e os escribas murmuravam: Este recebe os pecadores" (Lc 15,2). Erram duplamente aqueles que se creem justos, enquanto são soberbos e julgam culpados os outros, que, ao contrário, já estão arrependidos.

"Este recebe os pecadores." Estas palavras encontram um confronto naquilo que lemos no Segundo livro dos Reis, onde se narra que "Absalão foi chamado, entrou à presença do rei, prostrou-se com a face por terra diante dele e o Rei Davi beijou Absalão" (2Sm 14,33). Absalão, nome que se interpreta "paz do pai", nesta passagem representa o penitente que, tendo-se arrependido, faz a paz com Deus Pai, que ofendeu com o pecado. O pecador, chamado por meio da contrição do coração, entra à presença do rei com a confissão, adora-o, prostrado diante dele com a face por terra, quando faz a penitência, castigando a terra de sua carne, julgando-se desprezível e indigno; e isso diante de Deus e não diante dos homens. E assim, o rei recebe o penitente como um filho, com o beijo da reconciliação.

A propósito deste acolhimento, o pecador convertido, no introito da missa de hoje, diz: "Olha para mim, Senhor, e tem misericórdia porque estou só e pobre. Olha a minha humilhação e o meu sofrimento e perdoa todos os meus pecados, ó meu Deus" (Sl 24,16.18).

"Olha para mim" com olho de misericórdia, tu que olhaste para Pedro; "tem piedade de mim", perdoando os meus pecados; "porque estou só", e tu acompanhas quem está só e abandonado; "porque sou pobre", isto é, vazio, a fim de que tu possas encher-me. "Olha para a minha humilhação" na confissão, "e o meu sofrimento", quando faço penitência; "e perdoa todos os meus pecados, ó meu Deus".

7. "E come com eles" (Lc 15,2). Também a respeito disso encontramos uma concordância no Segundo livro dos Reis, onde se narra que Meribaal comia à mesa de Davi, como um dos filhos do rei, e morava em Jerusalém, exatamente porque comia cada dia à mesa do rei (cf. 2Sm 9,11.13). Meribaal interpreta-se "homem da humilhação", e nesta passagem está a indicar o penitente que se humilha por seus pecados; e sua humilhação alcançar-lhe-á a glória, quando habitar na Jerusalém celeste e comer à mesa do Rei como um dos santos apóstolos, aos quais no evangelho o Senhor diz: "Prepararei para vós um reino, para que possais comer e beber à minha mesa, no Reino dos Céus" (Lc 22,29-30).

Com esta primeira parte do Santo Evangelho concorda a primeira parte da epístola de hoje: "Humilhai-vos, pois, sob a poderosa mão de Deus, para que ele vos exalte no tempo da tribulação; lançai sobre ele toda a vossa preocupação, porque ele tem cuidado de vós" (1Pd 5,6-7). Sob a poderosa mão de Deus, que depõe os poderosos e exalta os humildes (cf. Lc 1,52), para que vos exalte àquela mesa celeste, quando vier visitar-vos, isto é, no momento da morte e do último juízo. Lançai toda a vossa preocupação sobre ele, porque é mais solícito por vossa salvação do que vós mesmos o sois para vós; porque foi ele que nos fez, e não fomos nós que nos demos a vida (cf. Sl 99,3).

Oremos, pois, irmãos caríssimos, a nosso Senhor Jesus Cristo para que faça que nós pecadores nos aproximemos dele para ouvi-lo; digne-se acolher-nos e nutrir-nos consigo à mesa da vida eterna. No-lo conceda ele próprio, que é bendito nos séculos dos séculos. Amém.

II – O ENCONTRO DA OVELHA PERDIDA

8. "E disse-lhes esta parábola: Qual o homem, que tendo cem ovelhas, se perde uma delas, não deixa as noventa e nove no deserto e vai procurar a que se perdeu, até encontrá-la? E tendo-a encontrado a põe sobre os ombros..." (Lc 15,3-5).

Já que o Senhor, com estas duas parábolas [da Ovelha Perdida e da Dracma Perdida], quis ensinar aos pecadores que retornam a ele, de que modo podem reencontrar aquilo que perderam, conservar aquilo que reencontraram e fazer penitência pelos pecados cometidos, vejamos o que representa o homem que tem cem ovelhas, qual seja o significado moral da ovelha perdida e o que quer dizer ser levado sobre os ombros.

Este homem representa o penitente que começa a viver como homem novo e que se considera pó. Ele tem cem ovelhas. O número cem é símbolo da perfeição. As cem ovelhas representam todos os dons naturais e gratuitos, e quem os tem é perfeito, entende-se que tem a perfeição possível nesta vida. Com razão, os dons naturais e gratuitos são chamados ovelhas, porque, como as ovelhas são animais simples, inocentes e mansos, assim os dons naturais e gratuitos tornam o homem simples em relação ao próximo, isto é, sem a cilada da fraude, inocente consigo mesmo e submisso em relação a Deus.

"Se perde uma, não deixa por acaso as noventa e nove no deserto...?" A ovelha perdida representa a primeira inocência, que é conferida ao homem pelo batismo. E esta inocência é indicada pelas duas coisas que são entregues ao batizado: o sacerdote entrega-lhe *uma veste branca e uma vela acesa*. A veste branca simboliza a inocência, a vela acesa, o exemplo da vida virtuosa. Em ambas as coisas consiste a inocência do homem, e esta é a ovelha simples e inocente. E o homem a perde quando mancha a sua veste batismal e apaga a vela das obras boas. E quando perde esta ovelha, o homem deve doer-se dela em sumo grau.

9. Sobre a perda desta ovelha e sobre o desprazer desta perda encontramos uma concordância no Segundo livro dos Reis: "Davi chorou e fez este lamento [fúnebre] sobre Saul e seu filho Jônatas: Ó montes de Gelboé, nem orvalho, nem chuva caia sobre vós, nem haja campos de primícias, porque aqui foi lançado por terra o escudo dos heróis, o escudo de Saul, como se ele não tivesse sido ungido com óleo" (2Sm 1,17.21).

Tanto o homem das cem ovelhas como Davi são figura do penitente, que deve chorar sobre Saul e Jônatas, sobre a ovelha perdida, sobre a primeira inocência perdida. Saul interpreta-se "consagrado com a unção", e indica a inocência batismal que é conferida com a unção do crisma. Jônatas interpreta-se "dom da pomba", e indica a graça do Espírito Santo, conferida com o batismo. Já que perdeu estas duas coisas, o homem deve chorar, dizendo: "Ó montes de Gelboé" etc.

Gelboé interpreta-se "descida, caída", ou "montão que cai", e representa a soberba que está sempre em perigo de cair, porque, com frequência, a soberba tem quedas; e representa também a abundância das riquezas, que se acumulam como um montão de pedras contra o Senhor. Sobre estes montes (soberba e riqueza) não se encontram nem orvalho, nem chuva, nem campos de primícias. No orvalho é simbolizada a contrição, na chuva, a confissão e nos campos de primícias, a satisfação, quer dizer, a obra penitencial imposta pelo confessor.

Do orvalho da contrição lemos no Livro dos Juízes: "Se o orvalho – dizia Gedeão ao Senhor – cair só no velo e toda a terra ao redor ficar seca, reconhecerei nisso que salvarás Israel pela minha mão. E assim aconteceu. Levantando-se ainda de noite, espremeu o velo e encheu uma concha de orvalho" (Jz 6,37-38). É sinal da libertação de Israel, isto é, da nossa alma, se o orvalho, quer dizer, a graça da compunção, estiver só sobre o velo, isto é, no coração, e sobre todo o terreno ao redor, isto é, em todo o nosso corpo, houver a seca, isto é, ausência de vícios. E enquanto estamos na noite deste exílio, devemos levantar-nos, isto é, aplicar nosso espírito e corpo às obras de penitência e espremer o velo do coração com o amor da glória eterna e o temor da geena, como se fossem as duas mãos, e encher a concha dos olhos com a água da compunção, que jorra para a vida eterna (cf. Jo 4,14).

Da chuva da confissão fala o Levítico: "Eu vos darei as chuvas nos seus tempos, a terra dará seu produto e as árvores carregar-se-ão de frutos. A colheita prolongar-se-á até a vindima e a vindima juntar-se-á à semeadura. Comereis o vosso pão à saciedade" (Lv 26,3-5). Quando o Senhor concede aos penitentes a chuva, isto é, a graça de uma boa confissão, então ele produz seus rebentos e não rebentos estranhos. O rebento representa o início da obra boa, que é feita brotar pela chuva da confissão.

"E as árvores carregar-se-ão de frutos." Árvore deriva da força (latim: *arbor, robur*), fruto da fertilidade (latim: *poma, opimus*). As árvores simbolizam a mente dos penitentes, fortificada no firme propósito de não recair no pecado, e carrega-se de frutos, isto é, da fecundidade das virtudes. A colheita, isto é, o sofrimento do corpo, unir-se-á à vindima, quer dizer, à alegria da mente, e a vindima unir-se-á à semeadura, isto é, à vida eterna, na qual comeremos pão à saciedade. Com efeito, está escrito: "Saciar-me-ei quando aparecer a tua glória" (Sl 16,15). Eis quantos bons efeitos produz a confissão!

De modo semelhante, do campo da "satisfação" (a obra penitencial) fala-se no Gênesis: "Abraão plantou um bosque em Bersabeia, e ali invocou o nome do Senhor Deus eterno. E foi por longo tempo um estrangeiro [colono] na terra dos filisteus" (Gn 21,33-34).

Presta atenção a estes três momentos: plantou, invocou e foi estrangeiro (colono). Abraão é figura do justo, que, em Bersabeia, que se interpreta "poço da saciedade", isto é, na sua mente, planta o bosque da caridade. O bosque, assim chamado de nume (latim: *nemus*, bosque; *numen*, divindade) simboliza a caridade pela qual amamos a Deus e ao próximo.

E observa ainda que a mente do justo é chamada de "poço", por causa da humildade, e "da saciedade", por causa da doçura da contemplação divina. "E ali invocará o nome do Senhor Deus eterno." O nome de Deus Eterno é *Jesus*, que se interpreta "salvador". O justo, pois, invoca o nome do Salvador para que lhe conceda a salvação e lha conserva para sempre.

"E foi estrangeiro [colono] na terra dos filisteus", nome que, como foi dito outras vezes, interpreta-se "que caem embriagados"; os filisteus representam os cinco sentidos do corpo, que, enquanto se inebriam bebendo da vaidade do mundo, caem no pecado. A terra desses filisteus é o corpo, que age por meio dos cinco sentidos. Dessa terra, o justo deve ser o colono, para cultivá-la com as vigílias e as abstinências, com o sofrimento e com a fadiga, a fim de que produza o fruto das primícias.

Então, com razão se diz: "Montes de Gelboé, nem orvalho, nem chuva caiam sobre vós, nem haja campos de primícias". Nas alturas da soberba e na abundância das coisas temporais não existe o orvalho da compunção, nem a chuva da confissão, não existem os campos de primícias das obras penitenciais; antes, ali foi lançado por terra o escudo dos fortes, o escudo de Saul.

O escudo é figura da fé. "Abraçai", diz o Apóstolo, "o escudo da fé, com o qual podereis apagar (repelir) todos os dardos inflamados do maligno" (Ef 6,16). A fé rejeita as coisas temporais, porque é destruída pela abundância delas. É com este escudo que os justos combatem valorosamente. De fato, lemos no Livro de Josué que o Senhor lhe disse: "Levanta o escudo que tens na mão contra a cidade de Hai, porque eu a entregarei a ti. E, tendo ele levantado o escudo contra a cidade, imediatamente saíram os que estavam escondidos na emboscada; e, encaminhando-se para a cidade, tomaram-na e puseram-lhe fogo" (Js 8,18-19). O escudo na mão representa a fé concretizada nas obras, e quando nós a elevamos acima das coisas terrenas, a cidade de Hai, que se interpreta "acúmulo de pedras" e é figura da abundância das coisas terrenas, é conquistada e incendiada. As coisas terrenas podem ser acumuladas só para serem distribuídas aos pobres, e são queimadas quando no fervor do espírito são consideradas somente pó e cinza. Eleva com a mão o escudo contra Hai aquele que alimenta sua fé com as obras, com as quais destrói a soberba e as riquezas do mundo, desprezando-as. Com razão, pois, se diz: "Porque foi lançado por terra o escudo dos fortes, o escudo de Saul, como se ele não tivesse sido consagrado com o óleo".

Os soberbos e os avarentos aviltam e lançam na estrumeira das riquezas a fé em Jesus Cristo e a graça do batismo, com a qual foram ungidos e consagrados, quando buscam as coisas temporais. Com razão, pois, se diz: "Não deixa por acaso as noventa e nove no deserto, e vai atrás daquela que se perdeu, até encontrá-la?" O penitente deve deixar tudo, tudo deve pôr em segundo lugar; deve chorar sobre os montes de Gelboé, isto é, sobre a soberba e sobre o excesso das coisas temporais, nas quais perdeu a ovelhinha, despojou-se da veste batismal e apagou a vela do bom exemplo; deve, pois, perseverar nas vigílias e nas abstinência, até tê-la reencontrado.

10. "E tendo-a encontrado, a põe sobre os ombros todo contente; e indo para casa, chama os seus amigos e vizinhos, dizendo: Congratulai-vos comigo, porque encontrei a minha ovelha, que se tinha perdido" (Lc 15,5-6).

Considera que os ombros representam as fadigas da penitência. De fato, diz o Gênesis: "Issacar é um jumento robusto, que está deitado num duplo recinto. Viu que o lugar do repouso era bom e que a terra era ótima; curvou seus ombros para levar pesos" (Gn 49,14-15).

Issacar interpreta-se "recompensa", e é figura do penitente que se esforça só em vista da recompensa eterna. Ele é chamado "jumento robusto", isto é, capaz de suportar por Cristo grandes tribulações "deitado em dois recintos". Os dois recintos são o ingresso na vida e a saída dela, nos quais o penitente mora, porque medita atentamente sobre seu ingresso e sobre sua saída da vida. Os homens carnais, porém, não moram *nos* dois recintos, mas *entre* os dois recintos; a estes diz Débora no Livro dos Juízes: "Por que habitas tu entre os dois recintos, a ouvir os balidos dos rebanhos?" (Jz 5,16).

Está deitado entre os dois recintos aquele que não reflete sobre seu mísero ingresso na vida e sobre a tremenda conclusão da morte, mas torna-se escravo dos prazeres do próprio corpo. E assim ouve o balido dos rebanhos, isto é, o sutil e convincente chamado dos cinco sentidos. De fato, a sensualidade parece ter a voz dos rebanhos, enquanto na realidade sua sugestão é como o sibilo da serpente, que ostenta a inocência dos rebanhos e esconde a astúcia do lobo, e assim consegue fazer penetrar na alma o veneno das serpentes.

Este Issacar vê com o olho da fé e com a intuição da contemplação que o repouso da eterna bem-aventurança é doce e que a terra da eterna segurança é esplêndida e, portanto, cheio de alegria, abaixa os ombros para carregar a ovelhinha que havia perdido. "Voltando para casa", isto é, reentrando na própria consciência, "chama os amigos e os vizinhos", isto é, os sentimentos da razão que são amigos e vizinhos, e alegra-se com eles, dizendo: "Congratulai-vos comigo". Do bem comum deve ser comum também a alegria. De fato, quando é restituída a inocência, é restituída a graça. Não é de admirar se o homem e sua consciência estão cheios de alegria, porque isso acontece também no céu, em Deus e nos seus anjos.

11. "Assim vos digo, que haverá mais júbilo no céu por um pecador que fizer penitência, do que por noventa e nove justos que não necessitam de penitência" (Lc 15,7). Eu, Verbo do Pai, digo-vos que por um pecador que faz penitência, que recupera a inocência, há grande alegria no céu. E dessa alegria, neste mesmo evangelho, o Senhor diz: "Depressa, trazei aqui a veste mais preciosa e vesti-lha e ponde-lhe um anel no dedo e sapatos nos pés. É preciso banquetear-se e alegrar-se, porque este meu filho estava morto e tornou à vida, estava perdido e foi encontrado" (Lc 15,22.32). A veste mais preciosa simboliza a inocência batismal; o anel é sinal da fé perfeita, com a qual a alma é iluminada; os sapatos representam a mortificação da carne, o horror ao pecado e o desprezo do mundo. Tudo isso é dado ao filho arrependido, e por seu arrependimento há no céu mais júbilo do que por noventa e nove justos, isto é, pelos mornos que se creem justos. De fato, diz o Eclesiastes: "Não presumas ser demasiadamente justo" (Ecl 7,17).

Com esta segunda parte do evangelho concorda a segunda parte da epístola: "Sede sóbrios, vigiai" na oração, "porque o vosso inimigo, o diabo" etc. (1Pd 5,8). Observa que diz primeiro "sede sóbrios" e depois "vigiai". Sede sóbrios, isto é, temperantes, sem jamais embriagar-vos, porque quem está preso à embriaguez não tem condições de vigiar. A sobriedade e a vigilância são necessárias, porque o diabo, nosso inimigo, anda ao redor procurando a ovelhinha para devorá-la. Resistamos-lhe com a fé que recebemos no batismo, guardemos a inocência para merecer chegar ao júbilo dos anjos junto com os verdadeiros penitentes.

No-lo conceda aquele que arrancou das fauces do lobo, o diabo, a ovelha perdida, isto é, Adão com sua descendência, e a carregou, cheio de alegria, sobre seus ombros pendentes da cruz, quando retornou para a casa da eterna bem-aventurança. Por seu encontro fez também grande festa com os anjos: também eles exultam quando um pecador se reconcilia com eles. Tudo isso deve inflamar-nos de honestidade, para fazer sempre aquilo que aos anjos é agradável, procurar sua proteção e temer ofendê-los.

Conduza-nos à sua companhia o próprio Senhor, ao qual pertence a honra e a glória nos séculos dos séculos. Amém.

III – O ENCONTRO DA DRACMA PERDIDA

12. "Ou qual é a mulher que, tendo dez dracmas, e perdendo uma, não acende a lâmpada, não varre a casa e não procura diligentemente até que a encontre?" (Lc 15,8-10).

Sentido moral. Esta mulher é figura da alma. Encontramos sobre isso uma concordância no Segundo livro dos Reis, onde se narra que "a mulher de Técua entrou na casa do rei, lançou-se com a face por terra, adorou-o e disse: Salva-me, ó rei! O rei lhe disse: Que tens? Ela respondeu: Ai de mim, eu sou uma viúva, meu marido morreu. E a tua serva tinha dois filhos, que fizeram uma briga entre si no campo e não havia ninguém que os pudesse apartar; e um feriu o outro e o matou. E eis que agora toda a parentela, levantando-se contra a tua serva, diz: Entrega-nos esse que matou seu irmão para o matarmos em castigo pelo sangue de seu irmão e eliminarmos o herdeiro. E assim procuram apagar também a última cintila que me ficou" (2Sm 14,4-7).

Vejamos o que representa o rei, a mulher de Técua e seu marido, os filhos e sua briga; o que significa a morte de um deles, a parentela e a cintila.

O rei é Cristo, a mulher de Técua é figura da alma penitente; o marido morto é figura do mundo; os dois filhos simbolizam a razão e a sensualidade; a briga é a discordância que existe entre razão e sensualidade; a morte de um representa a mortificação do apetite carnal; a parentela simboliza os impulsos naturais e a cintila é a luz da razão.

"A mulher de Técua entrou na casa do rei, prostrou-se diante dele e o adorou." Técua interpreta-se "trombeta". A mulher de Técua é figura da alma penitente que faz ressoar suavemente a trombeta da confissão ao ouvido de seu Criador. E observa que no Antigo Testamento a trombeta chamava para três participações: para a guerra, para o banquete sagrado e para a celebração festiva (cf. Nm 10,8-10). Também a trombeta da confissão chama para a guerra contra os demônios: de fato, o diabo, expulso por meio da confissão, volta à vida por meio dos escândalos; chama-nos para o banquete sagrado da penitência e para a festiva celebração da glória.

Presta atenção a estas três palavras: "entrou na casa do rei", "prostrou-se diante dele", "e o adorou". O rei é Cristo que governa os povos com cetro de ferro (cf. Sl 2,9), isto é, com inexorável justiça. A alma entra para a presença deste rei por meio da esperança, prostra-se diante dele por meio da humildade e o adora por meio da fé. E diz: "Salva-me, ó rei! Ai de mim, eu sou uma mulher viúva".

Presta atenção às três palavras: Ai de mim, mulher e viúva. Diz "Ai de mim", porque sente dor pelos pecados; diz "mulher", porque se reconhece débil e frágil; diz "viúva", porque privada de todo o socorro humano; e portanto: "Salva-me, ó rei", sou uma mulher aflita, frágil e despojada de tudo. "Salva-me", porque sou tua serva. "Salva-me", porque meu marido morreu. O marido da alma penitente era o mundo, que lhe morre quando também ela morre para o mundo. Por isso, diz o Apóstolo: "Para mim o mundo está morto, como eu o estou para o mundo" (Gl 6,14).

"A tua serva tinha dois filhos: entre eles surgiu uma briga." Os dois filhos da alma são as suas duas componentes: a superior e a inferior, quer dizer, a razão e a sensualidade, entre as quais está sempre em ação uma grandíssima briga, porque o espírito tem desejos contrários à carne, e a carne tem desejos contrários ao espírito (cf. Gl 5,17).

Dessa briga, narra Moisés no Gênesis: "Originou-se uma briga entre os pastores dos rebanhos de Abraão e os de Lot. Então, Abraão disse a Lot: Peço-te que não haja discórdia entre mim e ti, entre os meus pastores e os teus, porque somos irmãos. Eis diante de ti todo o território; rogo-te que te apartes de mim: se fores para a esquerda, eu tomarei para a direita; se escolheres a direita, eu irei para a esquerda" (Gn 13,7-9).

Em Abraão vemos representada a razão, em Lot, a sensualidade. Os pastores representam seus sentimentos e impulsos naturais, entre os quais há briga diária. Mas Abraão diz: "Peço-te que não haja discórdia entre mim e ti".

E esta é a censura e a recomendação da razão em relação à sensualidade: a razão quer pacificar consigo a sensualidade, e, portanto, lhe diz: Somos irmãos, não combatas contra mim, não queiras iniciar uma briga. "Eis que tens diante de ti toda a terra" para viver satisfazendo as tuas necessidades e não para o prazer. Serve-te daquilo que é lícito; vive com discrição, porque o Senhor deu a terra aos filhos do homem (cf. Sl 113,16), não aos filhos dos animais. Mas porque vejo que os teus sentidos e os teus pensamentos inclinam-se para o mal desde a tua adolescência (cf. Gn 8,21), peço-te que te apartes de mim, porque dois que estão assim em luta entre si não podem viver juntos. Que união pode existir entre a luz e as trevas? E que colaboração entre um fiel e um infiel? (cf. 2Cor 6,14-15). Afasta-te, pois, de mim, porque, se não te afastares, temo que da convivência seja influenciado o comportamento. "A uva sadia pega o mofo da uva estragada que lhe está próxima" (Juvenal). O companheiro mau, como diz o Filósofo, liga a sarna ou a ferrugem (os vícios) ao companheiro ingênuo e inocente. "Peço-te, pois, afasta-te de mim. Se tu fores para a esquerda, eu irei para a direita; se tu fores para a direita, eu irei para a esquerda."

Observa que aquilo que é direito para a carne, é esquerdo para o espírito, e aquilo que é direito para o espírito, é esquerdo para a carne. E isso foi indicado pela disposição do corpo de Cristo sobre a cruz, sobre a qual ele teve a direita voltada para o aquilão (Setentrião) e a esquerda para o austro (Meio-dia), mostrando assim que as adversidades, que nós consideramos esquerda, para ele são direita, e que a prosperidade deste mundo, simbolizada no Meio-dia, que para nós é direita, para ele é esquerda. Justamente, pois, é dito: "A tua serva tinha dois filhos entre os quais, enquanto estavam no campo, estourou uma briga: e não havia ninguém que pudesse separá-los".

"E um feriu o outro e o matou." Se tivesse se afastado do irmão, não teria sido morto. Assim, o justo que usa a razão, pela mortificação deve matar o apetite carne. E sobre isso temos uma concordância no Segundo livro dos Reis, onde se narra que "Davi, chamando um dos seus criados, disse-lhe: Vem cá e lança-te sobre este homem (o amalecita). E o servo o feriu e ele morreu. Davi então [dirigindo-se ao morto] disse: O teu sangue caia sobre a tua cabeça, porque a tua própria boca falou contra ti, dizendo: Eu matei o ungido do Senhor" (2Sm 1,15-16).

Davi é figura do justo, os servos do justo são os retos sentimentos da razão, e com seu acordo deve matar o apetite carnal, que pouco antes havia morto o ungido do Senhor, isto é, a alma consagrada pelo sangue de Jesus Cristo.

"E eis que toda a parentela insurgiu-se contra mim." A parentela, cruel e perversa, simboliza os movimentos instintivos que, por meio da parentela do sangue, são ligados à sensualidade da carne. Estes, vendo seu parente, o apetite carnal, reprimido pelo severo discernimento da razão, cada dia revoltam-se todos juntos, desejosos de vingar a injúria feita ao parente e apagar a cintila da razão. De fato, a mulher de Técua grita ao rei: "Salva-me, ó rei, porque procuram apagar a cintila que me ficou".

E observa que a cintila é sutil, ágil e veloz para provocar o incêndio. A faísca representa a razão, que é sutil no discernimento, ágil e veloz em prevenir as tentações do diabo, apta a inflamar a alma do amor a Deus. Os movimentos instintivos, parentela insensata e insipiente, tentam apagar essa faísca com a água da concupiscência carnal. E diz justamente "que me ficou", porque, também depois de ter praticado todos os vícios, sempre é deixada à alma pecadora uma certa faísca de razão, que a atormente com o remorso e a censure asperamente por seus pecados.

13. Falemos, pois, dessa mulher: "Qual a mulher que tendo dez dracmas" etc. A *Glosa* recorda que a dracma é uma moeda de um certo valor, que traz impressa a imagem do rei. A dracma é a quarta parte do estatere [moeda hebraica]; o drama (latim: *drama*), porém, é um gênero poético do qual fala a Liturgia: "Suaves são os cantos do drama" (Comum das festas de Nossa Senhora). Outro sentido: a dracma é a oitava parte da onça. A onça é assim chamada porque na sua unidade (latim: *uncia, unitas*) abraça todas as outras moedas. A onça vale oito dracmas, ou seja, vinte e quatro *escrúpulos*[3]. Assim, obtém-se o peso justo, porque o número dos escrúpulos da onça corresponde ao número das horas do dia e da noite. O escrúpulo pesava seis síliquas, quer dizer, seis grãos de alfarroba. A síliqua vale quatro grãos de centeio: como se dissesse que cada grão de síliqua vale quatro grãos de centeio.

A onça é figura de Cristo, que, sendo um com o Pai e o Espírito Santo, abraça em sua unidade o universo criado. Todos os seres criados são como o centro, em meio à esfera, enquanto ele é como o círculo que tudo circunda e abraça. De fato, diz o Eclesiástico: "Eu sozinha fiz todo o giro do céu" (Eclo 24,8).

A dracma, oitava parte da onça, é figura da Bem-aventurada Virgem Maria, que na alma e no corpo possui já a bem-aventurança de todos os santos, que eles terão no oitavo dia da ressurreição, e também muito maior.

Os vinte e quatro escrúpulos representam os doze apóstolos, dos quais o Senhor disse: "Não são doze as horas do dia?" (Jo 11,9).

---

3. *Escrúpulo*, pedrinha: antiga unidade de medida.

O dia é Cristo, as doze horas são os doze apóstolos, que, por causa de sua santidade e da infusão do Espírito Santo, são indicados com o número duplicado. Eles, como os escrúpulos, que são o dinheirinho do pobre, foram desprezados neste mundo, e agora já não cessam de guardar e proteger dia e noite, como se diz por vinte e quatro horas, a Igreja, que fundaram com seu sangue.

As seis síliquas representam todos os mártires e os santos, confessores da fé, por causa da perfeição de suas boas obras; mas não dizemos que são representados pelas alfarrobas por si mesmas, mas pelo número seis, que é número perfeito.

Os quatro grãos de centeio, cereal que é alimento dos animais, representam todos os fiéis da Igreja, que, quase como "animais", são nutridos com a doutrina dos quatro evangelistas. Observa, pois, a perfeita concatenação: na onça são contidos a dracma e os escrúpulos; nos escrúpulos, as síliquas; nas síliquas, os grãos de centeio. Assim, de Cristo descendem a Bem-aventurada Virgem Maria e os apóstolos; dos apóstolos, os mártires e os confessores; e destes, todos os fiéis da Igreja.

E depois de ter feito esta pequena digressão, que me foi sugerida pela palavra dracma, retornemos para a nossa matéria, da qual, aliás, nunca nos afastamos.

14. "Qual a mulher, que tem dez dracmas?..." Considera que nas dez dracmas são indicados os dez preceitos do decálogo, que a mulher, isto é, a alma, recebeu do Senhor para observá-los: e se os tivesse observado, teria conservado também a posse da dracma.

Por isso, ao jovem que lhe perguntava o que devia fazer para ter a vida eterna, o Senhor respondeu: "Se queres entrar na vida, observa os mandamentos" (Mt 19,17). A observância dos mandamentos comporta o ingresso à vida. Mas, já que a caridade se esfriou e aumentou a malícia (cf. Mt 24,12), o Senhor acrescenta: "E se perde uma dracma". Perde a dracma aquele que perde a caridade, na qual está impressa a imagem do sumo Rei, e sem a qual ninguém pode chegar ao "oitavo dia", isto é, à eterna bem-aventurança.

De que maneira essa dracma se perde é dito no Segundo livro dos Reis, onde se narra que Joab, filho de Sárvia (Zeruia), matou dois chefes do exército de Israel: Abner, filho de Ner, e Amasa, filho de Geter.

Matou Abner assim: "Joab chamou-o à parte, ao meio da porta, para lhe falar traiçoeiramente; ali mesmo o feriu na virilha e Abner morreu. Ouvindo o que tinha acontecido, Davi protestou e praguejou: Nunca falte na casa de Joab quem padeça de gonorreia, quem seja coberto de lepra, quem pegue no fuso, quem seja morto à espada e quem esteja privado de pão" (2Sm 3,27-29).

E matou também Amasa deste modo: Joab vestia uma túnica estreita, que lhe ficava justa ao corpo e sobre ela levava cingida a espada, pendente do lado, dentro de sua bainha, que tinha sido feita com tal arte, que num momento podia sair e ferir. Disse, pois Joab a Amasa: Salve, meu irmão! E com a mão direita pegou Amasa pela barba como para o beijar. Ora, Amasa não reparou na espada que Joab trazia, e este feriu-o num lado, sem que fosse necessário um segundo golpe (cf. 2Sm 20,8-9).

III domingo depois de Pentecostes

Observa que nesses dois chefes, Abner e Amasa, são simbolizados os dois mandamentos da caridade, isto é, o amor a Deus e o amor ao próximo. Em Abner, que se interpreta "lâmpada do pai", é indicado o amor a Deus pelo qual somos iluminados enquanto moramos cá embaixo nas trevas. Em Amasa, que se interpreta "socorre o povo", é indicado o amor ao próximo, que o socorre nas suas necessidades. Joab, que se interpreta "inimigo", isto é, o diabo, nosso inimigo, do mesmo modo mata também em nós esse duplo amor; no primeiro modo o amor a Deus, no segundo, o amor ao próximo.

"Joab chamou Abner à parte, no centro da porta" etc. Presta atenção às três palavras: no centro da porta, traiçoeiramente e na virilha. Para matar em nós o amor a Deus, o diabo nos leva primeiramente ao centro da porta. A porta é o ingresso e a saída de nossa vida, cujo centro é a vaidade do mundo. O diabo, pois, não leva para a porta, mas para o centro da porta, porque cega o pecador a fim de que não considere sua miserável entrada e saída da vida, mas dirija a sua atenção antes para a falaz vaidade do mundo, na qual, enquanto ele lhe fala enganando-o, prometendo-lhe os bens temporais, fere-o na virilha, isto é, com o prazer da carne, e assim a alma morre e o amor a Deus é destruído.

Igualmente Joab matou Amasa assim: "Joab estava vestido com uma túnica estreita" etc. A túnica estreita do diabo são todos os maus, dos quais ele se reveste e os aperta a si sobre sua medida, porque faz de tudo para levar sua maldade, sua malícia ao nível da sua. A espada na bainha representa a sugestão do diabo na mente dos maus.

E já que, por meio dos aduladores e dos detratores, o diabo costuma destruir o amor ao próximo, o texto bíblico continua: "Disse Joab a Amasa: Salve, meu irmão!, e estendeu a mão direita" etc.

A *Glosa* comenta: Estender a direita para o queixo de uma pessoa é como fazer uma afetuosa carícia; mas, nesse meio-tempo, leva a esquerda para a espada aquele que, estimulado pela maldade, fere às escondidas. De fato, o Eclesiástico diz: "O inimigo tem a doçura sobre os lábios, mas no seu coração arma laços para te fazer cair na cova" (Eclo 12,15).

Precipitar na cova significa perder a dracma da caridade e, em consequência de sua perda, é feita aquela imprecação: "Na casa de Joab jamais falte quem sofre de gonorreia" etc.

Considera os cinco castigos ameaçados a Joab: gonorreia, lepra, quem maneja o fuso, quem perece à espada, quem tem falta de pão.

A casa do diabo é formada por todos os maus, que não têm o amor a Deus nem o amor ao próximo: eles são sempre feridos pela gonorreia, isto é, são sempre cheios de concupiscência e de luxúria; tornam-se leprosos, porque se mancham com vários pecados; manejam o fuso, isto é, seguem a instabilidade das coisas temporais; e enfim precipitam-se na geena, abatidos pela espada da vingança divina, eternamente atormentados pela fome e pela sede. Eis de que maneira se perde a dracma da caridade.

Mas vejamos também de que modo ela é reencontrada.

15. "Não acende por acaso a lâmpada?" etc. Considera que na lâmpada existem quatro componentes: o vaso de argila, o estopim grosseiro, o óleo macio e a chama que ilumina. No vaso de argila é indicada a lembrança da própria fragilidade, no estopim, a austera penitência, no óleo, a piedade para com o próximo e na chama, o amor a Deus. Feliz a alma que prepara para si tal lâmpada a fim de reencontrar a dracma perdida. À luz dela, cada um deve explorar todos os ângulos de sua consciência e procurar diligentemente a dracma perdida da caridade, até encontrá-la.

Com esta terceira parte do evangelho concorda também a terceira parte da epístola: "O Deus de toda a graça, que vos chamou em Jesus Cristo à sua eterna glória, depois que tiverdes sofrido um pouco, confirmar-vos-á e vos tornará fortes e firmes" (1Pd 5,10).

Deus Pai, do qual desce toda a graça operante, cooperante e eficaz, por meio de Jesus Cristo, seu Filho, que com o vaso de argila da nossa humanidade e a chama de sua divindade procurou diligentemente e encontrou a nós, a dracma perdida, e, portanto, nos chamou à glória eterna, na qual, depois que tivermos sofrido brevemente neste mundo, estabelecer-nos-á com a dupla glorificação da alma e do corpo, Deus Pai – dizíamos – nos confirmará com sua eterna visão e nos tornará firmes e fortes na bem-aventurada sociedade da Igreja triunfante.

Rezemos, pois, irmãos caríssimos, ao Senhor Jesus Cristo que, a exemplo da mulher santa, isto é, da alma penitente, nos conceda preparar a lâmpada, quer dizer, manter viva a lembrança de nossa fragilidade com a estopa da penitência. Conceda-nos acender o óleo da misericórdia com a chama do amor divino, explorar com ela cada ângulo de nossa consciência e procurar com toda a diligência a dracma da dupla caridade, que há tanto tempo temos perdido. E depois de tê-la encontrado, mereçamos chegar até ele, que é caridade perfeita (cf. 1Jo 4,8.16).

No-lo conceda ele próprio, a quem pertence a honra e a glória, o esplendor e o domínio pelos séculos eternos. E toda a criatura responda: Amém. Aleluia!

IV domingo depois de Pentecostes

Temas do sermão

- Evangelho do IV domingo depois de Pentecostes: "Sede misericordiosos"; evangelho que se divide em quatro partes.
- Primeiramente sermão sobre o pregador ou sobre o prelado da Igreja: "Davi que se senta na cátedra".
- Parte I: Sermão sobre a tríplice misericórdia de Deus e do homem: "Sede misericordiosos".
- Natureza dos grous e seu simbolismo.
- Sermão contra aqueles que fazem juízos temerários sobre coisas que estão escondidas: "Oza estendeu a mão para a arca".
- Sermão contra aqueles que se alegram pela queda ou pela morte do inimigo: "Davi subiu para o quarto superior e chorou".
- Sermão para educar para a paciência: "Semei amaldiçoou o rei".
- Parte II: Sermão sobre a tríplice medida e relativo significado: "Uma medida boa, socada, sacudida e transbordante".
- Sermão contra aqueles que se gloriam da beleza, que se confessam uma vez por ano e nunca cumprem a penitência imposta pelo confessor: "Não havia homem belo como Absalão".
- Sermão sobre as quatro prerrogativas do corpo: Uma medida boa, socada, sacudida e transbordante".
- Parte III: Sermão contra os prelados cegos da Igreja: "Animais todos do campo".
- Natureza do urso e seu significado moral.
- Sermão sobre a natividade do Senhor: "Rúben saiu no tempo da colheita".
- Sermão sobre a paixão do Senhor: "O Rei Davi atravessou a torrente do Cedron".
- Parte IV: Sermão contra aqueles que são imundos e pretendem eliminar a imundície dos outros: "Tu que vês a palha".
- Sermão sobre os olhos: sua descrição e significado.

EXÓRDIO – SERMÃO SOBRE O PREGADOR OU SOBRE O PRELADO DA IGREJA

1. Naquele tempo, disse Jesus aos seus discípulos: "Sede misericordiosos como é misericordioso o vosso Pai" (Lc 6,36).

Lá pelo fim do Segundo livro dos Reis lemos: "Davi, sentado na cátedra, príncipe sapientíssimo entre três, é como delicadíssimo caruncho de madeira; num só assalto matou oitocentos homens (2Sm 23,8). Davi é figura do pregador, que deve sentar-se na cátedra etc. Presta atenção às várias palavras. Na "cátedra" é indicada a humildade da mente; em "sapientíssimo", o esplendor; em "príncipe", a constância; nos "três", a vida, a ciência e a eloquência; na "madeira", a obstinada malícia dos perversos; em "delicadíssimo", a misericórdia e a paciência; no "caruncho", a severa disciplina. Eis, pois, que o pregador deve sentar-se sobre a cátedra da humildade, instruído pelo exemplo de Jesus Cristo, que humilhou a glória da divindade na cátedra de nossa humanidade; deve ser sapientíssimo na sabedoria do amor, a única a conhecer e experimentar quão suave é o Senhor (cf. Sl 33,9); deve ser príncipe pela firmeza do espírito, de maneira a não temer o encontro de alguém, como o leão, que é a mais forte das feras; entre os três, isto é, na vida, na ciência e na eloquência. Deve também ser delicadíssimo caruncho da madeira: caruncho para furar e corroer a madeira, quer dizer, os endurecidos no mal e os estéreis de boas obras; delicadíssimo, isto é, paciente e misericordioso com os humildes e os arrependidos.

Ou então: como nada é mais resistente do que o verme quando ataca a madeira, e nada é mais mole quando é tocado, assim o pregador, quando apresenta a palavra do Senhor deve penetrar com força no coração dos ouvintes; mas se ele próprio for feito objeto de injustiça, deve mostrar-se e ser doce e afável. Diz-se de Davi que "num único assalto matou oitocentos". Diz "num único assalto" por causa de certos que, depois de haver derrotado a soberba, fomentam a gula. No número "oitocentos" são compreendidos todos os vícios do corpo e do espírito. E o pregador deve eliminá-los todos de si mesmo para poder realizar as boas obras, primeiramente em relação a si próprio e, depois, em relação aos outros. Precisamente a propósito disso o evangelho de hoje diz: "Sede misericordiosos..."

2. Nesse evangelho são postos em evidência quatro pontos. Primeiro, a misericórdia de Deus: "Sede misericordiosos..."; segundo, a medida da glória eterna: "Uma medida boa..."; terceiro, a caída dos cegos no fosso: "Disse-lhes também uma parábola: Pode, por acaso, um cego guiar outro cego?"; quarto, o cisco do pecado no olho do irmão: "Como podes ver o cisco no olho do teu irmão?" Em alguns relatos do Segundo livro dos Reis encontraremos concordâncias com estas quatro partes do evangelho.

No introito da missa de hoje canta-se: "O Senhor é a minha luz" (Sl 26,1). Depois, lê-se um trecho da epístola do Bem-aventurado Paulo aos romanos: "Eu tenho por certo que os sofrimentos do tempo presente não têm proporção com a glória futura" etc. (Rm 8,18). Dividiremos o trecho em quatro partes e veremos sua correspondência com as quatro partes do Evangelho. Primeira parte: "Eu tenho por certo", segunda parte: "A espera da criação"; terceira parte: "Sabemos que toda a criação"; quarta parte: "Não só a criação".

I – A MISERICÓRDIA DE DEUS

3. "Sede misericordiosos, como também vosso Pai é misericordioso. Não julgueis, e não sereis julgados; não condeneis, e não sereis condenados; perdoai, e sereis per-

doados; dai e vos será dado" (Lc 6,36-38). Observa que nesta primeira parte do evangelho são evidenciadas cinco ordens muito importantes: ter misericórdia, não julgar, não condenar, perdoar e dar. Queremos encontrar sua concordância com cinco relatos do Segundo livro dos Reis.

Primeira ordem. É chamado misericordioso quem sofre participando da miséria dos outros. Essa compaixão chama-se misericórdia, porque torna o "coração mísero" (latim: *misericordia, miserum cor*), sofrendo pela miséria do outro. Em Deus, porém, a misericórdia é sem a miséria do coração. De fato, a misericórdia de Deus é chamada miseração, em latim *miseratio*, como se quisesse dizer "ato de misericórdia" (latim *misericordiae actio*). Nesse sentido, pois, o Senhor diz: "Sede misericordiosos". E observa que, como é tríplice a misericórdia do Pai celeste em relação a ti, assim tríplice deve ser a tua misericórdia em relação ao próximo. A misericórdia do Pai é graciosa, espaçosa, preciosa.

Graciosa, porque com a graça purifica a alma dos vícios. Diz o Eclesiástico: "Cheia de graça é a misericórdia de Deus no tempo da tribulação, como as nuvens que se desfazem em chuva no tempo da seca" (Eclo 35,26). No tempo da tribulação, isto é, quando é atormentada por causa de seus pecados, a alma é regada pela chuva da graça que a refaz, lava e cancela os pecados.

Espaçosa, porque com o tempo alarga-se e se expande nas boas obras. De fato, diz o Salmo: "A tua misericórdia está diante dos meus olhos e me satisfaço na tua verdade" (Sl 25,3), porque desagradou-me a minha iniquidade.

Preciosa, nas delícias da vida eterna, da qual diz Ana no Livro de Tobias: "Todo o que te rende culto tem por certo que a sua vida, se for provada, será coroada; se for atribulada, será livre; se for castigada, poderá acolher-se à tua misericórdia" (Tb 3,21).

Sobre esse assunto, veja também o sermão do XV domingo depois de Pentecostes, parte II, onde é explicado o evangelho: "Ninguém pode servir a dois senhores" (Mt 6,24).

Referindo-se às três prerrogativas da misericórdia do Pai, o Profeta Isaías diz: "Eu me lembrarei das misericórdias do Senhor, cantarei o louvor do Senhor por todos os bens que o próprio Senhor nos deu, pela multidão dos seus benefícios, para com a casa de Israel, benefícios que ele lhe fez segundo a sua clemência e segundo a multidão das suas misericórdias" (Is 63,7).

E também a tua misericórdia para com o próximo deve ser tríplice: deves perdoá-lo se pecou contra ti; deves instruí-lo, se ele se desviou do caminho da verdade; deves saciá-lo se estiver com fome. No primeiro caso, diz Salomão: "Por meio da fé e da misericórdia expiam-se os pecados" (Pr 15,28). No segundo caso, diz Tiago: "Quem converter um pecador de sua vida de pecado, salvará sua alma da morte e cobrirá uma multidão de pecados" (Tg 5,20). No terceiro caso, enfim, diz o salmo: "Bem-aventurado o que cuida do indigente e do pobre" (Sl 40,2).

Com razão, pois, é dito: "Sede misericordiosos como é misericordioso o vosso Pai".

4. Com isso concorda aquilo que lemos no Segundo livro dos Reis, onde se narra que Davi disse a Meribaal (Mifiboset): "Não temas, porque quero tratar-te com misericórdia por amor a Jônatas, teu pai: retribuir-te-ei todos os campos de Saul, teu avô, e comerás sempre teu pão à minha mesa" (2Sm 9,7).

Nessa passagem é indicada a tríplice misericórdia que se deve ter com o próximo. Primeiro, quando diz: "por amor de Jônatas", quer dizer: por amor de Jesus Cristo, que disse: "Pai, perdoa-lhes porque não sabem o que fazem" (Lc 23,34). Com aquele que peca contra ti deves usar de misericórdia com o coração e com a boca, para perdoar-lhe tanto com as palavras, como com os fatos. Segundo, quando acrescenta: "Retribuir-te-ei todos os campos de Saul, teu avô". Campo se diz em latim *ager*, de *àgere*, fazer, trabalhar, porque nele se faz alguma coisa, trabalha-se, e simboliza a graça infundida com a unção no batismo: o batizado a recebe para exercê-la depois nas obras boas. Mas quando Saul, isto é, a alma ungida com o óleo da fé, morre pelo pecado, então perde a graça: e tu hás de restituí-la a ele quando converteres o batizado de sua vida de pecado. Terceiro, quando conclui: "E tu comerás sempre o pão à minha mesa". De fato, diz Salomão: "Se teu inimigo tiver fome, dá-lhe de comer, se tiver sede, dá-lhe de beber" (cf. Pr 25,21; Rm 12,20). Com razão, pois, é dito "Sede misericordiosos".

Portanto, somos misericordiosos, imitando os grous, dos quais se diz que, quando querem chegar a um certo lugar, voam altíssimo, como se quisessem individuar de um ponto mais alto de observação o território a ser alcançado. Aquele que conhece o percurso precede o bando, afasta-lhe a fraqueza do voo, estimula-o com a voz; e se o primeiro perde a voz ou se torna rouca, logo um outro toma seu lugar. Todos tomam cuidado dos que estão cansados, de modo que se algum desfalece, todos se unem, sustentam aquele cansado até que, com o repouso, recupera as forças. E também quando estão em terra, seu cuidado não diminui: repartem entre si os turnos de guarda, de maneira que um a cada dez esteja sempre acordado. Os que estão acordados seguram pequenos pesos entre as pernas de modo que, quando eventualmente caem por terra, percebam que estão se adormentando. Um grito dá o alarme se houver um perigo a ser evitado. Os grous fogem diante dos morcegos.

Portanto, sejamos misericordiosos como os grous: colocados num mais alto observatório da vida, preocupemo-nos por nós e pelos outros; façamos de guia para quem não conhece o caminho; com a voz da pregação estimulemos os preguiçosos e os indolentes; substituamo-nos no cansaço, porque sem alternar o repouso e a fadiga não se resiste por muito tempo; carreguemos aos ombros os débeis e os enfermos, para que não desfaleçam durante o caminho; sejamos vigilantes na oração e na contemplação do Senhor; mantenhamos segura entre os dedos a pobreza do Senhor, sua humildade e a amargura de sua paixão; e se alguma coisa de imundo tentar insinuar-se em nós, logo gritemos por ajuda, e, sobretudo, fujamos dos morcegos, quer dizer, da cega vaidade do mundo.

5. *Segunda ordem*: "Não julgueis, e não sereis julgados". Diz a *Glosa*: Dos males evidentes, que certamente não podem ser feitos com reta intenção, nos é permitido dar

um juízo. Mas há coisas intermediárias, das quais não se sabe com que intenção são feitas; podem ser bem e mal. E nem sabemos o que poderá se tornar aquele que hoje nos parece mau: seria temerário desesperar de sua conversão e considerá-lo rejeitado por Deus. "Não julgueis, pois, e não sereis julgados".

A propósito, temos uma concordância no Segundo livro dos Reis, onde se narra que "Oza estendeu a mão para a arca de Deus e a manteve firme, porque os bois escoiceavam e a haviam feito pender. O Senhor irou-se muito contra Oza e o feriu por sua temeridade: Oza caiu morto perto da arca do Senhor" (2Sm 6,6-7). A arca é figura da alma e os bois representam os sentidos do corpo. Oza, nome que se interpreta "robusto", é figura daquele que está convencido de ser virtuoso e difama os outros. Quando, pois, os bois escoiceiam, isto é, quando os sentidos do corpo atormentam e se rebelam, a alma por vezes pende e consente alguma culpa: se alguém presumir temerariamente feri-la com a mão da difamação, saiba que incorrerá no juízo do Senhor, que disse: "Não julgueis, e não sereis julgados". Diz o Filósofo: Vê se também tu és mau, e perdoa aqueles que são como tu.

6. *Terceira ordem*: "Não condeneis, e não sereis condenados". Sobre isso concorda o Segundo livro dos Reis, onde se narra que Davi não quis condenar Absalão, que, porém, queria condená-lo (Davi); antes "ordenou a Joab, Abisaí e Etai: Poupai-me o jovem Absalão" (2Sm 18,5). E depois da execução daquele filho, Davi subiu ao quarto chorando e com o desespero do coração dizia: Meu filho, Absalão; Absalão, meu filho! Quem me dera ter morrido por ti. Absalão, meu filho, meu filho, Absalão!" (2Sm 18,33).

Não se deve, pois, gozar da morte do inimigo, mas condoer-se e chorar. Também Cristo subiu para seu quarto, isto é, sobre a cruz, e ali chorou sobre Adão e sobre todos os seus descendentes, mortos por Joab, quer dizer, pelo diabo, com três lanças, isto é, com a gula, com a vanglória e com a avareza. E também Cristo chorou dizendo: Meu filho, Adão, quem me concederá morrer por ti? Isto é: que a minha morte tenha alguma utilidade para ti? Como se dissesse: Ninguém quer conceder-me morrer por ele. Cristo considera um grande dom o fato de o pecador lhe conceder que a própria morte lhe seja útil.

7. *Quarta ordem*: "Perdoai e sereis perdoados". Também sobre isso temos a concordância no Segundo livro dos Reis, onde se narra que Semei amaldiçoou Davi, dizendo: "Vai embora, vai embora, homem sanguinário, malvado! O Senhor fez cair sobre tua cabeça todo o sangue da casa de Saul, porque usurpaste seu reino; e agora o Senhor pôs o reino nas mãos de Absalão, teu filho. E eis que agora és oprimido pelos males, porque és um sanguinário. Então Abisaí, filho de Sárvia, disse ao rei. Por que este cão morto amaldiçoa o rei, meu senhor? Eu vou e lhe cortarei a cabeça. Mas o rei disse: O que tendes em comum comigo vós, filhos de Sárvia? Deixai que amaldiçoe, porque o Senhor lhe permitiu que amaldiçoasse Davi, e quem ousará perguntar-lhe: Por que fazes assim? O rei disse a Abisaí e a todos os seus servos: Eis que meu filho,

que eu gerei das minhas entranhas, procura tirar-me a vida; quanto mais agora um filho de Jemini (i. é, da tribo de Benjamim)! Deixai-o amaldiçoar conforme lhe ordenou o Senhor: talvez o Senhor olhe para a minha aflição e me dê bens pelas maldições deste dia. Entretanto, Davi prosseguia o seu caminho acompanhado dos seus. Mas Semei ia pelo alto, costeando o monte, diante dele, maldizendo-o, atirando contra ele pedras e terra" (2Sm 16,7-13).

Comenta Gregório: Quem não pode ou não se sente capaz de conservar a paciência quando é feito objeto de palavras injuriosas, traga à mente este episódio de Davi, que, enquanto Semei se obstinava com as vilezas e os chefes armados lutavam entre si pela honra de vingá-lo, disse: O que tendes em comum comigo vós, filhos de Sárvia? etc. E um pouco mais adiante: Deixai-o amaldiçoar, conforme lhe ordenou o Senhor etc. Com estas palavras faz compreender que, enquanto fugia do filho que se insurgira contra ele, Davi trouxera à sua mente o pecado que havia cometido com Betsabeia: pensou, portanto, que as palavras injuriosas não eram tanto insultos, mas antes remédios, com os quais teria podido purificar-se e obter misericórdia para si mesmo.

De fato, também nós suportaremos de boa vontade as injúrias que nos são feitas se, no segredo da mente, voltarmos aos pecados cometidos. Certamente parecer-nos-á leve a ofensa que nos atinge, se olharmos para o castigo muito mais severo que temos merecido. Consequentemente, diante das injúrias, deve-se antes agradecer do que irar-se: por meio delas, a juízo de Deus, é evitada uma pena mais grave.

8. *Quinta ordem*: "Dai e vos será dado". Também sobre isso temos uma concordância no Segundo livro dos Reis, onde se narra que "Sobi, filho de Naás, Maquir, filho de Amiel e Berzelai, o galaadita, levaram a Davi camas, tapetes, louça de barro, trigo, cevada, farinha, trigo torrado, favas, lentilhas, grãos-de-bico torrados, mel, manteiga, ovelhas e novilhos gordos" (2Sm 17,27-29). Este é o "dai". Ouçamos agora o "vos será dado". "O Rei Davi disse a Berzelai: Vem comigo para viveres em minha companhia descansado em Jerusalém" (2Sm 19,33). Vejamos o significado moral de tudo isso.

Maquir interpreta-se "que vende", Amiel, "povo de Deus", Berzelai, "minha força", Galaad, "acúmulo de testemunhos". Os três personagens representam todos os penitentes que vendem seus bens e distribuem seu resultado aos pobres, os quais são o povo de Deus, que o Senhor escolheu para si como herança (cf. Sl 32,12); os pobres que, com a força das boas obras dispersam as tentações do antigo adversário; os pobres, nos quais são acumulados todos os testemunhos (provas) da paixão do Senhor.

Esses três dão a Cristo as *camas*, sobre as quais se dorme, isto é, a tranquilidade de uma consciência pura, na qual o próprio Cristo repousa junto com a alma; dão *tapetes* de várias cores, isto é, a variedade das virtudes; dão *louça de barro*, isto é, a si mesmos, quando se humilham e se reconhecem frágeis e cheios de barro; dão o *trigo*, isto é, a doutrina do evangelho, e o *centeio*, isto é, os ensinamentos do Antigo Testamento; e a *farinha*, que é a confissão, feita com a especificação de todas as circunstâncias dos pecados; dão o *trigo torrado* da paciência, as *favas* da abstinência, as *lentilhas* da própria insuficiência; dão os *grãos-de-bico torrados* da compaixão pelo próximo, o *mel* e a *manteiga* da vida ativa e da contemplativa; dão, enfim, as *ovelhas* da inocência e os *novilhos gordos* da maceração do corpo demasiadamente nutrido. Se tu deres estas coisas, também a ti será dado, e ouvirás o verdadeiro Davi que te dirá: "Vem, repousa-te tranquilo comigo na Jerusalém" celeste.

Considera ainda estas quatro palavras: vem, repousa-te, tranquilo comigo, em Jerusalém. A estas quatro palavras correspondem as outras quatro que são cantadas no introito da missa de hoje: "O Senhor é minha luz e minha salvação... O Senhor é defesa da minha vida, de quem terei medo? Os meus inimigos que me atormentam, são eles que tropeçam e caem" (Sl 26,1-2). "O Senhor é minha luz" corresponde à palavra "vem": não poderia andar direito para o Senhor quem antes não fosse iluminado. "Minha salvação" corresponde a "repousarás": onde existe salvação, existe também repouso. "O Senhor é defesa da minha vida; de quem terei medo?" corresponde a "tranquilo comigo": quem é defendido pelo Senhor, sem dúvida ficará tranquilo. "Os meus inimigos que me atormentam, são eles que tropeçam e caem" corresponde a "em Jerusalém": quando estivermos na Jerusalém celeste já não teremos medo dos inimigos que agora nos atormentam: de fato, eles serão aprofundados na geena, enquanto nós estaremos na glória.

Eis, pois, que com esta primeira parte do evangelho concorda a primeira parte da epístola de hoje: "Efetivamente, eu tenho por certo que os sofrimentos do tempo presente não têm proporção com a glória futura, que se manifestará em nós" (Rm 8,18). Exatamente porque os sofrimentos são temporários, leves e transitórios, não têm proporção; o sofrimento passa, a glória, porém, durará nos séculos dos séculos.

E então, para podermos chegar àquela glória, peçamos ao Senhor Jesus Cristo, que é pai misericordioso, que infunda em nós a sua misericórdia, para que também nós a usemos para nós mesmos e para os outros, não julgando ninguém, não condenando ninguém, perdoando sempre a quem nos ofende e dando sempre a nós mesmos e as nossas coisas a quem no-las pedir.

Digne-se conceder-nos tudo isso o próprio Senhor, que é bendito e glorioso nos séculos dos séculos. Amém.

II – A MEDIDA DA GLÓRIA ETERNA

9. "Uma medida boa, socada, sacudida e transbordante vos será lançada no seio, porque com a medida com que medirdes, será medido também para vós" (Lc 6,38). Considera que existem três medidas: a medida da fé, a medida da penitência e a medida da glória.

A *medida da fé* é boa no receber os sacramentos; é socada, isto é, cheia, no cumprimento das obras boas; é sacudida nas tribulações ou no suportar o martírio pelo nome de Cristo; e é transbordante com a perseverança final. Dessa medida diz o Apóstolo: "Cada um segundo a medida da fé que Deus lhe deu" (Rm 12,3).

A *medida da penitência* é boa na contrição, na qual se conhece a bondade de Deus; é socada na confissão, que deve ser plena e completa; sacudida na satisfação, isto é, no cumprimento da obra penitencial; transbordante no perdão de toda a culpa e na reconquista da pureza da consciência. Dessa medida fala o Livro da Sabedoria: "Tudo dispuseste com medida, conta e peso" (Sb 11,21). "Tudo", isto é, toda a salvação da alma, pela qual deve-se fazer tudo aquilo que se faz, e para a qual deve ser ordenado tudo aquilo que o homem faz. "Dispuseste" tu, Senhor Deus, a medida da penitência que, para ser verdadeira, deve ter "conta e peso": a conta refere-se à confissão, na qual devem ser enumerados com precisão todos os pecados e suas circunstâncias; o peso refere-se à satisfação, isto é, à obra penitencial imposta pelo confessor, que deve corresponder à gravidade da culpa cometida. Esse é "o peso do santuário" não "o peso comum".

10. Sobre isso temos uma concordância no Segundo livro dos Reis: "Em todo Israel não havia homem que fosse belo como Absalão, e elegante como ele: da planta dos pés até o cume da cabeça não havia nele defeito algum. E quando cortava os cabelos", estes cresciam ainda mais densos. "E os cortava uma vez por ano porque lhe pesavam demais; e pesava os cabelos de sua cabeça, e o peso era de duzentos siclos, pelo peso oficial" (2Sm 14,25-26)[4].

A beleza de Absalão, que parte da planta dos pés e chega até o alto da cabeça, simboliza a beleza que provém das coisas terrenas; pensa-se que nela não haja nenhum defeito até que sua prosperidade não seja comprometida por algum infortúnio. A beleza que desce do alto da cabeça, porém, simboliza a beleza que provém do conhecimento das coisas celestes, como encontramos no evangelho, onde o Senhor diz: Por que "sobem" estes pensamentos ao vosso coração? (cf. Lc 24,38). De fato, os pensamentos que sobem ao coração provêm das coisas terrenas, mas os que descem provêm das coisas celestes.

"Cortava os cabelos uma vez por ano." O corte dos cabelos demasiado compridos representa a acusação dos pecados na confissão, que muitos fazem só uma vez por ano, quando, ao contrário, seria preciso confessar-se até todos os dias. Sendo o homem frágil por natureza e inclinado ao pecado, e manchando-se de pecados todos os dias, e tendo ainda uma memória tão fraca, que com dificuldade recorda-se à tarde o que fez na manhã do mesmo dia, por que – desventurado! – adia a confissão por um ano? Antes, por que a adia também por um só dia, se não sabe o que trará o dia seguinte? Hoje estás, talvez amanhã não estarás. Portanto, vive hoje como se hoje tu tivesses de morrer. Afinal, nada é mais certo do que a morte, nada mais incerto do que a hora da morte. Portanto, tu que todos os dias bebes o veneno do pecado, todos os dias deves também tomar o contraveneno da confissão. Diz o Filósofo: Não vive aquele que tem na mente a única preocupação de viver.

---

4. As medidas e os pesos do santuário, i. é, do templo, eram diferentes das medidas e pesos comerciais, e também das do rei. Foi calculado que a cabeleira de Absalão pesava mais de 2kg.

"Pesava os cabelos de sua cabeça: seu peso era de duzentos siclos, a peso oficial." O pecador, porém, deveria estimar o peso de seus pecados trezentos siclos, isto é, considerá-los meritórios de tríplice castigo; deve pesá-los com uma perfeita contrição, com uma perfeita confissão e com uma perfeita obra penitencial; e, ao invés, considera seu peso duzentos siclos, porque são muitos aqueles que, verdadeiramente contritos, fazem uma perfeita confissão, mas depois falham no "terceiro siclo" (*terceira centena*), o da satisfação: isto é, não cumprem uma penitência proporcional à culpa.

E não pesam seus pecados com o "peso do santuário", isto é, não os consideram graves na medida em que Deus e os santos os consideram tais, mas os pesam com o peso comum, isto é, os subavaliam seguindo o juízo das pessoas. E que isso não basta, afirma-o João Batista: "Raça de víboras", isto é, venenosos, filhos de venenosos, "quem vos ensinou a fugir da ira que vos ameaça?" (Lc 3,7). Como se dissesse: Não aprendestes bem a fugir, porque não se foge da ira quando se negligencia a satisfação, a reparação devida pelo pecado. E, portanto, continua: "Fazei dignos frutos de penitência" (Lc 3,8). E presta atenção que diz "frutos". Há três coisas na planta: o broto, a flor e o fruto. O broto é a contrição, a flor é a confissão, o fruto é a satisfação: e quem não tem esta última, não tem nem a penitência perfeita.

11. A *medida da glória*. Diz o evangelho de hoje: "Uma medida boa, socada, sacudida e transbordante". Nestas quatro palavras devemos ver os quatro dotes do corpo (glorificado), que são a agilidade, a subtileza, a luminosidade e a impassibilidade; porque, como se diz, os corpos serão mais luminosos do que o sol, mais ágeis do que o vento, mais sutis do que as centelhas e não passíveis de algum dano. Com efeito, está escrito: O Senhor assumiu a *luminosidade* sobre o Monte Tabor (cf. Mt 17,2), a *agilidade* quando "caminhou sobre as águas" (Mt 14,25), a *sutileza* quando "ele se retirou passando por meio deles" (Lc 4,30), a *impassibilidade* quando foi assumido como alimento (cf. Lc 22,19) pelos discípulos sob a espécie de pão, sem sentir sofrimento algum. Igualmente: "Os justos resplandecerão como o sol", eis a luminosidade; "e como centelhas", eis a sutileza; "deslizarão para cá e para lá", eis a agilidade; e seus nomes viverão para sempre, eis a impassibilidade, porque não poderão morrer nem desfalecer (Sb 3,7; cf. Eclo 44,14).

Ou então: "uma medida boa", a alegria sem sofrimento algum; "socada", a plenitude de tudo sem vazio algum; "sacudida", quer dizer a estabilidade e a solidez sem desagregação alguma, porque aquilo que é sacudido e agitado torna-se compacto e estável; "transbordante", isto é, amor sem fingimento algum (cf. Rm 12,9): de fato, cada um gozará do prêmio do outro, e assim seu amor transbordará para o outro. Essa medida dá-la-ão os pobres, isto é, serão eles a causa pela qual Deus a dará: com efeito, eles deram a ocasião de merecê-la.

"Vos será lançada no seio." Diz Jó: "Esta esperança está depositada no meu seio" (Jó 19,27). O seio representa uma espécie de refúgio (latim: *sinus*, porto), e é figura do repouso eterno, no qual os santos, libertados da borrasca deste mundo, serão, por assim dizer, acolhidos na tranquilidade do porto. Ou também, como o filhinho que chora volta para o seio da mãe, que, acariciando-o, enxuga-lhe as lágrimas, assim, do choro deste mundo, os santos retornarão ao seio da glória, na qual Deus enxugará as lágrimas de cada rosto (cf. Ap 7,17).

"Com a mesma medida com que medirdes, será medido também para vós." A propósito, diz Agostinho: O justo mede suas boas ações em relação à sua vontade, que, por isso, será também a medida de sua felicidade. Do mesmo modo, o mau mede suas más ações em relação à própria vontade, que será, portanto, a medida de sua infelicidade. Por isso, são infligidos castigos eternos para as más ações, embora não sejam eternas, de modo que aquele que teria querido provar um gozo eterno na culpa, sofra um castigo eterno no rigor da pena.

12. Com esta segunda parte do evangelho concorda a segunda parte da epístola de hoje: "A *criação* espera ansiosamente a manifestação dos filhos de Deus. De fato, também a *criação* foi sujeita à caducidade, não por seu querer, mas pelo querer daquele que a sujeitou, mesmo deixando-lhe a esperança. A própria *criação* será libertada da sujeição à corrupção, para entrar na gloriosa liberdade dos filhos de Deus" (Rm 8,19-21).

Observa que, neste trecho da epístola, por bem três vezes ocorre a palavra "criação", e isso corresponde às três mencionadas medidas: da fé, da penitência e da glória. Criação está aqui em lugar de "Igreja dos fiéis". Diz, portanto: "A criação", quer dizer, toda a Igreja, "espera ansiosamente a manifestação dos filhos de Deus". Isto é: aqueles que pela fé são filhos de Deus na Igreja, esperam a glória na qual, quando se manifestar, contemplarão Deus face a face, eles que agora o contemplam como sob um véu, de maneira confusa como num espelho (cf. 1Cor 13,12).

Essa criação está sujeita à caducidade, isto é, à volubilidade e à inconstância: de fato, como diz Salomão, o justo cai sete vezes (cf. Pr 24,16): todavia, não por sua vontade, porque o justo não tem o pecado na vontade, tendo-lhe sido dito: "Vai, e não peques mais" (Jo 8,11); ele suporta esta caducidade na paciência, por amor a Deus, que o submeteu, isto é, que quis ou permitiu que fosse submetido, e isso na esperança da vida eterna.

E, a propósito, acrescenta: "A própria criação [a Igreja] será libertada da escravidão desta corrupção, desta volubilidade e inconstância, que será transformada na gloriosa liberdade dos filhos de Deus, na qual receberá a "medida boa" na plena maturidade de Cristo (cf. Ef 4,13); "socada" pela completa felicidade das almas; "sacudida" pela concessão da dupla estola (veste), e "transbordante" na felicidade de todos, que durará para sempre.

Suplicamos-te, pois, Senhor Jesus Cristo, que nos distribuas os carismas do Espírito Santo na medida da fé; que nos enchas da medida da penitência, para depois saciar-nos com a medida da glória na visão da tua face. No-lo concedas tu, que és bendito nos séculos dos séculos. Amém.

III – A QUEDA DOS CEGOS NO BURACO

13. "Disse-lhes ainda uma parábola: Pode, porventura, um cego guiar outro cego? Não cairão ambos no buraco? O discípulo não é mais do que o mestre; mas todo o discípulo será perfeito, se for como seu mestre" (Lc 6,39-40).

Veremos o que representam alegoricamente os cegos, o buraco, o discípulo e o mestre.

O cego representa o prelado ou o sacerdote, indignos ou corruptos, privados da luz da vida e da ciência. Dos prelados cegos da Igreja fala Isaías: "Animais todos do campo, feras da floresta, vinde para devorar. As suas sentinelas [de Israel, da *Igreja*] estão todas cegas, não percebem nada. São todas cães mudos, incapazes de latir, visionários, sonolentos e amantes dos sonhos; são cães avidíssimos, não conhecem saciedade. Os próprios pastores são incapazes de compreender: todos seguem por seu caminho, cada um para seu próprio interesse, desde o mais alto até o mais baixo. Vinde, bebamos vinho e nos embriaguemos: como é hoje, assim será também amanhã e muito mais ainda" (Is 56,9-12).

Nos animais do campo são indicados os demônios; naqueles da floresta, os instintos da carne, que devoram a Igreja e a alma fiel. E isso por quê? Precisamente porque as sentinelas da Igreja estão todas cegas, privadas da luz da vida e da ciência; cães mudos, que na boca têm o "sapo" do diabo, e por isso são incapazes de latir contra o lobo. São visionários, porque pregam por dinheiro, e creem chamar as almas ao arrependimento dizendo quase por brincadeira: "Paz, paz, e paz não existe" (Jr 6,14; Ez 13,10).

Dormem nos pecados, amam os sonhos, isto é, as coisas temporais que, depois, frustram amargamente aqueles que as amam. São cães avidíssimos, descarados como uma prostituta, e não querem ficar vermelhos (cf. Jr 3,3). Não conhecem saciedade; dizem sempre: Traz, traz!, e nunca: Basta! (cf. Pr 30,15). Os próprios pastores apascentam a si mesmos (cf. Jd 12), são privados da inteligência da qual fala o profeta: "Agirei com inteligência no caminho da inocência" (Sl 100,2).

Todos andam por seu caminho, não pela estrada de Jesus Cristo, cada um pensando nos próprios interesses. É aquela estrada escura e escorregadia (cf. Sl 34,6) sobre a qual todos andam, do mais elevado ao mais baixo, do porco chefe até o menor porquinho. Eles próprios se convidam: "Vinde, bebamos vinho", "que leva à luxúria" (Ef 5,18), "e demo-nos à embriaguez", que tira o coração e o cérebro (cf. Os 4,11), "e tudo será como hoje".

Mas, crede em mim: amanhã não será como hoje. De fato, lemos no Primeiro livro dos Macabeus: "A glória do pecador é esterco e vermes; hoje eleva-se, e amanhã desaparecerá, porque voltará ao seu pó, e todos os seus projetos se desvanecerão" (1Mc 2,62-63). "Amanhã me dará testemunho a minha justiça" (a minha honestidade), diz Jacó no Gênesis (Gn 30,33). Hoje, cães descarados, estais cheios de embriaguez, mas amanhã, quer dizer, no dia do juízo, encontrar-vos-eis diante da morte eterna. Diz o Apocalipse: "Quanto se glorificou e viveu em prazeres, tanto dai-lhe de tormento" (Ap 18,7).

14. Além disso, esses cegos nos dão a prova de sua malícia dizendo, sempre com as palavras de Isaías: "Andamos como cegos apalpando as paredes e, como se não tivéssemos olhos, fomos pelo tato; tropeçamos em pleno meio-dia como nas trevas; estamos na escuridão como os mortos, todos rugimos como ursos (Is 59,10-11).

Presta atenção a estas quatro palavras: parede, privados de olhos, ao meio-dia, como ursos. Na parede é simbolizada a abundância das coisas temporais, nos olhos, a vida e a ciência, no meio-dia, a excelência da dignidade eclesiástica e nos ursos, a gula e a luxúria.

Portanto, esses cegos apalpam a parede, isto é, as riquezas, como se fosse uma coisa macia e lisa, enquanto são espinhos picantes; e sendo privados dos olhos da vida e da ciência, agarram-se a elas, escolhem-nas como objetivo e norma de sua vida, não tendo a guia da razão.

No meio-dia, na luz da dignidade eclesiástica, tropeçam como se estivessem nas trevas, porque são cegados exatamente por aquilo que deveria iluminá-los. E como ursos, porque gulosos e luxuriosos, berram e rosnam, isto é, arrojam-se sobre o mel, quer dizer, sobre os prazeres temporais.

O urso é chamado assim porque, com sua boca (*ursus, ore suo*) completaria um feto, apenas esboçado (latim: *orsus*, iniciado). De fato, diz-se que as ursas, no trigésimo dia de gravidez, dão à luz seres informes. É exatamente esta apressada e precipitada fecundidade que produz seres informes. As ursas emitem uma pequena massa carnuda de cor branca, sem olhos, que, enquanto vai rapidamente amadurecendo, cobre-se totalmente de podridão, exceto o esboço das unhas. Lambendo aquela massa informe, pouco a pouco dão-lhe forma, e nesse meio-tempo a mantém ao peito, como que chocando-a e aquecendo-a, para ativar sua respiração vital. Nesse meio-tempo, nada de alimento. Nos primeiros quatorze dias, as mães caem num sono tão profundo a ponto de não poderem ser despertadas nem se forem feridas. Depois de ter dado à luz, permanecem escondidas por quatro meses. Depois, quando saem para o aberto num dia sereno, sofrem tanto pela incapacidade de suportar a luz, que se julgaria terem sido atingidas pela cegueira.

Os ursos têm a cabeça débil, sem forças, enquanto a força maior a têm nos membros superiores e nos flancos. Vão à procura das colmeias das abelhas, apossam-se sobretudo dos favos e nada comem com maior avidez do que o mel. Se experimentam os frutos da mandrágora, morrem; mas reagem vagando para cá e para lá para que o mal não se agrave a ponto de morrer, e devoram as formigas para recuperar a cura.

As ursas do nosso tempo, isto é, os prelados corruptos, dão à luz carnes mortas, isto é, os filhos carnais, que são de cor branca, como os sepulcros caiados, cheios de podridão (cf. Mt 23,27), mas são sem olhos e, por isso, não veem a Deus nem o próximo. Neles não existe forma alguma de virtude, não existe honestidade de costumes, mas só podridão de pecados; excetua-se a formação das unhas, com as quais roubam os bens dos pobres. As ursas lambendo essas carnes, isto é, adulando, pouco a pouco dão a elas uma forma, uma figura: a figura da qual se diz: "Passa a figura deste mundo" (1Cor 7,31); e com o calor de um constante mau exemplo, despertam-lhe a respiração, o espírito da vida natural, da qual diz o Apóstolo: *O homem natural não compreende as coisas do espírito* (cf. 1Cor 2,14). E assim, animais com animais, cegos com cegos, "caem no buraco" (Mt 15,14).

Além disso, deve-se observar que, como os ursos não têm nenhuma força na cabeça, assim esses indignos prelados da Igreja não têm nenhuma energia espiritual, não sendo capazes de resistir às tentações do diabo: mas têm toda a força nos braços e nos flancos, força de rapina e de luxúria. Armam ciladas às colmeias das abelhas, isto é, às casas dos pobres; desejam sumamente os doces favos do louvor e da vanglória, isto é, as saudações nas praças, os primeiros lugares nos banquetes, as primeiras cadeiras nas sinagogas (cf. Mt 23,6-7), eles que, no fim, serão privados também das segundas. Esses, após terem provado os frutos da mandrágora, morrem.

15. A mandrágora é uma erva aromática; seus frutos têm um perfume boníssimo, como o das maçãs mazianas[5]. Os frutos da mandrágora representam as obras dos justos; ao perfume de sua vida os ursos morrem rosnando: para eles, diz o Apóstolo, são odor de morte para a morte (cf. 2Cor 2,16). Dessas mandrágoras diz a esposa do Cântico dos Cânticos: "As mandrágoras deram seu perfume às minhas portas" (Ct 7,13). Às portas da Igreja, os santos derramam o perfume de sua santa vida. Deles fala também o Gênesis: "Rúben, tendo saído ao campo no tempo da colheita do centeio, achou as mandrágoras" (Gn 30,14).

Rúben, que se interpreta "filho da visão", é figura de Jesus Cristo, Filho de Deus Pai, "no qual os anjos desejam fixar o olhar" (1Pd 1,12). Saído do seio do Pai, ele veio ao campo deste mundo no tempo da colheita do centeio, isto é, na plenitude dos tempos, quando o trigo, por obra de José, devia ser conservado no "celeiro" da Bem-aventurada Virgem, para que todo o Egito não morresse de fome; e achou as mandrágoras, isto é, os apóstolos e os seguidores dos apóstolos, a cujo perfume os ursos morrem, rosnando.

Com efeito, como está escrito no Livro da Sabedoria, dizem: São contrários às nossas obras, censuram-nos as culpas contra a lei e lançam-nos em rosto as faltas contra a educação recebida. Tornaram-se para nós uma condenação dos nossos sentimentos, só ao vê-los nos são insuportáveis, porque sua vida é diferente da vida dos outros e totalmente diversas são suas estradas. Por eles somos considerados frívolos e vãos e desviam-se de nossos hábitos como de imundícies. Pensam assim, aqueles desventurados, mas se enganam (cf. 2,12.14-16.21). E, portanto, lançaram-se sobre as formigas, quer dizer, sobre as vaidades e sobre as astúcias do mundo e creem que seu falso prazer possa ser seu remédio. Mas eis que vem o urso-formigueiro, o leão das formigas (grego/latim: *mirmicoleo*), isto é, o diabo, que devorará tanto os ursos como as formigas.

A propósito desses cegos temos uma concordância no Segundo livro dos Reis, onde se narra que Davi havia proposto dar um prêmio "a quem batesse os jebuseus,

---

5. Maçãs cultivadas nos pomares da família romana dos Mazii.

passasse pelos canais das casas e expulsasse os cegos e os coxos, que odiavam a vida de Davi; por isso estabeleceu-se o dito: Os cegos e os coxos não entrarão no templo" (2Sm 5,8).

Presta atenção às três palavras: batesse, passasse, expulsasse. O verdadeiro Davi, Jesus Cristo, dará o prêmio da eterna vida a quem tiver batido o jebuseu que habita sobre a terra, quer dizer, o apetite carnal, e tiver passado pelos canais das casas, que são os condutos dos edifícios, isto é, tiver imitado os exemplos dos santos, e tiver expulsado os coxos e os cegos, isto é, os prelados e os sacerdotes que manquejam de ambos os pés, quer dizer, nos sentimentos e nas obras, e que são cegos de ambos os olhos, isto é, na vida e na ciência: esses odeiam a vida de Jesus Cristo, já que vendem ao diabo a sua alma, pela qual Cristo deu sua vida (cf. 1Jo 3,16).

Tais cegos e coxos não deveriam entrar no templo, o templo que hoje foi dado a eles em custódia e por cuja cega custódia, porém, são cegados muitos e são com eles igualmente arrastados para o buraco da condenação. Com razão, pois, é dito: Se um cego guiar outro cego, cairão ambos no buraco (cf. Lc 6,39).

16. "Não há discípulo que seja superior ao mestre." Diz a *Glosa*: Se o mestre, que é Deus, não se vinga das injúrias recebidas, mas, suportando-as, quer tornar mais mansos os perseguidores, também os discípulos, que são homens, devem seguir esta regra de perfeição. Temos exatamente sobre isso uma concordância no Segundo livro dos Reis, onde se narra que "o Rei Davi atravessava a torrente do Cedron, e todo o povo tomava o caminho que olha para o deserto. Entretanto, Davi ia subindo a encosta das Oliveiras, e subiu-a chorando, caminhando com os pés descalços e a cabeça coberta; e todo o povo que ia com ele, subia também com a cabeça coberta e chorando" (2Sm 15,23.30).

Sentido alegórico. Davi é figura de Cristo. Cedron interpreta-se "triste aflição". Portanto, o Cedron que Davi atravessou representa a tristeza da paixão, atravessada por Cristo. De fato, diz João: "Jesus saiu com seus discípulos e passou para o outro lado da torrente Cedron" (Jo 18,1). E atrás dele o povo, no caminho das oliveiras: de fato, o povo segue a Cristo, que o precede no caminho da paixão, e os discípulos seguem o mestre, para merecer sua misericórdia.

Portanto, o rei caminhava de cabeça coberta, porque Cristo subiu ao Monte das Oliveiras escondendo sua divindade sob sua humanidade, e com os pés descalços, porque então tornou manifesta a sua humanidade. Também o povo caminhava com a cabeça coberta, mas não lemos que caminhasse com os pés descalços. De fato, não devemos descobrir o segredo da mente com a arrogância da voz, e os pés não devem estar descalços, mas calçados e defendidos com os exemplos dos santos. Diz Jeremias: "Guarda o teu pé da nudez e a tua garganta da sede" (Jr 2,25). Da nudez, quer dizer, da falta de virtudes, devemos guardar o pé, isto é, os sentimentos, e da sede da avareza, a gula. Matam esta sede somente o fel e o vinagre da paixão do Senhor. Aquilo que por primeiro bebeu o médico e aquilo que por primeiro experimentou o mestre, não o rejeite o discípulo, ao qual é suficiente ser como seu mestre (cf. Mt 10,25).

IV domingo depois de Pentecostes

17. Com esta terceira parte do evangelho concorda a terceira parte da epístola: "Sabemos que todas as criaturas gemem e estão como que com dores de parto até agora" (Rm 8,22). Presta atenção às duas palavras: geme e está como que em dores de parto. O mestre gemeu ao operar milagres; de fato, lemos em Marcos: "Olhando para o céu, suspirou (latim: *ingemuit*) e disse: Éfata!, que quer dizer: Abre-te!" (Mc 7,34). Deu à luz na dor da paixão. De fato, diz Isaías: "Eu, que faço os outros darem à luz, não darei eu mesmo à luz?" (Is 66,9). Assim também os discípulos do mestre, que são sua criação, devem gemer na contrição e dar à luz na confissão. Afinal, é suficiente que o discípulo seja como seu mestre.

Pedimos-te, pois, Mestre e Senhor, bom Jesus, que ilumines os cegos, que instruas teus discípulos e que lhes mostres o caminho da vida, pelo qual possam chegar a ti, que és o caminho e a vida. No-lo concedas tu, que és bendito nos séculos dos séculos. Amém.

IV – O cisco do pecado no olho do irmão

18. "Por que vês tu o cisco no olho do teu irmão, e não notas a trave que tens no teu olho? Ou, como podes tu dizer a teu irmão: Deixa, irmão, que eu tire o cisco do teu olho, não vendo tu mesmo a trave que tens no teu? Hipócrita, tira primeiro a trave do teu olho e depois verás para tirar o cisco do olho do teu irmão" (Lc 6,41-42). Presta atenção a estas três coisas: o cisco, o olho e a trave. No cisco é indicada uma culpa leve, no olho, a razão ou o intelecto, na trave, a culpa grave. E a *Glosa* adverte: Em verdade, quem peca não tem direito de censurar um outro pecador.

Sobre isso temos uma concordância no Segundo livro dos Reis, onde se narra que o Senhor proibiu a Davi de edificar-lhe um templo (cf. 2Sm 7,12-13). Diz Gregório: Deve ser absolutamente isento de vícios aquele que se preocupa em corrigir os vícios dos outros: não deve pensar nas coisas terrenas, não deve consentir em desejos abjetos, e quanto mais claramente quiser ver nos outros aquilo de que se deve fugir, tanto mais diligentemente deve evitá-lo ele mesmo, tanto na teoria como na prática. Um olho cego pelo pó não vê distintamente uma mancha numa parte do corpo e as mãos sujas de barro não estão em condições de limpar alguma sujeira.

Se quiseres censurar alguém, vê primeiro se tu não és como ele. E se o és, chora junto com ele, não pretendas que ele te obedeça, mas ordena-lhe e admoesta-o que junto contigo se esforce por emendar-se. Mas se não és como ele, lembra-te de que talvez o foste no passado ou terás podido sê-lo, e, portanto, sê indulgente e censura-o não levado pelo ódio, mas pela misericórdia. As censuras e as correções, pois, não devem ser feitas senão raramente e quando forem absolutamente necessárias e somente no interesse de Deus; porém, depois de ter removido a trave do próprio olho. Com justiça, pois, é dito: "Por que vês o cisco no olho do teu irmão?" etc.

19. Considera ainda que os olhos são chamados assim, ou porque a sombra dos cílios os esconde (latim: *occulit*), protege-os, para que não sofram lesões ou não sejam da-

nificados incidentalmente; ou então, porque têm uma luz escondida (latim: *occulta*), isto é, secreta ou interposta (indireta). Entre todos os sentidos, os olhos são os mais próximos à alma. De fato, dos olhos transparece qualquer juízo da mente: afinal, a perturbação ou a alegria da alma manifesta-se nos olhos.

Os olhos estão colocados no rosto, dentro de duas profundas cavidades, das quais toma nome a fronte (latim: *foratus*, furo; *frons*, fronte). Os olhos, que parecem pedras preciosas, são cobertos por membranas transparentes, através das quais, como através do vidro, a mente vê em transparência aquilo que existe no exterior. No centro das órbitas existe aquilo que chamamos pupilas, pelas quais temos a faculdade de ver.

E devemos também saber que os olhos podem ser grandes, pequenos ou médios. O olho médio revela boa disposição para a discrição, para a inteligência e para a erudição. E podem existir também olhos proeminentes, profundos ou médios. Os olhos profundos têm visão aguda; aqueles proeminentes indicam distúrbios na avaliação, e disposição para a maldade; quem os tem em posição intermediária é feliz, porque são sinal de bondade.

E existem olhos muito fechados e olhos muito abertos e pouco móveis e olhos com características intermediárias. Se forem muito abertos e pouco fechados, manifestam insensatez e descaramento. Se forem muito fechados, indicam grande volubilidade, pouca discrição e inconstância no agir. Ao invés, o olho que tem características intermediárias indica disposição para a bondade e justo equilíbrio em cada atividade.

20. "Hipócrita, tira primeiro a trave do teu olho" etc. Com efeito, não há médico capaz de curar os outros, se antes não souber curar a si mesmo. O hipócrita é aquele que tem o olho perfidamente aberto para ver os delitos dos outros e não vê sua presunção. Com efeito, o poeta diz: Se tu, ó remelento, vês os teus vícios com olhos embaciados, como tens a visão tão aguda para descobrir os vícios dos amigos? (Horácio). Queira o céu, que o olho que tudo vê, visse também a si mesmo.

Com esta quarta parte do evangelho concorda também a quarta parte da epístola: "E não só a criação, mas também nós, que temos as primícias do Espírito, também nós gememos dentro de nós mesmos, esperando a adoção de filhos de Deus" (Rm 8,23). As primícias do Espírito são a contrição e a amargura pelos pecados, que, por primeiro, devem ser oferecidas ao Senhor. Os santos que as têm, não olham a trave no olho do outro, não julgam ninguém, não condenam ninguém, mas gemem e suspiram dentro de si mesmos na amargura de sua alma, esperando a adoção, quer dizer, a imortalidade do corpo.

Dessa imortalidade nos faça participantes aquele que morreu por nós, que ressuscitou verdadeiramente, Jesus Cristo, Senhor nosso, ao qual pertence a honra e a glória, com o Pai e o Espírito Santo, nos séculos eternos.

E toda a alma misericordiosa responda: Amém. Aleluia!

V domingo depois de Pentecostes

Temas do sermão

• Evangelho do V domingo depois de Pentecostes: "Enquanto a multidão se comprimia em volta de Jesus"; evangelho que se divide em quatro partes.

• Primeiramente sermão sobre os prelados e os pregadores da Igreja, e qual deve ser sua conduta: "O Rei Salomão esculpiu sobre as portas do templo".

• Parte I: Sermão sobre a encarnação e sobre a paixão de Cristo, sobre o comportamento do justo, sobre as três árvores que existiam no paraíso terrestre, sobre a natureza do cedro e do hissopo, e seu significado: "Salomão tratou de árvores...".

• Sermão sobre as duas prostitutas e seus filhos, e qual seja seu significado: "Vieram duas prostitutas".

• Sermão sobre a barca de Pedro e qual o significado de seu equipamento: "Sede todos de um mesmo coração".

• Parte II: Sermão alegórico e moral sobre a frota de Salomão, e qual o significado alegórico e moral do ouro, da prata, dos dentes de elefante, dos macacos e dos pavões: "A frota de Salomão".

• Natureza dos elefantes e dos pavões: seu significado.

• Sermão contra os prelados e os sacerdotes da Igreja: "Pediu-lhe que se afastasse um pouco da terra".

• Sermão alegórico sobre a Santa Igreja: "O Rei Salomão fez para si um trono".

• Sermão moral sobre a alma fiel: "O Rei Salomão fez para si um trono". Fala-se também da natureza dos elefantes, de seu significado moral; dos quatro elementos: fogo, ar, água e terra, e seu significado.

• Sermão sobre a Bem-aventurada Virgem Maria: "O Rei Salomão fez para si um trono"; os seis degraus do trono.

• Sermão contra os sacerdotes: "Ouvi, sacerdotes!...".

• Parte III: Sermão sobre o desprezo das coisas temporais, que são um nada: "Olhei a terra".

• Sermão sobre o dever que temos de nada atribuir a nós mesmos, mas tudo a Deus, para poder pegar uma grande quantidade de peixes: "Elias subiu sobre o Monte Carmelo".

• Parte IV: Sermão sobre os dois seios de Cristo, a encarnação e a paixão: "Sereis levados sobre seu seio".

• Sermão sobre os quatro males que estão sobre a terra e seu significado: "Santificai o Senhor Jesus Cristo em vossos corações".

Exórdio – Sermão sobre os prelados e sobre os pregadores da Igreja

1. Naquele tempo, "a multidão comprimia-se em volta de Jesus para ouvir a palavra de Deus, e ele estava junto ao Lago de Genesaré" (Lc 5,1).

No Terceiro livro dos Reis narra-se que Salomão, sobre as portas do oráculo (a parte mais secreta do templo), que eram de madeira de oliveira, "entalhou figuras de querubins, palmas e relevos de muito realce e os revestiu de ouro; também cobriu de ouro os querubins e as palmas" (1Rs 6,32). As portas, chamadas em latim *ostia*, porque impedem a passagem aos inimigos (latim: *hostes*), são figura dos pregadores, que devem opor-se aos inimigos como um muro em defesa do santuário do Senhor (cf. Ez 13,5), isto é, da Igreja militante. E essas portas devem ser de madeira de oliveira, que têm duas qualidades, simbolizando a constância e a misericórdia; a constância é simbolizada pela densidade e pela durabilidade da oliveira, e a misericórdia, por seu nome grego, *élaios*, que se assemelha a *éleos*, termo que significa piedade, misericórdia. Nos pregadores e nos prelados da Igreja, por obra dos quais é aberto o ingresso ao reino, devem existir essas duas virtudes; de fato, o nosso Salomão, Jesus Cristo, que anuncia a paz aos de perto e aos de longe (cf. Ef 2,17), entalhou nelas querubins, que simbolizam a plenitude da ciência, palmas e *trabalhos de entalhe* (*baixos-relevos*). Nos querubins é indicada a vida angélica e a ciência perfeita; nas palmas, a vitória sobre o tríplice inimigo (demônio, mundo e carne); nos baixos-relevos, ou trabalhos de entalhe, o exemplo das boas obras.

Antes, porém, devemos considerar que, por ordem do Senhor, Moisés fez dois querubins de ouro, trabalhados a martelo, como se diz no Êxodo (cf. Ex 25,18). Salomão, porém, fê-los de madeira de oliveira, como se diz no Terceiro livro dos Reis (cf. 1Rs 6,32). Para esse fato, podemos apontar três razões.

A primeira, para indicar que, enquanto os filhos de Israel estiveram sob Moisés no deserto, foram atingidos por muitos castigos, porque o mereciam; enquanto que na Terra Prometida, sob Salomão, estiveram em paz e em segurança. Afinal, no Terceiro livro dos Reis, o próprio Salomão diz: Agora o Senhor, meu Deus, concedeu-me a paz por toda a parte e não tenho adversários nem particulares dificuldades (cf. 1Rs 5,4).

A segunda, porque o pregador, enquanto está ocupado com o exercício da pregação, como que batido pelos golpes da tribulação, dilata-se na largura da caridade e no comprimento da compreensão; porém, quando, deixada a multidão no vale, retorna ao monte da contemplação, imerge-se em Deus na quietude da mente e na tranquilidade da consciência.

A terceira, porque o justo, no deserto deste corpo, é ferido por muitas desventuras, mas na Jerusalém celeste, como os querubins na glória, imortal contemplará face a face o Imortal.

Nos querubins, pois, é indicada a vida angélica e a ciência perfeita, duas qualidades que o pregador deve ter para viver santamente e pregar com sinceridade, isto é, sem poupar ninguém, nem por temor nem por amor, nem por deferência nem por vergonha. Na palma é indicada a vitória sobre o mundo, sobre a carne e sobre o diabo, pois a palma é o ornamento da mão vitoriosa. Os entalhes em madeira de muito realce (baixos-relevos) simbolizam os seguros exemplos das boas obras que devem ser esculpidos aos olhos de todos tão profundamente que nunca possam ser julgados de maneira errada ou desfavorável.

E considera ainda que estes três trabalhos devem ser recobertos de ouro: os querubins da ciência devem ser recobertos com o ouro da humildade, porque a ciência incha (cf. 1Cor 8,1); a palma da vitória, com o ouro da misericórdia divina, para que a vitória não seja atribuída a si mesmo, mas ao Senhor, que disse: "Tende confiança, eu venci o mundo!" (Jo 16,33); os baixos-relevos das obras, com o ouro da caridade fraterna, para não procurar a própria glória, mas a dos outros.

Se nas portas do lugar da oração forem esculpidas estas três figuras, para admirar tão grande maravilha de escultura, as multidões precipitar-se-ão para o seu ingresso, desejosas de ouvir a palavra do Senhor. Por isso, no evangelho de hoje se diz: "As multidões comprimiam-se em volta de Jesus" etc.

2. Considera que neste evangelho há quatro momentos dignos de nota. Primeiro, a parada de Jesus Cristo no Lago de Genesaré, onde estão as duas barcas, quando diz: "Jesus estava junto ao Lago de Genesaré, e viu duas barcas ancoradas à margem do lago". Segundo, o próprio Jesus que sobe na barca de Simão: "Jesus entrou na barca que era de Simão". Terceiro, a pesca de grande quantidade de peixes: "Mestre, trabalhamos a noite toda" etc. Quarto, o espanto de Pedro e dos seus companheiros, e o abandono de tudo aquilo que possuíam: "Vendo isso, Simão Pedro" etc.

Observa que, neste domingo e no seguinte, poremos em confronto, se Deus no-lo conceder, alguns relatos do Terceiro livro dos Reis com as várias partes desse evangelho.

No introito da missa de hoje canta-se: "Ouve, Senhor, a minha voz" (Sl 26,7). Lê-se depois a epístola do Bem-aventurado Pedro: "Sede todos de um mesmo coração" (1Pd 3,8). Nós a dividiremos em quatro partes e a poremos em confronto com as quatro partes do evangelho. Primeira parte: "Sede todos de um mesmo coração". Segunda parte: "Quem quer amar a vida". Terceira parte: "Quem vos poderá fazer mal?" Quarta parte: "Bendizei o Senhor, Cristo".

I – AS DUAS BARCAS PARADAS NO LAGO DE GENESARÉ

3. "Aconteceu que um dia Jesus estava junto do Lago de Genesaré e a multidão se comprimia em volta dele para ouvir a palavra de Deus. Viu duas barcas ancoradas à margem do lago; os pescadores tinham saído e lavavam as redes" (Lc 5,1-2). Concorda com isso aquilo que encontramos no Terceiro livro dos Reis, onde se narra que "Salomão tratou de todas as árvores, desde o cedro que há no Líbano até o hissopo, que brota da parede; tratou também dos quadrúpedes, das aves, dos répteis e dos peixes. De todos os povos e de todos os reis da terra, que ouviam falar de sua sabedoria, vinham ouvir a sabedoria de Salomão" (1Rs 4,33-34).

O hissopo, pequena árvore agarrada à pedra, simboliza a humildade de Cristo, que tratou do cedro do Líbano até o hissopo, porque das alturas da glória celeste desceu até a humilhação da carne. Em outro sentido: no cedro é representada a soberba dos maus, porque é dito: "A voz do Senhor quebrará os cedros" (Sl 28,5). Portanto, Cristo trata do cedro até o hissopo, porque julga os corações dos soberbos e dos humildes. E tratou também das árvores, quando estava pendente da árvore da cruz. E naquele momento dobrou o cedro, isto é, a arrogância do mundo, até a humildade do hissopo, isto é, até a loucura da cruz. "Efetivamente, a palavra da cruz é uma loucura para os que se perdem, mas para os que se salvam é força de Deus" (1Cor 1,18).

Sentido moral. "Salomão tratou das árvores..." Observa que no paraíso terrestre havia três árvores: a árvore da qual Adão se alimentava, a árvore da vida e a árvore da ciência do bem e do mal. Nessas três árvores estão representadas três faculdades: a memória, a vontade e a razão (intelecto). O fruto da memória é o gozo, o fruto da vontade é a obra boa, o fruto da razão é a distinção entre o bem e o mal.

Tratar quer dizer procurar com a mente os vários critérios da razão para poder chegar à verdade substancial. Por isso, o justo trata destas três árvores, isto é, procura com a razão e a mente várias coisas: se conservou no tesouro da memória os bens do Senhor, que são a humildade e a pobreza de sua encarnação, a doçura de sua pregação e a paixão de Cristo, que foi obediente até a cruz; e se guardou estes bens com diligência. Depois, inquire se com vontade ama a Deus e ao próximo, e se com sua razão sabe distinguir o bem do mal. Essa é a disputa do justo, e também ele trata do cedro que está no Líbano até o hissopo que brota da parede.

Considera que o cedro é uma árvore alta; sua madeira tem um perfume agradável e é incorruptível, e nunca é atacado pelo caruncho. Com seu perfume põe em fuga as serpentes e, colocado no fogo, encolhe-se. O cedro simboliza a vida do justo: é alta pela sublimidade de sua santa conduta; perfumada pelo exemplo de seu bom nome; incorruptível pela firmeza de seu santo propósito; inatacável pelo caruncho da concupiscência mortífera; põe em fuga os demônios com a compunção da mente e reprime os estímulos da carne pela mortificação; encolhe-se, isto é, renuncia à própria vontade no fogo da obediência.

E esse cedro está no Líbano, que se interpreta "candor", porque a vida do justo desenvolve-se no candor da pureza interior e exterior. O justo, portanto, trata do cedro até o hissopo que brota da parede. No hissopo é simbolizada a humildade; e na parede, que deve seu nome a "paridade", por ser toda nivelada na sua superfície, é indicada a união dos santos. Portanto, o justo trata do cedro de sua vida, isto é, considera com a mente se sua vida chegou à humildade e à união com os santos.

4. Continuemos a falar de Cristo: "E falou dos quadrúpedes, das aves, dos répteis e dos peixes". Nos quadrúpedes são representados os gulosos e os luxuriosos; nas aves, os soberbos; nos répteis, os avarentos; nos peixes, os curiosos[6].

---

6. *Curioso* aqui não significa apenas "ávido de ver ou de saber", mas indica aquele que se interessa por muitas coisas, esforça-se e se preocupa (do latim: *cura*, preocupação) por conseguir

Cristo falou dos quadrúpedes quando disse: "Velai, pois, sobre vós, para que não suceda que os vossos corações se tornem pesados em dissipações, bebedeiras e cuidados desta vida" (Lc 21,34). Falou das aves quando disse: "As aves do céu têm seus ninhos; o Filho do homem, porém, não tem onde repousar a cabeça" (Mt 8,20). Falou dos répteis quando disse: "Não acumuleis tesouros na terra, onde a traça e a ferrugem os consomem" (Mt 6,19) etc. Enfim, falou dos peixes quando disse: "Ai de vós, escribas e fariseus hipócritas, que percorreis o mar e a terra", isto é, o mundo todo, "até para fazer um só prosélito" – os prosélitos são os pagãos acolhidos na sinagoga – "e, depois de o terdes feito, o tornais duas vezes mais filho da geena do que vós" (Mt 23,15). Efetivamente, quando descobre os vossos vícios, volta a ser pagão e, por sua prevaricação, torna-se merecedor de um castigo ainda maior. "E vinha gente de todas as nações para ouvir a sabedoria de Salomão." É a mesma coisa que diz o evangelho de hoje: "Jesus estava de pé junto ao Lago de Genesaré, e uma grande multidão comprimia-se em volta dele para ouvir a palavra de Deus".

Genesaré deve seu nome à característica deste lago que, de suas ondas encrespadas parece emitir uma brisa: em latim *generans auram*, que gera brisa. Nessa passagem, o evangelho chama o lago de charco, que é um lago cuja água não corre, mas está parada; e é figura do século presente, no qual existem ebulições que produzem as bolhas, o ar do louvor do mundo, que logo se esvai. De fato, o salmo diz: "Sua memória esvaiu-se com o ruído" (Sl 9,7), isto é, com o aplauso e com o favor do mundo. E como no charco as águas são retidas para não correrem, assim, no mundo, a liberdade dos pecadores é limitada a fim de não gozarem de seus prazeres quanto quereriam.

Efetivamente, lemos em Lucas que o filho pródigo desejava encher o estômago com as bolotas que os porcos comiam, mas ninguém lhas dava (cf. Lc 15,16). Nas bolotas dos porcos podemos individuar os vários prazeres dos pecadores, com os quais os espíritos malignos engordam como os porcos; prazeres que por vezes não são concedidos a quem os deseja. Realmente, com frequência, o homem peca mais do que o diabo lhe sugere; e, muitas vezes, o homem precede o diabo, quando não é precedido pelo diabo. Por isso, diz Ezequiel: "Entregar-te-ei nas mãos das filhas dos filisteus, que se envergonharão vendo tua conduta descarada" (Ez 16,27). Grande vergonha, que o diabo deva enrubescer por um pecado do homem, pecado que ele não lhe sugeriu, quando o homem, desgraçado, não enrubesce por seu próprio pecado!

5. "Portanto, Jesus estava perto do *charco*", isto é, neste mundo, para pregar a palavra de Deus aos amantes deste mundo. Estava junto ao charco aquele que neste mundo desprezou e ensinou a desprezar a glória deste mundo, que é como um charco que engole.

E sobre isso temos uma concordância no Terceiro livro dos Reis, onde se narra que Elias "encontrou Eliseu, filho de Safat, que arava com doze juntas de bois diante

---

certos resultados. Como substantivo, *curiosus* era o monge encarregado da cura das coisas materiais do mosteiro.

de si, enquanto ele mesmo conduzia um dos arados das doze juntas de bois. Passando-lhe perto, Elias lançou seu próprio manto sobre Eliseu. Ele abandonou imediatamente os bois e correu atrás de Elias, dizendo: Permita que eu vá beijar meu pai e minha mãe e, depois, seguir-te-ei. Elias lhe respondeu: Vai e volta, porque sabes bem o que fiz de ti. Quando voltou, Eliseu tomou uma junta de bois, matou-os e com a madeira do arado cozeu as carnes dos bois e as distribuiu ao povo e todos comeram delas" (1Rs 19,19-21).

Sentido moral. O nosso Redentor, descido do céu, por divino decreto adquiriu para si um povo que ainda desejava avidamente as coisas terrenas, realizou nele a salvação quando o converteu à fé. Com efeito, Elias interpreta-se "Senhor Deus", Safat, "decreto", e Eliseu, "salvação do meu Deus". O profeta lançou seu manto sobre Eliseu, quando o Senhor revestiu o povo com a fé católica. Diz o Apóstolo: "Vós que fostes batizados em Cristo, revestistes-vos de Cristo" (Gl 3,27).

"Abandonados os bois, foi atrás de Elias." De fato, o coro dos eleitos, tendo ouvido: "Se alguém não renunciar a tudo o que possui, não pode ser meu discípulo" (cf. Lc 14,33), imediatamente deixou de correr atrás das riquezas terrenas e de fazer-se escravo dos desejos mundanos, e deste modo anunciou também aos outros a palavra de vida. Beijar o pai e a mãe significa exatamente querer converter com a palavra todos aqueles que é possível, tanto judeus, como pagãos.

"Tomou uma junta de bois" etc. Com isso entendemos o corpo e o espírito: devemos cozinhar suas carnes, quer dizer, as concupiscências da carne, com a madeira do arado, isto é, com a contrição do coração, e distribuí-las ao povo para que coma: assim, com o exemplo da verdadeira penitência, reedificamos aqueles que temos escandalizado com nossa vida dissoluta.

6. "Jesus viu duas barcas ancoradas à margem do lago." Considera que estas duas barcas representam Jerusalém e Babilônia, o Paraíso e o Egito, Abel e Caim, Jacó e Esaú, numa palavra, a turma dos verdadeiros penitentes e a vergonhosa massa dos mundanos. Efetivamente, todos os homens pertencem a um ou a outro desses dois grupos.

Tudo isso encontra uma oportuna correspondência nas duas prostitutas, das quais, no Terceiro livro dos Reis, se narra que "duas prostitutas apresentaram-se ao Rei Salomão". Com muita razão, apresentaram-se duas prostitutas a Salomão, que depois deixou-se corromper por elas. "Uma delas disse: Digna-te, meu senhor, ouvir-me! Eu e esta mulher habitávamos numa mesma casa, e eu dei à luz no mesmo aposento em que ela estava. Três dias depois de eu ter dado à luz, ela também deu à luz. Nós estávamos juntas e não havia na casa mais ninguém, além de nós duas. Uma noite, morreu o filho desta mulher, porque, estando a dormir, ela o sufocou. Levantando-se no mais profundo silêncio da noite, tirou o meu filho do meu lado – quando eu, tua escrava, dormia profundamente – e o pôs junto a si; depois, pôs junto a mim o filho que estava morto. Levantando-me eu pela manhã para amamentar o meu filho, apareceu-me morto. Mas depois, já dia claro, olhando para ele com mais atenção, vi que ele não era o filho que eu tinha dado à luz.

A outra mulher respondeu: Não é assim como tu dizes, mas o teu filho morreu, o meu, porém, está vivo. A primeira, ao contrário, replicava: Mentes, porque o meu filho está vivo e o teu é que morreu! Desse modo disputavam diante do rei. Então disse o rei: Trazei-me uma espada! E sendo trazida uma espada diante do rei, este disse: Dividi em duas partes o menino que está vivo, e dai metade a uma e metade à outra. Porém, a mulher cujo filho estava vivo (porque as suas entranhas se lhe enterneceram por seu filho), disse ao rei: Senhor, peço-te que dês a ela o menino vivo, e não o mates. A outra, pelo contrário, dizia: Não seja nem para mim nem para ti, mas divida-se! Então o rei sentenciou: Dai àquela o menino vivo, e não se mate, porque esta é sua mãe" (1Rs 3,16-27).

As prostitutas são chamadas também meretrizes, do latim *mereo*, ganhar, porque ganham a remuneração da sensualidade. Essas duas prostitutas simbolizam dois gêneros de vida, a vida dos verdadeiros penitentes e a vida dos carnais.

Contudo, presta atenção a uma coisa: dissemos que a vida dos verdadeiros penitentes é simbolizada por uma prostituta, não por ser prostituta – afinal, o verdadeiro penitente já voltou para seu esposo –, mas pelo fato de ser prostituta quando aderia ao diabo. De fato, lemos algo semelhante também no Evangelho de Mateus: "Jesus encontrava-se na casa de Simão, o leproso" (Mt 26,6), não porque fosse leproso então, mas porque havia sido.

As duas "vidas" são representadas por aqueles dois cajados dos quais fala o Profeta Zacarias: "Eu tomei dois cajados, a um chamei *formosura*, e a outro *corda*" (Zc 11,7). Observa que a vida dos penitentes é chamada cajado e formosura; cajado, porque submetida ao rigor da disciplina; formosura porque purificada com as lágrimas de toda a lepra do pecado. A vida dos carnais, porém, é chamada corda, porque eles são amarrados com as cordas de seus pecados.

Afinal, quantos danos infligem Caim a Abel, Esaú a Jacó e os carnais aos penitentes demonstra-o o relato trazido acima: "Eu e esta mulher habitávamos na mesma casa" etc. Eis as duas barcas paradas no charco. O charco e a casa são figura do mundo, no qual essas duas mulheres vivem.

Dão à luz os penitentes, e dão à luz também os carnais. Mas ao terceiro dia os penitentes, na amargura do coração, dão à luz obras de luz, o herdeiro da vida eterna; e de seu parto se diz: "A mulher, quando dá à luz, está na tristeza" (Jo 16,21). Também os carnais, no prazer da carne, dão à luz, mas obras de trevas, filhos da geena; e deles diz Salomão nas parábolas: "Alegram-se por terem feito o mal e fazem festa por suas obras perversas" (Pr 2,14). E isso no terceiro dia: pela adulterina sugestão do diabo, primeiro concebem com o consentimento da mente, depois têm como uma gestação no propósito da vontade perversa; e, enfim, dão à luz o pecado com a realização da obra má.

"E estávamos juntas e, além de nós duas, não havia ninguém conosco." No mundo, bons e maus estão juntos. Realmente, diz Jó: "Fui irmão dos dragões e companheiro dos avestruzes" (Jó 30,29). Na eira, o trigo está junto com a palha, no lagar o vinho está junto com o bagaço da uva e na prensa o óleo está junto com a borra.

"O filho desta mulher morreu." As obras dos carnais morrem quando são como que sufocadas pelo pecado que segue. Na noite da má intenção, da cegueira da mente, é morto o filho dessa mulher: Amassou-o durante o sono. "Os que dormem, dormem de noite; e os que se embriagam, embriagam-se de noite" (1Ts 5,7).

"Levantando-se no silêncio da noite" etc. O texto latino diz: *intempestae noctis silentio*. Intempestivo significa inoportuno, quando nada se pode fazer e tudo é tranquilo; tempestivo, porém, é aquilo que é oportuno. Outro sentido: *nox intempesta*, noite alta e escura, ou também meia-noite.

O Bem-aventurado Gregório comenta essa passagem falando dos doutores carnais, dos mestres mundanos: eles, enquanto deixam de fazer aquilo que dizem, matam seus ouvintes com o sono do corpo, negligenciam-nos e os tiranizam, enquanto fingem nutri-los com o leite das palavras. Por isso, vivendo de maneira reprovável e não podendo ter discípulos de vida exemplar, esforçam-se por atrair para si os discípulos dos outros, de modo que, dando a impressão de terem bons seguidores, justificam junto à opinião dos homens o mal que fazem e mascaram com a vida dos súditos a sua negligência criminosa.

Por isso, a mulher que havia matado o próprio filho, tomou para si aquele que não era seu. Mas a espada de Salomão descobriu a verdadeira mãe, porque no último juízo a ira do juiz examinará, ou seja, demonstrará quais e de quem são os frutos, isto é, as obras destinadas a viver ou a perecer.

Note-se que, primeiramente, foi ordenado que o filho vivo fosse cortado em dois, e que somente depois fosse restituído à verdadeira mãe, porque neste mundo é admissível que a vida de um discípulo seja por assim dizer dividida, enquanto se permite que alguém ganhe com ele o mérito junto a Deus, e um outro o louvor dos homens.

Mas a falsa mãe não tinha nenhuma preocupação que fosse morto o menino que não havia gerado, porque os mestres arrogantes e negligentes da caridade, se não conseguem conquistar para si uma fama de total admiração pelos discípulos dos outros, atentam desapiedadamente contra a vida deles. Acesos de inveja não querem que vivam para os outros, aqueles que veem não poder possuir. E portanto: "Não seja nem meu nem dos outros". Não toleram que vivam para os outros na verdade, aqueles que não veem inclinados diante de si para a própria glória temporal. A verdadeira mãe, porém, faz de tudo para que o próprio filho fique ao menos junto a estranhos e viva, porque os verdadeiros mestres permitem que outras escolas ganhem fama pelos seus discípulos, contanto que naturalmente não percam a honestidade da vida. São os mesmos sentimentos de piedade, pelos quais é reconhecida a verdadeira mãe, pois se reconhece o verdadeiro ensinamento somente na prova da caridade.

Pôde receber "todo inteiro" (íntegro) o filho só aquela que todo inteiro, por assim dizer, o havia cedido. Igualmente, os superiores fiéis à sua tarefa, pelo fato que não só não invejam nos outros a glória que lhes veio pelos bons discípulos, mas desejam-lhes também utilidade e proveito, reaverão os filhos vivos e íntegros, quando no último juízo conseguirão por sua vida o prêmio perfeito.

Exposto tudo isso sobre as duas barcas e sobre suas analogias, passemos aos temas seguintes.

7. "Os pescadores haviam descido e lavavam as redes." Considera que descem pescadores de ambas as barcas: da barca dos penitentes e da barca dos carnais. Com efeito, os penitentes descem daquilo que são por graça para aquilo que são por natureza; isto é, descem da dignidade da vida mais perfeita em consideração à própria fragilidade. Os carnais também descem da presunção de sua soberba para a cinza da penitência. "E limpavam (lavavam) as redes." Comenta a *Glosa*: Dobra as redes limpas aquele que, suspendendo o ofício da pregação, esforça-se por colocar em prática aquilo que ensinou aos outros.

Por isso, no introito da missa de hoje, o penitente reza dizendo: "Ouve, Senhor, a minha voz com a qual grito a ti. Sejas tu o meu auxílio; não me abandones, nem me rejeites, Deus de minha salvação" (Sl 26,7-9). Observa que a barca de Pedro, isto é, a vida dos penitentes, tendo com razão retornado ao esposo, implora três coisas: ser ouvida, não ser abandonada, não ser rejeitada. Ser ouvida no momento da oração, não ser abandonada à perseguição dos inimigos, não ser rejeitada por causa da perversidade passada.

Com esta primeira parte do evangelho concorda a primeira parte da epístola de hoje, na qual o Bem-aventurado Pedro fala aos filhos da barca que lhe foi confiada: "Sede todos do mesmo coração, mutuamente compassivos, animados de afeto fraterno, misericordiosos, modestos, humildes; não retribuindo mal com mal, nem maldição com maldição, mas, ao contrário, bendizendo, pois para isso fostes chamados, a fim de que possuais a bênção como herança" (1Pd 3,8-9).

Pedro, como sábio armador, com seu admirável magistério equipou a barca que lhe foi confiada, destinada a ser batida entre as ondas do mar em tempestade e exposta aos ventos e aos perigos; equipou-a de mastro e velas, de leme e âncora e de remos de ambos os lados, para que pudesse chegar incólume ao porto da tranquilidade. Diz de fato "todos do mesmo coração": eis o mastro no centro da barca, isto é, a concórdia da fé e do coração na Igreja: "Tinham todos um só coração e uma só alma" (At 4,32).

"Mutuamente compassivos": eis a vela. Efetivamente, como a vela arrasta a barca, assim o recíproco compadecimento arrasta-te a participar das necessidades do teu próximo. Realmente, diz o Apóstolo: "Se um membro sofre, todos os membros sofrem junto" (1Cor 12,26).

"Animados de afeto fraterno": eis o leme. Com efeito, como o leme mantém a barca na direção certa e não lhe permite desviar-se, e ele constitui o instrumento essencial para conduzir a barca ao porto, assim o amor fraterno guia a comunidade dos fiéis para que não se desvie e a conduz ao porto da segurança: porque onde houver caridade e amor, ali está também a comunidade dos santos.

"Misericordiosos": eis a âncora. Âncora soa quase como (o termo latino) *anca*, isto é, curva. Realmente, como a âncora com sua curvatura prende, e enquanto prende é presa, e quando está presa retém a barca, assim a misericórdia, quando da profundeza do coração captura o próximo, pelo próximo é capturada, e enquanto retém é também retida, enquanto liga é ligada. E por essa ligação, a barca, isto é, a alma, não é mais sacudida pela segurança de sua paz nem pelas ondas da tentação nem pelos ventos das sugestões diabólicas.

"Modestos e humildes": eis os remos da direita; "não retribuais mal com mal, mas, ao contrário, respondei bendizendo": eis os remos da esquerda.

Se a nossa barca for assim preparada e equipada com estes instrumentos, certamente poderá chegar, na rota certa, à bênção da eterna herança, ao porto da eterna tranquilidade.

Tudo isso digne-se no-lo conceder aquele que é bendito e glorioso nos séculos eternos. Amém.

II – Cristo sobe à barca de Simão

8. "Cristo subiu a uma barca, que era de Simão, e pediu-lhe que se afastasse um pouco da terra e, sentado, da barca ensinava a multidão. Quando terminou de falar, disse a Simão: Faze-te ao largo e lançai as vossas redes para a pesca" (Lc 5,3-4).

Sobre isso, encontramos uma concordância no Terceiro livro dos Reis, onde se narra que "a frota do Rei Salomão sulcava o mar para Társis, trazendo de lá ouro, prata, dentes de elefantes, macacos e pavões" (1Rs 10,22).

A frota de Salomão e a barca de Pedro representam a mesma coisa. A barca é chamada em latim *navis*, enquanto exige o *navus*, o perito, isto é, alguém que sabe manobrá-la, alguém que sabe governá-la entre os perigos e as circunstâncias do mar. Daí a sentença dos Provérbios: "O perito estará ao leme" (Pr 1,5).

A barca é figura da Igreja de Jesus Cristo, confiada ao cuidado de Pedro; ela tem necessidade não de um incapaz, mas de um perito; não de um pirata, mas de um guia que esteja em condições de preservá-la dos perigos. Essa é a frota de Salomão, que, através do mar deste mundo, parte para Társis, nome que se interpreta "busca de gozo"; isto é, parte para aqueles que procuram os prazeres do mundo, para gozar enquanto estão cá embaixo.

No ouro é simbolizada a sabedoria humana; na prata, a linguagem filosófica; nos dentes dos elefantes são representados os doutores corajosos, que mastigam o alimento da palavra para os pequenos; nos macacos, aqueles que imitam as ações humanas, mas depois vivem como os animais: vêm à fé pelo paganismo e fingem viver segundo a fé, mas, depois, renegam-na com as obras; nos pavões, cuja carne, se for secada, torna-se incorruptível – ao menos assim dizem – e que são cobertos de penas maravilhosas, são representados os perfeitos, purificados pelo fogo das tribulações e, portanto, adornados de grande variedade de virtudes.

Tudo isso é trazido, por meio da pregação da Igreja, de Társis, isto é, das insidiosas ondas do mundo, ao nosso Salomão, isto é, a Jesus Cristo.

9. Sentido moral. A frota de Salomão é a mente do penitente, que, através do mar, quer dizer, na amargura da contrição, dirige-se a Társis, isto é, vai em busca dos pecados cometidos e das circunstâncias do pecado; pergunta-se de onde vem, onde se encontra, para onde se dirige; considera quão mísera e frágil é esta carne e quão falsa e fraca é a prosperidade do mundo. Por isso, no Gênesis, José disse a seus irmãos: "Vós sois exploradores (espias): viestes para descobrir os pontos fracos do país" (Gn 42,9); isto é, os penitentes meditam cada dia, na amargura de sua alma, sobre a fragilidade e a fraqueza de sua carne. Eles são os exploradores de Josué, aos quais ele disse: "Ide e observai bem todo o território e a cidade de Jericó" (Js 2,1).

Jericó interpreta-se "lua" e representa a enganadora prosperidade do mundo: quando a exploram para conhecê-la, nela os justos só encontram amargura e dor. Por isso, de sua exploração trazem consigo ouro, prata, dentes de elefantes (marfim), macacos e pavões. O ouro representa a pureza da consciência; a prata, a proclamação do louvor; os dentes dos elefantes (i. é, o marfim) representam a acusação e a reprovação de si mesmos; os macacos, a consideração da própria indignidade; os pavões, a abjeção da glória passada.

Do ouro e da prata, Jó diz [trad. lit.]: "A prata tem os inícios das suas veias" [a prata provém dos filões, das veias argentíferas] e o ouro tem o lugar onde é fundido e refinado" (Jó 28,1). O princípio das veias é o coração do homem. Portanto, do coração do homem deve sair a prata, isto é, a proclamação do louvor de Deus. Mas Jeremias disse: "Tu, Senhor, estás perto de sua boca, mas longe de seus rins" (Jr 12,2). O coração dos carnais está nos rins, isto é, na luxúria, e o louvor de Deus está somente em seus lábios. "Este povo honra-me com os lábios, mas seu coração está longe de mim" (Mt 15,8). O princípio das veias, do qual deve escorrer a prata, está longe de Deus. De que maneira então a prata da confissão ressoará docemente ao ouvido do Onipotente, que diz: Filho, dá-me teu coração (cf. Pr 23,26), e Deus olha o coração? (cf. Sl 7,10).

"E o ouro tem o lugar onde é fundido e refinado." Os sentimentos de nossa consciência são purificados no crisol de um severo exame de si. Este é o lugar onde o ouro deve ser fundido e purificado, não a língua dos homens, porque o ouro fundido em sua língua é destruído. Infeliz aquele que crê mais na língua dos outros do que na sua consciência: muitos têm medo da opinião pública, poucos da própria consciência. Que grande coisa, porém, sermos dignos de louvor e não sermos louvados por ninguém!

10. Dos dentes da acusação e da repreensão diz Jó: "Com os meus dentes lacero as minhas carnes" (Jó 13,14). Lacera suas carnes com os dentes aquele que, com uma justa condenação, põe sob acusação a sua carnalidade.

E observa que com razão os penitentes são representados nos elefantes, que têm uma natureza mansa. De fato, se encontram um homem perdido no deserto, guiam-no até uma estrada que ele conhece; ou se acontece que se encontram diante de um denso rebanho de ovelhas, abrem caminho movendo a tromba com calma e paciência. O mais velho guia a manada, e aquele que o segue na ordem da idade vai na retaguarda. Quando devem atravessar um rio, mandam à frente os mais pequenos, para que os maiores, passando por primeiro, não afundem o leito, provocando assim redemoinhos perigosos.

Do mesmo modo, os justos têm o dom da clemência: reconduzem os errantes ao caminho certo; às ovelhas, isto é, aos simples, ensinam com bondade e paciência o caminho pelo qual andar com segurança; guiam os outros com a palavra e com os exemplos; atravessando o rio desta vida em direção à pátria, mandam os menores à frente, isto é, participam com compreensão das dificuldades dos principiantes, que ainda não chegaram ao vigor da santidade: e se os mais fracos tivessem de andar pelo austero caminho dos perfeitos, cansar-se-iam e se retirariam do caminho iniciado.

Igualmente nos macacos é indicada a consideração das indignidades e das infâmias cometidas, já que os macacos não têm cauda com a qual cobrir as próprias vergonhas. Assim, os verdadeiros penitentes não procuram motivos para desculpar ou para mascarar os próprios pecados, mas manifestam abertamente e com simplicidade as infâmias cometidas, não se envergonhando com o olhar dos homens, mas só com aquele de Deus.

Enfim, nos pavões é indicado o desprezo, a rejeição da glória temporal. Deve-se observar que o pavão perde as penas quando as árvores começam a perder as folhas. Depois, reaparecem-lhes as penas quando as árvores recomeçam a revestir-se de folhas.

A primeira árvore foi Cristo, plantado no jardim das delícias, quer dizer, no seio de Bem-aventurada Virgem. As folhas desta árvore são suas palavras: quando o pregador as espalha com a pregação e o pecador as acolhe, este último perde as penas, isto é, abandona e despreza as riquezas. Depois, na ressurreição final, quando todas as árvores, isto é, todos os santos, recomeçarem a desabrochar e a reverdecer, então aquele que rejeitou as penas das coisas temporais receberá as plumas da imortalidade.

E como nas penas do pavão está a sua beleza, e nas patas a sua feiura, de modo que olhando-lhe as patas, sua beleza é, por assim dizer, diminuída, assim os penitentes rejeitam a glória deste mundo ao repensar a própria abjeção e a própria corrupção. E os penitentes trazem tais frutos enquanto forem constantes no controle quotidiano de si mesmos e das próprias coisas.

11. "Jesus subiu a uma das duas barcas, que era a de Simão, e pediu-lhe que se afastasse um pouco da terra." O Senhor pede ao prelado de sua Igreja que se afaste um pouco da terra, isto é, que afaste um pouco do amor das coisas terrenas os que foram confiados aos seus cuidados. Mas se ele próprio é apegado à terra, se é corcunda e inclinado para a terra, como poderá afastar da terra os outros?

Quando Moisés, como se narra no Êxodo, partiu com a mulher e os filhos para o Egito, a fim de libertar o povo de Israel, um anjo queria matá-lo; somente quando mandou de volta a mulher e os filhos, o anjo deixou-o prosseguir (cf. Ex 4,24-26).

Assim os prelados e os sacerdotes do nosso tempo, representados exatamente em Moisés, têm realmente mulher e filhos, serpentes a gritar atrás dos sacerdotes: Ai! Ai!

Deles diz Isaías: "Os filhotes de jumento comerão uma mistura de migma" (Is 30,24). Migma é um termo hebraico [na realidade é grego] que significa exatamente uma mistura de palha triturada com trigo. Os bens do sacerdote resultam da mistura de duas coisas: da palha do comércio terreno e do trigo das ofertas da Igreja. Tal mistura é comida pelos filhos dos jumentos, isto é, os filhos dos sacerdotes. Estes, com mulher e filhos, presumem libertar o povo de Deus da escravidão do demônio. Mas o Senhor os enfrentará e os matará se não se separarem da mulher e dos filhos. E após esta separação, o Senhor dirá: Afasta um pouco a barca da terra.

12. "E, estando sentado, da barca ensinava o povo." E também sobre isso temos uma concordância no Terceiro livro dos Reis: "O Rei Salomão fez um grande trono de marfim e guarneceu-o de ouro muito amarelo. O trono tinha seis degraus; o alto do trono era redondo no espaldar; o assento tinha dois braços laterais; havia dois leões junto a cada braço. E doze leõezinhos postos sobre os seis degraus, de uma parte e de outra; não se fez obra semelhante em nenhum outro reino" (1Rs 10,18-20).

Esta passagem da Escritura pode ser comentada de três maneiras: isto é, aplicando-a à Igreja, à alma e à Bem-aventurada Virgem Maria.

A Igreja. No trono de Salomão pode-se ver representada a Igreja, na qual nosso rei da paz, reinando, pronuncia seus juízos. Com razão, é-nos recordado que o trono foi feito de marfim, porque o elefante, do qual provém o marfim, sobressai entre os outros quadrúpedes por seu sentimento: une-se à sua fêmea com temperança e jamais se une às outras. E isso se aplica aos abstinentes, que em castidade observam os preceitos de Cristo. Revestiu-a de ouro, já que por meio dos milagres fez resplandecer nela o fulgor de sua glória. Deus levou a termo o esplendor da criação em seis dias e este número, na sua perfeição, está a indicar a perfeição das obras realizadas. No sétimo dia Deus descansou. E porque o mundo consta de seis períodos nos quais é possível o trabalho, todo aquele que aspira à pátria celeste deve apressar-se a subir a ela com as boas obras.

A rotundidade do espaldar do trono representa a paz eterna, da qual os santos gozarão depois desta vida: quem trabalhar de maneira certa neste mundo receberá a justa recompensa e gozará de perene paz.

Os braços postos ao lado do trono como para sustentá-lo simbolizam o socorro da graça divina que faz a Igreja avançar para o reino celeste. E são dois, porque em ambos os Testamentos é proclamado que nada de bom se pode fazer senão com o auxílio divino.

Nos dois leões são representados os "pais", os patriarcas dos dois Testamentos, que, com a fortaleza do ânimo aprenderam a dominar a si mesmos e aos outros. Os leões eram postos junto aos punhos dos braços, junto às mãos, porque os santos patriarcas atribuíam a Deus, e não a si mesmos, tudo aquilo que faziam: "Não a nós, Senhor, não a nós, mas ao teu nome, dá a glória" (Sl 113B,1).

Enfim, nos doze leõezinhos são representados os pregadores que seguem a doutrina apostólica. Estão dispostos de um lado e de outro dos seis degraus do trono, pois se esforçam por defender e reforçar de todos os lados o caminho das obras boas com a doutrina e com o exemplo.

13. *A alma*. "O Rei Salomão fez um grande trono." Note-se que para realizar uma obra são necessárias duas coisas: inteligência e esforço; com a inteligência se projeta, com o esforço se realiza. Jesus Cristo, que é sabedoria e poder de Deus (cf. 1Cor 1,24), fez para si um trono no qual descansar.

O trono é a alma do justo, que Jesus Cristo criou com sua sabedoria, quando não existia; com seu poder o recriou, isto é, redimiu, quando estava perdida. Portanto, fez para si um trono no qual repousar, porque a alma do justo é sede da sabedoria (cf. Sb 7,27), e por boca de Isaías disse: Para quem voltarei o olhar, senão para o humilde, para o pacífico e para quem teme as minhas palavras? (cf. Is 66,2); e Salomão: "O rei que está sentado no seu trono dissipa todo o mal só com seu olhar" (Pr 20,8). Assim, Jesus Cristo, Rei dos Reis, senta-se no trono, isto é, repousa na alma: destrói todo o mal da carne, do mundo e do diabo com seu olhar, isto é, com o olhar de sua graça.

"Fez um grande trono de marfim" etc. Vejamos qual seja o significado do marfim, do ouro luzente, dos seis degraus, do cimo redondo, da parte posterior, dos dois braços e do assento, dos dois leões e dos doze leõezinhos.

Marfim, em latim *ebur*, vem de *barrus* (palavra indiana), elefante. Deve-se observar que entre os elefantes e os dragões existe uma eterna luta e as ciladas são armadas com este estratagema. Os dragões, essas grandes serpentes, escondem-se próximo aos caminhos pelos quais os elefantes costumam passar; deixam passar os primeiros e assaltam os últimos, para que os primeiros não possam correr em auxílio. Primeiramente ligam-lhes os pés, para que, tendo as patas amarradas, sejam impedidos de caminhar. Então os elefantes apoiam-se às árvores ou a rochas para matar os dragões, esmagando-os com seu peso enorme.

A causa principal dessa luta está no fato de que os elefantes têm o sangue mais frio, e então os dragões os assaltam com grandíssima avidez, quando o clima é tórrido. E por esse motivo os assaltam somente quando os elefantes são pesados por terem bebido bastante: então suas veias estão muito inchadas e assim, depois de tê-los jogado por terra, podem chupar à vontade. E fixam-se sobretudo nos olhos, que são os mais vulneráveis, ou também na parte interna das orelhas.

Os elefantes são figura dos justos e os dragões, dos demônios, entre os quais haverá eterna guerra. Os demônios armam ciladas aos pés dos justos, isto é, aos seus sentimentos, e os justos exatamente com os sentimentos matam os dragões, e assim, estes são mortos precisamente lá onde queriam inocular o veneno.

A ardente luxúria dos demônios procura destruir a castidade dos santos; os demônios os assaltam especialmente se os virem abandonar-se aos prazeres da gula, que consegue pôr fogo também nos rigores da castidade. E atacam sobretudo os olhos, porque sabem que os olhos são as primeiras flechas da luxúria. Ou: atacam primeiramente os olhos, isto é, a razão e o intelecto, que são os olhos da alma, para extirpá-los, e tentam fechar os ouvidos, para que não possam ouvir a palavra de Deus. Bem se diz, pois: "Fez um grande trono de marfim": de marfim, em referência à castidade; grande, em referência à sublimidade da contemplação.

"E revestiu-o de ouro esplendente." A veste da alma é a fé, que é de ouro se for iluminada pela luz da caridade. Dessa veste lemos no Livro da Sabedoria: "Na veste talar de Aarão estava (desenhado) todo o orbe terrestre" (Sb 18,24). Na veste da fé, que age por meio da caridade, devem estar os quatro elementos de que é formado o mundo: o fogo da caridade, o ar da contemplação, a água da compunção e a terra da humildade.

"E o trono tinha seis degraus", que são a rejeição do pecado, a acusação do próprio pecado, o perdão da ofensa recebida, a participação nos sofrimentos do próximo, o desprezo de si e do mundo, a consecução da perseverança final.

"O alto do trono, no espaldar, era redondo." O alto do trono simboliza o desejo, em que a alma arde de ver a Deus; a alma será redonda (i. é, perfeita) no lado posterior, quer dizer, no fim da vida, porque passará da esperança para a visão. Diz o salmo: "A extremidade do dorso da pomba tem reflexos de ouro" (Sl 67,14). A extremidade do dorso da pomba, isto é, da alma, é a bem-aventurança eterna: brilhará com reflexos de ouro, isto é, resplenderá na contemplação da majestade divina.

"E tinha dois braços, um de cada lado, para sustentar o assento", isto é, o escabelo, que era de ouro. O assento é o símbolo da obediência, como que sustentada por dois braços, que são a memória da paixão do Senhor e a lembrança da própria iniquidade. No fim desses braços estão dois leões, quer dizer, a esperança e o temor. A esperança está junto ao braço da paixão do Senhor, a cujo exemplo de boa vontade obedece e por meio do qual espera conseguir aquilo em que crê. E junto ao braço da recordação da própria iniquidade está o leão do temor, que, na falta da obediência, ameaça com o perigo da morte eterna.

"E de um lado e de outro dos seis degraus estavam dispostos seis leõezinhos." Eles representam as doze virtude que o Apóstolo Paulo enumera na sua Carta aos Gálatas: "O fruto do Espírito é a caridade, a alegria, a paz, a paciência, a benignidade, a bondade, a longanimidade, a mansidão, a fidelidade, a modéstia, a continência, a castidade" (Gl 5,22-23). O espírito do justo, que é como que o primeiro dos seis leõezinhos, cultiva em si mesmo estas doze virtudes.

14. *A Bem-aventurada Virgem Maria*. "O Rei Salomão fez um trono" etc. A Bem-aventurada Maria é chamada "o verdadeiro trono de Salomão". Por isso, dela diz o Eclesiástico: "Eu habito nos céus mais altos e meu trono está sobre uma coluna de nuvens" (Eclo 24,7). Como se dissesse: Eu que habito junto ao Pai nos céus mais altos, escolhi meu trono numa mãe pobrezinha.

Observa que a Bem-aventurada Virgem, trono do Filho de Deus, é chamada "coluna de nuvens": coluna, porque sustenta a nossa fragilidade; de nuvens, porque imune ao pecado. E esse trono foi de marfim, porque a Bem-aventurada Maria foi cândida pela inocência e fria, porque isenta do fogo da concupiscência.

Em Maria houve seis degraus, como está escrito no Evangelho de Lucas: O Anjo Gabriel foi enviado... a uma virgem etc. (cf. Lc 1,26-38).

O primeiro degrau foi o pudor: "A estas palavras, ela ficou perturbada". Donde se diz: Ao adolescente recomenda-se o pudor, ao jovem a jovialidade, ao ancião a prudência.

O segundo degrau foi a prudência: no momento não disse nem sim nem não, mas começou a refletir: "Perguntava-se que sentido teria tal saudação".

O terceiro degrau foi a modéstia; realmente, perguntou ao anjo: "Como é possível isso?"

O quarto degrau foi a constância no seu santo propósito: "Eu não conheço varão".

O quinto degrau foi a humildade: "Eis aqui a serva do Senhor".

O sexto degrau foi a obediência: "Faça-se em mim segundo a tua palavra".

E esse trono foi revestido do ouro da pobreza. Ó áurea pobreza da Virgem gloriosa, que envolveu em míseras faixas o Filho de Deus e o acomodou numa manjedoura! E se diz bem que Salomão *revestiu* de ouro o trono: afinal, a pobreza reveste a alma de virtudes, mas a riqueza a despoja.

"E o alto do trono era redondo no seu espaldar." O cume da perfeição da Bem-aventurada Virgem Maria foi a caridade, pela qual, no seu espaldar, isto é, na eterna bem-aventurança, está sentada no lugar mais alto, é revestida da glória mais brilhante, que não tem princípio nem fim.

"E de um lado e de outro dois braços, como que para sustentar o assento." O assento, isto é, o escabelo de ouro, foi a humildade da Virgem Maria, sustentada como que por dois braços, isto é, a vida ativa e a vida contemplativa. Ela foi ao mesmo tempo Marta e Maria. Foi Marta quando se dirigiu ao Egito e depois retornou para a Galileia; foi Maria quando conservava todas estas palavras e as meditava em seu coração (cf. Lc 2,19).

"E dois leões", isto é, Gabriel e João Evangelista, ou José e João Batista, estavam em frente aos dois braços": José em referência à vida ativa, João, à vida contemplativa.

"E doze leõesinhos" isto é, os doze apóstolos, de um lado e de outro, em ato de respeito e veneração diante dela.

Em verdade, em verdade, em nenhum outro reino jamais foi construída uma obra semelhante, porque "no mundo jamais existiu uma mulher igual a Maria, nem jamais existirá no futuro" (Liturgia). Muitas filhas realizaram coisas excelentes, mas a Bem-aventurada Virgem Maria superou a todas (cf. Pr 31,29). E outro autor diz dela: "Se também a Virgem se calar, nenhuma outra voz no mundo poderá ressoar"[7].

---

7. Não se conhece o autor desta sentença.

V DOMINGO DEPOIS DE PENTECOSTES

15. "Quando acabou de falar, Jesus disse a Simão: "Faze-te ao largo e lançai as redes para a pesca" (Lc 5,4). Em latim se diz *duc in altum*, literalmente, conduzi para onde é mais profundo. *Altus* significa tanto profundo como alto e, portanto, pode referir-se tanto ao que está acima como ao que está abaixo. Pode-se dizer que é *alto céu*, como *alto mar*.

A Simão, como a cada bispo, é dito: "Faze-te ao largo!", e logo depois, aos seus sufragâneos, a seus colaboradores: "Lançai as redes para a pesca". Pois se a barca da Igreja não for levada pelo prelado para o largo, isto é, para as alturas da santidade, os sacerdotes não lançam as redes para a pesca, mas fazem as vítimas caírem no profundo.

Lemos em Oseias: "Ouvi isto, ó sacerdotes, contra vós far-se-á o juízo, pois vos tornastes um laço em vez de vigiar como uma rede estendida sobre o Tabor. E fizestes cair as vítimas no profundo" (Os 5,1-2).

Presta atenção às três palavras: laço, rede e feito cair, porque elas indicam os três vícios dos sacerdotes: a negligência, a avareza e a gula unida à luxúria.

A negligência: "Tornastes-vos um laço em vez de vigiar". Os sacerdotes têm a tarefa de vigiar, mas, por sua negligência, os súditos que lhes são confiados caem no laço do diabo (cf. 1Tm 6,9).

A avareza: "E como uma rede estendida sobre o Tabor". Sobre o Tabor transfigurou-se o Senhor, e o nome interpreta-se "luz que vem", e está a indicar o altar sobre o qual acontece a transfiguração, isto é, a transubstanciação das espécies do pão e do vinho no corpo e no sangue de Jesus Cristo, e por meio deste sacramento entra a luz nas almas dos fiéis. Sobre esse Monte Tabor, os sacerdotes, ou melhor dizendo, os mercadores, estendem a rede de sua avareza para amontoar dinheiro. Celebram a missa por dinheiro, e se não estivessem seguros de receber as moedas, certamente não celebrariam a missa; e assim, fazem que o sacramento da salvação se torne instrumento de cobiça.

A gula e a luxúria: "Fizestes as vítimas caírem no profundo". As vítimas são as ofertas dos fiéis, que eles fazem cair no profundo, que quer dizer *procul a fundo*, isto é, longe do fundo, quer dizer, empregam-nos para satisfazer a gula e a luxúria. A vítima é chamada assim porque cai ferida por um golpe (latim: *victima, ictu percussa cadit*). De fato, com as ofertas dos fiéis, que eles esfolam, os sacerdotes engordam seus cavalos e jumentos, suas concubinas e seus filhos. A lei ordenava que o *mamzer*, isto é, o filho de uma prostituta, não fosse admitido ao serviço da casa do Senhor (cf. Dt 23,2). E, no entanto, eis que os filhos das prostitutas não só entram na casa do Senhor, mas até comem os seus bens.

16. Com esta segunda parte do evangelho concorda a segunda parte da epístola: "O que quer amar a vida e viver dias felizes, refreie a sua língua do mal, e seus lábios não profiram engano...; porque o rosto do Senhor está contra os que fazem o mal" (1Pd 3,10-12). O Bem-aventurado Pedro tomou estas palavras do salmo de Davi (cf. Sl 33,13-15), no qual são postas em evidência três coisas: a glória eterna dos justos, a vida dos penitentes e o castigo de quem faz o mal. A glória eterna: "Quem quer amar

a vida"; a vida dos penitentes: "refreie a sua língua"; o castigo de quem faz o mal: "O rosto do Senhor é contra os que fazem o mal".

A verdadeira penitência consiste nestas seis práticas: *refrear a língua do mal*: "Creio que a primeira das virtudes consista em conter a língua com o freio; impondo silêncio corrige-se uma língua má" (Catão). *Não proferir palavras de engano*. Está escrito: "Senhor, quem habitará na tua tenda?" Certamente "quem não tramou enganos com sua língua" (Sl 14,1.3). *Evitar o mal*. Mas isso não basta, é preciso também *fazer o bem*. *Procura a paz*: procura a paz dentro de ti mesmo; e se a encontrares terás, sem dúvida, a paz também com Deus e com o próximo; *e persegue-a* (conquista-a) com a perseverança final.

Sobre aqueles que fazem tudo isso, pousam-se os olhos da misericórdia do Senhor, e os ouvidos de sua benevolência estão abertos às suas orações. O castigo dos ímpios: "O rosto do Senhor é contra os que fazem o mal" (Sl 33,16-17). A palavra latina *vultus* pode-se entendê-la como *vultuositas*, rosto zangado e severo.

Estas três coisas, isto é, a glória, a penitência e o castigo, Jesus Cristo as proclamou às multidões depois de ter subido à barca, e seu vigário não cessa de proclamá-las cada dia a todos os fiéis.

Irmãos caríssimos, roguemos, pois, ao próprio Senhor Jesus Cristo que nos faça subir também nós, por meio da obediência, para a barca de Simão, faça-nos sentar no trono de marfim da humildade e da castidade, faça-nos conduzir nossa barca para o alto-mar, isto é, para as alturas da contemplação, faça-nos lançar as nossas redes para a pesca, a fim de podermos chegar com a maior quantidade possível de boas obras a ele que é Deus sumamente bom.

No-lo conceda ele mesmo que vive e reina por todos os séculos dos séculos. Amém.

III – A CAPTURA DE UMA GRANDE QUANTIDADE DE PEIXES

17. "Simão respondeu: Mestre, trabalhamos a noite toda e nada pegamos; sob tua palavra, porém, lançarei a rede. Tendo feito isto, apanharam tão grande quantidade de peixes que a rede se rompia. Então fizeram sinal aos companheiros, que estava na outra barca, para que viessem ajudá-los. Vieram e encheram ambas as barcas, a ponto de quase se afundarem" (Lc 5,5-7).

Noite, em latim *nox*, é chamada assim porque prejudica os olhos: de fato, impede os olhos de verem. Quem trabalha à noite não apanha nada, antes, por vezes é apanhado.

Diz o salmo: "Espalhaste as trevas e fez-se a noite; é então que se põem em movimento todos os animais da selva (Sl 103,20). Quando a noite, isto é, a escuridão do pecado, desce na alma, então todos os animais, quer dizer, os demônios, entram nela e a despedaçam. Quem trabalha à noite, isto é, trabalha na escuridão desta vida para apoderar-se de alguma coisa transitória, não apanha nada, visto que todas as coisas temporais são um nada.

Diz Jeremias: "Olhei para a terra, e eis que estava vazia e sem nada" (Jr 4,23). Nada, em latim *nihilum*, é composto de *nihil*, nada e *illum*, aquele. Segue o nada aquele que aqui abraça a terra vazia. *Nihil* é termo abstrato, um não ser, e é composto de *non* e *illum*, e a palavra *illum* antigamente escrevia-se *ullum*. Desse *nihil*, nada, diz Isaías: "Diante de mim, todos os povos são como se não existissem; são considerados como um nada, uma coisa que não existe" (Is 40,17). Todos os povos, isto é, aqueles que vivem como gentios (os pagãos), diante de Deus são como se não existissem. Existem no mundo da natureza, mas não naquele da graça, porque existir mal equivale a não existir; e quem estiver fora da verdadeira existência, pode ser considerado um nada e uma coisa que não existe.

Têm verdadeira e própria existência as coisas que não podem aumentar em sua intensidade (densidade), nem podem diminuir por contração, nem podem mudar com a variação. O ser tem como seu contrário somente o não ser (Agostinho). Portanto, aquele que cresce na atenção e na preocupação pelas coisas temporais, que diminui restringindo-se porque lhe vem a faltar a caridade, e muda variando, quer dizer, é instável na sua mente, decai da verdadeira existência, e, portanto, "é considerado como um nada, uma coisa que não existe".

"Mas sob a tua palavra, lançarei as redes." Comenta a *Glosa*: Se os instrumentos da pregação não são lançados *sob a palavra* da graça celeste, isto é, por inspiração interior, em vão o pregador lança a rede de sua voz, porque a fé dos povos não nasce da sabedoria de um elegante discurso, mas por obra da vocação divina.

Ó insensata presunção, ó humildade fecunda! Aqueles que antes nada haviam apanhado, sob a palavra de Cristo pegam uma grande multidão. Rompem-se as redes pela grande quantidade de peixes porque agora, neste mundo, junto com os eleitos entram muitos réprobos, que dilaceram até a Igreja com suas heresias. Rompem-se as redes, mas não se perde o peixe, porque o Senhor salva os seus também em meio às perseguições e aos escândalos.

"Mas sob tua palavra", não sob a minha, "lançarei as redes". Todas as vezes que as lancei sob minha palavra, não peguei nada. Mas ai!, todas as vezes que as lancei sob a minha palavra, atribuí a mim e não a ti; preguei a mim mesmo, e não a ti; preguei coisas minhas, não as tuas. E, portanto, nada peguei; e se peguei alguma coisa, não se tratava de um peixe, mas de uma rã coaxante, para que me louvasse; e também isso era um nada!

"Mas sob a tua palavra lançarei as redes." Lança as redes sob a palavra de Jesus Cristo aquele que nada atribui a si mesmo, mas tudo a ele; aquele que vive segundo aquilo que prega. E se fizer assim, apanhará verdadeiramente uma grande quantidade de peixes.

18. Sobre tudo isso encontramos uma concordância no Terceiro livro dos Reis, onde se narra que "Elias subiu ao alto do Carmelo e prostrado por terra, inclinou o rosto entre os joelhos. A seguir disse ao seu criado: Levanta-te e olha para o lado do mar. Ele foi, olhou e disse: Não há nada! Elias disse: Torna a ir mais sete vezes. Na sétima vez, eis que do mar se levanta uma nuvenzinha, pequena como a pegada do pé humano. E imediatamente todo o céu se escureceu de nuvens e de vento, e caiu uma grande chuva" (1Rs 18,42-45).

Vejamos agora o que significam Elias, o alto do Carmelo; o que significa "prostrado" e "terra"; o que quer dizer "o rosto entre os joelhos"; o que significam o criado, as sete vezes, a nuvenzinha, a pegada de um homem, o mar, as nuvens, o vento e a chuva.

Elias é figura do pregador, que deve subir ao alto do Carmelo, nome que se interpreta "ciência da circuncisão", e está a indicar a perfeição da vida santa, na qual o homem aprende muito bem a cortar de si mesmo todas as coisas supérfluas. "Prostrado", eis a humildade; "por terra", eis a lembrança da própria fragilidade; "inclinou o rosto entre os joelhos", eis a dor das iniquidades passadas.

"E disse ao seu criado: Levanta-te e olha para o mar." Criado, em latim *puer*, vem de *pureza*, e quer indicar o corpo do pregador: ele deve mantê-lo na mais absoluta pureza. E este servo deve olhar para o mar, isto é, para os mundanos contaminados pela amargura do pecado. E olha para eles quando na sua pregação apresenta os remédios contra seus vícios. E deve "olhar sete vezes", isto é, apresentar e explicar os sete artigos da fé, que são: a encarnação, o batismo, a paixão, a ressurreição, a ascensão, a descida do Espírito Santo e o retorno de Jesus Cristo para o juízo final, no qual os pecadores, julgados e condenados, serão lançados no charco do fogo ardente, onde haverá choro e ranger de dentes (cf. Mt 13,42; Ap 21,8).

E neste sétimo artigo, que corresponde à sétima vez, enquanto a massa dos mundanos estiver tomada de temor pela ameaça das penas eternas, o pregador verá subir do mar uma nuvenzinha, isto é, um pouco de compunção, pequena como a pegada de um homem: e nisto é simbolizada a graça de Jesus Cristo.

E quando a graça de Cristo for infundida na mente do pecador, então, sem dúvida, a nuvenzinha da compunção começa a subir, pouco a pouco cresce e se torna uma grande nuvem que escurece todo o falso esplendor das coisas temporais. Depois levanta-se o vento impetuoso da confissão, que quebra pelas raízes todos os vícios, e começa a cair a grande chuva da satisfação (as obras da penitência), que inunda a terra e a faz germinar. E desse modo o pecado apanha verdadeiramente uma grande quantidade de peixes.

"E fizeram sinal aos companheiros que estavam na outra barca" etc. Dissemos acima que essas duas barcas representam as duas formas de vida: dos penitentes e dos carnais (cf. n. 6). Aqueles que estão na barca de Simão, isto é, que vivem na obediência e na penitência, chamam aqueles que levam uma vida dedicada aos prazeres carnais, para que venham ajudá-los (i. é, mudem de vida). Encontramos um caso análogo no Terceiro livro dos Reis, onde se narra que Salomão mandou dizer a Hiram, rei de Tiro, que lhe desse uma ajuda para construir o templo do Senhor (cf. 1Rs 5,1-6). Assim, estes chamam os carnais com a pregação, para que venham, para que se afastem da vaidade do mundo e os ajudem, isto é, se entreguem às obras de penitência. Assim encherão ambas as barcas e construirão o templo do Senhor, isto é, com os primeiros e com os segundos construir-se-á assim, com pedras vivas, o templo da Jerusalém celeste.

19. Com esta terceira parte do evangelho concorda a terceira parte da epístola: "Quem vos poderá fazer mal, se vós fordes zelosos no bem? E também se deveis sofrer pela justiça, sois bem-aventurados! Portanto, não tenhais medo de suas ameaças, nem vos perturbeis" (1Pd 3,13-14). Assim, Pedro fala aos penitentes, apanhados no mar do mundo com a rede da pregação: Se fordes imitadores daqueles que vos chamaram à penitência, quem vos poderá fazer mal? Como se dissesse: Ninguém, nem homem nem diabo! E se tiverdes de sofrer alguma coisa pela justiça, não pelos pecados, bem-aventurados sois, isto é, "bem aumentados" (latim: *beati, bene aucti*), porque aumentará a coroa do prêmio.

E não tenhais medo das ameaças deles, porque "quem tem medo não é perfeito na caridade" (1Jo 4,18). Presta atenção, que diz: "Não tenhais medo". Existe um duplo temor: o temor das coisas e o temor dos corpos. Quem ama a Deus despreza ambos os temores. "Não vos perturbeis", para não vos afastardes da firmeza de vossa mente. Não diz "turbeis", mas "conturbeis", porque, mesmo que alguma vez o corpo se turbe exteriormente, todavia, a mente deve permanecer firme e estável interiormente.

Irmãos caríssimos, peçamos, pois, ao Verbo de Deus Pai, que possamos lançar as redes sob sua palavra, e não sob a nossa; que possamos tirar os pecadores do profundo dos vícios e subir a ele junto com eles. No-lo conceda aquele que é bendito nos séculos. Amém.

IV – O ESPANTO DE PEDRO E DE SEUS COMPANHEIROS, E O ABANDONO DE TUDO O QUE POSSUÍAM

20. "Vendo isso, Simão Pedro lançou-se aos pés de Jesus, dizendo: Retira-te de mim, Senhor, pois eu sou um homem pecador. Porque tanto ele como todos os que se encontravam com ele ficaram possuídos de espanto, por causa da pesca que tinham feito. O mesmo tinha acontecido com Tiago e João, filhos de Zebedeu, que eram sócios de Simão. E Jesus disse a Simão: Não tenhas medo; desta hora em diante serás pescador de homens. Trazidas as barcas para a terra, deixaram tudo e o seguiram" (Lc 5,8-11).

Reconhecendo-se pecador, Pedro temeu ser esmagado pela presença de tamanha majestade, e por isso disse: Retira-te de mim que sou um homem pecador e se lança aos pés de Jesus. E nesse fato devemos considerar dois momentos: o temor causado pelos pecados, quando se diz "lançou-se", e a esperança na misericórdia do Redentor quando se diz "aos pés de Jesus".

E a propósito, através de Isaías, o Senhor promete aos penitentes: "Sereis levados aos seios e, sentados sobre os joelhos, sereis acariciados" (Is 66,12). Em latim é dito *ad ubera*, aos seios. São chamados *ubera* porque são *uvida*, isto é, molhados, moles, por causa do leite. Considera que os seios são dois: a encarnação e a paixão; o primeiro foi de consolação, o segundo de reconciliação. Os penitentes há pouco convertidos, como os lactantes, são levados aos seios para serem consolados com o leite da encarnação, e para serem reconciliados com o sangue que saiu do seio aberto pela lança no Monte Calvário, e assim serem encorajados a enfrentar a paixão. São também tomados sobre os joelhos da benevolência paterna, como faz a mãe com o filho, e são acariciados para que tenham a certeza de que, quem lhes ofereceu os seios da encarnação e da paixão, certamente não lhes terá negado a remissão dos pecados e a bem-aventurança do reino.

Por isso diz: "Afasta-te de mim". Onde existe hoje alguém que tenha medo de ser esmagado por um benefício demasiadamente grande? Pedro teve medo. Nós, porém, embora conscientes de muitos pecados, pomo-nos na presença da majestade divina sem precaução alguma e sem nenhum temor. Na verdade, a majestade divina está presente onde está o corpo de Cristo, glória dos anjos, onde estão os sacramentos da Igreja, onde se administram os santos mistérios. Certamente, nós cremos em todas essas coisas e, apesar disso, obstinados em nossa malícia, jamais deixamos de pecar. Por isso, por boca de Jeremias, o Senhor diz: "Como é que aquele que eu amo cometeu tantas maldades na minha casa? Porventura as carnes sacrificadas apartarão de ti as tuas malícias?" (Jr 11,15). Não, por certo; antes acrescentarão outras.

De fato, "tanto ele quanto aqueles que estavam com ele, foram tomados de grande espanto" etc. Ficaram espantados Pedro e os seus companheiros, diante de uma pesca tão abundante! Também nós devemos admirar-nos diante da conversão dos pecadores, como faziam aqueles dos quais se narra no Livro dos Juízes, que "Sansão feriu os filisteus e fez neles tal destruição que, pelo espanto, ficaram ali sentados com as pernas sobre as coxas" (Jz 15,8). O texto latino diz literalmente: "punham a barriga da perna sobre a coxa. A barriga da perna é a parte posterior da tíbia.

Quando o Senhor fere os filisteus, isto é, os demônios, e de suas mãos liberta Israel, isto é, a alma, também nós devemos ficar espantados e pôr a barriga da perna sobre a coxa. Na coxa é simbolizado o prazer carnal e nós pomos sobre ela a barriga da perna quando, a exemplo do pecador convertido, reprimimos o prazer da carne exatamente com a mortificação da própria carne.

"Não tenhas medo; desta hora em diante serás pescadores de homens." E isso refere-se particularmente a Pedro, ao qual Jesus explica o que significa a pesca de peixes. Como então pegava os peixes com as redes, assim a seguir apanharia os homens com as palavras. Ou também: Porque foste humilde, tiveste vergonha das manchas que havia na tua vida, mas essa vergonha não te impediu de confessá-las, antes, colocando a descoberto a chaga, procuraste o remédio: desta hora em diante serás pescador de homens.

"Trazidas as barcas para a terra, deixaram tudo e o seguiram." Cristo, o gigante que tem em si duas naturezas, o ágil corredor que devora as suas estradas, exultou como um gigante que percorre seu caminho (cf. Sl 18,6) e se apressou a realizar a missão para a qual tinha vindo.

Portanto, quem quiser segui-lo deve necessariamente deixar tudo, depor tudo e tudo pospor, porque quem está *carregado* não pode ir atrás de alguém que corre. Efetivamente, diz o Terceiro livro dos Reis: "A mão do Senhor esteve sobre Elias, que, tendo cingido os rins, começou a correr" (1Rs 18,46). A mão, em latim *manus*, que soa quase como *munus*, serviço, ajuda, é a graça de Deus, e quando está acima do homem, infunde-lhe tão grande ajuda que, cingidos os rins, pode correr por meio da castidade, e seguir a Cristo nu e pobre, também ele nu e pobre pela pobreza.

21. Enfim, com esta quarta parte do evangelho concorda a quarta parte da epístola: "Santificai o Cristo Senhor em vossos corações" (1Pd 3,15). Presta atenção a estas três palavras: o Senhor, Cristo, santificai.

Senhor, em latim *Dominus*, de *dominio* (senhor, senhoria, senhorear). Cristo vem de *crisma*, óleo misturado com bálsamo perfumado. Santo, em grego diz-se *àgios*, que significa "sem terra" (*a*, sem, *gès*, terra), na qual existem quatro feiuras: a impureza, a insaciabilidade, a obscuridade e a fragilidade. Portanto, quem é sem terra, isto é, quem é sem apego às coisas terrenas, nas quais existe a impureza da luxúria, a insaciabilidade da avareza, a obscuridade da ira e da inveja e a fragilidade da inconstância, este, sem dúvida, santifica no seu coração o Senhor como um humilde servo, santifica Cristo no seu coração como um verdadeiro cristão.

Irmãos caríssimos, dirijamos as nossas orações ao próprio Jesus Cristo, para que, deixadas todas as nossas coisas, nos conceda que possamos correr com os apóstolos, santificá-lo em nosso coração, para podermos chegar a ele que é o Santo dos Santos.

No-lo conceda ele mesmo, que é digno de louvor e de amor, que é doce e manso. A ele seja dada a honra e a glória nos séculos dos séculos. E toda a alma penitente, trazida para fora do Lago de Genesaré, responde: Amém, aleluia!

VI domingo depois de Pentecostes

Temas do sermão

• Evangelho do VI domingo depois de Pentecostes: "Se a vossa justiça não superar a dos fariseus"; evangelho que se divide em três partes.

• Primeiramente, sermão sobre os prelados da Igreja e sobre os pregadores, e como deve ser sua vida: "Sobre as bases do templo estavam esculpidos querubins, leões, bois e grinaldas".

• Parte I: Sermão sobre a justiça dos hipócritas e sobre a dos verdadeiros penitentes: "Se a vossa justiça não superar", e "Escolhei-vos um boi".

• Contra o religioso soberbo: "Se o boi costuma lutar com os chifres".

• A justiça dos penitentes: "Elias construiu um altar".

• A paixão de Cristo: "Todos os que fomos batizados em Cristo Jesus".

• O desprezo do mundo e a fuga para o deserto: "Fuja, meu dileto!"

• Parte II: Sermão contra os iracundos: "Adonias, filho de Hagit". Natureza do basilisco e seu simbolismo.

• Parte III: Sermão sobre o quádruplo altar: "Se estiveres para apresentar a tua oferenda".

• Sermão sobre a devoção da mente: "Farás um altar sobre o qual queimar os incensos".

• Sermão sobre o quádruplo ofício e sobre o quádruplo irmão: "Se estiveres para apresentar a tua oferta e te lembrares que teu irmão".

EXÓRDIO – SERMÃO SOBRE OS PRELADOS E OS PREGADORES DA IGREJA

1. Naquele tempo, Jesus disse aos seus discípulos: "Se a vossa justiça não superar a dos escribas e dos fariseus, não entrareis no Reino dos Céus" (Mt 5,20).

Narra-se no Terceiro livro dos Reis que nas bases do templo estavam esculpidos querubins, leões, bois e grinaldas (cf. 1Rs 7,27-29). Considera que são três os elementos aptos a sustentar a construção da casa: os capitéis, as colunas e as bases.

Os capitéis, assim chamados porque são a cabeça da coluna, representam os profetas, dos quais no Terceiro livro dos Reis se diz: "Os capitéis, que estavam no alto das colunas, eram fabricados em forma de lírio" (1Rs 7,19). No lírio é representado o supremo esplendor da pátria eterna e da imortalidade, e também o encanto do paraíso, que tem o perfume das flores: coisas que os profetas, os pais dos apóstolos, nos revelaram em suas profecias.

As colunas representam os apóstolos, dos quais se diz: "Eu fortaleci suas colunas" (Sl 74,4). No Terceiro livro dos Reis narra-se que Salomão ergueu duas colunas: a uma deu o nome de Jaquin, nome que significa "solidez", e a outra chamou-a Booz, isto é, "vigor" (cf. 1Rs 7,21). Nessas duas colunas estão representados os apóstolos, que, com razão, são chamados "duas colunas", porque, depois da ressurreição de Cristo, receberam duas vezes o Espírito Santo: primeiro na terra, para indicar que o próximo devia ser amado; depois no céu, para indicar que Deus devia ser amado. Na ressurreição de Cristo receberam a solidez e na infusão do Espírito Santo, o vigor que jamais viria a faltar.

As bases representam os prelados e os pregadores do nosso tempo, sobre os quais devem ser esculpidas estas quatro figuras: os querubins, os leões, os bois e as grinaldas. Nos querubins é simbolizada a plenitude da ciência e da doutrina; nos leões, o terror do poder; nos bois, a mansidão da misericórdia; e nas grinaldas, os laços da disciplina.

Peço-vos que nas bases do templo haja estas esculturas: isto é, o conhecimento da doutrina, para ensinar; o terror do poder, para censurar; a mansidão da misericórdia, para confortar; os laços da disciplina, para limitar e frear. Dessas quatro virtudes fala-se no Quarto livro dos Reis, onde está escrito que Eliseu clamava: "Meu pai, pai meu, carro de Israel e seu condutor!" (2Rs 2,12). "Meu pai" refere-se ao ensinamento; "pai meu", à correção e à censura; "carro", para o conforto; "condutor", para as limitações a frear.

Se os prelados da Igreja e os pregadores esculpirem em si mesmos essas quatro capacidades, em verdade poderão ter a justiça superior, da qual o evangelho de hoje diz: "Se a vossa justiça não superar a dos escribas e dos fariseus" etc.

2. Observa ainda que neste evangelho são postas em evidência três exortações. Primeiro, a justiça dos apóstolos, onde diz: "Se a vossa justiça não superar" etc. Segundo, a condenação daquele que se irrita contra o irmão e o ofende: "Ouvistes o que foi dito aos antigos". Terceiro, a reconciliação entre os irmãos: "Se estás para apresentar a tua oferenda". Com estas três partes do evangelho confrontaremos alguns relatos do Terceiro livro dos Reis.

No introito da missa deste domingo canta-se: "O Senhor é a força do seu povo" (Sl 27,8-9). Lê-se, depois, a epístola do Bem-aventurado Paulo aos romanos: "Todos nós que fomos batizados em Cristo" etc. (Rm 6,3-11). Dividi-la-emos em três partes e veremos sua concordância com as três mencionadas partes do evangelho. Primeira parte: "Todos nós que fomos batizados". Segunda parte: "Sabendo que o nosso homem velho". Terceira parte: "Sabendo que Cristo, ressuscitado dos mortos, já não morre".

I – A JUSTIÇA DOS APÓSTOLOS

3. "Se a vossa justiça não superar a dos escribas e dos fariseus, não entrareis no Reino dos Céus" (Mt 5,20). A justiça dos fariseus consistia em afastar do mal a mão, mas não

o ânimo. Por isso, os judeus acreditavam que não poderia haver pecado no pensamento, mas só nas obras. A justiça dos apóstolos, porém, é muito superior pelo espírito do conselho e pela graça da misericórdia divina, e consiste não só em afastar a mão das obras más, mas também o ânimo dos pensamentos maus. Os escribas e os fariseus, este último nome significa "separados", são os hipócritas (cf. Mt 23 passim) que, escrevendo diante dos olhos dos homens, escreveram a injustiça; e são também alguns religiosos presuntuosos, que a si mesmos consideram justos e desprezam os outros (cf. Lc 18,9). A justiça desses consiste em lavar as próprias mãos, em lavar os vasos, consiste na disposição das vestes, na construção de elegantes sinagogas (edifícios), na grande quantidade de instituições e de prescrições. Todavia, a justiça dos verdadeiros penitentes consiste no espírito de pobreza, no amor fraterno, no pranto da contrição, na mortificação do corpo, na doçura da contemplação, no desprezo da propriedade terrena, na paciente aceitação das adversidades, no propósito da perseverança final.

Sobre a justiça daqueles e destes, temos uma concordância no Terceiro livro dos Reis, onde se narra que "Elias disse aos profetas de Baal: Escolhei para vós um boi e começai vós primeiro, porque sois em maior número. Invocai os nomes dos vossos deuses e não ponhais fogo por baixo. Eles invocaram o nome de Baal desde a manhã até o meio-dia, gritando: Baal, ouve-nos. Mas não se percebia voz nem havia quem respondesse. E saltavam diante do altar que haviam construído. Sendo já meio-dia, Elias escarnecia-os, dizendo: Gritai mais alto, porque ele é um deus, e talvez esteja falando, talvez esteja no seu quarto, ou em viagem, talvez esteja a dormir e é preciso acordá-lo. Eles, pois, gritavam em alta voz, e faziam-se incisões com facas e lancetas, conforme seu costume, até se cobrirem de sangue" (1Rs 18,25-28).

Eis a justiça dos fariseus! Porém, qual seja a justiça dos verdadeiros penitentes, demonstra-o a continuação do relato. "Em nome do Senhor, Elias construiu um altar de pedras, escavou ao redor do altar uma vala, capaz de conter duas medidas de semente; depois dispôs a lenha e dividiu o boi em quatro partes." A seguir, mandou derramar água sobre o holocausto e sobre a lenha, uma, duas e três vezes. "A água corria ao redor do altar e também a vala encheu-se de água." E quando Elias terminou de elevar ao céu a sua oração "caiu o fogo do Senhor e devorou o holocausto, a lenha, as pedras e a cinza, enxugando a água da vala. Vendo isso, todo o povo caiu com a face por terra e gritou: O Senhor é Deus, o Senhor é Deus!" (1Rs 18,32-39).

4. Os hipócritas presuntuosos, os profetas de Baal, nome que significa "superior" ou "devorador", escolhem para si um boi, isto é, a concupiscência carnal. Esse é um boi acostumado a ferir com os chifres, do qual se fala no Êxodo: "Se o boi costumava ferir com os chifres já antes, e o dono já fora avisado e não o havia fechado, se causou a morte de um homem ou de uma mulher, o boi será apedrejado e seu dono será morto" (Ex 21,29).

O boi acostumado a ferir com os chifres é figura do apetite carnal, que, com o chifre da soberba, mata um homem ou uma mulher, ou seja, a razão ou a boa vontade. E já que seu dono, isto é, o espírito, não quis fechá-lo, isto é, mantê-lo no

VI domingo depois de Pentecostes 417

freio, será morto junto com o boi: de fato, serão punidos eternamente tanto o corpo como a alma. E ouçam isso também os abades e os priores, porque se eles têm um boi acostumado a ferir com os chifres, quer dizer, um monge ou um cônego soberbo, beberrão e luxurioso, e não se preocuparam em mantê-lo fechado, para que com seu mau exemplo não escandalizasse homens ou mulheres, o boi será apedrejado, porque ele morrerá nos seus pecados, mas também o abade ou o prior, que não o fecharam, serão punidos eternamente.

"E invocai os nomes dos vossos deuses" etc. Quantos forem os pecados mortais que fazem, tantos são os deuses que eles invocam e adoram. E deles diz o Êxodo: "Estes são os teus deuses, ó Israel, que te fizeram sair do país do Egito!" (Ex 32,4).

Mas ai!, quantos são hoje os religiosos que também no deserto, isto é, na religião ou no claustro, adoram os deuses que haviam adorado no Egito, isto é, no mundo. E já que estão privados do fogo da caridade, seu sacrifício tornou-se inútil para eles. Desde a manhã até o meio-dia gritam dizendo: Baal, ouve-nos! O que significa invocar Baal senão agitar-se para se tornar superior? Mas não se ouve uma voz, nem se encontra alguém que vá ao encontro de seus desejos. Então, gritam novamente, com voz mais alta. Gritar quer dizer desejar. Cortam-se com facas e pequenas lanças, isto é, atormentam-se com jejuns e flagelos; desfiguram-se o rosto (cf. Mt 6,16), primeiro jejuam na vigília, para depois celebrar melhor a festa do ventre.

No tempo de Elias, os profetas de Baal gritavam, mas não eram ouvidos. Nos nossos tempos, porém, gritam e são ouvidos. São promovidos a cargos superiores, para depois precipitarem-se numa queda mais ruinosa. Antes sua voz era humilde, suas vestes eram modestas, seu ventre encovado, o rosto pálido, assídua a oração em público. Agora, porém, troam ameaças, caminham encapados e inflados, andam com a barriga proeminente, com o rosto rubicundo e radiante; dormem muito e nunca rezam. Virá, virá Elias, apanhará os profetas de Baal e os matará no torrente de Quison (cf. 1Rs 18,40). Virá Salomão e matará Adonias que queria reinar (cf. 1Rs 2,24) e Semei que havia atirado suas maldições contra Davi, e Joab que havia matado dois príncipes de Israel, que eram melhores do que ele (cf. 1Rs 2,24.44-46.31-32).

5. A justiça dos penitentes. "Elias construiu um altar." Elias é figura do penitente que, com as pedras das virtudes, reconstrói o altar da fé, destruído pelos pecados e, sobre ele, oferece o sacrifício do louvor como perfume agradável a Deus. "Escavou uma vala": de seu coração contrito e do espírito humilhado, o penitente faz brotar rios de lágrimas pelo temor da geena e pelo desejo da vida eterna. E dispõe ali também a lenha, porque toma como exemplo para si as palavras e as obras dos santos. A seguir esquarteja o boi e o coloca sobre a lenha, quando se esforça por conformar todos os seus atos ao exemplo dos Santos Pais. Derrama a água uma, duas e três vezes sobre o holocausto e sobre a lenha, porque em todos os tempos guarda os pensamentos, as palavras e as ações na pureza da consciência e na compunção das lágrimas. E não desiste se antes as valas não estiverem cheias, isto é, enquanto não estiver na perfeição da felicidade futura, que seque aos sofrimentos da vida presente.

E assim verificar-se-ão as palavras que seguem: "Desceu o fogo do céu e consumiu o holocausto" etc., quando a sentença do juiz supremo, depois de ter examinado perfeitamente as palavras, as ações e toda a nossa vida, provando-nos como se prova a prata com o fogo, depois de ter-nos tornado imortais e bem-aventurados, colocar-nos-á em nossa sede definitiva, a fim de que, como o povo dos israelitas, cantemos reconhecidos para sempre: O Senhor é Deus, o Senhor é Deus!

Esta é a justiça que justifica os penitentes, a respeito da qual diz o Senhor: "Se a vossa justiça não superar a dos escribas e dos fariseus..." Lembra-te de que a justiça é a virtude pela qual, com reto juízo, é dado a cada um o seu. Justiça é como dizer (latim) *iuris status*, estado de direito. Cada um é obrigado a praticar a justiça em relação a cinco entidades: a Deus com a honra, a si mesmo com a cautela (a desconfiança), ao próximo com o amor, ao mundo com o desprezo, ao pecado com o ódio. E a estas cinco entidades opõem-se as cinco expressões contidas no introito da missa de hoje: "O Senhor é fortaleza do seu povo; o protetor que salva o seu ungido. Salva o teu povo, Senhor; abençoa a tua herança; guia-os e sustenta-os para sempre" (Sl 27,8-9).

Se honrares a Deus, o Senhor será a tua fortaleza. Se, conforme te for possível, usares de cautela e desconfiança contigo mesmo, ele será teu refúgio de salvação. Se amares o próximo, ele salvará a ti e a ele. Se desprezares o mundo, o Senhor abençoar-te-á, porque és sua herança. Se odiares o pecado, guiar-te-á e te sustentará aquele com o qual viverás eternamente.

6. Com esta primeira parte do evangelho concorda a primeira parte da epístola de hoje: "Todos os que fomos batizados em Jesus Cristo, fomos batizados na sua morte. Nós fomos, pois, sepultados com ele, a fim de morrer pelo batismo, para que, assim como Cristo ressuscitou dos mortos para a glória do Pai, assim nós vivamos uma vida nova. Porque se formos completamente unidos a ele com uma morte semelhante à sua, sê-lo-emos também com a sua ressurreição" (Rm 6,3-5). Eis a justiça repartida entre as cinco entidades.

Recorda-te de que do lado de Cristo saiu sangue e água: a água do batismo e o sangue da redenção (cf. Jo 19,34). A água para o corpo, porque muitas águas simbolizam muitos povos (cf. Ap 17,15); o sangue para a alma, porque a alma vive no sangue (cf. Dt 12,23). Demos, pois, tudo a Deus, que tudo redimiu (latim *redemit*, recomprou) para tudo possuir.

"Todos os que fomos batizados em Cristo Jesus", isto é, na fé de Cristo Jesus, fomos purificados "na sua morte", isto é, no seu sangue. Com efeito, diz o Apocalipse: "Ele nos amou e, no seu sangue, lavou-nos dos nossos pecados" (Ap 1,5). Recorda que "o sangue extraído do lado da pomba, limpa a mancha de sangue do olho" (Plínio). Por isso, devemos tributar honra e adoração, tudo o que somos e podemos, ao que com seu sangue limpou do olho de nossa alma a mancha de sangue, isto é, a mancha do pecado. A nossa pomba, Jesus Cristo, privado de fel, cujo canto é pranto e gemidos, quis que seu lado fosse aberto para limpar a mancha de sangue aos cegos e abrir aos exilados a porta do paraíso.

E conosco mesmos devemos usar de cautela e desconfiança. Afinal, a epístola acrescenta: "Por meio do batismo fomos sepultados com ele na morte", isto é, na mortificação dos vícios. Como Cristo, suportando o suplício da cruz, teve os membros massacrados e pregados, repousou no sepulcro e foi subtraído aos olhares humanos, assim também nós, suportando a cruz da penitência, devemos ter os membros pregados por meio da continência, para não voltarmos aos pecados passados, dos quais devemos desistir de tal modo de não termos mais nem a imagem nem sua recordação.

Igualmente devemos oferecer ao próximo o nosso amor. "Como Cristo ressuscitou dos mortos..." Assim como Cristo, depois de sua ressurreição, apareceu aos discípulos e mudou sua tristeza em alegria, assim nós, ressurgindo das obras de morte para a glória do Pai, devemos alegrar-nos com o próximo e caminhar com ele na vida nova. E qual é a vida nova senão o amor e a caridade com o próximo? "Eu vos dou um mandamento novo [diz o Senhor] que vos ameis uns aos outros" (Jo 13,34). E no Levítico: "Quando vier a colheita nova, deveis lançar fora as coisas velhas" (Lv 26,10); e as coisas velhas são a ira, a inveja e todos os outros vícios enumerados pelo Apóstolo (cf. Gl 5,20-21).

7. Devemos ainda mostrar ao mundo o nosso desprezo e nutrir o ódio contra o pecado. Continua a epístola: Se fomos "plantados junto" com Cristo etc. Se do pomar da Babilônia, onde os falsos juízes surpreenderam Susana (cf. Dn 13,5-7), formos transplantados e se formos "plantados junto" no jardim do esposo, no qual ele foi sepultado, então verdadeiramente desprezaremos o mundo.

E porque do desprezo do mundo nasce também o ódio ao pecado, o Apóstolo continua: "à semelhança de sua morte". Onde existe a semelhança da morte de Cristo, ali existe também a aversão ao pecado.

Está escrito no Cântico dos Cânticos: "Foge, amado meu, e sê semelhante a uma gazela e ao veadinho, foge sobre os montes dos aromas" (Ct 8,14). "Foge, amado meu", eis o desprezo do mundo. Daí a palavra de João: Queriam arrebatar Jesus para proclamá-lo rei, mas ele fugiu para o monte (cf. Jo 6,15). E todavia, quando o procuraram para conduzi-lo à morte, foi ao encontro daqueles que o procuravam (cf. Jo 18,4). "Foge, pois, amado meu!"

Narra-se no Êxodo que o faraó "procurava matar Moisés, mas ele fugiu de sua presença, morou na terra de Madian e sentou-se próximo a um poço" (Ex 2,15). Foge também tu, amado meu, porque o diabo procura matar-te, e mora na terra de Madian, que se interpreta "do juízo", para julgar a tua terra (a ti mesmo), de maneira a não seres julgado pelo Senhor; e senta-te junto ao poço da humildade, do qual poderás tirar a água que brota para a vida eterna (cf. Jo 4,14). Foge, pois, amado meu.

No Gênesis, lê-se que Rebeca disse a Jacó: "Eis que Esaú, teu irmão, ameaça matar-te. Agora, pois, filho, ouve a minha voz, levanta-te e foge para Harã, junto a Labão, meu irmão: habitarás com ele" (Gn 27,42-44). O peludo Esaú é figura do mundo coberto do pelo de inúmeros vícios. O mundo, ó filho, ameaça matar-te.

Foge, pois, amado meu, para Labão, nome que se interpreta "brancura", isto é, refugia-te junto a Jesus Cristo, que te tornará mais branco do que a neve (cf. Sl 50,9), apagando os teus pecados; refugia-te junto a Cristo que está em Harã, que significa "excelsa", e ali habitarás com ele, porque o Senhor habita no mais alto dos céus (cf. Sl 112,5). Foge, pois, amado meu!

"Semelhante a uma gazela ou a um veadinho." A gazela (latim: *caprea*), que toma (latim: *capit*) as coisas árduas, difíceis, tem a vista aguda e se esforça por atingir as coisas altas. Os veadinhos, filhos do cervo, são chamados em latim *hinnuli*, de *innuo*, fazer sinal, porque a um sinal da mãe correm para se esconder. Estes dois animais simbolizam Jesus Cristo, Deus e homem. Na gazela é simbolizada a sua divindade, que tudo vê; no veadinho, a sua humanidade, que, a um sinal de sua mãe, adiou até os trinta anos a sua obra, que havia iniciado aos doze, e voltou com ela para Nazaré, permanecendo-lhe sempre submisso (Lc 2,51).

Este veadinho é chamado "filho dos cervos", isto é, descendente dos antigos patriarcas, dos quais teve a sua origem segundo a carne. Torna-te semelhante, amado meu, a esta gazela e a este veadinho, a fim de que, plantado junto com ele à semelhança de sua morte, possas subir sobre os montes dos aromas.

É o que diz o Apóstolo: "Seremos semelhantes também na sua ressurreição". Os montes dos aromas representam a perfeição das virtudes: quem estiver na posse delas será bem-aventurado com Cristo na ressurreição final.

Pedimos-te, pois, Senhor Jesus, que nos faças abundar nas obras da justiça, de maneira a sermos capazes de desprezar o mundo, mostrar em nós a semelhança de tua morte, subir contigo aos montes dos aromas e sermos felizes contigo no júbilo da ressurreição. No-lo concedas tu, que és bendito nos séculos dos séculos. Amém.

II – CONDENAÇÃO DE QUEM SE IRRITA CONTRA O IRMÃO E O OFENDE

8. "Ouvistes o que foi dito aos antigos: não matarás; e quem matar será condenado em juízo. Eu, porém, vos digo: todo aquele que se irar contra seu irmão, será condenado em juízo. E quem chamar seu irmão raca, será submetido ao sinédrio; e quem lhe diz: louco, será submetido ao fogo da geena" (Mt 5,21-22). O mandamento de Cristo não é contrário à Lei, mas contém em si uma ampliação da Lei. Quem não se irrita, não mata: mas não o contrário; a liberdade de irritar-se pode ser causa de homicídio. Elimina a ira e não haverá homicídio. A ira consiste em todo o mau impulso para fazer o mal; o impulso imprevisto, ao qual não se consente, é uma pré-paixão, isto é, uma doença interior. Se for acrescentado o consentimento, torna-se paixão, e é a morte em casa.

"Todo aquele que se irrita com o próprio irmão." Nesses pecados existe uma graduação. A primeira fase consiste em irritar-se e conservar este impulso no ânimo. A segunda, quando este impulso faz elevar a voz e dizer coisas que ferem aquele com o qual se está irritado. A terceira, quando se chega a verdadeiros e próprios insultos e injúrias.

Igualmente, existe uma graduação também na pena. De fato, o juízo é a menor pena, porque ainda se trata com o culpado e existe a possibilidade da defesa. Depois vem o sinédrio, isto é, quando os juízes discutem entre si qual seria a pena a infligir àquele que foi julgado digno de condenação. E a máxima pena é a geena, onde já não existe possibilidade alguma de revogação. Nesse modo, aquilo que não podia ser expresso com modalidades mais apropriadas e seguras, foi indicado com alguns exemplos. Com esses três graus – juízo, sinédrio e geena – foram indicadas singularmente as diversas fases que existem também na condenação eterna, conforme os pecados cometidos.

Considera que entre a ira e a iracúndia existe uma diferença: a ira é momentânea e acende-se em certas circunstâncias; a iracúndia, porém, é vício da natureza, e, portanto, permanente.

É chamado iracundo alguém que, quando o sangue lhe ferve, enche-se de furor. Ira vem do latim *uro*, que significa ardo: a ira é como uma chama, um fogo.

Os dois insultos trazidos pelo evangelho são: *raca* e *louco*. *Raca* é uma palavra hebraica, traduzida para o grego é *kenòs*, que significa vazio, incapaz; corresponde ao insulto popular: *sem cérebro* (*tolo*). Portanto, quem dirigir essa injúria ao seu irmão, que é cheio do Espírito Santo, deverá descontar uma pena a juízo dos santos juízes. Louco é aquele que não sabe o que ele próprio diz nem compreende aquilo que dizem os outros. Tolo, pois, é um obtuso de sentimentos.

9. A propósito de tudo isso, temos uma concordância no Terceiro livro dos Reis, onde se narra que Salomão mandou matar Adonias, Semei e Joab. "Adonias, filho de Hagit, cheio de soberba, dizia: Eu serei o rei! Mandou preparar para si carros, cavalos e cinquenta homens que o precedessem" (1Rs 1,5).

Em Adonias, nome que significa "senhor que domina", vemos personificado o iracundo que, como um senhor, quer dominar sobre os outros. Este é filho de Hagit, que se interpreta "reflexão". De fato, de uma reflexão perversa nasce a iracúndia, por meio da qual o pecador se ensoberbece e diz: "Eu serei o rei". Que tolice! Quem ainda não sabe guiar bem a si mesmo, deseja comandar os outros.

"Preparou para si carros, cavalos e cinquenta homens." O carro representa a língua, os cavalos representam as palavras e os cinquenta homens, os cinco sentidos do corpo. Sobre o maldito carro de uma língua cortante, que deveria ser cortada com a espada e queimada ao fogo, ensoberbece-se o ânimo do pecador, quando se inflama de ira. Correm e discorrem as palavras como cavalos ao ataque. E obedecem também aos cinco sentidos do corpo, envenenados pelo fel da iracúndia: cegos os olhos, surdos os ouvidos, cruéis as mãos e assim os outros sentidos.

Este é Zamri, o homicida, do qual o Terceiro livro dos Reis diz que "entrou no palácio, queimou-se a si mesmo juntamente com a casa real; morreu nos pecados que havia cometido, praticando o mal aos olhos do Senhor" (1Rs 16,18-19). Zamri interpreta-se "agressor" e "que provoca à ira", e representa o iracundo que com o fogo da iracúndia incendeia a si mesmo e a casa do rei, isto é, a sua alma, resgatada com o sangue do rei; e assim, pecando mortalmente, morre diante do Senhor. Por isso, com razão, o iracundo é representado no basilisco.

Observa que o basilisco, um réptil de meio pé de comprimento, é um terrível flagelo para a terra: com seu sopro extingue as ervas, seca as plantas, mata os animais, extermina e incendeia todo o resto; contamina até o ar, de modo que nem um pássaro pode voar impunemente, porque seria envenenado por suas pestilentas exalações. Até os outros répteis têm horror do seu sibilo e todos fogem e se lançam para onde podem. Nenhum animal alimenta-se daquilo que foi morto por sua mordida, nem pássaro algum aproxima-se dele. Todavia é derrotado e vencido pelas doninhas e os homens introduzem estes animaizinhos nos buracos em que se oculta o basilisco.

Também um certo tirano deste tempo, envenenado pelo tóxico da iracúndia, como o basilisco, extermina as ervas com o sopro de sua maldade, isto é, oprime os pobres; mata as plantas, quer dizer, os ricos deste mundo, os mercadores, os usurá-rios; suprime e dá às chamas os animais, isto é, os seus familiares. Contamina até o ar, isto é, transtorna também a vida dos religiosos: eleva a sua boca até o céu e sua língua percorre a terra (cf. Sl 72,9). Seu sibilo causa horror até aos outros répteis, isto é, seus amigos e companheiros, que conhecem bem sua crueldade. E quando sua ira explode, todos fogem e correm a esconder-se em toda a parte, mesmo que seja no lugar dos porcos.

Esse tirano tão feroz e louco, inflamado de espírito diabólico, porém, é derrota-do pelas doninhas, isto é, pelos pobres de espírito, que não têm nenhum temor dele, porque nada temem perder. E os homens, oprimidos pela terra das riquezas, não ten-do a coragem de aproximar-se dele, mandam os pobres para o buraco onde o tirano se esconde. Falai-lhe vós – dizem – porque nós não ousamos fazê-lo![8]

Em Semei, que lançou suas maldições contra Davi, é representado aquele que diz ao seu irmão: raca, sem cérebro; e em Joab quem lhe diz: louco.

Salomão matou estes três: *Adonias* porque queria fazer-se rei, eis a ira; *Semei* porque amaldiçoou Davi, eis o insulto raca; *Joab* porque havia morto a espada aqueles que eram mais importantes do que ele, eis aquele que chama seu irmão de louco, isto é, que o fere com a espada da língua. Mas ai!, quantas vezes pecamos mortalmente nestas três maneiras e quase nunca nos confessamos delas.

10. Com esta segunda parte do evangelho concorda a segunda parte da epístola: "Sabemos que o nosso velho homem foi crucificado juntamente com ele, a fim de que seja destruído o corpo do pecado, para que não sirvamos jamais ao pecado. De fato, aquele que morreu, justificado está do pecado. Mas se morremos com Cristo, creiamos que com ele também viveremos" (Rm 6,6-8).

Observa que neste trecho por três vezes é nomeado o pecado; e quando é des-truído em nós este tríplice pecado, são eliminadas também as três mencionadas ofen-

---

8. Parece que aqui o santo acena para o tirano Ezzelino da Romano, que ele inutilmente enfrentou para demovê-lo de suas infâmias.

sas: quem se abandona à ira, quem diz raca e quem diz louco; então, restabelecido o domínio da razão, é destruído o corpo do pecado, isto é, o acúmulo dos delitos originados da ira e da inveja.

Se o nosso velho homem, isto é, os impulsos do espírito, é crucificado com os cravos do amor a Deus, uma vez crucificado, não seremos mais escravos do pecado, isto é, do desdém e da raiva, porque já não nos irritamos contra o nosso irmão, mas o respeitaremos e o honraremos no próprio Cristo crucificado. Afinal, quem é morto, isto é, quem é dono de sua vontade, está justificado do pecado de haver chamado seu irmão de louco, quer dizer, é livre e justo. Quando cessa a causa, cessa também o efeito.

Irmãos caríssimos, roguemos então a Jesus Cristo que extirpe de nosso coração a ira, que infunda em nossa consciência a tranquilidade para poder amar o nosso próximo com a boca, com as obras e com o coração, e assim chegar a ele, que é a nossa paz. No-lo conceda ele próprio, que é bendito nos séculos dos séculos. Amém.

III – A RECONCILIAÇÃO FRATERNA

11. "Portanto, se estás para fazer a tua oferenda diante do altar, e ali te lembrares que teu irmão tem alguma coisa contra ti, deixa lá a tua oferta diante do altar, vai reconciliar-te primeiro com teu irmão, depois vem fazer a tua oferta" (Mt 5,23-24). *Altar* é como dizer *alta ara*, e se diz ara porque ali se queimam as vítimas (latim *uro*, ardo).

Presta atenção, porque existem quatro espécies de altares: o altar superior, aquele inferior, aquele interior e aquele exterior.

O altar superior é a Trindade; dele o Senhor diz no Êxodo: "Não subirás por degraus ao meu altar, para que não seja revelada a tua infâmia" (Ex 20,26). Na Trindade, pois, não se devem fazer degraus, considerando o Pai maior que o Filho, ou o Filho menor do que o Pai, ou o Espírito Santo menor do que ambos: mas se deve crer com simplicidade na sua perfeita igualdade: "Qual o Pai tal o Filho e tal o Espírito Santo" (Símbolo atanasiano). "Para que não seja revelada a tua infâmia" como foi revelada a de Ario, que terminou sua vida torpemente, espalhando as entranhas por terra, por ter querido subir ao altar por meio de degraus.

O altar inferior é a humanidade de Jesus Cristo; e deste, sempre com as palavras do Êxodo, o próprio Cristo diz: "Far-me-eis um altar de terra" (Ex 20,24). Faz um altar de terra para Jesus Cristo, quem crê que ele recebeu verdadeira carne da Virgem Maria, que foi "terra bendita".

12. O altar interior é a devoção da mente. O Senhor fala dele a Moisés no Êxodo, dizendo: "Farás também um altar de madeira de cetim para queimar os perfumes. Ele terá um côvado de comprimento e um de largura e dois de altura: dele sairão uns chifres (i. é, serão uma coisa só com o altar). Revesti-lo-ás de ouro puríssimo" (Ex 30,1-3).

A madeira de cetim vem de uma espécie de árvores espinhosas [as acácias], e é uma madeira que não apodrece e quanto mais se queima mais endurece. Essa madeira é figura dos pensamentos, dos sentimentos do coração, que devem ter três qualidades: devem ser como os espinhos, que picam pela lembrança dos pecados; nunca devem apodrecer, isto é, nunca consentir às más sugestões; e quanto mais forem queimados pelo fogo das tribulações, tanto mais devem permanecer firmes no seu propósito. Com essas madeiras constrói-se o altar do Senhor, nas medidas indicadas. No comprimento é representada a perseverança; na largura, o amor ao próximo; na altura, a contemplação de Deus.

O côvado, assim chamado natural, vai da ponta dos dedos até o cotovelo: esta medida foi usada por Moisés na construção da arca e do altar. É chamado côvado do latim *cubo*, apoio-me sobre, porque apoiamo-nos no cotovelo quando tomamos o alimento, já que o cotovelo termina com a mão.

No côvado é simbolizado o reto agir. Portanto, o altar, isto é, a devoção da mente, teve tender para o reto agir no *comprimento* da perseverança no que se refere a si mesma, na *largura* da caridade por aquilo que se refere ao próximo, na *altura* da contemplação, que é de dois côvados, quer dizer, de uma dupla perfeição, em relação a Deus: isto é, devemos atribuir a ele tanto o *comprimento* da perseverança, como a *largura* da caridade divina; a ele, do qual vem tudo o que temos de bom.

E esse altar deve ser revestido de ouro puríssimo. A veste da mente devota é a pureza da áurea castidade. Diz-se *veste*, do latim *veho*, carrego, apresento, enquanto a veste revela o estado, a condição social do homem que a enverga; assim a pureza da castidade revela o estado da mente: pelo rigor da castidade se conhece a retidão da mente. Desse altar sobe a fumaça dos incensos para o interior do Santo dos Santos, onde é guardada a arca. Portanto, da compunção da mente sobe o perfume dos aromas, isto é, da oração perfeita, e chega até o céu "onde está Cristo, sentado à direita de Deus" (Cl 3,1).

13. Finalmente, o altar exterior é a mortificação da carne, da qual o Senhor falou a Moisés, dizendo: "Farás também um altar" do holocausto "com madeira de cetim. Ele terá cinco côvados de comprimento, outros tantos de largura e três côvados de altura. Nos quatro cantos sairão dele quatro chifres; e o revestirás de cobre" (Ex 27,1-2).

Holocausto vem das palavras gregas *òlos*, tudo, e *kàuma*, consumido pelo fogo. Portanto, holocausto significa "tudo queimado", enquanto a vítima era posta no fogo e inteiramente consumida. O altar do holocausto é o nosso corpo, que devemos queimar inteiramente no fogo da penitência e, assim, oferecer em holocausto ao Senhor: e este deve ser feito com a madeira de cetim, quer dizer, com os membros absolutamente íntegros da luxúria.

Tanto no comprimento como na largura deve medir cinco côvados, mas três de altura. Nos cinco côvados são simbolizadas as cinco chagas do corpo de Jesus Cristo; nos três côvados são lembradas as três vezes que chorou, quer dizer, sobre a cidade de Jerusalém, sobre Lázaro morto e durante a sua paixão. Considera que a cruz da verdadeira penitência tem o comprimento da perseverança, a largura da paciência e a altura da esperança no Pai. Sobre esta cruz crucifiquemos o nosso corpo com as cinco chagas do corpo de Cristo, isto é, mortificando o mesquinho prazer dos cinco sentidos, chorando e gemendo pelas iniquidades cometidas, pelos pecados do próximo e pelo risco da perda da salvação.

Os quatro chifres (lados) do altar dos aromas e do holocausto simbolizam as quatro virtudes principais (cardeais), que devem ornar a alma e o corpo, das quais se fala no Livro da Sabedoria: "Ela ensina a temperança e a prudência, a justiça e a fortaleza, que é o que na vida é mais útil aos homens" (Sb 8,7).

E esse altar o Senhor mandou cobri-lo de bronze (ou também de cobre). No bronze, que ressoa, são simbolizados os sofrimentos e os gemidos de dor, dos quais deve ser como que coberto o corpo do penitente.

14. Portanto, estes são os quatro altares, a cada um dos quais pode-se aplicar aquilo que diz o Senhor no evangelho de hoje: "Se estás para apresentar a tua oferenda diante do altar" etc. Presta atenção que, como existem quatro espécies de altares, assim existem também quatro espécies de ofertas, e também quatro diferentes tipos de irmãos nossos. Existem as ofertas da oração, da fé, da penitência e da esmola. Irmão nosso é todo e qualquer próximo: Cristo, o anjo e o nosso espírito.

Então, se apresentas a oferta da oração diante do altar da santa Trindade, e ali te lembrares que o irmão, isto é, teu próximo, tem alguma coisa contra ti, se tu o tiveres ofendido com palavras ou com atos, ou se tens aversão contra ele: se estiver longe, vai, não com os pés, mas com o ânimo humilde, prostrar-te diante daquele ao qual estás para fazer a tua oferta; mas se estiver presente, vai com teus pés e pede-lhe perdão.

Igualmente, se tu apresentas a oferta da fé diante do altar da humanidade de Jesus Cristo, isto é, crês que ele assumiu verdadeiramente a carne da Virgem, e ali te lembrares que exatamente ele, que é teu irmão, porque assumiu a tua natureza por ti, tem algo contra ti, isto é, te lembrares que estás em pecado mortal; enquanto o confessas com o som da voz, deixa ali a tua oferta, isto é, não tenhas confiança na tua fé morta: vai primeiro reconciliar-te por meio da verdadeira penitência com teu irmão, Jesus Cristo.

E ainda, se ofereces diante do altar a oferta da penitência, isto é, a maceração da carne, e ali te lembrares que o irmão, isto é, o teu espírito, tem algo contra ti, isto é, que enquanto castigas o corpo, o teu espírito está manchado por algum vício, deixa ali a tua oferta, isto é, não confies no sofrimento do corpo se antes não tiveres purificado teu espírito de qualquer iniquidade; depois vai e oferece a tua oferta.

Por último, se ofereces a oferta da esmola aos pobres, e ali te recordares que teu irmão, isto é, o anjo, que desde o momento da criação, quando também tu foste criado, foi-te entregue por Deus por meio da graça para levar ao céu as tuas orações e as tuas esmolas, tem qualquer coisa contra ti, isto é, lamenta-se de ti porque, enquanto ele te sugere o bem, tu voltas para o outro lado o ouvido da obediência, deixa ali a tua oferta, isto é, não confies da tua árida esmola feita sem sentimento, mas vai antes, com os passos do amor, reconciliar-te por meio da obediência ao anjo da admoestação, que te foi dado como guarda, e depois apresenta por sua mão a tua oferta, que, assim, será agradável a Deus.

15. Com esta terceira parte concorda a terceira parte da epístola: "Sabemos que Cristo, ressuscitado dos mortos, não morre mais; nem a morte terá mais domínio sobre ele. Porque, quanto à sua morte, morreu para o pecado uma só vez. Mas, vivendo, vive para Deus. Assim também vós, considerai-vos como estando mortos para o pecado, mas vivos para Deus em nosso Senhor Jesus Cristo" (Rm 6,9-11).

Se quiseres meditar atentamente sobre este trecho, encontrarás nele os quatro altares dos quais temos falado acima. Quando diz: "Cristo, ressuscitado dos mortos", eis o altar da Trindade. No nome "Cristo", está o próprio Filho que ressurge; está o Pai, pela glória do qual, como já foi dito (cf. n. 6), Cristo ressurgiu: "A morte não tem mais poder sobre ele", porque, vivendo, vive para Deus; está o Espírito Santo, porque "é o Espírito que dá a vida" (Jo 6,64). "E estes três são uma coisa só" (Jo 5,7). Quando continua: "Porque, quanto à sua morte", eis o altar da humanidade, que, pelo pecado é morta uma só vez sobre o altar da cruz. E quando diz: "Assim, também vós, considerai-vos mortos para o pecado", eis o altar do holocausto, isto é, do sofrimento do corpo mortificado. Aquilo que segue: "mas vivos para Deus", indica o altar dos aromas, isto é, da devoção da mente, e quem a possuir verdadeiramente "vive para Deus" em Cristo Jesus, nosso Senhor.

Ó Pai, pedimos-te por meio de Jesus Cristo, que constituíste vítima de expiação por nossos pecados (cf. Jo 4,10), aceita por meio dele as nossas ofertas, infunde em nós a graça de reconciliar-nos contigo e com os irmãos, e depois, reconciliados, podermos oferecer-te, ó Deus, sobre o altar de ouro que está na Jerusalém celeste, as ofertas do nosso louvor, junto com os anjos.

No-lo concedas tu, que és Deus uno e trino, bendito nos séculos eternos. E toda a criatura responda: Amém, Aleluia!

VII domingo depois de Pentecostes

Temas do sermão

• Evangelho do VII domingo depois de Pentecostes: "Havia uma grande multidão com Jesus"; divide-se em três partes.

• Primeiramente sermão sobre a infusão da graça, sobre a pregação e sobre a humildade da mente: "Enquanto o harpista tocava, cantando".

• Parte I: Sermão sobre a fome de Samaria: "Ben-Adad reuniu todo o seu exército".

• Sermão alegórico e moral sobre a pequena cidade, sitiada por um grande rei, com aquilo que segue, e qual seja seu significado: "Havia uma pequena cidade".

• Sermão sobre os cinco livros de Moisés: sua interpretação e seu significado.

• Sermão moral sobre o átrio, a porta, o centro e o oráculo do templo; sobre os quatro cavalos e seu significado: "Recebemos, ó Deus, a tua misericórdia".

• Parte II: Sermão sobre Naamã, o leproso, que se lavou sete vezes no Jordão, e os vários significados: "Eliseu disse a Naamã".

• Parte III: Sermão alegórico e moral sobre Eliseu, sobre a ressurreição do filho da sunamita e sobre o significado dos tempos: "Eliseu levantou-se e seguiu a sunamita".

Exórdio – Infusão da graça no coração do pregador

1. Naquele tempo, "havia com Jesus uma grande multidão, que não tinha nada para comer" (Mc 8,1).

Lemos no Quarto livro dos Reis: "Enquanto o harpista tocava, cantando, a mão do Senhor desceu sobre Eliseu, que anunciou: "Isto diz o Senhor: Cavai vários fossos no leito desta torrente; porque eis o que diz o Senhor: Vós não ouvireis vento nem vereis chuva, e no entanto, este leito encher-se-á de águas; e bebereis vós, as vossas famílias e os vossos animais" (2Rs 3,15-17).

Quando o harpista, isto é, o Espírito Santo, que é o perfeito harpista de Israel, canta no coração do pregador, então sobre Eliseu, isto é, sobre o próprio pregador, desce a mão do Senhor, que infunde o dom do poder, operando com ele em todas as empresas às quais porá a mão. "A mão do Senhor veio sobre mim" (Ez 3,22), diz Ezequiel. Se este divino harpista não cantar antes, a língua do pregador torna-se muda; porém, se cantar, então o pregador poderá dizer ao povo ao qual prega: "Cavai vários fossos no leito desta torrente" etc. A torrente chama-se assim porque no verão seca e fica sem água (o latim *torrens* significa torrente e tórrido).

A torrente representa o pecador, no qual, quando seca a seiva da graça, desaparecem as obras boas. Diz Zacarias: "Porventura não é este um tição que foi tirado do fogo?" (Zc 3,2). O tição, assim o chama o povo, é um pedaço de madeira acesa pelo fogo, e é figura do pecador, que o Senhor, com a mão de sua graça, tirou do fogo da luxúria. Portanto, no leito da torrente, isto é, no vosso coração, ó pecadores, que estais inflamados do fogo da malícia, cavai vários fossos.

Considera que existem três fossos: o reconhecimento da própria culpa, a contrição pela culpa e a humilhação na paciência.

Do reconhecimento da culpa fala Ezequiel: "Filho do homem, escava a parede" (Ez 8,8), porque o Senhor está pronto a entrar se encontrar uma abertura, ainda que mínima, isto é, se tu reconheces a tua culpa. "Eis – diz a esposa do Cântico dos Cânticos –, ele está atrás de nossa parede" (Ct 2,9), pronto a entrar se encontrar uma abertura. E continua: "O meu amado pôs sua mão pela abertura da porta, e meu corpo estremeceu com o ruído que ele fez" (Ct 5,4). Pela abertura, isto é, por meio do reconhecimento de nossa culpa, introduz-se a mão da graça divina, e ao seu ruído, o nosso corpo, isto é, a nossa mente carnal, tem um estremecimento. "Temor e espanto me invadem" (Sl 54,6), "porque a mão do Senhor me tocou" (Jó 19,21). "A terra comoveu-se e estremeceu" (Sl 17,8; 76,19); e Saulo "a tremer e atônito disse: Senhor, que queres que eu faça?" (At 9,6).

Do fosso da contrição diz Isaías: "Mete-te entre as rochas, e esconde-te num fosso da terra diante do terror que incute o Senhor e diante do esplendor de sua majestade" (Is 2,10). "Mete-te" com a fé "entre as rochas", isto é, nas chagas de Jesus Cristo, e "esconde-te num fosso da terra", isto é, na contrição do coração, que "te protegerá diante do terror", aquele terror que têm os filhos do mar deste mundo, "e diante do esplendor de sua majestade", isto é, daquele poder superior, mediante o qual todo o poder humano será destruído.

Acerca do fosso da paciência, no Antigo Testamento, foi ordenado que junto ao altar fosse escavado um fosso de um côvado, para depositar ali as cinzas do sacrifício (cf. Ez 43,13). E Gregório comenta: Se no altar do nosso coração não existir a paciência, o vento que vier dispersará o sacrifício das boas obras. Onde não se perde a paciência, conserva-se a unidade.

Ó pecadores, no leito do vosso coração, com a enxada do temor de Deus, escavai vários fossos, para reconhecer a vossa culpa, para encher de contrição o vosso coração, para suportar na paciência as tribulações. Isto diz o Senhor: "Não ouvireis vento, nem vereis chuva, e todavia este leito encher-se-á de águas". Como se dissesse: Privado da consolação humana, o coração do pecador será enchido com as águas da graça septiforme (os sete dons do Espírito Santo), da qual bebereis vós, vossas famílias e os vossos animais.

Eis quão abundante é a graça do Senhor, da qual bebem a alma e a família, isto é, todos os sentimentos da alma, e também os animais, isto é, os sentidos do corpo, que bebem essa graça quando colaboram com a alma para realizar o bem. Ou então: bebem homens e animais, isto é, justos e pecadores, os doutos e os simples. Essa é a grande multidão que o Senhor saciou com os sete pães. E, portanto, diz o evangelho de hoje: "Havia uma grande multidão ao redor de Jesus".

2. Presta atenção que neste evangelho são postos em evidência três fatos. Primeiro, a compaixão de Cristo em relação à multidão, quando diz: "Havia uma grande multidão" etc. Segundo, a distribuição à multidão dos sete pães e dos poucos peixinhos e a saciedade de todos: "Os discípulos responderam: Como poder-se-á saciá-los aqui no deserto?..." Terceiro, o recolhimento de sete cestos, cheio dos pedaços que sobraram: "E recolheram as sobras..."

Neste domingo e no próximo concordaremos, se Deus no-lo conceder, alguns relatos do Quarto livro dos Reis com a palavra do Evangelho. No introito da missa de hoje canta-se: "Temos recebido, ó Deus, a tua misericórdia" (Sl 47,10). Lê-se depois a epístola do Bem-aventurado Paulo aos Romanos: "Falo com exemplos humanos, por causa da fraqueza de vossa carne" (Rm 6,19). Dividi-la-emos em três partes, e veremos sua concordância com as três partes do evangelho. Primeira parte: "Falo com exemplos humanos". Segunda parte: "Quando éreis escravos do pecado". Terceira parte: "Agora, porém, libertados do pecado..."

I – A COMPAIXÃO DE JESUS PELA MULTIDÃO

3. "Havia com Jesus uma grande multidão, e não tinham o que comer. Então Jesus chamou a si os discípulos e disse-lhes: Tenho compaixão desta multidão, porque há três dias que não se afastam de mim e não têm o que comer. Se os despedir em jejum para suas casas, desfalecerão no caminho, porque alguns vieram de longe" (Mc 8,1-3).

Sobre isso encontramos uma concordância no Quarto livro dos Reis, onde se narra que "Ben-Adad, rei da Síria, reuniu todo o seu exército e foi sitiar Samaria. Houve uma grande fome em Samaria; e o cerco durou tanto que se chegou a vender uma cabeça de jumento por oitenta moedas de prata, e a quarta parte de um *cab* de esterco de pombas por cinco moedas de prata (o *cab* era uma medida de cerca de dois litros e meio). E pouco mais adiante: "Então Eliseu disse: Ouvi a palavra do Senhor. Eis o que diz o Senhor: Amanhã, a esta hora, dar-se-á um módio de flor de farinha por um estatere, e por um estatere dar-se-ão dois módios de cevada" (2Rs 6,24-25; 7,1). Veremos que significado têm Ben-Adad e seu exército, Samaria, a fome, a cabeça do jumento, as oitenta moedas de prata, Eliseu, o módio de farinha, o estatere e os dois módios de cevada.

Ben-Adad interpreta-se "espontâneo, voluntário" e é figura de lúcifer, que, embora filho da graça do Criador, por sua vontade, sem que ninguém o obrigasse, e portanto, irremediavelmente, caiu do céu. Diz Isaías: "De que modo", isto é, irremediavelmente, "caíste do céu, ó lúcifer, que de manhã surgias brilhante?" (Is 14,12).

Aqui alude-se ao rei da Síria, nome que se interpreta "sublime" ou "molhada", portanto, rei daqueles que estão nas alturas da soberba e na lama da luxúria. E esse rei com seu exército sitia Samaria.

Exército deriva de exercitar-se para a guerra. É figura dos espíritos malignos, que, exercitados numa longa prática de guerra, assaltam a alma. Com esse exército, o diabo assalta Samaria, que se interpreta "guarda"; isto é, assalta a Santa Igreja, ou a alma fiel, que, enquanto guarda a lei é pela lei guardada.

4. Dessa cidade e do seu assédio diz Salomão no Eclesiastes: "Havia uma pequena cidade, e nela se achavam poucos homens. Foi contra ela um grande rei, cercou-a com um valo, construiu fortificações e sitiou-a completamente. Nela encontrava-se, porém, um homem pobre e sábio, que, com sua sabedoria, salvou a cidade: no entanto, ninguém mais se lembrou desse homem pobre" (Ecl 9,14-15).

Vejamos o que significam, primeiro em sentido moral e depois em sentido alegórico, a cidade, os poucos homens, o grande rei, o valo, as fortificações, o assédio, o homem pobre que liberta a cidade.

A cidade é a Igreja, que é considerada pequena em proporção ao número dos maus, que se multiplicaram em relação ao número dos bons. Diz Salomão: "Os perversos dificilmente se convertem, e o número dos insensatos é infinito" (Ecl 1,15).

Os perversos, isto é, os voltados ao contrário (latim: *perversi, in contrarium versi*), voltam a Deus as costas e não o rosto; dificilmente se *convertem*, isto é, não voltam ao próprio coração com o sentimento dos justos, e, portanto, dificilmente retornam para o caminho certo; por isso "é infinito o número dos insensatos", isto é, daqueles que não têm sentimento no coração. "Multiplicaste as pessoas [diz Isaías], mas não aumentaste a alegria" (Is 9,3).

"Poucos eram os homens na cidade." Na Igreja, são sempre muitas as mulheres, isto é, os moles e os efeminados; infelizmente, porém, poucos os verdadeiros homens, isto é, os virtuosos. "As mulheres", isto é, os prelados moles e efeminados, "apoderaram-se do meu povo" (Is 3,12). E Salomão nas parábolas: "Ó homens, a vós me dirijo!" (Pr 8,4). A Sabedoria dirige-se aos homens, não às mulheres, porque o sabor da doçura interior compenetra aquele que vê forte e virtuoso, atento e previdente. Mas "nela são poucos os homens"; são poucos, pois, os que estão em condição de saborear o gosto da doçura celeste. De fato, todos, como mulheres, são enfraquecidos da mente na preciosidade das vestes, no requinte dos alimentos, no grande número de servos, na construção de casas, nos vistosos arreios dos cavalos: tudo isso demonstra claramente se são mulheres ou homens. Eis que apóstolos se tornaram aqueles aos quais o Senhor confiou a tarefa de governar sua Igreja.

"Foi contra ela um grande rei." Esse grande rei é o diabo, do qual diz Jó: "Ele é rei de todos os filhos da soberba" (Jó 41,25). O diabo faz estas três coisas: cerca-a com um valo, constrói ali fortificações e assim completa o cerco. O valo se faz com estacas aguçadas. As fortificações, que são obras defendidas pelo valo ou por muros, representam os hereges, que são como estacas aguçadas, plantadas nos olhos dos fiéis;

e são também todos os falsos cristãos. O diabo, com o valo dos hereges e com as fortificações dos falsos cristãos, cerca a Igreja, na qual poucos são os homens. Mas, "não temas, pequeno rebanho" (Lc 12,32), este cerco, porque "o Senhor, junto com a tentação, dar-vos-á também o caminho de saída e a força de suportá-la" (1Cor 10,13).

"Naquela cidade encontrava-se um homem pobre." O homem pobre é Cristo: homem segundo a divindade, pobre segundo a humanidade. E observa que concordam entre si cada um dos termos: este é chamado "homem" e aqueles "homens"; este "pobre e aqueles "poucos". O sapiente, o sábio, contra o engano do diabo, libertou a cidade do valo dos hereges e das fortificações dos carnais, e assim com sua sabedoria e sapiência destruirá todas as fortificações.

Contudo, é muito doloroso aquilo que segue: "E ninguém mais se recordou daquele homem pobre". Antes, e isso é pior, dizem-lhe com palavras de Jó: "Afasta-te de nós! Não queremos conhecer os teus caminhos" (Jó 21,14); e o que é ainda mais nocivo para eles, rejeitando-o, gritam com os judeus: Não queremos este, mas Barrabás. Barrabás era um salteador (cf. Jo 18,40), que fora posto na prisão por uma rebelião provocada por ele na cidade e por homicídio (cf. Lc 23,18-19).

Este é o diabo que, por causa de uma rebelião por ele provocada no céu, foi precipitado no inferno. Pedem que lhes seja dado este malfeitor, e crucificam o Filho de Deus que os libertou. E, portanto: "Ai de sua alma, porque lhes será dado o castigo merecido" (Is 3,9).

5. **Sentido moral**. A cidade é a alma, que, com razão, diz-se que é pequena, porque quase todos já a abandonaram e desceram para habitar na planície, isto é, entregaram-se aos prazeres do corpo.

No Gênesis, diz-se que – separando-se de Abraão – "Lot estabeleceu-se nas cidades que estavam ao longo do Jordão, e habitou em Sodoma" (Gn 13,12). Lot interpreta-se "que desvia", Jordão, "descida" e Sodoma, "animal mudo". O homem miserável, quando se separa de Abraão, isto é, não cuida mais de sua alma, estabelece-se nas cidades que estão ao longo do Jordão, isto é, nos sentidos do corpo, que levam para baixo, para a caducidade das coisas temporais; e habita em Sodoma, porque, como um animal mudo, abandona-se aos prazeres carnais e assim se torna mudo: já não canta o louvor ao seu Criador e não confessa mais os seus pecados.

"E nela são poucos os homens." Os homens da alma são os sentimentos da razão, dos quais o Senhor diz à samaritana: "Tiveste cinco homens, e aquele que tens agora não é teu marido" (Jo 4,18). Os sentimentos da razão são chamados cinco homens pelo fato de deverem guiar os cinco sentidos do corpo; a alma desventurada que perde esses sentimentos, acolhe consigo não o marido, mas um adúltero que a corrompe.

E dela se diz: "Um grande rei foi contra ela". Esse grande rei é o apetite carnal, ou dos sentidos. Diz Salomão no Eclesiastes: "Ai da terra, cujo rei é um menino (*puer*) e cujos príncipes comem desde manhã" (Ecl 10,16). Observa que o apetite carnal é chamado grande e menino: grande, porque inicia coisas grandes e impossíveis; menino, porque é privado de ponderação e de discrição. E por isso, "ai da terra", isto é, o corpo, que tem tal rei; ou "cujos príncipes", isto é, os cinco sentidos do corpo, "comem desde manhã cedo", isto é, desde a infância para contentar a gula e a entregar-se à luxúria. Como diz Salomão: "Aquele que desde a infância cria seu filho nas delicadezas, no fim ele se tornará descarado e arrogante" (Pr 29,21).

Esse "grande rei" cerca a alma com as estacas aguçadas dos instintos naturais, levanta ao redor dela as fortificações dos maus pensamentos e dos prazeres carnais, e assim coloca-o sob o cerco. Eis, conforme está escrito no Quarto livro dos Reis, de que modo a Santa Igreja, ou também a alma fiel, é mantida sob cerco por Ben-Adad, rei da Síria.

Mas venha o verdadeiro Eliseu e liberte a Igreja. Venha o homem pobre, isto é, a graça do Espírito Santo, que é chamada pobre porque mora espiritualmente com os pobres "e com os simples está a sua conversação" (Pr 3,31) e liberte a alma de tão cruel cerco. Infelizmente, porém, é muito doloroso aquilo que segue: "E ninguém mais se recordou daquele pobre". Por isso, diz o Gênesis que, quando a situação mudou em seu favor, o copeiro do rei esqueceu-se daquele que lhe havia interpretado o sonho (cf. Gn 40,23). O sucesso contínuo nas coisas deste mundo é claro indício de eterna condenação (Gregório).

6. Voltemos agora ao nosso assunto. "Ben-Adad, rei da Síria, cercava Samaria, e na cidade houve uma grande fome. E foi cercada por tanto tempo que uma cabeça de jumento era vendida por oitenta moedas de prata." Quando a Igreja, ou a alma, é cercada pelo diabo, pouco a pouco é subtraído o alimento da graça. Uma vez subtraído, entra na Igreja uma grande fome, isto é, um ardente desejo de coisas temporais. E dessa fome diz-se no Gênesis que ela sobreveio sobre toda a terra e então os filhos de Jacó desceram para o Egito para comprar trigo (cf. Gn 41,54; 42,3). Já que, por causa dos nossos pecados veio a faltar o alimento da graça, todos desejam avidamente as coisas temporais, não o alimento da alma, mas o do corpo; e no Egito procuram os próprios interesses, não os de Jesus Cristo (cf. Fl 2,21).

E a fome tornou-se tão grave que uma cabeça de jumento era vendida por oitenta moedas de prata. Oitenta moedas de prata representam a dupla estola, a dupla veste [da alma e do corpo], que consiste nas oito bem-aventuranças e que receberemos no oitavo dia, isto é, no dia da ressurreição. O corpo receberá a luminosidade, a agilidade, a subtileza e a imortalidade; a alma receberá a sabedoria, a felicidade, a concórdia entre a carne e o espírito e a amizade com Deus e com o próximo. E essas moedas de prata, os desventurados pecadores as dão para comprar uma cabeça de jumento, isto é, a insensatez do jumento, quer dizer, a sabedoria deste mundo, que é insensatez diante de Deus (cf. 1Cor 3,19).

"E um quarto de *cad* de esterco de pombas custará cinco moedas de prata." O cad é uma medida. As pombas representam os santos que voam para seus pombais (cf. Is 60,8), e o esterco é figura das coisas temporais.

As cinco moedas de prata representam as cinco virtudes, indicadas pelos cinco livros de Moisés. O Primeiro livro de Moisés é chamado em hebraico *Bereshit*, em grego *Genesis* e em latim *Generatio* (geração, origem). O segundo: em hebraico *Veelle Semoth*, em grego *Exodos* e em latim *Itinerarium* (itinerário). O terceiro: em hebraico *Vaicra*, em grego *Levitikòn* e em latim *Ministerialis* (ministerial). O quarto: em hebraico *Vaiedabber*, em grego *Rytmos* e em latim *Numerus* (número). O quinto: em hebraico *Elle Addebarim*, em grego *Deuteronomion*, e em latim *Secunda lex* (segunda lei), na qual foi prefigurada a lei evangélica.

No *Gênesis*, no qual é descrita a geração, a origem de todas as coisas, deve-se entender a *inocência batismal*, pela qual somos regenerados segundo o homem novo. No *Êxodo*, no qual é narrada a saída dos filhos de Israel do Egito, é indicada a *piedade religiosa*, por obra da qual saímos do mundo. No *Levítico*, no qual são descritas as normas para os sacrifícios, é indicada a *devoção da mente* e a *mortificação da carne*. Nos *Números*, que trazem uma espécie de recenseamento do povo, é indicada a *confissão* dos crimes, na qual devem ser declarados todos os nossos pecados. Enfim, no *Deuteronômio*, que traz toda a Lei de Deus, é indicado o *amor a Deus e ao próximo*, que é a lei evangélica na qual estão compreendidos a Lei e os Profetas (cf. Mt 22,40).

Essas cinco moedas de prata são dadas pelos desventurados pecadores para comprar esterco de pombas, isto é, as coisas temporais, que as pombas, isto é, os santos, consideram exatamente como esterco. Eis que grave fome existe na Igreja, que é representada naquela multidão da qual fala o evangelho de hoje: "Havia com Jesus uma grande multidão e não tinham nada para comer". Essa *multidão perturbada*, que tudo perturba, está com Jesus como *nome*, não como *nume*, com a palavra e não com os fatos, com a fé, mas não com as obras. Mas, o que diz o misericordioso Jesus, que sempre teve misericórdia dos miseráveis? "Tenho compaixão – diz – dessa multidão, porque há três dias já me segue, e não têm o que comer."

7. É aquilo que diz Eliseu no Quarto livro dos Reis: "Amanhã, a esta hora, dar-se-á um módio de flor de farinha por um estatere e por um estatere dar-se-ão dois módios de cevada, à porta de Samaria".

O *módio*, assim chamado de *modo*, é uma medida de quarenta e quatro libras, isto é, de doze sextários. A sêmola é a flor de farinha, refinada e branquíssima, que se obtém do melhor trigo. O estatere é chamado assim porque vale (latim: *stat*) três soldos (moeda de ouro) e pesa três áureos. Enfim, a cevada é chamada assim porque seca antes de todos os outros cereais (latim: *hordeum*, *aridum*).

O módio de farinha simboliza a infinita grandeza da divina Sapiência, que é contida no Novo Testamento. Os dois módios de cevada representam o conhecimento da Lei e dos Profetas, que se compram por um estatere, isto é, com a fé católica, à porta de Samaria, isto é, com a pregação apostólica por meio da qual se entra na Igreja. Cessado o turbilhão da perseguição, que existe hoje, o Senhor nos dará amanhã, isto é, no futuro, a tranquilidade, a fim de que a pregação possa ser feita em toda a parte.

Em outro sentido. No módio de farinha é representada a remissão dos pecados; nos dois módios de cevada, o desprezo das coisas temporais e o desejo das eternas; no estatere é indicada a verdadeira penitência. O estatere, que pesa três áureos, é a penitência, que consta de três momentos: a contrição, a confissão e a satisfação, isto é, o cumprimento da obra penitencial.

Esse estatere foi encontrado na boca do peixe, pescado no rio (lago) com o anzol de Pedro; com ele, Cristo e o próprio Pedro pagaram o tributo (cf. Mt 17,26). O peixe é o pecador que, com o anzol da pregação, é tirado para fora do rio dos prazeres mundanos e em cuja boca foi encontrado o estatere da penitência, que liberta a alma e o corpo do tributo da culpa e da pena da geena. Portanto, o pecador que, dando oitenta e cinco moedas de prata, costumava comprar uma cabeça de jumento e esterco de pombas, com o único estatere da penitência pode comprar um módio de farinha puríssima, isto é, a graça da remissão, pela qual Deus perdoa o pecado e dois módios de cevada, de maneira a estar em condições de desprezar o esterco, isto é, as coisas temporais e desejar as eternas. Eis quão grande é a misericórdia do nosso Redentor, que diz: "Tenho compaixão desta multidão, porque há três dias já que me segue". Os três dias e o estatere, que vale três áureos, significam a mesma coisa.

E sobre tudo isso tens a concordância no Quarto livro dos Reis, onde Eliseu diz a Joás: "Fere a terra com a flecha; e ele a feriu três vezes" (2Rs 13,18). Joás interpreta-se "que espera", e representa o penitente que espera na misericórdia do Senhor, a cuja ordem fere três vezes a terra do seu corpo com a flecha da penitência. Aqueles que realizam esse "tríduo", isto é, que esperam no Senhor, o Senhor não os despede em jejum para suas casas, antes, sacia-os com o módio de farinha puríssima e os dois módios de cevada, para que não desfaleçam no caminho.

"Alguns deles – diz – vieram de longe." O filho pródigo veio de longe, do país da *dessemelhança* (onde havia perdido a semelhança com Deus). De quanto mais longe o pecador retornar ao Pai, com tanto maior misericórdia é por ele ouvido. Diz Lucas: "Quando ele ainda estava longe, seu pai o viu, ficou movido de compaixão, e, correndo, lançou-lhe os braços ao pescoço e o beijou. O filho lhe disse: Pai, pequei contra o céu e contra ti; já não sou digno de ser chamado teu filho" (Lc 15,20-21).

Com razão, pois, disse o Senhor: "Tenho compaixão desta multidão". E de sua compaixão tens uma clara confirmação no introito da missa de hoje.

8. "Recebemos, ó Deus, tua misericórdia no meio do teu templo" (Sl 47,10). Considera que no templo existem quatro partes: o átrio, a porta, o centro e o oráculo (a cela da oração). Alguns estão no átrio: estes são os falsos irmãos. Alguns estão sobre a porta e são aqueles que se converteram recentemente. Alguns estão ao centro: e são os proficientes. No oráculo estão os perfeitos.

Todos estes são representados também nos quatro cavalos do Apocalipse, vistos por João: "Vi um cavalo amarelo..., e um cavalo preto, e quem o montava tinha na mão uma balança; e um cavalo vermelho, e ao que o montava foi-lhe dado o poder de tirar a paz da terra e uma grande espada; e vi um cavalo branco, e o que estava montado sobre ele tinha um arco" (Ap 6,2-8).

O cavalo amarelo representa os falsos irmãos, simuladores e astutos, que provocam sobre si a ira de Deus. Estes estão no átrio, do qual diz o Apocalipse: O átrio, que está fora do templo, deixa-o de lado e não o meças (cf. Ap 11,2). Os hipócritas falsos serão lançados fora da cidade de Jerusalém, quando será fechada a porta, eles que não mediram com a medida da verdade.

Átrio deriva de antro, porque o átrio se chama propriamente cozinha, ou também latrina, ou descarga[9]. De fato, os hipócritas, já que agora cozinham tão bem, isto é, afligem a carne na cozinha de uma simulada santidade, serão depois lançados fora na descarga do fedor eterno.

O cavalo preto representa os convertidos recentemente, os quais, deposto o falso candor do mundo, vestem a negrura da penitência. Estes, nas Lamentações de Jeremias, dizem: "Nossa pele queimou-se como um forno" (Lm 5,10). Realmente, a pele do corpo mortificado é como que queimada pelo fogo da contrição e pelo sofrimento das obras penitenciais. Estes devem ter na mão a balança. E sobre isso temos uma concordância na primeira parte da epístola de hoje, na qual o Apóstolo fala aos recentemente convertidos: "Falo à maneira dos homens, por causa da fraqueza de vossa carne: porque assim como oferecestes os vossos membros para servirem à imundície e à iniquidade, a fim de chegar à iniquidade, assim ofereci agora os vossos membros para servirem à justiça, a fim de chegar à santificação" (Rm 6,19).

"Falo à maneira dos homens", isto é, digo-vos coisas fáceis; deveria dizer algo muito mais difícil, mas não as digo por motivo da fraqueza de vossa carne, isto é, que provém de vossa carne. "Como oferecestes vossos membros para servirem à imundície" etc. Comenta Agostinho: Se não nos pusermos a serviço da justiça com um esforço maior, tenha-se ao menos o esforço que se usava a serviço da injustiça. Por isso, diz "à maneira humana": agora deve-se amar a justiça muito mais do que o tanto que antes se amava a iniquidade. Os recentemente convertidos, pois, tenham na mão a balança para que, como puseram seus membros a serviço da imundície, da luxúria e da iniquidade, que conduz a uma sucessiva iniquidade, quer dizer, ao cumprimento do mal, assim agora ponham seus membros a serviço da justiça, que conduz à santificação, isto é, ao cumprimento do bem.

Estes ficam à porta do templo, e dela João diz no Apocalipse: "Olhei, e eis que vi uma porta aberta no céu" (Ap 4,1). A porta aberta é a misericórdia de Deus, sempre pronta a receber os penitentes. E dessa porta diz ainda Ezequiel: "Eis um homem, cujo aspecto era como de bronze, e tinha numa das mãos um cordel de linho e na outra uma cana de medir, e estava em pé sobre a porta" (Ez 40,3).

Esse homem é figura do penitente, cujo aspecto é como o do bronze. No bronze, que é sonoro e de longa durabilidade, é representado o som da confissão e a perseverança final: duas coisas que qualquer penitente deve ter. No cordel de linho é representado o sofrimento da obra penitencial; na cana de medir é indicada a doutrina evangélica. E a cana de medir está na mão, quando, por meio do ensinamento

---

9. *Atrium*, nas antigas casas dos camponeses era o quarto escurecido pela fumaça da chaminé (*Dicionário Latino*, de Georges).

do Evangelho, mede-se a própria conduta. Se o homem tiver todas essas coisas, com justiça, poderá permanecer sobre a porta, isto é, confiar na misericórdia de Deus.

O cavalo vermelho é figura dos proficientes, os quais são ardorosos no espírito e alegres nas tribulações (cf. Rm 12,11.12). Estes tiram a paz da terra, isto é, de sua carne; de fato, aqueles que são de Cristo crucificam-na com seus vícios e suas concupiscências (cf. Gl 5,24). A estes é entregue uma grande espada, na qual é representada a discrição que devem ter ao fazer penitência; e estão ao centro do templo, isto é, na largura da caridade, na qual se recebe a misericórdia do Senhor: "Recebemos a tua misericórdia no meio do teu templo".

E enfim, o cavalo branco simboliza os perfeitos, que já estão no *oráculo*, na cela da oração, onde entreveem a glória dos querubins e saboreiam o maná da divindade, que está na urna de ouro da humanidade. Eles têm na mão um arco, símbolo da vitória, isto é, de seu triunfo sobre o mundo, sobre o diabo e sobre a carne.

Irmãos caríssimos, oremos, pois, ao Senhor Jesus Cristo, para que se digne olhar-nos novamente com o olho de sua misericórdia, liberte-nos da fome e nos guie até o templo de sua glória. No-lo conceda ele próprio que vive e reina nos séculos eternos. Amém.

II – DISTRIBUIÇÃO DOS PÃES E DOS PEIXES À MULTIDÃO E A ALIMENTAÇÃO DE TODOS

9. "Os discípulos responderam a Jesus: E como se poderia saciá-los de pão aqui num deserto? Jesus lhes perguntou: Quantos pães tendes? Eles responderam: Sete. Jesus ordenou à multidão que se sentasse por terra. Tomados, então, os sete pães, deu graças, partiu-os e os deu aos discípulos para que os distribuíssem; e eles os distribuíram à multidão. Tinham também uns poucos peixinhos: abençoou também aqueles e ordenou que os distribuíssem. E todos comeram e ficaram saciados" (Mc 8,4-8). Concorda com tudo isso aquilo que lemos no Quarto livro dos Reis, onde Eliseu disse a Naamã, o leproso: "Vai, lava-te sete vezes no Jordão, e a tua carne será curada e ficarás limpo (da lepra)... Naamã desceu ao Jordão, lavou-se sete vezes, conforme a palavra do servo de Deus e sua carne tornou-se como a carne de uma criança; e ele ficou limpo" (2Rs 5,10.14).

Os sete pães e as sete abluções no Rio Jordão significam a mesma coisa. Naamã interpreta-se "esplêndido", e é figura do homem que, num primeiro momento foi esplêndido pela beleza da graça, mas depois pela torpeza do pecado tornou-se leproso. Leproso vem do grego *lepròs*, escamoso; escamas produzidas pela sarna e que causam um grandíssimo prurido. Leproso é aquele sobre o qual o veneno dos maus pensamentos, lacerada a pele do temor de Deus, degenera na lepra do mau comportamento; e quanto mais se esfrega com a mão dos maus hábitos, tanto mais o prurido se acende e a dor aumenta. A esse leproso Eliseu, isto é, Jesus Cristo, diz: "Vai e lava-te sete vezes no Jordão". Jordão interpreta-se "rio do juízo" e indica a confissão, na qual, como num rio, o homem se lava, enquanto se julga digno de condenação.

VII domingo depois de Pentecostes

Para merecer a cura, deve lavar-se no Jordão as sete vezes das quais o Apóstolo fala na Segunda carta aos Coríntios: "Vede o que produziu em vós essa *tristeza*, segundo Deus: quanta *solicitude* operou em vós! que *defesa*, que *indignação*, que *temor*, que *desejo*, que *zelo*, que *vingança!*" (2Cor 7,11).

A *tristeza*, assim chamada porque "divide-se *em três partes*", indica a penitência, que consiste na contrição do coração, na confissão da boca e na obra penitencial de reparação. E essa tristeza é segundo Deus, e portanto opera a salvação, isto é, produz as obras que leva à salvação, quer dizer, a *solicitude* em reparar o mal feito. "Marta, Marta – diz o Senhor – tu estás solícita e te preocupas de muitas coisas!" (Lc 10,41).

Mas também a *defesa*. Defender significa proteger. Quando na confissão nos pomos a nu, nós nos protegemos. "Se tu te descobrires – diz Agostinho – Deus te cobre." Quando nos acusamos, na realidade nos defendemos.

Mas também a *indignação* contra nós mesmos pelo mal que fizemos. Diz Ezequiel: "E eu me fui cheio de amargura na indignação do meu espírito" (Ez 3,14).

Mas também o *temor* que no futuro se repita a mesma coisa. Chama-se temor a preocupação de não negligenciar nada do que se deve fazer. Portanto, diz-se tímido, porque teme por muito tempo (latim: *timet diu*). O temor é um sofrimento que entra na mente quando no exterior se verifica uma determinada circunstância. O temor casto é aquele que a alma que tem de perder a graça, por meio da qual nela foi destruído o prazer de pecar; que teme ser abandonada, mesmo que não a puna com nenhum tormento.

Mas também o *desejo* de progredir para o melhor. Desejar quer dizer cobiçar avidamente. O desejo dirige-se às coisas ausentes e ainda não obtidas. De fato, narra-se no Segundo livro dos Reis que "Davi tinha uma grande vontade de água e dizia: Oh! se alguém me desse a beber água da cisterna que há em Belém!" (2Sm 23,15). Assim também o penitente deve cobiçar a água daquele rio, do qual fala João no Apocalipse: O anjo mostrou-se um rio de água viva, límpida como o cristal (cf. Ap 22,1). Essa água está em Belém, nome que se interpreta "casa do pão", isto é, encontra-se o banquete da vida eterna, e está junto à porta, isto é, junto a Jesus Cristo. E ninguém pode tirar dessa água senão por meio dele: Ninguém pode ir ao Pai senão por mim (cf. Jo 14,6).

Mas também o *zelo*, para imitar a vida dos santos: "Aspirai, pois, aos dons melhores!" (1Cor 12,31).

Mas também a *vingança*. A esse propósito, como se lê em Lucas, uma viúva importunava diariamente o juiz: "Faze-me justiça contra o meu adversário" (Lc 18,3). A viúva é figura da alma, que interpela repetidamente o juiz, isto é, a razão, para que faça justiça contra seu adversário, isto é, o apetite carnal, que está sempre em luta contra a alma. Esse é o juiz, que não traz em vão a espada da *discrição* (cf. Rm 13,4): a traz para louvar os bons, isto é, os bons sentimentos, e para punir os malfeitores (cf. 1Pd 2,14), isto é, os carnais. Se o apetite carnal for lavado sete vezes no Rio Jordão, é purificado de toda a lepra do pecado e saciado com os pães da graça septiforme, dos quais no evangelho de hoje se diz: "Tomando os sete pães, deu graças, partiu-os" etc.

Mas presta atenção que, antes de serem saciados com os sete pães, foi ordenado a todos que se sentassem por terra. Quem deseja ser saciado com os mencionados sete pães, é necessário que antes se sente por terra, isto é, pise e humilhe a própria carne. Realmente, lemos no Quarto livro dos Reis que Naamã levou consigo um pouco da terra de Israel para prostrar-se sobre ela e assim adorar o Deus ao qual aquela terra pertencia (cf. 2Rs 5,17-18). Assim, o justo, enquanto se encontra sobre a terra do seu corpo, pisa-a com a virtude da discrição, adora a Deus em espírito e verdade (cf. Jo 4,23). Observa também que, com os sete pães, Jesus abençoou também alguns peixinhos e mandou que fossem distribuídos àqueles que estavam sentados. Os peixinhos simbolizam a pobreza, a humildade, a paciência, a obediência, a lembrança da paixão de Jesus Cristo: todas essas virtudes devemos acompanhá-las com os sete pães, para achá-las e senti-las mais agradáveis.

10. Com esta segunda parte do evangelho concorda a segunda parte da epístola: "Porque, quando éreis escravos do pecado, estivestes livres quanto à justiça. Que fruto tirastes então daquelas coisas de que agora vos envergonhais?" (Rm 6,20-21). Estas palavras o Apóstolo as dirige aos pecadores convertidos, que, antes de se sentarem por terra, antes de lavarem-se sete vezes no Jordão, antes de serem saciados com os sete pães, tinham sido escravos do pecado e livres quanto à justiça, isto é, fora do domínio da justiça. De fato, quem é escravo do pecado subtrai-se por si mesmo à liberdade da justiça. "Que fruto [diz o Apóstolo] tirastes então?" A vergonha, diz Agostinho, é a parte mais importante da penitência. Enrubescem, envergonham-se os penitentes por terem sido leprosos; envergonhem-se por terem cometido aquelas coisas que não produziram frutos, mas morte!

Rogamos-te, pois, Senhor Jesus, que nos purifiques da lepra do pecado, que nos sacies com o pão da tua graça e que nos faças participantes da mesa da bem-aventurança celeste. No-lo concedas tu, que és bendito nos séculos dos séculos. Amém.

III – O RECOLHIMENTO DE SETE CESTOS

11. "E dos pedaços que sobraram, recolheram sete cestos. Ora, os que comeram eram cerca de quatro mil, e em seguida os despediu" (Mc 8,8-9).

Os sete cestos são figura dos justos, cheios da septiforme graça do Espírito Santo. Os cestos são confeccionados com junco e folhas de palma. O junco nasce em lugares ricos de água, e é chamado *junco*, porque se arraiga com as raízes todas *juntas*; com a palma são premiados os vencedores. Também os santos, para não secarem privando-se da seiva da eternidade, estabelecem-se junto à fonte da vida e esperam a palma da eterna recompensa. Em outro sentido, os sete cestos representam as sete Igrejas primitivas, que o Senhor encheu com a infusão da graça septiforme. E isso foi simbolizado na criança ressuscitada por Eliseu.

Sobre isso temos uma concordância no Quarto livro dos Reis, onde se narra que "o Profeta Eliseu levantou-se e seguiu a mulher sunamita. Ora, Giezi tinha ido adiante deles e tinha posto o cajado de Eliseu sobre o rosto do menino, mas ele não tinha fala nem outro sinal de vida... Eliseu entrou em casa, fechou a porta, ficou só com o menino e adorou o Senhor. Depois subiu, estendeu-se sobre o menino: pôs sua boca sobre a boca dele, os olhos sobre os olhos dele, as mãos sobre as mãos dele e curvou-se sobre ele. O corpo do menino retomou o calor. Eliseu então levantou-se e andou para cá e para lá pela casa. Subiu outra vez e tornou a curvar-se sobre ele: o menino bocejou sete vezes e depois abriu os olhos" (2Rs 4,30-35).

Quando o Senhor promulgou a Lei por meio de Moisés, mandou sua vara, por assim dizer, por meio de um servo; mas o servo, com aquela vara, isto é, com o terror da Lei, não conseguiu ressuscitar o morto, porque a Lei nunca levou nada à perfeição (cf. Hb 7,19). Ele, vindo pessoalmente, estende-se sobre o cadáver, porque "mesmo sendo de natureza divina, aniquilou-se a si mesmo, assumindo a condição de servo" (Fl 2,6-7). Andava para cá e para lá, porque por meio da fé chama às verdades eternas tanto judeus como gentios. Sopra sete vezes sobre o morto, porque, abrindo o tesouro de Deus, infunde a graça do Espírito septiforme naqueles que jazem na morte do pecado. E imediatamente retorna à vida, por meio do espírito de amor, aquele que a vara do terror não pôde ressuscitar.

12. **Sentido moral**. Eliseu representa o prelado que, não com a vara, isto é, não com a áspera disciplina, mas antes com a oração e as prostrações, isto é, com a benevolência, ressuscita o morto, quer dizer, a alma de seu súdito, da morte do pecado. Diz o Bem-aventurado Agostinho: O prelado deseja ser amado por vós, mais do que ser temido. Com efeito, o amor torna doces as coisas ásperas e leves as insuportáveis; o temor, ao invés, torna insuportáveis também as leves.

"Pôs sua boca sobre a boca dele." O prelado põe sua boca sobre a boca do pecador quando o instrui a fim de que revele seus pecados na confissão. De fato, diz Isaías: "O Senhor deu-me uma língua erudita, para que saiba, pela palavra, sustentar aquele que caiu" (Is 50,4). E põe os olhos sobre os olhos quando chora sobre sua cegueira, como fazia Samuel, a quem o Senhor diz: "Até quando hás de chorar Saul, quando eu já o rejeitei? (1Sm 16,1). E põe as mãos nas mãos quando, para reparar as obras perversas dos outros, afunda a si mesmo em obras santas; e assim, aquele que não conseguiu chamar de volta à vida com a vara nem com a oração, possa ao menos ressuscitá-lo com o exemplo das obras boas.

"E soprou sobre o menino sete vezes: e o menino abriu os olhos." Soprar quer dizer abrir a boca (e expelir a respiração). O prelado sopra sobre a face do menino quando instrui na fé da Santa Igreja, que consta de sete artigos, o povo que lhe é confiado; e assim, o povo abre os olhos: de fato, vê por meio da fé aquilo que um dia verá na realidade. E quando o prelado faz isso, sacia com sete pães quase quatro mil homens, isto é, todo o povo que lhe é confiado, já que o instrui nos sete artigos principais da fé e com os ensinamentos dos quatro evangelistas.

13. Com esta terceira parte do evangelho concorda a terceira parte da epístola: "Mas agora, que estais livres do pecado e feitos servos de Deus, tendes o vosso fruto que vos leva à santificação e tendes como destino a vida eterna. Pois o estipêndio do pecado é a morte; a graça de Deus, porém, é a vida eterna em Cristo Jesus, Senhor nosso" (Rm 6,22-23).

Diz Jeremias: "Preparai-vos um terreno novo, e não queirais semear sobre os espinhos" (Jr 4,3). É exatamente isso que diz o Apóstolo: "Livres do pecado e feitos servos de Deus". A saída do vício prepara o ingresso das virtudes. Presta atenção que o Apóstolo toca aqui quatro pontos: a libertação do pecado, o serviço de Deus, a santificação da vida e a vida eterna. Esta é a regra do viver, este é o caminho que conduz à vida. Quem não anda por este caminho é cego e anda às apalpadelas (cf. 2Pd 1,9). A libertação do pecado leva ao serviço de Deus; o serviço de Deus leva à santificação da vida; a santificação (a santidade) da vida conquista a vida eterna. Quem se sustenta com estas quatro colunas, quando aparecer a glória do Senhor será saciado com a bem-aventurança da vida eterna (cf. Sl 16,15), junto com os quatro mil homens que o Senhor saciou com os sete pães. Esta é a recompensa que Cristo dará aos que o servem.

Porém, o que dará o diabo aos seus seguidores? "O estipêndio do pecado é a morte", diz o Apóstolo. Estipêndio vem de *stips*, isto é, substância que se *pesa*; de fato, os antigos costumavam pesar a moeda, mais do que contá-la. Dá-se estipêndio aos soldados. Para os servos do pecado, o estipêndio será a morte. Aos que estão livres do pecado e aos servos de Deus, porém, será dada a sua graça, com a qual merecerão "a vida eterna, em Cristo Jesus, Senhor nosso", ao qual é dada a honra e a glória.

Irmãos caríssimos, roguemos ao Senhor, que, assim como se dignou saciar quatro mil homens com sete pães, nos fortaleça com as quatro virtudes cardeais, nos vivifique com a infusão da graça septiforme, para que possamos chegar a ele, que é a vida e o pão dos anjos. No-lo conceda ele próprio, que é digno de louvor, glorioso, esplêndido e excelso pelos séculos eternos. E todo o espírito responda: Amém. Aleluia!

VIII DOMINGO DEPOIS DE PENTECOSTES

Temas do sermão

• Evangelho do VIII domingo depois de Pentecostes: "Guardai-vos dos falsos profetas"; divide-se em três partes.

• Primeiramente sermão sobre a morada que a alma fiel prepara para Jesus Cristo: "Disse a mulher sunamita".

• Parte I: Sermão contra os falsos profetas: "Dos profetas de Jerusalém veio a corrupção sobre a terra".

• Sermão contra os falsos religiosos: "Disse Jeroboão à sua mulher". Fala-se também da hiena, de sua natureza e do seu simbolismo.

• Sermão moral sobre os falsos profetas, isto é, sobre os afetos carnais: "Guardai-vos!...", e "Agora todos os profetas de Baal" e aquilo que segue.

• Parte II: Sermão sobre os cinco elementos de que se compõe a árvore e seu significado: "Cada árvore".

• Sermão sobre as dez linhas que estão no relógio e os respectivos degraus e seu significado: "O Rei Ezequias disse a Isaías: Qual será o sinal?"

• Sermão sobre os cinco elementos que existem na árvore má: "Um vigia, um santo, desceu do céu".

• Parte III: Sermão contra aqueles que se dirigem ao Senhor enquanto estão em pecado mortal: "Clamam a mim de Seir".

• Sermão contra a gula, a soberba, a vanglória e a luxúria: "Eles se encheram e se fartaram".

• Sermão sobre a maneira de procurar o Senhor: "Quando Josias ouviu as palavras da Lei do Senhor".

EXÓRDIO – A MORADA QUE A ALMA FIEL DEVE PREPARAR PARA CRISTO JESUS

1. Naquele tempo, disse Jesus aos seus discípulos: "Guardai-vos dos falsos profetas, que vêm a vós com vestes de ovelhas" (Mt 7,15).

No Quarto livro dos Reis narra-se que a mulher sunamita falou de Eliseu ao seu marido, e lhe disse: "Tenho observado que este homem, que tantas vezes passa por nossa casa, é um homem de Deus, um santo. Façamos, pois, um pequeno quarto e ponhamos-lhe um leito, uma mesa, uma cadeira e um candeeiro, para que, quando vier à nossa casa, ele se acomode ali" (2Rs 4,9-10). Vejamos o que significam Eliseu, a sunamita e seu marido, o quarto, o leito, a mesa, a cadeira e o candeeiro.

Eliseu interpreta-se "salvação do meu Deus", e é figura de Jesus Cristo, mandado por Deus Pai para a salvação do seu povo. Jesus Cristo veio para a sunamita, que se interpreta "escrava" ou também "vermelho escarlate". E esta é a alma que Jesus Cristo resgatou com seu sangue da escravidão do diabo: junto a esta alma Jesus Cristo se hospeda enquanto lhe dá a vida; passa adiante quando lhe subtrai sua graça, para que, tendo um conceito demasiado alto de si mesma, se humilhe. O marido desta sunamita é figura do intelecto racional, que, com as forças e o sentimento que tem por sua natureza ou que lhe foram concedidos por graça, deve dirigir a alma, deve aconselhá-la, deve cuidá-la e suscitar dela uma progênie de virtudes e de obras boas. Com este marido, a alma se aconselha e diz: "Tenho observado que este é um homem de Deus, um santo" etc.

Observa ainda que no pequeno quarto é simbolizada a unidade, no leito, a castidade, na mesa, a suavidade da contemplação, na cadeira, o desprezo de si e no candeeiro, a luz do bom exemplo. O quarto é chamado em latim *coenaculum*, cenáculo, isto é, local no qual várias pessoas comem juntas, como também *coenobium*, cenóbio que quer dizer "reunião de muitos"; e, portanto, está a indicar a reunião, a unidade dos fiéis, da qual o esposo do Cântico dos Cânticos diz: "Tu feriste o meu coração, irmã, esposa minha, com um só dos teus olhares e com um cabelo do teu pescoço" (Ct 4,9). "Um só olhar simboliza a unidade dos prelados que devem iluminar toda a Igreja como o olho ilumina todo o corpo (cf. Mt 6,22). Nos cabelos, que pendem da cabeça, são representados todos os fiéis, unidos a Cristo, sua cabeça. Depois, o esposo é ferido pela ferida do amor para amar a Igreja, quando vê nela a unidade dos prelados em concórdia com os súditos, com os fiéis. E o cenáculo da unidade deve ser pequeno por meio da humildade, virtude que é como o cimento que liga entre si súditos e prelados.

Depois, no leito é indicada a castidade. Lemos no Cântico dos Cânticos: "O nosso leito é florido" (Ct 1,15). O leito da consciência deve ser florido com os lírios da pureza. Assim, na mesa é indicada a suavidade da contemplação, da qual diz o salmo: "Diante de mim tu preparas uma *mesa*" (Sl 22,5). A *mente*, quando é elevada para saborear aquela doçura, já não dá importância alguma aos sofrimentos ou às tribulações. Porque aquela doçura influi na mente de tal modo que não pode mais angustiar-se com o sofrimento.

Na cadeira, em latim *sella/sedda*, de *sedere*, "sentar-se", que soa quase como *sédera*, designa o desprezo de si mesmo. Nessa cadeira sentava-se aquele do qual fala Jeremias nas Lamentações: "Sentar-se-á solitário e ficará calado" (Lm 3,28). "Sentar-se-á" em sinal de desprezo de si, "solitário", separado do tumulto das coisas do século e das reflexões, e "ficará calado", não pronunciará palavras malignas. No candeeiro, que não deve ser ocultado sob o alqueire, mas posto sobre o monte, para iluminar aqueles que estão na casa (cf. Mt 5,15), é indicada a luz do bom exemplo. Esta é a morada, assim decorada sob o conselho do marido, que a alma deve preparar para o verdadeiro Eliseu, e não para os falsos profetas, quer dizer, para os hereges e os hipócritas, dos quais o Senhor no evangelho de hoje diz: "Guardai-vos dos falsos profetas" etc.

2. Presta atenção que neste evangelho são postos em evidência três fatos. Primeiro, a simulação dos hipócritas, quando diz: "Guardai-vos dos falsos profetas". Segundo, os frutos da árvore boa e o corte daquela má, quando continua: "Assim toda a árvore boa" etc. Terceiro, a expulsão do reino de quem diz e não faz, e o acolhimento no reino de quem cumpre a vontade de Deus, quando conclui: "Nem todo o que diz: Senhor, Senhor" etc. Com estas três partes do evangelho veremos a concordância de alguns relatos tomados do Quarto livro dos Reis.

No introito da missa deste domingo canta-se: "Eis que Deus vem em meu auxílio" (Sl 53,6). Depois lê-se a Epístola do Bem-aventurado Paulo Apóstolo aos Romanos: "Somos devedores, mas não à carne" (Rm 8,12); dividiremos o trecho em três partes, colocando-o em concordância com as três partes do evangelho. Primeira parte: "Somos devedores". Segunda parte: "Todos aqueles que são guiados pelo Espírito de Deus". Terceira parte: "Porque o próprio Espírito dá testemunho ao nosso espírito".

I – A SIMULAÇÃO DOS HIPÓCRITAS

3. "Guardai-vos dos falsos profetas, que vêm a vós com vestes de ovelhas, mas por dentro são lobos vorazes. Pelos seus frutos os conhecereis. Porventura colhem-se uvas dos espinhos, ou figos dos abrolhos?" (Mt 7,15-16).

Presta atenção a estas três coisas: falsos profetas, veste de ovelhas, lobos vorazes. Os falsos profetas são os hipócritas, dos quais diz Jeremias: "Dos profetas de Jerusalém saiu a corrupção sobre toda a terra" (Jr 23,15). Estes são os profetas de Jezabel, nome que se interpreta "esterquilínio"; de fato, enquanto procuram as saudações nas praças e os primeiros lugares nas sinagogas (cf. Mt 23,6-7), *profetizam* a favor do esterquilínio, eles que se tornaram "como o esterco da terra" (Sl 82,11). Desses profetas fala também Miqueias: "Isso diz o Senhor sobre os profetas que seduzem o meu povo, que mordem com seus dentes e que pregam a paz; e àquele que não lhes põe na boca coisa alguma declaram a guerra santa" (Mq 3,5).

Considera estas quatro palavras: seduzem, mordem, pregam e declaram. Os falsos profetas *seduzem*, com a persuasão atraem a si os inocentes. *Mordem* com as detrações e as calúnias. Mordem: de morder vem *morbus*, doença, o assim chamado *morbo*, porque é caminho para a *morte*. A calúnia (a detração) é uma doença pela qual, como por um caminho, a morte chega à alma. *Pregam* a paz, para se fazerem ver pacíficos, eles que jamais encontraram o caminho para a paz (cf. Sl 13,3). Estes são os sacerdotes ladrões, que mordem com vitupérios aqueles que não dão, e àqueles que dão pregam a paz e prometem a misericórdia, e àqueles que não dão *declaram* a guerra santa. Efetivamente, consideram coisa santa e justa perseguir aqueles que não dão, e feri-los com a espada da excomunhão. Mas se depois derem, abençoam-nos com uma solene bênção, eles que são amaldiçoados pelo Senhor, que amaldiçoa também suas bênçãos (cf. Ml 2,2). De fato, àqueles que dão, dizem: Vós sois filhos da Igreja e honrais a vossa mãe, porque sofreis com ela por sua pobreza, e, portanto, sois benditos porque dais a ela.

Mas dizei-me, ó falsos profetas, ladrões e homicidas, quem é a Igreja senão a alma fiel? Para torná-la pura, sem mancha e sem ruga, o Senhor entregou à morte a sua alma, isto é, a sua vida (cf. Ef 5,27). Quem dá a essa Igreja aquilo que tem, o Senhor o abençoará. Mas ai, ai!, hoje a jumenta cai por terra e existe logo quem está pronto a ajudá-la a levantar-se; mas perece uma alma e não há ninguém que a socorra! Se fossem verdadeiros profetas, diriam com o verdadeiro Profeta Jeremias: "Ai de mim, que a minha alma desfalece por causa dos mortos" (Jr 4,31). "Ai de mim por causa da tribulação do meu povo" (Jr 10,19). "Quem derramará a água sobre minha cabeça e quem dará aos meus olhos uma fonte de lágrimas, e chorarei dia e noite sobre os mortos da filha do meu povo?" (Jr 9,1).

Temos, depois, a concordância no Quarto livro dos Reis, onde se narra que "o homem de Deus, Eliseu, ficou perturbado e chorou. E Hazael disse-lhe: Por que chora o meu Senhor? E Eliseu respondeu-lhe: Porque conheço os males que farás aos filhos de Israel. Queimarás as suas cidades fortes e passarás a fio de espada os seus jovens e esmagarás as suas crianças e rasgarás pelo meio o ventre das mulheres grávidas" (2Rs 8,11-12).

Eliseu é figura do digno prelado da Igreja, que deve chorar até ter o rosto desfigurado, porque Hazael, isto é, o diabo, dá às chamas com o fogo da cobiça as cidades, isto é, as almas dos fiéis; mata com a espada da sugestão os jovens, quer dizer, destrói as virtudes; esmaga as crianças, isto é, destrói as boas obras ainda em seus inícios; rasga o ventre as mulheres grávidas, destrói o propósito da boa vontade. E quem não chorará sobre tão grandes males? Mas os falsos profetas não se preocupam com isso, contanto que tenham o que depredar. Com razão, pois, o Senhor diz: "Guardai-vos", isto é, fiquem bem atentos, "dos falsos profetas". Falso deriva do latim *fallere*, enganar, dizer aquilo que não é verdade. Dizem: paz, paz, paz, mas a paz não existe (cf. Jr 6,14).

Lemos no Terceiro livro dos Reis que Acab, rei de Israel "reuniu todos os profetas e lhes disse: Devo ir lutar contra Ramot de Galaad ou devo desistir? E os profetas responderam: Vai, porque o Senhor o entregará nas tuas mãos" (1Rs 22,6). Daqueles falsos profetas o verdadeiro profeta do Senhor, Miqueias, diz pouco depois: "Eis que o Senhor pôs o espírito da mentira na boca de todos os teus profetas que estão aqui; ao contrário o Senhor pronunciou contra ti um desastre" (1Rs 22,23).

Acab é figura daquele que ama este mundo; ele quer subir a Ramot de Galaad para rebelar-se contra o Senhor. Ramot interpreta-se "visão de morte", Galaad "acúmulo de testemunhos" (Gn 31,47-48) e estão a indicar as dignidades e as riquezas deste mundo, nas quais, porém, existe visão da eterna morte e são acumulados os testemunhos de condenação eterna contra aqueles que as amam. E quando [o mundano] quer subir às dignidades e acumular riquezas, consulta os falsos profetas e pergunta-lhes se deve assumir a empresa. Vai pedir conselho aos sacerdotes do nosso tempo, os quais lhe dizem: Vai, que certamente não é pecado possuir riquezas ou conquistar dignidades; também naquele estado é possível salvar-se.

Oxalá surgisse um Miqueias, profeta do Senhor, para confundir esses feiticeiros e ventríloquos e obrigá-los a dizer que mentem, para fechar a boca aos mentirosos (cf. Sl 62,12) com a autoridade de Jesus Cristo, que diz: "Ai de vós, ricos, porque tendes já o vosso consolo. Ai de vós que agora estais saciados; ai de vós que agora rides, porque vos lamentareis e chorareis. Ai, quando todos os homens vos louvarem" (Lc 6,24-26). Eis que o Senhor diz: "Ai!", e vós, falsos profetas, dizeis "Vai!"

Guardai-vos, pois, dos falsos profetas. Não lhes deis fé quando vos dizem que subais a Ramot de Galaad, porque ali existe o ai.

4. "Eles vêm a vós em veste de ovelhas, mas por dentro são lobos vorazes." "Que entendimento pode haver entre Cristo e Belial?" (2Cor 6,15). Que entendimento pode haver entre a ovelha e o lobo? É ovelha na veste, mas logo no ânimo. A justiça fingida não é justiça, mas dupla injustiça (Agostinho).

Os falsos religiosos são lobos vorazes, mas apresentam-se em veste de ovelha. Temos algo semelhante no Terceiro livro dos Reis, onde se narra que "Jeroboão disse à sua mulher: Levanta-te e muda de roupa, para que não se saiba que tu és a mulher de Jeroboão, e vai a Silo onde está o Profeta Aías. Quando a mulher chegou junto ao profeta, fingindo não ser quem ela era, Aías ouviu o ruído dos seus pés ao entrar pela porta, e disse: Entra, mulher de Jeroboão! Porque finges ser outra? (1Rs 14,2.5-6).

Jeroboão interpreta-se "divisão do povo", e é figura do falso religioso que, dividido, bipartido em ovelha e lobo, provoca sempre divisões e discórdias no claustro e nos capítulos. É realmente como um satanás entre os filhos de Deus (cf. Jó 1,6). Como diz o salmo: É o inimigo que vaga nas trevas (cf. Sl 90,6).

A mulher de Jeroboão é a voluptuosidade *lupina*; e o lobo quer que ela mude a roupa, isto é, vista a pele da ovelha. Mas o profeta do Senhor, Aías, reconhece-a e lhe diz: "Entra" etc. Aías interpreta-se "exame da vida", e está a significar a consciência do homem, que sempre protesta e denuncia qualquer simulação. Donde diz o Apóstolo aos romanos: O testemunho de sua consciência e seus próprios pensamentos ora os acusam, ora os defendem (cf. Rm 2,15). E Salomão nos Provérbios: "O mau anda sempre em busca de contendas; mas um mensageiro sem piedade será enviado contra ele" (Pr 17,11), isto é, a consciência que censura e remorde.

E considera que o hipócrita, camuflado sob a pele de ovelha, é como a hiena, da qual narram-se muitas coisas incríveis. A hiena é um animal pequeno e selvagem, que passa a noite a escavar entre os túmulos e se alimenta dos corpos dos mortos. Imita a voz do homem, vai atrás dos pastores em seus recintos, e ouvindo-os longa e atentamente aprende seus chamados e os nomes para poder depois exprimir-se imitando a voz humana e, de noite, atacar o homem, depois de tê-lo atraído com um estratagema. Simula também o vômito do homem e com estertores e esforços atrai os cães e a seguir os devora. E se os cães, quando vão caçá-la, entram em contato com sua sombra enquanto a seguem, perdem a voz e não podem mais latir. Os olhos da hiena variam muito de aspecto e de cor; nunca diminui a força do olhar, mas avança sem perder de vista aquilo que tem em mira. Na boca não tem gengivas: tem um só dente, que não o perde nunca e que, para não perder a ponta, entra como que numa cavidade natural. Se essa hiena gira três vezes ao redor de um animal, este não tem mais condições de mover-se. A esse propósito, o Senhor, por boca de Jeremias, diz: "A minha herança tornou-se para mim como um covil de hiena" (Jr 12,8).

Assim também o hipócrita é um animal, porque vive como animal; torna-se pequeno com a simulação, é selvagem por causa da malvadez de sua conduta, já que à noite vai escavando nos túmulos da simulação. Como diz o Apóstolo, introduz-se nas casas das mulheres (cf. 2Tm 3,6), com palavras melífluas e bênçãos seduz os simples (cf. Rm 16,18) e assim alimenta-se dos cadáveres dos pecadores. Imita a voz, isto é, os louvores dos homens; entra nos recintos dos pastores, quer dizer, nos lugares onde se prega e, ouvindo atentamente, aprende também ele a pregar: depois, com o favor das trevas, engana as pessoas que, com sua pregação, atraiu a si.

Simula também o vômito do homem, isto é, a confissão dos pecadores. Proclama-se pecador, mas está bem longe de crer-se tal; com falsos soluços e gemidos tenta fazer-se passar por santo pelo povo que o vê gemer daquele modo. E algumas vezes, consegue enganar também os justos, que creem com demasiada facilidade em sua fingida devoção. Se sua sombra passa por alguém, este não é mais capaz de latir-lhe contra, antes o defende. E isso sucede sobretudo hoje com aqueles que confiam nos hereges. Esses certamente não prestaram ouvidos ao conselho do Senhor: "Guardai-vos dos falsos profetas" etc.

Depois, nos olhos do hipócrita há muitas mudanças. Por vezes, levanta os olhos para o céu e suspira, outras vezes, dirige-os para a terra e chora. E a mudança de cor: ora é pálido, ora preto; ora tem vestes desprezíveis, ora bem-arrumadas; ora agrada-lhe a abstinência, ora desagrada-lhe. Toda essa mudança de cores é sinal da instabilidade interior.

Igualmente, todo o animal que a hiena, isto é, o herege ou o hipócrita, tiver rodeado três vezes, isto é, enganou-o com a palavra da pregação, com o exemplo de sua fingida santidade e com a oferta de alegres promessas, ficará imobilizado em relação ao bem. "Guardai-vos", pois, vos peço, "dos falsos profetas. Reconhecê-los-eis por estes seus frutos". E adverte a *Glosa*: São reconhecidos sobretudo por causa de sua impaciência no tempo das adversidades. De fato, quando a prosperidade sorri, sob a pele de ovelha esconde-se o ânimo do lobo. Mas quando sopra o vento contrário, então a pele de ovelha é rasgada pelos dentes do lobo.

"Porventura colhem-se uvas de espinhos ou figos dos abrolhos?" Os espinhos são chamados assim de *pungere*, porque são pontudos como as agulhas (*spicae*); e os abrolhos são chamados em latim *tribuli* porque atribulam. Os espinhos e os abrolhos representam os hereges e os hipócritas, nos quais ninguém que seja sensato jamais poderá encontrar a santidade ou a verdade; eles só sabem lacerar e ferir aqueles que os seguem.

VIII domingo depois de Pentecostes

5. "Guardai-vos dos falsos profetas." Falsos profetas são também os instintos carnais, que, para enganar a alma, propõem o pretexto da fragilidade e da debilidade da natureza, anunciam a abundância das coisas terrenas, profetizam a paz e proclamam que grande é a misericórdia de Deus: e insinuam todas essas coisas para induzir a alma ao pecado. De tudo isso, o justo, chorando com as palavras de Jeremias, diz: "Ah, ah, ah, Senhor Deus, os profetas lhes dizem: Não vereis espada e não haverá fome, mas o Senhor vos concederá uma paz verdadeira neste lugar" (Jr 14,13).

Quando os instintos carnais falam assim, não nos resta senão gemer e dizer: Ah, ah, ah, Senhor Deus. E neste tríplice "ah" é simbolizada uma tríplice dor: a do coração, a da boca e a do corpo. E, a propósito, diz o Senhor a Ezequiel: "Tu, filho do homem, profetiza e bate mão com mão, e dobrem-se e tripliquem-se os golpes desta espada para aqueles que deverão ser mortos; esta é a espada da grande matança que os faz pasmar" (Ez 21,14).

Quando o justo ouve a voz dos profetas, o sibilo dos rebanhos, o murmúrio dos desejos carnais, imediatamente deve bater mão com mão e duplicar ou triplicar a espada da dor, com a qual se matem os falsos profetas e se fazem calar seus desejos. Com razão, pois, o Senhor diz: "Guardai-vos dos falsos profetas!..."

Sobre tudo isso temos uma concordância no Quarto livro dos Reis, onde Jeú diz: "Chamai-me, pois, agora todos os profetas de Baal e todos os seus ministros e todos os seus sacerdotes; nenhum deixe de vir" (2Rs 10,19). E quando foram reunidos, "Jeú ordenou aos soldados e aos seus comandantes: Entrai e matai-os; não escape nenhum. E os soldados passaram-nos a fio de espada e tiraram do templo a estátua de Baal, queimaram-na e a reduziram a pó. Destruíram também o templo de Baal e, em lugar dele, fizeram umas latrinas que ainda hoje existem" (2Rs 10,25-28). E assim, Jeú fez Baal desaparecer de Israel.

Jeú interpreta-se "excitado" ou "irado", e é figura do justo, que deve insurgir-se, irritar-se com grande furor contra si mesmo, quando se vê presa da tentação. Então, deve reunir todos os profetas de Baal, seus servos e seus sacerdotes etc. Baal, que se interpreta "devorador", simboliza o ventre que tudo devora e cujos profetas são os instintos carnais. A estes o justo deve reunir e exterminar com a espada da penitência.

"E tiraram do templo a estátua." O templo é chamado em latim *fanum*, e deriva de *fauno*, falsa divindade florestal, à qual os pagãos, em seu erro, construíam templos; ou também porque no *fanum* aparecem figuras de demônios: realmente a palavra grega *fania* significa aparição; ou ainda vem de *fando*, gerúndio do verbo *fari*, profetizar.

O templo de Baal simboliza a gula, que suscita na mente visões de peixes e de carnes: desse templo, o justo deve tirar a estátua, isto é, o ídolo da concupiscência, queimá-la com a fome e a sede e reduzi-la a pó com diversas mortificações.

"Destruíram também o templo de Baal." Esse templo é aqui chamado em latim *aedes*, e vem de *èdere*, comer, e está a indicar a voracidade vertiginosa e desordenada no comer, que o justo deve, absolutamente, destruir, e, em seu lugar, construir uma latrina. A palavra latrina, que é a privada ou o banheiro, deriva do latim *lateo, lates* (esconder) e simboliza o fedor do ventre. Quando quisermos satisfazer o ventre, não por vontade, mas por necessidade, pensemos um pouco que somos uma latrina de esterco, que nós, míseros e infelizes, sempre trazemos conosco: e meditando sobre isso, só devemos humilhar-nos. Diz Miqueias: "A tua humilhação está no meio de ti" (Mq 6,14). O nosso meio, o centro, é o ventre, latrina de rejeitos: meditando sobre isso, certamente encontramos motivo de humilhar-nos. Com muita razão, pois, se diz: "Guardai-vos dos falsos profetas".

6. O homem justo implora ver-se livre desses profetas no introito da missa de hoje: "Eis que Deus vem em meu auxílio, e o Senhor é quem recebe a minha vida. Faze recair os males sobre os meus inimigos e extermina-os na tua verdade" (Sl 53,6-7), "tu que és meu protetor" (Sl 58,12). O Senhor vai em socorro do justo quando lhe concede a graça de exterminar os profetas de Baal. Recebe-o quando do templo da gula lança fora a estátua da concupiscência. Faz recair o mal sobre seus inimigos quando queima e reduz a pó aquela estátua com os jejuns e as vigílias. Na realidade, extermina-os quando extermina completamente o templo dos maus hábitos.

Com esta primeira parte do evangelho concorda a primeira parte da epístola de hoje: "Irmãos, não somos devedores da carne, para vivermos segundo a carne. Porque, se viverdes segundo a carne, morrereis; mas se, pelo espírito, fizerdes morrer as obras da carne, vivereis" (Rm 8,12-13).

Eis que aqui o Apóstolo manifesta claramente como devem ser exterminados os falsos profetas de Baal. "Não somos devedores – diz – da carne, mas do Espírito Santo que faz viver; não da carne pela qual vem a morte. Contraímos uma dívida com o Espírito, não com a carne, para viver segundo a carne, isto é, segundo os prazeres da carne, mesmo se à carne somos obrigados a conceder o necessário. Se, pois, vivermos segundo a carne, se crermos nos falsos profetas, morreremos, porque hão de dilacerar-nos aqueles lobos vorazes. Porém, se, com o auxílio do Espírito, fizermos morrer os profetas de Baal, isto é, as obras da carne, com a espada da penitência, se tivermos queimado sua estátua, se tivermos reduzido a pó o seu templo, sem dúvida, viveremos: no presente, com a vida da graça e, no futuro, com a vida da glória.

A essa glória digne-se fazer-nos chegar aquele que vive e reina por todos os séculos dos séculos. Amém.

II – OS FRUTOS DA ÁRVORE BOA E O CORTE DA ÁRVORE MÁ

7. "Toda a árvore boa dá bons frutos, e a árvore má dá maus frutos. Não pode a árvore boa dar maus frutos, nem a árvore má dar frutos bons. Toda a árvore que não dá bom fruto, será cortada e lançada ao fogo. Vós as conhecereis, pois, pelos seus frutos" (Mt 7,17-20).

Observa que na árvore há estas cinco partes: a raiz, o tronco, os ramos, as folhas e o fruto.

A raiz chama-se assim porque penetra na profundidade de terra quase como raios (latim: *radix, radiis*). De fato, os naturalistas dizem que a altura das árvores é igual à profundidade de suas raízes. O tronco é como a estatura da árvore, que se apoia sobre as raízes. Os ramos são as ramificações do tronco: sobre eles formam-se as folhas que protegem os frutos.

A árvore boa simboliza a boa vontade, que, para durar e ser boa tem necessidade destas cinco coisas: a raiz da humildade, o tronco da obediência, os ramos da caridade, as folhas da santa pregação e os frutos, isto é, a doçura, da celeste contemplação.

A raiz da humildade, quanto mais profunda estiver no coração, tanto mais alta é nas obras. E isso é simbolizado na água que, quanto mais desce, tanto mais sobe. A humildade do hipócrita, não tendo raiz no coração, quer aparecer grande nas obras. Porém, a verdadeira humildade, quanto mais penetra na profundidade, tanto mais se abaixa, e assim tanto mais para o alto é exaltada.

8. A respeito dessa bendita raiz da árvore boa, temos uma concordância no Quarto livro dos Reis, onde se narra que "o Rei Ezequias disse a Isaías: Qual será o sinal de que o Senhor me curará e de que dentro de três dias subirei ao templo do Senhor? Isaías respondeu-lhe: Da parte de Deus, este é o sinal de que o Senhor manterá a promessa que te fez: Queres que a sombra (do relógio de sol) se adiante dez linhas, ou que ela retroceda outros dez graus? Ezequias disse: É fácil que a sombra se adiante dez linhas; não quero, porém, que se faça isto, mas que retroceda até dez graus. Então, o Profeta Isaías invocou o Senhor e fez que a sombra voltasse dez graus pelas linhas pelas quais tinha já passado no relógio de Acaz" (2Rs 20,8-11).

O relógio de Acaz – nome que se interpreta "convertido" ou também "que recorre à fortaleza" – representa o coração do penitente, que, convertendo-se de sua vida de pecado, recorre à fortaleza da perseverança para conquistar o prêmio da glória. E nesse relógio existem e devem existir dez graus de humildade, pelos quais o sol, isto é, a alma iluminada pela graça de Deus, deve avançar e depois voltar novamente para trás.

O primeiro grau da humildade consiste na consideração atenta de que mísera e nauseante matéria somos procriados.

O segundo grau consiste em considerar que por nove meses estivemos fechados no seio materno e alimentados pelo sangue menstrual.

E sobre essas duas realidades encontrarás mais amplas considerações no sermão do Domingo da Quinquagésima, onde é comentado o trecho evangélico de Lucas: "Um cego estava sentado ao longo do caminho" (Lc 18,35).

O terceiro grau consiste em considerar de que modo saímos do seio materno: chorando e gritando, nus e sujos.

Por esses três graus havia descido Jó, quando dizia: "Quem pode fazer puro aquele que foi concebido de impuro sêmen" (Jó 14,4). E ainda: "Por que não morri eu dentro do ventre de minha mãe, por que não pereci logo que saí dele? Por que fui recebido entre os joelhos? Por que me amamentaram aos seios? (Jó 3,11-12). E Jeremias: "Por que saí eu do seio materno, para ver o trabalho e a dor, e consumirem-se os meus dias na confusão?" (Jr 20,18).

O quarto grau consiste em considerar quão miserável é a peregrinação neste exílio, durante a qual só existem gemidos e dor, angústia e pranto. Diz Jacó no Gênesis: "Os dias de minha peregrinação e da minha vida são poucos e tristes" (Gn 47,9).

O quinto grau consiste na recordação da própria iniquidade, dos muitos pecados cometidos e das muitas omissões, e quão ingratos fomos em relação a Deus: éramos livres e vendemo-nos gratuitamente ao diabo. Sobre este grau lemos no Quarto livro dos Reis que Ezequias virou o rosto para a parede, e orou ao Senhor e prorrompeu em grande pranto (cf. 2Rs 20,2-3). A parede é figura da quantidade dos pecados para os quais o pecador deve virar-se, repensar, na amargura de sua alma, em todos os pecados que cometeu e em todos os deveres aos quais faltou, e orar ao Senhor para que lhe infunda novamente a graça perdida e lhe perdoe os pecados.

O sexto grau consiste no pensamento da morte, pensamento mais amargo do que qualquer outra amargura. Donde o Livro do Eclesiástico: "Ó morte, quão amarga é a tua memória para um homem que tem paz nas suas riquezas" (Eclo 41,1). Se não se arrepender, sua carne será dada aos vermes; sua alma, aos demônios; suas fortunas deverão ser deixadas aos filhos e aos parentes. De fato, diz o salmo: "Descerão ao interior da terra", isto é, ao inferno, eis a alma entregue aos demônios; "serão entregues ao poder da espada", isto é, da morte, eis a carne dada aos vermes; "serão presa das raposas" (Sl 62,10-11), eis as fortunas deixadas aos parentes, que, astutos como as raposas, lançar-se-ão sobre a pele do asno morto.

O sétimo grau da humildade consiste em trazer à memória a maneira como o Filho de Deus inclinou a cabeça de sua divindade no seio da Virgem pobrezinha; como ele, que enche de si o céu e a terra, e que o céu e a terra não podem contê-lo, apequenou-se no tálamo de uma donzela, no qual morou por nove meses; como foi envolvido em panos, foi acomodado numa manjedoura de animais (cf. Lc 2,7), foi levado ao Egito para fugir da perseguição de Herodes; como o dono de todo o mundo foi expulso do mundo, e como em todo o mundo não pôde encontrar um lugar onde reclinar a cabeça, a não ser sobre a cruz, onde, inclinando a cabeça no seio do Pai, em suas mãos entregou seu espírito (cf. Lc 23,46; Jo 1,30).

O oitavo grau consiste em considerar de quanta misericórdia e de quanta benevolência Jesus usou com os pecadores, que atraía a si com a doçura de sua pregação, e com os quais também tomava o alimento para chamá-los à penitência; e quanta compaixão provou aquele que chorou amargamente sobre a cidade na qual devia ser crucificado, e sobre Lázaro que depois ressuscitaria; e quanta benignidade teve no coração a ponto de querer falar a sós com a samaritana e de permitir que a Madalena o tocasse.

O nono grau consiste em considerar como foi batido com as varas, golpeado com bofetadas, coberto de escarros, coroado com uma coroa de espinhos, dessedentado com fel e vinagre e crucificado entre dois ladrões, como se fosse um deles.

O décimo grau, enfim, consiste em meditar a fundo de que modo soará a trombeta e os mortos "que dormem no pó da terra", como diz Daniel, "acordarão uns para a vida eterna, e outros para o opróbrio, para que tenham sempre diante dos olhos" (Dn 12,2) de que modo aquele que era benigno tornar-se-á severo, aquele que fora julgado virá para julgar o mundo na justiça, ele que era Filho da Virgem mendicante (JERÔNIMO. *Virginis quaestuariae*); de que modo "a um aceno seu tremerão as colunas do céu" (Jó 26,11), "as potências do céu serão abaladas" (Mt 24,29), "os céus enrolar-se-ão como um livro" (Is 34,4), e "o sol mudar-se-á em trevas e a lua em sangue" (Jl 2,31; cf. At 2,20), e os homens fora de si fugirão e dirão aos montes: Caí sobre nós; e às colinas: Escondei-nos da face daquele que está sentado no trono (cf. Os 10,8; Ap 6,16).

Por esses dez graus (degraus), a alma do penitente deve subir e descer; quanto mais descer, tanto mais tornará a subir. E este será verdadeiramente o sinal de que o Senhor a curará de toda a enfermidade do pecado e de que poderá subir ao templo da celeste Jerusalém, construída com pedras vivas. Feliz, pois, aquela árvore que terá tal raiz, porque é da raiz que germinam os frutos da árvore. Por isso tratamos longamente sobre a raiz, na qual é simbolizada a humildade: dela nasce a árvore da boa vontade e o homem recolhe o fruto da vida eterna. Com razão, pois, o Senhor disse: "A árvore boa produz frutos bons".

9. "A árvore má, porém, produz frutos maus." Mau, diz-se em latim *malus*, e deriva do grego *mélan*, cor negra, o fel negro; por isso, também chamam-se melancólicos os homens que fogem da companhia humana: neles é abundante o fel negro.

A árvore má representa a má vontade: sua raiz é a cobiça, seu tronco, a obstinação, os ramos são as obras más, as folhas são as palavras malignas e os frutos, a morte eterna. E de tal árvore o Senhor acrescenta: "Toda a árvore que não produz frutos bons será cortada e lançada ao fogo". Por isso, lemos em Daniel que "um vigia, um santo desceu do céu, clamou em alta voz e disse: Deitai abaixo a árvore e cortai-lhe os ramos; fazei-lhe cair as folhas e dispersai os seus frutos; fujam os animais que estão debaixo dela e as aves que estão entre seus ramos" (Dn 4,10-11).

A árvore é cortada quando o pecador, cortado pelo machado da morte, cai e retorna para a terra. E então, os ramos das riquezas e os sucessos deste mundo são arrancados e sacudidas as leves folhas das palavras. Já cessam as palavras, porque chegou às pancadas (*Iam cessant* verba, *quia ventum est ad* verbera).

E os frutos, isto é, suas obras más, serão dispersos, porque as portas do corpo, através das quais a infeliz alma costumava sair para ver as mulheres daquela região (cf. Gn 34,1), já estão fechadas. E morto ele, fogem as bestas, cujo nome soa como *vastiae*, devastadoras, isto é, os predadores e os homicidas que estavam habituados a proteger-se à sua sombra. E as aves, isto é, os soberbos que costumaram pousar entre os seus ramos, todos fogem. Bem diz, pois, o Senhor: "Toda a árvore que não traz frutos bons será cortada e será lançada ao fogo, que está preparado para o diabo e para seus anjos" (Mt 7,19; 25,41).

A propósito, diz Isaías: "Desde ontem está preparado o lugar de Tofet, preparado pelo rei, profundo a espaçoso. Para acendê-lo é preciso fogo e muita lenha:

o sopro do Senhor, como uma torrente de enxofre, é o que acende" (Is 30,33). O Tofet, que significa "largura", representa o inferno, que aumentou sua capacidade além dos limites; foi preparado desde ontem, isto é, desde a eternidade, pelo Rei Jesus Cristo, a quem todo o passado é presente, e para o qual aquilo que fez desde a eternidade é aquilo que para nós é o nosso ontem. Esse inferno é considerado profundo e largo: profundo porque sempre distante de tocar o fundo, isto é, sem um fim das penas; largo para receber e conter todas as almas dos condenados. E se chama *inferno* porque as almas são lançadas dentro dele (latim: *inferuntur*); ele é aceso com muita lenha, isto é, com as almas dos pecadores; o sopro do Senhor, isto é, sua ira, como uma torrente de enxofre que arde e corrompe, acendê-lo-á. Quem arde nesse mundo do fogo da avareza e é contagiado pelo fedor da luxúria, ali queimará eternamente.

10. Com esta segunda parte do evangelho concorda a segunda parte da epístola: "Todos aqueles que são conduzidos pelo espírito de Deus, esses são filhos de Deus. Vós não recebestes o espírito de escravidão para estardes novamente com temor, mas recebestes o espírito de adoção de filhos, pelo qual clamamos: Abba, Pai!" (Mt 8,14-15).

O espírito de Deus é a humildade, e aqueles que são conduzidos, isto é, animados, pela humildade, são verdadeiramente "árvore boa", porque são filhos de Deus. Como a raiz sustenta e alimenta a árvore, assim também a humildade sustenta e alimenta a alma. O espírito de humildade é mais doce do que o mel, e quem é alimentado pelo mel produz frutos doces.

"Vós não recebestes o espírito de escravos", que vos obrigue de novo, como no tempo da Lei, a servir a Deus forçadamente, por temor do castigo. A árvore má não recebe o espírito de adoção, de filhos, mas o da escravidão, de servos, que não ficam sempre em casa (cf. Jo 8,35), mas serão cortados e lançados no fogo inextinguível.

Acontece a adoção quando se adota alguém no lugar de filho. Por isso, o filho adotivo, isto é, acolhido no lugar do filho (verdadeiro) Jesus Cristo – que seja sempre bendito – depois de ter sido enxertado no broto da fé, de uma árvore estéril obtém uma árvore boa e frutífera; e de filhos da ira faz cada dia filhos da graça, para que com a contrição do coração e a confissão da boca clamem cada dia: "Abba, Pai".

Abba é um termo siríaco e hebraico, que em latim significa *Pater*, Pai. E este duplo nome de paternidade está a indicar a dupla misericórdia da benevolência paterna. De fato, o penitente, acolhido no lugar do filho, pode esperar tanto na remissão dos pecados como na bem-aventurança da glória.

Pedimos-te, pois, Abba, Pai, que nos tornes árvore boa, que nos faças produzir dignos frutos de penitência, para que, enraizados e fundados na raiz da humildade e libertos do fogo eterno, mereçamos poder colher o fruto da vida eterna. No-lo concedas tu, que és bendito nos séculos dos séculos. Amém.

III – A expulsão dos maus do reino e o acolhimento dos bons

11. "Nem todo o que me diz: Senhor, Senhor, entrará no Reino dos Céus; mas o que faz a vontade de meu Pai, que está nos céus, esse entrará no Reino dos Céus" (Mt 7,21).

O Senhor tem esse nome, em latim: *Dominus*, porque senhoreia ou domina sobre todas as criaturas; ou porque está à frente da casa (latim: *domus*, casa); ou pode significar também *dans minas*, que dá (faz) ameaças. A *Glosa* comenta assim esta passagem do evangelho: O caminho para o Reino de Deus consiste na obediência, e não na invocação do seu nome; nem é invocado com sinceridade e convicção quando a proclamação do nome não concorda com a vontade. De fato, diz o Apóstolo: "Ninguém pode dizer Senhor Jesus senão no Espírito Santo" (1Cor 12,3).

Dizer "Senhor Jesus" com sinceridade, significa crer nele com o coração, confessá-lo com a boca e testemunhá-lo com as obras. Uma coisa sem a outra equivale a negar; pois, quantos louvores lhe faz ressoar a língua, a vida depois o blasfema. Clamam "Senhor" aqueles que não são seus servos, aqueles que não temem suas ameaças.

Por isso, o próprio Senhor diz com as palavras de Isaías: "Clamam por mim de Seir: Sentinela, que houve esta noite? A sentinela responde: Chegou a manhã e a noite; se buscais, buscai; convertei-vos e vinde!" (Is 21,11-12). *Seir* interpreta-se "eriçado", e é figura do pecador, oprimido pelos espinhos das riquezas e das preocupações. Por isso, o Gênesis diz que Esaú estabeleceu-se na terra de Seir, da região de Edom (cf. Gn 36,8). E observa que Esaú foi chamado Seir e Edom: Seir, porque piloso, Edom, por causa das lentilhas avermelhadas pelas quais vendeu a primogenitura (cf. Gn 25,29). Esaú quer dizer também "monte de pedras", e Edom, "sangue". Onde existe um monte de pedras, isto é, de riquezas, ali há também os espinhos pungentes das preocupações e o derramamento de sangue. De fato, o pecador clama: "Sentinela, que houve esta noite?" Eis aqui "a roda no meio de outra roda" (Ez 1,16; 10,10).

No Evangelho de Mateus diz-se duas vezes "Senhor", e em Isaías, duas vezes "Sentinela", para indicar que aquele que é o Senhor, é necessário que seja também a Sentinela, para guardar perfeitamente a casa da qual é chefe. Esse duplo nome de Senhor compreende o Criador e o juiz, e entre esses dois extremos é posto um centro, isto é, a sentinela. Na criação das coisas, Jesus Cristo foi Senhor e será Senhor também no exame do severo juiz, porque será juiz e retribuirá a cada um com aquilo que é justo. Porém, entre esses dois momentos foi sentinela na noite: o Senhor assumiu a condição de servo para guardar os servos. Realmente, lemos no Evangelho de Lucas que "passava a noite em oração" (Lc 6,12). A sentinela da noite passava a noite em oração, não para si, mas para sua criatura, que viera libertar.

Foi ainda sentinela da noite na sua paixão. Lemos, sempre no Evangelho de Lucas: "Jesus afastou-se deles à distância de um tiro de pedra e, posto de joelhos, orava" (Lc 22,41). Sozinho orava por todos, porque sozinho haveria de padecer por todos. Também Ambrósio diz: "Sofreu por mim, pois que de si mesmo nada tinha de que padecer". Ajoelha-se para mostrar, pela posição do corpo, a humildade do espírito.

Então foi verdadeiramente humilde e misericordioso, mas retornará severo e inexorável para fazer da terra um deserto e nela esmagar os maus.

12. E desses maus ele se lamenta com as palavras do Profeta Oseias: "Encheram-se e se fartaram, levantaram o seu coração e esqueceram-se de mim. E eu serei para eles como uma leoa, como um leopardo no caminho da Assíria. Eu lhes sairei ao encontro como uma ursa a quem roubaram os filhotes e lhes rasgarei as entranhas até o fígado e os devorarei como um leão. As feras do campo os despedaçarão. A tua perdição, ó Israel, vem de ti mesmo, só em mim está o teu auxílio" (Os 13,6-9).

Observa que nesta passagem são postas em evidência oito coisas, isto é, quatro vícios e seus quatro correspondentes castigos: "encheram-se", eis as riquezas e a avareza: "fartaram-se", eis a gula; "levantaram seu coração", eis a soberba e a vanglória; "esqueceram-se de mim", eis a luxúria.

Com efeito, diz Ezequiel: "Visto que te esqueceste de mim, e me lançaste para trás das costas, carregarás também tu as tuas maldades e as tuas fornicações" (Ez 23,35). Lança o Senhor para trás de suas costas aquele que, esquecido de sua amarga paixão, abandona-se aos prazeres do corpo e, por amor do seu corpo, torna-se escravo da gula e do ventre. "Por isso" – diz o Senhor – serei "como uma leoa" contra os que se encheram; "como um leopardo no caminho dos assírios, sairei ao encontro" daqueles que se fartaram; "como uma ursa a quem roubaram os filhotes eu rasgarei as entranhas até o fígado" dos soberbos, que levantaram o seu coração. Nós amamos com o fígado: nele é simbolizado o amor às coisas terrenas, e o Senhor rasgará as entranhas de quem as ama. "E como um leão devorarei" os luxuriosos, "e as feras do campo", que é o diabo, "os rasgará com a espada da morte eterna", e assim, no seu sofrimento, terão como torturador aquele a quem ouviram como instigador na culpa.

"A tua perdição, ó Israel, vem de ti mesmo"; como se dissesse: Se te perdeste, a culpa é tua. Mas de nenhum outro poderá vir teu auxílio, senão de mim, que guardo Israel. Portanto, muito bem se diz: "Sentinela, que houve esta noite? Sentinela, que houve esta noite?" E a sentinela responde: "Veio a manhã e depois virá a noite; se buscais, buscai. Convertei-vos e vinde".

Sentinela quer dizer cuidado; e manhã, em latim *mane*, vem de *manus*, mão, bom, porque os antigos diziam que a mão é "um bem"; e de fato, o que é melhor do que a luz (da manhã, *mane*)?

O Senhor, nossa sentinela, que tem cuidado de nós (cf. 1Pd 5,7), daqueles que clamam "Senhor, Senhor!", diz: "Vem a manhã", isto é, a luz da graça; andai, portanto, enquanto é dia, porque chegará a noite na qual já não podereis fazer nada. Se uma árvore, diz Salomão, cair voltada para o meio-dia, isto é, para a vida eterna, ou se cair voltada para o norte, ou seja, para a morte, em qualquer lugar onde cair, aí ficará (Ecl 11,3). Trabalha, portanto, com afinco, enquanto é dia, ó pecador, porque não há ação nem razão naquele inferno para o qual caminhas, ou melhor, lanças-te com teus pecados.

VIII domingo depois de Pentecostes

Portanto, se vos propondes buscar, buscai enquanto é dia. E se buscais, o que significa buscar? "Convertei-vos – responde – e vinde." Eis como se busca a Deus e como é encontrado. O Senhor não deve ser procurado clamando "Senhor, Senhor!", porque ele procura adoradores que o adorem em espírito e verdade (cf. Jo 4,23-24), isto é, no espírito da contrição e na verdade da confissão.

13. Desse modo, o santo Josias, rei de Judá, buscou o Senhor. Concorda com o que se disse até agora aquilo que se narra dele no Quarto livro dos Reis, onde se diz que quando ouviu as palavras da Lei do Senhor, Josias rasgou as vestes, concluiu uma aliança com o Senhor, comprometendo-se seguir o Senhor com todo o coração e com toda a alma; depois, lançou para fora do templo do Senhor todos os vasos feitos em honra de Baal e os queimou fora de Jerusalém no Vale do Cedron. Queimou as carroças do sol, fez desaparecer também os feiticeiros, os adivinhos, as imagens dos ídolos e todas as abominações e as imundícias, e celebrou a Páscoa do Senhor (cf. 2Rs 22,11; 23,3.3.11.24).

Josias interpreta-se "nele está o sacrifício" e representa o penitente, no qual "está o sacrifício a Deus", que é seu espírito compungido e arrependido (cf. Sl 50,19). Quando ouve anunciar a glória eterna dos justos e o castigo dos pecadores que nunca terminará, o penitente rasga as vestes, quer dizer, castiga seus membros, que são como as vestes da alma, e estabelece um pacto com o Senhor, isto é, para que o Senhor lhe perdoe as culpas e ele, no futuro, não volte mais a cometê-las.

E do templo do Senhor, isto é, do seu coração no qual mora o Senhor, tira todos os vasos que haviam sido feitos em honra de Baal, todos os excessos de gula com os quais servia o deus Baal, isto é, seu ventre, e os queima no Vale do Cedron, que se interpreta "tristeza e dor": isto é, queima-os na humildade da tristeza e do arrependimento. E com o fogo da penitência queima também as carroças do sol, isto é, os cinco sentidos do corpo que, sobre suas quatro rodas, quer dizer, entre os prazeres das coisas temporais, que se estendem a todas as quatro estações, correm no sol, isto é, na luz da glória passageira. E expulsa os feiticeiros, isto é, o espírito de avareza, e os adivinhos e encantadores, e os charlatães, chamados em latim *arioli*, enquanto gritam orações infames ao redor dos altares (latim: *ara*), e nos quais são representados os hipócritas; além disso, lança fora as imagens dos ídolos, isto é, as fantasias impuras, os maus pensamentos, as fornicações e as palavras obscenas.

Limpo de todas essas coisas, o pecador celebra ao Senhor "a páscoa", que quer dizer, "passagem" (cf. Ex 12,11), porque passa dos vícios para as virtudes para converter-se e seguir o Senhor, não dizendo "Senhor, Senhor!", mas fazendo a vontade do Pai, para assim, no fim da vida, merecer entrar no seu reino.

14. Com esta terceira parte do evangelho concorda também a terceira parte da epístola: "O próprio Espírito dá testemunho ao nosso espírito de que somos filhos de Deus. E se somos filhos, também somos herdeiros, herdeiros de Deus e coerdeiros de Cristo" (Rm 8,16-17).

Se depois de nos termos convertido, seguirmos o Senhor purificando o templo de toda a impureza, então poderemos verdadeiramente reconhecer que o Espírito de Deus dá ao nosso espírito o testemunho de uma fundada esperança e atesta que somos filhos de Deus, que fazem a vontade do Pai que está nos céus. E se somos filhos, somos também herdeiros, isto é, participantes da mesma glória: herdeiros de Deus, que nos constituiu herdeiros da herança eterna com o testamento confirmado pelo sangue e pela morte de seu Filho; e de seu Filho somos coerdeiros, porque ele é carne e irmão nosso (cf. Gn 37,27), por causa da coparticipação de nossa natureza, que ele exaltou acima dos anjos, para que nós fôssemos participantes de sua vida divina e, portanto, coerdeiros.

Irmãos caríssimos, roguemos, pois, ao Pai onipotente que nos conceda realizar a sua vontade, purificar o templo do nosso coração toda a imundície, celebrar a verdadeira páscoa, isto é, a verdadeira passagem, para podermos chegar à herança eterna, que ele nos prometeu por meio de nosso coerdeiro Jesus Cristo, seu dileto Filho.

No-lo conceda ele próprio, que, com seu amantíssimo Filho e com o Espírito Santo é Deus, uno e eterno, e vive e reina nos séculos eternos. E toda a Igreja responda: Amém. Aleluia!

PRÓLOGO

Embora indignos, damos graças ao Deus Uno e Trino, porque, com o auxílio de sua graça, temos completado o curso dos sermões dominicais até o primeiro domingo de agosto (o VIII domingo depois de Pentecostes).

Observa que de primeiro de agosto até primeiro de setembro leem-se na Igreja os cinco livros de Salomão, isto é, os Provérbios, o Eclesiastes, o Cântico dos Cânticos, o Livro da Sabedoria e o Eclesiástico.

No mês de agosto há quatro domingos; se Deus no-lo conceder, desses cinco livros, veremos os ensinamentos mais úteis para a edificação espiritual e mais adaptados à nossa matéria e encontraremos sua concordância com os evangelhos desses domingos.

IX domingo depois de Pentecostes

Temas do sermão

- Evangelho do IX domingo depois de Pentecostes: "Havia um homem rico que tinha um feitor"; divide-se em três partes.
- Primeiramente sermão sobre a ciência e a vida do prelado ou do pregador da Igreja, e sobre as propriedades do leite: "Quem aperta com força os seios".
- Parte I: Sermão sobre a vinda do Senhor: "O comprimento dos dias está na sua direita".
- Sermão contra os carnais e os mundanos: "Por três coisas estremece a terra".
- Sermão moral contra os carnais prelados da Igreja, sobre a natureza da águia e do urso e sobre as características do gavião (abutre): "Havia um homem rico que tinha um administrador".
- Sermão contra a simonia dos sacerdotes e dos prelados: "Uma mulher insensata e loquaz".
- Contra aqueles que se entregam às ciências lucrativas: "Quando uma serva se torna herdeira".
- Parte II: Sermão sobre o amor a Deus e ao próximo: "Chamados um a um os devedores"; sobre a natureza do óleo e sobre as quatro maneiras de interpretar a passagem "O espírito do Senhor pairava sobre as águas".
- Sermão aos prelados: "A figura do firmamento".
- As quatro espécies de geração e seu significado: "A geração que amaldiçoa o próprio pai".
- Parte III: Sermão sobre a esmola: "Florirá a amendoeira".
- As quatro tendas e seu significado: "Para que vos acolham nas tendas eternas".
- Sermão aos claustrais: "Quão belas são as tuas tendas, Jacó!"

EXÓRDIO – A CIÊNCIA E A VIDA DO PRELADO OU DO PREGADOR

1. Naquele tempo, disse Jesus aos seus discípulos: "Havia um homem rico que tinha um feitor. Este foi acusado diante dele de ter dissipado os seus bens" (Lc 16,1).

Diz Salomão nos Provérbios: "Quem aperta com força os seios para tirar o leite, faz sair manteiga e quem ordenha com energia, faz sair sangue" (Pr 30,33). Presta atenção às quatro palavras: seios, leite, manteiga e sangue. Os seios representam o Velho e o Novo Testamento; o leite simboliza a alegoria (i. é, a interpretação que se faz dos relatos da Sagrada Escritura); a manteiga representa o ensinamento moral; o sangue indica a compunção das lágrimas. Dos seios, que são figura do Velho e do Novo Testamento, diz Oseias: "Dá-lhes, Senhor. O que lhes dará? Dá-lhes um ventre estéril e seios secos" (Os 9,14). Aos pregadores e aos prelados da Igreja que prevaricam, o Senhor dá um ventre estéril. De fato, sua mente não é fecundada pela graça do Espírito Santo e, portanto, fica estéril de obras boas, sem filhos; e assim, seus seios, isto é, a ciência do Antigo e Novo Testamento, que pregam, é árida e sem frutos.

Realmente, diz Salomão: "Onde não há bois, a manjedoura está vazia; as messes abundantes, porém, testemunham a força dos bois" (Pr 14,4). A manjedoura é chamada em latim *praesepe*, de *prae* e *sepe*, no sentido de coisa cercada por uma sebe, e está a indicar a assembleia dos fiéis, que o Senhor cercou com a sebe da fé. Essa manjedoura é vazia, quando os bois, isto é, os prelados, não estão com sua vida onde estão com sua prelatura; se estivessem com a fortaleza das boas obras onde estão com a grandeza da dignidade, sem dúvida, haveria também messes abundantes, isto é, em todos os fiéis floresceria a prática das virtudes. Com razão, pois, diz Salomão: "Quem aperta com força os seios" etc. Aperta com força os seios aquele que acrescenta a mão da operosidade à doutrina dos dois Testamentos que prega, de forma que não se lhe possam lançar em rosto as palavras de Salomão nos Provérbios: "O preguiçoso esconde as mãos sob as axilas e tem muito trabalho se deve levá-las à boca" (Pr 26,15). As axilas, que são cavidades sob os braços no ponto de encontro com o corpo, são chamadas assim porque delas *cilluntur*, isto é, movem-se os braços. Esconde as mãos sob as axilas e não as leva à boca aquele que prega com a boca, mas depois negligencia o agir com as mãos.

Portanto, o pregador deve fazer sair dos seios o leite do relato, para depois poder tirar do leite a suavíssima manteiga do ensinamento moral. Considera que o leite é composto de três substâncias. A primeira é o soro aquoso, a segunda é a nata, a terceira é a manteiga. O soro aquoso significa o relato, a nata é a alegoria ou a aplicação, enfim, a manteiga é o ensinamento moral, que, quanto mais delicado, tanto mais agradavelmente penetra no espírito dos ouvintes. Mas já que os costumes estão corrompidos, é melhor insistir sobre o ensinamento moral que reforma os costumes, do que sobre a alegoria que é destinada a despertar a fé: pois, por graça de Deus, a fé está espalhada por toda a terra.

"E quem ordenha com energia, faz sair o sangue." O sangue é chamado assim porque vivifica e sustenta, ou também porque é suave (latim *sanguis, suavis est*); ele simboliza a compunção das lágrimas, que vivificam a alma e a sustentam para que não caia no pecado. E o que é mais suave do que as lágrimas, que manam da doçura da contemplação? As lágrimas, no dizer de Agostinho, são o sangue da alma. O pecador, portanto, quando é, por assim dizer, "ordenhado", isto é, espremido com grande energia pela palavra da pregação, que levanta para o alto a sua mente, faz sair o sangue, isto é, prorrompe em lágrimas pelo fato de ter dissipado os bens, os dons que o Senhor lhe confiou. Por isso, no evangelho de hoje se diz: "Havia um homem rico que tinha um feitor" etc.

2. Presta atenção que neste evangelho são postos em evidência três momentos. Primeiro, a acusação contra o feitor junto ao patrão e o desperdício que ele fez dos bens a ele confiados, quando diz: "Havia um homem rico". Segundo, a convocação dos

devedores do seu patrão, onde diz: "Chamados um a um os devedores". Terceiro, a entrada nas tendas eternas daqueles que fazem o bem aos pobres, onde diz: "E eu vos digo: fazei-vos amigos". Procuraremos fazer concordar alguns ditos dos Provérbios de Salomão com as três partes deste evangelho.

No introito da missa de hoje canta-se o salmo: "Clamei ao Senhor, e ele me ouvirá" (Sl 54,17). Depois, lê-se a epístola do Bem-aventurado Paulo aos Coríntios: "Não desejemos coisas más" (1Cor 10,6). Dividi-la-emos em três partes e veremos sua concordância com as três partes do evangelho. Primeira parte: "Não desejemos coisas más". Segunda parte: "Portanto, quem crê estar de pé". Terceira parte: "Deus, porém, é fiel".

I – O FEITOR ACUSADO DE DESPERDIÇAR OS BENS DO PATRÃO

3. "Havia um homem rico que tinha um feitor, e este foi acusado diante dele de ter dissipado os seus bens. Ele o chamou e lhe disse: Que é isso que ouço dizer de ti? Dá conta da tua administração, porque já não poderás ser feitor. Então o feitor disse consigo: Que farei, visto que meu senhor me tira a administração. Cavar não posso, de mendigar tenho vergonha. Sei o que vou fazer, para que, quando for removido da administração, haja quem me receba em sua casa" (Lc 16,1-4). Nessa primeira passagem do evangelho devemos considerar atentamente o que significam o homem rico, o feitor, a dissipação dos bens do patrão, cavar e mendigar. Esse homem rico é figura de Jesus Cristo: homem por natureza humana e rico pela natureza divina. Dele diz Salomão nas parábolas: "O rico e o pobre encontram-se; o Senhor criou a ambos" (Pr 22,2). O pobre, isto é, a natureza humana, e o rico, isto é, a natureza divina, encontraram-se em Cristo, para que o homem pobre fosse libertado das penas e das culpas às quais estava preso.

Sobre as riquezas desse homem rico diz-se nos Provérbios: "Na sua direita está uma longa vida, as riquezas e a glória, na sua esquerda. Os seus caminhos são caminhos formosos e são de paz todas as suas veredas" (Pr 3,16-17). Direita (destra) significa "que dá fora" (latim: *dans extra*); esquerda (*sinistra*), "que deixa fora" (latim: *sinens extra*). A esquerda e a direita de Cristo são figura de suas duas vindas: a primeira é indicada na esquerda, a segunda na direita. Na primeira vinda, Cristo tinha as riquezas, isto é, a pobreza, a humildade, que expôs, por assim dizer, em nossos mercados para que as comprássemos e sem as quais não podemos ser ricos. Apresentou também a glória, que é a alegria nas tribulações e a paciência nas perseguições. A esses mercados foram os apóstolos e ali adquiriram recompensas admiráveis quando "se retiravam alegres da presença do tribunal por terem sido considerados dignos de sofrer injúria por causa do nome de Jesus" (At 5,41).

Sobre isso temos a concordância nos Provérbios: "Isso não vale nada, isso não vale nada, diz todo o comprador; mas ao se afastar, então se gloriará" (Pr 20,14). Se resolves ir aos mercados das tribulações, nos quais são vendidas as riquezas, vê antes se tens na bolsa do coração do preço da paciência e da alegria, com o qual possas comprar; caso contrário, não te aconselho a ir, pois regressarás de mãos vazias. Porém, se podes contar com uma soma, então vai e compra. Não te preocupes se aquelas riquezas são difíceis, se é mau e amargo beber o cálice da tribulação; porque, ao regressares, então te gloriarás, porque passarás da esquerda para a direita, onde há vida longa. "Saciá-lo-ei", diz, "de longos dias" (Sl 90,16).

"Os seus caminhos são caminhos formosos." Observa que dois são os caminhos e duas são as veredas de Jesus Cristo. O primeiro caminho foi aquele que percorreu do Pai para a Mãe; e este caminho chama-se da caridade, do amor, do qual diz o profeta: "Guia-me, Senhor, pelo teu caminho" (Sl 85,11). O segundo caminho foi aquele que o conduziu da Mãe para o mundo, e este é o caminho da humildade, do qual diz o salmo: "No mar (latim: *in mari*) está o teu caminho" (Sl 76,20), como se dissesse: Ó Cristo, em Maria foste feito caminho da humildade. Se à palavra *mari* acrescentas o *a* de *tua*, terás Maria, nome que se interpreta "estrela-do-mar".

E estes caminhos são formosos. Por isso, do primeiro caminho fala-se no salmo: "Com tua glória e com a tua majestade, caminha, avança vitoriosamente e reina" (Sl 44,5). Ó Verbo, lançado pelo coração do Pai, caminha felizmente para a libertação do gênero humano, avança vitoriosamente para assumir a natureza humana e, vencido o diabo, começa a reinar para poder dizer: "Foi-me dado todo o poder no céu e na terra" (Mt 28,18), e faze tudo isso na grandeza do teu amor, com o qual destróis a lepra da nossa iniquidade.

Da beleza do segundo caminho fala-se no Cântico dos Cânticos: "Como são belos os teus pés nas sandálias, ó filha do príncipe" (Ct 7,1). A Mãe e a filha do príncipe (Jesus Cristo) foi a Bem-aventurada Maria, cujos pés, isto é, os sentimentos do coração, foram belos nas sandálias cor de jacinto, isto é, nos desejos da glória celeste. Donde a palavra de Ezequiel: "Dei-te calçado cor de jacinto" (Ez 16,10), isto é, do desejo de bens superiores.

E Judite, como se diz no seu livro, "calçou as suas sandálias" (Jt 10,3). Judite interpreta-se "aquela que reconhece", e é figura da Bem-aventurada Maria, que reconheceu o Senhor, dizendo: "A minha alma engrandece o Senhor" (Lc 1,46). Esta calçou nos pés dos afetos as sandálias dos desejos celestes.

A primeira vereda de Jesus Cristo foi a da perseguição dos judeus; a segunda foi a do patíbulo da cruz. Vereda, em latim se diz *semita*, como se dissesse *semis iter*, meio--caminho, pois *semis* significa "a metade". Essas duas veredas foram veredas pacíficas, isto é, trouxeram-nos a paz. De fato, diz Isaías: "O castigo que nos devia trazer a paz caiu sobre ele, e nós fomos curados por suas chagas" (Is 53,5). O castigo chama-se em latim *disciplina*, quase como *addiscitur plena*, que se aceita plenamente. O Filho de Deus aceitou o castigo da paixão para pacificar com seu sangue os seres do céu e os da terra (cf. Cl 1,20), isto é, reconciliar o gênero humano com o Pai.

Considera, ó mesquinha criatura, quão grande era a discórdia entre ti e Deus Pai, com o qual jamais terias podido reconciliar-te senão por meio dos sofrimentos de seu Filho. Considera, ó pecador, quão graves eram as tuas chagas, que nunca poderiam ser curadas senão pelas chagas de Jesus Cristo. E já que as tuas chagas eram mortais, levando-te à morte eterna, o Filho de Deus quis morrer por ti. "O remédio para a dor é a própria dor" (Publílio Siro).

Portanto, não sejas ingrato para com o homem rico, o Filho de Deus e do homem, porque, com suas chagas ele curou as tuas, com sua morte ele restituiu a vida a ti que estavas morto e constituiu-te administrador de seus bens para os conservares e não os dissipares. Mas porque não temes dissipá-los, precisarás prestar-lhe contas. Por isso, no evangelho diz-se muito claramente: "Havia um homem rico que tinha um feitor e este fora acusado junto dele de ter dissipado os seus bens".

O feitor é chamado em latim *villicus*, isto é, *custos villae*, guarda de granja, e a palavra é usada aqui como ecônomo, dispenseiro, ou aquele que administra todos os haveres da casa. Esse feitor é figura de todo o homem ao qual o Senhor confiou três espécies de dons: os gratuitos, os naturais e os temporais. Mas, o infeliz dissipa os dons gratuitos e os naturais pecando gravemente; dissipa os temporais acumulando-os sem medida ou fazendo mau uso deles.

4. E como acontece essa dissipação, no-lo explica a concordância que encontramos nos Provérbios de Salomão: "A terra estremece com três coisas, e uma quarta não a pode suportar: um escravo que chega a ser rei; um insensato que chega à abundância; uma mulher odiosa, que um homem desposou, e uma escrava que ficou a herdeira de sua senhora" (Pr 30,21-23).

A terra, assim chamada por sua superfície que é pisada e percorrida (latim: *teritur*), representa a mente do homem que é percorrida por muitos e variados pensamentos, percorrida estremece e se agita, quando se agita desperdiça suas energias e quando é enfraquecida é despojada dos dons gratuitos e ferida naqueles naturais. Comove-se e estremece, repito, por causa dos quatro malditos eventos acima indicados.

O escravo que se torna rei é figura do corpo recalcitrante, do qual o Eclesiástico diz: "Para o asno, forragem, vara e carga; para o escravo, pão, correção e trabalho. Ele trabalha quando o castigam, faze-o trabalhar e tu poderás encontrar descanso; deixa-lhe livres as mãos e buscará a liberdade. O jugo e as correias fazem curvar o pescoço duro, assim as tarefas contínuas amansam o escravo. Ao escravo malévolo, tortura e ferros; manda-o para o trabalho a fim de que não esteja ocioso; porque a ociosidade ensina muita malícia. Põe-no ao trabalho, porque assim lhe convém. Mas, se ele não te obedecer, carrega-o com grilhões" (Eclo 33,25-30). Mas porque a discrição é muito necessária na mortificação do corpo, imediatamente acrescenta: "Porém, não cometas excessos seja com quem for, e não faças coisa alguma grave sem ter refletido. Se tens um escravo fiel" e sensato – isto é, se teu corpo não te causa nenhum incômodo – "estima-o como a tua alma, trata-o como a um irmão" (Eclo 33,30-31).

"O insensato que chega à abundância" representa o espírito enfatuado, inebriado de prazeres, do qual se diz: "Quando o ímpio é punido, também o insensato torna-se mais sábio" (Pr 19,25). Isto é, quando o corpo for castigado da maneira que se disse, também o insensato, isto é, o espírito, tornar-se-á mais sábio, porque já não se embriagará com os prazeres, mas com as lágrimas do arrependimento.

Continuam os Provérbios: "A loucura está ligada ao coração do menino, mas a vara da disciplina a afugentará" (Pr 22,15). O menino representa o corpo que se comporta de maneira pueril, procurando frutos e flores deste mundo; em seu coração existe a insensatez, isto é, está radicado o amor às coisas terrenas, e somente a vara da penitência tem condições de afugentá-lo. Com o homem que tem o coração cheio de soberba, deve-se agir como com o leão enfurecido: em sua presença, deve-se ferir seu filhote, e assim, espantado com esse ferimento, o leão se acalma. De modo semelhante, se o corpo é ferido com a vara da penitência, o espírito, cheio de soberba leonina, humilha-se.

"A mulher odiosa, que um homem desposou." Mulher, diz-se em latim *mulier*, que deriva de moleza, e soa quase como *molier*; essa mulher simboliza o mau pensamento que se torna odioso, isto é, pecado grave, quando é consentido pela mente; e é desposado quando o pensamento traduz-se depois em obras.

"A escrava que se torna herdeira de sua senhora." A senhora é figura da razão, enquanto a escrava representa a sensualidade, que nem a terra consegue suportar quando ela pretende usurpar o domínio sobre a razão.

Por causa desses quatro malditos eventos, o ingrato feitor dissipa os bens de seu patrão, e por isso é acusado junto a ele. Essa acusação é feita, conforme sobre isso diz a *Glosa*, quando não pratica as obras de misericórdia com aqueles aos quais tinha obrigações.

5. "O patrão chamou-o." O patrão chama o feitor quando desperta o medo da condenação eterna. "E lhe disse: Que é que ouço dizer de ti? Presta contas de tua administração", isto é, enquanto estás nesta vida, pensa como deves comportar-te. "Aquele que lavra a sua terra" – diz Salomão nas parábolas – "terá fartura de pão, mas o que ama a ociosidade estará cheio de miséria" (Pr 28,19). Quem ocupa seu corpo nas obras boas fartar-se-á do pão da graça nesta vida e encher-se-á de glória na vida futura. Mas quem se abandona ao ócio, isto é, aos prazeres do corpo, será cheio da miséria da morte eterna. "Porque desde agora", isto é, desde o momento da morte, "não mais poderás ser meu feitor".

"Então o feitor", tomado pelo pânico, "disse consigo: Que hei de fazer" para evitar o castigo, "visto que o patrão me tira a administração? Cavar não posso" etc. O pecador, quando considera que sua vida chega ao fim e com ela acabam também todos os sucessos temporais, pensa sobretudo em encontrar amigos, mais do que acumular riquezas; compreende, afinal, que, terminada esta vida, para ele não existe algum lugar onde trabalhar a terra de sua alma com a enxada da devota compunção para produzir fruto; e para ele também será vergonhoso mendigar, como mendigavam as virgens tolas (cf. Mt 25,8). Donde Salomão diz: O preguiçoso não quis arar durante o inverno: irá mendigar durante o verão e ninguém lhe dará nada (cf. Pr 20,4); aquele que na vida presente não quer arar, é aquele que não quer fazer penitência. Arar vem de *aere*, bronze (no ablativo), porque antigamente arava-se com um arado de bronze. O bronze é indestrutível e sonoro, e representa a penitência assídua que acusa os próprios pecados, com a qual os antigos padres costumavam *arar* sua carne. Os nossos penitentes modernos, porém, não aram com o bronze, mas com a madeira seca. Hoje não há quase mais ninguém que pratique a verdadeira penitência e, por isso, irão mendigar no verão, isto é, no dia da ressurreição final: "Senhor, Senhor, abre-nos" (Mt 25,11). Mas para eles não existirá mais vida, antes, ser-lhes-á dito: "Ide, malditos, para o fogo eterno" (Mt 25,41).

6. Com esta primeira parte do evangelho concorda a primeira parte da epístola: "Para que não cobicemos coisas más como eles cobiçaram, nem vos torneis idólatras, como alguns deles, conforme está escrito: O povo sentou-se para comer e para beber e levantou-se para se divertir. Não nos abandonemos à fornicação, como alguns deles fornicaram e, num só dia, morreram vinte e três mil. Nem tentemos a Cristo, como alguns deles o tentaram e foram mortos pelas serpentes. Nem murmureis, como alguns deles murmuraram, e foram mortos pelo exterminador" (1Cor 10,6-10).

Nesta passagem são postos em evidência sobretudo quatro pecados: a idolatria, a fornicação, a tentação a Deus e a murmuração contra Deus; com estes quatro pecados são dissipados os bens do homem rico. E esses quatro pecados concordam com os quatro funestos eventos acima lembrados.

Quem ama o próprio corpo, que é escravo mal-intencionado, não por medida de suas necessidades, mas pelo prazer, é como o idólatra que se prostra diante de um ídolo, como está escrito no Êxodo: "Sentou-se o povo para comer e para beber" diante do bezerro de ouro, "e levantou-se para se divertir" (Ex 32,6), isto é, para adorá-lo, para fazer jogos e festas em sua honra.

Igualmente, quando o insensato se farta excessivamente de alimento, mancha-se com a fornicação, como se lê no Livro dos Números: Israel fornicou com as filhas de Moab, que chamaram os israelitas a participarem dos seus sacrifícios e depois comeram as carnes oferecidas aos ídolos. O Senhor irou-se e num só dia morreram vinte e três mil (cf. Nm 25,1-2.4.9). Eis, pois demonstrado que da gula se passa para a fornicação, e da fornicação se chega à morte e à condenação.

De modo semelhante, "quem desposa uma mulher odiosa", e faz isso com o consentimento da mente e com a realização da obra má, tenta a Cristo, enquanto segue o próprio instinto em vez de obedecer à sua vontade e o confessa somente por palavras. O próprio Cristo indicou brevemente aqueles três pecados dizendo: "Quem olha para uma mulher, desejando-a", eis a mulher odiosa, "já cometeu adultério com ela no seu coração" (Mt 5,28), eis que de algum modo a desposou e, portanto, será ferido pelas mordeduras das serpentes, isto é, dos demônios.

Enfim, quem faz da sensualidade a senhora de sua razão, desperta murmuração e dissenção na morada de sua mente.

Roguemos, pois, ao Senhor que com as quatro virtudes fundamentais destrua esses quatro vícios, torne firme a terra de nossa mente, conserve em nós os seus bens a fim de que não sejam dissipados e, assim, possamos chegar à posse dos bens eternos. No-lo conceda ele próprio, que é bendito nos séculos. Amém.

7. "Havia um homem rico que tinha um feitor" etc. Este feitor representa o prelado, ao qual o Senhor confiou a guarda de sua propriedade, isto é, a sua Igreja. Nos Provérbios, Salomão lhe diz: "Procura conhecer bem o aspecto das tuas ovelhas e considera o teu rebanho, porque nem sempre terás poder sobre eles; mas a tua coroa passará de geração" (Pr 27,23-24).

Ó prelado, procura conhecer a fundo o rosto de tuas ovelhas, isto é, dos teus súditos, dos teus fiéis: se têm na fronte o Tau da paixão do Senhor, que receberam no batismo, ou se o rasparam e escreveram por cima o sinal da besta (cf. Ap 13,16). E considera os teus rebanhos, não suceda que algum atingido pela doença da heresia ou do cisma, infeccione também os outros. "Por isso, corre" – como diz sempre o texto sagrado – "apressa-te a despertar o teu amigo. Não concedas sonos aos teus olhos, nem repouso às tuas pálpebras" (Pr 6,3-4). De fato, nem sempre terás poder sobre eles, mas só por algum tempo. Se tiveres vigiado e guardado com diligência o teu rebanho, ser-te-á dada a coroa para sempre. Eis o modo pelo qual o feitor deve guardar a propriedade do seu patrão.

Mas, ai! Não digo um feitor, mas um ladrão, um lobo dissipa a herdade do seu senhor e devora os bens que lhe foram confiados. O próprio Salomão diz de que modo a Igreja é dissipada pela iniquidade dos seus prelados: "A terra estremece com três coisas, e uma quarta não a pode suportar: um escravo que chega a ser rei; um insensato que chega à abundância; uma mulher odiosa que um homem desposou, e uma escrava que ficou a herdeira de sua senhora" (Pr 30,21-23). A terra abençoada pelo Senhor é a Santa Igreja, da qual ele próprio disse no Gênesis: "A terra produza erva verde" etc. (Gn 1,11).

E sobre isso veja-se o sermão do Domingo da Septuagésima, sobre o evangelho: "No princípio Deus criou o céu e a terra".

Essa terra, isto é, a assembleia dos fiéis, é estremecida na estabilidade da fé e da santidade de vida por causa do mau exemplo e da malícia dos prelados.

"O escravo que se torna rei." O escravo que reina é o prelado, escravo do pecado, inchado pelo espírito de soberba, um macaco no telhado, que está à frente do povo de Deus e do qual Salomão diz: "Como um leão que ruge e um urso faminto, assim é o príncipe ímpio que está à frente de um povo pobre" (Pr 28,15).

O prelado da Igreja, escravo que reina e príncipe ímpio, é um leão que ruge com sua soberba, um urso faminto com seus roubos, que espolia o povo pobre. E observa que esse infeliz é mais cruel do que o urso faminto. De fato, sabemos pela *História natural* que a índole da águia e do urso é tal que eles nunca roubam na região que escolheram para fazer o ninho ou escolhido por caverna. Ó servo iníquo, poupa ao menos os teus fiéis, entre os quais puseste o ninho do teu esterco e o antro de tua cegueira!

Esse escravo faz aos seus súditos aquilo que o abutre faz aos seus filhotes. Diz a *História natural* que o abutre empurra para fora do ninho os seus filhotes antes de estarem em condições de voar, e faz isso por aversão a seus filhotes, aversão inerente à sua natureza, originada pela voracidade: quando tem fome faz muitas presas e então começa a invejar os filhotes que vê crescer e engordar.

O abutre deve o nome ao seu voo lento (latim: *vultur*, abutre, e *volaltus tardus*, voo lento), e é por causa do tamanho do corpo que não pode ter um voo rápido. O abutre representa o prelado da Igreja, que, impedido pelos bens temporais, não tem condições de levantar voo para as coisas celestes e separar-se das terrenas. Com o mau exemplo de sua vida, ele expulsa seus súditos; antes mesmo que possam voar, isto é, que tenham condições de desprezar o mundo e amar as coisas do céu, ele os lança para fora do ninho da fé e os faz desistir de seus bons propósitos.

Mas ai! quantos cristãos, pelo mau exemplo dos prelados, *converteram-se* para a heresia, depois de haver desprezado o ninho da fé, do qual Jó diz: "Morrerei no meu pequeno ninho" (Jó 29,18). E porque a morte entrou no mundo por inveja do diabo (cf. Sb 2,24), esse prelado inveja seus súditos, seus paroquianos, quando os vê prosperar na abundância.

"O invejoso emagrece por causa da abundância dos outros" (Horácio). Se se atormenta por causa da felicidade dos seus, a quem poderá desejar felicidade? Que feliz acontecimento poderá alegrá-lo? Quem é mau para os seus, como poderá ser bom para os estranhos? (cf. Eclo 14,5). Eis, pois, que, por culpa desse escravo, é dissipada a Igreja de Jesus Cristo.

"O insensato que chega à abundância." Também este é figura do prelado da Igreja, guloso e luxurioso, do qual se diz nos Provérbios: "Quem ama os prazeres e o vinho não enriquecerá" (Pr 21,17). E a este diz ainda Salomão: "Não dês aos reis, ó Lemuel, não dês vinho aos reis, porque não há segredo onde reina a embriaguez; para que não suceda que eles bebam, se esqueçam da justiça, e atraiçoem a causa dos pobres" (Pr 31,4-5).

Lemuel interpreta-se "nele está Deus", e é figura do prelado, no qual Deus está por causa da dignidade de seu ofício e – queira o céu – também a santidade da vida. A esse prelado é dito duas vezes, para que o imprima bem na mente o que se manda: "Não dês, não dês vinho aos reis". Por rei aqui se entendem todos os fiéis cristãos, membros do Sumo Rei, aos quais, ó prelado, não deves dar o vinho, que é figura dos vícios da gula e da luxúria, isto é, não deves corrompê-los com o mau exemplo de tua vida.

"Não deves – repito – dar o vinho", porque onde reina a embriaguez, tanto no prelado como no súdito, não há mais segredo algum de pureza e de castidade. Não dês o vinho, para que, embriagados pelo exemplo de tua vida dissoluta, não esqueçam os juízos de Deus e com juízo iníquo atraiçoem a causa dos filhos dos pobres que pedem que se lhes faça justiça.

Quando a cabeça dói, todos os outros membros também sofrem. Se a raiz seca, secam também os ramos. De fato, nos Provérbios está escrito: "Quando faltar a profecia, dissipar-se-á o povo" (Pr 29,18): se faltar o exemplo da vida e o ensinamento da verdade por parte do prelado, também o povo se corrompe, porque são esquecidos os juízos de Deus e é traída a causa dos pobres. Eis quanta ruína cai sobre o povo por causa da vida dissoluta do prelado, que, ao saturar-se de alimento, esquece-se de Deus e do povo que lhe foi confiado. Como está escrito nos Provérbios, ele se comporta como a mulher adúltera, "a qual come e, limpando a boca, diz: Eu não fiz mal algum" (Pr 30,20). Também o prelado, apesar de todo o mal que fez, diante dos homens quer aparecer santo e justo.

8. De modo semelhante, a Igreja é dissipada "por causa de uma mulher odiosa que um homem desposou". A mulher simboliza a simonia dos prelados, que, quando é prometida é odiosa, e quando é aceita é, por assim dizer, desposada. Dessa mulher Salomão diz: "A mulher insensata e clamorosa, cheia de atrativos e que nada sabe, assentou-se à porta de sua casa, numa cadeira, num lugar alto da cidade, para chamar os transeuntes da estrada e os que iam andando o seu caminho: Quem é simples dirija-se a mim. E ao insensato disse: As águas furtivas são mais doces e o pão tomado às escondidas é mais gostoso. E ignorou que os gigantes estão com ela e que os seus convidados caem nas profundezas do inferno" (Pr 9,13-18). Portanto, aqueles que se unem a ela precipitam-se nas profundezas do inferno; só quem se afastar dela salvar-se-á.

Observa que a simonia é chamada de "mulher insensata e clamorosa, cheia de atrativos e que nada sabe nem entende". "Mulher" porque por causa dela quase todos já são corruptos; "insensata" porque vende ouro para comprar chumbo, isto é, vende as coisas espirituais para ter as materiais; "clamorosa" porque late impudente contra os tribunais e as cúrias; "cheia de atrativos", que ela compra para a sua ruína, dando em pagamento a sua alma; "mas não sabe nada" e não compreende que Deus não pode deixar impune um delito tão grande, porque o dinheiro do simoníaco irá para a perdição com ele, pois vende, em troca de dinheiro, o dom gratuitamente dado por Deus (cf. At 8,20).

"Está sentada à porta de sua casa." A casa da simonia é a má vontade do simoníaco, e suas portas, às quais está sentado, são as mãos e a língua. Pois todo aquele que com uma oração ou com uma soma, com a palavra ou com um dom, com a promessa e com uma oferta, por temor ou por amor terreno e carnal, vende ou dá uma coisa espiritual ou uma coisa conexa com o espiritual, é simoníaco, e não pode salvar-se se não restituir e não fizer uma verdadeira penitência. A má vontade de vender ou comprar aquilo que é espiritual torna o homem simoníaco.

E porque a simonia escolheu o lugar mais elevado, nos mais eminentes prelados da Igreja, o texto sagrado continua: "Numa cadeira, no lugar mais alto da cidade". A cidade é chamada em latim *urbs*, de orbe, isto é, redondo, porque os antigos construíam as cidades dentro de um círculo [de muros]. A cidade é figura da Igreja, que deve ser redonda, isto é, perfeita; a ela diz o Senhor: Sede perfeitos, como o vosso Pai é perfeito (cf. Mt 5,48). E o lugar mais alto da Igreja é a dignidade da prelatura. Eis, pois, que a simonia assenta-se na cadeira, no lugar mais alto da cidade, isto é, naqueles que se sentam na cátedra das dignidades eclesiásticas; e aqueles que as ambicionam serão privados das segundas [referência a quem deseja ocupar os primeiros lugares], quando da cadeira caírem para trás e quebrarão a cabeça (cf. 1Sm 4,18).

Ai, portanto, daqueles que de bom grado aceitam doações, porque estas cegam os olhos dos sábios. Edificam Jerusalém no sangue, isto é, com seus consanguíneos, netos e sobrinhos, concedendo-lhes os benefícios eclesiásticos. Em parte é sacrilégio também dar as coisas dos pobres àqueles que pobres não são. Se deres a um parente, não deves dar-lhe porque é parente, mas somente porque é pobre. Acautela-te, pois, de pôr o patrimônio de Jesus Cristo "na caixa", porque é preço do sangue" (Mt 27,6). Por isso, não dês sangue ao sangue, mas dá ao peregrino e ao pobre, para a sepultura dos quais, com o preço do sangue do Senhor, foi comprado o campo chamado Hacéldama (cf. Mt 27,7-8), isto é, a Santa Igreja, cujos haveres não pertencem aos ricos, mas aos pobres.

"Para chamar os transeuntes que passavam pela estrada e os que iam andando o seu caminho." Os transeuntes e os que iam pelo seu caminho são os penitentes, que, não possuindo aqui cidade permanente (cf. Hb 13,14), libertados de seus pesos, correm atrás de Jesus, apressando-se a conquistar a palma da suprema vocação. A mulher insensata, sentada no alto, chama-os para que se detenham junto dela. Mas eles recusam-se absolutamente a se deterem, pois não buscam a glória que vem dos homens, mas somente aquela que vem de Deus (cf. Jo 5,41).

Infelizmente o simples e o insensato (latim: *vecors*, sem coração), isto é, os carnais, atraídos somente pelos prazeres da carne, cuja glória será sua ruína (cf. Fl 3,19), dirigem-se a ela, bebem a água roubada e devoram o pão às escondidas. As águas roubadas são as prebendas, que são tiradas como a água, mas por roubo, quer dizer, por simonia. E o pão comido às escondidas representa a altura dos encargos, das dignidades, que são conferidas às ocultas, quase no escuro, àqueles que são cegos de vida e de ciência. E essas prebendas e encargos são tanto mais doces e agradáveis quanto maior for o ardor da sede e da fome da cobiça em adquiri-las.

E os infelizes não percebem que ali, isto é, nos encargos conseguidos desse modo, estão os gigantes, isto é, os demônios; e seus convidados, isto é, os simoníacos, serão eternamente punidos, junto com o diabo, nas profundezas do inferno. Quem desposar aquela mulher odiosa, aprofundar-se-á nos infernos; e só quem dela fugir poderá salvar-se. Bem se diz, pois, que a simonia é a ruína da Igreja.

9. "A terra estremece também por causa de uma escrava que se torna herdeira de sua senhora." A senhora simboliza a teologia; a escrava, a lei justiniana (o *Código Justiniano*) e a ciência lucrativa. Hoje, prefere-se a escrava à senhora, Agar a Sara, a lei justiniana à lei divina.

Os prelados do nosso tempo, que não são discípulos de Cristo, mas do anticristo, abandonada a legítima esposa, não se envergonham de unir-se a uma concubina, que depois, constatando que está grávida, despreza a sua senhora (cf. Gn 16,4). Nas cúrias dos bispos, os velhacos fazem ressoar a lei de Justiniano e não a de Cristo, fazem grandes conversas, mas não segundo a tua lei, Senhor, já abandonada e votada ao ódio. Por isso, sente a necessidade de clamar e dizer a Abraão, junto com Sara: "Procedes iniquamente contra mim; eu te dei a minha escrava por tua mulher, e ela, vendo que concebeu, despreza-me" (Gn 16,5). Por ora Abraão faz de conta que não vê, mas certamente virá o momento em que dirá: Põe fora a escrava e seu filho, e só a livre terá direito à herança (cf. Gn 21,10). Ó quão infeliz é quem se preocupa com a lei pela qual são julgadas as coisas temporais e não presta atenção à lei em base à qual ele mesmo será julgado.

Sobre este assunto, veja um tratado mais completo no sermão do II domingo depois da Páscoa, sobre o evangelho: "E sou o bom pastor".

Eis, pois, que agora sabes de que modo o feitor dissipa os bens do Senhor; como, por causa da malícia dos prelados, destrói-se a Igreja, que, oprimida por sua iniquidade, dirige-se ao seu Esposo com as palavras do introito da missa de hoje: Quando clamei ao Senhor, ele ouviu a minha voz, contra aqueles que se aproximam de mim; humilhá-los-á aquele que existe antes dos séculos e vive para sempre. Lança sobre o Senhor os teus cuidados e ele te sustentará (cf. Sl 54,17-20.23).

Aqui devem ser considerados três fatos: o acolhimento do clamor da Igreja, a rejeição dos falsos ministros e o consolo da própria Igreja. A Igreja, marcada com a pobreza do seu Esposo e posta em meio a uma nação iníqua e perversa, que se aproxima dela somente com palavras e não com os fatos, com o corpo, mas não com o espírito, eleva seu clamor ao Senhor, pedindo-lhe que seja libertada da opressão dessa nação iníqua e perversa. E o Senhor piedoso a libertará e humilhará nas profundezas do inferno a nação perversa e pecadora, que pretende ser chamada Igreja, e é, porém, a sinagoga de satanás (cf. Ap 2,9); e fará isso quando limpar sua eira e repuser o trigo no seu celeiro e queimar a palha no fogo inextinguível (cf. Mt 3,12; Lc 3,17), isto é, aqueles que se espalham em busca da palha das riquezas.

Lança, pois, os teus cuidados sobre o Senhor, ó Igreja pobrezinha, convulsionada pela tempestade e sem conforto algum, e ele te nutrirá, porque, como diz Isaías, serás amamentada pelos seios do rei (cf. Is 60,16). Esses reis são os apóstolos, os dois seios são o ensinamento do evangelho e a graça do Espírito Santo, pelos quais foram amamentados os próprios apóstolos e pelos quais também tu serás amamentada, até que, crescendo de virtude em virtude, comparecerás diante do Deus em Sião (cf. Sl 83,8), ao qual seja dada honra e glória nos séculos dos séculos. Amém.

II – Convocação dos devedores do patrão

10. "O feitor chamou um a um os devedores do seu senhor e disse ao primeiro: Quanto deves ao meu senhor? E ele respondeu: Cem barris de azeite. Então disse-lhe: Toma a tua obrigação, senta-te depressa e escreve cinquenta. Depois disse a outro: E tu quanto deves? E ele respondeu: Cem alqueires de trigo. E disse-lhe: Toma as tuas letras e escreve oitenta. E o Senhor louvou o feitor iníquo, por ter procedido prudentemente, porque os filhos deste século são mais hábeis na sua geração do que os filhos da luz" (Lc 16,5-8).

A *Glosa* explica assim as medidas nomeadas nesta passagem: o barril, em grego é chamado *kàdos*, que quer dizer ânfora, e contém três *urnas*. O alqueire, chamado no evangelho com o termo hebraico *corus*, continha trinta módios. Então, pode-se entender simplesmente assim: Quem alivia a indigência do pobre pela metade ou com a quinta parte, deve-se perdoar-lhe em proporção à sua misericórdia.

Sentido moral. Veremos o que significam estes dois devedores, dos cem barris de azeite, dos cem alqueires de trigo e a redução a cinquenta e a oitenta.

Os dois devedores indicam todos os fiéis cristãos, que devem observar os dois preceitos da caridade, isto é, devem amar a Deus e ao próximo. Nos cem barris de azeite é representado o amor a Deus, e nos cem alqueires de trigo, o amor ao próximo.

Eis por que o azeite simboliza o amor a Deus. O azeite flutua sobre todos os líquidos e o motivo é este: na substância oleosa não há elementos de água ou de terra, mas só de ar, e por isso flutua sobre a água, porque os elementos de ar existentes no azeite, levantam-no, como se estivesse fechado num odre, e daí provém sua leveza. Assim também o amor a Deus deve estar acima de qualquer outro amor.

Daí a palavra de Salomão nas parábolas: "O fruto da sabedoria é mais precioso do que todas as riquezas, e tudo o mais que se deseje não pode ser comparado com ela" (Pr 3,14-15). O fruto da sabedoria é o amor a Deus: depois de saboreada a sua doçura, a alma compreende quão suave é o Senhor (cf. Sl 33,9). Portanto, o que pode haver de mais precioso, mais desejável do que ela? Ao amor a Deus não se podem comparar nem riquezas nem glória.

E como no azeite não há água nem terra, mas só ar, também no amor a Deus não se deve misturar nenhuma carnalidade ou prazer terreno, mas deve haver tão somente ar, isto é, pureza de espírito e conduta celeste. Bem-aventurada a alma que tem em si o amor a Deus, porque flutua sobre todas as águas, já que o ar que está na alma amante do Senhor leva-a para o alto.

11. Lemos no Gênesis: "O Espírito de Deus pairava sobre as águas" (Gn 1,2). Essa expressão pode ser interpretada de quatro maneiras.

Primeiro: Assim como a inteligência do artista paira sobre a obra que está para realizar, e assim como a ave pousa com delicadeza sobre os ovos dos quais nascerão seus filhotes, da mesma forma o Espírito do Senhor paira sobre as águas, das quais estava por nascer toda espécie de criatura, segundo a seu gênero (cf. Gn 1,11).

Segundo: o Espírito do Senhor, isto é, o *intelecto espiritual*, deve ser levado acima das águas, isto é, acima do *intelecto carnal*. Daí a afirmação de João: "É o Espírito que vivifica, a carne, porém (i. é, o intelecto carnal) para nada serve" (Jo 6,64), porque "a letra mata" – de fato no Segundo livro dos Reis se narra que Urias levou consigo a carta de sua condenação (cf. 2Sm 11,14) – "o Espírito, porém, dá a vida" (2Cor 3,6). E Ezequiel diz: "O Espírito da vida estava nas rodas" (Ez 1,20). Nas rodas do Antigo e do Novo Testamento está o Espírito da vida, isto é, a inteligência espiritual que dá a vida à alma. De fato, lemos nos Provérbios: "A lei do sábio é fonte de vida para evitar a ruína da morte" (Pr 13,14).

Terceiro: O Espírito do Senhor, isto é, o prelado de vida espiritual, paira sobre as águas, isto é, sobre os povos. De fato, a vida do pastor deve distar tanto da vida das ovelhas quanto a vida do prelado deve distar da vida dos súditos (dos fiéis). Diz sempre

Ezequiel: "Por cima das cabeças dos animais via-se uma espécie de firmamento, como um aspecto de cristal estupendo, estendido pela parte superior por cima de suas cabeças" (Ez 1,22). Esse firmamento é figura do prelado, no qual deve existir o sol de uma vida ilibada, a lua da doutrina a iluminar a noite do exílio, as estrelas da boa reputação; e o comportamento deve aparecer transparente como o cristal, e deve também incutir temor. O cristal simboliza a constância do espírito e a brandura da mansidão; e deve também incutir temor com a severidade de suas correções. O prelado, pois, deve ter firmeza e doçura, deve ser severo e incutir temor quando as circunstâncias o exigem e assim pairará sobre as águas e sobre a cabeça dos "seres vivos", isto é, de seus súditos, sobre os quais deve, por assim dizer, estender-se como o firmamento para protegê-los e defendê-los.

Quarto: O Espírito do Senhor, isto é, a alma, que já concebeu o espírito do divino amor, paira sobre as águas, quer dizer, sobre as coisas temporais. Diz o Gênesis: "A arca flutuava sobre as águas. As águas elevaram-se sempre mais sobre a terra e cobriram todos os montes mais altos que estão sob todo o céu" (Gn 7,18-19).

As águas das riquezas e da concupiscência já se elevaram de tal modo que cobriram toda a terra. Por isso, diz Isaías: "A terra está cheia de sua prata e de seu ouro, e não têm fim os seus tesouros", eis a avareza; "e sua terra está cheia de cavalos e inumeráveis são seus carros", eis a soberba; "e sua terra está cheia de ídolos", eis a luxúria (Is 2,7-8). Toda a terra já está coberta dessas águas malditas e, o que é pior e mais perigoso, também todos os montes mais altos, isto é, os prelados da Igreja, estão cobertos dessas águas. Mas a arca de Noé, isto é, a alma do homem dedicado ao espírito, flutua sobre estas águas, porque considera tudo como esterco. Bem se diz, portanto, que o azeite do amor divino flutua sobre todo o líquido.

Nos cem barris de azeite deve-se entender a perfeição do amor divino. Portanto, o feitor, isto é, o prelado da Igreja, deve dizer a cada fiel que é devedor de Deus: "Quanto deves ao meu patrão?", isto é, em que medida és obrigado a amar a Deus? O fiel responderá: Na medida de "cem barris de azeite"; isto é, sou obrigado a amá-lo com um amor perfeito, porque devo amá-lo de todo o coração, de toda a alma e com todas as forças. Mas visto que sou pecador, não consigo chegar a tal perfeição de amor. Então o feitor da Igreja, providenciando para si e pelo fiel, deve dizer: "Toma a tua obrigação, senta-te depressa e escreve cinquenta". A obrigação em latim chama-se *cautio*, caução: seu nome vem de *acautelar-se*, e é uma obrigação escrita de próprio punho para recordar-se do débito.

Observa que aqui são indicados os três atos nos quais consiste a verdadeira penitência. O prelado, ou o sacerdote, deve dizer ao pecador: Visto que ainda não estás em condição de chegar àquela perfeição de amor, por ora "toma a tua obrigação", isto é, dispõe tua vida a fazer penitência; "senta-te", na contrição do coração; "escreve logo" com a confissão da boca, porque o tempo é breve; escreve "cinquenta", isto é, cumpre as obras que o confessor te impõe em reparação de teus pecados.

Sobre o número cinquenta encontrarás um tratado mais amplo no sermão do dia de Pentecostes, onde é comentado o trecho dos Atos: "Tendo-se completado o dia de Pentecostes (quinquagésimo).

12. "Depois disse a outro: Tu quanto deves ao meu patrão? Respondeu: Cem alqueires de trigo. Disse-lhe: Toma as tuas letras e escreve oitenta" (Lc 16,7). O trigo simboliza o amor ao próximo, do qual Salomão diz nas parábolas: "Aquele que esconde o trigo é maldito entre os povos, e a bênção virá sobe a cabeça dos que o vendem" (Pr 11,26). "Quem esconde o trigo", isto é, quem recusa seu amor ao próximo, "será maldito" naquela reunião universal à qual todos os povos se apresentarão diante do tribunal do juiz supremo. Mas "será invocada a bênção – Vinde, benditos de meu Pai (Mt 25,34) – sobre a cabeça de quem o vende". Se vendes ao próximo o trigo do amor, receberás o prêmio da eterna recompensa. Diz-se exatamente nos Provérbios: "Quem se compadece do pobre empresta ao Senhor, e o Senhor o recompensará" (Pr 19,17). Nos cem alqueires de trigo deve-se entender a perfeição ao amor interior.

Diga, portanto, o feitor, diga o sacerdote ou o prelado da Igreja, ao pecador: "Tu, quanto deves?, isto é, em que medida deves amar o teu próximo no Senhor? Ele responderá: Na medida de "cem alqueires de trigo", isto é, devo amar o amigo e o inimigo, no Senhor e pelo Senhor; e pelo meu próximo, se for necessário, devo estar pronto a dar a vida. Mas visto que sou carnal e frágil, não estou em condição de chegar a tanta perfeição de amor pelo próximo. E então o feitor deve dizer-lhe: Já que não está ainda pronto a arriscar a tua vida pelo irmão, por ora "toma as tuas letras e escreve oitenta".

A palavra "letra" soa quase como *legìtera*, isto é, *legit iter*, mostra o caminho a quem lê, ou "repete lendo". "Toma, pois, as tuas letras", isto é, prepara o caminho da tua mente para o amor ao próximo; "e escreve oitenta", quer dizer, ensina-lhe a não errar e socorre-o para que não desfaleça; instrui seu espírito na doutrina dos quatro evangelistas; alimenta-lhe o corpo, composto dos quatro elementos, ajudando-o também materialmente e assim escreve oitenta. E mantenha sempre essa letra diante dos olhos, assim cada vez que vires o próximo, nele escreverás oitenta, escrevendo lerás, e lendo repetirás a tua boa ação. E lendo desse modo, a própria letra preparar-te-á o caminho pelo qual chegarás a merecer o prêmio.

13. "E o Senhor louvou o feitor iníquo, por ter agido com prudência. De fato, os filhos deste mundo são mais hábeis no trato com os seus semelhantes do que os filhos da luz" (Lc 16,8). O sacerdote ou o prelado da Igreja é chamado iníquo porque, levando uma vida má, dissipa os bens de seu Senhor. O evangelho o chama de "iníquo", isto é "não équo", ou seja, injusto, porque manchou-se com atos desonestos. Contudo, porque admoesta os pecadores, explica a palavra de Deus, mostra a todos e ensina com prudência o que se deva dar a Deus e ao próximo segundo as próprias capacidades, o Senhor o louva: "Os filhos deste mundo são mais prudentes do que os filhos da luz".

Presta atenção que a prudência se refere às coisas humanas, a sabedoria, porém, às coisas divinas. Da prudência fazem parte o conhecimento dos negócios civis, a arte militar, a ciência da terra, a náutica. Igualmente a prudência é a ciência (conhecimento) tanto das coisas boas quanto das coisas más, e dela fazem parte a memória, a inteligência e a previdência.

Em segundo lugar, existem várias espécies de prudência. De fato, diz-se o que segue, já que algumas coisas passam e outras se sucedem: "Os filhos deste mundo, em sua geração", isto é, no que concerne à carne, "são mais prudentes do que os filhos da luz". A luz chama-se assim porque *dilui*, desfaz as trevas. Os filhos deste mundo, que correm atrás das coisas temporais, no seu gênero, são mais prudentes do que os filhos da luz em desprezá-las: estes, com a luz de sua vida, deveriam dissipar as trevas do pecado.

A respeito disso temos uma concordância nos Provérbios de Salomão: "Há uma casta de gente que amaldiçoa seu pai e que não abençoa sua mãe. Há gente que se julga pura e, contudo, não está limpa de suas manchas. Há gente cujos olhos são altivos e suas pálpebras levantadas. Há gente que em lugar de dentes tem espadas e cujos molares são facas para devorar os indigentes da terra e os que são pobres entre os homens" (Pr 30,11-14).

Nessa passagem são indicados quatro gêneros de homens iníquos, isto é, os prelados perversos, os falsos religiosos, os soberbos e os avarentos e usurários.

"A casta de gente que amaldiçoa seu pai e não abençoa sua mãe" representa os prelados e os sacerdotes perversos da Igreja, os quais, com sua vida escandalosa e a negligência no seu ofício, amaldiçoam a Deus Pai, cujo nome é assim blasfemado por sua culpa (cf. Rm 2,24), e não abençoam sua mãe, a Igreja, antes destroem sua fé, que, ao contrário, deveriam pregar com a palavra e com o exemplo.

"O gênero que se crê puro, mas que não se lavou de suas imundícies", representa os falsos religiosos, hipócritas, que se assemelham a sepulcros caiados (cf. Mt 23,27), dos quais o Bem-aventurado Bernardo diz: Se conseguem viver sua vida exterior sem infâmia, pensam ter salvo tudo.

"O gênero dos olhos altivos e das pálpebras levantadas" são os soberbos, que andam de pescoço erguido e piscando os olhos (cf. Is 3,16): suas pálpebras não são dirigidas para os passos, mas para o alto. Contra eles o profeta diz: "Ó Senhor, meu coração não se orgulhou, nem se mostraram altivos os meus olhos" (Sl 130,1).

"O gênero cujos dentes são espadas e cujos molares são facas" representa os avarentos e os usurários, cujos dentes são lanças e flechas (cf. Sl 56,5), que devoram os pobres e se apossam dos bens dos outros. Todos esses são filhos deste mundo, que julgam insensatos os filhos da luz e se creem prudentes, mas sua prudência é sua morte (cf. Rm 8,6).

Com esta segunda parte do evangelho concorda a segunda parte da epístola: "Aquele, pois, que crê estar de pé, veja que não caia. Nenhuma tentação vos surpreenda, a não ser a humana" (1Cor 10,12-13). O feitor pensava estar bem de pé, e, no entanto, foi privado da administração, porque havia dissipado os bens do patrão. Os filhos deste mundo pensam estar de pé, e, em vez, foi-lhes tirado o bastão de cana das riquezas, ao qual se apoiavam, cairão no inferno, e então perceberão que os filhos da luz são mais prudentes do que os filhos deste mundo.

"A tentação", isto é, a atração do pecado, "não vos surpreenda, ó filhos da luz", isto é, não induza a vossa razão ao consentimento; pode haver uma exceção para aquela humana, quer dizer, para aquelas coisas sem as quais não é possível a vida. A tentação humana consiste em julgar as coisas de maneira diversa de como são na realidade e quando em boa fé erramos em alguma decisão. Mas também se não existe em nós a perfeição do anjo, também não deve existir a presunção do diabo.

Rogamos-te, pois, Senhor Jesus Cristo, que infundas em nós o amor a Deus e ao próximo; faze que sejamos filhos da luz, preserva-nos de cair no pecado e de sermos tentados pelo diabo, a fim de que mereçamos subir à glória da luz inacessível.

No-lo concedas tu, que és bendito e glorioso nos séculos dos séculos. Amém.

III – ACOLHIMENTO NAS MORADAS ETERNAS DE QUEM FAZ O BEM AOS POBRES

14. "E eu vos digo: Granjeai-vos amigos com as riquezas da iniquidade, para que, quando vierdes a precisar, vos recebam nos tabernáculos eternos" (Lc 16,9). O evangelho chama as riquezas com o termo siríaco *mamona*, que significa "riquezas iníquas", por ser fruto da injustiça. Portanto, se a iniquidade corretamente administrada se converte em justiça, quanto mais as riquezas da palavra divina, nas quais nada de injusto existe, levantam ao céu o bom administrador.

Dizer amigo é como dizer "guarda da alma" (latim: *animi custos*), e o termo vem de amar. A amizade consiste no desejo de fazer o bem a quem se ama, de acordo com suas aspirações (Agostinho). Os ricos deste mundo que, com fraudes, acumulam riquezas de iniquidade, isto é, de desigualdade, não poderiam ter amigos mais afeiçoados – se o compreendessem – do que as mãos dos pobres, que são o tesouro de Cristo.

Diz Gregório: Para que os ricos encontrem na mão alguma coisa depois da morte, antes de morrerem diz-se a eles em que mãos devem colocar as riquezas. Ó rico, dá a Cristo aquilo que ele próprio te deu: Tiveste-o como doador, tenha-o como devedor, que te restituirá com grande recompensa. Ó rico, peço-te, estende a tua mão seca ao pobre, e se antes era seca pela avareza, refloresça agora com a esmola. Escreve Salomão no Eclesiastes: "Florescerá a amendoeira, o gafanhoto engordará e a alcaparra se extinguirá" (Ecl 12,5). A amendoeira, diz Gregório, floresce antes que as outras árvores, e é figura daquele que dá esmola, o qual, florido de compaixão e de misericórdia, deve fazer desabrochar antes de tudo a flor da esmola.

Diz Isaías: "Israel florescerá e germinará" (Is 27,6). Israel, isto é, o justo, florescerá com a esmola e germinará com a compaixão. Mas presta atenção que, embora o broto venha antes do que a flor, não escreveu antes "germinará", mas "florescerá" e depois "germinará". E o fez porque quando o justo floresce com a esmola, deve depois germinar com a compaixão, porque deve oferecer a esmola ao pobre não só com a mão, mas também com o afeto do coração, para que não suceda que a avareza fique a chorar a esmola.

"Florescerá, pois, a amendoeira", isto é, quem faz a esmola, "e o gafanhoto engordará", isto é, o pobre, que acertadamente é comparado ao gafanhoto. Porque assim como o gafanhoto cai na letargia e perde as forças quando faz frio, mas depois quando o calor retorna ele desperta, torna-se, por assim dizer, alegre e recomeça a saltar, assim o pobre, no tempo de fome e no gelo da miséria perde as forças, seu corpo se enfraquece e seu rosto faz-se pálido, mas depois, quando chega o calor de beneficência e o dom da esmola, recupera as forças e dá graças a Deus pela oferta recebida. E assim "extinguir-se-á a alcaparra", isto é, a avareza. "Granjeai-vos, pois, amigos com as riquezas iníquas, para que quando vierdes a precisar, vos recebam nos tabernáculos eternos."

15. Considera que há quatro tabernáculos. O primeiro é o dos carnais, o segundo, dos principiantes, o terceiro, dos proficientes, o quarto, dos que chegaram, ou seja, dos perfeitos. O primeiro é o tabernáculo dos idumeus e dos ismaelitas; o segundo, de Cedar; o terceiro, de Jacó; e o quarto, do Senhor dos exércitos.

Do primeiro tabernáculo diz o salmo: "Contra ti fizeram aliança as tendas dos idumeus e dos ismaelitas" (Sl 82,6-7). Idumeus interpreta-se "sanguinários" e ismaelitas, "obedientes", e acrescenta "para si mesmos e não para Deus". E neles devemos ver representados os luxuriosos que se contaminam com o sangue da luxúria, e os soberbos, que fazem a própria vontade e não a vontade de Deus. Suas tendas, isto é, suas pequenas assembleias, estipulam uma aliança contrária à aliança que o Senhor estipulou sobre o monte quando disse: "Bem-aventurados os pobres em espírito" (Mt 5,3). Dessas tendas deve-se fugir e ir para aquelas de Cedar, nas quais se diz no Cântico dos Cânticos: "Sou morena, mas formosa, filhas de Jerusalém, sou como as tendas de Cedar, como os tabernáculos de Salomão. Não repareis que eu seja morena, porque o sol me mudou a cor" (Ct 1,4-5).

Encontrarás o comentário sobre esta passagem no sermão do III domingo da Quaresma, parte IV, que explica o evangelho: "Quando o espírito imundo sai de um homem".

Quem tiver agido bem nessas tendas, passará para aquelas de Jacó, das quais se fala no Livro dos Números: "Quão formosas são os teus tabernáculos, ó Jacó, e as tuas tendas, ó Israel. São como os vales selvosos, como jardins ao longo dos rios que os regam, como tendas que o Senhor fixou, como cedros junto às águas" (Nm 24,5-6).

Presta atenção a estas três coisas: os vales, os jardins e os cedros. Os vales selvosos simbolizam a humildade da mente; os jardins irrigados, a compunção das lágrimas; os cedros, a contemplação das realidades superiores. Portanto, os tabernáculos de Jacó e as tendas de Israel representam a vida do homem ativo e do contemplativo: o próprio Senhor fixou essas tendas, porque estão dispostas segundo o seu beneplácito. Por isso, no Êxodo foi dito a Moisés: "Olha e faze segundo o modelo que te foi mostrado sobre o monte" (Ex 25,40). O monte, assim chamado porque não se move (*mons, motus non habens*), é Cristo, que "não segue o conselho dos ímpios" (Sl 1,1).

O modelo é sua vida, segundo a qual também nós devemos fixar e construir nossas tendas. Essas tendas são chamadas em latim *tentorium*, porque são estendidas com cordas e estacas, e se chamam também tabernáculos ou pavilhões.

As tendas do homem ativo e do contemplativo são, pois, belas como "vales selvosos", porque são fundadas sobre a humildade da mente, que oferece sombra e proteção contra o ardor dos vícios; e são como "jardins irrigados ao longo dos rios", porque sua mente é irrigada pela compunção das lágrimas; "e como cedros junto às águas", porque são enraizados e plantados na sublimidade da contemplação, no suave perfume de uma santa vida, na riqueza do rio que alegra a cidade de Deus (cf. Sl 45,5).

E enfim, dessas tendas, quando tiverem acabado as provas desta vida, quando o inverno tiver passado e a chuva cessar de cair (cf. Ct 2,11), então passará para as tendas do Senhor dos exércitos (cf. Sl 83,2), das quais Isaías promete: "O meu povo habitará numa tenda de paz, nos tabernáculos tranquilos e num grande repouso" (Is 32,18). O povo dos penitentes, "o povo do Senhor e as ovelhas de suas pastagens" (Sl 94,7), que agora está em meio às lutas, viverá numa paz maravilhosa.

A paz é a liberdade na tranquilidade (Cícero). Paz vem de pacto: primeiro estabelecem-se os pactos e depois se consegue a paz. Quem agora estabelece com o Senhor o pacto da reconciliação, sentar-se-á depois numa paz maravilhosa no reino celeste.

Paz do tempo e paz do coração: mas ai, quantas vezes ela é perturbada! A paz da eternidade, porém, será maravilhosa nos séculos dos séculos, e perfeitamente segura. Então, não haverá quem incuta medo (cf. Jó 11,19) e lá todos sentir-se-ão seguros e tranquilos e "num repouso cheio de bem-estar" (latim: *requies opulenta*), repouso rico, esplêndido. Opulento vem de *ops*, riqueza. Este "repouso rico" está a indicar a consecução da dupla estola da glória, isto é, a glorificação da alma e a do corpo, que os santos gozarão por toda a eternidade.

Ó ricos deste mundo, fazei-vos amigos dos pobres; recebei-os nos vossos tabernáculos, para que, quando vos vier a faltar a riqueza acumulada com a injustiça, quando vos for subtraída a palha das coisas temporais, eles vos acolham nas tendas eternas, onde reina uma paz maravilhosa, uma tranquila segurança e o esplêndido repouso da eterna satisfação.

Com esta terceira parte do evangelho concorda também a terceira parte da epístola: "Deus é fiel e não permitirá que sejais tentados além do que podem as vossas forças, antes fará que tireis ainda vantagem (*proventum*, êxito feliz, vitória) da própria tentação, para poderdes suportá-la" (1Cor 10,13). O Apóstolo fala aos pobres de Cristo e aos penitentes "que lutam nas tendas de Cedar". "Deus é fiel", sincero nas promessas, "e não permitirá que vós", que já sofreis por ele, "sejais tentados além do que podem as vossas forças"; mas aquele que dá a permissão ao tentador, oferece também ao tentado a sua misericórdia. "Fará também que tireis vantagem", isto é, que aumenteis as forças, "para que possais resistir à tentação", isto é, para que não desfaleçais, mas saiais vitoriosos.

Irmãos caríssimos, roguemos, pois, ao Senhor Jesus Cristo que nos faça sair das tendas dos idumeus e viver naquelas de Cedar; nos faça, depois, passar para as tendas de Jacó, para merecermos chegar finalmente àquelas eternas da paz, da confiança e do repouso. No-lo conceda ele próprio, que é bendito, digno de louvor e de amor e que vive pelos séculos eternos. E toda a Igreja diga: Amém. Aleluia!

X domingo depois de Pentecostes

Temas do sermão

- Evangelho do X domingo depois de Pentecostes: "Jesus se aproximava de Jerusalém"; divide-se em três partes.
- Primeiramente, sermão para a natividade ou para a paixão do Senhor: "O sol nasce e se põe".
- Parte I: Os três nomes de Jerusalém e seu significado: "Jesus se aproximava de Jerusalém".
- A rainha de Sabá e seu significado: "A rainha de Sabá".
- A vaidade do mundo: "Vi todas as coisas que se fazem debaixo do sol".
- Sermão aos penitentes: como deve ser feita a penitência: "Filha do meu povo".
- Sermão sobre o choro: "Os teus olhos como aqueles da pomba".
- Sermão sobre a alegria dos carnais: "Vinde, gozemos os bens presentes".
- Sermão contra aqueles que amam as riquezas, contra os religiosos, os prelados e os clérigos: "O anátema está em meio a ti, Israel!"
- Parte II: Sermão sobre a miséria deste exílio e sobre o fim do homem: "Recorda-te do teu Criador"; e tudo o que se refere a este assunto.
- Parte III: Sermão contra os simoníacos: "Tendo Jesus entrado no templo".
- Sermão sobre a sabedoria de Deus, isto é, sobre Jesus Cristo, e sobre seu poder: "A sabedoria chega a toda a parte".
- Sermão moral sobre a contemplação: "Entrando em minha casa".
- Sermão sobre a oração, sobre aquilo que lhe é necessário, e sobre a natureza das abelhas: "A minha casa é casa de oração".
- Sermão aos religiosos, sobre a coleta do incenso e sobre suas propriedades: "Como incenso não inciso".
- Sermão sobre a compunção das lágrimas: "Banhar-te-ei com as minhas lágrimas, Hesebon".
- Sermão sobre a espelunca dos ladrões, a natureza do dragão, do avestruz, do fauno, da coruja e da sereia, e o que representam: "As feras repousarão".

EXÓRDIO – SERMÃO PARA A NATIVIDADE E A PAIXÃO DO SENHOR

1. Naquele tempo, "Jesus se aproximava de Jerusalém, e contemplando a cidade chorou sobre ela dizendo: Se tu também conhecesses..." (Lc 19,41-42).

Diz Salomão no Eclesiastes: "O sol nasce e se põe, e torna ao lugar de onde partiu, e, renascendo ali, dirige o seu giro para o meio-dia, e depois declina para o norte.

O vento (*spiritus*) corre, visitando tudo em roda e volta a começar os seus circuitos" (Ecl 1,5-6). O sol, assim chamado porque resplende "solitário", é Jesus Cristo, que vivifica e ilumina toda a criação com a virtude e o esplendor da graça espiritual: ele nasce para o fiel, mas se põe para o infiel. Ou então: nasce no natal e põe-se na paixão; de fato, está escrito: "O sol conheceu seu ocaso" (Sl 103,19); "e torna ao lugar de onde partiu" na ascensão; como está escrito: "Saí do Pai e vim ao mundo", onde existe o ocaso, "agora deixo de novo o mundo e vou para o Pai" (Jo 16,28).

A natureza procede em via circular. Jesus Cristo, enquanto Deus, é criador da natureza (*natura naturans*) e governa toda a criação (*natura naturata*) procede em via circular, porque "retorna ao lugar de onde partiu e renascendo ali", isto é, voltando do céu para o juízo final, "dirige-se para o meio-dia", isto é, examina as boas obras, "e depois declina para o norte", isto é, examina as obras más e "explora e põe às claras todas as coisas", porque não há nada escondido que não venha a revelar-se (cf. Lc 12,2).

Diz em Isaías: "Eu repousarei e contemplarei do meu lugar como é clara a luz do meio-dia e como é uma nuvem de orvalho no tempo da messe" (Is 18,4). Eis de que modo uma cortina puxa a outra (estando unidas entre si) (cf. Ex 26,3). Aquilo que diz o Eclesiastes: "Retorna ao lugar de onde partiu", é a mesma coisa que o Senhor diz em Isaías: "Eu repousarei", como se dissesse: "Cansei-me carregando" (Jr 6,11) a cruz; morri na paixão, mas, ressurgindo, voltarei para o seio do Pai, onde repousarei. E onde diz: "Ressurgindo dirige-se para o meio-dia e depois declina para o norte", corresponde às palavras "e contemplarei do meu lugar". E quando diz: "Examina e põe às claras todas as coisas", corresponde à expressão: "como é clara a luz do meio-dia".

Então, diante dele abrir-se-ão os livros e serão trazidos à luz os segredos das trevas e manifestadas as intenções dos corações (cf. 1Cor 4,5), porque o espírito (vento), isto é, o sol que vivifica todas as coisas, que dá a respiração a todos aqueles que estão sobre a terra, Jesus Cristo, visitará tudo em roda, sem deixar pedra sobre pedra (cf. Mt 24,2), observando tudo, examinando o muro (cf. Is 22,5) e cavando na parede (cf. Ez 12,5), entrando na boca de Beemot para amarrar sua língua com uma corda (cf. Jó 40,20), precipitando-o, à vista de todos, para a morte com os mortos pela eternidade (Is 25,8). E assim "retornará aos seus circuitos", isto é, para a celeste Jerusalém junto com os seus santos, para os quais será "como uma nuvem de orvalho no tempo da messe". Completada a colheita, queimará a palha no fogo inextinguível e colocará o trigo no seu celeste celeiro (cf. Lc 3,17) e então será como uma nuvem de orvalho: *nuvem* luminosa sobre o acampamento de Israel e sobre as tendas da Igreja triunfante, de *orvalho* porque alimentará e saciará. Desse sol, de seu circuito, de seus reflexos, de sua irradiação, fala o evangelho de hoje: "Jesus aproximava-se de Jerusalém".

2. No evangelho de hoje são postos em evidência três coisas. A primeira, a comovida piedade de Jesus Cristo com a cidade de Jerusalém, quando diz: "Jesus aproximava-se de Jerusalém". A segunda, a desolação de Jerusalém, quando diz: "Dias virão sobre

480   X DOMINGO DEPOIS DE PENTECOSTES

ti em que teus inimigos..." A terceira, a expulsão dos vendedores e dos compradores do templo, quando diz: "Tendo entrado no templo". Procuraremos em três livros de Salomão, o Eclesiastes, o Cântico dos Cânticos e a Sabedoria, algumas passagens que concordem com estas três partes do evangelho.

No introito da missa de hoje canta-se o salmo: "Deus está no seu santo lugar" (Sl 67,6). Lê-se, a seguir, um trecho da Primeira carta do Bem-aventurado Paulo aos Coríntios: "Vós sabeis que quando éreis pagãos" (1Cor 12,2). Dividi-la-emos em três partes e encontraremos sua concordância com as três mencionadas partes do evangelho. Primeira parte: "Vós sabeis". Segunda parte: "Há diversidade de dons". Terceira parte: "A cada um é dada uma manifestação do Espírito".

I – A COMOVIDA PIEDADE DE JESUS CRISTO POR JERUSALÉM

3. "Quando chegou perto de Jerusalém, ao ver a cidade, Jesus chorou sobre ela, dizendo: Se ao menos neste dia que te é dado, tu também conhecesses quem te pode trazer a paz! Mas agora isso está encoberto aos teus olhos" (Lc 19,41-42).

Recorda que Jerusalém antes chamava-se *Salém*. Os judeus sustentam que foi fundada na Síria, depois do dilúvio, por Sem, filho de Noé, que dizem ser Melquisedec, que teve seu reino exatamente na Síria. A seguir os jebuseus a conquistaram, e eles a chamaram Jebus. Da união desses dois nomes, *Jebus* e *Salém*, chamou-se *Jerusalém*. Enfim, após tê-la restaurado e embelezado, Salomão a chamou *Ierosòlyma*, quase como se dissesse *Iero-solomònia*. *Salém* significa "paz", *Jebus*, "oprimida", *Jerusalém*, "visão de paz": e nestas três denominações são simbolizados os três estados da alma.

No batismo, a alma foi *Salém*; na penitência, é *Jebus*; e enfim na glória, será *Jerusalém*. No batismo, a paz foi restituída à alma, porque de filha da ira tornou-se filha da graça. Na penitência deve ser oprimida e pisada, visto que Isaías diz: "Será pisada aos pés a coroa da soberba dos embriagados de Efraim" (Is 28,3). Os embriagados de Efraim, nome que se interpreta "fértil", são os ricos deste mundo, embriagados de soberba e de luxúria. Sua coroa, isto é, sua glória, é pisada sob os pés da penitência, quando são inebriados com o vinho da contrição. Lemos nos Provérbios: "Não há segredo algum onde reina a embriaguez" (Pr 31,4). Não há o segredo da iniquidade onde reina a embriaguez da verdadeira contrição, porque revela na confissão tudo aquilo que antes estava escondido na mente. Haverá visão de paz na glória, onde, como diz Isaías, ver-se-á com os próprios olhos o retorno do Senhor em Sião (cf. Is 52,8). E ainda: "Quando o vires, ficarás radiante, palpitará e dilatar-se-á teu coração" (Is 60,5). Ó alma, se antes tiveres sido *Jebus* (oprimida), depois verás aquilo que olho jamais viu.

4. Diz Isaías: "Nenhum olho viu, ó Deus, exceto tu, o que tens preparado para os que te esperam" (Is 64,4). Verdadeiramente verás, porque verás aquele que tudo vê! Verás a sabedoria de Salomão, como se narra no Terceiro livro dos Reis quando se fala da rainha de Sabá; verás a casa que ele edificou em Jerusalém e os alimentos de

sua mesa (cf. 1Rs 10,4-5). A propósito, lemos no Evangelho de Lucas: "Eu preparo para vós um reino, como o Pai o preparou para mim, para que possais comer e beber à minha mesa no Reino dos Céus" (Lc 22,29-30). Então, ó alma, verdadeiramente poderás dizer com a rainha de Sabá, nome que se interpreta "prisioneira", porque também tu agora és prisioneira, mas depois serás rainha: "Era verdade, pois, o que eu ouvi no meu país", isto é, na terra de minha peregrinação, acerca de tuas palavras e de tua sabedoria. Eu não queria crer ao que se dizia, até que eu mesma vim, e vi com os meus olhos e reconheci que não me tinham dito metade do que era. Tua sabedoria e tuas obras são muito maiores do que a fama que tenho ouvido. Bem-aventurados os teus homens e os teus servos, aqueles que gozam sempre de tua presença e que ouvem a tua sabedoria" (1Rs 10,6-8).

Eis o que verás! Estarás na abundância de delícias e de riquezas, isto é, serás glorificada, alma e corpo, e o teu coração espantar-se-á com a beleza da Jerusalém celeste, com a bem-aventurança dos anjos, com a coroa imarcescível de todos os santos; e assim, teu coração dilatar-se-á pelo gozo incomparável e a indizível felicidade.

Mas ai, desprezando tão grande glória e abundância de delícias, a alma desventurada agarra-se às coisas temporais, faz qualquer esforço para conquistar bens efêmeros e abraça os rejeitos! E, por isso, o Senhor, "vendo a cidade, chorou sobre ela dizendo: Se também tu, conhecesses". O Senhor não chorou sobre a cidade terrena, mas sobre a alma, não sobre a ruína das pedras, mas sobre a ruína das virtudes.

Presta atenção a estas duas palavras: "vendo" e "chorou". Ó alma, se tu visses, chorarias verdadeiramente; mas, já que não vês, não choras.

5. "Se tu visses", eu diria com o Eclesiastes, onde lemos: "Vi tudo o que se faz debaixo do sol, e achei que tudo é vaidade e aflição de espírito" (Ecl 1,14). Considera que debaixo do sol está a vaidade, acima, porém, está a verdade. Portanto, a alma que está debaixo do sol, por causa do seu apego às coisas temporais, e não acima do sol com a contemplação das coisas celestes, o que mais deverá fazer senão chorar e gemer? E justamente se unem a vaidade e a aflição, pois onde existe a vaidade da felicidade terrena, ali há a aflição da morte eterna. Portanto, se tu visses, certamente chorarias.

Continua o Eclesiastes: "Voltei-me, depois, para outras coisas, e vi as calúnias que se fazem debaixo do sol e as lágrimas dos inocentes, que não têm quem os console; e eles não podem resistir à violência do outro, pois ninguém corre em seu socorro. E então, proclamei mais fortunados os mortos do que os vivos, e mais feliz do que ambos considerei quem ainda não nasceu e não viu as más ações que se cometem debaixo do sol" (Ecl 4,1-3). "Debaixo do sol" há falsidade e vaidade, calúnias dos poderosos contra os miseráveis, cruéis sentenças contra os pobres, que derramam lágrimas inocentes e não têm ninguém que os sustente. Consolador é aquele que se aproxima de quem está só e, com boas palavras, alivia-lhe a angústia.

"Ninguém", vem do latim *nemo*, e soa quase como *ne homo*, isto é, nenhum homem. Diz-se também *nullus* [homo], nenhum homem, e *nullus* vem de *ne ullus*, nem um. Se existisse o homem, não faltaria o consolador; mas porque são leões, e não homens, eis que fazem sofrer os pobres, que são destituídos de apoio humano, e não estão em condições de resistir à sua violência.

"Então proclamei mais fortunados os mortos", isto é, os mortos para o mundo, que são certamente melhores do que aqueles que vivem para o mundo, "e mais feliz do que ambos considerei quem ainda não nasceu", isto é, quem ainda não nasceu para o pecado. Realmente, diz Jó: "Pereça o dia em que nasci" (Jó 3,3), isto é, o dia em que de novo tornei-me pecador. Se a alma desventurada visse tudo isso, certamente choraria.

6. Por isso, Jeremias ensina como a alma deva chorar a si mesma, dizendo: "Filha do meu povo, cinge-te de cilício e cobre-te de cinzas; veste-te de luto como pela morte de um filho único e chora amargamente!" (Jr 6,26).

Presta atenção a estas quatro coisas: o cilício, a cinza, o luto como por um filho único e o pranto amargo. No cilício é representada a áspera penitência e a execração das próprias culpas; na cinza, a baixeza e a miséria de nossa condição humana; no luto pelo filho único, a dor da contrição interior; no pranto amargo, a efusão das lágrimas. Pois diz Cristo: "Ó alma, minha filha, que, com grande dor, dei à luz na paixão, tu que pela fé és a filha do meu povo, isto é, da Igreja militante, cinge-te de cilício, isto é, faze áspera penitência, a fim de que a carne que, alegremente, conduziu-te à culpa, sofrendo te reconduza ao perdão; e ela que antes saboreou o prazer do pecado, agora tenha dele a execração.

E presta atenção que diz "cinge-te" e não "veste" o cilício. Com esta palavra entende recordar-te duas coisas: a repressão da luxúria e a resistência da sugestão diabólica. Também o salmo diz: "Cinge a espada ao teu lado" (Sl 44,4). O cilício e a espada indicam a mesma coisa, isto é, a mortificação da carne, que, por assim dizer, aperta os flancos, isto é, freia os estímulos da luxúria. Também no Cântico dos Cânticos encontramos: "Cada um leva a espada ao seu lado contra os perigos noturnos" (Ct 3,8). Os perigos noturnos são exatamente os demônios e as falsas sugestões da carne, e para evitá-las, aquele que quer guardar o leito do verdadeiro Salomão (cf. Eclo 23,25), isto é, quer guardar sua consciência, na qual repousa Jesus Cristo, deve ter precisamente a espada da mortificação cingida aos flancos de sua carne.

"E cobre-te de cinza", lembrado daquela condenação: És cinza e à cinza hás de voltar (cf. Gn 3,19). Cinza, em latim *cinis*, vem de incêndio, pois a cinza é produzida pelo fogo. Adão, com sua descendência, aceso pelo fogo da cobiça, foi incendiado pelo sopro da falsa promessa e, portanto, voltou à cinza da morte.

"Veste-te de luto como por um filho único." O luto é chamado assim porque produz no coração do homem como que uma ferida, em latim *ulcus* ou *vulnus*; para sará-la recorre-se às consolações; essa ferida simboliza a contrição, que é uma ferida do coração, para a qual é necessária a consolação, isto é, a esperança na misericórdia do Redentor.

E observa que diz "luto como por um filho único". Como não existe maior dor do que aquela da mulher que vê morrer seu único filho, que ama acima de todas as coisas, assim não deve existir dor maior do que a da alma penitente que, tendo um único filho, isto é, a fé, que age por meio do amor, perde-a por causa do pecado mortal. A alma da fé é a caridade, que a mantém viva; faltando a caridade, a fé morre. Por isso, visto que perdeste a alma da fé, "veste-te de luto como por um filho único, e chora amargamente". À contrição do coração deve-se unir a amargura das lágrimas, para que a alma chore a si mesma e chame à vida o filho único que morreu, pois, também o Senhor chorou sobre Lázaro e sobre a cidade de Jerusalém.

7. Considera que "chorar", em latim *flere*, significa derramar lágrimas copiosas, como se dissesse *flùere*, fluir, escorrer; *plorare*, porém, é o choro acompanhado de vozes; *lugere* é o choro acompanhado de alguns ditos de compaixão, e também *luce egère*, faltar ou ter necessidade de luz. Sobre esse choro abundante temos uma concordância no Cântico do amor, quando o esposo fala à esposa: "Os teus olhos são como pombas sobre os regatos de água: eles são lavados no leite e se conservam junto a abundantes correntes de água" (Ct 5,12). Os olhos designam a vigilante providência. A pomba que voa sobre as águas prevê o gavião que tenta apanhá-la. E nós, enquanto estamos sobre os regatos do prazer transitório, devemos prever o carrasco (o diabo), porque aquele que agora nos instiga à culpa será, depois, também o executor da pena. O leite, já que nada é mais agradável do que ele, simboliza a alegria da consciência, confortada pela esperança da misericórdia divina.

As abundantes águas correntes representam a efusão das lágrimas. Portanto, a alma que, qual pomba, detém-se sobre abundantes lágrimas que escorrem, confiando na misericórdia de Deus, deve prever com prudente vigilância e acautelar-se contra a ilusão da felicidade passageira e contra a astúcia das sugestões diabólicas. Diz Agostinho: Neste vale de miséria deve-se chorar tanto mais quanto menos se chora. Portanto, "ao ver a cidade, o Senhor chorou sobre ela dizendo: Se conhecesses" a ruína que está sobre ti, certamente chorarias, tu, que agora exultas!...

8. Sobre esta exultação da cidade há uma concordância no Livro da Sabedoria, onde os ímpios, que não nutrem em si mesmos sentimentos retos, dizem: "Vinde e gozemos dos bens presentes, e apressemo-nos a usar da criatura como na mocidade. Enchamo-nos de vinho precioso e de unguentos e não deixemos passar a flor da primavera. Coroemo-nos de rosas antes que murchem; não haja prado algum em que a nossa intemperança não se manifeste. Nenhum de nós falte às nossas orgias. Deixemos em toda a parte sinais de alegria, porque está é a parte que nos toca" (Sb 2,6-9). Essas palavras não necessitam de explicações, porque cada dia vemos que se confirmam no comportamento dos carnais.

"Se tu conhecesses agora, neste dia, o que te pode trazer a paz." E Salomão no Eclesiastes: "Uma vez que não se pronuncia logo uma sentença contra os maus, por isso os filhos dos homens cometem crimes sem temor algum. Assim o pecador, mesmo que tenha feito o mal cem vezes, todavia é tolerado com grande paciência".

E pouco depois: "Há ímpios que vivem tranquilos, como se tivessem feito as ações aos justos" (Ecl 8,11.14).

Ó pecador, "se tu conhecesses neste dia o que te pode trazer a paz!" Agora tu és patrão de ti mesmo, mas virá o dia em que pertencerás a outrem, porque serás entregue ao diabo. Agora neste *teu* dia, tu exultas; mas virá o *seu* dia, no qual serás afligido. Está escrito: "No tempo que eu tiver estabelecido, julgarei com justiça" (Sl 74,3). Ó pecador, o Senhor emprestou-te tempo para mereceres a salvação, e tu te apossaste do tempo que te fora emprestado. Mas, crê em mim! O Senhor pedirá de volta o que é seu e fará justiça. Ó Senhor, se tu julgares os justos, o que será dos injustos?

Diz Ezequiel: "Eis que tirarei a minha espada de sua bainha e matarei no meio de ti o justo e o ímpio" (Ez 21,3): entende-se o justo que se crê tal, do qual fala o Eclesiastes: "Não presumas ser demasiadamente justo" (Ecl 7,17).

A bainha chama-se em latim *vagina*, que soa como *bagina*, invólucro, porque nela leva-se a espada, em latim *baiulatur*. A espada na bainha é figura da divindade colocada na humanidade. Dessa bainha o Pai tirará a espada e a vibrará, como diz o profeta: "Vibrará sua espada" (Sl 7,13). Considera que, quando é vibrada, a espada faz duas coisas: emite clarões e produz uma sombra trêmula. O Pai, no seu dia, vibrará a espada, isto é, seu Filho, porque lhe dará todo o poder de julgar (cf. Jo 5,22): ele dirigirá para os justos os clarões e para os maus a sombra trêmula da condenação. O ímpio seja tirado, para que não veja a glória de Deus, porque na terra dos santos cometeu a iniquidade (cf. Is 26,10). Mas veja somente aquele que transpassou (cf. Jo 19,37).

Ó alma desventurada! Agora, porém, essas verdades estão ocultas aos teus olhos, cegados pelo teu dia e por tua paz. Assim, cega como um animal bruto, és arrastada pelo diabo com a corda da cobiça para a conquista desses bens transitórios.

Com esta primeira parte do evangelho concorda a primeira parte da epístola de hoje: "Sabeis que, quando éreis pagãos, fostes arrastados pelos ídolos mudos. Por isso, agora faço-vos saber que ninguém que fala pelo Espírito de Deus diz anátema a Jesus. E ninguém pode dizer Senhor Jesus, senão pelo Espírito Santo" (1Cor 12,2-3).

Os gentios, isto é, os carnais que vivem como pagãos, pois nesta vida sentem-se tranquilos, correm atrás dos ídolos mudos, isto é, desses bens temporais, sólidos e estáveis na aparência, mas, a quem os olha com atenção, revelam sua evidente inconsistência. São como o esterco coberto de neve, falsa glória e beleza vã (cf. Pr 31,30). Quem se apega a esses ídolos do tempo é "anátema", isto é, separado de Jesus, que manda desprezá-los.

9. E sobre isso encontramos uma correspondência no Livro de Josué, onde o Senhor diz: "O anátema está no meio de ti, ó Israel; não poderás fazer frente aos teus inimigos enquanto não for exterminado do meio de ti aquele que está manchado por este crime", isto é, Acã, ao qual Josué disse: "Meu filho, dá glória ao Senhor, Deus de Israel, e confessa e declara-me o que fizeste, não o ocultes!" E Acã respondeu: "Vi entre os despojos uma capa de escarlate muito boa, duzentos siclos de prata e uma barra de ouro de cinquenta siclos; e vencido pela cobiça escondi tudo isso na terra,

no meio da minha tenda e enterrei o dinheiro numa cova. Então Josué tomou Acã, a prata, a capa, e a barra de ouro: apedrejaram Acã e tudo o que lhe pertencia foi consumido no fogo" (Js 7,13.19.21.24-25).

Acã interpreta-se "que corrompe", ou também "ruína do irmão", e é figura do rico deste mundo que corrompe a justiça, roubando os bens dos pobres, ou negando-lhes aquilo a que têm direito e, assim, torna-se a ruína do irmão. Ele rouba a capa vermelha, os duzentos siclos de prata e a barra de ouro que pesava cinquenta siclos. Considera que na capa vermelha são indicados todos os haveres das pessoas pobres, conquistadas com muito suor e sangue; nos duzentos siclos de prata é indicado o conhecimento do Antigo e do Novo Testamento; na barra de ouro de cinquenta siclos é simbolizada a vida de todos os religiosos.

A capa vermelha é roubada pelos soldados, pelos burgueses, pelos avarentos e pelos usurários. Os duzentos siclos de prata são roubados pelos salteadores do nosso tempo, isto é, pelos prelados e pelos clérigos. E enfim, a barra de ouro de cinquenta siclos é roubada pelos falsos religiosos.

Os ricos e os poderosos deste mundo subtraem aos pobres os seus míseros haveres, conquistados com o sangue, com os quais de algum modo se protegem: roubam-nos dos pobres, que eles chamam "os nossos vilões", isto é, os servos do campo, quando exatamente eles, os ricos, são os servos do diabo. Deles diz Jó: "Deixam nuas as pessoas, roubam suas vestes e assim não têm com que se cobrir durante o frio" (Jó 24,7). E Salomão nas parábolas: "Quem ordenha com força demasiada faz sair o sangue" (Pr 30,33). E Jeremias: "Até nas orlas dos teus vestidos achou-se o sangue dos pobres" (Jr 2,34).

E o conhecimento do Antigo e do Novo Testamento, que, por sua perfeição e sua coerência, é simbolizado nos duzentos siclos de prata, é roubado pelos prelados e pelos clérigos, quando o adquirem não para instruir e edificar, mas para tirar dele louvores e honras. Por isso, deles diz Salomão nas parábolas: "Um anel de ouro no nariz de uma porca, tal é a mulher formosa e insensata" (Pr 11,22). O termo *sus* (porco), usado nos Provérbios, pode indicar também a *porca*.

A mulher formosa e insensata são os clérigos. Eles são *mulher*, em latim *mulier*, porque são moles e corruptos, apresentando-se nos tribunais e nas cúrias por dinheiro, como as prostitutas. *Formosa*, pela suntuosidade das vestes, pela multidão de sobrinhos e talvez também de filhos, e pelo acúmulo das prebendas. *Insensata*, porque não compreendem aquilo que eles próprios ou os outros dizem (latim: *fantur*); clamam todo o dia na Igreja, ladram como cães, mas não compreendem nem a si mesmos, porque têm o corpo no coro, mas o coração no foro (na praça). E também, se escutam a pregação, não a entendem. Pregar aos clérigos e falar aos insensatos que utilidade há em ambos os casos, senão barulho e trabalho? Eles, embora possuam o anel de ouro da ciência e da eloquência, não se envergonham, exatamente como uma porca, de afundá-lo no esterco da luxúria e da avareza.

De igual modo, a barra de ouro de cinquenta siclos é roubada pelos falsos religiosos. A barra é chamada em latim *regula*, como se dissesse que regula a medida ou que endireita aquilo que é torto e defeituoso. A vida dos religiosos é uma regra de ouro que corrige o homem desviado e defeituoso, e o reconduz à norma do reto viver e estabelece a justa medida em todas as coisas. Quase todos os religiosos defraudaram essa regra, porque já não caminham segundo a verdade do evangelho, não vivem segundo os ensinamentos dos padres, mas levam uma vida depravada e falsa. Os monges defraudam a áurea regra do Bem-aventurado Bento. Os cônegos defraudam a áurea regra do Bem-aventurado Agostinho, e o mesmo acontece também com cada um dos outros religiosos, que cuidam dos próprios interesses e não dos interesses de Cristo (cf. Fl 2,21). Diz-se que essa barra pesava cinquenta siclos, porque a vida de todos os religiosos consiste principalmente na penitência, descrita de modo perfeito no salmo 50, *Miserere mei, Deus*, Piedade de mim, ó Deus!

Portanto, todos aqueles que roubam a capa vermelha, os duzentos siclos de prata e a barra de ouro, como se disse acima, no dia do juízo serão apedrejados com duras censuras, queimarão no eterno fogo e assim serão atingidos pelo anátema por toda a eternidade e separados de Jesus. O justo, porém, que é movido pelo Espírito de Deus e que fala no Espírito de Deus, nunca diz, nem com o pensamento, nem com a palavra, nem com as obras, "Jesus é anátema", isto é, não faz nada que possa separá-lo de Jesus. "E ninguém, pode dizer", com o pensamento, com a palavra ou com as obras: "Jesus é o Senhor", e eu sou seu servo, senão sob a ação do Espírito Santo.

Suplicamos-te, pois, Senhor Jesus, que nos infundas a graça de chorar sobre a nossa cidade, desprezar as coisas temporais, para assim chegarmos à celeste Jerusalém. No-lo concedas tu que és bendito nos séculos dos séculos. Amém.

II – A RUÍNA DE JERUSALÉM

10. "Virão para ti dias em que os teus inimigos te cercarão de trincheiras e te sitiarão e te apertarão por todos os lados; e derrubarão por terra a ti e aos teus filhos que estão dentro de ti; e não deixarão em ti pedra sobre pedra; porque não conheceste o tempo em que foste visitada" (Lc 19,43-44).

Virão, virão os dias quando os inimigos, os demônios, cercarão de trincheiras as almas que saem dos corpos, arrastando-as consigo para a condenação; e de toda a parte te cercarão e te apertarão, quando exporão diante de seus olhos as iniquidades cometidas não só com as obras, mas também com as palavras e os pensamentos.

"E derrubarão por terra", quando a carne se reduzir a pó. E também os filhos cairão, quando, "naquele dia se desvanecerão todos os seus projetos" (Sl 145,4): os projetos são indicados também pelas pedras, quando diz: "E não deixarão pedra sobre pedra". De fato, quanto a um projeto perverso, o mau acrescenta outro ainda pior, por assim dizer, põe pedra sobre pedra. Mas quando a alma é levada para o castigo, toda essa construção de iníquos projetos é derrubada: e isso, exatamente, porque não conheceu o tempo de sua visita.

Efetivamente, Deus visita a alma perversa uma vez com uma ordem, outra vez com um castigo, uma terceira vez com um milagre; mas, visto que ela, na sua soberba, despreza tudo isso e não se envergonha de seus males, no fim será abandonada nas mãos dos seus inimigos, em cuja companhia será associada no eterno juízo da condenação. E para indicar o motivo pelo qual cai sobre a desventurada semelhante ruína, o evangelho acrescenta: "Porque não conheceste o tempo de tua visita".

Diz Isaías: "O boi conhece seu proprietário, e o jumento, o estábulo do seu dono, mas Israel não me conheceu e meu povo não teve inteligência" (Is 1,3). O boi, isto é, o bom ladrão, que, como o boi submete-se ao jugo, suportou o suplício da cruz, reconheceu seu proprietário dizendo: "Jesus, lembra-te de mim, quando entrares no teu reino" (Lc 23,42). O jumento, isto é, o centurião, embora pagão, reconheceu o Senhor, dizendo: "Realmente, este era o Filho de Deus!" (Mt 27,54). Mas Israel, isto é, os clérigos, não o reconhecem, e o povo, isto é, os leigos, não o compreendem.

E sobre isso concordam as palavras do Eclesiastes, que diz: "Lembra-te do teu Criador nos dias de tua juventude, antes que venha o tempo da aflição, e cheguem os anos de que tu dirás: Esta idade não me agrada; antes que se escureça a luz do sol, da lua e das estrelas, e voltem as nuvens depois da chuva; quando os guardas da tua casa começarem a tremer e também os homens mais fortes vacilarão, e estiverem ociosas as mulheres que moem, porque estão em número reduzido e as que olham pelas janelas principiarem a cobrir-se de trevas; e quando se fecharem as portas sobre a rua, quando enfraquecer a voz do que mói, e se levantarem com o canto do pássaro e todas as filhas da harmonia ensurdecerem. Eles terão medo também de subir aos lugares altos, e temerão no caminho. A amendoeira florescerá, o gafanhoto engordará e a alcaparra se extinguirá, porque o homem irá para a casa de sua eternidade e, carpindo o acompanharão pelas ruas. Antes que se quebre o cordão de prata, e se retire a fita de ouro e se quebre o cântaro sobre a fonte, e se desfaça a roda sobre a cisterna, o pó volte à terra de onde saiu, e o espírito volte para Deus que o deu (Ecl 12,1-7).

Ó cidade de Jerusalém, alma criada à semelhança de Deus, lembra-te do teu Criador: ele te fez e ele te julgará; recorda-te dele sobretudo nos dias de tua juventude, que é a idade mais inclinada ao pecado, mas também a mais adaptada a fazer penitência.

Por isso, pouco antes, o Eclesiastes aconselha: "Alegra-te, ó jovem, na tua mocidade e viva no bem o teu coração" (Ecl 11,9). Diz-se *jovem*, enquanto tem condições de aproveitar. Lembra-te, pois, e nesse teu dia conserva bem na mente aquilo que serve para a tua paz e as coisas que te agradam, antes que venha o tempo do sofrimento, isto é, da velhice, da morte e do juízo, antes que cheguem os dias dos quais deverás dizer: não me agradam!

Porque virão também para ti os dias que não te agradarão. Agradaste a ti mesmo, mas desagradaste a Deus. Virão os dias nos quais desagradarás a ti mesmo. Recorda-te, digo, antes que se escureça a luz do sol, isto é, antes que o esplendor da prosperidade mundana seja obscurecida pela sombra da morte; antes que se escureçam a lua e as estrelas, isto é, os sentidos do corpo, que na velhice se debilitam e na morte se escurecem totalmente. Com efeito, diz Isaías: "Levantará os olhos para o alto e dirigirá novamente o olhar para a terra: e eis a tribulação e as trevas, o abatimento e a angústia e a escuridão que o persegue: e não poderá libertar-se dessa sua angústia" (Is 8,21-22).

A tribulação virá pela sugestão diabólica, as trevas consistirão no ofuscamento da mente, a inércia está no cumprimento das boas obras, a angústia, nos maus hábitos e a escuridão perene na condenação à geena. Igualmente, a tribulação está na vida, as trevas, na velhice, o abatimento, na doença, a angústia, no expirar a alma, a escuridão que persegue, na irrupção dos demônios.

"Lembra-te, pois, do teu Criador. E voltem as nuvens depois da chuva." As nuvens representam os pregadores, que fazem cair a chuva quando anunciam à alma o perigo de sua condenação; afastam-se, quando a alma não quer dar-lhes fé; retornam, quando acontece aquilo que anunciaram.

"Quando tremerão os guardas da casa." Nesta passagem, Salomão fala tanto da velhice quanto da morte do homem. Desse ponto até a frase "antes que se quebre o cordão de prata" fala da velhice do homem, que é a mensageira da morte.

"Os guardas da casa" são as costelas, que defendem os órgãos internos do corpo; elas defendem as partes moles, mas quando o homem chega à velhice, também elas tremem e se enfraquecem. "E os homens mais fortes começarem a vacilar", isto é, as pernas que sustentam todo o corpo, também elas cambalearão.

"E as mulheres que moem estarão ociosas": isto é, também os dentes ficarão débeis e já não têm condições de mastigar o alimento. "E escurecer-se-ão aquelas que olham das janelas" isto é, os olhos ofuscar-se-ão. "Fechar-se-ão as portas que dão para a praça": os velhos que já não estão em condições de caminhar, permanecerão sentados em casa e fecharão as portas para não ver os divertimentos dos jovens: todas essas coisas tornam-se insuportáveis para eles.

"Enfraquecer-se-á a voz daquelas que estão moendo", porque os sentidos envelhecerão, a voz será fraca e apagada, com sua fadiga não podem mais procurar o alimento, nem mastigá-lo. "E levantar-se-ão ao canto dos pássaros", isto é, ao canto do galo: de fato, com o sangue que se esfria e a seiva vital que seca, já não concilia o sono, não podem mais nem dormir.

"E tornar-se-ão surdas as filhas do canto", isto é, os ouvidos, que trazem grande alegria pelos cantos e pelos sons, pela idade muito avançada não ouvirão mais nada e se tornam surdos.

"Terão medo também das alturas." De fato, os velhos têm medo de subir para o alto com os joelhos avariados. "E, portanto, têm medo do caminho", temem cair, mesmo que a estrada seja plana. "Florirá a amendoeira"; isto é, a cabeça branqueará. "Engordará o gafanhoto"; isto é, as pernas inchar-se-ão. O gafanhoto tem o ventre inchado, e também os velhos, em geral, têm as extremidades inferiores inchadas.

"E se extinguirá a alcaparra: também a sensualidade esfriará e definhará a funcionalidade de vários órgãos. A alcaparra é figura da sensualidade porque é útil aos rins, e precisamente nas proximidades dos rins forma-se a sensualidade.

"Porque o homem", assim reduzido, "irá para a morada eterna", isto é, retorna à terra, "e os que choram girarão pela praça", isto é, os parentes e os amigos lamentar-se-ão sobre seu cadáver.

Eis como é grande a tua miséria, ó homem. De que, então, te ensoberbeces?

11. E Salomão continua a falar da morte. "Antes que se quebre o cordão de prata" etc. Lembra-te do teu Criador antes que se quebre o cordão de prata, isto é, antes que tua vida se interrompa, "e se retire a fita de ouro", isto é, a alma, que é a parte mais preciosa do homem, e retorne para o lugar de onde veio. "Antes que se quebre a ânfora"; a ânfora é o homem, que é feito de terra.

"Antes que a roda da cisterna se desfaça." Já que o mundo gira sempre como uma roda, a roda se desfaz sobre a fonte ou sobre a cisterna quando o homem, destruído pela morte, é privado das águas da concupiscência que havia tirado da cisterna das vaidades do mundo.

E observa que na ânfora é simbolizada a cobiça: realmente, a samaritana abandonou a ânfora após ter ouvido a pregação do Senhor (cf. Jo 4,28). Por isso, quando o rico morre em meio às suas riquezas, pode-se dizer que a ânfora se quebrou sobre a fonte, pois o desventurado morre com a fonte da cobiça. Depois, na cisterna é simbolizado o acúmulo das riquezas. De fato, diz Jeremias: "Abandonaram a mim, fonte de água viva, e cavaram para si cisternas, incapazes de conter a água" (Jr 2,13). E a roda se desfaz sobre a cisterna quando a cobiça do homem não lhe permite abandonar as riquezas, e assim, o desgraçado morre entre elas.

"E o pó" isto é, o corpo, "volta para a sua terra, de onde fora tirado". Ao primeiro homem fora dito: "És pó e ao pó hás de voltar" (Gn 3,19). O pó é chamado assim porque é varrido pela força do vento (latim: *pulvis, pulsa vi venti*). "E o espírito", isto é, a alma, "retorne" a Deus "que a criou": realmente, o espírito não é transmitido por geração. Deus criou a alma, na qual infundiu gratuitamente poderes (faculdades) a fim de que tivesse condições de reconhecê-lo como seu Criador, conhecendo-o o amasse, amando-o o adorasse, e adorando-o merecesse gozá-lo eternamente.

Com esta segunda parte do evangelho concorda a segunda parte da epístola: "Há, pois, diversidade de graças [carismas], mas um só é o Espírito; e os ministérios são diversos, mas um mesmo é o Senhor; e as operações são diversas, mas o mesmo Deus é o que opera tudo em todos" (1Cor 12,4-6).

Considera estas três distinções: diversidade de graças, diversidade de ministérios, diversidade de operações. As graças, diz o Apóstolo, são as próprias virtudes infusas por Deus gratuitamente, isto é, a fé, a esperança e assim por diante, cujos efeitos, em relação ao próximo, são os ministérios e, em relação a si, a obra. Deus no-las infunde, nós as administramos, e o próprio Deus, que infunde, é depois aquele que opera, que age.

Quando o Apóstolo diz: Espírito, Senhor, Deus, entende sempre a mesma substância divina. É a Trindade, em três Pessoas, que opera tudo em todos. Não atribui tudo a um só, mas opera tudo em todos, para que aquilo que um não tem em si mesmo, tenha-o num outro, e assim se mantenha a caridade e a humildade.

A ti, pois, ó santíssima Trindade e Humildade, súplices nos dirigimos, para que quando vierem os dias do sofrimento e da corrupção final, da ruptura do cordão de prata (da interrupção da vida), a alma por ti criada retorne a ti, e tu a acolhas, a fim de que, libertada do assédio dos demônios, mereça elevar-se em voo para a glória da liberdade dos filhos de Deus.

No-lo concedas tu, Deus Uno e Trino, que és bendito por todos os séculos dos séculos. Amém.

III – A EXPULSÃO DOS VENDILHÕES E DOS COMPRADORES DO TEMPLO

12. "Tendo entrado no templo, Jesus começou a expulsar os vendedores e os compradores, dizendo-lhes: Minha casa é casa de oração, vós, porém, fizestes dela um covil de ladrões. E todos os dias ensinava no templo" (Lc 19,45-47). João narra assim o episódio: "Jesus subiu a Jerusalém. Encontrou no templo pessoas que vendiam ovelhas, bois e pombas, e os cambistas sentados às suas mesas. E tendo feito um azorrague de cordas, expulsou-os a todos do templo, e com eles as ovelhas e os bois, deitou por terra o dinheiro dos cambistas e derrubou as mesas. Aos que vendiam pombas disse: Tirai isso daqui, não façais de casa de meu Pai uma casa de negócios" (Jo 2,13-16).

Presta atenção que por duas vezes se lê que o Senhor expulsou do templo os vendedores e os compradores: uma vez no primeiro ano de sua pregação, a outra vez quando se encaminhava para a sua paixão. Jesus entra no templo, quando diariamente visita a sua Igreja e observa os atos de cada um, e expulsa aqueles que, misturados aos seus santos, fingem fazer o bem ou abertamente fazem o mal.

Nos bois, que aram, são representados os pregadores da doutrina celeste. Vendem bois aqueles que não pregam por amor a Deus, mas pelo lucro temporal. As ovelhas inocentes oferecem seus velos de lã aos que devem vestir-se deles. Nelas são representas as obras de pureza e de caridade, que são vendidas quando se fazem para o louvor humano. O Espírito apareceu em forma de pomba (cf. Lc 3,22); e, portanto, na pomba é simbolizado o Espírito, que é vendido pelos simoníacos. E este é um pecado gravíssimo.

Nos Atos, narra-se que os judeus perguntavam o que deviam fazer; a eles foi dito: Fazei penitência (cf. At 2,38). Ao mago Simão, porém, que perguntava a mesma coisa, foi respondido: Faze penitência, que talvez o Senhor queira perdoar-te (cf. At 8,22). Cambiam moedas na Igreja aqueles que nem fingem servir às coisas celestes, mas abertamente entregam-se às coisas terrenas. Todos esses serão postos fora da sorte dos santos (cf. Cl 1,12): eles fingem fazer o bem, ou realizam abertamente o mal, e agora são flagelados com as cordas dos pecados para que se corrijam; porém, se não se corrigirem, no fim serão amarrados com elas. E expulsa também as ovelhas e os bois, porque desmascara a vida corrupta e o falso ensinamento de tais pessoas. Lança por terra o dinheiro e derruba as mesas, porque, no fim serão destruídas exatamente aquelas coisas que elas amaram. E observa que, enquanto o Senhor expulsava do templo os vendedores e os compradores, de seus olhos emanavam como que raios de luz, e os sacerdotes e os levitas, espantados, não podiam fazer nada contra ele.

13. E sobre isso temos uma concordância no Livro da Sabedoria, onde lemos: "Por sua pureza, a sabedoria difunde-se e penetra tudo. Ela é uma exalação do poder de Deus e uma genuína emanação da glória do Onipotente, e por isso, não se pode encontrar nela a menor impureza. Porque ela é o esplendor da luz eterna, o espelho sem mancha da majestade de Deus e a imagem de sua bondade. E embora única, ela pode tudo, e permanecendo ela mesma, renova todas as coisas" (Sb 7,24-27).

Cristo, sabedoria e poder de Deus, penetra tudo: no céu, sacia os anjos com a visão de si, na terra, espera misericordioso que os pecadores façam penitência, no inferno, atormenta os demônios e os pecadores que não quiseram esperar nele. Penetra, repito, por sua pureza, porque "ele é luz, e nele não existem trevas" (1Jo 1,5). É uma exalação que desfaz o gelo de nossa infidelidade, sendo o próprio poder de Deus Pai; é sua emanação, isto é, o esplendor de sua glória, com ele consubstancial, igual e coeterno; emana do esplendor do Onipotente, sendo com o Onipotente uma única luz; é emanação genuína, porque ao Sumo Bem não se une mal algum, e portanto, nada que é contaminado infiltra-se nela, porque é simples e bem eterno.

"É esplendor da luz eterna e espelho" no qual se vê o Pai; com efeito, diz: "Quem me vê, vê também o meu Pai" (Jo 14,9). É "sem mancha", porque "não cometeu pecado e não se encontrou engano em sua boca" (1Pd 2,22). "É imagem de sua bondade", isto é, sua personificação perfeita, sendo com ele a própria bondade: "e embora única" com o Pai, "tudo pode", porque onipotente; e mesmo "permanecendo ela mesma", isto é, imutável, "tudo renova" regulando e ordenando cada coisa. Não deve, pois, causar maravilhas se teve o poder de expulsar do templo vendedores e compradores e se os sacerdotes e levitas não tiveram possibilidade alguma de opor-se a ele.

Outra aplicação. A Sabedoria de Deus Pai foi exalação ardente na sua encarnação. Então, de fato, passou o inverno da infidelidade, cessou a chuva da perseguição diabólica. As flores da eterna promessa apareceram em nossa terra (cf. Ct 2,11-12). Foi emanação da glória na realização dos milagres, foi esplendor da luz eterna na sua ressurreição, será por nós espelho sem mancha na eterna bem-aventurança, na qual nos espelharemos nele como ele é, e sua Sabedoria refulgirá também em nós. Diz Agostinho: Como será aquele amor, quando cada um de nós se verá espelhado no rosto do outro como agora nos olhamos mutuamente na face?[10]

Com esta terceira parte do evangelho concorda a terceira parte da epístola: "A cada um é dada a manifestação do Espírito para utilidade comum. Assim, a um é dada pelo Espírito a linguagem da sabedoria; a outro, porém, a linguagem da ciência, segundo o mesmo Espírito" etc. (1Cor 12,7-8). "A cada um": os dons do Espírito são distribuídos diversamente, e nem sempre são dados segundo os méritos de cada

---

10. Não está provado que a expressão seja de Santo Agostinho.

indivíduo, mas para a utilidade e para a edificação da Igreja. E aqueles que os vendem ou os compram devem ser expulsos da Igreja, como Cristo expulsou os vendedores e os compradores.

14. "A minha casa é casa de oração: mas vós fizestes dela um covil de ladrões." Diz Salomão no Livro da Sabedoria: "Entrando em minha casa, encontrarei nela o meu descanso", isto é, a sabedoria; "porque sua companhia não causa amargura, nem desgosto a sua convivência, mas satisfação e alegria" (Sb 8,16).

O homem solícito pelas coisas do espírito, depois de ter satisfeito as necessidades materiais e depois de ter-se libertado dos pensamentos e preocupações, entra na sua casa, isto é, na sua consciência, e fechada a porta dos sentidos, repousa com a sabedoria, dedicando-se à contemplação divina, na qual saboreia a doçura da paz espiritual.

De fato, a companhia da sabedoria não causa amargura, isto é, expulsa o prazer do pecado: o paladar que saboreou a sabedoria não é mais tocado por nenhum veneno. E sua convivência não causa desgosto ou náusea; de fato, os prazeres do espírito aguçam o desejo e quanto mais se saboreiam tanto mais avidamente se desejam: neles existe somente satisfação e alegria. Feliz aquela casa, feliz aquela consciência que conheceu o sabor da sabedoria, e na qual repousa a própria Sabedoria, que diz: "Minha casa é casa de oração".

A casa chama-se em latim *domus*, e vem do grego *dòma*, que quer dizer também *telhado*. Considera que a casa consta de três partes: os fundamentos, as paredes e o telhado. No fundamento é representada a humildade; nas paredes, o conjunto das virtudes; e no telhado, a caridade. Onde estiverem reunidas estas três "partes", ali está o Senhor a dizer: "Minha casa é casa de oração". A oração chama-se em latim *oratio*, como se dissesse *oris ratio*, isto é, a razão, o raciocínio da boca. Considera que para a oração são necessárias seis disposições: o perfume da devoção interior, o agrado da tribulação, as lágrimas da compunção, a mortificação da carne, a pureza da vida e a esmola; e estas seis disposições são indicadas no Gênesis, quando Jacó disse aos seus filhos: Ide e levai àquele homem, isto é, a José, os presentes, isto é, bálsamo, mel, incenso, mirra, resina e amêndoas (cf. Gn 43,11).

O bálsamo é o perfume da devoção interior; de fato, diz o Eclesiástico: "Como bálsamo puro é o meu perfume" (Eclo 24,21): a devoção deve ser genuína, não contaminada pela duplicidade de intenções.

O mel representa o agrado, o acolhimento agradecido da tribulação. Diz o Deuteronômio: Chuparam mel da pedra (cf. Dt 32,13). A pedra é figura da dureza da adversidade ou da tribulação. Com efeito, diz Jó: "Com a dureza de tuas mãos te pões contra mim" (Jó 30,21). Chupa o mel da pedra aquele que acolhe a dureza da adversidade na alegria do espírito. Diz a *História natural* que as abelhas, dispostas sobre as colmeias, chupam o mel que está nos favos e se diz que se não fizessem isso, o mel que está nos favos se corromperia e dele se gerariam aranhas. O favo é feito de cera e contém o mel; chama-se favo porque se come e não se bebe: a palavra *favo*, de fato, recorda o verbo grego *fagèin*, comer.

As abelhas representam os justos, que estão sobre as colmeias, isto é, que afligem e humilham o próprio corpo e chupam aquilo que está no favo. Observa que como no favo existem a cera e o mel, da mesma forma na vida do justo existe o mel da doçura interior e a cera das adversidades exteriores; e a cera se dissolve e desaparece diante do fogo, isto é, na presença do amor de Deus.

Parem, peço, as abelhas sobre as colmeias e chupem o conteúdo dos favos, a fim de que por culpa da intolerância e da amargura do coração não se corrompa o mel da doçura interior e se gere a aranha. A aranha, chamada em latim *aranea*, de *aer*, ar, e *neo*, tecer, porque fabrica (*tece*) o fios no ar, representa a soberba do coração, que, sendo de origem celeste[11], faz todo o esforço para penetrar na mente de quem se dedica às coisas celestes. Mas ai! quando o mel se estraga, produz-se uma aranha: da destruição da doçura interior gera-se a aranha da soberba.

Igualmente, o incenso representa a oração. Está escrito: "Suba a minha oração como incenso à tua presença" (Sl 140,2). O incenso é chamado em latim *thus*, do termo grego *Theòs*, Deus, a quem é oferecido. Observa que o incenso é produzido somente na Arábia, nome que se interpreta "sagrada". Na Arábia existe uma árvore, chamada *líbano*, que se assemelha ao louro na casca e nas folhas; essa árvore produz às vezes um suco como de amêndoa, que é recolhido duas vezes por ano, no outono e na primavera. Mas para a coleta de outono, durante o calor do verão, prepara-se uma incisão na casca, de onde brota uma espuma gordurosa, que, segundo a natureza do lugar, seca e endurece: é o incenso branco.

A segunda coleta se prepara no inverno, depois de ter feito a incisão na casca: nesse tempo o líquido que brota é vermelho, mas não é comparável ao precedente. Aquele que sai de árvores jovens é mais branco, mas aquele das árvores velhas é mais perfumado. Todos os donos de um bosque de árvores de incenso são chamados "sagrados" pelos árabes; e quando fazem a coleta nesses bosques ou fazem uma incisão nas árvores, não participam de funerais nem se contaminam com contatos de mulheres.

15. A Arábia é figura da mente santa do justo, na qual há e deve haver *líbano*, que se interpreta "brancura"; isto é, deve haver a pureza da vida, da qual provém o incenso da genuína oração. Diz o Eclesiástico: "Perfumei minha habitação como de incenso antes da incisão" (Eclo 24,21).

O líbano representa aqueles cuja vida é empregada toda na oração. Líbano não inciso devem ser todos os religiosos, sobretudo para que sua mente não seja dividida durante a oração, isto é, não tenham uma coisa sobre os lábios e outra no coração: a mente dividida não consegue nada. Devem, portanto, esforçar-se por serem íntegros, para que a língua esteja de acordo com o coração: só assim haverá uma doce melodia nos ouvidos do Senhor dos exércitos.

---

11. Alusão à orgulhosa revolta de lúcifer contra Deus.

A coleta do incenso no outono representa a devoção da oração dos proficientes; a coleta da primavera, porém, representa a oração dos principiantes, isto é, dos recém-convertidos. Tanto uns como outros, depois da incisão na casca, expelem uma goma (latim: *gummam*), visto que de seus corações compungidos eleva-se a Deus a oração. Mas os primeiros sofrem a incisão no calor do verão, e os segundos, no inverno; os primeiros produzem um incenso branco, os segundos, o vermelho.

De fato, no calor do desejo celestial, os proficientes oferecem a devoção branca da oração juntamente com as lágrimas da compunção. Os principiantes, porém, no inverno de sua tentação, ainda atormentados pelo gelo da sugestão diabólica, fazem uma oração dolorosa e quase ensanguentada, unida à amargura das lágrimas e dos suspiros. Efetivamente, o faraó, vendo-se desprezado, sai em escândalos e imprecações[12]. O incenso das árvores jovens é mais branco, mas o das árvores velhas é mais perfumado. De fato, deve preceder a santidade da vida, para que possa seguir o perfume da boa reputação. Quando começares, deves aplicar-te sobretudo a viver santamente; quando progredires, pensarás no perfume da boa reputação. E quem quiser recolher e oferecer a Deus o incenso da oração, cuide de não participar dos funerais do rancor e do ódio – "quem odeia seu irmão é um homicida" (1Jo 3,15) –, e não se manche frequentando mulheres ou detendo-se em pensamentos maus.

Igualmente, a mirra, assim chamada pela amargura, representa a mortificação da carne, da qual se diz no Livro de Judite que ela "lavou o corpo e ungiu-se com ótima mirra" (Jt 10,3). Quem se confessa, deve lavar-se na confissão, e depois ungir-se com a mortificação do corpo, executando a penitência imposta pelo confessor em expiação de seu pecado. Foi dito a Daniel: "Desde o primeiro dia em que aplicaste o teu coração a compreender e a mortificar-te na presença de teu Deus, foram ouvidas as tuas palavras" (Dn 10,12). "Na presença de Deus" – diz-se –, e não dos homens.

16. Ainda: A resina é a lágrima das árvores, e representa a lágrima que sai do íntimo do coração, da qual o Senhor diz ao Rei Ezequias: "Ouvi a tua oração e vi a tua lágrima" (Is 38,5). E de novo: "Rego-te com minhas lágrimas, Hesebon e Eleale!" (Is 16,9). Hesebon interpreta-se "cíngulo de tristeza" ou também "pensamento de aflição"; Eleale interpreta-se "subida", significam as almas dos penitentes que se cingem com o cíngulo da tristeza e da aflição, para poder subir com menor dificuldade para a casa do Senhor.

Diz Isaías: "A subida de Luit sobem-na chorando; pelo caminho de Horonaim irão dando gritos de aflição" (Is 15,5). Luit interpreta-se "faces". Para a subida de Luit, isto é, pela subida das faces, subirá o pranto ao Senhor. Horonaim interpreta-se "abertura da aflição" e indica o olho, através do qual sai o lamento do luto, que sobe ao Senhor.

---

12. Como o faraó, crendo-se enganado pelos hebreus, saiu em escândalos e imprecações, e os seguiu com seu exército para trazê-los de volta ao Egito, assim o diabo, vendo-se desprezado por aqueles que decidem mudar de vida – os principiantes –, aumenta contra eles as suas tentações.

Lê-se no Eclesiástico: "As lágrimas da viúva não descem sobre suas faces e seu grito não se eleva contra aquele que as faz derramar? Mas, de suas faces subirão até o céu, e o Senhor, que a ouve, não a verá chorar com prazer?" (Eclo 35,18-19). O Senhor, pois, inunda as almas dos penitentes com as lágrimas de sua paixão: com fortes gritos e lágrimas, ele ofereceu a si mesmo a Deus Pai (cf. Hb 5,7). Inunda-as, repito, para que, esquecidos das coisas temporais, tendam para as futuras (cf. Fl 3,13).

Enfim, a amendoeira, que floresce no inverno, é figura da esmola, por meio da qual se deve florescer no inverno da vida presente.

Lemos no Eclesiastes: "Florirá a amendoeira, o gafanhoto engordará e a alcaparra se extinguirá" etc. (Ecl 12,5).

Para esta passagem, veja a terceira parte do sermão sobre o evangelho, "Havia um homem rico que tinha um feitor", do IX domingo depois de Pentecostes.

E no Eclesiástico: "Filho, não defraudes a esmola do pobre" (Eclo 4,1). Com razão, diz-se "não defraudes", pois o engano acontece em relação às coisas dos outros, segundo o que se diz: Está provado que rouba as coisas dos outros quem tem para si mais do que lhe é necessário. Esmola vem de *Eli*, que significa Deus, e *moys*, água [talvez em egípcio antigo]: portanto, *helimòsina*, água de Deus. Esmola é também uma palavra grega, que significa misericórdia (de *elèin*, ter piedade). Feliz daquela casa, bem-aventurada a *dispensa*, na qual são guardados os seis dons acima descritos, dos quais provêm a verdadeira e genuína oração, capaz de subir até os ouvidos de Deus e de obter aquilo que pede. Com razão, pois, o Senhor diz: "Minha casa é casa de oração".

E sobre esta casa temos a concordância no introito da missa de hoje: "Deus está no seu santo lugar. Ele é o Deus que faz habitar na mesma casa os que têm o mesmo viver... Ele mesmo dará força e vigor ao seu povo" (Sl 67,7.36). O lugar santo e a casa são figura da mente do justo. Do "lugar", Ezequiel diz: "Ouvi atrás de mim a voz de uma grande agitação: Bendita a glória do Senhor no seu lugar santo" (Ez 3,12). Esta "voz de grande agitação (lit. *comoção*) simboliza a contrição do coração, por meio da qual a mente do homem torna-se "lugar de Deus", pelo qual Deus é bendito e glorificado. E da "casa" o Senhor diz: "Minha casa é casa de oração". Nessa casa fará habitar os que têm o mesmo modo de viver, isto é, a razão e a sensualidade, de modo que a sensualidade esteja sujeita à razão, e a razão obedeça ao seu superior, isto é, a Deus. "Ele mesmo dará força e vigor ao seu povo", para que não se exalte na prosperidade e não se deprima nas adversidades, segundo aquilo que diz Isaías: "Ele dá força ao fatigado, e multiplica o vigor ao extenuado" (Is 40,29).

17. "Vós, porém, fizestes dela um covil de ladrões." E Jeremias diz: "Porventura, esta minha casa, onde foi invocado o meu nome diante dos vossos olhos, está convertida num covil de ladrões?" (Jr 7,11). A consciência do homem torna-se um covil de ladrões quando acontece nela aquilo que diz Isaías: "Ali repousarão as bestas; suas casas encher-se-ão de dragões, ali habitarão os avestruzes e dançarão os sátiros; em seus palácios ressoarão os pios das corujas e as sereias cantarão de prazer nas suas casas" (Is 13,21-22).

As bestas (*vastiae*) são chamadas assim de *vastare*, devastar, porque devastam, massacram a presa com mordidas e unhas. O dragão é o maior réptil de todos os animais sem pés; é chamado *dragão*, porque tirado (latim: *tractus*) dos covis, eleva-se no ar e a atmosfera perturba-se com seu voo; sua força não está nos dentes, mas na cauda. O dragão-marinho tem nas garras um aguilhão voltado para a cauda. O avestruz, chamado em grego *stroutos*, é um animal que tem penas como um pássaro, mas não tem condições de elevar-se muito da terra e voar e não choca os ovos: deixa-os por terra e são levados à maturação somente pelo calor do pó. Os sátiros, ou faunos, também chamados de íncubos[13], são seres semelhantes ao homem na parte superior, e aos animais na parte inferior. Os gregos os chamam *panas* (divindades dos bosques), e diziam que os sátiros tinham a barba, o rosto vermelho forte e as patas como as cabras. As corujas são pássaros noturnos, chamados em latim *ulula* pelo som que emitem, e vulgarmente são chamados mochos ou nóctuas. As sereias são animais marinhos mortíferos – ao menos assim dizem – que têm forma humana da cabeça até o umbigo, e o resto do corpo até os pés em forma de voláteis; fazem soar vozes e cantos muito doces, de maneira a atrair a si com o encanto da voz os navegantes, mesmo distantes; e depois de tê-los imergido num sono profundo, dilaceram-nos. Na realidade, eram prostitutas que reduziam à miséria os seus frequentadores. Dizem que as sereias teriam asas e unhas, pois o amor da luxúria voa e fere.

Observa que nas bestas são indicadas a soberba e a rapina; nos dragões, a venenosa maldade da ira e da inveja; nos avestruzes, a falsidade dos hipócritas; nos sátiros, a avareza e a simonia; nas corujas, a detração e a adulação; nas sereias, a gula e a luxúria.

Com sua soberba, os rapinadores destroem, como bestas ferozes, os pobres, os órfãos e as viúvas. Falando do poderoso soberbo deste mundo, Ezequiel diz: "Tomou um de seus leõezinhos", isto é, um de seus filhos, "e fez dele um leão: aprendeu a caçar a presa; aprendeu a fazer viúvas, isto é, a devorar os homens; e seu rugido dava a medida de sua força" (Ez 19,5-7).

Assim os iracundos e os invejosos, como dragões, saídos do covil de sua consciência – realmente, não podem se conter – enchem o ar de palavras, agitam-no com gritos e o contaminam com as blasfêmias; a força de sua malícia não está tanto nos dentes, por causa das blasfêmias, mas antes na cauda, por causa das injúrias e das vinganças que fazem com suas mãos.

Também os hipócritas, como avestruzes, ostentam a aparência da santidade, mas, avidíssimos da glória terrena, não têm condições de elevar-se da terra e voar. O avestruz não cuida de chocar os ovos, e assim, o hipócrita deixa perecer entre as coisas da terra os filhos, isto é, os méritos que tinha adquirido depois da pregação. Realmente, diz Jó: "As penas do avestruz são semelhantes às penas da cegonha e do falcão; ele abandona seus ovos por terra. Porventura tu os aqueces no pó? Ele não pensa que algum pé os pisará, ou que algum animal do campo poderá quebrá-los. É cruel com

---

13. Para os latinos eram seres fantásticos que atormentavam durante o sono.

seus filhos, como se não fossem seus" (Jó 39,13-16). Ovos, em latim soa como *uvida*, úmidos, porque são cheios de líquido. É úmido aquilo que tem líquido externamente, *úvido* aquilo que o tem internamente. Os ovos representam os recém-convertidos que têm a seiva da compunção no seu coração: o Senhor os aquece no pó, quer dizer, na humildade e na penitência, para que possam produzir frutos de boas obras.

O prelado hipócrita, totalmente voltado para a glória terrena, esquece-se de que os pés do afeto carnal podem pisar seus súditos, e a besta selvagem, isto é, o diabo, pode esmagá-los; mas ele os trata mal, como se não fossem filhos seus. Com efeito, é um mercenário e, portanto, não lhe interessam nem os ovos nem as ovelhas (cf. Jo 10,12) – em latim: *de ovis et de ovibus*. Assim, os avarentos e os simoníacos, encapados e fartos como sátiros e faunos rubicundos no rosto, dançam hoje e se divertem na Igreja de Cristo. Seus pés, isto é, seus sentimentos e seus costumes, são patas de cabras, porque fétidas; e desse fedor é testemunha o sórdido covil de sua consciência.

Também os detratores e os aduladores, como corujas na noite, isto é, na ausência daqueles de quem falam mal, mandam pavorosos ululatos com o falso louvor com que adulam.

Os gulosos e os luxuriosos, como sereias, dilaceram a própria alma, devoram a fortuna e precipitam consigo no mar da eterna condenação aqueles que conseguem seduzir.

E eis que assim, com todos esses vícios, enche-se de alto a baixo a casa, isto é, a Igreja de Deus, que, dessa forma, torna-se um covil de ladrões, e a consciência do homem, uma caverna de demônios. E por isso, o Senhor diz: "Mas vós a tornastes um covil de ladrões!"

Avante, pois, irmãos caríssimos, humilhando-nos e chorando supliquemos ao Senhor Jesus Cristo que expulse de sua Igreja os vendedores e os compradores simoníacos; que liberte a casa de nossa consciência, que antes era sua morada, dos vícios acima descritos e faça dela uma casa de fervorosa oração, a fim de que, assim, possamos chegar à casa da Jerusalém celeste.

No-lo conceda ele próprio, que junto com o Pai e o Espírito Santo vive e reina pelos séculos eternos. E toda a consciência pura responda: Amém. Aleluia!

XI DOMINGO DEPOIS DE PENTECOSTES

Temas do sermão

• Evangelho do XI domingo depois de Pentecostes: "Dois homens subiram ao templo"; divide-se em duas partes.

• Primeiramente sermão sobre a natividade do Senhor, sobre os quatro cavalos do sol e seu significado: "O sol queima os montes três vezes mais".

• Parte I: Quatro espécies de soberba: "Dois homens subiram ao templo".

• Sermão contra o pobre orgulhoso, contra o rico mentiroso e contra o ancião insensato: "Três tipos de pessoas eu detesto".

• Sermão moral sobre a mísera condição do nosso corpo: "Três tipos de pessoas eu detesto".

• Sobre a falsidade do mundo: "O rico mentiroso".

• A insensatez do diabo e a obediência de Cristo: "O ancião insensato".

• Parte II: Sermão sobre as seis disposições necessárias ao penitente: "O publicano, de longe, não ousava levantar os olhos".

• Sobre a concórdia, sobre os cinco sentidos do corpo que são cinco irmãos: "De três coisas se compraz o meu espírito".

• Sermão moral sobre a humildade: "Quem se exalta".

• Sermão sobre o verdadeiro penitente e sobre a natureza das abelhas: "A memória de Josias é uma composição de vários perfumes".

• Sobre a humildade e sobre a natureza do camelo: "Quem se humilha", e "Saí de noite pela porta do Vale".

EXÓRDIO – SERMÃO SOBRE A NATIVIDADE DO SENHOR

1. Naquele tempo, "Jesus disse também esta parábola a uns que confiavam em si mesmos como se fossem justos e desprezavam os outros: Dois homens subiram ao templo" (Lc 18,9-10).

Lemos no Eclesiástico: "O sol queima os montes três vezes mais, lançando raios de fogo e, fazendo brilhar seus raios, cega os olhos" (Eclo 43,4). O *sol* é chamado assim porque, depois de, com seu fulgor, ter feito desaparecer as outras estrelas, aparece *sozinho* no céu. O sol é representado por quatro cavalos, isto é: *Phyrois*, o esplendente; *Choris*, o que aquece; *Ethon*, o ardente; *Phlegon*, o que é tépido. De fato, o sol tem estas quatro propriedades: quando nasce é esplendente; quando sobe é quente;

quando está no meio-dia é ardente; quando declina para o ocaso é tépido. O sol é figura de Jesus Cristo, que habita numa luz inacessível (cf. 1Tm 6,16); em comparação com sua luz, qualquer outra luz é trevas; em comparação com sua justiça, toda a justiça dos santos é como o pano de uma mulher menstruada (cf. Is 64,6).

Os quatro cavalos deste Sol são os evangelistas Mateus, Marcos, João e Lucas. Mateus foi como um cavalo esplendente e é representado com rosto de homem, porque começa seu evangelho escrevendo do homem: "Livro da genealogia de Jesus Cristo" (Mt 1,1). Marcos é aquele que aquece: é representado por um leão, que é de natureza fogosa, porque seu evangelho começa com as palavras: "Voz do que clama no deserto" (Mc 1,3). João, aquele que arde, é representado por uma águia, porque com olhos não cegados, elevado acima de si mesmo, como águia, fixou o olhar sobre o Sol, quando disse: "No princípio era o Verbo" (Jo 1,1). Lucas, aquele que é tépido, é representado pelo vitelo, que é imolado no sacrifício.

Jesus Cristo foi sol esplendente na sua natividade; foi sol que aquece na sua pregação, com a qual ruge como um leão: "Fazei penitência!" (Mt 3,2); foi sol ardente na realização dos milagres, com os quais demonstrou ser o verdadeiro Deus; foi tépido na sua paixão e caiu na morte como vítima imolada ao Pai.

De modo semelhante, quando surge para o pecador, este sol é esplendente para fazer-lhe conhecer seu pecado; é quente na dor pelo pecado cometido; é ardente no fervor da reparação; é tépido na mortificação e na correção de seus vícios.

Desse sol, pois, diz o Eclesiástico: "O sol queima os montes três vezes mais". O monte é chamado assim porque não tem movimento (latim: *mons, non motus*). Os montes são figura dos soberbos deste mundo, dos quais diz o salmo: "Os montes derretem-se como cera diante da face do Senhor" (Sl 96,5), e isso se realiza quando o sol os queima três vezes mais, isto é, com a contrição, com a confissão e com a reparação. Com esse incêndio desejava ser queimado o profeta, quando dizia: "Queima os meus rins e o meu coração" (Sl 25,2). O coração se queima com a contrição, a língua com a confissão e os rins com a reparação.

"O sol lança raios de fogo", isto é, emite-os de si mesmo. Os raios do sol são a pobreza e a humildade, a paciência e a obediência de Jesus Cristo. Todos os exemplos que nos deu e todas as palavras de salvação que nos dirigiu são outros tantos raios de fogo que lançou em nossa direção para inflamar-nos de amor para com ele.

E continua: "E com o fulgor de seus raios cega os olhos". Com os raios de sua pobreza e de sua humildade cega os olhos dos soberbos, para que vendo não compreendam (cf. Jo 12,40). De fato, é como um colírio que, primeiro perturba o olho doente e quase o torna cego, mas depois o aclara e o torna luminoso. Por isso, ele mesmo diz com as palavras de João: "Eu vim a este mundo para exercer um juízo: para que os que não veem vejam, e os que veem se tornem cegos" (Jo 9,39). E ainda: "Se vós fôsseis cegos, não teríeis pecado" [porque procuraríeis o colírio que tira todo o pecado]; "mas pelo contrário, vós dizeis: Nós vemos. Por isso o vosso pecado permanece" (Jo 9,41). Desse sol foi incendiado, queimado e cegado aquele publicano, verdadeiro penitente, do qual fala o evangelho de hoje: "Dois homens subiram ao templo" etc.

2. Neste evangelho são postas em evidência duas atitudes: a arrogância do fariseu e o arrependimento do publicano. A primeira, quando diz: "Dois homens subiram ao templo" etc. A segunda, quando acrescenta: "O publicano, porém, em pé ao longe" etc. Neste domingo, e no próximo, procuraremos concordar algumas passagens do Livro do Eclesiástico com as partes deste evangelho e daquele do próximo domingo.

No introito da missa de hoje canta-se: "Ó Deus, vinde em meu auxílio" (Sl 69,2). Lê-se depois um trecho da Primeira carta do Bem-aventurado Paulo aos Coríntios: "Irmãos, declaro-vos o evangelho que vos preguei". Dividi-lo-emos em duas partes e veremos sua concordância com as duas partes do evangelho. Primeira parte: "Irmãos, declaro-vos". Segunda parte: "Eu sou o mínimo dos apóstolos".

I – A ARROGÂNCIA DO FARISEU

3. "Dois homens subiram ao templo para rezar: um era fariseu e o outro publicano. O fariseu, de pé, assim orava no seu interior: Dou-te graças, ó Deus, porque não sou como os outros homens, ladrões, injustos, adúlteros, nem como este publicano. Jejuo duas vezes por semana; pago o dízimo de tudo o que possuo" (Lc 18,10-12).

Em primeiro lugar, como diz a *Glosa*, consideremos que existem quatro espécies de soberba: quando alguém atribui a si mesmo o bem que tem; ou, mesmo se pensa que este bem é dado por Deus, crê que lhe tenha sido dado por seus méritos; ou quando se vangloria de ter aquilo que não tem; e, enfim, quando, cheio de desprezo pelos outros, quer só ele ser admirado pelo que tem. A ele pode-se aplicar o dito: Enche-se de si pelos próprios méritos, pensando erradamente ter mais do que os outros (autor desconhecido).

O fariseu estava atacado dessa peste: saiu do templo não justificado porque atribuiu a si mesmo mérito dos benefícios divinos e julgou-se melhor do que o publicano. Eis o leão morto e o cão vivo, dos quais fala Salomão nas parábolas: "É melhor um cão vivo do que um leão morto" (Ecl 9,4), quer dizer: mais vale o humilde publicano do que o soberbo fariseu.

Observa que o osso do pescoço do leão é uma peça só, não é fracionado ou formado de anéis, e nos seus ossos não existe medula. Os ossos do leão são de uma dureza particular, maior do que a dos outros animais; portanto, quando se batem um contra o outro, produzem-se faíscas. Igualmente, o pescoço do soberbo não é formado de anéis, isto é, não é flexível. Diz Jó: "Estendeu sua mão contra Deus e fez-se forte contra o Onipotente. Correu contra Deus de pescoço erguido e armado com sua dura cerviz" (Jó 15,25-26). "Ó árvore alta, verga os teus ramos, amolece tuas rígidas fibras, amortece a dureza que te deu a natureza" (Breviário Romano, Hino das Laudes do Tempo da Paixão).

Ó soberbo fariseu, "Por que se enche de orgulho o teu coração" – como diz Jó – "e tens os olhos imóveis, como um homem que está a pensar em coisas grandes? Por que se ensoberbece teu espírito contra Deus, a ponto de proferires com tua boca tais palavras?" (Jó 15,12-13), isto é, faz-te dizer: "Não sou como os outros homens". "O que é o homem para julgar-se puro, e para parecer justo, tendo nascido de uma mulher? Eis que nem os céus são puros na sua presença. Quanto mais um ser abominável e corrupto como o homem" (Jó 15,14-16). "Eis que nem aqueles que o servem estão seguros, e ele encontra defeitos até nos seus anjos. Quanto mais naqueles que habitam em casas de barro e têm no pó seu fundamento" (Jó 4,18-19). E o soberbo não tem nem a medula da compunção e da misericórdia: suas palavras estão em contraste com suas obras, contrariam-se entre si e desse encontro jorra o fogo da arrogância, da ira e da vanglória.

Daí lermos no Livro dos Juízes: "Saia um fogo da sarça e devore os cedros do Líbano" (Jz 9,15). A sarça é uma espécie de moita espinhosa, muito densa e perigosa, e representa o soberbo, carregado dos espinhos das riquezas e dos pecados: dele provém o fogo da soberba, que devora todos os cedros do Líbano, isto é, todas as obras boas que realiza, exatamente aquelas que enumera: "Jejuo duas vezes por semana, pago o dízimo de tudo o que possuo" etc. E Gregório comenta: Para que serve que toda a cidade seja vigiada, se depois se esquece uma abertura pela qual entram os inimigos? Igualmente, quando somos orgulhosos pela perfeição de nossa vida mostramos com isso que não estamos nem no início da caminhada para a perfeição. Diz o Eclesiástico: "Não te ensoberbeças quando realizas o teu trabalho" (Eclo 10,29). "Todo o soberbo e arrogante é uma abominação diante do Senhor" (Pr 16,5).

Com razão, pois, é chamado de leão morto: "O fariseu estava de pé" com o pescoço erguido e rígido. Fariseu interpreta-se "separado": de fato, julgando-se justo, mantinha-se separado do publicano, dizendo: "Não sou como os outros homens, ladrões, injustos, adúlteros". O que quer dizer "os outros homens", senão todos, exceto ele? Como se dissesse: Só eu sou justo, todos os outros são pecadores.

4. Sobre isso temos uma concordância no Eclesiástico: "Três tipos de pessoas a minha alma detesta, e cuja vida me é insuportável: um pobre soberbo, um rico mentiroso e um velho insensato e desprovido de bom-senso" (Eclo 25,3-4). Diz-se soberbo porque anda por cima (latim: *super vadens*); mentiroso, em latim *mendax*, é aquele que engana a *mente* do outro; velho é aquele que não conhece a si mesmo, em latim *senex, se nesciens*: de fato, envaidece-se por causa de sua grande idade, ou então por ter os sentimentos diminuídos, ou porque a excessiva velhice torna-o ignorante. Os médicos (latim: *physici*) afirmam que a idade das crianças e dos velhos tem iguais manifestações: de fato, naquelas o sangue ainda não está totalmente quente, nestes já esfriou.

Considera que esses três tipos, odiosos a Deus, encontram-se nesse fariseu e também em todos os soberbos. O fariseu era um pobre soberbo: pobre, pois pela abertura que havia esquecido entraram os ladrões e roubaram todos os seus bens; soberbo, porque elevando-se acima de si mesmo, considerava-se melhor do que realmente era. Depois, o soberbo é pobre porque faltam-lhe as riquezas da humildade e quem tem falta de humildade encontra-se na maior miséria.

O fariseu era também um rico mentiroso. Rico, quando dizia: "Jejuo duas vezes por semana"; mentiroso quando afirmou: "Não sou como os outros homens". A mesma coisa fazem os religiosos do nosso tempo, que são ricos pela aparência de santidade, mas mentirosos no orgulho do seu espírito; dizem com Elias: "Eu me consumo de zelo pelo Senhor dos exércitos, porque os filhos de Israel abandonaram tua aliança, destruíram os teus altares, mataram os teus profetas à espada, eu fiquei só, e procuraram tirar-me a vida" (1Rs 19,10). Esses, que estão convencidos de serem os únicos a servir o Senhor e a se prostrarem diante dele, ouçam o que responde o Senhor: "Eu reservei para mim em Israel sete mil homens, que não dobraram os joelhos diante de Baal" (1Rs 19,18).

Irmão, de Nazaré pode vir alguma coisa boa? (cf. Jo 1,46). O nosso Deus não é somente o Deus dos montes, mas é também o Deus dos vales (cf. 1Rs 20,28). Ele diz no Cântico: "Eu sou a flor do campo e o lírio dos vales" (Ct 2,1). Deus habita no mais alto dos céus, e todavia volta seu olhar para os humildes (cf. Sl 137,6).

O fariseu era também um velho insensato: velho, porque não conhecia a si mesmo (latim: *senescit*, envelhece; *se nescit*, ignora a si mesmo), havia perdido os sentimentos e não sabia o que dizia. De fato, subira ao templo para rezar e não para louvar a si mesmo: começou pelo louvor de si, ele que, ao invés, devia começar pela oração ao Senhor. Alguns fazem a mesma coisa com sua pregação: como prólogo, começam a tecer os próprios louvores. O louvor em boca própria suja (cf. Eclo 15,9). Louve-te a boca alheia, não a tua (cf. Pr 27,2).

5. Com esta primeira parte do evangelho concorda a primeira parte da epístola: "Declaro-vos, irmãos, o evangelho que vos preguei, e que vós recebestes, no qual perseverais e pelo qual também sois salvos, se o conservardes na maneira que vo-lo anunciei; caso contrário, tereis crido em vão" (1Cor 15,1-2). O Evangelho, pregado por Cristo e pelos apóstolos, é a humildade. "Aprendei de mim, que sou manso e humilde de coração" (Mt 11,29). Os discípulos aprenderam esse ensinamento dele e o transmitiram aos outros. Daí que Paulo, nome que se interpreta "humilde", diz: "Declaro-vos o Evangelho, no qual perseverais, pelo qual também sois salvos". Onde há humildade, há também estabilidade, segurança e salvação; o fariseu, que não tinha humildade, caiu em ruína e, enquanto se justificava, tornou-se pecador. Quem conserva a humildade se salva, quem não conserva a humildade, vã é sua fé e em vão trabalha; e já que é por meio da humildade que se chega à glória, é exatamente esta epístola, na qual se recorda a morte de Cristo e sua ressurreição, que se lê hoje, junto com o evangelho no qual se diz: "Quem se humilha será exaltado" (Lc 14,11; 18,14). Cristo humilhou-se até a morte (cf. Fl 2,8) e foi exaltado na ressurreição.

Roguemos, pois, irmãos caríssimos, ao Senhor nosso Jesus Cristo que mantenha longe de nós a soberba presunção do fariseu e que imprima em nossos corações o evangelho de sua humildade, para que, assim, possamos subir ao templo da glória na ressurreição final, e mereçamos ser colocados à sua direita e participar de sua felicidade.

No-lo conceda ele, que morreu e ressuscitou e que é digno de toda a honra e glória nos séculos dos séculos. Amém.

XI domingo depois de Pentecostes

6. "Três tipos de pessoas a minha alma detesta, e cuja vida me é insuportável: um pobre soberbo, um rico mentiroso e um velho insensato e desprovido de bom-senso."

Diz o Eclesiástico: "O Altíssimo produziu da terra os medicamentos, e o homem prudente não os desprezará" (Eclo 38,4). O Altíssimo, Jesus Cristo, da terra, isto é, de sua carne, produziu a medicina da humildade, com a qual curou o gênero humano. Ou também: foi criada a medicina da terra, quando por meio dos sofrimentos do corpo são curadas as feridas do espírito. Assim, de nossa carne é produzida a medicina, como da serpente venenosa tira-se o contraveneno.

A carne foi como a serpente no momento da culpa, e da carne vem também o remédio, por meio do sofrimento. Esse medicamento, isto é, a humilhação de Cristo e o sofrimento da carne, o sábio não o despreza: só o soberbo mentiroso e o insensato o rejeitam. Exatamente deles se diz: "Três tipos de pessoas a minha alma detesta: o pobre soberbo, o rico mentiroso e o velho insensato e desprovido de bom-senso".

7. O pobre soberbo é este nosso corpo miserável; o rico mentiroso é o mundo; e velho insensato é o diabo. Corpo vem de corromper, e soa quase como "pus do coração" (latim: *corpus, cordis pus*). Pode-se dizer também "custódia do coração" ou "que perece na corrupção", ou também "exposto em público". É chamado pobre porque tem verdadeiramente pouco e porque tem pouco poder.

Nosso corpo é pobre porque entra neste exílio terrestre nu, cego e chorando, e sai dele ainda nu, cego e num estado lastimoso – e queira o céu que não seja destinado ao eterno suplício –, submetido aos sofrimentos da fome e do frio, afligido por doenças e cheio de sujeiras e impurezas. Que motivo tens, pois, pobre infeliz, de mostrar soberba? De que podes gloriar-te? Se queres vangloriar-te, vangloria-te da cloaca de esterco que carregas sempre contigo. Ó miserável, miserável e pobre, quem julgas ser? Por que te exaltas? Por acaso, não foste tu criado de fétido sêmen na misteriosa caverna de tua mãe? E ali não foste nutrido por nove meses de sangue mênstruo, que se os cães o lambessem, imediatamente seriam atacados de raiva? Portanto, donde te vem a vanglória? Talvez do sangue de teus pais? Se é assim, vanglorias-te exatamente do esterco no qual foste gerado. Talvez te vanglorias das riquezas? Pertencem a outros e não a ti: a ti só foram emprestadas. Não é teu aquilo que não podes levar contigo. A passagem da morte é estreitíssima e por ela podes passar apenas pobre e nu, carregando contigo só os teus pecados, que são um nada. Talvez queres gloriar-te de tua sabedoria e de tua eloquência? Não a ti, não a ti a glória, mas só àquele que dá a boca e a sabedoria, que faz falar os mudos e ouvir os surdos (cf. Sl 113B,1; Lc 21,15; Mc 7,37).

Ó pobre corpo, ó mísero corpo, vendo-te em tão grande miséria e penúria, ainda tens a coragem de ser tão soberbo e te glorias tanto? O que farias se fosses rico? Bendito seja Deus, que humilhou o soberbo como um ferido de morte (cf. Sl 88,11), que enxugou o mar e a água do profundo abismo, que feriu o dragão, que depôs o potente do trono, que a ti, ao contrário, deu a podridão em vez de perfume, em vez de cinta, uma corda, em vez de cabelos ondulados, a calvície (cf. Is 3,24).

Humilha-te, pois, pobre miserável, e gemendo e chorando repete com o Profeta Jeremias: "Eu sou um homem que vejo a minha pobreza debaixo da vara da ira do Senhor. Ele me guiou e me fez caminhar nas trevas e não na luz. Ele fez envelhecer a minha pele e a minha carne e quebrou os meus ossos. Construiu ao meu redor e me cercou de fel e de trabalho. Fez-me habitar em lugares tenebrosos, como os mortos há muito tempo. Cercou-me de um muro para que não pudesse mais sair e tornou pesadas as minhas correntes. Encheu-me de amargura e embriagou-me de absinto. Um a um quebrou-me os dentes, e alimentou-me de cinza. Recorda-te, Senhor, de minha pobreza demasiadamente grande, do absinto e do fel" (Lm 3,1-2.4.7.15-16.19).

8. O rico mentiroso. O rico é o mundo, de cujas riquezas o Profeta Naum diz: "Com suas águas, Nínive é como uma poça; seus defensores fugiram. Parai, parai, mas não houve quem voltasse para trás. Saqueai a prata, saqueai o ouro, há tesouros infinitos nos seus vasos preciosos" (Na 2,8-9). Nínive interpreta-se "sedutora" e representa o mundo, formoso por falsa beleza. Suas águas, riquezas e prazeres são como poças que secam no verão. De fato, quando chega a chama da morte, secam-se as riquezas e os prazeres. Diz o Eclesiástico: "No fim do homem serão descobertas as suas obras" (Eclo 11,29).

Todos fogem, todos devem pagar o tributo à morte. E Nínive, bela prostituta, escarnece deles, dizendo: "Parai, parai, saqueai a prata, saqueai o ouro". Os amantes do mundo devem deixar aquilo que não podem levar consigo: entre eles não há ninguém que se volte para trás, pois o dia do homem é como a sombra, e sua vida como o vento, que passa e não volta atrás (cf. Jó 8,9; 7,7). As riquezas de Nínive são infinitas e, portanto, também suas misérias são sem fim, "nos seus vasos preciosos". Os vasos, isto é, o coração dos mundanos, são tão profundos em sua cobiça, que, por maiores que sejam aquelas riquezas, nunca podem saciar-se.

Igualmente, a respeito da falsidade do mundo, o mesmo profeta acrescenta: "Ai de ti, cidade sanguinária, toda cheia de mentira e de extorsões, e de contínuas rapinas!" (Na 3,1). Ameaças o mundo de pena e de culpa, cidade sanguinária, isto é, de pecadores, na qual não existe verdade, mas tudo mentira. Por isso diz o salmo: "Desapareceu a verdade entre os filhos dos homens" (Sl 11,2). Essa cidade está cheia de rapinas e de extorsões. Diz Gregório: A vida presente não pode passar sem lágrimas; no entanto, mesmo entre muitas lágrimas, é amada. E de sua falsidade, por boca de Jeremias, o Senhor diz: "Tornou-se para mim como o engano de águas infiéis" (Jr 15,18). Águas infiéis são as riquezas, que não dão segurança alguma a quem as possui: muito prometem, mas nada sustentam. Aqueles que as amam, quando as têm em abundância, proclamam a fé no Senhor: "Ele te bendirá, quando lhe fizeres bem" (Sl 48,19). Mas Gregório comenta: É de pouco valor a profissão de fé feita na prosperidade; porém, tem grande mérito aquela que não falta nem sob os golpes do sofrimento. Portanto, quando as riquezas são abundantes, os carnais louvam o Senhor; mas quando as riquezas desaparecem, renegam até o Senhor.

XI DOMINGO DEPOIS DE PENTECOSTES

9. O velho insensato e desprovido de bom-senso. O velho insensato é o diabo, do qual se diz no Eclesiastes: "É melhor um moço pobre e sábio, do que um rei velho e insensato, que não sabe prever o futuro" (Ecl 4,13). O diabo não soube conservar a sabedoria que lhe foi infusa quando morava entre os anjos, porque não quis sujeitar-se ao seu Criador. Tornam-se membros seus aqueles que recusam sujeitar-se ao jugo da obediência, em nome daquele que foi obediente até a cruz. Todas as vezes que obstinadamente te recusas a obedecer ao teu superior, tornas-te semelhante ao anjo apóstata. Não desprezas um homem, mas a Deus, que colocou homens à frente de outros homens.

E Jó diz: "Ele é aquele que deu um peso ao vento" (Jó 28,25). O vento chama-se assim porque é veemente e violento. A natureza humana, inclinada ao mal desde a adolescência, é leve e impetuosa como o vento, e, portanto, Deus lhe deu um peso, isto é, a obediência aos superiores, para que, freada por seu peso, não se exalte em vão acima de si mesma como o diabo, para depois, miseravelmente, cair abaixo de si. "Portanto, – como diz Jeremias nas Lamentações – é bom para o homem que carregue o jugo desde a sua adolescência. Sentar-se-á solitário e permanecerá em silêncio, porque elevou-se acima de si mesmo" (Lm 3,27-28). Quando te sujeitas humildemente a um outro, então te elevas admiravelmente acima de ti mesmo.

O jugo é chamado assim porque une duas coisas (latim: *iugum, duo iungit*). Carrega, portanto, ó filho, juntamente com Cristo, o Filho de Deus, o jugo da obediência. O novilho novo, figura de Jesus Cristo, preso sob o jugo da obediência, carregou sozinho o peso de todos os nossos pecados. Realmente, diz Isaías: "O Senhor pôs sobre si a iniquidade de todos nós" (Is 53,6). E os judeus, como camponeses com o chicote, batiam nele para que andasse mais depressa. Eis como o nosso novilho novo, totalmente só, carrega um peso que nem os anjos nem os homens teriam condições de carregar e não há ninguém que compreenda e medite no seu coração (cf. Jr 12,11).

Ó irmão, corre, peço-te, une-te a ele sob aquele jugo, carrega-o junto com Jesus, sustenta-o junto com Jesus. "Olhei em volta [diz por boca de Isaías], mas não havia quem me auxiliasse; procurei e não encontrei quem me ajudasse" (Is 63,5). Ajuda, pois, irmão, ajuda Jesus, porque se participares de seus sofrimentos, participarás também da consolação (cf. 2Cor 1,7).

Rogamos-te, pois, Senhor Jesus, que nos faças pobres, humildes, ricos sinceros, velhos sábios, para merecermos chegar às eternas riquezas e às eternas delícias. No-lo concedas tu, que és bendito nos séculos dos séculos. Amém.

II – O ARREPENDIMENTO DO PUBLICANO

10. "O publicano, porém, conservando-se a distância, não ousava nem levantar os olhos para o céu, mas batia no peito, dizendo: Meu Deus, tem piedade de mim pecador. Em verdade vos digo, que este voltou justificado para sua casa, e não o outro, porque quem se exalta será humilhado, e quem se humilha será exaltado" (Lc 18,13-14). Nesta passagem devem ser considerados seis pontos: a lembrança da própria iniqui-

dade, a humilhação da mente e do coração, a contrição, a confissão, a reparação e a justificação do próprio publicano.

A recordação da própria iniquidade, onde diz: "O publicano, conservando-se a distância". Consciente da própria iniquidade, parou a distância, julgou-se indigno até mesmo de entrar no templo. O fariseu julgava-se próximo, mas estava longe. O publicano, julgava estar longe e estava próximo (cf. Ef 2,13). O ramo foi quebrado e enxertado no zambujeiro (cf. Rm 11,17). "O que Israel buscava não o conseguiu; mas conseguiram-no os escolhidos" (Rm 11,7). Ó pecador, conserva-te a distância, julga-te indigno e repete com Abraão: "Falarei ao meu Senhor, ainda que eu seja pó e cinza" (Gn 18,27).

A humildade da mente e do corpo, quando diz: "Não ousava nem levantar os olhos ao céu". Geralmente, o sinal da humildade se vê nos olhos: "Ó Senhor – diz-se no Livro do Eclesiástico – não permitas a imodéstia do meu olhar" (Eclo 23,5). O olho impudico, escreve Agostinho, é sinal da impudicícia do coração. Igualmente, no ato de bater-se no peito devem ser consideradas três coisas: na percussão, a contrição, na ressonância do tórax, a confissão, na mão que bate, a obra de reparação. "Meu Deus, tem piedade de mim pecador", isto é, sê benigno comigo. O publicano, na sua humildade, não ousa aproximar-se de Deus, para que Deus se aproxime dele; não ousa olhar, para ser olhado por Deus; bate-se no peito, pune a si mesmo, para que Deus o poupe; confessa seu pecado, para que Deus o perdoe. E Deus o perdoa, porque ele reconhece seu pecado.

Vê e considera atentamente quanta coerência tinha em si mesmo este pecador: na sua mente predominava a humildade, a que correspondia a humildade dos olhares; o coração sofria pelo mal cometido, a mão batia no peito, a língua proclamava: "Deus, tem piedade de mim pecador!"

11. E sobre esta concórdia temos também a concordância do Eclesiástico: "De três coisas sempre se compraz o meu espírito e são agradáveis a Deus e aos homens: a concórdia entre os irmãos, o amor aos vizinhos e a harmonia entre marido e mulher" (Eclo 25,1-2). Vejamos o que significam os irmãos, os vizinhos e o marido e mulher.

Os irmãos simbolizam os cinco sentidos do corpo, dos quais o Gênesis diz: "Judá, os teus irmãos te louvarão" (Gn 49,8), que são, Rúben, Simeão, Levi, Issacar e Zabulon. Judá é figura do penitente, e os cinco sentidos do corpo, se entre eles houver concórdia, louvá-lo-ão, quer dizer, tornam-no digo de louvor. Rúben interpreta-se "visão", eis a vista; Simeão, interpreta-se "ouvido", eis a audição. Levi interpreta-se "inalado" [com o nariz], eis o olfato: de fato, com o olfato inalamos o ar por meio do qual vivemos; Issacar interpreta-se "que recorda o Senhor", eis a língua, por meio da qual o penitente deve recordar-se de louvar o Senhor e de confessar seu pecado; Zabulon interpreta-se "morada da fortaleza", eis o tato. A concórdia entre estes irmãos agrada a Deus e aos homens. Concórdia vem da "união dos corações", e concordar quer dizer formar um só coração.

"O amor dos vizinhos." Os vizinhos são os afetos, os sentimentos do coração, e nada existe que seja mais próximo do que eles. Se entre eles houver o amor a Deus, de maneira a serem orientados para ele e amá-lo, então são agradáveis a Deus.

"A harmonia entre marido e mulher": O marido é figura da razão, a mulher, da sensualidade. Se estiverem de acordo no temor e no amor a Deus, tudo o que pedirem, ser-lhes-á concedido. Afinal, foi dito: "Se dois de vós concordarem em pedir alguma coisa, o Pai vo-la concederá" (Mt 18,19).

Porque no publicano arrependido existia essa concórdia, havia o amor e a harmonia de sentimentos, dele disse o Senhor: "Em verdade vos digo que este voltou para casa justificado e não o outro", isto é, o fariseu. E o Bem-aventurado Bernardo comenta: O publicano que se humilhou e se apresentou como um vaso vazio, recebeu uma graça muito grande. Eis como é grande a graça do Redentor: o publicano subira ao templo manchado, e desceu justificado; subira pecador, desceu santo.

Portanto, no introito da missa de hoje, confiante na misericórdia de Deus, ele implora: "Ó Deus, vem em meu auxílio"; é o mesmo que dizer: "Tem piedade de mim pecador". "Senhor, apressa-te em socorrer-me" (Sl 69,2) e infundir-me a tua graça, e assim retornarei para casa justificado.

12. Com esta segunda parte do evangelho concorda a segunda parte da epístola: "Eu sou o mínimo dos apóstolos, e não sou digno sequer de ser chamado Apóstolo, porque persegui a Igreja de Deus. Mas pela graça de Deus sou o que sou, e sua graça, que está em mim, não foi vã" (1Cor 15,9-10).

Mínimo vem da palavra mônada, que em latim indicava a unidade, isto é, o último número da escala.

Eis de que modo Paulo, o mínimo, concorda com o publicano, o humílimo. Este, considerando-se indigno, conservava-se a distância; aquele julgava-se o mínimo dos apóstolos. Este não ousava levantar os olhos para o céu porque havia pecado contra o céu e na presença de Deus; aquele dizia: "Eu não sou digno de ser chamado apóstolo". Este acusava-se de ser pecador, aquele acusava-se de ter perseguido a Igreja de Deus. Este encontrou a graça, e também aquele encontrou a graça e, por isso, diz: "Pela graça de Deus sou o que sou".

Irmãos caríssimos, oremos ao Senhor Jesus Cristo, a fim de que ele, que ao publicano e a Saulo perdoou os pecados e conferiu a graça, perdoe também a nós e nos infunda sua graça para merecermos chegar à sua glória.

No-lo conceda ele próprio que é bendito e glorioso, que é vida e salvação, que é justo e piedoso pelos séculos eternos. E toda a alma humilde responda: Amém. Aleluia!

13. "Quem se exalta será humilhado e quem se humilha será exaltado." Lemos no Eclesiástico: "A memória de Josias é como uma composição de aromas, feita por perito perfumista. Em toda a boca será doce a sua lembrança como o mel, e como um concerto de música em banquete de vinhos" (Eclo 49,1-2).

Josias interpreta-se "nele está o sacrifício" e é figura do penitente, ou do justo, no qual o sacrifício oferecido a Deus é seu espírito contrito (cf. Sl 50,19), cuja vida é comparada à obra do perfumista, à doçura do mel e a um instrumento musical. O verdadeiro penitente, como um perfumista, no pequeno almofariz do seu coração, batendo com o pilão da contrição, moi todas as espécies de pensamentos, de palavras e de obras, reduz tudo a pó finíssimo e o amassa com o bálsamo das lágrimas. Esta é a composição de suavíssimo perfume, e esta obra de perfumista, portanto, é comparada à doçura do mel.

Considera que as abelhas recolhem a cera das flores e a reúnem nas patas anteriores, depois mudam-na para as patas centrais, e finalmente a fixam às coxas das patas posteriores: depois a transportam em voo e então experimentam seu peso. E a abelha, quando voa, não vai à procura de diversas flores, e não deixa uma flor para passar para outra, mas recolhe de uma espécie de flores tudo aquilo que pode e depois retorna para a colmeia; e trabalha e vive do seu trabalho.

Também o penitente tem, por assim dizer, seis pés: os anteriores são o amor a Deus e ao próximo; os do meio, a oração e a abstinência; e os posteriores, a paciência e a perseverança. As flores são os exemplos dos Santos Padres, dos quais deve recolher a cera, isto é, a pureza da alma e do corpo: e a recolhe com estes seis pés, e depois retorna à colmeia de sua consciência, levando-a consigo, e imediatamente começa seu trabalho interior e com esse trabalho se restabelece.

"Trabalhai – diz o Senhor – não pelo alimento que perece, mas pelo que dura até a vida eterna" (Jo 6,27). A obra do justo é a doçura do mel, isto é, a pureza da consciência, a honestidade da vida, o perfume da boa reputação, a alegria da contemplação de Deus.

Ó curioso, não te aflijas e estendas tua atividade a muitas coisas; vai ter, não digo com a formiga, mas com a abelha, e aprende dela a sabedoria. A abelha não pousa sobre muitas espécies de flores etc. De seu exemplo, aprende a não dar ouvido às várias flores de palavras, a vários livrinhos; e não deixes uma flor para passar a outra, como fazem os enfastiados, que sempre folheiam livros, criticam as pregações, controlam as palavras, mas nunca chegam à verdadeira ciência; tu, ao contrário, recolhe de um livro aquilo que te serve e coloca-o na colmeia de tua memória. Diz o Filósofo: Não é vigorosa a planta que é transferida com frequência. Nada é tão útil que se possa aproveitar mesmo com um simples contato (Sêneca).

Igualmente, a vida do justo é comparada a um instrumento musical. O instrumento musical é a palavra da pregação do Senhor, ou também a ressonância da boa reputação, que se harmoniza com a santidade da vida. De tal vida provém, pois, a memória perfumada, que produz doçura ao espírito daqueles que ouvem falar, e ressoa agradavelmente aos seus ouvidos.

14. Portanto, da humildade desse Josias, isto é, do penitente que se humilhou como o publicano, o Senhor diz: "Quem se humilha será exaltado".

Diz-se "humilde" para dizer "abaixado para a terra" (latim: *humi acclivus*). A porta do céu é baixa, e quem quer entrar por ela é necessário que se abaixe. Isso no-lo ensinou o Senhor quando, "inclinada a cabeça, entregou o espírito" (Jo 19,30). Aliás, ele mesmo disse: "É mais fácil um camelo entrar pelo buraco de uma agulha do que um rico entrar no Reino dos Céus" (Mc 10,25).

Literalmente, "o buraco da agulha" era uma das portas de Jerusalém. E o camelo, por sua natureza, tem condições de inclinar-se quando deve passar por um lugar baixo, e pode caminhar sobre os joelhos. Para isso, a natureza forneceu-lhes certas calosidades nos joelhos, que se assemelham a estribos, de modo a não se ferir se caminhar sobre os joelhos[14]. Portanto, "é mais fácil um camelo entrar pelo buraco de uma agulha", porque, por sua natureza pode abaixar-se; o que o rico não pode fazer senão por meio da graça de Deus.

Para expressar esse abaixamento, uma das portas de Jerusalém chamava-se "Porta do Vale", da qual Neemias diz: "Saí de noite pela Porta do Vale e fui para a Fonte do Dragão, e para a porta do esterco, observando os muros de Jerusalém, como estavam cheios de brechas e como suas portas estavam consumidas pelo fogo. E dali passei para a porta da fonte e o aqueduto do rei; não havia lugar para passar o cavalo em que ia montado. Então, regressei à Porta do Vale e voltei para casa" (Ne 2,13-15).

A porta do Vale representa o nosso ingresso neste mundo: vale para o qual saímos para vê-lo. A Fonte do Dragão simboliza a fonte das lágrimas. A porta do esterco é a penitência, por meio da qual é removido o esterco do pecado, e então pode-se constatar a destruição do muro espiritual produzida pelo pecado.

As portas consumidas pelo fogo representam os sentidos, também eles corrompidos pelo pecado. A porta da fonte é a contemplação, à qual se chega depois de fazer penitência. O aqueduto representa a alma do contemplativo, por onde correm as águas das intuições espirituais. O cavalo, que não tem lugar para passar, representa o corpo, cujo peso faz que o homem se precipite do alto da contemplação, porque "o corpo corruptível torna a alma pesada" (Sb 9,15). É necessário, pois, retornar à porta do Vale, porque é preciso perseverar na humildade. De fato, diz o Eclesiástico: "Humilha profundamente o teu espírito, porque a carne do ímpio será castigada com o fogo e com o verme" (Eclo 7,19): a carne do ímpio, isto é, os ímpios escravos de seu corpo.

Com efeito, o Senhor diz por boca de Ezequiel: "Soprarei contra ti o furor da minha ira, e te entregarei às mãos de homens violentos, que trazem destruição. E serás presa do fogo" (Ez 21,31-32). E no Livro de Judite: "Porei em suas carnes vermes e fogo, para que queimem e sofram eternamente" (Jt 16,21). Humilha, pois, teu espírito, porque "a oração de quem se humilha penetrará as nuvens, e enquanto não chegar, não se contentará" (Eclo 35,21), isto é, seu coração não está tranquilo.

Diz Orígenes: tem mais poder um único santo a rezar, do que inúmeros pecadores a combater. Afinal, se a oração do santo penetra os céus, como não há de vencer

---

14. Não se conhece a fonte de isso que o santo escreve sobre o camelo.

o inimigo na terra? E Agostinho: É grande a força da oração inocente, ela entra até junto de Deus como se fora uma pessoa e realiza a sua tarefa: coisa a que a carne não tem possibilidade de chegar. E Gregório: Rezar verdadeiramente quer dizer fazer ressoar amargos gemidos de arrependimento, e não palavras vãs.

Humilha, pois, teu espírito, porque quem se humilha será exaltado. Diz ainda o Eclesiástico: "Levantou-o de sua humilhação e o fez ficar de fronte erguida" no seu sofrimento, "de modo que muitos se maravilharam" (Eclo 11,13).

Pedimos-te, pois, Senhor Jesus, que imprimas em nós o selo de tua humildade e nos eleves à tua direita no momento de nosso último sofrimento.

No-lo concedas tu, que és bendito nos séculos dos séculos. Amém.

XII domingo depois de Pentecostes

Temas do sermão

- Evangelho do XII domingo depois de Pentecostes: "Jesus saiu da região de Tiro"; divide-se em duas partes.
- Primeiramente sermão sobre o pregador e sobre o prelado da Igreja, sobre a natureza das abelhas e sobre a propriedade do ferro: "O ferreiro".
- Parte I: O pecado de luxúria e de soberba; natureza da serpente e os três roubos dos avarentos: "Filho, pecaste?"
- Contra os prelados da Igreja: "Seus pés levavam Tiro para longe".
- Sermão moral sobre a vida do justo, sobre a propriedade da névoa, do sol e do arco-íris que se forma nos dias de chuva: "Simeão, filho de Onias".
- Os cinco rios e seu significado, e as três partes de que se compõe a flecha: "Transborda de sabedoria como o Fison".
- Parte II: Sermão sobre o coração do homem e sobre os sentidos do corpo: "O rei que se senta no trono".
- Os cinco atos de virtudes pedidos nesta passagem: "Eu te escutei com meus ouvidos"; natureza do cervo e seu simbolismo.
- A confissão: "Em meio ao fogo havia um eletro incandescente".
- Sermão moral sobre o desprezo do mundo: "Dois anjos tomaram Lot pela mão".
- Os cinco dedos de Jesus Cristo e seu significado.
- Sermão sobre a natividade do Senhor: "O oleiro sentado ao seu trabalho".
- Outro sermão sobre a natividade e sobre as seis asas dos serafins: "Um serafim voou para mim".
- Sermão sobre o pregador: "Muitos lábios louvarão quem é generoso em dar o pão".
- Sermão sobre o testamento e sobre seu simbolismo.

Exórdio – O pregador e o prelado da Igreja

1. Naquele tempo, "Tendo saído da região de Tiro, Jesus passou por Sidônia dirigindo-se para o Mar da Galileia, atravessando o território da Decápole" (Mc 7,31).

Lemos no Eclesiástico: "O ferreiro, sentado ao pé da bigorna, observa seu trabalho de ferro: o vapor do fogo queima-lhe as carnes e deve lutar contra o calor da forja. O ruído do martelo reboa-lhe aos ouvidos, enquanto seus olhos se fixam no modelo da obra. Aplica seu coração na execução da obra e fica atento para terminá-la com perfeição" (Eclo 38,29-31).

O ferreiro é assim chamado de "fazer", ou seja, "trabalhar" o ferro, e é figura do santo pregador da Igreja, que fabrica as armas do espírito. Ele deve estar sentado junto à bigorna: isto é, deve aplicar-se ao estudo e à prática da Sagrada Escritura, exatamente para praticar aquilo que prega. A bigorna tem esse nome porque por meio dela fabrica-se alguma coisa, isto é, produz-se batendo: em latim: *cudere*, que significa bater e dobrar.

Lê-se na *História natural* que "as abelhas levantam voo no ar como que para exercitar-se e depois retornam para as colmeias e se nutrem; assim os pregadores devem primeiro exercitar-se no ar da contemplação, com o desejo da bem-aventurança celeste, para depois, com maior ardor, poder alimentar a si mesmos e aos outros com o pão da palavra de Deus.

O pregador deve também observar o trabalho do ferro, quer dizer, a mente férrea dos ouvintes, para fabricar nela as armas das virtudes, aptas a derrotar as potências do ar. O ferro deriva seu nome de ferir, porque com ele as outras coisas são feridas ou domadas. Ou então, o ferro é assim chamado porque serve para afundar na terra as sementes das messes, chamadas em latim *farra*. Também o aço, por exemplo, que em latim se chama *chalybs*, deriva seu nome do Rio *Chalybs*, em cujas águas era temperado o ferro para obter ótimo aço.

E considera que o ferro não é atacado pela ferrugem se for untado com alvaiade, gesso e pez líquido; ou também se for untado com medula do cervo, ou então, com alvaiade misturado com óleo rosáceo. O alvaiade é uma substância própria para pintar e é composta de estanho e chumbo. O gesso é um produto da Grécia, aparentado com o cálcio, ótimo para fazer relevos, figuras, saliências e cornijas nos edifícios. E considera ainda que o ferro, isto é, a mente do homem, recebe uma ótima têmpera no rio das lágrimas. E a mente nunca é atacada pela ferrugem se for untada com alvaiade, gesso, pez, medula de cervo e óleo de rosas.

O alvaiade compõe-se de estanho e de chumbo. No estanho e no chumbo é simbolizada a humanidade de Cristo, que foi de estanho na natividade. Diz Zacarias: "Eles se alegrarão, quando virem a pedra de estanho nas mãos de Zorobabel" (Zc 4,10). Na pedra de estanho são indicadas a natureza divina e a natureza humana, que o nosso Zorobabel, Jesus Cristo, teve na mão de seu poder: aqueles que agora se alegram com ele, contemplá-lo-ão um dia Deus e homem, face a face, na Jerusalém celeste. E sua humanidade foi de chumbo na paixão; diz Jeremias: "Faltou o fole, e o chumbo foi consumido no fogo" (Jr 6,29).

Veja sobre isso o sermão do IV domingo depois da Páscoa, primeira parte, onde se comenta o evangelho: "Volto para aquele que me enviou".

No gesso é simbolizada a vida inocente dos santos; no pez, a humildade e a pobreza; na medula do cervo, a compaixão em relação ao próximo; no óleo de rosas, a castidade do corpo. Quem protegerá o ferro de sua mente com todas essas virtudes, sem dúvida, estará sempre livre de qualquer ferrugem de pecado. Com razão, pois, é dito: "Observa o trabalho do ferro".

"O vapor do fogo queima-lhe as carnes." O vapor do fogo é o santo fervor do zelo, que deve queimar as carnes, isto é, as tendências carnais do pregador ou do prelado, para que possa dizer com o Apóstolo: "Quem é fraco, que também eu não o seja? Quem é escandalizado, que eu não me abrase?" (2Cor 11,29). "E contra o fogo da forja", isto é, contra as tentações da carne, "combate": isto é, combate contra os vícios.

"O ruído do martelo" etc. O martelo chama-se em latim *malleus*, porque bate e trabalha aquilo que foi tornado *mole* pelo calor do fogo. O martelo simboliza a palavra de Deus, da qual Jeremias diz: "Minhas palavras não são porventura como o fogo e como o martelo que quebra as pedras"? (Jr 23,29). De fato, quando o pregador percute com o martelo a massa do ferro, incute o medo dos tormentos, e com esses golpes deve fazer reboar os ouvidos. Ai daquele que percute os outros e percutindo-os os abala, enquanto ele próprio permanece insensível; deveria dizer com Isaías: Logo eu, que faço os outros dar à luz, isto é, faço-os prorromper em gemidos de compunção, logo eu permanecerei estéril? (cf. Is 66,9). Não prorromperei também eu em gemidos? Ou então: "a voz" do martelo poderia ser também esta: Ide, malditos!... (cf. Mt 25,41), que deveria ressoar continuamente aos ouvidos do coração. Por isso, em latim, para dizer "ressoa" usa-se o verbo *innovat*, porque essa ameaça deveria retornar sempre e de novo diante dos olhos.

"E seus olhos estão fixos no modelo de sua obra." No olho são simbolizados a atenção e o propósito do pregador, que devem estar fixos no modelo da obra, isto é, nas almas eleitas, para produzir outras obras iguais: para reproduzir objetos semelhantes deve-se sempre partir do modelo.

"Aplica todo o coração na execução da obra", para poder dizer com o Senhor: "Pai, realizei a obra que me mandaste fazer" (Jo 17,4).

"E fica atento para terminá-la com perfeição." Com sua perfeição, o pregador deve levar à perfeição as almas, para curar a alma surda e muda com os dedos de suas obras santas e a saliva da pregação divina. Exatamente, por isso, diz-se no evangelho de hoje: "Saindo Jesus da região de Tiro" etc.

2. Presta atenção que neste evangelho são postos em evidência dois fatos: A saída de Jesus Cristo da região de Tiro e a cura do surdo-mudo. O primeiro, quando diz: "Saindo Jesus da região de Tiro". O segundo, quando acrescenta: "E trouxeram-lhe um surdo-mudo". Encontraremos no Livro do Eclesiástico passagens que concordam com estas duas partes do evangelho.

No introito da missa de hoje canta-se o salmo: "Olha, Senhor, para a tua aliança" (Sl 73,20). Depois, lê-se um trecho da Segunda carta do Bem-aventurado Paulo aos Coríntios: "Temos esta confiança" (2Cor 3,4); dividiremos o trecho em duas partes fazendo ressaltar sua concordância com as duas partes do evangelho. Primeira parte: "Temos esta confiança". Segunda parte: "Aquele que nos fez idôneos ministros".

I – A SAÍDA DE JESUS CRISTO DA REGIÃO DE TIRO

3. "Tornando a sair da região de Tiro, Jesus foi por Sidônia ao Mar da Galileia, atravessando o território da Decápole" (Mc 7,31).

Sentido alegórico. Tiro interpreta-se "estreiteza", e significa a Judeia, à qual o Senhor se dirige com as palavras de Isaías: "O leito é tão curto e o manto tão estreito, que não pode cobrir a ambos" (Is 28,20). "Levantai-vos, pois, e vamo-nos daqui" (Jo 14,31). "E saindo passou por Sidônia", que se interpreta "caçada", feita por meio da pregação dos apóstolos, dos quais diz em Jeremias: "Enviarei os meus caçadores, e os caçarão" (Jr 16,16).

"E chegou ao Mar da Galileia", nome que se interpreta "roda", isto é, foi para os pagãos, que se encontravam na amargura dos pecados e eram escravos da roda, isto é, da engrenagem das coisas temporais. "Atravessando o território da Decápole." Decápole é a região das "dez cidades" situadas além do Jordão, e indica os preceitos do decálogo, que o Senhor deu também aos gentios para que o observassem.

Ao pé da letra: Marcos não diz que Jesus Cristo tenha entrado no território da Decápole, nem que, de barca, tenha atravessado o mar, mas diz que Jesus Cristo chegou só até o mar, num lugar de onde se divisava o território da Decápole, situado ao longe, para além do mar.

Vejamos o que significam, em sentido moral, Tiro e sua região, Sidônia, o Mar da Galileia e a Decápole. Deve-se sair da região de Tiro e deve-se ir ao Mar da Galileia através de Sidônia. Este é o caminho da vida, a vereda da justiça de que fala Isaías: "A senda do justo tornou-se reta; o atalho do justo é plano para se caminhar" (Is 26,7).

Tiro interpreta-se "estreiteza" e Sidônia, "caçada da tristeza". Tiro é figura do mundo, de cuja estreiteza concordam as palavras do Eclesiástico: "Filho, pecaste? Não tornes a pecar; mas faze oração pelas tuas faltas passadas para que te sejam perdoadas. Foge dos pecados como da vista de uma serpente, porque se chegares perto, ela te morderá. Seus dentes são dentes de leão, que matam as almas dos homens. Todo o pecado é como uma espada de dois gumes; sua ferida não tem cura" (cf. Eclo 21,1-4). Presta atenção a estas três palavras: a serpente, os dentes do leão e a espada de dois gumes. Na serpente é representada a luxúria, nos dentes de leão, a avareza e na espada de dois gumes, a soberba.

A serpente é chamada em latim *còluber*, porque *colit umbras*, ama as sombras, ou também porque é *lubricosus*, viscoso e escorregadio, afugenta o cervo e mata o leão, e é símbolo da luxúria, que ama as sombras, isto é, mora nos que são obscuros, quer dizer, tépidos e ociosos. Facilmente escorrega para dentro da alma, se esta não lhe esmagar a cabeça: portanto "resiste logo no início!" Afugenta o cervo, o humilde penitente, porque ele próprio foge, segundo a ordem: "Fugi da fornicação!" (1Cor 6,18); porém, mata o leão, isto é, o soberbo. Antes de cair na luxúria, o coração do homem enche-se de soberba, que é o princípio de todo o pecado (cf. Pr 18,12).

Os dentes tomam seu nome do fato de quebrarem, em latim *dividentes*, os alimentos; os dentes da frente chamam-se incisivos (latim: *praecisores*, que cortam), os seguintes são os caninos e os últimos, os molares. Considera que esta rapina praticada pelos avarentos é tríplice: alguns cortam, porque não tiram tudo, mas só uma parte; outros são como os dentes caninos, e são como os legistas e os canonistas que, nos tribunais, ladram por dinheiro como os cães; outros, enfim, são como os molares, e são os poderosos e os usurários, que moem, isto é, trituram os pobres. Mas o Senhor quebrará os dentes dos pecadores e os molares dos leões (cf. Sl 57,7).

Igualmente a espada de dois gumes (latim: *romphaea*, mas o povo a chama *spatha*), representa a soberba, que fere a alma com uma dupla morte. Foge, portanto, da serpente da luxúria, dos dentes da avareza e da espada da soberba. Esta é "a região" de Tiro, na qual há estreiteza, isto é, angústia e aflição de espírito, de que fala Salomão: "Os olhos dos insensatos estão em todas as regiões da terra" (Pr 17,24). As regiões, os territórios são chamados em latim *fines*, porque são fixados com a corda (latim: *funis, funiculus*) do agrimensor. Aqueles que são amarrados com as cordas dos próprios pecados, serão separados, isto é, excluídos, da herança dos santos.

4. Por isso, desta Tiro Isaías diz: "Seus pés levá-la-ão a peregrinar por terras remotas. Quem formou esse desígnio contra Tiro, outrora coroada, cujos comerciantes eram príncipes, cujos negociantes eram os nobres da terra? Foi o Senhor dos exércitos que formou esse desígnio, para derrubar a soberba de toda a glória e para reduzir à ignomínia todos os nobres do país" (Is 23,7-9).

Tiro é figura do mundo, coroado de soberba, de poder e de grandeza: os seus mercadores são os príncipes, isto é, os prelados da Igreja, dos quais está escrito no Apocalipse: "Os teus mercadores eram os príncipes da terra" (Ap 18,23). Estes são os negociantes ismaelitas que, como se narra no Gênesis, venderam José como escravo, no Egito (cf. Gn 37,28.36).

O verdadeiro José, Jesus Cristo, hoje é vendido por aqueles mercadores que são os arcebispos, os bispos e os outros prelados da Igreja. Correm e *discorrem*; vendem e revendem a verdade pelas mentiras, destroem a justiça com a simonia. E observa que "negócio", em latim *negotium*, às vezes indica a ação judiciária, que é um pretexto para o litígio; outras vezes, o ato de fazer alguma coisa, cujo contrário é o ócio: nesse caso *negotium* é como dizer *negans otium*, que nega o ócio; portanto, o negociador, o negociante, é aquele que exerce o comércio.

Os vendedores ambulantes são os abades, os priores hipócritas e os falsos religiosos que, sob o pretexto da religião, vendem na praça da vaidade mundana, pelo dinheiro do louvor humano, as falsas mercadorias de uma santidade que eles não têm. Eis, pois, que Tiro, com seus negociantes e ambulantes, será levada para a escravidão. Mas por quem? Sem dúvida, "por seus pés", com os quais agora correm para cá e para lá. Eles próprios serão a causa pela qual será levada a peregrinar no exílio da geena. E quem pôde imaginar que os príncipes e os nobres da terra, os prelados e os religiosos, considerados como homens que falam com Deus face a face, possuidores das chaves do Reino dos Céus, pudessem ser levados para o exílio da morte eterna? Por isso, os condenados, súditos e paroquianos, dirigem-se ao prelado condenado ao inferno, com as palavras de Isaías: "Também tu foste ferido igualmente como nós; vieste a ser semelhante a nós. A tua soberba foi abatida até os infernos, caiu por terra o teu cadáver; debaixo de ti existe uma cama de podridão e tua coberta serão os vermes" (Is 14,10-11).

Tal cama terão os bispos e os prelados, os abades e os falsos religiosos, que, no dizer do Profeta Amós, agora dormem em leitos de marfim e se entregam à moleza em seus divãs (cf. Am 6,4), à semelhança dos cavalos com suas jumentas nos prados. O Senhor dos exércitos decidiu tudo isso para abater a soberba e toda a pompa dos prelados, aprofundá-los no inferno, reduzi-los à infâmia da eterna vergonha; decidiu confundir todos os grandes da terra, que se revestem das nobres penas do avestruz e da cegonha e andam empolados e empertigados, de barriga proeminente. Aos mais poderosos ameaça uma condenação mais severa, diz a Sabedoria (cf. Sb 6,9). O justo, membro do corpo de Cristo, para não se deixar levar com a infeliz Tiro, saia com Jesus do território daquela cidade; como diz o evangelho: Jesus saiu da região de Tiro.

"Passando por Sidônia, foi para o Mar da Galileia." Sobre Sidônia, sobre seu significado e interpretação, veja o segundo sermão do II domingo da Quaresma, com o comentário sobre o Evangelho de Mateus: "Jesus partiu dali e dirigiu-se para a região de Tiro e de Sidônia" (Mt 15,21).

Galileia interpreta-se "transmigração". O Mar da Galileia simboliza a amargura da penitência, por meio da qual se transmigra, se passa do vício para a virtude e depois se progride de virtude em virtude.

Sobre a amargura da penitência veja o sermão do IV domingo da Quaresma, sobre o evangelho da multiplicação dos pães.

"Atravessando o território da Decápole." Decápole é uma palavra grega que significa "dez cidades"; portanto, Jesus andou na região das dez cidades. Observa que estas dez cidades são as *dez virtudes* que o Eclesiástico enumera no elogio a Simeão, filho de Onias.

5. "Simeão, filho de Onias, foi sumo sacerdote. Como a estrela da manhã no meio da névoa e como a lua cheia, brilhou durante a sua vida; como um sol brilhante, assim resplandeceu no templo de Deus; como o arco-íris que reluz entre as nuvens da glória, como a flor de rosa nos dias da primavera; como os lírios que estão junto à corrente da água; como o incenso que exala fragrância na estação estiva; como o vaso de ouro maciço, ornado com toda a espécie de pedras preciosas; como a oliveira que brota e como cipreste que se eleva para o alto" (Eclo 50,1.6-8.10-11). Temos deixado de lado duas expressões: "como o fogo ardente" e "como incenso que queima no fogo" (Eclo 50,9), porque nos parecem incluídas nas outras duas: "como o sol brilhante" e "como incenso que exala sua fragrância".

Observa que desta passagem pode-se tirar um sermão para qualquer festa da Virgem Maria, e também para a festa de um apóstolo, de um mártir ou de um confessor.

XII domingo depois de Pentecostes

Simeão interpreta-se "que ouve a tristeza", e é figura do justo que, quer coma, quer beba ou faça qualquer outra coisa, ouve, na tristeza de seu coração, a terrível trombeta: Levantai-vos, ó mortos, e vinde ao juízo do Senhor!

Aqui o justo é indicado como filho de Onias, nome que se interpreta "aflito no Senhor". De fato, é filho da aflição, na qual se esforça por agradar somente ao Senhor. Com razão é chamado *sacerdote*, isto é, que oferece as coisas sacras (latim: *sacra dans*), porque oferece a si mesmo ao Senhor como sacrifício de suave odor. E considera atentamente que a vida do homem santo é comparada à estrela da manhã, à luz, ao sol, ao arco-íris, à flor das rosas, ao lírio, ao incenso perfumado, ao vaso de ouro, à oliveira verdejante e ao cipreste. Eis a Decápole, eis a região das dez cidades, das quais se diz no evangelho: "Tenha o poder sobre dez cidades" (cf. Lc 19,17).

A vida do justo é como a estrela da manhã entre as névoas, isto é, em meio à vaidade do mundo. Observa que na névoa se tem medo do ladrão; dissolvida a névoa esplende mais luminoso o sol; se tentas tocá-la, não percebes nada; quando se eleva é sinal de tempestade, quando se dissolve, é sinal de bom tempo. Na névoa, as coisas parecem maiores; difunde-se sobre toda a terra e já não se sabe por onde ir. Assim, entre as vaidades do mundo, no luxo do mundo esconde-se o ladrão, isto é, o diabo; e o justo sente um grande temor quando lhe sorri o favor das coisas temporais. Fugi, ó justos, porque entre a erva esconde-se a serpente (Virgílio). Na erva esconde-se o ladrão.

Dissolvida a névoa, isto é, desprezado o luxo do mundo, mais luminoso esplende o sol da graça. Diz o profeta: Para vós que temeis a Deus, surgirá o sol da justiça (cf. Ml 4,2). Quando se tenta tocar a névoa, não se percebe nada. Diz o salmo: "Dormiram o seu sono, e todos estes homens de riquezas nada acharam nas suas mãos (Sl 75,6). São chamados "homens de riquezas" e não "riquezas dos homens", porque são escravos do dinheiro.

Quando a névoa se eleva é sinal de tempestade. Quando a glória mundana te eleva, é sinal de tua condenação. Diz Agostinho: Não há sinal mais evidente de eterna condenação do que quando as coisas temporais parecem obedecer aos nossos acenos, isto é, à nossa vontade. Quando a névoa se dissolve é sinal de bom tempo, isto é, sinal de vida perfeita: "Se queres ser perfeito, vai e vende" etc. (Mt 19,21).

Na névoa, as coisas parecem maiores. Quando alguém é cercado de glória mundana, parece maior do que realmente é. É como uma bexiga que, cheia de vento, parece maior do que é, mas uma picadela de agulha, isto é, a morte, mostrará o pouco que é.

A névoa cobre toda a terra. A névoa é chamada assim de *obnubilare*, isto é, ofuscar ou cobrir. Os vales cheios de umidade fazem subir as névoas. Mas ai, toda a terra é coberta de névoa e, por isso, os homens não veem. Diz o salmo: "São cobertos de iniquidades", em relação a Deus, "e de impiedade", isto é, de maldade, em relação ao próximo (Sl 72,6). E Jó: "A gordura", isto é, a abundância das coisas temporais, "cobriu seu rosto e o toucinho pende de seus flancos", isto é, a banha (Jó 15,27).

Num instante, a névoa cobre a terra, e pouco depois não se sabe em que se transformou. Diz Jó: "Ainda que sua soberba chegasse até o céu, e sua cobiça tocasse as nuvens, por fim seria varrido para sempre como o esterco, e quem o havia visto diria: Onde está? Desaparecerá como um sonho e não será mais encontrado, desaparecerá como uma visão noturna. E o olho habituado a vê-lo, nunca mais o verá" (Jó 20,6-9). A glória do pecador, portanto, é como o esterco (cf. 1Mc 2,62), a glória do justo, porém, é como a estrela da manhã em meio às névoas, como Abraão em Ur dos caldeus, como Lot entre os habitantes de Sodoma, como Jó, irmãos dos dragões e dos avestruzes (cf. Jó 30,29), como Daniel na cova dos leões.

6. "Como a lua nos dias em que está cheia." Como a lua cheia brilha toda a noite, assim o justo dirige sua atenção a todas as espécies de pecadores e tem compaixão de todos.

"Como um sol brilhante." Nos raios do sol se veem os átomos: assim, à luz da vida do justo aparecem os nossos defeitos. O átomo é um pó finíssimo, que se torna visível se for atravessado pelos raios do sol (Isidoro). E porque nós, cegos, não vemos os nossos defeitos? Pelo único motivo de não os olharmos através da luminosa vida dos santos. Jó via esses átomos e dizia: Observarei os homens e direi: Pequei! (cf. Jó 33,27). O sol atrai a si também as gotas de água; e também o justo converte para Deus os pequenos, os humildes. O sol é luminoso, quente e redondo, e o justo é luminoso para o próximo, ardente para Deus e redondo, isto é, perfeito, em si mesmo. E isso é também o que diz o Apóstolo: "Vivamos neste mundo com sobriedade, justiça e piedade" (Tt 2,12).

"Como o arco-íris brilhante entre nuvens de glória." O arco-íris origina-se pela reflexão dos raios do sol contra uma nuvem carregada de água. A nuvem carregada de água é figura do justo, sempre cheio de compaixão e de dor pelo próximo. Ao receber sobre si os raios do verdadeiro sol, ele derrama de si mesmo sobre os outros, como se fora uma nuvem, a chuva da doutrina. No arco-íris há duas cores: o vermelho fogo e o azul (celeste). O vermelho fogo é o símbolo do amor a Deus, o azul, da compaixão pelo próximo. Esse arco-íris "brilha entre nuvens de glória". O justo, diante dos homens aparece nebuloso, isto é, desprezado; de fato, diz o Apocalipse: O sol torna-se negro como um saco de crinas (cf. Ap 6,12); diante de Deus, porém, refulge de glória.

"Como a flor das rosas na estação da primavera." Na rosa notam-se duas coisas: o espinho e a flor. O espinho que fere e a flor que deleita. Assim na vida do justo há o espinho da compunção e o perfume da alegria interior; e isso na estação da primavera, porque no tempo da prosperidade alegra-se também com a adversidade.

"E como os lírios que estão junto à corrente da água." No lírio é simbolizada a pureza da alma e do corpo. Diz o Cântico: "O meu amado desceu para seu jardim para colher os lírios. Eu sou do meu amado e meu amado é todo meu, ele se apascenta entre os lírios" (Ct 6,1-2). O jardim chama-se em latim *hortus*, de *orior*, nascer, porque nele sempre nasce alguma coisa. De fato, enquanto a terra comum produz só uma vez por ano, o jardim nunca fica sem algum fruto. O jardim é figura da alma do justo, que dá frutos continuamente e nunca está sem fruto. A ela desce o Amado, quando o Filho de Deus infunde nela a graça e na sua pureza interior e exterior encontra seu repouso. A alma do justo diz, eu pertenço ao meu amado e ele pertence a mim: "O Senhor é minha parte da herança" (Sl 15,5). Ele é minha herança e eu a sua. E esses lírios são postos "junto à corrente da água", isto é, neste mundo, que vai para a ruína. Mesmo em meio à abundância terrena, o justo conserva ilibada a sua vida.

"E como o incenso que exala fragrância na estação estiva." Na árvore de incenso são feitas incisões no verão para preparar a coleta do outono. Assim, o justo sofre e é atribulado na vida presente, mas no futuro recolherá o fruto da vida eterna.

Este assunto é tratado mais a fundo na terceira parte do sermão do X domingo depois de Pentecostes, onde é comentado o evangelho: "A minha casa chamar-se-á casa de oração".

"Como um vaso de ouro maciço." A cavidade do vaso, apta a conter aquilo que nela se põe, é figura da humildade do coração do justo, apta a receber as graças divinas. De fato, a soberba impede a infusão da graça. E com razão, o justo é chamado de "vaso de ouro maciço": vaso, porque humilde, de ouro, porque límpido e precioso, maciço, porque "sua esperança está cheia de imortalidade" (Sb 3,4), adornado de toda a espécie de pedras preciosas, isto é, de todo o gênero de virtudes.

"Como uma oliveira que brota." Oliveira, porque misericordioso, que brota, porque o justo se crê sempre nos inícios de sua conversão. Verdejante, isto é, que germina, em latim se diz *pullulans*, como se dissesse *pollens cum laetitia*, virtuoso com alegria: porque "Deus ama quem dá com alegria" (2Cor 9,7).

"E como o cipreste que se lança para o alto." O cipreste deve seu nome ao fato de sua copa ser arredondada ou cônica. A copa do justo, isto é, sua mente, eleva-se para a rotundidade, isto é, para a perfeição do amor divino e se ergue para as alturas da contemplação.

Bem-aventurado aquele que habitar nessas dez cidades. Essas são "cidades-refúgio": quem nelas se refugia, é salvo (cf. Dt 19,2-3). Portanto, se saíres com Jesus da região de Tiro e, através de Sidônia, chegares ao Mar da Galileia, atravessando o território da Decápole, poderás dizer também tu, com o Bem-aventurado Paulo, na epístola de hoje: "Temos esta confiança em Deus, por Cristo; não que sejamos capazes por nós mesmos de pensar alguma coisa, como vinda de nós mesmos, mas nossa capacidade vem de Deus" (2Cor 3,4-5). Pode nutrir confiança em Deus por meio de Jesus Cristo somente quem sai com ele do território de Tiro. Realmente, o desprezo das coisas terrenas determina a confiança nas eternas. E assim como a graça preveniente e cooperante vem somente deles, acrescenta precisamente: "Mas não que sejamos capazes de pensar alguma coisa boa" de nossa parte, que nos defenda, como se proviesse de nós; "mas nossa capacidade vem somente de Deus".

7. Sobre isso temos a concordância no Eclesiástico: "Ele transborda de sabedoria como o Físon e como o Tigre na estação dos frutos novos. É ele que faz transbordar o sentimento (a inteligência) como o Eufrates e cresce como o Jordão no tempo da

colheita; ele derrama a ciência como a luz e aumenta suas águas como o Geon na estação da vindima" (Eclo 24,35-37). Observa que aqui são nomeados cinco rios, nos quais é simbolizada toda a perfeição, tanto do caminho como da pátria. A perfeição do caminho compreende três graus: os principiantes, os proficientes e os perfeitos. Fison interpreta-se "mudança de rosto", Tigre, "flecha", Eufrates, "fértil".

Jesus Cristo é como o Fison para os principiantes: aqueles que pouco antes falavam a língua egípcia, agora falam a língua de Canaã e sua face era como que queimada pelos pecados, agora, porém, é brilhante. Assim como o Rio Fison se enche e inunda as terras, do mesmo modo Cristo faz abundar a sabedoria nos principiantes, para que compreendam tudo aquilo que se refere a Deus, eles que antes conheciam somente as coisas da carne (cf. Rm 8,5).

De modo semelhante, para os proficientes, Jesus Cristo é como o Tigre nos dias dos frutos novos, isto é, das sementes: naqueles dias o Tigre inundará a terra. Considera que na flecha há três componentes: a madeira, o ferro e a *pena* na extremidade posterior da flecha, para imprimir-lhe a direção certa. Com a madeira de sua paixão, com o ferro do santo temor e com a pena do seu amor, Cristo fere e vulnera o coração dos penitentes, que cada dia progridem e, como boa semente, cada dia crescem de virtude em virtude.

Da mesma forma, para os perfeitos, Cristo é como o Eufrates: seus sentimentos e sua inteligência enchem-se de fecundidade. Na Carta aos Hebreus, deles diz o Apóstolo: "O alimento sólido é para os perfeitos, para aqueles que pelo hábito têm os sentidos exercitados para discernir o bem e o mal" (Hb 5,14).

E também a perfeição da pátria consiste em três coisas: na glorificação da alma, na glorificação do corpo e na visão do Deus Uno e Trino. "Cresce como o Jordão no tempo da colheita." O Jordão engrossa suas águas recebendo-as de dois rios e isso indica a dupla estola de glória que nos revestirá. O tempo da colheita simboliza a felicidade eterna. E diz-se bem que o Jordão multiplicará suas águas, porque no tempo da colheita enche-se de águas mais abundantes e multiplica suas águas exatamente quando nos outros rios elas escasseiam. Assim será também na eterna bem-aventurança: não existindo mais o prazer do mal, será multiplicada nos bem-aventurados estola sobre estola, isto é, glória e felicidades sempre maiores.

Então, Deus será para nós como o Geon: ele iluminará com a visão de si a Igreja triunfante, que está sentada diante dele, e a fecundará e a saciará, e isto no dia da vindima. Com razão, pois, diz o Apóstolo: "A nossa capacidade vem de Deus".

Sobre esse assunto veja o sermão do II domingo depois de Pentecostes, onde se comenta o evangelho: "Um homem mandou fazer uma grande ceia".

Rogamos-te, pois, Senhor Jesus Cristo que nos faças sair da região de Tiro e chegar, através de Sidônia, ao mar da penitência, atravessando o território da Decápole e nos faças crescer na perfeição durante a vida, de maneira a merecermos subir à perfeição da glória. No-lo concedas tu, que és bendito nos séculos dos séculos. Amém.

II – A CURA DO SURDO-MUDO

8. "Trouxeram-lhe um surdo-mudo, e suplicavam-lhe que lhe impusesse a mão. Então Jesus, tomando-o à parte dentre a multidão, pôs-lhe os dedos nos ouvidos e tocou com saliva a sua língua. E, levantando os olhos ao céu, deu um suspiro e disse: Effatá!, que quer dizer: Abre-te. E imediatamente se lhe abriram os ouvidos, soltou-se-lhe a prisão da língua" (Mc 7,32-35).

Vejamos o significado moral do surdo-mudo, da mão de Jesus, do fato de ser levado à parte da multidão, dos dedos, da saliva e do suspiro de Jesus. O surdo é assim chamado pelas escórias (latim: *sordes*) que se formaram nos fluidos dos ouvidos. O mudo é chamado assim porque muge: sua voz não se articula em palavras, mas é um mugido de sons indistintos; emite o sopro da voz pelas narinas como se mugisse.

No coração do homem, segundo a afirmação de Salomão, está a vida, está a fonte do calor que vivifica e alimenta os vários membros (cf. Pr 4,23). O coração é como o rei, que dirige e governa aquele "estado" que é o corpo, do qual diz o Eclesiástico: "O rei que está sentado no trono dissipa todo o mal com o seu olhar" (Pr 20,8). O trono, em latim se chama *solium*, que soa como *sólido*. Quando o coração do homem se senta no trono, senta-se *in solio*, quer dizer, está sólido e constante, e então dissipa qualquer mal, isto é, elimina toda a malícia do corpo com o olhar, quer dizer, com seu discernimento.

Esse rei dispõe de cinco ministros particulares, isto é, dos cinco sentidos do corpo, dois dos quais lhe são particularmente próximos: o ouvido e a língua. Com o ouvido percebe as coisas exteriores, com a língua expressa aquelas interiores. De fato, Rute disse a Booz: "Falaste ao coração da tua serva" (Rt 2,13). E Isaías: "Falai ao coração de Jerusalém" (Is 40,2). E no salmo: "A boca do justo meditará a sabedoria" (Sl 36,30), isto é, proclamará a sabedoria depois de meditar. Mas se os ouvidos são obturados pelos sedimentos e a língua se bloqueia, o que poderá fazer o rei, o que poderá fazer o coração? Seu reino é destruído porque foram destruídos os ministros, por meio dos quais eram tratados os negócios, os segredos de estado, os direitos reais. Que se deve fazer, então? Resta uma só e única solução: conduzir o surdo-mudo a Jesus, e pedir-lhe que lhe imponha a mão.

O rei é o espírito do homem, os ouvidos simbolizam a obediência, a língua, a confissão. Do ouvido da obediência, Jó diz: "Eu te ouvi com os meus ouvidos, mas agora os meus próprios olhos te veem. Por isso, acuso-me a mim mesmo, e faço penitência no pó e na cinza" (Jó 42,5-6). Observa que nesta passagem são postos em evidência cinco atos: a obediência, a contemplação, a confissão, a reparação e a lembrança da vileza e da fragilidade.

9. *A obediência*, quando diz: "Eu te ouvi com os meus ouvidos". O ouvido se chama assim porque recolhe o som que vibra no ar (latim: *auris*, orelha; *haurit*, recolhe). *Auris* pode significar também *àvide rapit*, rapta avidamente. *Audio*, ouço, quer dizer percebo com os ouvidos. A obediência, na realidade é *obaudientia*, um prestar aten-

ção. Quando a voz do teu superior, que é ar, e afinal nada deve ter da terra, repercute nos teus ouvidos, deves ouvi-la não com a orelha, mas com o ouvido da orelha, quer dizer, com o sentimento interior do coração, dizendo com Samuel: "Fala, Senhor, que teu servo te escuta" (1Sm 3,10).

A contemplação, quando diz: "Mas agora os meus olhos te veem". Não verás se não fores obediente. Se és surdo, serás também cego. Obedeça, pois, com o sentimento do coração, para ver com o olho da contemplação. Diz o Eclesiástico: Deus pôs seu olhar sobre os seus corações (cf. Eclo 17,7). Deus põe o olho sobre o coração, quando infunde a luz da contemplação naquele que obedece de coração.

Diz Zacarias: "O Senhor é o olho do homem e de todas as tribos de Israel" (Zc 9,1). Enquanto o primeiro homem no paraíso terrestre foi obediente, o Senhor foi seu olho. Com efeito, diz o Gênesis: "Depois de ter plasmado todos os animais terrestres e todas as aves do céu, o Senhor os levou a Adão para que visse", isto é, para que visse como os haveria de chamar" (Gn 2,19). Mas quando Adão se tornou desobediente, não mais Deus, mas o diabo foi seu olho cego. E de fato, o Gênesis acrescenta: "A mulher viu que o fruto da árvore era bom para comer, formoso aos olhos e de aspecto agradável, e tirou do fruto dela e comeu" (Gn 3,6). Todas as tribos de Israel representam os penitentes, que, enquanto obedecem de coração aos seus superiores, então são verdadeiramente "Israel", isto é, pessoas que veem a Deus.

A confissão, quando diz: "Por isso, acuso-me a mim mesmo", quer dizer, acuso-me na confissão. Este não era mudo ou surdo, pois ouvia claramente e corretamente se repreendia. E noutra passagem dizia: "Rasgo minhas carnes com os meus dentes" (Jó 13,14). Estas são as palavras do verdadeiro penitente: rasgo minhas carnes, isto é, minha carnalidade, com os meus dentes, quer dizer, com minhas repreensões. A propósito, lemos no Cântico dos Cânticos: "Os teus dentes são um rebanho de ovelhas tosquiadas, que voltam do lavatório" (Ct 4,2). O rebanho de ovelhas tosquiadas é figura de todos os penitentes que foram tosquiados das coisas temporais, das tentações, e que progridem de virtude em virtude, que saem do lavatório das lágrimas com as quais se tornam mais brancos do que a neve.

Irmão, os teus dentes sejam como um rebanho de ovelhas tosquiadas: isto é, acusa-te, repreende-te e faze penitência, como fazem os verdadeiros penitentes.

A reparação, quando diz: "E faço penitência". Penitência soa quase como *punientia*, punição, porque o próprio homem se pune pelo mal cometido. A penitência deriva seu nome de *pena*, com a qual a alma se castiga no sofrimento e a carne é mortificada.

A lembrança da própria vileza e fragilidade, quando diz: "Em pó e cinza". O texto latino diz: *in favilla et cinere*; "favilla" deriva seu nome da palavra grega *phos*, que significa luz, fogo, porque é produzida pelo fogo. Na favilla – pó – é simbolizada a lembrança de nossa vileza. Mas ai, o alto cedro do paraíso terrestre foi transformado em pó pelo fogo do diabo. Diz Joel: Eu clamarei a ti, Senhor, porque o fogo devorou tudo o que havia de belo no deserto, e a chama queimou todas as árvores do campo" (Jl 1,19).

XII domingo depois de Pentecostes

Veja também o segundo sermão do II domingo da Quaresma, que comenta o evangelho: "Jesus partiu dali e se dirigiu para a região do Tiro e Sidônia".

Na cinza é simbolizada a nossa fragilidade e mortalidade: És pó, foi dito, e ao pó retornarás (cf. Gn 3,19). Portanto, quem está privado do sentido da obediência e da língua da confissão é verdadeiramente surdo e mudo.

Dissemos que "surdo" vem de *sordes*, impureza. Diz Jeremias: "As impurezas chegam até os seus pés" (Lm 1,9). Os pés representam os sentimentos da alma, que se torna surda quando seus sentimentos são subjugados pela impureza dos vícios. De fato, diz Isaías: "Todas as mesas encheram-se de vômitos e de impureza, que já não havia lugar limpo" (Is 28,8). Onde há o vômito, quer dizer, o retorno ao pecado, existe a vileza da sujeira a obstruir os ouvidos do coração, de modo que já não há lugar, isto é, não existe mais disposição para a obediência. Desse surdo lamenta-se o Senhor com as palavras de Isaías: "Quem é surdo senão aquele a quem enviei os meus profetas? Tu que tens os ouvidos abertos, não ouvirás?" (Is 42,19-20).

A *História natural* nos diz que se o cervo tiver as orelhas erguidas, ouve com muita agudeza e logo percebe que o caçador tenta matá-lo. Porém, se tiver as orelhas caídas não ouve nada e não se dá conta de que alguém procura matá-lo. Por isso, diz Isaías: "O Senhor me chama pela manhã, pela manhã chama aos meus ouvidos, para que eu o ouça como a um mestre" (Is 50,4).

Ó surdo, ergue, pois, as orelhas como o cervo e ouve o teu mestre: então descobrirás as ciladas do diabo caçador. Mas se tiveres as orelhas caídas, isto é, desprezares a obediência, acredita-me, és destinado à morte.

10. Igualmente, existem mudos, que na confissão limitam-se a mugir, porque confessam seus pecados balbuciando: envergonham-se de confessar os pecados, mas não de cometê-los. Diz Agostinho: A vergonha é a parte maior da penitência. Aqui trata-se da vergonha justa, aquela que conduz à glória, quando alguém se envergonha de seu pecado e, envergonhando-se, revela-o na confissão. Daí, diz Isaías: "Envergonha-te, Sidônia, diz o mar" (Is 23,4). O mar, quer dizer, a amargura interior, faz que o homem, revelando o pecado na confissão, sinta vergonha de tê-lo cometido.

Diz Ezequiel: "No meio do fogo via-se uma espécie de eletro incandescente" (Ez 1,4). O eletro é um metal composto de ouro e de prata. No eletro é simbolizada a confissão, que provém do centro do fogo, isto é, da contrição. O mudo não possui esse eletro.

Diz, pois, o evangelho: "E trouxeram-lhe um surdo e mudo, e suplicavam-lhe que lhe impusesse a mão" (Mt 7,32). A mão chama-se assim porque é como o dom (latim: *manus, munus*), o serviço e a defesa de todo o homem. De fato, a mão leva o alimento à boca e executa todas as outras funções.

A mão é figura do Verbo encarnado, que o Pai deu a todo o corpo, isto é, à Igreja, como o maior de seus dons. Dom, em latim *munus*, vem de *moneo*, admoestar. E tão grande dom feito por Deus nos admoesta e nos exorta a amar sobre todas as coisas o Pai, que no-lo deu. E desse dom fala também Isaías: "Como os filhos de

Israel levam para a casa do Senhor uma oferta num vaso puro" (Is 66,20). Os filhos de Israel são os fiéis, que devem levar suas ofertas, isto é, a fé no Verbo encarnado, no vaso puro, isto é, no seu coração purificado, para a casa do Senhor, quer dizer, para a Santa Igreja.

Igualmente, esta mão administra o alimento a toda a Igreja. Diz o salmo: "Abre a tua mão e enche de bênção todo o ser vivo" (Sl 144,16). Quando Cristo estendeu as mãos sobre a cruz e depois de tê-las estendido abriu-as ao cravos, então, através do furo dos cravos derramou um tesouro de misericórdia e encheu todo o ser vivo de bênção. Ser vivo, em latim se diz *animal*, porque é animado e movido pelo espírito. Todo o ser vivo, *animal*, quer dizer, toda a alma é estimulada pelo espírito de contrição e move-se progredindo todos os dias de virtude em virtude.

Essa mão realiza todas as obras: a criação, a redenção, a infusão da graça, a eterna bem-aventurança. Por isso, dela se diz: "E pediam-lhe que lhe impusesse a mão".

11. "Jesus o levou à parte, longe da multidão." Multidão, em latim *turba*, deriva de *turbare*, perturbar, porque é confusa e discorde. Quem for digno da cura é levado à parte, longe dos pensamentos agitados, dos atos desordenados e das palavras inconvenientes. Por isso, o Gênesis narra que dois anjos tomaram Lot pela mão, guiaram-no e o conduziram para fora da cidade (cf. Gn 19,16-17). Os dois anjos são o temor e o amor a Deus, que tomam Lot pela mão quando detêm a ação do pecador e o conduzem para longe da turba de seus pensamentos e o levam para fora da cidade dos maus hábitos.

"Jesus pôs os dedos nos seus ouvidos." Os dedos chamam-se em latim *digiti*, porque *decet*, convém que estejam juntos. O primeiro chama-se polegar, porque *pollet*, vale e tem mais força do que os outros dedos; o segundo se chama indicador, porque serve para indicar, ou também, em latim *salutaris*, porque é elevado em sinal de saudação ou também para pedir a graça para o condenado. O terceiro é o médio, que está no centro. O quarto é o anular, porque nele se usa o anel; é dito também *medicinal*, porque com ele os médicos recolhem o unguento depois de tê-lo preparado. O quinto chama-se *auricular*, porque com ele coçamos o ouvido.

Considera que também na *mão* do Verbo encarnado existiam esses cinco dedos. Ele foi polegar na encarnação, indicador ou salutar na natividade, médio na pregação, medicinal ou médico na realização dos milagres e auricular na paixão. O polegar, mais curto, porém, mais forte e importante do que todos os outros dedos, simboliza a humildade e a humilhação do Filho de Deus, que se fez pequeno no seio da Virgem. Por isso, diz o Eclesiástico: "Diante dos seus pés, curvou o seu poder" (Eclo 38,33). Nos pés é indicada a humanidade, no poder, a divindade; portanto, diante dos pés da humanidade curvou, isto é, humilhou, poder da divindade.

Na natividade, o anjo indicou quase com o dedo a salvação, dizendo: "Hoje nasceu para vós o Salvador, e isso vos servirá de sinal: Encontrareis um menino" (Lc 2,11-12).

Na pregação foi médio, anunciando a todos o Reino dos Céus. Médio vem de modo, isto é, de medida. E ele media a palavra de vida a cada um segundo a sua capacidade.

Ele foi medicinal, ou médico, ao realizar os milagres. Diz o Eclesiástico: "Honra o médico, porque tens necessidade dele" (Eclo 38,1).

Na orelha (no dedo que coça a orelha) é indicada a obediência: "Ele foi obediente até a morte e morte de cruz" (Fl 2,8), sobre a qual consumou a obra que o Pai lhe confiara (cf. Jo 17,4).

Diz ainda o Eclesiástico: "O oleiro, sentado ao seu trabalho, com os pés faz girar a roda, sempre atento ao seu trabalho" (Eclo 38,32). O oleiro é figura de Jesus Cristo, que se sentou, isto é, humilhou-se, no seu trabalho, quer dizer, pela salvação do gênero humano, e com os pés de sua humanidade inverteu a rotação da natureza humana, para que ela, que corria para a morte, se dirigisse para a vida. E esteve sempre cheio de solicitude, de atenção em relação a nós, enquanto não tivesse levado a cumprimento sua obra. De fato, no fim disse: "Tudo está consumado!" (Jo 19,30).

Com estes cinco dedos, pois, o Senhor curou a surdez do gênero humano.

12. "E com a saliva tocou sua língua." O texto latino usa o verbo *spùere*, cuspir, que significa pôr fora a saliva pela boca.

A saliva desce da cabeça e é chamada assim porque é salgada. A serpente morre se provar a saliva do homem em jejum (Plínio). Enquanto está na boca, chama-se saliva, quando se põe fora, chama-se cuspe. A saliva do Senhor é o sabor da sabedoria, que diz: "Eu procedi da boca do Altíssimo" (Eclo 24,5). Portanto, o Senhor cospe, toca com o cuspe a língua do mudo para fazê-lo falar, quando, ao contato com sua piedade, torna aptas a pronunciar as palavras da sabedoria as bocas que por longo tempo estiveram mudas no momento de confessar seus pecados.

Em referência a isso lemos em Isaías: "Um dos serafins voou para mim; trazia na mão uma brasa viva que tinha tomado no altar com uma tenaz. E tocou minha boca e disse: Eis que esta brasa tocou os teus lábios para tirar tua iniquidade e purificar-te do teu pecado" (Is 6,6-7). Os dois serafins são figura do Filho e do Espírito Santo. O Filho voou para realizar a redenção do gênero humano. Ele, que era Filho de Deus pela divindade, tornou-se filho do homem pela humanidade; mas também assim o Filho ficou um só, não dois. Esse Serafim, como escreve Isaías, tinha seis asas (cf. Is 6,2), figura das seis qualidades que o próprio profeta enumera dizendo: "E será chamado Admirável, Conselheiro, Deus, Forte, Pai do século futuro, Príncipe da paz" (Is 9,6).

Foi *admirável* na natividade; de fato, diz Jeremias: O Senhor criou uma coisa nova sobre a terra: uma mulher cercará um homem (cf. Jr 31,22). Foi *conselheiro* na pregação: "Se queres ser perfeito, vende o que tens e segue-me" (Mt 19,21). Foi *Deus* na realização dos milagres: "O próprio Deus virá e nos salvará. Então, abrir-se-ão os olhos aos cegos e os ouvidos aos surdos; o coxo saltará como um cervo e desatar-se-á a língua dos mudos" (Is 35,4-6). Foi *forte* na paixão, quando com as mãos pregadas sobre a cruz desbaratou as potências do ar; e haverá poder maior do que derrotar o próprio inimigo com as mãos amarradas? Foi *pai do século futuro* na ressurreição: ressurgindo dos mortos deu também a nós a segura esperança de ressurgir para a vida futura, na qual haverá pai para sempre, porque nos acolherá junto a si como filhos seus. Será o nosso *príncipe da paz* na eterna bem-aventurança, na qual nos fará sentar à sua mesa e passará para servir-nos (cf. Lc 12,37).

E sobre isso temos a concordância no Eclesiástico, onde o Senhor fala ao Pai: "Renova os teus sinais e faze novas maravilhas. Glorifica a tua mão e o teu braço direito; excita o teu furor e derrama a tua ira. Destrói o adversário e aflige o inimigo; apressa o tempo e lembra-te de chegar à conclusão" (Eclo 36,6-10).

O Pai renovou os sinais e realizou outros prodígios na natividade de seu Filho. Tem-se o sinal quando, daquilo que se vê, compreende-se algo diferente que tem um significado diverso.

O primeiro Adão foi formado da terra virgem; e isso indicava que o segundo Adão teria nascido daquela terra bendita que foi a Virgem Maria. Fez maravilhas quando o fogo ardia e a sarça não se consumia (cf. Ex 3,2), quando a vara de Aarão produziu fruto sem orvalho (Nm 17,8). A sarça e a vara são figura da Virgem Maria, que, conservando intacto o candor da virgindade, deu à luz sem dor o Filho de Deus.

Com razão, pois, se diz: "Renova os sinais e faze novas maravilhas. Glorifica a tua mão" na pregação, "e teu braço direito", isto é, o teu próprio Filho, por meio do qual tudo criaste: glorifica-o com a realização dos milagres. O próprio Filho disse: "Glorifica-me, Pai" (Jo 17,5).

"Excita o teu furor e derrama a tua ira" sobre o diabo, na tua paixão; "destrói" na tua ressurreição "o adversário", isto é, a natureza humana, e assim "afligirás" seu inimigo, o diabo. Nunca se abate tanto o inimigo como quando vê seu adversário sublimado na glória.

"Apressa o tempo" para que venhas logo ao juízo, onde darás a cada um o que é justo. Apressa o tempo de conceder a paz aos teus. "Senhor, diz Isaías, tu nos darás a paz" (Is 26,12). "Lembra-te de chegar à conclusão", quando darás aos ímpios segundo suas obras. Digamos, pois: "Um dos dois Serafins voou para mim".

"E trazia nas mãos uma brasa viva, que tinha tomado no altar com uma tenaz." A brasa é uma espécie de pedra misturada com terra; e chama-se em latim *calculus*, de calcar, pisar, porque é pequeno e é pisado. Nessa passagem, porém, o termo *calculus* é usado em lugar de brasa.

Esta brasa simboliza a humanidade de Cristo que, com sua humildade e sua humilhação misturou-se à terra, isto é, aos pecadores, foi pisado pelos judeus, mas para nós foi uma brasa viva que nos libertou e nos purificou de nossos vícios. Ele a tem na mão, isto é, levou-a com o poder de sua divindade, e com a tenaz de seu duplo amor a tinha tomado no altar da gloriosa Virgem Maria.

Considera que em latim a tenaz é chamada *forceps*, fórceps, tenaz do ferreiro, porque agarra com força; soa como *ferricipes*, que prende o ferro, ou também *forcicapes*, que segura aquilo que é quente. Portanto, o fórceps é usado pelos ferreiros, as tesouras, em latim *forfices*, de fio, são usadas pelos alfaiates; as pinças, em latim *forpices*, de pelo, são usados pelos médicos e pelos barbeiros.

Acertadamente Maria é chamada *altar*. Altar soa como *alta ara*. Alto pode significar tanto alto como profundo. A ara, isto é, o altar, é assim chamada porque sobre ela ardem (*ardent*), queimam-se as vítimas, os sacrifícios. A Bem-aventurada Virgem Maria foi *alta* pela sublimidade da contemplação e profunda por sua grande humildade. Foi *ara* porque, ardente de divino amor, ofereceu a si mesma a Deus em sacrifício de suave odor (cf. Ef 5,2).

"E com a brasa viva tocou a minha boca." É precisamente isso que diz o evangelho de hoje: "Com a saliva tocou a língua do mudo". Com a brasa viva o Serafim toca a boca de Isaías e seu pecado é limpo. Com sua saliva, Jesus Cristo toca a língua do mudo, e este fala; toca a boca do pecador com a brasa viva de sua humanidade e sua língua com a saliva de sua divindade, a fim de que confesse seu pecado, fale corretamente e seja por ele libertado e purificado.

13. "E olhando para o céu, suspirou e disse: Effatá!, isto é: Abre-te." Comenta a *Glosa*: Ensinou-nos a suspirar e a levantar para o céu o tesouro do nosso coração, que, por meio da compunção, é purificado do miserável prazer da carne. Por isso, está escrito: "O gemido do meu coração arranca-me rugidos" (Sl 37,9); "E lhe disse: Effatá" (Mc 7,34); "Com o coração se crê obter a justiça e com a boca se faz a profissão de fé para obter a salvação" (Rm 10,10). "E logo se lhe abriram os ouvidos" para obedecer, "e se soltou a prisão da língua" para professar sua fé. E presta atenção que diz: "E falava corretamente". Fala corretamente aquele que confessa integralmente seus pecados com as respectivas circunstâncias e faz o propósito de não mais pecar.

Do mesmo modo, fala corretamente aquele que testemunha com as obras aquilo que prega com a boca. E sobre isso temos uma concordância no Eclesiástico: "Os lábios de muitos bendirão aquele que liberalmente dá de comer, e dar-se-á um testemunho fiel de sua generosidade" (Eclo 31,28). Quem distribui fielmente o pão da palavra de Deus e não esconde o testemunho da verdade, será abençoado no presente e no futuro.

Quantos são hoje esplêndidos nas palavras, mas leprosos nas obras. Narra-se no Êxodo que a face de Moisés apareceu cornuda (cf. Ex 34,30). Comenta Orígenes: De que modo só a face de Moisés apareceu esplendente, enquanto a mão era leprosa e os pés obscuros? Porque o Senhor mandou descalçar-se quando o chamou na sarça.

Isso se pode aplicar aos pregadores que têm fama e esplendor somente pela pregação, mas, depois, são corruptos em sua conduta, e podem ser considerados descalços e não verdadeiros esposos da Igreja, merecendo que se cuspa na face, porque não querem suscitar filhos ao irmão morto, Jesus Cristo (cf. Dt 25,5-10), antes, se existirem alguns, matam-nos com o mau exemplo de sua vida. Diz-se no salmo: "Os rios, Senhor, os rios levantaram sua voz" (Sl 92,3). Antes, deveriam alçar, elevar a si mesmos, e depois elevar sua voz; por isso é dito: "Falava corretamente".

14. Com esta segunda parte do evangelho concorda a segunda parte da epístola: "Deus nos fez idôneos ministros do Novo Testamento; não pela letra, mas pelo espírito, porque a letra mata, mas o espírito vivifica" (2Cor 3,6). Eis como a epístola concorda com o evangelho, e com a epístola concorda também o introito da missa. No evangelho diz-se que o Senhor pôs os dedos nos ouvidos do surdo, e na epístola que a lei foi escrita sobre a pedra pelo dedo de Deus; no introito canta-se: "Olha o teu testamento" (Sl 73,20), e na epístola se lê: "Deus nos fez ministros idôneos do Novo Testamento, de uma nova aliança".

Digamos, pois: "Nos fez ministros idôneos do Novo Testamento". Diz-se "ministro" como para dizer "menor" num lugar, num ofício, ou porque sua incumbência é executada com as mãos. E mais, o testamento chama-se assim porque contém uma vontade expressa por escrito diante de testemunhas e confirmada pelo testador; ou também porque o *testamento* só tem valor depois que o testador foi posto no *monumento*, isto é, no sepulcro. Daí dizer o Apóstolo: O testamento tem valor somente depois da morte daquele que o fez (cf. Hb 9,17).

São ministros idôneos do Novo Testamento aqueles que, postos os cinco dedos de Jesus Cristo nos ouvidos, primeiro ouvem e depois dizem: Vem!; aqueles que falam corretamente, que se julgam menores da assembleia dos fiéis, que cumprem com as mãos e com as obras o dever indicado, para poderem ser dignos de distribuir a palavra do Novo Testamento, confirmado na morte de Jesus Cristo.

E a esse propósito, no introito da missa de hoje canta-se: Olha, Senhor, para o teu testamento: nunca esqueças, até o fim, as almas dos teus pobres. Levanta-te, Senhor, e defende a tua causa e não esqueças a voz daqueles que te procuram (cf. Sl 73,20.19.23).

Ó Senhor Jesus, "olha para o teu testamento"; tu, para não morreres sem testamento, com teu sangue o confirmaste aos teus filhos: concede-lhes anunciar com confiança a tua palavra (cf. At 4,29). Olha "as almas dos teus pobres", que redimiste, que não têm por herança senão a ti; "não os abandones, até o fim". Com o cajado de teu poder sustenta, Senhor, os pobres, porque são teus; conduze-os tu, não os abandones, para que sem ti não andem errando, mas guia-os até o fim, para que realizados em ti possam chegar a ti que és seu fim.

"Levanta-te, Senhor", agora que pareces dormir, que pareces não perceber os pecados dos homens, porque esperas que façamos penitência (cf. Sl 11,23), "e defende a tua causa", isto é, separa-a da iniquidade, divide o trigo da palha; defende as almas pelas quais foste chamado a juízo diante de Pôncio Pilatos. De fato, o salmo diz: "Sustentaste o meu direito e a minha causa" (Sl 9,5). "E não esqueças as vozes dos que te procuram."

É isso que diz o evangelho: "Falava", eis as vozes, "corretamente", eis aqueles que te procuram. Certamente, Deus não se esquece dessas vozes, antes conserva-as no tesouro de sua glória e um dia as retribuirá com a eterna recompensa.

Pedimos-te, pois, Senhor Jesus, que com os dedos de tua encarnação tu nos abras os ouvidos, e com a saborosa saliva da tua sabedoria toques a nossa língua, a fim de que possamos obedecer-te, louvar-te, bendizer-te, e mereçamos chegar a ti que és bendito e glorioso.

No-lo concedas tu, que vives e reinas com o Pai e o Espírito Santo nos séculos eternos. E toda a alma fiel responda: Amém. Aleluia!

Prólogo

Dirigimos os sentidos de nosso agradecimento para a graça septiforme, com a ajuda da qual chegamos ao primeiro domingo do sétimo mês.

Deve-se notar que neste primeiro domingo e no seguinte lê-se na Igreja o Livro de Jó. Segundo o que nos parecer melhor, e que Deus nos concederá, procuraremos concordar algumas passagens desse livro com as partes do evangelho deste domingo e do próximo.

XIII DOMINGO DEPOIS DE PENTECOSTES

Temas do sermão
- Evangelho do XIII domingo depois de Pentecostes: "Bem-aventurados os olhos que veem o que vós vedes"; dividi-lo-emos em três partes.
- Primeiramente sermão sobre a utilidade da pregação: "Uma torrente separa a pedra da escuridão".
- Parte I: A natividade e a paixão do Senhor: "Serei feliz", "Costurei um saco sobre minha pele".
- Sermão sobre a natividade do Senhor: "Haverá um anjo perto dele", e "Como um grão de mostarda".
- Parte II: Sermão sobre o amor a Deus e sobre a posição do coração do homem: "Amarás o Senhor, teu Deus".
- Sermão sobre a paixão: "Um ramalhete de mirra".
- Sermão sobre a alma e suas faculdades: "Com toda a tua alma".
- Sermão contra os carnais: "Foi-lhe agradável a areia".
- Sermão sobre os três amigos de Jó e seu simbolismo: "Elifaz de Teman, Bildad de Suás e Sofar de Naamat".
- Sermão moral sobre a vida do prelado ou do pregador: "A lâmpada de Deus brilhava sobre minha cabeça".
- Sermão sobre a vida do justo: "Na terra de Hus havia um homem chamado Jó".
- Sermão contra aqueles que desejam o louvor dos homens: "Se eu via o sol resplandecer".
- Sermão aos penitentes: "Se te diriges a Deus de manhã".
- Parte III: Sermão sobre a queda do progenitor e a misericórdia do Redentor: "Um homem descia de Jerusalém a Jericó".
- Sermão moral sobre os sete filhos de Jó, figura das sete bem-aventuranças: "Um homem descia de Jerusalém a Jericó".
- Sermão sobre a penitência do justo: "Pereça o dia em que nasci".
- Sermão contra os hipócritas e aqueles que desejam o prestígio das dignidades: "Aconteceu que um sacerdote passou por lá"; e "Abimelec combatia"; e "São como os onagros", e tudo o que segue.

EXÓRDIO – UTILIDADE DA PREGAÇÃO

1. Naquele tempo, disse Jesus a seus discípulos: "Ditosos os olhos que veem o que vós vedes" (Lc 10,23).

Jó escreve: "Uma torrente separa a pedra da escuridão e a sombra da morte do povo que vai peregrinando" (Jó 28,3-4). Vejamos qual o significado da pedra da escuridão, da sombra da morte, da torrente e do povo que vai peregrinando.

A torrente é a pregação. Como a torrente tem abundância de água no inverno e seca no verão, e por isso se diz que com a chuva se incha e com a seca se enxuga, assim a pregação é abundante, e deve abundar, no inverno da miserável vida presente. Nessa torrente, durante a caminhada por este exílio e longe do rosto e dos olhos de Deus, a alma deve beber, deter-se sobre ela e contemplar a si mesma como a pomba.

Mas contra a alma infeliz, sempre Jó investe dizendo: "Não verá mais os afluentes do rio e as torrentes de mel e de manteiga" (Jó 20,17). No rio é simbolizada a água da compunção que lava as imundícies dos pecados; na torrente do mel é simbolizada a Sagrada Escritura que consola e ilumina: de fato, o mel, como está escrito no Primeiro livro dos Reis, iluminou os olhos de Jônatas (cf. 1Sm 14,27); na torrente de manteiga é simbolizada a devoção produzida pela graça, que enriquece a mente.

Portanto, entregue aos prazeres da carne, a alma não vê mais os afluentes do rio, porque não chora sobre si mesma, nem vê as torrentes de mel e de manteiga porque não é iluminada pela doçura da pregação, nem nutrida pela devoção produzida pela graça. Essa torrente seca no verão, isto é, na felicidade da vida eterna. Com efeito, diz Jeremias: Ninguém ensinará o seu próximo ou seu irmão dizendo-lhe: Reconhece o Senhor, porque todos me conhecerão, do menor ao maior (cf. Jr 31,34).

Porém, quanta seja a utilidade da pregação, afirma-o Jó, dizendo: "Uma torrente separa a pedra escondida na escuridão da sombra da morte do povo que vai peregrinando". A pedra chama-se em latim *lapis*, porque fere o pé (latim: *laedit pedem*). A escuridão, produzida pela densidade do ar, é chamada assim porque é produzida sobretudo pelo calor do ar. A pedra escondida na escuridão representa a tentação do diabo, que, tendo sua morada nesse ar escuro, insinua na mente a escuridão da má sugestão, exatamente para ferir e perverter os sentimentos.

A sombra é o ar sem sol, e se forma quando um corpo é colocado diante dos raios do sol. A morte é chamada assim porque é amarga; e a sombra da morte é o esquecimento da mente. O mísero homem põe diante dos raios do verdadeiro Sol o impedimento, que são as riquezas, por encontrar refrigério debaixo delas como se fosse sob uma sombra; mas quando é coberto por essa sombra, é privado também do conhecimento e da lembrança do Senhor. Com efeito, as coisas temporais fazem esquecer a Deus. Diz o Gênesis: "O chefe dos copeiros do faraó, tornado à prosperidade, não se recordou mais daquele que lhe havia interpretado o sonho" (Gn 40,23).

Então, a torrente, isto é, a pregação, separa a pedra escondida na escuridão, isto é, a tentação do diabo, da sombra da morte, isto é, o esquecimento da mente, do povo que vai peregrinando, quer dizer, dos penitentes, dos pobres de espírito, dos seguidores dos apóstolos, dos que se julgam miseráveis e peregrinos, exilados e hóspedes neste exílio; no evangelho de hoje, o Senhor lhes diz: "Ditosos os olhos que veem aquilo que vós vedes".

2. Presta atenção que neste evangelho são postos em evidência três fatos. Primeiro, a bem-aventurança de quem vê o Cristo, quando diz: "Ditosos os olhos que veem". Segundo, o amor a Deus e ao próximo, quando diz: "Um doutor da lei levantou-se". Terceiro, a descida do homem de Jerusalém para Jericó, quando diz: "Um homem descia de Jerusalém para Jericó".

No introito da missa de hoje canta-se: "Ó Deus, nosso protetor, olha para nós" (Sl 83,10). Lê-se, depois, um trecho da Carta do Bem-aventurado Paulo Apóstolo aos Gálatas: "As promessas foram feitas a Abraão" (Gl 3,16). Dividiremos o trecho em três partes e veremos sua concordância com as três mencionadas partes do evangelho. Primeira parte: "As promessas foram feitas a Abraão". Segunda parte: "Agora, vos digo: um testamento..." Terceira parte: "Ora, um mediador não o é de um só". E observa que a razão pela qual esse trecho da carta é lido junto com este evangelho é que o conteúdo de ambos concorda com a lei dada a Moisés.

I – Bem-aventurança de quem vê a Cristo

3. "Ditosos os olhos que veem o que vós vedes. Porque eu vos afirmo que muitos profetas e reis desejaram ver o que vós vedes, e não viram; e ouvir o que vós ouvis, e não ouviram" (Lc 10,23-24).

Por isso, também Tobias dizia: "Serei feliz se um resto da minha linhagem vir o esplendor de Jerusalém" (Tb 13,20), quer dizer, a humanidade de Jesus Cristo. A futura descendência do Bem-aventurado Tobias foram os apóstolos, "a linhagem que o Senhor abençoou" (Is 61,9); e dela ainda Isaías fala: "A linhagem que ficar deles, será santa" (Is 6,13), isto é, a Igreja.

Essa foi a descendência de Tobias por meio da fé e do sofrimento, e, por isso mereceu ver o triunfo de Jerusalém. E assim, foi-lhes dito: "Ditosos os olhos que veem aquilo que vós vedes". Viam um homem, mas acreditaram que era Deus (cf. Jo 20,28). Bem-aventurados os olhos dos puros de coração, que veem a Jesus Cristo. De fato, diz Jó: "Agora, porém, meus olhos te veem" (Jó 42,5). Ditosos os olhos que o esterco das riquezas não cega e que a remela das preocupações terrenas não ofusca, porque eles veem o Filho de Deus envolto em miseráveis panos, reclinado numa manjedoura, a fugir para o Egito, sentado sobre um jumentinho, pendurado nu sobre o patíbulo da cruz. Assim o viram os apóstolos. Assim não podem vê-lo os olhos remelentos. Diz o salmo: "Caiu sobre eles o fogo e não viram mais o sol" (Sl 57,9). Os olhos remelentos não têm condições de ver o sol.

4. O sol é Cristo, que, para poder ser visto cobriu-se com uma nuvem. De fato, ele mesmo diz: "Costurei um saco sobre minha pele, cobri de cinza a minha carne. Meu rosto inchou-se à força de chorar, minhas pálpebras escureceram-se. Sofri isso sem que houvesse maldade nas minhas mãos, quando eu oferecia a Deus orações puras. Ó terra, não cubras o meu sangue, nem se ache em ti lugar no qual seja sufocado o meu clamor" (Jó 16,16-19).

No saco e na cinza são indicadas as tribulações e a vileza da natureza humana. Jesus Cristo, do saco de nossa natureza, fez para si uma túnica, que costurou com a agulha, isto é, com a misteriosa intervenção do Espírito Santo, e com o fio, quer dizer, com a fé da Bem-aventurada Virgem, e vestiu-a; depois, sobre essa túnica (sobre sua humanidade) espalhou a cinza da humildade e da vileza. Mas isso, os olhos remelentos e malditos não têm condições de ver.

Mas ai! A face de Jesus Cristo inchou-se com as bofetadas e as lágrimas, coisa que ele sofreu, embora suas mãos fossem puras de iniquidade: ele não cometeu pecado e não se encontrou engano em sua boca (cf. Is 53,9); ele ofereceu a Deus Pai orações puras em favor dos imundos e dos celerados; ele, como diz Isaías, orou pelos transgressores de sua lei (cf. Is 53,12), dizendo: "Pai, perdoa-lhes..." (Lc 23,34).

Ó terra, ó pecador, não cubras com o amor dos bens terrenos o meu sangue, que é o preço de tua redenção; permite, peço-te, que esse sangue produza em ti o seu fruto. Sobre a tua fronte escrevi com o meu sangue a letra *tau* (T), para que o anjo enviado para ferir, não fira também a ti (cf. Ez 9,4-5). Peço-te, não cubras de terra aquele sinal, não destruas a inscrição do título, que o próprio Pilatos não quis apagar, mas confirmou, dizendo: "O que escrevi, está escrito!" (Jo 19,22).

"Não se ache em ti lugar onde seja sufocado o meu clamor." O clamor do nosso Redentor é o sangue da redenção, que, como diz o Apóstolo na Carta aos Hebreus, tem a voz mais eloquente do que a do sangue de Abel (cf. Hb 12,24); de fato, o sangue de Abel pedia a morte do fratricida, enquanto o sangue do Senhor obteve a vida para os que o mataram. Mas esse sangue encontra em nós um lugar onde é sufocado o seu clamor se a língua calar aquilo que a mente crê. Esse saco, essa cinza, os olhos remelentos não o veem; esse clamor, os ouvidos surdos não o ouvem. E por isso, o Senhor acrescenta: "Eu vos digo que muitos profetas e reis desejaram ver o que vós vedes, mas não viram, e ouvir o que vós ouvis, mas não ouviram".

Nos profetas são representados os prelados da Igreja; nos reis, os poderosos deste mundo. Tanto aqueles como estes desejaram ver a Cristo no céu, mas não querem contemplá-lo pendurado no patíbulo. Querem reinar com Cristo, mas também querem gozar com o mundo. Todos estes dizem junto com Balaão: "Morra a minha alma com a morte dos justos" (Nm 23,10). Eles querem ver a glória da divindade, que os apóstolos viram, mas não querem aceitar a ignomínia da paixão, a pobreza de Cristo que seus apóstolos praticaram e, portanto, não o verão junto com os apóstolos, mas, junto com os ímpios, verão somente aquele que traspassaram (cf. Jo 19,37). E não ouvirão o murmúrio de uma brisa suave (cf. 1Rs 19,12): "Vinde, benditos do meu Pai!", mas o terrível troar da condenação: "Afastai-vos de mim, malditos, para o fogo eterno..." (Mt 25,34.41).

5. A propósito, diz Jó: "Quem poderá compreender o trovão de sua grandeza?" (Jó 26,14). E de novo: "Acaso seguraste a terra pelas suas extremidades, fazendo-a estremecer, e sacudiste dela os ímpios?" (Jó 38,12-13). O Senhor segurou os extremos da terra quando escolheu aquilo que no mundo é ignóbil e desprezado, para confundir os poderosos (cf. 1Cor 1,27).

Presta atenção nas duas palavras: "seguraste" e "estremeceste". O pai segura o filho com uma das mãos e com a outra, sacudindo-o violentamente, bate-lhe; segura-o para que não caia no precipício; bate-lhe, para não se tornar soberbo e insolente.

Assim o Senhor segura o justo com a mão de sua misericórdia para que não caia em pecado; fere-o para que não se ensoberbeça pela graça recebida do Pai. Por isso, diz o Apóstolo: "Para que a grandeza das revelações não me ensoberbecesse, foi-me dado o estímulo da minha carne" etc. (2Cor 12,7).

"E sacudiste dela os ímpios." No dia do juízo, o Senhor sacudirá os maus de nossa terra, na qual pecaram, e os lançará ao inferno, como se lança o pó de um saquinho. A própria terra, oprimida pelo peso de seus pecados, sacudirá de si os maus e os lançará ao inferno, no qual haverá choro dos olhos, que se perderam atrás das vaidades, e ranger de dentes (cf. Mt 8,12), que arrancaram aos pobres os seus bens. Os olhos de todos esses não verão Jesus no céu; ao contrário, verão a multidão dos demônios no inferno. Eles não ouvirão melodias angélicas, mas só o ranger dos dentes.

6. Com esta parte do evangelho concorda o introito da missa de hoje: "Ó Deus, nosso protetor, olha para nós, e põe os olhos na face do teu ungido. Porque é melhor um só dia nos teus átrios do que milhares fora deles" (Sl 83,10-11). Ditosos os olhos que, na amargura do coração, verão a face de Jesus Cristo, inchada de bofetadas e de lágrimas, coberta de escarros, porque a face na qual os anjos desejam fixar o olhar (cf. 1Pd 1,12), eles a contemplarão esplendente de glória nos átrios da Jerusalém celeste.

Sobre isso diz Jó: "Verá sua face no meio do júbilo" (Jó 33,26), como se dissesse: Se antes, o homem, na amargura do coração, tiver visto cá na terra a face de Cristo, como a teve na paixão, vê-la-á depois, como a terá na bem-aventurança eterna, no júbilo do espírito, um júbilo que não se pode exprimir nem calar.

Esse esplendor da face de Cristo é aquele "dia único" que iluminará sem impedimento algum a cidade de Jerusalém, um esplendor superior a qualquer outro; para sermos dignos de chegar a ele devemos orar ao Pai dizendo: "Vê, ó Deus, nosso protetor". A proteção de Deus parece-nos menos necessária quando a temos continuamente; convém que por vezes ela seja subtraída, para que, assim, o homem se convença que sem ela é um nada.

"Vê, ó Deus, nosso protetor, e olha a face do teu Cristo." Pai, não olhes os nossos pecados; olha a face do teu Cristo, que, por nossos pecados, foi coberto de escarros, foi inchado de bofetadas e de lágrimas para reconciliar consigo a nós pecadores. Para obter-nos o teu perdão, ele mostrou sua face ferida pelas bofetadas para que tu o olhasses e, olhando-o, dirigisses tua benevolência para nós, que fomos a causa de sua paixão.

7. Também sobre isso temos uma concordância no Livro de Jó: "Se houver algum anjo, um entre milhares, que fale a seu favor e mostre a única coisa em que ele é semelhante para anunciar a justiça do homem. Deus terá misericórdia dele e dirá: Livra-o, para que não desça à cova: eu achei um motivo para ser benigno com ele. Sua carne está consumida nos tormentos; volte aos dias de sua adolescência" (Jó 33,23-25).

Nesse anjo é representado Cristo; ele mostra ao Pai a única semelhança que tem conosco. Realmente, ele é infinitamente superior a nós em todas as suas manifestações: numa única coisa não é diferente de nós, na realidade de sua condição de servo (cf. Fl 2,7). Ele fala por nós ao Pai exatamente na condição pela qual se mostra semelhante a nós e fala ao Pai por meio daquilo que o torna igual a nós. Seu falar é um mostrar-se homem em nosso favor: além dele não se encontraria justo algum que, sem pecado, fosse capaz de interceder pelos pecadores.

"Terá misericórdia dele." É mediador, portanto, tem piedade do homem porque assumiu a condição do homem. "E diz: Livra-o, para que não desça à corrupção." Sua palavra já é libertação do homem: assumindo a natureza humana, mostra-a livre e, por meio da carne que assumiu, mostrou livre também aquele que redimiu.

"Eu achei nele um motivo para ser-lhe benigno", como se dissesse abertamente: Já que não havia homem algum que parecesse digno de interceder pelos homens diante de Deus, eu mesmo fiz-me homem para interceder em favor dos homens. E apresentando-me como homem, no próprio homem encontrei o motivo para ser propício aos homens.

"Sua carne foi consumida nos tormentos." De fato, o gênero humano estava oprimido por inúmeros tormentos de vícios e de castigos, mas, chegado o Redentor, retorna aos dias de sua adolescência, isto é, retorna à integridade de sua vida primitiva, para não permanecer na condição em que caiu, mas, com a redenção, retorne ao estado no qual fora criado.

8. Com esta primeira parte do evangelho concorda também a primeira parte da epístola de hoje: "As promessas foram feitas a Abraão e à sua descendência. Não diz, aos seus descendentes, como se se tratasse de muitos, mas: e à sua descendência, como de um só, isto é, Cristo" (Gl 3,16), que foi como um grão de mostarda, semeado no jardim da Bem-aventurada Virgem Maria: pela pobreza e pela humildade foi a menor de todas as sementes, isto é, de todos os homens, na sua natividade; depois cresceu na sua pregação e na realização dos milagres: e nisso foi a maior de todas as árvores, isto é, de todos os patriarcas do Antigo Testamento. Tornou-se depois uma árvore na sua ressurreição e estendeu seus ramos com a pregação dos apóstolos, e assim as aves do céu, isto é, os fiéis da Igreja, acorrem por meio da fé, e por meio da esperança e da caridade, habitam nos seus ramos (cf. Mt 13,31-32), isto é, no seu ensinamento e no seu exemplo.

Ditosos, pois, aqueles que agora, por meio da fé, veem aquele no qual são abençoados todos os povos, e o verão depois presente na glória celeste e o ouvirão dizer: "Vinde, benditos de meu Pai" (Mt 25,34).

O próprio Cristo se digne conduzir-nos a essa visão e a ouvir essa voz, ele que é Deus bendito nos séculos eternos. Amém.

II – AMOR A DEUS E AMOR AO PRÓXIMO

9. "E eis que se levantou um certo doutor da lei e para o tentar disse-lhe: Mestre, que devo fazer para possuir a vida eterna? Jesus disse-lhe: O que está escrito na lei? Como é que lês? Ele respondeu: Amarás o Senhor teu Deus com todo o teu coração,

com toda a tua alma, com todas as tuas forças e com todo o teu espírito, e o teu próximo como a ti mesmo. E Jesus disse-lhe: Respondeste bem. Faze isto e viverás" (Lc 10,25-28). Observa que nesse trecho do evangelho está incluída toda a perfeição da caminhada e da pátria. Cada palavra desse trecho é de grande importância e de grande utilidade. Por isso, trataremos brevemente de cada uma delas.

Amor em latim se diz *dilectio*, porque liga entre si duas pessoas (latim: *duos ligat*). O amor começa por dois e geralmente nasce, germina nos bons. *Dilectio* é o amor a Deus e ao próximo. Amar, *diligere*, significa ligar entre si duas pessoas. O Senhor é chamado em latim *Dominus*, porque *domina* sobre toda a criação, ou porque "manda na casa", em latim *domui praeest*, ou também porque "faz ameaças", em latim *dat minas*.

Deus se diz em hebraico *Eloe*, que significa *temor*; em grego diz-se *Theòs*, que vem de *theorèo*, vejo, porque Deus vê todas as coisas. *Theo* quer dizer também corro, porque Deus percorre tudo, ou perlustra.

O amor, *dilectio*, liga Deus e o próximo. Esta é a linha de que fala o Senhor no Livro de Jó: "Quem estendeu sobre a terra a linha (a medida)? Em que foram firmadas as suas bases?" (Jó 38,5-6). O Senhor estendeu a linha, a medida do seu amor sobre a alma, a fim de que ela se prolongue até o amor ao próximo. "Sobre quem", senão sobre Jesus Cristo, "foram firmadas as suas bases", isto é, as retas intenções da alma, sobre as quais se sustenta todo o edifício das virtudes? Se a base de cada intenção não é firmada sobre Cristo, toda a obra de construção ameaça ruína, e sua ruína será grande (cf. Mt 7,27). "Ama, pois, o Senhor, teu Deus!"

Presta atenção aos dois termos: *Senhor* e *Deus*. Senhor, *Dominus*, porque domina sobre toda a criação; *Deus*, porque tudo vê e tudo perlustra. Por isso Sofar de Naamat, diz dele: "Deus é mais alto do que o céu: o que podes fazer? É mais profundo do que os infernos: como poderá conhecê-lo? Estende-se mais do que a terra e é mais amplo do que o mar. Se tudo destrói, ou se quer restringir tudo, quem poderá opor-se a ele? Ou quem poderá dizer-lhe: Por que procedes assim?" (Jó 11,8-10; 9,12).

Observa: os anjos são chamados *céus*; os demônios, *infernos*; os justos, *terra*; e os pecadores, *mar*. Portanto, os anjos não chegam à sua altura; julga a malícia dos demônios muito mais severamente do que pensam; sua paciência supera a longanimidade dos justos e ele tem sempre presentes todas as obras dos pecadores. Ou então: o homem torna-se céu com a contemplação, inferno com as trevas da tentação, terra quando dá fruto e mar quando se agita na sua inconstância. Mas também a contemplação do homem falha diante de Deus, e se nas tentações põe à prova a si mesmo, teme os severos juízos de Deus, e no fim a recompensa é superior às suas obras. E por mais que a mente se agite a procurar, não chegará nunca a saber qual será a severidade do futuro juízo.

Igualmente, Deus tem largura em amar, comprimento em tolerar, altura em superar os desejos do intelecto, profundidade em julgar os impulsos ilícitos dos pensamentos. Ele destrói o céu quando permite que nas tentações o medroso leve a pior; destrói a terra quando com as adversidades impede o fruto das boas obras;

destrói o mar quando confunde a nossa indecisão com o terror do juízo. O céu e o inferno confundem-se numa coisa só quando o próprio espírito é elevado com a contemplação e escurecido com a tentação. A terra e o mar confundem-se numa coisa só quando o próprio espírito é reforçado por uma fé segura nas coisas eternas e também atormentado pelo sopro mutável de qualquer dúvida. Esse Deus, assim feito e tão grande, deve ser amado. "Amarás o Senhor, teu Deus, com todo o teu coração" etc.

Diz "teu Deus", e por isso deve ser amado ainda mais: de fato, amamos mais as nossas coisas do que as coisas dos outros. É digno de ser amado por ti, porque, sendo ele o Senhor, teu Deus, fez-se teu servo e assim tu te tornasses seu e não te envergonhasses de servi-lo.

Diz com as palavras de Isaías: "Com teus pecados, tornaste-me como que um escravo" (Is 43,24). Por trinta e três anos, Deus fez-se teu servo pelos teus pecados, para libertar-te da escravidão do diabo. "Amarás, pois, o Senhor, teu Deus", que te criou; criou-se por causa de ti; deu-se todo a ti, para que te desses todo a ele. "Amarás, pois, o Senhor, teu Deus."

Na criação, quando tu não existias, deu-te a ti mesmo; na redenção, quando existias no mal, deu-se a si mesmo a ti para que tu estivesses no bem, e quando deu-se a si mesmo a ti, também restituiu-te a ti mesmo. Portanto, dado e restituído, tu deves a ti mesmo a ele, e te deves duas vezes, e te deves totalmente. "Amarás, pois, o Senhor, teu Deus, com todo o teu coração." Aquele que disse "tudo", não te deixou uma parte de ti, mas ordenou que te oferecesses "todo" a ele. De fato, ele todo comprou todo a ti, para que só ele possuísse todo a ti mesmo. "Amarás, pois, o Senhor, teu Deus, com todo o teu coração."

Não queiras, pois, como Ananias e Safira, reter para ti uma parte de ti mesmo, para não perecer totalmente com eles (cf. At 5,1-10). Ama, pois, com todo o teu ser, e não com uma só parte de ti. Afinal, Deus não tem partes, mas é todo em toda a parte, e, portanto, não quer somente uma parte daquilo que é teu, porque está todo naquilo que é seu. Se tu reservares para ti uma parte de ti, és teu e não seu. Queres ter tudo? Dá tudo a ele, e ele dará a ti tudo aquilo que é seu; e assim nada terás de ti mesmo, porque terás o todo dele juntamente com o todo de ti mesmo. "Amarás, pois, o Senhor, teu Deus, com todo o teu coração."

10. Repare nestas quatro palavras: coração, alma, forças, mente.

O coração está situado no centro do peito do homem; tende um pouco para a esquerda: de fato, afasta-se um pouco da linha de divisão que separa os dois mamilos; inclina-se para o mamilo esquerdo e está na parte superior do peito; não é grande e não tem forma alongada, mas tende antes para a forma arredondada e sua extremidade é estreita e aguçada.

Ó homem, a posição e a forma do teu coração ensinam-te de que modo tu deves amar o Senhor, teu Deus. Teu coração está posto no centro do teu peito, entre os dois mamilos. Nos dois mamilos é simbolizada uma dupla recordação: a da encarnação do Senhor e a de sua paixão, da qual a alma toma seu alimento como de dois mamilos. No mamilo direito é simbolizada a recordação da encarnação, no esquerdo, a da paixão.

Entre os dois mamilos deve ser posto o teu coração, porque o que quer que tu penses, o que quer que tu faças de bem, tudo o refiras à pobreza e à humildade da encarnação e à amargura da paixão do Senhor. Sobre isso, diz a esposa do Cântico dos Cânticos: "O meu amado é para mim um ramalhete de mirra, colocado entre os meus seios" (Ct 1,12).

A alma, esposa de Jesus Cristo, Filho amantíssimo de Deus Pai, faz para si um ramalhete de mirra com toda a vida de seu amado. Recorda, pois, como foi reclinado numa manjedoura, envolvido em panos e expulso para o Egito, exilado, pobre e peregrino; como, com frequência, foi feito objeto de injúrias e de blasfêmias por parte dos judeus; como foi traído por um discípulo seu, acorrentado pela coorte do Governador, conduzido a Anás e Caifás, atado à coluna, flagelado por Pôncio Pilatos, coroado de espinhos, esbofeteado, coberto de escarros, e como, enfim, tenha sido crucificado entre dois ladrões homicidas. De todas essas dolorosas lembranças ligadas entre si e firmemente reunidas pelo vínculo da devoção, a alma faz para si um ramalhete de mirra, quer dizer, de amargura e de compaixão, e o põe entre os mamilos, onde o coração tem a sede. Sobre o coração da esposa, isto é, da alma, deve sempre estar o ramalhete de mirra.

E considera que como o coração tende um pouco para o mamilo esquerdo, assim a compaixão e a devoção do coração devem se voltar para a amargura da paixão do Senhor. Por isso, a Madalena derramou suas lágrimas e seu perfume primeiramente sobre os pés do Senhor, nos quais é simbolizada a sua paixão. Chora sobre os pés do Senhor aquele que toma parte na dor de quem sofre; unge-os aquele que dá graças pelo dom da paixão. De fato, à paixão do Senhor devemos dirigir os dois sentimentos: da dor e da devoção.

E como o teu coração está posto na parte superior do peito, assim as suas aspirações e os seus desejos devem ser dirigidos à glória do céu. Onde está o teu tesouro, isto é, Jesus Cristo – o maná na arca de ouro –, lá deve estar também o teu coração (cf. Mt 6,21).

E como o teu coração não é grande e não tem uma forma alongada, mas tende ligeiramente para a forma redonda, assim também tu não deves elevar-te para a grandeza, ou alongar-te para a cobiça, mas tua vida deve ser redonda, isto é, perfeita. Realmente, aquilo que é redondo não sofre diminuições.

E como a extremidade do coração é estreita e aguçada, assim deves sempre pensar que a conclusão de tua vida será estreita e aguçada. Estreita, porque deverá passar pela estreitíssima passagem da morte, através da qual nada poderás levar contigo, exceto os pecados, que não são substância material; aguçada, porque o temor do juiz te traspassará e o horror do castigo te atravessará. Por isso, enquanto tiveres o coração em teu poder, "ama o Senhor, teu Deus, com todo o teu coração".

11. "E com toda a tua alma." A alma é uma substância incorpórea, intelectual, racional, invisível, de origem desconhecida, sem nada de terreno misturado nela. Alma vem de *anima*, quase como *ànemos*, termo grego que significa vento, ou movimento, porque está sempre em movimento espontâneo e move os corpos; ou então é como dizer *anâmne*, ou *anâmneia*, que significa, sempre em grego, *recordação*; ou então é composta de *a* e *nemo*, que, ainda em grego, significa *conferir*, porque confere a vida aos corpos; ou também *anà*, sobre, e *àima*, sangue, portanto, *sangue superior*. "Ama, por isso, o Senhor, teu Deus, com toda a tua alma", para que tua atividade, teu pensamento, tua vida. tu refiras tudo ao seu amor.

"Com todas as tuas forças." Recorda que são três as "forças", as potências da alma: a força racional, a concupiscível e a irascível. Com a potência racional distinguimos o bem do mal; com a concupiscível desejamos o bem; com a irascível repudiamos o mal. Essas potências foram perdidas pelos efeminados, dos quais Jó diz: "Foi agradável às areias do Cocito e arrasta atrás de si todos os homens" (Jó 21,33). São areia as pedras dos rios, que a água arrasta com sua corrente. Cocito simboliza o pranto das mulheres e dos enfermos. Os letrados afirmam que Cocito é o rio que corre nas regiões dos infernos e que lá embaixo existe pranto e gemido dos maus. Agradável é, pois, o amor às areias transitórias do Cocito, isto é, àqueles que não querem resistir energicamente aos prazeres e com suas quedas de cada dia correm para o eterno pranto. E o prazer do amor terreno arrasta atrás de si "o homem todo", isto é, a potência racional, a concupiscível e a irascível. A prudência do mundo arrasta a potência racional; o prazer da carne arrasta a concupiscível, e a vanglória, a irascível.

12. Estes são também os três amigos de Jó, isto é, Elifaz de Teman, Bildad de Suás e Sofar de Naamat (cf. Jó 2,11).

Elifaz interpreta-se "desprezo do Senhor", e Teman, o vento austral. Ele simboliza a prudência mundana, que provém do austro, isto é, do vento quente, que é a cobiça do mundo, pois os filhos deste mundo, na sua geração, são mais prudentes do que os filhos da luz (cf. Lc 16,8). Essa prudência mundana despreza a sabedoria do Senhor, e, por isso, ela também é desprezada pela sabedoria do Senhor. Diz Isaías: "Quando, cansado, deixares de desprezar, serás desprezado" (Is 33,1).

Bildad interpreta-se "velhice abandonada" e Suás, "que fala". Ele simboliza o prazer da carne, que começou com os primeiros pais e de geração em geração torna velha a pele dos filhos. O velho Adão transmitiu-nos esse patrimônio; essa velhice teve origem pela linguagem da serpente. De fato, diz o penitente: "Com a voz do meu gemido", isto é, com a sugestão do prazer que é causa dos meus gemidos, "o meu osso", isto é, a minha razão ou a minha força, "aderiu à minha carne" (Sl 101,6), quer dizer, à minha carnalidade.

Sofar interpreta-se "destruição do observatório", e Naamat, "decoro". Ele simboliza a vanglória, que tem origem no fato de cobrir-se com uma falsa religião, e por causa disso é destruído o observatório da contemplação e todas as outras obras boas. "Receberam sua recompensa", diz o Senhor (Mt 6,5).

Com esses três pecados são destruídas as três potências da alma, e, portanto, é necessário que o Bem-aventurado Jó, que se interpreta "dolente", isto é, o penitente que manifesta sua dor, para ver-se livre dela, não ouça, nem dê atenção a esses três amigos, que ele próprio chama de "meus amigos verbosos" (Jó 16,21), faladores, para poder amar o Senhor, seu Deus, com todas as suas forças.

13. "E com toda a tua mente." A mente é a parte da alma que compreende a inteligência e a razão. É chamada mente porque é a parte mais *eminente* da alma, ou também porque "recorda" (latim: *mèminit*). De fato, a mente não é a alma, mas aquilo que é superior na alma, a parte mais excelente, mais eficaz da alma, da qual procede a inteligência. Com efeito, o próprio homem é dito "imagem de Deus" em razão da mente. Porém, todas essas qualidades estão unidas à alma de tal modo que ela permanece uma entidade única. A alma é indicada com nomes diferentes conforme os atos dos quais é causa eficiente. Com efeito, quando vivifica o corpo, é alma; quando quer, é ânimo; quando sabe, é mente; quando julga corretamente, é razão; quando inspira, é espírito; quando adverte alguma coisa, é sentido. "Ama, pois, o Senhor teu Deus com toda a tua mente", a fim de que tudo aquilo que recordas, sabes ou compreendes, tu o refiras ao amor de Deus.

"Ama o teu próximo como a ti mesmo." E sobre este assunto veja o sermão do I domingo depois de Pentecostes, sobre o evangelho: "Havia um homem rico, que se vestia de púrpura e de linho finíssimo".

E sobre o mesmo assunto temos também uma concordância no Livro de Jó, onde diz: "Visitando a tua figura, não pecarás" (Jó 5,24). Veja a exposição desta passagem na parte II do sermão do Domingo da Septuagésima, sobre o evangelho: "No princípio Deus criou o céu e a terra".

14. Com esta segunda parte do evangelho concorda também a segunda parte da epístola: "Eis o que eu quero dizer: o testamento, confirmado por Deus" (Gl 3,17).

O testamento é chamado assim porque é uma vontade escrita e confirmada na presença de testemunhas. A vontade de Deus é a vontade do seu amor e do amor ao próximo, que foi escrita na lei da natureza, das tábuas e da graça, confirmada por testemunhas, às quais disse: "Este é o meu mandamento, que vos ameis uns aos outros" (Jo 15,12). Esse testamento foi confirmado com a morte do testador. Diz João: "Tendo amado os seus que estavam no mundo, amou-os até o fim" (Jo 13,1), isto é, até a morte. Isso, não porque com a morte termine o seu amor, mas porque amou-os de tal modo que o amor o levou até a morte.

Rogamos-te, pois, Senhor Jesus, que tu nos ligues com o amor para ti e para o próximo de tal modo, que consigamos amar-te "com todo o coração", isto é, tão profundamente que jamais sejamos afastados do teu amor; "com toda a alma", isto é, com sabedoria, para não sermos enganados por outros amores; "com todas as forças e com toda a mente", isto é, com grande ternura, para nunca sermos induzidos a separar-nos do teu amor; e, depois, amar o próximo como a nós mesmos. No-lo concedas tu, que és bendito nos séculos dos séculos. Amém.

15. "Faze isto e viverás." Diz Jó: "A lâmpada de Deus brilhava sobre a minha cabeça. Lavava os meus pés no leite e a rocha derramava sobre mim rios de óleo" (Jó 29,3.6). Na lâmpada é simbolizada a pregação; na cabeça, a mente; no leite, a compunção das lágrimas; nos pés, os afetos e os sentimentos do coração; na rocha, Cristo; e no óleo, a graça do Espírito Santo. Portanto, quando a lâmpada da pregação brilha sobre a mente do pecador, ela lava as sujeiras dos pés, isto é, dos afetos desordenados do coração, no leite da compunção que brota da intensidade do amor; e assim, a rocha, isto é, Cristo, derrama-lhe rios de óleo, isto é, a abundância da graça do Espírito Santo; iluminado por ela na vida presente, terá também a vida futura na glória. Por isso, o Senhor diz: "Faze isto e viverás".

Considera estas três palavras: "Faze", "isto", "e viverás". Nelas são indicadas três coisas: a doutrina, a vida e a glória. "Isto", eis a doutrina; "faze", eis a vida; "e viverás", eis a glória. Ó homem, aquilo que ouves na pregação, executa-o depois com as obras. Quando brilha a lâmpada sobre a tua cabeça, lava-te os pés no leite, e assim viverás, porque a rocha derramará sobre ti rios de óleo, isto é, estas palavras que ouves: "Amarás o Senhor teu Deus, com todo o coração, com toda a tua alma, com todas as tuas forças e com toda a tua mente".

Com estes quatro "modos de amar" concordam as quatro qualidades de Jó, enumeradas no início de sua história: "Havia na terra de Hus um homem chamado Jó, o qual era simples e reto, temia a Deus e fugia do mal" (Jó 1,1). Na terra de Hus, isto é, "do conselho", morada do justo, que põe em prática tanto os conselhos do Senhor como os seus preceitos. É simples pela pureza do coração, reto no afeto da alma, teme a Deus com o uso ordenado das qualidades naturais, e foge do mal com o firme propósito de sua vontade.

"Faze isto" para ser simples, isto é, sem as dobras do engano, procurando não o teu louvor, mas o de Deus, e dizendo com Jó: "Se vendo o sol, quando brilhava, e a lua clara, que avançava, e o meu coração se deixou seduzir secretamente, e beijei a minha mão com a minha boca, isso teria sido um gravíssimo pecado e uma negação de Deus, o Altíssimo" (Jó 31,26-28). O sol no seu esplendor é figura da obra boa que se manifesta. A lua clara que avança é figura da boa reputação, que, brilhando na noite desta vida, recebe forças das boas obras.

"E *não* se deixou seduzir secretamente o meu coração." Realmente, há alguns que se exaltam com os próprios elogios e se alegram. "E com a mão na boca mandei um beijo." Na mão é representada a obra e na boca o discurso. Portanto, beija-se a mão com a boca aquele que louva aquilo que faz. "E este é um gravíssimo pecado e uma negação de Deus, o Altíssimo, porque quem atribui a si mesmo o mérito daquilo que faz, demonstra negar a graça do seu Criador.

Faze isto, isto é, faze de maneira que não vejas o sol das tuas obras boas, nem a lua esplendente de tua boa reputação, para que não te alegres com isso e não louves aquilo que dizes ou fazes, mas atribuas tudo ao teu Criador.

16. "Faze isto", para ser reto. Diz Bildad de Suás: "Se te levantares cedo e recorreres a Deus, e humilde rogares ao Onipotente, se caminhares com pureza e retidão, logo

ele despertará para te acudir, e tornará pacífica a morada da tua justiça; de tal sorte que se os teus primeiros bens foram pequenos, os últimos serão extraordinariamente aumentados" (Jó 8,5-7).

"Se te levantares cedo", isto é, na contrição do teu coração, "e recorreres a Deus Onipotente" com a mente e com o corpo, "e rogares" confessando o teu pecado e proclamando o seu louvor; "se caminhares na pureza e na retidão", cumprindo as obras penitenciais da reparação, "logo ele despertará para te acudir" assim que vir o teu arrependimento, "e tornará tranquila a morada da tua justiça" porque confessaste o teu pecado; de fato, quem faz um justo juízo de si acusando-se na confissão, retomará a tranquila posse do seu corpo e a paz de sua consciência. "De tal sorte que se os teus primeiros bens foram pequenos..." Eis, pois, que a penitência aumenta a graça na vida presente e, no fim da vida, acumula a glória eterna. "Faze isto, pois, e viverás."

"Faze isto", para ser temente a Deus e poder dizer com Jó: "Sempre temi a Deus, como as ondas túmidas sobre mim, e nunca pude suportar o peso de sua majestade" (Jó 31,23). Quando ameaçam ondas tempestuosas, aos navegantes não importam mais nada as coisas materiais, nem voltam à sua mente os prazeres da carne; lançam fora da nave também as coisas pelas quais haviam empreendido longas viagens.

Teme, pois, a Deus, como se temem as violentas vagas que caem sobre si, aquele que, aspirando somente à verdadeira vida, despreza tudo aquilo que tem e possui cá na terra. E nas vagas túmidas vê o símbolo do supremo poder de Deus, quando todos os elementos naturais serão subvertidos (cf. Mt 24,29), e o juiz supremo vier e levar tudo para a conclusão, que os santos cada dia receiam.

"E nunca pude suportar o peso de sua majestade", porque quem medita com seriedade e atenção o advento do último juízo constata que verdadeiramente cai sobre todos tal temor, que não só não é dado experimentar, mas que agora não nos é dado nem minimamente imaginar. "Faze isto, pois, e viverás."

17. E ainda: "Faze isto" para fugir do mal. Sofar de Naamat diz a Jó: "Se lançares fora de ti a iniquidade, que está na tua mão, e se a injustiça não tiver aceitação na tua casa, então poderás levantar o teu rosto sem mácula e serás estável e não temerás. E também te esquecerás da tua miséria, e não te lembrarás dela como de águas que passaram. E se levantará pela tarde sobre ti uma luz como a do meio-dia. E quando te julgares destruído, surgirás com a estrela da manhã. E terás confiança pela esperança que te será proposta, e sepultado dormirás tranquilo. Repousarás e não haverá quem te amedronte (Jó 11,14-19).

Comenta Gregório: "A iniquidade na mão representa o pecado nas obras, a obra pecaminosa; a injustiça na casa é a iniquidade na mente. A mente é chamada casa, porque nela nos escondemos dentro de nós quando externamente não somos vistos em nossas obras. Levantar o rosto quer dizer elevar o ânimo a Deus com os exercícios de piedade: mas este rosto ficará manchado se a consciência nos acusa de pecado.

"E serás estável e não temerás." Porque tanto menos terás medo do juízo quanto mais fores estável no bem. "Esquecer-te-ás da miséria." Tanto mais cruamente sentirás os males da vida presente quanto mais deixares de pensar no bem que virá. Mas se fixares o teu olho nas coisas que durarão para sempre, parecer-te-á um nada tudo aquilo que deves sofrer, mas que te ajuda a alcançar o fim. "E como o esplendor do meio-dia." O esplendor do meio-dia até o ocaso, representa o despertar das forças contra a tentação.

"E quando te julgares destruído..." Com efeito, frequentemente assaltam-nos provas tão grandes que nos induzem ao desespero e à queda, mas o Criador olha para a nossa escuridão e faz brilhar novamente os raios da luz que nos havia tirado. E então, retornará para ti a confiança na esperança da misericórdia divina que te é dada.

"E sepultado, dormirás tranquilo." Dormem tranquilamente sepultados, aqueles que se subtraem aos onerosos compromissos deste mundo para examinar atentamente o seu interior na paz e na tranquilidade. "Repousarás e não haverá quem te amedronte." De fato, quem fixa seu desejo na eternidade, não existindo no mundo coisa alguma que o atraia, nada mais teme daquilo que é do mundo. "Faze isso, pois, e viverás"; viverás da vida da graça neste mundo, e da vida da glória no outro.

A esta glória digne-se guiar-nos aquele que é Vida e Glória e que é bendito nos séculos eternos. Amém.

III – O HOMEM QUE DESCE DE JERUSALÉM A JERICÓ

18. "Um homem descia de Jerusalém para Jericó e caiu nas mãos dos ladrões, que o despojaram e o espancaram, e depois se retiraram, deixando-o meio-morto" (Lc 10,30). Nesse homem deve ser compreendido Adão, na sua humanidade, que, tomado pela soberba, com sua queda e sua desobediência desceu da bem-aventurança da Jerusalém celeste para as misérias e privações desta vida, instável e exposta ao erro. E exatamente por isso "caiu nas mãos dos ladrões", isto é, caiu em poder dos anjos da noite, que se transfiguram em anjos de luz, mas não podem perseverar. E não teria caído se ele próprio, indo contra o celeste mandamento, não se entregasse em suas mãos. E os ladrões roubam-lhe também as vestes da graça espiritual, isto é, a imortalidade e a inocência, e de tal modo o enchem de feridas, isto é, de pecados, que violam também a integridade da natureza humana e, por assim dizer, introduzem a morte através das vísceras abertas.

Quem conserva intactas as vestes que vestiu, não pode sentir as feridas dos ladrões. "Retiraram-se", não porque tivessem cessado de insidiá-lo, mas porque ocultaram seus ataques. "Deixando-o meio-morto", porque podiam despojá-lo da imortalidade, mas não privá-lo do sentimento e da razão, de maneira que o homem não tivesse mais o sentido de Deus e a capacidade de conhecê-lo.

O *sacerdote* e o *levita* que passam, são figura do sacerdócio e do ministério da antiga Lei, ou do Antigo Testamento, quando as chagas e as feridas do mundo doente eram vistas, mas não eram curadas.

O *samaritano*, nome que se interpreta "guarda", é figura do Senhor, que se fez homem por nós, empreendeu o caminho da vida eterna e chegou junto ao ferido, "tornando-se semelhante aos homens e aparecendo em forma humana" (Fl 2,7), próximo a nós ao assumir sobre si os nossos sofrimentos e vizinho ao nos oferecer a sua misericórdia.

"Tratou suas feridas": condenando os pecados, pôs um freio neles. "Derrama óleo sobre as feridas" quando oferece aos penitentes uma esperança, dizendo: "Fazei penitência, porque está próximo o Reino dos Céus" (Mt 4,17). "Derrama vinho" quando infunda nos pecadores o temor do castigo, dizendo: "Toda a árvore que não produz bons frutos será cortada e lançada ao fogo" (Mt 3,10).

A cavalgadura é figura de sua carne, na qual apresentou-se a nós; sobre ela carrega o ferido, porque no seu corpo carregou os nossos pecados (cf. 1Pd 2,24). É posto sobre seu corpo que crê na sua encarnação e está convencido de ser protegido por seus mistérios contra as incursões do inimigo.

"A estalagem" é figura da Igreja militante, na qual são refeitos os viajantes a caminho para a pátria eterna. É conduzido para a estalagem aquele que é posto sobre a cavalgadura, porque ninguém pode entrar na Igreja se não é batizado, se não é "incorporado" ao corpo de Cristo.

"E teve cuidado dele", para que o doente não negligenciasse as prescrições que havia recebido. Mas o samaritano não podia permanecer muito tempo na terra: devia retornar para onde havia descido. E portanto, no "dia seguinte", isto é, depois de sua ressurreição, quando o esplendor da luz eterna refulgiu sobre o mundo mais luminosa do que antes da paixão, "deu dois denários", isto é, os dois Testamentos, nos quais se encontram a imagem e o nome do Rei Eterno, "ao estalajadeiro", isto é, aos apóstolos, porque então "abriu-lhes a mente para que compreendessem o sentido das Escrituras" (Lc 24,45), e assim tivessem condições de guiar o povo.

"E tudo o que gastares a mais." Gasta mais o Apóstolo que diz: "Quanto às virgens não tenho mandamento do Senhor; mas dou um conselho" (1Cor 7,25); e dá ainda mais quando não usa do direito de ter um estipêndio (cf. 2Ts 3,9). Quanto retornar para o juízo, "satisfará as despesas", dizendo: "Porque foste fiel no pouco, dar-te-ei autoridade sobre muito: entra na alegria do teu Senhor" (Mt 25,21).

"Qual desses três te parece que foi o próximo?" Atendendo ao relato, é claro que o estrangeiro foi "mais próximo" para o cidadão de Jerusalém, ao qual usou de misericórdia, e não o sacerdote e o levita que eram seus concidadãos. Ninguém nos é mais próximo do que aquele que cuidou de nossas chagas, porque a cabeça é uma coisa só com os membros. Amemo-lo, pois, como Deus e Senhor, e amemo-lo também como próximo; e amemos também aquele que é imitador de Cristo. Com efeito, o evangelho continua: "Faze também tu o mesmo". E para mostrar que verdadeiramente amas o próximo como a ti mesmo, faze com amor tudo aquilo que está em teu poder para aliviar suas necessidades corporais e espirituais.

19. Com esta terceira parte do evangelho concorda a terceira parte da epístola: "Ora um mediador não o é de um só; e Deus é só um. Logo a lei é contra as promessas de Deus? Impossível! Porque, se fosse dada uma lei que pudesse vivificar, a justificação

viria realmente da lei. Mas a Escritura encerrou tudo debaixo do pecado, para que a promessa fosse dada aos crentes mediante a fé em Jesus Cristo" (Gl 3,20-22). Eis que aqui te é dito abertamente que nem o sacerdote, nem o levita, isto é, nem o sacrifício nem o ministério da antiga lei tinham o poder de dar a vida e a justificação; mas o único mediador, e nosso samaritano, Jesus Cristo, cuidou do ferido, devolveu a vida ao que estava meio-morto e, tomando-o sobre si mesmo, conduziu-o à estalagem da Igreja para que lhe fosse dada a promessa da vida eterna, já que cria no mesmo Jesus Cristo. Portanto, a justificação não vem do sacerdote nem do levita, mas da fé em Jesus Cristo.

"A Escritura encerrou tudo debaixo do pecado." Isto é o que o próprio Apóstolo diz também aos romanos: "Deus a todos encerrou na desobediência (na incredulidade), a fim de usar misericórdia com todos" (Rm 11,32), como se dissesse: Conhecidos os pecados por meio da lei, todos são encerrados, para que não possam arrumar desculpas, mas implorem misericórdia do nosso samaritano e mediador.

E sobre isto temos a concordância em Jó: "Não há quem possa ser árbitro entre ambos, nem meter sua mão entre os dois" (Jó 9,33), isto é, seja árbitro. Se dois inimigos, com a espada em punho, combatem entre si, quem ousar interpor-se entre eles e detê-los, senão alguém que esteja em boas relações com os dois? Deus e o homem lutam um contra o outro: Deus com a espada da pena, o homem com a espada da culpa. Ninguém pôde dirimir a questão. Veio Cristo, que é aparentado com ambos porque Filho de Deus e Filho do homem, e se pôs entre eles e os deteve. Repreendeu o homem para que não continuasse a pecar, e, com sua paixão, opôs-se a Deus Pai para que não o ferisse. Pôs sua mão sobre ambos porque deu ao homem um exemplo a ser praticado, e mostrou a Deus as suas obras, com as quais devia julgar-se satisfeito.

Irmãos caríssimos, elevemos nossa oração a Deus, para que cure as feridas dos nossos pecados, reconcilie-nos consigo para que possamos ser dignos de retornar desta Jericó para a Jerusalém celeste da qual temos caído.

Ajude-nos ele próprio, que é bendito nos séculos dos séculos. Amém.

20. "Um homem descia de Jerusalém para Jericó, e caiu nas mãos dos ladrões" etc. (Lc 10,30).

Diz o Senhor a Jó: "Dize-me, se sabes, em que caminho habita a luz, e onde têm sua morada as trevas" (Jó 38,18-19). Na luz é simbolizada a justiça, nas trevas, a iniquidade. A luz habita em Jerusalém; Jericó é a morada das trevas. Por isso, quem desce de Jerusalém para Jericó, passa da luz da justiça para as trevas da iniquidade. De fato, está escrito: "Um homem descia de Jerusalém para Jericó" etc.

Veremos qual seja o significado moral do homem, de Jerusalém e de Jericó, dos ladrões, do sacerdote e do levita, do samaritano, do óleo e do vinho, da cavalgadura, da estalagem, do estalajadeiro e dos dois denários. Conforme o Senhor no-lo conceder, procuraremos concordar com todos esses elementos algumas passagens do Livro de Jó.

Esse homem é figura do justo, que, quando se dedica às obras de penitência e se mantém nas alturas da contemplação, dizendo com Jó: "A minha alma escolheu as alturas" (Jó 7,15), sem dúvida habita em Jerusalém. Então torna-se verdadeiramente como Jó, um homem simples, reto, temente a Deus e alheio ao mal, que tem sete filhos e três filhas (cf. Jó 1,1-2).

Os sete filhos do justo são as sete bem-aventuranças proclamadas pelo Senhor no Evangelho de Mateus (cf. Mt 5,3-10).

"Bem-aventurados os pobres em espírito" (Mt 5,3). Esta bem-aventurança compreende dois atos: a renúncia às coisas materiais e a contrição do espírito, porque também quem é bom deve considerar-se inútil e inferior aos outros. Os pobres em espírito não buscam coisas elevadas, mas praticam aquilo que leva ao temor de Deus e à verdadeira humildade. De fato, diz Jó: "Altera-se o meu rosto e a dor me atormenta. Preocupo-me por todas as minhas obras, porque sei que não perdoas o culpado" (Jó 9,27-28). Altera o seu rosto aquele que não tem de si mesmo um grande conceito, como fazia antes, mas em relação a si tem pensamentos humildes e vis, e assim, atormenta-se na dor por aquilo que fez no passado. O pobre em espírito está preocupado com todas as suas obras, porque tem medo da preguiça e da malícia. Um amor a Deus um pouco tépido produz a preguiça; o amor próprio, o amor de si, produz a deslealdade, já que pelo bem realizado deseja-se a tácita aprovação do coração humano, o vento do aplauso ou qualquer outra vantagem exterior.

Bem-aventurado, porém, aquele "que sacode de suas mãos todo o presente" (Is 33,15). Observa que o "presente da boca" é a glória obtida por meio de apoios; o "presente do coração" é a aprovação esperada pelo pensamento; o "presente da mão" é a entrega material do prêmio. Contra tudo isso, deve-se ter o temor que defende e premune, sabendo que Deus não perdoa o culpado. Realmente, ainda que Deus chame os pecadores à penitência, todavia jamais deixa impune o pecado: ou é o homem que castiga, ou é Deus.

"Bem-aventurados os mansos, porque possuirão a terra" (Mt 5,4). Manso é aquele cujo ânimo não é sujeito a asperezas ou irritações, mas que, na simplicidade de sua fé, está em condições de suportar com paciência qualquer ofensa. Por isso se diz *manso*, como se dissesse *mudo*, porque não responde à ofensa que lhe é feita. Daí a palavra de Jó: "Se a grande multidão me intimidou e o desprezo dos vizinhos me atemorizou, preferi ficar em silêncio sem sair de minha casa" (Jó 31,34). Como se disse abertamente: Lá fora os outros agitavam-se contra mim; eu, porém, no meu interior permaneci tranquilo.

"E o desprezo dos vizinhos me atemorizou." Há os que temem ser desprezados. Estes são obrigados a sair da porta, porque, levados pelas injúrias, enquanto revelam de si coisas que não se sabiam, saem, por assim dizer, ao aberto através da porta da boca. Diz Gregório: Não desejar nada do mundo dá uma grande segurança, enquanto se está fixo no imutável, e não há perturbação no espírito embora todos ao redor estejam perturbados; e se há uma perturbação exterior, isso é devido à fragilidade da carne. Quem não tem medo do desprezo, não salta fora com a língua. E Agostinho: Se aqueles com os quais vives não te louvam por tua vida honesta, eles estão no erro; porém, se te louvam, tu estás em perigo.

"Bem-aventurados os que choram" (Mt 5,5). Diz Jó: "O meu rosto inchou-se de tanto chorar e minhas pálpebras se escureceram" (Jó 16,17). E ainda: "Eu caminhava chorando" (Jó 30,28). Comenta Gregório: Este homem santo, famoso pelas riquezas e honras, caminhava chorando porque, ainda que a glória do poder o punha em evidência diante dos homens, no seu íntimo, com sua dor, oferecia ao Senhor o sacrifício de um coração contrito.

"Bem-aventurados os que têm fome e sede de justiça" (Mt 5,6). Diz Jó: "Revesti-me de justiça como de um manto, e do meu juízo como de um diadema" (Jó 29,14). Reveste-se de justiça como de um manto aquele que por toda a parte se reveste e se protege com as boas obras, e, com seu pecado, não deixa nu nenhum aspecto de sua atividade. O juízo dos justos é chamado "diadema", porque desejam ser premiados com ele no céu, e não com as mesquinhas coisas terrenas.

"Bem-aventurados os misericordiosos" (Mt 5,7). E Jó: "Jamais neguei aos pobres o que pediam, nem deixei esperar os olhos da viúva. Jamais comi sozinho o meu bocado de pão, sem que dele comesse também o órfão. Porque desde a minha infância cresceu comigo a compaixão e do ventre da minha mãe ela saiu comigo. Jamais desprezei quem morria por não ter o que vestir e o pobre que não tinha com que cobrir-se, e tiveram de abençoar-me os seus flancos e com a lã de minhas ovelhas se aqueceu" (Jó 31,16-20).

"Bem-aventurados os puros de coração" (Mt 5,8). E Jó: "O meu coração não seguiu os meus olhos e sujeira alguma pegou-se às minhas mãos. O meu coração jamais foi seduzido por mulher e jamais armei cilada à porta do meu vizinho... Esta é uma maldade e um grande delito e aquele é um fogo que devora até o extermínio, que extirpa todos os rebentos" (Jó 31,7.9.11-12). Como se dissesse: Nunca quis ver nada que acendesse a concupiscência, nem vendo-o, quis aquilo a que a concupiscência me estimulava. Nem mancha alguma apegou-se às minhas mãos, isto é, nunca houve culpa nas minhas ações. E se por vezes tive algum pensamento ilícito, jamais permiti que este pensamento se traduzisse em realidade. "É um fogo que devora até o extermínio": porque o fogo da luxúria não chega só a manchar e a contaminar, mas devora até a destruição. "E extirpa todos os rebentos": os rebentos representam a santa atividade da alma: se não se resiste ao mal da luxúria, são destruídas também as obras que até pareciam santas.

"Bem-aventurados os pacíficos" (Mt 5,9). E Jó: "Jamais me subtraí ao juízo em relação ao meu servo ou à minha serva, quando disputavam comigo: que farei quando Deus se levantar para me julgar? E quando me interrogar, o que poderei responder-lhe? Quem me fez no seio materno, não o criou também a ele? Não foi *um* só a formar-nos no seio materno?" (Jó 31,13-15). Comenta Gregório: Jó aceita ser chamado a juízo com seus servos como um igual a eles, porque temia o juízo daquele que está acima de tudo. Vê a si mesmo como servo do verdadeiro Senhor, e, portanto, não se põe acima de seus servos com a soberba do seu coração. Quem não recusou ser julgado junto com seus servos e suas servas, faz compreender claramente que jamais foi arrogante e soberbo com nenhum de seu próximo. Para os poderosos, praticar a virtude da humildade é uma grande coisa, considerando seu estado e sua situação.

21. Essas sete bem-aventuranças são os sete filhos do justo, e a glória deles o torna nobre, poderoso e famoso. Depois, as três filhas são a contrição, a confissão e a reparação, de que já se falou bastante em muitas partes [dos sermões].

Eis quanta luz, quanta glória existe em Jerusalém, isto é, na vida santa. Mas quantas trevas e quanta miséria, quando de Jerusalém se desce para Jericó, nome que se interpreta "lua" ou também "odor", e está a indicar a corrupta prosperidade temporal, da qual os filhos deste mundo dizem ao pregador, com as palavras de Jeremias: "Nós não daremos ouvidos ao discurso que tu fizeste a nós em nome do Senhor; antes, decididamente, executaremos tudo aquilo que sair de nossa boca (aquilo que prometemos), isto é, sacrificaremos à rainha do céu e lhe ofereceremos libações. Desde que deixamos de oferecer-lhe sacrifícios, sofremos carestia de tudo e fomos exterminados pela espada e pela fome" (Jr 44,16-17.18).

Rainha do céu é a lua, na qual é indicada a corrupta prosperidade temporal, da qual os carnais são escravos, e se lhes vem a faltar a prosperidade, creem morrer pela fome e pela espada, e, portanto, não querem ouvir a palavra do Senhor.

Para esta lua não descera Jó, que dizia: "Jamais julguei que o ouro era minha força, nem ao ouro fino eu disse: Tu és minha confiança! Jamais me alegrei porque grandes eram as minhas riquezas e porque muito havia conquistado a minha mão: não contemplei o fulgor do sol, nem a lua na sua claridade" (Jó 31,24-26). Certamente desesperaria do Criador se tivesse posto a esperança nas criaturas. Nada, fora de Deus, pode bastar ao espírito que sinceramente busca a Deus.

Desce de Jerusalém para Jericó aquele que da luz da pobreza cai nas trevas das riquezas. Conta-se que um lobo, ao ver a lua no poço, julgou tratar-se de um queijo. Então, por conselho da raposa, desceu ao poço, mas não encontrou nada e ficou desiludido e humilhado. Quando os camponeses o encontraram, massacraram-no com uma tempestade de pedras.

Existe também algum religioso que, no poço da vaidade mundana, vê a lua a caminhar luminosa. O estulto acredita, a conselho da raposa, isto é, da concupiscência da carne, que aquilo que é passageiro e instável seja autêntico e duradouro. E o pobre iludido desce de Jerusalém para Jericó, da altura da contemplação para o poço da cobiça, e assim cai nas mãos dos ladrões, que o despojam, cobrem-no de feridas e se vão deixando-o meio-morto.

Os ladrões representam os cinco sentidos do corpo, sobre os quais temos uma concordância em Jó: "Vieram juntos os ladrões e abriram caminho para mim e fizeram um cerco ao redor de minha casa" (Jó 19,12). O ladrão é chamado em latim *latro*, de *latitare*, esconder-se, porque está escondido quando arma suas ciladas. Os sentidos do corpo, escondidos sob a aparência da necessidade, armam a cilada do prazer; e, para enganar mais facilmente, atacam todos juntos e à mísera alma abrem o largo caminho que conduz à morte. A casa do nosso corpo é totalmente cercada pelos sentidos, a fim de que a alma, por onde quer que queira sair, caia em seu poder: e então, eles a despojam dos dons da graça e a ferem com os da natureza. De fato, diz ainda Jó: "Por todas as partes fechou o meu caminho, e não posso passar, e pôs trevas no meu caminho. Despojou-me da minha glória e tirou-me a coroa da cabeça. Destruiu-me por todos os lados, e pereço, e como a uma árvore arrancada tirou-me a minha esperança" (Jó 19,8-10).

À desventurada alma é fechado o caminho quando ela, escrava dos sentidos do corpo, vê o bem que deve fazer, mas não consegue realizá-lo. E as trevas são estendidas sobre seu caminho quando já não consegue ao menos ver aquilo que deve fazer. É despojada da glória quando é como que despida da graça do Espírito Santo; e lhe é tirada da cabeça a coroa quando é privada também da reta intenção da mente: assim destruída, encaminha-se para a ruína e é como uma árvore privada da raiz da humildade, desenraizada da terra da eterna estabilidade pelo vento da sugestão diabólica: a ela não resta mais nem a esperança da misericórdia divina.

22. Eis a que miséria se reduz aquele que desce de Jerusalém para Jericó! Por isso, deve doer-se e chorar com Jó, dizendo: "Pereça o dia em que nasci e a noite em que se disse: Foi concebido um homem. Converta-se aquele dia em trevas, Deus não olhe para ele do alto do céu e não se recorde dele, nem seja iluminado pela luz. Escureçam-no as trevas e a sombra da morte, cerque-o uma negra cegueira, e seja envolto em amargura. Tenebroso redemoinho encha aquela noite, não seja contado entre os dias do ano, nem seja enumerado entre os meses. Seja solitária aquela noite, nem seja digna de louvor; amaldiçoem-na aqueles que amaldiçoam o dia e os que estão prontos para suscitar Leviatã. Escureçam-se as estrelas com as suas trevas; espere a luz, mas não a veja, nem veja o despontar da aurora nascente; por que não se fechou o ventre que me trouxe, nem apartou de meus olhos os males? Por que não morri eu dentro do ventre materno? Por que não pereci logo que nasci dele? Por que fui acolhido entre os joelhos, por que me amamentaram aos seios?" (Jó 3,3-12).

Considera que o dia simboliza o prazer do pecado, a noite, a cegueira da mente. O homem pode ser descrito sob três pontos de vista: de sua natureza, de sua culpa e de sua fragilidade. É dia quando o homem nasce, é noite quando é concebido, porque não é levado pelo prazer do pecado se antes não é tornado débil, frágil, pelas trevas que invadem sua mente.

Mas "pereça o dia", isto é, o prazer do pecado seja destruído pela força da justiça. "E pereça a noite": aquilo que a mente cegada realiza dando o consentimento, não tendo antes ponderado com cautela os atrativos do prazer, seja destruído pela penitência. E para que a culpa, que inicia com os atrativos, não arraste para a morte, "o dia se transforme em treva", quer dizer, no início do prazer deve-se ver a que mortal conclusão a culpa arrasta, e, portanto, deve ser punida [a noite] com a penitência. E se for punida desse modo, "Deus não a procure" no juízo para puni-la, e não a ilumine, não a ponha em evidência. É posto à luz, em evidência, aquilo que é reprovado; porém, é como que coberto e esquecido aquilo que não é recordado pelo juiz.

XIII domingo depois de Pentecostes

Com efeito, está escrito: "Bem-aventurados aqueles cujos pecados foram cobertos" (Sl 31,1; Rm 4,7), para não serem postos à vista diante dos homens.

"As trevas não aclarem, mas escureçam" o dia do prazer, para que não seja visto por aquele que tudo vê. "As trevas" são os gemidos da penitência ou também os misteriosos juízos de Deus, por meio dos quais, prevenidos por sua graça, somos absolvidos e que nós não somos capazes de merecer. "A sombra da morte" é a morte de Cristo segundo a carne, que destruiu nossa dupla morte. De fato, ele permaneceu no sepulcro um dia e duas noites, porque uniu a luz de sua única morte às trevas de nossa morte dupla.

É considerada "verdadeira morte" aquela que separa a alma de Deus; mas é "sombra da morte" aquela que separa a alma do corpo. Em outro sentido: chama-se "sombra da morte" o esquecimento, que faz que alguma coisa não esteja mais na memória, como a morte faz que não exista mais aquilo que nos mantém apegados à vida.

"Cerque-o negra cegueira", isto é, a confusão da mente que aspira à glória, "e de todo o lado seja envolvido na amargura" da penitência. "Um tenebroso redemoinho ocupe aquela noite", como se dissesse: Um redemoinho de tempestade, suscitado pelo espírito de amargura, que ofusca a mente de tristeza. Este é o espírito (o vento) que despedaça as naus de Társis (cf. Sl 47,8), é a força da compunção, que humilha as mentes do mar, isto é, aquelas apegadas ao mundo, banhando-as de salutar orvalho.

"Não seja contado entre os dias do ano, nem seja enumerado entre os meses." O ano de nossa luz se realiza quando, à chegada do juiz, termina a nossa peregrinação terrena. Os dias do ano são cada uma das virtudes; os meses são os vários atos de virtude. O justo teme que o juiz queira compensar, pôr em confronto, com esses atos de virtude os pecados cometidos; e então, pede que naquele momento recompense o bem feito, sem levar muito em conta o mal cometido. Realmente, se essa noite (o mal) for contada com os dias (o bem), tudo se escureceria. Portanto, para que naquele momento não seja contada, examinemo-la agora, para que nenhuma culpa fique impune e ninguém defenda ou justifique aquilo que fez, acrescentando assim maldade sobre maldade. Com efeito, acrescenta: "Seja aquela noite solitária, nem seja digna de louvor". De fato, há os que aprovam e defendem o mal, e assim, o pecado não é um só, mas cometem-se dois. Contra estes diz o Eclesiástico: "Pecaste? Não tornes a pecar" (Eclo 21,1), isto é, a desculpar e defender o mal feito. Porém, hostiliza adequadamente o mal aquele que nunca deseja a prosperidade deste mundo.

Por isso, prossegue: "Amaldiçoem-nas os que amaldiçoam o dia". Ferem eficazmente a noite com a penitência aqueles que pisam o brilho da prosperidade, que não têm "o dia" do prazer. Ou então: o dia simboliza a sugestão do inimigo. E o sentido é este: expiam verdadeiramente os pecados passados, aqueles que sabem descobrir o engano do sedutor também na sugestão agradável, provocando assim ainda mais contra si o Leviatã (o diabo).

Sobre isso veja o sermão do III domingo da Quaresma, Parte IV, sobre o evangelho: "Quando o espírito imundo sai de um homem".

Mas já que, vencidos os vícios, sobra sempre alguma mancha, embora mínima, que não pode ser eliminada, para que o vencedor não caia na soberba, acrescenta: "Escureçam-se as estrelas com as suas trevas", com as trevas da noite, pois também aqueles que resplendem por suas virtudes conservam algum resto da noite, que resiste por um complexo de circunstâncias; e isso para que refuljam ainda mais, precisamente por causa daquelas imperfeições que eles não quereriam e pelas quais são humilhados e postos na sombra. Por isso, lê-se no Livro de Josué que, na Terra Prometida, os cananeus não foram mortos, mas tornaram-se tributários da tribo de Efraim (cf. Js 17,13); com efeito, quando pela esperança entramos na esfera das coisas celestes, mesmo em meio a obras perfeitas permanecem vícios: estes, porém, sobrevivem porque nos exercitamos na virtude da humildade, e para que não se ensoberbeça aquele que não tem condições de eliminar qualquer mal, embora seja pequeno.

E também no Livro dos Juízes: "Estas são as nações que o Senhor poupou, para instruir por meio delas a Israel" (Jz 3,1); isto é, são os vícios, com os quais o justo está sempre às voltas, e enquanto tem medo de ser vencido, é reprimido nele o orgulho pelas próprias virtudes, e diante dos pequenos defeitos aprende a compreender que não foi ele que venceu os mais graves.

Outro sentido: "Escureceram-se as estrelas com as suas trevas", porque a noite, isto é, o consentimento à culpa, propagada desde Adão, confunde de tal modo a vista que também aqueles que brilham como astros diante do mundo não estão em condições de ver a luz eterna como ela é realmente. E acrescenta: "Espere a luz e não a veja", porque por mais fervor que tenham neste exílio, todavia, enquanto estiverem nesta carne jamais verão a luz como ela é realmente, por causa da condenação à cegueira na qual nasceram.

"Nem veja o despontar da aurora nascente." O surgir da aurora simboliza o novo nascimento da ressurreição final, na qual os santos nascerão na sua carne para a visão da eterna luz. Mas, por mais que aqui os eleitos brilhem, jamais poderão compreender como será a glória do novo nascimento. Esta noite não fechou, mas abriu as portas do ventre, porque, ao homem concebido para o pecado, abriu os desejos da concupiscência. Abertas, pois, essas portas, isto é, os desejos da concupiscência carnal, somos arrastados para os infinitos males da corrupção. Por isso, oprimidos gememos, porque a justiça exige que aquilo que fizemos por nossa vontade, depois devamos suportá-lo mesmo não querendo.

"Por que não morri eu dentro do ventre materno?" O ventre, no qual o homem é concebido no pecado, simboliza a má sugestão. Ah! se estivesse morto, isto é, fosse considerado morto no ventre, de modo que a sugestão não me arrastasse ao prazer. "Por que não pereci logo que saí do seio?" Saiu do seio aquele que, concebido no pecado, é arrastado para fora pelo prazer: mas, se ao menos tivesse perecido aquele prazer, para não chegar até a loucura de dar o consentimento.

"Por que fui acolhido entre os joelhos?" Somos acolhidos entre os joelhos, quando todos os sentidos e os membros, por causa do consentimento do espírito, submetem-se, dobram-se ao cumprimento da obra má, como os joelhos se dobram para acolher o recém-nascido. "Por que me amamentaram aos seios?" Somos amamentados aos seios quando somos estimulados (ao mal) com vã segurança e ridículas desculpas.

Observa também que a culpa é cometida primeiramente às escondidas, e então está no ventre; depois se comete abertamente, sem vergonha, diante dos homens, e então sai do útero; a seguir torna-se hábito, e então é como que acolhida sobre os joelhos; por fim, é alimentada ou por falsa esperança ou pelo desespero, e então é como que amamentada aos seios.

23. Eis que agora vês claramente quanto deve chorar e quanto deve arrepender-se aquele que desce de Jerusalém para Jericó. E continua a parábola: "E aconteceu que um sacerdote descia pelo mesmo caminho, e tendo-o visto, passou ao largo. Igualmente um levita, chegando perto, viu-o e passou adiante" (Lc 10,31-32).

No sacerdote é representada a paixão de comando; no levita, a hipocrisia. E sobre estas duas paixões encontramos uma semelhança no Livro dos Juízes, onde se lê que Abimelec combatia valorosamente para conquistar uma torre: "aproximando-se da porta, tentava pôr-lhe fogo; e eis que uma mulher, lançando de cima um pedaço de mó, feriu Abimelec na cabeça e quebrou-lhe o cérebro. Então ele chamou imediatamente seu escudeiro e disse-lhe: Desembainha a tua espada e mata-me, para que não se diga que fui morto por uma mulher. E cumprindo as ordens do rei, matou-o" (Jz 9,52-54).

Vejamos o que significam Abimelec e a torre, a porta e o fogo, a mulher e o pedaço de mó, o cérebro e o escudeiro.

Abimelec interpreta-se "meu pai rei" e está a indicar aquele que quer comandar os outros como pai e rei. A torre representa a altura da dignidade, ou da autoridade, à qual se aproxima para conquistá-la. Mas para poder "queimar" a torre mais facilmente, serve-se de moedas de ouro e de prata, representadas no fogo – do qual diz o profeta: "Há fogo na casa do ímpio" (Mq 6,10) –, e as põe sob a porta da torre, isto é, dá-as àqueles que parecem ser a porta da Igreja, e assim, por meio deles, queimados por este fogo, poder subir para a torre.

Ou também: "põe fogo à porta", isto é, aos porteiros e aos notários de sua cúria, que são infames trapaceiros, porque sugam o sangue dos pobres, esvaziam as bolsas dos ricos e distribuem tudo aos sobrinhos e netos e talvez também aos filhos e filhas; ratificam petições em carta, e, em troca, adquirem somas de ouro e de prata. Deles diz Jó: "O fogo devorará as casas daqueles que gostam de receber presentes" (Jó 15,34). E noutra parte: "As casas dos ladrões estão na abundância, e atrevidamente provocam o Senhor, embora ele tenha posto tudo nas suas mãos" (Jó 12,6). E ainda: "São como onagros no deserto: saem para o trabalho, e, madrugando para roubar, preparam o pão para seus filhos" e também para seus netinhos; "deixam nus os homens privando-os de seus vestidos. Nas cidades fizeram gemer os homens, e as almas dos feridos pediram ajuda: mas Deus não deixará impunes tais coisas. Eles se rebelaram à luz" (Jó 24,5.7.12-13), e por isso serão privados da luz da graça e da glória.

O infeliz Abimelec, que deseja o poder, certamente não para ser útil, empreende a viagem sem temer os enganos que quem o hospeda, o gelo dos Alpes, o calor da Itália, os riscos e os perigos da Toscana, os ladrões de Roma. Basta-lhe aproximar-se da porta: põe fogo, é aliviado do ouro, é carregado com o chumbo suspenso ao rescrito. Vejamos o que sucede a este infeliz que deseja subir.

"Eis que uma mulher." A mulher é esta nossa carne; o pedaço de mó, com a qual é quebrado o cérebro, representa o desejo do ambicioso, pelo qual se dispersam as suas energias mentais nas coisas deste mundo e ele próprio será, depois, destruído pela condenação do severo juízo. Diz Jó: "Fugirá das armas de ferro, mas o ferirá o arco de bronze. A espada" é tirada e sai de sua bainha, e rutila como um relâmpago na sua amargura (Jó 20,24-25).

Comenta Gregório: As armas de ferro são as necessidades da vida presente, que pesam muito. No bronze é representada a eterna sentença, que, sendo desatendida pelo mau, é justamente comparada ao arco que fere traiçoeiramente. "Fugirá, por isso, das armas de ferro", porque, preocupado com as necessidades presentes, roubará muito com sua avareza, expondo-se, porém, aos golpes do eterno juízo.

"A espada é irada e desembainhada": o iníquo, quando concebe crimes no seu pensamento, é como uma espada na bainha; mas sai da bainha quando se manifesta na execução do seu crime. Com a palavra "rutilar" exprime-se o esplendor produzido pela espada quando fere. Portanto, daquele que, investido da autoridade e do poder, pratica o mal contra os outros, e se diz que *rutila* porque, enquanto diante dos bons se eleva como numa luz de glória, depois é condenado e atormentado pela própria vida dos bons.

"O rei chamou seu escudeiro." O escudeiro é o ajudante que carrega as armas, mas com eles não combate: portanto, representa o hipócrita; e o infeliz Abimelec quer morrer por mão do escudeiro e não por mão de uma mulher, isto é, por causa dos pecados carnais. Sobre isso diz Jó: "Quando chegar a ocasião, o avestruz levanta as asas para o alto" (Jó 39,18). A avestruz, cujas penas assemelham-se às da cegonha e do gavião, representa o hipócrita, que, com as penas de uma falsa santidade alonga as franjas de seu vestido. Ele tem as asas fechadas, isto é, mantém escondidos os seus pensamentos, mas quando chega a ocasião, dobra-as para o alto, quer dizer, que quando se apresenta a ocasião propícia, torna manifestas as suas intenções com grande soberba. Mas, por ora, finge-se de santo, e, portanto, mantém fechadas em si mesmo as coisas que pensa, e, por assim dizer, mantém as asas humildemente dobradas sobre o corpo.

Agora compreendes claramente quem seja o sacerdote que oferece aos deuses, como sacrifícios, as sagradas moedas de ouro e de prata: aos *deuses*, dos quais se diz: "Todos os deuses dos gentios são demônios" (Sl 95,5); e sabes também quem é o levita, que é seu ministro.

24. Recordemo-nos, pois, que o sacerdote e o levita, mesmo vendo aquele homem despojado de tudo, chagado e meio-morto, passaram adiante sem preocupar-se com isso.

Sobre isso temos uma concordância em Jó: "O avestruz abandona por terra os seus ovos: és tu, porventura, que os aqueces no pó? Não pensa que algum pé os pisará, ou que algum animal do campo os quebrará. É cruel com seus filhos, como se não fossem seus" (Jó 39,14-16). O avestruz é o hipócrita que ambiciona as grandezas temporais e abandona seus ovos, isto é, os filhos que pôs no mundo: não tem cuidado algum com eles e não se preocupa que, privados de amorosas exortações, de instrução e de vigilância, sejam corrompidos por maus exemplos, ou levados à ruína pelas feras do campo. O campo é o mundo e a fera é o diabo que, armando suas ciladas com as rapinas deste mundo, despojando e ferindo a alma que desce de Jerusalém para Jericó, sacia-se cada dia com a morte do homem. E o sentido é este: ainda que o diabo, enfurecendo-se contra este mundo, assalte aqueles que são estimados por sua boa conduta, o hipócrita absolutamente não se preocupa com isso. Por isso, é dito: "Trata duramente seus filhos": quem não está cheio e animado pela graça e pelo amor vê seu próximo como um estranho, ainda que tenha sido ele a gerá-lo para Deus.

Com razão, pois, está escrito: "Abandona seus ovos por terra". Abandonar os ovos por terra quer dizer não oferecer aos filhos nenhum exemplo de vida santa. Porém, assim como a providência celeste não os abandona, acrescenta: "És tu, porventura, que os aqueces no pó?" Como se dissesse: Sou eu que os aqueço no pó, porque inflamo com o fogo do meu amor as almas das crianças, abandonadas em meio aos pecadores, que são como "o pó que o vento varre da face da terra" (Sl 1,4).

25. E o evangelho acertadamente continua: "Mas um samaritano, que viajava por ali, passando-lhe perto, viu-o e teve compaixão dele. E aproximando-se, ligou-lhe as feridas, lançando nelas azeite e vinho; e pondo-o sobre seu jumento, levou-o para a estalagem e tomou cuidado dele. No dia seguinte, tomou dois denários e deu-os ao estalajadeiro" etc. (Lc 10,33-35).

O samaritano, nome que se interpreta "guarda", simboliza a graça do Espírito Santo, da qual diz Jó: "Quem me dera ser como fui nos meses antigos, como nos dias em que Deus era meu guarda? Quando sua lâmpada luzia sobre a minha cabeça, e quando eu, guiado pela sua luz, caminhava em meio às trevas! Como fui nos dias de minha mocidade, quando Deus habitava secretamente em minha casa! Quando o Onipotente estava comigo e os meus filhos em volta de mim!" (Jó 29,2-5).

A alma que desce de Jerusalém para Jericó e que cai nas mãos dos ladrões, vendo-se despojada de tudo e ferida, pensando na sua inocência batismal, na doçura da contemplação, na pureza de sua vida passada, suspira e chora, dizendo: "Quem me dera ser como fui nos meses antigos", isto é, na vida santa; "nos dias", quer dizer, na consciência cheia de luz, na luz do bom exemplo, quando Deus guardava a minha entrada e a minha saída? (cf. Sl 120,8): a minha entrada na contemplação e a minha saída na atividade: a minha entrada na consciência e a minha saída na estima do próximo.

"Quando luzia a sua lâmpada", a sua graça, "sobre a minha cabeça", na minha mente, "e à sua luz caminhava" nas sendas da justiça, "também em meio às trevas", isto é, em meio aos falsos irmãos.

Ai! ai!, quem me dera ser como fui nos dias de minha mocidade, isto é, da inocência batismal e da vida pura; "quando Deus habitava secretamente na minha casa", a fim de que no segredo eu progredisse no bem; e com essas palavras arrepende-se também do fingimento de mostrar Deus em público, mas não o reconhecendo depois em segredo.

Mas quando saí do segredo, caí nas mãos dos ladrões. Enquanto estava em segredo "o Onipotente estava comigo e ao meu redor os meus filhos", quer dizer, os sentidos do meu corpo, que me obedeciam humildemente. Mas ai de mim! ai de mim, infeliz! Quando desci de Jerusalém, saí do segredo e meus filhos tornaram-se os meus ladrões, que me despojaram e me feriram.

Vejamos, porém, o que faz à alma ferida a graça do Espírito Santo "que pede", isto é, faz pedir com gemidos inexprimíveis (cf. Rm 8,26), ele que é "pai dos pobres, doador dos dons e luz dos corações" (Sequência da missa de Pentecostes).

"Ligou-lhe as feridas, lançando nelas azeite e vinho." No azeite, que ilumina, é simbolizado o reconhecimento do pecado, no vinho que inebria, a compunção das lágrimas: compunção que inebria a alma a fim de que se esqueça das coisas temporais. A embriaguez provoca também as lágrimas. Sobre essas duas coisas temos a concordância em Jó, que diz: "Por qual caminho difunde-se a luz e se espalha (se expande) o calor sobre a terra? Quem marcou o curso à chuva torrencial e o caminho ao trovão barulhento, para fazer chover sobre a terra?" (Jó 38,24-26).

O caminho é a graça do Espírito Santo, por meio da qual se difunde a luz, isto é, reconhece-se o próprio pecado, e, portanto, também o calor, isto é, o ardor da contrição, difunde-se (divide-se) sobre a terra, quer dizer, faz que o pecador *divida* o corpo do pecado, isto é, distinga ponto por ponto entre o próprio pecado e suas circunstâncias; assim dá passagem a uma chuva torrencial, ou seja, à compunção das lágrimas, cuja violência derruba os obstáculos da culpa e da vergonha, dando passagem ao trovão fragoroso, isto é, abrindo o caminho à confissão, que, como o trovão, aterroriza os demônios.

Por isso, lê-se no Primeiro livro dos Reis: "O Senhor trovejou naquele dia com grande estrondo sobre os filisteus, e aterrorizou-os, e foram derrotados pelos filhos de Israel" (1Sm 7,10). Com o trovão e com a espada, os filisteus, isto é, os demônios, aterrorizados, são feridos pelos filhos de Israel, isto é, pelos verdadeiros penitentes. Com razão, pois, é dito: "Derramando óleo e vinho, ligou-lhe suas feridas". A graça do Espírito Santo liga as feridas da alma quando promete ao penitente a esperança do perdão e a veste da glória.

"E pondo-o em cima do jumento" etc. O *jumento*, que soa quase como ajuda, é símbolo da obediência, que diz: "Diante de ti tornei-me como um jumento" (Sl 72,23). Realmente, enquanto a alma se submete à vontade de outro, é ajudada e transportada: enquanto carrega, é carregada. A estalagem, em latim *stabulum* (estábulo), simboliza o fedor do próprio pecado e o estalajadeiro, o espírito de contrição. Os dois denários são as duas espécies de arrependimento, isto é, o dos pecados cometidos e o dos pecados de omissão. Com efeito, o penitente deve chorar porque fez o que era proibido, mas também porque omitiu fazer aquilo que era mandado.

A alma ferida pelo pecado, mas depois curada com o remédio do Espírito Santo, acomodada sobre o jumento da obediência, é levada para o estábulo, isto é, para o fedor da própria iniquidade, para deter-se ali com Jó, do qual se diz precisamente que "sentado num monturo, raspava a podridão com um caco de telha" (Jó 2,8).

O caco de telha é um pedaço de terracota; chama-se em latim *testa*, porque de mole que é, torna-se duro pelo cozimento, portanto, *testa* é como dizer *tostada*. O caco simboliza a dureza da penitência, com a qual o penitente, sentado num monturo, isto é, humilhando-se no fedor de seu pecado, deve raspar a podridão de suas iniquidades. A podridão em latim se chama *sanies*, porque é produzida pelo sangue, que, alterado pelo ardor produzido pela ferida, muda-se em podridão. Por isso, a podridão é a putrefação do sangue, e, portanto, o penitente deve raspar a podridão da culpa com a dureza da penitência.

E presta atenção que ninguém pode retornar a Jerusalém, a não ser que monte no jumento da obediência. Por isso, o Senhor fez seu ingresso em Jerusalém montado num jumentinho. Desse jumentinho, diz Neemias: "Não havia lugar para o jumento em que eu montava" (Ne 2,14). O nosso corpo, que deve ser como um humilde jumento, obediente e desprezível, sobre o qual deve sentar-se a alma, não deve encontrar lugar neste mundo, porque o lugar do homem é acima de todas as coisas. De fato, está escrito: "Tu o constituíste sobre todas as obras das tuas mãos" (Sl 8,7).

Considera ainda aquilo que se lê na *História natural*: quando o jumento está na fase do cio, cortam-se as crinas e ele se acalma. Assim devemos fazer também com o nosso corpo: quando quer gozar da abundância das coisas temporais e é levado para a luxúria pelo atrevimento da carne, então devemos amansá-lo e tosar-lhe a cabeça, como se faz com os loucos. Por isso, lê-se em Jó que, raspada a cabeça, prostrou-se por terra (cf. Jó 1,20). Também a quem é atacado pela sarna ou outra grave doença, geralmente é raspada a cabeça. A este nosso corpo, sarnento e doente, devemos cortar os cabelos das riquezas e dos prazeres, para que, como um animal manso, tenha condições de levar-nos para a cidade de Jerusalém.

Irmãos caríssimos, imploremos a graça do Espírito Santo, para que derrame o óleo e o vinho de sua misericórdia sobre as chagas de nossa alma, ligue-as, ponha-nos sobre o jumento da obediência e nos conduza para a estalagem, isto é, para a lembrança de nossas iniquidades, confiando-nos ao estalajadeiro, quer dizer, ao espírito de contrição, para permanecermos aos seus cuidados, a fim de que com os dois denários, isto é, com a dupla espécie de compunção, recuperemos o primitivo estado de saúde que perdemos. Recuperada a saúde, ponha-nos em condições de retornar para Jerusalém, da qual caímos.

No-lo conceda ele próprio que, Deus único com o Pai e o Filho, vive e reina nos séculos eternos. E toda a alma penitente responda: Amém. Aleluia!

XIV DOMINGO DEPOIS DE PENTECOSTES

Temas do sermão

• Evangelho do XIV domingo depois de Pentecostes: "Indo para Jerusalém, Jesus atravessou a Samaria e a Galileia"; divide-se em três partes.

• Primeiramente sermão sobre a infusão da graça: "A minha raiz se estende ao longo das águas".

• Parte I: O edifício da vida espiritual: "Se te dirigires ao Onipotente".

• Sermão contra os religiosos e os clérigos: "A terra da qual se tirava o pão".

• Sermão sobre a constância da mente: "A terra, porém, dar-te-á rocha viva".

• Sermão aos contemplativos e sobre a natureza da águia: "Talvez, a uma ordem tua, a águia levantará voo?"; e sobre a pedra ametista.

• Parte II: As cinco espécies de lepra e seu significado: "Entrando numa aldeia, vieram-lhe ao encontro dez leprosos".

• Sermão contra a glória da dignidade: "Porventura, não se apagará a luz do mau?".

• Sermão contra a luxúria: "O olho do adúltero espia no escuro".

• Sermão contra a rapina: "Os maus mudam os limites".

• Sermão contra a inveja: "A ira mata o insensato".

• Sermão sobre os cinco lugares onde se encontra a lepra, e seu significado.

• Sermão sobre a discórdia: "Se o sacerdote constatar que a lepra se espalhou".

• Sermão sobre as cinco obras que o verdadeiro penitente deve cumprir: "Usará roupas estragadas".

• Sermão sobre a justa vergonha na confissão e sobre o dever de confessar as circunstâncias do pecado: "Ester com o rosto da cor da rosa".

• Parte III: Sermão sobre o dever de dar graças a Deus pela misericórdia concedida: "Um deles voltou atrás".

• Sermão sobre a ruína do justo e sobre as duas espécies de tentação: "O monte que desaba".

EXÓRDIO – A INFUSÃO DA GRAÇA

1. Naquele tempo, "Indo para Jerusalém, Jesus atravessou a Samaria e a Galileia" (Lc 17,11).

Diz Jó: "A minha raiz se estende ao longo das águas e o orvalho descansará sobre a minha messe" (Jó 29,19). Presta atenção a estas quatro coisas: a raiz, as águas, o orvalho e a messe. Na raiz é representado o pensamento da mente pura; nas águas, a infusão da graça; no orvalho, a bem-aventurança da glória; e na messe, a separação da alma do corpo.

Quando o pensamento de uma mente pura se abre por meio da devoção, então é infundida a água da graça celeste. Lemos no Apocalipse: "Eis que estou à porta e bato: se alguém me abrir", eis a raiz aberta (estendida), "eu entrarei nele" (Ap 3,20), eis ao longo das águas. Por isso, no Cântico dos Cânticos, o esposo fala à esposa: "Abre-me, minha irmã, porque minha cabeça está coberta de orvalho e os anéis do meu cabelo impregnados de gotas da noite" (Ct 5,2). Como se dissesse: Ó alma, se me abrires a raiz da tua mente, da cabeça de minha divindade derramarei sobre ti o orvalho e as gotas da minha graça celeste que te darão refrigério na noite da tribulação.

Com razão as chama gotas. Com efeito, na vida presente, a graça é como uma gota em relação ao prêmio eterno. A gota é aquela que se detém, enquanto o pingo é aquele que cai. Diz-se gota (*gutta*), como para dizer *glutinosa*, viscosa, que não se espalha. Tem a gota da graça aquele que não a perde; mas tem o pingo da graça aquele que crê somente por um certo tempo e depois, no momento da tentação, volta atrás (cf. Lc 8,13). Sobre isso temos também uma outra concordância, sempre em Jó: "A árvore tem uma esperança: se for cortada, torna a reverdecer e rebrotam seus ramos. Se sua raiz envelhecer na terra e seu tronco morrer no pó, ao cheiro da água recomeça a germinar e refaz sua copa, como quando foi plantada pela primeira vez" (Jó 14,7-9).

A árvore é chamada em latim *lignum*, porque quando é queimada se transforma em luz (latim: *lignum, lumen*); é figura do justo que, quando se inflama no fogo do amor, transforma-se em luz de bom exemplo. Se for cortado com o machado do pecado mortal, ele não deve desesperar da misericórdia de Deus, que é maior do que sua miséria, mas deve esperar, porque poderá reverdecer novamente por meio da penitência; e seus ramos, isto é, suas obras, crescerão novamente. E mesmo que a raiz, quer dizer, a atenção de seu coração, envelhecer na terra, isto é, nas coisas terrenas, e o tronco, isto é, suas obras, forem mortas no pó, quer dizer, na vaidade do mundo, todavia, ele se converterá para Deus ao cheiro da água, isto é, da graça do Espírito Santo, tornará a germinar na confissão e refará a sua copa nas obras de reparação. Com razão, pois, é dito: "A minha raiz está aberta, isto é, estendida ao longo das águas.

"E o orvalho descansará sobre a minha messe." A messe se colhe quando as almas, separadas definitivamente dos corpos, como as messes maduras cortadas da terra, irão para os celeiros celestes; então o orvalho descansará sobre a messe, porque o gozo da visão eterna saciará as almas dos eleitos.

E para conseguir o gozo deste orvalho, devemos ir com Jesus Cristo através da Samaria e da Galileia, como diz o evangelho de hoje: "Jesus foi para Jerusalém, através da Samaria e da Galileia".

2. Presta atenção que neste evangelho são postos em evidência três momentos. O primeiro, a ida de Jesus Cristo para Jerusalém através da Samaria e da Galileia, precisamente quando diz: "Indo para Jerusalém, Jesus atravessou..." etc. O segundo, a cura dos dez leprosos, quando diz: "Ao entrar numa aldeia, saíram-lhe ao encontro dez leprosos". O terceiro, o retorno do leproso estrangeiro para glorificar a Deus, quando diz: "Um deles, quando se viu curado, voltou atrás".

No introito da missa de hoje canta-se o salmo: "Senhor, inclina para mim o teu ouvido" (Sl 85,1). Depois, lê-se um trecho da carta do Bem-aventurado Paulo aos Gálatas: "Andai segundo o Espírito", que dividiremos em três partes, mostrando sua concordância com as três mencionadas partes do evangelho. A primeira: "Andai segundo o Espírito". A segunda: "Ora, as obras da carne são manifestas". A terceira: "O fruto do Espírito, porém, é a caridade". E observa que esse trecho da carta é lido junto com este evangelho, porque na carta são indicados precisamente os vícios que, produzem a lepra do pecado na alma, e, depois, são indicadas as virtudes por meio das quais a alma é purificada de toda a lepra.

I – A PASSAGEM DE JESUS CRISTO PARA JESURALÉM ATRAVÉS DA SAMARIA E DA GALILEIA

3. "Indo para Jerusalém, Jesus passou através da Samaria e da Galileia." Todas as palavras desta primeira parte são muito importantes. Quem quer ir a Jerusalém, é necessário que atravesse antes a Samaria e a Galileia.

Samaria interpreta-se "guarda"; Galileia, "transmigração"; e Jerusalém, "visão de paz". Quem guarda, quem observa os mandamentos passa às virtudes, para poder, depois, chegar a Jerusalém. O Bem-aventurado Jó passara pela Samaria, e, por isso, dizia: "Se caminhei na vaidade, se meu pé se apressou para o engano, pese-me Deus em sua balança justa, e reconhecerá assim a minha integridade e a minha inocência" (Jó 31,5-6). O reconhecer de Deus é seu conhecimento daquilo que nós fazemos. Pelo nome de balança designa-se o mediador entre Deus e o homem; nele, como por meio de uma justa balança, são pesados os nossos méritos e, confrontando-nos com seus preceitos, temos condições de reconhecer aquilo em que falhamos na nossa vida. E o sentido é este: Se fiz alguma coisa leve, se fiz alguma coisa danosa, apresente-se o mediador, para que, confrontando-me com sua vida, eu possa controlar se verdadeiramente tenho sido íntegro.

Igualmente, Jó havia atravessado também a Galileia, quando dizia: "Aquele mesmo que julga escreva um livro de acusação, para que eu o leve sobre meus ombros e possa cingir-me com ele como um diadema. A cada um dos meus passos o publicaria, e o apresentaria como um príncipe" (Jó 31,35-37). "O Pai não julga ninguém, mas deu todo o juízo ao Filho" (Jo 5,22). Ao vir para a nossa redenção, o Filho estabeleceu conosco a nova aliança: ele que agora é o autor do documento, será a seu tempo o autor do juízo, e então exigirá inexoravelmente aquilo que agora manda com doçura.

Carregar o livro sobre os ombros significa pôr em prática a Sagrada Escritura. De fato, primeiro é dito: "carregar sobre os ombros", e depois: "cingir-se como um diadema", porque os preceitos da palavra sagrada, se forem postos em prática com exatidão agora, alcançar-nos-ão em troca, no dia da retribuição, o diadema da glória.

"A cada um dos meus passos o publicaria. Chama de passo o progresso na virtude, porque, progredindo sobe-se para chegar à conquista dos bens celestes. E quase a cada passo publica o livro aquele que mostra ter conseguido seu conhecimento não apenas por palavras, mas com as obras.

"E o apresentaria como um príncipe." Aquilo que oferecemos, seguramo-lo na mão: portanto, oferecer o livro àquele que vem para o juízo, significa ter praticado com as obras as palavras de seus preceitos.

4. Considera que a respeito dessas três palavras: Samaria, Galileia e Jerusalém, existe uma concordância em Jó, onde Elifaz de Teman diz: "Se voltares para o Onipotente serás "reedificado" (ressurgirás) e manterás a iniquidade longe de tua casa. Em vez de terra dar-te-á sílex, e em vez de sílex, torrentes de ouro. O Onipotente estará contigo contra teus inimigos e cumular-te-á de prata. Então abundarás em delícias no Onipotente e levantarás para Deus o teu rosto. Tu lhe rogarás e ele te ouvirá e cumprirás os teus votos. Formarás teus projetos, que terão feliz êxito, e a luz trilhará em teus caminhos" (Jó 22,23-28).

Ó pecador, se te afastares de ti mesmo, onde existe a destruição, e retornares para Deus, onde existe a construção, serás verdadeiramente reconstruído. Antes, destrua em ti o teu edifício, e ele sobre ti edificará o seu. Realmente, diz com as palavras de Isaías: "Eu digo ao oceano: Esgota-te, e secarei os teus rios... Eu digo a Jerusalém: Tu serás reedificada; e ao templo: Tu serás fundado!" (Is 44,27-28).

Nessa passagem, o oceano é chamado "o profundo", isto é, *procul a fundo*, longe de ter um fundo; ele simboliza o abismo dos maus pensamentos, que, se forem eliminados, e se os rios da concupiscência, que correm pelos canais dos cinco sentidos, forem esgotados, então o templo, isto é, a mente, terá os fundamentos sobre safiras. Como lemos em Isaías: "Eu te fundarei sobre safiras" (Is 54,11), isto é, sobre desejos e sobre as aspirações da vida eterna; e Jerusalém, isto é, a vida espiritual, será edificada com seus baluartes.

E Isaías continua: "Farei os teus baluartes de jaspe e as tuas portas de pedras lavradas" (Is 54,12). O jaspe é uma pedra de cor verde e se diz que afugenta os sonhos extravagantes; esta pedra é símbolo da pobreza que mantém o homem no vigor da fé e afugenta os sonhos extravagantes, isto é, o desejo das riquezas, que depois são destinadas a iludir o homem. Com efeito, a fé despreza as coisas temporais, e quem as ama, renega a fé. Se o edifício da nossa vida espiritual for edificado com os baluartes da pobreza, já não se há de temer as flechas do antigo adversário.

As portas são os cinco sentidos do corpo, que o Senhor fará de pedras trabalhadas, quando os nossos olhos serão "esculpidos" (trabalhados) com a efusão das lágrimas, a língua com a condenação de si, os ouvidos com a pregação, as mãos com a doação de esmolas e os pés com a visita aos doentes. Desse trabalho diz o Senhor por boca de Zacarias: "Eis que eu mesmo lavrarei com o cinzel a tua escultura... e num só dia tirarei a iniquidade desta terra" (Zc 3,9). Entalhar ou esculpir diz-se em latim *caelare*, de *caelum*, cinzel, instrumento de ferro, que popularmente chamam *formão*. Quando o Senhor esculpir essa inscrição sobre as portas dos sentidos, então remove a iniquidade de nossa terra, isto é, do nosso corpo; e isto "num só dia", isto é, com a "luz da unidade" com a qual o homem exterior se une ao interior no serviço de Deus.

Bem se diz, pois: "Se voltares para o Onipotente serás reconstruído e assim afugentarás de tua casa a iniquidade". O corpo é entendido como casa da alma e a mente como casa dos pensamentos. E o sentido é este: Se retornares para Deus serás purificado nos pensamentos e nas obras.

5. "Em vez de terra, ele te dará sílex, e em vez de sílex, torrentes de ouro." Eis Samaria, Galileia e Jerusalém, isto é, a guarda, a transmigração e a visão de paz.

A terra, por causa de sua estabilidade, simboliza a guarda, a observância dos preceitos, da qual diz Jó: "A terra, da qual se tirava o pão, no seu interior foi como que destruída pelo fogo. As suas pedras são safiras e seus torrões são grãos de ouro" (Jó 29,5-6). Essa terra representa a observância dos preceitos, da qual é tirado o pão da celeste refeição. Com efeito, se observares os preceitos serás alimentado com o pão do gozo celeste. A quem faz a vontade do Senhor e não a própria, o próprio Senhor promete por boca de Isaías: "Se não seguires os teus caminhos e não fizeres a tua vontade, então encontrarás a tua delícia no Senhor: eu te elevarei sobre as alturas da terra e te alimentarei com a herança de Jacó, teu pai: a boca do Senhor falou" (Is 58,13-14).

O nosso mesquinho prazer consiste em dois fatos: na má ação e na má vontade; caso cesse este prazer, então encontramos as nossas delícias no Senhor. "Põe no Senhor as tuas delícias e ele atenderá os teus pedidos" (Sl 36,4). E então elevar-te-á acima de todas as alturas terrenas, para que desprezes as coisas temporais, submetas a tua carne e guardes os seus preceitos; e assim, alimentar-te-á com a herança de Jacó, teu pai. A herança que nos foi deixada por Jacó, nosso pai, isto é, Jesus Cristo, foi a pobreza e a humildade, a obediência e os sofrimentos da paixão, dos quais nos alimentamos quando os abraçamos com o gozo do espírito.

Por isso, diz Moisés no Deuteronômio: "Chuparão como leite as inundações do mar" (Dt 33,19). Como a criança chupa o leite do seio da mãe com avidez e grande prazer, assim nós devemos chupar da vida de Jesus Cristo as inundações do mar, quer dizer, as amarguras de sua paixão e das tribulações. E presta atenção que diz "chuparão". Ninguém pode chupar alguma coisa sem apertar os lábios. Se não apertarmos assim os lábios, recusando o amor às coisas temporais, por certo, não podemos chupar os sofrimentos de Cristo. Digamos, pois: "A terra, da qual se tirava o pão".

"No seu lugar [no seu interior] foi destruída pelo fogo." O *lugar* do preceito de Deus são os prelados da Igreja, os clérigos e os religiosos, nos quais a Igreja deve ter um *lugar*, ocupar um lugar especial. Mas ai! Os próprios preceitos de Deus, no seu *lugar*, isto é, nos clérigos e nos religiosos, são destruídos pelo fogo da luxúria e da avareza: a caridade, a castidade, a humildade e a pobreza, que são preceitos espirituais do Senhor, nos clérigos e nos religiosos estão destruídos. De fato, eles são invejosos, luxuriosos, soberbos e avaros.

"As suas pedras são lugar de safiras." As safiras são de cor celeste. Os prelados, os clérigos e os religiosos costumavam ser pedras de safira, pelo amor e pelo desejo das coisas celestes; agora, porém, tornaram-se como esterco, pela imundície do pecado. "Seus torrões eram de ouro. O torrão, também chamado *gleba*, de *glebus*, lavrador dos campos, é um trecho de terra relvosa. As glebas se formam quando a terra é impregnada de umidade. Os pastores da Igreja e os *professos* de uma Ordem religiosa costumavam ser glebas de ouro: glebas porque, pela abundante infusão da graça, sabiam manter a harmonia (a coerência) entre profissão e ação; de ouro, porque resplandeciam pela santidade de vida e sabedoria. Mas agora, como deplora Jeremias: "Os filhos de Sião, famosos e avaliados como ouro fino, são considerados vasos de barro, obra das mãos de um oleiro" (Lm 4,2), isto é, do diabo, que, de vasos apreciados reduziu-os a vulgares vasos de barro, dignos de serem lançados na esterqueira da geena.

E também nós, depois de tê-los lançado na esterqueira, voltemos ao nosso assunto.

6. "Em vez de terra, dar-te-á sílex", como se dissesse: Quem, segundo suas possibilidades, observa os preceitos chegará a uma insuperável constância na prática das virtudes. O sílex é uma pedra dura, e deve seu nome ao fato de produzir fogo; é figura da constância na virtude, da qual brota um fogo que ilumina e inflama o próximo ao amor de Deus. Desse sílex, por boca de Ezequiel, o Senhor diz: "Eu te dei um rosto como o diamante (*adamas*)[15] e como o sílex: não temas e não te atemorizes diante deles porque são uma casa rebelde" (Ez 3,9). No diamante e no sílex é simbolizada a constância, que o Senhor põe no rosto do pregador para que não tenha medo diante do pecado, que irrita o próprio Deus.

De fato, Deus diz ao pregador: "Ele se lança corajosamente, corre ao encontro dos armados. Despreza o medo e não retrocede diante da espada" (Jó 39,21-22). Comenta Gregório: O pregador se lança corajosamente porque não se deixa parar pelos adversários. Vai com ímpeto contra os armados porque se põe contra aqueles que fazem o mal, em defesa da justiça. Despreza o medo e não retrocede diante da espada: no medo teme-se o sofrimento futuro, na espada já se sente o golpe do sofrimento presente. E já que o pregador não teme os futuros adversários, despreza o medo: e já que não se deixa vencer nem pelos golpes que lhe chegam, não retrocede nem diante da espada.

A propósito deste sílex, diz ainda Jó: "O homem estende a mão contra o sílex e transtorna os montes pela raiz. Escava riachos na rocha e pousa seus olhos sobre

---

15. O termo latino *adamas* (indomável) significa aço, o ferro mais duro, e *diamante*, a pedra mais dura (*Dicionário Latino*, de Goerges).

tudo aquilo que é precioso" (Jó 28,9-10). Estende a mão contra o sílex aquele que se esforça de todos os modos para ser constante na prática das virtudes. E é isso que lemos nos Provérbios: "Estende sua mão a coisas fortes" (Pr 31,19). E assim, destrói em si mesmo os montes, isto é, a soberba do coração; destrói-os pela raiz, isto é, até nos pensamentos mais recônditos, e escava riachos de compunção na rocha, quer dizer, na dureza do seu coração. E então, com os olhos de sua mente iluminada, tem condições de ver tudo aquilo que é precioso, em comparação do qual todas as outras coisas perdem qualquer valor.

Sobre aquilo que é precioso, o texto acrescenta: "Em vez do sílex dar-te-á torrentes de ouro". Eis Jerusalém. Eis todas as coisas preciosas que vê o olho daquele que antes atravessou a Samaria e a Galileia!

7. E sobre isso temos uma concordância, sempre no Livro de Jó, quando o próprio Deus lhe dirige a palavra: "Porventura, a uma ordem tua, a águia levantará voo e porá o ninho nas alturas? Ela mora entre as rochas e habita nos penhascos escarpados, nos picos inacessíveis: de lá ela espreita a sua presa e seus olhos enxergam muito longe" (Jó 39,27-29). A águia deve seu nome à agudez de sua vista (latim: *acies*, agudez), porque pode fixar o sol sem perturbar a visão. A *História natural* diz que a águia tem a vista muito aguda e obriga também seus filhotes a fixar o sol ainda antes de terem as asas completamente formadas e, com este objetivo, empurra-os e os obriga a voltar-se para o sol. E se os olhos de um de seus filhotes lacrimejarem, ela o mata diante dos outros e alimenta só os outros. Além disso, diz-se que põe três ovos, mas elimina o terceiro. Na verdade, alguns também viram águias com três filhotes: mas se tiver três, ela lança para fora do ninho o terceiro, porque se torna muito dificultoso alimentá-los. Diz-se também que, junto com os filhotes, ela põe no ninho uma pedra preciosa, uma ametista, para que, por força da pedra preciosa, as serpentes sejam afastadas deles.

Na águia é simbolizada a subtil inteligência e a sublime contemplação dos santos, que viram os filhos, isto é, suas obras, para o olhar do verdadeiro Sol e para a luz da Sabedoria, a fim de que ao esplendor do sol se manifeste se neles está latente algo de viciado ou de estranho à sua condição. De fato, qualquer maldade é condenada pela luz e, pela luz, as obras das trevas são postas a descoberto (cf. Ef 5,13). E se os santos virem que alguma obra sua não é dirigida diretamente para o sol, e que aos seus raios ela se desfigura ou derrama lágrimas, imediatamente a eliminam. O raio da graça mostra claramente qual é o filho verdadeiro. A obra boa fixa diretamente o sol e resiste à chama da tribulação sem desfalecer. A obra adulterada, porém, olha para a terra, desfalece na tribulação, derrama lágrimas quando lhe faltam as coisas terrenas e, portanto, deve ser eliminada, a fim de que, assim, possa ser incrementada a obra boa. Por isso, quando eliminas o mal em ti mesmo, reforça em ti o bem; e tanto mais o bem se reforça, quanto mais o mal desfalecer.

Considera, depois, que os três ovos, ou os três filhotes da águia, representam os três amores do justo: isto é, o amor a Deus, o amor ao próximo e o amor-próprio: este último, ele deve absolutamente expulsá-lo do ninho de sua consciência. Com

XIV domingo depois de Pentecostes

565

efeito, o amor-próprio é um grave obstáculo ao amor a Deus e ao próximo e, portanto, deve ser absolutamente eliminado.

E Jó havia expulsado do seu ninho aquele filho, quando dizia: "Rasgo as minhas carnes com os meus dentes" (Jó 13,14). Os dentes são chamados assim porque dividem, isto é, esmigalham, os alimentos, e simbolizam os sentidos internos, que controlam todas as coisas e que, por assim dizer, mastigam e esmigalham as coisas que pensam e, portanto, passam-nas para o ventre da memória. E se descobrem em si mesmos alguma coisa de carnal, com esses dentes (os sentidos interiores), os santos a combatem em si mesmo com toda energia e a eliminam do ninho de sua consciência.

8. Observa, além disso, que a ametista é uma pedra preciosa muito singular, de cor roxa, que emite clarões dourados e apresenta pontinhos de um colorido vermelho vivo. Essa pedra simboliza a vida de Jesus Cristo, que teve cor roxa pela pobreza e pela humildade, emitiu chamas e clarões dourados na sua pregação e na realização dos milagres, e apresentou pontinhos de um vermelho vivo na sua paixão. O justo deve fixar essa ametista no ninho de sua consciência, para que dos nascidos, que são suas obras, sejam expulsas as serpentes, isto é, as sugestões diabólicas.

Digamos, portanto, também nós: "Porventura, a uma ordem tua, a águia levantará voo?" Comenta Gregório: Por ordem de Deus, a águia levanta voo quando, na obediência aos preceitos divinos, a vida dos fiéis é elevada às coisas celestes. E coloca o seu ninho nas alturas, porque tem horror a deter sua mente, os seus pensamentos, nas coisas vis e baixas deste mundo.

"Mora entre as rochas." No evangelho, em lugar de rocha é usada a palavra "pedra": e, quando está no singular, entende-se Cristo, quando está no plural, entendem-se os santos cristãos. Por isso Pedro diz: "Vós sois como pedras vivas" (1Pd 2,5). Portanto, diz-se que a águia mora sobre a pedra (rocha), isto é, o intelecto dos santos detém-se estavelmente nas sentenças dos antigos e intrépidos Padres. Nas pedras, também podem ser entendidas as potências celestes, que, situadas nas alturas como as rochas, são alheias a qualquer mudança ou instabilidade, o que, ao contrário, acontece com as árvores. Portanto, o santo espera a glória perene dos anjos e, considerando-se hóspede neste mundo, desejando ardentemente aquilo que contempla, fixa-se já nas alturas.

"Habita nos penhascos escarpados e nos picos inacessíveis." O que são os penhascos escarpados senão os potentes coros dos anjos? São "escarpados", isto é, "precipitosos", porque uma parte deles caiu, enquanto outra parte ficou. Estão de pé, íntegros e inviolados, por causa da natureza de seu mérito, mas são também escarpados, precipitosos, por aquilo que se refere à quantidade de seu número e, portanto, chama-os também "picos inacessíveis". De fato, para o coração do homem pecador, é verdadeiramente inacessível o esplendor dos anjos. Mas quem é arrebatado na contemplação de maneira a reencontrar-se com a mente e a intenção entre os coros angélicos, outra coisa não lhe falta senão poder contemplar também aquele que está acima dos próprios anjos.

"De lá espreita a sua presa": daqueles coros angélicos estende o olho da mente para a glória da suprema majestade, a que ardentemente aspira, não a tendo ainda contemplado, mas quando a contemplar, finalmente será saciado. E porque não nos é possível ver a Deus assim como ele é enquanto formos oprimidos por esta carne, o texto conclui: "Seus olhos enxergam muito longe". Como se dissesse: os santos aumentam sempre mais a força do seu ardor, mas nem assim podem ver mais de perto aquele, cujo infinito esplendor não podem penetrar.

Ditosa, pois aquela águia que afunda o rosto na torrente de ouro da Jerusalém celeste, da qual se diz no salmo: "Inebriar-se-ão com a abundância de tua casa, e os farás beber na torrente de tuas delícias" (Sl 35,9). Daí dizer-se no Gênesis que os irmãos de José beberam junto com ele até se inebriarem (cf. Gn 43,34).

Considera que quem se inebria (se embriaga) muda a mente e a língua. E a mente dos bem-aventurados, que serão inebriados na torrente de ouro, será mudada, porque sua fé e sua esperança cessarão e neles cumprir-se-á perfeitamente o preceito: "Amarás o Senhor teu Deus com todo o teu coração" (Lc 10,27) etc., que agora ainda não se cumpriu perfeitamente. E também sua língua será mudada. De fato: "Minha boca não celebra as obras dos homens" (Sl 16,4). Digamos, pois: "Em vez de terra dar-te-á sílex, e em vez do sílex, torrentes de ouro".

Eis que, finalmente, tornou-se claro que quem quer ir a Jerusalém e beber na torrente de ouro da bem-aventurança celeste, deve antes, necessariamente, passar através da Samaria e da Galileia e possuir terra e sílex.

E porque, quando chegamos à Samaria e daqui passamos para a Galileia, encontramos os inimigos, isto é, os espíritos malignos, que nos atacam e que nós vencemos por meio da graça de Deus para poder chegar a Jerusalém, o texto de Jó continua: "O Onipotente estará contigo contra os teus inimigos, e terás prata aos montes" (Jó 22,25). Como se dissesse: Enquanto repelir de ti os espíritos malignos, enche-te a consciência de luz, "e então abundarás de delícias no Onipotente". Abundar de delícias no Onipotente significa estar saciado do seu amor no banquete de uma consciência pura. Sobre isso, lemos nos Provérbios: "Uma consciência tranquila é como um banquete contínuo" (Pr 15,15). "E levantarás para Deus o teu rosto"; elevar o rosto para Deus significa elevar-se em busca das verdades superiores. "Pedir-lhe-ás e ele te ouvirá." Por isso, no introito da missa de hoje, o justo diz: "Inclina, Senhor, o ouvido e escuta-me" (Sl 85,1).

"E tu cumprirás os teus votos." Diz Gregório: Quem fez um voto, mas por sua fraqueza não tem condições de mantê-lo, como castigo de seu pecado é privado da possibilidade de fazer o bem, mesmo que o queira. Se, depois, é apagada a culpa que servia de obstáculo, imediatamente readquire a possibilidade de cumprir o voto.

"Formarás teus projetos e terás feliz êxito": Forma-se um projeto e se tem êxito, quando, por divino favor, tem-se êxito na prática de uma virtude que ardentemente se desejava conquistar. "E a luz brilhará no teu caminho": no caminho dos justos brilha a luz quando com suas admiráveis obras virtuosas difundem o esplendor de sua santidade.

9. Com esta primeira parte do evangelho concorda a primeira parte da epístola de hoje: "Andai segundo o Espírito e não satisfareis os desejos da carne" (Gl 5,16). Quem quer ir a Jerusalém junto com Jesus, deve andar segundo o Espírito e não segundo a carne. Anda segundo o Espírito aquele que passa através da Samaria e da Galileia; e, por isso, diz: "Andai segundo o Espírito" se quiserdes ir a Jerusalém; "e assim não satisfareis os desejos da carne", isto é, evitareis entregar-vos aos prazeres que a carne sugere, "porque a carne tem desejos contrários ao Espírito, e o Espírito desejos contrários à carne" (Gl 5,17).

A carne é assim chamada porque é cara (amada); ou o termo deriva de *criar*; de fato, *crementum* (acréscimo) é o sêmen masculino, e em grego a carne se chama *kreas*. Ó carne cara e, porque cara, carente, privada de caridade e, portanto, cheia de desejos contrários ao Espírito! Ó carne cara, que logo te tornarás odiosa, porque apodrecerás entre os vermes e cheirarás mal! A carne e o Espírito combatem-se mutuamente, de modo que não conseguimos mais fazer aquilo que queremos (cf. Gl 5,17).

E sobre isso temos a concordância no Livro de Jó: "Um combate é a vida do homem sobre a terra" (Jó 7,1). A vida do homem é um combate, isto é, uma contínua tentação, porque a carne, já corrompida, busca para si os tormentos, e também no bem que realiza sente surgir o mal, como, por exemplo, o enjoo na tranquilidade da contemplação, ou a vanglória na abstinência.

Rogamos-te, pois, Senhor Jesus Cristo que nos faças passar através da Samaria, quer dizer, pela observância dos teus preceitos, e através da Galileia, isto é, na prática assídua das virtudes, para podermos chegar a Jerusalém e merecermos beber na sua torrente de ouro. No-lo concedas tu, que és bendito nos séculos dos séculos. Amém.

II – A CURA DOS DEZ LEPROSOS

10. "Ao entrar numa aldeia, saíram-lhe ao encontro dez homens leprosos, que pararam ao longe, e levantaram a voz, dizendo: Jesus, Mestre, tem compaixão de nós. Tendo-os visto, Jesus lhes disse: Ide, mostrai-vos aos sacerdotes. Aconteceu que enquanto iam, ficaram limpos" (Lc 17,12-14).

A alegoria é clara. A aldeia (latim: *castellum*) é o mundo, e quando o Senhor entrou nela, correram-lhe ao encontro dez leprosos, nos quais vemos representado o gênero humano, que tinha pecado contra o decálogo, não tendo amado a Deus nem ao próximo e, por isso, cobrira-se da lepra da infidelidade e da iniquidade, e então clamava: "Jesus Mestre!..." Invocou salvação, implorou misericórdia, o gênero humano; e o Senhor atendeu ambos os pedidos: com o sangue da redenção e com a água do batismo purificou-o de toda a lepra da infidelidade e de iniquidade.

Significado moral. Considera que esses dez leprosos representam todos os pecadores, cobertos de cinco espécies de lepra, que se manifesta em cinco "lugares", isto é, que afeta cinco partes do corpo. No Levítico são descritas cinco espécies de lepra e os cinco lugares que são afetados por ela. As cinco espécies de lepra são: a *branca*, a *brilhante*, a *escura*, a *vermelha* e a *pálida*; depois, existe a lepra na *cabeça*, na *barba*, na *pele do corpo*, nos *vestidos* e na *casa*. No Levítico está escrito: "Todo aquele que estiver manchado de lepra e estiver separado por juízo do sacerdote, terá os vestidos descosidos, a cabeça descoberta, a boca coberta com o vestido e clamará estar contaminado e impuro. Durante todo o tempo que estiver leproso e impuro, habitará só, fora do acampamento" (Lv 13,44-46).

Vejamos o significado de tudo isso, examinemos cada um dos termos. A lepra *branca* representa a hipocrisia e a simulação de religiosidade; a lepra *brilhante* representa a ambição, o desmedido desejo de dignidades deste mundo; a lepra *escura* simboliza a imundície da fornicação; a lepra *vermelha* representa a rapina e a usura; enfim, a lepra *pálida* representa a inveja da felicidade dos outros.

11. Sobre a lepra *branca* da hipocrisia e da simulação fala Jó: "Os simuladores e os ardilosos provocam a ira de Deus" (Jó 36,13). Simulador vem de "simulacro"; os simulacros são imitações. O simulador exibe a imagem de alguém que não é ele. O hipócrita é como um simulacro, porque exibe a imitação da santidade de um outro. E a este simulacro tributa-se honra, porque se crê que ali exista algo de divino. Mas diz Jó: "A família do hipócrita é estéril" (Jó 15,34), porque não aspira receber o fruto daquilo que faz, no momento da eterna recompensa. Diz-se estéril porque permanece ali árido e seco (latim: *sterile, stat aridum*). Na verdade, quando falta a reta intenção, perde-se também a obra que parece boa. Infecta-se totalmente de lepra *branca* aquilo que o juízo humano considera reto, mas que não é feito com reta intenção.

Da lepra *brilhante*, que representa a dignidade passageira, fala Bildad de Suás: "Porventura não é certo que a luz do ímpio se apagará, e que não resplandecerá a chama do seu fogo? A luz obscurecer-se-á na sua casa, e a lâmpada, que está sobre ele, apagar-se-á" (Jó 18,5-6). A luz do ímpio apagar-se-á porque a prosperidade desta vida que passa acaba com ele. "E não resplandecerá a chama do seu fogo": é chamado fogo o ardor dos desejos terrenos, cuja chama, alimentada pelo desejo interior, é o esplendor ou também o poder exterior; mas já não resplandecerá, porque no dia da morte qualquer esplendor externo desaparecerá.

"A luz obscurecer-se-á na sua casa." Às vezes, por trevas entende-se tristeza e por luz, alegria. Portanto, a luz se obscurece na casa do ímpio, porque desaparece a alegria de sua consciência, fundada sobre coisas materiais. "E a lâmpada, que está sobre ele, apagar-se-á." A lâmpada é um luzeiro fechado num vaso de barro, portanto, a luz no barro representa o prazer da carne. A lâmpada que está sobre ele se apaga, porque quando sobre o ímpio se abate a justa punição por seus males, o prazer da carne desaparece de sua mente. E com razão se diz "a lâmpada que está sobre ele", e não aquela que está próxima a ele, porque é a mente dos ímpios que é possuída pelo prazer das coisas terrenas.

Da lepra *escura* da fornicação, escreve Jó: "O olho do adúltero observa a escuridão, dizendo: Ninguém me verá; e cobrirá o seu rosto" (Jó 24,15). Adúltero é quem viola o leito alheio, ou também quem oprime o útero alheio (latim: *uterum terens*). A imundície da fornicação, que obscurece o olho da razão, procura sempre o favor de um lugar escondido, e é cometida com tanto maior segurança quanto menor é o medo de ser descoberta. Daí a palavra do Eclesiástico: "Para o homem dissoluto todo o pão é apetitoso. Todo o homem que desonra o seu leito nupcial, despreza a sua alma, dizendo: Quem me vê? As trevas me cercam e as paredes me cobrem: e ninguém de parte alguma olha para mim; de quem tenho eu receio? O Altíssimo não se lembrará dos meus pecados. E não considera que a vista do Senhor vê todas as coisas" (Eclo 23,24-27). E então acrescenta: "E se cobre, vela-se o rosto" precisamente para não ser reconhecido. O "rosto" do coração humano é feito à semelhança de Deus, e o ímpio o cobre para não ser reconhecido pelo severo juiz, quando avilta sua vida com ações desonestas.

Da lepra *vermelha* dos depredadores, fala Jó: "Uns passaram além dos limites, roubaram rebanhos, levaram o jumento dos órfãos, tomaram em penhor o boi da viúva. Transtornaram o caminho dos pobres, oprimiram juntos os mansos da terra" (Jó 24,2-4). E a paciência divina suporta todos esses e espera que façam penitência; mas eles acumulam sobre si a cólera para o dia da ira (cf. Rm 2,5). E sobre a sorte dos ímpios fala ainda Jó: "Por que os ímpios vivem, são estimados e serenos em suas riquezas? Seus filhos conservam-se diante deles, uma multidão de parentes e de netos está na sua presença. Suas casas estão seguras e em paz, a vara de Deus não está sobre eles. Seu gado concebe e não aborta, as suas vacas dão à luz e não se malogram as suas crias. Os seus filhos saem como manadas e os seus pequenos saltam e brincam. Levam pandeiro e cítara, e alegram-se ao som de instrumentos musicais. Passam os seus dias em delícias, e num momento descem ao sepulcro. Estes são os que disseram a Deus: Retira-te de nós, pois não queremos saber nada dos teus caminhos. Quem é o Onipotente para que o sirvamos? E que lhe aproveita que lhe façamos orações? Mas, porque não estão na sua mão os seus bens, longe esteja de mim o modo de pensar dos ímpios" (Jó 21,7-16).

Da lepra *pálida* da inveja, diz sempre Jó: "A ira mata o homem insensato e a inveja mata o homem pequeno" (Jo 5,2). É pequeno aquele que ama as coisas terrenas, grande, porém, é quem aspira aos bens eternos. Portanto, o pequeno é destruído pela inveja, porque ninguém morre dessa peste senão aquele que morre pelo desejo das coisas da terra. Diz Gregório: Quem quiser ser preservado da peste que é a inveja, tenda para a herança, que não se restringe ao número dos herdeiros, por maior que seja: uma herança que é uma para todos e toda inteira para cada um.

12. Analogamente, a lepra na *cabeça* representa a impureza no pensamento. A lepra da *barba* representa a iniquidade levada à execução. A lepra da *pele* é figura do comportamento desonesto. A lepra nos *vestidos* é divergir da fé em Cristo, ou a imprudência na prática das virtudes. A lepra na *casa* é a discórdia na comunidade.

Da impureza no *pensamento*, Jó diz: "Chupará a cabeça [o veneno] da áspide, e a língua da víbora o matará" (Jó 20,16). A áspide, uma pequena serpente, representa a obscura tentação dos demônios; sua cabeça, isto é, o início da tentação, parte do coração, que, uma vez tomado, é arrastado com violência. A víbora tem o corpo mais alongado e nasce de modo tal que sai com violência. O pecador, portanto, suga a cabeça da áspide e depois a língua da víbora o mata, quando ele acolhe com prazer o início da sugestão secreta e, depois, entrega-se vencido à violência das outras tentações.

Igualmente, sobre a execução da obra iníqua, diz Jó: "Estendeu contra Deus a sua mão, e fez-se forte contra o Onipotente. Corria contra Deus com a cabeça erguida e armado de sua gorda cerviz. A gordura cobria o seu rosto e a banha pendia de seus flancos" (Jó 15,25-27). Estender a mão contra Deus quer dizer persistir nas obras más, desprezando seus juízos. E ousa fazer-se forte contra o Onipotente, porque Deus lhe permite tirar vantagem até do mal que realiza. E corre contra Deus de cabeça erguida, quando realiza com arrogância aquilo que desagrada ao Criador. "Corria", quer dizer, não conhecia obstáculo ou adversidade no seu iníquo agir. "Armado de gorda e dura cerviz", isto é, da soberba que provém da riqueza, soberba fomentada pela abundância dos bens materiais como de gordura do corpo. "A gordura cobre-lhe o rosto", porque a abundância, tão desejada, das coisas terrenas oprime-lhe e fecha-lhe os olhos da mente. "A banha pende-lhe dos flancos": os flancos dos ricos são aqueles que neles se apoiam e a eles se unem. Quem se une ao ímpio poderoso pende de seus flancos como sua banha, porque também ele anda soberbo de sua força como de sua gordura.

De modo semelhante, falando do diabo, da *vida desonesta* o Senhor diz por boca de Jó: "Andará por cima do ouro, como por cima do lodo. Fará ferver o fundo do mar como uma panela" (Jó 41,21-22). O ouro simboliza o esplendor da santidade e o barro, a imundície dos prazeres carnais. De fato, muitos que na Santa Igreja pareciam resplandecer pelo fulgor da santidade, o diabo sujeitou-os com o contágio de um miserável prazer e com a corrupção de uma vida desonesta, e, desse modo, anda por cima do ouro, como por cima do lodo. E ainda faz ferver como uma panela o fundo do mar, ou seja, o coração do pecador, envolvendo-o com o fogo da sugestão e fazendo-lhe sair de si a espuma de sua vida desonesta.

Igualmente, a *veste* de Jesus Cristo, inconsútil e toda tecida de alto a baixo (cf. Jo 19,23), representa a fé nele, a unidade da Igreja, que os hereges, os falsos cristãos e os simoníacos querem dividir. E esses são representados nos três amigos de Jó, isto é, Elifaz, Bildad e Sofar, que fizeram sofrer o Bem-aventurado Jó com suas palavras e o ofenderam com suas injúrias. Elifaz interpreta-se "desprezo do Senhor", e é figura dos hereges, que se recusam a obedecer à Igreja de Cristo. Bildad interpreta-se "velhice solitária", e é figura dos falsos cristãos, que são inveterados no mal (cf. Dn 13,52). Sofar interpreta-se "destruição da guarda" e é figura dos simoníacos, que destroem a guarda, a sentinela da dignidade eclesiástica, quando a compram por dinheiro.

Ainda, a propósito da lepra da *casa*, lê-se no Levítico que "se o sacerdote constatar que [na casa] a lepra se estendeu, mandará que se arranquem as pedras infectadas pela lepra e se lancem fora da cidade, em lugar imundo; e que se raspe todo o interior da casa e que se lance todo o pó das raspaduras fora da cidade, em lugar imundo, e que se ponham outras pedras no lugar das que foram tiradas" (Lv 14,39-42). A lepra da casa simboliza a discórdia na congregação, ou na comunidade. Se o sacerdote, ou o prelado, constatar que essa lepra se estende e se agrava, deve imediatamente ordenar que as pedras, isto é, os frades da congregação, nos quais existe a lepra da discórdia, sejam postos para fora, a fim de que o companheiro sarnento não tenha a possibilidade de esfregar-se com o companheiro simples e puro e aquele pouco de fermento não venha a corromper toda a massa (cf. 1Cor 5,6; Gl 5,9), e aquele pouco de veneno não venha a intoxicar todo o bálsamo.

E deve raspar também a casa, isto é, deve investigar diligentemente a própria congregação, para que não fiquem quaisquer traços daquela lepra; e, se os encontrar, deve eliminá-la sem piedade, e no lugar das pedras infectadas, no *edifício* da congregação deve inserir pedras novas, que tenham condições de servir o Senhor em união de espíritos e concórdia de costumes.

Todo aquele que estiver manchado com uma dessas cinco espécies de lepra, se quiser obter misericórdia do Senhor, deve absolutamente realizar as cinco intervenções acima descritas: deve usar "vestidos descosidos", isto é, não deve confiar nos seus méritos nem acreditar em nenhuma de suas obras boas; os vestidos descosidos representam também os membros do corpo, castigados com severa penitência; deve ter "a cabeça descoberta", isto é, manifestar todos os pecados cometidos com os sentidos do corpo; deve ter "a boca coberta com o vestido", isto é, tenha sempre vergonha daquilo que cometeu; deve "proclamar-se continuamente contaminado e impuro"; e considerando-se imundo e mantendo-se separado do tumulto das coisas temporais e dos pensamentos maus, "morará fora do acampamento", isto é, considerar-se-á indigno de permanecer na comunidade dos santos. Quem não aplica esses cinco remédios, não pode considerar-se um verdadeiro penitente.

Portanto, todo aquele que, verdadeiramente, quer arrepender-se, tenha os vestidos descosidos, quer dizer, não acredite em alguma de suas obras; na confissão descubra a cabeça diante de Deus e de seus anjos; envergonhe-se de ter cometido tantos pecados; e não só se proclame imundo e contaminado, mas também aceite humildemente que os outros lhe reprovem as mesmas coisas; quem se comportar diversamente, demonstra que não está verdadeiramente arrependido; como leproso deve considerar-se indigno da companhia dos santos e com a humildade da mente deve prostrar-se humildemente a seus pés.

Por isso, é costume que os penitentes públicos permaneçam à porta da igreja, vestindo o cilício, e peçam aos fiéis que entram na igreja e lhes digam: Nós, indignos pecadores, pedimo-vos, fiéis de Cristo, que implorei para nós a misericórdia divina, pois somos indignos de entrar na igreja e de participar da assembleia dos fiéis.

Tais penitentes podem dizer corajosamente: "Jesus Mestre (*praeceptor*), tem piedade de nós". Presta atenção a estas três palavras: Jesus, mestre[16], tem piedade. Jesus interpreta-se "salvador". Quem quer a salvação, observe os mandamentos (*praecepta*)

---

16. Aqui Santo Antônio põe em relação os dois termos: *praeceptor*, mestre, e *praecepta*, mandamentos ou preceitos; coisa que em português só seria possível se traduzíssemos "*praeceptor*" por "preceptor", no sentido de alguém que dá preceitos.

e assim encontrará misericórdia. E observa que "mestre" é posto entre "Jesus" e "tem piedade". De fato, onde existe a observância dos preceitos, ali, à direita e à esquerda, existe a salvação e a misericórdia, que guardam aqueles que os guardam (observam). De fato, diz o Eclesiástico: "Se tu quiseres guardar os mandamentos, eles te guardarão" (Eclo 15,16).

13. "Vendo-os, Jesus disse: Ide e mostrai-vos aos sacerdotes." Presta atenção a estas três palavras: ide, mostrai-vos, aos sacerdotes. No "ide" é indicada a contrição do coração; no "mostrai-vos", a confissão da boca; nas palavras "aos sacerdotes", a obra de reparação.

Sobre o "ide" da contrição, diz o filho pródigo em Lucas: "Levantar-me-ei, irei ter com meu pai e lhe direi: Pai, pequei contra o céu e contra ti" (Lc 15,18). E presta atenção que primeiro diz "levantar-me-ei" e depois "irei", porque se antes não te levantares do teu torpor não podes "ir" com a contrição. "Levantar-me-ei", porque reconheço estar por terra; "irei", porque afastei-me muito; "ter com o pai", porque me consumo na mais sórdida miséria sob o príncipe dos porcos; "pequei contra o céu", isto é, diante dos anjos e das almas santas, nas quais Deus tem sua morada, "e contra ti", isto é, precisamente no segredo da consciência, onde só o teu olho pode penetrar.

Sobre "mostrar-se" na confissão, diz o esposo no Cântico dos Cânticos: "Mostra-me a tua face, ressoe a tua voz aos meus ouvidos, porque a tua voz é doce, e a tua face graciosa" (Ct 2,14). Diz-se "face", enquanto "faz conhecer" o homem, e, portanto, com razão, na face é representada a confissão, porque esta torna o homem conhecido a Deus, que conhece o caminho dos justos (cf. Sl 1,6). E o justo é o primeiro a acusar-se a si mesmo (cf. Pr 18,17). "Mostra-me, pois, a tua face" se queres que eu te mostre a minha, na qual os anjos desejam fixar o olhar (cf. 1Pd 1,12). "A tua face é graciosa." A face graciosa é a confissão pudica. De fato, agradável a Deus é uma confissão unida à vergonha de ter pecado.

No Livro de Ester diz-se que ela "com a cor de rosa em seu rosto e com os olhos graciosos e brilhantes, ocultava a tristeza do seu coração, penetrado de grande angústia. E, tendo passado uma por uma todas as portas, pôs-se diante do rei" (Est 15,8-9). Ester é figura da alma penitente, cujo rosto, na confissão, deve cobrir-se da cor vermelha da vergonha. Vergonha, em latim diz-se *verecundia*, para que *vera timeat*, tema as coisas verdadeiras. Quem teme os verdadeiros juízos de Deus, sem dúvida, na confissão experimenta a vergonha que conduz à glória. Porém, quem não sente vergonha de seus pecados, é sinal que não tem medo. Diz Jeremias: "O descaramento de uma mulher meretriz apoderou-se de ti, não quiseste ter vergonha" (Jr 3,3). Ester, porém, tinha o coração triste e penetrado pela angústia, porque o penitente é oprimido pela tristeza na contrição e apertado pela angústia na confissão; e na confissão tem os olhos agradecidos e luminosos, por causa da profusão das lágrimas; e assim atravessa uma depois da outra todas as portas, enumerando todos os pecados que cometeu: pecados que, como as portas, fecham-nos o ingresso para a vida eterna.

Uma expressão importante para a confissão: "Tendo passado uma por uma todas as portas, pôs-se diante do rei". Não poderás pôr-te diante de Jesus Cristo, se antes não tiveres aberto uma por uma todas as portas: só assim poderás mostrar-lhe a tua face. E como seja essa face, explica-o ele próprio quando diz: "Ressoe a tua voz aos meus ouvidos, porque a tua voz é doce". O esposo tem prazer de ouvir com os ouvidos da piedade a melodia da confissão. E observa que diz "voz". A voz é o ar que fere, percute a língua e revela a vontade do espírito. A verdadeira confissão é aquela onde existe a "percussão", isto é, o remorso pelos pecados, que revela tudo aquilo que está escondido internamente. Com razão, pois, é dito: "Mostrai-vos". Mostrai-vos pessoalmente, não por outra pessoa, pois pecaste em ti e por ti mesmo. Por isso, é justo que te mostres em ti e por ti mesmo.

"Aos sacerdotes": porque a penitência é imposta pelos sacerdotes; dizendo "aos sacerdotes", exige a necessidade da obra reparatória. Com isso, compreendes claramente que os pecadores devem, na confissão, mostrar-se aos sacerdotes, aos quais somente é confiado o poder de ligar e de desligar.

"E enquanto iam, ficaram limpos." Eis como é grande a misericórdia de Deus, que, apenas com a contrição, purifica dos pecados, contanto que haja o firme propósito de confessá-los. Sobre isso temos uma concordância em Jó, quando Deus dirige a palavra aos amigos dele: "Tomai sete touros e sete carneiros e ide ao meu servo Jó e oferecei um holocausto por vós" (Jó 42,8). O touro e o carneiro representam a dura cerviz e a obstinação da soberba: quem a mata em si mesmo, destrói também todos os seus vícios, indicados precisamente no número sete.

No evangelho, o Senhor diz: "Ide!", e em Jó: "Ide!" No evangelho: "Mostrai-vos", e em Jó: "Oferecei". No evangelho: "Aos sacerdotes", e em Jó: "Ao meu servo Jó".

14. Com esta segunda parte do evangelho concorda a segunda parte da epístola: "Ora, as obras da carne são manifestas: a fornicação" (Gl 5,19-21), isto é, em latim *formae necatio*, a destruição da forma, da imagem de Deus; a *impureza*, que se comete com a profanação da mente, sem a ação; a *luxúria*, assim chamada pelo excesso e pela suntuosidade dos alimentos e das bebidas; a *avareza*, que é a *escravidão dos ídolos* (cf. Cl 3,5) – avarento significa "ávido de ouro", *avidus auri*, daí avareza –, os *venefícios* (feitiçarias), de veneno, que é chamado assim (latim: *venenum*) porque corre pelas veias e, de fato, só pode prejudicar se entrar em contato com o sangue; o veneno é frio, e, por isso, a alma, que é ígnea, foge do veneno; os venefícios são as sugestões demoníacas e as adulações dos pecadores, que não podem prejudicar se não chegam ao sangue, isto é, se da alma não arrancam o consentimento; as *inimizades* obstinadas; as *contendas* nas palavras; as *rivalidades*, quando dois querem a mesma coisa; a *ira*, a súbita tempestade da alma; as *rixas*, assim chamadas de *rictus*, abrir a boca quase rosnando, quando se batem arrastados pela ira; as *discórdias*, quando se formam partidos na Igreja; as *seitas*, isto é, as heresias, chamadas seitas porque são *secções*, isto é, divisões feitas com um corte; as *invejas* dos bens alheios; os *homicídios*, a *embriaguez*

e as *orgias* (cf. Gl 5,19-21). De todos esses vícios e pecados origina-se na alma a lepra, que a fere e a expulsa da assembleia dos santos.

Rogamos-te, pois, Senhor Jesus Cristo, que nos purifiques da lepra dos pecados, para podermos ser readmitidos à assembleia dos santos e merecermos subir contigo à celeste Jerusalém. No-lo concedas tu, que és bendito nos séculos. Amém.

III – O ESTRANGEIRO RETORNA PARA GLORIFICAR A DEUS

15. "Um deles, quando viu que tinha ficado limpo, voltou atrás, glorificando a Deus em alta voz, e prostrou-se por terra aos pés de Jesus, dando-lhe graças: e este era um samaritano. Jesus cisse: Não são dez os que foram curados? Os outros nove onde estão? Não se encontrou quem voltasse e desse glória a Deus, senão este estrangeiro? E lhe disse: Levanta-te, vai; a tua fé te salvou" (Lc 17,15-19). Observa que este estrangeiro fez três coisas: retornou, prostrou-se com o rosto por terra, e agradeceu a Deus.

Retorna, aquele que não atribui a si mesmo algum mérito: considera dom da misericórdia de Deus o bem que realizou. Por isso, é chamado *samaritano*, isto é, *guarda*: ele atribui a Deus todo o bem que recebe e assim pode dizer com o Salmista: "Depositarei em ti a minha fortaleza" (Sl 58,10), isto é, atribuindo-a a ti. Queres conservar aquilo que recebes? Atribui-o a Deus e não a ti. Se atribuis a ti aquilo que não é teu, serás declarado réu de furto. E se não atribuis a ti aquilo que é dos outros, fazes teu aquilo que é dos outros.

Sobre isso temos uma concordância em Jó, onde o Senhor diz: "Porventura lançarás os raios e eles irão e, quando voltarem, dir-te-ão: Aqui estamos?" (Jó 38,35). Os raios partem das nuvens, e assim também dos santos pregadores manifestam-se obras admiráveis. Partem os raios quando os pregadores brilham com o fulgor dos milagres. Mas ao voltar, dizem: "Aqui estamos!", quando atribuem a Deus, e não às próprias capacidades, tudo quando de grande sabem ter realizado. Ou também, são mandados e vão, quando do segredo da contemplação saem para desempenhar sua missão em público; depois retornam e dizem a Deus: Aqui estamos!, porque depois da missão pública voltam novamente para a contemplação.

16. Além disso: "prostra-se com a face por terra" quem se envergonha dos pecados cometidos. O homem prostra-se com a face por terra quando se humilha. Quem se prostra com a face por terra, vê onde cai; quem cai para trás, porém, não vê onde cai. Os bons, portanto, prostram-se com a face por terra porque se humilham nessas coisas visíveis, quando veem aquilo que os espera, para elevar-se assim às coisas invisíveis. Os maus, porém, caem para trás, nas coisas invisíveis, quando não veem aquilo que os espera. Sobre esses dois modos de cair temos uma concordância em Jó.

Primeiro modo de cair: "Jó rasgou suas vestes, rapou a cabeça e se prostrou por terra" (Jó 1,20). As vestes representam as obras, que nos cobrem para que não nos envergonhemos de estar nus, e enquanto a culpa nos faz chorar, vingamo-nos dela duramente, quase com a mão irada. Então, de fato, desaparece do espírito qualquer pensamento de orgulho e de vaidade; exatamente nisso consiste rapar-se a cabeça: eliminar qualquer pensamento de presunção e reconhecer em si mesmo toda a fragilidade. É difícil realizar grandes obras e não nutrir depois grande confiança em si mesmo.

Segundo modo de cair: "O monte quebra-se ao cair, e o rochedo muda-se do seu lugar: as águas escavam as pedras e a terra, pouco a pouco, consome-se com os aluviões" (Jó 14,18-19). Observa que existem duas espécies de tentações: aquela que nos assalta de improviso e aquela que se insinua na mente pouco a pouco, e fere o espírito com falsas sugestões. E o significado é este: como essas coisas inanimadas por vezes desabam improvisamente, às vezes quebram-se pouco a pouco porque se esfarelam por causa das infiltrações da água; assim também quem é posto no alto como o monte, ou se precipita de improviso, como Davi quando viu Betsabeia, ou se consome numa lenta e longa tentação, como Salomão que, pela excessiva familiaridade e prática com mulheres, foi levado a construir um templo aos ídolos, ele que antes havia construído o templo a Deus.

"O rochedo", isto é, a mente do justo, "muda-se do seu lugar", isto é, da justiça passa para o pecado por excessiva impulsividade; e "as pedras", quer dizer, as potências do espírito, são como que escavadas pelas águas, isto é, pelos contínuos afagos dos prazeres. O aluvião é a inundação das águas, e vem de *alluo*, inundar.

17. Por sua cura, por ter sido limpo, o samaritano agradeceu; e disso, o próprio Senhor o louvou, dizendo: "Não foram dez os curados?" Pergunta onde estão os ingratos, como se fossem desconhecidos.

Esse fato ensina-nos a dar graças ao Senhor pelos benefícios recebidos. Com efeito, se Jó bendisse o nome do Senhor e lhe agradeceu até no meio das desventuras, quanto mais devemos nós dar graças ao Senhor pelos muitos benefícios recebidos. O Rei Ezequias, por não ter elevado o cântico de ação de graças ao Senhor depois da vitória, foi atacado por uma doença (cf. 2Rs 20,1ss.). Todavia, lemos que Maria, irmã de Moisés, Débora e Judite elevaram o cântico de agradecimento ao Senhor por suas vitórias sobre os inimigos. E disso tudo devemos aprender a elevar cantos de louvor e dar graças a Deus, doador de todos os bens.

Presta atenção que nesta parte do evangelho são postas em evidência três palavras muito importantes: um só, samaritano e estrangeiro: nelas são indicadas três virtudes. *Um só* indica a concórdia da união; *samaritano* indica a prática da humildade; estrangeiro indica saber contentar-se também nas privações da pobreza. A essas três palavras correspondem as três palavras do Senhor: levanta-te, vai, a tua fé te salvou. *Levanta-te*, porque és um só; *vai*, porque és samaritano; *a tua fé te salvou*, porque és estrangeiro.

Quem vive na unidade e na concórdia levanta-se para realizar as obras boas. Quem se premune com a prática da humildade vai tranquilo e seguro por toda a parte. Quem como estrangeiro neste mundo se orna com o sinal distintivo da pobreza, salva-o a fé em Jesus Cristo que foi pobre e hóspede.

18. Com esta terceira parte do evangelho concorda também a terceira parte da epístola: "Porém, os frutos do Espírito são: a *caridade*" (Gl 5,22), que Agostinho define "desejo da alma de fruir do Senhor por ele mesmo, e fruir de si e do próximo por causa de Deus"; o *gozo*, isto é, a pureza da consciência; a *paz*, que vem de *pacto*, que é a liberdade na tranquilidade; e a *paciência*.

Considera que a virtude da paciência se exerce de três modos: suportando algumas coisas de Deus, como os castigos; algumas coisas do inimigo, como as tentações; algumas coisas do próximo, como as perseguições, os danos e a injúrias; em todas essas circunstâncias devemos estar muito atentos a não lamentar-nos demasiadamente dos castigos e dos flagelos permitidos pelo Criador, para não sermos induzidos a consentir ao pecado, para não reagir mal e, assim fazendo, não pretendamos que nos seja retribuídos os bens presentes.

Outros frutos do Espírito são: a *longanimidade* no esperar; a *bondade*, isto é, a doçura do espírito; a *benignidade*, quer dizer, a generosidade nas coisas: benigno quer dizer disposto a fazer o bem, o bem *inflamado* (latim: *bene ignitus*) de zelo; a *mansidão*, que a ninguém injuria; manso quer dizer "acostumado à mão" (latim: *manui assuetus*); a *fé*, pela qual cremos com simplicidade aquilo que de modo algum podemos ver: de fato, pela precisão e como a palavra soa, diz-se *fé* quando se executa exatamente aquilo que foi dito (fidelidade); a *modéstia*, que observa a justa medida tanto no falar como no agir; a *continência*, que se abstém também das coisas lícitas; a *castidade*, que usa corretamente aquilo que é lícito (cf. Gl 5,22-23).

Feliz a árvore que produz tais frutos! Feliz a alma que se nutre de tais frutos! Jamais poderás ter esses frutos se não voltares para trás com aquele único samaritano e estrangeiro, se não caíres com a face por terra, se não agradeceres. Só então merecerás ouvir que te dizem: "Levanta-te, vai em paz, a tua fé te salvou".

Rogamos-te, pois, Senhor Jesus Cristo, que nos mantenhas na unidade e na concórdia, que nos guardes na humildade e na pobreza, de modo que possamos colher da árvore da penitência os frutos do espírito e assim nos nutramos da árvore da vida na glória celeste. No-lo concedas tu, que és bendito nos séculos dos séculos. Amém.

XV DOMINGO DEPOIS DE PENTECOSTES

Temas do sermão

• Evangelho do XV domingo depois de Pentecostes: "Ninguém pode servir a dois senhores"; divide-se em três partes.

• Primeiramente sermão sobre a paixão de Jesus Cristo, e sobre formar a nossa vida sob o exemplo da sua: "O Anjo Rafael disse a Tobias: Tira as entranhas ao peixe" etc.

• Parte I: As duas componentes da alma: "Ninguém pode servir a dois senhores".

• O domínio da razão e o da sensualidade: "O Senhor fez Tobias ter o favor de Salmanasar"; e "Morto Salmanasar"; além disso sermão sobre a natureza do castor.

• O testamento do amor a Deus: "Todos os dias de tua vida".

• Parte II: Sermão contra a preocupação pelas coisas temporais: "Digo-vos: não vos preocupeis"; além disso: "Ciro queria conquistar Babilônia".

• Sermão aos contemplativos: "Olhai as aves do céu"; e ainda: "Tobias era da tribo de Neftali"; a natureza das aves.

• Sermão contra os amantes da vaidade: "Vi os agentes da iniquidade".

• Sermão sobre o desprezo do mundo e sobre a contemplação de Deus: "Se alguém entrar por meio de mim".

• As três propriedades dos lírios e seu simbolismo: "Observai os lírios do campo".

• Sermão contra os sábios deste mundo: "Eu vos digo que nem Salomão, em todo o seu esplendor" etc.

• Parte III: Sermão sobre a tríplice Jerusalém e sobre a sua tríplice estrutura: "As portas de Jerusalém são feitas de safira".

EXÓRDIO – A PAIXÃO DE JESUS CRISTO E A FORMAÇÃO DE NOSSA VIDA

1. Naquele tempo, disse Jesus a seus discípulos: "Ninguém pode servir a dois senhores" (Mt 6,24).

Lemos no Livro de Tobias que o Anjo Rafael disse: "Tira as entranhas ao peixe e guarda o coração, o fel e o fígado; porque estas coisas te serão remédios necessários e úteis" (Tb 6,5). Vejamos o que significam o peixe, o coração, o fel e o fígado. O peixe é figura de Cristo, que diz a Pedro: "Vai ao mar e lança o anzol, e o primeiro peixe que vier, toma-o e, abrindo-lhe a boca acharás dentro um estatere (*moeda de prata*); toma-o e dá-o por mim e por ti" (Mt 17,27). O peixe é, pois, figura de Cristo que habitou neste grande e espaçoso mar: ele foi o primeiro a subir, isto é, ofereceu-se à morte para a nossa redenção, para que aquilo que se encontrou na sua boca, quer dizer, na confissão, fosse dado para Pedro e para o Senhor.

Com razão foi pago um único preço, mas dividido, porque foi dado para Pedro como pecador, enquanto que o Senhor não havia cometido pecado. A moeda é o *estatere*, que vale *duas didracmas* (i. é, quatro dracmas), para que fosse manifesta a semelhança na carne (cf. Rm 8,3), enquanto o Patrão (Senhor) e o servo são libertados pelo mesmo preço. Ou ainda, o estatere na boca de Cristo é figura de sua misericórdia e de sua justiça: misericórdia quando disse: "Vinde a mim, vós todos que estais fatigados e oprimidos" (Mt 11,28); justiça quando dirá: "Ide, malditos, para o fogo eterno" (Mt 25,41).

Tira, portanto, as entranhas deste peixe, isto é, medita profundamente sobre a vida de Cristo e ali encontrarás o coração, o fel e o fígado. Com o coração compreendemos, com o fel nos irritamos e com o fígado amamos. No coração é simbolizada a sabedoria; no fel, a amargura; e no fígado, o amor de Jesus Cristo. Com o sabor da sabedoria, que se estende de um confim a outro e governa com bondade excelente todas as coisas (cf. Sb 8,1), condimenta a tua insipidez; mistura a amargura de sua paixão ao teus prazeres; põe o seu amor acima de qualquer outro amor, pois sem o seu amor não pode ser considerado amor, mas dor. Esses são os remédios úteis à tua alma, e se tu os reservares para ti, não serás servo do diabo, mas de Deus, não da carne, mas do espírito, não do mundo, mas do céu.

A sabedoria de Cristo destrói o domínio do diabo. Diz Jó: "Sua prudência feriu o soberbo" (Jó 26,12). O antigo inimigo não foi derrotado pela força, mas pela sabedoria, porque quando temerariamente arrojou-se contra Cristo, no qual não tinha competência alguma, com razão perdeu o homem, que quase com justiça possuía. A amargura da paixão de Cristo consegue sufocar também os apetites da carne. Daí que alguém disse: A memória do Crucificado crucifica os vícios.

E sobre isso, veja o sermão do Domingo da Quinquagésima, sobre o evangelho: "Um cego estava sentado à beira do caminho".

De igual modo, o contraveneno do seu amor elimina o veneno das riquezas. Por isso, está escrito no Livro de Tobias que "sua fumaça", isto é, a eficácia do seu amor, "afugenta todo o gênero de demônios" (Tb 6,8), isto é, todo o desejo de riquezas, que, como demônios, maltratam e afligem os homens. Todos os ricos deste mundo são como endemoniados, que vagueiam de um lado para outro, feitos servos não do verdadeiro, mas do falso senhor. É precisamente destes que o evangelho de hoje diz: "Ninguém pode servir a dois senhores".

2. Observa que queremos dividir o evangelho de hoje em três partes. A primeira: "Ninguém pode servir a dois senhores". A segunda: "Digo-vos, não vos preocupeis". A terceira: "Procurai primeiro o Reino de Deus". A primeira trata dos dois senhores, a segunda nos ensina a eliminar qualquer preocupação, a terceira manda-nos procu-

rar primeiramente o Reino de Deus. Nota também que neste terceiro domingo de setembro lê-se na Igreja o Livro de Tobias, do qual tomaremos algumas passagens para ver sua concordância com as três partes do evangelho.

No introito da missa de hoje canta-se o salmo: "Tem misericórdia de mim, Senhor, porque a ti clamei todo dia" (Sl 85,3). Lê-se, depois, a Carta do Bem-aventurado Paulo Apóstolo aos Gálatas: "Se vivemos pelo Espírito, caminhemos também segundo o Espírito" (Gl 5,25); dividi-la-emos em três partes e procuraremos sua concordância com as mencionadas três partes do evangelho. A primeira parte: "Se vivemos pelo Espírito". A segunda parte: "Levai os fardos uns dos outros". A terceira parte: "O que semeia no Espírito". E presta muita atenção, pois esta epístola se lê com este evangelho, porque o Senhor, no evangelho, proíbe as preocupações da alma, isto é, a animalidade; ensina a procurar o Reino de Deus; e Paulo, na epístola, ensina a viver segundo o espírito, ensina a não semear na carne, mas no espírito, porque somente quem semeia no espírito colherá a vida eterna.

I – OS DOIS SENHORES

3. "Ninguém pode servir a dois senhores; porque ou há de odiar um e amar o outro, ou há de afeiçoar-se a um e desprezar o outro. Não podeis servir a Deus e às riquezas" (Mt 6,24).

Considera que a alma tem duas partes: a razão e a sensualidade, que são como que dois senhores. Do domínio da razão, Isaac fala no Gênesis: "Eu o constituí teu senhor e sujeitei à sua servidão todos os seus irmãos" (Gn 27,37). E isto acontece quando a própria vontade e os sentidos do corpo são submetidos ao domínio da razão. Com efeito, no mesmo livro, Jacó diz de Judá: "Atará à vinha o seu jumentinho, e à videira, o filho de sua jumenta" (Gn 49,11).

Judá é o penitente, a vinha é a razão, a videira é a compunção, a jumenta, a sensualidade, o jumentinho, os seus impulsos. Portanto, Judá ata a jumenta à videira e o jumentinho à vinha, quando o penitente domina a sensualidade do coração com a compunção e reprime o seu movimento sob o jugo da razão.

E no mesmo Gênesis trata-se ainda disso onde José diz a seus irmãos: "Parecia-me que atávamos no campo os feixes, e o meu feixe como que se erguia e estava ereto, e que os vossos feixes, estando em roda, se prostravam diante do meu feixe. Responderam seus irmãos: Porventura serás nosso rei, ou seremos sujeitos ao teu domínio?" (Gn 37,7-8). O feixe, em latim *manipulus*, manípulo ou mãozada de hastes de trigo, porque se toma com as mãos.

José é figura do justo, cujo manípulo é a razão, que, quando se eleva ereto por meio do desprezo das coisas temporais e permanece imóvel na altura da contemplação, os outros feixes, isto é, os sentidos do corpo, submetem-se ao seu poder. Por isso, Isaac diz: "Sê o senhor dos teus irmãos e inclinem-se diante de ti os filhos de tua mãe" (Gn 27,29). E Isaías: "Virão a ti, com a fronte inclinada, os filhos dos teus opressores", isto é, os desejos da carne, "e adorarão as pegadas dos teus pés aqueles que te insultaram" (Is 60,14).

E sobre o domínio da sensualidade, diz Moisés: "Porque não serviste ao Senhor teu Deus com gosto e alegria de coração, por causa da abundância de todas as coisas, servirás o teu inimigo... e ele porá sobre a tua cerviz um jugo de ferro, até que te esmague (Dt 28,47.48). Pois já que Adão não quis submeter-se ao seu superior, a ele não se submeteu aquele que lhe era inferior; antes, o próprio Adão foi obrigado a servir ao seu inimigo, isto é, ao diabo, ou à própria carne, e nenhum inimigo é mais eficaz ao fazer-lhe o mal; e o seu férreo jugo, isto é, a sensualidade ou a carnalidade, foi posto sobre a cerviz da razão. De fato, o Eclesiástico diz: "Um pesado jugo pesa sobre os filhos de Adão desde o dia do seu nascimento!" (Eclo 40,1). O jugo pesado sobre os filhos de Adão desde o dia de seu nascimento é o pecado original, ou seja, a instigação ao pecado, ou a concupiscência, à qual, diz Agostinho, não se deve permitir que ela reine. E há os seus desejos, isto é, as concupiscências de cada dia, que são as armas em mão do diabo, que provêm da debilidade da natureza. Essa debilidade é o tirano que dá origem aos maus desejos.

Queres ouvir quão pesado é o jugo dos filhos de Adão? Ouve o que está escrito nos *Dogmas eclesiásticos*: Tem como coisa certa e de maneira alguma duvides que todos os homens, concebidos pela união do homem e da mulher, nascem com o pecado original, sujeitos à impiedade, destinados à morte e, portanto, filhos da ira por natureza (cf. Ef 2,3), da qual ninguém pode ser libertado senão por meio da fé no mediador entre Deus e os homens.

4. Portanto: "Ninguém pode servir a dois senhores". E sobre esses dois senhores temos uma concordância no Livro de Tobias, onde se faz menção de Salmanasar e de Senaquerib: "Deus concedeu graça a Tobias diante do Rei Salmanasar, que lhe deu permissão de ir aonde quisesse, tendo liberdade para fazer tudo o que queria" (Tb 1,13.14). Salmanasar interpreta-se "pacificador dos angustiados", e é figura da razão, que, quando comanda, pacifica a mente angustiada, ilumina a consciência, consola o coração, abranda as asperezas, alivia as coisas pesadas. E se o homem se submete à razão, encontra a graça, torna-se livre, tem a possibilidade de ir aonde quer e fazer aquilo que quer.

Ó livre escravidão e escrava liberdade! Não é o temor que torna escravo ou o amor que torna livre, mas antes é o temor que torna livre e o amor que torna escravo. Ao justo não é imposta a lei (cf. 1Tm 1,9), porque ele próprio é lei para si mesmo (cf. Rm 2,14). De fato, tem a caridade, vive submisso à razão, e, portanto, vai aonde quer e faz aquilo que quer. "Eu – diz o profeta – sou teu servo e filho de tua serva" (Sl 115,16). Presta atenção às palavras: servo e filho; servo e, portanto, filho. Ó doce temor que fazes do servo um filho! Ó amor verdadeiro e benéfico que fazes do filho um servo!

"Filho de tua serva" – diz. Ó homem, se queres gozar da liberdade, ponha o teu pescoço nas suas cadeias e os teus pés nos seus grilhões (cf. Eclo 6,25) . Não há alegria maior do que a liberdade: mas não poderás gozá-la se não dobrares o pescoço da soberba à corrente da humildade, e não fechares os pés dos afetos carnais nos grilhões da mortificação. Só então poderás dizer: "Eu sou teu servo, filho de tua serva".

E sempre no Livro de Tobias lemos que, morto o Rei Salmanasar, em seu lugar reinou Senaquerib, que, odiando os filhos de Israel, mandou que Tobias fosse morto e confiscou todos os seus bens. Tobias, porém, fugiu com seu filho e a mulher, e viveu escondido, privado de tudo (cf. Tb 1,18.22-23). Senaquerib interpreta-se "que elimina o deserto", e representa a sensualidade, isto é, a concupiscência da carne, que elimina da mente do homem o deserto da penitência. A concupiscência comanda somente quando morre a razão. O regresso da virtude marca o ingresso do vício. A concupiscência odeia os filhos de Israel, isto é, os penitentes, que crucificam sua carne junto com os vícios e as concupiscências (cf. Gl 5,24).

Está escrito no Livro do Êxodo: Os egípcios odiavam os filhos de Israel (cf. Ex 1,13). A concupiscência, por meio de seus cúmplices, isto é, dos sentidos do corpo, faz todo o esforço para matar o espírito e privá-lo de todos os bens, isto é, das virtudes. E, com razão, as virtudes são chamadas substância, porque são o sustento do homem e fazem que não caia, que não se separe das coisas eternas. E para estar em condições de conservar as virtudes, é necessário que o justo fuja com a mulher e o filho e viva escondido e nu, isto é, privado de tudo.

Presta atenção a estas três palavras: fugir, nu e escondido. Queres também tu subtrair-te à concupiscência da carne? Foge! "Fugi da fornicação" (1Cor 6,18). No Gênesis, narra-se que José, "deixado o manto na mão de sua senhora, fugiu e saiu da casa" (Gn 39,12). Deixou o manto para não perder a Deus.

A *História natural* diz que o animal que se chama *castor* tem os testículos que são poderosos remédios para curar a paralisia, e é por isso que os caçadores vão caçá-los. Mas o animal, adivinhando o motivo pelo qual vão caçá-lo, arranca os testículos e os lança aos seus perseguidores. Daí chamar-se castor, porque *castra* a si mesmo. O homem, porém, na sua estultice, faz o contrário, e, para salvar suas miseráveis glândulas, seguindo sua torpe luxúria, entrega-se ao diabo. "Foge do pecado como da vista de uma cobra", diz o Eclesiástico (Eclo 21,2).

Espiritualmente nu é aquele que nada atribui a si mesmo, mas tudo a Deus, e que não se esconde com as folhas de figueiras, como fez Adão; é aquele que não se cobre com o manto de sua desculpa e da acusação dos outros; é aquele que se reconhece nu, como quando saiu do seio de sua mãe. Igualmente, vive escondido aquele que mora tranquilo no conclave, no segredo de sua consciência, longe do ruído das coisas temporais e dos maus pensamentos. É aquele que suporta com paciência as injúrias, que não se lamenta nas adversidades e que não se gloria quando as coisas vão bem.

A mulher e o filho de Tobias representam a boa vontade e as boas obras: é aquilo que devemos levar sempre conosco, aonde quer que formos. Diz o evangelho: "Toma o menino", isto é, as tuas boas obras, "e sua mãe", isto é, a boa vontade que os produziu, "e foge para o Egito", isto é, reconhece-te estrangeiro e pobre; ou considera as trevas dos teus pecados, e "permanece lá até que eu te disser" (Mt 2,13), isto é, reconhece-te pecador, medita sobre teu exílio até o tempo em que eu te disser: "Levanta-te, apressa-te, amiga minha, e vem. Porque o inverno já passou, foi-se a chuva e se afastou" (Ct 2,10-11). Portanto, sem querer apressar-te, é necessário que fujas de Senaquerib e te sujeites à razão e não à sensualidade. Reconheçamos, pois, que "ninguém pode servir a dois senhores".

5. "De fato, ou odiará um e amará o outro, ou preferirá um e desprezará o outro." Presta atenção a estas quatro palavras: amará e preferirá, odiará e desprezará. Se amas a vida, odeias a vida; se preferes o superior, desprezas o inferior. E vice-versa: Ama a ti mesmo, tal qual te criou aquele que te amou; odeia a ti mesmo, tal qual tu te fizeste a ti mesmo; sustenta aquilo que em ti é superior, e despreza o que em ti é inferior. Ama a ti mesmo pelo motivo pelo qual te amou aquele que se entregou por ti; odeia a ti mesmo, já que tiveste a coragem de odiar aquilo que Deus fez e amou em ti. Isto é o que disse Tobias a seu filho: "Todos os dias de tua vida, tem sempre a Deus na tua mente; guarda-te de consentir no pecado e de transgredir os mandamentos do nosso Deus" (Tb 4,6).

Ó palavra mais doce do que o mel e do que o favo de mel. "Tem sempre a Deus na tua mente!" Ó mente, mais b em-aventurada do que todo o bem-aventurado, mais feliz do que qualquer outro, se sempre possuíres a Deus! O que te falta? O que podes ter a mais? Tens tudo, porque tens aquele que tudo criou, o único que pode saciar-te, e sem o qual tudo aquilo que existe é um nada. Portanto, tem sempre a Deus na tua mente.

Eis qual o testamento legado por Tobias a seu filho, que herança lhe deixou: "Tem *sempre* a Deus na mente". Ó herança que tudo possui, ditoso quem te possui, feliz quem te alcança! Ó Deus, o que posso eu dar para te possuir? Pensas que se eu der tudo, poderia ter a ti? E a que preço posso possuir-te? És mais sublime do que o céu, és mais profundo do que os infernos, és mais vasto do que a terra e mais largo do que o mar. De que modo um verme, um cão morto, uma pulga (cf. 1Sm 24,15), um filho do homem poderá possuir-te?

É como diz Jó: "Não será comprado a peso de prata, nem poderá ser comparado às cores mais vivas da Índia, nem com a pedra sardônica mais preciosa, nem com a safira. Jamais pode-se igualá-lo ao ouro ou ao cristal, e não será dado em troca por vasos de ouro puríssimo" (Jó 28,15-18). Ó Senhor Deus, eu não tenho tudo isso; o que devo, pois, dar para te possuir? Dá-me a ti mesmo – responde – e eu dar-te-ei a mim. Dá-me a tua mente, e na tua mente terás a mim. Reserva para ti todas as tuas coisas, dá-me somente a tua mente. Estou cheio de tuas palavras, não necessito saber os teus feitos: dá-me só a tua mente.

Presta atenção que diz *sempre*. Queres ter sempre a Deus na mente? Tem sempre a ti mesmo diante de ti. Onde está o olho, ali está a mente; tem sempre o olho fixo em ti mesmo. Lembro-te três coisas: a mente, o olho e a ti mesmo. Deus está na mente, a mente está no olho, o olho está em ti. Portanto, se vês a ti, tens Deus em ti. Queres ter sempre a Deus na mente? Possui a ti mesmo tal qual ele te criou. Não queiras ir à procura de outro tu. Não te queiras fazer outro, diferente daquele que ele mesmo fez, e assim terás sempre a Deus na tua mente.

"Não podeis servir a Deus e à mamona." Aqui a *Glosa* comenta: Mamona, em língua siríaca, significa riqueza: servir à mamona significa negar a Deus. Não diz ter a riqueza, aquilo que é lícito, contanto que seja bem empregada, mas ser escravos dela, o que é próprio do avarento. Diz-se também que este é o nome daquele demônio que preside as riquezas: não porque esteja em seu poder, mas porque serve-se delas para enganar, apanhando riquezas com os laços.

Maldita mamona! Ai!, quantos religiosos cegou. Quantos claustrais apaixonou! Quantos seculares precipitou no inferno! Ela é o esterco das andorinhas que tornou cegos os olhos de Tobias (cf. Tb 2,10-11).

Sobre esse assunto, veja o sermão do Domingo da Quinquagésima, sobre o evangelho "Um cego estava sentado ao longo do caminho".

6. Com esta primeira parte do evangelho concorda a primeira parte da epístola: "Se vivemos pelo Espírito, conduzamo-nos também pelo Espírito" (Gl 5,25).

Nesta primeira parte, o Apóstolo compreende duas coisas: a razão e a concupiscência da carne. A razão faz-nos viver e caminhar segundo o espírito, isto é, guia-nos a levar uma vida santa; ao contrário, a concupiscência faz-nos "ávidos da vanglória, provocando-nos uns aos outros e tendo inveja uns dos outros" (Gl 5,26). Assim também é por causa da concupiscência que alguém é subjugado por algum vício; mas é fruto da razão que os *espirituais*, isto é, os que usam a razão, corrijam o culpado com espírito de doçura: afinal, é próprio da razão, já o dissemos, tranquilizar os angustiados (cf. Gl 6,1).

Rogamos-te, pois, Senhor Jesus, que infundas em nós a luz da tua graça, para que vivamos guiados pela razão, submetamos a carne, e possamos chegar a ti, que és a vida. No-lo concedas tu, que és bendito nos séculos. Amém.

II – BANIR AS PREOCUPAÇÕES

7. "Eu vos digo: Não vos preocupeis, nem com a vossa vida, acerca do que haveis de comer, nem com o vosso corpo, acerca do que haveis de vestir. Porventura não vale mais a alma (vida) do que o alimento, e o corpo mais do que o vestido? Olhai as aves do céu... os lírios do campo... a erva do prado" etc. (Mt 6,25-30).

Presta atenção que nesta segunda parte são postas em evidência três entidades de particular importância, isto é: as aves, os lírios, a erva. Tratemos de cada uma delas.

"Eu vos digo" que não vos aparteis da coisas eternas, preocupando-vos das coisas que nada valem; "não vos preocupeis", porque isso significa ser escravos das riquezas; "da alma" (da vida), de vossa animalidade, à qual são necessárias essas coisas, isto é, o alimento e o vestido. Diz a *Glosa*: Com o suor do rosto ganha-se o pão; portanto, o trabalho é necessário, enquanto que a preocupação deve ser banida, porque perturba a mente, pois teme perder aquilo que possui ou teme não conseguir aquilo pelo qual trabalha.

"Porventura, a alma não vale mais do que o alimento?" Por *alma*, aqui, entende-se a *vida*, que se mantém com o alimento. É como se dissesse: Aquele que deu o mais, isto é, a vida e o corpo, dará também o menos, isto é, o alimento e o vestido. E ninguém duvide da veracidade dessas promessas; o homem seja como deve ser, e imediatamente ser-lhe-ão dadas todas as coisas, que, afinal, foram criadas para ele. A preocupação distrai a mente, após tê-la distraído, divide-a, depois de tê-la dividido, o diabo a rouba e assim a mata.

Na *História Escolástica* (Pietro Comestor), falando da vida do Profeta Daniel, narra-se que Ciro, tendo a intenção de conquistar a cidade da Babilônia, longe da cidade dividiu o Eufrates em muitos canais e assim tornou possível passar a vau o leito do grande rio que atravessava a própria cidade. Caminhando pelo leito do rio, seus soldados entraram na cidade passando sob seus muros, e assim foi morto o Rei Baltasar.

Aquela cidade é figura da alma; o Eufrates é a mente do homem, o leito do rio é a graça do Espírito Santo. O diabo, portanto, desejando apossar-se de nossa alma, divide primeiro a mente entre várias preocupações, algumas sob o pretexto da necessidade, outras sob o pretexto da caridade fraterna; e quando, desse modo, a mente está dividida entre diversas preocupações, seca-se o rio da compunção; quando este está totalmente seco, a cidade é tomada e a razão é morta. Por isso "eu vos digo: não vos preocupeis!"

8. "Olhai as aves do céu: não semeiam, não ceifam, nem fazem provisões nos celeiros, e, contudo, o vosso Pai celeste as sustenta" (Mt 6,26). As aves do céu são os santos, suspensos no ar sobre as asas da contemplação: eles estão tão distantes do mundo, que, na terra, já não se angustiam por nada, não trabalham, mas vivem no céu só pela contemplação.

E sobre isso tempos uma concordância no Livro de Tobias, onde se diz do próprio Tobias e de Ana[17], filha de Raguel, que foram como duas aves do céu. Sobre Tobias escreve: "Tobias, da tribo e da cidade de Neftali, está situada na Galileia superior, acima de Naassão, por detrás do caminho que vai para Ocidente, e tem à esquerda a cidade de Sefet" (Tb 1,1). Tobias interpreta-se "bom do Senhor", Neftali "largueza", Galileia "roda", Naassão, "augúrio" e Sefet "letra" ou "beleza".

Tobias é figura do justo, que está convencido de que o bem que existe nele não lhe pertence, mas é do Senhor, e diz com o profeta: "Senhor, tens usado de bondade com o teu servo" (Sl 118,65); e com Isaías: És tu, Senhor, o autor de todas as nossas obras (cf. Is 26,12). "Ele nos fez, e não nós a nós mesmos" (Sl 99,3). E está escrito

---

17. Santo Antônio confunde um pouco: a filha de Raguel chama-se Sara, é mulher de Tobias, filho (Tb 3,7); Ana é mulher de Tobias, pai (Tb 1,9). Por isso, onde diz Ana, entenda-se Sara.

que esse "bom do Senhor" era da tribo e da cidade de Neftali. De fato, ele é filho e cidadão da largueza, isto é, da caridade. "Tua lei não tem limites, Senhor" (Sl 118,96). Cristo deu seu testamento aos filhos, quando disse: "Este é o meu mandamento, que vos ameis uns aos outros como eu vos tenho amado" (Jo 15,12); e o justo, enquanto seu filho, por direito herdeiro, está de posse desse testamento, e mora sempre nele como numa cidade. "Morarei na herança do Senhor" (Eclo 24,11), "porque a minha herança é excelente" (Sl 15,6).

E onde está esta cidade? "Na parte superior da Galileia, acima de Naassão." Olha a ave que voa nas regiões superiores: "Eu, diz o Senhor, sou lá de cima, vós sois cá de baixo" (Jo 8,23). Vós girais por terra como uma roda – a roda chama-se assim por *ruit*, cai – e vós *ruís*, caís de vício em vício. Mas a cidade do justo, do "bom do Senhor", não está nas zonas inferiores, mas nas partes superiores da Galileia, porque supera a roda do mundo, tende para as esferas superiores e abandona as mais baixas e volúveis. A sua cidade está acima de Naassão, porque *aspira* às coisas superiores, isto é, contempla as coisas celestes. Eis, pois, que a história de Tobias concorda admiravelmente com o evangelho.

Auspício, em latim se diz *augurium*, como se dissesse *avigarrium* ou *avigerium*, que é o ato de alguém observar como as aves cantam e chilreiam. Ave, em latim se diz *avis*, termo composto pelo *a* privativo, *sem*, e *via*, portanto, *sem caminho*, porque a ave não tem caminho certo. De fato, o contemplativo, quando se eleva para as esferas superiores, não tem um caminho estabelecido ou direito, porque a contemplação não está em poder do contemplativo, mas depende da vontade do Criador, que dá a doçura da contemplação a quem quer, quando quer e como quer. Donde diz Jeremias: "Eu sei, Senhor, que o caminho do homem não está em seu poder, e que o homem não pode andar nem dirigir os seus passos" (Jr 10,23).

Observa que algumas aves têm patas longas, e quando voam, mantêm-nas estendidas para trás. E há outras que têm patas e pernas muito curtas, e quando voam, apertam-nas contra o ventre para que não as impeçam de voar, e a curteza das patas não impede o voo.

Existem também duas espécies de contemplativos. Há alguns que se dedicam aos outros e se entregam a eles. Há outros, que não se dedicam nem ao próximo nem a si mesmos e se privam até das coisas necessárias. Os primeiros têm as extremidades longas, os segundos, têm-nas curtas. Os primeiros, quando se dedicam à oração, elevam-se logo para a contemplação; eles estendem para trás as extremidades, isto é, os sentimentos e os afetos com os quais provêm as necessidades do próximo, para não serem impedidos no seu voo. Ó irmão, quando serves o teu irmão, estende os teus pés diante de ti e compromete-te totalmente com ele. Porém, quando te diriges a Deus, estende teus pés para trás, para que o teu voo seja livre. Esquecido daquilo que será, do serviço e das boas obras, daquilo que fizeste e daquilo que farás, deixa de lado qualquer imaginação quando estás em oração, porque é exatamente então que aparecem todos os pensamentos inúteis, que dificultam o ânimo do contemplativo.

Os segundos, porém, que têm as patas curtas, que não atendem nem aos outros nem a si mesmos, mantêm os pés apertados ao ventre, reduzem e atenuam na mente os próprios sentimentos, recolhem-se em si mesmos, para que a mente, concentrada numa só coisa, possa levantar o voo com mais facilidade e fixar o olho da alma no áureo esplendor do sol, sem ficar ofuscada. Com razão, pois, é dito: "Tobias, da tribo e da cidade de Neftali, que se encontra na parte superior da Galileia, acima de Naassão".

9. "Depois o caminho que vai para o Ocidente, e tem à esquerda a cidade de Sefet." O justo abandona o caminho espaçoso que leva para o poente, isto é, para a morte. Diz o profeta: "Seu caminho se torne tenebroso e escorregadio, e o anjo do Senhor os persiga" (Sl 34,6). O caminho dos pecadores na vida presente é escuro por causa da cegueira de sua mente, e escorregadio por causa das iniquidades que realizam. Todavia, na hora da morte, será o anjo do mal que os perseguirá e os impelirá, até precipitá-los no abismo de fogo ardente.

O justo, porém, tem à sua esquerda a cidade de Sefet, isto é, da cultura e da beleza, porque julga esquerda e falsa a ciência enganadora, e condena a filosofia mundana e a beleza passageira. "Olhai, por isso, as aves do céu."

Sempre no Livro de Tobias, narra-se que Ana (= Sara) "subiu para o quarto no plano superior de sua casa, e durante três dias e três noites não comeu nem bebeu; mas, perseverando na oração, pedia a Deus com lágrimas" (Tb 3,10-11). Eis, pois, Ana (= Sara), que se interpreta "graça", que, como uma grande ave, sobe para o alto. Também o justo reza no quarto mais alto de sua mente. Cristo ora no monte e Daniel no seu quarto. Também Eliseu e Elias têm seu quarto, e Cristo, no quarto, no cenáculo, celebra a Páscoa. "Por três dias e três noites." O justo, com efeito, tanto na prosperidade quanto na adversidade, eleva a sua oração à Trindade.

Presta atenção à ordem das palavras: primeiro sobe para o quarto do plano superior; depois, fica sem comer nem beber; persevera na oração e, enfim, derrama-se em lágrimas. Também quem quer voar, deve seguir esta ordem. Primeiramente, deve elevar o ânimo das coisas terrenas, depois castigar seu corpo, a seguir perseverar na oração e, enfim, chorar. Comenta a *Glosa*: A oração comove a Deus, as lágrimas o obrigam. A lágrima unge, a oração punge. "Olhai, pois, as aves do céu."

Considera também quão apropriada seja a concordância da história do presente domingo com o introito da missa de hoje: Tem compaixão de mim, Senhor, porque a ti clamei todo o dia; porque tu, Senhor, és suave e doce, e abundante de misericórdia para todos os que te invocam (cf. Sl 85,3-5). Lê-se no mesmo livro que Tobias e Ana (= Sara) suplicaram ao Senhor, invocando sua misericórdia. Tobias "começou a rezar entre lágrimas, dizendo: Tu és justo, Senhor, e todos os teus juízos são justos, e todos os teus caminhos são misericórdia e verdade. E agora, Senhor, trata-me segundo a tua vontade" (Tb 3,1-2.6) e tem misericórdia. E Ana (= Sara) rezou assim: "Bendito é o teu nome, Senhor, Deus de nossos pais, que, depois de te haveres irado, usas de misericórdia, e no tempo da aflição perdoas os pecados aos que te invocam... Mas todo o que te rende culto tem como certo que a sua vida, se for provada, será coroada; e se for atribulada, será livre; e se for castigada, poderá acolher-se à tua misericórdia. Porque tu não te deleitas com a nossa perdição, tu que, depois da tormenta, dás a bonança, e depois das lágrimas e suspiros, infundes a alegria. Seja o teu nome, ó Deus de Israel, bendito pelos séculos" (Tb 3,13.21-23).

Ambos começam sua oração com as palavras do introito: "Tem piedade, Senhor!..." E quanto o Senhor foi benigno com eles, doce e rico de misericórdia, é claro pelas palavras que seguem: "Naquele mesmo momento, a oração de ambos foi ouvida diante da majestade do sumo Deus. E Rafael, santo anjo do Senhor, foi enviado para os curar a ambos, cujas orações tinham sido apresentadas ao mesmo tempo na presença do Senhor" (Tb 3,24-25).

10. Voltemos para o nosso assunto. "Olhai as aves do céu: não semeiam, não ceifam, nem fazem provisões nos celeiros." Presta atenção às três palavras. A primeira é "semear", a segunda, "ceifar", a terceira, "fazer provisões". E vejamos o seu significado.

Diz Jó: "Tenho visto os que praticam a iniquidade, que semeiam dores e as ceifam: pereceram a um sopro de Deus e foram consumidos por um sopro de sua ira" (Jó 4,8-9). Semeia dores quem pratica perversidades e ceifa-as quem, praticando o mal, delas tira vantagens.

Sobre isso, diz o Profeta Oseias: "Vós cultivastes a impiedade, ceifastes a iniquidade e comestes o fruto da mentira" (Os 10,13). Cultiva a impiedade quem trama o mal em seu coração. Ceifa a injustiça quem executa o mal que tramou. Come o fruto da mentira quem aduz falsos pretextos pelo mal feito e nutre a promessa da impunidade. A serpente cultivou a impiedade, Eva ceifou a iniquidade, Adão comeu o fruto da mentira dizendo: "A mulher que me deste por companheira enganou-me" (Gn 3,12).

O diabo cultiva com as sugestões, a carne ceifa com o prazer, o espírito come quando a razão consente na sensualidade. Repita, pois, Jó: "Tenho visto os que praticam a iniquidade, que semeiam as dores e as ceifam: ao sopro de Deus pereceram".

Observa que, quando nós respiramos, primeiro aspiramos o ar de fora para dentro, depois o expiramos de dentro para fora. Diz-se, pois, que, no momento da retribuição, Deus "sopra", porque pelos fatos externos ele formula o juízo dentro de si, depois por seu conselho interior proclama a sentença para o exterior; por nossos pecados, que ele vê como para fora, intui dentro de si o juízo e, por aquilo que estabeleceu dentro de si, torna pública a condenação.

Ó cegos endinheirados e voluptuosos, cegados pelo esterco das andorinhas, pela mamona dos demônios, olhai as aves do céu, olhai aqueles que contemplam as coisas celestes: eles não semeiam a impiedade, não ceifam a injustiça nem acumulam os frutos da mentira; por isso, o Pai celeste os nutre com a compunção das lágrimas, com a amargura dos suspiros, com o desejo das coisas eternas. Nutre-os quando infunde neles a pobreza e a humilhação de sua encarnação, os sofrimentos de sua paixão, a alegria de sua ressurreição. Nutre-os com a doçura da contemplação, com o gozo da bem-aventurança celeste.

11. O próprio Jesus afirma no Evangelho de João: "Se alguém entrar por mim, será salvo; entrará, sairá e encontrará pastagens" (Jo 10,9). Se alguém entrar por mim, quer dizer, através do meu lado aberto pela lança, se entrar com a fé, com a paixão e a compaixão, será salvo, como a pomba que se refugia na fenda da rocha (cf. Ct 2,14) para fugir do falcão que quer caçá-la; e assim entrará para controlar, para discutir e examinar a si mesmo, e depois sairá para considerar, pisar, desprezar e fugir da vaidade do mundo. A vida do justo fundamenta-se sempre sobre essas duas realidades: quando entra em si mesmo não encontra senão o choro, quando sai não vê senão coisas das quais fugir.

No ingresso há tristeza. De fato, o penitente diz com o salmo: "Todo o dia andava oprimido de tristeza" (Sl 37,7). Por que nós, miseráveis, não nos entristecemos? Certamente, porque não entramos (em nós mesmos) para considerar a nossa maldade e a nossa miséria. Oh! se tu entrasses em ti mesmo, não verias em ti senão dor e tribulação. Então cessaria o riso, não haveria lugar para a alegria: a aflição e a angústia sepultariam qualquer prazer. Ana (= Sara), filha de Raguel, entrara em si mesma quando dizia: "Tu sabes, Senhor, que eu nunca desejei nenhum homem, e que conservei a minha alma pura de toda a concupiscência. Nunca acompanhei gente licenciosa, nem tive comércio com os que se portam com leviandade" (Tb 3,16-17).

Igualmente, na saída do homem justo há fuga. Por isso, diz: "Afastei-me fugindo e permaneci na solidão (no deserto)" (Sl 54,8). Portanto, entrará e sairá e em tudo isso encontrará pastagens: isto é, encontrá-los-á no lado de Cristo, nos próprios sofrimentos, no desprezo do mundo.

No lado de Cristo, o justo encontrará pastagens e, portanto, pode dizer: A minha delícia é estar com o Filho do homem (cf. Pr 8,31), suspenso no patíbulo da cruz, preso por cravos, dessedentado com fel e vinagre, traspassado no lado. Ó minha alma, estas são as tuas delícias, destas deves gozar, nestas deves encontrar a tua alegria. Também Isaías diz: "Então tu verás e estarás na abundância e o teu coração se espantará e se dilatará" (Is 60,5). Verás, ó alma, o Filho de Deus suspenso no patíbulo e então serás inundada de delícias e de lágrimas palpitará o teu coração pela misericórdia do Pai, que, embora vendo seu Filho suspenso na cruz, não o depunha. Ó Pai, como pudeste conter-te? Por que não abriste os céus e desceste para libertar o teu Filho dileto? E no espanto por tudo isso, o teu coração dilatar-se-á no amor do Pai, que nos deu o Filho para nos redimir e o Espírito Santo que operou a nossa salvação.

Além disso, o justo encontra suas pastagens no sofrimento do coração e no desprezo do mundo. Jó, falando do onagro (asno selvagem), isto é, do penitente, diz: "Estende a vista ao redor pelos montes onde pasta e anda buscando tudo o que está verde" (Jó 39,8). Os montes onde pasta representam a contemplação das coisas eternas, que é alimento interior, e quando as considera é tomado de aflição e pranto. É próprio desse penitente procurar tudo aquilo que está verde, desprezando as coisas transitórias e desejando somente as que duram para a eternidade. Todas as coisas postas cá na terra temporariamente e destinadas a acabar, são áridas e queimadas, e são secadas pelos gozos da vida presente, como pelo sol de verão. Ao contrário, são chamadas "verdejantes" as coisas que nenhuma temporariedade pode secá-las. Acertadamente, pois, o Senhor diz: "O Pai celeste as nutre".

"Quem de vós, por mais que se afadigue, pode acrescentar um só côvado à sua estatura? E por que vos inquietais com o vestido?" (Mt 6,27-28). Acima falou da comida, agora fala do vestido.

Portanto, deixai o cuidado de cobrir o corpo àquele que o fez chegar a esta medida. E o Senhor confirma sua exortação a respeito do vestido, com um exemplo muito oportuno: "Observai como crescem os lírios do campo: não trabalham nem fiam. Pois bem, digo-vos que nem Salomão, em toda a sua glória, jamais vestiu-se como um deles" (Mt 6,28-29).

A *Glosa* comenta: Que púrpura de reis, que pintura de tecelões pode ser comparada às flores? A própria cor é chamada "veste" das flores, como dizemos: Este cobriu-se de vermelho. Salomão, que "floresceu" antes de todos os outros soberanos, em toda a sua glória, em todo o seu esplendor, jamais cobriu-se como uma dessas flores. De fato, não pôde cobrir-se da cor da neve, como se cobre o lírio, nem da cor rósea como a rosa, e assim diga-se das demais cores.

12. **Sentido moral**. Considera que no lírio existem três propriedades: o medicamento, o candor e o perfume. O medicamento está na raiz, o candor e o perfume, na flor. E essas três propriedades simbolizam os penitentes pobres no espírito, que crucificam os membros com seus vícios e suas concupiscências, que guardam a humildade no coração para reprimir o temor da soberba, o candor da castidade no corpo e o perfume da boa fama.

Eles se chamam lírios do campo, não do deserto nem do jardim. No campo são indicadas duas coisas: a solidez da santidade e a perfeição da caridade. O campo é o mundo (cf. Mt 13,38): para a flor, resistir no campo é tão difícil quanto meritório. No deserto florescem os eremitas, que se acautelam do convívio humano. No jardim fechado florescem os claustrais, que são tutelados pela vigilância humana. Mas é muito mais meritório (heroico) que os penitentes consigam florescer no campo, isto é, no mundo, onde muito facilmente se destrói a dupla graça da flor, quer dizer, a beleza da vida santa e o perfume da boa fama.

Por isso, o próprio Cristo gloria-se de ser uma flor do campo, quando diz no Cântico dos Cânticos: "Eu sou a flor do campo" (Ct 2,1). Assim, também a Bem-aventurada Virgem Maria, sua mãe, pode gloriar-se, porque no mundo não perdeu a flor, mesmo não sendo reclusa ou monja, mas considerando mais heroico florescer no mundo do que num jardim ou no deserto. Embora, como diz Agostinho, expor-se a isso seja mais perigoso, conseguir fazê-lo é um grande resultado. No *campo*, ou na campina, costuma haver combates; também no mundo há uma luta contínua: luta desencadeada pela carne, pelo próprio mundo e pelos demônios; e na luta é indispensável uma santidade sólida, que deve manter-se imbatível contra qualquer perigo. Quem quer sair a campo para combater, primeiramente meça suas forças, se está em condições de resistir a tão áspera luta. É preferível florescer no jardim ou no deserto, do que murchar no campo; é melhor manter-se ali, do que sucumbir aqui.

Além disso, no fato de serem chamados "lírios do campo", indica-se a perfeição da caridade, já que os lírios estão ao alcance de quem os queira colher. "Dá a quem te pede" (Lc 6,30), diz o Senhor; oferece a tua boa vontade, se não tiveres a possibilidade [as riquezas]; se deres uma e outra coisa, é muito melhor. "Olhai, pois, como crescem os lírios do campo, não trabalham nem tecem." Presta atenção a estes três verbos: crescem, não trabalham, não tecem. Por isso, os justos crescem de virtude em virtude, porque não trabalham nem tecem: tecer quer dizer retorcer os fios, ou seja, fiar. Não trabalham nos tijolos do Egito, quer dizer, nos prazeres da carne; e não tecem, isto é, não retorcem os vários fios dos pensamentos em torno a coisas temporais. Queres crescer? Não queiras trabalhar em torno a ti mesmo e não teças para o mundo, e assim serás pobre. Com efeito, diz José no Gênesis: "O Senhor me fez crescer na terra da minha pobreza" (Gn 41,52). Na terra da pobreza, quer dizer, na humildade do coração, cresce o justo quando diminui em si e Deus cresce nele. Também João Batista dizia: "Importa que ele cresça e que eu diminua" (Jo 3,30). Quando diminuíres a ti mesmo, Deus cresce em ti.

Diz Isaías: "O menor deles valerá por mil, e o mais pequeno por uma nação poderosa" (Is 60,22). E isso acontece quando quem é humilde aos próprios olhos é elevado à perfeição do pensamento e da ação. E o salmo: "O homem penetrará até o fundo do seu coração e Deus será exaltado" (Sl 63,8). *Altus*, em latim se refere tanto à altura como à profundidade: *alto* (e profundo) é o céu, e *alto* (e profundo) é o mar. Portanto, quando tu penetras até o fundo do coração, isto é, à profundidade do coração, quer dizer, à humildade, então, em ti Deus é exaltado, esse Deus que te fará subir acima de todas as coisas terrenas, nas quais "só existe vaidade e aflição de espírito" (Ecl 1,14).

Refleti, portanto, vós, ó mundanos, enamorados deste tempo que foge, vós "que estais fatigados e carregados" (Mt 11,28), vós que retorceis os fios sem fim, "olhai como crescem os lírios do campo".

13. "Eu vos digo que nem Salomão." Aqui, o sapientíssimo Salomão indica os sábios deste mundo que, com sua glória frívola e passageira, com toda a sua ciência que incha, com toda a sua eloquência enganadora não se vestiram como um desses pobres de Cristo. Estes estão vestidos com o candor da pureza, aqueles com a ferrugem da concupiscência carnal; estes estão cobertos pela pobreza e pela nudez, aqueles estão cobertos pela abundância. Estão cobertos por sua iniquidade e impiedade (cf. Sl 72,6), mas descobertos de virtudes; vestem-se neste mundo, mas somente para serem despidos no outro.

E exatamente para eles, o Senhor acrescenta: "Se, pois, Deus veste assim uma erva do campo, que *hoje* existe, e *amanhã* é lançada no forno, quanto mais a vós, homens de pouca fé?" (Mt 6,30). A erva aqui é chamada feno, em latim *foenum*; feno porque alimenta a chama, que em grego se diz *phós*; é figura dos carnais, que hoje, na vida presente, Deus reveste, isto é, permite que se revistam assim de coisas temporais, e amanhã, isto é, na vida futura, lança-os no forno de fogo ardente. E assim alimentarão de si mesmos a chama que os queima. Com efeito, Isaías diz: "Mas vós todos que estais acendendo o fogo, que vos achais rodeados de chamas, caminhai à luz do vosso fogo e por entre as labaredas que ateastes; da minha mão é que vos veio isto; vós dormireis nas dores" (Is 50,11). Também tu serás queimado no fogo que acendeste aqui. Queres escapar daquele fogo? Não o acendas, e se o tiveres aceso, apaga-o: isto é, apaga o incêndio do pecado.

Presta atenção aos dois advérbios: hoje e amanhã. Hoje o pecador existe, e amanhã não existirá mais; hoje reveste-se e amanhã será lançado no forno. Lemos no Primeiro livro dos Macabeus: "Não temais as palavras do homem pecador, porque toda a sua glória não é mais do que esterco e verme; hoje eleva-se e amanhã desaparecerá; porque voltará à terra de onde veio, e todos os seus pensamentos se desvanecerão" (1Mc 2,62-63). Hoje o pecador se reveste, e amanhã será lançado no forno. E Isaías: "Todo o vestido manchado de sangue será queimado, será presa do fogo" (Is 9,5). A alma que vestiu as vestes da riqueza junto com o sangue dos prazeres carnais, será presa do fogo eterno. "Ora, se Deus veste assim a erva do campo..."; como se disse-se: Se Deus provê aos carnais, que são filhos do fogo eterno, também o supérfluo, que afinal serve só para a ruína, quanto mais a vós, que sois os seus fiéis, não proverá o necessário?

"Não vos preocupeis, pois, dizendo: O que comeremos? O que beberemos? Com que nos vestiremos?" (Mt 6,31). Aqui o Senhor recomenda com maior fervor e repete aquilo que disse no início do discurso: que devemos viver sem preocupações. E a *Glosa* comenta: Parece que aqui o Senhor reprova aqueles que, desprezando o alimento e o vestido comum, procuram para si alimentos ou indumentos mais luxuosos ou mais austeros do que os daqueles com quem vivem. "De todas estas coisas preocupam-se os pagãos" (Mt 6,32), que se preocupam com as coisas futuras. O que tem a mais do que o pagão aquele cuja infidelidade lhe atormenta o espírito e o cansa com as preocupações desta vida? Suas preocupações o tornam semelhante ao pagão, isto é, tornam-no infiel.

"Vosso Pai sabe"; ele não fecha seu coração diante dos filhos bons. Quando ouves o Pai, não duvides. "Ele sabe que tendes necessidade destas coisas." E vo-las dá, a não ser que a vossa infidelidade lho impeça.

14. Com esta segunda parte do evangelho concorda a segunda parte da epístola: "Levai os fardos uns dos outros e assim cumprireis a lei de Cristo" (Gl 6,2). Não podes levar os fardos de um outro, se antes não te libertares dos teus. Alivia-te primeiro dos teus, e depois terás condições de levar os fardos do outro. Se fores uma ave do céu, um lírio do campo, então poderás levar os fardos, isto é, as tribulações, as enfermidades do próximo como se fosse bagagem tua, e assim cumprirás a lei de Cristo, isto é, imitarás o amor, a caridade de Cristo, "que tomou os nossos pecados em seu corpo sobre o madeiro da cruz" (1Pd 2,24).

XV domingo depois de Pentecostes

Suplicamos-te, pois, Senhor Jesus Cristo, que nos eleves das coisas terrenas sobre as asas das virtudes, que nos revistas do candor da pureza, a fim de que possamos levar o peso das enfermidades dos irmãos e chegar a ti, que suportaste as nossas. No-lo concedas tu, que és bendito nos séculos dos séculos. Amém.

III – Deve-se buscar acima de tudo o Reino de Deus

15. "Buscai, pois, em primeiro lugar, o Reino de Deus e sua justiça, e todas estas coisas vos serão dadas por acréscimo" (Mt 6,33). O Reino de Deus é o bem supremo: por isso, devemos buscá-lo. E é buscado pela fé, pela esperança e pela caridade. Porém, a justiça (a santidade) desse reino consiste em pôr em prática tudo aquilo que Cristo ensinou. Buscar o Reino de Deus, quer dizer praticar essa justiça com as obras. Buscai, pois, em primeiro lugar o Reino de Deus, quer dizer, ponde-o acima de todas as coisas: tudo deve ser feito em vista dele, nada deve ser buscado fora dele, e a ele deve ser ordenado tudo aquilo que buscamos.

E presta atenção que no evangelho se diz "vos serão dadas por acréscimo", porque todas as coisas pertencem aos filhos, e, portanto, todas essas coisas serão dadas também aos que as buscam. E se a alguém são negadas, trata-se de uma prova; e se forem dadas, isso acontece para que se deem graças a Deus, pois tudo concorre para seu bem (cf. Rm 8,28).

Sobre esse reino, temos uma concordância no Livro de Tobias, onde ele mesmo diz: "As portas de Jerusalém serão construídas de safiras e de esmeraldas, e todo o circuito de seus muros será de pedras preciosas. Todas as suas praças serão calçadas de pedras brancas; em todos os seus bairros cantar-se-á aleluia. Bendito o Senhor que a exaltou, e sobre ela dure o seu reinado nos séculos dos séculos. Amém" (Tb 13,21-23).

Considera que existe uma tríplice Jerusalém: a alegórica, que é a Igreja militante; a moral, que é a alma fiel; a mística (anagógica), isto é, a Igreja triunfante. Veremos como está ordenada cada uma dessas três "Jerusalém", ou Igrejas.

Sentido alegórico. Na passagem acima do Livro de Tobias são nomeadas quatro espécies de pedras: a safira, a esmeralda, a pedra preciosa e a pedra branca e pura: nelas vemos representadas as quatro "ordens" da Igreja militante, isto é: os apóstolos, os mártires, os confessores da fé e as virgens. A safira, da cor do céu limpo, representa os apóstolos, que, desprezadas as coisas terrenas, com razão puderam dizer: "Nossa pátria está nos céus" (Fl 3,20). A esmeralda, de cor verde tão intenso e brilhante que supera o verde de qualquer erva e pode colorir de verde o ar que a circunda e o aspecto de quem a admira, representa os mártires, que, com a efusão de seu sangue, irrigaram as almas, plantadas no jardim da Igreja pelo trabalho dos apóstolos, para conservá-las no verdejante frescor da fé. Por isso com a safira dos apóstolos e a esmeralda dos mártires foram construídas as portas da Igreja militante, para que por meio delas fosse aberto o ingresso ao reino. A pedra preciosa representa os confessores da fé, que, contra os hereges, opuseram a si mesmos como muro para a defesa da casa de Israel (cf. Ez 13,5). E enfim, a pedra pura e branca é símbolo das virgens, esplendentes de pureza interior e de candura exterior, que, com a humildade e com o martírio (o testemunho) sacrificaram-se pelo Senhor; sobre seu exemplo, as *praças* – assim chamadas pelo grego *plàtos*, largura – isto é, os fiéis se alargam e se distendem na prática da caridade, para se submeterem também eles ao Senhor.

16. Sentido moral. A safira simboliza o desprezo das coisas visíveis e a contemplação das invisíveis; a esmeralda representa a compunção das lágrimas, unida à confissão dos pecados. Com essas duas pedras constroem-se as portas da alma, através das quais é aberto o ingresso à graça do Espírito Santo. Por meio dessas duas portas é aberta a entrada e a saída para degustar a doçura de Deus, para a vigilância sobre si mesmo e para o desprezo do mundo. Depois, a pedra preciosa representa a paciência, que é como que o muro da alma, que a fortifica e a defende de toda a perturbação. A pedra branca e pura simboliza a castidade e a humildade, às quais devem voltar-se os pensamentos e os afetos da mente; e então, pelas estradas, isto é, nos sentidos do corpo, ressoará o aleluia, quer dizer, o canto de louvor ao Senhor. E ressoa verdadeiramente uma deliciosa sinfonia quando a atividade dos sentidos estiver de acordo com o candor e com a pureza dos pensamentos.

17. Sentido místico. Na safira é simbolizada a inefável contemplação da Trindade e da Unidade. Na esmeralda, que fortalece os olhos, a alegre visão de toda a Igreja triunfante; na pedra preciosa, a eterna fruição do gozo celeste; na pedra branca e pura, a dupla estola, isto é, a glorificação da alma e do corpo. Quando os santos tiverem conseguido tudo isso, então, pelas estradas de Jerusalém cantarão o Aleluia. Nas estradas de Jerusalém vemos representados os lugares dos quais o Senhor diz: "Na casa de meu Pai há muitas moradas" (Jo 14,2), e nos quais, com voz incansável, os santos cantam aleluia, louvor e glória.

Bendito seja Deus, Pai, Filho e Espírito Santo, que elevou a Jerusalém militante à Igreja triunfante, que é seu reino, sobre o qual ele reina pelos séculos eternos. Amém. Precisamente desse reino diz-se no evangelho: "Buscai em primeiro lugar o Reino de Deus".

18. Com esta terceira parte do evangelho concorda a terceira parte da epístola: "Quem semeia no Espírito, colherá do Espírito a vida eterna" (Gl 6,8). Esta é a Jerusalém construída com pedras preciosas. Este é o Reino de Deus que buscamos, quando semeamos no espírito. Semear no espírito significa buscar a justiça do reino, da qual ainda se diz: "Não nos cansemos, pois, de fazer o bem, porque, se não desfalecermos, a seu tempo colheremos" (Gl 6,9), quando também nós, pelas estradas de Jerusalém, cantaremos com voz incansável: Aleluia.

Irmãos, supliquemos, pois, ao Senhor Jesus Cristo, que nos conceda buscar o seu reino, construir em nós a Jerusalém moral, de maneira a podermos chegar à celeste e sermos dignos de cantar por suas estradas o Aleluia, junto com os anjos. No-lo conceda ele próprio, cujo reino permanece pelos séculos eternos. E toda a alma virtuosa responda: Amém. Aleluia!

XVI domingo depois de Pentecostes

Temas do sermão

• Evangelho do XVI domingo depois de Pentecostes: "Jesus ia para uma cidade chamada Naim"; divide-se em duas partes.

• Primeiramente, sermão sobre a alma penitente, como deve libertar-se do pecado, perseverar nas obras de penitência e ornar-se de todas as virtudes: "Judite desceu para sua casa".

• Parte I: Como se reconhece o pecado mortal: "Em cada um de nós, quando se cai em pecado..."

• As quatro portas do nosso corpo: "Cada um segundo a sua turma".

• A vista: "Como o Oriente ilumina o mundo".

• O ouvido: "O meridião é assim chamado porque..."

• O gosto: "O Ocidente é assim chamado porque..."; natureza da serpente.

• O tato: "O aquilão, ou Setentrião, é assim chamado porque..."

• Sermão sobre a astúcia do diabo: "Holofernes, ao percorrer os arredores".

• Parte II: Sermão sobre a misericórdia de Deus, que se manifesta na encarnação e na paixão; a natureza do cipreste: "Quando Assuero viu Ester".

• Os quatro elementos da natureza e seu simbolismo: "Aqueles que o transportavam, pararam".

• O ódio ao pecado: "Tu sabes, Senhor, que eu sempre odiei".

• A humildade do coração contrito: "Ester recorreu ao Senhor".

• A confissão: "Ó Deus, Rei e Senhor".

• A reabilitação do penitente: "O homem que Deus quer honrar".

• A largura, o comprimento, a altura, a profundidade e seu significado: "Radicados e fundados na caridade".

EXÓRDIO – A ALMA PENITENTE

1. Naquele tempo, "Jesus ia para uma cidade chamada Naim" (Lc 7,11). Lemos no Livro de Judite, que esta mulher desceu para sua casa, "tirou o cilício e depôs as vestes de sua viuvez, lavou o seu corpo, ungiu-se de mirra finíssima, separou e entrançou (*Glosa*: *distinxit*, distinguiu ou dividiu) os cabelos da cabeça, pôs um diadema sobre a cabeça; vestiu-se com os vestidos de gala, calçou as suas sandálias, pôs braceletes com os lírios, os brincos, os anéis e ornou-se com todos os enfeites" (Jt 10,2-3).

Judite interpreta-se "que manifesta", e é figura da alma fiel que na confissão manifesta seu pecado e eleva o louvor ao Senhor. Ela desce para sua casa quando, retornando para sua consciência, repensa nos seus pecados na amargura de sua alma (cf. Is 38,15). Por isso, no Gênesis, disse o anjo a Agar: "Volta para a tua senhora e humilha-te sob a sua mão" (Gn 16,9). Agar interpreta-se "abutre", e é figura da alma que, quando, através dos sentidos do corpo, sai para realizar as obras da carne, é como o abutre que se lança sobre os cadáveres. A ela, o anjo, isto é, a graça do Espírito Santo, diz: "Volta para a tua senhora", isto é, retorna para a consciência, "e sob sua mão", quer dizer, sob o domínio da razão, "humilha-te" na amargura da penitência.

"Tirou o cilício." No cilício é simbolizado o mau cheiro do pecado: a alma o elimina de si quando, entrando em sua consciência, repensa aquilo que cometeu e aquilo que omitiu. Diz o salmo: "Meditava de noite no meu coração, refletia e examinava o meu espírito" (Sl 76,7). Dê atenção às três palavras: meditar, refletir e examinar. O pecador que se encontra na noite do pecado deve meditar em seu coração sobre aquilo que cometeu, sobre aquilo que perdeu e sobre aquilo que adquiriu. Cometeu, deu a morte à sua alma, perdeu a glória eterna, adquiriu a geena, a condenação. E por tudo isso, deve refletir na contrição e na amargura do coração, deve examinar e purificar seu espírito do mau cheiro do pecado com a confissão da boca.

"Depôs as vestes de sua viuvez." Em latim *vestimentum* soa quase como *vestigimentum*, isto é, veste que se alonga até o *vestigium*, pegada, isto é, até os pés. É chamada viúva uma mulher que está só e já não tem deveres conjugais, resultantes da convivência com o homem. A veste da viuvez representa o pecado mortal: quando a alma está revestida dele, torna-se viúva do verdadeiro Esposo; e deixa essa veste quando, na confissão, *depõe* seu pecado com todas as respectivas circunstâncias. De fato, diz o Senhor, como diz Jeremias, por boca de Baruc: "Despe, ó Jerusalém, os vestidos do teu luto e da tua aflição; e enfeita-te da gala e da magnificência daquela glória sempiterna que te vem de Deus" (Br 5,1). A veste do luto e da aflição é o pecado, no qual existe precisamente luto e aflição. O luto é chamado assim por ser para o coração humano quase um *vulnus* ou *ulcus*, uma ferida ou úlcera, que para curá-la se usam palavras de consolação. Como a úlcera, ou a chaga, atormenta o corpo, assim o pecado atormenta a alma, à qual é dirigida a exortação: "Ó Jerusalém, depõe" na confissão "a veste do luto e da aflição, e reveste-te da gala" das virtudes "e da magnificência" da glória, que é a pureza da consciência, para estar em condição de chegar à glória sempiterna.

"E lavou o seu corpo", isto é, lavou as obras da carne com as lágrimas da penitência. Disse o Senhor a Moisés no Êxodo: "Vai ter com o povo e santifica-o hoje e amanhã; lavem os seus vestidos. E estejam preparados para o terceiro dia" (Ex 19,10-11). Presta atenção aos dias, que são três e representam a contrição, a confissão e a reparação. Hoje e amanhã, isto é, com a contrição e a confissão devemos purificar-nos, e lavar com as lágrimas os vestidos, isto é, a obras da carne, e assim estaremos prontos para o terceiro dia, quer dizer, para realizar as obras de reparação.

"Ungiu-se de mirra finíssima", isto é, praticou a mortificação da carne, para matar os vermes da concupiscência. De fato, no Evangelho de João narra-se que Nicodemos chegou "trazendo uma mistura de quase cem libras de mirra e de aloés". Nicodemos mesmo e José de Arimateia "tomaram o corpo de Jesus e o envolveram em lençóis de linho, junto com óleos aromáticos, como é costume sepultar entre os judeus" (Jo 19,39-40).

Nicodemos interpreta-se "submete a juízo" e indica um espírito profundamente contrito, que submete os sentidos do corpo a severo juízo, para que não andem errando pelos prados do prazer ilícito. Esse espírito traz a mistura de mirra e de aloés, isto é, a mortificação da mente e do corpo, na qual consiste toda a perfeição do homem: e este é o sentido das quase cem libras.

José interpreta-se "acréscimo", e é figura da confissão, que deve acrescentar-se ao espírito de contrição. Essas duas coisas sepultam o justo no sepulcro de uma vida nova, envolvendo-o com os lençóis de linho de uma consciência pura, junto com os óleos aromáticos da boa fama. Afinal, esse é costume de sepultar dos judeus, quer dizer, dos verdadeiros penitentes.

"E separou e entrançou os cabelos da cabeça"; isto é, separou com atenta discrição cada um dos pensamentos da mente. Diz o Senhor por boca de Jeremias: "Se separares o precioso do vil, serás como a minha boca" (Jr 15,19). Uma pedra é chamada preciosa, para distingui-la daquela que é *vil*, que não tem valor; a pedra preciosa é rara. Diz-se em latim *vilis* de vila; de *vila* vem a palavra *vilão*, isto é, aquele que não é cidadão, que não tem *urbanidade* alguma (*urbs*, cidade), que é sem educação, sem boas maneiras. Portanto, "se souberes distinguir aquilo que é precioso daquilo que é vil, quer dizer, o pensamento puro, que é raro, daquele que é impuro, que vem da carne, "serás como a minha boca", porque eu não digo coisas terrenas, mas coisas celestes.

"E pôs um diadema sobre sua cabeça." É isso que encontramos também no Eclesiástico: "Sobre seu turbante [de Aarão], colocou uma coroa de ouro, onde estava esculpido o selo da santidade e a glória da honra e era uma obra primorosa" (Eclo 45,14). E disso fala também o Êxodo, quando o Senhor diz a Moisés: "Farás também uma lâmina de ouro puríssimo, na qual farás escrever por mão de gravador: O Santo do Senhor. E atá-la-ás com uma fita de jacinto, e estará sobre a tiara, dominando a fronte do pontífice" (Ex 28,36-38).

A cabeça representa a mente; o turbante sobre a cabeça simboliza o firme propósito da mente de realizar as obras boas; a lâmina de ouro sobre o turbante é a *áurea paciência* sobre a qual está gravado "O Santo do Senhor", quer dizer, o *tetragrama*, as quatro letras *joth*, *he*, *vau*, *he* (JHWH), o nome de Deus, *Javé*. E significa: "Este é o princípio da vida e da paixão". Como se dissesse a Aarão: Este, que eu prefiguro, é o princípio da vida, perdida em Adão, mas também "da paixão", isto é, que será reconstituída com sua paixão: o genitivo, segundo o uso da língua grega, usa-se em vez do ablativo (de meio). Na lâmina da áurea paciência está gravado: paixão do Senhor, que é a nossa glória, a nossa honra e a obra sobre a qual se funda a nossa força.

"E vestiu-se com os vestidos de gala." Os vestidos de gala são as obras da caridade. Diz o salmo: "Feliz o homem que tem compaixão e empresta" (Sl 111,5).

"Calçou as suas sandálias": isto é, defendeu todo o conjunto de suas obras com os preceitos do evangelho. Lemos no Evangelho de Marcos que os apóstolos estavam calçados de sandálias (cf. Mc 6,9). E a *Glosa* explica: Calçados de sandálias, para que o pé não estivesse nem totalmente coberto, nem nu sobre o terreno: isso para que o evangelho não ficasse escondido, nem se apoiasse em vantagens terrenas.

"E pôs braceletes", que em latim se chamam *dextraliola*, isto é, ornamento, prêmio da destra, e simbolizam o prêmio da destra [daqueles que estão à direita do juiz], isto é, o prêmio da vida eterna (cf. Mt 25,34). Disse Jesus: "Lançai as redes à direita da barca, e apanhareis" (Jo 21,6). Lançar à esquerda quer dizer perder, porque *sinistra* significa *sinens extra*, que deixa fora. Tudo o que fazes para este mundo, deixá-lo-ás todo aqui, e o perdes. Ao contrário, lançar à direita significa encontrar, porque *destra* significa *dar fora*. Se trabalhas para a vida eterna, do tesouro interior da vida que é posto fora de ti, ser-te-á dada a graça com a qual poderá retornar à pátria.

"Com os lírios", isto é, com a castidade e a pureza, virtudes das quais se diz no Cântico dos Cânticos: "O meu amado apascenta-se entre os lírios" (Ct 2,16). Entre os lírios da dupla continência repousa e se delicia o Filho da Virgem Maria.

"Os brincos", isto é, os sacrifícios da obediência. Diz-se no Livro de Jó: "E a cada um deles deu uma ovelha e um brinco de ouro" (Jó 42,11). Na ovelha é representada a inocência, no brinco de ouro, a obediência, isto é, a humilde escuta, adorno da graça da humildade. Porém, aqui deve-se notar que com o brinco é ofertada uma ovelha, e com a ovelha é oferecido um brinco, porque ao espírito inocente une-se o ornamento da obediência, segundo o que afirma o Senhor: "As minhas ovelhas ouvem a minha voz" (Jo 10,27). As ovelhas, diz o Senhor, não os lobos. Quem não ouve a voz do prelado, mostra não ser ovelha, mas lobo. E como a própria obediência não deve ser observada por temor, mas por amor, narra-se que os três amigos de Jó ofereceram-lhe precisamente um brinco de outro.

"E os anéis", isto é, o sinal da fé operante. Por isso, do filho pródigo, disse o Pai em Lucas: "Ponde-lhe um anel no dedo" (Lc 15,22). O anel no dedo simboliza a fé operante: para que com as obras seja mostrada a fé e com a fé sejam confirmadas as obras.

"E ornou-se com todos os seus enfeites", isto é, com todas as outras virtudes com as quais se embeleza a alma. Das quais diz o salmo: "À tua direita está a rainha, com manto de ouro, com grande variedade de ornamentos" (Sl 44,10).

Todas essas coisas deve possuí-las aquele que é ressuscitado junto com o filho da viúva e que é restituído à sua mãe, a Jerusalém celeste. Por isso, no evangelho de hoje se diz: "Ia Jesus para uma cidade chamada Naim".

2. Presta atenção que neste evangelho são postos em evidência dois fatos: a aproximação de Jesus da porta da cidade de Naim, e a ressurreição do defunto, filho da viúva. O primeiro, onde diz: "Ia Jesus" etc. O segundo, onde diz: "Vendo a mãe, o Senhor, movido de compaixão para com ela". E nota também que neste domingo e

durante a semana se leem os livros de Judite e de Ester, dos quais tomaremos algumas passagens para ver nelas a concordância com as partes do evangelho.

No introito da missa de hoje canta-se o salmo: "Tu és justo, Senhor, e o teu juízo é reto" (Sl 118,137). Lê-se, depois, a carta do Bem-aventurado Paulo aos Efésios: "Rogo-vos que não desanimeis por causa das tribulações que sofro por vós" (Ef 3,13). Nós a dividiremos em duas partes e veremos sua concordância com as duas partes do evangelho. A primeira parte: "Rogo-vos". A segunda: "Arraigados e fundados na caridade". E considera também que esse trecho da carta é lido junto com este evangelho, porque no evangelho narra-se que Cristo ressuscitou o filho da viúva, e Paulo, na carta, diz: "Cristo habite pela fé em vossos corações": é por meio da fé que o homem ressuscita interiormente de seus pecados.

I – JESUS CRISTO APROXIMA-SE DA PORTA DA CIDADE DE NAIM

3. "Jesus ia para uma cidade, chamada Naim; iam com ele os seus discípulos e muito povo. Quando chegou perto da porta da cidade, eis que era levado um defunto para sepultar, filho único de sua mãe, que era viúva; ia com ela muita gente da cidade" (Lc 7,11-12).

A *Glosa* interpreta brevemente assim o relato evangélico: "Quando o Verbo feito carne introduzia o povo gentio na Jerusalém celeste através das portas da fé, eis que o povo judaico, mais jovem, morto por causa de sua infidelidade, é levado ao sepulcro; a mãe Igreja, que neste mundo o considera como seu, cercada de grande número de povos, chora-o com piedoso afeto, e se esforça com piedosas lágrimas por chamá-lo à vida. Entretanto, impetra-o entre os poucos convertidos dos judeus e, finalmente, impetra-o em plenitude". O caixão no qual o defunto é levado simboliza o corpo humano; os carregadores são os maus costumes, que levam o próprio corpo à morte. Mas Jesus toca o caixão quando eleva sobre o lenho da cruz a frágil natureza humana; então os carregadores do féretro se detêm, porque já não têm condições, como antes, de levar à morte. Por isso, Jesus fala, isto é, lança suas mensagens de salvação: ouvindo suas palavras, o desfalecido ergue-se para a vida e, com as boas obras, é restituído à mãe.

Considera e observa com atenção como a história de Judite concorda de maneira apropriada e convincente com o evangelho deste domingo. No evangelho, deve-se dar especial atenção a três coisas: a cidade de Naim, o filho da viúva que estava morto, e a própria viúva. De modo semelhante, no relato de Judite também existem particularmente três coisas: a cidade de Betúlia, seu povo que está ali quase morrendo, atormentado pela sede, e a própria viúva Judite. O Senhor, movido de compaixão pelas orações da viúva Judite, liberta o povo de Betúlia do cerco dos inimigos. Vejamos qual seja o significado moral de tudo isso.

A cidade de Naim e a cidade de Betúlia significam a mesma coisa. Naim interpreta-se "movimento", "agitação da onda" ou "flutuante"; Betúlia, "casa dolente" ou "casa da parturiente": ambas são figura do nosso corpo, no qual existe o movimento dos impulsos instintivos, a onda dos maus pensamentos, a dor das tribulações, o parto dos gemidos e das lágrimas. Falemos dessas quatro coisas.

4. Considera que em cada um de nós, quando se cai em pecado, nada mais acontece senão aquilo que aconteceu aos três antigos protagonistas, quer dizer, à serpente, à mulher e ao homem. Com efeito, primeiramente existe a sugestão, quer por meio do pensamento, quer por meio dos sentidos do corpo. Se, por efeito da sugestão, a nossa concupiscência não é induzida ao pecado, é excluída a astúcia da serpente. Mas se é induzida ao pecado, é convencida como o foi a mulher.

Acontece, por vezes, que a razão consegue frear e dominar com viril energia a concupiscência já estimulada. E quando isso se verifica, nós não caímos em peca-do, mas, embora lutando, conseguimos ser vencedores. Porém, se também a razão consente e resolve executar aquilo a que a sensualidade a impele, então o homem é expulso de toda a vida feliz, como o foi do paraíso terrestre. Com efeito, o pecado já é imputado, mesmo que não siga a ação, porque a consciência é considerada culpada por ter consentido.

É necessário fazer uma consideração ainda mais aprofundada e analisar o que na alma é pecado mortal e pecado venial. Se o pecado não for mantido por muito tempo, com concupiscência, no pensamento, mas o impulso sensual atingiu imedia-tamente a mulher, isto é, a parte inferior da razão, e ele é reprimido pela autoridade do homem, isto é, da razão, então é pecado venial. E, portanto, desses pensamentos deve-se pedir perdão e bater-se no peito, dizendo: "Perdoa-nos, Senhor, as nossas ofensas, assim como nós perdoamos a quem nos tem ofendido" (Mt 6,12).

Mas se, também com um único pensamento, detemo-nos prazerosamente e por longo tempo em prazeres ilícitos, dos quais sempre devemos afastar-nos e, mesmo sem decidir passar para más ações, mas apenas suavemente nos comprazemos em sua recordação, então é pecado mortal, e se dele não nos arrependemos, haverá a condenação.

Lemos no Gênesis que Noé gerou Cam, e Cam gerou Canaã (cf. Gn 9,18), do qual se diz, no mesmo Gênesis: "Maldito seja Canaã! Ele será escravo dos escravos de seus irmãos" (Gn 9,25). Noé interpreta-se "repouso", Cam, "calor" e Canaã, "impulso". Do repouso, isto é, da tibieza e da ociosidade, é gerado o calor da concupis-cência. Do calor da concupiscência nasce o impulso da mísera carne. De fato, quem está cheio de calor, põe-se imediatamente em movimento. "Seja maldito Canaã", seja maldito o impulso carnal, que devemos subjugar e reduzir à escravidão. E da onda dos maus pensamentos, diz Isaías: "O coração do ímpio é como um mar agitado, que não pode se acalmar, e cujas ondas se elevam para produzir lama e lodo" (Is 57,20). E o Senhor: "Não há paz para os ímpios" (Is 57,21). O coração do ímpio é como um mar agitado: incha-se de soberba, agita-se de luxúria, e então as ondas dos maus pensamentos trazem lama e lodo, isto é, produzem dois males: pisam a graça e trazem a imundície do pecado. Além disso, do sofrimento da tribulação diz o salmo: "Encontrei tribulação e sofrimento" (Sl 114,3). Adão, expulso do paraíso terrestre, encontrou os espinhos do sofrimento da mente, e os tormentos da tribulação no corpo. "A terra produzir-te-á espinhos e abrolhos" (Gn 3,18). Espinho vem de pungir, porque os espinhos são pontudos como as agulhas, e os abrolhos vêm de atribular. Os espinhos das dores pungem o ânimo; os abrolhos das tribulações atribulam o corpo, que assim gera lágrimas e gemidos.

Eis a cidade de Naim, na qual morre um filho único, eis a cidade de Betúlia, na qual um povo é atribulado. O filho e o povo são figura da alma humana, atribulada pelas tentações e pelos ataques de inimigos invisíveis; e se a eles consente ou cede, morre miseramente no próprio corpo. Digamos, pois: "Eis que era levado ao sepulcro um defunto, que era filho único de sua mãe".

Diz-se *defunto*, do verbo latino *defungi*, levar a termo, cumprir: cessar um ofício ou ter executado uma tarefa; é defunto quem cumpriu os deveres da vida, ou terminou a vida. O defunto, que diante de muita gente é levado para fora da porta, é símbolo daquele que comete o pecado, como um criminoso, isto é, que não esconde o seu pecado no recesso do coração, mas o manifesta aos outros com obras e palavras, como que através das portas de sua cidade. A porta pela qual é levado para fora o defunto é figura de um dos sentidos, com o qual se caiu em pecado, e sobretudo é figura da vista. A porta é chamada assim porque através dela é possível levar para dentro ou para fora alguma coisa. Através dos olhos, leva-se para fora a alma para olhar as mulheres, isto é, os falsos prazeres e os seus lugares (cf. Gn 34,1), e sempre através dos olhos leva-se para dentro da alma a morte, que destrói todas as suas virtudes.

5. E observa que a cidade de Naim, isto é, o nosso corpo, tem quatro portas: a porta oriental, a ocidental, a meridional e a setentrional, através das quais é levada para fora a alma *defunta*. Para que não seja levada para fora, essas portas devem ser obstruídas com trancas ou defendidas por sentinelas. De fato, como se lê no Livro dos Números, o Senhor disse a Moisés: Cada um acampará, com a turma à qual pertence, ao redor do Tabernáculo da aliança. Judá acampará a oriente, e perto dele acamparão Issacar e Zabulon. Na parte meridional acamparão Rúben, Simeão e Gad. Na parte ocidental acamparão Efraim, Manassés e Benjamim. Enfim, no Setentrião acamparão Dan, Aser e Neftali (cf. Nm 2,2-29 passim).

O tabernáculo da aliança representa o corpo. Diz Pedro: "Considero meu dever, enquanto estou neste tabernáculo, despertar-vos com admoestações, estando certo de que, dentro em breve, deixarei o meu tabernáculo" (2Pd 1,13-14), isto é, este meu corpo. As quatro portas desta cidade, ou os quatro lados desse tabernáculo, são a vista, o ouvido, o gosto e o tato.

O Oriente indica a vista, porque assim como o Oriente ilumina o mundo, da mesma forma os olhos iluminam todo o corpo. Para a sua guarda deve-se pôr Judá, Issacar e Zabulon. Judá que, tendo entrado por primeiro no Mar Vermelho, mereceu o primado sobre todas as tribos: de sua tribo provieram Davi e Cristo; ele simboliza a dignidade do ânimo real, que tem o poder de impedir qualquer incursão dos impulsos ilícitos e desonestos e que, como um leão, não teme algum assalto de tentações.

Issacar, que se interpreta "recompensa" e simboliza a recompensa da vida eterna. Zabulon, que se interpreta "morada da fortaleza" e simboliza o firme propósito da perseverança final. Desses dois últimos, diz Moisés: "Alegra-te, Zabulon, na tua saída, e tu Issacar, nos teus tabernáculos" (Dt 33,18).

Quem persevera no Senhor até o fim, isto é, até a sua saída deste mundo, poderá verdadeiramente alegrar-se, porque passará para os tabernáculos da recompensa eterna. Se essas três coisas, isto é, a dignidade do ânimo real, a espera da recompensa eterna e a firmeza da perseverança final estiverem reunidas junto, certamente defendem os olhos de qualquer olhar ilícito. À realeza do ânimo repugna olhar coisas desonestas; a espera da recompensa invisível impede o olho de se deter sobre as coisas visíveis; o propósito da perseverança preserva do contágio do pecado, que, se entrasse através do olho, enfraqueceria a decisão do ânimo.

O meridião simboliza o ouvido. Diz-se em latim *meridies*, como para dizer *medies*, isto é, *medius dies*, a metade do dia; ou *meridies* quer dizer também *mais puro*, do termo grego [sic] *merum*, que quer dizer *puro*[18].

O ouvido é como que o meio entre a vista e o gosto. Vejo mais longe do que ouço; ouço mais longe do que possa degustar. Degustar é como que o grau positivo, ouvir é o grau comparativo, ver é o grau superlativo. Portanto, Rúben, Simeão e Gad devem acampar no ouvido. Moisés disse de Rúben: "Viva Rúben e não morra, mas seja em pequeno número" (Dt 33,6). Nessas palavras é indicada a humildade. Sendo pequeno aos teus olhos, tornas-te grande aos meus (cf. 1Sm 15,17). Simeão interpreta-se "sente desprazer" ou "tristeza"; Gad significa "armado" (Gn 49,19).

Considera que existem três coisas que atrapalham o nosso ouvido: as palavras de arrogância, as de detração e as de adulação. Contra as palavras de arrogância, sê cauteloso, humilde e paciente: "O melhor modo de vencer – diz o Filósofo – é a paciência". Contra os detratores, sê como alguém que escuta com desprazer e com tristeza. Diz Salomão nos Provérbios: "O vento do aquilão dissipa as chuvas e um rosto cheio de tristeza desencoraja a língua do detrator" (Pr 25,23). Contra os aduladores, sê armado com a lembrança de tua iniquidade, e crê mais na voz de tua consciência do que na língua dos outros.

O Ocidente simboliza o gosto. Diz-se ocidente, porque faz *occidere*, cair (morrer) o dia. Esconde a luz ao mundo e faz sobrevir as trevas. Considera que com a língua pecamos de três modos: com a adulação, com a detração e com tomar alimento e bebida além do necessário. Adulamos quem está presente, criticamos quem está ausente, somos escravos do prazer da gula, e assim se põe para nós o sol da justiça e sobrevêm as trevas da ignorância.

Nessa parte devem assentar as tendas Efraim, nome que se interpreta "crescente", Manassés que se interpreta "esquecido", e Benjamim que se interpreta "filho da amargura" (Gn 35,18). Quando queres fazer crescer e elevar alguém com o teu louvor, tu

---

18. Assim Santo Antônio. Na realidade, é em latim que *"merum"* significa "puro".

o diminuis em ti mesmo. Ouve o que disse José no Gênesis quando lhe nasceu o filho Efraim: "O Senhor fez-me crescer na terra de minha pobreza" (Gn 41,52). Disse "da pobreza", não da adulação. Queres crescer diante de Deus e não diante dos homens? Não dirijas todo o louvor e toda a glória à criatura, mas ao Criador. Queres libertar-te da detração? Sê Manassés, isto é, esquecido de todo o rancor do coração, de toda a rivalidade. Quando falas, jamais fales de quem está ausente, a não ser o bem. De toda a pessoa ausente, que não amas de verdade e pureza, peço-te, meu irmão, esquece-te, enquanto falas, para poder dizer aquilo que, no Gênesis, disse José quando lhe nasceu Manassés: "O Senhor fez-me esquecer todos os meus trabalhos" (Gn 41,51).

É verdadeiramente um grande trabalho lesar a vida dos outros com a língua da detração, fazer seu o mal dos outros, tomar sobre si mesmo o peso dos outros. "De-baixo de sua língua – diz o salmo – estão a opressão e a dor" (Sl 10,7). E Jeremias: "Estenderam a sua língua como um arco de mentira e não de verdade" (Jr 9,3).

E presta atenção, que diz "estenderam". Na *História natural*, narra-se que a ser-pente estende com astúcia a língua, na qual há dois apêndices: primeiro morde com o dente, depois, na ferida feita, afunda os dois apêndices, e então entra na ferida um pouco de líquido venenoso e, assim, envenena o homem (Plínio). A serpente cha-ma-se assim porque *serpit*, serpeia, arrasta-se, e representa o detrator que murmura e sussurra às escondidas. Em sua língua há dois apêndices: ou fala mal daquele que não ama, ou, se tem medo e não é acreditado, louva-o com ironia: Seria perfeito – diz – se não tivesse tal vício. Enquanto morde sua vida com a língua da detração, inocula-lhe o veneno de sua maldosa insinuação. De modo semelhante, contra os prazeres da gula, sê Benjamim, isto é, filho da amargura, quer dizer, da paixão de Jesus Cristo. Disse Booz a Rute: "Molha o teu pão no vinagre" (Rt 2,14). E sobre isso, veja o ser-mão do Domingo da Quinquagésima, sobre o evangelho: "Um cego estava sentado ao longo do caminho".

O Setentrião simboliza o tato. O setentrião chama-se em latim *aquilo*, aqui-lão, como alguém que *aquas ligat*, liga as águas. A iniquidade liga-te as mãos para que tu não as estendas às obras boas. E nessa parte devem assentar as tendas Dan, que se interpreta "juízo", Aser, que se interpreta "riqueza" e Neftali que se interpreta "largura". Observa que com o tato das mãos pecamos de três modos: tocando coisas desonestas e torpes, roubando as coisas dos outros, recusando aos pobres aquilo que lhes pertence. Contra o primeiro julga e condena a ti mesmo. Contra o segundo contenta-te com aquilo que tens na justa medida: "Grande riqueza é uma alegre po-breza e contentar-se com aquilo que se tem" (Sêneca). E contra o terceiro, alarga a ti mesmo: Estende a mão ao pobre (cf. Pr 31,20), para receber, depois, o dobro da mão de Jesus Cristo (cf. Is 40,2). Portanto, se as portas do teu corpo se tiverem tornado seguras com essas trancas e por essas sentinelas, o defunto não será levado para fora pelas portas da cidade de Naim.

6. Até agora ouviste falar do filho defunto; ouve agora alguma coisa do atribulado povo de Betúlia. Narra-se no Livro de Judite, que Holofernes, ao percorrer os arre-

dores, descobriu que as águas da cidade provinham de uma fonte situada na parte meridional, fora da cidade: e então ordenou que lhes fosse cortado o aqueduto (cf. Jt 7,6). Holofernes interpreta-se "que enfraquece o vitelo gordo", e é figura do diabo que, com a ardente febre da luxúria, com a sarna da avareza e com a vertigem da soberba, enfraquece o vitelo gordo deste mundo, quer dizer, o pecador embriagado das coisas temporais. O diabo percorre os arredores, procurando a quem devorar (cf. 1Pd 5,8), e então descobre que a fonte etc.

A fonte é a graça do Espírito Santo; o aqueduto é a devoção da mente; a parte meridional representa a fé em Jesus Cristo: "Deus virá do meio-dia" (Hab 3,3); a cidade é a alma. Portanto, a fonte da graça corre, pelo aqueduto da devoção, do meio-dia da encarnação do Senhor para a cidade que é a alma fiel. O diabo, porém, quando a descobre, com as preocupações do mundo corta o aqueduto da mente, e assim a alma que antes costumava haurir na alegria as águas das fontes do Salvador (cf. Is 12,3), queimada pela sede, esvaziada da graça, é posta no limiar da morte.

E por isso, considerando que tudo isso aconteceu por justo juízo de Deus e porque o mereceu, a alma, junto com o povo de Betúlia, prorrompe no canto do introito da missa de hoje: "Justo és, Senhor, e reto é o teu juízo; procede com o teu servo segundo a tua misericórdia" (Sl 118,137.124). A mesma coisa lê-se no Livro de Judite, onde se diz que "se levantou grande pranto e alarido em todo o ajuntamento, e durante muitas horas clamaram a uma voz a Deus, dizendo: Pecamos nós e os nossos pais, procedemos injustamente, cometemos a iniquidade. Tu, Senhor, que és piedoso, compadece-te de nós" (Jt 7,18-20).

7. Com esta primeira parte do evangelho concorda a primeira parte da epístola: "Rogo-vos que não desanimeis por causa das tribulações que sofro por vós: elas são vossa glória" (Ef 3,13). Exatamente isso entendia Holofernes, quando atribulava o povo de Betúlia: queria que, oprimidos pelas desventuras, chegassem ao desespero e lhe entregassem a cidade. Assim também o diabo atormenta o homem para que perca a coragem, se desespere e caia. Mas "rogo-vos", diz o Apóstolo, "não desanimeis por causa das tribulações, que são a vossa glória".

E também Judite diz: "Abraão, nosso pai, foi tentado e, provado com muitas tribulações, tornou-se amigo de Deus" (Jt 8,22). "Por isso, eu dobro os meus joelhos diante do Pai de nosso Senhor Jesus Cristo, do qual toda a paternidade, quer nos céus, quer na terra, toma o nome, para que, segundo as riquezas de sua glória, vos conceda que sejais corroborados em virtude, segundo o homem interior, pelo seu Espírito, e que Cristo habite pela fé nos vossos corações" (Ef 3,14-17).

E a mesma coisa se lê no Livro de Judite, onde diz que "prostrando-se diante do Senhor, clamou ao Senhor, dizendo: Senhor Deus de meu pai, Deus dos céus e criador das águas e Senhor de toda a criatura, ouve esta miserável que te suplica e que espera tudo de tua misericórdia. Lembra-te, Senhor, da tua aliança, e põe tu as palavras na minha boca e fortifica a resolução do meu coração, para que a tua casa", isto é, a Igreja, "permaneça sempre na tua santidade" (Jt 9,1-2.17-18). É o que diz o Apóstolo: "Cristo habite pela fé em vossos corações".

Oremos e supliquemos, irmãos caríssimos, para que ele defenda as portas de nossa cidade por obra das mencionadas sentinelas; guarde ele o aqueduto da água viva, para que não seja cortado por Holofernes, e habite em nossos corações a fim de merecermos habitar com ele nos céus. No-lo conceda ele próprio, que é bendito nos séculos dos séculos. Amém.

II – Cristo ressuscita o filho da viúva

8. "A mulher era viúva e com ela ia muita gente da cidade. Tendo-a visto, o Senhor, movido de compaixão para com ela, disse-lhe: Não chores. Aproximou-se e tocou no esquife. Os que o levavam, pararam. Então disse ele: Jovem, eu te digo, levanta-te! Sentou-se o que tinha estado morto e começou a falar. E Jesus entregou-o à sua mãe" (Lc 7,12-15). A *Glosa* comenta: Primeiro, é movido de piedade: eis um exemplo de piedade a ser imitado; depois ressuscita: nisso fundamenta-se a fé no seu admirável poder. E sobre essas duas coisas temos a concordância no Livro de Ester.

"Quando Assuero viu diante de si, em pé, a Rainha Ester, olhou-a com agrado e estendeu para ela o cetro de ouro que tinha na mão", e este era o sinal de clemência. "Aproximando-se, Ester beijou a ponta do cetro" (Est 5,2). Assuero interpreta-se "felicidade", e é figura de Jesus Cristo, que é a felicidade dos santos. Ele, quando vê Ester, que se interpreta "escondida", isto é, a alma que deve esconder-se da vista do diabo no lado aberto do próprio Cristo, quando a vê diante de si, em pé, e não hesitante em meio às tribulações, não curvada pelos desejos terrenos, não sentada no ócio do corpo, não deitada no leito dos prazeres, ela agrada aos seus olhos. Ó Bem-aventurado Jesus, feliz quem agrada aos teus olhos, infeliz quem agrada aos próprios. Queres agradar a Deus? Desagrada primeiro a ti mesmo. Diz Ezequiel: "E eles se desgostarão de si mesmos, por causa dos males que fizeram em todas as suas abominações" (Ez 6,9). E então poderás dizer com Davi: "A tua misericórdia está diante de meus olhos e eu me comprazo na tua verdade" (Sl 25,3).

Considera que a misericórdia do Senhor consiste em duas coisas: na encarnação e na paixão. Portanto, devemos ter diante dos olhos de nossa mente a misericórdia, isto é, a encarnação e a paixão, para que humilhem os olhos de nossa soberba. Diz Salomão nos Provérbios: "Nunca percas de vista estas coisas" (Pr 3,21). E no Êxodo: "Isto será para ti como um sinal e como uma lembrança pendente diante dos teus olhos" (Ex 13,16). E diz isso seguindo o exemplo de quem faz um nó (no lenço) ou coisa semelhante, para não esquecer um compromisso, ou um fato que não deve desaparecer da memória.

"E eu me comprazo na tua verdade." Dela diz-se no salmo: "Tu me humilhaste na tua verdade" (Sl 118,75). Como se dissesse: Quando considero a humildade da Verdade, isto é, do teu Filho, humilho a mim mesmo e assim eu te agrado. Ou: "Agrado-me na tua verdade" (fidelidade), quer dizer, no cumprimento de tuas promessas.

Com efeito, antes que o Senhor cumprisse as suas promessas, o homem era como que desfigurado e degradado e, portanto, não podia certamente agradar-se de si mesmo. Mas depois de ter sido renovado e reconstituído na sua dignidade por meio da encarnação do Filho de Deus, com a qual as promessas do Senhor se cumpriram, tem em si de que se comprazer. E já que foi Jesus Cristo que realizou essa renovação, ele próprio diz no Eclesiástico: "Eu sou como um cipreste no Monte Sião" (Eclo 24,17).

Lemos na *História natural* que a folha do cipreste elimina (cura) a *morféia*, que é uma espécie de lepra. Assim Cristo eliminou a mancha de corrupção que aparecia em nossa figura e, portanto, mereceu ouvir para si e para seus batizados: "Este é meu Filho dileto, no qual pus a minha complacência" (Mt 3,17). Com razão, pois, diz-se que Ester agradou aos olhos de Assuero.

"E estendeu para ela o cetro de ouro." O cetro de ouro é a cruz da paixão de Cristo, com a qual conquistou o poder. De fato, disse: "Todo o poder me foi dado no céu e na terra" (Mt 28,18). E o Apóstolo: "Pelo que também Deus o exaltou..." (Fl 2,9). Ele estende esse cetro para a alma quando se aproxima e toca o esquife. Eis a concordância. O esquife representa a consciência do homem: quando o Senhor o toca com o cetro de ouro de sua paixão, quer dizer, imprime-lhe os sinais do seu sangue e reaviva-lhe a lembrança de suas dores, então a alma se levanta, confiando na sua misericórdia, e beija a ponta do cetro.

A ponta do cetro, isto é, da paixão do Senhor, foi o amor, do qual o Apóstolo diz na epístola de hoje: "Conhecer o amor de Cristo, que excede toda a ciência" (Ef 3,19), e que jamais poderá ser conhecido plenamente. O amor de Cristo, com o qual ele nos amou até o fim, foi superior a toda a humana imaginação. Com efeito, Deus se fez homem, o justo morreu pelos injustos (cf. 1Pd 3,18). Portanto, a alma beija a ponta do cetro quando se une inseparavelmente ao amor de Deus, e então pode dizer com o Apóstolo: "Quem poderá separar-me do amor de Cristo?" (Rm 8,35).

9. "Os que o levavam, pararam." Observa que o pecador é levado pelos quatro elementos de que se compõe. É levado pela *terra* quando pensa só nas coisas terrenas; com efeito, diz o salmo: "Decidiram fixar seus olhos para a terra" (Sl 16,11). É levado pela *água* quando medita na luxúria; daí lermos no Gênesis que Jacó disse a Rúben: "Derramaste-te como a água, não crescerás, porque subiste ao leito de teu pai e profanaste o seu tálamo" (Gn 49,4). Diz-se que Rúben uniu-se a Bala, concubina de seu pai (cf. Gn 35,22). É levado pelo *ar* quando faz tudo para ter o louvor dos homens. O ar tem densidade muito menor do que todos os outros elementos e, portanto, simboliza a vanglória, que é um frívolo e evidente engano. Diz o salmo: "Os filhos dos homens são mentirosos nas balanças, para enganar" (Sl 61,10). Ó falso hipócrita, por quem queres te fazer passar? Por que queres vender-te aos homens por um peso diferente daquele indicado pela balança da verdade? Pesa primeiro a ti mesmo com maior discernimento e não te vendas a nós por um valor maior do que aquele que te indicou a balança da justiça. E, enfim, é levado pelo *fogo* quando se inflama de ira. Diz o salmo: "Serão destruídos como a cera que se derrete; de cima caiu fogo sobre

eles e não viram mais o sol" (Sl 57,9). Quando o fogo da ira, que vem do diabo, cai sobre o coração do pecador, e se derrete como cera em palavras blasfemas, então ele se destrói por si mesmo e sai fora de si.

Esses quatro "elementos" levam a alma para a sepultura do inferno; mas se o Senhor, com a mão de sua misericórdia e com o cetro de ouro de sua paixão, tocar a consciência do pecador, os mencionados quatro vícios são destruídos, e a mente, tendo voltado a si mesma, responde obedecendo ao Salvador e vai ao encontro da vida. E o evangelho continua: "Jovem, eu te digo: levanta-te! O morto sentou-se e começou a falar. Ele o deu à sua mãe".

Dá atenção a estas quatro palavras: levanta-te, sentou-se, começou a falar, e o deu à sua mãe. Esse é o procedimento justo para retornar à vida. Primeiramente, o pecador deve levantar-se: levantar-se do pecado, execrá-lo e detestá-lo. Em segundo lugar, deve sentar-se, quer dizer, humilhar-se na contrição do coração. Terceiro ponto, deve falar, com a confissão, e assim o Senhor – quarto ponto – restitui-lo-á à sua mãe, isto é, à graça do Espírito Santo. E também sobre essas quatro coisas temos a concordância no Livro de Ester.

10. Sobre a primeira, isto é, sobre a execração e a detestação do pecado, diz Ester: "Senhor, que conheces todas as coisas, sabes que odeio a glória dos iníquos e detesto o leito dos incircuncisos e de qualquer estrangeiro. Tu sabes a minha necessidade e que abomino o distintivo da soberba e da minha glória, que trago sobre a minha cabeça nos dias em que devo comparecer em público, que o detesto como um pano imundo" (Est 14,14-16). Também a alma que quer levantar-se do pecado deve odiar a glória dos mundanos e execrar o sinal da grandeza e da glória passageira e detestá-lo como um pano imundo.

Igualmente, sobre a segunda, isto é, sobre a humildade do coração contrito, lemos no mesmo livro que "Ester, aterrorizada com o perigo que estava iminente, recorreu ao Senhor. E, tendo deposto os vestidos reais, tomou traje próprio de pranto e luto e, em lugar de variedade de unguentos, cobriu sua cabeça com cinza e pó, humilhou o seu corpo com jejuns, e por todos os lugares em que antes costumava alegrar-se, espalhou os cabelos que se arrancava. E orava ao Senhor Deus de Israel" (Est 14,1-3).

Também a alma, temendo o perigo da morte eterna que ameaça os pecadores, deve recorrer à misericórdia do Senhor, despojar-se das vestes da glória temporal e entregar-se ao pranto e ao luto da penitência; e em lugar dos vários perfumes, em lugar dos prazeres da carne, deve cobrir a cabeça da mente com cinza, isto é, com a lembrança de sua fragilidade e das imundícies, quer dizer, com a lembrança de sua iniquidade; deve mortificar seu corpo com jejuns e encher com os cabelos arrancados os ambientes nos quais antes se divertia, a fim de fazer tantos sacrifícios quantos prazeres antes experimentou.

Igualmente, sobre a confissão, diz Mardoqueu, no mesmo Livro de Ester: "Ó Deus, Rei e Senhor, ouve os meus rogos e mostra-te propício à tua parte e herança;

muda o nosso pranto em gozo" (Est 13,15.17). E Ester rezava: "Meu Senhor, tu és o nosso único rei, socorre também a mim, que estou só e não tenho outro auxílio fora de ti" (Est 14,3). Mardoqueu interpreta-se "amarga contrição", da qual procede depois a verdadeira confissão, que obtém o perdão e que converte o luto da penitência em alegria da glória.

11. E também sobre a maneira como o Senhor restitui a graça ao pecador, lemos no mesmo Livro de Ester: "O homem, a quem o rei deseja honrar, deve tomar vestidos reais e montar um cavalo dos que o rei monta, levar sobre a sua cabeça um diadema real, e o primeiro dos príncipes e dos grandes do rei leve pelas rédeas o seu cavalo, e, indo pelas praças da cidade, diga em alta voz: Assim é que será honrado todo aquele a quem o rei quiser honrar" (Est 6,7-9). Tudo isso o Rei Assuero ordenou que fosse executado em relação a Mardoqueu.

Vejamos o que significam as vestes reais, o cavalo e a sela do rei, a coroa do rei e o primeiro dos príncipes reais.

As *vestes* são chamadas assim porque *vehunt*, isto é, enquanto apresentam e indicam a condição própria do homem. O rei é figura de Cristo, cujas vestes são as virtudes com as quais reveste a alma que se converteu a ele. Com efeito, diz Ezequiel: "Lavei-te com água, limpei-te do teu sangue e te ungi com óleo. E te vesti com roupas bordadas de diversas cores, dei-te o calçado cor de jacinto, cingi-te de linho puro e te cobri de finos véus. E te ornei com preciosos enfeites" (Ez 16,9-11).

O sangue é chamado assim porque é *suave*, e indica a imundície da luxúria que é agradável ao homem, mas depois enche-lhe a boca de pedras (cf. Pr 20,17), quer dizer, dos carvões incandescentes da geena. O Senhor lava esse sangue da alma e a purifica com a água da compunção, unge-a com o óleo de sua paterna consolação, cobre-a de vestes bordadas, isto é, com as várias virtudes, calça-lhe sandálias cor de jacinto, isto é, infunde-lhe o desejo das coisas eternas, para que possa pisar as serpentes e os escorpiões; cinge-a com o linho puro da castidade e a envolve em sutilíssimos véus, isto é, com a simplicidade da reta intenção, e, enfim, cobre-a com o ornamento da dignidade. Assim vestida, a alma pode ser sentada sobre o cavalo que é selado para o rei.

O cavalo representa o corpo; a sela, do verbo *sedere*, como se dissesse *sedda*, sede, simboliza a humildade ou a pobreza de Jesus Cristo, na qual ele foi por assim dizer sentado quando se humilhou na carne humana. Portanto, do corpo, que vive na humildade e na pobreza, diz-se bem que é da *sela* do rei. A alma é posta sobre esse cavalo quando a carne é sujeitada ao espírito, e então é coroada com o diadema real, quer dizer, com o amor de Deus e do próximo.

"E o primeiro dos príncipes reais." Considera que Deus constituiu para o homem três *príncipes* para que o guardem: a razão, o intelecto e a memória. O primeiro, isto é, a razão, deve guiar o cavalo, para que o corpo não ande errando para cá e para lá, e deve conduzi-lo pelas praças da cidade, isto é, na concórdia fraterna, para que não se desvie.

Ó caríssimos, assim será honrado aquele que o rei, Jesus Cristo, quer honrar. Portanto, quem quiser ser digno de tal honra, deve primeiramente levantar-se, depois sentar-se e, enfim, deve começar a falar, e então será restituído honrosamente à sua mãe, isto é, à graça do Espírito Santo, para a seguir ser feito participante da honra da glória eterna.

12. Com esta segunda parte do evangelho concorda também a segunda parte da epístola: "Arraigados e fundados na caridade, possais compreender, com todos os santos, qual seja a largura e o comprimento, a sublimidade e a profundidade" (Ef 3,17-18). Observa que essas quatro dimensões concordam com as ações acima descritas, isto é, levanta-te, sentou-se, começou a falar e entregou-o à sua mãe.

Quando alguém se levanta da mesquinhez do pecado, entra numa nova *largura* da mente. Diz o salmo: "Pôs-me ao largo e me salvou porque me amava" (Sl 17,20). E o Senhor, depois de ter ressuscitado Lázaro, disse a seus discípulos: "Desligai-o e deixai-o ir" (Jo 11,44). Quando alguém se levanta do fedor do pecado, tem condições de ir livre.

De igual modo, na humildade do coração contrito está o *comprimento*, dimensão que se refere ao passado, ao presente e ao futuro. O passado para chorá-lo, o presente para considerar a própria miserável condição, o futuro para viver vigilante, para precaver-se. Assim, na confissão está também a *sublimidade*. O *excelso* é chamado *sublime*: como se dissesse *sub limen*, além do limite. No limite são postos o ingresso e a saída; neles são representados o nosso ingresso e a nossa saída da vida. No ingresso da vida existe a miséria (o trabalho), na saída a tribulação. A confissão, porém, está no sublime, isto é, situação além do limite, porque nos liberta tanto da miséria como da tribulação. A confissão levou o ladrão ao sublime, porque o libertou da miséria e da tribulação. De fato, mereceu ouvir que lhe dizia: "Hoje estarás comigo", onde não existe miséria alguma, mas só glória, "no paraíso" (Lc 23,43), onde não existe tribulação alguma, mas só alegria total.

Enfim, na restituição do pecador arrependido à sua mãe, existe a *profundidade* da misericórdia de Deus. Ó profundidade da divina clemência, bem além do fundo da inteligência humana, porque sua misericórdia é sem limite. Está escrito no Livro da Sabedoria: "Tendo Deus disposto todas as coisas com medida, conta e peso" (Sb 11,21), não quis fechar a sua misericórdia dentro dessas leis, dentro desses termos, mas é sua misericórdia que tudo fecha e tudo abraça. Sua misericórdia está em toda a parte, também no inferno, porque nem o condenado é punido na medida que sua culpa exigiria.

"Da misericórdia do Senhor está cheia a terra" (Sl 118,64), e todos nós, miseráveis, temos recebido de sua plenitude graça sobre graça (cf. Jo 1,16). Paulo: "Pela misericórdia de Deus sou aquilo que sou" (1Cor 15,10), e sem ela não sou nada. Ó Senhor, se tu me privas da tua misericórdia, caio na miséria eterna.

A tua misericórdia é a coluna que sustenta o céu e a terra, e se tu a tiras, tudo cai na ruína. É graças às muitas misericórdias do Senhor – diz Jeremias –, que não fomos consumidos" (Lm 3,22). Verdadeiramente muitas são as tuas misericórdias! Cada vez que com a mente ou com o corpo temos cometido o pecado mortal, e não fomos imediatamente sufocados pelo diabo, se ainda estamos em vida, devemos atribuí-lo à infinita misericórdia de Deus. De fato, ele espera que nos convertamos e, portanto, não permite que o diabo nos sufoque. Portanto, de todas estas misericórdias devemos dar graças ao Pai misericordioso, toda a vez que temos pecado e não temos sido consumidos. Ó miseráveis de nós! Por que somos tão ingratos diante de tão grande misericórdia? "Deus deu-lhe o tempo de fazer penitência – diz Jó do ímpio – e ele abusou disso para se ensoberbecer" (Jó 24,23); e agindo assim acumula sobre si a cólera para o dia da ira (cf. Rm 2,5). Tem, pois, piedade de tua alma, porque as misericórdias do Senhor são antigas (cf. Sl 88,50): ele não se esquece de ter piedade (cf. Sl 76,10) daquele que tem piedade de si mesmo.

Irmãos caríssimos, peçamos ao próprio Senhor Jesus Cristo que nos faça ressurgir do pecado, que nos faça morar na contrição do pecado, confessar os nossos pecados, para sermos restituídos à mãe, isto é, à graça, e assim merecer que sejamos conduzidos pela mão dos anjos à celeste Jerusalém, a nossa mãe lá de cima (cf. Gl 4,26). No-lo conceda aquele que é piedoso, benigno, misericordioso e paciente, digno de louvor e glorioso pelos séculos eternos. E cada alma ressuscitada à vida nova responda: Amém. Aleluia.

Prólogo

Demos graças ao Senhor Jesus Cristo, Filho de Deus, porque sob sua guia, ele que é o caminho, chegamos ao primeiro domingo do mês de outubro.

Deve-se levar em conta que do início de outubro ao início de novembro são lidos na Igreja os livros dos Macabeus e, nesse tempo, há quatro domingos nos quais são lidos quatro trechos do evangelho, cujas partes nós procuraremos concordar, da melhor maneira possível – e Deus no-lo conceda –, com algumas partes da história dos Macabeus.

XVII DOMINGO DEPOIS DE PENTECOSTES

Temas do sermão

• Evangelho do XVII domingo depois de Pentecostes: "Jesus entrou em casa de um dos chefes dos fariseus"; divide-se em três partes.

• Primeiramente sermão sobre o pregador e sobre o prelado da Igreja e suas armas: "Judas Macabeu revestiu-se de couraça".

• Parte I: De que modo o diabo-chefe conseguiu enganar Adão e como todos os dias faz de tudo para enganar os fiéis: "Jesus entrou em casa", e "Antíoco entrou no santuário".

• O funesto ternário que o Senhor destruiu com sua paixão para dar-nos a paz: "Naquele dia o Senhor há de te libertar", e "Os frutos dos trabalhos do Egito".

• As cinco recomendações que o Apóstolo dirige na primeira parte da sua carta: "Exorto-vos, eu, prisioneiro no Senhor".

• Parte II: As águas da concupiscência: "As águas de Nemrim"; natureza do leopardo e seu simbolismo.

• O hidrópico, ou seja, o avarento: "E eis um homem".

• De que modo o Senhor, com a mão de sua misericórdia, tira o pecador da iniquidade: "Tobias pegou o peixe".

• Como o penitente deve arrancar de si tudo aquilo que é supérfluo: "Séfora tomou logo uma pedra agudíssima".

• Sermão moral sobre a unidade e a paz, que o diabo se esforça por destruir, e sobre a natureza e a propriedade das pérolas e seu significado: "Preocupai-vos por conservar a unidade do Espírito", e tudo aquilo que segue.

• Parte III: Sermão sobre a humildade: "Quando és convidado".

• Sobre o castigo do simoníaco: "Alcimo, dando o dinheiro".

• Sermão aos religiosos sobre o dever de guardar o coração: "Um dos profetas clamou ao rei".

EXÓRDIO – O PREGADOR E SUAS ARMAS

1. Naquele tempo, "Num sábado, Jesus entrou na casa de um dos chefes dos fariseus para comer o pão, e eles o observavam" (Lc 14,1).

No Primeiro livro dos Macabeus narra-se que Judas Macabeu "revestiu-se de couraça como um gigante, cingiu-se com as suas armas e travou combates, cobrindo todo o acampamento com sua espada. Tornou-se semelhante a um leão nas suas ações, a um leãozinho que ruge sobre a presa" (1Mc 3,3-4). Judas interpreta-se "que glorifica", Macabeu "que protege", ou "que bate" (*martelo*), e é figura do pregador, que deve precisamente fazer estas três coisas: glorificar a Deus, proteger o próximo e bater o diabo.

O pregador deve revestir-se de couraça como um gigante. Dê atenção a estas duas coisas: o gigante e a couraça. O gigante simboliza a constância, a couraça, a paciência: essas duas virtudes são absolutamente necessárias ao pregador, para ser constante quando fala e paciente quando os cães latem contra ele. Deve, pois, exultar como um *gigante* que percorre o caminho (cf. Sl 18,6). Daí que Jó diz dele: "Salta com brio, corre ao encontro dos armados. Despreza o medo e não cede à espada" (Jó 39,21-22). E assim, "de uma extremidade do céu", do empíreo, isto é, do céu de fogo, símbolo do amor, será a sua saída" (Sl 18,7) para caçar o diabo, que habita no coração do pecador; e então, é-lhe necessária a couraça da paciência. A couraça chama-se em latim *lorica*, porque não é feita com correias de couro – em latim *loris caret* –, mas é trançada somente com círculos de ferro. Assim, a verdadeira paciência não é vinculada a favores humanos ou ao medo, mas é tecida unicamente com os vínculos imutáveis do amor. A falsa paciência, porém, abstém-se de se vingar da ofensa recebida, mais por vergonha ou medo do mundo, do que por amor a Deus.

Judas Macabeu "revestiu-se das armas de guerra", das quais o Apóstolo diz: "Estai, pois, firmes, tendo cingido os vossos rins com a verdade, vestindo a couraça da justiça, e tendo os pés calçados para ir anunciar o evangelho da paz; sobretudo, tende sempre em mãos o escudo da fé, com que possais apagar todos os dardos inflamados do maligno; tomai também o elmo da salvação" (Ef 6,14-17).

"E protegia o acampamento com sua espada", isto é, com a palavra de Deus (cf. Ef 6,17) a ele confiada. O pregador deve proteger as almas dos fiéis de três perigos: do ardor do sol, isto é, da tentação da carne; da tempestade de raios, isto é, das adversidades deste mundo; dos ataques do inimigo, ou seja, das tentações do diabo.

"Tornou-se semelhante a um leão" do qual se diz no Apocalipse: "Vence o leão da tribo de Judá" (Ap 5,5), e o Gênesis: "Judá é um jovem leão: tu, meu filho, saíste para a presa e te deitaste para descansar como um leão" (Gn 49,9). O pregador deve tomar os despojos, isto é, arrancar das mãos do diabo (cf. Is 8,1), na caça da pregação, as almas prisioneiras, como fez Cristo, Leão da tribo de Judá, que correu para a cruz exatamente para apossar-se da presa, isto é, para caçar o diabo, em cuja casa pôde assim entrar e apossar-se de suas coisas (cf. Mt 12,29). Por isso, o evangelho de hoje diz: "Jesus entrou na casa de um chefe dos fariseus".

2. Observa que neste evangelho são evidenciados três momentos: o ingresso na casa do chefe fariseu, a cura do hidrópico, a recomendação de Jesus Cristo de praticar sempre a humildade. O primeiro momento, onde diz: "Jesus entrou". O segundo: "Eis que um hidrópico". O terceiro: "Quando fores convidado para as núpcias".

No introito da missa de hoje canta-se: "Dá a paz, Senhor, aos que em ti esperam" (Eclo 36,18). Lê-se, depois, a Carta do Bem-aventurado Paulo Apóstolo aos Efésios: "Rogo-vos, pois, eu, prisioneiro do Senhor" (Ef 4,1); e a dividiremos em três partes, considerando sua concordância com as três partes do evangelho. A primeira parte: "Rogo-vos". A segunda parte: "Solícitos em conservar". A terceira parte: "Um só Senhor". Considera, depois, que se lê esta carta junto com este evangelho, porque o Senhor no evangelho fala particularmente da humildade, por meio da qual se mantém a unidade da Igreja: e é exatamente a unidade de Igreja que, na carta de hoje, o Apóstolo com insistência recomenda que se mantenha.

I – O INGRESSO DE JESUS CRISTO NA CASA DO CHEFE FARISEU

3. "Num sábado, Jesus entrou na casa de um dos chefes dos fariseus para comer o pão, e eles o observavam." Vejamos qual seja o sentido alegórico da casa, do chefe, dos fariseus, do sábado, do pão.

O chefe é chamado assim porque toma para si (latim: *capit*), por primeiro, um lugar ou um cargo, e é figura do diabo, que, por primeiro, apanhou o primeiro homem com um fruto, como se pega um peixe com o anzol. Observa que quem quiser apanhar um peixe com o anzol tem necessidades de ao menos três instrumentos: o fio, a isca e o ferro. No fruto há três qualidades: o perfume, a cor e o sabor. O perfume que *puxa* para si como o fio; a cor que *atrai* como a isca; o sabor que *prende* como o anzol. E com este anzol, o primeiro homem foi preso pelo chefe dos demônios.

Sobre isso temos uma concordância no Primeiro livro dos Macabeus, onde se narra que Antíoco "entrou cheio de soberba no santuário e tomou o altar de ouro, o candelabro dos lumes, a mesa da proposição e o ornamento de ouro, que estava na fachada do templo" (1Mc 1,23). Antíoco interpreta-se "silêncio do pobre", e indica o diabo, que escondeu a realidade da morte ao primeiro homem, depois de tê-lo despojado de toda a sua glória, e prometeu-lhe que se tornaria como Deus. Com a soberba, pela qual fora precipitado do céu, o diabo entrou no santuário, isto é, no paraíso terrestre, e levou embora seu altar de ouro, isto é, a pureza do coração, por meio da qual é oferecido a Deus o incenso da devoção.

Sobre isso, João escreve no Apocalipse: "Ouvi uma voz que saía dos quatro cantos do altar de ouro, que está diante dos olhos de Deus" (Ap 9,13). O altar de ouro é o coração puro, que tem quatro cantos, isto é, as quatro virtudes cardeais, das quais provém a voz da contrição e da confissão. Esse altar está sempre diante dos olhos de Deus, porque o próprio Deus olha para ele com misericórdia. Com efeito, diz Isaías: "Para quem olharei, senão para o humilde e o sossegado?..." (cf. Is 66,2).

"E tomou o candelabro dos lumes", isto é, apagou a luz da razão, da qual diz o Senhor: "Se a luz que há em ti é trevas, quão grandes serão as próprias trevas?" (Mt 6,23). "E tomou a mesa da proposição", isto é, a doçura da contemplação, da qual diz o salmo: "À minha frente preparaste uma mesa" (Sl 22,5). "E o ornamento de ouro, quer dizer, a caridade que orna a fachada do templo, isto é, todas as obras do cristão, que, como diz o Apóstolo, é o templo santo de Deus (cf. 1Cor 3,17). Todas essas coisas o diabo as tirou do primeiro homem, e, cada dia, tenta de todos os modos tomá-las de todos os homens.

Nessa passagem, diz-se "chefe dos fariseus": fariseus significa "separados", e representam aqueles que se separam dos justos e formam grupos entre si. E sobre isso temos uma concordância no Primeiro livro dos Macabeus: "Naqueles dias saíram de Israel uns homens iníquos, e seduziram a muitos, dizendo: Vamos e façamos aliança com as nações vizinhas; porque desde que nos separamos delas, vieram sobre nós muitos males. E a seus olhos este conselho pareceu bom" (1Mc 1,12-13).

A casa deste chefe (diabo) era o mundo, do qual ele se tornara dono como de sua casa, por causa do pecado do primeiro homem: nessa casa entrou o Senhor quando assumiu a nossa carne. Com razão, pois, é dito: "Jesus entrou na casa de um chefe dos fariseus".

E por que entrou? "Entrou no sábado para comer o pão." Presta atenção a estas três palavras: sábado, comer, e pão. Sábado interpreta-se "repouso". Comer, em latim *manducare*, é como levar a mão à boca (latim: *manum ducere ad os*). O pão é assim chamado porque é apresentado junto com *todos* os alimentos, ou também porque *todos* os vivos o procuram. O Senhor entrou no mundo no sábado, isto é, para fazer-nos repousar, para libertar-nos da escravidão do diabo.

4. Daí, dele diz Isaías: "E naquele tempo em que o Senhor te tiver dado descanso, depois do teu trabalho e da tua opressão, e dura servidão, a que estiveste sujeito, usarás desta parábola contra o rei da Babilônia e dirás: Como terminou o tirano, como se acabou o tributo? O Senhor despedaçou o bastão dos ímpios, a vara dos dominadores, o que na sua indignação feria os povos com uma chaga incurável, o que sujeitava as nações no seu furor, o que cruelmente as perseguia. Toda a terra está em descanso e em paz, ela se encheu de prazer e regozijo" (Is 14,3-7). Naquele dia, quando nas trevas apareceu uma luz (cf. Sl 111,4), o filho de Deus, Jesus Cristo, deu-nos repouso do trabalho, da opressão e da servidão. João, na sua primeira carta, nos diz: "Tudo o que há no mundo é concupiscência da carne", eis o trabalho, "é concupiscência dos olhos", isto é, avareza, eis a opressão, "e é soberba da vida" (1Jo 2,16), eis a dura servidão do diabo.

Dessas três "concupiscências", o Pai, com as palavras de Isaías, diz ao Filho: "O trabalho do Egito, o tráfico da Etiópia e os sabeus de grande estatura, passarão para ti e serão todos teus: caminharão atrás de ti, irão com algemas nas mãos, adorar-te-ão e far-te-ão súplicas" (Is 45,14). Egito interpreta-se "tribulação que aperta", eis a concupiscência da carne que atormenta e aperta a alma; Etiópia interpreta-se "trevas" ou "escuridão", eis a concupiscência da avareza, que obscurece os olhos dos sábios; sabeus interpreta-se "prisioneiros", eis a dura servidão do diabo, isto é, a arrogância e a soberba. E contra essas três concupiscências o Senhor alinhou três virtudes, isto é: a inocência da vida contra o tormento da carne, a pobreza do espírito contra a desonestidade da avareza ou do comércio, a sua paixão e o seu sangue contra a arrogância e a soberba.

Quando o Senhor te mostrou em si mesmo essas três virtudes, para que tu as imitasses através da humilhação de sua paixão, deu-te também o repouso do trabalho do Egito, do comércio e da desonestidade da Etiópia, da servidão do diabo, da arrogância e da soberba; e te dará depois o descanso perfeito, quando este corpo mortal for revestido de imortalidade (cf. 1Cor 15,53). E então tu "usarás esta parábola contra o rei da Babilônia", isto é, contra os estímulos da carne, contra o mundo e contra o diabo, "e dirás: Como terminou o exator, isto é, o tirano da carne, que todos os dias exigia o salário do prazer? O Senhor despedaçou o bastão", isto é, a prepotência e a vara", isto é, a arrogância e a soberba "dos dominadores", que castigavam os povos, submetiam as nações e perseguiam com crueldade. Então a terra, isto é, a nossa carne, será tranquila, isto é, estará de acordo com o espírito, terá trégua do trabalho das tentações, será libertada das extorsões da cobiça do mundo, alegrar-se-á e exultará por ter fugido da escravidão da arrogância diabólica. Com razão, pois, é dito: "Num sábado, Jesus entrou na casa de um dos chefes dos fariseus".

5. "Para comer." Cristo comeu, porque levou a mão da ação à boca da pregação; de fato, ouve como comeu: "Jesus começou a fazer e a ensinar" (At 1,1). E ainda: Era "poderoso em obras e palavras" (Lc 24,19). E a Pedro foi dito: Mata e come! (cf. At 10,13). Como se ao pregador fosse dito: Mata com a espada da pregação e come, isto é, leva a mão à boca, de maneira que antes faças aquilo que pregas aos outros. Com efeito, sobre isso existe a concordância no Primeiro livro dos Macabeus, onde "Timóteo disse aos capitães do seu exército: Quando Judas tiver se aproximado com o seu exército da torrente, se ele vier primeiro a nós, não poderemos resistir-lhe, porque terá sobre nós toda a vantagem. Mas se ele temer passar e acampar do outro lado do rio, passaremos nós a ele e teremos vantagem sobre ele" (1Mc 5,40-41).

Timóteo interpreta-se "benéfico", e é figura do diabo, que finge dar aos seus amadores grandes benefícios, mas que são malefícios, e, portanto, deveria ser chamado maléfico, e não benéfico. Ele tem muito medo que Judas, isto é, o pregador, passe o rio da pregação, isto é, passe da margem das palavras para a margem das obras. Se o fizer, porá em fuga o próprio Timóteo com seu exército. Mas ai! Hoje muitos chegam até o rio, param na margem das palavras e não querem passar para a margem das obras; e por isso, o diabo já não os teme, e suas palavras perdem em eficácia. De fato, aqueles pregadores não são da estirpe dos homens valorosos que levaram a salvação a Israel (cf. 1Mc 5,62). Os homens valorosos foram os apóstolos que, passando o rio, realizaram uma vasta obra de salvação no meio do povo de Deus.

Jesus entrou para comer "o pão". O pão é a vontade de Deus, que deve ser posta antes e junto com todos os outros alimentos. Disse Judas Macabeu: "Cumpra-se o que for vontade do céu" (1Mc 3,50). Toda obra é estéril se a ela não se unir o pão da divina vontade. Vontade de Deus é que o pecador se converta e viva (cf. Ez 33,11). O próprio Senhor diz por boca de Isaías: "A tua terra não será mais chamada a Deserta, mas será chamada a minha vontade, e a tua terra será habitada, porque o Senhor agradou-se de ti" (Is 62,4). Quando o pecador se converte, a terra, isto é, sua mente, é ocupada pela graça, e assim nele se encontra a vontade do Senhor, que é vida.

Portanto, Jesus entrou na casa, num sábado, para comer o pão: isto é, veio a este mundo para fazer a vontade do Pai. Com efeito, disse: "O meu alimento é fazer a vontade do meu Pai, que me enviou" (Jo 4,34). E Ezequiel: "Ele sentar-se-á à porta para comer o pão diante do Senhor" (Ez 44,3); isto é, ele há de se humilhar na Virgem para fazer a vontade do Pai. E este é o pão vivo, e quem dele comer não morrerá para sempre (cf. Jo 6,50). "A carne", quer dizer, a vontade da carne, "não serve para nada" (Jo 6,64). Este pão, porém, isto é, a vontade do Senhor, sustenta o coração do homem (cf. Sl 103,15).

Diz o Senhor no Êxodo: "À tarde comereis carnes e pela manhã sereis saciados de pães; e sabereis que eu sou o Senhor, vosso Deus" (Ex 16,12). Na tarde da culpa, quando se põe o sol da graça, os pecadores comem as carnes, isto é, fazem a vontade da carne, mas a minha espada, diz o Senhor, devorará as carnes (cf. Dt 32,42). Suas carnes são como as carnes dos jumentos, e seu estro é como o dos cavalos (cf. Ez 23,20). "Traspassa com teu temor as minhas carnes" (Sl 118,120). "À tarde, pois, comereis carne e de manhã", isto é, ao surgir da graça, na contrição do coração, na renúncia ao pecado, "saciar-vos-eis de pão", isto é, da vontade do Senhor, que, mais do que todas as coisas restaura e sacia a alma do penitente, e então "sabereis que eu sou o Senhor, vosso Deus". Quando da tarde da culpa nos convertemos para a manhã da graça, então, verdadeiramente, sabemos que ele é o Senhor, o nosso Deus.

E a este pão aspira todo o ser vivo. De fato: "Seja feita a tua vontade assim no céu como na terra" (Mt 6,10), como se dissesse: Como se realiza nos justos, assim a minha vontade cumprir-se-á também nos pecadores. Visita, pois, a terra e inunda-a, para que não germine abrolhos e espinhos, mas trigo que encha a espiga, isto é, a confissão na contrição que fere, e com aquele trigo se faça o pão da tua vontade, que sustenta o coração do homem.

"E eles o observavam", isto é, armavam-lhe ciladas, ou, astutamente, prestavam atenção para ver se observava o sábado. "O pecador observa o justo" (Sl 36,12). Observavam-no para poder repreendê-lo, não para pôr em prática os seus preceitos. "Teme a Deus [diz Salomão] e observa os seus preceitos, porque nisto está o homem todo" (Ecl 12,13).

Lê-se na *História natural* que existe um animalzinho, uma rãzinha (Plínio), que se põe na abertura da colmeia, por onde as abelhas entram, sopra fortemente e espera que saiam, e quando alguma abelha quiser levantar voo, apanha-o e come-a (Aristóteles). Da mesma forma, o homem soberbo e astuto põe-se na abertura pela qual entram as abelhas, isto é, observa a vida e os costumes, as palavras e as obras dos justos, por meio das quais eles entram no reino, e sopra, isto é, louva-os ou os injuria. Com efeito, espera ensoberbecê-los com os louvores ou abatê-los com as injúrias. E fica atento se algum deles sai, isto é, se fica fora de si pela exaltação da mente porque foi louvado, ou prorrompe em palavras de raiva porque o injuriaram. E então, imediatamente o apanha e desacredita sua vida. Assim como o ouro se prova no fogo, assim o homem é provado pela boca de quem o louva (cf. Pr 27,21). O fogo do louvor destrói o chumbo e a palha, enquanto torna mais brilhante a prata e o ouro. A injúria recebida põe às claras o que cada um é no seu íntimo.

6. Com esta primeira parte do evangelho concorda a primeira parte da epístola de hoje: "Rogo-vos, eu, prisioneiro do Senhor, que andeis de modo digno da vocação a que fostes chamados, com toda a humildade e mansidão, com paciência, suportando-vos uns aos outros por caridade" (Ef 4,1).

Considera que, nesta primeira parte, o Apóstolo nos recorda cinco virtudes: o bom comportamento, a humildade, a mansidão, a paciência e a caridade. Comportemo-nos de modo digno, para que o príncipe das trevas não nos surpreenda; com toda a humildade, contra a soberba dos fariseus; na mansidão, para observar devotamente o sábado; com paciência, para que possamos comer o pão da vontade de Deus; suportando com caridade aqueles que nos espreitam, que nos observam, que nos caluniam e que nos perseguem.

E com esta parte da epístola concorda também o introito da missa de hoje: "Dá a paz, Senhor, aos que esperam em ti, para que os teus profetas sejam achados fiéis; e ouve as preces do teu servo e de Israel, teu povo" (cf. Eclo 36,18). É isso que é proclamado também no relato deste domingo, que encontramos no Segundo livro dos Macabeus: "Abra o Senhor o vosso coração à sua lei e aos seus preceitos, e vos conceda a paz" (2Mc 1,4). Quando o coração se abre por meio da compunção, a lei da graça é escrita nele por meio do dedo de Deus, os preceitos são observados e retorna a paz, para que seja celebrado o sábado da mente, coma-se à saciedade o pão da vontade de Deus, e se possa suportar na caridade a crítica e a detração. E assim, os profetas, isto é, os justos ou os pregadores santos, serão achados dignos de fé, e as orações do povo fiel serão ouvidas.

Rogamos-te, pois, Senhor Jesus Cristo, que entres na casa de nossa consciência, que sacies o chefe dos fariseus, isto é, o impulso dos maus pensamentos que dividem entre si o nosso coração e, dividindo-o, o destroem; que restituas à nossa mente o sábado da paz e do repouso, que nos faças comer o pão da tua vontade para sermos dignos de chegar a ti, que és o pão dos anjos. No-lo concedas tu, que és bendito nos séculos dos séculos. Amém.

II – CURA DO HIDRÓPICO

7. "E eis que diante dele estava um homem hidrópico. E Jesus, dirigindo a palavra aos doutores da Lei e aos fariseus, disse-lhes: É lícito fazer curas ao sábado? Mas eles ficaram calados. Então Jesus, pegando o homem pela mão, curou-o e mandou-o embora" (Lc 14,2-4).

Explica a *Glosa*: A palavra grega *hydor* significa água; portanto, *hidropisia* quer dizer *doença da água*. Característica do hidrópico é que quanto mais bebe, tanto mais sede tem; por isso, compara-se a ele quem é excessivamente oprimido pelos prazeres carnais. O hidrópico é comparado também ao rico avarento. As águas do prazer carnal e da cobiça mundana produzem a hidropisia na alma, que jamais pode saciar-se. Estas são as águas das congestões malditas: quem as beber, verá que o ventre se incha e o fêmur apodrece (cf. Nm 5,22.27). Estas são as águas do Egito que foram mudadas em sangue (cf. Ex 7,19-20), e das quais diz Isaías: "As águas de Nemrim serão um deserto, porque a erva secou, não vingaram as plantas, desapareceu toda a verdura. Serão castigados na proporção do mal operado e os conduzirão para a torrente dos salgueiros" (Is 15,6-7).

Nemrim interpreta-se "leopardos". O leopardo é um animal ferocíssimo que, provocado, assalta desejoso de sangue, e no salto vai ao encontro da morte. Narra-se na *História natural* que, se engole veneno, o leopardo procura esterco humano e o come. Por isso, os caçadores colocam esterco sobre as árvores, num vaso, e quando o leopardo se aproxima das árvores e salta para apanhá-lo, eles o matam.

O leopardo é figura do soberbo deste mundo, coberto de várias manchas de pecados. Excitado pelo veneno da sugestão diabólica, ele vai à procura do esterco das coisas temporais, para comê-lo e digeri-lo. Tudo considero como esterco, diz o Apóstolo, a fim de ganhar Cristo (cf. Fl 3,8). E o Senhor diz a Ezequiel: Cobrirás o teu pão com o esterco que sai do homem (cf. Ez 4,12). O pão é o pensamento e a obra do pecador, que são cobertos do esterco da gula e da luxúria, da soberba e da avareza; o caçador, isto é, o diabo, para apanhá-lo mais facilmente, põe o esterco sobre uma árvore. A árvore é chamada assim de *robur*, força (latim: *arbor, robur*), representa a dignidade deste mundo: crê-se que ela esteja fundada sobre uma raiz firme, mas é arrancada pelo vento da morte e lançada no mar do inferno. Com efeito, diz Jó: "Eu vi o insensato fundado sobre uma firme raiz e imediatamente amaldiçoei a sua beleza" (Jó 5,3). Sobre essa árvore, o diabo põe o esterco como isca, e quando o soberbo salta para comer o esterco da gula, da luxúria, da vanglória e do dinheiro, é morto pelo diabo. Portanto, "as águas de Nemrim serão um deserto".

E sobre isso temos uma concordância no Segundo livro dos Macabeus, onde se narra que Antíoco, "cheio de soberba, exalando o fogo de sua ira, mandava que se acelerasse a marcha. Quando repentinamente aconteceu que caiu do carro que avançava impetuoso; a queda foi tão desastrada que ficou ferido por todo o corpo. Assim, aquele que, elevando-se pela sua soberba acima da condição de homem, imaginava que podia até mandar às ondas do mar e pesar numa balança até os mais altos montes, agora, humilhado até o chão, era levado numa cadeira. E aquele que pouco antes julgava que podia tocar as estrelas do céu, agora ninguém podia suportá-lo por causa do intolerável cheiro que emanava do seu corpo" (2Mc 9,7-8.10). Eis como as águas de Nemrim tornam-se um deserto: assim a erva da glória temporal se seca, o germe dos filhos, netos e parentes não vingará, e desaparece todo o verde vigor dos prazeres carnais, da gula e da luxúria.

"Em proporção à grandeza do mal operado" e à iniquidade dos soberbos "será também seu castigo", porque a pena será proporcional à culpa, e com o copo com o qual deram de beber aos outros, será dado de beber também a eles, e os demônios que ouviram quando os instigavam ao mal, arrastá-los-ão nus e na miséria, com as mãos amarradas para trás, "à torrente dos salgueiros", isto é, dos eternos tormentos, "onde não habita nenhuma ordem, mas um sempiterno horror" (Jó 10,22). Essas são as águas que incham a mente, que produzem a hidropisia e que, bebidas, aumentam ainda mais a sede.

8. Eis, pois, que "um hidrópico estava diante dele". O hidrópico representa o avarento. O avarento é chamado assim porque é *ávido de ouro* (latim: *avidus auri*), e jamais está saciado de bens e de riquezas. Como o corpo se enche de ar, assim o avarento enche-se de ouro. É como um abismo sem fundo, que nunca tem o suficiente. Diz o salmo: O abismo da gula chama o abismo da luxúria; o abismo dos festins chama o abismo das despesas; o abismo do dinheiro chama o abismo da geena (cf. Sl 41,8).

Com muita razão esse hidrópico pode dizer junto com o Profeta Jonas: "As águas cercaram-me até a alma" (i. é, até tirar-me a respiração); "o abismo me envolveu e as ondas cobriram minha cabeça" (Jn 2,6). As águas simbolizam o prazer da carne, que mantém a alma cercada como um inimigo no acampamento; o abismo representa a profundidade da cobiça humana, que envolve a própria alma para que não possa libertar-se dela; as ondas representam a soberba que cobre a cabeça, isto é, a mente, para que não possa descobrir a verdade.

Esses três pensamentos são postos também no salmo: "Salva-me, ó Deus, porque as águas penetraram até a minha alma" (Sl 68,2), eis o primeiro. "Estou imerso no lodo profundo e não há nele consistência" (Sl 68,3), eis o segundo. Enquanto o infeliz amontoa bens transitórios, perde os eternos. "Boas são as riquezas para o que não tem pecado na sua consciência" (Eclo 13,30).

Presta atenção às três palavras: estou imerso, no lodo, profundo. O lodo é chamado também limo, porque é mole (latim: *limus*, *lenis*). O avarento é imerso por causa da cobiça, no lodo por causa do prazer e no profundo por causa do desespero. O pecador – diz Salomão – quando tocou o fundo do vício, não olha mais para nada (cf. Pr 18,3). Entra o desespero quando não existe mais nenhuma esperança de progredir no bem: enquanto alguém é agarrado ao pecado, certamente não espera na glória futura.

Enfim, "cheguei ao alto-mar e a tempestade me submergiu" (Sl 68,3), eis o terceiro pensamento. A profundidade do mar simboliza a arrogância da soberba, na qual existe a tempestade que submerge para sempre o homem no abismo da geena.

Ó Senhor Jesus, estende a tua mão e agarra esse hidrópico, cercado pelas águas, envolvido pelo abismo e coberto pelas ondas.

9. "Jesus, porém, tomou-o pela mão, curou-o e o mandou embora." Dê atenção a essas três ações: tomou-o, curou-o e o mandou embora.

Primeiro: "Tomou-o". O Senhor toma pela mão o pecador quando, estendida a mão de sua misericórdia, arranca-o da profundeza dos vícios. Lê-se no Livro de Tobias, que Tobias pegou um grande peixe, levou-o para um lugar seco e lhe tirou o fígado, o fel e o coração (cf. Tb 6,4-5). O grande peixe é o pecador, enleado na rede de graves pecados, que Tobias, isto é, Jesus Cristo, paga com a mão de sua piedade e o tira da profundeza do desespero para o lugar seco do arrependimento. O *seco* é chamado assim porque é sem *suco*. E o suco se chama assim porque se espreme pelo saco. A penitência é um lugar seco, porque sem suco. De fato, o suco da gula e da luxúria se espreme com o saco (cilício feito de saco) da penitência, da qual se diz no salmo: "Em terra deserta, intransitável e sem água" (Sl 62,3).

Veja também o sermão do III domingo da Quaresma, parte IV, sobre o evangelho: "Quando um espírito imundo sai de um homem".

O Senhor extirpa esse peixe quando fere o pecador com a espada de seu temor, e então tira-lhe o fígado, isto é, o amor à luxúria, o fel, isto é, a amargura do dinheiro, no qual existe trabalho e dor, porque com trabalho se conquista, com temor é guardado e com dor se perde; e lhe tira o coração, isto é, o inchaço da soberba.

Do fígado fala Jeremias: "Meu fígado derramou-se por terra" (Lm 2,11). E isso acontece quando alguém se consome no amor pelas coisas terra com o prazer da luxúria. E do fel fala Pedro a Simão Mago: "Vejo-te cheio de amargosíssimo fel e entre os laços da iniquidade" (At 8,23). Quem peca de simonia ou de avareza encontra-se fechado na amargura da mente e nos laços das obras. E do coração fala Jó: "Por que se ensoberbece o teu coração e tens os olhos imóveis, como um homem que está a pensar em coisas grandes? Por que se incha o teu espírito contra Deus, para proferires com a tua boca tão estranhas palavras?" (Jó 15,12-13).

Segundo: "Curou-o". O Senhor cura o pecador quando trata sua alma de toda a enfermidade de pecado. De fato: "Cura a minha alma, porque pequei contra ti" (Sl 40,5). O termo *são* (sadio) vem de *sangue*, porque quem é são não é pálido. Onde existe o sangue das lágrimas, existe também a saúde da alma. As *lágrimas* são chamadas assim de *laceração*, entende-se da mente: quando laceras a mente com o desprazer, corre o sangue das lágrimas, que molha as tuas faces, e então, as tuas faces são róseas como um grão de romã, sem que se veja aquilo que está escondido no íntimo, isto é, a contrição do coração (cf. Ct 4,3). Portanto, foste curado, cuida que não te aconteça coisa pior (cf. Jo 5,14). E a esse propósito, diz o Senhor ao Rei Ezequias: Ouvi a tua oração e vi as tuas lágrimas, e eis que te curei (cf. Is 38,5). Com a oração e com as lágrimas é, por assim dizer, confeccionado um remédio que expulsa a doença da alma.

Terceiro: "E o mandou embora". O Senhor manda embora o pecador convertido quando o deixa ir solto e livre de qualquer vínculo de culpa, de pena e de tentação diabólica, na alegria da consciência. "Desamarrai-o e deixai-o ir" (Jo 11,44), disse Jesus. "Manda-a embora, por que continua a gritar atrás de nós" (Mt 15,23), diziam os apóstolos.

Encontramos um fato análogo no Êxodo, onde se narra que "Séfora tomou logo uma pedra agudíssima, e circuncidou o prepúcio de seu filho; e tocando os seus pés disse: Tu és para mim um esposo de sangue. E deixou-o ir depois, quando disse, por causa da circuncisão, esposo de sangue" Ex 4,25). Deve-se entender esta passagem ao pé da letra, como diz Agostinho: isto é, que o sangue tocou os pés da criança. Por isso, cheia de ira, Séfora disse a Moisés, seu marido: Não és tu para mim um homem de sangue? Só porque sou casada contigo sou obrigada a cometer tão grande crime de derramar o sangue do meu filho? Ou Séfora tocou os pés dele, isto é, de Moisés, e indignada lançou o prepúcio aos pés de Moisés e, como está escrito no texto hebraico, disse: Para mim és um genro de sangue, isto é, tu te tornaste genro de meu pai, para ser para mim, quer dizer, pela minha carne no filho, causa de sangue, isto é, de morte.

Sentido moral. Séfora interpreta-se "ave", e é figura do penitente que deve ser como uma ave, isto é, coberta das penas das virtudes. Esta, com uma pedra agudíssima, quer dizer, com a contrição do coração, deve circuncidar o prepúcio do seu filho, isto é, as atividades inúteis, supérfluas. Diz-se *prepúcio*, como para dizer diante do *pudor* (latim: *prae*, diante; *putium*, pudor)[19]. De fato, geralmente, as atividades inúteis nos impedem de ver a torpeza de nossa iniquidade. Cortam-se, pois, a fim de que escorra o sangue das lágrimas e toque e lave os pés do filho, isto é, da nossa atividade. Com efeito, se a intenção for pura, isto é, a vontade, será puro também o resultado, isto é, a obra. E depois de tal circuncisão, o Senhor deixa o homem livre para retornar a seus irmãos e à sua casa, isto é, à sua luminosa consciência.

10. "Depois disse aos fariseus: Quem dentre vós que, se o seu jumento ou seu boi cair num poço, não o tirará logo em dia de sábado? Eles não sabiam o que replicar a isso" (Lc 14,5-6). Diz a *Glosa*: Com razão, o Senhor compara o hidrópico que estava morrendo por causa de um líquido nocivo a um animal que cai no poço. Vejamos qual seja o significado dessas três entidades: o jumento, o boi e o poço.

O jumento, ou asno, que soa como *alta sinens*, aquele que abandona as coisas altas, é mais forte nos membros posteriores e mais fraco nos membros anteriores e ali carrega a cruz[20]. O jumento é figura do luxurioso que abandona as alturas da vida santa e avança para as planícies do prazer; nas obras da cruz e nos trabalhos espirituais é fraco, mas nos lados, onde está a sede de luxúria, é forte.

Sobre esse assunto do jumento veja o sermão do I domingo da Quaresma, onde se trata do evangelho: "Jesus foi levado pelo Espírito ao deserto". Veja também o sermão do Domingo de Ramos, onde se fala do evangelho: "Jesus aproximava-se de Jerusalém".

O boi é figura do soberbo, pois o boi é chamado também *cornúpeto*, de *cornu* e *peto*, que investe com o corno: também o soberbo investe com os cornos (chifres) da soberba. Sobre esse assunto dos chifres veja o sermão do III domingo da Quaresma, terceira parte, sobre o evangelho "Quando um homem forte, bem armado".

---

19. *Praeputium*: pouco persuasiva a etimologia, que quer separar *prae* de *putium*, pele (OLIVIERI, D. *Dizionario etimologico italiano*).

20. Chamava-se cruz (*croce*) a peça de madeira do carro ou do arado que servia de guia (timão), à qual se atavam os animais de carga.

Portanto, quando o jumento e o boi, isto é, o luxurioso e o rico soberbo, representados no hidrópico, caem no poço dos vícios, para tirá-los de lá são necessários os panos velhos. Com efeito, lemos em Jeremias que Abimelec tomou panos velhos e roupas antigas que estavam apodrecendo, baixou-os com cordas na cisterna em que estava Jeremias e assim tirou-o da cisterna (cf. Jr 38,11-13). Os panos velhos representam a pobreza e a humildade de Jesus Cristo, que foi envolvido em panos, com razão chamados "velhos". De fato, costumamos dar os panos velhos aos outros. Nós não queremos praticar a pobreza e a humildade de Jesus Cristo; não queremos revestir-nos dessas virtudes: preferimos pregá-las aos outros. Hoje, todos os pregadores se esforçam por revestir os outros de pobreza e de humildade e, queira o céu, que, depois, eles não fiquem nus. Querem formar os outros, mas fiquem atentos que os outros não sejam deformados. As roupas quase podres representam os exemplos dos santos, com razão, chamados podres, porque nestes nossos tempos corruptos são desprezados e jogados fora como coisas podres. Damos aos outros as coisas velhas, lançamos fora aquelas podres.

Ó pecador, jamais poderás ser tirado "da fossa da miséria e do lodo do brejo" (Sl 39,3), senão por meio dos míseros panos da pobreza e da humildade de Jesus Cristo. De fato, com eles são tirados do poço do abismo o boi e o jumento.

11. Com esta segunda parte do evangelho concorda a segunda parte da epístola: "Procurai conservar a unidade do Espírito pelo vínculo da paz. Há um só corpo e um só Espírito, como também vós fostes chamados a uma só esperança pela vossa vocação" (Ef 4,3-4). Diz a *Glosa*: Deveis conservar a unidade, de maneira a serdes um só corpo servindo o próximo, e um só espírito com Deus, fazendo a sua vontade; ou, um só espírito com os irmãos, querendo e não querendo as mesmas coisas com eles (Cícero).

Essa unidade não a conserva o hidrópico, ou seja, o luxurioso e o avarento: um mancha seu corpo, o outro sufoca o seu espírito com os espinhos da avareza. Se tivessem sido ligados com os vínculos da paz e da unidade, nunca teriam caído no poço: mas já que lhes falta tanto a unidade como a paz, jazem agora no poço do desespero.

Rogamos-te, pois, Senhor Jesus Cristo, que estendas a mão da tua misericórdia, que nos pegues e nos tires do poço dos vícios com os panos de tua pobreza e humildade; cura-nos da hidropisia da luxúria e da avareza, de maneira a podermos conservar a unidade do espírito e assim chegar a ti que és Deus, Uno e Trino, com o Pai e com o Espírito Santo. No-lo concedas tu, que és bendito nos séculos. Amém.

12. "Procurai conservar a unidade do Espírito pelo vínculo da paz." Presta atenção às três palavras: procurai, unidade e vínculo da paz, que a nós, irmãos meus, são verdadeiramente necessárias. O diabo quis semear no céu a cizânia da discórdia, e agora faz tudo para fazê-lo também nas comunidades dos penitentes. Com efeito, lemos no Livro de Jó: "Certo dia, tendo os filhos de Deus ido apresentar-se diante do Senhor, encontrou-se também satanás entre eles" (Jó 1,6).

Note-se cada uma das palavras: "Certo" (dia), para excluir qualquer diversidade; "dia", para excluir a sucessão da noite; "os filhos", pela adoção da graça; "de Deus", pela pobreza do espírito; "foram" com a devoção; "apresentar-se" com a mortificação do corpo; "diante do Senhor", não diante do mundo; "encontrou-se também satanás entre eles", exatamente para semear a cizânia da discórdia. Porém, nós, irmãos, procuremos ser solícitos e não preguiçosos; procuremos conservar e não romper a unidade do espírito. Guardemos a unidade do Espírito, ó caríssimos, com grande solicitude, como as conchas marinhas guardam com muito cuidado as suas pérolas.

Lê-se na *História natural* que nas conchas marinhas produzem-se pedras preciosas, isto é, as pérolas; numa certa época do ano, as conchas têm sede de orvalho como de um marido, e, sob tal estímulo, abrem-se e quando a *chuva lunar* desce com maior intensidade, como num bocejo, elas absorvem o suspirado fluido: assim concebem e se tornam grávidas. Se o fluido absorvido foi puro, os pequenos grãos que se formam são cândidos; se o fluido foi turvo, os grãos são opacos ou também estriados de cor avermelhada. Assim, o fruto das conchas é mais do céu do que do mar. Além disso, quando absorvem o sêmen do ar da manhã, a pérola é mais límpida; quando o absorvem à tarde, a pérola torna-se mais ofuscada; e quanto mais ar tiverem absorvido, maiores serão as pérolas produzidas.

Se de repente brilhar uma luz, elas se fecham como que espantadas. Nas conchas existe uma certa sensibilidade: elas temem que seus partos se maculem; e quando o dia se acende de raios mais ardentes, para que as pérolas não se ofusquem por causa do calor do sol, imergem-se nas profundezas e se protegem do calor nos abismos.

Na água, a pérola amolece, no vinho endurece; nunca se encontram duas juntas, separadas, e, por isso, uma pérola grande, formada de duas que se fundiram, chama-se "união". As conchas temem as ciladas dos pescadores: é por isso que se escondem entre os rochedos. Nadam em grupos e seus bandos têm sempre um guia seguro.

Vejamos o *significado moral* de tudo isso. As conchas, cujo nome vem de "concavidade", representam os penitentes, os humildes, os pobres de espírito, os quais se mantém na concavidade, isto é, na humildade do coração. Também eles almejam o orvalho como a um marido, e, de fato, dizem: "A minha alma tem sede de Deus, fonte viva" (Sl 41,3). O orvalho da graça celeste, como um esposo, impregna a alma com o firme propósito de agir retamente. Pelo desejo desse orvalho elas se abrem e, de fato, diz Jó: "A minha raiz abriu-se junto às águas, e o orvalho há de morar na minha messe" (Jó 29,19).

Veja sobre isso também o sermão do XVI domingo depois de Pentecostes, sobre a evangelho: "Jesus ia para Jerusalém".

"E quando a chuva lunar desce mais abundante" etc. Na chuva lunar são simbolizadas três coisas: a prosperidade, a adversidade e a infusão da graça. No esplendor da lua é representada a prosperidade; na noite, a adversidade, e na chuva, a infusão da graça, que os justos desejam com ardor e absorvem quase abrindo a boca do coração, tanto no esplendor da prosperidade como na noite da adversidade, de maneira que nem a prosperidade os ensoberbeça, nem a adversidade os deprima. De fato, Isaías diz: "A minha alma desejou-te de noite; mas também despertarei de manhã para te buscar com o meu espírito e com o meu coração" (Is 26,9).

"E se o fluido absorvido for puro" etc. Considera que a infusão da graça tem dois efeitos: ou ilumina, ou perturba. *Ilumina* a mente para a contemplação, e então as pérolas tornam-se cândidas, isto é, são puros os pensamentos e os afetos. Diz o Senhor por boca de Oseias: "Eu serei como o orvalho, e Israel germinará como um lírio" (Os 14,6). Quando o orvalho da contemplação delicia a mente, Israel, ou seja, a alma humilde, como um lírio, faz germinar pensamentos de pureza. Analogamente, a graça *perturba* ao suscitar a dor dos pecados, e então nas pérolas entra a cor pálida ou avermelhada: pálida por causa da mortificação do corpo, avermelhada pela contrição do coração. Lê-se no Cântico dos Cânticos: "Anunciai ao meu amado que eu morro de amor (cf. Ct 5,8). Foi dito também: Empalideça todo o enamorado (Ovídio). E o salmo: "Na extremidade do dorso da pomba há o brilho flavo do ouro" (Sl 67,14).

"Assim, os partos das conchas são mais do céu do que do mar." Quem está impregnado de mar, isto é, do amargo do mundo, dá à luz víboras; mas quem está impregnado de céu, dá à luz pérolas. Dos primeiros é dito: "Raça de víboras, quem vos ensinou a fugir da ira que vos ameaça?" (Lc 3,7). Dos segundos: "As videiras em flor emanaram seu perfume" (Ct 2,13). E ainda: "As tuas plantas formam um jardim de delícias" (Ct 4,13).

"Quando as conchas absorvem o sêmen do ar da manhã, a pérola é mais límpida; quando, porém, o absorvem à tarde, a pérola é antes ofuscada" etc. Isso é dito também pelo salmo: "De tarde estaremos em lágrimas, e de manhã, em alegria" (Sl 29,6). Observa que tríplice é a tarde e tríplice é a manhã: em cada um desses momentos há o pranto e a alegria.

A primeira tarde foi a culpa de Adão, na qual houve o pranto, quando, expulso do paraíso terrestre, ouviu dizer: "Comerás o pão com o suor do teu rosto" (Gn 3,19). A primeira manhã foi a natividade de Cristo, na qual houve a alegria. De fato, o anjo disse: "Eu vos anuncio uma grande alegria..." (Lc 2,10).

A segunda tarde foi a morte de Cristo, na qual houve o pranto. Diz Lucas: "Filhas de Jerusalém, não choreis sobre mim, mas sobre vós mesmas" (Lc 23,28). A segunda manhã foi a sua ressurreição, na qual houve a alegria. "Vendo o Senhor, os apóstolos encheram-se de alegria" (Jo 20,20).

A terceira tarde é a morte de cada homem, na qual existe o pranto. Diz o Gênesis: "Sara morreu na cidade de Arbeia (Hebron): Abraão veio para chorar e fazer lamentos por ela" (Gn 23,2). A terceira manhã será para os santos na ressurreição final, na qual esplenderá sobre sua cabeça – como diz Isaías – a perene alegria (cf. Is 35,10).

"Se, de repente, brilhar uma luz, fecham-se como que espantadas." A tentação do diabo é como um sinistro clarão, do qual os justos têm um grande medo; e quando o percebem, imediatamente se retiram e fecham as portas dos sentidos. Diz João: "Chegada, pois, a tarde daquele dia..., estando fechadas todas as portas" (Jo 20,19). Veja também o comentário sobre este evangelho no sermão da Oitavo da Páscoa.

"Nas conchas existe uma certa sensibilidade: elas temem que seus partos se maculem" etc. A sensibilidade consiste num estímulo da mente, que, através do corpo, é transmitido à alma. Os justos temem que seus partos, isto é, suas obras, se maculem e, por isso, quando surge o calor da prosperidade terrena, e eles próprios são objeto dele, imediatamente descem para as profundezas: isto é, meditam sobre sua fragilidade, sobre sua iniquidade e miséria, escondem-se nos soluços e nas lágrimas, porque, se fizessem o contrário, suas pérolas ofuscar-se-iam e macular-se-iam pelo calor do sol, quer dizer, pela chama da honra e da grandeza terrena.

"Na água, a pérola amolece." Na água do prazer, a mente do justo amolece; no vinho, porém, isto é, na austeridade, endurece; de fato, diante de um rosto austero e severo corrige-se o ânimo do mau. Lemos no Eclesiástico: "Tens filhas?", isto é, foram-te confiadas almas? Conserva a pureza dos seus corpos, e não lhes mostres o teu rosto risonho" (Eclo 7,26).

Numa concha nunca se encontram duas pérolas juntas, porque na mente do justo não existe o sim e o não ao mesmo tempo (cf. 2Cor 1,17-19), não há duas partes, não existe discordância, mas "unidade"; o justo procura sempre conservar a unidade do espírito no vínculo da paz (cf. Ef 4,3).

"As conchas temem as ciladas dos pescadores", e também os justos temem as ciladas das sugestões do diabo, que, nesse grande mar do mundo lança o seu anzol, e, portanto, eles se escondem entre os rochedos. O rochedo é uma rocha que aflora sobre o mar; chama-se também escolho de escolher, e simboliza a humildade da mente, pois quem nela se esconde não tem mais razão de temer as ciladas dos espíritos malignos.

"As conchas nadam em grupo", e nisto indica-se egregiamente a união dos espíritos. "Seus grupos têm sempre um guia seguro", e nisso está simbolizada a obediência. O prelado é o guia que se deve seguir, ao qual todos somos obrigados a obedecer de boa vontade, para manter a união dos espíritos no vínculo da paz. Digne-se conceder-nos tudo isso o Senhor Jesus Cristo, ao qual pertence a honra e a glória nos séculos dos séculos. Amém.

III – A EXORTAÇÃO DE CRISTO DE PRATICAR SEMPRE A HUMILDADE

13. "Quando fores convidado para as núpcias, não te ponhas no primeiro lugar, porque pode ser que outra pessoa de mais consideração do que tu tenha sido convidada pelo dono da casa, e que, vindo este que convidou a ti e a ele, te diga: Cede o lugar a este; e tu, envergonhado, vás ocupar o último lugar" (Lc 14,8-9). E a *Glosa* comenta: Quando, pela graça da fé, chamado pelo pregador, te unires aos membros da Igreja, não te ensoberbeças, gloriando-te dos teus méritos como se fosses melhor do que os outros.

Observa que nesta terceira parte o Senhor toca dois temas: a soberba, quando diz: "Não te ponhas no primeiro lugar"; a humildade, quando acrescenta: "Vás ocupar o último lugar". Grande soberba é, nas núpcias, quer dizer, na Igreja de Jesus Cristo, querer colocar-se no primeiro lugar, isto é, ocupar os mais altos cargos. De fato, o Senhor disse: "Gostam de ocupar as primeiras cadeiras nas sinagogas" (Mt 23,6), eles que serão privados das segundas.

Ó infeliz ambição, que não sabes desejar as coisas verdadeiramente grandes! Como tenaz explorador – diz Bernardo, falando do ambicioso soberbo – anda em volta agarrando-se de mãos e pés para, de alguma maneira, poder infiltrar-se no patrimônio do Crucificado, e não sabe, o miserável, que aquele é preço de sangue (cf. Mt 27,6). "Não comereis carne com sangue", diz o Gênesis (9,4). Come carne com sangue quem, vivendo carnalmente, dissipa nos seus excessos o patrimônio do Crucificado. E, portanto, será eliminado do povo de Deus (cf. Ex 12,15). Não te ponhas, pois, no primeiro lugar, porque, como diz o Senhor: "Eu detesto a soberba de Jacó e odeio as suas casas" (Am 6,8). Nos lugares altos se fazem sacrifícios aos ídolos (cf. 1Rs 3,2-3). O Senhor é concebido em Nazaré, num lugar humilde; mas foi crucificado no lugar mais alto de Jerusalém. "Não te ponhas, pois, no primeiro lugar."

Diz Gregório: Certamente não tem condições de cultivar a humildade quando está no cume, quem nunca deixou de ser soberbo quando estava nos lugares mais insignificantes. Agindo assim, tu que aspiras aos mais altos cargos, procuras a ruína de tua alma, a perda de tua boa reputação, o perigo para o teu corpo, porque quanto mais alta é a tua posição, tanto mais desastrosa será a queda. É certamente o cúmulo da loucura expor-se a tão grandes perigos. "Não te ponhas, pois, no primeiro lugar", porque depois, com vergonha, deverás ocupar o último lugar, no inferno.

14. E sobre tudo isso tens também a concordância no Primeiro livro dos Macabeus, onde se narra que, tendo comprado por dinheiro o sumo pontificado (cf. 1Mc 7,21), Alcimo foi ferido pela mão de Deus e não pôde acabar o que tinha começado: cerrou-se-lhe a boca, ficou tolhido de paralisia, sem poder mais pronunciar uma palavra, nem fazer disposição alguma relativamente à sua casa. E morreu neste tempo, atormentado de grandes dores" (1Mc 9,55-56).

Alcimo interpreta-se "fermento de mau ajuntamento" e é figura do simoníaco, que, com o fermento do dinheiro – que minha alma não tenha parte nos seus conciliábulos (cf. Gn 49,6), porque seu conselho é uma reunião de ímpios –, corrompe o espírito daqueles que vendem pombas. O simoníaco, pelo fato de, sem ser chamado por Deus como Aarão, querer subir para a dignidades eclesiásticas, depois de ser ferido pela paralisia como Alcimo, morrerá sem confissão, sem testamento e em meio a grandes sofrimentos, e com a máxima vergonha deverá ocupar o último e mais imundo lugar do inferno, ele que, neste mundo, queria aparecer o primeiro e circundado de glória.

Irmão, "ponha-te, pois, no último lugar", assim merecerás ouvir que te dizem: "Vem mais para cima" (Lc 14,10). Diz o Filósofo: Para não cair, limita-te às coisas pequenas (Sêneca), porque, diz também Salomão, "quem constrói a casa alta demais, procura a ruína" (Pr 17,16). Por isso, diz-nos o Apóstolo, Abraão habitou nas tendas com Isaac (cf. Hb 11,9). "Ponha-te, pois, no último lugar."

O último lugar é o pensamento da morte, e quem sempre pensa nisso não tem nenhuma vontade de colocar-se no primeiro lugar. Diz Jerônimo: Quem habitualmente pensa que deverá morrer, não tem dificuldade alguma de desprezar todas as coisas. Nes-

XVII domingo depois de Pentecostes

se último lugar, ó irmão, fixa a tua morada; senta-te ali, olhando e saudando de longe a celeste Jerusalém (cf. Hb 11,13), cujo arquiteto e construtor é o próprio Deus (cf. Hb 11,10) e convence-te de ser somente peregrino e hóspede nesta terra (cf. Hb 11,13). E assim, ponha-te no último lugar, sem jamais preferir-te a outro, considerando-te o mais indigno de todos; então ouvirás que te dizem: "Amigo, vem mais para cima. Reconhece-te amigo pela humildade, aquele que te pospõe pela presunção.

Amigo é como dizer *animi custos*, isto é, guarda do ânimo (da coragem). A humildade é o guarda das virtudes, e quem a pratica, guarda a sua coragem para que não fuja dele, não existindo nada mais fugaz do que a coragem. "Com todo o cuidado guarda o teu coração" (Pr 4,23), diz-se no Livro dos Provérbios. Queres, pois, ser amigo de Deus? Guarda o teu coração, ou seja, conserva a tua coragem, porque se ela te fugir, pagá-la-ás com a tua alma[21].

15. A propósito disso, no Terceiro livro dos Reis narra-se que um dos profetas "dirigiu-se ao rei e lhe disse: O teu servo saiu para combater. Tendo fugido um homem, outro o prendeu, trouxe-o a mim e disse: Guarda este homem: se ele fugir, a tua vida responderá pela vida dele, ou pagarás um talento de prata. E quando eu, perturbado me virava para cá e para lá, de repente, o homem desapareceu. E o rei de Israel disse: Tu mesmo pronunciaste a tua condenação!" (1Rs 20,39-40).

Todos nós, que entramos numa religião, saímos a combater contra os espíritos malignos. Nesse combate, um homem, isto é, o nosso ânimo, fugiu de nós; mas a graça de Deus no-lo traz de volta, fazendo que nos tornemos corajosos novamente e dizendo a cada um de nós: "Guarda este homem" etc. Guarda (*custos*) vem de cuidado e cuidado é como dizer *cor agitat*, move o coração. Guarda, pois este homem, tem cuidado dele, para que o homem não se transforme em mulher e, como uma prostituta fuja de ti e corra atrás de seus amantes. "Se fugir de ti, a tua alma, a tua vida, responderá pela sua." Eis o que ameaça o Senhor.

Deve-se dar atenção àquilo que diz: "Se fugir". Num momento desaparece aquilo que foi conquistado em longo tempo (Catão). No Primeiro livro dos Reis, Saul diz: "Vi que o povo debandava de mim" (1Sm 13,11). E Jeremias: "A minha vida caiu numa fossa" (Lm 3,53).

Mas ai!, quantas vezes meu ânimo, do qual depende a vida, foge, cai na fossa da miséria e no lodo do brejo! (cf. Sl 39,3). A minha alma pagará, pois, por sua alma, isto é, por sua vida, ou deverei pagar por ela um talento de prata? Ai de mim, Senhor Deus, eu tenho uma alma, mas não tenho condições de pagar um talento de prata, isto é, não tenho a pureza da vida para pôr na balança do teu juízo. Não me faças pagar, pois, essa queda com a minha alma. Certamente, Senhor, teus juízos são justos, e eu mereço ser condenado por não ter guardado o teu depósito (cf. 2Tm 1,112.14), o meu coração, a minha vida e, portanto, mereço ser privado da vida.

---

21. Com "animo» (latim: *animus*) entende-se o espírito, mas também a coragem; com *anima*, porém, entende-se o princípio que anima o corpo, e, portanto, a vida.

"E quando eu, perturbado, me virava para cá e para lá, de repente, o homem desapareceu." Eis como o ânimo desaparece. Dê atenção às duas palavras: "perturbado" e "me virava". Perturbado, o texto latino diz *turbatus*, como se dissesse *terrae mixtus*, misturado com terra. Não é de admirar que o teu ânimo desapareça, se tu estás perturbado, isto é, misturado nas coisas da terra. Queres, por isso, conservar o teu ânimo? Conserva a tranquilidade de tua consciência. Pensa com quanta razão disse: "E quando eu me virava de cá para lá": quando tu te viras para cá, isto é, para a carne, ou para lá, isto é, para o mundo, perdes o teu ânimo. Não deves, por isso, virar-te para a direita ou para a esquerda, mas caminhar retamente pela estrada régia, para estar sempre presente a ti mesmo. E jamais julgues a vida ou as ações deste ou daquele. Jamais murmures contra ninguém.

"De repente, aquele desapareceu." Cada vez que tu te viras, a não ser para Deus ou para ti mesmo, imediatamente, o teu ânimo desaparece. Portanto, não te vires, mas tem sempre o rosto voltado para Jerusalém, a fim de que ela esteja no teu coração: e se guardares o teu coração, tornar-te-ás amigo de Deus. Possa, pois, dizer-te o Senhor: "Vem mais para cima". Quem se encontra no último lugar, só pode subir mais para cima, "porque quem se humilha será exaltado" (Lc 14,11). "E então terás glória na presença dos que estiverem juntamente à mesa" (Lc 14,10). Com efeito, diz sempre Lucas: "E os fará sentar-se à mesa e passando entre eles os servirá" (Lc 12,37). É verdadeiramente uma grande honra que o Senhor, o Patrão, sirva o servo.

16. Com esta terceira parte do evangelho concorda a terceira parte da epístola: "Há um só Senhor, uma só fé, um só batismo. Há um só Deus e Pai de todos, que está acima de todos e opera por todas as coisas e reside em todos nós" (Ef 4,5-6). Se tu estás no último lugar da humildade, temes o Senhor, manténs a fé e conservas a inocência batismal. Dê atenção às cinco palavras enunciadas: o Senhor, Deus, Pai, a Fé, o Batismo.

Por isso, quem quer ouvir que lhe dizem: "Amigo, vem mais para cima", medite sobre o poder do Senhor, sobre a sabedoria de Deus, sobre a misericórdia do Pai, sobre a excelência da fé e sobre o valor do batismo. Medite sobre o poder para temê-lo, sobre a sabedoria para provar-lhe o gosto, sobre a misericórdia para ter confiança, sobre a excelência da fé para desprezar as coisas temporais, sobre o valor do batismo para sempre combater valorosamente.

Irmãos caríssimos, roguemos, pois, ao Senhor Jesus Cristo, que nos faça sentar no último lugar, guardar o nosso ânimo, e nos faça depois subir até ele, que é a glória, no reino daqueles que se sentam à sua mesa.

No-lo conceda ele próprio, que está acima de todos, que opera em todos, que está presente a todos e que é Deus bendito nos séculos eternos. E toda a alma humilde responde: Amém. Aleluia!

XVIII domingo depois de Pentecostes

Temas do sermão

• Evangelho do XVIII domingo depois de Pentecostes: "Estando juntos os fariseus, Jesus interrogou-os" etc. Divide-se em duas partes.

• Parte I: Primeiramente sermão para a natividade do Senhor, sobre as quatro estações do ano, sobre as três propriedades do sol, sobre as três da terra e sobre as três do fogo, e seu significado: "Chegou o tempo em que o sol, que antes estava escondido pelas nuvens, começou a resplandecer".

• Parte II: Sermão moral aos religiosos sobre o ornamento das virtudes, sobre a natureza e a propriedade do bálsamo: de onde provém, como se obtém; e como o mel é estragado pela aranha; o que significam todas estas coisas e também outras a elas inerentes.

EXÓRDIO – AS QUATRO ESTAÇÕES DO ANO E AS PROPRIEDADES DA TERRA E DO FOGO

1. Naquele tempo, "Estando juntos os fariseus, Jesus interrogou-os, dizendo: Que vos parece do Cristo? De quem é ele filho? Responderam-lhe: De Davi" (Mt 22,41-42).

Lê-se no Segundo livro dos Macabeus: Chegou tempo em que o sol, que antes estava encoberto pelas nuvens, começou a resplandecer e acendeu-se um grande fogo de maneira que todos ficaram maravilhados" (2Mc 1,22).

Considera que no ano existem quatro estações, isto é, o inverno, a primavera, o verão e o outono. O inverno consome, a primavera planta e semeia, o verão colhe e debulha, o outono vindima. O inverno durou de Adão até Moisés, e naquele tempo tudo foi consumido, destruído. De fato, diz o Apóstolo: "De Adão até Moisés reinou a morte" (Rm 5,14). A primavera durou de Moisés até Cristo, e naquele tempo a Lei foi por assim dizer semeada e implantada, e ela produziu somente as flores, como promessa do fruto. A encarnação de Cristo trouxe o verão, e foi o tempo no qual o sol, que antes estava coberto de nuvens, isto é, estava no seio do Pai, começou a resplandecer sobre nós: e naquele tempo ocorreu a colheita e a debulha. "Mas eu, diz Jesus em João, vos digo: Levantai os vossos olhos e vede os campos que já estão branquejando para a ceifa. Aquele que ceifa recebe a recompensa e junta fruto para a vida eterna" (Jo 4,35-36). E depois existirá o outono, no qual os bagaços serão lançados na esterqueira do inferno, e o vinho refinado será reposto nas cantinas do Reino dos Céus.

Mas é necessário que antes preceda a debulha da tribulação, porque somente através do cálice do sofrimento se chega à glória. De fato, "quando chegou a plenitude dos tempos" (Gl 4,4), "o sol, que antes estava encoberto pelas nuvens", encoberto a nós, "começou a resplandecer" para aqueles que moravam na terra e na sombra da morte, "e acendeu-se um grande fogo", do qual o próprio Cristo diz: "Eu vim trazer fogo à aterra, e o que quero senão que ele se acenda?" (Lc 12,49). E preste atenção que diz ter vindo para trazer fogo sobre a terra e não sobre outra parte. E com razão! Pois veio para "curar os contrários com os contrários, para curar todas as coisas com seu contrário.

Considera que no fogo existem três propriedades: o calor, o esplendor e a leveza. Na terra existem as três propriedades contrárias: a frieza, a obscuridade e o peso. O fogo é figura do amor de Deus, no qual existem três propriedades: o calor da humildade, o esplendor da castidade e a leveza da pobreza. Na terra, isto é, nas coisas terrenas, existem as três propriedades contrárias: a frieza da soberba, a obscuridade da luxúria e o peso da avareza.

Portanto, Cristo veio para trazer o fogo sobre a terra, porque à frieza e ao gelo da soberba contrapôs o calor da humildade. Diz o salmo (Sl 147,18): "Envia a tua palavra", que é esta: "Aprendei de mim que sou manso e humilde de coração" (Mt 11,29), "e eis que se dissolve" o coração dos soberbos.

À obscuridade da luxúria contrapôs o esplendor da castidade. Lemos nos Atos: "Sobreveio um anjo do Senhor, e resplandeceu uma luz no aposento do cárcere; e, tocando no lado de Pedro, despertou-o dizendo: Levanta-te depressa. E caíram as cadeias de suas mãos" (At 12,7). No anjo, que é virgem por sua natureza, é indicada a graça da castidade, cujo esplendor ilumina a cela do cárcere, isto é, o coração do pecador, cegado pelas trevas da luxúria. Cárcere é como dizer *undecumque arcens*, afastando de qualquer parte. Realmente, o luxurioso afasta de si tudo aquilo que pode apagar sua luxúria. Mas quando o anjo o toca no lado com a lança do temor para fazer sair dele o fluido da luxúria, então desperta-o do sono da morte e o exorta a levantar-se por meio da contrição, depressa por meio da confissão, e assim, as cadeias dos maus hábitos caem de suas mãos, isto é, de suas obras.

Enfim, ao peso da avareza contrapôs a leveza da pobreza. "Se queres ser perfeito, vai e vende tudo aquilo que tens e dá-o os pobres" (Mt 19,21). E Jeremias: "O corredor leve e ágil percorre o seu caminho" (Jr 2,23). O pobre de espírito é o corredor leve e ágil, que corre com o gigante da dupla natureza [Cristo]. De que peso se liberta aquele que nada quer ter, e assim poder correr por seu caminho! Diz a Sabedoria: "Eu te mostrarei o caminho da sabedoria, guiar-te-ei pelas veredas da equidade, isto é, da pobreza; "quando os percorreres não serão dificultados os teus passos", isto é, os teus afetos, "e se correres não encontrarás tropeço" (Pr 4,11-12).

Com razão, pois, é dito: "Vim trazer fogo sobre a terra". E quando o Senhor faz isso, é realmente uma maravilha aos nossos olhos (cf. Sl 117,23). Digamos, por isso:

XVIII domingo depois de Pentecostes

"Chegou o tempo em que o sol, que antes estava escondido pelas nuvens, começou a resplandecer. E se acendeu um grande fogo e todos ficaram muito maravilhados". Desse sol, isto é, de Jesus Cristo, diz-se no evangelho de hoje: "Que vos parece do Cristo? De quem é filho?"

2. Observa que no evangelho de hoje há duas partes. A primeira trata do amor a Deus e ao próximo, do qual não queremos falar neste sermão, porque o assunto já foi tratado no sermão do XIII domingo depois de Pentecostes, onde foi comentado o evangelho: "Felizes os olhos que veem o que vós vedes". A segunda parte trata de Cristo, e sobre este assunto queremos fazer algumas considerações.

No introito da missa de hoje canta-se: Eu sou a salvação do povo (cf. Sl 34,3). Lê-se depois um trecho da Primeira carta do Bem-aventurado Paulo Apóstolo aos Coríntios: "Dou sempre graças ao meu Deus por vós" (1Cor 1,4), que é lida com este evangelho exatamente porque, tanto no evangelho como na carta fala-se sobretudo e de modo especial de Cristo.

I – A DIVINDADE, A HUMANIDADE E A GLÓRIA DE CRISTO

3. "Estando juntos os fariseus, Jesus interrogou-os, dizendo: Que vos parece do Cristo? De quem é ele filho? Responderam-lhe: De Davi. Jesus disse-lhes: Como então Davi, pelo Espírito, chama-o Senhor, quando diz: Disse o Senhor a meu Senhor?" (Mt 22,41-44).

Nesse trecho compendia-se toda a sublimidade da nossa fé, enquanto sabemos que, proclamando Jesus Cristo "Senhor e Filho de Davi", cremos que ele é verdadeiro Deus e verdadeiro homem, que está sentado à direita do Pai. *Senhor*, enquanto fez todas as coisas e o próprio Davi; *filho*, enquanto também ele é da estirpe de Davi segundo a carne. Os judeus não são censurados porque afirmam que Cristo é filho de Davi, mas porque não creem que ele é também filho de Deus. O próprio Filho lhes diz: "Como então Davi", inspirado pelo Espírito Santo e não movido por seu coração, "chama-o *Senhor*, dizendo: Disse o Senhor", isto é, o Pai, "ao meu Senhor", isto é, ao Filho (Sl 109,1).

A *Glosa* explica: Este "dizer" (*dixit*) significa "gerar" um filho igual a si mesmo. "Ao Senhor", não enquanto é nascido dele, mas enquanto "foi" eternamente do Pai. "Senta-te à minha direita", isto é, entre os bens essenciais, "até que" (até quando) – usa esta conjunção determinada em lugar de uma indeterminada – "porei teus inimigos", isto é, aqueles que não te ouvem, "como escabelo dos teus pés": submetê-los-ei a ti, quer queiram, quer não queiram.

Que os inimigos sejam submetidos ao Filho pelo Pai não significa que o Filho seja fraco, mas indica a unidade da natureza do Pai e do Filho, porque um opera no outro; de fato, também o Filho submete os inimigos ao Pai (cf. 1Cor 15,27-28), quando glorifica o Pai sobre o terra (cf. Jo 17,4).

632   XVIII DOMINGO DEPOIS DE PENTECOSTES

"Se, pois, Davi o chama Senhor, como pode ser seu filho?" (Mt 22,45). Como se dissesse: Vós credes que o Cristo será um simples homem: portanto, quando existia Davi, ainda não existia o Cristo, e, portanto, não existia o "Senhor" de Davi. E então Davi mentiu? De fato, os pais é que são e se dizem "senhores" dos filhos, e não os filhos "senhores" dos pais.

Execramos, por isso, a pérfida maldade dos judeus e com Pedro proclamamos: "Tu és o Cristo, o Filho de Deus vivo" (Mt 16,16), que, como diz Habacuc, saiu junto com seu Cristo para salvar o seu povo (cf. Hab 3,13).

4. Daí que o próprio Cristo, no introito da missa de hoje, diz: Eu sou a salvação do povo (cf. Sl 34,3). Quando clamarem por mim, em qualquer tribulação, eu os ouvirei (cf. Sl 90,15), e serei o seu Senhor para sempre (cf. Sb 3,8). Aqui vemos quão bem o canto do introito concorda com a história dos Macabeus, onde claramente se narra que o Senhor foi a salvação do seu povo e o ouviu e atendeu em todos os seus sofrimentos. Dê atenção a esses três fatos: a salvação do povo, eu os ouvirei, e serei o seu Senhor.

Na epístola de hoje há três expressões que concordam com estes três fatos.

A primeira, quando o Apóstolo diz: "Dou graças, incessantemente, ao meu Deus por vós, pela graça de Deus, que vos foi dada em Jesus Cristo" (1Cor 1,4), que diz: Eu sou a salvação do povo: com efeito, somente com a graça ele salvou o seu povo dos seus pecados (cf. Mt 1,21).

A segunda, quando acrescenta: "Porque nele fostes enriquecidos em todas as coisas, em toda a palavra e em toda a ciência" (1Cor 1,5), e isso é como dizer: "Quando clamarão por mim, em qualquer tribulação, eu os ouvirei. Dê atenção às três palavras: tribulação, clamarão, ouvirei. Se na tribulação, isto é, com o coração contrito e atribulado, clamares na confissão, o Senhor atender-te-á com a remissão dos teus pecados. Portanto, em cada palavra de qualquer confissão e em cada obra de perfeita reparação dos pecados vos tornastes ricos nele, porque vos fizestes pobres e humildes em vós mesmos. As riquezas da alma consistem no perdão dos pecados e na infusão da graça.

A terceira, quando conclui: "Esperai – em vós – a manifestação de nosso Senhor Jesus Cristo, o qual também vos confirmará até o fim" (1Cor 1,7-8), e isso quer dizer: "Eu serei seu Senhor para sempre".

Roguemos, pois, irmãos caríssimos, ao próprio Senhor nosso Jesus Cristo, em cujas mãos, perfuradas pelos pregos sobre a cruz, é colocada a nossa salvação (cf. Gn 47,25), para que nos salve dos ataques dos inimigos, nos ouça e nos conceda a remissão dos pecados, nos confirme até o fim, para sermos dignos de chegar até ele, que está sentado à direita do Pai. No-lo conceda ele próprio, que é bendito. Amém.

II – SERMÃO MORAL SOBRE O ORNAMENTO DAS VIRTUDES

5. "O que vos parece do Cristo? De quem é filho? Responderam: De Davi."

Diz-se no Primeiro livro dos Macabeus: "Adornaram a fachada do templo com coroas de ouro e dedicaram um altar ao Senhor" (1Mc 4,57). Vejamos o que significam o templo, a sua fachada, as coroas de ouro, o altar e sua dedicação.

O termo templo vem de *contemplação*, e pode-se entender também como amplo teto. Diz o Apóstolo: "Santo é o templo de Deus, que sois vós" (1Cor 3,17). Nós somos o templo de Deus e santos se realizarmos em nós os três significados acima mencionados, isto é, se *contemplarmos*, se formos um *teto*, e *amplo*. Se contemplarmos a Deus por meio da renúncia às coisas temporais. Diz o Apóstolo: "Nós não *contemplamos* as coisas que se veem, mas as que não se veem" (2Cor 4,18). Se formos *teto* em relação a nós mesmos, por meio da mortificação da carne. Diz Mateus: "O que está sobre o terraço, não desça para tomar coisa alguma de sua casa" (Mt 24,17). E a *Glosa* comenta: Quem superou a tentação da carne não retorne com o ânimo a certos atos de seu comportamento precedente; quer dizer, não cultive mais nenhum apego carnal. Se formos *amplo*, em relação ao próximo, participando dos sofrimentos dos outros. *Amplo*, em latim *amplus*, é como dizer *in utraque parte plus*, mais em cada uma das duas partes. Mais em cada uma das duas partes: isto é, deves esforçar-te mais na contemplação de Deus e na participação dos sofrimentos do próximo do que em relação à tua própria carne. Se formos tal templo, então seremos verdadeiramente santos.

"Ornaram, pois, a *fachada* do templo." A fachada, em latim se diz *facies*, face, porque serve para reconhecer o homem, representa as nossas obras, das quais o Senhor diz: "Conhecê-los-eis pelos seus frutos" (Mt 7,16). A coroa de ouro na fachada do templo simboliza a reta intenção no nosso agir. Ornamos, pois, as nossas obras com as coroas de ouro da reta intenção, junto com os verdadeiros Macabeus, e não com os cosméticos da prostituta Jezabel, da qual, o Quarto livro dos Reis narra que "pintou seus olhos com *estíbio* (antimônio) e ornou sua cabeça e olhou pela janela" (2Rs 9,30).

Considera estes três momentos. Jezabel interpreta-se "esterqueira", que é um lugar cheio de esterco, assim chamado exatamente porque lambuzado e impregnado de esterco; e é figura do hipócrita, que se besunta com o esterco da vanglória; e, portanto, as moscas moribundas, que destroem a suavidade do perfume, agrupam-se sobre ele. O *estíbio* é um corante azul, do qual as mulheres se servem para tingir os supercílios e representa o favor popular com o qual o hipócrita se pinta (se enche) os olhos. Realmente, quando é louvado pelas pessoas, seus olhos riem e sua face se alegra. Orna-se a cabeça quando ele próprio louva suas obras, e assim olha pela janela para ver e para ser visto! Vai para admirar e ele próprio ser admirado (Ovídio). Rogo-vos, não ornemos a fachada do templo com falsos cosméticos, mas com coroas de ouro.

"E dedicaram um altar ao Senhor." Dedicar quer dizer "dar a Deus" (latim: *dedicare, Deo dare*). Altar é como dizer *alta ara*; o altar é o nosso coração, que deve ser *alto* pelo amor, e *ara* pela contrição, e assim o dedicaremos, isto é, dá-lo-emos a Deus, que diz: Filho, dá-me o teu coração (cf. Pr 23,26). Quem dá seu coração a Deus é verdadeiramente "Cristo", isto é, ungido, consagrado pela graça, e é filho de Davi. Com efeito, diz o evangelho de hoje: "Que vos parece do Cristo? De quem é filho? Respondem: De Davi". Sobre estes dois nomes, Cristo e Davi, queremos fazer algumas breves considerações morais.

6. O termo "cristo" vem de "crisma". O crisma se faz com o óleo e com o bálsamo. O bálsamo é uma árvore semelhante à videira e como a videira deve ser sustentada. Tem dois côvados de altura [pouco menos de um metro] e se distingue por sua copa sempre verde. Nela são feitas incisões com um vidro ou com pequenas facas de osso, porque se for tocada com o ferro é prejudicada e morre em pouco tempo. E emite gotas de extraordinário perfume.

A consideração maior vai às gotas que destilam, depois à semente, a seguir à casca e enfim à madeira. O bálsamo conserva a juventude, preserva da corrupção. Se misturadas com mel, as gotas se estragam; porém, se misturadas ao leite, coagulam, e isso prova que o mel não está presente. Não é possível mantê-lo sobre a mão nua, exposto ao ardor do sol.

Detenhamo-nos um pouco sobre todas essas qualidades do bálsamo e falemos delas detalhadamente.

A árvore do bálsamo simboliza a vida do justo, que é e deve ser semelhante à videira e como a videira ser sustentada. De fato, a videira é cavada ao redor, é podada e sustentada com estacas. Assim o justo escava em sua vida com a *enxada* da compunção; poda-a com a foice da confissão e a sustenta com as estacas das obras de satisfação.

Sobre o primeiro ponto lemos em Lucas: Tem paciência ainda este ano, cavá-la-ei ao redor e lhe porei o estrume (cf. Lc 13,8). Sobre o segundo ponto temos no Cântico dos Cânticos: "Chegou o tempo da poda; a voz da rola", isto é, a confissão do penitente, "foi ouvida em nossa terra" (Ct 2,12). [Sobre o terceiro ponto] A estaca é um pequeno pau, que simboliza a humildade ao realizar as obras de satisfação, com as quais a vida do justo é como que sustentada. Por boca de Isaías, o Senhor diz: "Fincá-lo-ei como estaca no lugar dos fiéis" (lugar firme) (Is 22,23). A estaca é fincada no lugar dos fiéis, quando a vida do justo é conservada com a humildade na Santa Igreja.

A árvore do bálsamo tem dois côvados de altura. Os dois côvados são os dois preceitos da caridade, por meio dos quais a vida do justo é elevada acima das coisas terrenas. Do primeiro côvado, isto é, do amor a Deus, fala o Senhor no Gênesis, quando diz a Noé: "Farás uma janela na arca, e um côvado mais alto será o cume da arca" (Gn 6,16). A arca, assim chamada porque *arcet*, mantém distantes os ladrões ou os olhares, representa a vida do justo, que mantém distantes de si todos os vícios. A janela, assim chamada porque *ferens extra*, conduz para o exterior, simboliza a devoção da mente, através da qual sai e entra a pomba, isto é, a alma. A alma sai para contemplar a Deus, e entra para considerar a si mesma. Portanto, a janela na arca simboliza a devoção na vida do justo, que se conquista e se aperfeiçoa um côvado mais acima, isto é, no amor a Deus. "Ditosos os que morrem no Senhor", diz João no Apocalipse (Ap 14,13); e também Estêvão "adormeceu no Senhor" (At 7,60).

De modo semelhante, a propósito do segundo côvado, isto é, do amor ao próximo, foi ordenado a Moisés que no altar fosse escavado um buraco de um côvado (cf. Ez 43,13). O buraco de um côvado no altar simboliza a compaixão pelo próximo no ânimo do justo.

A árvore do bálsamo distingue-se por sua copa sempre verde, e nisso é simbolizada a perseverança do justo, da qual Jó diz: "A árvore, ao cheiro da água, reverdecerá e fará a copa" (Jó 14,7.9). O cheiro é chamado assim do ar; com efeito, o que é o cheiro senão o ar aspirado? O cheiro representa a infusão da graça, e quando a *aspiras*, produzes logo o germe das boas obras e assim produzes também a copa da perseverança.

As incisões são feitas na árvore do bálsamo com um vidro ou com pequenas facas de osso, porque tocando-a com um ferro a árvore é prejudicada e logo morre. No vidro é representada a luminosidade da vida eterna. Com efeito, no Apocalipse, João diz: "A cidade de Jerusalém era de ouro puro, semelhante ao vidro puro" (Ap 21,18). Qualquer líquido contido no vidro se vê externamente tal qual ele é. Na pátria eterna gozaremos no ouro e no vidro da companhia dos santos, que esplenderão no fulgor da bem-aventurança, e a corporeidade dos membros não esconderá aos olhos de alguém o pensamento do outro. De fato, para aqueles que contemplam o esplendor de Deus, não haverá nada nas criaturas de Deus que elas não possam ver.

Nas pequenas facas de osso são representados os exemplos dos santos, que sustentam a nossa fragilidade, como os ossos sustentam a carne. Portanto, a árvore de bálsamo é incisa com o vidro e com pequenas facas de osso, quando a vida ou a mente do justo se abrir à compunção com o desejo do esplendor eterno, ou por meio do exemplo dos santos. Mas se for tocada pelo ferro, isto é, pelo pecado mortal, imediatamente morre, porque "a alma que pecar, certamente morrerá" (Ez 18,4.20).

"Goteja uma essência de excelente (lit. *exímio*) perfume." Diz-se *exímio* porque se eleva de baixo (latim: *ex imis*) e se espalha para o alto. E neste perfume é indicado o perfume da vida santa, que se difunde por toda a parte. Diz o Apóstolo: Nós somos diante de Deus o bom odor de Cristo, que se difunde por toda a parte (cf. 2Cor 2,14-15).

E lemos no Livro do Eclesiástico: "O meu perfume é como o bálsamo sem mistura" (Eclo 24,21). O odor da vida do hipócrita é aquele do bálsamo misturado, isto é, estragado, porque enquanto externamente aparece a santidade, internamente se esconde a maldade. O perfume do justo, porém, é como o bálsamo sem mistura, porque ao perfume de sua boa reputação corresponde a pureza interior de sua consciência.

A consideração maior vai às gotas, depois à semente, por fim à casca e, em parte mínima, à madeira. Presta atenção nesta graduação: na gota do bálsamo é representada a suavidade da contemplação, na semente a palavra da pregação, na casca a aspereza da penitência e na madeira este nosso corpo mortal.

Sobre o primeiro ponto, lemos no Livro dos Juízes que Acsa, sentada sobre uma jumenta, implorou entre lágrimas que lhe fosse dada uma fonte superior (cf. Jz 1,15). Isso acontece quando a alma, domada a carne, tende para a contemplação com grande ardor e com toda a devoção da mente.

Sobre o segundo ponto, lemos no Evangelho de Lucas: "O semeador saiu a semear a sua semente" (Lc 8,5).

Sobre o terceiro ponto: casca é como dizer *corium tegens*, isto é, pele que cobre, e se entende a aspereza da penitência que cobre os pecados. De fato: "Bem-aventurados aqueles cujos pecados foram cobertos (Sl 31,1), isto é, perdoados.

Sobre o quarto ponto, lemos em Jó: "Uma árvore tem esperança: se for cortada, torna a reverdecer" (Jó 14,7). Assim, o homem tem e deve ter a esperança de que a madeira, isto é, o seu corpo, depois de ter sido cortado pelo machado da morte, reflorescerá na ressurreição final. A essa *madeira* vai a consideração menor e a ela quase nenhum cuidado é devido, como a um servo inútil. À casca da penitência, porém, vai uma grande consideração, porque opera verdadeiramente grandes coisas. À semente da pregação vai uma consideração ainda maior, porque é somente por meio dela que se chega à casca, isto é, à penitência. E enfim, às gotas, isto é, às lágrimas da contemplação vai a máxima e principal consideração, pois é nelas que está fechada a maior e principal suavidade e consolação.

O bálsamo conserva a juventude. A suavidade da vida contemplativa conserva a alma na juventude da graça. Realmente, diz-se no salmo: "Renovar-se-á como a da águia a minha juventude" (Sl 102,5).

Mantém distante a corrupção. De fato, a mente, sempre imersa na suavidade da contemplação, mantém-se inatacável ao consenso corruptor do pecado. Falando por contraste, o Senhor diz por boca da Jeremias: "Farei apodrecer o orgulho de Judá e a grande soberba de Jerusalém" (Jr 13,9), isto é, dos clérigos e dos leigos. A gota de bálsamo, misturada com o mel se estraga, mas se misturada com o leite, coagula, isso significa que não há mel. A suavidade da contemplação se estraga, como por um adultério, se a ela é misturado o mel das coisas temporais.

7. Lê-se na *História natural* que nos favos de mel nascem as aranhas e tudo o que está nos favos se estraga. Nas colmeias das abelhas produzem-se pequenos vermes, nos quais, a seguir, aparecem pequenas asas e então estão em condições de voar (Aristóteles).

A aranha em latim se chama *aranea*, porque estende seus fios no ar (*in aëre nens*). Do prazer das coisas temporais nasce a aranha, isto é, o orgulho venenoso que estende seus fios no ar, pois está sempre à procura de coisas grandes, superiores às suas forças (cf. Sl 130,1); e nascem os vermes, isto é, a gula e a luxúria, vícios que, por assim dizer, fazem o homem voar para desejar as coisas dos outros. Não é, portanto, de admirar se com esta mistura se estraga o bálsamo da vida contemplativa ou aquele da pureza de consciência. Vivendo juntos, formam-se os usos e os costumes, e a uva sã recebe o mofo da uva estragada que lhe está perto (Juvenal).

Tu terás a prova de não teres o mel do prazer transitório se, misturando-te com o leite da encarnação do Senhor, coagulares, isto é, se fores encolhido pelo espírito de pobreza. O pão dos anjos, diz Agostinho, tornou-se leite dos pequenos, a fim de com ele serem nutridas as crianças.

Não é possível manter o bálsamo sobre a mão nua, exposta ao ardor do sol. O bálsamo sobre a mão simboliza a pureza de consciência no operar. Quando o sol ardente do amor de Deus ilumina e inflama a mente do justo e lhe faz ver como ele verdadeiramente é, qualquer atividade, qualquer energia desfalece. De fato, diz Daniel: "Tive uma grande visão, e não ficou vigor em mim, alterou-se também o meu semblante, caí desfalecido e perdi todas as forças" (Dn 10,8). Quando o sol da graça se une ao bálsamo de pura consciência, no justo não resta confiança alguma nas obras próprias.

Portanto, esse é o bálsamo "mais precioso do que o ouro e o topázio" (Sl 118,127). Oxalá, viesse a rainha de Sabá e nos desse ainda que só uma pequena raiz de bálsamo, para implantar em nós uma vinha balsâmica! Flávio Josefo narra que, quando foi consultar a sabedoria de Salomão, a rainha de Sabá fez-lhe a doação de uma raiz de bálsamo, da qual depois se originaram e se multiplicaram as vinhas balsâmicas de Engadi.

8. Eis, pois, que com esse bálsamo, misturado ao óleo da misericórdia de Deus, confecciona-se o *crisma* com o qual é ungido o justo, que assim torna-se *cristo* (consagrado) e filho de Davi, do qual no evangelho de hoje se diz precisamente: "Que vos parece do Cristo? De quem é filho? Respondem-lhe: De Davi". O verdadeiro justo, ungido pelo crisma confeccionado com o bálsamo e o óleo, é filho de Davi. Davi interpreta-se "de mão forte", ou também "de belo aspecto" (cf. 1Sm 16,12). O pugilista que se apronta para enfrentar um adversário, costuma ungir a cabeça com óleo: assim o justo unge-se com o bálsamo misturado com o óleo para ter força nas mãos, isto é, nas obras, e assim poder derrotar o inimigo, o diabo. Desse modo, torna-se aqui na terra filho de Davi, isto é, filho do fortaleza, e depois, na vida futura, tornar-se-á filho da glória, e ali será de belo aspecto, porque poderá contemplar face a face aquele no qual os anjos desejam manter fixo o olhar (cf. 1Pd 1,12).

O próprio Jesus Cristo, filho de Davi, digne-se conduzir também a nós para aquela esplêndida glória: ele que com o Pai e o Espírito Santo vive e reina nos séculos dos séculos. Amém.

XIX domingo depois de Pentecostes

Temas do sermão

• Evangelho do XIX domingo depois de Pentecostes: "Subindo Jesus a uma barca"; divide-se em três partes.

• Primeiramente, sermão sobre a prerrogativa da graça espiritual que Deus confere ao pregador, e sobre sua boa conduta: "O jovem Antíoco".

• Parte I: A cruz de Cristo: "Subindo Jesus a uma barca".

• A descida da alma da soberba: "Desce e senta-te sobre o pó".

• A subida e a renovação da alma: "Subamos para purificar o santuário".

• Os quatro instrumentos necessários para governar uma barca e seu simbolismo: "Considera que para governar uma barca".

• Parte II: Os cinco motivos pelos quais sobrevêm as doenças: "Apresentaram-lhe um paralítico".

• Sermão contra os prazeres da carne: "Teci de cordas o meu leito".

• Os quatro que carregam o paralítico e seu simbolismo, e o quádruplo telhado: "E eis que lhe apresentam um paralítico".

• Sermão sobre a fé: "Jesus, vendo sua fé".

• Parte III: Os cinco filhos de Matatias e seu simbolismo: "Levanta-te, toma teu leito".

• Sermão sobre a mortificação da carne e a repressão dos sentidos: "Davi feriu os filisteus".

EXÓRDIO – A GRAÇA ESPIRITUAL DO PREGADOR E SUA SANTA CONDUTA

1. Naquele tempo, "Subindo Jesus a uma barca, passou para a outra margem e chegou à sua cidade" (Mt 9,1).

No Primeiro livro dos Macabeus narra-se que o jovem Antíoco "deu a Jônatas [Sumo Sacerdote] a faculdade de beber em copo de ouro, de se vestir de púrpura e de trazer fivela de ouro" (1Mc 11,58). Vejamos o que significam Antíoco, Jônatas, o ouro, a púrpura e a fivela.

Antíoco interpreta-se "pobre silencioso", e nesta passagem é figura de Jesus Cristo, que foi pobre e silencioso. Dê atenção a estas duas palavras. Cristo foi pobre porque não teve onde pousar a cabeça (cf. Mt 8,20; Lc 9,58), a não ser sobre a cruz, onde "inclinada a cabeça, entregou o espírito" (Jo 19,30); foi silencioso porque foi levado para a morte como um cordeiro e embora sendo maltratado não abriu sua boca (cf. Is 53,7). De fato, Jeremias diz: "Da boca do Altíssimo não sairão os males e os bens" (Lm 3,38).

Jônatas interpreta-se "dom da pomba", e é figura do pregador, que, da pomba, ou seja, do Espírito Santo, recebeu o dom de chamar os pecadores para gemer na penitência como pombas. Por isso, no Primeiro livro dos Reis, [outro] Jônatas, [o filho de Saul], diz a Davi: "Se eu disser ao criado: Olha que as flechas estão mais para cá de onde estás, toma-as!, então vem, porque estás em segurança, e não há perigo algum para ti; viva o Senhor. Mas, se eu disser ao criado: Olha que as flechas estão para lá de ti, vai-te em paz, porque o Senhor quer que te retires" (1Sm 20,22).

Considera que as flechas são três, isto é: o temor da separação pelo qual a alma teme ser separada de Deus; a dor na confissão; o ardor do amor. Essas flechas, lançadas pelo arco da pregação, ferem a alma para fazê-la prorromper em gemidos e choro. Mas se essas flechas estão além do criado, isto é, além do conhecimento infantil, para Davi não existe mais salvação. Porém, se estiverem aquém do criado, de maneira que ele possa vê-las, para Davi existe salvação e não existe perigo algum: Viva o Senhor!

A este Jônatas, pois, isto é, ao pregador, Cristo dá a faculdade de beber em copo de ouro, de vestir-se de púrpura e de ter a fivela de ouro. O ouro simboliza a luz da sabedoria, a púrpura, o sangue da paixão do Senhor, e a fivela de ouro, a repressão da própria vontade.

Bem-aventurado o pregador ao qual é concedida a faculdade de beber em copo de ouro. Hoje, a muitos é concedida a faculdade de ter ouro, mas não de beber no ouro. Bebe no ouro aquele que, da luz da sabedoria que recebe, bebe primeiro ele e depois oferece de beber aos outros. Lemos no Gênesis que Rebeca disse ao servo de Abraão: "Bebe, senhor, e depois darei de beber também aos teus camelos" (Gn 24,14). A mesma coisa diz a sabedoria ao pregador: "Bebe, senhor!" Chama-o "senhor" porque o poder que tem foi-lhe concedido por Cristo. Realmente, diz o Gênesis: "Estarás sob o poder do homem, e ele te dominará" (Gn 3,16). Feliz aquele que domina a sabedoria que lhe foi dada. Domina a sabedoria aquele que não a atribui a si mesmo, mas a Deus, e que vive em conformidade com aquilo que prega. "Bebe, pois, Senhor, e depois darei de beber também aos teus camelos", quer dizer, aos teus ouvintes.

A mesma coisa é dita também pelo Senhor: "Tirai agora e levai ao arquitriclino", isto é, ao diretor da mesa (Jo 2,8). *Arquitriclino* é um termo grego que deriva de *archòs*, cabeça, *tria*, três e *kline*, leito; portanto, arquitriclino, cabeça de três leitos. De fato, os antigos comiam reclinados sobre leitos, dispostos três a três.

Também na Igreja há três leitos, quer dizer, três "ordens", ou três categorias, na quais, como num leito, repousa o Senhor, isto é, os casados, os continentes que vivem em castidade e as virgens. O príncipe de todos estes é o prelado, ou também o pregador, que deve beber por primeiro e a seguir dar de beber aos comensais. "Antíoco, pois, deu a Jônatas a faculdade de beber em copo de ouro."

"E vestir-se de púrpura." Veste-se de púrpura o pregador que com Paulo, pregador insigne, traz em seu corpo os estigmas de Jesus Cristo (cf. Gl 6,17). Lemos no Cântico dos Cânticos: "A púrpura do rei unida aos canais" (Ct 7,5). O canal é chamado assim porque é *cavo*, e indica a humildade do coração. Portanto: a púrpura do rei, isto é, a paixão de Jesus Cristo, está unida aos canais, isto é, aos pregadores humildes, através dos quais flui a água da doutrina para irrigar os canteiros das ervas aromáticas, isto é, as almas dos fiéis. Nada deve interpor-se entre a paixão de Cristo e a vida do pregador, para que este possa dizer com o Apóstolo: "Para mim o mundo está crucificado, e eu para o mundo" (Gl 6,14).

"E ter uma fivela de ouro." A fivela, em latim *fibula*, de *figere*, ligar, é chamada assim exatamente porque *liga* e indica a repressão da própria vontade: repressão que com justiça é dita "de ouro", porque dela depende a pureza da alma e do corpo. O pregador deve estar ligado com esta fivela, para poder dizer com o Apóstolo: "Eu sofro pelo evangelho até carregar as cadeias: mas a palavra de Deus não está acorrentada" (2Tm 2,9). Quando a vontade do pregador está ligada, então em sua boca a palavra de Deus se desliga, para chegar sem impedimentos ao coração dos ouvintes.

Portanto, se o prelado da Igreja, ou o pregador, beber pelo ouro da sabedoria, se vestir a púrpura da paixão do Senhor e se ligar sua vontade com a fivela de ouro, então poderá, verdadeiramente, subir à barca junto com Jesus, passar para a outra margem e chegar à sua cidade: como está escrito no evangelho de hoje: "Subindo Jesus a uma barca" etc.

2. Observa que neste evangelho são postos em evidência três momentos. Primeiro, Jesus que sobe a uma barca, quando diz: "Subindo Jesus a uma barca". Segundo, a apresentação do paralítico, quando acrescenta: "Apresentaram-lhe um paralítico". Terceiro, a cura do paralítico, quando conclui: "Levanta-te, toma o teu leito".

No introito da missa de hoje canta-se: "Tu és justo, Senhor, em todas as coisas que nos fizeste" (Dn 3,27). Lê-se, depois o trecho da carta do Bem-aventurado Paulo aos Efésios: "Renovai-vos no espírito do vosso entendimento"; dividi-lo-emos em três partes, examinando sua concordância com as três mencionadas partes do trecho evangélico. Primeira parte: "Renovai-vos". A segunda: "Deponde a mentira". A terceira: "Aquele que furtava". Presta atenção que a cura do paralítico, a renovação da mente e o repúdio à mentira praticamente significam a mesma coisa: é por isso que os dois trechos do evangelho e da epístola são lidos junto.

I – JESUS CRISTO SOBE NA BARCA

3. "Subindo Jesus a uma barca, passou para a outra margem e chegou à sua cidade."

Sentido alegórico. A barca representa a cruz: Jesus subiu a ela. Por isso ele disse: "Quando for levantado da terra, atrairei todos a mim" (Jo 12,32), por assim dizer, com o gancho da cruz. Sobre isso, lemos no Livro do Profeta Amós: "Amós, o que vês? Eu respondi: Vejo um gancho de colher frutos. E o Senhor me disse: Chegou o fim do meu povo de Israel; não o deixarei impune por mais tempo" (Am 8,2).

Considera que nos frutos existem três qualidades: o sabor, a cor e o odor. Os frutos são figura dos justos, nos quais existe o sabor da contemplação, a cor da santidade e o odor do bom nome, da estima de que gozam. Todos os dias o Senhor atrai a si esses frutos com o gancho da cruz; quando o Senhor subiu à cruz chegou para nós o fim, porque teve fim a nossa miséria; ele não nos ultrapassou; antes, fez-nos passar com ele para a glória. É o que diz o evangelho: "Passou para a outra margem e chegou à sua cidade". E João também diz: "Jesus, sabia que chegara a sua hora, de passar deste mundo para o Pai" (Jo 13,1). E é também o que se lê no salmo: "Beberá da torrente no caminho, por isso, levantará a sua cabeça" (Sl 109,7); ele bebe da torrente de sua paixão, durante o caminho de sua peregrinação terrena, e por isso levantou a cabeça, que antes havia reclinado sobre a cruz, quando havia entregado o espírito.

4. **Sentido moral**. Presta atenção. Agora vejamos o significado das palavras: subindo, barca, atravessou (o lago) e cidade.

Quem quer subir, é necessário que antes desça. O Apóstolo diz de Cristo: "Ora, o que significa subiu, senão que antes também tinha descido aos lugares mais baixos da terra?" (Ef 4,9). E o modo pelo qual tu deves descer te é indicado por Isaías dizendo: "Desce, senta-te no pó, ó virgem, filha da Babilônia (Is 47,1).

Dê atenção a cada uma das palavras. Ó alma pecadora, que és chamada *virgem*, pela esterilidade das boas obras, *filha*, por causa de teu caráter efeminado, *Babilônia*, pela desordem do pecado, desce da soberba do teu coração, por meio da humildade senta-te no pó, em consideração à baixeza em que caíste. Essas são as partes mais baixas da terra; se antes desceres para considerá-las e meditá-las, depois poderás subir.

Lemos no Gênesis que Abraão subiu do Egito com tudo o que possuía, dirigindo-se para a parte meridional (cf. Gn 13,1). Encontramos a mesma coisa um pouco mais adiante: "Jacó, reunida toda a sua família, disse: Levantai-vos e subamos até Betel" (Gn 35,2.3). Abraão e Jacó representam o penitente que, do Egito, isto é, das trevas de sua miséria, sobe com toda a sua família, isto é, com os pensamentos e os afetos da mente, porque absolutamente nada deve ficar no Egito. De fato, deves subir totalmente para a parte meridional, isto é, para a contrição da mente, que é Betel, "a casa de Deus", a casa em que Deus mora. E também Isaías diz: "O Excelso e Sublime mora na eternidade, mas habita também com o contrito e o humilde de espírito" (Is 57,15).

E sobre este assunto veja também o sermão do I domingo da Quaresma, sobre o evangelho "Jesus foi conduzido pelo Espírito ao deserto".

5. Sobre tudo isso temos a concordância no Primeiro livro dos Macabeus, onde Judas Macabeu diz: "Subamos agora para purificar e consagrar de novo o santuário. Logo juntou-se todo o exército e subiram ao Monte Sião. Viram o santuário deserto, o altar profanado, as portas queimadas, nos átrios arbustos nascidos como num bosque ou nos montes e os quartos sagrados do templo em ruínas. Rasgaram as suas vestes,

fizeram grande pranto, puseram cinza sobre a cabeça, prostraram-se com o rosto por terra" (1Mc 4,36-40).

Nesta passagem pode-se compreender bem de que modo a alma é destruída e como se pode reedificá-la. Judas, isto é, o penitente, reunido todo o exército, isto é, todos os seus pensamentos e os seus afetos, deve subir ao Monte Sião, que se interpreta *observatório*, deve concentrar-se, isto é, na sua mente, com a qual pode meditar sobre o oriente de seu nascimento, sobre o ocidente de sua morte, sobre o setentrião das adversidades e sobre o meridião da prosperidade deste mundo. Sobre o primeiro para humilhar-se, sobre o segundo para chorar, sobre o terceiro para manter-se forte, sobre o quarto para não se ensoberbecer.

E já que o homem percebe os bens que perdeu quando considera a fundo os males que cometeu, a passagem continua dizendo: "E encontraram o santuário abandonado" etc. O santuário é abandonado e deserto quando a alma, santificada pela água do batismo, cai em pecado mortal e assim torna-se deserta e abandonada, isto é, privada da graça do Espírito Santo. O altar é profanado quando se destrói a fé. As portas são queimadas quando os sentidos do corpo são destruídos pelo fogo da concupiscência. Nos átrios crescem arbustos quando o coração é invadido por uma multidão de pensamentos e de desejos vãos. Os quartos sagrados, chamados em grego *pastoforia*, eram aqueles nos quais dormiam os levitas, aos quais era confiado o cuidado da casa do Senhor; deles faz memória também Ezequiel na sua última visão (cf. Ez 40,45-46). Esses quartos sagrados estão reduzidos a ruínas quando os íntimos recessos da mente são profanados por desejos ilícitos.

Eis de que modo a alma é destruída: mas vejamos também de que modo pode ser reedificada.

"Rasgaram as suas vestes" etc. Dê atenção a estas quatro ações: rasgaram, prantearam, impuseram-se, prostraram-se. O rasgar das vestes indica a contrição do coração; o pranto, a confissão banhada pelas lágrimas; a imposição das cinzas sobre a cabeça, a humilde reparação do mal cometido; a prostração com a face por terra, o pensamento da dissolução final do nosso ser. Com efeito, ao primeiro homem foi dito: "És pó e ao pó retornarás" (Gn 3,19). Quem desse modo sobe ao Monte Sião junto com Judas para purificar e consagrar de novo o santuário, sobe realmente a uma barca com Jesus.

6. Além disso, considera que para governar uma barca são necessários ao menos quatro instrumentos: o mastro, a vela, os remos e a âncora. No mastro é simbolizada a contrição do coração e na vela, a confissão da boca: como a vela está unida ao mastro, assim a confissão deve estar unida à contrição; nos remos são simbolizadas as obras de reparação e de penitência, isto é, o jejum, a oração e a esmola; na âncora é simbolizado o pensamento da morte. Como a âncora retém a barca para que não afunde entre as rochas, assim o pensamento da morte retém a nossa vida para que não caia nos pecados. Por isso, diz Salomão: "Medita sobre os *últimos eventos* de tua vida [os

novíssimos], e jamais cairás no pecado" (Eclo 7,40). Por isso, quem deseja passar da margem desta vida mortal para a margem da imortalidade, isto é, para a cidade da Jerusalém celeste, suba à barca da penitência.

É aqui que a primeira parte do evangelho concorda com a primeira parte da epístola: "Renovai-vos no espírito do vosso entendimento e revesti-vos do homem novo, criado segundo Deus na justiça e na santidade verdadeira" (Ef 4,23-24).

Eis que aqui é indicado de que maneira se purifica e se consagra de novo o Monte de Sião. "Subiu Judas para purificar e para consagrar de novo o santuário." E o Apóstolo: "Renovai-vos no espírito do vosso entendimento", na contrição do coração, "e revesti-vos do homem novo", na confissão da boca, "criado segundo Deus na justiça e na santidade verdadeira", isto é, nas obras de reparação: e assim estarás em condição de subir à barca e chegar à cidade da glória celeste.

A ela nos conduza aquele que subiu à barca da cruz, e ressuscitou como homem novo no terceiro dia: a ele se dê honra e glória nos séculos eternos. Amém.

II – O PARALÍTICO APRESENTADO A JESUS CRISTO

7. "Eis que lhe apresentaram um paralítico, que jazia no leito. Vendo Jesus a fé que eles tinham, disse ao paralítico: Tem confiança, filho, os teus pecados estão perdoados" (Mt 9,2).

Considera, adverte a *Glosa*, que algumas doenças vêm por causa dos pecados e, portanto, primeiro devem ser perdoados os pecados, para que possa acontecer a cura.

As doenças podem sobrevir de cinco modos, ou por cinco motivos: ou para aumentar os méritos dos justos com a paciência, como aconteceu com Jó; ou para guardar as virtudes e não ser tentados pela soberba, como com Paulo; ou para expiar os pecados, como aconteceu com Maria, irmã de Moisés, atingida pela lepra, e com o paralítico do qual estamos falando; ou para manifestar a glória de Deus, como aconteceu com o cego de nascença e com Lázaro; ou também como início do eterno castigo, como aconteceu com Herodes, e assim se veja já aqui na terra o que seguirá depois no inferno; por isso, Jeremias diz: "Castiga-os com duplo açoite, ó Senhor!" (Jr 17,18).

Vejamos qual seja o significado moral do paralítico, do leito e daqueles que apresentam o paralítico a Jesus.

A *paralisia* deve seu nome ao fato de imobilizar metade do corpo; se todo o corpo for imobilizado, então teremos a *apoplexia*. Mais precisamente, a paralisia é devida ao fato de o corpo ser atingido por um forte *resfriamento*, na sua totalidade ou só em parte. A paralisia é uma espécie de dissolução dos membros e significa o prazer da carne, que é como um leito no qual o paralítico, isto é, a alma, jaz dissoluto. Diz Jeremias: "Até quando te dissolverás nos prazeres, filha vagabunda?" (Jr 31,22). Quando a carne é destruída pelo prazer, a alma, como o paralítico, jaz dissoluta no esgotamento da carne.

8. Desse leito, a meretriz diz no Provérbios: "Fiz a minha cama com cordas, cobria-a com colchas bordadas do Egito; perfumei a minha câmara de mirra, de aloés e de cinamomo. Vem, embriaguemo-nos de delícias, gozemos dos abraços desejados, até que amanheça o dia" (Pr 7,16-18).

O leito, isto é, o prazer carnal, é sustentado pelas cordas dos pecados; é coberto com colchas bordadas, isto é, os vários prazeres, que vêm do Egito, quer dizer, das trevas da consciência. E já que o riso mistura-se à dor e o prazer à amargura, o texto acrescenta: "Perfumei a minha câmara de mirra, aloé e cinamomo". Na mirra e no aloé, que são espécies amargas, é indicada a amargura do castigo; no cinamomo, que é perfumado, é representado o prazer da carne.

Portanto, diz a meretriz, isto é, a carne, ao jovem, isto é, ao espírito: "Vem!", com o consenso da mente, "embriaguemo-nos de delícias", isto é, dos prazeres da gula e da luxúria, passando para as ações; "gozemos dos abraços desejados", com os vínculos do hábito, "até que amanheça o dia". E isso é certamente verdadeiro, porque a carne não pode enganar a ninguém a não ser na noite da ignorância; e, portanto, a carne nada teme mais do que o dia, a luz da inteligência. Eis, pois, de que modo o paralítico jaz desfeito no seu leito.

No Livro de Judite lemos que "Holofernes jazia no seu leito, profundamente adormecido, por causa de extraordinária embriaguez" (Jt 13,4). Holofernes interpreta-se "que enfraquece o vitelo gordo" e representa o espírito do pecador que, com o consenso da mente, enfraquece o vitelo gordo, isto é, a carne, engordada pela abundância das coisas temporais, em cujo prazer jaz como num leito, profundamente adormecido, por causa de extraordinária embriaguez.

Lemos nos Provérbios: "Serás como um homem adormecido no meio do mar, como um timoneiro imerso no sono, que abandonou o leme, e dirás: espancaram-me, mas não me doeu; arrastaram-me e nem senti" (Pr 23,34-35).

Dorme em meio ao mar aquele que se espreguiça nas ondas dos pensamentos, na amargura dos pecados, e é como um timoneiro imerso no sono que abandonou o leme, isto é, o governo da razão e leva a barca de sua vida para as Caribdes da morte eterna. E assim não sente dor quando é ferido pelos demônios, nem sente quando eles o arrastam para os vários vícios, "como um boi levado ao matadouro" (Pr 7,22).

Eis, pois, que o paralítico jaz no seu leito, do qual assim fala Salomão nos Provérbios: "O preguiçoso diz: Há um leão no caminho e uma leoa nas passagens. Como uma porta gira sobre os gonzos, assim o preguiçoso no seu leito" (Pr 26,13-14). O leão é o diabo, a leoa é a concupiscência da carne.

Preguiçoso, em latim *piger*, como se dissesse *pedibus aeger*, doente dos pés, é figura do guloso e do luxurioso, que são doentes dos pés, isto é, faltam-lhes sentimentos de boa vontade, e, portanto, jazem doentes e paralisados no leito do miserável prazer; e não estando em condições de resistir às tentações do diabo e de reprimir a concupiscência da carne, não querem sair para combater, isto é, entregar-se às obras de penitência, e assim rolam-se nos prazeres da carne, como uma porta gira sobre seus gonzos.

XIX domingo depois de Pentecostes

9. "Eis, pois, que apresentaram a Jesus um paralítico que jazia no seu leito (Mt 9,2). Marcos narra assim: "Foram ter com Jesus, conduzindo um paralítico, que era transportado por quatro pessoas. Mas como não podiam levá-lo até Jesus por causa da multidão, descobriram o telhado no lugar em que ele se achava e, pela abertura, desceram o leito em que jazia o paralítico" (Mc 2,3-4).

A humildade e a pobreza, a paciência e a obediência são representadas naqueles quatro carregadores; são as quatro virtudes que apresentam a Jesus a alma que jaz desfeita nos prazeres da carne. E já que, por causa da multidão, isto é, da perturbação provocada pelos desejos carnais, não têm condições de apresentá-la, descobrem e abrem o telhado e descem diante de Jesus o leito em que jazia o paralítico.

Considera que existe um quádruplo telhado: o da soberba, o da avareza, o da obstinação e o da ira. Estes, como se diz nos Provérbios, são "os telhados que gotejam continuamente" (Pr 19,13), isto é, que cegam o olho da razão. E Isaías: "O que tens também tu que subiste aos telhados?" (Is 22,1). E Davi: "Sejam como a erva dos telhados, que seca antes de ser arrancada" (Sl 128,6).

Esse telhado, que cobre e escurece a face da alma para que não veja a luz da justiça, é descoberto pelas mencionadas quatro virtudes com a contrição do coração, é aberto com a confissão da boca, e assim, descem diante de Jesus, confiantes em sua misericórdia, a alma e o corpo com as obras penitenciais de reparação. Com efeito, ninguém pode chegar a Jesus se não for transportado por essas quatro virtudes.

Diz a *Glosa*: É como que carregado por quatro pessoas, aquele que por essas quatro virtudes é elevado até Deus com a confiança do espírito. Delas fala-se no Livro da Sabedoria: Ela ensina a temperança e a sabedoria, a justiça e a fortaleza (cf. Sb 8,7). Outros as chamam: prudência, fortaleza, temperança e justiça.

10. Vendo sua fé, Jesus disse ao paralítico: "Tem confiança, filho, os teus pecados estão perdoados". A *Glosa* comenta: Diante de Deus tem muito valor a própria fé, e, naquela circunstância, também a fé dos outros teve tanto valor a ponto de fazer que um homem se levantasse subitamente, curado na alma e no corpo e que, por mérito dos outros, lhe fossem perdoados os seus erros.

Admirável a humildade de Jesus, que chama de filho aquele doente, negligenciado pelos homens e desfeito em todos os membros! Certamente chama-o assim porque lhe estão perdoados os pecados.

Dê atenção a estes três particulares: Vendo sua fé, tem confiança, os teus pecados estão perdoados. A fé sem o amor é inútil; a fé unida ao amor, porém, é própria do cristão. Note-se, pois, que "uma coisa é crer a Deus, outra coisa é crer Deus e outra coisa é crer em Deus". "Crer a Deus" significa crer verdadeiro aquilo que ele diz, e isso é feito também pelos maus; também nós cremos o homem, mas não cremos no homem. "Crer Deus" significa crer que Deus existe, o que fazem também os demônios. Enfim, "crer em Deus" quer dizer crer e amá-lo, crer e ir a ele, crer e aderir a ele e assim ser incorporado nos seus membros. Essa é a fé que justifica o ímpio. Portanto, onde existe essa fé, existe a confiança na misericórdia de Deus e existe também a remissão da culpa.

"Então alguns escribas começaram a pensar: Este blasfema" (Mt 9,3). Porque não creem que Jesus seja verdadeiro Deus, pensam que Jesus blasfema, quando diz que perdoa pecados. "Mas Jesus, conhecendo seus pensamentos, disse: Por que pensais mal em vosso coração?" (Mt 9,4).

O pensamento, em latim, é chamado *cogitatio*, porque *cogit*, constringe muitas vezes a mente a recordar. Jesus vê os pensamentos. De fato, na Carta aos Hebreus é dito: "Aos seus olhos tudo é nu e descoberto" (Hb 4,13). E o Eclesiástico: "Os olhos do Senhor são infinitamente mais luminosos do que o sol; eles veem todas as ações dos homens, veem na profundidade do abismo, penetram no coração dos homens e até nos lugares mais secretos. Todas as coisas eram conhecidas pelo Senhor Deus antes mesmo de serem criadas, e do mesmo modo vê tudo também depois da criação" (Eclo 23,28-29).

"Por que, pois, pensais o mal em vosso coração?" Diz o Profeta Miqueias: "Ai de vós, que pensais coisas más nos vossos leitos e as executais logo que amanhece (cf. Mq 2,1). Quando, com a complacência e o consenso da mente, meditamos e tramamos o mal em nosso leito, isto é, no nosso coração, naquele momento fazemos aquele mal à luz do dia, isto é, diante dos olhos do Senhor, ainda que não o executemos. Ele disse: "Quem olha uma mulher para desejá-la, isto é, olha-a exatamente com o objetivo de desejá-la, "no seu coração já cometeu adultério com ela" (Mt 5,28). Nisso, aqueles escribas podiam reconhecer que Jesus era Deus, porque via seus pensamentos.

"O que é mais fácil dizer: Teus pecados estão perdoados, ou dizer: Levanta-te e anda?" (Mt 9,5). E a *Glosa*: Mas assim como não acreditais possível esse prodígio espiritual, ele será comprovado por um milagre visível que, certamente, exige um poder não inferior, para que assim possais constatar que no Filho do homem está escondido o poder da majestade, com o qual ele pode perdoar os pecados, pois é Deus.

11. Com esta segunda parte do evangelho concorda a segunda parte da epístola: "Renunciai à mentira, fale cada um a seu próximo a verdade, pois somos membros uns dos outros. Se vos irardes, não pequeis; não se ponha o sol sobre a vossa ira. Não deis lugar ao demônio" (Ef 4,25-27).

Pouco acima dissemos que quatro são as virtudes que apresentam a alma paralítica a Jesus, isto é, a humildade e a pobreza, a paciência e a obediência; pois bem, por meio dessas quatro virtudes rejeitamos os quatro pecados de que fala o Apóstolo. A mentira da soberba ou da vanglória, que finge para si mesmo ser alguma coisa, não sendo exatamente nada, rejeitamo-la por meio da humildade: de fato, a mentira é chamada em latim *mendacium*, pois engana a *mente* de um outro.

"Cada um diga a verdade", por meio do amor à pobreza. Com efeito, por que hoje acontece que quase todos mentem a seu próximo, senão por motivo da avareza, que divide entre si aqueles que deveriam estar unidos como membros de Cristo? "Irai-vos" contra vós mesmos, o que significa arrepender-se e fazer penitência, "e não queirais pecar". Afinal, quem é tomado pela ira pensa mal, e assim permite que o diabo entre nele para fazer-lhe realizar o mal. A paciência é necessária exatamente para vencer a ira. Outro sentido: "Irai-vos", isto é, indignai-vos contra vós mesmos com tanta força a ponto de fazer-vos desistir do pecado. "O sol", isto é, Cristo, "não se ponha", isto é, não abandone a mente; a ira é como um monte que se interpõe e nos escurece esse sol. Eis, pois, que, com essas palavras, o Apóstolo convida-nos à paciência. Igualmente, convida-nos à obediência quando diz: "Não deis ocasião ao demônio". O primeiro homem, quando pecou com sua desobediência, deu exatamente ocasião ao diabo. Vós, porém, obedecei, porque a obediência impede ao diabo qualquer ocasião, qualquer possibilidade de introduzir-se numa alma.

Rogamos-te, pois, Senhor Jesus Cristo, que abatas com a humildade a ilusão e a falsidade de nossa soberba, que destruas a nossa avareza por meio da pobreza, que reprimas a ira com a paciência e elimines a desobediência imitando a obediência da tua paixão; e assim mereçamos ser apresentados a ti, receber o perdão dos pecados e gozar contigo sem fim. No-lo concedas tu, que és bendito nos séculos dos séculos. Amém.

III – Cura do paralítico

12. "Então disse ao paralítico: Levanta-te, toma o teu leito e vai para tua casa. Ele levantou-se e foi para a sua casa. Vendo isso etc." (Mt 9,6-8). Dê atenção às três palavras: levanta-te, toma, e vai.

O paralítico levanta-se quando o pecador se liberta dos vícios aos quais havia-se abandonado. E sobre isso temos a concordância no Primeiro livro dos Macabeus, onde se lê que "Matatias levantou-se e se transferiu para o Monte Modin. Ele tinha cinco filhos" (1Mc 2,1-2) que se chamavam Judas, Simão, Jônatas, João e Eleazar (cf. 1Mc 2,2-5).

Matatias interpreta-se "dom de Deus", e é figura do penitente que, por ser dom de Deus, levanta-se do pecado e vai estabelecer-se sobre o Monte Modin, que se interpreta "juízo". Diz Agostinho: "Sobe ao tribunal da tua mente, a razão seja o juiz, a consciência seja o acusador, o temor seja o carrasco, a dor seja o tormento e as obras sirvam de testemunhas". Este é o Monte Modin, e quem ali se estabelece ressurge verdadeiramente dos seus pecados. Esse Matatias, isto é, o penitente, tem cinco filhos, que são: Judas, isto é, aquele que se confessa; Simão, aquele que obedece; Jônatas, a pomba; João, a graça, e Eleazar, a ajuda de Deus. Esses são os filhos do penitente, a quem é dado o dom de Deus, do qual procedem as outras cinco graças: Judas purifica, Simão edifica, Jônatas renova, João orna, Eleazar protege e conserva.

Judas purifica o templo, porque a confissão purifica a consciência dos vícios e dos pecados. Lê-se no Livro dos Juízes que "os filhos de Israel consultaram o Senhor, dizendo: Quem marchará à nossa frente contra o Cananeu e será o nosso chefe nesta guerra? E o Senhor respondeu: Marchará Judá; eis que eu entreguei o país nas suas mãos" (Jz 1,1-2). Cananeu interpreta-se "invejoso", e é figura do diabo, que arde em ardente inveja em relação à alma do pecador e usa de toda a astúcia para impedir-lhe que retorne a Cristo. Contra ele, o penitente deve marchar para a confissão, deve extirpá-lo da terra de sua consciência e purificar essa terra de todos os vícios.

Simão edifica, porque para isso trabalha com a obediência, para fazer crescer em altura o edifício das boas obras. Dele diz Matatias: "Eis Simão, vosso irmão: sei que é um homem sábio, ótimo conselheiro; ouvi-o sempre e ele será para vós como um pai" (1Mc 2,65). A obediência é a melhor conselheira, porque ensina a reprimir a própria vontade, que é o caminho que conduz ao inferno, e a realizar a vontade daquele que é o caminho para o céu. E desse edifício diz Gregório: A obediência é a única virtude que une a si as outras virtudes e que as guarda e as conserva.

Jônatas jamais cessa de renovar o santuário, porque a simplicidade da pomba reedifica aquilo que a astúcia da antiga serpente destrói cada dia, e destruiu no primeiro homem. De fato, lemos no Gênesis que, ao entardecer, a pomba retornou a Noé na arca, trazendo no bico um ramo de oliveira com as folhas verdes (cf. Gn 8,11).

Vejamos o significado da pomba, do entardecer, de Noé, da arca, do ramo de oliveira e das folhas verdes.

Pomba, é como dizer *colens lumbos*, que cura os lombos, e simboliza a simplicidade e a pureza, virtudes que curam os lombos, porque combatem e reprimem a luxúria. Essa pomba vai a Noé na arca, isto é, ao penitente, e entra na sua mente; e isso ao entardecer, quer dizer, quando nele se esfria o sol da prosperidade mundana e o ardor da concupiscência carnal. E então traz o ramo de oliveira com as folhas verdes. No ramo é representada a constância da vontade; na oliveira, a serena tranquilidade da consciência; nas folhas verdes, a palavra da salvação. A pomba traz tudo isso, quando na mente do penitente entra a simplicidade, e assim, Jônatas tem condição de reconstruir aquilo que estava em ruínas.

João orna a fachada do templo com coroas de ouro, porque a graça do Espírito Santo adorna as nossas obras com a pureza da intenção. Diz Isaías: "Ele me revestiu com as vestes da salvação e me envolveu com o manto da justiça, como um esposo adornado com uma coroa" (Is 61,10). O Senhor reveste o penitente com as vestes da salvação por meio da contrição, e o envolve com o manto da justiça por meio da confissão e, como um esposo enfeitado com uma coroa, adorna-o com as obras de reparação, que devem proceder da pureza da mente.

Mas, já que todas essas coisas não alcançam efeito algum se não intervier a ajuda de Deus, eis que existe ainda o quinto irmão, *Eleazar*. Realmente, com a ajuda de Deus aquilo que se começou cresce, aquilo que cresceu se conserva, aquilo que se conservou conserva por sua vez o penitente e o coroa depois com o prêmio da vida eterna. Portanto, o Senhor diga ao paralítico: "Levanta-te!"

13. "Toma o teu leito." Diz a *Glosa*: Tomar o leito quer dizer separar a carne dos desejos terrenos e elevá-la às aspirações do espírito, para que aquilo que foi testemunho de doença, seja agora prova de cura. "Toma, pois, o teu leito", isto é, afasta da tua carne os prazeres terrenos por meio da continência e com a esperança dos bens celestes.

Sobre isso, temos uma referência no Segundo livro dos Reis, onde se narra que "Davi derrotou os filisteus e os subjugou, tirando o poder do tributo da mão dos filisteus. Derrotou também Moab e mediu-os com a corda, fazendo-os deitar por terra; e mediu duas cordas, uma para pô-los à morte, e a outra para deixá-los em vida[22]. Os moabitas tornaram-se súditos de Davi e seus tributários" (2Sm 8,1-2).

Este é o **sentido literal**: "Davi derrotou os filisteus e tirou de sua mão o direito", isto é, o poder, "do tributo", que tinham sobre Israel. "E derrotou também os moabitas e os mediu com a corda", isto é, deu a herança a quem quis, "e os fez estender por terra", isto é, humilhou-os grandemente. "E mediu duas cordas" etc., isto é, a seu arbítrio decidiu quem ele devia matar e quem devia deixar em vida.

E este é o **sentido moral**: filisteus interpreta-se "que caem embriagados", e representam os sentidos do corpo que, embriagados pelas vaidades do mundo, caem na fossa do pecado. Chamam-se também "dupla ruína", porque levam para a ruína a si mesmos e à própria alma. Daí que de tal ruína o Senhor diz: "Quem ouve as minhas palavras e não as põe em prática é semelhante ao homem insensato que constrói a casa", isto é, seu modo de viver e de se comportar, "sobre a areia", quer dizer, sobre o amor às coisas temporais. "Veio a chuva" da sugestão diabólica, "transbordaram os rios" da concupiscência carnal, "sopraram os ventos" da adversidade, ou da prosperidade do mundo, "e se abateram sobre aquela casa, e ela caiu", porque seus fundamentos apoiavam-se sobre a areia. Dizer *areia* é como dizer *árida*: pois os bens temporais não têm a humildade da graça. "E a ruína daquela casa foi grande" (Mt 7,26-27).

Davi derrota e submete os filisteus, quando o justo derrota os sentidos do corpo por meio da mortificação da carne, humilha-os e os submete com a consideração de sua baixeza. E então tira o vínculo do tributo, isto é, a concupiscência da gula e da luxúria, com a qual antes os sentidos do corpo costumavam mantê-lo ligado, para que não pudesse alimentar-se com o feno da encarnação do Senhor, colocado na manjedoura, mas somente dessedentar-se com a água dos prazeres terrenos. O cavalo que tem o freio não pode comer, mas só beber. Desse tributo lamenta-se Jeremias nas Lamentações: "A princesa das províncias ficou sujeita ao tributo" (Lm 1,1). A alma, que antes era princesa de províncias, isto é, comandava os cinco sentidos, ficou sujeitada ao tributo da concupiscência carnal; mas Davi tira de suas mãos, isto é, do seu poder, o vínculo do tributo quando toma o seu leito, isto é, derrota a sua carne com seus vícios e suas concupiscências.

"E derrotou os moabitas". Moab interpreta-se "do pai", e simboliza os estímulos carnais que temos herdado de nossos pais. Esse Moab, cada vez que levanta a cabeça, imediatamente devemos feri-lo, isto é, reprimi-lo, e com a corda, isto é, com uma severa penitência, embora sempre aplicada com discrição, devemos fazê-lo estender-se por terra, isto é, humilhá-lo, de maneira que o castigo seja proporcional à culpa cometida.

Devemos também medir duas cordas, isto é, duas espécies de compunção: uma relativa aos pecados, e esta para matar, quer dizer, para destruir os estímulos da carne; a outra referente ao desejo da glória futura, e isso para sustentar e vivificar o nosso espírito. Com efeito, o evangelho continua: "E vai para a tua casa". Ir para casa signi-

---

22. Era um modo de realizar a dizimação.

fica retornar ao paraíso, que foi a primeira morada do homem, ou também retomar a vigilância interior de si, para não recair no pecado. "E o paralítico levantou-se e voltou para sua casa." Diz a *Glosa*: Grande poder é que a cura seguiu imediatamente à ordem de Jesus. E com razão, aqueles que estavam presentes, cessadas as blasfêmias, tomados de admiração, prorrompem no louvor a tanto poder. "Vendo isso, a multidão foi tomada de temor e deu glória a Deus, que havia dado tal poder aos homens" (Mt 9,8).

Dê atenção às duas palavras: "tomada de temor" e "deu glória a Deus". De fato, no introito da missa de hoje canta-se: Tudo o que nos fizeste, Senhor, tu o fizeste com verdadeiro juízo, porque pecamos contra ti e não obedecemos aos teus mandamentos (cf. Dn 3,28-31). E isso te diz claramente que o paralítico fora ferido com aquela doença por causa de seus pecados, e dela não podia sarar se antes não lhe fossem perdoados. Portanto, tudo aquilo que o Senhor faz devemos sempre crer que o faz com juízo reto, e devemos imputar o castigo aos nossos pecados, e também glorificá-lo junto com a multidão e dizer: Dá glória ao teu Nome e age conosco segundo a tua clemência (cf. Dn 3,42-43).

Com essa terceira parte do evangelho concorda a terceira parte da epístola: "Aquele que furtava, não furte mais": eis o "levanta-te!"; "mas antes ocupe-se, trabalhando com suas mãos em qualquer coisa honesta", eis "toma o teu leito": quem se aplica às obras boas tira o leito de sua carne; "a fim de ter o que dar ao que está em necessidade" (Ef 4,28): eis "vai para a tua casa!" Vai para a sua casa aquele que à sua alma, que está em necessidade, impõe o dever de realizar as obras de misericórdia.

Irmãos caríssimos, roguemos ao Senhor Jesus Cristo que nos faça ressurgir do pecado, tomar o leito de nossa carne e retornar para a casa da bem-aventurança celeste. No-lo conceda aquele que é bendito, piedoso e digno de amor nos séculos eternos. E toda a alma que se levanta do leito da carne diga: Amém. Aleluia!

XX domingo depois de Pentecostes

Temas do sermão

- Evangelho do XX domingo depois de Pentecostes: "O Reino dos Céus e semelhante a um rei". Divide-se em três partes.
- Primeiramente sermão sobre os três templos, sobre o candelabro de ouro, os seus seis braços e seu significado: "Em seu lugar colocaram o candelabro".
- Parte I: As três núpcias e suas circunstâncias: "O Reino dos Céus é semelhante a um rei que celebrou" etc.
- A anunciação do Senhor: "A Sabedoria construiu para si uma casa", e tudo aquilo que segue.
- Parte II: Os três tabernáculos que correspondem às três núpcias: "O Senhor ferirá com uma grande ruína".
- Sermão sobre a embriaguez: "Não vos embriagueis com vinho, no qual está a luxúria", e tudo aquilo que segue.
- Parte III: As três vestes nupciais, que correspondem às três núpcias: "Então, o rei entrou para ver".
- Sermão sobre os quatro jardins e sobre seu significado: "O meu dileto desceu para o jardim".
- Sermão sobre a tríplice batalha: "A terceira batalha aconteceu em Gob"; fala-se também da natureza da salamandra e do pardal, e das penas do inferno.

EXÓRDIO – O TRÍPLICE TEMPLO E SEU CANDELABRO

1. Naquele tempo, Jesus disse aos seus discípulos esta parábola: "O Reino dos Céus é semelhante a um rei, que celebrou as núpcias de seu filho" (Mt 22,2).

Lê-se no Primeiro livro dos Macabeus que "repuseram no templo o candelabro, o altar dos incensos e a mesa" (1Mc 4,49). Dessas quatro coisas – templo, candelabro, altar e mesa –, veremos o significado alegórico, o moral e o anagógico, ou seja, místico.

Considera que existem três templos, o seio virginal, a alma fiel e a Jerusalém celeste, e em cada um deles existe o candelabro, o altar dos incensos e a mesa.

Do templo que é o seio virginal, fala-se no Terceiro livro dos Reis, quando diz que Salomão construiu o templo com três materiais: mármore, cedro e ouro. O mármore era revestido de madeira de cedro e o cedro era revestido de ouro (cf. 1Rs 6,7-22 passim).

O mármore simboliza a virgindade da Bem-aventurada Maria; o cedro, que com seu perfume afugenta as serpentes, simboliza a sua humildade, e o ouro, a sua pobreza. O mármore da virgindade é revestido, isto é, é preservado e protegido com o cedro da humildade. De fato, a virgem soberba não é virgem, e por isso a Bem-aventurada Maria, quase esquecida de sua virgindade, mostra a sua humildade dizendo: "Eis a serva do Senhor" (Lc 1,38). O cedro da humildade é revestido e ornado com o ouro da pobreza. De fato, a abundância das riquezas geralmente produz a iniquidade da soberba.

Nesse templo, foram postos o candelabro, o altar dos incensos e a mesa. Como na divindade existem três pessoas e uma só substância, assim na humanidade de Cristo existem três substâncias [entidades] e uma só pessoa. Em Jesus Cristo existe Deus e o homem, e no homem existe a alma e o corpo. No candelabro é representada a divindade de Cristo, no altar dos incensos a sua alma, que era repleta do perfume de todas as virtudes, e na mesa, a sua carne, com a qual nos alimentamos e nos saciamos no sacramento do altar. Bendito e glorioso esse templo, iluminado pelo candelabro da luz eterna, perfumado pelo altar dos incensos e saciado com a mesa da proposição.

Do segundo templo, que é a alma fiel, diz o Apóstolo: "O templo de Deus, que sois vós, é santo" (1Cor 3,17). Nesse templo devemos pôr o candelabro da caridade, o altar dos incensos, isto é, uma mente devota, e a mesa da proposição, isto é, a palavra da sagrada pregação.

Do candelabro da caridade fala-se no Livro do Êxodo, quando o Senhor diz a Moisés: "Farás um candelabro dúctil de ouro puríssimo, e dele sairão os copos, as esferazinhas e os lírios. Seis braços sairão dos seus lados; três de um lado e três do outro" (Ex 25,31-32).

Dúctil significa que pode ser trabalhado a martelo. O candelabro da caridade é batido com o martelo da tribulação, para que a caridade, uma vez nascida, não cresça em si, mas na mente do homem. De fato, diz Agostinho, comentando a Primeira carta de João: A caridade perfeita é esta: que alguém esteja pronto também a morrer pelos irmãos. Mas será que, apenas nascida, já está totalmente perfeita? Certamente, não; mas nasce exatamente para crescer até a perfeição; quando nasce é alimentada; alimentada, fortifica-se; fortificada, torna-se perfeita; e quando chega à perfeição diz: "Desejo estar solta [do corpo] para estar com Cristo" (Fl 1,23). Essas palavras sugerem precisamente o conceito do progresso e do contínuo aperfeiçoamento da caridade.

Depois, o candelabro da caridade é feito de ouro puríssimo. De fato, a caridade não admite defeito ou vício algum: ela é mais preciosa do que todas as outras virtudes, exatamente como o ouro, que é mais precioso do que todos os outros metais. Desse candelabro devem proceder os copos, as esferazinhas e os lírios. O copo, que na sua cavidade retém aquilo que nele se põe e se oferece para beber, simboliza a humildade unida à compunção da mente. A concavidade, de fato, está em condições de receber aquilo que nela se põe, a intumescência (a convexidade), porém, repele-o. A esferazinha, que gira ao redor, designa a solicitude pelas necessidades do próximo.

Nos lírios é indicada a pureza da castidade. Por isso, tu, que tens a caridade, possui também os copos em relação a Deus, as esferazinhas em relação ao próximo e os lírios em relação a ti mesmo.

Considera também que o candelabro da caridade tem seis braços, três à direita e três à esquerda, com os quais abraça a Deus e ao próximo. Os três braços com os quais abraça a Deus são a execração do pecado, o desprezo das coisas temporais e a contemplação das coisas celestes.

Do primeiro braço, o Salmista diz: "Odiei a iniquidade e detestei-a" (Sl 118,163). Do segundo, diz o Apóstolo: "Tudo isso considero como esterco, a fim de ganhar e abraçar a Cristo" (cf. Fl 3,8). E do terceiro: "Não fixeis o olhar nas coisas visíveis, mas nas invisíveis" (cf. 2Cor 4,18).

Igualmente os três braços que abraçam o próximo são: perdoar o pecador, corrigir quem erra, alimentar quem tem fome. Sobre o primeiro, lemos no evangelho: Perdoa-lhes, porque não sabem o que fazem (cf. Lc 23,34). Sobre o segundo, diz Tiago: "Aquele que reconduzir um pecador do erro do seu caminho, salvará uma alma da morte e cobrirá uma multidão de pecados" (Tg 5,20). E sobre o terceiro, diz Salomão: "Se o teu inimigo tem fome, dá-lhe de comer; se tem sede, dá-lhe de beber" (Rm 12,20; cf. Pr 25,21).

Se junto com esse candelabro, em nossa alma forem colocados o altar da devoção e a mesa da sagrada pregação, então o templo será verdadeiramente santo e nele Deus habitará.

Enfim, existe o terceiro templo, que é a Jerusalém celeste. Dele diz o salmo: "Entrarei na tua casa", isto é, na Igreja militante, "prostrar-me-ei no teu santo templo" (Sl 5,8), isto é, na Igreja triunfante, e em ambas "confessarei o teu nome" (Sl 137,2). Lê-se no Livro de Daniel, que "Daniel entrou em sua casa e no seu quarto, cujas janelas estavam abertas para Jerusalém, três vezes por dia punha-se de joelhos para adorar e louvar o seu Deus" (Dn 6,10).

Nesse templo, está o candelabro da luz. Diz o Apocalipse: "A glória de Deus o ilumina e sua lâmpada é o Cordeiro" (Ap 21,23). E ali está também o altar dos incensos: "E veio um anjo e parou diante do altar, tendo um turíbulo de ouro, e foram-lhes dados muitos perfumes, a fim de que oferecesse as orações de todos os santos sobre o altar de ouro, que está diante do trono de Deus. E da mão do Anjo o fumo dos incensos subiu até a presença de Deus, junto com as orações dos santos" (Ap 8,3-4).

E isto é também o que diz Rafael a Tobias: "Quando oravas com lágrimas e sepultavas os mortos e abandonavas o teu jantar, eu ofereci a tua oração ao Senhor" (Tb 12,12). E ali está também a mesa. Diz Lucas: "E eu preparo para vós um reino, como o Pai o preparou para mim, para que possais comer e beber à minha mesa, no meu reino" (Lc 22,29-30).

Com estes três templos queremos concordar e celebrar três núpcias, a propósito das quais diz precisamente o evangelho de hoje: "O Reino dos Céus é semelhante a um rei que celebrou as núpcias do seu filho".

2. Considera os três momentos postos em evidência neste evangelho. O primeiro, a preparação das núpcias e os convidados, onde diz: "O Reino dos Céus é semelhante a um rei". O segundo, a morte dos assassinos, a presença às núpcias dos bons e dos maus, quando continua: "Ouvindo isso, o rei se indignou". O terceiro, a condenação do homem que não trazia a veste nupcial, quando conclui: "O rei entrou para ver os comensais".

No introito da missa de hoje canta-se: "Em teu poder, Senhor, estão todas as coisas" (Est 13,9). Lê-se, depois, um trecho da Carta do Bem-aventurado Paulo Apóstolo aos Efésios: "Cuidai, pois, em andar com prudência" (Ef 5,15). Dividiremos esse trecho em três partes e veremos sua concordância com as três mencionadas partes do evangelho. A primeira: "Cuidai!" A segunda: "Não vos embriagueis com vinho!" A terceira: "Enchei-vos do Espírito Santo". Nesse evangelho, o Senhor fala de núpcias, na carta de hoje, o Apóstolo convida-nos também para celebrá-las com salmos, hinos e cantos: é por isso que é lida junto com esse evangelho.

I – AS TRÊS NÚPCIAS

3. "O Reino dos Céus é semelhante a um rei." Considera que existem três espécies de núpcias: núpcias de união, núpcias de justificação e núpcias de glorificação. As primeiras foram celebradas naquele templo que foi a Bem-aventurada Virgem Maria; as segundas são celebradas cada dia no templo que é a alma fiel; as terceiras serão celebradas no templo da glória celeste.

[As primeiras núpcias]. Nas núpcias, costumam unir-se duas pessoas, isto é, o esposo e a esposa. Mesmo que duas famílias estejam em discórdia, por mérito do matrimônio, costumam voltar à paz quando um membro de uma família se casa com um membro da outra.

Uma grande discórdia existia entre nós e Deus. Para eliminá-la e restabelecer a paz, foi necessário que o Filho de Deus tomasse a sua esposa em nossa parentela. E para concluir esse matrimônio, muitos intermediários e medianeiros intervieram, com insistentes preces, e com esforço puderam obtê-lo. Finalmente, o Pai consentiu e enviou seu Filho, o qual, no tálamo da Bem-aventurada Virgem, uniu a si a nossa natureza, e então o Pai celebrou as núpcias do seu Filho.

Sobre isso, diz João Damasceno: Após o consenso da santa Virgem, o Espírito Santo desceu sobre ela, segundo a palavra de Deus comunicada pelo anjo, purificando-a e infundindo-lhe o poder adequado a receber e também a gerar a divindade do Verbo. E então, a Sabedoria do Altíssimo cobriu-a diretamente com sua sombra, e o seu Poder, isto é, o Filho de Deus, *homousios* ao Pai, isto é, consubstancial, fez-se presente como sêmen divino; e uniu a si mesmo a carne da nossa primitiva massa, tomando-a do santíssimo e puríssimo sangue da mesma Virgem; carne *animada* com alma racional e intelectiva, não gerando-a de sêmen, mas criando-a por obra do Espírito Santo.

E depois repete a mesma coisa: O Verbo de Deus assumiu em si mesmo tudo aquilo que ele havia "implantado" na nossa natureza, quer dizer, o corpo e a alma intelectual; o Todo assumiu tudo, para que a mim todo desse gratuitamente a salvação. E Agostinho: A divindade quis unir-se da maneira mais nobre, mas também a carne não pôde casar-se de maneira mais sublime!

Igualmente, o segundo tipo de núpcias se celebra quando a alma pecadora se converte, quando desce sobre ela a graça do Espírito Santo. De fato, por boca do Profeta Oseias, ela diz: "Irei e voltarei para o meu primeiro esposo, porque então eu era muito mais feliz do que agora" (Os 2,7). E pouco depois: "Ele me chamará 'meu esposo' e não me chamará mais 'Baal'. Tirarei da boca os nomes de Baal e de seus nomes jamais se recordará. E naquele dia, farei uma aliança com os animais do campo, com as aves do céu e com os répteis da terra; e eliminarei da terra os arcos, as espadas e a guerra; e os farei descansar tranquilos" (Os 2,16-18).

O esposo da alma é a graça do Espírito Santo; quando o Espírito a chama à penitência com a inspiração interior, qualquer apelo dos vícios perde eficácia e atração; por isso é dito: "E não me chamará mais Baal", nome que se interpreta "superior" ou "devorador", e indica o vício da soberba, que pretende estar acima de tudo, e também os vícios da gula e da luxúria, que tudo devoram: a graça elimina seus nomes da boca do penitente. "Afaste-se de vossa boca a antiga linguagem" (1Sm 2,3), e o penitente elimine de seu coração e de sua boca não só o pecado, mas também as ocasiões e as fantasias perigosas.

"E naquele dia", isto é, no momento da infusão da graça pela qual a alma é iluminada, "estabelece uma aliança com eles", isto é, reconcilia-se com os pecadores, "com os animais do campo", quer dizer, com os avarentos e com os rapinadores, "com as aves do céu", isto é, com os soberbos, "e com os répteis da terra", quer dizer, com os gulosos e com os luxuriosos. E então eliminará da terra, isto é, da mente do pecador, os arcos da sugestão diabólica, as espadas reluzentes da prosperidade mundana e a guerra da carne. E assim os fará repousar tranquilos e celebrar as núpcias, como o esposo e a esposa no tálamo de uma consciência purificada.

Existe, enfim, o terceiro tipo de núpcias, que serão celebradas quando, no dia do juízo, chegar o esposo Jesus Cristo, do qual é dito: "Eis que vem o esposo, saí-lhe ao encontro" (Mt 25,6); ele tomará consigo a sua esposa, a Igreja, da qual diz João no Apocalipse: "Vem, e eu te mostrarei a noiva, a esposa do Cordeiro. E mostrou-me a cidade santa, Jerusalém, que descia do céu, de junto de Deus, resplendente da glória de Deus" (Ap 21,9.10-11). A Igreja dos fiéis desce do céu, de Deus, porque de Deus obteve que sua morada fosse no céu, onde agora vive com a fé e a esperança, mas onde em breve celebrará suas núpcias com seu esposo, do qual o Apocalipse diz: "Bem-aventurados os que foram chamados para a ceia das núpcias do Cordeiro" (Ap 19,9).

A respeito dessas três núpcias, diz o Senhor por boca de Oseias: "Desposar-me--ei contigo para sempre" (Os 2,19): eis as núpcias da glorificação. E Isaías: "Uma alegria sempiterna coroará suas cabeças: terão gozo e alegria" (Is 51,11). "Desposar--me-ei contigo em juízo e justiça, em misericórdia e benevolência" (Os 2,19): eis as núpcias da justificação. No juízo, o da confissão, onde a alma julga a si mesma diante do confessor e se acusa; na justiça da reparação, com a qual aplica a justiça sobre si mesma, o Senhor faz a alma sua esposa na misericórdia, quer dizer, perdoando-lhe os pecados, e na benevolência, infundindo-lhe a sua graça e conservando-a até o fim. "Eu me desposarei contigo com fidelidade" (Os 2,20): eis as núpcias da união. Pois na fé da Bem-aventurada Virgem, que acreditou no anjo, uniu a si, no vínculo nupcial, a nossa natureza.

Também nós, pois, digamos: "O Reino dos Céus é semelhante a um rei que celebrou as núpcias do seu filho". Ali diz a *Glosa*: "O Reino dos Céus", isto é, a Igreja aqui na terra, ou a comunidade dos justos, "é semelhante a um rei", isto é, a Deus Pai, "que celebrou as núpcias do seu Filho" quer dizer, uniu a Igreja a seu Filho mediante o mistério da encarnação.

4. "Ele mandou os seus servos chamar os convidados para as núpcias, mas estes não quiseram vir. Enviou de novo outros servos, dizendo: Dizei aos convidados: Eis que preparei o meu banquete, os meus touros e animais cevados já estão mortos, e tudo está pronto. Vinde às núpcias" (Mt 22,3-4).

É a mesma coisas que Salomão diz nos Provérbios: "A Sabedoria edificou para si uma casa, levantou suas sete colunas. Imolou os animais, preparou o vinho e dispôs a mesa. Enviou as suas criadas a fazer os convites sobre a fortaleza e as muralhas da cidade" (Pr 9,1-3).

A Sabedoria, o Filho de Deus, edificou para si a casa de sua humanidade no seio da Bem-aventurada Virgem, casa apoiada por sete colunas, isto é, pelos dons da graça septiforme. Isso é a mesma coisa que dizer: Celebrou as núpcias de seu Filho. Matou seus animais, preparou o vinho e dispôs a mesa. E é o mesmo que dizer: Eis, que preparei o meu banquete etc. Mandou as suas criadas etc. É o mesmo que dizer: Mandou os seus servos etc.

Considera que o Senhor chama e convida os pecadores para as três mencionadas núpcias, que são simbolizadas na fortaleza e nas muralhas da cidade. Na *fortaleza* é simbolizada a humildade da encarnação do Senhor; nas muralhas são representadas as obras de penitência, por meio das quais se sobe para a cidade da glória celeste. O Senhor chama por meio dos pregadores, que são indicados pelo nome de servos e de criadas. *Servos* pela humildade: "Somos servos inúteis", dizem no Evangelho de Lucas; "fizemos somente aquilo que devíamos fazer" (Lc 17,10). *Criadas*, por causa do cuidado solícito que exercem em relação às almas, exatamente como as criadas com sua senhora. Com efeito, dizem no salmo: "Como os olhos da criada nas mãos de sua senhora, assim os nossos olhos etc." (Sl 122,2).

E a essas três núpcias referem-se as três que encontramos no evangelho e em Salomão (cf. Pr 9,1-5), isto é: "Eis que preparei o meu banquete", nas núpcias da união. E a *Glosa* diz: O banquete é dito pronto, isto é, é realizado o mistério da encarnação; e para que os convidados viessem com mais vontade, "matou os animais", lit. *as vítimas*. Entre os antigos eram chamadas *vítimas* os sacrifícios que se ofereciam depois da vitória, ou também porque eram levadas ao altar *vencidas*, amarradas.

Vítimas foram os apóstolos e seus seguidores, que entregaram seu corpo aos suplícios, precisamente para convidar e chamar os povos para as núpcias da encarnação do Senhor. Por isso, deles diz Moisés: "Chamarão os povos para o monte e ali imolarão as vítimas da justiça" (Dt 33,19). Os apóstolos chamaram os povos para o monte, quer dizer, para a fé na encarnação do Senhor, e ali, isto é, para difundir a própria fé, imolaram a si mesmos como vítimas de justiça, quer dizer, para tornar justos os injustos. "O justo – está escrito – vive em virtude da fé" (Gl 3,11).

"Os meus touros foram mortos", nas núpcias da justificação, isto é, da penitência. Os touros são mortos quando os pecadores soberbos se humilham e se mortificam com a penitência; e assim já não pertencem a si mesmos, mas são do Senhor. É senhor de si mesmo aquele que procura os próprios interesses e não os de Jesus Cristo (cf. Fl 2,21). De fato, João diz: "Os seus não o receberam" (Jo 1,11). Quando mantém a cabeça erguida como o touro, e os olhos turvos pela ira, o homem é senhor de si. Mas quando a cabeça for imersa no barro, isto é, quando a soberba for humilhada na consideração da própria baixeza e é morta com a mortificação e a penitência, então já não pertence a si mesmo, mas àquele que o comprou. Nessas núpcias, a Sabedoria prepara (mistura) o vinho, quando reprime os prazeres da carne e do mundo com a amargura das lágrimas. Diz, pois, Isaías: "É bebida amarga para quem a bebe" (Is 24,9). A bebida do prazer mundano, quando é misturada com as lágrimas da penitência, torna-se amarga para aqueles que a bebem, isto é, para aqueles que se arrependem.

"Os animais cevados já estão mortos e tudo está pronto" nas núpcias da glória celeste. Os animais cevados são chamados em latim *altilia*, de *àlere*, nutrir, e indicam o homem perfeito, rico de caridade interior, que tende para as coisas supernas com as asas da contemplação. Diz-se que estão *mortos*, porque com a morte do corpo já chegaram ao repouso. Nessas núpcias, "a Sabedoria preparou a mesa". De fato, acima dizia: "Para que comais e bebais à minha mesa".

Ninguém, ou poucos são os que vão ao banquete dessas três núpcias. De fato, detestam a pobreza e a humildade da encarnação do Senhor, têm terror da dura penitência, não desejam o banquete da mesa celeste e, ao contrário, aspiram ardentemente às coisas deste mundo. E, por isso, o evangelho continua: "Mas estes não se importaram e foram um para o próprio campo, e outro para os próprios negócios" (Mt 22,5). E a *Glosa*: Ir para o campo significa imergir-se totalmente nas ocupações; ir para os próprios negócios quer dizer correr atrás dos lucros terrenos.

Sobre esse assunto veja o sermão do II domingo depois de Pentecostes, parte II, sobre o evangelho: "Um homem fez uma grande ceia".

"Os outros prenderam o seus servos, insultaram-nos e os mataram" (Mt 22,6). Sobre isso temos a concordância no Segundo livro dos Macabeus, onde são lembrados os sete irmãos horrivelmente trucidados por Antíoco, junto com sua mãe (cf. 2Mc 7,1-19), e onde se narra que Eleazar, "preferindo uma morte gloriosa a uma vida ignominiosa, encaminhou-se voluntariamente para o suplício" (2Mc 6,19).

5. Com esta primeira parte do evangelho concorda a primeira parte da epístola: "Cuidai, pois, em andar com prudência, não vos comportando como insensatos, mas como circunspectos" (Ef 5,15-16). Observa que nesta primeira parte da epístola há três versículos que concordam com as três mencionadas núpcias, isto é: "Cuidai", "aproveitando o tempo" e "não sejais imprudentes". Quem aspira às núpcias da encarnação do Senhor anda com segurança, porque anda na luz, e quem anda na luz não tropeça. Realmente, diz Isaías: "Os povos andarão na tua luz, e os reis ao resplendor da tua aurora" (Is 60,3). Aqueles que participam das núpcias da Sabedoria encarnada, não são insensatos, mas tornam-se verdadeiramente sábios; de fato, a própria Sabedoria diz: "Meu é o conselho e a equidade, minha é a prudência, minha é a fortaleza" (Pr 8,14). São essas as virtudes que tornam o homem sábio: o conselho, para fugir do mundo; a justiça, para dar a cada um o seu; a prudência, para proteger-se dos perigos e a fortaleza, para manter-se salvo nas adversidades.

Vai às núpcias da penitência aquele que corrige o tempo mal-empregado, "aproveitando o tempo presente, porque os dias mãos maus" (El 5,16). E Agostinho comenta: Por causa da iniquidade e da miséria do homem os dias são considerados maus. Ganha quem perde, isto é, quem dá do seu, a fim de estar livre para ocupar-se de Deus, porque é como se desse uma moeda (um nada) pelo vinho. Diz o Evangelho: "Ao que quer chamar-te a juízo e tirar-te a túnica, cede-lhe também a capa" (Mt 5,40). Isso para ter o coração tranquilo e para não perder o tempo.

Igualmente, aquele que deseja as núpcias da glória celeste, não é insensato, mas prudente. Prudente é como dizer *porro videns*, que vê longe. De fato prova e vê quanto é bom o Senhor (cf. Sl 33,9), e na doçura daquela visão compreende qual seja a vontade de Deus.

Rogamos-te, pois, Senhor Jesus Cristo, que nos faças chegar às núpcias de tua encarnação com a fé e com a humildade; que nos faças celebrar as núpcias da penitência, de maneira a sermos dignos de participar depois das núpcias da glória celeste.

No-lo concedas tu, que és bendito nos séculos. Amém.

II – Os três tabernáculos

6. O evangelho continua: "O rei, tendo ouvido isso, irou-se e, mandando os seus exércitos, exterminou aqueles homicidas e pôs fogo à sua cidade" (Mt 22,7). Diz a *Glosa*: No início, quando fazia os convites e realizava obras de clemência, agia o "homem"; agora, no momento do castigo, é chamado somente "rei". De fato, diz o salmo: "A misericórdia e a verdade precedem a tua face" (Sl 88,15). Na primeira vinda foi misericórdia, na segunda, será verdade de juízo. Por isso, Cristo é chamado também abelha, tendo o mel da misericórdia e o aguilhão da justiça (Bernardo).

Dele diz o Profeta Malaquias: "Ele será como o fogo do fundidor e como a erva dos lavandeiros" (Ml 3,2). A erva dos lavandeiros é o *borit*, o saboeiro; com ela fazem-se como que pães, chamados *erbáticos*: eles os secam e depois os usam como sabão para branquear as roupas. No tempo presente, Jesus Cristo é como a erva do lavandeiro, porque com sua misericórdia purifica a alma dos pecados; mas, na vida futura, será para os maus como o fogo do fundidor, que derrete e faz cair na fornalha do inferno. De fato, o evangelho acrescenta: "Mandados os seus exércitos" etc. E a *Glosa*: Mandados os exércitos isto é, os anjos, por meio dos quais fará o juízo, exterminará pecadores e cidades, isto é, queimará na geena o corpo no qual habitaram junto com a alma, e assim aqueles que pecaram com o corpo e com a alma, no corpo e na alma serão punidos.

"Disse, pois, a seus servos: As núpcias estão prontas, mas os convidados não foram dignos delas" (Mt 22,8). A graça de Deus está sempre à disposição: torna-se indigno dela quem a recusa, ou quem, depois de tê-la recebido, não a conserva. As núpcias estão prontas, por que, pois, não vindes? Por que não entrais? Por que vos tornais indignos? Ouvi o que ameaça o Senhor por boca do Profeta Zacarias: "O Senhor destruirá todas as nações que não subirem para celebrar a festa dos tabernáculos (lit. das cabanas)" (Zc 14,18).

Considera que são três os tabernáculos, que correspondem às três espécies de núpcias.

O primeiro é o tabernáculo da encarnação do Senhor, do qual Isaías diz: "Haverá um tabernáculo para fazer sombra contra o calor do dia, dará segurança e proteção contra a tempestade e a chuva" (Is 4,6). O Filho de Deus, quando recebeu da Bem-aventurada Virgem o corpo, no qual, como num tabernáculo, foi hóspede e peregrino, fez para nós como que um lugar sombreado contra o ardor do dia, isto é, contra o ardor da prosperidade mundana. De fato, diz o salmo: "Protegeu com a sombra a minha cabeça no dia da batalha" (Sl 139,8), isto é, no tempo da prosperidade mundana, que assalta brutalmente os pobres de Cristo.

Se alguém está privado da sombra protetora da pobreza do Senhor, o sol arde sobre sua cabeça e ele vai ao encontro da morte. Narra-se no Livro de Judite que "seu marido, Manassés, morreu no tempo da ceifa da cevada; porque, enquanto ele apressava os que atavam os feixes no campo, deu-lhe o ardor do sol na cabeça e morreu" (Jt 8,2-3). Encontramos um fato semelhante também no Segundo livro dos Reis, onde se narra que o menino, filho da Sunamita, tendo "um dia ido ter com seu pai, que estava com os ceifeiros, disse a seu pai: Dói-me a cabeça... e morreu (2Rs 4,18-19.20).

Manassés interpreta-se "esquecido", desmemoriado, e representa o guloso e o avarento que, esquecidos da pobreza do Senhor, enquanto atam feixes no campo, quer dizer, na abundância das coisas temporais, os feixes das riquezas, são feridos na cabeça, isto é, na mente, pelo ardor da prosperidade mundana, e assim morrem.

A mesma coisa deve-se entender do menino que, neste caso, representa o carnal e o luxurioso, dos quais diz Isaías: "O menino morrerá aos cem anos e quem não chegar a cem anos será considerado maldito" (Is 65,20). E o Filósofo: "É a malícia que não te deixa ser velho"[23].

---

23. Não se conhece o autor dessa sentença.

Também a humanidade de Cristo é para nós segurança a proteção. Diz o salmo: "O Senhor é meu auxílio, não temerei o que pode fazer-me o homem" (Sl 117,6); e "Protege-me à sombra de tuas asas" (Sl 16,8), "da tempestade da sugestão diabólica, "e da chuva" da concupiscência carnal (Cf. Mt 7,25).

O segundo é o tabernáculo da penitência. Lê-se no Cântico dos Cânticos: "Sou negra, mas formosa, como os tabernáculos de Cedar" (Ct 1,4).

Veja sobre este assunto o sermão do III domingo da Quaresma, quarta parte, sobre o evangelho: "Quando um espírito imundo".

O terceiro tabernáculo é o da glória celeste. Diz-se no salmo: "Quão amáveis são os teus tabernáculos, Senhor dos exércitos!" (Sl 83,2).

Portanto, o Senhor ferirá com a condenação da morte eterna quem não subir para celebrar a festa desses tabernáculos. A festa do primeiro tabernáculo celebra-se na fé e na humildade; a festa do segundo tabernáculo celebra-se na contrição do coração; a festa do terceiro tabernáculo celebra-se na doçura da contemplação. As núpcias, pois, estão prontas, mas os convidados não foram dignos delas e por isso: Ai daqueles que se tornam indignos, preferindo as coisas indignas, vis e passageiras, quer dizer, o esterco deste mundo. "Ide", pois, ó pecadores, às encruzilhadas dos caminhos, e a quantos encontrardes, chamai-os para as núpcias" (Mt 22,9). E a *Glosa*: Os caminhos representam as obras, as encruzilhadas dos caminhos, a falta de obras, porque geralmente, convertem-se facilmente aqueles que nas atividades terrenas não têm sucesso algum.

Sobre este assunto veja o sermão do II domingo depois de Pentecostes, parte terceira, sobre o evangelho: "Um homem fez uma grande ceia".

"Tendo saído os seus servos pelas ruas, reuniram todos os que encontraram, maus e bons, e a sala do banquete das núpcias ficou cheia de convidados" (Mt 22,10). A *Glosa*: A Igreja, sendo posta entre o céu e o inferno, reúne indistintamente bons e maus, isto é, Pedro e Judas, o óleo e a *amurca* – que é a borra do óleo, assim chamada de *mergere*, estar no fundo – o grão e a *palha*, assim chamada de pá, porque é lançada no ar com a pá para limpar o trigo. A palha, quer dizer, os pecadores, são lançados no ar com a pá da sugestão diabólica. E contra isso admoesta o Eclesiástico: "Não te voltes a todo o vento e não andes por todos os caminhos" (Eclo 5,11): e entende a soberba, da qual partem todos os caminhos do diabo. E Jó, de fato, confirma: O diabo "vê com desprezo tudo o que é elevado: ele é o rei de todos os filhos da soberba" (Jó 41,25).

7. Com esta segunda parte do evangelho concorda a segunda parte da epístola: "Não vos embriagueis com vinho, no qual está a luxúria" (Ef 5,18). Queremos refletir mais a fundo sobre este versículo e demonstrar quão grande perigo se esconde no vinho. Lê-se no Gênesis: "Noé, que era agricultor, começou a cultivar a terra e plantou uma vinha. E tendo bebido vinho, embriagou-se e apareceu nu na sua tenda" (Gn 9,20-21). Eis, literalmente, quanta degradação está unida ao excessivo uso do vinho.

Sentido moral. Noé é figura do prelado, que, por meio da pregação cultiva a terra, quer dizer, o espírito dos súditos; planta uma vinha quando edifica os súditos com suas obras boas e bebe o vinho quando se compraz neles, segundo a palavra do Apóstolo: "Quem planta uma vinha sem provar-lhe o fruto?" (1Cor 9,7).

Algumas vezes, porém, embriaga-se, quando se gloria inutilmente, ou, cai em pecado de outro modo. Infelizmente, depois segue-se uma *nudez*, isto é, a divulgação do pecado cometido às escondidas. E essa é a evacuação do ventre de Saul, de que se fala no Primeiro livro dos Reis, onde diz que Saul entrou numa caverna por uma necessidade natural (cf. 1Sm 24,4). Comenta Gregório: Evacuar o ventre significa difundir externamente o insuportável fedor da malícia concebida dentro do coração. Cam, isto é, o súdito mau, divulga o pecado do prelado; Sem e Jafet, porém, isto é, os bons súditos, cobrem-no com o manto, voltando o olhar para o outro lado (cf. Gn 9,22-23). E sempre Gregório: Voltemos para o outro lado o olhar de alguma coisa que desaprovamos. Os filhos de Noé trazem uma coberta com o olhar voltado para o outro lado porque, embora desaprovando o acontecido, mas estimando o mestre, não querem ver aquilo que cobrem. "Não vos embriagueis, pois, com vinho, no qual está a luxúria."

Diz Jeremias: "Pus diante dos filhos da casa dos recabitas taças cheias de vinho e copos, e disse-lhes: Bebei vinho. Eles, porém, responderam: Não beberemos vinho, porque Jonadab, filho de Recab, nosso pai, deu-nos este preceito, dizendo: Não bebereis jamais vinho, nem vós nem vossos filhos; e não edificareis casa, mas habitareis em cabanas todos os dias da vossa vida" (Jr 35,5-7). E pouco depois: "E Jeremias disse à família dos recabitas: Isso diz o Senhor dos exércitos, Deus de Israel: Porque tendes obedecido aos preceitos de Jonadab, vosso pai... não faltará varão da estirpe de Jonadab, que esteja sempre na minha presença todos os dias" (Jr 35,18-19). "Não vos embriagueis, pois, com vinho, no qual está a luxúria."

Quem se embriaga com vinho não é digno de participar do banquete das núpcias; porém, como aqueles assassinos, merece ser queimado ele, junto com sua cidade. E sobre isso temos a concordância no Primeiro livro dos Macabeus, onde se narra que Ptolomeu, filho de Abobo, ofereceu a Simão um grande banquete. "E quando Simão e seus filhos tinham bebido bem, levantou-se Ptolomeu com a sua gente, tomaram as suas armas, entraram na sala do banquete e mataram Simão e os seus dois filhos e alguns de seus criados. E dessa forma cometeu Ptolomeu uma grande perfídia em Israel" (1Mc 16,16-17). Eis quantos males são causados pelo vinho: por meio dele o diabo mata não só os carnais, mas, por vezes, também os penitentes, representados em Simão e nos seus filhos, isto é, as suas obras, e os jovens, quer dizer, sua pureza. "Não vos embriagueis, pois, com vinho, no qual está a luxúria."

Diz Oseias: "A fornicação, o vinho e a embriaguez fazem-lhe perder o sentido" (Os 4,11). Por isso, está escrito no Gênesis que Lot tinha duas filhas. A maior disse à menor: Vem, embriaguemos de vinho o nosso pai, durmamos com ele, e assim faremos suscitar uma descendência ao nosso pai. Deram-lhe, pois, a beber vinho, e dormiram com ele (cf. Gn 19,31-35). Eis como o vinho faz perder o sentido!

Sentido moral. Lot é figura do justo, suas duas filhas simbolizam a perversa sugestão e o prazer desordenado, que, por vezes, subverte o ânimo do justo, tanto que ele pode realmente ser chamado Lot, isto é, "que piora". E sobre isso temos a concordância em Isaías: "Da estirpe da cobra sairá o basilisco, e a estirpe deste engolirá as aves" (Is 14,29).

A estirpe da cobra é a sensualidade no homem, da qual sai o basilisco, isto é, a sugestão, e a estirpe deste, isto é, o prazer carnal, engolirá a ave, quer dizer, a razão, que estava em condições de voar para o alto. "Não vos embriagueis, pois, com vinho, no qual está a luxúria."

Sobre isso, diz Salomão nos Provérbios: "A quem se dirá: Desgraçado de ti? Ao pai de quem se dirá: Desgraçado de ti? Para quem serão as rixas? Para quem os precipícios? Para quem as feridas sem motivo? Para quem o vermelho dos olhos? Para quem, senão para aqueles que passam o tempo a beber vinho e fazem consistir suas delícias em despejar copos? Não olhes para o vinho quando a sua cor brilhar no copo; ele entra suavemente, mas no fim morde como uma serpente e espalha o seu veneno como um basilisco" (Pr 23,29-31). E isso é aplicado sobretudo à luxúria. "Não vos embriagueis, pois, com vinho, no qual está a luxúria."

Rogamos-te, pois, Senhor Jesus Cristo, que preserves da ruína e do fogo da geena a nós e a nossa cidade, que nos ajudes a subir para a festa dos tabernáculos, que nos libertes da embriaguez do vinho e da sua luxúria, para sermos dignos de beber e comer na tua mesa no Reino dos Céus. No-lo concedas tu, que és bendito nos séculos. Amém.

III – AS TRÊS VESTES NUPCIAIS

8. "Entrou depois o rei para ver os que estavam à mesa, e viu lá um homem que não estava vestido com veste nupcial" (Mt 22,11). Considera que como são três as espécies de núpcias, assim são três também as vestes nupciais, isto é, aquela de linho fino, aquela multicolorida e aquela escarlate. Para a primeira espécie de núpcias é necessária a veste de linho fino, para a segunda, a multicolorida e para a terceira, aquela escarlate. Por isso, quem quer participar das núpcias da encarnação do Senhor, deve estar revestido da veste de linho, quer dizer, do candor da castidade. De fato, no Apocalipse está escrito: "Chegaram as núpcias do Cordeiro, e sua esposa está preparada. Foi-lhe dado vestir linho fino, resplandecente e branco" (Ap 19,7-8).

O cordeiro, *agnus*, tem esse nome porque, *agnoscit*, reconhece a mãe mais do que todos os outros animais e, portanto, é figura de Jesus Cristo, que, enquanto pendia da cruz, entre os muitos judeus presentes, reconheceu a Mãe e ao discípulo virgem confiou sua Virgem Mãe. Chegaram, pois, as núpcias do Cordeiro, isto é, cumpriu-se a encarnação de Jesus Cristo e, portanto, a sua esposa, isto é, a Santa Igreja, e toda a alma fiel, deve preparar-se com a fé e revestir-se de linho, isto é, de castidade, esplendente no que se refere à consciência, cândida em relação ao corpo.

Como pode participar das núpcias do Filho de Deus e da Bem-aventurada Virgem quem não está revestido do linho da castidade? Como pode pretender entrar na Igreja, unir-se à comunidade dos fiéis, participar da preparação do corpo de Cristo, quem sabe estar privado do linho cândido e esplendente, isto é, da castidade do espírito e do corpo? O rei lhe dirá sarcasticamente: "*Amigo*, como pudeste entrar aqui sem a veste nupcial?" (Mt 22,12).

O Filho da Bem-aventurada Virgem alegra-se muito com o candor da castidade. De fato, dele diz a esposa do Cântico dos Cânticos: "O meu amado desceu ao seu jardim, ao canteiro das plantas aromáticas, para se apascentar nos jardins e para colher lírios. Eu sou do meu amado e o meu amado é todo meu, ele que se apascenta entre os lírios" (Ct 6,1-2). O jardim do Amado é a alma do justo; nela existem duas regiões: o canteiro das ervas aromáticas, isto é, a humildade, que é a mãe de todas as outras virtudes, e aquele dos lírios, isto é, a dupla continência; e, portanto, nesse jardim desce e se apascenta o Amado.

Considera que existem também quatro jardins: o jardim das nogueiras, o das macieiras, o das vinhas e o das ervas aromáticas (cf. Ct 6,1.10). São sete os dons do Espírito Santo: o espírito do temor, da ciência e da piedade, do conselho e da fortaleza, do intelecto e da sabedoria (cf. Is 11,2-3). A alma do justo, por obra do espírito do temor torna-se jardim das nogueiras, cujos frutos, as nozes, possuem três características: o amargor no invólucro, a dureza na casca e o sabor na polpa. O jardim das nogueiras representa a penitência, que dá amargura à carne, a dureza da tribulação na resignação da mente, e a suavidade da alegria espiritual.

Igualmente, por meio do espírito da ciência e da piedade, a alma torna-se jardim das macieiras, cujos frutos, as maçãs, têm a doçura da misericórdia; assim também, por meio do espírito do conselho e da fortaleza torna-se jardim das vinhas, tendo o calor da caridade; e por meio do espírito da sabedoria e do intelecto torna-se jardim das ervas aromáticas, que emanam perfume às nossas portas (cf. Ct 7,13).

9. Quem quer entrar para as núpcias da penitência deve estar revestido da túnica multicolorida, isto é, ter a humildade do coração. Diz o Gênesis: "Jacó amava José mais do que todos os outros filhos, por tê-lo gerado na velhice; e lhe fez uma túnica multicolorida" (Gn 37,3). Jacó, isto é, Deus Pai, amou José, quer dizer, seu filho Jesus Cristo, mais do que os outros filhos adotivos, tendo-o tido da Virgem Maria "na velhice", isto é, quando o mundo estava na decadência da velhice. E lhe fez uma túnica multicolorida, isto é, revestiu-o da humildade. Com efeito, o próprio Filho disse: "Aprendei de mim que sou manso e humilde de coração" (Mt 11,29).

A esse propósito, temos uma referência no Segundo livro dos Reis, onde se lê: "Houve uma terceira guerra contra os filisteus, em Gob, na qual Adeodato, filho de Salto, de Belém, tecedor de panos coloridos, derrotou Golias de Gat" (2Sm 21,19). Considera que são três as guerras: a do diabo, a do mundo e a da carne. Esta é a guerra de Gob, que se interpreta "lago" e representa a carne, porque a nossa carne é lago de miséria e barro profundo (cf. Sl 39,3). Nesse lago, aconteceu a guerra contra os filisteus, isto é, contra os cinco sentidos do corpo, que, embriagados por ter bebido nos bens terrenos, aprofundaram-se nos pecados. Nessa guerra e nesse lago, está o penitente, que é "Adeodato", isto é, iluminado pela graça, "filho de Salto", quer dizer, da solidão, da penitência e da aflição, tecedor de panos multicoloridos, quer dizer, humilde e manso, "de Belém" isto é, contemplativo e repleto da doçura do pão celeste. Ele, tão valoroso e tão provido de qualidades, castigando a si mesmo, derrotou Golias de Gat, quer dizer, o diabo.

Escreve Isaías: "O Senhor dos exércitos levantará o flagelo contra ele" (contra Assur, isto é, o diabo), como havia feito contra Madiã no penhasco de Horeb" (Is 10,26). Narra-se no Livro dos Juízes que Gedeão destruiu o acampamento de Madiã com lanternas, trombetas e ânforas vazias (cf. Jz 7,19-21). Gedeão é figura do penitente que com a lanterna da contrição, com a trombeta da confissão e com a ruptura da ânfora, isto é, com a mortificação da carne, derrota o diabo, e isso sobre o penhasco do Horeb, que se interpreta "secura" ou também "corvo", isto é, com o firme e inquebrantável propósito de viver na penitência, que seca os fluxos da luxúria, e induz à dor e ao desprezo do mundo, simbolizados no corvo.

Por isso, quem quer entrar para as núpcias da penitência deve vestir essa veste multicolorida; se não a tiver, ouvirá dizer: "Amigo", – pela humilde roupagem exterior, mas *inimigo* porque no coração deseja o luxo – "como pudeste entrar aqui", isto é, na religião, "sem a veste nupcial" da humildade? O que existe de mais detestável, de mais abominável a Deus e aos homens do que a soberba num religioso? Se nem o céu em nada ajudou aos anjos soberbos, como poderá o mosteiro ser útil a um religioso soberbo? Até os seculares se humilham e os pecadores se confessam! O religioso, porém, gloria-se da pena da cegonha e do falcão (cf. Jó 39,13) e se eleva na soberba. E, portanto, dele diz o Profeta Abdias: "A soberba do teu coração elevou-te" (Ab 1,3).

E sobre isso, veja o sermão do Domingo da Sexagésima, sobre o evangelho: "O semeador saiu a semear a sua semente".

10. Enfim, quem quer entrar para a núpcias da glória celeste, deve vestir a veste escarlate, isto é, deve ter o amor a Deus e ao próximo.

O escarlate e a púrpura são da mesma matéria, mas sua cor é muito diferente: a púrpura, produzida pela primeira cor dos crustáceos, é mais escura; enquanto o escarlate, produzido pela segunda cor, é mais vermelho. Por isso o Senhor ordenou a Moisés que o paramento sacerdotal e as cortinas da tenda da reunião fossem de linho tingido duas vezes (cf. Ex 26 e 28), no qual é representado precisamente o amor a Deus e ao próximo. Também Davi diz do escarlate: "Filhas de Israel, chorai por Saul, que vos vestia de escarlate, em delícias, e que deva ornamentos de ouro para o vosso enfeite" (2Sm 1,24). Ó filhas de Israel, isto é, almas fiéis, chorai sobre a morte de Saul, quer dizer, de Jesus Cristo, que o pai consagrou rei para libertar os filhos de Israel da mão dos filisteus, isto é, dos demônios. Ele vos reveste com o escarlate do duplo amor e com as delícias de uma pura consciência, e para ornar a vossa vida vos oferece as joias de todas as outras virtudes. Quem no último juízo for encontrado sem essa veste, ouvirá o rei pronunciar a sentença de sua eterna condenação.

Desse rei se diz: "Entrou o rei", que, vindo para o juízo, iluminará as consciências de todos, "para ver", isto é, para tornar manifestos os méritos daqueles que devem ser julgados, e distinguir "os comensais", isto é, aqueles que são tranquilos na fé; "e vê um homem", no qual são indicados todos aqueles que estão unidos entre si no mal, "que não estava vestido com a veste nupcial", que tinha a fé, mas não tinha as obras da caridade, "e lhe disse: Amigo", por causa de sua fé, "como pudeste entrar aqui sem a veste nupcial? Ele, porém, emudeceu", porque ali não há possibilidade de negar ou de escusar-se. "Então, o rei disse aos sevos: Amarrai-os de mãos e pés e lançai-o nas trevas exteriores: ali haverá choro e ranger de dentes" (Mt 22,13).

Desse rei diz Jeremias: "Ninguém é semelhante a ti, Senhor; és grande e é grande o poder de teu nome. Quem não te temerá, ó rei das nações?" (Jr 10,6-7). A esse rei canta-se hoje no introito da missa: Em teu poder, Senhor, estão postas todas as coisas (cf. Est 13,9). Esse Rei dos Reis e Senhor do universo, diz a seus servos: "Amarrai-o de mãos e pés". Aqui na terra, são amarrados com a pena aqueles que não quiseram ser "amarrados", isto é, impedidos de fazer o mal; no além, todos os membros serão punidos com as penas correspondentes aos vícios aos quais se abandonaram: "com as mesmas coisas com as quais alguém peca, com elas é depois punido" (Sb 11,17).

"Lançai-o nas trevas exteriores", do inferno, que estão fora de nós, porque aqui as teve internamente, no coração. E sobre isso diz a Sabedoria: "Não havia fogo, por mais ardente que fosse, capaz de lhes dar a luz, nem as brilhantes chamas das estrelas podiam iluminar aquela horrorosa noite" (Sb 17,5).

As trevas, em latim *tenebrae*, são chamadas assim porque *tenent umbras*, mantém as sombras. A sombra simboliza o esquecimento da morte, e é chamada *exterior* porque, quando acolhe alguém *extra*, isto é, fora da terra dos vivos, mantém-no para sempre. "Ali haverá choro" dos olhos que se fixaram sobre as vaidades, "e ranger de dentes" que gozaram na sofreguidão e devoraram os bens dos pobres. Para esses dois pecados haverá dois tormentos maiores do inferno: o fogo e o gelo. Do fogo procede a fumaça que provoca o choro; o gelo provoca o ranger dos dentes. Diz Jó: Das águas gélidas como neve passarão bruscamente ao máximo calor (cf. Jó 24,19).

Considera que, como neste mundo os pecados mais frequentes e numerosos são a luxúria e a avareza, assim no inferno os tormentos maiores serão o fogo e o gelo. A luxúria é o fogo; de fato, Jó diz: "É um fogo que consome até o extermínio e que desenraiza todos os rebentos" (Jó 31,12) das virtudes.

Lê-se na *História natural* que a salamandra vive no fogo, assim também os luxuriosos vivem na luxúria. O fogo da luxúria gera depois o fogo da geena. E a avareza é chamada gelo porque enrijece as mãos a fim de que não se estendam para a misericórdia. Lê-se ainda na *História natural* que o pardal sofre de epilepsia, mas que cai por terra não por causa dessa doença; é que come uma erva chamada *hioscíamo* (meimendro ou fava de povo), e quando a come, essa erva emite vapores frios que lhe gelam o cérebro, por isso o pardal cai por terra. O pardal, assim chamado de *par-*

vitas, pequenez, é figura do avarento que é pequeno e mesquinho, porque precisa do óbolo, e é a menor da todas as riquezas que possui; enquanto não são as riquezas que servem a ele, mas é ele que serve às suas riquezas. Seu cérebro, ou seja, a sua mente, é como que enrijecida pelo gelo da cobiça, e por isso cai na terra do inferno, onde há choro e ranger de dentes. O evangelho conclui: "Porque muitos são os chamados" para as núpcias por meio da fé, "mas poucos são os eleitos" (Mt 22,14), no reino, com a caridade.

11. Com esta terceira parte do evangelho concorda a terceira parte da epístola: "Mas enchei-vos do Espírito Santo, falando entre vós com salmos, hinos e cânticos espirituais, cantando e salmodiando ao Senhor em vossos corações" (Ef 5,18-19). Dê atenção às três palavras: salmos, hinos e cânticos, que se exigem precisamente para as três mencionadas espécies de núpcias.

Nas núpcias da encarnação do Senhor é necessário o salmo das boas obras, para pôr em prática aquilo que crês e, assim, ser um bom *salmista* "com o saltério de dez cordas" (Sl 32,2), isto é, que toca o saltério ao Senhor com a observância dos dez mandamentos.

Nas núpcias da penitência é necessário o hino da confissão e da humildade, do qual se diz: "Cantem-lhe hinos todos os seus santos, os filhos de Israel", isto é, todos os religiosos e os penitentes, "o povo que se aproxima dele" (Sl 148,14).

Nas núpcias da glória haverá o cântico da alegria. Enquanto os maus chorarão no inferno com ranger de dentes, os santos cantarão no céu o cântico da eterna alegria.

Diz o Apocalipse: "Os servos de Deus cantavam o cântico de Moisés" (Ap 14,3). Como Moisés, depois de submergir no Mar Vermelho o faraó e os egípcios, entoou um canto de júbilo, assim os santos, depois que os maus serão submersos no inferno, elevarão ao céu um cântico de eterna alegria.

E sobre isso temos a concordância no Segundo livro dos Macabeus, onde se narra que, massacrados os inimigos e queimadas as suas cidades, "bendiziam o Senhor com hinos e louvores; o Senhor que operou grandes coisas em Israel e lhes deu a vitória" (2Mc 10,38).

Coragem, pois, irmãos caríssimos, com a voz e com as lágrimas roguemos e supliquemos ao Senhor Jesus Cristo para que, quando vier para o juízo, não ordene que sejamos lançados nas trevas exteriores, junto com o homem sem a veste nupcial, mas nos faça cantar com os seus santos o cântico da eterna alegria nas núpcias da glória celeste.

No-lo conceda ele próprio, que é digno de louvor e de glória pelos séculos eternos. E todas as almas, esposas de Cristo, respondam: Amém. Aleluia.

Prólogo

Elevamos hinos de ação de graças e cantos de louvor à divina majestade por termos chegado ao primeiro domingo do nono[24] mês.

Fazemos notar que de primeiro de novembro a primeiro de dezembro se leem na Igreja os livros dos profetas Ezequiel e Daniel, e dos doze profetas menores. Dividi-los-emos deste modo: No primeiro domingo exporemos Ezequiel, no segundo, Daniel, no terceiro e no quarto, os livros dos doze profetas menores.

Neste mês, há quatro domingos, nos quais são lidos quatro evangelhos: procuraremos concordar com suas partes algumas passagens dos mencionados livros proféticos.

---

24. Hoje sétimo mês; e, portanto, setembro e outubro.

XXI domingo depois de Pentecostes

Temas do sermão

• Evangelho do XXI domingo depois de Pentecostes: "Havia um funcionário do rei, cujo filho estava doente"; evangelho que dividiremos em duas partes.

• Primeiramente sermão sobre a repressão dos desejos carnais e sobre a confissão dos pecados, que é comparada à safira por causa de suas quatro propriedades: "Sobre o firmamento... apareceu alguma coisa, como pedras de safira".

• Parte I: As nove *ordens* angélicas e seu simbolismo: "Havia um funcionário do rei".

• Sermão aos religiosos: "Vi descer um anjo".

• O tríplice amor: "O querubim estendeu a mão".

• As quatro abominações: a primeira contra os prelados e os sacerdotes: "Filho do homem, levanta os teus olhos".

• Contra os prelados e os religiosos que dão aos parentes o patrimônio do Crucificado: "Filho do homem, escava a parede".

• Contra as prosperidades do mundo: "Quanto te voltares".

• Contra aqueles que, por causa das coisas temporais, esquecem-se do Senhor: "E eis que à porta do templo".

• Sermão para a Natividade do Senhor: "Aquele que estava à porta, sentado sobre o trono, disse ao homem vestido de linho".

• Parte II: Sermão sobre a fé e sobre a contemplação: "Isso era o que se via em meio aos animais".

• A descida da humildade: "Precisamente enquanto descia para casa".

• Sermão sobre a obediência: "No meio do fogo, via-se como que uma espécie de eletro", e "As penas prateadas da pomba".

• A vida da alma e o perfume dos frutos: só disso vivem certos povos: "Anunciaram-lhe que seu filho estava vivo".

• A febre da luxúria: "Na hora sétima".

EXÓRDIO – A MORTIFICAÇÃO DOS DESEJOS CARNAIS E A CONFISSÃO

1. Naquele tempo, "Havia um funcionário do rei, cujo filho estava doente em Cafarnaum" (Jo 4,46).

Lemos no Profeta Ezequiel: "Sobre o firmamento, que estava iminente sobre as cabeças dos animais, havia algo como pedras de safira em forma de trono, e sobre esta espécie de trono, no alto, uma figura com aparência de homem" (Ez 1,26). Observa que nesta passagem são postas em evidência quatro entidades: primeiro, os animais; segundo, o firmamento; terceiro, o trono de safira; e quarto, a figura com aparência de homem.

Os animais simbolizam os desejos carnais que, como animais brutos, mancham a terra de nossa mente, e por isso o Senhor, por boca de Ezequiel diz: "Foste arrojada sobre a face da terra, com desprezo da tua vida. Vi-te pisada no teu sangue" (Ez 17,5-6), isto é, na imundície dos desejos carnais. A cabeça dos animais representa o início dos desejos da carne, da qual no Gênesis se diz: "Ela te esmagará a cabeça" (Gn 3,15). E isso acontece quando o firmamento está iminente sobre a cabeça dos animais. O firmamento é a contrição do coração, pois no Gênesis está escrito: "Faça-se o firmamento no meio das águas, dividindo as águas de outras águas" (Gn 1,6). A mente do penitente, contrito de seus pecados, tem as águas superiores, isto é, o fluxo da graça, e as águas inferiores, isto é, o fluxo da concupiscência, que devem estar debaixo dele, porque sempre tendem para a queda. Ou: as águas superiores representam a razão, que é a força superior da alma, que sempre chama o homem para o bem; as águas inferiores, porém, o chamam para a sensualidade. E temos uma referência a isso em Ezequiel: "Vi como uma espécie de metal brilhante... da cintura para cima, e da cintura para baixo, uma espécie de fogo" (Ez 1,27). Diz a *Glosa*: O que está acima da cintura, onde se encontram os sentidos e a razão, não tem necessidade de ser queimado pelo fogo ou pelas chamas, mas tem necessidade de um metal preciosíssimo e puríssimo; o que se encontra abaixo da cintura, onde agem os órgãos de união e a procriação, e onde existem os estímulos aos vícios, tem necessidade de chamas purificadoras.

Sobre a cabeça dos animais, portanto, haja o firmamento, isto é, a contrição do coração, que esmague desde o início os desejos da carne, e então sobre o firmamento haverá uma espécie de pedra de safira, em forma de trono. No trono, é designada a confissão dos pecados, e com razão. Afinal, como para sentar-se no trono é preciso abaixar-se, assim o penitente deve humilhar-se na confissão, julgando a si mesmo e condenando-se, destruindo assim todo o mal cometido. Com efeito, diz-se nos Provérbios: "O rei que está sentado no seu trono destrói todo o mal com o seu olhar" (Pr 20,8).

E observa que a confissão deve ter precisamente o aspecto da pedra de safira, que é dotada de quatro propriedades: tem a cor do céu sereno, mostra em si mesma uma estrela, faz parar o sangue, elimina o antraz. Assim a confissão dos pecados deve ser semelhante ao céu pela esperança do perdão, e dizer com o ladrão: "Lembra-te de mim, Senhor, quando estiveres no teu reino" (Lc 23,42).

Deve também mostrar em si mesma uma estrela. *Estrela* vem de *stare*, e simboliza o firme propósito de não recair no pecado. Com efeito, como as estrelas são imóveis e, firmes no céu, giram em perpétuo movimento, assim o penitente deve estar firme e constante na penitência, e onde quer que vá e se mova, deve ter sempre o firme propósito de jamais recair no pecado. Se a confissão não mostrar essa estrela, não se deve absolutamente impor-lhe a penitência (dar-lhe a absolvição). Com efeito, o Senhor disse: "Vai e não queiras mais pecar" (Jo 8,11). Não disse "Não peques!", mas "Não queiras pecar".

Igualmente deve parar, coagular o sangue. Sangue é quase como dizer suave, e indica a complacência e o prazer do pecado, que a confissão deve parar, para que não flua do coração e dos sentidos do corpo.

Se a confissão tiver esses três requisitos, seguirá necessariamente também o quarto, porque eliminará o antraz, quer dizer, a sugestão diabólica. E nesse trono de safira, semelhante a um metal brilhante, repousa o Deus e Homem, isto é, Jesus Cristo, que libertará de toda enfermidade de pecado a alma que se confessa, como libertou da doença o filho do funcionário real, do qual precisamente fala-se no evangelho de hoje: "Havia ali um funcionário do rei, cujo filho estava doente em Cafarnaum".

2. Observe dois fatos postos em evidência neste evangelho: a doença do filho do funcionário, e a fé deste último. O primeiro, onde diz: "Havia ali um funcionário real". O segundo, onde diz: "O homem acreditou na palavra que Jesus lhe havia dito".

No introito da missa lê-se o salmo: "Se examinares, Senhor, as culpas" (Sl 129,3). A seguir, lê-se a Carta do Bem-aventurado Paulo Apóstolo aos Efésios: "Fortalecei-vos no Senhor"; dividi-la-emos em duas partes, considerando a sua correspondência com as duas mencionadas partes do evangelho. Primeira parte: "Fortalecei-vos no Senhor". Segunda parte: "Estai, pois, firmes, tendo cingido os vossos rins com a verdade".

Observa ainda que, neste evangelho, João fala da doença e da cura do filho do funcionário real, e, na carta, o Apóstolo fala da tentação do diabo que torna doente a alma, e da armadura de Deus, que resiste fortemente contra o próprio diabo. É por isso que a carta é lida junto com este evangelho.

I – A DOENÇA DO FILHO DO FUNCIONÁRIO REAL

3. "Havia um funcionário do rei, cujo filho estava doente em Cafarnaum." Veremos o que significam estas quatro coisas: o funcionário, seu filho, a doença deste, e Cafarnaum e tratemos de cada uma delas.

Cada fiel é chamado "funcionário real" (latim: *regulus*, pequeno rei) do Rei dos Reis de toda a criação, o Senhor Jesus Cristo, que manda sobre os anjos no céu e sobre os homens neste mundo, porque cada um tem em si mesmo uma certa representação das *ordens* celestes, e consta também ele de quatro elementos fundamentais de que constam todas as criaturas.

As ordens (coros) celestes são nove, mas nós as ordenaremos em três grupos de três ordens (coros) cada uma.

No primeiro grupo estão os anjos, os arcanjos e as virtudes. Nos anjos é representada a observância dos preceitos; nos arcanjos, a atenção aos conselhos e sua aplicação; nas virtudes, os prodígios da vida santa. Também tu, pois, fazes parte do coro dos anjos quando observas os mandamentos do Senhor. Diz o Profeta Malaquias: "Os lábios do sacerdote serão os guardas da ciência" (Ml 2,7).

Sobre este assunto veja o sermão do Domingo da Quinquagésima, sobre o evangelho: "Um cego estava sentado ao longo do caminho".

Da mesma forma, fazes parte do coro dos arcanjos quando observas não só os mandamentos, mas te esforças por seguir também os conselhos de Jesus Cristo. Com efeito, Isaías te sugere: "Toma conselho; convoca uma assembleia" (Is 16,3).

Enfim, passas a fazer parte do coro das Virtudes quando resplandeces com os milagres de uma vida santa. Diz o Senhor: "Quem crê em mim fará as obras que eu faço, e fará maiores do que estas" (Jo 14,12).

E a *Glosa* comenta: O que o Senhor opera em nós com o nosso concurso, é maior do que tudo aquilo que ele opera sem nós; de modo que quando um ímpio se torna justo, essa obra é maior do que tudo aquilo que há no céu e na terra e em outras partes, porque aquelas coisas passarão, mas essa obra permanecerá; e naquelas há somente a obra de Deus, enquanto nesta está também a imagem de Deus. Ainda que Deus tenha criado os anjos, a justificação do ímpio parece obra maior do que criar os justos, pois também se em ambas as obras existe um igual poder, na justificação do ímpio existe uma maior misericórdia.

4. No segundo grupo estão os Principados, as Potestades e as Dominações.

Considera que existem em nós três entidades sobre as quais devemos dominar, se não exatamente como reis, ao menos como funcionários do rei, isto é, os pensamentos, os olhos e a língua.

Os Principados subjugam os espíritos malignos, e nós devemos manter no freio os pensamentos malignos, isto é, *male igniti*, que queimam malignamente. Diz João no Apocalipse: "Vi descer do céu um anjo que tinha na sua mão a chave do abismo e uma grande corrente. Prendeu o dragão, a serpente antiga – isto é, o diabo, satanás – e o amarrou por mil anos" (Ap 20,1-2).

Sentido moral. O anjo é figura do justo, que desce do céu quando, mesmo na condição de vida em que se encontra na terra, esforça-se por modelá-la segundo a pureza do céu. Aqui na terra tem a chave e a corrente. A chave é o discernimento, com o qual o justo fecha e abre o abismo dos pensamentos: fecha quando os refreia, abre quando os escolhe. A corrente em sua mão representa a prática da penitência. Diz-se corrente, em latim "catena" de *capiendo teneo*, seguro prendendo, ou também porque, depois de ter prendido, segura com muitos nós. Quando a contrição se acompanha da confissão, a confissão acompanha-se da obra reparatória de penitência, e quando esta última se acompanha do amor ao próximo, forma-se como que uma grande corrente com a qual o justo acorrenta o dragão, a serpente antiga, isto é, o diabo, satanás. No dragão é representado o espírito de soberba, na serpente o pensamento envenenado da luxúria, no diabo – nome que em hebraico[25] significa "aquele que lança abaixo" – é representada a avareza; em satanás – que quer dizer "adversário" – é indicado o mal da discórdia. O justo amarra todas essas maldades com a corrente por mil anos quando subjuga o dragão da soberba com a contrição do coração, a serpente da luxúria com a confissão, o diabo da avareza com as obras de reparação e com a doação de esmolas, o satanás da discórdia com o amor ao próximo. E tudo isso por mil anos, número perfeito que indica a perseverança final.

Depois, devemos dominar os olhos, que são como ladrões que roubam a jovem da terra de Israel (cf. 2Rs 5,2), isto é, a pureza da mente do justo, e dizer com Jó: "Estabeleci um pacto com os meus olhos de nem sequer pensar numa virgem" (Jó 31,1). E no Gênesis, o Senhor diz a Caim: "Se fizeres o bem, terás o bem; e se fizer o mal, o pecado estará logo à tua porta. Mas a concupiscência está debaixo de ti e tu poderás dominá-la" (Gn 4,7). O pecado às portas é precisamente a concupiscência da carne nos olhos; e se sobre ela exercemos o nosso domínio, o apetite carnal nos será submisso, porque será reprimido pelo jugo da razão.

E enfim, a língua que, como uma prostituta, é inquieta e impaciente, cujos pés não podem parar dentro de casa; umas vezes na rua, outras na praça, outras nas esquinas, ela está sempre de emboscada" (Pr 7,10-12); devemos saber dominá-la, para que, como diz Tiago, não venha a contaminar todo o corpo e a incendiar o curso da vida e a pôr fogo em toda a floresta (cf. Tg 3,6.5).

Se fizermos parte desses três coros, isto é, dos Principados, das Potestades e das Dominações, também nós seremos verdadeiros pequenos reis.

5. No terceiro grupo estão os Tronos, os Querubins e os Serafins.

Somos Tronos quando nos humilhamos a nós mesmos e nos julgamos. Diz o salmo: "Ó Deus, dá ao rei o teu juízo" (Sl 71,2). Ao rei, isto é, ao justo, Deus dá o seu juízo para que ele próprio se julgue, a fim de que Deus não encontre nele algo a ser condenado. "Se nos julgarmos a nós mesmos – diz o Apóstolo – não seremos julgados" (1Cor 11,31). Ó Deus, dá-me o teu juízo, para que de teu eu o faça meu e, fazendo-o meu, possa fugir do teu. "É terrível cair nas mãos do Deus vivo" (Hb 10,31).

Querubim interpreta-se "plenitude da ciência", que é a caridade: e quem tem a caridade é perfeito e sabe como deve se comportar. Por isso, somos Querubins quando fazemos o bem, animados pela caridade. Está escrito em Ezequiel: "Um Querub estendeu a mão do meio dos querubins para o fogo, que estava entre os querubins; tomou-o e o pôs nas mãos daquele que estava vestido de linho" (Ez 10,7).

Observa que, nesta passagem, uma vez está escrito *querub* e duas vezes *querubim*, porque a caridade é tríplice: a tua, a de Deus e a do próximo. Tu, portanto, que és querub, no que se refere a ti, estende a mão das obras santas do meio dos outros

---

25. Na verdade, *diabo* vem do grego *diaballo*, pôr mal, caluniar.

querubins, isto é, da caridade de Deus, ao fogo da vida santa, que está entre os querubins, isto é, entre os homens santos e cheios de caridade, e daquele fogo, quer dizer, do exemplo de sua vida santa, dá-o ao homem revestido de linho, isto é, a cada cristão, revestido da fé na encarnação do Senhor. "Todos quantos fostes batizados em Cristo, diz o Apóstolo, revestistes-vos de Cristo" (Gl 3,27). Se tu não fores antes querub em ti mesmo, não poderás do meio dos querubins estender a tua mão ao fogo que está entre os querubins; começa, pois, pela tua caridade, e depois, poderás exercer a caridade também para com os outros.

Do mesmo modo, Serafim interpreta-se "ardente". Somos serafins quando, inflamados do fogo da compunção, aprofundamo-nos em lágrimas para obter a fonte das água inferiores e a das águas superiores (cf. Jz 1,14-15). "Vim trazer fogo à terra – diz o Senhor –, e o que quero eu, senão que se acenda" (Lc 12,49) e faça derreter o gelo? Lemos no Cântico dos Cânticos: "A minha alma – diz a esposa –, como que se liquefez quando o meu Amado falou" (Ct 5,6).

Portanto, quem reproduz em si mesmo, na maneira acima ilustrada, esses nove coros angélicos, e de acordo com seu modelo dispõe e organiza ordenadamente a vida do corpo, que consta dos quatro elementos fundamentais, com justiça pode ser chamado pequeno rei, ou funcionário do rei, do qual o evangelho diz precisamente: "Havia um funcionário do rei.

6. "Ele tinha um filho doente em Cafarnaum." O filho do funcionário real é figura da alma fiel a Jesus Cristo, a qual, enquanto vive segundo o modelo dos nove coros angélicos, permanece incólume; mas quando se detém em Cafarnaum está enferma de morte.

Cafarnaum interpreta-se "campo fértil" ou também "campina da consolação". Nestas quatro palavras: *campo*, *fértil*, *campina* e *consolação* são indicados os quatro estados de vida do homem, isto é, dos *clérigos*, dos *religiosos*, dos *pobres* e dos *ricos*.

Os clérigos, no campo da Igreja, fazem-se grandes do patrimônio de Cristo. Os religiosos, na tranquilidade e no ócio, como um grande fruto, corrompem-se com o verme da concupiscência. Os seculares pobres trabalham como numa campina, e se lamentam de sua pobreza. Os ricos gozam nos prazeres da riqueza e, portanto, esquecem-se do Senhor. Todos esses estão doentes em Cafarnaum.

Esses quatro estados de vida concordam com as quatro abominações que o Senhor mostrou a Ezequiel. Diz o Senhor: "Filho do homem, levanta os teus olhos. E levantei os olhos para o caminho setentrional; e eis que vi ao norte da porta do altar aquele ídolo do ciúme, posto bem à entrada, para provocar o ciúme. E ele me disse: Filho do homem, vês o que estes fazem? Vês as grandes abominações que a casa de Israel comete aqui, para que me retire para longe do meu santuário?" (Ez 8,5.3.6). Eis a soberba dos clérigos. O ídolo do ciúme é a soberba dos clérigos, e ela provoca o ciúme de Deus, isto é, a sua ira e a sua vingança. Daí que diz: "Eles me provocaram com o que não era Deus, e irritaram-me com as suas vaidades" (Dt 32,21). Um prelado da Igreja ou um ministro do altar soberbos, o que são senão ídolos de ciúme precisamente na entrada da porta do altar? Mas ai, quantas abominações se cometem na casa do Senhor!

O próprio Senhor, por boca do profeta, diz deles: "Violarão o meu santuário; ali entrarão os saqueadores[26] e o profanarão" (Ez 7,22). Propriamente, *emissário* é chamado o cavalo destinado à união com as éguas. Emissários são os clérigos soberbos e luxuriosos, que violam o santuário do Senhor, isto é, o corpo de Jesus Cristo, pisam tudo aquilo que têm em si mesmos e profanam a Santa Igreja. Por isso, o Senhor continua: "Retirar-me-ei para longe do meu santuário". No Primeiro livro dos Reis narra-se que por causa dos pecados de Ofni e Fineias, que "se uniam às mulheres que prestavam serviço à entrada da tenda da reunião" (1Sm 2,22), foi capturada a arca do Senhor dos exércitos, que está sentado sobre os querubins (cf. 1Sm 4,1-11).

7. E eis a segunda abominação. "Se te voltares, verás abominações ainda maiores. E me disse: Filho do homem escava na parede. E tendo eu escavado na parece, apareceu uma porta. E ele me disse: Entra e vê as péssimas abominações que estes aqui cometem. E tendo entrado, olhei, e eis que havia ali imagens de toda a sorte de répteis, e abominação de animais, e todos os ídolos da casa de Israel estavam pintados na parede por toda a volta. E setenta homens da casa de Israel estavam em pé diante dessas pinturas, e Jeconias, filho de Safã, também em pé no meio deles; e cada um tinha em sua mão um turíbulo; e a fumaça do incenso, que dele saía como uma névoa, elevava-se para o alto. E ele me disse: Viste bem, filho do homem, o que os anciãos da casa de Israel fazem nas trevas, o que cada um deles pratica no segredo da sua câmara; porque eles dizem: O Senhor não nos vê; o Senhor desamparou a terra" (Ez 8,6.8-12).

Das palavras: "Escava na parede" até "estavam pintados na parede por toda a volta" veja o sermão: "Toma contigo os perfumes e a mirra", que é intitulado "No início do jejum" (*Quarta-feira de Cinzas*)[27].

"E setenta anciãos da casa de Israel." Assim comenta Jerônimo: Devemos orar para que os anciãos da casa de Israel não façam nas trevas o número sete, que é um número sagrado, e, multiplicando-o por sete dezenas, persistam nos seus erros e adorem as representações dos ídolos, isto é, dos seus vícios, e a fumaça do sacrilégio continue a subir até Deus. Os religiosos do nosso tempo são chamados "setenta homens", embora pela perfeição de sua ação deveriam ter a septiforme graça do Espírito Santo. E ao contrário, insensatos, o que fazem? Permanecem de pé diante das pinturas e entre eles está Jeconias, o qual, como diz a *Glosa* interlinear, tendo renegado a religião, adorava os ídolos no templo do Senhor. As pinturas sobre a parede representam os sonhos de soberba, de gula e de luxúria que vêm à mente, ou também a hipócrita simulação religiosa, ou, no religioso, o amor carnal dos pa-

---

26. No texto latino, em lugar de saqueadores está o termo *emissarii*, do qual Antônio dá depois a explicação. O termo latino exato seria *admissarius*.

27. No sermão indicado nem nos outros sermões do santo encontram-se essas palavras; nem jamais foi tratado esse assunto.

rentes, e talvez também dos filhos e das filhas. E por isso, nos répteis que clamam: "Ai de vós, ai de vós", são representados os filhos e os netos; nos animais imundos é representada a hediondez da fornicação; nos ídolos pintados, os parentes e os amigos. Eis que pinturas adoram alguns religiosos do nosso tempo. E o que é pior, está ali Jeconias, quer dizer, o abade ou o prior, filho de Safã, que significa "juízo", isto é, condenação de morte eterna, que está em meio a eles e adora as mesmas pinturas, ele que deveria proibi-lo.

"E cada um deles tinha na mão um turíbulo." O que representa o turíbulo nas mãos, senão as provisões do mosteiro, dadas a título de esmola e de oferta, que são confiadas ao poder do superior? Mas estes gregários de Judas, que, como o traidor, têm suas caixas particulares, com o turíbulo das esmolas e o incenso dos sacrifícios oferecidos pelos fiéis para os defuntos, incensam suas pinturas, isto é, dão a seus parentes e a outras pessoas os bens do mosteiro, que pertencem aos pobres. E sobre isso, não é necessário que desçamos a particulares. "Certamente" ouviste "e viste, filho do homem, o que nas trevas fazem os anciãos", envelhecidos no mal (cf. Dn 13,52); e depois dizem: "O Senhor não nos vê"; mas eles é que estão nas trevas e não veem, e assim pensam não serem vistos. E ainda Jerônimo comenta: "Se pensássemos que o Senhor está sempre presente e que tudo vê e julga, jamais, ou dificilmente, cairíamos em pecado".

8. E eis a terceira abominação. "O Senhor me disse: Quando te voltares, verás outras abominações. E levou-me à entrada da porta do Senhor, que olhava para o lado do aquilão; e eis que ali estavam umas mulheres sentadas, chorando Adônis. E ele me disse: Por certo, viste, filho do homem" (Ez 8,13-15). Jerônimo explica que os hebreus e os siríacos chamam Adônis com o nome de Tamuz, que significa "belíssimo". Por Tamuz, ou Adônis, entende-se a prosperidade deste mundo, que é aliada de Vênus e da luxúria. As mulheres que choram representam todos aqueles que choram por ter perdido a riqueza.

Mas ai! quantos efeminados hoje choram por ter perdido a riqueza e pela pobreza não desejada, e muitas vezes perdem também a fé! Com razão, são chamados *vilães*, de *vila*, campanha, isto é, servos da terra e, portanto, escravos do diabo: eles não são do nobre sangue de Jesus Cristo, que não só manda deixar aquilo que se tem, mas também alegrar-se daquilo que se perdeu e da pobreza.

9. E enfim, a quarta abominação. "Se te voltares, verás abominações ainda piores do que estas. E eis que se achavam à porta do templo uns vinte e cinco homens, que tinham as costas voltadas para o templo do Senhor e as faces viradas para o Oriente, e adoravam o Sol que nascia. E ele me disse: Por certo, viste, filho do homem" (Ez 8,15-17). Ter as costas voltadas para o templo do Senhor significa desprezar o Criador, esquecer-se da morte de Jesus Cristo, não se importar com a vida eterna. Ter a face voltada para o Oriente e adorar o Sol significa procurar a felicidade no esplendor dos cargos, na glória e, para consegui-la, estar disposto também a adorar um homem.

E contra tudo isso, temos aquilo que diz Mardoqueu no Livro de Ester: "Senhor, que conheces tudo, sabes que não foi por soberba nem por desprezo que fiz isso de não adorar o altivo Amã (porque, para salvar Israel, pronto estaria até a beijar com gosto os vestígios dos seus pés), mas temi tributar a um homem a honra devida ao meu Deus e adorar algum outro que não fosse o meu Deus" (Est 13,12-14). Certamente, os ricos deste mundo, infelizes, não se comportam desse modo. A eles diz o Senhor: "Ai de vós, ricos, que já tendes a vossa consolação" (Lc 6,24). Todos aqueles que se tornam culpados das mencionadas abominações, contraem também eles na alma a doença do filho do funcionário real de Cafarnaum: e se trata de uma doença mortal. O funcionário do rei persista, pois, na sua oração, para que seu filho seja libertado da doença e curado. E se digne ouvi-lo aquele que é bendito nos séculos. Amém.

Mas prossigamos. "Tendo ouvido dizer que Jesus chegara da Judeia à Galileia, foi ter com ele e rogou-lhe que fosse à sua casa, curar seu filho, que estava à morte" (Jo 4,47). Judeia significa "proclamação"; Galileia, "roda" ou "volubilidade". Jesus Cristo, pois, passa da Judeia para a Galileia, quando da vida eterna, na qual há a proclamação do louvor dos anjos, ele desce para a roda da nossa volubilidade, isto é, sobre a terra.

10. E sobre isso temos uma concordância em Ezequiel, onde se narra que aquele que estava sentado no trono "disse ao homem vestido de linho: Entra para o meio das rodas que estão sob os querubins, enche a tua mão de carvões ardentes, que estão entre os querubins, e espalha-os sobre a cidade" (Ez 10,2).

O linho indica o Corpo santíssimo de Jesus Cristo, que o vestiu recebendo-o da terra virgem, para cobrir a nossa nudez. A ele o Pai disse: "Entra no meio das rodas". A roda volta ao ponto do qual partiu e, por isso, indica a natureza humana à qual foi dito: És pó e ao pó retornarás (cf. Gn 3,19). O Filho, pois, entrou no meio das rodas quando da Judeia desceu para a Galileia, assumindo a natureza humana, apareceu sobre a terra e viveu entre os homens (cf. Br 3,38), tornando-se semelhante a eles (cf. Fl 2,7). Diz-se: "As rodas que estão sob os querubins", porque foi feito pouco inferior aos anjos (cf. Sl 8,6); e assim, encheu sua mão de carvões acesos que estão entre os querubins, isto é, nos dois Testamentos, e os espalhou sobre a cidade, quer dizer, sobre a Santa Igreja. Ou, espalha os carvões acesos sobre a cidade quando infunde na alma os carvões do seu temor e do seu amor, que lhe fazem abandonar os prazeres do mundo e da carne, a fim de que ela, inflamada e iluminada, sare da doença.

Portanto, o funcionário real, sabendo que o filho, isto é, a sua alma, está doente em Cafarnaum, deve dirigir-se a ele com a contrição do coração e pedir-lhe, com a confissão da boca, que cure seu filho, do qual se diz: "Já estava à morte". E repare que, com razão, diz: "estava à morte" (latim: *incipiebat mori*, começava a morrer): com efeito, pela satisfação da carne e pelo gozo do mundo começa a morte da alma, e essa morte se realiza na condenação da geena, que durará para sempre.

"Disse-lhe Jesus: Se não virdes milagres e prodígios, não credes" (Jo 4,48). Os prodígios são chamados assim porque *porro dicunt*, falam do depois, isto é, predizem o futuro de longe. Em referência a isso, encontramos que o Senhor diz a Ezequiel: "Filho do homem, eu te envio aos filhos de Israel e aos povos apóstatas, que se apartaram de mim. Estás com incrédulos e pervertedores e habitas com escorpiões. Não querem ouvir a ti, porque não querem ouvir a mim" (Ez 2,3.6; 3,7).

"Diz-lhe o funcionário real: Vem, antes que meu filho morra" (Jo 4,49). E a *Glosa*: Como se Cristo não pudesse salvar sem estar presente. Por isso, para demonstrar que não está ausente do lugar ao qual é convidado, o Senhor o cura apenas com uma ordem.

Disse, pois: "Vai, o teu filho vive!" (Jo 4,50). E em Ezequiel: Quando ainda estavas no teu sangue, eu te disse: Vive! (cf. Ez 16,6). Porque não quero a morte do pecador, mas que se converta e viva (cf. Ez 33,11). Por acaso quero eu a morte do ímpio, diz o Senhor Deus, ou que se converta e viva? Refletindo e afastando-se de todas as culpas cometidas, por certo, ele vive e não morrerá (cf. Ez 18,23.28). Por isso, no introito da missa de hoje canta-se: "Se examinares, Senhor, as nossas maldades, Senhor, quem poderá subsistir? Mas em ti se acha a clemência", Deus de Israel (Sl 129,3-4).

11. Com esta primeira parte do evangelho concorda a primeira parte da epístola: "Fortalecei-vos no Senhor" para não desfalecer na doença que provém de Cafarnaum, "e no poder de sua virtude" – daquele que disse: "Vai, o teu filho vive" –, "revesti-vos da armadura de Deus, para que possais resistir às ciladas do demônio" (Ef 6,10-11).

Considera que quem quiser ser soldado de Deus, revestir-se de sua armadura e resistir contra as ciladas do demônio, deve ter o cavalo da boa vontade, a sela da humildade, as ferraduras da constância, as esporas do duplo temor, o freio da temperança, o escudo da fé, a couraça da justiça, o elmo da salvação e a lança da caridade (cf. Ef 6,15-17). Quem se revestir dessas armas não será atingido pela doença de Cafarnaum.

E são armas necessárias, porque "nossa batalha não é contra a carne e o sangue, mas contra os principados e as potestades, contra o dominadores deste mundo de trevas, contra os espíritos do mal que habitam nas regiões celestes" Ef 6,12); como se dissesse: combatemos não somente contra os vícios da carne e do sangue, mas contra os demônios, que chefiam outros demônios, isto é, contra aqueles que têm poder sobre aqueles que se encontram nas trevas dos pecados, contra os mundanos, contra aqueles que levam para a ruína, contra essas forças tenebrosas que induzem a realizar obras tenebrosas, isto é, as abominações indicadas pelo Profeta Ezequiel, contra os espíritos malignos, e isso pelos bens celestes. E os espíritos malignos não combatem contra nós por uma coisa de pouca monta, mas para privar-nos da herança celeste.

Rogamos-te, pois, Senhor Jesus Cristo, que nos libertes da doença de Cafarnaum e das quatro mencionadas abominações, de maneira que possamos resistir às ciladas do diabo e sermos dignos de viver contigo na vida do céu. No-lo concedas tu, que vives e reinas nos séculos eternos. Amém.

II – Fé do funcionário do rei

12. "O homem deu crédito ao que Jesus lhe disse, e partiu" (Jo 4,50). Diz a *Glosa*: Embora rogado, o Senhor não foi ao filho do funcionário real, para não dar a impressão de querer honrar a riqueza. Promete, porém, ir ao servo do centurião, porque não despreza a realidade natural do homem. Naquele em que destruiu a soberba, vício que não dá importância à realidade natural, mas só àquilo que aparece externamente, certamente, não honra a riqueza. Com efeito, pela boca de Ezequiel diz: "A prata deles será lançada fora, e o seu ouro será reputado como esterco. A sua prata e o seu ouro não os poderão livrar no dia do furor do Senhor" (Ez 7,19).

Isso pode-se entender também em sentido moral, porque a prata da eloquência e o ouro da sabedoria não poderão, certamente, salvar M. Túlio Cícero e Aristóteles no dia do furor do Senhor, que assim fala no Livro de Jó: "Não pouparei, nem terei atenção à força de suas palavras, pronunciadas exatamente para levar à compaixão" (Jó 41,3). E observa que primeiro o evangelho diz que "acreditou" e depois que "partiu", porque primeiro vem a fé do coração e depois o caminho das obras.

Realmente, lemos em Ezequiel: "Pelo meio dos animais, podia-se ver um resplendor de fogo e sair relâmpagos de fogo. E os animais iam e voltavam, à semelhança do relâmpago coruscante" (Ez 1,13-14). O resplendor de fogo simboliza a fé que ilumina. De fato: "A tua fé te salvou" (Mc 10,52) quer dizer: iluminou-te. O que queres que eu te faça? Mestre: que eu veja! (cf. Mc 10,51). Desse fogo sai o fulgor das obras boas, e assim os animais, isto é, os santos, elevam-se à contemplação, mas depois voltam para a ação: não podem deter-se por longo tempo na contemplação se querem que também os outros deem fruto. "À semelhança do relâmpago coruscante": por meio deles que se elevam para a contemplação e depois persistem nas boas obras, difunde-se sobre os outros como que uma luz do céu. Diz Gregório: A caridade eleva-se a admiráveis alturas, quando vai procurar piedosamente o próximo na condição mais miserável; e quando desce amorosamente para as coisas mais humildes, retorna depois com maior mérito para as mais sublimes. "Aquele homem, pois, acreditou e depois partiu."

13. "Quando já descia para casa, vieram-lhe ao encontro os seus criados, e deram-lhe a nova: O teu filho vive!" (Jo 4,51). Observem-se os três momentos: quando já descia, vieram-lhe ao encontro os servos, teu filho vive. Se tu desces, vêm-te ao encontro os servos e te é anunciada a vida do filho. Portanto, descer é coisa boa. Desce de onde e para onde? Do monte para o vale, da soberba para a humildade. Com efeito, no vale o Senhor apareceu a Abraão (cf. Gn 18,1). "Os vales abundarão de trigo" diz o Senhor (Sl 64,14). E Jeremias: "Vê os teus caminhos no vale" (Jr 2,23). E Isaías: "Todo o vale será cheio" (cf. Is 40,4; Lc 3,5); e ainda Ezequiel: "Serão como as pombas dos vales" (Ez 7,16).

Portanto, enquanto está descendo, vêm-lhe ao encontro os servos. Os servos são os cinco sentidos do corpo que devem servir a razão. Se desces, os servos vêm-te ao encontro, isto é, obedecem-te. De fato, se o coração é humilde, os sentidos do corpo são obedientes. Da humildade nasce a obediência.

Sempre Ezequiel: "No meio dele, isto é, no meio do fogo, via-se uma figura como de eletro" (Ez 1,4). O fogo é a humildade, porque como o fogo abaixa as coisas altas e reduz a cinza aquelas duras, assim a humildade abaixa os soberbos e recorda aos corações endurecidos a palavra: És pó e ao pó retornarás (cf. Gn 3,19).

Ó humildade, se pudeste reclinar a cabeça da divindade no seio da Virgem pobrezinha, o que haverá de tão alto que não possas abaixar? E desse fogo procede o eletro da obediência. O eletro – diz Gregório – é composto de ouro e de prata. E quando esses dois metais são fundidos junto, a prata aumenta em claridade, enquanto o ouro atenua seu fulgor. A prata sonora é a palavra do prelado; o ouro é a consciência pura do bom súdito: quando a palavra do prelado chega ao súdito, ela aumenta o seu esplendor por causa da obediência do súdito, e este, por assim dizer, torna-se pálido, com a mortificação de sua vontade.

Diz o salmo: "As penas da pomba são prateadas e as penas do seu dorso têm o brilho flavo do ouro" (Sl 67,14). A pomba representa o bom súdito, cujas penas são precisamente as palavras do prelado, que o fazem como que voar. De fato, às palavras do prelado, o súdito, como uma pomba, deve imediatamente voar com seu coração e seu corpo. E os prelados prestem atenção, porque suas palavras devem ser resplendentes da prata da humanidade de Jesus Cristo, que foi unida ao ouro da divindade. Com efeito, na figura do eletro é indicado Cristo, mediador entre Deus e o homem. E enquanto a humanidade cresceu na glória da majestade, a divindade atenuou aos olhos do homem o poder do seu fulgor. Os prelados, pois, prateiem suas palavras com a humildade da humanidade de Jesus Cristo, para ordenar aos súditos com bondade, com afabilidade, com prudência e misericórdia, porque o Senhor não está no vento, não está no terremoto, não está no fogo: o Senhor se encontra no tênue murmúrio de uma leve brisa (cf. 1Rs 19,11-12).

E assim, as penas do seu dorso, que representam a vontade e os sentimentos do súdito, terão o brilho flavo do ouro, isto é, manter-se-ão na mortificação e na pureza. Nós costumamos carregar os pesos às costas: também o peso da obediência devemos carregá-lo nas costas da paciência. "Sobre o meu dorso trabalharam os pecadores", diz o profeta (Sl 128,3). O prelado iníquo constrói sobre o dorso, isto é, sobre a paciência do humilde súdito. Mas essa construção será a sua ruína, pois constituirá a glória do súdito.

Digamos, pois: "Enquanto o funcionário real descia, os servos vieram-lhe ao encontro". Portanto, da humildade do coração provém o eletro, no qual são fundidos junto a prata e o ouro. A prata simboliza o ressoar da confissão, o ouro, a pureza dos sentidos do corpo. Eis quão grandes vantagens provém do abaixar-se na humildade.

14. Naquele momento é-lhe anunciado que o filho vive. "Anunciaram-lhe: Teu filho vive." *Vida* vem de *vigor*, e vida quer dizer também *vim tenet*, conserva a força. A vida

do corpo é a alma, a vida da alma é Deus, que dá à alma o vigor e a força, o *poder* e o *saber*, para que viva: e queira o céu que nós lhe acrescentemos o *querer*.

Na *História natural* de Solino narra-se que nas regiões da Índia existem povos que não necessitam de alimento, mas vivem unicamente do perfume dos frutos silvestres, e quando vão para longe, como proteção, levam consigo aqueles frutos para nutrir-se de seu cheiro; porque se por acaso inalam um odor desagradável ou fétido, estão certos de que vão morrer.

O perfume dos frutos simboliza a vida da alma. Os frutos são a encarnação e a paixão de Jesus Cristo, de quem a Esposa do Cântico dos Cânticos diz: "Guardei para ti, amado meu, os frutos novos e os *velhos*" (Ct 7,13). Os frutos novos são o nascimento da Virgem, a pobreza do Filho de Deus, o envio da nova estrela, a realização dos milagres. Os frutos *velhos* foram os escarros, as bofetadas, o fel e o vinagre, os cravos e a lança, que nos espoliaram da antiga velhice, porque, como diz o Apóstolo, "o nosso velho homem foi crucificado junto com ele" (Rm 6,6). Por isso, quem quer viver, viva com o perfume desses frutos e, no exílio desta peregrinação terrena, para não desfalecer no caminho, leve consigo esses frutos para nutrir-se com seu cheiro.

Lemos nas Lamentações: "O sopro de nossa boca, o *Ungido* do Senhor, foi preso por causa dos nossos pecados; tínhamos-lhe dito: À tua sombra viveremos em meio às nações" (Lm 4,20). E o profeta diz no salmo: "Abri a minha boca e atraí o respiro" (Sl 118,131). O respiro é chamado em latim *spiritus*. Quando tu abres a boca na confissão, atrais a ti o *espírito*, o respiro, de Jesus Cristo, que é a vida da alma, para dela receber a graça. Acautela-te, pois, de atrair o horrível espírito do mundo, o fétido espírito de Cafarnaum, porque serias imediatamente atingido não só pela doença, mas também pela morte. Cafarnaum interpreta-se "Campo gordo". Geralmente, a gordura é fonte e mãe da corrupção, a corrupção do fedor, e o fedor é sinal de morte.

Abre, pois, a tua boca e atrai a ti o espírito de Jesus Cristo, que foi preso, amarrado e crucificado por nossos pecados. À sombra de sua árvore, isto é, da cruz – da qual se diz no Cântico dos Cânticos: "Eu te despertei debaixo da macieira" (Ct 8,5) e "Sentei-me à sombra daquele a quem tanto desejara" (Ct 2,3) –, deves descansar do ardor dos vícios, evitando, debaixo daquela árvore, o sol ardente da prosperidade mundana. E assim, em meio às nações, quer dizer, em meio às tentações da carne e do diabo, viverás sustentado pelo perfume de sua encarnação e de sua paixão.

15. "Perguntou-lhes a hora em que o doente se achara melhor. Responderam-lhe: Ontem, à hora sétima, a febre o deixou" (Jo 4,52).

E a *Glosa* explica: Com essa pergunta não desconfia da misericórdia do Senhor: deseja, porém, que o poder divino seja conhecido por mais pessoas possível através do testemunho dos servos. Aqueles respondem: "À hora sétima", representando assim o Espírito Santo septiforme, no qual é posta toda a salvação.

A febre é chamada assim de *fervor*, calor, e é figura da luxúria da carne, cujo calor agita o coração e corrompe a carne. De fato, lê-se no Livro de Judite que, quando ela entrou na presença de Holofernes, "ele foi conquistado ao primeiro olhar: seu coração se abalou e sentiu-se inflamar de uma grande paixão por ela" (Jt 10,17; 12,16).

Primeiro foi seduzido através dos olhos. Por isso, o profeta orava: "Desvia os meus olhos, para que não vejam a vaidade" (Sl 118,37). E no Cântico dos Cânticos: "Aparta os teus olhos de mim, porque eles me arrebatam" (Ct 6,4). E no Gênesis está escrito: "Sua senhora lançou os olhos sobre José" (Gn 39,7). Os olhos são as primeiras setas da luxúria. Depois o coração se perturba e assim acende-se a febre da luxúria. Mas para não morrer com o consenso da mente, ou passando para a ação, o coração é iluminado "à hora sétima", quer dizer, com a septiforme graça do Espírito Santo. E então deve crer "ele e toda a sua família" (Jo 4,53), isto é, com o corpo e com a alma, que Jesus Cristo é filho de Deus e que dignou-se libertar a alma de tão perniciosa febre, e o corpo de tão miserável contaminação da luxúria.

16. É sobre isso que a segunda parte do evangelho concorda com a segunda parte da epístola: "Estai, pois, firmes, tendo cingido os vossos rins com a verdade" (Ef 6,14). Os rins tomam o nome da libido. A libido é chamada assim porque *libet*, agrada, dá prazer. Eis a febre maldita que reina nos rins e faz o Apóstolo dizer: "Sede, pois, firmes, cingidos os rins com a verdade, e revestidos com a couraça da justiça" (Ef 6,14). Daí a cada um aquilo que lhe pertence por direito, para serdes protegidos pela justiça como por uma couraça, de maneira que não haja nenhuma abertura ao inimigo.

"E tendo os pés calçados para ir anunciar o evangelho da paz" (Ef 6,15), a fim de que aquele que prega não toque a terra, isto é, não vá em volta a pregar por amor das coisas terrenas.

"Tende sempre na mão o escudo da fé" (Ef 6,16): com efeito, a fé é o escudo, sob o qual é protegida com segurança a justiça; "com este escudo podereis apagar todos os dardos inflamados do maligno" (Ef 6,16), isto é, todos os assaltos do diabo, que tende a arrastar de vício em vício, como o fogo que se propaga.

"Tomai também o elmo da salvação" (Ef 6,17): o elmo representa a salvação eterna, cujo pensamento protege a mente para que não desanime; "e a espada do espírito", isto é, que nos é dada pelo Espírito Santo para ferir o inimigo; "espada que é a palavra de Deus" (Ef 6,17), quer dizer, o seu evangelho. Quem se exercitar e estiver preparado com essas seis armas, como por seis horas, será libertado da febre da luxúria pela septiforme graça, como se dissesse à sétima hora.

Coragem, pois, irmãos caríssimos, roguemos ao Senhor Jesus Cristo que nos faça descer do monte da soberba, apagar em nós a febre da luxúria, a fim de que com os rins cingidos recuperemos a saúde e sejamos tornados capazes de chegar à vida eterna.

No-lo conceda aquele que é bendito, digno de louvor e glorioso nos séculos eternos. E toda a alma, liberta da febre, cante: Amém. Aleluia.

XXII DOMINGO DEPOIS DE PENTECOSTES

Temas do sermão

• Evangelho do XXII domingo depois de Pentecostes: "O Reino dos Céus é semelhante a um rei, que quis fazer as contas com seus servos"; divide-se em três partes.

• Primeiramente sermão sobre o penitente, ou sobre o religioso em geral; sobre a contrição e sobre a confissão: "Por ordem do rei".

• Parte I: Sermão sobre o dia do juízo: "Eu olhava até que foram postos uns tronos".

• Sermão alegórico e moral sobre a estátua de Nabucodonosor: "Tu, ó rei..."

• Contra os prelados da Igreja: "A estátua".

• Sobre a humildade do penitente e a medida da satisfação: "O servo, prostrando-se por terra".

• Parte II: Sermão sobre o último juízo: "Foi mandado o dedo daquela mão".

• Sermão sobre a fornalha da Babilônia e seu simbolismo.

• Sermão sobre a natureza dos quatro seres que vivem somente dos quatro elementos fundamentais: "Deus me é testemunha".

• Sermão aos religiosos, ou aos penitentes, sobre o choro da penitência: "Eu, Daniel, chorava".

• Sermão sobre a humildade: "Sob os pés do Senhor", e "Sobre a cabeça dos querubins"; e também sobre as unhas das aves.

• Parte III: Sobre a questão se os pecados perdoados revivem, ou não: "Então o senhor chamou aquele servo".

EXÓRDIO – O PENITENTE E O RELIGIOSO EM GERAL: A CONTRIÇÃO E A CONFISSÃO

1. Naquele tempo, Jesus disse a seus discípulos esta parábola: "O Reino dos Céus é semelhante a um rei que quis fazer as contas com seus servos" (Mt 18,23).

Narra-se no Livro de Daniel que "por ordem do rei, Daniel foi vestido de púrpura, foi-lhe posto um colar de ouro ao pescoço e foi publicamente proclamado que ele teria o terceiro posto de autoridade no seu reino" (Dn 5,29). Vejamos o que significam Daniel, a púrpura, o colar de ouro e o terceiro posto no reino. Daniel interpreta-se "causa de Deus", ou "juízo de Deus". Considera que a causa é uma força, um estímulo interior do espírito para agir. É chamada causa, de *casus*, acontecido, acontecimento, do qual vem. Mover uma causa é a matéria de um processo, que, quando é promovido é causa, quando é tratado é juízo, quando se conclui é justiça. Diz-se causa também de *caos*, que foi o início de todas as coisas. Aquilo que dá origem a qualquer coisa é causa.

Daniel é figura do penitente, que, por temor e amor de Deus, faz de si mesmo causa, juízo e justiça. Isso representa as três coisas acima indicadas: a púrpura, o colar de ouro e o terceiro posto no reino.

O penitente faz causa a si mesmo com a contrição, que é origem de toda a coisa justa e é um impulso do ânimo a fazer o bem; faz o juízo na confissão, na qual põe em discussão a si mesmo e se examina; faz a justiça na reparação, na qual dá a cada um o seu: a Deus a oração, a si mesmo o jejum, ao próximo a esmola. Afinal, nisso consiste a satisfação, ou reparação. Portanto, o Rei dos Reis, Jesus Cristo manda que Daniel seja vestido de púrpura. A púrpura, que é da cor de sangue, indica a contrição do coração, da qual provém o sangue das lágrimas. Realmente, lê-se no Quarto livro dos Reis que "ao romper da manhã e raiando já o sol sobre as águas, os moabitas viram diante de si as águas vermelhas como sangue, e disseram: É sangue derramado pela espada!" (2Rs 3,22-23). Literalmente entende-se assim: Quando os moabitas viram diante de si as águas da torrente atravessadas pelos raios do sol, pensaram que fossem vermelhas de sangue e disseram: Os inimigos mataram-se mutuamente (cf. 2Rs 3,23).

Sentido moral. Quando na mente nasce o sol da graça, então as águas vermelhas das lágrimas, como sangue, vêm pelo caminho de Edom, isto é, correm nos olhos do penitente. E, realmente, essas águas são sangue de espada. Porque, quando é ferido pela espada da contrição, o coração do pecador derrama lágrimas de sangue. Com razão, pois, diz-se que, "por ordem do rei, Daniel foi vestido de púrpura".

"E lhe foi posto ao pescoço um colar de ouro". O colar é composto de vários círculos de ouro, que, do pescoço descem sobre o peito. O colar de ouro ao pescoço representa o círculo da sincera confissão na boca do pecador, de quem o Senhor diz: "Ornei-te com um colar em volta ao pescoço" (Ez 16,11). E com razão, a confissão é chamada colar, ou também círculo de ouro. A Sabedoria "chega de uma extremidade à outra com força" (Sb 8,1), e o pecador convertido no círculo da confissão do primeiro até o último pecado, deve incluir tudo como que girando ao redor, como fazia o profeta quando dizia: "Dei voltas e sacrifiquei no seu tabernáculo", isto é, na Santa Igreja, "uma hóstia com clamores de júbilo (de louvor) (Sl 26,6), isto é, da confissão. E desse círculo, o Senhor diz ao diabo: "Porei um círculo às tuas narinas e te farei voltar para a estrada pela qual vieste" (Is 37,29).

Lembra-te de que de três maneiras comete-se o pecado mortal, que é o caminho pelo qual o diabo entra na alma, isto é: por causa da sugestão diabólica, do prazer da carne e do consenso da mente. Nos primeiros dois casos, trata-se de pecado venial, no terceiro, o pecado é mortal. Quando o pecador se arrepende do consenso da mente na confissão, com a qual rejeita a sugestão do diabo, castiga-se com as obras reparatórias pelo prazer da carne, então o Senhor põe um círculo às narinas do diabo, isto é, na sua astúcia e na sua malícia e o faz retornar para o caminho pelo qual veio. Com efeito, cada coisa se cura com seu contrário.

"E foi proclamado que ele tinha o terceiro posto de poder no seu reino." O reino de Cristo é a vida do justo. "O meu reino não é deste mundo" (Jo 18,36). A vida do justo consiste nas três práticas acima mencionadas. E é terceiro no reino de Cristo aquele que orienta a sua vida com a reparação da penitência. Nisso é representada a terceira praga do Egito, na qual falharam os magos do faraó (cf. Ex 8,18-19), isto é, os sábios deste mundo, que não querem reparar os seus pecados. O verdadeiro penitente, porém, para ser digno de participar do Reino dos Céus, faz de tudo para ser o terceiro no reino daquele rei do qual o evangelho de hoje diz: "O Reino dos Céus é semelhante a um rei".

2. Dê atenção aos três fatos postos em evidência neste evangelho, isto é: o perdão da dívida por parte do rei; a ingratidão do servo iníquo; seu encarceramento ou tortura. O primeiro: "O Reino dos Céus é semelhante". O segundo: "Tendo saído, aquele servo encontrou". O terceiro: "Então, o Senhor o chamou".

No introito da missa de hoje canta-se: "Eu tenho pensamentos de paz, diz o Senhor" (Jr 29,11). Lê-se depois a Carta do Bem-aventurado Paulo Apóstolo aos Filipenses: "Tenho confiança de que aquele que começou em vós a boa obra" (Fl 1,6): dividi-la-emos em três partes para fazê-la concordar com as três mencionadas partes do evangelho. Primeira parte: "Tenho confiança". Segunda parte: "Deus me é testemunha". Terceira parte: "Por isso peço".

E observa que, no evangelho de hoje, Mateus trata do servo mau, que não quis ter piedade do seu companheiro; ao contrário, o Apóstolo ama profundamente a todos com o amor de Cristo, e recomenda que também neles abunde o amor. Eis por que esta epístola é lida junto com este evangelho.

I – O REI PERDOA A DÍVIDA AO SERVO

3. "O Reino dos Céus é semelhante a um rei que quis fazer as contas com os seus servos." Esse homem-rei é figura de Jesus Cristo, que é homem na sua humanidade e rei na sua divindade; é homem na natividade, rei na paixão, na qual teve as insígnias reais que competem ao rei, isto é, a coroa, a púrpura e o cetro. Teve a coroa de espinhos, o manto escarlate e, na mão, como cetro, uma cana: e por isso, "dobrando o joelho diante dele, escarneciam dele, dizendo: Salve, rei dos judeus!" (Mt 27,29).

Sobre isso temos uma concordância em Daniel: "Eu estava observando essas coisas durante a visão noturna, e eis que vi um que parecia o Filho de homem, que vinha nas nuvens do céu", que representam os pregadores, "e que chegou até o Antigo de dias" (Dn 7,13), ao ancião. De fato, "sua saída é desde uma extremidade do céu" (Sl 18,7) isto é, a saída daquele que é em tudo igual ao Pai e que quis fazer as contas com os seus servos. Faz as contas quando julga os méritos de cada um neste mundo, e os julgará depois, muito mais severamente, naquele futuro.

E também sobre isso temos uma concordância em Daniel, onde diz: "Eu estava atento, até que foram postos uns tronos e o *antigo de dias* sentou-se. A sua veste era branca como a neve, e os cabelos de sua cabeça como a lã pura; seu trono era de chamas de fogo, e as rodas desse trono, um fogo ardente. Diante dele saía um impetuoso rio de fogo; eram milhares de milhares os que o serviam, e mil milhões os que assistiam diante dele. Assentou-se para o julgamento e foram abertos os livros" (Dn 7,9-10). A *Glosa* explica: Os anjos e todos os eleitos acompanharão o Senhor no juízo, e serão os tronos de Deus, porque neles estará sentado. Com efeito, diz Mateus: "Quando o Filho do homem vier em toda a sua majestade e todos os anjos estiverem com ele" (Mt 25,31), porque são eles as testemunhas de todas as ações dos homens, os quais fizeram o bem ou o mal sob sua vigilância.

"E o Antigo de dias – isto é, o Pai – sentou-se." De fato, embora, como precisa a *Glosa*, a pessoa do Filho apareça no juízo, não faltarão o Pai e o Espírito Santo. O Pai é por si mesmo, o Filho procede do Pai, e tudo aquilo que o Filho tem é atribuído àquele do qual procede. Ou então, chama-se *antigo*, isto é, juiz verdadeiro e severo. Antigo é como dizer *ante quam*, antes que. De fato, Cristo no Evangelho de João diz: "Antes que Abraão fosse, eu sou" (Jo 8,58). De Deus, pois, diz-se que está "sentado" e "antigo de dias" para que seja clara a sua natureza de juiz eterno; e é descrito como "ancião", para que seja comprovada a maturidade de sua sentença.

"A sua veste era branca como a neve." Transfigurado sobre o monte e resplendente da glória da majestade divina, o Salvador aparece envolto em vestes cândidas. Também no juízo a sua veste será cândida: e isso indica que o juízo será límpido e justo, e no julgar não haverá parcialidade para ninguém. Em verdade – diz Pedro – dou-me conta de que Deus não faz acepção de pessoas (cf. At 10,34). Presta atenção que diz: "Cândida como a neve". A *neve* deve seu nome à *nuvem*, da qual vem. Ambrósio diz que, em geral, as águas geladas se solidificam numa nuvem com o sopro dos ventos glaciais, e através do ar cai a neve. A neve é cândida e fria. No juízo haverá o candor em relação aos bem-aventurados, e o rigor, o frio, em relação aos condenados. O candor estará nas palavras: "Vinde, benditos!"; o rigor nas outras: "Ide, malditos!" (Mt 25,34; 25,41).

"E os cabelos de sua cabeça eram como lã pura." Sobre esse assunto, veja a primeira parte do sermão do II domingo da Páscoa, sobre o evangelho "Eu sou o bom pastor".

"O seu trono era como chamas de fogo." O trono de Deus, explica aqui Orígenes, são os monges, os eremitas e os outros que, vivendo reunidos num único lugar, aplicam-se ao serviço de Deus sem andar vagando: em seus tranquilos corações habita Deus. Com justiça são chamados "chamas de fogo" porque são inflamados de amor a Deus e ao próximo e do desejo da pátria celeste. É chamada chama especialmente aquela da fornalha, porque é avivada pelo sopro dos foles. A fornalha de fogo é o coração do justo, da qual, com o sopro dos foles, isto é, da contrição e da confissão, é acesa a chama da dupla caridade. Diz o salmo: "Tu fazes que os teus anjos sejam como espíritos e que os teus ministros sejam como a chama de fogo" (Sl 103,4). Os anjos, os mensageiros, isto é, os justos, são espíritos, porque não têm gosto algum pelas coisas terrenas e carnais; são chamas de fogo porque amam a Deus e ao próximo.

"As suas rodas são como fogo ardente." As rodas simbolizam a rapidez do juízo, do qual o Senhor, por boca do Profeta Malaquias, diz: "Aproximar-me-ei de vós para exercer o juízo e serei uma testemunha pronta contra os maldizentes, contra os adúlteros e contra os que defraudam o salário do trabalhador, as viúvas e os órfãos e oprimem os estrangeiros e não me temeram, diz o Senhor dos exércitos" (Ml 3,5).

"Diante dele saía impetuoso rio de fogo", isto é, corria impetuoso. O rio indica a eternidade das penas, no fogo, a severidade do juízo, e na rapidez, a imediata queda dos pecadores na geena.

"Eram milhares de milhares os que o serviam e mil milhões os que o assistiam." Diz o salmo: "Os carros de Deus são rodeados com muitos milhares" (Sl 67,18). Duas são as tarefas dos anjos. Diz Gregório: Uma coisa é assistir e outra é servir. Assistem aqueles que não vão levar as mensagens aos homens; servem, porém, aqueles que vão cumprir o seu ofício de mensageiros: todavia, nem estes interrompem sua contemplação de Deus. E já que são mais numerosos aqueles que servem do que aqueles que têm a tarefa específica de assistir, o número daqueles que assistem é quase definido, enquanto o número daqueles que servem é considerado indefinido.

"Sentou-se para o julgamento, isto é, formou-se o corpo dos juízes, "e foram abertos os livros", isto é, as consciências e as obras de cada um foram mostradas a todos em cada uma das partes, tanto as boas como as más. O livro bom é aquele dos vivos; o livro mau é aquele que está na mão do acusador, que é o inimigo e o vingador, do qual no Apocalipse está escrito: "Este é o acusador de nossos irmãos" (Ap 12,10). E ainda: Foram abertos os livros, e foi aberto também outro livro, o da vida. Os mortos foram julgados pelas coisas que estavam escritas nos livros, segundo as suas obras" (Ap 20,12). Com razão, pois, é dito: "O Reino dos Céus é semelhante a um rei que quis fazer as contas com seus servos".

4. "Tendo começado a fazer as contas, foi-lhe apresentado um que lhe devia dez mil talentos" (Mt 18,24). No número dez é indicado o *decálogo*, no mil, a perfeição do evangelho. Cada homem deve a Jesus Cristo dez mil talentos, isto é, a observância do decálogo e do evangelho. Diz Salomão: "Teme a Deus e observa os seus mandamentos" (Ecl 12,13). Os mandamentos chamam-se em latim *mandata*, como se dissesse *manu data*, isto é, dados com a mão. Os mandamentos do decálogo foram escritos pelo dedo de Deus (cf. Dt 9,10), e os mandamentos do evangelho foram dados aos apóstolos pela mão de Jesus Cristo. Portanto, merece ser observado aquilo que é dado pela mão de Deus, e para observá-los foram criados todos os homens.

5. "Como não tivesse com que pagar, mandou o seu senhor que fosse vendido ele, sua mulher, seus filhos e tudo o que tinha, e se saldasse a dívida" (Mt 18,25). Vejamos o que significam as obras, a mulher e os filhos. A mulher do pecador é figura da cobiça deste mundo. Esta é a estátua de Nabucodonosor, da qual se diz em Daniel:

"Tu, ó rei, estavas olhando e parecia-te que vias como que uma grande estátua, cuja cabeça era de ouro finíssimo; porém, o peito e os braços eram de prata; o ventre e as coxas eram de cobre. As pernas eram de ferro; uma parte dos pés era de ferro e outra era de barro (cf. Dn 2,31-32).

Vejamos qual seja o significado, primeiro alegórico e depois moral, do ouro, da prata, do bronze, do ferro e do barro.

Sentido alegórico. Essa estátua é figura da Santa Igreja, que, nos apóstolos, teve a cabeça de ouro. De fato, diz-se no Cântico dos Cânticos: "A tua cabeça é de ouro puríssimo" (Ct 5,11). Os braços e o peito, nos quais está a maior força, a Igreja os teve de prata no tempo dos mártires, os quais enfrentaram heroicamente todas as batalhas. Com efeito, o próprio esposo diz à Igreja: "Nós faremos para ti colares de ouro, marchetados de prata" (Ct 1,10). Tais colares são correntes trançadas com sutis filetes de ouro e de prata. Os colares da Igreja foram a humildade e a pobreza, que a Igreja teve no tempo dos apóstolos; e no tempo dos mártires, para que fossem ainda mais belos, foram sulcados com estrias de sangue, como de prata, quer dizer, tornados avermelhados. A prata unida ao ouro, isto é, o sangue dos mártires, no qual tornaram resplendentes as suas estolas, unida à humildade e à pobreza dos apóstolos, apresenta aos olhos de nossa mente um espetáculo de maravilhosa beleza.

De modo semelhante, a Igreja teve o bronze e o ferro nos confessores da fé, que, com o som de sua pregação derrotaram a maldade dos hereges. Diz Moisés no Deuteronômio: Ferro e bronze são os calçados de Aser" (Dt 33,25). Aser interpreta-se "bem-aventurado", e representa o bem-aventurado coro dos confessores da fé, que, calçados com o bronze da pregação e o ferro de uma constância invencível, pisaram serpentes e escorpiões, quer dizer, os hereges e os cismáticos. Com efeito, diz o Senhor por boca de Jeremias: "Eu te estabeleci hoje como uma cidade fortificada, como uma coluna de ferro e como um muro de bronze, sobre toda esta terra, a respeito dos reis de Judá, dos seus príncipes e sacerdotes e do seu povo. E pelejarão contra ti, mas não prevalecerão, porque eu estou contigo para te livrar, diz o Senhor" (Jr 1,18-19).

Dê atenção a estas três coisas: a cidade, a coluna, o muro. Na cidade fortificada é indicada a unidade, que verdadeiramente defende e defendendo guarda; na coluna de ferro é indicada a caridade fraterna que sustenta; no muro de bronze é indicada a indômita paciência e a constância na pregação. E já que os santos confessores Jerônimo, Agostinho e Hilário, e os outros doutores da Igreja tiveram essas qualidades, estiveram em condições de derrotar os construtores de falsidades.

Igualmente, a Igreja de Cristo, pobrezinha, sacudida pela tempestade, entre as escórias do mundo, tem por assim dizer nos pés o ferro e o barro, tanto nos clérigos como nos leigos. No ferro é simbolizada a avareza, no barro, a luxúria. Eis os membros que se encontram no corpo de Cristo, que é a Igreja: os avarentos e os luxuriosos, os quais não são, por certo, a Igreja de Cristo, mas a sinagoga de satanás.

6. **Sentido moral**. No início do mundo houve duas cidades: a Igreja e Babilônia. Esta estátua é figura do mundo, da cidade da Babilônia, da sinagoga de satanás; com

razão é chamada estátua, por ser sua representação. Tem boca, mas não fala, porque na boca tem o raminho (tumor) da avareza; tem os olhos, mas não vê, porque é cegada pelo esterco da luxúria; tem os ouvidos, mas não ouve, porque, como a serpente, tem um ouvido apoiado sobre a terra e fecha o outro com a causa, para não ouvir a voz do encantador (cf. Sl 57,6-7).

"Sua cabeça era de ouro puro" etc. O ouro é figura da sabedoria do mundo, a prata, de sua eloquência, e o bronze, sendo muito sonoro, é figura da vanglória; o ferro indica sua obstinação e o barro, o amor às coisas temporais. Essa estátua foi reduzida a pedaços por uma pequena pedra, isto é, Jesus Cristo, que – como diz Daniel – "desprendeu-se do monte", isto é, nasceu da Bem-aventurada Virgem, "não por mão de homem", isto é, sem concurso de homem, "e atingiu a estátua nos pés e os fez em pedaços. Então, a um tempo, quebraram-se o ferro, o barro, o cobre, a prata e o ouro, e ficaram reduzidos como a miúda palha, que o vento leva para fora e não se encontrou lugar para eles" (Dn 2,34-35).

Assim, na sua primeira vinda, Cristo atingiu a estátua do mundo, que não foi destruída totalmente, mas o será no dia do juízo. De fato, diz o Apocalipse: Caiu, caiu Babilônia, aquela meretriz que embriagou o mundo com o vinho de sua fornicação (cf. Ap 14,8).

7. Outra explicação. Essa estátua é figura do prelado da Igreja, elevado e honrado nas coisas do mundo. Essa é a estátua de Baal, nome que se interpreta "superior" ou "devorador". Eis o ídolo exaltado na casa do Senhor, que tudo devora. Por isso, lê-se em Daniel que "entre os babilônios era venerado um ídolo de nome Bel, ao qual se ofereciam cada dia doze ártabas – medida correspondente a um saco – de flor de farinha, quarenta ovelhas e seis ânforas de vinho" (Dn 4,2). Eis quantas coisas devora aquele que será, por sua vez, devorado pelo diabo. "O rei também lhe prestava culto, e todos os dias ia adorá-lo. Daniel, porém, adorava o Senhor seu Deus" (Dn 14,3). Vemos que tudo isso acontece cada dia na Igreja de Cristo. O prelado deveria, ao menos, comportar-se como Pedro, de quem se narra nos Atos dos Apóstolos que, quando Cornélio se lançou a seus pés para adorá-lo, Pedro levantou-o dizendo: Levanta-te, que também eu sou um homem como tu (cf. At 10,25-26).

E o rei disse a Daniel: "Por que não adoras Bel? Daniel respondeu: Eu não adoro os ídolos feitos por mãos de homens, mas sim o Deus vivo, que criou o céu e a terra e tem debaixo do seu poder toda a carne. E disse-lhe o rei: Não te parece que Bel é um Deus vivo? Acaso não vês quanto ele come e bebe todos os dias?" (Dn 14,3-5). Ai, quanto come! E os pobres gritam à porta com o ventre vazio e nu. Porque come muito, por isso é vivo.

"Daniel respondeu-lhe sorrindo: Ó rei, não te enganes; esse ídolo é de barro por dentro", isto é, guloso e luxurioso, "e de bronze por fora", isto é, soberbo e avarento, "e nunca comeu" (Dn 14,6) o alimento que não perece, aquele que dura pela vida eterna (cf. Jo 6,27).

A cabeça desse ídolo, ou dessa estátua, é de ouro; no ouro é indicada a insípida sabedoria da carne, que é insensatez aos olhos de Deus (cf. 1Cor 3,19); na prata é representada a eloquência, que é como a rã do Egito. Dessas duas coisas, o Senhor, por boca de Ezequiel, diz: "Pegaste nos teus belos adornos, que eram feitos do meu ouro e da minha prata, que eu te havia dado, e fizeste deles figuras humanas e fornicaste com elas" (Ez 16,17). Com o ouro da sabedoria e com a prata da eloquência, que o Senhor doa ao prelado da Igreja para que sejam os seus vasos ornamentais, com os quais receber a graça do Espírito Santo e oferecê-la aos outros, o infeliz fabrica para si ídolos quando destrói a graça da inteligência e da eloquência com uma vida viciosa; com aqueles dons pratica a fornicação quando, por meio deles, procura a vanglória no prostíbulo do mundo.

De modo semelhante, no bronze são indicadas as riquezas, porque são muito ressoantes. "Deram os seus nomes às suas terras" (Sl 48,12). Diz Ezequiel: "O teu nome espalhou-se entre as nações" (Ez 16,14), e não entre os anjos. Não foi escrito no evangelho o nome do rico vestido de púrpura, mas aquele do mendigo e chagado Lázaro (cf. Lc 16,20).

No ferro é representado o poder, com o qual [o indigno prelado] destrói o pobre. Mas tu, Senhor, "quebraste os dentes dos pecadores" (Sl 3,8); e "o Senhor quebrará os dentes dos leões" (Sl 57,7). Essa é a fera da qual Daniel diz que era "espantosa, terrível e de uma força excepcional: tinha grandes dentes de ferro; devorava, despedaçava e calcava aos pés o que sobrava" (Dn 7,7).

Igualmente, no barro (argila) é indicada a nossa carne miserável, que, ao sobrevir a pedra, isto é, ao chegar a inevitável morte, será ferida e esmagada. E então o ouro da sabedoria, a prata da eloquência, o bronze das riquezas, o ferro do poder serão quebrados, reduzidos a nada e dispersos ao vento, porque a carne irá aos vermes, as riquezas aos parentes, a alma será entregue ao diabo, e assim, deles não restará traço algum. Com razão, pois, diz-se no evangelho: "O patrão mandou que fosse vendido ele, a mulher e os filhos", porque, como comenta a *Glosa*, por causa da concupiscência do mundo e da carne, e pelas obras más, que foram para ele como mulher e filhos, deverá sofrer as penas eternas. Digne-se libertar-nos delas aquele que é bendito nos séculos. Amém.

8. "Porém, o servo, lançando-se a seus pés, suplicava-lhe, dizendo: Tem paciência comigo, eu te pagarei tudo" (Mt 18,26). Eis o que deve fazer o pecador, enquanto vive, para não ser levado, depois da morte física, ao suplício da morte eterna com a mulher e os filhos. Dê atenção a estes três atos: lançou-se por terra, suplicava e te pagarei tudo, nos quais são representadas a contrição, a confissão e a satisfação, por meio das quais todos os pecados são perdoados.

Em latim existe o verbo *procìdere*, que soa como *porro càdere*, cair para frente. Cai para frente aquele que está verdadeiramente contrito, destruído pela dor, aquele que se considera terra. De fato, "na tua presença prostrar-se-ão todos aqueles que descem à terra" (Sl 21,30). Diz "na tua presença", não na presença da estátua de

Nabucodonosor, da qual se diz em Daniel: "Todos os povos caíram por terra para adorar a estátua de ouro, que Nabucodonosor mandara erguer no campo de Dura (cf. Dn 3,7.1), nome que se interpreta "beleza" e também "linguagem". A estátua de ouro é a glória falaz deste mundo, que é elevada pelo diabo sobre a beleza exterior e sobre a linguagem das falsas promessas. Mostra a beleza da glória, promete-a, e assim todos os povos, decaindo da verdadeira glória adoram a transitória e nela adoram o diabo. De fato, diz o diabo: "Dar-te-ei tudo isso se tu, lançando-te por terra, me adorares" (Mt 4,9).

Portanto, quem quer obter o perdão, não se lance por terra diante da estátua, mas diante de Jesus; prostre-se junto com o servo do qual se diz: "Lançando-se por terra, aquele servo... suplicava-lhe". Suplicar significa pedir alguma coisa com humildade e submissão. A confissão deve ser humilde e devota: humilde, isto é, *humi acclinis*, inclinada para a terra, no desprezo e na acusação de si; devota, na pronta vontade da reparação; e então poderá dizer: "Tem paciência comigo". Diz o Apóstolo: "Ou desprezaste as riquezas de sua bondade, de sua paciência e de sua tolerância? Ignoras que a bondade de Deus te convida à penitência?" (Rm 2,4). Quem despreza essas riquezas será sempre pobre e miserável.

"E te pagarei tudo." Paga tudo aquele que repara todo o mal cometido, de maneira que a pena seja proporcional à culpa. "Fazei dignos frutos de penitência" (Lc 3,8). E no Livro de Josué, diz-se que a região que tocou em sorte à tribo de Judá passava por Sina (deserto de Zin, cf. Js 15,1.3), nome que significa "medida". Medida é tudo aquilo que se determina em peso, em capacidade, em duração e com o coração. A verdadeira reparação deve ter estas quatro qualidades: o peso do sofrimento, a capacidade do amor, com o qual se abraça a todos, a duração da perseverança final e a humildade no coração. Onde todas essas disposições estiverem reunidas, logo está presente a misericórdia.

E o evangelho continua: "Compadecido daquele servo, o senhor deixou-o ir livre e perdoou-lhe a dívida" (Mt 18,27). Considera que a misericórdia do Senhor realiza três ações: purifica a alma dos vícios, enriquece-a de copiosos carismas, enche-a das delícias dos gozos celestiais. A primeira ação enche o coração com a dor da contrição, a segunda enternece-o de amor, a terceira inunda-o do orvalho celeste com a esperança dos bens eternos. E isso torna-se evidente pela interpretação da palavra *misericórdia*. Misericórdia significa "doar um coração mísero" (latim: *miserum cor dans*), e isso concorda com a primeira ação da misericórdia do Senhor; significa também "pôr de lado a severidade do coração" (latim: *mittens seorsum rigorem cordis*), e isso concorda com a segunda; significa ainda "a grande doçura que inunda o coração" (latim: *mira suavitas corda rigans*), e isso se refere à terceira. Portanto, cheio dessa tríplice misericórdia, o senhor perdoou-lhe toda a dívida.

Com esta passagem do evangelho concorda, pois, de modo maravilhoso e adequado o introito da missa de hoje, no qual o Senhor misericordioso diz: "Os desígnios que tenho são de paz e não de aflição", e no evangelho: "Compadecido daquele servo, o senhor"; "vós me invocareis", e no evangelho: "lançando-se por terra implorava-lhe"; "e eu vos atenderei", e no evangelho: "deixou-o ir"; "far-vos-ei voltar de vossa escravidão" (Jr 29,11.12.14), e no evangelho: "perdoou-lhe toda a dívida".

9. Com esta primeira parte do evangelho concorda a primeira parte da epístola: "Tenho confiança no Senhor Jesus, que aquele que começou em vós a boa obra" isto é, de prostrar-vos na contrição, de suplicar na confissão e de pagar tudo com a reparação, "completá-la-á até o dia de Jesus Cristo", isto é, até o fim da vida, quando Deus será visto. "É justo que eu pense assim", isto é, que eu queira isso, "por todos vós" (Fl 1,6-7), que eu suplico que façais.

Agi de forma que minha confiança não seja vã. E expõe os motivos: "porque vos trago no coração" e não só nos lábios; desejo "que todos sejais participantes da graça que me foi concedida, seja nas cadeias", participando nos meus sofrimentos, "seja na defesa" contra quem se opõe, "seja na confirmação" dos fracos na doutrina do evangelho, para que no futuro "sejais meus companheiros e coparticipantes da eterna felicidade".

E para que mereçamos chegar a esta felicidade, suplicamos-te, Senhor Jesus Cristo, tu que és a pedra angular (cf. Ef 2,20), que quebres a estátua de nossa concupiscência e nos perdoes a dívida de nossa iniquidade.

No-lo concedas tu, que és bendito nos séculos eternos. Amém.

II – Ingratidão do servo mau

10. "Tendo saído, aquele servo encontrou um dos seus companheiros que lhe devia cem dinheiros, e, lançando-lhe a mão, o sufocava, dizendo: Paga o que me deves!" (Mt 18,28).

Aquele servo mau, esquecido da misericórdia divina que lhe perdoara a dívida, não quis usar de misericórdia com aquele seu companheiro. Mas tinha o dever de ter misericórdia com seu companheiro, depois que o senhor tinha tido misericórdia com ele.

Quão grande é a diferença entre os dez mil talentos e os cem dinheiros, e igualmente grande, e também muito maior, é a diferença entre o pecado com o qual nós ofendemos a Deus e o pecado com o qual o próximo ofende a nós. Se, pois, Deus, o Senhor de toda a criação, perdoa-te uma dívida tão grande, por que tu não perdoas ao próximo uma dívida tão pequena? Quem se esquece da misericórdia dispensada a si, não sente mais misericórdia por ninguém. A saída do servo simboliza exatamente seu culposo esquecimento.

Lemos no Gênesis: "Disse Caim e seu irmão Abel: Saiamos. E estando no campo, levantou-se Caim contra o seu irmão Abel e matou-o" (Gn 4,8). Isso é precisamente o que diz o evangelho: "Lançando-lhe a mão o sufocava". Caim interpreta-se "possessão". Eva disse: "Possuí um homem por meio de Deus" (Gn 4,1). Caim é figura do avarento que, quando sai da presença da misericórdia divina, agarra e sufoca Abel, que se interpreta "dor" e representa o pobre, que sofre na dor da pobreza.

Sentido moral. Caim mata Abel, isto é, a possessão das riquezas mata o pranto da penitência; e à possessão, que nasce antes como Caim, segue o pranto da morte eterna. Com efeito, Daniel disse ao Rei Baltasar: "Não humilhaste o teu coração; mas te insurgiste contra o Senhor do céu e não deste glória a Deus, que tem em sua mão o teu alento e todos os teus caminhos. Por isso é que ele mandou os dedos daquela mão, que escreveu o que está traçado: Mane, isto é, contou, Técel, isto é, pesou, Fáres, isto é, dividiu" (cf. Dn 5,22-28).

No juízo haverá estes três momentos: o interrogatório dos pecadores, a acusação de todo o bem não feito, a execução da sentença. E então, o reino da Babilônia será dividido: a sinagoga dos pecadores será separada do reino dos justos e será entregue aos medos e aos persas, quer dizer, aos demônios, que estrangularão aquele que estava estrangulando os outros.

"Lançando-lhe a mão o sufocava", diz o evangelho. O verbo *sufocar* é formado de *sub* e *fauce*, isto é, *sob* e *garganta*. As fauces chamam-se assim porque *fundunt voces*, isto é, através delas emitimos a voz. Quem aperta as fauces, a garganta, procura tirar a voz e a vida. A vida do pobre são os poucos bens de que vive, como a alma vive do sangue (cf. Dt 12,23). Quando tiras ao pobre um pouquinho de seus bens, extrais-lhe o sangue, apertas-lhe a garganta: mas depois, tu mesmo serás estrangulado pelo diabo.

11. "O companheiro, lançando-se a seus pés, suplicava-o, dizendo: Tem paciência comigo, eu te pagarei tudo. Mas ele não quis ouvi-lo. Retirou-se e fez que o pusessem na prisão, até pagar a dívida" (Mt 18,29-30).

Ó servo mau! Exatamente com as mesmas palavras suplicaste ao patrão, e ele perdoou-te a dívida; e tu, suplicado por teu companheiro pela mesma coisa, não quiseste perdoar-lhe e mandaste lançá-lo na prisão! Mas acredita-me, virá o dia em que realizar-se-ão as palavras de Salomão: Quem fecha o ouvido ao clamor do pobre, não será ouvido quando ele próprio clamar (cf. Pr 21,13).

A prisão é este mundo, verdadeira fornalha da Babilônia. E temos a concordância em Daniel, onde se narra que os servos de Nabucodonosor "não cessavam de aumentar o fogo da fornalha com betume, estopa, pez e sarmentos" (Dn 3,46). O betume é chamado em latim *naphta* (pronuncia-se *nafta*), e alguns dizem que a naphta é feita com os caroços de azeitonas e borra do óleo. A estopa chama-se assim porque serve para estopar (calafetar) as fendas das barcas. O pez é chamado em latim *pix*, de pinheiro, de que é extraído. Os sarmentos, chamados em latim *malleoli*, são as varas das videiras.

Na *nafta* é representada a avareza, que não tem o óleo da misericórdia, e nela existe somente a borra do dinheiro. Esprime o óleo da oliveira, e fica a borra; tira do dinheiro o óleo da misericórdia e ele ficará só, fogo de morte eterna. Na *estopa* é representada a vanglória, que logo se queima e desaparece. No pez, que produz uma densa fumaça, é representada a luxúria, que infecta a alma e faz perder o bom nome. Nos sarmentos, nas varas de videira, é representada a soberba: de fato, os soberbos são cortados da verdadeira videira que é Jesus Cristo.

Com esses quatro combustíveis alimenta-se o fogo da fornalha da Babilônia e queima-se também todo este mundo; e nessa fornalha estão os três moços: Sidrac, Misac e Abdênago. Mas o anjo do Senhor afasta deles a chama do fogo e refresca o interior da fornalha, como se ali soprasse uma brisa orvalhada; e assim o fogo simplesmente não os toca (cf. Dn 3,49-50). Esses três moços representam as três virtudes que têm o poder de fazer sair ilesos da fornalha do mundo aqueles que as possuem.

Sidrac, cujo nome interpreta-se "meu decoro", representa a castidade. Lê-se no Cântico dos Cânticos: És bela e formosa, pela castidade interior e exterior, ó filha de Jerusalém! (cf. Ct 6,3). E no Gênesis: "José, filho que cresce e formoso de aspecto" (Gn 49,22). E ainda: "Rebeca era uma donzela linda em extremo e uma virgem formosíssima" (Gn 24,16). E também Raquel era "formosa de rosto e de gentil presença" (Gn 29,17).

Misac, cujo nome interpreta-se "sorriso", representa a paciência, que sabe sorrir também nas tribulações.

Abdênago, cujo nome significa "servo silencioso", representa a obediência, que se submete de boa vontade e não diz palavra alguma daquilo que seria a sua vontade. Aqueles que possuem essas três virtudes são libertados do fogo da fornalha, quer dizer, do incêndio dos vícios, por obra do anjo da Providência e por meio da brisa orvalhada, isto é, por obra da graça do Espírito Santo.

"Ora, os outros servos, seus companheiros, vendo isso, ficaram muito contristados, foram e referiram ao seu senhor tudo o que tinha acontecido" (Mt 18,31). Os outros servos, como explica a *Glosa* interlinear, representam os pregadores do evangelho, ou também os anjos, que referem a Deus as obras dos homens. Com efeito, o anjo disse a Daniel: "Desde o primeiro dia em que aplicaste o teu coração a compreender e te humilhaste na presença do teu Deus, foram ouvidas as tuas palavras, e eu vim por causa dos teus rogos" (Dn 10,12). E a *Glosa* comenta: Desde que começaste a implorar a misericórdia de Deus com as lágrimas, com o jejum e as orações, eu tive a ocasião de apresentar-me diante de Deus para interceder por ti.

12. Com esta segunda parte do evangelho concorda a segunda parte da epístola: "Deus me é testemunha de que modo vos amo a todos nas entranhas de Jesus Cristo" (Fl 1,8), quer dizer, "no profundo amor de Cristo", para serdes amados por ele, ou para que também vós ameis a Deus e ao próximo com o mesmo amor com que vos ama Cristo, que deu sua vida por vós. Certamente não desejava isso o servo mau, que queria estrangular seu companheiro.

É considerado testemunha aquele que observa aquilo que foi estabelecido. Ótima testemunha é o Bem-aventurado Paulo, que observava em si mesmo e nos outros a ordem de Jesus Cristo. As vísceras são as partes internas do corpo que estão ao redor do coração, e seu nome soa como "vívidas", porque nelas está contida a vida e a alma. As vísceras de Jesus Cristo são o amor com o qual nos amou, e do qual a nossa alma vive. Por toda a parte existe morte: só nas vísceras de Cristo está a vida.

Diz a *História natural* que existem somente quatro seres que vivem unicamente dos quatro elementos da natureza. A *anchova*, um peixinho que vive só de *água*; o *camaleão*, que vive só de *ar*; a *salamandra*, que vive só de *fogo*, e a *toupeira*, que vive só de *terra*.

Sobre o *camaleão*, Solino diz que não toma alimento e não se nutre de líquidos nem de outros alimentos, mas só aspirando ar. É um quadrúpede, de movimentos lentos e pesados como os das tartarugas, de corpo áspero, de cor variada, que pode mudar de cor num instante, de maneira a tomar a cor das coisas sobre as quais se encontra. Só existem duas cores que não é capaz de assumir: o vermelho e o branco; assume todas as outras cores com facilidade. Durante o inverno permanece entocado, no verão sai ao aberto. Quem o matar, depois de morto ele mata seu matador. De fato, se uma ave come ainda que seja a mínima parte do seu corpo, morre imediatamente. Mas se o corvo ou outra ave da mesma espécie, que tem o nome pelo som que emitem, alimenta-se dele, a natureza os ajuda a encontrar um remédio, uma medicina. De fato, quando começam a sentir-se mal, comem folhas de louro e assim recuperam a saúde.

A salamandra é assim chamada porque tem condições de resistir ao fogo. Se subir a uma árvore, ela envenena todos os frutos, e não só não se queima num incêndio, mas apaga-o. É chamada também lagarto, em latim *stellio*, e dela Salomão diz: "Trepa com as mãos e habita no palácio dos reis (Pr 30,28). O nome *stellio* lhe vem por sua cor: de fato, tem o corpo coberto como de pontos luzidios em forma de estrelas.

Igualmente a *toupeira* é assim chamada porque é condenada à perpétua cegueira: com efeito não tem olhos e passa a vida a perfurar a terra.

Dado que estabelecemos tratar da caridade, que é a vida da alma, se na natureza desses quatro seres conseguirmos encontrar algo de útil para incrementar a prática desta virtude, queremos expô-lo neste momento. Por ora, não queremos, pois, falar de seu veneno e de sua malícia.

Considera que a caridade consiste sobretudo em quatro atos: na compunção do coração, na contemplação da glória, no amor ao próximo e na contínua consideração da própria miséria.

Na *anchova*, minúsculo peixinho, é representado o humilde penitente, que vive só da água das lágrimas. Com efeito, diz com o profeta: "Lavarei o meu leito com lágrimas todas as noites, regarei com elas o lugar do meu repouso" (Sl 6,7): inundo de lágrimas a minha consciência por cada pecado meu, que tem o poder de conduzir-me para a noite eterna, e rego de lágrimas o meu corpo, prostrado pela penitência, a fim de que brote a erva verdejante, capaz de produzir a semente e a árvore frutífera, que faça fruto segundo a sua espécie (cf. Gn 1,12).

Sobre este assunto veja o sermão do Domingo da Septuagésima: "No princípio, Deus criou o céu e a terra".

13. E já que o humilde penitente vive só da água das lágrimas, temos uma clara concordância em Daniel, onde diz: "Eu, Daniel, chorei todos os dias durante três se-

manas; não comi pão agradável ao gosto, nem carne nem vinho entraram em minha boca; nem me ungi com perfume algum, até que se completassem os dias dessas três semanas" (Dn 10,2-3).

Observa que o grande pranto produz três efeitos: anuvia os olhos, perturba a cabeça e empalidece o rosto. E assim também o olho do verdadeiro penitente, que antes costumava saquear sua alma, anuvia-se para que não possa mais ver uma mulher para desejá-la (cf. Mt 5,28), e se fecha para que a morte não entre por aquela janela (cf. Jr 9,21). Sua cabeça, isto é, sua mente, perturba-se por causa dos pecados cometidos; de fato, junto com o filho da sunamita, diz: "Dói-me a cabeça, dói-me a cabeça!" (2Rs 4,19). Essa repetição indica a violência da dor. Seu rosto torna-se pálido por causa da mortificação do corpo; de fato "desfaleceram-me a carne e o coração" (Sl 72,26), isto é, atenuou-se a impudência da carne e a soberba do meu coração. Essas são as três semanas durante as quais o penitente chora. Ou ainda: chora por três semanas porque de três modos ofendeu a santa Trindade: com o coração, com a boca e com as obras.

"Não comi pão agradável ao gosto." Comenta a *Glosa*: Absteve-se de alimentos refinados, como devemos fazer também nós, e muito mais, no tempo do jejum. Com efeito, os que se alimentam de coisas ilícitas, devem depois abster-se também daquelas lícitas. Ou, o pão agradável ao gosto simboliza também o luxo secular, que hoje é desejado por muitos e do qual Salomão diz: "Suave para o homem é o pão da mentira", isto é, do luxo do mundo, que finge ser alguma coisa e não é nada; "mas depois sua boca estará cheia de pedras" (Pr 20,17), isto é, será torturado com o castigo eterno. E também Jó diz: "Nas suas entranhas, seu pão converter-se-á em fel de víboras" (Jó 20,14). O penitente não come desse pão, antes diz no salmo: "Nutria-me de cinza como de pão" (Sl 101,10). E a *Glosa* comenta: Nutria-me de cinza, isto é, dos restos dos pecados, como de pão: fazendo penitência eu consumia também os pecados mais leves, os veniais, porque também aqueles devem ser destruídos com a penitência.

"E na minha bebida", isto é, na felicidade temporal, "eu misturo o pranto" (Sl 101,10). De fato, acrescenta: "Carne e vinho", nos quais é indicada a concupiscência da carne e a glória do mundo, "não entraram na minha boca". A carne é chamada em latim *caro*, porque *cara*, amada; e o vinho tem o nome que lembra a *veia*, porque quando bebido enche logo as veias de sangue. "E não me ungi com perfume algum"; e aqui temos a concordância no Livro do Profeta Amós, onde diz: "Ai de vós, que comeis o cordeiro do rebanho e os vitelos da manada, bebendo por taças o vinho, e vos untais com precioso unguento" (Am 6,4.6). O penitente, porém, pratica todas as mortificações mencionadas até que se completem as três semanas, isto é, até que tenha reparado todos os pecados e recebido o perdão da Santa Trindade.

14. O camaleão é figura do contemplativo, que vive só de ar, quer dizer, da doçura da contemplação. De fato, diz com o Apóstolo: "Somos cidadãos do céu" (Fl 3,20). E em Jó lemos: "A minha alma escolheu a suspensão" (Jó 7,15). A *suspensão* simboliza a elevação do olhar interior para Deus.

O justo eleva-se da terra com a corda do amor divino e permanece como que suspenso no ar pela doçura da contemplação, e então, por assim dizer, transforma-se todo em ar, como se não tivesse mais o corpo, não fosse mais oprimido pela carnalidade. Com efeito, de João Batista diz-se que era "a voz do que clama no deserto" (Mt 3,3; Jo 1,23). A voz é ar, e João era ar e não carne, porque já não tinha o gosto das coisas terrenas, mas só o das celestes.

Diz-se no Êxodo que sob os pés do Senhor havia como que uma obra de pedra de safira (cf. Ex 24,10). Sob os pés de Cristo, isto é, sob sua humanidade, são postas, como escabelo, as mentes dos justos. Com efeito, está escrito que Maria estava sentada aos pés do Senhor (cf. Lc 10,39). E ainda: As mulheres "aproximaram-se e abraçaram os seus pés" (Mt 28,9). E no Deuteronômio: "Os que se aproximam dos seus pés, receberão sua doutrina" (Dt 33,3). A safira é da cor do céu. A mente dos justos, submissa à humanidade de Jesus Cristo com a fé e com a humildade, é como uma preciosa obra de pedra de safira.

Observe estas três coisas: obra, pedra e safira. *Obra*, isto é, o trabalho da penitência; dela diz Salomão: "Prepara os teus trabalhos de fora e lavra cuidadosamente o teu campo (a vida), para que depois edifiques a tua casa" (Pr 24,27), isto é, a tua consciência. De *pedra*, pela constância da mente; diz Zacarias: Numa só pedra estão sete olhos (cf. Zc 3,9), quer dizer: no homem perseverante estão os sete dons da graça. De *safira*, pela doçura da contemplação.

Lemos em Ezequiel que "sobre a cabeça dos querubins havia uma espécie de pedra de safira" (Ez 10,1). "Sobre a cabeça dos querubins", isto é, na mente dos justos, que estão repletos daquela ciência que sozinha sabe ensinar e sozinha faz que se tornem sábios. Observa aqui que aqueles seres, que, no início, Ezequiel havia chamado "quatro animais", aqui os chama querubins: portanto, chama aqueles animais com o nome dos anjos, porque eram alados. Deve-se notar que daqueles seres não está escrito que tivessem extremidades ou bicos de aves, mas só as asas. Com efeito, nem os justos, como as aves, têm as unhas recurvadas da rapina e da violência, e nem o bico para ferir ou caluniar os irmãos, mas só as asas da divina contemplação; e para lembrar-se disso, a natureza tem dado ao homem as unhas retas e não recurvadas.

15. Lê-se na *História natural* que as aves dotadas de unhas aduncas, quando veem que seus filhotes estão em condição de voar, estimulam-nos e os lançam fora do ninho; e quando os filhotes estão crescidos, não se importam mais com eles. Assim comportam-se também certos avarentos, desapiedados, que, se veem pobres e doentes que melhoram um pouco, e, o que é pior, também quando ainda estão doentes, expulsam-nos da própria casa. Sobre a cabeça dos querubins, porém, existe a pedra de safira, porque a mente dos justos é enobrecida e iluminada pela felicidade da contemplação.

A *salamandra* é figura do homem caridoso, que vive só do fogo da caridade. Lemos no Eclesiástico: "Surgiu o Profeta Elias como um fogo, e as suas palavras ardiam como um facho" (Eclo 48,1), porque a obra e a palavra do justo ardem de caridade. Com razão, pois, é chamado também *stellio*, porque é como que resplendente de es-

XXII domingo depois de Pentecostes

trelas, isto é, do esplendor das obras boas. Dele diz Salomão que se "apoia nas mãos", isto é, nas suas obras em relação ao próximo, "e mora dos palácios dos reis", isto é, na contemplação quanto ao Senhor.

Analogamente, a *toupeira* é figura do homem desprezado e abandonado, que vive só de terra, porque se reconhece terra e pecador, e nunca esquece a maldição: És terra e à terra retornarás (cf. Gn 3,19). Na cegueira deste exílio, ele se contenta somente com a terra, porque não come a carne dos outros, isto é, não julga os outros pecadores e não os condena, mas, na amargura de sua alma, considera só os seus pecados, desejando que todos estejam nas entranhas de Jesus Cristo (cf. Fl 1,8).

Irmãos caríssimos, supliquemos humildemente a Jesus Cristo que nos reúna nas entranhas do seu amor, nos faça viver da água da compunção, do ar da contemplação, do fogo da caridade e da terra da humildade, de modo que sejamos dignos de chegar até ele, que é a vida.

No-lo conceda ele próprio, que é bendito nos séculos. Amém.

III – Encarceração do servo mau – Uma questão: "Os pecados perdoados revivem?"

16. "Então o senhor chamou o servo e disse-lhe: Servo mau, eu te perdoei a dívida toda porque me suplicaste; não devias também compadecer-te do teu companheiro como eu me compadeci de ti? E o senhor, irado, entregou-o aos algozes, até que pagasse toda a dívida" (Mt 18,32-34).

Desse trecho do Santo Evangelho deduz-se claramente que os pecados perdoados revivem. Quero, pois, trazer aqui tudo aquilo que encontrei nas *Sentenças* sobre este assunto.

Pergunta-se: Os pecados perdoados revivem? A solução desse problema é obscura e ambígua, porque enquanto alguns afirmam, outros negam que os pecados uma vez perdoados possam reviver para serem novamente atingidos pelo castigo. Os que sustentam a revivescência dos pecados perdoados, fundamentam-se sobre as seguintes afirmações:

Ambrósio. Perdoai-vos mutuamente se alguém pecou contra o outro, caso contrário o Senhor fará reviver os pecados perdoados. Com efeito, se for desprezado nesse preceito (do perdão), sem dúvida ele considerará nula a penitência pela qual concedeu a sua misericórdia, como se lê no evangelho do servo mau, que foi surpreendido enquanto se irava contra seu companheiro (cf. Mt 18,34-35).

Rabano. Deus entregou o servo mau aos algozes até que tivesse restituído toda a dívida, porque ao homem não são imputados para o castigo só os pecados cometidos depois do batismo, mas também o pecado original, que no batismo já lhe fora perdoado.

Gregório. Do que se diz no evangelho, consta que se não perdoamos de coração aquilo que foi cometido contra nós, ser-nos-ão novamente pedidas contas também daquilo que, com alegria, pensávamos que nos tivesse sido perdoado com a penitência.

Agostinho. Deus diz: Perdoa, e te será perdoado (cf. Lc 6,37). Mas eu perdoei antes. Tu, perdoa ao menos depois, porque se não perdoares, chamar-te-ei e te pedirei novamente contas daquilo que eu te havia perdoado. E ainda: Aquele que, esquecido da bondade divina, quer vingar-se das injúrias, não só não merecerá o perdão pelos pecados futuros, mas novamente ser-lhe-ão pedidas contas também dos pecados passados, que cria já lhe terem sido perdoados.

Beda. "Voltarei para a casa da qual saí" (Mt 12,44). Deve-se ter temor daquilo que diz este versículo e tê-lo em conta, para que não aconteça que a culpa que em nós críamos extinta, recaia novamente sobre nós por nossa indolência. E ainda: Todo aquele que, depois do batismo, é novamente vencido pela iniquidade da heresia ou da concupiscência mundana, esses pecados precipitá-lo-ão novamente na profundeza de todos os vícios.

E ainda *Agostinho*. Que os pecados perdoados revivem, onde não existe a caridade fraterna, ensina-o claramente o Senhor no evangelho do servo mau, ao qual o patrão exigiu a restituição da dívida já perdoada, porque ele não quisera perdoar a dívida de seu companheiro.

São estas as afirmações daqueles que sustentam que os pecados perdoados revivem, se são cometidos novamente.

Contra eles, objeta-se: Não parece justo que alguém seja punido novamente pelo pecado do qual fez penitência e que lhe foi perdoado. Se for punido porque pecou e não se emendou, evidentemente isso é justo. Mas se lhe é pedida conta daquilo que lhe foi perdoado, esta ou é uma injustiça, ou é uma justiça misteriosa. Realmente, tem-se a impressão de que também Deus julga e condena duas vezes pelo mesmo pecado, e que o castigo seja infligido duas vezes, o que a Sagrada Escritura nega (cf. Na 1,9)[28].

Mas a isso pode-se responder que não é um duplo castigo e que Deus não julga duas vezes o mesmo pecado: isso aconteceria se depois de uma adequada reparação e uma justa pena, Deus o punisse novamente; mas quem não foi perseverante não reparou nem adequadamente, nem justamente. Afinal, deve recordar-se continuamente do pecado cometido, não para recair nele, mas para evitá-lo; não deve esquecer todos os dons de Deus, que são tantos quantos são os pecados perdoados (cf. Sl 102,2). Deveria sempre pensar que tantos foram os dons de Deus quantos foram os seus pecados, e por aqueles dons dar graças sem fim. Mas, assim como foi ingrato e retornou ao vômito como o cão (cf. 2Pd 2,22), destruiu todo o bem feito anteriormente, chamou à vida o pecado perdoado, e assim, Deus, que lhe havia perdoado o pecado quando se humilhara, agora imputa-o novamente, vendo-o soberbo e ingrato.

Mas já que parece irracional que os pecados perdoados sejam imputados novamente, alguns são do parecer que ninguém seja punido novamente por Deus pelos pecados uma vez perdoados. E então, diz-se que os pecados perdoados revivem e são

---

28. Eis o versículo do Profeta Naum, ao qual o santo se refere: "É ele mesmo que aniquilará; a tribulação não virá duas vezes".

imputados, porque, devido à ingratidão, o pecador é considerado culpável como o era anteriormente. E diz-se que é pedida conta daquilo que já fora perdoado, porque o pecador foi ingrato do perdão recebido, e assim torna-se novamente réu como era antes.

Existem doutores favoráveis tanto a uma como à outra posição, e por isso, eu, sem pronunciar-me nem por uma nem por outra, deixou o juízo ao inteligente leitor, acrescentando que para mim será coisa segura e próxima à salvação "comer as migalhas que caem sob a mesa dos patrões" (Mt 15,27)[29].

17. Com esta terceira parte do evangelho concorda a terceira parte da epístola: "O que peço é que a vossa caridade cresça mais e mais em conhecimento e em todo o discernimento" (Fl 1,9). A caridade deve abundar, isto é, crescer no conhecimento, para que o homem consiga julgar e distinguir não só o mal do bem, mas também entre o bem e o melhor. E por isso acrescenta: "Para que possais distinguir o melhor e ser sinceros", sem duplicidade no que se refere a vós, "sem hostilidade" em relação aos outros, "para o dia de Cristo" (Fl 1,10), isto é, até o dia da morte ou do juízo final.

Todas essas coisas, o servo mau não as praticou, porque não foi sincero em relação a Deus que lhe havia perdoado a dívida, nem evitou a hostilidade em relação ao companheiro, mas tentou estrangulá-lo e o fez lançar no cárcere. Por isso, no dia de Cristo, ele próprio será entregue aos algozes, isto é, aos demônios, e assim, será precisamente estrangulado.

"Repletos dos frutos de justiça", isto é, das obras, que são fruto da justiça, "obtidos por meio de Jesus Cristo", não por vossas forças, "para glória e louvor de Deus": entrareis assim na glória eterna para louvar eternamente a Deus; ou também: vós mesmos sereis a glória e o louvor de Deus, para que também por mérito vosso se possa dizer: "Deus é admirável nos seus santos" (Sl 67,36), isto é, nos seus santos opera maravilhas, ou seja, confere-lhes o poder de realizá-las.

Irmãos caríssimos, imploremos e supliquemos ao Senhor que nos perdoe os pecados passados, conceda-nos a graça de não recair neles e perdoar de coração o próximo, para sermos feitos dignos de chegar à sua glória, na qual ele é digno de louvor e glorioso pelos séculos eternos. Amém. Aleluia.

---

29. A Igreja ensina que não se pode admitir a revivescência dos pecados. Como Cristo perdoou os pecados *absolutamente*, sem condições, assim a Igreja tem o poder de perdoá-los incondicional e definitivamente.

XXIII domingo depois de Pentecostes

Temas do sermão

• Evangelho do XXIII domingo depois de Pentecostes: "Então, retirando-se, os fariseus convocaram um conselho"; divide-se em duas partes.

• Primeiramente, sermão sobre o pregador ou sobre o prelado da Igreja, sobre as riquezas dos pecadores e as três circunstâncias nas quais se tocava a trombeta: "Tua garganta seja como uma trombeta".

• Sermão aos penitentes ou aos religiosos sobre o modo de fazer penitência e recuperar aquilo que se perdeu: "Não temais, ó animais do campo".

• Parte I: Sermão contra os prelados da Igreja: "Então, retirando-se, os fariseus".

• Contra a sua avareza e luxúria: "Ai de vós, filhos rebeldes".

• Contra os poderosos do mundo: "Então, o Senhor fez crescer uma hera".

• O deus ventre: "Sede meus imitadores".

• Parte II: Sermão contra os hipócritas e sobre o conhecimento de Deus que tudo perscruta: "Conhecendo sua malícia, Jesus respondeu..."

• A tríplice imagem de Deus: "Mostrai-me a moeda do tributo".

• Sermão sobre a pureza da alma: "Olhei e vi um candelabro".

• As sete lâmpadas e os sete canais que representam as sete bem-aventuranças e as sete palavras pronunciadas pelo Senhor na cruz: "As suas sete lâmpadas".

• Contra aqueles que odeiam seus irmãos: "Por três maldades de Edom".

• Contra os avarentos: "Levanta os olhos e vê".

• A proteção de Deus: "O Senhor é bom e conforta".

• A tríplice justiça: "Aqueles que têm fome e sede de justiça".

• A misericórdia e as três propriedades do vinagre: "Quem é misericordioso".

• A esperança e o temor: "Duas oliveiras sobre ele".

• A conversão do pecador: "Tirai-lhe aquelas vestes imundas".

EXÓRDIO – O PREGADOR E AS TRÊS CIRCUNSTÂNCIAS EM QUE SE TOCA A TROMBETA

1. Naquele tempo, "retirando-se, os fariseus convocaram um conselho para ver como poderiam pegar Jesus em alguma palavra" (Mt 22,15).

Diz Oseias: "A tua garganta seja como uma trombeta, como águia sobre a casa do Senhor, porque transgrediram a minha aliança e violaram a minha lei" (Os 8,1). Vejamos o significado destas quatro coisas: a garganta, a trombeta, a águia e a casa.

Considera que a trombeta, como está escrito no Livro dos Números, era tocada para reunir o povo em três circunstâncias: para a guerra, para um solene banquete e para as grandes festas (cf. Nm 10,9-10). A trombeta é figura da pregação. Diz o Profeta Amós: Se a trombeta tocar na cidade, quem haverá que não se assuste? (cf. Am 3,6). Sinal de grande endurecimento é o povo ouvir a trombeta da pregação que ameaça a morte eterna e não se assustar. São como a serpente surda: que comprime um ouvido contra as coisas terrenas, e fecha o outro com a cauda da concupiscência carnal, para não ouvir a voz da trombeta do admirável encantador (cf. Sl 57,5-6).

Falando deles, o Profeta Miqueias diz aos pregadores: "Não anuncieis em Gat, nem derrameis lágrimas; na casa reduzida a pó, cobri-vos de pó" (Mq 1,10). Gat interpreta-se "lagar", e é figura dos soberbos e dos avarentos deste mundo, que, como lagares esmagam e oprimem os pobres e os indigentes. A eles, sempre o Profeta Miqueias diz: "Sois vós que arrancais violentamente a pele deles e a carne de cima de seus ossos. Comeram a carne do meu povo, arrancaram-lhe a pele e quebraram-lhe os ossos" (Mq 3,2-3). A eles não devemos nem anunciar com a trombeta da pregação, nem dirigir súplicas com lágrimas: de fato, nem a trombeta está em condições de quebrar a dureza de seu coração, nem as lágrimas de apagar o fogo de sua avareza. E ainda o mesmo profeta: "Os tesouros da iniquidade ainda estão na casa do ímpio como um fogo, e a desfalcada medida está cheia de ira. Porventura poderei eu aprovar a balança injusta e os pesos enganosos da bolsa?" (Mq 6,10-11). Certamente que não! E nisso é denunciada a malícia do avarento que compra com uma medida e venda usando outra.

"Na casa reduzida a pó", isto é, do penitente pobre e contrito de coração, que se reconhece pó; "cobri-vos de pó", ó pregadores, isto é, dai também vós o exemplo da vossa humildade, porque, como diz o Senhor, "os pobres são evangelizados" (Mt 11,5), não os ricos; os humildes e não os soberbos. Uma superfície entumecida faz escorrer aquilo que nela se derrama: a soberba rejeita ensinamentos e conselhos.

Portanto, a trombeta é figura da pregação que chama para a guerra contra os vícios. A propósito, diz o Profeta Joel: "Eu, o Senhor, falei. Publicai isso entre as nações, santificai a guerra, animai os valentes; venham todos os homens de guerra. Forjai espadas das relhas dos vossos arados e lanças do ferro dos vossos enxadões. Diga o fraco: Eu sou forte!" (Jl 3,8-10).

Quando, com a inspiração interior, o Senhor fala aos pregadores, então eles proclamam entre os povos, isto é, entre aqueles que vivem como pagãos: Santificai a guerra etc. Santifica a guerra aquele que primeiro se liberta dos vícios e depois empenha-se na batalha "contra as potências do mal, em favor daquelas do céu" (Ef 6,12). Com efeito, quem se dissocia de um lado, associa-se a outro.

Incita os fortes aquele que tem o firme propósito de não recair. Acorrem os guerreiros quando os cinco sentidos do corpo, que antes eram como mulheres que tornavam a alma efeminada, agora acorrem como valorosos guerreiros de costumes castos e castigados, eles que antes costumavam mergulhar nas profundezas dos vícios. Transformam os arados em espadas e os enxadões em lanças aqueles que transformam sua língua caluniadora, que, como arado costumava sulcar a vida dos outros, na espada da confissão e da acusação de si, e os enxadões das preocupações terrenas e do amor próprio nas lanças da caridade; e assim, quem era fraco e efeminado pode dizer: Também eu sou forte, sou capaz de ir ao ataque e de empenhar-me na batalha do dia do Senhor.

2. A trombeta da pregação convoca também para o banquete da penitência, do qual, por boca de Joel, o Senhor diz: "Não temais, animais do campo, porque os amenos campos do deserto brotaram, porque toda a árvore deu seu fruto, a figueira e a vinha brotaram com todo o seu vigor. E vós, filhos de Sião, exultai e alegrai-vos no Senhor, vosso Deus, porque ele vos deu o Doutor da justiça e fará descer sobre vós, como no princípio, chuvas de manhã e de tarde. E as vossas eiras encher-se-ão de trigo e os vossos lagares transbordarão de vinho e de azeite. E eu vos indenizarei pelos anos que se tornaram estéreis por causa dos gafanhotos, das lagartas, da ferrugem e das larvas" (Jl 2,22-25). Os animais do campo são o pecadores convertidos, que, da distante região da dessemelhança [onde perderam a semelhança com Deus], voltaram-se para a misericórdia de Deus Pai e deles diz o salmo: "Os teus animais habitarão nela" (Sl 67,11), isto é, na Santa Igreja, que é região da semelhança [com Deus].

Para que não desesperem por causa da gravidade de seus pecados, a eles é dito: "Não temais, porque os amenos campos do deserto brotaram". Deserto quer dizer abandonado, desertado, porque nele não se semeia, e é figura da penitência que hoje é praticada só por algum raro e corajoso habitante. Portanto, os campos do deserto são como os homens de penitência, que brotam na contrição. Com efeito, como o germe marca o início da flor, assim eles recomeçam sempre e se renovam dia após dia. Não temais, pois, animais do deserto, porque também vós vos tornareis amenos como aqueles campos.

"Toda a árvore deu o seu fruto, a figueira e a vinha brotavam com todo o seu vigor." Dê atenção a estas três coisas: a árvore, a figueira e a vinha. No homem existem três órgãos, dos quais provém tudo aquilo que se realiza no seu interior e no exterior: o coração, a língua e a mão.

O coração do penitente é como a árvore que produz o fruto da contrição, do qual Isaías diz: "Este é todo o fruto, para que lhe seja tirado o pecado" (Is 27,9). A contrição é chamada "todo o fruto", porque remove qualquer pecado, contanto, porém, que exista também o firme propósito de se confessar. Com efeito, Isaías logo acrescenta: "Quando quebrar todas as pedras do altar como pedras reduzidas a cinza e já não houver bosques sagrados e templos profanos" (Is 27,9). Altar é como dizer *alta ara*, e a *ara* deve seu nome ao fato que sobre ela queima-se (latim: *arceo*) a vítima.

O altar representa a soberba, a luxúria e a avareza, vícios que procuram as alturas terrenas nas quais se queima a alma infeliz. Este é o altar de Baal, nome que significa "superior" e "devorador" (cf. Jz 6,25), o que concorda bem com a etimologia de altar. Portanto, as pedras do altar são os pecados de soberba, de luxúria e de avareza, que o penitente deve depor diante do sacerdote, como pedras reduzidas a cinza, isto é, de maneira a confessar tudo distinta e detalhadamente, tanto o pecado como as suas circunstâncias; e assim, não haverá mais bosques sagrados, isto é, más imaginações, nem templos profanos, isto é, complacências pecaminosas. Eis, pois, que árvore deu seu fruto.

"A figueira e a vinha produziram com todo o seu vigor." A figueira, assim chamada pela fecundidade, é figura da língua que é fecunda em palavras. Ao redor dessa figueira devemos colocar esterco (cf. Lc 13,8), isto é, a confissão dos pecados, para que tenha condições de produzir com seu vigor, precisamente a confissão. A vinha é figura da mão que alarga os dedos como sarmentos. Os dedos, em latim: *digiti*, são chamados assim porque são *dez*, ou também porque estão convenientemente (*decenter*) juntos[30]. O penitente estenda, pois, a mão da ação aos preceitos do decálogo, que estão bem ligados entre si. De fato, na primeira tábua estavam escritos os preceitos referentes ao amor a Deus; na segunda, aqueles referentes ao amor ao próximo. E quando todos estão unidos na observância, vê-se que concordam e se completam entre si.

Por isso, ó penitentes, vós que sois os filhos de Sião, isto é, da Igreja, exultai no vosso coração e alegrai-vos com as obras no Senhor vosso Deus e não em outras coisas, porque ele vos deu um mestre de justiça, isto é, o Espírito da graça, que vos ensina a fazer justiça por vós mesmos, e faz descer sobre vós a chuva de manhã e à tarde. E aqui a *Glosa* comenta: A chuva da manhã é a fé, a da tarde é a realização das obras. Ou: a chuva da manhã é o conhecimento de Deus, que é dado depois da fé; a chuva da tarde é a plenitude do seu conhecimento. "E as eiras encher-se-ão de trigo." Por eiras entendem-se as mentes, onde acontece a separação da palha, isto é, dos vícios, e assim abunda o trigo das boas obras, e pela "espremedura" a que devem ser sujeitas, abundam no azeite da misericórdia e no vinho da consolação.

"E eu vos indenizarei pelos anos que se tornaram estéreis por causa dos gafanhotos, das lagartas, da ferrugem e das larvas." O gafanhoto deve seu nome ao fato de ter as patas longas como uma haste (latim: *locusta, longa asta*). A lagarta é assim chamada porque quase toda ela é boca. A ferrugem é uma doença que destrói as messes. A larva, assim chamada por roer, é o verme que rói as folhas, e se anda sobre a pele provoca prurido. No gafanhoto é simbolizada a soberba; na lagarta, a gula; na ferrugem, a ira e a inveja; e na larva, a luxúria. São esses quatro vícios que devoram as nossas obras boas. Mas quando nós voltamos à penitência, o Senhor nos restitui os anos perdidos, quer dizer, a abundância das obras boas, porque as obras que haviam sido feitas na caridade (*em estado de graça*) e depois destruídas pelo pecado que seguiu, revivem com a confissão e com a penitência, a cujo banquete a trombeta nos chama.

---

30. Santo Antônio põe em evidência a assonância que existe entre os termos *digiti* (dedos), *decem* (dez) e *decenter* (oportunamente, convenientemente).

3. Igualmente, a trombeta chama para a festa da glória. Diz o Profeta Naum: "Eis já sobre os montes os pés do que traz a boa nova e anuncia a paz. Celebra, ó Judá, as tuas festividades, cumpre os teus votos, porque Belial não passará mais por ti; ele pereceu inteiramente" (Na 1,15). Aquele que anuncia a festa da glória celeste, anuncia a verdadeira paz; e quem a prega, não o faz no vale dos prazeres terrenos, no qual se acumulam as imundícies, mas sobre os montes de uma vida perfeita, porque ali pousam os pés do Senhor.

"Celebra, ó Judá, as tuas festividades." Judá interpreta-se "que confessa", e é figura do penitente que, tendo celebrado aqui na terra o banquete da penitência, passa a celebrar a festa da glória celeste, na qual cumpre com segurança os seus votos ao Senhor, cantando com os anjos, não temendo mais que Belial, isto é, os estímulos da carne ou a tentação do demónio (cf. 2Cor 12,7), o atormentem, porque os inimigos já estão totalmente destruídos. Diz Joel: "Jerusalém será santa, e os estrangeiros não mais tornarão a passar por ela" (Jl 3,17). E a *Glosa*: Depois do dia do juízo, Jerusalém, composta de anjos e de homens, será sem contaminação alguma, que antes havia contraído por causa da mistura com os maus. E o estrangeiro, isto é, o diabo, ou qualquer pensamento mau, não encontrará mais o caminho para insinuar-se nos justos, que serão envolvidos na paz de Deus. Digamos, pois: "Na tua garganta haja uma trombeta". Ó pregador, a trombeta da pregação esteja na tua garganta, isto é, na tua mente e não na tua boca, para que tu possas ser como a águia sobre a casa do Senhor, isto é, sobre a Santa Igreja ou sobre a alma fiel. E sobre o assunto da águia, veja o sermão do XIV domingo depois de Pentecostes, parte I, sobre o evangelho "Jesus estava indo para Jerusalém".

"Porque violaram a minha aliança e transgrediram a minha lei." Por isso, o pregador deve ter a trombeta na garganta e subir como uma águia sobre a casa do Senhor: porque os pecadores violaram o pacto que haviam concluído com o Senhor no batismo, e transgrediram os mandamentos da lei e da graça, tornando-se assim piores do que os fariseus que violaram só o preceito da lei, na qual se diz: Não tentarás o Senhor, teu Deus (cf. Dt 6,16); e o violaram quando, reunindo-se em conselho, projetaram armar uma cilada ao Senhor da lei, como se diz precisamente no evangelho de hoje: "Retirando-se, os fariseu reuniram o conselho para pegar Jesus em alguma palavras".

4. Preste atenção, que neste evangelho são evidenciadas duas coisas: a insidiosa maldade dos fariseus e a sabedoria de Jesus Cristo. A primeira quando diz: "Retirando-se, os fariseus". A segunda: "Jesus, conhecendo sua malícia".

Neste domingo e no próximo, leem-se trechos tomados dos doze profetas menores, e no introito da missa de hoje canta-se: "Aplaudi, povos todos" (Sl 46,2). Lê-se, depois, a Carta do Bem-aventurado Paulo Apóstolo aos Filipenses: "Sede meus imitadores" (Fl 3,17), que dividiremos em duas partes, constatando sua concordância com a duas mencionadas partes do evangelho. Primeira parte: "Sede meus imitadores"; segunda parte: "Nós somos cidadãos dos céus".

XXIII DOMINGO DEPOIS DE PENTECOSTES

Essa epístola é lida junto com este evangelho, porque, no evangelho, Mateus fala dos fariseus e dos herodianos – nome este que se interpreta "glória da pele" – e também da moeda marcada com a efígie de César, e o Apóstolo, na sua carata, fala dos inimigos da cruz de Cristo, cuja glória será sua ruína, e do nosso corpo, que será glorificado na luz do Sumo Rei.

I – A FINGIDA MALÍCIA DOS FARISEUS

5. "Retirando-se, os fariseus reuniram o conselho para ver como poderiam pegar Jesus em alguma palavra." Fariseus interpreta-se "separados", e são figura dos prelados da Igreja, soberbos e carnais, dos quais Oseias diz: "Os seus banquetes são separados dos vossos; eles se entregaram à mais desenfreada fornicação" (Os 4,18).

O banquete dos santos consiste em chorar não só os próprios pecados, mas também aqueles dos outros, aspirar às coisas eternas e saborear a doçura do gozo interior. O banquete dos santos é separado do banquete dos fariseus, porque estes se entregaram à fornicação. Com efeito, deles diz o Senhor, sempre por boca de Oseias: "Na casa de Israel, vi coisas horríveis: ali se acham as fornicações de Efraim e Israel se contaminou. Mas também para ti, ó Judá, está preparada uma ceifa, até que eu torne a trazer o meu povo do cativeiro" (Os 6,10-11). Na casa de Israel, isto é, na Igreja, vi uma coisa horrível, isto é, a fornicação de Efraim – nome que se interpreta "frutificação" –, isto é, dos religiosos, que deveriam frutificar, mas, por causa da avareza e de outros vícios, caem na idolatria. E Israel, isto é, o prelado, contaminou-se precisamente com os vícios.

Continua Oseias: "O teu bezerro, ó Samaria, foi lançado por terra. O meu furor acendeu-se contra eles. Até quando não poderão eles purificar-se? Porque de Israel é que veio este novilho" (Os 8,5-6). Samaria é figura da Igreja, e seu vitelo, isto é, o prelado, sensual e atrevido, que avança de peito erguido e a cabeça alta, foi rejeitado pelo Senhor. Dele diz ainda Oseias: "Israel desencaminhou-se como uma vaca indomável" (Os 4,16). E por isso, como diz Jeremias: "Uma novilha esbelta e formosa é o Egito; mas um *estimulador*, isto é, o aguilhão da avareza e da luxúria, "há de vir-lhe do Setentrião" (Jr 46,20), isto é, do diabo.

Por isso, contra esses prelados enfurece-se não só a indignação do Senhor, mas também a sua cólera. Até quando o povo esperará para corrigir-se de seu atrevimento, de sua luxúria e coisas semelhantes? Como se dissesse: O povo não é capaz de corrigir-se de todos esses vícios "porque também ele vem de Israel"; isto é, vê esses vícios nos seus prelados. Portanto, Israel está contaminado.

Mas também tu, Judá, isto é, simples povo dos leigos, embora os religiosos e os prelados estejam viciados, prepara-te para a ceifa, isto é, põe-te a realizar boas obras, e não olhes para eles: porque eu mudarei sua escravidão, isto é, sua obstinação no pecado, como a torrente sob o sopro do vento sudoeste, quer dizer, com a graça do Espírito Santo.

E desses fariseus diz ainda Oseias: "Está dividido [falso] o seu coração, e agora perecerão; o próprio Deus quebrará os seus ídolos e porá abaixo os seus altares"

(Os 10,2). Quem tem o coração dividido (falso) encaminha-se para a destruição. De fato, lê-se no Terceiro livro dos Reis que Jeroboão, nome que se interpreta "divisão", foi ferido e caiu em ruína ele e toda a sua casa, até o último indivíduo do sexo masculino (cf. 1Rs 14,10). O próprio Senhor onipotente quebrará os ídolos dos fariseus, isto é, a hipocrisia e a presunção, e destruirá os altares, isto é, o luxo e as riquezas, e o atrevimento da carne: todos vícios com os quais oferecem sacrifícios ao diabo.

É precisamente desses que o evangelho diz: "Retirando-se, os fariseus". Para onde se retiram? A mulher adúltera diz: "Seguirei os meus amantes, que me dão o meu pão e a minha água, a minha lã e o meu linho, o meu azeite e a minha bebida" (Os 2,5).

A mulher adúltera é figura da alma adúltera espiritualmente, que segue os seus amantes quando obedece aos sentidos do corpo. No pão são indicados os prazeres e a prosperidade terrena. Diz Jó: "Repugnante torna-se o pão naquela sua vida" (Jó 33,20). Na água é simbolizada a luxúria; e sempre Jó diz: "Dorme sob densas sombras, no segredo dos canaviais e em lugares úmidos" (Jó 40,16). Na lã é representada a pureza exterior, e no Levítico diz-se que a brancura da pele é sinal de lepra (cf. Lv 13,3). No linho é indicada a habilidade de enganar, da qual diz Isaías: "Serão confundidos os que trabalham o linho; aqueles que frisam e tecem tecidos delicados" (Is 19,9); de fato, chama-se linho (*linum*) porque é leve (*lenis*) e macio. E no azeite é representada a adulação, por isso diz-se: "O azeite do pecador não chegue a ungir a minha cabeça" (Sl 140,5), isto é, a minha mente; como se dissesse: minha cabeça não se inflame de falsa adulação. Eis para onde se retiraram os fariseus.

6. Retirando-se, pois, "os fariseus reuniram o conselho". Diz Isaías: "Ai de vós, filhos rebeldes – oráculo do Senhor – que formais projetos sem contar comigo; e urdis uma teia que não vem do meu espírito, para assim acumulardes pecados sobre pecados; que estais postos a caminho para descer até o Egito, e não consultastes a minha boca, esperando encontrar auxílio na força de faraó e pondo a vossa confiança na sombra do Egito. Porém, a fortaleza do faraó será a vossa vergonha, e a confiança na sombra do Egito, a vossa ignomínia" (Is 30,1-3). Os filhos rebeldes são aqueles dos quais fala Oseias: "Efraim entregou-se à fornicação", estes são os leigos; "Israel contaminou-se", estes são os religiosos; eles sequer pensarão em voltar ao seu Deus, porque o espírito da fornicação está no meio deles e não conheceram o Senhor" (Os 5,3-4).

"Formais projetos sem contar comigo." E diz sempre o Senhor, por boca de Oseias: "Eles reinaram por si mesmos e não por mim; foram príncipes e eu não os reconheci" (Os 8,4).

"E urdis uma teia." E Oseias: "O bezerro de Samaria será como teia de aranha. Porque semearam ventos e colherão tempestades" (Os 8,6-7). Assim como a teia de aranha se rompe e se desfaz ao vento, da mesma forma o bezerro, isto é, o atrevimento dos clérigos, será reduzido a nada. Assim como o vento produz o turbilhão levantando o pó, do mesmo modo o amor às coisas deste mundo, que é como o vento, produz e traz o turbilhão da eterna condenação.

"Mas não vem do meu espírito." Diz Isaías: "Eles o provocaram à ira, e afligiram o espírito do seu Santo; e converteu-se para ele em inimigo" (Is 63,10). E Miqueias: "Porventura abreviou-se o espírito do Senhor, ou podem ser tais os seus desígnios? Minhas palavras não são por acaso cheias de bondade para com aquele que caminha com retidão? E o meu povo, pelo contrário, levantou-se contra mim" (Mq 2,7-8). O espírito do Senhor "abrevia-se" quando o pecador é privado da graça; com os penitentes, porém, é largo, precisamente quando neles é infundida a graça.

"Para assim acumulardes pecados sobre pecados." Diz ainda Oseias: "Não há verdade, nem há misericórdia, nem há conhecimento de Deus nesta terra. A maldição, a mentira, o homicídio, o furto e o adultério inundaram tudo e têm derramado sangue sobre sangue" (Os 4,1-2). Acumulam pecado sobre pecado, pecados novos sobre pecados antigos. Como as margens retêm o rio para que não inunde, assim o temor de Deus e o pudor do mundo são como duas margens que deveriam frear a inundação dos pecados. Isso, porém, de forma alguma aconteceu nos clérigos, porque diante de seus olhos não há o temor de Deus (cf. Sl 35,2), e se tornaram descarados como uma meretriz: não são capazes de ter vergonha (cf. Jr 3,3).

"Estais postos a caminho para descer ao Egito", isto é, para praticar a avareza do mundo, da qual diz Amós: "Fere a dobradiça e se abale a verga da porta: porque a avareza se acha na cabeça de todos" (Am 9,1). Na dobradiça, sobre a qual gira a porta, é simbolizado o poder das chaves, que os prelados têm, porque podem excluir ou admitir à Igreja. Nas vergas das portas é indicada a sublimidade da dignidade sacerdotal, que, infelizmente, é destruída pelo fogo da cobiça e da soberba.

"E não consultastes a minha boca"; daí Amós: "O Senhor Deus não faz nada sem ter revelado antes o seu segredo aos profetas, seus servos" (Am 3,7).

"Esperando encontrar auxílio na força do faraó", isto é, dos sentidos do corpo. Ao contrário, lemos em Jeremias: "Não se glorie o sábio do seu saber, nem se glorie o forte de sua força, nem se glorie o rico de suas riquezas; porém, aquele que se gloria, glorie-se em me conhecer e em saber que eu sou o Senhor, que exerço a misericórdia e a equidade, e a justiça sobre a terra, porque estas coisas são as que me agradam, diz o Senhor" (Jr 9,23-24).

"E pusestes vossa confiança na sombra do Egito", isto é, do poder terreno, que é precisamente como sombra que passa.

7. E sobre tudo isso temos a concordância no Profeta Jonas, onde se narra que "o Senhor fez crescer uma hera", ou uma aboboreira. No texto hebraico temos o termo *cicion*, o mesmo que *abóbora*, que cresce depressa e rapidamente seca. "Esta planta cresceu velozmente sobre Jonas para fazer sombra à sua cabeça e para defendê-lo do calor, porque estava muito incomodado. Jonas sentiu grande alegria por aquela hera. Mas no dia seguinte, ao romper da manhã, enviou Deus um bicho, que roeu as raízes da planta, que logo secou. Quando o sol apareceu, o Senhor mandou um vento quente e abrasador; os raios do sol deram na cabeça de Jonas, que sentiu abrasar-se e ele desejou a morte" (Jo 4,6-8).

Naquela aboboreira é simbolizada a dignidade mundana, cujo fruto, enquanto está no vigor, é comestível, mas depois é como madeira seca. Assim é com o pecado: primeiro produz o prazer, mas quando o prazer se esvai, sobra a culpa e a mancha na alma, e se não se recorre logo ao arrependimento corre-se o risco da morte eterna. Mas ao raiar do sol, isto é, ao chegar a graça, essa planta seca, porque quando o dente do verme da consciência morde e rói, toda a glória do mundo é abalada, isto é, vê-se que nada mais vale. E isso "no dia seguinte", isto é, depois do dia do qual fala Jó: "Maldito o dia em que nasci" (Jó 3,3). E então o sol, isto é, o amor de Deus, dá sobre a cabeça, isto é, na mente, não só iluminando, mas também ferindo, para induzir ao arrependimento; e assim pede a morte de sua animalidade (sensualidade).

Sobre este assunto podes ver também o sermão do Domingo da Septuagésima, parte II, sobre o evangelho: "No princípio, Deus criou o céu e a terra".

"Porém, a fortaleza do faraó será a vossa vergonha, e a confiança na sombra do Egito, a vossa ignomínia." E também Oseias: "Efraim viu sua fraqueza, e Judá, as suas cadeias; e Efraim recorreu a Assur, e Judá buscou um rei que fosse o seu vingador; mas ele não poderá curar-vos, nem poderá desatar as vossas cadeias" (Os 5,13). É o que diz também Isaías: "Vão e inútil será o socorro do Egito" (Is 30,7). Por certo, Assur, quer dizer, o diabo, nem o Egito, isto é, o mundo, podem eliminar a fragilidade ou a fraqueza do homem. E, portanto, Jó: "Os olhos dos ímpios desfalecerão e não lhes ficará refúgio" (Jó 11,20).

Nem casas e propriedades, nem um monte de dinheiro ou de ouro, extinguiam a febre do corpo doente do patrão (Horácio).

8. "Para ver como poderiam pegar Jesus em alguma palavra." Também hoje, os fariseus procuram pegar Jesus em alguma palavra, quando prega ao povo. De fato, fazem como fez Amasias, do qual se diz no Livro do Profeta Amós: "Amasias, sacerdote de Betel, mandou dizer a Jeroboão, rei de Israel: Amós revoltou-se contra ti no meio da casa de Israel; a terra não poderá sofrer todos os seus discursos. Porque isto diz Amós: Jeroboão morrerá à espada e Israel será levado cativo para fora do seu país. E Amasias disse a Amós: Sai daqui, homem de visões, foge para a terra de Judá, come lá o teu pão e lá profetizarás" (Am 7,10-12). Os fariseus do nosso tempo dizem a mesma coisa aos pregadores, quando eles os repreendem por sua malícia, e, pior ainda, deles queixam-se ao superior. Quem ouvir, ouça e quem quer compreender, compreenda[31].

"E enviaram-lhe seus discípulos juntamente com os herodianos" (Mt 22,16), isto é, os soldados de Herodes, que naquele momento encontrava-se em Jerusalém. Havia uma espécie de rebelião entre o povo, como diz a *Glosa*, porque alguns afirmavam que era um dever pagar os tributos pela segurança e a tranquilidade, enquanto os romanos combatiam por todos. Os fariseus, porém, eram contrários e afirmavam

---

31. Estas palavras do santo fazem pensar que ele aluda a alguma experiência pessoal.

que o povo de Deus não era obrigado a pagá-los, porque já pagavam o dízimo etc., pois pagando o tributo reconheceriam estar sujeitos às leis humanas.

Com razão nota-se que os discípulos dos fariseus se unem aos herodianos, porque os discípulos da *separação* (fariseus), quando se afastam da verdadeira glória, unem-se à glória vã e transitória. E sobre isso temos a concordância em Oseias: "A glória de Efraim voou como uma ave; sua glória desapareceu ao nascer, ou na gravidez ou na concepção" (Os 9,11). Hoje há muitos que, enquanto são implumes, isto é, até que são pobres e ignorados, permanecem quietos no ninho da humildade, mas assim que fizeram as penas e as asas, quer dizer, acumularam riquezas e poder, voam para o alto e se tornam soberbos; sua glória está em suas asas, quando antes deveriam pensar quão grande foi sua miséria na concepção, no crescimento e na educação. Sempre Oseias: "O vento levá-lo-á atado às suas asas" (Os 4,19). As asas são o intelecto e o sentimento: o intelecto voa no campo da verdade, e o sentimento (as inclinações), naquele do discernimento do bem, mas ambos são impedidos pelo vento da vanglória.

"Mestre, sabemos que és verdadeiro" (Mt 22,16). Mestre, em latim *magister*, é como dizer "maior do lugar", porque *sterròs* em grego significa lugar. Chamamo-lo mestre para que, sentindo-se louvado, abra logo com simplicidade o segredo do seu coração e queira mantê-los como discípulos.

"És verdadeiro e ensinas o caminho de Deus segundo a verdade" (Mt 22,16). Diz o salmo: "Dirige-me na tua verdade e ensina-me" (Sl 24,5): dirige-me a fugir dos erros, para que eu viva na retidão e na piedade, como o exige a verdade, e ensina-me a própria verdade. "Sem atender a ninguém" (Mt 22,16): provocam-no a dizer que teme mais a Deus do que a César e que não se está obrigado a pagar o tributo, para fazê-lo aparecer com um instigador da rebelião. "Tu não fazes acepção de pessoas" (Mt 22,16). E Habacuc: "Os teus olhos são limpos para não veres o mal, e não poderás olhar para a iniquidade" (Hab 1,13). Diz-se pessoa, porque é única em si mesma (latim: *persona, per se una*). "Dize-nos, pois, o teu parecer: É lícito ou não pagar o tributo a César?" (Mt 22,17). Responderemos a esta pergunta nos pontos seguintes.

9. Com esta primeira parte do evangelho concorda a primeira parte da epístola: "Irmãos, sede meus imitadores". Mesmo que não me tenhais presente, imitai-me e fazei como eu. "Ponde os olhos", isto é, olhai com atenção, "naqueles que andam conforme o modelo que tendes em nós" (Fl 3,17), isto é, o exemplo de nossa vida, da qual Pedro diz: "Fazei-vos modelos do rebanho" (1Pd 5,3). Feliz o prelado que, com a *forma* (o exemplo) de sua vida tem condições de *reformar os deformados*, isto é, levar para o caminho reto quem se desviou.

"Porque muitos" – os fariseus – comportam-se como inimigos da cruz de Cristo. E por sua ruína espiritual o Apóstolo chorava. "O fim deles é a perdição", isto é, no fim haverá a pena eterna; "porque seu deus é o ventre" (Fl 3,18-19).

A Sagrada Escritura fala com frequência através de imagens, de metáforas, para que aquilo que não se pode ver numa coisa, se possa descobrir em outra semelhante.

O ventre é comparado a um deus quando diz: "Seu deus é o ventre e sua glória é uma vergonha", isto é, gloriam-se daquilo de que deveriam se envergonhar. Aos deuses costuma-se edificar templos, erigir altares, consagrar ministros para seu culto, imolar animais, queimar incensos. O templo do deus-ventre é a cozinha, o altar, a mesa, os ministros, os cozinheiros, os sacrifícios, as carnes cozidas, a fumaça do incenso, o cheiro dos condimentos.

Esses templos, porém, não são construídos em Jerusalém, mas em Babilônia, porque aqueles que têm como deus o ventre, verão sua glória mudar-se em eterna confusão. Com efeito, aquele mesmo deus, o príncipe dos cozinheiros, destruiu os muros de Jerusalém, levou os vasos do Senhor para a casa do rei da Babilônia, dos vasos do templo fez os vasos do palácio [real], ou melhor, para dizer a verdade, dos vasos da mesa divina fez os vasos da cozinha.

Diz o Apóstolo: "Santo é o templo de Deus, que sois vós" (1Cor 3,17). Nesse templo, os vasos são os corações, que se tornam vasos do templo do Senhor quando, cheios de virtudes, são agradáveis à vontade divina; tornam-se, porém, vasos do palácio [real], quando querem agradar a alguma autoridade humana; e tornam-se vasos da cozinha, quando aquilo que antes servia para a sobriedade, serve depois para a gula.

Diz Jeremias: "Os que se nutriam com o açafrão, abraçaram o esterco" (Lm 4,5). O açafrão, em latim *crocus*, cresce no Oriente e dá cor e sabor aos alimentos. Portanto, nutrem-se com o açafrão aqueles que no início de sua conversão sustentam-se interiormente com o sabor das virtudes, e tomam externamente a cor do bom exemplo. Mas esses que, primeiramente se nutrem com o açafrão, quando, depois das obras de mortificação e de piedade, deixam-se vencer pelo apelo do ventre, chegam até a abraçar o esterco; e por vezes sucede que aqueles que antes da conversão viviam sobriamente em sua casa, depois, no mosteiro tornam-se gulosos.

O deus-ventre é satisfeito com as vítimas de vários pratos, inclina o ouvido aos boatos, é estimulado pelas várias espécies de sabores, comove-se com as conversas e não com as orações, deleita-se com o ócio e abandona-se às delícias da sonolência. E esse deus-ventre conta, infelizmente, com monges, cônegos e conversos que o servem devotamente, e são aqueles que na Igreja de Deus vivem tranquilamente no ócio, que não se entregam à oração secreta, mas são curiosos em ouvir os extravagantes relatos dos ociosos, nos quais não se ouvem os soluços e os suspiros de uma mente arrependida, mas as risadas, as gargalhadas e os arrotos de ventre farto. São esses que se retiram e convocam o conselho: mas naquele conselho não entre o meu coração (cf. Gn 49,6).

Por isso, irmãos caríssimos, roguemos ao Senhor Jesus Cristo que nos *separe* da *separação* dos fariseus, nos confirme no ensinamento de sua verdade, nos mantenha longe do vício da gula, de maneira a sermos dignos de chegar ao banquete da vida eterna.

No-lo conceda ele próprio, que é bendito nos séculos. Amém.

II – A sabedoria de Jesus Cristo

10. "Mas Jesus, conhecendo a sua malícia, disse: Por que me tentais, hipócritas?" (Mt 22,18). Conhece a sua malícia aquele que conhece todas as coisas, ao qual nada é escondido e nada lhe pode fugir. Diz o Profeta Amós: "Ainda que desçam até o inferno, a minha mão não os tirará de lá; e ainda que subam até o céu, eu os arrancarei de lá. E se eles se esconderem no cume do Carmelo, eu irei buscá-los, perscrutando os corações; e se se esconderem dos meus olhos na profundeza do mar, eu mandarei à serpente que os morda" (Am 9,2-3). Por que, pois, me tentais, hipócritas? Por que tendes uma coisa no coração e outra na boca? "Todos os hipócritas são maus, e todas as bocas proferem mentiras" (Is 9,17).

"Disse-lhes: Mostrai- a moeda do tributo" (Mt 22,19), quer dizer, a moeda com a qual pagais o tributo, que tinha impressa a imagem de César. "E eles apresentaram-lhe um denário", que valia dez moedas. "Jesus perguntou-lhes: De quem é esta imagem e a inscrição? Eles responderam: De César" (Mt 22,20-21). Observe estas três coisas: o denário, a imagem e a inscrição.

Como no denário está impressa a imagem do rei, assim na nossa alma está impressa a imagem da Trindade. Diz o salmo: "Está gravada sobre nós, Senhor, a luz do teu rosto" (Sl 4,7). E a *Glosa* comenta: Ó Senhor, a luz do teu rosto, isto é, a luz da graça, com a qual é reintegrada em nós a tua imagem, pela qual nós somos semelhantes a ti, está impressa em nós, isto é, está impressa na razão, que é o poder superior da alma: é por ela que nós somos semelhantes a Deus; é nela que está impressa aquela luz, como um selo sobre a cera.

Por rosto de Deus entende-se a nossa razão, porque como através do rosto alguém é reconhecido, assim, por meio do espelho da razão conhece-se a Deus. Mas essa razão foi deformada pelo pecado do homem, e, portanto, o homem perdeu a semelhança com Deus: mas, depois, com a graça trazida por Cristo, a semelhança foi reparada. De fato, o Apóstolo diz: "Renovai-vos, pois, no espírito do vosso entendimento" (Ef 4,23). Essa graça, por obra da qual é renovada a imagem que fora criada, aqui chama-se luz.

Considera que a imagem é tríplice: a imagem da criação, na qual o homem foi criado, isto é, a razão; a imagem da *recriação* (nova criação), com a qual é reconstituída a imagem criada, isto é, a graça de Deus que é infusa na mente a ser renovada; a imagem da semelhança, pela qual o homem foi feito à imagem e semelhança de toda a Trindade: pela memória é semelhante ao Pai, pela inteligência, ao Filho, pelo amor, ao Espírito Santo. Com efeito, diz Agostinho: "Que eu te recorde, que eu te compreenda, que eu te ame". O homem foi feito à imagem e semelhança de Deus: imagem pelo conhecimento da verdade, semelhança pelo amor à virtude. Portanto, a luz do rosto de Deus é a graça da justificação, com a qual é marcada a imagem criada. Essa luz é todo e o verdadeiro bem do homem, com o qual é como que marcado, como o denário o é com a efígie do rei. E, portanto, o Senhor, neste evangelho, conclui: "Dai a César o que é de César, e dai a Deus o que é de Deus" (Mt 22,21).

Como se dissesse: Como dais a César a sua efígie, assim dai a Deus a alma, iluminada e marcada com a luz do seu rosto.

11. Sobre tudo isso temos a concordância no Profeta Zacarias: "Olhei, e eis um candelabro todo de ouro, que tem uma lâmpada sobre o seu tronco principal e sete lucernas sobre os seus braços e sete canais para as lâmpadas que estavam no alto do candelabro. Há também por cima duas oliveiras: uma à direita da lâmpada e outra à sua esquerda" (Zc 4,2-3). Veremos qual seja o significado moral desses cinco objetos: do candelabro, da lâmpada, das lucernas, dos canais e das duas oliveiras.

O candelabro e o denário, a lâmpada e a imagem têm o mesmo significado. O candelabro representa a alma, que se diz toda de ouro, porque é feita à imagem e semelhança de Deus. Diz o Eclesiástico: "Deus criou o homem da terra, e o fez à sua imagem" (Eclo 17,1), para que assim esteja em condição de viver, de ouvir e tenha a memória, o intelecto e a vontade. Por isso, disse-lhe: "Amarás o Senhor teu Deus com todo o teu coração" etc., quer dizer, com o intelecto, com a vontade e a memória.

Como o Filho procede do Pai, e de ambos procede o Espírito Santo, assim do intelecto procede a vontade, e de ambos procede a memória: e sem estas três faculdades, a alma não pode estar completa, perfeita; e no que se refere à eterna felicidade, um só desses dons, sem os outros, não é suficiente. E como Deus Pai, Deus Filho e Deus Espírito Santo não são três deuses, mas um só Deus em três Pessoas, assim também a alma intelecto, a alma vontade e a alma memória não são três almas, mas uma alma só, que tem três potências, nas quais se apresenta de modo maravilhoso a imagem de Deus. E com essas três faculdades, enquanto são as faculdades superiores, é-nos mandado que amemos o Criador, a fim de que aquilo que se compreende e se ama, esteja também sempre na memória.

E para Deus não basta o intelecto, se para o amor a ele não participar também a vontade; nem o intelecto e a vontade são suficientes, se não se acrescentar a memória, por meio da qual Deus está sempre presente em quem o compreende e o ama. E já que não existe instante no qual o homem não goze ou não tenha necessidade da bondade de Deus, assim Deus deve estar sempre presente na sua memória. Além disso, o homem é feito à semelhança de Deus, porque, como Deus é amor, é bom, justo, benigno, misericordioso, assim o homem deve ter também ele o amor, ser bom, justo, benigno, misericordioso etc.

"Vi – pois – um candelabro todo de ouro, que tem uma lâmpada sobre o seu tronco principal." A lâmpada representa a infusão da graça, com a qual a alma é iluminada. Do justo, iluminado por essa lâmpada, Jó diz: "Zomba-se da simplicidade do justo. É uma lâmpada desprezada no conceito dos ricos, mas preparada para o tempo determinado" (Jó 12,4-5). Comenta Gregório: A simplicidade do justo é chamada de lâmpada, e desprezada: lâmpada, porque brilha interiormente na consciência; desprezada, porque no conceito dos carnais é considerada sem valor algum e é considerada estultice pelos sabichões. Consideram mortos aqueles que não procuram viver segundo a carne, como eles. E o tempo determinado para a lâmpada desprezada é o dia determinado por Deus para o último juízo: então manifestar-se-á de quanta glória refulgirão todos os justos, que agora são tão desprezados.

12. "E sobre ele sete lucernas e sete canais", por meio dos quais se alimentam de azeite as lucernas. Considera que as sete lucernas representam as sete bem-aventuranças, e os sete canais representam as sete palavras pronunciadas por Cristo na cruz: veremos sua recíproca correspondência.

Bem-aventurados os pobres de espírito, porque deles é o Reino dos Céus (Mt 5,3). – Pai, perdoa-lhes porque não sabem o que fazem (Lc 23,34).

Bem-aventurados os mansos, porque possuirão a terra (Mt 5,4). – Em verdade te digo: hoje estarás comigo no paraíso (Lc 23,43).

Bem-aventurados os que choram, porque serão consolados (Mt 5,5). – Mulher, eis o teu filho. Depois disse ao discípulo: Eis tua mãe (Jo 19,26-27).

Bem-aventurados os que têm fome e sede de justiça, porque serão saciados (Mt 5,6). – Meu Deus, meu Deus, porque me abandonaste? (Mt 27,46).

Bem-aventurados os misericordiosos, porque alcançarão misericórdia (Mt 5,7). – Tenho sede! (Jo 19,28).

Bem-aventurados os puros de coração, porque verão a Deus (Mt 5,8). – Tudo está consumado (Jo 19,30).

Bem-aventurados os pacíficos, porque serão chamados filhos de Deus (Mt 5,9). – Pai, em tuas mãos entrego o meu espírito (Lc 23,46).

Quem é rico da pobreza de espírito pode realmente orar por seus perseguidores e dizer com Jesus Cristo: "Pai, perdoa-lhes". Quem é humilde de espírito perdoa os que lhe faz o mal e reza por eles. O contrário é feito por Edom, o pecador soberbo, do qual, por boca de Amós, o Senhor diz: "Depois das maldades que o povo de Edom cometeu três e quatro vezes, eu não mudarei o meu decreto, pois que perseguiu seu irmão com a espada, faltou à compaixão que lhe devia, não pôs limites ao seu furor e conservou até o fim sua indignação. Eu porei fogo a Temã, o qual reduzirá a cinza as casas de Bosra" (Am 1,11-12).

O primeiro pecado consiste em pensar o mal, o segundo em consentir, o terceiro em levá-lo à execução, o quarto em não se arrepender dele. Aquele que, depois de ter cometido os primeiros três pecados, se arrepende, o Senhor o chama à presença de seu rosto misericordioso; mas, se não se arrepende, o Senhor tira dele o seu olhar de misericórdia. Edom, como diz aqui a *Glosa*, é o mesmo que dizer Esaú e Seir: são os três nomes da mesma pessoa. Esaú perseguiu Jacó, assustou-o e o obrigou a fugir para a Mesopotâmia e não teve a mínima piedade com ele. E o ódio que estivera no pai, foi conservado pelos idumeus, nascidos deles, contra os filhos de Jacó, tanto que não lhes permitiram passar pelas próprias terras quando saíram do Egito para retornar à Terra Prometida: nisso violaram a lei da piedade, porque ignoraram que eles eram irmãos.

Fazem tudo isso aqueles que odeiam os próprios irmãos, que não são pobres de espírito; por isso, o Senhor fará descer o fogo da Geena sobre Temã, que significa "austro", meridião, isto é, sobre aqueles que no tempo da prosperidade mundana vivem como dissolutos; "aquele fogo devorará os palácios de Bosra", que quer dizer "fortificada", isto é, devorará aqueles que se defendem com toda a espécie de escusas, para permanecer nos seus pecados.

Sentido moral. Edom interpreta-se "sanguinário" e representa a nossa carne, que goza do sangue da gula e da luxúria; ela persegue, com a espada da concupiscência, seu irmão Jacó, isto é, o nosso espírito e, assim, quer violar a misericórdia que lhe é devida por ordem de Deus. Por isso, Jacó, o nosso espírito, dirige sua súplica ao Senhor, dizendo: "Livra-me das mãos do meu irmão Esaú, porque o temo muito; não suceda que, chegando ele, mate a mãe com os filhos" (Gn 32,11). O espírito tem medo da carne e ora para ser salvo da *mão*, da arrogância de sua concupiscência, que, se consegue arrancar o consenso, fere a mãe com os filhos, isto é, a razão com todos os seus sentimentos, ou também a própria alma com todas as suas obras boas.

13. Quem é manso, quem não atira ofensas nem se ofende se as recebe, quem não escandaliza e não fica escandalizado, será digno de ouvir, com o bom ladrão, antes, com o confessor: "Hoje estarás comigo no paraíso", que é precisamente a terra dos vivos, que os mansos possuirão. Os avarentos não podem possuir essa terra, pois eles, como animais ferozes, dilaceram a mente ao acumular fortunas e escandalizam os outros com seus roubos. Por isso, jamais ouvirão o tênue sopro de uma brisa leve: "Hoje estarás comigo no paraíso", mas deverão ouvir o trovão da divina condenação: "Ide, malditos, para o fogo eterno!" (Mt 25,41).

Eis o que destes está escrito no Livro de Zacarias: "O anjo me disse: Levanta os olhos e observa o que está por aparecer. E eu disse: O que é isto? E ele me respondeu: O que aparece é uma ânfora. E acrescentou: Está ali o olho deles em toda a terra. Depois vi que era trazido um disco de chumbo e reparei que uma mulher estava sentada no meio da ânfora. E o anjo disse: Esta é a impiedade. Precipitou-a no fundo da ânfora e tapou a boca da ânfora com o disco de chumbo. Depois levantei os olhos e olhei; e eis que apareceram duas mulheres, e o vento agitava suas asas, e tinham asas como um milhano, e levantaram a ânfora entre a terra e o céu. E eu disse ao anjo que falava comigo: Para onde levam elas a ânfora? O anjo me respondeu: Para a terra de Senaar, a fim de que lhe seja edificada uma casa" (Zc 5,5-11).

A ânfora representa a avareza, cuja boca não se fecha, mas fica sempre aberta no desejo das coisas temporais. E isto é o que se vê em toda a terra, porque todos sabem e todos conhecem a avareza e a têm sob os olhos. Companheiro da avareza é o disco de chumbo, ou seja, a condenação eterna, que é como uma grande bola na boca, que não se pode engolir nem pôr fora.

As duas mulheres são a rapina e o furto. A rapina refere-se às pessoas altamente colocadas, o furto, às mais modestas. Diz-se que têm asas de milhano, que é uma ave de rapina. O milhano é chamado em latim *milvus*, como se dissesse *mollis avis*, isto é, ave macia, mórbida: isso por seu voo e também por sua força limitada; mas é uma ave voracíssima, que ataca as aves domésticas, e por isso representa os predadores altamente colocados.

Essa ânfora é levantada entre o céu e a terra, porque o avarento não escolhe para si um lugar no céu com os anjos, nem na terra com os homens, mas no ar (enforcado) com Judas, o traidor, e com os demônios (as potências do ar). E as duas mulheres não deixam o avarento ir embora enquanto não o tiverem levado para a terra de Senaar, isto é, para o lugar do fedor, quer dizer, para o inferno. Com efeito, Senaar interpreta-se "fedor".

14. Quem chora os próprios pecados ou os do próximo, ou a miséria deste exílio terreno, ou a demora em chegar ao Reino dos Céus, é consolado pelo Senhor, que consolou sua Mãe, que chora sua paixão, dizendo-lhe: "Mulher, eis o teu filho!" E o Profeta Naum diz a propósito: "Bom é o Senhor: Ele consola no dia da tribulação e não esquece aqueles que confiam nele" (Na 1,7). E o Profeta Zacarias: "Eu mesmo serei para ele um muro de fogo que o cerca, e serei uma glória no meio dele" (Zc 2,5). Lê-se no Livro do Êxodo: "O orvalho caiu ao redor do acampamento" (Ex 16,13).

Cristo é como um muro de fogo para a defesa dos seus; ele destrói os inimigos e, no meio deles, é um triunfo que os encoraja.

15. Quem tem fome e sede de justiça dá a cada um o seu, isto é, a Deus e ao próximo o amor, e a si mesmo a penitência pelos pecados cometidos. Essa tríplice justiça é indicada pelas três palavras: "Meu Deus, meu Deus, por que me abandonaste?" Duas vezes chama "Deus", precisamente para recordar o duplo preceito da caridade; e "me abandonaste" para recordar a pena corporal. E a *Glosa* comenta: "Por que me abandonaste?", isto é: Por que me expuseste a tão grande sofrimento?, diz o Filho ao Pai.

E a respeito dessas três palavras diz Habacuc: "O justo vive por sua fé" (Gl 3,11; cf. Hab 2,4). Diz-se justo, porque respeita o direito. "Justo", refere-se a si mesmo, "por sua fé" refere-se a Deus, "vive" refere-se ao próximo. Quem é justo observa os direitos em relação a si mesmo, julgando-se e condenando-se, vive pela fé em Deus, no amor ao próximo. "Quem não ama, porém [diz João], permanece na morte" (1Jo 3,14).

16. Quem é misericordioso para com os outros, Deus é misericordioso para com ele. Os judeus, sem misericórdia, não fizeram isso: a Cristo pendente da cruz, ardendo de sede, eles não ofereceram um copo de água fresca, mas vinagre misturado com fel; e Cristo, tendo-o provado, não quis beber (cf. Mt 27,34), porque experimentou a amargura, isto é, as penas das nossas culpas, mas não quis assimilar a si os nossos pecados. A mesma coisa fazem hoje com Cristo os falsos cristãos, pior ainda do que os judeus; e, portanto, no tempo da tribulação não encontrarão misericórdia.

Nota que no vinagre devem ser considerados três momentos: primeiro, é vinho ainda não maduro; depois, torna-se vinho perfeito; e enfim, deteriora-se e se torna vinagre. A mesma coisa acontece com o falso cristão: antes do batismo é uva agreste e amarga, porque é ainda infiel; todos – diz o Apóstolo – nascemos filhos da ira (cf. Ef 2,3). Recebido o batismo, torna-se como um vinho perfumado, e isso por obra da fé; mas depois, transforma-se em vinagre por causa do pecado mortal.

Diz-se *vinagre* enquanto é *agudo*, picante, ou também aguado. De fato, o vinho misturado com a água toma logo o gosto do vinagre, e se diz que é "ácido", como se dissesse *aquidus*, aquoso. Quando um fiel cristão se mistura à água do prazer carnal, logo se transforma no vinagre do pecado mortal, e, no que depender dele, oferece-o a Cristo, não digo pendente da cruz, mas que já reina no céu. Eis, pois, que Cristo lamenta-se dolorosamente com as palavras de Isaías: "Esperei que a minha vinha produzisse uvas, mas ela produziu uvas agrestes" (Is 5,4). E para esclarecer seu pensamento, sempre Isaías acrescenta: "Esperei que praticasse a justiça, e ela praticou a iniquidade; esperei a retidão e eis gritos de opressão" (Is 5,7).

A uva agreste é chamada em latim *labrusca*, porque pende nos lábios, nas bordas dos caminhos. As obras do pecador, isto é, a iniquidade, a avareza, a luxúria, são como uvas agrestes, que pendem ao longo do caminho e que são arrancadas e levadas pelos passantes. Diz Ezequiel: "Em cada encruzilhada da estrada puseste o sinal da tua prostituição, deturpaste a tua beleza e te ofereceste a cada viajante" (Ez 16,25).

17. Quem quer conservar a pureza do coração, para poder ver a Deus, é necessário que ponha fim a todo o pecado, para dizer com Jesus: "Tudo está consumado", tudo está terminado. Mas as iniquidades dos amorreus ainda não terminaram, e por isso, como diz Isaías, "será o Senhor, Deus dos exércitos, que abreviará e decretará o fim das iniquidades sobre toda a terra" (Is 10,23). E Ezequiel: "Isto diz o Senhor Deus: O fim vem, já vem o fim sobre os quatro lados da terra. Agora chega o fim para ti, e eu desafogarei o meu furor contra ti e te julgarei segundo os teus caminhos" (Ez 7,2-3).

18. Quem tem a paz do coração merece verdadeiramente ser chamado filho de Deus Pai, que, junto com seu Unigênito, diz na hora de sua morte: Pai, em tuas mãos entrego o meu espírito!, porque da paz do coração passa para a paz da eternidade. O próprio Pai, por boca de Isaías, promete: "Na alegria saireis" do corpo, "e na paz sereis conduzidos; montes e colinas", isto é, grandes e pequenos; e as potestades angélicas "cantarão diante de vós hinos de louvor, e todas as árvores do país", quer dizer, todas as almas dos santos, que já gozam da felicidade do céu, "aplaudir-vos-ão", exultando com a vossa chegada (Is 55,12).

Essas são as sete lucernas e os sete canais, com os quais se ilumina o candelabro, e o denário (a moeda), isto é, a alma, é marcada com a efígie do rei.

19. "E perto do candelabro há duas oliveiras, uma à direita da lâmpada e outra à sua esquerda." A lâmpada representa a iluminação da graça. As duas oliveiras são a esperança e o temor, que protegem a graça que foi infundida; a esperança do perdão está à direita, o temor do castigo, à esquerda. A propósito, diz Miqueias: "Eu te mostrarei, ó homem, o que é bom e o que o Senhor exige de ti: É que pratiques a justiça", da qual provém o temor, "que ames a misericórdia" isto é, as obras de misericórdia, das quais nasce a esperança, "e que andes humildemente com o teu Deus" (Mq 6,8). E a *Glosa*: Em tudo isso não procures outra recompensa senão agradar a Deus e com ele andar como Enoc, e então também tu, como Enoc, serás levado por ele (cf. Hb 11,5). Onde houver temor e esperança, ali existe uma vida empenhada em Deus.

E considera ainda que o azeite boia sobre todos os líquidos e, por isso, simboliza a esperança, que tem por objeto as coisas eternas, que estão acima de qualquer bem transitório. De fato, chama-se esperança, em latim: *spes*, porque é o pé, em latim: *pes*, para andar para o Senhor. Esperança é espera dos bens futuros, e ela exprime o sentimento da humildade e uma atenta dedicação de bem servir.

Além disso, o azeite condimenta os alimentos, e também nós devemos condimentar com o temor de Deus tudo aquilo que fazemos. Diz o salmo: "Servi o Senhor com temor" (Sl 2,11), e quem está de pé, cuide de não cair (cf. 1Cor 10,12). E para que o bem servir não pareça *servil*, acrescenta: "e exultai". Mas para que esta exultação não se limite com a temeridade, acrescenta ainda: "com temor" (Sl 2,11). Eis que agora é claro para todos o que significam e como concordam o denário marcado pela efígie e o candelabro iluminado com a lâmpada.

Digamos, pois, também nós: "De quem é esta imagem e inscrição?" A inscrição sobre a moeda é o nome de Cristo, que para o cristão está acima de todo outro nome (cf. Fl 2,9). Com efeito, nós tomamos o nome de Cristo e de ninguém mais. O próprio Cristo diz no salmo: "No teu livro todos estarão escritos; os dias serão formados antes que algum deles exista" (Sl 138,16).

Explica a *Glosa*: "Ó Pai, no teu livro", isto é, em mim que sou o livro da vida, "serão escritos todos" os meus fiéis, isto é, serão formados e chamados pelo nome. "Os dias", isto é, os maiores, como os apóstolos – dos quais se diz: "O dia ao dia confia a palavra" (Sl 18,3) – serão formados" em mim, de quem tomam a perfeição da graça, "e ninguém" dos meus será formado "neles" [nos apóstolos], porque os cristãos não podem dizer que são de Pedro, ou de Paulo, mas só de Cristo (cf. 1Cor 1,12), do qual tomam o nome de cristãos.

20. Com esta segunda parte do evangelho concorda a segunda parte da epístola: "Nós, porém, somos cidadãos dos céus" (Fl 3,20). Para que a nossa pátria esteja no céu, devemos pedir ao Senhor que faça conosco aquilo que ele fez com Jesus, filho de Josedec, como se lê em Zacarias: "Tirai-lhe estas vestes imundas. Depois disse a Jesus: Eis que tirei de ti a tua iniquidade e te revesti de roupas de gala. E acrescentou: Ponde-lhe na cabeça uma tiara limpa. Puseram-lhe na cabeça uma tiara limpa e o revestiram de preciosos vestidos" (Zc 3,4-5).

As vestes imundas representam a vida mundana, que sujam a alma e a consciência. Diz o Apocalipse: "Aquele que é impuro, continue na impureza" (Ap 22,11). E Jeremias: "As suas impurezas chegam até os seus pés" (Lm 1,9), isto é, a vida desordenada dura até o fim da vida. E Joel: "Os jumentos apodrecem no seu esterco" (Jl 1,17).

"Eis que tirei de ti a tua iniquidade." Essas são as vestes imundas. O Senhor tira primeiro a impureza da vida passada e depois faz vestir roupas de gala, isto é, as virtudes, os costumes honestos, nos quais consiste precisamente a forma de vida que leva para o céu.

"Ponde-lhe sobre a cabeça uma tiara limpa." A tiara é a mitra, que tem dois *chifres*, nos quais é simbolizado o conhecimento dos dois Testamentos, ou também, a prática dos dois mandamentos da caridade. Portanto, a mitra sobre a cabeça representa a ciência e a dupla caridade na mente. As vestes brancas são as obras de pureza na carne. De fato, o Senhor diz no Apocalipse: "Irão comigo vestidos de branco, porque são dignos disso" (Ap 3,4), pois sua morada é o céu.

"Donde esperamos o Salvador nosso Senhor Jesus Cristo, o qual transformará o nosso corpo de miséria, fazendo-o semelhante ao seu corpo glorioso" (Fl 3,20-21). Eis de que modo a moeda será marcada com a efígie do nosso Rei. Quem vive no mundo, porém não segundo a vida do mundo, mas segundo a do céu, pode esperar com segurança o Salvador.

E o Profeta Amós, ao contrário, diz: "Ai dos que desejam o dia do Senhor! Para que o desejais vós? Esse dia do Senhor será de trevas e não de luz" (Am 5,18), isto é, de tribulação e não de prosperidade. Naquele dia, verão que suas obras, que agora lhes parecem luminosas, são realmente tenebrosas. Muitos soberbos, como comenta a *Glosa*, a fim de parecerem justos, dizem também que desejam o dia do juízo ou o dia da morte, para começar a estar com Cristo. Mas a estes o profeta dirige suas ameaças, porque ninguém é sem pecado, e exatamente pelo fato de não temerem por si mesmos, são dignos do eterno suplício.

Portanto, esperam o Senhor Jesus com segurança e tranquilidade somente aqueles que levam aqui na terra uma vida digna do céu.

21. Eis por que a Santa Igreja, no introito da missa de hoje convida a elevar o canto de louvor a Jesus Cristo, dizendo: "Aplaudi, povos todos, aclamai a Deus com vozes de exultação" (Sl 46,2). Ó povos todos, convertidos à fé e à penitência, que levais uma vida digna do céu, alegrai-vos em fazer o bem! Como se dissesse: Sejam concordes as mãos e a língua; as mãos operem a fé e a língua a professe. Lê-se no Levítico que a cabeça da pomba oferecida em sacrifício devia estar voltada para as asas (cf. Lv 5,8), e isso simboliza precisamente a coerência entre palavras e obras.

E qual é o motivo pelo qual se deve aplaudir e exultar? Este: o Senhor transformará o nosso miserável e vil corpo, para que se torne como a moeda que tem impressa a efígie do rei, isto é, tornando-o conforme ao seu corpo de glória, porque seremos semelhantes a ele (cf. 1Jo 3,2), e o veremos face a face (cf. 1Cor 13,12), assim como ele é, e seu glorioso esplendor espelhar-se-á em nosso rosto.

Coragem, pois, caríssimos irmãos, supliquemos e imploremos a nosso Salvador, o Senhor Jesus Cristo, que queira transformar e iluminar o denário e o candelabro, isto é, a nossa alma, com sua efígie e com sua luz, a fim de que, transformados na alma e no corpo, mereçamos ser tornados conforme à sua luz na glória da ressurreição.

Digne-se conceder-nos tudo isso aquele que é Deus bendito, glorioso e excelso nos séculos eternos.

E toda a alma, marcada com sua efígie, cante: Amém. Aleluia!

XXIV domingo depois de Pentecostes

Temas do sermão

- Evangelho do XXIV domingo depois de Pentecostes: "Enquanto Jesus falava às multidões"; divide-se em duas partes.
- Primeiramente sermão sobre a criação dos anjos e das almas, sobre a pregação e sobre a fé: "Prepara-te para o encontro com Deus".
- Sermão sobre o dia de Pentecostes: "Quando ouvires o som de quem sobe".
- Parte I: Sermão sobre as quatro lâmpadas e seu significado: "Esquadrinharei Jerusalém com lâmpadas".
- A guarda do coração: "Eu estarei alerta".
- Sermão aos penitentes sobre a confissão: "Levantei os meus olhos e olhei: e eis um homem".
- Os quatro cifres de que fala Zacarias e seu significado: "Levantei os meus olhos e vi quatro chifres".
- Sermão aos claustrais: "Eis que eu aleitarei".
- Parte II: Sermão contra os carnais, dedicados aos sexteto de vícios: "Irei atrás dos meus amantes".
- Contra aqueles que, na doença, confiam-se cegamente aos médicos e confiam nas riquezas: "Asa adoeceu".
- Sermão sobre a paixão de Jesus Cristo: "Tocou a fímbria de sua veste".

EXÓRDIO – CRIAÇÃO DOS ANJOS E DAS ALMAS; A PREGAÇÃO E A FÉ

1. Naquele tempo, "Enquanto Jesus falava às multidões, eis que um chefe da sinagoga aproximou-se dele, adorou-o, dizendo: Senhor, minha filha acaba de morrer" (Mt 9,18). Diz o Profeta Amós: "Prepara-te, ó Israel, para sair ao encontro do teu Deus, porque eis aí quem forma os montes e cria o vento e quem anuncia a sua palavra ao homem, quem produz a névoa da manhã e quem anda por cima das alturas da terra: o seu nome é Senhor Deus dos exércitos" (Am 4,12-13). Dê atenção a estas cinco coisas: os montes, o vento, a palavra, a névoa e as alturas da terra.

    Sentido alegórico. "Ó Israel", isto é, ó alma fiel, que pela fé vês a Deus, "prepara-te para sair ao encontro do teu Deus, porque está próximo o seu advento, que se celebrará no próximo domingo. Talvez perguntes: Quem é este? "É aquele que forma os montes, isto é, os espíritos angélicos, que, pela sublimidade de sua glória, são chamados montes. De fato, lê-se no Cântico dos Cânticos: "Ei-lo que vem, saltando sobre os montes, atravessando os outeiros" (Ct 2,8). O Filho de Deus, vindo com a encarnação, transpôs os coros dos anjos, tanto os maiores como os menores, e previne seu mensageiro.

"Aquele que cria o vento", isto é, as almas, das quais diz o salmo: "Voou sobre as asas dos ventos" (Sl 17,11). Porque a *incompreensibilidade* de Jesus Cristo, como explica aqui a *Glosa*, supera todas as forças (capacidades) das almas[32], com as quais, porém, as almas se elevam, como se tivessem asas, acima dos temores terrenos às auras da liberdade. Também Jó diz: "Ele deu peso ao vento" (Jó 28,25); Deus deu às almas o peso do corpo para que não se perdessem com a soberba, como fez o diabo.

"E anuncia ao homem a sua palavra." Criar significa fazer alguma coisa do nada. Deus cria as almas do nada porque, como diz Agostinho, "infundindo cria e criando infunde". De fato, diz-se no salmo: "Foi ele que formou o coração de cada um deles" (Sl 32,15), isto é, explica a *Glosa*, criou as almas uma a uma, isto é, cada uma por si mesma do nada, e não por Adão como afirmam alguns, crendo que a alma provenha de outra alma. Aquele, pois, que criou as almas, ele mesmo anuncia a elas a sua palavra, da qual a alma vive, e da qual diz o salmo: "A tua palavra é chama ardente" (Sl 118,140). E a *Glosa*: A palavra de Deus queima para purificar a consciência do pecador, para purificar os corações, como a fornalha purifica o ouro, inflama do amor de Deus e ilumina aqueles que a ouvem.

"Que produz a névoa da manhã e que anda por cima das alturas da terra." Diz a *Glosa*: A névoa é uma espécie de espessura do ar, e simboliza a espessura da fé, que é concebida de manhã, isto é, no momento do batismo. As alturas da terra são as virtudes, ou também os santos, postos no cume das virtudes. Deus, porém, supera as virtudes de todos e anda por cima dos corações dos seus.

2. Sobre tudo isso temos uma concordância no Segundo livro dos Reis, onde o Senhor diz a Davi: "Quando ouvires o rumor [dos passos] de quem anda por cima das pereiras, então travarás a batalha, porque o Senhor marchará diante de ti para derrotar o exército dos filisteus" (2Sm 5,24).

O termo pereira, em latim *pyrus*, vem do grego *pyr*, que significa fogo. O fruto dessa árvore parece ter a forma do fogo, porque parte de uma base larga e depois, para o alto, vai se estreitando como o fogo. Os frutos da pereira são, por isso, figura dos santos, ardentes do fogo da caridade, cujas obras partem da amplidão da caridade para terminar depois no estreitamento da humildade. A eles o Senhor diz: "Quando tiverdes feito tudo aquilo que vos foi ordenado, dizei: Somos servos inúteis" (Lc 17,10).

---

32. Depois do IV Concílio Lateranense (1215), também o Concílio Vaticano I (1869) definiu a *incompreensibilidade* da essência divina.

O cume onde se encontram essas pereiras representa a sublimidade da vida: de fato, cume, em latim *cacumen*, soa como *capitis acumen*, isto é, agudez da cabeça. O rumor (dos passos) representa a infusão da graça de Jesus Cristo, que anda na vida perfeita dos santos. Quando esse rumor é ouvido pelos justos, os filisteus, isto é, os movimentos da carne ou do espírito maligno, são derrotados.

Portanto, quem conseguiu fazer todas as mencionadas coisas, certamente pôde libertar a mulher da hemorragia e ressuscitar a filha do chefe da sinagoga. E, por isso, lemos no evangelho de hoje: "Enquanto Jesus falava às multidões" etc.

3. Neste evangelho são postos em evidência dois milagres: a cura da mulher da hemorragia e a ressurreição da filha do chefe da sinagoga. O primeiro onde diz: "Eis que uma mulher". O segundo: "Tendo Jesus chegado à casa do chefe da sinagoga". Hoje, a missa não tem o introito próprio. Lê-se um trecho da Carta do Bem-aventurado Paulo Apóstolo aos Colossenses: "Não cessamos de orar por vós" (Cl 1,9), que dividiremos em duas partes e do qual veremos a concordância com as duas partes do evangelho. Primeira parte: "Não cessamos de orar por vós". Segunda parte: "Agradecendo com alegria ao Pai".

No evangelho de hoje, Mateus fala da cura de uma mulher que sofria de hemorragia e da ressurreição da menina. Paulo, na sua carta, ora para que tenhamos um conhecimento pleno da vontade de Deus, que estanca o fluxo do sangue, isto é, do prazer carnal, e diz que fomos arrancados do poder das trevas, como a menina é arrancada das trevas da morte. Eis por que esta epístola é lida junto com este evangelho.

I – Ressurreição da filha do chefe da sinagoga

4. "Enquanto Jesus falava às multidões" (Mt 9,18). Considera que a morte da menina e o fluxo do sangue são figura do pecado mortal, que se comete com o consenso da mente e com a execução da obra má.

Tratemos primeiramente da morte da menina.

"Eis que um chefe da sinagoga aproximou-se dele, adorou-o, dizendo: Senhor, minha filha acaba de morrer; mas vem, põe a tua mão sobre ela, e viverá" (Mt 9,18).

Marcos e Lucas dizem que o chefe da sinagoga chamava-se Jairo (cf. Mc 5,22; Lc 8,41). Jairo interpreta-se "iluminado" ou "iluminante", e é figura do cristão, que deve ser iluminado e, por sua vez, iluminar com as lâmpadas de que fala Sofonias: "Naquele tempo acontecerá isto: eu esquadrinharei Jerusalém com lanternas, e castigarei os homens que estão mergulhados nas suas imundícies" (Sf 1,12).

Considera que as lâmpadas são quatro. A primeira é a da palavra de Deus: "A tua palavra é lâmpada para os meus pés e luz para os meus caminhos" (Sl 118,105). E presta atenção que diz primeiro "pés" e depois "caminhos", porque quando ouvimos a palavra de Deus, primeiro somos iluminados no coração, para depois podermos caminhar sobre o reto caminho.

A segunda lâmpada é a das boas obras: "Estejam cingidos os vossos rins e as lâmpadas acesas nas vossas mãos" (Lc 12,35). Temos na mão as lâmpadas acesas quando mostramos ao próximo as obras boas.

A terceira lâmpada é a da reta intenção, que ilumina todas as obras boas; dela fala Mateus: "A lâmpada do teu corpo", isto é, das tuas obras, "é o teu olho", isto é, a tua intenção. "Se o teu olho é límpido, todo o teu corpo será luminoso" (Mt 6,22).

A quarta é a da humanidade de Cristo, da qual fala Lucas: "Qual é a mulher que, tendo dez dracmas e perde uma delas" (Lc 15,8) etc.

Sobre isso veja o sermão do III domingo depois de Pentecostes, parte III, onde este evangelho é explicado.

Diz, pois, o Senhor: No momento do juízo, "esquadrinharei Jerusalém" isto é, examinarei cada cristão, "com lâmpadas": olharei se emendou sua vida segundo a palavra ouvida na pregação; se mostrou aos outros a luz das obras boas; se agiu com reta intenção e se conformou sua vida ao exemplo de pobreza e de humildade de Cristo. E então, o Senhor "fará justiça aos homens" que confiam nas próprias forças, "imersos em suas imundícies", isto é, obstinados no seu pecado.

Esse Jairo é chamado chefe da sinagoga, porque cada cristão deve ser chefe, isto é, deve comandar sobre seu corpo, que é como uma sinagoga. "Um monte de estopa é a sinagoga dos pecadores e seu fim é uma chama de fogo" (Eclo 21,10).

Os cinco sentidos do corpo são como um monte de estopa, porque facilmente se inflamam ao fogo da concupiscência e, portanto, Jairo deve dominá-los, para poder dizer com o Profeta Habacuc: "Eu estarei alerta fazendo a minha sentinela e permanecerei firme sobre as fortificações e olharei atentamente para ver o que me será dito e o que hei de responder ao que me repreende" (Hab 2,1). Está alerta aquele que guarda o seu coração com toda a diligência; e permanece firme sobre as fortificações aquele que reprime os sentimentos da carne com o firme propósito de perseverar até o fim; e assim permanecerá atento para ouvir o que lhe será dito e o que poderá responder a quem o repreende.

É precisamente isso que diz Jó: "Exporei diante dele a minha causa e encherei a minha boca de queixas. Para saber o que ele me responderá e para compreender o que me dirá" (Jó 23,4-5). E Gregório comenta assim: Expor diante de Deus a própria causa significa abrir, no segredo da mente, os olhos da nossa atenção e considerar por meio da fé, para poder compreender o seu interrogatório. Enche a sua boca de queixas, ou lamentos, porque, enquanto ouve atentamente a discussão do juiz contra si, pune a si mesmo impondo-se uma dura penitência. "Saberei assim as suas palavras": quando perseguimos as nossas culpas castigando-as, encontramos logo o que possa dizer delas o juiz justo no seu exame; mas não o sabe aquele que negligencia os seus males.

Se o chefe da sinagoga agir desse modo, poderá aproximar-se de Jesus com a fé e adorá-lo com devoção, dizendo: "Senhor, a minha filha acaba de morrer". A filha do chefe da sinagoga morta em casa é figura da alma do cristão, morta na casa da consciência, por causa do consenso dado ao pecado. Com efeito, diz Amós: "A virgem de Israel foi lançada por terra; não há quem a levante" (Am 5,2).

Recorda que existe um duplo estado: aquele da justiça e aquele da justificação; aquele da justiça, quando o homem, depois que lhe foi infundida a graça, não comete mais pecado mortal algum; o da justificação, quando depois de ter caído, levanta-se. É verdade que, após a queda, ainda que se levante, o homem não tem mais a mesma glória, isto é, o mesmo estado de glória, porque é impossível que não tenha perdido o estado precedente; todavia, pode conseguir também uma glória maior se tiver uma maior caridade. A "virgem de Israel" é figura da alma: é virgem pela fé, Israel pela esperança; e é lançada por terra quando consente à concupiscência de sua mísera carne.

"Mas vem, impõe a mão sobre ela, e viverá." Ó bom Jesus, onde estiver a tua mão, ali estará a nossa vida! "A mão do Senhor estava comigo e me fortificava" (Ez 3,14), diz Ezequiel. Dê atenção às três palavras: vem, impõe a mão, e viverá. Ó Senhor Jesus, "vem" e socorre, infundindo a graça, a fim de que a filha, isto é, a minha alma, seja contrita; "impõe a mão", para que se confesse: "O Senhor estendeu sua mão e tocou a minha boca" (Jr 1,9), para que confessasse o pecado; "e assim viverá", com a vida da graça no presente e com a vida da glória no futuro.

5. E sobre isso temos a concordância no Profeta Zacarias, onde diz: "Levantei os meus olhos e pus-me a olhar: E eis que vi um homem que tinha na sua mão uma corda de medir. E eu lhe disse: Para onde vais tu? E ele me respondeu: Vou medir Jerusalém e ver qual é seu comprimento e qual a sua largura" (Zc 2,1-2). Vejamos o significado dessas seis coisas: o homem, a sua mão, a corda, Jerusalém, o seu comprimento e a sua largura.

O homem é Cristo, do qual diz Zacarias: "Eis um homem cujo nome é Oriente" (Zc 6,12). O seu nome é Jesus Cristo, a quem corresponde "homem Oriente", Jesus Salvador. Eis o homem, em latim *vir*, que com seu poder, em latim *virtus*, salvou o seu povo. *Cristo* vem de *crisma*. Eis o *Oriente* que iluminou todos aqueles que se encontravam nas trevas (cf. Lc 1,79). A *mão* desse homem é a sua misericórdia, da qual se diz: "Pediam-lhe que lhe impusesse a mão" (Mc 7,32). Sobre isso veja também o sermão do XII domingo depois de Pentecostes sobre o evangelho "Tendo saído do território de Tiro, Jesus atravessou Sidônia".

A corda de medir representa a confissão dos pecados. Com efeito, diz Salomão: "Uma corda triplicada dificilmente se rompe" (Ecl 4,12). Observa que na confissão o pecador deve realizar três atos: arrepender-se dos pecados cometidos, ter um firme propósito de não recair neles, obedecer a tudo aquilo que lhe manda o confessor. Se a nossa barca for amarrada ao lenho da cruz do Senhor com essa corda, jamais poderá ser rompida. Essa corda está nas mãos de Cristo, que dá a graça da confissão a quem quer, segundo a escolha de sua misericórdia.

Com essa corda ele mede Jerusalém, isto é, a alma do penitente, para ver, e para fazer ver também a ele, qual é o comprimento, isto é, a duração da perseverança, e qual a largura, isto é, a amplitude da dupla caridade. Quem comete o pecado mortal ofende a Deus, prejudica a si mesmo e escandaliza o próximo; mas quando se arrepende e se confessa, com o propósito de perseverar até o fim, então reconcilia-se com

Deus, cura a si mesmo e edifica o próximo. Esse é o comprimento e a largura de Jerusalém, que é medida com a corda da confissão, para que a pena seja proporcional à culpa, e, como pôs seus membros a serviço da iniquidade, assim agora os ponha a serviço da justiça para a santificação (cf. Rm 6,19). Vem, pois, ó Homem-Oriente, e com a corda que tens na mão mede Jerusalém. Vem, Senhor Jesus, e impõe a tua mão sobre a alma, e ela viverá para a vida da graça no presente, e para a vida da glória no futuro.

6. "Levantando-se, Jesus o seguiu com os seus discípulos" (Mt 9,19). Ó inefável misericórdia! Ó maravilhosa humildade! O Rei dos anjos segue o chefe da sinagoga! Tu segues a Jairo. E quem te segue, ó Filho de Deus? "Foram atrás dos seus prazeres e da depravação do seu malvado coração [diz Jeremias], e em vez de dirigir-me o rosto, voltaram-me as costas" (Jr 7,24). E Zacarias: "Voltaram-me as costas, taparam seus ouvidos para não ouvir e endureceram o seu coração como o diamante para não ouvir a lei" (Zc 7,11-12).

"Tendo Jesus chegado à casa do chefe e, tendo visto os tocadores de flauta e uma multidão de gente, que fazia muito barulho, disse: Retirai-vos, porque a menina não está morta, mas dorme. Eles o escarneciam" (Mt 9,23-24). Vejamos o significado moral dos tocadores de flauta e da multidão agitada. Os tocadores de flauta representam os sentidos do corpo, que cantam um hino fúnebre com aqueles quatro chifres dos quais fala o Profeta Zacarias: "Levantei os olhos e pus-me a olhar, e eis que vi quatro chifres. E disse ao anjo que falava comigo: O que é isto? Ele me respondeu: Estes são os chifres que fizeram ir pelos ares Judá, Israel e Jerusalém" (Zc 1,18-19). Esses quatro chifres representam quatro vícios: a soberba ou a luxúria nos olhos, o prurido de ouvir nos ouvidos, a calúnia ou a adulação na língua, e a rapina ou a usura nas mãos. São esses quatro vícios que dispersaram ao vento da vaidade do mundo: Judá, isto é, os leigos, e Israel, isto é, os clérigos, e Jerusalém, isto é, os religiosos. Com esses chifres, os sentidos do corpo cantam o canto fúnebre, isto é, a alegria do mundo, para a morte de nossa alma.

Diz Jó: "Cantam ao som de tímpanos e cítaras, e alegram-se ao som dos instrumentos musicais. Passam os seus dias em delícias, e num momento descem ao inferno" (Jó 21,12-13). O tímpano é formado por uma pele estendida sobre uma *bacia*, sobre um círculo de madeira. Quando o soberbo franze os supercílios – dos quais se diz: "Há pessoas cujos olhos são altivos e seus cílios levantados" (Pr 30,13) – ou os luxuriosos alongam os olhos para a beleza das mulheres – de quem se diz: "Não cobices no teu coração a beleza da mulher, para não seres seduzido por seus olhares" (Pr 6,25) – então percutem o tímpano. A língua aduladora ou caluniadora é comparada à cítara: quando dedilhas as suas cordas, ela emite o som da calúnia ou da adulação. Aqueles que têm os ouvidos desejosos e indiscretos, deliciam-se ao som dos instrumentos, isto é, ao som do louvor à sua revolta. Ai de nós, mesquinhos, que nos deliciamos ao som dos instrumentos: a seu som o olho se faz ridente, o rosto se ilumina, o ouvido se delicia, a língua tripudia e o coração exulta.

"Alegram-se, pois, ao som dos instrumentos musicais." Oxalá, a nossa cítara emitisse lamentos – diz Jó – e o nosso instrumento mandasse vozes de pranto (cf. Jó 30,31). Os depredadores e os usurários "passam seus dias em delícias" com os bens roubados aos pobres. Eis de que modo os malditos flautistas tocam o hino fúnebre. Mas creiam em mim, que a um certo *ponto* (um instante) em que serão feridos até o interior do fígado e dos pulmões, descerão ao inferno, onde se canta o lamento fúnebre, isto é, o pranto dos olhos e o ranger dos dentes.

De modo semelhante, a multidão em agitação representa a perturbação e a desordem dos maus pensamentos. Quando os flautistas tocam externamente o seu hino fúnebre, os pensamentos desordenados subvertem a mente internamente. Com efeito, diz a esposa no Cântico dos Cânticos: "A minha alma ficou toda perturbada por causa dos carros de Aminadab" (Ct 6,11). Aminadab interpreta-se "espontâneo" ou "elegante", e simboliza o nosso corpo que se sente espontaneamente estimulado para as coisas temporais, entre as quais quer viver sempre na elegância e nas delicadezas. E os carros de Aminadab são os sentidos do corpo: enquanto eles correm ao redor entre o esterco e o barro das coisas temporais, a alma, isto é, a animalidade, a sensualidade, subverte a razão com a perturbação e a desordem dos maus pensamentos e desejos.

7. Voltemos ao nosso assunto. Continua o evangelho: "Tendo Jesus chegado à casa do chefe da sinagoga". O chefe representa o homem que deve dominar a si mesmo; sua casa é sua consciência, na qual o Senhor entra quando infunde a sua graça para que reconheça as suas culpas e reconhecendo-as, delas se envergonhe.

"Vendo os flautistas e a multidão, disse: Retirai-vos!" Quando Jesus Cristo visita a consciência do homem com sua graça, manda que os prazeres dos sentidos e o tumulto dos pensamentos se retirem. Ele manda aos ventos, isto é, à vaidade dos sentidos, e ao mar, isto é, ao flutuar dos pensamentos e dos desejos, e eles lhe obedecem (cf. Lc 8,25). "Retirai-vos, pois, a menina não está morta, mas dorme." De fato, para Jesus era como se dormisse, pois para ele era coisa fácil ressuscitá-la da morte, como se a despertasse do sono.

Considera que a morte da alma é dupla: a morte do pecado e a morte do inferno. A morte do pecado pode ser chamada "sono", pois nessa vida o pecador pode ressurgir do pecado com a mesma facilidade com que alguém desperta do sono. Com efeito, diz o Apóstolo: "Desperta, tu que dormes, levanta-te dos mortos e Cristo iluminar-te-á" (Ef 5,14): desperta por meio da contrição, tu que dormes no pecado; por meio da confissão, sai dos mortos, isto é, das obras de morte, e Cristo iluminar-te-á. Observa também que Cristo disse: *menina* e não *velha*. De fato, a alma ainda não é escrava de um hábito mau adquirido a longo tempo, mas é ainda menina e de recente queda no pecado, está só entorpecida, e pode, pois, com facilidade ressurgir para a vida da graça. De fato, está morta e foi ressuscitada em sua casa: ainda não fora levada para fora da porta e sepultada; a alma que está morta na casa da consciência e ainda não levada para a porta da obra má, ou para a sepultura do hábito mau, pode com facilidade retornar à vida.

"E eles o escarneciam." Quando a graça de Jesus Cristo inspira a alma a arrepender-se e levantar-se do pecado, os flautistas, quer dizer, o prazer exterior dos sentidos, e a multidão agitada, isto é, o tumulto interior dos pensamentos e dos desejos, escarnecem dela. Mas diz Jó: O avestruz "zomba do cavalo e do seu cavaleiro" (Jó 39,18). No avestruz é representado o tirânico prazer da carne, que zomba do cavalo, isto é, do espírito, e do seu cavaleiro, quer dizer, da graça, que quer guiar o espírito pelo caminho da vida para conquistar o prêmio da glória celeste. E zomba dele aduzindo como desculpa a fragilidade da natureza, o rigor da abstinência, a dureza da penitência e mostrando-lhe que lhe é impossível perseverar em tudo isso.

"Tendo feito sair a turba, ele entrou e, tomando a menina pela mão e disse: Menina, levanta-te! E a menina se levantou" (Mt 9,25; Lc 8,54). Presta atenção à ordem das palavras. "Tendo feito sair a turba, entrou." Concorda com isso aquilo que o Senhor diz por boca de Oseias: Tirarei do país o arco, a espada e a guerra, e os farei repousar com toda a segurança" (Os 2,18). No arco é indicada a enganadora sugestão do diabo, na espada, os convulsivos pensamentos do coração, na guerra, o miserável prazer dos sentidos. O Senhor elimina da terra todos esses males quando expulsa da casa da consciência a multidão agitada, e tendo-a mandado embora, entra, e entrando recoloca tudo em paz. E isso quer dizer precisamente "e os farei repousar com toda a segurança".

"Tomou sua mão." Toma a mão com a mão quando com sua misericórdia dá o querer, o conhecer e o poder. E concordam com isso as palavras de Zacarias: "As mãos de Zorobabel fundaram esta casa e suas mãos hão de acabá-la" (Zc 4,9). Zorobabel interpreta-se "este mestre da Babilônia": *Zo* este, *Ro* mestre, *Babel* Babilônia. E é figura de Jesus Cristo, que veio para renovar o mundo e para ressuscitar a menina. O Filho do homem veio para salvar o que estava perdido (cf. Lc 19,10). A mão de sua misericórdia funda o templo quando dá o conhecer e o querer; leva-o a termo quando dá o poder, a capacidade de fazer.

"E disse: Menina, levanta-te! E a menina se levantou" (Lc 8,54-55). E sobre isso temos a concordância no Livro do Profeta Miqueias, onde a alma, já ressuscitada por obra da graça, afasta os ataques da carne, dizendo: "Não te alegres, inimiga minha, a meu respeito, por eu ter caído; eu hei de tornar a levantar-me, depois de ter estado sentado nas trevas; o Senhor é a minha luz" (Mq 7,8).

8. Com esta primeira parte do evangelho concorda a primeira parte da epístola: "Não cessamos de orar por vós e de pedir que sejais cheios de conhecimento da sua vontade" (Cl 1,9). A essa oração e a essa súplica o Senhor responde misericordiosamente por boca de Oseias: "Por isso eu a atrairei docemente a mim, conduzi-la-ei ao deserto e lhe falarei ao coração" (Os 2,14). Para que cresça a salvação, ó alma fiel, o Senhor nutre com a graça a Igreja, pela qual o Apóstolo ora e suplica; leva-a depois ao deserto, isto é, à renúncia das coisas temporais e à tranquilidade do espírito, e lhe fala ao coração para que tenha o pleno conhecimento de sua vontade.

E presta atenção que o Apóstolo diz "cheios". Quando um vaso está cheio, perde-se tudo o que nele se puser a mais. Quem está cheio das coisas temporais não pode ser enchido pelo conhecimento da vontade de Deus. Quem quiser estar cheio dele, é necessário que seja antes conduzido ao deserto, e lá poderá sentir o sopro de uma brisa leve que fala ao seu coração, e assim será enchido com o conhecimento da vontade divina. Com efeito, o evangelho de hoje diz que o Senhor primeiro mandou sair a multidão agitada, e depois, no silêncio, falou ao coração da menina: "Menina, eu te digo: Levanta-te!" (Mc 5,41). A boca do Senhor está no ouvido do coração, no silêncio de quem está tranquilo: a ele revela o segredo de sua vontade. Esteja tranquilo o teu coração, e será enchido do conhecimento da vontade divina. Para quem dirigirei o olhar, senão para o humilde, para quem está em paz e é pobre de espírito? (cf. Is 66,2). "Olhou para a humildade de sua serva" (Lc 1,48), que estava no silêncio da mente e do corpo. Diz Jerônimo: "Para mim a cidade é um cárcere, o deserto um paraíso", no qual o Senhor fala ao coração.

Irmãos caríssimos, junto com Jairo, chefe da sinagoga, supliquemos humildemente ao Senhor que venha à nossa casa, mande embora a multidão agitada e ressuscite a nossa filha (a alma). No-lo conceda ele, que é bendito nos séculos dos séculos. Amém.

II – A CURA DA MULHER COM HEMORRAGIA

9. "Eis que uma mulher, que, havia doze anos, padecia de um fluxo de sangue" etc. (Mt 9,20). Vejamos o que significam a mulher, a hemorragia e a fímbria da veste.

A mulher, em latim *mulier*, de *mollities*, moleza, é figura da alma pecadora, que, por boca do Profeta Oseias diz: "Seguirei os meus amantes, que me dão meu pão, minha água, minha lã, meu linho, meu azeite e minha bebida" (Os 2,5). O mole procura as coisas moles. Vejamos o que significam aquelas sete coisas: os amantes, o pão, a água, a lã, o linho, o azeite e a bebida. Os amantes da alma pecadora são os demônios ou os afetos carnais, aos quais segue quanto neles consente e consente neles porque lhe dão pão etc. No pão é representada a pompa da glória temporal; na água, a gula e a luxúria; na lã, a enganadora hipocrisia; no linho, o amor ao dinheiro; no azeite, o brilho da adulação; na bebida, o desejo dos cargos.

Dos pães, ou do pão da glória temporal fala Salomão nas parábolas: "Agradável ao homem é o pão da mentira", isto é, a pompa do século, que finge ser alguma coisa, mas não é nada, "depois, porém, sua boca será cheia de pedras" (Pr 20,17), isto é, de castigo eterno.

Da água da gula e da luxúria, o Profeta Naum diz: "Suas águas são como as poças" (Na 2,8). Fala de Nínive, nome que significa "esplêndida" e é figura da carne do homem, cujas águas, isto é, a gula e a luxúria, são como as poças que no verão se enxugam. Assim, quando chegar a chama da morte, a gula e a luxúria da carne estarão totalmente secas.

XXIV domingo depois de Pentecostes   729

Da lã da hipocrisia encontramos no evangelho: "Guardai-vos dos falsos profetas que vêm a vós em veste de ovelhas" (Mt 7,15).

Sobre este assunto, veja o sermão do VIII domingo depois de Pentecostes, que comenta o mesmo evangelho.

Do linho da avareza fala-se no Êxodo, quando narra que o granizo estragou e destruiu o linho (cf. Ex 9,31). O granizo da divina condenação: "Ide, malditos, para o fogo eterno" (Mt 25,41), estragará e destruirá o linho da avareza e da usura.

Do azeite da adulação lemos no salmo: "O azeite do pecador não chegue a ungir minha cabeça" (Sl 140,5).

Das bebidas dos cargos e das dignidades fala-se no Apocalipse, quando diz que a mulher sentada sobre a besta escarlate tinha na mão uma taça de ouro, cheia das abominações e das imundícies de sua prostituição (cf. Ap 17,3-4). Essa mulher é figura da vaidade do mundo, que está sentada sobre a besta escarlate, isto é, o diabo. Ela tem na mão uma taça de ouro, isto é, o brilho do poder transitório, cheio de abominações. A consciência e as obras daqueles que estão deslumbrados por esse esplendor, testemunham a nós e a si mesmos qual é a abominação e a torpe prostituição que há nisso. Quem beber dessa taça terá sede novamente e sentir-se-á queimar e, queira o céu, que não deva queimar-se para sempre junto com o rico epulão que estava vestido de púrpura.

Mas ai, ai, vejo que quase todos correm com a boca aberta e com a garganta ardente para beber na taça de ouro da prostituta. Diz Jeremias: "O corredor ligeiro percorre depressa os seus caminhos. O onagro, acostumado ao deserto, abrasado no seu apetite, vai buscando com o faro aquilo que deseja" (Jr 2,23-24). E como o vento, mesmo se aspirado com a boca aberta, não extingue a sede, antes a aumenta, assim a vaidade do poder e das dignidades, por vezes, mata precisamente com a sede aquele que bebe delas.

Todo aquele que está contaminado por esses seis vícios é como a mulher que sofre de hemorragia. Evidentemente a hemorragia simboliza a imundície do pecado. Diz Oseias: "Sangue segue sangue" (Os 4,2), quer dizer: à imundície da mente segue a imundície do corpo. Sua luxúria, diz Ezequiel, é comparável à furiosa luxúria do cavalo (cf. Ez 23,20).

"Sofria de hemorragia há doze anos." O número dez refere-se aos dez mandamentos do Antigo Testamento, o número dois, aos dois preceitos da caridade do Novo. Portanto, sofre de hemorragia por doze anos quem se mancha transgredindo abertamente e por maldade os preceitos do Antigo e do Novo Testamento. Diz Oseias: "Entregaram-se à fornicação e não a deixaram, porque abandonaram o Senhor sem observar" (Os 4,10) os preceitos dos dois Testamentos.

Lucas diz também que aquela mulher "tinha despendido com os médicos todos os seus bens, sem poder ser curada por nenhum deles" (Lc 8,45), "antes – acrescenta Marcos – achava-se cada vez pior" (Mc 5,26). Os médicos representam os afetos carnais, dos quais o salmo diz: "Porventura farás milagres em favor dos mortos? Ou os médicos poderão ressuscitá-los para que te louvem?" (Sl 87,11). Os afetos carnais não podem fazer ressurgir a alma do pecado; ao contrário, matam-na quando é ressuscitada e a sepultam no inferno. Quantos indolentes e efeminados consomem todos os seus bens com esses médicos, seja da alma como do corpo, mas não puderam ser curados da doença da alma, antes pioraram.

10. Lemos no Segundo livro dos Paralipômenos que "Asa adoeceu e sofria de uma fortíssima dor nos pés. Nem na doença ele se dirigiu ao Senhor, antes, porém, confiou na ciência dos médicos. Ele adormeceu com seus pais e morreu" (2Cr 16,12-13). Asa interpreta-se "que se exalta", e é figura do rico deste mundo, que se exalta por suas riquezas e vai em busca de coisas maiores do que ele (cf. Sl 130,1). Ele sofre de uma fortíssima dor nos pés. A alma tem *dois pés* sobre os quais se sustenta, que são a esperança e o temor: o rico está privado da força desses dois pés, porque ele repõe toda a sua esperança nas coisas transitórias, que teme perder, e assim confia-se à arte médica, isto é, à sua atividade, ao seu esperto saber e ao gozo dos afetos carnais, e não ao Senhor. Por isso, adormece no pecado e morre no inferno.

Não se deve, pois, confiar nos médicos, mas na fímbria de sua veste, como diz o evangelho: "Aproximou-se dele por trás e tocou a fímbria de sua veste" (Mt 9,20). A veste de Cristo é sua própria carne, da qual Isaías diz: "Por que é vermelho o teu vestido e tuas roupas como as dos que pisam o lagar? Eu pisei sozinho no lagar" (Is 63,2-3). Encontramos um pensamento análogo também em Zacarias: "Jesus estava vestido de hábitos sujos" (Zc 3,3). Jesus Cristo suportou sozinho o lagar, isto é, o peso da cruz, sobre o qual sua veste (seu corpo) foi avermelhada por seu sangue. E a fímbria dessa veste é sua própria paixão, que liberta a alma da hemorragia. Contra os perigos da carne e os movimentos da luxúria, a lembrança da paixão tem uma grandíssima eficácia. E embora esse unguento salutar desça da cabeça para a barba, todavia, é da fímbria de sua veste, isto é, da última parte de sua vida, que sua plenitude espalha-se sobre toda a terra.

Dessa fímbria da veste fala também Zacarias: "Homens de todas as línguas agarrarão a fímbria do vestido de um judeu, dizendo: Iremos convosco, porque soubemos que Deus está convosco" (Zc 8,23). A mesma coisa dizia também a mulher dentro de si: "Ainda que eu toque apenas a fímbria de sua veste, serei curada" (Mt 9,21).

A fímbria da veste de Cristo, isto é, sua paixão, atrai muitos para o próprio Cristo, mais do que todo o resto de sua vida. De fato, ele mesmo disse: "Quando eu for levantado da terra, atrairei todos a mim" (Jo 12,32).

Ó alma, se queres ser curada de tua hemorragia, toca com a fé, agarra com as obras, a fímbria da paixão. Diz o Apóstolo: "Os que são de Cristo crucificaram sua carne com os vícios e concupiscências" (Gl 5,24). Se assim tiveres tocado e agarrado, serás digna de ouvir dizer: "Tem confiança, filha, a tua fé te curou" (Mt 9,22). Presta atenção, que a palavra fé compõe-se de duas palavras: faço e digo (latim: *fi-des, faço e digo*). Se eu faço aquilo que digo, e agarro aquilo que toco, então existe verdadeira fé, e tal fé me salva.

11. Com esta segunda parte do evangelho concorda também a segunda parte da epístola: "Dando graças a Deus Pai, que nos fez dignos de participar da sorte dos santos na luz" (Cl 1,12).

Ó Pai, quanto devem agradecer-te a filha do chefe da sinagoga ressuscitada da morte e a mulher curada de sua hemorragia; e quanto devem agradecer-te todos aqueles que são representados nessas duas mulheres: tu os fizeste dignos de participar da vida eterna, que é a sorte dos santos. "O Senhor é parte de minha herança" (Sl 15,5). "E nesta tua luz, nós veremos a luz" (Sl 35,10).

"É ele que nos libertou do poder das trevas e nos transferiu para o reino do seu Filho amado" (Cl 1,13). Eis a ressurreição da filha do chefe da sinagoga, isto é, da alma, que o Senhor, com a mão de sua misericórdia arranca do poder das trevas, onde jaz cega, e a transfere para a região da *dessemelhança* no reino do seu amor, que conquistamos por meio da paixão do Filho. E conclui: "No qual, por meio do seu sangue, temos a redenção e a remissão dos pecados" (Cl 1,14). Eis a cura da mulher de sua hemorragia, tocando a fímbria da veste. De fato, o sangue da paixão de Cristo estanca o sangue de nossa malícia.

Coragem, pois, filhos caríssimos, peçamos devotamente ao Senhor Jesus Cristo que, com a fímbria de sua paixão, estanque o nosso sangue, isto é, a inclinação à luxúria, para sermos capazes de agradecer-lhe adequadamente e sermos feitos dignos de reinar na sua luz junto com seus santos. No-lo conceda ele próprio, que é admirável nos seus prodígios, e é Deus bendito nos séculos eternos.

E toda a alma ressuscitada e curada responda: Amém. Aleluia!

Prólogo

Tributemos a homenagem do louvor e hinos de agradecimento ao Deus Uno e Trino, porque, com sua ajuda, na exposição dos evangelhos dominicais, chegamos ao I domingo do Advento do Senhor.

Recordemos que, durante todo o Advento, a Igreja nos faz ler o Livro do Profeta Isaías: queremos, enquanto o Senhor no-lo conceder, encontrar a concordância das várias citações deste profeta com os trechos dos evangelhos e das epístolas do próprio Advento.

I DOMINGO DO ADVENTO

Temas do sermão

• Evangelho do I domingo do Advento: "Haverá sinais no sol e na lua"; dividi-lo-emos em quatro partes.

• Primeiramente, sermão aos penitentes ou aos religiosos: "Naquele dia, o germe do Senhor".

• A confissão: "A glória do Líbano"; ou: "Naquele dia, o Senhor rapará a cabeça".

• Parte I: Anunciação e natividade do Senhor: "Vi o Senhor", e "O oleiro sentado ao seu trabalho".

• Paixão do Senhor e suas cinco chagas: "Haverá cinco cidades".

• Parte II: Sermão aos penitentes ou aos religiosos: "Moisés, tomando o sangue".

• Sermão aos claustrais: "Virá a ti a glória do Líbano", e "No ano em que morreu o Rei Ozias".

• Sermão contra os eloquentes e os sábios deste mundo: "Naquele dia, o homem lançará fora os ídolos"; a toupeira e o morcego.

• Sermão aos penitentes: "Levanta-te! Levanta-te".

• Parte III: Sermão sobre o momento da morte ou sobre a sepultura do defunto: "Olhará para o alto".

• Sermão contra os luxuriosos e os gulosos: "Vós vos envergonhareis dos jardins que escolhestes".

• Parte IV: Sermão sobre o dia do juízo e sobre a condenação dos pecadores: "A terra será despedaçada", e "Gritai, porque está próximo o dia do Senhor", e "O Senhor avança como um valente", e "A espada do Senhor está coberta de sangue".

EXÓRDIO – SERMÃO AOS PENITENTES OU AOS RELIGIOSOS E SERMÃO SOBRE A CONFISSÃO

1. Naquele tempo, disse Jesus aos seus discípulos: "Haverá sinais no sol, na lua e nas estrelas" (Lc 21,25).

Diz Isaías: "Naquele dia, o germe do Senhor crescerá em magnificência e glória e o fruto da terra será exaltado" (Is 4,2). Essa expressão será aplicada, primeiramente em sentido alegórico, ao Verbo encarnado; e depois, em sentido moral, ao pecador convertido.

Sentido alegórico. "Naquele tempo", isto é, no momento da graça, quando para aqueles que estavam imersos nas trevas (cf. Mt 4,16) brilhou "o esplendor da luz eterna" (Sb 7,26), haverá – diz Isaías com profética segurança – o germe do Senhor, o Filho do Pai, que a Bem-aventurada Maria, árvore da vida, produziu como um germe no seu nascimento. Daí que Isaías implora: "Derramai, ó céus, lá das alturas o vosso orvalho". A *Glosa* acrescenta: Venha Gabriel, e, com seu anúncio, envie-nos seu orvalho; "e as nuvens chovam o justo", isto é, os profetas, irrigando os nossos corações com benéfica chuva, anunciem o nascimento de Cristo. "Abra-se a terra", isto é, Maria creia no anúncio do anjo, e assim "faça germinar o Salvador" (Is 45,8). Ele cresceu "em magnificência" com a pregação e realizando os milagres, e "em glória" na sua ressurreição; ele é "o fruto da terra", isto é, da Bem-aventurada Virgem, e foi "sublime" na sua ascensão ao céu.

Sobre a magnificência dos milagres fala Isaías: "Deus mesmo virá e vos salvará: então, abrir-se-ão os olhos dos cegos, desimpedir-se-ão os ouvidos dos surdos. Então, o coxo saltará como um cervo, e desatar-se-á a língua dos mudos" (Is 35,4-6). E sobre a glória da ressurreição, acenando aos apóstolos, diz ainda: "Eles verão a glória do Senhor e a magnificência do nosso Deus" (Is 35,2). E João: "Vimos a sua glória, glória como do Unigênito do Pai" (Jo 1,14). E sobre a sublimidade da ascensão, o Pai, com as palavras de Isaías, diz: "Eis que o meu servo procederá com inteligência, será exaltado e elevado, chegará ao cúmulo da glória" (Is 52,13). O Filho é chamado "servo do Pai", pois lhe foi obediente até a morte.

2. Sentido moral. "Naquele dia" etc. O dia é o sol a luzir sobre a terra. Quando o sol da graça ilumina a terra, isto é, a mente do pecador, esta produz por si o germe do Senhor, no qual é simbolizada a contrição. Daí que Isaías diz: "A chuva e a neve descem do céu... e inebriam a terra, fecundam-na e a fazem germinar, a fim de que dê semente ao que semeia e pão ao que come" (Is 55,10). Na chuva e na neve é representada a graça do Espírito Santo.

Sobre o significado da neve, veja o sermão do II domingo da Quaresma, parte II, "Jesus tomou consigo Pedro, Tiago e João" etc.

À semelhança da chuva e da neve que descem do céu, isto é, da misericórdia divina, a graça desce e inebria a terra, quer dizer, o pecador dedicado às coisas terrenas, a fim de que se torne insensível a elas, arrependa-se até as lágrimas e manifeste o segredo do seu pecado. A embriaguez produz precisamente estes três efeitos: torna insensível, prova as lágrimas e manifesta os segredos. "Impregna-a" com o espírito de pobreza, do qual, sempre Isaías diz: "Sobre nós se derrame o espírito lá do alto" (Is 32,15), para que não se acenda nela [na terra, na mente do pecador], a sede da cobiça (cf. Jó 18,9). "E a faça germinar" de modo maravilhoso, o que acontece quando o pecador se arrepende de maneira absoluta de todos os pecados cometidos e de todas as omissões; então "produz a semente" das obras boas "para o semeador", isto é, para o penitente que semeia nas lágrimas, e "o pão para comer", porque recolhe na alegria (cf. Sl 125,5). Eis, pois, que "naquele dia o germe do Senhor crescerá em magnificência.

"E em glória." Do germe da contrição brota a glória da confissão, da qual Isaías diz à alma penitente: "Ser-lhe-á dada a glória do Líbano, o esplendor do Carmelo e do Saron" (Is 35,2). Líbano interpreta-se "brancura", Carmelo "circuncisão" e Saron "canto de tristeza". A confissão tem precisamente estes três efeitos: torna branca a alma, elimina as coisas supérfluas, lamenta-se e canta tristemente: "A minha alma está triste até a morte" (Mt 26,38). Também "a mulher quando dá à luz, está em tristeza" (Jo 16,21).

Sobre a purificação da alma dos pecados, diz Isaías: "O Senhor lavará as manchas das filhas de Sião e o sangue do meio de Jerusalém com espírito de juízo e com espírito do fogo" (Is 4,4). Nas manchas é indicada a impureza; de fato diz Jeremias: "As suas manchas chegam até os seus pés" (Lm 1,9), isto é, os afetos; no sangue é indicada a luxúria da carne. O Senhor lava tais imundícies das filhas de Sião, isto é, das almas de Sião, as almas que pertencem à Igreja, "com o espírito do juízo", que é a confissão, na qual o penitente julga e condena a si mesmo; "e com o espírito do fogo", que é a contrição, na qual a alma, como que inflamada, desmancha-se em lágrimas de compunção.

Sobre as coisas supérfluas que devem ser eliminadas com a confissão, Isaías diz: "Naquele dia, com uma navalha afiada, ou tomada de empréstimo, o Senhor rapará a cabeça e o pelo dos pés (das pernas) e a barba toda daqueles que estão na outra margem do rio" (Is 7,20). A navalha, chamada em latim *novacula*, como se fizesse *novo* o homem, representa a confissão, que torna verdadeiramente novo o espírito do homem. Diz Jeremias: "Preparai o terreno inculto e não semeeis entre os espinhos" (Jr 4,3), para que quando nascerem não sufoquem (cf. Lc 8,7) a palavra da confissão. Essa navalha é dita "afiada", ou "tomada de empréstimo", porque o pecador, na obra de sua salvação, deve como que tomá-la de empréstimo por uma certa soma, que é a devoção e a humildade. Com essa navalha, o Senhor "rapa a cabeça" etc., "daqueles que estão na outra margem do rio", que atravessaram o rio, isto é, que receberam o batismo. Na cabeça e nos pés são indicados o início e o fim da vida, na barba a intrepidez em fazer o bem.

Com a lâmina cortante de uma verdadeira confissão, o Senhor corta no penitente os vícios, representados nos pelos, do início de sua confissão até a conclusão de sua vida. Rapa também toda a barba, para que não confie em alguma das obras boas que fez, como se tivesse sido feita por ele. Realmente, devemos confiar somente naquele que fez a nós, e não naquilo que nós temos feito. Aquele que fez a nós é todo o Bem, o Sumo Bem; porém, o bem que temos feito nos é como o pano de uma mulher imunda (cf. Is 64,6). Tu mesmo, pois, deves compreender em que bem se deve confiar. Unicamente no Senhor, no bom Jesus, de quem o profeta diz: "Tu és bom, ó Senhor" (Sl 118,68).

Igualmente, do canto de tristeza diz Isaías: Subirá chorando pela colina de Luit, e pelo caminho de Horonaim irão dando gritos de aflição" (Is 15,5). Sobre esse assunto, veja o sermão do X domingo depois de Pentecostes, parte III.

3. Considera que são quatro os "adventos" (vindas) do Senhor.

O primeiro advento foi na carne, e dele se diz: "Eis que virá o grande profeta: ele renovará Jerusalém" (liturgia do I domingo do Advento, 5ª antífona das Laudes).

O segundo advento realiza-se na mente; e diz: "E viremos a ele e nele faremos morada" (Jo 14,23).

O terceiro advento verificar-se-á no momento da morte; diz-se: "Bem-aventurado aquele servo que, ao voltar, o Senhor encontrar no trabalho" (Lc 12,43).

O quarto advento cumprir-se-á na glória; lemos no Apocalipse: "Eis que ele vem sobre as nuvens e todos os olhos o verão" (Ap 1,7).

Esses quatro adventos são indicados nas primeiras quatro palavras deste Santo Evangelho. Consideraremos cada uma delas em separado.

No introito da missa de hoje canta-se: "A ti, Senhor, eu elevo a minha alma" (Sl 24,1), e lê-se um trecho da carta do Bem-aventurado Paulo aos romanos: "Sabeis que já é hora de despertarmos do sono" (Rm 13,11). Confrontaremos este trecho da Carta aos Romanos com o primeiro advento, e também com o segundo, aquele que acontece na mente. Porém, confrontaremos o introito da missa com o terceiro e o quarto advento.

Consideremos primeiramente o primeiro advento.

I – O PRIMEIRO ADVENTO DE CRISTO NA CARNE

4. "Haverá sinais no sol e na lua." O sol, assim chamado porque resplende solitário (latim: *sol, solus*), é Jesus Cristo que, sozinho, habita em luz inacessível (cf. 1Tm 6,16), e o esplendor de todos os santos quase desaparece, comparado ao seu esplendor, isto é, à sua santidade. Diz Isaías: "Tornamo-nos todos como homens imundos", isto é, como leprosos, "e todas as nossas obras de justiça são como pano sujo" (Is 64,6). Esse sol, como diz o Apocalipse, "tornou-se negro como um saco de crinas" [também chamado cilício] (Ap 6,12). Cristo cobriu a luz de sua divindade com o saco de nossa humanidade. Diz: "Tomei por vestido um cilício" (Sl 68,12).

Mas que relação pode existir, ó Filho de Deus, entre ti e o cilício? Com tal veste não deve cobrir-se Deus, mas o réu, não o Criador, mas, merecidamente, o pecador; é a veste do pecador e não daquele que perdoa os pecados. Que relação, pois, há entre ti e o cilício? Uma relação profunda e absolutamente necessária ao homem pecador, porque arrependi-me de ter feito o homem (cf. Gn 6,7), quer dizer: sofro um grande desprazer em relação ao homem. Isaías afirma: "Tornaste-me como que um escravo pelos teus pecados e me cansaste com tuas iniquidades", e ainda: "Estou cansado de suportá-las" (Is 43,24; 1,14).

Eis, pois, que "o sol tornou-se negro como um saco feito de crinas" (cilício). Com efeito, sob o cilício da carne esconde a si mesmo, "fulgor da luz eterna" (Sb 7,26). Dele diz Isaías: Princípio da vida "és tu, ó Deus, e fora de ti não há Deus. Verdadeiramente, tu és um Deus escondido, o Deus de Israel, o Salvador!" (Is 45,14-15). E ainda: "Seu rosto estava encoberto" (Is 53,3). Com razão, diz "encoberto"; o anzol da divindade foi encoberto pela isca da humanidade para matar, como diz sempre Isaías, a baleia, o monstro que vive no mar (cf. Is 27,1), isto é, o diabo que está neste mundo salgado e amargo.

Diz Jó: "Capturará Beemot [o monstro marinho] com os seus olhares e atravessar-lhe-á as narinas com um gancho" (Jó 40,19). O humilde captura o soberbo; o nosso "Menino", envolto em panos, captura a antiga serpente. E Isaías: "A criança de peito brincará sobre a toca da áspide, a criança porá a mão na caverna das serpentes venenosas" (Is 11,8). O nosso "Menino", envolto em panos, deitado na manjedoura (cf. Lc 2,7.12), com a mão de seu poder arrancou a áspide e a serpente da toca e da caverna, isto é, o diabo da consciência dos pecadores. Eis, pois, que "o sol tornou-se negro como um sacro feito de crinas".

Ó Primeiro! Ó Último! Ó Excelso! Ó Humilde e desprezado! "E nós o consideramos como um leproso, castigado por Deus e humilhado" (Is 53,4).

5. Sobre a humilhação de Cristo, concordam ainda as palavras de Isaías: "Eu vi o Senhor sentado sobre um alto e elevado trono" (Is 6,1). Vejamos o significado destas palavras: sentado, trono, alto e elevado.

"O Senhor sentado" representa o humilde abaixamento de sua divindade para a nossa humanidade. Lemos no Eclesiástico: "O oleiro sentado ao seu trabalho gira com os pés a roda e está sempre atento à sua obra" (Eclo 38,32). O oleiro é o Filho de Deus, do qual o salmo diz: "Formei o coração de cada um deles" (Sl 32,15). Ele "está sentado ao seu trabalho", isto é, humilhou-se na carne para a nossa salvação.

Sempre Isaías: [Virá o Senhor] "para executar sua obra, uma obra que não corresponde à sua natureza; para fazer de sua obra uma obra estranha" (Is 28,21). São Gregório comenta assim estas palavras misteriosas: "Virá ao mundo para realizar a sua obra: para redimir o gênero humano. Mas é uma obra que não responde à sua natureza: certamente não convém à sua divindade ser coberto de escarros, ser flagelado e pregado numa cruz. Com os pés de sua humanidade, ele faz girar para a vida a roda de nossa natureza, que antes girava para a morte; a fim de que, àquele que antes fora dito: És pó e ao pó retornarás (Gn 3,19), agora se possa dizer-lhe: "Serás bem-aventurado e gozarás de todos os bens" (Sl 127,2).

E com quanto amor ele se empenhou para realizar a sua obra durante trinta e três anos, testemunham-no com muita evidência os evangelhos. E o salmo diz: "Corri sedento" (Sl 61,5). Corria com tanto desejo para a cruz, como o oleiro para a fornalha, para realizar e completar a sua obra, que nem parou para responder a Pilatos, precisamente para não retardar a obra de nossa salvação.

6. "Sobre um trono." O trono, chamado em latim *solium*, quase como *solidum*, é a humanidade de Cristo que, fundada sobre sete colunas (cf. Pr 9,1), foi em todos os sentidos sólida e estável. Diz Isaías: "Naquele dia, sete mulheres lançarão mão de um só homem e lhe dirão: Comeremos o nosso pão e dos nossos vestidos nos cobriremos; basta que sejamos chamadas com o teu nome: tira a nossa vergonha" (Is 4,1).

As sete mulheres simbolizam os sete dons do Espírito Santo, que são chamados *mulheres*, pois ninguém pode ser gerado para Deus senão por obra do Espírito. O *homem* é Cristo – único, isto é, só ele é sem pecado – que os sete dons agarrarão, para retê-lo firmemente e não perdê-lo. Todos os homens passam até Cristo, mas os "sete dons" não agarram nenhum deles. Com efeito, não há homem sem pecado: em todos o Espírito tem uma hospitalidade de tribulação e não uma morada de repouso. O Espírito esteve nos profetas e nos outros justos; mas já que eram homens, e, portanto, pecadores, esteve neles, mas neles não se deteve. Por isso, só de Cristo é dito em João: "Aquele sobre o qual verás descer e permanecer o Espírito Santo, ele é aquele que batiza" (Jo 1,33).

"Lançarão mão sobre um único homem e dirão: Comeremos o nosso pão etc. Comenta a *Glosa*: Quem tem pão e vestes de nada mais precisa. "Comeremos o nosso pão e vestiremos os nossos vestidos", quer dizer: Com o Espírito Santo, junto com o Pai e o Filho, possuir tudo e não ter necessidade de mais nada. "Somente, faze que sejamos chamados com teu nome", e isto significa: Por ti sejam chamados cristãos aqueles que desejam gozar de nossa morada. "Tira a nossa vergonha", para que, tirados (os dons) do coração dos homens pelo fedor dos vícios, já não sejamos obrigados a mudar de morada com tanta frequência.

7. A humanidade de Cristo, pois, sobre a qual como num trono sentou-se – isto é, humilhou-se – a divindade, foi exaltada e elevada. Foi exaltada por sua inigualável santidade de vida. Diz João: "O que vem lá de cima, é superior a todos" (Jo 3,31) pela sublimidade da vida. E também Isaías: "Comerá manteiga e mel, para que saiba rejeitar o mal e escolher o bem" (Is 7,15).

Observa que do leite da ovelha fabricam-se dois produtos: a manteiga e o queijo. A manteiga é doce e gordurenta; o queijo é sólido e enxuto. A ovelha foi Adão, cuja natureza, antes do pecado, foi como a manteiga pela inocência e pela pureza; depois do pecado, foi como o queijo, sólido e enxuto. Por isso: "Maldita seja a terra", isto é, tua carne, "no teu trabalho. Ela te produzirá espinhos e abrolhos" (Gn 3,17-18). Quando, pois, veio o Emanuel, aquele que a Virgem concebeu e deu à luz, ele não comeu queijo, mas manteiga, porque não assumiu carne corrompida ou sujeita ao vício, mas assumiu carne puríssima da carne da puríssima Virgem. Comeu também mel, que vem do alto, no qual é representada a absoluta perfeição de sua vida.

Igualmente, a humanidade de Cristo foi elevada, quer dizer, levantada sobre o patíbulo da cruz. Com efeito, diz João: "Quando eu for elevado da terra, atrairei todos a mim" (Jo 12,32) com o gancho da cruz, na qual o nosso "sol" foi encoberto com o cilício e marcado com cinco "sinais". Por isso, é dito: "Haverá sinais no sol".

8. Os "sinais no sol" foram as cinco chagas no corpo de Cristo. Elas são "as cinco cidades na terra do Egito, que falam a língua de Canaã, a primeira das quais chamar-se-á *Cidade do Sol*" (Is 19,18).

Egito interpreta-se "tristeza" ou "trevas". A terra do Egito representa a carne de Cristo, que esteve na tristeza; realmente, na Carta aos Hebreus afirma-se: "Oferecendo com um grande grito e com lágrimas" (Hb 5,7); e esteve nas trevas: "Colocou-me em lugares escuros como a mortos de muito tempo" (Sl 142,3).

Nessa terra houve cinco cidades, isto é, cinco chagas, que são as cidades-refúgio, nas quais todo aquele que nelas se refugia será libertado da morte. Foge, pois, refugiate nas cidades fortificadas, porque quem for encontrado fora delas será morto. Com efeito, diz-se no Gênesis que todo o ser que for encontrado fora da arca será destruído pelas águas do dilúvio (cf. Gn 7,21-23). Portanto, somente na arca há vida. Foge para ela como fez Rute, à qual Booz disse no livro dela: "Receberás uma plena recompensa do Senhor Deus de Israel, para quem vieste e sob cujas asas te refugiaste" (Rt 2,12). Com os braços abertos sobre a cruz, quase como duas asas, Cristo acolhe aqueles que a ele acorrem, e no refúgio de suas chagas os esconde da ameaça dos demônios.

"Que falam a língua de Canaã", nome que se interpreta "mudada". De fato, as chagas de Jesus Cristo, como com uma total mudança de linguagem, falam de nós ao Pai, não para obter vingança, mas para impetrar misericórdia. Diz o Apóstolo aos hebreus: "Vós, porém, aproximastes-vos de Jesus, o mediador da nova aliança, e da aspersão daquele sangue que fala melhor do que o de Abel" (Hb 12,22.24): o sangue de Abel clama por vingança, o sangue de Cristo, por misericórdia.

Diz ainda Bernardo: Ó homem, tens um acesso seguro para Deus, porque diante do Filho encontras a Mãe, e diante do Pai encontras o Filho. A Mãe mostra ao Filho o peito e os seios, o Filho mostra ao Pai o lado e as chagas. Não poderá, pois, haver repulsa alguma, onde estão reunidos tantos sinais de amor.

"A primeira será chamada Cidade do Sol." A chaga do lado é a Cidade do Sol. Com a abertura do lado do Senhor foi aberta a porta do paraíso, da qual refulgiu para nós o esplendor da luz eterna. Lê-se na *História natural*, que o sangue extraído do lado da pomba elimina as manchas dos olhos; assim o sangue extraído do lado de Cristo com a lança do soldado iluminou os olhos do cego de nascença, isto é, do gênero humano.

9. Com este primeiro advento do Senhor concorda a primeira parte da epístola de hoje: "Já é hora de despertarmos do sono" (Rm 13,11).

Como no último advento "soará a trombeta e os mortos ressurgirão" (1Cor 15,52), assim neste primeiro advento soa a trombeta da pregação: "Já é hora" etc. Esta hora é o ano da benignidade (cf. Sl 64,12), "a plenitude dos tempos, em que Deus enviou seu Filho, nascido de mulher, nascido sob a lei" (Gl 4,4). Despertemo-nos, pois, do sono, isto é, do amor às coisas temporais, das quais Isaías diz: "Veem coisas vãs, dormem e amam os sonhos" (Is 56,10), isto é, as coisas temporais que fecham os olhos do coração à contemplação das coisas eternas. As vãs imaginações sobre as coisas deste mundo, que iludem os que dormem nas primeiras horas do dia, são afugentadas pelo raiar do sol. O saco feito de crinas, o cilício, o miserável paninho no qual Jesus foi envolvido, o humilde lugar do presépio no qual foi deitado, convidam-nos a despertar do sono e expulsar as vãs fantasias. "É verdadeiramente hora de despertarmos do sono."

Mas ai de nós, que nem nesta única hora podemos vigiar com o Senhor, porque não queremos. O Senhor vigiou, pois Jeremias diz: "Vejo uma vara vigilante" (Jr 1,11). Jesus Cristo foi a vara, flexível por sua obediência e humildade, sutil pela pobreza: ele vigiou com essas virtudes, mas nós não queremos vigiar com ele. Os homens, escravos das riquezas, dormiram seu sono (cf. Sl 75,6); porém, as [verdadeiras] riquezas dos homens, isto é, a humildade e a pobreza dos justos, vigiam com o Senhor e, portanto, podem dizer com toda a sinceridade: "Agora a nossa salvação está mais próxima do que quando abraçamos a fé" (Rm 13,11). E isso é o que nos diz também Salomão nas parábolas: "O caminho dos justos é semelhante à luz que resplandece e cresce até dia pleno" (Pr 4,18). "Luz que resplandece", eis "quando abraçamos a fé"; "até o dia pleno", eis "a nossa salvação está mais próxima". A luz resplandecente existiu na encarnação do Verbo, da qual brotou a fé; o dia pleno realizou-se na paixão, com a qual ficou mais próxima a salvação. "De que nos serviria ter nascido, se não tivéssemos sido redimidos?" (do canto *Exultet*, do Sábado Santo).

Irmãos caríssimos, supliquemos, pois, a Jesus Cristo, que no primeiro advento cobriu-se por nós de cilício e que se marcou com os sinais da paixão para interceder por nós, a fim de que nos desperte do sono, faça-nos vigiar com ele, de maneira a podermos merecer, no seu último advento, a herança da eterna salvação.

No-lo conceda ele próprio, que é bendito nos séculos. Amém.

II – O SEGUNDO ADVENTO DE CRISTO NA MENTE

10. "Haverá sinais na lua." Os sinais na lua são aqueles descritos por João no Apocalipse: "A lua tornou-se toda como sangue" (Ap 6,12), e por Joel: "A lua mudar-se-á em sangue" (Jl 2,31).

Deus criou dois grandes luzeiros, o maior e o menor (cf. Gn 1,16); quer dizer, criou duas criaturas racionais. O luzeiro maior é o espírito angélico, o luzeiro menor é a alma humana. Por isso diz-se lua, como se dissesse "uma entre as luzes". A alma humana foi criada para ser um daqueles espíritos celestes capaz de compreender as coisas do céu; para que louvasse o Criador e fosse feliz junto com os filhos de Deus (cf. Jó 38,7). Mas pela demasiada proximidade com a terra contraiu a negrura e perdeu a luminosidade; e, portanto, se quiser recuperá-la, é necessário que antes se torne toda sangue.

O sangue simboliza a contrição do coração. O Apóstolo na Carta aos Hebreus diz: "Moisés tomou o sangue dos bezerros e dos bodes, com água e lã tingida de escarlate, e, com o hissopo, aspergiu o próprio livro assim como todo o povo, dizendo: Este é o sangue da aliança que Deus contraiu conosco. Aspergiu igualmente com sangue o tabernáculo e todos os vasos do ministério. Segundo a lei, quase todas as coisas se purificam com sangue: sem efusão de sangue não há remissão" (Hb 9,19-22). Eis, pois, de que modo a lua tornou-se toda como sangue.

Veremos agora que significado moral têm Moisés, o sangue, a água, a lã escarlate e o hissopo, o livro e o povo, o tabernáculo e os vasos.

Quando Jesus Cristo, misericordioso e benigno, entra na mente do pecador, então "Moisés toma o sangue" etc. Moisés é o próprio pecador já convertido; libertado das águas do Egito, ele deve acolher em si essas quatro entidades: o sangue da dolorosa contrição, a água da lacrimosa confissão, a lã da inocência, escarlate da correção fraterna e o hissopo da verdadeira humildade. Com essas coisas deve aspergir o livro, isto é, o segredo do seu coração, e todo o povo de seus pensamentos, e o tabernáculo, isto é, seu corpo, e todos os seus vasos, quer dizer, os cinco sentidos. No sangue da contrição todas as coisas são purificadas, tudo é perdoado, contanto que haja o propósito de confessar-se. Realmente, sem o sangue da contrição não há remissão de pecado.

11. "Haverá sinais na lua." Pelos sinais exteriores do penitente conhecem-se os sinais interiores da contrição. Quando resplandecer a castidade no corpo, a humildade no agir, a abstinência no comer, a modéstia no vestir: então haverá os prenúncios da santificação interior. Por essas quatro práticas, em Isaías Deus promete à alma penitente: "A glória do Líbano virá a ti: o abeto, o buxo e juntamente o pinheiro servirão para adornar o lugar do meu santuário" (Is 60,13).

A glória do Líbano é a castidade do corpo, da qual a alma se gloria: "Elevei-me como um cedro do Líbano" (Eclo 24,17). Líbano interpreta-se precisamente "brancura". O cedro, com seu perfume, expulsa as serpentes. No Líbano, pois, isto é, no corpo que pratica a castidade, a alma é levada como um cedro, porque com o perfume de sua conduta santa põe em fuga as serpentes da sugestão diabólica e da concupiscência carnal. Dessas coisas diz ainda Isaías: "Tudo o que é glorioso será protegido" (Is 4,5). Onde existir a glória da castidade, ali existe a proteção da divina misericórdia, que protege todas as obras boas.

Igualmente, o abeto, chamado em latim *abies*, porque cresce mais alto (latim: *abeo*) do que todas as outras árvores, representa a humildade, que é a mais sublime de todas as virtudes. Daí que com essa virtude concordam as palavras de Isaías: "No ano em que morreu o Rei Ozias, vi o Senhor sentado sobre um alto trono e elevado, e a casa estava cheia de sua majestade e as franjas do seu vestido enchiam o templo" (Is 6,1).

O Rei Ozias, soberbo e leproso, representa o vício da soberba: se esse vício morrer no homem, o Senhor senta-se nele como num trono. A alma do justo é sede da sabedoria. De fato, na alma, sublimada pela humildade, elevada das coisas terrenas para a contemplação celeste, repousa o Senhor e então, a casa dos cinco sentidos está cheia de sua majestade. Todos os membros estão em estado de tranquilidade, quando o Senhor repousa na mente. De fato, por boca da Isaías, o Senhor diz: "O meu povo", quando eu repousar nele, "encontrar-se-á numa paz maravilhosa" pela honestidade da vida, "e nos tabernáculos da confiança" pela segurança da consciência, "na tranquilidade e na riqueza" (Is 32,18), isto é, com a riqueza da boa fama. E acrescenta: "E as franjas do seu vestido enchiam o templo". Quando o Senhor repousa na nossa mente, todas as coisas que fazemos sob seu olhar, sendo feitas na humildade, enchem o templo, isto é, dão bom exemplo e edificam o próximo.

Ainda: o buxo, árvore de cor verde-pálida, simboliza a abstinência de alimento e de bebida. Diz Isaías: "O Senhor te dará pão duro e pouca água" (Is 30,20), e de novo: "Os jumentinhos que trabalham a terra", isto é, os penitentes que castigam seu corpo, "comerão uma mistura de cevada e palha" (Is 30,24), na qual é representada a frugalidade dos alimentos.

E enfim, o pinheiro, do qual se faz o pez (resina), representa a mediocridade, a pobreza das vestes: ventre vazio e vestido vil imploram a Deus com grande sentimento. Devemos expiar com a escassez de alimento e a modéstia das vestes o excesso dos passados prazeres e da abundância, para que, como diz Isaías, "em lugar do cheiro suave haja indício de pobreza, em lugar de cinta, uma corda, em vez de cabelo cacheado, a calvície e em lugar da faixa peitoral, o cilício" (Is 3,24). Essas quatro coisas ornam o lugar da santificação do Senhor, isto é, a alma do penitente, na qual repousa o Senhor. Com efeito, ele diz: "Viremos a ele e nele faremos morada" (Jo 14,23).

12. Com este segundo advento concorda a segunda parte da epístola: "A noite vai avançada e o dia se aproxima" (Rm 13,12). Isso é o que diz Isaías: "Foi-se o antigo erro; guardarás a paz; a paz, porque esperamos em ti, Senhor" (Is 26,3).

A noite e o erro simbolizam a cegueira do pecado; o dia e a paz, a iluminação da graça. A repetição da palavra paz, indica a tranquilidade interior e a exterior, de que o homem goza quando o Senhor está sentado sobre um trono excelso e elevado.

"Deixemos, pois, as obras das trevas" (Rm 13,12). Também Isaías diz: "Naquele dia, o homem lançará fora os seus ídolos de prata e as estátuas de ouro, que tinha feito para si a fim de adorá-los, não sendo mais que toupeiras e morcegos" (Is 2,20). Na prata é indicada a eloquência e no ouro, a sabedoria; nas toupeiras, a avareza e nos morcegos, a vanglória. A toupeira, sendo privada de olhos, escava a terra; o morcego, não vê de dia porque lhe falta o líquido cristalino e tem as asas ligadas aos pés.

O homem carnal, que conhece a terra, com a prata da eloquência e o ouro da sabedoria fabrica seus ídolos, quer dizer, as toupeiras da avareza e os morcegos da vanglória, que são as obras das trevas. Realmente, a avareza, que é privada da luz da pobreza, escava a terra e ama as coisas terrenas. A vanglória, enquanto agrada ao "dia humano", não vê o "dia divino"; de fato, suas asas, isto é, as obras com as quais teria podido voar para o céu, estão ligadas aos pés, isto é, aos afetos carnais. Deseja, por isso, ser vista e louvada pelos homens.

Ai!, quantos pregadores e prelados do nosso tempo, com a eloquência e a sabedoria que Deus lhes deu, fabricam ídolos e os adoram. De fato, procuram enriquecer-se, ser honrados e ser chamados *rabbi*, mestre, e ser saudados nas praças (cf. Mt 23,7).

Mas, naquele dia, isto é, na iluminação da graça, da qual se diz precisamente "o dia está próximo", o homem lança fora as toupeiras e os morcegos que não enxergam a luz, e que representam as obras das trevas. Então, cumprir-se-á aquilo que segue: "Vistamos as armas da luz" (Rm 13,12).

13. É o que diz Isaías: "Levanta-te, levanta-te, reveste-te de tua fortaleza, ó Sião. Veste os vestidos da tua glória, Jerusalém, cidade do Santo" (Is 52,1).

Sião e Jerusalém são símbolo da alma que, quando peca, torna-se escrava do diabo; porém, quando faz penitência liberta-se e se eleva para o alto. Levanta-te, pois, com a contrição, levanta-te com a confissão, reveste-te da fortaleza da perseverança final, veste os vestidos de tua glória, isto é, da dupla caridade, e assim serás a cidade do Espírito Santo.

"Caminhemos honestamente, como de dia" (Rm 13,13). Sempre Isaías: "Ver-se-á sobre ti a glória do Senhor, as nações caminharão na tua luz e os reis, ao resplendor de tua aurora" (Is 60,1.2-3). As nações são os sentidos do corpo; os reis, os afetos da mente. Aqueles caminharão na luz de um honesto comportamento e estas, no esplendor da pureza, quando a alma do homem for iluminada pela glória de Deus.

"Não em glutonerias e na embriaguez" (Rm 13,13). Sempre Isaías: "Encheram-se de vinho e se embriagaram; andaram cambaleando na embriaguez, não reconheceram o vidente", isto é, Deus que tudo vê; "ignoraram a justiça. Todas as mesas se encheram de vômito e de asquerosidade, de modo que já não havia lugar limpo" (Is 28,7-8). "Não em desonestidades e dissoluções" (Rm 13,13). E Isaías: "Será covil de dragões e pasto de avestruzes" (Is 34,13) etc.

Veja também o sermão do I domingo da Quaresma, parte II, "Jesus foi conduzido ao deserto".

"Não em contendas e emulações" (Rm 13,13). Isaías: "Cada qual devorará a carne do seu braço" (Is 9,20), isto é, enfurecer-se-á contra seu próximo com contendas e invejas. "Manassés lutará contra Efraim e Efraim conta Manassés": quer dizer, os leigos combaterão contra os clérigos e os clérigos contra os leigos; "e os dois juntos combaterão contra Judá" (Is 9,20), isto é, contra os religiosos.

"Revesti-vos, antes, do Senhor Jesus Cristo" (Rm 13,14). E Isaías: "Ele me revestiu com a roupagem da salvação", isto é, com as virtudes, "e me cobriu com o manto da justiça" (Is 61,10), isto é, de Jesus Cristo. "Pois todos os que fostes batizados em Cristo, revestistes-vos de Cristo" (Gl 3,27).

Irmãos caríssimos, imploremos devotamente que mude a lua, isto é, que transforme toda a nossa alma no sangue da contrição, com a qual, lançando fora as obras das trevas, mereçamos caminhar em pleno dia e revestir-nos dele, que é bendito nos séculos dos séculos. Amém.

III – O terceiro advento de Cristo na hora da morte

14. "Haverá sinais nas estrelas." Também os sinais das estrelas são aqueles de que fala João no Apocalipse: "As estrelas caíram do céu sobre a terra, como a figueira, ao ser agitada por forte vento, deixa cair os seus figos verdes" (Ap 6,13).

Do homem que está na angústia da agonia, diz o profeta: "Levantará os olhos para o alto e olhará para a terra, e eis que tudo será tribulação e trevas, abatimento e angústia, e nuvem sombria que o persegue, e não poderá escapar do aperto em que se encontra" (Is 8,21-22). No momento da morte, há o sofrimento da doença, a obscuridade nos olhos, porque, como dizem, naquele momento estão privados da luz; há o esgotamento de todos os membros, a angústia da morte e a escuridão que atormenta, isto é, o medo da geena, ou seja, a presença do diabo que tenta, de todos os modos, apoderar-se da alma que está para sair do corpo.

Mas ai! O mísero ser humano, quer olhe para o alto, quer dirija o olhar para a terra, já não poderá libertar-se do seu tormento, senão retornando para a terra e transformando-se nela.

Diz Isaías: "Caiu, caiu Babilônia", isto é, a carne do homem, "e todas as estátuas dos seus deuses", isto é, os prazeres dos sentidos, "estão por terra em pedaços" (Is 21,9), porque és pó e ao pó voltarás (cf. Gn 3,19). Este é, pois, o significado da frase: "as estrelas", isto é, os homens vivos, "caíram do céu", do firmamento, quer dizer, de seu estado, no qual se criam muito seguros e pensavam viver por muito tempo, caíram sobre a terra, da qual foram criados. "Como a figueira, agitada por um grande vento" etc. A figueira é a natureza humana, que, quando agitada pelo grande vento da morte, deixa cair os figos verdes, isto é, perde os sentidos e os membros e assim reduz-se à impotência. Esses são os sinais nas estrelas. Feliz será, por isso, o servo que o Senhor, quando vier e bater à porta, encontrar vigilante (cf. Lc 12,36-37).

15. Feliz aquele que na hora de sua morte poderá cantar aquilo que se canta no introito da missa de hoje: "A ti, Senhor, elevei a minha alma" (Sl 24,1). E isso concorda com aquilo que diz Isaías: "Eleva-te, eleva-te, levanta-te, Jerusalém!" (Is 51,17). Ó alma, levanta-te das seduções de tua carne, levanta-te da concupiscência do mundo, eleva-te para as alegrias eternas. No momento da morte estará tranquilo e sereno aquele que, desse modo, tiver elevado a Deus a sua alma.

"Meu Deus, em vós confio" (Sl 24,2). E Isaías: "Naquele dia, o resto de Israel não se apoiará mais sobre aquele que o fere", isto é, sobre os assírios, quer dizer, sobre o diabo; "mas apoiar-se-á no Senhor, sobre o Santo de Israel" (Is 10,20). "Em vós confio", não na carne, não no mundo. E dessa confiança diz Isaías: "Eis, que te apoias no Egito, nesse cajado de cana rachada, que fere e traspassa a mão de quem nela se apoia" (Is 36,6).

A abundância do mundo e a saúde do corpo são como uma cana que tem suas raízes no barro, bela por fora, mas vazia no interior. Essa cana, quando o homem se apoia sobre ela, quebra-se no momento da morte, e quando está quebrada fere a alma, que, assim ferida, cai na geena.

"Não serei confundido" (Sl 24,2). É verdade, é verdade, aquele que em vida confia no Senhor, na hora da morte não será confundido, mas, exultando, poderá dizer com Isaías: "Eu me alegro plenamente no Senhor, e minha alma exulta no meu Deus"

(Is 61,10). E o próprio Isaías ameaça assim aqueles que confiam no mundo: "Vós vos envergonhareis dos jardins que escolhestes, pois vos tornastes como os carvalhos dos quais caem as folhas e como um jardim sem água. A vossa força será como o fogo de estopas e as vossas obras como uma faísca; ambas serão queimadas e não haverá quem apague o fogo" (Is 1,29.31).

No fim de sua vida, os carnais envergonhar-se-ão "dos jardins" da gula e da luxúria, que haviam escolhido durante a vida. Estarão nus e secos "como o carvalho cujas folhas secaram", símbolo das suas riquezas e prazeres; serão como "um jardim sem água", porque todo o prazer cessará. De fato, pelos canais dos sentidos já não correrão as águas dos prazeres mundanos para inebriar a concupiscência da carne. E então, "sua força", isto é, a soberba na qual confiavam, "será como o fogo das estopas", que rapidamente se consomem, "e suas obras como uma faísca", isto é, sem valor algum; "e ambas" isto é, a força da soberba e as obras da avareza, "serão queimadas" pelos demônios, "e não haverá quem apague o fogo". E Isaías conclui: "Seu verme não morrerá e seu fogo não se apagará" (Is 66,24).

"Não riam de mim os meus inimigos" (Sl 24,3). Desse riso diz Jeremias nas Lamentações: "Vendo-te, batiam com as mãos todos os que passavam pelo caminho; assobiavam e abanavam a cabeça contra a filha de Jerusalém: esta é a cidade, diziam eles, de perfeita formosura, as delícias de toda a terra? Abriram contra ti a sua boca todos os teus inimigos, assobiaram e rangeram os dentes, e disseram: Devorá-la-emos: eis o dia que nós esperávamos; nós o achamos, nós o vemos!" (Lm 2,15-16).

No fim da vida, estarão seguros desse riso aqueles que puseram sua confiança no Senhor; a eles o Senhor prometeu: "Vós partireis com alegria", do vosso corpo, "e sereis conduzidos na paz", para a pátria celeste. "Os montes" quer dizer, os anjos, "e as colinas", isto é, os apóstolos, "cantarão o louvor diante de vós, e todas as árvores da região", isto é, as almas dos santos, "baterão as mãos" (Is 55,12) pela alegria de vossa presença, exultando e louvando convosco o Filho de Deus.

Irmãos caríssimos, peçamos-lhe humildemente que, quando chegar o nosso último dia e o fim de nossa vida, nos liberte do riso dos demônios e nos faça partir na alegria e conduzir para a paz por mão dos anjos. No-lo conceda aquele que é bendito nos séculos. Amém.

IV – O QUARTO ADVENTO DE CRISTO NA MAJESTADE

16. "E na terra, haverá consternação dos povos" (Lc 21,25). Dessa consternação diz Isaías: "A terra será despedaçada com grandes aberturas, com o seu abalo a terra será esmagada; a terra será agitada e a terra cambaleará como um embriagado" (Is 24,19-20).

Como o embriagado não sabe o que faz, assim todos aqueles que estão sobre a terra serão como que embriagados pela enormidade dos males e admirados diante dos acontecimentos. O fato de a terra ser nomeada quatro vezes, indica quatro espécies de pecadores: os soberbos, os luxuriosos, os avarentos e os iracundos. Os soberbos serão despedaçados: "Deus esmagará os dentes dos leões" (Sl 57,7). Os luxuriosos serão esmagados: "O Senhor esmagá-los-á com duplo açoite" (Jr 17,18); porque os que pecaram com a alma e com o corpo, na alma e no corpo serão punidos. Os avarentos serão agitados: "Serão como palha diante do vento e como faísca que o turbilhão dispersa" (Jó 21,18). Os iracundos cambalearão: "Vi que os que praticam a iniquidade e semeiam dores e as ceifam, perecem ao sopro de Deus e são aniquilados pelo sopro de sua ira" (Jó 4,8-9).

"Pela confusão do bramido do mar e das ondas" (Lc 21,25). E Isaías: "Isso acontecerá de repente, num instante. É do Senhor dos exércitos que virá o castigo no meio de trovões, de tremores da terra, com grande estrondo de torvelinhos, de tempestades e de chamas de um fogo devorador" (Is 29,6). Os elementos da natureza vingarão em nome do seu autor. A ruína dos condenados acontecerá de repente. "O dia do Senhor virá de noite, como o ladrão. E quando disserem: paz e segurança, então de repente feri-los-á a ruína, como as dores de uma mulher que vai dar à luz; e ninguém escapará" (1Ts 5,2-3). Diz ainda o Apocalipse: "Eis que venho depressa. Amém. Vem, Senhor Jesus" (Ap 22,20).

Então o pecador será surpreso pelos trovões do céu e pelo tremor da terra. Oprimida pelo peso excessivo dos seus pecados, a terra sacudirá de si o pecador. No ar haverá o estrondo de torvelinhos e no mar, o fragor da tempestade. Para onde fugirá o infeliz? Onde se esconderá? Se quiser subir ao céu, será aterrorizado pelo trovão; se quiser salvar-se no ar, será arremessado pelo torvelinho; se quiser permanecer sobre a terra, não será capaz de resistir aos seu tremor, porque, como diz Jó, "a terra levantar-se-á contra ele" (Jó 20,27); se se dirigir ao mar, será rejeitado por suas ondas. O que restará ao miserável, ao qual não sobrou um lugar em todo o mundo senão cair no abismo de chama do fogo devorador? De fato, diz Jó: "Devorá-lo-á o fogo não aceso pelo homem" (Jó 20,26).

17. Mirrando-se os homens de susto, na expectação do que virá sobre todo o mundo" (Lc 21,26). É o que diz também Isaías: "Soltai gritos, porque o dia do Senhor está perto; virá do mesmo Senhor uma como total devastação. Por isso, todas as mãos perderão o seu vigor, e todo o coração do homem desanimará e ficará quebrantado. Apoderar-se-ão deles convulsões e dores, e gemerão como a mulher que está em parto; cada um ficará atônito, olhando para o seu vizinho, os seus rostos tornar-se-ão inflamados. Eis que virá o dia do Senhor, o dia cruel e cheio de indignação, de ira e de furor, para transformar a terra numa solidão, e para exterminar dela os pecadores. Porquanto as estrelas do céu e o seu resplendor não espalharão a sua luz; cobrir-se-á de trevas o sol no seu nascimento, e a lua não resplandecerá com a sua luz. E castigarei a terra por suas maldades e os ímpios por sua iniquidade, e porei fim à soberba dos infiéis, e humilharei a arrogância dos fortes" (Is 13,6-11).

"As potências do céu serão abaladas" (Lc 21,26) pela admiração. E Isaías: "E desfalecerá toda a milícia dos céus e os céus se enrolarão como um livro" (Is 34,4).

Comenta a *Glosa*: Esse ar será envolvido pelo fogo e parecerá fechar-se como um livro. De fato, depois que todos os pecados forem lidos e revelados, serão fechados os livros que haviam sido abertos; para que neles nunca mais sejam registrados os delitos. De fato, diz Daniel: "Começou o juízo e foram abertos os livros" (Dn 7,10). "E então verão o Filho do homem vir sobre uma nuvem com grande poder e majestade" (Lc 21,27). Dê atenção às duas palavras: poder e majestade. O poder refere-se aos que serão condenados, a majestade, aos que serão salvos. Consideremos os dois eventos.

18. Em relação ao poder, concordam as palavras do Profeta Isaías: "O Senhor avançará como um valente, como um guerreiro suscitará o seu ardor", para os justos castigos; "elevará a sua voz e lançará gritos de guerra e triunfará contra os seus inimigos. Tenho-me sempre calado, guardei silêncio, fui sofrido, falarei como a que está em dores de parto; destruirei e aniquilarei tudo. Tornarei desertos os montes e os outeiros, e secarei toda a sua verdura" (Is 42,13-15).

O Senhor se calou como um cordeiro conduzido para a paixão; e também agora está em silêncio, porque não intervém com os castigos; de fato, diz Jó: A vara de Deus não cai sobre eles (cf. Jó 21,9). É paciente e espera que cada um faça penitência: "Dissimulas os pecados dos homens, para que façam penitência" (Sb 11,24). Mas no dia do juízo gritará como uma parturiente, dando livre-curso à amargura por tanto tempo reprimida. Então, dispersará todas as riquezas acumuladas e destruirá o seu poder; tornará desertos os montes e as colinas, isto é, abaterá a soberba, tanto dos prelados como dos súditos, e fará secar toda a verdura de gula e de luxúria.

Desse poder diz ainda Isaías: "A espada do Senhor está cheia de sangue; está toda coberta de gordura", de sangue dos carneiros e dos bodes, das vísceras gordas dos carneiros: há vítimas do Senhor em Bosra e grande matança na terra de Edom. Com eles cairão os unicórnios e os touros com os poderosos; a terra embriagar-se-á com o seu sangue e o chão com a sua gordura, porque é o dia da vingança do Senhor, o ano das represálias para fazer justiça a Sião. Converter-se-ão em pez as torrentes daquele país e o seu chão, em enxofre, e sua terra tornar-se-á como pez ardente. Não se apagará, nem de noite nem de dia, o seu furor subirá para sempre; de geração em geração será assolada" (Is 34,6-10).

No dia do juízo "a espada", isto é, o poder "do Senhor", que fará vingança sobre seus inimigos, será "cheia de sangue e coberta de gordura: isto é, punirá os pecados e a arrogância dos carnais; [será cheia] "do sangue dos cordeiros", isto é, dos hipócritas que se fingem cordeiros quando são lobos vorazes; "e dos bodes", isto é, dos libidinosos; "e das vísceras gordas dos cordeiros", isto é, dos corpulentos abades e priores, que são os chefes do rebanho.

"A vítima do Senhor", isto é, sua vingança "será em Bosra", que se interpreta "fortificada", e representa a comunidade dissoluta e em discórdia que vive no claustro; externamente é defendida pelos muros, mas internamente é exposta a todos os vícios que ali entram. Diz Isaías: "Puseste o teu corpo como terra e como caminho para os viandantes" (Is 51,23). "E há grande matança na terra de Edom." Edom interpreta-se "de sangue" ou "terreno" e simboliza os clérigos que estão contaminados pelo sangue da luxúria e pelo barro do dinheiro.

E os seus unicórnios" isto é, os imperadores e os reis deste mundo, "e os touros", isto é, os bispos mitrados, que têm sobre a cabeça dois chifres (a mitra) como os touros; todos estes, se não tiverem feito uma verdadeira penitência de seus pecados, "cairão junto com os poderosos, isto é, com os príncipes e as autoridades; cairão no inferno, que é a terra dos que morrem, que "será como que embriagada por seu sangue e por sua gordura", isto é, por sua malícia e soberba.

A última parte da citação de Isaías [*as suas torrentes* etc.], certamente não necessita de explicações.

19. Sobre a majestade do Senhor concorda sempre aquilo que diz Isaías: "O Senhor te servirá de luz eterna e terão acabado os dias do teu luto" (Is 60,20), porque os sofrimentos anteriores são esquecidos e já estão escondidos ao olhar daqueles que nesta vida esperaram na santidade e na justiça do Senhor, que teria vindo para o juízo. Deles fala-se no introito da missa: "Todos aqueles que esperam em ti não serão desiludidos" (Sl 24,3).

É verdade, é verdade, Senhor, não serão desiludidos: antes, exultarão para sempre. Sobre a glória dos bons e o castigo dos maus, tu prometes com as palavras de Isaías: "Eis que os meus servos comerão, e vós tereis fome, eis que os meus servos beberão, e vós tereis sede; eis que os meus servos se alegrarão, e vós sereis confundidos; eis que os meus servos cantarão louvores na alegria do seu coração, e vós vivereis na aflição do vosso espírito" (Is 65,13-14).

Irmãos caríssimos, roguemos, pois, ao Senhor Jesus Cristo que, quando vier no dia do último juízo para retribuir a cada um segundo as suas obras, quando vier com grande poder e majestade, não queira exercer seu poder contra nós, incluindo-nos entre aqueles que serão condenados, mas nos torne felizes, diante de sua majestade, junto com aqueles que serão salvos: possamos também nós comer e beber com eles, exultar e ser felizes no Reino dos Céus.

No-lo conceda ele próprio, que é bendito e glorioso pelos séculos eternos. E toda a alma bem-aventurada diga: Amém. Aleluia.

II domingo do Advento

Temas do sermão

• Evangelho do II domingo do Advento: "João, estando no cárcere, ouviu falar das obras de Cristo"; divide-se em três partes.

• Primeiramente sermão para o início do jejum: "Sacode o pó".

• Parte I: As quatro espécies de pecadores: "Ai da nação pecadora!"

• Parte II: Sermão contra os soberbos: "Quem é cego senão aquele que foi vendido?"

• Contra o hipócrita: "Os coxos caminharão".

• Contra os luxuriosos: "Naamã era um homem poderoso".

• Contra os avarentos: "Os surdos ouvem".

• Contra os gulosos: "Os mortos ressuscitam".

• Aos pobres de espírito, aos religiosos ou aos claustrais: "O Senhor consolará Sião".

• Parte III: Sermão moral destinado de maneira particular aos claustrais e aos religiosos: "O que fostes a ver?", com aquilo que segue.

EXÓRDIO – SERMÃO PARA O INÍCIO DO JEJUM

1. Naquele tempo, "João, estando no cárcere, tinha ouvido falar das obras de Cristo" etc. (Mt 11,2).

Diz Isaías: "Sacode o pó, levanta-te e assenta-te, Jerusalém! Desata as cadeias do teu pescoço, filha cativa de Sião!" (Is 52,2). Dê atenção a estas quatro palavras: sacode, levanta-te, assenta-te, desata.

O pó, chama-se assim porque é levado pela força do vento (latim: *pulvis*, de *pulso*, levar), simboliza a concupiscência da carne, que, sob o estímulo da instigação diabólica, é arrastada para diversos pecados. Diz Jó: "Levá-lo-á um vento abrasador" (Jó 27,21). Desse pó diz Isaías: "O pó será o pão da serpente" (Is 65,25), isto é, do diabo. "Ó Jerusalém, sacode o pó", quer dizer, ó alma, sacode os prazeres de tua carne, a fim de que o diabo não te devore junto com eles. "Sacudi o pó dos vossos pés" (Mt 10,14), diz também o Senhor. "Porventura, poderá louvar-te o pó? (Sl 29,10).

Levanta-te, pois. Levanta-te com a alma e com o corpo para realizar as obras de penitência. Isso é o que diz Salomão: "Tira a ferrugem da prata e sairá um vaso puríssimo" (Pr 25,4), como se dissesse: Sacode o pó, levanta-te e senta-te, isto é, liberta-te do tumulto das coisas do mundo. Diz Jeremias: "Sentar-se-á solitário, e ficará em silêncio" (Lm 3,28); e Isaías: "Se voltardes e permanecerdes em paz, sereis salvos" (Is 30,15).

"Desata as cadeias do pescoço!" Estas últimas palavras estão em harmonia com as primeiras: são inculcadas as mesmas coisas a fim de que se imprimam mais profundamente na memória. O prazer da carne e a vaidade do mundo são as cadeias com as quais a alma é mantida escrava, amarrada pelo pescoço, para impedir-lhe de chegar à liberdade da confissão. "Desata, pois, as cadeias do teu pescoço." A essas cadeias acena o trecho evangélico de hoje, onde diz: "João, enquanto estava em cadeias (*in vinculis*), tendo ouvido falar das obras de Cristo etc."

2. Neste evangelho, notam-se três fatos. Primeiro, a encarceração de João: "Tendo ouvido no cárcere". Segundo, Cristo que realiza milagres: "Ide e contai a João". Terceiro, o elogio de João feito por Cristo: "O que fostes ver?"

Na missa canta-se o introito: "Povo de Sião, eis o teu Senhor". Lê-se um trecho da carta do Bem-aventurado Paulo aos Romanos. "Tudo o que foi escrito no passado" (Rm 15,4). Dividiremos este trecho em três partes e veremos sua concordância com as três partes do trecho evangélico. A primeira parte: "Tudo o que foi escrito no passado". A segunda: "Acolhei-vos uns aos outros". A terceira: "O Deus da esperança".

I – A ENCARCERAÇÃO DE JOÃO

3. "João, que estava no cárcere, tendo ouvido falar das obras de Cristo, enviou dois de seus discípulos a dizer-lhe: És tu aquele que há de vir, ou devemos esperar outro?" (Mt 11,2-3). Em outro lugar, Mateus escreve que "Herodes tinha mandado prender e ligar João; tinha-o algemado e posto no cárcere, por causa de Herodíades, mulher de seu irmão Filipe. Porque João lhe dizia: Não te é lícito tê-la" (Mt 14,3-4).

Vejamos qual o significado moral de Herodes e Herodíades, João e suas cadeias e dos dois discípulos.

Herodes é o mundo, Herodíades a carne, João o espírito do homem, as cadeias são a vaidade e o prazer, os dois discípulos são a esperança e o temor. Herodes e Herodíades são interpretados "glória da pele". O mundo e a carne têm glória na beleza exterior. Sobre isso escreve Isaías: "Que fareis vós no dia da visita e da calamidade que vem de longe? Para quem fugireis, a fim de ter auxílio? E onde deixareis a vossa glória?" (Is 10,3). E ainda: "Embaixo", isto é, no inferno, "a sua glória", isto é, a glória do mundo e da carne, "queimará e arderá como o fogo de um incêndio" (Is 10,16). "Ele te lançará como uma bola a um campo largo e espaçoso" (Is 22,18), quer dizer, no "inferno, que aumentou a sua capacidade (*animam suam*) e abriu desmesuradamente a sua boca" (Is 5,14): "ali morrerás e a isso reduzir-se-á o carro de tua glória" (Is 22,18).

João interpreta-se "graça do Senhor", e representa o espírito do homem que no batismo recebeu a graça do Senhor. Concordam com isso as palavras de Isaías: "Derramarei águas sobre a terra sequiosa e rios sobre o solo seco; derramarei o meu espírito sobre a tua posteridade e a minha bênção sobre a tua descendência. E eles crescerão entre a verdura, como uns salgueiros plantados junto às águas correntes. Este dirá: Eu sou do Senhor e aquele se gloriará de ter o nome de Jacó; e outro escreverá com o seu punho: Sou para o Senhor; e será chamado pelo nome a Israel" (Is 44,3-5).

Sequiosa e seca é a alma antes do batismo. Diz o Apóstolo: "Por natureza, éramos filhos da ira" (Ef 2,3). Mas o Senhor, com a água batismal, derramou seu Espírito e sua bênção para fazer dos filhos da ira filhos da graça, e assim, sejam descendência e estirpe, isto é, filhos, da Santa Igreja, e cresçam entre as ervas, isto é, entre os santos, como os salgueiros, isto é, verdes pela fé e pelas virtudes, plantados junto às águas correntes, isto é, entre os carismas e as graças.

"Este dirá: Eu sou do Senhor": eis João, eis a graça do Senhor. "E aquele", isto é, outro fiel, "chamará" à penitência, como fez João, "em nome de Jacó" quer dizer, para suplantar (vencer) os vícios. "E este" – sempre João – "escreverá com sua mão" isto é, com suas obras: "Ao Senhor", quer dizer: para honra do Senhor! "E será chamado pelo nome de Israel", isto é, com o significado daquele nome: homem que vê a Deus; agora, na fé e na esperança, e no fim, na realidade.

4. É este o João, assim iluminado pela graça do Senhor, que Herodes e Herodíades, isto é, o mundo e a carne, amarram com suas cadeias: o mundo com a vaidade, a carne com o prazer.

A vaidade do mundo consiste na soberba e na avareza; o prazer da carne, na gula e na luxúria. Desses quatro vícios, Isaías diz: "Ai da nação pecadora", do pecado da soberba, "do povo carregado de iniquidades", de avareza; "da raça corrompida" da gula, "e dos filhos malvados" (Is 1,4) da luxúria. Eis com que cadeias o nosso espírito é mantido escravo.

Porém, o que deve fazer enquanto está amarrado com estas cadeias? Precisamente aquilo que está escrito no trecho evangélico de hoje: "João, em cadeias, tendo ouvido falar das obras de Cristo" etc.

As obras de Cristo são a criação e a nova criação (a redenção). E nisso concordam as palavras de Isaías: "A cítara, a lira, o tímpano, a flauta e o vinho encontraram-se em nossos banquetes" – todas essas coisas simbolizam os prazeres dos sentidos, dos quais falou-se longamente no sermão do I domingo depois de Pentecostes – "mas vós não olhais a obra do Senhor e não considerais as obras de suas mãos" (Is 5,12).

A "obra do Senhor" é a criação, que, bem considerada, leva aquele que a considera à admiração do seu Criador. Se existe tanta beleza na criação, quanta haverá no Criador? A sabedoria do artífice resplandece na matéria. Mas aqueles que são escravos dos sentidos não veem isso, e nem consideram "as obras de suas mãos", que sobre a cruz foram perfuradas pelos cravos. Com as mãos cravadas sobre a cruz, Cristo derrotou o diabo e arrancou de suas mãos o gênero humano.

Quando ouve falar dessas obras de Cristo, o nosso espírito, posto em cadeias, deve imediatamente enviar dois discípulos. Digo que ouve falar dessas obras interiormente, com o ouvido do coração, pela inspiração do Espírito; ou externamente, com o ouvido do corpo, pela voz do pregador. Quando começa a ouvir assim, deve enviar a Jesus a esperança e o temor, e dizer-lhe: "És tu que" me criaste e recriaste, que me fizeste e me redimiste? – e disso nasce em mim a esperança na tua misericórdia. "És tu aquele que virá a julgar-me segundo as minhas obras?" – e disso nasce em mim o temor da tua justiça – "Ou devemos esperar um outro", que julgue a terra com justiça? Não, por certo! Aquele que criou e redimiu é o mesmo que julgará. "O Pai deu ao Filho o poder de julgar" (Jo 5,22).

5. Com esta primeira parte do evangelho concorda a primeira parte da epístola: "Tudo o que foi escrito no passado" (Rm 15,4) etc. Diz o Senhor a Isaías: "Agora, pois, vai gravar isto sobre uma prancheta de buxo em sua presença, e registra-o com cuidado num livro, para que seja no futuro um testemunho eterno" (Is 30,8).

"Sobre uma prancheta de buxo", diz, para que permaneça eternamente. A síntese de todas as coisas que foram escritas para nosso ensinamento consiste sobretudo em três eventos: na criação, na redenção e no juízo do último dia. A criação e a redenção nos ensinam a amar a Deus, o último juízo a temê-lo, "para que em virtude da perseverança e da consolação que nos dão as Escrituras, mantenhamos viva a nossa esperança" (Rm 15,4).

Ouve de que modo a Sagrada Escritura consola quem é atribulado. O Senhor diz em Isaías: "Quando tu passares por entre as águas, eu estarei contigo, e os rios não te submergirão; quando andares por entre o fogo, não serás queimado, e a chama não arderá em ti... Porque eu sou o Senhor teu Deus" (Is 43,2-3). E noutra parte: "Não temas, ó vermezinho de Jacó, nem vós que sois mortos de Israel. Eu sou o teu auxílio, diz o Senhor: o teu Redentor é o Santo de Israel" (Is 41,14). E ainda: "Eu mesmo vos consolarei. Quem és tu, para teres medo de um homem mortal, e do filho do homem, que secará como a erva?" (51,12).

"O Deus da paciência", que diz em Isaías: "Calei-me, guardei silêncio, tive paciência" (Is 42,14); "o Deus da consolação", que diz ainda: "Eu vos consolarei e em Jerusalém sereis consolados. Vereis e se alegrará o vosso coração e os vossos ossos retomarão vigor como a erva" (Is 66,13-14), isto é, os vossos corpos reviverão na imortalidade; "ele vos conceda ter uns para com os outros os mesmos sentimentos segundo Jesus Cristo, para que, unânimes, a uma só voz, glorifiqueis a Deus e Pai de Nosso Senhor Jesus Cristo" (Rm 15,5-6).

E isso é o que diz Isaías: Dois serafins "clamavam um para o outro e diziam: Santo, Santo, Santo, é o Senhor Deus dos exércitos, toda a terra está cheia de sua glória" (Is 6,3). Serafim interpreta-se "ardente". Serafins são aqueles que ardem de recíproca caridade, que têm os mesmos sentimentos a exemplo de Cristo Jesus. Quando, pois, diz: "Deus vos conceda ter uns para com os outros os mesmos sentimentos" etc., afirma precisamente: "Dois serafins clamam um para o outro"; e quando acrescenta: "para que unânimes e a uma só voz glorifiqueis etc., diz: "e cantavam: Santo, Santo, Santo" etc.

II domingo do Advento

Irmãos caríssimos, roguemos ao Senhor Jesus Cristo que nos liberte das cadeias do mundo e da carne, de modo que nos tornemos capazes de honrar e glorificar unânimes e a uma só voz aquele de cuja glória está cheia a terra.

A ele honra e glória pelos séculos eternos. Amém.

II – CRISTO REALIZA OS MILAGRES

6. "Ide e contai a João o que ouvistes e vistes" (Mt 11,4). Com essas palavras é destruído o erro dos hereges que afirmam que João foi condenado, porque duvidou de Cristo quando disse: "És tu aquele que há de vir", e que, persistindo nesta dúvida, morreu no cárcere antes do retorno dos discípulos que havia enviado a Jesus.

Emudeça aquela língua maldita! João jamais duvidou de Cristo, do qual deu testemunho: "Eis o cordeiro de Deus!" (Jo 1,36). Mas para confirmar na fé em Cristo os seus discípulos, enviou-os para interrogá-lo, a fim de que, vendo os seus milagres, nem eles tivessem mais dúvida alguma. E de fato, o Senhor não respondeu diretamente à pergunta de João, mas para confirmar o coração dos discípulos disse: "Os cegos veem, os coxos andam" (Mt 11,5) etc. Diz Gregório: "João não duvida que Cristo seja o redentor do mundo, mas procura saber se aquele que por si viera ao mundo, por si também teria descido aos infernos".

E também a afirmação que fazem, de que João tenha morrido antes do retorno dos discípulos, mostra-se falsa precisamente pelas palavras do Santo Evangelho. Ou o Senhor mandou aos discípulos uma coisa impossível, ou lhes ordenou uma possível, quando disse: "Ide e contai..." Jamais o Senhor ordena o impossível. Se João tivesse sido morto no cárcere antes que os discípulos retornassem a ele, o Senhor ter-lhes-ia ordenado uma coisa impossível, quando disse: "Ide e contai". A quem deveriam contar? A um morto? Não, por certo! É claro, pois, que os discípulos encontraram João vivo e lhe contaram aquilo que haviam ouvido e visto. Realmente, o Senhor ordena somente coisas possíveis.

"Os cegos veem, os coxos andam, os leprosos são limpos, os surdos ouvem, os mortos ressuscitam, os pobres serão evangelizados" (Mt 11,5). Veremos qual seja o significado moral desses seis milagres. Os cegos são os soberbos, os coxos são os hipócritas, os leprosos são os luxuriosos, os surdos são os avarentos, os mortos são os gulosos e os pobres são os humildes.

7. "Os cegos veem." Isso é o que diz Isaías: "Libertos das trevas e da escuridão, os olhos dos cegos verão" (Is 29,18); e "Quem é cego, senão o meu servo, senão o servo do Senhor? Tu que vês muitas coisas, talvez depois as observarás?" (Is 42,19-20). Quem são hoje os cegos, isto é, os soberbos, senão aqueles que se chamam servos do Senhor, mas que só têm a aparência de sê-lo, isto é, os religiosos e os clérigos? Quem são os soberbos, senão aqueles que veem muitas coisas nas Sagradas Escrituras, que pregam e ensinam muitas coisas, mas depois eles não as observam? Veem muitas coisas para os outros, mas nada para si mesmos.

Sobre a soberba de todos estes, sob a imagem do "vale da visão" (Is 22,1), Isaías diz: "Que é que tens tu, pois toda a tua gente sobe aos telhados, cidade tumultuosa, cheia de povo, cidade de prazer?" (Is 22,1-2). Como se dissesse: Pode-se bem compreender que os seculares desejem as grandezas terrenas! Mas vós, religiosos, gente instruída, que sabeis muitas coisas, como pudestes também vós ir à procura das grandezas da terra, pôr-vos a subir aos terraços da soberba, cheios de ruído? De fato, a soberba é ruidosa, como diz Isaías: "Ai dessa multidão de povos numerosos, que ressoa como o ruído do mar" (Is 17,12). Porém, de Cristo humilde diz Isaías: "Não clamará, não se ouvirá nas praças a sua voz" (Is 42,2).

"Cidade tumultuosa", isto é, muito povoada, "cidade do prazer". Dela diz Isaías: "Sobre a terra do meu povo", isto é, na mente dos humildes, "crescerão espinhos e abrolhos", isto é, picadas e sofrimentos; "mas muito mais em todas as casas de prazer da cidade alegre" (Is 32,13), que se gloria na sua soberba, que cega os olhos da mente para não ver a cidade do eterno júbilo. Sempre Isaías: "Olha para Sião, a cidade de nossas festas: os teus olhos verão Jerusalém, habitação opulenta" (Is 33,20). Para vê-la, molha os teus olhos com o colírio da humildade, e assim serás digno de ouvir: Olha! a tua humilde iluminou-te. "Portanto, os cegos veem."

8. "Os coxos andam." Coxo se diz em latim *claudus*, que soa quase como *clausus*, fechado, impedido no caminhar. Na sua vida e na sua conduta, o hipócrita caminha *fechado*. Quem age desonestamente odeia a luz, porque não tolera que suas obras sejam expostas e julgadas à luz do sol (cf. Jo 3,20). Diz Isaías: "Ai dos que se fecham no fundo do coração", isto é, que dissimulam suas iniquidades; "para ocultar ao Senhor os seus desígnios, estes operam nas trevas e dizem: Quem nos vê? Quem nos conhece?" (Is 29,15). O hipócrita coxeia de um pé: tem um pé levantado e apoia o outro no chão. Enquanto mostra a miséria nas vestes, a humildade na voz e a lividez no rosto, mantém o pé levantado; mas quando por essas coisas deseja o louvor e procura parecer santo, então não há dúvida de que põe o outro pé no chão.

Em outro sentido. Lê-se no Segundo livro dos Reis que Mifiboset era coxo (aleijado) de ambos os pés (cf. 2Sm 4,4). Mifiboset interpreta-se "homem da confusão", e simboliza aqueles que são coxos de ambos os pés, nas intenções e nas obras. E os que coxeiam desse modo são dignos da eterna confusão.

Sobre tal confusão, diz Isaías: "O rei dos assírios levará os prisioneiros do Egito e os deportados da Etiópia, moços e velhos, nus e descalços, com os dorsos descobertos, para a ignomínia do Egito" (Is 20,4). "O rei dos assírios", isto é, o diabo, "levará" para o inferno "os prisioneiros do Egito" isto é, aquele que havia mantido escravos pelo pecado, "e os deportados da Etiópia", isto é, aqueles que passam da virtude para os vícios; "os moços", os obstinados na sua malícia; "os velhos", os envelhecidos no mal; "os nus", sem a veste nupcial (cf. Mt 22,11); "os descalços", aqueles que são sem o "jacinto" do desejo das coisas celestes, no que se refere à intenções, como diz Ezequiel: "Eu te dei calçados cor jacinto" (Ez 16,10); e aqueles que não têm os calçados da mortificação, no que se refere às obras, como se lê no Livro de Rute: "Tira o calçado. E ele logo o tirou do pé" (Rt 4,8). E a casa deste – como está escrito no Livro do Deuteronômio – será chamada em Israel casa do descalço (cf. Dt 25,10).

"Com os dorsos descobertos", para que sua infâmia seja manifesta a todos, "conduzi-los-á, repito, para a ignomínia do Egito", isto é, dos enamorados deste mundo. Aqueles que querem evitar essa ignomínia façam passos honestos com os seus pés, isto é, cultivem com a boa vontade o desejo de fazer o bem e com a humildade realizem esse desejo nas obras boas. Assim, merecerão ouvir dizer: "Os coxos andam".

9. "Os leprosos são limpos." Lê-se no Quarto livro dos Reis que Naamã era homem poderoso e rico, mas leproso (cf. 2Rs 5,1), porque onde há abundância de riquezas e de prazeres, existe também a lepra da luxúria. De fato, Isaías, depois de ter dito: "A terra está cheia de prata e de ouro, e sem fim são os seus tesouros", logo acrescenta: "E sua terra está cheia de cavalos" (Is 2,7-8), isto é, de luxuriosos. Lê-se no Êxodo que com o ouro foi fabricado um bezerro (cf. Ex 32,4), porque com o ouro da abundância fabrica-se o bezerro da luxúria mais desavergonhada.

Diz Isaías: "Ali será apascentado o novilho, ali se recostará e consumirá as pontas de sua verdura" (Is 27,10). É a mesma coisa que diz Jó da luxúria: "É um fogo que tudo devora até a destruição, e que desenraiza todos os rebentos" (Jó 31,12). "Levantai-vos", ó leprosos, "e purificai-vos: deixai de agir perversamente" (Is 1,16) com o vosso corpo, para que também a vós seja dito: "Os leprosos são limpos".

10. "Os surdos ouvem." É isso que diz também Isaías: "Nesse dia, os surdos ouvirão as palavras do livro" (Is 29,18). Surdo soa quase como *sórdido*: de fato, nos ouvidos há uma *sujeira* (latim: *sordes*), pela qual são obstruídos os canais do ouvido.

Os surdos são os avarentos e os usurários, cujos ouvidos estão fechados pela sujeira do dinheiro. Diz o salmo: "Seu furor é como o da serpente, semelhante ao da víbora que se faz surda, que fecha os seus ouvidos" (Sl 57,5).

Diz-se que, para não ouvir a voz do encantador, a serpente apoia um ouvido na terra e fecha o outro com a ponta da cauda. O ouvido é chamado assim (*auris*) porque toma avidamente ou também porque recolhe (latim: *haurit*) o som.

O infeliz avarento, ou o usurário, priva-se de tão grande dom da natureza e da graça; para não tomar com avidez a palavra da vida, ou para não recolher o som, a voz do pregador, ele fecha os ouvidos do coração: e faz isso com a terra, isto é, com o amor ao dinheiro já acumulado, e com a cauda, quer dizer, com o torpe desejo de acumular ainda mais. Esses desditosos, se querem ouvir as palavras do livro, isto é, do evangelho no qual se diz "bem-aventurados os pobres" (Mt 5,3), devem antes tirar dos ouvidos do coração a terra do dinheiro desonestamente acumulado, e extirpar totalmente a cauda, isto é, o desejo de acumular mais. Só então poder-se-á dizer: "Os surdos ouvem".

11. "Os mortos ressuscitam." Isaías diz: "Os teus mortos viverão, os meus a quem tiraram a vida ressuscitarão" (Is 26,19). Os mortos são os gulosos. "Sua gula é um sepulcro aberto" (Sl 5,11), no qual jazem sepultados como os mortos.

Diz ainda Isaías: "Mas também estes, por causa do vinho, perderam o entendimento, e, por causa da embriaguez, andaram cambaleando; o sacerdote e o profeta perderam o juízo por causa da embriaguez, foram absorvidos pelo vinho" (Is 28,7).

Como um bocado de pão, enquanto absorve o vinho, é pelo vinho absorvido e vai ao fundo do copo, assim estes, enquanto absorvem são absorvidos, e depois sepultados no inferno do seu ventre. O rico que todos os dias se banqueteava suntuosamente, durante a sua vida era de algum modo sepultado no inferno. Porém, Lázaro, o mendigo, jazia fora, à porta, e não dentro (cf. Lc 19-20); jazia cheio de fome fora da porta, isto é, privado dos prazeres dos cinco sentidos. E também o Senhor, como diz o Apóstolo, sofreu fora da porta (cf. Hb 13,12).

O rico, porém, cada dia sepultava a si mesmo dentro da porta, no inferno. E no inferno do ventre, ó Senhor, quem te louvará? (cf. Sl 6,6). E os mortos, Senhor, não te louvarão (cf. Sl 113,17). Aqueles que querem cantar os louvores do Senhor, saiam do sepulcro da gula, e das trevas e do caos do inferno entrem para a luz da abstinência das bebidas e dos alimentos. Diz Isaías: "Despertai e cantai louvores, vós os que habitais no pó, porque o teu orvalho será um orvalho de luz" (Is 26,19). Como o orvalho refrigera o calor do sol e a luz afugenta as trevas, assim a abstinência mitiga o desejo da gula e dos vícios e afugenta as trevas da mente. E desse modo "os mortos ressuscitam".

12. "Os pobres são evangelizados." Dos pobres diz Isaías: "Então, os mais pobres serão nutridos, e os indigentes repousarão com segurança" (Is 14,30); e ainda: "Os mansos alegrar-se-ão sempre mais no Senhor e exultarão os homens pobres no Santo de Israel" (Is 29,19). Somente os pobres, isto é, os humildes, são evangelizados, porque só aquilo que é côncavo tem condições de reter os líquidos, enquanto o que é convexo os repele. Quem tem sede, venha a mim e beba (cf. Jo 7,37), diz o Senhor; porque, como ele diz ainda por boca de Isaías: "Derramarei água sobre aquele que tem sede e rios sobre o solo seco" (Is 44,3).

Hoje são os pobres, os simples, os ignorantes, os rústicos e as velhinhas que têm sede da palavra da vida, da água da sabedoria salvadora. Os cidadãos da Babilônia, porém, que se embriagam no cálice de ouro da grande meretriz, os sábios conselheiros do faraó, que, como se diz em Jó, estão cheios de palavras e são estimulados por sua doentia sensualidade, e o seu ventre está cheio de mosto que não encontra respiradouro, que arrebenta os odres novos (cf. Jó 32,18-19), – creiam em mim – não estes, mas só "os pobres serão evangelizados".

13. "E feliz aquele que não se escandaliza de mim" (Mt 11,6). Cristo é a verdade. Em Cristo houve a pobreza, a humildade e a obediência. Quem se escandaliza dessas coisas, escandaliza-se de Cristo. Os verdadeiros pobres não se escandalizam, porque só eles são evangelizados, isto é, são nutridos com a palavra do evangelho, porque eles são o povo do Senhor e as ovelhas de seu rebanho (cf. Sl 94,7).

Desse povo, no introito da missa de hoje canta-se: "Povo de Sião, eis que o Senhor vem para salvar as nações". É a mesma coisa que diz Isaías: "Será o primeiro a dizer a Sião: eis-me aqui! E à Jerusalém, isto é, à Igreja, darei um mensageiro de boas-novas" (Is 41,27), a fim de que os pobres sejam evangelizados e as nações sejam salvas mediante o evangelho; e o Senhor fará ouvir a glória de seu louvor para a alegria do vosso coração (cf. Is 30,30).

14. Diz ainda Isaías: "O Senhor consolará, pois, Sião, e consolará todas as suas ruínas; transformará o seu deserto num lugar de delícias, a sua solidão, num jardim do Senhor. Nela haverá o gozo e a alegria, a ação de graças e a voz do louvor" (Is 51,3). Sião interpreta-se "observatório", ponto de observação. O povo de Sião são os pobres de espírito, que, elevados das coisas terrenas e postos sobre o mais alto ponto de observarão da pobreza, contemplam o Filho de Deus, peregrino aqui na terra, mas glorioso na pátria celeste. Esta é a Sião que o Senhor consola. O Senhor consola com os seus bens aqueles que estão privados dos bens temporais; de fato diz: "E consolará todas as suas ruínas". Quando cai o edifício da consolação humana, imediatamente o Senhor eleva a casa da consolação interior.

"E fará do seu deserto um lugar de delícias." Realmente, o deserto da pobreza exterior cria as delícias da suavidade interior. O Senhor diz que são espinhos as riquezas deste mundo (cf. Mt 13,22). Isaías chama delícias o deserto da pobreza. Ó espinhos do mundo! Ó delícias do deserto! Quanto a verdade está longe da mentira, a luz das trevas e a glória da pena, tal é a diferença entre vós. Estas deliciam, aquelas ferem. Nestas há tranquilidade e repouso, naquelas "a vaidade e a aflição de espírito" (Ecl 1,14).

Das delícias, o Senhor diz: "As minhas delícias consistem em estar com os filhos dos homens" (Pr 8,31), que a natureza gerou pobres – "Nu saí do seio de minha mãe e nu para lá voltarei" (Jó 1,21) –, mas que a malícia os fez ricos, porque "aqueles que querem tornar-se ricos caem no laço do diabo" (1Tm 6,9). As minhas delícias, pois, consistem em estar com os filhos dos homens, não com os filhos dos demônios. Ó pobreza, bem repugnante para os filhos dos demônios, as tuas delícias oferecem aos que te amam o dileto da eterna doçura!

"Transformarei sua solidão num jardim do Senhor." A pobreza ama a solidão porque, como diz Isaías: "No deserto habita a justiça" (o direito) (Is 32,16). E Jeremias: Levado por tua mão, sentei-me sozinho, porque me encheste de amargura (cf. Jr 15,17). Quem quer instituir um juízo sobre si, deve estar ao menos na solidão da mente, da qual diz o Eclesiástico: "Escreva a sabedoria no tempo do ócio" (Lit. "A sabedoria do escriba é devida ao seu tempo de ócio" (Eclo 38,25).

Onde há o juízo, ali há a sabedoria; onde há a sabedoria, ali há o jardim do Senhor, isto é, o paraíso. E já que a verdadeira pobreza é sempre alegre, acrescenta: "Júbilo e alegria estarão nela". E comenta a *Glosa*: Em Sião, que é comparada ao paraíso, deve haver somente júbilo e alegria, reconhecimento e canto de louvor, para que nos apliquemos já aqui na terra às ocupações que teremos no céu, junto com os anjos.

758   II domingo do Advento

15. Com esta segunda parte do evangelho concorda a segunda parte do trecho da epístola: "Acolhei-vos uns aos outros, como também Cristo vos acolheu para a glória de Deus" (Rm 15,7). Como Cristo acolheu os cegos para iluminá-los, os coxos para fazê-los andar, os leprosos para limpá-los, os surdos para restituir-lhes o ouvido, os mortos para ressuscitá-los e os pobres para evangelizá-los, assim nós devemos acolher-nos uns aos outros.

Se o teu próximo for cego pela soberba, no que depender de ti, procura iluminar seus olhos com o exemplo de tua humildade; se for coxo pela hipocrisia, põe-no ereto com a obra da verdade; se for leproso pela luxúria, purifica-o com a palavra e o exemplo da castidade; se for surdo pela avareza, proponha-lhe o exemplo da pobreza do Senhor; se estiver morto pela gulodice e pela embriaguez, ressuscita-o com o exemplo e com a virtude da abstinência; e evangeliza os pobres, exortando-os a imitar a vida de Cristo.

Irmãos caríssimos, imploremos a Cristo, para que se digne curar-nos das enfermidades espirituais sobre as quais temos meditado e queira acolher-nos junto a si: ele que é bendito nos séculos. Amém.

III – O elogio do Bem-aventurado João

16. "O que fostes vós ver no deserto? Uma cana agitada pelo vento? Mas o que fostes ver? Um homem vestido de roupas delicadas? Mas os que vestem roupas delicadas encontram-se nos palácios dos reis" (Mt 11,7-8). Veremos o significado moral do deserto, da cana, do homem vestido de roupas delicadas.

O deserto simboliza a religião, a ordem religiosa. E sobre isso concordam as palavras de Isaías: "A terra deserta e sem caminhos se alegrará, a solidão exultará e florescerá como o lírio. Lançará germes, ela brotará copiosamente e exultará de alegria e de louvores" (Is 35,1-2).

Em cada ordem religiosa, devem absolutamente ser observadas três virtudes: a pobreza, a castidade e a obediência; e essas três virtudes são exigidas na citação de Isaías. A pobreza quando diz: "Alegrar-se-á o deserto"; a castidade quando acrescenta: "Florescerá como o lírio"; a obediência quando conclui: "Lançará germes e crescerá.

A pobreza: "Alegrar-se-á o deserto". O religioso que quer observar verdadeiramente a pobreza, deve fazer três atos: primeiro, renunciar a qualquer bem terreno; segundo, não ter nenhuma vontade de possuí-lo no futuro; terceiro, suportar com paciência as privações inerentes à própria pobreza. Esses três atos são indicados pelas palavras: deserto, terra sem caminhos e solidão.

A vida do religioso deve ser *deserta*, na renúncia a qualquer bem terreno; *sem caminhos* (latim: *invia*, sem caminho), isto é, que na sua vontade não reste nem sombra do desejo de possuir alguma coisa. A propósito diz Isaías: "O deserto tornar-se-á um Carmelo e o Carmelo será considerado um vale" (Is 32,15). Carmelo interpreta-se "conhecimento da circuncisão".

Portanto, o deserto, isto é, a ordem religiosa, tornar-se-á um Carmelo, isto é, uma *circuncisão* no que se refere à renúncia aos bens terrenos; e a renúncia aos bens será um vale, naquilo que respeita à vontade de não possuir. Quem está livre desses dois laços, com justiça pode alegrar-se e cantar: A minha alma está livre do laço dos caçadores (cf. Sl 123,7). Alegrar-se-á, pois, o deserto e a terra sem caminhos.

A essas duas qualidades deve-se acrescentar a terceira: o religioso saiba sofrer a fome e a sede e suportar as privações (cf. Fl 4,12). E assim haverá a "solidão que exultará" quando suportar com paciência essas necessidades e outras semelhantes.

17. A castidade: "Florescerá como o lírio". O lírio (latim: *lilium*, que soa quase como *lacteum*, lácteo) simboliza o candor da castidade. Diz Jeremias: "Os seus nazireus eram mais cândidos do que a neve, mais brancos do que o leite" (Lm 4,7).

A eles o Senhor promete por boca de Isaías: *Não diga o eunuco*, isto é, aquele que se castrou por causa do Reino dos Céus, que prometeu a continência: "Eis que eu sou como uma árvore seca. Pois isso diz o Senhor: Aos eunucos, que observam os meus sábados", isto é, a pureza do coração que é o sábado do espírito, e "escolheram aquilo que eu quero", isto é, a castidade do corpo, da qual diz o Apóstolo: "Esta é a vontade de Deus, a vossa santificação, a fim de que cada um saiba manter o próprio corpo com santidade e respeito" (1Ts 4,3-4), "e observaram o meu pacto", o pacto concluído comigo no batismo, "darei na minha casa", na qual "há muitos lugares, e dentro dos meus muros", dos quais se diz no Apocalipse "que são construídos com pedras de jaspe" (Ap 21,18), pedra preciosa de cor verde que representa a exultação da eterna *verdura* (juventude), *darei*, repito, *um lugar* do qual diz João: "Vou preparar-vos um lugar" (Jo 14,2), e "um nome mais belo", isto é, mais excelente, que terá mais valor do que "ter gerado filhos e filhas", "um nome eterno", do qual diz o Apocalipse: "Escreverei sobre ele o nome do meu Deus e o nome da cidade do meu Deus, da nova Jerusalém, e o meu nome novo" (Ap 3,12). Terá o nome de Deus porque será semelhante a Deus e o verá como ele é (cf. 1Jo 3,2): "Eu disse: Sois deuses" (Sl 81,6); terá o nome de Jerusalém porque estará na paz; terá o nome de Jesus, porque foi salvo. "Terá um nome eterno que jamais será apagado" (Is 56,3-5), que jamais cairá no esquecimento.

18. A obediência: "Lançará germes e crescerá, e brotará copiosamente e exultará de alegria e de louvores". Observa que a verdadeira obediência tem em si mesmo cinco qualidades, indicadas precisamente nas cinco palavras acima mencionadas. A verdadeira obediência é humilde, devota, pronta, alegre e perseverante.

Humilde de coração: é o que indica a palavra "lançará germes". O germe é como o início da flor, e a humildade é o início de cada obra boa.

Devota na voz, indicada na palavra "crescerá". Da humildade do coração procede o respeito, também no tom da voz.

Pronta ao comando, e a isso se refere a palavra "exultará". Diz o salmo: "Exultará como um forte que percorre o caminho" (Sl 18,6).

Alegre no sofrimento, e isso é indicado na palavra "com alegria".

Perseverante na execução das ordens, e então será também "cheia de louvor", porque todo o louvor se canta no fim.

Ó religiosos, assim deve ser o deserto de nossa ordem, no qual viestes habitar saindo da vaidade do mundo. Por isso, disse-vos o Senhor: "O que fostes ver no deserto?"

19. "Uma cana agitada pelo vento?" A cana é chamada em latim *arundo*, que soa quase como *árida*, ou também como *aura ducta*, conduzida pelo ar. Observa que a cana tem as raízes no barro, símbolo da gula e da luxúria; é bela por fora, mas vazia por dentro, e nisso são indicadas a hipocrisia e a vanglória; é agitada para cá e para lá pelo vento, e isso representa a inconstância da vontade.

Desventurado o claustro, maldito o deserto da ordem religiosa na qual é posta a morada e cresce tal planta: "o machado será posto à sua raiz, para ser cortada e lançada ao fogo" (cf. Mt 3,10; Lc 3,9). Diz o Senhor por boca de Isaías: "Porei no deserto juntamente o abeto, o olmeiro e o buxo" (Is 41,19), mas não a cana agitada pelo vento. No abeto é representada a familiaridade com as coisas celestes; no olmeiro, que sustenta a videira, a participação nos sofrimentos do próximo; no buxo, que é de cor pálida, a mortificação do corpo. Como essas árvores, deve ser cultivado e ornado o deserto bendito, o paraíso (o jardim) da ordem religiosa, e não com a cana agitada pelo vento, destinada a ser queimada no fogo.

"Mas o que fostes ver? Um homem vestido de roupas delicadas?" O mesmo evangelista Mateus relata-nos que "João trazia uma veste de peles de camelo e uma cinta de pele em volta dos rins; seu alimento eram gafanhotos e mel silvestre" (Mt 3,4). Olhai bem, peço-vos, se os religiosos do nosso tempo usam essas vestes e se se nutrem desses alimentos. "Eis que aqueles que usam vestes delicadas estão nas casas dos reis." Não digo *religio*, mas *legio daemonum* (não *religião*, mas *legião* de demônios) é aquela que fez do deserto um palácio, do claustro um castelo, da solidão uma corte real. Tanto o religioso como o homem de armas fazem a veste do mesmo pano.

O amante do deserto, porém, o maior dos profetas, teve a sua veste de peles de camelo. Se o Bem-aventurado João, prenunciado pelo anjo, santificado no seio materno, louvado pelo Senhor – "Entre os nascidos de mulher não surgiu ninguém maior do que João" (Lc 7,28) – viveu em tanta austeridade, o que não devemos fazer nós, concebidos no pecado, carregados de pecados, dignos de ser rejeitados pelo Senhor, se não intervier a sua misericórdia: com quantos castigos, com quanta severidade devemos punir-nos!

Portanto, no deserto da penitência haja a pobreza do vestido, a austeridade do alimento, para que verdadeiramente possamos ser chamados religiosos, "religados", isto é, distantes de todo o prazer da carne.

20. Com esta terceira parte do evangelho concorda também a terceira parte da epístola: "O Deus da esperança" (Rm 15,13). Diz Isaías: "Os que esperam no Senhor,

adquirirão sempre novas forças, tomarão asas como de águia, correrão e não se fatigarão, andarão e não desfalecerão" (Is 40,31).

Os que não esperam em si, mas no Senhor, que é o Deus da esperança, adquirirão força, para serem fortes nele, e fracos neste mundo: "Esta é a mudança produzida pela destra do Altíssimo" (Sl 76,11). Tomarão as asas da dupla caridade, com as quais voam para o céu como águias. Segundo aquilo que dizem os naturalistas, a águia rejuvenesce ao esfregar contra uma pedra o bico, arredondado pela velhice. Assim, aqueles que eliminam o envelhecimento do pecado por meio da pedra que é Cristo (cf. 1Cor 10,4), morrendo para o mundo renovam-se em Deus. Renova-se como a da águia a tua juventude (cf. Sl 102,5).

"Correrão" para conquistar o prêmio da eterna felicidade, "e não se cansarão", porque para aquele que ama nada é difícil; "caminharão" de virtude em virtude, e "não desfalecerão, porque viverão para sempre.

"Encha-vos de toda alegria." Diz Isaías: "Alegrai-vos com ela", isto é, com Jerusalém, "vós todos que chorais sobre ela; assim sugareis e vos saciareis da abundância de sua consolação" (Is 66,10-11); "e de paz", da qual diz Isaías: "Porei no teu governo a paz" (Is 60,17); "na fé": "Se não crerdes não tereis estabilidade" (Is 7,9); "para que abundeis na esperança pela força do Espírito Santo" (Rm 15,13); e Isaías: "Porque te tornaste fortaleza para o pobre, fortaleza para o necessitado na sua tribulação, refúgio contra a tempestade" (Is 25,4), isto é, contra a tentação da carne.

Todo o religioso seja pleno desses três dons, isto é, da esperança, da alegria e da paz; da esperança, no que se refere à pobreza, que só espera em Deus; da alegria, por aquilo que concerne à castidade, sem a qual não há alegria da consciência; da paz, em relação à obediência, fora da qual não existe paz para ninguém: "Não há paz para os ímpios, diz o Senhor" (Is 57,21); se o religioso estiver pleno destes dons, esteja certo de que abundará também na esperança e na graça do Espírito Santo, para viver confiante no deserto da ordem religiosa.

Irmãos caríssimos, imploremos ao Senhor nosso Jesus Cristo que nos preserve de ser cana agitada pelo vento, ou homens vestidos de roupas delicadas; ao contrário, faça-nos habitar no deserto da penitência, pobres, castos e obedientes.

No-lo conceda aquele que é digno de louvor, suave e amável, Deus bendito e santo nos séculos eternos. E toda a *religião*, pura e sem mancha, diga: Amém. Aleluia!

III DOMINGO DO ADVENTO

Temas do sermão

• Sermão do III domingo do Advento sobre a epístola do Bem-aventurado Paulo: "Alegrai-vos sempre no Senhor".

• Primeiramente sermão aos penitentes: "Naquele dia será cantado este cântico".

• Sermão contra os prelados da Igreja e contra o infeliz ternário de pecadores: "Toda a cabeça está enferma".

• Sermão sobre a encarnação do Verbo: "Levanta-te, levanta-te!"

• Sermão junto ao corpo de um defunto: "Eis que a minha ameaça" e "Lamentar-se-ão os pescadores".

EXÓRDIO – SERMÃO AOS PENITENTES

1. "Alegrai-vos sempre no Senhor" (Fl 4,4).

Diz Isaías: "Naquele dia será cantado este cântico na terra de Judá: Sião é a cidade da nossa fortaleza, o Salvador será para ela o muro e o antemuro. Abri as portas, e entre um povo justo que observa a verdade" (Is 26,1-2).

O dia é figura da iluminação da graça, pela qual somos iluminados, e iluminados cantamos o cântico de que fala Isaías: "Vós entoareis um cântico, como a voz da santa solenidade; e a alegria do vosso coração será como a do que vai caminhando ao som da flauta, para entrar no nome do Senhor, do forte de Israel" (Is 30,29).

O canto da confissão é a voz da santa solenidade, porque santifica o pecador, por cuja conversão os anjos fazem grande festa. Há grande alegria entre os anjos de Deus por um só pecador que se converte (cf. Lc 15,10).

E dessa festa produz-se a alegria do coração do pecador, do qual diz Isaías: "Saíste ao encontro de quem se alegrava e praticava a justiça" (Is 64,5), como aquele que vai caminhando ao som da flauta. A flauta simboliza a melodia da própria acusação, e todo aquele que a cantar de modo perfeito subirá ao monte do Senhor, isto é, à Jerusalém celeste, para contemplar a Rocha de Israel, isto é, Cristo Jesus.

E onde é cantado este cântico? "Na terra de Judá", isto é, dos penitentes; e sobre isso diz Isaías: "A terra de Judá será o terror do Egito" (Is 19,17), isto é, do mundo. Os mundanos têm medo quando veem os justos crucificados sobre a cruz da penitência. Sobre a paixão do Salvador diz Lucas: "Ao verem o que acontecia, o povo se retirava, batendo no peito" (Lc 23,48).

Ouçamos o que cantam os penitentes na alegria de seu coração: "Sião, cidade da nossa fortaleza!" Sião interpreta-se "observatório" ou "vigia", e indica a penitência, da qual diz Jeremias: "Faze-te uma vigia, entrega-te às amarguras" (Jr 31,21); e o penitente diz em Isaías: "Eu estou no posto em que o Senhor me colocou, e nele permaneço todo o dia; estou passando na minha guarda noites inteiras" (Is 21,8).

É precisamente porque a prosperidade exalta e a adversidade deprime que o penitente diz: "Sobre o observatório" da penitência, iluminado pela graça do Senhor, "estou firme e atento" no dia da prosperidade, para não desfalecer do meu propósito, "e estou passando na minha guarda noites inteiras" da adversidade, para me guardar de todo o pecado. Com razão, pois, os penitentes dizem: "Sião", isto é, a penitência, "é a cidade" que nos fortifica e nos defende no dia da prosperidade, para que não nos exaltemos; é a cidade "da nossa fortaleza" que nos protege na noite da adversidade, para não sermos submersos.

"O Salvador será para ela o muro e o antemuro." O muro chama-se assim porque *munit*, defende. No muro é representada a divindade, no antemuro, a humanidade. Portanto, nela será erguido um muro para a sua salvação; como se dissesse: a fé no Verbo encarnado é a proteção e a defesa dos penitentes.

Diz Isaías: "Como as aves que voam" sobre o ninho onde estão seus filhotes, "assim o Senhor dos exércitos [voará] sobre Jerusalém, protegê-la-á e a libertará, e passando a salvará" (Is 31,5). "Como a águia que provoca seus filhotes a voar, e esvoaça em torno deles" (Dt 32,11), e "como a galinha recolhe os seus pintinhos sob as asas" (Mt 23,37), assim Jesus, Senhor dos exércitos, isto é, dos anjos, protege Jerusalém,, quer dizer, a comunidade dos penitentes; protege-a, repito, com a sombra de sua humanidade, liberta-a com o poder de sua divindade; passa quando a faz atravessar o Mar Vermelho, isto é, a amargura da penitência, avermelhada pelo sangue de sua paixão; salva-a quando a introduz na Terra Prometida, onde corre leite e mel. Por isso, diz aos anjos: "Abri as portas", do paraíso, "e entre o povo reto" dos penitentes, "que observou a verdade" do evangelho.

E a este povo que, acompanhado pelo som da flauta, canta o hino da santa solenidade, na epístola de hoje o Apóstolo diz: "Alegrai-vos sempre no Senhor".

SERMÃO SOBRE A EPÍSTOLA DA MISSA

2. "Alegrai-vos sempre no Senhor" (Fl 4,4). Não podem fazer isso aqueles dos quais fala Isaías: "Toda a cabeça está enferma e todo o coração abatido. Desde a planta do pé até o alto da cabeça não há nele nada são; tudo é uma ferida, uma contusão e uma chaga entumecida que não foi enfaixada, nem se lhe aplicou remédio para a sua cura, nem foi suavizada com óleo" (Is 1,5-6). Na cabeça são indicados os prelados, no coração os verdadeiros religiosos, e na planta dos pés os leigos.

Mas ai!, toda a cabeça está enferma! Daí Jeremias: "Dos profetas de Jerusalém saiu a corrupção sobre toda a terra" (Jr 23,15); e também Daniel: "A iniquidade saiu da Babilônia por meio dos anciãos e dos juízes, que só na aparência governam o povo" (Dn 13,5). E sobre o mal desses chefes, diz ainda Isaías: "Todas as cabeças", isto é, os prelados, "dela", da Igreja, "serão rapadas e toda a barba está cortada" (Is 15,2).

Após uma longa doença, ou pela velhice, geralmente caem os cabelos e toma o lugar a calvície. Mas ai, as nossas cabeças, isto é, os nossos prelados, com a longa doença de seus vícios e seu envelhecimento no mal perderam a cabeleira, isto é, a graça do Espírito Santo; e toda a barba, isto é, todo o vigor e a força para realizar as obras boas, foi rapada neles. E assim, tornaram-se fracos e efeminados. De fato, o Senhor, por boca de Isaías, diz deles: "Eu lhes darei meninos para príncipes e dominá-los-ão os efeminados" (Is 3,4). Em verdade, pois, toda a cabeça está enferma!

"E todo o coração está abatido." Observa que o coração tem três funções: é a sede da sabedoria; nele foi escrita a lei natural, que diz: Não faças aos outros o que não queres que te façam a ti; é o órgão do qual provém a indignação, o desgosto e a aversão. Assim, nos verdadeiros religiosos existe a sabedoria da contemplação, existe a lei do amor e existe o desgosto e a aversão pelo pecado. Esse coração, colocado ao centro entre a cabeça e os pés, isto é, entre os clérigos e os leigos, sofre e chora pelas "enfermidades" de ambos. "Da planta dos pés até o alto da cabeça", isto é, dos mais humildes até os mais elevados, dos leigos até os clérigos, daqueles que levam vida ativa até os que se dedicam à vida contemplativa, não há em todo o corpo alguma parte sadia. Como podem, pois, alegrar-se no Senhor?

"Tudo é uma ferida, uma contusão e uma chaga entumecida." Na ferida é indicada a luxúria; nas contusões, a avareza, da qual provém também a inveja; e na chaga entumecida, a soberba. Sobre os primeiros dois vícios fala-se no Gênesis, onde Lamec dirige-se às suas mulheres e lhes diz: "Eu matei um homem por minha ferida, e um adolescente por minha contusão" (Gn 4,23). Lamec, que foi o primeiro a trazer para a terra o esterco da bigamia, representa o luxurioso e o avarento; ele matou um homem, isto é, a razão, pela ferida da luxúria, e um adolescente, isto é, o início da boa vontade, pela contusão da avareza.

Não é só pela avareza e pelo desejo do dinheiro, mas também pela vontade de emergir neste mundo, que nascem rancores, discórdias e calúnias. O prestígio de uma dignidade passageira é como um osso atirado aos cães, os quais se lançam sobre ele com raiva e furor, mordendo-se mutuamente. A mesma coisa fazem aqueles dos quais fala Isaías: "Estes cães tão sem-vergonha não podem saciar-se; são como pastores incapazes de compreender" (Is 56,11).

Acerca do tumor da soberba fala-se em Jó: "Por que se ensoberbece o teu coração, e tens os olhos imóveis, como um homem que está a pensar em coisas grandes? Por que se incha teu espírito contra Deus, para proferires com a tua boca tão estranhas palavras?" (Jó 15,12-13). Também o Senhor, por boca de Isaías, diz a mesma coisa a Senaquerib: "Eu conheço a tua habitação, a tua saída e a tua entrada e o teu furor insensato contra mim. Quando tu te enfurecias contra mim, a tua soberba subiu até os meus ouvidos" (Is 37,28-29).

Eis, pois: a ferida da luxúria não está envolvida nas faixas da continência; a contusão da avareza não é cuidada com o remédio da esmola; a chaga entumecida da soberba não é medicada com o óleo da humildade interior, da qual procede a luz da consciência, que produz o júbilo no Espírito Santo: e quem está privado dessa luz não tem condições de alegrar-se no Senhor.

Porém, estão em condições de alegrar-se no Senhor aqueles que se retiram da iniquidade e voltam com Jacó[1], dos quais Isaías diz: "Os remidos pelo Senhor voltarão e virão a Sião, cantando os seus louvores; e uma alegria eterna coroará a sua cabeça; possuirão gozo e alegria e deles fugirá a dor e o gemido. Alegrai-vos, portanto, sempre no Senhor".

3. "Outra vez digo: alegrai-vos!" (Fl 4,4). Observa que diz duas vezes "alegrai-vos", e isso por causa do duplo benefício do primeiro e do segundo advento. Devemos alegrar-nos porque no primeiro advento nos trouxe as riquezas e a glória. E de novo devemos alegrar-nos porque no segundo advento dar-nos-á "longos dias". Lemos nos Provérbios: "Na sua direita está uma larga vida, riquezas e a glória na sua esquerda" (Pr 3,16). Na esquerda é indicado o primeiro advento, no qual nos trouxe gloriosas riquezas, isto é, a humildade, a pobreza, a paciência e a obediência; na direita, o segundo advento, no qual nos trará a vida eterna.

Sobre os dons do primeiro advento fala-nos ainda Isaías: "Levanta-te, ó braço do Senhor, levanta-te, arma-te de fortaleza; levanta-te como nos dias antigos, nos séculos passados. Porventura não foste tu que açoitaste o soberbo e feriste o dragão? Porventura não secaste tu o mar, a água do impetuoso abismo; não abriste um caminho pelo fundo do mar, para que passassem os libertados?" (Is 51,9-10). O braço do Senhor é Jesus Cristo, o Filho de Deus, no qual e por meio do qual Deus criou todas as coisas. Esse braço de Deus Pai foi quebrado em duas partes para nós, quando, na paixão, sua alma, separada do corpo, desceu para libertar aqueles que estavam nos infernos, enquanto o corpo repousava no sepulcro.

Mas no dia da ressurreição, o Pai recompôs o seu braço e curou a lividez e a ferida (cf. Is 30,26). Diz, pois: "Ó braço do Senhor", ó meu Filho "levanta-te" do trono da glória do Pai, "levanta-te" e toma um corpo, "reveste-te da fortaleza" da divindade contra o príncipe do mundo, para expulsar o forte (cf. Lc 11,22), tu que és infinitamente mais forte. "Levanta-te" para redimir o gênero humano, "como nos dias antigos" libertaste o povo de Israel da escravidão do Egito. Ó Filho, "tu açoitaste o soberbo", isto é, o diabo, precipitando-o do céu; "feriste o dragão" na tua paixão, tirando-lhe todo o poder; "tu enxugaste o Mar Vermelho".

---

1. Acena para o retorno de Jacó, de Harã para Canaã, para os seus, depois de vinte anos de serviço junto ao tio Labão, para poder desposar Raquel.

O Pai fala ao Filho assim, como para dizer-lhe: Tu que fizeste estas coisas, farás ainda outras. O Senhor enxugou o mar e as águas do impetuoso abismo quando destruiu o poder do diabo, simbolizado no mar, e sua perfídia, simbolizada no abismo: e assim "na profundidade do mar", isto é, nos infernos, "pôs um caminho, pelo qual passassem aqueles que libertou", os redimidos.

A respeito dos dons do segundo advento, o Senhor diz: "Eis que eu", com anjos e homens "faço da Jerusalém" celeste "uma cidade de júbilo, e do meu povo, um povo de alegria. Eu terei minhas delícias em Jerusalém e a minha alegria no meu povo. Nele não se ouvirão mais vozes de pranto nem gritos de angústia" (Is 65,18-19); "porque o Senhor Deus enxugará as lágrimas de todas as faces" (Is 25,80).

4. "A vossa modéstia seja conhecida de todos os homens" (Fl 4,5). A modéstia chama-se assim porque em todas as circunstâncias mantém o modo justo. Observa que a modéstia consiste sobretudo em duas coisas: na paz da mente e no decoro do corpo. Diz Isaías: "A paz será a obra da justiça, e o efeito da justiça é o sossego e a segurança para sempre" (Is 32,17).

Obra da justiça, isto é, daqueles que já são justificados por meio da graça, é a paz: realmente, põem na paz da mente o fundamento da toda a obra boa. E assim, o fruto, isto é, os atos e o comportamento externo, são o sossego e a tranquilidade. Quando o homem interior repousa na casa da paz, o homem exterior está sempre num silêncio de honestidade e de segurança. E aqueles que se comportam com essa serenidade, sentir-se-ão sempre tranquilos e seguros.

"O Senhor está perto" (Fl 4,5). Isso diz o Pai: "Acelerarei a vinda da minha justiça", isto é, do meu Filho; "ela não tardará, e a minha salvação não se demorará. Eu estabelecerei em Sião a salvação e em Jerusalém a minha glória" (Is 46,13). E isso é o que lemos hoje no trecho do evangelho: "No meio a vós está um..." (Jo 1,26): "o mediador entre Deus e os homens, o homem Cristo Jesus" (1Tm 2,5), "está" no campo do mundo combatendo contra o diabo e, depois de tê-lo derrotado, arrancou de sua mão o homem e o reconciliou com Deus Pai, "que vós não conheceis" (Jo 1,26). E é isso que diz Isaías: "Criei filhos e engrandeci-os, mas eles me desprezaram. O boi conhece seu proprietário e o jumento o presépio do seu dono, mas Israel não me conheceu e o meu povo não compreendeu" (Is 1,2-3).

Eis quão próximo está o Senhor, e nós o ignoramos. "Criei filhos" como uma mãe, com o meu sangue, como se fosse leite; "e engrandeci" acima dos coros dos anjos a natureza humana, que eu assumi deles e a uni a mim. Não nos poderia conferir um privilégio e uma honra maior. E "eles me desprezaram". "Atendei e vede se há dor semelhante à minha dor" (Lm 1,12). "Ai de ti, que desprezas! Porventura não serás também tu desprezado?" (Is 33,1). Com efeito, lemos no Livro dos Provérbios: "O olho que zomba de seu pai e que despreza a mãe que o deu à luz arranquem-no os corvos que andam às bordas das torrentes e o comam os filhos da águia" (Pr 30,17). O sentido literal dessa expressão mostra claramente qual seja o castigo reservado a quem despreza o pai ou a mãe.

III domingo do Advento

"O boi", isto é, o ladrão (bom) sobre a cruz, "conhece o seu proprietário", dizendo: "Lembra-te de mim quando estiveres no teu reino" (Lc 23,42); "e o jumento", isto é, o centurião, "conhece o presépio de seu dono", dizendo: "Verdadeiramente este era o Filho de Deus" (Mt 27,54). "Mas Israel", isto é, os clérigos, "não me conheceram, e o meu povo", isto é, os leigos, "não compreenderam".

5. "Não vos inquieteis com nada" (Fl 4,6). As preocupações pelas coisas temporais fazem esquecer a Deus. Daí que diz em Isaías: "Achaste de que viver com tuas mãos, por isso, não me fizeste preces. Não te recordaste de mim porque te preocupavas com aquelas coisas e por causa delas te tornaste infiel" (Is 57,10-11), isto é, cuidaste só de guardar as riquezas. E ainda: "Disseste: Eu serei soberana para sempre. Não pensaste nessas coisas, nem te lembraste do teu fim. Agora, pois, ouve essas coisas tu, ó delicada, que vives entre delícias, que dizes no teu coração: Eu sou e fora de mim não há mais ninguém; nunca ficarei viúva, nem tão pouco experimentarei a esterilidade. Mas, de repente, num só dia, cairão sobre ti estas duas coisas: a esterilidade e a viuvez" (Is 47,7-9).

Num só dia, isto é, no dia da morte, "à filha dos caldeus" (Is 47,1), aquela a quem Deus ameaça essas punições, isto é, à alma desventurada, escrava dos vícios e da concupiscência, acontecerão estas duas coisas: a esterilidade, isto é, a privação dos bens temporais, e a viuvez, isto é, a privação dos prazeres da carne.

O Senhor ameaça com as palavras de Isaías: "Eis que sob minha ameaça, tornarei deserto o mar, porei em seco os rios: os peixes sem água morrerão de sede e apodrecerão" (Is 50,2). A separação da alma do corpo é como uma ameaça de Deus; dela diz o Gênesis: "Com o suor de tua fronte comerás o pão, até retornares para a terra da qual foste tirado" (Gn 3,19). Portanto, ao ameaçar a morte, o Senhor torna um deserto o mar, isto é, a amargura e a profundidade das riquezas deste mundo. E ainda Isaías: "A filha de Sião será abandonada como a ramada que faz sombra à vinha e como uma cabana num campo de pepinos, como uma cidade entregue à pilhagem" (Is 1,8).

Como a ramada depois de vindimada a vinha, a cabana depois de recolhidos os frutos e como a cidade da qual são deportados os habitantes: como todas essas coisas são abandonadas e devastadas, assim também a filha de Sião, isto é, a alma abandonada por Deus, entregue ao diabo, será despojada de todas as riquezas e de todos os prazeres. E portanto: "Enxugarei os rios", isto é, o prazer dos cinco sentidos; e então "os peixes que percorrem as veredas do oceano" (Sl 8,9), isto é, os gulosos e os ávidos das coisas deste mundo, "apodrecerão" no seu esterco, "sem a água" da riqueza e da concupiscência na qual estavam habituados a nadar, "e morrerão de sede", aquela sede que atormentava no inferno o rico epulão, que em vida estava vestido de púrpura e linho finíssimo (cf. Lc 16,24).

Por isso, "não vos inquieteis com nada", porque daqueles que são ávidos e se inquietam diz Isaías: "Ficarão desolados os pescadores, chorarão todos os que lançam o anzol ao rio e desmaiarão os que lançam redes sobre a superfície das águas. Ficarão confundidos os que trabalham o linho, frisando e tecendo teias delicadas"

(Is 19,8-9). Os pescadores são os amantes deste mundo, ávidos e desejosos de riquezas e de prazeres. Aqueles que lançam o anzol ao rio são os comerciantes embusteiros, que, com a isca da falsa beleza cobrem o anzol de seu engano para apanhar aquele que quer comprar. Aqueles que lançam a rede sobre a superfície das águas são os malditos usurários, que na rede da usura capturam grandes e pequenos, ricos e pobres. Aqueles que trabalham o linho, frisam-no e tecem teias delicadas, são os legistas, os decretistas, e os falsos advogados, com seus sofismas.

Todos estes, tanto uns como outros, no fim de sua vida, quando já não puderem "administrar" (cf. Lc 16,2), chorarão porque serão miseravelmente despojados das riquezas que haviam acumulado com tanto cuidado e amado com tanto ardor; estarão irritados, porque sua alma, saída do corpo, será entregue aos demônios para o eterno castigo; no dia do juízo, estarão confusos diante de Deus e de seus anjos. "Por isso, não vos inquieteis com nada."

6. "Mas, por meio de orações, súplicas e ações de graças, manifestai a Deus as vossas necessidades" (Fl 4,6). Assim eram manifestadas as súplicas do Rei Ezequias, como narra o Profeta Isaías: "Ezequias voltou seu rosto para a parede – do templo, porque não podia dirigir-se ao templo, estando gravemente doente – e orou ao Senhor e disse: Peço-te, Senhor, que te lembres de como tenho andado diante de ti em verdade e com um coração perfeito, e tenho feito o que é bom aos teus olhos. E Ezequias derramou lágrimas abundantes" (Is 38,2-3). E a *Glosa* comenta: Chorou porque morria sem filhos e temia que a promessa feita a seus pais não se realizasse por culpa de seus pecados.

"Então a palavra do Senhor foi dirigida a Isaías, dizendo: Vai e dize a Ezequias: Eis o que diz o Senhor, Deus de Davi, teu pai: Ouvi a tua oração e vi as tuas lágrimas; acrescentarei aos teus dias quinze anos e livrar-te-ei da mão do rei dos assírios, a ti e a esta cidade e a protegerei" (Is 38,4-6).

A parede, assim chamada de *paridade*, igualdade, representa a humanidade de Jesus Cristo, em cuja vida jamais houve incoerência ou contradição. Dessa parede diz a esposa do Cântico dos Cânticos: "Eis que ele está atrás de nossa parede" (Ct 2,9); e Isaías: "O espírito dos poderosos", dos judeus, "é como um furacão que investe contra uma parede" (Is 25,4): que se enfurece, mas não a abate, como aconteceu com Jesus, que permaneceu inabalável na sua paixão.

Ó pecador, prisioneiro da doença de tua alma, volta-te para essa parede com a contrição do coração e com uma sincera confissão, que deves fazer com grande pranto e com o propósito de perseverar até o fim. E assim, fazendo penitência, tuas súplicas são manifestadas a Deus. Ele acrescentará anos de glória aos dias de tua penitência, e te arrancará da mão do rei dos assírios, isto é, do diabo e de seus ministros; e protegerá e defenderá a cidade, quer dizer, a tua alma e o teu corpo.

"E a paz de Deus..." Da qual diz Isaías: "Venha a paz, repouse no seu leito aquele que andou na retidão" (Is 57,2). E a *Glosa*: O profeta pede que venha Cristo e, ressurgindo dos mortos, repouse em seu leito, quer dizer, na glória da majestade do Pai, ou na Igreja, na qual andou na retidão, ele que não cometeu pecado e em cuja boca não se encontrou engano (cf. Is 53,9).

"...que supera todo o entendimento...", tanto dos homens como dos anjos. "Pois quem [diz o Apóstolo] conheceu o pensamento do Senhor? Ou quem foi o seu conselheiro?" (Is 40,13; Rm 11,34).

"...guarde os vossos corações", para que a obra da justiça seja a paz, "e a vossa mente", para que fruto da justiça seja a tranquilidade, "em Cristo Jesus" (Fl 4,7), Senhor nosso.

Irmãos caríssimos, oremos humildemente ao Senhor nosso Jesus Cristo, para que nos conceda cantar o cântico da sagrada solenidade; nos conceda alegrar-nos unicamente nele, viver na modéstia, libertar-nos de toda a preocupação terrena e apresentar a ele a súplica, a fim de que, imersos na sua paz, sejamos feitos dignos de viver na celeste Jerusalém, cidade da paz.

No-lo conceda aquele que é bendito e glorioso nos séculos eternos. E toda a alma amante da paz diga: Amém. Aleluia!

IV domingo do Advento

Temas do sermão

• Evangelho do IV domingo do Advento: "A palavra do Senhor foi dirigida a João"; o evangelho se divide em duas partes.

• Primeiramente, sermão aos pregadores ou aos prelados da Igreja: "Sobe a um alto monte".

• Parte I: "Ide, velozes mensageiros!...": nesta citação são descritos os sete vícios.

• A vida do pregador ou do prelado, e a paixão de Cristo: "Voz do que clama no deserto".

• Sermão aos penitentes no início do jejum: "No primeiro tempo foi consolada a terra de Zabulon".

• Sermão aos religiosos, aos sacerdotes e aos prelados: "A vereda da justiça", e "Vós, sacerdotes do Senhor" e ainda: "Naquele dia chamarei o meu servo Eliacim".

• Parte II: Sermão sobre a humildade: "Todo o vale será enchido".

• O tríplice estado dos bons: "Come este ano aquilo que nasce espontaneamente".

• O castigo dos soberbos: "Nos infernos será precipitada a tua soberba".

• A encarnação do Verbo e seus frutos: "Oh, se tu despedaçasses os céus!..."

Exórdio – Aos pregadores ou aos prelados da Igreja

1. Naquele tempo, "A palavra do Senhor foi dirigida a João, filho de Zacarias, no deserto" (Lc 3,2).

Diz Isaías: "Sobe a um alto monte, tu que anuncias a boa-nova a Sião; levanta com força a tua voz, tu que anuncias a boa-nova a Jerusalém" (Is 40,9). Vejamos o significado moral do monte, de Sião e de Jerusalém.

O monte, assim chamado porque é imóvel (*mons, motum non habens*), é figura da coerente vida do justo, de que fala Isaías: "Será como o homem que se esconde do vento e se protege da tempestade, será como arroios de águas em tempo de sede e como a sombra de uma alta rocha numa terra deserta" (Is 32,2). Como se dissesse: O justo, seguro em meio às tribulações, será como aquele que, fugindo do vento e do turbilhão, se esconde em lugar seguro, e como aquele que no deserto encontra fontes limpidíssimas, como aquele que se protege do ardor do sol sob uma alta rocha. O justo se esconde do vento da sugestão diabólica e se protege do turbilhão da prosperidade mundana e é irrigado por riachos de água, isto é, da graça, contra a sede dos desejos carnais, e evita o ardor do sol, isto é, das perseguições do mundo, protegendo-se à sombra da alta rocha, que é Cristo, que o protege na tribulação.

Portanto, a vida do justo é representada no monte. Ao contrário, diz Isaías: "O seu coração", do Rei Acaz, "e o coração do seu povo se agitou, como se agitam as árvores das selvas com o ímpeto do vento" (Is 7,2). E isso é o que diz Jó: "Um monte destrói-se caindo e um rochedo muda de lugar; as águas escavam as pedras e a terra pouco a pouco se consome com os aluviões" (Jó 14,18-19).

Veja a história de Jó no sermão do XIV domingo depois de Pentecostes, parte III.

Portanto, "tu, que evangelizas Sião, sobe a um alto monte", que não se destrói ao cair. Diz Gregório: Que se dedica ao celeste ofício da pregação, abandonado já o desejo das obras terrenas, parece estar acima de tudo; e tanto mais facilmente arrasta os fiéis a se tornarem melhores quanto mais fala do alto com o exemplo de sua vida. Penetra mais facilmente no coração dos ouvintes a voz que é acreditada pela vida daquele que fala, porque aquilo que ele ordena com a palavra, ajuda a pô-lo em prática, demonstrando-o com o exemplo.

"Levanta a tua voz com força, tu que evangelizas Jerusalém." Sião, que era a parte mais baixa da cidade, representa os seculares; Jerusalém, que era a parte alta, representa os religiosos. Quando evangelizas Sião, sobes a um alto monte, a fim de que ela suba contigo de baixo para o alto. De fato, lê-se no Segundo livro dos Reis: "Davi ia subindo a encosta das Oliveiras; subia chorando e caminhava com a cabeça coberta e os pés descalços, enquanto todo o povo que estava com ele tinha a cabeça coberta e subia chorando" (2Sm 15,30).

Davi representa o pregador que, subindo a encosta das Oliveiras, isto é, tendendo para a vida perfeita, iluminada e enriquecida pelo óleo da misericórdia divina, deve realizar três atos: chorar, cobrir a cabeça e caminhar com os pés descalços. *Chorar* com Acsa (filha de Caleb) para obter "a fonte superior e aquela inferior" (cf. Js 15,19; Jz 1,15); *cobrir a cabeça*, e na cabeça estão compreendidos todos os sentidos; *caminhar com os pés descalços* da vaidade do mundo, isto é, descalçar os afetos da mente de toda a pele morta da propriedade e da própria vontade. Se o pregador subir assim, todo o povo subirá devotamente atrás dele, com a cabeça coberta contra a vaidade do mundo e chorando os seus pecados. Mas não se lê que o povo caminhasse com os pés descalços como Davi, porque aos seculares é lícito ter propriedades.

Igualmente, quando evangelizas Jerusalém, isto é, os religiosos, levanta a tua voz com força, para que sejam fortemente encorajados e exultem para percorrer o caminho (cf. Sl 18,6) e para conquistar a coroa incorruptível (cf. 1Cor 9,25). Diz Jó do cavalo, isto é, do justo: "Quando ouve a trombeta", isto é, a pregação que ressoa com força, "clama: Eia!... Salta com brio, corre ao encontro dos armados; despreza o medo, não cede à espada" (Jó 39,21-22.25). Subira a um alto monte e havia elevado com força a sua voz o maior pregador, o Bem-aventurado João Batista; dele e de sua pregação diz-se no evangelho de hoje: "A palavra do Senhor foi dirigida a João".

2. Neste evangelho são recordadas duas coisas: a sublimidade da pregação e o vale da humildade. A primeira quando diz: "A palavra do Senhor"; a segunda quando diz: "Todo o vale".

No introito da missa canta-se: "Lembra-te de nós, Senhor" (Sl 105,4). Lê-se, depois, o trecho da Primeira carta do Bem-aventurado Paulo aos Coríntios: "Todos nos considerem como ministros de Cristo" (1Cor 4,1-5) etc. Dividiremos o trecho em duas partes e encontraremos sua concordância com as duas partes da passagem evangélica. A primeira: "Todos nos considerem como ministros". A segunda: "Não queirais, pois, julgar antes do tempo".

I – SUBLIMIDADE DA PREGAÇÃO

3. "A palavra do Senhor foi dirigida a João, filho de Zacarias, no deserto." João é figura do prelado ou também do pregador da Santa Igreja, que deve ser filho de Zacarias, nome que se interpreta "memória do Senhor", para ter sempre em sua mente, como uma espécie de *memorial*: a paixão do Jesus Cristo.

Diz Isaías: "O teu nome e a tua memória são o desejo de nossa alma. A minha alma te deseja de noite; e despertarei de manhã para te buscar com meu espírito e com o meu coração" (Is 26,8-9). Devemos desejá-lo na noite da adversidade e dirigir-nos a ele na manhã da prosperidade, e ter sempre na mente o memorial de sua paixão. Lê-se no Êxodo: "E isto será como um sinal na tua mão, e como um memorial diante dos teus olhos" (Ex 13,9). E no Deuteronômio: "Estas palavras", isto é, a encarnação e a paixão, "estejam fixas no teu coração, e tu as ensinarás a teus filhos e as meditarás sentado em tua casa e andando pelo caminho e estando no leito e ao levantar-te. E as atarás à tua mão como um sinal, e elas estarão como um frontal diante dos teus olhos e as escreverás sobre o limitar e sobre as portas de tua casa" (Dt 6,6-9).

Se o prelado, ou o pregador, for filho de Zacarias, dizendo com o profeta: "Lembrei-me de Deus e senti-me cheio de gozo" (Sl 76,4) na amargura de sua paixão, de maneira a dizer com a esposa do Cântico dos Cânticos: "O meu amado é para mim como um ramalhete de mirra, colocado no meu peito" (Ct 1,12), então será dirigida para ele a palavra do Senhor, palavra de vida e de paz, palavra de graça e de verdade, palavra que Isaías, filho de Amós, viu sobre Judá e Jerusalém (cf. Is 1,1), isto é, sobre a alma fiel e que vive em paz consigo mesma.

Ó Palavra que não verbera, mas inebria o coração! Ó Palavra doce, que reconforta o pecador. Ó Palavra de feliz esperança! Ó Palavra, água fresca para a alma sedenta, agradável mensageiro que traz boas notícias da pátria distante (cf. Pr 25,25). Aqui existe o "sopro de uma branda viração" (1Rs 19,12), isto é, a inspiração de Deus onipotente, da qual Jó diz: "Certamente, no homem existe o espírito, e a inspiração da virtude do Onipotente dá a inteligência (Jó 32,8). Ó quão feliz e verdadeiramente digno de ser chamado João (*dom de Deus*), é aquele ao qual é dirigida essa Palavra! Peço-te, Senhor, seja dirigida a teu servo a tua Palavra, e "segundo a tua Palavra ele vá em paz" (Lc 2,29). "Lâmpada para os meus passos é a tua Palavra!" (Sl 118,105).

IV domingo do Advento

Ouvimos a quem foi dirigida a Palavra. Mas em que lugar foi dirigida? "No deserto." Onde estiver o deserto, ali está a Palavra; mas é o deserto do qual fala o salmo: "Numa terra deserta, intransitável e sem água..." (Sl 62,3).

Veja o sermão do III domingo da Quaresma, parte IV, sobre o evangelho: "Quando o espírito imundo sai de um homem".

4. "E ele percorreu toda a região do Jordão" (Lc 3,3). Aquele a quem foi dirigida a divina inspiração, sem dúvida percorre a região do Jordão, nome que se interpreta "humilde descida" e que simboliza a compaixão pelo próximo. O prelado, ou o pregador, deve descer e se colocar ao nível do próximo, para poder erguer aquele que jaz por terra.

E com isso concorda Isaías, quando traz as palavras que o Senhor dirige aos pregadores: "Ide, mensageiros velozes, a uma nação dividida e despedaçada; a um povo terrível, o mais terrível de todos; a uma nação que está esperando e que é calcada aos pés, cuja terra é cortada pelos rios" (Is 18,2). Nessa expressão são assinalados os *sete vícios* pelos quais o gênero humano é levado à ruína.

Ó mensageiros", isto é, prelados e pregadores, "ide velozes", porque a demora provoca o perigo, e por isso, o Senhor disse aos apóstolos: "A ninguém saudeis pelo caminho" (Lc 10,4), para que o curso da vossa pregação não encontre impedimentos; e no Quarto livro dos Reis, Eliseu diz a Giezi: "Se encontrares alguém, não o saúdes; se alguém te saudar, não lhe respondas" (2Rs 4,29).

"Ide, pois, velozes a uma nação" que vive como pagã, dividida, "desenraizada" da humildade por causa do espírito de *soberba*, da qual diz Jó: "Como a uma árvore arrancada, tirou-me a esperança" (Jó 19,10); a uma nação "despedaçada" pela *inveja*, que dilacera o coração, de que fala o Profeta Naum: "Ai de ti, cidade sanguinária, toda cheia de mentira e de extorsões" (Na 3,1); ide "a um povo terrível pela *ira*, da qual fala Jó: "O meu inimigo olhou-me com olhos terríveis" (Jó 16,10); a um povo "que espera" a recompensa da *vanglória*: "Já receberam sua recompensa" (Mt 6,5); e Jeremias: "Estavas sentado nos caminhos, esperando os passageiros, como um ladrão em lugar solitário" (Jr 3,2); a um povo "calcado aos pés" pela *avareza*, donde Isaías: "Será calcado aos pés e oprimido como a lama nas praças" (Is 10,6), e Habacuc: "Ai daquele que acumula aquilo que não é seu! Até quando amontoará contra si o denso lodo?" (Hab 2,6); a um povo "cuja terra foi cortada pelos rios, isto é, cuja inteligência foi arruinada pela *gula* e pela *luxúria*; e disso fala Ezequiel: "Eis que venho contra ri, dragão enorme, que te deitas no meio dos teus rios e dizes: O rio é meu!" (Ez 29,3).

Desta citação aparece claro quanto seja necessária a pregação, da qual diz precisamente o evangelho: "João andava pregando um batismo de penitência (conversão) para o perdão dos pecados" (Lc 3,3). O mesmo diz também Isaías: "Lavai-vos e sede limpos!" (Is 1,16); e mais adiante: "Se os vossos pecados forem como o escarlate, eles se tornarão brancos como a neve; e se forem rubros como o carmesim, ficarão brancos como a branca lã" (Is 1,18).

Sobre esse assunto veja o primeiro sermão do II domingo da Quaresma, sobre o evangelho: "Jesus tomou consigo Pedro, Tiago e João" etc., segunda parte.

O Senhor diz ainda por boca de Isaías: "Eu apaguei as tuas iniquidades como uma nuvem e os teus pecados como uma névoa; volta a mim" fazendo penitência, "porque eu te resgatei" (Is 44,22) com o meu sangue. E ainda: "Consolai-vos, consolai-vos, povo meu, diz o vosso Deus. Falai ao coração de Jerusalém e dizei-lhe que os seus males terminaram, que está perdoada a sua iniquidade e que ela recebeu da mão do Senhor o dobro por todos os seus pecados" (Is 40,1-2).

Comenta a *Glosa*: O motivo da consolação é a remissão dos pecados; o motivo da remissão é o fato de ter recebido o duplo castigo. Deve-se notar que os nossos pecados *non solvuntur*, não são *pagos*, expiados, se não tivermos recebido os castigos da mão de Deus. E não é a mesma coisa *solvi peccata*, absolver pecados, e *peccata remitti*, remir pecados; a quem são remitidos, perdoados, não é necessária a expiação. Realmente, é dito: "São-te perdoados os teus pecados" (Mt 9,5). Porém, quando *solvuntur*, isto é, são *pagos*, isso acontece porque foram expiados e apagados por meio dos castigos infligidos por Deus.

5. "Como está escrito no livro das palavras do Profeta Isaías: Voz do que clama no deserto" (Lc 3,4). Dê atenção a estas três palavras: Voz, do que clama, e no deserto. Qual é a voz, quem é que clama e o que é o deserto? A voz é o pregador, aquele que clama é Cristo, e o deserto é sua cruz.

A voz é ar, e o pregador deve ser aéreo, isto é, celeste, para que seu relacionamento seja no céu. Lê-se no Êxodo que "sob os pés do Senhor havia como que uma obra de pedra de safira, semelhante ao céu quando está sereno" (Ex 24,10). A safira tem a cor do ar; a obra de pedra de safira é a vida do pregador santo, que, com a humildade de sua mente, está prostrado aos pés da encarnação do Senhor e está como que suspenso no ar na contemplação da celeste bem-aventurança.

Diz Isaías: "Quem são estes, que voam como nuvens e como pombas para os seus pombais?" (Is 60,8). Os pregadores santos são comparados às nuvens, porque são leves, isto é, estão livres das coisas terrenas: fazem chover palavras, fazem trovejar ameaças, iluminam com os exemplos e voam ao céu com as asas das virtudes. E, simples como as pombas, estão às janelas e guardam os cinco sentidos de seu corpo a fim de que a morte não entre na casa de sua consciência.

Ó Senhor, se eu ouvisse tal voz, clamaria com Adão: "Ouvi a tua voz e tive medo!" (Gn 3,10). Tal voz não é de homem, mas semelhante à voz de Deus Altíssimo. "Ressoe, pois, a tua voz aos meus ouvidos: a tua voz é doce" (Ct 2,14). A essa voz, "os meus lábios tremeram" (Hab 3,16). "A voz do teu trovão na tempestade" (Sl 76,19).

Mas ai de mim! Não ouço a voz, mas um sussurro e um murmúrio, e por isso diz Isaías: "Falarás da terra; do chão ouvir-se-á a tua voz; será como de uma pitonisa a tua voz saindo da terra, e do pó murmurarás os teus discursos" (Is 29,4). Veja o sermão do II domingo depois de Pentecostes, segunda parte: "Um homem preparou uma grande ceia". Esse sussurro não é de Cristo que clama: ele nos disse coisas celestes e não coisas terrenas, e, como diz Isaías, "clamou como um leão" (Is 21,8).

Mas onde? "No deserto." O deserto foi sua cruz, na qual foi abandonado, desnudado e coroado de espinhos: ali clamou. Donde a palavra do Profeta Amós: "Moab morrerá com grande estrondo, ao som da trombeta" (Am 2,2). Moab é o diabo que pereceu ao da trombeta, isto é, ao som da pregação do Senhor, e ao som de sua voz, quando sobre a cruz clamou: "Pai, nas tuas mãos entrego o meu espírito" (Lc 23,46; cf. Sl 30,6).

Diz ainda Isaías: "Eis que o Dominador, o Senhor dos exércitos, quebrará o vaso de terra no meio do terror, os de estatura agigantada serão cortados e os grandes serão abatidos. E as selvas dos vales serão derrubadas pelo ferro; e o Líbano cairá com os seus altos cedros" (Is 10,33-34).

O vaso é a humanidade de Cristo, formado da terra virgem e quebrado na paixão: e isso incutindo terror aos demônios que, altos de estatura, foram como que cortados por seu poder; e os grandes, isto é, os soberbos judeus, foram humilhados, isto é, rejeitados, como vingança pela paixão de Cristo. E as selvas dos vales, isto é, a Jerusalém terrestre, assim chamada pela multidão de sua população, foi devastada com o ferro por Tito e Vespasiano; e o Líbano, isto é, o templo, caiu junto com os altos cedros, isto é, com seus sacerdotes.

6. "Preparai o caminho do Senhor" (Lc 3,4). Diz Isaías: "No tempo primeiro, a terra de Zabulon e de Neftali foi levemente aliviada; e no último tempo será agravada a costa do mar" (Is 9,1). Este é o "tríduo" do qual Moisés diz: Nós faremos viagem de três dias no deserto, para sacrificarmos ao Senhor, nosso Deus (cf. Ex 3,18).

"No primeiro tempo", isto é, no momento da infusão da graça que, o pecador preparou no início, "a terra", isto é, a sua mente, "é aliviada" do peso do pecado por meio da contrição: e então é "terra de Zabulon" (primeiro dia), que significa "habitação da força". De fato, a graça corrobora com a força da constância aquele no qual a graça habita.

Donde Isaías: "Ele é o que dá força ao fatigado e o que multiplica a fortaleza e o vigor daqueles que não são fortes" (Is 40,29). "É aliviada" também na confissão, quando declara o pecado e suas circunstâncias; e então é "terra de Neftali", que significa "expansão". A mente do pecador expande-se na confissão, como disse o Senhor a Jacó: "Dilatar-se-á para o Ocidente e para o Oriente, para o Setentrião e para o Meridião" (Gn 28,14).

Observa que, na confissão, o sacerdote deve exigir quatro promessas do pecador: de condoer-se e fazer penitência pelos pecados cometidos e pelos pecados de omissão; de estar disposto a executar a penitência que ele lhe impuser; de ter o firme propósito de não mais cometer pecados mortais no futuro; de estar pronto a reparar o mal feito ao próximo, perdoá-lo e amá-lo. Somente se estiver disposto a fazer e manter essas quatro promessas, pode impor-lhe a penitência e absolvê-lo; caso contrário, não.

Portanto, quando expressa sua dor e se arrepende, o pecador dilata-se para o Oriente, porque é iluminado pelo sol da justiça. Quando está disposto a obedecer à vontade e à voz do sacerdote, então dilata-se para o Ocidente: cai (latim: *occidit*) de si mesmo (*de sua soberba*) quando se sujeita a outro. Quando tem o firme propósito de não recair, então dilata-se para o Setentrião ou aquilão, no qual é simbolizada a tentação do diabo: dilata-se para o aquilão aquele que combate contra o diabo que tenta assaltá-lo; o inimigo que combate valentemente, faz que também tu combatas valorosamente (Ovídio). Enfim, quando o pecador promete amar o próximo, então dilata-se para o Meridião, no qual é simbolizado o ardor da caridade.

Se o pecador fizer esses dois dias de caminho, estará em condição de fazer também o terceiro, indicado nas palavras: "No último tempo, será agravada, isto é, profundamente contristada, "a costa do mar" (Is 9,1). A costa do mar é a execução da penitência, que é verdadeiramente amarga. "Amarga será a bebida para quem a bebe" (Is 24,9). Portanto, com a contrição e com a confissão, a alma sente-se como que elevada, mas ao fazer a penitência da carne é submetida a grave sofrimento. Diz Gregório: "É necessário que a carne, depois de cair na culpa gozando, retorne ao perdão sofrendo".

Esse é o caminho pelo qual o Senhor chega à alma. Feliz aquele que o prepara dessa maneira. "O meu coração, ó Deus, está pronto. Está pronto o meu coração!" (Sl 56,8).

7. "Endireitai as veredas do nosso Deus" (Lc 3,4). Diz Isaías: "A senda do justo é direita, direito é o atalho pelo qual o justo anda" (Is 26,7). A vereda em latim se chama *sèmita*, como se disse *meio-caminho* (latim: *semis iter*).

Uma vereda é qualquer *religião*, isto é, qualquer ordem religiosa que, de certo modo delimitou-se e se restringiu com os votos de pobreza, de castidade e de obediência. Daí diz Isaías: "Tão estreito é o leito que um dos dois há de cair; e o cobertor é tão curto que não pode cobrir os dois" (Is 28,20).

O leito é sempre a religião, que, se é muito estreita (*severa*), como a vereda, pode acolher somente o esposo da castidade e o espírito da obediência, e expelirá o adúltero e o fornicador e o vício da desobediência. E o cobertor muito curto da pobreza não tem condições de cobrir duas pessoas, isto é, aquele que quer possuir e o pobre de espírito. "Que concórdia pode haver entre Cristo e Belial?" (2Cor 6,15); que entendimento, entre o pobre e o que possui, que é como Belial em meio aos filhos de Deus? Ó religiosos, "endireitai, pois, as veredas do nosso Deus.

8. Com esta primeira parte do evangelho concorda a primeira parte da epístola: "Todos nos considerem como ministros de Cristo e despenseiros dos mistérios de Deus" (1Cor 4,1). E Isaías: "Vós, porém, sois chamados sacerdotes do Senhor, ministros do nosso Deus" (Is 61,6). Ministros e despenseiros são os prelados e os pregadores que administram a palavra de Deus e pregam o batismo de penitência para a remissão dos pecados. Deles diz sempre Isaías: "Como são belos", isto é, limpos do pó do pe-

cado, "sobre os montes" isto é, com as virtudes, "os pés do mensageiro que anuncia a paz", isto é, a reconciliação entre o pecador e Deus, "que anuncia o bem", isto é, a infusão da graça; "que prega a salvação", isto é, a vida eterna, "e que diz: Ó Sião", ó alma, "reinará" em ti "o teu Deus" (Is 52,7), e não o pecado.

"Ora, o que se exige dos despenseiros é que eles sejam fiéis" (1Cor 4,2). Sobre o administrador fiel, diz o Senhor por boca de Isaías: "Naquele dia chamarei o meu servo Eliacim, filho de Helcias, vesti-lo-ei com a tua túnica, cingi-lo-ei com o teu cinto, porei na sua mão o teu poder: será como um pai para os habitantes de Jerusalém e para a casa de Judá" (Is 22,20-21).

Eliacim interpreta-se "ressurreição de Deus", e é figura do fiel administrador da Igreja, por meio do qual Deus ressuscita o pecador para a penitência. Ele é filho de Helcias, isto é, da justiça: revestido da túnica da misericórdia e sustentado pelo cinto da continência, é como um pai para todos os fiéis da Igreja.

Onde pode-se encontrar hoje um administrador tão fiel? Ai de mim! "Ó cidade", outrora "fiel e cheia de retidão, como pudeste transformar-te em meretriz? A justiça morava nela, agora, porém, está cheia de assassinos. A tua prata converteu-se em escória; o teu vinho misturou-se com água. Os teus príncipes são infiéis companheiros de ladrões; todos eles amam as dádivas, andam atrás das recompensas. Não fazem justiça ao órfão, e a causa da viúva não tem acesso a eles" (Is 1,21-23).

A prata, quer dizer, a eloquência dos prelados e dos pregadores, mudou-se na escória da vanglória. O vinho da pregação misturou-se com a água da adulação e do lucro temporal. As outras palavras não têm necessidade de explicação, afinal são muito claras aos olhos de todos.

Irmãos caríssimos, roguemos ao Senhor Jesus Cristo que dirija para nós a palavra por ele mesmo inspirada; que nos purifique com o batismo de penitência, por meio do qual nos tornamos capazes de preparar-lhe o caminho e endireitar suas veredas. No-lo conceda ele próprio, que é bendito nos séculos dos séculos. Amém.

II – O VALE DA HUMILDADE

9. "Todo o vale será enchido" (Lc 3,5). E isso é o que diz o Senhor: "Para quem olharei eu senão para o pobrezinho e contrito de coração e que teme as minhas palavras? (Is 66,2). O vale representa a humildade da mente, da qual diz Jeremias: "Vê os vestígios de teus pés no vale" (Jr 2,23), isto é, reconhece os teus pecados com uma dupla humildade. A humildade mostra ao homem o que ele é. Diz Isaías: "O Senhor será conhecido pelo Egito, e os egípcios conhecerão o Senhor naquele dia" (Is 19,21).

Naquele dia, isto é, na luz da humildade, os egípcios, isto é, os soberbos envolvidos pelas trevas, conhecem o Senhor e vice-versa: e assim conhecem também a si mesmos. Diz Agostinho: "Senhor, concede-me que eu conheça a ti e que me conheça a mim". E também Isaías, depois de ter visto o Senhor, censura a si mesmo, dizendo: "Ai de mim, que me calei, porque eu sou homem de lábios impuros" (Is 6,5). E o Senhor diz a Ezequiel: "Filho do homem, mostra o templo à casa de Israel", isto é, mostra-o a Jesus Cristo, "para que eles se envergonhem de suas iniquidades" (Ez 43,10).

Portanto, "todo o vale será enchido" com aquele grão de trigo que morreu ao cair na terra (cf. Jo 12,24) e do qual o salmo diz: "Os vales abundarão de trigo" (Sl 64,14). A Bem-aventurada Maria, sendo um vale, foi enchida, e de sua plenitude todos nós, vazios, temos recebido (cf. Jo 1,16), e o salmo: Seremos cheios dos bens de tua casa (cf. Sl 35,9; 64,5). Só os humildes serão enchidos com a abundância que o Senhor promete no Levítico: "Eu vos darei as chuvas nos seus tempos, e a terra dará o seu produto, e as árvores carregar-se-ão de frutos" (Lv 26,3-4). O Senhor dá as chuvas quando infunde a graça da compunção. E Isaías: "Cairá a chuva sobre a tua semente, onde quer que a tenhas semeado na terra" (Is 30,23), e ela produzirá os seus rebentos. Da chuva da compunção nascerá o rebento da boa vontade, e assim as árvores, isto é, os sentidos do corpo, encher-se-ão dos frutos das boas obras.

10. Com isso concorda aquilo que Isaías diz ao Rei Ezequias: "Come este ano aquilo que nasce espontaneamente, e no segundo ano sustenta-te de frutas; mas no terceiro ano semeai e colhei, plantai vinhas e comei o fruto delas" (Is 37,30).

Observa que existe um tríplice "estado" dos bons, simbolizado nesses três anos, isto é, o estado dos principiantes, o dos proficientes e, enfim, o dos perfeitos.

Os *principiantes*, prevenidos pela graça divina, infusa neles gratuitamente, comem aquilo que nasce espontaneamente. Isso é o que também diz o Senhor por boca de Oseias: "Amá-los-ei espontaneamente" (Os 14,5). Realmente, são sustentados pela graça, unicamente pela benevolência divina, e não por seus méritos anteriores. E também o Bem-aventurado Bernardo diz: Por vezes não se consegue encontrar a disposição para a pura oração e uma conveniente doçura de sentimentos; mas a encontra aquele que não pede, não procura, não bate e quase não sabe nada, quando a graça o precede. Quando uma alma rude e ainda principiante é introduzida naquela disposição de oração, que, geralmente, é concedida somente como prêmio da santidade e pelos méritos dos perfeitos, acontece como quando os servos são admitidos à mesa dos filhos.

Os *proficientes*, simbolizados no segundo ano, nutrem-se dos frutos das boas obras, a fim de que a boa vontade, que antes era só um piedoso afeto, se traduza na prática de obras.

Os *perfeitos*, porém, simbolizados no terceiro ano, transbordam de toda espécie de plenitude, como é dito no salmo: "Coroas o ano", isto é, a vida perfeita dos justos, "com a tua bondade, e os teus campos se encherão de abundância" (Sl 64,12). Com razão, pois, diz-se: "Todo o vale será enchido".

Esse enchimento é indicado na "visita" da qual fala o introito da missa de hoje: "Lembra-te de nós, Senhor, segundo a tua benevolência para com teu povo" (Sl 105,4). E também Isaías diz: "Olha do céu, Senhor, e vê da tua santa habitação e do trono de tua glória" (Is 63,15). E de novo: "Senhor, não te irrites sem fim, e não te lembres mais de nossa iniquidade; eis-nos aqui, olha para nós; todos nós somos teu povo!" (Is 64,9). "Visita-nos com a tua salvação" (Sl 105,4), isto é, com a vinda do teu Filho, a fim de que os vales se encham de trigo.

11. "Todo o monte e colina serão arrasados" (Lc 3,5). É isso que diz também Isaías: "A tua soberba foi abatida até os infernos, o teu cadáver caiu por terra; debaixo de ti se estenderá uma teia e a tua cobertura serão os vermes" (Is 14,11). Dê atenção a estas duas palavras: monte e colina. O monte representa a soberba que está no coração; a colina, a soberba que está nas obras. Aquela é pior do que esta.

Diz Isaías: "Temos ouvido falar da soberba de Moab; ele é soberbo em extremo; a sua soberba, a sua arrogância e o seu furor são maiores do que sua fortaleza" (Is 16,6). E a *Glosa* interlinear comenta: É mais ousado do que o seu poder. "Por isso Moab gritará contra Moab, todos gritarão" (Is 16,7). Quer dizer: no inferno, entre os tormentos, o soberbo gritará contra o soberbo, o luxurioso contra o luxurioso, e todos gritarão contra si mesmos.

Sempre Isaías: "Os sátiros gritarão uns para os outros" (Is 34,14). Igualmente: "Abaterá aqueles que estavam nos lugares altos, humilhará a cidade soberba, humilhá-la-á até a terra e a lançará no pó. Será pisada sob os pés" dos demônios "a coroa da soberba dos embriagados de Efraim" (Is 26,5; 28,3). E enfim: "Senta-te, fica calada, esconde-te nas trevas, filha dos caldeus, porque já não serás chamada senhora dos reinos" (Is 47,5).

Por isso, "todo o monte e colina serão arrasados".

12. Outra consideração sobre a verdadeira humildade. Suspirando pelo advento de Cristo e prevendo sua humildade, Isaías diz: "Oxalá rompesses os céus e descesses de lá! Os montes derreter-se-iam diante de tua face; desfazer-se-iam como queimados pelo fogo, as águas arderiam em fogo" (Is 64,1-2). Veja de que desejo arde quem quer que os céus se rompam para poder contemplar, visível na carne, aquele que é invisível. Rompa-se o céu, desça o Verbo e diante dele se dissolva a soberba dos montes.

"Diante de tua face", isto é, na presença de tua humanidade, "os montes se dissolveriam". Quem seria ainda tão soberbo, tão arrogante e cheio de si, se refletisse a fundo sobre a *majestade*, que se aniquilou, sobre o *poder* que se tornou fraco e sobre a *sabedoria* que balbucia? Não se derreteria o seu coração como a cera ao sol? (cf. Sl 67,3). E não diria com o profeta: "Na tua verdade", isto é, no teu Filho humilhado, ó Pai, "humilhaste também a mim" (Sl 118,75)?

"Como o fogo incendeia os restos", isto é, a madeira, o feno e a palha, assim os avarentos "seriam consumidos". Realmente, quem poderia ainda ser avarento, se contemplasse devotamente o Filho de Deus envolto em faixas, deitado na manjedoura, ele que não teve onde repousar a cabeça (cf. Lc 9,58), a não ser quando "inclinando a cabeça [sobre a cruz] entregou o espírito" (Jo 19,30)? Será que o avarento não renunciaria ao amor pelas coisas terrenas e todo o seu dinheiro não se reduziria a cinza como a palha ao fogo? "E as águas" dos luxuriosos, que, cada dia, com suas quedas, caminham para o inferno, "não arderiam ao fogo" do Espírito Santo, que enxuga as secreções da luxúria e infunde a graça da continência?

13. "E os caminhos tortuosos tornar-se-ão retos" (Lc 3,5). É isso que diz também Isaías: "Abandone o ímpio o seu caminho", isto é, o caminho perverso, "e o homem iníquo os seus pensamentos e volte para o Senhor, que terá misericórdia dele" (Is 55,7). E Jeremias: "Depravado é o coração do homem e impenetrável; quem poderá conhecê-lo?" (Jr 17,9). E dessa perversidade fala ainda Isaías: "Ele foi embora vagabundo" – isto é, fora de si, como Caim, ao qual foi dito: "Serás vagabundo e fugitivo sobre a terra" (Gn 4,12) –, vagabundo "no caminho", isto é, na perversa atividade, "de seu coração" (Is 57,17).

O coração perverso torna-se reto quando se verifica aquilo que diz Isaías: "Entrai em vós mesmos, ó prevaricadores!" (Is 46,8), isto é, retornai para a razão, vós que vivestes como animais. E de novo: "Filhos de Israel, seja tão profunda a vossa conversão quanto foi profunda a vossa perversão" (Is 31,6). E ainda: "Se buscais, buscai; voltai, convertei-vos, vinde" (Is 21,12): "se buscais" o meu auxílio na adversidade, procurai-o também na prosperidade. "Convertei-vos" a mim com o coração, "e vinde" a mim com as obras.

"E os lugares escabrosos mudar-se-ão em caminhos planos" (Lc 3,5). É isso o que diz Isaías: "Ao longo dos caminhos encontrarão de que se alimentar, e em todas as planícies haverá o que comer. Não sofrerão fome nem sede; não os molestará o calor nem o sol, porque aquele que tem compaixão deles os governará e os levará a beber nas fontes das águas" (Is 49,9-10).

Os lugares escabrosos simbolizam os corações dos desumanos, e mudar-se-ão em caminhos planos quando se tornam sensíveis e mansos. E isso é o que se lê no Quarto livro dos Reis, quando Isaías diz: "Trazei uma massa de figos. Quando a trouxeram e a puseram sobre a ferida de Ezequias, este ficou curado" (2Rs 20,7). A chaga do corpo é figura da desumanidade do espírito; a massa de figos representa a mansidão, a doçura e a afabilidade, virtudes que curam a chaga da desumanidade. Realmente, diz-se no Livro dos Provérbios: "O príncipe acalmar-se-á pela paciência, e a língua, embora mole, quebra as coisas mais duras" (Pr 25,15).

"E toda a carne verá a salvação de Deus" (Lc 3,6), isto é, todo o homem, no juízo final, verá Jesus Cristo. Para sua confusão, os ímpios "verão aquele que traspassaram" (Jo 19,37). Diz Isaías: "Na terra dos santos, ele praticou a iniquidade e não verá a glória do Senhor" (Is 26,10). Os Setenta traduziram assim: "Seja retirado o ímpio para não ver o esplendor de Deus". Mas os justos, como diz Isaías: "verão com os próprios olhos como o Senhor faz voltar Sião" (Is 52,8).

14. Com esta segunda parte do evangelho concorda a segunda parte da epístola: "Não queirais julgar antes do tempo" (1Cor 4,5). Contra quem julga, Isaías diz: "Ai de vós, que ao mal chamais bem, e ao bem, mal; que tomais as trevas por luz e a luz por trevas; que tendes o amargo por doce, e o doce por amargo!" (Is 5,20).

"Até que venha o Senhor" (1Cor 4,5). E Isaías: "Eis que o Senhor virá com fortaleza, e o seu braço dominará; eis que a sua recompensa", isto é, a retribuição para todos, "está com ele e sua obra", isto é, a cruz e os outros instrumentos de sua paixão, "com a qual operou a salvação em nossa terra" (Sl 73,12), "está diante dele" (Is 40,10), para a eterna confusão dos réprobos.

"Ele porá às claras o que se acha escondido nas trevas" (1Cor 4,5). E Isaías: "E a luz de Israel estará naquele fogo, o seu Santo na chama" (Is 10,17): luz para iluminar, no fogo para provar, na chama para queimar.

"E manifestará os desígnios dos corações" (1Cor 4,5). E Isaías: "Pois que as filhas de Sião se levantaram" – e aqui é indicada a soberba do coração – "e andam com o pescoço ereto" – eis a arrogância no comportamento –, "fazendo acenos com os olhos" – e aqui é indicada a lascívia – "e caminham pavoneando-se e movendo os pés com passo estudado" – eis a superficialidade e a inconstância – por isso, no dia do juízo, "o Senhor tornará calva a cabeça das filhas de Sião", porque aquilo que está escondido será manifestado e assim ver-se-á sua vergonhosa calvície, "e o Senhor as despirá de sua cabeleira" (Is 3,16-17), isto é, porá a nu seus pensamentos e seus perversos desígnios. E esta será a vergonha dos ímpios.

Mas quando "toda a carne (*todo o homem*) vir a salvação de Deus" (Lc 3,6), "então cada um receberá de Deus o louvor que lhe é devido" (1Cor 4,5). E Isaías: "Dizei ao justo: bem!" (Is 3,10).

Mas já que não é possível saber e explicar como será o louvor e a glória dos santos, Isaías não diz quanta e como será, mas diz somente: Bem!

Por isso, irmãos caríssimos, roguemos ao Senhor Jesus Cristo que abaixe os montes, endireite os caminhos tortuosos, torne suaves as coisas ásperas, a fim de que possamos chegar ao "bem que olho jamais viu" porque está escondido, "nem ouvido ouviu" porque é silencioso, "nem jamais entrou no coração do homem" (1Cor 2,9), porque está além de toda a humana compreensão.

No-lo conceda aquele que no seu primeiro advento foi humilde, que no segundo será terrível, amável, suave e desejável e bendito nos séculos eternos.

E toda a alma humilde diga: Amém. Aleluia!

NATAL DO SENHOR

1. Naquele tempo, "Saiu um edito de César Augusto, para que se fizesse o recenseamento de todo o mundo" (Lc 2,1). Neste evangelho devem ser considerados três eventos: o recenseamento do mundo, o nascimento do Salvador e o anúncio do anjo aos pastores.

Com o auxílio de Deus, apresentaremos brevemente e com clareza cada um dos três acontecimentos.

I – O RECENSEAMENTO DO MUNDO

2. Recenseamento do mundo: "Saiu um edito". Observa que nesta primeira parte diz-se, em sentido moral, que quem verdadeiramente quer arrepender-se dos pecados cometidos, antes de tudo deve "fazer o recenseamento", "descrever", como diz o evangelho, com a contrição toda a sua vida e, depois, aproximar-se da confissão.

Portanto, diz: "Saiu um edito de César Augusto". César, que se interpreta "senhor do poder", e Augusto, "em atitude solene", representa Deus onipotente, Senhor de toda a criação: "Minha mão fez tudo isso" (Is 66,2); e "debaixo dele curvam-se os que sustentam o mundo" (Jó 9,13), isto é, o peso do mundo, isto é, os prelados da Igreja e os príncipes do mundo. Deus está em atitude solene porque, como diz Daniel: "milhares de milhares o serviam e mil milhões o assistiam" (Dn 7,10).

Diz-se que alguém *está de pé* quando está pronto a ir em auxílio dos seus; mas que *está sentado* quando exerce o juízo: em ambas as posições é nobre, solene, majestoso.

Este nosso "imperador" publica cada dia um edito por meio de seus pregoeiros, isto é, os pregadores da Igreja, para que o mundo todo seja recenseado.

O mundo é chamado também orbe, do latim *orbis*, círculo, precisamente por sua rotundidade: de fato, cercando-o de todos os lados, o oceano toca ao redor os seus limites. A vida do homem é um *orbe*, isto é, semelhante a um círculo: por isso, no Gênesis lhe é dito: És terra e à terra voltarás (cf. Gn 3,19).

O homem deve recensear, deve descrever todo esse círculo, repensando na amargura de sua alma sobre o que cometeu na infância, na adolescência, na juventude e também na velhice. E observa que diz "todo" o círculo, para indicar que deve descrever os pecados cometidos com o coração, com a boca, com as ações, e os pecados de omissão, e suas circunstâncias: e isso é indicado pelo fato de não dizer "escrever", mas "descrever", que significa escrever os vários modos e os vários lugares do pecado.

"Este foi o primeiro recenseamento, quando Quirino era governador da Síria" (Lc 2,2).

Quirino, que se interpreta "herdeiro", é figura do penitente, herdeiro de Deus e coerdeiro de Cristo (cf. Rm 8,17), que diz: "A minha herança é excelente" (Sl 15,6). O penitente faz o primeiro recenseamento de seus pecados quando, em primeiro lugar, procura diligentemente, com profunda contrição, aquilo que cometeu e o que omitiu. Ele é o governador da Síria, nome que significa "altura", isto é, a altura da soberba e da arrogância. Diz Jó do diabo: "Ele vê todas as coisas altas, e é o rei de todos os filhos da soberba" (Jó 41,25). Que poder é mais digno de louvor do que aquele que alguém exerce sobre si mesmo e humilha a própria soberba?

3. "E todos iam" (Lc 2,3). Eis o justo procedimento que deve ser seguido no arrependimento: primeiro recensear todos os próprios pecados e depois ir para a confissão. "Iam todos recensear-se" (Lc 2,3). Mas ai!, quão poucos são hoje os que vão! Por isso, lamenta-se Jeremias: "Os caminhos de Sião choram, porque não há quem vá para a solenidade" (Lm 1,4).

Mas "José" – isto é, o verdadeiro penitente, "da casa e da família de Davi" (Lc 2,4), o rei que verdadeiramente se arrepende e a cuja casa o Senhor prometeu: "Naquele dia haverá uma fonte aberta para a casa de Davi" (Zc 13,11) – este "José" foi. A fonte da misericórdia divina brota para a comunidade dos penitentes, "para a purificação do pecador e da mulher impura" (Zc 13,1), isto é, lava neles tanto os pecados claros como os ocultos.

"José subiu da Galileia" – nome que significa "roda" (vicissitude) e indica a mencionada descrição da própria vida –, "da cidade de Nazaré" (Lc 2,4), que significa "flor". À flor segue o fruto: é por meio da flor que se chega ao fruto. Assim também à contrição deve seguir a confissão: por meio da contrição chega-se ao fruto da confissão, isto é, à absolvição e à reconciliação.

E observa que José subiu "para recensear-se junto com Maria, sua esposa, que estava grávida" (Lc 2,5). Maria interpreta-se "mar amargo", e simboliza a dupla amargura com a qual o penitente deve subir para a Judeia, isto é, para a confissão, na qual está a cidade de Davi "que se chama Belém" (Lc 2,5), isto é "casa do pão". E esta simboliza o alimento das lágrimas: "As minhas lágrimas foram o meu pão" (Sl 41,4).

Com tudo isso concordam as palavras de Isaías: "Pela subida de Luit subirá cada um chorando, e pelo caminho de Horonaim irão dando gritos de aflição" (Is 15,5). Eis o mar amargo. Luit interpreta-se "face" ou "maxila", Horonaim, "saída de sua tristeza". Aquele que chora, isto é, o penitente, sobe para a confissão todo banhado de lágrimas, que de suas faces sobem a Deus, como diz o Eclesiástico: "Não correm as lágrimas da viúva pelas suas faces e não clama ela contra aquele que lhas fez derramar? Por que elas sobem das faces até o céu, e o Senhor que a ouve não gostará de vê-la chorar?" (Eclo 35,18-19). A saída da tristeza é a dor do coração contrito, da qual deve brotar o grito da confissão, que o penitente deve elevar para confessar tudo com sinceridade e clareza.

4. Observa ainda que José subiu com Maria, que estava grávida. A alma, amargurada pela dupla dor dos seus pecados, está como que impregnada pelo temor de Deus, como diz Isaías: "Assim como a mulher grávida, quando se aproxima o parto, sofre e grita de dor, assim somos nós, Senhor, diante de tua face" ou, segundo uma outra tradução, "por medo de ti"; "ó Senhor, nós concebemos, temos sofrido as dores do parto e temos dado à luz o espírito de salvação" (Is 26,17-18). A face de Cristo, quando vier para o juízo, impregna a alma de temor, a fim de que conceba e dê à luz o espírito de salvação.

II – O nascimento do Salvador

5. "E aconteceu que estando eles ali..." (Lc 2,6). Ali, onde? Na casa do pão: também Maria é a casa do pão. O pão dos anjos transformou-se em leite para as crianças, a fim de que as crianças se tornassem anjos. "Deixai que as crianças venham a mim" (Mc 10,14) para que chupem e se saciem na abundância de sua consolação (cf. Is 66,11).

Observa que o leite é de sabor doce e de aspecto agradável. Assim Cristo, como diz o "Boca de Ouro" (João Crisóstomo), atraía a si os homens com sua doçura como o diamante[1] atrai o ferro; ele afirma de si mesmo: "Quem me come terá mais fome e quem me bebe terá mais sede" (Eclo 24,29); e é também de aspecto encantador, pois os anjos desejam fixar nele o olhar (cf. 1Pd 1,12).

"Completaram-se para ela os dias do parto" (Lc 2,6). Eis a plenitude dos tempos (cf. Gl 4,4), o dia da salvação (cf. 2Cor 6,2), o ano da benevolência (cf. Sl 64,12). Da queda de Adão até o advento de Cristo foi um tempo vazio; daí que Jeremias diz: "Olhei para a terra e eis que estava vazia e como que sem nada" (Jr 4,23), porque o diabo havia destruído todas as coisas; foi dia de dor e de doença; como diz o salmo: "Sempre estiveste perto do leito de sua dor" (Sl 40,4); foi ano de maldição, e diz o Gênesis: "Maldita seja a terra por aquilo que fizeste" (Gn 3,17). Mas hoje "completaram-se os dias do parto". Da plenitude desse dia nós todos temos recebido (cf. Jo 1,16). E o salmo: "Seremos cheios dos bens de sua casa" (Sl 64,5).

A ti, ó Bem-aventurada Virgem, seja dado louvor e glória, porque hoje fomos cheios dos bens de tua casa, isto é, do teu seio. Nós que antes estávamos vazios, agora estamos cheios; nós que antes estávamos doentes, agora estamos sãos; nós que antes éramos malditos, agora somos benditos, porque, como diz o Cântico dos Cânticos: "Aquilo que provém de ti é o paraíso" ó Maria! (Ct 4,13).

---

1. Aqui o santo usa o termo *adamas*, que vem do grego e significa *indomável*; portanto, o ferro mais duro, o aço. Plínio traduz *diamante*.

6. Continua o evangelista: "Deu à luz o seu filho primogênito" (Lc 2,7). Eis a bondade, eis o paraíso! Correi, pois, ó famintos, ó avarentos, ó usurários, vós a quem agrada mais o dinheiro do que Deus, correi e "comprai sem dinheiro e sem troca alguma" (Is 55,1) o trigo e o grão que hoje a Virgem tirou do tesouro do seu seio. Deu, pois, à luz o filho. Que filho? O Filho de Deus, o próprio Deus. Ó tu, mulher mais feliz do que qualquer outra, que tiveste o filho em comum com Deus Pai! De que glória resplandeceria uma mísera mulher se tivesse um filho de um imperador deste mundo? Muito maior é a glória de Maria que partilhou o Filho com Deus Pai.

"Deu à luz o seu Filho." O Pai deu a divindade, a Mãe, a humanidade; o Pai deu a majestade, a mãe, a enfermidade. "Deus à luz o seu Filho", o Emanuel, isto é, "Deus conosco" (cf. Mt 1,23): quem, pois, será contra nós? (cf. Rm 8,31).

Diz Isaías: "E pôs sobre sua cabeça o capacete da salvação" (Is 59,17). O capacete é a humanidade, a cabeça é a divindade; a cabeça está escondida sob o capacete, a divindade está escondida sob a humanidade. Portanto, não há o que temer: a vitória está do nosso lado, porque conosco está um Deus armado. Graças sejam dadas a ti, ó Virgem gloriosa, porque por teu intermédio Deus está conosco.

"Portanto, deu à luz o seu filho primogênito", isto é, gerado pelo Pai antes de todos os séculos; ou também primogênito entre os mortos (cf. Cl 1,18), ou primogênito entre muitos irmãos (cf. Rm 8,29).

7. "Envolveu-o em faixas e o depôs numa manjedoura" (Lc 2,7). Ó pobreza, ó humildade! O Senhor de todas as coisas é envolvido em faixas, o rei dos anjos é reclinado num estábulo. Envergonha-te, ó insaciável avareza! Desaba, ó humana soberba!

"Envolveu-o em faixas." Observa que Cristo, no início e no fim de sua vida é envolto em faixas. "José [de Arimateia – diz Marcos], tendo comprado um lençol, tirou Jesus da cruz e o envolveu nele" (Mc 15,46). Bem-aventurado aquele que terminar sua vida envolto no sudário, isto é, na inocência batismal.

O velho Adão, quando foi expulso do paraíso terrestre, foi coberto com uma túnica de peles (cf. Gn 3,21); a pele, quando mais se lava, tanto mais se deteriora: e nisso é representada a sua carnalidade e a de seus descendentes. O novo Adão, porém, é envolto em panos, que, na sua brancura, representam o candor de sua Mãe, a inocência batismal e a glória da ressurreição final.

"E o depôs numa manjedoura, porque não havia lugar para eles na hospedaria" (Lc 2,7), em latim chamado *diversorium*. Eis – como está escrito nos Provérbios – "a corça é benquista e o veadinho é cheio de graça" (Pr 5,19). Diz a *História natural* que a corça dá à luz na estrada batida" (frequentada); assim a Bem-aventurada Virgem *deu à luz na estrada*, que é também um *diversorium*, como a hospedaria, assim chamado porque a ele se chega por *diversas* estradas.

III – O ANÚNCIO DOS ANJOS AOS PASTORES

8. "Naquela mesma região, havia uns pastores que velavam e faziam de noite a guarda ao seu rebanho" (Lc 2,8).

As "vigílias" se chamam também *excubiae*, ou estações. Antigamente, os romanos dividiam a noite em quatro vigílias (quatro turnos de guarda) e revezavam-se as guardas da cidade. A noite representa a vida presente, na qual caminhamos às apalpadelas como de noite. Não enxergamos nem entre nós, isto é, não enxergamos a nossa consciência; com frequência tropeçamos com os pés, isto é, com os nossos sentimentos e afetos. Quem quer guardar corretamente a sua cidade durante essa noite (da vida), deve estar de pé e vigiar atentamente por todos os quatro turnos, isto é, fazer quatro vigílias.

A primeira vigília representa a impureza de nosso nascimento, a segunda representa a malícia e a maldade que nos acompanha, a terceira representa o estado miserável de nosso peregrinar e a quarta, o pensamento da morte. Na primeira, o homem deve vigiar para humilhar e desprezar a si mesmo, na segunda para mortificar-se, na terceira para chorar e na quarta para despertar um salutar temor. Felizes aqueles pastores que fazem isso durante as quatro vigílias dessa noite, porque assim defendem verdadeiramente o seu rebanho.

Observa que o pastor vigia o seu rebanho por dois motivos: para não ser roubado pelos ladrões e para que o rebanho não seja assaltado pelo lobo. Todos nós somos pastores, e o nosso rebanho é formado de nossos bons pensamentos e de nossos santos desejos. Sobre esse rebanho devemos montar uma atenta guarda durante as quatro vigílias mencionadas para que o ladrão, isto é, o diabo, não nos roube com suas malignas sugestões, e o lobo, isto é, a concupiscência da carne, não nos assalte pelo consenso.

Aos que vigiam desse modo é anunciada a alegria deste nascimento.

9. "E o anjo disse aos pastores: Eis que vos anuncio uma grande alegria: Nasceu-vos hoje o Salvador..." (Lc 2,10.11). Com isso, concordam as palavras do Gênesis: "Nasceu Isaac. E Sara disse: Deus me deu riso, e todo aquele que ouvir rirá juntamente comigo" (Gn 21,5-6). Sara interpreta-se "princesa" ou "carvão", e é figura da gloriosa Virgem, princesa e rainha nossa, inflamada pelo Espírito Santo como o carvão pelo fogo. Hoje Deus lhe deu o riso, porque dela nasceu o nosso riso. "Eu vos anuncio uma grande alegria" porque nasceu o riso, porque nasceu Cristo.

E isso nós ouvimos hoje do anjo: "Todo aquele que ouvir, rirá juntamente comigo". Riamos, pois, e exultemos junto com a Bem-aventurada Virgem, porque Deus nos deu o riso, isto é, o motivo para rir e alegrar-nos com ele e nela: "Hoje vos nasceu o Salvador". Se alguém estivesse a ponto de morrer ou fosse condenado à prisão e lhe fosse anunciado: Eis que chegou alguém que te salvará! Será que não riria, será que não exultaria? Certamente. Exultemos, pois, também nós, na serenidade da consciência e no amor autêntico (cf. 2Cor 6,6), porque hoje nasceu-nos o salvador, aquele que nos salvará da escravidão do diabo e da prisão do inferno.

10. E para encontrar essa alegria nos é dado um sinal, quando o anjo acrescenta: "Eis o sinal: Encontrareis um menino envolto em panos e deitado numa manjedoura" (Lc 2,12). Aqui devemos observar duas coisas: a humildade e a pobreza. Feliz aquele que tiver esse sinal na fronte e na mão, isto é, na profissão de fé e nas obras. O que significa dizer: "Encontrareis um menino", senão que encontrareis a sabedoria que balbucia, o poder tornado fraco, a majestade abaixada, o imenso feito criança, o rico que se fez pobrezinho, o rei dos anjos que jaz num estábulo, o alimento dos anjos tornado quase feno para os animais, aquele que por nada pode ser contido, deitado numa estreita manjedoura? "Este, pois, será para vós o sinal", para que não pereçais com os egípcios e os habitantes de Jericó.

Pelo Verbo encarnado, pelo parto virginal, pelo Salvador nascido seja dada glória a Deus Pai no mais alto dos céus, e seja dada paz na terra aos homens que ele ama (cf. Lc 2,14). Digne-se conceder-nos essa paz aquele que é bendito nos séculos. Amém.

IV – SERMÃO ALEGÓRICO

11. "Um menino nasceu para nós, um filho nos foi dado; foi posto o principado sobre o seu ombro; e será chamado admirável, conselheiro, Deus, forte, pai do século futuro, príncipe da paz" (Is 9,6). E ainda: "Eis que uma virgem conceberá e dará à luz um filho, e o seu nome será Emanuel" (Is 7,14), isto é, "Deus conosco".

Esse Deus se fez criança por nós e hoje nos nasceu. Cristo quis ser chamado "criança" por muitas razões, mas, por brevidade, aponto uma só. Se injurias uma criança, se a provocas com um insulto, se bates nela, mas depois lhe mostras uma flor, uma rosa ou coisa semelhante e, ao mostrá-la, indicas a intenção de dar-lhe a flor, ela não se lembrará mais da injúria recebida, a ira lhe passa e corre para abraçar-te. Assim, se ofendes a Cristo com o pecado mortal e lhe fazes qualquer outra injúria, mas depois lhe ofereces a flor da contrição ou a rosa de uma confissão banhada pelas lágrimas – as lágrimas são o sangue da alma – ele não se lembrará mais da tua ofensa, perdoa a culpa e corre para te abraçar e beijar. Diz Ezequiel: "Se o ímpio fizer penitência de todos os pecados cometidos, eu não me recordarei de qualquer das suas iniquidades" (Ez 18,21.22). E Lucas, falando do filho pródigo: "Quando seu pai o viu, ficou movido de compaixão e, correndo, lançou-lhe os braços ao pescoço e o beijou" (Lc 15,20). E no Segundo livro dos Reis narra-se que Davi acolheu com benevolência Absalão, que havia matado o irmão, e o beijou (cf. 2Sm 14,33).

Hoje, portanto, um menino nasceu para nós. E que vantagens nos vieram com o nascimento desse menino? Grandíssimas vantagens sob todos os aspectos. Ouve Isaías: "A criança de peito brincará sobre a toca da áspide; e na caverna do régulo (basilisco) meterá a sua mão a que estiver já desmamada. Eles não farão dano algum, nem matarão em todo o meu santo monte" (Is 11,8-9).

O *régulo*, que significa *pequeno rei*, é chamado assim porque se pensava que fosse o rei das serpentes; essa serpente venenosa, também chamada áspide, representa o diabo, e sua toca e sua caverna são os corações dos maus, nos quais o nosso menino pôs sua mão quando, com o poder de sua divindade, tirou de lá o próprio diabo. De fato, diz Jó: "Serviu de parteira a sua mão, saiu uma cobra tortuosa" (Jó 26,12).

É tarefa da parteira extrair das trevas o fruto do parto, e levá-lo para a luz. Assim Cristo, com a mão de seu poder tirou a antiga serpente, o diabo, dos corações tenebrosos dos réprobos: e então, aquela serpente e seus satélites não farão mais dano aos corpos, a não ser com sua permissão; de fato, os diabos não poderão entrar nos porcos senão depois de sua permissão (cf. Mc 5,13); e já não poderão ferir as almas com a morte eterna. Antes da vinda do Salvador, os diabos tinham sobre o gênero humano tanto poder, a ponto de atormentar torpemente os corpos dos homens e de arrastar miseravelmente as almas para o inferno. De agora em diante, porém, não poderão mais causar danos "em todo o meu santo monte", isto é, em toda a minha Igreja, na qual eu mesmo moro.

12. "Um filho nos foi dado." Com isso concorda o que lemos no Segundo livro dos Reis: "Houve uma terceira guerra em Gat contra os filisteus, na qual Adeodato, filho de Salto, que tecia panos de cores em Belém, matou Golias de Gat" (2Sm 21,19).

Observa que a primeira batalha aconteceu no deserto: "Jesus foi conduzido ao deserto..." (Mt 4,1); a segunda aconteceu na planície, isto é, em público: "Estava Jesus expulsando um demônio" (Lc 11,14) [diante da multidão]; a terceira aconteceu sobre o lenho [da cruz]: pregado sobre ela, Cristo derrotou os filisteus, isto é, as potências do ar (cf. Ef 2,2).

Essa terceira batalha aconteceu em Gat, nome que significa "lago"; isto é, aconteceu nas chagas do Salvador e, sobretudo, na chaga do lado, da qual brotaram os dois rios de nossa redenção. Nesse lago, Jesus nos foi dado unicamente pela misericórdia de Deus Pai, para ser o nosso *campeão*. Ele foi "filho de Salto" porque, como diz Marcos, estava no deserto com as feras (cf. Mc 1,13); ou "filho de Salto", porque foi coroado de espinhos[2].

"Que tecia panos de cores." Cristo preparou para si no seio virginal de Maria a veste multicolorida, isto é, a humanidade, ornada com os dons da graça septiforme; "foi belemita" porque hoje nasceu da Virgem em Belém. Ou também: foi "filho de Salto" na paixão; será "tecedor de panos coloridos" na ressurreição final, porque então nos revestirá da veste multicolorida, ornada dos quatro dotes dos corpos glorificados; será, enfim, "belemita" no banquete eterno. Assim, o nosso campeão, o nosso atleta, ferido no lago da paixão, derrotou e debelou Golias de Gat, isto é, o diabo.

13. "E foi posto o principado sobre o seu ombro." E também aqui temos a concordância com aquilo que diz o Gênesis: "Tomou Abraão a lenha do holocausto e a pôs sobre Isaac, seu filho" (Gn 22,6). E João diz: "[Jesus], tomando a cruz aos ombros, saiu para esse lugar a que chamam Calvário" (Jo 19,17).

---

2. O termo latino *saltus* indica uma região de selvas, montanhosa, com vales, planaltos e precipícios, coberta de florestas com grandes árvores ou moitas e sarças.

Ó humildade do nosso Redentor! Ó paciência do nosso Salvador! Sozinho, ele carrega por todos o madeiro no qual será suspenso, pregado; sobre o qual deverá morrer e, como diz Isaías, "o Justo perece e não há ninguém que medite no seu coração" (Is 57,1).

"E foi posto o principado sobre o seu ombro." Diz o Pai, por boca de Isaías: "Porei a chave da casa de Davi sobre os seus ombros (Is 22,22). A chave é a cruz de Cristo, com a qual ele abriu a porta do céu. E observa que a cruz é chamada "chave" e "poder": chave porque abre o céu aos eleitos, poder porque com sua potência precipita os demônios no inferno.

14. "E será chamado *admirável*, no nascimento; *conselheiro*, na pregação; *Deus*, no realizar milagres; *forte*, na paixão; *Pai do século futuro*, na ressurreição. Com efeito, quando ressuscitou, deixou-nos a esperança certa da ressurreição, como herança aos filhos depois de si. E na eternidade será para nós o *príncipe da paz*.

Digne-se preparar-nos essa paz ele próprio que é bendito nos séculos. Amém.

V – SERMÃO MORAL

15. "Um menino nasceu para nós." Desse menino, diz o evangelho: Se não vos converterdes e não vos tornardes como este menino etc. (cf. Mt 18,3).

Observa: quando acorda no berço, o menino chora; não se envergonha se está nu; se é surrado, refugia-se nos braços da mãe. A mãe, quando quer desmamá-lo, passa algo amargo nos seios; o menino nada sabe da malícia do mundo; é incapaz de cometer pecados; não faz o mal ao próximo; não guarda rancor; a ninguém odeia; não busca riquezas; não é seduzido pela beleza deste mundo; não faz acepção de pessoas.

O menino simboliza o penitente convertido que, outrora teve o coração inchado de soberba, exaltado na jactância das palavras, grande na opulência das coisas, e agora tornou-se pequeno, humilde e desprezível aos próprios olhos. Quando desperta, isto é, quando traz à lembrança seu precedente modo de viver, chora amargamente; tornado nu e pobre por amor a Cristo não enrubesce, nem se envergonha ao despojar-se na confissão; se sofre uma injúria não se ofende, mas corre para a igreja e ora por aqueles que o caluniam e o perseguem. A Igreja, por assim dizer, desmamou-o quando, com a amargura dos castigos e das penas, cobriu-lhe o seio do prazer carnal, que ele costumava chupar.

As outras analogias são claras e, portanto, são entendidas literalmente.

Por isso, quando um mundano se converte e se torna "menino" de Cristo, com o júbilo do coração e a alegria na voz, devemos exultar dizendo: "Nasceu-nos um menino". E João: "A mulher", isto é, a Igreja, "quando dá à luz" com a pregação ou com a misericórdia pelos pecados, "está aflita; mas quando deu à luz" com a contrição e com a confissão "o menino", isto é, o neoconverso, "não se recorda mais do sofrimento, pela alegria de ter vindo ao mundo um homem" (Jo 16,21). E de João "graça de Deus" [o Batista] diz-se: "Muitos se alegrarão no seu nascimento" (Lc 1,14).

16. "Um filho nos foi dado." Demos graças a Deus, porque de um servo do mundo e do diabo recebemos um filho de Deus, que diz no salmo: "O Senhor me disse: Tu és meu filho, eu hoje te gerei" por meio da graça, tu que ontem eras escravo por causa da culpa; e já que és filho "pede-me e eu te darei as nações em herança", isto é, os pensamentos rebeldes, "e estenderei o teu domínio até os confins da terra" (Sl 2,7-8), isto é, os sentidos do teu corpo, para que saibas dominá-los.

"Filho", do qual se diz no Gênesis: "José, filho que cresce, filho que cresce e formoso de aspecto" (Gn 49,22). "Que cresce" pela pobreza, como diz o próprio José: "Deus me fez crescer na terra de minha pobreza" (onde eu era pobre) (Gn 41,52). "Formoso de aspecto" pela humildade: de fato, no Gênesis diz-se que "Raquel", nome que se interpreta "ovelha" – e, portanto, humilde – "era formosa de rosto e de gentil presença" (Gn 29,17). "Nos foi dado." "Com efeito, estava morto e retornou à vida, estava perdido e foi encontrado" (Lc 15,24). E com que finalidade nos foi dado? Com que finalidade foi encontrado? Precisamente para o exercício da penitência.

17. "E foi posto o principado sobre o seu ombro." Concordam as palavras do Gênesis: "Issacar, asno forte, deitando-se nos confins, viu que o repouso era bom e que a terra era ótima; curvou o seu ombro para carregar pesos" (Gn 49,14-15).

Issacar, que se interpreta "homem da recompensa", representa o penitente que trabalha virilmente pela eterna recompensa, e, portanto, é chamado "asno robusto". Dele diz-se no Eclesiástico: "Alimentos, vara e carga ao asno" (Eclo 33,25). Alimento de qualquer espécie, para que não desfaleça; a vara da pobreza para que não se torne insolente e não escoiceie; a carga, o peso da obediência para que não se desabitue do trabalho. Com esses três remédios prepara-se a medicina para o penitente.

"Deitando-se nos confins." Os dois confins são o ingresso à vida e a saída dela, o nascimento e a morte. Está entre esses confins aquele que pensando no seu nascimento se humilha, e pensando na morte chora. O insensato não está entre os dois confins, antes, coloca-se no centro deles. Por isso, diz-se no Livro dos Juízes: "Por que habitas tu entre os dois confins a ouvir os balidos dos rebanhos?" (Jz 5,16).

O centro entre o nascimento e a morte é a vaidade do século, deste tempo; os rebanhos são os estímulos da carne; ouve seus balidos, isto é, os lisonjeiros chamados, aquele se repousa na vaidade do século. Porém, o penitente, que mora entre os confins, eleva os olhos da mente e contempla o repouso da glória feliz: quanto é perfeita na glorificação do corpo, como é verdadeira uma terra de eterna segurança, quanto é insuperável na contemplação da Trindade; e curva o ombro para sustentar o poder, isto é, o jugo a penitência, por meio da qual domina a si mesmo e vence as tentações. Donde diz o Eclesiástico: "Baixa o teu ombro e carrega-a!" (Eclo 6,26), a penitência.

18. "E seu nome é admirável, conselheiro, Deus, forte, Pai do século futuro, príncipe da paz." Nesses seis nomes resume-se a perfeição do penitente, ou do justo.

Efetivamente, é *admirável* no diligente exame e na frequente revisão de si mesmo e vê, portanto, coisas maravilhosas na profundeza do seu coração. Por isso é admirável também Jó, cuja paciência todo o mundo admira: "Eu [dizia] não reprimirei a minha língua, falarei na angústia do meu espírito, conversarei na amargura da minha alma" (Jó 7,11). A angústia do espírito e a amargura da alma não deixam nada sem ser discutido, quando tudo é examinado e avaliado com a máxima diligência.

É *conselheiro* nas necessidades corporais e espirituais do próximo, como diz Jó: "Fui o olho do cego e o pé do coxo" (Jó 29,15). O cego é aquele que não vê na sua consciência; o coxo é aquele que se desvia do reto caminho da justiça. Mas o justo é bom conselheiro para ambos, porque para o primeiro é olho ao ensinar-lhe a descobrir a falha de sua consciência; ao segundo é pé, sustentando-o e guiando-o para que realize os passos das obras no caminho da justiça.

É *Deus*. Ao governar os súditos, o justo é chamado "deus" só de nome, pois está no lugar de Deus. Realmente, o Senhor diz a Moisés: "Eis que te constituí deus do faraó" (Ex 7,1). E também: "Se o ladrão não for encontrado, o dono da casa será obrigado a comparecer diante de Deus", isto é, dos sacerdotes, "e jurará que não estendeu a mão às coisas do seu próximo" (Ex 22,8). E ainda: "Eu disse: vós sois deuses" (Sl 81,6). Em outro sentido: Deus em grego é *Theòs*, quer dizer "que olha" – enquanto deriva de *theorèo*, olhar – porque olha todas as coisas; *thèo* quer dizer também *corro*, porque Deus *percorre*, passa em revista todas as coisas. O penitente é chamado "deus", isto é, que olha e que percorre: afinal, olha as coisas superiores com a contemplação, e por isso corre com a mente para as passadas somente para comprometer-se com a penitência.

É *forte* ao combater as tentações. Lê-se no Livro dos Juízes: "Apareceu um leão novo e feroz, que rugia e arremeteu contra Sansão. Mas o espírito do Senhor apoderou-se de Sansão, que despedaçou o leão, fazendo-o em bocados, como se fora um cabrito" (Jz 14,5-6). O leão novo representa o espírito de soberba ou de luxúria e coisas semelhantes: arremete com sua insistência, ruge com a astúcia; aparece de improviso e assalta com violência. Mas quando o espírito da contrição, do amor e do temor de Deus apodera-se do penitente, este despedaça o espírito de soberba simbolizado no leão, e reduz a pedaços o espírito de luxúria, simbolizado no cabrito, por causa do fedor: reduz a pedaços o pecado e destrói minuciosamente todas as circunstâncias.

É *Pai do século futuro*, na pregação da palavra e na do exemplo. Diz o Apóstolo: "Meus filhinhos, por quem eu sinto de novo as dores do parto, até que Jesus Cristo se forme em vós" (Gl 4,19). E também: "Eu vos gerei em Cristo, mediante o evangelho" (1Cor 4,15), para a vida eterna.

É *príncipe da paz* na harmoniosa coabitação do espírito e do corpo. Diz Jó: "As feras da terra", isto é, os impulsos da tua carne, "estarão em paz contigo e verás reinar a paz em tua casa" (Jó 5,23-24). E também, "Sepultado", isto é, escondido do mundo por meio da contemplação, "dormirás tranquilo, repousarás e não haverá quem te amedronte" (Jó 11,18-19).

Digne-se conceder-nos tudo isso aquele que é bendito nos séculos. Amém.

Festa de Santo Estêvão
PROTOMÁRTIR

1. Naquele tempo, "Jesus dizia à multidão dos judeus: Eis que eu vos envio profetas" etc. (Mt 23,1.34). Neste trecho do evangelho devem ser considerados dois fatos: a perseguição dos justos e Cristo que se compara à galinha.

I – A PERSEGUIÇÃO DOS JUSTOS

2. "Eis que eu vos envio profetas..." Nesta primeira parte, observa-se, em sentido moral, de que maneira os mundanos e os carnais destroem em si mesmos ou repelem de si as múltiplas inspirações da graça divina.

"Dizia, portanto, à multidão dos judeus." Os judeus, que amavam os bens passageiros e só a eles se dedicavam, representam os mundanos, dedicados ao corpo, que, como é dito no Livro dos Juízes, não são capazes de dizer *xibolet*, que significa espiga ou grão, mas dizem *sibolet*, que quer dizer palha (cf. Jz 12,6). Efetivamente, vão atrás da palha e assim eles próprios se tornam palha destinada a ser queimada no fogo eterno[3].

As estes, pois, o Senhor diz: "Eis que eu vos envio profetas, sábios e escribas" (Mt 23,1.34). Nessas três categorias de enviados é simbolizada a tríplice inspiração da graça divina. Os *profetas* representam o temor do juízo e o horror do inferno, que o Senhor envia à alma pecadora a fim de que lhe preanunciem o juiz tremendo e a geena vingadora. Diz Naum: "Diante de sua indignação quem poderá subsistir? E quem resistirá contra a ira do seu furor? A sua indignação derramou-se como um fogo e fez que se derretessem as pedras" (Na 1,6). E Joel: "Diante dele virá um fogo devorador e atrás dele uma chama abrasadora" (Jl 2,3).

Desses profetas diz o Senhor por boca de Jeremias: "Levantando-me de noite, enviei-vos todos os meus servos, os profetas, enviei-os para vos dizer: Não cometais esta abominação que eu detesto. E não ouviram nem inclinaram o seu ouvido para se converter de suas maldades" (Jr 44,4-5). Diz-se que o Senhor levanta-se de noite

---

3. Os galaaditas faziam os estrangeiros dizerem essa palavra, para reconhecerem pela pronúncia os efraimitas, que depois eram mortos.

para enviar os profetas, enquanto à alma que vive na noite do pecado, ele, na sua misericórdia, incute o salutar temor do juízo e o terror do inferno. Mas a alma infeliz não acolhe a inspiração, nem submete o ouvido da obediência para afastar-se do mal e voltar-se para a penitência.

Igualmente, os *sábios* representam aquelas divinas inspirações que põem ordem nos pensamentos, fazem refletir antes de falar, abrilhantam as obras, regulam a vida e tudo dispõem retamente. Quem anda com esses sábios, ele próprio torna-se sábio. Deles diz o Eclesiástico: Não desprezes o que contarem os sábios, mas tem familiaridade com seus provérbios: aprende deles o saber e o discernimento (cf. Eclo 8,9-10). Sua escola é preciosa, agradável seu ensinamento, louváveis as suas diretrizes: reformam os costumes e destroem os vícios.

Enfim, os *escribas* representam os afetos, os sentimentos de nossa mente, que escrevem no livro da memória a impureza de nossa concepção, a materialidade de nosso nascimento, a maldade de quem realiza o mal, a miséria de nosso peregrinar, a brevidade do tempo e o pensamento da morte. Leia nesse escrito tão verdadeiro, estuda nesse livro, em que, como diz Ezequiel, estão escritos lamentos, prantos e ais (cf. Ez 2,9). Lamentos pela impureza da concepção e materialidade do nascimento; prantos pela maldade de quem realiza o mal e pela miséria de nosso peregrinar; ais pela brevidade do tempo e o pensamento da morte.

Eis de que modo o Senhor piedoso e cheio de misericórdia vos envia os profetas para infundir-vos a dor, os sábios para reformar os costumes e os escribas para recordar-vos sempre a condição de vossa vida.

3. Mas ouçamos como os judeus ingratos, isto é, os adoradores dos bens terrenos, corresponderam com muitas maldades a tão grandes benefícios. "Destes, alguns os matareis e crucificareis e açoitareis a outros nas vossas sinagogas" (Mt 23,34). Unamos entre si os termos correspondentes: matam os profetas, crucificam os sábios e flagelam os escribas. Os soberbos e os vangloriosos matam os profetas; os gulosos e os luxuriosos crucificam os sábios; os avarentos e os usurários flagelam os escribas.

A soberba e a vanglória matam no homem o terror do juízo e o horror do inferno. Por isso, hoje, Estêvão diz aos judeus: "Homens de cerviz dura": eis a soberba; "incircuncisos de coração e de ouvidos" eis a vanglória, pois não querem compreender nem ouvir senão o que lhes agrada; "vós sempre resistis ao Espírito Santo, como os vossos pais. A qual dos profetas não perseguiram os vossos pais? Mataram até os que prediziam a vinda do Justo" (At 7,51-52). Portanto, matam-nos em si mesmos, porque eles preanunciam a vinda do juízo.

Os gulosos e os luxuriosos crucificam e atormentam os sábios: de fato, eles são corruptos nos pensamentos, lascivos nas palavras, dissolutos em sua conduta, desordenados nos costumes. Dizem por isso: "Enchamo-nos de vinho precioso e de perfumes e não deixemos passar a flor da primavera. Coroemo-nos de rosas antes que murchem; não haja prado algum em que a nossa intemperança não se manifeste" (Sb 2,7-8).

Os avarentos e os usurários flagelam os escribas nas sinagogas, isto é, na sua consciência, onde está a sede e a sinagoga de satanás (cf. Ap 2,9.13). Os infelizes não consideram a condição de sua vida, seu nascimento e sua morte. Nasceram sem bolsa e sem dinheiro, morrerão com pouca estopa e um saco; nasceram nus, morrerão cobertos de pouco pano. E de onde, então, conseguiram tudo aquilo que possuem? Do roubo e da usura. Diz Habacuc: "Ai daquele que acumula o que não é seu; até quando amontoará ele contra si o denso lodo?" (Hab 2,6). Age como o escaravelho que acumula uma quantidade de esterco e com muito trabalho faz dele uma bola redonda; mas no fim passa um asno e põe a pata sobre o escaravelho e sua bola, e num instante destrói o escaravelho e a bola, pela qual tanto trabalhou. Assim o avarento, ou o usurário, acumula por muito tempo o esterco do dinheiro, por muito tempo trabalha, mas quando menos espera o diabo o estrangula. E assim a alma vai para os demônios, a carne para os vermes e o dinheiro para os parentes.

4. "Sereis perseguidos de cidade em cidade!" (Mt 23,37). Ai! aqueles infelizes não se contentam em recusar a inspiração da graça divina e de apagá-la em si mesmos; querem expulsá-la também de seus cônjuges, como dos filhos e das mulheres, quase perseguindo-os de cidade em cidade. Um exemplo: se o filho de um usurário for ferido pelo medo do juízo e pela pena do inferno, e fizer o propósito de viver honestamente e de chorar sobre a miséria de sua vida, e seu pai perceber isso, este, com todas as suas forças, hostiliza nele essa graça e o mesmo faz com a filha, com a mulher e com toda a família.

"Para que caia sobre vós todo o sangue inocente", isto é, a justa vingança pelo sangue derramado, "do sangue do justo Abel", nome que significa "luto", "até o sangue de Zacarias", que se interpreta "lembrança do Senhor", "filho de Baraquias", que significa "bênção do Senhor" (Mt 23,35). Eis quantas maldades perpetraram aqueles homicidas! Matam em si mesmos e em seus parentes o pranto da penitência e a lembrança da paixão do Senhor, que foi dada por Deus Pai como bênção para todo o mundo.

"Que matastes entre o templo e o altar" (Mt 23,35), isto é, no átrio do templo. Diz o Apocalipse: "O átrio, que está fora do templo, deixa-o de parte, e não o meças, porque ele foi dado aos gentios" (Ap 11,2), isto é, aos que vivem como pagãos. O templo é figura da Igreja triunfante; o altar, da Igreja militante; o átrio, porém, simboliza a vaidade do mundo, na qual se suprime a lembrança da paixão do Senhor.

II – CRISTO COMPARA-SE À GALINHA

5. "Jerusalém, Jerusalém!" (Mt 23,37). Com sentimento de piedade Jesus chora sobre os homens, não sobre as pedras [da cidade]. "Que matas os profetas", que anunciam o Senhor dos profetas, "e os apedrejas" (Mt 23,37). Exatamente por causa dessas palavras, lê-se este trecho do evangelho neste dia, no qual o Bem-aventurado Estêvão foi apedrejado pelos judeus: porque os censurava por sua dureza – "gen-

te de dura cerviz" (At 7,51), havia-lhes dito – enfrentou a dureza das pedras. Mas "alegra-se quem é paciente nas durezas" (Lucano). Ontem nasceu o Senhor, hoje é apedrejado o servo; ontem o Rei foi envolto em faixas, hoje o soldado foi despojado da veste corruptível; ontem o Salvador foi deitado na manjedoura, hoje Estêvão é levado ao céu.

Estêvão interpreta-se "regra", ou "coroado" ou também "que fixa o olhar". É *Regra* para nós por seu exemplo: "Dobrai os joelhos", disse, e orou por aqueles que o apedrejavam: "Senhor, não lhes imputes este pecado" (At 7,60). Foi *coroado* com seu próprio sangue, e *fixou o olhar* no Filho de Deus: "Vejo os céus abertos e Jesus que está à direita de Deus" (At 7,56.60).

"Quantas vezes eu quis recolher os teus filhos como a galinha recolhe os seus pintinhos sob as asas, e tu não quiseste!" (Mt 23,37). Como se dissesse: Eu queria, mas tu não quiseste, e todas as vezes que os recolhi, com minha vontade sempre eficaz, eu o fiz contra a tua vontade, porque sempre foste ingrata!

6. Em outro sentido. O Senhor dirige sua censura à alma ingrata: "Jerusalém, Jerusalém!" Este nome interpreta-se "temor perfeito", ou seja, completo, ou também "temerá totalmente" (Jerônimo). É chamada casa imperfeita aquela que ainda não foi terminada, ainda não foi completada. Observa que diz duas vezes "Jerusalém", porque a alma infeliz que, como se disse acima, mata em si mesma os profetas, deve temer duas coisas: ver acima de si o juiz irado, e abaixo de si a geena aberta e ardente; e então seu temor será perfeito, completo. Agora não teme, porque neste seu dia [não quer conhecer] aquilo que lhe serve para a sua paz (cf. Lc 19,42).

"E apedrejas os que te são enviados" (Mt 23,37), isto é, rejeitas com a dureza do coração as inspirações da graça divina e suas manifestações. Diz Isaías: "Sei que tu és duro e que a tua cerviz é uma barra (*nervus*) de ferro e a tua fronte é de bronze" (Is 48,4). Na barra de ferro é simbolizada a soberba obstinada. Agostinho diz: "Erguer a cabeça é sinal de soberba". Na fronte de bronze é indicada a irreverência; diz Ezequiel: "Na verdade, todos os da casa de Israel têm uma fronte desavergonhada e um coração endurecido" (Ez 3,7).

"Quantas vezes eu quis recolher os teus filhos, e tu não quiseste." Observa que a justificação do homem se efetua de dois modos, isto é, por própria decisão e por inspiração divina: o Criador coopera para a ação de sua criatura. Por isso, o Criador, na obra de nossa justificação, exige o nosso voluntário consenso; de fato diz: "Se quiserdes e me ouvirdes, comereis os bens da terra" (Is 1,19).

Quando se põem impedimentos a essa ação, isso é atribuído ao livre-arbítrio, porque se diz: "Se o meu povo me ouvisse" (Sl 80,14) etc. De fato, se nós não fizermos exatamente nada nessa obra, inutilmente imploraríamos o auxílio do Criador e falsamente o chamaríamos *auxiliador*. Com efeito, uma coisa é fazer, outra é ajudar. O que quer dizer ajudar senão cooperar com quem age? Compreendeu ter alguém como auxiliador e cooperador no bem aquele que disse: "És o meu auxiliador e o meu libertador; Senhor, não te demores!" (Sl 69,6). Todos os dias procuramos sua ajuda, quando em nossas orações diárias clamamos: "Ajuda-nos, ó Deus, nosso Salvador!" (Sl 78,9). É claro, pois, que essa obra é realizada "por dois"; nela o Criador age junto com a criatura.

Por isso, nessa obra são necessários o nosso esforço e a graça divina. Em vão alguém se apoia no livre-arbítrio se não se sustenta com o auxílio divino. A nossa justificação realiza-se por meio de nossa decisão e com a inspiração divina. Querer somente coisas justas significa já ser justo. Realmente, depende somente da nossa vontade sermos chamados, com razão, justos ou injustos, embora em ambos os casos somos também ajudados pelas obras. Faze, pois, aquilo que te compete oferecendo a tua vontade, e Deus fará aquilo que lhe compete infundindo a sua graça.

Seja claro que nem anjo, nem homem, nem diabo pode obrigar o livre-arbítrio, nem Deus quer fazer-lhe violência. Mas Deus quer amorosamente recolher ao seu redor, ó alma, os filhos, isto é, os teus afetos e sentimentos, que estão dispersos em vários interesses temporais e vícios, porque tu habitas na sua casa em perfeito acordo (cf. Sl 67,7); por isso, tu deves de boa vontade oferecer-te a ti mesmo e querer exatamente isso.

7. "Como a galinha recolhe seus pintinhos sob as asas." Observa que a galinha adoece quando os pintinhos estão doentes; chama-os a comer até ficar rouca; protege-os sob as asas e resiste ao gavião com as penas eriçadas para defendê-los. Assim Cristo, Sabedoria de Deus, fez-se enfermo por nós enfermos. Diz Isaías: "Vimo-lo: é desprezado, o último dos homens", isto é, o mais rejeitado; "um homem de dores, experimentado nos sofrimentos" (Is 53,2-3). Quem quer consolar um doente deve revestir-se dos sentimentos do doente: de fato, no Quarto livro dos Reis narra-se que Eliseu "inclinou-se sobre a criança e o corpo do menino se aqueceu" (2Rs 4,34). O fato de Eliseu se inclinar simboliza a encarnação de Cristo, da qual temos recebido o calor da fé e temos recuperado a vida. Chamou-nos ao banquete de sua doutrina e nos chamou tanto que sua garganta ficou rouca (cf. Sl 68,4).

Observa que o rouco não tem uma voz melodiosa, mas emite sons baixos e duros e, portanto, não se ouvem com agrado. Assim hoje a doutrina de Cristo não tem a voz melodiosa da adulação, porque não bajula os pecadores e não promete vantagens temporais; mas ressoa asperamente, porque ensina a castigar a carne e a desprezar o mundo; e, portanto, não é ouvida com agrado.

Disso lamenta-se Jó: "Chamei o meu servo, e ele não me respondeu, e, todavia, eu lhe suplicava por minha própria boca. Minha mulher teve horror ao meu hálito e tive de suplicar aos filhos das minhas entranhas" (Jó 19,16-17). Esposa de Cristo são os clérigos, engordados à custa de seu patrimônio: mais do que todos, eles têm horror a seu hálito, isto é, à sua pregação, que provém de sua profundeza; pois, como diz Jó, escondido e profundo é o lugar do qual se tira a sabedoria (cf. Jó 28,18).

Do mesmo modo, para proteger-nos, abriu como asas os seus braços sobre a cruz e, eriçado de espinhos opôs-se ao diabo, que tramava roubar-nos. A coroa de

FESTA DE SANTO ESTÊVÃO PROTOMÁRTIR

espinhos sobre a cabeça como um capacete, a cruz nos braços como um escudo, os cravos nas mãos como uma clava, assim armado derrotou o nosso inimigo.

A ele, pois, louvor e glória pelos séculos eternos. Amém.

III – SERMÃO ALEGÓRICO

8. "Farás um candelabro de ouro puríssimo, trabalhado a martelo: os seus ramos, os copos, as esferazinhas e os lírios que sairão dele. Seis ramos sairão dos seus lados; três de um lado e três do outro" (Ex 25,31-32).

"Farás um candelabro." Lemos em Mateus: "Não acendem uma luz e a põem debaixo do alqueire, mas sobre um candeeiro, a fim de que alumie a todos os que estão em casa" (Mt 5,15). De fato, a graça do Espírito Santo, "lâmpada ardente e luminosa" (Jo 5,35), foi posta sobre o candelabro, isto é, sobre o Bem-aventurado Estêvão, como diz Zacarias: "Vejo um candelabro todo de ouro, que tem uma lâmpada no alto do seu tronco principal" (Zc 4,2). Essa lâmpada, ou luz, não foi posta sob o alqueire, isto é, não foi usada para um lucro material, mas alumiava a todos os que estavam na casa, isto é, na Igreja. E de fato, Lucas, na leitura de hoje, diz: "Estêvão, cheio de graça e de poder, fazia grandes prodígios e milagres entre o povo" (At 6,8).

Esse candelabro foi de ouro puríssimo: nele é simbolizada a sua áurea pobreza. Então, como se diz no Gênesis, o ouro da terra de Hévila – nome que se interpreta "parturiente" e indica a Igreja primitiva –, era finíssimo (cf. Gn 2,12). Mas, ai! agora mudou-se em escória. Foi também "dúctil" (batido), porque foi trabalhado batendo-o. Também o Bem-aventurado Estêvão foi, por assim dizer, trabalhado e batido a golpes de pedra, com os braços estendidos para abraçar os inimigos. Realmente: "Apedrejavam Estêvão enquanto orava e dizia: Senhor, não lhes imputes este seu pecado" (At 7,59-60).

E concordam com isso as palavras do Terceiro livro dos Reis: "Conduziram Nabot de Jezrael para fora da cidade e o mataram a pedradas" (1Rs 21,13). Nabot não quisera que sua vinha, herança de seus pais, fosse transformada numa horta para cultivar legumes (cf. 1Rs 21,2-3). Também o Bem-aventurado Estêvão foi apedrejado assim: "Arrastaram-no para fora da cidade e o apedrejaram" (At 7,58), porque se opunha aos judeus, que queriam transformar a Igreja primitiva numa horta de legumes, isto é, queriam impor-lhe a observância de seus ritos e de suas tradições.

9. "Seis braços sairão de seus lados, três de um lado e três do outro." Os seis braços simbolizam as seis virtudes que existiam no Bem-aventurado Estêvão, seis virtudes recordadas na leitura da missa de hoje.

A *fé*. De fato, diz-se: "Elegeram Estêvão, homem cheio de fé e do Espírito Santo" (At 6,5), e essas palavras fazem compreender que sua fé foi viva e operante. A *graça* e a *fortaleza*: "Era cheio de graça e de fortaleza" (At 6,8). A *sabedoria* e a *coragem* na pregação: "Não conseguiam resistir à sabedoria e ao espírito que inspirava as suas palavras" (At 6,10), e ainda: "Homens de dura cerviz e incircuncisos de coração, opondes resistência ao Espírito Santo" (At 7,51). A *oração* por aqueles que o apedrejavam: "Senhor, não lhes imputes este pecado" (At 7,60).

De *fé* vivia, com a *graça* se comunicava, com a *fortaleza* resistia, com a *sabedoria* instruía, com a *coragem* refutava e com a *oração* ajudava. Nesses braços, havia copos, esferazinhas e lírios. Na concavidade do copo é indicada a humildade do coração; na rotundidade da esferazinha, o cuidado dos irmãos em necessidade; nos lírios, a pureza do corpo. Eis, pois, o candelabro de ouro no tabernáculo do Senhor, que ilumina a mesa das oferendas, isto é, a Igreja e a alma fiel: o protomártir Estêvão, adornado de virtudes, banhado com seu sangue, triunfante nos céus.

Por suas orações, faça-nos chegar aos eternos gozos daquele que é bendito nos séculos dos séculos. Amém.

IV – SERMÃO MORAL

10. "Farás um candelabro de ouro puríssimo, trabalhado a martelo." No candelabro é representada a alma de cada fiel. Desse candelabro, o Senhor diz a Aarão no Livro dos Números: "Logo que tiveres posto as sete lâmpadas, erigirás o candelabro na parte meridional, a fim de que as lâmpadas façam luz para o Setentrião, em frente à mesa dos pães da proposição" (Nm 8,2). As sete lâmpadas simbolizam a graça do Espírito Santo, a fé no Verbo encarnado, o amor pelo próximo, o ensinamento da palavra de Deus, a luz do bom exemplo, a reta intenção do espírito e a constância nos propósitos.

Acerca da graça do Espírito Santo, diz Jó: "Sua lâmpada luzia sobre a minha cabeça, e à sua luz eu caminhava nas trevas" (Jó 29,3). A lâmpada brilha sobre a cabeça quando a graça ilumina a mente, e então, entre as trevas do presente exílio vê claramente onde pôr o pé das obras.

Sobre a fé no Verbo encarnado lemos em Lucas: "Qual a mulher que tendo dez dracmas e perde uma delas, não acende a lâmpada e varre a casa até que a encontre?" (Lc 15,8). As nove dracmas representam as nove ordens de anjos; a décima representa Adão e sua descendência, que foi perdida quando foi expulsa do paraíso terrestre. Mas "a mulher", isto é, a Sabedoria de Deus Pai, "acende a lâmpada quando no frágil barro de nossa humanidade pôs a luz de sua divindade. E assim "varreu a casa", isto é, o mundo e o inferno, "até que a encontrou".

Sobre o amor ao próximo está escrito nos Provérbios: "O mandamento é uma lâmpada e a lei uma luz; e o caminho da vida é a correção que conserva a disciplina" (Pr 6,23). "Dou-vos um mandamento novo, que vos ameis uns aos outros" (Jo 13,34): este mandamento "é a lâmpada"; "quem ama seu irmão permanece na luz; porém, quem o odeia, anda em trevas" (1Jo 2,10-11). E a própria "lei" do amor, da qual dependem a Lei e os Profetas (cf. Mt 22,40), "é luz". E "as correções da disciplina" são "caminho de vida", isto é, caminho que conduz à vida. De fato, diz o Apóstolo: "Na verdade, toda a correção no presente não parece motivo de gozo, mas de tristeza": eis a correção; "porém, depois dará fruto de muita paz e de justiça aos que por ela forem exercitados" (Hb 12,11): eis o caminho da vida.

Sobre o ensinamento da palavra de Deus diz o salmo: "A tua palavra é lâmpada para os meus passos" (Sl 118,105); e Pedro: "Temos a palavra mais firme dos profetas, à qual fazeis bem prestar atenção, como a lâmpada que alumia em lugar escuro, até que venha o dia e a estrela da manhã nasça em vossos corações" (2Pd 1,19).

Sobre a luz do bom exemplo fala Lucas: "Estejam cingidos os vossos rins e lâmpadas acesas em vossas mãos" (Lc 12,35). E Gregório: "Temos em mão as lâmpadas acesas, quando com as boas obras mostramos exemplos luminosos ao nosso próximo".

Sobre a reta intenção do espírito lemos em Mateus: "A lâmpada do teu corpo é o olho. Se teu olho for claro, todo o corpo estará na luz" (Mt 6,22). O olho simboliza a intenção, o corpo, a obra. Se a intenção foi clara, quer dizer, sem pregas escuras, toda a obra está na luz, porque iluminada pela lâmpada da reta intenção.

E enfim, sobre a constância nos propósitos, lemos nos Provérbios, onde se fala da mulher forte: "A sua lâmpada não se extingue durante a noite" (Pr 31,18). É como se dissesse: a noite da tentação diabólica não apaga a luz da alma constante.

Essas sete lâmpadas devem ser postas na alma, de maneira que estejam dirigidas para o Setentrião, contra o aquilão, isto é, contra o diabo, a fim de que a alma, iluminada por elas, esteja em condição de descobrir as astúcias de satanás e de defender-se delas; e as lâmpadas iluminem também a "mesa dos pães da proposição", na qual é simbolizada a conduta dos fiéis. Se a alma se nutre de coisas celestes, oferece-se a todos desta mesa, nas trevas da cegueira presente, aquilo que é iluminado pelas mencionadas lâmpadas.

Observa, enfim, que o Senhor ordenou que esse candelabro "seja erigido na parte meridional" e não na ocidental. A parte meridional representa a vida eterna: "Deus [diz Habacuc] virá do Meridião" (Hab 3,3). A alma do fiel, quando se levanta para realizar uma obra boa, levanta-se da parte do meio-dia, de maneira que tudo o que faz não seja feito para a vanglória do mundo, mas para a glória celeste. "Farás, pois, um candelabro."

11. "Dúctil, batido com o martelo." A alma é trabalhada e, por assim dizer, aplainada e alargada para o amor do Redentor pelo martelo da contrição. Com as batidas, a alma madura dilata-se, pois "a paciência alegra-se com as coisas duras". Encontramos um pensamento semelhante a tudo isso no Eclesiástico: "O sábio revela-se na palavra" (Eclo 20,29). Quando ele se fere com a palavra da própria acusação, ou seja, da confissão, orienta a si mesmo para o amor de Deus

E já que com as batidas da contrição se chega à pureza do coração, diz precisamente: "de ouro puríssimo". E o Apocalipse: "A própria cidade é de ouro puro, semelhante a cristal límpido" (Ap 21,18). A alma do justo, sede ou cidade da sabedoria, é chamada ouro puro, porque resplandece pela pureza dos pensamentos; e se, por vezes, pela fragilidade da condição humana, cobre-se de alguma mancha, imediatamente a revela, como um cristal límpido, na confissão, e assim progride no amor de Deus e do próximo.

"Seis braços sairão dos dois lados" etc. Os seis braços do candelabro são, no justo, como braços amorosos com os quais a alma abraça Deus e o próximo. Desses braços, com os quais abraça Deus, fala-se no Deuteronômio e em Lucas: "Amarás o Senhor, teu Deus, com todo o teu coração, com toda a tua alma e com todas as tuas forças" (Dt 6,5; Lc 10,27). Agostinho fala assim e explica: "Com todo o coração", isto é, com o intelecto, sem erro; "com toda a mente", isto é, com a memória, sem esquecimentos; "com toda a alma", isto é, com a vontade, sem jamais ter nada contra.

Do mesmo modo, os braços com os quais a alma abraça o próximo, são estes: perdoar quem peca, corrigir quem erra, alimentar quem tem fome. Sobre esses braços estão os copos, as esferazinhas e os lírios. Os copos representam a graça da doutrina celeste, da qual bebem os amigos e se inebriam os mais caros, os parentes. Este é o copo de prata de José, escondido no saco de Benjamim (cf. Gn 44,2.12), isto é, no coração do justo. Nas esferazinhas (que rolam) é simbolizado o rolar do pecado para a confissão.

Diz Isaías: "Toma a cítara", isto é, a confissão, "percorre a cidade", isto é, a tua memória ou a tua vida, para revolver tudo e nada fique escondido, "canta de maneira certa" acusando a ti mesmo, "repete o teu canto", dando a culpa a ti mesmo e chorando "para que tu sejas lembrado" (Is 23,16) diante de Deus. Afinal, não canta o histrião à porta do rico para receber algum benefício?

Nos lírios é simbolizada a luminosa e suave companhia das bem-aventuradas turmas angélicas. O amado apascenta-se entre os lírios (cf. Ct 2,16), e diz: "O vencedor será vestido de vestes brancas" (Ap 3,5). Também o anjo da ressurreição apareceu revestido de uma veste cândida (cf. Mc 16,5).

Aquele que é bendito nos séculos eternos leve também a nós a receber esta cândida veste. Amém.

Festa de São João Evangelista

1. Naquele tempo, Jesus disse a Pedro: "Segue-me" etc. (Jo 21,19). Neste evangelho são propostos dois assuntos: a imitação de Cristo e o amor de Cristo por seu fiel discípulo.

I – Imitação de Cristo

2. "Segue-me", diz Jesus a Pedro, e o repete a cada fiel cristão. Segue-me, também tu nu como eu estou nu, também tu desimpedido como eu estou desimpedido.

Diz Jeremias: "Tu me chamarás pai e não cessarás de seguir-me" (Jr 3,19). Segue-me pois, depõe a tua carga; assim carregado não podes seguir a mim que corro. "Corri sedento" (Sl 61,5), a sede da salvação do homem. Onde correu? Para a cruz. Corre também tu atrás dele, e como ele carregou sua cruz por ti, assim também tu carregas por ti a tua. E diz Lucas: "Se alguém quiser vir após mim, negue-se a si mesmo", renunciando à própria vontade, "tome a sua cruz", mortificando a carne, "cada dia", isto é, continuamente, "e assim me siga" (Lc 9,23). Assim, pois, "segue-me!"

Em outro sentido: se queres vir a mim e se desejas encontrar-me, "segue-me", isto é, vem à parte comigo. Daí que disse aos discípulos: "Vinde à parte a um lugar solitário e descansai um pouco. Porque eram muitos os que iam e vinham, e nem tinham tempo para comer" (Mc 6,31).

Mas ai, quantos estímulos carnais, quanta confusão de pensamentos que vão e vêm para o nosso coração, de forma que não encontramos mais tempo para comer o alimento da eterna doçura, para provar o sabor da contemplação interior. E por isso, o Mestre, piedoso, diz: "Vinde à parte", longe da multidão tumultuosa, "em lugar solitário", isto é, na solidão da mente e do corpo, "e repousai um pouco". Verdadeiramente um pouco, porque está escrito no Apocalipse: "Faz-se silêncio no céu, quase por meia hora" (Ap 8,1). "Quem me dará asas como de pomba, para voar e descansar?" (Sl 54,7).

E também Oseias: "Eis que eu o aleitarei e conduzirei à solidão e falarei ao seu coração" (Os 2,14). Nessas três expressões é indicado o tríplice estado dos principiantes, dos proficientes e dos perfeitos.

Aleita os *principiantes* quando os ilumina com a graça para que cresçam, e portanto progridam [*proficientes*] de virtude em virtude; depois, afasta-os do tumulto dos vícios e da confusão dos maus pensamentos e os conduz ao deserto, isto é, na tranquilidade da mente, e ali, já tornados *perfeitos*, fala-lhes ao coração. E isso se verifica quando provam a doçura da inspiração divina e se elevam totalmente no gozo do espírito. Oh, quão grande é então no seu coração a devoção, o louvor e a exultação. Com a intensidade de sua devoção, elevam-se acima de si mesmos, com a grandeza do louvor são conduzidos acima de si mesmos, e com a grandeza da exultação são como que levados para fora de si. Portanto, "segue-me"!

O Senhor fala como uma mãe amorosa que, quando quer habituar o filhinho a andar, mostra-lhe um pão ou uma maçã: Vem, diz, atrás de mim e eu te darei isso! E quando o menino se aproxima quase a ponto de pegá-lo, a mãe se afasta um passo e, sempre mostrando aquilo que tem na mão, continua a dizer-lhe: Vem, se queres tomá-lo! Também algumas aves tiram do ninho os seus filhotes e, com seu voo, ensinam-lhes a voar e a segui-las no ar (cf. Dt 32,11).

A mesma coisa faz Cristo: para induzir-nos a segui-lo, propõe a si mesmo como exemplo e nos promete o prêmio no seu reino.

3. "Segue-me", pois, porque eu conheço a estrada certa pela qual te conduzir. Lemos nos Provérbios: "Eu te mostrarei o caminho da sabedoria e te guiarei pelas *sendas* da equidade; quando tiveres entrado nelas, os teus passos não serão embaraçados e, ao correr, não encontrarás tropeço" (Pr 4,11-12). O caminho da sabedoria é o caminho da humildade: qualquer outro é caminho da insensatez e da soberba. Mostrou-nos o caminho certo quando disse: "Aprendei de mim" (Mt 11,29).

A vereda tem somente dois pés de largura (cerca de meio metro), de modo que uma pessoa não pode pôr-se ao lado da outra; e é chamada em latim *semita*, quase como *semis iter*, meia estrada, de *semis*, metade, e *iter*, estrada.

As veredas da retidão são a pobreza e a obediência e por elas Cristo, pobre e obediente, guia-te com seu exemplo. Nelas não existe tortuosidade alguma, mas tudo é reto e claro. Mas – coisa maravilhosa! –, mesmo sendo tão estreitas, afirma-se que nelas o caminho não é dificultado. O caminho do mundo, porém, é largo e espaçoso; mas para os seculares, que ali andam como embriagados, nunca é suficientemente largo: para o embriagado o caminho é sempre estreito, por mais largo que seja. A malícia e a perfídia acham tudo estreito; a pobreza e a obediência, porém, precisamente pelo fato de serem estreitas, dão a liberdade: porque a pobreza torna ricos e a obediência torna livres. E aquele que corre atrás de Jesus nessas veredas não encontra o tropeço da riqueza e da própria vontade.

"Segue-me", pois, e te mostrarei "o que olho algum viu, nem ouvido ouviu, nem jamais entrou no coração do homem" (1Cor 2,9). "Segue-me, e te darei" – como se diz em Isaías – "tesouros escondidos e riquezas aferrolhadas" (Is 45,3); e ainda: "Então verás e estarás na abundância e o teu coração dilatar-se-á" (Is 60,5). Verás a Deus face a face, tal qual ele é (cf. 1Cor 13,12; 1Jo 3,2); terás a abundância das delícias e das riquezas da dupla estola da alma e do corpo; teu coração ficará extasiado diante dos coros dos anjos, dos tronos dos bem-aventurados e, assim, inchar-se-á de alegria e prorromperá no canto da exultação e do louvor. Portanto, "segue-me!"

II – O amor de Cristo por seu fiel discípulo

4. "Pedro, tendo-se voltado..." etc. (Jo 21,20). Quem verdadeiramente segue a Cristo deseja que todos o sigam, e por isso volta-se para o próximo com o zelo do espírito, com a oração devota e com a pregação da Palavra. Este é o significado do "voltar-se" de Pedro. E com isso concordam as palavras do Apocalipse: "O esposo e a esposa", isto é, Cristo e a Igreja, "dizem: Vem! E quem ouve repita: Vem!" (Ap 22,17). Cristo com as inspirações e a Igreja com a pregação dizem ao homem: Vem! E quem ouve esse chamado de Cristo e da Igreja, repita-o ao seu próximo: Vem, isto é: segue a Jesus.

"Pedro, pois, tendo-se voltado, viu que o discípulo que Jesus amava o seguia" (Jo 21,20). Jesus ama quem o segue; de fato diz nos Números: "O meu servo Caleb, que me seguiu, introduzi-lo-ei nesta terra que ele percorreu e sua posteridade a possuirá" (Nm 14,24).

"O discípulo que Jesus amava." Diz a *Glosa*: Embora não o nomeie, com estas palavras João é como que distinguido dos outros, não porque Jesus amasse só a ele, mas porque o preferia aos outros. Amava também os outros, mas a este com mais ternura. Agraciou-o com a ternura do seu amor porque o havia chamado quando ainda era virgem, e porque virgem permanecera: também por isso confiou-lhe a Mãe. E este discípulo, durante a última ceia, pousou a cabeça sobre o peito do Senhor. Foi um grande sinal de amor que só ele pousasse a cabeça sobre o peito do Senhor, "no qual estão fechados todos os tesouros da sabedoria e da ciência" (Cl 2,3). E esse fato era como que o presságio daquilo que teria escrito sobre os "segredos" da divindade muito melhor do que os outros.

5. Observa que Jacó repousou sobre uma pedra, e João sobre o peito de Jesus: aquele enquanto estava a caminho, este durante a ceia. Em Jacó, portanto, são indicados os "peregrinos" (viajantes), em João, os bem-aventurados: aqueles estão a caminho, estes já estão na pátria. Lemos no Gênesis que Jacó, tendo saído de Bersabeia, dirigia-se para Harã. Querendo descansar, pôs uma pedra debaixo da cabeça e dormiu. Em sonho viu uma escada erguida e os anjos que subiam e desciam por ela e o Senhor estava no topo (cf. Gn 28,10-13).

Jacó é figura do justo ainda peregrino e às voltas com muitos conflitos; ele sai de Bersabeia, que se interpreta "sétimo poço", e representa a cobiça do mundo, que é como um poço sem fundo, como o "sétimo dia", do qual se lê que não tem fim; e dirige-se para Harã, que se interpreta "excelso", isto é, para a Jerusalém celeste. Diz Habacuc: "Subirei e me unirei ao nosso povo já em paz" (Hab 3,16), que triunfou sobre a maldade do século.

E porque deseja aliviar o cansaço de sua peregrinação, o justo põe sob a cabeça uma pedra e dorme. A cabeça é a mente, a pedra é a constância na fé, a escada erguida é a dupla caridade para com Deus e para o próximo, os anjos são os justos que sobem para Deus com a elevação da mente e descem para o próximo com a compaixão do espírito.

Portanto, para repousar, o peregrino coloca a mente sobre a firmeza da fé. Lê-se nos Provérbios: "O coelho, raça medrosa, tem sua toca no rochedo" (Pr 30,26). O coelho, animal tímido, é figura do pobre de espírito, que, por sua timidez, está exposto a todas as injustiças; e, portanto, coloca o leito de sua esperança no rochedo da fé, onde poder repousar e dormir e ver em si mesmo, erguida, a escada da caridade.

E observa que o Senhor está no topo da escada por dois objetivos: para sustentá-la e para receber aqueles que sobem por ela. Com efeito, ele sustenta o peso de nossa fragilidade, para que possamos subir com as obras da caridade; e recebe aqueles que sobem, a fim de que com ele, que é eterno e bem-aventurado, sejamos eternos e bem-aventurados também nós. E então, naquela ceia da eterna saciedade, repousaremos também nós, com João, sobre o peito de Jesus. O coração no peito é o amor no coração. Repousaremos, por isso, no seu amor, porque o amaremos com todo o coração e com toda a alma, e nele encontraremos todo o tesouro da sabedoria e da ciência.

Ó amor de Jesus! Ó tesouro escondido no amor, ó sabedoria de inigualável sabor e ciência que tudo conhece! "Saciar-me-ei quando aparecer a tua glória" (Sl 16,15).

E "Esta é a vida eterna: que conheçam a ti, Deus único e verdadeiro, e aquele que enviaste, Jesus Cristo" (Jo 17,3). A ele o louvor e a glória pelos séculos eternos. Amém.

III – Sermão alegórico

6. "Uma grande águia de grandes asas, de grande abertura alar, cheia de penas multicoloridas, veio ao Líbano e levou a medula do cedro" (Ez 17,3). A águia, assim chamada pela agudez de sua vista (latim: *aquila, acumen*), é figura do Bem-aventurado João, que, elevado acima de si com a agudíssima intuição de sua mente, pôde contemplar e narrar-nos o Unigênito Filho que está no seio do Pai, o Verbo que existia desde o princípio (cf. Jo 1,18.1). "E nós sabemos que seu testemunho é verdadeiro" (Jo 21,24).

Por isso, dele diz Ezequiel: "Cada um dos quatro animais tinha rosto, rosto de homem e rosto de leão à direita, rosto de touro à esquerda e rosto de águia acima dos quatro" (Ex 1,10). Na direita é indicada a prosperidade, na esquerda, a adversidade. Mateus e Marcos, que são representados no homem e no leão, estiveram à direita: de fato, escreveram sobre a encarnação e a pregação de Cristo, fatos nos quais houve prosperidade. Lucas, depois, é representado no touro, que era oferecido nos sacrifícios; com efeito, inicia pelo sacerdócio e, a seguir, acompanha Cristo até a imolação no templo e sobre o altar da cruz, onde existe a adversidade da paixão. Enfim, João é representado na águia, que voa mais alto do que todas as aves: e precisamente ele revelou e penetrou mais profundamente do que os outros no mistério; por isso, dele se diz: "acima dos quatro."

Mas é de admirar que diga: "acima dos quatro", porque também ele é um dos quatro. Ele estava, pois, acima de si mesmo. Verdadeiramente, acima de si mesmo, porque falou acima daquilo que pode falar um homem e, portanto, é chamado: "grande águia de grandes asas."

Que as asas dessa águia fossem grandes é dito pela leitura da missa de hoje, tomada do Livro do Eclesiástico: "No meio da Igreja abriu a sua boca" (Eclo 15,5). E é isso que diz também o Apocalipse: "Vi depois e ouvi a voz de uma águia que voava no alto do céu" (Ap 8,13), no qual é simbolizada a Igreja, em cujo centro, isto é, para todos comunitariamente, "abriu a sua boca." "E o Senhor o encheu do espírito da sabedoria e da inteligência" (Eclo 15,5). Eis as duas grandes asas com as quais voou até o mistério da divindade: "No princípio era o Verbo" etc. (Jo 1,1).

7. A águia era "de grande abertura alar". As virtudes são como que as asas da alma, que se estendem grandemente quando se abrem para as obras de caridade. E isso concorda com aquilo que é dito na leitura da missa de hoje: "Quem teme a Deus fará obras boas, e quem pratica a justiça obterá também a sabedoria: ela irá ao seu encontro como uma mãe respeitável e o acolherá como uma virgem esposa" (Eclo 15,1-2). O Bem-aventurado João, porque honrava a Deus com filial e casto temor, fez o bem, isto é, praticou obras de caridade. E isso te saltará aos olhos mais claro do que a luz se leres a sua epístola, na qual escreveu sobre a caridade de modo extraordinário, pois a tinha em si. Efetivamente, "começou a fazer e, depois, a ensinar" (At 1,1). E praticou também a justiça, porque, como é dito no Eclesiástico: "Era como um vaso de ouro maciço, ornado com todo o tipo de pedras preciosas" (Eclo 50,10). E já que tinha em si a justiça, isto é, a verdade do evangelho, praticou-a, isto é, recolheu seus frutos.

Diz o Senhor no evangelho: "Quem deixa o pai, a mãe, a mulher, receberá o cêntuplo etc. (cf. Mt 19,29). O Bem-aventurado João deixou, pelo Senhor, tanto a mãe como a esposa; e o Senhor lhe deu outra mãe, não uma mãe qualquer, mas sua própria Mãe. De fato, diz: "Ela sairá ao seu encontro como uma mãe honrada". A Bem-aventurada Maria, Mãe do Filho de Deus, honrada com dons de virtudes e com privilégios de graças, saiu ao encontro do Bem-aventurado João aos pés da cruz: estando ela à direita e ele à esquerda; e ali, como virgem esposa, acolheu-o, virgem ela e virgem ele.

Narra João: "Jesus, vendo a Mãe e ao lado dela o discípulo que ele amava, disse à Mãe: Mulher, eis o teu filho. Depois disse ao discípulo: Eis tua mãe. E desde aquela hora o discípulo a levou para sua casa" (Jo 19,26-27), por sua mãe ou em sua guarda. Ó pérola resplandecente de virgindade, Bem-aventurado João, que mereceu ser recebido como filho da Mãe do Filho de Deus e de ter por mãe a Mãe de Deus!

8. Por isso, de sua intemerata virgindade é dito: "Águia cheia de penas multicoloridas". E em Jó encontramos: "Morrerei no meu pequeno ninho e multiplicarei os meus dias como a palmeira" (Jó 29,18).

A ave constrói seu ninho colocando penas no seu interior, tornando-o macio em toda a volta, e isso por duas razões: para que os ovos não se quebrem ao contato com os raminhos, e os filhotes, ainda sem penas, tenham repouso e calor na maciez das penas. O pequeno ninho do Bem-aventurado João foi seu sentimento humilde. E observa que não se diz ninho, mas pequeno ninho. De fato, a virgindade conserva-se com a humildade. A virgem soberba não é virgem, mas corrupta. No diminutivo *nìdulus*, pequeno ninho, é indicada exatamente a humildade. Seu ninho foi construído de penas macias, isto é, ornado com a suavidade de pureza virginal: nele, os ovos dos seus pensamentos ficarão ilesos e os frutos das obras encontraram silêncio, tranquilidade e crescimento.

Essa águia, portanto, ficou "cheia de penas multicoloridas", porque pela pureza da mente chegou à estupenda variedade das obras. Estupenda variedade: lírios misturados às rosas! Dessas duas flores diz a leitura da missa: "Revesti-lo-á com a estola da glória", no que se refere à pureza virginal, "acumulará sobre ele um tesouro de alegria e exultação" (Eclo 15,5-6), pelas suas obras maravilhosas. E mesmo que não tenha concluído sua vida com o martírio, foi igualmente mártir porque foi lançado num tanque de óleo ardente, foi relegado ao exílio em Patmos, em Éfeso lhe foi dada uma bebida envenenada: todavia, por graça de Deus, saiu ileso de todos esses tormentos, e "multiplicou os seus dias como a palmeira". A palmeira não perde o seu verdor com o gelo, nem com a seca e o calor; assim, o Bem-aventurado João não perdeu a força do espírito e a virgindade do corpo entre as perseguições nem entre as tentações.

E assim morreu no seu pequeno ninho porque perseverou na virgindade até a morte. Ou, seu pequeno ninho eu o chamo de sepulcro: nele, celebrados os divinos mistérios, hoje desceu vivo e se reclinou, como se quisesse dormir[4].

9. "Veio ao Líbano e levou a medula do cedro." O Monte Líbano, que se interpreta "candor", representa a pátria celeste, cujos habitantes (*Nazireus*) são mais brancos do que a neve (cf. Lm 4,7). E no Apocalipse: "Andarão comigo vestidos de branco, porque são dignos disso" (Ap 3,4).

O cedro, árvore altíssima (cf. 2Rs 19,23; Is 2,13), simboliza a altura da divindade. Voou, pois, a águia das grandes asas até a pátria celeste e trouxe a medula do cedro, quando disse: "No princípio era o Verbo" etc. Ou: o cedro, árvore que não apodrece, representa a humanidade de Cristo, que não conheceu a corrupção, e cuja medula é a divindade. Tomou, pois, a medula do cedro e a trouxe a nós quando disse: "O Verbo se fez carne, e habitou entre nós" (Jo 1,14). E isso concorda com aquilo que diz a leitura da missa: "Alimentou-o com o pão da vida e da inteligência, e deu-lhe a beber a água da sabedoria salutar" (Eclo 15,3). Ser alimentado com o pão da vida e ser dessedentado com a água da sabedoria outra coisa não é senão tomar a medula do cedro.

---

4. Plínio o Jovem escreve que João, sentindo aproximar-se o momento da morte, mandou que lhe fosse cavado o sepulcro. Depois, saudados os irmãos e recitada a oração, desceu vivo no túmulo e ali se estendeu como se quisesse repousar. E assim adormentou-se no Senhor.

Roguemos, pois, ao Bem-aventurado João, a fim de que, por suas orações, o Senhor nos conceda desprezar as coisas terrenas e elevar-nos às celestes para sermos alimentados com a medula do cedro. No-lo conceda aquele que é bendito nos séculos dos séculos. Amém.

IV – Sermão moral

10. "Uma grande águia." Em sentido moral, podem ser consideradas três coisas: a firme fé do justo ou do penitente, sua esperança certa, sua caridade perfeita.

A fé firme: "Grande águia das grandes asas e de grande abertura alar". A águia deve seu nome à agudez de sua vista ou também do bico; e quando o bico se engrossa e a águia não é mais capaz de apanhar o alimento, ela o aguça, por assim dizer, esfregando-o contra uma pedra, e assim, diz-se, que se renova: "Renovar-se-á como a da águia a tua juventude" (Sl 102,5).

A águia tem uma vista tão aguda que, quando está no ar, percebe peixinhos na profundeza da água. Assim o penitente, assim o cristão, com o olho do coração, iluminado pela fé, já que vê tanto quanto crê, percebe os segredos de Deus e os proclama abertamente com a boca. Com efeito, sobre a agudez do olhar e do bico diz o Apóstolo: "Com o coração se crê para alcançar a justiça; mas com a boca se faz a profissão de fé para conseguir a salvação" (Rm 10,10).

Na verdade, essa é a "grande águia" – de fato grande e agudo é o olho da fé –, que vê o Filho de Deus descer ao seio da Virgem, vê-o nascido num estábulo, deitado numa manjedoura, envolto em panos, oferecido no templo e resgatado com a oferta dos pobres; vê-o quando foge para o Egito, peregrino pelo mundo, sentado sobre um jumentinho, insultado pela multidão, açoitado com os flagelos, coberto de escarros, dessedentado com fel e vinagre, suspenso nu sobre o patíbulo, depositado no sepulcro; quando sobe ao céu, quando enche os apóstolos do Espírito Santo e, enfim, no juízo, quando recompensará a cada um segundo suas obras.

Eis a águia, grande porque de vista e de bico agudos (i. é, franca de palavra). Com efeito, diz o Apóstolo: "A nossa boca está aberta para vós, ó coríntios!" (2Cor 6,11). Aquilo que cria com certeza no coração, pregava-o com palavras claras, livre de qualquer condicionamento.

"De grandes asas." Sobre isso temos a concordância do Apocalipse: "Foram dadas à mulher duas asas de grande águia, para que voasse para o deserto para o lugar do seu refúgio" (Ap 12,14). A mulher é a alma do penitente, da qual Isaías diz: "O Senhor te chamou como uma mulher abandonada e angustiada de espírito" (Is 54,6). Suas duas asas são a contrição e a confissão, com as quais voa para o deserto da penitência, onde encontra o refúgio da paz e da tranquilidade. E observa que essas asas são consideradas grandes. Realmente, as asas da verdadeira contrição têm quatro grandes penas. A primeira é a amargura pelos pecados passados, a segunda é o firme propósito de não mais recair neles, a terceira é o perdão de toda a ofensa do profundo do coração, a quarta é a reparação por todos aqueles que foram ofendidos.

E também na asa da confissão há quatro grandes penas. A primeira é humilhar-se com a mente e com o corpo diante do sacerdote. Maria [Madalena], diz o evangelho, estava sentada aos pés do Senhor (cf. Lc 10,39); e Isaías: "Desce, senta-te no pó, ó virgem filha da Babilônia; senta-te por terra" (Is 47,1). Desce com a humildade da mente, senta-te aos pés ou na terra com a humilhação do corpo. A segunda é a acusação completa e particularizada dos próprios pecados: "Acusarei a mim mesmo" (Sl 31,5); e de novo: "Fui eu que pequei, que agi iniquamente" (2Sm 24,17). A terceira é a declaração das circunstâncias do pecado, que consiste na resposta a estas perguntas: O quê? Quem? Por meio de quê? Quantas vezes? Por quê? De que modo? Quando? A quarta é a aceitação respeitosa e pronta da penitência ordenada pelo sacerdote, de maneira a poder dizer com Samuel: "Fala, Senhor, que o teu servo te escuta!" (1Sm 3,9).

E no que se refere à satisfação, isto é, à execução da penitência, acrescenta: "e de grande abertura alar". De fato, a mão que antes estava como que contraída para dar a esmola, agora se abre e se distende. Marcos narra que havia na sinagoga um homem que tinha uma mão seca. E o Senhor lhe disse: Estende a tua mão! Ele a estendeu e readquiriu o uso da mão (cf. Mc 3,1-5). Os joelhos eram fracos e quase contraídos; os pés não tinham mais condições de desempenhar sua função, porque foram privados dela pela preguiça, como se diz nos Provérbios: "Diz o preguiçoso: Há um leão no caminho e uma leoa nas passagens. Como a porta gira sobre os gonzos, assim o preguiçoso no seu leito" (Pr 26,13-14). Mas agora corre e dobra os joelhos à oração. Eis "a grande águia, da grande abertura alar".

11. *A esperança certa*. "Cheia de penas multicoloridas". Sobre isso há uma referência em Jó: "Porventura, a águia elevar-se-á ao teu mandato, e porá o seu ninho em lugares altos?" (Jó 39,27). Com efeito, o penitente, ou também o religioso, eleva-se das coisas terrenas com as mencionadas asas a mando do Senhor que diz: "Segui-me" (Mt 4,19) etc., e também: "Deixa que os mortos enterrem seus mortos" (Mt 8,22); "e põe seu ninho em lugares altos", isto é, põe sua esperança no prêmio da vida eterna. Constrói esse ninho com as penas a paciência e da bondade. Com essas penas havia construído seu ninho também Jó, quando dizia: "Ainda que me mate, eu esperarei nele" (Jó 13,15). O sofrimento pode tornar-se fácil se não faltar a paciência (Ovídio).

"Cheia de penas multicoloridas." Quando se multiplicam as tentações e as perseguições, o justo constrói o seu ninho com as penas da paciência, com elas cobre a si mesmo e suas obras e, assim, com a paciência, salva sua alma (cf. Lc 21,19).

12. *A caridade perfeita*. "Veio ao Líbano e levou a medula do cedro." O cedro, que, com seu aroma, põe em fuga as serpentes, é figura da caridade que expulsa do coração do justo as serpentes da inveja, da ira, do rancor e do ódio.

Na Primeira carta aos Coríntios, o Apóstolo diz: "A caridade não é invejosa" (1Cor 13,4-5) porque, nada desejando neste mundo, ignora a inveja pelos sucessos dos outros; "não age injustamente" porque, agindo somente por amor a Deus e ao próximo, foge de tudo o que não é correto; "não pensa mal" porque, com a mente firme no amor à pureza, enquanto extirpa pela raiz qualquer ódio, evita ruminar na mente aquilo que contamina; por isso, diz-se que está no Monte Líbano, que se interpreta "candor", ao qual vai o justo para apanhar a medula do cedro. A medula simboliza a doçura da contemplação ou também a compaixão pelo próximo; de fato, elevando-se ao amor de Deus, está impregnado de sua doçura; depois, quando se volta para o amor ao próximo, então usa a medula da compaixão.

Roguemos, pois, ao Senhor Jesus Cristo que nos conceda voar para longe dos pecados com as asas da contrição e da confissão e colocar o ninho da esperança nas coisas celestes e, assim, conseguir o ninho da dupla caridade: caridade para com Deus e caridade para com o próximo. No-lo conceda aquele que é bendito nos séculos. Amém.

Festa dos Santos Inocentes

1. Naquele tempo, "Um anjo do Senhor apareceu em sonho a José e lhe disse: Levanta-te, toma contigo o menino e sua mãe e foge para o Egito" (Mt 2,13). Neste evangelho devem ser considerados dois fatos: a fuga do Senhor para o Egito e a matança das crianças inocentes.

I – A fuga do Senhor para o Egito

2. "Um anjo do Senhor." Nesta primeira parte mostra-se, em sentido moral, que todo o homem de boa vontade deve guardar sua obra ainda tenra (como uma criança recém-nascida) das ciladas do diabo e do aplauso do mundo. Vejamos o que significam: o anjo, José e seu sono, a mãe, a criança, e, enfim, o Egito e Herodes.

O anjo do Senhor representa a inspiração divina, que anuncia ao homem o que ele deve e o que não deve fazer. Lê-se no Êxodo: "O anjo de Deus precedia o acampamento de Israel" (Ex 14,19); e ainda: "O meu anjo te precederá" (Ex 32,34), por dois objetivos: para mostrar-te o caminho e para defender-te do inimigo. E Tobias diz: "Fazei boa viagem, o Senhor esteja convosco no vosso caminho e seu anjo vos acompanhe" (Tb 5,21).

José, que se interpreta "crescente" (cf. Gn 49,22), representa o cristão que, inserido na Igreja pela fé em Cristo, deve crescer de bem para melhor e produzir frutos de vida eterna. Seu sono é a paz da mente ou também a doçura da contemplação. O sono é a tranquilidade das faculdades animais, com a intensificação e o reforço das naturais[5]. De fato, quando se aquietam os estímulos do corpo e emergem as aspirações do espírito, então José entra no sonho. E diz Jó: "Agora dormirei no silêncio e repousarei no meu sono com os reis e os cônsules da terra, que fabricam para si solidões; ou com os príncipes que possuem ouro e enchem suas casas de prata" (Jó 3,13-14). Considera estas três dignidades: os reis, os cônsules e os príncipes.

3. Os *reis* representam "aqueles que têm fome e sede de justiça" (Mt 5,6). Deles fala Agostinho: Entra no tribunal de tua mente: a razão seja o juiz, a consciência seja o

---

5. *Aristóteles*. Cf. nota no sermão do II domingo da Quaresma, p. 91.

acusador, o temor seja o carrasco, a dor seja o tormento e o lugar das testemunhas seja reservado às obras.

Os *cônsules* [conselheiros] da terra representam "aqueles que choram" (Mt 5,5) sua miséria e sua culpa. Sábio conselho é o de chorar a si mesmo! Também Jeremias sugeria: "Corta os teus cabelos e lança-os fora e levanta o teu pranto para o alto" (Jr 7,29). Os cabelos simbolizam as preocupações terrenas que te impedem de ver a tua miséria e de chorar os teus pecados. Corta-os, pois, de tua cabeça e lança-os longe de tua mente, e assim poderás entregar-te ao pranto abertamente, sem falsidade. Entrega-se ao pranto sem falsidade aquele que não perdoa a si mesmo e não procura desculpas. O amor-próprio sabe muito bem desculpar e chorar falsamente, por fingimento. E aqueles que querem verdadeiramente pôr em prática esse conselho devem construir para si lugares solitários e isolados, não só para a mente, mas também para o corpo. Dizia Jerônimo: Para mim a cidade é um cárcere, a solidão um paraíso.

Igualmente os *príncipes* representam "os pobres de espírito" (Mt 5,3), que possuem o ouro, isto é, a áurea pobreza, e enchem suas casas, isto é, sua consciência, de prata, que tem um belo som (argentino), e simboliza o ressoar do canto de louvor a Deus e o da confissão do próprio pecado. José, que dorme com todos esses, está longe do ruído das coisas do século, e repousa no seu sono sem o tumulto dos pensamentos; e, portanto, aparece-lhe um anjo que lhe diz: "Levanta-te!, isto é, "cresce para cima", para que tu sejas verdadeiramente alguém que cresce para o alto, e não para baixo como o nabo, que cresce na terra e sob a terra, mas como a palmeira que se ergue para o alto. "Levanta-te!", pois, e cresce para o alto como as andorinhas, que não tomam alimento estando paradas, mas capturam os mosquitos e os comem no ar. Diz o Apóstolo: "Procurai as coisas que são do alto, e não as que existem sobre a terra" (Cl 3,1-2).

"Levanta-te, pois, e toma o menino e sua mãe" (Mt 2,13).

4. A mãe simboliza a boa vontade que, inspirada por Deus, concebe a obra boa no sentimento e a dá à luz na ação. Por exemplo: se tens a boa vontade, mas não tens no coração o propósito de realizar o bem, a vontade é estéril, e está escrito: "Maldita a mulher estéril em Israel" (cf. Ex 23,26; Dt 7,14). Quando fazes o propósito de realizar o bem, concebes; quanto levas o propósito à execução com a obra, então dás à luz.

Diz Isaías: "Coabitei com a profetisa e ela concebeu e deu à luz um filho. E o Senhor me disse: Põe-lhe um nome que signifique: 'Toma a presa, pronto para os despojos', quer dizer 'Apressa-te, toma os despojos, faze velozmente a presa!'" (Is 8,3). A profetisa é figura da alma ou também da vontade do homem, que deve pregar a si mesma a glória do reino, o castigo do inferno, a malícia do diabo, a falsidade do mundo e a própria miséria. Aproximas-te dessa profetisa com a devoção, e ela concebe com o propósito e dá à luz com a execução. E observa que teu filho, isto é, a tua obra, tem três nomes: realmente ele se chama: *Apressa-te*, porque a demora implica perigo, e o adiamento foi prejudicial a quem estava pronto para agir (Lucano). "O que deves fazer, faze-o logo!" (Jo 13,27). E toda a obra boa deve ser feita de três maneiras: com prontidão, com caridade e com uma finalidade; apressa-te, pois, para agir com prontidão. *Toma os despojos*, toma por ti mesmo para prover o próximo com a caridade. "*Apressa-te a fazer a presa*, a apoderar-te do Reino dos Céus, que deve ser a finalidade, o fim último de cada obra tua.

"Toma, pois, o menino e sua mãe", para que Esaú não possa ferir a mãe com o filho (Gn 32,11), o faraó não afogue o menino no rio e Herodes não possa traspassá-lo com a espada.

5. "Herodes vai procurar o menino para tirar-lhe a vida" (Mt 2,13). O nome de Herodes interpreta-se "glória da pele". Ele personifica o diabo ou também o mundo. "O diabo transforma-se em anjo da luz" (2Cor 11,14), pois gloria-se do candor da pele diferente, porque a sua é muito escura. Assim é também o mundo, semelhante a sepulcros caiados, que estão cheios de podridão (cf. Mt 23,27); sua beleza é apenas exterior, na brancura da pele: de fato, tudo o que faz, é feito para ser admirado pelos homens (cf. Mt 6,5); e João diz: "Como podeis crer, vós que recebeis a glória uns dos outros e não buscais a glória que só de Deus vem?" (Jo 5,44).

O diabo e o mundo estão perfeitamente de acordo em tramar a ruína do menino, isto é, para destruir a santidade de nossas obras: o diabo com o engano, o mundo com o aplauso; o diabo com a sugestão, o mundo com a adulação. Estes são os sátiros, os faunos, dos quais fala Isaías: "Os sátiros gritarão uns para os outros" (Is 34,14), para procurar o menino e matá-lo.

No salmo são indicadas cinco astúcias provenientes destes dois [o diabo e o mundo], que costumam levar o menino à ruína; antes, porém, é indicado um remédio para salvá-lo. Diz, pois, o salmo: "A tua verdade proteger-te-á como um escudo" (Sl 90,5). A verdade do Pai é o Filho, cujo escudo é a cruz, com a qual te protege para defender-te do diabo, do mundo e da carne. Na cruz existe a humildade contra a soberba do diabo; existe a pobreza de Cristo contra a avareza do mundo; e existe a crucificação com os pregos contra a luxúria da carne.

E portanto, "não temerás o terror noturno", isto é, a sugestão diabólica; "a flecha" da vanglória "que voa de dia", da qual Jeremias diz: "Tu sabes que não desejei o dia (a glória) do homem" (Jr 17,16), e Lucas: "E agora, neste teu dia, não reconheceste aquele que pode trazer-te a paz" (Lc 19,42); [não temerás] "a peste que vaga nas trevas", isto é, o engano e a hipocrisia, "o assalto" das adversidades, e "o demônio meridiano" (Sl 90,5-6) da prosperidade, que queima como o sol ao meio-dia.

6. Para que o menino não seja morto, "toma-o com sua mãe e foge para o Egito", nome que se interpreta "trevas" ou também "estreitezas", e no qual é simbolizado o estado de penitência. Observa que a "glória da pele" consiste em duas coisas: no candor e na extensão; ao contrário, a glória da penitência consiste na obscuridade e na contração. Obscuridade na veste, porque, como se diz no Apocalipse: "O sol tornou-se negro como um saco feito de crinas" (Ap 6,12); contração da humildade, ou também dor e angústia do espírito, de que fala Isaías: "Encheram-me de dores,

como de uma mulher na hora do parto" (Is 21,3), isto é, de um penitente que dá à luz o espírito da salvação.

Portanto, queres salvar o menino? Foge para este Egito, "e permanece lá até que eu te avise" (Mt 2,13). Recorda que Jesus, como diz a *Glosa*, permaneceu escondido no Egito por sete anos: também tu deves habitar no Egito da penitência por todo um setenário de tua vida. Só depois de terminarem "os sete anos" ouvirás que te dizem: "Retorna para a terra de Israel" (Mt 2,20), isto é, para a celeste Jerusalém, na qual verás a Deus face a face (cf. 1Cor 13,12).

II – O MASSACRE DAS CRIANÇAS

7. "Então Herodes, vendo que tinha sido enganado pelos magos" etc. (Mt 2,16). A *Glosa* diz que Herodes enfureceu-se contra as crianças, provavelmente, um ano e quatro dias depois do nascimento do Redentor, e que, talvez, adiou sua intervenção por causa de uma viagem a Roma, ou porque sob acusação, ou para aconselhar-se com os romanos sobre aquilo que se contava de Cristo; ou também que se deteve tão longamente a procurar o menino para surpreendê-lo mais facilmente, sem que tivesse alguma possibilidade de lhe fugir.

"Da idade de dois anos para baixo" (Mt 2,16), isto é, do menino que nasceu na noite anterior até aquele de dois anos: e matou-os todos. Veremos o que significa tudo isso: os magos, o engano feito a Herodes, Belém e a matança dos meninos, os dois anos, Ramá e Raquel. Os magos que adoram a Cristo e lhe oferecem presentes representam os penitentes que, iluminados pela estrela da graça, adoram em espírito e verdade (cf. Jo 4,23), e oferecem o tríplice dom da penitência. O diabo é enganado por eles quando não voltam mais para ele, mas propõem voltar para a pátria eterna por outro caminho, isto é, pelo caminho da humildade. Diz Jó: "Beemot", o monstro, "espera que o Jordão corra para dentro de sua boca"; "mas eis que sua esperança foi frustrada" (Jó 40,18.28).

Jordão interpreta-se "humilde descida", e simboliza os penitentes que da dignidade do mundo descem até o desprezo de si. O diabo ainda espera atraí-los e fazê-los voltar a si; mas espera em vão o seu retorno: a advertência do anjo, isto é, a graça do Espírito Santo, sustenta-os para que a ele não voltem mais. Ou: Herodes é figura do mundo, que eles enganam quando lhe deixam todas as suas coisas. Enganamos um cão que nos segue, deixando-lhe uma peça de nossa roupa. Assim José (o *antigo*) enganou a meretriz que o segurava, dizendo-lhe: "Dorme comigo. Mas ele, deixando-lhe nas mãos o manto, fugiu e saiu para fora" (Gn 39,12-14). A meretriz é o mundo; se o mundo quer reter-te no pecado, deixa-lhe o manto, isto é, as coisas temporais, e foge em liberdade.

8. "Irou-se ao extremo" – enganado, o diabo provoca escândalos –, "e mandou matar todos os meninos que estavam em Belém e nos seus arredores" (Mt 2,16).

O lobo devora de preferência os pequenos, assim o diabo mancha de preferência a pureza da continência. Não odeia nenhuma obra boa quanto a castidade e, por essa razão, no batismo é destruído o seu poder, os peados são perdoados, é infundida a graça e é aberta a porta da vida. Ele se esforça por destruir tudo isso, tentando por todos os meios manchar com a luxúria da carne, tanto no homem como na mulher, a estola da inocência batismal.

Porém, o que é mais doloroso e lamentável, mata "as crianças em Belém", nome que significa "casa do pão". Belém representa a religião, a ordem religiosa, na qual a alma é alimentada. Suas crianças são mortas quando os religiosos se corrompem com a incontinência da carne. E não são só na Ordem, mas também "em todos os seus arredores": também naqueles que de algum modo parecem seguir seus passos e viver segundo o seu ensinamento é perdido o esplendor da castidade. E isso "dos dois anos para baixo": no número dois é indicada a perda da dupla castidade: da alma e do corpo.

Em outro sentido: Herodes simboliza a ira; Belém, a alma; as crianças, os sinceros sentidos da razão; os lugares próximos representam os sentidos do corpo; os dois anos, os atos da dupla caridade.

A ira impede que o espírito aprecie a verdade, perturba a estabilidade da mente, faz perder os sentimentos da razão. Diz Jó: "A ira mata o insensato, e o ódio mata a criança" (Jó 5,2). E isso não só no interior, mas também no exterior: o olho escurece, a língua ameaça, a mão prepara-se para ferir e assim perde-se a caridade. Por isso: "A ira do homem não opera a justiça de Deus" (Tg 1,20) e nem a do próximo.

E eis que, por causa de todos esses males, o grito do lamento e do pranto – isto é, a contrição do coração e a confissão da boca – deve ser ouvido em Ramá (cf. Mt 2,18), isto é, no alto dos céus, diante de Deus: "Raquel chora seus filhos, e não quer ser consolada, porque já não existem" (Mt 2,18). A Igreja chora, e não quer ser consolada aqui na terra, porque seus filhos não são deste mundo.

Raquel, que se interpreta "ovelha" ou também "que vê a Deus", é figura da alma penitente, que, quase com a simplicidade da ovelha, vê a Deus na contemplação. Ela chora os filhos, isto é, as suas obras, porque elas já não são tão vivas, cheias e perfeitas como eram antes de cometer o pecado mortal; e, portanto, não quer ser consolada. Diz Isaías: "Afastai-vos de mim, que eu chorarei amargamente; não procureis consolar-me pela desolação da filha do meu povo" (Is 22,4). "Recusei que minha alma fosse consolada" (Sl 76,3), porque espero ser consolado "quando aparecer a tua glória" (Sl 16,15).

Digne-se conceder-nos essa glória aquele que é bendito nos séculos. Amém.

III – Sermão alegórico

9. "Os teus filhos, como rebentos de oliveira, ao redor de tua mesa" (Sl 127,3). Também em Lucas encontramos uma referência a isso: "Os meus filhos estão deitados comigo" (Lc 11,7). Sobre os filhos fala-se no Deuteronômio: "Bendito seja Aser

entre os filhos" (Dt 33,24). Aser interpreta-se "delícia" e é figura de Cristo que é a delícia de todos os bem-aventurados.

Cristo é bendito e louvado nos filhos *Inocentes*, que por ele e em seu lugar foram hoje mortos por Herodes. "Uma criança é procurada, crianças são mortas, nelas nasce a imagem, a figura do martírio e nelas é consagrada a Deus a infância da Igreja" (*Glosa*). E a Igreja, por boca de Isaías, diz: "Quem me gerou estes filhos? Eu era estéril e não dava à luz, estava exilada e cativa. Quem os criou, estando eu desamparada e só. E estes, onde estavam?" (Is 49,21). "Os teus filhos, pois, são como rebentos de oliveira."

Observa que no rebento é indicada a delicadeza da primeira infância, e na oliveira, da qual se espreme o azeite, o derramamento do sangue. Ó crueldade de Herodes! Deixa ao menos que a oliveira amadureça para dela poder tirar completamente o azeite. Tu derramas antes o leite do que o sangue, porque a plantinha que erradicas está apenas germinando, é tenra a criatura a quem cortas a garganta.

Ó dor, ó piedade! A criança sorria ante a espada do matador e brincava o pequenino! Os cordeirinhos, como que suspensos pelos pés, são levados ao matadouro para serem mortos por Cristo. As novas oliveiras são levadas ao lagar para delas extrair o azeite. Eis a paixão dos pequeninos!

10. E qual o seu prêmio? Eis: "Estão ao redor de tua mesa" (Sl 127,3), onde cantam um cântico novo (cf. Ap 14,3). Com efeito, lemos no Apocalipse: "E ninguém podia cantar aquele cântico senão aqueles cento e quarenta e quatro mil que foram resgatados da terra. Eles são aqueles que não se contaminaram com mulheres, porque são virgens e seguem o Cordeiro onde quer que ele vá. Esses foram resgatados dentre os homens como primícias para Deus e para o Cordeiro, e na sua boca não se achou mentira, porque estão sem mácula diante do trono de Deus" (Ap 14,3-5). Nota que nessa citação são postas em evidência cinco grandes "glórias" dos santos Inocentes. Primeiro, a graça da virgindade quando diz: "Porque são virgens". Segundo, a glória da eternidade, com as palavras: "Seguem o Cordeiro". Terceiro, a precoce oferta do seu sangue, onde se diz: "Como primícias para Deus" Pai, "e para o Cordeiro, isto é, o Filho". Quarto, a inocência da infância, com as palavras: "na sua boca não se achou mentira". Quinto, a contemplação da majestade divina: "Estão diante do trono de Deus".

Observa que temos usado três palavras: trono, mesa, leito. Todas três indicam a mesma coisa: a vida eterna. Estão diante do trono cantando os louvores de Deus e contemplando seu rosto. De fato, diz Isaías: "A voz de tuas sentinelas: elas levantarão a voz, e juntamente cantarão louvores, porque verão com os próprios olhos" (Is 52,8). Sentar-se-ão à tua mesa comendo e bebendo; e diz Lucas: "Eu preparo para vós um reino, como o Pai o preparou para mim, para que possais comer e beber à minha mesa no meu reino" (Lc 22,29-30). Diz-se também que essa mesa é redonda ("em torno à tua mesa"), porque a eterna saciedade será sem princípio e sem fim.

Igualmente, repousando dormem no leito; e diz Isaías: "Vai, povo meu, entra em teus quartos, fecha as portas atrás de ti" (Is 26,20); e ainda: "E de mês em mês, e de sábado em sábado" (Is 66,23); quer dizer que à perfeição da vida seguirá a perfeição da glória, e ao repouso do corpo, o repouso da eternidade.

Pelas orações dos santos Inocentes, digne-se conceder tudo isso também a nós aquele que é bendito nos séculos. Amém.

IV – SERMÃO MORAL

11. "Os teus filhos", ó bom Jesus, são estes cristãos que geraste com os sofrimentos de tua paixão. Diz Isaías: "Porventura não darei à luz eu, que faço dar à luz os outros?, diz o Senhor. Eu que dou aos outros a faculdade de gerar, serei estéril?, diz o Senhor Deus" (Is 66,9). Quem nos deu à luz na dor da paixão? "A mulher", isto é, a Sabedoria do Pai, "quando dá à luz está na tristeza" (Jo 16,21). E Jesus diz: "A minha alma está triste até a morte" (Mt 26,38). Ele próprio, com a graça, faz os outros darem à luz o espírito da salvação.

Nota que *filho* deriva do verbo grego *filèo*, que significa amar. Diz Oseias: "Amá-los-ei de todo o coração" (Os 14,5). O amor é chamado em latim *dilectio*, quase como *duos ligans*, isto é, que liga duas pessoas entre si. O amor ligou-o a nós de tal modo que o atraiu para a nossa miséria, como se não pudesse mais viver no céu sem nós. Foi como uma águia que voa em busca de alimento, da qual diz Jó: "Onde houver um cadáver, logo lá estará ela" (Jó 39,30). Cadáver deriva do latim *càdere*, cair, ou de *careo*, estou privado: de fato, cai da vida, ou está privado da vida. O cadáver é figura da natureza humana que, quando "caiu" da graça divina, foi privada da vida.

Ó amor inestimável! Ó piedade desmedida! Do mais alto céu dos serafins voar para um cadáver pútrido, tomar um corpo humano, carregar o patíbulo da cruz, derramar o próprio sangue, para ressuscitar o filho morto. Por isso é comparado ao pelicano, dizendo: "Tornei-me semelhante ao pelicano do deserto" (Sl 101,7).

12. Observa que o pelicano é uma *pequena* [sic] ave que gosta de estar na solidão. Conta-se que mata a golpes os seus filhotes, que os chora, mas que depois de três dias se fere, e que eles, banhados em seu sangue, retornam à vida (*Glosa*).

Assim Cristo, que se fez pequeno pela humildade, amante da solidão pela oração – dizem os evangelistas que passava as noites em oração (cf. Lc 6,12) e que morava em lugares desertos (cf. Lc 1,80) –, matou, por assim dizer, a força de golpes os seus filhos Adão e Eva e sua descendência, quando disse: "Seja maldita a terra por aquilo que fizeste" (Gn 3,17), e "És pó e ao pó voltarás" (Gn 3,19). Mas depois os chorou, como diz o salmo: "Como quem está triste e em pranto, assim eu me humilhava" (Sl 34,14).

No Segundo livro dos Reis narra-se que Davi, quebrado pela dor, subiu em pranto para seus aposentos suspirando: "Filho meu Absalão, filho meu Absalão, quem dera morrer por ti?" (2Sm 18,33). Assim Cristo, triste pela morte do gênero humano, subiu ao patíbulo da cruz e ali chorou, conforme diz o Apóstolo: "Ofereceu a si mesmo com fortes gritos e lágrimas" (cf. Hb 5,7); e pôde dizer: Filho meu Adão!

Adão, meu filho! Quem me dera morrer por ti? Quem fará que minha morte te seja de algum proveito?

E depois de três dias, isto é, depois dos três tempos, da *natureza*, da *lei* e da *graça* (i. é, de Adão a Moisés, de Moisés a Jesus, e de Jesus em diante), feriu a si mesmo, isto é, permitiu que outros o ferissem, e com seu sangue aspergiu seus filhos mortos e os fez retornar à vida. E tudo isso veio do imenso amor com o qual nos amou. Diz, de fato, João: "Tendo amado os seus que estavam no mundo, amou-os até o fim" (Jo 13,1), isto é, até a morte. "Teus filhos", portanto. Verdadeiramente teus, porque redimidos com teu sangue; e queira o céu que sejam "teus", e não "seus", isto é, escravos de sua carne, porque "os seus não o receberam" (Jo 1,11). E para serem teus é necessário que sejam "como rebentos de oliveira".

13. Observa que a oliveira tem a raiz amarga, a madeira duríssima e quase indestrutível, a folha verde, o fruto agradável. Também o cristão deve ser amargo pela contrição, firme no propósito, fiel à palavra, agradável nas obras de misericórdia. De fato, o azeite simboliza a obra de misericórdia.

E considera atentamente que diz-se em latim *novellae*, rebentos, e isso para indicar que os filhos de Cristo devem andar na novidade do espírito (cf. Rm 6,4): dia após dia devem renovar, por meio da confissão, o seu espírito (cf. 2Cor 4,16), que, do contrário, corrompe-se pelas paixões enganadoras (cf. Ef 4,22).

"Deveis renovar-vos no espírito da vossa mente" (Ef 4,23). E Jeremias: "Isto diz o Senhor aos homens de Judá e aos habitantes de Jerusalém" [isto é, aos leigos e aos clérigos]: "Preparai o vosso campo arado pela primeira vez e não semeeis entre espinhos" (Jr 4,3). O campo arado pela primeira vez é figura do coração do homem, que deve ser sulcado pelo arado da contrição, limpo das ervas nocivas com o sacho da confissão: isso quer dizer, preparar o campo apenas arado. Porém, semeia entre os espinhos aquele que realiza alguma obra boa enquanto está em pecado mortal. Portanto, "seus filhos sejam como rebentos (novos brotos) de oliveira".

14. E onde está sua habitação? Para onde deve dirigir-se sua vida? Certamente "ao redor de tua mesa". Observa que existem três tipos de mesa, e em cada uma delas há uma refeição própria. A primeira é a mesa da doutrina: "Diante de mim tu preparas uma mesa, diante daqueles que me perseguem" (Sl 22,5), isto é, contra os hereges. A segunda é a mesa da penitência: "Tranquilidade à tua mesa, cheia de gordos alimentos" (Jó 36,16). Feliz a penitência que produz a tranquilidade da consciência e a abundância de bens, isto é, obras de caridade fraterna. A terceira é a mesa da Eucaristia, da qual diz o Apóstolo: Não podeis participar da mesa de Cristo e da mesa dos demônios (cf. 1Cor 10,21). Na primeira mesa, a refeição é a Palavra de vida, na segunda, os gemidos e as lágrimas, na terceira, a carne e o sangue de Cristo. E também aqui presta atenção que não se diz "à mesa", mas "ao redor da mesa". Ao redor dessas mesas deve estar todo o cristão, à semelhança daqueles que giram avidamente ao redor daquilo que desejam ver e encontrar, mas onde não conseguem entrar.

Assim, estes devem girar ao redor da mesa da doutrina, para aprender a distinguir o bem do mal, e entre bem e bem; devem girar ao redor da mesa da penitência para despertar em si o desprazer pelos pecados cometidos e também pelos pecados de omissão, para confessar suas culpas, declarando as circunstâncias, para reparar o dano causado, para restituir aquilo que ilicitamente tomaram, para dar as coisas próprias a quem delas necessita; devem girar ao redor da mesa eucarística para crer com firmeza, para aproximar-se dela com devoção e receber o corpo de Cristo após profunda reflexão, julgando-se indignos de tamanha graça.

Roguemos, pois, ao Filho de Deus que nos conceda alimentar-nos nessa tríplice mesa para sermos dignos de saciar-nos na mesa celeste, junto om os Bem-aventurados Inocentes. No-lo conceda aquele que é bendito nos séculos dos séculos. Amém.

I DOMINGO DEPOIS DO NATAL

Temas do sermão

• Evangelho do I domingo depois do Natal: "José e Maria admiravam-se"; divide-se em três partes.

• Primeiramente sermão sobre a graça e a glória de Jesus Cristo: "Aprende onde está a sabedoria".

• Parte I: Sermão sobre a pobreza: "Deus me fez crescer".

• A miséria dos ricos: "O Senhor te ferirá com a indigência".

• A humildade, a condenação dos soberbos e a exaltação dos humildes: "O Senhor olhou a coluna de nuvens".

• A salutar tristeza dos penitentes: "Um espírito triste seca os ossos".

• A obediência: "Fala, Senhor, que teu servo escuta".

• Aos penitentes e aos religiosos: "Issacar, asno forte".

• Parte II: Sermão sobre a soberba e sobre a humildade do coração: "Depôs os poderosos dos seus tronos".

• A ruína salutar para os pecadores convertidos: "Será a ruína do cavalo".

• A ressurreição da alma dos pecados: "Veio sobre mim a mão do Senhor"; as faculdades dos nervos.

• Contra os amantes dos bens terrenos: "Abri minhas mãos".

• O duplo parto da Bem-aventurada Virgem Maria: "Antes de dar à luz"; a paixão de seu filho: "Recorda-te da minha miséria".

• As quatro estações do ano e seu significado: "Quando veio a plenitude do tempo".

• Parte III: A anunciação, ou seja, o nascimento do Senhor: "Enquanto tudo estava envolto na tranquilidade do silêncio".

• Sermão moral sobre a penitência: "Enquanto tudo estava envolto na tranquilidade do silêncio".

EXÓRDIO – A GRAÇA E A GLÓRIA DE JESUS CRISTO

1. Naquele tempo, "José e Maria, mãe de Jesus, estavam admirados das coisas que dele se diziam" (Lc 2,33).

Diz Baruc: "Aprende onde está a sabedoria, onde está a prudência, onde está a força, onde está a inteligência, para saberes ao mesmo tempo onde está a longevidade e o sustento, onde está a luz dos olhos e a paz" (Br 3,14). E no salmo diz-se:

"O Senhor dará a graça e a glória" (Sl 83,12): a graça na vida presente e a glória na futura. As primeiras quatro virtudes de que fala Baruc referem-se à graça, as outras quatro, à glória.

A sabedoria, assim chamada de *sabor*, consiste no gosto da contemplação, a prudência em prever e acautelar-se das ciladas, a força em suportar as adversidades, a inteligência em fugir do mal e escolher o bem. Igualmente, a longevidade será dada aos santos na eterna bem-aventurança: "Eu vivo e também vós vivereis" (Jo 14,19); o sustento consistirá na fruição do gozo: "Preparo para vós um reino, para que comais e bebais à minha mesa" (Lc 22,29-30); a luz dos olhos consistirá na visão da humanidade glorificada de Cristo: "Pai, quero que também aqueles que me deste estejam comigo onde eu estiver, para que contemplem a minha glória, aquela que tu me deste" (Jo 17,24); a paz consiste na glorificação da alma e do corpo: "Tu conservarás a paz, a paz, porque em ti, Senhor, esperamos" (Is 26,3). Sobre a longevidade e a luz dos olhos fala-se no salmo: "Em ti está a fonte da vida, e em tua luz veremos a luz" (Sl 35,10); sobre a paz e o sustento: "Foi ele que estabeleceu a paz em teus limites, e da flor de trigo te sacia" (Sl 147,14). A flor de trigo é a fruição do gozo que deriva da humanidade de Cristo, da qual saciam-se todos os santos.

Outro comentário. Aprende, ó homem, a amar a Jesus, e então aprenderás onde está a sabedoria etc. Ele mesmo é a sabedoria: "A Sabedoria edificou para si uma casa" (Pr 9,1). Ele mesmo é a prudência; de fato, diz Jó: "Sua prudência", a prudência do Pai, "feriu o soberbo" (Jó 26,12), isto é, o diabo. Ele mesmo é a força: Ele é a força de Deus e a Sabedoria de Deus (cf. 1Cor 1,24). Nele está a inteligência (o conhecimento) de todas as coisas: a seus olhos tudo é claro e aberto (cf. Hb 4,13). Ele é a vida: "Eu sou o caminho, a verdade, a vida" (Jo 14,6). Ele é o sustento, porque é o pão dos anjos e o sustento dos justos. Ele é a luz dos olhos: "Eu sou a luz do mundo" (Jo 8,12). "Ele é a nossa paz: é aquele que de dois povos fez um povo só" (Ef 2,14).

Ó homem, aprende essa sabedoria para saborear; deves aprender essa prudência para acautelar-te, essa força para resistir, essa inteligência para conhecer, essa vida para viver, esse sustento para não desfalecer, essa luz para ver, essa paz para repousar.

Ó Bem-aventurado Jesus, onde hei de procurar-te? Onde te encontrarei? Onde, depois de ter-te encontrado, encontrarei tão grandes bens? E onde, depois de possuir-te, chegarei à posse de tão grandes bens? Procura e encontrarás! Dize-me, suplico-te, onde mora? Onde repousa ao meio-dia? (cf. Ct 1,6). Queres ouvir onde? Dize, peço-te! Entre José e Maria, entre Simeão e Ana encontrarás Jesus. De fato, lemos no evangelho de hoje: "José e Maria estavam admirados das coisas que dele se diziam".

2. E neste evangelho são postas em evidência estas quatro pessoas e, portanto, vejamos qual seja seu simbolismo moral. José significa "crescente", Maria, "estrela-do-mar", Simeão, "que ouve a tristeza", Ana, "que responde". Em José é indicada a pobreza, em Maria, a humildade, em Simeão, a penitência e em Ana, a obediência. Falemos de cada uma delas individualmente.

I DOMINGO DEPOIS DO NATAL

I – A POBREZA, A HUMILDADE, A PENITÊNCIA E A OBEDIÊNCIA

3. A pobreza. José significa "crescente" (cf. Gn 49,22). Quando o miserável homem se enche de delícias e se expande nas riquezas, então diminui, porque perde a liberdade. Com efeito, a cobiça das riquezas torna-o escravo, e enquanto se torna seu servo, ele diminui por si mesmo e em si mesmo. Infeliz a alma que é menor do que aquilo que possui: é menor porque, ao invés de pôr-se acima das coisas, põe-se debaixo delas. E mais claramente se experimenta essa servil submissão quando se perde com tanto sofrimento aquilo que se possuiu com tanto amor. O próprio sofrimento é uma grande escravidão. Brevemente, não existe verdadeira e autêntica liberdade senão na pobreza voluntária. E este é o José "crescente" do qual fala o Gênesis: "O Senhor me fez crescer (prosperar) na terra de minha pobreza" (Gn 41,52). "Na terra da pobreza", e não da abundância, "fez-me crescer o Senhor": fez-me diminuir na abundância e crescer na pobreza.

Lemos no Segundo livro dos Reis que "Davi prosperava e se tornava sempre mais forte, enquanto que a casa de Saul decaía todos os dias" (2Sm 3,1). Davi que diz: "Eu sou mendigo e pobre" (Sl 39,18), "como luz que começa a resplandecer, progride e cresce até o dia perfeito" (Pr 4,18), e supera a si mesmo em força, porque a pobreza escolhida voluntariamente e a alegria infundem vigor. De fato, diz Isaías: "O espírito dos fortes", isto é, dos pobres, "é como um furacão que faz vacilar a muralha" (Is 25,4) das riquezas. Os prazeres e as riquezas, porém, enfraquecem e se consumam; por isso diz Jeremias: "Até quando te dissolverás nos prazeres, filha vagabunda?" (Jr 31,22).

Porém, a casa de Saul, nome que se interpreta "aquele que abusa", isto é, a casa dos ricos deste mundo que abusam dos bens e dos dons do Senhor nos prazeres do corpo, a casa de Saul diminui a cada dia. Diz Moisés: "O Senhor te ferirá com a indigência, com a febre, com o frio, com o calor e com a seca, com o ar poluído e com a ferrugem e te perseguirá até pereceres" (Dt 28,22).

O Senhor fere o rico deste mundo, isto é, permite que seja ferido, com a indigência, porque sempre lhe falta alguma coisa; com a febre, porque é atormentado e sofre com a felicidade dos outros; com o frio, isto é, com o medo de perder aquilo que acumulou; com o calor, porque arde no desejo de ter aquilo que não tem; com a secura da gula, com o ar poluído da má reputação, com a ferrugem da luxúria. Eis como diminui a casa de Saul. Mas a casa de Davi, do mendigo e do pobre, cresce de virtude em virtude na terra de sua pobreza.

4. A humildade. "Maria, estrela-do-mar." Ó humildade! Ó estrela, a mais luminosa, que ilumina a noite, que conduz ao porto, que resplende como chama e mostra a Deus, Rei dos Reis, que diz: "Aprendei de mim, que sou manso e humilde de coração" (Mt 11,29). Quem não tem esta estrela "é cego e anda às apalpadelas" (2Pd 1,9), sua barca quebra-se na tempestade e ele próprio é submerso em meio às ondas.

Lemos no Êxodo que "o Senhor da coluna de nuvens e de fogo lançou um olhar sobre o campo dos egípcios, destruiu seu exército, freou as rodas de seus carros de guerra, que assim afundaram na lama. Os filhos de Israel, porém, caminharam através do mar enxuto, e as águas eram para eles como uma muralha à direita e à esquerda" (Ex 14,24-25.29). Os egípcios, escurecidos pela nuvem tenebrosa, são figura dos ricos e dos poderosos deste mundo, escurecidos pela escuridão da soberba: o Senhor os destruirá. Ele freará as rodas de seus carros, isto é, seu poder e sua glória, comparadas às rodas porque giram pelas quatro estações do ano, e os precipitará nas profundezas do inferno.

Mas os filhos de Israel, iluminados pelo esplendor do fogo, representam os penitentes e os pobres de espírito, iluminados pelo esplendor da humildade; eles andam no enxuto, atravessam o mar deste mundo, cujas águas, isto é, as ondas da amargura, são para eles como uma muralha, que os defende e os protege à direita da prosperidade e à esquerda das adversidades; como se dissesse: para que o aplauso dos povos não os exalte e a tentação da carne não os oprima.

A propósito, lemos no Deuteronômio: "Chuparam como leite as inundações do mar" (Dt 33,19). Reflete que ninguém pode chupar alguma coisa se não apertar os lábios. Aqueles que têm a boca aberta no desejo das riquezas, nos negócios da vanglória, no aplauso das pessoas, não podem chupar, não podem absorver as inundações do mar. Dificilmente pode-se manter os lobos longe dos cadáveres, as formigas do grão, as moscas do mel, os velhacos do vinho, as meretrizes do prostíbulo e os mercadores da praça. Diz Salomão: "Diz o Provérbio: O homem, segundo o caminho que tomou sendo jovem, não se afastará dele, mesmo quando for velho" (Pr 22,6). Só os humildes, que apertam os lábios rejeitando o amor às coisas temporais, chupam como leite as inundações do mar.

Ó estrela-do-mar! Ó humildade do coração, que transformas o horrível mar amargo em leite doce e gostoso! Quão doce é a amargura ao humilde, quão leve o sofrimento suportado pelo nome de Jesus. A Estêvão foram doces as pedras, a Lourenço a grelha, a Vicente os carvões acesos: por Jesus chuparam como o leite as inundações do mar.

O verbo *chupar* dá também o sentido da avidez e do prazer. Só a humildade sabe chupar o sofrimento e a dor com avidez e prazer de espírito.

Está escrito no Cântico dos Cânticos: "Quem me dera ter-te por irmão, amamentado aos seios de minha mãe?" (Ct 8,1). Aqui são propostas três pessoas: a mãe, a irmã e o irmão. A mãe é a penitência, que tem dois seios, a dor na contrição e o sofrimento na satisfação [a obra penitencial de reparação]; a irmã é a pobreza, o irmão o espírito de humildade. Diz, pois, a irmã pobreza: Quem me dera ter como irmão o espírito da humildade, para que chupe avidamente os seios de nossa mãe? Eis o irmão e a irmã, José e Maria, esposo e esposa, pobreza e humildade. "É o esposo que tem uma esposa" (Jo 3,29). Feliz o pobre que tem a humildade por esposa.

5. A tristeza da penitência. Simeão, "aquele que ouve a tristeza". Diz o Apóstolo: A tristeza, que é segundo Deus, produz a salvação (cf. 2Cor 7,10). E nos Provérbios: "O espírito triste seca os ossos" (Pr 17,22) da gordura da luxúria e da petulância. E Jó: "Censura-o asperamente também no leito através da dor e faz apodrecer todos os seus ossos. E nesse estado, sente horror ao pão e ao alimento, que antes sua alma tanto desejava" (Jó 33,19-20). O leito simboliza o prazer da carne, no qual a alma jaz como que paralisada, destruída em todas as suas faculdades. Mateus diz: "Trouxeram-lhe um paralítico deitado no leito" (Mt 9,2). O Senhor censura por meio do sofrimento no leito, quando infunde à alma, que repousa nos prazeres da carne, a dor pelos pecados, e então ela percebe a tristeza que faz apodrecer todos os seus ossos.

E isso é também o que diz Daniel quando teve a visão: "Não restou em mim vigor algum, mas mudou-se o meu semblante e caí desfalecido e perdi todas as forças" (Dn 10,8). Quando isso se verifica num pecador, o pão, isto é, os prazeres da carne, torna-se abominável, como também qualquer outro alimento que antes sua alma, isto é, sua animalidade, tanto desejava. E Daniel diz precisamente: "Não comi pão agradável ao gosto; carne e vinho não entraram na minha boca, nem me ungi com perfume algum" (Dn 10,3).

Diz Salomão: "O coração que conhece a amargura de sua alma, não permite que um estranho participe de sua alegria" (Pr 14,10). Onde existe a mirra da tristeza, não pode entrar o verme da luxúria. Diz Isaías: "Afastai-vos de mim, e deixai-me chorar amargamente; não insistais em me consolar sobre a desolação da filha do meu povo" (Is 22,4). É o que deve dizer o penitente aos espíritos imundos: Afastai-vos de mim e deixai-me chorar amargamente. Como a fumaça expulsa as abelhas, assim a compunção, amarga e banhada em lágrimas, expulsa os demônios que assediam a alma como as abelhas zumbem ao redor do favo. E não insistais, ó estímulos da carne, em consolar-me, porque, como diz Jó, "vós sois todos consoladores odiosos" (Jó 16,2). "A minha alma recusa ser consolada" (Sl 76,3) com a vossa consolação. "As tuas consolações, Senhor", não as minhas, "alegraram a minha alma" (Sl 93,19), porque, "ai de vós que tendes a vossa consolação!" (Lc 6,24).

Portanto, não insistais em consolar-me pela desolação, isto é, pelo sofrimento, da filha, ou seja, da carne, que é filha "do meu povo", quer dizer, de todos os meus cinco sentidos. Com efeito, diz o salmo: "É ele [Deus] que submete o meu povo" (Sl 143,2).

6. A obediência. Ana: "aquela que responde" com Samuel: "Fala, Senhor, que teu servo escuta" (1Sm 3,10), e com Isaías: "Eis-me aqui, envia-me" (Is 6,8); e com Saulo: "Senhor, que queres que eu faça?" (At 9,6).

Está escrito: "Uma resposta branda vence a ira" (Pr 15,1), "e a língua amável no homem bom produz abundantes frutos" (Eclo 6,5). A resposta branda do súdito humilde vence a ira do prelado soberbo. Daí nas parábolas: "A paciência" do súdito "acalma o príncipe" (Pr 25,15). E como diz o Eclesiástico: "Não te oponhas ao ímpeto do rio" (Eclo 4,32), isto é, à vontade do prelado, "mas abaixa a tua cabeça diante dele" (Eclo 4,7). E a língua amável da boa graça frutificará no súdito correto, para poder dizer com Jó: Chama-me e eu te responderei (cf. Jó 14,15). Responde a quem o chama aquele que, de bom ânimo, obedece a quem lhe dá uma ordem.

Eis que, assim, tratamos brevemente dessas quatro virtudes, para que quem deseja encontrar Jesus tenha consigo essas quatro pessoas, já que em meio a elas está a salvação. José e Maria levam Jesus ao templo. Simeão e Ana o reconhecem e o bendizem. De fato, a pobreza e a humildade levam Jesus pobre e humilde. É a pobreza que o leva aos ombros.

7. Lemos no Gênesis: "Issacar, asno forte, deitado sobre os limites, viu que o lugar do repouso era belo e que a terra era ótima e curvou os ombros para carregar o peso" (Gn 49,14-15). Issacar interpreta-se "recompensa", e simboliza a pobreza, que recusa todas as coisas terrenas para poder receber a recompensa eterna. Issacar é chamado "asno forte". O asno é um animal de transporte (*oneriferum*, que carrega o peso), que se nutre de alimentos grosseiros e de pouco valor. Assim também a pobreza suporta o peso do dia e o calor (cf. Mt 20,12) e se contenta com coisas grosseiras e rudes.

Diz o Bem-aventurado Bernardo: O pão de farelo e a água pura, as simples verduras e os legumes não são alimentos muito agradáveis; mas no amor de Cristo e no desejo da doçura interior, ao contrário, é muito agradável poder satisfazer com esses alimentos um ventre sóbrio e morigerado. Quantos milhares de pobres satisfazem de boa vontade as necessidades da natureza com esses alimentos e também só com alguns deles! Portanto, seria facílimo e também agradável viver em estado natural, acrescendo-se o condimento do amor a Deus, se nossa insensatez não o impedisse.

"Deitado sobre os limites" não "entre os limites" (Gn 49,14). Os limites são dois: a entrada e a saída de nossa vida. Sobre eles está e repousa a pobreza. Ela considera o miserável ingresso do homem na vida e volta sua atenção para a sua lacrimosa partida e, portanto, não quer deitar-se "entre os dois limites" para ouvir – como se diz no Livro dos Juízes – os balidos dos rebanhos (cf. Jz 5,16), isto é, as seduções e as sugestões dos demônios. Mora, ou está deitado entre os dois limites quem não medita sobre o início e sobre o fim de sua vida, mas repousa nos prazeres da carne e na vaidade do mundo.

"Viu que o lugar do repouso", da bem-aventurança celeste, "era belo, e que a terra" da morada eterna "era ótima: dobrou seu ombro para carregar" Jesus pobre, o Filho de Deus. Carrega Jesus aquele que por seu amor suporta com paciência todas as adversidades que encontra. Diz o Eclesiástico: "Aceita tudo o que te é mandado e suporta-o no sofrimento" (Eclo 2,4). A pobreza carrega sobre os ombros, a humildade carrega ao peito, sobre os braços. Lemos no Cântico dos Cânticos: "O meu amado é para mim como um ramalhete de mirra, colocado entre os meus seios" (Ct 1,12). No diminutivo *ramalhete* é indicada a humildade, e na mirra a amargura da paixão do Senhor. O coração está situado entre os seios, e é como se a humilde esposa dissesse: Carrego no coração o meu amado Jesus, ramalhete de mirra, isto é, humilde e crucificado, para ser humilde de coração e com o corpo pregado com ele na cruz. Portanto, a pobreza e a humildade carregam Jesus ao templo, isto é, carregam-no até alcançar o templo não feito por mãos humanas, ao templo da celeste Jerusalém.

Igualmente, a penitência e a obediência o reconhecem e o bendizem. Diz o salmo: "Louvor e beleza estão na sua presença" (Sl 95,6), em relação ao penitente, cujo louvor é sua beleza. Com efeito, o louvor limpa a lepra do pecado e orna com a graça do Espírito Santo. "Vestiste majestade e esplendor" (Sl 103,1), isto é, revestiste os penitentes, que com a confissão se purificam e com a graça resplandecem. Em relação ao obediente: "A santidade e a magnificência brilham no seu santuário" (Sl 95,6); o Senhor santifica o obediente com a pureza da consciência e a mortificação de sua vontade; com a perfeição da vida na execução das ordens dos outros. Eis onde habita o rei das "virtudes". Adquire essas "virtudes" e encontrarás a Sabedoria de Deus e a Força de Deus, Jesus Cristo.

Irmãos caríssimos, imploremos-lhe humildemente que queira edificar sobre essas quatro colunas a casa de nossa morada, na qual ele habite conosco e nós com ele. No-lo conceda ele próprio, que é bendito nos séculos. Amém.

II – A profecia de Simeão

8. "Disse Simeão a Maria, mãe do menino: Ele está posto para a ruína e para a ressurreição de muitos em Israel" (Lc 2,34).

A Bem-aventurada Maria diz no seu cântico: "Depôs do trono os poderosos e elevou os humildes" (Lc 1,52). "Depôs", isto é, pôs abaixo. E é isso que diz também o Profeta Abdias: "A soberba do teu coração elevou-te, a ti que habitas nas fendas do rochedo, que elevas o teu trono, que dizes dentro do teu coração: Quem me fará cair por terra? Ainda que te eleves como a águia e ponhas o teu ninho entre os astros, eu te arrancarei de lá"; isto é, pôr-te-ei abaixo, "diz o Senhor" (Ab 1,3-4).

Sobre esse assunto, veja o sermão do Domingo da Sexagésima: "Saiu o semeador a semear a sua semente", e o sermão do Domingo da Quinquagésima, parte primeira: "Um cego estava sentado ao longo do caminho".

"Depôs, pois, os poderosos." É isso que diz também Daniel: "Eis que um vigia e santo desceu do céu e clamou com voz forte e disse: Deitai abaixo esta árvore e cortai-lhe os ramos, sacudi-lhe as folhas e dispersai os seus frutos" (Dn 4,10-11). A árvore, chamada em latim *arbor*, de *robur*, força, é figura do poderoso deste mundo, que, como diz Jó: "Estendeu sua mão contra Deus e se fez forte contra o Onipotente" (Jó 15,25-26). Este é cortado com o machado da morte e precipitado no inferno; e então seus ramos, isto é, o poder dos parentes, a nobreza da estirpe, que costumava incrementar e alargar, serão cortados; então suas folhas, isto é, seus discursos cheios do vento da soberba, serão sacudidas; então seus frutos de riqueza e de prazeres, que havia acumulado para sua ruína, serão dispersos.

"Depôs, pois, os poderosos dos tronos e elevou os humildes." E isso diz Jó: "Aos tristes alenta com a prosperidade, com a salvação (Jó 5,11); e ainda: "Quando te julgares destruído, surgirás como a estrela da manhã e terás confiança pela esperança que te será proposta" (Jó 11,17-18). Depôs o soberbo Aman e exaltou o humilde Mardoqueu. O primeiro caiu do seu alto trono, este foi elevado para o lugar daquele. Com razão, pois, diz a Bem-aventurada Virgem Maria: "Depôs do trono os poderosos e elevou os humildes". Por isso, o santo Simeão diz a ela, falando de seu Filho: "Ele é posto para a ruína" etc. É isso que diz também por boca de João: "Eu vim a este mundo para julgar, para que vejam os que não veem e os que veem se tornem cegos" (Jo 9,39).

Sobre a ruína destes, diz Isaías: "Jerusalém vai se arruinando e Judá caindo, porque a língua deles grita: Crucifica-o, crucifica-o! E suas falsas acusações" – isto é: Posso destruir este templo feito pela mão do homem (Mt 26,61) etc. – "são contra o Senhor, para ofenderem os olhos de sua majestade divina" (Is 3,8).

9. **Sentido moral**. Lemos no Livro dos Provérbios: Transtorna o ímpio, e não subsistirá (cf. Pr 12,7), isto é, não será mais ímpio. Caiu o ímpio perseguidor Saulo, e surgiu Paulo pregador. Portanto, a expressão "Ele é posto para a ruína", entende-se "dos pecadores". Diz Zacarias: "Será a ruína do cavalo e do burro, do camelo e do asno e de todos os jumentos" (Zc 14,15).

No cavalo é indicada a soberba: "Todos continuam na sua corrida, como o cavalo que corre a toda a brida para o combate" (Jr 8,6). No burro é indicada a luxúria: "Não vos torneis como o cavalo e o burro" (Sl 31,9). No camelo é indicada a avareza: um camelo não pode passar pelo buraco de uma agulha (cf. Mt 19,24), isto é, um avarento não pode viver na pobreza de Jesus Cristo. No asno é indicado o torpor da negligência e do ócio, que são a cloaca de todos os vícios. De fato, diz-se "asno", como para dizer *alta sinens*, que recusa as coisas altas. O torpor da negligência certamente não permite que se suba para o alto: ao contrário, quer sempre andar no plano. No Gênesis, Abraão disse a seus servos: "Esperai aqui com o asno" (Gn 22,5). Os servos representam as tendências pueris e carnais que "esperam com o asno", isto é, com a inércia e a lentidão próprias do asno.

Nos jumentos é indicado o gozo voluptuoso dos cinco sentidos, dos quais Isaías diz: "Peso dos jumentos do meio-dia: Ei-los aí, vão por uma terra de tribulação e angústia, donde saem a leoa e o leão, a víbora e os dragões voadores" (Is 30,6). A terra é a carne, que nos produz os espinhos da tribulação e os abrolhos da angústia. E este é o peso dos jumentos, isto é, dos cinco sentidos, que são os jumentos do meio-dia, quer dizer, do prazer mundano. Nessa terra de tribulação e de angústia, que os jumentos pisam e sujam, existe a leoa da luxúria e o leão da soberba, a víbora da ira e o dragão voador da inveja e da vanglória.

Ó Senhor Jesus, caiam na ruína esses animais e esses jumentos, para que o pecador bestial (*iumentinus*) caia juntamente com eles e, caindo em ruína, faça ressurgir o homem espiritual. Digamos, pois: "Eis que está posto para a ruína".

10. "E para a ressurreição de muitos." Concordam com isso as palavras de Ezequiel: "A mão do Senhor veio sobre mim e levou-me a um campo que estava cheio de ossos

I DOMINGO DEPOIS DO NATAL

de mortos: Eram muito numerosos e todos extremamente secos. O Senhor me disse: Filho do homem, profetiza sobre estes ossos e anuncia-lhes: Ossos secos, ouvi a palavra do Senhor. Eis que vou infundir em vós o Espírito e vivereis. Porei sobre vós nervos e farei crescer carnes sobre vós, e sobre vós estenderei a pele" (Ez 37,1-2.4-6).

Os ossos secos são figura dos pecadores, que são secos, privados da seiva da graça: seu coração desfaleceu porque se esqueceram de comer o pão (cf. Sl 101,5) que tem em si todo o sabor e todo o gosto (cf. Sb 16,20). Desses pecadores diz Jó: Os ossos de Beemot são como tubos de bronze (cf. Jó 40,13). Perversos em toda espécie de mal, endurecidos como os ossos do diabo, que sustentam os luxuriosos como os ossos do corpo sustentam a carne, são como tubos de bronze, pois como o bronze repelem de si as flechas da pregação e a golpes de censura emitem o som, o rangido da murmuração. Ainda professam Cristo com a palavra, eis o tubo; enquanto com os fatos o negam (cf. Tt 1,16), eis a dureza do bronze.

Mas já que a misericórdia de Cristo é maior do que a aridez dos ossos e de sua dureza, acrescenta: "Eis que faço entrar em vós o Espírito e vivereis" etc. Dê atenção a estas quatro entidades: o espírito, os nervos, a carne e a pele. No espírito é indicada a infusão da graça preveniente; nos nervos, o entrelaçamento, a rede dos bons pensamentos; na carne, a piedade para com o próximo; na pele, a consecução da perseverança final. "Farei entrar em vós o Espírito e vivereis." Diz ainda o Gênesis: "Soprou no seu rosto o sopro da vida" (Gn 2,7).

Sobre esse assunto, veja o segundo sermão do I domingo da Quaresma: "O Senhor foi conduzido pelo Espírito ao deserto".

11. "Porei sobre vós nervos." Grande parte dos nervos se encontram nas mãos e nos pés, nas costas e nas articulações dos ombros e do pescoço; e também os ossos, que se unem entre si, são ligados entre si pelos nervos. Ao redor deles existe uma espécie de *humor*, pelo qual os nervos são produzidos e nutridos. Quando o Senhor faz entrar no pecador o espírito da graça, então no seu coração forma-se a seiva da compunção, pela qual é produzido e nutrido o nervo dos bons sentimentos e da boa vontade, que faz a junção e liga todo o corpo da obra boa.

"Farei crescer sobre vós a carne." É isso que diz em outro lugar o mesmo profeta: "Tirarei de vós o coração de pedra e vos darei um coração de carne" (Ez 36,26), isto é, um coração que, quando está arrependido, sofra de compaixão por seu próximo, porque é carne e irmão nosso (cf. Gn 37,27). Ó coração de pedra, que não sentes compaixão alguma por teu próximo! Ele diz: "Porventura sou eu o guarda do meu irmão?" (Gn 4,9). Sabe que se fores verdadeiramente seu guarda, terás uma grande recompensa (cf. Sl 18,12).

Lê-se no Primeiro livro dos Reis que "o coração de Nabal ficou como morto interiormente e tornou-se como uma pedra" (1Sm 25,37). Realmente, não teve compaixão de Davi e não quis dar-lhe nada do que era seu; antes, prorrompeu em palavras injuriosas, dizendo: "Quem é Davi e quem é o filho de Jessé? Hoje são numerosos os servos que fogem dos seus senhores. Pegarei eu, portanto, no meu pão e na minha água e nas carnes dos animais que matei para os que tosquiam as minhas ovelhas, e dá-lo-ei a homens que não sei donde são?" (1Sm 25,10-11). Essas palavras e outras semelhantes são ditas hoje aos pobres de Jesus Cristo pelos avarentos e os usurários, que têm o coração de pedra.

"Sobre vós estenderei a pele." O ato de estender a pele é figura da perseverança final. "Vós [diz o Senhor] sois aqueles que tendes perseverado comigo nas minhas tribulações" (Lc 22,28). Mas ai daqueles que perderam a paciência! Diz Jó: "A minha pele secou e se contraiu" (Jó 7,5). A pele seca e se contrai quando a obra boa é despida da perseverança final. Diz o Eclesiástico: "O homem é desnudado (i. é, mostra aquilo que realmente é) só no fim" (Eclo 11,29). E então manifestar-se-á a sua torpeza.

Eis que temos explicado de que modo o Senhor faz reviver os ossos secos: "Ele que está aqui para a ressurreição de muitos".

12. "E sinal de contradição" (Lc 2,34). Disso fala Mateus: "E então aparecerá no céu o sinal do Filho do homem" (Mt 24,30), e Isaías: "Levantai o estandarte sobre esse monte coberto de trevas; levantai a voz, agitai a mão" (Is 13,2). O monte coberto de trevas representa o diabo: monte por causa da soberba, coberto de trevas por causa da escuridão da sugestão com a qual ofusca a mente. E sobre aquele monte os pregadores elevam um estandarte, quando pregam que ele foi vencido pelo poder da cruz; levantam a voz quando em cada ocasião oportuna e inoportuna admoestam, censuram e exortam (cf. 2Tm 4,2); agitam a mão quando põem em prática com as obras aquilo que pregam com a boca.

Desse sinal diz o Senhor por boca de Ezequiel: "Com um tau (T) marca a fronte dos homens que gemem e que se doem de todas as abominações que se fazem no mundo" (Ez 9,4). Somente esses não se opõem ao sinal da paixão do Senhor, porque eles o trazem na fronte. E quem são aqueles que gemem e sofrem senão os penitentes, os pobres de espírito, que se gloriam da cruz de Cristo e gemem e sofrem por todas as abominações que se fazem no mundo?

Os infiéis se opõem com as palavras e com as obras e, portanto, o Apóstolo diz: "Pregamos Jesus crucificado, escândalo para os judeus, loucura para os gentios" (1Cor 1,23). Os falsos cristãos se opõem com as obras. "Ai daquele [diz Isaías] que se opõe ao seu criador, vasilha de terra de Samos; ou seja, um vaso de argila que se revolta contra o oleiro" (Is 45,9).

Samos é a cidade onde nasceu a arte dos oleiros. O vaso de barro chama-se em latim *testa*, que soa quase como *tosta*, tostada, e é figura do falso cristão, tostado (queimado e endurecido pelo fogo), porque privado de devoção, frágil nas obras, feito de barro; e se opõe a quem o criou, ou também a Cristo, que o formou com suas mãos pregadas sobre a cruz e o restabeleceu na honra da primitiva dignidade, na qual não pode manter-se senão por meio dele. Por que, então, o infeliz se opõe ao seu criador, ao seu redentor, com o mau testemunho de sua vida desonesta?

13. Por isso, Isaías queixa-se profundamente: "Estendi as minhas mãos todo o dia para um povo incrédulo, que anda por um caminho que não é bom, seguindo seus próprios pensamentos. Um povo que diante de minha face sempre me está provocando à ira, que imola vítimas nos jardins e sacrifica sobre tijolos; que habita nos sepulcros, dorme nos templos dos ídolos; que come carne de porco e põe um caldo profano em suas taças" (Is 65,2-4). "Estendi as minhas mãos", abrindo-as, sem jamais negar nada a quem me pedia. "Estendi a minha mão e não houve quem olhasse" (Pr 1,24). No primeiro advento a mão do Senhor foi estendida e aberta, mas no segundo será fechada, e então ferirá com o punho, "e quebrará os dentes dos leões" (Sl 57,7).

"Estendi as minhas mãos" sobre a cruz; e está escrito no Cântico dos Cânticos: "As minhas mãos são feitas ao torno, ornadas de ouro e cheias de jacintos (*ametistas*)" (Ct 5,14). As mãos de Cristo são feitas ao torno, isto é, trabalhadas ao torno, ao torno da paixão: de fato foram perfuradas pelos pregos como por uma furadeira; são cheias de ouro pela pureza das obras por ele realizadas; são cheias de jacintos, isto é, dos prêmios que dará na vida eterna: e o primeiro jacinto mereceu-o o ladrão arrependido: "Hoje estarás comigo no paraíso!" (Lc 23,43).

"Todo o dia", diz, e também de noite; porque quando o dia da prosperidade mundana nos sorri, então devemos recordar-nos da morte de Jesus Cristo. Realmente, está escrito que na sua morte o sol se escureceu (cf. Lc 23,45). O sol da glória humana deve escurecer-se para nós ao lembrarmos a paixão do Senhor.

"A um povo incrédulo" estendi as minhas mãos. Diz Isaías: "O incrédulo age como infiel" (Is 21,2). E Agostinho: Crer em Deus quer dizer amar a Deus, ir a ele e ser incorporado em seus membros. Quem não faz assim, mente quando diz: Eu creio em Deus. Portanto, incrédulo é aquele que não crê desse modo e age como infiel: sua fé é morta, porque lhe falta a caridade.

"Que anda por um caminho que não é bom...", largo e espaçoso, que conduz à morte (cf. Mt 7,13). É isso que lemos nos Provérbios: "O apóstata é um homem inútil, caminha com a boca perversa, fala com o dedo apontado, faz sinais com os olhos, bate com os pés" (Pr 6,12-13). "Seguindo seus pensamentos", dos quais o Livro da Sabedoria diz: "Os pensamentos perversos afastam de Deus", e "O Espírito Santo mantém-se distante dos projetos insensatos" (Sb 1,3; 1,5).

"Um povo que continuamente me provoca à ira", isto é, à vingança por sua tendência ao pecado. Diz Sofonias: "Ai de ti, cidade provocadora e remida" (Sf 3,1), como se dissesse: Provocam-me à ira, eles que eu redimi com meu sangue.

"Diante de minha face", isto é, abertamente, o que é pior. Diz Isaías: "Como Sodoma, gloriam-se do seu pecado, em vez de escondê-lo" (Is 3,9).

"Que imola nos jardins", eis a luxúria. Isaías: "Vós vos envergonhareis dos vossos jardins", isto é, dos lugares de prazer, "que vós escolhestes" (Is 1,29) para satisfazer a vossa luxúria.

"E fazem sacrifícios sobre tijolos", eis a avareza. O Êxodo: "Não vos será dada a palha, mas fareis o mesmo número de tijolos" (Ex 5,18). Com frequência acontece que aos avarentos e aos usurários são roubadas as palhas, isto é, suas riquezas; mas, apesar disso, continuam a fazer os tijolos da avareza, ao menos com a vontade e as palavras. Ou também: sacrificam sobre os tijolos aqueles que recitam o ofício divino ao lado do fogo, ou na cama e coisas semelhantes, e desse modo pensam cumprir seu dever para com Deus.

"Que habita nos sepulcros...", eis a detração. "Sua gula é um sepulcro aberto" (Sl 13,3), "e dorme nos templos dos ídolos", eis a hipocrisia, que, como ídolo, apresenta-se sob a aparência da religião, mas falta-lhe a prova das obras. Mas ai, quantos são hoje os adoradores dos ídolos; veneram um simulacro que representa uma santidade inexistente, fictícia.

"Que comem carne de porco", eis a imundície da gula; "e põem caldo profano em suas taças", isto é, em seus corações: eis a impureza dos pensamentos. Todos aqueles que fazem essas coisas contradizem, renegam o sinal da paixão do Senhor.

14. "E também a ti, uma espada traspassará a alma" (Lc 2,35). A dor que a Bem-aventurada Virgem Maria sofreu na paixão de seu Filho foi como uma espada que traspassou sua alma. É o que diz Isaías: "Antes de ter a dor de parto, deu à luz" (Is 66,7). O parto da Bem-aventurada Virgem Maria foi duplo: um na carne e o outro no espírito. O parto da carne foi virginal e repleto de toda a alegria, porque a Bem-aventurada Virgem deu à luz sem dor o "gozo dos anjos". E, portanto, diz junto com Sara: "O Senhor me deu o sorriso, e todo aquele que o souber, sorrirá comigo" (Gn 21,6).

Com a Bem-aventurada Maria devemos sorrir e gozar pelo nascimento de seu Filho; mas devemos participar também de sua dor: na paixão do Filho, sua alma foi traspassada por uma espada, e aquele foi o segundo parto, doloroso e cheio de toda amargura. E isso não deve causar admiração, porque aquele Filho de Deus que ela, por obra do Espírito Santo, havia concebido virgem e virgem o havia dado à luz, via-o suspenso na cruz com os cravos, suspenso entre dois ladrões. Porventura, causa admiração se uma espada lhe traspassou a alma? "Considerai e vede se existe dor semelhante à *sua* dor!" (Lm 1,12). Portanto, antes de dá-lo à luz na paixão, deu-o à luz no dia da natividade [antes de dá-lo à luz na dor, deu-o à luz na alegria].

15. **Sentido moral.** Jeremias nas Lamentações, falando em lugar de Jesus Cristo, diz ao Pai: "Lembra-te da minha pobreza e da minha superação, do absinto e do fel" (Lm 3,19). A paixão de Cristo é chamada "superação" porque superou a dor e os sofrimentos de todos os mártires. Por isso, Lucas diz que Moisés e Elias falavam de sua partida [em latim *excessus*, que sugere o sentido de *excesso*], isto é, de sua paixão, "que realizaria em Jerusalém" (Lc 9,31), e que teria superado qualquer outro sofrimento. Quando o justo considera tudo isso, logo lembra o que é dito, sempre nas Lamentações: "Eu me lembrarei sem cessar disso, e minha alma definhará dentro de mim" (Lm 3,20).

Ó Filho de Deus, "eu me lembrarei sem cessar..." (latim: *memoria memor ero*) – a repetição da palavra exprime o profundo sentimento de quem ama –; eu me lembrarei de tua "pobreza", que foi tão grande que na morte não teve um sudário no qual ser envolvido, nem um sepulcro no qual ser deposto, se não lhe tivesse sido cedido como esmola, ou a título de piedade, como a um pobre mendigo; "...e da *superação*", isto é, da paixão, na qual superou e foi além de qualquer dor humana.

Daí a palavra de João: "Saiu Jesus com seus discípulos para o outro lado da torrente do Cedron" (Jo 18,1), que se interpreta "profunda tristeza". Com efeito, na sua paixão, Cristo superou qualquer outra tristeza ou angústia. Antes de sofrer sua paixão, os mártires ignoravam em que medida deveriam sofrer e, portanto, não sofriam tanto quanto teriam sofrido se o soubessem. O Senhor, porém, que tudo conhece antes que aconteça, antes de dirigir-se para a sua paixão conhecia perfeitamente a intensidade dos tormentos aos quais se dirigia e, portanto, não causa admiração que tenha sofrido mais do que todos.

"...do absinto e do fel", de que fala também o salmo: "Deram-me fel por comida" (Sl 68,22): fel de touro, segundo contam, que é o mais amargo que existe.

Quando trago à memória tudo isso, a minha alma desfalece, porque é traspassada pela espada da sua paixão. E quando isso acontece, então "são revelados os pensamentos de muitos corações" (Lc 2,35). É isso que diz também Jó: "Ele revela o que está nas profundezas das trevas e ilumina a sombra da morte" (Jó 12,22). Quando o Senhor traspassa a alma com a espada de sua paixão, então revela o que está no profundo, isto é, os vícios que estão bem longe do fundo do poço, porque nunca dizem "basta", mas sempre: "mais, mais!" (cf. Pr 30,15); "arranca-os das trevas", isto é, da cegueira da mente, com a contrição do coração, para que o homem os reconheça e depois de tê-los reconhecido os manifeste na confissão; e então acrescenta: "e ilumina a sombra da morte", quer dizer, leva o pecado mortal à luz da confissão.

16. Com esta parte do trecho evangélico concorda a parte da epístola de hoje, que diz: "Quando chegou a plenitude dos tempos" (Gl 4,4). Se, de fato, como diz o Eclesiastes, "para cada coisa existe o tempo oportuno" (Ecl 8,6), e o Eclesiástico, "o homem sábio estará em silêncio até um certo tempo" (Eclo 20,7), deve-se crer que também Deus tenha escolhido o tempo oportuno para realizar a obra da salvação do homem e enviar o seu Verbo. Lembra-te que no ano existem quatro estações: inverno, primavera, verão e outono. De Adão até Moisés, de certa maneira, temos tido o inverno: "De Adão a Moisés [diz o Apóstolo] reinou a morte" (Rm 5,14). Foi primavera de Moisés a Cristo: naquela primavera começaram a brotar as flores, promessa do fruto. Quando, depois, veio o verão, que é a "plenitude do tempo", na qual as árvores carregam-se de frutos, então "Deus enviou seu Filho, feito da mulher" (Gl 4,4).

E com isto concordam também as palavras do Levítico: "Eu vos darei as chuvas nos seus tempos, e a terra dará o seu produto, e as árvores carregar-se-ão de frutos. A debulha do trigo prolongar-se-á até a vindima, e a vindima juntar-se-á à semeadura, e comereis o vosso pão à saciedade" (Lv 26,3-5). O Senhor enviou a chuva quando o orvalho molhou toda a eira e a chuva caiu sobre o velo (cf. Jz

6,40), quer dizer, quando, ao anúncio do anjo, a Virgem concebeu o Filho de Deus. A terra produziu seu rebento quando a própria Virgem deu à luz o Salvador, que, com a pregação e com a realização dos milagres, encheu as árvores, isto é, os apóstolos, com os frutos das virtudes. E a debulha, isto é, a paixão do Senhor, na qual ele foi esmagado por nossas iniquidades (cf. Is 53,5), uniu-se com a vindima, isto é, com a infusão do Espírito Santo, da qual os apóstolos foram como que inebriados: São acusados de estar cheios de vinho aqueles que estão repletos do Espírito Santo (cf. At 2,13-15). E a própria vindima uniu-se com a semeadura seguinte, isto é, com a pregação dos apóstolos: com efeito, começaram logo a pregar e a dizer: "Fazei penitência e cada um de vós se faça batizar em nome de Jesus Cristo" (At 2,38).

O outono virá na bem-aventurança celeste, na qual os santos comerão o pão à saciedade e "sentar-se-ão – como diz Miqueias – debaixo de sua videira e debaixo de sua figueira, e não haverá quem lhes meta medo" (Mq 4,4). "Feito sob a lei" (Gl 4,4), isto é, sujeito à observância da lei. De fato, diz: "Não vim abolir a lei, mas cumpri-la" (Mt 5,17), "para remir aqueles que estavam debaixo da lei" (Gl 4,5). Lemos na Carta aos Hebreus: "[Veio] para destruir com sua morte aquele que tinha o império da morte, isto é, o demônio, e para livrar aqueles que, pelo temor da morte, estavam sujeitos à escravidão toda a vida" (Hb 2,14-15).

Eis que agora fica claro em que sentido Jesus veio para a ruína dos demônios e para a ressurreição de muitos. "Para que recebêssemos a adoção de filhos" (Gl 4,5). Que graça! Deus adotou os escravos como filhos! "E se somos filhos, somos também herdeiros: herdeiros de Deus e coerdeiros de Cristo" (Rm 8,17).

III – A ANUNCIAÇÃO OU O NASCIMENTO DO SENHOR E A PENITÊNCIA

17. Com esta parte da epístola concordam as palavras do introito da missa de hoje: "Quando tudo repousava num profundo silêncio e a noite estava no meio do seu curso, a tua palavra onipotente, baixando do céu, do teu trono real, saltou de improviso no meio da terra condenada ao extermínio, como um inflexível guerreiro; como uma aguda espada, ela trazia o teu irrevogável decreto, e, chegando lá, tudo encheu de morte, e, estando em pé sobre a terra, chegava até o céu" (Sb 18,14-16).

Literalmente, o texto da Sabedoria é este: "Quando um tranquilo silêncio guardava todas as coisas" (Sb 18,14). E isso é o que diz o Senhor por boca de Lucas: "Quando um homem forte e bem armado", isto é, o diabo, "guarda a entrada de sua casa", isto é, o mundo, ou o inferno, "está em paz tudo o que possui" (Lc 11,21). No Livro de Isaías, encontramos Senaquerib, no qual é representado o diabo, que diz: "A minha mão destruiu o poder dos povos como um ninho", isto é, eram incapazes de defender-se; "e como se recolhem os ovos abandonados" pela mãe, "assim eu recolhi toda a terra, e não houve quem movesse uma asa", isto é, elevasse uma mão contra mim, "abrisse a boca e se lamentasse" (Is 10,14). Eis como todas as coisas mantinham-se um tranquilo silêncio.

"E a noite estava no meio do seu curso." Diz-se "o meio" em relação aos dois pontos extremos. Os dois pontos extremos da noite são (em latim) o *conticinium* (de *conticesco*, estou em silêncio) que é o momento que segue ao crepúsculo da tarde, e a *aurora*. De Adão até a Lei, isto é, até Moisés, ocorreu de certo modo a primeira parte da noite; da Lei até a anunciação da bem-aventurada Virgem Maria chegou-se à metade da noite, na qual é simbolizada a transgressão dos mandamentos da Lei. Nem Adão no paraíso, nem o povo no deserto guardaram os preceitos; todos eram obnubilados pela escuridão dessa noite e, portanto, tinham necessidade da aurora, isto é, do dom e da ajuda do advento do Senhor, que teve seu início com a saudação do anjo. O início da noite foi a sugestão diabólica da serpente a Eva. O início do dia foi a saudação do anjo a Maria. E então, ó Pai, a Palavra onipotente e consubstancial contigo, isto é, o teu Filho, desceu do trono real, isto é, do seio da tua majestade, da qual João diz: "O filho Unigênito, que está no seio do Pai, ele mesmo é que o deu a conhecer" (Jo 1,18).

"Inflexível guerreiro." Também Lucas diz: "Mas se chegar alguém mais forte do que ele..." (Lc 11,22). Aquele que viera para quebrar as portas de bronze e despedaçar as trancas de ferro (cf. Sl 106,16), devia absolutamente ser um guerreiro inflexível. Jó diz que o diabo "considera o ferro como palha e o bronze como madeira podre. O arqueiro não o porá em fuga, as pedras da funda tornar-se-ão para ele como palhas. Reputará o martelo como um restolho e rir-se-á daquele que vibra a lança" (Jó 41,18-20).

Brevemente: "É feito para não temer ninguém" (Jó 41,24). Era mesmo necessário, pois, que fosse um guerreiro inflexível aquele que vinha para despojar o diabo, e que o diabo nada pudesse contra ele.

"No meio daquela terra": no meio, porque está entre o céu e o inferno; "de extermínio", que o diabo havia exterminado, isto é, havia posto *extra terminos*, quer dizer, fora dos confins da vida eterna. Diz Isaías: "Porventura é este o homem que pôs a terra em confusão, que fez estremecer os reinos, que reduziu o mundo a um deserto e destruiu as suas cidades?" (Is 14,16-17). Em meio a essa terra, pois, o Verbo de Deus "se lançou" com ambos os pés unidos, da divindade e da humanidade.

"Espada aguda." Diz o Apóstolo: "A palavra de Deus é viva e eficaz, mais penetrante do que uma espada de dois gumes" (Hb 4,12). A espada é figura da divindade, que estava escondida na *bainha* da humanidade. Diz Isaías: "Verdadeiramente tu és um Deus escondido, Deus de Israel, Salvador" (Is 45,15). Por essa espada foi transpassado o diabo, que ia exterminando a terra. "Feneceu no pó, consumido ficou este miserável, desapareceu já o que calcava o país" (Is 16,4).

18. "Ela trazia o teu irrevogável decreto." Diz João: O Pai pôs tudo nas suas mãos (cf. Jo 3,35; 13,3). E ainda: "Tudo o que o Pai possui, é meu" (Jo 16,15). Igualmente: "Todas as minhas coisas são tuas, e todas as tuas coisas são minhas" (Jo 17,10). Trouxe, portanto, o decreto do Pai, que lhe havia dado o poder sobre todos os seres humanos (cf. Jo 17,2); e o seu poder é um poder eterno (cf. Dn 7,14); ele é aquele que manda aos ventos e ao mar, e eles lhe obedecem (cf. Lc 8,25).

"Trazia um decreto irrevogável": é o que diz Marcos: "Ensinava-os como quem tem autoridade, e não como os escribas" (Mc 1,22), que ensinavam com a hipocrisia e com o fingimento. E Lucas: "Que palavra é esta, que ordena com autoridade e poder aos espíritos imundos e eles saem?" (Lc 4,36).

"Estando lá, tudo encheu de morte." Parado, com as mãos abertas sobre a cruz, encheu com sua morte todas as coisas que haviam sido esvaziadas com a desobediência do primeiro homem. E de sua plenitude, todos nós recebemos (cf. Jo 1,16).

"E chegava até o céu", no qual está a divindade: A Sabedoria se estende de um confim a outro com força (cf. Sb 8,1), estando sobre a terra, na qual é indicada a humanidade. Diz João: "Ninguém jamais subiu ao céu, senão o Filho do homem que desceu do céu" (Jo 3,13). E Jó: "Ele é mais alto do que o céu, e que farás tu? Mais profundo do que o inferno, e como o conhecerás? A sua medida é mais comprida do que a terra e mais larga do que o mar" (Jó 11,8-9).

Irmãos caríssimos, roguemos à Palavra de Deus (o Verbo), que nos faça cair dos vícios e ressurgir para as virtudes. A espada de sua paixão traspasse a nossa alma, a fim de que possamos chegar à felicidade da ressurreição final.

No-lo conceda ele próprio que é bendito nos séculos. Amém.

19. "Quando tudo repousava num profundo silêncio." Consideremos o **significado moral** dessa expressão.

Diz Jó acerca do diabo: "Dorme na sombra, no denso canavial e em lugares úmidos" (Jó 40,16). A sombra simboliza a soberba, que é chamada também "sombra da morte", isto é, sombra do diabo. Com efeito, como a sombra segue o corpo, assim a soberba segue o diabo. Está escrito no Apocalipse: "E eis um cavalo amarelo, e aquele que o cavalgava chamava-se morte; e o inferno o seguia" (Ap 6,8). Eis o cavalo, o cavaleiro e o escudeiro. O cavalo amarelo é figura do hipócrita; o cavaleiro, que se chama morte, é o diabo; o inferno que o segue como escudeiro é a soberba, que nutre o cavalo com cevada e água, isto é, com a austeridade da abstinência, para que os homens vejam que jejua (cf. Mt 6,16); e ele carrega sobre si a sela da fingida humildade e é segurado pelo freio do silêncio, como diz Salomão: "Até o insensato passará por sábio, se estiver calado" (Pr 17,28): assim o hipócrita é considerado santo. A morte monta esse cavalo e gira pelo mundo: vai à caça de louvores, procura as saudações nas praças, os primeiros assentos nas sinagogas e os lugares de honra nos banquetes (cf. Mt 23,6-7). Não existe soberba maior do que a do hipócrita: "A falsa justiça não é justiça, mas dupla injustiça" (Agostinho).

"No denso canavial." Cana, diz-se em latim *càlamus*, da qual deriva *calamidade*. Na cana é representada a avareza. A cana é oca, e ao grande vazio da avareza, que jamais se enche, que nunca diz basta, segue a eterna *calamidade* (a condenação).

"Nos lugares úmidos": aqui são indicadas a gula e a luxúria. Com efeito, a umidade é mãe da corrupção; dela são gerados os vermes e coisas semelhantes. Nos soberbos, nos avarentos e nos luxuriosos instala-se o diabo, e então um pesado silêncio apodera-se de todos os seus membros. O coração já não tem bons sentimentos, a língua deixa de louvar a Deus e as mãos são estéreis de boas obras. Diz Isaías: "Ai de mim, por ter me calado!" (Is 6,5). Isto é, "ai!", a ameaça da condenação eterna está em tal silêncio.

"A noite estava no meio do seu curso." A palavra noite, em latim *nox*, deriva de *nuocere* (fazer mal), porque é danosa aos olhos, e é figura do pecado mortal, pelo qual é obscurecida a luz da razão. Quem anda de noite, tropeça (cf. Jo 11,10). Os momentos extremos dessa noite são a *primeira obscuridade* (crepúsculo), chamado em latim *conticinium*, e a *aurora*; o primeiro simboliza o consenso da vontade cega, a segunda a infusão da graça divina: entre esses dois extremos, no meio, está a obra má e o hábito do pecado. Desse caminho intermediário fala-se no salmo: "O caminho dos ímpios perecerá" (Sl 1,6). E isso se verificou quando "a Palavra onipotente saltou", isto é, quando veio a graça do Espírito Santo, que, com justiça, é chamada "Palavra onipotente", porque tem o poder de transpor qualquer obstáculo que se interponha à salvação. É chamada *Palavra*, em latim *sermo*, porque *semeia* e *insere*, infunde na alma as virtudes, ou também porque mantém sã a mente (*sermo, servat mentem*), que sarou do pecado. Lemos no Livro da Sabedoria: Não foi a erva, isto é, o verdor das riquezas que depressa secam, nem o lenitivo ou o emoliente dos prazeres que os sarou, mas a tua Palavra onipotente, ó Senhor, que sara todas as coisas (cf. Sb 16,12), que desceu "do trono real" da tua bondade e misericórdia. E Joel conclui: "Convertei-vos ao Senhor, vosso Deus, porque ele é misericordioso e benigno" (Jl 2,13).

20. "Guerreiro inflexível", na contrição. A graça é chamada "guerreiro inflexível", porque, como um martelo, quebra a dureza da mente. Acaso não é a minha palavra como fogo e como um martelo que esmaga as pedras? (cf. Jr 23,29).

"No meio da terra", isto é, na mente do pecador, que é chamada terra porque tende para os bens terrenos; e diz-se "no meio", porque é posta entre a misericórdia e a justiça. Com efeito, lê-se em João que "Jesus ficou só, e a mulher de pé no meio" (Jo 8,9), isto é, entre a misericórdia (Jesus) e a justiça (os judeus que queriam justiçá-la).

"Terra de extermínio." Dois são os pontos extremos: a entrada de nossa vida e a saída. Quando a mente do homem não habita neles, não se fixa sobre eles e não faz considerações sobre eles; então está *exterminada*, quer dizer (literalmente) que é posta fora desses dois pontos (latim: *extra terminos*). Diz Isaías: "Os gritos ouviram-se à volta, pelos confins de Moab (cf. Is 15,8). Moab é figura do pecador, e em seus dois "confins" [nascimento e morte] ouve-se esse grande clamor: quando vem ao mundo, ele chora e grita; quando sai dele, choram os seus. Com efeito diz o Eclesiastes: "Chorando, acompanharão" o seu cadáver "pelas ruas" (Ecl 12,5).

"Espada aguda", na confissão. A graça torna-se espada aguda quando afia a língua do pecador na confissão, a fim de que possa dizer com Isaías: "Tornou a minha boca como uma espada aguda" (Is 49,2). E sobre isso diz o Senhor a Ezequiel: "E tu, filho do homem, toma uma navalha afiada, que corte os cabelos; toma-a e passa-a por cima da tua cabeça e da tua barba" (Ez 5,1). Com a espada da confissão, o pecador deve rapar-se a cabeça, na qual está a mente, para que não fique pecado algum na consciência; deve rapar-se a barba, na qual é representado o valor das obras boas, para indicar que não deve confiar em si, mas no Senhor, do qual provém todo o bem.

"Trazendo o teu irrevogável decreto." A verdadeira confissão não conhece simulação; a verdadeira confissão manifesta a verdade da consciência diante do Altíssimo e diante do seu confessor, e assim, reconhece em si a soberania absoluta do Senhor. Tem presente que quatro são os inimigos da confissão: o apego ao pecado, a vergonha de se confessar, o medo da penitência e a não esperança do perdão. Quem supera inteiramente na confissão esses quatro inimigos, sem dúvida, restabelece em si mesmo o completo domínio do Senhor.

"E chegando lá, tudo encheu de morte", com a satisfação, isto é, com a reparação da penitência. A graça está como que firme de pé, quando produz no penitente uma viril perseverança na penitência, com a qual enche de algum modo de morte, isto é, de mortificação, todos os seus membros, a fim de que, morto ao pecado, viva somente para Deus (cf. Rm 6,11). E então poder-se-á dizer dele o que segue: "E estando na terra, toca o céu". A graça chega até o céu estando na terra quando age de maneira que o penitente, enquanto ainda está neste mundo, toque o céu com seu pensamento e seu desejo e assim possa dizer com o Apóstolo: "Somos cidadãos do céu" (Fl 3,20).

Irmãos caríssimos, roguemos ao Senhor Jesus Cristo que mande em meio a esta terra de extermínio a graça do Espírito Santo, pela qual se quebre a dureza da mente, afie a língua na confissão, encha os membros do corpo de mortificação, a fim de que possamos tocar o céu com pensamentos e aspirações celestes.

No-lo conceda ele, que é bendito nos séculos. Amém.

Circuncisão do Senhor

1. Naquele tempo, "Depois que se completaram os oito dias prescritos para a circuncisão do menino..." (Lc 2,21).

Neste evangelho, consideraremos dois acontecimentos: a circuncisão de Cristo e a imposição do nome.

I – A circuncisão de Cristo

2. "Depois que se completaram os oito dias prescritos para a circuncisão do menino" (Lc 2,21). Nesta primeira parte nos é ensinado em sentido anagógico (místico), de que modo todos os justos, na ressurreição final, serão *circuncidados* de toda a corrupção. Mas já que do Verbo circuncidado ouvistes uma palavra "circuncidada", também nós falaremos circuncisamente (brevemente) de sua circuncisão.

Cristo foi circuncidado somente no corpo, porque nada havia para ser circuncidado no seu espírito. Com efeito, "ele não cometeu pecado e não se encontrou engano em sua boca" (1Pd 2,22). E nem contraiu o pecado [de origem], porque, como diz Isaías: "Subiu numa nuvem leve" (Is 19,1), isto é, assumiu uma carne imune ao pecado.

Vindo para junto dos seus, já que "os seus não o teriam recebido" (Jo 1,11), teve de ser circuncidado, a fim de que os judeus não tivessem pretextos contra ele, dizendo: É um incircunciso, deve ser eliminado do povo, porque, como está escrito no Gênesis, "o indivíduo do sexo masculino, cuja carne do prepúcio não tiver sido circuncidada, tal alma será exterminada do seu povo" (Gn 17,14). És um transgressor da lei, não queremos alguém que seja contra a lei.

Portanto, foi circuncidado, ao menos, por três motivos: primeiro, para observar a lei – teve-se de cumprir o mistério da circuncisão até que fosse substituído pelo sacramento do batismo; segundo, para tirar aos judeus o pretexto de caluniá-lo; terceiro, para ensinar-nos a circuncisão do coração, da qual diz o Apóstolo: "A circuncisão é a do coração, no espírito e não na letra; sua glória não vem dos homens, mas de Deus" (Rm 2,29).

3. "Depois de se completarem os oito dias prescritos." Vejamos o significado destas três coisas: o oitavo dia, o menino, e sua circuncisão. Nossa vida desenvolve-se, por

assim dizer, num espaço de sete dias (setenário): depois segue o "oitavo dia" (octonário) da ressurreição final. Diz o Eclesiastes: "Reparte o teu pão com sete e mesmo com oito, porque não sabes os males que te podem vir sobre a terra" (Ecl 11,2). Como se dissesse: faze que os sete dias de tua vida tomem parte nas obras boas (sejam comprometidos em realizar o bem), porque depois, receberás a recompensa por elas no oitavo dia, o da ressurreição; naquele dia sobre a terra, isto é, para aqueles que amam a terra, haverá um mal tão grande que ninguém pode imaginar.

Então a eira será limpa, o trigo será separado da palha, as ovelhas serão apartadas dos bodes (cf. Mt 3,12; 25,32; Lc 3,17). A limpeza da eira simboliza a *revisão* que será operada no último juízo. O trigo representa os justos que serão acolhidos nos celeiros do céu. Diz Jó: "Descerás ao túmulo em plena velhice, como se amontoa o trigo a seu tempo" (Jó 5,26). O túmulo indica a vida eterna, onde os justos entrarão cheios de obras boas, e estarão ao abrigo dos ataques dos demônios, como alguém que se esconde num túmulo para fugir dos homens. A palha, porém, isto é, os soberbos, superficiais e inconstantes, serão queimados ao fogo. Deles diz Jó: "Serão como palha ao sopro do vento e como cinza espalhada pelo tufão" (Jó 21,18). Os cordeiros ou as ovelhas, isto é, os humildes e os inocentes, serão postos à direita de Deus: "Como um pastor apascentará seu rebanho, com seu baraço reunirá os cordeiros, tomá-los-á ao peito e ele próprio carregará as ovelhas prenhes" (Is 40,11).

4. Observa que nestas quatro palavras: apascentará, reunirá, tomará e carregará, pode-se perceber as quatro prerrogativas do corpo, isto é, a claridade, a imortalidade, a agilidade, a subtileza, que os justos terão no oitavo dia, isto é, na ressurreição final.

Apascentará com a *claridade*: "Doce é a luz, e agradável aos olhos é ver o sol" (Ecl 11,7); e os justos brilharão como o sol no Reino de Deus (cf. Mt 13,43). Se o olho ainda corruptível tanto se agrada do ilusório esplendor de um mísero corpo, qual será o prazer diante do verdadeiro esplendor de um corpo glorificado? *Reunirá* com a *imortalidade*: a morte dissolve e divide, a imortalidade recolhe e reúne. *Elevará* com a *agilidade*: o que é ágil, eleva-se facilmente. *Carregará* com a *subtileza*: o que é sutil [uma veste], carrega-se sem esforço.

Os bodes, porém, isto é, os luxuriosos, serão pendurados pelos pés nos ganchos do inferno. Realmente, o Senhor, por boca de Amós, ameaça "as vacas gordas" (cf. Am 4,1), isto é, os soberbos e luxuriosos prelados da Igreja: "Eis que virão dias para vós, e [os demônios] vos pendurarão nos ganchos e lançarão os remanescentes nos caldeirões ferventes. E saireis pelas brechas um contra o outro e sereis lançados contra o Hermon" (Am 4,2-3), que se interpreta "excomunhão", porque os soberbos e os luxuriosos, excomungados e malditos pela Igreja triunfante, serão precipitados no eterno suplício.

Tudo isso, isto é, a glória e a pena, será dado a cada um no oitavo dia, isto é, na ressurreição, segundo aquilo que fez na semana desta vida. Sobre isso, diz o Gênesis: "Jacó serviu sete anos para [ter] Raquel, e pareceram-lhe poucos dias, tal era o amor que nutria por ela" (Gn 29,20). De fato, era uma mulher formosa de rosto e de gentil presença (Gn 29,17). E continua: "Passada a semana, tomou Raquel por esposa" (Gn 29,28). E mais adiante diz: "Durante o dia devorava-me o calor e de noite, o gelo, e o sono fugia-me dos olhos" (Gn 31,40).

Ó amor da beleza! Ó beleza do amor! Ó glória da ressurreição, quantas coisas fazes o homem suportar para poder chegar às núpcias contigo! O justo trabalha durante os sete dias de sua vida na indigência do corpo e na humildade do coração: de dia, isto é, quando lhe sorri a prosperidade no calor da vanglória; e de noite, quer dizer, quando sobrevêm as adversidades e é atormentado pelo gelo da tentação do diabo. E assim, o sono e o repouso fogem dele, porque existem batalhas no interior e medos no exterior (cf. 2Cor 7,5). Teme o mundo, é combatido em si mesmo, e, todavia, em meio a tantos sofrimentos os dias parecem-lhe poucos por causa do tamanho do amor. De fato, "para quem ama, nada é difícil" (Cícero).

Ó Jacó, peço-te: trabalha com paciência, suporta com humildade, porque, finda a semana da presente miséria, conquistarás as desejadas núpcias da gloriosa ressurreição, na qual serás finalmente *circuncidado* de todo o cansaço e de toda a escravidão da corrupção.

5. "Depois de se completarem os oito dias prescritos para a circuncisão do menino." Em latim é chamado *puer*, menino, não velho. Para saber quem é este menino, leia o sermão do "Natal do Senhor."

Na ressurreição final, todo o eleito será circuncidado, porque ressurgirá para a glória, como diz Plínio, sem defeito algum, sem deformidade alguma. Estará muito longe qualquer enfermidade, qualquer incapacidade, qualquer corrupção, qualquer inabilidade e qualquer outra carência indigna daquele reino do Sumo Rei, no qual os filhos da ressurreição e da promessa serão iguais aos anjos de Deus (cf. Lc 20,36); então existirá a verdadeira imortalidade.

A primeira condição do homem foi de *poder não morrer*. Por causa do pecado foi-lhe imposta a pena de *não poder não morrer*: segunda condição; espera-o, na futura felicidade, a terceira condição: *não poder mais morrer*. Então desfrutaremos de modo perfeito do livre-arbítrio, que ao primeiro homem foi dado de modo que "pudesse não pecar"; e então será perfeito quando este livre-arbítrio for tal de "não poder pecar".

Ó oitavo dia, tão desejável, que de maneira tão maravilhosa circuncidas do menino todos os males!

II – A IMPOSIÇÃO DO NOME

6. "E lhe foi posto o nome de Jesus" (Lc 2,21). Nome doce, nome suave, nome que conforta o pecador, nome de bem-aventurada esperança. Júbilo ao coração, melodia ao ouvido, mel para a boca. Cheia de júbilo, a esposa do Cântico dos Cânticos diz desse nome: "O teu nome é azeite derramado" [*Perfume aromático é o teu nome*] (Ct 1,2).

Observa que o óleo tem cinco propriedades: flutua sobre todos os líquidos, amolece as coisas duras, modera as ácidas, ilumina as obscuras, sacia o corpo. Assim também o nome de Jesus, por sua grandeza está acima de todos os nomes dos homens e dos anjos, porque ao nome de Jesus todo o joelho se dobra (cf. Fl 2,10). Quando o proclamas enternece os corações mais duros, se o invocas modera as tentações mais ásperas, se o pensas ilumina o coração, se o lês sacia o teu espírito.

E presta atenção, porque esse nome de Jesus é chamado não só "óleo", mas óleo "derramado". Por quem? E onde? Pelo coração do Pai, no céu, sobre a terra e no inferno. No céu para a exultação dos anjos, que, por isso, aclamam exultantes: "Salvação ao nosso Deus, que está sentado sobre o trono, e ao Cordeiro" (Ap 7,10), isto é, a Jesus, que é chamado "Salvação, Salvador"; sobre a terra para a consolação dos pecadores: "Ao teu nome e ao teu memorial dirige-se todo o nosso desejo. De noite anela por ti a minha alma" (Is 26,8-9); no inferno para a libertação dos prisioneiros, de fato, diz que prostrados aos seus joelhos, temos clamado: "Finalmente vieste, ó nosso Redentor!..." (Breviário Romano, antigo Ofício dos defuntos).

7. Apresentarei brevemente o que escreve Inocêncio sobre este nome. Este nome de Jesus (latim: *Iesus*) é composto de duas sílabas e de cinco letras: três vogais e duas consoantes. Duas sílabas, porque Jesus tem duas naturezas, a divina e a humana: a divina do Pai, do qual nasceu sem mãe; a humana da Mãe, da qual nasceu sem pai. Eis, duas são as sílabas neste único nome, porque duas são as naturezas nesta única pessoa.

Deve-se notar, contudo, que a vogal é a letra que tem um som por si mesma, a consoante, porém, tem som somente unida com uma vogal. Portanto, nas três vogais é simbolizada a divindade que, sendo única em si mesma, produz o som nas três pessoas. Com efeito, "três são os que dão testemunho no céu: o Pai, o Verbo e o Espírito Santo; e estes três são um só" (1Jo 5,7).

Nas duas consoantes é simbolizada a humanidade, que, tendo duas substâncias, isto é, o corpo e a alma, não tem som por si mesma, mas só em virtude da outra natureza à qual está unida na unidade da pessoa. "De fato, como a alma racional e a carne são um só homem; assim Deus e o homem são um só Cristo" (Símbolo atanasiano). Com efeito, a pessoa é definida "uma substância racional que existe por si", e esse é Cristo.

Cristo é Deus e também homem, mas "soa" por si enquanto é Deus e não enquanto é homem, porque, ao assumir a humanidade, a divindade conservou o direito de personalidade, mas a humanidade assumida não recebeu o direito à personalidade [porque a Pessoa não recebeu a pessoa, nem a Natureza recebeu a natureza, mas a Pessoa assumiu a natureza] (PAPA INOCÊNCIO III. *Sermão sobre a circuncisão*).

Portanto, este é o nome santo e glorioso "que foi invocado sobre nós" (Jr 14,9), e não existe outro nome – diz Pedro – debaixo do céu, no qual seja estabelecido que possamos ser salvos (At 4,12). Pela força desse nome nos salve Deus, Jesus Cristo nosso Senhor, que é bendito acima de todas as coisas nos séculos dos séculos. Amém.

III – Sermão alegórico

8. "Tomou Séfora uma pedra muito aguda e cortou o prepúcio de seu filho" (Ex 4,25). E também no Gênesis lemos: "Abraão pôs o nome de Isaac ao filho que lhe nascera de Sara. E circuncidou-o ao oitavo dia, como Deus lhe tinha ordenado" (Gn 21,3-4). Não foi a Mãe Maria, não foi José, que era seu guarda, mas foi Abraão, isto é, o Eterno Pai, que impôs a seu Filho unigênito o nome de salvação. Onde existe salvação, existe o sorriso. Isaac significa "sorriso", e o nosso sorriso é Jesus, nome que significa "salvação" e "salvador".

Existe uma certa erva, chamada em latim *salutaris* (que cura), porque alivia a dor de cabeça e a azia do estômago. A dor de cabeça simboliza a soberba da mente, da qual se lê no Quarto livro dos Reis que o sol com seu calor atingiu a cabeça de um menino, que disse a seu pai: "Dói-me a cabeça, dói-me a cabeça" (2Rs 4,19). E no Livro de Judite narra-se que Manassés [seu esposo] "morreu nos dias da ceifa da cevada, porque enquanto supervisionava os que amarravam os feixes no campo, deu-lhe o ardor do sol na cabeça e morreu" (Jt 8,2-3).

Manassés, que se interpreta "desmemoriado", é figura daquele que é amigo do mundo: esquecido da eternidade, ele sai a ceifar a cevada. Na cevada, que é forragem para os animais, são indicados os bens terrenos: enquanto o homem material (*bestialis*) preocupa-se em acumulá-los e a atá-los em feixes, isto é, a pô-los no seu tesouro, sobrevém sobre sua mente o golpe do sol da vanglória, da qual nasce depois a exaltação da soberba e, enfim, a morte da alma. Do mesmo modo, a azia do estômago simboliza o fervor da ira, da qual diz Isaías: "Assemelham-se os ímpios ao mar agitado, que não pode acalmar-se e cujas ondas se elevam para produzir lodo e lama" (Is 57,20). Quando um homem se inflama de ira, torna-se como um mar agitado: porque tem crueza no coração, confusão no cérebro, cegueira na mente, rancor contra o irmão; por isso é chamado *ímpio*, isto é, sem piedade: pisa uns e blasfema contra outros. Mas o nosso salvador, Jesus, curou esses males quando disse: "Bem-aventurados os pobres de espírito" (Mt 5,3), contra aqueles que procuram os bens da terra, e "Bem-aventurados os mansos" (Mt 5,4), contra os iracundos. Por isso, glória ao Pai que nos enviou a salvação, o salvador; louvor à Virgem que o deu à luz e hoje levou-o para a circuncisão.

"Tomou Séfora..." Séfora interpreta-se "aquela que o protege". É figura da Bem-aventurada Virgem, que protegeu, face a face, deitado na manjedoura, envolto em panos e enquanto vagia no berço, aquele que reina nos céus e no qual os anjos desejam fixar o olhar (cf. 1Pd 1,12).

9. "Tomou Séfora uma pedra muito aguda." Os judeus dizem que naquele momento teve início o costume de circuncidar com facas de pedra; outros dizem que iniciou com Josué, em Gálgala (cf. Js 5,2ss.). Todavia, onde nós escrevemos *pedra*, os hebreus têm *acies*, ferro cortante, que chamam de *novacula*, navalha; portanto, os judeus circuncidam com a navalha.

Que a circuncisão do Senhor tenha sido feita com a faca de pedra ou com a de metal, tenha sido praticada por Maria ou por José ou por seus parentes, não tem muita importância e não é o caso de se investigar: sabemos com certeza que *hoje* Jesus foi circuncidado. O que diz a Escritura, que Séfora "circuncidou o prepúcio do seu filho", deve ser entendido que Séfora, ou fez a circuncisão ela própria ou a fez executar por outros, segundo a ordem do Senhor.

E recorda que toda a vida de Cristo foi marcada pelo sangue. Teve início no sangue, no oitavo dia após o nascimento, e no sangue se concluiu. E isso foi necessário exatamente para nós, porque, como diz o Apóstolo: "Tudo é purificado no sangue, e sem derramamento de sangue não há remissão" (Hb 9,22). Lembremos, pois, que cinco vezes Cristo derramou o sangue. A primeira vez foi na circuncisão que hoje comemoramos; a segunda, no suor de sangue no Horto das Oliveiras; a terceira vez na flagelação; a quarta, na crucificação e a quinta, com o golpe de lança recebido no lado, na cruz. Ao surgir e ao se pôr, o sol mostra-se de cor vermelha: assim Cristo, no princípio e no fim de sua vida foi *sanguineus*, vermelho sangue.

Seja ele bendito nos séculos dos séculos. Amém.

IV – SERMÃO MORAL

10. "Tomou Séfora uma pedra muito aguda." Lemos também em Josué: "Disse o Senhor a Josué: Faze facas de pedra e circuncida de novo os filhos de Israel. E Josué fez o que lhe mandara o Senhor" (Js 5,2-3). Depois o Senhor disse: "Hoje tirei de cima de vós o opróbrio do Egito" (Js 5,9).

O nome Séfora tem várias interpretações: "ave", "que perscruta", "que agrada", "que adere". Séfora é figura da alma fiel, que, se for ave, estará também em condições de perscrutar; se perscrutar, agradará e se agradar, aderirá: assim uma coisa brotará da outra. Será ave renunciando às coisas terrenas; perscrutará pela contemplação das coisas celestes; agradará com o amor; aderira com a união perfeita. Quando se eleva, perscruta, quando perscruta, inflama-se de amor; quando se inflama de amor, une-se. Consideremos cada um desses pontos.

Na ave há duas asas, na alma há a fé e a esperança. A fé e a esperança referem-se às coisas invisíveis e, portanto, das coisas visíveis elevam-se para as invisíveis. Mas aqueles que têm a fé só de palavras, que põem sua esperança só em si mesmos e nas suas coisas e põem a confiança no homem, esses desejam avidamente as coisas terrenas e só experimentam aquelas. Por isso diz Jó: "O homem", que tem sabor de terra, de *humus*, que vive na podridão da gula e da luxúria, "nasce para o trabalho" da mó do asno (Jó 5,7). O camponês tapa os olhos do asno e o açoita com a vara, e assim, o asno faz girar uma mó de grande peso. O camponês é o diabo e seu asno é o mundano. O diabo fecha-lhe os olhos quando lhe cega o intelecto e a razão; e então o açoita com a vara da cobiça para que arraste consigo a mó da vaidade mundana. "Os ímpios andam ao redor" (Sl 11,9). "Meu Deus, agita-os como uma roda" (um turbilhão) (Sl 82,14).

Mas "a ave nasce para voar" (Jó 5,7). Diz a *História natural* que quanto mais a ave tem o peito estreito e penetrante, tanto mais idônea é para o voo, porque se o peito for largo deslocaria muito mais ar e o voo tornar-se-ia mais cansativo. Diz o Senhor: "Porventura é por ordem tua que a águia alça voo e faz seu ninho nas alturas? Habita entre as pedras e mora nos penhascos escarpados e nas rochas inacessíveis. De lá observa a sua presa e seus olhos enxergam muito ao longe" (Jó 39,27-29). A águia é figura da alma feliz que, tendo recusado a largura das coisas temporais, aperta seu peito, isto é, os pensamentos de seu coração, para assim, levantada acima das coisas terrenas, poder fazer o ninho de sua permanência em lugares difíceis. "Somos cidadãos dos céus" (Fl 3,20), diz o apóstolo.

E observa bem que não diz do céu, mas "dos céus". Os céus são três. O primeiro, a agudez da inteligência; o segundo, o esplendor da justiça (da santidade); o terceiro, a sublimidade da glória. No primeiro, existe a contemplação da verdade; no segundo, existe o amor pela justiça; no terceiro, a plenitude do gozo eterno. No primeiro, a ignorância é iluminada; no segundo, é extinta a concupiscência; no terceiro, é eliminada toda inquietação. Se estiveres envolvido na luz da verdade, possuis o primeiro céu. Se fores queimado pela chama do amor, habitas no segundo. Se tiveres saboreado algum gozo de suavidade interior, és admitido ao terceiro céu. E esse gozo é precisamente a união do esposo e da esposa. Quem se une ao Senhor forma com ele um só espírito (cf. 1Cor 6,17).

Esses três céus podem ser individuados também na pedra, no penhasco e no rochedo de que fala Jó a respeito da águia. Na pedra, por sua solidez, podemos reconhecer a contemplação da verdade; no penhasco, o amor pela justiça: já que do penhasco brota o fogo, isto é, representa também o amor do Criador; no rochedo, por sua estabilidade, reconhece-se a plenitude da eterna bem-aventurança.

Essas três coisas podem simbolizar também as potências angélicas, confirmadas para sempre no amor do Criador: elas são chamadas "penhascos escarpados" e "rochas inacessíveis", porque, enquanto outros anjos caíram, elas resistiram irremovíveis; a elas os apóstatas não podem subir nem se aproximar. E dessas rochas Séfora, águia alada, isto é, alma contemplativa, contempla a Deus, seu alimento e sua refeição.

11. "Tomou Séfora uma pedra muito aguda e circuncidou o prepúcio de seu filho." Vejamos o significado da pedra muito aguda, do prepúcio do filho e da circuncisão.

A pedra é figura da penitência. Diz Jó: "Quem me dera ser como fui nos meses antigos, quando lavava os meus pés no leite e quando a pedra derramava para mim riachos de azeite!" (Jó 29,2.6). No mês é simbolizada a perfeição, no leite a suavidade da graça e nos riachos de azeite o correr das lágrimas. Portanto, Jó, que se interpreta "dolorido", representa o penitente que suspira pela perfeição da primeira conversão e do comportamento precedente: naquele tempo havia em sua mente a suavidade da graça que lhe purificava os pés, isto é, os sentimentos e os afetos, de toda a feiura; naquele tempo, a pedra, isto é, a austera penitência fazia jorrar abundantes lágrimas. E como o azeite flutua sobre qualquer outro líquido, assim as lágrimas estão acima de qualquer obra boa. A lâmpada sem azeite é obra sem devoção. Essa pedra é aguda na contrição, mais aguda na confissão e agudíssima na obra de satisfação, de reparação, isto é, na penitência: com ela Séfora deve circuncidar o prepúcio de seu filho.

O filho é figura do corpo, o prepúcio, das coisas temporais supérfluas, que impedem ao homem de meditar sobre sua miséria. Por isso, o prepúcio tem este nome, que significa "diante do pudor"[6]. Essas coisas supérfluas são representadas nas tangas, das quais se fala no Gênesis: "tendo percebido que estavam nus", Adão e Eva "costuraram folhas de figueira e fizeram tangas para si" (Gn 3,7), isto é, faixas, como calças curtas. Exilados do paraíso terrestre, os filhos de Adão, já que estão nus da graça de Deus, com prazer cobrem-se com as folhas da figueira. As folhas da figueira produzem prurido e ao calor do sol se restringem, eriçam-se e secam: assim as coisas temporais produzem o prurido da luxúria, e na chama da morte deixam nus aqueles que em vida cobriram-se com elas.

Feliz a alma que circuncida o prepúcio de seu filho. Essa é a faca de pedra com a qual são circuncidados novamente os filhos de Israel, isto é, os cristãos que, no batismo, foram circuncidados de todo o pecado pela primeira vez. Mas já que a malícia aumentou e superabundou a iniquidade, são novamente circuncidados por Cristo com a faca de pedra, isto é, com a austeridade da penitência; e assim é afastado o opróbrio do Egito, isto é, o pecado mortal, que contraíram nas trevas do mundo.

12. Em outro sentido. A pedra é Cristo (cf. 1Cor 10,4). Diz o salmo: "Os penhascos são refúgio dos ouriços" (Sl 103,18), isto é, dos pecadores, cobertos com os espinhos da iniquidade. E de novo: Feliz quem esmagar seus filhos contra a pedra (cf. Sl 136,9), isto é, aquele que frear seus impulsos segurando-os firmes contra a pedra que é Cristo. A onda do mar, quando se desfaz contra uma pedra, quebra-se a si mesma. Assim também a tempestade de tua tentação desfaz-se contra Cristo, e será quebrada pela grandeza de seu poder e tu sairás salvo.

Essa pedra foi aguda nos castigos da mísera vida presente; de fato, diz o Gênesis: "Maldita a terra por tua causa: produzir-te-á espinhos e abrolhos" (Gn 3,17). Será ainda mais aguda na corrupção: És pó e ao pó retornarás (cf. Gn 3,19). Será agudíssima na proclamação da última sentença: "Ide, malditos, para o fogo eterno!" (Mt 25,41).

Com a agudez desse temor, a alma não separa, mas circuncida o prepúcio de seu filho, não só restituindo o mal adquirido e assistindo aos outros com as obras de misericórdia, mas também tirando da própria boca as coisas doces, dos olhos as coisas provocantes, dos ouvidos as coisas lisonjeiras, das mãos, as macias e delicadas, de todo o corpo, as agradáveis.

O próprio Jesus, hoje circuncidado por nós, digne-se circuncidar também os nossos vícios, a fim de que no oitavo dia da ressurreição mereçamos exultar pela dupla estola que receberemos.

No-lo conceda ele próprio que é bendito nos séculos. Amém.

---

6. Cf. nota 19 no sermão do XVII domingo depois de Pentecostes, p. 621.

II domingo depois do Natal

Temas do sermão
- Evangelho do II domingo depois do Natal: "Quando Jesus chegou aos doze anos"; evangelho que dividiremos em três partes.
- Primeiramente sermão aos penitentes pela Quaresma: "Aplicai os vossos corações a considerar os vossos caminhos".
- Parte I: As doze virtudes e os pais do justo, isto é, a esperança e o temor: "Quando Jesus chegou aos doze anos".
- Sermão aos contemplativos: "As portas de Jerusalém".
- O tríplice estado dos penitentes: "Três vezes por ano"; e sua tríplice oferta: "Rogo-vos".
- Parte II: Sermão sobre a compaixão para com o próximo: "Via-se entre aqueles seres".
- O tríduo dos penitentes: "A viagem de três dias".
- Parte III: Sermão sobre a humildade e sobre a obediência: "O meu amado desceu para o seu jardim"; e "Florirá a amendoeira"; e ainda: "E era-lhes submisso".

Exórdio – Sermão aos penitentes pela Quaresma

1. "Quando Jesus chegou aos doze anos" (Lc 2,42). Diz o Senhor por boca do Profeta Ageu: "Aplicai os vossos corações a considerar os vossos caminhos; subi ao monte, levai a madeira e edificai a casa" (Ag 1,7-8). Nestas três palavras: aplicai, subi e edificai, são indicadas a contrição, a confissão e a satisfação (i. é, a obra de reparação); e quem as tiver poderá edificar a casa ao nome do Senhor. Os caminhos são as nossas obras. Diz Jeremias: "Observa os teus caminhos no vale, considera o que ali fizeste" (Jr 2,23).

Veja o sermão do III domingo da Quaresma, parte primeira: "Jesus estava expulsando um demônio, que era mudo".

"Aplicar o coração sobre os caminhos" significa pensar com a contrição do coração aquilo que se fez. De fato, diz o salmo: "Considerei os meus caminhos e voltei os meus passos para os teus preceitos" (Sl 118,59). Mas porque são poucos, ou não existe ninguém que faça isso, o Senhor se lamenta: "Atendi e escutei; ninguém fala o que é bom; não há quem faça penitência do seu pecado, dizendo: O que fiz? Todos se voltam para onde a sua paixão os leva, como o cavalo que corre a toda a brida para o combate" (Jr 8,6). Davi, por ter aplicado o seu coração, isto é, ter refletido, sobre os seus caminhos, dirigiu seus passos, isto é, os seus afetos, para os *testemunhos* do Senhor, isto é, para os atrozes sofrimentos de sua paixão. Mas aqueles que não pensam naquilo que fazem, nem fazem penitência, continuam sua corrida atrás das coisas deste mundo. Aquele que não conhece sua vida interior, dirige-se para as coisas exteriores e estranhas. É estranho tudo aquilo que não poderás levar contigo no momento da morte. Portanto, aplica o teu coração sobre as tuas coisas e não sobre aquelas estranhas, porque onde estiver o coração, ali está também o olho, onde estiver o olho, ali está também o conhecimento, e onde estiver o conhecimento de ti, ali está o perdão.

Aplicai, pois, os vossos corações sobre os vossos caminhos, e assim podereis subir ao monte, no qual é representada a confissão, que é "o monte de Deus, o monte fecundo" (Sl 67,16). E dessa fecundidade diz-se também: "Como de banha e de gordura está saciada a minha alma" (Sl 62,6). "Ungiste com óleo a minha cabeça", isto é, a minha mente com a luz da confissão, "e quão precioso é o meu cálice" (Sl 22,5), isto é, a bebida das lágrimas. "Ó como é bela a geração casta, com a glória (latim: *claritas*, claridade)" (Sb 4,1). Sendo produzida pela contrição, a confissão pode ser chamada "geração", e sua beleza consiste precisamente na castidade e na claridade. Na castidade, porque os pecados devem ser por assim dizer desnudados diante de um único sacerdote, e não divididos entre muitos; na claridade, porque o penitente deve ser como que inundado de lágrimas, pelas quais sua consciência é tornada límpida e clara.

"Trazei a madeira." Com isto é indicada a satisfação, isto é, a obra de reparação: do monte da confissão, o penitente traz a madeira da satisfação. E pensa que, como na madeira da cruz de Cristo existiu o comprimento, a largura, a altura e a profundidade (cf. Ef 3,18), assim nessa madeira, que é a cruz da penitência, deve existir o comprimento da perseverança final, a largura da caridade, a altura da esperança e a profundidade do temor.

Com essa madeira é edificada a casa do Senhor, na cidade de Jerusalém, da qual se fala no evangelho de hoje: "Quando Jesus chegou aos doze anos, subiram a Jerusalém, como costumavam fazer para a festa da Páscoa" (Lc 2,42).

2. Nota que neste evangelho devem ser considerados três fatos. Primeiro, a subida de Jesus e seus pais a Jerusalém: "Quando Jesus chegou aos doze anos". Segundo, o encontro de Jesus depois de três dias: "E aconteceu que depois de três dias..." Terceiro, a descida de Jesus a Nazaré com os pais: "E voltou com eles..."

No introito da missa de hoje canta-se: "No excelso trono de tua glória..." (*era uma composição litúrgica tomada, ao que parece, de Is 6,1-3*).

Lê-se, depois, a epístola do Bem-aventurado Paulo aos romanos: "Rogo-vos, pois, irmãos, pela misericórdia de Deus" (Rm 12,1ss.). Dividi-la-emos em três partes e a confrontaremos com as três partes do evangelho para ver sua concordância. A primeira parte: "Rogo-vos"; a segunda: "Não vos conformeis"; a terceira: "Pela graça que me foi dada, digo a cada um de vós".

I – A SUBIDA DE JESUS E DE SEUS PAIS A JERUSALÉM

3. "Quando Jesus chegou aos doze anos." Vejamos o que significam em sentido moral estas expressões: o menino Jesus, os seus pais, Jerusalém, o costume da festa da Páscoa.

"O menino Jesus." Com estes dois nomes é indicada a perfeição do justo, que deve ser "menino", isto é, puro (menino, em latim *puer*, *purus*) em relação a si mesmo, e "Jesus", isto é, salvador, em relação ao próximo. Para ser puro são-lhe necessárias *seis* virtudes: a pureza do coração, a castidade do corpo, a paciência nas adversidades para não se abater, a constância na prosperidade para não se exaltar e, para perseverar nestas virtudes, a humildade e a pobreza. Para ser "salvador" são-lhe necessárias as seis obras de misericórdia, enumeradas no evangelho: "Tive fome e me destes de comer, tive sede e me destes de beber etc. (Mt 25,35ss.). E esse é o número dos "doze anos" do justo, que deseja subir a Jerusalém com Jesus, de quem se diz: Quando Jesus chegou aos doze anos.

"Os seus pais." José e Maria. José interpreta-se "aumento"; Maria, "mar amargo", não porque se tenha lamentado amargamente dos sofrimentos, mas porque teve em sorte o nome da amargura quase por um pressentimento da paixão do Filho. José e Maria são figura da esperança e do temor, que são como que os pais do justo. A esperança é a espera dos bens futuros, que gera um sentimento de humildade e uma pronta disponibilidade para o serviço. Eis José, humilde e diligente servidor [do Filho de Deus]. A esperança, em latim se diz *spes*, quase *pes*, pé, passo de progresso: eis o aumento, o crescimento.

Ao contrário, diz-se desespero, quando não há nenhuma possibilidade de ir adiante, pois quando alguém ama o pecado, por certo, não espera na glória futura. E para que a esperança não degenere em presunção, deve estar unida ao temor, que é princípio da sabedoria (cf. Sl 110,10; Eclo 1,16), a cuja posse ninguém pode chegar se antes não provou a amargura do temor. Por isso, diz-se no Êxodo, que os filhos de Israel, antes de chegar à doçura do maná, encontraram a amargura da água de Mara (cf. Ex 15,23). Bebendo um remédio amargo chega-se à alegria da cura.

Com esses pais, o justo deve subir a Jerusalém, na qual é representada a perfeição da vida, a tranquilidade da consciência, a suavidade da contemplação. Diz Tobias: "As portas de Jerusalém serão edificadas de safira e de esmeralda, e toda a cinta de seus muros, de pedras preciosas. Todas as suas praças serão ladrilhadas de pedra pura e branca, e pelos seus bairros cantar-se-á o aleluia" (Tb 13,21-22). Na safira, que é de cor celeste, e na esmeralda, que é de cor verde, é simbolizada a perfeição da vida, que consiste no desprezo das coisas terrenas e no desejo das celestes. Nas pedras preciosas, puras e brancas, é simbolizada a tranquilidade da consciência. No Aleluia é indicada a suavidade da contemplação.

No sermão do XV domingo depois de Pentecostes, parte terceira, encontrarás mais circunstancialmente exposta esta citação, na exposição da história de Tobias.

4. "Segundo o costume da festa da Páscoa" (Lc 2,42). Moisés havia ordenado aos filhos de Israel: "Três vezes por ano, todos os teus varões apresentar-se-ão diante do Senhor, teu Deus, no lugar que ele tiver escolhido: na solenidade dos ázimos", isto é, a páscoa, "na solenidade das semanas e na solenidade dos tabernáculos. E ninguém aparecerá diante do Senhor de mãos vazias, mas cada um oferecerá conforme o que tiver e segundo a bênção que o Senhor seu Deus lhe tiver dado" (Dt 16,16-17).

Considera que nestas três solenidades são representados os três estados da vida espiritual: o dos incipientes, o dos proficientes e o dos perfeitos.

Na solenidade dos ázimos é representado o estado dos incipientes, que devem celebrar a páscoa "com ázimos de sinceridade e verdade" (1Cor 5,8) e comer o cordeiro com ervas amargas do campo (cf. Ex 12,8), isto é, na amargura dos seus pecados. Sobre esse assunto veja também o sermão da ressurreição, parte primeira.

Na solenidade das semanas, nas quais eram oferecidos ao Senhor os dois pães novos das primícias (cf. Lv 23,16), é representado o estado dos proficientes, cujo homem interior se renova dia após dia (cf. 2Cor 4,16): eles oferecem ao Senhor os dois pães novos, quer dizer, a pureza da alma e do corpo.

Na solenidade dos tabernáculos, também chamada em grego *scenopegia*, isto é, fixação dos tabernáculos, é representado o estado dos perfeitos, que, como diz Isaías, morarão nos tabernáculos da confiança (cf. Is 32,18). "Seus tabernáculos [diz Balaão] são belos como os vales cobertos de bosques": neles são indicadas a pobreza e a humildade que oferecem uma proteção de sombra contra os ardores das coisas temporais; os tabernáculos são belos "como jardins junto aos rios que os regam" (Nm 24,5-6), nos quais é simbolizada a infusão da graça, que apaga a sede da concupiscência carnal.

Este é, pois, o costume do dia de festa, segundo a qual todo o justo é obrigado e deve subir a Jerusalém, onde, para não aparecer diante do Senhor de mãos vazias, deve oferecer o cordeiro da inocência, em relação ao próximo, os dois pães novos da dupla pureza do corpo e do espírito, em relação a si mesmo e, como se diz no Levítico, tomar os frutos da árvore mais bela e ramos de palmeira etc. (cf. Lv 23,40). Veja também a última parte do sermão do Domingo de Ramos.

5. Esta primeira parte do evangelho concorda com a primeira parte da epístola: "Rogo-vos, irmãos, pela misericórdia de Deus, que ofereçais os vossos corpos como hóstia viva, santa, agradável a Deus, como o vosso culto espiritual" (Rm 12,1). O justo que queira subir a Jerusalém com os pais, segundo o costume dessa festa, deve absolutamente observar as três normas das quais fala o Apóstolo; caso contrário, aparecerá de mãos vazias diante do Senhor, que diz: "Condimentarás com sal tudo o que ofereceres em sacrifício, e não tirarás dos sacrifícios o sal da aliança do teu Deus. Em toda a oferta – isto é, em toda a boa obra – oferecerás também o sal do discernimento" (Lv 2,13).

"Rogo-vos, pois, que ofereçais os vossos corpos como hóstia viva, santa e agradável a Deus." Dê atenção a estas três palavras: viva, santa, agradável a Deus. Os incipientes devem oferecer seu corpo como sacrifício *vivo*, os proficientes como sacrifício *santo*, os perfeitos como sacrifício *agradável a Deus*. E a essas três qualidades refere-se também o Levítico quando fala de três espécies de ofertas. A primeira consistia na oferta de animais, a segunda, na oferta de aves, a terceira, na oferta de flor de farinha amassada com azeite; e essa última em três formas de cozimento: ao forno, na frigideira e na grelha.

A primeira, o sacrifício vivo, é a oferta dos incipientes; com efeito, está escrito: "Tirada a pele da vítima, farão em pedaços os seus membros e porão ao fogo sobre o altar, depois que tiverem posto em ordem a lenha; e colocarão em cima por ordem os membros cortados, a saber, a cabeça e tudo o que está pegado ao fígado, os intestinos e os pés lavados em água; e o sacerdote queimará estas coisas sobre o altar em holocausto de suave perfume ao Senhor" (Lv 1,6-9).

O altar simboliza o coração, o fogo, o amor divino, o monte de lenha, o conjunto dos sofrimentos de Cristo; o ato de tirar a pele representa a revelação do pecado; os membros cortados em pedaços simboliza a declaração das circunstâncias do pecado na confissão; a cabeça representa a origem do pecado; o fígado, o obstinado apego a ele; os intestinos, os pensamentos imundos; os pés são os passos [para o mal] e a água, a efusão das lágrimas.

Eis, pois, que o pecador que se converte, iniciando o seu caminho de penitência, primeiramente deve fazer, sobre o altar do seu coração, como que um monte dos sofrimentos de Cristo, isto é, pensar nos flagelos, nas bofetadas, nos escarros, na cruz, nos pregos, na lança, e, depois, descobrir na confissão os pecados e especificar com precisão suas circunstâncias, qual tenha sido a origem do pecado e quanta foi a complacência e o apego a ele. Depois, deve purificar com a água das lágrimas a impureza dos pensamentos e das obras.

Quando todas estas coisas tiverem sido executadas e postas sobre o monte dos sofrimentos de Jesus Cristo, ele próprio, que é o sumo sacerdote, põe o fogo do seu amor, que devorará todos os pecados: então o próprio penitente tornar-se-á holocausto, isto é, totalmente queimado, nada poupando de si, mas pondo-se inteiramente a serviço do Senhor, para ser, em toda a parte, o bom perfume de Cristo (cf. 2Cor 2,15). Desse modo, oferecerá a si mesmo como vítima viva: vítima, porque morto ao pecado, viva, porque vivo somente para a santidade; com efeito, diz o apóstolo: "Eu vivo, mas já não sou eu que vivo: é Cristo que vive em mim" (Gl 2,20).

6. A segunda, o sacrifício santo, é a oferta dos proficientes, da qual se acrescenta no mesmo Levítico: "Se a oferta ao Senhor é holocausto de aves, será de rolas ou de pombinhos; o sacerdote oferecerá a vítima sobre o altar, e torcendo-lhe a cabeça sobre o pescoço e fazendo-lhe uma ferida, fará correr o sangue sobre a borda do altar; porém, o papo e as pernas lançá-los-á perto do altar para o lado do Oriente, no lugar onde se costumam lançar as cinzas. E quebrar-lhes-á as asas, e não a cortará nem dividirá com ferro, mas queimá-la-á sobre o altar, depois de ter posto fogo debaixo da lenha. Este é um holocausto e uma oferta de suavíssimo perfume ao Senhor" (Lv 1,14-17).

Faz-se o holocausto e a oferta de aves, quando o justo, coberto por assim dizer com as penas das virtudes – representado na rola e na pomba pela castidade, a simplicidade e o lamento da penitência – progride de virtude em virtude. Ele dobra a cabeça sobre o pescoço e a boca sobre o ombro, quando pratica com as obras aquilo que proclama com as palavras. Essa flexão, ou torsão, provoca a ruptura, que simboliza a devoção da mente, da qual flui o sangue das lágrimas, que são precisamente, como diz Agostinho, o sangue da alma.

"Fará correr o sangue sobre a borda do altar", quer dizer, no espírito do ouvinte. O harmonioso acordo, no pregador, entre aquilo que ensina e aquilo que faz, desperta a devoção, que penetra no coração de quem ouve. Diz precisamente o Eclesiástico: "Não impeças este harmonioso acordo (cf. Eclo 32,5).

Na vesícula do pescoço (o papo) é representado o ardor da avareza, e nas penas, a vacuidade da soberba: vícios que o justo lança para longe de si, "para o lado do Oriente, no lugar das cinzas" quando considera de que estado de felicidade e de glória caiu por causa da avareza e da soberba dos primeiros pais, aos quais foi dito: "És pó e ao pó retornarás" (Gn 3,19).

O justo "quebra as asas" quando, meditando sobre a humilhação do Senhor na sua paixão, "despreza o valor de suas virtudes". Diz Ezequiel: "Quando saía uma voz de cima do firmamento, os quatro seres vivos abaixavam suas asas (cf. Ez 1,25). O firmamento é Cristo, sobre o qual ressoou a voz: "Ferirei o pastor e as ovelhas do rebanho serão dispersas" (Mt 26,31). Quando esses seres vivos, isto é, os santos, ouvem tal voz, diminuem o valor de seus méritos, e não confiam em si mesmos, mas na paixão do Pastor "ferido" e traspassado.

O justo que cada dia progride melhorando a si mesmo, quebra com a humildade as asas de suas virtudes, mas não se afasta delas no tempo das dificuldades com o ferro da impaciência: desse modo consuma a si mesmo como vítima santa sobre o altar, imitando a paixão do Senhor, no fogo de lenha da santa devoção, quer dizer, com os exemplos dos Santos Padres; e assim faz de si mesmo um holocausto e uma oferta de suavíssimo perfume ao Senhor.

7. A terceira, "O sacrifício agradável a Deus". O homem perfeito faz a terceira oferta, que, como se diz no Levítico, consistia em flor de farinha, amassada com o azeite (cf. Lv 2,5). A flor de farinha é uma farinha refinadíssima e branquíssima e é figura da vida do homem perfeito, na qual não existe o farelo da vaidade do mundo, mas resplandece pela brancura da castidade e está impregnada pelo azeite da piedade. E essa vida perfeita é, por assim dizer, *queimada* no forno da pobreza, na frigideira das necessidades do próximo e de suas enfermidades, na grelha da paixão do Senhor. Em verdade, essa vítima é agradável a Deus!

E essas três ofertas, com suas modalidades, constituem "o culto espiritual" (*rationabile obsequium*), sincero, distinto, íntegro e santo.

Irmãos caríssimos, roguemos a Jesus Cristo que, assim como subiu a Jerusalém com seus pais, faça-nos subir também, com a prática das doze virtudes acima des-

II domingo depois do Natal

critas, unidas à esperança e ao temor, para a Jerusalém *moral* (espiritual), onde possamos oferecer-lhe, nas três solenidades, a hóstia viva, santa e a ele agradável. No-lo conceda ele próprio, que é bendito na celeste Jerusalém. Aleluia. Amém. Aleluia.

II – O ENCONTRO DE JESUS DEPOIS DE TRÊS DIAS

8. "E aconteceu que depois de três dias o encontraram no templo, sentado no meio dos doutores, ouvindo-os e interrogando-os" (Lc 2,46). Vejamos o significado dos três dias, do templo, de Jesus sentado, dos doutores e do fato que os ouvia e os interrogava. Os três dias representam a consciência da própria iniquidade, o dever da participação nas necessidades dos irmãos, a consideração e a admiração da misericórdia de Deus.

Sobre o primeiro dia, lemos no Livro do Profeta Miqueias: "Quando estiver sentado nas trevas, o Senhor será a minha luz" (Mq 7,8).

Sobre o segundo dia, diz Ezequiel: "Via-se discorrer em meio aos seres vivos um resplendor de fogo e saírem relâmpagos do fogo" (Ex 1,13). O resplendor de fogo simboliza a coparticipação da caridade, que aquece e ilumina, e da qual sai o relâmpago das obras maravilhosas. Essa visão, que faz realmente ver, deve andar em meio aos seres vivos, isto é, entre os cristãos. E com razão diz-se (em latim) *discurrens*, isto é, que corre por vários lugares. Para a verdadeira coparticipação não basta prover às necessidades do corpo, mas pensa também naquelas da alma, e vice-versa. Se alguém sofre no corpo, também ela sofre, e se alguém recebe escândalo na alma, também ela se abrasa (cf. 2Cor 11,29).

E sobre o terceiro dia encontramos no Eclesiastes: "A luz é doce, e é coisa que agrada aos olhos" da mente "ver o sol" (Ecl 11,7), isto é, meditar sobre o resplendor da misericórdia divina. Quem tiver feito esse "tríduo" poderá verdadeiramente encontrar Jesus no templo.

O templo, nome que soa quase como "teto amplo", é figura da mente do justo, que é teto, porque *tegit*, cobre com a compaixão as necessidades do próximo, e é *amplo* pelo conhecimento que tem de si mesmo e de Deus. Nesse templo, depois do tríduo acima mencionado, encontra-se Jesus. E o que Jesus faz ali? Faz três coisas: senta-se no meio dos doutores, ouve e interroga.

Na mente do justo estão os doutores, isto é, as faculdades da razão que ensinam o que se deve evitar e o que se deve fazer: em meio a elas senta-se Jesus que traz à razão a paz, com a paz, a tranquilidade, e com a tranquilidade, as serenas e sábias decisões: "Governa com bondade excelente todas as coisas" (Sb 8,1). E isso é o que também Jó diz: "Quando eu estava sentado como um rei, rodeado de guardas, era o consolador dos aflitos" (Jó 29,25).

Eis a consolação: ouvir e interrogar. Quando a mente se encontra na tranquilidade e no silêncio, então Jesus ouve os sentimentos do coração que falam ao seu ouvido, e depois interroga com o flagelo da benévola correção. Diz ainda Jó: "Tu o visitas pela manhã", eis o ouvir, "e de repente o pões à prova" (Jó 7,18), eis o interrogar. E essa é a consolação dos aflitos, isto é, dos justos, que gemem, neste vale de lágrimas, por falta da fonte do alto (cf. Js 15,18-19), e oram para que o bom Jesus os ouça e os interrogue, visite-os e os ponha à prova. "Esta seja a minha consolação", continua Jó, "que ele, afligindo-me com a dor, não me perdoe" (Jó 6,10).

9. Outra exposição. Os três dias, o *tríduo*, representam a penitência, que consiste em três atos: na contrição, na confissão e na satisfação (i. é, na obra penitencial). Desse tríduo diz Moisés no Êxodo: "Nós faremos uma viagem de três dias no deserto, para sacrificarmos ao Senhor nosso Deus" (cf. Ex 3,18). Depois de três dias José e Maria, isto é, os penitentes, os pobres de espírito e os humildes encontrarão Jesus no templo da celeste Jerusalém. E isso é também aquilo que narra o Gênesis, que depois de três dias o chefe dos copeiros foi restituído ao seu antigo lugar e no seu cargo (cf. Gn 40,20-21).

"Sentado no meio dos doutores." Diz João no Apocalipse: "Olhei, e eis que um trono estava colocado no céu e sobre o trono estava alguém sentado, e em volta do trono estavam outros vinte e quatro tronos, e sobre estes tronos estavam vinte e quatro anciãos" – nos quais podemos reconhecer os doze patriarcas e os doze apóstolos –, "envolvidos em cândidas vestes e com coroas de ouro sobre a cabeça" (Ap 4,1-2.4). São quase as mesmas palavras que se cantam no introito da missa de hoje: "Sobre um trono excelso vi sentado um personagem: a multidão dos anjos o adorava cantando todos juntos, e seu domínio dura para sempre" (cf. n. 2). E o Apocalipse continua: "Os vinte e quatro anciãos prostravam-se diante do que estava sentado no trono e adoravam o que vive pelos séculos dos séculos" (Ap 4,10). Assim seja! E cantavam um cântico novo, dizendo: "Tu és digno, Senhor e nosso Deus, de receber a glória, a honra e o poder" (Ap 4,11).

"Ouvia-os e os interrogava." O Senhor ouve os bem-aventurados espíritos quando, por meio de seu ministério, acolhe benignamente a oferta de nossa devoção. "O fumo dos incensos formado pelas orações dos santos subiu da mão do anjo" (Ap 8,4). E Rafael diz a Tobias: "Eu apresentei tua oração ao Senhor" (Tb 12,12). E o Apóstolo: "São todos espíritos encarregados de um ministério, enviados para servir aqueles que devem entrar na posse da salvação" (Hb 1,14). "Interroga-os", pois, quando a eles revela os segredos de sua vontade.

10. Com esta segunda parte do evangelho concorda também a segunda parte da epístola: "Não vos conformeis à mentalidade deste século" (Rm 12,2).

Diz o Senhor por boca de Isaías: "Eis que eu criei o operário que sopra as brasas no fogo e que prepara o instrumento para o seu trabalho" (Is 54,16). O operário é o diabo, criado por Deus na sua substância. Com o sopro da má sugestão, o diabo sopra sobre as brasas no fogo, isto é, sobre tudo o que estimula o vício. Este mundo é como a fornalha da Babilônia, da qual se diz em Daniel: "A fornalha estava muito acesa" (Dn 3,22).

Veja o sermão do XXII domingo depois de Pentecostes, parte II, onde se narra a história de Daniel.

Essa fornalha (do mundo) é acesa pelo sopro do diabo de tal modo que faz derreter o ferro, isto é, os soberbos, o chumbo, isto é, os avarentos, o estanho, isto é, os luxuriosos; e então o diabo produz, com essas três categorias de pecadores, um *vaso* e o apresenta como obra sua, isto é, exige que se execute a sua vontade. De fato, um (diabo) entra na forma da soberba, um outro na forma da avareza e um terceiro naquela da luxúria. Esses são os vasos da ira e da ignomínia, que serão lançados no esterco da eterna condenação. Vós, pois, que com Maria e José procurais e desejais encontrar Jesus, "não vos conformeis à mentalidade deste século, mas transformai-vos renovando a vossa mente e os vossos sentimentos" (Rm 12,2). É isso que diz também Isaías: "Haverá cinco cidades na terra do Egito" (Is 19,18).

Veja o sermão do III domingo da Quaresma, parte III, "Quando um forte, bem armado".

"Para poder discernir a vontade de Deus, o que é bom, [a ele] agradável e perfeito" (Rm 12,2). Eis o tríduo, eis os três dias depois dos quais se encontra Jesus no templo. O que é bom é a contrição do coração, o que é agradável é a confissão, o que é perfeito é a satisfação, ou seja, a obra de penitência. Para o primeiro, diz o salmo: "Senhor, sê benigno com Sião por tua boa vontade" (Sl 50,20); e a Sabedoria: "Oh, quão suave e bom é o teu espírito, Senhor, em todas as coisas!" (Sb 12,1). Para o segundo, lemos em Daniel: "Assim seja o nosso sacrifício diante de ti", isto é, a confissão, "para que te agrade" (Dn 3,40). E o Gênesis: "O Senhor olhou para Abel e para os seus dons" (Gn 4,4). Para o terceiro, diz o salmo: "Firma os meus passos nas tuas veredas" (Sl 16,5): nas veredas do Senhor é indicada a austeridade da vida e a aspereza das obras de penitência.

Roguemos, pois, ao Senhor nosso Jesus Cristo que nos conceda realizar este tríduo, para podermos ser dignos de encontrá-lo no templo do céu, sentado entre os anjos: ele que é bendito nos séculos eternos. Amém.

III – O RETORNO DE JESUS A NAZARÉ JUNTO COM OS PAIS

11. "Jesus desceu com eles, foi a Nazaré e era-lhes submisso" (Lc 2,51). Observa estas três palavras: desceu, Nazaré e submisso. Desça e sente-se no pó a filha da Babilônia (cf. Is 47,1), porque também o Filho de Deus desceu.

Ó obstinada soberba, que te esforças por subir acima das nuvens, para elevar o teu trono mais alto do que as estrelas do céu, e sentar-te sobre o monte da assembleia, desce, peço-te, porque também Jesus desceu (cf. Is 14,13-14). E tu, Cafarnaum, elevada até o céu, desce com Jesus, antes de ser precipitada no inferno (cf. Mt 11,23), porque só ele é o paraíso: "As tuas plantas formam um paraíso" (Ct 4,13). Ó meretriz, "que estás sentada sobre a besta escarlate, coberta de nomes blasfemos" (Ap 17,3), desce com Jesus.

Enrubesça, envergonhe-se a insensata soberba, desabe a inchada arrogância, porque também a Sabedoria de Deus desceu. O mísero ser humano que se arrasta com as mãos e com os pés e faz todo o esforço para subir sobre o pedestal de sua honra, ou melhor, de sua vergonha, enquanto o bom Jesus, diante da censura de sua Mãe amorosa que lhe diz: "Filho, por que fizeste isso conosco?" (Lc 2,48), adiou para os trinta anos o que havia começado aos doze, e desceu do templo, onde estava sentado em meio aos doutores.

12. "E foi a Nazaré." Diz a mesma coisa também a esposa do Cântico dos Cânticos: "O meu amado desceu para o seu jardim, para o canteiro das plantas aromáticas" (Ct 6,1), isto é, abraçou a humildade, que é a mãe das outras virtudes.

Tínhamos nos proposto deter-nos só brevemente sobre esta *passagem*, mas o fascínio de Nazaré não nos permite prosseguir. A beleza do lugar, a graça da flor, a suavidade do perfume nos detêm: façamos uma pequena parada, enquanto nos preparamos para celebrar as núpcias em Caná da Galileia[7].

Nazaré, localidade modesta: seu nome interpreta-se "flor" e está a indicar a humildade, virtude que, com razão, é chamada flor. Na flor – como faz notar São Bernardo no sermão sobre a Anunciação da Bem-aventurada Virgem Maria – existem três qualidades: a beleza da cor, a suavidade do perfume e a esperança do fruto.

Assim, na verdadeira humildade existe a beleza da honestidade. De fato, diz o Eclesiástico: "As minhas flores dão frutos de honra e de honestidade" (Eclo 24,23). Existe a suavidade, o gosto da boa reputação. Como a flor, quando emana seu perfume não se estraga, assim o verdadeiro humilde, ainda que for louvado pelo perfume de sua santa vida, não cai na soberba. O verdadeiro humilde, diz Bernardo, deseja ser desprezado e não declarado humilde. Também Salomão diz no Eclesiastes: "Florirá a amendoeira, engordará o gafanhoto e a alcaparra se extinguirá" (Ecl 12,5).

A amendoeira, que floresce antes das outras árvores, é figura do humilde, que diz com Davi no Segundo livro dos Reis: "Dançarei (lit. *brincarei*) diante do Senhor e me farei ainda mais vil do que me tenho feito, e serei humilde e desprezível aos meus olhos" (2Sm 6,22). E dessa "dança" diz a sabedoria do Pai nas parábolas: "Cada dia me deleitava, brincando continuamente diante dele, brincando sobre o globo da terra, e achando as minhas delícias em estar com os filhos dos homens" (Pr 8,30-31).

O Filho, o bom Jesus, *brincava* diante do Pai quando era traído pelo discípulo, quando, amarrado à coluna, era flagelado, quando era escarnecido por Herodes, quando era coroado de espinhos, quando era atingido com bofetadas e socos e sujo de escarros, quando seu rosto era velado, quando era batido com a cana, quando lhe era arrancada a barba. *Brincava* também quando, carregando sua cruz, saiu para o lugar chamado Gólgota, calvário (cf. Jo 19,17), onde foi crucificado pelos soldados, escarnecido pelos príncipes dos sacerdotes, dessedentado com fel e vinagre e seu lado

---

7. O assunto é tratado no sermão do I domingo depois da oitava da Epifania, p. 868.

foi traspassado pela lança. Eis de que modo a Sabedoria de Deus *brincou* e se tornou desprezível sobre o globo terrestre. Eis que delícias encontrou entre os filhos dos homens! A essa *brincadeira* une-se, enquanto lhe é possível, aquele que é verdadeiramente humilde, aquele que quanto mais se torna desprezível aos próprios olhos, tanto mais se torna sublime diante dos olhos de Deus.

"Florirá, pois, a amendoeira e engordará o gafanhoto." Quando a humildade floresce no espírito e a honestidade nas obras, então engorda o gafanhoto, isto é, a própria alma do humilde, que dá o salto para a contemplação. Não engordará como o hipócrita, com o inebriante odor do próprio louvor, mas na flor da verdadeira humildade. O humilde nutrir-se-á com a própria flor e não com a boca dos outros: e então será dispersa a alcaparra, isto é, a soberba e a vanglória.

E finalmente existe a esperança de recolher os frutos da abundância da casa do Senhor. Quando vejo a flor, espero no fruto; assim quando vejo um verdadeiro humilde, espero que ele venha a ser um bem-aventurado nos céus. Mas ai! "Todo o hipócrita é mau" (Is 9,17), diz Isaías; e Miqueias: "O melhor deles é como um espinheiro e o mais justo é como o espinho de uma sebe" (Mq 7,4). Verdadeiramente, hoje todos são hipócritas, espinheiros e espinhos. O hipócrita, que finge ser aquilo que não é; o espinheiro parece macio nas palavras, mas pica com os fatos; os espinhos que ferem os passantes para sugar o sangue do louvor e do dinheiro.

No jardim de Nazaré não há espinheiro nem espinho, mas o lírio e a violeta, e por isso, Jesus "foi a Nazaré".

13. "E era-lhes submisso." Derreta-se toda a soberba, perca-se toda a arrogância, toda a insubordinação se renda quando ouve estas palavras: "Era-lhes submisso".

Quem é submisso Àquele que com uma única palavra criou tudo do nada. "Aquele [diz Isaías] que mediu as águas com o côncavo de suas mãos e pesou os céus com seu palmo; sustentou em três dedos toda a massa da terra e pesou os montes com um peso e os outeiros na balança" (Is 40,12). "Aquele [diz Jó] que move a terra do seu lugar e as suas colunas serão abaladas. Ele manda ao sol e o sol não nasce e encerra as estrelas como sob um selo. Ele sozinho formou a extensão dos céus e caminha sobre as ondas do mar. Criou a Ursa e o Orion, as Plêiades e as constelações austrais. Ele faz coisas grandes, incompreensíveis e maravilhosas, que não se podem contar" (Jó 9,6-10). Aquele que pode fazer cessar a harmonia do céu (cf. Jó 38,37). Ele apanhará e tirará como com um anzol o Leviatã e atará a sua língua com uma corda e com argolas furará as suas narinas e furará a sua queixada com um anel (cf. Jó 40,19-20). Esse, tão grande e tão poderoso, é aquele que "era-lhes submisso".

"Era submisso a eles." A quem? A um carpinteiro e a uma Virgem pobrezinha. O Primeiro, o Último, o Soberano dos anjos submisso aos homens! O Criador do céu submisso a um carpinteiro, o Deus da eterna glória submisso à Virgem pobrezinha. Quem já ouviu semelhante fato? E quem já viu coisa semelhante? Por isso, não desdenhe o Filósofo em obedecer e submeter-se a um pescador, o sábio a um simples, o literato a um analfabeto, o filho do príncipe a um plebeu.

14. Com esta terceira parte do evangelho concorda também a terceira parte da epístola: "Pela graça que me foi dada, digo a todos os que estão entre vós", filósofos, sábios, literatos, nobres e semelhantes, "que não queirais saber mais do que convém saber" (Rm 12,3); e noutra parte diz: "Não te ensoberbeças, mas teme" (Rm 11,20).

Muito ainda te falta em termos de sabedoria, se não fores sábio em relação a ti mesmo. Não és sábio se pretendes saber mais do que convém. Saber o que convém quer dizer "descer", abaixar-se, ir a Nazaré, submeter-se e obedecer incondicionalmente. Esse deve ser todo o teu saber, e esse saber realiza em ti a moderação, a sobriedade (cf. Rm 12,3), a conveniência exigida pelo Apóstolo. Querer saber mais produz somente "embriaguez", exaltação, na qual qualquer sabedoria é insensata. O saber e o perscrutar mais do que o necessário faz "errar", leva para fora da estrada o animal separado da manada, o noviço precipitado e o sábio ainda nos inícios, assim como "erra" e vagueia aquele que está embriagado e vomita.

Bernardo diz: A obediência perfeita, sobretudo no principiante, é aquela indiscutível, acrítica, quer dizer, uma obediência que não procura saber o que ou por que tal coisa é mandada, mas se esforça somente por cumprir fiel e humildemente aquilo que é ordenado pelo superior. Toda a sua vontade de saber consiste em não querer saber nada nesse campo. Toda a sua sabedoria consiste em não ter nenhuma sabedoria nessa matéria. E isso quer dizer "saber na justa medida". A pura simplicidade, que é a água de Siloé que corre silenciosa (cf. Is 8,6), torna a alma sóbria; se o vinho da sabedoria dos sábios deste mundo foi misturado à água e diluído, seu saber entrará na justa medida.

E se na religião houver sábios, Deus os atraiu por meio dos simples. Com efeito, ele escolheu aquilo que no mundo é insensato, mesquinho, fraco e desprezado para associar a eles os sábios, os fortes e os nobres, para que nenhum homem possa gloriar-se de si mesmo (cf. 1Cor 1,27-29), mas somente naquele "que desceu e foi a Nazaré, e era-lhes submisso".

A ele seja dada a honra e a glória pelos séculos eternos. E toda a alma simples e submissa responda: Amém. Aleluia!

Epifania do Senhor

1. "Tendo nascido Jesus em Belém de Judá" etc. (Mt 2,1). Neste trecho evangélico consideraremos três acontecimentos: o aparecimento da estrela, a perturbação de Herodes, a oferta dos três magos.

I – A APARIÇÃO DA ESTRELA

2. "Tendo nascido Jesus em Belém" (Mt 2,1) etc. Na primeira parte, existe este ensinamento moral: de que maneira alguém se converte da vaidade do mundo para uma vida nova. Antes, porém, ouçamos brevemente a história, a narração.

Jesus nasceu numa noite de *domingo*, porque no dia em que Deus disse: "Faça-se a luz, e a luz foi feita" (Gn 1,3), "veio visitar-nos do alto um sol nascente" (Lc 1,78).

Narra-se que Otaviano Augusto, sob indicação da Sibila, tenha visto no céu uma virgem, grávida de um filho, e que desde então proibiu que o chamassem *Dominus*, Senhor, porque nascera "o Rei dos Reis e o Senhor dos Senhores" (Ap 19,16). Por isso, o poeta escreveu: "Eis que uma nova geração desce do alto do céu" (VIRGÍLIO. *Égloga* IV,7). Por todo o dia brotou de uma velha taberna um abundante jato de azeite, porque naquele dia nascia sobre a terra aquele que é consagrado com o óleo de alegria, de preferência a seus companheiros (cf. Sl 44,8). O templo da Paz ruiu até os fundamentos. Com efeito, por causa da paz universal em que se encontrava todo o mundo sob César Augusto, os romanos haviam construído um maravilhoso templo à Paz. Aqueles que ali entravam para consultar a divindade e saber quanto duraria aquela paz tiveram essa resposta: *Até que uma Virgem der à luz*. Eles ficaram felizes, porque a interpretaram assim: A paz durará para sempre, porque jamais uma virgem poderá dar à luz. Mas Deus destruiu a sabedoria dos sábios e a prudência dos prudentes (cf. 1Cor 1,19), porque o templo ruiu até os fundamentos na hora do nascimento do Senhor.

Treze dias depois do seu nascimento, isto é, hoje, "eis que uns magos chegaram do Oriente a Jerusalém, dizendo: Onde está o rei dos judeus, que acaba de nascer? Porque nós vimos a sua estrela" (Mt 2,1-2). Eram chamados "magos" pela vastidão de seus conhecimentos; aqueles que os Gregos chamam filósofos, os persas chamam-nos magos. Vinham dos territórios dos persas e dos caldeus. Talvez não tenha sido impossível para eles percorrer em treze dias, montados em dromedários, aquelas grandes distâncias.

A estrela que haviam visto distinguia-se das outras pelo esplendor, pela posição e pelo movimento. Pelo esplendor, porque nem a luz do dia a fazia desaparecer; pela posição, porque não estava no firmamento com as estrela menores, e nem no éter com os planetas, mas fazia sua viagem no ar, nas proximidades da terra; e pelo movimento, porque primeiro permaneceu imóvel sobre a Judeia, depois deu aos magos a indicação para chegar ali; por própria conta, eles tomaram a decisão de entrar em Jerusalém, que era a capital da Judeia. Quando saíram dela, com o primeiro movimento visível, a estrela os precedeu. Tendo levado a termo a sua tarefa, desapareceu, retornando à primitiva matéria, da qual fora tirada.

Esta festa chama-se *Epifania*, dos termos gregos *epì*, sobre, e *fanè*, manifestação, porque hoje Cristo foi manifestado com o sinal da estrela. É chamada também *Teofania*, sempre pelos termos gregos *Theòs*, Deus, e *fané*, porque hoje Cristo, passados trinta anos, foi manifestado pela voz do Pai e batizado no Jordão. É chamada também *Bethfania*, do termo hebraico *beth*, casa, porque, passado um ano do batismo, hoje realizou um milagre divino entre os muros de uma casa, numa festa de núpcias.

3. Vejamos agora o que significam, em sentido moral, a estrela, os magos, o Oriente e Jerusalém.

A estrela simboliza a iluminação da graça divina, ou também o conhecimento da verdade. Por isso, Jesus, do qual provém toda a graça, diz no Apocalipse: "Eu sou a raiz e a geração de Davi, a estrela resplandecente da manhã" (Ap 22,16). Jesus Cristo, embora filho, é também raiz, isto é, pai de Davi. Ou, como a raiz sustenta a árvore, assim a misericórdia de Cristo sustenta Davi, pecador e penitente. Cristo é estrela radiosa na iluminação da mente; é estrela da manhã no conhecimento da verdade.

Os magos representam os sábios do mundo, dos quais diz Isaías: "Os sábios, os conselheiros do faraó, deram-lhe um conselho insensato" (Is 19,11). O faraó, nome que se interpreta "que descobre o homem", é figura do mundo que, depois de ter coberto o homem com sua vaidade, descobre-o na miséria da morte; o mundo não dá, mas só empresta, e no momento da máxima necessidade, exige aquilo que emprestou e assim abandona o homem na miséria e na nudez.

Insensato é, pois, o conselho daqueles sábios que exortam a acumular as coisas de outros, os bens deste mundo, que não poderão levar consigo, que induzem a carregar-se de coisas só emprestadas, que não poderão fazer passar consigo através da passagem estreita. Com efeito, a passagem da morte é tão estreita, que dificilmente pode passar ali a alma só e nua. Quando se chega àquela passagem, toda a carga de coisas temporais deve ser deixada: só os pecados, que não são substância (material), passam ali facilmente junto com a alma.

O Oriente é figura da vaidade do mundo ou de sua prosperidade. Diz Ezequiel: "Olhei, e eis uns homens que tinham as costas voltadas para o templo do Senhor e os rostos virados para Oriente e adoravam o sol nascente" (Ez 8,16). O templo representa a humanidade de Cristo, ou também vida de cada justo. Têm as costas voltadas para o templo do Senhor e a face para Oriente aqueles que, esquecidos da paixão e da morte de Cristo, orientam para a vaidade do mundo tudo aquilo que conhecem e tudo aquilo que sabem. Por isso, o Senhor lamenta-se por boca de Jeremias: "Voltaram para mim as costas e não o rosto. Mas no tempo de sua aflição", isto é, da morte, "dirão: Levanta-te e salva-nos! Onde estão os teus deuses", isto é, os prazeres e as riquezas, "que fabricaste para ti? Levantem-se e te libertem no tempo de tua aflição" (Jr 2,27-28). Ou também: têm as costas contra o templo e adoram o sol nascente aqueles que desprezam a pobreza, a humildade e os sofrimentos dos justos, e proclamam felizes aqueles que abundam de prazeres e de riquezas.

Jerusalém, que significa "pacífica", representa a vida nova, isto é, a vida de penitência. Diz Isaías: "O meu povo repousará na formosura da paz e nos tabernáculos da confiança e num descanso opulento" (Is 32,18). Feliz condição, na qual existe a graça da consciência tranquila, a confiança da conduta santa, a riqueza da caridade fraterna. Por isso, como a estrela chamou os magos do Oriente, assim a graça divina chama os pecadores da vaidade do mundo para a penitência, a fim de que procurem o nascido Rei, procurando-o o encontrem e encontrando-o o adorem.

"Onde está o rei dos judeus, que acaba de nascer?" Quer dizer: Onde está o Rei daqueles que confessam seus pecados, o Rei dos penitentes? Procuram o Rei dos penitentes, que nasceu neles, aqueles que prometem fazer penitência. Nós, dizem, que habitávamos no Oriente, que estávamos presos à vaidade do mundo, vimos sua estrela, isto é, reconhecemos sua graça, e assim "por meio dele", por sua graça, "viemos adorá-lo" (Mt 2,2).

II – A PERTURBAÇÃO DE HERODES

4. "Ao ouvir isso, o Rei Herodes perturbou-se" (Mt 2,3). O diabo, o rei da turba perturbada, perturba-se! Também o mundo se perturba, quando ouve que Cristo já nasceu nos penitentes e vê também outros pecadores se converterem a ele por obra da graça. Satanás treme ao ver que seu reino se reduz e o reino de Cristo se expande sempre mais. Lemos no Êxodo: "O faraó disse a seu povo: Eis que o povo dos filhos de Israel é numeroso e mais forte do que nós. Vinde, oprimamo-lo de todos os modos, para que não cresça ainda mais em número" (Ex 1,9-10).

A astúcia do diabo oprime os filhos de Deus com a sugestão, a malícia do mundo os oprime com a blasfêmia e com a injúria. Por isso, continua o Êxodo: "Os Egípcios odiavam os filhos de Israel e os afligiam com insultos e faziam-lhes passar vida amarga" (Ex 1,13-14). Tormento (latim: *frixorium*, frigideira, grelha), tormento dos justos é a vida dos pecadores! Diz o salmo: "Moab é o vaso da minha esperança" (Sl 59,10). Moab interpreta-se "do pai", isto é, aqueles que vêm do pai que é o diabo; eles são "o vaso da esperança" porque também os ímpios vivem para os justos, isto é, para sua utilidade, para sua vantagem.

Perturbou-se, pois, Herodes. Herodes interpreta-se "glória da pele". Ele ficou perturbado porque nascera aquele rei pobre que diz: "Não recebo a glória dos homens" (Jo 5,41), e "eu não procuro a minha glória" (Jo 8,50). "O meu reino não é deste mundo" (Jo 18,36). Herodes, glória da pele, fica perturbado porque vê seu esplendor mudar-se em negrura, sua suavidade, em aspereza, como diz Isaías: "Em lugar de perfume suave terão o fedor e por cinta uma corda, e por cabelo encrespado, a calvície e por faixa de peito, o cilício" (Is 3,24). E essas palavras não necessitam de comentário, porque nos penitentes verificam-se literalmente.

Veja o sermão do XIV domingo depois de Pentecostes, parte segunda.

Lemos ainda no Êxodo: "Agora depõe os teus ornamentos, e depois saberei o que deverei fazer-te" (Ex 33,5). Por isso, "a rainha Ester, aterrorizada com o perigo que estava iminente, refugiou-se no Senhor. E tendo deposto os vestidos reais, tomou um traje próprio de pranto e de luto, e, em lugar da variedade de unguentos, cobriu a cabeça com cinza e pó, e humilhou o corpo com jejuns, e, por todos os lugares em que antes costumava alegrar-se, espalhou os cabelos que se arrancava" (Est 14,1-2).

Ester, nome que se interpreta "escondida", representa a alma penitente que se afasta da dissipação do mundo e se refugia na solidão do espírito e, por vezes, também do corpo; refugia-se no Senhor, porque em ninguém senão nele existe refúgio do perigo do pecado, que sempre lhe está presente e a ameaça, e, portanto, tem medo. Depõe os vestidos da glória e veste as vestes da penitência e, em lugar dos perfumes dos vários prazeres, espalha sobre a cabeça, isto é, a mente, a cinza de sua fragilidade e a imundície da própria iniquidade; insiste nos jejuns e reflete com angústia em todos os lugares nos quais antes se divertia. Isso é o que diz Gregório da Madalena: "Quantos haviam sido os prazeres que experimentou em si mesma, tantos foram os sacrifícios (as expiações) que se impôs".

III – A OFERTA DOS TRÊS MAGOS

5. "E eis que a estrela que tinham visto no Oriente..." (Mt 2,9). Ó misericórdia de Deus, que jamais se esquece de ter piedade! Com efeito, está imediatamente próxima a quem retorna a ele. Diz Isaías: "Então invocarás o Senhor e ele te atenderá; clamarás a ele e ele te dirá: Eis-me aqui!" (Is 58,9), "porque eu sou o Senhor teu Deus misericordioso" (Dt 4,31).

"E eis a estrela." Os magos tinham ido a Herodes e perderam de vista a estrela. E isso está a indicar os recidivos que, retornando ao diabo, ou seja, ao pecado mortal, perdem a graça; mas quando se libertam dele, então a readquirem. De fato, diz Jeremias: "Se um homem abandonar sua esposa e ela, separando-se dele, tomar outro marido, porventura o marido tornará a recebê-la? Porventura, a mulher não será considerada impura e contaminada? Tu, porém, que te prostituíste com muitos amantes", isto é, com os demônios e os pecados, "apesar disso, volta para mim, diz o Senhor" (Jr 3,1).

"E eis que a estrela ia adiante deles" (Mt 2,9). Encontramos a concordância no Êxodo: "O Senhor ia adiante deles para lhes mostrar o caminho: de dia numa coluna de nuvem, e de noite numa coluna de fogo, para lhes servir de guia num e noutro tempo" (Ex 13,21). De dia, a coluna de nuvens era contra o ardor do sol; de noite, a coluna de fogo era contra as trevas, para que pudessem defender-se das serpentes.

Observa que a iluminação da graça divina é chamada "coluna" porque sustenta, "de nuvens", para que refresque o calor do sol, isto é, o calor da prosperidade terrena, "de fogo", contra o frio da infidelidade, contra as trevas das adversidades e contra o veneno da sugestão diabólica.

"Até que, chegando sobre o lugar onde estava o menino, parou" (Mt 2,9). Eis o fim do trabalho, a meta da viagem, a alegria de quem procura, o prêmio de quem encontra. "Alegre-se, pois, o coração dos que te procuram" (Sl 104,3), ó Jesus; e se aqueles que te procuram se alegram, quanto mais se alegrarão aqueles que te encontram. A estrela procede, a coluna precede. Aquela indica o caminho para o berço do Salvador, esta para a Terra Prometida: e no berço existe a Terra Prometida, onde corre o mel da divindade e o leite da humanidade. Corre, pois, atrás da estrela, apressa-te atrás da coluna, para que te guiem para a vida. Trabalharás pouco, chegarás logo e encontrarás o desejo dos santos, a alegria dos anjos.

6. "Vendo novamente a estrela, ficaram possuídos de grandíssima alegria" (Mt 2,10). Presta atenção, porque nessas palavras é indicada uma tríplice alegria, aquela que deve provar aquele que recupera a graça perdida. Deve alegrar-se porque não morreu enquanto estava em pecado mortal e seria condenado eternamente; porque foi trazido de volta à graça, que não mereceu; porque, se perseverar, será conduzido à glória. Dessa tríplice alegria fala Isaías: "Alegrando-me, alegrar-me-ei no Senhor, e a minha alma exultará no meu Deus" (Is 61,10).

"E entrando na casa" (Mt 2,11). Lucas narra que "o filho mais velho, indignado, não queria entrar em casa" (Lc 15,25.28); o filho pródigo, porém, já tinha entrado, porque já tinha entrado em si mesmo (cf. Lc 15,17). Foi dito aos apóstolos: "Não saudeis a ninguém pelo caminho" (Lc 10,4). Aquele que está a caminho, está fora, e quem está fora, está fora de casa, e, portanto, é indigno de ser saudado. Antes, como diz Amós: "Por todas as praças soarão gritos, e em todos os lugares de fora ouvir-se-á dizer: Ai, ai!" (Am 5,16).

"Viram o menino com Maria, sua mãe, e, prostrando-se, o adoraram" (Mt 2,11). Porque entram, encontram; e porque encontram, prostram-se e adoram. No menino e em Maria são indicadas a inocência e a pureza; no fato de se prostrarem, o desprezo de si; e no fato de adorarem, o obséquio da fé. Eis, pois, que os penitentes entram na casa da própria consciência e encontram a inocência (a inocuidade) em relação ao próximo, a pureza em relação a si mesmos; e disso não se ensoberbecem, mas prostram-se com o rosto por terra e adoram devota e fielmente aquele que lhes deu todas essas graças.

"E tendo entrado na casa" – talvez fosse aquele *diversorium*, albergue, do qual fala Lucas – "encontraram o menino com Maria, sua mãe". A *Glosa* comenta: Por que, junto com Maria, os magos não encontraram também José? Para que, por aquele fato, não fosse dado motivo de injusta suspeita aos gentios que, apenas nascido o Salvador, haviam-lhe mandado logo "as suas primícias", seus primeiros representantes, para adorá-lo.

"E abertos os seus tesouros" (Mt 2,11). A *Glosa*: Não abramos os nossos tesouros no caminho; aguardemos que tenham passado os inimigos, para poder oferecê-los somente a Deus no segredo do coração. O Rei Ezequias, que mostrou aos estrangeiros os tesouros [do templo], foi punido nos seus descendentes (cf. 2Rs 20,12-19). Deseja ser roubado aquele que carrega um tesouro publicamente pelo caminho (Gregório).

7. "Ofereceram-lhe os dons: ouro, incenso e mirra" (Mt 2,11). O ouro refere-se ao tributo (que se pagava ao rei), o incenso, aos sacrifícios e a mirra, à sepultura dos mortos. Por meio desses três dons são proclamados em Cristo o poder real, a majestade divina e a mortalidade humana. Em outro sentido: no ouro, que é brilhante e compacto e quando é batido não ressoa, é indicada a verdadeira pobreza, que não é obscurecida pela fuligem da avareza, não se incha ao vento das coisas temporais. Uma virtude firme (latim: *res solida*, uma substância compacta, um mosteiro concorde) faz o mesmo: diante dos escândalos não se perturba e não responde com murmurações.

Na Arábia, nome que significa "sagrada", existe um bosque do qual se extrai o incenso e a mirra. Aqueles que são seus proprietários são chamados em árabe *sagrados*. Quando podam ou fazem incisões nessas árvores, eles não participam de funerais e não se contaminam em relações com mulheres. O incenso, uma árvore muito grande e frondosa, de uma casca finíssima, produz um suco aromático como o da amendoeira. O incenso é chamado em latim *thus*, de *tùndere*, bater, ou também do termo grego *Theòs*, Deus, em honra ao qual é queimado. O incenso é, com frequência, misturado com uma resina e outras substâncias gomosas, mas é diferente por suas propriedades. Com efeito, posto sobre brasas, o incenso arde, enquanto a resina fumega e as substâncias gomosas se liquefazem.

A árvore do incenso representa a oração devota, que é grandíssima pela contemplação, frondosa pela caridade fraterna, pois intercede tanto pelo amigo como pelo inimigo; tem uma casca finíssima, isto é, manifesta-se externamente com a benevolência e emite o suco das lágrimas, perfumadíssimo e oleoso diante de Deus.

Lê-se no Cântico dos Cânticos: "Levanta-te, Aquilão!", quer dizer: Afasta-te, ó diabo!, "e vem tu, ó austro", isto é, Espírito Santo; "sopra no meu jardim", isto é, na minha mente, "e espalhem-se os seus aromas", isto é, as lágrimas! (Ct 4,16). Esse suco é a refeição dos pecadores, como o leite de amendoeira é a refeição dos doentes. Aquele que reza, bate no peito e a oração sobe a Deus. Mas ai! Hoje a oração devota é estragada com uma mistura danificada, isto é, com a resina da vanglória, como nos hipócritas, e com a goma do dinheiro, como nos clérigos desventurados que rezam e celebram as missas pelo dinheiro. A verdadeira devoção inflama-se ao fogo do amor divino, enquanto aquela estragada pela vaidade faz fumaça, e a corrupta pela cobiça se liquefaz.

A árvore da mirra atinge até *cinco côvados* de altura. O suco que dela emana espontaneamente é considerado mais precioso, enquanto aquele extraído pelo corte da casca é menos precioso. A mirra, assim chamada de "amargura", simboliza o amargo sofrimento do coração ou do corpo, cujo *primeiro côvado* é o pensamento da morte, *o segundo*, a presença do juiz severo no juízo, *o terceiro*, a sua sentença irrevogável, *o quarto*, a geena inextinguível, *o quinto*, a companhia de todos homens perversos e *a penitência* (latim: *poena tenax*), isto é, os tormentos absolutamente inevitáveis e contínuos aplicados pelos demônios.

Se o sofrimento sai espontaneamente dessa árvore, é mais precioso, isto é, mais aceito por Deus; em vez, aquele que é produzido pelas feridas das enfermidades ou das adversidades, tem valor menor.

8. Portanto, os magos "ofereceram ao Senhor ouro, incenso e mirra". Assim também os verdadeiros penitentes oferecem-lhe o ouro da total pobreza, o incenso da oração devota, a mirra do sofrimento voluntário. E presta atenção, que o incenso da oração devota e a mirra da salutar penitência encontram-se somente na Arábia, isto é, na Santa Igreja. Aqueles que querem conservá-las e colher seus frutos devem afastar a si mesmos do cadáver do dinheiro acumulado injustamente, sobre o qual os avarentos se lançam como o corvo sobre a carniça, e dos contatos luxuriosos.

Supliquemos, pois, ao Senhor que nos conceda oferecer-lhe esses três dons, para depois podermos reinar com ele, que é bendito nos séculos. Amém.

IV – SERMÃO ALEGÓRICO

9. "Naquele tempo serão levadas oferendas ao Senhor dos exércitos por um povo dividido e despedaçado, por um povo terrível, depois do qual não houve segundo, por uma nação que está esperando, que é calcada aos pés e cuja terra é cortada pelos rios" (Is 18,7). Essa profecia de Isaías refere-se à conversão dos gentios, cujas primícias, isto é, os magos, levaram hoje os dons de ouro, incenso e mirra a Jesus Cristo, Senhor dos exércitos, quer dizer, dos coros angélicos. Diz Malaquias: "Desde o nascer do sol até o poente, o meu nome é grande entre as nações, e em todo o lugar se sacrifica e oferece em meu nome uma oblação pura, diz o Senhor dos exércitos" (Ml 1,11).

Ora, para conhecermos melhor a miséria do povo gentio e a misericórdia do Deus libertador, tratemos brevemente os dois assuntos.

Aquele povo gentio (pagão), do qual também nós somos filhos, estava *separado* de Deus por causa do culto aos ídolos; por isso, falando dos judeus idólatras que haviam se unido a Jeroboão, Oseias diz: "Efraim está ligado aos ídolos; afasta-te dele. Os seus banquetes são separados dos vossos" (Os 4,17-18). Jeroboão, cujo nome se interpreta "divisão do povo", "fez dois bezerros de ouro e disse ao povo: Não torneis mais a Jerusalém. Eis aqui, ó Israel, os teus deuses, que te tiraram da terra do Egito" (1Rs 12,18).

Do mesmo modo, o povo pagão era *lacerado* pela opressão do diabo, como se lê nas *Paixões* de alguns apóstolos: o diabo privava da vista, da audição e da capacidade de andar aqueles que o adoravam e os oprimia com várias tribulações. Diz Marcos: "E dando um grande grito e agitando-o com violência [o diabo] saiu dele" (Mc

9,25). E em outro lugar: "Os que eram atormentados por espíritos imundos ficavam curados" (Lc 6,18).

O povo pagão era também *terrível* pela ferocidade de ânimo. Diz Habacuc: "Eis que vou suscitar os caldeus, nação cruel e veloz, que percorre a superfície da terra, para apoderar-se das moradas que não são suas" (Hab 1,6). Os três magos vieram precisamente das terras dos persas e dos caldeus para adorar o Senhor. Depois daquele povo "não existiram outros tão terríveis"; com efeito, Habacuc continua: "É horrível e terrível; os seus cavalos são mais ligeiros do que os leopardos e mais velozes do que os lobos durante a noite" (Hab 1,7.8).

"Uma nação que espera." Esperava que se realizasse a profecia de Balaão, de que fala a Escritura: "Nascerá uma estrela de Jacó e levantar-se-á uma vara" (Nm 24,17), ou seja, um homem, "de Israel". "Nação oprimida" por muitas guerras. Como oprimia os outros, assim era também oprimida pelos outros: os caldeus destruíram Jerusalém e, por sua vez, foram depois destruídos por Ciro e por Dario. E não só eram oprimidos pelos estranhos, mas destruíam-se também entre si. Com efeito, Isaías continua: "Sua terra era destruída por seus rios", isto é, pelas guerras intestinas e pelo derramamento de sangue.

Rendamos graças a Jesus Cristo, que de tal povo, infiel e bárbaro, dignou-se aceitar hoje os dons, primícias de fé, e dele formar a sua Igreja, que somos nós. A ele a honra e a glória nos séculos eternos. Amém.

V – SERMÃO MORAL

10. "Naquele tempo, serão levadas oferendas ao Senhor dos exércitos por um povo dividido de Deus" etc. Nesta passagem de Isaías são indicados os sete pecados mortais nos quais estavam enredados no passado alguns que agora, por graça de Deus, converteram-se à penitência. Povo separado de Deus pela soberba, lacerado pela avareza, terrível pela ira; nação à espera pela vanglória, oprimida pela inveja; terra destruída por dois rios, que são a gula e a luxúria. Falemos de cada uma destas coisas.

"Povo dividido, separado", povo de soberbos. Como o vento erradica a árvore, assim a soberba separa o homem de Deus; diz Jó: "Como a uma árvore arrancada, tirou-me", isto é, permitiu que me tirassem, "a minha esperança" (Jó 19,10). A esperança do homem é Deus, da qual é separado, quando, pelo vento da soberba, é separado da raiz da humildade. E não deve causar admiração, porque a soberba tem esse nome porque vai acima de si (latim: *super se iens*), enquanto humildade quer dizer baixeza da terra (latim: *humi vilitas*). O soberbo sobe, Deus desce. O que existe de mais contraposto e antitético? O soberbo no alto, Deus embaixo. O soberbo erradicado de Deus: a ele não é agradável, e a ele não se une senão o humilde. A raiz é a vida da árvore, a humildade é a vida do homem. Se alguém tiver no seu jardim uma bela árvore frutífera, não lhe desagradaria se fosse arrancada pelo vento? Certamente! Maior ainda será o desprazer quando o vento da soberba arranca nossa alma do seu Criador, que detesta a soberba mais do que todos os pecados, resiste aos soberbos

EPIFANIA DO SENHOR   865

(cf. 1Pd 5,5) e derruba os poderosos! (cf. Lc 1,52). Realmente, a soberba está sujeita a quedas; quem está embaixo está mais seguro do que aquele que está no alto. Com razão, diz *Séneca*: "Entrega-te a coisas pequenas, das quais não podes cair".

11. "Povo dilacerado" é o povo dos avarentos e dos usurários. Assim como as aves de rapina e as feras dilaceram um cadáver, da mesma forma os demônios dilaceram com a avareza o coração do avarento e do usurário. Diz Naum: "Ai da cidade sanguinária, cheia de falsidade e de extorsões. A rapina não se afastará de ti" (Na 3,1). A alma vive por meio do sangue (cf. Dt 12,23), o pobre, das próprias míseras substâncias. Tira o sangue do homem e do pobre as suas substâncias e ambos morrem. Portanto, os predadores e os usurários, que se apoderam das coisas dos outros, são chamados "cidade sanguinária".

Diz-se na *História natural* que os elefantes têm o sangue muito frio e que os dragões venenosos desejam muito beber aquele sangue e, portanto, quando há grande calor, lançam-se contra os elefantes para sugar-lhes o sangue.

Assim também os avarentos e os usurários, contagiados pelo veneno da avareza, desejam as coisas dos outros. O sangue dos pobres é frio, assim como todas as suas pobres coisas. A pobreza e a nudez não lhes permitem que se aqueçam, mas quando se acende neles o calor da necessidade, então os avarentos aparecem, fazem-lhes empréstimos para depois sugar-lhes o sangue.

"Ai, pois, da cidade sanguinária, cheia de falsidade!" A falsidade está na língua, a laceração no coração, a rapina nas mãos. Lemos no Segundo livro dos Macabeus que Judas, tendo cortado a língua do sacrílego Nicanor (depois de haver-lhe cortado a cabeça), mandou que a lançassem em pedacinhos às aves (cf. 2Mc 15,33). Nicanor, nome que se interpreta "lâmpada ereta", representa o usurário, que parece ereto e luminoso e, ao invés, logo cairá e se extinguirá. Diz Jó: "Quantas vezes apagar-se-á a lâmpada dos ímpios?" (Jó 21,17) e ainda: "Porventura não se apagará a luz do mau e nunca mais brilhará a chama do seu fogo? A luz obscurecer-se-á em sua casa e a lâmpada que está sobre ela se apagará" (Jó 18,5-6).

A lâmpada tem duas coisas: a luz e o calor. Assim, o avarento tem a luz do favor humano, e o calor, o desejo do lucro temporário. Quando se apagar com a morte, será privado de ambas as coisas. E já que sua língua foi dividida e repartida em muitas falsidades, será cortada e entregue aos demônios; ou, pelos pecados da língua será punido de diversos modos. Seu coração é dilacerado porque acumula com trabalho, guarda com medo e perde com desprazer. O diabo mantém junto a si o usurário inteiro: com a rapina o mantém pelas mãos, para que não dê esmolas; com o tormento de acumular o mantém pelo coração para que não pense no bem; com a falsidade o mantém pela língua para que não pregue e nunca diga nada de bom.

12. "Povo terrível" são os iracundos ou os furiosos. Do diabo ou do homem iracundo Jó diz: "Juntou o seu furor contra mim e, ameaçando-me, rangeu os seus dentes contra mim. O meu inimigo olhou-me com olhos terríveis" (Jó 16,10). Vê quão terrível

é o homem inflamado de ira: enruga a fronte, tem a face pálida, as narinas frementes, os olhos turvos, os lábios lívidos, range os dentes e tem nas mãos o azorrague. Um homem assim reduzido outra coisa não parece senão uma besta feroz. Com efeito, diz Isaías: "Depois dele não houve outro homem" (Is 18,7) tão cruel, tão bestial.

No Livro de Daniel diz-se de Nabucodonosor: "Mude-se nele o coração de homem, e lhe seja dado um coração de fera" (Dn 4,13). Não se deve entender que Nabucodonosor tenha sofrido uma mudança no corpo, mas que teve uma alienação mental, um delírio. Foi-lhe tirado o uso da língua para falar, e parecia-lhe ser um boi na parte anterior e um leão na posterior. Assim, aquele que está inflamado pela ira sofre uma alienação e não é mais capaz de falar corretamente. Primeiro se agita como um boi com os chifres, prorrompendo em ameaças e blasfêmias, depois, como um leão, excita-se e despedaça com as mãos e com os pés.

13. "O povo que espera" são os hipócritas e os vangloriosos: por toda a obra que fazem, esperam, como os mercenários, a recompensa do louvor. Lemos no evangelho: "O mercenário vê chegar o lobo, abandona as ovelhas e foge" (Jo 10,12). O lobo é a sugestão diabólica, as ovelhas são os pensamentos bons. Quem não age por amor à justiça, mas pela recompensa da vanglória, cede facilmente à tentação e se se propusera alguma coisa boa, abandona tudo. Dessa espera, diz-se no salmo: "Todos os animais do campo bebem nas fontes; suspiram por elas os onagros na sua sede" (Sl 103,11).

Há duas espécies de onagros: uma sem chifres na Espanha, e outra com chifres na Grécia. Duas são também as espécies de hipócritas. Alguns hipócritas são, por assim dizer, sem chifres: eles, quando recebem uma injúria, mostram-se mansos, são calmos na tribulação e, por vezes, recusam as honras; mas fazem tudo isso por astúcia, porque, fingindo fugir da glória, na realidade a procuram. Os outros hipócritas, ao contrário, têm chifres: são aqueles que à primeira palavra injuriosa apresentam os chifres da soberba e imediatamente mostram por fora o que são por dentro.

O onagro deriva seu nome do grego *onos*, asno, e do latim *ager*, campo (o onagro é o asno selvagem). "O campo é o mundo" (Mt 13,38). Portanto, os hipócritas, tanto aqueles com chifres como aqueles sem chifres, são os asnos do mundo, ao qual servem; esperam a recompensa do louvor e do dinheiro, e tudo isso "na sua sede", em que ardem, e não descansam enquanto não beberem alguma coisa. Mas "as bestas do campo", isto é, os simples, "bebem no gozo nas fontes do Salvador" (Is 12,3), que são duas: a graça e a glória. Na primeira fonte bebem de fato, na segunda, na esperança, à espera de poder fazê-lo na visão.

14. "Nação oprimida" são os invejosos, atormentados e oprimidos pela felicidade dos outros. Os tiranos da Sicília não encontraram tormento maior do que a inveja (Horácio).

Lemos no Primeiro livro dos Reis: "Saul matou mil, e Davi, dez mil. Saul irou-se em extremo, e desagradou-lhe esta expressão, e disse: Deram dez mil a Davi e a mim mil; que lhe falta senão só o reino? Daquele dia em diante, pois, Saul não via Davi com bons olhos" (1Sm 18,7-9). Eis como estava atormentado, eis como se sentia oprimido.

15. "Os dois rios" simbolizam a gula e a luxúria. O Cobar e o Tigre são os dois rios da Babilônia (cf. Ez 1,1-3; Dn 10,4).

Cobar interpreta-se "gravidade", e representa a gula, da qual Lucas diz: "Velai sobre vós, para que não suceda que os vossos corações se tornem pesados com a gula, a embriaguez e com os cuidados desta vida e para que aquele dia não vos apanhe de improviso" (Lc 21,34).

Tigre, rio que toma o nome de uma fera (o tigre) matizada de várias manchas, de força incrível e uma velocidade admirável, representa a luxúria. Esse vício é coberto com as manchas de vários prazeres da vida; é forte quando tenta e é veloz, porque também o prazer passa rápido. Diz o Bem-aventurado Bernardo: O futuro atormenta, o presente não sacia, o passado não deleita. Esses dois rios "destroem a terra", isto é, subvertem a mente de quem lhe é escravo e lentamente a destroem.

Vimos a miséria de todos estes; consideremos também a misericórdia que os liberta de tanta desgraça. Eis que neste tempo de bondade e de misericórdia divina os pecadores, dos quais temos falado, levam a Jesus Cristo, o Senhor dos exércitos, isto é, das virtudes celestes, o dom de sua penitência.

Também vós, caríssimos, levai, junto com os magos, os vossos dons: o ouro da contrição, o incenso da confissão, a mirra da satisfação, ou seja, da obra de penitência, para poderdes ser dignos de receber do próprio Jesus Cristo, o dom da glória no céu.

Vo-lo conceda aquele que é bendito nos séculos. Amém.

I DOMINGO DEPOIS DA OITAVA DA EPIFANIA

Temas do sermão

• Evangelho do I domingo depois da oitava da Epifania: "Celebravam-se umas bodas em Caná da Galileia".

• Primeiramente sermão aos pregadores: "Uma pequena pedra de rubi".

• As quatro virtudes: castidade, humildade, pobreza e obediência: "Estava ali a Mãe de Jesus".

• Contra os amantes dos prazeres mundanos: "Não olhes para o vinho quando se avermelha".

• As seis palavras da Bem-aventurada Virgem Maria: "Sua Mãe lhe disse".

• As seis talhas e seu simbolismo: "Havia ali seis talhas"; a pupila e as pálpebras e seu significado.

• O banquete e o gozo da vida eterna: "José, tendo lavado o rosto das lágrimas".

EXÓRDIO – SERMÃO AOS PREGADORES

1. Naquele tempo, "Celebravam-se umas bodas em Caná da Galileia" (Jo 2,1).

Lê-se no Eclesiástico: "Uma pequena pedra de rubi em engaste de ouro é um concerto de músicos num banquete alegrado pelo vinho" (Eclo 32,7). Vejamos o significado destas cinco coisas: a pequena pedra, o rubi, o ouro, a música e o banquete.

A pequena pedra (latim: *gemmula*) e o rubi (latim: *carbunculus*) são (sempre em latim) dois diminutivos, nos quais é simbolizada uma dupla humildade; na pequena pedra é representada a limpidez da (própria) reputação, e no rubi, que é cor de fogo, é simbolizada a caridade. São essas as duas virtudes que ornam o ouro, isto é, a sabedoria do pregador; se ele for dotado dessas duas virtudes, sua pregação será como um "concerto de músicos". Quando a sabedoria exterior se ajusta com a delicadeza da consciência, e a eloquência é coerente com a conduta de vida, então tem-se o concerto musical. Quando a língua não causa remorsos à vida, então temos uma agradável sinfonia.

Com razão, a pregação é chamada música. Dizem que a natureza da música é tal que se a ouve alguém que é triste, torna-se ainda mais triste, mas se a ouve alguém que é alegre, torna-o ainda mais alegre. Assim é também a pregação: quando declara que o rico, vestido de púrpura, está sepultado no inferno (cf. Lc 16,19.22); quando afirma que, como para o camelo é impossível passar pelo buraco de uma agulha, assim é impossível para o rico entrar no Reino dos Céus (cf. Mt 19,24; Mc 10,25); quando ensina que toda a pompa e glória terrena serão um nada, então aqueles pérfidos avarentos e usurários, que estão sempre na tristeza porque acumulam com trabalho, guardam com medo e perdem com grande desprazer, tornar-se-ão ainda mais tristes. "Um discurso inoportuno é desagradável como a música no luto" (Eclo 22,6); "Como o vinagre lançado numa chaga viva, assim são os cantos alegres para um coração entristecido" (Pr 25,20). A palavra que morde o vício molesta o ouvido dos maus; ao contrário, torna ainda mais alegres os justos, que vivem no gozo do espírito e na alegria de uma consciência tranquila. Diz-se nas parábolas: "A alma tranquila é como um banquete contínuo" (Pr 15,15), e o Eclesiástico acrescenta: "como um banquete alegrado pelo vinho".

O banquete alegrado pelo vinho e a festa das bodas feita em Caná da Galileia são a mesma coisa, das quais se diz no evangelho de hoje: "celebravam-se umas bodas em Caná da Galileia".

2. No introito da missa de hoje canta-se: "Toda a terra te adore, ó Deus" (Sl 65,1-2). Lê-se um trecho da epístola aos romanos: "Temos dons diferentes" (Rm 12,6). Deste trecho tomaremos em consideração somente seis palavras, que compararemos, quanto for possível, às seis talhas de que fala o trecho evangélico.

AS BODAS CELEBRADAS EM CANÁ DA GALILEIA

3. "Celebravam-se umas bodas." Consideremos o que significam moralmente as bodas, Caná da Galileia, a Mãe de Jesus, os discípulos de Jesus, o vinho que faltou, as seis talhas, a água mudada em vinho e o arquitriclino, isto é, o mestre-sala.

Já se falou amplamente das núpcias no comentário ao evangelho: "O Reino dos Céus é semelhante a um rei que preparou um banquete de núpcias para seu filho" (Mt 22,2), no sermão do XX domingo depois de Pentecostes, parte primeira. Por isso, aqui trataremos brevemente da união do esposo e da esposa, isto é, do Espírito Santo e da alma do penitente.

Caná interpreta-se "zelo", Galileia "emigração". No zelo, quer dizer, no amor da *emigração* (da mudança), acontecem as núpcias entre o Espírito Santo e a alma do penitente. E com isso concorda aquilo que lemos no Livro de Rute, que, da região de Moab, emigrou para Belém; a seguir, Booz a tomou por esposa (cf. Rt 1,6; 4,13).

Rute interpreta-se "que vê", "que se apressa", ou também "que desfalece". Ela representa a alma do penitente, que considera seus pecados com a contrição do coração, apressa-se a lavá-los na fonte da confissão e desiste de sua primeira malícia com a prática das obras de reparação e de penitência. Diz o salmo: "Desfaleceram a minha carne e o meu coração" (Sl 72,26), isto é, a carnalidade e a soberba do meu coração, e assim, da região de Moab, isto é, da escravidão do pecado, emigra com o zelo do amor para Belém, que significa "casa do pão". O amor de Deus é para a alma a casa do pão, na qual é protegida e saciada, e então, como diz o Bem-aventurado Bernardo, pelo caminho do amor penetra, irrompe o Espírito Santo.

O Espírito Santo é representado em Booz, nome que se interpreta "nele há poder", do qual diz Lucas: "Permanecei na cidade até que sejais revestidos do poder do alto" (Lc 24,49). A alma que o Espírito Santo toma como sua esposa, ele a reveste do poder do alto. Diz Isaías: "Do alto ele dá força ao cansado, e aos fracos multiplica o vigor e o poder" (Is 40,29). Dá a força de ressurgir, dá o poder para que não sucumbam na tentação, dá o vigor para que perseverem até o fim. Na união entre o Espírito Santo e a alma celebram-se as núpcias: é preparado o tálamo da consciência, disposto em ordem o leito nupcial dos bons pensamentos, com mão hábil e delicada promove-se o acordo dos cinco sentidos, e assim, tudo ao redor exulta e se rejubila na lembrança da infinita doçura de Deus (cf. Sl 144,7) e realmente experimenta-se a bondade do Senhor.

Este é o *epitalâmio* (o canto nupcial) que se canta hoje no introito da missa: Toda a terra te adore, ó Deus, e ressoe o saltério; cante um salmo ao teu nome, ó Altíssimo! (cf. Sl 65,4). Toda a terra compreende o Oriente, o Meridião, o Ocidente e o Setentrião. O Oriente representa os incipientes; o Meridião representa os proficientes, que são ardentes como o sol ao meio-dia; o Ocidente representa os perfeitos, que estão totalmente mortos para o mundo; o Setentrião, porém, representa os bravos esposos e os bons cristãos, que, ainda de posse das substâncias deste mundo, suportam pacientemente os numerosos sofrimentos das tribulações e da dor. Toda essa terra adore o Senhor com a contrição do coração, ressoe o saltério da alegre confissão, cante o salmo da obra penitencial, nas núpcias que se celebram em Caná da Galileia.

4. "Encontrava-se lá a Mãe de Jesus. Foi também convidado Jesus com seus discípulos" (Jo 2,1-2). Ó ditosas bodas, honradas com tais e tão grandes privilégios, gloriosas por tantos favores! Em Maria, que foi virgem e mãe, é personificada a castidade e a fecundidade; em Jesus, que foi humilde e que disse: "Aprendei de mim, que sou manso e humilde de coração" (Mt 11,29); que foi pobre – "As raposas têm suas tocas e as aves o seu ninho, mas o Filho do homem não tem onde repousar a cabeça" (Mt 8,20) –, é personificada a humildade e a pobreza; nos seus discípulos é representada a obediência e a paciência. Eis a honra e o ornamento das bodas, eis seus privilégios e sua dignidade.

O Espírito Santo, esposo da alma, enquanto a une a si mesmo, torna-a casta e fecunda: casta pela pureza da mente, fecunda pela prole das boas obras. Diz-se no Cântico dos Cânticos: "Todas [as ovelhas] têm dois cordeirinhos gêmeos", isto é, são ricas de obras da dupla caridade, ou da vida ativa e da contemplação, "e nenhuma delas é estéril" (Ct 4,2). Ao contrário, diz-se: "Maldita a estéril em Israel" (cf. Ex 23,26; Dt 7,14). E também Jeremias: "O Senhor pisou, como em um lagar, a virgem", isto é, a estéril, "filha de Sião" (Lm 1,15). Por isso, para fugir dessa sentença de maldição, a alma deve ser casta e fecunda, para poder dizer de si: "Eu sou a mãe do belo amor", eis a fecundidade, "do temor, da ciência e da santa esperança" (Eclo 24,24), eis a castidade.

I domingo depois da oitava da epifania

Igualmente, o Espírito Santo torna a alma humilde e pobre. Por isso, por boca de Isaías diz: "Para quem olharei eu, senão para o humilde, ou seja, para o pobre e o contrito de coração?" (Is 66,2). Com efeito, no Rio Jordão, sobre Jesus desceu o Espírito em forma de pomba (cf. Mt 3,16), volátil manso e que tem o gemido como canto.

É muito difícil praticar a humildade em meio às riquezas, e raramente, ou nunca, a pureza em meio aos prazeres e às diversões. Se encontrares um rico humilde ou alguém alegre que viva castamente, considera-os dois astros do firmamento; mas temo que aqueles que têm essa aparência sejam antes pintados com a cor da hipocrisia.

Quem quiser ser verdadeiramente humilde, liberte-se das riquezas, pois, ao seu contato, a humildade é contaminada e nasce a soberba. Por isso, o Senhor lamenta-se por boca de Oseias: "Eu os instruí e dei vigor aos seus braços, mas eles meditaram o mal contra mim. Quiseram de novo sacudir o jugo; tornaram-se como um arco falso" (Os 7,15-16). O Senhor os instrui como filhos com dons gratuitos e reforça seus braços, isto é, sustenta sua energia e seu vigor, com dons naturais e temporais, a fim de que defendam Israel como um baluarte e resistam fortemente na batalha (cf. Ez 13,5).

Mas porque da abundância procede a iniquidade, "voltaram a ser filhos de Belial", isto é, sem jugo (cf. Jz 19,22), quer dizer, cheios de soberba. "Abandonaram o Senhor [diz Isaías], blasfemaram contra o Santo de Israel, voltaram para trás" (Is 1,4) e assim tornaram-se como um arco falso. Enquanto deveriam lançar flechas de vida santa e de sã doutrina e ferir o adversário, lançam flechas de vida viciada e de blasfêmia contra o Senhor.

E mais ainda, o Espírito Santo torna a alma obediente e paciente. Lemos no Livro da Sabedoria que o Espírito Santo é benigno, humano, estável (cf. Sb 7,22-23). Quem é obediente e paciente tem estas três qualidades: é benigno, isto é, bem inflamado (latim: *bene ignitus*) em obedecer ao superior; é humano em suportar e sofrer junto com o próximo; é estável, isto é, constante nos seus propósitos. Jamais serás verdadeiramente obediente se não fores paciente. Com efeito é *viúva* (carente) a obediência que não é reforçada e sustentada pela paciência.

5. "E faltando o vinho" (Jo 2,3). "O seu vinho é fel de dragões" (Dt 32,33): são os prazeres do mundo e da carne. Sobre isso, diz Salomão nas parábolas: "Não olhes para o vinho quando começa a avermelhar, quando sua cor brilhar no copo de vidro; ele entra suavemente, mas no fim morde como uma serpente, e espalha o veneno como uma víbora" (Pr 23,31-32).

Observa que o vidro é um material de pouco valor, um material frágil, mas belo e resplendente. O vidro representa o corpo do homem, que, enquanto matéria, é de pouco valor, porque originário de fétida secreção; é frágil na sua substância, porque "como uma flor germina e é cortada" (Jó 14,2), "e seus anos são considerados como teia de aranha" (Sl 89,9). E Isaías: "Teceram teias de aranha que não lhes servirão de vestidos" (Is 59,5-6). É também admirado pelo esplendor de sua beleza física, mas dela se diz: "Falaz é a graça e vã a beleza" (Pr 31,30).

Por isso, não olhes para este vidro quando nele se avermelha o vinho, isto é, a alegria do mundo; quando te sorri a prosperidade do mundo e o prazer da carne, não te alegres nele: de fato, insinua-se inadvertidamente, mas no fim morde como uma serpente. Isso é o que diz também o Senhor: "Ai de vós, que agora rides, porque gemereis e chorareis" (Lc 6,25). A alegria do mundo é o viveiro do eterno pranto.

"E como uma víbora injetar-te-á o seu veneno." Aqui vinho, lá veneno. E lá pelo fim desse trecho evangélico lemos: "Todo o homem", que tem sabor de *húmus* (terra), "serve primeiro o vinho bom", o prazer do mundo, "e quando já tiverem bebido bem, então lhes apresenta o inferior" (Jo 2,10), isto é, beberá no inferno o veneno de morte que a víbora, isto é, o diabo, dará de beber às almas dos condenados. Mas ai, quão "amarga será a bebida para os que a beberem" (Is 24,9), aqueles que antes embriagaram-se com o cálice de ouro da grande meretriz, com a qual fornicaram os reis da terra (cf. Ap 17,1-4). Por isso, suplico-nos, oxalá que, nas núpcias da esposa e do esposo, venha a faltar o vinho da alegria do mundo. Quando vier a faltar, verificar-se-á aquilo que diz o evangelho: "A Mãe de Jesus disse ao Filho: Não têm mais vinho" (Jo 2,3).

Observa, porém, que Maria, como se deduz dos evangelhos de Lucas e de João, falou só seis vezes, disse somente seis palavras. A primeira, "Como acontecerá isto?" (Lc 1,34); a segunda, "Eis a serva do Senhor" (Lc 1,38); a terceira, "A minha alma glorifica o Senhor" (Lc 1,46); a quarta, "Filho, por que fizeste isso conosco?" (Lc 2,48); a quinta, "Não têm mais vinho" (Jo 2,3); a sexta, "Fazei tudo o que ele vos disser" (Jo 2,5). Estas seis expressões são como que os seis degraus de marfim do trono de Salomão, as seis pétalas do lírio, os seis braços do candelabro. Na primeira frase é indicado o firme propósito de manter inviolada a sua virgindade; na segunda, o seu sublime exemplo de obediência e de humildade; na terceira, sua exultação pelos privilégios que lhe foram concedidos; na quarta, sua solicitude pelo Filho; na quinta, sua participação nas necessidades dos outros; na sexta, sua certeza no poder do Filho.

6. "Mulher, que nos importa isso a mim e a ti? Ainda não chegou a minha hora" (Jo 2,4). Deus, Filho de Deus, recebeu da Bem-aventurada Virgem a natureza humana. Na unidade da pessoa, o Pai pôs a divindade, a mãe, a humanidade; o Pai, a majestade, a Mãe, a fraqueza. Da divindade teve o poder de mudar a água em vinho, de devolver a vista aos cegos, de ressuscitar os mortos; da fraqueza de sua humanidade teve, porém, a possibilidade de ter fome, de ter sede, de ser amarrado, coberto de escarros e crucificado.

Diz, portanto: "Mulher, que nos importa isso a mim e a ti?" Repare nas duas palavras: *mihi* e *tibi*. No *mihi*, a mim, é indicada a divindade; no *tibi*, a ti, é indicada a humanidade. Como se tivesse dito à sua Mãe: Tu pedes que agora seja operado um milagre, o que *a mim* é possível, da parte da divindade; *a ti*, porém, isto é, à humanidade, que recebi de ti, devo a capacidade de sofrer a paixão.

E assim acrescenta: "Ainda não chegou a minha hora", isto é, a hora da paixão, na qual serei como que esmagado no lagar, e minhas vestes serão como aquelas dos que pisam na tina (cf. Is 63,2-3). Ainda não chegou a hora em que Judas levantará o seu calcanhar sobre o cacho de uva, do qual brotará o vinho que inebria "os corações daqueles que procuram o Senhor" (Sl 104,3). Ainda não chegou a hora em que a uva da humanidade que recebi de ti será esmagada com a prensa da cruz, para que dela escorra o vinho que alegra o coração do homem (cf. Sl 103,15). Quando chegar aquela hora, que nos importará isso a mim e a ti, mulher?

7. "Ora, estavam ali seis talhas (jarras) de pedra, preparadas para a purificação dos judeus, que levavam cada uma duas ou três metretas" (Jo 2,6). Em Caná da Galileia, isto é, na alma que no zelo do amor passou dos vícios para as virtudes, há seis talhas, quer dizer a contrição, a confissão, a oração, o jejum, a esmola e o perdão das ofensas, dado de todo o coração. São estas que purificam os judeus, isto é, os penitentes, de todos os seus pecados.

A contrição purifica; diz o Senhor por boca de Ezequiel: "Derramarei sobre vós uma água pura, e vós sereis purificados de todas as vossas imundícies" (Ez 36,25); e Jeremias: "Lava, Jerusalém, o teu coração de toda a maldade, para que sejas salva. Até quando permanecerão em ti pensamentos pecaminosos?" (Jr 4,14). A contrição lava a maldade do coração e o purifica dos pensamentos iníquos; e diz o Levítico: "Lavarão com água os intestinos e as patas" das vítimas (Lv 1,13). Nos intestinos são indicados os pensamentos impuros; nas patas, os desejos carnais: tudo se lava na água da contrição. "Tu me lavarás, e ficarei mais branco do que a neve" (Sl 50,9).

Também a confissão purifica, e por isso se diz: Tudo se lava na confissão (Bernardo). Diz Jeremias: "Derrama o teu coração como água diante do Senhor" (Lm 2,19). Diz "como água", não como vinho, ou leite, ou mel. Quando derramas vinho, no vaso permanece o cheiro; quando derramas o leite, permanece a cor; quando derramas o mel, permanece o sabor; mas quando derramas a água, nenhum traço disso permanece no vaso.

No cheiro do vinho é simbolizada a fantasia do pecado, na cor do leite a admiração da beleza vã e no sabor do mel a recordação do pecado confessado, unida à complacência da mente. São essas as sobras malditas de que fala o salmo: "Fartaram-se de filhos", isto é, de obras más, ou de carne de porco, quer dizer, da imundície do pecado, "e deixaram suas sobras para seus netos" (Sl 16,14), isto é, para os impulsos instintivos. Tu, porém, quando derramas o teu coração na confissão, derrama-o como água, a fim de que todas as imundícies e qualquer traço delas seja totalmente apagado, e assim serás purificado do pecado.

E também a oração purifica. Diz o Senhor: "Virão chorando e eu os reconduzirei à oração e os guiarei para as torrentes de água" (Jr 31,9). E o Eclesiástico continua: "Não desprezará a oração do órfão" isto é, do humilde penitente que diz: "Meu pai e minha mãe", isto é, o mundo e a concupiscência da carne, "abandonaram-me; o Senhor, porém, tomou conta de mim" (Sl 26,10); "não desprezará a viúva", isto é, a alma do penitente, já separada do diabo e do vício, "que lhe fala com os seus gemidos. Não correm as lágrimas da viúva por suas faces e não clama ela contra aquele que lhas fez derramar? Porque, das faces, elas sobem até o céu, e o Senhor, que a ouve, não gostará de vê-la chorar. Aquele que adora a Deus com alegria, será por ele amparado, e a sua prece chegará até as nuvens. A oração do que se humilha penetrará as nuvens" (Eclo 35,17-21).

Igualmente o jejum purifica. Diz o Profeta Joel: "Convertei-vos a mim de todo o vosso coração com jejuns, com lágrimas e com gemidos" (Jl 2,12); e Mateus: "Tu, porém, quando jejuas, perfuma a cabeça e lava o teu rosto" (Mt 6,17). Após o jejum de quarenta dias, Moisés mereceu receber do Senhor a lei perfeita (cf. Ex 34,28; Dt 9,9), lei que converte e purifica a alma (cf. Sl 18,8); e Elias mereceu ouvir o sopro de uma leve brisa (cf. 1Rs 19,12). A saliva do homem em jejum mata as serpentes. Grande poder do jejum, que cura a peste da alma e desmascara as ciladas do eterno inimigo.

E também a esmola purifica: "Dai esmolas... e eis que todas as coisas serão puras para vós" (Lc 11,41). Assim como a água extingue o fogo, a esmola apaga o pecado (cf. Eclo 3,33). E diz ainda o Eclesiástico: "A esmola do homem é como um saco pequeno que ele leva consigo, e conservará a graça do homem como a menina dos olhos" (Eclo 17,18). A esmola é representada no saco, porque aquilo que nele se põe, será depois encontrado na vida eterna. É o que diz também o Eclesiastes: "Lança o teu pão sobre as águas que passam", isto é, dá-o aos pobres que passam de lugar em lugar e de porta em porta, "e depois de muito tempo", isto é, no dia do juízo, "encontrá-lo-ás" (Ecl 11,1), isto é, terás sua recompensa: "Tive fome e me destes de comer" (Mt 25,35). És peregrino, ó homem! Leva esse saco pelo caminho de tua peregrinação, para que, quando à tarde chegares à tua hospedagem, possas encontrar ali o pão com o qual te alimentarás.

8. "A esmola conserva também a graça como a pupila dos olhos." Para conservar a agudez da vista existe uma película muito tênue, que está sobre a pupila; e para a proteção dos olhos foram criadas as pálpebras; e todo animal fecha os olhos para não deixar que corpos estranhos entrem neles, e isso não voluntariamente, mas por um estímulo natural; e o homem, tendo essa película muito mais sutil do que todos os outros animais, fecha os olhos com grande frequência. A ave, porém, quando fecha os olhos, fecha-os somente com a pálpebra inferior. Como a pálpebra preserva a pupila cobrindo-a, assim também a esmola preserva a graça, que é como a pupila da alma, por meio da qual a alma vê. É isso que diz Tobias: "A esmola livra de todo o pecado e da morte, e não consente que as almas caiam nas trevas" (Tb 4,11).

Assim como o homem fecha com muita frequência os olhos por um instinto natural, também deve dar esmola com frequência para conservar a graça. A própria natureza lhe ensina e o leva a fazer isso. Diz Jó: "Visitando a tua espécie, não pecarás" (Jó 5,24). A tua espécie, ó homem, é o outro homem: como por inclinação natural provês a ti mesmo, assim deve prover também o outro: "Ama o teu próximo como a ti mesmo" (Mt 19,19). E o homem deve fazer isso porque a película dos seus olhos é mais sutil do que a dos outros animais. A sutileza da película simboliza a compaixão da mente, que é e deve ser maior do que em qualquer outro ser vivo.

O animal dá a prova de ser "bruto", isto é, feroz, precisamente porque lhe falta a compaixão.

Diz Moisés: "O peregrino, o órfão e a viúva, que estão dentro de tuas portas, comerão e se saciarão, e o Senhor teu Deus te abençoe em todas as obras de tuas mãos" (Dt 14,29); e ainda: "Eu te ordeno que abras a mão para o teu irmão necessitado e pobre, que vive contigo na terra" (Dt 15,11).

Igualmente, o perdão da ofensa purifica a alma dos pecados. Diz o Senhor: "Se perdoardes aos homens as suas culpas, também o vosso Pai celeste perdoar-vos-á os vossos delitos" (Mt 6,14). Quem faz isso é como a ave, que fecha os olhos com as pálpebras inferiores.

A ave é chamada em latim *avis*, de *a* privativo, sem, e *vis* que soa quase como *via*. De fato, quando voa, não segue uma via, um caminho. Assim quem perdoa aquele que o ofende não tem no seu coração a via (o caminho) do rancor e do ódio; e fecha os olhos com as pálpebras inferiores, quando, de todo o coração, perdoa a ofensa recebida. E essa é a esmola espiritual, sem a qual qualquer obra boa é privada da recompensa da vida eterna.

Diz o Eclesiástico: "Perdoa ao teu próximo que te ofendeu, e então, quando pedires, ser-te-ão perdoados os pecados. Um homem conserva a ira contra outro homem, e pede que Deus o cure? Não tem compaixão dum homem seu semelhante, e pede perdão de seus pecados? Ele, sendo carne, conserva rancor, e pede que Deus lhe seja propício? Quem perdoará os seus pecados?" (Eclo 28,2-5). "Lembra-te da aliança do Altíssimo" – que diz: "Perdoai e sereis perdoados" (Lc 6,37) –, "e não faças caso da ignorância do próximo. Abstém-te de litígios, e diminuirás os pecados" (Eclo 28,8-10). Não faz caso da ignorância do próximo aquele que atribui a ofensa recebida precisamente à ignorância, e não à malícia: assim finge que não a percebeu e, portanto, não a conserva no coração.

9. Eis, pois, as seis talhas de pedra, tiradas daquela pedra "que os construtores rejeitaram" (Sl 117,22), cortada "do monte sem intervenção de mãos humanas" (Dn 2,34). E como estão cheias? "Até a borda" (Jo 2,7), com a água da salvação. "Cada uma continha duas ou três metretas." A *metreta* era uma medida [de cerca de 40 litros]. Nas talhas que continham duas é simbolizado o amor de Deus e do próximo, naquelas que continham três, a profissão de fé na Santíssima Trindade: isso é necessário a todas as mencionadas talhas.

O Apóstolo nomeia, com outras palavras, essas seis talhas na epístola de hoje (cf. Rm 12,11-14). Diz: "Sede fervorosos de espírito": eis a contrição, que é a *primeira* talha. Presta atenção à palavra "fervorosos". Como as moscas não ousam entrar numa panela que ferve, assim num coração verdadeiramente contrito não podem entrar "as moscas mortas que perdem o perfume do unguento" (Ecl 10,1). "Alegres na esperança": eis a confissão (a *segunda* talha). Na confissão, o pecador deve alegrar-se na esperança do perdão, e não menos, doer-se por haver cometido a culpa. "Perseverantes na oração", eis a *terceira* talha. "Tomando parte nas necessidades dos santos" (a *quarta* talha): eis o jejum. Nas necessidades, isto é, no jejum e na abstinência, os santos foram afligidos e atribulados: o mundo não era digno deles (cf. Hb 11,37-38); "nas fadigas [diz o Apóstolo], nas vigílias e nos jejuns" (2Cor 6,5). Mas essas palavras podem também ser aplicadas à esmola material. E de fato acrescenta: "Exercei a hospitalidade", que é a *quinta* talha. "Abençoai os que vos perseguem; abençoai-os e não os amaldiçoeis", eis a *sexta* talha, isto é, o perdão as ofensas.

10. "Disse-lhes Jesus: Tirai agora e levai ao mestre-sala (arquitriclino). Quando o arquitriclino provou a água convertida em vinho" etc. (Jo 2,8-9). Encontramos sobre isso uma concordância no Gênesis, quando José, depois de lavado o rosto das lágrimas, diz: Trazei de comer. Depois que a refeição foi servida, à parte para José, à parte para seus irmãos e à parte também para os egípcios. E os irmãos de José beberam e se alegraram com ele (cf. Gn 43,31-34).

José, filho que cresce e formoso de aspecto" (Gn 49,22) é figura de Jesus Cristo. Cristo foi como o grão de mostarda, de profundíssima humildade, mas depois cresceu e tornou-se uma grande árvore, em cujos ramos moram as aves do céu (cf. Mt 13,31-32), isto é, aqueles que contemplam as coisas celestes. Ele é "o mais belo entre os filhos do homem" (Sl 44,3), "e nele os anjos desejam fixar o olhar" (1Pd 1,12). Ele lavará o rosto das lágrimas, como diz Isaías: "O Senhor enxugará as lágrimas de todas as faces" (Is 25,8), quando mudar a água das seis talhas no vinho do gozo celeste; a água da contrição será agora convertida no vinho da alegria do coração. Com efeito, o Senhor promete: "Ver-vos-ei novamente e o vosso coração se alegrará e ninguém poderá tirar-vos a vossa alegria" (Jo 16,22). Então, o coração que agora "é contrito e humilhado" (Sl 50,19) será jucundo e alegre pelo vinho da alegria. Diz Salomão: "O coração que conheceu a amargura, o estranho não se misturará na sua alegria" (Pr 14,10).

Igualmente, a água de uma confissão banhada de lágrimas será mudada no vinho do louvor divino. Diz Isaías: "Voltarão e hão de vir a Sião cantando louvores; e uma alegria eterna coroará a sua cabeça; possuirão gozo e alegria; e deles fugirá a dor e o gemido" (Is 35,10), em que se encontravam antes, na confissão de seu pecado.

De maneira semelhante, a água da oração banhada de lágrimas será mudada no gozo da contemplação da Trindade e da Unidade. Sempre Isaías: "Juntos cantarão louvores, porque verão com os seus olhos o Senhor que faz Sião retornar" (Is 52,8).

E também o jejum será mudado na alegria de uma excelente vindima. Isaías: "O Senhor dos exércitos fará neste monte para todos os povos um banquete de manjares deliciosos" etc. (Is 25,6).

Veja o sermão do II domingo depois de Pentecostes, parte primeira: "Um homem fez uma grande ceia".

E ainda, a dupla esmola, aquela material, e o perdão da ofensa recebida, que é a esmola espiritual, será mudada na alegria da dupla estola, isto é, na glorificação da alma e do corpo. Isaías: "Possuirão na sua terra dupla porção e terão uma alegria eterna" (Is 61,7).

11. Portanto, "José, tendo lavado o rosto das lágrimas, disse: Trazei de comer (Gn 43,31)". É o que diz o Senhor: "Eu preparo para vós um reino, como o Pai o preparou para mim, para que possais comer e beber à minha mesa no meu reino" (Lc 22,29-30). Mas, à parte para José, à parte para seus irmãos e à parte também para os egípcios. É o que diz Mateus: "Quando o Filho do homem vier na sua majestade com todos os seus anjos, sentar-se-á sobre o trono de sua glória. E serão reunidos diante dele todos os povos; e ele separará uns dos outros como o pastor separa as ovelhas dos cabritos. E porá as ovelhas à sua direita e os cabritos à sua esquerda" (Mt 25,31-33).

"Beberam junto com ele e se alegraram." Eis agora o arquitriclino, junto ao qual seremos inebriados da abundância de sua casa (cf. Sl 35,9). *Arqui*, isto é, o príncipe, *tri*, três, *clino*, leito: portanto *o príncipe de três ordens de leitos*: os leitos sobre os quais os antigos costumavam recostar-se para comer. As três ordens de leitos simbolizam as três categorias de fiéis da Igreja: os casados, os castos e as virgens, príncipe dos quais é o bom Jesus: ele "os fará acomodar-se à mesa e depois passará para servi-los" (Lc 12,37).

Irmãos caríssimos, imploremos humildemente a este príncipe que conceda também a nós celebrar as bodas em Caná da Galileia, encher de água as seis talhas, para podermos beber com ele o vinho do gozo eterno nas bodas da celeste Jerusalém.

Digne-se no-lo conceder ele que é bendito, digno de louvor e glorioso pelos séculos eternos. E toda a alma, esposa do Espírito Santo, responda: Amém. Aleluia.

II DOMINGO DEPOIS DA OITAVA DA EPIFANIA

Temas do sermão

• Evangelho do II domingo depois da oitava da Epifania: "Tendo Jesus descido do monte, uma grande multidão o seguiu. E eis que se aproximou um leproso"; o evangelho divide-se em duas partes.

• Primeiramente sermão contra os ricos e os sábios deste mundo: "Não foi a erva nem um unguento que os curou".

• Parte I: Contra aqueles que são infectados pela lepra da vanglória, da luxúria e da avareza: "Quando sobre a pele aparecer uma cor branca".

• As três virtudes sem as quais ninguém pode ser limpo da lepra do pecado: "Eis que um leproso".

• Só se deve esperar a recompensa da vida eterna: "Vê, não o digas a ninguém".

• A dupla oferta que todo o penitente deve fazer para a sua purificação: "Disse o Senhor a Moisés".

• Conta os prudentes do mundo: "Não queirais ser prudentes aos vossos olhos".

• Parte II: Sermão sobre a guerra que o diabo move contra o justo, e os cinco soldados que o defendem: "Aos inimigos apareceram no céu cinco cavaleiros".

EXÓRDIO – SERMÃO CONTRA OS RICOS E OS SÁBIOS DESTE MUNDO

1. Naquele tempo, "Tendo Jesus descido do monte, uma grande multidão o seguiu. E eis que se aproximou um leproso" etc. (Mt 8,1-2).

Lemos no Livro da Sabedoria: "Não foi a erva que os sarou, nem unguento algum, mas sim é a tua palavra onipotente, Senhor, a que sara todas as coisas" (Sb 16,12). Dê atenção a estas duas palavras: erva e unguento. Na erva são indicadas as riquezas transitórias; no unguento, ou emplastro, a sabedoria deste mundo.

O verdor da erva representa o luxo da riqueza, que seca quando arde a chama da morte. Diz Tiago: "O rico passará como a flor da erva; porque o sol rompeu ardente, a erva secou e a flor caiu e perdeu a beleza do seu aspecto; assim também murchará o rico nos seus caminhos" (Tg 1,10-11). E Isaías: "A cana e o junco murcharão" (Is 19,6). Na cana, que externamente é brilhante e no interior é vazia, é simbolizada a vanglória; no junco, que é ávido de água, a cobiça das riquezas, que depois da morte murcharão. Diz Isaías: "Será como a flor caduca da esplêndida glória de Efraim" (Is 28,4), isto é, dos carnais, que dizem: "Não deixemos passar a flor da primavera; coroemo-nos de rosas, antes que murchem; não haja prado algum em que a nossa intemperança não se manifeste" (Sb 2,7-8).

Ó desventurados! Que proveito tem o ladrão se for arrastado para a forca através de um prado verdejante e florido? E ao rico epulão, que vantagem lhe deu a púrpura e o linho finíssimo, se pouco depois foi sepultado no inferno? (cf. Lc 16,19.22). "Eu sei [diz Jó] que a glória dos ímpios é breve e a alegria do hipócrita dura um momento" (Jó 20,4-5), isto é, dura um só instante. Eis que agora sabes por que a erva das riquezas não cura a alma da doença do pecado, antes a mata. Com efeito, naquela erva não há saúde, mas veneno; veneno que só se expele com o antídoto da pobreza.

Assim, nem o unguento (o bálsamo) da sabedoria do mundo dá a saúde, porque, como diz Isaías: "Os sábios conselheiros do faraó deram-lhe um conselho insensato" (Is 19,11). A alma dos que buscam o Senhor não deve ater-se a tal conselho (cf. Gn 49,6). Sua sabedoria se desvaneceu (cf. Sl 106,27): eles estão sempre estudando, mas nunca chegam ao conhecimento da verdade (cf. 2Tm 3,7). "Como Janes e Jambres – sábios do faraó – opuseram-se a Moisés, assim também estes resistem à verdade, homens corrompidos do espírito, réprobos acerca da fé; todavia não irão avante" (2Tm 3,8-9). De que modo, pois, poderão dar a saúde aqueles que da saúde estão tão distantes? Não é, pois, a erva das riquezas que cura o leproso; antes, o que é pior, torna leproso quem é sadio. Nem o unguento da sabedoria terrena cura o servo paralisado, mas, pior ainda, atormenta-o cruelmente (cf. Mt 8,6). "São sábios em fazer o mal, mas não sabem fazer o bem" (Jr 4,22).

Ao contrário, é a tua onipotente palavra, Senhor – "Quero, sê limpo!" (Mt 8,3), e "Vai, faça-se segundo a tua fé" (Mt 8,13) –, que cura o leproso e o servo paralítico do centurião. De tudo isso fala o evangelho de hoje: "Tendo Jesus descido do monte".

2. Neste evangelho, devem ser considerados dois eventos: a cura do leproso e a do servo paralítico. O primeiro onde diz: "Tendo Jesus descido do monte"; o segundo: "E tendo entrado em Cafarnaum".

No introito da missa de hoje canta-se: "Adorai o Senhor, vós todos os seus anjos" (Sl 96,7). Lê-se, depois, a Carta aos Romanos: "Não queirais ser prudentes aos vossos olhos"; dividi-la-emos em duas partes e a confrontaremos com as duas partes do trecho evangélico. A primeira parte: "Não queirais" etc.; a segunda: "Se teu inimigo tiver fome".

I – CURA DO LEPROSO

3. "Tendo Jesus descido do monte." Vejamos o que significa o monte, e o que significa a descida de Jesus.

O monte é a eternidade da glória celeste. Diz o salmo: "Quem subirá ao monte do Senhor?" (Sl 23,3). Aquele que desce de si mesmo "e se humilha, faz-se pequeno como uma criança" (Mt 18,4), este é aquele que desce do monte. A descida de Jesus na carne humana foi sua humilhação: "Abaixou os céus" da divindade "e desceu" (Sl 17,10) ao seio da Virgem Mãe.

Mas visto que já tratamos várias vezes desse assunto, para que a repetição não nos enfastie, não queremos insistir mais; passemos, então, à cura do leproso, como ela aconteceu e qual seja seu significado moral.

"E eis que aproximando-se um leproso, prostrou-se diante dele" (Mt 8,2).

Para as várias espécies de lepra e seu significado, veja o evangelho dos dez leprosos, sermão do XIV domingo depois de Pentecostes, Parte II.

Esse leproso é figura do pecador coberto da lepra do pecado mortal. O Levítico diz: "Quando sobre a pele aparecer uma cor branca e os cabelos tiverem mudado de cor e aparecer também a carne viva, julgar-se-á esta lepra muito inveterada e muito arraigada na pele" (Lv 13,10-11). Na cor branca são indicadas a soberba e a vanglória; na mudança de cor dos cabelos, a avareza; na carne viva, a luxúria. Eis a lepra já inveterada.

Diz o Senhor: "Ai de vós, escribas e fariseus hipócritas, que vos assemelhais a sepulcros caiados: por fora parecem belos de se ver, mas por dentro estão cheios de ossos de mortos e de toda a podridão. Assim também vós, por fora pareceis justos aos homens, mas por dentro estais cheios de hipocrisia e de iniquidade" (Mt 23,27-28). E Paulo: "Deus te baterá a ti, parede branqueada!" (At 23,3).

Assim também, sobre a mudança produzida pela avareza, diz Jacó a Lia e a Raquel: "O vosso pai enganou-me, e mudou dez vezes a minha recompensa" (Gn 31,7). Quantas vezes a avareza muda a cor dos cabelos, isto é, os pensamentos da mente! "O insensato, isto é, o avarento, muda como a lua" (Eclo 27,12). Cresce e míngua, e não pode permanecer o mesmo; tem dois pesos e duas medidas, e por isso, é abominável diante de Deus (cf. Pr 20,10).

Daí a afirmação de Miqueias: "Os tesouros da iniquidade ainda estão na casa do ímpio, como um fogo, e a desfalcada medida está cheia de ira. Porventura poderei eu aprovar a balança injusta e os saquinhos dos pesos enganosos? Por causa destas coisas é que os ricos desta cidade estão cheios de iniquidade e os seus habitantes proferem a mentira e a língua é enganadora na sua boca" (Mq 6,10-12). Quantas línguas, tantas consciências. Esta não é "a mudança da direita do Altíssimo" (Sl 76,11). "A direita deles está cheia de subornos" (Sl 25,10), e por isso, serão postos à esquerda.

Igualmente, a luxúria é chamada assim pelo luxo da comida e da bebida, cujo excesso provoca a carne viva e descarada. Vivendo desse modo, "nenhum vivente será justificado na tua presença" (Sl 142,2), antes, será condenado. Diz Rebeca no Gênesis: "Estou desgostosa da minha vida por causa das filhas de Hit", nome que se interpreta "vida". "Se Jacó tomar mulher da linhagem desta terra, não quero mais viver" (Gn 27,46). Jesus Cristo, crucificado e morto, não tomou uma "esposa viva", mas crucificada e morta. De fato, diz o Apóstolo: "Os que são de Cristo crucificaram sua carne com seus vícios e suas paixões" (Gl 5,24), e acrescenta: "Eu trago no meu corpo os estigmas do Senhor Jesus" (Gl 6,17).

Carne viva, carne leprosa: sua vida não é vida, deve antes chamar-se morte. Quem estiver nesse estado e quiser viver, venha à vida, como fez o leproso, do qual se diz:

4. "E eis que, aproximando-se um leproso, prostrando-se o adorava dizendo: Senhor, se tu queres, podes limpar-me" (Mt 8,2). Nas três palavras: aproximou-se, adorou e disse, são indicadas a contrição, a confissão e a fé, que são absolutamente necessárias a todo o pecador. O pecador deve primeiramente ir a Deus com a contrição. Diz-se no Cântico dos Cânticos: "Vem do Líbano!" (Ct 4,8), isto é, vem do falso brilho da vaidade do mundo; e no Apocalipse: "Quem ouve, diga: Vem!" (Ap 22,17). Quem ouve na sua mente o sopro da brisa leve (cf. 1Rs 19,12-13), que é a inspiração interior, deve dizer ao pecador: Vem, por meio da contrição. Também Isaías diz: "Se quiserdes buscar, buscai; convertei-vos e vinde" (Is 21,12).

"O leproso, pois, aproximou-se e o adorou." Eis a humildade da confissão, da qual Marcos, com maior precisão, diz: "Foi ter com ele um leproso, fazendo-lhe suas súplicas, e, pondo-se de joelhos, disse-lhe: Se queres..." (Mc 1,40). Assim o pecador, quando vai para a confissão, deve dobrar os joelhos diante do sacerdote, que representa Cristo, ao qual o próprio Cristo deu o poder de ligar e de desligar. O pecador deve professar uma fé tão grande na dignidade do ministério do sacerdote, a ponto de dizer-lhe: "Senhor, se queres, podes limpar-me", e absolver-me dos meus pecados.

"Jesus, estendendo a mão, tocou-o, dizendo: Quero, sê limpo!" (Mt 8,3), assim, de modo imperativo. Ó mãos cheias de graça, mãos de ouro, cheias de jacintos (cf. Ct 5,14), a cujo toque solta-se o nó da língua do mudo, ressuscita a filha do chefe da sinagoga, a lepra do leproso é limpa! Diz Isaías: "A minha mão fez tudo isso" (Is 66,2). *Mão* soa quase como *munus*, dom. Estende, pois, ó Senhor, para dar o dom, aquela mão que foi estendida por um cravo na cruz, e toca o leproso; tudo o que com ela tocares, será limpo e curado.

"E tocando-lhe o ouvido – narra Lucas – curou-o" (Lc 22,51). Estendeu a mão e deu-lhe o dom da cura dizendo: "Quero, sê limpo; e imediatamente foi limpo de sua lepra" (Mt 8,3). "Ele faz tudo o que quer" (Sl 113B,3). Entre seu dizer e seu fazer não há distância alguma.

A mesma coisa o Senhor opera cada dia na alma do pecador pelo ministério do sacerdote, que também deve realizar esses três atos: estender, tocar, querer. Estende a mão quando faz a Deus a sua oração pelo pecador e sente compaixão por ele; toca-o quando o consola e promete-lhe o perdão; tem a vontade de limpá-lo quando o absolve dos seus pecados. E esse é o tríplice "apascentar", que Jesus dirigiu a Pedro, quando lhe disse "Apascenta... apascenta... apascenta!" (Jo 21,15-17).

5. "E Jesus disse-lhe: Vê, não o digas a ninguém!" (Mt 8,4). Certamente não dizem e não pensam assim aqueles que, quando fazem alguma coisa boa, tocam a trombeta diante de si e sua esquerda sabe muito bem o que fez sua direita (cf. Mt 6,3); aqueles que "prostituem sua filha", quando Moisés o proibia dizendo: "Não prostituas a tua

filha" (Lv 19,29). A "tua filha" é a tua obra boa, que pões no prostíbulo quando a vendes no bordel do mundo pelo dinheiro da vanglória.

Ó miserável comércio! Vender o prêmio do Reino dos Céus pelo vento que sai da boca do homem! Vê, não o digas a ninguém, não mostres a alguém as tuas coisas. Irmão, não te bastam Deus e a tua consciência? Que vantagem te dá a língua do homem, que, louvando, condena e condenando louva? Que lança o justo nas profundezas do inferno, e, ao contrário, pretende elevar o iníquo até o trono de Deus e do anjo? Vê, portanto, não o digas a ninguém. Diz o Eclesiástico: "Não dês à tua água a mais ligeira abertura" (Eclo 25,34). E Isaías: "O meu segredo é para mim, o meu segredo é para mim!" (Is 24,16).

Lemos no Quarto livro dos Reis que, sob a palavra de Eliseu, "a mulher foi e fechou a porta atrás de si e de seus filhos" (2Rs 4,5). E Mateus: "Fecha a porta, ora a teu Pai em segredo; e teu Pai, que vê o secreto, recompensar-te-á" (Mt 6,6). E Lucas: "Não passeis de casa em casa" (Lc 10,7). Vê, pois, não o digas a ninguém. A natureza colocou duas portas diante da língua: os dentes e os lábios, exatamente para que aquela meretriz, que gosta sempre do lugar público, não vá para fora, para a praça, "loquaz, inquieta e impaciente" (Pr 7,10-11). Fecha, pois, os dentes, aperta os lábios, para que a meretriz não saia para o bordel. Com efeito, diz o Eclesiástico: "Não dês à mulher má a permissão de sair em público" (Eclo 25,34), e assim obedecerás à ordem de Cristo: "Vê, não o digas a ninguém!"

"Mas vai e mostra-te aos sacerdotes" (Mt 8,4). Para o significado dessas palavras veja o evangelho dos dez leprosos: "Quando Jesus ia para Jerusalém" (Lc 17,11); sermão do XIV domingo depois de Pentecostes, parte II.

6. "E faze a oferta que Moisés ordenou, em testemunho de tua cura" (Mt 8,4). Lemos no Levítico: "O Senhor falou a Moisés dizendo: Este é o rito do leproso, quando houver de ser purificado: Será levado ao sacerdote; e este, saindo fora dos acampamentos e vendo que a lepra está curada, ordenará ao que deve ser purificado que ofereça por si duas aves vivas, das que é permitido comer, e madeira de cedro e escarlate e hissopo. E mandará que uma das aves seja imolada num vaso de barro, sobre água viva (de fonte); e molhará a outra ave viva e a madeira de cedro e o escarlate e o hissopo no sangue da ave imolada e com ele aspergirá sete vezes aquele que está para se purificar, a fim de que seja legitimamente purificado; e soltará a ave viva para que voe para o campo" (Lv 14,1-7). Depois, aquele que deve ser purificado "tomará (oferecerá) dois cordeiros sem defeito e uma ovelha de um ano sem defeito e três dízimas de flor de farinha borrifada com azeite, para o sacrifício, e separadamente um sextário de azeite" (Lv 14,10). "Se [o leproso] for pobre e as suas posses não puderem alcançar o que está indicado, tomará um cordeiro para a oblação pelo pecado, e uma dízima de flor de farinha borrifada com azeite para o sacrifício e um sextário de azeite e duas rolas ou dois pombinhos, um dos quais seja pelo pecado e o outro para o holocausto. E ofereça-os ao sacerdote à porta do tabernáculo do testemunho diante do Senhor" (Lv 14,21-23).

Vejamos o significado moral desse rito. Primeiramente, são duas as espécies de penitentes que são limpos da lepra do pecado: a primeira, encontra-se na religião (ordem religiosa), a segunda, no mundo. Os religiosos devem fazer a primeira oferta. Os outros, isto é, os casados e os bons cristãos, obrigados a ocupar-se também com as coisas do século, que não são tão ricos de virtudes, devem fazer a segunda.

As duas aves vivas são o corpo e o espírito do religioso, que pode dizer com o Apóstolo: "Já não sou eu que vivo, mas é Cristo que vive em mim" (Gl 2,20). Oferece essas duas aves ao Senhor por sua purificação. Com efeito, no Livro dos Juízes diz: "Vós os que voluntariamente vos expusestes ao perigo, bendizei o Senhor. Vós os que montais jumentos cansados[1], os que vos sentais no tribunal e os que andais pelo caminho" (Jz 5,9-10). Os jumentos cansados são os corpos dos religiosos, que carregam o peso do dia e o calor (cf. Mt 20,12), e que devem ser nutridos, como os jumentos, com alimentos ordinários e frugais. Diz o Eclesiástico: "Para o jumento, forragem, vara e carga; ao escravo, pão, correção e trabalho" (Eclo 33,25), isto é, para o religioso, que se senta no tribunal quando obedece ao seu superior, e anda pelo caminho de que fala Jeremias: Este é o caminho, andai por ele (cf. Jr 6,16); o próprio Caminho que diz: "Eu sou o caminho, a verdade e a vida" (Jo 14,6).

Deve também oferecer madeira de cedro, na qual é representada a pobreza, e o pano escarlate ou coco, que simboliza a caridade, e o hissopo, no qual é indicada a humildade. O cedro sublime da pobreza, que com seu perfume expulsa as serpentes da avareza e da rapina, concorda bem com o hissopo da humildade, que cura o inchaço do pulmão, isto é, o orgulho, mediante o pano escarlate da dupla caridade [para com Deus e para com o próximo]. "E imolará uma das duas aves", isto é, o corpo, para poder dizer com o Apóstolo: "Para mim, o mundo está crucificado, e eu para o mundo" (Gl 6,14); e ainda: "Eu já estou para ser oferecido em libação" (2Tm 4,6), isto é, sou oferecido em sacrifício. "Num vaso de barro." Diz o Apóstolo: "Temos este tesouro em frágeis vasos de barro" (2Cor 4,7).

"Sobre água viva", que é a compunção das lágrimas: são vivas quando fluem da fonte superior e da inferior (cf. Jz 1,15). Diz Zacarias: "Naqueles dias sairão águas vivas de Jerusalém", isto é, do coração do penitente; "metade para o mar oriental", eis a fonte superior; "e a outra metade para o mar ocidental" (Zc 14,8), eis a fonte inferior. O mar oriental é a amargura, em vez do esplendor da luz eterna; o mar ocidental é a aguda aflição por ter cometido o pecado, pela demora deste exílio terreno, pelos pecados do próximo. Portanto, o religioso sacrifica a ave num vaso de barro sobre a água viva, quando crucifica seu corpo com seus vícios e suas concupiscências, e na amargura de sua alma medita sobre a fragilidade da vida e sobre a infelicidade do exílio.

"A outra ave viva..." A ave viva representa o espírito que, junto com a madeira de cedro da pobreza, com o escarlate da caridade e o hissopo da humildade, deve ser

---

1. O texto latino diz *nitentes asini*. Em geral traduz-se *nitentes* por luzidios, resplendentes, de *niteo*; mas pode significar também "que se cansa", de *nitor*. Talvez, na sua aplicação, Santo Antônio pensa no segundo significado: "jumentos cansados".

molhada no sangue da ave imolada, isto é, do corpo, sobre o altar da penitência. Com efeito, o sofrimento e a maceração do corpo, indicados no sangue, purificam e santificam o espírito, que, desse modo, mediante as virtudes acima mencionadas, sobre as asas da contemplação voa livre para o campo, isto é, para o céu.

"Tomará dois cordeiros sem defeito e uma ovelha de um ano sem defeito, três dízimas de flor de farinha e um sextário de azeite." Nos dois cordeiros é simbolizada a mansidão do espírito e do corpo, na ovelha, a reta e pura intenção em tudo aquilo que se faz e nas três dízimas de flor de farinha, a tríplice obediência, aquela prestada aos superiores, aos iguais e aos inferiores; no sextário de azeite são indicadas as seis obras de misericórdia. E essa é a oferta que cada religioso deve apresentar em expiação de seus pecados.

"Mas se for pobre" etc. No cordeiro é simbolizada a inocência da vida, no dízimo de flor de farinha, a perfeição do eterno amor, no sextário de azeite, as seis obras de misericórdia, nas duas rolas ou dois pombinhos, o duplo lamento da contrição, que o pecador deve emitir pelos pecados cometidos e pelos pecados de omissão. E essa é a oferta que, em reparação de seus pecados, devem apresentar ao Senhor os casados e as outras bravas pessoas que vivem no mundo: viver na honestidade, amar o próximo, praticar as obras de misericórdia, arrepender-se dos pecados cometidos e daqueles de omissão. Digamos, pois: "Vai e mostra-te aos sacerdotes. Faze a oferta ordenada por Moisés em testemunho por eles".

7. Com esta primeira parte do evangelho concorda a primeira parte do trecho da epístola: "Não queirais ser sábios aos vossos olhos" (Rm 12,16). A prudência da carne é a lepra da alma. "A prudência da carne é morte" (Rm 8,6). Diz Isaías: "Esta tua sabedoria e esta tua ciência seduziram-te" (Is 47,10). E Jeremias: "São sábios para fazer o mal, mas não souberam fazer o bem" (Jr 4,22). Mas "não há sabedoria, não há prudência, não há conselho contra o Senhor" (Pr 21,30), o qual "conduz os conselheiros a um fim insensato e os juízes à estultícia" (Jó 12,17). Diz o Profeta Abdias: "Farei desaparecer os sábios da Idumeia e a prudência do Monte de Esaú" (Ab 1,8). Idumeia interpreta-se "sanguinosa", Esaú, "monte de pedras". Os idumeus representam os legistas e os canonistas, que espremem o sangue dos pobres. Eles são "as duas filhas da sanguessuga", isto é, do diabo, que dizem sempre "mais, mais" e nunca "basta!" (cf. Pr 30,15). O Monte de Esaú representa as dignidades eclesiásticas, que, na Igreja de Cristo, são como montes de pedras; estes, com as pedras miliares, mostram o caminho aos outros, mas eles permanecem ali imóveis, duros e insensíveis. O Senhor fará desaparecer a sabedoria dos idumeus e a prudência deles. Não queirais, pois, ser sábios aos vossos próprios olhos.

"Não pagueis mal por mal a ninguém" (Rm 12,17), eis a mansidão e a honestidade, representadas nos mencionados cordeiros sem defeito. "Procurai fazer o bem não só diante de Deus, mas também diante de todos os homens" (Rm 12,17) eis o *sextário* de azeite, isto é, as obras de misericórdia. "Se é possível, tanto quanto depende de vós, vivei em paz com todos" (Rm 12,18): eis a ovelha sem defeito e a dízima de flor de farinha borrifada com azeite. "Não vos vingueis, ó caríssimos, mas dai lugar à ira divina" (Rm 12,19): eis os pombinhos, que são sem fel. Deixai "a mim a vingança, eu retribuirei, diz o Senhor" (Rm 12,19), que, no dia da recompensa, pronunciar-se-á a favor dos mansos e dos mansuetos da terra, isto é, das rolas e das pombas, dos penitentes e dos humildes da Santa Igreja, os quais apresentam a mencionada oferta para serem purificados de sua lepra.

Irmãos caríssimos, roguemos ao Senhor Jesus Cristo que nos limpe da lepra da soberba e da vanglória, da lepra da luxúria e da avareza, a fim de que sejamos dignos de apresentar-lhe a oferta estabelecida e, purificados de todos os pecados, mereçamos ser apresentados a ele, que é bendito nos séculos eternos. Amém.

II – CURA DO SERVO PARALÍTICO

8. "Tendo Jesus entrado em Cafarnaum, aproximou-se dele um centurião, fazendo-lhe uma súplica..." (Mt 8,5).

Para o nome de Cafarnaum e seu significado, veja o evangelho: "Havia um funcionário real, cujo filho estava doente em Cafarnaum" (Jo 4,46); sermão do XXI domingo depois de Pentecostes, parte primeira.

O Senhor não quis ir ao filho do funcionário real para não parecer alguém que honrava as riquezas; mas consentiu ir logo ao servo do centurião para não parecer (com a recusa) alguém que desprezava a condição servil. Por isso, disse: "Eu irei e o curarei" (Mt 8,7). Eis o nosso médico, que com uma única palavra cura tudo. Dele diz o Eclesiástico: "Honra o médico por causa da necessidade" (Eclo 38,1) que tens dele.

"Mas o centurião disse: Senhor, eu não sou digno de que entres na minha casa" (Mt 8,8). Zaqueu, porém, cheio de alegria acolheu o Senhor (cf. Lc 19,6). Nisso deve-se observar a maneira diferente de entender. Alguns, por causa do respeito que nutrem pelo Corpo de Cristo, dizem: Senhor, não sou digno; e por isso se abstém de aproximar-me com frequência da Eucaristia; outros, porém, precisamente para honrar o Corpo de Cristo, recebem-no com alegre reconhecimento. Diz Agostinho: Não louvo nem censuro aqueles que recebem diariamente a Eucaristia, porque alguns, exatamente por veneração, não ousam recebê-la todos os dias; outros, porém, pela mesma veneração, não ousam deixar passar um dia sem recebê-la.

"Dize, porém, uma só palavra e meu servo será curado. Pois, também eu sou um homem sujeito a outro, tendo soldados às minhas ordens, e digo a um: Vai, e ele vai; e a outro: Vem, e ele vem" (Mt 8,8-9). Disso prova-se que aquele ao qual os anjos servem, obedecem e adoram, sem a presença corporal, pode ordenar à doença que se retire e à cura que venha. Daí que se canta no introito da missa de hoje: "Adorai a Deus, vós todos os seus anjos" (Sl 96,7). "Ouvindo isso, Jesus admirou-se e disse aos que o seguiam: Em verdade vos digo: Não achei tão grande fé em Israel" (Mt 8,10), isto é, no povo israelítico do seu tempo; encontrei-a, porém, nos antigos, isto é, nos patriarcas e nos profetas. Estão excluídos dessa afirmação a Virgem e os discípulos, nos quais o céu infundiu uma fé maior.

"Ora, eu vos digo que muitos virão do Oriente e do Ocidente", isto é, virão à fé católica muitos pagãos, dos quais o centurião é figura, "e que se sentarão com Abraão, Isaac e Jacó no Reino dos Céus", isto é, repousarão com os outros que devem ser salvos; "enquanto que os filhos do reino", isto é, os judeus, "serão lançados nas trevas exteriores, onde haverá choro e ranger de dentes" (Mt 8,11-12). O choro é provocado pelo calor e o ranger de dentes, pelo frio, porque, como diz Jó, passarão das águas de neve [geladas] para um excessivo calor (cf. Jó 24,19); no inferno existe um fogo inextinguível e um gelo intolerável: são as penas às quais o Senhor se refere.

"E Jesus disse ao centurião: Vai, seja-te feito conforme creste" (Mt 8,13), pois a cada um é dado aquilo que pede, mas só na medida de sua fé. "E naquela mesma hora o servo ficou curado" (Mt 8,13). A tua palavra onipotente, ó Senhor, limpou o leproso e curou o servo.

9. **Sentido moral**. O centurião rodeado de soldados representa o prelado ou também o simples justo, que deve ser dotado de virtudes, como de soldados, para a sua defesa. Lemos no Segundo livro dos Reis: "Todo o povo e todos os homens de guerra marchavam à direita e à esquerda do Rei Davi" (2Sm 16,6); e ainda: "Todos os servos do rei iam junto dele, e também as legiões dos Cretenses" isto é, dos exterminadores, "e as dos peleteus" (2Sm 15,18), isto é, dos vivificadores: em todos estes são representadas as virtudes que destroem os vícios e dão vida à alma.

Lemos no Segundo livro dos Macabeus que quando Judas Macabeu e Timóteo entraram em combate, "no maior ardor da luta apareceram do céu aos inimigos (dos judeus) cinco homens resplandecentes, sobre cavalos adornados de freios de ouro, que serviam de guia aos judeus. Dois deles, tendo no meio de si Macabeu, cobrindo-o com suas armas, guardavam-no para que andasse sem risco de sua pessoa; lançavam dardos e raios contra os inimigos, que iam caindo feridos de cegueira e cheios de perturbação" (2Mc 10,29-30).

Timóteo interpreta-se "benéfico", mas significa o diabo, que, em relação aos que amam o mundo, agora parece benéfico, mas com o passar do tempo tornar-se-á venéfico, porque aqueles que o haviam seguido quando os incitava ao pecado encontrá-lo-ão como carrasco nos tormentos.

O diabo, pois, reunido o exército dos vícios, avança para combater contra o Macabeu, isto é, contra o justo. E quando entre as duas partes se acende uma violenta batalha, eis que aparece no céu, da misericórdia celeste, cinco personagens, isto é, cinco virtudes, que são a humildade da mente, a castidade do corpo, o amor à pobreza, a perfeição da dupla caridade e o propósito da perseverança final. Essas virtudes, "sobre o cavalo" da boa vontade – "o cavalo, diz Salomão, está pronto para a batalha, mas é o Senhor que dá a salvação" (Pr 21,31) – "com o freio" da abstinência e da disciplina, com o freio "de ouro" da discrição, "servem de guia aos judeus", isto é, aos penitentes. Mas "aos inimigos", isto é, aos demônios e aos vícios, preparam o extermínio. Com efeito, o ingresso das virtudes causa a saída dos vícios. A humildade defende e conserva incólume o Macabeu, isto é, o justo, da soberba do coração, e a castidade da depravação do corpo.

Quem é defendido por semelhantes combatentes, com muita razão poderá "dizer a alguém: Vai", isto é, poderá dizer à humildade da mente ou à paciência: Vai para a obediência, aceita qualquer dependência; vai e suporta qualquer ofensa; e as virtudes irão, porque diz o Filósofo: Goza quem é paciente nas durezas; e "sobre o meu dorso", isto é, sobre a minha paciência, "trabalharam os pecadores" (Sl 128,3). Poderá "dizer a outro Vem": isto é, poderá dizer à castidade ou à abstinência: vem frear o desejo da gula, a lubricidade da carne, e aquelas virtudes "virão". E isso vale também para todas as outras virtudes.

10. "E digo ao meu servo: Faze isto, e ele o faz" (Mt 8,9). O servo do justo é a carne, o corpo. Diz o Eclesiástico: "Ao servo malévolo, tortura e ferros; manda-o para o trabalho para que não esteja ocioso, porque a ociosidade ensina muitas maldades" (Eclo 33,28-29). E quão feliz é quem tem um servo tão submisso que lhe obedece em tudo aquilo que lhe é ordenado; que, quando lhe diz: *jejua*, ele jejua; quando lhe diz: *vigia*, ele faz vigília; e assim por diante. Então, o homem espiritual diz a seu servo: "Faz isto, e ele o faz".

O servo do centurião é o paroquiano confiado ao seu pastor, o paroquiano cruelmente atormentado pela paralisia, que, sempre que procura libertar-se dos vícios e dos prazeres, é detido brutalmente pelo diabo. Mas o prelado que, cingido e protegido por suas virtudes, domou virilmente a seu servo, isto é, a carne, o corpo, tem certamente condições de obter a cura de seu súdito, a exemplo do centurião.

Além disso, considera que, como neste evangelho manifesta-se maravilhosamente a misericórdia de Deus, sua piedade e a caridade para com o leproso e o paralítico, assim na segunda parte da epístola de hoje é manifestada a misericórdia e a caridade que devemos ter nós com qualquer próximo nosso.

"Se o teu inimigo tiver fome, dá-lhe de comer, se tiver sede, dá-lhe de beber" (Rm 12,20). Assim fez Eliseu, que – como narra o Quarto livro dos Reis – diante de seus inimigos que procuram prendê-lo, mandou pôr pão e água para que comessem e bebessem (cf. 2Rs 6,22). "Fazendo isso, amontoarás brasas vivas sobre a sua cabeça" (Rm 12,20), isto é, na sua mente e no seu coração. A maldade de uma mente fria, insensível, queima-se ao fogo da caridade quando se ama aquele que nutre ódio, quando se provê com atos de bondade aquele que nos persegue. A natureza do homem envergonha-se por não amar aquele que ama, por não cercar com os braços da caridade aquele que devotamente serve.

Irmãos caríssimos, roguemos ao Senhor Jesus Cristo que nos defenda e nos reforce com os mencionados soldados, que cure o servo paralítico, que inflame com o fogo da caridade a mente fria e insensível.

Digne-se conceder-nos tudo isso aquele que é bendito, digno de louvor e glorioso nos séculos. E toda a alma curada da paralisia diga: Amém. Aleluia!

III DOMINGO DEPOIS DA OITAVA DA EPIFANIA

Temas do sermão

• Evangelho deste domingo: "Jesus subiu a uma barca".

• Sermão sobre o pregador e sobre a sociedade (liga) dos pecadores: "Sobe à floresta".

• Sermão sobre a paixão: "Jesus subiu a uma barca".

• Sermão sobre a tentação do diabo e sobre a ajuda de Jesus Cristo: "Quando alguém sobe à barquinha da penitência".

EXÓRDIO – SERMÃO SOBRE O PREGADOR E SOBRE A SOCIEDADE DOS PECADORES

1. Naquele tempo, "Jesus subiu a uma barca, e seus discípulos o seguiram" (Mt 8,23).

Lemos no Livro de Josué: "Sobe à floresta e corta árvores para criar-te espaços livres no território dos fereseus e dos refaítas" (Js 17,15). A floresta representa a estéril sociedade dos pecadores, fria, obscura, cheia de feras. *Fria* pela ausência da caridade: Multiplicou-se a iniquidade e a caridade se esfriou (cf. Mt 24,12). *Obscura* pela ausência da verdadeira luz: "Os homens preferiram as trevas à luz" (Jo 3,19). *Cheia de feras* da gula, da luxúria, da usura e da rapina: "Destruiu-a o javali da floresta..." (Sl 79,14), isto é, o diabo. Nessa floresta existe também o caçador Nemrod (cf. Gn 10,9), isto é, o diabo. Entra, pois, nessa floresta, ó pregador, e com o machado cujo cabo é a humanidade, mas cujo ferro cortante é a divindade, corta árvores e cria-te espaços livres.

"O machado está posto à raiz", diz-se no evangelho (Mt 3,10). A árvore da grandeza humana, a floresta da sociedade estéril e pecadora é cortada com o machado da encarnação do Senhor. Com efeito, se essa "floresta" considera atentamente a cabeça da divindade (i. é, de Cristo) reclinada no seio da Virgem pobrezinha, decai de sua condição de floresta inexplorada e inacessível e torna-se um lugar aberto e espaçoso no qual pode-se edificar a cidade do Senhor das virtudes (dos exércitos), que o curso do rio alegra (cf. Sl 45,5). Essa é a mudança da direita do Altíssimo (cf. Sl 76,11), para que, onde abundou o pecado, superabunde a graça (cf. Rm 5,20).

"No território dos fereseus", nome que significa "separado", "e dos refaítas", que quer dizer "gigantes" ou também "mães dissolutas". Nessa tríplice interpretação é indicada aquela maléfica *terna*, formada pela soberba, pela avareza e pela luxúria. Os soberbos de espírito mantêm-se separados dos outros com sua pompa, com sua arrogância; os avarentos são como os gigantes, filhos da terra, todos presos pelas coisas terrenas; os luxuriosos são como as mães dissolutas que com os dois seios da gula e da luxúria alimentam os afetos da carne.

Portanto, para derrubar essa floresta, radicada nesse território, o pregador suba, seguindo as pegadas daquele que sobe a uma barca, do qual o evangelho de hoje diz: "Jesus subiu a uma barca".

A BARCA DA CRUZ E DA PENITÊNCIA

2. A barca é a cruz de Cristo, e é graças a ela que podemos chegar ao litoral da pátria celeste. Observa que, como a barca é estreita nas duas extremidades e larga ao centro, assim, no seu início e no seu fim, isto é, onde pregaram e despregaram os pés e as mãos, a cruz foi estreita, isto é, cheia de atrozes sofrimentos. Porém, como foi larga ao centro, isto é, quando Jesus orou pelos crucificadores, quando prometeu o seu reino ao ladrão, quando confiou a Mãe ao discípulo!

Acerca dessa barca, veja o evangelho: "Jesus subiu a uma barca, e passou para a outra margem" (Mt 9,1); sermão do XIX domingo depois de Pentecostes, parte primeira.

"Seguiram-no os seus discípulos." Isso é o que diz o Senhor por boca de Jeremias: "Chamar-me-ás Pai e não cessarás de me seguir" (Jr 3,19). Feliz a alma que pode dizer a Jesus aquilo que Rute disse a Noemi: "Para onde quer que tu fores, irei eu também e onde quer que morares, morarei eu também" (Rt 1,16). E Elias: "Se o Senhor é Deus, segui-o!" (1Rs 18,21). Em verdade, ele é o Senhor nosso Deus que, para nos remir, subiu à cruz. Sigamo-lo, pois, carregando a cruz da penitência. Ele disse: "Se alguém quiser vir após mim, tome a sua cruz e siga-me" (Mt 16,24).

A *História natural* diz que a pantera emite um cheiro muito agradável, que atrai irresistivelmente os rebanhos e, por isso, onde quer que pressintam sua presença, ali se reúnem e depois a seguem. O vaso de alabastro quebrado sobre a cruz encheu todo o mundo com seu perfume (cf. Mc 14,3; Jo 12,3). Sigam-no, pois, os discípulos, corram os cristãos para o perfume do Crucificado.

"Os seus discípulos o seguiram." Lê-se no Quarto livro dos Reis: "Quando os filhos dos profetas cortavam as árvores, aconteceu que um deles, ao cortar uma árvore, deixou cair na água o ferro do machado. Ele gritou a Eliseu: Ai, ai, meu Senhor, eu o havia tomado emprestado. Eliseu perguntou: onde caiu? O homem mostrou-lhe o lugar. Então Eliseu cortou um pau, lançou-o no mesmo lugar e o ferro veio para cima nadando. E disse: Tira-o! Ele estendeu a mão e tirou-o" (2Rs 6,4-7). O ferro representa o gênero humano que, pelo peso dos pecados, da árvore proibida cai nas águas da miséria e da culpa. Mas o verdadeiro Eliseu, isto é, Cristo, por meio do madeiro da cruz e das águas do batismo o libertou. O ferro nada e vai também em direção ao madeiro, quando o pecador convertido se sujeita a carregar a cruz de Cristo.

"Eis que se levantou no mar uma grande tempestade, de modo que as ondas alagavam a barca. Ele dormia" (Mt 8,24). Quando Jesus na cruz adormeceu no sono da morte, seus discípulos, não dando importância alguma à cruz, desfaleceram na firmeza da fé; mas depois o acordaram, quando desejaram ardentemente sua ressurreição. "Então repreendeu-lhes a incredulidade dizendo: insensatos e tardos de coração em crer. Por acaso não era necessário que o Cristo padecesse estes sofrimentos?..." (Mt 16,14; Lc 24,25-26). "Ordenou aos ventos e ao mar" (Mt 8,26), quando cessou sua incredulidade.

3. Sentido moral. Quando alguém sobe à barca da penitência, forma-se no mar uma grande tempestade. O mar é o coração. Profundo, diz Jeremias, é o coração do homem e insondável: quem poderá conhecê-lo? (cf. Jr 17,9). "Maravilhosas são as elevações do mar!" (Sl 92,4), isto é, do coração, quando se incha de soberba, expande-se além dos limites com a ambição, anuvia-se pela tristeza, perturba-se em vãos pensamentos, produz a espuma da gula e da luxúria. Estas são "as serpentes das quais não se conhece o número" (Sl 103,25).

"E eis que formou-se no mar uma grande tempestade." Com isso concorda aquilo que lemos no Profeta Jonas: "O Senhor enviou – isto é, permitiu que fosse enviado – sobre o mar um forte vento, e levantou-se no mar uma grande tempestade, e o navio corria perigo de se fazer em pedaços. Os marinheiros foram tomados de grande medo... porque o mar inchava-se cada vez mais contra eles" (Jn 1,4-5.13). Encontramos uma referência a isso nos Atos dos Apóstolos: "Desencadeou-se contra a nave – narra Lucas – um tremendo tufão, que se chama 'euroaquilão'; a nave foi arrebatada no turbilhão e, não podendo mais resistir ao vento, abandonando o navio às ondas, éramos levados à deriva" (At 27,14-15). Experimentam a elevação do mar, o ímpeto do vento e ouvem o fragor das ondas somente aqueles que sobem à barca da penitência, porque quem *dissente, sente*. Diz Moisés no Êxodo: "Desde que eu me apresentei ao faraó para lhe falar em teu nome (de Deus), ele começou a oprimir o teu povo" (Ex 5,23). Como se dissesse: o diabo, desprezado, promove escândalos e suscita tempestades no mar. Marcos escreve: "Dando um grande grito e agitando-o com violência, saiu dele" (Mc 9,25).

4. "Jesus, porém, dormia." Marcos exprime-se assim: "Ele estava na popa da barca e dormia apoiado num travesseiro" (Mc 4,38). Vejamos qual seja o significado do sono de Cristo, da popa da barca e do travesseiro. O sono de Cristo simboliza o torpor na fé; a popa da barca, o fim de nossa vida; o travesseiro, a moleza da carne. A fé em Cristo se enfraquece na moleza da carne. "Até quando te debilitarão as delícias, filha vagabunda?" (Jr 31,22). Os moles, diz Paulo, não herdarão o Reino de Deus (cf. 1Cor 6,10). Quando a nossa carne amolece nos vícios, a fé em Cristo se enfraquece em nós, e assim a alma fecha os olhos na popa, porque, inteiramente tomada pelos prazeres, não medita sobre o miserando fim de sua vida.

"Aproximando-se dele os discípulos, acordaram-no e lhe disseram: Senhor, salva-nos, que perecemos!" (Mt 8,25). Sem dúvida, é destinado a perecer aquele no qual a fé em Cristo dorme: portanto, deve ser despertado aumentando a devoção, gritando os próprios pecados na confissão, realizando as obras santas.

"Então, levantando-se, Jesus ordenou aos ventos e ao mar" (Mt 8,26). Isso corresponde àquilo que lemos em Jó: "Quem pôs diques ao mar? Quem lhe disse: Chegarás até aqui, e não passarás mais longe e aqui quebrar-se-á o orgulho das tuas ondas?" (Jó 38,8.11). Como se dissesse: Só o Senhor põe diques ao mar, isto é, à amargura da perseguição ou da tentação diabólica, de modo que, se lhe agrada, as tentações chegam, e quando lhe agradar, afastam-se. E quando faz cessar as tentações diz: Aqui quebrarás as tuas agitadas ondas. E Isaías: "O jugo apodrecerá ao contato com o azeite" (Is 10,27), quer dizer: a tentação cessará na presença da misericórdia de Jesus. Por isso, quando somos tentados pelo diabo, com toda a devoção da mente devemos dizer: Em nome de Jesus Nazareno, que imperou aos ventos e ao mar, eu te ordeno, ó tentador, afasta-te de mim.

"E seguiu-se uma grande bonança" (Mt 8,26). Isso é o que diz Ana[2], no Livro de Tobias: "Tenho por certo, Senhor, que todo aquele que te rende culto, se sua vida for provada, será coroada; e se for atribulada, será livre; e se for castigada, poderá acolher-se à tua misericórdia. Porque tu não te deleitas com a nossa perdição, visto que depois da tormenta vem a bonança, e depois das lágrimas e suspiros infundes a alegria" (Tb 3,21-22).

5. E porque não é possível gozar a paz de coração sem o amor ao próximo – porque onde houver amor não haverá ira, nem indignação – para possuir essa paz, na carta que se lê hoje, o Apóstolo nos exorta dizendo: "A ninguém devais coisa alguma, a não ser o amor mútuo, porque aquele que ama o próximo, cumpriu a lei. Com efeito, o amor é o pleno cumprimento da lei" (Rm 13,8.10).

Amor, em latim, é *dilectio*, como se dissesse *duos lego*, ligo entre si duas pessoas. Estou ligado a cada homem com o débito do amor, que sempre devo pagar. E se o pago como devo, "para o futuro ninguém me inquiete" (Gl 6,17), porque a ninguém devo nada, senão isso. E todo aquele que pretende de mim qualquer outra coisa além disso, não se comporta mais segundo a lei do amor: "O amor não faz nenhum mal ao próximo" (Rm 13,10)[3].

---

2. Santo Antônio escreve *Ana*, em vez de *Sara*, como fez no sermão do XV domingo depois de Pentecostes, p. 584.

3. Parece que, dada a sua brevidade, este sermão tenha ficado incompleto.

Epílogo

A ti, Senhor Jesus Cristo, Filho amado de Deus Pai, autor de todo o nosso bem, seja dado todo o louvor, toda a glória, toda a honra, toda a devoção; tu que és o Alfa e o Ômega, o princípio e o fim (cf. Ap 1,8; 22,13); tu que, com tua bondade e misericórdia, com a infusão da tua piedade, concedeste a mim, indigno, chegar à conclusão tão desejada deste meu trabalho.

Eis, irmãos caríssimos, que eu, o menor de todos vós, vosso irmão e servo, compus com certos critérios este trabalho sobre os evangelhos propostos no curso do ano litúrgico, para o vosso conforto, a edificação dos fiéis e em expiação dos meus pecados.

Por isso, súplice vos peço e, pedindo, vos suplico que, quando lerdes este trabalho, vos lembreis de mim, vosso irmão, diante de Deus, do Filho de Deus, que ofereceu a si mesmo a Deus Pai no patíbulo da cruz.

Peço também que, se encontrardes nesse trabalho alguma coisa que seja edificante, consoladora, bem exposta e disposta com ordem, atribuais todo o louvor, toda a glória e toda a honra ao mesmo Bem-aventurado e Bendito Cristo Jesus, Filho de Deus. Mas se encontrardes alguma coisa incompleta, *insípida* e mal-exposta, imputai-a, atribui-a à minha miséria, à minha cegueira e à minha imperícia.

E tudo o que neste livro se julgar que deva ser cancelado ou corrigido, confio-o à lima da discrição dos sábios da Ordem, para que o expliquem e o corrijam.

Seja dado o louvor ao Pai invisível,
Seja dado o louvor ao Espírito Santo,
Seja dado o louvor ao Filho Jesus Cristo,
Senhor do céu e da terra. Amém.
Alfa e Ômega
Seja dada glória, honra e veneração,
Seja dado o louvor e a bênção ao Princípio que é sem fim.
Amém.

SERMÕES MARIANOS E DAS FESTAS DOS SANTOS

Prólogo aos quatro[1] sermões marianos

"Brilha como a estrela da manhã em meio à névoa e como a lua nos dias em que está cheia. É como o sol brilhante, como o arco-íris que reluz entre as nuvens de glória, como a flor de rosa nos dias de primavera, como os lírios que estão junto à torrente de água, como um broto de árvores de incenso nos dias de verão, como o fogo e o incenso sobre brasas, como vaso de ouro maciço ornado com toda a espécie de pedras preciosas, como oliveira verdejante e cheia de frutos e como o cipreste que se eleva entre as nuvens" (Eclo 50,6-11).

Eis as doze pedras preciosas postas na coroa que Aarão trazia na cabeça (cf. Ex 26,17-21.36-38; Sb 18,26). Eis as doze estrelas que estão na coroa da Virgem gloriosa (cf. Ap 12,1). Em seu louvor, queremos comentar estas expressões do Eclesiástico, distribuindo-as em quatro sermões e aplicando-as às suas quatro festividades: a Natividade, a Anunciação, a Purificação e a Assunção, conforme a própria Nossa Senhor nos conceder.

• **Sermão da Natividade de Maria**: "Como a estrela da manhã em meio à névoa e como a lua nos dias em que está cheia".

• **Sermão da Anunciação**: "Como o sol brilhante e como o arco-íris que reluz entre as nuvens de glória".

• A Natividade do Senhor: "Como a flor da rosa nos dias de primavera e como os lírios que estão junto à torrente de água".

• **Sermão da Purificação**: "Como um broto da árvore de incenso nos dias de verão e como o fogo e o incenso sobre brasas".

• **Sermão da Assunção**: "Como vaso de ouro maciço ornado com toda a espécie de pedras preciosas, como oliveira verdejante e cheia de frutos e como o cipreste que se eleva entre as nuvens".

---

1. Os *Sermões marianos* são seis, porque Santo Antônio compôs, entre os *Sermões festivos*, um segundo sermão para as duas festas da Purificação e da Anunciação.

Natividade da Bem-aventurada Virgem Maria

Temas do sermão
- "Como estrela da manhã."
- Sermão moral sobre a penitência: "Sairá uma vara do tronco de Jessé".

Exórdio

1. A gloriosa Virgem Maria foi "como a estrela da manhã em meio à névoa" (Eclo 50,6).

Diz o Eclesiástico: "Beleza do céu é a glória das estrelas; glória que ilumina o mundo" (Eclo 43,10). Nesta expressão são postos em evidência três eventos, que refulgiram admiravelmente na Natividade da Bem-aventurada Virgem Maria.

Primeiramente a *exultação dos anjos*, indicada pelas palavras: "Beleza do céu". Conta-se que um santo homem, enquanto perseverava em devota oração, ouviu vir do céu a doce melodia de um canto angélico. Passado um ano, ouviu-a novamente no mesmo dia. Então pediu ao Senhor que lhe revelasse o significado desse evento. Foi-lhe respondido que naquele dia havia nascido Maria e que no céu os anjos cantavam a Deus os louvores por sua natividade: essa é a razão de se festejar hoje a Natividade da Virgem gloriosa.

Em segundo lugar é posta em destaque a *pureza de sua Natividade* com as palavras: "a glória das estrelas". Como "cada estrela se distingue das outras por sua claridade" (1Cor 15,41), assim a Natividade da Bem-aventurada Virgem distingue-se daquela de todos os outros santos.

Em terceiro lugar é recordada a *luz que iluminou todo o mundo* com as palavras: "ilumina o mundo". A Natividade da Virgem gloriosa iluminou o mundo, que antes estava coberto pela escuridão e pela sombra da morte.

E por isso, com razão afirma o Eclesiástico: "Como a estrela da manhã em meio à névoa..." etc.

Maria, anunciadora do Salvador e toda perfeita em si mesma

2. A estrela da manhã é chamada *luzeiro*, porque brilha mais do que todas as estrelas, e de maneira mais exata é chamada *jubar*, esplendor, astro. Luzeiro, que precede o sol e anuncia o dia, afasta as trevas da noite com o fulgor de sua luz.

Estrela da manhã, ou luzeiro (portadora de luz), é a Virgem Maria que, nascida na obscuridade da nuvem, dissolveu a tenebrosa escuridão e, aos que estavam nas trevas, na manhã da graça, anunciou o sol de justiça. Com efeito, referindo-se a ela, o Senhor diz a Jó: "És tu porventura que fazes aparecer a seu tempo a estrela da manhã?" (Jó 38,32). Quando chegou "o tempo de usar misericórdia" (Sl 101,14), "o tempo de construir a casa do Senhor" (Ag 1,2), "o tempo favorável e o dia da salvação" (2Cor 6,2), então o Senhor fez surgir a estrela da manhã, isto é, a Virgem Maria, para que fosse a luz dos povos. E os povos devem dizer a ela aquilo que o povo de Betúlia disse a Judite: "O Senhor abençoou-te com sua fortaleza, porque ele por ti aniquilou os nossos inimigos. Ó filha, tu és bendita do Senhor Deus altíssimo, mais do que todas as mulheres que há sobre a terra. Bendito seja o Senhor, que criou o céu e a terra, que te dirigiu para cortares a cabeça ao príncipe dos nossos inimigos. Porque hoje engrandeceu o teu nome tanto, que nunca o teu louvor se apartará da boca dos homens" (Jt 13,22-25).

Na sua Natividade, a Bem-aventurada Virgem Maria foi, pois, como a estrela da manhã. Dela diz ainda Isaías: "Sairá uma vara do tronco de Jessé, uma flor brotará de sua raiz" (Is 11,1).

Observa que a Virgem Maria é comparada a uma *vara*, por causa das cinco propriedades que esta possui: é longa, reta, sólida, sutil e flexível. Assim, Maria foi longa na contemplação, reta por sua perfeita justiça, sólida pela firmeza da mente, sutil (sóbria) pela pobreza e flexível pela humildade. Essa vara saiu do tronco de Jessé, que foi o pai de Davi (cf. Mt 1,5): dele descende Maria (cf. Lc 1,27), "da qual nasceu Jesus, chamado o Cristo" (Mt 1,16). Por isso, na festa de hoje lê-se o trecho do evangelho que recorda a genealogia de Cristo, filho de Davi (Mt 1,1).

3. "Sairá uma vara do tronco de Jessé e uma flor brotará de sua raiz" (Is 11,1). Consideremos o significado moral desses três elementos: a raiz, a vara e a flor.

Na raiz é simbolizada a humildade do coração; na vara, a retidão da confissão e a disciplina da satisfação; na flor, a esperança da bem-aventurança eterna.

Jessé interpreta-se "ilha" ou "sacrifício", e simboliza o penitente, cuja mente deve ser quase como uma ilha. A ilha é chamada assim porque é posta no meio do mar (latim: *insula = in salo*). A mente, a alma do penitente é posta no mar, isto é, na amargura, porque é batida pelas ondas das tentações e, todavia, resiste inabalável e oferece a Deus um devido sacrifício de suave odor. A raiz de Jessé é a humildade da contrição, da qual brota a *vara* da franca confissão e a disciplina de uma discreta penitência. E observa bem que a flor não nasce na sumidade da vara, mas da própria raiz: "e uma flor brotará de sua raiz", porque a esperança da bem-aventurança eterna não brota do sofrimento do corpo, mas da humildade do espírito.

.   Com tudo isso concorda também o trecho do evangelho, no qual Mateus, descrevendo a genealogia de Cristo, põe em primeiro lugar Abraão, em segundo lugar Davi e no terceiro a deportação para a Babilônia. Em Abraão que disse: "Falarei ao meu Senhor, ainda que eu seja pó e cinza" (Gn 18,27), é representada a humildade do coração; em Davi, cujo coração foi reto com o Senhor – "Encontrei Davi, homem segundo o meu coração" (At 13,22) –, é indicada a franqueza da confissão; na deportação para a Babilônia é recordada a prática da penitência e a tolerância às tribulações. Se houver essas três "genealogias", conseguirás também a quarta, isto é, a de Jesus Cristo, que nasceu da Virgem Maria, da qual hoje se diz: "Como estrela da manhã em meio à névoa".

4. E enfim: "Como a lua que brilha nos dias em que está cheia". A Bem-aventurada Virgem Maria é comparada à lua cheia, porque é perfeita sob qualquer aspecto. Enquanto a lua, se no ciclo, é por vezes incompleta, quando é crescente e quando é minguante, a gloriosa Virgem Maria jamais teve imperfeições: nem em sua Natividade, porque foi santificada ainda no seio materno e guardada pelos anjos; nem durante os dias de sua vida, porque jamais pecou pela soberba: sempre refulgiu na plenitude da perfeição. E é chamada luz, porque dissolve as trevas.

Rogamos-te, pois, ó Senhora nossa, que tu, que és a estrela da manhã, afastes com teu esplendor a nuvem da sugestão diabólica, que cobre a terra de nossa mente. Tu que és a lua cheia, enche o nosso vazio, dissolve as trevas dos nossos pecados, a fim de que mereçamos chegar à plenitude da vida eterna e à luz da glória infinita.

No-lo conceda aquele que te criou para que sejas a nossa luz, aquele que hoje te fez nascer para que ele próprio pudesse nascer de ti. A ele seja dada a honra e a glória nos séculos dos séculos. Amém.

Anunciação da Bem-aventurada Virgem Maria (1)

Temas do sermão

"Como sol brilhante."

• Natureza e castidade do elefante.

• Sermão contra a luxúria: "Destruirei o nome da Babilônia".

• Por que os ramos ou as folhas caem da árvore, e as quatro cores existentes no arco-íris.

"Eu serei como orvalho."

• A lã das ovelhas e natureza da manteiga e do queijo.

• O mesmo assunto: "Eis um grande vento".

• Natureza do orvalho e propriedades do lírio.

"Como a flor da rosa nos dias de primavera."

• Sermão contra os prelados da Igreja: "Encontrareis um menino".

• Por que na festa do Natal do Senhor cantam-se três missas; propriedades do lírio e seu simbolismo.

Exórdio

1. "Como sol brilhante e como arco-íris que reluz entre as nuvens de glória" etc. (Eclo 50,7-8).

Diz o Eclesiástico: "Vaso maravilhoso é a obra do Altíssimo!" (Eclo 43,2). A Virgem Maria é chamada "vaso", porque é "tálamo do Filho de Deus, especial morada do Espírito Santo, *triclínio*[2] (banquete) da Santíssima Trindade". De fato, diz ainda o Eclesiástico: "Aquele que me criou, descansou no meu tabernáculo" (Eclo 24,12). Esse vaso foi "obra maravilhosa do Altíssimo", do Filho de Deus, que a quis mais bela do que todos os mortais, mais santa do que todos os santos, e nela quis ser plasmado ele próprio: "O Verbo se fez carne e habitou entre nós" (Jo 1,14).

---

2. O santo usa o termo latino *triclinium*, o "leito da mesa" dos romanos, sobre o qual deitavam-se três pessoas. Isso em referência à Santíssima Trindade, por cuja obra aconteceu a encarnação.

Dessa obra maravilhosa, no Terceiro livro dos Reis, diz-se que "Salomão mandou esculpir querubins, palmeiras e botões de flores nas portas do templo" (1Rs 6,32). A porta do céu, a porta do paraíso é a Virgem Maria, sobre a qual o verdadeiro Salomão esculpiu os querubins, que representam a vida angélica e a plenitude da caridade; as palmeiras, que indicam a vitória sobre o inimigo, o verdor da perseverança e a sublimidade da contemplação; os baixos-relevos dos botões de flores, que são as preciosas obras que representam a humildade e a virgindade.

Tudo isso foi esculpido na Bem-aventurada Virgem Maria por mão da Sabedoria. Com razão, pois, é dito: "Como sol brilhante, e como arco-íris que reluz entre as nuvens de glória".

I – Virtudes e prerrogativas da Bem-aventurada Virgem Maria

2. Observa que a Virgem Maria foi sol brilhante na anunciação do anjo, foi arco-íris que reluz na concepção do Filho de Deus, foi rosa e lírio na Natividade dele. No sol há três prerrogativas: o esplendor, o candor e o calor, que correspondem às três partes da saudação do Arcanjo Gabriel. A primeira: *Ave, cheia de graça*; a segunda: *Não temas*; a terceira: *O Espírito Santo descerá sobre ti*.

Quando diz: "Ave, cheia de graça! O Senhor está contigo; bendita és tu entre as mulheres" (Lc 1,28): eis o *esplendor* do sol. E isso pode referir-se também às quatro virtudes cardeais, cada uma das quais refulgiu em Maria de três modos. Pela *temperança* veio-lhe a prudência da carne, a modéstia no falar, a humildade do coração. Teve a *prudência* quando se calou na sua perturbação, quando compreendeu o significado daquilo que havia ouvido, quando respondeu ao que lhe era proposto. Teve a *justiça* quando atribuiu a cada um aquilo que lhe era devido. Comportou-se com firmeza de coração no seu esponsalício, na circuncisão do Filho, na purificação estabelecida pela lei. Manifestou sua compaixão por quem sofria, quando disse: "Não têm mais vinho" (Jo 2,3). Esteve em comunhão com os santos, quando perseverava na oração com os apóstolos e as outras mulheres (cf. At 1,14). Por sua *fortaleza* e grandeza de ânimo assumiu a obrigação da virgindade, observou-a e teve fé naquele altíssimo compromisso.

São Bernardo afirma que "as doze estrelas postas sobre a coroa da mulher" (Ap 12,1), da qual fala o Apocalipse, são as doze prerrogativas da Virgem: quatro do céu, quatro da carne e quatro do coração, que desceram sobre ela como estrelas do firmamento.

As prerrogativas do céu foram: a geração de Maria, a saudação do anjo, a cobertura do Espírito Santo, a inefável concepção do Filho de Deus.

As prerrogativas da carne: foi a primeira de todas as virgens, foi fecunda sem corrupção, grávida sem incômodo, parturiente em dor.

As prerrogativas do coração foram: a prática da humildade, o culto do pudor, a magnanimidade da fé e o martírio espiritual, pelo qual uma espada traspassou sua alma (cf. Lc 2,35).

Para as prerrogativas do céu são referidas as palavras: "O Senhor está contigo"; para as prerrogativas da carne, as palavras: "Bendita és tu entre as mulheres"; para as prerrogativas do coração, as palavras: "Cheia de graça".

3. Quando diz: "Conceberás e darás à luz um filho, a quem porás o nome de Jesus" (Lc 1,31), eis o *candor* do sol. E como teria podido conceber o "candor da luz eterna e o espelho sem mancha", se ela própria não fosse cândida? Do candor da Mãe, o Filho diz no Cântico dos Cânticos: "O teu ventre é de marfim, guarnecido de safiras" (Ct 5,14). O marfim, que é osso de elefante, é "cândido e frio", e nisso é indicada uma dupla pureza: aquela da alma na candura, aquela do corpo na frieza. Ambos ornaram o tálamo da Virgem gloriosa.

Lê-se na *História natural* que o elefante é o mais doméstico e o mais obediente de todos os animais selvagens; pode ser facilmente domesticado e aprende com facilidade, e por isso lhe é ensinado a adorar o rei, e manifesta uma boa sensibilidade. Foge sobretudo do cheiro do rato, que, como afirmam alguns, é produzido pela umidade da terra. O rato (latim: *mus*) é terra, afinal a terra chama-se também humo (*humus*). Sob esse aspecto, o elefante pode também ser figura da Bem-aventurada Virgem, que foi a mais humilde e obediente das criaturas e adorou o Rei (o Filho) que havia dado à luz.

O rato é símbolo da luxúria, que nasce da umidade da terra, isto é, do prazer da gula. E em Maria não só não houve luxúria, mas fugiu dela até ao mínimo sinal: com efeito, perturbou-se com a aparição do anjo. A seu exemplo, todos aqueles que querem viver castamente em Cristo, não só devem fugir do rato da luxúria, mas evitar também sua menor suspeita. E não é de admirar que se deva fugir da impureza, quando o elefante, que, por sua massa, parece quase uma montanha, foge diante do rato.

4. Diz o Senhor por boca de Isaías: "Destruirei o nome da Babilônia, suas relíquias, sua prole e sua raça" (Is 14,22). O justo, o nazireu (consagrado) do Senhor, deve destruir o nome da Babilônia, isto é, qualquer espécie de luxúria. "Afastem-se de vossa boca as coisas velhas" (1Sm 2,3). "Minha boca não fale das obras dos homens" (Sl 16,4); e destrua também todas as outras coisas, isto é, as fantasias impuras, que geralmente retornam à mente também depois que o pecado foi perdoado; a prole, isto é, a desejada sensualidade dos olhos, da qual diz ainda Isaías: "Da raiz da serpente sairá uma víbora e sua estirpe engolirá o ser alado" (Is 14,29). "Da raiz da serpente", isto é, da sugestão diabólica e do consenso da vontade, sairá uma víbora, o olho luxurioso, "porque [afirma Agostinho] o olho impudico é indício de um corpo impudico"; e sua estirpe, isto é, a obscenidade das palavras e a insolência do riso, engolirá o ser alado, isto é, o justo. Mas ai, quantos seres alados, quantos justos, infelizmente, foram engolidos dessa maneira funesta e por esses excessos. Eis por que toda a *progénie*, quer dizer, toda a ocasião de luxúria, deve ser destruída e exterminada, a fim de que o ventre, isto é, a mente, possa ser cândida como o marfim. Com razão, pois, é dito: "O teu ventre é de marfim, guarnecido de safiras" (Ct 5,14).

Anunciação da Bem-aventurada Virgem Maria (1)

A safira é uma pedra preciosa de cor celeste. O demônio não se aproxima de uma casa na qual existe uma safira. Na safira é representada a contemplação das coisas celestes. O diabo não tem acesso a uma mente imersa na contemplação. Todavia, não sendo possível viver sempre imerso na contemplação, diz-se "guarnecido de safiras", quase para indicar que as safiras não estão em toda a parte, como também não podemos dedicar-nos continuamente à vida contemplativa. O ventre da Virgem gloriosa foi todo de marfim e guarnecido de safiras, porque sobressaía no corpo pelo candor da virgindade, e na alma pelo esplendor da contemplação.

5. Com as palavras: "O Espírito Santo descerá sobre ti" (Lc 1,35), é indicado o *calor* do sol. O calor é o alimento e a nutrição de todos os seres vivos: se vier a faltar o calor, sobrevém o declínio e a morte. A morte é a extinção do calor natural no coração, pelo desfalecimento da seiva e a chegada daquilo que lhe é contrário.

Com efeito, observa que o motivo pelo qual as folhas caem das árvores é a carência de nutrimento, isto é, do calor. Quando no inverno o frio envolve externamente as árvores e as ervas, fugindo daquilo que lhe é contrário (o gelo), o calor concentra-se nas raízes: e quando nas raízes aumenta, atrai para si das profundezas toda a seiva, subtraindo-a aos ramos e às extremidades superiores, para mitigar sua intensidade e assim impedir que as partes inferiores se queimem. Por isso, vindo a faltar a nutrição nas partes altas, necessariamente as folhas caem.

O calor é a graça do Espírito Santo. Se esta se retira do coração do homem, desfalece a seiva da compunção e, consequentemente, a desventurada alma cai na morte do pecado. Acrescentando-se depois o gelo da iniquidade, o calor do Espírito Santo foge daquilo que lhe é contrário, e assim a alma torna-se despojada de todo o bem, porque a entrada do vício provoca a saída da virtude. Por isso, lemos no Livro da Sabedoria: "O Espírito Santo, que instrui, foge da ficção, mantém-se distante dos pensamentos insensatos e é expulso ao sobrevir a iniquidade" (Sb 1,5), isto é, é expulso, com todos os seus bens, pela iniquidade que se apodera da alma.

Mas quando chega o calor, a terra se esquenta, faz germinar as ervas e produz os frutos. Assim, após a descida do Espírito Santo, a terra bendita concebeu e deu à luz o Fruto bendito que expulsou toda a maldição. Com razão, portanto, foi dito: "O Espírito Santo descerá sobre ti". Por isso, na anunciação do anjo, Maria refulgiu verdadeiramente como o sol.

6. Maria foi, pois, um arco-íris que reluz na concepção do Filho de Deus. O arco-íris produz-se com o sol que entra numa nuvem, na qual existem quatro cores: a fuliginosa, a azul, a áurea e a ígnea. Nesse dia, o Filho de Deus, sol de justiça, entrou na nuvem, isto é, no seio da Virgem gloriosa, e esta tornou-se quase um arco-íris, sinal da aliança, da paz e da reconciliação, entre as nuvens da glória, isto é, entre Deus e os pecadores. Lemos no Gênesis: "Porei o meu arco nas nuvens e ele será o sinal da aliança entre mim e a terra" (Gn 9,13).

Nota que as nuvens eram duas: a ira de Deus e a culpa do homem. Deus e o homem combatiam entre si. Deus, com a espada de sua ira, feriu o homem e o condenou à morte; o homem, com a espada da culpa, pecou mortalmente contra Deus. Mas depois que o sol entrou na Virgem, foi feita a paz e a reconciliação, porque o próprio Deus e Filho da Virgem, dando completa reparação ao Pai pela culpa do homem, refreou a ira do Pai a fim de que não ferisse o homem. Essas duas nuvens são chamadas "glórias", porque foram dispersas por obra da Virgem gloriosa.

Observa que no arco de cor fuliginosa é indicada a pobreza de Maria; naquele de cor azul, a sua humildade; naquele de cor áurea, a sua caridade; e naquele de cor ígnea, a sua intacta virgindade, cuja chama não pode ser dividida ou danificada por nenhuma espada. Desse arco diz o Eclesiástico: "Contempla o arco-íris e bendize aquele que o fez; é muito formoso no seu esplendor. Ele cercou o céu com um círculo de glória" (Eclo 43,12-13). Contempla o arco-íris, isto é, considera a beleza, a santidade, a dignidade da Bem-aventurada Virgem Maria e bendize com o coração, com a boca e com as obras o seu Filho, que a quis assim. É verdadeiramente estupenda no esplendor de sua santidade, acima de todas as filhas de Deus. Ela cercou o céu, isto é, circundou a divindade com um círculo de glória, quer dizer, com sua gloriosa humanidade.

Eia, pois, Senhora nossa, única esperança! Ilumina, suplicamos-te, a nossa mente com o esplendor de tua graça, purifica-a com o candor de tua pureza, aquece-a com o calor da tua presença. Reconcilia a todos nós com teu Filho, a fim de que possamos chegar ao esplendor de sua glória.

No-lo conceda aquele que hoje, ao anúncio do anjo, quis tomar de ti a sua carne gloriosa e permanecer fechado por nove meses no teu tálamo. A ele a honra e a glória pelos séculos eternos. Amém.

II – O Filho de Deus comparado ao orvalho

7. "Eu serei como o orvalho para Israel: ele florescerá como o lírio, lançará raízes como o cedro do Líbano. Estender-se-ão os seus ramos, sua glória será como a oliveira e o seu perfume como o do Líbano" (Os 14,6-7).

"Naquele dia, os montes destilarão doçura e pelas colinas manarão leite e mel" (Jl 3,18). O dia, latim *dies*, do sânscrito *dyan*, luminosidade, indica o tempo da graça, no qual os montes, isto é, os pregadores, destilarão a doçura da pregação; e as colinas, isto é, aqueles que ouvem os pregadores, abundarão da lei e do mel da encarnação do Senhor.

Observa que se diz: "os montes destilam", porque tudo o que pregam é como uma gota em comparação com a misericórdia divina, que "não nos salvou por nossas obras de justiça" (Tt 3,5), de nossa justiça; "e as colinas fazem fluir": os ouvintes, recebida a gota da pregação, devem superabundar de fé no Verbo encarnado, isto é, no Filho de Deus, que, precisamente com as palavras de Oseias, diz: "Eu serei como orvalho para Israel".

ANUNCIAÇÃO DA BEM-AVENTURADA VIRGEM MARIA (1)

8. O Filho de Deus é comparado ao orvalho, por causa das três propriedades desse elemento: o orvalho desce de manhã, cai suavemente e dá refrigério no ardor. Do mesmo modo, o Filho de Deus desceu na Virgem de manhã, isto é, no tempo da graça. Lemos no Êxodo: "De manhã, o orvalho apareceu no deserto como uma coisa miúda e como pisada no pilão (entenda o maná), à semelhança de geada sobre a terra: o seu sabor era como de flor de farinha misturada com mel" (Ex 16,13.14.31). O deserto é figura da Bem-aventurada Virgem Maria, de quem diz Isaías: "Envia, Senhor, o cordeiro" (não o leão) "para dominar a terra" (não para devastá-la), "pela pedra do deserto", isto é, pela Bem-aventurada Virgem Maria, "ao monte da filha de Sião" (Is 16,1), isto é, da Igreja que é filha de Sião, quer dizer, da celeste Jerusalém. E observa que a Bem-aventurada Virgem é chamada "pedra do deserto": "pedra", porque não pode ser arada, sobre a qual a *cobra* (a serpente), isto é, o diabo, que cultiva as sombras (*colit umbras*), como diz Salomão, não pôde encontrar passagem (cf. Pr 30,18-19); "do deserto", porque não cultivada, não semeada por semente humana, mas tornada fecunda por obra do Espírito Santo.

Diga-se, portanto: "Apareceu o orvalho", isto é, o Filho de Deus, "no deserto", isto é, na Bem-aventurada Virgem. Ele foi, como o maná, tornado "pequeno" na concepção e no nascimento; e quase "pisado no pilão" na sua paixão, flagelado com as varas, batido com os bofetões, ultrajado com os escarros; e "à semelhança da geada sobre a terra" na pregação dos apóstolos: "Por toda a terra difundiu-se a sua voz..." (Sl 18,5); e o seu "sabor" nos será doce como o da "flor de farinha misturada com mel", isto é, de sua divindade unida à humanidade, na bem-aventurança da pátria celeste. Por isso, o Filho de Deus pode afirmar: "Eu serei como o orvalho", que na manhã da graça desce na Virgem Maria.

Mas serei também um orvalho que desce "suavemente", como diz o profeta: "Descerá como a chuva sobre a relva, como água que goteja sobre a terra" (Sl 71,6). Observa que a chuva cai de modo diferente do granizo. A chuva cai suavemente para fecundar, o granizo cai com violência para destruir.

Na sua primeira vinda, Cristo foi como a chuva que desceu sobre o *velo*, no seio da Virgem; na segunda vinda será como o granizo, que ferirá os iníquos com a sentença de morte. Por isso, diz Davi: "Fogo e granizo, neve e gelo, vento de tempestade que obedecem à sua palavra" (Sl 148,8). Será fogo que queima e não consome, do qual se diz: Ide, malditos, para o fogo eterno (cf. Mt 25,41). Será granizo que fere, do qual diz Jeremias: "Tempestade que se abate sobre a cabeça dos ímpios" (Jr 30,23). Será neve que engole, como se lê em Jó: Sobre quem tem medo da geada, isto é, da expiação da penitência, cairá a neve da morte eterna (cf. Jó 6,16); cairá o gelo que o triturará; soprará o vento da tempestade que nunca cessará.

Tudo isso formará "a parte do cálice", isto é, do castigo, "daqueles" (Sl 10,7) que bebem do cálice de ouro da Babilônia, quer dizer, do mundo, que está nas mãos da meretriz, isto é, da concupiscência da carne. Mas o Filho de Deus, na sua primeira vinda, descerá como chuva sobre a erva, como se diz no Livro dos Juízes: o orvalho desceu sobre o velo de Gedeão (cf. Jz 6,37-38). E comenta o Bem-aventurado Bernardo: O Filho de Deus impregnou de si todo o "velo", isto é, a Bem-aventurada Virgem Maria, e depois também toda a superfície seca, quer dizer, todo o mundo.

9. Veio, pois, o Filho para fazer-se uma veste com a lã da ovelhinha, isto é, da Virgem, chamada ovelhinha por sua inocência. Ela é a nossa Raquel, nome que significa precisamente "ovelha", que o verdadeiro Jacó encontrou junto ao poço da humildade, como está escrito no Gênesis (cf. Gn 29,10). A ovelha pode representar também Adão, de quem se diz: "Andei errante como ovelha desgarrada" (Sl 118,176).

Na *História natural*, lemos que se com a lã de uma ovelha dilacerada pelo lobo for confeccionada uma veste, nesta se desenvolvem os vermes, as traças. Assim, da lã de nossa carne, que temos tomado da ovelha, isto é, do nosso progenitor, dilacerado pelo lobo que é o diabo, nascem os vermes dos instintos naturais e ela se putrefaz. Mas Cristo, para purificar-nos da contaminação da carne e da alma, assumiu uma lã incontaminada, como a tinha a ovelha (Adão) antes de ser dilacerada pelo lobo. Do Cristo, com efeito, diz Isaías: "Ele comerá manteiga e mel" (Is 7,15). Observa que a ovelha produz dois alimentos: a manteiga e o queijo. A manteiga é doce e macia, o queijo é enxuto e sólido. A manteiga representa a inocência da natureza, como foi antes do pecado; o queijo significa a consciência e as privações que sofreu depois do pecado.

Maldita – diz-se – a terra, isto é, a carne, por tua obra, isto é, por causa do teu pecado; espinhos e abrolhos, isto é, dores grandes e pequenas, produzirá para ti (cf. Gn 3,17-18). Cristo, porém, não comeu queijo, mas manteiga, porque assumiu a nossa natureza como a tinha Adão antes do pecado, não como a teve depois do pecado, pois assumiu não tanto o invólucro quanto o mérito do invólucro, não o pecado, mas a pena do pecado.

Cristo foi também a abelha que paira sobre a flor, isto é, sobre a Bem-aventurada Virgem, em Nazaré, nome que significa "flor". Dessa abelha diz-se no Eclesiástico: "A abelha é pequena entre os seres alados, mas seu produto tem o primado entre os sabores doces" (Eclo 11,3). Realmente, na sua primeira vinda, Cristo teve o mel da misericórdia; na segunda, porém, ferirá com o aguilhão da justiça. "Misericórdia e justiça quero cantar-te, Senhor!" (Sl 100,1), exclama o profeta.

Agora vês claramente de que modo Cristo desceu suavemente, como a chuva sobre a erva.

10. Dessa suavidade fala-se no Terceiro livro dos Reis: Houve um vento impetuoso e forte, que parte os montes e quebra as pedras diante do Senhor; mas o Senhor não estava no vento. Depois do vento houve um terremoto, mas o Senhor não estava no terremoto. Depois do terremoto houve um fogo, mas o Senhor não estava no fogo. Depois do fogo houve um sopro (um murmúrio) de um vento leve: e ali estava o Senhor (cf. 1Rs 19,11-12). No evangelho de hoje tens esses quatro momentos. O vento grande e forte foi a saudação do anjo que prometia grandes coisas: promessas dirigidas a uma mulher fortíssima por Gabriel, cujo nome significa "fortaleza de

Deus". Essa saudação sacudiu os montes da soberba e despedaçou as pedras, isto é, a dureza da sabedoria humana.

As quatro partes de que se compõe essa saudação podem ser comparadas às quatro propriedades da pedra preciosa chamada safira. Parece que a safira mostre em si mesma uma estrela: a essa propriedade refere-se a expressão: "Ave, cheia de graça" (Lc 1,28).

A safira é de cor azul, e a isso referem-se as palavras: "O Senhor está contigo" (Lc 1,28). A safira coagula o sangue, e com esta propriedade concordam as palavras: "Bendita és tu entre as mulheres" (Lc 1,28), porque Maria estancou o sangue da primeira maldição. Enfim, a safira cura as úlceras da pele, e a esta propriedade referem-se as palavras: "Bendito é o fruto do teu ventre" (Lc 1,42), fruto que matou o diabo. Com razão, pois, é dito: "Houve um vento impetuoso" etc.; mas o Senhor não estava ali, isto é, não houve a encarnação do Verbo. Depois do vento da saudação houve o terremoto: "Ela ficou perturbada e perguntava-se que sentido teria tal saudação" (Lc 1,29); e nem ali estava o Senhor, isto é, a encarnação do Verbo. E depois do terremoto, o fogo, isto é, a intervenção do Espírito Santo e o sombreamento do poder do Altíssimo (cf. Lc 1,35); mas nem ali estava o Senhor. E depois do fogo, finalmente, houve o murmúrio de um vento leve, quer dizer, a resposta de Maria: "Eis aqui a serva do Senhor!" (Lc 1,38); e ali estava o Senhor, isto é, a encarnação do Filho de Deus. Com efeito, quando disse: "Faça-se em mim segundo a tua palavra" (Lc 1,38), imediatamente "o Verbo se fez carne e habitou entre nós" (Jo 1,14).

11. O orvalho traz também refrigério. Assim, o Filho de Deus efunde água fresca sobre o gênero humano, oprimido pelo ardor da perseguição diabólica. Desta água, diz Salomão: "Como água fresca para uma garganta seca é uma boa notícia que vem de um país remoto" (Pr 25,25). O bom mensageiro, portador de boas-novas, foi Jesus Cristo, que efundiu com largueza a água fresca de sua encarnação na alma de Adão e nas almas de seus pósteros, secas pela sede no fogo da geena, quando as extraiu do poço sem água refrescante, em virtude do sangue de sua aliança (cf. Zc 9,11). Com razão, pois, o Filho diz por boca de Oseias: "Serei como orvalho", que desce suavemente de manhã e traz refrigério.

Diz ainda a Escritura: "Israel florirá como um lírio". Israel interpreta-se "que vê a Deus" e indica a Virgem Maria, que vê a Deus enquanto o nutriu ao seio, amamentou-o a seu peito, levou-o para o Egito. Maria, banhada pelo orvalho (do Espírito Santo), floriu como lírio, cuja raiz é medicinal, o caule sólido e ereto para o alto, a flor cândida e as pétalas abertas. A raiz da Virgem Maria foi a humildade, tendo sempre reprimido os movimentos do orgulho; seu caule foi sólido, pois renunciou a todas as coisas temporais, e foi ereto para o alto pela contemplação das coisas celestes; sua flor foi branca pelo candor de sua virgindade. Maria foi um lírio com as pétalas abertas, recordada de sua raiz quando disse: "Eis aqui a serva do Senhor". E esse lírio floresceu e brotou quando, permanecendo intacta a flor da virgindade, deu à luz o Filho de Deus Pai. "E como o lírio não danifica sua flor ao expandir o seu perfume, assim a Bem-aventurada Virgem não violou a flor de sua virgindade quando deu à luz o Salvador" (Guerrico, abade, † 1157).

"Lançará raízes como uma árvore do Líbano e seus ramos se expandirão." A raiz do lírio representa a intenção do coração: se ela for simples – como diz o Senhor: "Se teu olho", isto é, a intenção do teu coração, "for simples", – quer dizer, sem a duplicidade do engano, expandir-se-ão os seus ramos, porque crescerão para o alto as suas obras, e assim "todo o teu corpo", isto é, as obras que lhe seguem, "será luminoso" (Lc 11,34). Precisamente a raiz, isto é, a intenção da Bem-aventurada Virgem, foi puríssima e odorífera e dela procederam os ramos de suas obras, retos e dirigidos para o alto. E observa também que a raiz da intenção é chamada "do Líbano", porque da pureza da intenção provém o incenso, isto é, o perfume da boa fama.

"Terá a beleza da oliveira", que é o símbolo da paz e da misericórdia. A Bem-aventurada Virgem Maria, nossa medianeira, restabeleceu a paz entre Deus e o pecador. Por isso, dela se diz no Gênesis: "Porei o meu arco sobre as nuvens, e ele será o sinal da aliança entre mim e a terra" (Gn 9,13). O arco-íris tem duas cores: a cor da água e a cor do fogo. Na água, que nutre todas as coisas, é simbolizada a fecundidade de Maria; no fogo, cuja chama não pode ser ferida pela espada, é indicada a sua inviolada virgindade. Esse é o sinal da aliança e da paz entre Deus e o homem pecador. E é também a oliveira da misericórdia. E sobre isso, o Bem-aventurado Bernardo diz: "Ó homem, tu tens um acesso seguro a Deus, porque junto a ele tens a Mãe diante do Filho e o Filho diante do Pai. A Mãe mostra ao Filho o seu peito e o seu seio, o Filho mostra ao Pai o seu lado e suas feridas. Não haverá, pois, repulsa alguma onde estão juntos tantos sinais de amor".

"A sua fragrância será como o Líbano." Líbano interpreta-se "brancura", e indica o candor da vida inocente da Bem-aventurada Virgem Maria, cujo perfume, difundido em toda a parte, devolve a vida aos mortos, o perdão aos desesperados, a graça aos penitentes, a glória aos justos.

Pelos méritos e pela intercessão de Maria, o orvalho do Espírito Santo modere os ardores de nossa mente, cancele os nossos pecados, infunda em nós a graça, a fim de merecermos chegar à glória imortal da vida eterna. No-lo conceda aquele que é bendito nos séculos dos séculos. Amém.

III – A NATIVIDADE DO SENHOR

12. "Como a flor da rosa nos dias de primavera, como um lírio junto à corrente de água" (Eclo 50,8).

Diz o Eclesiástico: "Frutificai como uma planta de rosas sobre uma torrente; como o Líbano, espalhai um bom perfume, fazei desabrochar flores, expandi perfume como o lírio e lançai ramos graciosos" (Eclo 39,17-19). As exortações contidas nesta citação são concretizadas em três atos: a abundância das lágrimas, a insistência da oração e a inocência da vida.

As rosas são as almas dos fiéis, avermelhadas pelo sangue de Jesus Cristo, que devem ser plantadas às margens de uma torrente, isto é, sobre um rio de lágrimas, para que possam produzir dignos frutos de penitência. Devem ter, como o Líbano, o incenso da oração devota, que se difunde como um suave perfume. Devem derramar, como o lírio, o perfume da boa reputação com a honestidade de uma vida intemerata, e aprofundar-se na ação de graças ao Senhor. Se as almas dos fiéis tiverem tudo isso, poderão participar dignamente dessa festividade, isto é, no natal do Senhor, no parto da Bem-aventurada Virgem, da qual se diz: "Como a flor das rosas na estação da primavera" etc.

13. "O parto da Virgem gloriosa é comparado à rosa e ao lírio, porque como estas flores, mesmo expandindo um perfume suavíssimo, não se deterioram, assim Maria, dando à luz o Filho de Deus, permaneceu intacta na sua virgindade." Portanto, quando a Virgem Maria dava à luz o seu Filho, o Pai podia dizer aquilo que Isaac disse a Jacó: "Eis o odor do meu filho, que é como o odor de um campo florido que o Senhor abençoou" (Gn 27,27). O nascimento de Cristo foi como o perfume de um campo cheio de flores, porque deixou intacta a flor da virgindade da Mãe, quando dela veio à luz. E a própria Bem-aventurada Virgem foi um campo cheio de rosas e lírios, que o Senhor abençoou; com efeito, dela é dito: "Bendita és tu entre as mulheres" (Lc 1,28).

Observa que Maria perturbou-se quando ouviu que era proclamada "bendita entre as mulheres", ela que sempre havia preferido ser "bendita entre as virgens": por isso "perguntava-se qual seria o sentido daquela saudação" (Lc 1,29), que num primeiro momento parecia-lhe *suspeita*. E quando na promessa de um filho tudo lhe ficou claro, não pôde mais ignorar o perigo que corria a sua virgindade, e disse: "Como se fará isso, pois eu não conheço varão?" (Lc 1,34), isto é, propus-me a não conhecê-lo? Outros dizem que talvez se tivesse perturbado porque ouvia dizer, de si, aquilo que absolutamente não lhe parecia ser. "Virtude verdadeiramente rara: que a tua santidade, tão evidente, seja desconhecida só a ti mesma!" – exclama o Bem-aventurado Bernardo. Depois, ele acrescenta: Talvez tu te desprezas ocultamente, porque te pesas com a balança da verdade; depois, porém, em público, pensando ter bem outro valor, vendes-te a nós por um preço superior ao que tens feito a ti mesma.

Portanto, sobre o parto virginal de Maria digamos: "Como a flor da rosa nos dias de primavera". Dizemos primavera (latim: *ver*) porque *ver*deja. De fato, na primavera, a terra se veste de ervas, cobre-se de flores coloridas, retorna o clima suave, as aves "tocam a cítara" e tudo parece sorrir. Damos-te graças, Pai Santo, porque em pleno inverno, entre os maiores frios, deste-nos um tempo primaveril. Com efeito, neste nascimento do teu Filho, Jesus bendito, que se celebra em pleno inverno, na estação dos frios mais intensos, deste-nos um tempo primaveril, cheio de todos os encantos. Hoje a Virgem, terra bendita, repleta da bênção do Senhor, deu à luz a erva verdejante, o pasto dos penitentes, isto é, o Filho de Deus. Hoje a terra se matiza com as flores das rosas e os lírios dos vales. Hoje os anjos, acompanhados com a cítara, cantam: "Glória a Deus no mais alto dos céus" (Lc 2,14). Hoje é restabelecida sobre a terra a tranquilidade e a paz. O que queres mais? Tudo sorri, tudo exulta. E por isso, o anjo diz aos pastores: "Eis que vos anuncio uma grande alegria, que será para todo o povo; nasceu-vos hoje, na cidade de Davi, um salvador, que é o Cristo Senhor. Isso será um sinal para vós: encontrareis um menino envolto em panos, que jaz numa manjedoura" (Lc 2,10-12).

14. Observai bem, caríssimos, que o anjo aparece aos pastores das ovelhas, porque, como diz Salomão, "sua familiaridade está com os simples" (Pr 3,32). Os que guardam na mente o rebanho dos pensamentos simples e inocentes ouvem o anjo lhes dizer: "Este é para vós o sinal", pelo qual vós tereis certeza; "encontrareis um menino", eis a humildade; "deitado numa manjedoura", não preso aos seios da mãe, eis a abstinência; "envolto em panos", eis a pobreza. Com este sinal, o Pai marcou o Filho (cf. Jo 6,27) e o enviou ao mundo. Com este sinal vós tereis certeza: Encontrareis um "menino", isto é, alguém que não fala (latim: *infans*, que não fala). Na verdade, foi alguém que não falou, porque, diante daqueles que o tosquiaram, não só, mas que o tosquiaram e o mataram, ele ficou mudo e não abriu sua boca (cf. Is 53,7).

Encontrareis, pois, um menino. Sim, "menino", aquele que agora se cala, como que fingindo ignorar os pecados dos homens; e já que não manda o castigo, os pecadores acreditam que ele não vê. Por isso, o Senhor lamenta-se por boca de Isaías: "Mentiste e não te recordaste de mim, nem refletiste no teu coração: porque eu estava calado e parecia não ver, e te esqueceste de mim. Eu publicarei a tua (falsa) justiça" (Is 57,11-12) e te retribuirei segundo as tuas obras (cf. Pr 24,29); dessas obras acrescenta: "E as tuas obras não te aproveitarão" (Is 57,12).

Encontrareis um menino. Mas ai! Não encontro alguém "que não fala", mas alguém que late, que detrai, que murmura, que adula para onde quer que me volte. E tu dizes: "Encontrareis um menino"? Eu encontro quem fala, quem levanta sua boca até o céu e sua língua percorre a terra (cf. Sl 72,9); isto é, encontro quem na sua maledicência não poupa nem o justo nem o pecador. Encontro quem fala, quem chama de bem o mal, e o mal de bem; quem muda as trevas em luz e a luz em trevas, o amargo em doce e o doce em amargo (cf. Is 5,20).

"Deitado numa manjedoura." Quase todos, como os jumentinhos, mamam nas tetas por trás, isto é, abandonam-se aos prazeres da gula e da luxúria. O Senhor foi deposto numa manjedoura, e estes agarram-se aos seios "da grande prostituta, que, com o vinho de sua prostituição, embriagou os habitantes da terra (cf. Ap 17,1-2), para depois acabarem suspensos ao laço da geena para a eterna ruína de sua alma.

"Encontrá-lo-eis envolto em panos." Em panos, e não em peles de animais, com as quais foram revestidos os progenitores, expulsos do paraíso. Aqueles que se vestem de peles estão nas moradas dos demônios. As peles são chamadas assim de *pellere*, que quer dizer expulsar, tirar, do qual temos *pellex*, isto é, concubina e meretriz. *Pellex* de *pellicio*, seduzir, porque a meretriz seduz os homens com a beleza de sua pele. O verbo latino *"pellicio"* significa "atrair adulando". Os devassos e as meretrizes vestem-se de peles, porque se gloriam da aparência exterior.

O que direi dos prelados efeminados do nosso tempo, que se enfeitam como mulheres destinadas ao casamento, revestem-se de peles variadas e cujas intemperanças se consumam em selas coloridas, em arreios e esporas de cavalos que se avermelham com o sangue de Cristo? Eis a quem é confiada hoje a esposa de Cristo, que foi envolto em panos e deitado numa manjedoura, enquanto eles se revestem de peles e se abandonam à luxúria em leitos de marfim.

Elias e João [o Batista] levavam uma cinta de peles em volta dos rins. Ó peles envelhecidas nos dias de pecado (cf. Dn 13,52), se quiserdes vestir-vos de peles, usai um cinto e não uma túnica de pele, e apertai-a aos rins (cf. Mt 3,4), para mortificar a pele do vosso corpo. "Pele por pele – lemos em Jó – e tudo o que o homem tem está pronto a dá-lo por sua vida" (Jó 2,4). Mortificai a pele do vosso corpo destinado à morte, para reavê-la glorificada na ressurreição final. Ó pastores da Igreja, isso será para vós o sinal: "Encontrarei um menino..." Marcai-vos também vós com o sinal da humildade e da abstinência deste menino e com o selo de sua áurea pobreza, vós que viveis do seu patrimônio.

15. Digamos, pois, "como uma flor da rosa no tempo da primavera". Observa que, como Deus criou o mundo na primavera, isto é, em março, assim na natividade de seu Filho fez um mundo novo, renovando tudo.

No primeiro dia, Deus disse: "Faça-se a luz, e a luz foi feita" (Gn 1,3). Hoje, o Verbo do Pai, por meio do qual tudo foi feito, se fez carne (cf. Jo 1,3.14). Esta Luz, que disse "faça-se a luz", hoje está aqui. Por isso, dela canta-se hoje na Missa da luz [da aurora]: Hoje fulgirá sobre nós a luz, porque nasceu o Senhor (cf. Is 9,2).

Observa que hoje se celebram três missas: a missa da meia-noite, na qual se canta "O Senhor me disse: Tu és meu Filho, eu hoje te gerei" (Sl 2,7), e isso nos recorda a misteriosa geração da divindade, que ninguém pode descrever; a missa da luz (da aurora), que nos recorda a geração *pela* Mãe; e a missa da hora terceira (do dia), que nos recorda ao mesmo tempo a geração *pelo* Pai e *pela* Mãe: nesta terceira missa canta-se "Nasceu-nos um Menino" (cf. Is 9,6), e isso refere-se ao nascimento *pela* Mãe; e lê-se o Evangelho de João "No princípio era o Verbo" (Jo 1,1), que se refere à geração *pelo* Pai.

Portanto, a primeira missa canta-se no coração da noite, porque a geração pelo Pai é misteriosa também para nós crentes. A segunda missa canta-se de manhã cedo porque a geração pela Mãe foi muito visível também para nós, mas envolvida numa certa nebulosidade. Com efeito, quem pode desfazer a correia de suas sandálias, quer dizer, penetrar no mistério de sua encarnação? (cf. Mc 1,7; Lc 3,16; Jo 1,27). Enfim, a terceira missa, que se canta em pleno dia, porque no dia da eternidade, quando toda obscuridade for eliminada, saberemos perfeitamente de que modo Jesus Cristo foi gerado pelo Pai e de que modo pela Mãe. Realmente, então conheceremos aquele que tudo conhece, porque o veremos face a face e seremos semelhantes a ele (cf. 1Jo 3,2). Com razão, pois, é dito: "Como orvalho nos dias de primavera".

16. "Como os lírios junto à torrente de água." Observa que o lírio nasce em terra não cultivada, desenvolve-se nos vales, é perfumado e branco; fechado, mantém o perfume, aberto o difunde; tem seis pétalas, tem os estames dourados e ao centro o pistilo; tem a propriedade de curar queimaduras. É chamado lírio porque é quase lácteo (latim: *lilium, lacteum*) e representa a Bem-aventurada Virgem, cândida pelo esplendor da virgindade, que nasceu de genitores castos e humildes: Joaquim, cujo nome significa "Deus levanta", e Ana, que quer dizer "graça". Hoje Maria deu à luz o Filho de Deus como o lírio emana o seu perfume.

Este lírio tem seis pétalas etc. Sobre isso leia a explicação do trecho evangélico "Enquanto as multidões se comprimiam ao redor de Jesus" (Lc 5,1) do V domingo depois de Pentecostes. parte II, onde se fala dos seis degraus do trono de Salomão.

Os estames dourados do lírio são a pobreza e a humildade, virtudes que em Maria foram o ornato de sua virgindade. O pistilo ao centro do lírio representa a sublimidade do divino amor que estava no coração da Bem-aventurada Virgem. Ela é a *medicina* dos pecadores, que foram queimados no fogo dos vícios.

Desses diz Joel: "Todos os seus rostos se tornarão como uma panela" (Jl 2,6). A panela é um vaso que serve para cozinhar e é chamada assim (latim: *olla*) porque nela a água ferve quando se põe fogo por baixo e produz vapor. Por isso, é chamada também "bolha", que se produz no interior da água como que pelo aspirar do vento. A panela é a mente do pecador, na qual está a água da concupiscência, que produz as bolhas dos pensamentos perversos, quando por baixo é posto o fogo da sugestão diabólica. Dessa panela procede a fumaça do mau consenso que cega os olhos da alma: e assim a mente do pecador cobre-se de preto. O rosto é chamado assim porque dele transparece a vontade do espírito (*vultus, voluntas*), e significa as obras, pelas quais se conhece o homem. Por isso, os rostos dos pecadores tornar-se-ão da cor da panela, quando pela negrura da mente são contaminadas as obras. A Bem-aventurada Virgem Maria, com o candor medicinal de sua santidade, elimina essa negrura, cura essa queimadura e devolve a plena saúde aos que nela esperam.

"Como os lírios junto a uma torrente de água", como se dissesse: Como os lírios junto a uma torrente de água permanecem no seu frescor e beleza e com seu perfume, assim a Virgem Maria, quando deu à luz o Filho, permaneceu no frescor e na beleza de sua virgindade.

Rogamos-te, pois, ó Senhora nossa, santa Mãe de Deus: nesta festa da Natividade do teu Filho, que geraste permanecendo virgem, que envolveste em panos, que depuseste na manjedoura, obtém-nos o perdão dele, cura as queimaduras de nossa alma, que nos foram causadas pelo fogo do pecado; cura-as com o bálsamo da tua misericórdia, por meio da qual mereçamos chegar ao gozo da eterna festa.

No-lo conceda aquele que hoje se dignou nascer de ti, ó Virgem gloriosa, e ao qual se deve a honra e a glória por todos os séculos dos séculos. Amém.

PURIFICAÇÃO DA BEM-AVENTURADA VIRGEM MARIA (1)

Temas do sermão

"Como o incenso que exala fragrância nos dias do verão."

• Sermão em louvor à Bem-aventurada Virgem: "Bendita és tu entre as mulheres".

• Construção do tabernáculo [da reunião] e o cestinho de Moisés: simbolismo destas duas coisas.

• Sermão em louvor da Bem-aventurada Virgem: "Ao que pedia água deu leite"; natureza da pomba e da rola; os três elementos que compõem a vela e os quatro versículos do cântico "Agora deixa, ó Senhor, que teu servo": significado de todo isso.

EXÓRDIO

1. "Como o incenso que exala fragrância nos dias do verão; como o fogo refulgente e o incenso que queima no fogo" (Eclo 50,8-9).

Diz Cristo no Eclesiástico: "Eu sou como o Rio Diorix e como um curso de água saí de um jardim" (Eclo 24,41).

Diorix (canal de derivação) interpreta-se "medicina da geração", e indica Jesus Cristo, que é a medicina do gênero humano, corrompido em Adão. Jesus Cristo, como um canal de irrigação e como um curso de água, saiu "do jardim", quer dizer, do ventre virginal, porque, no momento em que assumiu a carne da Virgem, tornou-se para nós, por meio da água do batismo, como um rio no que se refere à fé, e como canal de irrigação no que se refere à paixão, na qual derramou seu sangue, com o qual curou as nossas feridas; tornou-se curso de água no que se refere à infusão da graça. Por meio dele, com efeito, como através de um curso de água, o Pai infunde em nós a graça. Por isso, no fim de cada oração dizemos: Por Jesus Cristo, nosso Senhor.

Diz o Gênesis: "Ora, o Senhor Deus tinha plantado, desde o princípio, um paraíso de delícias..., no qual pôs o homem para que o cultivasse e o guardasse" (Gn 2,8.15). Mas o homem cultivou-o mal e mal o guardou. Foi, pois, necessário que o Senhor Deus plantasse outro jardim, muito melhor, isto é, a Bem-aventurada Virgem Maria, ao qual retornassem os exilados do primeiro. E nesse novo jardim foi posto o segundo Adão, que o cultivou e o guardou. Fez grandes coisas, conforme disse o próprio "jardim": "Fez em mim grandes coisas aquele que é poderoso e santo é o seu nome" (Lc 1,49). O que nós chamamos santo, os gregos dizem *ágion*, que literalmente significa "sem terra" (*a*, sem; *gè*, terra), já que aqueles que são consagrados ao seu (de Deus) nome não devem dirigir suas aspirações para a terra, mas para o céu. Guardou-o, porque o manteve na sua integridade; cultivou-o, quando o fecundou; conservou-o, quando não violou sua flor.

No princípio, a terra, maldita na obra de Adão, produziu espinhos e abrolhos depois do trabalho. A nossa terra, isto é, a Bem-aventurada Virgem, ao contrário, sem a ação do homem, produziu o fruto bendito, que hoje ofereceu a Deus no templo. E, portanto, com razão, dizemos: "Como incenso que exala fragrância nos dias do verão" etc.

2. Incenso, em latim: *thus*, deriva de *tundo*, pisar, porque os grãos de incenso, antes de serem queimados, são pisados e reduzidos a pó; e por isso alguns escrevem *tus*, sem h. Outros afirmam que deriva do grego *Theós* (Deus), a quem é oferecido, e, portanto, escrevem-no com h: *thus*. A Bem-aventurada Virgem, nas palavras do Eclesiástico, diz: "Como de líbano antes do corte perfumei a minha habitação" (Eclo 24,21). O incenso é uma planta da Arábia, árvore grandiosa, que produz um suco aromático, e toma o seu nome de um monte da Arábia: com efeito, o monte onde se recolhe o incenso é chamado Líbano. E o incenso é recolhido duas vezes por ano, no outono e na primavera.

O líbano antes do corte é figura da Virgem Maria, que nunca sofreu incisão com algum ferro de concupiscência. Maria perfuma com o amor a alma na qual habita, quer dizer, enche-a do perfume das virtudes. De sua emanação, aquela alma exala o perfume da humildade e da castidade. A Virgem Maria, que pelo candor de sua vida é chamada Líbano, que significa brancura, exalou de si mesma o incenso perfumado, quer dizer, a humanidade de Jesus Cristo, de cujo perfume encheu-se o mundo todo.

Na dupla colheita do incenso é representada a dupla "oblação" de Cristo. Primeiro, ofereceu-o a Mãe no templo, "segundo a prescrição de Moisés" (Lc 2,22); depois, Cristo ofereceu a si mesmo em sacrifício a Deus Pai para a reconciliação do gênero humano. Na primeira oblação foi *thus*, incenso (de *Theós*, Deus), isto é, oferecido a Deus; na segunda foi *tus*, incenso (de *tundo*, pisar) porque foi pisado pelos nossos pecados. E então foi "incenso que exala fragrância nos dias do verão", isto é, no auge da perseguição judaica.

Sobre a primeira oblação, que hoje celebramos, faremos algumas considerações em louvor à gloriosa Virgem Maria.

I – A PRIMEIRA OBLAÇÃO DE CRISTO

3. No Livro dos juízes, onde se fala de Débora, lemos: "Bendita entre as mulheres seja Jael, esposa de Heber, cineu, e bendita seja na sua tenda. Ela deu leite ao que lhe pedia água, e numa taça de príncipes ofereceu-lhe manteiga. Estendeu a mão esquerda para o prego da tenda, e a direita a um martelo de operário; e buscando na cabeça

o lugar para ferir, deu o golpe em Sísara, transpassando-lhe com força as têmporas" (Jz 5,24-26). E ele, unindo o sono à morte, "desfaleceu imóvel e morreu" (Jz 5,27). Jael interpreta-se "cerva", e é figura da Virgem Maria.

Sobre isso, leia o sermão do III domingo da Quaresma, parte V, sobre o evangelho: "Elevando a voz, uma mulher disse: Bendito o ventre".

Essas coisas foram ditas pela esposa de Heber, cineu. Heber significa "participante", cineu é "possuidor", e é figura de Jesus Cristo, que, participante de nossa natureza, diz com as palavras de Salomão nas parábolas: "O Senhor possuiu-me no princípio dos seus caminhos" (Pr 8,22).

Os caminhos do Senhor são suas obras, no princípio das quais possuiu a sabedoria, porque no princípio da criação, que estava por nascer, teve o Filho, para ordenar com ele todas as coisas. Outra tradução diz assim: "O Senhor criou-me princípio dos seus caminhos nas suas obras". É o que se lê da encarnação do Senhor: O Senhor criou-me segundo a carne. A carne reconhece o Senhor; a glória significa o Pai; a criatura reconhece o Senhor; o amor conhece o Pai, isto é, o princípio, ou no princípio de seus caminhos, como ele próprio diz: "Eu sou o Caminho" (Jo 14,6), que guia a Igreja para a vida. Na sua obra, que era a de redimir, foi criado de uma Virgem. Portanto, sua carne esteve em função de sua obra; a sua divindade existiu antes de sua obra. A virgem Maria foi, pois, chamada também sua "esposa", porque ele repousou no seu tálamo e teve dela a carne. Seja, pois, bendita na sua tenda. "Todas as gerações [disse ela] chamar-me-ão bem-aventurada!" (Lc 1,48). Na sua tenda é bendita, porque nela repousou aquele que a havia criado.

Em seu louvor, que está acima de todo o louvor, todo o assunto se exaure; e em seu louvor, toda a língua balbucia, porque a matéria é inexaurível. E já que a devoção quer dizer dela alguma coisa, por pouco que seja, propomos algumas considerações sobre a "tenda", como que indo às apalpadelas.

II – A VIRGEM MARIA, TENDA DE CRISTO

4. "Bendita seja Jael no seu tabernáculo." No Êxodo, o Senhor falou a Moisés, dizendo: "Assim farás o tabernáculo da reunião: farás dez cortinas de linho retorcido, de jacinto, de púrpura e de escarlate tingido duas vezes e bordadas de maneira variada. Farás onze telas de pele de cabra para cobrir a parte superior do tabernáculo. Farás ainda uma outra cobertura de peles de carneiro, tingidas de vermelho, e sobre esta, mais outra cobertura de peles de cor roxa. Farás também de madeira de *setim* [acácia] as tábuas do tabernáculo, que hão de ser levantadas" (Ex 26,1.7.14-15).

Em relação a esta passagem, a *História escolástica* (Comestor) diz: "O tabernáculo era a casa dedicada a Deus; era quadrangular e oblonga, fechada por três paredes: ao norte, ao sul e a oeste. O ingresso abria-se livremente para o Oriente, a fim de que ao surgir do sol fosse iluminado por seus raios.

Seu comprimento era de trinta côvados, a largura de dez e de dez também a altura. No lado meridional erguiam-se vinte tábuas de madeira de *setim*, cada uma com dez côvados de comprimento, um côvado e meio de largura e quatro dedos de espessura. Estavam unidas entre si encastoadas, de maneira que não houvesse fissura alguma ou desnível na parede; eram douradas de ambos os lados, e cada uma era posta sobre duas bases perfuradas de prata e nos furos fixavam-se os gonzos de ouro.

Com o mesmo sistema era construída a parede setentrional. A Ocidente, porém, havia sete tábuas, mas em tudo semelhantes às outras e erguidas sobre suas bases com o mesmo sistema. Sobre as tábuas levantadas com esta precisão foi posto o teto, formado pelas quatro coberturas mencionadas, isto é, pelas cortinas, pelas telas de lã de cabra e de peles tingidas de vermelho e daquelas tingidas de azul.

O tabernáculo é figura da Virgem Maria, no qual Cristo se armou com a couraça da justiça e com o capacete da salvação, para triunfar sobre as potências invisíveis.

Sobre o significado destas armas, veja o comentário ao trecho evangélico "Quando um homem forte, bem armado..." no sermão do III domingo da Quaresma, parte II.

Maria é a casa dedicada a Deus, consagrada com a unção do Espírito Santo, quadrangular pelas quatro principais virtudes, oblonga pela perseverança final, fechada com três paredes de virtudes contra o Setentrião, o Meridião e Ocidente. No Setentrião é representada a tentação do diabo, no Meridião, a falácia do mundo, no Ocidente, a ruína do pecado.

Foi fechada a Setentrião. De fato, lemos no Livro do Gênesis: "Ela te esmagará a cabeça, e tu lhe armarás ciladas ao calcanhar" (Gn 3,15). A Bem-aventurada Virgem esmagou a cabeça, isto é, a raiz da sugestão diabólica, quando emitiu o voto de virgindade. Mas [o diabo] armou-lhe ciladas ao calcanhar, quando, no fim, mandou prender e crucificar seu Filho pelos judeus.

Foi igualmente fechada a Meridião. Escreve Lucas: "Entrando onde ela estava, o anjo disse: Ave, cheia de graça, o Senhor está contigo" (Lc 1,28). Estava dentro, estava fechada a casa onde o anjo entrou. E porque estava dentro, mereceu ser bendita. De fato, não são os de fora que merecem ser considerados dignos da saudação do anjo, nem dignos que a eles se diga: Ave!; mas antes, como diz Amós: "A todos os que estão fora, dir-se-á: *Vae!* Ai, ai!" (Am 5,16). Com efeito, não agrada a Deus a saudação que é só exterior. Lemos em Mateus que o Senhor censura aqueles que buscam ser saudados nas praças (cf. Mt 23,7).

Realmente, quem está fora, na praça ou em público, não merece ser saudado por Deus ou por um anjo, que amam o secreto. Enviando os apóstolos em missão, Jesus diz: "Não saudeis a ninguém pelo caminho"; mas "em qualquer casa em que entrardes, dizei: Paz a esta casa!" (Lc 10,4-5); isto é, mandou saudar não aqueles que estavam pela estrada, e nem aqueles que trabalhavam fora, nos campos, mas aqueles que estavam em casa. Portanto, aqueles que estão fora, são privados da saudação divina.

5. Foi fechada também a Ocidente. No Livro do Êxodo diz-se que Moisés (recém-nascido) permaneceu escondido por três meses. E quando não foi mais possível mantê-lo escondido, a mãe tomou um cestinho de juncos, calafetou-o com betume e pez, colocou dentro o menininho e o deixou num juncal à margem do rio (cf. Ex 2,2-3).

Vejamos o que significam Moisés e os três meses, o cestinho de juncos, o betume e o pez e o que representa o rio.

Moisés é Jesus Cristo, que permaneceu escondido três meses, isto é, por três períodos: antes da criação do mundo, da criação até Moisés e de Moisés até a anunciação da Bem-aventurada Virgem Maria, que foi como que o cestinho de vimes, fechada por todos os lados como com betume e pez.

O cestinho é feito de vimes, gracioso. E os três elementos com os quais é construído simbolizam as três principais virtudes da Virgem Maria. No vime é indicada a humildade, no betume a virgindade e no pez a pobreza. O vime deve seu nome a *vis* (força), porque tem grande força de verdor; é de tal natureza que, se for molhado, volta a ser verde ainda que já esteja seco; portanto, cortado e plantado na terra, lança logo as raízes. Esta é a humildade, que tem tão grande força de verdor, que mesmo se é desprezada e jogada fora como seca, todavia plantada no terreno, ao qual o humilde está sempre voltado, lança raízes ainda mais profundas. Por isso, na Bem-aventurada Virgem, quase como num cestinho de vimes, foi escondido Jesus Cristo, e foi exposto na água corrente, isto é, neste mundo: a filha do Rei, isto é, a Santa Igreja, adotou-o como filho (*Glosa*).

O *juncal* é um lugar cheio de longas ervas, chamadas juncos; é chamado também *canavial*, e pode ser também um lugar cheio de espinhos. A Bem-aventurada Virgem foi quase fechada nessa tríplice vegetação, para que a sugestão diabólica, a hipocrisia do mundo e a atração do pecado não pudessem violá-la. Dessa tríplice proteção fala-se no Cântico dos Cânticos: "Jardim fechado és tu, irmã minha, jardim fechado, fonte selada" (Ct 4,12). A Bem-aventurada Virgem é chamada *irmã* de Cristo por causa da ligação da carne. Ela foi "jardim fechado" com o muro da humildade contra o Setentrião; jardim fechado com o muro da pobreza contra o Meridião; "fonte selada" com o selo da virgindade contra o Ocidente. Estas são as tábuas, douradas de ambos os lados, unidas inseparavelmente, perfeitamente niveladas e colocadas em bases de prata, quer dizer, sobre a pureza da intenção e sobre a proclamação do louvor divino.

6. Igualmente, sobre esta tríplice clausura e sobre o Oriente, de onde o tabernáculo é iluminado, tens uma concordância naquilo que diz Ezequiel: "Fez-me voltar para o caminho da porta do santuário exterior, que olhava para o Oriente, e que estava fechada. E o Senhor me disse: Esta porta estará fechada; não se abrirá e ninguém passará por ela, porque o Senhor Deus de Israel entrou por ela, e ela estará fechada para o príncipe. O príncipe sentar-se-á nela para comer o pão diante do Senhor" (Ez 44,1-3).

A porta é chamada assim porque através dela pode-se *levar* ou *exportar* alguma coisa, e é figura da Bem-aventurada Virgem, porque através dela exportamos os dons das graças. Esta foi a porta do santuário exterior, não do interior. O santuário interior é a divindade, o exterior a humanidade. "O Pai deu a majestade, a Mãe deu a fraqueza" (Agostinho). O caminho desta porta foi a humildade, virtude para a qual, segundo o profeta, cada um deve voltar-se.

A humildade da Virgem voltou-se para o Oriente, para ser iluminada por seus raios. Por bem três vezes esta porta é dita fechada, porque a Bem-aventurada Virgem, como já foi explicado, foi fechada a Setentrião, a Meridião e a Ocidente. Foi aberta na humildade só a Oriente, isto é, a Jesus Cristo, que veio do céu. Por isso é dito: "Ninguém passará por ela", quer dizer, "José não a conhecerá"; e "será fechada ao príncipe", entendendo com isso o diabo, que é o príncipe deste mundo, a cujas sugestões ela foi fechada, porque sua alma não se abriu a tentação alguma, como sua carne ignorou o contato de homem. Somente o verdadeiro Príncipe, isto é, Cristo Jesus, tomou morada nela, aceitando a humilhação da carne, para comer o pão diante do Senhor, isto é, para fazer a vontade do Pai que o havia enviado (cf. Jo 4,34). Às tábuas das virtudes assim dispostas é sobreposto o teto de cortinas, de telas de lã de cabra e de peles tingidas de vermelho e de azul. "Só na Virgem Maria é resumida a vida de todos os santos; só ela é *capaz*, está em condições de praticar, de possuir todas as virtudes" (Ambrósio).

Observa que a Igreja de Cristo se divide em *militante* e *triunfante*. A Igreja militante tem as cortinas e as telas de lã de cabra; a Igreja triunfante tem as peles tingidas de vermelho e de azul. Nas cortinas bordadas, tecidas de várias cores, isto é, trabalhadas a mão com fineza e fantasia, são representados todos os justos da Igreja militante. No tecido de linho são representados os bons religiosos que guardam o candor da castidade e praticam a abstinência corporal. Na seda são representados aqueles que, abandonadas todas as coisas terrenas, consagraram-se unicamente à doçura da contemplação. Na púrpura são representados aqueles que se crucificam na memória da paixão do Senhor e, quase em êxtase diante do Crucificado, contemplam-no com os olhos da mente enquanto pende do patíbulo, enquanto efunde do lado água e sangue e quando, inclinada a cabeça, exala o espírito, e a este espetáculo aprofundam-se em lágrimas irreprimíveis. No pano escarlate, tingido duas vezes, são representados aqueles que ardem de amor a Deus e ao próximo. Nas telas de lã de cabra são representados os penitentes, que expiam na cinza e no cilício as culpas cometidas.

Sobre estes últimos leia também aquilo que está escrito no Evangelho da Páscoa do Senhor, lá pelo fim, na IV parte.

Depois, nas peles tingidas de vermelho são indicados todos os mártires, que lavaram suas vestes no sangue do Cordeiro (cf. Ap 7,14); triunfando sobre o mundo, eles chegaram à Igreja triunfante coroados de louro. Nas peles tingidas de azul são indicados todos os confessores da fé, cuja aspiração foi somente o céu, e assim passaram da esperança para a visão.

A Virgem Maria, enquanto aqui esteve na Igreja militante, possuiu as virtudes de todos os justos. Diz-se no Eclesiástico: "Em mim há toda a graça do caminho e da verdade, em mim toda a esperança da vida e da virtude" (Eclo 24,25). Teve também uma imensa piedade pelos penitentes. Por isso, nas bodas de Caná disse: "Não têm mais vinho" (Jo 2,3), como para dizer: Derrama, ó Filho, sobre os penitentes a graça do teu amor, porque estão privados do vinho da compunção. Agora, certamente, reina na glória, na qual goza o prêmio de todos os santos, porque foi exaltada acima de todos os coros dos anjos.

Eis "o tabernáculo construído por mão de homem, isto é, não pertencente a esta criação" (Hb 9,11), mas construído e consagrado com a graça do Espírito Santo. Digamos, por isso: "Bendita seja Jael no seu tabernáculo!"

III – AS VÁRIAS OBLAÇÕES DA VIRGEM

7. Lemos no Livro dos Juízes: "Deu leite ao que lhe pedia água, e numa taça de príncipes ofereceu-lhe manteiga" (Jz 5,25). *Sísara* interpreta-se "exclusão do gozo", e é figura do diabo que, excluído do gozo da vida eterna, tenta de todos os modos excluir dele também os fiéis cristãos. A ele, que pedia a água da concupiscência, a nossa Jael deu leite. Foi por divino conselho que o mistério da encarnação do Senhor ficou escondido ao diabo. Vendo que a Bem-aventurada Virgem era casada, que estava grávida e que o aleitava, o diabo pensou que também ela estivesse sujeita à concupiscência e ao pecado, e por isso propôs-se exigir dela, quase como preço, a água da concupiscência. Mas a Virgem, aleitando o Filho, enganou o diabo e, desse modo, o matou com o prego do tabernáculo e com o martelo. No prego que serve para fixar e fechar o tabernáculo é representada a virgindade de Maria; no martelo, que tem a figura de um *tau* (T), é representada a cruz de Cristo. Jael, pois, ou seja, a Virgem Maria, matou o inimigo, o diabo, com a virgindade do seu corpo e com a paixão de seu Filho pregado na cruz. Por isso, diz-se no Livro de Judite: "Uma mulher hebreia, sozinha, lançou a confusão na casa do Rei Nabucodonosor: de fato, eis aí Holofernes, estendido por terra e sem a cabeça o seu corpo" (Jt 14,16).

Adonai, Senhor, Deus grande e admirável, a ti o louvor e a glória: a ti que nos deste a salvação por mão de tua Filha e Mãe, a gloriosa Virgem Maria!

Na passagem acima citada, demos atenção às palavras "ofereceu manteiga numa taça de príncipes". São estas as palavras que nos ofereceram a ocasião para as considerações preliminares. Vejamos agora o que representam a taça, o príncipe e a manteiga. Na taça é representada a humilde condição do pobre, nos príncipes, os apóstolos, na manteiga, a humanidade de Cristo.

Na sua humilde condição de pobreza – na qual também os "príncipes" (os apóstolos) teriam se encontrado, ricos na fé mas pobres neste mundo – Maria ofereceu no templo a manteiga, quer dizer, o Filho que havia gerado, do qual diz Isaías: "Nutrir-se-á de manteiga e mel" (Is 7,15). No mel é indicada a divindade, na manteiga, a humanidade do Salvador. Nutriu-se de mel e de manteiga quando uniu a si mesmo a natureza divina e a humana, e por isso "aprendeu", quer dizer, agiu de maneira que também nós aprendêssemos "a rejeitar o mal e a escolher o bem" (Is 7,15).

Na sua pobreza, Maria ofereceu o Filho, e com ele a oferta dos pobres, isto é, "um par de rolas ou dois pombinhos" (Lc 2,24), como prescrevia a lei de Deus: "Se uma mulher, tendo concebido, der à luz um menino, será impura por sete dias" (Lv 12,2). Excetuada, porém, aquela que deu à luz permanecendo virgem. Nem o Filho nem a

Mãe tinha necessidade de fazer ofertas para se purificar; mas o fizeram para que nós fôssemos libertados do temor da lei, isto é, da prescrição da lei que era observada por medo. E continuava a lei: Quando se completarem os dias de sua purificação, isto é, depois de quarenta dias, oferecerá um cordeiro no ingresso do tabernáculo. Se não o encontrar ou não tiver a possibilidade de oferecer um cordeiro, oferecerá duas rolas, ou dois pombinhos (cf. Lv 12,6.8). Esta era a oferta dos pobres, que não tinham a possibilidade de oferecer um cordeiro, e isso é dito para que em tudo fosse manifesta a humildade e a pobreza do Senhor e de sua Mãe. Os que são verdadeiramente pobres fazem esta oferta ao Senhor.

8. Observa que se a rola perde o companheiro, fica para sempre sem ele e andará solitária. Não bebe água clara e não pousa em ramo verde. Além disso, a pomba é também simples (cf. Mt 10,16). Tem o ninho mais rústico e pobre do que os outros pássaros; não fere ninguém com as unhas e com o bico; não vive de rapina; com o bico, alimenta seus filhotes com aquilo de que ela mesma se alimenta; não come cadáveres; nunca ataca os outros pássaros, nem os menores; alimenta-se de grão limpo; aquece sob suas asas, como se fossem seus, os filhotes dos outros; mora junto aos rios para defender-se do falcão; faz o ninho entre as pedras; quando ameaça tempestade refugia-se no ninho; defende-se com as asas; voa em grupo; seu canto é como um gemido; é fecunda e nutre os gêmeos. E observa ainda que quando a pomba nidifica e os filhotes crescem, o macho vai bicar na terra salgada, põe no bico dos filhotes aquilo que bicou, para que se habituem ao alimento. E se a fêmea, pelo sofrimento do parto, tarda a voltar, o macho a bica e a empurra com a força para dentro do ninho.

Também os pobres de espírito, isto é, os *verdadeiros penitentes*, já que pecando mortalmente perderam seu "companheiro", isto é, Jesus Cristo, vivem solitários, na solidão do espírito e do corpo, longe do tumulto das coisas temporais. Não bebem a água clara dos gozos terrenos, mas aquela turva da dor e do pranto. "A minha alma [diz o Senhor] está perturbada. O que direi?" (Jo 12,27). Não sobem no ramo verdejante da glória temporal, do qual diz Ezequiel: "Levam o ramo às narinas" (Ez 8,17). Os luxuriosos levam às narinas o ramo da glória temporal para não sentir o fedor do pecado e o mau cheiro do inferno.

Além disso [os verdadeiros penitentes] são simples como as pombas. O lugar onde moram e o próprio leito sobre o qual dormem é rústico e pobre. Não ofendem a ninguém, antes, perdoam a quem os ofende. Não vivem de rapina, mas distribuem suas coisas. Confortam e sustentam com a palavra da pregação aqueles que lhes são confiados e participam com alegria aos outros a graça que lhes foi dada. Não se unem ao cadáver, isto é, ao pecado mortal. Diz o verso: "Alguns são mortos a espada, outros de morte natural"[3].

---

3. Não se conhece o autor desta expressão.

Não escandalizam, nem o grande nem o pequeno. Alimentam-se do grão puro, isto é, da pregação da Igreja, e não daquela dos hereges, que é imunda. Feitos tudo para todos, promovem tanto a salvação dos estranhos quanto a dos próximos: amam a todos no coração de Jesus Cristo. Residem sobre os rios da Sagrada Escritura, para prevenir de longe a tentação do diabo, que trama para roubá-los e, assim, defender-se deles.

Fazem seu ninho na cavidade da pedra, isto é, na ferida do lado de Cristo, e se ameaça a tempestade da tentação carnal, correm para o lado de Cristo e ali se refugiam, e oram com o profeta: "Sê para mim, Senhor, torre firme diante do adversário" (Sl 60,4); e ainda: "Sê tu, ó Deus, a minha proteção" (Sl 70,3). Não se defendem com as unhas da vingança, mas com as asas da humildade e da paciência. "A melhor maneira de vencer [diz o Filósofo] é a paciência" (Publílio Siro); e ainda: "O refúgio das desventuras é a *sabedoria*" (WALTHER. *Carmina*). Em união com a Igreja, com a comunidade dos fiéis e junto com eles, elevam-se às coisas celestes. Seu canto é um gemido. Sua melodia são as lágrimas e os suspiros. Repletos de boa vontade nutrem, com o máximo escrúpulo, os "dois gêmeos", isto é, o amor a Deus e ao próximo.

Observa ainda que o penitente deve ter duas virtudes: a misericórdia e a justiça. A misericórdia é, por assim dizer, a fêmea que guarda os filhotes; a justiça é o macho. A terra salgada é a carne de Cristo, cheia de amargura, da qual o penitente deve sugar a amargura e o salgado, pô-los na boca dos filhotes, isto é, de suas obras, a fim de que, acostumados a tal alimento, vivam sempre na dor e na amargura, crucificando a carne com seus vícios e sua concupiscência (cf. Gl 5,24). E depois, não se deve esquecer que a discrição (a prudência) é a mãe de todas as virtudes e sem ela não se deve oferecer o sacrifício; portanto, se a pomba, isto é, a misericórdia, tarda a voltar para seus filhotes [para as obras boas], por causa do parto, isto é, da dor, dos gemidos e do arrependimento, a justiça, enquanto macho, deve orientá-la e guiá-la com uma certa energia a fim de que nutra os filhotes [as obras boas] e nutrindo-os, os guarde. Portanto, doa-se o penitente de seu pecado e faça penitência, mas de maneira a não subtrair de si mesmo o necessário, sem o qual não poderia viver. Pois, o sumo sacerdote, Jesus Cristo, libertará de todo o fluxo de sangue, isto é, de toda a impureza do pecado, aquele que oferecer semelhantes rolas e pombas.

Mas retornemos agora aos assuntos dos quais nos afastamos um pouco, concluindo com as palavras: "Como incenso que exala fragrância nos dias de verão".

9. "Como chama fulgurante e incenso que arde no fogo." Hoje, os fiéis cristãos levam fogo fulgurante com a vela, que é formada de cera e de pavio. Na chamazinha é simbolizada a divindade, na cera a humanidade, no pavio a aspereza da paixão do Senhor.

Assim como hoje a Bem-aventurada Virgem levou e ofereceu no templo o Filho de Deus e seu, da mesma forma, simbolicamente, hoje os fiéis levam e oferecem o fogo, oferecendo a vela.

E nestes três elementos é indicada a verdadeira penitência: no fogo, o ardor da contrição, que arranca todas as raízes dos vícios; na cera, a confissão do pecado:

como a cera se derrete diante do fogo (cf. Sl 67,3), assim pelo ardor do arrependimento flui da boca de quem se confessa a acusação do seu pecado, enquanto correm as lágrimas; no pavio, a aspereza da expiação e da reparação.

Nesses três atos está Jesus, isto é, a salvação do homem; e quem os tiver oferecido a Deus, poderá dizer com o justo Simeão: "Agora, Senhor, deixa que teu servo vá em paz segundo a tua palavra; porque os meus olhos viram a tua salvação, preparada por ti diante de todos os povos, luz para iluminar as nações e glória do teu povo Israel" (Lc 2,29-32).

Observa que nestes quatro versículos são indicadas as quatro bem-aventuranças do penitente. A primeira bem-aventurança consiste no perdão total dos pecados e na tranquilidade da consciência: "Deixa que teu servo vá em paz". A segunda bem-aventurança consiste na separação da alma do corpo, quando poderá ver aquele no que acreditou e que desejou: "porque os meus olhos viram a tua salvação". A terceira bem-aventurança chegará no exame do último juízo, quando será dito: Dai-lhe do fruto de suas mãos e suas obras o louvem às portas da eternidade (cf. Pr 31,31): "preparada por ti diante de todos os povos" (Lc 2,31). A quarta bem-aventurança será no esplendor da glória eterna, na qual verá face a face e conhecerá como é conhecido (cf. 1Cor 13,12): "luz para iluminar as nações e glória do teu povo Israel". Com razão, pois, é dito: "Como chama fulgurante e incenso que arde ao fogo".

Jesus Cristo refulgiu como fogo aos pastores na sua natividade, aos magos na sua manifestação (Epifania), a Simeão e Ana, que profetizavam, na purificação de sua Mãe. Na sua paixão, porém, ardeu como incenso no fogo e de seu perfume se encheram os céus, a terra e os infernos; os anjos do céu alegraram-se pela redenção do gênero humano; na terra, os mortos foram ressuscitados, os prisioneiros do inferno foram libertados.

Rogamos-te, pois, ó Senhora nossa, eleita Mãe de Deus, que nos purifiques do sangue de nossos pecados, nos conduzas ao fogo esplendente da contrição, à cera da confissão e ao pavio da expiação, a fim de que, assim, possamos chegar à glória da Jerusalém celeste. No-lo conceda aquele que hoje ofereceste no templo: a ele seja a honra e a glória nos séculos dos séculos. Amém.

Assunção da Bem-aventurada Virgem Maria

Temas do sermão

"Como um vaso de ouro maciço"

- "Lugar de nossa santificação", e "Beleza do altíssimo céu é o firmamento".
- "Cipreste que se eleva para o alto."

Exórdio – A dignidade da Virgem gloriosa

1. "Como um vaso de ouro maciço, ornado de toda a espécie de pedras preciosas; como a oliveira que brota e como o cipreste que se eleva para o alto" (Eclo 50,10-11).

Diz Jeremias: "O trono da glória da altura desde o princípio, lugar de nossa santificação, esperança de Israel" (Jr 17,12-13). O *trono*, como se dissesse *assento sólido*, é chamado assim do verbo "sentar-se". O trono de glória é a Bem-aventurada Maria, que em tudo foi sólida e íntegra: nela esteve a glória do Pai, isto é, o Filho sábio, antes, a própria Sabedoria, Jesus Cristo, quando dela assumiu a carne. Lemos no salmo: "Para que a glória habite em nossa terra" (Sl 84,10). A glória da altura, isto é, dos anjos, habitou na terra, isto é, na nossa carne. A Virgem Maria foi o trono da glória, isto é, de Jesus Cristo, que é a glória da altura, quer dizer, dos anjos. Com efeito, diz o Eclesiástico: "Firmamento da altura é sua beleza, beleza do céu na visão da glória" (Eclo 43,1).

Jesus Cristo é o "firmamento" (de *firmus*), no sentido de *sustento*, da altura, isto é, da sublimidade angélica, que ele mesmo confirmou, enquanto o [anjo] apóstata precipitava-se com seus sequazes. Lemos em Jó: "Por acaso, foste tu a fabricar com ele os céus, que são tão sólidos como se fossem de bronze fundido?" (Jó 37,18). Como se dissesse: Não foi talvez a Sabedoria do Pai que fabricou os céus, isto é, a natureza angélica? Donde a afirmação "No princípio Deus criou o céu" (Gn 1,1): por "céu" entende-se aquilo que no céu está contido. Quando os anjos rebeldes foram tirados com as correntes do inferno (cf. 2Pd 2,4), os anjos fiéis, que permaneceram unidos ao Sumo Bem, foram confirmados na estabilidade como no bronze. Na perenidade do bronze é representada a eterna estabilidade dos anjos fiéis. Jesus Cristo, "firmamento" da sublimidade angélica, é também sua beleza. De fato, ele sacia com a beleza de sua humanidade os que confirmou com o poder de sua divindade. Existe também o esplendor do céu, isto é, de todas as almas que habitam nos céus; esplendor que consiste na visão da glória. Pois, enquanto contemplam face a face a glória do Pai, resplandecem eles próprios de glória. Eis, pois, quão grande é a dignidade da Virgem gloriosa, que mereceu ser Mãe daquele que é o "firmamento" e a beleza dos anjos e o esplendor de todos os santos.

2. "Trono de glória da altura desde o princípio", isto é, da criação do mundo, Maria foi predestinada a ser Mãe de Deus com poder, segundo o espírito de santificação (cf. Rm 1,4). E continua: "Lugar de nossa santificação, esperança de Israel". A Bem-aventurada Virgem foi o lugar de nossa santificação, isto é, do Filho de Deus, que nos santificou. Desse lugar, ele próprio diz em Isaías: "O abeto, o buxo e o pinheiro juntos servirão para ornamentar o lugar da minha santificação; e eu glorificarei o lugar onde repousam os meus pés" (Is 60,13). O abeto é assim chamado (latim: *abies* de *abeo*, vou embora) porque mais do que as outras árvores eleva-se para o alto e representa os contemplativos. O buxo, porém, não se eleva para o alto nem produz fruto, mas tem um verdor perene, e indica os neófitos, que se mantêm numa viva fé de um verdor perene. O pinheiro é uma árvore que deve seu nome à forma aguçada de suas folhas, tanto que os antigos o chamavam "agudo"; ele indica os penitentes que, conscientes de seus pecados, com a agudez da contrição ferem seu coração, para dele fazer surgir o sangue das lágrimas.

Todos estes, isto é, os contemplativos, os fiéis e os penitentes, nesta solenidade vêm "honrar" com a devoção, com o louvor e a celebração a Virgem Maria, que foi o lugar da santificação de Jesus Cristo, na qual ele próprio se santificou. Diz João: "Por eles eu santifico a mim mesmo" (Jo 17,19), de uma santificação criada, "a fim de que eles sejam santificados na verdade" (Jo 17,19), isto é, em mim, que em mim mesmo, Verbo, santifico a mim mesmo como homem; quer dizer, por meio de mim, Verbo, encho a mim mesmo de todos os bens.

"E glorificarei o lugar onde repousam os meus pés." Os pés do Senhor representam a sua humanidade; deles Moisés diz no Deuteronômio: "Aqueles que se aproximarem de seus pés receberão a sua doutrina" (Dt 33,3). Ninguém pode aproximar-se dos pés do Senhor se antes, como é dito no Êxodo, não tirar o calçado, isto é, as obras mortas, de seus pés (cf. Ex 3,5), quer dizer, dos afetos da mente. Aproxima-te, pois, com os pés descalços e receberás a sua doutrina. Daí a palavra de Isaías: "A quem comunicará ele a ciência e a quem dará a inteligência das coisas ouvidas? Aos que estão desmamados do leite e separados dos seios" (Is 28,9). Quem se afasta do leite da concupiscência do mundo e se separa dos seios da gula e da luxúria, será digno de ser introduzido na ciência divina nesta vida, e de ouvir que lhe dizem na vida futura: "Vinde, benditos de meu Pai!" (Mt 25,34).

O lugar dos pés do Senhor foi a Virgem Maria, da qual ele recebeu a humanidade; e hoje glorificou aquele "lugar", porque exaltou Maria acima dos coros dos anjos. Por isso, é claro para ti que a Bem-aventurada Virgem foi assunta ao céu também com o corpo, que foi o lugar dos pés do Senhor. Lemos no salmo: "Levanta-te, Senhor, e vem ao lugar do teu repouso, tu e a arca de tua santificação" (Sl 131,8). O Senhor levantou-se quando subiu à direita do Pai. Levantou-se também a arca de sua santificação quando, neste dia, a Virgem Mãe foi assunta ao tálamo etéreo, à glória celeste. Está escrito no Gênesis que a arca parou sobre os montes da Armênia (cf. Gn 8,4). Armênia interpreta-se "monte separado", e representa a natureza angélica que é chamada *monte* em relação aos anjos que ficaram fiéis, e *separado* em referência aos que se precipitaram no inferno. A arca do verdadeiro Noé, que nos fez repousar de nossos trabalhos, na terra maldita pelo Senhor (cf. Gn 5,29), parou neste dia sobre os montes da Armênia, quer dizer, sobre os coros dos anjos.

Em louvor da Bem-aventurada Virgem, que é a esperança de Israel, isto é, do povo cristão, e para o maior decoro de tão grande solenidade, exporei a citação trazida no início: "Como um vaso de ouro maciço, ornado de toda espécie de pedras preciosas; como a oliveira que brota e como o cipreste que se eleva para o alto" (Eclo 50,10-11).

Santidade e glória da Bem-aventurada Virgem Maria

3. Observa estas três entidades: o vaso, a oliveira, o cipreste. A Bem-aventurada Virgem foi um "vaso" pela humildade, "de ouro" pela pobreza, "maciço" pela virgindade, "ornado de toda espécie de pedras preciosas" pelos privilégios e dons recebidos. A concavidade do vaso torna-o apto a receber aquilo que nele se puser e, portanto, representa a humildade que acolhe a graça das celestes infusões. O orgulho, porém, impede tais infusões. O Senhor, no Êxodo, ordenou que no altar fosse aberta uma cavidade, para ali colocar as cinzas do sacrifício (cf. Ex 27,4). Na cavidade da humildade deposita-se a cinza, isto é, a lembrança de nossa caducidade. Por isso, Jeremias diz do penitente: "Porá sua boca na sepultura" (Lm 3,29), isto é, falará da sepultura que seguirá à sua morte. E lemos ainda no Gênesis que Abraão sepultou Sara numa caverna dupla, que olhava para Mambré (cf. Gn 23,19). A dupla caverna representa a humildade do coração e a do corpo, na qual o justo deve sepultar sua alma, fora do tumulto das coisas temporais, e esta humildade deve olhar para Mambré, que significa "clareza", e indica o esplendor da vida eterna e não aquele da glória mundana. Para o primeiro olhou a humildade da Bem-aventurada Virgem; e, portanto, mereceu ser olhada (cf. Lc 1,48).

E porque a humildade se guarda e se conserva com a pobreza, é chamada vaso de ouro. Com razão a pobreza é chamada "de ouro", porque torna ricos e resplendentes aqueles que a praticam. Onde estiver a verdadeira pobreza, ali há o que é suficiente. Onde existe a abundância, existe também a indigência. Por isso diz o Filósofo: "Raramente sucede que a abundância não produza algum dano" (WALTHER. *Carmina*). E ainda: "Não considero pobre aquele ao qual basta aquilo que tem, por pouco que seja" (Sêneca). E Bernardo escreve: "No céu havia grande abundância de todas as coisas; só a pobreza não se encontrava ali. Mas a pobreza abundava na terra e o homem não conhecia o seu valor. O Filho de Deus veio, pois, procurá-la a fim de torná-la preciosa com sua estima.

Sobre este ouro [da pobreza] lemos no Gênesis que "na terra de Hévila existe ouro, e o ouro daquele país é puríssimo" (Gn 2,11-12). Hévila interpreta-se "parturiente" e indica a Bem-aventurada Virgem que, dando à luz o Filho de Deus, envolveu-o em panos da áurea pobreza. Ó esplêndido ouro da pobreza! Quem não te possui, ainda que tenha tudo o mais, não tem nada! Os bens temporais incham e inchando esvaziam. Na pobreza existe a alegria, nas riquezas existe a tristeza e o lamento. Afinal, diz Salomão nas parábolas: "É melhor um bocado de pão seco com a alegria, do que um vitelo gordo com a discórdia, ou uma casa cheia de vítimas" (Pr 17,1), isto é, de riquezas roubadas aos pobres com a violência.

E ainda: "O espírito tranquilo é como um perene banquete. O pouco, com o temor do Senhor, vale mais do que os grandes tesouros, que nunca saciam" (Pr 15,15-16); e "Melhor é habitar num deserto – isto é, na pobreza – do que com uma mulher litigiosa e irascível" (Pr 21,19), isto é, na abundância das coisas materiais. E enfim: "É melhor estar sentado num canto do terraço – isto é, na humildade da pobreza – do que ter uma mulher litigiosa e a casa em comum com outros" (Pr 21,9).

E porque a humildade e a pobreza da Bem-aventurada Virgem foram ornadas com a pureza, acrescenta-se: "Vaso de ouro maciço". A Bem-aventurada Virgem foi "maciça" pela virgindade, e, portanto, pôde conter a sabedoria. Ao contrário, "o coração do insensato", como diz Salomão, é como um vaso quebrado que não pode conter a sabedoria (cf. Eclo 21,17). Esse vaso, hoje foi adornado de toda espécie de pedras preciosas, isto é, de todos os privilégios de dons celestes. Recebeu as recompensas de todos os santos aquela que gerou o Criador e o Redentor de todos. Sobre este vaso, ornado de toda espécie de pedras preciosas, concorda aquilo que lemos no Livro de Ester, onde se narra que "tendo esta de entrar na presença do rei, não procurou ornamentos femininos: o eunuco Egeu, guarda das virgens, deu-lhe as roupas que ele próprio escolheu. Ela era muito formosa e de incrível beleza e aparecia amável e graciosa aos olhos de todos. Foi, pois, introduzida na câmara do Rei Assuero. E o rei a amou mais do que todas as outras mulheres e pôs sobre sua cabeça o diadema do reino" (Est 2,15-17).

Ester significa "escondida", Egeu, "solene", Assuero, "bem-aventurança". Ester é figura da Bem-aventurada Virgem Maria, que permaneceu escondida, fechada de todos os lados, e o próprio anjo a encontrou escondida. Egeu, o guarda das virgens, é figura de Cristo. Verdadeiramente, convém que às virgens seja indicado tal guarda, que é solene e casto: solene, e festivo, para não entristecer os pusilânimes; casto para não ofender a pureza das virgens, mas para guardá-la e defendê-la. E é bom que estas duas qualidades estejam unidas, porque geralmente acontece que o afeto é prejudicado pela excessiva alegria (familiaridade), ou que o casto sentimento seja acompanhado de uma exagerada severidade.

Cristo teve estas duas qualidades em sumo grau e é, portanto, o perfeito guarda das virgens. Como Egeu, Cristo "correu festivo ao encontro das mulheres, dizendo: 'Saúde a vós!'" (Mt 28,9). Mas fez isso somente após a ressurreição, quando já estava com o corpo imortal. Antes, foi tão reservado que nunca se lê que tenha saudado mulheres. Também os apóstolos, diz João, admiraram-se que estivesse falando com uma mulher (cf. Jo 4,27). Cristo adornou a nossa Ester, isto é, a Virgem Maria, tanto mais ricamente quanto ela mesma não procurou ornamentos femininos; e não quis ter nem a si mesma nem algum outro como "ornador", mas confiou-se totalmente à vontade do "Guarda", pelo qual foi adornada de modo tão sublime, que hoje é exaltada acima dos anjos.

Esta nossa Ester foi muito formosa quando foi saudada pelo anjo, foi de incrível beleza quando foi coberta pelo Espírito Santo, foi graciosa e amável aos olhos de todos quando concebeu o Filho de Deus. Depois de ter concebido o Filho de Deus, seu rosto tornou-se tão resplandecente pelo fulgor da graça, que nem José podia fixar nela o olhar. E isso não é de admirar. Se os israelitas, como diz São Paulo, não podiam olhar para o rosto de Moisés, por causa do esplendor, mesmo efêmero, de seu semblante (cf. 2Cor 3,7); e se o Êxodo diz que "Aarão e os israelitas vendo o rosto de Moisés radiante de luz, depois de ter falado com o Senhor, tiveram medo de aproximar-se dele" (Ex 34,29-30): muito menos José ousava aproximar-se e fixar o olhar no rosto da Virgem gloriosa, tornado fulgente pelos raios do verdadeiro Sol que trazia no seio. O verdadeiro Sol era como que coberto por uma nuvem, mas emitia raios de áureo fulgor através dos olhos e do rosto de sua Mãe. Esse rosto é adornado de todas as graças, e é estupendo aos olhos dos anjos: eles desejam fixar nele o olhar (cf. 1Pd 1,12), porque brilha como o sol quando resplandece em todo o seu fulgor (cf. Ap 1,16). E a Bem-aventurada Virgem é graciosa e amável a todo o universo, porque foi achada digna de trazer o Salvador de todos.

Esta nossa gloriosa Ester é hoje levada pela mão dos anjos à presença do Rei Assuero, isto é, à morada celeste, na qual, sobre um trono de estrelas, está sentado o Rei dos Reis, a Bem-aventurança dos anjos, Cristo Jesus, que amou a Virgem glorio-sa mais do que todas as mulheres, porque dela tomou a humana carne, e ela, mais do que todas as mulheres, encontrou diante dele graça e misericórdia.

Ó incomparável dignidade de Maria, ó inefável sublimidade de graça, ó impers-crutável abismo de misericórdia! Quando a um anjo ou a um homem foi ou será dada tamanha graça e tamanha misericórdia, quanta foi dada à Bem-aventurada Virgem, que Deus Pai quis que fosse a Mãe de seu Filho, igual a si mesmo e gerado antes de todos os séculos? Seria considerada uma graça grandíssima e uma dignidade sublime, se qualquer pobre mulher pudesse ter um filho do imperador. Verdadeiramente su-perior a toda a graça foi a de Maria, que teve o Filho com o Eterno Pai, e, portanto, hoje mereceu ser coroada no céu.

Por isso acrescenta: "E lhe pôs sobre a cabeça o diadema real". E no Cântico dos Cânticos lemos: "Saí, filhas de Sião, e admirai o Rei Salomão com o diadema com o qual sua mãe o coroou, no dia do seu esponsalício" (Ct 3,11). A Bem-aventurada Virgem Maria coroou o Filho de Deus com o diadema da humana carne no dia do seu esponsalício, isto é, da concepção do Filho, pelo qual a natureza divina foi unida, como um esposo, à natureza humana no tálamo da própria Virgem; e por isso, o Fi-lho coroou hoje sua Mãe com o diadema da glória celeste. Saí, pois, e admirai a mãe de Salomão, com o diadema com o qual seu Filho a coroou, no dia de sua assunção. Com razão, por isso, dizemos: "Como um vaso de ouro maciço, ornado com toda espécie de pedras preciosas".

4. "Como a oliveira que brota." A oliveira é a árvore, a azeitona é o fruto, o azeite é o suco. A oliveira produz primeiro uma flor perfumada, da qual se forma a azeitona, que primeiro é verde, depois vermelha e enfim chega à maturação. A Bem-aventurada Ana [mãe de Maria] foi como que a árvore de oliveira, da qual brotou a cândida flor de perfume incomparável, isto é, a Virgem Maria, que foi verde na concepção e na natividade do Filho de Deus. Diz-se verde (*viridis*) enquanto conserva a força (*vim*). Na concepção e no nascimento do Salvador, a Bem-aventurada Virgem permaneceu *verde*, conservou a força, o valor da virgindade: permaneceu virgem antes do parto e no parto; foi vermelha na paixão do Filho, quando a espada traspassou sua alma (cf. Lc 2,35); chegou à maturação na solenidade de hoje, brotando, isto é, desabrochando na alegria, na bem-aventurança da glória celeste.

Por isso, participando de sua alegria, cantamos no introito da missa de hoje: "Alegremo-nos todos no Senhor..." Nesta missa lê-se o trecho do evangelho que começa: "Jesus entrou numa aldeia..." (Lc 10,38). Aldeia, em latim *castellum*, ou *castrum*, fortificação, soa quase como *casto*, quer dizer que nele é apagada a luxúria. O inimigo, assaltando continuamente a fortificação pelo lado de fora, impede que os habitantes se entreguem ao repouso, isto é, se entreguem à luxúria. A persistência da luta contra a fortificação trunca o estímulo da luxúria[4].

Observa que a fortificação consta de um círculo de muros e de uma torre posta ao centro. A fortificação é a Virgem Maria que refulgiu na castidade mais perfeita, e, portanto, nela entrou o Senhor. A muralha de defesa, ao redor da torre posta ao centro, foi sua virgindade. A torre de defesa da muralha foi a humildade. A torre é chamada assim porque é (em latim) *teres*, isto é, reta e alta. A humildade da Virgem Maria foi reta e alta: reta, porque olhou só para aquele que por sua vez olhou para a sua humildade (cf. Lc 1,48); alta, porque quando ela proferiu as palavras da humildade: "Eis aqui a serva do Senhor" (Lc 1,38), foi eleita Rainha do céu. A Virgem Maria foi também *Marta* e *Maria*. Foi Maria, quando envolveu em panos o menino Jesus, quando o depôs na manjedoura, quando o amamentou ao seu seio cheio de céu, quando se refugiou com ele no Egito e quando retornou à pátria; foi Maria, enquanto "guardava – como diz Lucas – todas estas palavras, meditando-as no seu coração" (Lc 2,19).

5. "Como cipreste que se eleva para o alto." A Bem-aventurada Virgem Maria, como um cipreste, eleva-se hoje mais alto do que todos os anjos.

---

4. Em latim há um jogo de palavras que na tradução não é possível reproduzir: a constância da luta contra o *castrum*, *castra*, o estímulo da luxúria.

Sobre isso lemos em Ezequiel: "Sobre o firmamento que estava sobre as cabeças dos [quatro] seres vivos apareceu algo como uma pedra de safira em forma de trono e sobre esta espécie de trono, no alto, havia uma semelhança de homem sentado" (Ez 1,26). Nos quatro seres vivos são representados todos os santos, ornados das quatro virtudes, instruídos na doutrina dos quatro evangelhos. No firmamento são indicadas as tropas angélicas, confirmadas pelo poder do Onipotente. No trono é indicada a Virgem Maria, na qual o Senhor se humilhou quando assumiu dela a carne humana. O Filho do homem é Jesus Cristo, Filho de Deus e do homem. Eis então que na glória celeste, que está acima da cabeça dos quatro seres vivos, isto é, de todos os santos, existe o firmamento, quer dizer, os anjos; e acima dos anjos, o trono, isto é, a Bem-aventurada Virgem: e sobre o trono, o Filho do homem, Jesus Cristo.

Rogamos-te, pois, ó Senhora nossa, ínclita Mãe de Deus, exaltada acima dos coros dos anjos, que enchas o vaso de nosso coração com a graça celeste; que nos faças resplandecer com o ouro da sabedoria; que nos sustentes com o poder de tua intercessão; que nos ornes com as pedras preciosas de tuas virtudes; que derrames sobre nós, ó azeitona bendita, o azeite de tua misericórdia, com o qual cubras a multidão dos nossos pecados, e assim sejamos considerados dignos de ser elevados às alturas da glória celeste e viver felizes para sempre com os bem-aventurados.

No-lo conceda Jesus Cristo, teu Filho, que hoje te exaltou acima dos coros dos anjos, coroou-te com o diadema do reino e te colocou sobre o trono do eterno esplendor. A ele seja a honra e a glória pelos séculos eternos.

E toda a igreja responda: Amém. Aleluia!

Purificação da Bem-aventurada Virgem Maria (2)

1. "Depois que se completaram os dias da purificação de Maria, segundo a lei de Moisés, levaram o menino a Jerusalém para apresentá-lo ao Senhor..." (Lc 2,22).

Neste evangelho consideramos três eventos: a apresentação de Jesus no templo, a realização das esperanças do justo Simeão e sua bênção profética.

I – A apresentação de Jesus Cristo

2. "Depois que se completaram os dias da purificação de Maria" etc. Sobre esta primeira parte do evangelho podem ser feitas três aplicações morais e considerar: a purificação da alma, o seu oferecimento e, por último, seu ingresso no templo do céu.

Antes de mais nada, porém, ouçamos a Escritura: "O Senhor falou a Moisés (Lv 12,1-2): Se uma mulher, tendo concebido, der à luz um menino, será impura sete dias", excetuada aquela que deu à luz permanecendo virgem. Portanto, nem o Filho nem a Mãe tinham necessidade de ser purificados com sacrifícios, mas o fizeram somente para que nós fôssemos libertados do temor da lei, isto é, da observância da lei, que era observada somente por medo.

Estava estabelecido que no oitavo dia (do nascimento) o menino fosse circuncidado, e que trinta e três dias depois da circuncisão fosse levado ao templo e que por ele fossem oferecidos sacrifícios, isto é, um cordeiro de um ano. Mas quem não tinha a possibilidade de ter um cordeiro, oferecia duas rolas, ou dois pombinhos. Além disso, Josefo [Flávio] escreve: O primogênito era resgatado com cinco siclos.

A Virgem Maria, sendo pobrezinha, fez a oferta dos pobres pelo filho pobre, para que em tudo se manifestasse claramente a humildade do Senhor.

Lá onde se diz: "Todo o varão primogênito" etc. (Lc 2,23), a lei deve ser entendida segundo o que se diz no Livro do Êxodo: "Reservarás para o Senhor todo o primogênito desde o seio materno; todo o primogênito dos animais, se for do sexo masculino, pertence ao Senhor" (Ex 13,12). Por isso, os primogênitos dos filhos de Levi eram oferecidos ao Senhor [e não eram resgatados] e serviam permanentemente ao Senhor. Os primogênitos dos outros eram oferecidos e resgatados. Os primogênitos dos animais, aptos a serem imolados, constituíam as ofertas destinadas aos sacerdotes. Dos primogênitos dos animais imundos, não oferecidos, alguns eram resgatados, como, por exemplo, o primogênito do jumento que era substituído com a oferta de uma ovelha; outros não eram resgatados, mas eram mortos, como, por exemplo, o primogênito do cão.

3. "Depois que se completaram os dias da purificação de Maria." Maria, nome que significa "iluminada", ou "mar amargo", ou também "senhora", representa a alma do justo, iluminada no batismo; é mar amargo pela contrição do coração e as aflições do corpo, e será senhora no reino, quando for unida ao eterno Soberano.

Entretanto, enquanto estiver no exílio, tem necessidade de purificação, porque se mancha com muitas impurezas. De fato, diz o Eclesiástico: "Purifica-te, oferecendo as costas (das vítimas), e purifica-te da tua negligência com os poucos" (Eclo 7,33-34). Purificar significa deixar o solo limpo, depois de ter removido toda a impureza. Purifica-te antecipadamente, isto é, antes de ser julgado, oferecendo as costas, isto é, com as obras de misericórdia; e da negligência em relação aos mandamentos purifica-te com "os poucos": afinal, são poucos os que se preocupam de purificar-se de tais negligências.

Lê-se na *História natural* que as pombas removem e lançam fora dos ninhos o esterco de seus filhotes e mantêm o ninho limpo; e quando os filhotes crescem, ensinam-lhes a fazer o mesmo. Assim também os justos purificam suas impurezas e as de seus súditos, e ensinam-lhes a fazer o mesmo. De fato, lemos em Jeremias: "Ensinai a vossas filhas cânticos lúgubres e cada uma à sua vizinha os cantos das lamentações. Porque a morte entrou por nossas janelas, introduziu-se em nossas casas" (Jr 9,20-21). É como se dissesse: O pecado mortal entra na alma através dos sentidos do corpo, mas é rejeitado por meio da medicina, ou seja, com o lamento da penitência. Quando alguém se sente pesado por alimentos malsãos, para libertar-se toma um purgante. Sobre isso diz o Eclesiástico: "O Senhor criou os medicamentos da terra e o homem prudente não os despreza" (Eclo 38,4). A terra é nossa carne; os medicamentos representam a penitência.

Da carne da serpente chamada *thirus* faz-se a teriaga (contraveneno), e da nossa carne vem a medicina da alma, isto é, a penitência. E o homem prudente, quando se sente oprimido pela pestilência do pecado, nunca se recusa a tomar aquela medicina (a penitência), mesmo que seja amarga, porque através da bebida amarga chega-se à alegria da cura. É uma grande insensatez perder a saúde e correr o risco de morrer, recusando um pouco de amargura. Lemos no Livro dos Provérbios: "Isso não vale nada, isso não vale nada, diz todo o comprador; mas ao se retirar, então se gloriará" (Pr 20,14). Também o doente diz: "Esta bebida é demasiadamente amarga de se beber" (Is 24,9); mas quando a doença se afastar, então se gloriará. E assim faz também o pecador que diz: A penitência é amarga; mas quando a alma for purificada da culpa, então se gloriará na glória celeste.

4. "Depois de se cumprirem os dias da purificação de Maria." A alma assim purificada, assim limpa, deve oferecer "um par de rolas, ou dois pombinhos" (Lc 2,24). Nas duas rolas são representadas duas espécies de castidade; nos dois pombinhos, duas espécies de compunção (arrependimento). Falemos de ambos.

A rola, por causa de seu canto, é chamada de ave pudica. Se ficar sem seu companheiro, não se une a outros, mas anda solitária e gemente. Ama a solidão. No inverno, desce para os vales e se refugia, quase sem penas, nas cavidades das árvores; no verão, porém, sobe à montanha e ali procura uma morada. Da mesma maneira, o verdadeiro penitente, purificado pela mortificação da mente e do corpo, já não tolera convivência alguma com o pecado mortal, porque, como diz Isaías, "o leito é tão estreito que um dos dois há de cair, e o cobertor é tão curto que não pode cobrir a ambos" (Is 28,20). É como se dissesse: A consciência do justo é tão estreita, pelo temor de Deus, que o diabo não encontra ali lugar para o repouso, porque os santos, como diz Jó, "que amaldiçoam o dia", isto é, a prosperidade mundana, "estão prontos para suscitar o leviatã" (Jó 3,8); e o cobertor da graça divina, embora seja muito grande, parece ao justo sempre curto e estreito, de maneira que não pode cobrir duas pessoas, isto é, o esposo e o adúltero, quer dizer, Cristo e o pecado mortal.

Além disso, o justo, enquanto vive neste corpo, está no exílio, distante do Senhor (cf. 2Cor 5,6), isto é, está privado de seu amado; e por isso, vaga solitário, não se confunde com a *turba turbata* (agitada), mas anda gemendo e diz: "Senhor, diante de ti está todo o meu desejo, e o meu gemido não te é oculto" (Sl 37,10); ama a solidão da mente e do corpo, e portanto diz: "Eis que me afastei fugindo, e permaneci no deserto" (Sl 54,8). Durante o inverno da mísera condição presente, sem as penas das coisas temporais, contenta-se com as coisas humildes; mas quando chega o verão do eterno esplendor, então voará para as alturas da pátria celeste.

A pomba tem como canto o gemido, porque todo o seu interior está cheio de fel e, portanto, parece que se lamenta pelo excesso de amargura. No entanto, alguns sustentam que a pomba não tem fel: realmente, não o tem no mesmo lugar que as outras aves; escolhe sempre o grão puro; habita sobre as águas correntes para defender-se do falcão; faz o ninho nas fendas do rochedo. Assim o penitente prorrompe em gemidos de dor, porque é todo cheio da amargura da contrição. Com efeito diz: "Pio como uma andorinha, gemo como uma pomba" (Is 38,14).

Lemos na *História natural* que se a um filhote de andorinha forem extraídos os olhos, eles voltam novamente. O penitente, tendo perdido o olho do amor divino, lamenta-se e pede para recuperá-lo. Na amargura de sua alma, ele recorda os anos de sua vida (cf. Is 38,15), não retribui mal com mal; não vive das coisas mortas da rapina, antes, dá o que é seu aos outros; esforça-se por tirar ao diabo os pecadores e nutri-los com o alimento da vida eterna; escolhe só o grão puro da fé católica; detém-se sobre as águas correntes das lágrimas para defender-se da fraude do diabo; refugia-se nas chagas de Cristo, nas quais constrói o ninho da esperança e coloca ali seus filhotes, isto é, suas boas obras.

A *Glosa* faz aqui uma aplicação diferente: "Quem não dispõe de um cordeiro [para o resgate], isto é, das riquezas de uma vida inocente, recorra às lágrimas da compunção, que são representadas nos gemidos da rola e da pomba. Há duas espécies de compunção: aquela causada pelo medo dos castigos ameaçados pelos pecados, e aquela que sentimos quando, ardendo no desejo dos bens celestes, gememos para que os castigos nos sejam adiados. E, portanto, é-nos ordenado que ofereçamos duas rolas ou dois pombinhos: um em holocausto, quando somos inflamados de amor pelos bens celestes; o outro pelo pecado, quando choramos pelas culpas cometidas. Por outro lado, "os primogênitos" representam o bom início de nossa atividade, que carregamos, por assim dizer, no coração e que devemos atribuir à graça de Deus. As obras más, porém, somos exortados a expiá-las com os frutos da penitência. Enfim, os cinco siclos, com os quais resgatamos o nosso primogênito, consistem em condoer-nos do nosso passado, em expô-lo claramente na confissão, em participar nos sofrimentos do próximo, em temer todas as coisas do mundo e em perseverar até o fim.

Quem for purificado desse modo, quem for oferecido com tais sacrifícios e resgatado a tal preço, sem dúvida, será acolhido por mão dos anjos no templo do céu.

II – O CUMPRIMENTO DAS ESPERANÇAS DO JUSTO SIMEÃO

5. "Havia então em Jerusalém um homem chamado Simeão" (Lc 2,25). Simeão interpreta-se "que ouve a aflição" (cf. Gn 29,33) e representa o penitente que, quer coma, quer beba, quer faça qualquer outra coisa, sempre ouve a terrível voz que diz: "Ressurgi, ó mortos, e vinde ao juízo!", e diz com Jó: "Eu já te ouvi com a audição do ouvido, mas agora te vejo com meus olhos. Por isso, acuso-me a mim mesmo e faço penitência no pó e na cinza" (Jó 42,5-6). Observa que não é dito "com o ouvido", mas "com a audição do ouvido". O insensato, como o jumento, ouve somente o som da palavra de Deus; o sábio, porém, percebe sua força e a conserva no coração.

Lê-se na *História natural* que se as orelhas dos cervos estiverem levantadas, eles ouvem com muita agudez; porém, se estiverem abaixadas, não ouvem nada. Os que são do mundo dirigem os ouvidos para o mundo e, portanto, não estão em condições de ouvir as coisas de Deus. "Por isso vós não ouvis: porque não sois de Deus" (Jo 8,47). Os justos, porém, sendo de Deus, dirigem o ouvido para o alto para ouvir a aflição. "A aflição é uma dor silenciosa" (Isidoro). "Com a audição do ouvido ouvi" que pregavas: "Fazei penitência!" (Mt 4,17). "Agora, porém, vejo-te com os meus olhos" pendente da cruz. E também: "Ouvi-te" afirmar no juízo: "Tive fome e me destes de comer..." (Mt 25,35); "agora meu ouvido te vê" sentado, em aspecto terrível, sobre o trono da tua majestade, e portanto acuso-me na confissão "e faço penitência" na humilhação da mente e na aflição do corpo.

O justo Simeão está em Jerusalém, porque sua morada está nos céus. Ele era um "homem justo e temente a Deus, e esperava a consolação de Israel. E o Espírito Santo estava nele" (Lc 2,25-26). Diz-se "justo", porque respeitava os direitos dos outros e vivia segundo a lei. O temor servil consiste em abster-se do mal por causa do castigo, e não pelo prazer da justiça. A caridade expulsa o temor, quando a iniquidade não atrai, nem se lhe for proposta a impunidade. O temor casto, porém, é aquele que a alma tem de perder a própria graça: a graça que a fez não encontrar mais prazer em pecar; é o temor que a graça a abandone, mesmo se não for punida com nenhum castigo. A caridade nunca expulsa esse temor, porque ele dura para sempre (cf. Sl

18,10). Aqueles que ainda são peregrinos devem ter o temor maior; menor será aquele dos proficientes, isto é, daqueles que estão próximos à meta; nulo, o daqueles que já chegaram. O penitente, pois, é justo para si mesmo, temente em relação a Deus, e no temor filial espera não tanto a sua consolação quanto a do próximo. E assim a graça do Espírito Santo está nele e de sua inspiração recebe a promessa segura, que não verá a morte eterna, mas contemplará Cristo face a face.

Portanto, "movido pelo Espírito, Simeão foi ao templo" (Lc 2,27). Templo significa "teto amplo": o teto protege e, sendo amplo, acolhe a multidão. O templo representa o amor a Deus e ao próximo: o amor a Deus protege, o amor ao próximo acolhe. Em tal templo, ninguém pode entrar a não ser em espírito: não na carne, porque é o espírito que vivifica, "e o Espírito é Deus" (Jo 4,24); a carne, porém, não aproveita para nada (cf. Jo 6,64).

6. E Lucas continua: "E levando os pais o menino Jesus, para cumprirem as prescrições da lei a seu respeito" (Lc 2,27). Observa que diz "o menino Jesus" (*puerum Iesum*) e não "o Jesus menino" (*Iesum puerum*). Comenta a *Glosa*: Já que a puerícia começa depois dos sete anos da infância, com frequência Jesus é chamado *puer* (servo) não tanto pela idade quanto pelo serviço. Donde diz o profeta: "Eis o meu servo" (Is 42,1; Mt 12,18); porque "o Filho do homem não veio para ser servido, mas para servir" (Mt 20,28). Portanto, para nós ele foi sobretudo servo, que nos serviu, conforme aquilo que diz Isaías: "Tu me tornaste como um escravo com teus pecados e me causaste pena com as tuas iniquidades" (Is 43,24). Serviu-nos fielmente por trinta e três anos; depois trabalhou tanto por nós a ponto de suar sangue e, finalmente, por nosso amor enfrentou a morte.

Ó caríssimos, que recompensa poderemos dar a um servo tão fiel? "O que poderá ser proporcional a seus serviços?" (Tb 12,2). Certamente poderemos dizer-lhe como Tobias a Rafael: "Ainda que eu me entregasse a ti como escravo, não poderia corresponder dignamente aos teus cuidados" (Tb 9,2). E, infelizes de nós, que recompensa lhe demos? No-lo disse ele próprio: "Retribuíram-me o bem com o mal, uma desolação para a minha alma" (Sl 34,12), porque não permitimos que o sangue de sua paixão desse fruto em nós. Por isso, [Jesus] deu sua vida para conquistar a nossa; mas nós o privamos desse fruto [de sua paixão], quando com o pecado mortal entregamos nossa alma ao diabo.

Com razão, pois, diz "o servo Jesus" (*puerum Iesum*), porque primeiro nos serviu e depois nos salvou. E ninguém há de ser *Jesus*, isto é, *salvo*, se antes não for *puer*, isto é, *servo*.

III – A BÊNÇÃO DE SIMEÃO

7. "Simeão o tomou em seus braços" (Lc 2,28). Grande humildade a do Salvador! Aquele que não é contido pelo espaço, é sustentado pelos braços de um idoso. O velho homem toma o menino, ensinando-nos a despojar-nos do homem velho, que

se corrompe, e a vestir aquele que foi criado segundo Deus (cf. Cl 3,9-10). Carrega Cristo nos braços, aquele que acolhe a palavra de Deus não apenas com a boca, mas também com as obras da caridade, como fazia Jó quando dizia: "Lacero as minhas carnes com meus dentes, e trago a minha vida nas minhas mãos" (Jó 13,14). Os dentes, assim chamados porque de certo modo dividem (dividentes), são as censuras e as acusações da confissão, com as quais o justo lacera suas carnes, isto é, seus pecados carnais e, desse modo, carrega sua alma nas mãos de suas obras, pronto a restituí-la ao seu Criador, em qualquer momento que voltar a pedi-la; e então, com Simeão bendirá a Deus: "Agora, Senhor, podes deixar teu servo partir em paz segundo a tua palavra" (Lc 2,29).

O servo que serviu por muito tempo e que por muito tempo trabalhou, é pelo Senhor deixado em paz segundo a palavra da paz. Também Estêvão "adormeceu no Senhor" (At 7,60). Com efeito, esta é a palavra do Senhor: Vinde a mim vós todos que estais cansados e oprimidos, e eu vos darei descanso (cf. Mt 11,28). Por isso, segundo a tua palavra, deixa agora ir em paz o teu servo. Eis o *puer* e *Jesus*, eis o *servo* e a *salvação*, porque é deixado ir em paz. Agora deixa-me ir, porque até agora trabalhei, até agora esperei, mas agora, isto é, no fim de minha mísera condição presente, deixa, Senhor, que teu servo vá em paz.

Sobre isso lemos em Jó: "Quem deixou livre o onagro, o asno selvagem, e quem soltou suas amarras? A ele dei por casa o deserto, por morada, a terra estéril" (Jó 39,5-6). O onagro é o penitente, ao qual Deus, no presente estado de miséria, dá a casa no deserto da mente e uma morada de batalha, onde combate e é combatido na amargura do coração. Dessas duas coisas fala Jeremias: Impelido por tua mão, eu estava sentado solitário, porque me havias enchido de amargura (cf. Jr 15,17). Aquele ao qual Deus dá tais coisas nesta vida, na morte o deixa livre da culpa e lhe solta as correntes do castigo. "Agora, pois, deixa que o teu servo vá em paz, segundo a tua palavra."

8. "Porque meus olhos viram a tua salvação" (Lc 2,30). Observa que Deus é visto de três modos: nesta vida, é visto com a fé, e é visto com a contemplação; na pátria, será visto face a face. Aqui temos três elementos: o ar, a água, a terra. A *História natural* diz que as aves, que voam no ar, têm necessidade de uma vista aguda, porque assim, mesmo a grande altura, podem procurar e ver seu alimento. Os olhos dos peixes, porém, são úmidos (molhados), porque é necessário que tenham uma visão larga, por causa do espessor das águas. Mas as aves que não voam, que permanecem sempre em terra, como a galinha e semelhantes, não têm necessidade de vista muito aguda. Os pássaros do ar são figura das milícias angélicas no céu, que, nas alturas da pátria celeste, com vista aguda e penetrante, contemplam a Deus, seu alimento, "no qual [diz-se] os anjos desejam fixar o olhar" (1Pd 1,12). Os peixes nas águas são os contemplativos em pranto. Os olhos molhados são as contemplações da alma devota: eles têm uma vista ampla, por causa do espessor das águas, isto é, da própria contemplação; realmente, ela é tão inacessível que não pode ser penetrada se o contemplativo não

for dotado de uma vasta visão de devoção. Só então seus olhos veem a salvação de Deus. As aves que permanecem em terra representam aqueles que levam vida ativa; eles, como as galinhas, nutrem seus filhotes. Estes não têm uma vista muito aguda: no entanto, também eles veem a salvação de Deus.

"Que preparaste ante a face de todos os povos" (Lc 2,31). Concorda Isaías quando diz: "O Senhor preparou seu santo braço à vista de todos os povos" (Is 52,10). O braço do Pai é o Filho, que está pronto a abraçar o filho pródigo que retorna a ele. Diz Lucas: "Correu-lhe ao encontro, lançou-lhe os braços ao pescoço e o beijou" (Lc 15,20). Na primeira vinda, o Pai apresentou o Filho a todos os povos, para que cressem nele e o amassem; na segunda vinda, apresentá-lo-á para que todos os povos o vejam (cf. Ap 1,7), e ele retribua a cada um segundo as suas obras (cf. Mt 16,27; Rm 2,6). "Luz" é o próprio Salvador, por meio da graça, na vida presente "para iluminar os povos" (Lc 2,32). Por isso, o Pai, por boca de Isaías, diz: "Eu te estabeleci como aliança do povo e luz das nações, para abrires os olhos aos cegos" (Is 42,6-7); e Jó: "Tira os segredos das trevas e traz à luz a sombra da morte" (Jó 12,22). Esse menino, que é luz na vida presente, no futuro será "a glória do seu povo, Israel" (Lc 2,32), isto é, daqueles que veem a Deus. Digne-se conceder-nos essa glória aquele que é bendito nos séculos. Amém.

IV – SERMÃO ALEGÓRICO

9. "A abelha é pequena entre os seres que voam, mas seu produto tem a primazia entre todos os sabores doces." É uma sentença do Eclesiástico (Eclo 11,3).

A *História natural* diz que a abelha gera sem coito, porque a força geradora está nela. A abelha de boa raça é pequena, redonda, sólida e compacta. A abelha é mais limpa do que os outros voláteis ou animais e, por isso, o mau cheiro a perturba, enquanto o cheiro bom a atrai. Não afugenta animal algum e quando voa não procura flores diferentes e não passa de uma flor a outra, saltando alguma delas, mas segundo sua necessidade faz a coleta numa flor e depois retorna para a colmeia. Seu alimento é o mel, porque vive daquilo que produz. Faz a casa na qual possa habitar o rei (a rainha) das abelhas. E sobre as paredes da colmeia começa a construir do alto, e nunca cessa de trabalhar, descendo pouco a pouco até chegar na parte mais baixa.

Assim a Virgem Maria, Senhora nossa, gerou o Filho de Deus sem união carnal, porque o Espírito Santo desceu sobre ela e o poder do Altíssimo estendeu sobre ela a sua sombra (cf. Lc 1,35). Essa boa abelha foi pequena pela humildade, redonda pela contemplação da glória celeste, que não tem princípio nem fim, sólida pela caridade – aquela que por nove meses carregou no seio o Amor não podia ser sem amor – compacta pela pobreza, mais pura do que todos pela virgindade. Por isso o mau odor da luxúria, nem se deveria nomeá-lo, causa-lhe repugnância, enquanto a delicia o suave perfume da pureza e da castidade. Portanto, quem deseja agradar à Bem-aventurada Virgem Maria afugente a luxúria e pratique a pureza. Não foge de animal algum, isto é, de nenhum pecador, antes, acolhe a todos que a ela se dirigem e, por isso, é chamada Mãe da misericórdia: misericórdia para os miseráveis, esperança para os desesperados.

Diz o esposo do Cântico dos Cânticos: "Eu sou a flor do campo, o lírio dos vales" (Ct 2,1). A Virgem Maria escolheu esta flor, deixando todas as outras, a ela se uniu e dela recebeu tudo aquilo de que necessitava. E Nazaré, onde concebeu, interpreta-se "flor", e lugar por ela escolhido entre todos os outros. Com efeito, a flor que brota da raiz de Jessé (cf. Is 11,1) ama a pátria que produz flores. O alimento da Virgem Maria é o seu Filho, mel dos anjos, doçura de todos os santos. Vivia daquele que nutria e aquele ao qual ela oferecia o leite dava a ela a vida.

Essa boa abelha preparou a casa, isto é, sua alma, com a humildade, seu corpo com a virgindade, a fim de que naquela casa pudesse morar o rei dos anjos. Observa que a abelha começa a construir do alto. Também Maria começou a construir não de baixo, isto é, diante dos homens, mas do alto, na presença da divina majestade; e pouco a pouco, com discrição e ordem, chegou a ser conhecida pelos homens: e assim, aquela que já era eleita diante de Deus, tornou-se admirável também diante de todos os homens.

10. "Pequena entre os seres que voam é a abelha." Embora na Virgem Maria refuljam muitíssimas virtudes e todas em sumo grau, entre todas a humildade foi a maior. Por isso, quase esquecida das outras, manifesta antes de mais nada a humildade quando diz: "Ele olhou para a humildade de sua serva" (Lc 1,48); por isso se diz: pequena entre os seres que voam. Os seres que voam, isto é, seus méritos, voam até o mais alto dos céus. Com efeito, dela se diz: "Muitas filhas reuniram riquezas", isto é, praticaram as virtudes, "mas tu as superaste a todas" (Pr 31,29), porque mais do que todas voaste para o alto. E mesmo sendo repleta da riqueza de tantas virtudes e exaltada pela abundância de tantos méritos, foi pequena, isto é, humilde, a nossa abelha, que hoje, no templo, ofereceu a Deus Pai o *favo*, isto é, o Verbo encarnado, aquele que é Deus e homem.

No favo existe o mel e a cera, em Jesus menino, a divindade e a humanidade. A *História natural* nos diz que o mel bom vem da cera nova, e que o mel bom é semelhante ao ouro. A cera nova é a carne de Cristo, tomada da carne puríssima da Virgem gloriosa: nela existe o mel da divindade, indicada pelo ouro. De fato, está escrito: "A cabeça do amado é ouro puríssimo" (Ct 5,11). "Cabeça de Cristo é Deus" (1Cor 11,3). E por isso, hoje, nós levamos em procissão as velas, acesas no novo fogo, quase repetindo a procissão que hoje fizeram Maria e José, levando ao templo Jesus menino, e Simeão e Ana, profetizando e cantando louvores.

Dessa procissão diz o salmo: "Misericórdia e verdade se encontraram, justiça e paz se beijaram" (Sl 84,11). A misericórdia da nossa salvação está no Redentor; a verdade da promessa está em Simeão, ao qual o Espírito Santo tinha prometido que não veria a morte antes de ver Cristo Senhor (cf. Lc 2,26); a justiça (a santidade) está em Maria e José; a paz está na profetisa Ana, que nunca se afastava do templo, servindo a Deus noite e dia com jejuns e orações (Lc 2,37). Eis, pois, que hoje a misericórdia foi ao templo e a verdade lhe foi ao encontro, porque Simeão acolheu Jesus menino e ali a justiça e a paz se beijaram. No beijo, deve-se notar a unidade e a concórdia: isso que Maria e José criam, também Ana o professou, e assim foram unidos num só espírito.

Observa, além disso, que na vela existem três elementos: a cera, o pavio e a chama. A cera é a carne de Jesus Cristo; o pavio é sua paixão; a chama de fogo é o poder de sua divindade. "Adorna a tua morada, ó Sião, e acolhe Cristo, o teu Rei" (Liturgia da Purificação), porque hoje o representas na vela, assim possas também levá-lo na tua alma. Na cera é representada a pureza do espírito, no pavio, a fraqueza da carne, na chama, o ardor da caridade. Quem leva a vela com esses sentimentos, revive dignamente o evento. Por isso, glória e honra à Abelha virgem, que hoje ofereceu a Deus Pai o Favo.

Além disso, dele se diz: "Seu produto detém o início da doçura". O produto da abelha simboliza o Filho da Virgem. Está escrito: "Bendito o fruto do teu ventre" (Lc 1,42), e "Seu fruto é doce ao meu paladar" (Ct 2,3). Esse fruto detém o início da doçura, mas detém também o meio e o fim, porque foi doce no seio, doce na manjedoura, doce no templo, doce no Egito, doce no batismo, doce no deserto, doce na palavra, doce no milagre, doce montado no jumentinho, doce na flagelação, doce sobre a cruz, doce no sepulcro, doce nos infernos e infinitamente doce será na glória do céu.

Ó doce Jesus, o que existe mais doce do que tu? Tua memória é mais doce do que o mel e do que todas as outras doçuras. Teu nome é nome de doçura, nome de salvação. O que significa Jesus senão Salvador? Ó bom Jesus, sê para nós Jesus por causa de ti mesmo, para que tu, que nos deste o início da doçura, isto é, a fé, nos dês também a esperança e a caridade, a fim de que, vivendo e morrendo nelas, mereçamos chegar a ti.

Pelas preces de tua Mãe, concede-nos isto tu, que és bendito nos séculos. Amém.

V – SERMÃO MORAL

11. "Pequena é a abelha entre os animais que voam." O nome abelha deriva de *a* privativo, que significa *sem*, e *pes*, pé, porque parece nascer sem pés. Ou as abelhas se chamam assim porque ligam-se entre si com os pés.

Diz a *História natural* que a abelha pequena trabalha mais e tem quatro asas sutis, sua cor é escura e é como que queimada. As abelhas ornadas [mais belas] pertencem ao número daquelas que não fazem nada: andam solitárias, separadas, procuram a solidão e não fazem nada de bom. As abelhas operárias tiram as flores do salgueiro, esfregam-nas na superfície da colmeia e fazem isso unicamente para eliminar os animais nocivos, e se o ingresso da colmeia é largo, estreitam-no. Durante o inverno estão bem num lugar quente, no verão preferem um lugar fresco. Sentem a chegada do inverno e a chuva e isso se deduz do fato que nessas circunstâncias não saem para fora, nem se afastam, mas voam somente dentro das colmeias. E disso, os apicultores compreendem quando está para chegar a chuva. Observa além disso que sobretudo três coisas prejudicam as abelhas: o vento, a fumaça e os vermes. Quando se levanta um forte vento, as abelhas-guarda fecham as aberturas das colmeias, para que o vento não entre. Aqueles que pretendem tirar o mel às abelhas, defumam-nas, porque com a fumaça ficam atordoadas. Enfim, são prejudicadas pelos insetos e outros animaizinhos: se as abelhas são fortes, matam-nos e os tiram das colmeias. As outras abelhas, as fracas, pelos danos que sofrem de tais insetos, são freadas em sua atividade. Consideremos cada um desses fatos individualmente.

A abelha é figura do justo, cujos pés são os sentimentos de amor, não infundidos nele pela natureza, mas pela graça, já que por natureza somos todos filhos da ira (cf. Ef 2,3). Os justos estão mutuamente ligados por estes sentimentos e, por isso, o Apóstolo pode dizer: "Amai-vos reciprocamente" (Rm 12,10). E no Apocalipse está escrito que "os pés do anjo eram como colunas de fogo" (Ap 10,1). Assim, os sentimentos do justo, do cristão, devem ser coluna que sustenta a fragilidade dos outros, fogo para inflamá-los do amor de Deus.

A abelha pequena, isto é, o justo humilde, tem condições de realizar obras maiores. No Primeiro livro dos Reis, lemos que Davi diz: "Eu, teu servo, matei um leão e um urso" (1Sm 17,36). Quem se proclama servo, mostra-se humilde. No leão é representada a soberba, no urso, a luxúria. Quanto trabalho se exige para destruir em si mesmo estes dois vícios, só o sabe quem já o experimentou. E observa que primeiro é nomeado o leão, porque, se primeiro não se extirpar do coração a soberba, a luxúria da carne não pode ser vencida. As quatro asas do justo são o desprezo de si, a rejeição do mundo, o zelo pelo próximo e o desejo do reino; ou são também as quatro virtudes principais [cardeais], com as quais o justo se eleva da terra e penetra nas profundezas dos céus. Sua cor é escura, como que queimada; sobre isso lemos nas Lamentações: "O rosto deles tornou-se mais negro do que os carvões, e não são mais reconhecidos nas praças" (Lm 4,80). O carvão apagado é o pobre de Cristo: seu rosto enegreceu-se pela fome e pela sede, pelo trabalho e pelo suor, e, portanto, na praça do mundo, que é a glória humana, não é mais reconhecido.

As abelhas ornadas são os religiosos vãos e os hipócritas, que se gloriam de uma honestidade exterior e da observância de suas tradições, vivem separados, procuram a singularidade e, portanto, nada fazem de bom, porque querem agradar aos homens.

Depois, existem as abelhas operárias, que esfregam as colmeias com as flores do salgueiro. No salgueiro é representada a amargura da abstinência, das vigílias e das lágrimas, com as quais os penitentes afligem seu corpo e como que o ungem, para protegê-lo dos animais nocivos, isto é, da luxúria e de tudo o que induz ao mal. As pessoas carnais cobrem-se de mel, isto é, dos prazeres temporais e, por isso, são assaltadas por enxames de moscas, que são os maus pensamentos e as tentações, enquanto esses insetos fogem dos justos porque eles estão cobertos de amargura. "Nossa carne não teve alívio algum" (2Cor 7,5), afirma o Apóstolo. E se as aberturas da colmeia, isto é, os sentidos do corpo, são largas e abertas à sensualidade e à curiosidade, elas as estreitam e as reduzem. "Fechada a porta – isto é, os sentidos – entra no quarto da consciência e ali ora a teu Pai" (Mt 6,6).

No inverno, isto é, no tempo da adversidade, adapta-se aos justos um lugar quente, quer dizer, um espírito enérgico, para que a adversidade não os abata; no verão, porém, isto é, no tempo da prosperidade, a eles é mais adaptado um lugar fresco, isto é, um espírito constante e resoluto, a fim de que a prosperidade não os inche e os leve para a ruína. Com efeito, o calor dissolve, enquanto o frio restringe e consolida.

Sentem a chegada do inverno e da chuva, quer dizer, preveem as tentações. Em Jó fala-se assim do cavalo, isto é, do justo: "Cheira de longe a batalha, a exortação dos capitães e o alarido do exército" (Jó 39,25). Os capitães são as tentações sutis, que, sob a aparência da virtude, parecem exortar racionalmente; o exército é o apetite carnal, que, como um lobo, uiva abertamente. Mas o justo, com o olfato da discrição, percebe a ambos de longe e deles se acautela atentamente.

Tudo isso significa que o justo, quando percebe que a tentação está iminente, não sai (de si mesmo) através dos sentidos do corpo, mas recolhe-se em si, e ali eleva-se no voo da contemplação. Com efeito, lemos na Sabedoria: "Entrando em minha casa [isto é, na consciência] repousarei com a sabedoria" (Sb 8,16). A sabedoria deriva seu nome de sabor, aquilo que se experimenta na contemplação.

E observa ainda que existem sobretudo três coisas que prejudicam o justo: o *vento da soberba*: quando este sopra, o justo, que é guarda de si mesmo, deve fechar as aberturas das colmeias, isto é, dos sentidos do corpo, para que não seja prejudicado. Jó: "Levantou-se um vento muito forte nos lados do deserto, e abalou os quatro cantos da casa, que, caindo, esmagou os seus filhos" (Jó 1,19). Jó, que quer dizer "aquele que se dói", é o penitente; seus filhos são suas obras; a casa é a consciência; os quatro lados são as quatro virtudes cardeais; o deserto é a malícia do diabo; a soberba que irrompe impetuosa desse deserto abala a consciência, que é arrancada de sua estabilidade e cai; caindo destrói as obras da penitência, porque, antes da ruína, o coração se ensoberbece, e a soberba tem em si mesma a sua ruína (cf. Pr 18,12).

Depois, existe a *fumaça da avareza*, que cega os olhos dos sábios. Quando os demônios querem tirar de alguém a doçura do espírito, sopram-lhe contra a fumaça da concupiscência. Realmente, no Livro dos Juízes, diz-se que Abimelec – nome que significa "meu pai, rei" –, com todo o seu povo, cortou os ramos das árvores, fez com eles um grande montão, pôs-lhe fogo e incendiou a torre com todos os homens e mulheres que estavam lá; e assim aconteceu que pela fumaça e pelo fogo foram mortos cerca de mil pessoas (cf. Jz 9,48-49). A árvore é o mundo, seus ramos, as riquezas e os prazeres. O diabo, que é o pai e "o rei de todos os filhos da soberba" (Jó 41,25), com toda a turba dos demônios, corta as riquezas e os prazeres do mundo, põe-lhe por baixo o fogo da avareza e, ai, mata milhares de homens e mulheres com a fumaça da concupiscência.

Expostas essas coisas sobre as qualidades das abelhas, retornemos ao nosso assunto.

12. "Pequena é a abelha entre as criaturas que voam." As criaturas que voam são os santos. Deles diz Mateus: "Olhai as aves do céu", isto é, que se elevam para o céu da

contemplação, "elas não semeiam" a vaidade, "nem colhem" a tempestade – afinal, de acordo com a semente vem o fruto –, "e por isso não amontoam" a condenação "nos celeiros" do inferno (Mt 6,26). Entre os que voam, existe a pequena abelha, isto é, o humilde penitente que se considera indigno de viver com eles (a companhia dos santos) e, por isso, faz-se pequeno; então, acontece-lhe o que segue: "Seu fruto detém o início da doçura". Sobre isso o salmo diz: "Será como uma árvore plantada junto à torrente de água" (Sl 1,3). A árvore é o penitente, que está plantado junto à torrente de água, isto é, na abundância das lágrimas e das graças; sua raiz é a humildade; o tronco que procede da raiz é a obediência; os ramos são as obras de caridade que se estendem tanto ao amigo quanto ao inimigo; as folhas são as palavras de vida eterna; os frutos são a glória celeste, que tem o princípio, o meio e um fim sem fim. O início é a suavidade da contemplação, que o penitente saboreia em alguma medida; o meio é o repouso da alma depois da morte do corpo; o fim sem fim é a dupla estola da glória na bem-aventurança eterna.

Digne-se conceder-nos tudo isso aquele que é bendito nos séculos. Amém.

Anunciação da Bem-aventurada Virgem Maria (2)

1. Naquele tempo, "O Anjo Gabriel foi enviado por Deus..." (Lc 1,26). Neste trecho evangélico consideramos três momentos: o envio de Gabriel à Virgem, o anúncio da concepção do Senhor e a intervenção do Espírito Santo.

I – O envio de Gabriel à Virgem

2. "O Anjo Gabriel foi enviado." Gabriel interpreta-se "Deus, meu conforto", e sobre isso lemos em Isaías: "Dizei aos pusilânimes: Confortai-vos e não temais! Eis que o próprio Deus virá e vos salvará" (Is 35,4). Costumamos confortar, sobretudo, três categorias de pessoas: o doente, o aflito, o medroso.

O gênero humano encontrava-se nessas três situações: estava doente há cinco mil anos e não encontrava remédio algum; estava aflito porque privado das delícias do paraíso terrestre; vivia no medo do diabo, que com uma mão o flagelava e com a outra o arrastava para o inferno. Mas, graças a Deus, finalmente, foi enviado o *conforto* que curou o doente, consolou o aflito e deu segurança ao medroso. Portanto, foi enviado o Anjo Gabriel, o feliz mensageiro de uma terra distante, água fresca para a alma sedenta. Eis o alívio para a alma sedenta, já no extremo pelo ardor e desfalecendo pela languidez: água fresca, água da sabedoria que traz a salvação.

E para onde foi enviado? "Para uma cidade da Galileia" (Lc 1,26). Galileia interpreta-se "roda", e também "emigração". Quem tem dificuldades nessas duas coisas, necessita de conforto. A roda chama-se assim porque *rola* (latim: *ruit*), corre. O gênero humano corria de pecado em pecado e no fim *emigrava* para o inferno. Diz Jeremias: "Judá emigrou por causa da aflição e da dura escravidão; habitou entre as nações (os pagãos) e não encontrou repouso; todos os seus perseguidores se apoderaram dele no meio de suas angústias" (Lm 1,3). Da escravidão do pecado acontecia a passagem para a condenação do inferno. Em tão grande angústia era verdadeiramente necessário o conforto, que convertesse para a vida a roda que corria para a morte, e assim acontecesse a passagem para a glória. "Preceder-vos-á [diz o evangelho] na Galileia: ali o vereis" (Mt 28,7). "A cidade chamava-se Nazaré" (Lc 1,26), que quer dizer "flor", ou também "unção", ou seja, "consagração", porque ali estava a flor da virgindade, a unção da graça *septiforme* [pelos sete dons do Espírito], ali a consagração da Virgem gloriosa.

3. O anjo foi enviado "a uma Virgem" (Lc 1,27). Uma referência a isso encontramo-la no Gênesis: "Rebeca era uma menina bela em extremo, uma virgem formosíssima e não conhecida por homem" (Gn 24,15-16). Rebeca, nome que significa "muito tem recebido", é a Bem-aventurada Virgem Maria, que, verdadeiramente, tem recebido muito, porque concebeu o Filho de Deus. E da beleza da Mãe, o próprio Filho diz: "Tu és bela, amiga minha, suave e graciosa como Jerusalém" (Ct 6,3). Bela pela humildade, amiga pela caridade, suave pela contemplação, graciosa pela virgindade, como a Jerusalém celeste, onde habita Deus: e a Virgem é sua habitação. "Quem me criou [diz-se] repousou no meu tabernáculo" (Eclo 24,12), isto é, no meu seio.

"A virgem estava prometida em casamento a um homem chamado José" (Lc 1,27). Eis o comentário de São Beda: "Quis nascer [Filho de Deus] de uma mulher casada, a fim de que por meio de José fosse conhecida a sua genealogia, e também para que não fosse apedrejada como adúltera, e para que a menina tivesse o sustento de um homem que fosse também a testemunha de sua integridade e, enfim, para que o diabo não pudesse descobrir o mistério". O antigo José, filho de Jacó, foi salvador, porque salvou o Egito da fome. Este José salvou a Bem-aventurada Virgem da desonra. O Senhor preferiu que alguém duvidasse de sua origem, antes que da pureza da Mãe. Com efeito, sabia que a reputação, em assunto de bons costumes, é fácil de ser perdida.

"Era da casa de Davi" (Lc 1,27). Isso deve ser referido não só a José, mas também à Virgem: ambos eram descendentes de Davi. Havia a ordem de Deus: "Todos os homens desposarão mulheres de sua tribo e de sua parentela; e todas as mulheres desposarão homens da mesma tribo" (Nm 36,7-8).

"E o nome da virgem era Maria" (Lc 1,27). Nome doce, nome delicioso, nome que conforta o pecador, nome que infunde a bem-aventurada esperança. Quem é Maria senão a estrela-do-mar, isto é, o caminho luminoso que guia para o porto aqueles que ainda estão ao sabor das ondas da amargura? Nome amado pelos anjos, terrível para os demônios, salutar para os pecadores, suave para os justos.

4. "Entrando o anjo onde ela estava" (Lc 1,28). Aquela junto à qual o anjo entrou, estava no interior, ocupada com a leitura ou com a contemplação, estava só e guardava sua solidão. Diz Oseias: "Conduzi-la-ei à solidão e falarei ao seu coração" (Os 2,14).

"Disse-lhe: Ave!" (Lc 1,28), isto é, sem "ai!" (*a* privativo, *vae!*, ai!), sem o tríplice "ai!" do Apocalipse: "Ai, ai, ai dos que habitam na terra!" (Ap 8,13). Com efeito, Maria foi imune à concupiscência da carne, à concupiscência dos olhos e à soberba da vida (cf. 1Jo 2,16), porque foi casta, foi pobre e foi humilde.

"Cheia de graça" (Lc 1,28), porque foi a primeira entre as mulheres a oferecer a Deus o sublime dom da virgindade e, por isso, foi digna de gozar da visão do anjo e do seu colóquio, e deu ao mundo o autor de toda a graça. "Cheia de graça" porque "o perfume dos teus unguentos está acima de todos os aromas. Os teus lábios são um favo a destilar" (Ct 4,10-11), sobre os quais é difundida a graça (cf. Sl 44,3).

"O Senhor está contigo" (Lc 1,28): Ele, por teu amor à castidade, coisa absolutamente nova, elevou-te à sublimidade do céu, e depois, por meio da natureza humana por ele assumida, consagrou-te com a plenitude da divindade. "O Senhor está contigo." "O meu amado é para mim como um cacho de uvas de Chipre" (Ct 1,13) e, por isso, cheia do vinho da graça.

"Bendita és tu entre as mulheres" (Lc 1,28). Com isso concordam as palavras que lemos no Livro dos Juízes: "Bendita entre as mulheres é Jael" – nome que se interpreta "aquela que espera Deus" – "seja bendita entre as mulheres do tabernáculo" (Jz 5,24). Verdadeiramente bendita aquela que esperou aquele que é a bênção de todos, e esperando o acolheu. Verdadeiramente bendita aquela que não foi estéril, nem violada; fecunda sem rubor, grávida sem gravame, mãe sem dor, aquela que, única entre as mulheres, foi virgem e mãe e gerou a Deus.

5. "Ao ouvir estas palavras, ela se perturbou" (Lc 1,29). Lemos no Evangelho de João: "De tempos em tempos, um anjo descia na piscina e a água se agitava" (Jo 5,4). A agitação da água representa a perturbação de Maria ao ver o anjo dirigir-lhe a saudação. "Perguntava-se qual seria o sentido de tal saudação" (Lc 1,29). Maria perturba-se por pudor, e na sua prudência admira-se diante da inusitada fórmula de bênção. "Aquele que é precipitado em acreditar tem coração leviano" (Eclo 19,4). É maravilhosa esta união de pudor e de prudência, para que o pudor não se torne afetado e a prudência exagerada.

Mas o anjo disse: "Não tenhas medo, Maria!" (Lc 1,30). Como alguém que tem familiaridade com ela, chama-a pelo nome. Manda-lhe que não tema, "porque encontraste graça diante de Deus" (Lc 1,30). Lemos no Livro de Ester: "Quando o Rei Assuero viu a Rainha Ester de pé, agradou aos seus olhos e estendeu para ela, em sinal de clemência, o cetro de ouro que tinha na mão. Ela, aproximando-se, beijou a ponta do cetro" (Est 5,2).

Assuero, nome que significa "bem-aventurança", representa Deus, bem-aventurança dos anjos, a cujos olhos agradou a nossa Rainha Ester, nome que quer dizer "preparada no tempo", isto é, para o tempo da nossa salvação. O cetro de ouro é a graça celeste que Deus infundiu nela, quando a encheu de graça mais do que todas as outras mulheres; e ela, que diante de tão grande graça certamente não foi ingrata, aproximou-se com a humildade e beijou com a caridade.

II – O ANÚNCIO DA CONCEPÇÃO DO SENHOR

6. "Eis que conceberás e darás à luz um filho" (Lc 1,31). Diz o Bem-aventurado Bernardo: "Os milagres são dois, mas estão admiravelmente unidos entre si: Deus que se torna Filho, a Virgem que se torna Mãe. À Mãe Virgem não convém outro Filho; a Deus Filho não convém outro parto". Observa, depois, que Cristo é concebido em Nazaré, nasce em Belém, é crucificado em Jerusalém, num lugar mais alto. Portanto, Cristo é concebido na humildade, nasce na caridade, que é a casa do pão, é crucificado na elevação.

7. "E lhe darás o nome de Jesus" (Lc 1,31). Presta atenção ao seguinte fato: lê-se na Escritura que foram cinco os *personagens* chamados por nome por Deus ainda antes de serem concebidos no seio materno. O primeiro foi Isaac: "Sara, tua mulher, dará à luz um filho e o chamarás Isaac" (Gn 17,19). O segundo foi Sansão: "Disse o anjo à esposa de Manué: Conceberás e darás à luz um filho... ele será nazireu de Deus" (Jz 13,3-5). O terceiro foi Josias: "Eis que nascerá um filho na casa de Davi, de nome Josias" (1Rs 13,2). O quarto e o quinto foram João Batista e Jesus Cristo. Nestes cinco "personagens" são simbolizadas as cinco categorias dos eleitos.

Em Isaac, que quer dizer "sorriso", são indicados os caridosos, que têm sempre o sorriso no espírito. Por isso, lemos em Jó: "Se eu lhes sorria, não me acreditavam, e a luz do meu rosto não caía por terra" (Jó 29,24). O rosto da alma é a razão, cuja luz é a graça. Dela se diz: "Foi marcada sobre nós a luz do teu rosto, Senhor" (Sl 4,7). O caridoso serve com o sorriso da devoção e os detratores não lhe creem, antes o caluniam; mas nem por isso sua luz deve "cair por terra"; ao contrário, continua a agir na luz da razão e no gozo da mente.

Assim em Sansão, nome que significa "o sol deles", são indicados os pregadores da palavra de Deus: eles, com a palavra e com o exemplo, devem ser o sol para aqueles aos quais pregam. "Vós sois a luz do mundo" (Mt 5,14), diz-se no evangelho. O sol é a fonte do calor e da luz; o calor e a luz são a vida e a doutrina, que à guisa de rios brotam, como da fonte, daqueles que pregam, para chegar aos que ouvem. A vida deve ser calorosa, a doutrina luminosa.

Em Josias, que significa "onde está o incenso" ou também "onde está o sacrifício", são indicados os verdadeiros religiosos, nos quais está o incenso da oração devota e o sacrifício da mortificação corporal. Eles dizem: "Sejamos recebidos com o coração contrito e com o espírito humilhado: para que assim o nosso sacrifício seja agradável à tua presença" (Dn 3,39-40).

No Batista são designados todos os penitentes e os bons leigos, que se purificam e se santificam no Jordão, isto é, no rio do juízo, quer dizer, nas lágrimas e na confissão, na doação de esmolas e na realização das outras obras de misericórdia.

Enfim, em Jesus Salvador são representados os dignos prelados da Igreja, dos quais o Profeta Abdias diz: "Subirão vitoriosos ao Monte Sião, para julgar o Monte de Esaú e o reino será do Senhor" (Ab 1,21). O Monte Sião é a elevação da vida santa, para a qual devem subir os prelados: só assim poderão julgar, ou também condenar o Monte de Esaú, quer dizer, a soberba dos carnais, e assim, em si mesmos e de si mesmos farão ao Senhor um reino. Amém.

III – A INTERVENÇÃO DO ESPÍRITO SANTO

8. Pergunta Maria: "Como se fará isso, pois eu não conheço varão?" (Lc 1,34). É claro que aquela que pergunta como acontecerá uma coisa, crê que aquela coisa será feita. Pergunta como pode acontecer isso, dado que havia prometido não conhe-

cer varão, a não ser que Deus tivesse disposto diversamente. E comenta Ambrósio: "Quando Sara sorriu à promessa de Deus e quando Maria disse: Como poderá acontecer isso?, por que ambas não ficaram mudas, como aconteceu a Zacarias? Mas Sara e Maria não duvidam que aconteça isso que é prometido: perguntam só como acontecerá. Zacarias, porém, nega saber, nega crer, e pede algum outro sinal que aumente a sua fé. E, portanto, recebe o sinal do silêncio, porque os sinais são dados não aos fiéis, mas aos infiéis.

"Respondendo o anjo disse: O Espírito Santo descerá sobre ti" (Lc 1,35). Já que antes havia dito "cheia de graça", e aqui diz "descerá", dá a compreender que se a um vaso já cheio lhe for acrescentada alguma coisa, aquilo que é acrescentado transborda, assim algumas gotas de sua graça teriam transbordado sobre nós. O Espírito Santo, descendo sobre a Virgem e na sua alma, tornou-a inacessível a qualquer feiura de vício, para que fosse digna do parto celeste, e com a sua ação, da carne da Virgem, criou em seu seio o corpo do Redentor.

"E a virtude do Altíssimo te cobrirá com a sua sombra" (Lc 1,35). Nessas palavras são indicadas as duas naturezas do Salvador, porque a sombra é produzida pela luz e por um corpo que lhe é interposto. A Virgem não podia conter a plenitude da divindade: mas a virtude do Altíssimo a cobre com sua sombra, e então a incorpórea luz da divindade assumiu nela o corpo da humanidade, para que assim Deus pudesse sofrer.

"Por isso, o Santo que há de nascer de ti será chamado Filho de Deus" (Lc 1,35). Jesus nasce santo: aquele que deverá vencer a condição da natureza corrompida não é concebido pela união ou ligação carnal. Nós, sujeitos à condição da natureza corrompida, podemos ser santificados pela graça. Foi conveniente que aquela que, contrariando toda a lei, concebeu permanecendo virgem, gerasse o Filho de Deus acima de qualquer lei e costume humano.

"E eis que Isabel" etc. (Lc 1,36). Para que a Virgem não duvidasse que poderia dar à luz, foi-lhe dado o exemplo de uma mulher estéril e idosa que teria dado à luz, para assim reconhecer que tudo é possível a Deus, também aquilo que parece contrário à ordem da natureza.

9. "Então Maria respondeu: Eis aqui a serva do Senhor" (Lc 1,38). Não se ensoberbece pela excepcionalidade do privilégio, mas recordada em tudo de sua condição e do benefício divino, professa-se a serva do Senhor, ela que é escolhida para ser sua Mãe e, com grande devoção, deseja que a promessa do anjo se realize.

"Faça-se em mim segundo a tua palavra" (Lc 1,38). E naquele momento, a Virgem concebeu a Cristo, homem perfeito na alma e na carne, todavia, de maneira tal que, com o olhar, não se podiam distinguir as formas do corpo e dos membros.

Crê-se que tenha sido concebido no dia 25 de março e, passados trinta e três anos, tenha sido morto no mesmo dia, aquele que é bendito nos séculos. Amém.

IV – Sermão moral

10. "O Anjo Gabriel foi enviado…" etc. Ouvimos de que modo a Virgem Maria concebeu o Filho de Deus Pai; ouçamos agora brevemente de que modo a alma concebe o espírito da salvação.

Na Virgem Maria vemos representada a alma fiel: *virgem* pela integridade da fé; donde diz o Apóstolo: "Eu vos desposei com um único esposo, para apresentar-vos como virgem pura a Cristo" (2Cor 11,2); *Maria*, isto é, estrela-do-mar, pela profissão da mesma fé. "Com o coração se crê para obter a justiça", eis a virgem; "com a boca se faz a profissão de fé para ter a salvação" (Rm 10,10), eis a estrela que da amargura do mundo guia para o porto da eterna salvação. Esta virgem habita em Nazaré da Galileia, quer dizer, "na flor da transmigração". A flor é a esperança do fruto. Com efeito, a alma fiel espera transmigrar, passar da fé para a visão, da sombra para a verdade, da promessa para a realidade, da flor para o fruto, do visível para o invisível. Dizem os pastores: "Vamos a Belém" (Lc 2,15), porque ali encontraremos boas pastagens, o pão dos anjos, o Verbo encarnado. E em Isaías lemos: "A alegria dos onagros são os pastos dos rebanhos" (Is 32,14). Nos onagros são representados os justos, cujo gozo serão os pastos dos rebanhos, quer dizer, o esplendor e a bem-aventurança dos anjos, porque junto com os anjos se apascentarão, isto é, gozarão da visão do Verbo encarnado.

A essa virgem é enviado o Anjo Gabriel, cujo nome interpreta-se "Deus me confortou"; nele é indicada a infusão da graça divina, e sem seu conforto a alma desfalece. De fato, Judite reza: "Conforta-me, Senhor, Deus de Israel, nesta hora. E com o punhal feriu duas vezes o pescoço de Holofernes e cortou-lhe a cabeça (Jt 13,9-10). Holofernes interpreta-se "enfraquece o vitelo gordo"; nele é representado o pecador que, gordo com a abundância das coisas temporais, é despojado das virtudes pelo diabo, e assim se enfraquece e adoece. A cabeça de Holofernes é a soberba do diabo. Diz o Gênesis: "Ela te esmagará a cabeça e tu lhe armarás ciladas ao calcanhar" (Gn 3,15): no calcanhar é indicado o fim da vida.

A Virgem Maria esmagou a soberba do diabo com a humildade, mas este, por assim dizer, armou-lhe ciladas ao calcanhar na paixão do seu Filho. Quem quer arrancar de si mesmo a soberba do diabo, deve ferir duas vezes. A dupla ferida é a recordação de nosso nascimento e o pensamento de nossa morte. Quem medita assiduamente sobre esses dois momentos de sua vida, arranca de si a soberba do diabo, mas antes é necessário que implore o sustento da graça divina. "Agi virilmente e vosso coração será confortado!" (Sl 30,25).

11. "Entrando o anjo onde ela estava." Aqui é posta em evidência a solidão da alma, que permanece sozinha consigo mesma, lendo no livro da própria miséria e procurando a doçura divina; por isso merece ouvir: *Ave!* O nome *Eva*, que se interpreta "ai!" ou "desventura", se lido ao contrário torna-se *Ave*. A alma que se acha em pecado mortal é Eva, ou seja, ai e desventura; mas quando se converte à penitência, ouve dizer: Ave, quer dizer, sem ai (*a*, sem, *vae!*, ai).

"Cheia de graça." Quem puser alguma coisa num vaso cheio, perde aquilo que nele coloca. Assim também na alma, se está cheia de graça, não pode entrar ali a sujeira do pecado. A graça enche todo o espaço e não deixa vazio canto algum, no qual possa permanecer ou entrar aquilo que lhe é contrário. Quem compra tudo, quer possuir tudo; e a alma é tão grande que ninguém pode enchê-la, a não ser Deus somente, que, como diz João, "é infinitamente maior do que o nosso coração e conhece todas as coisas" (1Jo 3,20). Um vaso bem cheio transborda de todos os lados. Da plenitude da alma recebem todos os sentidos, porque, como diz Isaías, "será sábado de sábado" (Is 66,23), quer dizer, da paz interior virá a paz dos sentidos e dos membros.

"O Senhor é contigo." Ao contrário lemos no Êxodo: "Não subirei contigo, porque és um povo de cerviz dura" (Ex 33,3), isto é, desobediente e soberbo. É como se dissesse: Subiria contigo se fosses humilde. Por isso, ao humilde promete: "Tu és meu servo; quando passares pelas águas, estarei contigo, e os rios não te cobrirão; quando andares sobre o fogo, não te queimarás, e a chama não arderá em ti" (Is 43,1-2).

Nas águas é representada a sugestão diabólica; nos rios a gula e a luxúria; no fogo o dinheiro e a abundância das coisas materiais; na chama a vanglória. O servo, isto é, o humilde, com o qual está o Senhor, passa ileso através das sugestões do diabo, porque nem a gula nem a luxúria o cobrem. Quem tem a cabeça totalmente coberta, não pode ver, nem cheirar, nem falar e nem ouvir distintamente; assim, quem está totalmente coberto pela gula e pela luxúria é privado da faculdade de contemplar, de discernir, de reconhecer seu pecado e de obedecer. O humilde, mesmo que ande pelo fogo das coisas temporais, não se queima pela avareza nem pela vanglória.

12. "Bendita és tu entre as mulheres." Lê-se na *História natural* que as mulheres sentem a compaixão mais intensamente do que o homem, choram com mais facilidade e têm uma memória mais fiel (Aristóteles). Nestas três qualidades é indicada a piedade para com o próximo, a devoção das lágrimas, a lembrança da paixão do Senhor. Lemos no Cântico dos Cânticos: "Põe-me como um selo sobre o teu coração, como um selo sobre o teu braço, porque o amor é forte como a morte" (Ct 8,6): o teu amor, pelo qual morreste. Benditas as almas que têm essas três qualidades; entre elas é bendita com o privilégio de uma especial bênção a alma fiel e humilde, rica de obras de caridade.

A respeito dessa bênção, continua: "Eis que conceberás e darás à luz um filho e lhe porás o nome de Jesus". Lemos ainda na *História natural* que as mulheres grávidas têm dores, perdem o apetite e sua vista se anuvia; outras mulheres, depois que engravidam, têm horror ao vinho, pois ao bebê-lo perdem as forças. Isso acontece também com a alma, quando, sob a ação do Espírito Santo, concebe o espírito da salvação (cf. Is 26,18): começa a arrepender-se do seu pecado, sente repugnância pelas coisas temporais, desagrada-se de si mesma – este é o significado do ofuscamento da vista –, ela que costumava admirar-se com complacência e tem horror ao vinho da luxúria. Por esses sinais poderás julgar se a alma concebeu o espírito da salvação, que a seguir dará à luz, quando produzirá fruto na luz das boas obras; e a este fruto porá o nome salvação (Jesus), porque tudo o que faz, é em vista da salvação que o faz. "*É a intenção* [como se diz] *que qualifica a obra*." Com efeito, a alma fiel age para agradar a Deus, para obter o perdão dos pecados, para edificar o próximo e para alcançar a salvação eterna.

Digne-se conceder a salvação também a nós aquele que é bendito nos séculos. Amém.

V – SERMÃO ALEGÓRICO

13. "Eis que houve um vento (latim: *spiritus*) impetuoso e forte, que transtorna os montes e quebra as pedras diante do Senhor; e o Senhor não estará no vento. E depois do vento haverá um terremoto; e o Senhor não estará no terremoto. E depois do terremoto acender-se-á um fogo; e o Senhor não estará no fogo. E depois do fogo ouvir-se-á o sopro de branda viração" (1Rs 19,11-12), e ali estava o Senhor. Nestas palavras do Terceiro livro dos Reis encontramos uma referência aos quatro eventos da festa de hoje: a saudação do anjo, a perturbação de Maria, a intervenção do Espírito Santo, a encarnação do Filho de Deus.

14. A saudação do anjo: "Ave, cheia de graça", é indicada pelas palavras: "Um vento (espírito) impetuoso e forte". Esta saudação é chamada "espírito" porque é uma saudação espiritual, enviada por meio de um espírito angélico; "grande", porque faz grandes promessas; "forte", porque provém do onipotente Rei da Glória, por meio do forte Gabriel.

Estas três palavras correspondem também às três palavras da saudação do anjo. "Ave, cheia de graça", eis o espírito. Aqui não há nada da terra, nada da carne, mas tudo é do espírito, porque vem da graça. A primeira mulher, Eva, é terra da terra, carne da carne, osso de osso; a ela é dito "Ai (*Vae*, Eva), multiplicarei os teus sofrimentos e darás à luz na dor" (Gn 3,16). A Maria, porém, cuja vida estava já nos céus (cf. Fl 3,20), é dito: Ave, cheia de graça!

E observa que o anjo não disse: Ave, Maria!, mas Ave, cheia de graça! Nós, porém, dizemos: Ave, *Maria*!, isto é, "estrela-do-mar", porque ainda estamos em meio ao mar, somos batidos pelas ondas, submersos pela tempestade e, por isso, clamamos: Estrela-do-mar!, para chegar com sua ajuda ao porto da salvação. É ela que salva da tempestade aqueles que a invocam, que mostra o caminho, que guia ao porto. Os anjos, porém, não têm necessidade de serem salvos do naufrágio, porque já estão em segurança na pátria: o esplendor de Deus os ilumina e sua lâmpada é o Cordeiro (cf. Ap 21,23). E, portanto, o anjo não diz: Ave, Maria! Nós, miseráveis, porém, lançados no mar, distantes do olhar dos olhos de Deus, batidos a todo o instante pelas tempestades, postos nos limites da morte, imploramos a cada instante: Ave, Maria!

"O Senhor é contigo", eis o grande. Verdadeiramente grande, porque por nove meses carregou e nutriu em seu seio aquele que os céus e a terra não podem conter (cf. 1Rs 8,27; 2Cr 2,6).

"Bendita és tu entre as mulheres", eis o forte. Lemos no Livro dos Juízes: "Seja bendita entre as mulheres Jael, que estendeu a mão esquerda ao prego e a direita a um martelo de operário, e feriu Sísara na cabeça" (Jz 5,24-26). E ainda, no Livro de Judite: "Uma mulher hebreia sozinha lançou a vergonha na casa do Rei Nabucodonosor. Eis que Holofernes jaz por terra e sua cabeça não está mais ligada ao tronco" (Jt 14,16). "Ozias, príncipe do povo, disse a Judite: Filha, tu és bendita do Senhor Deus Altíssimo, sobre todas as mulheres que há na terra" (Jt 13,23). O prego, com o qual fechou-se o ingresso do tabernáculo, é a virgindade de Maria. "Esta porta permanecerá fechada: não será aberta, nenhum homem passará por ela" (Ez 44,2). O martelo, que tem a forma da letra *tau* (T), é a cruz da paixão do Senhor. Sísara, nome que significa "exclusão da alegria", é o diabo que continuamente se esforça por excluir os homens da eterna felicidade. Ele foi morto pela virgindade de Maria e pela paixão de seu Filho; ignorou o segredo de ambos e pela força de ambos foi privado de seus poderes. Com razão, pois: És bendita entre todas e acima de todas as mulheres, tu que levaste a confusão para a casa do diabo, que cortaste a cabeça do tirano e nos restituíste a paz.

E continua: "que transtorna os montes", isto é, a soberba, e "quebra os rochedos", quer dizer, a maldade e a malícia dos demônios. "O Senhor te abençoou com sua fortaleza [ó bendita entre os anjos] e por meio de ti aniquilou os nossos inimigos" (Jt 13,22), derrubou sua soberba e destruiu sua dureza.

"O Senhor não estará no vento", porque durante esta saudação do anjo não aconteceu a encarnação do Verbo. De fato, primeiro Maria pergunta de que modo, perguntando é informada, quando compreendeu dá o seu assentimento, e dando seu assentimento concebe. Deve-se proceder ordenadamente, e subir gradualmente.

15. A perturbação da Bem-aventurada Virgem: "E depois do vento, o terremoto (latim: *commotio*)". "Ao ouvir estas palavras [diz Lucas] ela ficou perturbada", talvez porque ouviu ser "bendita entre as mulheres", ela que já era bendita entre os anjos. Lemos no Livro de Judite: "Tu és a glória de Jerusalém, tu és a alegria de Israel, a honra do nosso povo, porque procedeste virilmente e o teu coração foi confortado por teres amado e praticado a castidade" (Jt 15,10). Talvez ficou perturbada também porque ouvia afirmar de si mesma aquilo que não se considerava ser. Escreve Gregório: "É característica dos eleitos ter de si mesmo um conceito muito mais modesto do que os outros a seu respeito". Perfeição da virtude é não ver a própria virtude e esconder aos próprios olhos aquilo que aos olhos dos outros é evidente. Maria nos deu o exemplo, para que também nós nos perturbemos quando somos louvados, e nos consideremos menos do que somos ou de quanto ouvimos os outros dizerem.

Lemos na *História natural* que as conchas, que produzem as pérolas com o orvalho que desce do céu, se de repente brilhar um relâmpago, são tomadas de um grande espanto e logo se fecham, porque temem que seu produto seja manchado.

Assim também a Virgem Maria, que pelo orvalho do céu – "destilai orvalho do alto, ó céus" (Is 45,8) – concebeu a "pérola preciosa" dos anjos, perturbou-se pelo repentino relâmpago da aparição angélica. Por isso, na liturgia do Advento, cantamos: "Perturbou-se a Virgem pela improvisa luz" (Breviário Romano, antigo ofício). Assim também nós, se com o orvalho da graça queremos conceber a pérola de uma vida santa, devemos temer o súbito relâmpago do louvor humano, devemos abaixar-nos e nos humilhar e, para não nos distrairmos, fechar-nos no recolhimento, para não correr o risco de perder, por causa da aprovação dos homens, o bem que temos feito. "O Senhor não está no terremoto", quer dizer, na perturbação de Maria não aconteceu a encarnação do Verbo.

16. A intervenção do Espírito Santo. "E depois do terremoto ouve o fogo." "O Espírito Santo descerá sobre ti." Fogo que não queima, mas que ilumina.

Observa que o fogo vence todos os obstáculos; não pode ser contido, e transforma em reforço de sua ação as coisas nas quais se acende; transmite-se a tudo aquilo que de algum modo se aproxima dele; é renovador e não perde vigor quando se propaga. Do mesmo modo, o Espírito Santo, igual ao Pai e ao Filho, supera todos os obstáculos. "O Espírito do Senhor [lemos] pairava sobre as águas" (Gn 1,2), como a mente do artífice paira sobre a obra que está executando. Seu poder não pode ser contido, "e não sabes de onde vem e para onde vai" (Jo 3,8). Inflama de si as almas nas quais se acende e as torna capazes de inflamar os outros. Dá-se a todos, e os que dele se aproximam sentem seu calor. É renovador, e por isso dizemos: "Envia o teu Espírito: tudo será recriado e renovarás a face da terra" (Sl 103,30). Eleva para o alto a mente, e por mais que difunda e expanda a sua graça, permanece sempre imutável em si mesmo.

Este fogo desceu sobre a Virgem e a encheu do carisma da graça. Mas nem neste fogo aconteceu a encarnação do Verbo, porque esperava o assentimento da Virgem. Realmente, ninguém pode conceber a Deus na sua mente, a não ser com o assentimento da própria mente. Tudo o que existe na alma sem o consenso não pode justificar o homem.

17. E finalmente aconteceu a encarnação do Filho de Deus. "E depois do fogo houve um sopro, o murmúrio de um vento leve", e ali estava o Senhor. "Eis aqui a serva do Senhor" – este é o murmúrio –, "faça-se em mim segundo a tua palavra". E naquele momento "o Verbo se fez carne" (Jo 1,14).

Observa que o murmúrio se faz com os lábios um pouco estreitos. A Virgem Maria "restringiu", diminuiu a si mesma: a Rainha dos anjos declarou-se serva, e assim hoje o Senhor olhou para a humildade de sua serva (cf. Lc 1,48). E isso concorda com aquilo que lemos no Livro de Judite: "O Sumo Pontífice Joaquim veio de Jerusalém a Betúlia para ver Judite" (Jt 15,9). Joaquim, nome que se interpreta "a sua preparação", representa Jesus Cristo que disse: "Vou preparar-vos um lugar" (Jo 14,2), e que "com o próprio sangue entrou uma vez para sempre no santuário" (Hb 9,12).

Ele hoje, da Jerusalém celeste foi a Betúlia, nome que significa "casa que dá à luz o Senhor", isto é, da Bem-aventurada Virgem Maria, que o deu à luz; ele mesmo quer vê-la pessoalmente, quer habitar nela e dela tomar sua carne.

A ele honra e glória nos séculos eternos. Amém.

VI – SERMÃO MORAL

18. "Eis um espírito grande e forte." Aqui devem ser considerados quatro eventos: a ira do juiz vindouro, a sentença contra os condenados, a geena de fogo, a glória dos bem-aventurados.

A ira do juiz vindouro: Eis um espírito grande etc. Lemos em Isaías: "Espírito de justiça para o que está sentado sobre o trono" (Is 28,6); e "Naquele dia, com sua espada inflexível, grande e forte, o Senhor visitará Leviatã, serpente forte e tortuosa, e matará o dragão que está no mar" (Is 27,1). A espada, vibrada pelo Pai no juízo, representa o Filho. Uma espada vibrada faz duas coisas: produz raios de esplendor e tremores de sombra. Assim Cristo no juízo mostrará aos justos a glória da divindade, e aos injustos a forma assumida de homem, para que vejam "aquele que traspassaram" (Jo 19,37). Essa espada é inflexível, porque não se dobrará nem por orações nem a preço algum; grande, porque alcançará a todos; forte, porque destruirá tudo.

Eis, pois, que, no dia do juízo, o Pai, na pessoa do Filho, visitará Leviatã, isto é, o diabo e seus seguidores, aquele que é chamado serpente pela esperteza, rígido, isto é, inflexível, pela soberba, tortuoso pela inveja, dragão pelas rapinas. Assim são também seus seguidores, com os quais o diabo vive numa familiaridade amarga, na amargura do pecado. Então, aquele vento "transtornará os montes", isto é, os soberbos e os poderosos deste mundo, "e quebrará as pedras", isto é, os corações endurecidos.

19. A sentença contra os condenados. "E depois do vento, o terremoto." Diz Isaías: "Com grande fragor será despedaçada a terra", isto é, o soberbo; "com grandes aberturas será desconjuntada a terra", isto é, o avarento; "com grandes abalos será agitada a terra", isto é, o iracundo; "como um embriagado cambaleará fortemente a terra", isto é, o guloso e o luxurioso (cf. Is 24,19-20). Dia e noite o Senhor clama: "Vinde a mim vós todos que estais cansados" (Mt 11,28), mas eles não querem ir; naquele dia ouvirão dizer: "Ide, malditos!" (Mt 25,41). Qual será o transtorno, o estrépito, o tumulto, a dor e os gemidos, o ranger e o pranto, quando aquela fera, o diabo, for precipitado no inferno junto com todos os ímpios!

20. A geena de fogo. "E depois do terremoto, o fogo." "Eis que o Senhor virá no fogo; o seu carro será como um torvelinho, para espalhar a sua indignação, o seu furor e as suas ameaças em labaredas de fogo; porque o Senhor, rodeado de fogo julgará" (Is 66,15-16). E ainda: "Enviará fogo e vermes sobre suas carnes, serão queimados e atormentados eternamente" (Jt 16,21).

Anunciação da Bem-aventurada Virgem Maria (2)

21. A glória dos bem-aventurados. "E depois do fogo, o sopro, o murmúrio de um vento leve": "Vinde, benditos de meu Pai, recebei em herança o reino" (Mt 25,34). Então, o Senhor será doce e suave, digno de louvor e amável, piedoso e benigno. Mas não será assim no espírito de indignação, no transtorno da condenação, na geena do fogo, e sim no sopro do vento leve, isto é, de sua inefável misericórdia. Sobre isso, diz Zacarias: "Eu lhes assobiarei e os congregarei, porque os resgatei" (Zc 10,8). Então, como diz Isidoro, os santos conhecerão perfeitamente o bem que lhes fez a graça, e qual teria sido sua sorte se a misericórdia divina não os tivesse escolhido gratuitamente, e como é verdadeiro aquilo que se canta no salmo: "Cantar-te-ei a misericórdia e a justiça, Senhor!" (Sl 100,1).

Com absoluta certeza devemos crer que: ninguém se salvará senão pela misericórdia que não lhe é devida; ninguém se condenará senão por uma condenação que lhe é devida.

Acautelemo-nos, pois, ó caríssimos, do espírito da soberba, da perturbação da avareza e da ira, do fogo da gula e da luxúria, todas essas coisas nas quais o Senhor não está. Humilhemo-nos no sopro, no murmúrio de nossa confissão e de nossa acusação, na brisa leve da mansidão e da paz, porque aqui o Senhor está. Assim, no dia do juízo, mereceremos ouvir: "Vinde, benditos!"

No-lo conceda aquele que é bendito nos séculos. Amém.

Advertência para os sermões das festas dos santos

Os vários códices que trazem os escritos de Santo Antônio apresentam os sermões com as palavras: "Sermões para as várias solenidades que se celebram durante o curso do ano litúrgico e para as festas de alguns santos, do Natal do Senhor até a Festa dos Santos Apóstolos Pedro e Paulo".

Trata-se de vinte sermões que a edição crítica em língua latina agrupou no terceiro volume. Nesta edição, em língua italiana (e portuguesa) preferiu-se, para a comodidade dos leitores, inserir alguns deles no seu tempo litúrgico, segundo a disposição do nosso tempo. São os sermões do Natal, de Santo Estêvão Protomártir, de São João Evangelista, dos Santos Inocentes, da Circuncisão do Senhor, da Epifania, do Início do jejum (Quarta-feira de Cinzas), da Ceia do Senhor (Quinta-feira Santa), do Dia da Páscoa, das Rogações, da Solenidade da Ascensão e de Pentecostes.

Para as duas solenidades marianas, Purificação e Anunciação da Bem-aventurada Virgem Maria, o santo compôs um duplo sermão. Nesta edição, unimo-los aos outros quatro, levando assim a seis o número dos sermões marianos.

Nesta parte do volume, são apresentados os últimos seis sermões: a Conversão de São Paulo, a Cátedra de São Pedro, a Festa dos Santos Apóstolos Felipe e Tiago, a Invenção da Santa Cruz, a Natividade de São João Batista e a Festa dos Santos Apóstolos Pedro e Paulo.

Conversão de São Paulo

1. Naquele tempo, Simão Pedro disse a Jesus: "Eis que nós abandonamos tudo e te seguimos" (Mt 19,27).

Neste evangelho devem ser considerados dois fatos: a excelsa dignidade dos apóstolos no juízo final e a recompensa daqueles que abandonam as coisas transitórias.

I – Grandeza dos apóstolos no juízo final

2. "Eis que nós abandonamos tudo." Pedro, "corredor ligeiro, que percorre seus caminhos" (Jr 2,23), diz: "Eis que nós abandonamos tudo".

Pedro, agiste sabiamente: certamente, carregado de pesos, não podias seguir atrás daquele que corre. Pouco antes, ouvira o Senhor que afirmava: "Em verdade vos digo: dificilmente um rico entrará no Reino dos Céus" (Mt 19,23); e por isso, para entrar ali com facilidade, abandonou tudo.

O que se entende por "tudo"? As coisas exteriores e as interiores, isto é, as coisas possuídas e também a vontade de possuir, de tal modo que não nos restou absolutamente nada (literalmente, nenhuma *relíquia*, do latim *relinquere*, deixar). Diz o Senhor por boca de Isaías: "Destruirei o nome da Babilônia, as suas relíquias [resto] e o germe e toda a sua raça" (Is 14,22). O nome da Babilônia indica os termos que exprimem a propriedade, como *meu* e *teu*. Cristo destruiu nos apóstolos não só este nome, mas também as *relíquias* da propriedade; e não só estas, mas também o germe, isto é, a tentação de ter, e a estirpe, isto é, a vontade de possuir.

Bem-aventurados os religiosos nos quais estas coisas são destruídas, porque, com justiça, também eles poderão dizer: "Eis que nós abandonamos tudo".

Olhai os apóstolos que voam. Diz Isaías: "Quem são estes que voam como as nuvens, e como as pombas para os seus pombais?" (latim: *ad fenestras*, para as janelas) (Is 60,8). As nuvens são leves. Os apóstolos, deposto o peso do mundo, voam leves, sobre as asas do amor, atrás de Jesus. Diz Jó: "Porventura, conheces os grandes caminhos das nuvens e a ciência perfeita?" (Jó 37,16). Grande caminho é o deixar tudo: caminho estreito durante o peregrinar desta vida, mas largo e grande no momento da recompensa. Ciência perfeita é amar a Jesus e andar atrás dele. Este foi o caminho e esta foi a ciência dos apóstolos, que, como pombas, voaram para suas *janelas*.

"Janelas" (latim: *fenestra*) é como dizer "que levam para fora" (latim: *ferentes extra*). Os apóstolos e os homens apostólicos, simples e inocentes como pombas, voaram para longe das coisas terrenas, de maneira a guardar as janelas dos sentidos, para não sair através delas para as coisas exteriores que haviam abandonado. Por esta janela saiu a pomba sem coração, que se deixou seduzir. O Gênesis narra que Dina, filha de Jacó, saiu para ver as meninas daquela região. Viu-a Siquém, que a roubou e violou sua virgindade (cf. Gn 34,1-2). Assim, a alma infeliz é levada para o exterior através dos sentidos do corpo para ver as belezas mundanas; e enquanto vai errando para cá e para lá, com seu consenso, é roubada pelo diabo, e o resultado é a sua ruína. Que diversidade de voo! Os apóstolos, das coisas terrenas, voam para as celestes; esta, das coisas celestes, desce para as terrenas; esta voa para o diabo, aqueles para Cristo.

3. "E te seguimos" (Mt 19,27). Por ti abandonamos tudo, e nos tornamos pobres. Mas porque tu és rico, seguimos-te, para que nos tornes ricos também nós. Mais miseráveis do que todos os homens são os religiosos que abandonam tudo e, todavia, não seguem a Cristo. Eles têm um prejuízo duplo: são privados de toda consolação exterior, e também não têm a interior; enquanto os mundanos, mesmo que lhes faltem as coisas interiores, têm ao menos as consolações exteriores.

"E te seguimos", nós criaturas seguimos o Criador, nós filhos, o pai, nós crianças, a mãe, nós famintos, o pão, nós sedentos, a fonte, nós doentes, o médico, nós cansados, o sustento, nós exilados, o paraíso. "Seguimos-te": Nós corremos para a fragrância dos teus perfumes (cf. Ct 1,3), porque "o perfume dos teus unguentos supera todos os aromas (Ct 4,10).

Lê-se na *História natural* que a pantera é uma fera de maravilhosa beleza e que seu odor é de tal forma inebriante que supera qualquer outro perfume. Por isso, quando os outros animais pressentem sua presença, imediatamente aproximam-se e a seguem, porque se sentem extraordinariamente revigorados ao vê-la e cheirá-la (Aristóteles e Plínio). Quanta beleza e suavidade exista no Senhor nosso Jesus Cristo, experimentaram-no os bem-aventurados na pátria, mas, de algum modo, também os justos o saboreiam nesta vida. E quando os apóstolos constataram sua amabilidade, deixaram tudo e logo o seguiram.

"Nós te seguimos; que haverá então para nós?" (Mt 19,27). Diz Jó: "Como aqueles que procuram um tesouro, e se alegram muito quando encontram um sepulcro" (Jó 3,21-22). O tesouro no sepulcro é figura de Deus no corpo assumido da Virgem.

Ó apóstolos, encontrastes o tesouro, já o possuís inteiramente. O que procurais ainda? "O que teremos?" E o que quereis ainda? Conservai aquilo que encontrastes, porque ele é tudo o que procurais. Nele – diz Baruc – está a sabedoria, a prudência, a fortaleza, a inteligência, a longevidade e o alimento, a luz dos olhos e a paz (cf. Br 3,12.14). Está a sabedoria que cria tudo, a prudência com que governa as coisas criadas, a fortaleza com a qual refreia o diabo, a inteligência com a qual tudo penetra, a longevidade que eterniza os seus, o alimento com o qual os sacia, a luz que ilumina, a paz que conforta e tranquiliza.

4. "E Jesus lhes disse: Em verdade vos digo: Vós que me seguistes" (Mt 19,28). O Senhor não diz: "Vós que deixastes tudo", mas "Vós que me seguistes": o que é próprio dos apóstolos e dos perfeitos. São muitos os que deixam tudo, e, no entanto, não seguem a Cristo, porque, por assim dizer, retêm-se a si mesmos. Se queres seguir e *conseguir*, é necessário que abandones a ti mesmo. Quem segue um outro no caminho, não olha para si mesmo, mas para o outro que constituiu como guia do seu caminho. Deixar a si mesmo significa não confiar em si mesmo de modo algum, considerar-se inútil também se fez tudo o que foi ordenado (cf. Lc 17,10), desprezar a si mesmo como um cão morto ou uma pulga (cf. 1Sm 24,15), no próprio coração não antepor-se a ninguém, considerar-se o pior de todos os maiores pecadores, considerar todas as próprias boas ações como um imundo pano de mulher (cf. Is 64,6), colocar-se diante de si mesmo e chorar como morto, humilhar-se profundamente em todas as ocasiões e abandonar-se totalmente a Deus. Ouçamos o que é prometido aos que se comportam assim.

"Na nova criação" (latim: *in regeneratione*) – a primeira *regeneração* acontece na alma por meio do batismo; a segunda acontecerá no corpo, no dia do juízo, quando os mortos ressurgirão incorruptos (cf. 1Cor 15,52) –, "quando o Filho do homem", isto é, Jesus, que na condição de servo foi submetido a juízo aqui na terra, "estará sentado", exercerá o seu poder de juiz "sobre o trono de sua glória", que é a Igreja, onde será manifestada a sua onipotência, "sentar-vos-eis também vós sobre doze tronos" (Mt 19,28). Se somente os doze apóstolos, sentados sobre doze tronos, serão juízes com Cristo no dia do juízo, onde há de sentar-se Paulo, "vaso de eleição" (At 9,15), que, hoje, de lobo foi transformado em cordeiro, que trabalhou mais do que todos (cf. 1Cor 15,10), que foi arrebatado até o terceiro céu, onde ouviu os segredos que não é lícito revelar? (cf. 2Cor 12,2.4). Onde há de sentar-se, pergunto-me, tão grande homem, se no tribunal só há doze tronos para os juízes, já que ele afirma: "Não sabeis que nós julgaremos os anjos?" (1Cor 6,3), entende-se, os anjos maus.

Por isso, é necessário saber que o número doze é usado para indicar a plenitude do poder, e que nas doze tribos de Israel são indicados todos aqueles que deverão ser submetidos a juízo. Eis, pois, que os pobres, junto com Jesus pobre, filho da Virgem pobrezinha, julgarão com justiça todo o mundo (cf. Sl 9,9; 95,13). Diz também Jó: "Deus não salva os ímpios e deixará o juízo aos pobres" (Jó 36,6). Diz "aos pobres" e não aos ricos, "cuja glória lhes serve de confusão" (Fl 3,19). Com efeito, ficarão *confusos*, quando virem sentados em juízo com Cristo, e com Cristo julgar aqueles que antes, neste mundo, haviam escarnecido e injuriado (cf. Sb 5,3).

II – RECOMPENSA DAQUELES QUE DEIXAM AS COISAS PASSAGEIRAS

5. Recompensa daqueles que deixam os bens terrenos: "E todo aquele que deixar a casa, ou os irmãos, ou as irmãs, ou o pai, ou a mãe [ou a mulher] (Lc 18,29), ou os filhos, ou os campos" etc. (Mt 19,29), isto é, tiver posto o meu amor acima de todos os afetos terrenos.

6. Sentido moral. A casa simboliza o mau hábito; os irmãos, os sentidos do corpo; as irmãs, os pensamentos ociosos da mente; o pai, o diabo; a mãe, a sensualidade; a mulher, a vaidade do mundo; os filhos, as obras; o campo, as preocupações terrenas.

Seguindo o procedimento da geração humana, determinemos também a do pecador, que, de filho de Deus, torna-se filho do diabo. Da sugestão do diabo e da concupiscência da sensualidade, como de duas sementes, é gerado o pecador. Com efeito, diz-se em Ezequiel: "Teu pai é amorreu, tua mãe ceteia" (Ez 16,3).

Amorreu interpreta-se "que torna amargo" (*amaricans*). De quanta amargura seja o diabo, sabem-no aqueles que foram contaminados por sua doçura, que é como o verme (cf. Is 66,24). Ninguém pode sentir bem a amargura de uma coisa, se antes não tiver bebido algo doce. Diz Habacuc: "Ai daquele que dá de beber ao seu amigo uma mistura de fel e o embriaga para ver sua nudez. Será repleto de ignomínia e não de glória" (Hab 2,15-16). Para mais facilmente enganar e para que o pecador beba mais tranquilo, o diabo oferece primeiro o mel do prazer, para depois inocular-lhe a amargura da morte, enquanto o mel é avidamente sorvido; e assim o pecador, amigo do diabo, é logo despojado da graça de Deus e, na vida futura, em troca da glória do mundo, será coberto da ignomínia do inferno.

Ceteia interpreta-se "quebrada". E esta é a concupiscência da carne, que deve ser quebrada sob o jugo da humildade; de fato, diz o Eclesiástico: "O jugo e as correias fazem curvar o pescoço duro, e as tarefas assíduas amansam o escravo. Ao escravo malévolo, tortura e grilhões; manda-o para o trabalho, para que não esteja ocioso, porque a ociosidade ensina muita malícia (Eclo 33,27-29). O escravo representa a sensualidade, cuja soberba se dobra com o jugo da humildade, cuja lascívia se freia com o tormento da abstinência e a corrente da obediência.

Eis o pai e a mãe do pecador, cujos irmãos são os ilícitos apetites dos sentidos. Estes são os irmãos de José, que o desceram numa velha cisterna (cf. Gn 37,20). José representa o espírito do homem; a velha cisterna é o pecado mortal ou também o inferno. Esses irmãos, como diz João, querem que o espírito participe dessa festa (cf. Jo 7,8), isto é, da glória das coisas temporais. Deles diz Jó: "Meus irmãos passaram longe de mim, como a torrente que atravessa rapidamente os vales" (Jó 6,15). Para os vales descem as imundícies. Os sentidos da carne correm vertiginosamente para os vales da gula e da luxúria, sem se preocupar com a ruína do espírito.

Depois, existem as "irmãs", assim chamadas de semente, porque só elas com os irmãos fazem parte da estreita parentela. As irmãs do pecador são os pensamentos moles da mente, que nascem da semente da sugestão diabólica. Delas diz Ezequiel: "Houve duas mulheres, filhas da mesma mãe, e se prostituíram no Egito. A mais velha chamava-se Oola e sua irmã mais nova Ooliba" (Ez 23,2-4). São dois, de modo particular, os pensamentos pelos quais, geralmente, torna-se culpada a mente do pecador: o desejo do dinheiro e o prazer da luxúria, que são como duas irmãs prostitutas.

E enfim, a "mulher" do pecador é a vaidade do mundo. E esta é Jezabel, mulher de Acab, da qual lemos no Terceiro livro dos Reis: "Instigado por Jezabel, sua mulher, Acab cometeu muitas abominações, adorando os ídolos" (1Rs 21,25-26). Jezabel interpreta-se "fluxo de sangue", ou "sangue que flui" ou também "esterqueira". E esta é a vaidade do mundo, da qual escorre o sangue de todos os pecados, e que, no momento da morte, será mudada em esterqueira. Lê-se, de fato, no Primeiro livro dos Macabeus: "A glória do pecador é esterco e verme; hoje eleva-se e amanhã desaparecerá, porque voltará à terra de onde veio e o seu pensamento se desvaneceu" (1Mc 2,62-63). Essa mulher não permite que o homem viva em paz, mas o instiga a adorar os ídolos, isto é, a cometer toda a espécie de pecado, e por isso torna-se repugnante a Deus.

7. Depois que o diabo deu uma mulher a seu filho, quer que dela gere filhos, netos do próprio diabo: nestes são representadas as obras vãs, inúteis, as obras das trevas, dignas da morte eterna. Sobre isso diz Neemias: "Vi Judeus que se tinham casado com mulheres de Moab e os seus filhos falavam a língua de Azoto e não sabiam falar a língua judaica", isto é, o hebraico (Ne 13,23-24). Moab interpreta-se "do pai", Azoto "incêndio" ou "fogo". Assim também hoje, muitos cristãos e religiosos casam-se com mulheres, isto é, seguem as vaidades do mundo, geradas pelo diabo, e delas geram filhos, quer dizer, obras que não sabem falar o judaico, isto é, não sabem louvar a Deus, mas falam só a língua de Azoto, isto é, cultivam o incêndio da gula e da luxúria e o fogo da avareza.

Eis "a geração iníqua e perversa" (Dt 32,5), à qual o diabo fornece a casa dos maus hábitos. Esta é a casa e a fornalha de ferro do Egito da qual fala o Êxodo: "Lembrai-vos deste dia em que saístes do Egito e da casa da servidão" (Ex 13,3). O dia é o sol que brilha sobre a terra; o sol é a graça de Deus, a qual, enquanto ilumina a mente, liberta da servidão dos maus hábitos. O pecador já libertado deve recordar-se "deste dia" e dar sempre graças a Deus.

O diabo dá também os campos das preocupações terrenas. Campo, em latim se diz *ager*, porque nele se trabalha (latim: *agitur*). Diz o Gênesis: "Caim disse a Abel, seu irmão: Saiamos para fora. E encontrando-se no campo, insurgiu-se Caim contra Abel e matou-o" (Gn 4,8). Caim interpreta-se "posse", Abel "pranto". No campo das preocupações terrenas, a posse das riquezas mata o pranto da penitência. Este é o *Hacéldama*, isto é, *campo de sangue* (At 1,19). Mateus, porém, diz *campos* (Mt 19,29), e não *campo*, precisamente pelo grande número das preocupações materiais.

Aqueles, pois, que tiverem deixado todas essas coisas, neste mundo receberão o *cêntuplo*, isto é, os bens espirituais, que, comparados aos bens materiais, e sobretudo por seu valor intrínseco, são como o número cem comparado a um numerozinho. Diz Marcos: "Receberá cem vezes mais na vida presente, em perseguições", isto é, nesta vida cheia de perseguições, "e no futuro a vida eterna" (Mc 10,30).

Conduza-nos à posse dessa vida aquele que é bendito nos séculos. Amém.

III – Sermão alegórico

8. José mandou que, na boca do saco do irmão mais novo, Benjamim, fosse posta a sua taça de prata (cf. Gn 44,1-2). Encontramos uma referência a estas palavras no

Livro dos Provérbios: "Prata escolhida é a língua do justo" (Pr 10,20). Benjamim foi primeiramente chamado *Benoni*, isto é, "filho de minha dor" e só depois Benjamim, quer dizer, "filho da direita" (cf. Gn 35,18). Ele é figura do Bem-aventurado Paulo, que, escrevendo aos Filipenses, diz de si mesmo: "Eu, circuncidado ao oitavo dia, da estirpe de Israel, da tribo de Benjamim, hebreu de pais hebreus, fariseu segundo a lei, quanto ao zelo perseguidor da Igreja de Deus" (Fl 3,5-6).

Eis *Benoni*. Com efeito, primeiro, filho da dor, e só depois, filho da direita. Dizem os Atos: "Entretanto Saulo, respirando ainda ameaças e morte contra os discípulos do Senhor..." (At 9,1). Saulo interpreta-se "tentação"[1]. Onde há tentação, há dor. Ouça a tentação e a dor: "Saulo assolava a Igreja, entrando pelas casas e, tirando com violência homens e mulheres, mandava lançá-los na prisão" (At 8,3). O Cabeça da Igreja estava no céu, os pés andavam sobre a terra, e Saulo os pisava e oprimia. Por isso, do céu, o Cabeça clamava: "Saulo, Saulo, por que me persegues?" (At 9,4; 22,7). Saulo tentava, e o Cabeça sofria e clamava: Tentação, tentação, por que me persegues? O que conseguirás com isso? Eis, alcançarás que por uma só perseguição serás batido cinco vezes com as varas, recebendo cada vez quarenta golpes menos um (cf. 2Cor 11,24). Terás também tu as tentações "nas numerosas viagens, com perigos de rios e perigos de ladrões" (2Cor 11,26). És filho da dor, e dor deverás suportar porque três vezes serás flagelado, uma vez apedrejado e três vezes naufragarás (cf. 2Cor 11,25).

Ouvimos sobre *Benoni*. Ouçamos também sobre *Benjamim*, e de que modo o filho da dor foi hoje mudado em filho da destra: aquela Destra que hoje abateu o lobo e mandou elevar o cordeiro. Narra Lucas: "E seguindo ele seu caminho, aconteceu que, ao aproximar-se de Damasco, de repente, rodeou-o uma luz do céu. E caindo por terra, ouviu uma voz que lhe dizia – em hebraico: Saulo, Saulo! etc. (At 9,3-4). Destra, em latim, soa quase como *dans extra*, "que dá para fora". A destra do Onipotente "deu fora" um tal golpe sobre o duro pescoço do rinoceronte que o fez cair por terra. "Envolveu-o" em pleno dia "uma luz do céu" que superava o esplendor do sol. Ó piedosa e benigna intervenção da Destra! Tu que feres com o flagelo da luz, censuras com voz doce: "Por que me persegues?" (At 9,4). Hoje realizou-se aquilo que estava escrito: "A destra do Senhor fez maravilhas!" (Sl 117,16). A destra do Senhor, abatendo o perseguidor Saulo, exaltou-o, porque o lobo se fez um cordeiro, de perseguidor da Igreja um *pregador* seu.

9. "A destra do Senhor fez maravilhas", quando sobre a boca do saco colocou sua taça de prata. "Vai, Ananias, pois este é para mim um vaso de eleição, para levar o meu nome diante dos povos e dos reis e dos filhos de Israel" (At 9,15). A taça de prata é figura da sabedoria luminosa e eloquente, que José, isto é, Cristo, pôs como especial prerrogativa no coração e na boca do mais novo Benjamim, isto é, do Bem-aventu-

---

1. Isidoro, nas *Etimologias*, escreve: Saulo significa em hebraico *tentação* (tentativa, ataque). De fato, antes da conversão, desferiu violentos ataques contra a Igreja.

rado Paulo. Benjamim era o menor e o último entre os seus irmãos; e Paulo, na Primeira carta aos Coríntios diz: "Por último, depois de todos, como por um aborto, foi também visto por mim. Porque eu sou o mínimo dos apóstolos, e não sou digno de ser chamado apóstolo" etc. (1Cor 15,8-9). *Mínimo* é um termo que vem de *mónada* (a unidade), porque não existe número menor do que a unidade. Ó humildade do *mínimo!* Ele não se gloria, não se exalta pelo dom da sabedoria e da eloquência, nem pela grandeza das revelações e dos milagres, nem pelos celestes segredos que ouviu, mas chora sobre si mesmo pela perseguição que desencadeou contra a Igreja. "Eu nem sou digno de ser chamado apóstolo, porque persegui a Igreja de Deus" (1Cor 15,9).

Ai de nós, míseros, que escondemos aos nossos olhos os nossos numerosos pecados para não vê-los; e se fizemos apenas uma coisa boa, que é quase nada, colocamo-la diante dos olhos e a mostramos a todos. Mas deveríamos fazer como fazem os "ribaldi"[2] que, quando querem ganhar alguma coisa, escondem as vestes boas, se as têm, e mostram sua nudez e sua miséria aos ricos deste mundo. Assim também nós, se fizemos o bem, mantenhamo-lo escondido e, ao contrário, mostremos as misérias de nossa fraqueza, para receber do Senhor o dom de sua graça.

Demos graça a Jesus Nazareno que hoje, em lugar de um perseguidor, nos deu um admirável doutor, que nos ilumina com sua doutrina, que é bendito nos séculos dos séculos. Amém.

IV – SERMÃO MORAL

10. José ordenou que na boca do saco de Benjamim fosse posta a sua taça de prata. Vejamos que significado moral têm Benjamim, seu saco, a boca do saco e a taça de prata.

Benjamim é figura do penitente, que antes é filho da dor: "A minha dor está sempre diante de mim" (Sl 37,18). Presta atenção que diz: diante de mim. Diz-se que o avestruz põe seus ovos diante de si, olha-os fixa e continuamente e, fixando-os, aquece-os, e assim os ovos se abrem e nascem os filhotes. Assim o pecador deve ter sempre diante da mente as suas obras, examiná-las com frequência e atentamente, com dor, para delas fazer germinar o fruto da penitência. Quem põe a si mesmo diante de si, não encontra outra coisa senão dor. Os míseros pecadores, porém, fazem como os macacos, dos quais diz a *História natural* que, quando é lua cheia, pulam alegremente, e quando a lua é minguante ou crescente tornam-se tristonhos; carregam na frente os filhotes que amam e às costas aqueles que não amam. O capricho da sorte muda com o aspecto da lua: cresce e diminui, e não pode mais permanecer a mesma. Quando a sorte do mundo é como a lua cheia, então os carnais exultam. Lemos no Livro de Jó: "Divertem-se com jogos, cantam ao som de tímpanos e cítaras e dançam ao som dos instrumentos. Passam no gozo os seus dias e depois, num ponto (num momento) descem ao inferno" (Jó 21,11-13). *Ponto* deriva de *pungere*.

---

2. Eram chamadas "ribaldi" as pessoas mais miseráveis, marginalizadas da sociedade; por vezes empregadas somente nos trabalhos mais humilhantes.

Na hora da morte, os mundanos serão pontos do diabo tão fortes, que do leito no qual estão deitados serão obrigados a fazer um salto até o inferno. De fato, quando a sorte lhes apresenta "os cantos" da adversidade, caem na tristeza, porque as adversidades deprimem, enquanto a prosperidade exalta. Esses carregam ao peito os filhos, isto é, a glória do mundo, os prazeres da gula e da luxúria da carne, coisas que amam; ao contrário, mantêm atrás das costas o sofrimento, a penitência e as misérias desta vida, onde não veem.

Mas ouçamos o que faz *Benoni*. "Minha dor está sempre diante de mim." Porque ama a dor, tem-na sempre diante de si e nela se examina como num espelho e descobre suas manchas. Diz Jeremias: "Faze-te um ponto de observação, entrega-te à amargura e dirige o teu coração para o caminho reto" (Jr 31,21). Uma coisa deriva da outra: Quem põe diante de si o espelho de sua vida, entrega-se à amargura e, necessariamente, orienta seu coração para a vida das boas obras. Aquele que desse modo for *Benoni*, tornar-se-á Benjamim, isto é, filho da destra.

11. Presta atenção, porque a *destra* é figura de duas coisas: da graça na vida presente, e da glória, na futura. Sobre a destra da graça fala-se no Apocalipse: "E tinha na sua mão direita sete estrelas" (Ap 1,16). Estas sete estrelas são apresentadas na leitura da missa, quando se lê de Saulo: De repente, envolveu-o uma luz do céu, caiu por terra, levantou-se e entrou na cidade, recuperou a vista, recebeu o batismo, tomou alimento e pregou a Jesus (cf. At 9,3-20 passim).

No primeiro evento [envolveu-o uma luz] é indicada a graça preveniente, no segundo, a consideração da fragilidade, no terceiro, o reconhecimento da própria iniquidade, no quarto, a purificação da consciência, no quinto, a efusão das lágrimas, no sexto, a doçura da contemplação, no sétimo, o anúncio da Palavra ou também a ação de graças. Consideremos individualmente cada uma dessas coisas.

Quando o pecador se dirige para Damasco, nome que se interpreta "bebida de sangue"[3], isto é, tende a assimilar a imundície do pecado, de repente, porque não sabe de onde vem e para onde vai, "envolveu-o uma luz do céu", da qual Jó diz: Indica-me em que caminho habita a luz, e onde moram as trevas, para que tu as conduzas aos seus lugares (cf. Jó 38,18-20). A luz é a graça; a morada das trevas é a mente cega do pecador, o lugar do pecado é o fim, o termo. Quando a mente do pecador é iluminada pela graça, põe-se fim ao pecado.

"Caiu por terra." Diz o salmo: "Diante dele cairão todos os que descem à terra" (Sl 21,30). Como se dissesse: Humilha-se na presença de Deus aquele que considera a sua fragilidade.

"Entra na cidade." Diz o salmo: "O dia todo eu andava cheio de tristeza" (Sl 37,7). No exterior combates, no interior culpas e temores (cf. 2Cor 7,5). Se alguém, quando está fora de casa, recebesse uma ofensa, e depois, ao entrar, encontrasse a

---

3. Diz-se que Caim matou o irmão Abel no lugar onde agora é Damasco.

casa suja e em desordem, será que não se doeria e entristeceria profundamente? Não há dúvida. Assim o penitente, considerando a malícia exterior do mundo e reconhecendo também a interior de sua consciência, anda todo o dia repleto de tristeza. Presta atenção que diz "o dia todo". Antes que um raio de sol entre na casa, no seu interior, não é visível o pó suspenso no ar; mas se entra ali um raio de sol, logo o ar se mostra cheio de pó. O raio de sol é a consciência que mostra ao homem as culpas de sua consciência, e põe em evidência, com grande clareza, aquilo que antes estava escondido. E já que alguém deve entrar em si mesmo não só de vez em quando, mas continuamente, e entristecer-se por seu estado, diz precisamente "o dia todo". Quem quer conhecer sua miséria de maneira completa, deve entrar em si mesmo e entristecer-se não por metade do dia, mas o dia todo. E já que por essa tristeza se chega à emenda da consciência, eis o quarto ponto:

"Recuperou a vista." "De repente [diz Lucas] caíram-lhe dos olhos como que escamas" (At 9,18). Temos uma referência a isso no Livro de Tobias: "Começou a sair de seus olhos uma matéria branca, semelhante à película de um ovo. Tomando-a, Tobias tirou-a dos olhos de seu pai, e este recuperou a vista" (Tb 11,14-15). As escamas são figura da impureza da mente, e a película do ovo simboliza a vanglória. Diz Jeremias: "As suas virgens são esquálidas" (Lm 1,4), isto é, rugosas. A ruga no homem é comparável às escamas do peixe ou da serpente. Como se dissesse: Mesmo que sejam virgens no corpo, são rugosas por causa do imundo excitamento da fantasia. A película do ovo, que é sutil e cândida, representa a vanglória, que é muito sutil, isto é, astuta, porque quando parece que alguma coisa seja feita por devoção, é feita, porém, pelo desejo de louvor mundano; é cândida porque se compraz só pela aparência exterior. "Cândido" é um termo que insinua a ideia de uma brancura artificial (*branqueado*), enquanto que, com o termo "branco", indica-se a brancura natural. Essas duas culpas, a impureza da mente e a vanglória, cegam os homens; mas quando, com a graça de Deus, são removidas, a consciência é purificada e se recupera a vista.

"Recebeu o batismo." Lê-se no Livro de Judite que ela "saía de noite para o Vale de Betúlia e se lavava (latim: *batizava-se*) numa fonte de água" (Jt 12,7). Judite interpreta-se "que confessa", Betúlia, "casa que dá à luz o Senhor"; noite, "tempo silencioso"; vale, "humildade"; fonte, "lágrimas. Quem se confessa, isto é, o penitente, sai do tumulto interior e exterior, sai de noite [literalmente], ou no silêncio, para o vale abaixo de Betúlia, na humildade da consciência, com a qual dá à luz o Senhor, para si na contrição, para os outros com a pregação, e ali se batiza, lava-se, na compunção das lágrimas.

"Tomou alimento." Diz o Eclesiástico: "O Senhor o alimentou com o pão da vida e da inteligência" (Eclo 15,3). Considera que existe uma dupla doçura na contemplação: a primeira está no sentimento e pertence à vida, a segunda está no intelecto e pertence à ciência. Esta segunda acontece com a elevação da mente, enquanto que a primeira se verifica numa espécie de alienação da mente. A elevação da mente se obtém quando a agudez da inteligência, iluminada por Deus, transcende os limites das capacidades humanas, mas sem chegar à alienação da mente, de maneira que aquilo que vê está acima de si mesma, todavia, não se afasta totalmente das coisas habituais. Tem-se a alienação da mente quando a memória [a lembrança] das coisas presentes abandona a mente e, transfigurada pela intervenção divina, passa para um certo estado de ânimo extraordinário e inacessível à capacidade humana.

Quem está saciado de tal alimento, tem condições de, bem confortado, "pregar a Jesus" ou também dar-lhe graças. Com efeito, diz o salmo: "Os pobres comerão e serão saciados e louvarão o Senhor" (Sl 21,27). Os pobres, isto é, os humildes, primeiro comerão com a inteligência, e depois serão saciados no afeto, no sentimento, e assim louvarão o Senhor.

Estas são, pois, as sete estrelas que estão na destra de Cristo, cujo filho é agora *Benjamim*, pois antes foi *Benoni*.

12. Benjamim é chamado "mais jovem", porque era o menor, o último de todos os irmãos: nele é indicada a humildade do penitente. A mesma coisa é dita também de Davi: "Resta ainda o menor, que agora está apascentando as ovelhas" (1Sm 16,11). Somente a humildade da consciência apascenta as ovelhas da inocência. Na boca do saco deste Benjamim, o antigo José ordenou que fosse posta a taça de prata. A taça de prata simboliza a aberta e explícita confissão dos pecados, que o penitente deve encher com o vinho da compunção e oferecer a Cristo. Por isso, diz Neemias: "Tomei o vinho e ministrei-o ao rei e eu estava como que desfalecido na sua presença" (Ne 2,1). E a esposa do Cântico dos Cânticos: "Eu vos conjuro, filhas de Jerusalém", isto é, virtudes celestes, "se encontrardes o meu amado, dizei-lhe que desfaleço de amor" (Ct 5,8). Quem desfalece de amor por Cristo oferece-lhe o vinho da compunção. E observa que diz "tomei". O hipócrita não toma, não aumenta a compunção, mas reprime-a, porque ele só espalha lágrimas por vanglória.

Essa taça de prata é posta na boca, e não no fundo do saco. O saco é áspero e rude, e é figura do coração contrito, do qual, no Livro de Jonas, se diz que o rei de Nínive "vestiu-se de saco e sentou-se sobre a cinza" (Jn 3,6). Nínive interpreta-se "formosa". E esta é a vaidade do mundo, que é como o barro coberto de neve; seu rei é o penitente, porque ele a pisa: vestido de saco, senta-se sobre a cinza porque, na contrição do coração, medita sobre seu fim, quando será reduzido a cinza. Ele não esconde no fundo, mas traz na boca a taça de prata de sua confissão, sempre pronto à acusação de si mesmo. E observa que diz "a sua taça". Não deves atribuir a graça da confissão a ti mesmo, mas a Cristo, de quem provém o que de bom existe em ti.

A ele, pois, seja dada glória e honra. Ele que de *Benoni* faz um *Benjamim*, de um filho da dor faz, na vida presente, um filho da graça e, na vida futura, faz um filho da glória, quando, junto com aqueles que estão à direita, merecerá ouvir: Vinde, benditos de meu Pai, e recebei o reino! (cf. Mt 25,34).

Digne-se concedê-lo também a nós aquele que é bendito nos séculos dos séculos. Amém.

CÁTEDRA DE SÃO PEDRO

1. Naquele tempo, "Jesus chegou para a região de Cesareia de Filipe" (Mt 16,13).

Neste evangelho devem ser considerados três momentos: a interrogação de Jesus Cristo, a profissão de fé de Pedro e a concessão do poder de ligar e de desligar.

I – A INTERROGAÇÃO DE JESUS CRISTO

2. Nesta primeira parte, são postos em evidência dois ensinamentos morais: a vida santa e a boa fama. Antes, porém, vejamos a história, ou seja, a alegoria.

Cesareia de Filipe está situada no território onde nasce o Jordão, aos pés do Líbano, e tem duas fontes, a Ior e a Dan, que unidas formam o nome do Jordão: *Iordan*.

Chegou, pois, Jesus "e interrogou seus discípulos". Com a intenção de verificar a fé dos discípulos, primeiramente o Senhor informa-se sobre a opinião das pessoas, para que a fé dos apóstolos não pareça fruto de crenças do povo, mas seja fundamentada no conhecimento da verdade. "Quem dizem os homens que é o Filho do Homem?" (Mt 16,13). Com razão são chamados homens aqueles que, como sucede em geral no mundo, têm opiniões diversas sobre o Senhor. "Quem dizem ser o Filho do homem?" O Senhor não diz "eu", para não dar a impressão de falar com arrogância: ele declara abertamente a humilhação de sua humanidade. "Eles responderam: Uns dizem [que tu és] João Batista, outros Elias, outros Jeremias ou algum dos profetas" (Mt 16,14). A ideia que Jesus fosse João Batista nascia talvez do fato que este último, quando ainda estava no seio da mãe, havia pressentido a presença do Senhor (cf. Lc 1,41-44); que fosse Elias, porque este fora arrebatado ao céu (cf. 2Rs 2,11), e porque acreditava-se que teria retornada à terra (cf. Mt 17,10-11); que fosse Jeremias, porque fora santificado no seio materno (cf. Jr 1,5).

3. "Chegou Jesus à região de Cesareia", nome que se interpreta "propriedade do príncipe" ou "propriedade principal"; "de Filipe", nome que se interpreta "boca da lâmpada".

Chegou Jesus; vem também tu, ó cristão, para a região de Cesareia. Diz-se príncipe, porque foi o primeiro a apoderar-se (*primus capit*) de um lugar ou de uma dignidade: é o espírito do homem, cuja propriedade é o corpo, e no qual o espírito deve ter o primeiro lugar e o mais alto poder. Diz Isaías: "O príncipe pensará sempre coisas dignas de um príncipe, e ele mesmo estará vigilante sobre os chefes" (Is 32,8). Presta atenção às duas palavras: pensará e estará. Eis o poder e o lugar que o primeiro deve ter.

Quais são as coisas dignas de um príncipe, às quais deves pensar, ó príncipe, "ó espírito do homem", senão retornar para ti mesmo, reentrar no teu coração e ali refletir: o que és, o que foste, o que deverias ter sido, o que poderás ser? O que foste por tua natureza, e o que és agora por causa da culpa, o que deverias ter sido com o teu esforço, o que ainda poderás ser com a graça de Deus. Os chefes são os afetos, os sentimentos e os pensamentos, cabeça dos quais deve ser o príncipe, para poder dominá-los e dirigi-los, para fazê-los evitar a ilícita concupiscência e as inúteis distrações. "Chegou à região..." Na "região" são indicados os sentidos do corpo, nos quais vem ou entra o espírito do homem, quando diz a este: vai, e ele vai; e diz a outro: vem, e ele vem; e a seu servo, isto é, ao corpo: faze isso, e o corpo o faz (cf. Mt 8,9).

E observa que este príncipe, ao qual pertence a propriedade, é chamado "boca da lâmpada". Na lâmpada há quatro componentes: o vidro brilhante, o óleo que queima, o pavio e a chama. No vidro é simbolizada a pureza da consciência; no óleo, a participação nas necessidades dos irmãos; no pavio, a aspereza da contrição; na chama, o ardor do amor divino. Feliz o espírito, feliz o cristão que é a boca dessa lâmpada, de modo que quando fala, fale movido pela pureza da consciência, pela compaixão, pela contrição e pelo amor de Deus.

E observa ainda que Cesareia, isto é, a nossa carne, deve estar situada aos pés [às raízes] do Líbano, lá onde nasce o Jordão. O Monte Líbano, nome que se interpreta "candor", simboliza a excelência da castidade, cuja raiz é a humildade, e da qual brotam duas fontes: Ior, que significa "rio", e Dan, que quer dizer "juízo": juntos formam o Jordão, isto é, o rio do juízo, quer dizer, a compunção das lágrimas, nas quais a humildade julga a si mesma e condena aquilo que fez de mal. Eis quão grande é o valor da humildade, da qual se eleva o monte da castidade e brota o rio da compunção. Aquele que desse modo chega à região de Cesareia de Filipe pode, com razão, interrogar seus discípulos, dizendo: "Quem dizem os homens que é o Filho do homem?"

4. O termo *discípulo* deriva do fato que *aprende* (latim: *discit*) a disciplina. Aquele que é bom em si mesmo, tem e deve ter a sua família bem disciplinada e honesta, para poder dizer com Davi: "Os meus olhos só buscavam os fiéis da terra, para que se sentassem comigo" (Sl 100,6). A cada um agrada a companhia daqueles que são semelhantes a ele. E porque é cruel aquele que despreza a própria honra, eis que pergunta e quer ser informado sobre o que os homens dizem dele, mesmo para corrigir aquilo que eventualmente não for correto. E porque da estima de santidade da vida e da boa fama, geralmente, provém a autoexaltação, eis que se declara filho do homem. Diz Jó: "O homem é podridão e o filho do homem é um verme" (Jó 25,6). Como se dissesse: Da podridão provém podridão. Por isso, quando revelava a Ezequiel coisas grandiosas, o Senhor chamava-o filho do homem, para que não se ensoberbecesse

(cf. Ez 2,1.3.6.8, *passim*). Aquele que se considera um verme, certamente, não se ensoberbece por si mesmo. Eis, por isso, que pergunta: O que dizem os homens de mim, verme e podridão?

Oxalá lhe seja respondido: "Uns [dizem que tu és] João Batista". João Evangelista e João Batista: tarefa do primeiro é anunciar, a do segundo batizar, lavar. A primeira coisa é boa, a segunda é mais segura, porque, no que se refere à verdade, há mais segurança em ouvi-la do que em pregá-la. Igualmente, o evangelista é alguém que prega só com a palavra, enquanto o batista é aquele que no silêncio e na devoção da mente faz de si para si mesmo um batistério (uma fonte) de lágrimas: esta é uma coisa muito melhor do que aquela. Nesse realiza-se aquilo que é dito do Batista: "Não beberá vinho nem outra bebida inebriante" (Lc 1,15). O vinho representa a vanglória e as outras bebidas inebriantes, a vã alegria: tudo isso não bebe aquele que não procura os louvores dos homens.

"Outros dizem que tu és Elias." Lê-se no Quarto livro dos Reis que Elias "era um homem peludo e cingia-se aos rins com uma cinta de couro" (2Rs 1,8). Eis a veste de quem faz penitência, de quem despreza o mundo e castiga sua carne. Elias interpreta-se "robusto dominador". De fato, lê-se dele que pegou os profetas de Baal, arrastou-os até a torrente de Cison, onde os matou (cf. 1Rs 18,40). Baal interpreta-se "devorador", Cison "homem que vomita dor". Elias é figura do penitente, que se deixa cobrir de pelos em desprezo da glória do mundo, que se cinge os rins para combater a luxúria da carne. Como um forte dominador, ele agarra os profetas do ventre, que tudo devora. O ventre tem profetas que pregam ao homem: Por que jejuas assim? Por que te atormentas desse modo? Contrairás doenças; reduzir-te-ás a tal fraqueza que já não poderás ajudar a ti mesmo nem aos outros! Desses profetas diz Jeremias: "Os teus profetas tiveram visões falsas a teu respeito" (Lm 2,14). O penitente, porém, agarra-os com a contrição e os arrasta a uma lacrimosa confissão, onde vomita toda a dor da tentação e do pecado, e assim os extermina.

"Outros dizem que tu és Jeremias", ao qual o Senhor disse: "Eis que hoje eu te constituo... para arrancares" o que é ilicitamente plantado, "para destruíres" o que é malconstruído, "para arruinares" o que é injustamente adquirido, "para dissipares" a sebe "e edificares" a casa "e plantares um jardim" (Jr 1,10). A concupiscência da carne planta ilicitamente, pois diz o Deuteronômio: Não plantarás bosque algum junto ao altar do teu Deus (cf. Dt 16,21); e o Apóstolo: Temos um altar de que não podem comer aqueles que servem no tabernáculo (cf. Hb 13,10), isto é, no corpo. Lê-se no Terceiro livro dos Reis: "Acab falou a Nabot dizendo: Dá-me a tua vinha, a fim de que eu faça uma horta para mim" (1Rs 21,2). Acab representa o diabo, Nabot, o justo; a vinha é a compunção, a horta é a concupiscência da gula e da luxúria. O diabo quer tirar do justo a compunção da mente e plantar a concupiscência da carne.

Também a soberba constrói mal: "Quem constrói a casa demasiadamente alta, procura a ruína" (Pr 17,16). A avareza acumula com a injustiça, com o engano: "Ai de quem acumula os frutos da avareza, prejudicial à sua casa, a fim de colocar em lugar alto o seu ninho, pensando que assim livra-se da mão do mal" (Hab 2,9).

O avarento acumula com a finalidade de construir muito no alto o seu ninho, isto é, elevar a sua condição e a dos seus. Mas quando crê estar seguro, o diabo arma-lhe a cilada e prende o pai com seus filhos, isto é, o avarento com seus filhos e leva-os todos à morte. Assim também a obstinação constrói uma sebe: "Os teus filhos são como pequenos gafanhotos, que pousam sobre as sebes em dia de frio" (Na 3,17). Os gafanhotos representam os usurários, que ensinam também a seus filhos a praticar a usura e a pular, por assim dizer, de usura em usura. Estes, no frio de sua maldade, refugiam-se nas sebes de sua obstinação, porque não querem restituir as coisas dos outros nem retornar à penitência.

É verdadeiramente Jeremias, isto é, grande diante do Senhor, aquele que extirpa essas quatro injustiças, não só de si mesmo, mas também dos outros, e constrói a casa da humildade, na qual Deus possa repousar, e planta a horta da caridade, na qual Deus possa recrear-se. Sobre a casa da humildade fala o Senhor, quando diz: "Zaqueu, desce depressa, porque hoje devo ficar em tua casa" (Lc 19,5). Na casa daquele que desce, isto é, daquele que se humilha em sua consciência, mora a graça do Onipotente. Do jardim da caridade diz a esposa do Cântico dos Cânticos: "O meu amado desça ao seu jardim e coma o fruto de suas plantas" (Ct 5,1). Diz que o jardim e seus frutos pertencem ao seu amado, porque, tudo o que ali está plantado e cresce, provém unicamente da graça de Cristo. Os frutos são as obras de caridade, das quais Cristo se nutre sempre que são feitas ao próximo. "Tive fome e me destes de comer" (Mt 25,35).

"Dizem que tu és um dos profetas." Tarefa dos profetas é predizer as coisas futuras. É um bom profeta aquele que prediz para si mesmo o fim de sua vida, a vinda do juiz e o prêmio do reino celeste.

Feliz aquele que é honrado com essa reputação, aquele ao qual é tributado tal testemunho de vida, de ser considerado João Batista por sua devoção, Elias pela mortificação da carne, Jeremias pela destruição dos vícios e o aumento das virtudes, um dos profetas pela correta clarividência das coisas futuras.

II – A PROFISSÃO DE FÉ DE PEDRO

5. "Disse-lhes Jesus: Vós, porém, quem dizeis que eu sou?" (Mt 16,15). Como se dissesse: Aqueles são homens e têm opiniões humanas; vós, porém, que sois deuses (cf. Sl 81,6), quem dizeis que eu sou? "Respondendo, Pedro", um por todos, porque todos sabiam uma só coisa, "disse: Tu és o Cristo, o Filho de Deus vivo" (Mt 16,16). Nessa profissão de fé, Pedro incluiu a natureza humana e a divina. De fato, Cristo vem de *crisma*, e significa ungido, consagrado, porque, enquanto homem é ungido e consagrado a Deus Pai com o Espírito Santo. "Ó filho de Deus, consagrou-te Deus, teu Pai" (Sl 44,8). E Isaías: "Isso diz o Senhor ao seu consagrado, Ciro" (Is 45,1). Ciro interpreta-se "herdeiro", isto é, filho. De quem? "De Deus vivo."

Observa que o crisma se confecciona com o bálsamo. Diz a *História natural* que o lugar onde cresce a planta do bálsamo chama-se "olho do sol", e a planta é chamada "videira", porque tem semelhanças com a videira. Sua seiva elimina a catarata do olho e acalma os calafrios da febre. Quando se extrai o seu líquido, a planta é cortada só na casca e dela brotam gotas de uma fragrância especial.

A geração de Cristo é dupla: a primeira é a geração da divindade, a segunda é a da humanidade, e ambas são o olho do sol.

Da geração da divindade diz Isaías: "Quem descreverá sua geração?" (Is 53,8). E Jó: "Donde vem a sabedoria? E qual é o lugar da inteligência? Está escondida aos olhos de todos os vivos e está escondida também às aves do céu" (Jó 28,20-21), isto é, aos próprios anjos é desconhecida a geração de Cristo a partir do Pai. Com efeito, diz o Eclesiástico: "A quem foi revelada a raiz da sabedoria?" (Eclo 1,6), quer dizer, a origem do Filho de Deus? E, portanto, aquilo que está acima da inteligência e do conhecimento dos anjos, qual o homem que poderá descrevê-lo? Diz Isidoro: É claro que só o Pai sabe como gerou o Filho e só o Filho sabe como foi gerado pelo Pai. Realmente, Cristo refulgiu do Pai como luz da luz, como palavra da boca, como sabedoria do coração. Eis, pois, que a geração da divindade é chamada "olho do sol", porque ilumina toda a Igreja triunfante, a celeste Jerusalém. Diz o Apocalipse: "A luz de Deus a ilumina, e sua lâmpada é o Cordeiro" (Ap 21,23).

A geração da humanidade é chamada olho do sol, porque com a fé na sua encarnação ilumina toda a Igreja militante. Lemos em Zacarias: "O Senhor é o olho dos homens e de todas as tribos de Israel" (Zc 9,1). Israel interpreta-se "o homem que vê a Deus". Crês na medida em que vês. "Era a verdadeira luz que ilumina todo o homem que vem a este mundo" (Jo 1,9), não porque ilumine os homens *todos*, mas porque ninguém pode ser iluminado senão por ele. Cada homem que nasce neste mundo, é iluminado para a vida eterna unicamente por meio da fé em Cristo, que diz: "Eu sou a verdadeira videira" (Jo 15,1).

6. A videira é chamada assim porque tem a força (latim: *vis*) de lançar rapidamente a raiz, ou também porque as videiras entrelaçam-se entre si. Diz a *História natural* que a videira tem abundância de ramos, com os quais se liga aos ramos de outra árvore enrolando-se a eles. E é uma propriedade exclusiva da videira, entre todas as árvores, que em um nó de seu ramo forma-se de um lado a folha e do outro o cacho cheio de uva; e é também característica da videira que as couves plantadas junto à sua raiz fazem-na secar. A videira simboliza a fé em Cristo, que tem a força de enraizar-se velozmente no coração do homem. Enraizados e fundados – diz o Apóstolo – em Cristo Jesus (cf. Ef 3,17). Ela estende os ramos da caridade e liga a si também os outros; de um lado tem a folha da pregação e do outro o cacho da obra boa, cheio do mosto do amor. As couves, isto é, as preocupações temporais e os prazeres da carne, secam a seiva, o sentimento da fé.

Além disso, a árvore do bálsamo é cortada só na casca. A casca é figura da humanidade de Cristo, de cuja ferida brotou uma seiva de maravilhosa fragrância, isto é, seu sangue precioso, que elimina do olho do coração a catarata da dúvida e da infidelidade, e liberta dos calafrios das febres, isto é, das tentações, porque a lembrança do Crucificado crucifixa os vícios. "Portanto, tu és o Cristo, o filho de Deus vivo!"

"Respondendo, Jesus disse a Pedro", e nele respondeu a todos: "Bem-aventurado és tu, Simão, filho de Jonas, *Bar Iona* etc." (Mt 16,17). *Bar* significa "filho" e Jona interpreta-se "pomba". Com razão Pedro é chamado "filho da pomba", porque seguia o Senhor com devota simplicidade, ou também porque estava repleto de graça espiritual. Portanto, Pedro é chamado filho do Espírito Santo, que se mostrara em forma de pomba àquele que ele havia proclamado Filho de Deus vivo; e ao filho da pomba, o Pai revela o mistério de fé, que não podia ser revelado pela carne nem pelo sangue, isto é, pelos homens inchados da sabedoria da carne, que não são filhos da pomba e, portanto, são estranhos à sabedoria do Espírito. Desses diz Abdias: "Farei desaparecer os sábios da Idumeia e a prudência do Monte de Esaú" (Ab 1,8). Eis a carne e o sangue. Idumeia interpreta-se "sanguínea", Esaú "monte de pedras". Toda a sabedoria e a prudência deste mundo consistem em nutrir a carne e acumular um monte de pedras, isto é, de riquezas, com as quais os sábios e os prudentes do mundo serão apedrejados no dia do juízo.

III – A CONCESSÃO DO PODER DE LIGAR E DE DESLIGAR

7. "E eu te digo que tu és Pedro" (Mt 16,18). Deve-se notar que Pedro teve três nomes: Simão, que se interpreta "obediente"; Pedro, "que reconhece", e Cefas, "cabeça". Foi Simão no momento do chamado de Cristo: "Segui-me. E eles, abandonadas as redes, seguiram-no" (Mt 4,19-20); foi Pedro na profissão de fé feita hoje, com a qual reconheceu Cristo como Filho de Deus vivo e, portanto, mereceu ouvir dizer: "Tu és Pedro". Não digo: serás chamado Pedro, mas tu és Pedro, minha pedra, mas de maneira que reservo para mim a dignidade do fundamento, porque "ninguém pode pôr outro fundamento senão aquele que ali foi posto, que é Cristo" (1Cor 3,11), sobre o qual é edificada a Igreja.

"E sobre esta pedra edificarei a minha Igreja" (Mt 16,18) e, portanto, não deve temer se cair a chuva, isto é, a perseguição diabólica, se transbordarem os rios, isto é, a maldade dos hereges, se soprarem os ventos, isto é, a raiva do mundo, e se baterem contra esta casa, porque está fundada sobre uma pedra sólida e estável (cf. Mt 7,25). Lê-se no Livro dos Números: "É robusta a tua habitação; contanto que ponhas o teu ninho sobre a rocha e fores escolhido da estirpe de Cin" (Nm 24,21-22), nome que se interpreta "astuto" ou "quente" (latim: *callidus* ou *calidus*), e é figura do diabo, que, com sua astúcia, queima com a chama dos vícios a alma dos pecadores, os quais terão como algoz na pena aquele que ouviram como instigador na culpa.

"Edificarei a minha Igreja." Observa que é chamada Igreja aquela triunfante, aquele militante, e também a alma fiel. Cristo edifica a primeira com os espíritos bem-aventurados, a segunda com os fiéis, e a terceira com as virtudes: por isso, Cristo é chamado também "pedreiro", como se lê em Amós: "Eu via o Senhor que estava sobre um muro rebocado e tinha na mão uma pá de pedreiro" (Am 7,7). A pá de pedreiro chama-se, em latim, *trulla*, de *trudo*, impelir, fixar, porque serve para fixar entre si as pedras com cal, com a qual, depois, as paredes são rebocadas. Portanto, o muro liso é aquele que é polido na sua superfície. Na pá de pedreiro é simbolizada a potência de Deus, com a qual ele edifica o muro de sua tríplice Igreja e o alisa para que nada nos pareça desordenado, áspero, desigual, mas tudo se faça de maneira linear e plana. De fato, diz o Apóstolo: "Tudo se faça na caridade" (1Cor 16,14), que é o cimento das outras virtudes. E considera ainda que o Senhor está sobre o muro da Igreja por três motivos: para edificá-la, para combater por ela e por meio dela os adversários e para protegê-la.

E por isso, "as portas dos infernos não prevalecerão contra ela" (Mt 16,18). As portas dos infernos são os pecados, as ameaças e as carícias, que não têm a possibilidade de prevalecer, isto é, de separar a Igreja da fé e da caridade que estão em Cristo Jesus. Com efeito, quem acolhe com amor, no íntimo do coração, a fé em Cristo, supera facilmente tudo aquilo que o assalta externamente. Em outro sentido: a porta é chamada assim porque serve para levar alguma coisa para fora; é chamada infernos porque as almas são levadas para baixo (latim: *inferuntur*). Portas dos infernos são chamados os sentidos do corpo, através dos quais a alma pecadora é como que levada para fora para procurar e desejar as coisas inferiores, os bens terrenos.

Diz Isaías: "Eis que o Senhor te fará transportar [isto é, permitirá que...], como se transporta um galo do galinheiro" (Is 22,17). Como a astuta raposa agarra o galo pelo pescoço e o arrasta para a sua toca, assim a insidiosa e falaz concupiscência da carne, através dos sentidos do corpo, arrasta a alma para estas coisas inferiores. Porém, se é edificada e fundada sobre o amor de Cristo, contra ela jamais algo poderá prevalecer.

8. "Eu te darei as chaves do Reino dos Céus" (Mt 16,19). Eis "Cefas", posto como cabeça dos apóstolos e da Igreja. Diz-se que hoje Cristo interrogou os apóstolos, e que Pedro, em nome de todos, professou a fé da Igreja universal. E hoje o Senhor concedeu-lhe o poder de ligar e de desligar e, por isso, este dia é chamado "Cátedra de São Pedro", ele que antes dos outros professou sua fé, e antes dos outros recebeu o poder das chaves.

As chaves simbolizam a autoridade e a capacidade de julgar e, em virtude delas, acolher no reino aqueles que são dignos dele, e excluir os indignos. Com efeito, continua: "E tudo o que ligares", quer dizer: quando julgares digno das penas eternas quem permanecer obstinado nos pecados, ou quando absolveres o verdadeiro e humilde penitente, assim será feito também no céu.

Jerônimo comenta: "E tudo o que ligares". Têm o mesmo poder judiciário também os outros apóstolos; de fato, a eles o Senhor, depois de sua ressurreição, disse: "Recebei o Espírito Santo: a quem perdoardes os pecados, ser-lhes-ão perdoados; a quem os retiverdes, ser-lhes-ão retidos" (Jo 20,23); e o tem também toda a Igreja nos seus presbíteros e nos seus bispos. Mas Pedro o recebeu de modo particular, para que todos compreendam que, quem se separar da unidade da fé e de sua comunhão, não poderá ser absolvido dos pecados nem entrar no céu.

Alguns, que não compreenderam bem essas palavras, assumem em parte a presunção dos fariseus e presumem poder condenar os inocentes e absolver os culpados, quando, ao invés, diante de Deus, não se busca tanto a sentença do sacerdote quanto salvar a vida dos culpados. Por isso, no Levítico, é ordenado aos leprosos que se mostrem aos sacerdotes (cf. Lv 14,2); não são os sacerdotes que os fazem leprosos ou não, mas só controlam e constatam quem é limpo ou imundo: assim é também neste caso.

Pelas preces do Bem-aventurado Pedro, o Senhor nos absolva das cadeias de nossos pecados e nos abra as portas do Reino dos Céus, ele que é bendito nos séculos. Amém.

IV – SERMÃO ALEGÓRICO

9. "Davi, sentado no trono [cátedra], príncipe sapientíssimo entre três, é como o terno bichinho da madeira" (2Sm 23,8). Davi, nome que se interpreta "de mão forte", é figura de Simão Pedro, ao qual Cristo impôs o nome de Pedro, tirando-o de si mesmo, pedra fundamental. E Pedro foi de mão forte, quando abriu as suas mãos e deixou tudo. O avarento tem a mão fraca, porque está fechada, contraída e seca. Diz Mateus: "E eis que um homem que tinha uma mão seca" (Mt 12,10). O Senhor lhe disse: "Abre a tua mão! Ele a abriu e a mão ficou curada" (Mt 12,13). Comenta a *Glosa*: Para conseguir a cura, nada é mais útil do que a largueza (generosidade) das esmolas: de fato, em vão eleva as mãos a Deus para implorar o perdão de seus pecados, quem, depois, não as abre aos pobres, segundo as suas possibilidades.

Portanto, Pedro, sentado na *cátedra*, é sapientíssimo. Dizem os Atos: "Vendo, pois, a constância de Pedro e de João, sabendo que eram homens iletrados e de pouca cultura, admiravam-se e reconheciam ser os que andavam com Jesus" (At 4,13). Não cause admiração o fato que Pedro, mesmo sendo sem instrução, seja chamado sapientíssimo; ele estivera com Jesus, Sabedoria do Pai, e o amou mais do que os outros; e na escola de Jesus, Pedro não havia aprendido a sabedoria do mundo, mas a do céu. "Quem caminha com a Sabedoria (lit. *com os sábios*), torna-se sábio" (Pr 13,20).

Pedro não era aquele letrado de que fala Isaías: "Onde está o letrado? Onde está aquele que avalia as palavras da lei? Onde está o doutor dos pequeninos?" (Is 33,18). E o Apóstolo: "Tu ensinas aos outros, e não ensinas a ti mesmo. Tu que te glorias da lei, ofendes a Deus transgredindo a própria lei" (Rm 2,22.23). Pedro era ignorante nas coisas terrenas, mas sapientíssimo naquelas do céu, do qual hoje recebeu as chaves; e sentou-se na *cátedra*, isto é, recebeu o poder judiciário de ligar e de desligar. Sentou-se também na cátedra material, de Antioquia e de Roma, e sobre esta cátedra é hoje apresentado ao povo.

"Príncipe entre três." Nos três, entre os quais se senta na cátedra o príncipe dos apóstolos, é indicada a sua tríplice constância na fé. Na primeira vez, professou sua fé no episódio de hoje: "Tu és Cristo, o Filho de Deus vivo". Na segunda vez, na sua pregação, quando disse: "Importa obedecer mais a Deus do que aos homens" (At 5,29). Na terceira vez, professou com seu martírio.

"É como o terno bichinho da madeira." O bichinho da madeira é um vermezinho: nada é mais mole do que um verme, quando é tocado; nada é mais forte do que um verme quando pica ou fere. Assim foi o Bem-aventurado Pedro. Nada foi mais terno do que ele, isto é, mais paciente, quando era flagelado, quando era crucificado. Havia-o ensinado aos discípulos na sua primeira carta: "Sede modestos, humildes, não retribuindo mal por mal" etc. (1Pd 3,8-9). Mas quando feria, ninguém era mais forte do que ele. De fato, disse a Ananias: "Por que satanás tentou teu coração a mentir ao Espírito Santo e defraudar o preço do campo?... Não mentiste a um homem, mas a Deus. Ouvindo estas palavras, Ananias caiu por terra e expirou" (At 5,3-5). E a Simão Mago: "Teu dinheiro vá contigo para a perdição!" (At 8,20).

Livre-nos da perdição, da eterna ruína, aquele que deu a Pedro o poder de ligar e de desligar. Amém.

V – SERMÃO MORAL

10. "Davi, sentado no trono (na cátedra)." Temos uma certa referência a isso no Eclesiástico: "O rei que está sentado no trono do juízo dissipa todo o mal com o seu olhar" (Pr 20,8). Davi, isto é, o justo ou o penitente, é de mão forte. De Ismael, o Gênesis diz: "Este será um homem selvagem; a sua mão levantar-se-á contra todos, e as mãos de todos levantar-se-ão contra ele; levantará as suas tendas diante de todos os seus irmãos" (Gn 16,12).

Onde nós temos o adjetivo "selvagem", o texto hebraico tem o substantivo "fara", que é o *onagro*, ou seja, o asno selvagem. No onagro (*in agro*: no campo) é indicado o penitente, que no campo da penitência carrega o peso do dia e o calor (cf. Mt 20,12); suas mãos, isto é, suas obras, são contra todos os demônios; e as mãos de todos os demônios são contra ele. "O inimigo que combate valorosamente, torna valoroso combatente também a ti" (Ovídio). E defronte às tendas dos irmãos, isto é, contra os instintos sensuais do corpo, plantará, isto é, fixará firmemente, as tendas da penitência, sempre pronto a resistir.

E de onde lhe vem tão grande fortaleza? Certamente da "cátedra". "Sentado na cátedra, é sapientíssimo." A sabedoria é o conhecimento das coisas que existem e que são imutáveis na sua substância. O termo sábio deriva de sabor, porque como o gosto serve para distinguir o sabor dos alimentos, assim o sábio está em condições de discernir as coisas vãs das valiosas, o mal do bem. Portanto, o penitente, ou o justo, é sábio ao chorar os pecados passados, mais sábio ao prevenir os perigos de pecar, sapientíssimo ao avaliar os bens eternos. Ele está sentado na cátedra. A cátedra, cadeira mais elevada do juiz, simboliza a razão; é também chamada *sólio*, que soa quase como *sólido*: aquele que ali se senta dispersa com seu olhar todo o mal do diabo, da carne e do mundo. A razão é o olhar do espírito, com o qual o verdadeiro é visto em si mesmo e não através do corpo; ou é a própria visão do verdadeiro, não por meio do corpo; ou é o próprio verdadeiro que é contemplado.

Outro sentido. A cátedra simboliza a memória da morte: na qual está sentada, isto é, humilha-se. Não pode alguém governar corretamente o seu barco, se não tiver o cuidado de sentar-se na parte final do próprio barco. O barco, que é estreito onde começa e onde termina, isto é, nas duas extremidades, e é largo ao centro, representa a vida do homem, que é muito estreita no seu início e no seu fim, porque miserável e amarga, e é larga no seu centro, porque volúvel e cheia de perigos. Ninguém pode dirigi-la corretamente se não se esforçar por humilhar-se no pensamento da morte. E presta atenção que diz "sapientíssimo". O comandante, que está sentado na popa, isto é, na parte posterior do barco, é e deve ser o mais sábio de todos, porque vê a todos, prevê todas as eventualidades, estimula os preguiçosos, conforta aqueles que trabalham, no tempo da tempestade promete uma melhora, antes, a bonança e alegra a todos com a esperança de um porto seguro.

Do mesmo modo, quem se humilha no pensamento da morte, regula da melhor maneira toda a sua vida, e olha ao seu redor: sabe livrar-se da preguiça, resistir ao cansaço, nas adversidades confiar na misericórdia do Senhor e guiar corretamente sua vida ao porto da vida eterna.

11. Portanto, "é príncipe sapientíssimo entre três": nesses "três" são indicadas a contrição, a confissão e a satisfação, isto é, a obra reparatória. Alude a esses três atos o Primeiro livro dos Reis, onde Samuel diz a Saul: "Quando chegares ao carvalho do Tabor, virão ao teu encontro três homens que sobem para Deus em Betel: um, que leva três cabritos; outro, três formas de pão; e outro, uma ânfora de vinho" (1Sm 10,3). Vejamos qual o significado do carvalho, dos três homens, de Betel, dos três cabritos, das três formas de pão e da ânfora de vinho.

O carvalho chama-se assim porque os antigos procuravam (latim: *quercus*, *quaerere*) nele o alimento, isto é, as glandes, das quais antigamente os homens se alimentavam (Isidoro). Tabor interpreta-se "luz que vem". O carvalho simboliza a penitência, na qual os antigos Padres procuravam o alimento da alma, isto é, a luz da graça divina que desce sobre os penitentes. Da penitência vem a luz celeste que faz o homem ver a si mesmo e suas obras, o que antes não via.

Portanto, "quando chegar" à penitência, "virão ao teu encontro três homens que estão subindo"; isto é, que estão fazendo subir, "a Deus em Betel", nome que significa "casa de Deus", isto é, a Jerusalém celeste. A contrição leva três cabritos, nos quais é indicado o tríplice fedor do pecado, fedor da consciência, da pessoa e da reputação. O penitente deve afligir-se na contrição, porque arruinou sua consciência com o consenso, sua pessoa com a obra e sua reputação com o mau exemplo.

Igualmente, a confissão leva três formas de pão, nas quais são indicadas três espécies de lágrimas: "As lágrimas foram o meu pão de dia e de noite" (Sl 41,4). Com razão, as lágrimas podem ser chamadas "formas" (latim: *tortae*) de pão, porque provêm (por assim dizer) da *torsão* do coração. E são chamadas lágrimas da "laceração" da mente (*lacrimae*, *laceratio mentis*). O pão é chamado assim porque se serve (latim: *ponitur*) junto com qualquer outro alimento, ou também porque todo o ser animado o procura (latim: *petit*), ou lhe agrada. Nós devemos unir a compunção a qualquer outro alimento de nossa alma, porque qualquer obra nossa seria insípida sem a compunção e a devoção; e a pedimos e devemos pedi-la a Deus todos os dias, porque todos os dias temos necessidade dela: "Dá-nos hoje o nosso pão quotidiano" (Lc 11,3). Portanto, na confissão, o pecador deve chorar porque manchou a estola da inocência batismal, porque mereceu a geena (o inferno), e porque perdeu a vida eterna.

Enfim, a satisfação leva uma ânfora de vinho, na qual é simbolizada a alegria do penitente ao fazer a penitência, que lhe foi imposta por seu pecado: penitência que não deve ser feita com timidez ou medo, nem com indolência: "Afinal, Deus ama a quem dá com alegria" (2Cor 9,7). O jejum e a esmola devem ser feitos com alegria, e a oração com confiança na misericórdia divina. A *satisfação* consiste precisamente nessas três obras (jejum, esmola e oração).

Feliz o penitente que for príncipe, isto é, dono de si mesmo, que estiver sentado na *cátedra* da razão e que se humilhar no pensamento da morte: ele será sapientíssimo com essas três práticas.

12. "É como o bichinho da madeira, aquele debilíssimo vermezinho." Observa que o verme faz três coisas: está sempre em movimento, ergue a cabeça para ver onde melhor possa se agarrar, encolhe-se para depois alongar-se mais. Assim o justo: está sempre ao trabalho. Diz Jerônimo: Faze sempre alguma coisa, para que o diabo te encontre sempre ocupado, "porque o ócio ensina muitas malícias" (Eclo 33,29). "Pergunta-se: por que razão o Egito se tornou adúltero. O motivo é evidente: vivia ocioso" (Ovídio). Ensina a *História natural* que a inércia aumenta no corpo os fluidos supérfluos: de fato, é destes que se produz o suor e a transpiração. Diz também que todas as espécies de plantas, se não forem cultivadas, tornam-se silvestres.

Além disso, ergue a cabeça, isto é, a mente, para examinar com olho crítico o andamento de sua atividade, de modo que melhor possa orientar-se para Deus. "Os olhos do sábio estão na cabeça" (Ecl 2,14). E enfim, com a humildade se encolhe, para depois alongar-se e chegar até a vida eterna.

Digne-se no-lo conceder aquele que é bendito nos séculos. Amém.

VI – Sermão alegórico

13. "Davi está sentado na cátedra." Davi, que se interpreta "de belo aspecto", é figura de Cristo, que, na cruz, com as mãos pregadas, derrotou as potências do ar (cf. 1Pd 1,12); os anjos desejam fixar o olhar na beleza de seu rosto, porque, como se diz no Apocalipse: "o seu rosto é como o sol quando resplende em toda a sua força" (Ap 1,16). Ele "está sentado", isto é, humilhou-se, "na cátedra", quer dizer, na cruz, "sapientíssimo", porque é a Sabedoria do Pai, por meio da qual o Pai criou todas as coisas.

Encontramos palavras semelhantes no Terceiro livro dos Reis: "Salomão era mais sábio do que todos os homens, e dissertou sobre a madeira, desde o cedro, que cresce no Líbano, até o hissopo, que sai da parede" (1Rs 4,31.33). Salomão é figura de Cristo, o mais sábio de todos, porque ele é a Sabedoria, da qual diz o Eclesiástico: "Quem penetrou a sabedoria do Senhor, a qual precede a todas as coisas? A sabedoria foi criada antes de tudo. A fonte da sabedoria é o Verbo", isto é, o Filho "de Deus no alto dos céus" (Eclo 1,3-5). Dele, como a água da fonte, brota toda a sabedoria.

Está "sentado sobre o madeiro" da cruz, "falou do cedro do Líbano", isto é, da grandeza da divindade, "e do hissopo", quer dizer, da humilhação de sua humanidade, "que saiu da parede", isto é, da Bem-aventurada Virgem, a quem acena Isaías quando diz: "Ezequias voltou seu rosto para a parede... e prorrompeu em grande pranto" (Is 38,2-3).

A Davi fora feita a promessa que de sua descendência nasceria o Cristo; mas o Rei Ezequias, vendo-se perto da morte sem herdeiros, acreditou que a promessa referente a Cristo tivesse sido anulada. Por isso, prorrompeu em grande pranto e voltou o rosto para a parede, isto é, dirigiu o olhar da mente para a Bem-aventurada Virgem; desejava acima de tudo que ela nascesse de sua descendência, para que, depois, dela nascesse o Cristo. A suma sabedoria de Cristo revelou-se sobre a cruz, quando, com o anzol da divindade, apanhou o diabo, que se lançara sobre a isca da humanidade; de fato diz Jó: "Sua sabedoria abateu o soberbo" (Jó 26,12).

14. Portanto, está sentado "na cátedra o príncipe entre três". Desse modo entende-se que ele (Jesus) é um dos três: nos lados *Dimas* e *Gestas*[4], e no meio, o poder divino. Diz João: "Crucificaram com ele outros dois, um de um lado e um do outro, e Jesus no meio" (Jo 19,18). Eis como está sentado, eis como se humilhou o príncipe dos anjos: como se também ele fosse um ladrão, é crucificado entre dois ladrões. Portanto, aludindo à sua humilhação é dito ainda: "Ele é como um bichinho da madeira, um pequeníssimo verme".

Observa que o verme faz três coisas: arrasta-se com a boca; quando a madeira em que se encontra é queimada, faz muito barulho; nada é mais mole do que ele quando é tocado e nada mais forte quando ele toca. Assim Cristo, arrastou-se para a cruz com a própria boca quando censurou a malícia dos judeus. A verdade gera o ódio, e por isso, teve de sofrer o suplício. Igualmente, dele se diz: "O escaravelho clama da cruz" (Ambrósio).

O escaravelho é um pequeno inseto, que voa e que tem os olhos na ponta da cabeça. Também Cristo, pequeno na sua humilhação, voa com o poder de sua divindade: "Voou, voou sobre as asas dos ventos" (Sl 17,11), quer dizer, sobre as potências dos anjos e dos santos: "A Cabeça de Cristo é Deus" (1Cor 11,3); tem os olhos na ponta da cabeça, porque em virtude de sua divindade tudo vê: a seus olhos nenhuma

---

4. Segundo a tradição, são os nomes dos dois ladrões crucificados com Jesus. Dimas é o bom ladrão.

criatura é invisível (cf. Hb 4,13). Quando no lenho da cruz queimava na paixão, ele gritou fortemente: "Pai, em tuas mãos entrego o meu espírito" (Lc 23,46). Além disso, ninguém foi mais paciente do que ele e mais humilde quando foi flagelado, coroado de espinhos, esbofeteado; ninguém será mais forte do que ele quando no juízo, com sentença irrevogável, precipitará no inferno o diabo com todos os seus sequazes.

Livre-nos dessa sentença de morte eterna aquele que é bendito nos séculos. Amém.

VII – Sermão moral

15. "Davi, sentado na cátedra entre os três." Davi, que se interpreta "misericordioso", representa os prelados da Igreja, que são eleitos com a precisa finalidade de serem misericordiosos em relação aos outros com tríplice misericórdia. Com efeito, por três vezes, a Pedro foi dito: "Apascenta!" (cf. Jo 21,15-17), e nenhuma vez lhe foi dito "tosquia!" Apascenta com a palavra da pregação, com o sustento da oração ardente e também com os proventos do benefício temporal. O prelado senta-se na cátedra da dignidade eclesiástica, e queira o céu que ele seja sábio com a sabedoria de que fala Tiago: "A sabedoria que vem do alto, que é sobretudo pura, depois pacífica, modesta, persuasiva, favorável aos bons, cheia de misericórdia e de bons frutos, sem parcialidade de juízo" (Tg 3,17). Eis os sete degraus que o prelado deve subir para sentar-se na cátedra.

De sete degraus – diz Ezequiel – é sua subida (cf. Ez 40,22). A vida do prelado deve ser "condimentada" (ser-lhe dado sabor) com a sabedoria que vem do alto, para ser primeiramente pura, com a pureza da mente no que se refere a ele próprio, pacífica em relação aos súditos, porque foi posto na cátedra precisamente para reconciliá-los com Deus e entre si; deve ser modesta pela honestidade dos costumes; persuasiva, isto é, hábil em persuadir; favorável aos bons, tanto com os sentimentos como com os fatos; cheia de misericórdia. Eis Davi misericordioso com os pobres, aos quais pertence tudo o que possui, com exceção daquilo que lhe é necessário para viver; caso contrário, na sua casa haveria a rapina (cf. Is 3,14), e, portanto, deveria ser condenado como um ladrão.

Ou também: uma sabedoria cheia de misericórdia pela compaixão do espírito, e cheia de bons frutos na realização das obras. Deve ser sem parcialidade nos juízos, isto é, sem preferências de pessoas. Além disso, aplique também a si mesmo a penitência, na medida com que a aplica aos outros, porque "duplo peso e dupla medida são coisas abomináveis diante do Senhor" (Pr 20,10), "e a medida insuficiente está cheia da ira de Deus" (Mq 6,10).

"Príncipe entre três." São a vida, a ciência e a eloquência as três prerrogativas que sobretudo devem adornar o prelado: vida pura, ciência autêntica, eloquência fácil e persuasiva. Mas ai! Hoje a vida é imunda, a ciência é cega e a eloquência é muda.

"É como o bichinho da madeira, pequeníssimo verme." Diz a *Glosa*: Davi nas aflições, em casa e em relação aos súditos foi mais manso do que os outros; mas no trono e contra os inimigos ninguém foi mais duro do que ele. E esse Davi é louvado por três qualidades: pela sabedoria, pela humildade e pela fortaleza.

Assim deve ser também o prelado que quer governar com justiça o povo a ele confiado. Digne-se conceder-lhe aquele que é bendito nos séculos. Amém.

Festa dos Santos Apóstolos Filipe e Tiago

1. Naquele tempo, disse Jesus a seus discípulos: "Não se perturbe o vosso coração" (Jo 14,1). Neste evangelho são dignos de particular consideração, entre outros, três assuntos: a eternidade da morada celeste, a verdade da fé e a igualdade entre o Pai e o Filho.

I – A ETERNIDADE DA MORADA CELESTE

2. "Não se perturbe o vosso coração." Diz a *História natural* que o coração é a fonte e a origem do sangue, e que é o primeiro órgão que recebe o sangue; e que é também a fonte dos impulsos referentes às coisas agradáveis e às desagradáveis e prejudiciais; e, em geral, os movimentos dos sentidos partem dele e a ele retornam, e sua ação influi sobre todos os membros do corpo. "Não se perturbe, pois, o vosso coração", porque, se o coração se perturba, perturbam-se também todos os outros membros.

Considera que os corações se diversificam entre si pela grandeza e pela pequenez, pela delicadeza e pela dureza; de fato, o coração dos animais privados de sentimento é duro, enquanto o coração dos animais com sentimento é terno. Além disso, um animal que tem o coração grande é tímido, enquanto aquele que tem um coração menor é mais corajoso. E os problemas que acontecem ao animal por sua timidez, a nada mais devem ser atribuídos senão ao pouco calor que existe no coração, insuficiente para enchê-lo totalmente, porque o pouco calor num coração grande se dispersa, e portanto, o sangue torna-se mais frio. Corações grandes são encontrados nas lebres, nos cervos, nos asnos, nos ratos e em outros animais nos quais se manifesta a timidez. E como um pequeno fogo aquece menos numa casa grande do que numa casa pequena, assim faz o calor nesses animais.

Coração grande quer dizer coração soberbo; coração pequeno quer dizer coração humilde; coração terno é o coração misericordioso e compassivo, e o têm aqueles que participam nos sofrimentos, nas necessidades e na miséria dos outros; coração duro é o coração avarento, e o têm aqueles que são privados de sentimento. O coração grande, isto é, o coração soberbo, é tímido, porque nele o calor do amor de Deus e do próximo é muito pouco, antes, resfriou-se; e, portanto, logo se perturba, porque logo tem medo. Portanto, para que o vosso coração não se perturbe, seja humilde, e então nele será grande o calor do amor e grande a energia para realizar as obras boas.

Observa ainda que só o coração, entre todos os órgãos internos, não deve ser sujeito a sofrimentos ou graves enfermidades. E isso é certo, porque se se deteriora o princípio, para nada servem todos os outros membros, ou os outros órgãos. Os outros membros recebem a força do coração, mas o coração não recebe nada deles. "Não se perturbe, pois, o vosso coração e não tenha medo" (Jo 14,27). Entre as várias coisas que mais perturbam o coração está a perda de uma coisa cara. Cristo havia predito aos apóstolos a sua paixão; eles, que o amavam em sumo grau, temiam perdê-lo e, portanto, podiam ser tomados pela perturbação. Eis, por isso, que o Senhor os conforta dizendo: "Não se perturbe o vosso coração e não tenham medo" por causa da morte da minha carne, porque eu sou Deus e a ressuscitarei. E acrescenta: "Tende fé em Deus e tende fé também em mim" (Jo 14,1), porque eu sou Deus. Observa que Jesus disse "tende fé em Deus", e não "crede Deus" ou "crede a Deus". Também "os demônios creem que Deus existe, e tremem" (Tg 2,19). *Crê Deus* aquele que se limita a crer nas suas palavras, mas não faz nada de bem; em vez, *crê em Deus* aquele que o ama de todo o coração e faz de tudo para unir-se aos seus membros.

3. "Crede em Deus." Eis o comentário de Agostinho: Para que não temessem por sua morte, considerando-a a morte de um simples homem – e, portanto, ficassem perturbados – ele os conforta afirmando que é *também* Deus. E para que novamente não se espantassem pensando que seriam abandonados por ele à ruína, são certificados de que, depois das provas, teriam permanecido sempre próximos a Deus, junto com Cristo. Por isso continuou: "Na casa de meu Pai há muitas moradas" (Jo 14,2).

Eis a romã, cujos grãos estão todos dentro de uma única casca e, contudo, cada grão tem sua própria celazinha. Na glória eterna haverá uma só casa, um só dinheiro (uma só recompensa), uma única dimensão de vida; mas cada um terá, por assim dizer, a sua cela, porque também na eternidade as "dignidades" e as honras são diversas: porque um é o esplendor do sol, outro o esplendor da lua e outro o esplendor das estrelas (cf. 1Cor 15,41). Todavia, apesar da diferença de esplendor, igual será em todos a felicidade, porque eu gozarei tanto da tua felicidade quanto da minha e tu gozarás da minha felicidade quanto da tua.

Façamos um exemplo. Eis-nos aqui juntos: eu tenho uma rosa na mão. A rosa é minha, mas também tu gozarás de sua beleza e gozas do seu perfume, exatamente como eu. Assim será também na vida eterna: a minha glória será o teu conforto e a tua felicidade, e vice-versa. E naquela luz, tanto será o esplendor dos corpos que eu poderei admirar-me no teu rosto como num espelho, e tu poderás admirar o teu rosto no meu: e deste brotará um amor inefável. Por isso diz Agostinho: "Qual não será o amor quando cada um de nós vir o seu rosto no rosto do outro como hoje vemos cada um o rosto do outro?" Naquela luz tudo será claro e evidente, nada será escondido para ninguém, nada será escuro.

Diz o Apocalipse: "A cidade de Jerusalém será de ouro puríssimo, semelhante ao cristal puro" (Ap 21,18). A Jerusalém celeste chama-se ouro puríssimo por causa do esplendor dos corpos glorificados, que será como o esplendor do mais límpido cristal; porque, como através de um cristal perfeito tudo aquilo que está no interior se vê perfeitamente também no exterior, assim naquela visão de paz todos os segredos dos corações serão evidentes um ao outro, e portanto, arderão também de inextinguível e inefável chama de recíproco amor. No presente, não nos amamos verdadeiramente um ao outro como se deveria, porque nos escondemos nas trevas, e no segredo do coração somos divididos uns dos outros: por isso, esfriou-se o amor e se espalhou a iniquidade (cf. Mt 24,12).

"Se assim não fosse, eu vo-lo teria dito" (Jo 14,2). O significado da expressão é este: Se não existissem muitas moradas na casa do meu Pai, eu vo-lo teria dito, isto é, não vo-lo teria escondido, antes, ter-vos-ia dito claramente que não existem. Sabei, porém, subentende-se, "que vou precisamente para preparar-vos o lugar" (Jo 14,2). O pai prepara o lugar para o filho, a ave prepara o ninho para seus filhotes. Assim Cristo preparou-nos o lugar e a paz da vida eterna e, antes ainda, preparou-nos o caminho pelo qual chegaríamos lá.

Seja ele bendito nos séculos. Amém.

II – A VERDADE DA FÉ

4. "Eu sou o caminho" (Jo 14,6), sem possibilidade de erro para aqueles que o procuram.

Diz Isaías: "Será chamado caminho santo; não passará por ele o impuro, e este será para vós um caminho direito, de modo que os próprios insensatos andam por ele sem se perderem" (Is 35,8). Aquele que quer ser sábio, diz o Apóstolo, faça-se antes insensato para ser sábio (cf. 1Cor 3,18). O insensato-sábio não erra percorrendo o caminho de Cristo, cujo ensinamento foi desprezar as coisas temporais e apreciar e saborear as celestes.

A propósito, no Livro dos Números narra-se que Moisés enviou mensageiros ao rei de Edom para dizer-lhe: "Suplicamos-te que nos permitas passar pelo teu país. Não iremos pelos campos nem pelas vinhas; não beberemos água dos teus poços, mas iremos pela estrada pública, sem nos afastarmos nem para a direita nem para a esquerda, até termos ultrapassado as tuas fronteiras; caminharemos pelo caminho ordinário" (Nm 20,17-19). Os filhos de Israel são figura dos justos, que passam pelas terras de Edom, nome que se interpreta "ensanguentado"; isto é, passam pelo mundo ensanguentado pelos pecados. Não moram ali estavelmente, porque "ai daqueles que moram na terra" (Ap 8,13), mas são apenas viajantes e peregrinos. Deles diz Jó: "Interrogai a qualquer um dos viajantes e sabereis que ele compreende estas coisas: que o ímpio é reservado para o dia da vingança e será conduzido ao dia da ira" (Jó 21,29-30).

Os justos não andam pelos campos malditos das preocupações terrenas, nos quais Caim matou Abel, isto é, "a posse dos bens matou o pranto" da penitência;

nem irão pelas vinhas da concupiscência carnal e da luxúria: "Seu vinho [diz-se] provém das vinhas de Sodoma" (Dt 32,32). Não bebem a água do poço da samaritana, isto é, da cobiça mundana, pois quem a bebe terá sede novamente (cf. Jo 4,13). Mas andam pela estrada pública, no caminho frequentado, batido, o caminho que diz: "Eu sou o caminho".

Estrada pública na palavra, batida na flagelação; pública na pregação dos apóstolos, batida na perseguição; pública porque à disposição de todos, batida porque pisada por quase todos os pés. De fato, o *sarraceno* (muçulmano) a nega, o judeu a blasfema, o herege a profana, o falso cristão a desonra vivendo desonestamente. Somente o justo ali caminha com fidelidade e humildade, não se desviando nem para a direita da prosperidade para se exaltar, nem para a esquerda das adversidades para desanimar: caminha reto até o limite da morte para entrar, depois, na Terra Prometida.

5. "Eu sou a verdade" (Jo 14,6), sem falsidade para aqueles que a encontram. Dela se diz: "A verdade brotou da terra" (Sl 84,12). Cristo é verdade, nascida da terra virgem[5]; a verdade da própria fé nasce da mãe Igreja. A Verdade, porém, precedeu, a fim de que a Igreja seguisse: "Das trevas brotou uma luz para os retos de coração" (Sl 111,4).

Refere-se à verdade o que está escrito no Terceiro livro de Esdras[6]: "Três jovens, guardas do corpo do Rei Dario, escreveram estas coisas: O primeiro escreveu que o vinho é forte; o segundo que o rei é mais forte; o terceiro – isto é, Zorobabel – que mais fortes ainda são as mulheres. Mas sobre todas as coisas vence a verdade" (3Est 3,4.10-12).

"A verdade é maior e mais forte do que todas as coisas. Toda a terra invoca a verdade e o céu a bendiz. Iníquo é o rei, iníquas as mulheres, iníquos todos os filhos dos homens e iníquas todas as suas obras: neles não existe a verdade e perecerão em sua iniquidade. Mas a verdade permanece e se afirma para sempre, vive e persiste nos séculos dos séculos. E junto a ela não há preferência de pessoas, nem se fazem diferenças, mas faz aquilo que é justo em relação a todos, justos e maus, e todos se beneficiam de suas obras. E em seu juízo nada existe de injusto, mas só fortaleza, reino, poder e majestade em todas as épocas. Bendito o Deus da verdade. Amém" (3Est 4,35-40).

Forte é o vinho da cobiça terrena: embriagados dele, os mundanos caem de pecado em pecado. Mais forte é a soberba do diabo, que "é o rei de todos os filhos da soberba" (Jó 41,25). Mais forte ainda é a tentação da carne e da luxúria. Mas a verdade de Cristo é a mais forte de todas, e vence todas essas forças do mal.

---

5. Com as palavras *terra virgem*, Antônio entende a Virgem Maria e também a Igreja.

6. O terceiro e o quarto livros de Esdras não fazem parte dos livros "canônicos", aceitos pelo Concílio de Trento. Algumas Bíblias ainda os trazem para que não sejam esquecidos, embora não poucos Santos Padres os citam em seus escritos, como faz aqui Santo Antônio.

6. "Eu sou a vida" (Jo 14,6), sem morte para aqueles que perseveram. "Eu vivo, e também vós vivereis" (Jo 14,19). Com efeito, diz Isaías: "Como os dias da árvore serão os dias do meu povo" (Is 65,22). No seio virginal da terra, a árvore plantada junto ao curso das águas (cf. Sl 1,3), isto é, superabundante de carismas, é Jesus Cristo, cujos dias são eternos "porque seu reino não terá fim" (Lc 1,33); e os dias do seu povo eleito, que será salvo, são eternos porque não haverá mais morte; e ele, o seu Deus, "não é o Deus dos mortos, mas o Deus dos vivos" (Mc 12,27).

"Eu sou o caminho" com o meu exemplo, "sou a verdade" nas minhas promessas, "sou a vida" no prêmio eterno. Caminho que não erra, verdade que não engana, vida que não desfalecerá.

7. "Ninguém vem ao Pai senão por mim" (Jo 14,6). De fato, diz ainda: "Eu sou a porta: se alguém entrar por mim, será salvo; entrará, sairá e encontrará pastagens" (Jo 10,9).

Em Jerusalém havia uma porta, chamada "buraco da agulha", pela qual não podiam entrar os camelos, porque era muito baixa. Esta porta é Cristo humilde, pela qual não pode entrar o soberbo ou o avarento com sua carga às costas, porque quem quer entrar por esta porta deve antes abaixar-se e depor sua carga de bens terrenos para não bater contra a porta. E quem entrar por ela será salvo, contanto que seja perseverante; e entrará na Igreja para viver mediante a fé, e sairá desta vida para viver na eterna, onde encontrará as pastagens da eterna felicidade. Amém.

III – Igualdade do Pai e do Filho

8. "Diz Filipe a Jesus: Senhor, mostra-nos o Pai..." (Jo 14,8) etc. Hoje celebra-se a festa dos bem-aventurados Filipe e Tiago, que agora vivem com Cristo na celeste habitação. Quando viviam neste mundo, seguiram a Cristo, anunciaram sua verdade aos infiéis e hoje, através da porta que é o próprio Cristo, entraram para as pastagens da eterna felicidade.

"Senhor – disse Filipe –, mostra-nos o Pai e isso nos basta" (Jo 14,8). Porque havia dito que ninguém podia ir ao Pai senão por ele, que é uma só coisa inseparável com o Pai, para que não perguntassem quem era o Pai, afirma que conhecendo a ele conheceriam também o Pai, que ainda não haviam conhecido.

Por isso, censura-os dizendo: "Se conhecêsseis a mim, certamente conheceríeis também o Pai; e agora o conheceis e o vistes" (Jo 14,7), do mesmo modo que de duas pessoas perfeitamente iguais se diz: Se viste esta, viste também aquela. Haviam visto o Filho, que era absolutamente igual ao Pai; e, portanto, deviam crer que também o Pai era exatamente como ele, e não crê-lo diferente. "Desde agora o conheceis" tendo conhecido a mim, "e o vistes" com o coração, porque vistes a mim que sou perfeitamente igual a ele.

9. Mas havia outros que, como Filipe, embora conhecessem a este como Filho e aquele como Pai, não acreditavam que o Filho fosse inteiramente igual ao Pai, mas acreditavam que o Pai fosse superior ao Filho, e assim não conhecem nem o Pai nem o Filho. Sendo exatamente dessa opinião, Filipe diz: "Mostra-nos o Pai e isso nos basta", porque assim, vendo-o, estaremos satisfeitos e felizes. Lemos algo semelhante no Êxodo, quando Moisés diz ao Senhor: "Mostra-me a tua glória. O Senhor lhe respondeu: Eu te mostrarei todo o bem" (Ex 33,18-19). É a mesma coisa que respondeu Jesus: "Filipe, quem me vê, vê também o Pai" (Jo 14,9), e assim vê todo o Bem, aquele Bem do qual tira a bondade quem for bom, e que difunde sua bondade sobre tudo o que existe. Tudo o que existe no céu, como nos anjos, e tudo o que existe na terra e debaixo da terra, o que existe no ar e na água, e tudo o que é dotado de razão e de inteligência, o que se move, vive e existe, provém dele, sumo Bem, causa e fonte de todo o bem. A ele, pois, honra e glória pelos séculos eternos. Amém.

IV – SERMÃO ALEGÓRICO

10. "Estes são os dois filhos do esplendor do azeite", isto é, consagrados, "que assistem diante do Senhor de toda a terra" (Zc 4,14). Algo semelhante temos também no Gênesis: José tomou seus dois filhos, Manassés e Efraim, e os conduziu a seu pai Jacó, que disse: Quem são estes? São os meus filhos, que Deus me deu aqui. Faze-os aproximar-se de mim – acrescentou – para que os abençoe. E os abençoou dizendo: Deus te faça como Efraim e como Manassés (cf. Gn 48,1.8-9.20). Deus torne também a nós como Filipe e como Tiago, que Deus Pai doou a seu Filho Jesus Cristo na terra do Egito, isto é, neste mundo, na terra de sua peregrinação e de sua pobreza.

Filipe interpreta-se "boca da lâmpada", e Efraim, "que frutifica". Esses dois conceitos concordam perfeitamente. De fato, Filipe fez que produzissem copiosos frutos de boas obras todos aqueles que ele havia iluminado com a palavra da pregação e com a luz da fé. Lê-se, no relato de sua vida, que por vinte anos anunciou apaixonadamente o evangelho aos pagãos da Síria[7], onde fez cair uma estátua de Marte, sob a qual estava um ferocíssimo dragão, que ele pôs em fuga. Restituiu a saúde a muitos enfermos, ressuscitou mortos, e converteu à fé muitos milhares de pessoas e as batizou.

Tiago interpreta-se "suplanta quem tem pressa" (cf. Gn 25,25), e Manassés, "esquecido". E também estes dois nomes concordam perfeitamente. Realmente, Tiago, esquecido do passado e das coisas deste mundo, suplantou, isto é, manteve sob a planta dos pés, a carne, que tem sempre pressa de ter aquilo que deseja. Dizem que tenha praticado uma abstinência muito rígida: não fez uso do banho ou de vestes de linho, nem de carne ou de vinho; por causa de sua particular santidade foi eleito pelos apóstolos bispo de Jerusalém, e lhe foi atribuído o título de *justo*. É chamado "irmão do Senhor" e lhe foi muito semelhante de rosto. Quando o Senhor morreu na cruz,

---

7. Os *Atos dos Santos*; dizem Scizia.

fez voto de não comer mais nada até que ressuscitasse, e por isso, diz-se que o Senhor apareceu-lhe no próprio dia da ressurreição. De fato, o Apóstolo afirma: "Apareceu a mais de quinhentos irmãos reunidos; além disso apareceu a Tiago" (1Cor 15,6-7).

Enquanto estava em Jerusalém e pregava Jesus Cristo a uma grande multidão de povo, Tiago foi precipitado pelos judeus do pináculo do templo, e depois foi ferido na cabeça com um bastão de lavadeiro, até que seu sangue e o cérebro derramaram-se por terra; assim, hoje retornou ao Senhor.

"Estes são, pois, os dois *cabritinhos gêmeos* de uma gazela, que pastam entre os lírios" (Ct 4,5), isto é, entre os esplendores da eterna felicidade; "filhos do esplendor do azeite", isto é, da graça do Espírito Santo, com o qual foram consagrados no dia de Pentecostes.

Lemos no Deuteronômio: "Bendito seja Aser nos seus filhos, seja querido aos seus irmãos e banhe com azeite o seu pé. Ferro e bronze sejam seus calçados" (Dt 33,24-25). Aser, que se interpreta "riquezas", é figura de Cristo, que, não só é rico, mas é a própria riqueza, porque a todos doa largamente sem jamais diminuir em si mesmo; que é bendito, admirável e glorioso nestes dois filhos, que foi sumamente caro aos seus irmãos – "Ide e anunciai aos meus irmãos" (Mt 28,10) –, que ele tanto amou e pelos quais foi igualmente amado. No dia de Pentecostes, ele banhou no azeite do Espírito Santo os seus pés, isto é, os próprios apóstolos que o teriam levado a todo o mundo, como os pés levam o corpo, e isso para suportarem melhor a grande fadiga. De fato, o pé cansado, sendo ungido, recupera forças para novos trabalhos. Os calçados de seu pé foram de ferro, no qual é simbolizado o poder de realizar milagres, e de bronze, que representa a grande eficácia da palavra. Os calçados que os apóstolos usaram para caminhar com segurança sobre serpentes e escorpiões, isto é, sobre os demônios (cf. Lc 10,19) e entre os homens traidores, foram sua doutrina e seu ensinamento; tinham duas qualidades: o poder de realizar milagres, com os quais penetravam nos corações, e a eficácia da pregação, com a qual instruíam os infiéis.

"Eles estão ao lado do Senhor de toda a terra." "Estar ao lado" quer dizer "obedecer" ou "servir". Esses dois apóstolos obedeceram a Jesus Cristo, Senhor de toda a terra, no momento de seu chamado ou eleição; obedeceram observando seus preceitos, serviram-no e serviram (ofereceram) a ele também a si mesmo, em holocausto de suave odor; e agora estão no céu a seu lado, louvando-o e bendizendo-o junto com os anjos. A ele o louvor e a bênção pelos séculos eternos. Amém.

V – Sermão moral

11. "Estes são os dois filhos." Algo semelhante lemos no Gênesis: "Vós – disse Jacó – sabeis que minha mulher gerara dois filhos" (Gn 44,27). Raquel gerou dois filhos uterinos, José e Benjamim. Eles são figura do amor a Deus e do amor ao próximo. Jacó é figura do justo; Raquel, nome que se interpreta "ovelha" e "que vê a Deus", é figura da alma do justo, que vê por meio da fé, e é comparado à ovelha

pela humildade e pela simplicidade. Jacó gera esses dois filhos para indicar que o justo ama a Deus acima de todas as coisas e o próximo como a si mesmo. O amor a Deus é simbolizado em José, o amor ao próximo em Benjamim. Consideremos os fatos um a um.

José, que se interpreta "crescimento", é o amor a Deus: quanto mais amares a Deus, tanto maior crescimento terás dele e nele. Com efeito, diz o salmo: "O homem se aproximará de um coração sublime e Deus será exaltado" (Sl 63,7-8). O coração sublime é o coração de quem ama, de quem aspira a Deus, de quem o contempla, de quem despreza as coisas inferiores. Tu chegas a tal coração se andares com os passos da devoção. Deus é exaltado não em si, mas em ti. Sua exaltação depende da intensidade do teu amor, da elevação de tua mente. Eleva, pois, a ti mesmo, para chegares a tocar ou também possuir, enquanto é possível, aquele que está acima de ti, porque ele foi proclamado "Excelso" (cf. Is 2,22).

Mas onde José aumentou, onde teve o *crescimento*? Ouve onde. Diz o Gênesis: "Deus me fez crescer na terra da minha pobreza" (Gn 41,52). Isso é também o que diz o Senhor: "Bem-aventurados os pobres de espírito, porque deles é o Reino dos Céus" (Mt 5,3). Eis quando cresceu, aquele que recebeu em propriedade o Reino dos Céus. Oh, quantos viveriam também hoje, por muito tempo, em estreitíssima pobreza, se soubessem, com absoluta certeza, que poderiam possuir o reino da França ou da Espanha! Ao contrário, hoje não existe mais ninguém que queira viver na verdadeira pobreza de Cristo para poder, depois, conseguir o Reino dos Céus: o Reino dos Céus, o amor de Deus. E não existe dignidade ou propriedade mais sublime. Está escrito nos Provérbios: "Sua posse vale mais do que a prata e os seus frutos – o gosto pela contemplação – são melhores do que o ouro mais fino e mais puro. É mais precioso do que todas as riquezas, e todas as coisas mais desejáveis não estão em condição de serem comparadas a ela" (Pr 3,14-15). Portanto, na terra da pobreza, da humildade, do abaixamento cresce o amor à majestade de Deus. Como dizia o Batista: "É necessário que eu diminua e que ele cresça" (Jo 3,30). Quando no homem diminui o amor-próprio, aumenta nele o amor a Deus.

12. Analogamente, Benjamim – que se interpreta "filho da direita", chamado antes *Benoni*, "filho da dor" (cf. Gn 35,18) – é figura do amor ao próximo, cujos sofrimentos devem ser também teus. Também o outro que se chamava *Benoni* (o Apóstolo Paulo) dizia: "Quem está enfermo, que eu também não esteja enfermo?" (2Cor 11,29) etc. E de novo, escrevendo aos romanos: "Tenho grande tristeza e contínua dor no meu coração pelos meus irmãos" (Rm 9,2-3). Se me amas, sofres com minha dor. De fato, a dor do teu coração é o sinal do amor que tens por mim. A mãe sofre pelo filho doente, porque o ama; se não o amasse, não sofreria.

Mas ai, quão pouco, ou nada, sofremos pela dor do próximo! E qual é a causa? Certamente porque não o amamos. E, portanto, devemos *doer-nos* por não *sentir dor*: só a dor poderá ser remédio para a dor (Catão). Por isso, o amor ao próximo seja primeiramente filho da dor, para poder tornar-se filho da direita de Deus, com o qual gozaremos eternamente. De fato, se com ele sofrermos, com ele também reinaremos (cf. Rm 8,17).

13. "Estes são, pois, os dois filhos", e quem os tem "será feliz e gozará de todo o bem" (Sl 127,2). Infeliz, porém, quem não os tem, porque deverá chorar e, junto com Jacó, dizer: "Vós me levastes a ficar sem filhos. José já não existe, e haveis de levar-me Benjamim. Sobre mim caíram todos estes males" (Gn 42,36). "Eu serei como um homem que fica privado de filhos" (Gn 43,14).

Diz a *História natural* que a águia põe três ovos, mas depois lança um fora do ninho, porque faz demasiado esforço e se enfraquece para manter três filhotes. Os três ovos representam os três amores: a Deus, ao próximo e ao mundo. A águia, isto é, o justo, deve lançar fora do ninho da própria consciência o amor ao mundo, para poder cuidar bem dos outros dois, porque, se quiser cuidar também do terceiro, cansar-se-á com as preocupações materiais, enfraquecerá a força de sua mente e assim tornar-se-á totalmente incapaz.

14. "Estes são, pois, os dois filhos." De quem são filhos? "Do esplendor do azeite." Eis "Raquel, bela de rosto e de gentil presença" (Gn 29,17). Eis o esplendor do azeite, isto é, a luminosidade da alma, a alegria da consciência que, como o azeite, flutua sobre todos os líquidos, quer dizer, acima de toda a alegria temporal.

O Senhor falou a Moisés: "Ordena aos filhos de Israel que me tragam azeite de oliveira puríssimo e claro para manter continuamente acesas as lâmpadas fora do véu do testemunho" (Lv 24,2-3). Os filhos de Israel são os justos e os contemplativos que levam o azeite, isto é, a alegria da consciência, puríssima em relação a si mesmos e límpida em relação ao próximo; e o azeite não é produzido de nozes, isto é, das frivolidades do mundo ou da carne, mas de oliveiras, isto é, das obras de misericórdia. E com esse azeite alimentam, isto é, formam e governam "continuamente as lâmpadas", quer dizer, os sentidos de seu corpo, "que estão fora do véu da tenda do testemunho", do qual diz o Apóstolo: "A nossa glória é esta: o testemunho da nossa consciência" (2Cor 1,12). O véu simboliza o segredo da mente, que devemos pôr entre nós e o próximo, que não pode ver além do véu: é suficiente que possa ver as lâmpadas bem alimentadas, a fim de que por elas seja iluminado o sumo sacerdote Jesus, a quem estão abertos todos os corações, e que entra e sai do véu, porque ele penetra nos corações e nos seus segredos.

"Os dois filhos que estão ao lado do Senhor de toda a terra." O amor a Deus está ao lado com a humildade e a devoção da mente; o amor ao próximo com a compaixão e com o conforto. Cristo Jesus digne-se dar-nos estes dois filhos do amor, Ele que é bendito nos séculos. Amém.

INVENÇÃO DA SANTA CRUZ

1. Naquele tempo, "havia entre os fariseus um homem chamado Nicodemos" (Jo 3,1).

Neste evangelho devemos considerar três momentos: a regeneração do batismo, a ascensão de Cristo e sua paixão.

I – A REGENERAÇÃO DO BATISMO

2. "Havia entre os fariseus um homem chamado Nicodemos." Sendo crente, ele dizia que Cristo vinha de Deus por causa dos milagres que havia visto; mas ainda não havia renascido, e por isso, procurou Jesus de noite, e não de dia, porque ainda não havia sido iluminado pela luz celeste. Ou, foi de noite, talvez, porque, sendo mestre em Israel, envergonhava-se por ter de aprender alguma coisa diante de todos; ou simplesmente por medo dos judeus. Porque na sua sabedoria havia observado evidentes milagres, ele quis aprofundar melhor os mistérios da fé, e assim, mereceu ser instruído sobre a "segunda geração" e sobre o ingresso no Reino dos Céus, sobre a divindade de Cristo e sobre seu duplo nascimento, sua paixão, sua ressurreição e sobre a ascensão e sobre muitas outras coisas.

Considera que Nicodemos, cujo nome interpreta-se emanação, "florescimento", de terrenidade (respeito humano), é figura daqueles que creem perfeitamente, todavia não têm ainda a luz das obras perfeitas: temendo o assalto dos pensamentos e das obras da carne, como também o dos infiéis judeus, usufruem do colóquio com Cristo só com a fé, não tendo a coragem das obras boas.

Na prática, é o que diz a *História natural*: a coruja tem a vista fraca durante o dia, enquanto de noite enxerga distintamente e, então, sente-se mais forte e voa com maior segurança; porém, durante o dia as outras aves voam ao seu redor e tentam arrancar-lhe as penas; e é por isso que, por meio da coruja, os passarinheiros conseguem capturar muitos outros pássaros. A coruja (latim: *bubo*) deve seu nome ao som do seu canto, e simboliza o cristão que desse nome (cristão) tem só o som da palavra – cristão, realmente, vem de Cristo –, mas não tem a substância desse nome, isto é, a humildade e a caridade de Cristo; e portanto, é chamado vaso vazio, embora *marcado*. Esse cristão não enxerga de dia, porque não tem a luz das obras boas; no entanto, enxerga muito bem de noite "porque os filhos deste mundo, no trato com seus semelhantes, são muito mais hábeis do que os filhos da luz" (Lc 16,8). "São peritos em fazer o mal [diz Jeremias], mas não sabem fazer o bem" (Jr 4,22).

A coruja tem medo de voar de dia, isto é, de aparecer diante dos justos que vivem à luz do sol, porque estes não a acariciam, mas a depenam, quer dizer, criticam-na, censuram-na e a corrigem. Mas ai! Quantas vezes, por meio dessa coruja, os demônios enganam os justos. Por exemplo, um prelado tem um paroquiano usurário, ou escravo de qualquer outro vício grave; este, por medo de ser envergonhado ou excomungado, faz ao prelado doações e lhe promete outros favores: o prelado que os apanha, é apanhado por sua vez. "A flauta executa seu doce som, enquanto isso o passarinheiro captura os pássaros" (Catão).

3. [Às várias perguntas de Nicodemos] Jesus respondeu: "Em verdade, em verdade te digo: Quem não renascer da água e do Espírito Santo não pode entrar no Reino de Deus" (Jo 3,3). No Antigo Testamento jurava-se com as palavras: "Vive o Senhor!" (cf. 1Sm 26,10). No Novo se diz: "Em verdade, eu digo". E enquanto os outros evangelistas o escrevem uma só vez, João o repete duas vezes, segundo o que disse Jesus: "Seja o vosso falar sim, sim" (Mt 5,37), como se dissesse: Digo a verdade com o coração e com a boca.

Comenta a *Glosa*: O segundo nascimento, do qual Jesus fala, é espiritual, e vem de Deus e da Igreja, *para a vida*. Mas Nicodemos conhece só o nascimento da carne, que vem de Adão e de Eva, *para a morte*. Mas como o nascimento da carne – Nicodemos o diz – não pode ser repetido, assim o espiritual, feito por quem quer que seja, não pode ser refeito. De fato, da semente do verdadeiro Abraão, isto é, de Jesus Cristo, nasceram tanto os filhos da livre quanto os da escrava.

"Da água e do Espírito Santo." Temos três coisas: o fogo, a panela e o alimento. O fogo envolve a panela e na panela está o alimento. O fogo, na realidade, não toca o alimento, mas o aquece, purifica-o e o cozinha. O fogo simboliza o Espírito Santo; o corpo do homem é comparável à panela; a alma é como o alimento. Por isso, como o alimento é cozido pelo calor do fogo por meio da panela, assim o batismo com a água, inflamado com o fogo do Espírito Santo, enquanto banha exteriormente o corpo, purifica interiormente a alma de cada pecado. No Rio Jordão, o Espírito desceu sobre Cristo batizado; todos os dias, na fonte batismal, o Espírito desce sobre cada batizado e, com seu poder, de um filho da ira faz um filho da graça. Por isso Cristo, por si e por todos os batizados em seu nome, ouviu a voz que dizia: "Este é o meu Filho amado" (Mt 3,17).

4. **Sentido moral**. O batismo da água e do Espírito Santo representa a penitência, que nasce do espírito de contrição (arrependimento) e da água de uma confissão banhada de lágrimas, para que aquele que com o pecado mortal perdeu a inocência e a graça do primeiro batismo, possa recuperá-la em virtude desse segundo batismo. A penitência é a segunda tábua de salvação depois do naufrágio. Desse batismo (de penitência) falou Eliseu, quando ordenou a Naamã, o Sírio, rico, mas leproso:

"Vai e lava-te sete vezes no Jordão: a tua carne será curada e tu ficarás limpo da lepra" (2Rs 5,10).

Naamã interpreta-se "esplêndido", Sírio, "sublime" e Jordão, "rio do juízo". O pecador que, exteriormente, pode também ser esplêndido, sublime no alto porque soberbo e rico embaixo, é, porém, leproso no seu interior, isto é, na alma; e se quer que sua alma recupere a saúde, deve se aproximar do rio do juízo, isto é, de uma confissão banhada pelas lágrimas, com a qual ele deve julgar-se e condenar o mal que fez: e isto por sete vezes.

A propósito, diz o Apóstolo: "Vede, pois, que solicitude produziu em vós essa tristeza, segundo Deus: mas [produziu] também defesa, indignação, temor, desejo, emulação e severidade" (2Cor 7,11).

"Tristeza segundo Deus." Triste, que soa quase como "trito" (contrito): a tristeza é a contrição do coração na confissão. Esta tristeza *produz* no pecador o empenho da satisfação, isto é, da reparação. Com efeito, diz Miqueias: "Aflige-te e atormenta-te, filha de Sião, como uma mulher que está em parto" (Mq 4,10). E "Marta afadiga-va-se muito na contínua lida da casa" (Lc 10,40).

"Mas produz também defesa", isto é, acusação de si mesmo. De fato, defende-se eficazmente diante do juiz da corte celeste aquele que humildemente se acusa diante do juiz da Igreja, como fazia Jó: "Eu não reprimirei a minha língua; falarei na angústia do meu espírito" (Jó 7,11). Reprime sua língua aquele que na confissão procura atenuar ou desculpar seu pecado; e não fala na tristeza do coração aquele que se confessa laconicamente e quase brincando.

"E também indignação" contra si mesmo, não contra o destino ou contra o próximo. Assim fazia Jó: "Lacero as minhas carnes com os meus dentes e trago a minha alma nas minhas mãos. Ainda que me mate, nele esperarei; mas defenderei na sua presença o meu proceder. E Ele será o meu salvador" (Jó 13,14-16). É verdadeiramente sinal de grande indignação quando alguém se lacera as carnes com os dentes. Lacera-se as carnes com os dentes aquele que detesta seus pecados carnais, execrando-os profundamente. Este leva a alma nas mãos, pronto a devolvê-la a qualquer momento que lha pedir. Ou também: a alma é a vida do corpo; onde está a alma, ali está a vida; a vida nas mãos é a caridade, que é a alma da fé nas obras. Aquele que leva assim a alma, ainda que Deus o castigue, também se o fere com a tentação, com a perseguição, ainda assim, continua a esperar nele, sabendo que ele acolhe todo o filho que castiga; e quanto mais se humilha, tanto mais detesta a sua conduta e suas obras dizendo: "Não fui castigado como merecia!" (Jó 33,27).

"E também temor", para não cair nesses pecados e outros semelhantes. "Cuidai, pois, irmãos, de andar com prudência" (Ef 5,15). Lê-se na *História natural* que o camaleão, nome que se interpreta "leão da terra", é muito magro, porque tem pouco sangue. É muito medroso, e precisamente pelo medo muda sua cor e toma muitas cores diferentes, porque seu medo aumenta por causa da escassez de sangue e da diminuição do calor. Essas coisas acontecem quase literalmente no penitente humilde e contrito. Ele pode ser chamado leão da terra, isto é, de sua carne, porque, como um leão,

a submete e a pisa; portanto, é magro e tem pouco sangue por causa da severa abstinência que pratica. Diz-se dele que é muito medroso porque, tendo experimentado o
perigo, suspeita que debaixo de cada isca se esconda o anzol; ou tem medo, porque não
vê em si mesmo muito sangue de contrição, ou não vê abundar o calor do amor divino,
a ponto de poder expor-se ao perigo da tentação ou enfrentar lugares suspeitos. Ao que
não possuir essas duas coisas (contrição e amor divino) peço e aconselho que tenha
medo dos lugares suspeitos (ocasiões perigosas), e, temendo-os, fuja deles.

"E também o desejo." "Desejei ardentemente comer esta páscoa convosco" (Lc
22,15). Deve sempre desejar subir, dia após dia, a uma perfeição maior, e finalmente
passar deste mundo ao Pai.

"E também emulação", isto é, imitação e ardente desejo de crescer na vida do
espírito: "Aspirai aos carismas maiores" (1Cor 12,31). Emular, em latim *aemulari*,
pode significar invejar e também imitar. Se se toma no sentido de *invejar*, é composto
de *ex* e *immolare*, isto é, sacrificar; mas se se toma no sentido de *imitare*, é composto de *extra*, fora e *mòlere*, moer. Quem deseja imitar as virtudes de outro, é
necessário que moa por dentro a si mesmo, isto é, que, na sua consciência, submeta
a severo exame sua vida e, após tê-la examinado, a mostre aos outros como exemplo a
ser imitado. Ou, chama-se emulador aquele que tira do saco de um outro o grão das
virtudes e o põe sob a mó de seu coração, após tê-lo finamente moído e reduzido, por
assim dizer, a farinha, faz dele o pão que ele come por primeiro e depois o distribui
também aos outros.

"E também vingança" (reivindicação, punição). Lemos em Lucas: "Uma viúva
implorava ao juiz: Faze-me justiça contra o meu adversário. Mas o juiz, durante
muito tempo, não quis atendê-la" (Lc 18,3-4). A viúva é figura da alma que, unida
antes ao Espírito Santo por meio do batismo, ficou viúva do seu Esposo por causa
do pecado mortal. Cansada do pecado, ela implora ao juiz, que *deve julgar a si mesmo*:
Faze-me justiça contra o adversário, isto é, contra este meu corpo. E já que o pecador não teme a Deus, porque diante de seus olhos não existe temor de Deus (cf. Sl
35,2), nem respeito pelos homens, porque é descarado como uma prostituta e não
se envergonha de nada (cf. Jr 3,3), assim, por muito tempo, recusa-se a fazer valer os
direitos da viúva, isto é, de fazer penitência, porque há muito tempo envolvido em
muitos pecados.

Mas finalmente, pelos remorsos e pelos *latidos* da consciência, interveio em favor
da viúva, e no tribunal da consciência julga a si mesmo e condena o adversário, isto
é, o seu corpo, fecha, pois, o condenado no cárcere da penitência, até que tiver feito
completa justiça em relação à viúva, quer dizer, à alma. Amém.

II – A ASCENSÃO DE CRISTO

5. "Ninguém jamais subiu ao céu, senão aquele que desceu do céu, o Filho do homem" (Jo 3,13). E já que nos propusemos falar mais difusamente da ascensão em
outro sermão (cf. Sermão da ascensão), aqui trataremos dela mais brevemente.

O céu representa a sublimidade da divindade. Diz lúcifer: Subirei até o céu, lá porei o meu trono nas partes mais remotas do Setentrião, e serei igual ao Altíssimo (cf. Is 14,13-14). Lúcifer tinha seu trono no empíreo e não havia, pois, céu mais alto ao qual pudesse subir: por isso, dizendo "céu" entendia a sublimidade da divindade: a esta desejava subir para ser igual ao Altíssimo.

Também na passagem evangélica podemos muito bem entender "céu" nesse sentido. Ninguém, isto é, nenhum homem, por mais santo, mesmo santificado no seio materno, jamais subiu à sublimidade da divindade, para ser (*igual a*) Deus, senão aquele que desceu do céu, isto é, da sublimidade da divindade, para ser homem, isto é, filho do homem – ele que está no céu (cf. Jo 3,13) – permanecendo Deus. De fato, Cristo não desceu do céu de maneira a não estar mais no céu, porque não se fez homem de maneira tal que deixasse de ser Deus, mas "foi rico e pobre ao mesmo tempo" (Sl 48,3), Deus e homem ao mesmo tempo: gerado por Deus antes do tempo, homem de *homem* no tempo. Também no salmo encontramos quase as mesmas palavras: "Sua saída é desde uma extremidade do céu" etc. (Sl 18,7).

Considera que uma coisa é subir, outra é ser levado para o alto. Aquele que sobe, sobe por força própria; porém, quem é levado para o alto, sobe por ação de outro. Cristo subiu ao céu por força própria; todos os outros são levados por obra dos anjos. Por isso, lemos que Enoc foi transportado ao Paraíso (cf. Eclo 44,16) e que Elias foi arrebatado num carro de fogo (cf. Eclo 48,9). E na Igreja canta-se: Virá o Arcanjo Miguel com uma grande multidão de anjos, para conduzir as almas ao paraíso da felicidade (cf. antigo Ofício de São Miguel Arcanjo).

6. **Sentido moral**. O céu representa a sublimidade da contemplação, ou também a excelência, a elevação de uma vida santa. Lemos no Deuteronômio: "A terra em que vais entrar para a possuir, não é como a terra do Egito, donde saíste, na qual lançavas a semente como numa horta bem irrigada; mas é uma terra de montes e de planícies, e que espera as chuvas do céu: terra que o Senhor teu Deus guarda sempre e seus olhos estão sobre ela desde o princípio do ano até o fim" (Dt 11,10.12).

A terra do Egito representa o mundo, ou a carne, cujas águas são as riquezas e os prazeres com os quais é irrigada como uma horta, no qual são indicadas a pompa do mundo e a luxúria da carne, da qual Isaías diz: "Quando vos tornardes como um carvalho, ao qual caem as folhas, e como uma horta sem água" (Is 1,30). Na hora da morte, as folhas das riquezas cairão, a água dos prazeres secará, e então o infeliz pecador ficará nu e seco.

Não é assim, porém, a terra da penitência, na qual, aquele que sai da terra do Egito, deve entrar para possuí-la. A penitência é *montanhosa*, porque chega-se lá com dificuldade, e de *planícies*, porque larga e espaçosa à medida que se penetra por ela. No início, qualquer religião é montanhosa, porque a subida é difícil, sobretudo para quem ainda é inexperiente; mas depois, torna-se de planícies, porque se alarga com o andar do tempo. Essa terra não tem a água do Egito, mas espera do céu, isto é, da sublimidade da contemplação ou da vida santa, as chuvas da devoção, da consolação e da compunção banhada de lágrimas, com as quais o Senhor a visita e a irriga.

E presta atenção que diz "espera"; e nisso é indicado o grande desejo do penitente, ou do religioso, que deve sempre esperar a consolação ou pela contemplação ou pela pregação, ou também pela familiaridade e pela amizade com o justo. Para essa terra "estão voltados os olhos do Senhor", isto é, o olhar da graça divina, do início da conversão até a corrupção final. E neste céu está o filho do homem, isto é, "o verme", o humilde, que se considera um verme, filho de verme, do qual diz Jó: "O homem é corrupção e o filho do homem é um verme" (Jó 25,6), isto é, corrupção da corrupção.

O humilde considera-se corrupção; e, portanto, diz com Davi: "A quem persegues, ó Rei de Israel, a quem persegues? Um cão morto e uma pulga?" (1Sm 24,15). Só este, e nenhum outro, está no céu acima descrito pela pureza do espírito, desce do céu com a compaixão pelo próximo, e sobe ao céu com a elevação da mente. E nenhum outro, nenhum soberbo ali subirá: "De fato, Deus resiste aos soberbos, aos humildes, porém, dá sua graça" (Tg 4,6; 1Pd 5,5). Amém.

III – A PAIXÃO DE CRISTO

7. "Como Moisés levantou a serpente no deserto" (Jo 3,14). Eis o que lemos no Livro dos Números: "O Senhor enviou contra o povo serpentes venenosas", porque o povo havia murmurado contra o Senhor. E o Senhor disse a Moisés: "Faze uma serpente de bronze e coloca-a como um sinal: aquele que, depois de ter sido mordido, olhar para ela, viverá" (Nm 21,6-8). A serpente de bronze é figura de Cristo, Deus e homem: o bronze que, apesar do passar do tempo, não se consome, simboliza sua divindade, e a serpente a sua humanidade, que foi elevada sobre o madeiro da cruz, como sinal de nossa salvação.

Elevemos, pois, os nossos olhos e olhemos para o autor da nossa salvação, Jesus Cristo (cf. Hb 12,2). Consideremos nosso Senhor, suspenso na cruz, pregado com os cravos. Mas ai!, como diz Moisés no Deuteronômio, "a tua vida estará como suspensa diante de ti..., e não acreditarás na tua vida?" (Dt 28,66). Não diz "vida viva", mas "vida suspensa". E o que há de mais caro ao homem do que a vida? A vida do corpo é a alma; a vida da alma é Cristo. Eis, pois, a tua vida é suspensa: por que não sofres, por que não sofres junto com ela?

Se é tua vida, como é na realidade, como podes ainda deter-te e não estar pronto a ir para o cárcere, como Pedro e Tomé, e sofrer a morte com Jesus? (cf. Lc 22,33). Ele está suspenso diante de ti para convidar-te a sofrer com ele, como está escrito nas Lamentações: "Ó vós todos que passais pelo caminho, considerai e vede se existe dor semelhante à minha dor" (Lm 1,12).

Verdadeiramente, não há dor semelhante à sua. De fato, aqueles que ele remiu com tanta dor, vê-os também perder-se com muita facilidade. Sua paixão foi suficiente para a redenção de todos: e eis que quase todos caminham para a condenação.

E que dor poderá ser como esta? A esta dor ninguém presta atenção, antes, nem é conhecida. E por isso, também nós devemos temer muito que, assim como, no princípio, disse "Arrependo-me de ter criado o homem" (Gn 6,7), da mesma forma, no presente, deva dizer: Arrependo-me de tê-lo remido. Se alguém tivesse trabalhado duramente o ano inteiro no seu campo ou na sua vinha, e depois, de lá não tirasse fruto algum, será que não se doeria? Será que não se queixaria de ter trabalhado tanto? O próprio Deus diz por boca de Isaías: O que devo fazer para a minha vinha, que ainda não tenha feito? Porque eu esperava que desse uva boa, e só produziu uva selvagem" (Is 5,4).

Eis a dor! "Eu esperei que pronunciasse contra si uma condenação", e que se entregasse à penitência, "e eis a iniquidade; esperei a justiça" ao próximo, "e eis o clamor" dos oprimidos (Is 5,7). Eis o fruto que a vinha amaldiçoada ofereceu ao cultivador, vinha digna de ser extirpada e queimada ao fogo! E não só se comportam iniquamente diante de Deus, mas clamam externamente contra o próximo, isto é, pecam também em público.

Além disso, "a tua vida está suspensa diante de ti", para que te examines e te revejas nela como num espelho. Ali poderás constatar que tuas feridas foram verdadeiramente mortais e que nenhum remédio teria podido curá-las, senão o sangue do Filho de Deus. Se observares atentamente, ali poderás descobrir quão grande é tua dignidade e quanto és precioso, se por ti foi pago um preço que vai além de qualquer avaliação. Nunca um homem pode descobrir sua dignidade melhor do que ao espelho da cruz, que te mostra como deves abaixar o teu orgulho, mortificar a sensualidade da tua carne, orar ao Pai por aqueles que te perseguem e confiar em suas mãos o teu espírito. Mas acontece também a nós aquilo que diz Tiago: "Se alguém é somente ouvinte da palavra e não executor, pode ser comparado a um homem que contempla num espelho o seu rosto; considerou-se e, tendo-se retirado, logo se esqueceu como era" (Tg 1,23-24), em que estado se vira. Assim também nós, olhamos o Crucificado, no qual observamos a imagem de nossa redenção: talvez essa consideração produza em nós um certo sofrimento, ainda que muito pequeno. Mas logo, quando voltamos o olhar, afastamo-nos também com o coração e retornamos ao riso. Mas se sentíssemos a mordida da serpente de fogo, isto é, as tentações dos demônios, e víssemos as chagas dos nossos pecados, então fixaríamos logo os nossos olhos sobre a "serpente de bronze", para podermos viver.

Mas tu "não crês na tua vida" que diz: "Todo aquele que crê nele, não pereça, mas tenha a vida eterna" (Jo 3,15). Ver e crer é a mesma coisa, porque quanto crês, tanto verás. Por isso, com viva fé acredita na tua Vida, para viver com ele que é Vida pelos séculos eternos. Amém.

IV – Sermão alegórico

8. "A árvore produziu seu fruto, a figueira e a vinha brotaram com todo o seu vigor" (Jl 2,22). Desta árvore diz a Sabedoria: "Quando a água submergiu a terra, a

Sabedoria de novo a salvou, guiando o justo por meio de um lenho desprezível" (Sb 10,4). O "lenho desprezível" é a cruz, porque é "maldito todo aquele que pende do madeiro" (Gl 3,13; cf. Dt 21,23); lenho sobre o qual Cristo, Sabedoria do Pai, foi desprezado e escarnecido: "Ó tu que destróis o templo e o reconstróis em três dias, salva-te a ti mesmo!" (Mt 27,40); e "Se és o rei de Israel, desce agora da cruz" (Mt 27,42). Sobre este lenho e por meio deste lenho, Cristo salvou o mundo, que antigamente a água do dilúvio havia apagado e destruído.

Lê-se na *História dos gregos*[8] que, quando adoeceu, Adão enviou o filho Set a procurar-lhe uma certa medicina. Tendo chegado nas proximidades do paraíso terrestre, Set anunciou a doença do pai ao anjo, que o olhava através da porta. O anjo arrancou um ramo da árvore da qual Adão, contra a ordem de Deus, havia comido o fruto, e o deu a Set dizendo-lhe: "Quando este ramo der fruto, teu pai ficará curado". Parece que o prefácio da missa de hoje se refira exatamente a isso, quando diz: "Donde surgiu a morte, de lá ressurgiu a vida". Porém, ao voltar, Set encontrou o pai morto e sepultado: então plantou o ramo à cabeceira dele, e o ramo cresceu e se tornou uma árvore majestosa.

Narra-se que, muito tempo depois, a rainha de Sabá viu aquela árvore "na casa do bosque" (cf. 1Rs 7,2), isto é, no palácio de Salomão. Regressando às suas terras, ela escreveu a Salomão – o que não tivera coragem de dizer-lhe pessoalmente – que havia visto na casa do bosque uma grande árvore, na qual devia ser enforcado alguém, por cuja morte os judeus haveriam de perecer e perder também suas terras e seu povo. Impressionado e cheio de medo, Salomão cortou aquela árvore e a sepultou nas entranhas, nas profundezas da terra, exatamente no lugar onde depois foi escavada a piscina chamada Probática (cf. Jo 5,2). Aproximando-se o tempo da vinda de Cristo, quase preanunciando a sua presença, o tronco aflorou sobre a água, e a partir daquele momento a água da piscina começou a agitar-se na descida do anjo (cf. Jo 5,2-4).

Mas no dia do Parasceve [Sexta-feira Santa] os judeus procuravam um tronco sobre o qual pregar o Salvador: e finalmente o encontraram na piscina, transportaram-no até o Calvário e sobre ele pregaram o Cristo. Assim, aquele "lenho deu seu fruto", em virtude do qual Adão recuperou a saúde e a salvação. Esse tronco, depois da morte de Cristo, foi novamente sepultado nas entranhas da terra. Depois de muito tempo, foi reencontrado pela Bem-aventurada Helena, mãe de Constantino: por isso a festa de hoje chama-se "Invenção (redescoberta) da Santa Cruz". Eis, pois, que "finalmente a árvore deu seu fruto".

Diz a Esposa do Cântico dos Cânticos: "Sentei-me à sombra daquele a quem tanto desejara; e o seu fruto é doce à minha boca" (Ct 2,3). E Jeremias: "O sopro de nossa boca, o ungido do Senhor, foi preso por causa dos nossos pecados, ao qual dissemos: À tua sombra viveremos entre as nações" (Lm 4,20). O ardor do sol, isto é, a sugestão do diabo ou a tentação da carne, que afligem o homem, devem imediatamente refugiar-se à sombra do precioso madeiro, sentar-se ali, humilhar-se,

---

8. Título de certos evangelhos apócrifos que circulavam no tempo de Santo Antônio.

porque só ali há refrigério e especial remédio contra a tentação. O diabo, que, por causa da cruz, perdeu seu poder sobre o gênero humano, tem horror de aproximar-se da cruz.

Diz o profeta: "Abri a minha boca e atraí o espírito" (Sl 118,131) [a respiração]. Quem abre a boca na confissão, recebe o espírito da graça, que é a vida da alma. "Cristo, Senhor nosso, é o espírito", a respiração de nossa boca, porque "nele vivemos, nos movemos e somos" (At 17,28), nele cremos com o coração e a ele confessamos com a nossa boca; ele foi preso, ligado e crucificado por nossos pecados.

Eis o espírito e o fruto doce à nossa boca. E se é tão doce na confissão do seu nome e no júbilo da contemplação, como será no gozo de sua majestade? E se é tão doce nesta miserável vida, como crês que será na glória? E se em meio às nações, isto é, entre as várias tentações, vivermos à sombra de sua paixão, em que glória viveremos na luz de sua verdade?

9. "A figueira e a vinha produziram seu vigor." Eis que vantagens nos vieram do lenho da cruz: a figueira, isto é, a doçura da ressurreição do Senhor, e o vinho da graça, dos sete dons do Espírito. Eis as grandes riquezas e as grandes delícias! Daquele lenho veio a figueira, daquele lenho o vinho novo, colocado nos odres novos (cf. Lc 5,38). E nós nos encontramos ao centro dessas grandes riquezas, porque esta festa da Cruz está situada entre a Páscoa e Pentecostes[9].

Nós, que fomos redimidos por meio do lenho da cruz, estendamos as mãos a esses dois frutos e saciemo-nos deles, porque eles nos infundem seu vigor. Quase nenhum fruto é mais doce do que o figo; e o que é mais suave do que a luminosidade, a agilidade, a transparência e a imortalidade do que o corpo glorificado? Essa doçura dá ao homem o vigor contra a falsa doçura do mundo e da carne. E o vinho do Espírito Santo, que alegra o coração do homem (cf. Sl 103,15), infunde vigor, a fim de que o homem se alegre nas tribulações e nelas não desfaleça.

Digne-se infundir-nos esse vigor aquele que é bendito nos séculos. Amém.

V – SERMÃO MORAL

10. "A árvore produziu seu fruto." Consideremos o significado moral destas três coisas: a árvore, a figueira e a vinha.

É preciso lembrar-se de que no paraíso terrestre havia três árvores, ou seja, três espécies de árvores: a primeira espécie era aquela com a qual Adão se nutria; a segunda era aquela da vida; a terceira, aquela da ciência do bem e do mal. Com efeito, diz o Gênesis: "O Senhor Deus tinha produzido da terra toda a espécie de árvores formosas à vista e de frutos suaves para comer; a árvore da vida, no meio do paraíso, e a árvore da ciência do bem e do mal" (Gn 2,9). Na primeira espécie de árvores é

---

9. Isso no tempo de Santo Antônio; agora a festa é celebrada no dia 14 de setembro.

simbolizada a honestidade da vida, na segunda, a pureza da consciência, na terceira, a fineza do discernimento.

A honestidade da vida é bela e suave, porque não admite nada de torpe na ação, nada de indecoroso na palavra, nada de inconveniente no gesto ou no movimento: assim, com a cor de sua beleza tanto recria a vista do próximo e como dá sabor de mel ao paladar do espírito. No Cântico dos Cânticos encontramos: "És bela, amiga minha, suave e bela como Jerusalém" (Ct 6,3), nome que se interpreta "pacífica", e indica precisamente a vida honesta, que traz a paz e a tranquilidade a todos os membros.

Do mesmo modo, a árvore da vida representa a pureza da consciência. Lemos nos Provérbios: "É árvore da vida para aqueles que lançarem mão dela, e é feliz aquele que não a largar" (Pr 3,18). Eis o paraíso, cuja etimologia significa "lugar próximo a Deus" (de *parà*, próximo, e *disus* [divus?]). E o que existe de mais próximo a Deus do que a consciência pura? Do que a esposa próxima ao seu esposo? Diz Jó: "Põe-me junto a ti, e depois, quem quer que for combata contra mim" (Jó 17,3).

Igualmente, a árvore da ciência do bem e do mal representa o discernimento. É esta a verdadeira ciência, a única que causa o saber, a única que torna sábios, que torna capazes de discernir entre puro e impuro (cf. Lv 10,10), entre lepra e não lepra, entre vil e precioso, entre luminoso e tenebroso, entre virtude e vício. O discernimento (a discrição) consiste em observar e avaliar todas as coisas e compreender a que coisa elas tendem. Portanto, das três plantas acima, a árvore, a figueira e a vinha, pode-se compreender o significado da expressão: "A árvore produz o seu fruto". A árvore da vida honesta produz o fruto da edificação no próximo. A árvore do puro conhecimento produz o fruto da contemplação em Deus. A árvore do discernimento produz o fruto da bondade em ti mesmo.

11. A figueira deriva seu nome da "fecundidade": de fato é mais fértil do que as outras plantas, porque dá fruto duas ou três vezes por ano, e enquanto um fruto amadurece, um outro nasce. A figueira representa a caridade fraterna, a mais fecunda de todas as virtudes, porque corrige quem erra, perdoa a quem ofende, sacia quem tem fome; enquanto pratica qualquer obra de misericórdia, já pensa em outra para levá-la à execução.

E a vinha, na qual é indicada a compunção, acompanhada das lágrimas. Lemos no Gênesis: "Judá atará à vinha o seu jumentinho, e à videira a sua jumenta. Lavará a sua túnica no vinho e sua capa no sangue da uva" (Gn 49,11). A jumenta é símbolo da carne, o jumentinho, o estímulo da carne. Judá, isto é, o penitente, para que a carne e seus estímulos não se desviem nem se excedam, ata-os à vinha ou à videira, isto é, à compunção da mente, na qual lava a sua túnica, quer dizer, purifica a sua consciência e também a capa, isto é, a atividade exterior. "Deu-nos a beber o vinho da compunção" (Sl 59,5).

A propósito da vinha e da figueira, lemos no Primeiro livro dos Macabeus: "Simão firmou a paz em seus estados, e Israel regozijou-se com grande alegria. E cada um estava sentado debaixo de sua vinha e debaixo de sua figueira e não havia quem lhes causasse o menor medo" (1Mc 14,11-12). Simão, que significa "obediente", ou também "que traz tristeza", é figura de Cristo, que, obediente ao Pai, provou a tristeza da morte. "A minha alma está triste até a morte" (Mt 26,38). Enquanto Cristo traz a paz sobre a terra, isto é, à nossa carne, esmagando os ataques do diabo e as revoltas da carne, Israel, isto é, o nosso espírito, regozija-se com uma grande alegria, e assim cada um está tranquilo sob a vinha da compunção interior e a figueira da caridade fraterna. Eis, pois, que essas árvores infundem seu vigor no próximo e em ti mesmo.

Digne-se concedê-lo também a nós aquele que é bendito nos séculos. Amém.

NATIVIDADE DE SÃO JOÃO BATISTA

1. "Cumpriu-se para Isabel o tempo de dar à luz e deu à luz um filho" (Lc 1,57). Neste evangelho devemos considerar dois eventos: o nascimento do precursor e a imposição do nome.

I – NASCIMENTO DO PRECURSOR

2. "Cumpriu-se para Isabel o tempo de dar à luz e deu à luz um filho." A Bem-aventurada Virgem Maria permaneceu três meses na casa de Zacarias, servindo a cunhada, até que aconteceu o parto. E se lê no *Livro dos justos*[10] que a Bem-aventurada Virgem Maria levantou João da terra, quando ele nasceu.

"Cumpriu-se o tempo." A Sagrada Escritura usa geralmente a palavra "cumprimento" somente para o nascimento ou para a morte ou pelas obras dos bons, indicando assim que sua vida tem o cumprimento, a plenitude da perfeição. Por exemplo: "Cumpriram-se para Maria os dias do parto" (Lc 2,6); "Abraão morreu, cheio de dias" (Gn 25,8). Ao contrário, os dias do ímpio são inúteis e vazios. Para Isabel, pois, cumpriu-se o tempo do parto. Zacarias, como narra Lucas, havia entrado no templo para oferecer o incenso; apareceu-lhe Gabriel, que lhe disse: Isabel, tua mulher, dar-te-á um filho (cf. Lc 1,9-13). Isso lhe foi anunciado no mês de setembro, quando se celebrava a solenidade chamada dia da expiação ou da propiciação, e hoje a promessa se realizou.

Vejamos o que significa em sentido moral Zacarias, que se interpreta "memória do Senhor" ou "que recorda o Senhor"; o que significa Isabel, que se interpreta "a sétima do meu Deus".

3. Isabel é figura da alma fiel que, com razão, é chamada "a sétima do meu Deus", por causa dos "três setenários" que a elas se referem de modo todo especial, quer dizer, os *sete dons* (do Espírito Santo), os *sete pedidos* (do Pai nosso) e as *sete bem-aventuranças*. Com o primeiro setenário, a alma é justificada, com o segundo é feita

---

10. Pedro Comestor, na sua obra *História escolástica*, escreve que o *Livro dos justos*, lembrado no Antigo Testamento, foi destruído junto com muitos outros livros nos incêndios provocados pelos babilônios.

progredir do bom para o melhor, com o terceiro é tornada perfeita. Ou também é chamada "sétima"; ou seja, sábado, isto é, repouso, porque na alma Deus repousa, enquanto ela se abstém de qualquer trabalho servil. "A alma do justo é sede da sabedoria" (Gregório). Na paz, isto é, na alma pacífica, está sua morada (cf. Sl 75,3). Desse *sábado*, diz Isaías: "Serás chamada sábado delicado e dia santo e glorioso do Senhor" (Is 58,13). Dia *delicatus*, *deliciis pastus*, nutrido de delícias. E as delícias são precisamente os três setenários acima indicados, nos quais a alma se nutre para ser um sábado de delícias, isto é, nutrido de santidade de vida e de glória da consciência.

Isabel concebe de Zacarias. Diz o salmo: "Lembrei-me de Deus e deleitei-me, meditei e o meu espírito desfaleceu" (Sl 76,4). A mulher concebe no prazer, e assim também a alma, ao lembrar-se do Senhor concebe em grande deleite. Com efeito, o salmo diz: "Deleitei-me no caminho do teu testemunho", isto é, das tuas dores, da tua paixão; "encontrei prazer como nos maiores tesouros" (Sl 118,14). A coroa de espinhos, a cruz, os cravos, a lança e todos os atrozes tormentos de Cristo formam a delícia do justo: neles ele encontra mais consolação e deleite do que em todas as riquezas deste mundo; e por isso diz: "Lembrei-me de Deus e tive um grande gozo". E este gozo produz dois efeitos: a prática das obras de caridade e o desfalecimento no espírito da confiança em si mesmo; ou também os dois efeitos de que fala o salmo: "Desfaleceram minha carne e o meu coração", isto é, a tentação da carne e a soberba do coração, e assim "Deus do meu coração e minha parte é Deus pela eternidade" (Sl 72,26) para conceber dele e dar à luz o filho da vida eterna. Considera que Isabel concebeu no sétimo mês, isto é, em setembro, e deu à luz no mês de junho. Assim a alma concebe no sétimo dia, o sábado, isto é, no repouso, com a devoção da mente; e em junho, chamado em hebraico *siban* – que se interpreta "santidade do dom" –, dá à luz o filho, isto é, a boa obra. De fato, o dom da graça, que concebeu na mente, é dado à luz na santidade das obras.

4. "Cumpriu-se, pois, para Isabel o tempo de dar à luz, e deu à luz um filho. Seus vizinhos e parentes ouviram que o Senhor usou de misericórdia com ela e congratulavam-se com ela" (Lc 1,57-58).

A *Glosa* comenta: O parto dos santos, quer dizer, o seu nascimento, comporta uma grande alegria para muitos, porque eles são uma riqueza para a comunidade: os santos nascem para o bem de todos. Com efeito, a justiça (a santidade) é uma virtude social, vantajosa para toda a comunidade; e, portanto, no nascimento de um justo, é quase antecipada uma prova da vida futura e é indicada a graça da virtude que seguirá, prefigurada na alegria dos vizinhos.

Sentido moral: os vizinhos são figura dos anjos, parentes do justo, que se alegram com a alma que dá à luz obras boas. De fato, Gabriel diz: "Muitos se alegrarão no seu nascimento, porque ele será grande diante do Senhor; não beberá vinho nem bebidas inebriantes" (Lc 1,14-15). Realmente, são muitos os que se alegram: de fato, alegra-se Cristo, alegra-se o anjo e alegra-se o próximo. Alegra-se Cristo; diz Lucas: "E quando encontra a ovelha, põe-na aos ombros, cheio de gozo" (Lc 15,5).

E a *Glosa*: Os ombros de Cristo são os braços da cruz. Ali carregou os meus pecados, sobre aquele patíbulo repousou. Alegra-se o anjo: "Eu vos digo: há grande alegria diante dos anjos de Deus por um só pecador que se converte" (Lc 15,10). E a *Glosa*: Os anjos, seres inteligentes, alegram-se que o homem seja reconciliado também com eles; e isso nos estimula à honestidade, estimula-nos a fazer o que é agradável àqueles espíritos, dos quais devemos desejar a proteção e temer a ofensa. Alegra-se o próximo, pelo que diz o Apóstolo na Segunda carta aos Coríntios: "Alegro-me na vossa tristeza, porque ela vos levou à penitência" (2Cor 7,9).

"Ele será grande." Observa que o termo latino *magnus* (grande) refere-se ao espírito, enquanto se se diz *grandis* (grande) refere-se ao corpo. Se tua obra é pequena aos teus olhos, será grande diante do Senhor. Ele deve crescer, eu, ao contrário, diminuir (cf. Jo 3,30). Quando tu te fazes pequeno com a humildade, cresce em ti a graça com a fortaleza do espírito. "Diante do Senhor", não diante dos homens, que enganam e são enganados, que ao mal dão o nome de bem, e ao bem, de mal. O homem é aquilo que é diante de Deus, e nada mais. Se quiseres que tua obra boa seja consagrada a Deus, cuida de não beber o vinho da vanglória ou outra bebida inebriante, que produz uma alegria inconveniente. Diz o Senhor a Aarão: "Não babais vinho ou outra bebida inebriante, nem tu nem teus filhos, quando deveis entrar no tabernáculo do testemunho, para não morrerdes" (Lv 10,9); e "Quando o homem ou a mulher farão voto de santificar-se e quiserem consagrar-se ao Senhor, abster-se-ão do vinho e de tudo aquilo que pode embriagá-los" (Nm 6,2-3).

Quem deseja que sua obra seja consagrada ao Senhor e seja aceita no tabernáculo da celeste Jerusalém, abstenha-se da embriaguez da vanglória e de qualquer alegria indecorosa. Amém.

II – A IMPOSIÇÃO DO NOME

5. "E aconteceu que, ao oitavo dia, foram circuncidar o menino" (Lc 1,59). O primeiro dia indica o conhecimento da própria fragilidade; o segundo, a lembrança da própria iniquidade; o terceiro, a amargura da contrição pelos próprios pecados; o quarto, a efusão das lágrimas; o quinto, a acusação de si mesmo na confissão; o sexto, a súplica ao Senhor; o sétimo, a esmola ao próximo; o oitavo, a expiação da abstinência imposta a si mesmo.

E nesse oitavo dia é circuncidado o menino, para que a prática da abstinência circuncide realmente o coração do culpado consenso e o corpo do ilícito prazer dos sentidos. Com efeito, diz-se abster-se, isto é, *manter-se longe*. Mantém-se longe aquele que não consente em prazeres ilícitos, nem do coração nem do corpo.

Lemos no Gênesis que os anjos disseram a Lot: "Não pares nesta região, nem nos seus arredores, mas põe-te a salvo sobre o monte, se não quiseres perecer junto com todos os outros" (Gn 19,17). "Nesta região" quer dizer o coração e o corpo: não se deve parar absolutamente, nem com os atos, nem com o consenso, indicado pelas palavras, "nem nos arredores"; mas devemos salvar-nos longe, sobre o monte da prática celeste, para não perecer junto com os outros, que permanecem dentro ou param nos arredores.

"E queriam chamá-lo com o nome de seu pai, Zacarias" (Lc 1,59). Diz a *Glosa*: Os que chamam o menino com o nome do pai representam aqueles que, enquanto o Senhor proclama os novos dons da graça, quereriam, ao contrário, que ele pregasse ainda os costumeiros proclamas do antigo sacerdócio. Querem impor-lhe o nome do pai, porque querem praticar a justiça que vem da Lei, e não acolher a graça que vem da fé. A mesma coisa fazem hoje os maus parentes e vizinhos, que ao filho de um usurário "querem impor o nome do pai", isto é, querem ensinar-lhe a praticar a desonestidade, a rapina e a usura, exatamente como seu pai.

Mas ouçamos o que responde a mãe: "De modo algum: mas será chamado João!" (Lc 1,60). Com o Espírito de profecia chegou ao conhecimento daquilo que não havia sabido pelo marido: aquela que havia profetizado Cristo, não podia ignorar o [nome do] precursor, que o anjo havia revelado a Zacarias (cf. Lc 1,13).

João interpreta-se "graça de Deus", porque foi o precursor da graça, ou também "início do batismo", com o qual a graça é infundida. A alma fiel quer que sua obra se chame "graça", porque é a graça que a realiza, e é por meio da graça que deseja conservá-la, dizendo com o Apóstolo: "Por graça de Deus sou o que sou, e sua graça não foi vã em mim" (1Cor 15,10). Por isso, João interpreta-se também "aquele no qual existe a graça", por dois motivos: para que a conserve, e para que por ela seja conservado, e assim a graça não será vã, isto é, não será inoperante. Enquanto conserva o vinho, o vaso é também conservado pelo vinho, isto é, o vinho impede que o vaso apodreça. Observa os preceitos e os preceitos te *conservarão* (cf. Pr 7,2), isto é, viverás. De fato, lemos no Apocalipse: "Porque observaste com constância a minha palavra, também eu te salvarei na hora da tentação, que está para cair sobre o mundo todo, a fim de pôr à prova os habitantes da terra" (Ap 3,10).

Quem observa a Palavra com paciência, com constância, é, por sua vez, conservado, para que na hora da tentação não profira palavras de insulto, ou seja, não consinta no pecado. Ou também: a hora da tentação simboliza o momento da morte, no qual o diabo põe em ação todos os meios para tentar o homem e perverter seus sentimentos, porque é nesse momento que o conquista ou o perde definitivamente; e, naquele momento, tenta-o sobretudo para fazer-lhe perder a fé e induzi-lo ao desespero, para que não creia ou não receba os sacramentos da Igreja, e já não tenha esperança na misericórdia divina. Mas feliz aquele que naquele momento "será conservado".

6. "Disseram-lhe: Ninguém há na tua parentela que tenha este nome" (Lc 1,61). A parentela depravada e perversa representa os apetites carnais e os impulsos irracionais do espírito, entre os quais não existe ninguém que se chame "graça": chamam-se antes concupiscência e ostentação. Nem os demônios, nem os homens perversos querem que a nossa obra se chame "graça": querem antes que se chame soberba, luxúria e avareza. Lemos no Livro de Rute: "Dizem as mulheres", isto é, os moles e os efeminados: "Esta é aquela Noemi. E ela disse-lhes: Não me chameis Noemi,

isto é, bela; chamai-me antes Mara, isto é, amarga, porque o Onipotente encheu-me de grande amargura" (Rt 1,19-20). Chamam-na bela, qualidade que se refere só ao esplendor da pele, e não amarga, que é a qualidade da penitência, que consiste na amargura do coração, com a qual a graça do Onipotente enche a alma, para que não se abra a algum prazer de amarga doçura (*fellita*, amarga como o fel).

"Então perguntaram por acenos ao pai do menino como queria que se chamasse" (Lc 1,62). Diz a *Glosa*: Aqueles que com acenos interrogam o pai sobre o nome do menino representam aqueles que pretendem garantir a graça da fé unicamente com o testemunho da Lei. Já que a incredulidade (às palavras do anjo) haviam tirado a Zacarias a palavra e a audição, ele é interrogado com acenos. Gabriel havia-lhe dito: "Ficarás mudo e não poderás falar até o dia em que estas coisas acontecerem" (Lc 1,20). Então, ele "pediu uma tabuinha", e a pena para escrever (latim: *pugillaris*, que se pode manter no punho), "e escreveu: João é o seu nome" (Lc 1,63), como para dizer: Não somos nós que impomos este nome, porque já o recebeu de Deus. Tem o seu nome, que nós reconhecemos, mas que não o escolhemos nós.

"E todos ficaram admirados" (Lc 1,63), com a concordância que havia entre o pai e a mãe. Narra-se no Livro de Daniel que por Deus foi mandado o dedo da mão que escreveu sobre a parede: *Mane, Tecel e Fares*, palavras que se interpretam: Contou, pesou, dividiu (cf. Dn 5,24-28).

A mão chama-se assim porque é como a ajuda, a defesa (latim: *munus*) de todo o corpo: de fato, ela serve o alimento à boca e presta todos os serviços necessários. Na mão é representada a graça do Espírito Santo, que é dada como ajuda e defesa aos fiéis, que são por ela sustentados e tornados capazes de praticar o bem. Essa mão escreve no coração do homem aquelas três palavras, para que ele conte, enumere todos os seus pecados na confissão e depois os pese, os confronte com as obras penitenciais de reparação, para que uma côngrua penitência corresponda à gravidade da culpa; e dessa última se divida, se separe absolutamente, e assim persevere na penitência até o fim. Eis a *escritura* (a proclamação) da graça! E quem a põe em prática, "João é o seu nome". A graça do Espírito Santo impõe e escreve o nome da graça, a fim de que toda a nossa obra boa seja agradável e cheia de graça, e seja atribuída à graça daquele ao qual este nome foi dado.

A ele seja sempre honra e glória pelos séculos eternos. Amém.

III – SERMÃO ALEGÓRICO

7. "Neftali é um cervo solto, que pronuncia palavras belíssimas" (Gn 49,21). Neftali interpreta-se "dilatação", ou também "dilata-me", e é figura do Bem-aventurado João, que o Senhor dilatou com muitas graças, isto é, tornou rico de graça. Com efeito lhe diz: "Antes de formar-te no seio materno, eu te conheci" (Jr 1,5). E Gabriel: "Zacarias, não temas, porque tua oração foi ouvida. Tua mulher Isabel dar-te-á um filho, ao qual porás o nome de João" (Lc 1,13). E "antes que tu saísses do seu seio, eu te santifiquei" (Jr 1,5). Daí que: "Isabel ficou cheia do Espírito Santo" (Lc 1,41)

"e o menino saltou de alegria no meu ventre" (Lc 1,44). "E te estabeleci profeta entre as nações" (Jr 1,5). Com efeito: "O que fostes ver? Um profeta? Sim, digo-vos, mais do que um profeta" (Mt 11,9).

João é chamado "cervo solto", isto é, ágil e veloz, que passa por cima de lugares espinhosos e escarpados, porque desenvolve a corrida com os saltos. Assim, o Bem-aventurado João saltou rapidamente por cima das riquezas do mundo, representadas nos espinhos, e os prazeres da carne, comparados às asperezas do solo. De fato, dele canta-se: "Desde os mais tenros anos – isto é, aos doze anos – fugiste das multidões dos homens, e chegaste às grutas do deserto" (Breviário Romano, Hino das Matinas). Lucas relata: "O menino crescia e se fortalecia no espírito", cresceu na graça do Espírito Santo, "e viveu em regiões desertas até o dia de sua manifestação a Israel" (Lc 1,80). E Mateus: "João usava uma veste de pele de camelo e um cinto de couro em volta dos rins; e o seu alimento eram gafanhotos e mel silvestre" (Mt 3,4). E a Glosa comenta: "A rudez da veste e do alimento de João é louvada; mas é reprovada a prática do rico "que estava vestido de púrpura e linho, e se banqueteava fartamente todos os dias" (Lc 16,19).

Se o Bem-aventurado João, santificado no seio materno, e, segundo o testemunho do Senhor, nenhum dos nascidos de mulher é maior do que ele (cf. Mt 11,11), mortificou-se com vestes tão rudes e com alimento tão vil, o que podemos dizer de nós míseros pecadores, concebidos nos pecados, cheio de vícios, que detestamos qualquer aspereza e procuramos delicadezas e comodidades? Como diz Isaías, o Senhor "chama-nos ao lamento e ao pranto, a rapar-nos a cabeça e a vestir-nos de saco. Mas eis que se goza e se fica alegre: matam-se bois e degolam-se rebanhos, come-se carne e bebe-se vinho" (Is 22,12-13). No lamento é indicada a contrição do coração, no pranto, a efusão das lágrimas, na raspagem da cabeça, a renúncia às coisas terrenas e, na veste de saco, a mortificação do corpo. A tudo isso convida-nos o Bem-aventurado João com o exemplo de sua vida e com a palavra de sua pregação; por isso diz-se:

8. "Pronunciava palavras belíssimas." Realmente, disse: "Fazei penitência, porque o Reino dos Céus está próximo" (Mt 3,2); e de novo: "Voz do que clama no deserto: Preparai o caminho do Senhor, endireitai suas veredas" (Lc 3,4). Estas são as belíssimas palavras, porque a penitência embeleza a alma; de fato, diz-se no Quarto livro dos Reis que "o leproso Naamã desceu ao Jordão e lá se lavou sete vezes como Eliseu lhe havia ordenado, e sua carne tornou-se como a de uma criança e foi limpo da lepra" (2Rs 5,14). Assim o pecador, contaminado pela lepra do pecado, deve descer, isto é, humilhar-se, e lavar-se no Jordão, isto é, no rio do juízo, da condenação de si, com a penitência banhada pelas lágrimas; lavar-se sete vezes, quer dizer, durante toda a sua vida, que se desenvolve, por assim dizer, no espaço de sete dias; ou também porque ao pecador se impõe geralmente uma penitência de sete anos – segundo a palavra de Eliseu –, ou seja, de João Batista, que clamava: "Fazei penitência!" Desse modo, a alma do pecador encontrará a pureza da inocência batismal, que recebeu como criança, precisamente no batismo.

Observa, pois, que o Bem-aventurado João é chamado "voz". A voz é ar. A voz torna manifestas as intenções, a vontade do espírito. João nada teve de terreno, isto é, de terrenidade, mas foi, por assim dizer, todo aéreo, porque vivia na familiaridade das coisas celestes (cf. Fl 3,20). Ou, diz-se voz, porque era muito franzino, por causa de sua rigorosa abstinência; ele anunciava a vontade de Cristo, que clamava no deserto, isto é, do patíbulo da cruz: "Pai, em tuas mãos entrego o meu espírito" (Lc 23,46).

Ou também: como a voz precede a palavra, assim ele precedeu o Verbo (a Palavra) de Deus. Diz Jó: "És tu porventura que, a seu tempo, fazes aparecer lúcifer?" (Jó 38,32). Como lúcifer, a estrela da manhã, anuncia o dia, assim o Bem-aventurado João anunciou-nos Jesus Cristo, que é "o dia" da vida eterna: "Aquele que virá depois de mim, foi feito antes de mim" (Jo 1,15), isto é, é superior a mim em dignidade.

Seja ele bendito nos séculos. Amém.

IV – SERMÃO MORAL

9. "Neftali é um cervo solto." Lemos no Deuteronômio: "Neftali gozará de grande abundância e será cheio das bênçãos do Senhor; possuirá o mar e o Meridião" (Dt 33,23). Neftali, que se interpreta "convertido" ou "dilatado", é figura do penitente que, convertido de seu caminho de iniquidade, dilata-se, alarga-se para as obras boas.

Lemos no Gênesis que o Senhor disse a Jacó: "Dilatar-te-ás para o Ocidente e para o Oriente, para o Setentrião e para o Meio-dia" (Gn 28,14). No Ocidente são simbolizadas as coisas caducas deste mundo, no Oriente o esplendor eterno, no Setentrião, ou Aquilão, a sugestão diabólica e no Meio-dia a caridade fraterna. O penitente estende-se para ocidente, isto é, para as coisas caducas, para pisá-las; para o Oriente, para o eterno esplendor, para conquistá-lo; para o Setentrião, para a sugestão diabólica, para resistir-lhe; para o meio-dia, isto é, para a caridade fraterna, para amá-la e praticá-la. Presta atenção que põe em primeiro lugar o Ocidente e depois o Oriente, porque se alguém primeiramente não estende seu pé para pisar os bens temporais, não pode, certamente, estender sua mão para conquistar os bens celestes. Passem primeiramente as coisas do tempo, para que surjam as da eternidade.

Esse Neftali goza da abundância da graça nesta vida: "Os vales abundarão de trigo" (Sl 64,14), isto é, os espíritos humildes abundarão dos dons da graça; e será repleto da bênção da glória na pátria: "Vinde, benditos de meu Pai!" (Mt 25,34). Mas entretanto, enquanto está neste mundo, deve primeiramente possuir o mar, isto é, a amargura da penitência, e o meio-dia, quando o sol resplende e aquece, isto é, a luz da sabedoria no que se refere à contemplação de Deus, e o calor por aquilo que respeita ao amor ao próximo.

Portanto, verdadeiramente, "Neftali é um cervo solto".

10. Lê-se na *História natural* que o cervo aprende a correr, exercitando-se, e se habitua a pular por cima de espinheiros e largas fossas. Quando percebe os latidos dos cães, dirige seu caminho com o vento a favor, para afastar seu cheiro; tem uma audi-

ção finíssima quando tem as orelhas erguidas, mas se as abaixa não ouve mais nada. Quando se sente mal, come raminhos de oliveira e assim recupera a saúde. Se é atacado pelo enfraquecimento da vista, aspirando com as narinas, extrai do esconderijo da caverna uma serpente, devora-a, e quando percebe o ardor de seu veneno, corre para uma fonte, e bebendo e mergulhando nela cura os olhos e se liberta de todos os humores supérfluos. Assim o penitente, ou também o justo, com a prática da devoção e das obras boas, melhora a sua conduta, para correr, sem se cansar, na direção certa, para o prêmio da suprema vocação. O Apóstolo diz a Timóteo: "Exercita-te na piedade" (1Tm 4,7).

Por isso, diz-se sempre na *História natural* que as abelhas voam um pouco pelo ar, como que para se exercitar, depois retornam para a colmeia e ali se alimentam. Eis a piedade. As abelhas são figura dos justos que se exercitam no ar, isto é, na contemplação das coisas celestes. "A ave nasce para o voo" (Jó 5,7). "Voarei e descansarei" (Sl 54,7). Depois desse exercício, retornam para a colmeia, isto é, para a própria consciência, e ali se alimentam no gozo e na doçura do espírito.

Além disso, o penitente habitua-se a saltar, porque o hábito é uma segunda natureza; habitua-se a saltar os espinheiros, isto é, a desprezar as riquezas deste mundo, e as largas fossas, quer dizer, os prazeres do corpo, e por isso é chamado cervo solto. Ninguém se torna perfeito num instante, e, portanto, devemos habituar-nos um pouco por vez a desprezar as riquezas e os prazeres. Um hábito é eliminado com outro hábito; e o Filósofo diz: Desaparecerão os vícios, se se tomar o hábito de abandoná-los por algum tempo. E ainda: O caminho mais breve para chegar à riqueza é exatamente o desprezo da riqueza. E enfim: Sou um ser superior e destinado a coisas muito grandes, para que eu possa continuar escravo do meu corpo (Sêneca).

Assim, quando o penitente percebe o latido dos cães, isto é, as sugestões dos demônios, orienta suas obras na direção do vento. E isso significa que em todas as suas obras deve fazer-se guiar interior e exteriormente pela humildade. No vento favorável é simbolizada a humildade, e no vento contrário, a soberba. O vento era-lhes contrário, e, portanto, tinham muita dificuldade em remar (cf. Mc 6,48). O vento favorável é chamado em latim *secundus*, e soa quase como *secus pedes*, junto aos pés. Maria [Madalena], a humilde penitente, pôs-se por trás, junto aos pés do Senhor e começou a lavá-los com suas lágrimas (cf. Lc 7,38). Ou também *secundus*, favorável, vem de seguir, porque o penitente toma a sua cruz e segue o Crucificado. Portanto, com sua astúcia e sua malícia, o diabo jamais poderá surpreender aquele que dirige a sua vida desse modo, com o vento a favor.

"Com as orelhas erguidas tem uma audição finíssima." O salmo: "Ao ouvir minha voz, logo me obedeciam" (Sl 17,45). E Isaías: "Ele me chama pela manhã, pela manhã chama aos meus ouvidos, para que eu o ouça como a um mestre. O Senhor Deus abriu-me o ouvido, e eu não o contradigo; não me retirei para trás" (Is 50,4-5). No ouvido – em latim *auris*, de *haurio*, bebo, porque o ouvido bebe os sons – é simbolizada a obediência, que, se for atenta com a humildade e aberta com a disponibilidade, beberá o som, porque ouvirá o mestre, isto é, Cristo, ou o superior; não contradirá suas palavras, nem se retirará para trás diante de sua vontade. E presta atenção que precisamente por duas vezes diz "de manhã", para indicar que a obediência deve ser pronta e alegre. "De manhã [diz a esposa] levantemo-nos a fim de ir para as vinhas" (Ct 7,12), isto é, para as obras da obediência.

Assim também o cervo, isto é, o penitente, quando percebe que está por adoecer, que se sente enfraquecer e oprimir pelas tentações, come raminhos de oliveira. A oliveira representa a humanidade de Cristo, pela qual, no lagar da cruz, derramou como óleo o seu sangue, com a qual curou as chagas do ferido. Os raminhos dessa oliveira são os cravos e a lança, os flagelos e a coroa de espinhos, e todos os outros instrumentos de sua paixão: se o penitente se nutrir deles por meio da fé e da devoção, recebe novo vigor contra as tentações. Com efeito, diz Isaías: "Porque te tornaste fortaleza para o pobre, sustento para o necessitado na sua tribulação, esperança na tempestade e refúgio de sombra no calor" (Is 25,4). O verdadeiro penitente é pobre no espírito e necessitado de muitas coisas: para ele, Cristo "obediente até a morte" (Fl 2,8), é fortaleza contra a prosperidade do mundo, para que não o exalte; é fortaleza contra as adversidades do mundo, para que não o deprimam; é esperança na tempestade da sugestão diabólica, para que não o transtorne; é refúgio de sombra no ardor da concupiscência carnal, para que não o incinere.

Ainda, como o cervo suspira pelas fontes de água (cf. Sl 41,2), assim o pecador arrependido suspira pela fonte da confissão. Quando percebe que sua alma é ferida pela cegueira, porque está privada da graça, com a aspiração das narinas, quer dizer, com a contrição, arranca e extrai da escura caverna de sua consciência a serpente do pecado mortal. Lê-se no Segundo livro dos Reis: "De suas narinas subia a fumaça de sua ira" (2Sm 22,9; Sl 17,9).

As narinas do penitente simbolizam a aguda sensibilidade que deve ter para captar o perfume do paraíso e o fedor do inferno, e nele descobrir as astúcias do diabo. Dessas narinas deve subir a fumaça, isto é, o arrependimento acompanhado das lágrimas e o desprezo contra si, para impor-se a penitência.

Desse modo devora a serpente arrancada de sua consciência, porque na amargura de sua alma repensa atentamente e com ânsia o pecado mortal e suas circunstâncias, e assim, apressa-se para a fonte da confissão, onde bebe a água das lágrimas, mergulha com a humildade na própria fonte da reconciliação e finalmente depõe todo o supérfluo e tudo aquilo que prejudica a sua alma, e assim se rejuvenesce.

11. "E pronuncia palavras belíssimas." Em latim *eloquium* significa palavra desembaraçada. Diz Lucas: "Os apóstolos começaram a falar em outras línguas, como o Espírito permitia que se exprimissem" (At 2,4), isto é, falar desembaraçadamente.

Palavras belíssimas são as palavras da confissão, que o pecador convertido deve proferir desembaraçadamente, não sem querer, nem com apatia e negligência. Com efeito, Marcos diz: "Soltou-se o nó de sua língua e falava corretamente" (Mc 7,35). E presta atenção, que a confissão é considerada belíssima, porque torna bela a alma que era leprosa: "Confissão e beleza estão na tua presença" (Sl 95,6). Esta é a água do Jordão que limpa a lepra de Naamã, a fonte da salvação que elimina a cegueira e os humores supérfluos do cervo, a eficácia da confissão que torna bela a alma, para que agrade ao seu esposo e possa chegar ao seu abraço.

No-lo conceda aquele que é bendito nos séculos. Amém.

Festa dos Santos Apóstolos Pedro e Paulo

1. Naquele tempo, "O Senhor disse a Simão Pedro: Simão, filho de João, amas-me mais do que estes?" (Jo 21,15).

Neste evangelho devem ser considerados três fatos: a tríplice declaração de amor ao Senhor do Apóstolo Pedro, a tríplice recomendação que lhe é feita de sua Igreja e o martírio de Pedro.

I – A tríplice declaração de amor ao Senhor feita pelo Bem-aventurado Pedro

2. "Simão, filho de João, amas-me mais do que estes?" Diz a *Glosa*: Jesus pergunta o que já sabe: se Pedro o ama mais. Pedro declara aquilo que sabe de si mesmo, isto é, só que o ama, porque não sabe em que medida o amam os outros, e, portanto, não diz se o ama mais do que os outros. Eis que assim ensinou a não julgar temerariamente fatos desconhecidos e, quanto a si, lembrado de sua precedente tríplice negação, responde com maior cautela e prudência. E observa que Jesus não interroga Pedro uma vez só, mas uma segunda e uma terceira vez; e na terceira vez, finalmente sente que é amado por Pedro. À tríplice negação contrapõe-se uma tríplice declaração de amor, a fim de que a língua não fique mais escrava do temor do que do amor.

Na primeira vez, como narra Mateus, "negou diante de todos (que não conhecia Jesus), dizendo: Não sei o que queres dizer" (Mt 26,70). Na segunda vez "negou com juramento: Não conhece tal homem" (Mt 26,72). Na terceira vez "começou a jurar e a testificar que não conhecia o homem" (Mt 26,74).

Aqui, na primeira e na segunda vez declarou: "Tu sabes que eu te amo" (Jo 21,15). Na terceira vez respondeu: "Senhor, tu sabes tudo: tu sabes que eu te amo" (Jo 21,17). Comentando o Evangelho de Lucas, a *Glosa* diz: À meia-noite nega, ao canto do galo arrepende-se, e depois da ressurreição declara por três vezes que ama aquele que, antes da luz, por três vezes havia negado: o erro cometido nas trevas do esquecimento, é reparado com a lembrança da luz esperada, e, na presença da própria verdadeira luz, corrigiu perfeitamente aquilo em que havia caído.

3. Recorda-te que são três as partes do corpo das quais procede a morte ou a vida: o coração, a língua e a mão. Do coração vem o consenso ao bem ou ao mal; da língua, o passo seguinte da palavra; da mão, a execução da obra. Se com essas três partes do corpo temos negado o Senhor, já que os contrários são curados com os contrários, com as mesmas partes confessamos o Senhor, renovando-lhe a nossa fé.

Nega com o coração aquele que não crê, ou que consente ao pecado mortal. Por isso, Estêvão dizia: "Negaram Moisés dizendo: Quem te constituiu príncipe e juiz sobre nós?" (At 7,35). Moisés, nome que se interpreta "aquático", representa a fé que se nutre nas águas do batismo, ou também a graça da compunção.

A fé, que é a primeira das virtudes, é como que o príncipe; a graça da compunção é como que o juiz: com ela o pecador julga a si mesmo e condena o mal que fez. Porém, aqueles que não creem, ou que no seu coração consentem no pecado mortal, negam, recusam esse Moisés e não querem que seja constituído seu príncipe e juiz.

Do mesmo modo, nega a Cristo com a língua aquele que destrói a verdade com a mentira, ou calunia e denigre o próximo. Com efeito, diz Pedro: "Diante de Pilatos vós negastes o Santo e o Justo, e pedistes que vos fosse dado um homicida" (At 3,13-14). Pilatos, nome que se interpreta "boca do martelador", representa a mentira e a calúnia, *em cuja presença* [como acontece diante de Pilatos] negam a Cristo aqueles que negam a sua verdade com a mentira, e com o martelo de sua boca caluniadora golpeiam e destroem o amor ao próximo. A detração consiste em transformar em mal o bem feito aos outros, ou em diminui-lo. Aqueles que fazem isso pedem que lhes seja dado um homicida, isto é, o ladrão Barrabás, quer dizer, o diabo, e que Cristo seja crucificado.

Igualmente, nega com a mão aquele que de fato age ao contrário daquilo que diz. "Negam a Deus com os fatos" (Tt 1,16), diz o Apóstolo. Aqueles que desse modo negam a Cristo três vezes nas trevas dos pecados, ao canto do galo, isto é, na pregação da palavra de Deus, arrependam-se para, depois, serem capazes, na luz da penitência, de declarar por três vezes junto com o Bem-aventurado Pedro: "Amo, amo, amo!" Amo com o *coração* por meio da fé e da devoção; amo com a *língua* com a profissão da verdade e com a edificação do próximo; amo com a *mão* com a pureza das obras. Amém.

II – A TRÍPLICE ENTREGA DA IGREJA AO BEM-AVENTURADO PEDRO

4. Apascenta os meus cordeiros" (Jo 21,15). Presta atenção ao fato que por três vezes é dito: "apascenta", e nenhuma vez "tosquia" ou "ordenha". Se me amas por mim mesmo, e não por ti mesmo, "apascenta os meus cordeiros" enquanto meus, não como se fossem teus. Busca neles a minha glória e não a tua, o meu interesse e não o teu, porque o amor a Deus se prova no amor ao próximo. Ai daquele que não apascenta nenhuma vez e, depois, ao contrário, tosa e ordenha três ou quatro vezes. A este, "o rei de Sodoma", isto é, o diabo, "diz: Dê-me as almas, tudo o mais toma-o

para ti" (Gn 14,21), isto é, fique para ti a lã e o leite, a pele e as carnes, os dízimos e as primícias. A tal pastor, ou antes, a tal lobo, que apascenta a si mesmo, o Senhor ameaça: "Ai do pastor, simulacro de pastor, que abandona o rebanho: uma espada cairá sobre o seu braço e sobre o seu olho direito; o seu braço secará inteiramente e seu olho direito ficará cego" (Zc 11,17).

Na Igreja, o pastor que abandona o rebanho que lhe foi confiado, é um simulacro de pastor, como Dagon, posto junto à Arca do Senhor (cf. 1Sm 5,2); era um ídolo, um simulacro: isto é, tinha a aparência de um deus, mas na verdade não o era. Por que então ocupa aquele lugar? Este é verdadeiramente um ídolo, um deus falso, porque tem os olhos voltados para as vaidades do mundo, e não vê as misérias dos pobres; tem os ouvidos atentos às adulações de seus bajuladores e não ouve os lamentos e os clamores dos pobres; tem as narinas sobre os vidrinhos dos perfumes, como uma mulher, mas não percebe o perfume do céu e o fedor da geena; usa as mãos para acumular riquezas e não para acariciar as cicatrizes das feridas de Cristo; usa os pés para correr e reforçar suas defesas e exigir os tributos, e não para ir pregar a palavra do Senhor; e na sua gula não existe o canto e louvor, nem a voz da confissão. Que relação pode existir entre a Igreja de Cristo e este ídolo podre? "Que comparação há entre a palha e o trigo?" (Jr 23,28). "Que entendimento pode haver entre Cristo e Belial?" (2Cor 6,15).

Todo o braço desse ídolo secará por obra da espada do juízo divino, para que não possa mais fazer o bem. E o seu olho direito, isto é, o conhecimento da verdade, escurecer-se-á, para que não possa mais distinguir o caminho da justiça, nem para si, nem para os outros. E estes dois castigos, provocados por seus pecados, abatem-se hoje sobre os pastores da Igreja que estão privados do valor das obras boas e não têm o conhecimento da verdade. E por isso, o lobo, isto é, o diabo, dispersa o rebanho (cf. Jo 10,12), e o ladrão, isto é, o herege, arrebata-o. O bom pastor, porém, que deu a vida por seu rebanho (cf. Jo 10,15) e dele foi sempre solícito, tendo-o comprado por alto preço, confia-o a Pedro, dizendo: "Apascenta os meus cordeiros". Apascenta-os com a palavra da sagrada pregação, com a ajuda da oração fervorosa e com o exemplo de uma santa vida.

5. E presta atenção: por duas vezes recomenda-lhe os cordeiros, que são mais delicados e débeis, e apenas uma vez as ovelhas. E aqui é dado compreender que aqueles que na Igreja são mais delicados e mais fracos devem ser assistidos e sustentados com maiores atenções, tanto espirituais como materiais. Diz o Apóstolo: "Confortai os pusilânimes e sustentai os fracos" (1Ts 5,14). De fato, diz o Gênesis: Deus tomou Adão, isto é, o prelado, e o pôs no jardim das delícias, quer dizer, na Igreja, para que a cultivasse com as obras de misericórdia em favor de seus fiéis e a guardasse (cf. Gn 2,15) com a pregação da palavra e junto com os fiéis merecesse chegar ao prêmio do reino. Amém.

III – O martírio do Bem-aventurado Pedro

6. "Em verdade, em verdade te digo: Quando eras mais moço, cingias-te e ias aonde desejavas" (Jo 21,18). Aquele que lhe havia predito a tríplice negação, agora prediz-lhe também seu martírio. Fortificado pela ressurreição de Cristo, Pedro estava em condições de fazer aquilo que temerariamente havia prometido quando era ainda fraco na sua fé [isto é, de estar pronto a morrer com ele]. Agora, não tem mais medo de perder esta vida, pois, com a ressurreição do Senhor, tem diante dos olhos o modelo, o ideal de uma outra vida.

"Mas quando fores velho, estenderás as tuas mãos" (Jo 21,18), isto é, serás crucificado; e explica também como acontecerá: "e um outro", isto é, Nero, "cingir-te-á" com as cadeias, "e te levará para onde tu não queres" (Jo 21,18), isto é, para a morte. Contra a sua vontade, Pedro provou a aversão à morte, mas depois, por sua vontade, foi libertado dela, porque não quis deixar-se vencer, mas quis vencê-la com a força da vontade, e assim libertou-se daquele sentido de angústia, por causa do qual ninguém mais quereria morrer; sentido que está de tal forma enraizado na natureza humana, que nem a velhice conseguiu eliminá-lo em Pedro. Aliás, também Jesus disse: "Passe de mim este cálice" (Mt 26,39). Mas, por maior que seja a aversão à morte, ela é vencida pela força do amor: se não houvesse a aversão à morte, ou esta aversão fosse fraca e leve, não seria tão grande a glória do martírio.

"Ele disse isso para indicar com que morte ele haveria de glorificar a Deus" (Jo 21,19); com a morte de Pedro, mostrou em que medida Deus deve ser honrado e amado.

7. **Sentido moral**. "Quando eras mais moço." Lemos no Livro dos Provérbios: "A prostituta, tendo enredado um jovem, beija-o e o acaricia em atitude provocante, dizendo-lhe: Vem, embriaguemo-nos de amor, abandonemo-nos aos desejados prazeres. E ele logo corre-lhe atrás como um boi conduzido ao matadouro e como um cordeiro libidinoso" (Pr 7,10.13.18.22). A prostituta é figura do mundo e da carne, que enredam o jovem, isto é, o espírito, por meio do prazer; beijam-no por meio do consenso; acariciam-no passando a vias de fato. "Vem, embriaguemo-nos de amor", isto é, com a gula e a luxúria, "abandonemo-nos aos desejados prazeres", por meio de hábito perverso. E porque ainda não é velho, mas jovem, isto é, leve e inconstante como um novilho ou "um cordeiro libidinoso, segue os instintos da carne e a eles se submete.

"Quando eras mais jovem cingias-te sozinho e ias aonde desejavas." Há palavras semelhantes em Jeremias: "O Egito é uma novilha elegante e formosa, mas do aquilão (do Setentrião) virá seu domador" (Jr 46,20); e Oseias: "Israel desencaminhou-se como uma vaca indomável" (Os 4,16); e "Efraim, novilha acostumada a gostar da debulha do trigo; mas eu porei um jugo sobre seu belo pescoço: montarei sobre Efraim" (Os 10,11). Ó liberdade escrava, amarrar-se com a cadeia da própria vontade e ir para onde levar o próprio ímpeto!

A vitela, assim chamada pela "verde idade" (latim: *vitula* de *viridi aetate*), representa o homem ainda jovem, isto é, leve e inconstante, que é considerado elegante porque agrada a si mesmo; belo e formoso externamente, mas sempre "Egito", isto é, "tenebroso" por dentro, na sua consciência: chega-lhe do aquilão, isto é, do diabo, o domador, o instinto de sua vontade, que o leva facilmente a cair e a desviar-se da obediência a Deus e ao seu superior. Ele é como uma vitela que é tirada da debulha do trigo, da eira, e levada para o prado ou para a estrebaria, mas sendo habituada à debulha do trigo, não encontra descanso até que não retorne ao seu costumeiro trabalho. Há muitos que não estão bem se não estiverem trabalhando. A estes são aplicadas as palavras da Sabedoria: "Cansamo-nos no caminho da iniquidade e da perdição; andamos por caminhos impraticáveis", isto é, por aqueles da nossa vontade, "mas ignoramos o caminho do Senhor" (Sb 5,7), isto é, o caminho da obediência, através do qual ele veio a nós.

É próprio de insensatos, diz Gregório, cansar-se ao logo do caminho e não quer levar a termo a viagem. O bom Deus, porém, "sobe sobre Efraim e esmaga seu belo pescoço" quer dizer, sua vanglória e a soberba do seu coração, humilha-o para que se submeta e se torne obediente.

8. "Mas quando fores velho" (Jo 21,18). Diz a Sabedoria: "A velhice venerável não é a longa vida, nem se mede pelo número dos anos; as cãs são os sentidos do homem e a idade da velhice é a vida imaculada" (Sb 4,8-9). Velho, diz-se em latim *senex*, porque ignora a si mesmo (latim: *senescit, se nescit*). Quem quer ser perfeitamente obediente, é necessário que seja velho, isto é, deve ignorar a si mesmo, ignorar a própria vontade. De fato, lê-se no Gênesis: "Isaac envelheceu e os seus olhos se ofuscaram e não podia ver" (Gn 27,1). Isaac, que se interpreta "sorriso", é figura do homem obediente, que deve obedecer alegremente à vontade daquele que manda e ignorar a própria. Nessa velhice, a vista se ofusca e não pode ver claramente, isto é, não pode distinguir.

Com efeito, diz Bernardo: A obediência perfeita, sobretudo no principiante, deve ser indiscutível, cega, isto é, não deve discutir sobre o que é mandado ou por que é mandado, mas deve somente esforçar-se por executar fiel e humildemente o que é ordenado pelo superior. De fato, continua: "Estenderás as tuas mãos" ao que é mandado pela obediência, "e um outro", isto é, o superior, "cingir-te-á", porque já és velho e não jovem como outrora, quando "te cingias sozinho e ias aonde desejavas". Mas agora, "conduzir-te-á para onde não queres", para que digas com Cristo: Não o que eu quero, mas o que tu queres. Pai, não se faça a minha vontade, mas a tua (cf. Mt 26,39.42); e com Davi: "Eu estava diante de ti como um jumento" (Sl 72,23). Açoita com o chicote, estimula com o aguilhão, impele com as esporas, carrega com o peso, nutre com alimentos rudes! Assim se faz com o jumento e eu "estou diante de ti como um jumento", para que tu me conduzas para onde queres e faças de mim o que tu queres, porque, diante de ti sou como um jumento, antes, como um morto.

"Disse-lhe isso para indicar de que morte ele teria glorificado a Deus." Concordam as palavras do Gênesis: "Abraão desfaleceu e morreu depois de uma serena velhice, em idade muito avançada e cheio de anos" (Gn 25,8). Presta atenção, que quem quer ser perfeitamente obediente deve despojar-se de três coisas: de seu modo de ver, da sua vontade e do seu corpo. Abraão, que obedeceu ao comando do Senhor e, sem saber para onde se dirigia, saiu de sua terra, de sua parentela e da casa paterna, é o verdadeiro obediente que renuncia ao seu modo de ver, para conformar-se ao do superior, mesmo que este seja pouco dotado e inexperiente; "morto em serena velhice", refere-se à renúncia da própria vontade; "em idade multo avançada", diz respeito ao enfraquecimento do corpo e à própria decrepitude.

Se o obediente for dotado dessas qualidades, seus dias não serão vazios e vãos, mas cheios. Com essa morte, o obediente glorifica o Senhor aqui na terra; portanto, no céu será glorificado pelo Senhor, que é bendito nos séculos. Amém.

IV – Sermão alegórico sobre os santos apóstolos Pedro e Paulo

9. "Alegra-te, Zabulon, na tua saída, e tu, Issacar, nas tuas tendas. Eles chamarão os povos para o monte; e aí imolarão vítimas de justiça. Eles chuparão como leite as inundações do mar" (Dt 33,18-19). Nesses dois patriarcas são representados os dois *príncipes* da Igreja Pedro e Paulo.

Zabulon, cujo nome interpreta-se "habitação da fortaleza", é figura do Bem-aventurado Pedro, que, depois da descida do Espírito Santo, tornou-se a habitação de tão grande fortaleza que, se antes havia negado o Senhor à voz de uma serva, depois não teve medo nem da espada [a crueldade] de Nero. "Pela palavra do Senhor tornaram-se firmes os céus", isto é, os apóstolos, "e pelo sopro de sua boca toda a sua fortaleza" (Sl 32,6); e "Eu firmei suas colunas" (Sl 74,4).

Issacar, cujo nome interpreta-se "homem da recompensa", é figura do Bem-aventurado Paulo, que foi verdadeiramente o homem da recompensa eterna, pela qual trabalhou mais do que todos os outros (cf. 1Cor 15,10). "Viu que o repouso era belo e que a terra era ótima, e dobrou o ombro e as costas para carregar o peso" (Gn 49,15): o evangelho sobre os ombros é o flagelo sobre as costas do amor ao próprio evangelho; e, portanto, a recompensa como prêmio. "Ai de mim se não evangelizar! Pelo que, se o faço de boa vontade, recebo a recompensa (1Cor 9,16-17). Diz Jó: "Escreva um livro aquele que me julga, para que eu o carregue sobre os meus ombros" (Jó 31,35-36). Jesus Cristo, ao qual o Pai confiou todo o juízo (cf. Jo 5,22), escreveu o livro, isto é, o evangelho, que Paulo, vaso de eleição, carregou sobre os ombros diante dos povos, dos reis e dos filhos de Israel (cf. At 9,15), pelos quais foi ferido três vezes com açoites e uma vez foi apedrejado pelo nome de Cristo (cf. 2Cor 11,25).

10. Esses dois apóstolos foram, hoje, alegres em seu martírio. Pedro "na sua saída", pelo suplício da cruz para a glória da eterna bem-aventurança; Paulo "nas tendas" saindo da tenda do seu corpo e entrando na tenda da habitação celeste. Pedro está alegre com a cruz, Paulo, com a espada, porque estão certos da eterna recompensa, para a qual, enquanto estavam em vida, haviam chamado os povos a eles confiados.

"Chamarão os povos para o monte." Lemos no Livro dos Números: "O Senhor falou a Moisés dizendo: Faze duas trombetas de prata batida, com as quais poderás reunir a multidão" (Nm 10,1-2). Esses dois apóstolos são chamados *trombetas de prata* pela grande ressonância de sua pregação; "de prata batida" porque sofreram o martírio. Essas duas trombetas foram feitas por Cristo, isto é, escolheu-as com sua graça e, por meio delas, chamou a multidão dos povos para o monte da vida eterna. E como as trombetas de Moisés reuniam o povo para a guerra, para os banquetes sagrados e para as solenidades (cf. Nm 10,9-10), assim esses dois apóstolos chamaram os povos para a guerra contra os vícios. Diz Pedro: "Sede sóbrios e vigiai, porque o vosso inimigo, o diabo, como um leão a rugir, anda em volta procurando a quem devorar" (1Pd 5,8). E Paulo: "Tomai o escudo da fé, com o qual possais repelir e apagar todos os dardos de fogo do maligno" (Ef 6,16).

Convidaram para o banquete da inocência e da vida santa. Pedro: "Como meninos recém-nascidos, desejai o puro leite espiritual, para que por ele cresçais para a salvação: se é que haveis provado quão doce é o Senhor" (1Pd 2,2-3). E Paulo: "Banqueteemo-nos nos ázimos da sinceridade e da verdade" (1Cor 5,8).

Convidaram para a grande festa da pátria celeste. Pedro: "Exultareis com uma alegria inefável e cheia de glória, alcançando o fim da vossa fé, a salvação das vossas almas" (1Pd 1,8-9). E Paulo: "Correi também vós de maneira a conquistar o prêmio" (1Cor 9,24); e de novo: "Até chegarmos todos ao estado de homem perfeito, segundo a medida da idade da plenitude de Cristo" (Ef 4,13).

E depois que essas trombetas, esses dois apóstolos, chamaram os povos aos três compromissos indicados, ouçamos o que eles próprios fizeram. "E imolarão sacrifícios legítimos" (lit. *vítimas de justiça*). É o que fizeram hoje, imolando a Cristo, com o martírio, seus corpos como vítimas de justiça, porque eram justos e santos.

11. E quão doce foi para eles a amargura do martírio, é dito claramente: "Chuparão como leite as inundações do mar". Observa que o mar que irrompe sobre a terra é de aspecto espantoso e de gosto amargo; ao contrário, o leite é de cor agradável e de sabor doce. E na palavra "chuparão" são postos em evidência o desejo e o prazer.

Ó amor de Cristo, que tornas doce toda a amargura! O martírio dos apóstolos foi espantoso e amaríssimo, mas o amor de Cristo o tornou agradável e doce, tanto que o procuraram com impaciência e o acolheram com alegria, e, assim, foram considerados dignos de gozar para sempre, junto com aquele que é bendito nos séculos eternos. Amém.

V – SERMÃO MORAL

12. "Alegra-te Zabulon na tua saída, e tu, Issacar, nas tuas tendas." Em sentido moral, estes dois patriarcas são figura de dois preceitos do amor: a Deus e ao próximo.

Zabulon, que se interpreta "sustento da habitação", é figura do amor a Deus. A habitação é a mente do homem, cujo sustento, cuja riqueza é o amor a Deus: riqueza maior não existe. Realmente, lemos nos Provérbios: "Bem-aventurado o homem que encontrou a sabedoria e que é rico de prudência", isto é, de amor a Deus; "vale mais sua aquisição do que a da prata, e os seus frutos são melhores do que o ouro mais fino e mais puro" (Pr 3,3-14).

Nessas palavras, afirma-se que a doçura da contemplação, que brota do amor ao Criador, é mais preciosa do que qualquer riqueza, e nada do que se possa desejar teme o confronto com ela. Ou, o amor a Deus é chamado sustento da habitação porque faz subsistir a mente que o possui, a fim de que não caia. Ai da habitação que não tem esse apoio. Diz o salmo: "Estou atolado num lodo profundo e não há nele consistência" (Sl 68,3). O lodo é chamado em latim *limus*, quase como *lenis*, isto é, mole; é figura do amor ao mundo e à carne, no qual se atola aquele que não tem o amor a Deus em que se apoiar, e por isso, é engolido pelo lodo.

Issacar, que se interpreta "minha recompensa", representa o amor ao próximo. O amor ao próximo abaixa os ombros para carregar os seus pesos, como diz o Apóstolo: "Levai os fardos uns dos outros e assim cumprireis a lei de Cristo" (Gl 6,2), isto é, a lei do amor. O amor ao próximo é chamado "jumento forte", porque carrega os fardos do próximo durante esta vida, para ter sua recompensa, depois, na pátria. Diz o salmo: "Quando tiver dado o sono aos seus diletos: eis os filhos, herança do Senhor; o fruto do ventre é sua recompensa" (Sl 126,2-3).

Doce é o sono após o trabalho. "Amigos", em latim se diz *dilecti*, como que "ligados por duas" coisas. Portanto, depois do trabalho, tendo dado o sono, isto é, o repouso, aos amigos, quer dizer aos que foram ligados pelo vínculo do duplo mandamento da caridade, eis a herança do Senhor, porque naquele sono, naquele repouso é representada a conquista da pátria eterna, que é a recompensa do filho adotado por meio da graça, que é fruto do ventre, isto é, da mãe Igreja.

Ou também: os amigos são a herança do Senhor, e são a recompensa do filho Jesus Cristo, dados a ele pelo Pai como recompensa por sua paixão; e esse Filho é fruto do ventre virginal: "Bendito o fruto do teu ventre" (Lc 1,42).

13. Zabulon, pois, isto é, o amor a Deus, "alegra-se na sua saída". Nessas palavras é indicada a vida contemplativa: quem quer progredir nela deve sair quanto antes não só dos cuidados do mundo, mas também dos próprios, isto é, sair de si mesmo. De fato, lê-se no Gênesis: "Abraão correu do ingresso da tenda ao encontro do Senhor e prostrou-se por terra e disse: Senhor, se achei graça diante de teus olhos, não passes adiante sem deter-te junto a teu servo (Gn 18,2-3). A tenda representa a prática da vida ativa, da qual sai e corre ao encontro do Senhor aquele que se eleva prontamente para a contemplação, e, como que fora de si no êxtase da mente, no gozo do espírito, contempla o esplendor da suma Sabedoria. E para permanecer ali imerso por mais tempo, pede-lhe que não passe adiante. Alegra-se, pois, Zabulon na sua saída, alegra-se também Issacar, isto é, o amor ao próximo, nas suas tendas, quer dizer, na prática da vida ativa, na qual trabalha para aliviar as necessidades do próximo.

Dessas tendas lê-se no Livro dos Números: "Como são belas as tuas tendas, Jacó, as tuas moradas, Israel! São como vales selvosos, como jardins junto a um rio que os irriga, como tendas solidamente plantadas pelo Senhor, como cedros ao longo das águas" (Nm 24,5-6). Com essas palavras descreve-se com elegância como deve ser aquele que quer dedicar-se à vida ativa. Jacó, que se interpreta "lutador", chama-se também Israel, que significa "vê a Deus": é figura do homem que leva vida ativa: ora está em luta, ora está fechado no observatório de sua mente; como Jacó, ora unido a Lia, que significa "laboriosa", ora a Raquel, que significa "visão do princípio", isto é, de Deus.

As tendas, ou as moradas, representam propriamente a prática, o serviço da vida santa, que é e deve ser "bela" pela honestidade dos costumes; "como os vales selvosos" pela humildade da mente, que oferece a proteção da sombra contra os estímulos da carne; "como jardins junto a um rio que os irriga" com a abundância das lágrimas; "como tendas que o próprio Senhor plantou solidamente" pela constância do espírito e pela perseverança até o fim; "como cedros", pela sublimidade da esperança, pelo perfume da boa reputação, que põe em fuga as serpentes da calúnia; "próximos às águas", isto é, aos carismas da graça.

Quem possui tais tendas pode, com razão, alegrar-se e nelas viver feliz.

14. "Chamarão os povos para o monte." Considera que existe o homem interior e o homem exterior, e cada um dos dois tem seu povo. O homem interior tem um "povo" de pensamentos e de sentimentos; o homem exterior, porém, tem um "povo" de membros e de sentidos. O amor a Deus chama "o povo" do homem interior para o monte, isto é, para a sublimidade da santa contemplação, para reuni-lo no banquete de que fala Isaías: "O Senhor dos exércitos fará neste monte para todos os povos um banquete de manjares deliciosos, de vinho, de carnes gordas e cheias de medula, e com um vinho sem mistura" (Is 25,6).

Quando a mente se eleva na contemplação, então o povo reúne-se sobre o monte, porque os pensamentos se libertam das vãs divagações, e os sentimentos afastam-se dos desejos ilícitos, e então, o Senhor prepara-lhes um banquete, isto é, o gozo, de carnes suculentas, quer dizer, de luz da sabedoria interior com a qual a consciência se fortifica. "Entre cânticos de alegria e de louvor, de sons festivos dos convidados" (Sl 41,5). Como o animal que, quando está bem alimentado, salta e brinca feliz, assim a alma, quando saboreou as delícias da contemplação, exulta e salta de alegria. Portanto, o banquete, alegrado com vinhos excelentes, simboliza a consolação concedida ao espírito pela efusão das lágrimas. E esse duplo gozo penetra pensamentos e sentimentos, isto é, transforma-se em conhecimento e amor.

Igualmente, o amor ao próximo chama para o monte, isto é, para a sublimidade do amor fraterno, o povo do homem exterior, para que os membros e os sentidos estejam também eles a serviço do próximo para acudir suas necessidades. De fato, diz Ageu: "Subi ao monte, levai madeira, edificai a casa; e ela me será agradável, e nela serei glorificado" (Ag 1,8). Sobe ao monte quem ama o próximo; leva madeira aquele que o suporta; edifica-lhe uma casa quando lhe provê o necessário.

15. "E imolarão vítimas de justiça." "Fazei sacrifícios de justiça" (Sl 4,6). O amor a Deus imola a vítima em espírito de humildade e de coração contrito (cf. Dn 3,39); pratica-se o amor ao próximo com o trabalho e com o sofrimento do corpo. Essas vítimas são chamadas "de justiça" porque são oferecidas unicamente por motivos de caridade. São verdadeiramente "vítimas de justiça", não de vanglória, como diz Oseias: "Vós afastastes as vítimas para longe" (Os 5,2): fazem isso aqueles que choram as desventuras dos irmãos, ou também, socorrem suas necessidades somente por vanglória.

"Chupam como leite as inundações do mar." Quem quer chupar deve apertar os lábios. Ninguém pode chupar alguma coisa com a boca aberta. Chupar diz-se em latim *sùgere*, de *sumendo àgere*, isto é, agir tomando. Quem quer chupar como o leite, isto é, com a doçura, as inundações do mar, quer dizer, as tentações da carne, do mundo e do diabo, deve fechar os lábios à vaidade do mundo; e portanto, a dupla caridade para com Deus e para como próximo chupa, por assim dizer, como o leite, as tentações, porque não aceita um amor estranho.

No seu cântico, Moisés diz: "Chuparão o mel da pedra e o azeite do rochedo duríssimo" (Dt 32,13). Na pedra é simbolizada a dureza das tentações da carne e do mundo; no rochedo duríssimo, a sugestão do diabo, obstinado em tentar. Felizes aqueles que, tanto da pedra quanto do rochedo (de qualquer tentação), saberão chupar, tirar a doçura e a luz de uma alegre consciência! "A pedra [diz Jó] derramava para mim arroios de azeite" (Jó 29,6). Isso acontece quando quem é duramente tentado, durante a própria tentação é visitado e iluminado pela graça e irrigado pelo dom de lágrimas copiosas.

Digne-se irrigar também a nós com tais lágrimas, aquele que é bendito nos séculos. Amém.

VI – Sermão alegórico sobre São Paulo

16. "Quem pôs o onagro em liberdade, e quem soltou as suas prisões? Dei-lhe uma casa no deserto, lugar onde albergar-se em terra estéril. Ele despreza a multidão da cidade, não ouve os gritos de um patrão duro. Estende a vista ao redor pelos montes onde pasta, e anda buscando tudo o que está verde" (Jó 39,5-8). O onagro é chamado, em latim, asno do campo (*asinus agri*), e é figura do Bem-aventurado Paulo, que foi como o asno do campo, isto é, da Santa Igreja.

O campo é chamado em latim *ager*, de *àgere*, fazer, porque nele sempre se faz alguma coisa: ou se semeia, ou ali se cultivam plantas, ou se arranjam pastos, ou se embeleza com flores. No campo da Santa Igreja, o Bem-aventurado Paulo cumpriu essas quatro atividades, porque ali semeou a semente da palavra de Deus, em árvores infrutíferas enxertou os novos brotos da vida santa, para que rejuvenescessem e dessem fruto; ou, como diz o Eclesiastes, "ali plantou árvores frutíferas de toda a espécie" (Ecl 2,5), isto é, os justos; ali preparou os pastos da vida eterna; ornou-a e a embelezou com grande variedades de flores de virtudes. Paulo foi, pois, o onagro desse campo, porque carregou o peso do dia e o calor (cf. Mt 20,12): "em meio a muitíssimos trabalhos, em frequentes prisões, em inúmeros açoites e, com frequência, em perigo de morte" (2Cor 11,23); "e além de tudo isso, a minha preocupação quotidiana, o cuidado de todas as igrejas" (2Cor 11,28).

Quem pôs o onagro em liberdade? Sem dúvida, aquele que o escolheu desde o seio de sua mãe, isto é, da sinagoga, a cujos ritos legais e a cujas cerimônias estava ligado, e o chamou com sua graça (cf. Gl 1,15), deixando-o assim ir livre. De fato, ele próprio diz: "Não sou livre? Não sou Apóstolo? Acaso não vi nosso Senhor Jesus Cristo?" (1Cor 9,1). Certamente era livre aquele que podia afirmar: "De nada me sinto culpado" (1Cor 4,4).

"E quem soltou suas prisões?" Certamente Cristo, do qual diz: "Desejo ser desatado e estar com Cristo" (Fl 1,23); no momento da conversão, Cristo o deixou ir livre para anunciar a palavra em toda a parte; e hoje, no martírio, soltou os laços do seu corpo para que pudesse voar para o céu.

17. "Dei-lhe uma casa no deserto e lugar para se albergar em terra estéril." Também Paulo disse a mesma coisa: "Aquele que agiu em Pedro para o apostolado entre os circuncisos, agiu também em mim para o apostolado entre os gentios" (Gl 2,8), isto é, entre os pagãos. Os povos eram chamados "solidão", deserto, porque entre eles não habitava Deus, e terra estéril, isto é, de amargura e de esterilidade. Entre eles Deus deu a Paulo a casa, isto é, ordenou-lhe que entre eles e neles edificasse a casa, isto é, a Santa Igreja, e as tendas de um santo exército que combatesse em seu favor contra os inimigos visíveis e invisíveis e assim defendesse a casa que lhe fora edificada.

"Desprezou a multidão da cidade" romana, na qual hoje lhe foi cortada a cabeça; com efeito, pôde afirmar com Jó: "Não temi muito a multidão, nem me espantou o desprezo dos parentes" (Jó 31,34), isto é, dos judeus.

Outra versão diz explicitamente: "Não me espantei diante da grande multidão de povo, a ponto de deixar de falar diante deles" [versão dos LXX]. E realmente, Paulo comportou-se exatamente assim; com efeito, escreve a Timóteo: "Para o Evangelho fui constituído pregador, apóstolo e mestre das gentes. Por sua causa também sofro essas coisas, mas não me preocupo com isso" (2Tm 1,11-12). Ele "não deu ouvido ao clamor do tirano", isto é, de Nero, nem temeu sua espada, porque nenhuma criatura – como ele próprio diz – pôde separá-lo do amor de Jesus Cristo (cf. Rm 8,39).

Por isso, acrescenta: "Estende a vista ao redor pelos montes onde pasta", nos quais é indicada a caridade de Cristo: "Eu vos mostrarei um caminho mais excelente" (1Cor 12,31). Aquele era seu pasto, aquele seu alimento e sua saciedade: ele que só olhava para o amor de Cristo e por aquele amor andava ao redor, desprezava e multidão e não dava ouvidos ao clamou do tirano. Ou, "os montes do pasto" são aquelas "ordens angélicas" entre as quais, no corpo ou fora do corpo, só Deus sabe, foi arrebatado e onde pôde ouvir palavras que ao homem não é lícito pronunciar (cf. 2Cor 12,3-4). Ali se alimentava, ali exultava, porque ali estavam os seus pastos, isto é, a contemplação e a alimento que lhe eram próprias.

"E anda buscando tudo o que está verde." Enquanto ainda estava na carne mortal, com a contemplação da mente foi dirigido constantemente e, pode-se dizer, continuamente, aos montes do celeste pasto; agora, porém, "anda buscando tudo o que é verde", palavras com as quais é indicado o gozo da eterna saciedade, que satisfaz todo o seu desejo: afinal, quem busca, deseja. Tão sublime é a beleza da divina majestade, que inflama do desejo de si todos os espíritos bem-aventurados, inflamando-os os alimenta e alimentando-os acende mais ainda o seu desejo.

À divina majestade, pois, a honra e a glória nos séculos eternos. Amém.

VII – Sermão moral

18. "Quem pôs o onagro em liberdade?" Certamente aquele do qual Moisés diz: "Quando amanhã o teu filho te perguntar, dizendo: O que significam estas instruções, estas leis e estas normas? Tu lhe dirás: Nós éramos escravos do faraó no Egito e o Senhor tirou-nos do Egito com mão poderosa, para nos fazer entrar na posse de uma terra" (Dt 20,21.23) "onde corre leite e mel" (Dt 26,9).

"Quem comete o pecado, é escravo do pecado" (Jo 8,34); e Pedro: "Cada um é escravo de quem o venceu" (2Pd 2,19).

E deixa o onagro andar livre dessa escravidão aquele que, em Isaías, lhe diz: "Sou eu, sou eu que apago as tuas iniquidades por amor de mim, e não me lembrarei mais dos teus pecados" (Is 43,25); e Miqueias: "Destruirá todas as nossas iniquidades e lançará nas profundezas do mar todos os nossos pecados" (Mq 7,19).

O onagro é o espírito do penitente que, como se diz nos Provérbios, "Considerou um campo e o comprou" (Pr 31,16). O campo é a pátria celeste, onde sempre se trabalha, porque lá incessantemente louva-se a Deus: "Louvar-te-ão nos séculos dos séculos" (Sl 83,5). O justo considera esse campo na contemplação de sua mente, compra-o com as obras da penitência, e, por isso, é chamado "asno do campo". E o Senhor o deixa andar livre quando lhe diz, como a Madalena: "Teus pecados estão perdoados" (Lc 5,23).

"E quem soltou suas prisões?" Certamente Jacó, do qual fala o Gênesis: "As cadeias dos braços e das mãos de José foram quebradas pela mão do poderoso Jacó" (Gn 49,24), isto é, de Deus. As cadeias são os maus hábitos e as concupiscências do mundo, que mantêm atadas mãos e braços para que não possam realizar obras boas. Eis o que aconselha Salomão: "Faze com presteza tudo quanto pode fazer a tua mão, porque na sepultura, para onde te precipitas, não haverá nem obra, nem razão, nem sabedoria, nem ciência" (Ecl 9,10), isto é, que desde agora estás te preparando e para o qual estás te correndo pelo pecado mortal.

Mas essas prisões são soltas por mão do Poderoso Jacó, isto é, pela misericórdia do onipotente Deus, que libertou Jacó, isto é, o espírito, da mão, quer dizer, da prepotência de seu irmão Esaú, isto é, da carne ou do mundo. E isso concorda com aquilo que lemos no Livro dos Juízes: "Sansão rompeu as cordas, como se quebra um fio torcido de estopa ao chegar-lhe o cheiro do fogo" (Jz 16,9). O fogo é a graça do Espírito Santo, cujo cheiro, isto é, quando é infusa, quebra as cordas dos maus hábitos, com as quais Sansão vivia atado por Dalila, quer dizer, o espírito da concupiscência da carne.

Depois de tê-lo libertado, ouçamos o que ainda faz o Senhor. "Deu-lhe uma casa no deserto." Diz Jeremias: Por causa da mão do Senhor eu estava só, porque me encheste de amargura (cf. Jr 15,17). A casa simboliza a paz do coração, que o Senhor concede no silêncio e na tranquilidade da mente e do corpo.

Lemos nas Lamentações: "Sentar-se-á solitário e ficará em silêncio, porque elevou-se acima de si; porá sua boca no pó" (Lm 3,28-29).

Nessa citação fala-se das cinco virtudes que são necessárias a quem quer ser justo: a paz do coração, quando se diz "sentar-se-á"; a separação das coisas terrenas, onde diz "solitário"; o silêncio da boca, quando acrescenta "calar-se-á"; a elevação da contemplação quando continua "elevou-se acima de si"; e finalmente a lembrança da própria fragilidade, quando conclui "porá sua boca no pó": isto é, deverá sempre falar de sua fragilidade, recordando-se da sentença: "És pó e ao pó voltarás" (Gn 3,19).

19. "E lugar para se albergar em terra estéril." A terra estéril é o mundo; de fato, diz o salmo: "Pela malícia de seus habitantes fez tornar-se estéril a terra fértil" (Sl 106,33-34); porque, como diz o Apocalipse, ai dos habitantes da terra (cf. Ap 8,13). Nessa terra, o Senhor deu ao onagro, isto é, ao espírito, as tendas, quer dizer, os membros do corpo, para que com ele e por ele combata contra o diabo e contra os vícios. Um inimigo que combate tenazmente, faz que também tu combatas valorosamente. De fato, diz o Apóstolo: "Eu combato, mas não como quem açoita o ar", mas como quem bate os inimigos e não só eles; "antes trato duramente o meu corpo e o reduzo à escravidão" (1Cor 9,26-27).

Diz o Gênesis: "Abraão levantou e plantou a sua tenda entre Betel", que se interpreta "casa de Deus", "e Hai", que se interpreta "problema da vida" (cf. Gn 12,8). levantar e plantar a tenda significa exercitar o corpo nas obras de penitência e aplicá-lo também às obras da caridade. E isso entre a casa de Deus, isto é, a vida eterna, porque para ela deve sempre orientar o olho da intenção, e os problemas da vida, isto é, as tentações desta vida, para resistir-lhes e superá-las com a fortaleza do espírito.

Na escola desta mísera vida, brotam vários problemas relacionados às tentações. E quem é tão perito para poder resolvê-los todos? Quantas forem as tentações, tanto são os problemas. E não podemos resolvê-los todos com sabedoria maior do que desprezando-os. Com efeito, a sentença da Sagrada Escritura conclui: "Desprezou a multidão da cidade" (Jó 39,7).

ÍNDICE ANALÍTICO

Aarão: nome, figura de Cristo 187

Abel: nome e significado 31; A. e Caim 691s.

Abelhas: guardas da colmeia 130; nome e significado moral em relação aos justos 130; significado moral das abelhas pequenas e ornadas 131s.; várias atividades das abelhas 177; abelha rainha (rei) 362; por que chupam o mel dos favos 492; coleta da cera 508; exercitam-se no voo 512; as abelhas e a rã 616; as aranhas e os vermes 636; características das abelhas, seu significado alegórico em relação a Maria e a Cristo 934-936; em relação ao justo 936-939; exercitam-se no ar 1004

Abeto: nome e simbolismo 922

Abigail: nome e significado moral 225

Abimelec: nome e significado moral 553s., 938

Abóbora: explicação do termo, descrição e simbolismo 707

Abominação: as quatro A. 673

Abraão: "Toma teu filho Isaac", também a ti o Senhor dá a mesma ordem 55s.; os dois filhos de A., simbolismo 141; os anos de vida de A., simbolismo 150; A. e o bosque de Bersabeia 366; rixas entre os pastores de A. e os de Lot 370; simbolismo da dupla caverna na qual A. sepultou Sara 923

Absolvição: como é dada pelo sacerdote 201; os três atos do caminho penitencial 202; é o fruto da confissão 783

Abstinência: representada na fava 107, 380, na terra sem água 129; na vara 463; no buxo 742; no orvalho 756; na mordida do cavalo 886; no salgueiro 937; a A. do apóstolo São Tiago 982s.

Abutre: como agem os filhotes do A. em relação a seu pai 152; sua natureza, nome e significado moral 466; figura da alma que peca 595

Acã: interpretação e aplicações morais 484s.

Açafrão: → crocus

Aço (o diamante): descrição e simbologia 563

Adão: o jejum pelo fruto proibido 62; o pecado de A. 71; quem era e o que fez 352; representa o homem da parábola que deparou com os ladrões 544; com sua desobediência a Deus tornou-se escravo do diabo 580; o velho e o novo Adão 785; com ele tem início o crepúsculo vespertino, o início da noite 833; sua história narrada na *História dos gregos* 993

Adeodato: filho de Salto, encarna Davi, figura de Cristo 248

Adulação: "fascínio da vaidade" 259; representada na serpente 299; no azeite 706, 728; comparada à cítara 725s.

Adultério: um dos quatro pecados gerados pelo esterco da terra, explicação do termo 44s.; o exemplo de José tentado pela mulher de Putifar 122; "quem olhar uma mulher com intenções libidinosas" 464, 646

Agricultor: figura do pregador 246

Agripa: nome e representações 196

Água: Amon significa A. "paterna" 35; águas superiores e inferiores, significado 36, 669; a A. de Deus 65; a A. do poço da samaritana 101; a cisterna sem A na qual foi descido José 117; "Lança teu pão sobre as A. que correm..." 138; com o espírito e o sangue dá testemunho 196s.

Águia: representa o soberbo 52s.; sua natureza e simbolismo 73; índole 465; nome, natureza e significados 564-566; de que modo rejuvenesce, significado moral 761; figura de João ev. 804-806; figura do penitente pela agudez da vista e do bico 807; as quatro penas das asas representam os atos da penitência 808; figura de Jesus 816; significado de seus três ovos 985

Agulha: descrição, representações 249, 533

Alcaparra: descrição, figura do avarento e da avareza 190; extinção da luxúria 192s.

Aldeia (*castellum*): Jesus manda dois discípulos à vila: explicação do termo,

considerações várias 158-160; a A. dos dez leprosos 567; explicação do termo latino *castellum* e considerações 926

Alegoria: edifica a fé 23; é representada no queijo e desperta a fé 459

Alegria: a vã A. dos mundanos 231s.; dos carnais 483; canto fúnebre pela morte da alma 725; viveiro do eterno pranto, comparada ao vinho 872; vazia dos carnais 266; A. plena dos santos 266; a tríplice alegria 861

Alfarrobas: figura dos prazeres dos pecadores 395

Alma: é o jardim de Cristo e fruto do parto do Senhor 23s.; por que a alma fiel é chamada "arca da aliança" 24; representada na vinha 34; prerrogativas da A. glorificada 39; representada na mulher parturiente do Apocalipse 73; suas vestes 96; a paixão do seu esposo Cristo 169; definição da alma e como se distingue do "espírito" 272; as três garantias do cumprimento das promessas 303; a sua miséria é representada pelo mendigo Lázaro 335s.; representada na mulher que perdeu uma dracma e na mulher de Técua 369, 371; é representada no trono de Salomão 403-405; por que é chamada "cidade" e como é assediada pelo diabo 431s.; a alma e o intelecto 442; é presentada na pomba 483; a A. e a vida do seu esposo Jesus Cristo 539; definição e múltiplo significado do termo 540; quantas e quais são as suas "forças" (potências) e quais lhe são contrárias 540; a alma e a mente 541; a alma e os sentidos do corpo 550; as suas duas potências e qual o seu âmbito 579s.; as suas delícias 588; representada na Jerusalém moral 593; representada na cidade, assediada pelo diabo, representado por Holofernes 603; é templo, as suas insígnias 651s.; nela se celebram as núpcias da justificação 654s.; sua potência superior, a razão 669; é a vida do corpo 679s.; na A. é impressa a imagem da Trindade 711; em que consiste sua perfeição 712; Deus a cria do nada 721; sua dupla morte 726; seus dois pés 730; por que é chamada "menina" 726; é "a luz menor" e para que objetivo foi criada 740; por qual caminho o Senhor chega a ela 776; como é trabalhada 799; é representada em Séfora 842; a alma do penitente une-se com o Esposo, o Espírito Santo 869; é representada em Caná da Galileia e nela estão as seis hidras 873-877; como concebe o espírito da salvação 945-947; e a vida 989; os três "setenários da alma fiel 997

Alqueire: explicação do termo e várias representações 433

Altar: é representado no Monte Tabor 407; nome e suas espécies 423-425; o que representam suas medidas 424; ali se oferece o dom 425; figura do coração 613, 633, 702s.

Ambição: infeliz 212; representada no cavalo vermelho fogo 216; na lepra *lúcida* 566s.; Ó desgraçada ambição 626

Amendoeira (amêndoa): figura de Cristo 146s.; figura da penitência 185; da ressurreição de Cristo 187s.; de quem dá esmola 189s., 474s.; a vida santa e

a contemplação 191s.; a ressurreição do corpo 192s., 266

Ametista: descrição e simbolismo

Amigo: explicação do termo e aplicações 285, 474; o que representam os três A. de Jó 540; A. da humildade 627

Amizade: definição de Agostinho 474

Amor: a Deus e ao próximo 333, 470, 472, 536-539; *dilectio* 537, 816, 891

Ana e **Fenena**: interpretação dos nomes e representação 337s., 346; significado de suas três ofertas 347s.

Anagogia: trata da plenitude do gozo 23

Andorinhas: figura dos demônios 54; os olhos das andorinhas 930

Animais: diversa disposição dos chifres em alguns deles 124; diversa posição de alguns animais na matriz, significado 238

Anjos: os dois A. do sepulcro de Cristo 174; sua tarefa em relação ao homem 257; ordens angélicas e seu significado 670-673; sua dupla tarefa 686; a saudação do anjo a Maria 905, 941; alegria dos anjos pelo pecador que se converte 998

Ano: A. do perdão é toda a vida de Cristo 42; o ano da nossa luz 551; A. da benignidade é o advento 739

Aparições: as dez A. de Cristo depois da ressurreição 182-186; As cinco A. no dia da ressurreição 188

Apóstata: quem não obedece ao superior 505; quem não caminha no caminho reto 829; o anjo rebelde precipitado do céu 921

Apóstolos: representados na estrela que aparece na safira 94; nas palmeiras, sinal de vitória 163; recebem o poder de ligar e desligar 200s.; são as doze estrelas da coroa da Igreja 224; são enviados a pregar 296-298; representados nas rodas da visão de Ezequiel 305s.; recebem o Espírito Santo em forma de línguas de fogo 306-308; representados nas colunas erguidas por Salomão 415; representados na cabeça de ouro da estátua de Nabucodonosor 686s.; grandeza e dignidade dos A. no juízo final 953-959

Arábia: nome e significado 140; interpretação e significado 493; plantas de incenso e de mirra 862

Aranha: como tece a teia 120; como se acasala 278; nome e significado moral 493; nasce nos favos de mel 636; explicação do nome 636

Arca (da Aliança): nome e significado 24; figura do mendigo Lázaro 337s., do contemplativo 351, da vida do justo 634; (de Noé): representa a Igreja 43; nome 309; seus cinco compartimentos representam os cinco sentidos do homem 309-311; é construído como o corpo humano 311; figura da alma 471; da mente do penitente 648; das chagas de Cristo 738s.; da Virgem Maria, assunta ao céu 922s.

Arco (arma): figura da confissão, descrição 107; outras aplicações morais 118s.; representa a S. Escritura 216; e a pregação 639; suas três flechas 639

Arco-íris: figura de Maria 901s., 906

Armila: bracelete, figura da cruz 247

Arquitriclino: explicação do termo e simbolismo 639, 877

Árvore: representa a esmola 38; suas partes e significado moral 448s.; A. boa 448s.; A. má (*malus*) 448, 451s.,

559, 618; se for cortada 636; por que caem as suas folhas 901; simbolismo das três A. do paraíso terrestre 394, 994s.; figura do poderoso 825

Asa: figura do rico soberbo e de seu fim 279; as duas A. e as quatro penas da mulher 807

Asno (asna): atar o pé do A. 37; como é, por que é assim e o que representa 78; nome e significado moral 159s., 621, 826; a asna de Balaão e o bispo 163; sepultura do A. figura da condenação 339; A. robusto é Issacar 367s.; figura do centurião romano sob a cruz 487; o asno vendado que gira a mó 842; a quem representam os asnos que "trabalham" 883

Assaltantes: → Ladrões

Assembleia: quantas, onde foram realizadas e seu significado 142

Átomo (poeira): figura dos próprios defeitos 518

Aurora: símbolo do novo nascimento 552

Austeridade: reforça a mente 625; a A. do Batista 760

Austro: vento quente, símbolo do Espírito Santo 271s.

Autoridade: com este termo eram chamadas as citações da Sagrada Escritura 9; no sentido de *poder* ou *dignidade*: representada no monte onde estava Moisés 93; é conquistada (corrompida) pelo ouro e pela prata 553s.; condenação de quem abusa da A. 748; o desejo da dignidade 764; a A. de Jesus 834; a A. (poder) das chaves 969

Avarentos: representados no terceiro compartimento da Arca de Noé 46; são árvores outonais 253; o que se pode desejar ao avarento, e que coisa pode fazer de bom? 278; por que o avarento é pobre 356; tríplice roubo dos avarentos 515; definição do avarento, comparado ao hidrópico 619; representado no pardal 665; nas aves de rapina 696; nos animais ferozes 714; por que são chamados surdos 755; os avarentos e a humildade de Cristo 779; A. e usurários 793s.; avarentos e escaravelho 794; o avarento e a candeia 865; por que o avarento acumula 965s.

Avareza: somos tentado pela avareza sobre o monte de nossos cargos e dignidades 87; a A. será erradicada como a árvore estéril 190; corrói a mente o avarento 278; representada na ânfora mostrada pelo Profeta Zacarias 714s.; com outros vícios é causa de muitos males 764; muda os pensamentos de quem é escravo dela 880; a fumaça da A. 938

Ave: considerações sobre a saudação do anjo 914, 941, 445, 947

Avestruz: ao libertar seu filhote representa Cristo que liberta o homem 156; explicação do nome e natureza 496; figura do hipócrita 554; o A. e o tirânico prazer da carne 727; como choca seus ovos 959

Bacia: descrição e simbolismo 167
Balança: etimologia e simbolismo 218
Bálsamo (planta): descrição e significado 634-637; outra descrição do B. em referência a Cristo 966s.
Banaías: interpretação do nome e representação 359s.
Barba: significado da raspagem da B. 293

Barca: de Pedro, várias representações 399s.; os quatro instrumentos necessários para governar a B., simbolismo 642s.

Barro: em Jó representa a aspereza da penitência 389; explicação do termo e simbologia 557, 828

Basilisco: natureza 422; representa o iracundo e o tirano deste mundo 422; (régulo) figura do diabo 787s.

Bastão: figura da penitência 303s.; figura da cruz de Cristo 328

Batalha: as três batalhas espirituais 663s.

Batismo: representado pelo firmamento enquanto divide os fiéis dos infiéis 30; confere a primeira inocência 365; comparado ao último juízo em referência à geração dos corpos 955; sua ação 987

Beijo: o B. de Judas 59; o B. do pecador arrependido 83; o B. do pai ao filho pródigo 361; o B. de Davi ao filho Absalão 363; o B. da justiça e da paz 935s.

Beleza: episódio de Dina, filha de Jacó, que quer admirar a B. das mulheres da região: considerações e aplicações 110; na Trindade, B. perfeitíssima é o Filho 276; B. de Absalão 382; B. do pavão 402; B. da criação que revela a B. do Criador 751; B. do penitente é sua confissão 855; B. de Raquel, esposa de Jacó: o amor da B., ou B. do amor! 838s.; B. da humanidade de Cristo 921s., e da divina Majestade 1018; interpretação de "eloquia pulchritudinis" (Gn 49,21), *discursos de beleza*, isto é, belíssimos 1005s.

Bem-aventuranças: formam a dupla estola 432; quantas e quais são 547-549; correspondência com as palavras de Cristo na cruz 713-716

Benjamim: nome e representações 143; os dois nomes de Benjamim figura dos dois momentos da vida de Paulo 958

Berenice: nome e representação 196

Bersabeia: significado 101, 803

Besta: explicação do nome e como as B. representam o diabo 231s.; nome, espécie e significados 495-497

Betânia: interpretação e representações 155-157

Bezerra: → Vitela

Bezerro: → Vitelo

Bildad: o Suchita, significado do nome 540, 570

Bispo (prelado): deve ter cinco qualidades 57; seus vícios e virtudes 163; as sete qualidades que lhe são necessárias 211; representado nos unicórnios 748

Bisso: simbologia 249, 330s.

Blasfêmia: dos judeus contra Cristo 146

Boca: a lagarta 86; quem não a mantém fechada 115; Betfagé, casa da B. 155, 157; a espada afiada que sai da B. 211, 214; a criança apenas nascida leva as mãos à B. 242; "Serás como a minha B." 246; "Pôs uma guarda à minha B." 258; "Quem porá uma guarda à minha B.?" 273; quem se cobre a B. com o manto do silêncio 283; A B. do urso 386; Eliseu põe sua boca na boca do menino morto 439; "Saí da B. do Altíssimo" 525; "A respiração da nossa B." 680

Bocejo: é danoso à mulher que está para dar à luz 239; aplicação moral 243

Boi (bois): atar o pé do boi 37; as cinco juntas de bois do segundo convidado 353s.; os vendedores de B. no templo 490; o B. escolhido pelos profetas de Baal 416; habituado a lutar com os chifres figura do apetite carnal 416s.; figura do bom ladrão 487, e do soberbo 621

Bom ladrão: comparado ao copeiro do faraó e confrontado com Pedro 123; representado no boi 487

Bom pastor: II domingo depois da Páscoa 206-209; seu cuidado com as ovelhas 207s.; recíproco conhecimento entre pastor e ovelhas 221; um só rebanho e um só pastor 223

Borit (saboeiro): ação e simbolismo 658s.

Buraco da agulha: simbolismo e aplicações morais 249, 826, 868; uma das portas de Jerusalém, figura de Cristo 509, 981

Buxo: quem representa 922

Cabeça raspada: significados e efeitos 557

Cabelos (de Absalão): simbolismo 382s.

Cabra: as telas de lã de C., significado 185, 916

Caça (caçador): ao cervo 67; aplicações morais; "caça da tristeza" 103; tática de caça da aranha 120; a C. à vaca selvagem 283; a C. ao castor, ensinamento 581

Cafarnaum: significados e aplicações 673

Caim: nome e significado 31; C. e Abel 691s.

Calandra: natureza e significado 114; representações 286

Calhandra: → Calandra

ÍNDICE ANALÍTICO

Calúnia (e detração): a tríplice espada da calúnia e da detração 340; severa condenação com as palavras de São Bernardo 340; representada nos mochos 496

Camaleão: natureza 694; quem representa 695; explicação do nome, natureza e significado 988

Camelo: descrição 509; figura da avareza 826

Caminho (sendas): o C. espaçoso que conduz à morte 47; as vestes que devem estender sobre o C. 163; "Vós sabeis para onde vou e conheceis o caminho" 247; por qual C. Cristo volta ao Pai 252; Cristo obriga o diabo a voltar pelo C. pelo qual viera 302; o C. pelo qual o coração chega a Deus 314; "Agirei com inteligência" no C. da inocência 385; o C. das oliveiras sobre o qual caminha Davi 388; "o gigante que percorre o C." 412; "Seus caminhos são deliciosos" 460s.; o C. circular da natureza 479; os C. pelos quais se difundem a luz e o calor 556; o C. da sabedoria 630, 802; "Preparai o caminho do Senhor" 775-777; "Não saudeis a ninguém pelo C" 861; o grande C. 953; "Eu sou o C." 979, 981; o melhor caminho de todos 1017

Campo: C. "damasceno" 149 em nota; como se deve trabalhar no C. dos fiéis 245s.; explicação do termo 378, 866, 957, 1016; figura do mundo 589; Cafarnaum interpreta-se "campo fértil" 673; o perfume do Filho é como o perfume de um campo fértil 907

Cana: etimologia e representações 207; C. batida pelo vento 760; significados vários 834, 878

Canaã: interpretação do nome e representação 84

Candelabro: os sete C. de ouro, figura de todas as Igrejas, nomes e representações 209-211; figura da alma 712-714; descrição e simbologia 797

Cão: símbolo da voracidade 86; o C. do caçador é figura da consciência que late e morde 107s.; C. vivo e leão morto 239, 500; nome, figura dos pregadores 336; como se engana o C. 813

Caranguejo: figura da perfídia diabólica 290

Caridade: definição de Agostinho 56; virtude fundamental 282; regra da caridade 339; as quatro coisas que devemos amar 333; é a alma da fé 483; outra definição de Agostinho 576; representada no candelabro descrito no Êxodo 652; os quatro atos em que consiste a caridade 694; representada na medula do cedro 808; C. é participação sincera nas necessidades dos irmãos 851; o homem caridoso representado em Isaac 943

Carismas: 489; "Aspirai aos C. maiores" 989

Carne: a ressurreição da carne e o florescimento da amendoeira 193; explicação do termo 310; mortificação da carne 424; outra explicação do termo 567; comparada à prostituta 643s.; estímulos carnais 649; carne e espírito 714; dela se tira um remédio 929

Caruncho: rói a hera do Profeta Jonas 35; Davi comparado ao C. da madeira 375s.; descrição e aplicações 971, 973-975

Carvalho: do Tabor 90s.; descrição do nome e significado 972

Casa: nome e significados 492, 495

Castidade: representada em Sidrac 693; C. do corpo, é a glória da alma 741; representada no lírio, seus louvores 758s.; castidade e humildade 963s.

Castor: descrição, comportamento quando é caçado e simbolismo 581

Cátedra: significado alegórico e moral 971-976

Causa: explicação do nome e representações 683

Cavala: maneira de parir, figura dos pecadores que se confessam sem dor 115

Cavalo: os quatro C. do Apocalipse, representações 214-221; C. de Troia, simbolismo 241; outras representações dos C. do Apocalipse 434s.

Cedro: descrição e significados 295s., 394; variada simbologia 806; sua medula representa a caridade 809

Cego de nascimento: figura do gênero humano 52s.; do soberbo 52s.; explicação e representações 356s.; figura do prelado ou do sacerdote corrupto 385s.

Cegonha: amor dos nascidos pelo pai 263

Ceia: é dupla, da penitência e da glória 346-348; explicação do termo 348; figura da glória eterna 349s.; o que exclui da Ceia do Senhor 355; as quatro categorias que substituem os convidados 356s.

Cenáculo: terceiro teto, figura da caridade 198

Centelha: descrição e representações 371

Cervo (cerva): como se faz sua caça e o que representa 67; características e significado em referência à Bem-aventurada Virgem Maria 135; suas orelhas 523; cerva, em referência à Virgem Maria 785; natureza e descrição em relação ao comportamento do penitente 1003s.

Cestinho: de juncos, descrição e significados 914s.

Cetro de ouro: figura da benevolência 98; figura da cruz de Cristo 605

Céu: distinção e significados 843

Cevada: nome e simbolismo 219

Charco (lago): definição e significado 395

Chaves: o que são, o poder das chaves 969

Chifres: diversa disposição dos C. em alguns animais significado moral 124s.; os quatro C. vistos pelo Profeta Zacarias, figura de quatro vícios 725

Choro: → pranto

Chuva: explicação do termo e significados 317; chuva lunar, o que representa 623

Cidade de asilo: figura da Bem-aventurada Virgem Maria 136

Ciência: em que consiste sua plenitude 24; o que é a ciência dos dois Testamentos 90

Cinza: explicação do termo e significados 482; figura das tribulações e da abjeção da natureza humana 533s.

Cipreste: nome, simbologia 519; virtudes curativas de suas folhas, figura da salvação divina 605; figura da glória da Bem-aventurada Virgem Maria 926

Círculo: nas narinas do diabo, seu significado 247

Cisne: características e significado 116

Clérigos (clero): prelados da Igreja 103; sua vida representada na jumenta 159s.; seu "cinto de castidade" apodrece em suas riquezas 159; representados na "mulher bela" 485; comparados aos que roubam os duzentos siclos de prata 485s.; os Cl. "lugar de Deus" 562s.; Cl. predadores 674; Cl. e a paz de Edom 748

Cobiça: é chamada "sétimo poço" 103-105; é o espírito da vertigem 233; representada na ânfora da samaritana 489; torna escravos 821

Colher de pedreiro: nome e simbolismo 360, 969

Colírio: para o bispo de Laodiceia 57s.; figura da pobreza e da humildade de Cristo 499

Conchas: nome e significado moral 331; noção, natureza e vários significados 623-625; as C. e a chuva lunar 623; natureza e significados em referência a Maria 949

Confissão (dos pecados): representada no segundo dia da criação 35s., e na hora terça 36; como deve ser 67s.; modo de se confessar 68; o segredo da confissão 75s.; as sete bestas, figura dos pecados a serem confessados 76-79; circunstâncias da se revelarem na C. 80s.; a quem se deve fazer 81; sua eficácia 82; como deve ser feita 114; erros a evitar na confissão 243; representada na língua 314s.; suas qualidades, várias distinções e seus significados 315; representada na trombeta 369; necessidade da C. 382s.; representada no Rio Jordão 436; a

C. e os penitentes 522; vermelhidão e vergonha na C. 523; o que é a C. "pudica" 572; louvores da C. 608; C. e pedra de safira 669; como deve ser 690; representada na corda de medir 724s.; seus efeitos 734, 825; o que o sacerdote deve fazer-se prometer pelo pecador 775; C. e pecador convertido 849; purifica o penitente 873; rito da C. por parte do penitente e por parte do sacerdote, representante de Cristo 881; C. e três espécies de lágrimas 972

Consciência: do pecador é um covil de dragões 77; representada na tenda do testemunho 98; representada no cão do caçador 107s.; representada em Dina, filha de Lia 109s.; representada no templo do Senhor 183; representada na casa e no palácio de Nabucodonosor 191; representada na casa de cedro de Davi 295s.; com que se nutre 347; representada em Aías 445; como se torna um covil de ladrões 495; representada no caixão do filho da viúva de Naim, tocado por Cristo 605; a C. é o acusador no tribunal da mente 647, 810s.; a C. é a casa do homem 726s.; a C. do justo é estreita 930; a C. do justo representada na colmeia 1004

Criação: os sete dias e os sete artigos de fé 28-30; as obras dos seis dias, as seis horas do chamado para a vinha e as seis virtudes da alma 33-35; C. e a Igreja 384

Contemplação: representada no túmulo 30; gosto pela C. 95; o olfato da discrição na C. 95; doçura da contemplação 191s.; em quem é infundida a sua luz 522;

quem tem condições chegar a ela e os dois modos 585s.; sua dupla doçura 961; a mente que se eleva para a C. 1013

Contrição (e confissão): qual deve ser a C. 74; a C. do filho pródigo 572; representadas na flor e na rosa 787; dor de três coisas 972; (do coração): representada no primeiro dia da criação 33-35; seus efeitos 67; em que consiste 74s.; sua eficácia 313, 741; é chamada broto do Senhor 734; purifica o penitente 873

Coração: "triturado" e contrito 74s.; descrição 125, 235, 237s.; significado moral 239s.; no C. há sentimentos 255; Deus quer o coração do homem 269, 298; no C. deve existir o "sinal" do rei 298; o C. do homem é um abismo 317; do C. partem as veias, significado 401; o que fazer ao coração soberbo 463; por que é comparado a um rei e quais são seus ministros 521; sua colocação no corpo humano e significado 538s.; o C. do ímpio 599; o C. é um altar 633; o fruto do coração 702; no C. há três coisas que o tornam figura do verdadeiro religioso 764; várias descrições e significados 977s.; o C. sublime 984

Corça: sua descrição como figura da alma do justo 304; figura de Cristo 420

Corda (de medir): a três cabeças, figura da confissão 724s.

Cordeiro: explicação do nome, e por que representa Jesus Cristo 662; a oferta de dois cordeiros 884

Corpo (do homem): de quantos e quais elementos consta e significado 56; (glorificado) quantas e quais as suas prerrogativas 39s., 838; nosso C., de quantas e quais propriedades será dotado na ressurreição 151, 183; comparado à luz 224; como se forma o C. do homem da concepção ao parto, representações 237-240; representado na amendoeira 266; na "terra do Egito com cinco cidades", isto é, os cinco sentidos 299; as medidas do C. relacionadas entre si 311; o C. comparado à "morada de Davi", na morte e na ressurreição 320; qual o cuidado a ter e como deve ser amado 334; como cresce e decresce 334; representado na piscina Probática 335; representado no escravo que se torna rei e na criança 462; explicação do termo 503; por que é chamado "soberbo pobre" 502s.; jumento 557; os quatro males que existem no C. 598-600; suas quatro portas e como guardá-las 600-602; efeitos da inércia do corpo 973; as três partes do C. das quais procede a morte ou a vida 1008

Correção: quem a despreza 97; interpretação de "Filadélfia" 212; o bastão da C. 462

Corvo: descrição e significado moral 236

Crer: vários significados 298, 645

Criança: seu comportamento serve de modelo: deixar-se tomar pela mão 20; a C. é *infans*, não sabe falar 204; a C. entre mãe e pai 269; a C. imersa na água quente 323; a C. que engatinha 335; a C. que é desmamada 346; as duas prostitutas que disputam a C. diante do Rei Salomão 396-398; a C. que mama ao seio 562; Cristo quis ser chamado C. 787; todo o sermão do Natal refere-se à C. 787-789; a C. exemplo para o penitente convertido 789; "Toma C. e sua mãe": várias aplicações 811-813; "Este é o sinal: encontrareis uma C. envolta em panos": várias considerações 908s.

Crisma: descrição e simbologia 634, 637

Crisólito (topázio): etimologia e representações 306

Crocus (açafrão): noção e simbologia 710

Cruz de Cristo: cúmulo de testemunhos 154; disposição do corpo de Cristo sobre a C. 370; representada na barca em que Cristo subiu 640s., 889; descrição e significado 889; sono de Cristo sobre a C. 890; representada na serpente feita por Moisés 991; história da cruz de Cristo 993

Culpa: "Reconheço a minha C." 82, 428; o cisco e a trave no olho 389

Cúria: as cúrias dos bispos e dos prelados 468, 485

Curioso: significado, observações e conselhos 508

Davi: nome e significado em relação a Cristo 23s., 69; figura do humilde 125; figura de Cristo 301; e do pregador 375; interpretação e significado do nome em relação a Pedro 970-972; em relação ao penitente 971; em relação ao prelado da Igreja 975

Decápole: figura das dez virtudes de Simeão, filho de Onias 516-519

Decretais e Evangelho de Cristo 103

Dedos: nomes dos cinco dedos e significados 524

Defunto: explicação do termo e simbologia 600

Dentes: acusação dos pecados, destruição dos vícios 401, 522, 565; dentes-espadas e molares-facas, figuras dos avarentos e dos usurários 473; várias funções dos D. figura dos crimes dos avarentos 514s.

Deserto: Jesus conduzido ao deserto, os três desertos 70s.; o D. da confissão 75s.; a devastação que vem do D. 104; "Quem é este que vem do D.?" 192; o D. do claustro 417; figura da penitência 702; o D. da pobreza 757s.

Dessemelhança (região, campo, ou terra da): onde se perde a semelhança com Deus 243, 434, 702

Deus: sua imagem no homem 32; o Filho, como trouxe a salvação ao mundo 71s.; explicação do nome 145, 537; o Filho e a paixão do Bem-aventurado Sebastião 166; sua misericórdia 573; é vida da alma 679s.; o F. e o juízo final 685; o "deus-ventre" 709s.; *Emanuel* (Deus conosco), não comeu manteiga, mas queijo 738; fez dois luminares, isto é, duas criaturas razoáveis 740; o F., braço do Pai e o diabo 765; assumiu a natureza humana da Bem-aventurada Virgem Maria unindo-a à natureza divina na sua pessoa 872; o F. igual ao Pai 981s.

Dia: os três D. dos Senhor 151; significado do termo 196, 902; o D. de Jó, considerações e aplicações 550; significado dos oito dias que precedem à circuncisão 999

Diabo (demônio): serpente que habita na sombra, isto é, nos pecadores 35; é chamado exator (tirano) 37; o D. e a saliva do homem em jejum 62; inimigo do gênero humano 71; como procede na tentação 86; de que modo tentou Adão e Cristo e como tenta cada cristão 86s.; o que faz à alma 110s.; sua origem e explicação do homem 113; como leva o pecador a obstinar-se no pecado 117; sua habitação é o coração do iníquo 119; é nobre pela criação infame pelo vício 119; ao tentar o homem imita a aranha 120s.; como tomou o poder sobre o homem e como o perdeu 121s.; por que é chamado espírito imundo e quem é sua habitação 128; de que modo tenta o homem 129s.; explicação do termo (demônio) e representações 148; representado no lobo e nos tiranos deste mundo 220; o que faz a alguns prelados 220; e no corvo 236; e ainda no faraó 241; por que tem um anel nas narinas 247; as três batalhas do D. contra o Senhor 248; representado na serpente 290; no escorpião 292; como age e como foi vencido por Cristo 301; é representado no formigueiro 387; por vezes envergonha-se do pecado do homem 395; é chamado lúcifer 429, 990; assedia a Igreja 431; é chamado velho insensato 505; Cristo destruiu seu poder 578; como se apodera da cidade, isto é, da alma 584; representado em Antíoco 613; o D. e o pregador 615; o D. e o Deus Filho, braço do Senhor 765; o D. e os pregadores 828; é chamado régulo e áspide 787; mancha sobretudo a pureza 814; o D. e certos vícios 834; sua tentação, como a Bem-aventurada Virgem Maria o derrotou 914; o D. e a Bem--aventurada Virgem Maria na figura de Jael 917; seu modo de enganar 956; o D. e a Bem-aventurada Virgem Maria 945s.; o que lhe aconteceu na figura de Sísara 948; como é chamado em relação ao seu agir 950; suas tentações no momento da morte 1000

Diamante (ou aço): descrição e simbologia 563

Difícil: seis coisas difíceis segundo Santo Antônio 304

Dimas e **Gestas**: os dois ladrões crucificados com Jesus 974

Dina: nome e interpretação 109s.

Diorix (canal de derivação): interpretação e simbolismo 911

Direita (esquerda): significado e considerações 180, 183; "E tinha na sua direita sete estrelas" 211, 214; as duas veias que saem do cérebro 310s.; Abraão disse a Lot: Se fores para a esquerda eu irei para a direita... 370; "Comprimento dos dias na sua direita" 460; "Lançai as redes à direita da barca" 597; Benjamim, *Benoni*, filho da direita, em referência a São Paulo 958

Discernimento: representado na "chave" em mão do anjo do Apocalipse 671; enriquecer-se em cada gênero de D. 699; representado na árvore do conhecimento do bem e do mal 994

Discípulo (disciplina): nome e aplicações 158, 964; "Não há discípulo maior do que o mestre..." 388s.; *disciplina*, entendida como *castigo* 461; o amor de Jesus pelo D. amado 803s.

Disputar: o que significa, aplicação moral 394

Doença: os cinco motivos pelos quais vêm as D. 643

Domingo: símbolo do primeiro dia da criação e da luz 30; o dia em que nasceu Jesus 857

Dor: "Vede se existe uma D. semelhante à minha..." 60; dupla herança de Cristo 252; medicina da D. 462; as D. aos pés de Asa 730; D. de Cristo na cruz 991s.

Dracma (moeda): noção, divisões e vários significados 371s.

Dragões: chamados também serpentes, sua natureza, dragões e elefantes 404, 865

Elefantes: natureza 200, 204; natureza e significado moral em referência aos penitentes e aos justos 401, 403; motivos pelos quais o E. pode referir-se à Bem-aventurada Virgem Maria 900; E. e dragões 404, 865

Eleitos: suas cinco categorias e em quem são representados 943

Elementos: os quatro E. de que é composto o corpo humano 56; os quatro seres que vivem somente dos quatro E. 694

Eletro: na visão de Ezequiel, o que é e o que simboliza 523

Elias: símbolo de zelo pela justiça 97; figura do penitente 417

Elifaz o Temanita: significado do nome 540, 570

Eliseu: nome, figura de Cristo 442; simbologia do quarto preparado para ele pela Sunamita 441s.

Eloquência: simbolizada na prata, não pode salvar 678, 689, 742; a E. dos prelados e dos pregadores 777

Enchova: o que é e de que vive 694; figura do penitente 694

Enfermo: quatro categorias de enfermos, representações e aplicações morais 356

Engadi: interpretação do nome 69s.

Erva: é a alegoria que edifica a fé 23; E. tenra é a fé da Igreja primitiva 31; representa a compaixão pelos irmãos 288; E. *salutaris*, figura de Cristo salvador 841; o verdor da E., considerações várias 878s.

Esaú: significado do nome e simbolismo 78; E. figura do mundo que arma ciladas aos justos 419; significado do "Monte de Esaú" 884

Escada de Jacó: figura de Cristo 91; significado dos montantes e dos degraus 91s.; figura do penitente que quer atingir a santidade 106; no alto da escada está o Senhor 804

Escândalo: os pregadores não devem temer o E. 283s.; é a prosperidade dos carnais 335; o E. dos prelados e dos sacerdotes indignos 473

Escaravelho: natureza e significado 974s.

Escarlate (latim: *coccinum*): descrição e simbolismo 96; matéria, cor e significado 664

Escorpião: representa o diabo que, enquanto lambe, fere 292

Escova: figura da confissão 130s.

Escritura: → Sagrada Escritura

Escudo: do diabo 120; figura da fé 366

Escuridão: causa e representações 532

Esmeralda: descrição e representações 593

Esmola: representada na árvore frutífera 38; explicação do termo 65, 495; como fazer esmola 189s.; dever da E. 357s.; sua eficácia 874

Espada: a estrela da E. 272; a palavra de Deus é mais penetrante do que uma E. 272; a E. de três pontas da língua 340; "Cinge a E. ao teu lado..." 482; a bainha da E., considerações e aplicações 484; a E. de dois gumes (*romphaea*) 515; a E. do Senhor é cheia de sangue 747; "A ti, uma espada transpassará a alma" 830; E. afiada 833; na confissão 835; a E. inflexível do juiz futuro 950

Espelho: o E. e as mulheres 64; descrição e referência à S. Escritura 267; E. da cruz 992

Esperança: simbolizada no ovo 291; explicação do termo e natureza 717; representada no azeite 717; é o ninho dos penitentes 808; a E. seu contrário 847

Espiga: representa a contrição do coração 254

Espinhos: e animais ferozes, explicações e representações 46s.; figura das riquezas 501; explicação do nome e simbolismo 600; coroa de E. de Jesus 796s.

Espírito Santo: seu envio, imagem de Deus no homem 32; comparado ao enxerto 260; *E. Paráclito* representado no orvalho 276; sustenta e ilumina a mente do homem 280; por que é chamado E. de verdade 280; sua ação comparada ao fogo 307s.; seu som e sua voz 312s.; é o vento que passa sobre a terra 316s.; por que é chamado consolador 319; sua ação na alma representada no fogo 322; seus sete dons 322; como age sua graça no penitente 346s.; o E.S. e o pregador 427s.; sua graça e núpcias de justificação 654; seus sete dons 663; seus sete dons e Cristo 738; o E. *angélico* é a luz maior 740; eficácia da graça do E.S. 835; sua esposa 870; representado no calor do sol, em referência à vida das árvores 901; é o esposo da alma 989

Espúrio: bastardo: significado do termo 119; o filho da prostituta 407

Estádio: o que é e o que representa 40

Estado (condição): tríplice E. dos bons: incipientes, proficientes e perfeitos 27s.; e dos penitentes 139; tríplice E. representado nos três sinais exigidos por Tamar 303; E. de justiça e de justificação 724; descrição e representação do tríplice E. dos bons 778; o tríplice E. nas palavras do Profeta Oseias 801; tríplice E. dos bons e as três solenidades 847; qual a oferta em cada um dos três E. dos bons 849-851; E. (vida) de penitência 859

Estanho: figura da humanidade de Cristo 512

Estátua de Nabucodonosor: sentido alegórico e sentido moral 686-690

Ester: figura da alma penitente 572; interpreta-se "escondida" 860, 924; figura da Bem-aventurada Virgem Maria 925

Estêvão: sermão sobre Santo E. 792-800; interpretação do nome 795; representado no candelabro de ouro batido puríssimo 797

Estoraque: descrição, símbolo da compunção das lágrimas 172s.

Estrela: descrição e significado das doze estrelas ao redor da cabeça 226; nome e significado 669; a E. dos magos, considerações e representações 857-859

Eucaristia: "A Ceia do Senhor" 165-171; o bocado de pão 165; "um banquete de vinhos sem borra" em referência à E. 169; "Cristo nossa Páscoa foi imolado" 176; oferta quotidiana dos fiéis 223; a "casa do pão" 249; oferta de propiciação e expiação 269; prefigurada na transfiguração 407; a majestade divina presente onde está o corpo de Cristo 412; representada na mesa do antigo altar 652; é a terceira mesa dos filhos de Deus 817; com que frequência receber a E. 885

Família dos fiéis: representada nas três varas da videira vista em sonho pelo copeiro do faraó, as três varas representam os três momentos da Anunciação de Maria; aplicações 135s.

Favo: figura do Verbo encarnado 935

Fé: quantos e quais os artigos da F. 28s., 410, 439; visão da F. 93s.; é a vida da alma, como se perde 255; representada no peixe 290; F. e coisas temporais 351; F. com as obras 366s.; sem medida 381; veste da alma e seus quatro elementos 405; F. e caridade 483; a F. em Jesus Cristo salva o humilde pobre 575; Sublimidade da F. 631; o que significa crer 645, 829; como a F. vê o Filho de Deus 807; a verdade da F. e seus artigos 979-981

Ferreiro: nome e representação 512

Ferro: figura do pregador santo 512

Figueira: "Quando estavas debaixo da figueira, eu te vi" 235; figura da alma 310; nome e representação 348, 702s., 995; figura da natureza humana 744; suas folhas 844; símbolo da fecundidade 995

Filisteus: nome e interpretação 100

Firmamento: do segundo dia da criação, símbolo do batismo 30s., 35s.; figura do prelado 470s.; símbolo da contrição 669; explicação do termo e considerações sobre a Bem-aventurada Virgem Maria 921

Fivela: significado do termo e simbologia: a repressão da própria vontade 640

Flagelo (disciplina): quantas e quais espécies de mortificações 310

Flecha: os três componentes da F., simbolismo 520; representa a vanglória 812

Flor: símbolo da ressurreição de Cristo 181; descrição e significado, aplicação moral 189; figura da espera dos bens futuros 191; a F. da amendoeira símbolo dos desejos do homem carnal 266; a F. da erva que se seca figura do rico 266; a F. da primavera símbolo dos bens temporais 484; Nazaré interpreta-se F., considerações 783, 853, 940, 945; a F. da raiz de Jessé, figura de Maria, considerações 896

Floresta: representa a estéril sociedade dos pecadores 888

Fogo: suas quatro propriedades, figura da ação do Espírito Santo 307; suas propriedades representam os sete dons do E.S. 322; suas propriedades e significados 630; natureza e significado 949; F. e o E.S. no batismo 987

Fornicação: o que é 45; o pecado mais difundido no mundo 255; representada na lepra *escura* 568

Fossa: as três fossas que o pecador deve escavar no seu coração 428

Frigideira quente: que cega o urso 264

Frota de Salomão: simbolismo 401

Frutos: são as obras do justo 38; significado dos F. da mandrágora 387; as três qualidades do fruto, e seu significado 641; os F. de alguns povos da Índia 680; o que representam e como se dividem 680

Fumaça: cega os olhos da razão 101; representa a esperança do ímpio e o prazer material 229; a F. da avareza 938; "De suas narinas saía a fumaça de sua ira" 1005

Furto (e rapina): atribuir a si mesmo o mérito 574; as duas mulheres que levam a ânfora, na visão de Zacarias 714s.

Gafanhoto: figura dos religiosos fátuos 101s.; figura da Igreja primitiva 188; dos pobres 190; G. e glorificação da alma 193; representa a alma no gozo dos santos 266; natureza e significado 475, 703; representa os usurários 966

Gálbano: o que é e o que representa 172s.

Galinha (choca): natureza e significado 796; representa quem leva vida ativa 934; Cristo compara-se à G. 794-796

Gato: figura do mundo, cuja sabedoria enxerga somente de noite 298

Gavião (milhafre): representa o justo 73; procura primeiro o coração 269; o G. e a pomba 588; o G. e a galinha 796

Gazela (Tabita): representação 202

Gedeão: nome e significado 66; figura do penitente que examina sua consciência 66; figura do penitente que detesta seus pecados e combate contra as paixões 353

Gênero humano: representado no cego de nascença 29, 51; história de sua salvação 144s., 940; cinco espécies de eleitos 943; em referência à paixão de S. Sebastião 166; sua história e realidade 296

Genesaré: nome e representações 395

Geração: necessidade do elemento ativo na semelhança da palmeira 259s.

Gestas e **Dimas**: os dois ladrões crucificados com Jesus 974

Getsêmani: nome e representações 351

Glória (glorificação): da alma e do corpo, sua perfeição 40; a vida celeste 171; G. eterna 348s., 520; sua medida 383; as oito bem-aventuranças 432; quatro coisas referem-se à G. 820; de Jesus Cristo 921s.; G. da Bem-aventurada Virgem Maria 926s.; dos bem-aventurados 951; G. eterna 978

Golias: nome, suas armas, várias representações 119, 122

Gosto: da contemplação 95; seu órgão é a língua 314; o rico não tem o G. das coisas de Deus 330; o G. é simbolizado no Ocidente 601

Graça: é a primeira unção 261; é o rosto de Deus, a imagem de Deus no homem 282; sua necessidade para fazer o bem 316; consequências da falta da graça 432; G. e núpcias da justificação 654; é a luz que restabelece a imagem de Deus em nós 711; é figura da recriação 711; quatro virtudes que se referem à G. na citação de Baruc 820; tríplice alegria que se recupera a G. perdida 861; é luz da razão 943; a G. é a obra da alma fiel 1000; a G e a perversa parentela 1000

Graus: significado dos dez G. do relógio de Acaz 449-451; G. de perfeição do caminho e da pátria 520

Gravidez: considerações e aplicações várias 237-239

Grou: amor dos nascidos pelo pai 152; comportamento e significado 378

Guarda: Jesus não nega ser "samaritano" enquanto o termo significa guarda 146, 544s., 555; G. "quanto permanece na noite?", considerações e aplicações 453s.; interpretação do termo 627; "Sou por acaso o guardo do meu irmão?" 827; Egeu, figura de Cristo, verdadeiro guarda das virgens 925

Guerra: Judas Macabeu que se arma para a G. é figura do pregador 612; a pregação chama para a G. contra os vícios 701; a guerra do diabo contra o justo, defendido por cinco soldados 886

Gula: as cinco tentações e os cinco pecados de gula 86; sua tríplice rapina 331

Hábito (costume): de justiça 255

Hálito: representa a pregação 796

Hera: o que é e seu significado 35

Heresia (hereges): representada no chacal 79; testemunho contra os hereges 151; com os hipócritas, representados na hiena 445s.; quem são e o que fazem 570; seu erro em relação a João Batista 753

Herodes: fez Jesus vestir uma veste branca 59; interpretação e considerações 750s., 812; símbolo da ira 814; perturbação de H. 859s.

Hévila: terra do ouro, nome e significado 23; seu ouro representa a Igreja primitiva 797; H. é figura da Bem-aventurada Virgem Maria 924

Hidra: as seis H. das núpcias de Caná, considerações e aplicações 873-877

Hidrópico: explicação do termo, considerações e aplicações 617-619

Hiena: natureza e descrição 445; representa os hereges e os hipócritas 445

Hioscíamo (erva malífica): efetios e simbolismo 665

Hipócrita: seu comportamento 62s.; explicação do termo, representado no ídolo Bel 62; e os falsos religiosos, astros errantes 253s.; os H. comparados aos falsos profetas, dos quais é preciso precaver-se 443-445; comparado à hiena 445; seu comportamento 446; comparado ao avestruz 496, 555; e o armeiro de Abimelec 553s.; comparado ao manco 754; duas espécies de H. comparados às duas espécies de onagros (asnos selvagens) 866; comparados às abelhas "ornadas" 937

Hissopo: o que é e seu significado em relação à fé em Jesus Cristo 222; o que é e seu significado em referência à humildade de Cristo 394

Holofernes: figura do diabo 603

Holocausto: etimologia e significado 55; figura do nosso corpo 424s.

Homem: como foi feito por Deus 32; saliva do H. em jejum 62, 299; sua natureza antes e depois do pecado 149; tríplice condição em relação à morte 193, 839; como é concebido, formado, carregado no seio e dado à luz 237-239; por que é chamado "microcosmos" 253, 297; H. e graça do Espírito Santo 260; em Cristo é nova criatura 297; sua essência 313; H. de *humus* 334; como cresce e decresce no corpo 334; quanto e que dons são dados por Deus 462;

quatro espécies de homens iníquos 473; várias descrições dos quatro estados de vida do H. 673; feito à imagem e semelhança de Deus 711s.; ídolos do H. carnal 742; sua justificação 795s.; sua carne comparada ao vidro 871s.

Hora (aplicações e considerações sobre as seis H. da saída do patrão da vinha): H. primeira 33; H. terceira 35s.; H. sexta 38; H. nona 38; H. undécima 39; última H. da tarde 39; Jesus pede que passe aquela H. 170; a H. mais quente do dia 182; a H. da ceia 350; a H. *sétima* da cura 680; o terceiro advento de Cristo na H. da morte 743-745; "Ainda não chegou a minha H." (em Caná) 872s.

Hóspede: explicação do termo, figura dos verdadeiros pregadores 284

Humildade: raiz de todas as virtudes 45; H. e soberba 116-125; sua capacidade de extirpar os vícios 126; representada no coração 239s.; comparada à água 449; quais e quantos os seus degraus 449-451; guarda das virtudes 627; louvores da H. 679; representada no abeto 741; a H. da mente representada no vale 777; consideração sobre a verdadeira H. em referência à humanidade de Cristo 779; H. e pobreza no nascimento o Salvador e seu sinal 787; discurso sobre a H. 821s., 854-856; H. e castidade 964; representada numa certa porta de Jerusalém 981

Ídolo (simulacro, simulador, idolatria): mercenário 217; Dagon caído diante da Arca 338; o I. Baal, figura dos

falsos profetas 447s.; desmascarado por Daniel 688; o I. do próprio corpo 464; o I. do ciúme 673; o pastor que abandona o rebanho 1009

Igreja: representada na arca de Noé 43; é o Corpo místico de Cristo 60; representada na safira, início, duração e ordenamentos 94; a I. primitiva e o gafanhoto 188; I e Sinagoga 188; I dos gentios representada no eunuco de Candace, rainha da Etiópia 203; Cristo nos apascenta cada dia com os sacramentos da I. 208; representada na Mulher vestida de sol 223s.; como a Igreja concebe, gera e dá à luz 224; representada em Belém, casa do pão, ou seja, do Corpo de Cristo 249; representada em Galaad 336; é a barca confiada à guia de Pedro 400; representada no trono do Rei Salomão 403; por que é chamada cidade e pequena, e como é assediada pelo diabo 430; a presente perseguição 433; Cristo expulsa os mercadores da I. 490; a I. casa de oração 492; fizestes da I. uma espelunca de ladrões 495; como é defendida 524; sua unidade é representada na veste inconsútil de Cristo, que foi dividida pelos hereges e pelos simoníacos 570; I. militante e suas quatro ordens 592; as núpcias da glorificação 655; I. e estátua de Nabucodonosor 686s.; a I. primitiva 797; I. militante e triunfante 916; sua cabeça e seus pés 958; tríplice I. 968s.; quem tem o poder judiciário na I. 969s.; é mãe de quem nasce na verdade da fé 980

Incenso: explicação do nome 493; árvore, coleta, patrões e cultivadores

ÍNDICE ANALÍTICO

e significado 493s.; incisão da árvore
e coleta do I. 519; nome, cultivação,
descrição e significado 862;
significado do I. em referência à Bem-
-aventurada Virgem Maria 912

Infante (*infans*: que não fala):
considerações e aplicações morais 908

Inferno: segue o cavalo esverdeado do
Apocalipse 220s.; representado na
ortiga 251; mas o rico foi sepultado
no I. 338s.; representações no Tofet
452; os quatro "elementos" que
levam a alma para o I. 605; as "trevas
exteriores" 665

Inimigo: o teu pior I. é a tua carne 55;
Joab significa I. 71; seu delito 373;
também em relação ao I. é mandada a
misericórdia 378s.

Intelecto: com a vontade e a memória
forma uma "trindade" que é figura
da Trindade divina 277; o dom do I.
322; I. espiritual e I. carnal 470

Intenção (reta I.): é representada na
"destra do altar do incenso" 183;
na coroa daquele que cavalga o cavalo
branco do Ap. 216s.; seu fundamento
é Cristo 537; representada na coroa
de ouro posta na fachada do templo
633; na lâmpada com a qual Deus
perlustra Jerusalém 723; é uma das
sete lâmpadas do grande candelabro
798; é como o olho do corpo 799; é
como a raiz do lírio 906; qualifica a
obra 947

Inveja: simbolizada na lepra pálida 569;
tormentoso suplício 866s.

Ira (iracúndia): não opera a justiça
de Deus 259; noção e diferença
421; o iracundo tem múltiplas
representações 421s.; representada
em Herodes 814; descrição da ira,
no homem iracundo 865s.

Isaac: nome e representações 41s., 55,
943; leva aos ombros a lenha para
o sacrifício é figura de Cristo que
carrega a cruz ao calvário 788

Israel: interpretação do nome e
representações 100

Jaboc: torrente de pó, simbolismo 304

Jacó: explicação do nome e considerações
sobre o sonho da escada 91s., 106;
Rebeca vestiu J. com vestes muito
belas 96; J. atravessa a torrente
Jaboc, aplicações 281; predileção
de J. pelo filho José 663; analogias
entre J. e João ap. 803; os anos (14)
de serviço de J. para receber Raquel
por esposa: "Ó amor da beleza!...",
aplicações 838s.

Janela: figura dos olhos 317

Jardim: nome e representação 518; o
jardim do Amado e os quatro jardins
663; J. das delícias 911

Jaspe (topázio): descrição e simbolismo
561

Jejum: como deve ser e sua eficácia 62s.;
o J. do quarto mês, do quinto, do
sétimo e do décimo mês 63; a saliva
do homem em jejum 874

Jerusalém: J. *espiritual*, suas partes 28;
tropa dos verdadeiros penitentes 396;
J. *cidade*: quanto e quais seus nomes e
seu significado 480, 981; pranto de
Jesus sobre J. e pranto da alma 483;
a porta chamada "buraco da agulha"
e as outras portas segundo Neemias
509; J. *celeste* representada no templo
653; J. *celeste* e a glória, exemplo da
rosa 978s.

Jesus (nome): significado, prerrogativas,
virtudes 840; seu múltiplo
significado dado pelas letras e sílabas

que o compõem 840; J. e a erva que cura 841; por que é chamado "*puer Iesus*" e não "*Iesus puer*" 932; doçura e significado do nome 936

Jesus Cristo: na figura de Davi 23; o mesmo e idêntico Deus do Antigo e do Novo Testamento 42; é o semeador 42; sua vida 43; J. e a escada de Jacó 91-93; eficácia de sua paixão 117; por que assumiu nossa humanidade 121s.; é pontífice 144s.; por que é chamado vara, vara vigilante, vara de nogueira e de amendoeira 147; seu tríplice dia 172; o que lhe fazem os falsos cristãos 152; é salvador à semelhança do avestruz 156; quais as insígnias do seu reino 160; J. e a "armadilha" da cruz 161; deposição de suas vestes, significado 166; J. e a humana natureza 167; o banquete do seu corpo e do seu sangue 168s.; sua paixão 170; por que é pontífice 187; eficácia de sua morte e ressurreição 187s.; de que modo restabeleceu a tríplice paz 229; o centro é o lugar que lhe compete 229s.; quantas vezes e por que mostrou aos apóstolos as mãos, o lado e os pés 200; como nos apascenta cada dia 208; por que é representado no círculo 247; em muitos significados é representado em Davi 248s.; *polymitharius* e belemita 249; seu trabalho ao redimir o homem 250; representado na rola 252; sua dupla herança 252; sua unção (graça) 261s.; explicação de seu nome 264; intercede junto ao Pai por nossos pecados no sacramento do altar 268s.; representado na calhandra 286; sua vitória sobre o diabo 301s.; nosso rei, como devemos comportar-nos 361s.; Rei dos Reis 363; é representado na onça 371; no trono de Salomão é figura da alma do justo 404; C. de crisma 413; nossa pomba 418; representado na cerva (gazela) 419; seu mandamento 420; por que é Senhor e por que é guarda 453; quais as suas riquezas 460; é representado no sol 479, 498s.; de sua carne o medicamento da humildade 503; que mercadores o vendem hoje 515; por que é representado nas cinco cordas nomeadas no Eclesiástico 519s.; é representado no "figulus" (oleiro) 525; maravilhas operadas nele pelo Pai 526; sua humanidade simbolizada na brasa ardente 526; seu rosto 535; é samaritano 544s.; é vida e justificação do gênero humano 545s.; mediador entre Deus e o homem 546; a herança que nos deixou 562; sua veste 570; de que modo quebrou o poder do diabo 578; seu lado aberto pela lança 588; sua misericórdia 604; os panos nos quais foi envolvido 622; nele se resume a sublimidade de nossa fé 631; representado no cordeiro 662; suas núpcias e qual a veste para celebrá-las 662; representado no eletro 679; por que é rei 684; significado dos dois nomes: Jesus e Cristo 724; é comparado ao saco de crinas 736; sua humilhação 737; suas cinco chagas 738s.; o que fez como braço do Pai 765; reconhecê-lo como Filho de Deus 767; J.C. pedra e o justo 770s.; sua humanidade representada

ÍNDICE ANALÍTICO 1041

no caso do barro 775; sua humildade é a destruição do soberbo e do avarento 779; as faixas nas quais foi envolvido 785; "menino" porque é sinal 787; nossas vantagens por seu nascimento 787; "Foi-nos dado um Filho", aplicações 788; como deve ser imitado 801s.; seu amor por nós 816; seu luto por Adão na figura de Davi 816s.; J.C. nas palavras do Profeta Baruc 819s.; a profecia de Simeão 825-830; sua paixão 831; por que não cometeu pecado e por que foi circuncidado 837; é a "glória do Pai" 921; quantas vezes derramou sangue 842; prorrogação de sua obra 854; o jogo de J., exemplo de humildade e de submissão 854s.; como orvalho desceu sobre a Virgem 902-906; comparado à abelha 904; a dupla geração, do Pai e da Mãe, representada nas três missas que se celebram no dia do Natal: meia-noite, aurora e dia 909; glória do Pai, "firmamento" dos anjos e esplendor dos santos 921s.; representado nos três elementos da vela 935; múltipla doçura de J. 936; significado do nome Cristo 966; sua dupla geração 967; J. sabedoria do Pai 970; sua sabedoria na cruz 974; comparado ao verme e ao escaravelho 974; por que quis nascer de uma mulher casada 941; nasceu santo 944; como a Virgem o concebeu? 944; C. e o juízo 950; C. e uma porta de Jerusalém 981; poder e eficácia de sua paixão 991s.

Jó: significado do nome e modo de confessar-se 115

Joab: nome e representação 71; figura do "inimigo", o diabo 373

João: nome e representações 89-91; J. repousa sobre o coração de Jesus 803

Jonas: história e simbologia de seus eventos 35, 619, 707, 890

Jope (Jafa): interpretação do nome 224s.

Jordão: nome e representações 130, 963

José (esposo de Maria): figura do cristão 810s.; símbolo da esperança 847; sua missão e tarefas 941

José (filho de Jacó): nome 113s.; vendido, aplicações morais de suas vicissitudes 114-116; figura de Cristo 876

Jovem (juventude): sentado no sepulcro de Jesus 180; o J. egípcio encontrado por Davi 356; conselhos do Eclesiastes ao J. 487; "Quando eras mais jovem..." 1010

Judas: discípulo traidor, o beijo e o preço da traição 58s.; é figura de quem trai a verdade 59

Judas Macabeu: que veste as armas, figura do pregador 611s.; que sobe para purificar o anuário, figura do penitente 641-643

Jugo: nome e figurações 505

Judite: considerações e aplicações 594-597

Juízo: quem são as seis pessoas necessária para um juízo e quem representam 256; quando é permitido o juízo 378s.

Jumento: é o nosso corpo 557; como acalmá-lo quando está na fase do estro 557; o prazer dos cinco sentidos 826

Justiça: noção e divisões 255s.; exemplar nos santos 256; consiste em três coisas 303; J dos fariseus, dos apóstolos, de alguns religiosos e dos verdadeiros penitentes 415s.; noção, por quem e com quem deve ser praticada 417-420; o justo Simeão 931s.

Lã, as onze telas de L. de cabra, simbolismo 185; a cabeça e os cabelos de L. cândida 213; L. de uma ovelha dilacerada pelo lobo 904

Ladrão (salteador): explicação do termo e representações 549

Ladrões: representam os cinco sentidos do corpo 549

Lagarta: natureza, figura do guloso 86

Lago: figura do mundo 248; de Genesaré 395

Lágrimas: prerrogativas 64; de contrição 82; são o sangue da alma 98, 207, 850; os demônios são gulosos delas 131; representadas no estoraque 173; L. da viúva 873; mudadas em vinho 876; as mulheres são fáceis para as lágrimas 946; explicação do termo 972s.

Lambrusca: → Uva selvagem

Lâmpada: símbolo da pregação 542; figura da infusão da graça 712; as quatro lâmpadas em referência ao que diz o Profeta Sofonias 722; os quatro elementos da L. e o que simbolizam 964

Lázaro: nome e representações 332; representado na arca do Senhor 338

Leão: furioso, é o coração soberbo 463; natureza 500; representa a soberba 937

Legistas (canonistas): enganadores 768; representados nos *sábios* da Idumeia 884

Lei: a L. da perfeita liberdade é o amor a Deus 269; inutilidades das muitas

leis e prescrições 274; L. de Cristo ou L. de Justiniano? 468

Leite: explicação do nome, substância e significado moral 203s.; de quantas substâncias é composto e significado de cada uma 459; o que se faz com o L. 738; sua qualidade e significado 784

Leitos: várias considerações sobre o L. no qual está deitado o paralítico 643; o que significa "tomar o leito" 648; três ordens de leitos e o que simbolizam 877

Lemuel: significado do nome e a ordem de Salomão 466

Leopardo: natureza e significado 618

Lepra: espécies e significados 568-572; L. e luxúria 755; o que representa a L. "inveterada" 880

Lia: nome e interpretação 109

Língua: fechada por uma dupla porta 258; sua colocação, seus vícios e pecados 258s.; seu nome vem de ligar 273; "Falaremos línguas novas", várias considerações sobre a L. 299; L. da serpente, de Eva e de Adão 307; é representada no primeiro compartimento da arca de Noé 309; descrição e significado moral 314s.; pecados da L. 340; representada na figueira 703; comparada à meretriz 882

Lírio: descrição e significado em relação à Bem-aventurada Virgem Maria 134; o Amado se apascenta entre os L. 518; suas três propriedades e seu significado 589; figura da V. Maria 905, 935; figura de seu parto 907; nome e aplicações várias 910

Litígio: entre os dois "filhos" da alma 370

Livre-arbítrio: em virtude do L. A. pode-se pôr impedimentos à ação do

Espírito 796; o uso perfeito do L. A. só na ressurreição final 839

Livro: significado 228; os L. de Moisés, como são chamados, seu significado 432s.; L. dos justos 997

Lobo: o mercenário foge dele, natureza, figura do diabo e do tirano deste mundo 219s.; o que faz o L. do pântano meotina aos pescadores, e o que fazem o diabo e o tirano deste mundo aos prelados 220; o L. e a lua no poço 549; figura do diabo e de Herodes 813

Lodo: representa as riquezas, como usá-las 317; figura do amor do mundo e da carne 1014

Louvor: pode ser um perigo 547

Lua: o que representa 224; as três prerrogativas pelas quais é figura do corpo humano 225; explicação do nome e aplicação 282; a L. no poço 549; a L. e a Bem-aventurada Virgem Maria 897

Lucerna: seus componentes, significado 374

Luxúria: esterco da terra donde se originam quatro pecados 44; o prazer carnal e a raiz do junípero 56s.; representada no Rio Pitom 278; e no tigre 867

Luxuriosos: representados no primeiro compartimento da Arca de Noé 44; nas ondas do mar 253; o convidado para a ceia que se casara 355

Luz: o primeiro dia da criação 29; a tríplice L. do Monte das oliveiras 157s.; a luz da lua será como a luz do sol 183; explicação do termo 473; serão trazidos à L. os segredos das trevas 479; Cristo é L. e nele não existem trevas 491; em que caminho

habita a L. 546; o ano da nossa L. 551; apaga-se a L. do mau 568; a L. improvisa faz as conchas se fecharem 624; sobre nós, Senhor, a L. do teu rosto 711; o Senhor será para ti L. sempiterna 748; Natal, missa da Luz 909

Macaco: figura dos verdadeiros penitentes 402; comportamento e significado 959

Maceda: interpretação e representação 85

Madeira: seca 334; de oliveira, simbolismo 392; a M. de cetim 423; figura do corpo humano 636; a M. de Eliseu que atrai o ferro 889; a "madeira desprezível" 993; vantagens da M. da cruz 994

Mamona: explicação do nome e significado; leva muitos ao inferno 583

Manassés: nome e representação 128

Mandamentos: → Lei

Mandrágora: o que o é, significado e simbolismo 387

Mão: da M. do usurário escorre sangue 47s.; as M. dos pobres são o "tesouro" de Cristo 65, 474; estamos escritos nas M. de Cristo 202; nome, forma, significados e representações 225, 294, 413; as M. do embrião 238, 242; a M. de Deus, em função de parteira, é a mão do sacerdote 243; a palmo da M. 292; impor a M. 300; a M. do Senhor é o toque da graça: seus efeitos 427; as M. escondidas sob as axilas 459; M. direita e esquerda 460; várias noções e representações 523; seus dedos, o que são e seu significado 524; as M. de Jesus 881; a M. que escreveu Mané, Técel, Fares 692, 1001; o conselho de Salomão: Faze com tuas M. 1018

Marfim: nome 404; símbolo 900

Maria (Bem-aventurada Virgem): a pedra do deserto representa sua virgindade 70; Agostinho explica sua imunidade ao pecado e sua graça singular 134; seu ventre é como um cúmulo de trigo cercado de lírios 134; é representada na cerva, na palmeira, na videira 135s.; nome de Maria 136; superior a todos os santos pela riqueza de virtudes 155; sua postura nos três dias da sepultura de Cristo 178; sua virgindade de mente e de corpo representada na "porta" da qual fala Ezequiel 363; é representada na dracma perdida 371; no trono de Salomão 405s.; estrela-do-mar 461; é terra abençoada 526; é silvado, vara e altar 527; seu seio é representado no templo de Salomão 651; núpcias de união celebradas no seu seio 654; é a árvore da vida 734; por que seu nome se interpreta "mar amargo" 783, 847; é a casa do pão 784; a glória que lhe provém da divina maternidade 785; é chamada gloriosa, princesa e rainha nossa 786; M. e o apóstolo João 805; estrela--do-mar 821; seu duplo parto 830; o anúncio do anjo marcou o início do "dia" 832; as "seis palavras" de M. trazidas pelos evangelhos 872; Deus infundiu-se a fé maior 885; o três eventos que refulgiram no seu nascimento 895; é chamada "estrela da manhã" 895s.; quantas e quais as suas propriedades 896; por que é comparada à "lua cheia" 897; vaso, porta do céu, porta do paraíso 898s.; sol fulgurante, suas virtudes e prerrogativas 899-902; arco-íris resplendente 901; pedra do deserto 903; velo de Gedeão 903s.; ovelha pela inocência 904; Israel e lírio 905; é nossa mediadora na figura da oliveira e do arco-íris 906; lírio 910; jardim mais belo do Éden 911; incenso perfumado 912; é representada na tenda de Moisés 914; porta do santuário de que fala Ezequiel 915s.; representada em Jael 917; sua predestinação 922; verdade de sua Assunção 923; suas três virtudes: humildade, pobreza e virgindade 923-925; representada em Ester 925; sua divina maternidade é o fundamento de sua glória 925s.; representada na oliveira e no cipreste 926; sua glória no céu 927; interpretações e significados do seu nome 929; representada na abelha 934s.; a figura de Maria pelo sentido do nome de Nazaré e das palavras do Cântico dos Cânticos 940s.; louvores a seu nome 941; sua fé e sua plenitude de graça 941; seus louvores na saudação do anjo 942; destruiu a soberba do diabo 945; por sua "perturbação" à saudação do anjo é comparada às conchas 949; parede para a qual voltou-se o Rei Ezequias 974; M. e o *Livro dos justos* 997

Martelo: nome e simbologia 513

Matrimônio: segundo a forma da Igreja 93; quantos e quais os seus fins 355; M. e as três espécies de núpcias 654-656

Medicina: M. que mata a serpente diabólica 65; arte médica e modos de curar 71; M. da alma 929

Medida: é o significado de Sinai, monte que representa a confissão 76; a medida da glória eterna: as três medidas 381-384; M. da restituição 690; a corda para medir representa a confissão 724

Mel: significado 492; o M. bom 935

Memória: com intelecto e vontade, é uma imagem da divina Trindade 277; uma das três faculdades que guiam o homem 607; pela M. o homem é semelhante ao Pai 711

Mente (consciência): seu tribunal, segundo Agostinho 256; é imagem da Trindade 277; como deva ser purificada a consciência do pecador 309; devoção da M. 423s.; nome e natureza, e com quantos nomes é indicada 541; seu tribunal 647; ainda seu tribunal 811

Meridiana (de Acaz): narração, explicação e aplicações: significado dos dez graus de avanço 449-451

Mesa: tríplice M. dos filhos de Deus: da doutrina, da penitência e da Eucaristia 817s.

Milagre: várias considerações sobre os seis M. que Cristo atribui a João Batista por meio dos discípulos 753-758; cura do cego de nascença, Domingo da Quinquagésima 50-53; a transfiguração de Jesus, II domingo da Quaresma 93-95; libertação da filha da mulher cananeia, II domingo da Quaresma 108-110; a multiplicação dos pães e dos peixes, IV domingo da Quaresma 138-140; a pesca milagrosa, V domingo depois de Pentecostes 408-410; a cura do surdo-mudo, XII domingo depois de Pentecostes 521-529; os dez leprosos limpos, XIX domingo depois de Pentecostes 567-574; ressurreição do filho da viúva de Naim, XVI domingo depois de Pentecostes 594-596; cura do hidrópico, XVII domingo depois de Pentecostes 617-619; cura do paralítico, XIX domingo depois de Pentecostes 643s.; cura do filho do régulo, XXI domingo depois de Pentecostes 670-672; ressurreição da filha do chefe da sinagoga, XXIV domingo depois de Pentecostes 722s.; cura da hemorroíssa, XXIV domingo depois de Pentecostes 728; mudança da água em vinho nas núpcias de Caná, I domingo depois da Epifania 868-873; cura do leproso, II domingo depois da Epifania 879-882; cura do servo do centurião, II domingo depois da Epifania 885-887

Milhafre (gavião): nome, natureza e significado 714, 796

Ministros: explicação do termo 528; M. idôneos do Novo Testamento 528; são menores e pobres 528

Mirra: descrição da árvore da M. 140; indica a penitência 172; nome e significado 494; o Dileto é um saquinho de mirra 539; descrição da árvore e significado 862

Mirto: representa a pureza do justo 215

Misericórdia: noção 376s.; as cinco ordens contidas nas palavras: Sede misericordiosos 376, 381; M. de Deus e como deve ser a tua 377; o exemplo oferecido pelos grous 378; louvores da M. divina 608s.; múltipla

eficácia da M. do Senhor 690;
tríplice interpretação do termo 690

Mocho (coruja): natureza, nome e
significado 986s.

Modos: três M. pelos quais Deus nos vê
235; os cinco M. pelos quais vêm as
doenças 643; três M. pelos quais nós
vemos a Deus 933

Moeda: considerações e aplicações sobre
a efígie impressa nas moedas 711s.

Moisés: interpretação e significado do
nome 89, 139, 141, 186; símbolo da
mansidão 97

Monge: negro, é lúcifer 526

Monte: descrição e o M. Sinai 67; figura
da confissão e do seu segredo 76;
"Sobe a mim sobre o monte" 89s.,
770; Jesus sobe o monte com os três
apóstolos 89s.; M. das Oliveiras figura
da misericórdia de Jesus 155s.; o M.
das três luzes 157s.; figura da pátria
celeste 170s.; M. que cai, figura
da queda na tentação 575; todo o
M. e colina serão abaixados 779;
"Quando Jesus desceu do monte",
significado e aplicações 879s.; os
anjos disseram a Lot: Põe-te a salvo
sobre o monte 999

Morada (...vos acolham nas M. eternas):
as quatro moradas 475-477

Moral (ensinamento, moralidade):
forma os costumes 23; é comparada à
manteiga 458; por que se deve insistir
mais sobre as aplicações morais do que
sobre as alegóricas 459

Morcego: natureza e significado 742

Mordida: de M. toma nome a morte
149; "Serei tua M., o inferno 188;
figura da cruz de Cristo 247;
descrição e aplicações 302

Morte: deriva de mordida 149;
pensamento da M. 174; mensageira
da M. é a velhice 488; como se
deve preparar-se para a M. 489; é
chamada amarga 532; pensamento
da M. e âncora do navio 642; dupla
M. da alma 726; tríplice condição
do homem a respeito da M. 839;
a estreita passagem para a M. 858;
pensamento da M. 972; o momento
da M. e o diabo 1000

Mortificação: a vida (mortificada do
justo representada nos anos de vida
de Abraão 150; as dez espécies de
mortificação (disciplina, flagelação)
310; representada na mirra 494;
derrota os sentidos do corpo 649

Mulher: a M. cananeia, representa a
oração da alma penitente 108-110;
as três M. que levam os aromas para
embalsamar o corpo de Cristo
173-178; a M. vestida de sol, figura
da Igreja 223-226; explicação do
termo e representação 231-233;
a M. de Técua 369; considerações e
aplicações sobre duas M. prostitutas
que disputam a criança diante de
Salomão 396-398; a M. odiosa que
encontra casamento 463s., 467-469;
considerações e aplicações sobre
Judite que se adorna para seduzir
Holofernes 594-597; considerações
sobre a mulher curada de hemorragia
728-731; as três qualidades da M. e o
que representam 946

Mundo (mundanos): a vã alegria dos
mundanos 231; a acusação contra o
M. 252-254; explicação do termo,
divisão, elementos e significado a
respeito do homem 297; explicação
do nome, os quatro elementos de

que é composto e significado moral 252s.; por que é chamado "rico mentiroso" 504; representado no faraó 858; punção dos mundanos 960

Naamã: interpretação do nome, significado das sete lavagens no Jordão 436-438; homem poderoso e rico, mas leproso 755; como N., o pecador deve lavar-se se vezes no rio 987-989

Náas: 354

Nabal: interpretação do nome, figura do rico insensato 330

Nabot: significado do nome e seu ensinamento 234; sua morte em referência ao martírio de Santo Estêvão 797

Nada: "Até agora N. pedistes", os bens temporais são um N. 264-266, 408s.; o homem em pecado mortal é N. 297; N. é escondido a Deus 711; não vos preocupeis com N. 767

Nardo: explicação do nome, figura da fé 157

Narinas: explicação do nome, funções e significado moral 309s.; símbolo da sensibilidade 1005

Nariz: representa a virtude da discrição 94s.; o N. entre os joelhos 242

Natal: sermão sobre o Natal 782-791

Navalha: significado do corte 293; eliminar as coisas supérfluas 735

Nave (barca): explicação do nome, representa a Igreja 400

Nazaré: significado do nome, considerações e aplicações 854

Neftali: nome e significado 38

Nervos: como estão dispostos 827

Neve: descrição e simbolismo 96s.; figura da misericórdia divina 734

Névoa: símbolo da vaidade do mundo 516s.

Nicodemos: interpretação do nome e de seu comportamento 596; sua visita noturna a Jesus, considerações e ensinamentos 986

Ninho: como é feito, e o N. do soberbo 52; o N. dos demônios 54; o N. da Igreja ou da alma fiel 200; o N. da pobreza 338; o N. da consciência 565, 985; considerações sobre o N. da pomba 918, 929; o N. do avarento 966; nome, considerações e aplicações 806

Noé: nome e representações 42s.; figura do justo 309; figura do penitente 648

Noite: explicação do termo e significado 286; inoportuna (intempestiva) 398; nome e significado 408, 835; N. e dia no lamento de Jó 550-552; limites da N. e seu significado 832s.; o turno de vigia e significado 786; considerações sobre o termo N. e seus momentos extremos 835

Novilha (vaca): no cio, figura da carne entregue aos prazeres 226; selvagem, natureza e significado 283; vitela, significado e quem representa 1011

Números: seu simbolismo: as duas sílabas, as três vogais e as duas consoantes (cinco letras que compõem o nome *IESUS* 840; os três dias de trevas no Egito 33s.; as três lanças com as quais Joab traspassou Absalão 71; os três apóstolos presentes à Transfiguração 90s.; os três ramos da videira no sonho do copeiro no cárcere com José 135s.; as três luzes que iluminavam o Monte das Oliveiras 157s.; as três mulheres que foram ao sepulcro com os aromas para Jesus 173s.; as três letras que formam a palavra *PAX* 198; os três pães pedidos pelo amigo que chega de noite 286; os três amigos de Jó e seus nomes 540, 570; os três jovens lançados na fornalha ardente e seus nomes 693; os três dias de buscas para encontrar Jesus 851s.; os três dons dos magos a Jesus 862; as três missas que se celebram no dia do Natal 909; as quatro rodas da quadriga 25, 162; as quatro estações na vida de Cristo 43; os quatro elementos da natureza 56, 405, 605; as quatro extremidades da cruz 163; os quatro rios do Éden 184; os quatro cavalos do Apocalipse 214, 434; os quatro cavalos do sol 498s.; as quatro letras do tetragrama IHWH 596; os quatro lados da Tenda da Aliança 600; as quatro estações do ano (e do homem) 629, 831; os quatro carregadores do paralítico 645; os quatro seres que vivem só dos quatro elementos da natureza 694; os quatro chifres da visão do Profeta Zacarias 725; os quatro turnos de vigia dos romanos 786; os cinco pecados da gula 86; os cinco pães e os dois peixes da multiplicação 138s., 141s.; as cinco estrelas das Plêiades 271; os cinco sentidos do homem representados nos cinco compartimentos da arca de Noé 309-312; os cinco dedos da mão 524; as pedras escolhidas por Davi 301s.; os cinco *personagens* dos quais Deus indicou o nome antes de serem concebidos 943; e as seis medidas de cevada postas por Booz no manto de Rute 225; os seis degraus, os dois leões e os doze leõezinhos do trono de Salomão 403-406; as seis asas do serafim que apareceu a Isaías 525; os seis braços do candelabro de ouro do templo 653, 797; os seis milagres enumerados por Jesus na resposta a João no cárcere 753-756; os seis nomes dados por Isaías ao "Menino" 790s.; as seis palavras de Maria trazidas pelo evangelho 872s.; as seis hidras de água das núpcias de Caná 873; as seis pétalas e os seis estames do lírio 910; os sete dias da criação e os sete artigos de fé 28-30; as sete feras que devastarão Sião, figura dos sete vícios 77; os sete espíritos "piores" que reentrarão no espírito 127s., 132s.; as sete Igrejas do Apocalipse 211, 213; os sete anjos e as sete taças da ira de Deus 229s.; as sete cabeças e os dez chifres da mulher sentada sobre a besta escarlate 231s.; os sete cestos de sobras depois da multiplicação dos pães e dos peixes 438; os sete filhos e as três filhas de Jó 547-549; as nove ordens dos anjos 670-673; os dez são o fim de cada número 63; os dez órgãos do sentido 84; os dez preceitos do decálogo 84; os dez dedos das mãos 310, 703; as dez dracmas da parábola evangélica 371s.; os dez degraus da meridiana de Acaz 449-451; os dez leprosos curados por Jesus 567-573; a undécima hora 39; os onze discípulos aos quais Jesus apareceu depois da ressurreição 185s.; as doze onças que fazem uma libra 157; o N. doze no cálculo dos assinalados 221; os doze nomes dos filhos de Jacó 221; as doze estrelas na coroa da mulher do Apocalipse 223s., 226; os doze anos de sofrimento da hemorroíssa 729; os doze anos de Jesus quando foi levado a Jerusalém 846; as doze estrelas na coroa de Maria 899; o 30, o 60 e o 100% produzidos pela semente 48s.; o N. quarenta 84; o "quinquagésimo" (Pentecostes) 308s.; os 175 anos de vida de Abraão 150; o débito de dez mil talentos 686; o número 144 mil dos assinalados 221

Núpcias: o que são 654; quantas e quais são as N. espirituais 654-656; quais as vestes nupciais necessárias 662-665; quais as núpcias felizes 870

Nuvem: a N. luminosa da Transfiguração: simbolismo e aplicação 98s.; figura dos soberbos que impedem de ver a Deus 264; figura da compunção, na nuvenzinha do Monte Carmelo 410; a N. que origina o arco-íris, simbolismo 518; a N. na qual se envolveu Cristo para poder ser visto 533; as N. que nascem Cristo, verdadeiro sol, antes da manifestação do seu esplendor 629s.; a N. tenebrosa que envolveu os egípcios 822; figura da Bem--aventurada Virgem Maria na qual se esconde Cristo e as duas nuvens que estão dispersas 901; o verdadeiro sol, Jesus, coberto pela N. no seio da Mãe 925

Obediência: nas palavras de Gregório 242; explicação do termo e como deve ser 521; O. e contemplação 522; o seu edifício 648; representada em Abdênago 693; qual a verdadeira O. 759; sermão sobre a O. 823-825; O. perfeita 856, 1011

Ócio: porta para a luxúria e o adultério 54; cloaca de todas as tentações 131; o corpo é um escravo que não deve ser deixado no ócio 462; representado no asno (jumento) 826

Óleo: indica a pregação 50s.; porque representa o amor a Deus 470; símbolo da esperança 717; cinco propriedades do O. aplicadas ao nome de Jesus 840; seu esplendor e múltiplo significado 985

Olfato: da discrição 94s.; agulha da balança entre fé e contemplação 95s.; representado no segundo compartimento da arca de Noé, isto é, o depósito dos víveres 309

Olho: tríplice O. da tentação 70; os O. representados nas janelas 317; O. direito 354; O. fechado 360; a palha e a trave no olho 389; nome e natureza 390; sua múltipla forma, vários significados 390; olhos orgulhosos figura dos soberbos 473; o O. figura da contemplação 522; O. e luxúria 681; O. dos pássaros e dos peixes 933s.

Oliveira (ou azeitona): símbolo da natureza humana na palavra de Jeremias 149; na etimologia do termo "misericórdia" 155; nome, qualidades, características e simbolismo 392; o ramo de oliveira trazido pela pomba na arca de Noé 648; o que é e o que representa 817; figura de Santa Ana, mãe da Bem--aventurada Virgem Maria 926;

figura da humanidade de Cristo 1005

Onagro (asno selvagem): nome e
representação 37; várias espécies e
significado 266, 588, 866; figura do
penitente 933, 971; explicação do
nome e significado em referência ao
b. Paulo ap. 1016-1019; figura do
espírito 1019

Onix: descrição; figura da perseverança
final 172s.

Oração: representada na erva verde 37s.;
a O. da alma penitente 108; a O.
de Manassés e a do pecador 128s.;
a O. representada no incenso 146,
493; a O. que ilumina 212; o que
pedir na O. 262s.; em que ordem
fazer os próprios pedidos na O. 265;
três espécies de O. 282; insistência
na O. 288s.; O. e reconciliação
425; explicação do termo 492; as
seis qualidades da O. e em que são
representadas segundo o Gênesis
492-495; múltiplas virtudes da O.
509s.; as O. de Sara e de Tobias
586; a O. devota é representada na
árvore do incenso e na seiva (suco)
da mesma árvore 862; purifica os
penitentes 873s.

Orbe: explicação do termo e
representações 313

Orelha: descrição, sua colocação na
cabeça e função 258; representada
no quarto compartimento da arca,
descrição e múltiplo significado moral
310s.; sua referência à obediência
522; as O. do cervo em referência aos
surdos 523, 931; a O. do avarento
ou do usurário 755; etimologia do
termo e o que representa 1004s.

Orvalho: figura da contrição 365; figura
do Filho de Deus 902-906

Ouriço: descrição, figura do pecador
obstinado 79

Ouro: presenta a "ciência sagrada"
23; por que no O. é representada a
verdadeira pobreza 862

Ouvido: seu órgão e o que representa
258; é representado no quarto
compartimento da arca de Noé,
descrição e significado 310s.;
explicação do termo, figura da
obediência 521s.; o O. é representado
no meio-dia 601

Ovelha: nome, natureza e significado
223; Parábola da Ovelha Perdida,
considerações e aplicações 364-368;
figura de Adão 904; a lã da ovelha
devorada pelo lobo 904; da ovelha
temos a manteiga e o queijo:
significado dos dois produtos 904

Ovo: os O. de vento 254; são diversos
no aspecto 254; explicação do termo,
símbolo da esperança 291, 497; os
O. do avestruz 555; os três O. da
águia e significado 985

Paciência: quantas vezes e como deve
ser praticada 576; representada em
Misac 693

Pai (Deus): com que veste glorificará
seu Filho 59; quantas vezes, quando
e como glorificará seu Filho 150;
quem é e como deve ser amado 262s.

Paixão (do Senhor): representada no
peixe capturado por Tobias 55;
colírio que ilumina os olhos da alma
57-61; poder de expulsar o demônio
116-118; a P. de alguns apóstolos
863; a P. do Bem-aventurado
Sebastião 166

Palavra (de Deus): é o Filho de Deus
270; viva e eficaz, opera tudo o que

quer 270-273; a P. do Senhor que desceu sobre João Batista: considerações e grande invocação à Palavra 771s.

Palmeira: figura da Bem-aventurada Virgem Maria 135; como produz fruto 260; figura da longevidade 338; por que é figura de S. João ev. 805s.

Panela: descrição e simbolismo 236s.; P. quente figura do coração arrependido 875; outras explicações e aplicações 910, 987

Pantera: natureza e significado 889, 954

Pão: o P. da pregação 138; "Lança teu P. sobre as águas" 138; cinco P. da primeira multiplicação representam o Pentateuco, isto é, os primeiros cinco livros da Bíblia 138-140; e os cinco côvados de altura da árvore da mirra e cinco irmãos de Judá, filho de Jacó 140s.; explicação do termo e simbologia 289; os sete pães da segunda multiplicação e as sete abluções de Naamã no Jordão 436-438; os sete cestos de sobras representam os justos e as sete Igrejas primitivas 438-440; o P. da palavra 527; o P. da vontade de Deus 615s.; P. aos pobres 874; explicação do nome e os três P. da confissão 972s.

Parábolas: do Semeador, domingo da Sexagésima 41-43; do Bom Pastor, II domingo da Páscoa 206-208; do Amigo Importuno, sermão sobre as rogações 285-287; do Rico Epulão, I domingo depois de Pentecostes 327-329; do Banquete (grande ceia), II domingo depois de Pentecostes 345-347; da Ovelha Perdida, III domingo da Páscoa 364s.; da Dracma Perdida, III domingo da Páscoa 369s.; da Queda dos Cegos na Fossa, IV domingo depois de Pentecostes 385-387; da Palha e da Trave nos Olhos, IV domingo depois de Pentecostes 389s.; do Feitor Infiel, IX domingo depois de Pentecostes 458-460; do Fariseu e do Publicano, XI domingo depois de Pentecostes 498-500; do Bom Samaritano, XIII domingo depois de Pentecostes 544-547; dos Dois Patrões, XV domingo depois de Pentecostes 577-583; dos Lírios do Campo, XV domingo depois de Pentecostes 589s.; das Núpcias do Filho do Rei, XX domingo depois de Pentecostes 651-658; dos Dois Devedores, XXII domingo depois de Pentecostes 682-684

Pardal: e a epilepsia 665; explicação do nome e significado 665s.; a oferta de dois pássaros 883

Paroquiano: o súdito e o prelado 465s.; comparado ao servo do centurião 887; o P. usurário e o prelado 987

Páscoa: explicação do nome e sua natureza 176

Pássaro: figura do Filho de Deus 32; figura do contemplativo 39; pela diferente conformação do peito depende a diversidade do voo 39; figura das virgens 49; nome e significado 585; modo de voar das várias espécies de P. e significado 585s.; P. rapaces e o que representam 696; alguns P. ensinam o voo aos filhotes 802; maneira de construir o ninho e significado 806; o peito do pássaro 843; explicação do termo e aplicações 875; a vista de vários voláteis e significado 933s.

Patrimônio: de Cristo, esbanjado por prelados indignos 87; a ambição leva a meter-se no P. do Crucificado 217, 626; cuidar de não pôr na gaveta o P. de Jesus Cristo 468; condenação de abades e priores que dão aos parentes as ofertas dos fiéis 674s.; quem vive do P. de Cristo deve marcar-se com o selo da pobreza 909

Pavão: figura dos "perfeitos" 400; natureza e simbolismo 402

Paz: tríplice P. e explicação do termo 198s.; definições e noções 476

Pecado: quantas e quais as espécies do pecado 76-79; suas circunstâncias 76-82; consiste em três coisas 90; definição 144s.; P. de fornicação 255s.; os P. e Cristo na figura da calhandra 286; como se deve avaliar os pecados 382s.; o que é e como se contrai o P. original 580; o P. atual 599; como se divide o P. em relação ao consenso 599s.; o que significa pecar como um criminoso 600; em quantas e que maneira se comete o P. mortal 683; os P. já perdoados revivem 697-699; como frear a inundação de pecados 707; o que passa e o que permanece do P. 708; os três malfeitos e o quarto de que fala Amós 713; o pecado comparado ao vinagre 716; os três efeitos do P. mortal 724; absolvição e remissão dos P. 774; como devem ser "recenseados" os P. 782s.; os P. não são substância (material) 858; as sete espécies de P. mortais 864; absolvição do P. 881

Pecador: duplo sofrimento do P. arrependido 103s.; com o pecado mortal torna-se escravo do diabo 113; o pecador e a calhandra, ou seja, como se deve confessar os pecados 114; dor e sofrimento na confissão 115; deve perseverar até o fim da vida 116s.; o P. representado no Rei Manassés 128s.; explicação do termo 255; é movido pelo temor e pela esperança 411s.; é representado no tição 428; o P. é levado por quatro elementos 605; como pode voltar à vida 606; como é curado pelo Senhor 620; o que deve fazer na confissão 724; o que fez pecando e o que deve fazer aos se arrepender 724s.; a exemplo de Moisés deve tomar quatro coisas 740s.; o sacerdote deve exigir quatro coisas do P. que se confessa 775; o que deve fazer o pecador convertido 849; as três coisas que lhe são absolutamente necessárias 880s.; o que deve fazer que se aproxima da confissão 881; pai, mãe, irmãos, irmãs e mulher do pecador 955-957; os míseros pecadores e os macacos 959

Pedra: do sepulcro de Cristo, significados 179s.; pedras preciosas, o significado das palavras do Livro de Tobias 592

Pedro: nome e representação 90s.; figura do pregador 195; sábio armador na orientação da barca da Igreja 399; Cátedra de São P. 963

Peixe: representa o homem de vida ativa 39; símbolo de Cristo 55; o que são e o que representam a carne e o fel do P. de Tobias 56s.; o P. frito figura da paixão do Mediador 188; os dois P. da multiplicação 141s.; figura de Cristo 578; o P. se apanha com três instrumentos 613; os P. e seus olhos, figura dos contemplativos em pranto 933s.

Pele: explicações e representações 908s.

Pelicano: como se comporta com seus filhotes 98; natureza e significado 816

Pena: eterna 201; pena temporal e purgatório 201

Penitência (confissão): os três atos: contrição 74; acusação 75; obra de penitência 83; as três tentações que se opõem aos três atos da P. 86s.; atos de P. segundo as palavras do Apóstolo 118; os atos de P. são como três escovas 131; a P. é representada na mirra e se realiza com cinco atos 140s.; os três atos da P. representados na viagem de Jesus para Jerusalém 156-158; a P. representada na mirra 172; na amendoeira 185; a pública P. 224, 243; a P. comparada à cevada 225; é um tribunal de seis pessoas 256; ainda os três atos da P. no pranto de Davi sobre a morte de Saul 365s.; medida da P. 382; na figura de Absalão 382s.; é chamada tristeza 437; a vermelhidão (a vergonha) na P. 438; representada no bronze 463s.; a P. é a vida de todos os religiosos 486; duas definições do termo 522; qual sua maior componente 523; os três atos da P. representados nos três dias do Êxodo 596; representada no deserto 702; procedimento a ser seguido na confissão 783s.; os atos de P. indicados nas quatros penas da águia 807; tristeza da P. 823; P. e obediência 825; tríplice ato de P. 845s.; P. e os três dias da busca de Jesus 852s.; a vida de P. 859; representada nos elementos da vela 919s.; é o remédio da alma que provém de nossa carne 929; no sacramento da P. deve-se sobretudo salvar o culpado 970; representada no carvalho 972; seus três atos representados nas três formas de pão 972s.; segunda tábua de salvação depois do naufrágio 987; a terra da P., ou seja, a "religião" (ordem religiosa) 990; P. e lágrimas e o que quer dizer lavar-se sete vezes 1002

Penitente: o que deve fazer antes de aproximar-se da confissão 66s.; o P. na angústia 105s.; o P. e a escada de Jacó 106; o P. é caçador 107; representado nas abelhas pequenas 131s.; tríplice estado do P. 139; os três atos do penitente 139s.; os P. e os justos e o comportamento dos elefantes 204; os P. e a penitência pública 224; eficácia das lágrimas do arrependimento 323; como age o Espírito Santo no pecador penitente 346; os P. representados nas tribos que se submetem a Davi 362; devem fazer como as abelhas com seu rei (rainha) 362; o P. representado em Absalão 363; em Meribaal 364; e em Issacar 367s.; os P. devem observar a ordem: "Dai e vos será dado" 380; tropa dos P. e massa dos mundanos, as duas barcas do Lago de Genesaré e as duas meretrizes julgadas por Salomão 396-398; são comparados aos elefantes, ao macaco e aos pavões 401s.; vida dos P. e vida dos carnais 410; comparados aos lactantes 411; qual sua justiça 415-418; o P. comparado ao Profeta Elias 417; o P. e os dez graus da humildade 449-451; representado em Josias 455, 507s.; quem são os penitentes 468; representados na abelha 508; e no rebanho de ovelhas tosquiadas 522; o que costuma fazer e dizer o P. na porta da igreja 571; representados nas três propriedades do lírio 589; por que são chamados lírios do campo 590; o P. representado nas conchas marinhas 624; e em Matatias, por isso são indicados ao P. cinco filhos 648; o P. e os sentidos do corpo 649; o humilde penitente representado na anchova 694; por que o P. convertido é chamado criança 789; o remédio do P. e os limites entre os quais mora 790; os seis nomes nos quais é resumida sua perfeição 790s.; o P. e as três virtudes 807-809; os pobres de espírito 828; as seis hidras nas quais os P. são purificados 873-877; duas espécies de P. 883; seus costumes são descritos na figura da pomba 918s.; as quatro bem--aventuranças do P. 920; representado na planta do pinheiro 921s.; seu comportamento comparado ao da rola e da pomba 929s.; o P. e o temor 931s.; todos os P. e os bons seculares são indicados no Batismo 943; o P. e a sabedoria 971; o P. representado no camaleão 988s.; de quem espera a consolação 990s.; seu comportamento indicado no do cervo 1003-1006

Pensamentos maus: em que consistem e que pecado são 130s.

Perdão: o P. dos pecados com a absolvição é definitivo; várias sentenças sobre revivescência dos pecados perdoados 697-699; sem derramamento de sangue não há P. 740s., 842; perdoar para ser perdoado 875

Perdiz: natureza e simbolismo 254

Pereira: descrição, significado e seus frutos 721

Perfeição: do justo e em que consiste 847

Perseverança final: representada no sexto dia da criação 39

Piscina Probática: explicações e representações 335

Pitonisa: consultada pelo Rei Saul, símbolo do falso poder, considerações 352

Pó: torrente de P. figura das coisas temporais 304; figura do ventre e da gula 352; a "casa do P." 701; o P. figura da concupiscência e explicação do termo 749s.; "porá no P. a sua boca" 1019

Pobres: os P. de Cristo à porta dos ricos 189s.; como serão consolados 189s.; o verdadeiro pobre 332; explicação do nome 356; "Se alguém tem riquezas..." 357; P. e menores: seu ministério nas palavras do Novo Testamento 528

Pobreza: de Cristo, aplicações 161; espírito de P. 263; remédio que purifica 332; louvores da P. nas palavras de S. Bernardo 320; representada no jaspe (topázio) 561; leveza da pobreza 630; seus louvores 757s.; a P. no elogio do Batista 758s.; a P. no exemplo de José 820; quais os alimentos da P. 824; P. e humildade trazem Jesus pobre e humilde 824s.; a verdadeira P. é representada no ouro 862; louvores à P. 923s.; quem quer viver hoje na estreita P. 984

Poder: considerações sobre a desculpa do primeiro convidado para a grande ceia 351s.; o P. de Cristo destruirá

ÍNDICE ANALÍTICO 1055

o de satanás 121s.; "A vara do teu
P. estende o Senhor de Sião" 187;
o P. dado aos apóstolos de desligar e
de ligar 200-202, 968-970; "o P. é
posto sobre seus ombros" 247, 788;
os abusos do P. secular, em mão dos
ricos 331; "a morte não tem poder
sobre ele" 426; o P. da oração dos
santos 509; a sabedoria de Cristo
quebra o P. do diabo 578; César
"senhor do poder", reflexões 782; P.
Judiciário 969

Poluição: representada na "visão
angustiante" (Is 21,2) noção,
considerações, conselhos 105

Pomba: o sangue saído do seu peito 418;
figura de Cristo 418; a P. e o gavião
483; a P. e o justo 588; explicação do
nome e significado 648; seu sangue
739; figura do Espírito Santo 870s.;
por sua natureza é figura dos pobres e
dos verdadeiros penitentes 918-920;
comportamento das P. em referência
aos justos 929-931

Pôncio Pilatos: interpretação do nome e
representações 59, 1008

Pontífice: explicação do termo e por que
Cristo é chamado P. 145

Ponto: significado do termo, figura da
breve felicidade do ímpio 229, 726,
879; "ponto" de morte 960

Pontos cardeais: significados vários;
Oriente 30, 48, 157, 297, 308, 600,
724, 776, 858, 870, 1003; *Ocidente*
31, 48, 123, 297, 308, 601, 776,
870, 1003; *Setentrião* 46, 48, 123,
297, 308, 545, 478s., 602, 776, 870,
1003; *Meridião* (meio-dia) 48, 123,
297, 308, 600, 776, 870, 1003

Porco(s): figura do diabo e onde mora
128

Porta: explicação do termo latino
ostium 392; as P. representam os
pregadores 392; outra explicação
do termo e representação 915s.; a
P. de Jerusalém chamada "buraco da
agulha" 981

Pranto (chorar): significado e
considerações 482s.

Prazer (carnal): representado na parede
na qual se apoia Tobias 54; na carne
de peixe 56; o fermento ou levedo
175; é lábil como lanugem 229;
representado em Bildad, o Suchita
540; no leito da prostituta 644, 823;
no avestruz 727; "Quando eras mais
jovem..." 1010

Preceitos: → Lei

Pregação: representada no óleo 50s.; na
visão de Pedro em Jope (Jafa) 195;
deve ser como a vara (cana) 207; pela
abundância é representada no livro
228; de que modo seja a unção do
santo 262; pregar aos clérigos 485;
por que é representada na torrente
532; simbolizada na lâmpada 542;
no arco (arma) 639; na trombeta que
soa em três circunstâncias 701-704; a
P. comparada ao sopro que os clérigos
detestam 796

Pregador: representado em Samuel
50s.; deve sobretudo esperar na
oração 194s.; como deve cultivar
o campo, ou seja, a alma dos fiéis
245s.; é comparado aos céus 271;
os P. cegos e a vaca selvagem 283;
são chamados hospedeiros 284; o
P. e a cruz de Cristo 328; o P. e a
funda de Davi 328; representados no
servo que chama os convidados para
a ceia 350; ciência e conhecimento
do P. 360; suas qualidades 376; os

P. representados nas "portas do lugar de oração", em que são indicadas também suas virtudes 392s.; representado no Profeta Elias 410; os P. devem ser dotados de quatro qualidades 415; o P. e a graça do Espírito Santo 427; o P. e a prática da contemplação 512; o P. e o trabalho de ferro segundo as palavras do Eclo 512s.; o P. e o rosto de Moisés 527; o P. e a constância 563; suas obras de P. representadas nos raios 574; o P. representado em Judas Macabeu 612; no sumo sacerdote Jonatas 638s.; os P. e os fariseus do nosso tempo 708; sua vida nas palavras de Gregório 771; na figura de Davi 771; os P. e a paixão do Senhor 772; sobre o P. deve descer a Palavra, como sobre João Batista 773; os P. devem correr velozes 773; os P. *santos*, sua vida e obras 774; sua ação contra o diabo 828; virtudes que devem ornar a sabedoria dos P. 868; são indicados em Sansão 943

Preguiça: fonte de pensamentos perversos 246; o preguiçoso se vira no seu leito 808

Prelado: cinco qualidades necessárias ao P. da Igreja 57; deve ser como o raio 98; os P. da Igreja e o clero 103; o que fazem os P. e os grandes deste mundo aos pobres de Cristo 189; ao P. são necessárias sete qualidades 211; deve ser semelhante ao Filho do homem 213; o P. bom representado no cavalo branco, o P. mau no cavalo verde e preto 215-217; os P. e o mercenário 217s.; de que modo certos P. se entendem com o diabo e com o tirano deste mundo 220s.;

os P. cegos e seu comportamento 385s.; os P. representados no urso (ursa) 386s.; representado em Simão que leva ao largo a barca 402; os P. e os pregadores e as quatro qualidades neles esculpidas 415; deve fazer aquilo que fez o Profeta Eliseu 439; P. corruptos, sua vida e deveres na figura do feitor infiel 458, 465; sua iniquidade destrói a Igreja 465-469; os P. e a simonia 467s.; o P. espiritual representado no firmamento 470s.; P. ou sacerdote, sacerdote ou P. 472; o que roubam os P. e os clérigos segundo as palavras do Livro de Josué 485; por que são chamados mercantes segundo as palavras de Isaías 515; qual será o leito dos prelados indignos 516; P. e poderosos 534; os P. devem ser o "lugar" do preceito de Deus 562; o P. e a lepra na casa, ou seja a discórdia na congregação 570s.; representado em Noé 661; o P. e o bom súdito 679; o P. e o vitelo de Samaria 705; os P. fabricam-se ídolos 742; os P. representados na cabeça doente 763; devem descer ao nível do próximo 773; os P. devem ser administradores fiéis 777; comparados às "vacas gordas" 838; vestem-se de peles 909; os P. dignos representados em Jesus Salvador 943; o P. ne figura de Davi 975s.; o P. é o paroquiano usurário 987; o P., ou seja, o pastor, e seu comportamento 1009

Presença: da majestade divina na Eucaristia e nos sacramentos 412

Presentes: a história de Abimelec ensina que os presentes (ouro, prata etc.) corrompem superiores e administradores 552-554; os administradores não devem deixar-se corromper pelos P. 777

Problemas (questão) desta vida: são as tentações 1019

Prólogo: adaptado, que é preposto a cada sermão 25

Prudência: noção e divisões 472s.

Prumo: fio de P., representa a vida dos santos, modelo dos cristãos 256

Quadriga: de querubins, explicação e significado 24s.; representa este tratado sobre o evangelho 24s.; indica a abundância em que vivem os clérigos 162

Quarto da sunamita: preparado para o Profeta Eliseu, descrição e simbolismos 441s.

Querubins: representam a plenitude da ciência da Escritura 24; suas asas estendidas sobre a Arca representam a pregação 24; indicam a vida angélica e a ciência perfeita 392; a plenitude de ciência e da doutrina 415

Rã: descrição, chamado e simbolismo 278

Raposa: a R. e o galo 969

Razão: poder superior da alma 36, 669; definição mais completa segundo Agostinho 204; é o rosto da alma e sua luz é a graça 943

Régulo (serpente venenosa): nome e simbologia 787s.

Religião (Ordem religiosa): representada no depósito de víveres da arca de Noé 45s.; dificuldades da vida religiosa e a graça do Espírito Santo 180; a virtude da R., definições 273; consiste em duas coisas 274; é um

combate 627; quantas e que virtudes devem ser observadas na Ordem religiosa 758-760; com que plantas deve ser cultivado e ornado o jardim de R. 760; a Ordem religiosa comparada ao caminho e ao leito estreito 776; o que é nas palavras de Isaías 776s.; é terra da penitência 990s.

Religiosos: os falsos R. representados no segundo compartimento da arca de Noé, a dispensa 45; os falsos R. representados na pedra e na dispensa 45; os R. representados no ar e no sol 101s.; por que hoje sua cor muda e qual seu comportamento 101-103; os R. *mornos* e *vãos* são representados nas abelhas ornadas 132, 937; a vida dos falsos R. é representada na jumenta 159s.; qual deve ser sua vida 219; o que são os *falsos* R. 253s.; os R. do *nosso tempo*, demasiados preceitos e prescrições 274; não serve a abstinência se depois há calúnia 340; a justiça de alguns R. presuntuosos e hipócritas 416s.; R. atraídos pelo desejo de domínio 352; os mesmos e os profetas de Baal 416s.; comportamento dos R. falsos 445; o que roubam segundo as palavras do Livro de Josué 485s.; são comparados ao fariseu rico e mentiroso 501; por que são negociantes segundo Isaías 515; o R. e a lua no poço 549; em vez de pedras preciosas tornaram-se esterco 563; o R. e a soberba 664, 753s.; os R. do nosso tempo, insensatos, o que fazem 674; os R. e o cuidado do ventre 709s.; os R. e suas vestes 760; os *verdadeiros* R. são postos, como o coração, entre os clérigos e os leigos 764; representados nos jumentos que trabalham 883; que ofertas devem fazer por sua purificação 882-884; os R. vãos comparados às abelhas "ornadas" 937; os verdadeiros R. são indicados em Josias 943; miseráveis os R. que deixam tudo, mas depois não seguem Cristo 954

Resina: o que é e o que representa 155, 494

Ressurreição: no terceiro dia ressuscitará também a nós 151; R. de Lázaro 157; R. de Cristo 181s.; e imensa alegria dos apóstolos 188; R. da alma e do corpo 275s.; R. geral e dupla consolação do justo 320; "Ele está aqui... para a R. de muitos" 826s.; R. para a glória futura e circuncisão 839

Reunião: → Assembleia

Rico epulão: explicação, considerações e aplicações morais da parábola 327-344

Rinoceronte: descrição e o que representa 212; o punho sobre o pescoço do R., figura de Saulo 958

Rins (lados): nome e descrição 176

Rios: nome e significado dos cinco rios elencados no Livro do Eclesiástico 519s.

Riquezas: perigos e utilidades das R. 316s.; as riquezas de Cristo 460; as riquezas iníquas e as moradas eternas 475s.; os ricos comparados a Acã 485; é difícil não sofrer o fascínio das R. 822; as R. representadas na erva de que fala a Sabedoria 878s.

Roda: explicação do termo e aplicações 585

Rola e **Pomba**: natureza e significado em referência a Cristo 252; seu comportamento aplicado ao penitente 918, 929s.

Romã: símbolo da única felicidade e da diversidade das recompensas na vida eterna 349, 978

Rosa: figura da vida do justo 518; figura da V. Maria e do seu parto 907; metáfora da felicidade celestes 978

Rute: nome e representação 225

Sabá: interpretação do nome e representação 131, 146; considerações sobre a visita da rainha de S. a Salomão 480s.; a rainha de S. e o bálsamo 637; a rainha de S. na *História dos gregos* 993

Sabedoria: é a luz do primeiro dia da criação 29s.; explicação do termo, aplicações 72; o dom da S. 322

Sacerdote: seus lábios 57; como perdoa os pecados e os absolve 200s.; seu ministério com os pecadores que se confessam comparado à obra do obstetra 243; é juiz no tribunal da penitência 256; o S. escravo do ventre e da gula 331; o S. cego, ou seja, corrupto 385-387; os três vícios dos S. 407; S. e falsos profetas 443s.; o S. ou o prelado da Igreja comparados ao feitor infiel 472; o S. e o desejo de domínio representado em Abimelec 553s.; o S. e os atos da penitência: confissão e satisfação 573; o que deve fazer-se prometer o S. pelo pecador na confissão 775; o S. na confissão representa Cristo 881; ministério do S. na confissão 881

Sacramento do altar: seu valor propiciatório 269; transubstanciação do pão e do vinho no corpo e sangue de Jesus Cristo 407; a mesa do altar 652

Sadoc: nome e significado 50

Safira: suas propriedades e o que representa 94; descrição e representação 563; símbolo do desprezo das coisas visíveis e da contemplação das invisíveis 593; a S. e a confissão dos pecados 669; suas propriedades que representam os exemplos da Bem-aventurada Virgem Maria 901; suas propriedades aplicadas às quatro partes da saudação do anjo 905

Sagrada Escritura: representa a terra, o que se tira dela 23; representada no arco 216; representada no espelho 267; intelecto, isto é, inteligência da S. Escritura, espiritual e carnal 470; S. Escritura e comparações, imagens, metáforas 709; em que consiste a soma de toda a Escritura 752

Salamandra: vive no fogo, representa os luxuriosos 665; vive somente de fogo 694; suas prerrogativas 694; é chamada "stellio" 694; o que representa 696

Salgueiro: representa a amargura do abstinente 937

Saliunca (arbusto): representa a avareza 215

Saliva: descrição, o que representa 525; o que faz a S. do homem em jejum 874

Salomão: e o avestruz 156; sua sabedoria representa o ensinamento de Cristo 393-395; sua frota representa a Igreja 400; a mente do penitente 401; seu trono 403-406; seu trono figura da Igreja 403; da alma 404; e da Bem-aventurada Virgem Maria 405; figura dos sábios deste mundo 590

Samaria: cerco da S., várias aplicações 429-431

Samaritano: interpretação do nome, figura de Jesus 146; várias aplicações da Parábola do Bom Samaritano 555s.; o S. curado da lepra 574

Samuel: nome e significado 50; evocado por Saul 343

Sangue: menstrual, nutrição do homem por nove meses, o que produz seu contato 52; o vinho refinado e puríssimo figura do S. de Cristo 169; explicação do termo, o que representa 459, 607; o S. de Cristo preço da redenção 534; o S. símbolo da contrição do coração 740; o S. dos elefantes e os dragões 404, 865

Santificação: nossa, em que consiste 106s.; S. interior, quais são seus indícios 741

Santos: acenos sobre o exemplo de sua vida 35, 176, 220, 234, 390, 673, 744; representados no prumo 256; seu gozo 266; representados nas estrelas 271; sua glória na figura da romã 349; o perfume de seu exemplo na figura da mandrágora 387; exemplares em palavras e obras 417; cita Jerônimo, Agostinho, Hilário etc. 687; São João ev. 801-809; Santo Estêvão protomártir 792-800; os santos comparados à quarta hidra das núpcias de Caná 875s.; os S. e a graça 951; São Pedro (e os apóstolos) 953; sua constância na fé 970, 1012; São Paulo 958-960, 1016s.; Santos Filipe e Tiago 981-985; são a riqueza da comunidade 998; São João Batista 1001-1006

Satisfação (reparação, obra de penitência): é representada no terceiro dia da criação 37s.; indicada na ruptura da bilha ou do vaso de Gedeão 68; consiste em três coisas 68; representada nos quarenta dias dejejum de Cristo 83; deve ser proporcional à culpa 85s.; S. chamada também penitência de punir, ou de pena 522; suas obras (de justiça) 683; sua medida e suas qualidades 690; é a perseverança na penitência 836; suas qualidades 846; como deve ser feita a penitência 973

Segredo confessional: inviolabilidade absoluta, castigos para os violadores 75s.; na embriaguez não há S. algum 466

Seios: o S. dos hereges 79; deve ter os S. o prelado 98; figura da gula e da luxúria 168; entre os S. está o coração e o amor 169; figura da humanidade de Cristo 204; bofetadas e seios, significado 241; figura da dupla caridade do justo 304; Jesus foi ferido no S. pela lança 208; figura da dupla graça: preveniente e subsequente (*cooperante*) 346; explicação do nome e significado moral 411s.; representam o antigo e o novo Testamento 458s.; figura do evangelho e da graça do Espírito Santo 469; figura da lembrança da encarnação e da paixão de Cristo 539; símbolo da falsa esperança e do desespero 553; figura da paixão e dos sofrimentos de Cristo 562; referência a Maria, mãe de Jesus 739; figura da dor na contrição e do sofrimento na reparação 822

Senhor (*Dominus*): explicação do nome, invocação do nome do S. 453; S. e guarda 453

Sentidos: três no rosto do corpo, e três espirituais, no rosto da alma 93; os cinco S. do corpo representados nos cinco compartimentos da arca de Noé 309-312; em quatro instrumentos musicais (mais o vinho) 330; representados nos cinco pórticos da piscina Probática 335; nos cinco irmãos do rico epulão 342; nos cinco pares de bois do Evangelho de Lucas 353; os S. do corpo são ministros especiais do coração 521; comparados aos velhacos que estendem as ciladas do prazer à alma 549s.; os quatro S. que, como as portas da cidade, devem ser vigiados 600-602; o "*senso*" (sensibilidade) é o caminho que leva à alma os estímulos externos 624s.; os S. são representados nos filisteus, derrotados por Davi 649; os "sentidos", isto é, os significados da S. Escritura, representados nas três substâncias do leite 459

Sepulcro: nome, símbolo da vida contemplativa, outros significados 174, 180s.

Sequela: de Jesus 954; em que consiste 954s.

Serafins: os dois S. (Is 6,6-7) figura de Jesus Cristo e do Espírito Santo 525; interpretação do nome e representação 673, 752

Sereias: o que são e seu simbolismo 496

Serpente: explicação do nome, natureza e significado 290s.; símbolo da adulação e da detração 299; as S. (dragões) em contraste com os elefantes 404; explicação do nome, natureza e significado 514; as S. e a saliva do homem em jejum 525, 874; significado da língua da S. 602; quem é o rei das S. 787; S. de bronze feita por Moisés 991

Sílex: descrição e simbolismo 562s.

Siloé: nterpretação do nome, figura da doutrina de Cristo 138

Simeão: elogio de S. filho de Onias, significado do nome, figura o justo 517; profecia do santo velho Simeão quando Jesus é apresentado no templo 825-832; no cântico de S. "Agora deixa, Senhor..." são indicadas as quatro bem-aventuranças do penitente 920; cumprimento das esperanças do santo velho S. 931s.; a bênção de S. 932-934

Simonia: origem e natureza 142; a S. e os prelados 467s.

Sinagoga: representada na mulher de Putifar que tentou José 122; em Agar, a escrava de Abraão 141; na casa de Saul que estava se desagregando 189

Sinai (monte): explicação do nome, figura da confissão 76; da obrigação do segredo 76; representa a mente do penitente 238

Sinal: de aliança, arco arma e arco-íris, em referência à confissão 107; S. de predestinação ouvir a palavra de Deus 145; a cruz S. da soberania de Cristo 161; o *tau* (T) sinal de salvação, comparado à cordinha vermelha de Raab 222; o S. grandioso, uma

mulher vestida de sol 223-225; os S. (milagres) que acompanharão os que creem 298; S. de condenação segundo Agostinho 332, 517; o orvalho sobre o velo de Gedeão S. da graça 365; o S. da paixão de Cristo contraposto ao S. da besta 465; o dedo indicador S. de saudação 524; a palavra de Deus, S. na mão e diante dos olhos 604, 772; o S. da pobreza e da humildade 787; o S. de contradição 828; o S. da estrela 857-859; onde estão juntos tantos S. de amor 906; "Este é para vós o S.: encontrareis uma criança" 908; o S. de Zacarias, pai de João Batista 944; a serpente de bronze, símbolo do Crucificado, S. de salvação 991

Soberba (soberbos): definição 45; o cego soberbo representado no cego de nascença 51-53; três espécies de S. 53; remédios contra a S. 53; as espécies da S. representadas no carneiro e na diferente disposição dos chifres do unicórnio e de outros animais 123-126; os S. comparados às nuvens negras errantes 253; a S. nos convidados para as núpcias 625-627; a S. no religioso 664; invectiva contra a S. 853s.; separa o homem de Deus 864; com a avareza e a luxúria forma a "terna" maldita 888

Sobrinhos: favorecê-los com benefícios eclesiásticos é uma forma de simonia 468

Sofar o Naamatita: significado do nome 540, 570

Sol: suas propriedades e significados 95s.; explicação do nome e referência a Cristo 223, 479; "sob, ou sobre o sol", significado desta expressão

481; as três prerrogativas do S. 225; explicação do nome 498, 736; nome, natureza e significado de seus quatro cavalos 498s.; prerrogativas do S. em referência à Bem-aventurada Virgem Maria 899-902; seu calor e a vida das árvores, em referência ao Espírito Santo 901; efeitos do raio do S. 961

Som: as três espécies de S., representações 312

Sono: definição e significado 91s.; o que acontece no sono 810

Surdo: derivação do termo, e quem é S. 523

Tabernáculo: → Tenda

Tabita (gazela) 202

Tabor: interpretação do nome e símbolo do altar 407

Társis (as naves de): significado e representação 74

Tato: representado do terceiro compartimento da arca de Noé, o dos animais selvagens 310; os dez dedos, figura das dez espécies de disciplina, ou seja, de mortificação 310; o T. é simbolizado no Setentrião e de três modos se peca pelo T. 602

Temã: cidade, nome e representação 131

Templo: seus quatro elementos e seu significado 434-436; explicação do termo e significado 633; o tríplice T., definição e significado 651-653; representa a mente do justo 851; figura do amor a Deus e ao próximo 932

Tempo: preciosidade do T. 83s.; significado das palavras de Jesus: "Ainda um pouco..." 228s.; T. perdido em palavras ociosas 258; T. "emprestado" por Deus 484; reconhecer o T. da visita do Senhor

486s.; T. (do ano), os quatro tempos (estações) e seu significado 753; aproveitar o T. presente 658; T. oportuno (plenitude dos tempos) para operar a salvação do homem 831s.

Tenda (tabernáculo): T. do Testemunho figura do justo 98; quais são as quatro T. (moradas) 475-477; as três T. que concordam com as três espécies de núpcias 659s.; descrição da T. de Moisés em que é representada a V. Maria 913-917; indica a vida ativa 1014; a saída da T. representa a vida contemplativa 1014; as T. representam os membros do corpo 1019

Tentação: tríplice T. 86s.; a tentação da carne, em que consiste 105s.; não deixar-se surpreender pela T. 473s.; a T. e Saulo 958

Teologia: o que é 211; deve ser o canto novo dos prelados 211; é a patroa à qual se contrapõe a lei justiniana que é serva 468; a T. e os prelados do nosso tempo 468; ciência dos dois Testamentos, e como os prelados e os clérigos se apossam dela 485

Teriaca 60; contraveneno que se tira da própria serpente venenosa, simbolismo 929

Terra: representa a Página divina 23; T. de Senaar, nome e significado 31; a T. em referência ao corpo de Cristo 31; T. de Gerara, nome e significado 42; a boa T. é a mente do justo 48; explicação do termo em referência à carne 65; explicação do termo e mente do homem 127; figura das três virtudes que santificam o homem 129; as quatro feiuras da T. 413; explicação do nome e significado em referência à mente do homem 462; figura da observância dos preceitos 562; significado de suas propriedades 630; a T. da penitência, ou seja, a religião (ordem religiosa) 990

Testamento: no Novo e no Antigo T. em que há a plenitude de toda a ciência 24; a ciência dos dois T. 90; explicação do termo 528; o T. de Cristo, em favor dos pobres, confirmado com o sangue 528, e com a morte 541

Tetragrama: o que é e o que significa 596

Tiago: nome e representações 90s.

Tibieza: representada em Tobias 54; Temã (cidade) interpreta-se "tépido austro", figura da T. 131; representada no bocejo 243; a T. gera a concupiscência 599

Tigre (fera, da qual deriva também o nome do rio): figura da luxúria 867; (rio): significado do nome e simbolismo 184

Tijolo: representa o coração do pecador 28; quem sacrifica sobre os tijolos 830

Timão e **Timoneiro** 972

Tímpano: descrição, figura da mortificação 162; com outros três instrumentos e o vinho é figura do prazer dos sentidos 330; "Cantam ao som de tímpanos..." 725s.

Tirano (deste mundo): nele mora o diabo 220; por meio dele o diabo subverte e destrói a Igreja de Cristo 220; como age com alguns prelados 220; representado no basilisco 422

Tiro (cidade): nome e representações 103, 105

Tomé: seu nome, sua dúvida, representações 202

Tobias: figura do justo morno 54; e do justo reconhecido 584

Torrão: explicação e representação 563

Toupeira: vivo só de terra 694; quem representa 697; figura da avareza 742

Traça: descrição e aplicações 69, 278, 300

Tribo: as doze T. de Israel, nomes, significado e representações em referência ao número dos "assinalados" 221

Tríduo: o T. de Moisés: "Entraremos no deserto com um caminho de três dias" 775; significado, considerações sobre a perda de Jesus em Jerusalém, durante três dias, e suas aplicações morais 851-853

Trigo: simbolismo e considerações 472

Trindade: verdade de fé 276; sua imagem na mente do homem 277; é o altar superior 423; de sua imagem e semelhança vem a perfeição da alma 711s.

Tristeza: do hipócrita 62; dos santos 234; a T. da paixão 388; explicação do termo 437; a T. do justo 588; a salutar T. dos penitentes 823; Jesus vai além do Cedron, que significa "profunda tristeza" 831; a T. de São Paulo 984; T. segundo Deus 988

Trombeta: som da T. representa a confissão do pecador contrito 67s., 369; a T. é figura da pregação: as três circunstâncias em que se tocava a trombeta, considerações e aplicações 701-704; as duas "trombetas de prata" 1013

Trono (de Salomão): seu tríplice significado 403-406; T. de Deus são os monges e os eremitas 685; explicação do termo, figura da humanidade de Cristo 737

Túnica (talar): colorida de José, filho de Jacó, figura da perseverança final 39; do anjo de Laodiceia 57; José descido na cisterna, Pedro que se lança ao mar 116s.; "Alguém semelhante a filho de homem vestido de túnica talar" 209s.; Davi, chamado *polymitharius* (fabricante de vestes coloridas) é figura de Cristo 248s.; necessária para entrar para as núpcias da penitência 663

Turíbulo: "Toma o T.", figura da humanidade de Cristo 268; o T. nas mãos dos setenta anciãos 674

Urso (ursa): e a "panela fervente" 264; nome (*ore suo*), natureza e significado moral 386s.; símbolo da luxúria 937

Urtiga: figura do inferno 251

Usura (usurários): representada no terceiro compartimento da arca de Noé 45s.; comportamento 47s.; três espécies de U. 47; são um dos quatro gêneros de homens iníquos 473; são comparados a eles os soldados e os senhorzinhos 485; por que são chamados surdos 755, e malditos 768; cidade de sangue 865: gafanhotos 966; o filho da U. e os parentes iníquos 1000

Útero (seio): representado no deserto 70; é o ingresso da ponte deste mundo 177; U. da Bem-aventurada Virgem Maria representado no templo de Salomão 652

Uva: figura dos bons apertos das tribulações 119; figura da humanidade de Cristo 169s.; figura do gozo dos santos 348; provérbio sobre a U. 370, 636; a U. selvagem é chamada Lambrusca e representa as obras do pecador 716

Vaca: a V. selvagem representa os pregadores cegos 283

Vale: figura da humildade da mente 777-779

Vanglória: Jesus tentado de V. 71s.; representada no pavão que faz a roda 77s.; o diabo tenta de V. durante a oração e a recitação do ofício divino, no canto e no exercício da pregação 86s.; comparada ao sol que queima a semente 230; representa em Sofar, o Naamatita 540; e no ar 605; "Ó miserável troca!..." 882

Vara: representa a vida dos penitentes 397

Vaso: sua concavidade representa a humildade do coração 519; figura da humanidade de Cristo 775

Vela: seus elementos, representações e simbolismo 919s., 936

Velhacos (enganadores): como se comportam e o que nos ensinam 959

Velho (velhice): homem V. e homem novo 86; o homem V. é a serpente que seve ser extraída pelo pecador 243; quem é o "velho profeta" 279; crucificar o homem V. 423; velhice tempo de sofrimento 487s.; explicação do termo e aplicações morais 501-503, 1011s.; V. insensato é o diabo 505; velhice, decadência do mundo 663; o "antigo de dias" (velho) 685; significado da queda dos cabelos na velhice 764; o V. Simeão 932s.

Vento: "impetuoso", símbolo do Espírito Santo 32; "impetuoso da contrição 74; o V. impetuoso do deserto 104; os ovos de V. 254; Austro, V. quente 271s.; os quatro V. e seu significado

308; explicação do termo, o peso do V. e seu significado 505, 721; representado em Elifaz, o Temanita 540; o V. da soberba 938; V. favorável e V. contrário 1004

Ventre: depósito de esterco 34; é chamado exator (tirano) 37; explicação do termo e significado em referência à mente do homem 228; é o "novo deus" 256s.; figura do sacerdote vicioso 331; latrina de esterco 447s.; V. sem filhos, figura dos pregadores e dos prelados que prevaricaram 458s.; o deus V. e seu templo 709s.; cuidado do ventre e os religiosos 709s.; seus profetas 965

Verdade: o ensinamento do Espírito de verdade 259s.; por que Cristo diz "em verdade" 262; o Espírito de verdade simbolizado no orvalho 276; quem prega a V. professa Cristo 283; "Desapareceu a verdade entre os filhos dos homens" 504; "e me comprazo da tua verdade" 604; "cada um diga a verdade a seu próximo" 646s.; "Eu sou a verdade", várias considerações 980

Verme: os quatro V. gerados pelo esterco da terra 44; o V. chamado "intestino da terra", o que representa 125; natureza e significado do V. (caruncho) em referência ao justo 973; as três coisas feitas pelo V. 974

Veste: as V. da alma 96, 405; Cristo depôs as vestes quatro vezes: significado 166; explicação do termo 424; significado da V. real 607; V. nupcial, de quantas espécies e em que consiste 662-665; significado da V. imunda 717

Vícios: os sete vícios capitais representados em sete animais 77, 79; os sete vícios sobre os quais serão derramadas as sete taças de ira de Deus 229s.; os quatro V. representados nos quatro chifres vistos pelo Profeta Zacarias 725; os sete V. pelos quais o gênero humano é levado à ruína 773

Vida: *contemplativa*: representada no sepulcro 30; V. contemplativa e ativa, são representadas no quinto dia da criação 39; como a V. do justo deve ser perfeita 150; representada no sepulcro de Cristo 180s.; na parte superior do homem, isto é, na cabeça 240; no monte ao qual subiu Abraão 240; V. *ativa*: representada na parte inferior do homem 240; explicação do termo 679s.; V. do corpo e da alma 680; nossa V., seu setenário e seu oitavo dia 837s.; a V. *do homem* representada na nave 972; "Eu sou a vida" 981; V. suspensa diante de ti 991s.; V. contemplativa e vida ativa representadas em Zabulon e Issacar, com várias aplicações 1014

Videira (árvore): nome e significado em relação à Bem-aventurada Virgem Maria 135s.; explicação do nome, descrição 967; seu significado em referência à fé em Cristo 967

Vidro: descrição e representação 871

Vigílias: a noite dividida em quatro vigílias, significado moral 786

Vinagre: as três propriedades do V., come se forma e o que simboliza 716

Vinha: → videira

Vinho: figura da sugestão diabólica 299s.; descrição, causa de luxúria 660s.; figura de vários vícios 871s.

Virgindade: de Maria 70, 134, 526, 652, 907

Virtude: as seis V. da alma fiel 33; são as suas vestes 96; as seis V. nas quais consiste a santificação 106s.; as duas V. do rei 161; as doze V. representadas na coroa de doze estrelas 226; as quatro V. que levam a Jesus a alma desfeita nos prazeres da carne 645; as quatro V. cardeais 645; as três virtudes a serem observadas na ordem religiosa 758s.; as cinco virtudes do justo 1019

Vitela: explicação do termo e representação 1011

Vitelo: significado dos três vitelos que Ana ofereceu quando levou Samuel a Silo 346s.

Viúva: figura da alma 437, 989; suas lágrimas 495, 783

Vontade: com o intelecto e a memória forma uma "trindade" que é figura da Trindade divina 276s.

Voz: "que clama no deserto", explicação e representações 774s.; V. rouca 796, 1003

Zacarias: interpretação do nome e simbolismo 183

ÍNDICE LITÚRGICO-PASTORAL

(De cada sermão é indicado conteúdo para uma eventual utilização nos vários tempos litúrgicos)

ADVENTO

I DOMINGO

"Haverá sinais no sol, na lua e nas estrelas", 733

O primeiro advento de Cristo na carne, 736

O segundo advento de Cristo na mente, 740

O terceiro advento de Cristo na hora da morte, 743

O quarto advento de Cristo na majestade, 745

II DOMINGO

"Ide e contai a João: os cegos veem" etc., 753

"Os coxos andam", 754

"Os leprosos são limpos", 755

"Os mortos ressuscitam", 755

"Os pobres são evangelizados", 756

O deserto simboliza a ordem religiosa, com suas virtudes, 758

"Uma cana agitada pelo vento" etc., 760

III DOMINGO: Sermão sobre a epístola

"Alegrai-vos sempre no Senhor", 763

"Não vos inquieteis com nada", 767

IV DOMINGO

"A palavra do Senhor desceu sobre João" etc. "Ó Palavra...", 772

"Preparai o caminho do Senhor", 775

"Todo o vale será enchido" etc. O vale da humildade, 777

NATAL

NASCIMENTO DO SENHOR

"E aconteceu que enquanto estavam ali" etc., 784

Nasceu o nosso sorriso, 786

1068   ÍNDICE LITÚRGICO-PASTORAL

Um Menino nasceu para nós, 789

Será chamado admirável, conselheiro etc., 790

SANTO ESTÊVÃO, PROTOMÁRTIR

Ontem nasceu o Senhor, hoje foi apedrejado o servo, 795

SÃO JOÃO EVANGELISTA

"O discípulo que Jesus amava", 805

A águia das grandes asas, 804

SANTOS INOCENTES

Herodes, vendo-se enganado pelos magos etc., 813

I DOMINGO DEPOIS DO NATAL: A profecia de Simeão

"Ele é para a ruína e a ressurreição de muitos", 825

"Também a ti uma espada traspassará a alma", 830

"Enquanto um grande silêncio envolvia todas as coisas", 832

CIRCUNCISÃO DO SENHOR

"Tendo passado os oito dias..." etc., 837

"E lhe foi posto o nome de Jesus", 839

II DOMINGO DEPOIS DO NATAL: Jesus sobe ao templo de Jerusalém

"Quando Jesus completou doze anos" etc., 847

Depois de três dias o encontraram no templo, 851

Jesus desceu com eles a Nazaré, 853

E lhes era submisso, 855

EPIFANIA

EPIFANIA DO SENHOR

"Vimos sua estrela no Oriente", 857

"E eis que a estrela os precedia", 860

Ofereceram-lhe os dons: ouro, incenso e mirra, 862

I DOMINGO DEPOIS DA EPIFANIA: As núpcias de Caná

"Estava presente também a mãe de Jesus", 870

Veio a faltar o vinho, 871

"Mulher, que isso nos importa a mim e a ti", 872

Havia lá seis hidras, 873

"Agora enchei e levai..." etc., 876

II DOMINGO DEPOIS DA EPIFANIA

E eis que veio um leproso... etc., 880

Cura do servo do centurião romano, 885

III DOMINGO DEPOIS DA EPIFANIA: A tempestade acalmada

Simbolismo da barca, 889

Simbolismo do sono de Jesus, 890

DOMINGO DA SEPTUAGÉSIMA: Os seis dias da criação

As seis virtudes da alma, 33

Domíngo da Sexagésima: Parábola do Semeador
O semeador é Cristo, 42
A semente é a palavra de Deus, 43
Simbolismo da estrada, da pedra, dos espinhos e da terra boa, 44
Domíngo da Quinquagésima: Cura do cego de nascença
A cegueira da alma: os três cegos, 51
A paixão de Cristo, 55
"O que quereis dar-me e eu vo-lo entregarei?", 58

QUARESMA

Quarta-feira de Cinzas
Quando jejuardes, 62
A esmola, 65
I domingo da Quaresma (1): "Jesus foi conduzido ao deserto"
Os três desertos, 69
As três tentações de Adão e as três tentações de Jesus, 70
I domingo da Quaresma (2): O deserto da confissão
O jejum é a penitência pelos pecados cometidos, 78
A tríplice tentação: gula, vanglória, avareza, 86
II domingo da Quaresma (1): A Transfiguração
"Jesus tomou consigo Pedro, Tiago e João", 89
Subida ao Monte Tabor e a escada de Jacó, 91
Por que, pois, não subis?, 92
"E foi transfigurado diante deles", 93
II domingo da Quaresma (2)
A visão angustiante, 105
À mulher cananeia que pedia a cura da filha "Jesus não respondeu nem uma palavra", 108
III domingo da Quaresma
"Jesus estava expulsando um demônio que era mudo", 113
Davi derrota o gigante Golias, 119
O espírito de soberba: os chifres dos animais, 123
As sete vacas gordas e as sete espigas cheias, 132
IV domingo da Quaresma: A multiplicação dos pães e dos peixes
Simbolismo dos cinco pães, 139
Simbolismo dos dois peixes, 141
V domingo da Quaresma: "Quem de vós me convencerá de pecado?"
O cordeiro inocente que tomou sobre si o pecado, 144
"Quem é de Deus ouve a palavra de Deus", 145
"Se alguém observa a minha palavra não experimentará a morte", 148

1070 ÍNDICE LITÚRGICO-PASTORAL

DOMINGO DE RAMOS
"Jesus, seis dias antes da Páscoa..." etc., 156
"Ide à vila e encontrareis uma jumenta..." etc., 158
"Eis o teu rei que vem, manso, sentado sobre uma jumenta", 160
"A multidão... aclamava dizendo: Hosana!..." etc., 163
QUINTA-FEIRA SANTA: A ceia do Senhor
A ceia é a glória do Pai, 166
O Senhor... preparará um banquete, 168

PÁSCOA
PÁSCOA DO SENHOR (1)
As três "Marias" compraram os aromas etc., 173
"Cristo, nossa Páscoa, foi imolado", 176
"Quem nos tirará a pedra?"..., 179
A visão do anjo, 180
"Não temais: Ressuscitou, não está aqui", 181
As dez aparições depois da ressurreição, 182
A RESSURREIÇÃO DO SENHOR (2)
A amendoeira florirá, o gafanhoto engordará, 187
Simbolismo da amendoeira, do gafanhoto e da alcaparra, 189
OITAVA DA PÁSCOA
"Chegada a tarde daquele dia", 196
"Veio Jesus... e disse: Paz a vós!": A tríplice paz, 198
"Recebei o Espírito Santo: A quem perdoardes...", 200
Disse a Tomé: "Põe aqui o teu dedo", 203
II DOMINGO DEPOIS DA PÁSCOA
"Eu sou o Bom Pastor", 208
Feliz o prelado que pode dizer: "Eu sou o bom pastor", 211
"O mercenário, porém, que não é pastor...", 214
"Tenho outras ovelhas que não são deste aprisco", 223
III DOMINGO DEPOIS DA PÁSCOA
"Ainda um pouco e não me vereis...", 228
"Vós chorareis... o mundo, porém, se alegrará", 231
"Mas vos verei de novo e o vosso coração se alegrará", 235
"A mulher quando dá à luz está na tristeza", 236
Descrição e simbolismo do coração, 239
IV DOMINGO DEPOIS DA PÁSCOA
"Vou para aquele que me enviou", 246
"Junto com ele deu-nos todas as coisas", 249
"Quando vier o Paráclito", 252

"Convencerá o mundo do pecado, da justiça e do juízo", 255

"Ensinar-vos-á toda a verdade", 260

V domingo depois da Páscoa

"Tudo o que pedirdes em meu nome", 262

"Até agora nada pedistes em meu nome", 264

"Agora conhecemos que sabes tudo..." Por isso cremos, 270

VI domingo depois da Páscoa

"Quando vier o Paráclito", 276

Assiduidade na oração, 282

"Disse-vos isso... para que não vos escandalizeis", 283

Ladainhas ou Rogações: "Se um de vós tiver um amigo..."

O verdadeiro amigo, 286

Simbolismo dos três pães, 286

"Pedi e vos será dado...", 288

"Qual o pai que, em vez do pão...", 289

Instituição das rogações, 292

Ascensão do Senhor

"Enquanto os onze estavam à mesa", 295

"Ide a todo o mundo e pregai...", 296

"Estes são os sinais que vos acompanharão", 298

E o Senhor Jesus... foi elevado ao céu", 300

"Atravessei o Jordão... agora retorno com duas tropas", 301

pentecostes

Domingo de Pentecostes (1)

"De repente veio um ruído do céu", 306

"Vem, ó Espírito, dos quatro ventos", 308

Simbolismo da arca, suas medidas e seus compartimentos, 309

O ruído do vendo é figura da contrição, 312

As línguas de fogo: considerações sobre a língua do homem, 314

Todos ficaram cheios do Espírito Santo, 315

Festa de Pentecostes (2)

O Paráclito... é aquele que é infundido nos corações, 321

Brotava um rio de fogo, 321

I domingo depois de Pentecostes: Parábola do Rico Epulão

"Havia um homem rico que se vestia de púrpura e linho finíssimo" etc., 329

"E havia um mendigo de nome Lázaro", 331

Considerações morais, 334

"Aconteceu que morreu o mendigo... Morreu também o rico", 336

"Em meios aos tormentos...", 339

"Pai Abraão, peço-te que mandes Lázaro", 342

1072 ÍNDICE LITÚRGICO-PASTORAL

II DOMINGO DEPOIS DE PENTECOSTES: A grande ceia e os convidados que recusaram

A dupla ceia à qual somos convidados, 346

Todos os convidados começaram a desculpar-se, 351

"Sai logo... e convida pobres, fracos, cegos e coxos", 356

III DOMINGO DEPOIS DE PENTECOSTES

"Publicanos e pecadores aproximavam-se de Jesus", 361

Os fariseus e os escribas murmuravam, 363

Parábola da Ovelha Perdida, 364

Parábola da Dracma Perdida, 369

IV DOMINGO DEPOIS DE PENTECOSTES

"Sede misericordiosos como é misericordioso vosso Pai", 376

"Não julgueis, e não sereis julgados", 378

"Não condenais, e não sereis condenados", 379

"Perdoais, e sereis perdoados", 379

"Dai, e vos será dado", 380

Uma medida justa, apertada, sacudida e transbordante, 381

Parábola dos Cegos: Por acaso pode um cego guiar outro cego?, 385

A palha no olho do irmão: considerações sobre os olhos, 389

V DOMINGO DEPOIS DE PENTECOSTES: Da barca, Jesus fala à multidão

Comparação com Salomão, que falou das árvores, quadrúpedes, répteis e peixes, 394

Jesus viu duas barcas... as duas meretrizes que brigam pela criança, 396

"Faze-te ao largo e lançai a redes para a pesca"; a frota de Salomão, 400

O trono de Salomão: a Igreja, a alma, a Bem-aventurada Virgem Maria, 403

A pesca milagrosa, 408

Pedro: Afasta-te de mim, que sou pecador, 411

VI DOMINGO DEPOIS DE PENTECOSTES: A justiça dos fariseus

"Se a vossa justiça não superar a dos fariseus", 415

"Ouvistes o que foi dito aos antigos: não matarás?", 420

"Se apresentares a tua oferta ao altar..." etc., 423

VII DOMINGO DEPOIS DE PENTECOSTES: Segunda multiplicação dos pães

O cerco da Samaria: a grave carestia, 430

"Jesus mandou que a multidão se sentasse...", 436

"Levaram sete cestos de pedaços que sobraram", 438

O Profeta Eliseu ressuscita o menino morto: simbolismo, 439

VIII DOMINGO DEPOIS DE PENTECOSTES: Acautelai-vos dos falsos profetas

"Por seus frutos os conhecereis", 443

Os falsos profetas são os instintos carnais, 447

A árvore boa produz frutos bons, 448

O relógio do Rei Ezequias: os dez graus da humildade, 449

ÍNDICE LITÚRGICO-PASTORAL   1073

A árvore má produz frutos maus, 451

"Não é quem diz: Senhor, Senhor!...", 453

IX DOMINGO DEPOIS DE PENTECOSTES: Parábola do Feitor Infiel

O homem rico e o feitor: alegoria dos seios, 458

O feitor foi acusado de desperdiçar os bens do patrão, 460

"O patrão o chamou", 463

O feitor representa o prelado da Igreja, 465

O feitor chama os devedores de seu patrão, 469

"Granjeai-vos amigos com a riqueza iníqua", 474

X DOMINGO DEPOIS DE PENTECOSTES: Jesus chora sobre Jerusalém

"Se tivesses compreendido o que te pode trazer a paz", 480

Como a alma deve chorar sobre si mesma, 482

"Virão dias em que teus inimigos te cercarão", 486

"Entrando no templo, começou a expulsar os vendilhões...", 490

"Minha casa será casa de oração", 492

"Mas vós a fizestes um covil de ladrões: a consciência do homem, 495

XI DOMINGO DEPOIS DE PENTECOSTES: Parábola do Fariseu e do Publicano

Alegoria dos quatro cavalos do sol, 498

O fariseu: "Jejuo, pago o dízimo, não sou como os outros", 500

O publicano: "Ó Deus, tem piedade de mim, pecador!", 505

"Quem se exalta será humilhado...", 507

XII DOMINGO DEPOIS DE PENTECOSTES: Cura do surdo-mudo

Considerações morais sobre Tiro, Sidônia, Mar da Galileia, Decápole, 514

Atos que Jesus realiza na cura do surdo-mudo, 521

Considerações sobre o ouvido: a obediência, 521

Considerações sobre a mudez: a confissão, 523

"Jesus levou-a à parte": os dedos, a saliva de Jesus, 525

"...suspirou e disse: Effatá!", 527

XIII DOMINGO DEPOIS DE PENTECOSTES: Bem-aventurança de quem vê" a Cristo

"Bem-aventurados os olhos que veem o que vós vedes", 533

Amor a Deus e ao próximo: "Faze isso e viverás", 536

Considerações sobre: coração, alma, mente e forças, 538

Parábola do Bom Samaritano: Quem desce de Jerusalém para Jericó, 546

O sacerdote, o levita e o samaritano, 554

XIV DOMINGO DEPOIS DE PENTECOSTES: Cura dos dez leprosos

Considerações sobre: Samaria, Galileia, Jerusalém, 559

As cinco espécies de lepra e os cinco "lugares" que são infectados, 567

"Ide e mostrai-vos aos sacerdotes": mostrar-se na confissão, 572

Um deles voltou atrás louvando a Deus, 574

"Não são dez os curados?", 575

1074 ÍNDICE LITÚRGICO-PASTORAL

XV DOMINGO DEPOIS DE PENTECOSTES: Ninguém pode servir a dois senhores
As duas potências da alma, que são como seus senhores, 579
"Não vos preocupeis pelo que comer ou beber etc., 583
"Olhai as aves do céu", 587
"Digo-vos que nem Salomão...", 590
"Buscai primeiro o Reino de Deus e sua justiça...", 592
XVI DOMINGO DEPOIS DE PENTECOSTES: Ressuscita o filho da viúva de Naim
Considerações sobre Judite que se prepara para encontrar Holofernes, 594
Jesus estava se dirigindo a uma cidade chamada Naim, 598
Os carregadores do esquife: os quatro elementos de que se compõe o nosso
corpo, 605
O justo procedimento para ressurgir espiritualmente, 606
"Enraizados e fundados na caridade", 608
XVII DOMINGO DEPOIS DE PENTECOSTES
Em dia de sábado, Jesus come em casa de um chefe fariseu, 611
Jesus comeu: levou a mão à boca da pregação, 615
"Exorto-vos, prisioneiro do Senhor, a comportar-vos...", 617
Cura do hidrópico: "É lícito ou não curar em dia de sábado?", 617
"Tomou-o pela mão...": considerações e referências, 619
"Quem de vós, se um asno ou um boi cai no poço...", 621
Alegoria das conchas: considerações e aplicações, 623
"Quando fores convidado para as núpcias, não te ponhas no primeiro lugar", 625
XVIII DOMINGO DEPOIS DE PENTECOSTES: Jesus interroga os fariseus
"O que pensais do Cristo? De quem é filho?", 629
"Respondem-lhe: É filho de Davi", 632
Explicação do termo "cristo"; o crisma; a árvore do bálsamo, 634
XIX DOMINGO DEPOIS DE PENTECOSTES: Cura do paralítico
"Subindo a uma barca, Jesus passou para o outra margem", 640
Para governar uma barca são necessários quatro instrumentos, 642
Trazem-lhe um paralítico: "Os teus pecados estão perdoados", 643
Os quatro carregadores; as quatro virtudes: humildade, pobreza, paciência,
obediência, 645
"Toma o teu leito", 647
XX DOMINGO DEPOIS DE PENTECOSTES: O rei celebra as núpcias do filho
As três espécies de núpcias: de união, purificação e glorificação, 654
Os convidados recusam o convite... e matam os servos do rei, 656
O rei pune os convidados ingratos e homicidas, 658
"Não vos embriagueis de vinho, no qual está a luxúria", 660
"Viu um comensal que não tinha a veste nupcial", 662
Veste nupcial para as "núpcias da glória": amor a Deus e ao próximo, 664

XXI domingo depois de Pentecostes: O filho do funcionário real de Cafarnaum
Cada fiel é "funcionário real" do Rei dos Reis: as ordens angélicas, 670
Interpretação do nome "Cafarnaum"; as quatro abominações de Ezequiel, 673
O funcionário real crê na palavra de Jesus, 678
Os servos anunciam: Teu filho vive! Quem vive só com o perfume dos frutos, 679

XXII domingo depois de Pentecostes: O Reino dos Céus é semelhante a um rei
Concordância com a visão de Daniel, 684
O devedor de dez mil talentos: todo homem é este devedor, 686
Suplica-lhe: Tem paciência comigo e restituirei tudo, 689
O devedor perdoado não perdoa seu companheiro, 691
Alegoria do cárcere: os três meninos ilesos, figura de três virtudes, 692
Os quatro seres que vivem dos quatro elementos da natureza, 694
Problema: "Os pecados perdoados revivem?" Várias opiniões, 697

XXIII domingo depois de Pentecostes: "É lícito pagar o tributo a César?"
A trombeta, figura da pregação: tocava-se em três circunstâncias, 701
Os fariseus, "separados", representam os indignos prelados da Igreja, 705
"Mostra-me a moeda do tributo", 711
Paralelismo entre as bem-aventuranças e as sete palavras de Cristo na cruz, 713

XXIV domingo depois de Pentecostes: Ressurreição da filha de Jairo
Simbolismo da morte da menina e a doença da hemorroíssa, 722
Jesus, com os discípulos, vai à casa de Jairo, 725
"A menina não está morta, mas dorme", 726
E eis uma mulher que sofria de hemorragia, 728
Concordância com "Asa que adoecera e sofria...", 730

FESTAS MARIANAS

Em louvor da Bem-aventurada Virgem Maria
"Bem-aventurado o seio que te trouxe..." etc., 133
"A tua grandeza é como a da palmeira", 135
"Refugia-te junto a ela, ó pecador!", 136

Natividade de Maria
Estrela da manhã: portadora de luz, 896
Um rebento nascerá do tronco de Jessé, 896
Como a luz que resplende nos dias de sua plenitude, 897

Anunciação de Maria (1)
Na Anunciação Maria foi sol, arco-íris, rosa e lírio, 899
O Filho: "Será orvalho para Israel", 902
O Filho fez para si uma veste com a lã da ovelha, 904
"Como a flor da rosa nos dias de primavera", 906
"Como os lírios ao longo de um curso de água", 910

1076   ÍNDICE LITÚRGICO-PASTORAL

PURIFICAÇÃO DE MARIA (1)

    Como incenso fragrante nos dias do verão, 911

    "Seja bendita Jael na sua tenda", 913

    "Ele pediu água, leite ela deu... e manteiga", 917

    Alegoria da rola, 918

    "Como fogo esplendente", simbolismo da vela, 919

ASSUNÇÃO DE MARIA

    "Como vaso de ouro maciço": entrada da glória da altura, 921

    A Virgem Maria foi vaso, oliveira e cipreste, 923

    Elogio da pobreza, 924

    Ester é figura da Virgem Maria, 924

PURIFICAÇÃO DE MARIA (2)

    Prescrições da lei de Moisés, 928

    Maria, figura e modelo da alma iluminada no batismo, 929

    A oferta dos pobres: duas pombas, simbolismo, 929

    Em Jerusalém havia um homem de nome Simeão; seu canto, 931

    Alegoria da abelha, 934

    Entre os voláteis pequenos está a abelha, 936

ANUNCIAÇÃO DE MARIA (2)

    Foi enviado o Anjo Gabriel, 940

    Referência a Rebeca, esposa de Jacó, 941

    "Conceberás... darás à luz um filho: chamá-lo-ás Jesus", 942

    "Como pode acontecer isso?", 944

    De que modo a alma concebe o espírito da salvação, 945

    Não no vento, no terremoto, no fogo, mas na brisa leve, 948

FESTAS DOS SANTOS

CONVERSÃO DE SÃO PAULO

    Considerações sobre a sequela de Jesus: "Nós deixamos tudo", 953

    Paulo foi antes *Benoni* e depois Benjamim: significado, 958

    A destra do Senhor operou maravilhas, 958

    Paulo, filho da *destra*: filho da graça, filho da glória, 960

CÁTEDRA DE SÃO PEDRO

    "Os homens, quem dizem ser o Filho do homem?": considerações, 963

    Pedro: "Tu és o Cristo, o Filho do Deus vivo", 966

    "E eu te digo que tu és Pedro", 968

    "A ti darei as chaves do Reino dos Céus", 969

    "O rei, sentado no trono, com seu olhar dissipa todo o mal", 971

    Pedro, figura do prelado: Três vezes "apascenta", nunca "tosquia" as ovelhas, 975

Índice litúrgico-pastoral — 1077

São Filipe e São Tiago
  "Não se perturbe o vosso coração": várias considerações e comparações, 977
  "Eu sou o Caminho..., a Verdade..., a Vida...", 979
  Diz Filipe a Jesus: "Mostra-nos o Pai", 981
  Estes são os dois filhos do esplendor do azeite, 982
Invenção da Santa Cruz
  Nicodemos vai a Jesus de noite, 986
  "Em verdade te digo: Se alguém não renascer da água e do Espírito Santo...", 987
  Referência ao leproso Naamã, sírio, 987
  "Como Moisés levantou a serpente no deserto", 991
  O lenho da cruz, segundo a *História dos gregos*, 993
  "A árvore produziu seu fruto", 994
Natividade de São João Batista
  "Para Isabel, cumpriu-se o tempo do parto", 997
  O nascimento dos santos comporta grande alegria para muitos, 998
  Queriam chamá-lo com o nome de seu Pai, 1000
  Comparado a Neftali, cervo elegante, 1001
  Alegoria do cervo, 1003
Santos apóstolos Pedro e Paulo
  Por três vezes Pedro declara seu amor a Cristo, 1007
  "Apascenta os meus cordeiros", 1008
  "Quando eras jovem... mas quando fores velho...", 1010
  Representados em Zabulon e Issacar, 1012
  Paulo: Alegoria do onagro (asno selvagem), 1016

ÍNDICE GERAL

Sumário, 5
Prefácio, 9
Anotações referentes à presente tradução portuguesa, 19

SERMÕES DOMINICAIS E FESTIVOS, **21**

Prólogo, 23
DOMINGO DA SEPTUAGÉSIMA, 27
    Temas do sermão, 27
    Exórdio – Sermão para a formação do coração do pecador, 28
    I – Os sete dias da criação e os sete artigos de fé, 28
    II – Os seis dias da criação e as seis virtudes da alma, 33
DOMINGO DA SEXAGÉSIMA, 41
    Temas do sermão, 41
    Exórdio – Sermão aos pregadores, 41
    A arca de Noé e a Igreja de Cristo, 42
DOMINGO DA QUINQUAGÉSIMA, 50
    Temas do sermão, 50
    Exórdio – Sermão aos pregadores, 50
    I – A cegueira da alma, 51
    II – A paixão de Cristo, 55
INÍCIO DO JEJUM (Quarta-feira de Cinzas), 62
    I – O jejum, 62
    II – A esmola, 65
    III – Sermão moral, 66
I DOMINGO DA QUARESMA (1), 69
    Temas do sermão, 69
    Exórdio – O Deserto de Engadi, 69
    As três tentações de Adão e as três tentações de Jesus, 70
I DOMINGO DA QUARESMA (2) – A penitência, 73
    Exórdio – Sermão aos claustrais; ou seja, sermão sobre a alma penitente, 73
    I – A contrição do coração, 74
    II – A confissão da boca (a acusação), 75

III – A obra de penitência (satisfação) imposta pelo confessor, 83

IV – O que se opõe aos três atos de penitência; ou seja, a tríplice tentação, 86

II DOMINGO DA QUARESMA (1), 89

Temas do sermão, 89

Exórdio – Sermão aos pregadores, 89

I – A subida de Jesus Cristo com os três apóstolos ao monte, 90

II – A transfiguração de Jesus Cristo, 93

III – A aparição de Moisés e de Elias, 97

IV – A declaração da voz do Pai: Este é o meu Filho amado, 98

II DOMINGO DA QUARESMA (2), 100

Temas do sermão, 100

Exórdio – Sermão aos pregadores, 100

I – A saída de Jesus; ou seja, do homem penitente, da vaidade do mundo, 101

II – O pedido da mulher cananeia pela filha atormentada pelo demônio; ou seja, a oração da alma penitente, 108

III – A libertação da filha da mulher cananeia, 110

III DOMINGO DA QUARESMA, 112

Temas do sermão, 112

Exórdio – Utilidade da pregação, 113

I – A venda de José, 113

II – A encarceração de José; ou seja, o homem tornado escravo do diabo, 118

III – O espírito de soberba, 123

IV – As sete vacas, as sete espigas e os sete anos de fome, 126

Em louvor à Bem-aventurada Virgem Maria, 133

IV DOMINGO DA QUARESMA, 138

Temas do sermão, 138

Exórdio – Sermão ao pregador, 138

Os cinco pães e os dois peixes, 139

V DOMINGO DA QUARESMA, 143

Temas do sermão, 143

Exórdio – Sermão aos pregadores ou aos prelados, 143

I – A inocência de Jesus Cristo, 144

II – A escuta da palavra de Cristo, 145

III – A blasfêmia dos judeus contra Cristo, 146

IV – A glória eterna daquele que observa a palavra de Cristo, 148

V – Cristo será glorificado pelo Pai, 150

VI – A exultação de Abraão, 151

VII – Os judeus querem apedrejar Jesus, mas ele se esconde, 152

DOMINGO DE RAMOS, 154

Temas do sermão, 154

Exórdio – Sermão sobre a paixão de Cristo, 154

I – Jesus aproxima-se de Jerusalém, 155

II – O envio dos dois discípulos à aldeia, 158

III – Jesus, Rei sentando sobre a jumenta e seu jumentinho, 160

IV – O entusiasmo e as aclamações da multidão a Jesus, 163

A Ceia do Senhor (Quinta-feira Santa), 165

Exórdio – A ceia do Senhor, comparada à ceia de Abraão, 165

I – Sermão alegórico, 166

II – Sermão alegórico, 168

III – Sermão anagógico (místico), 170

Páscoa do Senhor (1), 172

Temas do sermão, 172

Exórdio – Sermão ao pregador, 172

I – A devoção das piedosas mulheres e a compra dos aromas, 173

II – A remoção da pedra à porta do sepulcro, 179

III – A visão do anjo, 180

IV – A ressurreição de Jesus Cristo, 181

A ressurreição do Senhor (2), 187

Exórdio – Na ressurreição a humanidade de Cristo floresceu como a vara de Aarão, 187

I – Sermão alegórico, 187

II – Sermão moral, 189

III – Sermão moral, 191

IV – Sermão anagógico (místico), 192

Oitava da Páscoa, 194

Temas do sermão, 194

Exórdio – O pregador e a quem deve pregar, 194

I – A reunião dos discípulos, 196

II – A tríplice saudação de paz, 198

III – O poder dado aos apóstolos de ligar e de desligar, 200

IV – A incredulidade de Tomé, 202

V – Profissão de fé de Tomé e confirmação de nossa fé, 203

II domingo depois da Páscoa, 206

Temas do sermão, 206

Exórdio – Sermão ao pregador, 207

I – Cuidado solícito do Bom Pastor pelas ovelhas, 208

II – A fuga do mercenário e o roubo do lobo, 214

III – O recíproco conhecimento entre o pastor e as ovelhas, 221

IV – A Igreja será formada por ambos os povos: o judeu e o pagão, 223

III domingo depois da Páscoa, 227

Temas do sermão, 227

Exórdio – Sermão aos ouvintes da palavra de Deus, 227

I – A breve duração de nossa vida, 228

II – A vã alegria dos mundanos, 231

III – A glória eterna, 235

IV – A alma que sofre e dá à luz a obra boa, 236

IV domingo depois da Páscoa, 245

Temas do sermão, 245

Exórdio – De que modo o prelado deve trabalhar no campo dos fiéis, 245

I – O retorno de Jesus Cristo ao Pai, 247

II – A acusação contra o mundo, 252

III – A aspiração do Espírito da Verdade, 259

V domingo depois da Páscoa, 261

Temas do sermão, 261

Exórdio – Sermão sobre a unção da graça, 261

I – Pedir a plenitude da alegria, 262

II – Jesus Cristo intercede por nós junto ao Pai, 268

III – O Cristo que tudo sabe e conhece, 270

VI domingo depois da Páscoa, 275

Temas do sermão, 275

Exórdio – A ressurreição da alma e do corpo, 275

I – O envio do Paráclito, 276

II – A perseguição dos discípulos de Cristo, 283

Ladainhas ou rogações, 285

I – O pedido do pão, 285

II – A insistência na oração, 288

III – O amor do pai pelo filho, 289

IV – Sermão moral, 292

Ascensão do Senhor, 295

I – A última aparição de Cristo, 295

II – O envio dos apóstolos à pregação, 296

III – A ascensão de Jesus ao céu, 300

IV – Sermão alegórico, 301

V – Sermão moral, 303

Domingo de Pentecostes (1), 305

Temas do sermão, 305

Exórdio – O Espírito Santo e a propriedade do crisólito, 305

I – A infusão da graça do Espírito Santo nos apóstolos em forma de línguas de fogo, 306

II – A infusão do Espírito Santo e a ressurreição da alma, 308

III – Sermão aos religiosos sobre a penitência, 312

IV – A proclamação do louvor e a confissão do pecado, 314

V – Os frutos da graça do Espírito Santo, 315

Festa de Pentecostes (2), 319

    Exórdio – O Espírito Santo consolador, 319

    I – Sermão sobre o sentido literal do evangelho desta festa, 321

    II – Sermão alegórico, 321

    III – Sermão moral, 323

Prólogo, 326

I domingo depois de Pentecostes, 327

    Temas do sermão, 327

    Exórdio – Sermão ao prelado e ao pregador da Igreja, 328

    I – A diferente condição de vida do rico, vestido de púrpura, e do mendigo Lázaro, 329

    II – Morte do epulão e de Lázaro, 336

    III – A pena do rico e a glória de Lázaro, 339

    IV – A desesperada súplica do rico por seus cinco irmãos, 342

II domingo depois de Pentecostes, 345

    Temas do sermão, 345

    Exórdio – O combate entre os demônios e os justos, 345

    I – A preparação da ceia e os convites, 346

    II – As desculpas dos convidados, 351

    III – O ingresso à ceia daqueles que o mundo despreza, 356

III domingo depois de Pentecostes, 359

    Temas do sermão, 359

    Exórdio – Sermão sobre o pregador ou sobre o prelado da Igreja, 359

    I – A aproximação dos pecadores a Jesus, 361

    II – O encontro da ovelha perdida, 364

    III – O encontro da dracma perdida, 369

IV domingo depois de Pentecostes, 375

    Temas do sermão, 375

    Exórdio – Sermão sobre o pregador ou sobre o prelado da Igreja, 375

    I – A misericórdia de Deus, 376

    II – A medida da glória eterna, 381

    III – A queda dos cegos no buraco, 385

    IV – O cisco do pecado no olho do irmão, 389

V domingo depois de Pentecostes, 391

    Temas do sermão, 391

    Exórdio – Sermão sobre os prelados e sobre os pregadores da Igreja, 392

    I – As duas barcas paradas no Lago de Genesaré, 393

    II – Cristo sobe à barca de Simão, 400

    III – A captura de uma grande quantidade de peixes, 408

    IV – O espanto de Pedro e de seus companheiros, e o abandono de tudo o que possuíam, 411

VI domingo depois de Pentecostes, 414
    Temas do sermão, 414
    Exórdio – Sermão sobre os prelados e os pregadores da Igreja, 414
    I – A justiça dos apóstolos, 415
    II – Condenação de quem se irrita contra o irmão e o ofende, 420
    III – A reconciliação fraterna, 423
VII domingo depois de Pentecostes, 427
    Temas do sermão, 427
    Exórdio – Infusão da graça no coração do pregador, 427
    I – A compaixão de Jesus pela multidão, 429
    II – Distribuição dos pães e dos peixes à multidão e a alimentação de todos, 436
    III – O recolhimento de sete cestos, 438
VIII domingo depois de Pentecostes, 441
    Temas do sermão, 441
    Exórdio – A morada que a alma fiel deve preparar para Cristo Jesus, 441
    I – A simulação dos hipócritas, 443
    II – Os frutos da árvore boa e o corte da árvore má, 448
    III – A expulsão dos maus do Reino e o acolhimento dos bons, 453
    Prólogo, 457
IX domingo depois de Pentecostes, 458
    Temas do sermão, 458
    Exórdio – A ciência e a vida do prelado ou do pregador, 458
    I – O feitor acusado de desperdiçar os bens do patrão, 460
    II – Convocação dos devedores do patrão, 469
    III – Acolhimento nas moradas eternas de quem faz o bem aos pobres, 474
X domingo depois de Pentecostes, 478
    Temas do sermão, 478
    Exórdio – Sermão para a natividade e a paixão do Senhor, 478
    I – A comovida piedade de Jesus Cristo por Jerusalém, 480
    II – A ruína de Jerusalém, 486
    III – A expulsão dos vendilhões e dos compradores do templo, 490
XI domingo depois de Pentecostes, 498
    Temas do sermão, 498
    Exórdio – Sermão sobre a natividade do Senhor, 498
    I – A arrogância do fariseu, 500
    II – O arrependimento do publicano, 505
XII domingo depois de Pentecostes, 511
    Temas do sermão, 511
    Exórdio – O pregador e o prelado da Igreja, 511
    I – A saída de Jesus Cristo da região de Tiro, 514
    II – A cura do surdo-mudo, 521
    Prólogo, 530

XIII domingo depois de Pentecostes, 531

    Temas do sermão, 531

    Exórdio – Utilidade da pregação, 531

    I – Bem-aventurança de quem vê a Cristo, 533

    II – Amor a Deus e amor ao próximo, 536

    III – O homem que desce de Jerusalém a Jericó, 544

XIV domingo depois de Pentecostes, 558

    Temas do sermão, 558

    Exórdio – A infusão da graça, 558

    I – A passagem de Jesus Cristo para Jerusalém através da Samaria e da Galileia, 560

    II – A cura dos dez leprosos, 567

    III – O estrangeiro retorna para glorificar a Deus, 574

XV domingo depois de Pentecostes, 577

    Temas do sermão, 577

    Exórdio – A paixão de Jesus Cristo e a formação de nossa vida, 577

    I – Os dois senhores, 579

    II – Banir as preocupações, 583

    III – Deve-se buscar acima de tudo o Reino de Deus, 592

XVI domingo depois de Pentecostes, 594

    Temas do sermão, 594

    Exórdio – A alma penitente, 594

    I – Jesus Cristo aproxima-se da porta da cidade de Naim, 598

    II – Cristo ressuscita o filho da viúva, 604

    Prólogo, 610

XVII domingo depois de Pentecostes, 611

    Temas do sermão, 611

    Exórdio – O pregador e suas armas, 611

    I – O ingresso de Jesus Cristo na casa do chefe fariseu, 613

    II – Cura do hidrópico, 617

    III – A exortação de Cristo de praticar sempre a humildade, 625

XVIII domingo depois de Pentecostes, 629

    Temas do sermão, 629

    Exórdio – As quatro estações do ano e as propriedades da terra e do fogo, 629

    I – A divindade, a humanidade e a glória de Cristo, 631

    II – Sermão moral sobre o ornamento das virtudes, 632

XIX domingo depois de Pentecostes, 638

    Temas do sermão, 638

    Exórdio – A graça espiritual do pregador e sua santa conduta, 638

    I – Jesus Cristo sobe na barca, 640

    II – O paralítico apresentado a Jesus Cristo, 643

    III – Cura do paralítico, 647

XX domingo depois de Pentecostes, 651
   Temas do sermão, 651
   Exórdio – O tríplice templo e seu candelabro, 651
   I – As três núpcias, 654
   II – Os três tabernáculos, 658
   III – As três vestes nupciais, 662
Prólogo, 667
XXI domingo depois de Pentecostes, 668
   Temas do sermão, 668
   Exórdio – A mortificação dos desejos carnais e a confissão, 668
   I – A doença do filho do funcionário real, 670
   II – Fé do funcionário do rei, 678
XXII domingo depois de Pentecostes, 682
   Temas do sermão, 682
   Exórdio – O penitente e o religioso em geral: a contrição e a confissão, 682
   I – O rei perdoa a dívida ao servo, 684
   II – Ingratidão do servo mau, 691
   III – Encarceração do servo mau – Uma questão: "Os pecados perdoados
     revivem?", 697
XXIII domingo depois de Pentecostes, 700
   Temas do sermão, 700
   Exórdio – O pregador e as três circunstâncias em que se toca a trombeta, 700
   I – A fingida malícia dos fariseus, 705
   II – A sabedoria de Jesus Cristo, 711
XXIV domingo depois de Pentecostes, 720
   Temas do sermão, 720
   Exórdio – Criação dos anjos e das almas; a pregação e a fé, 720
   I – Ressurreição da filha do chefe da sinagoga, 722
   II – A cura da mulher com hemorragia, 728
Prólogo, 732
I domingo do Advento, 733
   Temas do sermão, 733
   Exórdio – Sermão aos penitentes ou aos religiosos e sermão sobre a confissão, 733
   I – O primeiro advento de Cristo na carne, 736
   II – O segundo advento de Cristo na mente, 740
   III – O terceiro advento de Cristo na hora da morte, 743
   IV – O quarto advento de Cristo na majestade, 745
II domingo do Advento, 749
   Temas do sermão, 749
   Exórdio – Sermão para o início do jejum, 749

I – A encarceração de João, 750

II – Cristo realiza os milagres, 753

III – O elogio do Bem-aventurado João, 758

III domingo do Advento, 762

Temas do sermão, 762

Exórdio – Sermão aos penitentes, 762

Sermão sobre a epístola da missa, 763

IV domingo do Advento, 770

Temas do sermão, 770

Exórdio – Aos pregadores ou aos prelados da Igreja, 770

I – Sublimidade da pregação, 772

II – O vale da humildade, 777

Natal do Senhor, 782

I – O recenseamento do mundo, 782

II – O nascimento do Salvador, 784

III – O anúncio dos anjos aos pastores, 786

IV – Sermão alegórico, 787

V – Sermão moral, 789

Festa de Santo Estêvão protomártir, 792

I – A perseguição dos justos, 792

II – Cristo compara-se à galinha, 794

III – Sermão alegórico, 797

IV – Sermão moral, 798

Festa de São João evangelista, 801

I – Imitação de Cristo, 801

II – O amor de Cristo por seu fiel discípulo, 803

III – Sermão alegórico, 804

IV – Sermão moral, 807

Festa dos Santos Inocentes, 810

I – A fuga do Senhor para o Egito, 810

II – O massacre das crianças, 813

III – Sermão alegórico, 814

IV – Sermão moral, 816

I domingo depois do Natal, 819

Temas do sermão, 819

Exórdio – A graça e a glória de Jesus Cristo, 819

I – A pobreza, a humildade, a penitência e a obediência, 821

II – A profecia de Simeão, 825

III – A anunciação ou o nascimento do Senhor e a penitência, 832

Circuncisão do Senhor, 837

I – A circuncisão de Cristo, 837

II – A imposição do nome, 839

III – Sermão alegórico, 841
IV – Sermão moral, 842
II domingo depois do Natal, 845
 Temas do sermão, 845
 Exórdio – Sermão aos penitentes pela Quaresma, 845
 I – A subida de Jesus e de seus pais a Jerusalém, 847
 II – O encontro de Jesus depois de três dias, 851
 III – O retorno de Jesus a Nazaré junto com os pais, 853
Epifania do Senhor, 857
 I – A aparição da estrela, 857
 II – A perturbação de Herodes, 859
 III – A oferta dos três magos, 860
 IV – Sermão alegórico, 863
 V – Sermão moral, 864
I domingo depois da oitava da epifania, 868
 Temas do sermão, 868
 Exórdio – Sermão aos pregadores, 868
 As bodas celebradas em Caná da Galileia, 869
II domingo depois da oitava da epifania, 878
 Temas do sermão, 878
 Exórdio – Sermão contra os ricos e os sábios deste mundo, 878
 I – Cura do leproso, 879
 II – Cura do servo paralítico, 885
III domingo depois da oitava da epifania, 888
 Temas do sermão, 888
 Exórdio – Sermão sobre o pregador e sobre a sociedade dos pecadores, 888
 A barca da cruz e da penitência, 889
Epílogo, 892

sermões marianos e das festas dos santos, **893**

Prólogo aos quatro sermões marianos, 894
Natividade da Bem-aventurada Virgem Maria, 895
 Temas do sermão, 895
 Exórdio, 895
 Maria, anunciadora do Salvador e toda perfeita em si mesma, 896
Anunciação da Bem-aventurada Virgem Maria (1), 898
 Temas do sermão, 898
 Exórdio, 898
 I – Virtudes e prerrogativas da Bem-aventurada Virgem Maria, 899
 II – O Filho de Deus comparado ao orvalho, 902
 III – A natividade do Senhor, 906

Índice geral

Purificação da Bem-aventurada Virgem Maria (1), 911
   Temas do sermão, 911
   Exórdio, 911
   I – A primeira oblação de Cristo, 912
   II – A Virgem Maria, Tenda de Cristo, 913
   III – As várias oblações da Virgem, 917
Assunção da Bem-aventurada Virgem Maria, 921
   Temas do sermão, 921
   Exórdio – A dignidade da Virgem gloriosa, 921
   Santidade e glória da Bem-aventurada Virgem Maria, 923
Purificação da Bem-aventurada Virgem Maria (2), 928
   I – A apresentação de Jesus Cristo, 928
   II – O cumprimento das esperanças do justo Simeão, 931
   III – A bênção de Simeão, 932
   IV – Sermão alegórico, 934
   V – Sermão moral, 936
Anunciação da Bem-aventurada Virgem Maria (2), 940
   I – O envio de Gabriel à Virgem, 940
   II – O anúncio da concepção do Senhor, 942
   III – A intervenção do Espírito Santo, 943
   IV – Sermão moral, 945
   V – Sermão alegórico, 947
   VI – Sermão moral, 950
   Advertência para os sermões das festas dos santos, 952
Conversão de São Paulo, 953
   I – Grandeza dos apóstolos no juízo final, 953
   II – Recompensa daqueles que deixam as coisas passageiras, 955
   III – Sermão alegórico, 957
   IV – Sermão moral, 959
Cátedra de São Pedro, 963
   I – A interrogação de Jesus Cristo, 963
   II – A profissão de fé de Pedro, 966
   III – A concessão do poder de ligar e de desligar, 968
   IV – Sermão alegórico, 970
   V – Sermão moral, 971
   VI – Sermão alegórico, 973
   VII – Sermão moral, 975
Festa dos Santos Apóstolos Filipe e Tiago, 977
   I – A eternidade da morada celeste, 977
   II – A verdade da fé, 979

III – Igualdade do Pai e do Filho, 981
IV – Sermão alegórico, 982
V – Sermão moral, 983

Invenção da Santa Cruz, 986
I – A regeneração do batismo, 986
II – A ascensão de Cristo, 989
III – A paixão de Cristo, 991
IV – Sermão alegórico, 992
V – Sermão moral, 994

Natividade de São João Batista, 997
I – Nascimento do precursor, 997
II – A imposição do nome, 999
III – Sermão alegórico, 1001
IV – Sermão moral, 1003

Festa dos Santos Apóstolos Pedro e Paulo, 1007
I – A tríplice declaração de amor ao Senhor feita pelo Bem-aventurado Pedro, 1007
II – A tríplice entrega da Igreja ao Bem-aventurado Pedro, 1008
III – O martírio do Bem-aventurado Pedro, 1010
IV – Sermão alegórico sobre os santos apóstolos Pedro e Paulo, 1012
V – Sermão moral, 1013
VI – Sermão alegórico sobre São Paulo, 1016
VII – Sermão moral, 1018

Índice analítico, 1021
Índice litúrgico-pastoral, 1067

A Igreja e o mundo sem Deus

Thomas Merton

Nesta obra Thomas Merton nos presenteia com uma análise clara e objetiva sobre a Constituição Pastoral *Gaudium et Spes*, do Concílio Vaticano II, que trata sobre a Igreja no mundo de hoje.

Publicado originalmente no mesmo ano da Constituição, e no Brasil em 1970 pela Editora Vozes, *A Igreja e o mundo sem Deus* mostra, baseado nas reflexões do autor, como o cristianismo passou a uma nova fase em seu relacionamento com o mundo e o homem moderno, e com as implicações práticas que isso acarretou.

"A Igreja não pode, separada do mundo, querer dirigi-lo. Ela só pode ser ouvida pelo mundo se participa, como igual para igual, dos problemas comuns aos outros homens."

Thomas Merton

__Thomas Merton__ nasceu em 31 de janeiro de 1915 em Prades, no sul da França. Estudou e viveu, além da França, na Inglaterra e nos Estados Unidos. Falava fluentemente francês, inglês e italiano além de ter bons conhecimentos em espanhol e nas línguas clássicas (latim e grego). Seu itinerário espiritual passou por Joyce, Maritain e Gilson. Tendo descoberto o Evangelho, converteu-se ao catolicismo em 1938, ingressando, em 10 de dezembro de 1941, na comunidade monástica da Abadia de Nossa Senhora de Getsêmani, da Ordem Cisterciense de Estrita Observância (Trapistas), no estado americano de Kentucky, onde recebeu o sacerdócio aos 34 anos. Sua obra, composta de mais de 50 títulos, entre livros, diários, poemas e cartas, é marcada pela profundidade de um religioso contemplativo. Morreu num acidente elétrico em Bangcoc, na Tailândia, durante um encontro com líderes religiosos, em 10 de dezembro de 1968.

Conecte-se conosco:

 facebook.com/editoravozes

 @editoravozes

 @editora_vozes

 youtube.com/editoravozes

 +55 24 2233-9033

www.vozes.com.br

Conheça nossas lojas:
www.livrariavozes.com.br

Belo Horizonte – Brasília – Campinas – Cuiabá – Curitiba
Fortaleza – Juiz de Fora – Petrópolis – Recife – São Paulo

 Vozes de Bolso

EDITORA VOZES LTDA.
Rua Frei Luís, 100 – Centro – Cep 25689-900 – Petrópolis, RJ
Tel.: (24) 2233-9000 – E-mail: vendas@vozes.com.br